FRANCISCO FERREIRA
JORGE NETO

Desembargador Federal do Trabalho (TRT 2ª Região). Professor convidado no curso de pós-graduação *lato sensu* da Escola Paulista de Direito. Mestre em Direito das Relações Sociais e em Direito do Trabalho pela PUC/SP.

JOUBERTO DE QUADROS PESSOA
CAVALCANTE

Doutor em Direito do Trabalho pela Faculdade de Direito da Universidade de São Paulo (USP). Mestre em Direito Político e Econômico pela Universidade Presbiteriana Mackenzie. Mestre em Integração da América Latina pela Universidade de São Paulo (USP/PROLAM). Professor Doutor da Faculdade de Direito da Universidade Presbiteriana Mackenzie. Professor convidado na Faculdade de Direito da Universidade de Lisboa, no curso de pós-graduação *lato sensu* da Pontifícia Universidade Católica – PUC/PR e em outros diversos cursos. Membro da Academia Paulista de Letras Jurídicas.

DIREITO DO
TRABALHO

O GEN | Grupo Editorial Nacional – maior plataforma editorial brasileira no segmento científico, técnico e profissional – publica conteúdos nas áreas de concursos, ciências jurídicas, humanas, exatas, da saúde e sociais aplicadas, além de prover serviços direcionados à educação continuada.

As editoras que integram o GEN, das mais respeitadas no mercado editorial, construíram catálogos inigualáveis, com obras decisivas para a formação acadêmica e o aperfeiçoamento de várias gerações de profissionais e estudantes, tendo se tornado sinônimo de qualidade e seriedade.

A missão do GEN e dos núcleos de conteúdo que o compõem é prover a melhor informação científica e distribuí-la de maneira flexível e conveniente, a preços justos, gerando benefícios e servindo a autores, docentes, livreiros, funcionários, colaboradores e acionistas.

Nosso comportamento ético incondicional e nossa responsabilidade social e ambiental são reforçados pela natureza educacional de nossa atividade e dão sustentabilidade ao crescimento contínuo e à rentabilidade do grupo.

FRANCISCO FERREIRA
JORGE NETO

JOUBERTO DE QUADROS PESSOA
CAVALCANTE

DIREITO DO
TRABALHO

9ª edição | revista, atualizada e ampliada

- A EDITORA ATLAS se responsabiliza pelos vícios do produto no que concerne à sua edição (impressão e apresentação a fim de possibilitar ao consumidor bem manuseá-lo e lê-lo). Nem a editora nem o autor assumem qualquer responsabilidade por eventuais danos ou perdas a pessoa ou bens, decorrentes do uso da presente obra.

  Todos os direitos reservados. Nos termos da Lei que resguarda os direitos autorais, é proibida a reprodução total ou parcial de qualquer forma ou por qualquer meio, eletrônico ou mecânico, inclusive através de processos xerográficos, fotocópia e gravação, sem permissão por escrito do autor e do editor.

  Impresso no Brasil – *Printed in Brazil*

- Direitos exclusivos para o Brasil na língua portuguesa
  Copyright © 2019 by
  EDITORA ATLAS LTDA.
  Uma editora integrante do GEN | Grupo Editorial Nacional
  Rua Conselheiro Nébias, 1384 – Campos Elíseos – 01203-904 – São Paulo – SP
  Tel.: (11) 5080-0770 / (21) 3543-0770
  faleconosco@grupogen.com.br / www.grupogen.com.br

- O titular cuja obra seja fraudulentamente reproduzida, divulgada ou de qualquer forma utilizada poderá requerer a apreensão dos exemplares reproduzidos ou a suspensão da divulgação, sem prejuízo da indenização cabível (art. 102 da Lei n. 9.610, de 19.02.1998).

  Quem vender, expuser à venda, ocultar, adquirir, distribuir, tiver em depósito ou utilizar obra ou fonograma reproduzidos com fraude, com a finalidade de vender, obter ganho, vantagem, proveito, lucro direto ou indireto, para si ou para outrem, será solidariamente responsável com o contrafator, nos termos dos artigos precedentes, respondendo como contrafatores o importador e o distribuidor em caso de reprodução no exterior (art. 104 da Lei n. 9.610/98).

- Capa: Fabricio Vale

- Data de fechamento: 01.10.2018

- **CIP – BRASIL. CATALOGAÇÃO NA FONTE.**
  SINDICATO NACIONAL DOS EDITORES DE LIVROS, RJ.

  J71d
  Jorge Neto, Francisco Ferreira

  Direito do trabalho / Francisco Ferreira Jorge Neto, Jouberto de Quadros Pessoa Cavalcante. – 9. ed. – São Paulo: Atlas, 2019.

  Inclui bibliografia
  ISBN 978-85-97-01792-2

  1. Direito do trabalho - Brasil. I. Cavalcante, Jouberto de Quadros Pessoa. II.Título.

  18-50742   CDU: 349.2(81)

  Meri Gleice Rodrigues de Souza - Bibliotecária CRB-7/6439

Sem Deus não há luz.
Sem Deus não há vida.
Agradeço a Deus tudo o que ele
representa e proporciona a minha vida.

Sem o amor, nada somos e nada criamos.
Sem a luz, nada somos e nada criamos.

À Neire, amada esposa e luz da minha vida,
em ti, tudo sou e por todo o sempre tudo serei.

Como reflexo do nosso amor, nasce mais uma obra, a qual
dedicamos ao nosso Deus, que nos permite viver em harmonia e
participar da criação jurídica na seara literária e acadêmica do Brasil.

Ao nosso amado filho Felipe, espírito de luz e sabedoria, dedico o
meu amor, compreensão e amizade. Que o amor e a luz sempre
estejam em seu caminho, querido filho.

Francisco Ferreira Jorge Neto

A Deus, por todos os instantes da vida.

Aos meus professores e a todos que dedicam
suas vidas à formação das futuras gerações.

Jouberto de Quadros Pessoa Cavalcante

SUMÁRIO

PARTE I
INTRODUÇÃO AO DIREITO DO TRABALHO

Capítulo I – Histórico do Trabalho Humano 3
    1.1   Escravidão 3
    1.2   Servidão 7
    1.3   Corporações 9
    1.4   Revolução Industrial 12
    1.5   Sociedade industrial, trabalho assalariado e o Direito do Trabalho 16
    Questionário 22

Capítulo II – História Internacional do Direito do Trabalho 23
    2.1   Primeira fase – final do século XVIII até o *Manifesto Comunista* de 1848 24
    2.2   Segunda fase – *Manifesto Comunista* de 1848 até 1919 25
    2.3   Terceira fase – início em 1919 com avanço ao longo do século XX 28
    Questionário 31

Capítulo III – História do Direito do Trabalho no Brasil 32
    3.1   Período da Independência até a Abolição da Escravatura 32
    3.2   Período de 1888 (Abolição da Escravidão) a 1930 (Getúlio Vargas) 33
    3.3   Período de 1930 (Getúlio Vargas) até 1988 (Constituição Federal) 35
    3.4   A Constituição de 1988 e os direitos sociais 41
    3.5   Os direitos sociais – a época de transição entre a regulamentação e a desregulamentação 44
    Questionário 51

PARTE II
TEORIA GERAL DO DIREITO DO TRABALHO

Capítulo I – Denominação 55
    Questionário 56

Capítulo II – O Direito do Trabalho na Ciência Jurídica 57
    2.1   Correntes doutrinárias quanto à definição de Direito do Trabalho.... 57
            2.1.1   A nossa posição 60
    2.2   Natureza jurídica 61
            2.2.1   Direito público e direito privado 62
            2.2.2   Outras concepções doutrinárias 66
                      2.2.2.1   Direito misto 66
                      2.2.2.2   Direito unitário 67
                      2.2.2.3   Direito social 68
            2.2.3   Proposta de uma nova abordagem 68
    Questionário 75

Capítulo III – Autonomia do Direito do Trabalho 76
    Questionário 78

Capítulo IV – O Direito do Trabalho e Outras Ciências 79
    4.1   Direito do trabalho e economia 80
    4.2   Direito do trabalho e sociologia 81
    4.3   Direito do trabalho e medicina do trabalho 82
    4.4   Direito do trabalho e filosofia 82
    4.5   Direito do trabalho e psicologia 84
    4.6   Direito do trabalho e administração de empresas 84
    4.7   Direito do trabalho e contabilidade 85
    4.8   Direito do trabalho e estatística 85
    Questionário 85

Capítulo V – O Direito do Trabalho e os Demais Ramos do Direito 86
    5.1   Direito constitucional 86
    5.2   Direito administrativo 87
    5.3   Direito financeiro 88
    5.4   Direito econômico 88
    5.5   Direito internacional público 89
    5.6   Direito internacional privado 90
    5.7   Direito penal 90
    5.8   Direito processual 92
    5.9   Direito civil 93
    5.10   Direito empresarial 96
    5.11   Direito da seguridade social 98
    Questionário 99

Capítulo VI – A Divisão do Direito do Trabalho 100
    Questionário 102

Capítulo VII – Princípios de Direito 103
- 7.1 A importância dos princípios 103
- 7.2 Princípios gerais de direito 104
- 7.3 Os princípios gerais de direito aplicáveis ao direito do trabalho 108
  - 7.3.1 Princípio da inalterabilidade dos contratos 108
  - 7.3.2 Princípio da boa-fé 109
  - 7.3.3 Princípio da não alegação da própria torpeza 110
  - 7.3.4 Princípio do efeito lícito do exercício regular do próprio direito 111
  - 7.3.5 Princípio da razoabilidade 112
  - 7.3.6 Princípio da *exceptio non adimpleti contractus* 113
  - 7.3.7 Princípio da autonomia da vontade 113
- 7.4 Princípios universais do direito do trabalho 114
  - 7.4.1 Liberdade do trabalho 115
  - 7.4.2 Liberdade sindical 115
  - 7.4.3 Dignidade da pessoa humana 117
  - 7.4.4 Valor social do trabalho e da livre-iniciativa 118
  - 7.4.5 Busca do pleno emprego 119
- Questionário 120

Capítulo VIII – Princípios de Direito do Trabalho 121
- 8.1 Introdução 121
- 8.2 Princípios doutrinários do Direito do Trabalho 123
  - 8.2.1 Princípio protetor 123
  - 8.2.2 Princípio da irrenunciabilidade 126
    - 8.2.2.1 A transação e a renúncia no Direito do Trabalho 127
    - 8.2.2.2 A transação e os planos de dispensa voluntária 129
    - 8.2.2.3 O STF e os planos de dispensa voluntária 130
  - 8.2.3 Princípio da continuidade da relação de emprego 133
  - 8.2.4 Princípio da primazia da realidade 134
  - 8.2.5 Princípio da razoabilidade 135
  - 8.2.6 Princípio da boa-fé 135
  - 8.2.7 Princípio da igualdade (não discriminação) 136
    - 8.2.7.1 Ações afirmativas 138
- Questionário 141

Capítulo IX – Fontes do Direito 142
- 9.1 A sistemática das fontes na ciência jurídica 142
- 9.2 A classificação das fontes formais 143

		9.2.1	Fontes formais diretas ou imediatas	143
		9.2.1.1	Lei	143
		9.2.1.2	Costumes	144
	9.2.2		Fontes formais indiretas ou mediatas	145
		9.2.2.1	Doutrina	145
		9.2.2.2	Jurisprudência	146
Questionário				149

Capítulo X – Fontes do Direito do Trabalho 151

- 10.1 Fontes normativas estatais 151
  - 10.1.1 Normas elaboradas pelo legislativo 151
  - 10.1.2 Normas elaboradas pelo judiciário 152
  - 10.1.3 Normas elaboradas pelo executivo 153
- 10.2 Fontes normativas não estatais 153
  - 10.2.1 Normas negociais coletivas 153
  - 10.2.2 Normas negociais individuais 155
  - 10.2.3 Normas negociais internacionais 156
- 10.3 Integração da norma jurídica 157
  - 10.3.1 Fontes supletivas 158
    - 10.3.1.1 Equidade 158
    - 10.3.1.2 Analogia 159
    - 10.3.1.3 Direito comparado 159
- Questionário 160

Capítulo XI – A Hierarquia das Fontes e o Direito do Trabalho 161

- 11.1 Conceito de sistema jurídico 161
- 11.2 Conceito de hierarquia 161
- 11.3 Hierarquia das fontes na Teoria Geral do Direito 162
- 11.4 Hierarquia das fontes no Direito do Trabalho 164
- 11.5 Conceito de norma favorável 166
- Questionário 169

Capítulo XII – Interpretação das Normas Trabalhistas 170

- 12.1 Hermenêutica 170
- 12.2 Interpretação 170
  - 12.2.1 Técnicas de Interpretação 171
    - 12.2.1.1 Quanto à origem 171
    - 12.2.1.2 Quanto aos resultados 171
    - 12.2.1.3 Quanto ao método 172
- 12.3 A especificidade da interpretação trabalhista 173
- Questionário 175

Capítulo XIII – Aplicação das Normas Trabalhistas.. 176
   13.1 As normas trabalhistas no tempo 176
          13.1.1 *Vacatio legis* 177
          13.1.2 Publicação 179
          13.1.3 Espécies de revogação das leis 179
          13.1.4 Força revogadora 181
          13.1.5 Modo da revogação 181
          13.1.6 A irretroatividade da norma jurídica 183
          13.1.7 Aplicação da Reforma Trabalhista (Lei 13.467/17) no tempo 186
   13.2 As normas trabalhistas no espaço 188
          13.2.1 Trabalhador brasileiro contratado para laborar no exterior 189
          13.2.2 Contratação de trabalhador brasileiro por empresa estrangeira, sem filial ou agência no Brasil, para o trabalho no exterior 190
          13.2.3 Empregado de empresa brasileira que fiscaliza trabalhos executados em diversos países 191
          13.2.4 Empregado de empresa brasileira que executa serviços esporádicos no exterior 191
          13.2.5 Trabalhador estrangeiro contratado no Brasil por empresa estrangeira para o trabalho no exterior 191
          13.2.6 Empregado estrangeiro que vem laborar permanentemente no Brasil 191
          13.2.7 Trabalhadores fronteiriços 191
          13.2.8 Trabalho efetuado a bordo de embarcações e aeronaves ... 192
          13.2.9 Legislação material e processual 193
   13.3 Aplicação territorial 193
   13.4 Pessoas a quem se destinam as normas trabalhistas 194
          13.4.1 Empregados de missões estrangeiras ou de organismos internacionais 195
   Questionário 198

PARTE III
DIREITO INTERNACIONAL DO TRABALHO E OS DIREITOS FUNDAMENTAIS NO TRABALHO

Capítulo I – Direito Internacional do Trabalho 201
   1.1 Noções gerais 201

1.2 A construção dos direitos fundamentais no trabalho no cenário internacional.. 204
    1.2.1 Diplomas Internacionais sobre os direitos fundamentais no trabalho.. 204
    1.2.2 Os direitos fundamentais no trabalho nos diplomas internacionais.. 204
Questionário.. 206

Capítulo II – Organização Internacional do Trabalho............ 207
2.1 Relato histórico.. 207
2.2 Natureza jurídica.. 209
2.3 Objetivos.. 209
2.4 Estrutura.. 210
    2.4.1 Conferência Internacional do Trabalho............ 211
    2.4.2 Conselho de administração............................... 211
    2.4.3 Repartição Internacional do Trabalho.............. 212
2.5 Os instrumentos normativos da OIT........................... 212
    2.5.1 Convenção... 214
        2.5.1.1 Análise jurídica da convenção............ 214
            2.5.1.1.1 Conceito de tratado.......... 214
            2.5.1.1.2 Classificação dos tratados.......... 215
            2.5.1.1.3 A integração dos tratados internacionais na ordem jurídica interna.......... 215
        2.5.1.2 Recomendação...................................... 218
        2.5.1.3 Resolução 219
2.6 A integração dos instrumentos normativos da OIT na ordem jurídica nacional.. 219
2.7 As convenções da OIT ratificadas pelo Brasil............ 223
Questionário.. 226

PARTE IV
DIREITO INDIVIDUAL DO TRABALHO

Capítulo I – Definição de Direito Individual do Trabalho............ 231
Questionário.. 232

Capítulo II – Relação de Trabalho... 233
2.1 Relação jurídica.. 233
2.2 Trabalho humano e o direito do trabalho.................. 234

2.3	Conceito de relação de trabalho		234
	2.3.1	Abrangência da relação de trabalho	238
	2.3.2	Relação de trabalho e relação de consumo	238
Questionário			244

Capítulo III – Relação de Emprego 245

3.1	Relação de emprego		245
3.2	Natureza jurídica da relação de emprego		246
	3.2.1	Teorias contratualistas	246
		3.2.1.1 Teoria contratualista tradicional	246
		3.2.1.2 Teoria contratualista moderna	247
	3.2.2	Teorias acontratualistas	247
	3.2.3	A lei brasileira e a natureza jurídica da relação empregatícia	249
3.3	Contrato de trabalho		251
	3.3.1	Origens	251
	3.3.2	Definição	252
	3.3.3	Denominação	252
	3.3.4	Elementos constitutivos (caracteres)	252
	3.3.5	Morfologia	253
		3.3.5.1 Constituição tácita	253
		3.3.5.2 Constituição expressa	253
		3.3.5.3 Constituição por prazo	254
3.4	Fase pré-contratual		254
3.5	A possibilidade jurídica da dualidade contratual com o mesmo empregador		255
Questionário			258

Capítulo IV – O Contrato de Trabalho e os Contratos Afins 259

4.1	Interesse da distinção		259
4.2	Contrato de trabalho e a locação de serviços		259
4.3	Contrato de trabalho e a empreitada		261
	4.3.1	Conceito de empreitada	261
	4.3.2	Empreiteiro – operário ou artífice	261
	4.3.3	Empreitada e subempreitada	262
	4.3.4	A responsabilidade do empreiteiro	263
		4.3.4.1 A responsabilidade do empreiteiro é solidária ou subsidiária?	264
	4.3.5	A responsabilidade do dono da obra e o art. 455 da CLT	266
	4.3.6	A responsabilidade do dono da obra e atividade-fim	270
	4.3.7	A responsabilidade do dono da obra ou tomador de serviço pelo acidente de trabalho	270

4.4	Contrato de trabalho e representação comercial		271
4.5	Contrato de trabalho e mandato		273
4.6	Contrato de trabalho e sociedade		274
4.7	Contrato de trabalho e parceria rural		274
4.8	Contrato de trabalho e o contrato de comissão		275
4.9	Contrato de trabalho e o contrato de corretagem		275
4.10	Contrato de trabalho. Promiscuidade e ligação		276
Questionário			277

Capítulo V – Empregado 279

- 5.1 A figura do empregado 279
    - 5.1.1 Pessoa natural 279
    - 5.1.2 Serviços não eventuais 280
    - 5.1.3 Subordinação e sua natureza jurídica 281
        - 5.1.3.1 Fronteiras do Direito do Trabalho 281
        - 5.1.3.2 Recomendação 198, OIT 283
        - 5.1.3.3 Elemento subordinação 285
        - 5.1.3.4 Elemento subordinação e suas feições no Brasil atual 287
            - 5.1.3.4.1 Subordinação 287
            - 5.1.3.4.2 Caracterização da subordinação ... 288
            - 5.1.3.4.3 Subordinação jurídica 288
            - 5.1.3.4.4 Subordinação e a relação de emprego 290
            - 5.1.3.4.5 Parassubordinação 291
        - 5.1.3.5 Teletrabalho 292
            - 5.1.3.5.1 Teletrabalho e a jornada suplementar 294
            - 5.1.3.5.2 Teletrabalho e o sobreaviso 294
    - 5.1.4 Onerosidade 296
- 5.2 Visão global dos demais tipos de relações de trabalho 296
    - 5.2.1 Trabalhador aprendiz 296
    - 5.2.2 Trabalhador doméstico 296
    - 5.2.3 Trabalhador em domicílio 298
    - 5.2.4 Trabalhador avulso 298
    - 5.2.5 Trabalhador temporário 301
    - 5.2.6 Trabalhador eventual 303
    - 5.2.7 Trabalhador rural 304
    - 5.2.8 Trabalhador autônomo 304
- Questionário 306

Capítulo VI – Empregador... 307
    6.1   Empregador e a Consolidação das Leis do Trabalho............................. 307
    6.2   A noção de empresa na economia 310
    6.3   A empresa na ciência do direito 310
    6.4   Estabelecimento... 312
    6.5   Empresa e estabelecimento na Consolidação das Leis do Trabalho ... 314
    6.6   O poder diretivo do empregador 315
    6.7   Grupo econômico 315
        6.7.1   Conceito de solidariedade.. 316
        6.7.2   Grupo de empresas e o direito do trabalho 316
        6.7.3   O grupo econômico como empregador real e a questão da solidariedade ativa e passiva 320
        6.7.4   Análise da Súmula 205 do TST 322
    6.8   O fenômeno da despersonalização do empregador............................... 322
    6.9   O princípio da continuidade da empresa.. 323
    6.10   O empregador no trabalho temporário.. 324
    6.11   O empregador no trabalho doméstico 325
    6.12   O empregador no trabalho rural... 325
        6.12.1   Grupo econômico no trabalho rural 326
        6.12.2   Consórcio de empregadores na área rural 327
    6.13   Empregador na Lei do Fundo de Garantia do Tempo de Serviço 329
    6.14   Empregador e a Seguridade Social... 329
    6.15   Consórcio de empregadores na área urbana 331
    Questionário... 332

Capítulo VII – Poder Diretivo do Empregador 334
    7.1   Poder de organização.. 335
    7.2   Poder de controle 335
    7.3   Poder disciplinar 335
    7.4   Regulamento de empresa 337
    Questionário... 340

Capítulo VIII – Desconsideração da Pessoa Jurídica 341
    8.1   Pessoa jurídica 341
    8.2   Classificação das pessoas jurídicas... 343
        8.2.1   Quanto às suas funções e capacidade 343
        8.2.2   Quanto à estrutura 345
        8.2.3   Quanto à sua nacionalidade.. 346
    8.3   A responsabilidade e o tipo societário... 346
    8.4   Os efeitos da personalização da pessoa jurídica.................................... 347
    8.5   Os limites da personalização da pessoa jurídica 347

8.6		A desconsideração da personalidade jurídica.................................	348
8.7		A desconsideração no direito brasileiro..	350
8.8		A responsabilidade do sócio e o Direito do Trabalho......................	352
8.9		Teoria inversa da desconsideração da personalidade jurídica........	356
8.10		O incidente de desconsideração da personalidade jurídica no CPC/2015...	356
8.11		O processo do trabalho e o incidente de desconsideração.............	357
Questionário...			359

Capítulo IX – Sucessão Trabalhista.. 361

9.1		Aquisição de direitos e a sucessão..	361
9.2		A relatividade dos contratos e a sucessão..	364
	9.2.1	O significado do termo "terceiro"...	365
	9.2.2	Nova abordagem do princípio da res inter alios acta.........	366
9.3		O fenômeno da sucessão na relação jurídico-trabalhista................	369
	9.3.1	O emprego da expressão "sucessão trabalhista"................	371
	9.3.2	Conceito de sucessão trabalhista..	371
	9.3.3	A natureza jurídica da sucessão trabalhista.......................	374
		9.3.3.1 Novação...	374
		9.3.3.2 Estipulação em favor de terceiro..................	376
		9.3.3.3 Cessão de crédito...	376
		9.3.3.4 Sub-rogação..	376
		9.3.3.5 A sucessão trabalhista como assunção de dívida...	377
	9.3.4	Caracterização da sucessão trabalhista...............................	378
	9.3.5	Requisitos da sucessão trabalhista.......................................	380
	9.3.6	Fundamentos e abrangência da sucessão trabalhista........	382
	9.3.7	Efeitos da sucessão trabalhista...	382
		9.3.7.1 Posição jurídica do sucessor........................	383
		9.3.7.2 A responsabilidade do sucedido..................	383
		9.3.7.3 A discordância do empregado com a sucessão trabalhista..	386
	9.3.8	Cláusula de exoneração de responsabilidade do sucessor....	388
9.4		O fenômeno da sucessão no direito comercial.................................	390
	9.4.1	Transformação...	391
	9.4.2	Incorporação, fusão e cisão..	392
9.5		O fenômeno da sucessão no direito tributário.................................	394
9.6		O fenômeno da sucessão no Direito Civil...	396
	9.6.1	A sucessão no Direito das Obrigações..................................	397
	9.6.2	A sucessão no Direito das Sucessões....................................	398

9.7	A falência e a sucessão trabalhista	399
9.8	A recuperação judicial e a sucessão trabalhista	400
9.9	Responsabilidade da Administração Pública na gestão dos serviços públicos	401
9.10	Responsabilidade no desmembramento dos entes de Direito Público	402
9.11	Sucessão e o grupo econômico	402
9.12	Sucessão e o término do contrato de prestação de serviços	402
	Questionário	404

Capítulo X – A Sucessão Trabalhista em Face das Privatizações 406

10.1	Exame de casos concretos	406
	10.1.1 O sistema TELEBRAS	406
	10.1.2 Rede Ferroviária Federal S.A. (RFFSA)	407
	Questionário	409

Capítulo XI – A Sucessão Trabalhista em Face da Reestruturação do Mercado Financeiro 410

Questionário	414

Capítulo XII – Aspectos da Terceirização 415

12.1	O fenômeno da terceirização e o Direito do Trabalho	415
12.2	Responsabilidade trabalhista: Súmula 331 do TST, Instrução Normativa MTb 3/97 e as Leis 13.429/17 e 13.467/17	418
	12.2.1 Empresa prestadora	418
	12.2.2 Empresa tomadora	419
	12.2.3 Empresa interposta e a contratação irregular	423
	12.2.4 Vedação da terceirização na atividade-fim da empresa tomadora	424
	12.2.4.1 Súmula 331, TST	424
	12.2.4.2 Atividade-fim e as Leis 13.429/17 e 13.467/17	425
	12.2.5 A empresa tomadora na iniciativa privada e a responsabilidade subsidiária	428
12.3	Contratação irregular na Administração Pública	429
	12.3.1 Acessibilidade ao serviço público	429
	12.3.2 Concurso público	429
	12.3.3 A nulidade e o Direito do Trabalho	430
	12.3.4 As correntes doutrinárias quanto à nulidade e à contratação na administração sem a realização do concurso público	431
12.4	Consequências das irregularidades na terceirização	435
12.5	Igualdade salarial na terceirização	438
12.6	Vantagens à terceirização pela Lei 13.467/17	439
12.7	Proibições impostas pela Lei 13.467/17	440
	Questionário	440

Capítulo XIII – Cooperativa e o Direito do Trabalho 442
    13.1   Cooperativa. Conceito e tipos 442
    13.2   Terceirização e as cooperativas de trabalho 444
    13.3   Cooperativas de Trabalho e a Lei 12.690/12 446
    13.4   Cooperativas e trabalho rural 450
    Questionário 451

Capítulo XIV – Elementos do Contrato de Trabalho 452
    14.1   Capacidade de ser parte e de estar em juízo 452
        14.1.1   Representação 453
        14.1.2   Assistência 454
        14.1.3   Pessoas absolutamente incapazes 455
        14.1.4   Pessoas relativamente incapazes 456
        14.1.5   Menor de idade e o direito do trabalho 458
    14.2   A idoneidade do objeto 459
    14.3   Forma 462
        14.3.1   A prova do contrato individual de trabalho 462
            14.3.1.1   A Carteira de Trabalho e Previdência Social 463
            14.3.1.2   Documento escrito 463
            14.3.1.3   Outros meios de prova 464
            14.3.1.4   Ônus da prova 465
    14.4   Nulidade 466
        14.4.1   Atos nulos 467
            14.4.1.1   Simulação 467
        14.4.2   Atos anuláveis 468
            14.4.2.1   Erro 468
                14.4.2.1.1   Erro de fato ou de direito 469
            14.4.2.2   Dolo 470
            14.4.2.3   Coação 470
            14.4.2.4   Estado de perigo e lesão 471
            14.4.2.5   Fraude contra credores 472
        14.4.3   Diferenças entre nulidade e anulabilidade 472
        14.4.4   A teoria da nulidade no Direito Civil 474
        14.4.5   A teoria da nulidade no Direito do Trabalho 474
            14.4.5.1   A contratação irregular na Administração Pública 475
            14.4.5.2   A impossibilidade do vínculo empregatício em face do "jogo do bicho" 475
            14.4.5.3   O vínculo de emprego do policial militar 476
            14.4.5.4   O vínculo de emprego e o trabalho infantil 476

14.5	Elementos acidentais..			476
	14.5.1	Condição suspensiva e resolutiva...		476
		14.5.1.1	Condições ilícitas	477
		14.5.1.2	Condições lícitas..	477
			14.5.1.2.1 Cláusula de não concorrência ...	477
			14.5.1.2.2 Cláusula de permanência..........	478
			14.5.1.2.3 Cláusula de exclusividade	478
	14.5.2	Termo..		478
	14.5.3	A problematização dos contratos com termo inicial ou condição suspensiva...		479
		14.5.3.1	Promessa mediante condição suspensiva........	479
		14.5.3.2	Promessa com termo inicial	479
		14.5.3.3	Empregado à disposição da empresa antes do termo inicial pactuado..	479
	14.5.4	Período de experiência		480
	14.5.5	Período pré-contratual		480
Questionário..				481

Capítulo XV – Obrigações do Contrato de Trabalho 483

15.1	Visão global..			483
15.2	Obrigações contratuais básicas...			483
	15.2.1	Atuação com boa-fé		483
	15.2.2	Diligência e assiduidade		483
	15.2.3	Fidelidade		484
	15.2.4	Colaboração		484
	15.2.5	Cláusula da não concorrência no contrato de trabalho		484
		15.2.5.1	Conceituação do termo "concorrência"	485
		15.2.5.2	O pacto de não concorrência nas relações comerciais..	487
		15.2.5.3	O pacto da não concorrência e o término do contrato de trabalho..	488
	15.2.6	Respeito quanto às normas de segurança e medicina do trabalho...		490
	15.2.7	Dever de não discriminar...		491
		15.2.7.1	Princípio da igualdade......................................	491
		15.2.7.2	O princípio da igualdade no Direito Internacional...	492
		15.2.7.3	Discriminação...	493
		15.2.7.4	A igualdade no trabalho...................................	494
		15.2.7.5	Os direitos fundamentais no trabalho no âmbito da OIT..	495

		15.2.7.6	Trabalho decente	495
		15.2.7.7	A discriminação na ótica da OIT	496
			15.2.7.7.1 Discriminação racial	496
			15.2.7.7.2 Discriminação por gênero	499
		15.2.7.8	Discriminação sexual	500
	15.2.8	Respeito quanto ao direito intelectual		501
		15.2.8.1	Direito autoral	502
		15.2.8.2	Direitos de programas de computação	503
		15.2.8.3	Direito à propriedade industrial (invenção)	504
	15.2.9	Obrigação de proporcionar e prestar trabalho		505
15.3	A ilegalidade da prova e o direito da personalidade no direito do trabalho			505
	15.3.1	Conceito de prova ilegal		505
	15.3.2	Direito da personalidade e o Direito do Trabalho		507
		15.3.2.1	Vida privada e intimidade	508
			15.3.2.1.1 Seleção do empregado	510
			15.3.2.1.2 Monitoramento audiovisual	512
			15.3.2.1.3 Captação de comunicação telefônica	513
			15.3.2.1.4 Monitoramento do *e-mail*	515
			15.3.2.1.5 Sujeição à revista	518
		15.3.2.2	Honra	521
		15.3.2.3	Imagem	521
			15.3.2.3.1 Direito de arena do atleta	522
		15.3.2.4	Outros direitos de personalidade	523
	15.3.3	O Código Civil e o direito da personalidade. As irradiações no Direito do Trabalho		523
	15.3.4	Reforma Trabalhista (Lei 13.467) e o dano extrapatrimonial		525
		15.3.4.1	Introdução	525
		15.3.4.2	Responsabilidade civil	526
		15.3.4.3	Teorias da responsabilidade civil	527
			15.3.4.3.1 Teoria subjetiva	527
			15.3.4.3.2 Teoria objetiva	528
		15.3.4.4	Dano extrapatrimonial (moral)	529
		15.3.4.5	Dano extrapatrimonial no âmbito da Reforma Trabalhista	530
Questionário				533

Capítulo XVI – A Onerosidade no Contrato de Trabalho 535
  16.1 Noção de onerosidade 535

16.2	Denominação			536
16.3	Conceito de remuneração			538
16.4	Conceito de salário			538
	16.4.1	Distinção entre remuneração e salário		539
16.5	Elementos da remuneração			540
	16.5.1	Essencialidade		540
	16.5.2	Habitualidade		540
	16.5.3	Reciprocidade		541
	16.5.4	Periodicidade		541
	16.5.5	Quantificação		541
16.6	Classificação da remuneração			542
	16.6.1	Remuneração por unidade de tempo		543
	16.6.2	Remuneração por unidade de obra		543
	16.6.3	Remuneração por tarefa		544
	16.6.4	Remuneração por unidade de lucro		544
	16.6.5	Remuneração em dinheiro		544
	16.6.6	Salário *in natura* ou utilidade		545
		16.6.6.1	O critério da inclusão da remuneração-utilidade para o cálculo dos demais títulos do contrato de trabalho	546
		16.6.6.2	Utilidades que não podem ser consideradas como salário in natura	546
	16.6.7	Remuneração variável		548
16.7	Componentes da remuneração			549
	16.7.1	Adicionais salariais		549
		16.7.1.1	Adicional de insalubridade	549
		16.7.1.2	Adicional de periculosidade	552
			16.7.1.2.1 Adicional de periculosidade no setor de energia elétrica	554
			16.7.1.2.2 Adicional de periculosidade pelo contato com radiação ionizante ou substância radioativa	556
			16.7.1.2.3 Adicional de periculosidade nas atividades de segurança pessoal ou patrimonial	556
			16.7.1.2.4 Adicional de periculosidade para o trabalhador em motocicleta	558
		16.7.1.3	Adicional de penosidade	559
		16.7.1.4	Adicional de hora extra	559
		16.7.1.5	Adicional por tempo de serviço	561

		16.7.1.6	Adicional noturno	561
		16.7.1.7	Adicional de transferência	562
		16.7.1.8	Adicional de sobreaviso	563
	16.7.2	Outras parcelas salariais		564
		16.7.2.1	Abonos	564
		16.7.2.2	Décimo terceiro salário	564
		16.7.2.3	Gratificação	565
		16.7.2.4	Gratificação de função	566
		16.7.2.5	Gratificação da verba SUS	567
		16.7.2.6	Prêmio	569
		16.7.2.7	Comissão e percentagem	570
		16.7.2.8	Gorjetas	572
		16.7.2.9	Quebra de caixa	575
		16.7.2.10	Gueltas	575
		16.7.2.11	Luvas	576
	16.7.3	Parcelas não salariais		577
		16.7.3.1	Salário-maternidade	577
		16.7.3.2	Salário-família	578
		16.7.3.3	Ajuda de custo e diárias	580
		16.7.3.4	Participação nos lucros	581
		16.7.3.5	Verba de representação	583
		16.7.3.6	*Employee stock option*	583
Questionário				586

Capítulo XVII – Proteção ao Salário 588

17.1	Contra os abusos do empregador			589
	17.1.1	Retenção dolosa do salário		589
	17.1.2	Pagamento pessoal e mediante recibo		589
	17.1.3	Pagamento em moeda corrente		590
		17.1.3.1	Pagamento de salário em moeda estrangeira	591
	17.1.4	A vedação ao *truck system*		592
	17.1.5	Local, dia e hora do pagamento		593
	17.1.6	Periodicidade e tempestividade do pagamento		593
	17.1.7	Descontos no salário do empregado		594
		17.1.7.1	O desconto das multas	597
		17.1.7.2	Desconto de dívida civil ou comercial	598
		17.1.7.3	Autorização para desconto de prestações em folha de pagamento	599
			17.1.7.3.1 Introdução	599
			17.1.7.3.2 O valor do desconto e a sua sistemática de cálculo e respectivos limites	600

		17.1.7.3.3	Os encargos legais do empregador..	601
		17.1.7.3.4	A concessão do empréstimo, financiamento ou arrendamento mercantil ao empregado. Liberação..	602
		17.1.7.3.5	O desconto e o benefício previdenciário..	604
		17.1.7.3.6	O desconto e o término do contrato individual de trabalho.......	604
17.2	Contra os credores do empregador..			605
	17.2.1	A falência e os créditos trabalhistas..		605
	17.2.2	Os precatórios e os créditos trabalhistas....................................		606
		17.2.2.1	Conceito de Fazenda Pública............................	606
		17.2.2.2	Obrigatoriedade do precatório na execução contra a Fazenda Pública......................................	606
		17.2.2.3	Créditos de natureza alimentícia.....................	607
		17.2.2.4	Obrigações de pequeno valor contra a Fazenda Pública..	608
		17.2.2.5	Compensação de crédito pela Fazenda Pública..	609
		17.2.2.6	Atualização dos precatórios.............................	609
		17.2.2.7	Atuação do credor...	610
	17.2.3	Recuperação judicial e os créditos trabalhistas.........................		611
	17.2.4	Liquidação extrajudicial e os créditos trabalhistas...................		612
	17.2.5	Recuperação extrajudicial e o crédito trabalhista......................		612
17.3	Contra os credores do empregado..			613
	17.3.1	Impenhorabilidade do salário...		613
	17.3.2	Penhora sobre créditos trabalhistas...		615
	17.3.3	Penhora sobre conta corrente...		616
	17.3.4	Penhora sobre conta poupança...		616
17.4	Certidão Negativa de Débitos Trabalhistas (CNDT)...................			617
Questionário...				618
Capítulo XVIII – Igualdade Salarial..				619
18.1	Igualdade salarial...			619
18.2	Equiparação salarial..			620
	18.2.1	Requisitos aquisitivos..		621
		18.2.1.1	Indicação do paradigma.....................................	621
		18.2.1.2	Identidade de função..	621
			18.2.1.2.1 A nomenclatura da função.........	622

			18.2.1.2.2	Cargo de confiança	622
			18.2.1.2.3	Trabalho intelectual	623
		18.2.1.3	Serviço de igual valor...		623
			18.2.1.3.1	Identidade quantitativa	623
			18.2.1.3.2	Identidade qualitativa................	624
		18.2.1.4	Serviço prestado ao mesmo empregador........		624
		18.2.1.5	Serviço prestado na mesma localidade		626
	18.2.2	Requisitos obstativos...			627
		18.2.2.1	Diferença de tempo na função		627
		18.2.2.2	Quadro organizado de carreira		628
		18.2.2.3	Empregado readaptado		629
	18.2.3	Ônus da prova...			629
18.3	Equiparação por equivalência				629
18.4	Salário substituição				630
18.5	Desvio de função				631
18.6	Acúmulo de funções				632
18.7	Salário equitativo..				633
18.8	Igualdade salarial e a Administração Pública..				633
	Questionário..				635

Capítulo XIX – Duração do Trabalho 637
 19.1 Histórico... 637
 19.2 Denominação... 638
 19.3 Fundamentos 638
 19.4 Natureza jurídica 638
 19.5 Conceito de jornada de trabalho.. 639

	19.5.1	A duração da jornada de trabalho...	641
	19.5.2	O regime de tempo parcial..	643
	19.5.3	Ônus da prova quanto à jornada suplementar	644
		19.5.3.1 Os cartões de ponto e o encargo probatório.....	645
	19.5.4	Os cartões de ponto e a apuração da jornada suplementar...........	647
	19.5.5	Cursos fornecidos ou pagos pelo empregador	647
19.6	Conceito de hora extra		648
	19.6.1	Exclusão da jornada suplementar	648
		19.6.1.1 Atividades externas..	649
		19.6.1.2 Encargos de gestão	649
		19.6.1.3 Regime de teletrabalho...	651
	19.6.2	Prorrogação da jornada diária de trabalho.......................................	651
		19.6.2.1 Acordo de prorrogação de horas..........................	651

		19.6.2.2	Acordo de compensação	654
			19.6.2.2.1 Compensação anual e semestral ...	655
			19.6.2.2.2 Compensação semanal, mensal e a semana espanhola	656
		19.6.2.3	Necessidade imperiosa	659
			19.6.2.3.1 Força maior	659
			19.6.2.3.2 Serviços inadiáveis	660
			19.6.2.3.3 Recuperação de horas	660
		19.6.2.4	O percentual do adicional da hora extra e a base de cálculo	661
		19.6.2.5	Critério para a incidência das horas extras	661
			19.6.2.5.1 Reflexos em domingos e feriados	664
19.7	Turnos ininterruptos de revezamento			665
	19.7.1	O intervalo interjornada e os turnos ininterruptos de revezamento		667
	19.7.2	A questão do salário-hora pelos turnos ininterruptos de revezamento		667
19.8	Sobreaviso			670
19.9	Prontidão			672
19.10	Trabalho em regime de 12 × 36 e outras jornadas			672
19.11	Adicional noturno			674
	19.11.1	Quadro sinótico – trabalhador urbano		675
19.12	Tempo de espera			677
19.13	Tempo de reserva			678
Questionário				679

Capítulo XX – Intervalos para Descanso 681

20.1	Intervalos			681
	20.1.1	Intervalo intrajornada		682
	20.1.2	Intervalo interjornada		687
	20.1.3	Intervalos especiais		689
		20.1.3.1	Serviços de mecanografia	689
		20.1.3.2	Serviços em frigoríficos	689
		20.1.3.3	Mineiros	690
		20.1.3.4	Serviços de telefonia, radiotelefonia e radiotelegrafia	690
		20.1.3.5	Mulher em fase de amamentação	690
		20.1.3.6	Médicos	691
		20.1.3.7	Mulher e a jornada extraordinária	691
		20.1.3.8	Outras pausas	692
Questionário				692

Capítulo XXI – Descanso Semanal Remunerado 693
   21.1 Denominação 693
   21.2 Conceito 693
   21.3 Natureza jurídica 694
   21.4 A vigência ou não dos arts. 67 a 70 da CLT 694
   21.5 Trabalhadores beneficiários 695
   21.6 Remuneração 696
        21.6.1   Horas extras 696
        21.6.2   Comissionistas 697
        21.6.3   Gratificações e gorjetas 697
        21.6.4   Férias 697
        21.6.5   Bancários 698
        21.6.6   Professores 698
        21.6.7   Incidência do adicional de insalubridade ou periculosidade 698
        21.6.8   Condição de pagamento 698
   21.7 Feriados 700
   21.8 O descanso semanal e feriado trabalhado 701
        21.8.1   A questão da remuneração dos descansos trabalhados 702
        21.8.2   A coincidência do descanso semanal remunerado com o domingo 703
   Questionário 704

Capítulo XXII – Férias 705
   22.1 Conceito 705
   22.2 Obrigações 705
   22.3 Regras básicas 706
   22.4 Períodos: aquisitivo e concessivo. Duração 706
   22.5 Perda do direito de férias 709
   22.6 Da concessão das férias 710
   22.7 Férias coletivas 712
        22.7.1   Períodos 713
        22.7.2   Comunicações 713
        22.7.3   Empregados com menos de 12 meses 713
        22.7.4   Empregados com mais de 12 meses 714
        22.7.5   Anotação de férias 714
   22.8 Remuneração 714
   22.9 Abono de férias 715
   22.10 Efeitos da cessação do contrato de trabalho 716
   22.11 Prescrição 718
   22.12 A quem se aplica as férias? 719
   Questionário 720

Capítulo XXIII – Alteração do Contrato de Trabalho 722
   23.1 A força obrigatória dos contratos e o dirigismo contratual.............. 722
   23.2 O conceito de alteração 723
   23.3 A alteração contratual voluntária e o princípio da imodificabilidade 724
   23.4 *Jus variandi*... 725
   23.5 Espécies de alterações do contrato de trabalho............................. 725
        23.5.1 Alteração de função 725
        23.5.2 Alteração salarial... 727
        23.5.3 Alteração de jornada de trabalho................................... 728
        23.5.4 Alteração do local de trabalho....................................... 729
               23.5.4.1   Cargo de confiança 730
               23.5.4.2   Cláusulas: explícita e implícita 731
               23.5.4.3   Extinção do estabelecimento 731
   23.6 Transferência provisória... 732
   23.7 Transferência para o exterior.. 733
   23.8 Garantia contra a transferência abusiva 735
   Questionário... 735

Capítulo XXIV – Suspensão e Interrupção do Contrato de Trabalho 736
   24.1 Conceito de suspensão e interrupção.. 736
   24.2 Espécies e seus efeitos... 736
        24.2.1 Aborto.. 736
        24.2.2 Faltas por motivo de saúde. Auxílio-doença 737
        24.2.3 Acidente de trabalho 738
        24.2.4 Aposentadoria por invalidez... 738
        24.2.5 Aviso prévio 739
        24.2.6 Empregado eleito para o cargo de diretor 740
        24.2.7 Encargo público.. 740
        24.2.8 Faltas ao serviço.. 740
               24.2.8.1   Nojo.. 741
               24.2.8.2   Gala... 742
               24.2.8.3   Licença-paternidade 742
               24.2.8.4   Doação de sangue.. 743
               24.2.8.5   Obrigações perante a Justiça Eleitoral 743
               24.2.8.6   Obrigações com o serviço militar 743
               24.2.8.7   Prestação de vestibular 744
               24.2.8.8   Testemunhas e jurados 744
               24.2.8.9   Ajuizamento de ação.................................... 744
               24.2.8.10 Conselhos... 745

		24.2.8.11	Reunião oficial de organismo internacional...	745
		24.2.8.12	Outras hipóteses	745
	24.2.9	Férias		745
	24.2.10	Greve		746
	24.2.11	*Lockout*		746
	24.2.12	Inquérito para apuração de falta grave		746
	24.2.13	Intervalos		747
	24.2.14	Sobreaviso e prontidão		747
	24.2.15	Repouso semanal remunerado		747
	24.2.16	Representação sindical		747
	24.2.17	Licença gestante e adoção e guarda		747
	24.2.18	Segurança nacional		748
	24.2.19	Suspensão disciplinar		748
	24.2.20	Suspensão para qualificação profissional (lay-off)		748
	24.2.21	Medida cautelar criminal		750
	24.2.22	Amamentação		750
24.3	O contrato de trabalho e a Lei Maria da Penha (Lei 11.340/06)			751
24.4	Efeitos da suspensão e da interrupção			753
24.5	Dispensa do empregado no curso da suspensão ou da interrupção			755
Questionário				756

Capítulo XXV – Término do Contrato de Trabalho 757
- 25.1 Terminologia 757
- 25.2 Causas terminativas do contrato de trabalho 758
  - 25.2.1 Causas terminativas do contrato de trabalho – relacionadas à vontade das partes 758
    - 25.2.1.1 Pedido de demissão 758
    - 25.2.1.2 A dispensa do empregado 760
      - 25.2.1.2.1 Dispensa arbitrária 760
      - 25.2.1.2.2 Dispensa do empregado sem justa causa 763
      - 25.2.1.2.3 Dispensa coletiva 763
    - 25.2.1.3 Por acordo mútuo das partes 767
  - 25.2.2 Causas terminativas do contrato de trabalho – relacionadas ao não cumprimento das obrigações contratuais 768
    - 25.2.2.1 Dispensa do empregado com justa causa (dispensa motivada) 768
      - 25.2.2.1.1 Aspectos gerais da justa causa ... 768
      - 25.2.2.1.2 Elementos 770
      - 25.2.2.1.3 Hipóteses legais 772

		25.2.2.2	Rescisão indireta do contrato de trabalho (dispensa indireta)...	779
			25.2.2.2.1 Hipóteses......................................	780
		25.2.2.3	Culpa recíproca	793
	25.2.3	Causas terminativas do contrato de trabalho – causas supervenientes		794
		25.2.3.1	Morte do empregado	794
		25.2.3.2	Morte do empregador pessoa natural..............	794
		25.2.3.3	Extinção da empresa...	795
		25.2.3.4	Força maior e caso fortuito	795
		25.2.3.5	*Factum principis*..	797
		25.2.3.6	Aposentadoria...	798
		25.2.3.7	Transcurso do prazo pactuado – contrato por prazo determinado...	800
	25.2.4	A decretação da falência e o contrato individual de trabalho..		801
	25.2.5	A Lei Anticorrupção e os direitos trabalhistas		802
	25.2.6	Arbitragem e o contrato individual do trabalho		802
Questionário..				804
Capítulo XXVI – Aviso prévio...				807
26.1	Concepção clássica do aviso prévio			807
26.2	Concepção contemporânea do aviso prévio................................			807
26.3	Conceito e natureza jurídica			809
26.4	Irrenunciabilidade..			809
26.5	Prazos...			810
	26.5.1	Regulamentação infraconstitucional: Lei 12.506/11............		812
	26.5.2	Início da contagem dos três dias		812
	26.5.3	Contagem do lapso temporal inferior a um ano		813
	26.5.4	Aplicação da Lei 12.506/11 e o tempo de serviço anterior à sua vigência		813
	26.5.5	A Lei 12.506/11 tem efeito retroativo?...................................		813
	26.5.6	Contratos rescindidos antes da Lei 12.506/11		814
26.6	Cabimento...			815
26.7	Forma...			816
26.8	Os efeitos do aviso prévio...			816
	26.8.1	O aviso prévio do empregador		816
		26.8.1.1	O empregador e a proporcionalidade do aviso prévio	817
	26.8.2	Aviso prévio do empregado		817
		26.8.2.1	Empregado e a Lei 12.506/11............................	818

	26.8.3	Aviso prévio e a anotação na CTPS................................	819
	26.8.4	Aviso prévio e o reajuste salarial coletivo........................	819
	26.8.5	Aviso prévio e a indenização adicional............................	820
	26.8.6	Aviso prévio e a reconsideração	820
	26.8.7	A ocorrência da justa causa na fluência do aviso prévio....	820
	26.8.8	Aviso prévio e estabilidade...	821
	26.8.9	Aviso prévio e a doença ou o acidente do trabalho	821
26.9	Aviso prévio cumprido em casa		823
26.10	Aviso prévio e a prescrição...		824
26.11	Valor do aviso prévio		825
26.12	Aviso prévio e a contribuição previdenciária		825
Questionário...			826

Capítulo XXVII – Garantia e Estabilidade de Emprego 827
    27.1 Conceitos de estabilidade e garantia de emprego 827
    27.2 Estabilidade decenal.. 829
        27.2.1 Exclusão à estabilidade decenal... 830
        27.2.2 Despedida de empregado estável decenal........................... 830
        27.2.3 Falta grave.. 831
        27.2.4 Readmissão e reintegração... 831
        27.2.5 Renúncia à estabilidade 832
        27.2.6 Homologação do pedido de demissão.................................. 833
        27.2.7 Dispensa obstativa.. 833
    27.3 Estabilidades provisórias... 833
        27.3.1 Dirigente sindical 833
        27.3.2 Membro da CIPA 835
        27.3.3 Gestante.. 837
        27.3.4 Acidentado 840
        27.3.5 Representante no Conselho Curador do Fundo de Garantia.. 842
        27.3.6 Representante no Conselho Nacional de Previdência Social... 842
        27.3.7 Empregados eleitos diretores de sociedades cooperativas 842
        27.3.8 Membros da Comissão de Conciliação Prévia 843
        27.3.9 Aidético 844
        27.3.10 Membros da comissão de representação dos empregados 846
        27.3.11 A questão da reintegração nas estabilidades provisórias ... 847
    27.4 Concessão do aviso prévio no período da estabilidade.................... 847
    27.5 Aquisição da estabilidade na fluência do aviso prévio (indenizado ou laborado)... 848

27.6	Estabilidade e o contrato por prazo determinado	850
	27.6.1 Gestante e o contrato temporário (Lei 6.019/74).............	853
27.7	Estabilidade e aposentadoria	855
27.8	Estabilidade e a extinção do estabelecimento ou da empresa	856
	Questionário..	856

Capítulo XXVIII – Fundo de Garantia do Tempo de Serviço 858

28.1	Conceito	858
28.2	Natureza jurídica	859
28.3	Campo de aplicação	860
28.4	Opção retroativa	861
28.5	Os depósitos no FGTS	861
	28.5.1 Os depósitos e seus efeitos no término do contrato de trabalho...	862
	28.5.2 Os atrasos quanto aos recolhimentos fundiários...............	864
	28.5.3 Diferenças fundiárias e o encargo probatório	865
28.6	A prescrição do FGTS...	865
28.7	Os depósitos fundiários e a Lei 9.601/98....................................	868
28.8	Os depósitos fundiários e os expurgos inflacionários.....................	869

Capítulo XXIX – Indenização 871

29.1	Conceito de indenização	871
29.2	A indenização como um direito social do empregado.....................	872
29.3	A indenização prevista na CLT	873
29.4	Indenização adicional	874
	Questionário..	876

Capítulo XXX – A Dispensa do Empregado como Obstativa de Direitos..... 877

30.1	A dispensa do empregado pelo empregador	877
30.2	Dispensa obstativa...	877
30.3	Principiologia do Direito do Trabalho	878
30.4	A dispensa do empregado como obstáculo à estabilidade..............	880
	Questionário..	882

Capítulo XXXI – A Decadência e a Prescrição 883

31.1	Conceitos e distinções da prescrição e da decadência...................	883
31.2	Hipóteses de decadência no Direito do Trabalho	885
31.3	Prescrição trabalhista...	885
	31.3.1 Causas impeditivas e suspensivas da prescrição trabalhista	885
	31.3.2 Causas interruptivas da prescrição trabalhista...................	888
	31.3.3 Prazos prescricionais trabalhistas	889

	31.3.4	Ações declaratórias..	891
	31.3.5	Férias	891
	31.3.6	Parcelas oriundas de sentença normativa	891
	31.3.7	Ato único do empregador (prescrição total e parcial)........	891
	31.3.8	Legitimidade para arguição da prescrição	892
	31.3.9	Momento de arguição no processo de conhecimento........	893
	31.3.10	Períodos descontínuos de trabalho................................	893
	31.3.11	Equiparação salarial	893
	31.3.12	Desvio de função	894
	31.3.13	Aviso prévio	894
	31.3.14	Prescrição do trabalhador avulso...................................	894
Questionário...			895

Capítulo XXXII – Assistência sindical e o Contrato de Trabalho 896
   32.1 Assistência.. 896
   32.2 O alcance da quitação 899
   32.3 A época para pagamento das verbas rescisórias............................... 902

	32.3.1	Prazos..	902
		32.3.1.1 Aviso prévio cumprido em casa	903
	32.3.2	Multas	903
	32.3.3	Prova do atraso	903
	32.3.4	A quem se aplicam os prazos e as multas do art. 477 da CLT?..	904
	32.3.5	A contagem do prazo	904
	32.3.6	Pagamento à vista	905
	32.3.7	Força maior e caso fortuito	905
	32.3.8	A multa e a demanda trabalhista.....................................	905
	32.3.9	A proporcionalidade na aplicação da multa	906
	32.3.10	O valor da multa..	906

   32.4 O pagamento das verbas rescisórias com acréscimo de 50% 906

	32.4.1	A quem se aplica o art. 467 da CLT?................................	907
	32.4.2	Requisitos	907
	33.4.3	Conceito de verbas rescisórias..	907
	32.4.4	Pode haver a aplicação de ofício pelo juiz?	908
	32.4.5	Revelia..	908

   32.5 Quitação anual das obrigações trabalhistas (Reforma Trabalhista – Lei 13.467/17) 908
   Questionário... 908

Capítulo XXXIII – Identificação e Registro Profissional............................ 910
   33.1 A definição da CTPS... 910

33.2 As anotações na CTPS 911
33.3 O procedimento administrativo quanto à falta ou recusa de anotação na CTPS 912
33.4 A CTPS e a legislação criminal 915
33.5 A omissão quanto ao registro na CTPS é crime? 916
33.6 A CTPS e o dano moral 917
Questionário 919

Capítulo XXXIV – Critérios de Não Discriminação no Trabalho 920
34.1 Princípio da igualdade 920
34.2 Discriminação 921
34.3 A discriminação na ótica da Organização Internacional do Trabalho (OIT) 922
34.4 Critérios genéricos de proteção contra a discriminação 923
34.5 Critérios específicos contra a discriminação 925
    34.5.1 Trabalhadores urbanos e rurais 925
    34.5.2 Trabalho intelectual, técnico e manual 925
    34.5.3 Proteção do mercado de trabalho da mulher 926
    34.5.4 Discriminação por motivo de sexo, idade, estado civil e cor 926
    34.5.5 Pessoa com deficiência 928
    34.5.6 Trabalhador com vínculo empregatício permanente e trabalhador avulso 928
    34.5.7 Empregado comum e empregado em domicílio 928
    34.5.8 Empregado com HIV ou doença grave 929
Questionário 929

Capítulo XXXV – Trabalho da Mulher 931
35.1 Âmbito internacional 931
35.2 A evolução da proteção do trabalho da mulher no Brasil 933
35.3 Fundamentos para a proteção do trabalho da mulher 936
35.4 A contratação do trabalho da mulher 937
35.5 Duração do trabalho 937
35.6 Salário 937
35.7 Trabalho noturno 937
35.8 Períodos de descanso 937
35.9 Trabalho proibido 939
35.10 Métodos e locais de trabalho 939
35.11 Proteção à maternidade 939
    35.11.1 Será a licença-maternidade aplicável à mãe adotiva? 941
35.12 Práticas discriminatórias contra a mulher 942

35.13 Amamentação 944
35.14 Maternidade e o ambiente de trabalho 945
35.15 Estabilidade da gestante 946
    35.15.1   Pedido de reintegração ou indenização 946
    35.15.2   A confirmação da gravidez 948
    35.15.3   A estabilidade de emprego da gestante e o contrato de experiência 950
    35.15.4   A estabilidade de emprego da gestante no curso do aviso prévio 951
    35.15.5   A estabilidade de emprego e a empregada doméstica 951
35.16 Proteção do mercado de trabalho da mulher 952
35.17 Creche no local de trabalho 953
Questionário 953

Capítulo XXXVI – Trabalho da Criança e do Adolescente 955
36.1 Breve esboço histórico da proteção legal 955
36.2 Denominação 958
36.3 Fundamentos da proteção 959
36.4 Normas de proteção do trabalho da criança e do adolescente 961
    36.4.1   Idade 961
        36.4.1.1   Artistas mirins 962
        36.4.1.2   Emancipação 963
    36.4.2   Duração do trabalho 964
    36.4.3   Trabalho noturno 964
    36.4.4   Trabalho insalubre ou perigoso 965
    36.4.5   Trabalho penoso 965
    36.4.6   Serviços prejudiciais 966
    36.4.7   Férias 967
36.5 Deveres e responsabilidades em relação ao menor 967
36.6 Registro de menores 968
36.7 Recibo de quitação e de pagamento 968
36.8 Contrato de aprendizagem 969
36.9 Trabalho educativo (ECA) 974
36.10 Oficina familiar 976
Questionário 977

Capítulo XXXVII – A Pessoa com Deficiência no Mercado de Trabalho 978
37.1 Introdução 978
37.2 Terminologia 979
37.3 Quem são as pessoas com deficiência física ou mental? 981
37.4 Aspectos da proteção legal 983

37.5	Proteção legal no Brasil		985
37.6	Garantia no emprego ou estabilidade		988
37.7	Obstáculos		991
37.8	Deficiência na formação profissional		992
37.9	Tecnologia		992
37.10	Habilitação e reabilitação		992
37.11	Flexibilização do direito do trabalho		993
37.12	Reservas de mercado de trabalho		993
	Questionário		994

Capítulo XXXVIII – Fiscalização do Trabalho 995

38.1	Conceito de Fiscalização do Trabalho		995
38.2	A fiscalização do trabalho nos planos internacional e nacional		995
38.3	Procedimento da fiscalização trabalhista		999
	38.3.1	Fiscalização, da autuação e da imposição das multas	1000
	38.3.2	Fiscalização orientadora para as microempresas e as empresas de pequeno porte	1004
	38.3.3	Fiscalização para relação de trabalho doméstico	1004
	38.3.4	Recursos administrativos	1005
	38.3.5	Depósito, da inscrição e da cobrança da multa	1005
	Questionário		1006

Capítulo XXXIX – Direito Ambiental do Trabalho 1007

39.1	Conceito de direito ambiental			1007
39.2	Conceito de meio ambiente			1008
39.3	Medicina e segurança do trabalho			1009
	39.3.1	Regras gerais		1012
	39.3.2	Inspeção prévia e do embargo ou interdição		1013
	39.3.3	Medidas preventivas de medicina do trabalho		1014
	39.3.4	Condições de segurança		1015
		39.3.4.1	Equipamentos de proteção individual	1016
		39.3.4.2	Órgãos de segurança e medicina do trabalho nas empresas	1017
		39.3.4.3	Edificações	1018
		39.3.4.4	Iluminação	1019
		39.3.4.5	Conforto térmico	1019
		39.3.4.6	Instalações elétricas	1019
		39.3.4.7	Movimentação, armazenagem e manuseio de materiais	1019
		39.3.4.8	Máquinas e equipamentos	1020
		39.3.4.9	Caldeiras, fornos e recipientes sob pressão	1020
		39.3.4.10	Ergonomia	1021

		39.3.4.11	Outras medidas especiais de proteção.............	1021
		39.3.4.12	Exposição a produtos fumígenos derivados ou não do tabaco..	1022
39.4	Atividades insalubres, perigosas e penosas..			1023
	39.4.1	Insalubridade		1023
	39.4.2	Periculosidade..		1027
		39.4.2.1	Adicional de periculosidade no setor de energia elétrica..	1029
		39.4.2.2	Adicional de periculosidade pelo contato com radiação ionizante ou substância radioativa...	1030
		39.4.2.3	Adicional de periculosidade nas atividades de segurança pessoal ou patrimonial...................	1031
		39.4.2.4	Adicional de periculosidade para o trabalhador em motocicleta	1033
	39.4.3	Penosidade		1033
	39.4.4	Perícia técnica		1034
Questionário...				1036

Capítulo XL – Política Salarial.. 1037
    40.1   Conceito de política salarial... 1037
    40.2   Salário mínimo 1037
    40.3   Salário profissional... 1039
          40.3.1   Pisos salariais estaduais 1040
    40.4   Histórico da política salarial brasileira.. 1042
    Questionário... 1044

PARTE V
CONTRATOS ESPECIAIS DE TRABALHO

Capítulo I – Advogado.. 1048
    1.1   Salário profissional... 1048
    1.2   Jornada de trabalho... 1048
    1.3   Verba honorária.. 1050
    1.4   Negociação coletiva... 1051
    1.5   Contribuição sindical 1051
    Questionário... 1051

Capítulo II – Atleta Profissional de Futebol.. 1052
    2.1   Introdução... 1052
    2.2   Evolução legislativa 1053
    2.3   Organização do desporto brasileiro.. 1053

2.4		Contrato de trabalho do atleta profissional de futebol...................	1055
	2.4.1	Regras gerais	1055
	2.4.2	Trabalhador autônomo...	1056
	2.4.3	Atleta em formação (não profissional)...........................	1057
	2.4.4	Primeiro contrato do atleta profissional........................	1057
	2.4.5	Cláusulas: indenizatória esportiva e compensatória esportiva	1059
	2.4.6	Suspensão do contrato de trabalho................................	1059
	2.4.7	Término do contrato de trabalho...................................	1059
	2.4.8	Transferência ou cessão do atleta...................................	1060
	2.4.9	Participação em seleção..	1061
	2.4.10	Direito de imagem e de arena...	1061
	2.4.11	Seguro de vida...	1065
	2.4.12	Atleta profissional estrangeiro.......................................	1065
	2.4.13	Poder disciplinar do empregador e a competência da Justiça do Trabalho	1066
	2.4.14	Remuneração	1067
	2.4.15	Jornada..	1068
	2.4.16	Concentração..	1069
	2.4.17	Férias..	1070
	2.4.18	Prescrição..	1070
	2.4.19	Exames...	1070
Questionário..			1071

Capítulo III – Bancário.. 1072

3.1	Jornada de trabalho..	1072
3.2	Cargo de confiança...	1073
3.3	Hora extra..	1075
3.4	Remuneração	1075
3.5	Justa causa	1076
3.6	Sucessão..	1076
Questionário..		1076

Capítulo IV – Contrato por Prazo Indeterminado e Determinado................ 1077

4.1		Contrato por prazo indeterminado	1077
4.2		Contrato por prazo determinado..	1078
	4.2.1	Renovação: consequências...	1078
4.3		Contrato de experiência...	1079
	4.3.1	Consequências do descumprimento..............................	1081
4.4		Contratos de safra	1082
4.5		Contrato de temporada	1082

4.6		Contrato de trabalho por obra certa (Lei 2.959/56)		1082
4.7		Contrato de trabalho por equipe...		1084
4.8		Contrato por prazo determinado (Lei 9.601/98 e Decreto 2.490/98)...		1085
4.9		Contrato de trabalho intermitente...		1087
	4.9.1	Aspectos legais do contrato de trabalho intermitente........		1087
		4.9.1.1	Conceito legal	1087
		4.9.1.2	Forma. Cláusulas contratuais obrigatórias e facultativas...	1087
		4.9.1.3	Convocação do empregado para a execução das tarefas contratuais	1088
		4.9.1.4	Pagamento dos salários e das contribuições do INSS e do FGTS..	1088
	4.9.2	Inconstitucionalidade das regras quanto ao pagamento do 13º salário e das férias...		1088
	4.9.3	Salário mínimo. Trabalho decente		1090
	4.9.4	Inconstitucionalidade da multa legal....................................		1091
	4.9.5	Trabalho intermitente e risco para terceiros.......................		1091
	4.9.6	Trabalho intermitente. Permanência do trabalhador dentro ou fora do estabelecimento do empregador por conveniência deste último. Tempo de serviço...		1092
	4.6.7	Inconstitucionalidade do Regulamento do Trabalho Intermitente		1092
Questionário..				1093

Capítulo V – Empregado Doméstico 1094
5.1		Aspectos do contrato de trabalho do empregado doméstico	1094
	5.1.1	Quais são as normas legais aplicáveis ao trabalho doméstico?..	1094
	5.1.2	Quem é o empregado doméstico?..	1096
	5.1.3	Qual é a idade mínima para ser contratado como empregado doméstico?...	1096
	5.1.4	Quem é o empregador doméstico?	1096
	5.1.5	Como distinguir a figura do "empregado doméstico" da "diarista"?..	1097
	5.1.6	As leis trabalhistas atingem os contratos de trabalho já vigentes?..	1097
	5.1.7	Com a Emenda Constitucional 72/13, como ficou o contrato de trabalho do empregado doméstico já existente? Como ficam os contratos a partir da LC 150?...................................	1098
	5.1.8	Como fazer o registro do empregado doméstico?	1099

	5.1.9	É necessário também um contrato escrito?	1099
	5.1.10	É válido o contrato por prazo determinado para o empregado doméstico?	1100
5.2	Questões e dúvidas sobre a remuneração e salário do empregado...		1101
	5.2.1	O empregado doméstico tem direito ao salário mínimo?.......	1101
	5.2.2	Existe um "salário mínimo estadual" para empregado doméstico?	1101
	5.2.3	Posso pagar um salário inferior ao salário mínimo nacional ou ao piso salarial estadual para o doméstico considerando o número de horas contratadas?..	1101
	5.2.4	A alimentação e a moradia são espécies de salário utilidade (*in natura*) para o empregado doméstico?	1102
	5.2.5	É necessário ter recibos dos pagamentos realizados?.........	1102
5.3	Proteção do salário..		1102
	5.3.1	O salário do empregado doméstico pode ser reduzido?	1102
	5.3.2	O salário produção pode ser inferior ao salário mínimo?	1103
	5.3.3	É obrigatório o pagamento do salário em moeda corrente?...	1103
	5.3.4	Há exigência quanto ao local, dia e hora para o pagamento do salário?..	1103
	5.3.5	Há regras quanto à periodicidade e tempestividade do pagamento do salário?	1103
	5.3.6	O empregador doméstico pode efetuar descontos no salário do empregado doméstico?...	1104
	5.3.7	O salário do empregado doméstico é penhorável?	1104
	5.3.8	O empregador doméstico pode pagar salários diferentes para seus empregados?...	1105
	5.3.9	A proteção salarial é aplicável ao empregado doméstico portador de deficiência?	1105
	5.3.10	O que significa dizer que o crédito trabalhista é privilegiado?...	1105
5.4	A jornada de trabalho diária e semanal do empregado		1105
	5.4.1	Qual é a jornada de trabalho do empregado doméstico?...	1105
	5.4.2	É possível para o empregado doméstico a fixação contratual da jornada a tempo parcial?...	1106
	5.4.3	O empregado doméstico tem direito à percepção de hora extra?...	1107
	5.4.4	Em quais hipóteses o empregado doméstico é obrigado a prestar horas extras?..	1107
		5.4.4.1 O que vem a ser o acordo de prorrogação de horas?..	1107

		5.4.4.2	O que é o acordo de compensação?............	1108
			5.4.4.2.1 Como se dá a compensação anual?.............................	1108
			5.4.4.2.2 Como pode ocorrer a compensação semanal?...................	1110
			5.4.4.2.3 O que vem a ser a "semana espanhola"?..........................	1110
		5.4.4.3	O que a lei considera como necessidade imperiosa que justifique a prorrogação da jornada de trabalho?...	1111
			5.4.4.3.1 O que é considerado "força maior"?............................	1111
			5.4.4.3.2 O que podem ser considerados como serviços inadiáveis?..........	1111
	5.4.5		As folgas e os feriados laborados podem ser computados no banco de horas para fins de compensação?...................	1111
	5.4.6		Caso o empregado trabalhe no dia de folga ou feriado, ele tem direito ao recebimento de horas extras?............	1112
	5.4.7		É obrigatória para o empregado doméstico a adoção de controle formal de jornada de trabalho (cartão de ponto ou livro de ponto)?...	1112
	5.4.8		Na hipótese de o empregado doméstico residir no local, como é que fica a duração da jornada de trabalho?............	1113
	5.4.9		É possível a adoção de "jornada flexível" para o empregado doméstico?...	1113
	5.4.10		É possível o regime de trabalho 12 x 36 para o empregado doméstico?...	1114
	5.4.11		Como fica a situação do empregado doméstico em viagens com o empregador	1114
5.5	Trabalho realizado no período noturno..............................			1115
5.6	Intervalos diários e semanais (finais de semana e feriados)..............			1115
	5.6.1		Como é o intervalo para refeição e descanso do empregado doméstico?...	1115
	5.6.2		Existe um número de horas mínimo entre o término de uma jornada de trabalho e início da outra?.................	1116
	5.6.3		O empregado tem direito de descansar aos domingos e feriados?...	1116
	5.6.4		O descanso do empregado doméstico deve ser sempre aos domingos?...	1117
	5.6.5		Como calcular e pagar o descanso semanal?...........	1117

5.7		O direito às férias do empregado doméstico	1118
	5.7.1	Quem marca o período de férias do empregado?	1118
	5.7.2	Quantos são os dias de férias? Elas podem ser divididas?.....	1118
	5.7.3	O que significa "férias vencidas", "proporcionais", "dobradas" e "indenizadas"?..	1118
	5.7.4	Qual é o valor a ser pago a título de férias? Qual é o prazo para pagamento?...	1119
	5.7.5	Férias do empregador também são férias para o empregado quando estão em viagem?	1119
	5.7.6	Existe a possibilidade de o empregado doméstico perder o direito às férias?	1120
	5.7.7	O empregado doméstico tem direito ao abono de férias?....	1121
	5.7.8	Como ficam as férias em caso de extinção do contrato de trabalho?	1121
5.8		O 13º salário do empregado doméstico....................................	1121
	5.8.1	O empregado doméstico tem direito ao 13º salário?.........	1121
	5.8.2	Qual é o valor do 13º salário e como calcular?.................	1121
	5.8.3	Quando deve ser pago o 13º salário?...............................	1122
5.9		Proteção à maternidade e à paternidade	1122
	5.9.1	A empregada doméstica tem os mesmos direitos que outras empregadas no que diz respeito à maternidade?................	1122
	5.9.2	A empregada doméstica tem direito à estabilidade gestante?	1122
	5.9.3	É possível exigir exames de gravidez da empregada doméstica?	1122
	5.9.4	Se a empregada ficar grávida no curso do contrato de experiência?...	1123
	5.9.5	E quando a empregada ficar grávida no curso do aviso prévio?...	1123
	5.9.6	Como compatibilizar o trabalho do dia a dia da empregada doméstica com a gravidez?...	1123
	5.9.7	Como funciona a licença-maternidade?	1123
	5.9.8	Em caso de aborto, qual é o direito da empregada?...........	1124
	5.9.9	A empregada que adota uma criança tem algum direito?....	1124
	5.9.10	É dever de o empregador pagar o salário-maternidade no período da licença-gestante ou decorrente de adoção de uma criança?	1124
	5.9.11	Quais são as consequências da ruptura do contrato de trabalho da empregada estável?	1124
	5.9.12	Pode ocorrer a dispensa com justa causa da empregada estável?	1124

	5.9.13	Em caso de abuso ou violação de direitos, pode a empregada considerar extinto o contrato de trabalho?................	1125
	5.9.14	Qual é o direito do empregado que se tornar pai?............	1125
5.10	O ambiente de trabalho, a doença e o acidente do trabalho............		1125
	5.10.1	O que pode ser considerado ambiente de trabalho no caso do empregado doméstico?...................................	1125
	5.10.2	De quem é o dever de zelar pelo meio ambiente de trabalho?...	1125
	5.10.3	Existem normas que disciplinam o ambiente de trabalho?...	1125
	5.10.4	Quais são as NRs aplicadas aos empregados domésticos?...	1126
	5.10.5	Como proceder quanto à realização de exames médicos?...	1127
	5.10.6	Cabe ao empregador fornecer e fiscalizar o uso de equipamentos de proteção?...................................	1127
	5.10.7	O que são as regras de ergonomia no trabalho? Como aplicá-las?...	1127
	5.10.8	O que pode ser considerado doença ou acidente do trabalho?...	1128
	5.10.9	Quem pode caracterizar uma doença ou acidente como decorrente do trabalho?...................................	1129
	5.10.10	Em caso de acidente ou doença do trabalho, o que deve fazer o empregador?...................................	1130
	5.10.11	O empregado doméstico tem direito à estabilidade decorrente do acidente de trabalho?...................................	1130
	5.10.12	No caso de acidente do trabalho, quais são os efeitos jurídicos?...................................	1130
5.11	O pedido de demissão do empregado e a dispensa imotivada por parte do empregador...................................		1130
	5.11.1	O que é o pedido de demissão?...................................	1130
	5.11.2	O que é a dispensa imotivada?...................................	1131
	5.11.3	Como se dá a extinção por mútuo acordo?............	1131
	5.11.4	O empregado doméstico tem direito à proteção em caso de dispensa arbitrária ou sem justa causa?................	1131
	5.11.5	Existem limitações ao direito do empregador dispensar o empregado sem justa causa?...................................	1132
	5.11.6	Quais são os direitos do empregado doméstico em caso de dispensa imotivada?...................................	1132
	5.11.7	Em caso de pedido de demissão, quais são os direitos do empregado doméstico?...................................	1132
	5.11.8	Como fica a baixa na CTPS do empregado?..............	1133
	5.11.9	Existem prazos para o pagamento das verbas rescisórias?....	1133

5.12	A dispensa com justa causa do empregado doméstico		1133
	5.12.1	O que é a dispensa com justa causa?..................................	1133
	5.12.2	Quais as cautelas do empregador quando da dispensa motivada?	1133
	5.12.3	Em quais hipóteses o empregador pode dispensar com justa causa o empregado?	1134
	5.12.4	Quais são as verbas trabalhistas que o empregado tem direito na dispensa com justa causa?...	1136
	5.12.5	Existem outras consequências da falta grave cometida pelo empregado?	1136
5.13	A falta grave cometida pelo empregador ou simultaneamente pelos contratantes...		1136
	5.13.1	O que é a "falta grave do empregador"?	1136
	5.13.2	Quais as cautelas do empregado na configuração da rescisão indireta?..	1136
	5.13.3	Quais são os atos ou condutas considerados como graves?...	1137
	5.13.4	Quais são as verbas a serem pagas pelo empregador?........	1138
	5.13.5	O que é a culpa recíproca?	1138
	5.13.6	Quais são os direitos do empregado no caso de extinção por culpa recíproca?..	1138
	5.13.7	Existem outras consequências da falta grave cometida?....	1138
5.14	Outras causas que ensejam a extinção do contrato de trabalho		1138
	5.14.1	Existem outras causas que ensejam a extinção do contrato de trabalho?...	1138
	5.14.2	Com a extinção do contrato em caso de morte, quais são as verbas trabalhistas a serem quitadas?.............................	1139
	5.14.3	A aposentadoria causa a extinção do contrato de trabalho?...	1139
5.15	O direito ao aviso prévio		1139
	5.15.1	O que é o aviso prévio?..	1139
	5.15.2	O empregado doméstico tem direito ao aviso prévio?.......	1140
	5.15.3	O empregado doméstico é obrigado a conceder o aviso prévio?..	1140
5.16	O Fundo de Garantia por Tempo de Serviço (FGTS)		1140
	5.16.1	O que é o FGTS?...	1140
	5.16.2	O empregado doméstico tem direito ao FGTS?	1141
	5.16.3	Esse direito é de aplicação imediata?	1141
	5.16.4	Como fazer o recolhimento?...	1141

5.17		Sindicato e normas coletivas de trabalho nas relações envolvendo os empregados domésticos	1142
	5.17.1	O que são as convenções coletivas de trabalho e os acordos coletivos de trabalho?	1142
	5.17.2	Qual é a finalidade das convenções e acordos coletivos de trabalho?	1142
	5.17.3	Existem acordos ou convenções coletivas de trabalho para os empregados domésticos?	1142
5.18		Prazos prescricionais para o empregado doméstico	1143
5.19		Os descontos legais e o Simples Doméstico	1144
5.20		Direitos e Questões Previdenciárias	1145
	5.20.1	É obrigatória a filiação do empregado doméstico ao INSS?	1145
	5.20.2	O que é carência para fins previdenciários?	1145
	5.20.3	Qual é o valor do benefício previdenciário?	1146
	5.20.4	O empregado doméstico é beneficiário da legislação referente ao acidente de trabalho?	1146
	5.20.5	O empregado doméstico tem direito ao auxílio-acidente?	1147
	5.20.6	O empregado doméstico tem direito ao salário-família?	1147
	5.20.7	O empregado doméstico tem direito à assistência gratuita aos filhos e dependentes desde o nascimento até 6 meses de idade em creches e pré-escolas?	1148
	5.20.8	O empregado doméstico se beneficia do seguro-desemprego?	1148
	5.20.9	O empregado doméstico tem direito à aposentadoria?	1149
Questionário			1149

Capítulo VI – Trabalho em Domicílio 1151
Questionário 1152

Capítulo VII – Engenheiro e Outros 1153
7.1 Remuneração e respectiva jornada de trabalho dos engenheiros, químicos, arquitetos, agrônomos e veterinários 1153
Questionário 1155

Capítulo VIII – Estagiário 1156
8.1 Legislação aplicável 1156
8.2 Conceito de estágio 1156
    8.2.1 Atividades equiparadas ao estágio 1157
8.3 Os princípios da relação de estágio 1157
8.4 Características do contrato de estágio 1158
    8.4.1 Solene 1159

		8.4.2 Tripartite	1159
		8.4.3 Oneroso	1160
		8.4.4 Trato sucessivo	1160
		8.4.5 Subordinativo	1160
		8.4.6 Atividade	1161
	8.5	Espécies	1161
		8.5.1 Exigibilidade	1162
		8.5.2 Finalidade	1162
	8.6	Requisitos para a validade do contrato de estágio	1162
		8.6.1 Requisitos subjetivos	1162
		8.6.2 Requisitos objetivos	1164
	8.7	Vínculo de estágio e vínculo de emprego	1166
	8.8	Direitos do estagiário	1167
		8.8.1 Jornada de trabalho	1167
		8.8.2 Recesso anual	1168
		8.8.3 Seguro contra acidentes pessoais	1169
		8.8.4 Proteção à saúde e segurança	1169
		8.8.5 Bolsa de estudo e o auxílio-transporte	1169
		8.8.6 Condição do estagiário perante a Previdência Social	1170
	Questionário		1170

Capítulo IX – Jornalista 1171
   9.1 Conceito de jornalista e de empresa jornalística 1171
   9.2 Exercício da função de jornalista 1172
   9.3 Jornada de trabalho 1172
   Questionário 1173

Capítulo X – Médicos e Dentistas 1174
   10.1 Salário mínimo 1175
   10.2 Jornada de trabalho 1175
   10.3 Jornada dos médicos na administração pública federal 1176
   10.4 Médico-residente 1176
   Questionário 1177

Capítulo XI – Professor 1178
   11.1 Conceito 1178
   11.2 Regulamentação 1179
      11.2.1 Repouso semanal remunerado 1180
      11.2.2 Jornada de trabalho 1180
      11.2.3 Remuneração 1182
      11.2.4 Concessão do aviso prévio no curso das férias escolares 1183
      11.2.5 Piso salarial da educação básica 1183
   Questionário 1184

Capítulo XII – Teletrabalho ... 1185
- 12.1 Introdução ... 1185
- 12.2 Conceitos de tecnologia e de telemática ... 1185
- 12.3 O fenômeno do teletrabalho ... 1187
- 12.4 Vantagens e desvantagens econômicas e jurídicas ... 1189
- 12.5 Modalidades ... 1189
- 12.6 Natureza jurídica ... 1190
- 12.7 Aspectos jurídicos do teletrabalho e a Reforma Trabalhista ... 1193
  - 12.7.1 Morfologia do contrato de trabalho e do teletrabalho ... 1193
  - 12.7.2 O negociado sobre o legislado ... 1193
  - 12.7.3 Cláusulas contratuais específicas ... 1194
  - 12.7.4 Aquisição e manutenção de equipamentos e da infraestrutura ... 1194
  - 12.7.5 Reversibilidade das cláusulas de prestação do trabalho em teletrabalho ... 1195
  - 12.7.6 Jornada de trabalho ... 1195
  - 12.7.7 Saúde do trabalhador e intervalo especial ... 1196
- Questionário ... 1197

Capítulo XIII – Trabalhador Avulso ... 1199
- 13.1 Trabalhador avulso ... 1199
- 13.2 Trabalhador eventual e o avulso ... 1202
- 13.3 Trabalhador avulso portuário e o Órgão Gestor de Mão de Obra (OGMO) ... 1202
  - 13.3.1 Órgão Gestor de Mão de Obra (OGMO) ... 1203
  - 13.3.2 Responsabilidades do OGMO quanto aos salários e demais direitos do trabalhador portuário avulso ... 1204
  - 13.3.3 Inscrição do trabalhador portuário avulso ... 1205
  - 13.3.4 Multifuncionalidade na área portuária ... 1206
  - 13.3.5 Escalas de trabalho ... 1208
- 13.4 Trabalhador portuário – empregado ... 1209
- 13.5 Terminal de uso privado e a contratação de mão de obra portuária ... 1210
- 13.6 Operador portuário e o trabalho temporário ... 1213
- 13.7 Trabalhador avulso e a Lei 12.023/2009 ... 1214
- Questionário ... 1216

Capítulo XIV – Trabalhador Temporário ... 1217
- 14.1 Introdução ... 1217
- 14.2 Empresa de Trabalho Temporário ... 1218
- 14.3 Empresa Contratante no Trabalho Temporário ... 1219

14.4	Trabalhador Temporário	1219
14.5	Contrato de Trabalho Temporário	1219
14.6	Prazo do Contrato de Trabalho Temporário	1221
14.7	Direitos do Trabalhador Temporário	1223
	Questionário	1225

Capítulo XV – Trabalho Rural 1226
15.1	Sistema jurídico	1226
15.2	Trabalho rural e as atividades industriais	1226
15.3	Tipologia: trabalhadores	1230
	15.3.1 Empregado rural	1230
	15.3.2 Parceria	1232
	15.3.3 Arrendamento e meação	1234
	15.3.4 Empregado de granja ou sítio de lazer	1235
	15.3.5 Trabalhador eventual	1235
	15.3.6 Parentes do pequeno proprietário	1236
15.4	Empregador rural	1236
	15.4.1 Grupo econômico no trabalho rural	1236
	15.4.2 Consórcio de empregadores na área rural	1237
	15.4.3 Cooperativas e trabalho rural	1238
	15.4.4 O trabalho temporário e o trabalho rural	1239
	15.4.5 Sucessão	1239
15.5	Direitos individuais do trabalhador rural	1240
	15.5.1 Idade mínima	1240
	15.5.2 Duração da jornada de trabalho	1241
	15.5.2.1 Prorrogação da jornada de trabalho	1241
	15.5.3 Salário *in natura*	1242
	15.5.4 Extinção do contrato de trabalho	1244
	15.5.5 Adicional de insalubridade e periculosidade	1244
	15.5.6 Salário-família	1244
	15.5.7 Aviso prévio	1244
	15.5.8 Contrato de safra	1245
	15.5.9 Proteção do ensino	1245
	15.5.10 Trabalhador rural contratado por pequeno prazo	1245
	15.5.11 Intervalo intrajornada	1246
15.6	Prescrição	1246
	Questionário	1248

Capítulo XVI – Trabalho Voluntário 1249
	Questionário	1250

PARTE VI
DIREITO COLETIVO DO TRABALHO

Capítulo I – Aspectos Históricos do Direito Coletivo do Trabalho 1253
    1.1   Origens históricas 1253
    1.2   Fase da proibição 1257
    1.3   Fase de tolerância 1258
    1.4   Reconhecimento 1258
    1.5   No Brasil 1259
    Questionário 1270

Capítulo II – Relações Coletivas do Trabalho 1271
    2.1   Relações de trabalho: individual e coletiva 1271
    2.2   Denominação: direito coletivo do trabalho, direito sindical ou direito social 1275
    2.3   Definição e conteúdo 1276
    2.4   Funções do direito coletivo do trabalho 1277
    Questionário 1278

Capítulo III – Princípios de Direito Coletivo 1279
    3.1   Princípios asseguratórios da existência do ser coletivo 1280
        3.1.1   Princípio da liberdade sindical 1280
            3.1.1.1   Liberdade sindical no setor público 1286
            3.1.1.2   Liberdade sindical no setor público brasileiro 1286
        3.1.2   Princípio da autonomia sindical 1288
    3.2   Princípios regentes das relações entre os seres coletivos 1289
        3.2.1   Princípio da interveniência sindical na normatização coletiva 1289
        3.2.2   Princípio da equivalência dos contratantes coletivos 1290
        3.2.3   Princípio da lealdade e transparência na negociação 1290
    3.3   Princípios que tratam das relações e efeitos perante o universo e comunidade jurídicos das normas produzidas 1290
        3.3.1   Princípio da criatividade jurídica da negociação coletiva 1291
        3.3.2   Princípio da adequação setorial negociada 1291
    Questionário 1294

Capítulo IV – Organização Sindical 1295
    4.1   Integrantes da organização sindical brasileira 1295
        4.1.1   Sindicatos 1295
            4.1.1.1   Natureza jurídica do sindicato 1296
        4.1.2   Federação e confederação 1297

4.2	Categorias		1298
4.3	Centrais sindicais		1301
	4.3.1	Atribuições e prerrogativas da central sindical e a representatividade	1302
	4.3.2	Centrais sindicais reconhecidas	1305
	4.3.3	Centrais sindicais e os conselhos colegiados	1305
Questionário			1305

Capítulo V – Entidades Sindicais 1306

5.1	Entidades sindicais		1306
5.2	Condições de registro e funcionamento		1306
5.3	Denominação		1307
5.4	Atividades e prerrogativas		1307
	5.4.1	Defesa dos interesses	1308
	5.4.2	Celebrar normas coletivas de trabalho	1315
	5.4.3	Eleição dos representantes da categoria	1317
	5.4.4	Colaboração na solução de problemas	1318
5.5	Contribuições em favor das entidades sindicais		1318
	5.5.1	Contribuição sindical	1318
		5.5.1.1 Origem e fundamento legal	1318
		5.5.1.2 Contribuição sindical dos trabalhadores	1320
		5.5.1.3 Contribuição sindical das empresas	1320
		5.5.1.4 Rateio legal	1322
		5.5.1.5 Cobrança	1323
	5.5.2	Contribuição confederativa	1324
	5.5.3	Contribuição assistencial	1325
	5.5.4	Mensalidade associativa	1326
5.6	Práticas antissindicais		1326
Questionário			1328

Capítulo VI – Representação dos Trabalhadores na Empresa 1329

6.1	Origens históricas	1329
6.2	Conceito e natureza jurídica	1329
6.3	Fundamentos	1330
6.4	Formas de representação	1331
6.5	Representação dos trabalhadores na empresa pelo prisma da OIT	1331
6.6	Representante de pessoal	1332
6.7	Cogestão	1334
6.8	Comissão de representação dos empregados (Reforma Trabalhista)	1335
	6.8.1 Aspectos legais	1335
	6.8.2 A representação sindical e a comissão	1336
Questionário		1339

Capítulo VII – Conflitos Coletivos do Trabalho 1340
    7.1   Conflitos de trabalho 1340
            7.1.1   Conceito.. 1340
            7.1.2   Classificação dos conflitos 1343
                    7.1.2.1   Conflitos coletivos de trabalho......................... 1346
    7.2   Formas de solução de conflitos coletivos de trabalho...................... 1350
            7.2.1   Meios de solução de conflitos coletivos de trabalho apregoados pela OIT 1356
    7.3   Principais meios de solução de conflitos.. 1358
            7.3.1   Negociação coletiva.. 1359
                    7.3.1.1   Negociação coletiva de trabalho no Brasil...... 1363
            7.3.2   Conciliação e mediação.. 1369
                    7.3.2.1   Conciliação 1369
                    7.3.2.2   Mediação 1370
                    7.3.2.3   Conciliação e mediação no Brasil.................... 1372
            7.3.3   Arbitragem.. 1373
                    7.3.3.1   Arbitragem no Brasil 1377
            7.3.4   Jurisdição.. 1379
                    7.3.4.1   Poder normativo da Justiça do Trabalho do Brasil 1381
    Questionário.. 1395

Capítulo VIII – Meios de Pressão, Greve e *Lockout* 1396
    8.1   Meios de pressão 1396
    8.2   Greve.. 1397
            8.2.1   Aspectos históricos... 1397
            8.2.2   Conceituação 1399
            8.2.3   Natureza jurídica.. 1401
            8.2.4   Aspectos do direito de greve na visão da OIT 1404
            8.2.5   Greve no direito brasileiro 1406
                    8.2.5.1   Conceito legal 1406
                    8.2.5.2   Legitimidade para instauração 1407
                    8.2.5.3   Procedimentos para deflagração..................... 1408
                    8.2.5.4   Negociação direta e mediação.......................... 1410
                    8.2.5.5   Dissídio coletivo de trabalho 1410
                    8.2.5.6   Decisão judicial sobre a greve.......................... 1413
                    8.2.5.7   Manutenção da greve após a decisão judicial ... 1414
                    8.2.5.8   Efeitos quanto ao contrato individual de trabalho 1415
                    8.2.5.9   Pagamento dos salários 1417

		8.2.5.10	Responsabilidade pelos danos causados	1418
			8.2.5.10.1 Responsabilidade do trabalhador..	1418
			8.2.5.10.2 Responsabilidade do sindicato ...	1418
8.3	Abuso de direito e o direito de greve			1420
	8.3.1	Conceito de abuso de direito		1420
	8.3.2	Direito de greve é um direito absoluto?		1421
	8.3.3	Hipóteses que justificam a greve como sendo abusiva.......		1422
8.4	*Lockout*...			1425
Questionário...				1427

Capítulo IX – Negociação Coletiva 1428

9.1	Negociação coletiva..	1428
9.2	Princípios que informam a negociação coletiva	1432
	9.2.1 Princípio da contradição e da cooperação............................	1432
	9.2.2 Princípio da preservação do bem-estar social....................	1432
	9.2.3 Princípio da preservação dos interesses comuns	1432
	9.2.4 Princípio da boa-fé...	1432
9.3	Funções da negociação coletiva..	1433
9.4	A negociação coletiva e os modelos jurídicos	1434
	9.4.1 A reforma trabalhista e a negociação coletiva	1436
9.5	Etapas da negociação coletiva...	1439
Questionário...		1442

Capítulo X – Instrumentos Normativos Negociados............................ 1443

10.1	Introdução	1443
10.2	Convenção e acordo coletivo de trabalho	1443
	10.2.1 Convenção coletiva – natureza jurídica	1444
	10.2.2 Conteúdo e efeitos...	1447
	10.2.3 Incorporação das cláusulas típicas ao contrato de trabalho..	1451
	10.2.4 Extensão..	1453
	10.2.5 Forma e duração..	1453
	10.2.6 Limite da multa imposta em norma coletiva......................	1456
10.3	Contrato coletivo de trabalho..	1456
Questionário...		1457

Referências Bibliográficas.. 1459

Parte I

INTRODUÇÃO AO DIREITO DO TRABALHO

Capítulo I
HISTÓRICO DO TRABALHO HUMANO

Para se compreender a atual concepção do trabalho humano[1] é importante uma análise da história, para lembrarmos que os direitos hoje existentes não são originários de dádivas, mas, ao contrário, são frutos de incessantes lutas dos trabalhadores.

A princípio, a abordagem histórica do trabalho humano irá destacar: a escravidão, a servidão e a corporação. Posteriormente, adentrar-se-á no exame dos seguintes tópicos: trabalho humano na Revolução Industrial e o surgimento da sociedade industrial e do trabalho assalariado.

1.1 ESCRAVIDÃO

O trabalho, na Antiguidade (período que se estendeu desde a invenção da escrita – 4000 a. C. a 3500 a. C. – à queda do Império Romano do Ocidente – 476 d. C.) e início da Idade Média (século V), representava punição, submissão, em que os trabalhadores eram os povos vencidos nas batalhas, os quais eram escravizados. O trabalho não era

---

[1] Trabalho pode ser definido como "toda atividade realizada pelo homem civilizado que transforma a natureza pela inteligência. Há mediação entre o homem e a natureza: domando-a ela a seu desejo, visa a extrair dela sua subsistência. Realizando essa atividade, o homem se transforma, se autoproduz e, ao se relacionar com outros homens, na realização da atividade, estabelece a base das relações sociais. Dessa forma, a diferença entre o homem e o animal fica evidente, pois o ninho do pássaro ou a casa da abelha, por exemplo, são atividades regidas pelo instinto, programadas, nas quais não há a intervenção da inteligência. De acordo com Karl Marx, pensador e político alemão, a capacidade de projeção da consciência na idealização de uma casa é que distingue o pior arquiteto da mais hábil abelha. Visto dessa forma, o trabalho é um ato de liberdade. Ele se torna alienado quando é parcelarizado, rotinizado, despersonalizado e leva o homem a sentir-se alheio, distante ou estranho àquilo que produz. As imposições de um poder burocrático que decide pelo trabalhador fazem do trabalho o dominador da natureza e da natureza humana. Vivendo no universo da mercadoria, o trabalhador também se torna mercadoria, distanciando-se dos outros homens e até de si mesmo. A perda da autonomia em suas atividades faz com que ele não se reconheça mais como o responsável pelo produto do trabalho realizado. De origem controversa, a palavra 'trabalho' remete ao latim *tripalium*, nome do instrumento formado por três estacas utilizadas para manter presos bois ou cavalos difíceis de ferrar. No latim vulgar, ela significa 'pena ou servidão do homem à natureza'. Inicialmente considerado esforço de sobrevivência, o trabalho transformou-se ao longo da História em ação produtiva, ocupação e, para muitos, algo gratificante em termos existenciais" (CARMO, Paulo Sérgio do. *A ideologia do trabalho*, p. 15).

dignificante para o homem. A escravidão era tida como coisa justa e necessária. Para ser culto, era necessário ser rico e ocioso.

A escravidão, como um sistema social, apresenta os seres humanos divididos em duas classes: senhores e escravos. Para os escravos não se concede o reconhecimento da personalidade jurídica; equiparam-se às coisas, sendo objeto de uma relação jurídica (alienados como qualquer outro bem jurídico), não tendo direitos ou liberdades; são obrigados a trabalhar, sem qualquer tipo de garantia, não percebendo nenhum salário.

Sobre o trabalho humano na Antiguidade, Mozart Victor Russomano[2] diz: *"Se olharmos para trás e avistarmos, entre as névoas de tantos séculos, a sociedade romana, não deixará de nos parecer surpreendente que aquele povo, com agudo senso de respeito à pessoa do homem, tenha reduzido à condição de simples coisa os seus semelhantes condenados ao martírio e à ignomínia da escravidão.*

Os governantes e os sociólogos, mesmo os gênios, como César, Platão e Aristóteles, sofrem o peso e a influência daquilo que se costuma chamar o espírito da época. O talento e a inspiração os elevam às alturas imensuráveis, mas o meio, o preconceito, os hábitos individuais, os costumes, a família, a sociedade, as tradições que puxam para a terra do que já existe. Eis porque, mesmo nas sociedades ideais dos filósofos, mesmo na república platônica e na política aristotélica, o trabalhador, submetido à escravatura, não recebeu o título e as honras do cidadão, permanecendo à margem da vida.

Sendo assim é, facilmente, compreensível por que, no Direito Romano, reina silêncio profundo a respeito da regulamentação do trabalho: o trabalhador era escravo e o escravo não era homem, era objeto do direito de propriedade e tratado, pelas leis e pelos cidadãos, como as coisas de que dispomos."

A escravidão não só existiu na Antiguidade, como também esteve presente nas Idades Média e Moderna. Segadas Vianna[3] discorre: *"Nos tempos medievais a escravidão também existiu e os senhores feudais faziam grande número de prisioneiros, especialmente entre os 'bárbaros' e 'infiéis', mandando vendê-los como escravos nos mercados de onde seguiriam para o Oriente Próximo. Sob vários pretextos e títulos, a escravização dos povos mais fracos prosseguiu por muitos séculos; em 1452, o Papa Nicolau autorizava o rei de Portugal a combater e reduzir à escravidão todos os muçulmanos, e em 1488 o rei Fernando, o Católico, oferecia dez escravos ao Papa Inocêncio VII, que os distribuiu entre cardeais.*

Mesmo na Idade Moderna (1453 – Queda de Constantinopla) a escravidão continuou e tomou incremento com o descobrimento da América. Os espanhóis escravizaram os indígenas das terras descobertas e os portugueses não só aqueles, como também faziam incursões na costa africana, conquistando escravos para trazer para as terras do Novo Continente. Ingleses, franceses e holandeses, por outro lado, através de companhias e piratas, faziam, para suas colônias, o tráfico de escravos.

---

[2] RUSSOMANO, Mozart Victor. *O empregado e o empregador no direito brasileiro*, 6. ed., p. 11.
[3] VIANNA, Segadas; SÜSSEKIND, Arnaldo; MARANHÃO, Délio; LIMA, Teixeira. *Instituições de direito do trabalho*, v. 2, 19. ed., p. 28.

Recebendo o seu maior golpe com a Revolução Francesa, que proclamou a indignidade da escravidão, esta, a partir de 1857, foi também proscrita oficialmente dos territórios sob o domínio da Inglaterra. Oitenta anos depois a Liga das Nações reconhecia ainda existirem escravos na Ásia e na África, e, ainda agora, passado mais de um século, esse estigma da civilização ainda perdura em alguns pontos desses dois continentes."

Na colonização do Brasil, os portugueses adotaram o regime da escravidão, no início com os indígenas e, posteriormente, com os negros trazidos da África. Pela Lei áurea, promulgada a 13/5/1888, houve a abolição da escravidão no Brasil.

Pela legislação penal vigente (art. 149, CP),[4] é crime reduzir alguém à condição análoga à de escravo, porém, mesmo assim, ainda existe "escravidão" no Brasil, o que,

---

[4] Pela antiga redação do Código Penal Brasileiro (art. 149, CP), o legislador considerava como crime: reduzir alguém a condição análoga à de escravo. A doutrina indicava: "Para a tipificação, não se exige que haja uma verdadeira escravidão, nos moldes antigos. Contenta-se a lei com a completa submissão do ofendido ao agente. O crime pode ser praticado de variados modos, sendo mais comum o uso de fraude, retenção de salários, ameaça ou violência. Infelizmente, ainda hoje, há prática desse crime em fazendas ou plantações [...] Quanto ao consentimento da vítima, é considerado irrelevante, por se tratar de uma 'completa alienação da própria liberdade, do aniquilamento da personalidade humana, da plena renúncia de si: coisa que se contrapõe aos escopos da civilização e do direito, e ao qual o ordenamento jurídico não pode prestar o auxílio da própria aprovação' (Eugenio Florian, *Trattato di Diritto Penale – Delitti contro la Liberta Individuale*, Casa Editrice Dott, Francesco Vallardi, 1936, p. 284-285). Todavia, exige-se do julgador 'cuidadosa análise dos fatos em situações duvidosas', como na 'hipótese em que o sujeito passivo se coloca e se mantém numa situação de sujeição total, sem que haja qualquer iniciativa por parte da pessoa favorecida' (H. Fragoso, Lições de Direito Penal, 1995, Parte Especial, v. 1, p. 161)" (DELMANTO, Celso; DELMANTO, Roberto; DELMANTO JUNIOR, Roberto; DELMANTO, Fabio Machado de Almeida. *Código penal comentado*. São Paulo: Renovar. 5. ed., p. 296). Com a Lei 10.803/03, o legislador alterou o tipo penal previsto no art. 149: *"Reduzir alguém a condição análoga à de escravo, quer submetendo-o a trabalhos forçados ou a jornada exaustiva, quer sujeitando-o a condições degradantes de trabalho, quer restringindo, por qualquer meio, sua locomoção em razão de dívida contraída com o empregador ou preposto: Pena – reclusão, de dois a oito anos, e multa, além da pena correspondente à violência"*. O novo texto legal evidenciou mais o que vem a ser "condição análoga à de escravo". Ocorre o crime quando a vítima é submetida: (a) a trabalhos forçados ou a jornada exaustiva: (b) condições degradantes de trabalho; (c) restrição por qualquer meio, sua locomoção em razão de dívida contraída com o empregador ou preposto. Também incorrerá nas mesmas penas quem: (a) cerceia o uso de qualquer meio de transporte por parte do trabalhador, com o fim de retê-lo no local de trabalho; (b) mantém vigilância ostensiva no local de trabalho ou se apodera de documentos ou objetos pessoais do trabalhador, com o fim de retê-lo no local de trabalho (art. 149, § 1º, I e II). A pena é aumentada de metade, se o crime é cometido: (a) contra criança ou adolescente; (b) por motivo de preconceito de raça, cor, etnia, religião ou origem (art. 149, § 2º, I e II). A doutrina tem dito que o "trabalho escravo ou análogo à condição de escravo" é gênero e tem por modalidades o trabalho forçado e o trabalho degradante: *"Em ambas as modalidades, o princípio da dignidade da pessoa humana é afrontado. Desse modo, 'podemos definir trabalho em condições análogas à condição de escravo como o exercício do trabalho humano em que há restrição, em qualquer forma, à liberdade do trabalhador, e/ou quando não são respeitados os direitos mínimos para o resguardo da dignidade do trabalhador"* (GARCIA, Gustavo Filipe Barbosa. *Curso de direito do trabalho*. 3. ed., p. 176). Atualmente, podemos citar como hipóteses de trabalho escravo: (a) não pagamento de salários; (b) péssimas condições de trabalho (barracos

por exemplo, revela-se diante dos "vales" que o trabalhador nunca consegue pagar. Em vários locais, notadamente nas áreas rurais, os empregados são obrigados a comprar os alimentos para a sua subsistência no armazém da fazenda, a preço exorbitante, não tendo condições de quitar as dívidas, ficando, indefinidamente, sujeitos aos mandos e desmandos dos patrões.

A EC 81/14 fixou nova redação para o art. 243, *caput*, CF, no sentido de que as propriedades rurais e urbanas de qualquer região do Brasil onde forem localizadas culturas ilegais de plantas psicotrópicas ou a exploração de trabalho escravo na forma da lei serão expropriadas e destinadas à reforma agrária e a programas de habitação popular, sem qualquer indenização ao proprietário e sem prejuízo de outras sanções previstas em lei, observado, no que couber, o disposto no art. 5º, CF.

Também por imposição da EC 81/14, o parágrafo único do art. 243 assevera que todo e qualquer bem de valor econômico apreendido em decorrência do tráfico ilícito de entorpecentes e drogas afins e da exploração de trabalho escravo será confiscado e reverterá a fundo especial com destinação específica, na forma da lei.

---

ou barracões como forma de alojamento; precárias instalações sanitárias; falta de água potável; inexistência de local apropriado para refeição; ausência de equipamentos de proteção etc.); (c) ausência de registro na carteira de trabalho; (d) impossibilidade de deslocamento do local de trabalho para outras áreas (locais de trabalho de difícil acesso, limitando-se, assim, o direito de ir e vir; presença de vigilância armada ou de armas no local de trabalho); (e) o endividamento dos trabalhadores por obrigações de alimentos ou de outros produtos de primeira necessidade junto aos tomadores dos serviços (*truck-system*); (f) aliciamento de trabalhadores para outras regiões do País ou para o exterior, com emprego de falsas promessas quanto às condições de trabalho e de salário; (g) meio ambiente natural ou artificial agressivo para a presença do trabalho humano. A Lei 13.344, de 6/10/2016, incluiu ao CP o art. 149-A, o qual dispõe sobre prevenção e repressão ao tráfico interno e internacional de pessoas e sobre medidas de atenção às vítimas. Nos termos do art. 149-A, reputa-se crime agenciar, aliciar, recrutar, transportar, transferir, comprar, alojar ou acolher pessoa, mediante grave ameaça, violência, coação, fraude ou abuso, com a finalidade de: (a) remover-lhe órgãos, tecidos ou partes do corpo; (b) submetê-la a trabalho em condições análogas à de escravo; (c) submetê-la a qualquer tipo de servidão; (d) adoção ilegal; (e) exploração sexual. A pena é de 4 a 8 anos, sendo aumentada de um terço até a metade se: (a) o crime for cometido por funcionário público no exercício de suas funções ou a pretexto de exercê-las; (b) o crime for cometido contra criança, adolescente ou pessoa idosa ou com deficiência; (c) o agente se prevalecer de relações de parentesco, domésticas, de coabitação, de hospitalidade, de dependência econômica, de autoridade ou de superioridade hierárquica inerente ao exercício de emprego, cargo ou função; (d) a vítima do tráfico de pessoas for retirada do território nacional. Será reduzida de um a dois terços se o agente for primário e não integrar organização criminosa. A Portaria Interministerial 4, de 11/5/2016, do MTE/SEDH, trata do cadastro de empregadores autuados administrativamente por explorar mão de obra de forma análoga à de escravos. A IN 139/2018, de 22/01/2018, do MTE, dispõe sobre a fiscalização para a erradicação do trabalho em condição análoga à de escravo. A Portaria 1.129, de 13/10/2017, do Ministério do Trabalho, estabeleceu os conceitos de trabalho forçado, jornada exaustiva e condições análogas à de escravo para fins de concessão de seguro-desemprego ao trabalhador que vier a ser resgatado em fiscalização do Ministério do Trabalho. Na ADPF 489, o STF, por decisão liminar da Ministra Rosa Weber, suspendeu os efeitos da Portaria 1.129.

1.2 SERVIDÃO

Na Antiguidade (período que se estendeu desde a invenção da escrita – 4000 a. C. a 3500 a. C. – à queda do Império Romano do Ocidente – 476 d. C.) e início da Idade Média (século V), o trabalho humano apresenta-se sob o regime da escravidão, sendo que o trabalho livre é a exceção. Com o feudalismo, houve uma evolução no trabalho humano. O trabalho deixou de ser escravo e passou a ser servil.

O feudalismo, adotado na Europa durante os séculos X ao XIII, representa o regime pelo qual alguém se tornava vassalo de um senhor, prestando serviços, obediência e auxílio; por sua vez, recebia do senhor, em troca da proteção e do sustento, um feudo (concessão de terras ou de rendimentos). Deixa de haver a exploração do homem pelo próprio homem. O trabalho servil, mesmo que de uma forma tênue, apresenta certa bilateralidade.

Para Segadas Vianna,[5] *"a servidão foi um tipo muito generalizado de trabalho em que o indivíduo, sem ter a condição jurídica de escravo, na realidade não dispunha de sua liberdade. Foi uma situação marcante da inexistência de governos fortes centralizados, de sistemas legais organizados ou de qualquer comércio intenso, assim como de circulação monetária. A servidão pode ser apontada como uma das características das sociedades feudais, e os juristas medievais, como Azo e Bracton, justificavam-na com a classificação romana, que identificava os escravos aos não livres, dizendo que os homens eram aut liberi aut servi. Sua base legal estava na posse da terra pelos senhores, que se tornavam os possuidores de todos os direitos, numa economia que se firmava na terra – agricultura ou pecuária.*

Não sendo escravos, na completa expressão do termo, estavam os servos sujeitos às mais severas restrições, inclusive de deslocamento, e os vilains francs e sokemen das aldeias senhoriais de Flandres e da Inglaterra raramente tinham licença para se locomover para outras terras".

Ao final da Idade Antiga, o trabalho humano adotava o regime de colonato, ou seja: a predominância do trabalho agrário, em que o camponês retira da terra a sua subsistência, porém, fica sujeito aos tributos, sem se transformar no proprietário da terra. É o começo da fixação do trabalhador à terra, representando, de forma indireta, a sujeição deste à pessoa do proprietário rural.

Nos primórdios da Idade Média surge o regime da servidão à gleba, como desdobramento histórico do regime do colonato.

Em linhas gerais, a servidão representa um regime social e jurídico, no qual os trabalhadores, cultivadores da terra, estavam ligados, hereditariamente, a uma terra ou a um senhor. A princípio, o servo é visto como "coisa". No entanto, no início da Idade Média, é reconhecida personalidade jurídica ao servo, passando a servidão a representar os laços de dependência pessoal entre o colono e o dono da terra.

---

[5] SÜSSEKIND, Arnaldo et al. Ob. cit., p. 29.

A respeito dos laços dessa dependência, Mozart Victor Russomano[6] afirma que: *"O camponês parece, à primeira vista, ser, ainda, uma coisa – como no regime da escravatura – coisa móvel, acessória da terra. Estava ele submetido a um regime de estrita dependência do senhor feudal, dono da gleba. O senhor era o amo. O uso da terra, pelo servo, era retribuído com produtos da agricultura, com serviços e, até mesmo, em certos momentos, com dinheiro. Os filhos do servo também eram servos, de modo que o juramento de fidelidade se transmitia de geração a geração, o que constituía uma forma de manter o statu quo econômico, político e social do feudalismo. Mas, apesar disso tudo, o servo, na verdade, não é mais "coisa". O direito da época lhe reconhecia determinados direitos civis. Por exemplo: ele podia contrair núpcias. Embora o casamento dependesse de prévia autorização do senhor feudal, o ato podia consumar-se, pressupondo o direito do servo a constituir família. Pouco a pouco, o trabalhador ressurgiu, na superfície da História, com uma característica inteiramente nova: passou a ser pessoa, muito embora seus direitos subjetivos fossem limitadíssimos. De qualquer modo, entretanto, o senhor de baraço e cutelo, que simboliza o momento culminante do feudalismo, já não é o senhor de escravos da Antiguidade. O trabalhador medieval, na verdade, está no primeiro degrau de uma longa escada, que ele subiria lentamente, com sofrimentos leves e recuos: a escada de sua libertação."*

É importante, no trato da evolução histórica do trabalho humano, a distinção entre o trabalho escravo e o servil.

O trabalho escravo, nas palavras de Manuel Alonso Olea,[7] representa *"um trabalho por conta alheia, no sentido de que a titularidade dos resultados do trabalho pertencia imediatamente ao dono, nunca ao escravo. Sob este aspecto, a peculiaridade da escravidão consistia numa relação jurídica muito especial, por força da qual se operava a transferência da titularidade dos resultados do trabalho. Tal relação jurídica era pura e simplesmente a de domínio; o amo fazia seus o resultado do trabalho, em face da sua condição de proprietário ou dono do escravo, por força da qual era o próprio dono quem executava o trabalho. Juridicamente, o escravo se encontrava relegado à condição de "coisa" ou de semovente, e, no sentido mais radical do termo, privado do controle sobre sua própria pessoa, incapaz, por certo, de relações jurídicas de domínio sobre qualquer objeto, inclusive sobre os resultados de seu trabalho".*

O trabalho servil era um trabalho produtivo, mas não poderia ser tido como um trabalho livre e sim forçado. A essência dessa afirmativa repousa na tese de que o servo está ligado à terra, não podendo eximir-se das obrigações feudais. Não poderia trabalhar para quem quisesse, podendo somente fazê-lo para o senhor feudal, inclusive havendo a vinculação pelos laços hereditários. Não havia a liberdade de escolha para o trabalhador servil. Em função dessas assertivas, surge a conclusão de que é impossível, com exatidão, afirmar se o trabalho servil era por conta alheia ou próprio.

---

[6] RUSSOMANO, Mozart Victor. *Curso de direito do trabalho*. 6. ed., p. 11.
[7] OLEA, Manuel Alonso. *Introdução ao direito do trabalho*. 4. ed., p. 70.

Nesse sentido, Manuel Alonso Olea[8] conclui: *"Há duas alternativas, sobre as quais acreditamos impossível pronunciar-se: a primeira delas é saber se era o senhor quem, em virtude de seu domínio direto ou eminente, originariamente adquiria a propriedade dos frutos, parte dos quais era destinada à manutenção do servo, em forma de remuneração, ou como prestação indiferenciada de subsistência. A segunda consiste em saber se era o servo, por força de seu domínio útil, o proprietário originário dos frutos, parte dos quais destinavam-se ao senhor feudal, como reconhecimento de seu domínio eminente. No primeiro caso, a relação seria qualificada como de prestação de trabalho a terceiros. No segundo, nos encontramos ante um trabalhador autônomo sujeito a obrigações. E a opção por qualquer das alternativas aventadas é difícil, entre outras coisas, porque o domínio e sua divisão em direito e útil, aparecem indissoluvelmente ligados a relações políticas de poder."*

1.3 CORPORAÇÕES

Na Roma Antiga[9] não se teve o cuidado de regulamentar o trabalho, mesmo porque o regime adotado era o escravagista, mas houve a preocupação de dispor sobre os organismos que agrupavam as profissões.

Referidos organismos, os quais eram intitulados de *collegia*, representavam *"organizações de fundo religioso, que não tiveram, por sinal, maior influência na vida da República, pois, acima do artesanato romano, estava, como base de toda a economia popular, o trabalho dos escravos. Mesmo quando, posteriormente, o sensível decréscimo do número de escravos obrigou os estadistas romanos a se voltarem para a mão de obra livre – ainda assim os colégios de artesãos não ganharam importância, sob o ponto de vista do Direito do Trabalho, porque, antes de serem entidades profissionais, continuaram sendo instituições de fundo religioso"*.[10]

As corporações (século XII) possuem raízes históricas nos *collegia* de Roma e nas *guildas* germânicas.

Em linhas objetivas, a corporação medieval representava um grupo organizado de produtores, visando ao controle do mercado e da concorrência, além de garantir os privilégios dos mestres (seus dirigentes).

A organização era distribuída em três níveis: aprendizes, companheiros e mestres.

---

[8] OLEA, Manuel Alonso. Ob. cit., p. 94.
[9] A expressão "Roma Antiga" refere-se a civilização originária a partir da cidade-estado de Roma, fundada na península itálica durante o século IX a. C. Nos primeiros doze séculos de existência, a civilização romana passou da monarquia para uma república oligárquica até se tornar um vasto império que abrangia a Europa Ocidental, além de todo o mar Mediterrâneo, por intermédio da conquista armada e pela assimilação cultural. Contudo, por uma série de fatores sociopolíticos, o Império Romano teve o seu declínio, com a divisão em: (a) Império Romano do Ocidente, o qual incluía a Hispânia, a Gália e a Itália. Houve o colapso definitivo no século V, com a formação de vários reinos independentes; (b) Império Romano do Oriente, governado a partir de Constantinopla. Foi considerado como Império Bizantino (a partir de 476 d. C., data tradicional da queda de Roma e aproveitada pela historiografia para demarcar o início da Idade Média).
[10] RUSSOMANO, Mozart Victor. Ob. cit., p. 12.

Elucidando a questão interna das corporações, Mozart Victor Russomano[11] aduz: *"Os aprendizes estavam submetidos, muito estreitamente, à pessoa do mestre. Eram jovens trabalhadores que, como sua designação indica, aprendiam o ofício. A aprendizagem era um sistema duro de trabalho e os mestres impunham aos aprendizes um regime férreo de disciplina, usando, largamente, os poderes que lhes eram conferidos pelas normas estatutárias da corporação. Não existia, porém, servidão, naquele sentido dos primeiros quartéis da Idade Média. Terminada a aprendizagem, subiam eles à categoria de companheiros, que eram oficiais formados, mas sem condições de ascenderem à mestria, pela compressão exercida pelos mestres, que desejavam, dessa forma, impedir a concorrência e, por outro lado, assegurar a transmissão dos privilégios das mestrias aos seus filhos ou sucessores. Os companheiros, tecnicamente, eram trabalhadores qualificados, que dispunham de liberdade pessoal, mas que sabiam lhes seria, a qualquer preço, vedado o acesso à condição de mestres, por mais refinada que fosse sua formação profissional. Esse fato e o desejo natural de ascender ao controle da produção fizeram com que a corporação, com o passar dos anos, fosse cindida em companhias e mestrias, ou seja, em organizações de companheiros e organizações de mestres."*

As pessoas que exercessem uma mesma profissão deveriam filiar-se, de forma obrigatória, às suas respectivas corporações. Se assim não o fizessem, não poderiam desempenhar os seus ofícios.

A dificuldade de acesso dos companheiros à condição de mestre, na visão de Manuel Alonso Olea,[12] fez com que as relações de trabalho não fossem estabelecidas entre o trabalhador e a corporação, mas *"entre o empresário e o trabalhador, ambos na qualidade de membros da corporação. Tal relação preexistiu mesmo à corporação e conservou aquele caráter durante toda a existência da corporação. O que aconteceu, no entanto, é que mui rapidamente o trabalhador por conta alheia tornou-se um associado de segunda categoria, enquanto que o controle da corporação passou às mãos dos mestres, 'empresários no sentido estrito da expressão'"*.

A reiteração dos mecanismos dessas relações de trabalho, ao longo dos anos, gerou a transformação das corporações em associações de empresários.[13] Em função dessa

---

[11] RUSSOMANO, Mozart. Victor. Ob. cit., p. 12.
[12] OLEA, Manuel Alonso. Ob. cit., p. 102.
[13] "Considerando-se que a economia agrária, nela compreendida a agrícola e a pastoril, se organizava sob o regime da escravidão, depois da servidão, frise-se que a economia urbana girava em torno dos ofícios, que centrados nas Corporações já não atendiam as necessidades que a economia exigia. Passou-se, então, à regulamentação da produção, como força determinante do mercado, confundindo-se, quase sempre, o poder econômico com o poder político, já que eram os mestres os que governavam as cidades, pelo seu saber destacado dos demais. Como consequência, o Poder Público era, nesta fase, o regulamentador do trabalho e das atividades econômicas, vez que os interesses não eram só dos produtores, mas também dos consumidores. [...] No século XVI toda a atividade produtiva era coberta pelas corporações de ofício, fazendo desaparecer a liberdade de indústria e de comércio e passando a constituir um problema de ordem social, porque também um problema dos governos das cidades, como vimos. Agravando-se a disciplina, pelos entraves criados pelos mestres, governantes das cidades, o trabalho passou a ser regalista, ou seja, só podia

constatação, muitos historiadores negam qualquer ligação das corporações com os sindicatos contemporâneos.

O labor humano nas corporações indica a existência do trabalho humano, denotando a formação de uma associação entre *"trabalhadores por conta própria a empresários e a trabalhadores por conta alheia livres"*.[14]

Com o advento da Revolução Francesa,[15] as corporações foram abolidas e proibidas de existir.[16] Interessava à nova classe política (a burguesia), que houvesse mão de obra abundante e "livre" para a respectiva contratação.

---

trabalhar quem o Poder autorizasse, depois de rigoroso exame profissional feito pelos mestres, não interessados em abrir mão de suas regalias. Começam, então, os companheiros a abandonar as corporações, procurando as cidades onde havia liberdade de produção. As cidades começam a tratar de forma melhor esse trabalho despertando uma grande rivalidade entre elas. O regime corporativo passou ao declínio, constituindo sério obstáculo ao progresso econômico e social, dando origem ao liberalismo" (FERRARI, Irany; NASCIMENTO, Amauri Mascaro; MARTINS FILHO, Ives Gandra da Silva. *História do trabalho, do direito do trabalho e da justiça do trabalho*, p. 43).

[14] OLEA, Manuel Afonso. Ob. cit., p. 100.

[15] A expressão "Revolução Francesa" abrange o conjunto de fatos ocorridos entre 5/5/1789 e 9/11/1799 e que foram responsáveis pela alteração do quadro político e social da França. Em causa estavam o Antigo Regime (*Ancien Régime*) e a autoridade do clero e da nobreza. Inegável foi a influência dos ideais do Iluminismo e da Independência Americana (1776). Os historiadores consideram a Revolução Francesa como o acontecimento que deu início à Idade Contemporânea. Representou a abolição da servidão e dos direitos feudais na França, além do término dos privilégios do clero e da nobreza, proclamando os princípios universais da liberdade, igualdade e fraternidade. Podemos dividir a Revolução Francesa em quatro grandes períodos: a Assembleia Constituinte, a Assembleia Legislativa, a Convenção e o Diretório.

[16] "Um edito de fevereiro de 1776, na França, inspirado por Turgot – precedido de exposição de motivos na qual as corporações foram consideradas 'instituições arbitrárias que não permitem ao indigente viver do seu trabalho', e que encontrou reação do Parlamento francês, dispõe, no art. 1º, sobre a liberdade de comércio e de profissão, considerando extintas todas as corporações e comunidades de mercadores e artesãos e anulados os seus estatutos e regulamentos. Esse edito não conseguiu atingir os seus objetivos porque algumas corporações foram reconstruídas. Porém, a resistência foi efêmera e nova lei surgiu, precedida de discurso de Dallarde, sustentando argumentos dos fisiocratas: 'O direito ao trabalho é um dos primordiais do homem'. O Decreto Dallarde considerou livre todo cidadão para o exercício de profissão ou ofício que considerasse conveniente, depois de receber uma patente e pagar o preço. Depois da promulgação da Lei de 1790, o Decreto Dallarde, todas as corporações deveriam desaparecer, porém muitas pessoas tinham interesse na sua manutenção, daí nova resistência organizada, partida de mestres que queriam continuar dirigindo a profissão. Visando dar o golpe de misericórdia nas corporações clandestinas, surge a Lei Le Chapelier, nome do relator da Comissão constituída para o estudo do problema e que formulou as seguintes conclusões: (a) as corporações que se formaram tiveram por fim aumentar o 'preço da jornada de trabalho', impedir as livres convenções entre os particulares, fazendo-os concordar com contratos de adesão em ameaça à ordem pública; (b) não deveria haver mais corporações no Estado e no seu lugar deveria existir apenas o interesse particular de cada indivíduo; (c) impunha-se a necessidade de uma convenção livre de indivíduo para indivíduo para fixar a jornada de trabalho de cada trabalhador; (d) indispensável se tornava uma lei para coibir esses abusos. Com essa fundamentação, a Lei Le Chapelier declarou: '(1) A eliminação de toda espécie de corporação de cidadãos do mesmo estado ou profissão é uma das bases essenciais da Constituição Francesa,

Apesar da sua estrutura hierarquizada, a corporação representava alguma proteção ao trabalhador. Com sua abolição, o que se viu foi a degradação do ser humano, que, em face da ampla liberdade contratual, sem qualquer tipo de proteção (fixação de preços e de condições de trabalho), sujeitou-se ao trabalho pago a preço vil e em condições subumanas.

1.4 REVOLUÇÃO INDUSTRIAL

Antes do advento da Revolução Industrial (séc. XVIII), o capitalismo[17] era de índole comercial, envolvendo atividades e bens decorrentes de relações comerciais nas áreas: terrestre, marítima ou colonial.

A partir do séc. XVIII, com a exploração de atividades industriais, surge o capitalismo industrial.

A expressão "Revolução Industrial" compreende o conjunto das transformações técnicas, sociais e econômicas que surgiram com a sociedade industrial nos séc. XVIII e XIX na Inglaterra e, posteriormente, irradiou-se para a Europa e Estados Unidos.

Nessa época, foi notável o desenvolvimento de novas técnicas de produção e de invenções industriais.

Ante o avanço populacional, com o surgimento de cidades por toda a Europa, além do início da descoberta de novos continentes e de outros fatores, a economia de subsistência que caracteriza o Feudalismo foi insuficiente para suprir as necessidades emergentes da sociedade europeia.

Com a criação de novas técnicas de produção, com a criação de máquinas, a humanidade inicia uma nova ordem natural dos acontecimentos econômicos, a qual leva a uma única direção: a produção em massa e o acúmulo de capitais.

Ao discorrer sobre a nova situação decorrente da Revolução Industrial, Segadas Vianna[18] afirma: *"A invenção da máquina e sua aplicação à indústria iriam provocar a*

---

ficando proibido o seu restabelecimento sob qualquer pretexto e sob qualquer forma; (2) Os cidadãos do mesmo estado social ou profissão, os obreiros e companheiros de uma arte qualquer, não poderão, quando se reunirem, designar presidente, secretário ou síndico, lavrar registros, tomar resoluções, sancionar regulamentações sobre seus pretensos direitos comuns; (3) Fica proibido a todas as corporações administrativas ou municipais receber qualquer solicitação ou petição sob o nome de um estado social ou profissão, nem poderão respondê-la; estão obrigadas a declarar nulas as resoluções que foram tomadas'. É da combinação desses textos, diz Pierre Lavigne, que resulta o advento da liberdade individual de trabalho no direito da França. Expandiu-se a mesma ideia para os demais países" (NASCIMENTO, Amauri Mascaro. *Curso de direito do trabalho*. 21. ed., p. 26).

[17] O capitalismo comercial tem início durante o período das grandes navegações ou descobrimentos. As relações comerciais ocorrem entre a metrópole e a colônia. É uma fase da acumulação de capitais pela metrópole, levando, assim, ao início da fase industrial. O capitalismo industrial teve início nos séculos XVIII e XIX, com o advento da Revolução Industrial. As metrópoles passam a ser países industrializados. Após a Primeira Guerra Mundial (1914-1918), surge o capitalismo financeiro, com o desenvolvimento dos bancos, das corretoras e dos grandes grupos empresariais. Tem-se o início do processo de concentração de capitais. Da união do capital industrial com o capital de financiamento (bancário) tem-se o surgimento do capital financeiro.

[18] SÜSSEKIND, Arnaldo et al. Ob. cit., p. 34.

revolução nos métodos de trabalho e, consequentemente, nas relações entre patrões e trabalhadores; primeiramente a máquina de fiar, o método de pudlagem (que permitiu preparar o ferro de modo a transformá-lo em aço), o tear mecânico, a máquina a vapor multiplicando a força de trabalho, tudo isso iria importar na redução da mão de obra porque, mesmo com o aparecimento das grandes oficinas e fábricas, para obter determinado resultado na produção não era necessário tão grande número de operários. Verificaram-se movimentos de protesto e até mesmo verdadeiras rebeliões, com a destruição de máquinas, mas, posteriormente, com o desenvolvimento dos sistemas de comércio, em especial, com a adoção da máquina a vapor nas embarcações, estenderam-se os mercados, e, consequentemente, as indústrias se desenvolveram, admitindo um maior número de trabalhadores, mas seus salários eram baixos porque, com o antigo sistema de artesanato, cada peça custava muito mais caro do que com a produção em série."

Em linhas gerais, o fenômeno da Revolução Industrial teve as seguintes consequências:

a) a afirmação de que os avanços e as inovações tecnológicas são fatores determinantes do desenvolvimento econômico, acarretando mudanças estruturais nas relações do trabalho, com a divisão social e material do trabalho humano;

b) o incremento quantitativo do rendimento do trabalho humano;

c) a interação ciência-tecnologia, ou seja, *"na Revolução Industrial se dá uma simbiose singular entre ciência e tecnologia, pela existência de uma teoria que deu embasamento à possibilidade de fazer os instrumentos, e engenhosidade para fazê-los efetivamente; ou pela existência de uma tecnologia que, ao repousar sobre um pensamento científico, transbordou os limites do mero empirismo. Isto permitiu 'às teorias causar impacto sobre os fatos', sendo levadas 'à indústria, a partir da cabeça do sábio', fundindo as ideias e fatos no trabalho da sociedade como algo intrínseco à mesma. Isto fez possível a aplicação, cada vez mais rápida, da ciência à tecnologia, ao mesmo tempo que proporcionava àquela um terreno adequado de experimentação e contraste, em virtude da qual a época se caracteriza, em primeiro lugar, pela invenção de novas máquinas motrizes que ou multiplicavam o esforço humano, ou o substituem por outras fontes de energia, cuja utilização possibilitam"*;[19]

d) o invento que marcou a Revolução Industrial foi a máquina a vapor de James Watt, que realizava o trabalho de milhares de homens, mediante o controle de apenas um homem. A máquina a vapor permitiu ao homem a utilização de novas fontes de energia, fazendo a alavancagem de novas técnicas e mecanismos de produção. Despertou no homem o espírito de que a tecnologia é indispensável para o desenvolvimento humano. Por exemplos, têm-se: (1) novos processos siderúrgicos que levaram à obtenção de novas fundições e de produtos derivados do ferro; (2) máquinas para trabalhar e preparar os metais;

---

[19] OLEA, Manuel Alonso. Ob. cit., p. 170.

(3) a adoção da lâmpada de segurança para o trabalho em minas, permitindo a exploração de filões de mineral mais profundos; (4) a drenagem dos fundos das minas, por meio do bombeamento com máquinas; (5) novos meios de transportes, com o incremento das ferrovias, para o transporte de produtos e pessoas;

e) a exploração industrial fez com que houvesse o aumento da dimensão física quanto ao número de trabalhadores utilizados, como também gerou a divisão do trabalho. A adoção de novas técnicas de produção gerou a racionalização e a divisão do trabalho humano, visando um maior aproveitamento das atividades industriais. A tecnologia impõe ao homem a divisão social do trabalho, com o emprego de novas tarefas e funções;

f) com a Revolução Industrial, para o incipiente industrial, houve a necessidade da imobilização de capitais para aquisição de máquinas. Nos setores industriais, as sociedades mercantis de capital (a responsabilidade do investidor é limitada ao valor da sua cota) florescem nas atividades diretas de produção e nas ferrovias. Referidas sociedades crescem em tamanho e recursos, surgindo, mais tarde, os grandes conglomerados, com um elevado número de participantes, na sua grande totalidade anônimos. Citadas empresas, no início, necessitavam de financiamentos, o que foi feito pelos bancos da época, mediante investimentos diretos ou créditos a longo prazo com garantia hipotecária ou pessoal. Com o tempo, as próprias empresas passam a adotar o autofinanciamento de suas atividades, empregando capital próprio, o que leva a uma concentração de capitais na indústria e à capitalização dessas sociedades industriais. Tudo isso gerou uma crescente exportação e importação de capitais nos vários países da Europa, havendo um incremento no comércio livre e na divisão internacional do trabalho;

g) no séc. XVIII, o crescimento demográfico acentuado gerou aumento do número dos trabalhadores industriais, inclusive em maior número que os do campo, principalmente no Norte da Europa e na Inglaterra, ocasionando, assim, uma "reserva" de trabalhadores nas cidades;

h) a diminuição da população agrária, com a emigração interna para as cidades de grande número de trabalhadores, ocasionando os problemas urbanos típicos da industrialização;

i) surgimento de uma nova classe social, ou seja, o proletariado urbano industrial – a nova classe trabalhadora, que se caracteriza pelos modos próprios de vida e trabalho. A Revolução Industrial adota novas técnicas de trabalho humano, sujeitando-se o trabalhador a uma série de disciplinas externas e submetido a horários de trabalho arbitrários e desgastantes. Nessa época, havia grandes excedentes de mão de obra, o que leva a uma série de dificuldades para os trabalhadores. O aviltamento das condições de vida é patente: miséria de grandes camadas da população, excessivas jornadas de trabalho, a exploração desumana do trabalho do menor e da mulher, baixos salários, a falta de regulamentação das relações de trabalho, as péssimas condições de trabalho etc.

Com a decadência do Feudalismo,[20] surge a bandeira do liberalismo: *laissez-faire, laissez-passer*[21] (deixe fazer, deixe passar). As leis de mercado devem ditar as regras da economia. É a influência de Darwin com a teoria da seleção natural (a lei do mais forte), criando um individualismo exacerbado, não devendo o Estado intervir nas relações de trabalho, exceto quando a liberdade estivesse em perigo.

Com apego à liberdade de contratar, valorizando a plena autonomia de vontade das partes, o capitalismo industrial trouxe consigo a exploração desmesurada da força de trabalho.

---

[20] A partir do século XI, com o renascimento do comércio e com o aumento da circulação monetária, temos a valorização das cidades. Também não podemos negar a influência das Cruzadas, que, ao representar uma abertura para o mundo, levou à redução da isolação representada pelo feudo. O comércio e o crescimento das cidades gera um acréscimo na demanda de produtos agrícolas, elevando, por consequência, o preço dessas mercadorias, permitindo, assim, aos servos (camponeses) maiores condições para a compra de sua liberdade, além de novas condições de trabalho junto às cidades. Tais acontecimentos acoplados à formação dos exércitos profissionais, além da insurreição camponesa, contribuíram para o declínio do Feudalismo europeu. Na França, nos Países Baixos e na Itália, seu desaparecimento começa a se manifestar no final do século XIII. Na Alemanha e na Inglaterra, entretanto, ele ainda permanece mais tempo, extinguindo-se totalmente na Europa ocidental por volta de 1500. Em partes da Europa central e oriental, porém, alguns remanescentes resistem até meados do século XIX.

[21] "'*Laissez-faire, laissez-passer* é a fórmula do liberalismo econômico, atribuída a Vicente Gournay. Princípio liberal e postulados individualistas atuaram como as grandes bases sobre as quais se desenvolveu todo o mecanismo das relações jurídico-laborais existentes até o aparecimento do fenômeno intervencionista, como acentua Alonso Garcia. Os indivíduos adquiriam com sua vontade o poder supremo para realizar toda a classe de atos jurídicos, os quais passavam a ter força de lei entre as partes, porque aceitos livremente. O Código de Napoleão, de 1804, revela a vontade contratual como norma suprema das relações jurídicas. [...] Nesse Código, de cunho puramente individualista, encontram-se as diretrizes da organização do trabalho nos quadros do Direito Civil. O Código Francês de 1804 regulou o contrato de trabalho como uma das modalidades da locação, no Capítulo II, Título VIII, do Terceiro Livro, consagrando apenas dois artigos a esse importante ajuste. O primeiro desses artigos dispunha que o trabalhador só poderia se obrigar por certo tempo ou para a execução de determinada obra, e o segundo consubstanciava-se na determinação de que o empregador merece crédito pela sua afirmação, no tocante aos salários pagos anualmente. Ao se instituir o contrato a prazo, proibia-se o trabalho por toda a vida com o objetivo de evitar o reaparecimento da escravidão. O legislador mostrou-se coerente com as tendências individualistas da época, já que a obrigação de trabalhar por toda a vida para alguém implica a alienação da liberdade, que é um dos direitos naturais do homem. De outro lado, a valorização da palavra do empregador, no que se refere ao pagamento do salário, evidenciava a parcialidade do legislador em favor dos interesses do empregador, contribuindo decisivamente para o desequilíbrio das forças. Influenciados por esses dispositivos legais, os códigos elaborados no século XIX e no início do século XX, como o Código Civil Argentino, o Espanhol e o nosso, de 1916, atribuíram a diretriz já traçada e inseriram o serviço humano nos moldes clássicos, ou seja, ao lado da locação de coisas ou de animais. Já o Código alemão da mesma época dispunha sobre o contrato de trabalho separadamente da locação. Daí a afirmação de que o Direito Civil da época ordenava as relações de trabalho por meio de normas de locação de serviços, 'não se enquadrando com as ideias modernas de liberdade humana e independência do trabalhador', como bem acentua Ramirez Gronda, deslocando-se a relação jurídica de trabalho do campo do Direito Civil apenas com o surgimento do Direito do Trabalho, cujos princípios visaram à harmonia entre as classes sociais" (BARROS, Alice Monteiro de. *Curso de direito do trabalho*. 2005, p. 57).

Registros históricos demonstram a existência de vários relatos de intermináveis horas de trabalho, chegando às vezes ao limite de 18 horas diárias, sem haver a distinção entre o trabalho das mulheres, das crianças e dos homens. Era frequente os trabalhadores dormirem nas próprias fábricas em condições péssimas; há relatos de castigos físicos se a produção não atingisse os limites estabelecidos pelo patrão. De fato, a única diferenciação existente entre o trabalho "livre" na Revolução Industrial e o escravo é o pagamento dos salários (parcos valores).

1.5 SOCIEDADE INDUSTRIAL, TRABALHO ASSALARIADO E O DIREITO DO TRABALHO

É inegável que o Direito do Trabalho surge com a sociedade industrial e o trabalho assalariado. A manufatura cedeu lugar à fábrica e, posteriormente, à linha de produção, havendo a substituição do trabalho nas corporações pelo trabalho livre e assalariado.

A Revolução Industrial é a razão econômica que leva ao surgimento do Direito do Trabalho.

A economia agrícola e artesanal cede lugar ao desenvolvimento industrial, como mola propulsora da economia mundial.

A exploração industrial sistematizada e organizada leva ao surgimento de duas classes sociais: a proletária[22] e a capitalista. A primeira não dispunha de nenhum poder, sendo que o Estado, pelo liberalismo econômico, deveria resguardar a igualdade e a liberdade. Os capitalistas (proprietários das máquinas), pela força do poder econômico, ditavam as regras a serem observadas pelos operários, explorando a massa trabalhadora sem a menor preocupação com a condição de vida dos seus empregados (os proletários[23]).

---

[22] "Na vida social e econômica ocorrem paralelamente ao desenvolvimento descrito, sérias transformações que determinam a passagem do feudalismo ao capitalismo. Além do aperfeiçoamento das técnicas, dá-se o processo de acumulação de capital e a ampliação dos mercados. O capital acumulado permite a compra de matérias-primas e de máquinas, o que faz com que muitas famílias que desenvolviam o trabalho doméstico nas antigas corporações e manufaturas tenham de dispor de seus antigos instrumentos de trabalho e, para sobreviver, se vejam obrigadas a vender a força de trabalho em troca de salário. Com o aumento da produção aparecem os primeiros barracões das futuras fábricas, onde os trabalhadores são submetidos a uma nova ordem, a da divisão do trabalho com ritmo e horários preestabelecidos. O fruto do trabalho não mais lhe pertence e a produção é vendida pelo empresário, que fica com os lucros. Está ocorrendo o nascimento de uma nova classe: o proletariado" (ARANHA, Maria Lúcia de Arruda e Martins; PIRES, Maria Helena. *Filosofando*. Introdução à filosofia. 2. ed., p. 10).

[23] "Segundo Georges Lefranc, o termo proletário designava, em Roma, os cidadãos da classe mais baixa. Cabe a Saint-Simon utilizar a expressão, no sentido moderno, pela primeira vez. O proletário deu bons frutos na ordem técnica e no processo de produção. Todavia, as condições de vida em que se encontrou em nada recomendam a humanidade. [...] O proletário é um trabalhador que presta serviços em jornadas que variam de 14 a 16 horas, não tem oportunidades de desenvolvimento intelectual, habita em condições subumanas, em geral nas adjacências do próprio local da atividade, tem prole numerosa e ganha salário em troca disso tudo" (NASCIMENTO, Amauri Mascaro. Ob. cit., p. 12).

Além da razão econômica, também há fundamentos de natureza política e jurídica que justificam o surgimento do Direito do Trabalho.

O fundamento político reside na adoção do Estado Liberal, com a valorização da igualdade formal e da plena liberdade (autonomia plena da manifestação de vontade dos seres humanos). O Estado deveria ter uma posição não intervencionista, atuando somente se fosse o caso de violação dessa liberdade. Isso porque no capitalismo industrial, com o liberalismo econômico, se defendia a necessidade de um Estado não regulador, não devendo existir entre o capitalista e o proletariado nenhuma norma que regulasse a relação capital *versus* trabalho.

Em face da exploração desmesurada do trabalho assalariado, os trabalhadores reivindicaram a formação de uma legislação protetora, com o intuito de regular: a segurança e higiene do trabalho; o trabalho do menor; o trabalho da mulher; o limite para a jornada semanal de trabalho; a fixação de uma política mínima para o salário etc.

Com a necessidade reivindicatória de direitos trabalhistas, surgem as primeiras associações de trabalhadores (*trade unions*, 1720) – movimento coletivo – para a defesa de direitos individuais.

As reivindicações surgiram das lutas das associações dos trabalhadores (com o avanço do século XIX, os países passaram a reconhecer o direito de associação), as quais foram os embriões dos sindicatos.

Depois de vários anos, tais fatos levam o Estado a perceber que a relação entre o empregador e o trabalhador não é igualitária, necessitando de uma intervenção estatal para a proteção do trabalhador hipossuficiente (surgimento do princípio protetor), com a edição de leis garantindo, naquele momento, principalmente, salário e limitação de jornada de trabalho, o que acaba por resultar na formação do Direito do Trabalho, como ramo destacado do Direito Civil.

Abordando a temática da resistência da classe operária, Orlando Gomes e Elson Gottschalk[24] prelecionam: *"Os movimentos grevistas, a ação direta pela sabotagem, ou pelo boicote; o movimento ludista na Inglaterra e em França; alguns convênios coletivos de existência precária, manifestados desde o início da história do movimento operário, são a prova evidente de que o impulso inicial dado para o aparecimento do Direito do Trabalho foi obra do próprio operário e, não, benevolência de filantropos, da classe patronal, ou do Estado. Somente a coesão dos integrantes de uma classe ou categoria profissional ou econômica pode impor reivindicações ou direitos. A ação direta do proletariado no quadro das condições adversas que lhe criou a Revolução Industrial foi, pois, o fator principal para a formação histórica do Direito do Trabalho. Sob este aspecto pode afirmar-se que surgiu primeiro um Direito Coletivo do Trabalho impulsionado pela Consciência de Classe, e, em seguida, um Direito Individual de Trabalho."*

As razões que levaram ao surgimento do Direito do Trabalho são decorrentes da intitulada questão social, ou seja, a busca de equilíbrio entre o capital e o trabalho.

---

[24] GOMES, Orlando; GOTTSCHALK, Elson. *Curso de direito do trabalho*. 4. ed., p. 18.

A respeito da questão social, Cesarino Júnior[25] pondera: *"Embora seja impossível dar uma definição exata de questão social, por isso que há partes da mesma ainda não demarcadas, sendo viva a discussão sobre o assunto, adotamos a de* Cathrein: *'Pelo nome de questão social se entende a questão de como se possa obter remédio para os males e perigos gravíssimos pelos quais a sociedade é afligida, hoje, entre os povos civilizados, e especialmente de como restabelecer estavelmente a paz entre os ricos e os pobres e entre os capitalistas (aos quais pertencem também os possuidores de latifúndios) e os operários ou proletários.' Essas exigências têm de ser consideradas sob os aspectos econômico e político, sendo que as leis sociais procuram resolver diretamente os problemas econômicos e, indiretamente, os demais, que são, quase sempre, na classe economicamente débil, reflexos da sua hipossuficiência."*

Como reação aos desdobramentos da questão social, surge a ideia de justiça social. Várias são as correntes doutrinárias que procuram explicitar o que vem a ser justiça social. O exato alcance e conteúdo dessa temática em muito dependem do regime econômico e político adotado em dado momento histórico.

De forma objetiva, a noção econômica de justiça social é a mais difundida. Nessa visão, por justiça social entenda-se: a distribuição da renda ou riqueza de forma equânime, em função das necessidades e da capacidade das pessoas; aumento do nível de renda do povo; diminuição das desigualdades sociais; a adoção de medidas que possam possibilitar que um número cada vez maior de pessoas tenha efetiva participação nos meios de produção e do consumo de bens.

Ao lado da resistência operária, na busca de elementos para a ideia da justiça social, não se pode negar o papel da Igreja Católica, por meio de suas Encíclicas (a *Rerum Novarum*, de 1891; a *Laborem Exercens*, de 1981), como também o papel do marxismo, que pregava a união dos trabalhadores na busca de uma ditadura do proletariado, visando a uma futura sociedade comunista. Também não se podem negar os exemplos dados por alguns empresários da época, como é o caso de Robert Owen.[26]

Em 1911, o engenheiro norte-americano Frederick W. Taylor, no seu livro *Os princípios da administração científica*, fez as seguintes proposições: (a) a intensificação da divisão do trabalho, isto é, o fracionamento das etapas do processo produtivo de modo que o trabalhador desenvolvesse tarefas ultraespecializadas e repetitivas. Haveria uma diferenciação entre o trabalho manual e o intelectual; (b) controle sobre o tempo gasto

---

[25] CESARINO JÚNIOR, Antônio Ferreira. *Direito social*, p. 73.
[26] Robert Owen (14/5/1771 a 17/11/1858) foi um reformador social galês, e um filósofo socialista utópico. É considerado como sendo o precursor do movimento cooperativo. Filho de uma família de modestos artesãos. Após ter percorrido os diferentes degraus da produção (desde aprendiz), tornou-se, com 30 anos de idade, coproprietário e diretor de importantes indústrias escocesas (em New Lanark). Introduziu nas suas indústrias algumas importantes reformas: (a) redução da jornada de trabalho para 10,5 horas diárias; (b) construção de casas para os operários; (c) a criação do primeiro jardim-de-infância; (d) cooperativa. Em 1817, da ação meramente assistencial, Robert Owen passou para a crítica frontal ao capitalismo, procurando convencer as autoridades inglesas e financeiras quanto às reformas no setor de produção. Fundou, nos Estados Unidos da América, a colônia socialista de Nova Harmonia, sem obter o êxito esperado. Regressando à Inglaterra continuou na luta por seus ideais, até falecer, aos 87 anos.

em cada tarefa e um constante esforço de racionalização, para que a tarefa seja executada num prazo mínimo, visando um incremento da produtividade. Logo, o trabalhador que produzisse em um espaço menor de tempo teria prêmios como incentivos.

Na sua empresa de automóveis (Ford Motor Company), Henry Ford adotou o taylorismo, criando, assim, o que se denomina de fordismo,[27] onde se tem: (a) organização da linha de montagem de cada fábrica para produzir mais; (b) controle das fontes de matérias-primas e de energia, os transportes, a formação da mão de obra. Destacam-se três princípios básicos: (a) intensificação: diminuição do tempo de duração com o emprego imediato dos equipamentos e da matéria-prima e a rápida colocação do produto no mercado; (b) economia: redução ao mínimo do volume do estoque da matéria-prima em transformação; (c) produtividade: aumento da capacidade de produção do homem no mesmo período (produtividade) por meio da especialização e da linha de montagem. O operário ganha mais e o empresário tem maior produção.

A evolução dos acontecimentos fez com que o Estado, objetivando atenuar o antagonismo entre o capital e o trabalho, passasse a legislar sobre as condições de trabalho, criando mecanismos normativos visando à equiparação jurídica entre o trabalhador hipossuficiente e o empregador detentor dos meios de produção.

Após a Segunda Guerra Mundial, houve a adoção de uma série de novas políticas públicas, tendo por escopo a valorização do pleno emprego e do trabalho sindicalizado, além do incremento das funções estatais e a expansão dos benefícios concedidos ao cidadão. O Estado passa de um guardião das relações sociais para um ativador de novas providências sociais para os seus cidadãos.

A partir do término da Segunda Guerra Mundial e até o início de 1974, temos o que se denomina de "anos dourados" do Direito do Trabalho. É a época do pleno emprego. As políticas públicas eram no sentido de se propiciar o acesso do trabalhador ao mercado formal da mão de obra, além da distribuição de renda e o bem-estar social.

Ana Cristina Ravaglio Lavalle[28] ensina: *"O florescimento do Fordismo/taylorismo pode ser apontado como um marco da época no que tange ao referencial produtivo. Os anos de 1936 a 1974 são apontados por Jean Pélissier como sendo 'L'âge d'or du Droit du Travail'."*

---

[27] Podemos dizer que o fordismo é um modelo de produção em massa, com a padronização e a simplificação do processo produtivo, onde se adotaram os princípios de Frederick Taylor. As fábricas eram verticalizadas, na medida em que ele tinha desde a fábrica de vidros, a plantação de seringueiras, até a siderúrgica. O grande sonho de Henry Ford foi o alargamento do mercado de automóveis para que todos pudessem comprá-lo pelo barateamento do seu preço. Como destaque do fordismo temos a linha de montagem, na qual os veículos eram montados nas esteiras rolantes, sendo que o trabalhador ficava quase que parado, realizando cada um uma pequena etapa no processo de conclusão do automóvel. Não se exigia grande qualificação dos trabalhadores. Na década de 20, Henry Ford chegou a produzir 2 milhões de veículos por ano. Na década de 70, com as crises do petróleo e a vinda de competidores japoneses para o mercado automobilístico, o sistema de produção em massa entra em crise. Passa a ocorrer o predomínio do sistema Toyota de produção.

[28] LAVALLE, Ana Cristina Ravaglio. O desemprego e a precarização das relações de trabalho. VILLATORE, Marco Antônio; HASSON, Roland (Coord.). *Estado & atividade econômica*: o direito laboral em perspectiva. p. 53.

Com a crise do petróleo, houve uma série de mudanças na economia dos países industrializados, tais como: automação, reestruturação, reengenharia, desemprego estrutural. Todas essas mudanças levaram à precarização das relações do trabalho, surgindo-se, assim, o ideal de que são necessárias alterações no Direito do Trabalho.

Nesse sentido, Ana Cristina Ravaglio Lavalle[29] prossegue: *"Entretanto, a crise econômica da década de 70, conhecida como 'crise do petróleo' culminou com a alta da inflação e estagnação do crescimento econômico, tendo os mais diversos países vivenciado uma grande recessão.*

Desde então, muitas vozes ecoaram no sentido de que o Direito do Trabalho, protetor do assalariado, tornou-se obsoleto, razão pela qual as mudanças tornavam-se imperiosas. Sob o argumento da contenção inflacionária, propagava-se, com veemência, o discurso do Estado Mínimo. Com propriedade, afirma Marques de Souza, Daniela Lustoza, que o terreno encontra-se fértil para a adoção da política neoliberal, a qual trouxe consigo várias e importantes mudanças no Direito do Trabalho.

A filosofia do pleno emprego foi então abandonada, desencadeando-se, por conseguinte, a desintegração social, bem como o sensível aumento dos índices de confronto nas outras esferas do relacionamento humano. Os trabalhadores, fulminados pela política neoliberal e pelo novo paradigma de produção, tornaram-se inservíveis para os fins do capitalismo, não mais encontrando mais espaço no mercado de trabalho formal."

Com a crise do petróleo, o sistema fordista de produção chegou a sua exaustão, surgindo, assim, o sistema Toyota, o qual surgiu no Japão junto à fábrica de automóveis Toyota, logo após o término da Segunda Guerra Mundial (nessa época, a indústria nipônica tinha uma baixíssima produtividade, além da falta de recursos, o que prejudicou o implemento do modelo de produção de massa).

Na criação do sistema Toyota, destacamos três pessoas: Toyoda Sakichi (fundador da Toyota e mestre de invenções), o seu filho Toyoda Kiichiro e o principal executivo, o engenheiro Taiichi Ohno.

Ao contrário do fordista (redução do custo unitário do produto com a produção em massa, com adoção da especialização e a divisão do trabalho; o sistema gerava estoques e lotes de produção elevados; não havia grande preocupação com a qualidade do veículo), o toyotista tem por enfoque a eficiência da produção com a eliminação contínua de desperdícios. Os lotes de produção são pequenos, além da variedade maior de produtos. Não se tem uma especialização do trabalho. Os trabalhadores são multifuncionais, realizando várias tarefas e operando, quando necessário, várias máquinas.

---

[29] LAVALLE, Ana Cristina Ravaglio. Ob. cit., p. 54.

O sistema é lastreado na eliminação de desperdícios, tais como: (a) superprodução; (b) tempo de espera; (c) transporte; (d) processamento; (e) estoque; (f) movimentação; (g) defeitos. Para tanto, tem-se a adoção do *just-in-time*[30] e da autonomação.[31]

A intervenção estatal e a atuação organizada dos trabalhadores foram elementos essenciais para o surgimento do Direito do Trabalho. Todavia, ante as transformações pelas quais passa a sociedade capitalista contemporânea, o Direito do Trabalho vem sofrendo mudanças que exigem a adoção de novos mecanismos, visando a sua flexibilização.

A nova realidade econômica, ao adotar o fator tecnológico tanto à produção como ao comércio, faz com que o modelo intervencionista estatal seja criticado em vários países. O modelo estatal rígido de proteção é insuficiente para a tutela do trabalhador, em face das novas técnicas de trabalho. O mundo globalizado exige um novo modelo de tutela ao trabalhador.[32]

A globalização apresenta vários efeitos: (a) emprego – redução dos salários; ampliação de setores salariais de acordo com o aumento das atividades produtivas; descentralização das atividades empresariais para outras pequenas empresas, com a adoção de parcerias ou de terceirizações; incremento do trabalho autônomo, a informalidade quanto ao trabalho da pessoa física e o uso de outras modalidades de contratação; a necessidade da requalificação profissional do trabalhador, valorizando-se, assim, o seu ensino geral e

---

[30] Como sistema de administração da produção, o *just-in-time* fixa: nada será produzido, transportado ou comprado antes de um determinado momento. É uma forma inteligente de organização produtiva enxuta na medida em que visa à redução de estoques e de custos. Primeiro tem-se a venda do produto. Na sequência, adquire-se a matéria-prima para a posterior fabricação ou montagem do produto.

[31] Autonomação representa a presença de funções supervisoras antes de se ter o implemento das funções de produção. Se ocorrer uma situação anormal na linha de produção, tem-se a paralisação da máquina e de toda a linha de produção, até a solução do problema. É uma forma de prevenção de produtos com defeito, além da eliminação da superprodução.

[32] "As novas figuras jurídicas com que o direito do trabalho passou a defrontar são, entre outras: a ampliação do uso dos contratos de trabalho a prazo fixo, que assumiram formas diversificadas; a redução da jornada normal e da carga semanal de trabalho, principalmente por meio de negociações coletivas, como forma de abertura de novos empregos, em alguns casos com a redução dos salários e em outros com a manutenção dos níveis salariais; estratégicas de compensação de horários, dias ou semanas de trabalho, como, por exemplo, a anualidade da jornada normal, o que significa que o acréscimo pago pelas horas extraordinárias só é devido no caso de excesso do total das horas normais estabelecidas para o ano; a redução, por iniciativa do Governo, de encargos previdenciários que oneram o empregador, como meio de incentivo para a contratação de meio expediente, que nos Países Baixos atingiu cifras próximas de 16% da força de trabalho masculina e 60% da feminina (1990); programas de reciclagem profissional para os trabalhadores; programas específicos para a geração de emprego para os deficientes; multifuncionalidade do empregado, o que significa a necessidade da sua aptidão para exercer mais de uma tarefa na empresa; derrogação das vantagens asseguradas pelo contrato individual através de acordos coletivos sindicais; a temporariedade do emprego; a variabilidade da remuneração não mais em bases fixas, mas condicionada à produtividade; o trabalho social ou de interesse público; o trabalho voluntário de finalidade assistencial" (NASCIMENTO, Amauri Mascaro. *Curso de direito do trabalho*. 24. ed., p. 44).

profissional; (b) salários – dependendo dos setores da economia afetados pela globalização, têm-se o aumento ou a diminuição dos níveis salariais; os salários devem ser fixados de acordo com a produtividade ou o desempenho das empresas; busca de novas jornadas de trabalho para a redução de custos; (c) tipos de contratos de trabalhos – adoção de contratos a prazo determinado e tempo parcial; (d) jornada de trabalho – flexibilização e banco de horas; (e) suspensão temporária do contrato de trabalho; (f) descentralização das atividades empresariais – as terceirizações e as cooperativas; (g) o *dumping social* – *"os efeitos da globalização no contrato individual de trabalho são manifestos, partem da premissa da necessidade de redução de custos das empresas na disputa pela competitividade nacional e internacional, são redutivos dos direitos dos trabalhadores, não preservam os empregos e geram dúvidas sobre a sua necessidade, cuja justificação é tentada com os imperativos das transformações da economia estatal para a economia de mercado e as exigências de uma nova ordem econômica e social capaz de superar as atuais dificuldades com que se defrontam quase todos os países industrializados e praticamente todos os emergentes"*.[33]

A flexibilização é inexorável no trato das relações coletivas e individuais do trabalho; todavia, a grande dificuldade repousa em se saber quais são os limites para a desregulamentação do Direito do Trabalho.

QUESTIONÁRIO

1. Quais são os tipos de trabalhadores existentes na sociedade pré-industrial?
2. Como é que se apresenta a organização das corporações de ofício?
3. Qual é o significado da Revolução Industrial para o Direito do Trabalho?
4. O que representa a temática da questão social para o Direito do Trabalho?
5. No que se baseia o sistema fordista de produção?
6. No que consiste o sistema Toyota de produção?
7. Aponte os reflexos da globalização no Direito do Trabalho.

---

[33] NASCIMENTO, Amauri Mascaro. Ob. cit., p. 49.

Capítulo II
HISTÓRIA INTERNACIONAL DO DIREITO DO TRABALHO

A Ciência Jurídica, na teoria tridimensional do Direito, adota valor como intuição primordial, norma como medida de concreção da conduta social e fato como pressuposto da conduta. A norma jurídica representa a síntese dos fatos e dos valores em função de uma dada realidade.

O capitalismo industrial (surgindo na revolução industrial, entre o período de 1760-1850) tinha como pressuposto básico a concorrência individual em todos os domínios, ou seja, no mercado dos produtos, como nos fatores de produção (onde se inclui o trabalho humano). O sistema repousa na mão invisível do mercado, onde a economia está lastreada na propriedade e na liberdade, apregoando a ampla iniciativa privada na condução de suas atividades, deixando de lado a intervenção estatal.

As relações jurídicas individuais são lastreadas na ampla autonomia de vontade dos particulares. As normas jurídicas que regulam os vínculos jurídicos entre o trabalhador e o empresário assentam-se na ordem jurídica civilista.

Há o realce do contrato, com plena valorização da autonomia da vontade, baseado na ordem natural de que as partes eram livres, podendo estabelecer as regras norteadoras da exploração do trabalho.

O Estado não deve atuar diretamente sobre a vida econômica. A concepção filosófica dita as regras jurídicas. Todos eram livres e iguais perante a lei, não havendo a possibilidade de um regime jurídico próprio a disciplinar as relações decorrentes do trabalho livre e assalariado. As bases do regime jurídico assalariado, pelo prisma liberal, repousam na liberdade de contratar e na autonomia plena da vontade.

A realidade histórica, porém, demonstrou que o ideal liberal era insuficiente para evitar a exploração desumana do trabalho assalariado, surgindo o Direito do Trabalho.

Procurando mitigar os efeitos decorrentes da exploração desmesurada do trabalho humano em face das novas condições econômicas, por meio de normas jurídicas (Direito do Trabalho), como valor, é estabelecida a dignidade do ser humano, e, como fato, a desigualdade concreta do proletariado em face do capitalista, tendo como objetivo a equiparação jurídica do capital e do trabalho.

Sintetizando os primórdios do Direito do Trabalho, é imperioso apontar-se a visão doutrinária de dois juristas brasileiros, a saber:

a) Amauri Mascaro Nascimento[1] afirma que *"o Direito do Trabalho surgiu como consequência da questão social que foi precedida da Revolução Industrial do século XVIII e da reação humanista, que se propôs a garantir ou preservar a dignidade do ser humano ocupado no trabalho das indústrias, que, com o desenvolvimento da ciência, deram nova fisionomia ao processo de bens na Europa e em outros continentes. A necessidade de dotar a ordem jurídica de uma disciplina para reger as relações individuais e coletivas do trabalho cresceu no envolvimento das 'coisas novas' e das 'ideias novas' [...]"*;

b) para Mauricio Godinho Delgado,[2] *"o Direito do Trabalho é, pois, fruto cultural do século XIX e das transformações econômico-sociais e políticas ali vivenciadas. Transformações todas que colocam a relação de trabalho subordinado como núcleo motor do processo produtivo característico daquela sociedade. Em fins do século XVIII e durante o curso do século XIX é que se maturaram, na Europa e Estados Unidos, todas as condições fundamentais do trabalho livre mais subordinado e de concentração proletária, que propiciaram a emergência do Direito do Trabalho".*

Abordar-se-á as fases históricas que levam ao surgimento das primeiras normas jurídicas trabalhistas, apontando os principais fatos e acontecimentos.

Na análise dessas fases históricas, adotar-se-ão os seguintes períodos: (a) o primeiro, que compreende os anos finais do séc. XVIII até o Manifesto Comunista de Marx e Engels (1848); (b) o segundo, que abrange o lapso de 1848 até 1919; (c) o terceiro, que se inicia em 1919 e avança ao longo do séc. XX e início do séc. XXI.

2.1 PRIMEIRA FASE – FINAL DO SÉCULO XVIII ATÉ O *MANIFESTO COMUNISTA* DE 1848

A primeira fase do Direito do Trabalho contém escassa atividade regulamentar do Estado liberal. Nesse período, podemos destacar:

a) na França: a Lei Le Chapelier (1791), que extinguiu as corporações de ofício, inclusive proibindo-se a coligação de empresários e de trabalhadores; a Revolução operária em Lyon, em função do salário mínimo (1830); a fundação da *Société des Familles* por Louis Blanc (1839); o estabelecimento da jornada de 10 horas de trabalho em Paris e de 11 horas no resto do país (1848);

b) na Inglaterra, tem-se a criação da máquina a vapor (1790); o pedido dos trabalhadores solicitando a proibição quanto à utilização de máquinas, gerando, assim, a lei de proteção das máquinas; a proibição quanto à criação das coligações

---

[1] NASCIMENTO, Amauri Mascaro. *Curso de direito do trabalho*. 21. ed., p. 4.
[2] DELGADO, Mauricio Godinho. *Introdução ao direito do trabalho*. 2. ed., p. 35.

(1799), com o restabelecimento das associações, em 1825; o surgimento de uma organização legal visando garantir a liberdade dos operários (1833); a criação da inspeção nas oficinas (1833); a redução da idade de 9 para 8 anos para o ingresso de crianças nas oficinas; a lei inglesa de 1802 – *Peel's Act*, que proibia o trabalho das crianças em jornada superior a 12 horas por dia, além do trabalho noturno; a fixação da jornada de 10 horas de trabalho em 1847;

c) na Suíça, a fundação da primeira associação operária em Biel (1833); os autores Marx e Engels unem-se no Congresso de Londres (1847); a edição da obra *Manifesto comunista*.[3]

Nesse período, não se tem um Direito do Trabalho sistematizado. As leis são dispersas, tendo mais um conteúdo proibitivo, não dispondo de direitos aos trabalhadores.

É importante ressaltar que a pressão do operariado também não é significativa.

2.2 SEGUNDA FASE – *MANIFESTO COMUNISTA* DE 1848 ATÉ 1919

Os principais acontecimentos dessa fase são os seguintes:

a) na França: a Revolução Francesa (1848);[4] o reconhecimento do direito de greve (1864); a realização do Primeiro Congresso Geral Operário (Paris, 1876); a cria-

---

[3] "Manifesto do Partido Comunista, obra redigida por Karl Marx e Friedrich Engels, em 1847. Texto fundador do marxismo, afirma que o motor da história é a luta de classes e expõe o programa político dos comunistas após a tomada do poder. O texto observa que o poder só pode ser tomado pela derrubada do Estado burguês e pela união dos proletários de todos os países" (*Grande Enciclopédia Larousse Cultural*, v. 15, p. 3779).

[4] "1. Origens. Durante o ano de 1848 a Europa foi sacudida por uma série de revoluções de cunho liberal, que aspiravam a grandes transformações políticas, econômicas e sociais, expressando também algumas delas o desejo de independência e unificação nacional contra o domínio estrangeiro. 1.1. Cronologicamente, o movimento em cadeia iniciou-se com a insurreição da Sicília, em janeiro. Em março, veem as sublevações de Milão e Veneza, de Viena e Berlim. Eco retardado dessa onda insurrecional, a Hungria revolta-se em princípio de 1849 contra o jugo austríaco, quando já os levantes populares da Europa ocidental tinham sido sufocados. Todo o mundo, de uma forma ou de outra, sofreria o impacto dessa série de acontecimentos, conhecida como a Primavera dos Povos. 1.2. As reivindicações políticas, nesse amplo quadro, achavam-se quase por toda a parte ligadas às dificuldades decorrentes das condições de vida do povo, em particular dos trabalhadores, que estiveram presentes nas fases culminantes da ação revolucionária. 1848 foi o ano da publicação do Manifesto Comunista, de Marx e Engels. Mas não era a bandeira marxista que levava os operários a participarem das barricadas, e sim uma mescla de aspirações imprecisas e difusas, colhidas nos panfletos do socialismo utópico, uma mística libertária das sociedades secretas, ou nas palavras de ordem gremiais, como a da redução da jornada de trabalho ou do 'direito ao trabalho'. 1.3. Entretanto, a dinâmica interna do movimento põe em relevo a contradição, que se iria acentuado cada vez mais, entre a tendência para a revolução social, encarnada em líderes como Louis Auguste Blanqui (1805-1881), Armand Barbès (1809-1870) e François Vincent Raspail (1794-1878), e a dos líderes da burguesia liberal. Esses últimos eram políticos que expressavam a repulsa das camadas médias da sociedade a uma reação monárquica ainda impregnada de absolutismo, embora sensi-

ção do Partido Operário (1880); o surgimento de uma nova lei sindical (1884); a fundação da Federação Sindical (1886); a realização da Conferência Internacional Operária (1887); o reconhecimento quanto à liberdade de associação (1884); fundação da CGT (1895); os trabalhadores, no Congresso Internacional dos Trabalhadores, realizado em 1889, estabelecem a jornada de 8 horas e o 1º de maio como Dia do Trabalho; Congresso de Bourges e a luta dos trabalhadores pela adoção da jornada de oito horas de trabalho (1904); houve a votação da lei que fixou a jornada de 8 horas (1919);

b) na Inglaterra: a criação da *Fabian Society* (1883); na cidade de Liverpool foi adotada a jornada de 8 horas de trabalho; o estabelecimento da legislação sobre acidentes de trabalho (1897); o desenvolvimento do sindicalismo de luta de classes (1912-1919); o Partido Trabalhista propõe que as questões proletárias sejam solucionadas por intermédio de entendimentos entre as partes (1914); a fixação da arbitragem obrigatória durante a guerra (1915);

c) na Alemanha: a realização (1890) da Conferência Internacional de proteção ao operário; a criação do seguro social; greve geral dos mineiros em Reiland-Westf (1905); o assassinato de Rosa de Luxemburgo (1919); o surgimento da Constituição de Weimar, que representou o modelo das Constituições europeias, tratando de uma série de matérias de direitos sociais, influenciando, de forma sistemática, a elaboração do direito positivo, incorporando vários direitos dos trabalhadores, inclusive dando ênfase à intervenção do Estado nas relações individuais e coletivas do trabalho, preconizando: (1) a colocação do trabalho sob a proteção estatal; (2) a sistematização do Direito do Trabalho; (3) a garantia quanto à liberdade de associação, visando à defesa e melhoria das condições de trabalho e de produção; (4) a permissão da participação do trabalhador no processo político; (5) ratificação dos seguros sociais; (6) ênfase à inserção do trabalhador no universo da empresa, assegurando-lhe o direito de participação na fixação do salário e das demais condições de trabalho; 7) a instituição dos conselhos de empresa, bem como dos órgãos de gestão empresarial;

d) nos Estados Unidos: a realização do Congresso operário em Nova York (1866); a fundação do *Socialist Labor Party of North America* (1876); a criação da *American Federation of Labor* (1881); a ocorrência de agitações anarquistas em Chicago, com a execução de seus chefes (1886); o Presidente Wilson (1919) lança os 14 pontos da paz, com os quais pretendia a obtenção da justiça social;

---

bilizada, aqui e ali, aos novos padrões econômico-financeiro instaurados na sociedade europeia da primeira metade do séc. XIX com a derrocada da ordem feudal. 1.4. É na França que o processo revolucionário de 1848 se manifesta com maior agudeza e profundidade, desencadeando pelo seu exemplo repercussões imediatas em outros países europeus e pelo mundo afora, inclusive, no Brasil. A propósito se falou num espírito *quaranté-huitard* ('de quarenta e oito'), globalmente caracterizado pela generosidade, pelo humanitarismo, pela aspiração de justiça social e por um ardente impulso libertador" (*Enciclopédia Mirador Internacional*, v. 18, p. 9859).

e) na Itália: a divulgação da Encíclica – *Rerum Novarum* pelo Papa Leão XIII (1891). Abordando a temática do trabalho visto pela Igreja, Irany Ferrari[5] discorre: *"Foi na esteira da Encíclica Rerum Novarum, de Leão XIII, em 1891, e dos numerosos documentos que se lhe seguiram, do Magistério da Igreja, que surgiu uma reação contra o sistema de danos e injustiças que pesava sobre o homem do trabalho nesse longo período de transformação da indústria. A solidariedade em torno do trabalho, mercê da organização dos trabalhadores, foi fator importante na busca de melhores condições de vida. Essa solidariedade deve sempre estar presente onde houver degradação social do homem sujeito do trabalho ou quando ocorrer à exploração dos trabalhadores com a crescente miséria ou fome. A Igreja sempre esteve vivamente empenhada nesta causa, vendo e estudando os direitos dos trabalhadores no vasto conjunto dos direitos humanos, com início na Encíclica Rerum Novarum, lançada sobre as bases do reerguimento moral e material do proletariado, como um verdadeiro Código da Doutrina Social da Igreja [...] O princípio da adequação, lançado por Leão XIII, é da mais alta importância. Por ele, a Igreja deve adequar as 'coisas novas', na sociedade moderna, 'aos princípios perenes da lei natural e da lei divina'. Nessa Encíclica, de 1891, em que é feita referência a anteriores (Diunturnum, 1831, Immortale Dei, 1885 e Libertas, 1888), trata Leão XIII de vários temas, dos quais e para este estudo, há que se fazer destaque para o que se relaciona com a 'Condição dos Operários';"*

f) no México: a Constituição (1917) inicia o processo mundial quanto à constitucionalização das normas de proteção do trabalho. Amauri Mascaro Nascimento[6] aduz: *"O principal texto da Constituição do México de 1917 é o art. 123, com trinta e um incisos, nos quais incluem-se o direito à jornada normal diária de oito horas, jornada máxima noturna de sete horas, proibição do trabalho de menores de doze anos e limitação a seis horas para os menores de dezesseis anos, descanso semanal, proteção à maternidade, salário mínimo, igualdade salarial, adicional de horas extras, proteção contra acidentes do trabalho, higiene e segurança do trabalho, direito de sindicalização, direito de greve, conciliação e arbitragem dos conflitos trabalhistas, indenização de dispensa, seguros sociais etc.";*

g) na Rússia: a eclosão das primeiras lutas operárias (1904); a promulgação da Constituição e de uma greve geral (1905); a ocorrência da greve de Petrogrado (1917); o início da Revolução Russa (out./1917) e o surgimento da 3ª Internacional (1919). Mozart Victor Russomano,[7] ao discorrer sobre a revolução russa, afirma que referido acontecimento representa o terceiro grande momento de metamorfose do mundo, representando *"a vitória, a preço de sangue, do socialismo revolucionário e abre a experiência, até então desconhecida, de uma república*

---

[5] FERRARI, Irany; NASCIMENTO, Amauri Mascaro; MARTINS FILHO, Ives Gandra. *História do trabalho, do direito do trabalho e da justiça do trabalho*, p. 27.
[6] NASCIMENTO, Amauri Mascaro. Ob. cit., p. 31.
[7] RUSSOMANO, Mozart Victor. *Curso de direito do trabalho*, 6. ed., p. 14.

de operários. Entre o trabalho escravo da Antiguidade e a república proletária se desdobra a história da civilização. A Revolução Soviética de 1917 foi decorrência da luta de classes, dos métodos de conquista do poder através da rebelião operária e da superação das concepções liberais que o século XVIII oferecera e o século XIX fraudara. O acirramento da luta entre o patrão e o trabalhador – com todos os incidentes que as crônicas registram nas primeiras quadras do sindicalismo – tornou impossível que se continuasse atribuindo ao Estado o papel distante que lhe fora outorgado pela escola liberal".

A segunda fase inicia-se com o advento do Manifesto Comunista, de Marx e Engels, como também com o movimento de massas na Inglaterra e na França. Tais movimentos traduzem a primeira ação coletiva e sistemática dos trabalhadores, reivindicando os seus direitos trabalhistas, visando generalizar para o mundo do Direito uma nova ordem jurídica. O marco final dessa fase ocorre com o término da Primeira Grande Guerra (1919) e com o Tratado de Versalhes,[8] no qual houve a criação da Organização Internacional do Trabalho (OIT).

O avanço do capitalismo e da exploração desmesurada da força de trabalho levou à organização e à luta dos trabalhadores, sendo que tais fatores foram determinantes para o Direito do Trabalho. É a fase da sistematização do Direito do Trabalho.

A realidade social revelou que o Direito Privado era incapaz de regular a vida econômica, assegurando o pleno desenvolvimento da sociedade. Deixa-se de lado o mito da neutralidade do Estado em face da economia. É a época do surgimento das leis de proteção ao trabalho, quebrando os dogmas do individualismo liberal nas relações jurídicas, assegurando: (a) a limitação da liberdade contratual, com a edição de normas imperativas, abrangendo várias matérias das relações de trabalho (duração e horário de trabalho, critérios para dispensas, segurança e medicina do trabalho etc.); (b) o surgimento da Administração Pública do trabalho, além da criação de uma jurisdição especializada; (c) o reconhecimento do poder de determinação coletiva das condições de trabalho (autonomia coletiva privada), não sendo mais punida ou proibida a greve; reconhece o direito às associações; a adoção das convenções coletivas de trabalho, como um novo mecanismo de origem de direitos e deveres a serem observados nas relações individuais de trabalho.

Em face da combinação desses elementos, o Direito do Trabalho ganha autonomia e livra-se dos dogmas do Direito Civil, passando a disciplinar as relações jurídicas oriundas da exploração da força de trabalho.

2.3 TERCEIRA FASE – INÍCIO EM 1919 COM AVANÇO AO LONGO DO SÉCULO XX

Mauricio Godinho Delgado[9] aduz que a terceira fase pode ser identificada com a oficialização do Direito do Trabalho. Nesse sentido, discorre: *"Tal fase se define com o*

---

[8] O Tratado de Versalhes, que foi assinado em 1919 pelas potências europeias, encerrando, assim, oficialmente a Primeira Guerra Mundial.

[9] DELGADO, Mauricio Godinho. Ob. cit., p. 45.

instante histórico em que o Direito do Trabalho ganha absoluta cidadania nos países de economia central. Tal Direito passa a ser um ramo jurídico absolutamente assimilado à estrutura e dinâmica institucionalizadas da sociedade civil e do Estado. Forma-se a OIT; produz-se a constitucionalização do Direito do Trabalho; finalmente, a legislação autônoma ou heterônoma trabalhista ganha larga consistência e autonomia no universo jurídico do século XX."

O marco inicial desse período é o Tratado de Versalhes, que *"preconizava nove princípios gerais relativos à regulamentação do trabalho, que recomendavam a adoção pelos países que o firmaram. Nesse período inicia-se, propriamente, a atividade legislativa dos Estados em favor dos trabalhadores, obediente àqueles nove princípios. Caracteriza--se, sobretudo, pela incorporação de medidas de caráter social aos textos das Constituições em todos os países democráticos, e pela intensificação da legislação ordinária em todas as nações civilizadas, abrangendo todos os aspectos da regulamentação do trabalho".*[10] Os principais fatos desse período são:

a) na Alemanha: a realização da greve geral nacional (1920); a crise econômica e social da República de Weimar, com cerca de 5.500.000 desempregados; a nomeação de Hitler para chanceler; o avanço do nacional-socialismo (nazismo), com a tomada do poder por Hitler; o início da Segunda Guerra Mundial, com a invasão da Polônia (1939);

b) na França: a ocorrência da greve geral política (em fevereiro de 1934), com uma série de conflitos e vítimas; a celebração do acordo *Martignon*, a respeito das convenções coletivas (1936); a fixação do trabalho obrigatório (1942); a greve geral em Paris, em agosto (1954); a ocorrência da greve geral dos funcionários públicos (1959); greve geral em todo o país, com o desfile de 100.000 trabalhadores, havendo uma série de distúrbios em Paris (maio/1968);

c) na Inglaterra: a ocorrência da greve dos transportes (1926); a proibição das greves políticas e de solidariedade (1929); a realização da conferência visando à criação de uma sindical internacional democrática (1943); criação da Confederação Internacional das Organizações Livres (CIOSL) (1949); a adoção de nova lei de greve (1971); a eclosão de greves nos serviços públicos (1972 e 1973);

d) na Itália: ocupação das usinas siderúrgicas pelos grevistas (ago./1920); a eclosão da greve geral (ago./1922); a proibição quanto às greves (1926); a edição da *Carta del Lavoro*[11] (1927); o surgimento do regime corporativo, com a criação do sindicato

---

[10] GOMES, Orlando; GOTTSCHALK, Elson. *Curso de direito do trabalho.* 4. ed., p. 21.

[11] A *Carta del Lavoro* é o "documento fundamental do corporativismo peninsular e das diretrizes que estabeleceu para uma ordem política e trabalhista centralizada segundo uma forte interferência estatal. A influência do corporativismo no direito do trabalho prende-se ao próprio tipo de estrutura político-social de que se reveste o Estado. Segundo o princípio corporativo econômico da Carta del Lavoro italiana, *'il complesso della produzione è unitario dal punto di vista nazionale [...]'.* Por força dessa proposição, que contém um princípio de integração dos fins econômicos entre os fins do Estado, os produtores e as suas associações são transformados em órgãos da política econômica

único (1926); a ruptura na Federação Sindical Mundial no Congresso de Milão (1949); reunião do 2º Congresso da CIOSL (1951); a deflagração de uma greve geral (1969); uma sequência de greves (1970), com a participação de 5 milhões de trabalhadores.

Nessa fase, a princípio, denota-se a intervenção estatal, como uma forma de elaboração de um regulamento das relações de trabalho, visando à harmonia da oposição trabalho *versus* capital. É o predomínio da heterorregulação, provocando uma rigidez no campo normativo trabalhista. O Estado, diante dos acontecimentos que varreram a Europa e demais países do globo, necessitou intervir nas relações trabalhistas com uma série de normas, disciplinando os mais diversos assuntos, tais como: trabalho das mulheres e dos menores, duração do trabalho, segurança e medicina do trabalho, regulamentação dos salários; mecanismos para a solução dos conflitos de trabalho etc.

Abordando a questão do intervencionismo estatal, Amauri Mascaro Nascimento[12] preleciona: *"Despojado de suas exteriorizações extremadas e anti-humanas, o intervencionismo é considerado também como uma forma de realização do bem-estar e da melhoria das condições de trabalho. É humanista o intervencionismo para a proteção jurídica e econômica do trabalhador por meio de leis destinadas a estabelecer um regulamento mínimo sobre as suas condições de trabalho, a serem respeitadas pelo patrão, e de medidas econômicas voltadas para a melhoria da sua condição social."*

Atualmente, vários são os fenômenos que ocorrem na sociedade capitalista, tais como: (a) o implemento de processos informatizados de produção (automação e robotização), além de avanços no campo da engenharia genética, das telecomunicações e de novas técnicas produtivas em vários países do mundo; (b) o surgimento de blocos econômicos e de áreas de livre-comércio, com o incremento das relações comerciais internacionais; (c) o aumento da interdependência dos mercados mundiais.

Esses fenômenos geram transformações nas relações de trabalho, a saber: (a) a conjuntura internacional denota um sistema capitalista que produz em demasia com baixo aproveitamento de mão de obra. É inegável, ante a utilização da informática e da robótica, que haja um crescimento da produtividade, com a redução da demanda de trabalhadores; (b) os salários reais, paulatinamente, vêm sofrendo sensíveis quedas em

---

estatal, o que importa na responsabilidade pública dos empreendedores, na colaboração, institucionalmente assegurada, entre a categoria profissional e econômica e a estruturação jurídica de órgãos que permitam a realização desses fins. A empresa, no sistema corporativo, continua com as relações que se desenvolvem no seu âmbito e ao seu redor, sujeita às normas de Direito Privado. Porém, o empresário terá uma responsabilidade de Direito Público porque o corporativismo considera '*l'organizzazione privata della produzione una funzione d'interesse nazionale; l'organizzatore dell'impresa è responsabile dell' indirizzo della produzione di fronte allo Stato*' (*Carta Del Lavoro*, nº VII). Os sindicatos são reunidos em instituições maiores e complexas, unificadas por um supremo órgão diretivo do Estado como resultado de um propósito de unificação e não de contraposição dos interesses divergentes entre empregados e empregadores" (NASCIMENTO, Amauri Mascaro. Ob. cit., p. 34).

[12] NASCIMENTO, Amauri Mascaro. Ob. cit., p. 30.

todos os países do mundo; (c) o surgimento de novas modalidades de contratação, sendo que estamos na época do trabalho a tempo parcial, apregoando-se a desregulamentação e o incremento da negociação coletiva; (d) o aumento do desemprego estrutural em várias regiões do globo.

Nos países desenvolvidos, os índices de desemprego são alarmantes, apesar de serem os seus efeitos sociais minorados pela existência de um sistema de proteção social que ampara os desempregados. Isso já não ocorre com o Terceiro Mundo (países em desenvolvimento), onde se tem o acirramento da desigualdade social, com o avanço da economia informal, aniquilando-se a estrutura da economia formal, não havendo mecanismos legais eficientes que possam atenuar a exclusão de milhões de trabalhadores do pleno emprego.

A intervenção estatal e a atuação organizada dos trabalhadores foram elementos essenciais para o surgimento do Direito do Trabalho. Todavia, ante as transformações pelas quais passa a sociedade capitalista contemporânea, o Direito do Trabalho vem sofrendo mudanças que exigem a adoção de novos mecanismos, visando a sua flexibilização.

A nova realidade econômica, ao adotar o fator tecnológico tanto à produção como ao comércio, faz com que o modelo intervencionista estatal seja criticado em vários países. O modelo estatal rígido de proteção é insuficiente para a tutela do trabalhador, em face das novas técnicas de trabalho. O mundo globalizado exige um novo modelo de tutela ao trabalhador. A flexibilização é inexorável no trato das relações tanto coletivas como individuais do trabalho; todavia, a grande dificuldade repousa em se saber quais são os limites para a desregulamentação do Direito do Trabalho.

Qualquer que seja o exato contorno do novo modelo para o Direito do Trabalho, é imperioso que a dignidade do trabalhador seja mantida, como meio de se evitar o retorno a uma situação degradante do ser humano.

Para tanto, os diversos Estados desse mundo globalizado devem estabelecer, em suas ordens jurídicas internas, dispositivos que assegurem um mínimo legal de ordem pública, para que o trabalhador tenha assegurada sua proteção.

QUESTIONÁRIO

1. O Direito do Trabalho representa uma reação ao ideal liberal nas relações de trabalho?

2. Quais são as fases históricas na história internacional do Direito do Trabalho?

3. Quais são os principais acontecimentos históricos de cada uma das fases na evolução das normas jurídicas trabalhistas?

4. O modelo intervencionista nas relações jurídico-trabalhistas está em crise?

Capítulo III
HISTÓRIA DO DIREITO DO TRABALHO NO BRASIL

A História do Direito do Trabalho no Brasil pode ser dividida em três etapas: (a) o período que compreende da Independência até a Abolição da Escravatura; (b) o período que abrange os anos de 1888 a 1930; e, por fim, (c) o terceiro período, desde a Revolução de 1930 até os dias de hoje.

3.1 PERÍODO DA INDEPENDÊNCIA ATÉ A ABOLIÇÃO DA ESCRAVATURA

No período que se inicia com a Independência do Brasil (1822) até a Abolição da Escravatura (1888), como havia o trabalho escravo, não houve condições para o desenvolvimento da legislação trabalhista.[1]

---

[1] "Conforme gráfico inserido na obra de Alencastro, o Brasil começa a importar africanos no período compreendido entre 1551-1575 e logo a partir do período compreendido entre 1576-1600 já ultrapassa o número de negros desembarcados pela América espanhola desde 1526, só sendo superado, em pequeníssima escala, no período de 1626-1650. Ao serem acrescentadas neste gráfico as Américas francesa e britânica (incluindo os EUA), o Brasil liderará as importações de 1751 até 1740, quando inicia o apogeu do número de negros desembarcados na América britânica e EUA. Entretanto, a liderança brasileira é finalmente retomada e em seus mais elevados graus de 1811 em diante. Ao final, são cerca de 4.019.400 indivíduos aportados no Brasil em 1526 e 1850 contra aproximadamente, no mesmo período, 1.568.800 na América espanhola, 2.195.200 na América britânica e EUA e 1.681.300 na América francesa. Conforme estudos de Alencastro, foram feitas cerca de 12 mil viagens em um período de três séculos até atingir o número acima, que, ressalte-se, só considera os negros que chegavam vivos, ignorando as inúmeras mortes ocorridas durante a penosa travessia, a maioria por desidratação decorrente da alta temperatura e da falta de água potável nos tumbeiros, os quais, segundo outros apontamentos atingiam cerca de 40% dos traficados. Conforme se extrai dos números acima, mesmo a partir do século XIX, quando o Brasil passa a sofrer forte pressão internacional para o fim do tráfico, todas as medidas tomadas surgem apenas como um dissimulado paliativo da realidade sobre o tráfico negreiro, que continua a existir e atinge seus mais altos índices, em clara decorrência do aumento, no mercado interno, da procura pela mercadoria que poderia escassear. Assim, a despeito do tratado com a Grã-Bretanha, assinado por D. Pedro em 1826, no qual o Brasil se compromete a extinguir o tráfico a partir de 1830, da lei editada em 1831, que declara a liberdade dos escravos a partir de então ingressos no país, e mesmo da britânica lei Bill Aberdeen, de 1845, que conferia às autoridades inglesas poderes para reprimir o tráfico em navios brasileiros, os negros importados em 1845 somavam 19.363, passaram para 50.354 em 1846, atingiram 56.172 em 1847, 60.000 em 1848 e 54.000 em 1849 e só foram reduzidos a partir de 1850, ano da aprovação da Lei Eusébio de Queirós" (PEDROSO,

A Constituição do Império (outorgada por D. Pedro I, em 1824) consagrava a filosofia liberal da revolução francesa, assegurando a liberdade do trabalho, todavia, não tratou dos direitos sociais do trabalhador. Contemplava, de forma explícita, a proibição quanto às corporações de ofício (art. 179, XXV).

O fato marcante dessa época é a Abolição da Escravatura em 1888. Sobre a Lei Áurea, Mauricio Godinho Delgado[2] afirma que *"ela pode ser tomada, em certo sentido, como o marco inicial de referência da História do Direito do Trabalho brasileiro. É que ela cumpriu papel relevante na reunião dos pressupostos à configuração desse novo ramo jurídico especializado. De fato, constituiu diploma que tanto eliminou da ordem jurídica a relação de produção incompatível com o ramo justrabalhista (a escravidão), como, via de consequência, estimulou a incorporação pela prática social da fórmula então revolucionária de utilização da força de trabalho: a relação empregatícia".*

3.2 PERÍODO DE 1888 (ABOLIÇÃO DA ESCRAVIDÃO) A 1930 (GETÚLIO VARGAS)

Nos primeiros anos desse período (1888 a 1930), o que se visualiza são fatos isolados, ou seja, a ocorrência de greves esporádicas, visando à redução da jornada de trabalho, melhores salários e condições de trabalho, entre os quais se destaca: (a) na cidade do Rio de Janeiro, houve a paralisação dos cocheiros dos bondes, havendo a intervenção da Força Pública e do Ministro da Justiça (1900); (b) a greve dos ferroviários da Estrada de Ferro Central do Brasil, da Bahia, em Cachoeira; (c) a paralisação dos carroceiros em Santos, com o fechamento do comércio; (d) a greve dos ferroviários (1901) da Estrada de Ferro Sorocabana, de São Paulo, pelo atraso de salário; (e) paralisação, por dois dias, dos trabalhadores da Estrada de Ferro Paulista, no município paulista de Rio Claro, por aumento de salário; (f) paralisação na fábrica de tecidos de Vila Isabel, em face dos maus-tratos e imposições do diretor-gerente; (g) 800 trabalhadores do Lloyd Brasileiro fizeram greve por 8 dias (1903); (h) paralisação de trens em Recife (1903); (i) greve ocorrida na cidade do Rio de Janeiro (16 a 25 de agosto de 1903) pela redução da jornada diária e aumento de salário.

Em 12/6/1917, na cidade de São Paulo, houve a eclosão de uma greve de grande repercussão, que se iniciou no Cotonifício Rodolfo Crespi, no bairro da Mooca, sendo que os operários protestavam contra os salários, paralisando os serviços. O movimento se alastrou, sendo que, aos dois mil grevistas do Cotonifício, juntaram-se mil trabalhadores das fábricas Jafet.

No dia 12 de julho, o número total de grevistas estava em torno de 20.000 trabalhadores, abrangendo várias atividades econômicas: os bondes, a luz, o comércio e as indústrias da capital paulista. O movimento chegou às cidades do interior, em torno de

---

Eliane. Da negação ao reconhecimento da escravidão contemporânea. VELLOSO, Gabriel; FAVA, Marcos Neves (Coord.). *Trabalho escravo contemporâneo*: o desafio de superar a negação. 2006, p. 54).

[2] DELGADO, Mauricio Godinho. *Introdução ao direito do trabalho*. 2. ed., p. 52.

13 localidades. Houve o término da greve com a intermediação dos jornalistas, com o aumento de 20% e a garantia de que nenhum trabalhador seria dispensado.

Nos primórdios da República Velha é inegável a influência dos imigrantes nos primeiros movimentos grevistas, dando-se origem ao movimento sindical.

Nesse sentido, Amauri Mascaro Nascimento[3] aduz: *"A ação dos anarquistas foi intensa, com reflexos no âmbito trabalhista, especialmente sobre o movimento sindical. No I Congresso Operário de 1906 predominou o pensamento anarquista, que preconizava a resistência ao patronato, a oposição à beneficência, ao mutualismo ou ao cooperativismo, tidos como contrários aos interesses do operariado. Até 1920 os trabalhadores, em grande parte, eram influenciados pelos anarquistas, cuja preponderância é devida à origem dos imigrantes: Itália, Espanha, Portugal etc."*

Do ponto de vista da legislação, também houve uma série de iniciativas, a saber: (a) os projetos dos congressistas Costa Machado (1893) e Moraes e Barros (1895 e 1899), que tratavam do trabalho na agricultura. O projeto de Moraes e Barros foi vetado pelo Presidente em exercício, Manoel Vitorino Pereira; (b) o Ministro da Agricultura, Demétrio Ribeiro, determina a concessão de 15 dias de férias aos ferroviários da Estrada de Ferro Central do Brasil (1889); (c) pelo Decreto 1.162, era garantida a liberdade de trabalho (1890); (d) na Capital da República, o Decreto 1.313 estabeleceu-se à fiscalização permanente dos estabelecimentos fabris, fixando-se a duração do trabalho em sete horas prorrogáveis até nove horas para os menores, além das seguintes proibições: trabalho noturno para os menores de 15 anos; a vedação do trabalho de menores de 12 anos (1891); (e) a Lei 1.150, de 5/1/1905, disciplinou o privilégio para o pagamento de dívida oriunda de salários do trabalhador rural; (f) a aprovação da primeira lei sindical: o Decreto 979/1903, para os trabalhadores rurais; (g) a Lei 1.637/1907, dispondo a respeito da sindicalização para os trabalhadores urbanos; (h) o Código Civil (1916) inicia o que se intitula de fase civilista do período liberal, dedicando 22 dispositivos às questões trabalhistas, adotando a expressão "locação de serviços"; (i) a Lei 4.382, de 29/1/1923, denominada Lei Elói Chaves, estabeleceu a caixa de aposentadoria e pensões dos ferroviários, além da estabilidade para tais trabalhadores, após completarem dez anos de serviço, excetuando-se as hipóteses de rescisão contratual por falta grave ou força maior, precedida de inquérito, o qual era submetido ao engenheiro de fiscalização das ferrovias; (j) a Lei 4.982, de 25/12/1925, estabeleceu aos empregados e operários de estabelecimentos comerciais, industriais e bancários e de instituições de caridade e beneficência do Distrito Federal e dos Estados o direito a quinze dias de férias anuais, sem prejuízo dos seus salários; (k) o Decreto 17.934, de 21/10/1927, estabeleceu o Código de Menores.

Com o advento da República, em 24/2/1891, houve a promulgação da Constituição, a qual sofreu sensível influência da Constituição norte-americana, sendo que o Estado brasileiro adotou a forma federal, republicana, presidencialista e liberal, não cuidando da matéria relativa aos direitos sociais do trabalhador. Limitava-se, em seu art. 72, § 24, a garantir *"o livre exercício de qualquer profissão moral, intelectual e industrial"*.

---

[3] NASCIMENTO, Amauri Mascaro. *Curso de direito do trabalho.* 21. ed., p. 64.

Em 7/9/1926, a Constituição Republicana de 1891 sofreu uma reforma, atribuindo competência ao Congresso Nacional para *"legislar sobre o trabalho"* (art. 34, inciso 28).

A conclusão é que nesse período houve uma série de manifestações incipientes ou esparsas. O movimento sindical não era forte e organizado, sendo que as normas eram específicas a determinados setores ou grupos de operários, não havendo regras gerais aplicáveis a todos os trabalhadores.

3.3 PERÍODO DE 1930 (GETÚLIO VARGAS) ATÉ 1988 (CONSTITUIÇÃO FEDERAL)

Com a Revolução de 1930 é que se inicia a fase da oficialização do Direito do Trabalho. Com o governo de Getúlio Vargas, o ideal da intervenção estatal nas relações de trabalho passa a ter aceitação, notadamente, pela influência histórica do modelo corporativista italiano.

Em 1930, com o Decreto 19.433, foi criado o Ministério do Trabalho, Indústria e Comércio, sendo que o Ministro era Lindolpho Collor.

O governo provisório (1930 a 1933) estabeleceu uma série de diplomas legais: (a) Decreto 19.671-A, de 4/2/1931, trata da organização do Departamento Nacional do Trabalho; (b) Decreto 19.770, de 19/3/1931, regula a sindicalização; (c) Decreto 20.303, de 19/8/1931, dispõe a respeito da nacionalização do trabalho na marinha mercante; (d) Decreto 20.465, de 1/10/1931, reforma a legislação das Caixas de Aposentadoria e Pensões; (e) Decreto 21.186, de 22/3/1932, dispõe sobre o horário de trabalho no comércio; (f) Decreto 21.364, de 4/5/1932, regula o horário para o trabalho na indústria; (g) Decreto 21.396, de 12/5/1932, trata das Comissões Mistas de Conciliação; (h) Decreto 21.417-A, de 17/5/1932, regula as condições de trabalho das mulheres na indústria e no comércio; (i) Decreto 21.690, de 1/8/1932, estabelece as Inspetorias Regionais do Trabalho nos Estados; (j) Decreto 22.042, de 3/11/1932, disciplina as condições de aposentadoria e pensões dos marítimos; (k) Decreto 21.175/1932 estabelece a criação da Carteira Profissional.

A Constituição de 1934, promulgada em 16 de julho, segundo Arnaldo Süssekind,[4] *"procurou conciliar filosofias antagônicas emanadas das cartas magnas de Weimar (social-democrata) e dos Estados Unidos da América (liberal-individualista), além de mesclar a representação política resultante de voto direto com a escolhida pelas associações sindicais (representação corporativa)"*.

A Carta Constitucional de 1934 assegurava: (a) a ordem econômica, a ser organizada conforme os princípios da Justiça e as necessidades da vida nacional, de modo que possibilitasse a todos existência digna (art. 115); (b) a legislação ordinária deveria promover o amparo da produção, estabelecendo as condições de trabalho, objetivando a proteção social do trabalhador e os interesses econômicos do país (art. 121); (c) a legislação ordinária deveria dispor a respeito do reconhecimento dos sindicatos e das associações profissionais, assegurando a pluralidade sindical e a completa autonomia dos sindicatos

---

[4] SÜSSEKIND, Arnaldo. *Direito constitucional do trabalho*, p. 30.

(art. 120), além do reconhecimento das convenções coletivas de trabalho (art. 121, *j*); (d) a criação da Justiça do Trabalho.

Durante a fase do período constitucional de 1934 a 1937, destacam-se os seguintes diplomas legais: (a) Decreto 24.637, de 10/7/1934, reforma a Lei de Acidentes do Trabalho; (b) Decreto 24.594, de 12/7/1934, a reforma da Lei Sindical; (c) Lei 62, de 5/6/1935, dispõe a respeito da rescisão do contrato de trabalho; (d) Lei 185, de 14/1/1936, institui as Comissões de Salário Mínimo; (e) a Lei 367, de 31/12/1936, cria o Instituto de Aposentadoria e Pensões dos Industriários.

A Constituição de 1934 teve uma duração efêmera, sendo substituída pela Constituição de 10/11/1937. No plano das relações do trabalho é inegável a influência corporativa na nova ordem constitucional (*Carta del Lavoro* – Itália fascista, 1927), tendo sido outorgada por Getúlio Vargas, iniciando-se, assim, o Estado Novo.

A nova ordem constitucional estabelecia:

a) o Conselho da Economia Nacional, composto de representantes dos vários ramos da produção nacional (art. 57);

b) a intervenção do Estado no domínio econômico, tendo como objetivos: (1) suprir as deficiências da iniciativa individual; (2) coordenar os fatores de produção, de maneira a evitar ou resolver os seus conflitos e introduzir, no jogo das competições individuais, o pensamento dos interesses da Nação, representados pelo Estado (art. 135);

c) o trabalho era visto como meio de subsistência do indivíduo, constituindo-se em um bem que é dever do Estado proteger, assegurando-se condições favoráveis e meios de defesa (art. 135);

d) a proibição, quanto à greve e *lockout*, declarando-os recursos antissociais, nocivos ao trabalho e ao capital e incompatíveis com os superiores interesses da produção nacional (art. 139);

e) quanto aos sindicatos, o sistema legal *"baseou-se em institutos que caracterizaram a forma autoritária de organização sindical, dentre os quais a necessidade de reconhecimento do sindicato pelo Estado, a natureza pública das funções sindicais, o prévio reconhecimento sindical elaborado pelo Estado, o princípio do sindicato único, a contribuição sindical, a intervenção do Estado e o poder punitivo sobre os sindicatos, alguns incompatíveis com a realidade social e econômica, outros exigindo reavaliação"*.[5] Para adequar a legislação sindical de 1934 (Decreto 24.594, de 12/7/1934), o governo federal expediu o Dec.-lei 1.402, de 5/7/1939;

f) os contratos coletivos de trabalho passaram a ser aplicáveis a todos os trabalhadores que estivessem representados pelas entidades signatárias (art. 137, *a*).

---

[5] NASCIMENTO, Amauri Mascaro. Ob. cit., p. 74.

Durante esse período, houve a criação da Justiça do Trabalho (com previsão nas Constituições de 1934 e 1937, foi implantada em 1º/5/1941), sendo que os fundamentos históricos da sua constituição merecem um destaque especial. Amauri Mascaro Nascimento[6] elucida: *"A Justiça do Trabalho resulta de uma evolução que é iniciada com os Conselhos Permanentes de Conciliação e Arbitragem, criados em 1907 para decidir as controvérsias entre o trabalho e o capital, na prática sem qualquer ressonância. Seguiram-se as Comissões Mistas de Conciliação, de 1932, e até 1937 foram instaladas 38 comissões. Destinava-se a tentar a composição entre os trabalhadores e os empregadores quanto aos conflitos coletivos. Para os conflitos individuais o Governo criou as Juntas de Conciliação e Julgamento, em maior número, existindo, na mesma ocasião, 75 juntas. A estrutura acima descrita recebeu críticas dos doutrinadores da época, e as comissões e as juntas foram consideradas organismos fracos porque não estavam revestidas de poderes mais amplos para impor soluções, já que suas tarefas resumiam-se à tentativa de conciliação. Somente em 1º de maio de 1939, com o Decreto-lei nº 1.237, foi, finalmente, constituída a Justiça do Trabalho, instalada, oficialmente, em 1º de abril de 1941 e tendo como órgãos as Juntas, os Conselhos Regionais do Trabalho e o Conselho Nacional do Trabalho, estes últimos alterados, em 1946, para Tribunais Regionais do Trabalho e Tribunal Superior do Trabalho, passando de órgãos não-judiciais a órgãos integrantes do Poder Judiciário."*

Com o Dec.-lei 5.452, de 1º/5/1943, foi editada a Consolidação das Leis do Trabalho (CLT), a qual reuniu a vasta legislação esparsa (direito individual, direito coletivo e direito processual do trabalho), sendo que referido diploma legal surgiu da comissão presidida pelo Ministro Alexandre Marcondes Filho.

Arnaldo Süssekind,[7] ao analisar a significação histórica desse diploma legal, afirma: *"A Consolidação das Leis do Trabalho, enfeixando num único texto todas as normas disciplinares das relações individuais e coletivas de trabalho, além das concernentes a procedimentos administrativos e à Justiça do Trabalho, proporcionou o conhecimento global dos direitos e obrigações trabalhistas, não só aos intérpretes e aplicadores das leis, mas, sobretudo, aos seus destinatários: os empregadores e os empregados. A CLT cumpriu, assim, importante missão educativa, a par de ter gerado o clima propício à industrialização do país, sem conflitos trabalhistas violentos."*

Houve algumas tentativas de revisão da CLT, todas infrutíferas: (a) no ano de 1961, os juristas Evaristo de Moraes Filho e Mozart Victor Russomano foram designados para a elaboração de anteprojetos do Código do Trabalho e do Código de Processo do Trabalho. Os trabalhos foram apresentados e entregues ao Poder Executivo; (b) em 1975, uma comissão foi constituída, sendo presidida por Arnaldo Süssekind. Os trabalhos foram concluídos e entregues, em setembro de 1976, aos Ministros da Justiça e do Trabalho, sob a forma de anteprojeto da nova CLT.

---

[6] NASCIMENTO, Amauri Mascaro. Ob. cit., p. 75.
[7] SÜSSEKIND, Arnaldo; MARANHÃO, Délio; VIANNA, Segadas; TEIXEIRA, Lima. *Instituições de direito do trabalho*. 19. ed., v. 1, p. 69.

Ainda no período de 1937 a 1946, destacam-se os seguintes diplomas legais: (a) Dec.-lei 910, de 20/11/1938, disciplinava a duração e condições de trabalho dos jornalistas; (b) Dec.-lei 1.523, de 18/8/1939, assegurava aos empregados o direito a 2/3 dos vencimentos em caso de incorporação militar.

A Constituição de 1946 foi decretada e promulgada por uma Assembleia Constituinte, a qual refletia o sopro democrático emanado da Segunda Guerra Mundial, com a vitória dos países aliados, sendo que houve a participação da Força Expedicionária Brasileira (FEB).

A nova ordem constitucional estabelecia: (a) a ordem econômica deve ser organizada conforme os princípios da justiça social, conciliando a liberdade de iniciativa com a valorização do trabalho humano (art. 145); (b) a liberdade de associação, determinando que a organização sindical deveria ser regulada por legislação infraconstitucional, permitindo-se às entidades sindicais a representação legal nas convenções coletivas de trabalho e o exercício de funções delegadas pelo poder político (art. 159); (c) a greve, como direito dos trabalhadores, devendo a lei regular o seu exercício (art. 158); (d) as convenções coletivas de trabalho, devendo a lei regular o seu exercício (art. 157, XIII).

Em linhas gerais, a CF/1946, apesar de seu cunho social-democrático, conviveu com o pensamento corporativista presente na CLT.

Durante o período de 1946 até 1964, os principais diplomas legais trabalhistas são: (a) Lei 605/1949, que regulava o repouso semanal remunerado e feriado; (b) Decreto 31.546/1952, aplicável aos menores aprendizes; (c) Lei 2.573/1955, dispondo a respeito do adicional de periculosidade; (d) Lei 2.959/1956, sobre o contrato por obra certa; (e) Lei 3.207/1957, aplicável às relações de emprego do vendedor viajante e pracista; (f) Lei 4.090/1962, criando o 13º salário; (g) Lei 4.266/1962, dispondo sobre salário-família; (h) Lei 4.214/1963, regulando o trabalho rural.

A Constituição de 1967, revisada pela EC 1/1969, não alterou os direitos sociais de forma acentuada.

A nova ordem constitucional estabelecia as mesmas regras quanto à organização sindical de 1946 (art. 166), todavia, tornou obrigatório o voto nas eleições sindicais (art. 166, § 2º) e legitimou a arrecadação pelos sindicatos da contribuição sindical (art. 166, § 1º). A greve foi mantida como direito dos trabalhadores, porém, ressalvadas as hipóteses dos serviços públicos e das atividades essenciais (art. 162). As convenções foram mantidas como instrumentos de negociação entre empregados e empregadores (art. 165, IV).

A partir de 1964, vários foram os diplomas legais editados: (a) Lei 4.330/1964, regulando e disciplinando o direito de greve, revogada pela Lei 7.783/1989; (b) a Lei 5.107/1966 criou o Fundo de Garantia do Tempo de Serviço (FGTS), o qual visava promover o desenvolvimento de recursos captados para aplicação no sistema habitacional, gerando sensíveis alterações no regime da indenização e da estabilidade no emprego (o novo diploma que disciplina o FGTS é a Lei 8.036/1990); (c) Lei 5.859/1972, trabalho doméstico; (d) Lei 5.889/1973, trabalho rural; (e) Lei 6.019/1974, trabalho temporário; (f) Lei 6.708/1979, reajuste salarial semestral, sendo que, a partir de então, em face do processo inflacionário, diversas foram as políticas salariais adotadas no País.

Nessa fase, o que se denota é a oficialização do Direito do Trabalho. O ramo jurídico trabalhista nacional sofreu a influência de um período político autoritário (1930 a 1945), não tendo sido possível a mudança da sua estrutura nas décadas subsequentes.

Mauricio Godinho Delgado,[8] ao analisar o avanço do Direito do Trabalho na ordem jurídica nacional, assevera: *"A reflexão comparativa entre as duas fases do Direito do Trabalho no país evidencia que se passou, de um salto, da fase de manifestações incipientes e esparsas para a fase de oficialização do ramo jurídico trabalhista. Construindo-se essa oficialização ao longo de um demorado período político centralizador e autoritário (de 1930 a 1945), o ramo justrabalhista veio a oficializar-se, consequentemente, sob uma matriz corporativa e intensamente autoritária. A evolução política brasileira não permitiu, desse modo, que o Direito do Trabalho passasse por uma fase de sistematização e consolidação, em que se digladiassem (e se maturassem) propostas de gerenciamento e solução de conflitos no próprio âmbito da sociedade civil, democratizando a matriz essencial do novo ramo jurídico. Afirmando-se uma intensa e longa ação autoritária oficial (pós-30) sobre um segmento sociojurídico ainda sem uma estrutura e experiência largamente consolidadas (como o sistema anterior a 30), disso resultou um modelo fechado, centralizado e compacto, caracterizado ainda por incomparável capacidade de resistência e duração ao longo do tempo.*

Efetivamente, o modelo justrabalhista construído há 60/70 anos manteve-se quase intocado nas longas décadas posteriores. A fase de oficialização autoritária e corporativista do Direito do Trabalho estende-se, assim, de 1930 até pelo menos a Carta Política de 1988."

Com a redemocratização do Brasil (década de 80), houve a edição de uma nova Constituição (5/10/1988), aprovada pela Assembleia Nacional Constituinte. A nova ordem constitucional altera, em alguns aspectos, o universo jurídico das relações trabalhistas.

Atualmente, dúvidas não há de que ocorre uma fase de transição democrática na evolução do Direito do Trabalho na ordem jurídica nacional. A busca de um novo modelo de tutela para o trabalhador é o ponto de destaque em toda e qualquer discussão doutrinária, jurisprudencial ou legal.

Os operadores do Direito do Trabalho estão em permanente alerta para as novas dimensões que decorrem das relações sociais e econômicas e seus reflexos nas relações individuais e coletivas de trabalho. O ponto inquestionável é que a nova fase que está se formando rompeu com o sistema fechado e hermético derivado do espírito corporativista.

A busca de um novo modelo de tutela será baseada na autonomia coletiva privada, valorizando a negociação coletiva como fórmula para o redimensionamento normativo das condições de trabalho. Entretanto, as dificuldades residem em se definir qual será o Direito do Trabalho mínimo, ou seja, as matérias que não poderão ser objeto dessa nova realidade.

O Estado, em face das transformações provocadas pela globalização, pelo avanço tecnológico e pelo desemprego, tem proposto novas leis para atenuar os efeitos negativos desses fatores.

---

[8] DELGADO, Mauricio Godinho. Ob. cit., p. 59.

Como exemplos legais, têm-se as seguintes alterações: (1) o contrato por prazo determinado (Lei 9.601/98); (2) a compensação anual das horas de trabalho – banco de horas (Lei 9.601); (3) alterações sensíveis na Administração Pública e na Previdência Social (EC 19 e 20); (4) o trabalho voluntário (Lei 9.608/98); (5) alteração nas relações de trabalho esportivas (Lei 9.615/98); (6) programa de desligamento voluntário de servidores civis do executivo federal (Lei 9.468/97); (7) abono da falta do empregado para a realização de provas de exame vestibular para ingresso em estabelecimento de ensino superior (art. 473, VII, CLT, redação pela Lei 9.471/97); (8) contrato a tempo parcial (art. 58-A, CLT); (9) a suspensão temporária do contrato de trabalho (MP 2.164-41/01); (10) Comissões de Conciliação Prévia (arts. 625-A a 625-H, CLT, Lei 9.958/00); (11) participação dos empregados nos lucros ou resultados (Lei 10.101/00); (12) desvinculação do salário quanto ao pagamento de certas utilidades (art. 458, CLT); (13) pisos estaduais salariais (LC 103/00); (14) proibição de prática discriminatória (Lei 9.029/95); (15) apoio às pessoas portadoras de deficiência (Lei 7.853/89); (16) alterações no contrato de aprendizagem (Lei 10.097/00); (17) direito da mãe adotiva à licença-maternidade (Lei 10.421/02); (18) Estatuto do Idoso, o qual efetua a proteção de maiores de 60 anos de discriminação em trabalho ou emprego (Lei 10.741/03); (19) Programa Nacional de Estímulo ao Primeiro Emprego para os Jovens (Lei 10.748/03); (20) condição análoga à de escravo (Lei 10.803/03); (21) desconto em folha de pagamento de valores de empréstimo bancário, financiamento, cartões de crédito ou arrendamento mercantil do empregado (Lei 10.820/03); (22) alteração no contrato de aprendizagem (Lei 11.180/05), que elevou a idade de 18 para 24 anos; (23) EC 45/04, que alterou a competência material da Justiça do Trabalho; (24) Lei de Falência e Recuperação de Empresas (Lei 11.101/05), a qual limita o caráter privilegiado do crédito trabalhista até 150 salários-mínimos; (25) proibição de exigência de comprovação pelo candidato de experiência prévia por tempo superior a seis meses no mesmo tipo de atividade (art. 442-A, CLT, Lei 11.644/08); (26) reconhecimento formal das centrais sindicais (Lei 11.648/08); (27) nova regulamentação para o estágio de estudantes (Lei 11.788/08); (28) regulamentação quanto às atividades de movimentação de mercadorias em geral e sobre o trabalho avulso (Lei 12.023/09); (29) lei regulamentadora da proporcionalidade do aviso-prévio (art. 7º, XXI, CF) (Lei 12.506/11); (30) regulamentação do exercício da profissão de motorista (Lei 12.619/12, revogada pela Lei 13.103/15); (31) criação das cooperativas de trabalho (Lei 12.690/12); (32) alteração do art. 193, CLT, com novas hipóteses geradoras do direito à percepção do adicional de periculosidade (Lei 12.740/12); (33) criação do vale-cultura (Lei 12.761/12); (34) regulamentação do exercício da profissão de comerciário (Lei 12.790/13); (35) nova disposição quanto ao trabalho do trabalhador avulso na área portuária (Lei 12.813/13); (36) extensão ao homem que adotar ou obtiver guarda judicial para fins de adoção da licença-maternidade (Lei 12.873/13); (37) novos direitos ao trabalhador doméstico (EC 72/13); (38) criação de tipos criminais quanto à discriminação dos portadores do vírus da imunodeficiência humana (HIV) e doentes de AIDS (Lei 12.984/14); (39) reserva de 20% das vagas oferecidas nos concursos públicos (administração pública) para os negros (Lei 12.990/14); (40) o trabalho em motocicleta é trabalho periculoso (Lei 12.997/14); (41) regulamentação do art. 201, CF, quanto à aposentadoria da pessoa com deficiência (LC 142/13); (42)

nova regulamentação ao art. 243, CF, quanto à expropriação de propriedades urbanas e rurais e de apreensão de bens de valor econômico relacionados com o trabalho escravo (EC 81/14); (43) a inclusão do transporte como direito social (EC 90/15); (44) a nova regulamentação dos direitos dos empregados domésticos (LC 150/15); (45) o Estatuto da Pessoa com Deficiência (Lei 13.146/15; vigência a partir de 7 de janeiro de 2016); (46) o aumento da licença-maternidade de 120 para 180 dias, para a empregada gestante e o adotante (empregada ou empregado), desde que a empresa esteja inscrita no Programa Empresa Cidadã (Lei 11.770/08 com a redação dada pela Lei 13.257/16); (47) licença-paternidade de 5 para 20 dias, desde que a empresa esteja inscrita no Programa Empresa Cidadã (Lei 11.770/08, com a redação dada pela Lei 13.257/16); (48) proibição de revista íntima às empregadas e clientes do sexo feminino, pena de multa, independentemente da indenização por danos materiais e morais, além de sanções de ordem penal (art. 2º, Lei 13.271/16); (49) a empregada gestante ou lactante será afastada, enquanto durar a gestação e a lactação, de quaisquer atividades, operações ou locais insalubres "em grau máximo", sem prejuízo da remuneração (inclusive do adicional de insalubridade) (art. 394-A, CLT, Lei 13.467/17); (50) licença-maternidade será de 180 dias no caso das mães de crianças acometidas por sequelas neurológicas decorrentes de doenças transmitidas pelo *Aedes aegypti*, assegurado, nesse período, o recebimento de salário-maternidade (art. 71, Lei 8.213/91) (art. 18, § 3º, Lei 13.301/16); (51) alterações relacionadas com as gorjetas (Lei 13.419, de 13/3/2017); (52) alterações pontuais ao contrato de trabalho do aprendiz (Lei 13.420, de 13/3/2017).

A Lei 13.467, de 13/7/2017, alterou dispositivos, bem como incluiu novos artigos ao texto da CLT, não só no campo do Direito Material do Trabalho (Individual e Coletivo), como também na área do processo trabalhista e alguns aspectos pertinentes à fiscalização do trabalho. De forma significativa, nos arts. 611-A e 611-B da CLT, fixaram-se parâmetros discutíveis de predomínio do modelo negociado, como forma de eliminação ou supressão de direitos previstos no modelo legislado.

3.4 A CONSTITUIÇÃO DE 1988 E OS DIREITOS SOCIAIS

O preâmbulo da CF/88 declina a necessidade de um Estado Democrático, destinado a *"assegurar o exercício dos direitos sociais e individuais, a liberdade, a segurança, o bem--estar, o desenvolvimento, a igualdade e a justiça como valores supremos de uma sociedade fraterna, pluralista e sem preconceitos, fundada na harmonia social e comprometida, na ordem interna e internacional, com a solução pacífica das controvérsias [...]"*.

A essência do Estado Democrático de Direito, ao lado de um quadro político que assegure a plenitude da vida democrática, também pressupõe a intervenção organizada do Estado na atividade econômica, assegurando o bem-estar e o reconhecimento dos direitos sociais.

Em face da história, é inegável que a valorização e a dignidade do trabalhador sempre irão depender da política econômica que se adote. Vale dizer, a efetiva concretude dos direitos sociais necessita das medidas estatais na área da política econômica. Porém, nem sempre é fácil fazer a distinção entre direito econômico e social.

Diante dessa complexidade, José Afonso da Silva[9] afirma: "*O direito econômico tem uma dimensão institucional, enquanto os direitos sociais constituem formas de tutela pessoal. O direito econômico é o direito da realização de determinada política econômica, ou, segundo Geraldo Vidigal, 'é a disciplina jurídica de atividades desenvolvidas nos mercados, visando a organizá-los sob a inspiração dominante do interesse social'. Os direitos sociais disciplinam situações subjetivas pessoais ou grupais de caráter concreto. Em certo sentido, pode-se admitir que os direitos econômicos constituirão pressupostos da existência dos direitos sociais, pois, sem uma política econômica orientada para a intervenção e participação estatal na economia, não se comporão às premissas necessárias ao surgimento de um regime democrático de conteúdo tutelar dos fracos e mais numerosos.*"

Na busca de elementos para a definição do que vem a ser direito social, com razão José Afonso da Silva: "*São prestações positivas proporcionadas pelo Estado direta ou indiretamente, enunciativas em normas constitucionais, que possibilitam melhores condições de vida aos mais fracos, direitos que tendem a realizar a igualização de situações sociais desiguais. São, portanto, direitos que se ligam ao direito de igualdade. Valem como pressupostos do gozo dos direitos individuais na medida em que criam condições materiais mais propícias ao auferimento da igualdade real, o que, por sua vez, proporciona condição mais compatível com o exercício efetivo da liberdade.*"[10]

Os direitos sociais representam uma dimensão dos direitos fundamentais do homem, logo, são direitos de todos; porém, o exercício de tais direitos pressupõe um tratamento diferente para as pessoas que, em função de condições sociais, físicas ou econômicas, não possam gozar desses direitos. E, por fim, sintetizam o ideal da democracia econômica e social no sentido de proporcionar igualdade aos cidadãos no que concerne às diversas formas de atuação estatal.

José Afonso da Silva entende que os direitos sociais, à luz do direito positivo, não adotando uma classificação rígida, podem ser agrupados em: (a) direitos do trabalhador; (b) os relativos à seguridade social (saúde, previdência e assistência social); (c) os pertinentes à cultura e à educação; (d) os vinculados à moradia; (e) os que se relacionam com a família, adolescente e idoso; (f) os relativos ao meio ambiente.

Os direitos sociais dos trabalhadores, na ordem constitucional de 1988, são divididos em: (a) os relativos às relações individuais de trabalho (art. 7º); (b) os concernentes às relações coletivas de trabalho (arts. 8º a 11).

O art. 1º, IV, CF, estabelece os valores sociais do trabalho e da livre-iniciativa como um dos fundamentos do Estado Democrático de Direito. Por sua vez, o *caput* do art. 170 assegura que a ordem econômica será fundada na valorização do trabalho humano e na livre-iniciativa. Em face da conjugação desses dispositivos, torna-se evidente que o trabalho humano e a livre-iniciativa são os fundamentos da ordem constitucional econômica.

---

[9] SILVA, José Afonso da. *Curso de direito constitucional positivo*. 18. ed., p. 289.
[10] SILVA, José Afonso da. Ob. cit., p. 299.

A base constitucional da ordem econômica é regulada nos arts. 170 a 192, sendo dividida em quatro capítulos: (a) dos princípios gerais da atividade econômica (arts. 170 a 181); (b) da política urbana (arts. 182 e 183); (c) da política agrária e fundiária e da reforma agrária (arts. 184 a 191); (d) do sistema financeiro nacional (art. 192).

Os princípios previstos na CF, os quais norteiam a atividade econômica, são os seguintes: (a) soberania nacional; (b) propriedade privada; (c) função social da propriedade; (d) livre concorrência; (e) defesa do consumidor; (f) defesa do meio ambiente, inclusive mediante tratamento diferenciado conforme o impacto ambiental dos produtos e serviços e de seus processos de elaboração e prestação; (g) redução das desigualdades regionais e sociais; (h) busca do pleno emprego; (i) tratamento favorecido para as empresas de pequeno porte constituídas sob as leis brasileiras e que tenham sua sede e administração no País (art. 170, I a IX).

A ordem econômica, adotando os princípios citados supra, tem como fim assegurar a todos existência digna, visando à justiça social e fundando-se na valorização do trabalho humano e na livre-iniciativa.

Abordando a questão da ordem econômica, Tércio Sampaio Ferraz Júnior[11] e outros prelecionam: "*O fundamento está 'na valorização do trabalho humano e na livre-iniciativa'. Primeiro, a expressão 'fundada', 'fundar', 'fundamento'. A ideia é a de 'base', de 'raiz', uma espécie de lugar comum retórico de essência, ao mesmo tempo* causa per quam *e* conditio sine qua non. *Ou seja, sem ambos não há ordem econômica (*conditio*), onde quer que haja ordem econômica, ambos estão presentes ('causa'). Por respeito à evidência repita--se que não se trata de uma descrição mas de uma prescrição. Não se diz que assim seja, sempre, em qualquer circunstância, mas que assim deve ser visto e aceito, como disposição inicial: principialidade. Os dois fundamentos são, porém, distintos. A 'livre-iniciativa' é um modo qualificado de agir, presente em todos os momentos, já perfeita e acabada naquilo em que consiste: a iniciativa não se torna mais ou menos livre; como fundamento, ou há ou não há livre-iniciativa; já no caso da 'valorização do trabalho humano', o acento está na 'valorização', portanto num ato de apreciar e fazer realizar o que se considera bom: o trabalho humano. 'Valorização do trabalho humano' significa, assim, a legitimidade da Ordem, desde que construída sobre um empenho, constante e permanente, de promover a dignidade humana do trabalho na atividade econômica.*"

O art. 193, *caput*, CF, estabelece que a ordem social tem como base o primado do trabalho e, como objetivos, o bem-estar e a justiça sociais. A ordem social deve ser vista como um sistema de proteção da força de trabalho. Os direitos sociais são previstos no art. 6º, sendo que o trabalho é um deles. O art. 7º declina quais são os direitos sociais específicos dos trabalhadores.

Não se pode dissociar a ordem econômica da ordem social. A ordem econômica menciona a valorização do trabalho humano, enquanto que a social menciona o primado do trabalho, mas não devem ser vistas como sendo sinônimas.

---

[11] FERRAZ JÚNIOR, Tércio Sampaio; DINIZ, Maria Helena; GEORGAKILAS, Ritinha A. Stevenson. *Constituição de 1988*: legitimidade, vigência e eficácia, p. 44.

Para Tércio Sampaio Ferraz Júnior,[12] *"a econômica deve visar assegurar a todos a existência digna conforme os ditames da justiça social. O objetivo da Ordem Social é o próprio bem-estar social e a justiça social. A primeira deve garantir que o processo econômico, enquanto produtor, não impeça, mas, ao contrário, se oriente para o bem-estar e a justiça sociais. A segunda não os assegura, instrumentalmente, mas os visa, diretamente. Os valores econômicos são valores-meio. Os sociais, valores-fim".*

3.5 OS DIREITOS SOCIAIS – A ÉPOCA DE TRANSIÇÃO ENTRE A REGULAMENTAÇÃO E A DESREGULAMENTAÇÃO

A concretude dos direitos sociais exige a efetiva participação do Estado nas relações econômicas. O Estado deve oferecer políticas públicas de implementação dos direitos sociais, fazendo com que o plano normativo seja concretizado. Não basta o simples elenco dos direitos sociais nas Constituições. É necessário que o Estado, por meio de seus órgãos, faça a alocação de recursos e de mecanismos para o implemento das condições mínimas de vida digna para o ser humano. Os direitos trabalhistas são inseridos no rol dos direitos sociais.

Após a Segunda Grande Guerra Mundial, os governos europeus investiram de forma maciça em políticas públicas, alocando recursos, estabelecendo prioridades, ou seja: houve a transformação do Estado policial no Estado providência.

O Estado providência pressupõe intensa atividade regulamentar (dirigismo contratual nas relações individuais, limitando a autonomia e a liberdade das partes), como também a presença do agente público em vários campos das atividades econômicas. O Estado é ao mesmo tempo gestor e prestador, como forma de garantir o implemento dos direitos sociais.[13]

---

[12] FERRAZ JÚNIOR, Tércio Sampaio et al. Ob. cit., p. 52.

[13] A partir da Segunda Guerra Mundial surgiu um período de crescimento econômico, que durou em torno de 30 anos (até o início dos anos 70). Nesse período, houve a interferência do Estado na economia, caracterizando-se, assim, o que se intitula o *Welfare State*, o Estado do Bem-Estar Social. Antonio Escosteguy Castro ensina: "Após a Segunda Guerra Mundial, consolida-se o que se convencionou chamar de 'modelo de desenvolvimento fordista', combinando modos de regulação monopolista com regime de acumulação intensiva de capital. A regulação estatal passou a ser fundamental naquele período, e o Estado tornou-se o responsável pelo desempenho macroeconômico da sociedade. Inaugurava-se uma era em que se aceitava a intervenção do Estado não apenas no curto prazo, no cotidiano dos negócios, mas também como coordenador (e ator) de intervenções de longo prazo, visando a manter e a ampliar o crescimento econômico" (*Tecnologia e globalização*: a necessidade de uma reforma sindical no Brasil, 2006, p. 15). No Brasil, como ocorreu em vários países do Terceiro Mundo, com a intervenção do Estado na economia, surgiu o Estado Desenvolvimentista. O Estado, simultaneamente, é um agente de investimento, como também regulador da economia. Como bem assevera Antonio Escosteguy Castro, o período desenvolvimentista, denominado de os Trinta Anos Gloriosos, foi caracterizado pela produção em massa de produtos homogêneos, padronizados: "Os produtos que melhor simbolizam esse tempo são os bens de consumo durável, como eletrodomésticos e automóveis, fabricados exatamente iguais em longas e tediosas linhas de montagem. Para sustentar uma economia desse tipo, fazia-se necessário um

Todavia, no início dos anos 70, surgem severas críticas aos gastos excessivos dos agentes governamentais nas gestões públicas. É a revitalização do liberalismo nas relações econômicas.[14] O Estado, ao se retirar da economia, passa a gestão de uma série de atividades econômicas para as mãos dos particulares. Várias foram às críticas aos custos monetários dos diversos planos de políticas públicas do Estado providência na consecução efetiva dos direitos sociais.

Em vários países da Europa, foram adotadas medidas de política econômica, visando à privatização de empresas públicas.

No Brasil, a privatização passou a ocorrer de forma mais intensa a partir do governo do Presidente Fernando Collor, tomando maiores dimensões no mandato do Presidente Fernando Henrique Cardoso.

Na área das relações trabalhistas, prega-se a diminuição da atividade regulamentar do Estado, deslocando o eixo normativo da heterorregulação para a autocomposição,

---

consumo de massas, que se tornou possível em face do círculo virtuoso que então se verificou: parte dos constantes e crescentes ganhos de produtividade podia ser repassada aos salários e parte resultava na redução dos preços dos produtos, o que permitia aos trabalhadores adquirirem os novos produtos que saiam de mais e mais fábricas, fruto de investimentos originados da realização dos gordos lucros oriundos do consumo de massas. Anos e anos seguidos de crescimento sustentado e contínuo levaram a uma situação de pleno emprego no mundo central e originaram a construção de uma ampla e profunda rede de proteção e segurança social. Não foi um processo espontâneo nem uma dádiva dos industriais. Em troca de se submeterem à dinâmica desumana do taylorismo/fordismo e serem os agentes de imensa produção de riqueza, os trabalhadores obtiveram nesse período grandes compensações, seja no aumento de salários propriamente dito, seja na criação de benefícios sociais e previdenciários. É o chamado Pacto Fordista, ou Pacto Social democrata, em homenagem à força política hegemônica em sua construção na Europa" (Ob. cit., p. 16).

[14] Como reação à intervenção do Estado na economia, a partir do final da década de 70, os ideais liberais foram revigorados: "Como reação (*output*) ao ideal de Keynes que propugnava pela intervenção do Estado nas questões sociais – o ideário neoliberal se impôs a partir da decadência do *Welfare State* gerada pelo endividamento interno e externo das nações, alta inflação dos países do Terceiro Mundo, sobretudo em face da conjuntura econômica desfavorável: alta do petróleo, queda na bolsa de Nova Iorque, dentro outros. Os primeiros governos neoliberais foram de Margareth Thatcher, em 1979, e de Ronald Reagan, em 1980. Após a queda do muro de Berlim, início da década de 90, a adesão ao novel modelo foi maciça" (DALLEGRAVE NETO, José Affonso. Análise de conjuntura socioeconômica e o impacto no direito do trabalho. *Direito do trabalho contemporâneo*, p. 8). Adeptos do neoliberalismo, Milton Friedmann e Friedrich von Hayek, ambos da chamada Escola de Chicago, procuraram estabelecer os novos padrões do Estado Neoliberal: (a) Estado mínimo; (b) a sobreposição da lei de mercado à aplicação da lei estatal; (c) o predomínio do econômico em relação ao social; (d) ataque ao sindicalismo de combate pelo predomínio do sindicalismo de resultado. Os países da América Latina, com a inclusão do Brasil, a partir da década de 80, fizeram sucessivos acordos com o Fundo Monetário Internacional, na obtenção de empréstimos para a rolagem das dívidas externas. Por decorrência direta do Consenso de Washington, a liberação dos empréstimos ficou condicionada ao implemento dos ideais neoliberais, a saber: privatização; queda das barreiras alfandegárias; livre circulação de bens, de serviços e de trabalhadores; facilitação ao capital especulativo internacional e a desregulamentação da ordem jurídico-trabalhista, com a flexibilização do Direito do Trabalho.

redimensionando o valor histórico da liberdade e da autonomia das partes, seja no campo dos direitos individuais, como dos coletivos.

A verdade é que não se consegue desvincular a concretude dos direitos sociais da efetiva distribuição de rendas, do pleno emprego e de condições dignas de trabalho e de salário para os cidadãos.

A simples reversão de uma ideologia intervencionista para uma liberal não irá assegurar ao universo dos trabalhadores brasileiros a solução dos seus problemas históricos.

Os críticos da atuação do Estado no trato das relações jurídico-trabalhistas estão corretos quando mencionam que o vasto elenco dos direitos individuais não assegura, de fato, a valorização do trabalhador brasileiro como cidadão. Basta olhar a marginalidade do trabalhador brasileiro na economia informal, o desemprego alarmante, os baixos salários, o elevado número de acidentes etc.

Todavia, não se pode aceitar que o modelo liberal, se adotado, sem qualquer restrição, possa resgatar a dignidade do trabalhador brasileiro. Basta olhar as políticas monetária, fiscal e social (segunda metade da década de 90, do século XX, e início do século XXI) que foram adotadas pelo Governo Federal.

As transformações, pelas quais passa o mundo nos dias de hoje, leva à caracterização de uma sociedade nova, em que denota a transnacionalização dos mercados, com o incremento das relações industriais, financeiras e comerciais, em que o eixo das decisões escapa aos governos locais, dada a interdependência dos diversos países do globo. O Estado nacional deixa de ter o pleno controle sobre a gestão das políticas públicas internas. Basta olhar a crise brasileira no início do segundo mandato do presidente Fernando Henrique Cardoso, onde houve uma sensível desvalorização do dólar em face do real, ocasionando uma acentuada diminuição na atividade da economia nacional (Plano Real).

A enorme dependência do Brasil, em decorrência dos mercados e interesses internacionais, leva à conclusão de que toda e qualquer atividade estatal brasileira planejada e regulamentada para o implemento das políticas públicas em prol dos direitos sociais seja impossível. Os ideais da regulamentação estatal, em face da nova realidade mundial – globalização –, não são mais possíveis. As políticas públicas internas são adotadas ao favor dos ventos dos relacionamentos e interesses internacionais. O planejamento, a atividade regulamentar, notadamente nos países em desenvolvimento, torna-se quase impossível.

A nova dimensão da economia, além de gerar mutações na atuação dos governos nacionais, também faz com que se tenha a revitalização de outros modelos no campo jurídico. O Estado não deve regular, com o exacerbado dirigismo contratual, as relações jurídico-trabalhistas. A desregulamentação das relações trabalhistas é inarredável, deixando-se para os trabalhadores e os capitalistas a busca de novo modelo de tutela.

O contexto faz com que se tenham severas críticas ao legislador constituinte. Os agentes econômicos nacionais e internacionais exigem do governo federal, de forma incisiva, a desregulamentação das relações. Exige-se a retirada de vários direitos social-
-trabalhistas inseridos no texto da CF/88, com a revisão na íntegra dos direitos individuais (alguns juristas chegam a enfatizar a total supressão do art. 7º da CF).

Categorias profissionais fortes que, ao longo dos anos, tiveram vários direitos assegurados, passam a ser consideradas como "marajás". O Estado brasileiro, ao invés de resgatar e valorizar a própria máquina administrativa, paulatinamente tem adotado uma série de restrições aos seus servidores, impondo-se, por exemplo, a flexibilização da estabilidade, a redução dos salários (pela absoluta falta de reajustes lineares nos últimos anos), a dispensa voluntária etc.

Ainda nessa realidade, como é que se conciliam os que defendem a desregulamentação (leia-se: a desconstitucionalização dos direitos trabalhistas), flexibilizando-se a tutela estatal, com a busca de elementos para assegurar aos trabalhadores, não só salários dignos, como o próprio emprego?

Até a presente data, a globalização, como fenômeno mundial, o qual impõe a desregulamentação, não encontrou, nos seus fervorosos adeptos, a indicação de mecanismos seguros para os países em desenvolvimento, que possam garantir ou aumentar o acesso dos trabalhadores a uma política de pleno emprego.

A desregulamentação leva à precariedade das relações trabalhistas, aviltando os salários, gerando o descumprimento das normas mínimas de proteção aos trabalhadores, em suma: coloca em xeque a própria essência do Direito do Trabalho como direito social.

No seminário internacional "O Futuro dos Direitos Sociais" (realizado em 10/11/2006 pela Amatra XV), com a participação de vários juristas, temos duas opiniões divergentes a respeito do aspecto atual do Direito do Trabalho: Oscar Ermida Uriarte (jurista uruguaio) e Maria do Rosário Palma Ramalho (jurista portuguesa).

Para Oscar Ermida Uriarte,[15] *"a flexibilização ou desregulamentação do Direito do Trabalho, na América Latina, foi imposta, ao invés de negociada. Isto, de acordo com o professor uruguaio, expulsou diversos trabalhadores da proteção do Direito do Trabalho, pois passaram a ser tratados como autônomos, pequenas empresas, cooperador, em um processo que identificou como de ocultação dos empregados. 'Há empresas sem empregados e sem empregador', afirmou. Ressaltou que 12 países latino-americanos privatizaram, no todo ou em parte, seus sistemas de Previdência Social, o que não chegou a ocorrer no Brasil. E que, apesar disso, o desemprego permaneceu o mesmo e o continente é o de maior concentração de renda no mundo. Concluiu afirmando que, a despeito dessas mudanças, 'o Direito do Trabalho resistiu ao terremoto da flexibilização'."*

Por sua vez, Maria do Rosário[16, 17] *"defendeu que o Direito do Trabalho ressurge com a flexibilização. Em defesa de sua tese, disse que, nas décadas de 50, 60 e 70, o Direito do*

---

[15] *Jornal da Amatra*, dez. 2006, p. 7.
[16] *Jornal da Amatra*, dez. 2006, p. 7.
[17] "Outra versão dos princípios do direito do trabalho, a de Maria do Rosário Palma Ramalho na dissertação de doutorado defendida perante a Faculdade de Direito da Universidade de Lisboa, publicada com o título Da autonomia dogmática do direito do trabalho (2000), conceitua princípios como 'as valorações culturais ou éticas mais importantes reveladas pelas normas por elas validadas como seu fundamento justificativo', e que, no caso português, são três, com desdobramentos ou subprincípios: o princípio da compensação da posição debitória complexa das partes no vínculo

Trabalho viveu seu apogeu. Mas houve mudanças, como a presença crescente de mulheres no mercado, o trabalho sem exclusividade ou a tempo parcial, menor sindicalização dos trabalhadores e surgimento dos empregados altamente especializados e polivalentes. Como consequências dessas transformações, citou a diminuição das indenizações por dispensa e a previsão, em normas coletivas, de regras menos favoráveis do que aquelas previstas em lei. 'Os arautos da desgraça apregoaram o fim do Direito do Trabalho. Propôs então a reformulação e a reconstrução do princípio da proteção, chamando a atenção para dois outros princípios: o do coletivo, com ênfase para as negociações coletivas, o que, segundo a jurista, é uma diretriz na União Europeia; depois, o princípio da autotutela, onde ao empregador é dado implementar as condições de trabalho e aos empregados a realização da greve como forma de manifestar a sua discordância. Palma Ramalho asseverou que o princípio da proteção deve ser mantido para, por exemplo, proteger a vida privada dos trabalhadores, pois hoje ao invés de capatazes, há câmeras e telefones celulares, a vigiar constantemente o empregado. Concluiu afirmando que o século 19 foi o século do Direito Comercial, o século 20 o do Direito do Trabalho Subordinado e o século 21 será o do Direito do Trabalho e da Gestão Empresarial".

Com a Lei 13.467/17, a CLT sofreu uma série de alterações no campo do Direito Individual do Trabalho, com alterações e inovações legais prejudiciais aos trabalhadores, além da fixação da prevalência do negociado em relação ao modelo legal, ao fixar no art. 611-A que a convenção coletiva e o acordo coletivo de trabalho têm prevalência sobre a lei quando, entre outros, dispuserem sobre: (a) pacto quanto à jornada de trabalho, observados os limites constitucionais; (b) banco de horas anual; (c) intervalo intrajornada, respeitado o limite mínimo de trinta minutos para jornada superior a seis horas; (d) adesão ao Programa Seguro-Emprego (PSE) (Lei 13.189/15); (e) plano de cargos, salários e funções compatíveis com a condição pessoal do empregado, bem como identificação dos cargos que se enquadram como funções de confiança; (f) regulamento empresarial; (g) representante dos trabalhadores no local de trabalho; (h) teletrabalho, regime de sobreaviso e trabalho intermitente; (i) remuneração por produtividade, incluídas as gorjetas percebidas pelo empregado e remuneração por desempenho individual; (j) modalidade de registro de jornada de trabalho; (l) troca do dia de feriado; (m) enquadramento do grau de insalubridade; (n) prorrogação de jornada em ambientes insalubres, sem licença prévia das autoridades competentes do Ministério do Trabalho; (o) prêmios de incentivo em bens ou serviços, eventualmente concedidos em programas de incentivo; (p) participação nos lucros ou resultados da empresa.

Os direitos suprafixados estão vinculados a três elementos naturais do contrato de trabalho, como negócio jurídico, a saber: função; jornada de trabalho e remuneração.

Por uma visão literal, o instrumento normativo pode dispor de forma prejudicial ao que estiver previsto na norma legal, em detrimento dos direitos sociais (art. 7º, *caput*, CF), contudo, por um prisma teleológico, a finalidade constitucional da negociação coletiva

---

laboral, o princípio do coletivo e o princípio da autotutela laboral" (NASCIMENTO, Amauri Mascaro. Ob. cit., p. 367).

(art. 7º, XXVI) é obtenção de outros direitos, os quais visem à melhoria das condições sociais dos trabalhadores, logo, é inadmissível a valorização da negociação como mecanismo legal de limitação ou supressão de direitos.

Se não bastasse a plena flexibilização, dentro do espírito liberal da Reforma Trabalhista, o legislador fixou outras regras prejudiciais aos trabalhadores (art. 611-A, §§ 1º a 5º). São elas:

a) no exame do instrumento normativo (convenção coletiva ou acordo coletivo de trabalho), a Justiça do Trabalho analisará exclusivamente a conformidade dos elementos essenciais do negócio jurídico, respeitado o disposto no art. 104, CC (agente capaz; objeto lícito, possível, determinado ou determinável; forma prescrita ou não defesa em lei), bem como balizará sua atuação pelo princípio da intervenção mínima na autonomia da vontade coletiva (art. 8º, § 3º, CLT). Diante do caso concreto, por essa disposição legal, o magistrado trabalhista não poderá adentrar ao mérito da cláusula normativa, analisando, tão somente, se a norma atende aos critérios formais de validade do instrumento normativo, como negócio jurídico. Trata-se de uma violação indevida ao controle jurisdicional das normas coletivas, visto que limita a independência funcional do magistrado trabalhista.

Mauricio Godinho Delgado e Gabriela Neves Delgado[18] enfatizam que: *"O novo § 3º do art. 8º da CLT também tem de ser objeto de uma interpretação lógico-racional, sistemática e teleológica, sob pena de chegar a resultados interpretativos absurdos. A circunstância de o novo preceito normativo enfatizar a observância, no exame judicial dos instrumentos coletivos negociados (ACTs e CCTs), dos requisitos essenciais do negócio jurídico que estão arrolados no art. 104 do Código Civil de 2002 (agente capaz: art. 104, I; objeto lícito, possível, determinado determinável: art. 104, II; forma prescrita ou não defesa em lei: art. 104, balizando essa atuação judicial pelo 'princípio da intervenção mínima na autonomia da vontade coletiva', não deve, é claro, conduzir a interpretativas absurdas. Evidentemente que não cabe à conclusão de que novo preceito legal permitiu a instauração no País, por intermédio da negociação coletiva trabalhista, de uma ordem jurídica anômala, e antissocial, que faça da Constituição da República, das normas internacionais imperativas no Brasil e das normas federais também imperativas exótica tábula rasa em desfavor da pessoa humana que viva de seu trabalho empregatício na economia e na sociedade brasileiras. Sendo evidente o caráter absurdo dessa eventual leitura do texto normativo, não pode ser essa a interpretação lógico-racional, sistemática e teleológica do mencionado novo dispositivo da CLT. Aqui também – tal como verificado na análise do novo § 2º do art. 8º da CLT – a conclusão interpretativa não pode ser primitiva, absurda. Nesse quadro, a interpretação racional, lógica, sistemática e teleológica do novo § 3º do art. 8º da Consolidação é no sentido de que a Justiça do Trabalho, ao examinar os preceitos constantes dos diplomas coletivos negociados (convenções coletivas e/ou acordos coletivos do trabalho), deve compreender o papel regulador complementar à ordem jurídica heterônoma*

---

[18] DELGADO, Mauricio Godinho; DELGADO, Gabriela Neves. *A reforma trabalhista no Brasil: Com os comentários à Lei n. 13.467/2017*. São Paulo: LTr, 2017, p. 106.

estatal que é cumprido pela negociação coletiva trabalhista, respeitando, de maneira geral, os seus dispositivos celebrados".

b) a inexistência de expressa indicação de contrapartidas recíprocas em convenção coletiva ou acordo coletivo de trabalho não ensejará sua nulidade por não caracterizar um vício do negócio jurídico. Por disposição legal, a ausência de compensação, quando da supressão ou limitação de direitos previstos na norma legal pela cláusula normativa, não poderá ser considerada, diante do caso concreto, motivo determinante da ilicitude da cláusula. Evidente que a regra é uma ingerência à independência funcional da magistratura trabalhista;

c) se for pactuada cláusula que reduza o salário ou a jornada, o instrumento normativo deverá prever a proteção dos empregados contra dispensa imotivada durante o prazo de sua vigência. Por disposição legal expressa, essa é a única hipótese exigível de compensação, visto que condiciona a redução do salário ou da jornada de trabalho à expressa fixação da garantia de emprego durante o período de vigência da cláusula normativa;

d) na hipótese de procedência de ação anulatória de cláusula normativa, quando houver a cláusula compensatória, esta deverá ser igualmente anulada, sem repetição do indébito. A nulidade compulsória da cláusula compensatória fere os ditames da independência funcional da magistratura trabalhista. Se há ou não a nulidade da compensação, por consequência, diante do contexto do caso concreto, é solução que se vincula, tão somente, ao livre convencimento jurídico do magistrado (art. 93, IX, CF);

Além do art. 611-A, a Reforma Trabalhista acresceu o art. 611-B ao texto consolidado, estabelecendo os temas, os quais não podem ser objeto de negociação coletiva ("exclusivamente"): (1) normas de identificação profissional, inclusive as anotações na CTPS; (2) seguro-desemprego, em caso de desemprego involuntário; (3) valor dos depósitos mensais e da indenização rescisória do FGTS; (4) salário mínimo; (5) valor nominal do décimo terceiro salário; (6) remuneração do trabalho noturno superior à do diurno; (7) proteção do salário na forma da lei, constituindo crime sua retenção dolosa; (8) salário-família; (9) repouso semanal remunerado; (10) remuneração do serviço extraordinário superior, no mínimo, em 50% à do normal; (11) número de dias de férias devidas ao empregado e gozo de férias anuais remuneradas com, pelo menos, um terço a mais do que o salário normal; (12) licença-maternidade com a duração mínima de 120 dias; (13) licença-paternidade; (14) proteção do mercado de trabalho da mulher, mediante incentivos específicos, nos termos da lei; (15) aviso prévio proporcional ao tempo de serviço, sendo no mínimo de 30 dias, nos termos da lei; (16) normas de saúde, higiene e segurança do trabalho previstas em lei ou em normas regulamentadoras do Ministério do Trabalho; (17) adicional de remuneração para as atividades penosas, insalubres ou perigosas; (18) aposentadoria; (19) seguro contra acidentes de trabalho, a cargo do empregador; (20) ação, quanto aos créditos resultantes das relações de trabalho, com prazo prescricional de cinco anos para os trabalhadores urbanos e rurais, até o limite de dois anos após a extinção do contrato de trabalho; (21) proibição de qualquer discriminação no tocante a salário e critérios de admissão do trabalhador com deficiência; (22) proibição de trabalho noturno, perigoso ou insalubre a menores de dezoito anos e de qualquer trabalho a menores de dezesseis anos, salvo na condição de aprendiz, a partir de quatorze anos; (23) medidas de proteção legal de crianças e adolescentes; (24) igualdade de direitos entre o trabalhador com vínculo empregatício permanente e o trabalhador avulso; (25) liberdade de associação profissional ou sindical do trabalhador, inclusive o direito de não sofrer, sem sua expressa e prévia anuência, qualquer cobrança ou desconto salarial estabelecidos em convenção coletiva ou acordo coletivo de trabalho; (26) direito de greve, competindo aos trabalhadores decidir sobre a oportunidade de exercê-lo e sobre os interesses que devam por meio dele defender; (27) definição legal sobre os serviços ou atividades essenciais e disposições legais sobre o atendimento das necessidades inadiáveis da comunidade em caso de greve; (28) tributos e outros créditos de terceiros; (29) as disposições previstas nos arts. 373-A, 390, 392, 392-A, 394, 394-A, 395, 396 e 400 da CLT.

O parágrafo único, art. 611-B, dispõe que as regras sobre duração do trabalho e intervalos não são consideradas normas de saúde, higiene e segurança do trabalho para os fins de aplicação da proibição quanto à negociação.

QUESTIONÁRIO

1. Quais são as fases históricas do Direito do Trabalho no Brasil?

2. Quais são os principais acontecimentos históricos na evolução das normas trabalhistas no Brasil?

3. Quais são os traços marcantes do Direito do Trabalho nas Constituições de 1934 e 1937?

4. A Consolidação das Leis do Trabalho (CLT) pode ser tida como um código?

5. A Constituição de 1946 alterou de forma sistemática o quadro do Direito do Trabalho no Brasil?

6. Quais são os principais diplomas legislativos no período de 1946 a 1964?

7. A ordem jurídica trabalhista sofreu alterações com a CF/67, revisada pela Emenda 1/69?

8. O quadro normativo trabalhista sofreu alterações sensíveis no período autoritário?

9. Qual é a importância política da Constituição de 1988?

10. O desemprego é um fator marcante na busca de um novo modelo normativo nas relações de trabalho?

11. A CF/88 favorece a negociação coletiva como um novo modelo de proteção ao trabalhador?

12. Qual é o significado dos direitos sociais na Constituição de 1988?

13. A plena desregulamentação das relações trabalhistas é a solução para o Direito do Trabalho?

Parte II

TEORIA GERAL DO DIREITO DO TRABALHO

Capítulo I
DENOMINAÇÃO

Na evolução histórica do Direito do Trabalho, várias foram as expressões utilizadas para a sua denominação.

Nos seus primórdios, a denominação era Legislação Industrial. A sua origem repousa no fato de que o Direito do Trabalho surgiu após a Revolução Industrial. Atualmente, não pode ser acatada, eis que a temática das relações trabalhistas não se resume à indústria, abrangendo o comércio, a agricultura etc. Aliás, a expressão "Direito Industrial" refere-se a um dos ramos atuais da Ciência Jurídica, envolvendo marcas, patentes, invenções etc.

O Direito do Trabalho, sofrendo, ainda, as influências da Revolução Industrial, era denominado de Direito Operário. É inegável, a princípio, que a proteção maior fosse dispensada ao trabalhador da incipiente indústria na Europa. Porém, nos tempos atuais, a noção de trabalhador abrange não só o operário, como o trabalhador intelectual etc. Por sua vez, o Direito do Trabalho, como parte da Ciência Jurídica, abrange os dois polos da relação jurídico-trabalhista (empregado e empregador), disciplinando o objeto dessa relação, ou seja: o trabalho humano assalariado e subordinado.

O ordenamento jurídico brasileiro sofreu as influências da *Carta del Lavoro* (1927), de índole fascista, surgindo a denominação de Direito Corporativo. Todos os conflitos deveriam ser resolvidos dentro do Estado, na presença dos representantes do capital e do trabalho. O corporativismo sintetiza a unificação econômica, representando uma forma de unificação das forças de produção e do trabalho.

Para outros, o Direito do Trabalho deve ser denominado de Direito Social, dando-se ênfase à questão social decorrente da exploração do trabalho assalariado. O seu maior adepto no Brasil foi o jurista Cesarino Júnior. O avanço do Direito (séculos XIX e XX) levou à publicização das normas jurídicas. A ordem pública liberal transformou-se, surgindo os aspectos da regulação da atividade econômica, originando, em várias constituições europeias, os capítulos relativos à Ordem Econômica e à Ordem Social. O vocábulo "social" é inerente a todo e qualquer ramo do direito, logo, a destinação de Direito Social para o Direito do Trabalho não é a mais adequada.

Por fim, a disciplina trabalhista passa a ter a denominação de Direito do Trabalho, o que é difundido em várias ordens jurídicas internacionais, inclusive no Brasil (Constituições Federais: 1946, 1967, 1969, EC 1/69 e a de 1988).

QUESTIONÁRIO

1. Quais são as expressões utilizadas para a denominação do Direito do Trabalho?

2. Explique o significado de cada uma das expressões utilizadas na denominação da disciplina jurídica Direito do Trabalho em face da sua evolução histórica.

3. A expressão "Direito do Trabalho" é a que melhor reflete o conteúdo dessa disciplina jurídica?

Capítulo II
O DIREITO DO TRABALHO NA CIÊNCIA JURÍDICA

A Ciência do Direito possui como objeto o fenômeno jurídico. Estuda a sua concretização no tempo e no espaço, logo, é uma ciência de *"um direito positivo, isto é, positivado no espaço e no tempo, como experiência efetiva, passada ou atual"*.[1]

A experiência social é o campo de investigação, tendo como critério referencial o direito positivo, compreendendo-se como tal o que, *"em algum momento histórico, entrou em vigor, teve ou continua tendo eficácia"*,[2] logo, a noção de ciência do direito pode ser reproduzida como sendo uma *"forma de conhecimento positivo da realidade social segundo normas ou regras objetivadas, ou seja, tornadas objetivas, no decurso do processo histórico"*.[3]

O Direito é fruto incessante da experiência humana, refletindo a necessidade de regras a nortear os comportamentos do homem em sociedade. Para a análise dessas regras, a Ciência do Direito é utilizada como forma de revelar o significado delas, buscando a construção de um sistema jurídico, estabelecendo as suas origens históricas e sociais.

Dentro do Direito, é importante a busca de critérios para a enunciação de uma definição[4] do que vem a ser o Direito do Trabalho, para que, na sequência, possamos indagar a respeito da sua natureza jurídica.[5]

2.1 CORRENTES DOUTRINÁRIAS QUANTO À DEFINIÇÃO DE DIREITO DO TRABALHO

Várias são as correntes que pretendem explicar a definição do Direito do Trabalho.

---

[1] REALE, Miguel. *Lições preliminares de direito*. 18. ed., p. 17.
[2] REALE, Miguel. Ob. cit., p. 17.
[3] REALE, Miguel. Ob. cit., p. 17.
[4] Definição é a declaração da essência e composição de um objeto, revelando os seus elementos constitutivos pelo gênero próximo e pela diferença específica. A expressão "gênero próximo" denota "a ideia imediatamente superior quanto à extensão e à ideia do que se quer definir", enquanto que diferença específica reflete "a qualidade que, acrescentada a um gênero, constitui uma espécie distinta como tal de todas as outras do mesmo gênero" (DINIZ, Maria Helena. *Dicionário jurídico*, v. 2, p. 35).
[5] A natureza jurídica dá-nos a noção quanto ao conteúdo e à imperatividade das normas jurídico-trabalhistas, indicando se estas são obrigatórias ou supletivas, denotando qual o interesse a ser tutelado e em que grau.

Mauricio Godinho Delgado[6] discorre: *"Na busca da essência e elementos componentes do Direito do Trabalho (Direito Material do Trabalho), os juristas tendem a adotar posturas relativamente distintas. Ora enfatizam os sujeitos componentes das relações jurídicas enfocadas por esse ramo jurídico especializado (definições subjetivistas: enfoque nos sujeitos das relações justrabalhistas), ora enfatizam o conteúdo objetivo das relações jurídicas enfocadas por esse mesmo ramo do direito (definições objetivistas: enfoque na matéria conteudística das relações justrabalhistas). Há, finalmente, a elaboração de concepções mistas, que procuram combinar, na mesma definição, os dois enfoques acima especificados."*

A corrente subjetivista enfatiza os sujeitos ou as pessoas que figuram nas relações jurídico-trabalhistas. Por sua vez, as objetivistas consideram o objeto: *"a matéria disciplinada pelo Direito do Trabalho e não as pessoas que figuram nas relações jurídicas que pertencem ao seu âmbito. Diferem, portanto, das subjetivistas, que se ocupam do âmbito pessoal do Direito do Trabalho, enquanto as definições objetivistas tratam do âmbito material do Direito do Trabalho".*[7]

Como exemplo de posição doutrinária subjetivista tem-se: *"Direito do Trabalho é o conjunto de princípios e regras jurídicas aplicáveis às relações individuais e coletivas que nascem entre os empregadores privados – ou equiparados – e os que trabalham sob sua direção e de ambos com o Estado, por ocasião do trabalho ou eventualmente fora dele."*[8]

Messias Pereira Donato[9] adota uma definição objetivista para o Direito do Trabalho, ao afirmar: *"Corpo de princípios e de normas jurídicas que ordenam a prestação do trabalho subordinado ou a este equivalente, bem como as relações e os riscos que dela se originam."*

A posição subjetivista tem origem na formação histórica do Direito do Trabalho, na medida em que visa à proteção dos trabalhadores. Assim, o subjetivismo, ao realçar o caráter protetivo, pode levar a uma tendência expansionista ou reducionista dessa disciplina jurídica: pode abranger toda e qualquer relação de trabalho ou somente a empregatícia. A vantagem repousa em destacar o *"caráter teleológico do Direito do Trabalho, enquanto ramo jurídico dirigido a garantir uma evolução constante de melhoria das condições de pactuação da força de trabalho na sociedade contemporânea".*[10]

A corrente objetivista, ao adotar a matéria como essência da definição, também pode incorrer na tendência expansionista ou reducionista do Direito do Trabalho. Quanto a essa corrente, Amauri Mascaro Nascimento pondera que as restrições feitas aos subjetivistas são as mesmas opostas aos objetivistas. A justificativa dessa opinião reside nas variações que há nas definições quanto ao exato alcance dos sujeitos ou da matéria que envolve a relação jurídico-trabalhista.

Mauricio Godinho Delgado declina que o enfoque objetivista é mais satisfatório que o subjetivista, pois elege a relação empregatícia como categoria essencial do Direito do

---

[6] DELGADO, Mauricio Godinho. *Introdução ao direito do trabalho.* 2. ed., p. 85.
[7] NASCIMENTO, Amauri Mascaro. *Curso de direito do trabalho.* 21. ed., p. 186.
[8] GOMES, Orlando; GOTTSCHALK, Elson. *Curso de direito do trabalho.* 4. ed., p. 25.
[9] DONATO, Messias Pereira. *Curso de direito do trabalho,* p. 6.
[10] DELGADO, Mauricio Godinho. Ob. cit., p. 86.

Trabalho: *"A ênfase no objeto, no conteúdo das relações jurídicas de pactuação de prestação subordinada do trabalho, confere a tais concepções uma visão mais precisa da substância e elementos componentes desse ramo jurídico especializado."*[11]

Apesar de valorizar a posição objetivista em comparação à subjetivista, Mauricio Godinho Delgado objeta que a primeira pode levar a uma redução do direcionamento teleológico do Direito do Trabalho, limitando o campo de abrangência dessa disciplina jurídica.

Não se pode negar que a essência do Direito do Trabalho repousa na proteção ao trabalhador, porém, o fenômeno jurídico do trabalho humano pode ser visto tanto pelo enfoque objetivo como subjetivo, não havendo separação nítida.

De fato, subjetivismo e objetivismo, nas palavras de José Martins Catharino,[12] são *"verso e reverso da mesma realidade. A proeminência maior ou menor, de um ou de outro, depende da posição da própria realidade ou do ângulo em que se encontra o observador. [...] Por seu turno, os critérios subjetivistas e objetivistas, isoladamente seguidos, padecem do vício da unilateralidade ou parcialidade. São insuficientes, relativos, ineficazes. E a razão disso é simples: o núcleo da disciplina é o trabalho humano, remunerado, objetivamente considerado, mas, sendo inseparável de quem o presta, também subjetivamente apreciado".*

Martins Catharino[13] adota o critério misto, definindo o Direito do Trabalho como sendo o *"conjunto de princípios e normas que regulam, principalmente, as relações imediata ou mediatamente ligadas ao trabalho remunerado, livre, privado e subordinado, e, ainda, aspectos relativos à existência dos que o executam".*

Mauricio Godinho Delgado[14] enfatiza as concepções mistas como tendo a *"melhor aptidão para o atendimento da meta científica estabelecida para uma definição – apreender e desvelar os elementos componentes de um determinado fenômeno e o nexo lógico que os mantém integrados"*, declinando Direito Material do Trabalho como sendo: *"O complexo de institutos, princípios e normas jurídicas que regulam a relação empregatícia de trabalho e outras relações normativamente especificadas, englobando, também, os institutos, normas e princípios jurídicos concernentes às relações coletivas entre trabalhadores e tomadores de serviços, em especial através de suas associações coletivas."*[15]

Amauri Mascaro Nascimento,[16] dando ênfase ao gênero próximo e à diferença específica como pontos integrantes de toda e qualquer definição perfeita, declina: *"Direito do Trabalho é o ramo da ciência do direito que tem por objeto as normas jurídicas que disciplinam as relações de trabalho subordinado, determinam os seus sujeitos e as organizações destinadas à proteção desse trabalho, em sua estrutura e atividade."*

---

[11] DELGADO, Mauricio Godinho. Ob. cit., p. 86.
[12] CATHARINO, José Martins. *Compêndio universitário de direito do trabalho*, v. 1, p. 49.
[13] CATHARINO, José Martins. Ob. cit., p. 50.
[14] DELGADO, Mauricio Godinho. Ob. cit., p. 87.
[15] DELGADO, Mauricio Godinho. Ob. cit., p. 87.
[16] NASCIMENTO, Amauri Mascaro. Ob. cit., p. 192.

Antonio Lamarca[17] preleciona que a definição do Direito do Trabalho somente *"poderá ser aceitável se contiver em seu bojo um elemento diferenciador e ao mesmo tempo unificador de seu conceito, e que justifique plenamente a sua relativa autonomia no quadro geral da Ciência Jurídica"*, oferecendo a seguinte posição doutrinária: *"Conjunto de princípios e regras jurídicas autônomas e heterônomas, aplicáveis às relações individuais e coletivas, exsurgentes do trabalho, prestado em empresa privada ou equiparada".*[18]

2.1.1 A nossa posição

O vocábulo "direito" pode ser visto por quatro prismas:

a) o primeiro, o direito como justo: o direito é o ideal da justiça. Não se pode negar: o direito tem como objetivo a realização da justiça;
b) o segundo, como regra: as regras sintetizam os comandos normativos obrigatórios para a busca dessa finalidade, disciplinando a vida em sociedade. Nesse sentido, pode-se falar no Direito Objetivo;
c) o terceiro, como poder de direito: ao disciplinar a vida em sociedade, as regras conferem poderes, direitos e obrigações, representando as faculdades dadas ao ser humano, o que sintetiza o Direito Subjetivo;
d) o quarto, como sanção: a sanção é a consequência que advém do não cumprimento dessas regras, gerando imposições aos seus infratores.

Miguel Reale acata as três primeiras concepções anteriormente mencionadas, que exprimem mais a realidade social. Acoplando-se os significados acima citados, o jurista justifica a teoria tridimensional do direito, ou seja, o elemento valor como intuição primordial, o elemento norma como medida de concreção da conduta social e o elemento fato como pressuposto de conduta.

No mundo atual, ao realçar a finalidade do Direito, como sendo a manutenção da ordem social, é imperiosa a existência de um conjunto de normas jurídicas que disciplinem a vida em sociedade, impondo limites e critérios de ação quanto às relações humanas.

A estrutura da norma jurídica é do tipo dever-ser. Tem o escopo de disciplinar: as atitudes, os comportamentos, as ações e omissões do homem em sociedade, de forma preventiva, para que não haja prejuízo, danos ou lesões aos interesses de outrem.

Quando a ação ou a omissão leva à lesão, à ocorrência de um dano, justifica a reparação desse, visando à própria manutenção da ordem social. A responsabilidade é encontrada em todos os campos das relações entre os homens, seja em suas relações jurídicas privadas, como públicas.

O termo "trabalho" possui os seguintes significados: (a) na Física, é a transformação da energia térmica, química ou elétrica; (b) para a Economia, o trabalho repousa na constatação de que o ser humano, para a sua sobrevivência, necessita de bens econômicos que

---

[17] LAMARCA, Antonio. *Curso normativo de direito do trabalho*. 2. ed., p. 52.
[18] LAMARCA, Antonio. Ob. cit., p. 59.

devem ser produzidos. A produção desses bens destinados à satisfação das necessidades vitais, alimentação, habitação, vestuário etc., depende de três fatores: trabalho, capital e natureza. O trabalho é, para a Economia, um fator da produção; (c) para o Direito, é o objeto de um contrato entre duas ou mais pessoas, mediante retribuição.

O Direito do Trabalho reflete a visão humanista do próprio Direito nas relações sociais, cujo objeto é o trabalho humano subordinado. É a expressão mais autêntica do humanismo jurídico, atuando como forma de renovação social, evitando os problemas decorrentes da questão social nas relações trabalhistas.

Relacionando os vocábulos ("fato", "valor" e "norma"), Octavio Bueno Magano[19] define: *"Direito do Trabalho é o conjunto de princípios, normas e instituições, aplicáveis à relação de trabalho e situações equiparáveis, tendo em vista a melhoria da condição social do trabalhador, através de medidas protetoras e da modificação das estruturas sociais."*

Magano[20] faz a análise, ainda, de cada um desses elementos: *"A palavra conjunto indica tratar-se de um todo organizado e composto de várias partes. Estas não se encontram desconexas, mas, ao contrário, em estrita relação de dependência recíproca, de modo a formar um sistema. Princípios são as proposições genéricas de que derivam as demais normas de um sistema. A identificação deles permite o reconhecimento do caráter científico de uma disciplina jurídica ao mesmo tempo em que justifica a sua autonomia. Normas são as regras positivas, compreendendo a lei, os costumes, as convenções coletivas e as decisões judiciais proferidas em dissídios coletivos de trabalho. O termo instituição significa que o Direito do Trabalho não é constituído exclusivamente de normas, senão também das entidades que as criam, a saber, o Estado e as organizações profissionais."*

O Direito do Trabalho pode ser visto como um conjunto de regras de natureza privada e pública. Há uma série de regras cuja observância não pode ser rejeitada pela vontade das partes. São as regras que compõem o mínimo legal. Por exemplo: o menor salário é o mínimo. Ninguém pode estabelecer ganhar um salário mensal relativo a 220 horas de trabalho que seja inferior ao próprio salário mínimo.

Por outro lado, também há uma série de regras nas quais predomina a vontade das partes, como nas convenções e acordos coletivos de trabalho.

A concepção adotada quanto à definição do Direito do Trabalho é mista, sendo uma disciplina jurídica integrante da ciência do Direito, a qual, do ponto de vista didático, pode ser dividida em Direito Coletivo, Individual, Processual e Administrativo do Trabalho.

2.2 NATUREZA JURÍDICA

Como esclarece Maria Helena Diniz,[21] *"a expressão natureza jurídica denota o significado último dos institutos jurídicos ou a afinidade que um instituto jurídico tem, em diversos pontos, com uma grande categoria jurídica, podendo nela ser incluído a título de classificação".*

---

[19] MAGANO, Octavio Bueno. *Manual de direito do trabalho*: parte geral, v. 1, p. 50.
[20] MAGANO, Octavio Bueno. Ob. cit., p. 50.
[21] DINIZ, Maria Helena. *Dicionário jurídico*, v. 3, p. 337.

Em princípio, na revelação da natureza jurídica do Direito do Trabalho, adotando um critério tradicional, será analisada a questão da divisão do Direito em Público e Privado.

Na sequência, o estudo das demais teorias, a saber: direito misto, unitário ou social.

Por fim, a abordagem crítica dessa matéria, valendo-se das interações das fontes e dos modelos do Direito, buscando, assim, um novo critério.

2.2.1 Direito público e direito privado

Na busca de critérios classificatórios, é comum na dogmática jurídica valer-se de amplas distinções, as quais são desenvolvidas de forma histórica, sendo intituladas de dicotomias, tais como: direito público e privado; direito objetivo e subjetivo.

Tercio Ferraz Sampaio Júnior[22] discorre: *"Tratando-se de lugares comuns, estas noções também não são logicamente rigorosas, são apenas pontos de orientação e organização coerentes da matéria, que envolvem, por isso mesmo, disputas permanentes, suscitando teorias dogmáticas diversas, cujo intuito é conseguir o domínio mais abrangente e coerente possível de problemas."*

A expressão "dicotomia", na Teoria Geral do Direito, segundo Maria Helena Diniz,[23] *"reflete o método de classificação em que cada uma das divisões ou subdivisões não pode conter mais de dois termos. Só se pode dividir cada coisa em duas, subdividindo-se cada uma delas em duas, e assim por diante".*

A vantagem da adoção da dicotomia, como método de sistematização, reside na possibilidade de se analisar o direito como um conjunto de normas. Trata-se de uma sistematização estática. Nesse sentido, Tercio Sampaio Ferraz Júnior[24] pondera: *"O caráter estático do sistema significa que se prescinde do processo contínuo de formação, atuação e desaparecimento das normas, o qual caracteriza uma dinâmica. O sistema estático concebe o conjunto normativo como um dado, abstração feita do seu câmbio permanente. Não se indagar, por isso, da emissão de normas, sua revogação e da emissão de novas normas. O quadro é estático."*

A dicotomia em Direito Público e Privado tem origem no Direito Romano, tendo como base um trecho de Ulpiano (Digesto, 1.1.1.2): *Publicum jus est quod ad statum rei romanae spectat, privatum, quod ad singulorum utilitatem* (O Direito Público diz respeito ao estado da coisa romana, a *polis* ou *civitas*, o Privado à utilidade dos particulares).[25]

---

[22] FERRAZ JÚNIOR, Tercio Sampaio. *Introdução ao estudo do direito*, p. 127.
[23] DINIZ, Maria Helena. Ob. cit., p. 130.
[24] FERRAZ JÚNIOR, Tercio Sampaio. Ob. cit., p. 127.
[25] "Na opinião de alguns romanistas, entre os quais Bonfante, o texto referido foi uma elaboração dos glosadores. Uma dupla motivação histórica levou os romanos a estabelecerem a distinção: (a) a necessidade de separação entre as coisas do rei e as do Estado; (b) a vontade de se conceder alguns direitos aos estrangeiros. Este critério de diferenciação é passível de críticas, porque se fundamenta na separação de interesses entre o Estado e os particulares. Não se deve admitir um divórcio entre os interesses de ambos, de vez que tudo que interessa ao Estado há de interessar, com maior ou menor intensidade, aos seus cidadãos. Igualmente, os interesses dos particulares repercutem, de algum modo, na atividade do Estado, despertando a atenção de seus dirigentes" (NADER, Paulo. *Introdução ao estudo do direito*. 22. ed., p. 95).

A distinção entre Direito Público e Privado, além de ser um critério classificatório dos tipos normativos, permite a classificação das normas jurídicas em seus diferentes tipos, bem como a adoção de uma sistematização, compreendendo, segundo Tercio Sampaio Ferraz Júnior:[26] *"O estabelecimento de princípios teóricos, básicos para operar as normas de um e outro grupo, ou seja, princípios diretores do trato com as normas, com as suas consequências, com as instituições que elas referem, os elementos congregados em sua estrutura. Estes princípios decorrem, eles próprios, do modo como a dogmática concebe Direito Público e privado. E este modo, não podendo ter o rigor de uma definição, é, de novo, tópico, resulta da utilização de lugares comuns, de pontos de vista formados historicamente e de aceitação geral."*

Na busca de elementos para se fazer a separação entre Direito Público e Privado, os romanos utilizavam-se do critério da utilidade, ou seja, o primeiro dizia respeito às coisas do Estado, enquanto o segundo estava relacionado com o interesse de cada um (teoria dos interesses em jogo).

O critério adotado mostra-se insuficiente na medida em que o Estado, por meio de vários mecanismos, tenta proteger a universalidade de seus cidadãos, havendo uma crescente interferência estatal nas relações entre os particulares.

Ao abordar a dicotomia entre o Direito Público e Privado, Miguel Reale[27] ensina: *"A nosso ver, a distinção ainda se impõe, embora com uma alteração fundamental na teoria romana, que levava em conta apenas o elemento do interesse na coletividade ou dos particulares. Não é uma compreensão errada, mas incompleta. É necessário, com efeito, determinar melhor os elementos distintivos e salientar a correlação dinâmica ou dialética que existe entre os dois sistemas de Direito, cuja síntese expressa a unidade da experiência jurídica."*

Elucidando sua posição, Miguel Reale aponta duas formas complementares: a primeira, relativa ao conteúdo, e a segunda, ao aspecto formal.

Nas palavras de Miguel Reale:[28] *"Quanto ao conteúdo ou objeto da relação jurídica. a-1) Quando é visado imediata e prevalecentemente o interesse geral, o Direito é público. a-2) Quando imediato e prevalecente o interesse particular, o Direito é privado. Quanto à forma da relação. b-1) Se a relação é de coordenação, trata-se, geralmente, de Direito Privado. b-2) Se a relação é de subordinação, trata-se, geralmente, de Direito Público."*

As relações jurídicas[29] possuem como objeto um interesse, o qual pode ser de natureza material ou espiritual. A relação será de Direito Público quando, de fato, o interesse

---

[26] FERRAZ JÚNIOR, Tercio Sampaio. Ob cit., p. 132.
[27] REALE, Miguel. Ob. cit., p. 336.
[28] REALE, Miguel. Ob. cit., p. 336.
[29] "Segundo esta concepção, quando a relação jurídica for de coordenação, isto é, quando o vínculo se der entre particulares num mesmo plano de igualdade, a norma reguladora será de Direito Privado. Quando o poder público participa da relação jurídica, investido de seu *imperium*, impondo a sua vontade, a relação jurídica será de subordinação e, em consequência, a norma disciplinadora será de Direito Público. Quando houver predominância de normas de Direito Privado, o ramo deverá ser considerado como de Direito Privado e, de igual modo, quando houver o predomínio

direto e prevalecente for de caráter geral. É o caso das normas de Direito Penal, as quais visam à tutela dos bens essenciais à vida em sociedade. Quando o interesse for entre os particulares, exigindo-se a prática ou abstenção de um ato, revela-se o Direito Privado.

Quando, na relação jurídica, as partes colocam-se de igual para igual, não havendo subordinados entre si, pode-se caracterizá-la como sendo de coordenação. Como exemplo: o ato de compra e venda, entre particulares ou entre a Administração Pública e um terceiro. Trata-se, nesse caso, de uma relação de Direito Privado.

Ao contrário, se houver o predomínio de um sobre o outro, ou seja, o Estado em uma posição de eminência, no exercício de seu poder de império, a relação é de subordinação. Exemplificando-se: a situação na qual se tem a convocação dos eleitores para uma eleição.

Relacionando os aspectos (subjetivo e objetivo) e adotando as lições de Maria Helena Diniz,[30] pode-se afirmar: *"O Direito Público seria aquele que regula as relações em que o Estado é parte, ou seja, rege a organização e atividade do Estado considerado em si mesmo (direito constitucional), em relação com outro Estado (direito internacional), e em suas relações com os particulares, quando procede em razão de seu poder soberano e atua na tutela do bem coletivo (direitos administrativo e tributário). O Direito Privado é o que disciplina as relações entre particulares, nas quais predomina, de modo imediato, o interesse de ordem privada, como compra e venda, doação, usufruto, casamento, testamento, empréstimo etc."*

Em função desse contexto teórico, o Direito do Trabalho já foi classificado como sendo parte integrante do Direito Público. As justificativas doutrinárias eram as seguintes: (a) o caráter estatutário da relação jurídico-trabalhista: o dirigismo estatal, mitigando de forma sensível à autonomia de vontade dos contratantes; (b) a presença de normas de caráter administrativo no Direito do Trabalho, tais como: as relativas à higiene e segurança do trabalho, fiscalização trabalhista etc.; (c) a presença do princípio protetor, como ênfase teleológica dessa disciplina jurídica, por meio do dirigismo contratual; (d) a irrenunciabilidade das normas trabalhistas.

Para outra corrente doutrinária, o Direito do Trabalho é ramo do Direito Privado, na medida em que os sujeitos de uma relação jurídico-trabalhista são particulares, atuando em prol de seus interesses. Também não se pode negar o caráter histórico quanto à origem do contrato de trabalho, isto é, a locação de serviços. O dirigismo contratual está presente em todos os ramos da Ciência Jurídica, não sendo argumento plausível a embasar o caráter público dessa disciplina jurídica.

Amauri Mascaro Nascimento[31] é adepto da concepção privatista do Direito do Trabalho: *"A publicização do direito do trabalho significa o absolutismo e o totalitarismo estatal, o que é indesejável, também na ordem jurídico-trabalhista. Em nenhuma parte o*

---

das relações de subordinação o ramo será de Direito Público. Saliente-se, finalmente, que o Estado pode participar de uma relação jurídica de coordenação, hipótese em que não se investe de seu poder soberano, submetendo-se às normas de Direito Privado em igualdade de condições com os particulares" (NADER, Paulo. Ob. cit., p. 97).

[30] DINIZ, Maria Helena. *Compêndio de introdução à ciência do direito*. 9. ed., p. 253.

[31] NASCIMENTO, Amauri Mascaro. Ob. cit., p. 245.

direito do trabalho é unicamente estatal porque a realidade da ordem trabalhista é plural ou pluricêntrica mediante um processo de elaboração de normas jurídicas pelo Estado e pelos grupos sociais; portanto, o direito do trabalho é estatal e não estatal, simultaneamente [...] O direito do trabalho é, portanto ramo do Direito Privado porque regula interesses imediatos dos particulares, é pluricêntrico e tanto a convenção coletiva de trabalho como o contrato individual não se desvincularam do âmbito do Direito Privado."

Também, nesse sentido, é a visão de Mauricio Godinho Delgado:[32] *"Não há como se escapar da conclusão de que o ramo justrabalhista se situa no quadro componente do Direito Privado. Na medida em que a categoria nuclear do Direito do Trabalho é essencialmente uma relação entre particulares (a relação empregatícia), esse ramo jurídico, por sua essência, situa-se no grupo dos ramos do Direito Privado – em que preponderam relações próprias à sociedade civil, pactuadas entre particulares."*

Apesar da posição privatista quanto à natureza jurídica do Direito do Trabalho, Carlos Zangrando[33] acentua a grande interferência que há dos direitos sociais no âmbito das relações do trabalho: *"Por outro lado, hoje há uma tendência, evidentemente correta, de valorizar-se os direitos humanos, inclusive no campo das relações laborais. Disso resulta um desenvolvimento das garantias do cidadão frente aos abusos do Poder Público, dentre eles a excessiva limitação das liberdades individuais. Dessa forma, a atuação e influência do Estado no Direito do Trabalho tende a diminuir, como ocorre em outros países onde, por vezes, vigora a livre estipulação das partes. Mas isso não significa, e nem pode significar o puro e simples 'afastamento' do Estado. Suas funções de vigilância e de coordenação devem se manter sempre ativas, evitando assim a involução social, especialmente numa relação em que o diferencial de poder é tão flagrante, como a relação de trabalho."*

A dicotomia em Direito Público e Privado tem sido objeto de críticas pela doutrina, na medida em que não há uma solução perfeita para a referida distinção. De fato, o direito positivo é uma unidade que comporta a referida divisão, porém, com efeitos mais didáticos. O Direito Público e o Privado não devem ser vistos como dois compartimentos estanques, pois as suas normas estão em constante interação.

José Martins Catharino[34] expõe que a distinção entre Direito Público e Privado é cada vez mais relativa, na medida em que não é possível destacar, de forma absoluta, a separação entre os dois ramos da Ciência Jurídica: *"Suponhamos uma larga avenida aberta ao tráfego em dois sentidos. Em determinados momentos, é mais intenso em uma do que na outra direção; em outros, ao contrário. O tráfego jurídico também se faz em 'mão dupla', e, conforme as circunstâncias, é mais intenso em uma direção do que na outra. O Direito Privado publiciza-se, e o Público privatiza-se, variando de grau a publicização e a privatização, uma às custas da outra, criando-se até bolsões nas respectivas áreas. E o fenômeno está visceralmente ligado ao aperfeiçoamento do processo democrático, e ao fato de que as relações jurídicas de hoje são mais numerosas e intrincadas, nelas intervindo as*

---

[32] DELGADO, Mauricio Godinho. Ob. cit., p. 95.
[33] ZANGRANDO, Carlos. *Curso de direito do trabalho*, v. 1, p. 209-210.
[34] CATHARINO, José Martins. Ob. cit., v. 1, p. 62.

pessoas em geral, os grupos sociais, personalizados ou não, determinado Estado, os Estados e as entidades superestatais, diretamente entre si ou não."

Octavio Bueno Magano tece críticas quanto à distinção entre Direito Privado e Público, entendendo que o referido critério encontra-se superado. As disciplinas jurídicas podem ter normas públicas e privadas, não implicando que o que era público se converta em privado e vice-versa: *"Os que entendem em contrário estão presos ao fetiche da dicotomia de Ulpiano. Claro, se todo direito se classifica necessariamente como público ou Privado, nenhum ramo pode participar da natureza de ambos ao mesmo tempo. Mas se o referido critério classificatório se questiona, nada obsta a que o efeito indicado se produza. Se no deslinde da questão estivessem em causa apenas as normas de ordem pública, concernentes ao contrato individual do trabalho, ainda se poderia cogitar da inserção do Direito do Trabalho no campo do Direito Privado. Mas, sabendo-se que ele se compõe de partes cuja natureza pública se mostra evidente como é o caso do direito tutelar do trabalho e da previdência social, tal hipótese deve ser baldada. Por outro lado, não é de se aceitar a teoria publicista porque, no Direito do Trabalho, existe amplo espaço para atuação da autonomia da vontade, não apenas na área do direito individual, mas também na esfera do direito coletivo."*[35]

Carlos Zangrando,[36] com supedâneo nos ensinamentos de Hans Kelsen, ensina que a divisão entre Direito Público e Privado é de caráter mais ideológico do que teórico: *"Por sua vez, Kelsen lembrou que a distinção decisiva entre direito público e privado tende a assumir uma coloração de mera oposição entre Direito e um poder não jurídico, ou um contraste entre Direito e Estado. Para o mestre vienense, isso não passa duma distinção entre fatos de produção jurídica. Ensina o mestre de Berkeley, que o maior valor concedido ao Estado nas relações jurídicas consiste apenas no poder excepcional concedido às autoridades jurídicas em obrigar os cidadãos por intermédio de um comando direto. Entretanto, no negócio jurídico privado realiza-se apenas a individualização de uma norma geral, de produção igualmente estatal. Assim, se a ordem jurídica é efetivamente a expressão da vontade do Estado, tanto o negócio privado quanto o ato de uma autoridade pública são atos do Estado, quer dizer, um fato de produção jurídica atribuível à unidade da ordem jurídica. A divisão entre direito público e privado, portanto, não teria qualquer caráter teórico, e sim meramente ideológico."*

2.2.2 Outras concepções doutrinárias

Além dessa dicotomia, há outras correntes doutrinárias, as quais procuram explicar a natureza jurídica do Direito do Trabalho, a saber: (a) direito misto; (b) direito unitário; (c) direito social.

2.2.2.1 Direito misto

Nessa concepção, o Direito do Trabalho, como disciplina jurídica, possui um dualismo normativo decorrente do caráter heterogêneo de seus elementos, os quais não

---

[35] MAGANO, Octavio Bueno. Ob. cit., p. 69.
[36] ZANGRANDO, Carlos. Ob. cit., v. 1, p. 208.

se interpenetram. O ordenamento jurídico-trabalhista tem a composição de normas públicas e privadas, que coexistem de forma concomitante. Não se reconhece o Direito do Trabalho como uma unidade, logo, ao se examinarem as normas trabalhistas, torna-se necessário enquadrá-las em um ou em outro grupo.

Arnaldo Süssekind aduz que não se pode negar a unidade conceitual do Direito do Trabalho, sua autonomia científica e os seus postulados, logo, entende não ser possível adotar a referida posição.

2.2.2.2 Direito unitário

A ordem jurídico-trabalhista possui as normas públicas e as privadas, as quais se apresentam fundidas, refletindo uma unidade. Representa uma síntese do Direito Público e Privado.

Evaristo de Moraes Filho[37] é adepto da referida posição: *"Por tudo isso é que se apresenta uma nova corrente de ideias, de mais de quarenta anos, à qual nos filiamos decididamente, que admite o direito do trabalho como um direito unitário, homogêneo, coerente, oriundo de ramos de Direito Público e privado. Ao trazer para seu âmbito aquela matéria, primitivamente amorfa e heterogênea, fundiu-a o novo espírito jurídico num todo orgânico, diferenciado e tanto quanto possível auto-suficiente. Todas essas normas amalgamaram-se numa substância nova, diferente, criando-se uma nova combinação de elementos até então diversos entre si, e não uma simples mistura. Perdem aqueles elementos de origens entranhadas às suas antigas características, acabando por ganhar as novas de um direito unitário. Não se trata de* tertium genus, *e sim de uma combinação orgânica dos caracteres do Direito Público e do privado."*

Arnaldo Süssekind[38] defende a natureza unitária do Direito do Trabalho, enfatizando que: *"Embora possuindo instituições e regras de Direito Público e dispositivos de caráter privado, deveria ser entendido e aplicado de conformidade com a unidade emanada dos princípios doutrinários que o fundamentam e das diretrizes oriundas dos respectivos sistemas legais."*

Octavio Bueno Magano[39] dispõe que a concepção de direito unitário não pode ser acatada na medida em que é difícil de ser compreendida. Como é que se justifica uma unidade, sem se falar na existência de um *tertium genus*? *"Realmente, que unidade é esta que, compondo-se de elementos heterogêneos, amalgama-os em substância nova, sem se apresentar como* tertium genus, *mas conservando antes os caracteres do Direito Público e do Direito Privado? Afigura-se-nos mais simples e mais clara a posição eclética, que admite a existência de um direito autônomo com partes de Direito Público e partes de Direito Privado, e isso, insista-se, sem prejuízo da unidade do todo, assegurada pelos fins para os quais convergem."*

---

[37] MORAES FILHO, Evaristo de. *Introdução ao Direito do Trabalho*, p. 77.
[38] SÜSSEKIND, Arnaldo; MARANHÃO, Délio; VIANNA, Segadas; TEIXEIRA FILHO, João de Lima. *Instituições de direito do trabalho.* 19. ed., v. 1, p. 126.
[39] MAGANO, Octavio. Ob. cit., p. 70.

2.2.2.3 Direito social

O homem é parte integrante do social, sendo que a sociedade possui obrigações para com ele, logo, o direito social teria como escopo a proteção dos hipossuficientes. Trata-se de um *tertium genus* (terceiro gênero; os outros seriam o Direito Público e o Direito Privado).

O fundamento básico do direito social, na visão de Arnaldo Süssekind,[40] é *"a socialização do direito em oposição ao direito individual, com a qual ocorre a supremacia ou o primado do direito coletivo sobre o direito individualista, à maneira da concepção romana ou liberal clássica".*

O jurista que melhor defende essa posição é Cesarino Júnior:[41] *"Direito Social é a ciência dos princípios e leis geralmente imperativas, cujo objetivo imediato é, tendo em vista o bem comum, auxiliar as pessoas físicas, dependentes do produto de seu trabalho para a subsistência própria e de suas famílias, a satisfazerem convenientemente suas necessidades vitais e a ter acesso à propriedade privada."*

As críticas opostas residem na argumentação de que a tendência socializadora é imanente ao complexo das relações jurídicas, irradiando para os diversos campos da Ciência Jurídica, inclusive para o Direito Privado.

Arnaldo Süssekind[42] aduz: *"Perez Botija assevera que a ideia do Direito Social como terceiro continente da Ciência Jurídica representa 'uma solução cômoda, porém um tanto arbitrária e, sobretudo, ineficaz, seja do ponto de vista metódico-científico, seja do dogmático-positivo'. É inegável que maior tem sido o número dos adversários do terceiro hemisfério do Direito do que o dos seus partidários."*

2.2.3 Proposta de uma nova abordagem

O intervencionismo estatal no Direito do Trabalho surgiu com a ruptura do sistema jurídico individualista, a qual teve origem na Revolução Francesa. A partir dessa época, a ampla liberdade contratual não mais poderia ser acatada ante os evidentes traços de opressão à dignidade humana, como se vislumbrou nas primeiras décadas da Revolução Industrial.

Em função desse contexto histórico, Octavio Bueno Magano[43] ensina: *"Emerge o Estado intervencionista ou o Estado do Bem-Estar Social, cuja criação mais aparatosa é o Direito do Trabalho. O traço fisionômico desse* jus novum *encontra-se na descrença da liberdade contratual e na convicção de que as relações trabalhistas precisam ser intensamente tuteladas pelo Estado, através de copiosa legislação, considerada de ordem pública."*

---

[40] SÜSSEKIND, Arnaldo. Ob. cit., p. 129.
[41] CESARINO JÚNIOR, A. F. *Direito social*, p. 48.
[42] SÜSSEKIND, Arnaldo. Ob. cit., p. 129.
[43] MAGANO, Octavio Bueno. O direito do trabalho e a ordem pública, *Revista LTr*, v. 59, nº 12, p. 1600-1601.

Com a edição da CLT, em 1943, entendeu-se que os seus dispositivos seriam de Direito Público, notadamente, diante do contido nos arts. 9º e 444.

No âmbito da proposta de uma nova abordagem quanto à natureza jurídica do Direito do Trabalho, não se devem confundir normas de Direito Público como sendo, necessariamente, regras de ordem pública.

A adoção da expressão "ordem pública", segundo Miguel Reale,[44] tem gerado muitas confusões, na medida em que: *"O emprego do adjetivo 'pública' leva, às vezes, alguns espíritos a confundir essas regras com as de Direito Público, que é aquele que rege as relações sociais em que, de maneira imediata, prevalece o interesse da coletividade."*

Por outro lado, o segundo ponto a ser debatido é se as normas jurídicas que regulamentam o trabalho devem estar situadas entre as disposições de ordem pública.

A ordem pública, no sistema jurídico individualista, é o conjunto das normas cujo escopo é assegurar o devido funcionamento das instituições indispensáveis à sociedade e ao Estado. Todavia, pelo intervencionismo estatal, surgiu o que se denomina ordem pública econômica, ou seja, a inserção do Estado na direção da economia, aparecendo a noção de ordem pública social.

Magano[45] discorre: *"Como se vê, há gradação na ideia de ordem pública. A ordem pública absoluta é aquela que visa a assegurar o bom funcionamento das instituições indispensáveis à sociedade. As demais ordens públicas são de caráter relativo [...] A força obrigatória das normas há, pois, de se reconhecer em conformidade com a seguinte gradação: primeiro, as normas supletivas que só se aplicam quando os interessados não busquem outro modelo para a disciplina do relacionamento respectivo; depois, as normas imperativas, que, em algumas circunstâncias, podem deixar de prevalecer, constituindo a chamada categoria de ordem pública relativa; finalmente, os preceitos integrantes da ordem pública [...] Há, pois, força cogente maior nas normas de ordem pública absoluta, comparativamente aos preceitos meramente imperativos."*

Por tudo isso, é pacífico que a visão do que vem a ser ordem pública não é algo absoluto, variando em função dos interesses a serem tutelados.

O Direito do Trabalho, independentemente de sua posição – Direito Público ou Privado –, possui normas imperativas, as quais não podem ser alteradas pela vontade das partes.

Assim, com base nas lições de Maria Helena Diniz, as normas podem ser divididas em:

a) absolutas ou impositivas, *"também chamadas absolutamente cogentes ou de ordem pública. São as que ordenam ou proíbem alguma coisa (obrigação de fazer ou de não fazer) de modo absoluto. As que determinam, em certas circunstâncias, a ação, a abstenção ou o estado das pessoas, sem admitir qualquer alternativa, vinculando o destinatário a um único esquema de conduta"*;[46]

---

[44] REALE, Miguel. Ob. cit., p. 131.
[45] MAGANO, Octavio Bueno. Ob. cit., p. 1600.
[46] DINIZ, Maria Helena. *Compêndio de introdução à ciência do direito*. 9. ed., p. 376.

b) relativas ou dispositivas, *"que não ordenam nem proíbem de modo absoluto, permitem ação ou abstenção, ou suprem declaração de vontade não existente"*.[47]

Acrescente-se *"que a imperatividade absoluta de algumas normas é motivada pela convicção de que determinadas relações ou estados da vida social não podem ser deixados ao arbítrio individual, o que acarretaria graves prejuízos para a sociedade. As normas impositivas tutelam interesses fundamentais, diretamente ligados ao bem comum, por isso são também chamadas de 'ordem pública'"*.[48]

Em relação às normas trabalhistas, são imperativas na medida em que visam evitar o desvirtuamento do princípio da autonomia da vontade. As desigualdades econômica e social dos titulares de uma relação jurídico-trabalhista são patentes, representando a intervenção legal uma forma de se atenuar o referido antagonismo entre o trabalho e o capital. Ressalve-se que o dirigismo contratual não faz com que as normas imperativas possam ser tidas como normas de Direito Público. Conclui-se que o Direito do Trabalho não pode ser enquadrado como sendo Direito Público.

A intervenção do Estado na economia e o avanço das relações sociais (internas ou externas) fazem com que se torne difícil à exata separação entre os campos do que vem a ser a esfera pública e a privada.

Referido fenômeno é constatado por Ferraz Júnior[49] ao enfatizar que: *"Surgem campos jurídicos intermediários, nem públicos nem privados, como o direito do trabalho, e os tradicionais conceitos dogmáticos sentem dificuldade de se impor. Não obstante, apesar de inúmeras críticas, a dicotomia ainda persevera, pelo menos por sua operacionalidade pragmática. Enraizada em quase todo o mundo, ela serve ao jurista, inobstante a falta óbvia de rigor, como instrumento sistematizador do universo normativo para efeitos de decidibilidade."*

O contexto jurídico sofre influências das buscas de novos modelos, como forma de regular e compor os conflitos de interesses que possam surgir na vida em sociedade. As relações jurídicas representam fatos da vida em sociedade e que trazem repercussões na órbita jurídica, sendo que, ao longo da história humana, vários foram os modelos que procuraram explicar e disciplinar tais vínculos.

A noção de ordem pública sofreu alterações ao longo do avanço da vida em sociedade, trazendo repercussões no direito, como Ciência Jurídica, na medida em que se alteram os interesses a serem tutelados, de acordo com visão tridimensional, ou seja, de acordo com a interação: fato, valor e norma.

Para uma abordagem crítica dessas assertivas, deve-se elucidar o que vem a ser estrutura. Estrutura, na visão de Miguel Reale,[50] é *"um conjunto de elementos que entre si se correlacionam e se implicam de modo a representar dado campo unitário de significados"*.

---

[47] DINIZ, Maria Helena. Ob. cit., p. 377.
[48] DINIZ, Maria Helena. Ob. cit., p. 376.
[49] FERRAZ JÚNIOR, Tercio Sampaio. Ob. cit., p. 131.
[50] REALE, Miguel. *Fontes e modelos do direito*, p. 5.

Estrutura social, segundo Reale, é *"uma unidade pluridimensional ordenada de natureza intersubjetiva e dinâmica"*.[51]

A estrutura social não se confunde com a de cunho físico-matemático, porque reflete uma unidade dinâmica, com alterações constantes e que não implicam a perda de sua essência, por ser uma estrutura cultural.

Modelo é espécie do gênero estrutura, denotando para Miguel Reale[52] uma *"típica estrutura normativa, ou seja, uma expressão de dever-ser, quer este se refira a algo que deva ser, de maneira explicativa, no plano da idealidade lógico-matemática, quer se relacione com algo que deva ser de maneira prescritiva, como atitude ou momento de vida no plano existencial. Por aí já se percebe que não é possível reduzir o dever-ser jurídico a um mero enlace lógico-proposicional, como o pretendeu Kelsen, na primeira fase de sua Teoria Pura do Direito, pois o dever-ser no mundo do Direito envolve e representa sempre um momento volitivo da vida humana, com tudo o que nesta existe de intencional e funcional"*.

O Direito é fruto da experiência humana, havendo, segundo Miguel Reale,[53] uma relação de complementaridade entre a teoria das fontes e a dos modelos de Direito: *"Desse modo, cabe-nos estudar, de maneira conjunta e congruente, os processos de instituição das normas jurídicas, dando realce ao problema de sua validade, o que é nuclear na teoria das fontes, para, a seguir, examinar o problema da significação e o da eficácia ou aplicação dessas normas, problemas estes que correspondem mais propriamente aos modelos do Direito nas suas duas modalidades, a dos modelos jurídicos e a dos modelos dogmáticos ou hermenêuticos."*

Miguel Reale entende que está superada a distinção entre fonte formal e material. A noção de fonte material não deve ser analisada pela ciência do Direito e sim pela política do Direito, na medida em que o referido instituto envolve o conjunto de fatores culturais que condicionam a decisão do poder.

Por sua vez, fonte formal representa uma *"estrutura normativa que processa e formaliza, conferindo-lhes validade objetiva, determinadas diretrizes de conduta (em se tratando de relações privadas) ou determinadas esferas de competência, em se tratando de Direito Público"*.[54]

Ao contrário de Kelsen, Miguel Reale analisa o Direito em um processo de correlação entre a validade e a eficácia das regras, adotando uma posição dinâmica, com o abandono da temática do monismo normativo.

O conteúdo de uma estrutura normativa, na visão de Miguel Reale,[55] como fonte de Direito: *"Não pode ser analisado senão na correlação de seus elementos constitutivos, visto como as regras, que dela promanam, são inseparáveis da vida social e histórica, sofrendo*

---

[51] REALE, Miguel. Ob. cit., p. 6.
[52] REALE, Miguel. Ob. cit., p. 7.
[53] REALE, Miguel. Ob. cit., p. 2.
[54] REALE, Miguel. Ob. cit., p. 2.
[55] REALE, Miguel. Ob. cit., p. 22.

contínuas alterações resultantes de novos fatos e valores emergentes depois da data de sua instauração ... De uma ou de outra forma, podemos dizer que o conteúdo de uma fonte de direito são as regras jurídicas por ela enunciadas, a fim de serem declaradas permitidas ou proibidas determinadas formas de conduta, ou serem especificados certos âmbitos de competência, em dada conjuntura histórica."

Sob esse enfoque, Miguel Reale,[56] ao analisar a segunda fase do Direito Moderno, declina: *"Uma alteração essencial de ordem tecnológica vinha facilitar tão propícia mobilidade social. Refiro-me ao advento da eletricidade como fonte de energia determinando dois resultados complementares: de um lado, o poderoso potenciamento do capital e dos instrumentos de produção; e, de outro, a necessidade da melhoria das condições dos trabalhadores, chamados a desempenhar função cada vez mais intelectiva no processo industrial e um papel não menos relevante como destinatários das mercadorias produzidas. Dir-se-á que estamos perante um processo utilitário ou pragmático, mas não há como ignorar essa ambivalência dos novos mecanismos da técnica industrial, ponto de partida da colocação das relações entre o capital e o trabalho sobre novas bases, que explicam o aparecimento de nova e fecunda disciplina jurídica, o Direito do Trabalho."*

O termo "modelo", na visão de Amauri Mascaro Nascimento,[57] é utilizado como forma de representar *"um esquema descritivo e representativo de um fenômeno da realidade social"*.

Como se pode constatar, a expressão não é empregada como sinônimo de um protótipo. Deve ser vista, segundo Miguel Reale,[58] como uma *"estrutura que compendia sinteticamente as notas identificadoras ou distintivas de dado segmento da realidade, a fim de ter-se dele uma base segura de referência no plano científico. Nessa linha de pensamento, o modelo jurídico não indica um fim primordial e abstrato a ser atingido, mas sim o fim ou os fins concretos que se inserem no dever-ser do Direito correspondente a um dado complexo de regras objetivizadas ou formalizadas segundo os requisitos exigidos pelo ordenamento jurídico para cada modalidade de fonte de direito".*

Relacionando os modelos e as fontes do direito de acordo com o avanço do Direito do Trabalho, pode-se evidenciar a vontade das partes, a presença do Estado ou a combinação de ambos, como critérios predominantes de irradiação das normas jurídico-trabalhistas. Se houver a valorização da legislação em detrimento da autonomia de vontade das partes, tem-se o modelo legislado. Porém, se houver a valorização da autonomia privada ou coletiva, por meio dos contratos individuais de trabalho ou das convenções e acordos coletivos de trabalho, surge o modelo negociado. Com a adequação – dirigismo contratual e autonomia de vontade –, há o misto. Conclui-se, pois, que há três formas de modelos jurídicos para o Direito do Trabalho: o negociado, o legislado e o misto.

---

[56] REALE, Miguel. *Nova fase do direito moderno.* 2. ed., p. 103.
[57] NASCIMENTO, Amauri Mascaro. *Teoria geral do direito do trabalho*, p. 25.
[58] REALE, Miguel. *Fontes e modelos do direito*, p. 37.

O negociado baseia-se na concepção autotutelar do Direito do Trabalho, tendo como pressuposto a ausência do Estado na regulamentação das relações jurídico-trabalhistas, havendo o predomínio da vontade, seja nos acordos coletivos, como nos ajustes individuais.

O legislador leva em consideração o dirigismo estatal nos contratos de trabalho, havendo um arrefecimento da autonomia de vontades, seja no âmbito individual, como no coletivo.

Esse modelo, de acordo com Amauri Mascaro Nascimento,[59] *"parte do pressuposto de que o Estado é capaz de solucionar a questão social, a intervenção do Estado na ordem econômica e social é o meio suficiente para atingir esse fim, e a lei e a atuação do Poder Executivo são as melhores formas de regular as relações de trabalho. O Estado é o tutor dos trabalhadores, a única força capaz de proporcionar o seu bem-estar, e, para esse fim, a liberação das forças dos particulares é insuficiente, porque, invariavelmente, leva à imposição do mais forte sobre o mais fraco".*

Não se pretende adotar esse ou aquele modelo, porém, não se pode deixar de enfatizar que a busca de um equilíbrio é a razão de ser atual do Direito do Trabalho, precipuamente em face da flexibilização e da globalização.

Talvez a adoção do modelo misto seja a solução, mas a dificuldade reside em saber os limites normativos que podem ser deixados ao arbítrio dos interlocutores sociais.

O modelo misto, como afirma Amauri Mascaro Nascimento,[60] *"mescla elementos de intervencionismo estatal e espontaneidade, com realce para esta",* acoplando-se: *"Distribuição adequada dos espaços da autonomia coletiva dos particulares, como fundamento de uma ordem sindical baseada no princípio da liberdade e da democracia, e da tutela estatal redirecionada para a garantia dos direitos fundamentais do trabalhador, em especial os direitos humanos e de personalidade, dentre os quais aqueles que se destinam à proteção da vida, da saúde, da integridade física e do lazer do trabalhador, deixando a definição de outros direitos para o âmbito da negociação coletiva em vários níveis; recusa do corporativismo intervencionista do Estado; opção pelas perspectivas neocorporativistas que rejeitam um sistema legislado repressivo e coercitivo; não interferência do Estado no movimento sindical; reconhecimento da riqueza e mutabilidade dos fenômenos sociais em que se expressam as relações de trabalho em uma sociedade pluralista; transferência de parte da tutela que o Estado dispensa aos trabalhadores, para os sindicatos com a valorização da autotutela; regulamentação legal reduzida do contrato individual de trabalho cujo conteúdo deve ser formado mais pela negociação coletiva e menos pela legislação; solução dos conflitos compartida entre o Estado, pela jurisdição, e os particulares, por meio da mediação, da conciliação e da arbitragem; aceitação da flexibilização das leis trabalhistas, para alguns externa no sentido de abranger a adoção de formas diversificadas de contratos de trabalho, internas para outros, significando alterações nos critérios de jornadas de trabalho, remuneração e*

---

[59] NASCIMENTO, Amauri Mascaro. Ob. cit., p. 33.
[60] NASCIMENTO, Amauri Mascaro. Ob. cit., p. 35.

extinção dos contratos de trabalho; incentivos à reciclagem profissional do trabalhador; ampliação das agências de colocação nos empregos e revisão do seguro-desemprego".[61]

Não se pode deixar de mencionar que o legislador brasileiro, no trato das relações trabalhistas, enfatiza o fator do dirigismo contratual, como se observa no modelo inserido na CLT e em vasta legislação complementar, além da CF/88.

Vários são os modelos jurídicos que podem ser adotados no Direito do Trabalho. Em função de cada modelo, não há dúvidas de que haverá a presença de normas imperativas e supletivas. Poderá haver o predomínio das primeiras em relação às segundas e vice-versa, mas, mesmo assim, o Direito do Trabalho estará regulando uma relação cujos sujeitos são particulares.

Como há uma gradação de interesses a ser tutelado, o que influi na própria declinação do significado de ordem pública, vários juristas têm adotado a posição de que o conteúdo normativo do Direito do Trabalho deve ser flexibilizado.[62]

Evidente que a exata concepção da natureza jurídica do Direito do Trabalho não é possível, logo, é razoável a adoção de uma posição eclética,[63] a qual procure refletir e enquadrar as normas jurídico-trabalhistas no seio de todo e qualquer ordenamento jurídico.

---

[61] NASCIMENTO, Amauri Mascaro. Ob. cit., p. 35.

[62] Na questão da flexibilização, é importante a observação da seguinte posição de Magano: "No Brasil, as alterações *in pejus* de condições de trabalho são autorizadas pelo artigo 7º, VI, da Constituição de 1988, em que se fala de irredutibilidade salarial, salvo o disposto em acordo ou convenção coletiva do trabalho, o que significa, *a contrario sensu,* que através de convenção ou acordo coletivo é possível a redução de salários. E se é possível reduzir salários, que constituem o item mais importante dos direitos trabalhistas, há de ser igualmente possível a redução de benefícios inferiores [...] E se a Constituição de 1988 autoriza alterações *in pejus* de condições de trabalho, força é convir haver perdido muito de sua força o artigo 468, da CLT. Nesse preceito, como se há de lembrar, agasalha-se o princípio da inalterabilidade contratual *in pejus.* Claramente deixa ele de prevalecer, quando a alteração *in pejus* derivar de convenção ou acordo coletivo. Vale dizer que o referido dispositivo legal não pode ser tido como norma de ordem pública absoluta. A sua força obrigatória mostra-se de caráter relativo, de vez que pode ser posto de lado por convenção ou acordo coletivo. Mas encontram-se todos os preceitos da CLT e das demais leis trabalhistas sujeitos à diminuição ou perda da eficácia, em virtude de convenção ou acordo coletivo? A resposta há de ser no sentido de que refogem a tais efeitos as normas tendentes a assegurar o bom funcionamento das instituições indispensáveis à sociedade civil, como é o caso das regras sobre insalubridade e periculosidade, que visam preservar a incolumidade psicossomática do trabalhador, como é também a hipótese das regras sobre duração do trabalho e as de proteção à criança e ao adolescente. Ficando as demais regras legais sujeitas à perda ou diminuição de eficácia, em decorrência de convenção ou acordo coletivo, conclui-se que o Direito do Trabalho brasileiro conta com caminhos abertos para a flexibilização, realizável sem intervenção dos órgãos legiferantes estatais, mas pela atuação dos próprios parceiros sociais" (MAGANO, Octavio Bueno. O direito do trabalho e a ordem pública, *Revista LTr*, v. 59, nº 12, p. 1.600).

[63] O termo "eclético" em Filosofia do Direito e Teoria Geral do Direito representa: "(1) O que seleciona e aproveita os pontos principais ou tidos como melhores em correntes doutrinárias e métodos. (2) O que se compõe de elementos advindos de diversas fontes" (DINIZ, Maria Helena. Ob. cit., v. 2, p. 255).

A primeira razão dessa afirmação reside no fato de que a disciplina trabalhista depende da natureza do modelo jurídico. A segunda repousa na distinção entre normas de ordem pública de Direito Público. A terceira é lastreada no fato de que tanto no Direito Público como no privado há normas de ordem pública.

Com razão José Martins Catharino:[64] *"Começamos com um truísmo: não há direito antiprivado, antipúblico ou antissocial, porquanto a adjetivação, seja qual for, não destrói a substantividade do Direito. Não há manifestação sua que seja puramente privada ou pública, e qualquer é, também, social e histórica. O Direito do Trabalho é preponderantemente privado, misto, unitário e especial."*

E, por fim, justificando a posição eclética, Magano[65] diz: *"A figura-se-nos mais simples e mais clara a posição eclética, que admite a existência de um direito autônomo com partes de Direito Público e partes de Direito Privado, e isso, insista-se, sem prejuízo da unidade do todo, assegurada pelos fins para os quais convergem."*

QUESTIONÁRIO

1. Quais são as correntes doutrinárias quanto à definição de Direito do Trabalho?

2. O que se entende pela posição subjetivista quanto à definição de Direito do Trabalho?

3. O que se entende pela posição objetivista quanto à definição de Direito do Trabalho?

4. A corrente doutrinária mista é a que melhor reflete o conteúdo e o alcance do Direito do Trabalho?

5. O critério da divisão do Direito em Público e Privado é suficiente para elucidar a questão da natureza das normas jurídico-trabalhistas?

6. Quais são as outras concepções doutrinárias a respeito da natureza jurídica do Direito do Trabalho?

7. As normas jurídico-trabalhistas são de Direito Público ou Privado?

8. Quais são os modelos normativos no Direito do Trabalho?

9. É razoável a explicitação da natureza jurídica do Direito do Trabalho, entrelaçando-se os modelos e as suas fontes normativas?

10. A posição eclética é a que melhor denota a natureza jurídica do Direito do Trabalho?

---

[64] CATHARINO, José Martins. Ob. cit., v. 2, p. 63.
[65] MAGANO, Octavio Bueno. Ob. cit., p. 70.

Capítulo III
AUTONOMIA DO DIREITO DO TRABALHO

O termo "autonomia" deriva do grego *auto*, próprio, e *nomé*, regra. No campo da Ciência Jurídica, autonomia *"traduz a qualidade atingida por determinado ramo jurídico de ter enfoques, regras, teorias e condutas metodológicas próprias de estruturação e dinâmica. A conquista da autonomia confirma a maturidade alcançada pelo ramo jurídico, que se desgarra dos laços mais rígidos que o prendem a ramo ou ramos próximos, sedimentando uma via própria de construção e desenvolvimento de seus componentes específicos".*[1]

A doutrina aponta vários critérios para afirmar a autonomia do Direito do Trabalho.[2] Enfatizam-se dois critérios: (a) o primeiro baseia-se na existência de princípios comuns, na observância de método próprio e na extensão da matéria do Direito do Trabalho; (b) o segundo considera os elementos integrantes da relação jurídico-trabalhista, ou seja: os sujeitos, o objeto e o vínculo obrigacional.

O segundo critério é rejeitado por Octavio Bueno Magano[3] *"porque os três elementos em que se baseia não são aptos a identificar o Direito do Trabalho, em sua unidade. Assim, enquanto na esfera do direito coletivo os sujeitos são, via de regra, os sindicatos, na área do direito individual, os sujeitos são o empregado e o empregador; por outro, se este segmento*

---

[1] DELGADO, Mauricio Godinho. *Introdução ao direito do trabalho*, 2. ed., p. 97.
[2] Mauricio Godinho Delgado afirma que o debate contemporâneo, ou seja, a temática relativa à maturidade do Direito do Trabalho não mais deve versar sobre a sua autonomia, a qual é inquestionável, mas, em vez disso, sobre "os limites da autonomia do ramo especializado e os compatíveis critérios de integração desse ramo no conjunto do universo jurídico. Ilustrativamente, os critérios de integração e harmonização do Direito do Trabalho – e seus princípios específicos – à normatividade constitucional (veja-se a perplexidade provocada pela norma constitucional de 1988, de nulidade das admissões irregulares de servidores – mesmo celetistas); ou ainda os critérios de integração e harmonização do Direito do Trabalho ao Direito Administrativo (veja-se a extrema dificuldade do ramo justrabalhista de conferir consistência aos princípios administrativistas de legalidade e moralidade, quando em aparente confronto com princípios justrabalhistas específicos). Nesta mesma linha, pode se contrapor, também, o debate entre princípios justrabalhistas e ética jurídica (como sugerido, contemporaneamente, pelo tema do trabalho ilícito e seus efeitos no Direito do Trabalho). Este novo e consistente debate é um dos que mais devem instigar os estudiosos do Direito do Trabalho no processo de avanço da modernização e democratização da sociedade brasileira no início do terceiro milênio" (*Curso de direito do trabalho*, 5. ed., p. 69).
[3] MAGANO, Octavio Bueno. *Manual de direito do trabalho*: parte geral, v. 1, p. 61.

da disciplina implica relações entre os mesmos sujeitos, o direito tutelar do trabalho as supõe também com o Estado e a previdência social prescinde delas".

A posição adotada por Magano, ou seja, de seguir o primeiro critério, encontra-se correta. O primeiro critério denota os *"três requisitos que o jurista italiano Alfredo Rocco sintetizou, com rara felicidade, com inevitáveis supostos do alcance da autonomia do ramo examinado: a existência de um campo temático vasto e específico; a elaboração de teorias próprias ao mesmo ramo; a observância de uma metodologia própria de construção e reprodução de sua estrutura e dinâmica".*[4]

O campo temático do Direito do Trabalho é vasto. Sua autonomia legislativa é patente, inclusive com destaque nos textos constitucionais de vários países. A Carta Política de 1988, ao tratar dos direitos sociais, dá ênfase aos direitos trabalhistas (o art. 7º trata dos direitos individuais dos trabalhadores; o art. 8º menciona vários princípios quanto ao direito coletivo; o art. 9º dispõe sobre o direito de greve; o art. 10 assegura a participação dos trabalhadores e dos empregadores nos colegiados dos órgãos públicos).

O elenco material do Direito do Trabalho não está somente no campo legislativo (autonomia legislativa), mas também há autonomia no campo doutrinário, didático e jurisdicional.[5]

No campo doutrinário vários são os livros, as monografias, os manuais e os dicionários que versam sobre o Direito do Trabalho. Na seara didática, em toda e qualquer faculdade (de Administração, de Economia, de Direito e de Serviço Público) tem-se a cadeira de Direito do Trabalho, com os seus princípios e métodos próprios. Na atividade jurisdicional, tem-se a Justiça do Trabalho (arts. 114 e segs., CF).

Além disso, os princípios peculiares do Direito do Trabalho justificam a adoção do primeiro critério. O Direito do Trabalho, como disciplina jurídica, surgiu da necessidade da regulação normativa do vínculo jurídico-trabalhista, deixando de lado os critérios individualistas e liberais do Direito Civil, como forma de atenuar as desigualdades sociais advindas da oposição capital *versus* trabalho.

---

[4] DELGADO, Mauricio Godinho. Ob. cit., p. 97.

[5] "Que o Direito do Trabalho é um ramo autônomo do Direito, disto não resta hoje a menor dúvida. A vastíssima legislação especializada, seus importantíssimos princípios informadores, alguns dos quais exclusivos, bem como seu método de estudo e aplicação não deixam qualquer margem ao questionamento quanto à autonomia do Direito do Trabalho. Veja-se, a exemplo, a questão da nulidade dos atos jurídicos no Direito do Trabalho, cuja teoria singular difere bastante daquela clássica do Direito Civil, e só naquele campo particular é que pode ser aplicada. A bem da verdade, toda a discussão sobre a 'autonomia' do Direito do Trabalho se revela, na atualidade, acaciana, e não merece maiores entalhes, salvo afirmar que, embora autônomo, nenhum ramo jurídico é absolutamente estanque ou independente. O Direito, enquanto ciência, é um todo harmônico, subdividido em áreas específicas, de acordo com as necessidades geradas pelo desenvolvimento da sociedade humana. Se hoje o Direito do Trabalho é ramo autônomo, regulamentando determinada relação jurídica – a relação de emprego – época houve em que a mesma relação era regulamentada pelo Direito Civil, o que demonstrou ser danoso. Daí a necessidade de criação de ramo jurídico novo, e necessariamente autônomo" (ZANGRANDO, Carlos. *Curso de direito do trabalho*, v. 1, p. 210).

Nesse sentido, Octavio Bueno Magano:[6] *"A ciência só se afirma quando os fatos de que se compõe se encontram metodicamente organizados, organização esta assegurada pela existência de princípios próprios. Estes podem ser, em consequência, definidos como as proposições genéricas das quais derivam as demais normas componentes de um sistema e consistem nos seguintes: o da instrumentalização das regras trabalhistas, no sentido da melhoria da condição social do trabalhador, o da irrenunciabilidade de direitos, o da continuidade do trabalho e o da realidade."*

Cesarino Júnior,[7] abordando a autonomia do Direito do Trabalho, afirma: *"Seus princípios informativos próprios são numerosos: caráter supletivo das deficiências econômicas dos indivíduos; caráter imperativo de quase todas as suas normas, visto que visam realizar a paz social, sendo irrenunciáveis seus benefícios; sua tendência à universalidade, mais forte do que em qualquer outro ramo do Direito, por ser ele uma 'humanização do Direito' e considerar os indivíduos como 'homens' e não como 'nacionais' deste ou daquele país; sua oposição nítida ao individualismo dos demais ramos do Direito, que visam à justiça comutativa, enquanto ele visa realizar a justiça distributiva."*

A terceira razão para se adotar o primeiro critério é quanto à existência de institutos peculiares. Nesse sentido, verificam-se: as convenções e os acordos coletivos de trabalho; a presença do princípio protetor (manutenção da condição mais benéfica e a sua imutabilidade, a opção pela norma mais benéfica, mesmo de grau hierárquico inferior) etc.

QUESTIONÁRIO

1. Quais são os critérios apontados pela doutrina para afirmar a autonomia do Direito do Trabalho?

2. O critério, que considera os elementos integrantes da relação jurídico-trabalhista, é suficiente para elucidar a questão da autonomia do Direito do Trabalho?

---

[6] MAGANO, Octávio Bueno. Ob. cit., p. 62.
[7] CESARINO JÚNIOR, A. F. *Direito social*, p. 57.

Capítulo IV
O DIREITO DO TRABALHO E OUTRAS CIÊNCIAS

O Direito do Trabalho, como parte do conhecimento humano, relaciona-se com outras ciências.

O vocábulo "conhecimento" representa o *"pensamento que resulta da relação que se estabelece entre o sujeito que conhece e o objeto a ser conhecido. A apropriação intelectual do objeto supõe que haja regularidade nos acontecimentos do mundo; caso contrário, a consciência cognoscente nunca poderia superar o caos"*.[1]

Ciência é o conhecimento humano sistematizado, denotando *"um complexo de enunciados verdadeiros, rigorosamente fundados e demonstrados, com um sentido limitado, dirigido a um determinado objeto. Para que haja ciência, deve haver as seguintes notas: caráter metódico, sistemático, certo, fundamentado ou demonstrado e limitado ou condicionado a um certo setor do objeto"*.[2]

O trabalho é a mais importante atividade do homem. Reflete o meio pelo qual o ser humano age na natureza e em si mesmo. Em função dessa importância, o trabalho humano é objeto de estudo em várias áreas do conhecimento humano.

Pelo prisma filosófico, o "trabalho humano" é *"a ação dirigida por finalidades conscientes, à resposta aos desafios da natureza na luta pela sobrevivência. Ao reproduzir técnicas que outros homens já usaram e ao inventar outras novas, a ação humana se torna fonte de ideias e ao mesmo tempo uma experiência propriamente dita. O trabalho, ao mesmo tempo em que transforma a natureza, adaptando-a às necessidades humanas, altera o próprio homem, desenvolvendo suas faculdades. Isso significa que, pelo trabalho, o homem se autoproduz [...] Por ser uma atividade relacional, o trabalho, além de desenvolver habilidades, permite que a convivência não só facilite a aprendizagem e o aperfeiçoamento dos instrumentos, mas também enriqueça a afetividade resultante do relacionamento humano: experimentando emoções de expectativa, desejo, prazer, medo, inveja, o homem aprende a conhecer a natureza, as pessoas e a si mesmo"*.[3]

---

[1] ARANHA, Maria Lúcia de Arruda e Martins; PIRES, Maria Helena. *Filosofando. Introdução à filosofia*. 2. ed., p. 21.
[2] DINIZ, Maria Helena. *Dicionário jurídico*, v. 1, p. 576.
[3] ARANHA, Maria Lúcia de Arruda e Martins; PIRES, Maria Helena. Ob. cit., p. 5.

Na evolução do homem, o trabalho humano teve várias facetas, a saber: o escravo, o servil e o assalariado.

Em linhas objetivas, o campo de análise do Direito do Trabalho é o trabalho humano assalariado e subordinado. Com os seus modelos normativos e princípios próprios, o Direito do Trabalho visa estabelecer o equilíbrio nas relações individuais e coletivas de trabalho, como forma de dignificar o trabalhador como ser humano e cidadão.

É inegável que haja a interação do Direito do Trabalho com outras áreas de conhecimento, como: a Economia, a Sociologia, a Medicina, a Filosofia e a Psicologia.

4.1 DIREITO DO TRABALHO E ECONOMIA

Economia é a ciência que visa conhecer os fenômenos relativos à distribuição de riquezas, à produção e ao consumo de bens.

Todo e qualquer sistema de produção, consumo e distribuição de bens, no decorrer da evolução histórica, possui um sistema de trabalho, assim, o trabalho humano é parte integrante do estudo da Economia.

Com a evolução das relações econômicas na sociedade, houve a passagem do trabalho servil para o assalariado. A Revolução Industrial trouxe grandes transformações na vida social e econômica. O fruto do trabalho humano deixa de pertencer ao trabalhador. A industrialização originou novos métodos de organização e divisão do trabalho, com ritmo e horários preestabelecidos.

Surgiu uma nova classe social: o proletariado. O trabalho humano passa a ser alienado, ou seja, o ser humano cede os frutos de seu trabalho para o empresário, recebendo em troca uma remuneração pelos serviços prestados.

Para o materialismo histórico, o que se tem é o *"fetichismo da mercadoria e reificação do trabalhador. O fetichismo é o processo pelo qual a mercadoria, ser inanimado, é considerada como se tivesse vida, fazendo com que os valores de troca se tornem superiores aos valores de uso e determinem as relações entre os homens, e não vice-versa. Ou seja, a relação entre os produtores não aparece como sendo relação entre eles próprios (relação humana), mas entre os produtos do seu trabalho. Por exemplo, as relações não são entre alfaiate e carpinteiro, mas entre casaco e mesa. A mercadoria adquire valor superior ao homem, pois se privilegiam as relações entre coisas, que vão definir relações materiais entre pessoas. Com isso, a mercadoria assume formas abstratas (o dinheiro, o capital) que, em vez de serem intermediárias entre indivíduos, convertem-se em realidades soberanas e tirânicas. Em consequência, a 'humanização' da mercadoria leva a desumanização do homem, à sua coisificação, à reificação (do latim res, 'coisa'), sendo o próprio homem transformado em mercadoria (sua força de trabalho tem um preço no mercado)"*.[4]

A realidade econômica, fruto dos avanços da Revolução Industrial, fez com que houvesse uma exploração desumana do trabalho humano, levando ao surgimento do Direito do Trabalho.

---

[4] ARANHA, Maria Lúcia de Arruda e Martins; PIRES, Maria Helena. Ob. cit., p. 12.

Para o materialismo histórico, o Direito representa uma superestrutura de cunho ideológico, que é condicionada pelas relações econômicas infraestruturais. A dimensão econômica é que dá o exato contorno temático às normas jurídicas, logo, o Direito seria um apêndice da Economia.

É inegável que a Economia reflete no Direito e vice-versa. Como se sabe, o trabalho humano é um dos elementos básicos de todo e qualquer sistema de produção, consumo e distribuição de bens, porém, as relações econômicas não são fatores determinantes para o direito.

O fato social – o trabalho humano – é regulado pelo Direito, que, na sua atuação normativa, traça normas mínimas de proteção à dignidade do trabalhador. Referidas regras estabelecem limites à atuação das partes, assim, o Direito também interfere nas relações econômicas.

Essa constatação repousa na própria origem do Direito do Trabalho, ao eleger o trabalho humano assalariado como seu objeto de estudo e regulação.

Tais assertivas também são fundamentadas pela criação da ordem econômico-financeira (capítulo presente nas Constituições modernas) e da disciplina jurídica o Direito Econômico.[5]

4.2 DIREITO DO TRABALHO E SOCIOLOGIA

A Sociologia é a ciência que procura descrever e estudar os comportamentos e os fenômenos sociais.

---

[5] A ordem econômico-financeira representa o conjunto da política governamental em seus vários matizes (urbana, agrícola ou fundiária, da reforma agrária e do sistema financeiro nacional), procurando valorizar o trabalho e a livre-iniciativa, observando-se os seguintes princípios: soberania nacional, a propriedade privada e a livre-iniciativa, livre concorrência, defesa do consumidor, defesa do meio ambiente, redução das desigualdades regionais e sociais, busca do pleno emprego, tratamento favorecido para as empresas de pequeno porte constituídas sob as leis brasileiras e que tenham sua sede e administração no País (art. 170, I a IX, CF). É inegável que haja na ordem jurídica nacional um universo de normas que regem os instrumentos de política econômica do Estado, tendo como objetivo atingir determinados fins econômicos, tais como a produção, distribuição, circulação e consumo das riquezas do País. A esse universo dá-se o nome de Direito Econômico. O Direito Econômico é: "O complexo de normas que regulam a ação do Estado sobre as estruturas do sistema econômico e as relações entre os agentes da economia. Dizemos 'complexo de normas' para nelas incluir não só as normas de direito positivo, como também muitas de caráter consuetudinário que regulam as relações entre produtores (entendido na acepção lata do termo) e consumidores. Dizemos 'complexo' de normas que regulam a ação do Estado sobre as estruturas do sistema econômico porque o Direito Econômico caracteriza-se, no Estado moderno, pela regulamentação, através da norma jurídica, da ordem social. E a ordem social é fundada na ordem econômica. E dizemos, finalmente, 'complexo de normas que regulam a ação do Estado sobre as estruturas do sistema econômico e as relações entre os agentes da economia' porque normas há que, embora emanadas do Poder Constituído, não visam diretamente disciplinar toda a estrutura do sistema econômico mas, em casos especialíssimos, tão somente regular relações entre produtores ou consumidores" (PEREIRA, Affonso Insuela. *O direito econômico na ordem jurídica*. 2. ed., p. 66).

Na abordagem das relações individuais e coletivas de trabalho humano, a sociologia estuda o fato social – trabalho humano –, por meio de pesquisas, levantamentos estatísticos, análises de campos etc.

A Sociologia não tem a preocupação de interpretar a norma jurídica (é tarefa do operador do direito), porém, de efetuar a constatação da eficácia social das normas jurídicas, perquirindo a respeito dos seus efeitos na regulação dos vínculos sociais.

Importantes são os estudos sociológicos no campo da empresa, do lazer, do sindicato, dos conflitos e suas soluções etc.

4.3 DIREITO DO TRABALHO E MEDICINA DO TRABALHO

A saúde física e psíquica do trabalhador, além do resguardo da sua incolumidade física, são fatores importantíssimos para o Direito do Trabalho. É vital a presença de normas tutelares do Direito do Trabalho no campo da medicina e segurança do trabalho.

A Medicina do Trabalho, por intermédio de estudos científicos, das análises quanto às condições de trabalho, dos estudos a respeito de agentes insalubres e periculosos, do meio ambiente do trabalho, elabora e estabelece parâmetros para que sejam adotadas as medidas de proteção à vida, à saúde e à integridade física do trabalhador.

Tais medidas levam ao surgimento das normas jurídicas nas áreas de segurança e higiene do trabalho, doença profissional, doenças do trabalho, acidente de trabalho, limitação aos excessos do trabalho, reabilitação profissional e bem-estar psíquico e físico do trabalhador.

4.4 DIREITO DO TRABALHO E FILOSOFIA

Várias são as definições a respeito do termo "filosofia":[6] (a) visão de mundo de um povo, de uma civilização ou de uma cultura; (b) sabedoria de vida; (c) esforço racional para conceber o Universo como uma totalidade ordenada e dotada de sentido; (d) fundamentação teórica e crítica dos conhecimentos e das práticas.

Filosofia, ensina Marilena Chaui,[7] *"não é ciência: é uma reflexão crítica sobre os procedimentos e conceitos científicos. Não é religião: é uma reflexão crítica sobre as origens e formas das crenças religiosas. Não é arte: é uma interpretação crítica dos conteúdos, das formas, das significações das obras de arte e do trabalho artístico. Não é sociologia nem psicologia, mas a interpretação e avaliação crítica dos conceitos e métodos da sociologia e da psicologia. Não é política, mas interpretação, compreensão e reflexão sobre a origem, a natureza e as formas do poder. Não é história, mas interpretação do sentido dos acontecimentos enquanto inseridos no tempo e compreensão do que seja o próprio tempo. Conheci-*

---

[6] A respeito desses significados, recomenda-se a leitura do livro de Marilena Chaui, *Convite à filosofia*. 12. ed., p. 16 e segs.
[7] CHAUI, Marilena. Ob. cit., p. 17.

mento do conhecimento e da ação humana, conhecimento da transformação temporal dos princípios do saber e do agir, conhecimento da mudança das formas do real ou dos seres, a Filosofia sabe que está na História e que possui uma história".

A concepção filosófica de trabalho sofreu várias alterações ao longo da história do homem.

Na Antiguidade, o trabalho está relacionado com a tortura, sofrimento, pena ou labuta. Prevalece o lado negativo quanto à sua avaliação. O trabalho é desvalorizado, na medida em que as tarefas manuais eram executadas pelos escravos, enquanto que o trabalho intelectual, contemplativo, cabia aos ricos.

Para Platão, a finalidade dos homens livres é justamente a "contemplação das ideias". Aristóteles afirma que a *"escravidão de uns é necessária para que outros possam ser virtuosos".*

Na Roma antiga, a palavra *negotium* indica a negação do ócio, enquanto o vocábulo "trabalho" representa a ausência do lazer, indicando-se o ócio como prerrogativa dos homens livres.

Na Idade Média, São Tomás de Aquino procura valorizar o trabalho manual, afirmando que todos os trabalhos são equivalentes, todavia, mesmo assim prepondera a valorização da visão contemplativa. A arte mecânica era vista como arte inferior.

Com o Renascimento, o trabalho humano é valorizado, adquirindo-se a consciência quanto ao seu valor nas relações sociais. As concepções quanto ao trabalho humano: (a) a riqueza é resultante do trabalho (Adam Smith); (b) a riqueza das nações consiste na soma dos trabalhos nelas executados (Palmieri); (c) o trabalho como conhecimento e realização da cultura, dos produtos históricos e morais do homem (Giambatista Vicco); (d) o trabalho é o meio pelo qual o homem se encontra (Hegel).

Para os teólogos, a concepção do trabalho tem como ponto de partida o dogma da criação. O homem foi feito à imagem e semelhança de Deus. O homem, ente dotado de matéria e espírito, ao abusar de sua inteligência e livre-arbítrio, foi expulso do paraíso. Em face do castigo recebido, deveria viver com os frutos do seu trabalho. A princípio, o trabalho revela a ideia de castigo, de pena, de dor, de sofrimento, porém, com a vinda de Jesus Cristo, houve a redenção do homem. Jesus Cristo libera o homem do pecado original, logo, o trabalho humano adquire uma nova dimensão, ou seja: a sua presença é vital na construção do mundo, representando a integração do homem na redenção. O trabalho é vital para o bem comum.

Na Revolução Industrial, onde se tem a crescente divisão do trabalho e novas técnicas de organização da produção, rompe-se a dicotomia concepção-execução do trabalho. A produção pertence exclusivamente ao empresário, ao capitalista, sendo que o trabalho humano passa a ser visto como coisa, ou seja: um bem disponível no mercado, sendo remunerado por um determinado preço (salário). Nessa visão, o trabalho humano, como parte do sistema de produção, é explorado e espoliado pelo capitalismo. Surge a necessidade do resgate da dignidade do homem pela socialização dos meios de produção (da propriedade em geral).

Em face das diversas concepções citadas, com razão, Amauri Mascaro Nascimento[8] afirma: *"O trabalho é, qualquer que seja a cosmovisão do intérprete, uma mediação entre o homem e a natureza. Mediante o trabalho o homem acrescenta à natureza, transformando-a das condições brutas em que se achava no início da história. Esse processo de modificação da natureza compreende várias etapas que correspondem às grandes revoluções tecnológicas. A primeira consistiu na utilização do fogo e dos utensílios. A segunda, no cultivo das plantas. A terceira é industrial, com o aparecimento da força a vapor, a racionalização do trabalho e a automação. O homem, nesse processo, virtualiza-se, atualizando as suas potencialidades, o que supõe um mundo criativo. O homem está entre duas realidades, a ideal e a material, interligando-as pelo trabalho, que, assim, é o meio pelo qual o ser humano incorpora-se à natureza. Trabalho é, em conclusão, vida."*

4.5 DIREITO DO TRABALHO E PSICOLOGIA

A Psicologia é a ciência que aborda os fenômenos e as atividades mentais. O campo de estudo é o comportamento humano, avaliando-se os processos mentais de uma pessoa, condicionantes das suas atitudes e condutas.

O homem, como parte do sistema de produção, atua na concretização de bens e serviços, logo, os estudos científicos, quanto à adaptação do trabalhador na função que exerce e no meio ambiente de trabalho, são importantes. É vital a humanização dos processos de produção, havendo a perfeita interação meio ambiente de trabalho e trabalhador, como forma de otimização da economia, resguardando-se a dignidade e a saúde física e psíquica do ser humano.

4.6 DIREITO DO TRABALHO E ADMINISTRAÇÃO DE EMPRESAS

A organização da empresa e a sua forma de produção são tarefas inerentes à Administração de Empresas.

Na estruturação da atividade econômica, o empregador dispõe do poder de organização da empresa, no qual se insere o poder diretivo, que compreende: as atribuições de fiscalizar, dirigir e punir a prestação de serviços de seus empregados.

Como parte integrante da Administração de Empresas, temos a administração de Recursos Humanos, que se relaciona com a análise do mercado de trabalho. O setor de recursos humanos está dividido nos níveis de direção, intermediário (gerência e assessoria) e operacional (os técnicos, os funcionários e os operários).

Portanto, o Direito do Trabalho e a Administração de Empresas se relacionam com a presença do departamento de recursos humanos na organização empresarial. Os recursos humanos implicam uma série de tarefas, tais como: seleção de mão de obra; treinamento de mão de obra; promoção; fixação de plano de cargos e salários; benefícios sociais etc.

---

[8] NASCIMENTO, Amauri Mascaro. *Curso de direito do trabalho.* 21. ed., p. 200.

Por outro lado, também há um outro importante ponto de contato entre o Direito do Trabalho e a Administração de Empresas. De acordo com a CF (art. 7º, XI), na forma da legislação infraconstitucional, a qual foi criada com a Lei 10.101/00, é assegurada ao trabalhador a participação na gestão da empresa. Logo, incumbe à Administração da Empresa fornecer subsídios científicos quanto à atuação dos trabalhadores na organização empresarial.

4.7 DIREITO DO TRABALHO E CONTABILIDADE

Em linhas gerais, a Contabilidade atua com escrituração e organização de livros comerciais, das receitas e das despesas de uma dada organização empresarial.

Portanto, a Contabilidade interage com o Direito do Trabalho no tocante ao cálculo de verbas trabalhistas em diversos momentos da atuação da organização empresarial. Por exemplo, temos: estruturação e operacionalização da folha de pagamento; o levantamento de verbas rescisórias quando da dispensa de empregados; custos com a contratação de mão de obra etc.

4.8 DIREITO DO TRABALHO E ESTATÍSTICA

Diversos são os pontos de contato da Estatística com o Direito do Trabalho: busca de dados estatísticos para fins de análise do desemprego, da demanda e oferta de trabalho, fixação do valor do salário mínimo, política de seguro desemprego etc.

QUESTIONÁRIO

1. O que representa o trabalho para o ser humano?

2. Qual é o campo de análise do Direito do Trabalho?

3. Qual é a relação entre o Direito do Trabalho e a Economia?

4. Qual é a importância da Sociologia no campo do Direito do Trabalho?

5. As normas de medicina e segurança do trabalho são importantes para o Direito do Trabalho?

6. Quais são os significados do termo "trabalho" na evolução da civilização humana?

7. Qual é a importância da Psicologia para o Direito do Trabalho?

Capítulo V
O DIREITO DO TRABALHO E OS DEMAIS RAMOS DO DIREITO

Octavio Bueno Magano[1] afirma que o *"Direito não se compõe de compartimentos estanques, mas sim de partes que se entrelaçam formando um tudo sistemático. Daí resulta a unidade do ordenamento jurídico, mantida pelos fins ou valores que visa a realizar."*

O Direito do Trabalho, como disciplina jurídica, entrelaça-se com outros campos da Ciência Jurídica, a saber: Direito Constitucional, Administrativo, Financeiro, Econômico, Internacional Público, Penal, Processual, Civil, Comercial e Internacional Privado.

5.1 DIREITO CONSTITUCIONAL

O fenômeno da constitucionalização do Direito do Trabalho é internacional: Constituição do México[2] (1917), Rússia (1918), Alemanha[3] (1919), Iugoslávia (1921), Chile (1925), Áustria (1925), Espanha (1931), Uruguai (1934), Bolívia (1938), Portugal (1975), dentre outros. A primeira Constituição a tratar de importantes direitos para o trabalhador no seu texto foi a da Suíça (aprovada em 1874 e emendada em 1896).

---

[1] MAGANO, Octavio Bueno. *Manual de direito do trabalho*: parte geral, v. 1, p. 71.
[2] "A Constituição do México de 1917, esta sim, armou um quadro significativo dos direitos sociais do trabalhador, muitos dos quais foram repetidos nas Cartas magnas de alguns países latino-americanos. O seu art. 123 contempla o campo de incidência das leis de proteção ao trabalho, a jornada de trabalho, o salário mínimo, a proteção ao salário, a participação nos lucros da empresa, a proteção especial ao trabalho das mulheres e dos menores, a garantia de emprego, a isonomia salarial, o direito sindical, o contrato coletivo de trabalho, a greve, a previdência social, a higiene e a segurança no trabalho e a proteção à família do trabalhador" (SÜSSEKIND, Arnaldo. *Direito constitucional do trabalho*, 1999, p. 11).
[3] "Dois anos depois, a Alemanha, derrotada na primeira grande guerra do século XX, adotou a Constituição de Weimar que, sob a influência dos socialistas, inseriu no seu texto um capítulo sobre a ordem econômica e social, previu a criação de conselhos de trabalhadores nas empresas, nos distritos e no Reich e de conselho econômico nacional, assegurou a liberdade sindical e colocou o trabalho sob a proteção especial do Estado, o qual deveria se empenhar pela regulamentação internacional do trabalho. Apesar de renegada pelo advento do nazismo, ela teve ampla ressonância nas Constituições de após-guerra, inclusive na brasileira de 1934" (SÜSSEKIND, Arnaldo. Ob. cit., p. 12).

No Brasil, as Constituições, a partir de 1934, dedicaram-se à ordem econômica e social, fixando os princípios fundamentais que inspiram a ordem jurídica trabalhista.

No plano constitucional, podemos visualizar a temática do Direito Constitucional[4] e do Direito Trabalho por três valorações:

a) a do trabalho, que no nível constitucional é considerado um direito, um dever ou um direito-dever. Na CF/88, o trabalho é um dos princípios gerais da atividade econômica, com destaques para: a dignidade da pessoa humana e os valores sociais do trabalho e da livre-iniciativa (art. 1º, III e IV); direito ao livre exercício do trabalho, ofício e profissão, atendidas as qualificações profissionais que a lei estabelecer (art. 5º, XIII); a valorização do trabalho humano e da livre-iniciativa (art. 170) e a busca do pleno emprego (art. 170, VIII); a ordem social tem por base o primado do trabalho e como objetivos o bem-estar e a justiça sociais (art. 193, *caput*);

b) a dos direitos sociais, os quais representam as garantias instituídas pelas ordens jurídicas, com o escopo de proteção às necessidades básicas do ser humano. Tem-se o objetivo da garantia de uma vida com o mínimo de dignidade e de acesso aos bens morais e materiais. É a busca da efetiva igualdade social, impondo-se ao Estado uma série de obrigações de ordem positiva na busca de uma justiça efetiva. O art. 6º acentua: "*São direitos sociais a educação, a saúde, a alimentação, o trabalho, a moradia, o transporte, o lazer, a segurança, a previdência social, a proteção à maternidade e à infância, a assistência aos desamparados, na forma desta Constituição*";

c) a dos direitos trabalhistas, ou seja, a Constituição, em linhas gerais, estabelece: (a) os direitos sociais dos trabalhadores (art. 7º); (b) os fundamentos básicos da organização sindical (art. 8º); (c) o direito de greve (art. 9º); (d) a participação dos trabalhadores e empregadores nos colegiados dos órgãos públicos, que tratem dos interesses profissionais ou previdenciários (art. 10) e os servidores públicos (art. 37).

5.2 DIREITO ADMINISTRATIVO

Uma parte do Direito do Trabalho, para alguns juristas, é chamada de Direito Administrativo do Trabalho.[5] Para outros, de Direito Tutelar do Trabalho. O objeto dessa

---

[4] "Direito Constitucional é o ramo do Direito Público que dispõe sobre a estrutura do Estado, define a função de seus órgãos e estabelece as garantias fundamentais da pessoa. É um direito que limita a ação do governo, pois estabelece faixas de competência para os poderes. É também um direito de garantia das pessoas, pois as constituições modernas estabelecem um elenco de garantias fundamentais aos seres humanos. Denomina-se parte orgânica da constituição a que dispõe sobre a estrutura do Estado e parte dogmática a que se refere aos direitos e garantias fundamentais" (NADER, Paulo. *Introdução ao estudo do direito*. 22. ed., p. 340).

[5] "A obra especial de Trueba Urbina, *Nuevo derecho administrativo del trabajo* (México, 1973), sustenta que 'o direito administrativo do trabalho se compõe de princípios, instituições, normas protetoras e reivindicatórias dos trabalhadores, estatutos sindicais, assim como de leis e regulamentos que regulam as atividades sociais da Administração Pública e da Administração Social do trabalho'. Portanto, empregado o vocábulo administração em sentido amplo, público e privado. Deveali, em *Lineamientos de derecho del trabajo* (Buenos Aires, 1956), escreve que 'sob este último aspecto

matéria envolve as normas de proteção ao trabalho, relativas à medicina e segurança do trabalho e ao regulamento das profissões, bem como a estrutura dos órgãos de fiscalização (Ministério do Trabalho e Emprego, Ministério da Previdência e Assistência Social, Superintendências Regionais do Trabalho e Emprego, Instituto Nacional de Seguridade Social etc.).

Outros pontos de conexão entre o Direito do Trabalho e o Direito Administrativo são:

a) a tendência do Estado, nas várias esferas de competência (União, Estados, Municípios), quanto à contratação de servidores sob o regime da CLT na Administração Pública direta e indireta;

b) a estruturação de órgão judicial de solução dos conflitos individuais e coletivos de trabalho, ou seja, a Justiça do Trabalho (arts. 111 e segs., CF).

Além disso, existem outras medidas de natureza administrativa, como a proibição de concessão ou de renovação de quaisquer empréstimos ou financiamentos pelo BNDES a empresas da iniciativa privada cujos dirigentes sejam condenados por assédio moral ou sexual, racismo, trabalho infantil, trabalho escravo ou crime contra o meio ambiente (art. 4º, Lei 11.948/09).

5.3 DIREITO FINANCEIRO

O Direito Financeiro estuda toda a atividade estatal relativa à forma de realização da receita e da despesa necessárias à execução de seus fins.

O objetivo do Direito Financeiro é a otimização quanto ao aproveitamento dos recursos públicos para a realização da justiça social, logo, em muito *"se aproxima do Direito do Trabalho, que também se apresenta modernamente como instrumento do desenvolvimento econômico e da melhoria da condição social do trabalhador"*.[6]

5.4 DIREITO ECONÔMICO

O Direito Econômico é a disciplina jurídica que trata das atividades desenvolvidas nos mercados, objetivando a sua organização, com o intuito da realização do interesse social.

As mudanças na política econômica dos governos e as alterações pelas quais passa a economia mundial influem de forma marcante nas relações de trabalho individuais e coletivas.

Não só o Direito do Trabalho, como também o Econômico, buscam a realização da justiça social, além do bem-estar do trabalhador.

---

pode ser conveniente agrupar sob o nome de direito administrativo do trabalho as normas que se referem à formação e ao funcionamento dos órgãos estatais que fiscalizam o cumprimento das prescrições legais em matéria de trabalho'" (NASCIMENTO, Amauri Nascimento. *Curso de direito do trabalho*. 24. ed., p. 215).

[6] MAGANO, Octavio Bueno. Ob. cit., p. 74.

Como princípios fundamentais da República Federativa do Brasil têm: (a) a dignidade da pessoa humana (art. 1º, III, CF); (b) os valores sociais do trabalho e da livre-iniciativa (art. 1º, IV).

A Constituição, ao tratar da ordem social, no art. 193, *caput*, assim enuncia: *"A ordem social tem como base o primado do trabalho, e como objetivo o bem-estar e a justiça sociais."*

No art. 170, *caput*, I a IX, ao tratar dos princípios gerais da atividade econômica, a CF/88 reza: *"A ordem econômica, fundada na valorização do trabalho humano e na livre-iniciativa, tem por fim assegurar a todos existência digna, conforme os ditames da justiça social, observados os seguintes princípios: I – soberania nacional; II – propriedade privada; III – função social da propriedade; IV – livre concorrência; V – defesa do consumidor; VI – defesa do meio ambiente, inclusive mediante tratamento diferenciado conforme o impacto ambiental dos produtos e serviços e de seus processos de elaboração e prestação; VII – redução das desigualdades regionais e sociais; VIII – busca do pleno emprego; IX – tratamento favorecido para as empresas de pequeno porte constituídas sob as leis brasileiras e que tenham sua sede e administração no País."*

5.5 DIREITO INTERNACIONAL PÚBLICO

O Direito do Trabalho entrelaça-se com o Direito Internacional Público,[7] pelos diversos tratados internacionais que tratam a dignidade humana e preceitos de proteção ao trabalho e notadamente pelas normas sociais emitidas pela Organização Internacional do Trabalho: convenções, recomendações e resoluções, que se somam aos preceitos da Declaração da Filadélfia (1944), da Constituição da OIT (1946) e da Declaração de Princípios e Direito Fundamentais no Trabalho (1998).

Além dos instrumentos normativos da OIT, podemos destacar no cenário internacional: a Declaração Universal dos Direitos Humanos (1948); a Carta Social Europeia (1961); a Convenção Europeia de Direitos Humanos (1950); a Carta Internacional Americana de Garantias Sociais (1948); Convenção Internacional sobre a Eliminação de Todas as Formas de Discriminação Racial (1966); Pacto Internacional sobre Direitos Civis e Políticos (1965); Pacto Internacional sobre os Direitos Econômicos, Sociais e Culturais (1966); Convenção Americana sobre Direitos Humanos de 1969 (Pacto de San José da Costa Rica); Declaração Sociolaboral do Mercosul (1998), Convenção Internacional sobre os Direitos da Pessoa com Deficiência (2006) etc.

---

[7] "O Direito Internacional Público é o ramo jurídico que disciplina as relações entre os Estados soberanos e os organismos análogos. As suas principais fontes formais são os tratados e os costumes internacionais. A sua existência pressupõe as chamadas bases sociológicas: (a) pluralidade de Estados soberanos, pois se houvesse apenas um Estado, o Estado Mundial, não haveria dualidade de interesses e, consequentemente, não se justificariam quaisquer normas que não fossem as internas; (b) comércio internacional, pois a grande massa de interesses apresenta conteúdo econômico e envolve a troca de riquezas; (c) princípios jurídicos coincidentes, de vez que, inexistindo valores comuns, faltariam os critérios de entendimento" (NADER, Paulo. Ob. cit., p. 342).

5.6 DIREITO INTERNACIONAL PRIVADO

O Direito Internacional Privado regulamenta *"as relações do Estado com cidadãos pertencentes a outros Estados, dando soluções aos conflitos de leis no espaço ou aos de jurisdição. O direito internacional privado coordena relações de Direito Civil e criminal no território de um Estado estrangeiro. É ele que fixa, em cada ordenamento jurídico nacional, os limites entre esse direito e o estrangeiro, a aplicação extranacional do primeiro e a do direito estrangeiro no território nacional".*[8]

Segundo Miguel Reale,[9] o Direito Internacional Privado *"não tem por finalidade reger ou complementar relações, mas decidir sobre as regras que se destinam a essas mesmas relações. É, por isso, um sobre-direito. Em linguagem atual, diríamos que, em confronto com a linguagem jurídica dos demais Direitos já estudados, o Direito Internacional Privado se situa como metalinguagem jurídica".*

A importância do Direito Internacional Privado com o Direito do Trabalho é realçada *"em consequência da crescente mobilidade das pessoas e da tendência da economia à globalização. Gilda Russomano assim se expressa sobre o assunto: '[...] a importância jurídica (prática ou científica) dos conflitos espaciais de leis de natureza trabalhista decorre do número crescente desses conflitos, como resultado do comércio internacional; da atuação internacional das empresas ao ampliarem seu campo de exploração econômica.'"*[10]

5.7 DIREITO PENAL

A proteção da figura do empregado e de seu trabalho não se faz apenas pelo Direito do Trabalho ou Administrativo (quando o Estado age visando à observância das normas trabalhistas), mas também é tratada pelo Direito Penal.

O Direito Penal, além de proteger o direito à liberdade, no caso a liberdade do trabalhador (reduzir alguém à situação análoga à de escravo, arts. 149 e 149-A, CP) e a liberdade sexual (assédio sexual, art. 216-A), destina um Título, no CP, aos crimes contra a organização do trabalho (arts. 197 a 207), tipificando como ilícitos:

a) constranger alguém, mediante violência ou grave ameaça: (1) a exercer ou não exercer arte, ofício, profissão ou indústria, ou a trabalhar ou não trabalhar durante certo período ou em determinados dias; (2) a abrir ou fechar o seu estabelecimento de trabalho, ou a participar de parede ou paralisação de atividade econômica;

b) constranger alguém, mediante violência ou grave ameaça, a celebrar contrato de trabalho, ou a não fornecer a outrem ou não adquirir de outrem matéria-prima ou produto industrial ou agrícola;

c) constranger alguém, mediante violência ou grave ameaça, a participar ou deixar de participar de determinado sindicato ou associação profissional;

---

[8] DINIZ, Maria Helena. *Compêndio de introdução à ciência do direito*. 9. ed., p. 263.
[9] REALE, Miguel. *Lições preliminares de direito*. 18. ed., p. 350.
[10] MAGANO, Octavio Bueno. Ob. cit., p. 82.

d) participar de suspensão ou abandono coletivo de trabalho, praticando violência contra pessoa ou contra coisa;
e) participar de suspensão ou abandono coletivo de trabalho, provocando a interrupção de obra pública ou serviço de interesse coletivo;
f) invadir ou ocupar estabelecimento industrial, comercial ou agrícola, com o intuito de impedir ou embaraçar o curso normal do trabalho, ou com o mesmo fim danificar o estabelecimento ou as coisas nele existentes ou delas dispor;
g) frustrar, mediante fraude ou violência, direito assegurado pela legislação do trabalho;
h) obrigar ou coagir alguém a usar mercadorias de determinado estabelecimento, para impossibilitar o desligamento do serviço em virtude de dívida;
i) impedir alguém de se desligar de serviços de qualquer natureza, mediante coação ou por meio de retenção de seus documentos pessoais ou contratuais;
j) frustrar, mediante fraude ou violência, obrigação legal relativa à nacionalização do trabalho;
k) exercer atividade de que está impedido por decisão administrativa;
l) recrutar trabalhadores, mediante fraude, com o fim de levá-los para território estrangeiro;
m) aliciar trabalhadores, com o fim de levá-los de uma para outra localidade do território nacional;
n) recrutar trabalhadores fora da localidade de execução do trabalho, dentro do território nacional, mediante fraude ou cobrança de qualquer quantia do trabalhador, ou, ainda, não assegurar condições do seu retorno ao local de origem.

O art. 168-A, CP, prevê como crime: (a) ausência de repasse das contribuições recolhidas dos contribuintes, no prazo e forma legal ou convencional; (b) ausência de recolhimento no prazo legal de contribuição ou de outra importância destinada à previdência social que tenha sido descontada de pagamento efetuado a segurados, a terceiros ou arrecadada do público; (c) o não recolhimento das contribuições devidas à previdência social que tenham integrado despesas contábeis ou custos relativos à venda de produtos ou à prestação de serviços; (d) o não pagamento de benefício devido a segurado, quando as respectivas cotas ou valores já tiverem sido reembolsados à empresa pela previdência social.

O art. 297, § 3º, CP, estabelece, como crime de falsificação de documento púbico, quem insere ou faz inserir: (a) na folha de pagamento ou em documento de informações que seja destinado a fazer prova perante a previdência social, pessoa que não possua a qualidade de segurado obrigatório; (b) na CTPS do emprego ou em documento que deve produzir efeito perante a previdência social, declaração falsa ou diversa da que deveria ter sido escrita; (c) em documento contábil ou em qualquer outro documento relacionado com as obrigações da empresa perante a previdência social, declaração falsa ou diversa da que deveria ter constado. Na mesma penalidade, incorre quem omite, nos referidos documentos, nome do segurado e seus dados pessoais, a remuneração, a vigência do contrato ou de prestação de serviços (art. 297, § 4º).

O art. 337-A, CP, prevê a supressão ou redução da contribuição previdenciária e qualquer acessório, mediante as seguintes condutas: (a) omissão de folha de pagamento da empresa ou de documento de informações previsto pela legislação previdenciária de segurados (empregado, empresário, trabalhador avulso ou trabalhador autônomo ou a este equiparado que lhe prestem serviços); (b) ausência de lançamentos mensais nos títulos próprios da contabilidade da empresa das quantias descontadas dos segurados ou as devidas pelo empregador ou pelo tomador de serviços; (c) omissão total ou parcial de receitas ou lucros auferidos, remunerações pagas ou creditadas e demais fatos geradores de contribuições sociais previdenciárias.

Negar ou obstar emprego ou acesso a cargo público por motivo de discriminação (arts. 3º e 4º, Lei 7.716/89) e práticas discriminatórias durante a relação de trabalho são tipificados como crimes (art. 2º, Lei 9.029/95).

O Estatuto do Idoso (Lei 10.741/03) tipifica como crime, por motivo de idade, obstar o acesso a cargo público e negar emprego ou trabalho (art. 100, I e II).

A Lei 11.340/06, denominada de Lei Maria da Penha, dispõe que em caso de violência doméstica ou familiar contra a mulher, para preservar sua integridade física e psicológica, o juiz assegurará a manutenção do vínculo trabalhista, quando necessário o afastamento do local de trabalho, por até seis meses.

A Lei 12.984/14 tipifica penalmente as condutas discriminatórias contra o portador do HIV e o doente de AIDS, em razão da sua condição de portador ou de doente. Estão previstas em lei como práticas discriminatórias, entre outras: (a) negar emprego ou trabalho; (b) exonerar ou demitir de seu cargo ou emprego; (c) segregar no ambiente de trabalho; (d) divulgar a condição do portador do HIV ou de doente de AIDS, com intuito de ofender-lhe a dignidade. Crime punível com reclusão, de um a quatro anos, e multa.

5.8 DIREITO PROCESSUAL

O Direito Processual, como parte do Direito Público interno, regula a organização e as funções do Poder Judiciário e o processo judicial. Pelo processo, o Estado, no exercício da função jurisdicional, soluciona os conflitos de interesses, aplicando o direito material aos casos concretos.

Nas palavras de Maria Helena Diniz,[11] o Direito Processual é *"um direito adjetivo ou formal que regula a aplicação do direito substantivo ou material aos casos concretos, ou seja, disciplina a criação de normas jurídicas individuais (sentenças), pela aplicação de uma norma geral, e estabelece as normas procedimentais indicativas dos atos sucessivos e das normas que deve cumprir o juiz para aplicar o direito. Disciplina a atividade dos juízes, dos tribunais ou órgãos encarregados da distribuição da justiça, determinando como devem agir para fazer cumprir a lei que foi violada".*

---

[11] DINIZ, Maria Helena. *Dicionário jurídico*, v. 4, p. 174.

Como parte do Direito Processual, tem-se o Direito Processual Civil, que denota o *"conjunto de normas que disciplinam o modo de solucionar lides, litígios ou conflitos de interesses surgidos nas atividades mercantis, civis, administrativas etc."*[12]

O Direito Processual do Trabalho representa as normas, princípios e institutos relativos à Justiça do Trabalho e ao processo trabalhista, visando à solução dos conflitos advindos das relações individuais e coletivas de trabalho (dissídios individuais e coletivos).

De acordo com os arts. 769 da CLT e 15 do CPC, o Direito Processual Civil é fonte subsidiária e supletiva do processo trabalhista (processo de conhecimento), desde que: (a) se tenha a ocorrência de lacuna na legislação trabalhista; (b) se tenha a compatibilidade das normas processuais civis com os princípios e normas que informam o Direito Processual do Trabalho.

No processo de execução, na ausência de regras específicas trabalhistas, aplicam-se subsidiariamente as regras da lei dos executivos fiscais (Lei 6.830/80) e, na sequência, o processo civil (art. 889, CLT).

Além disso, o processo do trabalho, não raras as vezes, também se socorre das regras processuais da tutela provisória e dos procedimentos especiais da legislação processual civil.

5.9 DIREITO CIVIL

O Direito do Trabalho relaciona-se com o Direito Civil,[13, 14] a princípio, em face da própria origem histórica do contrato individual de trabalho.

---

[12] DINIZ, Maria Helena. Ob. cit., v. 2, p. 174.

[13] "Direito Civil é o conjunto de normas que regulam os interesses fundamentais do homem, pela simples condição de ente humano. É considerado a constituição do homem comum, por se referir às principais etapas e valores da vida humana. Em face de sua grande generalidade, esse ramo apresenta alguma dificuldade para uma definição rigorosa, de acordo com os princípios da lógica. O seu gênero próximo, que é o Direito Privado, praticamente se confunde com o seu objeto, daí os autores, em boa parte, se encaminharem para as definições enumerativas do conteúdo. Sob o aspecto objetivo, Clóvis Beviláqua o define como 'o complexo de normas jurídicas relativas às pessoas, na sua constituição geral e comum, nas suas relações recíprocas de família e em face dos bens considerados em seu valor de uso'. Sob o aspecto subjetivo, considerou-o 'o poder de ação que a ordem jurídica assegura à generalidade dos indivíduos'. A denominação desse ramo é bem antiga e provém dos romanos (*jus civile*), que a empregavam, porém, em sentido muito amplo, como o estatuto jurídico aplicável aos cidadãos, em oposição ao *ius gentium*, que se destinava aos estrangeiros. Durante a Idade Média, sob a denominação Direito Civil, compreendia-se todo o Direito Positivo, com exceção ao Direito Canônico, que apresentava princípios e normas próprias. Somente com as primeiras codificações, já ao final do século XVIII, foi que a Dogmática Civil se personalizou. Na Alemanha, por exemplo, até a promulgação do famoso B.G.B., o termo Direito Civil era equivalente ao Direito Privado. Em relação ao Direito Público, é considerado conservador, de vez que, tendo alcançado o estádio de amadurecimento científico, pouco evoluiu. A sedimentação doutrinária do Direito Civil vem acumulando-se desde a época dos romanos aos dias atuais. É o ramo que tem experimentado, no dizer de Angel Latorre, 'a mais larga e refinada elaboração doutrinal e o que proporciona o sistema de conceitos e o conjunto de aptidões mentais mais completas e perfiladas no mundo do Direito'" (NADER, Paulo. Ob. cit., p. 351).

[14] "As relações entre o direito do trabalho e o direito civil são, inicialmente, de ordem histórica, pois o direito do trabalho provém do direito civil; depois, de ordem doutrinária, porque não são

No Direito romano, haviam três formas básicas de locação: (a) *locatio rei*, onde uma das partes obrigava-se a conceder o uso e gozo de uma coisa, em troca de certas retribuições (equipara-se ao contrato de locação); (b) a *locatio operarum*, onde uma das partes obrigava-se a executar determinado trabalho, sob determinada remuneração (figura análoga à locação de serviços); (c) a *locatio operis faciendi*, onde uma das partes obrigava-se a realizar tarefa determinada, de certo cunho mais especializado, a fim de realizar um objetivo, sob certa remuneração (assemelha-se ao contrato de empreitada).

O contrato de trabalho tem como fonte remota a *locatio operarum*, sendo que, com o avanço das relações sociais, houve a necessidade da criação de regras para disciplinar a figura do trabalho subordinado, levando à constituição do Direito do Trabalho.[15]

---

poucas as teses e as figuras do direito civil e adaptadas pelo direito do trabalho, como ocorre na parte geral, nas obrigações, nas coisas etc.; a seguir, de ordem legislativa, porque o direito civil é fonte subsidiária do direito do trabalho, existindo no Brasil, inclusive, expressa determinação legal nesse sentido. Há, sem dúvida, nas relações entre o direito civil e o direito do trabalho, mais de uma perspectiva de estudo compreendendo as seguintes hipóteses: (1) o direito civil como ordenamento exclusivo das relações de trabalho; (2) o direito civil como ordenamento antagônico ao direito do trabalho; (3) o direito civil como direito subsidiário do direito do trabalho; (4) o direito civil como direito subsidiário do direito do trabalho e como fundamento teórico, quando adequado, para o direito do trabalho" (NASCIMENTO, Amauri Mascaro. Ob. cit., p. 222).

[15] Para a jurista portuguesa Maria do Rosário Palma Ramalho, o trabalho humano que interessa ao Direito do Trabalho é o decorrente da Revolução Industrial: "O Direito do Trabalho é usualmente considerado como um ramo jurídico jovem, porque embora o fenómeno do trabalho subordinado, com os contornos que hoje lhe conhecemos, se tenha começado a massificar a partir do final do séc. XVIII, com o advento da Revolução Industrial, foi necessário esperar até ao final do séc. XIX para que a produção normativa no domínio laboral se regularizasse e intensificasse a ponto de se poder reconhecer uma nova área do universo jurídico. [...] Sendo a lição da História da maior importância para explicar os contornos dos fenômenos hodiernos, para compreender o seu regime e princípios orientadores, cabe tomar posição perante os diversos entendimentos. O fenómeno do trabalho subordinado de que o Direito do Trabalho se ocupa é, efectivamente, um fenômeno moderno, projectado pela Revolução Industrial, mas porque o trabalho dependente mas livre não existisse anteriormente, mas porque nas formas de trabalho pré-industrial o requisito da liberdade do prestador (que já vimos ser um dos requisitos essenciais à configuração da actividade laboral) não tinha o significado axiológico pleno e irrestrito que hoje lhe reconhecemos. [...] A conclusão no sentido da modernidade do fenómeno do trabalho subordinado não retira valor aos contributos pré-industriais para a compreensão de alguns traços do seu regime até hoje. Assim, alguns aspectos do regime da figura romana da *locatio conductio operarum* devem ser salientados, como instrumento auxiliar à compreensão do regime do actual contrato de trabalho. Desses traços salientamos os seguintes: a *locatio conductio* integrava o elenco das *actiones de buona fidae*, a que inere a característica da universalidade, que permite a celebração do contrato com não romanos; dado o objecto do negócio em causa (um trabalho 'vil', de acordo com as concepções sociais dominantes), este ponto era de grande importância para aumentar a incidência deste negócio; tratava-se de um negócio consensual; exigia-se a licitude da actividade do trabalhador; admitia-se a cessação do contrato por acordo das partes ou pela verificação de um termo; em algumas situações de não prestação do serviço o risco corria por conta do credor do serviço, que continuava obrigado ao pagamento da *merces* (esta característica antecipa as diversas situações de quebra do sinalagma contratual que se mantêm até hoje no contrato de trabalho)" (RAMALHO, Maria do Rosário Palma. *Direito do trabalho* – Parte I – dogmática geral, 2005, p. 35-45).

Além da fonte originária, o Direito do Trabalho entrelaça-se com o Direito Civil pela utilização das noções fundamentais da teoria geral das obrigações, das regras sobre a personalidade, das normas a respeito das pessoas, dos vícios do consentimento, da representação, das nulidades e da interpretação e aplicação da lei.

O art. 8º, parágrafo único, da CLT acentuava que o Direito Civil seria fonte subsidiária do Direito do Trabalho, naquilo em que não fosse incompatível com os princípios fundamentais deste, contudo, com a Lei 13.467/17 (Reforma Trabalhista), as regras do Direito Comum são apenas fonte subsidiária, não havendo, assim, a limitação da incompatibilidade.

Apesar da nova redação (art. 8º, § 1º, CLT), o Direito Civil não pode ser aplicável ao contrato individual do trabalho sem um critério limitativo, pois, no fundo, o âmbito do Direito do Trabalho reflete a desigualdade material entre o trabalhador e o empregador, logo, as peculiaridades e os princípios peculiares às relações do trabalho, quando a norma laboral for omissa, devem cotejar a aplicação do regramento do Direito Civil.

Mauricio Godinho Delgado e Gabriela Neves Delgado[16] acentuam: *"Mesmo com relação à mudança redacional estabelecida para o § 1º do art. 8º (antigo parágrafo único), ela não é substantiva, na verdade. Ora, suprimiu-se, conforme se nota, a referência à expressão 'naquilo em que não for incompatível com os princípios fundamentais deste' (eis o antigo texto legal do parágrafo único: 'O Direito Comum será fonte subsidiária do Direito do Trabalho, naquilo em que não for incompatível com os princípios fundamentais deste'). Porém, não pode haver dúvida de que a regra subsidiária somente pode ser importada para o suprimento das lacunas nas fontes principais do campo jurídico analisado se realmente for compatível com ele, isto é, compatível com a sua estrutura normativa, com a sua lógica jurídica e com os seus princípios jurídicos essenciais.*

É da natureza, portanto, da integração jurídica que somente se maneje uma fonte subsidiária se, naquele aspecto de destaque, haja real compatibilidade lógica e principiológica entre a regra importada e o campo jurídico importador. Sob esse ponto de vista, dessa maneira, pode-se afirmar, com segurança, que o Direito Comum (especialmente o Código Civil Brasileiro de 2002, e o Código do Consumidor de 1990) apenas poderá atuar como fonte subsidiária do Direito do Trabalho quando houver real compatibilidade entre as regras civilistas ou consumeristas importadas e os princípios e lógica estrutural do Direito do Trabalho".

Como mecanismo de valorização da aplicação do Direito Civil ao Direito do Trabalho, em especial, o Direito Coletivo, diante do caso concreto, quando se discutir cláusula normativa e o contrato individual, a Justiça do Trabalho deverá analisar somente os elementos essenciais do negócio jurídico, respeitando-se os aspectos formais do instrumento normativo (art. 104, CC), inclusive, devendo o magistrado trabalhista balizar a sua atuação pelo princípio da intervenção mínima na autonomia da vontade coletiva (art.

---

[16] DELGADO, Mauricio Godinho; DELGADO, Gabriela Neves. *A reforma trabalhista no Brasil*: Com os comentários à Lei n. 13.467/2017. São Paulo: LTr, 2017, p. 107.

8º, § 3º, CLT). Trata-se de uma violação indevida ao controle jurisdicional das normas coletivas, visto que limita a independência funcional do magistrado trabalhista.

Os juristas[17] esclarecem que: *"O novo § 3º do art. 8º da CLT também tem de ser objeto de uma interpretação lógico-racional, sistemática e teleológica, sob pena de chegar a resultados interpretativos absurdos. A circunstância de o novo preceito normativo enfatizar a observância, no exame judicial dos instrumentos coletivos negociados (ACTs e CCTs), dos requisitos essenciais do negócio jurídico que estão arrolados no art. 104 do Código Civil de 2002 (agente capaz: art. 104, I; objeto lícito, possível, determinado determinável: art. 104, II; forma prescrita ou não defesa em lei: art. 104, III), balizando essa atuação judicial pelo 'princípio da intervenção mínima na autonomia da vontade coletiva', não deve, é claro, conduzir a interpretativas absurdas. Evidentemente que não cabe à conclusão de que novo preceito legal permitiu a instauração no País, por intermédio da negociação coletiva trabalhista, de uma ordem jurídica anômala, e antissocial, que faça da Constituição da República, das normas internacionais imperativas no Brasil e das normas federais também imperativas exótica tábula rasa em desfavor da pessoa humana que viva de seu trabalho empregatício na economia e na sociedade brasileiras. Sendo evidente o caráter absurdo dessa eventual leitura do texto normativo, não pode ser essa a interpretação lógico-racional, sistemática e teleológica do mencionado novo dispositivo da CLT. Aqui também – tal como verificado na análise do novo § 2º do art. 8º da CLT –, a conclusão interpretativa não pode ser primitiva, absurda. Nesse quadro, a interpretação racional, lógica, sistemática e teleológica do novo § 3º do art. 8º da Consolidação é no sentido de que a Justiça do Trabalho, ao examinar os preceitos constantes dos diplomas coletivos negociados (convenções coletivas e/ou acordos coletivos do trabalho), deve compreender o papel regulador complementar à ordem jurídica heterônoma estatal que é cumprido pela negociação coletiva trabalhista, respeitando, de maneira geral, os seus dispositivos celebrados".*

5.10 DIREITO EMPRESARIAL

O Código Civil (Lei 10.406/02) deixou de lado a teoria francesa dos atos de comércio para adotar-se a teoria italiana da empresa[18] (Livro II, Título I, do "Direito de

---

[17] DELGADO, Mauricio Godinho; DELGADO, Gabriela Neves. *A reforma trabalhista no Brasil: Com os comentários à Lei n. 13.467/2017*. São Paulo: LTr, 2017, p. 106.

[18] "O Direito Comercial era a disciplina jurídica que regulava os atos de comércio, os atos considerados comerciais por força de lei e os direitos e obrigações do comerciante. O objeto do direito comercial era o comerciante. Definia-se comerciante como a pessoa (física ou jurídica) que praticava atos de comércio em caráter habitual, profissional e oneroso, posto de permeio na relação entre o produtor e o consumidor. Das teorias que procuravam definir o direito comercial, podemos citar: (a) Direito Comercial como o Direito do Comerciante – Teoria subjetiva – a caracterização do comerciante dependia de autorização para o exercício da profissão, pelas corporações de ofício; (b) Direito dos Atos de Comércio – Teoria Objetiva – a caracterização do comerciante não mais dependia de autorização das corporações de ofício. Eram considerados comerciantes aqueles que praticassem atos de comércio; (c) Direito do Comerciante e dos Atos de Comércio – para esta teoria eram considerados comerciantes aqueles definidos por lei, bem como os não comerciantes que praticassem atos de comércio; (d) Teoria das Empresas. Teoria subjetiva moderna. A teoria

Empresa"). Há o surgimento da figura do empresário (o que exerce profissionalmente atividade econômica organizada para a produção ou a circulação de bens ou de serviços – art. 966, CC) e o desaparecimento da noção de comerciante (o praticante de atos de comércio). Atualmente, o Direito Comercial não cuidava apenas do comércio, e sim de toda e qualquer atividade econômica exercida a nível profissional, com lucro e finalidade de produzir ou fazer circular bens ou serviços. Vale dizer, a expressão "direito comercial" era utilizada para se referir ao direito empresarial.[19] Em face da nova realidade legislativa representada pelo CC de 2002, a doutrina substituiu a expressão "direito comercial" por "direito empresarial".

A relação básica do Direito do Trabalho com o Direito Comercial envolve o instituto da empresa.[20]

As noções do vocábulo "empresa" interligam-se com a discussão doutrinária relativa à noção do empregador para o Direito do Trabalho.

Para alguns, empregador é o titular da atividade econômica (aspecto subjetivo do termo "empresa"). Para outros, empregador é a atividade econômica organizada (aspecto objetivo do termo "empresa").

Também há outros pontos: a representação comercial, a falência, a recuperação judicial e a questão da sucessão trabalhista e os institutos da fusão, da incorporação e da cisão previstos na Lei 6.404/76.

---

que mais repercutiu em nosso atual direito foi a Teoria das Empresas, adotada pelo Código Civil italiano (art. 2.082). Para esta teoria a figura do empresário substitui a do antigo comerciante" (GUSMÃO, Mônica. *Curso de direito empresarial*. 5. ed., p. 1).

[19] "A primazia dessa construção – o direito comercial como direito de empresas – coube à doutrina italiana da década de 40, apoiando-se num conceito subjetivo moderno do direito comercial em que a figura do empresário substitui o conceito de comerciante. Segundo essa teoria, qualifica-se a atividade econômica de acordo com a forma com que ela é explorada, observando a forma e a sua organização, ou seja, a articulação na atividade dos quatro fatores de produção: capital, mão de obra, insumos e tecnologia para determinar se a atividade é empresarial, inclusive a atividade de prestação de serviços. A Teoria das Empresas foi recepcionada pelo Código Civil que substituiu a figura do antigo comerciante pela do empresário" (GUSMÃO, Mônica. Ob. cit., p. 1).

[20] "Na lição de Alberto Asquini, o conceito de empresa é o de um fenômeno jurídico poliédrico, que tem vários perfis em relação aos elementos que o informam. A empresa deveria ser encarada a partir dessa diversidade de perfis. (a) O primeiro perfil da empresa seria subjetivo, em que a empresa se identificaria com o empresário. (b) O segundo, funcional, em que a empresa seria identificada como atividade empresarial e representaria um conjunto de atos tendentes a organizar os fatores da produção para a distribuição ou produção de certos bens ou serviços; a empresa seria aquela 'particular força em movimento que é a atividade empresarial dirigida a um determinado escopo produtivo'. (c) O terceiro perfil seria o objetivo ou patrimonial e identificaria a empresa como o conjunto de bens destinado ao exercício da atividade empresarial (a empresa seria um patrimônio afetado a uma finalidade específica); (d) O quarto, e último, o corporativo: a empresa seria a instituição que reúne o empresário e seus colaboradores, '[...] aquela especial organização de pessoas que é formada pelo empresário e por seus prestadores de serviço, seus colaboradores [...] um núcleo social organizado em função de um fim econômico comum'" (GUSMÃO, Mônica. Ob. cit., p. 6).

5.11 DIREITO DA SEGURIDADE SOCIAL

Direito da Seguridade Social é *"um conjunto de princípios, de regras e de instituições destinado a estabelecer um sistema de proteção social aos indivíduos contra contingências que os impeçam de prover as suas necessidades pessoais básicas e de suas famílias, integrado por ações de iniciativa dos Poderes Públicos e da sociedade, visando assegurar os direitos relativos à saúde, à previdência e à assistência social".*[21]

Com origem histórica única, vários são os pontos de conexão, como a utilização de conceitos comuns, entre o Direito do Trabalho e o da Seguridade Social: (a) empregado (art. 3º, CLT); (b) empregador (art. 2º); (c) remuneração (art. 457, *caput*); (d) salário (art. 457, *caput* e § 1º); (e) salário-utilidade (art. 458); (f) empregador doméstico (art. 1º, LC 150/15); (g) trabalhador temporário (Lei 6.019/74) etc.

Pela EC 20/98, a Justiça do Trabalho passou a ser competente para executar, de ofício, as contribuições sociais previstas no art. 195, I, *a* (contribuição social do empregador, da empresa e da entidade a ela equiparada na forma da lei incidente sobre a folha de salários e demais rendimentos do trabalho pagos ou creditados, a qualquer título, à pessoa física que lhe preste serviço, mesmo sem vínculo empregatício), e II (contribuição social do trabalhador e dos demais segurados da previdência social), e seus acréscimos legais, decorrentes das sentenças que proferir (art. 114, § 3º). Atualmente, essa competência está disciplinada pelo art. 114, VIII, em face da EC 45/04.

Pela antiga redação da Súm. 368, I, o TST entendia que a competência da Justiça do Trabalho para execução das contribuições previdenciárias alcançava as parcelas integrantes do salário-de-contribuição pagas: (a) em virtude de contrato de emprego reconhecido em juízo, ou decorrentes de anotação da Carteira de Trabalho e Previdência Social (CTPS); (b) por objeto de acordo homologado em juízo.

Posteriormente, houve a reformulação desse entendimento para ponderar que a execução das contribuições previdenciárias era limitada às sentenças condenatórias em pecúnia que proferir e aos valores, objeto de acordo homologado, que integrem o salário de contribuição (Súm. 368, I, TST).

A posição jurisprudencial do TST colidia com os termos da Lei 11.457/07, que promoveu a alteração do parágrafo único do art. 876, CLT, no sentido de que seriam executadas *ex officio* as contribuições sociais devidas em decorrência de decisão proferida pelos juízes e Tribunais do Trabalho, resultantes de condenação ou homologação de acordo, inclusive sobre os salários pagos durante o período contratual reconhecido.

Assim, a competência da Justiça do Trabalho não estaria mais limitada à execução das contribuições previdenciárias que possam ser apuradas na execução de sentenças condenatórias.

Entendemos que a nova disposição legal não viola o art. 114, VIII, que prevê a competência da Justiça do Trabalho para a execução, de ofício, das contribuições sociais decorrentes das sentenças que proferir, uma vez que o legislador infraconstitucional está autorizado a ampliar a competência da Justiça Laboral (art. 114, IX).

---

[21] MARTINS, Sergio Pinto. *Direito da seguridade social*. 18. ed., p. 44.

Contudo, o TST, ao apreciar o processo ERR 346/2003-021-23-00.4, por unanimidade, manteve a redação do item I, Súm. 368, logo, no âmbito desta corte trabalhista, a Justiça do Trabalho não tem competência para executar de ofício as contribuições previdenciárias não recolhidas sobre os salários-de-contribuição pagos na vigência da prestação dos serviços.

Em setembro de 2008, após o exame do RE 569056, o STF decidiu que a Justiça do Trabalho não tem competência para executar as contribuições previdenciárias devidas pelos salários pagos à época da prestação dos serviços. À época, o Plenário decidiu, inclusive, que haveria a edição de súmula vinculante, o que somente ocorreu em 2015, com a edição da Súmula Vinculante 53: *"A competência da Justiça do Trabalho prevista no art. 114, VIII, da Constituição Federal alcança a execução de ofício das contribuições previdenciárias relativas ao objeto da condenação constante das sentenças que proferir e acordos por ela homologados".*

Por fim, a Lei 13.467/17 deu nova redação ao art. 876, parágrafo único, da CLT: *"A Justiça do Trabalho executará, de ofício, as contribuições sociais previstas na alínea a do inciso I e no inciso II do* caput *do art. 195 da Constituição Federal, e seus acréscimos legais, relativas ao objeto da condenação constante das sentenças que proferir e dos acordos que homologar".*

QUESTIONÁRIO

1. Qual é a relação do Direito do Trabalho com o Direito Constitucional?

2. Qual é a relação do Direito do Trabalho com o Direito Administrativo?

3. Qual é a importância do trabalho nos princípios constitucionais que regem a atividade econômica?

4. O Direito Econômico influi nas relações trabalhistas individuais ou coletivas?

5. Qual é a importância dos instrumentos normativos da OIT no Direito do Trabalho?

6. Qual é a relação entre o Direito Internacional Privado e o Direito do Trabalho?

7. Qual é a relação do Direito Penal com o Direito do Trabalho?

8. Qual é a importância do Direito Processual Civil no processo trabalhista?

9. Qual é a origem remota do contrato individual de trabalho?

10. Qual é a importância do Direito Civil para o Direito do Trabalho?

11. Qual é a relação entre o Direito do Trabalho e o Direito Empresarial?

12. Qual é a importância do Direito da Seguridade Social para o Direito do Trabalho?

Capítulo VI
A DIVISÃO DO DIREITO DO TRABALHO

Várias são as correntes doutrinárias quanto à divisão didática da disciplina jurídica Direito do Trabalho.

Octavio Bueno Magano[1] faz a divisão em: *"Direito individual do trabalho, direito coletivo do trabalho, direito tutelar do trabalho, previdência social e assistência social."*

Mozart Victor Russomano[2] declina que à *"primeira vista, a grande divisão interna do Direito do Trabalho: direito individual e direito coletivo. No primeiro hemisfério, estão os princípios e as normas pertinentes à relação de emprego, que nasce do contrato individual de trabalho; no segundo, encontramos os princípios e as normas que disciplinam a vida sindical do país. É desnecessário acentuar, certamente, que esses dois hemisférios estão ligados de modo muito íntimo. Por isso aludimos à divisão interna do Direito do Trabalho. Ninguém contesta, modernamente, a justaposição das duas metades do Direito do Trabalho e, em consequência, sua rígida e harmônica unidade externa, como Ciência Jurídica".*

Amauri Mascaro Nascimento,[3] ao abordar a temática da divisão do Direito do Trabalho em forma de curso, aduz: *"(1) introdução ao direito do trabalho; (2) direito internacional do trabalho; (3) direito individual do trabalho: contrato de trabalho; (4) direito coletivo do trabalho ou direito sindical; (5) Direito Público do trabalho: (a) direito processual do trabalho; (b) direito administrativo do trabalho; (c) direito penal do trabalho: (d) direito de previdência social e acidentes do trabalho, também denominado seguridade social."*

Mauricio Godinho Delgado propõe a divisão do Direito do Trabalho em duas áreas:

a) *a lata*, compreendendo vários outros campos do Direito que se entrelaçam com o Direito do Trabalho e a relação de emprego.[4] Nessa visão ampla, o Direito

---

[1] MAGANO, Octavio Bueno. *Manual de direito do trabalho*: parte geral, v. 1, p. 55.
[2] RUSSOMANO, Mozart Victor. *Curso de direito do trabalho*. 6. ed., p. 27.
[3] NASCIMENTO, Amauri Mascaro. *Iniciação ao direito do trabalho*. 27. ed., p. 57.
[4] "Nesta área encontram-se, portanto, não somente os princípios, regras e institutos característicos do Direito do Trabalho, como também regras, princípios e institutos jurídicos dirigidos a regular a estruturação e dinâmica de relações sociojurídicas que se desenvolvem com dinamismo próprio, mesmo que a partir da indução inicial propiciada pela relação empregatícia" (DELGADO, Mauricio Godinho. *Curso de direito do trabalho*. 5. ed., p. 62).

do Trabalho compreenderia: (a) Direito Material do Trabalho, englobando o Direito Individual do Trabalho e o Direito Coletivo do Trabalho; (b) Direito Internacional do Trabalho;[5] (c) Direito Público do Trabalho[6] abrangendo: (c.1) o Direito Processual do Trabalho;[7] (c.2) o Direito Administrativo do Trabalho; (c.3) o Direito Previdenciário e Acidentário do Trabalho;[8] (c.4) o Direito Penal.

b) a restrita, ou seja, *"como conjunto de princípios, regras e institutos jurídicos dirigidos à regulação das relações empregatícias e outras relações de trabalho expressamente especificadas, não abrange, obviamente, ramos jurídicos em que a categoria básica não seja a relação empregado-empregador, mas relações nucleares próprias. Por essa razão, não abrange, ilustrativamente, o Direito Previdenciário, que trata de relações tanto de empregado como empregador, enquanto sujeitos específicos, com o Estado/Previdência. Também não abrange o Direito Processual do Trabalho, que se estrutura em torno da relação processual trilateral e angular, autor-réu-Estado/juiz"*.[9] Nessa visão, denominada de Direito Material do Trabalho, teríamos o Direito Individual do Trabalho[10] e o Direito Coletivo do Trabalho.[11] O Direito

---

[5] No campo do Direito Internacional do Trabalho, encontra-se a divisão em Direito Internacional Público e Direito Privado do Trabalho. No primeiro, como destaque, tem-se a Organização Internacional do Trabalho (OIT) e suas fontes normativas (convenções, recomendações e resoluções). No segundo, o estudo entrelaça-se com os critérios de solução da norma a ser aplicável a uma relação jurídico-trabalhista.

[6] O objeto do Direito Público do Trabalho abrange as relações entre o Estado e os empregadores e o Estado e os trabalhadores. Como exemplos: a fiscalização efetuada pelo Ministério do Trabalho, por meio das Superintendências Regionais do Trabalho e Emprego, sobre o cumprimento das normas trabalhistas pelas empresas, o direito penal do trabalho etc.; as relações do Estado com os seus empregados e as suas interações com o Direito Administrativo (convém ressaltar que as relações estatutárias do funcionário público não pertencem ao campo de atuação normativa do Direito do Trabalho).

[7] O Direito Processual do Trabalho tem como objeto: a Justiça do Trabalho e os seus diversos órgãos (Varas do Trabalho, Tribunais Regionais do Trabalho e o Tribunal Superior do Trabalho); a competência trabalhista e os seus critérios; as normas processuais que regulam o processo trabalhista, disciplinando a atuação do juiz e das partes; os modos jurisdicionais e os não jurisdicionais de solução dos conflitos individuais e coletivos de trabalho.

[8] A Seguridade Social analisa o seguro social, abrangendo a Previdência Social, a Assistência Social e a Saúde. Destacam-se: as normas que declinam os benefícios e as respectivas formas de custeio; os tipos de segurados e de contribuintes; os órgãos que compõem a Seguridade Social etc.

[9] DELGADO, Mauricio Godinho. Ob. cit., p. 63.

[10] "Direito Individual do Trabalho se define como o complexo de institutos, princípios e normas jurídicas que regulam, no tocante às pessoas e matérias envolvidas, a relação empregatícia de trabalho e outras relações laborais normativamente especificadas" (DELGADO, Mauricio Godinho. *Introdução ao direito do trabalho*. 2. ed., p. 87).

[11] "Já o Direito Coletivo do Trabalho pode ser definido como o complexo de institutos, princípios e normas jurídicas que regulam as relações laborais de empregados e empregadores e outros grupos jurídicos normativamente especificados, considerada sua ação coletiva, realizada autonomamente ou através das respectivas associações" (DELGADO, Mauricio Godinho. Ob. cit., p. 87).

Individual do Trabalho incluiria a Introdução[12] e a Teoria Geral do Direito Material do Trabalho e o Contrato de Trabalho e as demais situações equiparáveis.

QUESTIONÁRIO

1. Quais são as matérias abordadas na Introdução ao Direito do Trabalho?

2. Qual é o campo de estudo do Direito Internacional do Trabalho?

3. O que é analisado no Direito Individual do Trabalho?

4. Qual é o campo de análise do Direito Coletivo do Trabalho?

5. Qual é o objeto do Direito Público do Trabalho?

6. Qual é o objeto de estudo do Direito Processual do Trabalho?

7. O que se estuda no âmbito da Seguridade Social?

---

[12] Na Introdução ao Direito do Trabalho têm-se as noções fundamentais da teoria geral do Direito do Trabalho, a saber: a definição, a natureza jurídica das normas jurídico-trabalhistas, as fontes e os seus diversos tipos, a aplicação das leis trabalhistas e os seus princípios.

Capítulo VII
PRINCÍPIOS DE DIREITO

7.1 A IMPORTÂNCIA DOS PRINCÍPIOS

De maneira geral, o termo "princípio"[1] significa as formulações presentes na consciência de pessoas e grupos sociais, as quais são decorrentes da vida em sociedade a partir de uma dada realidade.

Os princípios surgem das abstrações das pessoas e dos grupos sociais. Posteriormente, são postas ao conhecimento de toda a sociedade, como forma de compreensão, reprodução e recriação da realidade social.

Na dinâmica social, os princípios retratam as enunciações políticas, culturais, religiosas, econômicas etc., atuando como fatores condicionantes das relações sociais.[2]

---

[1] "A palavra princípio é equívoca. Aparece com sentidos diversos. Apresenta a acepção de começo, de início. Norma de princípio (ou disposição de princípio), por exemplo, significa norma que contém o início ou esquema de um órgão, entidade ou programa, como são as normas de princípio institutivo e as de princípio programático. Não é esse sentido que se acha a palavra princípios da expressão princípios fundamentais do Título I da Constituição. Princípio aí exprime a noção de 'mandamento nuclear de um sistema'. As normas são preceitos que tutelam situações subjetivas de vantagem ou de vínculo, ou seja, reconhecem, por um lado, a pessoas ou a entidades a faculdade de realizar certos interesses por ato próprio ou exigindo ação ou abstenção de outrem, e, por outro lado, vinculam pessoas ou entidades à obrigação de submeter-se às exigências de realizar uma prestação, ação ou abstenção em favor de outrem. Os princípios são ordenações que se irradiam e imantam os sistemas de normas, são (como observam Gomes Canotilho e Vital Moreira) 'núcleos de condensações' nos quais confluem valores e bens constitucionais. Mas, como disseram os mesmos autores, os princípios, que começam por ser a base de normas jurídicas, podem estar positivamente incorporados, transformando-se em normas-princípio e constituindo preceitos básicos da organização constitucional. Há, no entanto, quem concebe regras e princípios como espécies de norma, de modo que a distinção entre regras e princípios constitui uma distinção entre duas espécies de normas. A compreensão dessa doutrina exige conceituação precisa de normas e regras, inclusive para estabelecer a distinção entre ambas, o que os expositores da doutrina não têm feito, deixando assim obscuro seu ensinamento" (SILVA, José Afonso da. *Curso de direito constitucional positivo.* 18. ed., p. 95).

[2] "Os princípios se relacionam com valores, mas não se limitam à eles. Os valores ficam sempre na dependência das meras preferências pessoais, definidas pela história, pela cultura e pelos costumes sociais. Os princípios vão além. Na percuciente lição de Humberto Ávila: 'Os princípios instituem

Na visão lógica, *"podemos dizer que os princípios são 'verdades fundantes' de um sistema de conhecimento, como tais admitidas, por serem evidentes ou por terem sido comprovadas, mas também por motivos de ordem prática de caráter operacional, isto é, como pressupostos exigidos pelas necessidades da pesquisa e da práxis"*.[3]

Miguel Reale divide os princípios em três grandes categorias: *"(a) princípios omnivalentes, quando são válidos para todas as formas de saber, como é o caso dos princípios da identidade e da razão suficiente; (b) princípios plurivalentes, quando aplicáveis a vários campos de conhecimento, como se dá com o princípio de causalidade, essencial às ciências naturais, mas não extensivo a todos os campos do conhecimento; (c) princípios monovalentes, que só valem no âmbito de determinada ciência, como é o caso dos princípios gerais de direito"*.[4]

No campo da ciência, os princípios denotam as proposições ideais, as quais são elaboradas a partir de uma dada realidade e com o objetivo de compreendê-la.

A ciência, como representa o conhecimento sistematizado do homem a respeito de um determinado objeto, necessita dos seus princípios para analisar e captar a realidade inerente ao seu campo de estudo.

7.2 PRINCÍPIOS GERAIS DE DIREITO

A expressão "princípios gerais de Direito" é vista por diversas maneiras pela doutrina:

a) há os que combatem a existência de uma concepção dos princípios gerais, porém, sem negar a sua existência. Maria Helena Diniz[5] ensina: *"(a) meros expedientes para liberação das passagens legais que não mais atendem a opinião dominante (Unger); (b) permissões para livre criação do direito por parte do magistrado (Hoffman, Pfaff e Ehrenzweig); (c) impossíveis de determinação, ante o caráter variável*

---

o dever de adotar comportamentos necessários à realização de um estado de coisas ou, inversamente, instituem o dever de efetivação de um estado de coisas pela adoção de comportamentos a ele necessários. Essa perspectiva de análise evidencia que os princípios implicam comportamentos, ainda que por via indireta e regressiva. Mais ainda, essa investigação permite verificar que os princípios, embora indeterminados, não o são absolutamente. Pode até haver incerteza quanto ao conteúdo do comportamento a ser adotado, mas não há quanto à sua espécie: o que for necessário para promover o fim é devido'. Observa-se que, embora relacionados com os valores, os princípios vão muito além deles. Os princípios se relacionam com os valores na medida em que também estabelecem um estado ideal de coisas, e determinam os meios para alcançá-lo. Porém, os princípios se diferenciam dos valores porque se situam no plano deontológico, quer dizer, estabelecem estados ideais. Os valores, por sua vez, situam-se no plano axiológico, ou seja, atribuem uma carga positiva ou negativa a determinado elemento ou comportamento. Os princípios espelham valores, e também os contêm, mas vão além deles, e estabelecem axiomas, estados ideais das coisas, objetivos a serem alcançados" (ZANGRANDO, Carlos. *Curso de direito do trabalho*, v. 1, p. 287).

[3] REALE, Miguel. *Lições preliminares de direito*. 18. ed., p. 299.
[4] REALE, Miguel. Ob. cit., p. 300.
[5] DINIZ, Maria Helena. *Compêndio de introdução à ciência do direito*. 9. ed., p. 457.

da razão humana; e (d) simples fontes interpretativas e integrantes de normas legais, sem qualquer força criadora";

b) a identificação dos princípios gerais de Direito com as normas do direito natural, ou seja, princípios são *"regras jurídicas de direito natural, acima do direito positivo, e nesse âmbito mais elevado é que encontram a sua substanciação, de modo que falar em princípios, segundo essa perspectiva, é o mesmo que se referir às ideias fundantes do direito, situadas em um plano metajurídico, que comporta não só leis positivadas pelo homem, mas, também, outras leis que provêm de fontes mais profundas, a própria natureza das coisas. Nesse caso, os princípios são supralegislativos, exteriores à regra jurídica, valem como verdades acima das regras positivadas no ordenamento jurídico e independentemente destas, porque se manifestam como valores que estão acima dessas regras das quais não dependem e diante das quais são desvinculados. Essas premissas conduzem a uma concepção universalista dos princípios, compreensiva da sua validade para todos os sistemas jurídicos, independentemente das suas características, quer os sistemas heterônomos, de modo transcendente, não condicionados às disposições restritas do ordenamento jurídico positivo, superando-as, no sentido territorial, pondo-se em um contexto de significados filosófico-políticos que se sobrepõem ao direito escrito, com força permanente e função retificadora deste, como ideias corretoras das injustiças da lei";*[6]

c) os princípios gerais de Direito são normas inspiradas na equidade;

d) os princípios gerais são normas universais, ditadas pela ciência e pela Filosofia do Direito;

e) os que interagem os princípios gerais de Direito com o direito positivo. Elucidando, Maria Helena Diniz[7] afirma: *"(a) princípios historicamente contingentes e variáveis, que estão na base do direito legislado, que o antecedem, constituindo os parâmetros fundamentais da norma jurídica, inspirando a formação de cada legislação, uma vez que se trata de orientações culturais ou políticas da ordem jurídica; dentro desta tendência temos Savigny e os pandectistas alemães; (b) princípios norteadores extraídos das diversas normas do ordenamento jurídico (Coviello, Fadda, Bensa, Carnelutti, Boulanger, Barassi, Ruggiero, Esser)".* Para Amauri Mascaro Nascimento,[8] no positivismo, diferentemente do que ocorre no jusnaturalismo, *"os princípios estão situados no ordenamento jurídico, nas leis em que são plasmados, como formulações de regras implícitas, algumas vezes também explícitas, mas positivas, verdadeiras sínteses de textos legislativos, interiores à ordem jurídica, dentro da qual – e não acima da qual – devem ser procurados. Nessa perspectiva, não são realidades exteriores aos quadros do direito positivo, porque neles devem ser encontrados, com base nos quais são revelados por meio de raciocínios indutivos que têm como matriz as leis. Sua função, se essa é a dimensão em que põem, seria meramente integradora*

---

[6] NASCIMENTO, Amauri Mascaro. *Teoria geral do direito do trabalho*, p. 199.
[7] DINIZ, Maria Helena. Ob. cit., p. 459.
[8] NASCIMENTO, Amauri Mascaro. Ob. cit., 200.

das lacunas da lei, mas não, como no caso anterior, corretora das injustiças das leis, papel que não poderiam cumprir, porque a sua natureza não se distinguiria da mesma das leis, não tendo outra posição a não ser a de diretriz maior prescrita nas regras jurídicas, ainda que estabelecedora de ideias mais gerais, fruto de induções que partem das próprias leis, cujos espaços vazios visariam cobrir";

f) por fim, há os doutrinadores que adotam uma posição eclética, procurando conciliar todas as posições supracitadas, ou seja: *"os princípios sistemáticos com o direito científico ou com os imperativos da consciência social, ou os princípios sistemáticos com a concepção da escola livre. Condena o extremismo dos positivistas em querer submeter os princípios gerais do direito à regra de que só poderão ter lugar depois de esgotados todos os recursos no sentido de extrair a norma positiva, e assim mesmo não se poderá contradizer as ideias fundamentais da lei, dos costumes ou da doutrina. Argumenta que o mais perigoso seria forçar o magistrado a obter do direito positivo uma solução que este não pode ter".*[9]

Para a Ciência do Direito, os princípios se conceituam *"como proposições ideais que informam a compreensão do fenômeno jurídico. São diretrizes centrais que se inferem de um sistema jurídico e que, após inferidas, a ele se reportam, informando-o".*[10]

Os princípios gerais de Direito possuem uma natureza múltipla: (a) são decorrentes das normas do ordenamento jurídico; (b) são originários das ideias políticas e sociais vigentes em uma dada realidade, as quais influem na formação do direito positivo; (c) são reconhecidos e acatados pelas nações civilizadas, representando um substrato social comum aos povos, em função de uma dada época histórica.

Na fase da criação da norma jurídica, os princípios[11] atuam como fontes materiais do Direito. As fontes materiais representam os fatores externos ao sistema jurídico,

---

[9] DINIZ, Maria Helena. Ob. cit., p. 459.
[10] DELGADO, Mauricio Godinho. *Introdução ao direito do trabalho.* 2. ed., p. 143.
[11] A respeito dos significados das palavras "norma" e "princípio", Canotilho ensina que: "A teoria da metodologia jurídica tradicional distinguia entre normas e princípios (*Norm-Prinzip, Principles--rules, Norm und Grundsatz*). Abandonar-se-á aqui essa distinção para, em sua substituição, se sugerir: (1) as regras e princípio são duas espécies de normas; (2) a distinção entre regras e princípios é uma distinção entre duas espécies de normas. [...] Saber como distinguir, no âmbito do superconceito norma, entre regras e princípios, é uma tarefa particularmente complexa. Vários são os critérios sugeridos. (a) Grau de abstracção: os princípios são normas com um grau de abstracção relativamente elevado; de modo diverso, as regras possuem uma abstracção relativamente reduzida. (b) Grau de determinabilidade na aplicação do caso concreto: os princípios, por serem vagos e indeterminados, carecem de mediações concretizadoras (do legislador, do juiz), enquanto as regras são susceptíveis de aplicação directa. (c) Carácter de fundamentalidade no sistema das fontes de direito: os princípios são normas de natureza estruturante ou com um papel fundamental no ordenamento jurídico devido à sua posição hierárquica no sistema das fontes (ex.: princípios constitucionais) ou à sua importância estruturante dentro do sistema jurídico (ex.: princípio do Estado de Direito). (d) 'Proximidade' da ideia de direito: os princípios são 'standards' juridicamente vinculantes radicados nas exigências de 'justiça' (Dworkin) ou na 'ideia de direito' (Larenz); as regras podem ser normas vinculativas com um conteúdo meramente funcional. (e) Natureza

compreendendo os fatores históricos, sociais, econômicos, políticos, religiosos, morais etc. que provocam e condicionam a elaboração normativa.

Na fase da aplicação da norma jurídica, os princípios atuam como:

a) fator de interpretação, isto é, no fenômeno da compreensão da norma jurídica, propiciando *"uma leitura reveladora das orientações essenciais da ordem jurídica analisada. Os princípios informativos ou descritivos não atuam, pois, como fonte formal do direito, mas como instrumental de auxílio à interpretação jurídica"*;[12]

b) fontes supletivas do Direito, ou seja, quando se está diante de uma lacuna no sistema jurídico (art. 4º, LINDB: *"Quando a lei for omissa, o juiz decidirá o caso de acordo com a analogia, os costumes e os princípios gerais de direito;* art. 140, *caput*, CPC: *"O juiz não se exime de decidir sob a alegação de lacuna ou obscuridade do ordenamento jurídico"*). Os princípios gerais de Direito atuam como critério de integração do sistema jurídico: *"Como normas jurídicas em face de casos concretos não regidos por fonte normativa principal da ordem jurídica."*[13]

De forma explícita, como exemplos de princípios gerais de Direito previstos na ordem jurídica nacional, têm-se: (a) o art. 3º, LINDB, que dispõe: *"Ninguém se escusa de cumprir a lei, alegando que não a conhece"*; (b) o art. 112, CC: *"Nas declarações de vontade se atenderá mais à intenção nelas consubstanciada do que ao sentido literal da linguagem"*;

---

normogenética: os princípios são fundamentos de regras, isto é, são normas que estão na base ou constituem a *ratio* de regras jurídicas, desempenhando, por isso, uma função normogenética fundamentante" (Canotilho, José Joaquim Gomes. *Direito constitucional e teoria da constituição*. 5. ed., p. 1144).

Para Carlos Zangrando, o termo "norma" não pode ser adotada como forma de se englobar as expressões: princípio e regra. Para ele, "os princípios são anteriores e externos às normas jurídicas, pois que lhe foram a base sobre a qual serão erguidas. Aliás, se não fosse assim, os princípios não poderiam ser tão próximos do próprio conceito de valor como vimos. Não é a norma que determina o princípio. A verdade é justamente o oposto: os princípios determinam o conteúdo, o objetivo e o objeto das normas jurídicas. Aliás, existem princípios sem norma (p. ex. princípio da proporcionalidade), e norma sem princípio (p. ex. leis de exceção). Os princípios podem, portanto, existir e atuar sem normas jurídicas, mas a norma jurídica sem princípio carece de legitimidade. Os princípios, portanto, independem de norma jurídica. Por essa razão, seguiremos outro caminho, o qual pretende distinguir as normas jurídicas dos princípios jurídicos, e posteriormente, estes das regras jurídicas. Os princípios estabelecem um fim, um objetivo, um estado ideal de coisas a ser atingido. São, portanto, finalísticos. Estabelecido um fim, buscam-se logo pelos meios para lá chegar. Esses meios podem ser definidos como condições causadoras da promoção gradual do conteúdo, para o fim. Ao determinarem o fim a ser atingido, e os meios para atingi-lo, os princípios fixam o conteúdo das normas jurídicas. Não existe, portanto, ao nosso ver, fundamento para se confundir norma jurídica, com princípio jurídico, ou mesmo para se entender que os princípios estão contidos nas normas. As normas são instrumentos, e os princípios é que lhe dão a forma, e lhe determinam o conteúdo, tudo de modo a que o fim, também determinado pelo princípio, seja alcançado, o mais proximamente possível" (ZANGRANDO, Carlos. Ob. cit., v. 1, p. 289).

[12] DELGADO, Mauricio Godinho. Ob. cit., p. 145.
[13] DELGADO, Mauricio Godinho. Ob. cit., p. 145.

(c) o art. 5º, II, CF: *"Ninguém será obrigado a fazer ou deixar de fazer alguma coisa senão em virtude de lei"* (princípio da legalidade).

Também há os princípios gerais de Direito previstos de forma implícita: (a) ninguém pode transferir ou transmitir mais direitos do que tem; (b) a boa-fé se presume e a má-fé deve ser provada; (c) igualdade de direitos e deveres em face do ordenamento jurídico; (d) ninguém pode invocar a própria malícia; (e) a exigência da justa causa nos negócios jurídicos; (f) as obrigações contraídas devem ser cumpridas; (g) quem exercita o próprio direito não prejudica ninguém; (h) equilíbrio dos contratos; (i) autonomia da vontade e da liberdade de contratar; (j) a interpretação a ser seguida é aquela que se revelar menos onerosa para o devedor; (k) não se pode responsabilizar alguém mais de uma vez pelo mesmo fato; (l) nas relações sociais tutela-se a boa-fé e se reprime a má-fé.

7.3 OS PRINCÍPIOS GERAIS DE DIREITO APLICÁVEIS AO DIREITO DO TRABALHO

Vários são os princípios gerais de Direito aplicáveis ao Direito do Trabalho. Os mais importantes são: (a) inalterabilidade dos contratos; (b) boa-fé; (c) não alegação da própria torpeza; (d) efeito lícito do exercício regular do próprio Direito; (e) razoabilidade; (f) *exceptio non adimpleti contractus* (a exceção do contrato não cumprido); (g) autonomia da vontade.

7.3.1 Princípio da inalterabilidade dos contratos

Pelo princípio da inalterabilidade,[14] os contratos existem para serem cumpridos, pois fazem lei entre as partes. Como regra, uma vez fixado o conteúdo do contrato, o mesmo não poderá ser revogado unilateralmente por nenhuma das partes. As partes são livres para a contratação (autonomia de vontade), porém, ao celebrar um contrato, devem cumpri-lo.

Contudo, o princípio da inalterabilidade dos contratos não é absoluto. Em situações excepcionais, o sistema jurídico ameniza o cumprimento das execuções ou até mesmo limita o campo de atuação quanto à manifestação de vontade das partes.

---

[14] "Uma vez celebrados pelas partes, na expressão de sua vontade livre e autônoma, os contratos não podem mais ser modificados, a não ser por mútuo acordo. Devem ser cumpridos como se fossem lei. Costuma-se traduzir esse princípio em latim por *pacta sunt servanda*. Evidentemente, só se aplica este princípio aos contratos realizados de acordo com a lei. Os contratos, bem como as cláusulas contrárias ao Direito, reputam-se ilegítimos, saindo da esfera do princípio da obrigatoriedade contratual. Modernamente, a obrigatoriedade contratual encontra seus fundamentos na Teoria Preceptiva, segundo a qual as obrigações oriundas dos contratos obrigam, não apenas porque as partes as assumiram, mas porque interessa à sociedade a tutela da situação objetivamente gerada, por suas consequências econômicas e sociais. A esfera contratual é espaço privado, em que as partes, nos limites impostos pela lei, podem formular preceitos (normas), para regular sua conduta" (FIÚZA, César. A principiologia contratual e a função social dos contratos. *Novo Código Civil e seus desdobramentos no direito do trabalho*, p. 99).

A doutrina moderna tem reconhecido a teoria da imprevisão (nova roupagem da cláusula *rebus sic stantibus*), ou seja, a revisão judicial do pactuado a favor da parte onerada injustamente em virtude de acontecimentos extraordinários.

O CC, no seu art. 478, enuncia: *"Nos contratos de execução continuada ou diferida, se a prestação de uma das partes se tornar excessivamente onerosa, com extrema vantagem para a outra, em virtude de acontecimentos extraordinários e imprevisíveis, poderá o devedor pedir a resolução do contrato. Os efeitos da sentença que a decretar retroagirão à data da citação."* É uma decorrência do princípio da função social do contrato.

A resolução contratual poderá ser evitada, desde que o réu esteja disposto a modificar equitativamente as condições do contrato (art. 479).

Por outro lado, se no contrato as obrigações couberem a apenas uma das partes, poderá pleitear a redução ou alteração do modo de execução da prestação, a fim de evitar a onerosidade excessiva (art. 480).

No Direito do Trabalho, os contratos também devem ser cumpridos (*pacta sunt servanda*). As alterações contratuais não são permitidas, exceto se mais benéficas ao trabalhador (art. 468, CLT).

Geralmente, a revisão dos pactos (a cláusula *rebus sic stantibus*) é repelida pelo Direito do Trabalho. Há algumas exceções: (a) a redução do salário mediante a negociação coletiva (art. 7º, VI, CF); (b) a transferência para o período diurno de trabalho implica a perda do direito ao adicional noturno (Súm. 265, TST); (c) a supressão das horas extras habituais não afeta os salários, gerando apenas o direito a uma indenização (Súm. 291, TST); (d) a reversão do cargo comissionado ao cargo efetivo (art. 468, § 1º, CLT, Lei 13.467/17).[15]

7.3.2 Princípio da boa-fé

O princípio da boa-fé[16] representa a conduta leal, isto é, a conduta segundo o direito, não lesando ninguém e cumprindo, fielmente, a sua parte na obrigação.

---

[15] O art. 468, parágrafo único, enuncia que não se considera alteração unilateral a determinação do empregador para que o respectivo empregado reverta ao cargo efetivo, anteriormente ocupado, deixando o exercício de função de confiança. O rigor do dispositivo legal foi temperado pela jurisprudência do TST: (a) percebida a gratificação de função por 10 ou mais anos pelo empregado, se o empregador, sem justo motivo, revertê-lo a seu cargo efetivo, não poderá retirar-lhe a gratificação tendo em vista o princípio da estabilidade financeira (Súm. 372, I); (b) mantido o empregado no exercício da função comissionada, não pode o empregador reduzir o valor da gratificação (Súm. 372, II). É discutível a manutenção do entendimento da Súmula 372 para situações fáticas ocorridas após o dia 11/11/2017, data do início da vigência da Lei 13.467, a qual deu nova redação ao art. 468 da CLT. Pela atual disposição, mantém-se a redação do *caput* e do parágrafo único. Contudo, como houve o acréscimo do § 2º, o parágrafo único transformou-se no § 1º. Pelo teor do § 2º, a alteração contratual do ocupante da função de confiança, com ou sem justo motivo, não assegura ao empregado o direito à manutenção do pagamento da gratificação correspondente, que não será incorporada, independentemente do tempo de exercício da respectiva função.

[16] A boa-fé pode ser subjetiva ou objetiva. A boa-fé subjetiva "consiste em crenças internas, conhecimentos e desconhecimentos, convicções internas. Consiste, basicamente, no desconhecimento de

No Direito do Trabalho, a boa-fé representa um fator importante para a manutenção do vínculo jurídico. As partes (empregado e empregador) devem agir com lealdade e honestidade em suas atitudes e comportamentos. Quando se rompe a confiança, a título exemplificativo, tem-se a dispensa por justa causa (o empregado é o responsável pelo ato; hipóteses previstas no art. 482, CLT) ou a rescisão indireta (nesse caso, a justa causa é do empregador, sendo que as hipóteses estão inseridas no art. 483).

O princípio da boa-fé há de estar presente na execução do contrato de trabalho, como também no ato da contratação.

7.3.3 Princípio da não alegação da própria torpeza

O princípio da não alegação da própria torpeza representa que a parte não pode invocar, em seu benefício, o ato por ela praticado com desonestidade ou no qual tenha agido com indignidade.

Esse princípio deve ser adequado à realidade do Direito do Trabalho. Como exemplo: é comum, em Juízo, a alegação da existência de um vínculo societário, como negação ao reconhecimento de um contrato individual de trabalho. Nesse caso, a bilateralidade da conduta, ao contrário do Direito Civil (art. 167), não elide a caracterização da relação empregatícia. Geralmente, a simulação não é acatada se for prejudicial ao empregado.

---

situação adversa. Quem compra de quem não é dono, sem saber, age de boa-fé, no sentido subjetivo. A boa-fé objetiva baseia-se em fatos de ordem objetiva. Baseia-se na conduta das partes, que devem agir com correção e honestidade, correspondendo à confiança reciprocamente depositada. As partes devem ter motivos objetivos para confiar uma na outra. O princípio da boa-fé contratual diz respeito à boa-fé objetiva. É dever imposto às partes agir de acordo com certos padrões de correção e lealdade. Este o sentido do art. 422 do Código Civil. O princípio tem funções interpretativa, integrativa e de controle. Em sua função interpretativa, o princípio manda que os contratos devam se interpretar de acordo com seu sentido objetivo aparente, salvo quando o destinatário conheça a vontade real do declarante. Quando o próprio sentido objetivo suscite dúvida deve ser preferido o significado que a boa-fé aponte como o mais razoável. Segundo a função integrativa, percebe-se que o contrato contém deveres, poderes, direitos e faculdades primárias e secundárias. São eles integrados pelo princípio da boa-fé. Em sua função de controle, o princípio diz que o credor, no exercício de seu direito, não pode exceder os limites impostos pela boa-fé, sob pena de proceder ilicitamente. A função de controle tem a ver com as limitações da liberdade contratual, da autonomia da vontade em geral e com o abuso de direito. Em algumas hipóteses, o contrato pode ser extinto por violar o princípio da boa-fé. Exemplos seriam a frustração do fim contratual objetivo e a impossibilidade econômica da prestação. No primeiro caso, o objetivo que levara uma das partes a contratar se frustra. A outra não estaria agindo de boa-fé, se exigisse a execução do contrato ou indenização por perdas e danos. A impossibilidade econômica da prestação tem a ver com a doutrina do limite do sacrifício. A prestação fica extremamente onerosa, apesar de mantido o equilíbrio com a contra-prestação. Um subprincípio da boa-fé é o princípio da transparência, segundo o qual as partes têm o dever de informar uma à outra tudo o que julgarem importante para a boa execução do contrato. Este dever de informação estende-se desde a celebração até a execução" (FIÚZA, César. Ob. cit., p. 104).

7.3.4 Princípio do efeito lícito do exercício regular do próprio direito

O princípio do efeito lícito do exercício regular do próprio direito (art. 188, I, CC) implica na vedação à prática do abuso do direito.[17] Na constatação do abuso do direito, a doutrina aponta duas correntes: (a) a objetiva, em que o abuso do direito é caracterizado pelos prejuízos causados a outrem; (b) a subjetiva, que, além dos prejuízos causados a outrem, impõe a prova quanto ao dolo, à culpa ou à má-fé no exercício do direito.

O exercício regular do direito também está presente nas relações do trabalho. Como exemplos: *"Ato lesivo da honra e boa fama praticado no serviço contra qualquer pessoa, ou ofensas físicas, nas mesmas condições, salvo em caso de legítima defesa, própria ou de outrem"* (art. 482, j, CLT); *"ato lesivo da honra e boa fama ou ofensas físicas praticadas contra o empregador e superiores hierárquicos, salvo em caso de legítima defesa, própria ou de outrem"* (art. 482, k); *"o empregador ou seus prepostos ofenderem-no fisicamente, salvo em caso de legítima defesa, própria ou de outrem"* (art. 483, f). A legítima defesa elimina a justa causa, seja do empregado ou do empregador.

---

[17] "A teoria do abuso de direito, na sua forma atual é, como diz Josserand, de tessitura jurisprudencial e surgiu na França na segunda metade do século XIX. O aparecimento de tal concepção, como já apontei, deve-se à evolução do problema da responsabilidade civil. Surge tímida, a princípio, condenando aqueles atos de emulação em que o titular do direito o exerce apenas para prejudicar terceiros. Assim, é abusivo o ato do proprietário que, com o fito de prejudicar o vizinho, ergue enorme chaminé em seu prédio, tão só para deitar sombra sobre o do confrontante; também o é daquele que, podendo colher água bastante em poço pouco profundo, escava desmedidamente o seu, para privar de água os proprietários lindeiros. Muitos escritores entenderam que a ideia de abuso de direito não podia circunscrever-se apenas aos atos praticados por espírito de emulação. Assim, aos poucos, julgados a ampliaram, para admitir como abusivos aqueles atos que, embora sem a intenção de prejudicar, causavam dano em virtude de o titular usar seu direito de maneira inconsiderada. E ainda aqueles outros em que o direito é usado sem interesse legítimo. Josserand menciona a popularidade de tal concepção e informa que a mesma se inspira na célebre definição de Ihering, segundo a qual os direitos são interesses juridicamente protegidos. As faculdades são conferidas ao homem tão só para a satisfação de seus interesses legítimos. Se há interesse legítimo, não há abuso e o titular pode responder, vitoriosamente, à vítima lesada por seu ato, *feci, se jure feci*. Se tal interesse não se apresenta, o ato é abusivo. Josserand fornece numerosa relação de julgados de tribunais franceses e belgas acolhendo referida concepção e condenando por abusivo ato praticado pelo titular no exercício de seu direito, em vista de não ser o ato provocado por um interesse respeitável. Acredito que a teoria atingiu seu pleno desenvolvimento com a concepção de Josserand, segundo a qual há abuso de direito quando ele não é exercido de acordo com a finalidade social para a qual foi conferido, pois, como diz este jurista, os direitos são conferidos ao homem para serem usados de uma forma que se acomode ao interesse coletivo, obedecendo à sua finalidade, segundo o espírito da instituição. Tal ideia parece-me, é a adotada pelo legislador brasileiro, ao preceituar no art. 5º da Lei de Introdução ao Código Civil que: 'Art. 5º Na aplicação da lei, o juiz atenderá aos fins sociais a que ela se dirige e às exigências do bem comum'" (RODRIGUES, Silvio. *Direito civil*, v. 1, 34. ed., p. 319).

7.3.5 Princípio da razoabilidade

O princípio da razoabilidade[18] denota que o ser humano, em suas relações sociais, procede e deve proceder conforme a razão. Possui um caráter subjetivo na avaliação e aplicação no caso fático.

Para Luiz de Pinho Pedreira Silva,[19] o princípio da razoabilidade *"encontra suas bases na teoria da lógica do razoável, de Recaséns Siches e Perelman, como na jurisprudência sociológica norte-americana, desenvolvida no final do século XIX pelo juiz Holmes, na Corte Suprema dos Estados Unidos, deitando raízes ainda na doutrina alemã da jurisprudência dos interesses, a que se propagou, no campo do direito, essa espécie de lógica, já estudada na filosofia, como recorda Diogo Figueiredo, que acrescenta: 'Sob o influxo dessas duas linhas de pensamento a preocupação formalista foi cedendo ao primado dos interesses tutelados. A superação do formalismo axiológico e do mecanismo decisional em Direito ficam a dever à lógica do razoável, que pôs em evidência que o aplicador da lei, seja o administrador, seja o Juiz, não pode desligar-se olimpicamente do resultado de sua decisão e entender que cumpriu o seu dever com a simples aplicação silogística da lei aos fatos: sua tarefa é criativa por natureza pois, com ela, ambos integram a ordem jurídica. Com efeito, à luz da razoabilidade, os atos administrativos, bem como os jurisdicionais, ganham pela justificação teleológica, concretizam o Direito e dão-lhe vida, ao realizarem, efetivamente, a proteção e a promoção dos interesses por ele destacados e garantidos em tese. À luz da razoabilidade, o Direito, em sua aplicação administrativa ou jurisdicional contenciosa, não se exaure num ato puramente técnico, neutro e mecânico; não se esgota no racional nem prescinde de valorações e de estimativas: a aplicação da vontade da lei se faz por atos humanos, interessados e aptos a impor os valores por ele estabelecidos em abstrato'"*.

O princípio da razoabilidade representa óbice ao abuso do *jus variandi* (ato abusivo), tendo fácil visualização nos casos de aplicação de punição excessiva ou transferência de função ou horário com a finalidade de prejudicar direitos ou o cumprimento do contrato de trabalho.

---

[18] "O razoável é conforme a razão, racionável. Apresenta moderação, lógica, aceitação, sensatez. A razão enseja conhecer e julgar. Expõe o bom senso, a justiça, o equilíbrio. Promove a explicação, isto é, a conexão entre um efeito e uma causa. É contraposto ao capricho, à arbitrariedade. Tem a ver com a prudência, com as virtudes morais, com o senso comum, com valores superiores propugnados em dada comunidade. Uma vez feita norma, a razoabilidade, como já visto, ganham objetividade, cientificidade e obrigatoriedade. O objeto do princípio da razoabilidade é a relação jurídica triangular que se institui entre motivo, meio e fim. O princípio é comumente usado para aferir a congruência das medidas estatais, porém nada obsta, muito pelo contrário, na realidade tudo indica, seu emprego no âmbito do direito privado. Ele ampara os direitos fundamentais não apenas proibindo restrições descabidas, mas também impondo ações em benefício dos mesmos" (OLIVEIRA, Fábio Corrêa Souza. *Por uma teoria dos princípios*: o princípio constitucional da razoabilidade, p. 92).

[19] Silva, Luiz de Pinho Pedreira. *Principiologia do direito do trabalho*. 2. ed., p. 189.

7.3.6 Princípio da *exceptio non adimpleti contractus*

Pelo princípio da *exceptio non adimpleti contractus*, nenhuma das partes signatárias de um contrato, antes de cumprir sua obrigação, pode exigir o cumprimento pela outra parte (art. 476, CC).[20] É aplicável ao Direito do Trabalho, em face do caráter sinalagmático do contrato individual de trabalho.

7.3.7 Princípio da autonomia da vontade

A expressão "liberdade contratual" possui vários significados: (a) nenhuma das partes pode impor à outra o conteúdo de um contrato; (b) o contrato é resultante da livre manifestação de vontade das partes; (c) o conteúdo do contrato pode ser fixado pela vontade das partes, excetuando as disposições legais imperativas; (d) liberdade quanto à estipulação das cláusulas contratuais.

Pelo princípio da autonomia da vontade, as partes têm a liberdade de contratar, tendo como limites a ordem pública e os bons costumes. Citado princípio tem sofrido restrições em face do dirigismo contratual.[21]

Pela influência do dirigismo contratual, o Código Civil contempla:

a) *"A liberdade de contratar será exercida em razão e nos limites da função social do contrato"* (art. 421). A liberdade de contratar possui a sua razão e limites na função social do contrato. No âmbito da relação jurídica trabalhista, apesar de o empregado estar submetido ao poder diretivo do empregador (art. 2º, CLT), há uma série de normas de ordem pública a ser observada, limitando-se a plena autonomia de vontade dos contraentes, como forma de se manter a dignidade do trabalhador.

---

[20] "Defesa de um contratante no sentido de que não está obrigado a cumprir obrigação que assumiu em contrato bilateral porque o outro contratante não cumpriu sua obrigação (Ennecerus, Kipp, Wolf, Tratado de Direito Civil, Direito das Obrigações, Bosc, Barcelona, vol. 1, p. 168)" (MAGALHÃES, Esther C. Piragibe; MAGALHÃES, Marcelo C. Piragibe. *Dicionário jurídico Piragibe*. 9. ed., p. 506).

[21] "Dirigismo contratual é a intervenção estatal na economia do negócio jurídico contratual, impondo restrições ao princípio da autonomia da vontade, por entender-se que, se deixasse o contratante estipular livremente o contrato, ajustando qualquer cláusula sem que o magistrado pudesse interferir, mesmo quando uma das partes ficasse em completa ruína, a ordem jurídica não estaria assegurando a igualdade econômica. A expressão 'dirigismo contratual' é aplicável às medidas restritivas estatais que invocam a supremacia dos interesses coletivos sobre os meros interesses individuais dos contraentes, com o escopo de dar execução à política do Estado de coordenar os vários setores da vida econômica. O Estado intervém no contrato não só mediante a aplicação de normas de ordem pública, mas também com a adoção de revisão judicial dos contratos, alterando--os, estabelecendo-lhes condições de execução ou mesmo exonerando a parte lesada, conforme as circunstâncias, com fundamento nos princípios da boa-fé e da supremacia do interesse coletivo, no amparo do fraco contra o forte, hipótese em que a vontade estatal substitui a dos contratantes, valendo a sentença como se fosse uma declaração volitiva do interessado" (DINIZ, Maria Helena. *Dicionário jurídico*, v. 2, p. 188).

b) *"Quando houver no contrato de adesão cláusulas ambíguas ou contraditórias, dever-se-á adotar a interpretação mais favorável ao aderente"* (art. 423). As normas ambíguas ou contraditórias, existentes em um contrato de adesão,[22] devem ser interpretadas de forma mais favorável ao aderente. Esse princípio é também aplicável ao Direito do Trabalho, já que, normalmente, o empregado adere ao conteúdo preestabelecido pelo empregador.

c) *"Nos contratos de adesão, são nulas as cláusulas que estipulem a renúncia antecipada do aderente a direito resultante da natureza do negócio"* (art. 424). No Direito do Trabalho, as normas jurídicas, como regra, estabelecem direitos indisponíveis e irrenunciáveis (art. 9º, CLT). Como o mínimo legal não pode ser posto de lado, a autonomia da vontade sofre limitações. Nesse sentido, o art. 444, *caput*, CLT: *"As relações contratuais de trabalho podem ser objeto de livre estipulação das partes interessadas em tudo quanto não contravenha às disposições de proteção ao trabalho, aos contratos coletivos que lhes sejam aplicáveis e às decisões das autoridades competentes".*

A Reforma Trabalhista (Lei 13.467/17) acresceu o parágrafo único ao art. 444, ao dispor que a autonomia de vontade prevalece, para o empregado portador de diploma de nível superior e que aufere salário mensal igual ou superior a duas vezes o limite máximo dos benefícios do Regime Geral da Previdência Social, quanto as matérias previstas no art. 611-A, CLT. Equivale a dizer que o legislador da Reforma criou o "trabalhador hipersuficiente" ("altos empregados"), em que o contrato de trabalho, por ajuste entre ele e o empregador, poderá disciplinar de forma contrária à lei e à própria norma coletiva. No fundo, trata-se de um retrocesso, pois, na vigência do contrato de trabalho não se tem a plena igualdade da negociação, mesmo em se tratando de um alto salário.

Além disso, transferir a mesma força dos instrumentos normativos ao contrato individual de trabalho, sem a intervenção sindical, causa uma distorção no sistema e viola a Constituição, a qual exige a participação do sindicato como representante dos trabalhadores (art. 8º, III e VI).

7.4 PRINCÍPIOS UNIVERSAIS DO DIREITO DO TRABALHO

Princípios universais do Direito do Trabalho são os válidos para todos os sistemas jurídicos, sendo que, geralmente, estão previstos na Constituição. Vamos citar alguns desses princípios.

---

[22] O contrato de adesão possui os seguintes aspectos: (a) tem-se a formação do negócio jurídico com a adesão de uma das partes ao preestabelecido pela parte contrária (cláusulas contratuais); (b) essas cláusulas contratuais não admitem a negociação ou alteração do aderente; (c) a manifestação de vontade do aderente limita-se na simples declaração de sua adesão.

7.4.1 Liberdade do trabalho

É livre o exercício de qualquer trabalho, ofício ou profissão, atendidas as qualificações profissionais que a lei estabelecer (art. 5º, XII).

Como princípio constitucional, a liberdade de trabalho compreende a liberdade de escolha de trabalho, de ofício e de profissão, de acordo com a autodeterminação do cidadão. É proibido ao Poder Público criar normas ou critérios que possam levar o trabalhador a exercer ofício ou profissão em desacordo com sua vontade.

Contudo, o princípio constitucional da liberdade de trabalho não é absoluto. Trata-se de uma regra de eficácia contida. A doutrina aponta: *"O dispositivo, porém, foi erigido sob os moldes de uma regra de eficácia contida, permitindo que a lei infraconstitucional venha a limitá-la, criando requisitos e qualificações para o exercício de determinadas profissões. Logo, enquanto não existir lei acerca dessa ou daquela profissão, a permissão constitucional tem alcance amplo. Entretanto, caso seja editada uma lei regulamentando determinada profissão, o indivíduo que queira exercer tal atividade fica adstrito à observância das qualificações profissionais que o diploma vier a estabelecer."*[23]

Para José Afonso da Silva: "Como o princípio é o da liberdade, a eficácia e aplicabilidade da norma é ampla, quando não exista lei que estatua condições ou qualificação especiais para o exercício do ofício ou profissão ou acessibilidade à função pública. Vale dizer, não são as leis mencionadas que dão eficácia e aplicabilidade à norma. Não se trata de direito legal, direito decorrente da lei mencionada, mas de direito constitucional, direito que deriva diretamente do dispositivo constitucional. A lei referida não cria o direito, nem atribui eficácia à norma. Ao contrário, ela importa em conter essa eficácia e aplicabilidade, trazendo norma de restrição destas."[24]

7.4.2 Liberdade sindical

Na CF/88, tem-se a liberdade de associação (art. 5º, XVII e XX) e uma aparente liberdade sindical (art. 8º, *caput* e II), adotando o legislador constituinte a unicidade sindical por base territorial, nunca inferior à área de um município (art. 8º, II); não vige em nosso sistema a liberdade sindical plena apregoada pela OIT. Há de ser ressaltado que a norma infraconstitucional não poderá exigir autorização do Estado para fundação do sindicato, com a ressalva do registro no órgão competente e com vedação ao Poder Público a interferência e a intervenção na organização sindical (art. 8º, I).

Para José Afonso da Silva,[25] a liberdade sindical *"implica efetivamente: (a) liberdade de fundação de sindicato, que significa que o sindicato pode ser constituído livremente, sem autorização, sem formalismo, e adquirir, de pleno direito, personalidade jurídica, com o mero registro no órgão competente, que é o registro das pessoas jurídicas, vedadas, ao Poder*

---

[23] ARAÚJO, Luiz Alberto David; NUNES JÚNIOR, Vidal Serrano. *Curso de direito constitucional*. 5. ed., p. 119.
[24] SILVA, José Afonso da. *Curso de direito constitucional positivo*. 18. ed., p. 261.
[25] SILVA, José Afonso da. Ob. cit., 18. ed., p. 305.

Público, a interferência e a intervenção na organização sindical, e é o que consta do art. 8º, I, que assim, consagra, também, o princípio da autonomia dos sindicatos, ou seja, a sua desvinculação com qualquer poder ou entidade; (b) liberdade de adesão sindical, que consiste no direito de os interessados aderirem ou não ao sindicato de sua categoria profissional ou econômica, sem autorização ou constrangimento, liberdade que envolve também o direito de desligar-se dele a hora que o interessado desejar, pois 'ninguém será obrigado a filiar-se ou a manter-se filiado a sindicato', diz o art. 8º; (c) liberdade de atuação, garantia de que o sindicato persiga seus fins e realize livremente a representação dos interesses da respectiva categoria profissional ou econômica, manifestando-se aqui, mais acentuadamente, a autonomia sindical, agora devidamente definida no art. 8º, I, quando proíbe a interferência e a intervenção do Poder Público na organização sindical, e, pois, no seu funcionamento, de tal sorte que não mais se legitima a submissão dos sindicatos à tutela do Ministério do Trabalho ou de qualquer outro órgão, e menos ainda sua intervenção, como era no passado; (d) liberdade de filiação do sindicato a associação sindical de grau superior, também previsto no art. 8º, IV, que até autoriza a fixação de contribuição para custeio de sistema confederativo da representação sindical respectiva."

Na visão de Arnaldo Süssekind,[26] a liberdade sindical deve ser vista sob um tríplice aspecto: "(a) liberdade sindical coletiva, que corresponde ao direito dos grupos de empresários e de trabalhadores, vinculados por uma atividade comum, similar ou conexa, de constituir o sindicato de sua escolha, com a estruturação que lhes convier; (b) liberdade sindical individual, que é o direito de cada trabalhador ou empresário de filiar-se ao sindicato de sua preferência, representativo do grupo a que pertence, e dele desligar-se; (c) autonomia sindical, que concerne à liberdade de organização interna e de funcionamento da associação sindical e, bem assim, à faculdade de constituir federações e confederações ou de filiar-se às já existentes, visando sempre aos fins que fundamentam sua instituição."

Ao lado do princípio da liberdade sindical, parte da doutrina coloca a liberdade de trabalhar, a liberdade de se associar, a liberdade de se organizar, a liberdade de se administrar, a liberdade de atuar e a liberdade de se filiar como princípios convergentes ou complementares, de modo que alguns se referem à liberdade sindical coletiva e os demais à liberdade sindical individual.[27]

---

[26] SÜSSEKIND, Arnaldo. *Direito constitucional do trabalho*, p. 328.
[27] "Vemos, então, a liberdade sindical encerrada num círculo protetor que compreende a liberdade de trabalhar, a liberdade de associar-se, a liberdade de organizar-se, a liberdade de administrar-se, a liberdade de atuar e a liberdade de filiar-se. Caracterizamos esses princípios como convergentes, no sentido de que afluem para um estuário comum, o da própria liberdade, no intuito de dar conteúdo consistente ao centro vaporoso que seu conceito, isoladamente, nos oferece. Definimo-los como complementares porque completam o sentido abstrato da liberdade com um revestimento concreto e resistente. O exame pormenorizado de cada um desses modos de manifestação da liberdade sindical torna-se indispensável à exata compreensão dos fundamentos do sindicalismo por eles constituído. Desse exame concluiremos haver princípios convergentes de configuração individual, porque dirigidos à pessoa do trabalhador, ao lado de outros, de configuração coletiva, porque voltados para a coletividade de trabalhadores que, organizada, dá lugar à noção de categoria" (PINTO, José Rodrigues. *Direito sindical e coletivo do trabalho*, p. 78).

7.4.3 Dignidade da pessoa humana

A República Federativa do Brasil tem como um dos seus fundamentos a dignidade da pessoa humana (art. 1º, III). Não é possível o esboço de um conceito abstrato da dignidade da pessoa humana. Trata-se de um conceito jurídico indeterminado.

A doutrina aponta: *"A noção de dignidade da pessoa humana, como é fácil intuir, encerra o que se convencionou denominar de conceito jurídico indeterminado. [...] O enfoque baseado na solidez do discurso jurídico já é um claro indicativo da inviabilidade de se esboçar um conceito que abarque todas as variantes argumentativas conducentes à ideia de dignidade humana. As concepções de dignidade e indignidade, além de estarem enraizadas numa visão filosófica do mundo e do homem, serão claramente influenciadas por elementos circunstanciais de ordem temporal, espacial e pessoal, isto sem olvidar a necessária visualização do homem nas distintas fases do seu desenvolvimento psicossocial, o que inviabiliza qualquer tentativa de trato da matéria numa perspectiva puramente abstrata."*[28]

"Sendo a dignidade da pessoa humana o valor fonte de todos os outros valores constitucionalmente postos, deve ser utilizada como balizamento para eventual declaração de inconstitucionalidade de lei ou ato do Poder Público, ou mesmo para conformar o comportamento de quem quer que esteja, no caso concreto, ofendendo o Princípio Fundamental em questão. É verdade, por outro lado, que não se conceitua dignidade da pessoa humana. Trata-se, como se refere no sistema da ciência do direito, de um topoi*, ou seja, termo que não admite conceituação, muito embora sirva de ponto de partida para a solução do problema normativo ocorrente. É o mesmo que se opera com o termo 'interesse público'. Não há a possibilidade de conceituá-lo, conquanto o magistrado e o membro do Ministério Público possam afirmar, no caso concreto, se a hipótese tratada é de 'interesse público'. Dignidade da pessoa humana não é passível de conceituação, se bem que o juiz possa – ou melhor, deva – decidir se tal ou qual conduta ofende o referido princípio conformador do Estado brasileiro."*[29]

Apesar de ser um conceito jurídico indeterminado, pode-se afirmar que a dignidade da pessoa humana implica em um conjunto de direitos, tais como: paz, prosperidade, educação, moradia, igualdade de direitos e oportunidades. Vale dizer: a dignidade da pessoa humana é a plenitude concreta de todos os direitos fundamentais para que todos os seres humanos gozem de um tratamento idêntico e realístico quanto às condições de vida em sociedade. Nesse contexto temos o Direito do Trabalho, como um conjunto de normas, princípios e institutos que visam atenuar os antagonismos decorrentes da relação trabalho e capital, estabelecendo regras de proteção ao trabalhador.

"O Direito do Trabalho é, das ciências jurídicas, uma das que mais se aproximam do ser humano, pois de sua exploração trata, com isso expressando e sendo expressão dos mais básicos conceitos modernos da dignidade humana."[30]

---

[28] GARCIA, Emerson. *Conflito entre normas constitucionais* – esboço de uma teoria geral, p. 132-135.
[29] SILVA NETO, Manoel Jorge e. *Curso de direito constitucional*. 3. ed., p. 253.
[30] ZANGRANDO, Carlos. Ob. cit., v. 1, p. 306.

7.4.4 Valor social do trabalho e da livre-iniciativa

Os direitos sociais representam uma dimensão dos direitos fundamentais do homem, logo são direitos de todos, porém o exercício de tais direitos pressupõe um tratamento diferente para as pessoas que, em função de condições sociais, físicas ou econômicas, não possam gozar desses direitos. E, por fim, sintetiza o ideal da democracia econômica e social no sentido de proporcionar igualdade aos cidadãos no que concerne às diversas formas de atuação estatal.

Para José Afonso da Silva, à luz do direito positivo, os direitos sociais podem ser agrupados em: (a) direitos relativos ao trabalhador; (b) os concernentes à seguridade social (saúde, previdência e assistência social); (c) os relativos à cultura e à educação; (d) os concernentes à moradia; (e) os que se relacionam à família, adolescente e idoso; (f) os relativos ao meio ambiente.

Por sua vez, os direitos sociais dos trabalhadores, na ordem constitucional de 1988, são divididos em: (a) os relativos às relações individuais de trabalho (art. 7º); (b) os concernentes às relações coletivas de trabalho (arts. 8º a 11).

Os direitos sociais previstos no ordenamento constitucional são normas de ordem pública, logo são invioláveis e inarredáveis pela vontade das partes contraentes da relação trabalhista.

O art. 1º, IV, CF, estabelece os valores sociais do trabalho e da livre-iniciativa como um dos fundamentos do Estado Democrático de Direito. Por sua vez, o *caput* do art. 170 assegura que a ordem econômica será fundada na valorização do trabalho humano e na livre-iniciativa. Em face da conjugação desses dispositivos, torna-se evidente que o trabalho humano e a livre-iniciativa são os fundamentos da ordem constitucional econômica.

A base constitucional da ordem econômica é regulada nos arts. 170 a 192, sendo dividida em quatro capítulos, a saber: (a) dos princípios gerais da atividade econômica (arts. 170 a 181); (b) da política urbana (arts. 182 e 183); (c) da política agrária e fundiária e da reforma agrária (arts. 184 a 191); (d) do sistema financeiro nacional (art. 192).

Não pretendemos analisar todos os capítulos da Carta Política de 1988. O que nos interessa é o realce dos princípios constitucionais que norteiam a atividade econômica, como: (a) soberania nacional; (b) propriedade privada; (c) função social da propriedade; (d) livre concorrência; (e) defesa do consumidor; (f) defesa do meio ambiente, inclusive mediante tratamento diferenciado conforme o impacto ambiental dos produtos e serviços e de seus processos de elaboração e prestação; (g) redução das desigualdades regionais e sociais; (h) busca do pleno emprego; (i) tratamento favorecido para as empresas de pequeno porte constituídas sob as leis brasileiras e que tenham sua sede e administração no País (art. 170, I a IX).

A ordem econômica, adotando os princípios acima citados, tem como fim assegurar a todos existência digna, visando à justiça social e fundando-se na valorização do trabalho humano e na livre-iniciativa.

Abordando a questão da ordem econômica, Tercio Sampaio Ferraz Junior e outros prelecionam: *"O fundamento está 'na valorização do trabalho humano e na livre-iniciativa.*

Primeiro, a expressão 'fundada', 'fundar', 'fundamento'. A ideia é a de 'base', de 'raiz', uma espécie de lugar comum retórico de essência, ao mesmo tempo 'causa per quam' e 'conditio sine qua non'. Ou seja, sem ambos não há ordem econômica ('conditio'), onde quer que haja ordem econômica, ambos estão presentes ('causa'). Por respeito à evidência repita--se que não se trata de uma descrição mas de uma prescrição. Não se diz que assim seja, sempre, em qualquer circunstância, mas que assim deve ser visto e aceito, como disposição inicial: principialidade. Os dois fundamentos são, porém, distintos. A 'livre-iniciativa' é um modo qualificado de agir, presente em todos os momentos, já perfeita e acabada naquilo em que consiste: a iniciativa não se torna mais ou menos livre; como fundamento, ou há ou não há livre-iniciativa; já no caso da 'valorização do trabalho humano', o acento está na 'valorização', portanto num ato de apreciar e fazer realizar o que se considera bom: o trabalho humano. 'Valorização do trabalho humano' significa, assim, a legitimidade da Ordem, desde que construída sobre um empenho, constante e permanente, de promover a dignidade humana do trabalho na atividade econômica."[31]

O art. 193, *caput*, CF, estabelece que a ordem social tem como base o primado do trabalho, e como objetivos o bem-estar e a justiça social. A ordem social deve ser vista como um sistema de proteção da força de trabalho. Os direitos sociais são previstos no art. 6º, sendo que o *trabalho* é um deles. Por sua vez, o art. 7º declina quais são os direitos sociais específicos dos trabalhadores.

Não podemos dissociar a ordem econômica da ordem social. A ordem econômica menciona a valorização do trabalho humano, enquanto que a social menciona o primado do trabalho, mas não devem ser vistas como sinônimas.

Nesse sentido, Tercio Sampaio Ferraz Junior e outros afirmam: *"A econômica deve visar assegurar a todos a existência digna conforme os ditames da justiça social. O objetivo da Ordem Social é o próprio bem-estar social e a justiça social. A primeira deve garantir que o processo econômico, enquanto produtor, não impeça, mas, ao contrário, se oriente para o bem-estar e a justiça sociais. A segunda não os assegura, instrumentalmente, mas os visa, diretamente. Os valores econômicos são valores-meio. Os sociais, valores-fim."*[32]

7.4.5 Busca do pleno emprego

O Estado tem a preocupação em estabelecer medidas públicas para a manutenção do nível de emprego, de readaptação profissional etc., objetivando, assim, evitar o desemprego e preparar a mão de obra face ao incremento da automação nas relações do trabalho. Não se pode esquecer que a ordem econômica, fundada na valorização do trabalho humano, possui como princípios, dentre outros, a função social da propriedade (art. 170, III, CF) e a busca do pleno emprego (art. 170, VIII).

---

[31] FERRAZ JÚNIOR, Tercio Sampaio; DINIZ, Maria Helena; GEORGAKILAS, Ritinha A. Stevenson. *Constituição de 1988*: legitimidade, vigência e eficácia, p. 44.
[32] FERRAZ JÚNIOR, Tercio Sampaio; DINIZ, Maria Helena; GEORGAKILAS, Ritinha A. Stevenson. Ob. cit., p. 52.

Para Carlos Zangrando,[33] o pleno emprego não é um conceito jurídico e sim econômico: *"Trata-se de uma condição do mercado de trabalho na qual todo cidadão disposto a trabalhar tem a possibilidade de encontrar ocupação remunerada segundo suas aspirações, qualificações e habilidades."*

QUESTIONÁRIO

1. Quais são os significados do termo "princípio"?

2. Quais são os significados da expressão "princípios gerais de Direito"?

3. Qual é o conceito da expressão "princípios gerais de Direito" para a Ciência do Direito?

4. Como atuam os princípios gerais de direito na fase da criação da norma jurídica?

5. Como atuam os princípios gerais de direito na fase de aplicação da norma jurídica?

6. Quais são os princípios gerais de direito aplicáveis ao Direito do Trabalho?

7. O princípio da obrigatoriedade dos contratos é absoluto no Direito do Trabalho?

8. O que representa o princípio da boa-fé?

9. Qual é o significado do princípio da não alegação da própria torpeza?

10. A plena autonomia de vontade é válida no Direito do Trabalho?

11. É cabível a legítima defesa no Direito do Trabalho?

12. O princípio da razoabilidade é aplicável no Direito do Trabalho?

13. O princípio da *exceptio non adimpleti contractus* é compatível com o contrato individual de trabalho?

---

[33] ZANGRANDO, Carlos. Ob. cit., p. 309.

Capítulo VIII
PRINCÍPIOS DE DIREITO DO TRABALHO

8.1 INTRODUÇÃO

No presente capítulo vamos analisar os princípios aplicáveis ao Direito do Trabalho pela vertente doutrinária de Américo Plá Rodriguez.[1]

Em sua opinião, os princípios aplicáveis ao Direito do Trabalho são: (1) princípio de proteção, que se concretiza em: (a) *in dubio, pro operario*; (b) regra da aplicação da norma mais favorável; (c) regra da condição mais benéfica; (2) princípio da irrenunciabilidade dos direitos; (3) princípio da continuidade da relação de emprego; (4) princípio da primazia da realidade; (5) princípio da razoabilidade; (6) princípio da boa-fé.[2] Ao lado de tais princípios tomamos a liberdade de proceder à inclusão do princípio da igualdade (não discriminação).

Contudo, não podemos nos esquecer da vertente doutrinária que se fundamenta nas lições da jurista portuguesa Maria do Rosário Palma Ramalho.[3] Na sua visão, a solução da crise do Direito do Trabalho, pela globalização e flexibilização, necessita de quatro objetivos para a sua reforma, a saber: (a) adequação do contrato individual de trabalho aos novos modelos de gestão empresarial, isto é, novas formas de contratação para as relações individuais de trabalho; (b) aceitação de novas categorias de trabalhadores, por exemplo: os teletrabalhadores e os parassubordinados; (c) a revitalização da negociação coletiva como fonte normativa no âmbito das relações individuais e coletivas de trabalho; (d) a manutenção de normas mínimas de proteção ao conjunto dos trabalhadores.

---

[1] "Os estudos desenvolvidos pelo conceituado jurista uruguaio Américo Plá Rodriguez sobre os princípios do direito do trabalho, publicados no seu livro *Los principios del derecho del trabajo* (1975), traduzido no Brasil, dos quais será feito um resumo, ganharam aceitação, mas nem todos serão incorporados pelas leis" (NASCIMENTO, Amauri Mascaro. *Curso de direito do trabalho*. 21. ed., p. 365).

[2] Como adotamos as lições de Américo Plá Rodriguez na exposição dos princípios peculiares ao Direito do Trabalho, citamos no presente capítulo como fizemos no anterior, os seguintes princípios: boa-fé e razoabilidade.

[3] "Outra versão dos princípios do direito do trabalho, a de Maria do Rosário Palma na dissertação de doutorado defendida perante a Faculdade de Direito da Universidade de Lisboa, publicada com o título da Autonomia dogmática do direito do trabalho (2000), conceitua princípios como 'as valorações culturais ou éticas mais importantes reveladas pelas normas por elas validadas como seu fundamento justificativo', e que, no caso português, são três, com desdobramentos ou subprincípios: o princípio da compensação da posição debitória complexa das partes no vínculo laboral, o princípio do coletivo e o princípio da autotutela laboral" (NASCIMENTO, Amauri Mascaro. Ob. cit., p. 367).

Na consecução dos objetivos, Maria do Rosário Palma Ramalho propõe os seguintes princípios: (1) princípio da compensação da posição debitória complexa das partes no contrato de trabalho,[4] que engloba outros princípios, tais como o da proteção ao trabalhador e o da salvaguarda dos interesses de gestão do empregador;[5] (2) princípio do coletivo;[6] (3) o princípio da autotutela laboral.[7]

---

[4] "O princípio da compensação é decorrência 'da complexidade estrutural da relação de emprego e da posição que o trabalhador e o empregador nela ocupam, concretizando-se em dois princípios menores, que se referem, respectivamente, a cada uma das partes: o princípio da proteção ao trabalhador, que acode às necessidades de tutela da sua pessoa e do seu patrimônio perante o vínculo laboral; e o princípio da salvaguarda dos interesses de gestão do empregador, que lhe assegura as condições necessárias ao cumprimento das suas obrigações contratuais e, indiretamente, viabiliza o contrato de trabalho'. Concretizam o princípio da proteção ao trabalhador princípios como 'o da segurança no emprego, o da suficiência salarial, o da conciliação da vida profissional com a vida privada e familiar, o da assistência ao trabalhador ou o do *favor laboratoris*; concretizam o princípio da salvaguarda dos interesses de gestão do empregador princípios como o da colaboração numa empresa e poderes como o poder diretivo e o poder disciplinar" (NASCIMENTO, Amauri Mascaro. Ob. cit., p. 367).

[5] Como manifestação do princípio da salvaguarda dos interesses de gestão do empregador, na doutrina nacional, encontramos a posição de Carlos Zangrando, o qual enuncia o princípio da conservação da empresa: "Um dos mais importantes princípios trabalhistas e, ainda assim, constantemente relegado ao segundo plano e, no mais das vezes, sequer citado pelos doutrinadores, é aquele que preconiza a conservação da empresa, como elemento essencial ao Direito do Trabalho. Trata-se de um contrapeso necessário e razoável ao princípio da proteção. A ideia é simples: o Direito do Trabalho, apesar do seu caráter protetivo, não pode se tornar instrumento de inviabilização da existência da própria empresa, pois assim o fazendo acaba por prejudicar a criação e a manutenção de empregos, lançando os trabalhadores no desemprego e na marginalidade, e suprindo o combustível que alimenta as crises sociais. A empresa, enquanto elemento econômico, não só gera empregos e riquezas, mas também impostos. No campo social, presta o inestimável serviço de proporcionar ao indivíduo possibilidade de uma vida mais digna. A empresa atua até mesmo no campo psicossocial, uma vez que a garantia proporcionada pelo emprego evita o colapso causado pela insegurança. Depreende-se facilmente que ao Direito do Trabalho interessa, e muito, a conservação da empresa, do contrário não existirão empregados para tutelar. Por essa razão, toda e qualquer interpretação de norma jurídica ou consuetudinária que venha a prejudicar a criação, manutenção ou sobrevivência da empresa, como instituição e sustentáculo do próprio Direito do Trabalho, deve ser evitada, permitindo assim o florescimento da atividade econômica, refletindo em melhoria da condição social geral, e aqui sim, atendendo aos ditames do art. 8º da CLT, quando manda que o Direito do Trabalho deve ser aplicado e interpretado de modo que nenhum interesse de classe ou particular prevaleça sobre o interesse público (entendendo-se este como o Interesse Social)" (*Curso de direito do trabalho*, v. 1, p. 317).

[6] "O princípio do coletivo 'evidencia a orientação geral do direito do trabalho para valorizar um componente coletiva ou de grupo nos fenômenos laborais coletivos e no vínculo de trabalho, justificando que o trabalhador e o empregador sejam considerados não tanto como indivíduos, mas, sobretudo, enquanto membros dos grupos com os quais se relacionam, por efeito do contrato de trabalho ou da qualidade de trabalhador subordinado e da qualidade de empregador'. São suas concretizações a autonomia coletiva, a gestão dos trabalhadores na empresa, a primazia do coletivo, a interdependência dos vínculos laborais na organização e a igualdade de tratamento entre os trabalhadores" (NASCIMENTO, Amauri Mascaro. Ob. cit., p. 368).

[7] "O princípio da autotutela laboral assegura a proteção dos interesses do empregador e do trabalhador, bem como dos seus institutos fundamentais, o contrato de trabalho e a greve, através do poder disciplinar e o direito de greve" (NASCIMENTO, Amauri Mascaro. Ob. cit., p. 368).

Considerando a função normativa[8] dos princípios e a respectiva densidade normativa de cada princípio, Ives Gandra da Silva Martins Filho propõe uma nova classificação para os princípios peculiares ao Direito do Trabalho. O critério é o da densidade normativa.

Densidade normativa não se entrelaça com a maior ou menor importância do princípio e sim com a sua maior ou menor positivação na ordem jurídica. Será maior ou menor a densidade na medida em que a ordem jurídica preveja uma norma que contenha um detalhamento minucioso e abrangente quanto ao princípio.

Máxima densidade: (a) intangibilidade salarial; (b) inalterabilidade contratual; (c) isonomia; (d) continuidade (proteção da relação de emprego).

Média densidade: (a) proteção e irrenunciabilidade; (b) subsidiariedade; (c) boa-fé; (d) primazia da realidade.

Baixa densidade: (a) normalidade; (b) dignidade da pessoa humana; (c) preservação da empresa; (d) razoabilidade e proporcionalidade.

8.2 PRINCÍPIOS DOUTRINÁRIOS DO DIREITO DO TRABALHO

8.2.1 Princípio protetor

O princípio protetor justifica a existência[9] do Direito do Trabalho.

O escopo do princípio protetor é atenuar a desigualdade entre o trabalhador e o empregador. Com esse objetivo, destacamos:

a) *in dubio pro operario* – na dúvida, a interpretação é a favor do trabalhador. A sua origem repousa no princípio geral *in dubio pro reo*. Como o empregador é *"que se constitui em devedor na relação de emprego (e réu na relação processual trabalhista), adaptou-se o princípio a parêmia* in dubio pro misero *(ou pro operario). Nesse antigo princípio estaria englobada não somente a dimensão de interpretação normativa (hoje referenciada pelo princípio da norma mais favorável),*

---

[8] "Já a função mais delicada e excepcional é a normativa, uma vez que supõe extrair regra de princípio, ou seja, impor obrigação com conteúdo econômico a partir de norma orientativa e não imediatamente geradora de direito. Ora, a função normativa depende, essencialmente, da densidade normativa que o princípio tem no ordenamento jurídico, plasmado de tal forma que é possível extrair dele regra que sirva para impor obrigações em casos concretos não especificamente previstos pela legislação" (MARTINS FILHO, Ives Gandra da Silva. Os princípios jurídicos e sua densidade normativa. *Revista Justiça & Cidadania*, set. 2012, p. 17/18).

[9] "O fundamento deste princípio está ligado à própria razão de ser do Direito do Trabalho. Historicamente, o Direito do Trabalho surgiu como consequência de que a liberdade de contrato entre pessoas com poder e capacidade econômica desiguais conduzia a diferentes formas de exploração. Inclusive, às mais abusivas e iníquas. O legislador não pode mais manter a ficção de igualdade existente entre as partes do contrato de trabalho e inclinou-se para uma compensação dessa desigualdade econômica desfavorável ao trabalhador com uma proteção jurídica a ele favorável. O Direito do Trabalho responde fundamentalmente ao propósito de nivelar desigualdades. Como dizia Couture: 'o procedimento lógico de corrigir as desigualdades é o de criar outras desigualdades'" (RODRIGUEZ, Américo Plá. *Princípios de Direito do Trabalho*, p. 28).

como também uma dimensão de aferição e valoração dos fatos trazidos a exame do intérprete e aplicador do direito. À luz dessa segunda e combinada dimensão do princípio in dubio pro misero (exame de fatos e provas), propunha-se que a decisão do operador jurídico deveria dirigir-se em benefício do trabalhador em caso de dúvida no exame de situações fáticas concretas".[10]

b) norma mais favorável – quando se interpretam duas ou mais normas jurídicas trabalhistas relacionadas à mesma temática, por inferência lógica, aplica-se a que seja mais benéfica ao trabalhador, independentemente da sua posição na hierarquia das normas. Na elucidação do conceito de norma favorável, a doutrina aponta duas teorias centrais: acumulação e conglobamento. Pela acumulação, na aplicação das normas jurídico-trabalhistas, o operador do direito procede à seleção, análise e classificação de diversas fontes trabalhistas, objetivando o fracionamento dos textos normativos. O que se busca é o acúmulo dos preceitos favoráveis ao trabalhador, com a cisão dos diversos diplomas analisados e comparados. A teoria da acumulação é criticável, pois, na cisão e soma de diversos instrumentos normativos, quebra-se a harmonia do Direito do Trabalho como um sistema de normas. Pelo conglobamento, ao contrário do que ocorre na teoria da acumulação, o operador do direito, no seu procedimento de análise de diversos instrumentos normativos, não procede a um fracionamento do conteúdo das regras jurídicas. O objetivo, quando se adota o conglobamento, é a comparação de vários textos normativos, sendo que a escolha é efetuada pelo texto que seja mais favorável ao trabalhador no seu conjunto. Dessa forma respeita-se a visão do Direito como um sistema, evitando, inclusive, a ocorrência de antinomias na solução do caso concreto. Deve ser ressaltado que no parâmetro adotado no procedimento da comparação, quando se adota a teoria do conglobamento, não se visualiza somente a identidade de matéria, como também os interesses da coletividade (categoria profissional) ou do trabalhador ou grupo de trabalhadores, como membros da coletividade. A regra de que as condições estabelecidas em convenção, quando mais favoráveis ao trabalhador, prevaleciam sobre as estipuladas em acordo (art. 620, CLT), não deveria ser interpretada literalmente. Em algumas situações, em face das dificuldades vivenciadas no seio de uma determinada empresa ou grupo de empresas, pela teoria da especificidade, o acordo coletivo há de prevalecer sobre a convenção coletiva, já que o seu conteúdo é mais específico a essa parte da categoria (dos empregados da empresa ou grupo de empresas), o que, a nosso ver, também não deixa de ser uma aplicação da teoria do conglobamento. Nessa situação, a comparação não se faz por cada matéria e sim pelo conteúdo global das cláusulas sociais e econômicas da convenção e do acordo coletivo, com a prevalência do segundo em relação ao primeiro. A Lei 7.064/82, a qual regula a situação de trabalhadores contratados no Brasil ou transferidos

---

[10] DELGADO, Mauricio Godinho. *Introdução ao direito do trabalho*. 2. ed., p. 152.

por seus empregadores para prestar serviços no exterior, prevê expressamente que a empresa responsável pelo contrato de trabalho do empregado transferido assegurar-lhe-á, independentemente da observância da legislação do local da execução dos serviços, a aplicação da legislação brasileira de proteção ao trabalho, naquilo que não for incompatível com a lei específica, quando mais favorável do que a legislação territorial, no conjunto de normas e em relação a cada matéria (art. 3º, II). Por intermédio da Lei 13.467/17, o art. 620 sofreu uma reformulação legislativa: "As condições estabelecidas em acordo coletivo de trabalho sempre prevalecerão sobre as estipuladas em convenção coletiva de trabalho". Além disso, o negociado prevalece sobre o legislado (art. 611-A);

c) a condição mais benéfica – uma condição de trabalho inserida no universo da contratação não pode ser substituída por outra menos vantajosa, na mesma relação de emprego (art. 468, CLT). Na jurisprudência do TST encontramos: *"As cláusulas regulamentares, que revoguem ou alterem vantagens deferidas anteriormente, só atingirão os trabalhadores admitidos após a revogação ou alteração do regulamento"* (Súm. 51, I). Américo Plá Rodriguez[11] ensina: *"Segundo Alonso García, a aplicação prática desta regra da condição mais benéfica implica nestas duas consequências: (1) quando se estabelecer uma regulamentação ou disposição de caráter geral, aplicável a todo um conjunto de situações trabalhistas, estas ficarão alteradas em suas condições anteriores, desde que não sejam mais benéficas ao trabalhador do que as recentemente estabelecidas; e (2) salvo disposição expressa em contrário, a nova regulamentação deverá respeitar, como situações concretas reconhecidas em favor do trabalhador ou trabalhadores interessados, as condições que lhes resultem mais benéficas do que as estabelecidas para a matéria ou matérias tratadas – ou em seu conjunto – pela nova regulamentação."*

O princípio da norma mais favorável atua em tríplice dimensão no Direito do Trabalho, ou seja, *"na fase pré-jurídica (política, pois), como critério de política legislativa, influindo no processo de construção do Direito do Trabalho. Essa influência é muito clara, especialmente em contextos políticos democráticos, colocando em franca excepcionalidade diplomas normativos que agridam a direção civilizatória essencial que é inerente ao Direito do Trabalho. Na fase jurídica, atua quer como critério de hierarquia de normas jurídicas, quer como princípio de interpretação de tais normas. Como critério de hierarquia, permite eleger como norma prevalecente, em uma dada situação de conflito de normas, aquela que for mais favorável ao trabalhador. Como princípio de interpretação do direito, permite a escolha da interpretação mais favorável ao trabalhador, caso anteposta ao intérprete uma variedade de hipóteses interpretativas em face de uma norma obscura enfocada".*[12]

---

[11] RODRIGUEZ, Américo Plá. Ob. cit., p. 61.
[12] DELGADO, Mauricio Godinho. Ob. cit., p. 152.

Sobre o caráter não absoluto do princípio protetor, Amauri Mascaro Nascimento[13] ensina: *"Observe-se, também, que para Maria do Rosário o princípio da norma favorável ao trabalhador, que cumpre importante finalidade, não é absoluto; tem exceções, uma vez que o direito do trabalho de alguns países admite derrogação* in pejus *de normas legais pelas convenções coletivas como mecanismo de valorização das negociações coletivas e da autonomia coletiva dos particulares no sistema de direito do trabalho. É o que acontece no Brasil com a exceção aberta pela Constituição Federal de 1988 (art. 7º, VI), que admite acordos coletivos de redução salarial; o que também se verifica, por força da legislação infraconstitucional, na desinvestidura de exercentes de cargos de confiança, no poder disciplinar do empregador e no* jus variandi, *perspectiva segundo a qual o princípio protetor, central no direito do trabalho, não é mais importante que o da razoabilidade, de modo que este é o princípio básico e não aquele. Não é viável proteger o trabalhador quando a proteção não se mostra razoável."*

8.2.2 Princípio da irrenunciabilidade

Os direitos trabalhistas não são renunciáveis, uma vez que, permitida livremente a renúncia, a posição econômica de sujeição do trabalhador ao empregador o levaria a abrir mão dos direitos aos quais, livremente, não abdicaria (art. 9º, CLT).

Vale dizer, pelo princípio da irrenunciabilidade tem-se a *"inviabilidade técnico-jurídica de poder o empregado despojar-se, por sua simples manifestação de vontade, das vantagens e proteções que lhe asseguram a ordem jurídica e o contrato"*.[14]

Mauricio Godinho Delgado discorda da expressão irrenunciabilidade por entendê-la inadequada para a referência à amplitude do princípio ora analisado. Em sua visão, a expressão correta é "indisponibilidade", na medida em que o princípio *"vai além do simples ato unilateral, interferindo também nos atos bilaterais de disposição de direitos (transação, portanto). Para a ordem justrabalhista, não serão válidas quer a renúncia, quer a transação que importe objetivamente em prejuízo ao trabalhador"*.[15]

No âmbito do Direito Civil, a transação é admitida para direitos patrimoniais disponíveis (art. 841, CC).

Pelo princípio da irrenunciabilidade, a doutrina trabalhista faz distinções para fins de aferição da disponibilidade[16] ou não do direito do trabalho. Os critérios são:

---

[13] NASCIMENTO, Amauri Mascaro. Ob. cit., p. 368.
[14] DELGADO, Mauricio Godinho. *Curso de direito do trabalho*. 5. ed., p. 201.
[15] DELGADO, Maurício Godinho. Ob. cit., p. 202.
[16] "A indisponibilidade de direitos trabalhistas pelo empregado constitui-se em regra geral no Direito Individual do Trabalho do país, estando subjacente a pelo menos três relevantes dispositivos celetistas: arts. 9º, 444 e 468, CLT. Isso significa que o trabalhador, quer por ato individual (renúncia), quer por ato bilateral negociado com o empregador (transação), não pode dispor de seus direitos laborais, sendo nulo o ato dirigido a esse despojamento. Essa conduta normativa geral realiza no plano concreto da relação de emprego, a um só tempo, tanto o princípio da indisponibilidade de direitos trabalhistas, como o princípio da imperatividade da legislação do trabalho. A indisponi-

a) quanto à fonte do Direito pronunciado: (1) se a origem for de dispositivo legal, o direito é irrenunciável (ex.: aviso-prévio), exceto por autorização expressa de lei;[17] (2) no caso de norma oriunda de trato consensual, pode haver a transação, desde que não haja proibição legal para tal, vício de consentimento ou prejuízo para o empregado[18] (art. 468, CLT);

b) o momento da realização da renúncia: (1) antes da formalização do contrato de trabalho não se admite a renúncia; (2) durante o seu transcurso, é admissível, como exceção – para as regras contratuais e legais, quando expressamente autorizadas; (3) após a sua cessação, com bem menos restrições, a renúncia é permitida.

De qualquer modo, parece não restar dúvidas de que se está – quando se analisa o Direito do Trabalho – diante de um direito que não comporta, em princípio, a faculdade da disponibilidade de direitos por ato voluntário e isolado do empregado.

8.2.2.1 A transação e a renúncia no Direito do Trabalho

O termo "transação"[19] deriva do latim *transigere*, transigir, ceder, condescender, contemporizar, chegar a acordo. Representa o ato jurídico pelo qual as partes (transigen-

---

bilidade inerente aos direitos oriundos da ordem justrabalhista não tem, contudo, a mesma exata rigidez e extensão. Pode-se, tecnicamente, distinguir entre os direitos imantados por indisponibilidade absoluta ao lado de direitos imantados por uma indisponibilidade relativa" (DELGADO, Mauricio Godinho. *Curso de direito do trabalho*. 5. ed., p. 216).

[17] "Absoluta será a indisponibilidade, do ponto de vista do direito individual do trabalho, quando o direito enfocado merecer uma tutela de nível de interesse público, por traduzir um patamar civilizatório mínimo firmado pela sociedade política em um dado momento histórico. É o que ocorre, como já apontado, ilustrativamente, com o direito à assinatura de CTPS, ao salário mínimo, à incidência das normas de proteção à saúde e segurança do trabalhador. Também será absoluta a indisponibilidade, sob a ótica do direito individual do trabalho, quando o direito enfocado estiver protegido por norma de interesse abstrato da respectiva categoria. Esse último critério indica que a noção de indisponibilidade absoluta atinge, no contexto das relações bilaterais empregatícias (direito individual, pois), parcelas que poderiam, no contexto do direito coletivo do trabalho, ser objeto de transação coletiva e, portanto, de modificação real. Noutras palavras: a área de indisponibilidade absoluta, no direito individual, é desse modo, mais ampla que a área de indisponibilidade absoluta própria ao direito coletivo" (DELGADO, Mauricio Godinho. Ob. cit., p. 218).

[18] "Relativa será a indisponibilidade, do ponto de vista do direito individual do trabalho, quando o direito enfocado traduzir interesse individual ou bilateral simples, que não caracterize um padrão civilizatório geral mínimo firmado pela sociedade política em um dado momento histórico. É o que se passa, ilustrativamente, com a modalidade de salário paga ao empregado ao longo da relação de emprego (salário fixo *versus* salário variável, por exemplo): essa modalidade salarial pode se alterar, licitamente, desde que a alteração não produza prejuízo efetivo ao trabalhador. As parcelas de indisponibilidade relativa podem ser objeto de transação (não de renúncia, obviamente), desde que a transação não resulte em efetivo prejuízo ao empregado (art. 468, CLT). O ônus da prova do prejuízo, entretanto, caberá a quem alegue sua ocorrência, isto é, ao trabalhador, já que não há prova sobre fato negativo" (DELGADO, Mauricio Godinho. Ob. cit., p. 218).

[19] Os elementos constitutivos da transação são: (a) ajuste de vontades entre as partes; (b) existência de litígio ou dúvida sobre os direitos das partes; (c) intenção das partes em pôr termo ao litígio

tes) extinguem obrigações litigiosas mediante concessões mútuas (arts. 840 a 850, CC). É possível quanto aos direitos patrimoniais de caráter privado. A transação é efetuada por concessões recíprocas, extinguindo-se obrigações litigiosas ou duvidosas. Não se confunde com a renúncia.

A palavra "renúncia" importa um abandono ou uma desistência voluntária, ou seja, o titular de um direito deixa de usá-lo ou anuncia que não o deseja utilizar. Como se trata de um ato unilateral, deve incidir sobre direito presente ou atual, isto é, sobre direito existente.

Para o Direito do Trabalho, a regra básica é a de que os direitos dos trabalhadores são irrenunciáveis. Referido juízo de valor não pode ser visto de forma absoluta.

Há hipóteses nas quais o direito é absolutamente indisponível, logo, não poderia haver a renúncia. Nessas situações denota-se o interesse público, isto é, a tutela direta não envolve o indivíduo em si, porém como membro de uma classe social ou de uma categoria profissional.

Por outro lado, pode-se, também, estar diante de direitos de indisponibilidade relativa, ou seja, quando são passíveis de renúncia ou transação.

No contexto da irrenunciabilidade dos direitos trabalhistas, também se pode inserir a temática da flexibilização.

Atualmente, a crise econômica tem sido apontada como uma das principais causas da impossibilidade de cumprimento das normas trabalhistas.

A flexibilização implica em adaptações e modificações necessárias para a criação de novas formas de contratação, com o objetivo de trazer de volta ao mercado o vasto contingente de trabalhadores que estão desempregados ou na própria economia informal, e que possibilitem às empresas condições para o saneamento de suas estruturas com o intuito da própria preservação.

Não se pretende negar que as relações de trabalho devem ser mudadas, mas não de forma a significar o predomínio do individual sobre o coletivo. De fato, a realidade está em permanente transformação e o Direito deve seguir tais transformações, notadamente no campo trabalhista.

O Direito é um conjunto de regras que norteiam a própria estabilidade da ordem social, sendo necessária à flexibilização, mas, não se pode negar todo o avanço do Direito do Trabalho, adequando-o a uma nova ordem institucional.

A flexibilização não pode ser vista como possível pela simples substituição da tutela legal pela sindical. Porém, são razoáveis, mesmo mantendo-se a tutela legal imposta pelo Estado, outros critérios de fontes, por meio das negociações coletivas e que representam avanços para as classes trabalhadoras. Deve ser valorizada a flexibilização como avanço no trato das relações trabalhistas, mas não se pode negar a necessidade de manutenção de direitos que foram alcançados após décadas de lutas.

---

ou dúvida; (d) reciprocidade de concessões; (e) intuito da prevenção ou extinção de um litígio ou de uma dúvida.

8.2.2.2 A transação e os planos de dispensa voluntária

É comum, nos planos de dispensa voluntária, a inserção da transação com amplos efeitos de renúncia prévia a todo e qualquer direito trabalhista decorrente do contrato individual.

A transação, pela sua natureza, implica a concessão recíproca, extinguindo-se obrigações litigiosas ou duvidosas, contudo, deve ser interpretada de forma restritiva, notadamente, ante o caráter protetor do Direito do Trabalho. É importante ressaltar que negar o princípio protetor na análise do Direito do Trabalho implica negar a própria origem dessa disciplina jurídica. Em outras palavras, a transação não pode ser vista como equivalente à renúncia.

Concordamos com Sergio Pinto Martins[20] quando afirma que *"só se poderia falar em renúncia do trabalhador a direitos trabalhistas quando está diante do juiz do trabalho. Quando o empregado está trabalhando na empresa pode sofrer coação do empregador para abdicar seus direitos trabalhistas. Reza o artigo 9º da CLT que toda vez que se tiver por objetivo desvirtuar, impedir ou fraudar a aplicação dos preceitos trabalhistas, o ato não tem qualquer valor. Tal preceito pode ser aplicado ao caso presente".*

A verdade é que o empregador acena com a dispensa. Ao acenar com a dispensa, o empregado concorda e assina o documento, aliás, documento impresso e elaborado pela empresa. Consta do documento, além dos direitos trabalhistas, uma verba a mais a título de transação. Não se pode ver tal termo ou instrumento como efetiva transação. Em momento algum, se vislumbra a efetiva discussão e análise dos pretensos direitos violados e que possam ser objeto da transação.

A exata denotação da natureza jurídica dessas transações é de uma indenização rescisória, a qual não pode ser vista como transação. Para nós, o valor pago pela adesão ao PDV representa uma indenização rescisória paga pelo empregador a título de mera liberalidade.

Adriana Santiago Bezerra[21] ensina: *"Com efeito, observa-se, atualmente, no âmbito trabalhista, verdadeiros contratos de adesão (os chamados Planos de Dispensa Voluntária) em forma de transação, através dos quais se busca a renúncia ilegal de direitos. Não se trata, no entanto, de transação, no sentido de ato bilateral, em que as partes fazem concessões recíprocas, extinguindo-se obrigações litigiosas ou duvidosas, mas de planos que têm por finalidade reduzir o quadro de pessoal, adequando o funcionamento da empresa, administrativa ou financeiramente, às alterações do mercado. Referidos Planos de Incentivo à Demissão devem ser interpretados como nada mais que uma indenização rescisória, além daquelas já previstas em lei ou em contrato individual ou coletivo, jamais possibilitando a renúncia. A CLT, inclusive, possui regra específica, contida no § 2º, do art. 477, que afasta*

---

[20] MARTINS, Sergio Pinto. Irrenunciabilidade e transacionalidade de verbas trabalhistas. *Jornal do 15º Congresso Brasileiro de Direito Coletivo e Individual do Trabalho*, nov./2000, p. 38.

[21] BEZERRA, Adriana Santiago. Aspectos da transação no âmbito trabalhista frente ao princípio da irrenunciabilidade. *Jornal do 15º Congresso Brasileiro de Direito Coletivo e Individual do Trabalho*, nov./2000, p. 44.

a ideia de transação/quitação geral com força de coisa julgada, dada a preocupação com a violação dos direitos dos trabalhadores e equilíbrio da relação entre empregado/empregador. Nesse mesmo caminho, também se posicionou o moderno Código de Defesa do Consumidor que disciplina em seu art. 51 a nulidade de cláusulas contratuais que impliquem a renúncia ou disposições de direito. A renúncia, portanto, não é válida e referido recibo não tem o condão de impedir ou excluir a possibilidade de reclamação futura para a cobrança de quantia diversa daquela efetivamente percebida."

A atitude empresarial enquadra-se em uma política global de incentivo a dispensa. O empregador acena com uma indenização rescisória a mais, porém, coloca a plena transação, o que em nada tem a ver com o pleno ato da transação.

Em prol desse entendimento, o TST editou as OJ 270 e 356, SDI-I: *"OJ 270 – a transação extrajudicial que importa rescisão do contrato de trabalho ante a adesão do empregado a plano de demissão voluntária implica quitação exclusivamente das parcelas e valores constantes do recibo"; "OJ 356 – os créditos tipicamente trabalhistas reconhecidos em juízo não são suscetíveis de compensação com a indenização paga em decorrência de adesão do trabalhador a Programa de Incentivo à Demissão Voluntária (PDV)".*

8.2.2.3 O STF e os planos de dispensa voluntária

Em abril de 2015, o STF, ao analisar os efeitos da adesão a plano de dispensa voluntária (RE 590.415), com repercussão geral reconhecida, fixou como tese que: *"A transação extrajudicial que importa rescisão do contrato de trabalho, em razão de adesão voluntária do empregado a plano de dispensa incentivada, enseja quitação ampla e irrestrita de todas as parcelas objeto do contrato de emprego, caso essa condição tenha constado expressamente do acordo coletivo que aprovou o plano, bem como dos demais instrumentos celebrados com o empregado".*

Dentre os fundamentos da decisão, o Ministro Luís Roberto Barroso destacou que no Direito Individual do Trabalho, o trabalhador está submetido à proteção estatal, na medida em que empregado e empregador possuem peso econômico e político diversos: *"Justamente porque se reconhece, no âmbito das relações individuais, a desigualdade econômica e de poder entre as partes, as normas que regem tais relações são voltadas à tutela do trabalhador. Entende-se que a situação de inferioridade do empregado compromete o livre exercício da autonomia individual da vontade e que, nesse contexto, regras de origem heterônoma – produzidas pelo Estado – desempenham um papel primordial de defesa da parte hipossuficiente. Também por isso a aplicação do direito rege-se pelo princípio da proteção, optando-se pela norma mais favorável ao trabalhador na interpretação e na solução de antinomias."*

Contudo, essa assimetria não se coloca com a mesma força nas negociações coletivas de trabalho, em que os pesos e forças tendem a se igualar. Na negociação coletiva, o poder econômico do empregador é contrabalançado pelo poder dos sindicatos que representam os empregados, sendo, por esta razão, outros os princípios norteadores: *"Diferentemente do que ocorre com o Direito Individual do Trabalho, o Direito Coletivo do Trabalho, que emerge com nova força após a Constituição de 1988, tem nas relações grupais a sua categoria básica. O empregador, ente coletivo provido de poder econômico, contrapõe-se à categoria dos empregados, ente também coletivo, representado pelo respectivo sindicato e munido de considerável poder de barganha, assegurado, exemplificativamente, pelas prerrogativas de atuação sindical, pelo direito de mobilização, pelo poder social de pressão e de greve. No âmbito do Direito Coletivo, não se verifica, portanto, a mesma assimetria de poder presente nas relações individuais de trabalho. Por consequência, a autonomia coletiva da vontade não se encontra sujeita aos mesmos limites que a autonomia individual."*

Assim, a negociação coletiva deve ser privilegiada como meio de solução dos conflitos coletivos, sendo que a invalidação dos acordos nos termos negociados desestimula a própria negociação coletiva como meio de solução de conflitos: *"(...) não deve ser vista com bons olhos a sistemática invalidação dos acordos coletivos de trabalho com base em uma lógica de limitação da autonomia da vontade exclusivamente aplicável às relações individuais de trabalho. Tal ingerência viola os diversos dispositivos constitucionais que prestigiam as negociações coletivas como instrumento de solução de conflitos coletivos, além de recusar aos empregados a possibilidade de participarem da formulação de normas que regulam as suas próprias vidas. Trata-se de postura que, de certa forma, compromete o direito de serem tratados como cidadãos livres e iguais.*

Além disso, o voluntário cumprimento dos acordos coletivos e, sobretudo, a atuação das partes com lealdade e transparência em sua interpretação e execução são fundamentais para a preservação de um ambiente de confiança essencial ao diálogo e à negociação. O reiterado descumprimento dos acordos provoca seu descrédito como instrumento de solução de conflitos coletivos e faz com que a perspectiva do descumprimento seja incluída na avaliação dos custos e dos benefícios de se optar por essa forma de solução de conflito, podendo conduzir à sua não utilização ou à sua oneração, em prejuízo dos próprios trabalhadores."

O Ministro Luís Roberto Barroso destaca ainda que a adesão do trabalhador ao plano de dispensa voluntária, fruto da negociação coletiva entre sindicatos, associações profissionais e trabalhadores, com menção expressa à quitação de todas as verbas decorrentes do contrato de trabalho, não se trata de renúncia, mas de transação quanto a eventuais direitos de caráter patrimonial ainda pendentes: *"Houve, portanto, no presente caso, inequívoco exercício da autonomia da vontade coletiva da categoria dos bancários. Tal categoria, mediante instrumento autônomo, dispôs sobre as regras que pautariam o plano de demissão voluntária do BESC, permitindo que aqueles que aderissem ao PDI outorgassem quitação plena de toda e qualquer verba oriunda do contrato de trabalho, sem a observância de qualquer outra condição. Em tais circunstâncias, sequer é possível questionar a legitimidade representativa do sindicato, tampouco a consciência da categoria dos empregados sobre as implicações da referida cláusula, uma vez que a própria categoria pressionou os sindicatos a aprová-la. (...)*

Por outro lado, o exercício da autonomia da vontade coletiva não se sujeita aos mesmos limites incidentes sobre o exercício da autonomia da vontade individual, como já demons-

trado. Em razão da reduzida assimetria de poderes entre o empregador e a categoria como ente coletivo, não há que se falar na aplicação, ao caso, do art. 477, § 2º, CLT, voltado para a tutela da relação individual do trabalho e expressamente afastado com base no legítimo exercício da autonomia coletiva.

Coube à autonomia individual da vontade apenas a decisão sobre aderir ou não ao PDI e, portanto, sobre outorgar ou não a quitação, nos termos das normas já aprovadas pela categoria. A reclamante poderia ter optado por permanecer no BESC, protegida pela garantia da estabilidade no emprego de que gozava, mas escolheu desligar-se dele." (...)

Por outro lado, ao aderir ao PDI, a reclamante não abriu mão de parcelas indisponíveis, que constituíssem 'patamar civilizatório mínimo' do trabalhador. Não se sujeitou a condições aviltantes de trabalho (ao contrário, encerrou a relação de trabalho). Não atentou contra a saúde ou a segurança no trabalho. Não abriu mão de ter a sua CNTP assinada. Apenas transacionou eventuais direitos de caráter patrimonial ainda pendentes, que justamente por serem 'eventuais' eram incertos, configurando res dubia, e optou por receber, em seu lugar, de forma certa e imediata, a importância correspondente a 78 (setenta e oito) vezes o valor da maior remuneração que percebeu no Banco. Teve garantida, ainda, a manutenção do plano de saúde pelo prazo de 1 (um) ano, a contar do seu desligamento. Não há que se falar, portanto, em renúncia a direito indisponível."

Em que pese a jurisprudência consolidada do TST (OJ 270, SDI-I), destaca-se que o STF é, por excelência, o guardião da Constituição Federal, norma maior do ordenamento jurídico brasileiro e pilar principal do Estado Democrático de Direito brasileiro e atualmente suas decisões consolidadas são de grande relevância e prestígio, podendo atingir, inclusive, efeito vinculante (conforme inovações da EC 45/04, que trouxe o art. 103-A à CF).

Para que a decisão do STF possa ser aplicável ao caso concreto, é necessário que seja observado: (a) se há nos autos o documento da transação extrajudicial; (b) se o documento da transação extrajudicial implica rescisão do contrato; (c) se o documento indica a adesão voluntária do empregado a plano de dispensa voluntária; (d) se o documento enseja a quitação ampla e irrestrita de todas as parcelas objeto do contrato de trabalho; (e) verificar, no acordo coletivo, se a quitação ampla e irrestrita (quanto as parcelas objeto do contrato de trabalho) consta de alguma cláusula normativa, identificando-a; (f) verificar, no documento assinado pelo trabalhador, se a quitação ampla e irrestrita (quanto as parcelas objeto do contrato de trabalho) consta de alguma cláusula, identificando.

Vale dizer, a repercussão geral somente poderá ser acatada se houver tais elementos de forma simultânea no exame dos autos.

Sem dúvidas, o teor da repercussão geral influenciou o legislador da Reforma Trabalhista, visto que a Lei 13.467/17 acresceu o art. 477-B ao texto da CLT, ao indicar que: *"Plano de Demissão Voluntária ou Incentivada, para dispensa individual, plúrima ou coletiva, previsto em convenção coletiva ou acordo coletivo de trabalho, enseja quitação plena e irrevogável dos direitos decorrentes da relação empregatícia, salvo disposição em contrário estipulada entre as partes".*

8.2.3 Princípio da continuidade da relação de emprego

Pelo princípio da continuidade, os contratos de trabalho devem ter uma validade por tempo indeterminado, assegurando-se ao máximo para o trabalhador a oportunidade de permanecer no seu emprego.[22]

O princípio da continuidade *"é aquele em virtude do qual o contrato de trabalho perdura até que sobrevenham circunstâncias previstas pelas partes ou em lei, como idôneas para fazê-lo cessar. Tais circunstâncias podem ser, por exemplo, um pedido de demissão, uma despedida, um termo".*[23]

Segundo Américo Plá Rodriguez,[24] para compreendermos *"este princípio devemos partir da base que o contrato de trabalho é um contrato de trato sucessivo, ou seja, que a relação de emprego não se esgota mediante a realização instantânea de certo ato, mas perdura no tempo. A relação empregatícia não é efêmera, mas pressupõe uma vinculação que se prolonga."*[25]

Após atribuir ao princípio da continuidade as projeções (preferência pelos contratos de duração indeferida; amplitude para a admissão das transformações do contrato; facilidade para manter o contrato, apesar dos descumprimentos ou nulidades em que haja incorrido; resistência em admitir a rescisão unilateral do contrato, por vontade patronal; interpretação das interrupções dos contratos como simples suspensões; manutenção do contrato nos casos de substituição do empregador), Américo Plá Rodriguez[26] conclui que, *"observando e resumindo este conjunto de projeções, podemos dizer que a continuidade se sobrepõe à fraude, à variação, à infração, à arbitrariedade, à interrupção e à substituição".*

Em decorrência do princípio da continuidade da relação de emprego, têm-se as seguintes aplicações[27] no âmbito do Direito do Trabalho:

---

[22] "Se quiséssemos resumir o significado deste princípio em uma frase escolheríamos uma cunhada por Manuel Alonso Olea que, pela forma significativa de suas palavras, não usuais no âmbito jurídico, resulta particularmente ilustrativa e feliz: 'O contrato de trabalho é, por assim dizer, um negócio jurídico de extrema vitalidade, de uma grande dureza e resistência em sua duração' [...] Traduzido em palavras menos originais, podemos dizer que este princípio expressa a tendência atual do Direito do Trabalho de atribuir à relação de emprego a mais ampla duração, sob todos os aspectos" (RODRIGUEZ, Américo Plá. Ob. cit., p. 136).

[23] SILVA, Luiz de Pinho Pedreira da. Ob. cit., p. 144.

[24] RODRIGUEZ, Américo Plá. Ob. cit., p. 134.

[25] RODRIGUEZ, Américo Plá. Ob. cit., p. 134.

[26] RODRIGUEZ, Américo Plá. Ob. cit., p. 139.

[27] "Vejamos, então, qual é o verdadeiro alcance deste princípio. Acreditamos que pode haver acordo em atribuir-lhe as seguintes projeções: (1) preferência pelos contratos de duração indefinida; (2) amplitude para a admissão das transformações do contrato; (3) facilidade para manter o contrato, apesar dos descumprimentos ou nulidades em que se haja incorrido; (4) resistência em admitir a rescisão unilateral do contrato, por vontade patronal; (5) interpretação das interrupções dos contratos como simples suspensões e (6) manutenção do contrato nos casos de substituição do empregador" (RODRIGUEZ, Américo Plá. Ob. cit., p. 139).

a) as relações são vinculações que se desenvolvem, não se permitindo a sua rescisão a não ser em casos justificados e de relevante motivo social, dado que o trabalho é necessário para a subsistência do ser humano;

b) a integração do trabalhador na estrutura e dinâmica empresariais, logo, a alteração na estrutura jurídica da empresa, não irá afetar os direitos adquiridos dos seus empregados (arts. 10 e 448, CLT). Em face do fenômeno da sucessão trabalhista, os contratos de trabalho permanecem inalterados;

c) como regra, a indeterminação dos contratos de trabalho (arts. 443 e segs.);

d) a tendência da elevação dos direitos trabalhistas decorrentes das conquistas individuais ou coletivas, as quais se integram ao contrato individual do trabalho;

e) a importância do emprego, como fator de dignidade do trabalhador pelo caráter alimentar dos direitos trabalhistas;

f) presunções favoráveis ao trabalhador, como no caso do abandono de emprego (Súm. 212, TST).

8.2.4 Princípio da primazia da realidade

Pelo princípio da primazia da realidade (também intitulado contrato realidade), no caso de discordância entre o que ocorre de fato e o que está nos documentos trabalhistas, haverá a prevalência do sucedido no plano dos fatos.[28]

---

[28] "Esse desajuste entre os fatos e a forma pode ter diferentes procedências: (1) resultar de uma intenção deliberada de fingir ou simular uma situação jurídica distinta da real. É o que se costuma chamar de simulação. É muito difícil conceber casos de simulação absoluta na qual se pretenda apresentar um contrato de trabalho, quando na realidade não exista nada. Ao contrário, o mais frequente é o caso das simulações relativas, nas quais se dissimula o contrato real, substituindo--o ficticiamente por um contrato diverso. As diferenças entre o contrato simulado e o efetivo podem versar sobre todos os aspectos: as partes, as tarefas, os horários, as retribuições etc. Nesta categoria se pode fazer outra grande distinção entre as simulações acordadas bilateralmente e as impostas ou dispostas unilateralmente por uma parte, com toda a variadíssima gama de matizes intermediários; (2) provir de um erro. Esse erro geralmente recai na qualificação do trabalhador e pode estar mais ou menos contaminado de elementos intencionais derivados da falta de consulta adequada ou oportuna. Também essa situação equívoca se pode atribuir a erro imputável a ambas as partes ou a uma só delas; (3) derivar de uma falta de atualização dos dados. O contrato de trabalho é um contrato dinâmico no qual vão constantemente mudando as condições da prestação dos serviços. Para que os documentos reflitam fielmente todas as modificações produzidas, devem ser permanentemente atualizadas. Qualquer omissão ou atraso determina um desajuste entre o que surge dos elementos formais e o que resulta da realidade; (4) originar-se da falta de cumprimento de requisitos formais. Algumas vezes, para ingressar ou ter acesso a um estabelecimento, requer--se a formalidade da nomeação por parte de determinado órgão da empresa ou o cumprimento de qualquer outro requisito que se haja omitido. Em tais casos, também o que ocorre na prática importa mais do que a formalidade. Em qualquer das quatro hipóteses que mencionamos, os fatos primam sobre as formas. Não é necessário analisar e pesar o grau de intencionalidade ou de responsabilidades de cada uma das partes. O que interessa é determinar o que ocorra no terreno dos fatos, o que poderia ser provado na forma e pelos meios de que se disponham em cada caso.

Para o Direito do Trabalho, os documentos são válidos desde que estejam em sintonia com a realidade diária do contrato individual de trabalho.

Na visão de Mauricio Godinho Delgado,[29] a pesquisa, no âmbito do Direito do Trabalho, de forma preferencial, deve estar relacionada com a *"prática concreta efetivada ao longo da prestação dos serviços, independentemente da vontade eventualmente manifestada pelas partes na respectiva relação jurídica. A prática habitual – na qualidade de uso – altera o contrato pactuado, gerando direitos e obrigações novos às partes contratantes (respeitada a fronteira da inalterabilidade contratual lesiva). Desse modo, o conteúdo do contrato de trabalho não se circunscreve ao transposto no correspondente instrumento escrito, incorporando amplamente todos os matizes lançados pelo cotidiano da prestação dos serviços. O princípio do contrato realidade autoriza, assim, por exemplo, a descaracterização de uma pactuada relação civil de prestação de serviços, desde que no cumprimento do contrato despontem, concretamente, todos os elementos fático-jurídicos da relação de emprego (trabalho por pessoa física, com pessoalidade, não eventualidade, onerosidade e sob subordinação). O princípio da primazia da realidade sobre a forma constitui-se em poderoso instrumento para a pesquisa e encontro da verdade real em uma situação de litígio trabalhista".*

8.2.5 Princípio da razoabilidade

De acordo com o princípio da razoabilidade, deve-se partir do pressuposto de que o ser humano, em suas relações trabalhistas, procede e deve proceder conforme a razão do homem comum, atuando segundo determinados padrões de conduta que são frequentes e lógicos. Exemplifica-se: (a) como o salário é necessário para a subsistência do ser humano, não é razoável que um empregado, sem motivo, abandone o emprego. Portanto, a temática do abandono de emprego deve estar bem evidenciada para ser acolhida (Súm. 212, TST); (b) não é razoável crer-se que um trabalhador deixe a sua condição de empregado e no dia seguinte passe a ser considerado cooperado, recebendo por hora e sem qualquer tipo de garantia de direitos trabalhistas.

8.2.6 Princípio da boa-fé

O princípio da boa-fé consiste na afirmação de que as partes na relação de emprego devem agir com lealdade, cumprindo honestamente as obrigações assumidas.

Empregado e empregador devem ser sinceros, leais e honestos, não só no ato da contratação, como no desenrolar da prestação dos serviços.

Na sua aplicação, revela-se a existência de dois aspectos: (a) o negativo, não lesar a ninguém; (b) o positivo, agir de maneira ativa na execução da obrigação prometida, respeitando os direitos da outra parte e de terceiro.

Porém demonstrados os fatos, eles não podem ser contrapesados ou neutralizados por documentos ou formalidades" (RODRIGUEZ, Américo Plá. Ob. cit., p. 221).

[29] DELGADO, Mauricio Godinho. *Curso de direito do trabalho*. 5. ed., p. 208.

8.2.7 Princípio da igualdade (não discriminação)

Em face do princípio da igualdade, a lei não deve ser fonte de privilégios ou perseguições, mas um instrumento que regula a vida em sociedade, tratando de forma equitativa todos os cidadãos. Da aplicação do princípio da igualdade surge para o legislador a obrigação de criar condições que assegurem uma igual dignidade social em todos os aspectos. Cotejando-se o referido princípio com as ordens econômica e social, concluímos que o exercício de toda e qualquer atividade econômica visa, também, a uma igualdade social. A efetividade da igualdade implica a busca da justiça real, concreta ou material, deixando-se de lado os aspectos formais. Na busca da justiça real, nem sempre é possível aplicar a lei de forma igualitária, pois é necessário que os desiguais sejam tratados de forma desigual.

O Direito do Trabalho repousa no pressuposto inarredável de proteção ao trabalhador. A história, a partir do século XIX, precipuamente, dá exemplos da exploração desmesurada da força de trabalho.

Para o equilíbrio efetivo da oposição capital e trabalho, surge o Direito do Trabalho, traçando normas públicas reguladoras do conteúdo material dessas relações jurídicas, impondo direitos e obrigações. O escopo foi privilegiar o trabalhador no campo jurídico, traçando restrições ao poder econômico, estabelecendo regras mínimas quanto à jornada, ao salário, à forma de contratação, ao trabalho do menor e da mulher etc.

O princípio da igualdade está inserido em vários dispositivos legais relativos às relações jurídico-trabalhistas.

O art. 7º e os incisos XXX, XXXI, XXXII e XXXIV, CF, determinam: (a) proibição de diferença de salários, de exercício de funções e de critério de admissão por motivo de sexo, idade, cor ou estado civil; (b) proibição de qualquer discriminação no tocante a salário e critérios de admissão do trabalhador portador de deficiência; (c) proibição de distinção entre trabalho manual, técnico e intelectual ou entre os profissionais respectivos; (d) igualdade de direitos entre o trabalhador com vínculo empregatício permanente e o trabalhador avulso.

O Brasil ratificou a Convenção Internacional sobre os Direitos das Pessoas com Deficiência (Convenção de Nova Iorque) e seu Protocolo Opcional, com *status* de emenda constitucional (art. 5º, § 3º, CF) (Decreto 6.949, de 25/8/09, Decreto Legislativo 186, de 9/7/08). Ao lado de outros Tratados, Pactos e Declarações Internacionais que procuram o reconhecimento da pessoa de direito, a Convenção de Nova Iorque prevê uma série de princípios e deveres aos Estados e à sociedade no processo de reconhecimento da pessoa com deficiência, ao procurar assegurar direitos fundamentais como a igualdade e não discriminação (com desdobramentos perante à lei, de acesso à Justiça, aspectos de proteção às mulheres e às crianças etc.), direito à vida (em situações de risco e emergências humanitárias, prevenção contra a exploração, a violência e o abuso, proteção da integridade da pessoa, prevenção contra tortura ou tratamentos ou penas cruéis, desumanos ou degradantes), saúde (inclusive habilitação e reabilitação), educação, liberdades pessoais e perante a coletividade (liberdade e segurança da pessoa, liberdade de movimentação e nacionalidade, vida independente e inclusão na comunidade, mobilidade pessoal, liberdade de expressão e de opinião e acesso à informação), intimidade e privacidade (respeito à privacidade, respeito pelo lar e pela família), padrão de vida e proteção social adequados, participação na vida social (política e pública, cultural e em recreação, lazer e esporte), trabalho e emprego e políticas públicas de conscientização e acessibilidade, além da criação de sistemas de informação (estatísticas e coleta de dados, implementação e monitoramentos nacionais etc.).

O art. 5º, da CLT, reza: "*A todo trabalho de igual valor corresponderá salário igual, sem distinção de sexo.*"

Também não há distinção entre o trabalho realizado no estabelecimento do empregador e o executado no domicílio do empregado e o realizado a distância, desde que estejam caracterizados os pressupostos da relação de emprego (art. 6º, CLT).

Se o trabalhador executa trabalho idêntico, o salário será o mesmo, desde que guardadas suas proporções legais (art. 461, CLT).

Sobre a igualdade de gênero, o art. 373-A, CLT, ressalvadas as disposições legais destinadas a corrigir as distorções que afetam o acesso da mulher ao mercado de trabalho e certas especificidades estabelecidas nos acordos trabalhistas, proíbe:

a) publicar ou fazer publicar anúncio de emprego no qual haja referência ao sexo, à idade, à cor ou situação familiar, salvo quando a natureza da atividade a ser exercida, pública e notoriamente, assim o exigir;

b) recusar emprego, promoção ou motivar a dispensa do trabalho em razão de sexo, idade, cor, situação familiar ou estado de gravidez, salvo quando a natureza da atividade seja notória e publicamente incompatível;

c) considerar o sexo, a idade, a cor ou situação familiar como variável determinante para fins de remuneração, formação profissional e oportunidades de ascensão profissional;

d) exigir atestado ou exame, de qualquer natureza, para comprovação de esterilidade ou gravidez, na admissão ou permanência no emprego;

e) impedir o acesso ou adotar critérios subjetivos para deferimento de inscrição ou aprovação em concursos, em empresas privadas, em razão de sexo, idade, cor, situação familiar ou estado de gravidez;

f) proceder o empregador ou preposto a revistas íntimas nas empregadas ou funcionárias.

No sistema de proteção do trabalho da mulher, a Lei 9.029/95 proíbe a exigência de atestados de gravidez e esterilização e outras práticas discriminatórias para efeitos admissionais ou de permanência da relação jurídica de trabalho.

De acordo com a Lei 7.716/89 (Lei de Crimes Resultantes de Preconceito de Raça ou de Cor), são considerados crimes: (a) por motivo de discriminação de raça, cor, etnia, religião ou procedência nacional obstar a promoção funcional; (b) negar ou obstar emprego em empresa privada; (c) por motivo de discriminação de raça ou de cor ou práticas resultantes do preconceito de descendência ou origem nacional ou étnica: (1) deixar de conceder os equipamentos necessários ao empregado em igualdade de condições com os demais trabalhadores; (2) impedir a ascensão funcional do empregado ou obstar outra forma de benefício profissional; (3) proporcionar ao empregado tratamento diferenciado no ambiente de trabalho, especialmente quanto ao salário; (d) exigir, em anúncios ou qualquer outra forma de recrutamento de trabalhadores, aspectos de aparência próprios de raça ou etnia para emprego cujas atividades não justifiquem essas exigências.

O Estatuto do Idoso (Lei 10.741/03, art. 100) considera crime obstar o acesso de alguém a qualquer cargo público ou negar a alguém emprego ou trabalho por motivo de idade.

O Estatuto da Pessoa com Deficiência (Lei 13.146/15, art. 34), além de trazer diversas regras de proteção, prevê expressamente que a pessoa com deficiência tem direito ao trabalho de sua livre escolha e aceitação, em ambiente acessível e inclusivo, em igualdade de oportunidades com as demais pessoas.

Além disso, o art. 34 dispõe: a) as pessoas jurídicas de direito público, privado ou de qualquer natureza são obrigadas a garantir ambientes de trabalho acessíveis e inclusivos; b) a pessoa com deficiência tem direito, em igualdade de oportunidades com as demais pessoas, a condições justas e favoráveis de trabalho, incluindo igual remuneração por trabalho de igual valor; c) é vedada restrição ao trabalho da pessoa com deficiência e qualquer discriminação em razão de sua condição, inclusive nas etapas de recrutamento, seleção, contratação, admissão, exames admissional e periódico, permanência no emprego, ascensão profissional e reabilitação profissional, bem como exigência de aptidão plena; d) a pessoa com deficiência tem direito à participação e ao acesso a cursos, treinamentos, educação continuada, planos de carreira, promoções, bonificações e incentivos profissionais oferecidos pelo empregador, em igualdade de oportunidades com os demais empregados; e) é garantida aos trabalhadores com deficiência acessibilidade em cursos de formação e de capacitação.

O poder público deve implementar serviços e programas completos de habilitação profissional e de reabilitação profissional para que a pessoa com deficiência possa ingressar, continuar ou retornar ao campo do trabalho, respeitados sua livre escolha, sua vocação e seu interesse (art. 36).

8.2.7.1 Ações afirmativas

Na busca da igualdade real, como sinônimo de justiça social (a efetiva proteção de grupos sociais em situações desfavoráveis, tais como: mulheres, negros, deficientes físicos, crianças e adolescentes, homossexuais etc.), houve a necessidade do implemento de uma série de medidas e políticas sociais com o intuito de atenuar ou eliminar as desigualdades (discriminações) de determinados grupos sociais. Essas medidas podem decorrer de um esforço voluntário (instituições privadas) ou obrigatório (imposto pelo governo federal, estadual e municipal). A esse conjunto de medidas dá-se o nome de ação afirmativa.[30]

---

[30] "Recentemente, como provável fruto das pressões e demandas por parte das organizações sindicais, as políticas de empregos em favor da igualdade de oportunidade a segmentos sociais que se

No âmbito público das ações afirmativas, a atuação estatal pode abranger:

a) a criação de regulamentos, que proíbam condutas discriminatórias, com o estabelecimento de mecanismos legais de proteção e de reparação para as vítimas, além de exigências impostas aos empregadores para que não façam discriminação em favor de certos grupos sociais;
b) políticas públicas, as quais, para atenuar os efeitos da desigualdade, abordem as questões específicas de segregação do mercado, atualização profissional e a adoção do regime de cotas;
c) serviços públicos mais amplos de apoio aos grupos sociais discriminados.

No âmbito das relações do trabalho, como exemplos legais da discriminação positiva, temos:

a) a lei reservará percentual dos cargos e empregos públicos para as pessoas portadoras de deficiência[31] e definirá os critérios de sua admissão (art. 37, VIII,

---

encontram em posições desfavoráveis (mulheres, negros, deficientes físicos etc.) têm conseguido finalmente ser objeto da pauta das negociações coletivas. Em alguns casos, o interesse de corrigir tradicionais práticas discriminatórias e de superar suas novas transformações tem levado várias empresas a ser protagonistas na preparação e execução de políticas de empregos, promovendo ações que afirmam os princípios de igualdade de oportunidades. É assim que vêm sendo chamadas as ações afirmativas (*affirmative actions*). As ações afirmativas, estabelecidas pelos países da União Europeia em 1984, por meio da Comissão Europeia, na direção-geral Emprego, Relações Industriais e Questões Sociais, têm como objetivo contribuir para cancelar ou corrigir as desigualdades de fato, de maneira a promover a presença e a participação de mulheres em todos os setores profissionais e em todos os níveis de responsabilidade. Logo, tais iniciativas visam predispor condutas que afirmam os princípios de igualdade de tratamento, remuneração, ascensão de carreira, promoção e formação entre homens e mulheres nos locais de trabalho. Muitas vezes as ações afirmativas nas empresas refletem o novo patamar do diálogo negociado entre trabalhadores, sindicatos, Estado e empresários em favor da igualdade de fato. As transformações no mundo do trabalho, o aumento da competitividade, e uma maior democratização nas relações de trabalho encaminham para que as empresas sejam levadas a considerar como parte de sua estratégia o relacionamento com seus interlocutores sociais: as entidades sindicais. Estas mediações institucionais das ações afirmativas, inseridas como parte das estratégias das relações industriais, podem ter fruto a longo prazo. Nesse caso, tais ações colocam-se como um instrumento que incentiva a adesão e a participação crescentes, aprimorando o estilo de *performance*/qualidade da própria empresa. É interessante o exemplo da Bélgica: quando as empresas assinaram as convenções com os sindicatos para implementares as ações afirmativas – setor metalúrgico, de construção, da eletrônica – conseguiram responder às necessidades de recrutamento e manutenção do pessoal qualificado. Tais empresas conseguiram qualificar o segmento de mão de obra feminina recém-desempregado, que já formava o exército de reserva, possibilitando sua nova reinserção nos ofícios técnicos tradicionalmente ocupados só por homens" (SANTOS, Enoque Ribeiro dos. As *affirmative actions* (ações afirmativas) e a nova redação da Súmula 244 do Tribunal Superior do Trabalho, *Temas modernos de direito do trabalho*, p. 147-159).

[31] O Decreto 3.298/99 dispõe sobre a Política Nacional para a Integração da Pessoa Portadora de Deficiência.

CF) (Lei 7.853/89). A Lei 12.990/14 reserva o percentual de 20% aos negros das vagas oferecidas nos concursos públicos para provimento de cargos efetivos e empregos públicos no âmbito da administração pública federal, das autarquias, das fundações públicas, das empresas públicas e das sociedades de economia mista controladas pela União;

b) a empresa, com 100 empregados ou mais empregados está obrigada a preencher de 2% a 5% dos seus cargos com beneficiários reabilitados ou pessoas com deficiência, habilitadas, na seguinte proporção: (1) até 200 empregados – 2%; (2) de 201 a 500 empregados – 3%; (3) de 501 a 1.000 empregados – 4%; (4) de 1.001 empregados em diante – 5% (art. 93, *caput*, Lei 8.213/91);

c) a dispensa de pessoa com deficiência ou de beneficiário reabilitado da Previdência Social ao final de contrato determinado de mais de 90 dias, e a imotivada, no contrato por prazo indeterminado, só poderá ocorrer após a contratação de outro trabalhador com deficiência ou beneficiário reabilitado da Previdência Social (art. 93, § 1º, Lei 8.213, com a redação dada pela Lei 13.146/15);

d) os estabelecimentos de qualquer natureza são obrigados a empregar e matricular nos cursos dos Serviços Nacionais de Aprendizagem número de aprendizes equivalente a 5%, no mínimo, e 15%, no máximo, dos trabalhadores existentes em cada estabelecimento, cujas funções demandem formação profissional (art. 429, CLT), salvo quando o empregador for entidade sem fins lucrativos, que tenha por objetivo a educação profissional (art. 429, § 1-A, CLT, Lei 13.467);

e) a Lei 9.029/95, que proíbe a exigência de atestado de gravidez e esterilização e outras práticas discriminatórias, para efeitos de admissão ou de permanência da relação jurídica de trabalho;

f) normas de proteção ao trabalho da mulher e da criança e adolescente;

g) na admissão do idoso em qualquer trabalho ou emprego, é vedada a discriminação e a fixação de limite máximo de idade, inclusive para concursos, ressalvados os casos em que a natureza do cargo o exigir. O primeiro critério de desempate em concurso público será a idade, dando-se preferência ao de idade mais elevada (art. 27, Lei 10.741/03, Estatuto do Idoso).

Na esfera das instituições privadas, como forma de ação afirmativa, tem-se a responsabilidade social das empresas, a qual possui como *"base uma relação ética com os trabalhadores, sindicatos, com a comunidade e outros parceiros sociais. Pressupõe a transformação dos sistemas de gestão, mediante a utilização de um conjunto de ferramentas que agirão sobre todos os relacionamentos organizacionais. Isto quer dizer que responsabilidade social envolve a redefinição dos relacionamentos em todos os quadrantes da organização (trabalhadores, sindicatos, acionistas, fornecedores, entidades governamentais etc.). A responsabilidade social das empresas apresenta similitude com o conceito de governança corporativa, que consiste no conjunto de procedimentos de gestão que lida com o poder de aplicar os recursos da empresa segundo o interesse de seus diversos financiadores e colaboradores (incluindo aqui os trabalhadores), cabendo aos gestores evitar que haja expropriação de um grupo por outro. Dessa forma, prevê a participação democrática de todos os parceiros, primando pela proteção e representação das minorias, dentro do princípio da boa-fé e da transparência nas relações. Logo, a responsabilidade social da empresa envolve a contabilidade de dados verdadeiros, tornados públicos, por meio de auditorias independentes, comprometidas com os princípios da transparência".*[32]

QUESTIONÁRIO

1. Quais são os princípios peculiares do Direito do Trabalho?
2. Qual é a importância do princípio protetor no Direito do Trabalho?
3. Qual é a interação do princípio protetor com a hierarquia das fontes trabalhistas?
4. O que significa o princípio da irrenunciabilidade?
5. A renúncia é possível no Direito do Trabalho?
6. A flexibilização representa uma derrogação do princípio da irrenunciabilidade?
7. Qual é a importância do princípio da continuidade na sucessão trabalhista?
8. Qual é o significado do princípio da razoabilidade para o Direito do Trabalho?
9. A justa causa representa uma violação ao princípio da boa-fé?
10. No Direito do Trabalho deve preponderar a igualdade material ou formal?
11. O que representa a expressão "ações afirmativas"?

---

[32] SANTOS, Enoque Ribeiro dos. Ob. cit., p. 154-156.

Capítulo IX
FONTES DO DIREITO

9.1 A SISTEMÁTICA DAS FONTES NA CIÊNCIA JURÍDICA

Na Ciência Jurídica, fontes são *"os meios pelos quais se formam ou se estabelecem às normas jurídicas. São os órgãos sociais de que dimana o direito objetivo".*[1]

O termo "fontes" comporta vários significados: (a) origem do Direito; (b) fundamento da validade das normas jurídicas; (c) exteriorização do Direito.

Fontes reais ou materiais representam a essência do Direito. São todas as influências externas, em determinando momento, que levam à formação das normas jurídicas.[2] Exemplos: movimentos sociológicos, ecológicos, princípios ideológicos, necessidades locais, regionais, nacionais, forma de governo, riqueza econômica, crises econômicas etc.

Fontes formais[3] denotam os modos de expressão das normas jurídicas: a lei, o costume, a jurisprudência, os princípios gerais do Direito, as normas coletivas de trabalho

---

[1] MONTEIRO, Washington de Barros. *Curso de direito civil*, v. 1, 33. ed., p. 12.
[2] "Dito isso, passemos à primeira questão: que se deve entender por fontes materiais do direito? São as constituídas por fenômenos sociais e por dados extraídos da realidade social, das tradições e dos ideais dominantes, com as quais o legislador, resolvendo questões que dele exigem solução, dá conteúdo ou matéria às regras jurídicas, isto é, às fontes formais do direito (lei, regulamento etc.). Tais fontes se confundem com os fatores sociais do direito e, portanto, com a realidade histórico-social. Quais são eles? São de várias espécies, dentre os quais destacamos o econômico, o geográfico, o moral, o religioso, o técnico, o histórico e até o ideal predominante em uma época" (GUSMÃO, Paulo Dourado de. *Introdução ao estudo do direito*, 31. ed., p. 102).
[3] "São os meios ou as formas pelas quais o direito positivo se apresenta na História [...] São, assim, os meios de conhecimento e de expressão do direito, isto é, de formulação do direito, nos quais com certeza o identificamos. São os meios ou as formas (lei, costume, decreto etc.) pelos quais a matéria (econômica, moral, técnica etc.), que não é jurídica, mas que necessita de disciplina jurídica, transforma-se em jurídica. Tais fontes, ditas secundárias, supõem as fontes materiais ou reais do direito, conhecidas por fontes primárias [...] De modo geral, pode-se dizer que as fontes formais do direito são estatais, ou de direito escrito, e não estatais. Dentre as fontes estatais, temos a lei, enquanto entre as não estatais, isto é, entre as que não dependem da atividade legislativa do Estado: o costume, o contrato coletivo de trabalho, a doutrina, o tratado internacional etc. As fontes formais do direito podem ser classificadas em três categorias: 1ª, fontes estatais do direito

(convenções e acordos coletivos de trabalho) e a doutrina, representando as fontes no sentido técnico.

As fontes materiais sintetizam o conhecimento e a criação da norma jurídica. Por outro lado, as fontes formais são retratadas nas normas jurídicas.

9.2 A CLASSIFICAÇÃO DAS FONTES FORMAIS

As fontes formais dividem-se em diretas (ou imediatas) e indiretas (ou mediatas). Fontes diretas ou imediatas possuem a força necessária para gerar a norma jurídica, são a lei e o costume. As indiretas ou mediatas não possuem a referida força, porém, ao longo do tempo, levam ao surgimento da norma, são a doutrina e a jurisprudência.

9.2.1 Fontes formais diretas ou imediatas

9.2.1.1 Lei

A lei é a fonte formal por excelência. Para alguns, o termo "lei" deriva do verbo latino *ligare*, sintetizando aquilo que liga, aquilo que vincula, aquilo que obriga. Para outros, a origem repousa no verbo *legere*, ou seja, aquilo que se lê.

O termo "lei" denota a regra geral e constante, seja no mundo físico, como jurídico, que representa a ordem dos fenômenos. No mundo jurídico, sintetiza o pensamento deliberado e consciente, emanado dos órgãos competentes, do que vem a ser o Direito.

Onde se adota a sistemática do Direito Codificado,[4] o Direito tem como fonte básica a lei. É a norma geral e abstrata emanada do poder competente e provida de forma obrigatória.

(lei, regulamento, decreto-lei, medida provisória); 2ª, fontes infra-estatais (costume, contrato coletivo de trabalho, jurisprudência, doutrina); 3ª, fontes supra-estatais (tratados internacionais, costumes internacionais, princípios gerais do direito dos povos civilizados). Poderíamos dizer ainda que as fontes formais do direito podem ser: (1) de direito interno, isto é, de direito nacional (lei, regulamento, decreto-lei, jurisprudência dos tribunais estatais, direito interno consuetudinário, contrato coletivo de trabalho, doutrina); (2) de direito comunitário, como as do direito da União Europeia; (3) de direito internacional (tratado, costumes internacionais, princípios gerais do direito dos povos civilizados, jurisprudência da Corte Internacional de Justiça e a ciência do direito internacional). De modo mais amplo: (1) legislativas (lei, regulamento, decreto-lei); (2) consuetudinárias (costumes); (3) jurisprudenciais (formadas pela jurisprudência dos tribunais estatais e da Corte Internacional); (4) convencionais (tratados internacionais, contrato coletivo de trabalho); (5) doutrinárias (opinião dos juristas no campo do direito interno e no do direito internacional)" (GUSMÃO, Paulo Dourado de. Ob. cit., p. 104).

[4] Código é o "conjunto ordenado de princípios e disposições legais alusivos a certo ramo do direito positivo, redigido sob a forma de artigos, que, às vezes, se subdividem em parágrafos e incisos, agrupando-se em capítulos, títulos e livros" (DINIZ, Maria Helena. *Dicionário jurídico*, v. 1, p. 629).

A lei é um elemento vital para a própria manutenção da ordem social, constituindo-se em fonte primordial do direito. Por meio deste preceito enunciativo, o Direito atua como fonte reguladora dos comportamentos em sociedade, impondo regras e sanções.

Em função dessa importância, derivam os elementos do que vem a ser lei: é um preceito comum, pois se dirige aos membros da coletividade; é obrigatória e deve emanar do poder competente.

No Brasil, a lei trabalhista se revela na Constituição, na CLT e em legislação esparsa.

9.2.1.2 Costumes

O costume é uma forma reiterada e única de comportamento, caracterizando-se pela sua continuidade, publicidade e generalidade. De forma lenta e espontânea, pela reiteração do comportamento, torna-se uma norma jurídica.

Para Paulo Dourado de Gusmão,[5] em termos jurídicos, o costume é a *"regra de conduta usualmente observada em um meio social por ser considerada juridicamente obrigatória e necessária. É a forma usual de agir considerada no meio social juridicamente obrigatória"*.

O costume não se confunde com os usos, os quais, apesar de serem destituídos de obrigatoriedade, são úteis. Em comum, os usos e os costumes têm a sua reiteração, contudo, quando adota um caráter de obrigatoriedade, o uso passa a ser um costume.[6]

No Direito antigo, o costume representava a essência em relação à origem do Direito. Hoje, com o avanço das codificações, foi perdendo sua importância. Porém, nos países onde se prepondera o *Common Law*, é ainda fonte vital, pelos intitulados precedentes judiciários *case law*.

A legitimidade do costume *"promana dessa reiteração que produz a tendência à conformidade geral, transformando-a em ordem autoritária do ente coletivo. São, pois, condições indispensáveis à sua vigência: (a) sua continuidade; (b) sua uniformidade; (c) sua diuturnidade; (d) sua moralidade; (e) sua obrigatoriedade".*[7]

Em relação à lei, o costume pode apresentar-se numa das seguintes categorias: *praeter legem*, *secundum legem* e *contra legem*.

Na primeira categoria (*praeter legem*), ele *"caracteriza-se pelo seu cunho supletivo, só intervém na ausência ou omissão da lei; no segundo, o preceito, não contido na norma, é reconhecido e admitido com eficácia obrigatória; no terceiro, surge como norma contrária à lei. Os costumes são admitidos excepcionalmente para suprir lacunas ou deficiências da lei;*

---

[5] GUSMÃO, Paulo Dourado de. Ob. cit., p. 119.
[6] "O que distingue o costume dos demais usos sociais é a convicção de sua obrigatoriedade e de sua necessidade jurídica (*opinio iuris et necessitatis*), ou seja, a convicção de que determinada regra costumeira é jurídica, obrigatória e necessária. Temos, portanto, no costume a repetição constante, ininterrupta, por largo tempo de uma conduta ou de um ato, que gera a convicção jurídica de sua obrigatoriedade para os negócios, para a convivência social etc. Em se formando essa convicção, opera-se à transformação em costume jurídico" (GUSMÃO, Paulo Dourado de. Ob. cit., p. 120).
[7] MONTEIRO, Washington de Barros. Ob. cit., p. 19.

por motivos óbvios, os Tribunais jamais poderão acolhê-los contra preceito legal expresso. Se há lei em vigor que prescreva em sentido contrário, não é possível a formação da regra consuetudinária".[8]

No Direito do Trabalho, os costumes são resultantes de três fontes de produção.

Os costumes surgem no seio da própria empresa, fazendo com que os usos atinentes a um grupo de empregados passem a ser normas e que aderem aos contratos de trabalho.[9] Também podem surgir no seio da própria categoria econômica e profissional. Existem categorias que possuem normas peculiares que derivam de padrões reiterados de comportamento e que, pela sua reprodução, aderem aos contratos desses trabalhadores. E, por fim, os costumes são representados pelos comportamentos globais nas relações de trabalho que refletem na ordem jurídica trabalhista.

9.2.2 Fontes formais indiretas ou mediatas

9.2.2.1 Doutrina

A doutrina[10] representa os pareceres dos juristas, os ensinamentos dos professores, as opiniões dos tratadistas e os trabalhos forenses. Materializam-se pela doutrina os melhores critérios de interpretação, sendo um guia para os julgadores e de orientação para os legisladores.

A investigação doutrinária atua na formação do direito positivo das seguintes maneiras: (a) base justificativa e interpretativa do texto legal; (b) fonte supletiva das deficiências e omissões do texto legal; (c) solução das questões para as quais a lei não fornece elementos; (d) repositório de princípios que não podem ser submetidos à lei escrita pela própria natureza.

---

[8] MONTEIRO, Washington de Barros. Ob. cit., p. 19.

[9] Numa esfera mais estreita, há de se admitir que o costume também pode se instaurar na comunidade empresarial. A empresa se apresenta, indubitavelmente, como uma pequena comunidade de pessoas, e nesse sentido também é capaz de admitir ou tolerar comportamentos repetitivos, de modo a que se consubstanciam em costume, e por isso fonte de direitos, dentro dos limites empresariais. Não falamos aqui daqueles preceitos constantes de regulamento de empresa. [...] No caso, o costume empresarial tem as mesmíssimas características do costume social, e surge como vontade consciente, porém limitada à comunidade empresarial. Não há dúvida, entretanto, que o costume empresarial também será fonte de direito autônoma, e aderirá aos contratos de trabalho, como cláusula acessória. O que não se pode admitir é o costume empresarial *contra legem*, o qual, no máximo, corresponderá à violação passível de apenamento pela Auditoria Fiscal do Trabalho" (ZANGRANDO, Carlos. *Curso de direito do trabalho*, v. 1, p. 262).

[10] Para Miguel Reale, a doutrina, ao "contrário do que sustentam alguns, não é fonte do direito, uma vez que as posições teóricas, por mais que seja a força cultural de seus expositores, não dispõem de *per si* do poder de obrigar. É a razão pela qual, como veremos, a doutrina não gera modelos jurídicos, propriamente ditos, que são sempre prescritivos, mas sim modelos dogmáticos ou hermenêuticos, o que em nada lhe diminui a relevância, pois ela desempenha frequentemente uma posição de vanguarda esclarecendo a significação dos modelos jurídicos do Direito graças à edição de modelos jurídicos correspondente aos fatos e valores supervenientes" (*Fontes e modelos do direito*: para um novo paradigma hermenêutico, p. 12).

É comum para os operadores do direito a utilização do argumento de autoridade, isto é, adotar a citação de opiniões doutrinárias, como ponto de fundamento de uma tese jurídica desenvolvida normalmente nas demandas judiciais.

Contudo, uma advertência há de ser feita: *"Os antecedentes judiciais e as lições dos jurisconsultos famosos devem apenas complementar a argumentação e não ocupar o primeiro plano. Os advogados frequentemente abusam do chamado argumento de autoridade, louvando-se mais na palavra dos juristas do que na própria exegese da lei. Argumentam, não com base em raciocínio lógico e jurídico, mas apoiando-se no prestígio de renomados cultores do Direito.*

O recurso ao argumento ab auctoritate *tem por base, muitas vezes, o princípio da inércia: em vez de se desenvolver raciocínio próprio e a citação doutrinária servir de complemento, transcreve-se o raciocínio de alguma autoridade no assunto. É mais fácil para o causídico e também para o magistrado que, receoso de errar, prefere ficar com a jurisprudência dominante e com os autores de projeção. O procedimento correto se dá quando o magistrado, convencido quanto ao acerto de determinada tese, aduz às suas razões os complementos doutrinários e judiciais. O condenável é seguir-se o caminho oposto, dos assentos doutrinários e jurisprudenciais extrais, por automatismo, a opinião pessoal."*[11]

9.2.2.2 Jurisprudência

O termo "jurisprudência" é derivado do latim *jurisprudentia*, de *jus* (Direito, Ciência do Direito) e *prudentia* (sabedoria). De forma literal, pode ser entendido como a Ciência do Direito vista como sabedoria. Também é utilizado para designar o conjunto de decisões relativas a uma matéria ou a coleção de decisões de um tribunal.[12]

Para o sistema jurídico anglo-saxão (*Common Law*), a jurisprudência é a base constitutiva da lei comum. Quem possuir a seu favor os precedentes judiciários ganhará,

---

[11] NADER, Paulo. *Introdução ao estudo do direito*. 22. ed., p. 179.

[12] "Na linha doutrinária de A. Torre, distinguimos, no conceito moderno de jurisprudência, duas noções: (1) Jurisprudência em sentido amplo; (2) Jurisprudência em sentido estrito. 1 – Jurisprudência em Sentido Amplo: é a coletânea de decisões proferidas pelos juízes ou tribunais sobre uma determinada matéria jurídica. Tal conceito comporta: (a) Jurisprudência uniforme: quando as decisões são convergentes; quando a interpretação judicial oferece idêntico sentido e alcance às normas jurídicas; (b) Jurisprudência contraditória: esta ocorre em face da divergência, entre os aplicadores do Direito, quanto à compreensão do Direito Objetivo. 2 – Jurisprudência em sentido estrito: dentro desta acepção, jurisprudência consiste apenas no conjunto de decisões uniforme, prolatadas pelos órgãos do Poder Judiciário, sobre uma determinada questão jurídica. É a *auctoritas rerum similiter judicatorum* (autoridade dos casos julgados semelhantemente). A nota específica deste sentido é a uniformidade no critério de julgamento. Tanto esta espécie quanto à anterior pressupõem uma pluralidade de decisões. Se empregássemos o termo apenas em sentido estrito, conforme a quase totalidade dos autores, que significado teriam as expressões: a jurisprudência é divergente; procedimentos para a unificação da jurisprudência. Tais afirmativas seriam contraditórias, pois, o que é uniforme não diverge e não necessita de unificação" (NADER, Paulo. Ob. cit., p. 166).

provavelmente, a demanda. Para os sistemas latinos o significado da jurisprudência é de menor realce, mas mesmo assim é inegável o seu fator como fonte do Direito.

O STF, órgão máximo da cúpula de Poder Judiciário, atuando como guardião da Constituição, possui várias súmulas a respeito das matérias trabalhistas constitucionais.

O STJ, como órgão responsável pela uniformização da jurisprudência a respeito da legislação federal infraconstitucional, também tem uma série de súmulas pertinentes às relações de trabalho, notadamente no campo dos conflitos de competência.

No âmbito da Justiça do Trabalho, têm-se: as Súmulas,[13] os Precedentes Normativos (PN), as Orientações Jurisprudenciais do Pleno (OJ), as Orientações Jurisprudenciais da Seção de Dissídios Coletivos, as Orientações Jurisprudenciais da Seção Especializada em Dissídios Individuais (SDI-I e II), todos de lavra do Colendo TST. Aos tribunais regionais cabiam a uniformização da sua jurisprudência (art. 896, § 3º, CLT, revogado pela Lei 13.467/17, Reforma Trabalhista).

A EC 45/04 estabeleceu a súmula vinculante (art. 103-A).[14]

As súmulas traduzem a jurisprudência uniforme, mas a sua observância não deve ser obrigatória. A sumulação jurisprudencial é útil, pois permite aos operadores do Direito o conhecimento antecipado dos tribunais. Atua como referência interpretativa.

---

[13] O termo "Enunciado" foi alterado para "Súmula" de acordo com a Resolução 129 do TST.

[14] Até o mês de março de 2017, o Plenário do STF aprovou 56 súmulas vinculantes. Dentre elas, as relacionadas com o Direito do Trabalho e o Direito Processual do Trabalho: "*Salvo nos casos previstos na Constituição, o salário mínimo não pode ser usado como indexador de base de cálculo de vantagem de servidor público ou de empregado, nem ser substituído por decisão judicial*" (Súm. 4); "*Não viola a Constituição o estabelecimento de remuneração inferior ao salário mínimo para as praças prestadoras de serviço militar inicial*" (Súm. 6); "*O cálculo de gratificações e outras vantagens do servidor público não incide sobre o abono utilizado para se atingir o salário mínimo*" (Súm. 15); "*Os artigos 7º, IV, e 39, § 3º (redação da EC 19/98), da Constituição, referem-se ao total da remuneração percebida pelo servidor público*" (Súm. 16); "*A Justiça do Trabalho é competente para processar e julgar as ações de indenização por danos morais e patrimoniais decorrentes de acidente de trabalho propostas por empregado contra empregador, inclusive aquelas que ainda não possuíam sentença de mérito em primeiro grau quando da promulgação da Emenda Constitucional nº 45/04*" (Súm. 22); "*A Justiça do Trabalho é competente para processar e julgar ação possessória ajuizada em decorrência do exercício do direito de greve pelos trabalhadores da iniciativa privada*" (Súm. 23); "*É ilícita a prisão civil de depositário infiel, qualquer que seja a modalidade do depósito*" (Súm. 25); "*Não cabe ao Poder Judiciário, que não tem função legislativa, aumentar vencimentos de servidores públicos sob o fundamento de isonomia*" (Súm. 37); "*A contribuição confederativa de que trata o art. 8º, IV, da Constituição Federal, só é exigível dos filiados ao sindicato respectivo*" (Súm. 40); "*A competência da Justiça do Trabalho prevista no art. 114, VIII, da Constituição Federal alcança a execução de ofício das contribuições previdenciárias relativas ao objeto da condenação constante das sentenças que proferir e acordos por ela homologados*" (Súm. 53); "*O direito ao auxílio-alimentação não se estende aos servidores inativos* (Súm. 55).

É inegável que a súmula é um valioso instrumento, o qual pode ser invocado pelos advogados como elemento de persuasão, mas não pode ser vinculante para nenhuma esfera do Poder Judiciário.[15]

Geralmente, os tribunais e juízes inferiores utilizam as súmulas como fundamento de suas decisões e soluções. Contudo, tornar-se, na prática, a súmula de instrumento referencial para os operadores do Direito em fator vinculativo é denegrir a imagem do Judiciário.

O juiz, quando adota a súmula como critério de solução, não renuncia ao seu livre convencimento, que é essencial ao ato de julgar. Todavia, obrigá-lo a adotar um critério interpretativo vinculante é um exagero. O juiz deve ser livre para julgar e apreciar o caso concreto. Vale dizer, ao adotar ou não a súmula, o juiz faz por um convencimento próprio, de acordo com os elementos constantes dos autos e não por uma imposição.

A solução do entrave jurisdicional, pelo volume exacerbado de demandas, deve procurar outras soluções, tais como: o juízo arbitral, criação de novos tribunais especializados, a transformação de fato do STF em corte constitucional, o aumento do número de juízes, a modernização instrumental e a simplificação processual.

De acordo com o CPC (art. 932, IV e V), ao relator incumbe negar ou dar provimento ao recurso que for contrário a: (a) súmula do STF, do STJ ou do próprio tribunal; (b) acórdão proferido pelo STF ou pelo STJ em julgamento de recursos repetitivos; (c) entendimento firmado em incidente de resolução de demandas repetitivas ou de assunção de competência. Da decisão do relator, cabe agravo (art. 1.021, CPC).

Aliás, o CPC realça o princípio da responsabilidade institucional ao indicar que os juízes e os tribunais observarão: (a) decisões do STF em controle concentrado de constitucionalidade; (b) os enunciados de súmula vinculante; (c) os acórdãos em incidente

---

[15] "Correntes favoráveis ao efeito vinculante, com as quais concordamos, entendem que sua adoção tornará a justiça mais ágil e eficiente, porque impedirá a interposição desnecessária de milhares de ações, bem como de recursos meramente protelatórios, como aqueles muitas vezes apresentados pela Administração Pública, objetivando pronunciamento sobre teses jurídicas absolutamente iguais e definidas pelos Tribunais Superiores. Em país como o nosso, em que as decisões socioeconômicas são tão díspares, a obrigatoriedade na aplicação sumular virá restaurar a confiança e segurança entre os jurisdicionados, que não correrão o risco de ver suas pretensões, apesar de tratar-se de mera repetição de tantas outras de idêntico teor, resultar em decisões contraditórias, demonstrando a total falta de homogeneização nos pronunciamentos dos Tribunais, o que ocorre repetidamente. Mais um aspecto positivo que merece destaque, é que a obrigatoriedade na aplicação da súmula em análise, implica respeito aos princípios constitucionais da isonomia e legalidade, porque sendo o resultado do emprego da lei ao fato concreto, evitará que continuemos a conviver com decisões conflitantes sobre matérias análogas e levando-se em conta, que as controvérsias não podem ser perpetuadas, necessário, que mediante decisão irrecorrível, seja-lhes posto termo, o que poderá ser feito por meio da súmula vinculante. A adoção trará como consequência lógica, uma igualdade na interpretação legal, que segundo a Constituição Federal, deve ser a mesma para todos os cidadãos e, consoante Sálvio de Figueiredo Teixeira, implica, também, defesa do princípio da segurança jurídica e previsibilidade das decisões judiciais em causas idênticas" (DAIDONE, Décio Sebastião. *A súmula vinculante e impeditiva*, p. 80).

de assunção de competência ou de resolução de demandas repetitivas e em julgamento de recursos extraordinários e especial repetitivos; (d) os enunciados das súmulas do STF em matéria constitucional e do STJ em matéria infraconstitucional; (e) a orientação do plenário ou do órgão especial aos quais estiverem vinculados (art. 927, I a V).

No âmbito do TST, estando a decisão recorrida em consonância com a súmula vinculante do STF ou súmula ou orientação jurisprudencial do TST, poderá o relator, indicando-o, negar seguimento ao recurso de revista, aos embargos ou ao agravo de instrumento. Será denegado seguimento nas hipóteses de intempestividade, deserção, irregularidade de representação ou de ausência de qualquer outro pressuposto extrínseco de admissibilidade, cabendo a interposição de oposição de agravo (art. 894, § 3º, I e II, e § 4º, CLT; art. 896, § 12, CLT).

O ideal do legislador, na elaboração desses dispositivos, é impor celeridade ao processo, evitando a repetição de questões, argumentos e teses já refutadas pela jurisprudência atual e dominante. Todavia, deve ser aplicado com acuidade e prudência, não tolhendo o princípio ao duplo grau de jurisdição (art. 5º, LV, CF).

Na contramão do avanço legislativo adotado pelo CPC/15, a Lei 13.467/17 (Reforma Trabalhista) revogou os §§ 3º a 6º do art. 896, CLT, sendo que foi acrescido ao texto consolidado o § 2º ao art. 8º, com a seguinte redação: *"Súmulas e outros enunciados de jurisprudência editados pelo Tribunal Superior do Trabalho e pelos Tribunais Regionais do Trabalho não poderão restringir direitos legalmente previstos nem criar obrigações que não estejam previstas em lei".*

Também em função da Reforma Trabalhista, o art. 702, I, f, foi alterado, para dispor que o estabelecimento ou alteração de súmulas e outros enunciados de jurisprudência uniforme será pelo quórum de pelo menos 2/3 de seus membros, caso a mesma matéria já tenha sido decidida de forma idêntica por unanimidade em, no mínimo, dois terços das turmas em pelo menos dez sessões diferentes em cada uma delas, podendo, ainda, por maioria de 2/3 de seus membros, restringir os efeitos daquela declaração ou decidir que ela só tenha eficácia a partir de sua publicação no Diário Oficial. Citados quóruns são impossíveis de serem atingidos (para aprovar, 2/3 dos membros do tribunal; para a formalização do incidente de uniformização, que a matéria seja uníssona em 2/3 das turmas em dez sessões diferentes em cada uma delas). A norma é inconstitucional, pois, o art. 96, I, a, CF, estabelece que cabe ao regimento interno do tribunal fixar a competência e o funcionamento dos respectivos órgãos jurisdicionais e administrativos.

QUESTIONÁRIO

1. Qual é o conceito de fontes do Direito?

2. Qual é o significado da expressão "fontes materiais do Direito"?

3. O que representa "fontes formais" do Direito?

4. Como se classificam as fontes do Direito?

5. Qual a importância da lei para o Direito?

6. Quais são as formas que levam ao surgimento dos costumes nas relações jurídico-trabalhistas?

7. Qual é a importância da doutrina?

8. Qual é o significado da jurisprudência e como a mesma se apresenta no Direito do Trabalho?

9. Qual é a sua opinião a respeito das súmulas vinculantes?

Capítulo X
FONTES DO DIREITO DO TRABALHO

No Direito do Trabalho, a norma jurídica[1] é emanada de várias fontes: (a) fontes estatais – as normas oriundas do Estado e que são divididas em legislativa, jurisdicional e administrativa; (b) fontes não estatais – as normas são emanadas de outras organizações e fontes. Subdividem-se em: (1) negocial, que se caracteriza por meio de ajustes diretos dos interessados; (2) consuetudinária, proveniente da sociedade e dos usos e costumes que cria; e (3) doutrina.

10.1 FONTES NORMATIVAS ESTATAIS

10.1.1 Normas elaboradas pelo legislativo

A Constituição[2] Federal é a base do ordenamento jurídico. Além dessa, dentro do processo legislativo nacional, há outros tipos de Lei: Emendas à Constituição, Leis Complementares, Leis Ordinárias, Leis Delegadas, Medidas Provisórias, Decretos Legislativos e Resoluções (art. 59, CF).

---

[1] "O pluralismo jurídico sustenta a diversificação de processos de formação do direito, entendendo-se por pluralismo jurídico a teoria da origem estatal e não estatal do direito positivo. O direito positivo, segundo o pluralismo, revela-se multiforme. Existem normas jurídicas criadas pelo Estado e também por outros grupos sociais, como a Igreja, as corporações profissionais etc. A lei estadual não encerra todo o direito positivo, de tal modo que o grupo social particular dá origem a uma ordem jurídica própria, total ou parcialmente desvinculada do Estado e, em alguns casos, até mesmo contrária à ordem jurídica estatal" (NASCIMENTO, Amauri Mascaro. *Curso de direito do trabalho*. 24. ed., p. 252).

[2] A palavra "emenda" é originária do latim *emendare*, corrigir, reformar. O Poder Constituinte Originário, ao traçar a Constituição, institui o que se denomina de Poder Constituinte Derivado, o qual tem a incumbência de reformar, atualizar o texto constitucional, por Emendas. Esse processo legislativo é próprio das constituições rígidas, como é o caso da Constituição Brasileira. As Emendas possuem a mesma natureza e força hierárquica das normas constitucionais, surgindo de deliberações do Congresso Nacional (Poder Constituinte Derivado) e que sofrem limitações de natureza substancial, formal e temporal, as quais são previstas na própria Constituição Federal (art. 60).

10.1.2 Normas elaboradas pelo judiciário

As normas elaboradas pelo Judiciário são denominadas sentenças, sendo de dois tipos: as individuais e as normativas.

A sentença individual é uma fonte estatal, compondo conflitos de interesses, os quais têm como objeto direitos e obrigações individuais de um ou vários empregados determinados e seu empregador. A título exemplificativo, temos a demanda trabalhista, na qual os empregados pleiteiam o pagamento do adicional de insalubridade.

As sentenças normativas são as decisões proferidas nos dissídios coletivos de trabalho, nas quais o poder normativo da Justiça do Trabalho pode se manifestar.

O poder normativo da Justiça do Trabalho representava o exercício da sua competência em prolatar sentenças em dissídios coletivos, estabelecendo normas e condições, respeitadas as disposições convencionais e legais mínimas de proteção ao trabalho.

A sentença no dissídio coletivo, quando a Justiça do Trabalho exercitava o poder normativo, iria produzir efeitos que atingiam os que, no momento, eram empregados das empresas, bem como os que ainda o pudessem ser, durante a vigência da sentença.

A doutrina majoritária distingue os dissídios coletivos em dissídios de natureza jurídica ou econômica.

Os de natureza jurídica ocorrem *"quando objetivam a aplicação de uma norma jurídica legal ou convencional, mediante sua mera interpretação, decidindo-se da existência ou inexistência de uma relação jurídica com referência aos fatos da categoria profissional; têm, como se vê, as características de uma ação declaratória, cujo desfecho obrigará aos membros daquela categoria e respectivos empregadores em suas relações individuais"*.[3]

Os de natureza econômica visam *"alterar as normas legais ou contratuais dos membros da categoria, obtendo novas condições de trabalho em geral (salários, jornada etc.). Têm as características de ações constitutivas que visam criar, alterar ou extinguir uma situação jurídica, ou melhor, de uma lei geral"*.[4]

Parte expressiva da doutrina tem afirmado que com a EC 45 o poder normativo da Justiça Laboral deixou de existir, em primeiro lugar, porque a Constituição apenas passou a prever expressamente que, ajuizado o dissídio coletivo de natureza econômica, caberá *"à Justiça do Trabalho decidir o conflito, respeitadas as disposições mínimas legais de proteção ao trabalho, bem como as convencionadas anteriormente"*, não fazendo mais referência à possibilidade de o Judiciário Trabalhista *"estabelecer normas e condições, respeitadas as disposições convencionais e legais mínimas de proteção ao trabalho"*, como estava na redação original do § 2º, art. 114, CF.

Com a alteração constitucional, as disposições convencionais e legais mínimas de proteção ao trabalho passaram apenas a orientar as decisões dos tribunais em questões trabalhistas.

---

[3] CARRION, Valentin. *Comentários à Consolidação das Leis do Trabalho*. 28. ed., p. 679.
[4] CARRION, Valentin. Ob. cit., p. 679.

Ao lado desse argumento também se deve considerar que, com a EC, o ajuizamento do dissídio coletivo de trabalho de natureza econômica, após a recusa de qualquer das partes à negociação coletiva ou à arbitragem, somente pode ocorrer de "comum acordo" pelas partes (art. 114, § 2º) que, por sua vontade, estarão indicando ao Judiciário quais são exatamente as questões divergentes e limitando a prestação jurisdicional.

Com a alteração constitucional, as disposições convencionais e legais mínimas de proteção ao trabalho passaram apenas a orientar as decisões dos tribunais em questões trabalhistas.

O conjunto dessas sentenças, individuais e normativas, compõe a jurisprudência trabalhista e que se cristaliza, em parte, nas Súmulas, Precedentes Normativos (PN) e Orientações Jurisprudenciais da Seção de Dissídios Coletivos (OJ), bem como nas Orientações Jurisprudenciais da Seção de Dissídios Individuais, todos emitidos pelo TST.

10.1.3 Normas elaboradas pelo executivo

O Poder Executivo atua na elaboração das normas jurídicas trabalhistas de duas maneiras: (a) por meio do processo legislativo, ao propor projetos de lei ao Congresso Nacional; (b) como legislador paralelo, expedindo decretos de aumento de salário mínimo, portarias que norteiam as condições da higiene e da segurança do trabalho etc.

10.2 FONTES NORMATIVAS NÃO ESTATAIS

As normas negociais são coletivas, individuais e internacionais.

10.2.1 Normas negociais coletivas

As normas negociais coletivas envolvem: convenções, acordos e contratos coletivos de trabalho.

A convenção coletiva é o acordo de caráter normativo entre dois ou mais sindicatos, representativos das categorias profissional e econômica, que estabelecem condições de trabalho que aderem aos contratos individuais de trabalho.

O acordo coletivo representa um instrumento normativo, de abrangência menor, sendo firmado entre uma ou mais empresas e o sindicato da categoria profissional. Não se aplica a toda categoria.

São instrumentos de melhoria das condições de trabalho, representando formas autocompositivas quanto à solução dos conflitos coletivos de trabalho.

As diferenças entre a convenção coletiva e o acordo coletivo de trabalho são efetuadas em função dos seguintes critérios: (a) sujeitos; (b) nível de negociação; (c) âmbito de aplicação das cláusulas avençadas.

Ilustrando tais diferenças, Amauri Mascaro Nascimento[5] aduz: *"Os entendimentos são feitos diretamente com um empregador ou com dois ou mais empregadores. O acordo*

---

[5] NASCIMENTO, Amauri Mascaro. *Iniciação ao direito do trabalho*. 32. ed., p. 278.

coletivo não é ajuste intersindical porque num dos lados, o patronal, não atua o sindicato. Em consequência, o âmbito de aplicação das convenções coletivas é maior que o dos acordos coletivos, uma vez que se refletem sobre todos os membros da categoria, enquanto que os acordos coletivos envolvem apenas o pessoal da empresa que o fez com o sindicato dos trabalhadores. A convenção é destinada à matéria mais geral, e o acordo, à matéria mais específica. Como se vê, uma é instrumento normativo de efeitos sobre a categoria, e outra, sobre uma ou mais de uma empresa da categoria, mas não sobre toda a categoria. O acordo coletivo destina-se a resolver problemas na empresa. A convenção coletiva na categoria."

A Carta Política de 1988 estabeleceu a necessidade da participação dos sindicatos na negociação coletiva (art. 8º, VI), logo, surgiram dúvidas quanto à legitimação no tocante ao acordo coletivo.

Do lado patronal, para fins de celebração de um acordo coletivo, a legitimação é da empresa (art. 611, § 1º, CLT), não havendo, assim, a necessidade de atuação da entidade sindical representativa da categoria econômica.

As convenções e os acordos coletivos de trabalho representam o princípio que é inerente aos grupos sociais, assegurando o direito de elaborar normas jurídicas que o Estado reconhece (art. 7º, XXVI, CF).

Por sua vez, o contrato coletivo de trabalho não se encontra disciplinado na lei.

Do ponto de vista doutrinário, trata-se de um *"instrumento de negociação e contratação intersetorial e nacional para determinar os princípios mais amplos que deverão reger as relações entre categorias, através de suas associações sindicais, ou entre categoria profissional, através de sua associação sindical representativa, e empresa ou empresas"*,[6] cuja destinação é *"transferir da órbita estatal para a dos próprios interlocutores das relações de trabalho a regulamentação dos princípios norteadores de seus interesses gerais"*.[7]

Atualmente, o contrato coletivo de trabalho representa mais um ideal do que uma realidade. A justificativa deriva da estrutura sindical brasileira e a questão da legitimação para a negociação coletiva. Como o objetivo do contrato coletivo de trabalho é a redução estatal nas relações coletivas de trabalho, deve a ordem jurídica nacional outorgar a legitimação para as centrais sindicais[8] na negociação coletiva.

---

[6] PINTO, José Augusto Rodrigues. *Direito sindical e coletivo do trabalho*, p. 238.
[7] PINTO, José Augusto Rodrigues. Ob. cit., p. 238.
[8] A Lei 11.648/08 dispõe sobre o reconhecimento formal das centrais sindicais dos trabalhadores. Pelo art. 1º, a central sindical, entidade de representação geral dos trabalhadores, constituída em âmbito nacional, terá as seguintes atribuições e prerrogativas: (a) coordenar a representação dos trabalhadores por meio das organizações sindicais a ela filiadas; (b) participar de negociações em fóruns, colegiados de órgãos públicos e demais espaços de diálogo social que possuam composição tripartite, nos quais estejam em discussão assuntos de interesse geral dos trabalhadores. É considerada central sindical a entidade associativa de direito privado, composta por organizações sindicais de trabalhadores. Como se denota, a central sindical não tem legitimidade para atuar em negociação coletiva.

A ordem trabalhista vigente outorga a legitimação para fins de negociação coletiva aos sindicatos nas suas respectivas bases territoriais. As Federações e as Confederações possuem o mesmo poder, exceto nas categorias não organizadas em sindicatos (art. 611, § 2º, CLT).

No futuro, caberá aos interlocutores sociais (Centrais Sindicais e Confederações Patronais), com a adoção dos contratos coletivos de trabalho, entre outros, a fixação das normas e condições de trabalho, o âmbito de aplicação das normas coletivas.

É imperioso que o legislador brasileiro adote os parâmetros normativos inseridos na Recomendação 163, da OIT, a qual propõe a negociação coletiva em todos os níveis da organização sindical.

Os instrumentos normativos (a convenção, o acordo e o contrato coletivo de trabalho) *"qualificam-se como algumas das mais específicas e distintivas marcas próprias do Direito do Trabalho no universo jurídico dos dois últimos séculos. Na verdade, elas destacam o marco que esse ramo jurídico especializado firmou com relação a conceitos e sistemáticas clássicas do Direito Comum: é que elas privilegiam e somente se compreendem em função da noção de ser coletivo (vejam-se além desses três institutos vinculados à negociação coletiva também as figuras do sindicato e da greve, por exemplo), em anteposição à hegemonia inconteste do ser individual no estuário civilista preponderante no universo jurídico".*[9]

10.2.2 Normas negociais individuais

As normas negociais individuais envolvem os contratos individuais de trabalho e os regulamentos de empresas.

O contrato individual de trabalho é uma relação jurídica pela qual uma pessoa, o empregado, obriga-se a prestar a outra, o empregador, trabalho pessoal de natureza não eventual, subordinado e mediante salário.

Francisco Antonio de Oliveira[10] afirma que o contrato individual de trabalho se traduz na célula mater que dá origem ao vínculo empregatício: *"Nele, o empregado e o empregador, individualmente considerados, pactuam a prestação de serviços, a paga como contraprestação. Vale dizer, o empregado entra com a força do seu trabalho, com deveres de obediência, fidelidade e diligência, identificando-se com os objetivos da empresa. O empregador, por sua vez, assume todo o risco do empreendimento, detendo o poder de comando. Isso não significa que poderá agir de forma arbitrária. Deverá propiciar ambiente seguro e sadio. O que for pactuado entre partes constitui lei entre elas. No contrato de trabalho, as partes estão adstritas a um certo dirigismo estatal. Vale dizer que o Estado (a lei) prevê um mínimo (art. 444 da CLT), podendo as partes ir além desse mínimo. Por outro lado, dispõe a lei (art. 468 da CLT) que tudo aquilo que for pactuado, mas que resultar em prejuízo do trabalhador, é de nenhum efeito. Essa proteção de forma exacerbada acaba por transformar o trabalhador em relativamente capaz."*

---

[9] DELGADO, Mauricio Godinho. *Introdução ao direito do trabalho*. 2. ed., p. 118.
[10] OLIVEIRA, Francisco Antonio. *Direito do Trabalho em Sintonia com a Nova Constituição*, p. 50.

O Direito do Trabalho reflete no direito positivo um mínimo de regras, as quais devem ser observadas em todo e qualquer contrato de trabalho. As partes podem estabelecer outras condições, porém, desde que sejam mais benéficas ao trabalhador.

O regulamento da empresa é um conjunto de regras que disciplinam as condições de trabalho, bem como os procedimentos técnicos e administrativos da empresa. O estatuto ou regulamento da empresa completa o contrato de trabalho. É fonte formal do Direito do Trabalho, sendo que submete o trabalhador, exceto no que violar as condições mínimas previstas na lei e nas convenções coletivas. As normas inseridas no regulamento ou estatuto atingem tanto os atuais como os futuros trabalhadores. Qualquer alteração das condições no regulamento ou estatuto somente serão aplicáveis aos trabalhadores desde que sejam mais benéficas (Súm. 51, I, TST).

10.2.3 Normas negociais internacionais

As normas negociais internacionais compreendem os tratados.

Tratado é o acordo internacional por escrito entre Estados e regido pelo Direito Internacional, constante de um instrumento único ou de dois ou mais instrumentos conexos e qualquer que seja sua denominação particular (art. 2º, 1º, *a*, Convenção de Viena).[11]

Tratado representa todo e qualquer tipo de acordo celebrado pelos Estados, sendo por excelência a fonte do Direito Internacional como um todo.

Podem ser classificados quanto:

a) aos sujeitos: (1) fechados – não permitem a adesão de outros sujeitos; (2) abertos – permitem a adesão de outros integrantes além dos originários. Os tratados fechados podem ser bilaterais ou plurilaterais, na medida em que se tenha dois ou mais celebrantes. Os abertos geralmente são integrantes de mais de duas partes, logo, também são chamados multilaterais;

b) à natureza jurídica: (1) tratados-leis (ou normativos); (2) tratados-contratos. Os primeiros estabelecem regras de interesse geral, havendo a possibilidade de se constituir numa norma obrigatória e vigente num determinado Estado. Tratado-normativo é aquela *"convenção bilateral ou multilateral pela qual os Estados se obrigam ao cumprimento do disposto numa convenção, desde que essa convenção se transforme numa lei interna. O tratado normativo trata de regras gerais de dois ou mais direitos, entre dois ou mais sistemas jurídicos, de modo a se encontrar uma relação de harmonia entre dois ou mais Estados"*.[12] Tratado-contratual é o *"acordo entre governantes acerca de qualquer assunto. Tratados contratuais são os comuns, os que versam sobre uma variedade de assuntos entre duas soberanias. Exemplo: pacto de não agressão, problemas de fronteiras, de paz, anexações de*

---

[11] A Convenção de Viena foi aprovada pelo Decreto Legislativo 496, de 17/07/2009. A sua promulgação ocorreu pelo Decreto 7.030, de 14/12/2009, com reserva aos arts. 25 e 66.

[12] STRENGER, Irineu. *Curso de direito internacional privado*, p. 106.

territórios. Visam mais a um acordo, ao estabelecimento de um equilíbrio entre duas soberanias".[13]

10.3 INTEGRAÇÃO DA NORMA JURÍDICA

A legislação não contempla todas as situações sociais, o que leva ao surgimento da temática da existência ou não de lacunas na ordem jurídica. Nesse sentido, encontramos cinco correntes doutrinárias:

a) realismo ingênuo – pela evolução social incessante, a legislação não é suficiente para contemplar todas as alterações da sociedade. A posição não pode ser acatada. A lei há de ser aplicada de forma abstrata, desvinculando a sua interpretação da previsão nela contida pelo legislador. Em outras palavras: o Direito há de ser aplicado de forma dinâmica e não estática;

b) empirismo científico – o que não está proibido na norma jurídica encontra-se autorizado pela ordem jurídica, logo, não haveria vácuos;

c) ecletismo – a lacuna está na lei e não na ordem jurídica. O Direito, como ordem jurídica, compreende não só a norma jurídica, como também as demais formas de expressão do fenômeno jurídico. Portanto, dentro da própria ordem jurídica, encontramos mecanismos para a solução das lacunas, tais como a analogia, o costume ou os princípios gerais de direito;

d) pragmatismo – essa corrente doutrinária acata a tese da existência das lacunas, contudo, afirma ser necessário o ato de se convencionar, para efeitos práticos, que a ordem jurídica contempla mecanismos para regular todos os casos da vida social;

e) apriorismo filosófico – a teoria, como o empirismo científico, defende a posição de que a ordem jurídica não tem lacuna, contudo adota um outro fundamento. No empirismo científico, a ordem jurídica é vista como uma justaposição ou soma de normas jurídicas (o que não é proibido expressamente está juridicamente permitido). Para o apriorismo filosófico, a ordem jurídica, como uma estrutura totalizadora, contempla todas as situações sociais possíveis. Vale dizer, como um todo, o Direito Positivo é pleno de respostas e soluções para todas as questões sociais.

Na doutrina, como espécies de lacunas, encontramos: (a) normativa – ausência de norma sobre determinado caso; (b) ontológica – a norma jurídica existe, contudo, o fato social nela previsto não mais reflete um valor a ser tutelado pela ordem jurídica, o que leva à perda da sua eficácia social; (c) axiológica – ausência de uma norma jurídica justa. A sua aplicação ao caso concreto poderá ocasionar uma decisão insatisfatória ou injusta.

Como dito, o legislador não consegue prever todas as hipóteses que deverão ocorrer na vida real. Por outro lado, não pode o juiz se eximir de decidir alegando lacuna ou obscuridade do ordenamento jurídico (art. 140, *caput*, CPC); logo, os costumes, os princípios gerais de direito, a analogia e a equidade atuam como fatores de integração da norma jurídica (art. 4º, LINDB).

---

[13] STRENGER, Irineu. Ob. cit., p. 106.

Em face das lacunas, a integração representa o *"o fenômeno pelo qual a plenitude da ordem jurídica é mantida sempre que inexiste uma norma jurídica prevendo o fato a ser decidido. Consiste numa autorização para que o intérprete, através de certas técnicas jurídicas, promova a solução do caso cobrindo as lacunas decorrentes da falta de norma jurídica"*.[14]

Na solução do caso concreto, o operador do Direito, diante de uma lacuna, vale-se de outras fontes normativas para a busca de uma norma jurídica a ele aplicável.

No âmbito trabalhista, também se tem a presença do fenômeno da integração jurídica: as autoridades administrativas como a Justiça do Trabalho, na falta de disposições legais ou contratuais, decidirão, conforme o caso, pela jurisprudência, por analogia, por equidade e outros princípios e normas gerais de direito, principalmente do Direito do Trabalho e, ainda, de acordo com os usos e costumes, o direito comparado, mas sempre de maneira que nenhum interesse de classe ou particular prevaleça sobre o interesse público (art. 8º, *caput*, CLT). Pondere-se, ainda, que o Direito Comum é fonte do Direito do Trabalho (art. 8º, § 1º).

O legislador consolidado contempla idênticos mecanismos do Direito Comum, como elementos de integração da norma jurídica (a analogia, os princípios gerais de Direito, os costumes e a equidade), contudo, também inclui o direito comparado e a jurisprudência.

10.3.1 Fontes supletivas

Os princípios gerais de Direito, a equidade, a analogia, o Direito Comparado, a jurisprudência e os costumes constituem-se em meios supletivos para o julgador trabalhista (art. 8º, CLT). Em tópicos anteriores, houve a análise dos costumes, da jurisprudência e dos princípios gerais de direito.

10.3.1.1 Equidade

A equidade representa o próprio ideal do Direito. É a razão de ser de toda e qualquer atividade humana. Em sociedade se tem a necessidade de regras. Tais regras compõem o Direito. Nessa aplicação, deve-se ter a noção da justiça, ou seja, a visão humanista do abrandamento da lei como regra genérica ao caso específico. O juiz deve atuar de forma a suavizar o rigor da norma abstrata, considerando as peculiaridades de cada caso em concreto.

A equidade liga-se a três acepções: (a) *latíssima*, o princípio universal que deve estar em toda e qualquer atitude humana, configurando-se como uma regra suprema de justiça; (b) *lata*, a equidade confunde-se com a ideia de justiça absoluta, representando uma das noções do que é direito; (c) *estrita*, seria o ideal de justiça efetivamente aplicado a um caso concreto.

Por outro lado, a equidade também pode representar um critério de integração do Direito. Há situações nas quais o Direito, como sistema, não possui regras específicas para um determinado caso. Em tais circunstâncias, o juiz poderá decidir com equidade (art. 140, parágrafo único, CPC). O juiz deve atuar de forma discricionária e não arbitrária.

---

[14] NASCIMENTO, Amauri Mascaro. Ob. cit., p. 64.

10.3.1.2 Analogia

O Direito Romano declina: *Ubi eadem ratio ibi idem jus*, isto é, onde houver o mesmo fundamento haverá o mesmo direito, ou *Ubi eadem legis ratio ibi eadem dispositio*: onde impera a mesma razão deve prevalecer a mesma decisão.

Analogia é o processo lógico por meio do qual o aplicador da lei adapta, a um caso concreto não previsto pelo legislador, norma jurídica que tenha o mesmo fundamento.

A analogia não é critério de interpretação, e sim de integração da norma jurídica, pois o seu objetivo básico é suprir a existência de lacunas.

Dois elementos são imperiosos na utilização da analogia: (a) a disposição legal invocada deve ser suscetível de extensão; (b) o caso omisso deve guardar paridade com as razões que governam as disposições da hipótese prevista expressamente na norma jurídica. Em função desses dois elementos é que não se pode confundir a analogia com a interpretação extensiva.

Interpretação extensiva é a técnica que estende o alcance da norma jurídica, com sua aplicação a fatos nela não previstos de forma explícita. Isto ocorre quando a linguagem adotada pelo legislador é insuficiente para contemplar os fatos abrangidos pelo valor tutelado pela ordem jurídica. Por sua vez, a analogia tem como pressuposto a omissão involuntária do legislador, ou seja, não há previsão legal para o fato.

Existem partes do ordenamento jurídico nas quais não é possível a aplicação da analogia de forma incontestável. É o caso das leis penais. Aplica-se a analogia somente para favorecer a lei, jamais para agravar a pena. É a analogia *in bonam partem*. Não há lacunas na lei penal, pois não há crime sem lei anterior que o defina. Toda conduta humana, para ser considerada criminosa, há de estar tipificada na lei penal.

Há dois tipos de analogia: (a) *legis*, existe um preceito legal que se aplica a caso semelhante (*ubi eadem ratio ibi idem jus*); (b) *juris*, há a necessidade do exame do conjunto de normas e princípios que regem o sistema jurídico, para a extração de elementos que possibilitem sua aplicação ao caso concreto não regulado pelo ordenamento.

10.3.1.3 Direito comparado

De acordo com Maria Helena Diniz,[15] o direito comparado é uma ciência que tem por objeto *"estudar, simultânea e comparativamente, não só o direito positivo contemporâneo ou não, de diferentes países, mas também os motivos pelos quais o direito se desenvolveu de modo diverso, nos vários países, com o intuito de uniformizá-lo e orientar, em certos casos, a reforma legislativa no direito nacional"*.

Não devemos confundir o direito comparado com o direito internacional ou com o direito comunitário ou o direito estrangeiro. Direito internacional é o conjunto de regras convencionadas entre os diversos Estados nacionais ou organismos supranacionais. Por sua vez, o direito comunitário, como espécie de direito internacional, representa as regras

---

[15] DINIZ, Maria Helena. *Dicionário jurídico*, v. 2, p. 146.

estabelecidas por Estados nacionais reunidos em sociedade e que formam uma comunidade supranacional. E, por fim, direito estrangeiro é o conjunto de regras pertencentes a outra ordem jurídica distinta da nacional.

Como já foi dito, o direito comparado é uma ciência, a qual tem por escopo o conhecimento dos diversos ordenamentos jurídicos a partir de estudos comparativos e sistemáticos. Vale dizer: procede à comparação de várias ordens jurídicas, na busca dos seus principais elementos determinantes, e não, simplesmente, de leis pertencentes às várias ordens jurídicas.

Os elementos determinantes na comparação são: (a) a concepção e o papel do Direito; (b) a análise das realidades: social, política e histórica das duas ordens jurídicas; (c) a constituição econômica da respectiva ordem jurídica; (d) a concepção e o papel do Estado, com ênfase às funções estatais e suas relações com o Direito; (e) exame das fontes do direito e à sua hierarquia; (f) à interpretação das leis e do Direito, destacando-se a posição do juiz como operador do Direito; (g) o estudo das categorias jurídicas fundamentais nas duas ordens jurídicas.

QUESTIONÁRIO

1. Qual é o critério de classificação das fontes do Direito do Trabalho?

2. Quais são as normas elaboradas pelo Poder Legislativo?

3. Quais são as normas elaboradas pelo Poder Judiciário?

4. Quais são as normas elaboradas pelo Poder Executivo?

5. Discorra a respeito das normas negociais coletivas, apontando as diferenças entre convenção, acordo e contrato coletivo de trabalho.

6. Quais são as normas negociais individuais?

7. Discorra a respeito das normas negociais internacionais, delineando as diferenças entre os diversos tipos de tratados, bem como sobre os instrumentos normativos da OIT.

8. O direito comparado é uma fonte supletiva do Direito do Trabalho?

9. Quais são os tipos de lacunas na ordem jurídica?

10. O Direito Comparado é fonte supletiva para fins de integração da norma jurídica no Direito do Trabalho?

Capítulo XI
A HIERARQUIA DAS FONTES E O DIREITO DO TRABALHO

11.1 CONCEITO DE SISTEMA JURÍDICO

O termo "sistema" denota o agrupamento de ideias, métodos, valores, normas, instituições, regras, ideologias que se correlacionam, representando um todo.

Para Maria Helena Diniz,[1] sistema *"significa nexo, uma reunião de coisas ou conjunto de elementos, e método, um instrumento de análise. De forma que o sistema não é uma realidade nem uma coisa objetiva; é o aparelho teórico mediante o qual se pode estudar a realidade. É, por outras palavras, o modo de ver, de ordenar, logicamente, a realidade, que, por sua vez, não é sistemática. Todo sistema é uma reunião de objetos e seus atributos (que constituem seu repertório) relacionados entre si, conforme certas regras (estrutura do sistema) que variam de concepção a concepção. O que dá coesão ao sistema é sua estrutura".*

O sistema pode ser aberto ou fechado. Aberto quando se pode encaixar um elemento novo sem alteração de sua estrutura. Fechado é o sistema completo, na medida em que contém uma norma que regula todos os casos. Como exemplo, o jogo de xadrez é um sistema fechado. A introdução de uma nova peça significa a necessidade da criação de uma nova regra, logo, altera-se a sua estrutura. O Direito, visto como um sistema, é do tipo aberto, pois se abre para o que vem, não alterando suas regras.

Do exposto, citando as palavras de Maria Helena Diniz,[2] conclui-se que *"o direito não é um sistema jurídico, mas uma realidade que pode ser estudada de modo sistemático pela Ciência do Direito. É indubitável que a tarefa mais importante do jurista consiste em apresentar o direito sob uma forma ordenada ou 'sistemática', para facilitar o seu conhecimento, bem como seu manejo por parte dos indivíduos que estão submetidos a ele, especialmente pelos que o aplicam".*

11.2 CONCEITO DE HIERARQUIA

Etimologicamente, o termo "hierarquia" deriva do grego *ierarkhia*, de *ieros* (sagrado) e *arkhia* (governo), exprimindo a autoridade suprema do chefe religioso. Abstraindo-se

---

[1] DINIZ, Maria Helena. *As lacunas no direito*. 4. ed., p. 25.
[2] DINIZ, Maria Helena. Ob. cit., p. 26.

dessa visão religiosa, o vocábulo também exprime o poder maior ou a autoridade dotada de maior poder.

De Plácido e Silva[3] diz que hierarquia indica a *"existência de uma organização, denotando a união de poderes disciplinados, de cuja disciplina nasce um sistema de subordinação (evidência objetiva ou concreta de hierarquia), em virtude da qual cada elemento representativo de cada poder, de ordem inferior, deve obediência e respeito ao representante do que está colocado acima"*.

Todos os sistemas jurídicos, na visão de Maurício Godinho Delgado,[4] bem como seus segmentos especializados, *"organizam-se segundo uma hierarquia lógica entre suas normas integrantes. A noção de hierarquia elege-se, assim, como o critério fundamental a responder pela harmonização das múltiplas partes normativas componentes de qualquer sistema do direito [...] No direito, o tema da hierarquia das normas jurídicas consiste em se apreender a precisa ordem e gradação entre as normas jurídicas"*.

O que se tem, *"na verdade, é que a chamada hierarquia das fontes não obstante ocultar uma relação de poder e de exercício de poder, num âmbito circunscrito, tecnicamente é um instrumento importante para o mapeamento formal das competências estatais [...]. A hierarquia, assim, é, apesar de tudo, um importante instrumento de organização das fontes"*.[5]

11.3 HIERARQUIA DAS FONTES NA TEORIA GERAL DO DIREITO

A hierarquia das fontes interage com a questão da validade formal.

Como gênero, o termo "validade" compreende: (a) validade formal ou técnico-jurídica, como vigência; (b) validade fática que corresponde à eficácia; (c) validade ética, como fundamento axiológico.

Pelo prisma formal, a validade indica uma sequência lógica e coerente, havendo uma distribuição lógica das normas, as quais se ordenam, subordinando-se umas às outras, formando uma pirâmide.

A validade formal representa uma adequação entre as normas, entrelaçando-se à competência dos órgãos e ao processo de sua elaboração. A norma, para ser válida, deve emanar do poder competente, observando os procedimentos legais.

Miguel Reale[6] pondera que na base *"estão inúmeras regras ou normas particulares, seguindo-se, em ordem de subordinação crescente, as jurisprudenciais, as legais de Direito Privado e as de Direito Público, até se atingir, no âmbito deste, o plano normativo supremo, que é o Constitucional, plano originário das competências, do qual se originam todas as expressões normativas que dele recebem a sua validade"*.

---

[3] SILVA, De Plácido e. *Vocabulário jurídico*. 6. ed., p. 762.
[4] DELGADO, Mauricio Godinho. *Introdução ao direito do trabalho*. 2. ed., p. 132.
[5] FERRAZ JÚNIOR, Tercio Sampaio. *Introdução ao estudo do direito*. 1. ed., 3ª tiragem, p. 212.
[6] REALE, Miguel. *Lições preliminares de direito*. 18. ed., p. 193.

Na visão de Mauricio Godinho Delgado,[7] a hierarquia se fixa *"pela extensão da eficácia e intensidade normativa do diploma, concentradas nessas qualidades mais firmemente na Constituição da República e em grau gradativamente menor nos diplomas normativos de caráter inferior [...] À luz desse critério, a hierarquia própria às fontes normativas componentes do Direito Comum é rígida e inflexível: nada agride à Constituição e, abaixo dessa, nada agride a lei. A pirâmide de hierarquia normativa apresenta-se com a seguinte disposição: Constituição, no vértice da pirâmide, acompanhada de emendas à Constituição. Em seguida, leis complementares, leis ordinárias, leis delegadas, medidas provisórias. Em seguida, decretos (regulamento normativo) e, sucessivamente, diplomas dotados de menor extensão de eficácia e mais tênue intensidade normativa".*

As leis, leciona Vicente Ráo,[8] *"se classificam, hierarquicamente, segundo a maior ou menor extensão de sua eficácia e sua maior ou menor intensidade criadora do direito. Sob o primeiro aspecto, nos regimes políticos baseados na federação, as leis se distinguem em federais, estaduais e municipais. Sob o segundo aspecto, a classificação hierárquica se baseia na conformidade das normas inferiores às de categoria superior e esta conformidade se traduz em dois princípios fundamentais: o da constitucionalidade e o da legalidade. No grau mais elevado da hierarquia, encontra-se a Constituição, à qual todas as demais normas se devem adaptar".*

Pelo critério da hierarquia no ordenamento jurídico brasileiro atual, podemos classificar as leis em: (a) normas constitucionais; (b) leis complementares; (c) leis ordinárias e a seu lado, no mesmo plano hierárquico, as leis delegadas, os decretos legislativos, as resoluções e as medidas provisórias; (d) os decretos regulamentares; (e) decisões normativas; (f) outras normas de hierarquia inferior, até as normas individuais, como os contratos, as sentenças, os testamentos.[9]

A EC 45/04 estabeleceu o § 3º ao art. 5º, CF, determinando que os tratados e as convenções internacionais sobre direitos humanos que forem aprovados, em cada Casa do Congresso Nacional, em 2 turnos, por 3/5 dos votos dos respectivos membros, serão equivalentes às emendas constitucionais.[10]

---

[7] DELGADO, Mauricio Godinho. Ob. cit., p. 133.
[8] RÁO, Vicente. *O direito e a vida dos direitos.* 3. ed., v. 1, p. 266.
[9] MONTORO, André Franco. *Introdução à ciência do direito.* 25. ed., p. 333.
[10] Até a EC 45, os acordos internacionais (tratados) celebrados entre as nações e organismos internacionais, quando incorporados ao direito interno, tinham duas naturezas jurídicas distintas: de lei ordinária ou de lei complementar. O Congresso Nacional detém a competência legislativa exclusiva para deliberar a respeito dos tratados internacionais (art. 49, I, CF). As etapas para a incorporação do tratado à ordem jurídica interna brasileira compreendem: (a) 1ª fase: o Presidente da República celebra o tratado (art. 84, VIII, CF); (b) 2ª fase: a norma internacional é remetida ao Congresso Nacional, para a devida apreciação, podendo ser aprovada ou rejeitada. Caso aprovada, o Congresso Nacional edita o decreto legislativo; (c) 3ª fase: na 3ª e última fase um segundo decreto é emitido, contudo, desta vez pelo Presidente da República, dando assim vida ao tratado. Como exemplo de tratado com natureza jurídica de lei ordinária, temos a Convenção Americana sobre Direitos Humanos de 1969 (Pacto de San José da Costa Rica), promulgada pelo Decreto presidencial 678/92. Com o advento da EC 45, o tratado também passou a ter a natureza jurídica

11.4 HIERARQUIA DAS FONTES NO DIREITO DO TRABALHO

A Constituição Federal haverá de prevalecer em todo o ramo do ordenamento jurídico, mas, se houver outras normas jurídicas mais benéficas ao trabalhador, estas deverão prevalecer. É a influência do princípio protetor e a caracterização da norma mais favorável.

O Direito do Trabalho não adota o sistema clássico de hierarquia de normas. Havendo o conflito de normas, deverá prevalecer a norma mais benéfica ao trabalhador, mesmo que seja hierarquicamente inferior. Também, como consequência desse princípio protetor, devem ser preservadas as condições mais benéficas ao trabalhador, ainda que se tenha alteração pela norma jurídica posterior que, em seu bojo, estabeleça condições menos favoráveis.

O princípio da norma favorável ao trabalhador não é absoluto. Amauri Mascaro Nascimento[11] aduz: *"Têm exceções ou derrogações resultantes de imperativos diferentes. Primeira, diante das leis proibitivas uma vez que se o Estado, através de lei, vedar que através de outras normas jurídicas seja dispensado um tratamento mais benéfico para o trabalhador, será inaplicável, por contrariar a lei, uma convenção coletiva que infringir a proibição. É o que pode ocorrer quando o Estado fixa normas sobre política salarial e indexação da economia impedindo estipulações contrárias através da negociação coletiva. Segunda, diante de leis de ordem pública, ainda que não expressamente proibitivas, pela sua função de garantia maior da sociedade. A negociação coletiva pode e quase sempre atua no sentido de criar normas e condições de trabalho mais benéficas para os assalariados, acima das previstas nas leis, segundo uma sucessividade de direitos que é válida, a menos que vedada pelo Estado ou contrária à ordem pública. Nada impede que a negociação venha a cumprir, excepcionalmente, o papel flexibilizador, redutor de vantagem, o que pressupõe acordo com o sindicato."*

O critério rígido da hierarquia da teoria geral do Direito não deve ser transportado para o Direito do Trabalho.

Mauricio Godinho Delgado[12] afirma que há dois pontos centrais, os quais embasam a hierarquia normativa no Direito do Trabalho: *"Em primeiro lugar, no ramo justrabalhista não se deve, a princípio, falar em hierarquia de diplomas normativos (lei em sentido material), mas em hierarquia de normas jurídicas (heterônomas e autônomas). Em segundo lugar, o critério informador da pirâmide hierárquica justrabalhista é distinto do rígido e inflexível imperante no Direito Comum."*

O modelo que informa o Direito do Trabalho, como parte integrante do ordenamento jurídico nacional, é o legal, ou seja, um conjunto de normas jurídicas editadas pelo Estado, que visa resguardar a dignidade do ser humano como trabalhador, elevando os direitos trabalhistas como direitos sociais (art. 7º, CF).

---

de emenda constitucional. O seu processo legislativo de equiparação de norma internacional (art. 5º, § 3º) é idêntico ao das emendas constitucionais (art. 60, § 2º).

[11] NASCIMENTO, Amauri Mascaro. *Iniciação ao direito do trabalho.* 22. ed., p. 104.
[12] DELGADO, Mauricio Godinho. Ob. cit., p. 134.

Os direitos trabalhistas previstos na Constituição e na legislação extravagante representam o mínimo legal. Ao lado desses direitos, outros podem ser criados, valorizando a autonomia individual como a coletiva, justificando os contratos individuais de trabalho e os instrumentos normativos (convenção coletiva, acordo coletivo e contrato coletivo de trabalho) como fontes do Direito do Trabalho.

No conflito de normas, mesmo de patamares hierárquicos distintos, aplica-se a norma que for mais benéfica.

Mauricio Godinho Delgado[13] ensina: *"O princípio direcionador basilar do Direito do Trabalho, que melhor incorpora e expressa seu sentido teleológico constitutivo, é, como visto, o princípio da norma mais favorável ao trabalhador. Assim, aplicar-se-á ao caso concreto – sendo naquele caso hierarquicamente superior – a norma mais favorável ao empregado. O vértice da pirâmide normativa, variável e mutável – ainda que apreendido segundo um critério permanente – não será a Constituição Federal ou a lei federal necessariamente, mas a norma mais favorável ao trabalhador. Não há, assim, uma contradição inconciliável entre as normas heterônomas estatais e as normas autônomas privadas coletivas (entre o direito do Estado e o direito dos grupos sociais), mas uma espécie de competência concorrente: a norma que disciplinar uma dada relação de modo mais benéfico ao trabalhador prevalecerá sobre as demais, sem derrogação permanente, mas mero preterimento, na situação concreta enfocada."*

Délio Maranhão,[14] ao tratar da hierarquia das fontes, ensina: *"A ordem jurídica do Estado, como já acentuamos, abrange as ordens de âmbito menor. Todas elas se resolvem, portanto, em uma unidade. E esta deve ser coerente. Existe, em consequência, uma hierarquia entre as diversas fontes do Direito do Trabalho, tal como ocorre entre as fontes do direito em geral ... Mas, nesse particular, o que importa deixar claro é que a regulamentação estatal das relações de trabalho exprime um mínimo de garantias reconhecidas ao trabalhador. Praticamente, todas as normas legais em matéria de trabalho são cogentes, imperativas. Mas sua inderrogabilidade pela vontade das partes, ou por outra fonte do direito, há de ser entendida sem perder de vista que elas – como ficou dito – traduzem um mínimo de garantias, que não pode ser negado, mas que pode, sem dúvida, ser ultrapassado: a derrogação de tais normas é admitida num sentido favorável aos trabalhadores."*

No mesmo sentido, para Amauri Mascaro Nascimento,[15] *"havendo duas ou mais normas jurídicas trabalhistas sobre a mesma matéria, será hierarquicamente superior e, portanto, aplicável ao caso concreto, a que oferecer maiores vantagens ao trabalhador, dando-lhe condições mais favoráveis, salvo no caso de leis proibitivas do Estado. Ao contrário do Direito Comum, em nosso direito, a pirâmide que entre as normas se forma terá como vértice não a Constituição Federal ou a lei federal ou as convenções coletivas*

---

[13] DELGADO, Mauricio Godinho. Ob. cit., p. 135.
[14] MARANHÃO, Délio; SÜSSEKIND, Arnaldo; VIANNA, Segadas; TEIXEIRA FILHO, João de Lima. *Instituições do direito do trabalho.* 19. ed., v. 1, p. 171.
[15] NASCIMENTO, Amauri Mascaro. *Curso de direito do trabalho.* 21. ed., p. 305.

de modo imutável. O vértice da pirâmide da hierarquia das normas trabalhistas será ocupado pela norma vantajosa ao trabalhador, dentre as diferentes em vigor. Como o bem comum faz com que prevaleçam interesses gerais sobre os de classe, pode o Estado elaborar leis proibitivas de ajustes de direitos mais vantajosos para o trabalhador. A lei estatal pode proibir aumentos salariais acima de índices que o Governo indica, na defesa do processo econômico de combate à inflação. Nesse caso, a restrição será plena de efeitos. Não havendo proibição, aplicar-se-á o direito vantajoso para o trabalhador. Assim, por hipótese, se a Constituição fixa a jornada diária normal de oito horas de trabalho, a lei ordinária o fizer para alguns em sete horas, uma convenção coletiva em 6 horas, um acordo coletivo com uma empresa em cinco horas e o contrato individual em quatro horas diárias, este último prevalecerá".

Carlos Zangrando ensina que há uma hierarquia quanto às fontes do Direito do Trabalho, a saber: (1) Constituição; (2) emendas constitucionais; (3) leis complementares; (4) lei ordinária; (5) lei delegada; (6) decreto legislativo; (7) resolução; (8) decreto; (9) portarias, resoluções, deliberações, instruções, circulares, avisos, ordens de serviço, ofícios, despachos e instruções normativas e administrativas, atos normativos e administrativos; (10) convenções e os acordos coletivos de trabalho; (11) sentença normativa; (12) regulamento de empresa; (13) contrato individual de trabalho; (14) costume. Contudo, trata-se de uma hierarquia relativa, ante a aplicação do princípio da norma jurídica mais favorável.

11.5 CONCEITO DE NORMA FAVORÁVEL

Na elucidação do conceito de norma favorável, a doutrina aponta duas teorias centrais: acumulação e conglobamento.

Pela teoria da acumulação, na aplicação das normas jurídico-trabalhistas, o operador do Direito procede à seleção, análise e classificação de diversas fontes trabalhistas, objetivando o fracionamento dos textos normativos. O que se busca é o acúmulo dos preceitos favoráveis ao trabalhador, com a cisão dos diversos diplomas analisados e comparados.

A teoria da acumulação é criticável, pois, na cisão e soma de diversos instrumentos normativos, quebra-se a harmonia do Direito do Trabalho como um sistema de normas.

Mauricio Godinho Delgado[16] entende: *"A teoria da acumulação, desse modo, enseja um secionamento do sistema normativo, encarado em seu universo global e sistemático, conduzindo a resultados jurídicos casuísticos e incomunicáveis, considerado o conjunto do sistema do Direito. A precariedade de tal proposição teórica mais se sobreleva em face de não se harmonizar com o padrão científico principal de análise do fenômeno jurídico: é que a Ciência do Direito repele enfocar-se um caso concreto e específico sem a permanente e recorrente visão da totalidade fático-jurídica circundante em que ele se encontra inserido. A busca da coerência no e do sistema normativo será sempre uma conduta fundamental na compreensão, interpretação e aplicação do Direito – e essa busca não é viabilizada pela teoria da acumulação."*

---

[16] DELGADO, Mauricio Godinho. Ob. cit. 5. ed., p. 181.

Pelo conglobamento, ao contrário do que ocorre na teoria da acumulação, o operador do Direito, no seu procedimento de análise de diversos instrumentos normativos, não procede a um fracionamento do conteúdo das regras jurídicas.

O objetivo, quando se adota o conglobamento, é a comparação de vários textos normativos, sendo que a escolha é efetuada pelo texto que seja mais favorável ao trabalhador no seu conjunto. Dessa forma, respeita-se a visão do Direito como um sistema, evitando, inclusive, a ocorrência de antinomias na solução do caso concreto.

Na ótica de Amauri Mascaro Nascimento,[17] as noções de cúmulo ou conglobamento *"não foram instituídas para solucionar a questão da concorrência entre duas ou mais normas. A questão de fundo que levou à sua construção foi outra: a acumulação de vantagens de diversas normas, que hoje não é aceita, substituída, que foi, por um critério de exclusão, de modo que o direito previsto a uma norma sobrepõe-se ao de outra. É inaceitável a soma indiscriminada de regalias fixadas em diferentes níveis normativos ou contratuais, envolvendo consequências que podem afetar o equilíbrio das situações. [...] Enfim, a comparação razoável é entre o tratamento dado a um tipo de direito nas diferentes normas concorrentes. Por essa razão, parece-nos melhor a solução de Américo Plá Rodriguez, para quem o conjunto no qual se leva em conta para estabelecer a comparação é o integrado pelas normas referentes à mesma matéria, que não se pode dissociar sem perda da sua harmonia interior. Nesse caso, o que o intérprete faz é comparar o tratamento dispensado a uma determinada matéria nas diferentes normas que sobre esta dispõem para eleger a mais benéfica ao trabalhador"*.

Há duas formas de conglobamento:

a) a primeira, em que se faz a comparação das fontes e aplica-se a mais benéfica no seu conjunto ao empregado, com a exclusão das demais;

b) a segunda, denominada conglobamento por instituto, conglobamento orgânico ou conglobamento mitigado, em que o estudo comparativo das diversas normas se faz por cada instituto do Direito do Trabalho (férias, despedida etc.). Por instituto, entenda-se o conjunto de normas reguladoras de uma determinada matéria. Alice Monteiro de Barros[18] informa que essa teoria é criticada sob o *"argumento de que nem sempre será possível formular um 'catálogo' dos institutos como unidades de comparação invariáveis em todos os casos de confronto"*. Como exemplo de adoção da teoria do conglobamento por instituto pelo legislador pátrio, tem-se o art. 3º, *caput*, I e II, Lei 7.064/82: *"A empresa responsável pelo contrato de trabalho do empregado transferido assegurar-lhe-á, independentemente da observância da legislação do local da execução dos serviços: I – os direitos previstos nesta Lei; II – a aplicação da legislação brasileira de proteção ao trabalho, naquilo que não for incompatível com o disposto nesta lei, quando mais favorável do que a legislação territorial, no conjunto de normas em relação a cada matéria."*

---

[17] NASCIMENTO, Amauri Mascaro. *Teoria geral do direito do trabalho*, p. 80.
[18] Barros, Alice Monteiro de. *Curso de direito do trabalho*, p. 123.

Portanto, quando se adota a teoria do conglobamento, o parâmetro adotado no procedimento da comparação não visualiza somente a identidade de matéria (conglobamento orgânico ou mitigado), mas também os interesses da coletividade (categoria profissional) ou do trabalhador ou grupo de trabalhadores, como membros da coletividade.

A regra de que as condições estabelecidas em convenção, quando mais favoráveis ao trabalhador, prevaleciam sobre as estipuladas em acordo (art. 620, CLT), não deveria ser interpretada literalmente.

Em algumas situações, em face das dificuldades vivenciadas no seio de uma determinada empresa ou grupo de empresas, pela teoria da especificidade, o acordo coletivo há de prevalecer sobre a convenção coletiva, já que o seu conteúdo é mais específico a essa parte da categoria (dos empregados da empresa ou grupo de empresas), o que, a nosso ver, também não deixa de ser uma aplicação da teoria do conglobamento.

Nessa situação, a comparação não se faz por cada matéria e sim pelo conteúdo global das cláusulas sociais e econômicas da convenção e do acordo coletivo, com a prevalência do segundo em relação ao primeiro.[19]

O acordo homologado no dissídio coletivo (TST – DC 810.905/2001.3) estabeleceu a garantia de emprego aos empregados em atividade do Banco do Estado de São Paulo S.A. (Banespa) e que, portanto, não se aplica aos empregados aposentados, prevalece sobre a fixação do reajuste salarial previsto na convenção coletiva firmada entre a Federação Nacional dos Bancos (Fenaban) e os sindicatos dos bancários, ante a consideração do conjunto das cláusulas constantes do acordo e em respeito às disposições dos arts. 5º, XXXVI, e 7º, XXVI, CF (OJ Transitória 68, SDI-I).

Com a Lei 13.467/17, o art. 620 foi alterado: *"As condições estabelecidas em acordo coletivo de trabalho sempre prevalecerão sobre as estipuladas em convenção coletiva de trabalho".*

Além das teorias centrais (acumulação e conglobamento), a doutrina aponta outros dois critérios:

a) teoria da adequação – adota-se a norma coletiva que seja mais adequada à realidade. É o caso do acordo coletivo em detrimento da convenção coletiva, visto que o primeiro reflete mais a realidade da empresa signatária do instrumento normativo, enquanto que o segundo é mais genérica e não observa, necessariamente, as peculiares econômicas de todas as empresas integrantes da categoria econômica;

b) teoria da escolha da norma mais recente – por regra adota-se a norma coletiva mais contemporânea com os fatos sociais.

---

[19] TST – RR 352/2007-009-18-00.9 – Relª Min. Dora Maria da Costa – *DJe* 1º/10/2010 – p. 1346.
TST – 5ª T. – AIRR-337-26.2010.5.01.0247 – Rel. Min. Caputo Bastos – j. 25/6/2014.TST – 6ª T. – ARR 192-64.2010.5.04.0512 – Rel. Min. Aloysio Corrêa da Veiga – j. 25/6/2014.
TST – 7ª T. – RR 154600-57.2007.5.01.0041 – Rel. Min. Delaíde Miranda Arantes – j. 18/6/2014.

QUESTIONÁRIO

1. Qual é o conceito de sistema jurídico?

2. O que representa a hierarquia das fontes?

3. Na teoria geral do direito, a hierarquia interage com a validade formal?

4. Na aplicação da norma jurídico-trabalhista, o operador do Direito deve se ater aos mesmos critérios adotados nos demais campos da Ciência Jurídica?

Capítulo XII
INTERPRETAÇÃO DAS NORMAS TRABALHISTAS

12.1 HERMENÊUTICA

Às vezes, os termos "hermenêutica" e "interpretação" são adotados como expressões sinônimas. Contudo, não são vocábulos equivalentes.

Interpretação é a determinação do sentido e do alcance das expressões jurídicas, enquanto hermenêutica é a ciência cujo objeto é o estudo da sistematização dos processos que se aplicam para a determinação do sentido e do alcance das expressões jurídicas. Vale dizer, a hermenêutica é a teoria científica da interpretação, compreendendo: a interpretação, a integração e a aplicação do Direito.

12.2 INTERPRETAÇÃO

A interpretação é a *"reconstrução do pensamento contido na lei. Interpretar a lei será, pois, reconstruir a* mens legis, *seja para entender corretamente seu sentido, seja para suprir-lhe as lacunas. Fácil à tarefa se se trata de lei clara; difícil, porém, se a norma a ser interpretada é obscura ou formulada de modo ambíguo"*.[1]

Cabe ao operador do Direito revelar o espírito da lei (*mens legis*); logo, necessita da interpretação, a qual envolve o estudo dos métodos utilizados pelo intérprete para determinar o sentido das expressões jurídicas e da lei.[2]

---

[1] MONTEIRO, Washington de Barros. *Curso de direito civil.* 33. ed., v. 1, p. 34.

[2] "As normas jurídicas necessitam sempre de interpretação? A interpretação tem razão de ser quando a lei é clara? Alguns pretendem não haver necessidade de interpretação quando a norma é clara. É o que diz o brocardo latino *In claris cessat interpretatio*. Outros, sob inspiração das concepções racionalistas, acreditaram que a interpretação seria inútil porque os códigos e a legislação podem prever todos os casos. Não é exato. A interpretação é sempre necessária, sejam obscuras ou claras as palavras da lei ou de qualquer outra norma. É sempre preciso determinar seu sentido e alcance. Naturalmente, quando o texto é claro, a interpretação é mais fácil e surge espontaneamente. Mas quando o texto é obscuro, a interpretação é mais difícil e por isso sua necessidade se evidencia. Por outro lado, como adverte Coviello, a clareza de um texto é algo muito relativo e subjetivo: o que parece claro a alguém pode ser obscuro para outrem. Ou, ainda, uma palavra pode ser clara segundo a linguagem comum e ter, entretanto, um significado próprio e técnico, diferente do seu

A interpretação da norma trabalhista segue os mesmos critérios, podendo, inclusive, alcançar idênticos resultados que ocorrem com a interpretação das leis em geral.

12.2.1 Técnicas de Interpretação

Vários são os modos de interpretação. O primeiro critério reflete a origem da interpretação. O segundo envolve os resultados e extensão do processo interpretativo. O terceiro sintetiza os meios ou métodos utilizados.

12.2.1.1 Quanto à origem

Quanto à origem, temos: autêntica, doutrinária e jurisprudencial.

Diz-se autêntica a interpretação produzida pelo mesmo órgão que construiu a norma jurídica. Seria, ilustrativamente, a interpretação de diploma legal efetuada pelo próprio Poder Legislativo, por meio de nova lei.

Jurisprudencial é a interpretação produzida pelos tribunais por meio de decisões reiteradas a respeito de casos concretos semelhantes.

Doutrinária é a interpretação produzida pelos juristas, pesquisadores e estudiosos do Direito, na leitura dos diversos dispositivos integrantes da ordem jurídica.

12.2.1.2 Quanto aos resultados

É comum para o operador do Direito, no ato da interpretação, a situação em que a expressão utilizada pelo legislador nem sempre é feliz, pois pode ocorrer de dizer menos ou mais do que pretendia.

Quanto aos resultados, a interpretação envolve os seguintes critérios: (a) declarativa é a que se faz para aferir a exata vontade e sentido da norma;[3] (b) restritiva visa a estabelecer que a mensagem utilizada pelo legislador é inferior ao real alcance da norma;[4] (c) a extensiva é o contrário da restritiva, isto é, o intérprete procura estabelecer que a mensagem contida na lei não reflete o real intuito do legislador;[5] (d) ab-rogante, ou seja,

---

sentido vulgar. Daí a necessidade de interpretação de todas as normas jurídicas" (MONTORO, André Franco. *Introdução à ciência do direito*. 25. ed., p. 371).

[3] "Trata-se do resultado alcançado toda vez que a atividade interpretativa demonstrar que a lei significa exatamente o que está escrito, nada havendo que altere o sentido literal e gramatical da norma" (CÂMARA, Alexandre Freitas. *Lições de direito processual civil*. 14. ed., v. 1, p. 28).

[4] "Esse é o resultado alcançado quando, na exegese da lei, o intérprete descobre que a lei disse mais do que o seu real significado, tendo portanto um alcance inferior ao que aparenta ter. Diz-se, nessa hipótese, que a lei *dixit plus quam voluit*. Também não são raros os casos em que o legislador manifesta sua imprecisão de linguagem, dando à lei uma redação que aparenta uma amplitude que, em verdade, não existe" (CÂMARA, Alexandre Freitas. Ob. cit., v. 1, p. 28).

[5] "Na hipótese ora em consideração, a lei *dixit minus quam voluit*, ou seja, a norma disse menos do que queria. A hipótese é aquela em que a lei interpretada tem uma redação restritiva, embora seu real sentido seja mais amplo do que a sua literalidade permite antever, sendo certo que, nesses

é a que ocorre quando o operador do Direito verifica que a norma jurídica não pode ser aplicada; por exemplo: pela inconstitucionalidade ou por ter sido revogada tacitamente por lei posterior com ela incompatível.

Para evitar a declaração da inconstitucionalidade da norma, é muito comum ao intérprete aplicar, após o exame de todas as interpretações possíveis, e não encontrando uma análise da norma que seja adequada ao Texto Constitucional, um mecanismo que faça a compatibilização com a Constituição. Dentro de cada caso concreto, o intérprete deve ter uma visão ampliativa ou reducionista na análise do texto normativo em confronto com a norma constitucional. Trata-se da interpretação conforme a Constituição, ou seja, a adoção de uma regra interpretativa que visa possibilitar a manutenção no ordenamento jurídico de leis e atos normativos infraconstitucionais que tenham um valor interpretativo compatível com o texto constitucional.

Como bem adverte Alexandre de Moraes,[6] é *"extremamente importante ressaltar que a interpretação será possível quando a norma apresentar vários significados, uns compatíveis com as normas constitucionais e outros não, ou, no dizer de Canotilho, 'a interpretação conforme a constituição só é legítima quando existe um espaço de decisão (= espaço de interpretação) aberto a várias propostas interpretativas, umas em conformidade com a Constituição e que devem ser preferidas, e outras em desconformidade com ela'. Portanto, não terá cabimento a interpretação conforme a Constituição quando contrariar texto expresso da lei, que não permita qualquer interpretação em conformidade com a Constituição, pois o Poder Judiciário não poderá, substituindo-se ao Poder Legislativo (leis) ou Executivo (medidas provisórias), atuar como legislador positivo, de forma a criar um novo texto legal. Nessas hipóteses, o Judiciário deverá declarar a inconstitucionalidade da lei ou do ato normativo incompatível com a Constituição".*

Na interpretação conforme a Constituição, o intérprete, dependendo do caso concreto, poderá: (a) declarar a inconstitucionalidade parcial do texto impugnado. Tem-se a denominação de *interpretação conforme com redução de texto*. Com a supressão parcial do texto, torna-se possível uma interpretação compatível com a Carta Magna; (b) dar ao texto normativo analisado uma interpretação que lhe preserve a constitucionalidade. Não se tem a redução de texto; (c) excluir da norma impugnada uma interpretação que lhe ocasionaria a inconstitucionalidade. Também nessa hipótese não se tem a redução de texto.

12.2.1.3 Quanto ao método

A interpretação pelo método é representada pelos seguintes critérios: a gramatical, a lógica, a sistemática, a teleológica e a histórica.

---

casos, a lei possui um alcance maior do que aparentemente se poderia lhe atribuir" (CÂMARA, Alexandre Freitas. Ob. cit., v. 1, p. 29).

[6] MORAES, Alexandre de. *Direito constitucional*. 15. ed., p. 47.

Gramatical é a interpretação realizada com base nas regras e métodos da linguística e filologia, procurando-se saber qual o sentido literal do texto normativo e das palavras que o compõem. Trata-se do primeiro mecanismo de análise do texto legal.

Lógico, também intitulado de racional, é o método interpretativo que busca o significado, a coerência e a harmonia do texto legal, socorrendo-se de técnicas da lógica formal. A interpretação é no sentido de se buscar o pensamento da lei, a sua razão, mesmo que exteriorizada de forma inadequada.

Sistemático é o critério no qual a interpretação busca a adequação da norma em face do sistema jurídico. O campo de aferição é mais amplo, visualizando-se a norma não em si, porém no conjunto do ordenamento jurídico. Faz-se a comparação da norma com outras que tratam de matérias correlatas.

Pelo critério teleológico, também intitulado de finalístico, procura aferir os fins sociais da norma e as exigências do bem comum que visa atingir (art. 5º, LINDB). Fins sociais representam as linhas básicas do ordenamento jurídico no sentido do bem-estar, bem como a prosperidade do indivíduo e da sociedade. Exigências do bem comum, por sua vez, denotam os elementos que levam os homens à busca do ideal de justiça. A essência da interpretação é a finalidade da norma jurídica, os seus objetivos e os valores a serem tutelados.

Por fim, a técnica interpretativa histórica *"baseia-se na averiguação dos antecedentes da norma. Refere-se ao histórico do processo legislativo, desde o projeto de lei, sua justificativa ou exposição de motivos, emendas, aprovação e promulgação, ou às circunstâncias fáticas que a precederam e que lhe deram origem, às causas ou necessidades que induziram o órgão a elaborá-la, ou seja, às condições culturais ou psicológicas sob as quais o preceito normativo surgiu* (occasio legis). *Como a maior parte das normas constitui a continuidade ou modificação das disposições precedentes, é bastante útil que o aplicador investigue o desenvolvimento histórico das instituições jurídicas, a fim de captar o exato significado das normas, tendo sempre em vista a razão delas* (ratio legis), *ou seja, os resultados que visam atingir"*.[7]

12.3 A ESPECIFICIDADE DA INTERPRETAÇÃO TRABALHISTA

Em linhas gerais, a interpretação das normas trabalhistas é regulada pelos critérios aplicáveis aos demais campos da Ciência Jurídica.[8]

---

[7] DINIZ, Maria Helena. *Compêndio de introdução à ciência do direito*. 9. ed., p. 426.

[8] "A interpretação do Direito do Trabalho seguramente se submete às linhas gerais básicas que a Hermenêutica Jurídica traça para qualquer processo interpretativo do fenômeno do Direito. A especificidade do ramo justrabalhista não avança a tal ponto de isolar esse ramo jurídico do conjunto de conquistas teóricas alcançadas pela Ciência Jurídica no que concerne à dinâmica interpretativa do Direito. Nessa linha, a interpretação no Direito do Trabalho sujeita-se, essencialmente, ao mesmo tipo de processo imperante em qualquer ramo jurídico existente. [...] Não obstante esse leito comum em que se insere o processo interpretativo justrabalhista, cabe se aduzir uma especificidade relevante que se agrega – harmonicamente – na dinâmica de interpretação do Direito do Trabalho.

Porém, há pontos específicos quanto à interpretação trabalhista: (a) os valores sociais sobrepõem-se aos valores particulares; (b) o predomínio do interesse coletivo sobre o particular; (c) a inversão da hierarquia clássica das normas jurídicas, em face da aplicação do princípio da norma mais favorável.

Abordando a questão da interpretação trabalhista, Amauri Mascaro Nascimento[9] afirma: *"O direito do trabalho tem marcada função social, o que influi na sua interpretação, de modo que ao operar a norma o intérprete deve considerar os fins sociais a que aquela se destina, traço presente em todo o direito, mas que se acentua no direito do trabalho. Não foi possível ao direito do trabalho ainda elaborar uma teoria própria de interpretação, de modo que a contribuição doutrinária é restrita. Uma tentativa de teorização resulta do movimento de juízes denominado direito alternativo,[10] propondo a interpretação livre,* contra legem, *de um direito insurgente, que deve promover a melhor distribuição de riquezas e diminuir as desigualdades sociais. Padece, no entanto, de melhor embasamento teórico diante do problema da segurança do direito, que, se promovida com a realização da justiça do caso concreto sem limites legais, fica comprometida, transferindo do legislador para a jurisdição a competência para reforma da legislação. Saber se as leis injustas devem ser cumpridas é questão não resolvida desde o tomismo. Há, no direito do trabalho, a indispensabilidade da interpretação quando a norma não é suficientemente clara. Inicia-se pelos aspectos gramaticais, mas, não fica por aí, porque a exegética não se compatibiliza com a melhor teoria interpretativa. Passa pela identificação das hipóteses interpretativas permitidas pela norma e a escolha da que se mostrar mais coerente com o sistema jurídico considerado como um todo; a interpretação sistemática, portanto."*

É que esse ramo jurídico deve ser sempre interpretado sob um enfoque de certo modo valorativo (a chamada jurisprudência axiológica), inspirado pela prevalência dos valores e princípios essenciais ao Direito do Trabalho no processo de interpretação. Assim, os valores sociais preponderam sobre os valores particulares, os valores coletivos sobre os valores individuais. A essa valoração específica devem se agregar, ainda – e harmonicamente –, os princípios justrabalhistas, especialmente um dos nucleares do ramo jurídico, o princípio da norma mais favorável. Cabe repisar o que já foi enfatizado no capítulo sobre os princípios justrabalhistas: a jurisprudência axiológica aqui referida prevalece apenas no que diz respeito à leitura e compreensão da norma jurídica (e mesmo de sua hierarquia no contexto da ordem do Direito). Ela não se estende ou abrange o terreno dos fatos e de sua aferição no âmbito judicial" (DELGADO, Mauricio Godinho. *Curso de direito do trabalho*. 5. ed., p. 239).

[9] NASCIMENTO, Amauri Mascaro. *Iniciação ao direito do trabalho*. 32. ed., p. 63.

[10] A origem do direito alternativo deu-se na Itália, no início da década de 60, dentro do movimento denominado Magistratura Democrática (contando com nomes como Pietro Barcellona, Giuseppe Cotturi, Salvatore Senese e outros) com irradiações para a Espanha (Modesto Saavedra López, Perfecto André Ibañez e outros) e Alemanha (Ulrich Mückenberger, Dieter Hart). Para alguns, o direito alternativo é uma variante da escola do direito livre. Para outros, é fruto da escola da livre investigação científica do direito. O direito alternativo propõe a aplicação do direito como um instrumento de justiça, deixando-se de lado os extremos do positivismo ou do jusnaturalismo. O direito é um instrumento de transformação social, logo, os adeptos dessa corrente apregoam a liberdade do intérprete de ir além ou até mesmo contra a lei. A crítica que se opõe à teoria do direito alternativo é no tocante à relativização da noção do justo. O julgador, como regra, não pode se sobrepor à norma legal, sob pena de colocar em perigo toda a segurança jurídica.

Em linhas gerais, os critérios de interpretação do contrato individual de trabalho são os seguintes: (a) o conteúdo do contrato de trabalho deve estar em sintonia com as normas mínimas de proteção ao trabalhador; (b) as cláusulas do contrato de trabalho só podem reduzir direitos quando for o caso de expressa autorização legal ou negocial (quando a própria lei estabelece as hipóteses nas quais a negociação coletiva pode dispor de forma menos vantajosa para o trabalhador (art. 7º, VI, XIII e XIV, CF; arts. 611-A e 611-B, CLT, acrescidos pela Reforma Trabalhista ao texto consolidado) ou quando a negociação coletiva é mais favorável, no seu conjunto, pela teoria do conglobamento, principalmente, pelas condições vivenciadas pela empresa ou grupo de empresas – acordo coletivo de trabalho); (c) o contrato de trabalho não pode fixar condições mais vantajosas, quando for o caso de expressa vedação legal (normas proibitivas de ordem pública); (d) o predomínio do princípio da primazia da realidade na aferição dos exatos contornos do contrato individual de trabalho, notadamente quando se está diante de documentos assinados pelo trabalhador ou pelas partes, seja no ato da contratação ou na execução dos serviços; (e) os documentos de quitação ou de transação do contrato individual de trabalho, com exceção da análise em concreto da manifestação do trabalhador (com a adoção do princípio da primazia da realidade) ou por expressa previsão legal, quitam somente os valores neles inseridos; (f) como regra, a renúncia prévia, no ato da contratação, ou posterior dos direitos trabalhistas, na vigência do contrato individual de trabalho, é inadmissível (art. 9º, CLT).

QUESTIONÁRIO

1. O que é interpretação?

2. Quais são os modos de interpretação?

3. Quais são as técnicas relativas ao critério da origem da interpretação?

4. Quais são os modos que interagem com os resultados e a extensão do processo interpretativo?

5. Discorra a respeito dos meios ou métodos utilizados no processo interpretativo.

6. A interpretação das normas trabalhistas possui discrepâncias em relação aos critérios utilizados nos demais campos da Ciência Jurídica?

Capítulo XIII
APLICAÇÃO DAS NORMAS TRABALHISTAS

A expressão "aplicação do Direito" denota o processo de incidência da norma jurídica abstrata sobre o caso concreto (subsunção da norma ao caso concreto). Após a constatação do fato em face da realidade social, o operador do Direito passa a efetuar a sua apreciação de acordo com as normas e princípios inseridos na ordem jurídica.

Mauricio Godinho Delgado[1] ensina que *"a dinâmica da aplicação jurídica implica, desse modo, uma 'passagem do plano abstrato ao plano do concreto, do plano geral ao plano particular, o que traduz uma operação de dedução'. O instrumental para efetuação desse processo de aplicação do direito concentra-se, fundamentalmente, em um silogismo, mediante o qual a norma jurídica emerge como premissa maior; o fato, como premissa menor; e a sentença, como conclusão. Essa conhecida operação silogística não esgota, contudo, integralmente, o processo de aplicação da norma jurídica. Na verdade, esse processo, do ponto de vista de sua dinâmica interna, enuncia-se como a combinação equilibrada do mencionado silogismo abstrato com uma vontade concreta permeada por uma necessária sensibilidade jurídico-social. Na precisa fusão dessas equações é que se encontra a chave da função primordial desempenhada pelo juiz".*

No estudo da aplicação das normas jurídicas, a doutrina aponta quatro critérios: (a) aplicação no tempo; (b) aplicação no espaço; (c) aplicação territorial; (d) pessoas a quem se destinam as normas trabalhistas (destinatários).

13.1 AS NORMAS TRABALHISTAS NO TEMPO

Como a lei é uma criação humana, está sujeita a um princípio e a um fim, ou seja, possui um período de vigência até o momento de sua expiração.

Em linhas gerais, a eficácia temporal das leis trabalhistas observa as regras comuns previstas na LINDB. [2, 3]

---

[1] DELGADO, Mauricio Godinho. *Introdução ao direito do trabalho*. 2. ed., p. 195.
[2] Lei de Introdução ao Código Civil (LICC), Dec-lei 4.657, de 4/09/1942, passou a se denominar Lei de Introdução às Normas de Direito Brasileiro (Lei 12.376, de 30/12/2010).
[3] "A antiga Lei de Introdução ao Código Civil é o Decreto-lei 4.657, de 1942, conhecida anteriormente nos meios jurídicos pelas iniciais LICC. Trata-se de uma norma de sobredireito, ou seja, de uma norma jurídica que visa regulamentar outras normas (leis sobre leis ou *Lex legum*). O seu

13.1.1 *Vacatio legis*

As leis, exceto disposição contrária, começam a vigorar em todo o país em 45 dias depois de oficialmente publicadas (art. 1º, *caput*, LINDB). A obrigatoriedade abrange todas as regiões do território nacional. É o sistema da obrigatoriedade simultânea.

O termo inicial da vigência da lei deve estar indicado no texto legal. Pode ser a data da publicação ou outra data posterior. No silêncio da lei, o termo inicial será de 45 dias a partir da data da publicação.

Vale dizer, nem sempre a obrigatoriedade da lei tem início com o dia da publicação. O tempo entre a publicação e o início da obrigatoriedade da lei denomina-se *vacatio legis*, o qual visa propiciar a melhor divulgação das leis.

A doutrina reconhece que a lei revogada, no período em que a lei nova esteja de *vacatio legis*, mantém a sua obrigatoriedade, produzindo os seus efeitos.

O período é de 45 dias, contudo, nada obsta que a lei preveja um lapso temporal mais ou menos exíguo para fins da duração do *vacatio legis*. Dependendo da repercussão social, o tempo será maior, como é o caso do Código Civil (Lei 10.406/02), em que o período foi de um ano (art. 2.044).

Pela redação da LC 95/98,[4] a vigência da lei será indicada de forma expressa e de modo a contemplar prazo razoável para que dela se tenha amplo conhecimento, reservada a cláusula "entra em vigor na data de sua publicação" para as leis de pequena repercussão (art. 8º, *caput*).

A contagem do prazo para entrada em vigor de lei que estabeleça período de vacância será efetuada com a inclusão do dia da publicação e do último dia do prazo, vindo a lei entrar em vigor no dia subsequente à consumação do prazo. Portanto, é inaplicável a regra geral do Direito Civil (art. 132, CC).

Também por imposição da LC 95/98, a lei que estabeleça período de vacância deverá utilizar a cláusula "esta lei entra em vigor após decorridos (o número de) dias de sua publicação oficial" (art. 8º, § 2º).

Nos Estados estrangeiros, a obrigatoriedade da lei brasileira, quando admitida, se inicia 3 meses depois de oficialmente publicada (art. 1º, § 1º).

---

estudo sempre foi comum na disciplina de Direito Civil ou de Introdução ao Direito Privado, pela sua posição topográfica preliminar frente ao Código Civil de 1916. A tradição inicialmente foi mantida com o Código Civil de 2002, podendo a citada norma ser encontrada, de forma inaugural, nos comentários à atual codificação privada. Por isso, questões relativas à matéria sempre foram e continuavam sendo solicitadas nas provas de Direito Civil. Porém, apesar desse seu posicionamento metodológico, a verdade é que a antiga LICC não constituía norma exclusiva de Direito Privado. Por isso, e por bem, a recente Lei 12.376, de 30 de dezembro de 2010, alterou o seu nome de Lei de Introdução ao Código Civil para Lei de Introdução às Normas do Direito Brasileiro. Isso porque, atualmente, a norma mais se aplica aos outros ramos do Direito do que ao próprio Direito Civil" (TARTUCE, Flavio. *Manual de Direito Civil*. 1. ed., p. 2).

[4] Dispõe sobre a elaboração, a redação, a alteração e a consolidação das leis (art. 59, parágrafo único, CF) e estabelece normas para a consolidação dos atos normativos que menciona.

O § 2º do art. 1º previa que a vigência das leis elaboradas pelos governos estaduais por autorização do governo federal começava no prazo estabelecido na legislação estadual. Houve a revogação desta disposição pela Lei 12.036/09. Aplica-se, então, o prazo previsto no *caput* do art. 1º.

Durante a *vacatio legis*, se ocorrer nova publicação do texto da lei (norma corretiva), visando à correção de "erros legislativos substanciais" quanto ao texto do diploma anteriormente publicado, inicia-se novo período de *vacatio legis* (art. 1º, § 3º).

Por "erro legislativo substancial" compreenda-se aquele que gera erro de interpretação, gerando, assim, a necessidade de uma correção legislativa.

A doutrina entende que para "erros legislativos irrelevantes", o juiz pode corrigi-los de ofício. Seriam erros legislativos irrelevantes: *"Observa a respeito Ferra que, 'quando se trata de simples erros materiais que à primeira vista aparecem como incorreções tipográficas, ou porque a palavra inserida no texto não faz sentido ou tem um significado absolutamente estranho ao pensamento que o texto exprime enquanto a palavra, que foneticamente se lhe assemelha, se encastra exatamente na conexão lógica do discurso, ou porque estamos em face de omissões ou transposições, é fácil integrar ou corrigir pelo contexto da proposição, deve admitir-se que o juiz pode exercer a sua crítica, chegando, na aplicação da lei, até a emendar-lhe o texto'. Se 'pelo contrário a solução tem de ser outra quando se trata de mudanças ou adjunções de palavras ou frases que importam uma substancial divergência de pensamento, ou determinam equívoco sobre o sentido da lei, tornando possíveis sentidos diferentes da vontade legal', o juiz não poderá proceder a qualquer entendimento."*[5]

Quando houver a publicação de norma corretiva de texto legal em vigência, não haverá a contagem de novos prazos de *vacatio legis*, a partir da data da publicação, visto se tratar a norma corretiva de um novo diploma legal (art. 1º, § 4º). Como se trata de nova lei, os atos jurídicos realizados sob o império da lei antiga devem ser respeitados (art. 5º, XXXVI, CF; art. 6º, LINDB).

É inaplicável a LINDB quanto às normas tributárias, sendo vedado a instituição ou aumento de tributos no mesmo exercício financeiro em que haja sido publicada a lei (art. 150, III, *b*, CF). Esta regra é inaplicável para (art. 150, § 1º): (a) empréstimo compulsório para atender a despesas extraordinárias, decorrentes de calamidade pública, de guerra externa ou sua iminência (art. 148, I); (b) impostos relacionados com: importação de produtos estrangeiros (art. 153, I); exportação, para o exterior, de produtos nacionais ou nacionalizados (art. 153, II); produtos industrializados (art. 153, IV); operações de crédito, câmbio e seguro, ou relativas a títulos ou valores mobiliários (art. 153, V); impostos extraordinários na iminência ou caso de guerra externa (art. 154, II).

Luiz Antonio Rizzato Nunes[6] ensina que na hipótese da norma exigir um decreto para a sua regulamentação, somente a partir da edição deste regulamento haverá a obrigatoriedade da norma. Contudo ressalta: *"[...] como a não expedição do decreto regulamentar caracteriza a desídia do órgão público que estava obrigado a elaborá-lo, todo aquele que*

---

[5] DINIZ, Maria Helena. *Lei de introdução ao código civil brasileiro interpretada*. 2. ed., p. 57.
[6] NUNES, Luiz Antonio Rizzatto. *Manual de introdução ao estudo do direito*. 3. ed., p. 196.

se sentir prejudicado com sua ausência pode socorrer-se do Poder Judiciário, requerendo o suprimento, pelo menos na situação específica e concreta".

Idêntica posição é adotada por Maria Helena Diniz[7], ao acentuar o mandado de injunção (art. 5º, LXXI, CF) para obtenção da regulamentação ao caso concreto: *"O uso deste remédio jurídico está permitido, desde logo, a todo aquele que apontar um nexo causal entre a omissão legislativa e a inviabilidade de exercer os direitos constitucionalmente previstos, sem exceção de quaisquer deles, dado que a abrangência entrevista no texto é total."*

13.1.2 Publicação

A publicação é fator primordial na obrigatoriedade da lei, pois ninguém poderá recusar o cumprimento desta alegando o seu desconhecimento (art. 3º, LINDB).

O art. 3º da LINDB assegura que a ordem jurídica nacional adota o princípio da obrigatoriedade das leis. A lei, por ser um comando (geral, abstrato e genérico), aplica-se à coletividade, portanto, é natural que obrigue a todos de forma igualitária.

Contudo, a doutrina tem atenuado a aplicação dessa regra, já que o seu conteúdo é mais uma ficção do que uma realidade concreta.

De fato, não se pode esperar que um cidadão comum tenha conhecimento de todo o ordenamento jurídico, se para os próprios operadores do direito é difícil o domínio de todas as leis.[8]

Por outro lado, o art. 139, III, CC, ao tratar dos defeitos do negócio jurídico, acentua que é o caso de erro substancial quando, sendo de direito e não implicando recusa à aplicação da lei, for o motivo único ou principal da realização do negócio jurídico.[9]

13.1.3 Espécies de revogação das leis

Revogação é o ato de tornar sem efeito uma norma jurídica, retirando a sua obrigatoriedade de forma total ou parcial (= cessação da sua vigência).

---

[7] DINIZ, Maria Helena. Ob. cit., p. 55.

[8] "Não merece alento, assim, a tese da ficção legal, pela qual a obrigatoriedade é um comando criado pela lei e dirigida a todos; muito menos a teoria pela qual há uma presunção absoluta (*iure et jure*) de que todos conhecem o teor da norma, a partir da sua publicação. [...] Aliás, a realidade contemporânea é uma explosão de leis, de um Big Bang Legislativo, conforme denominou Ricardo Lorenzetti. Mesmo os aplicadores do direito não conhecem 10% das leis em vigor em nosso País. O que dizer, então, do cidadão comum, que não estuda as leis? Em um tom crítico, percebe que o art. 3º da LICC perdeu aplicação prática, por falta de amparo e suporte social" (TARTUCE, Flávio. *Direito Civil: Lei de introdução e parte geral.* 6. ed., v. 1, p. 39).

[9] "Soma-se a essa constatação a conclusão de que o princípio da obrigatoriedade das leis não pode ser mais visto como um preceito absoluto diante do atual Código Civil. Isso porque o art. 139, II, do Código em vigor admite a existência de erro substancial quando a falsa noção estiver relacionada com um erro de direito (*error iuris*), desde que este seja a única causa para a celebração de um negócio jurídico e que não haja desobediência à lei. Cita-se que a Lei de Contravenções Penais já previa o erro de direito como justificativa para o descumprimento da norma (art. 8º)" (TARTUCE, Flávio. Ob. cit., p. 39).

A revogação das leis pode ser classificada pela força revogadora da norma jurídica, pelo modo e extensão da revogação.

Além da revogação, como fator de cessação da obrigatoriedade da norma, a doutrina aponta outros fatores: (a) o decurso do tempo previsto na norma; (b) costume negativo, que se divide em: (1) desuso, em que a norma está vigente, contudo, não é mais aplicável, visto estar destituída de eficácia social (o valor tutelado na norma não tem importância para a sociedade). Exemplos de desuso: leis anacrônicas, artificiais e injustas. (2) costume ab-rogatório, ou seja, uma norma que se opõe à lei. A proibição de dirigir embriagado é neutralizada com a liberação da venda de bebidas nas estradas.

Quanto ao desuso, Paulo Nader[10] ensina: *"Teoricamente as leis em desuso podem incidir tanto no campo do Direito Público como no do Direito Privado. Na realidade, porém, a desuetudo se manifesta quase exclusivamente nas relações jurídicas de subordinação, em que o poder público participa como um dos sujeitos. A caracterização do desuso não se dá apenas com a não aplicação da lei pelos órgãos competentes. É imperioso que o descaso da autoridade seja à vista da ocorrência dos fatos que servem de suporte à lei. Quando esta cai em desuso, realizam-se os fatos descritos no suposto ou hipótese da norma jurídica, sem haver, contudo, a aplicação da consequência ou disposição prevista. Uma lei que nunca foi aplicada nem sempre se transforma em desuetudo. É importante verificar-se, primeiramente, se tem ocorrido a hipótese da norma com o conhecimento da autoridade responsável pela sua aplicação. O desuso pode ter sido consagrado espontaneamente pelas relações da vida, sem qualquer manifestação ou autenticação do Poder Judiciário. Para a caracterização ainda do desuso, é indispensável o concurso de dois elementos: generalidade e tempo. O desuso deve estar generalizado na área de alcance da lei e por um prazo de tempo suficiente para gerar, no povo, o esquecimento da lei."*

Em prol da aplicação do desuso e do costume ab-rogatório, como fatores de cessação da obrigatoriedade da norma jurídica, a doutrina aponta os seguintes elementos: (a) a não aplicação da lei pelo Estado; (b) a validade da lei é condicionada a um mínimo de eficácia social quanto à observância do próprio conteúdo previsto na norma jurídica por parte da sociedade.

Há doutrinadores resistentes à adoção do desuso ou do costume ab-rogatório: *"Com base no art. 2º da Lei de Introdução ao Código Civil Brasileiro, Alípio Silveira nega força revogatória ao desuso e à consuetudo ab-rogatoria, abrindo uma exceção, contudo, às leis supletivas e interpretativas da vontade das partes, mas somente quando estas não se manifestam. Limongi França e Carlos Maximiliano incorporam-se também a esta corrente. O primeiro afirmou que nenhum tribunal ou juiz pode deixar de aplicar a norma jurídica que não foi, direta ou indiretamente, revogada por outra lei, pois do contrário seria a desordem. Maximiliano baseou-se em um argumento de caráter subjetivo, considerando que a missão do intérprete seria a de dar vida aos textos e não subtrair-lhes a vigência."*[11]

---

[10] NADER, Paulo. *Introdução ao estudo do direito*. 22. ed., p. 157.
[11] NADER, Paulo. Ob. cit., p. 161.

13.1.4 Força revogadora

Pelo critério da força revogadora, a revogação pode ser: interna e externa. Este critério se relaciona com as normas permanentes ou estáveis e temporárias ou provisórias.

Todas as normas jurídicas temporárias ou provisórias têm uma força revogadora interna, a qual se pode denominar de autorrevogação ou revogação interna. Os tipos de autorrevogação ou revogação interna ocorrem quando: (a) o legislador fixa o prazo de sua duração, por se tratar de uma lei temporária; (b) o caráter transitório decorre da natureza da própria lei. É o caso da lei orçamentária anual; (c) se tem o implemento do fim a que se destina a lei (fim certo e determinado). Como exemplo, a lei que determina a realização de uma determinada obra; (d) a lei se aplica a uma situação passageira, como é o caso das legislações criadas em períodos de calamidade pública.

Por regra, a lei tem caráter permanente, sendo válida até que outra venha a lhe revogar de forma expressa ou tácita. Trata-se da aplicação do princípio da continuidade (art. 2º, *caput*, LINDB). A revogação externa se relaciona com as leis permanentes.

13.1.5 Modo da revogação

Pelo critério do modo, a revogação pode ser: expressa (= direta) ou tácita (= indireta) (art. 2º, § 1º, LINDB).

A expressa ocorre quando a nova lei declara expressamente a revogação da lei anterior. De forma taxativa, a nova lei declara revogada a lei anterior ou indica os dispositivos revogados. Pelo art. 9º, da LC 95/98, a cláusula de revogação deverá enumerar, expressamente, as leis ou disposições legais revogadas. É o caso do CC de 2002, no seu art. 2.045.

Há dois tipos de revogação tácita: (a) incompatibilidade da lei nova com a lei antiga; (b) quando a lei nova regule inteiramente a matéria prevista na lei anterior. De acordo com o disposto no § 2º do art. 2º, é possível a coexistência de normas gerais ou especiais que versem sobre a mesma matéria, desde que não sejam contraditórias, não ocorrendo, assim, a revogação tácita. Portanto, diante da leitura dos §§ 1º e 2º, do art. 2º, da LINDB, podemos afirmar que: (a) se tem a possibilidade da coexistência de lei nova geral com a lei antiga especial e vice-versa; (b) esta coexistência é justificável desde que não haja incompatibilidade entre as duas normas; (c) no caso de incompatibilidade, a lei nova geral pode revogar a lei anterior especial e vice-versa.

No tocante à temática da revogação das normas jurídicas, Maria Helena Diniz ensina que a revogação tácita não se dá por simples presunção, logo, surgem situações em que duas ou mais normas conflitantes são compatíveis, ocorrendo, assim, o que se denomina de antinomia (= conflito de normas).

Há dois tipos de conflitos de normas: (a) antinomia real, em que se tem a oposição total ou parcial de duas ou mais normas. As normas são contraditórias e emanadas de autoridades competentes e se relacionam dentro do mesmo âmbito normativo. O operador do direito fica em uma situação insustentável, visto que os critérios legais de solução de conflitos (hierárquico, especialidade e o cronológico) são insuficientes para a sua elucidação ou pela ocorrência de conflitos entre os próprios critérios, tais como:

hierárquico e o cronológico; de especialidade e o cronológico; hierárquico e de especialidade; (b) antinomia aparente, em que o conflito das normas é solucionado pela adoção de um dos critérios acima indicados.

Para a solução da antinomia aparente, podemos adotar: (a) o critério hierárquico (*lex superior derogat legi inferiori*), em que a lei superior derroga a lei inferior. A norma superior prevalece sobre a lei inferior. Por exemplo: a Constituição prevalece sobre a lei ordinária; (b) o critério cronológico (*lex posteriori derogat legi priori*), em que a lei posterior revoga a lei anterior. O critério é aplicável para normas de idêntico padrão normativo; (c) o critério da especialidade (*lex specialis derogat legi generali*), a rigor, uma norma especial se sobrepõe a norma geral. Norma especial é que contém todos os elementos presentes na norma geral, além de alguns aspectos específicos. Em outras palavras, a norma geral está contida na norma especial. Pela aplicação da LINDB (art. 2º, § 2º), a norma geral não se sobrepõe sobre a especial e vice-versa, exceto se disciplinarem a matéria legislada de modo diferente.

Para a solução[12] da antinomia real, devemos adotar: (a) entre o critério hierárquico e o cronológico, adota-se a metarregra de que lei posterior inferior não derroga lei anterior superior. Prevalece o critério hierárquico; (b) entre o critério de especialidade e cronológico, pode-se aplicar a metarregra[13] de que lei posterior geral não derroga lei anterior especial, predominando, assim, o critério da especialidade. Contudo, não há regra absoluta para esta solução, visto que às vezes a lei posterior geral derroga a lei anterior especial; (c) entre os critérios (hierárquico e o da especialidade), ou seja, entre uma lei superior-geral e outra inferior-especial, não dá para estabelecer um metacritério, prevalecendo, em tese, o hierárquico em relação ao da especialidade.

De acordo com o § 3º, do art. 2º, da LINDB, tem-se a proibição quanto ao efeito repristinatório automático. Por efeito repristinatório compreenda-se a possibilidade de uma norma revogada voltar a ter a sua vigência pelo fato de ocorrer a revogação da sua lei revogadora. Exemplo: a norma X encontra-se em vigência; posteriormente, a norma X é revogada pela norma Y; passado algum tempo, a norma Y é revogada pela norma Z. Como a lei veda o efeito repristinatório automático, a norma X não volta a ter a sua vigência.

---

[12] "Realmente, observa Juan Ramon Capella, os critérios de solução de conflitos não são consistentes, daí a necessidade de se recorrer a uma metalinguagem, ou seja, passar da linguagem legal para a dos juristas, para solucionar de alguma maneira a antinomia entre os critérios de resolução do conflito normativo. Deveras, a doutrina apresenta metacritérios para resolver antinomia de segundo grau, que, apesar de terem aplicação restrita à experiência concreta e serem de difícil generalização, são de grande utilidade" (DINIZ, Maria Helena. Ob. cit., p. 76).

[13] "Em caso de antinomia entre o critério de especialidade e o cronológico, valeria o metacritério *lex posterior generalis non derogat priori speciali*, segundo o qual a regra de especialidade prevaleceria sobre a cronológica. Esse metacritério é parcialmente inefetivo, por ser menos seguro que o anterior, podendo gerar uma antinomia real. A meta-regra *lex posterior generalis non derogat priori speciali* não tem valor absoluto, dado que, às vezes, *lex posterior generalis derogat priori speciali*, tendo em vista certas circunstâncias presentes. A preferência entre um critério e outro não é evidente, pois se constata uma oscilação entre eles. Não há uma regra definida; conforme o caso, haverá supremacia ora de um, ora de outro critério" (DINIZ, Maria Helena. Ob. cit., p. 76-77).

Ao declarar a inconstitucionalidade de uma lei revogadora, por meio do controle de constitucionalidade, tem-se a ocorrência dos efeitos repristinatórios quanto à lei revogada, visto que a norma inconstitucional será considerada como se nunca tivesse existido. De acordo com o art. 27, da Lei 9.868/99, não haverá o efeito repristinatório, se o STF, por maioria de dois terços de seus membros, restringir os efeitos daquela declaração ou decidir que ela só tenha eficácia a partir de seu trânsito em julgado ou de outro momento que venha a ser fixado.

Pelo critério da extensão, a revogação comporta duas espécies: (a) ab-rogação, em que a norma é revogada na sua totalidade; (b) derrogação, em que a norma é revogada em parte, envolvendo: um só capítulo, uma só seção, um só artigo ou às vezes tão somente inciso ou parágrafo de um artigo. Nos trechos no quais não houve a derrogação, a norma jurídica manterá a plena obrigatoriedade.

13.1.6 A irretroatividade da norma jurídica

Após a publicação, após a fluência de eventual período de *vacatio legis*, a lei inicia a sua vigência, regulando fatos futuros e não pretéritos. O passado escapa ao teor da aplicação da lei nova. Essa sistematização tem o escopo básico de se evitarem situações de insegurança nas relações sociais. Esse fenômeno é o que se denomina de irretroatividade das leis (art. 5º, XXXVI, CF; art. 6º, *caput*, LINDB).

A doutrina ensina: *"A irretroatividade ou a não retroatividade da lei é o princípio pelo qual a lei nova não deve abranger as situações jurídicas disciplinadas pela lei velha. Em outras palavras, é a não-incidência ou a não aplicabilidade da lei nova a fatos anteriores à sua própria vigência. Parece-nos até mesmo uma questão de lógica! A lei entrando em vigor em uma determinada data somente deverá aplicar-se daí para o futuro. Atuar para o passado, em tese, seria desestabilizar o ordenamento social, em geral, e as relações jurídicas, em particular."*[14]

Sem o princípio da irretroatividade, *"inexistiria qualquer segurança nas transações, a liberdade civil seria um mito, a estabilidade patrimonial desapareceria e a solidez dos negócios estaria sacrificada, para dar lugar a ambiente de apreensões e incertezas, impregnado de intranquilidade e altamente nocivo aos superiores interesses do indivíduo e da sociedade. Seria negação do próprio direito, cuja específica função, no dizer de Ruggiero-Maroi, é tutela e garantia"*.[15]

Em linhas objetivas, a adoção do princípio da irretroatividade implica: (a) quanto aos fatos consumados (*facta praeterita*), tem-se que a sua regulação é disciplinada pela lei velha, não sendo afetados pela nova legislação. Os efeitos jurídicos destes fatos são disciplinados pela lei antiga, mesmo que sejam irradiados já na vigência da nova lei. Por fato consumado, compreenda-se a situação fática a qual tenha implementado todos os seus requisitos à época da vigência da lei antiga; (b) no tocante aos fatos não consumados, ou

---

[14] SECCO, Orlando de Almeida. *Introdução ao estudo do direito*. 11. ed., p. 322.
[15] MONTEIRO, Washington de Barros. *Curso de direito civil*. v.1, 33. ed., p. 31.

seja, os fatos pendentes (*facta pendentia*), a sua disciplina será regulada pela nova lei. Isso significa dizer que a lei nova é aplicável a situação jurídica ainda não totalmente constituída à época da lei antiga; (c) os fatos novos serão totalmente regulados pela nova lei.

Como exceção, a lei nova pode atingir fato pretérito ou regular as consequências jurídicas de fatos efetuados sob a égide da lei anterior. Esse fenômeno é o que se denomina retroatividade das leis. Contudo, quando se verifica a retroatividade da lei, alguns postulados/fundamentos do Direito devem ser respeitados: (a) ato jurídico perfeito e acabado – os atos jurídicos implicam a criação, modificação e extinção de relações jurídicas. O ato é perfeito e acabado quando a sua constituição reputa-se consumada segundo os critérios legais vigentes à época da própria consumação. Lei nova não pode atingir atos consumados sob o império da lei anterior (art. 6º, § 1º, LINDB); (b) direito adquirido – (1) o direito incorporado ao patrimônio de seu titular. Como já se tem o exercício desse direito, a lei nova não poderá atingi-lo; (2) o direito futuro, cujo começo do exercício tenha termo pré-fixo, ou condição preestabelecida inalterável, a arbítrio de outrem. Há situações em que o direito é exercido na vigência de uma nova lei, contudo, como houve o implemento dos requisitos da lei revogada, as novas disposições legais não poderão alterar citado direito (art. 6º, § 2º); (c) denomina-se coisa julgada material a autoridade que torna imutável e indiscutível a decisão de mérito não mais sujeita a recurso (art. 502, CPC; art. 6º, § 3º, LINDB).

Há uma corrente doutrinária no sentido de que a imutabilidade dos efeitos da coisa julgada material não deve se sobrepor à CF, a qual no seu art. 5º, XXXIV, assegurou que a lei não prejudicará a coisa julgada. Em outras palavras, a segurança jurídica decorrente de uma relação jurídica solucionada pela coisa julgada não se pode sobrepor à verdadeira justiça, ideal maior de todo e qualquer ordenamento jurídico. Nada mais há de inseguro para o Estado Democrático de Direito do que uma sentença, a qual fundada em uma interpretação errônea do direito, imponha uma solução que viole a própria dignidade do ser humano. A verdadeira e a efetiva segurança jurídica pressupõem a legalidade e a constitucionalidade na materialização de toda e qualquer decisão jurisdicional. Trata-se da teoria da coisa julgada inconstitucional ou da relativização da coisa julgada.[16]

---

[16] De acordo com o princípio constitucionalista (também denominado princípio da supremacia da Constituição), todo e qualquer ato do Poder Público há de estar em sintonia com a CF, inclusive, os proferidos em função do exercício da função jurisdicional. Isso significa que as decisões judiciais devem observar as normas e os princípios inseridos na CF.
Além do princípio da supremacia da Constituição, em prol da construção da coisa julgada inconstitucional, a doutrina aponta outros princípios: (a) moralidade (art. 37, *caput*, CF) – a decisão judicial há de estar de acordo com o primado da honestidade e da legalidade; (b) legalidade (art. 5º, II, e art. 37, *caput*) – como ato estatal, a decisão judicial há de observar a legalidade, não podendo, assim, afrontar normas e dispositivos constitucionais ou estar lastreada em norma infraconstitucional considerada inconstitucional; (c) isonomia (art. 5º) – o conteúdo da sentença, ao violar a norma constitucional, não pode tratar de forma desigual os iguais, nem de forma igualitária os desiguais; (d) motivação judicial (art. 93, IX) – o ato jurisdicional, como manifestação do Estado Democrático de Direito, deve adotar fundamentos os quais estejam em sintonia com a norma fundamental (CF); (e) razoabilidade ou da proporcionalidade – por tal princípio, na interpreta-

Para Flávio Tartuce, o Código Civil de 2002 também relativiza a proteção pela aplicação do direito adquirido e do ato jurídico perfeito, quando dispõe no art. 2.035, parágrafo único, que nenhuma convenção prevalecerá se implicar em contrariedade aos preceitos de ordem pública previstos no Código Civil que venham a violar a função social da propriedade e dos contratos. Trata-se do *"princípio da retroatividade motivada ou justificada, pelo qual as normas de ordem pública relativas à função social da propriedade e dos contratos podem retroagir"*.[17]

Quanto à temática da aplicação dos princípios da retroatividade e da irretroatividade, em linhas objetivas, a doutrina e a jurisprudência têm adotado os seguintes critérios: (a) a não retroatividade é válida para o legislador como para o órgão jurisdicional; (b) as leis interpretativas são retroativas, visto que não criam direito novo; (c) há entendimento de que não há direito adquirido contra normas de direito público; (d) as normas processuais têm aplicação imediata, aplicando-se aos processos em curso, contudo, respeitam-se os atos praticados na vigência da lei anterior (princípio *tempus regit actum*); (e) admite-se o efeito retroativo das leis penas quando se tem a redução ou extinção de penas; (f) a nova lei sobre a prescrição aplica-se de forma imediata, exceto se reduzir o prazo prescricional, caso em que começará a fluir a partir da edição da nova lei. Contudo, respeita-se o prazo já escoado ao tempo da edição da nova lei; (g) quanto às condições de validade, as formas e aos meios de prova dos atos jurídicos, são aplicáveis às leis vigentes à época em que eles se realizarem.

ção da CF, o magistrado, como operador do direito, deve encontrar a interpretação a qual esteja mais em sintonia com o espírito da CF, adequando-se todos os princípios anteriormente citados, evitando-se, assim, um conflito aparente entre eles, buscando, assim, no caso concreto, a melhor solução para o litígio, com a plena valorização da dignidade humana.

A coisa julgada inconstitucional, também denominada relativização da coisa julgada material, ocorre quando a decisão judicial está incompatível com a CF. Vale dizer, a coisa julgada maculada pelo vício da inconstitucionalidade não se encontra acobertada pelos efeitos da imutabilidade (coisa julgada). A inconstitucionalidade poderá ocorrer quando a decisão judicial: (a) viola direta ou indiretamente um preceito ou um princípio constitucional; (b) aplica uma norma inconstitucional; (c) recusa a aplicação de uma norma sob o fundamento de que a mesma é inconstitucional, sem que se tenha a constatação de qualquer inconstitucionalidade da norma.

Como modalidade de desconstituição da coisa julgada material, temos a aplicação do CPC (arts. 535, §§ 5º a 8ª) e da CLT (art. 884, § 5º). Citados dispositivos estabelecem ser inexigível a obrigação reconhecida em título executivo judicial fundado em: (a) lei ou ato normativo considerado inconstitucional pelo ST; (b) aplicação ou interpretação da lei ou do ato normativo tido pelo STF como incompatível com a CF. Nas duas hipóteses, a decisão do STF pode ser proferida em controle de constitucionalidade concentrado ou difuso. De modo a favorecer a segurança jurídica, os efeitos da decisão do STF poderão ser modulados no tempo. Caso a decisão tenha sido proferida após o trânsito em julgado da decisão exequenda, o devedor deverá ajuizar a ação rescisória, cujo prazo será contado do trânsito em julgado da decisão proferida pelo STF.

[17] TARTUCE, Flávio. Ob. cit., p. 72.

13.1.7 Aplicação da Reforma Trabalhista (Lei 13.467/17) no tempo

A Reforma Trabalhista (Lei 13.467/17) alterou dispositivos, além de acrescer artigos novos ao texto da CLT, com profundas inovações na área do Direito Individual e do Direito Coletivo do Trabalho, com destaques para a valorização do modelo negociado em relação ao modelo legal.

De acordo com o art. 6º, a Lei 13.467 tem um período de *vacatio legis* de 120 dias. Como a publicação ocorreu no dia 14 de julho de 2017, a sua vigência tem início no dia 11 de novembro de 2017 (art. 8º, § 1º, LC 95/98).

Como forma de respeito ao princípio da irretroatividade e do ato jurídico perfeito (art. 5º, XXXVI, CF; art. 6º, LINDB), as alterações e as inovações ao texto consolidado, as quais são decorrentes da Lei 13.467, somente são aplicáveis às situações fáticas e jurídicas perpetradas a partir do dia 11 de novembro de 2017. Vale dizer, a Lei 13.467 é inaplicável para: (a) a relação jurídica material, que se findou antes do início da sua vigência; (b) aos fatos ocorridos até o dia 10/11/2017 na relação jurídica material, a qual prossegue após a sua vigência. Em suma: a Lei 13.467 tem aplicação direta e imediata, contudo, respeitando-se as situações fáticas consumadas antes da sua entrada em vigência.

Amauri Mascaro Nascimento[18] ensina: "*São duas as regras básicas que resolvem os problemas de eficácia da lei trabalhista no tempo: o princípio da irretroatividade e o princípio do efeito imediato (CF, art. 5º, § 1º).*

Como a elaboração de leis é constante, surgem novas leis atritando-se com as existentes. A lei posterior revoga a anterior, de acordo com conhecido princípio jurídico válido também para o Direito do Trabalho. A revogação é expressa ou tácita; a primeira, quando literal no texto novo; a segunda, quando, embora não expressa, a revogação é depreendida, porque a matéria da lei nova é conflitante com a lei antiga.

É postulado jurídico a irretroatividade, a lei nova não se aplica aos contratos de trabalho já terminados. Acrescente-se que nem mesmo aos atos jurídicos já praticados nos contratos de trabalho em curso no dia do início da sua vigência.

No entanto, de acordo com o princípio do efeito imediato, quando um ato jurídico, num contrato em curso, não tiver sido ainda praticado, o será segundo as regras da lei nova. Efeito imediato quer dizer, portanto, que, entrando em vigor, a lei se aplica, imediatamente, às relações de emprego que se acham em desenvolvimento".

Inúmeros são os contratos individuais de trabalho que possuem várias cláusulas, as quais são de fontes normativas distintas (autônomas ou heterônomas) e que tiveram início antes da Reforma, contudo, continuam a produzir efeitos a partir da vigência da Lei 13.467.

Para as situações fáticas ocorridas a partir de 11/11/2017, como ficam as cláusulas do contrato de trabalho?

---

[18] NASCIMENTO, Amauri Mascaro. *Iniciação ao Direito do Trabalho.* 32. ed., p. 65.

Vamos aplicar a cláusula já existente ou será aplicada a cláusula de acordo com as eventuais alterações ocorridas com a Lei 13.467?

Para responder a tais indagações, é razoável impor a afirmação de que não há pleno direito adquirido para toda e qualquer cláusula individual, independente da sua origem normativa. Em outras palavras, é incorreta a afirmação de que as alterações trazidas pela Lei 13.457, em sede de Direito Material do Trabalho (Individual e/ou Coletivo), não se aplicariam aos contratos de trabalho em vigor.

No Direito do Trabalho, a norma jurídica é emanada de várias fontes: (a) fontes estatais – as normas oriundas do Estado e que são divididas em legislativa, jurisdicional e administrativa; (b) fontes não estatais – as normas são emanadas de outras organizações e fontes. Subdividem-se em: (1) negocial, que se caracteriza por meio de ajustes diretos dos interessados; (2) consuetudinária, proveniente da sociedade e dos usos e costumes que cria; e (3) doutrina.

A solução está na origem normativa da cláusula no seio normativo do contrato individual de trabalho, o qual, como já foi dito, possui várias cláusulas com fontes normativas distintas. Vale dizer, trata-se do princípio da aderência contratual.

Para Mauricio Godinho Delgado:[19] *"Informa o princípio da aderência contratual que preceitos normativos e cláusulas contratuais tendem a aderir ao contrato de trabalho com intensidade e extensão temporais diferenciados. A aderência das normas jurídicas tende a ser relativa, ao passo que a aderência das cláusulas tende a ser absoluta.*

De fato, a aderência contratual tende a ser absoluta no tocante a cláusulas expressa ou tacitamente convencionadas pelas partes. Tais cláusulas não podem ser suprimidas, a menos que a supressão não provoque qualquer prejuízo ao empregado (art. 468, CLT). Registre, que, na medida em que a jurisprudência tem negado caráter de norma jurídica aos preceitos componentes de regulamentos empresários – considerando-os meras cláusulas normativas –, também os preceitos desse tipo de diploma submetem-se à regência-padrão aplicável às cláusulas (isto é, o critério do art. 478 da CLT). Noutras palavras, os dispositivos de regulamento empresário, após editados, aderem aos contratos obreiros, neles permanecendo ainda que alterado, posteriormente, o respectivo regulamento. É o que está, ilustrativamente, sedimentado nos Enunciados 51 e 288 do TST.

Por outro lado, a aderência contratual tende a ser apenas relativa no tocante às normas jurídicas. É que as normas de direito não se incrustam nos contratos empregatícios de modo permanente; ao contrário, neles produzem efeitos apenas enquanto vigorantes as respectivas normas. Extinta normal, extinguem-se seus efeitos no contexto do contrato. Tem a norma, desse modo, o poder/atributo de revogação, com efeitos imediatos – poder/atributo esse que não se estende às cláusulas contratuais.

O critério da aderência contratual relativa (ou limitada) é claro com respeito a normas heterônomas estatais (vide alterações da legislação salarial, por exemplo)".

---

[19] DELGADO, Mauricio Godinho. *Introdução ao Direito do Trabalho*. 2. ed., p. 197.

Quando a cláusula individual é originária de uma norma jurídica contratual, a qual é decorrente da autonomia individual das partes (mútuo consenso) ou que tenha sido criada por ato unilateral do empregador, aplica-se o princípio da condição mais benéfica, como forma de valorização do princípio da inalterabilidade dos contratos de trabalho (art. 468, *caput*, CLT; Súm. 51, I, TST). Logo, qualquer imposição legal imposta na Lei 13.467, a qual colida com essa cláusula normativa, há de ser observado o princípio protetor, na sua vertente do respeito à condição mais benéfica. Vale dizer, aplica-se o direito adquirido.

Se a cláusula individual é originária de uma norma jurídica coletiva (convenção ou acordo coletivo de trabalho), há de ser aplicável a regra de vigência temporal do instrumento normativo (prazo máximo de dois anos), repudiando-se qualquer forma de ultratividade da norma coletiva (art. 614, § 3º, CLT). Isso significa que a cláusula individual do contrato é válida, até o momento da vigência do instrumento normativo do qual é originária. Essa regra também é válida paras as cláusulas que são originárias de aplicação das sentenças normativas, as quais podem ser fixadas com validade até o prazo máximo de 4 anos, o que depende do teor de cada decisão judicial (PN 120, TST; art. 868, parágrafo único, CLT).

Por fim, quando a cláusula individual é decorrente de norma legal, a solução repousa na afirmação de que é válida a norma de acordo com a sua vigência. Trata-se de respeito ao princípio da legalidade (art. 5º, II, CF; art. 912, CLT).

Délio Maranhão[20] enfatiza: *"As normas de proteção ao trabalho, em que prepondera o interesse público, formam um estatuto legal sobre o qual repousa a relação individual, resultante do contrato. Assim, modificado aquele por uma lei nova, este, consequentemente, modifica-se também. Daí a aplicação imediata das leis que integram tal estatuto aos contratos em curso. Não vai nisto efeito retroativo, porque as leis não se referem ao contrato, à vontade dos contratantes, mas àquele mínimo de garantias, contra a qual a vontade individual é inoperante. Se o era no momento do contrato, continuará sendo no curso deste. Não pode haver direito adquirido contra norma de caráter geral, impessoal e objetivo, que constituem a base necessária do ato concreto, impessoal e subjetivo".*

13.2 AS NORMAS TRABALHISTAS NO ESPAÇO

Em matéria trabalhista, prevalece o princípio da territorialidade. Isso significa que, dentro do território nacional, as relações de trabalho, tanto de nacionais como de estrangeiros, são regidas pela mesma lei. Tal imposição decorre da soberania que possui o Estado Brasileiro em relação ao seu território; logo, todos se sujeitam ao mesmo poder normativo, não havendo distinção entre nacionais ou estrangeiros.

Há questões atinentes à aplicação da lei trabalhista no espaço, isto é, a respeito da vigência da lei trabalhista de um país fora de seu território. Por exemplo, é o caso de um trabalhador brasileiro, contratado no Brasil e cuja execução do contrato ocorrerá no território de outro país.

---

[20] MARANHÃO, Délio. *Direito do trabalho*. 8. ed., p. 25.

O art. 9º, LINDB, determina a observância da lei do lugar onde o negócio jurídico foi realizado, como forma de qualificação e regência das obrigações.

Pode-se pensar que seja aplicável a lei trabalhista brasileira, contudo, em sede de Direito do Trabalho, não é aplicável o princípio *lex loci contractus* e sim o princípio da lei do local da prestação dos serviços (*lex loci executionis*).

O art. 198 do Código de Bustamante[21] declina que é territorial a legislação sobre acidentes do trabalho e proteção social do trabalhador. Trata-se da adoção da lei do local da prestação dos serviços (*lex loci executionis* ou *lex loci laboris*).[22]

Até o início de 2012, a jurisprudência dominante do TST adotava esse critério, consoante o teor da Súm. 207, *in verbis*: "*A relação jurídica trabalhista é regida pelas leis vigentes no país da prestação do serviço e não por aquelas do local da contratação*" (cancelada pela Resolução 181/12 do TST).

Como regra, a lei nacional não atinge trabalhadores que prestam serviços em outros países. Desse modo, um nacional que pretenda residir ou trabalhar fora do país terá suas relações trabalhistas reguladas pelas leis do país onde estiver (*lex loci executionis*), não podendo invocar a legislação obreira nacional, posto que essa não vigora em território estrangeiro.

Contudo, há situações em que o princípio geral da *lex loci executionis* não consegue solucionar, satisfatoriamente, todos os problemas decorrentes do conflito de normas trabalhistas no espaço.

13.2.1 Trabalhador brasileiro contratado para laborar no exterior

A contratação ocorreu no Brasil e aqui o trabalhador prestou serviços. Posteriormente, houve a sua transferência (expatriação) para outra localidade, por exemplo, a Alemanha.

Qual será a legislação aplicável? A lei brasileira ou a lei alemã?

Na ordem jurídica nacional, a Lei 7.064/82 regula a situação de trabalhadores contratados no Brasil ou transferidos pelo empregador para laborar no exterior (art. 1º, *caput*).

---

[21] O Código de Bustamante foi ratificado e promulgado pelo Brasil por intermédio do Decreto 18.871, de 13/8/1929.

[22] Para a identificação da lei aplicável (a nacional ou a estrangeira), a doutrina indica a teoria dos pontos, também denominada de elementos de conexão, os quais são "expressões legais de conteúdo variável, de efeito indicativo, capazes de permitir a determinação do direito que deve tutelar a relação jurídica em questão" (STRENGER, Irineu. *Direito internacional privado*. 4. ed., p. 353). De acordo com a LINDB (arts. 7º a 19), a ordem jurídica nacional aponta como elementos de conexão: (a) o local da prática do ato ilícito; (b) o local da localização dos bens; (c) o lugar em relação ao qual houve a constituição da obrigação; (d) o local no qual se encontra o proponente do contrato; (e) o local da execução da obrigação; (f) o domicílio dos sujeitos participantes do negócio jurídico; (g) a nacionalidade das partes; (h) a residência das partes; (i) o local da constituição da pessoa jurídica; (j) o lugar do nascimento ou falecimento da pessoa.

Fica excluído do regime da Lei 7.064 o empregado designado para prestar serviços de natureza transitória, por período não superior a 90 dias, desde que: (a) tenha ciência expressa dessa transitoriedade; (b) receba, além da passagem de ida e volta, as diárias durante o período de trabalho no exterior, as quais, seja qual for o respectivo valor, não terão natureza salarial.

Para os efeitos da Lei 7.064, considera-se transferido o empregado: (a) removido para o exterior, cujo contrato estava sendo executado no território brasileiro; (b) cedido à empresa sediada no estrangeiro, para trabalhar no exterior, desde que mantido o vínculo trabalhista com o empregador brasileiro; (c) contratado por empresa sediada no Brasil para trabalhar a seu serviço no exterior.

A empresa responsável pelo contrato de trabalho do empregado transferido, independentemente da observância da legislação do local da execução dos serviços, deverá assegurar: (a) os direitos previstos na Lei 7.064; (b) a aplicação da legislação brasileira de proteção ao trabalho, naquilo que não for incompatível com a Lei 7.064, quando mais favorável do que a legislação territorial, no conjunto de normas em relação a cada matéria (art. 3º, I e II).

Os direitos previstos na Lei 7.064 são: (a) filiação ao Regime Geral de Previdência Social, com a manutenção da condição de segurado, inclusive, computando-se o período no exterior para todos os fins previdenciários; (b) depósitos fundiários; (c) inscrição no PIS/PASEP; (d) gozo de férias do trabalhador no Brasil, acompanhado de seus familiares, com custeio da viagem pelo empregador, após dois anos de estadia no estrangeiro; (e) contrato de seguro de vida e acidentes pessoais, a ser pago pela empresa, em valor superior a 12 vezes o valor da remuneração mensal do trabalhador; (f) serviços gratuitos de assistência médica e social, próximos ao local de trabalho, devidamente custeados pelo empregador; (g) retorno ao Brasil, após o término da transferência, totalmente custeado pela empresa, exceto se o motivo da dispensa for decorrente de justa causa.

Por tais dispositivos, ao trabalhador, nacional ou estrangeiro, contratado no Brasil e transferido para o exterior, aplica-se a lei brasileira quando mais favorável do que a legislação do local da prestação dos serviços e em relação a cada matéria (teoria do conglobamento mitigado ou por instituto).[23]

13.2.2 Contratação de trabalhador brasileiro por empresa estrangeira, sem filial ou agência no Brasil, para o trabalho no exterior

A contratação de trabalhador brasileiro por empresa estrangeira, para o trabalho no exterior, necessita de prévia autorização do Ministério do Trabalho (art. 12, Lei 7.064). A autorização somente será concedida à empresa de cujo capital participe, em pelo menos 5%, pessoa jurídica domiciliada no Brasil (art. 13).

Além da observância da legislação trabalhista e previdenciária do local da prestação dos serviços, ao trabalhador brasileiro são assegurados outros direitos (art. 14): (a) cor-

---

[23] TRT – 2ª R. – 11ª T. – RO 00013811420105020066 – Rel. Eduardo de Azevedo Silva – j. 15/10/2013.
TRT – 2ª R. – 11ª T. – RO 20130012251 – Rel. Wilma Gomes da Silva Hernandes – j. 16/4/2013.

rerão obrigatoriamente por conta da empresa estrangeira as despesas de viagem de ida e volta do trabalhador ao exterior, inclusive a dos dependentes com ele residentes (art. 15); (b) a permanência do trabalhador no exterior não poderá ser ajustada por período superior a três anos, salvo quando for assegurado a ele e aos seus dependentes o direito de gozar férias anuais no Brasil, com despesas de viagem pagas pela empresa estrangeira (art. 16); (c) a empresa estrangeira assegurará o retorno definitivo do trabalhador ao Brasil quando: 1) houver terminado o prazo de duração do contrato, ou for o mesmo rescindido; 2) por motivo de saúde do trabalhador, devidamente comprovado por laudo médico oficial que o recomende.

13.2.3 Empregado de empresa brasileira que fiscaliza trabalhos executados em diversos países

O art. 75, IV, CC, determina que o domicílio das pessoas jurídicas é o local onde funcionarem as respectivas diretorias e administrações, ou onde elegerem domicílio especial no seu estatuto ou atos constitutivos. O domicílio do empregador no Brasil é o ponto de conexão. Portanto, para o empregado de empresa brasileira, que fiscaliza trabalhos executados em diversos países, aplica-se a lei brasileira.

13.2.4 Empregado de empresa brasileira que executa serviços esporádicos no exterior

Diante do trabalho esporádico no exterior, como não há residência ou domicílio específico no exterior, o ponto de conexão é o domicílio da empresa no Brasil. Aplica-se, portanto, ao empregado de empresa brasileira, que executa serviços esporádicos no exterior, a legislação brasileira (art. 75, IV, CC).

13.2.5 Trabalhador estrangeiro contratado no Brasil por empresa estrangeira para o trabalho no exterior

Para o trabalhador estrangeiro contratado no Brasil por empresa estrangeira e cujo trabalho será executado no exterior, aplica-se a lei do local da prestação dos serviços (art. 198, Código Bustamante).

13.2.6 Empregado estrangeiro que vem laborar permanentemente no Brasil

Para o empregado estrangeiro, o qual venha a ser transferido de forma definitiva para o Brasil, como ponto de conexão, aplica-se a lei brasileira, diante do princípio da lei do local da prestação dos serviços (art. 198, Código de Bustamante).

13.2.7 Trabalhadores fronteiriços

Do ponto de vista doutrinário, trabalhador fronteiriço é aquele que reside em um determinado país, contudo, trabalha em outro país, estando em constantes deslocamentos periódicos, que podem ser diários, semanais ou mensais.

Pela análise legal (art. 21, Lei 6.815/80, revogada pela Lei 13.445/17), podemos denominar trabalhador fronteiriço quem seja natural de um país limítrofe, que tenha domicílio em cidade contígua ao território nacional, a quem é conferido o direito de exercer trabalho remunerado e estudar no Brasil. A Lei 13.445 disciplina a figura do "residente fronteiriço" como a pessoa nacional de país limítrofe ou apátrida que conserva a sua residência habitual em município fronteiriço de país vizinho (art. 1º, § 1º, IV), com garantia de residência por motivo ou oferta de trabalho no país (art. 30, I, e, II, b).

A Convenção Internacional sobre a Proteção de Todos os Trabalhadores Migrantes e seus Familiares, a qual foi firmada pela Organização das Nações Unidas em 1990 (não foi ratificada pelo Brasil), dispõe que trabalhador fronteiriço é o migrante que, exercendo atividade em um Estado, regresse diariamente ou pelo menos uma vez por semana ao Estado vizinho, onde tem residência habitual.

Para o trabalhador fronteiriço, se não houver tratado dispondo em contrário, aplica-se a legislação da nacionalidade do trabalhador, desde que tenha domicílio (= residência) no país da sua própria nacionalidade.[24]

Quando o trabalhador presta serviços para o empregador, durante o mesmo período contratual, em dois ou mais países vizinhos, há de ser aplicável a lei mais favorável (TRT – 4ª R. – 1ª T. – RO 0000101-08.2013.5.04.0111 – Rel. Iris Lima de Moraes – j. 19/3/2014).

13.2.8 Trabalho efetuado a bordo de embarcações e aeronaves

Para os tripulantes de embarcações e aeronaves, por decorrência direta do Código de Bustamente (arts. 279 e 281), aplica-se a legislação do país onde o navio ou aeronave está matriculado. Trata-se da Lei do Pavilhão.

Contudo, não se aplica a lei da bandeira quando: (a) a relação de emprego está estabelecida entre o tripulante e a empresa que explora a embarcação ou aeronave e não com o proprietário da embarcação ou da aeronave. Outro elemento de conexão será escolhido: a lei da nacionalidade do tripulante ou a lei do domicílio do empregador; (b) é o caso de aeronaves ou navios matriculados em países que não adotam políticas adequadas de proteção ao trabalhador, como forma de fraudar os direitos trabalhistas dos tripulantes. Adota-se então, como forma de solução, *"as leis do ordenamento com o qual o contrato de trabalho possuir mais pontos de conexão seja pela nacionalidade do empregador, pela sua sede ou pelo local a que o empregado subordina-se, entre outros critérios".*[25]

Em dezembro/2010, diante da fraude, o TST deliberou pela aplicação da lei brasileira (aplicação da teoria do centro de gravidade, ou seja, aplica-se a lei que tenha mais interatividade com as peculiaridades da relação jurídica material deduzida em juízo).[26]

Também há julgados de tribunais regionais no sentido da aplicação da lei brasileira.[27]

---

[24] TST – 1ª T. – AIRR 146/2002-031-24-40.7 – Rel. Juiz Conv. Guilherme Augusto Caputo Bastos – DJ 24/3/2006.
[25] TST – 8ª T. – RR 127/2006-446-02-00.1 – Rel. Maria Cristina Irigoyen Peduzzi – *DEJT* 22/5/2009.
[26] TST – 7ª T. – AIRR 109240-45.2004.5.01.0481 – Rel. Min. Pedro Paulo Manus – *DEJT* 17/12/2010.
[27] TRT – 2ª R. – 8ª T. – RO 00021395220125020444 – Rel. Celso Ricardo Peel Furtado de Oliveira – j. 25/6/2014.

13.2.9 Legislação material e processual

A legislação material a ser observada, em regra, é a do país no qual se dá a prestação de serviços. As leis de proteção ao trabalho são territoriais (art. 198, Código de Bustamante). Aplica-se à relação de trabalho a lei do lugar em que o serviço é executado.

A competência das varas do trabalho estende-se aos dissídios ocorridos em agência ou filial no estrangeiro, desde que o empregado seja brasileiro e não haja convenção internacional dispondo em contrário (art. 651, § 2º, CLT).

Para Valentin Carrion,[28] *"o disposto no art. 651, caput e § 2º, é norma de direito interno em sua primeira parte e norma de direito internacional privado brasileiro no final. Ao dizer que a competência das Varas do Trabalho é determinada pela localidade onde o empregado presta serviço, mesmo que tenha sido contratado no estrangeiro, está admitindo a competência brasileira, mesmo que alguma outra norma estrangeira adote o critério da lei do lugar onde se deu a contratação. Aplica-se a CLT por ser mais específica ao caso do que a Lei de Introdução ao Código Civil; esta diz 'é competente a autoridade judiciária brasileira, quando for o réu domiciliado no Brasil, ou aqui tiver de ser cumprida a obrigação' (art. 12). Quanto ao critério de ser esta ou outra Vara do Trabalho a competente, depois que se fixou a competência nacional, pertence, pelos princípios constitucionais, à lei local. Assim, o Código de Bustamante, que é lei no Brasil, dispõe: 'Dentro de cada Estado contratante, a competência preferente dos diversos juízes será regulada pelo seu direito nacional' (art. 332)"*.

13.3 APLICAÇÃO TERRITORIAL

O art. 22, I, CF, estabelece a competência privativa da União para legislar sobre o Direito do Trabalho. A lei é federal, e o raio de atuação territorial é o Brasil, incluindo todos os tipos normativos previstos no processo legislativo (art. 59). Contudo, o próprio texto constitucional permite que, mediante lei complementar, os Estados possam legislar à respeito do Direito do Trabalho (art. 22, parágrafo único). É a hipótese do piso salarial estadual (LC 103, de 14/7/2000).

Como regra, as normas jurídico-trabalhistas de origem estatal são aplicáveis em todo o território nacional. A exceção reside no campo de aplicação das sentenças normativas emitidas pelos TRTs, o qual corresponde aos limites territoriais da jurisdição do tribunal.

No universo das normas autônomas coletivas (convenções e acordos coletivos de trabalho), o campo de aplicação fica restrito à base territorial do sindicato (art. 516, CLT; e art. 8º, II, CF) e às partes contratantes e seus representantes.

TRT – 9ª R. – 2ª T. – RO 39224-2011-016-09-00-9 – Rel. Ana Carolina Zaina – *DEJT* 14/3/2014.
TRT – 9ª R. – 4ª T. – RO 06873-2012-195-09-00-4 – Rel. Adilson Luiz Funez – *DEJT* 17/9/2013.
TRT – 1ª R. – 2ª T. – RO 0001162-86.2012.5.01.0024 – Rel. José Geraldo da Fonseca – j. 8/10/2014.

[28] CARRION, Valentin. *Comentários à Consolidação das Leis do Trabalho*. 28. ed., p. 493.

13.4 PESSOAS A QUEM SE DESTINAM AS NORMAS TRABALHISTAS

Como regra, o Direito do Trabalho é aplicável às relações jurídicas cujo objeto é a prestação de trabalho subordinado: (a) empregado urbano (art. 3º, CLT); (b) empregado rural (Lei 5.889/73); (c) empregado doméstico (LC 150/15); (d) trabalhador avulso (art. 7º, XXXIV, CF); (e) trabalhador temporário (Lei 6.019/74).

Encontram-se excluídos da proteção do Direito do Trabalho: (a) o trabalhador autônomo (pela inexistência da subordinação); (b) o trabalhador eventual (em face do fato de possuir vários tomadores quanto aos serviços prestados, sem se fixar, juridicamente, a nenhum deles); (c) o servidor público estatutário (em face do regime jurídico, que é de cunho institucional, logo, regido pelo Direito Administrativo); (d) o servidor público comissionado e o servidor público temporário (vínculos de caráter jurídico-administrativo); (e) prestador de serviço voluntário (ante a inexistência da onerosidade).

Historicamente, a competência material da Justiça do Trabalho tinha como fundamento a relação de emprego.

Pela EC 45/04, houve a ampliação da competência material da Justiça do Trabalho para dirimir os dissídios individuais oriundos da relação de trabalho com a inclusão dos Entes de Direito Público Externo e da Administração Pública direta e indireta da União, dos Estados, do Distrito Federal e dos Municípios.[29]

Diante dessa alteração constitucional, há uma relativa tendência de aplicação do Direito do Trabalho para os trabalhadores autônomos e os eventuais.[30]

---

[29] Em caráter liminar, como Presidente do STF, o Ministro Nelson Jobim suspendeu, *ad referendum*, toda e qualquer interpretação dada ao inciso I do art. 114 da CF, na redação dada pela EC, que inclua, na competência da Justiça do Trabalho, os funcionários públicos, nos seguintes termos: "[...] Não há que se entender que justiça trabalhista, a partir do texto promulgado, possa analisar questões relativas aos servidores públicos. Essas demandas vinculadas a questões funcionais a eles pertinentes, regidos que são pela Lei 8.112/90 e pelo direito administrativo, são diversas dos contratos de trabalho regidos pela CLT. Leio Gilmar Mendes, há 'Oportunidade para interpretação conforme à Constituição [...] sempre que determinada disposição legal oferece diferentes possibilidades de interpretação, sendo algumas delas incompatíveis com a própria Constituição. [...] Um importante argumento que confere validade à interpretação conforme à Constituição é o princípio da unidade da ordem jurídica [...]' (Jurisdição Constitucional, São Paulo, Saraiva, 1998, p. 222/223). É o caso. A alegação é fortemente plausível. Há risco. Poderá, como afirma a inicial, estabelecerem-se conflitos entre a Justiça Federal e a Justiça Trabalhista, quanto à competência desta ou daquela. Em face dos princípios da proporcionalidade e da razoabilidade e ausência de prejuízo, concedo a liminar, com efeito *ex tunc*. Dou interpretação conforme ao inciso I do art. 114 da CF, na redação da EC nº 45/04. Suspenso, *ad referendum*, toda e qualquer interpretação dada ao inciso I do art. 114 da CF, na redação dada pela EC 45/2004, que inclua, na competência da Justiça do Trabalho, a '[...] apreciação [...] de causas que [...] sejam instauradas entre o Poder Público e seus servidores, a ele vinculados por típica relação de ordem estatutária ou de caráter jurídico-administrativo'" (STF – ADI nº 3.395-6 – Ministro Nelson Jobim – j. 27/1/2005). Em 5/4/2006, o STF, por maioria, referendou a liminar concedida (Rel. Min. Cezar Peluso).

[30] "No plano da extensão operada pela Emenda 45/2004, e levando em conta a circunstância de que o direito em análise é direito do trabalho, e não direito do emprego (ou o direito de um grupo de trabalhadores subordinados), percebe-se que as normas da disciplina aqui estudada aplicam-se,

13.4.1 Empregados de missões estrangeiras ou de organismos internacionais

A expressão "imunidade diplomática" representa os privilégios de que gozam os agentes diplomáticos. Como exemplos: inviolabilidade de pessoa, residência, sede da representação diplomática, bens móveis, correspondência postal e telegráfica, imunidade de jurisdição civil e criminal, isenção de impostos.

Pelo princípio da extraterritorialidade, determinadas pessoas não se sujeitam aos efeitos da legislação e jurisdição do Estado em que se encontram. É o caso das missões diplomáticas, que são vistas como um prolongamento do Estado que representam.

Pergunta-se: será que empregados das embaixadas devem ser regidos pela legislação brasileira?

A legislação previdenciária considera como segurado obrigatório da Previdência, na categoria de empregado, aquele que presta serviço no Brasil à missão diplomática ou à repartição consular de carreira diplomática e a órgãos a elas subordinados, excluídos o não brasileiro sem residência permanente no Brasil e o brasileiro amparado pela legislação previdenciária do país da respectiva missão diplomática ou repartição consular (art. 11, I, *d*, Lei 8.213/91).

A imunidade é absoluta para os atos de império, o que já não ocorre com os atos praticados em suas relações de natureza privada – atos de gestão.

A contratação de trabalhadores insere-se no ramo das relações de natureza privada, logo, não deve ser aplicado o princípio da extraterritorialidade.

Devem ser aplicáveis, aos empregados de missões diplomáticas ou de organismos internacionais no Brasil, as normas jurídico-trabalhistas previstas na ordem jurídica nacional.

A respeito dessa matéria, temos a decisão histórica do STF, no acórdão prolatado na Apelação Cível 9.696-3, de 31/5/1989 (publicado no *DJ* de 12/10/1990, Ementário 1.598-1; republicado no *DJ* de 24/10/1990, p. 11828), cujo relator foi o Min. Sydney Sanches. O STF entendeu que não há imunidade de jurisdição para o Estado estrangeiro, em causa de natureza trabalhista ou nas ações decorrentes da responsabilidade civil.

Destaca-se parte do voto do Ministro Francisco Rezek: "*Textualmente, a Convenção Europeia de 1972 diz que não opera a imunidade no caso de uma demanda trabalhista ajuizada por súdito local, ou pessoa residente no território local, contra representação diplomática estrangeira (artigo 5º); assim como não opera a imunidade no caso da ação indenizatória resultante do descumprimento de contrato comum (art. 4º) (cf. International Legal Materials, vol. XI, 1972, pp. 470-472).*

Não bastasse a convenção europeia, vem depois o legislador norte-americano e edita, em 21/10/1976, o Foreign Sovereign Immunities Act, *lei minuciosa naquilo que dispõe, e que assume a mesma diretriz da convenção. Seu texto é também casuístico, e menciona*

---

em determinadas medidas, também aos trabalhadores autônomos e aos subordinados eventuais" (MARTINEZ, Luciano. *Curso de direito do trabalho*, 2. ed., p. 72).

expressamente, entre as causas não alcançadas pela imunidade, aquelas pertinentes à responsabilidade civil (§ 1.605, 2 e 5) (cf. International Legal Materials, vol. XV, 1976, pp. 1.388-1.389).

Em 1978, no Reino Unido, promulga-se o State Immunity Act. Esse texto, inspirado ao legislador britânico pela Convenção Europeia e pela lei norte-americana, diz naquilo que operacionalmente nos interessa a mesma coisa: a imunidade não é mais absoluta. Não são alcançados pela imunidade os desdobramentos de toda espécie de interação contratual, de natureza trabalhista, entre a missão diplomática ou consular e pessoas recrutadas in loco, bem assim às ações indenizatórias resultantes da responsabilidade civil (arts. 4º e 5º) (cf. International Legal Materials, vol. XVII, 1978, pp. 1.123-1.125).

Em 1986, na Academia de Direito Internacional de Haia, o Professor Peter Troobof, de Nova Iorque, dava um curso sobre esse exato tema: o aparecimento final de um consenso sobre os princípios relacionados com a imunidade do Estado. E deixava claro que o princípio da imunidade absoluta não mais prevalece (P. D. Troobof, Foreign State Immunity: Emerging Consensus on Principles, Recueil des Cours, vol. 200, 1986, pp. 235 e ss.).

Independentemente da questão de saber se há hoje maioria numérica de países adotantes da regra da imunidade absoluta, ou daquela da imunidade limitada – que prevalece na Europa ocidental e que já tem fustigado, ali, algumas representações brasileiras –, uma coisa é certíssima: não podemos mais, neste Plenário, dizer que há uma sólida regra de direito internacional costumeiro, a partir do momento em que desertam dessa regra os Estados Unidos da América, a Grã-Bretanha e tantos outros países do hemisfério norte. Portanto, o único fundamento que tínhamos – já que as convenções de Viena não nos socorrem a tal propósito – para proclamar a imunidade do Estado estrangeiro em nossa tradicional jurisprudência desapareceu: podia dar-se por raquítico ao final da década de setenta, e hoje não há mais como invocá-lo."

A respeito dessa matéria, o Ministério das Relações Exteriores, na Nota Circular 560, efetuou as seguintes comunicações às Missões Diplomáticas, *in verbis*: "(a) Em virtude do princípio da independência dos Poderes, consagrado em todas as Constituições brasileiras, e que figura no artigo segundo da Constituição de 1988, é vedada ao Poder Executivo qualquer iniciativa que possa ser interpretada como interferência nas atribuições de outro Poder; (b) a Convenção de Viena sobre Relações Diplomáticas de 1961, assim como a de 1963, sobre Relações Consulares, não dispõe sobre matéria de relações trabalhistas entre Estado acreditante e pessoas contratadas no território do Estado acreditado; (c) ante o exposto na letra b, os Tribunais brasileiros, em sintonia com o pensamento jurídico atual, que inspirou, aliás, a Convenção Europeia sobre Imunidade dos Estados, de 1972, o Foreign Sovereign Immunities Act, dos Estados Unidos da América, de 1976, e o State Immunity Act, do Reino Unido, de 1978, firmaram jurisprudência no sentido de que as pessoas jurídicas de Direito Público externo não gozam de imunidades no domínio dos 'atos de gestão' como as relações de trabalho estabelecidas localmente".

O art. 114, CF, estabeleceu a competência da Justiça do Trabalho para conciliar e julgar os dissídios individuais e coletivos entre trabalhadores e empregadores, abrangidos os entes de direito público externo. Essa competência foi mantida pela EC 45/04 (art. 114, I).

Pergunta: será que a partir da nova ordem constitucional as embaixadas estrangeiras sujeitam-se à jurisdição brasileira?

Quanto ao processo de conhecimento, a competência era incontroversa,[31] o que não ocorre quanto à execução trabalhista.[32]

Será que é possível a execução da sentença diante da impenhorabilidade pela jurisdição trabalhista quanto aos bens de uma embaixada brasileira?

Na ótica de Amauri Mascaro Nascimento:[33] *"A Constituição resolveu a discussão sobre competência, mas não solucionou o problema da impenhorabilidade. Logo, ainda restam algumas dificuldades para o completo deslinde desse problema, mas, ao menos em parte, há, agora, um caminho indicado pela lei."*

A jurisprudência entende que não é possível a execução contra os entes de direito público externo, exceto se for o caso de renúncia expressa.[34]

Como não é possível a penhora em território nacional, a execução deve ser processada por meio de carta rogatória.[35] A execução forçada na Justiça do Trabalho não será possível. Admite-se a penhora de crédito junto a terceiros. Em 3/9/2009, em votação

---

[31] TST – SBDI-1 – E-RR nº 189280/95-2 – Rel. Min. José Luiz Vasconcellos – *DJ* 18/8/2000 – p. 472.

[32] TRT – 10ª R. – 3ª T. – AgP 809/96 – Rel. Orlando C. Gomes – *DJDF* 7/2/1997 – p. 1313. TRT – 2ª R. – 6ª T. – RO 20010423103 – Rel. Maria Aparecida Duenhas – *DOESP* – 26/7/2002.

[33] NASCIMENTO, Amauri Mascaro. *Curso de direito processual do trabalho*. 20. ed., p. 197.

[34] "Imunidade de Jurisdição. Ação trabalhista e ação indenizatória. Inexistência para o processo de conhecimento. Permanência para o processo de execução, salvo renúncia expressa. Após a histórica decisão do Excelso Supremo Tribunal Federal (Ap. Civ. 9696-3-TP, de 31/5/1989, Rel. Min. S. Sanches – que adotou os fundamentos do voto do Min. F. Rezek – publ. D.J. de 12/10/1990 – Ementário nº 1.598-1, e republicado no D.J. de 24/10/1990, p. 11.828) foi afastada, de vez, a imunidade de jurisdição dos entes de direito público externo, como os Estados estrangeiros e demais entidades públicas internacionais, para processo de conhecimento e o eventual procedimento declaratório de liquidação de sentença consequente, quando ilíquida esta; permanecendo a imunidade quanto ao processo de execução – a menos que a essa prerrogativa renunciem expressamente seus titulares – consoante vetusta regra costumeira do Direito das Gentes, então assim relativizada, e, ainda, por previstas em Tratados ou Acordos bilaterais – devida e regularmente aprovados na forma constitucional por Decreto Legislativo e promulgada por Decreto do Executivo – fundados na Convenção Europeia de 1972. O desrespeito à imunidade para o processo de execução poderia supor uma inadmissível invasão do território estrangeiro, um injustificável desrespeito à soberania do Estado estrangeiro acreditante, com a provável agravante da quebra da reciprocidade. E a competência para o julgamento da ação trabalhista cabe à Justiça do Trabalho (art. 114 da C.F.). Nulo é o processo de execução iniciado, com declaração da extinção do processo por ausência de pressuposto de constituição e de desenvolvimento válido e regular da renúncia expressa da entidade de direito público internacional 'executada' agravante. Recurso provido" (TRT – 10ª Região – Imunidade de Jurisdição – Processo 0136/93, entre partes: Agravante: (1º) J. O. da S.; (2º) Organização dos Estados Americanos – OEA. Agravado: Os mesmos. Rel. Roberto Maurício Moraes.

[35] Carta rogatória é o ato processual pelo qual um juiz de determinado Estado solicita a juiz de Estado diverso o cumprimento, no território deste, de providências judiciais. Recebe, também, a denominação de comissão rogatória. O ato deve observar a convenção internacional entre o Brasil e o país do qual se solicita a prática do ato. Não havendo a convenção, a rogatória será remetida à autoridade judiciária estrangeira através da via diplomática.

apertada (sete votos contra sete, com o voto de desempate do presidente do TST, Min. Milton de Moura França), a SDI-I entendeu que os organismos internacionais têm imunidade absoluta de jurisdição. A corrente vencedora entendeu que a imunidade absoluta da ONU há de ser respeitada por estar prevista expressamente em tratado internacional assinado pelo Brasil (Convenção sobre Privilégios e Imunidades das Nações Unidas, ratificada pelos Decretos 27.784/50 e 52.288/63) (E-ED-RR-900/2004-019-10.00.9).

Em abril de 2012, por meio da OJ 416, o TST fixou o entendimento de que as organizações ou organismos internacionais gozam de imunidade absoluta de jurisdição quando amparados por norma internacional incorporada ao ordenamento jurídico brasileiro, não se lhes aplicando a regra do Direito Consuetudinário relativa à natureza dos atos praticados. Excepcionalmente, prevalecerá a jurisdição brasileira na hipótese de renúncia expressa à cláusula de imunidade jurisdicional.

No RE 1034840, o STF, em sede de repercussão geral, fixou que o organismo internacional, o qual tenha garantida a imunidade de jurisdição em tratado firmado pelo Brasil e internalizado na ordem jurídica brasileira, não pode ser demandado em juízo, salvo em caso de renúncia expressa a essa imunidade.

QUESTIONÁRIO

1. Quais são os critérios doutrinários quanto à aplicação das normas trabalhistas?

2. Como se dá a aplicação da norma trabalhista no tempo?

3. Como se dá a aplicação da norma trabalhista no espaço? Há diferença entre a lei material e a processual?

4. Como se dá a aplicação territorial da norma trabalhista?

5. Para quem são aplicáveis as normas jurídicas trabalhistas?

6. A lei trabalhista aplica-se ao servidor público estatutário?

7. A lei brasileira aplica-se aos empregados de missões estrangeiras ou de organismos internacionais?

8. As alterações impostas pela Reforma Trabalhista são aplicáveis aos contratos de trabalho iniciados antes da sua vigência e que se projetam sob o império da nova legislação?

Parte III

DIREITO INTERNACIONAL DO TRABALHO E OS DIREITOS FUNDAMENTAIS NO TRABALHO

Capítulo I
DIREITO INTERNACIONAL DO TRABALHO

1.1 NOÇÕES GERAIS

Arnaldo Süssekind[1] entende que o Direito Internacional do Trabalho é *"uma das partes mais importantes do Direito Internacional Público"*, não se constituindo em *"um ramo autônomo da Ciência Jurídica"*.

Para Mario de La Cueva,[2] de fato, há um Direito Internacional do Trabalho, *"que não será nem direito internacional público, nem direito internacional privado, senão um tipo novo. Sua missão consistirá em regular universalmente os princípios fundamentais das legislações internas do trabalho"*.

Maria Helena Diniz[3] afirma que Direito Internacional do Trabalho é *"o conjunto de normas que traçam os princípios norteadores das leis trabalhistas internas"*.

As dificuldades para a configuração da autonomia científica do Direito Internacional do Trabalho residem no fato de que os objetivos gerais da OIT, bem como *"os princípios doutrinários, os métodos de investigação e os instrumentos de que se utiliza são os mesmos do Direito Internacional Público, sendo que outros organismos internacionais, inclusive as Nações Unidas (ONU), procuram, igualmente, dentro da respectiva esfera de competência, alcançar objetivos comuns"*.[4]

---

[1] SÜSSEKIND, Arnaldo; MARANHÃO, Délio; VIANNA, Segadas; TEIXEIRA FILHO, João de Lima. *Instituições de direito do trabalho.* 19. ed., v. 1, p. 1459.
[2] CUEVA, Mario de La. Apud Arnaldo Süssekind et al. Ob. cit., v. 2, p. 1459.
[3] DINIZ, Maria Helena. *Dicionário Jurídico*, v. 2, p. 167.
[4] SÜSSEKIND, Arnaldo et al. Ob. cit., p. 1459.

É inegável que o Direito Internacional do Trabalho seja uma das divisões do Direito Internacional Público.[5,6] Nessa parte, destacam-se a Organização Internacional do Trabalho (OIT) e os seus instrumentos normativos, bem como inúmeros outros tratados internacionais.

---

[5] Os princípios gerais do Direito Internacional Público são: (a) independência e igualdade jurídica: a ONU é baseada no princípio da igualdade de todos os seus Membros (art. 2º, I, Carta das Nações Unidas; Decreto 19.841, de 22/10/1945); (b) cumprimento dos compromissos assumidos pelos Estados de boa-fé: todos os Membros, a fim de assegurarem para todos em geral os direitos e vantagens resultantes de sua qualidade de Membros, deverão cumprir de boa-fé as obrigações por eles assumidas de acordo com a presente Carta (art. 2º, II); (c) segurança coletiva internacional e da manutenção da paz: todos os Membros deverão resolver suas controvérsias internacionais por meios pacíficos, de modo que não sejam ameaçadas: a paz, a segurança e a justiça internacionais (art. 2º, III); (d) proibição da ameaça ou do recurso à força: todos os Membros deverão evitar em suas relações internacionais a ameaça ou o uso da força contra a integridade territorial ou a dependência política de qualquer Estado, ou qualquer outra ação incompatível com os objetivos das Nações Unidas (art. 2º, IV); (e) emprego lícito da força na esfera internacional: todos os Membros darão às Nações toda assistência em qualquer ação a que elas recorrerem de acordo com a presente Carta e se absterão de dar auxílio a qual Estado contra o qual as Nações Unidas agirem de modo preventivo ou coercitivo (art. 2º, V); (f) obrigação de cooperação internacional: a Organização fará com que os Estados que não são Membros das Nações Unidas ajam de acordo com esses princípios em tudo quanto for necessário à manutenção da paz e da segurança internacionais (art. 2º, VI); (g) não ingerência nas matérias exclusivas dos Estados: nenhum dispositivo da Carta autorizará as Nações Unidas a intervirem em assuntos que dependam essencialmente da jurisdição de qualquer Estado ou obrigará os Membros a submeterem tais assuntos a uma solução, nos termos da presente Carta; este princípio, porém, não prejudicará a aplicação das medidas coercitivas constantes do Capítulo VII (art. 2º, VII).

[6] "Entendendo o que é o direito internacional público: desde o momento em que o homem passou a viver em sociedade, com todos os problemas e implicações que esta lhe impõe, tornou-se premente e necessária a criação de normas de conduta para reger a vida em grupo – lembre-se a afirmativa de Aristóteles de que o homem é um ser social –, harmonizando e regulamentando os interesses individuais, visando sempre a almejada pacificação das relações sociais.

Em decorrência de sua evolução e de seu progresso como ciência, o direito passa a não mais se contentar em reger situações limitadas às fronteiras territoriais da sociedade que, modernamente, é representada pela figura do Estado. À medida que os Estados se multiplicam e à medida que crescem os intercâmbios internacionais, nos mais diversos e variados campos da vida humana (econômico, financeiro, político, social, comercial, cultural, religioso etc.), o direito vai superando os limites territoriais da soberania estatal rumo à criação de um sistema de normas jurídicas capaz de coordenar vários interesses simultâneos, permitindo a tais Estados alcançar as suas finalidades e interesses recíprocos.

Ao passo que este fenômeno se verifica, o direito vai deixando de somente regular questões internas para também disciplinar atividades que transcendem os limites físicos dos Estados, criando um conjunto de normas jurídicas capazes de realizar esse mister.

Esse sistema de normas jurídicas que visa disciplinar e regulamentar as atividades exteriores da sociedade dos Estados (e também, modernamente, das Organizações Internacionais intergovernamentais e dos próprios indivíduos) é o que se chama de direito internacional público" (MAZZUOLI, Valério de Oliveira. *Direito internacional público*: parte geral, 57. ed., p. 13).

O Direito do Trabalho entrelaça-se com o Direito Internacional Privado, precipuamente em função das consequências da *"crescente mobilidade das pessoas e da tendência da economia à globalização"*.[7] É grande a interação econômica dos países, em função da expansão cada vez maior do comércio internacional, além da atuação marcante das grandes empresas, as quais ampliam os seus campos de exploração econômica. Como exemplo, temos as consequências advindas do MERCOSUL em relação aos países da América do Sul (Brasil, Uruguai, Paraguai e Argentina); o NAFTA (Estados Unidos da América, Canadá e México); a Comunidade Europeia (os vários países da Europa).

Os fundamentos do Direito Internacional do Trabalho[8] envolvem razões de ordem econômica, de índole social e de caráter técnico.

A ordem econômica, no campo internacional, exige o nivelamento dos custos originários das medidas sociais adotadas para a proteção do trabalho. A desigualdade nas medidas sociais gera a concorrência desleal no comércio internacional, com a oferta de uma produção mais barata, a qual é oriunda de uma política social inferior em relação à ordem jurídica interna de outros países.

Os aspectos econômicos são importantes, mas é da essência do Direito Internacional do Trabalho a adoção de medidas que tenham por objetivo a universalização das regras de proteção ao trabalhador, visando à busca da justiça social.

As razões técnicas repousam na necessidade de instrumentos formais para o encaminhamento das soluções para a equalização internacional quanto às condições de trabalho. Para tanto, há os instrumentos normativos emitidos pela OIT: as convenções, as recomendações e as resoluções. Citados documentos representam subsídios importantes para o incremento da legislação interna trabalhista dos países, aprimorando-se os sistemas e as normas de proteção.

Pelas convenções internacionais, tratados universais abertos, o Direito Internacional do Trabalho tem como objetivos: (a) a universalização das regras de proteção; (b) a procura do bem-estar social e geral de todos os trabalhadores; (c) evitar que motivos de ordem econômica impeçam a aplicação das normas tutelares previstas nos tratados internacionais.

Por outro lado, pelos acordos internacionais bilaterais ou plurilaterais (de natureza restrita e que vinculam somente os Estados signatários, não estando aberto à

---

[7] MAGANO, Octavio Bueno. *Manual de direito do trabalho:* parte geral, v. 2, p. 82.

[8] Como princípios do Direito Internacional do Trabalho, podemos apontar: (a) o trabalho não é uma mercadoria – a força de trabalho e a contraprestação pecuniária mínima é fator de dignidade para o ser humano; (b) liberdade de expressão e de associação é uma condição indispensável a um processo ininterrupto – o pluralismo é um princípio básico e fundamental da República Federativa do Brasil (art. 1º, V, CF), além do associativismo (art. 5º, XVII), da liberdade de expressão (art. 5º, IV), da liberdade e da autonomia sindical (art. 8º); (c) a penúria representa um perigo para a prosperidade global; (d) a luta contra a carência, em qualquer nação, deve ser conduzida com inesgotável energia, além de um esforço internacional contínuo, onde se tenha a presença de representantes de empregados, de empregados e dos governos, com o objetivo de se alcançar o bem-estar e a justiça sociais.

ratificação de outros países), o Direito Internacional do Trabalho pretende a solução dos problemas decorrentes das condições de trabalho entre os países signatários, tais como: a movimentação dos trabalhadores pelos territórios, a sistematização das regras jurídicas aplicáveis às relações individuais e coletivas de trabalho, a política da seguridade social etc.

1.2 A CONSTRUÇÃO DOS DIREITOS FUNDAMENTAIS NO TRABALHO NO CENÁRIO INTERNACIONAL

1.2.1 Diplomas Internacionais sobre os direitos fundamentais no trabalho

No cenário internacional, inúmeros tratados, convenções, declarações internacionais trazem direitos fundamentais no trabalho, dentre os quais merecem destaque: a Declaração Universal dos Direitos Humanos (1948); a Carta Social Europeia (1961); a Convenção Europeia de Direitos Humanos (1950); a Carta Internacional Americana de Garantias Sociais (1948); Convenção Internacional sobre a Eliminação de Todas as Formas de Discriminação Racial (1965); Pacto Internacional sobre Direitos Civis e Políticos (1966); Pacto Internacional sobre os Direitos Econômicos, Sociais e Culturais (1966); Convenção Americana sobre Direitos Humanos (Pacto de San José da Costa Rica) (1969); Convenção sobre a Eliminação de todas as Formas de Discriminação Contra a Mulher (1979); Declaração Sociolaboral do Mercosul (1998); Convenção Internacional sobre os Direitos da Pessoa com Deficiência (2006) etc.

Além das Cartas da OIT (Declaração da Filadélfia, Constituição e Declaração de Princípios Fundamentais e Direitos no Trabalho, obrigatórias a todos os Estados-membros), os instrumentos normativos da OIT compreendem: as convenções, as recomendações e as resoluções.

1.2.2 Os direitos fundamentais no trabalho nos diplomas internacionais

No mundo Contemporâneo, um dos principais diplomas de direitos humanos, a Declaração Universal dos Direitos Humanos (1948) traz, entre outros, como direitos fundamentais relacionados ao trabalho: (a) ninguém será mantido em escravidão ou servidão; a escravidão e o tráfico de escravos serão proibidos em todas as suas formas (art. IV); (b) todo ser humano tem direito ao trabalho, à livre escolha de emprego, a condições justas e favoráveis de trabalho e à proteção contra o desemprego (art. XXIII, 1); (c) todo ser humano, sem qualquer distinção, tem direito a igual remuneração por igual trabalho (art. XXIII, 2); (d) todo ser humano que trabalha tem direito a uma remuneração justa e satisfatória, que lhe assegure, assim como à sua família, uma existência compatível com a dignidade humana e a que se acrescentarão, se necessário, outros meios de proteção social (art. XXIII, 3); (e) todo ser humano tem direito a organizar sindicatos e a neles ingressar para proteção de seus interesses (art. XXIII, 4); (f) todo ser humano tem direito a repouso e lazer, inclusive a limitação razoável das horas de trabalho e a férias remuneradas periódicas (art. XXIV).

O Pacto de Direitos Civis e Políticos[9] (1966) elenca como direitos fundamentais no trabalho a proibição ampla de todas as formas de trabalho escravo e servidão (art. 8º) e a liberdade de associação, inclusive sindical, para a defesa de seus interesses (art. 22).

Por sua vez, o Pacto de Direitos Econômicos, Sociais e Culturais[10] (1966) coloca como direitos fundamentais no trabalho (art. 7º): (a) uma remuneração que proporcione, no mínimo, a todos os trabalhadores; (i) um salário equitativo e uma remuneração igual por um trabalho de igual valor, sem qualquer distinção; em particular, as mulheres deverão ter a garantia de condições de trabalho não inferiores às dos homens e perceber a mesma remuneração que eles, por trabalho igual; (ii) uma existência decente para eles e suas famílias, em conformidade com as disposições do próprio Pacto; (b) condições de trabalho seguras e higiênicas; (c) igual oportunidade para todos de serem promovidos, em seu trabalho, à categoria superior que lhes corresponda, sem outras considerações que as de tempo, de trabalho e de capacidade; (d) o descanso, o lazer, a limitação razoável das horas de trabalho e férias periódicas remuneradas, assim como a remuneração dos feriados.

Em relação aos direitos fundamentais de natureza coletiva no trabalho, o Pacto de Direitos Econômicos, Sociais e Culturais traz: (a) o direito de toda pessoa de fundar com outros sindicatos e de filiar-se ao sindicato de sua escolha, sujeitando-se unicamente aos estatutos da organização interessada, com o objetivo de promover e de proteger seus interesses econômicos e sociais. O exercício desse direito só poderá ser objeto das restrições previstas em lei e que sejam necessárias, em uma sociedade democrática, ao interesse da segurança nacional ou da ordem pública, ou para proteger os direitos e as liberdades alheias; (b) o direito dos sindicatos de formar federações ou confederações nacionais e o direito dessas de formar organizações sindicais internacionais ou de filiar-se às mesmas; (c) o direito dos sindicatos de exercer livremente suas atividades, sem quaisquer limitações além daquelas previstas em lei e que sejam necessárias, em uma sociedade democrática, ao interesse da segurança nacional ou da ordem pública, ou para proteger os direitos e as liberdades das demais pessoas; (d) o direito de greve, exercido em conformidade com as leis de cada país (art. 8º).

Além desses direitos, também se reconhece o direito de toda pessoa à previdência social, inclusive ao seguro social (art. 9º).

A Convenção Interamericana de Direitos Humanos (Pacto de San José da Costa Rica) (1969) traz: (a) proibição da escravidão e servidão (art. 6º); (b) liberdade de associação, inclusive sindical (art. 16).

---

[9] Aprovado pelo Decreto Legislativo 226, de 12/12/1991. Ratificado pelo Brasil em 24/1/1992. Promulgado pelo Decreto 592, de 6/7/1992. Em vigor no Brasil em 24/4/1992.

[10] Aprovado pelo Decreto Legislativo 226, de 12/12/1991. Promulgado pelo Decreto 591, de 6/7/1992. Entrou em vigor em 24/4/1992.

QUESTIONÁRIO

1. O Direito Internacional do Trabalho é um ramo autônomo da Ciência Jurídica?

2. Qual é o conceito de Direito Internacional do Trabalho?

3. Quais são os fundamentos do Direito Internacional do Trabalho?

4. Quais são os objetivos do Direito Internacional do Trabalho?

5. Quais são os princípios do Direito Internacional do Trabalho?

6. Quais são os principais Diplomas normativos dos direitos fundamentais no trabalho?

Capítulo II
ORGANIZAÇÃO INTERNACIONAL DO TRABALHO

2.1 RELATO HISTÓRICO

Com suas sementes lançadas no início do século XIX, a Comissão de Legislação Internacional do Trabalho, integrada por representantes dos governos, sindicalistas e universitários, presidida por Samuel Gompers, em 1914, em sua convenção anual na Filadélfia, propôs a reunião de um congresso de trabalhadores por ocasião da Conferência de Paz.[1]

Com a instalação da Conferência da Paz da Primeira Grande Guerra (janeiro de 1919), no Palácio de Versailles, houve a criação de uma Comissão de Legislação Internacional do Trabalho.

A Primeira Grande Guerra (1914-1919) foi o elemento primordial para o surgimento da OIT. *"A Primeira Grande Guerra, como recorda Antokoletz, transformou ou aboliu as mais radicais resistências à generalização das leis de proteção ao trabalho: destruição de grandes riquezas públicas e privadas, a morte de milhões de homens úteis, a bancarrota de numerosas empresas, a solidariedade das esferas sociais nos campos de batalha, tudo veio a apaziguar o espírito sórdido de especulação e a luta desenfreada pela posse dos bens. Algo assim como um sopro de purificação moral e de mútua compreensão passou pela Europa e quando os Governos comprovaram que as organizações operárias acudiram em defesa dos seus países ameaçados pelo flagelo mundial, esquecendo os ressentimentos internos e as lutas de classe, compreenderam que a paz e a guerra dependiam em grande parte da harmonia social."*[2]

Após várias reuniões de trabalho, a Comissão elaborou um projeto, o qual foi aprovado pela Conferência e que constituiu a Parte XIII (arts. 387 a 487) do Tratado de Versailles. Com a conclusão do Tratado da Paz, estava estabelecida a Organização Internacional do Trabalho (28/6/1919).

O escopo dessa Organização, segundo o Preâmbulo da Parte XIII do Tratado, é o estabelecimento da paz universal tendo como base a própria justiça social.

---

[1] POTOBSKY, Geraldo W. Von; CRUZ, Héctor G. Bartolomei de la. *La organización internacional del trabajo*. Buenos Aires: Astrea, 2002, p. 5-6.

[2] SÜSSEKIND, Arnaldo. Direito internacional do trabalho. São Paulo: LTr, 1983, p. 88.

No Pacto da Sociedade das Nações, pelo art. 23, seus membros *"se esforçarão para assegurar condições de trabalho equitativas e humanitárias para o homem, a mulher e a criança, em seus próprios territórios e nos países a que estendam suas relações de comércio e indústria, e, com tal objetivo, estabelecerão e manterão as organizações necessárias".*

A OIT foi instituída e tinha sua estrutura, seu funcionamento e suas finalidades disciplinadas nos arts. 387 a 427, Parte XIII, do Tratado de Versailles.

Durante a 26ª Conferência Geral da OIT (1944), foi aprovada a Declaração Referente aos Fins e Objetivos da OIT, instrumento conhecido como "Declaração da Filadélfia", no qual se reafirmou os princípios fundamentais sobre os quais repousa a OIT.

Nessa ocasião, a Conferência reafirmou os princípios fundamentais: (a) trabalho não é mercadoria; (b) a liberdade de expressão e de associação é uma condição indispensável a um processo ininterrupto; (c) a penúria, seja onde for, constitui um perigo para a prosperidade geral; (d) a luta contra a carência, em qualquer nação, deve ser conduzida com infatigável energia, e por um esforço internacional e conjugado, no qual os representantes dos empregadores e empregados discutam, em igualdade, com os dos Governos, e tomem com eles decisões de caráter democrático, visando ao bem comum.

Enquanto, genericamente, suas finalidades são: (a) o pleno emprego e a melhoria do nível de vida dos trabalhadores; (b) o emprego dos trabalhadores em ocupações em que possam encontrar sua plena realização e, assim, contribuir para o bem comum; (c) o fomento da formação profissional; (d) o incremento da possibilidade de os trabalhadores participarem de forma equitativa nos frutos do progresso em matéria de salários, assegurando um salário mínimo vital; (e) a negociação livre e efetiva dos contratos coletivos de trabalho; (f) a segurança social; (g) a proteção da vida e da saúde dos trabalhadores, em todas as suas ocupações; (h) a proteção da infância e da maternidade; (i) um nível adequado de alimentação, de vida e de cultura; (j) a garantia de uma igualdade de oportunidades nos campos profissional e educativo.

Desde maio de 1946, a OIT integra a ONU como um organismo especializado (agência especializada).

Em 1946, na 29ª Conferência Internacional do Trabalho da OIT, foi aprovada a Constituição da Organização Internacional do Trabalho, a qual acabou por incorporar a Declaração da Filadélfia.

Em 1969, em seu 50º aniversário, a OIT foi contemplada com o Nobel da Paz.

A Conferência Internacional da OIT preocupa-se com a justiça social necessária para a garantia da paz universal e permanente; o crescimento econômico que é essencial, mas não suficiente para assegurar o progresso social e a erradicação da pobreza; a garantia de princípios e direitos fundamentais no trabalho reveste-se de uma importância ao assegurar aos interessados a possibilidade de reivindicar livremente e em igualdade de oportunidades uma participação justa nas riquezas para as quais tenham contribuído, assim como o desenvolvimento pleno do seu potencial humano e a existência de uma situação de crescente interdependência econômica. Por conta disso, 50 anos depois da Declaração da Filadélfia, a Conferência Internacional da OIT adota a Declaração sobre os Princípios e Direitos Fundamentais no Trabalho (junho/98).

2.2 NATUREZA JURÍDICA

A princípio, a OIT era parte integrante da Sociedade das Nações.

Poucos meses depois da constituição da ONU (maio/1946), foi concluído o acordo entre a nova Organização Internacional e a OIT, pelo qual se reconheceu a OIT como um organismo especializado (agência especializada), competente para empreender a ação que considere apropriada, de conformidade com seu instrumento constitutivo básico, para o cumprimento dos propósitos nele expostos (art. 1º).

Em outras palavras, *"ficou definitivamente afirmada a personalidade jurídica própria da OIT, como pessoa jurídica de Direito Público internacional. É que o art. 57 da aludida Carta apenas vincula (não integra) à Organização das Nações Unidas as entidades internacionais especializadas, como a OIT, criadas por acordos intergovernamentais e com seus objetivos e competência definidos em estatutos constitucionais".*[3]

O art. 39 da Constituição da OIT assegura que a entidade possui personalidade jurídica e capacidade para contratar, adquirir bens móveis e imóveis e deles dispor, para comparecimento em juízo. Saliente-se, ainda, que, em face do art. 40 da referida Constituição, a OIT possui imunidade de jurisdição no território de cada um dos seus membros.

Finalizando, têm-se as lições de Arnaldo Süssekind:[4] *"A OIT é uma pessoa jurídica de Direito Público internacional, de caráter permanente, constituída de Estados, que assumem, soberanamente, a obrigação de observar as normas constitucionais da entidade e das convenções que ratificam, integrando o sistema das Nações Unidas como uma das suas agências especializadas. A composição tripartida da sua assembleia geral (Conferência Internacional do Trabalho), do Conselho de Administração e de quase todos os seus órgãos colegiados, nos quais têm assento, com direito a voz e voto, representantes de Governos e de organizações de trabalhadores e de empregadores, constitui uma das características marcantes da OIT e fator de relevo na formação do alto conceito que desfruta nos planos da cultura, da produção e do trabalho."*

2.3 OBJETIVOS

O início do presente século foi marcado pelo primeiro grande confronto bélico mundial, o qual levou à morte milhões de pessoas. Na busca da paz mundial, houve o consenso no sentido de que seria necessária a formulação de políticas globais para a justiça social. Com o referido intuito, foi estabelecida a criação da OIT como organismo mundial.

Na essência, os princípios básicos que levaram à constituição da OIT são: *"(a) um sentimento de justiça social, por existirem, ainda, condições de trabalho que implicam, para um grande número de pessoas, miséria e privações; (b) o perigo da injustiça social, para a manutenção da paz, em vista do descontentamento que gera; (c) a similaridade das condições de trabalho na ordem internacional, a fim de evitar que os esforços de certas*

---

[3] SÜSSEKIND, Arnaldo. Ob. cit., p. 105.
[4] SÜSSEKIND, Arnaldo. Ob. cit., p. 107.

nações desejosas de melhorar a sorte dos seus trabalhadores possam ser obstados pela não adoção, por outros países, de regimes de trabalho realmente humanos".[5]

Atualmente, os objetivos norteadores da atuação da Organização Internacional do Trabalho são: *"(a) o objetivo da OIT não se restringe a melhorar as condições de trabalho, mas a melhorar a condição humana no seu conjunto; (b) a OIT não procura unicamente a melhoria das condições materiais de existência. Ela dá ênfase tanto à luta contra a necessidade, visando ao progresso material e à segurança econômica, como à defesa dos valores da liberdade – notadamente da liberdade de expressão e de associação de dignidade e de igualdade – em particular da igualdade de oportunidades, independentemente de raça, da crença ou do sexo; (c) a ação da Organização não se limita à proteção dos trabalhadores propriamente ditos, porquanto alcança o conjunto dos seres humanos nas suas relações com o trabalho; (d) os textos fundamentais da OIT insistem na necessidade de um esforço concentrado, internacional e nacional, para promover o bem comum, isto é, para assegurar o bem-estar material e espiritual da humanidade; (e) esses princípios de base da OIT sublimam que a ação para melhorar as condições sociais da humanidade, no sentido mais amplo do termo, não deve constituir um setor distinto das políticas nacionais ou da ação internacional, pois representa o próprio objeto dos programas econômicos e financeiros e que estes devem ser julgados sob esse prisma. Afirma-se, assim, a primazia do social em toda planificação econômica e a finalidade social do desenvolvimento econômico".*[6]

Em 1998, a OIT fixou 8 Convenções, as quais integram a Declaração de Princípios e Direitos Fundamentais no Trabalho. Em linhas gerais, tais convenções estão relacionadas com as seguintes temáticas: trabalho forçado; liberdade sindical e negociação coletiva; discriminação e trabalho infantil. As 8 Convenções da OIT são: (a) Convenção 29 – Trabalho Forçado (1930); (b) Convenção 87 – Liberdade Sindical e proteção do direito de sindicalização (1948); (c) Convenção 98 – Direito de sindicalização e de negociação coletiva (1949); (d) Convenção 100 – Igualdade de remuneração (1951); (e) Convenção 105 – Abolição do trabalho forçado (1957); (f) Convenção 111 – Discriminação (emprego e ocupação) (1958); (g) Convenção 138 – Idade Mínima (1973); (h) Convenção 182 – Piores Formas de Trabalho Infantil (1999).

2.4 ESTRUTURA

A OIT é composta de 3 órgãos: a Conferência ou Assembleia Geral, o Conselho de Administração (CA) e a Repartição Internacional do Trabalho (RIT).

A constituição e a atuação desses órgãos possuem a forma de Colegiado, com a participação de representantes de governos, de associações sindicais de trabalhadores e de organizações de empregadores.

---

[5] SÜSSEKIND, Arnaldo. Ob. cit., p. 108.
[6] SÜSSEKIND, Arnaldo. Ob. cit., p. 112.

2.4.1 Conferência Internacional do Trabalho

A Conferência Internacional do Trabalho (CIT) é a assembleia-geral de todos os Estados-membros da OIT. É o órgão supremo, com as seguintes atribuições: (a) elaborar, por meio de convenções e recomendações, a regulamentação internacional do trabalho e das questões que lhe são conexas; (b) adotar resoluções sobre problemas que concernem, direta ou indiretamente, às suas finalidades e competência; (c) decidir os pedidos de admissão na entidade, oriundos de países que não pertencem à ONU; (d) aprovar o orçamento da Organização; (e) resolver as questões atinentes à inobservância das normas constitucionais e das convenções ratificadas, por parte dos Estados-membros etc.

Quanto à atuação do órgão, Arnaldo Süssekind[7] afirma: *"Não é a Conferência um conclave de plenipotenciários, nem uma reunião de técnicos. Sua natureza jurídica é sui generis, porque os delegados que a constituem representam o Estado-membro (dois), as organizações sindicais de trabalhadores (um) e as organizações de empregadores (um), inexistindo qualquer outra entidade de direito internacional com tal composição. Daí ter assinalado Guerreau que a Conferência corresponde a uma espécie de parlamento mundial integrado por um sistema de representação mista de interesses: estatais e profissionais. Uma espécie de parlamento – convém frisar –, mas não um parlamento, porquanto, como bem advertiu Georges Scelle, não lhe cabe substituir os parlamentos nacionais na competência para elaborar as próprias leis, sendo certo que a integração das convenções e recomendações internacionais no direito positivo dos Estados-membros depende da deliberação soberana dos legisladores nacionais."*

As reuniões da Conferência Internacional do Trabalho são realizadas de acordo com a necessidade, ocorrendo, no mínimo, uma por ano. O local é a cidade de Genebra.

2.4.2 Conselho de administração

O Conselho de Administração (CA) é um órgão composto de forma tripartite, sendo responsável pela administração da OIT.

As atribuições básicas do Conselho de Administração são: (a) fixação de data, local e ordem do dia das reuniões da Conferência Internacional do Trabalho, das Conferências Regionais e das conferências técnicas; (b) designar os 10 Estados de maior importância industrial, os quais o integram na qualidade de membros não eletivos; (c) eleger o Diretor Geral da RIT e supervisionar as atividades da Repartição; (d) elaborar o projeto de programa e orçamento da Organização; (e) instituir comissões permanentes (comissões de indústria e análogas) ou especiais e fixar data, local e ordem do dia das suas reuniões; (f) tomar as medidas apropriadas sobre as resoluções aprovadas pela Conferência Geral, as resoluções e proposições adotadas pelas conferências regionais, conferências técnicas, comissões de indústria e análogas e os relatórios oriundos de comissões e reuniões especiais; (g) deliberar sobre os relatórios e conclusões das suas comissões internas, inclusive os do Comitê de Liberdade Sindical, atinentes às queixas por violação de direitos

---

[7] SÜSSEKIND, Arnaldo. Ob. cit., p. 133.

sindicais; (h) aprovar o formulário de perguntas sobre cada convenção, que devam ser respondidas nos relatórios anuais a que estão obrigados os países, em relação aos instrumentos ratificados; (i) adotar as medidas previstas nos arts. 24 a 34 da Constituição em caso de reclamação ou de queixa contra um Estado-membro por inobservância de convenção que haja ratificado.

As reuniões do Conselho de Administração ocorrem 3 vezes por ano, em Genebra, geralmente nos meses de fevereiro-março, maio e novembro.

O Conselho de Administração é composto de 56 titulares, sendo 28 representantes de governos, 14 de empregadores e 14 de trabalhadores.

2.4.3 Repartição Internacional do Trabalho

A Repartição Internacional do Trabalho (RIT) é o secretariado técnico-administrativo da OIT. A sua direção incumbe a um Diretor Geral, nomeado pelo Conselho de Administração, de quem recebe instruções e perante o qual é responsável (art. 8º, Constituição da OIT).

Como órgão técnico-administrativo da OIT, a Repartição Internacional do Trabalho tem por atribuições: *"A centralização e a distribuição de todas as informações concernentes à regulamentação internacional das condições de vida e de trabalho dos trabalhadores e, em particular, o estudo das questões a serem submetidas à discussão da Conferência, para a adoção de convenções internacionais, assim como a realização de inquéritos especiais determinados pela Conferência ou pelo Conselho de Administração (§ 1º do art. 10). Dentre as tarefas que empreende, merece realçar a que concerne às publicações periódicas e eventuais sobre a legislação comparada e os aspectos doutrinários e técnicos referentes aos problemas que interessam à OIT. Outro importante encargo da Repartição é o de realizar, em colaboração direta com as autoridades nacionais interessadas e organismos de diversos tipos, programas de atividades práticas e de cooperação técnica, especialmente nas regiões em vias de desenvolvimento."*[8]

2.5 OS INSTRUMENTOS NORMATIVOS DA OIT

Além das Cartas (Declaração da Filadélfia, Constituição e Declaração de Princípios Fundamentais e Direitos no Trabalho, obrigatórias a todos os Estados-membros), os instrumentos normativos da OIT compreendem: as convenções, as recomendações e as resoluções.

Em linhas gerais, as convenções e as recomendações constituem o intitulado *Código Internacional do Trabalho*, sendo que as resoluções e outros documentos constituem os seus anexos.

Não se trata de um código na acepção técnica[9] da palavra, pois a convenção necessita ser ratificada pelo Congresso, e a recomendação, ser objeto de um projeto de lei até a sua transformação em dispositivo legal, observado o processo legislativo.

---

[8] SÜSSEKIND, Arnaldo. Ob. cit., p. 148.
[9] A 1ª Jornada de Direito Material e Processual da Justiça do Trabalho (realizada em nov./2007 pelo TST) no Enunciado 3 deliberou: "I – FONTES DO DIREITO DO TRABALHO. DIREITO COM-

As convenções têm como escopo a uniformização do tratamento internacional da matéria discutida e aprovada em uma Conferência Internacional do Trabalho. Após a ratificação pelo Estado-membro, constitui-se em fonte formal de direito, passando a integrar o ordenamento jurídico interno.

As convenções atuam como critérios de universalização das normas da justiça social,[10] que é um dos princípios que norteiam a essência da OIT.

Quando a matéria não tiver a relevância para o primado da justiça social, deve ser adotada a recomendação (art. 19, § 1º, Constituição da OIT).

Ao discorrer sobre a convenção e recomendação, Arnaldo Süssekind[11] ensina: *"A convenção ratificada constitui fonte formal de direito, gerando direitos subjetivos individuais, sobretudo nos países onde vigora a teoria do monismo jurídico e desde que não se trate de diploma meramente promocional ou programático. Já as recomendações e as convenções não ratificadas constituem fonte material de direito, porquanto servem de inspiração e modelo para a atividade legislativa nacional, os atos administrativos de natureza regulamentar, os instrumentos da negociação coletiva e os laudos da arbitragem voluntária ou compulsória dos conflitos coletivos de interesse, neste último caso compreendidas as decisões dos tribunais do trabalho dotadas de poder normativo. Materialmente, a convenção não se distingue da recomendação, configura-se, entretanto, a distinção no tocante aos efeitos jurídicos que geram. Somente as convenções, porém, são objeto de ratificação pelos Estados-membros, enquanto as recomendações devem apenas ser submetidas à autoridade competente para legislar sobre a respectiva matéria, a qual poderá, a respeito, tomar a decisão que entender. As convenções constituem tratados multilaterais, abertos à ratificação dos Estados-membros, que, uma vez ratificadas, integram a respectiva legislação nacional. Já as recomendações se destinam a sugerir normas que podem ser adotadas por qualquer das fontes diretas ou*

PARADO. CONVENÇÕES DA OIT NÃO RATIFICADAS PELO BRASIL. O Direito Comparado, segundo o artigo 8º da Consolidação das Leis do Trabalho, é fonte subsidiária do Direito do Trabalho. Assim, as Convenções da Organização Internacional do Trabalho não ratificadas pelo Brasil podem ser aplicadas como fontes do direito do trabalho, caso não haja norma de direito interno pátrio regulando a matéria. II – FONTES DO DIREITO DO TRABALHO. DIREITO COMPARADO. CONVENÇÕES E RECOMENDAÇÕES DA OIT. O uso das normas internacionais, emanadas da Organização Internacional do Trabalho, constitui-se em importante ferramenta de efetivação do Direito Social e não se restringe à aplicação direta das Convenções ratificadas pelo país. As demais normas da OIT, como as Convenções não ratificadas e as Recomendações, assim como os relatórios dos seus peritos, devem servir como fonte de interpretação da lei nacional e como referência a reforçar decisões judiciais baseadas na legislação doméstica."

[10] Várias são as correntes doutrinárias quanto ao significado da expressão "justiça social": (a) uma quarta espécie de justiça (coloca-se ao lado da comutativa, da distributiva e da legal); (b) equipara-se à justiça legal, pois visa à obtenção do bem comum; (c) representa uma harmonia entre as três formas clássicas de justiça. Porém, a noção mais difundida de justiça social é a de cunho econômico: justa distribuição da renda ou riqueza, de acordo com as necessidades e a capacidade das pessoas; aumento do nível de renda das massas; diluição progressiva das diferenças de classe; fazer com que um número cada vez maior de pessoas participe da propriedade dos meios de produção e do consumo de bens.

[11] SÜSSEKIND, Arnaldo. Ob. cit., p. 157.

autônomas do Direito do Trabalho, embora visem, basicamente, ao legislador de cada um dos países vinculados à OIT."

2.5.1 Convenção

A convenção da OIT é um tratado de natureza normativa e multilateral, contudo, não representa um dispositivo autoaplicável à legislação interna dos Estados-membros. Vale dizer, a Conferência Internacional do Trabalho da OIT não é um parlamento universal dotado de poderes para impor regras aos Estados. A soberania interna de cada Estado-membro deve ser respeitada. Tem-se a necessidade da aprovação da convenção pela autoridade interna competente de cada Estado-membro da OIT.

As convenções, após serem aprovadas pela Conferência Internacional do Trabalho, são classificadas como tratados-leis ou normativos, visto que os seus conteúdos podem: (a) regular determinadas relações internacionais; (b) estabelecer normas gerais de ação; (c) confirmar ou modificar costumes adotados entre as nações.

Podemos classificar as convenções da seguinte maneira: (a) autoaplicáveis – o seu conteúdo dispensa regulamentação para a sua aplicação, após a ratificação pelo Estado-Membro; (b) de princípios – dependem da elaboração de lei ou de outros atos regulamentares pelos países que fizeram a sua ratificação; (c) promocionais – fixam determinados objetivos, bem como estabelecem os programas necessárias à sua execução. Cabe aos Estados-Membros, após a ratificação, adotarem tais conteúdos em médio e longo prazo.

Quanto à vigência de uma convenção da OIT, não devemos confundir a vigência internacional da convenção com a sua eficácia jurídica no âmbito do Estado-membro. A vigência internacional inicia-se 12 meses após o registro de duas ratificações por Estados-membros. Por sua vez, a nacional tem início 12 meses após a ratificação da convenção pelo próprio Estado-membro. A nacional pressupõe a internacional.

2.5.1.1 Análise jurídica da convenção

2.5.1.1.1 Conceito de tratado

A Convenção de Viena[12] sobre o Direito dos Tratados (1986), no seu art. 2º, nº 1, *a* ("i" e "ii"), indica que tratado é o acordo internacional regido pelo direito internacional e celebrado por escrito entre: (a) um ou vários Estados e uma ou várias organizações internacionais; (b) organizações internacionais, quer esse acordo conste de um instrumento único ou de dois ou mais instrumentos conexos e qualquer que seja a sua denominação particular.[13]

---

[12] Em 25/9/2009, o Brasil ratificou a Convenção de Viena ao efetuar o depósito do instrumento junto ao Secretário-Geral das Nações Unidas. Em 14/12/2009, houve a promulgação do Decreto 7.300, que promulgou a Convenção para o Brasil. A promulgação tem reservas quanto aos arts. 25 e 66 da Convenção de Viena.

[13] "Por tratado entende-se o ato jurídico por meio do qual se manifesta o acordo de vontades entre dois ou mais sujeitos de direito internacional. As Convenções de Viena sobre direito dos trata-

2.5.1.1.2 Classificação dos tratados

Pelo critério quanto aos sujeitos, a classificação dos tratados é a seguinte: (a) fechados – não permitem a adesão de outros sujeitos; (b) abertos – permitem a adesão de outros integrantes além dos originários.

Quanto à natureza jurídica, temos: (a) o tratado-lei ou normativo[14] envolve várias partes; tem por escopo a união de vontades com o intuito de gerar normas para situações gerais e abstratas, podendo produzir efeitos jurídicos além dos contratantes; (b) o tratado-contrato[15] é um negócio jurídico que regula assuntos específicos, estabelecendo normas para situações objetivas e concretas, produzindo os seus efeitos entre os próprios contratantes.

2.5.1.1.3 A integração dos tratados internacionais na ordem jurídica interna

Na teoria geral do Direito, temos o princípio geral assim enunciado: *pacta sunt servanda* (os pactos devem ser cumpridos).

No Direito Internacional, os tratados também devem ser cumpridos pelos seus signatários (arts. 26 e 27 da Convenção de Viena; o Preâmbulo da Carta das Nações e o art. 3º da Carta da Organização dos Estados Americanos).

---

dos de 1969 e de 1986 tiveram o grande mérito de estabelecer que o direito de firmar tratados deixou de ser atributo exclusivo dos estados, e pode ser exercido também pelas demais pessoas internacionais, sobretudo as organizações internacionais. Por meio da Convenção de 1986 ficou claramente estipulado como tal direito pode ser exercido por sujeitos do direito internacional, não somente como já fizera a Convenção de 1969, em relação aos estados, mas especificamente para as organizações intergovernamentais. O direito da Cruz Vermelha Internacional nesse particular tem sido lembrado em mais de uma oportunidade. Outro ponto importante, consolidado pelas duas convenções, no tocante ao uso da terminologia, refere-se a tratado como acordo regido pelo direito internacional, 'qualquer que seja a sua denominação'. Em outras palavras, tratado é a expressão genérica. São inúmeras as denominações utilizadas conforme a sua forma, o seu conteúdo, o seu objeto ou o seu fim, citando-se as seguintes: convenção, protocolo, convênio, declaração, *modus vivendi*, protocolo, ajuste, compromisso etc., além das concordatas, que são os atos sobre assuntos religiosos celebrados pela Santa Sé com os estados que têm cidadãos católicos. Em todas essas denominações, o dado que se enfatiza é a expressão do acordo de vontades, estipulando direitos e obrigações, entre sujeitos de direito internacional" (ACCIOLY, Hildebrando; SILVA, G. E. do Nascimento e; CASELLA, Paulo Borba. *Direito internacional público*. 20. ed., p. 158).

[14] "Tratado normativo é aquela convenção bilateral ou multilateral pela qual os Estados se obrigam ao cumprimento do disposto numa convenção, desde que essa convenção se transforme numa lei interna. O tratado normativo trata de regras gerais de dois ou mais direitos, entre dois ou mais sistemas jurídicos, de modo a se encontrar uma relação de harmonia entre dois ou mais Estados" (STRENGER, Irineu. *Curso de direito internacional privado*. 4. ed., p. 111).

[15] O tratado contratual é o "acordo entre governantes acerca de qualquer assunto. Tratados contratuais são os comuns, os que versam sobre uma variedade de assuntos entre duas soberanias. Exemplo: pacto de não agressão, problemas de fronteiras, de paz, anexações de territórios. Visam mais a um acordo, ao estabelecimento de um equilíbrio entre duas soberanias. Como afirma Amilcar de Castro, o tratado é fonte formal de direito internacional objetivo, enquanto o tratado contratual é título de direito internacional subjetivo" (STRENGER, Irineu. Ob. cit., p. 111).

Quanto à validade dos tratados perante o ordenamento jurídico interno, a doutrina aponta-nos duas teorias: a monista e a dualista.

Na teoria dualista, as duas ordens[16] não se misturam, sendo que a assinatura de um tratado internacional por um Estado não implica, necessariamente, que seja considerada como norma interna. A norma internacional se incorpora no plano interno, se um ato formal introduzi-la na ordem interna.[17]

Para a teoria monista, o que se tem é a interdependência entre as duas ordens jurídicas, a interna e a internacional. Há duas ordens jurídicas, contudo, não são vistas como estanques e sim como se fosse uma unidade. Para os monistas, diante de duas normas, há um conflito de normas, sendo que há doutrinadores, os quais defendem a primazia do direito internacional e para outros, o predomínio da ordem jurídica interna.[18]

---

[16] "Esta concepção dualista de que o direito internacional e o direito interno são ordens jurídicas distintas e independentes uma da outra emana do entendimento de que os tratados internacionais representam apenas compromissos exteriores de Estado, assumidos por Governos na sua representação, sem que isso possa influir no ordenamento interno desse Estado, gerando conflitos insolúveis dentro dele. Ou seja, os dois sistemas são mutuamente excludentes, não podendo um interferir no outro por qualquer motivo. Não há nenhuma espécie de contato entre um e outro. Por este motivo é que, para os dualistas, esses compromissos internacionalmente assumidos não podem gerar efeitos automáticos na ordem jurídica interna, se todo o pactuado não se materializar na forma de diploma normativo típico do direito interno, como uma lei, um decreto, um regulamento, ou algo do tipo. É dizer, a norma internacional só vale quando recebida pelo direito interno, não operando a simples ratificação essa transformação. Neste caso, havendo conflito de normas, já não mais se trata de contrariedade entre tratado e a norma de direito interno, mas entre duas disposições nacionais, uma das quais internalizou a norma convencional" (MAZZUOLI, Valério de Oliveira. *Direito internacional público – parte geral.* 7. ed., p. 81).

[17] "Nas duas modalidades moderadas, tanto do monismo quanto do dualismo, em verdade subverteram-se ambas as teorias, por terem sido suprimidas etapas que as integravam de forma essencial. O dualismo dividiu-se em radical, em que há necessidade de edição de lei distinta para a incorporação do tratado à ordem jurídica nacional, na forma original proposta por C. H. TRIEPEL (1923), e em dualismo moderado, no qual a incorporação prescindira de lei, embora se faça mediante procedimento complexo, com aprovação congressional e promulgação executiva" (ACCIOLY, Hildebrando; SILVA, G. E. do Nascimento e; CASELLA, Paulo Borba. Ob. cit., p. 238).

[18] "A doutrina monista, por sua vez, parte da inteligência oposta à concepção dualista, vez que tem como ponto de partida a unidade do conjunto das normas jurídicas. Enquanto para os dualistas as ordens jurídicas interna e internacional são estanques, para os monistas estes dois ordenamentos jurídicos coexistem, mas se superpõem, formando uma escala hierárquica onde o direito internacional subordina o direito interno ou vice-versa. Para os monistas, ademais, se um Estado assina e ratifica um tratado internacional, é porque está se comprometendo juridicamente a assumir um compromisso; se tal compromisso envolve direitos e obrigações que podem ser exigidos no âmbito interno do Estado, não se faz necessária, só por isso, a edição de um novo diploma que transforme a norma internacional em regra a ser aplicada pelo direito interno. Para os autores monistas, o direito internacional e o direito interno formam, em conjunto, uma unidade jurídica, que não pode ser afastada em detrimento dos compromissos assumidos pelo Estado no âmbito internacional. Não há para eles duas ordens jurídicas estanques, como querem os dualistas, cada uma com âmbito de validade dentro de sua órbita, mas uma só ordem jurídica que rege a coletividade mundial em suas relações recíprocas. Aceita a tese monista, surge o problema de se saber

A ordem jurídica brasileira, em face de vários dispositivos constitucionais, tende pelo acatamento da teoria monista, a saber: (a) art. 49, I, ao dispor da competência exclusiva do Congresso Nacional: *"Resolver definitivamente sobre tratados, acordos ou atos internacionais que acarretem encargos ou compromissos gravosos ao patrimônio nacional";* (b) art. 5º, §§ 1º e 2º: *'As normas definidoras dos direitos e garantias fundamentais têm aplicação imediata'; 'Os direitos e garantias expressos nesta Constituição não excluem outros decorrentes do regime e dos princípios por ela adotados, ou dos tratados internacionais em que a República Federativa do Brasil seja parte';* (c) art. 105, III, *a*, prevê o cabimento do recurso especial quando a decisão contrariar tratado ou lei federal ou negar-lhe vigência; (d) art. 102, III, *b*, prevê a oposição de recurso extraordinário na hipótese de a decisão declarar a inconstitucionalidade de tratado ou lei federal."[19]

Quando do julgamento da ADIn-MC 1.480-3, o STF entendeu que havia uma equiparação normativa entre as Convenções da OIT e as leis ordinárias, ao fixar que a Convenção 158 (vedação à dispensa arbitrária ou não motivada) não poderia atuar como supedâneo de lei complementar (art. 7º, I, CF).[20]

---

qual ordem jurídica deve prevalecer em caso de conflito, se a interna ou a internacional. A unidade, para os monistas, pode se dar de duas formas: ou dando primado à ordem jurídica de cada Estado (monismo nacionalista); ou fazendo prevalecer sempre a ordem jurídica internacional (monismo internacionalista)" (MAZZUOLI, Valério de Oliveira. Ob. cit., p. 81).

[19] A respeito da ordem jurídica nacional e o apego ou não à teoria monista, Carlos Roberto Husek ensina: "A verdade é que pela história do Brasil, pela atuação da nossa diplomacia, pelo comportamento político das questões internacionais, além das normas já mencionadas, tudo leva a crer que nos inserimos numa ordem internacional, ciosos de obedecê-la. Em determinadas matérias somos monistas, em outras nem tanto, e ainda sobram aquelas em que nos firmamos pelo dualismo. Algo nos parece certo, pelo menos numa primeira análise: não somos monistas com primazia na ordem interna [...] O conjunto das normas constitucionais, se bem analisadas, nos revelará, assim cremos, um país com tendência monista, e a interpretação das normas em conflito (interna e internacional) deveria fazer valer a norma internacional, mesmo porque em matéria de tratado o Brasil deve assinar e ratificar tais pactos com a aprovação do Congresso (arts. 49, I, e 84, VIII), não se admitindo a leviandade na manifestação definitiva obrigacional; e em relação aos princípios e costumes internacionais, é fato que sempre procuramos segui-los. Aliás, alguns deles estão na própria Lei Maior: igualdade entre Estados, defesa da paz, solução pacífica dos conflitos, não intervenção etc. (art. 4º)" (*Curso de direito internacional público.* 6. ed., p. 33).

[20] Pela Constituição, reputa-se direito social do trabalhador a relação de emprego protegida contra despedida arbitrária ou sem justa causa, nos termos de lei complementar, que preveja indenização compensatória, dentre outros direitos (art. 7º, I). Até a promulgação da legislação complementar, a proteção fica limitada à multa dos 40% sobre os depósitos fundiários (art. 10, I, ADCT). A doutrina entendeu que a Convenção 158 estava em conflito com o art. 7º, I, CF, o qual exige a edição de uma lei complementar, em face da importância da matéria. Como a Convenção 158 foi recepcionada como lei ordinária, estaria violado o art. 7º, I, CF. Esse entendimento foi agasalhado pelo STF (ADIn 1.480-3 proposta pela Confederação Nacional dos Transportes – CNT e outras). A Convenção 158 foi denunciada pelo Brasil à OIT em 20/11/1996. O ato da denúncia foi comunicado ao público brasileiro, mediante a edição do Decreto 2.100, de 20/12/1996, da Presidência da República. O Presidente da República encaminhou ao Congresso Nacional a Mensagem Legislativa 59/08 para que houvesse a ratificação da Convenção 158. Contudo, a Comissão de Relações Exteriores e de Defesa Nacional (CREDN) da Câmara dos Deputados rejeitou a mensagem em 2 de julho de

Contudo, face a decisão proferida no RE 466.343, em que o STF[21] adotou o caráter da supralegalidade dos tratados internacionais de direitos humanos, é razoável impor-se a conclusão de que é defensável a corrente doutrinária, a qual adota o *status* de supralegalidade das convenções da OIT e a sua integração à ordem jurídica interna. Não se pode negar que as convenções da OIT tratam de direitos e garantias fundamentais, como também dos direitos sociais dos trabalhadores, logo, nada mais justo de que tenham um tratamento superior às leis ordinárias.[22]

Esse entendimento é corroborado pela EC 45/04, que acresceu o § 3º ao art. 5º, CF, ao determinar que os tratados e as convenções internacionais sobre direitos humanos aprovados, em cada Casa do Congresso Nacional, em dois turnos, por 3/5 dos votos dos respectivos membros, serão equivalentes às emendas constitucionais.

2.5.1.2 Recomendação

As recomendações da OIT representam diretrizes e normas, as quais podem ser adotadas para o aprimoramento das legislações internas dos Estados-membros em matéria que ainda não permite a produção de convenção internacional do trabalho.

A Recomendação não obriga os Estados-membros da OIT quanto à submissão do seu conteúdo, contudo, estabelece a obrigação de submeter o texto à autoridade competente (no Brasil, o Congresso Nacional) para que se tenha a análise da viabilidade, conveniência e oportunidade da incorporação parcial ou total à ordem interna.

2008. A Confederação Nacional dos Trabalhadores na Agricultura (CONTAG) ajuizou ação direta pleiteando a inconstitucionalidade do Decreto 2.100. Trata-se da ADIn 1.625-DF. Até a presente data, há seis votos, sendo quatro a favor da procedência e dois contrários.

[21] A jurisprudência do STF adotava a posição de que os tratados internacionais deveriam ter a mesma hierarquia das leis ordinárias (RE 80.004/SE; ADIn 1.480-3). Citada posição foi alterada quando do julgamento do RE 466.343, em que o STF reconheceu o caráter da supralegalidade quanto aos tratados internacionais relacionados com a temática dos direitos humanos, ao dispor que é ilícita qualquer prisão civil de depositário infiel, qualquer que seja a modalidade do depósito (art. 7º, § 7º, da Convenção Americana de Direitos Humanos – Pacto de San José de Costa Rica). A tese da supralegalidade é uma forma de afirmar que os tratados, os quais não tenham sido aprovados na forma do art. 5º, § 3º, da CF, estejam em um patamar jurídico superior às leis ordinárias em razão de sua importância. Aliás, quando do julgamento do RE 466.343, o Ministro Gilmar Mendes indicou que há quatro correntes a respeito dos tratados internacionais de direitos humanos e a ordem jurídica interna: (a) a vertente que reconhece a natureza supraconstitucional dos tratados e convenções em matéria de direitos humanos; (b) o posicionamento que atribui caráter constitucional a esses diplomas internacionais; (c) a tendência que reconhece o *status* de lei ordinária a esse tipo de documento internacional; (d) por fim, a interpetação que atribui caráter supralegal aos tratados e convenções sobre direitos humanos.

[22] Após a decisão do STF (RE 466.343), podemos classificar os tratados e convenções internacionais na ordem jurídica interna como: (a) Emenda Constitucional, os instrumentos internacionais sobre direitos humanos, os quais tenham sido aprovados com quórum qualificado pelo Congresso Nacional; (b) *status* supralegal, os tratados de direitos humanos aprovados sem quórum qualificado; (c) lei ordinária, os tratados e as convenções que não tratam de direitos humanos.

Por outro lado, o Estado-membro deve comunicar ao Diretor-Geral da Repartição Internacional do Trabalho a respeito da legislação nacional em relação ao tema da recomendação, indicando se houve a aplicação total ou parcial e quais são as modificações necessárias para sua incorporação.

2.5.1.3 Resolução

As resoluções compreendem os instrumentos aprovados pela maioria simples da Conferência Internacional do Trabalho e são *"editadas com o fim de dar seguimento às questões incluídas na ordem do dia da Conferência ou para estabelecer regras de procedimento e, em especial, aos apelos dos Estados-membros para que adotem certas medidas ou que ratifiquem determinadas convenções"*.[23]

2.6 A INTEGRAÇÃO DOS INSTRUMENTOS NORMATIVOS DA OIT NA ORDEM JURÍDICA NACIONAL

A essência deste tópico é examinar os momentos necessários para a introdução das convenções e recomendações no ordenamento jurídico nacional, sendo que a matéria é disciplinada pela Constituição da OIT (arts. 19 e ss.).

Em síntese, os momentos são: (a) as convenções e recomendações adotadas pela Conferência Internacional devem ser comunicadas aos Estados-membros; a comunicação é feita para possibilitar as ratificações das convenções e, mediante leis internas, a adoção das medidas citadas nas recomendações; (b) os respectivos Governos devem submeter os respectivos instrumentos às autoridades competentes; (c) incumbe aos Estados-membros a comunicação para a RIT das medidas tomadas quanto aos instrumentos normativos.

Ao dispor a respeito da submissão dos instrumentos normativos à autoridade competente do Estado-membro, a Constituição da OIT estabelece:

a) convenções: (1) se a autoridade competente, na sua soberania, a aprovar, cumpre ao Estado-membro comunicar a ratificação formal do diploma internacional à RIT e tomar as medidas, acaso inexistentes, necessárias para tornar efetivas as disposições da convenção (art. 19, § 5º, *d*); (2) se a autoridade competente concorda apenas com alguns capítulos ou preceitos da convenção, poderá transformá-los em leis ou adotar outras medidas; sua aprovação, e consequente ratificação, entretanto, não será possível, salvo se no próprio instrumento houver sido facultada sua ratificação parcial ou opcional;

b) recomendação: (1) a autoridade competente poderá transformar em lei todos, alguns ou apenas um dos seus dispositivos, adotar outras medidas em relação aos mesmos, ou, ainda, tomar simplesmente conhecimento do diploma internacional, sem aprovar qualquer providência que lhe seja pertinente (art. 19, § 6º,

---

[23] ALLY, Raimundo Cerqueira. A Convenção nº 158 da OIT e a Constituição do Brasil. *Revista da ANAMATRA – Associação Nacional dos Magistrados do Trabalho*, nº 27, jul./1996, p. 49.

b); (2) inexiste ratificação por parte do Estado-membro, ainda que a autoridade competente converta suas normas em lei ou que esta já exista em consonância com o instrumento internacional (art. 19, § 6º, *d*).

O governo de cada Estado-membro tem a obrigação de encaminhar à autoridade competente as convenções e recomendações.

De acordo com a Constituição de cada Estado-membro, autoridade competente é a que possui o poder de legislar ou de tomar as medidas necessárias para dar efeito às convenções e recomendações. No Brasil, a autoridade competente para a discussão, votação e aprovação por maioria simples (art. 47, CF) é o Congresso Nacional (art. 49, CF). A convenção adquire hierarquia de lei, após ser aprovada pelo Congresso Nacional, não sendo o caso de sanção pelo Presidente da República (art. 48, CF).

Após a aprovação pelo Congresso Nacional, o Governo Federal deve formalizar a ratificação na RIT. Ratificação[24] é o ato realizado pelo Poder Executivo pelo qual, com a devida autorização do órgão competente previsto no ordenamento jurídico interno, confirma um tratado ou declara a produção dos seus efeitos.

Concretizada a ratificação, o Presidente da República expede o decreto de promulgação, o qual conterá: (a) o decreto legislativo emitido pelo Congresso Nacional; (b) a data do registro da ratificação na RIT; (c) o início da vigência no território nacional; (d) a reprodução do texto aprovado em idioma português, com a determinação de que seja executado e cumprido.

Por regra, de acordo com os padrões normativos da OIT, a convenção terá o início da sua vigência, em relação a cada Estado-membro, decorridos 12 meses após a data do registro de sua ratificação.[25]

---

[24] "Ratificação, em Direito Internacional Público, é o ato de soberania estatal, pelo qual este aprova oficialmente os termos de um acordo ou tratado internacional. A entrada em vigor de uma convenção depreende sua ratificação pelo Estado-membro, da qual resulta uma obrigação legal de aplicar suas determinações. A ratificação da convenção é ato de governo, devendo promovê-lo depois da aprovação pela autoridade competente. No Brasil, esta autoridade é o Congresso Nacional (CF, art. 49, I). A aprovação da convenção se dá por meio de decreto legislativo. Aprovada, a convenção pode ser ratificada pelo Presidente da República. Ratificada a convenção, esta possuirá eficácia jurídica no Estado-membro pelo prazo de 10 anos, prorrogando-se automaticamente, se não for denunciada nos 12 meses subsequentes a cada período de 10 anos. Os governos dos Estados-membros são instados a submeter relatórios regulares sobre o cumprimento das obrigações derivadas das convenções ratificadas. Anualmente, a Comissão de Aplicação das Convenções examina suspeitas de desrespeito às convenções, pelos Estados que as ratificaram" (ZANGRANDO, Carlos Henrique da Silva. *Curso de direito do trabalho*, v. 1, p. 330).

[25] "Vigência é a eficácia jurídica da convenção ou recomendação, no plano internacional. A vigência das convenções depende da satisfação de uma condição, qual seja, a livre ratificação pelos Estados-membros (ato-condição). O ato de ratificação independe do Estado ter participado da elaboração da convenção. A vigência internacional (vigência objetiva) da convenção se inicia 12 meses após o registro de duas ratificações por Estados-membros. A vigência internacional é, a rigor, indeterminada. A vigência nacional (vigência subjetiva) da convenção se inicia a partir do ato de

Em face da ordem jurídica interna, a convenção não irradiará direitos e obrigações antes da publicação oficial do seu texto no idioma nacional (art. 1º, LINDB). Nesse sentido, Arnaldo Süssekind[26] declina: *"Não se compreende que uma norma adquira hierarquia de lei sem a devida publicação na imprensa oficial. Por isso mesmo, enquanto essa divulgação não acontecer, a convenção não terá eficácia jurídica no direito interno e suas normas não poderão ser invocadas pelos seus destinatários. Mas essa eventual omissão – convém enfatizar – não exime o Estado da sua responsabilidade internacional, podendo ser advertido pelos órgãos de controle da OIT."*

Após a ratificação de uma convenção e a sua vigência na ordem jurídica interna, o Estado-membro poderá denunciá-la.

Para o Direito Internacional Público, denúncia é o ato *"pelo qual o governo faz saber à nação com que efetivou um tratado ou convenção que não pretende continuar o acordo, após a expiração do prazo avençado, dando por finda a vigência daquele tratado"*.[27]

Valério de Oliveira Mazzuoli entende que o Presidente da República não pode, de forma unilateral, proceder a denúncia de um tratado internacional aprovado pelo Congresso nacional e ratificado pelo governo brasileiro. Ensina: *"Assim é que, para nós, da mesma forma que o Presidente da República necessita da aprovação do Congresso Nacional, dando a ele 'carta branca' para ratificar o tratado, mais consentâneo com as normas da Constituição de 1988 em vigor seria que o mesmo procedimento fosse aplicado em relação à denúncia, donde não se poderia falar, por tal motivo, em denúncia de tratado por ato próprio do Chefe do poder Executivo. Como sito se respeita o paralelismo que deve existir entre os atos jurídicos de assunção dos compromissos internacionais com aqueles relativos à sua denúncia. Trata-se de observar o comando constitucional (art. 1º, parágrafo único) segundo qual todo o poder manada do povo, incluindo-se nesta categoria também o poder de denunciar tratados."*[28]

A OIT determina que o prazo de validade de cada ratificação é de 10 anos. Após o decurso do prazo, o Estado-membro poderá denunciar a ratificação, efetuando uma comunicação oficial ao Diretor-Geral da Repartição Internacional do Trabalho para o devido registro. A denúncia surtirá os seus efeitos somente 12 meses após o registro.

Pelo padrão normativo da OIT, decorridos 12 meses após o período de validade da ratificação sem que Estado-membro faça uso da faculdade de oferecer denúncia, haverá a renovação tácita da ratificação por mais 10 anos.

---

ratificação pelo Estado-membro. A vigência nacional pressupõe a internacional. Toda convenção deve ser submetida às autoridades nacionais competentes, de acordo com as legislações internas dos Estados-membros, no prazo de 12 meses de sua adoção pela Conferência Internacional do Trabalho" (ZANGRANDO, Carlos Henrique da Silva. Ob. cit., t. 1, p. 330).

[26] SÜSSEKIND, Arnaldo; MARANHÃO, Délio; VIANNA, Segadas; TEIXEIRA FILHO, João de Lima. *Instituições de direito do trabalho*. 19. ed., v. 2, p. 1502.

[27] DINIZ, Maria Helena. *Dicionário jurídico*, v. 1, p. 57.

[28] MAZZUOLI, Valério de Oliveira. *Curso de direito internacional público*. 7. ed., p. 341.

O Estado-membro somente poderá fazer uso, novamente, da faculdade de oferecer a denúncia após o decurso do segundo decênio de vigência da ratificação, aplicando-se a mesma regra aos decênios que se sucederem.

Na interpretação das regras normativas da OIT quanto às convenções, surge a seguinte dúvida: quando o Estado-membro pode fazer a primeira denúncia?

A dúvida deriva do fato de constar nas disposições finais de várias convenções da OIT os seguintes dizeres (adotamos, como exemplo, o art. 19 da Convenção 132, a qual dispõe a respeito das férias anuais remuneradas): *"1. Todo Membro que tiver ratificado a presente Convenção poderá denunciá-la ao término de um período de 10 (dez) anos contados da data da entrada em vigor inicial da Convenção por ato comunicado ao Diretor-Geral da Repartição Internacional do Trabalho e por ele registrado. A denúncia só terá efeito 1 (um) ano após ter sido registrada; 2) Todo Membro que tenha ratificado a presente Convenção e que, dentro de 1 (um) ano após o término do período de 10 (dez) anos mencionado no parágrafo precedente, não tenha feito uso do seu direito de denúncia previsto por este Artigo, estará vinculado por um novo período de 10 (dez) anos e, subsequentemente, poderá denunciar a presente Convenção ao término de cada registro de 10 (dez) anos nas condições previstas neste Artigo."*

A doutrina aponta duas posições: (a) o decênio se conta da data do início da vigência internacional da convenção. Convém frisar, a vigência internacional de uma convenção tem início 12 meses após o registro, pelo Diretor-Geral da RIT, das ratificações de dois Estados-membros da OIT; (b) o decênio inicia-se após a vigência da ratificação efetuada pelo Estado-membro.

Para Arnaldo Süssekind,[29] a segunda posição é a correta, pois *"a lógica jurídica aponta para essa solução, porquanto afronta o bom-senso admitir-se que um Estado possa denunciar um tratado que ratificou poucos dias antes, pelo fato de já vigorar no campo internacional há dez anos".*

Podemos, sucintamente, visualizar as regras de vigência das Convenções da OIT da seguinte maneira: (a) a convenção terá a sua vigência interna após o decurso de 12 meses da data da sua ratificação, desde que já vigore no âmbito internacional; (b) cada ratificação tem o prazo de 10 anos; (c) após o decurso do lapso de 10 anos, o Estado-membro poderá denunciar a ratificação, mediante comunicação oficial dirigida ao Diretor-Geral da RIT, para o devido registro. Contudo, a denúncia surtirá efeito somente 12 meses após o seu registro; (d) com o decurso do lapso de 12 meses após o período de validade da ratificação, sem qualquer denúncia pelo Estado-membro, tem-se a renovação tácita da ratificação por um período de mais 10 anos. Nessa hipótese, a faculdade de denúncia renascerá após o decurso do segundo decênio de vigência da ratificação, aplicando-se a mesma regra aos decênios que se sucederem.

---

[29] SÜSSEKIND, Arnaldo et al. Ob. cit., p. 1504.

2.7 AS CONVENÇÕES DA OIT RATIFICADAS PELO BRASIL

O Brasil[30] ratificou as seguintes Convenções da OIT:

3/19	Emprego das mulheres antes e depois do parto;
4/10	Trabalho noturno das mulheres;
5/19	Idade mínima de admissão nos trabalhos industriais;
6/19	Trabalho noturno dos menores na indústria;
7/20	Admissão de menores no trabalho marítimo;
11/21	Direito de associação na agricultura;
12/21	Indenização por acidentes do trabalho na agricultura;
14/21	Repouso semanal na indústria;
16/21	Exame médico de menores no trabalho marítimo;
19/25	Igualdade de tratamento entre estrangeiros e nacionais em acidentes do trabalho;
21/26	Inspeção dos imigrantes a bordo dos navios;
22/26	Contrato de engajamento de marinheiros;
26/28	Métodos de fixação de salários-mínimos;
29/30	Trabalho forçado;
41/34	Trabalho noturno das mulheres;
42/34	Indenização por enfermidade profissional;
45/38	Emprego de mulheres nos trabalhos subterrâneos das minas;
52/36	Férias remuneradas;
53/36	Certificados de capacidade dos oficiais da marinha mercante;
58/36	Idade mínima do trabalho marítimo (revisão);
80/46	Revisão dos artigos finais;
81/47	Inspeção do trabalho na indústria e no comércio;
88/48	Organização do serviço de emprego;
89/48	Trabalho noturno das mulheres na indústria (revisão);
91/49	Férias remuneradas dos marítimos (revisão);
92/49	Alojamento de tripulação a bordo (revisão);
93/49	Salários, duração de trabalho a bordo e tripulação;
94/49	Contratos de trabalho com órgão público;

---

[30] A indicação das Convenções ratificadas é fruto da compilação efetuada por Arnaldo Süssekind na obra *Instituições de direito do trabalho*, v. 2, 19. ed., p. 1506 e ss. Para uma leitura completa quanto ao conteúdo normativo de cada convenção, recomenda-se o livro *Convenções da OIT*, 3. ed., de autoria de Arnaldo Süssekind.

95/49 Proteção do salário;
96/49 Escritórios remunerados de empregos;
97/49 Trabalhadores migrantes (revisão);
98/49 Direito de sindicalização e de negociação coletiva;
99/51 Métodos de fixação de salários-mínimos na agricultura;
100/51 Igualdade de remuneração entre homens e mulheres;
101/52 Férias remuneradas na agricultura;
102/52 Normas mínimas da seguridade social;
103/52 Amparo à maternidade;
104/55 Abolição de sanções penais no trabalho indígena;
105/57 Abolição do trabalho forçado;
106/57 Repouso semanal no comércio e nos escritórios;
107/57 Populações indígenas e tribais;
108/58 Documentos de identidade dos marítimos;
109/58 Salários, a duração do trabalho a bordo e as lotações;
110/58 Condições de emprego dos trabalhadores em fazendas;
111/58 Discriminação em matéria de emprego e ocupação;
113/59 Exame médico dos pescadores;
115/60 Proteção contra as radiações;
116/61 Revisão dos artigos finais;
117/62 Objetivos e normas básicas da política salarial;
118/62 Igualdade de tratamento entre nacionais e estrangeiros em previdência social;
119/63 Proteção da máquina;
120/64 Higiene no comércio e nos escritórios;
122/64 Política de emprego;
124/65 Exame médico dos adolescentes para o trabalho subterrâneo nas minas;
125/66 Certificados de capacidade dos pescadores;
126/66 Alojamento da tripulação de pescadores;
127/67 Peso máximo das cargas;
131/70 Fixação do salário mínimo;
132/70 Férias anuais remuneradas;
133/70 Alojamento de tripulantes da Marinha Mercante;
134/71 Prevenção de acidentes do trabalho dos marítimos;
135/71 Proteção e facilidades para representantes dos trabalhadores na empresa;
136/71 Proteção contra os riscos da intoxicação pelo benzeno;

137/73 Trabalho portuário;
138/73 Idade mínima para admissão no emprego;
139/74 Proteção e controle dos riscos profissionais causados por substâncias ou agentes cancerígenos;
140/74 Licença remunerada para estudos;
141/75 Organizações de trabalhadores rurais;
142/75 Orientação profissional e formação profissional no desenvolvimento de recursos humanos;
144/76 Consulta tripartite para a aplicação das normas internacionais do trabalho;
145/76 Continuidade do emprego de marítimo;
146/76 Férias de marítimos;
147/76 Normas mínimas na Marinha Mercante;
148/77 Meio ambiente de trabalho – contaminação do ar, ruído e vibrações;
152/79 Segurança e higiene nos trabalhos portuários;
154/81 Fomento à negociação coletiva;
155/81 Segurança e saúde dos trabalhadores;
158/82 Terminação da relação de trabalho por iniciativa do empregador;
159/83 Readaptação profissional e emprego de deficientes;
160/85 Estatísticas do trabalho;
161/85 Serviços de saúde do trabalho;
162/85 Proteção contra o asbesto (amianto);
163/87 Bem-estar dos trabalhadores marítimos no mar e no porto;
164/87 Proteção à saúde e assistência médica aos trabalhadores marítimos;
166/87 Repatriação de trabalhadores marítimos;
168/88 Promoção do emprego e proteção contra o desemprego;
170/90 Segurança no trabalho com produtos químicos; e
182/99 Proibição das piores formas de trabalho infantil.

A Convenção 158,[31] a respeito do término da relação de trabalho por iniciativa do empregador, foi denunciada em 20/11/1996 (Decreto 2.100/96).[32]

---

[31] A respeito da denúncia da Convenção 158 da OIT e os seus efeitos, recomenda-se a leitura do livro *Convenção 158 da OIT e Decreto nº 2.100/96: Como fica? Aspectos doutrinários*, nas páginas 133 e segs., de Francisco Ferreira Jorge Neto.

[32] Encontra-se pendente de julgamento no STF a ADIn 1.625, Rel. Min. Maurício Correia, na qual se discute a constitucionalidade da denúncia formulada exclusivamente pelo Presidente da República, sem o pronunciamento do Congresso Nacional (art. 49, I, CF).

Pelo Decreto 3.597/00 o Brasil ratificou a Convenção 182, que trata da proibição das Piores Formas de Trabalho Infantil e a Ação Imediata para sua Eliminação.

Pelo Decreto 4.085/02 o Brasil ratificou a Convenção 174, sobre a prevenção de acidentes industriais maiores.

Pelo Decreto 5.005/04 o Brasil ratificou a Convenção 171, a qual dispõe sobre o trabalho noturno.

Pelo Decreto 5.051/04 o Brasil ratificou a Convenção 169, que aborda os povos indígenas e tribais.

Pelo Decreto 6.270/07 o Brasil ratificou a Convenção 176, que se relaciona com a segurança e a saúde nas minas.

Pelo Decreto 6.271/07 o Brasil ratificou a Convenção 167, que trata da segurança e saúde na construção.

Pelo Decreto 6.766/09 o Brasil ratificou a Convenção 178, que trata da inspeção das condições de vida e de trabalho dos trabalhadores marítimos.

O Decreto 6.968, de 29/9/2009, dispõe sobre a execução no território nacional da Convenção 166 da OIT, que trata da repatriação de trabalhadores marítimos.

Pelo Decreto Legislativo 892, de 20/11/2009, o Congresso Nacional aprovou o texto da Convenção 185, a qual trata do novo documento de identidade do trabalhador marítimo.

Pelo Decreto Legislativo 206, de 7/4/2010, o Congresso Nacional aprovou o texto da Convenção 151, a qual trata das relações de trabalho na Administração Pública.

Pelo Decreto Legislativo 172, de 4/12/2017, o Congresso Nacional aprovou os textos da Convenção 189 sobre o Trabalho Decente para as Trabalhadoras e os Trabalhadores Domésticos (nº 189) e da Recomendação 201 sobre o Trabalho Doméstico Decente para as Trabalhadoras e os Trabalhadores Domésticos.

As principais Convenções da OIT, ainda não ratificadas pelo Brasil, são:

87/48	Liberdade sindical e proteção ao direito de sindicalização;
90/48	Trabalho noturno de menores na indústria (revisão);
102/52	Normas mínimas da seguridade social;
128/67	Prestações de invalidez, velhice e sobreviventes;
150/78	Administração do trabalho;
157/82	Preservação dos direitos em matéria de seguridade social; e
173/92	Proteção dos créditos trabalhistas na insolvência do empregador.

QUESTIONÁRIO

1. Quais foram os motivos que levaram à criação da OIT?
2. Qual é a natureza jurídica da OIT?

3. Quais são os objetivos da OIT?

4. Quais são os órgãos que compõem a OIT?

5. Explique quais são as atribuições de cada órgão da OIT.

6. Elucide o conceito de tratado e os seus diversos tipos.

7. Quais são os instrumentos normativos da OIT?

8. Qual é a teoria adotada pela ordem jurídica brasileira quanto à integração dos tratados internacionais?

9. Explique as diferenças entre a convenção e a recomendação.

10. O que representa a resolução?

11. A convenção é fonte material ou formal?

12. A recomendação é fonte material ou formal?

13. A convenção da OIT, a partir da sua vigência internacional, torna-se aplicável na ordem jurídica interna dos Estados-membros da OIT?

14. Quem é competente no Brasil para discutir, votar, aprovar e sancionar uma convenção da OIT?

15. Quando se tem o início da vigência interna da convenção da OIT no Brasil?

Parte IV

DIREITO INDIVIDUAL DO TRABALHO

Capítulo I
DEFINIÇÃO DE DIREITO INDIVIDUAL DO TRABALHO

Direito Individual do Trabalho é *"a parte do Direito do Trabalho que tem por objeto o contrato individual do trabalho e as cláusulas que lhe são incorporadas em virtude de lei, convenção coletiva, decisão normativa ou regulamento"*.[1,2]

As normas jurídicas do Direito Individual do Trabalho protegem os interesses privados, privilegiando os dos trabalhadores e, de forma secundária, os dos empregadores. É a influência do princípio protetor nas relações jurídico-trabalhistas, na medida em que o Direito do Trabalho visa tratar de modo desigual os que são desiguais economicamente, atenuando, assim, os antagonismos reais da relação capital *versus* trabalho.

Nos países que adotam o sistema jurídico de tradição romano-germânica, como é o caso dos países da América Latina, o Direito Individual do Trabalho predomina nos textos legais, o que já não ocorre nos países da *Common Law*, onde impera o conteúdo normativo das cláusulas das convenções coletivas de trabalho. A justificativa repousa na existência de sindicatos mais fortes e organizados nos países que adotam a *Common Law*.

A predominância dos textos legais leva à hipertrofia do Direito Individual do Trabalho nos países latinos, em detrimento de outras áreas do Direito do Trabalho, notadamente no Direito Coletivo do Trabalho.

Porém, em face da globalização e da flexibilização das condições de trabalho, o que se denota é o incremento da negociação coletiva, pelas convenções e acordos coletivos de trabalho, na busca de um novo modelo de fonte para o Direito do Trabalho.

---

[1] MAGANO, Octavio Bueno. *Manual de direito do trabalho*: parte geral, v. 1, p. 56.

[2] Para Mauricio Godinho Delgado, o "Direito Individual do Trabalho estrutura-se a partir de dois segmentos claramente diferenciados: a parte geral, compreendendo a Introdução e Teoria Geral do Direito do Trabalho, e a parte especial, que compreende o estudo do contrato de trabalho, de um lado, e, de outro lado, o exame dos contratos especiais de trabalho. A parte especial pode ser desdobrada de modo distinto, sem prejuízo do exame de suas matérias integrantes. Assim, mantém-se como segmento principal de estudo o contrato empregatício, lançando-se, complementarmente, a análise de situações justrabalhistas especiais (em vez da referência apenas aos contratos especiais). Nessas situações justrabalhistas especiais encontram-se o trabalho da mulher, o trabalho do menor, o trabalho em circunstâncias insalubres, perigosas e penosas, e, finalmente, o trabalho pactuado mediante contratos empregatícios especiais" (*Curso de direito do trabalho*. 5. ed., p. 64).

QUESTIONÁRIO

1. Qual é o objeto de estudo para o Direito Individual do Trabalho?

2. Qual é a principal fonte normativa para o Direito Individual do Trabalho nos países que adotam o sistema jurídico de tradição romano-germânica?

Capítulo II
RELAÇÃO DE TRABALHO

2.1 RELAÇÃO JURÍDICA

As normas jurídicas disciplinam os comportamentos humanos em sociedade. Os seres humanos interagem atitudes, atos e omissões, surgindo as relações sociais, as quais, em contato com o Direito, transformam-se em relações jurídicas.

Há relações sociais em que a conduta humana leva em consideração diversos fins, tais como: morais, religiosos, econômicos, estéticos, artísticos etc., não gerando efeitos na ordem jurídica.

À proporção que o social interage com o Direito, os vínculos transformam-se em jurídicos, denotando a existência de uma norma a disciplinar os comportamentos humanos, irradiando feixes luminosos sobre a experiência social. Diversas são as fontes que emitem normas jurídicas, criando modelos jurídicos, os quais se projetam para situações futuras. Quando a relação social se encaixa nesses modelos, ela passa a ser tida como uma relação jurídica.

Relação jurídica é o vínculo entre dois ou mais sujeitos de direito, levando à criação, à modificação e à extinção de direitos.

Na relação jurídica, podemos destacar quatro elementos fundamentais, a saber: *"(a) um sujeito ativo, que é o titular ou o beneficiário principal da relação; (b) um sujeito passivo, assim considerado por ser o devedor da prestação principal; (c) o vínculo de atributividade capaz de ligar uma pessoa à outra, muitas vezes de maneira recíproca ou complementar, mas sempre de forma objetiva; (d) finalmente, um objeto, que é a razão de ser do vínculo constituído"*.[1]

O conteúdo da relação jurídica pode ser simples ou complexo. Simples, quando há um só direito subjetivo, ocupando cada sujeito uma posição. Complexa é a relação jurídica na qual há vários direitos subjetivos, ocupando os sujeitos, concomitantemente, as duas posições: ativa e passiva. Como exemplos: a compra e venda e os diversos tipos de relação de trabalho.

---

[1] REALE, Miguel. *Lições preliminares de direito*. 18. ed., p. 213.

2.2 TRABALHO HUMANO E O DIREITO DO TRABALHO

Em sentido amplo, trabalho pode ser considerado como toda e qualquer atividade, não se perquirindo a respeito do agente, da natureza ou da sua destinação.

Quando a atividade é humana, adota-se uma visão restrita, justificando a interação do trabalho com a órbita do Direito. A atividade humana pode ter uma natureza econômica ou não.[2] Várias são as atividades humanas que visam a outros fins. Por exemplo: o serviço voluntário que não possui vínculo empregatício, nem obrigações de natureza trabalhista, previdenciária ou afim (art. 1º, parágrafo único, Lei 9.608/98), o trabalho do cônjuge no lar e o trabalho do presidiário.

Para o Direito do Trabalho, no entanto, o que interessa é a atividade humana aplicada à produção de bens ou serviços.[3] Assim, mesmo quando se fala em produção, é importante precisar sua destinação. Não basta o trabalho para o suprimento das necessidades de seu agente.

O trabalho jurídico, para a sua caracterização, exige uma relação interpessoal e o interesse do sujeito da relação. Tais elementos são os pressupostos da interação do trabalho humano com o Direito do Trabalho, mas, em função da ordem jurídico-trabalhista nacional (CLT), sempre houve o realce para o trabalho subordinado (relação jurídica empregatícia). A subordinação é elemento presente nas relações jurídicas que interessam ao Direito do Trabalho, inserindo-se nas diversas espécies, a saber: trabalho empregatício, doméstico, eventual, rural, temporário e avulso.

2.3 CONCEITO DE RELAÇÃO DE TRABALHO

Para Amauri Mascaro Nascimento,[4] relação de trabalho compreende o *"universo de relações jurídicas ou contratos de atividade nos quais o objeto preponderante do vínculo*

---

[2] "Quando um homem caminha, portanto, realiza trabalho. Sua energia potencial se transforma em movimento. Trata-se de um fato voluntário que, em regra, não acarreta nenhuma consequência, embora seja apto a gerar direitos, transformá-los, conservá-los ou extingui-los, hipótese em que se convola em ato jurídico (ou negócio jurídico). Não precisa ser muito criativo para se imaginar situações em que um mero caminhar (ou um correr, enquanto caminhar aceleradamente) possa ter todas essas implicações" (RODRIGUES, Rodnei Doreto; RODRIGUES, Gustavo Doreto. A nova competência da Justiça do Trabalho – uma abordagem inicial. In: COUTINHO, Grijalbo Fernandes; FAVA, Marcos Neves (Coord.). *Justiça do trabalho*: competência ampliada, p. 451). "Interessa-nos, porém, a situação em que o produto do trabalho do homem é apropriado por outrem, a qualquer título, caso em que entra em cena a 'relação jurídica de trabalho'. Ao amparo da ordem jurídica, estabelece-se um vínculo (contratual ou institucional) entre o prestador do trabalho e o seu tomador, tendo por objeto exatamente o trabalho, entendido como a colocação da energia em movimento para a geração de um bem" (RODRIGUES, Rodnei Doreto; RODRIGUES, Gustavo Doreto. Ob. cit., p. 451).

[3] NASCIMENTO, Amauri Mascaro. A competência da Justiça do Trabalho para a relação de emprego. In: COUTINHO, Grijalbo Fernandes; FAVA, Marcos Neves (Coord.). *Nova competência da Justiça do Trabalho*, p. 25.

[4] BRANDÃO, Cláudio Mascarenhas. Relação de trabalho: enfim, o paradoxo superado. In: COUTINHO, Grijalbo Fernandes; FAVA, Marcos Neves (Coord.). *Nova competência da Justiça do Trabalho*, p. 59.

jurídico é a atividade mesmo da pessoa que presta serviços para outra, para uma empresa ou para uma pessoa física, portanto, gênero, como, também, o que não nos parece acontecer, relação de trabalho como sinônimo de relação de emprego".

Nas lições de Cláudio Mascarenhas Brandão,[5] a relação de trabalho é o *"vínculo que se estabelece entre a pessoa que executa o labor – o trabalhador propriamente dito, o ser humano que empresta a sua energia para o desenvolvimento de uma atividade – e a pessoa jurídica ou física que é beneficiária desse trabalho, ou seja, aufere o trabalho proveniente da utilização da energia humana por parte daquele".*

Para José Affonso Dallegrave,[6] *"considerando que o conceito de relação de trabalho é aquele que pressupõe qualquer liame jurídico entre dois sujeitos, desde que tendo por objeto a prestação de um serviço, autônomo ou subordinado, não há dúvidas de que não só os contratos celetistas estão nele abrangidos, mas boa parte dos contratos civis e comerciais".*

Júlio César Bebber[7] conceitua relação de trabalho *"como toda situação jurídica que emerge direta ou indiretamente do serviço prestado por pessoa natural ou jurídica para outra pessoa natural ou jurídica, mediante ou sem remuneração. Disse: (a) situação jurídica, por ser expressão que abrange a relação de emprego e a prestação civil lato sensu, o que abarca, inclusive, a relação de consumo (CDC, art. 3º, § 2º); (b) que emerge direta ou indiretamente do serviço, para expressar a situação jurídica que se origina da própria prestação de serviços (v. g., os honorários médicos derivam diretamente dos serviços médicos prestados), ou que a tem como antecedente e pressuposto necessário da situação de fato (v. g., a indenização fundada em erro médico se origina diretamente do fato lesivo que, por sua vez, tem a prestação de serviços médicos como antecedente e pressuposto necessário dessa situação de fato); (c) prestado por pessoa natural ou jurídica para outra pessoa natural ou jurídica, porque a Constituição Federal não limita quem deve ser prestador e tomador de serviço; (d) mediante ou sem remuneração, porque da prestação de serviço gratuito também podem surgir conflitos que devem ser solucionados".*

Rodnei Doreto Rodrigues e Gustavo Doreto Rodrigues[8] afirmam que são *"relações de trabalho as que vinculam pessoalmente o prestador (pessoa natural) ao tomador (pessoa física ou jurídica) mediante: (1) relação de emprego (portanto, de trabalho subordinado,*

---

[5] DALLEGRAVE NETO, José Affonso. Primeiras linhas sobre a nova competência da Justiça do Trabalho fixada pela reforma do Judiciário (EC nº 45/2004). In: COUTINHO, Grijalbo Fernandes; FAVA, Marcos Neves (Coord.). *Nova competência da Justiça do Trabalho*, p. 196.

[6] BEBBER, Júlio César. A competência da Justiça do Trabalho e a nova ordem constitucional. In: COUTINHO, Grijalbo Fernandes; FAVA, Marcos Neves (Coord.). *Nova competência da Justiça do Trabalho*, p. 254.

[7] RODRIGUES, Rodnei Doreto; RODRIGUES, Gustavo Doreto. Ob. cit., p. 452.

[8] SCHIAVI, Mauro. O alcance da expressão "relação de trabalho" e a competência da Justiça do Trabalho um ano após a Emenda Constitucional nº 45/2004. *Revista TST*, v. 72, nº 1, jan./abr. 2006, p. 38.

oneroso e não eventual); (2) trabalho autônomo, seja ele oneroso ou gratuito e não eventual ou eventual; (3) trabalho subordinado, porém gratuito e/ou eventual".

Nas palavras de Mauro Schiavi,[9] a expressão "relação de trabalho" pressupõe *"trabalho prestado por conta alheia, em que o trabalhador (pessoa física) coloca sua força de trabalho em prol de outra pessoa (física ou jurídica), podendo o trabalhador correr ou não os riscos da atividade. Desse modo, estão excluídas as modalidades de relação de trabalho em que o trabalho for prestado por pessoa jurídica, porquanto, nessas modalidades, embora haja relação de trabalho, o trabalho humano não é o objeto dessas relações jurídicas e sim um contrato de natureza cível ou comercial".*

Na dinâmica sociojurídica,[10] há uma série de relações jurídicas, as quais envolvem a atividade humana como objeto e que não se relacionam com a subordinação.[11] Foi necessário o alargamento da competência material trabalhista para a devida adequação do Judiciário Trabalhista à nova realidade do Direito do Trabalho.

Relação de trabalho é a relação jurídica em que o prestador dos serviços é uma pessoa natural, tendo por objeto a atividade pessoal, subordinada ou não, eventual ou não, e que é remunerada (ou não) por uma outra pessoa natural ou pessoa jurídica. Portanto, relação de trabalho é o gênero, sendo a relação de emprego uma de suas espécies.[12]

---

[9] Há uma série de relações jurídicas nas quais se tem a presença do trabalho humano, sem a presença da subordinação como elemento essencial, a saber: prestação de serviços (arts. 593 e segs., CC); contrato de transporte (art. 730); contrato de agência e distribuição (arts. 710 a 721); corretagem (arts. 722 e segs.).

[10] "Para o fim de fixar a competência da Justiça do Trabalho, perde interesse a distinção entre trabalho subordinado e autônomo. No passado, esta distinção era fundamental, porque os autônomos só poderiam dirigir-se à Justiça Comum. As portas do Judiciário Trabalhista estavam fechadas para eles. Agora, porém, não mais. A Justiça do Trabalho tem competência para julgar também (isto é, além daquelas de interesse dos empregados) as ações de interesse dos trabalhadores autônomos e parassubordinados" (ROMITA, Aryon Sayão. Competência da Justiça do Trabalho para ações sobre relações de trabalho: trabalho eventual. *Revista Justiça do Trabalho*, nº 258, jun./2005, p. 12).

[11] "A Ciência do Direito enxerga clara distinção entre relação de trabalho e relação de emprego. A primeira expressão tem caráter genérico: refere-se a todas as relações jurídicas caracterizadas por terem sua prestação essencial centrada em uma obrigação de fazer consubstanciada em labor humano. Refere-se, pois, a toda modalidade de contratação de trabalho humano modernamente admissível. A expressão relação de trabalho englobaria, desse modo, a relação de emprego, a relação de trabalho autônomo, a relação de trabalho eventual, de trabalho avulso e outras modalidades de pactuação de prestação de labor (como trabalho de estágio, etc.). Traduz, portanto, o gênero a que se acomodam todas as formas de pactuação de prestação existentes no mundo jurídico atual" (DELGADO, Maurício Godinho. *Curso de direito do trabalho*. 5. ed., p. 285).

[12] Quanto à relação de trabalho, Amauri Mascaro Nascimento afirma: "(a) profissionalidade, o que significa que se trata de um serviço prestado profissionalmente e não com outra intenção ou finalidade, pressupondo, portanto, remuneração; (b) pessoalidade para significar que o trabalho deve ser prestado por pessoa física diretamente, sem auxiliares ou empregados, porque, neste caso, teríamos na figura do prestador um verdadeiro empregador; (c) a própria atividade do prestador do serviço como objeto do contrato, ou, no caso de resultados contratados pelos serviços, a preponderância destes aspectos, dos serviços, sobre outros, com o que ficariam fora da competência do judiciário trabalhista os contratos de fornecimento e incluídas as pequenas empreitadas de

Quanto aos elementos da relação de trabalho, a doutrina aponta: trabalho remunerado (onerosidade), pessoalidade, atividade do prestador como objeto do contrato; a subordinação e a eventualidade não mais atuam como critérios básicos para a delimitação da competência material trabalhista.[13]

Na nossa ótica, o fator onerosidade é importante, contudo não é essencial na caracterização do que vem a ser a relação de trabalho. Há situações em que se tem o trabalho, sem haver, necessariamente, a presença da onerosidade. É o caso do trabalho do estágio não obrigatório em que não se tem a obrigatoriedade de concessão de uma contraprestação salarial (art. 12º, *caput*, Lei 11.788/08).

Diante da nova redação do art. 114, CF, a Justiça do Trabalho tem competência material para conhecer, instruir e julgar toda e qualquer relação de trabalho, em que o prestador dos serviços é uma pessoa natural, tendo por objeto a atividade pessoal, subordinada ou não, eventual ou não, e que é remunerada (ou não) por uma outra pessoa natural ou pessoa jurídica.[14]

---

serviços; (d) a subordinação ou não passa a não definir a competência, porque o judiciário trabalhista será competente em ambos os casos, influindo, se os serviços forem subordinados, para o enquadramento jurídico diante do poder de direção sobre o mesmo exercido, levando-o para a esfera da relação de emprego e se inexistente a subordinação, competente, também, será a Justiça do Trabalho, porém para apreciar a questão como prestação de serviços autônomos ou outra; (e) a eventualidade ou não, igualmente, passa a não ter importância sob a perspectiva da competência, porque se os serviços forem contínuos ou não eventuais, estar-se-ão no âmbito da relação de emprego, e se forem eventuais estarão na esfera da prestação de serviços eventuais, em ambos os casos competente à Justiça Trabalhista, mudando, apenas o enquadramento jurídico a ser dado ao caso concreto" (Ob. cit., p. 26).

[13] Francisco Rossal de Araújo menciona que a relação de trabalho no sentido jurídico é um contrato, portanto, "[...] nesse sentido, regido pelo princípio da economicidade e da autonomia da vontade (*pacta sunt servanda*), embora normas jurídicas possam trazer restrições a essa autonomia com maior ou menor intensidade. As relações de trabalho subordinado tendem a ter maior restrição à autonomia da vontade e as relações de trabalho autônomo tendem a ter menores restrições à autonomia da vontade. A relação de trabalho sempre será onerosa e *intuitu personae* em relação ao prestador do trabalho, quer o trabalho seja autônomo ou subordinado, contínuo ou eventual. Quanto à forma, trata-se de um contrato consensual (*solo consensu*), ou seja, não exige forma, salvo se a lei expressamente o exigir. Como todo e qualquer contrato, exige agente capaz, objeto lícito e manifestação de vontade sem vícios. As relações de trabalho são sinalagmáticas e comutativas, embora uma parte da contraprestação possa ser relacionada ao risco (produtividade, percentuais, peças, tarefas etc.)" (A natureza jurídica da relação de trabalho – novas competências da Justiça do Trabalho – Emenda Constitucional nº 45/04. In: COUTINHO, Grijalbo Fernandes; FAVA, Marcos Neves (Coord.). *Nova Competência da Justiça do Trabalho*, p. 110).

[14] "Decorrido um ano da promulgação da EC/45, podemos dizer que há pelo menos três posições preponderantes na doutrina sobre o alcance da expressão relação de trabalho para fins da competência da Justiça do Trabalho. Resumidamente, são elas: (a) nada mudou com a EC/45. O termo 'relação de trabalho' significa o mesmo que relação de emprego, e a competência da justiça do trabalho se restringe às controvérsias entre empregado e empregador; (b) uma segunda corrente exige que a relação de trabalho tenha os mesmos moldes da relação de emprego, ou seja, que o prestador esteja sob dependência econômica do tomador dos serviços, haja pessoalidade e que haja uma continuidade da prestação. Desse modo estariam excluídas, por exemplo, as relações de

2.3.1 Abrangência da relação de trabalho

Partindo da premissa de que relação de trabalho é o gênero (todo trabalho humano) e tem como espécies as diversas relações jurídicas de trabalho, sejam elas subordinadas ou não, remuneradas ou não, eventuais ou não, podemos indicar as seguintes espécies:

a) relações de trabalho disciplinadas pelo Direito do Trabalho (CF, CLT e leis esparsas): relação de emprego (empregado urbano); doméstico; rural; avulso e o temporário;

b) outras relações de trabalho, assim denominadas porque são regulamentadas pelo Direito, ainda que de forma indireta, tais como: trabalho do preso ou do cônjuge que presta serviços no lar (dona de casa); autônomo; eventual; cooperativa de trabalho; serviço voluntário; estagiário etc.;

c) relações de trabalho proibido, as quais podem variar de país para país e nos momentos históricos, como trabalho escravo, exploração do sexo, trabalho infantil, trabalho em cassinos etc.;

d) relações de trabalho com o Estado, abrangendo todos os agentes públicos, sejam eles: agentes políticos; particulares em colaboração com o Estado; servidores públicos civis (funcionários estatutários, empregados públicos ou temporários) ou militar (arts. 42 e 142, § 3º, CF);

e) relações de trabalho disciplinadas pelo Direito Comum (Direito Civil, CDC e leis esparsas), nos contratos ou relações de consumo, onde aquele que presta serviços é uma pessoa natural.

Com a alteração da Constituição pela EC 45, parte dessas relações passou para a competência da Justiça do Trabalho.[15]

O Enunciado 64 da 1ª Jornada de Direito Material e Processual na Justiça do Trabalho considera que: *"Havendo prestação de serviços por pessoa física a outrem, seja a que título for, há relação de trabalho incidindo a competência da Justiça do Trabalho para os litígios dela oriundos (CF, art. 114, I), não importando qual o direito material que será utilizado na solução da lide (CLT, CDC, CC etc.)."*

2.3.2 Relação de trabalho e relação de consumo

Face à nova ordem constitucional, será que a relação de consumo pode ser tida como uma espécie de relação de trabalho e, consequentemente, ser da competência da Justiça do Trabalho?

---

consumo; (c) uma terceira corrente admite qualquer espécie de trabalho humano, seja qualquer a modalidade do vínculo jurídico, relação de consumo etc., prestado por pessoa natural em favor de pessoa natural ou jurídica" (SCHIAVI, Mauro. Ob. cit., p. 42).

[15] Tratamos do tema no livro: *Direito processual do trabalho*. 6. ed. São Paulo: Atlas, 2013.

De acordo com o Código de Defesa do Consumidor (CDC) (Lei 8.078/90), a relação de consumo é aquela estabelecida entre o consumidor e o fornecedor.

Pelo prisma legal: (a) consumidor é toda pessoa física ou jurídica que adquire ou utiliza produto ou serviço como destinatário final (art. 2º, *caput*); (b) fornecedor é toda pessoa natural ou jurídica (pública ou privada), nacional ou estrangeira, bem como os entes despersonalizados, que desenvolvem atividade de produção, montagem, criação, construção, transformação, importação, exportação, distribuição ou comercialização de produtos ou prestação de serviços (art. 3º, *caput*); (c) produto é qualquer bem, móvel ou imóvel, material ou imaterial (art. 3º, § 1º); (d) serviço é qualquer atividade fornecida no mercado de consumo, mediante remuneração, inclusive as de natureza bancária, financeira, de crédito e securitária, salvo as decorrentes das relações de caráter trabalhista (art. 3º, § 2º).

Para José Geraldo Brito Filomeno,[16] consumidor é *"qualquer pessoa física ou jurídica que, isolada ou coletivamente, contrate para consumo final, em benefício próprio ou de outrem, a aquisição ou a locação de bens, bem como a prestação de serviço"*.

Ocorre a relação de consumo quando *"alguém – o consumidor – pessoa física ou jurídica, adquire algum bem ou serviço para uso pessoal, ou de sua família como destinatário final, ou seja, sem a intenção de utilizar deste bem ou serviço como meio de incrementar suas próprias atividades. Outrossim, o objeto da relação de consumo é o bem ou os serviços consumíveis, e não o trabalho realizado para a sua obtenção. Como podemos observar, o consumo é, lato sensu, uma atividade destruidora, no sentido que consiste na ampla utilização dos bens e serviços adquiridos para a satisfação das necessidades humanas. E um fato mui importante ressalta: o consumidor adquire efetivamente a propriedade sobre o bem consumível. Ele é o* dominus *daquilo que adquiriu, exercendo sobre este bem os poderes advindos da propriedade, inclusive até o de destruí-lo"*.[17]

De plano, pode-se afirmar que nem todas as relações de consumo estarão sob a competência da Justiça do Trabalho. Estão excluídas da competência da Justiça do Trabalho as relações de consumo cuja atividade seja de: produção, montagem, criação, construção, transformação, importação, exportação, distribuição ou comercialização de produtos, bem como a prestação de serviços quando o prestador seja pessoa jurídica.

Surge a celeuma relativa à competência da Justiça do Trabalho quando na relação de consumo se tenha a prestação de serviços e a que o prestador seja pessoa natural.

---

[16] FILOMENO, José Geraldo Brito. Código Brasileiro de Defesa do Consumidor comentado pelos autores do anteprojeto. Coord.: GRINOVER, Ada Pellegrini et al., 2004, p. 31.

[17] ZANGRANDO, Carlos Henrique da Silva. As diferenças entre relação de consumo e relação de trabalho e a competência da justiça laboral: parte final. *Jornal Trabalhista da Editora Consulex*, ano XXIII, nº 1141, p. 6, out./2005.

Na abordagem da prestação de serviços por trabalhadores, como sendo relação de trabalho ou relação de consumo, em linhas gerais, na doutrina encontramos três vertentes:

a) a primeira corrente nega a competência da Justiça do Trabalho sob o fundamento de que o prestador de serviço, na execução das suas tarefas, insere-se em uma relação de consumo, onde o tomador dos serviços é o usuário final;[18]

b) em uma posição diametralmente oposta à primeira, há os que defendem a competência da Justiça do Trabalho, sustentando que as relações de consumo, onde o prestador de serviços é pessoa natural, inserem-se na definição de relação de trabalho;[19]

c) e, por fim, a última, em que se analisa a temática, partindo-se do pressuposto de que há dois ângulos a serem analisados: 1) o primeiro envolve o consumidor (destinatário do serviço), em que se aplica o CDC e cuja competência é da Justiça do Trabalho; 2) o segundo se relaciona com a pessoa natural prestadora (fornecedora) do serviço, cuja pendência há de ser resolvida pela Justiça do Trabalho, aplicando-se a legislação civil.

Como adepto da primeira corrente, Otavio Amaral Calvet[20] discorre: *"Numa relação de trabalho, portanto, nunca pode aparecer como tomador do serviço o usuário final, este mero cliente consumidor, mas sempre alguém que, utilizando o labor adquirido pela relação de trabalho, realiza sua função social perante os usuários finais. [...] Se é pacífico que a doutrina trabalhista vê na relação de consumo questões similares à relação de emprego (em sentido estrito), pela hipossuficiência de uma das partes e pela concessão de benefícios a ela em busca de uma igualdade substantiva, há de se ressaltar que, na relação de consumo, o protegido é o consumidor e, em hipótese alguma, o prestador dos serviços, este aparecendo como o detentor do poder econômico que oferece publicamente seus préstimos auferindo ganhos junto aos consumidores. Transportando-se para as relações de trabalho em sentido lato, seria no mínimo estranho imaginar-se o deferimento de uma tutela especial ao consumidor que, no caso, apareceria também como tomador dos serviços, reconhecendo-se-lhe, simultaneamente, duas posições que se afiguram incompatíveis ontologicamente: a de fragilizado consumidor com a de contratante beneficiado pela energia de trabalho (tomador dos serviços). Assim, resta fixada a segunda premissa para caracterização das relações de trabalho da competência da Justiça do Trabalho: o tomador dos serviços não pode ser o usuário final, mas mero utilizador dos serviços da energia de trabalho para consecução da sua finalidade social (ainda que seja o tomador pessoa natural ou ente despersonalizado). Citamos alguns exemplos de relações de consumo que não se inserem na competência da Justiça do Trabalho a nosso ver: cliente e advogado; paciente e médico; cliente e motorista*

---

[18] TRT – 18ª R. – RO 00103-2008-012-18-00-7 – Rel. Platon Teixeira de Azevedo Filho – j. 7/5/2008.
[19] TRT – 24ª R. – Proc. 00849-2005-005-24-00-7 – Rel. Amaury Rodrigues Pinto Júnior – j. 7/3/2006 – *DO* 11/7/2006.
[20] CALVET, Otavio Amaral. A nova competência da Justiça do Trabalho: relação de trabalho × relação de consumo. *Revista LTr*, v. 69, nº 1, p. 56.

de táxi; cliente e arquiteto contratado para remodelar seu apartamento; cliente e corretor de imóveis autônomo; cliente e corretor de seguros autônomo etc. Segundo o mesmo raciocínio, adentraria a nova competência do art. 114, I, da CRFB: advogado e escritório de advocacia; médico e hospital; arquiteto e empresa de reformas; corretor de imóveis e empresa de corretagem; corretor de seguros e a seguradora etc."

No mesmo sentido, José Antonio Pancotti[21] afirma: *"É necessário, neste passo, extremar da 'relação de trabalho', as 'relações de consumo' conforme o art. 3º e parágrafos da Lei nº 8.078/90, CDC – Código de Defesa do Consumidor, na medida em que os litígios decorrentes das relações de consumo fogem à competência da Justiça do Trabalho. A relação de consumo vincula, de um lado, o consumidor e, de outro lado, o fornecedor, incluindo-se os de natureza bancária, financeira, creditícia e securitários. [...] De sorte que se caracterizam como oriundas de relação de consumo as hipóteses em que o tomador de serviços seja o consumidor final, como no caso das ações de cobrança de honorários por serviços advocatícios, médicos, odontológicos, engenheiros; preço de serviços de alfaiate, modista, cabeleireiro, manicura, pedicure, do podólogo, fotógrafo, execução de tarefas de transporte, como o taxista, o caminhoneiro etc."*

Como um dos expoentes da segunda corrente, Cláudio Armando Couce de Menezes[22] ensina: *"Acerca das relações de consumo, a questão não é saber se na expressão 'relação de trabalho' está compreendida a prestação de serviços realizada nos moldes dos arts. 2º e 3º da Lei nº 8.078/90 (Código de Defesa do Consumidor), mas se o trabalho se apresenta com as características da dependência econômica, com os traços de pessoalidade e continuidade, comumente associados a este status, assimilados pela orientação expansionista do Direito do Trabalho, que se reflete na nova redação do art. 114 da CF. Assim, caberá à Justiça do Trabalho apreciar todas as relações de trabalho, incluídas, obviamente, as relações de consumo que envolva prestação de serviços, sempre que presente a Dependência Econômica, conjugada com a pessoalidade e a permanência da atividade profissional."*

Na visão de Cláudio Armando Couce de Menezes, a Justiça do Trabalho será competente se houver na relação de consumo a presença da dependência econômica do fornecedor.

Sem o realce na dependência econômica, Mauro Schiavi ensina que quando houver a prestação de serviços por uma pessoa natural, o qual insere os seus serviços no mercado de trabalho, de forma pessoal e sem vínculo de emprego, mediante remuneração, em prol de um consumidor, pessoa natural ou jurídica, tem-se a competência da Justiça do Trabalho. Por essa opinião doutrinária, o fundamento seria pelo aspecto da pessoalidade na prestação dos serviços.

---

[21] PANCOTTI, José Antonio. A nova competência da Justiça do Trabalho. *Revista LTr*, v. 69, nº 1, p. 82.

[22] MENEZES, Cláudio Armando Couce de. Os novos contornos das relações de trabalho e de emprego – direito do trabalho e a nova competência trabalhista estabelecida pela Emenda nº 45/04. *Revista LTr*, v. 69, nº 5, p. 564.

Adepto da terceira corrente, João Oreste Dalezen[23] ensina: *"Sucede-se, no entanto, que se pode visualizar a relação contratual de consumo não apenas sob o ângulo do consumidor/destinatário do serviço, mas também sob o prisma da virtual pessoa física prestadora (fornecedor) do serviço. Cuida-se, a meu juízo, de uma relação jurídica de natureza bifronte: do ângulo do consumidor/destinatário do serviço, relação de consumo, regida e protegida pelo CDC; do ângulo do prestador do serviço (fornecedor), regulada pelas normas gerais do Direito Civil. Evidentemente que nessa relação contratual tanto pode surgir lesão a direito subjetivo do prestador do serviço (fornecedor) quanto ao consumidor/destinatário do serviço. Entendo que a lide propriamente da relação de consumo, entre o consumidor, nesta condição, e o respectivo prestador do serviço, visando à aplicação do Código de Defesa do Consumidor, escapa à competência da Justiça do Trabalho, pois aí não aflora disputa emanada de relação de trabalho. É lide cujo objeto é a defesa de direitos do cidadão na condição de consumidor de um serviço e, não, como prestador de um serviço. Afora isso, em geral a relação de consumo traduz uma obrigação contratual de resultado, em que o que menos importa é o trabalho em si. Entretanto, sob o enfoque do prestador do serviço (fornecedor), é forçoso convir que firma ele uma relação jurídica de trabalho com o consumidor/destinatário do serviço: um se obriga a desenvolver determinada atividade ou serviço em proveito do outro mediante o pagamento de determinada retribuição, ou preço. Se, pois, a relação contratual de consumo pode ter por objeto a prestação de serviços e, assim, caracterizar também, inequivocamente, uma relação de trabalho em sentido amplo, afigura-se-me inafastável o reconhecimento da competência da Justiça do Trabalho para a lide que daí emergir, se e enquanto não se tratar de lide envolvendo a aplicação do Código de Defesa do Consumidor."*

Na visão de Arion Sayão Romita, a razão assiste para a terceira corrente, contudo, não pelo fundamento da atividade, na medida em que a relação de consumo também a possui. Para ele,[24] o fundamento está no fato de que os serviços prestados pela pessoa natural não podem ser vistos como mercadoria, logo, trata-se de uma relação de trabalho, a ser dirimida pela Justiça do Trabalho: *"A prestação de serviços, na relação de consumo, não se confunde com a relação de trabalho. Serviço, no âmbito da relação de consumo, é algo equiparado à mercadoria, tanto que a lei de defesa do consumidor (art. 3º, § 2º) pressupõe seja ele fornecido no mercado de consumo. Serviço, aqui, embora conceituado como atividade, equipara-se a coisa, ao produto oferecido no mercado de consumo. Todavia, trabalho não é mercadoria, não constitui atividade 'fornecida no mercado de consumo'. Na relação de trabalho, o tomador do serviço remunera a atividade prestada em seu proveito, não se podendo cogitar de 'mercado de consumo'. O profissional liberal ou o alfaiate ou a modista etc. não são 'fornecedores', no sentido em que a Lei nº 8.078 emprega o vocábulo. São prestadores de serviço, são trabalhadores, e não fornecedores. A relação jurídica ge-*

---

[23] DALAZEN, João Oreste. A reforma do Judiciário e os novos marcos da competência material da justiça do trabalho no Brasil. In: COUTINHO, Grijalbo Fernandes; FAVA, Marcos Neves (Coord.). *Nova competência da Justiça do Trabalho*, p. 156.

[24] ROMITA, Arion Sayão. Competência da Justiça do Trabalho para ações sobre relações de trabalho: trabalho eventual. *Revista Justiça do Trabalho*, nº 258, p. 18, jun./2005.

rada pela prestação de serviços é relação de trabalho, não relação de consumo. Portanto, a competência para as ações decorrentes deste tipo de atividade é da Justiça do Trabalho, não da Justiça Comum dos Estados."

Prossegue o autor, *"equiparar a prestação de serviços dos profissionais liberais e demais trabalhadores autônomos a mercadoria, neles identificando a figura do 'fornecedor' a que alude a lei de defesa do consumidor, equivale a degradar a pessoa humana. A esta concepção opõe-se o direito contemporâneo, que exalta a dignidade da pessoa humana. Nunca é demais lembrar que a dignidade da pessoa humana é um dos fundamentos do Estado democrático de direito em que se constitui o Brasil (Constituição de 1988, art. 1º, inciso III). Repita-se: trabalho não é mercadoria (como, de resto, assevera a Constituição da Organização Internacional do Trabalho, a cujo cumprimento o Brasil está obrigado, membro que é deste organismo internacional). Libertar a noção de atividade produtiva humana da ideia de mercadoria representa um dos grandes avanços na evolução histórica do direito (não apenas do Direito do Trabalho). Em pleno século XXI, ver no trabalho modalidade de mercadoria representa retrocesso inadmissível, atraso de mais de cem anos na história do Direito do mundo ocidental".*

Em 10/5/2006, o TST cancelou a OJ 138, da SDI-II, que tinha a seguinte redação: *"Mandado de Segurança. Incompetência da Justiça do Trabalho. Cobrança de honorários advocatícios. Contrato de natureza civil. A Justiça do Trabalho é incompetente para apreciar ação de cobrança de honorários advocatícios, pleiteada na forma do art. 24, §§ 1º e 2º, da Lei nº 8.906/94, em face da natureza civil do contrato de honorários."*

O STJ tem concluído pela competência da Justiça Comum em diversos conflitos de competência.[25]

Em 2008, o STJ uniformizou a jurisprudência: *"Compete à Justiça estadual processar e julgar a ação de cobrança ajuizada por profissional liberal contra cliente"* (Súm. 363).

A jurisprudência das turmas do TST está dissonante em relação à matéria,[26] mas a SDI-I tem entendido pela incompetência da Justiça do Trabalho.[27]

---

[25] STJ – 2ª S. – CC 200601617544 – (67330 MG) – Rel. Min. Nancy Andrighi – *DJU* 1/2/2007 – p. 391.
STJ – 1ª S. – CC 48.976 – MG 2005/006189-6 – Rel. Min. João Otávio de Noronha.
[26] TST – 8ª T. – RR 1172/2008-037-12-00.7 – Rel. Min. Maria Cristina Irigoyen Peduzzi – *DEJT* 19/6/2009.
TST – 6ª T. – RR 1527/2007-114-03-40.5 – Rel. Min. Aloysio Corrêa da Veiga – *DEJT* 5/6/2009.
TST – 8ª T. – RR 476/2007-641-05-00.2 – Rel. Min. Dora Maria da Costa – *DEJT* 5/6/2009.
TST – 1ª T. – RR 1110/2007-075-02-00.5 – Rel. Min. Lelio Bentes Corrêa – *DEJT* 5/6/2009.
TST – 4ª T. – RR 17400-86.2005.5.05.0034 – Rel. Min. Maria de Assis Calsing – *DEJT* 27/8/2010.
[27] TST – SDI-I – ERR 78100.45.2005.5.04.0005 – Rel. Min. Aloysio Corrêa da Veiga – *DEJT* 20/11/2009.
TST – SDI-I – ERR 58800.22.2007.5.03.0081 – Rel. Min. João Batista Brito Pereira – 8/10/2010.
TST – SDI-I – ERR 139200.86.2008.5.03.0081 – Rel. Min. Horácio Raymundo de Senna Pires– *DEJT* 27/8/2010.
TST – SDI-I – ERR 75500.03.2005.5.04.0021– Rel. Min. Luiz Philippe Vieira de Mello Filho – *DEJT* 28/6/2010.

QUESTIONÁRIO

1. O que representa uma relação jurídica?

2. Quais são os elementos fundamentais da relação jurídica?

3. A relação jurídica trabalhista é simples ou complexa?

4. Qual é a importância do trabalho para o homem?

5. Será que toda e qualquer atividade humana tem interesse para a Ciência do Direito?

6. Qual é a importância do trabalho subordinado no âmbito do Direito do Trabalho?

7. Qual é o novo modelo jurídico para fins de informação da competência material trabalhista?

8. A relação de trabalho engloba a relação de consumo?

Capítulo III
RELAÇÃO DE EMPREGO

3.1 RELAÇÃO DE EMPREGO

Relação de emprego é um contrato, cujo conteúdo mínimo é a lei, possuindo como sujeitos, de um lado, o empregado (pessoa natural), que presta serviços, e, de outro lado, o empregador, em função de quem os serviços são prestados de forma subordinada, habitual e mediante salário.

Dentro desse prisma, devemos desenvolver as seguintes assertivas: (a) acordo tácito ou expresso que corresponde à relação de emprego; (b) os sujeitos são o empregado e o empregador; (c) empregado, como a pessoa natural que presta serviços de natureza não eventual a empregador sob a subordinação deste e mediante salário (art. 3º, CLT); (d) empregador é a empresa ou outros entes que admitem, assalariam e dirigem a prestação pessoal dos serviços (art. 2º, CLT).

Para Mauricio Godinho Delgado,[1] a relação empregatícia, como espécie do gênero relação de trabalho,[2] *"resulta da síntese de um diversificado conjunto de fatores (ou ele-*

---

[1] DELGADO, Mauricio Godinho. *Curso de direito do trabalho*. 5. ed., p. 289.

[2] "Pode-se, ainda, ver na relação de trabalho gênero que comporta diversas espécies, dentre as quais a principal é a relação de emprego, ao lado das demais (contratos de trabalho avulso, eventual, temporário, prestação de serviços autônomos, parceria ou meação rural, transporte, administração, corretagem, representação comercial), sempre que o prestador for pessoa física. Há duas leis modernas que definem, separadamente, contrato de trabalho e relação de emprego para mostrar que a diferença entre ambos está na forma pela qual o vínculo nasce e para equiparar os efeitos do contrato e da relação de emprego. São as leis do México e da Argentina. A lei brasileira não tem essa dupla definição, porém, equipara o contrato à relação de emprego (CLT, art. 442). A Lei Federal do Trabalho do México (1970, art. 20) dispõe: 'Entende-se por relação de trabalho, qualquer que seja o ato que lhe dê origem, a prestação de um trabalho pessoal subordinado a uma pessoa, mediante o pagamento de um salário. Contrato individual de trabalho, qualquer que seja a sua forma ou denominação, é aquele em virtude do qual uma pessoa se obriga a prestar a outra um trabalho pessoal subordinado, mediante o pagamento de um salário. A prestação de um trabalho a que se refere o parágrafo primeiro e o contrato celebrado produzem os mesmos efeitos'. A Lei do Contrato de Trabalho da Argentina (Lei nº 20.744, arts. 23 a 25) dispõe, no mesmo sentido, que haverá contrato de trabalho sempre que uma pessoa física se obrigar a realizar atos, executar obras ou prestar serviços para outra e sob a dependência desta, durante um período determinado ou indeterminado de tempo, mediante o pagamento de uma remuneração. Quanto à relação de

mentos) reunidos em um dado contexto social ou interpessoal. Desse modo, o fenômeno sociojurídico da relação de emprego deriva da conjugação de certos elementos inarredáveis (elementos fático-jurídicos), sem os quais não se configura a mencionada relação. Os elementos fático-jurídicos componentes da relação de emprego são cinco: (a) a prestação de trabalho por pessoa física a um tomador qualquer; (b) a prestação efetuada com pessoalidade pelo trabalhador; (c) também efetuada com não eventualidade; (d) efetuada ainda sob subordinação ao tomador dos serviços; (e) prestação de trabalho efetuada com onerosidade".

Os elementos acima citados encontram-se previstos na combinação dos arts. 3º, *caput*, e 2º, *caput*, ambos da CLT.

3.2 NATUREZA JURÍDICA DA RELAÇÃO DE EMPREGO

Quando se procura evidenciar a natureza jurídica da relação de emprego na doutrina, em linhas gerais, destacam-se: contratualismo e acontratualismo.

Para a primeira teoria, a essência repousa na existência de um contrato. A vontade das partes é a causa essencial dessa constituição.

Para a segunda teoria, nega-se a natureza contratual. A relação deriva do fundamento de que a empresa é uma comunidade de trabalho na qual se tem a inserção do trabalhador.

3.2.1 Teorias contratualistas

Na busca da natureza jurídica da relação de emprego, pelo prisma contratual, hão de ser mencionados os enfoques: tradicional (teorias: arrendamento; compra e venda; mandato; sociedade) e moderno.

3.2.1.1 Teoria contratualista tradicional

A teoria contratualista tradicional assimila a relação de emprego às figuras típicas do Direito Civil (arrendamento; compra e venda; mandato e sociedade).

A primeira e a mais antiga teoria é a do arrendamento. Tem por fundamento o modelo do Direito Romano, que fazia a diferenciação entre *locatio operarum* (locação de serviços) e *locatio operis* (locação de obra: empreitada).

O vínculo de emprego equipara-se ao arrendamento (locação) de serviços, em que uma das partes coloca os seus serviços à disposição de outra (*locatio operarum*). As atuais legislações diferenciam a relação de emprego da locação de serviços (art. 598, CC).

---

emprego, dar-se-á quando uma pessoa realizar atos, executar obras ou prestar serviços para outra, sob a dependência desta, em forma voluntária e mediante o pagamento de uma remuneração, qualquer que seja o ato que lhe dê origem. Finalmente, dispõe que o fato da prestação de serviços faz presumir a existência de um contrato de trabalho, salvo se, pelas circunstâncias, as relações ou causas que o motivem demonstrarem em contrário" (NASCIMENTO, Amauri Mascaro. *Iniciação ao direito do trabalho*. 32. ed., p. 94).

Pela teoria da compra e venda, o trabalhador venderia a sua força de trabalho (prestação de serviços) ao empregador, o qual lhe pagaria, como contraprestação, o preço (salário). Essa conotação é por demais superada. O trabalho humano não é coisa. O trabalhador há de ser respeitado (valorização plena da dignidade humana). Por outro lado, há períodos em que o trabalhador não presta os serviços e possui o direito aos salários (férias; descanso semanal remunerado; tempo à disposição; intervalos remunerados etc.).

Em face da posição similar do mandato, o empregado atua como mandatário de seu empregador. Parece-nos ser inadmissível essa visão. Há relações de emprego em que se tem o empregado como efetivo mandatário de seu empregador (cargos de confiança), contudo são situações especiais. Por outro lado, há contrato de mandato que se dá a título gratuito, o que não é possível na relação de emprego.

Pela teoria da sociedade, tem-se na relação de emprego a existência de interesses em comum entre o empregado e o empregador, o que não nos parece plausível. Empregado e empregador devem atuar de boa-fé e ser colaboradores mútuos, contudo as suas posições na relação jurídica empregatícia são antagônicas. A prestação de serviços é remunerada pelo salário, enquanto o risco, pelo lucro.

3.2.1.2 Teoria contratualista moderna

A relação de trabalho é uma manifestação de vontade do trabalhador, contudo a autonomia é manifesta no sentido de que o empregado tem a liberdade de consentir na constituição do vínculo empregatício e não na liberdade de atuar na formação do conteúdo do contrato.

Como bem expõe Mauricio Godinho Delgado:[3] *"Não obstante limitada a vontade – sob a ótica do empregado, é claro –, sua simples configuração e convergência à vontade empresarial, no que tange à constituição do vínculo, lança no mundo jurídico, como contrato, o instrumento de conexão do trabalhador ao sistema produtivo. Desse modo, sendo essencial a existência da vontade (e, assim, liberdade), há contrato."*

Além da presença do dirigismo contratual nas relações individuais de trabalho, como reflexo inarredável da intervenção estatal na regulação desse tipo de contrato, a relação empregatícia denota uma situação contratual específica e distinta em relação às demais modalidades contratuais previstas no Direito Civil. Na relação de emprego, o que se tem é uma obrigação de fazer, a qual será executada com subordinação, mediante salário e de forma não eventual, o que a difere, sem dúvida, das demais modalidades contratuais do Direito Civil.

3.2.2 Teorias acontratualistas

Nas teorias acontratualistas, destacamos as teorias da relação de trabalho e a institucionalista.

---

[3] DELGADO, Mauricio Godinho. Ob. cit., p. 314.

Na relação de trabalho, o ponto de destaque está na assertiva de que a relação jurídica empregatícia é uma situação jurídica objetiva. Vale dizer, o simples fato da prestação de serviços (relação fática) é mais do que suficiente para se ter uma relação jurídica empregatícia, gerando, assim, direitos e obrigações na órbita jurídica do empregado e do empregador. Não se indaga a respeito de um ato de vontade. O empregador está inserido no universo da empresa.

Como expõe Mauricio Godinho Delgado,[4] a teoria da relação de trabalho, como fator a explicar a natureza jurídica da relação de emprego, *"teve nítida influência nas legislações latino-americanas, tendo se manifestado no art. 20 da Lei Federal do Trabalho, do México, e art. 22 da Lei do Contrato de Trabalho, da Argentina. No Brasil, a Consolidação das Leis do Trabalho também se viu submetida a tal influência. Na verdade, o art. 442 celetista revela uma clara composição entre as vertentes contratualistas e acontratualistas, com inegável prejuízo ao mínimo de lógica formal e jurídica ('contrato individual de trabalho é o acordo tácito ou expresso correspondente à relação de emprego' – art. 442, caput, CLT: grifos acrescidos)"*.[5]

Para os adeptos da teoria institucionalista, a empresa é vista como uma instituição[6] (um ente coletivo originário a partir de um agrupamento consciente ou de uma necessidade dos indivíduos, mas não de uma vontade privada autônoma do tipo contratual). As instituições são criações que se formam na vida em sociedade e que tendem a ser perene, atuando como ícones de referência para os indivíduos. Nesse prisma, a empresa, como instituição, seria a representação de um ente coletivo no qual se tem a inserção do empresário e de seus colaboradores (os empregados). Não se indaga a respeito do aspecto contratual, e sim da inserção do trabalhador, como empregado, no universo da empresa, que o admite, remunera e dirige a prestação pessoal dos seus serviços.

---

[4] DELGADO, Mauricio Godinho. Ob. cit., p. 318.

[5] "Nos termos do art. 442 da Consolidação, contrato de trabalho 'é o acordo tácito ou expresso correspondente à relação de emprego'. Há, nesta definição, um misto de contratualidade e institucionalismo. Na verdade, girando em um círculo vicioso, ela nada esclarece a respeito daquilo que pretende explicar. De todo procedente a crítica que lhe faz Orlando Gomes, com o aplauso de Barassi. O contrato de trabalho seria aquele 'correspondente à relação de emprego'. O que vem a ser, porém, essa relação? Na conformidade do artigo citado, é a que 'corresponde' ao contrato de trabalho. Evidentemente, desta maneira, não se define nem uma nem outra coisa. É a petição de princípio, o *circulus in demonstrando*. Demais, como acentua Barassi, contrato 'cria' uma relação jurídica, não 'corresponde' a ela" (MARANHÃO, Délio; SÜSSEKIND, Arnaldo; VIANNA, Segadas; TEIXEIRA FILHO, João de Lima. *Instituições de direito do trabalho*. 19. ed., v. 1, p. 242).

[6] "Com base no conceito de instituição, difundido por Maurice Hauriou e Georges Rennar, formou-se significativa corrente de juslaboristas, sustentando que o contrato de trabalho não esgota o conjunto de relações entre empregados e empregadores, as quais só podem ser integralmente compreendidas com um dado adicional, o da integração de ambos numa comunidade econômica denominada empresa" (MAGANO, Octavio Bueno. *Manual de direito do trabalho*: direito individual do trabalho. 4. ed., v. 1, p. 25).

3.2.3 A lei brasileira e a natureza jurídica da relação empregatícia

Do ponto de vista legal, o legislador brasileiro estabelece que o contrato individual de trabalho é o acordo tácito ou expresso correspondente à relação de emprego (art. 442, *caput*, CLT).

Aluysio Mendonça Sampaio[7] salienta que a *"noção contratual da relação empregatícia é a base do Direito Trabalhista pátrio"*.

As relações contratuais de trabalho podem ser objeto de livre estipulação das partes interessadas em tudo quanto não contravenha às disposições de proteção ao trabalho, aos contratos coletivos que lhes sejam aplicáveis e às decisões das autoridades competentes (art. 444, *caput*, CLT).

Aluysio Mendonça Sampaio,[8] adepto da visão contratual, prossegue: *"Disso se depreende que os direitos e obrigações que informam a relação empregatícia resultam de fonte voluntária (acordo de vontades) e de fontes imperativas (lei, contrato coletivo, sentença normativa), estas restringindo o âmbito daquela, dado o reconhecimento da necessidade de proteger-se o empregado com uma superioridade jurídica, a fim de compensar-se sua inferioridade econômica em relação ao empregador."*

Para alguns autores, em função do art. 442, a natureza jurídica seria de cunho anticontratual. Nesse sentido, Octavio Bueno Magano[9] pondera: *"Os autores da Consolidação das Leis do Trabalho parecem haver aderido à tese anticontratualista. Isso se deduz não apenas dos termos do art. 442 do referido diploma legal [...] como também de expressas afirmações da exposição de motivos que precedeu o anteprojeto e o projeto do mencionado corpo de leis. Sustenta-se ali, com efeito: 'A alusão à relação de emprego situa o ajuste de trabalho no realismo espontâneo, subordinando-o ao institucionalismo jurídico-social que fornece o conceito de empregado'; e mais expressivamente ainda: '[...] a ordem institucional ou estatutária prevalece sobre a concepção contratualista'."*

Para outros, entre os quais nos filiamos, a legislação brasileira adota uma posição intermediária. Amauri Mascaro Nascimento[10] ensina-nos: *"A lei brasileira, segundo um dos seus redatores, Arnaldo Süssekind, situa-se numa posição intermediária. Define a relação entre empregado e empregador como um contrato, mas afirma que o contrato corresponde a uma relação de emprego."*

A relação empregatícia surge da vontade das partes. É inegável a presença desse fator vontade na formação dessa relação jurídica, mas convém ponderar que as partes, empregado e empregador, devem observar uma série de normas jurídicas que aderem de forma automática ao referido ajuste.

O dirigismo contratual denota a necessidade de o Estado intervir em áreas do relacionamento humano sempre que há a possibilidade do desequilíbrio da relação contratual.

---

7   SAMPAIO, Aluysio Mendonça. *Dicionário de direito do trabalho*. 4. ed., p. 319.
8   SAMPAIO, Aluysio Mendonça. Ob. cit., p. 319.
9   MAGANO, Octavio Bueno. *Lineamentos de Direito do trabalho*. 2. ed., p. 40.
10 NASCIMENTO, Amauri Mascaro. Ob. cit., p. 99.

Há várias normas jurídico-trabalhistas impostas pelo Estado com o intuito de mitigar o antagonismo que deriva do relacionamento capital *versus* trabalho.

O dirigismo contratual implica uma série de restrições à liberdade de contratar como forma de se ter a garantia de um mínimo tido como justo para o trabalhador.

Pedro Paulo Teixeira Manus[11] sintetiza a essência da natureza jurídica da relação trabalhista e suas implicações com o dirigismo contratual: *"Acreditamos ser preferível designar a relação patrão-empregado como de natureza contratual. É claro que, se pensamos em relação ao Direito Civil, torna-se mais difícil aceitar o chamado contrato de trabalho. Daí ser necessário pensar em um contrato em que as partes têm de manifestar, ao menos, sua vontade de aderir, inobstante as cláusulas que venham a reger a vida dos contratantes e, principalmente do empregado, já estejam praticamente prontas, cabendo-lhe, afinal, aceitá--las ou procurar outro emprego. Todavia, mesmo no campo do Direito Civil (compra e venda, seguros, transportes etc.), hoje em dia também se verifica uma diminuição na liberdade de contratação de ambas as partes. Essa restrição deriva às vezes da intervenção do Estado na vida das pessoas, às vezes das próprias condições de mercado. Assim, acreditamos ser a relação patrão-empregado de natureza contratual, mas tendo sempre em mente que, no regime brasileiro, tanto o Estado (através da lei) quanto as organizações sindicais (através das negociações coletivas) intervêm no campo da vontade individual, limitando aquela liberdade que caracteriza o contrato, a fim de garantir um mínimo tido como justo, a ser assegurado ao empregado. Portanto, pelo que vimos até aqui, é possível afirmar que não são os protagonistas da relação patrão-empregado que decidem se existe ou não contrato de trabalho, mas sim a própria forma e o modo pelo qual tais serviços são desenvolvidos é que determinam a existência do vínculo empregatício. Frise-se, ademais, que mesmo existindo um documento assinado por ambas as partes no sentido de que não existe contrato de trabalho entre ambos, a qualquer momento pode ser reconhecida a existência de um contrato de trabalho, desde que venha a ser provada a presença daqueles requisitos de que já falamos. Diga-se, ademais, que, quanto à liberdade de contratação, o legislador limitou a autonomia da vontade das partes, de modo a proibir que sejam ajustadas condições contratuais menos favoráveis ao mínimo consagrado pela lei, facultando, porém, qualquer ajuste em condições mais favoráveis ao empregado, que é considerado a parte mais fraca dessa relação (art. 444 da CLT)."*

Em nossa visão, a relação de emprego implica a existência do próprio contrato de trabalho, o qual se estabelece entre o empregador e o empregado.

Nesse sentido, Octavio Bueno Magano[12] pondera que o contrato de trabalho corresponde ao *"negócio jurídico pelo qual uma pessoa física se obriga, mediante remuneração, a prestar serviços, não eventuais, a outra pessoa ou entidade, sob a direção de qualquer das últimas"*.

---

[11] MANUS, Pedro Paulo Teixeira. *Direito do trabalho*. 4. ed., p. 56.
[12] MAGANO, Octavio Bueno. *Manual de Direito do trabalho*: direito individual do trabalho. 4. ed., v. 2, p. 47.

A Lei 13.467/17 (Reforma Trabalhista) incluiu ao art. 444, CLT, o parágrafo único com a seguinte redação: *"A livre estipulação a que se refere o* caput *deste artigo aplica-se às hipóteses previstas no art. 611-A desta Consolidação, com a mesma eficácia legal e preponderância sobre os instrumentos coletivos, no caso de empregado portador de diploma de nível superior e que perceba salário igual ou superior a duas vezes o limite máximo dos benefícios do Regime Geral da Previdência Social".*

A inovação legislativa implica severa restrição ao dirigismo contratual, ao estabelecer duas grandes categorias de trabalhadores: os hipossuficientes e os hipersuficientes.

Ao contrário dos demais trabalhadores (hipossuficientes), os hipersuficientes ("altos empregados") possuem nível superior e um padrão remuneratório igual ou superior a duas vezes o limite máximo dos benefícios do regime geral da Previdência Social. Para eles, na composição das cláusulas contratuais, de um determinado contrato de trabalho, é válida a plena autonomia de vontade, em nível individual, para todas as matérias previstas no art. 611-A, CLT (prevalência do modelo legislado em relação ao modelo legal).

Por uma presunção legal (remuneração mais elevada e formação acadêmica do trabalhador), parte-se do pressuposto de que o trabalhador detém maior capacidade para elidir a desigualdade material inerente a uma relação de emprego, derrogando, assim, um sistema normativo legal de proteção quanto aos principais elementos do negócio jurídico (contrato de trabalho), tais como: função, salário, jornada, intervalo, remuneração por produtividade etc. É um retrocesso, visto que se submete o contrato de trabalho às regras do Direito Civil, com uma presunção absoluta da igualdade material entre os contratantes.

Não se pode esquecer que o art. 7º, CF, seja no *caput* ou incisos, não agasalha nenhuma possibilidade de tratamento diferenciado face ao padrão remuneratório do trabalhador.

Além disso, atribuir a força dos instrumentos normativos ao contrato individual de trabalho, sem a participação do sindicato no processo de negociação, é violar a Constituição (art. 8º, III e VI).

3.3 CONTRATO DE TRABALHO

3.3.1 Origens

O contrato individual de trabalho é originário do Direito Romano, no qual havia três formas básicas de locação:

a) a *locatio rei*, onde uma das partes se obrigava a conceder o uso e gozo de uma coisa em troca de certas retribuições (equipara-se ao contrato de locação);

b) a *locatio operis faciendi*, onde uma das partes se obrigava a realizar tarefa determinada, de certo cunho mais especializado, a fim de realizar um objetivo, sob certa remuneração (se assemelha ao contrato de empreitada); e

c) a *locatio operarum*, onde uma das partes se obrigava a executar determinado trabalho, sob determinada remuneração (figura análoga à locação de serviços).

O contrato de trabalho tem como fonte remota a *locatio operarum*, sendo que, com o avanço das relações sociais, houve a necessidade da criação de regras para disciplinar a figura do trabalho subordinado, levando à constituição do Direito do Trabalho.

3.3.2 Definição

O contrato individual de trabalho representa *"um negócio jurídico pelo qual uma pessoa física (empregado) se obriga, mediante o pagamento de uma contraprestação (salário), a prestar trabalho não eventual em proveito de outra pessoa, física ou jurídica (empregador), a quem fica juridicamente subordinada"*.[13]

3.3.3 Denominação

Contrato de trabalho é a denominação que a lei brasileira dá à relação jurídica entre empregado e empregador (relação de emprego).

Há doutrinadores modernos que incluem o contrato dentre as modalidades de normas jurídicas. Os contratos estabelecem cláusulas que vinculam os sujeitos, criando direitos e obrigações, levando à constituição de normas individualizadas.

Outros denotam que a relação surge pelo engajamento do trabalhador na empresa, e não por uma livre discussão de cláusulas contratuais.

3.3.4 Elementos constitutivos (caracteres)

Em linhas gerais, o contrato de trabalho possui os seguintes elementos constitutivos: bilateral (sinalagmático), oneroso, comutativo, *intuitu personae*, consensual, de prestações sucessivas ou de execução continuada e subordinação jurídica (dependência hierárquica).

O contrato é bilateral (sinalagmático), eis que as obrigações são recíprocas. O trabalhador presta os serviços, enquanto cabe ao empregador o pagamento dos salários. As prestações devem ser equivalentes.

Como se trata de uma relação, que envolve vantagens e ônus de forma recíproca, temos que é oneroso.

Também é comutativo na medida em que a estimativa da prestação a ser recebida por qualquer das partes é conhecida no momento de sua celebração. O salário é estipulado em função dos serviços contratados. O empregado é contratado para o exercício de uma determinada função, tendo ciência das suas tarefas e encargos. De acordo com o salário e a função contratada, não pode o empregador exigir tarefas que não estejam em sintonia com o que foi avençado.

A relação é pessoal, visto que o empregado não pode se fazer substituir por outra pessoa durante a prestação dos serviços, denotando o caráter de uma obrigação personalíssima. Assevere-se, porém, que o aspecto *intuitu personae* não implica a exclusividade

---

[13] MARANHÃO, Délio et al. Ob. cit., p. 242.

de possuir um único tomador de seus serviços. O trabalhador subordinado pode ter vários empregadores, na medida em que tenha tempo e de acordo com as peculiaridades de cada relação.

É consensual, porque se aperfeiçoa com a mera manifestação da vontade das partes, sem haver a necessidade da entrega de nenhuma coisa. Por outro lado, não é solene, pois não se tem a exigência de forma especial para a sua validade, podendo ser tácito ou expresso, escrito ou verbal.

Como o seu implemento projeta-se no tempo, em parcelas vencidas e vincendas, dado o caráter indeterminado das relações empregatícias, visualiza-se o seu cunho de trato sucessivo.

E, por fim, é subordinado, na medida em que o empregado coloca a sua força de trabalho à disposição do empregador, que o admite, assalaria e dirige a prestação pessoal de serviços.

3.3.5 Morfologia

Em relação à forma (morfologia[14]), o contrato de trabalho pode ser analisado quanto à sua constituição e quanto ao seu prazo de duração.

A constituição do contrato individual de trabalho pode ser tácita ou expressa. A forma expressa pode ser verbal ou escrita.

Quanto ao tempo de duração, pode ser por prazo indeterminado ou determinado.

3.3.5.1 Constituição tácita

Tácita é a constituição do contrato de trabalho sem a exteriorização da vontade. Surge o vínculo de forma espontânea, com a prática de atos que levam à caracterização do trabalho contínuo, subordinado e remunerado.

3.3.5.2 Constituição expressa

Ocorre a constituição expressa do contrato de trabalho quando as partes, de forma inequívoca e literal, manifestam a sua vontade, ou seja: o empregado oferece a sua atividade laboral, e o empregador, o desejo de contratá-lo. Tem-se a vontade externada de forma consciente no sentido de se estabelecer um contrato individual de trabalho.

O modo é expresso quando temos a exteriorização de vontade das partes. Pode ser de forma verbal (por meio de palavras oralmente proferidas) ou por escrito (as palavras são inseridas em um documento).

---

[14] Morfologia: estudo da forma, da configuração, da aparência externa da matéria; estudo da configuração e da estrutura externa de um órgão ou ser vivo (HOUAISS, Antônio; VILLAR, Mauro de Salles; FRANCO, Francisco Manoel de Mello. *Dicionário Houaiss da língua portuguesa*, p. 1961).

3.3.5.3 Constituição por prazo

Quanto à duração, os contratos de trabalho podem ser divididos em contrato por prazo determinado e indeterminado (art. 443, CLT). A regra geral é o contrato por prazo indeterminado.

A celebração do contrato por prazo determinado deve observar as hipóteses e regras legais (art. 443, §§ 1º e 2º). O contrato de trabalho por prazo determinado é aquele cuja vigência dependa de termo prefixado ou da execução de serviços especificados ou ainda da realização de certo acontecimento suscetível de previsão aproximada. É admitido nas seguintes hipóteses: (a) de serviço cuja natureza ou transitoriedade justifique a predeterminação do prazo; (b) de atividades empresariais de caráter transitório; (c) de contrato de experiência.

A Reforma Trabalhista incluiu o § 3º ao art. 443, CLT, estabelecendo, assim, o contrato de trabalho intermitente, ou seja, "o contrato de trabalho no qual a prestação de serviços, com subordinação, não é contínua, ocorrendo com alternância de períodos de prestação de serviços e de inatividade, determinados em horas, dias ou meses, independentemente do tipo de atividade do empregado e do empregador, exceto para os aeronautas, regidos por legislação própria".

A doutrina denomina o contrato de trabalho intermitente como contrato de "zero hora", ou seja, essa modalidade contratual rompe com um dos elementos naturais do contrato de trabalho, que é a predeterminação, quando da contratação, de uma jornada de trabalho, a qual pode ser a tempo integral (art. 7º, XIII, CF) ou a tempo parcial (art. 58-A, CLT), na medida em que o trabalhador intermitente é contratado sem ter direito a uma jornada mensal mínima, podendo ser convocado, a qualquer momento, para a prestação de serviços, sendo que, nos períodos de inatividade, não está à disposição do empregador.

O Capítulo IV da Parte V da presente obra analisa com pormenores os contratos por prazo (determinado e indeterminado), além do contrato de trabalho intermitente.

3.4 FASE PRÉ-CONTRATUAL

Na fase pré-contratual (pré-contrato), existem inúmeras regras que visam à proteção do trabalhador. Como regra geral,[15] é vedado: (a) publicar ou fazer publicar anúncio de emprego no qual haja referência ao sexo, à idade, à cor ou situação familiar, salvo quando a natureza da atividade a ser exercida, pública e notoriamente, assim o exigir; (b)

---

[15] Ressalvadas as disposições legais destinadas a corrigir as distorções que afetam o acesso da mulher ao mercado de trabalho e certas especificidades estabelecidas nos acordos trabalhistas (art. 373-A, *caput*, CLT).
"Parágrafo único. O disposto neste artigo não obsta a adoção de medidas temporárias que visem ao estabelecimento das políticas de igualdade entre homens e mulheres, em particular as que se destinam a corrigir as distorções, que afetam a formação profissional, o acesso ao emprego e as condições gerais de trabalho da mulher."

recusar emprego, promoção ou motivar a dispensa do trabalho em razão de sexo, idade, cor, situação familiar ou estado de gravidez, salvo quando a natureza da atividade seja notória e publicamente incompatível; (c) considerar o sexo, a idade, a cor ou situação familiar como variável determinante para fins de remuneração, formação profissional e oportunidades de ascensão profissional; (d) exigir atestado ou exame, de qualquer natureza, para comprovação de esterilidade ou gravidez, na admissão ou permanência no emprego; (e) impedir o acesso ou adotar critérios subjetivos para deferimento de inscrição ou aprovação em concursos, em empresas privadas, em razão de sexo, idade, cor, situação familiar ou estado de gravidez; (f) proceder o empregador ou preposto a revistas íntimas nas empregadas ou funcionárias.

O art. 442-A, CLT, estabelece que o empregador não poderá exigir do empregado, para fins da sua contratação, experiência prévia por tempo superior a 6 meses no mesmo tipo de atividade.

O dispositivo não trata do contrato de experiência e sim da contratação do trabalhador. A proibição legal aplica-se para qualquer nível de empregados. O objetivo do legislador foi propiciar o acesso dos jovens ao mercado de trabalho.

Apesar da nova regra, o empregador detém o direito da entrevista prévia com o candidato, para fins de aferição das qualidades pessoais e profissionais do trabalhador. A experiência prévia será analisada pelo currículo ou pela anotação na CTPS.

3.5 A POSSIBILIDADE JURÍDICA DA DUALIDADE CONTRATUAL COM O MESMO EMPREGADOR

Será que pode haver entre o empregado e o empregador, simultaneamente, dois contratos de trabalho?

Ressalte-se que é muito incomum se ter a ocorrência formal de dois contratos de trabalho entre as mesmas pessoas.

O que se tem, a bem da verdade, é a constatação informal da dualidade contratual (pela realidade quanto à prestação de serviço), com a anotação de uma única relação de emprego na CTPS do trabalhador.

Na doutrina, há duas correntes: os que negam a possibilidade da dualidade contratual (teoria negativista) e os que a afirmam (teoria afirmativista).

Como adepto da negação quanto à dualidade contratual, Valentin Carrion[16] afirma: *"Nem a doutrina nem a jurisprudência a repelem, é, entretanto, difícil, se não impossível, a acomodação de dois contratos de trabalho diferentes e simultâneos entre as mesmas partes; a pessoalidade e a confiança mútua não permitem a caminhada paralela independente; as violações havidas em um atingiriam o outro; os limites de jornada, e tantos outros institutos trazem inúmeras dificuldades a justificar a rejeição; a propalada dualidade muitas vezes pretende na verdade a redutibilidade da remuneração ou o atentado contra a inalterabilidade do contrato em geral."*

---

[16] CARRION, Valentin. *Comentários à Consolidação das Leis do Trabalho*. 28. ed., p. 270.

Após a transcrição doutrinária, podemos afirmar que para Valentin Carrion seria por demais complexa uma razoabilidade fática para a admissão da existência de dois contratos de trabalho distintos entre as mesmas partes (empregado e empregador).

Apesar de não se opor expressamente à ideia da dualidade, José Serson[17] entende que seria o caso de um único contrato. Justifica a sua posição doutrinária com a teoria do emprego desdobrado, a qual ocorre *"quando o trabalhador, além das horas de expediente efetivo, onde presta serviços decorrentes de sua profissão, exerce alguma outra atividade diferente, em proveito do empregador. Duas são as condições para que se configure o emprego desdobrado: (a) que o serviço não seja o mesmo que a pessoa presta, e continua prestando, em razão do contrato de trabalho original; (b) que o serviço seja prestado fora das horas de expediente. Observando-se o princípio de que todo o dinheiro pago por uma empresa a seus empregados, em razão de serviços prestados, tem caráter salarial, o ganho pelo trabalho no emprego desdobrado deve ser considerado para todos os fins, como, por exemplo, para desconto previdenciário, para depósito do FGTS, para cálculo do repouso remunerado nos domingos e feriados, nas férias, salário-maternidade, 13º, imposto de renda (este dito pelo Parecer Normativo CST nº 12, de 15/5/1981). O contrato de trabalho é um só, porém ele se desdobra num pacto acessório que deve ser lançado na carteira de trabalho e no registro do empregado, como adendo".*

Tarso Fernando Genro[18] afirma que a cumulação de contratos é um tema abordado de forma vacilante e contraditória, contudo, como essência, não se opõe à tese da dualidade contratual: *"Em primeiro lugar, deve ficar bem claro que não há qualquer proibição, não há qualquer norma impeditiva, não há qualquer princípio de direito ou mesmo princípio particular do direito do trabalho, que vede a existência de dupla relação de emprego, ou seja, que as mesmas partes realizem mais de um contrato de trabalho. Assim, aquele professor que é contratado para dar aulas e depois é contratado para secretária da escola, noutro ou num mesmo turno, passar a cuidar do estádio ou o balconista que passa a dormir na loja, para vigiá-la, à noite. A acumulação de empregos é, pois, absolutamente possível com o mesmo empregador. O que é necessário verificar, para concluir pela sua existência, são as características objetivas e subjetivas de cada caso concreto."*[19]

De fato, a nosso ver, a dualidade contratual entre as mesmas partes é possível de se ter. Contudo, a formação de um novo contrato exige a presença de elementos distintos do já existente.

---

[17] SERSON, José. *Curso de rotinas trabalhistas*. 35. ed., p. 54.
[18] "Muitos autores esquecem que na parte geral das suas obras defendem a 'contratualidade da relação de emprego' e, quando examinam a cumulação de contratos, tratam-no como se ele fosse mera relação de vassalagem sem qualquer interferência da subjetividade das partes. Esquecem a 'contratualidade' da relação de emprego. Partem daí de forma caricatural, para a afirmação velada, que a objetividade da relação travada entre as partes não permite o 'duplo contrato'" (GENRO, Tarso Fernando. *Direito individual do trabalho*: uma abordagem crítica, 1985, p. 116).
[19] GENRO, Tarso Fernando. Ob. cit., p. 116.

Tarso Genro[20] assevera: *"A emergência de um novo contrato vem do surgimento de tarefas exigidas de forma ordinária e subordinada, que não tem qualquer relação com o contrato primitivo. É a manifestação de uma relação paralela, que só aproveita os mesmos sujeitos da relação de trabalho anterior, mas não tem nenhuma relação de conteúdo com o pacto originário. Esta relação de emprego, à medida que é reconhecida judicialmente, exige, como decorrência, um arbitramento salarial, mas o arbitramento relaciona-se com outro contrato, sequer é uma extensão do primeiro, ou mesmo outra face das relações determinadas por sua execução."*

Haverá a dualidade de contratos, para Carlos Henrique da Silva Zangrando,[21] *"quando coexistem dois ou mais contratos de trabalho entre um mesmo empregado e um mesmo empregador, simultaneamente. A lei não veda expressamente esta possibilidade. No entanto, além de raríssima, esta situação torna a relação um tanto confusa e perigosa. Admitindo-se a existência de dois contratos concomitantes com o mesmo empregador, estes teriam que ser, necessariamente, para funções diferentes, já que dois contratos para iguais funções transformar-se-iam, na verdade, em um contrato apenas".*

Não podemos confundir a dualidade contratual com o acúmulo de tarefas ou de funções inerentes a um só contrato de trabalho.[22]

Como o contrato de trabalho é sinalagmático e comutativo, para se manter o equilíbrio das prestações contratuais, em caso de acúmulo de tarefas, de desvio de funções ou de salário substituição, nada mais justo que um arbitramento judicial para a recomposição salarial (a aplicação da inteligência do art. 460, CLT, que determina: na falta de estipulação do salário ou não havendo prova sobre a importância ajustada, o empregado terá direito a receber salário igual ao daquele que, na mesma empresa, fizer serviço equivalente, ou do que for habitualmente pago para serviço semelhante).

O reajuste salarial não é decorrência de um novo contrato entre as partes, e sim de uma adequação pela novação objetiva quanto aos serviços originalmente contratados em face de uma nova realidade, que pode implicar: desvio, acúmulo ou substituição.[23]

---

[20] GENRO, Tarso Fernando. Ob. cit., p. 117.
[21] ZANGRANDO, Carlos Henrique da Silva. *Curso de direito do trabalho*, v. 1, p. 637.
[22] "Clóvis C. Salgado ressalta em artigo inteligente que, quando o trabalhador passa a acumular duas funções, dentro da mesma jornada primitiva, 'nessa situação poderia o empregado invocar os artigos 460 e 766, da CLT, e pleitear um arbitramento salarial, em face da manifesta alteração contratual, pena de se possibilitar as mais das vezes, uma vantagem indevida ao empregador, decorrente daquela alteração desacompanhada da indispensável contraprestação'. 'Vantagens indevidas ao empregador'! Eis, na verdade, a chave da questão, tanto para abrir a possibilidade de uma nova relação de emprego, como para buscar um aumento de salário com o correspondente quantitativo devido por um dos polos da relação obrigacional, o empregador, em face do próprio contrato" (GENRO, Tarso Fernando. Ob. cit., p. 116).
[23] Pela jurisprudência dominante do TST, enquanto perdurar a substituição que não tenha caráter meramente eventual, inclusive nas férias, o empregado substituto fará jus ao salário contratual do substituído (Súm. 159, I), contudo, vago o cargo em definitivo, o empregado que passa a ocupá-lo não tem direito a salário igual ao do antecessor (Súm. 159, II).

Para Tarso Genro,[24] o que deve ser ressaltado, *"para que não se caia em confusões, é a diferença existente entre a emergência de um novo contrato de trabalho e a ocorrência de novação objetiva, capaz de proporcionar um arbitramento de salário. Este, na verdade, é um arbitramento de um aumento salarial, que se integra na lógica do próprio contrato de trabalho já existente entre as partes, não gerando outro contrato".*

QUESTIONÁRIO

1. O que representa a relação de emprego?

2. Quais são os elementos da relação de emprego?

3. A relação de emprego corresponde, necessariamente, ao contrato de trabalho?

4. Qual é a importância do dirigismo contratual na relação de emprego?

5. Qual é a origem remota do contrato de trabalho?

6. Explique o conceito do contrato de trabalho.

7. Elucide os caracteres fundamentais do contrato de trabalho.

8. Quais são as formas que o contrato de trabalho pode adotar? Esclareça cada uma dessas formas.

9. É possível a dualidade contratual simultânea entre as mesmas partes (empregador e empregado)? Justifique.

---

[24] GENRO, Tarso Fernando. Ob. cit., p. 117.

Capítulo IV
O CONTRATO DE TRABALHO E OS CONTRATOS AFINS

4.1 INTERESSE DA DISTINÇÃO

A princípio, o interesse da distinção entre o contrato de trabalho e os denominados contratos afins reside na própria origem histórica do contrato de trabalho.

Com a Revolução Francesa, houve a adoção do liberalismo econômico. O contrato de trabalho teve como modelo a *locatio operarum* do Direito Romano.

Além disso, o exame do contrato de trabalho com outras figuras afins se interliga diretamente com a jurisdição da Justiça do Trabalho.

Se houver a constatação de que a relação jurídica reflete a existência de trabalho subordinado, *ipso facto*, aplicam-se as regras concernentes ao contrato individual de trabalho que estão inseridas na CLT e legislação complementar.

Em outra forma de dizer, é importante o exame das figuras afins, pois é necessário, em função de cada caso concreto, analisar, pelas circunstâncias, se há ou não relação jurídica empregatícia, ou seja, contrato de trabalho. O aplicador da lei trabalhista deve conhecer os critérios legais e doutrinários que norteiam o contrato de trabalho e suas figuras afins, para que possa, de forma concreta, estabelecer se é possível ou não a incidência da lei trabalhista no caso concreto.

4.2 CONTRATO DE TRABALHO E A LOCAÇÃO DE SERVIÇOS

Locação, em sentido amplo, representa o contrato em função do qual uma das partes, mediante o pagamento de uma determinada quantia pela outra parte, durante certo lapso temporal, compromete-se com o uso e gozo de uma coisa (locação de coisa), a prestação de um serviço (locação de serviço) ou a execução de um trabalho determinado (empreitada).

Os três tipos de locações derivam, respectivamente, da *locatio rei*, da *locatio operarum* e da *locatio operis faciendi* do Direito Romano.

Possuem os seguintes elementos em comum:

a) a cessão temporária de uso e gozo, sem se ter a transferência do direito de propriedade;

b) a remuneração que, na locação de coisa, é denominada aluguel. Na de serviços, é o salário e, na empreitada, é o preço. Nas duas primeiras, a remuneração é proporcional ao tempo gasto, sendo que, na empreitada, varia de acordo com a obra;
c) todas elas constituem contratos bilaterais, onerosos, comutativos e consensuais; são bilaterais: ambas as partes obrigam-se reciprocamente; onerosos: cada uma delas busca para si a obtenção de determinada vantagem; comutativos: as mútuas vantagens visadas pelos contratantes são equivalentes e conhecidas desde o início do contrato, e consensuais, porque não dependem de forma especial, salvo em casos muito particulares.

A locação de serviços é regida pelo Código Civil (arts. 593 e segs.).

A locação de serviços é um contrato pelo qual o locador compromete-se a prestar certos serviços, sendo que a outra parte, no caso o locatário, obriga-se a remunerar. O primeiro possui uma obrigação de fazer, a qual se contrapõe a uma obrigação de dar, por parte do segundo.

O contrato de trabalho é uma relação jurídica, na qual o empregador admite, assalaria e dirige a prestação de serviços do empregado. Como a locação de serviços, também é um contrato bilateral, oneroso, comutativo e consensual.

Porém, possui elementos distintos da locação de serviços:

a) o contrato de trabalho pressupõe o trabalho subordinado, ou seja, o empregado coloca a sua força de trabalho à disposição do empregador, sujeitando-se ao poder diretivo, o que já não ocorre na locação de serviços;
b) o contrato de trabalho gera para o empregado uma obrigação personalíssima, enquanto, na locação de serviços, o mesmo não ocorre, podendo o prestador ser pessoa natural como jurídica.

Mauricio Godinho Delgado[1] afirma que a *"diferença essencial a afastar as duas figuras é a dicotomia autonomia versus subordinação. A prestação de serviços abrange, necessariamente, prestações laborais autônomas, ao passo que o contrato empregatício abrange, necessariamente, prestações laborais subordinadas. As duas figuras, como se sabe, manifestam-se no tocante ao modo de prestação dos serviços e não no tocante à pessoa do trabalhador. Autonomia laborativa consiste na preservação, pelo trabalhador, da direção cotidiana sobre sua prestação de serviços; subordinação laborativa, ao contrário, consiste na concentração, no tomador de serviços, da direção cotidiana sobre a prestação efetuada pelo trabalhador".*

---

[1] DELGADO, Mauricio Godinho. *Curso de direito do trabalho.* 5. ed., p. 583.

4.3 CONTRATO DE TRABALHO E A EMPREITADA

4.3.1 Conceito de empreitada

O termo "empreitada" deriva do latim *placitum*, expressando homenagem, sujeição, dependência.

Empreitada é o contrato em que uma das partes se propõe a fazer ou a mandar fazer certa obra, mediante remuneração determinada ou proporcional ao serviço executado. É a *locatio operis faciendi* do Direito Romano.

O objetivo da empreitada é a entrega de uma obra mediante o pagamento de um preço.

A figura da empreitada tem traços com a locação de serviços. Os pontos de convergência repousam na prestação de serviços, entretanto, na empreitada, os serviços são braçais e, na segunda, os serviços são mais intelectuais. As duas figuras envolvem a autonomia na prestação dos serviços, mas, na empreitada, o que se contrata é a atividade autônoma (empreitada de mão de obra) ou um resultado (empreitada de obra), enquanto, na locação de serviços, o que se contrata é a prestação de uma atividade profissional. Exemplos: (a) locação de serviços entre o advogado e seu cliente; entre o médico e seu paciente; entre o dentista e seu paciente; entre o engenheiro e o dono da obra; (b) empreitada quando se contrata um construtor para a edificação de um imóvel, no qual poderá fornecer tanto a mão de obra como os materiais ou somente a mão de obra.

Na empreitada não há a subordinação, e sim a autonomia na prestação de serviços. Já no contrato de trabalho temos a presença da subordinação, isto é, a figura do empregador admitindo, remunerando e dirigindo a prestação de serviços. Na empreitada, o risco da atividade econômica é do prestador de serviços, ao contrário do contrato de trabalho, no qual é do empregador.

A distinção ocorre pelos sujeitos e pelo objeto. Na empreitada, o sujeito pode ser pessoa natural ou jurídica, o que já não ocorre com o contrato de trabalho, em que o empregado sujeita-se ao poder diretivo do empregador, constituindo-se em uma obrigação personalíssima. O objeto do contrato de trabalho é um contrato de atividade, na medida em que o empregador exerce um poder de direção sobre a atividade do trabalhador. Já no contrato de empreitada o que se pretende é a obra, isto é, o seu objeto é o resultado do trabalho.

4.3.2 Empreiteiro – operário ou artífice

Empreiteiro (operário ou artífice) sintetiza os pequenos prestadores de serviços, os quais são pessoas naturais que, trabalhando de forma isolada para terceiros, prestam pequenos serviços em troca de pequenos valores, pagos de uma forma única ou em parcelas. É o caso de um pedreiro que reforma uma casa, de um pintor que pinta alguns cômodos de uma residência etc.

Assim, apesar de não haver um critério legal, podemos pensar em 2 elementos para caracterização do pequeno empreiteiro: quantidade de trabalhadores envolvidos (3 ou 4 pessoas); lapso temporal curto (2 ou 3 meses).

O empreiteiro é um profissional de maior quilate e que loca a sua atividade para outras pessoas, fornecendo a mão de obra e os materiais ou somente a mão de obra. O empreiteiro geralmente possui uma equipe de trabalhadores que são seus empregados.

Entre o empreiteiro e o seu contratante temos um contrato de empreitada, mas, entre aquele e seus auxiliares, temos vários contratos individuais de trabalho. No caso de divergência entre o dono da obra e o empreiteiro, a competência para dirimir a questão é da Justiça Comum. Entre o empreiteiro e seus auxiliares, a competência é da Justiça do Trabalho.

Para a proteção do pequeno empreiteiro, tem-se a possibilidade de uma demanda judicial na Justiça do Trabalho, onde não se terá a solicitação de verbas trabalhistas e sim o saldo da pequena empreitada (valores não pagos em função dos serviços prestados (art. 652, *a*, III, CLT).

4.3.3 Empreitada e subempreitada

A subempreitada ocorre quando o empreiteiro, para o cumprimento de suas obrigações, efetua a contratação de outros empreiteiros (o que é comum no ramo da construção civil). É um ajuste regulado pelo Direito Civil, como também ocorre entre o empreiteiro e o dono da obra.

A subempreitada, aduz Mozart Victor Russomano,[2] *"nada mais é que uma espécie do contrato de empreitada. Uma ou várias empreitadas se repetem dentro da empreitada principal. A subempreitada é conhecida como contrato de* marchandage, *e o subempreiteiro é o* marchandeur. *Exige-se, por isso, para a subempreitada, a reunião de três partes contratantes: (a) o empreiteiro principal; (b) o* marchandeur; *(c) os operários ou artífices que executam o trabalho".*

Preleciona Valentin Carrion:[3] *"Na subempreitada, quem se comprometeu a efetuar certa obra a repassa a alguém para que este a execute parcial ou totalmente; assim procede a empresa construtora de todo um edifício, quando subcontrata a carpintaria ou a eletricidade; na autêntica subempreitada, existe do lado subcontratado um empreendedor, uma empresa (mesmo informal e sem personalidade jurídica) que desenvolve a atividade pactuada com ordens próprias, iniciativa e autonomia. Na locação de mão de obra e na falsa empreitada, quem angaria trabalhadores os coloca simplesmente (ou quase) à disposição de um empresário, de quem recebem as ordens com quem se relacionam constante e diretamente, inserindo-se no meio empresarial do tomador do serviço, muito mais do que no de quem o contratou e o remunera; o locador é apenas um intermediário que se intromete entre ambos, comprometendo o relacionamento direto entre o empregado e seu patrão natural; em seu grau mais extremo, quando, sem mais, apenas avilta o salário do trabalhador e lucra o intermediário (Camerlynck, 'Le contrat') é a figura do* marchandage, *com suas características mais ou menos nítidas e que é proibida em vários países (França,*

---

[2] RUSSOMANO, Mozart Victor. *Comentários à CLT.* 11. ed., p. 434.
[3] CARRION, Valentin. *Comentários à Consolidação das Leis do Trabalho.* 28. ed., p. 292.

México etc.) e até punida criminalmente (art. 43, da L. 8/80, Estatuto de Los Trabajadores, da Espanha). A caracterização desta anomalia depende das circunstâncias: menor atuação do locador e o longo tempo da locação, sua constância, habitualidade e exclusividade. Pode ocorrer no âmbito urbano e no rural (empreiteiros, gatos, com os 'volantes' e outras figuras). O reconhecimento da responsabilidade solidária ou subsidiária e a correção da titularidade empresarial da relação empregatícia são as formas judiciárias de sanar o defeito; a empreitada real não é simples locação, porque o subempreiteiro, ou mesmo empreiteiro, tem atividade, apenas torna responsável o empreiteiro quando do inadimplemento das obrigações (CLT, art. 455). Nos demais casos, a sentença poderá condenar ambos empresários solidariamente: (a) declarando ou não a existência de vínculo empregatício com o tomador de serviço; (b) conferindo ao trabalhador os direitos mais benéficos, da categoria do tomador ou do locador, quanto à jornada de trabalho, salário normativo etc. A fundamentação legal para assim proceder está na fraude que obsta direitos laborais (CLT, art. 9º), ajustes entre empregadores que prejudicam o trabalhador (figura do grupo econômico, CLT, art. 2º, § 2º), no conceito de empregador (assume, admite, assalaria e dirige a prestação pessoal de serviços; CLT, art. 2º) e nos princípios do direito do trabalho (integração do trabalhador na empresa)."

O empreiteiro, para o desempenho de suas obrigações, pode contratar empregados ou celebrar com outros empreiteiros o contrato de subempreitada. O subempreiteiro também contrata para o cumprimento de seu contrato vários empregados. As controvérsias do subempreiteiro com os seus empregados serão dirimidas pela Justiça do Trabalho.

As controvérsias entre o empreiteiro e o subempreiteiro, bem como entre o dono da obra e o empreiteiro, devem ser dirimidas perante a Justiça Comum.

4.3.4 A responsabilidade do empreiteiro

A respeito da responsabilidade trabalhista do empreiteiro, o art. 455, CLT, enuncia: "Nos contratos de subempreitada responderá o subempreiteiro pelas obrigações derivadas do contrato de trabalho que celebrar, cabendo, todavia, aos empregados, o direito de reclamação contra o empreiteiro principal pelo inadimplemento daquelas obrigações por parte do primeiro. Parágrafo único. Ao empreiteiro principal fica ressalvada, nos termos da lei civil, ação regressiva contra o subempreiteiro e a retenção de importâncias a este devidas, para a garantia das obrigações previstas neste artigo."

O empreiteiro assume os riscos quanto à realização da obra. Ao efetuar a contratação de um subempreiteiro, também está assumindo os riscos das obrigações trabalhistas dos seus empregados. Trata-se de uma obrigação imposta pela lei (art. 455). Se as obrigações trabalhistas dos empregados do subempreiteiro não são adimplidas, terão estes o direito de ação contra o empreiteiro.

Em face do que dispõe o art. 455, para se evitar futuras demandas, deve o empreiteiro fiscalizar o subempreiteiro, tanto no registro de seus empregados como no pagamento dos direitos trabalhistas. Se assim não o faz, responde pela sua incúria a título de culpa *in vigilando* e *in eligendo*.

É inegável a responsabilidade do empreiteiro em face das obrigações trabalhistas contraídas pelo subempreiteiro.

4.3.4.1 A responsabilidade do empreiteiro é solidária ou subsidiária?

Vamos diferenciar os dois tipos de responsabilidade: a solidária e a subsidiária.

Como sabemos, a solidariedade não se presume: resulta da lei ou da vontade das partes. Há a responsabilidade solidária quando na mesma obrigação concorre mais de um credor, ou mais de um devedor, cada um com direito, ou obrigado à dívida toda (art. 265, CC).

O vínculo obrigacional, geralmente, parte-se em tantas relações jurídicas autônomas quantos forem os credores ou devedores.

Porém, tal princípio sofre exceções quando se tem a indivisibilidade do objeto ou ocorre a solidariedade. Em vez de a obrigação dividir-se em tantos quantos forem os sujeitos, ela continua solidificada em um todo, podendo cada um dos: (a) credores exigir do devedor comum a totalidade da prestação: (a) devedores pagar ao credor comum a dívida por inteiro. Pode ser ativa (vários credores), passiva (vários devedores) ou mista (credores e devedores de forma recíproca).

O traço marcante é que a prestação pode ser exigida de forma integral. Em função desse traço é que a solidariedade não se presume. Deriva da lei ou do ajuste das partes. É legal ou convencional (art. 265, CC).

Por sua vez, a subsidiariedade expressa a reserva ou reforço; o que surge em segundo plano, como forma de auxílio ou suplemento à obrigação principal.

A responsabilidade subsidiária denota uma ampliação da garantia dada ao credor. Se o devedor principal não tiver condições de efetuar o adimplemento de suas obrigações, poderá o credor solicitá-las do devedor subsidiário.

Trata-se de uma responsabilidade residual, devendo o credor acionar o devedor principal e, se o mesmo for inadimplente, será exigida a dívida do devedor subsidiário.

A doutrina não é pacífica quanto ao tipo da responsabilidade do empreiteiro principal em relação aos créditos trabalhistas do subempreiteiro – solidária ou subsidiária.

Abordando a questão da responsabilidade do empreiteiro como solidária, José Luiz Ferreira Prunes[4] afirma: *"A responsabilidade do subempreiteiro é exigível do empreiteiro, mas é este último quem responde ao dono da obra. Por outro lado, como fato necessário à compreensão do problema, é de se afirmar que na maior parte das vezes a empreitada subentende a contratação de empregados ou de subempreiteiros. São notórias as obras de engenharia, hoje gigantescas, que exigem até um grande encadeamento de subempreitadas e de empregados vinculados a subempreiteiros. Ao dono da obra interessa o resultado, pagando em princípio, além do valor dos salários dos trabalhadores, a administração da obra e ainda propiciando lucro ao realizador. Alguém assume esta responsabilidade, contando com os*

---

[4] PRUNES, José Luiz Ferreira. *Terceirização do trabalho,* p. 319.

lucros, arcando com os riscos, formando uma empresa e se investindo de empresário. Este e somente este, se tiver empregados, responde pelas obrigações trabalhistas. O relacionamento entre o dono da obra e o empreiteiro é tipicamente de Direito Civil, com transmissão contratual das obrigações e em situação prevista e aprovada pela lei. O empreiteiro, se contrata subempreiteiros, também a estes se vincula por Direito Civil. E tantas outras subempreiteiras poderão ser pactuadas quando desejarem as partes e forem necessárias à obra. Sempre dentro do campo do Direito Civil. Contudo, no momento em que um dos empreiteiros ou subempreiteiros ajustarem empregados, haverá responsabilidade solidária."

Mozart Victor Russomano[5] entende que o art. 455 da CLT deriva do caráter protetivo do Direito do Trabalho, adotando a responsabilidade solidária do empreiteiro: *"Dessa maneira, a garantia econômica dos direitos do empregado não pode ficar entregue à eventual inidoneidade econômica dos subempreiteiros. Por isso, o legislador responsabilizou o subempreiteiro – legítimo empregador – pelos direitos dos seus trabalhadores, mas transformou em responsável solidário por esses mesmos direitos o empreiteiro principal, que é, geralmente, o que possui maiores recursos para pagar tudo quanto seja devido ao empregado."*

Como adepto da responsabilidade subsidiária do empreiteiro, Mauricio Godinho Delgado[6] ensina: *"A doutrina e a jurisprudência tendiam a considerar a responsabilidade imputada ao empreiteiro principal como solidária. Por força dessa interpretação (responsabilidade solidária criada por lei: arts. 896, CC, e 455, CLT), consideravam desnecessária a prova de fraude ou insolvência do subempreiteiro para acionar-se o empreiteiro principal. Hoje, contudo, a partir da uniformização jurisprudencial sedimentada pelo Enunciado 331, IV, do TST, engloba-se também a situação aventada pelo art. 455 da CLT no cenário jurídico geral da terceirização, passando-se a considerar como subsidiária a responsabilidade do empreiteiro principal em casos de subempreitada. A responsabilidade subsidiária em exame, como se sabe, é também objetiva; isso significa ser desnecessário realizar-se prova de fraude ou insolvência do subempreiteiro para acionar-se o empreiteiro principal."*

Délio Maranhão[7] também entende que *"o empreiteiro principal responderá apenas subsidiariamente pelas obrigações assumidas pelo subempreiteiro, na forma do citado art. 455".*

Após o exame da matéria pelos prismas doutrinário e jurisprudencial, devemos declinar as nossas conclusões a respeito da responsabilidade do empreiteiro principal.

A análise do art. 455 da CLT não nos autoriza a dizer que a responsabilidade do empreiteiro principal seja solidária. Pela leitura do citado dispositivo, o responsável principal pelas obrigações trabalhistas dos seus empregados é o subempreiteiro. Porém, em função da natureza tutelar do Direito do Trabalho, no caso de o subempreiteiro mostrar-se inadimplente, os seus empregados terão direito de acionar o empreiteiro para exigir os

---

[5] RUSSOMANO, Mozart Victor. Ob. cit., p. 434.
[6] DELGADO, Mauricio Godinho. *Introdução ao direito do trabalho.* 2. ed., p. 367.
[7] MARANHÃO, Délio; SÜSSEKIND, Arnaldo; VIANNA, Segadas; TEIXEIRA FILHO, João de Lima. *Instituições de direito do trabalho.* 19. ed., v. 1, p. 275.

seus direitos. Claro está que, nesta última hipótese, de acordo com o parágrafo único do art. 455, o empreiteiro terá direito de regresso contra o subempreiteiro.

Como a responsabilização do empreiteiro principal é subsidiária, o autor deverá constar do polo passivo e não só o efetivo empregador, ou subempreiteiro, como também o empreiteiro principal. Nessa ótica, Mauricio Godinho Delgado:[8] *"Deve o autor requerer, portanto, ao mesmo tempo, a citação do devedor originário (subempreiteiro) e do empreiteiro principal, para não configurar cerceamento à defesa (art. 5º, LV, Constituição da República). Essa conduta processual já está classicamente sedimentada na jurisprudência trabalhista (a respeito, ver conduta processual exposta nos Enunciados 205 e 331, IV, TST)."*

Para outros doutrinadores, as ações podem ser interpostas somente contra o empreiteiro ou o subempreiteiro. Também podem ser ajuizadas contra os dois. Como adepta dessa posição, Ísis de Almeida[9] preleciona: *"Quando há relação de emprego de trabalhadores com subempreiteiros, e este não tem condição econômica e financeira, ou qualificação profissional para responsabilizar-se pelo vínculo e ônus decorrentes, o empreiteiro principal, o dono da obra ou do serviço torna-se o empregador responsável, podendo os empregados reclamar na Justiça: (a) contra o subempreiteiro, e ser chamado a integrar a lide o empreiteiro principal; (b) diretamente contra este; (c) contra os dois, uma vez que, no caso, se tornam solidariamente responsáveis."*

No mesmo sentido, Russomano:[10] *"Embora o empreiteiro principal e o subempreiteiro sejam declarados, em lei, devedores solidários, a lógica indica haver um benefício de ordem em favor do primeiro. Dessa forma, a reclamação deve ser dirigida, diretamente, contra o subempreiteiro, que poderá chamar o empreiteiro principal à autoria; ou, simultaneamente, contra ambos, o que é altamente recomendável. Não será, porém, possível dirigir-se a reclamatória, de imediato, contra o empreiteiro principal, pois este pode desconhecer, totalmente, o caso concreto, não possuindo elementos para a sua defesa e ficando à mercê das alegações da parte contrária. Em qualquer caso, sempre que os recursos do subempreiteiro forem insuficientes, o empreiteiro principal pagará aos empregados tudo quanto lhes seja devido, entretanto, para se ressarcir do dano sofrido pela conduta do subempreiteiro, poderá reter o pagamento daquilo que lhe deva por força do contrato celebrado entre ambos. E, se nada mais dever ao subempreiteiro, restará ao empreiteiro principal o último recurso da ação regressiva contra ele, que se fará nos termos da lei civil (art. 455, parágrafo único) – circunstância que revela, mais uma vez, que a Consolidação não identifica, em caso algum, o contrato de empreitada com o contrato de trabalho."*

4.3.5 A responsabilidade do dono da obra e o art. 455 da CLT

Encontramos na doutrina duas correntes opostas no que se refere à responsabilidade do dono da obra e à inadimplência dos créditos trabalhistas.

---

[8] DELGADO, Mauricio Godinho. Ob. cit., p. 368.
[9] ALMEIDA, Ísis de. *Manual de direito individual do trabalho*, p. 129.
[10] RUSSOMANO, Mozart Victor. Ob. cit., p. 434.

A primeira equipara o dono da obra à figura do empreiteiro principal, logo, haveria a responsabilidade solidária ou subsidiária.

A segunda afirma ser inaplicável o art. 455 da CLT para justificar a responsabilidade solidária ou subsidiária do dono da obra quando o empreiteiro ou o subempreiteiro não quita os direitos trabalhistas de seus empregados.

Discorre sobre a matéria Valentin Carrion:[11] *"Esboça-se tendência no sentido de atribuir as responsabilidades trabalhistas ao dono da obra que contrata o trabalho diretamente e de responsabilizá-lo, subsidiariamente, no caso de insolvência do empreiteiro; a tendência é estimulada pela longa permanência dos trabalhadores na construção, pela frequência com que a atividade tem caráter lucrativo (venda ou locação) e mesmo comercial não declarado (o que só a longo prazo será apurado) e pela responsabilidade solidária das obrigações previdenciárias atribuídas ao proprietário, incorporador, dono de obra ou condômino de unidade imobiliária (Lei de Custeio da Previdência, L. 8.212/91, arts. 42 e segs.). A maior parte dos autores afasta a responsabilidade do proprietário (Russomano, Curso; Catharino, Compêndio universitário), o que na hipótese de atividade não lucrativa se justifica. Textualmente, o legislador não agasalha essa tendência protecionista; assim se vê na lei de indenizações por parte do construtor (somente quando exerce a atividade em caráter permanente, L. 2.959/56). Por isso, se é compreensível a extensão do princípio por razões sociais, estas mesmas razões devem impor cautela ao juiz, para não atingir particulares que constroem seu próprio domicílio sem poder econômico; avaliar o tempo transcorrido e as demais circunstâncias, a fim de não transformar sua hermenêutica em ignomínia de outras humildes famílias pelos ônus desproporcionais que podem resultar (previdência, FGTS, PIS etc.)."*

Adepto da primeira corrente, tem-se a opinião de Ísis de Almeida,[12] a qual afirma: *"Excluir, pura e simplesmente, o chamado 'dono da obra' da responsabilidade, quando não ocorresse fraude, vício sempre difícil de se comprovar, seria estimular justamente a prática de fraudes, simulações etc., em prejuízo do trabalhador. Ou, mesmo admitindo a boa-fé do dono da obra, seria propiciar, a este, a negligência na escolha do seu construtor, ou na procura de mão de obra de custo inferior, pela baixa categoria do intermediário, à custa do prejuízo do operário."*

Justificando sua posição, Ísis de Almeida declina o art. 30, VI, Lei 8.212/91 (Lei de Custeio da Seguridade Social), o qual estabelece a responsabilidade solidária quanto à contribuição previdenciária nos seguintes termos: *"O proprietário, o incorporador definido na Lei nº 4.591, de 16/12/1964, o dono da obra ou o condômino da unidade imobiliária, qualquer que seja a forma de contratação da construção, reforma ou acréscimo, são solidários com o construtor, e estes com a subempreiteira, pelo cumprimento das obrigações para com a Seguridade Social, ressalvados o seu direito regressivo contra o executor ou contratante da obra e admitida a retenção de importância a este devida para garantia do cumprimento dessas obrigações, não se aplicando, em qualquer hipótese, o benefício de ordem."*

---

[11] CARRION, Valentin. Ob. cit., p. 29.
[12] ALMEIDA, Ísis de. Ob. cit., p. 130.

Defensor da segunda corrente, José Luiz Ferreira Prunes[13] enuncia: "*A nossa legislação dá responsabilidade solidária entre os empreiteiros, mas entendemos que não leva a responsabilidade até o dono da obra. Este não é mencionado no art. 455 da CLT. Note-se que seu relacionamento com o empreiteiro é decorrente da situação prevista no Código Civil, onde não assume riscos da realização da obra. O empreiteiro, este sim, assume os riscos todos das empreitadas e, por força de lei, também responde pelas obrigações trabalhistas contraídas pelos subempreiteiros. Apenas para fins de previdência social o dono da obra responde pelas contribuições previdenciárias sobre os trabalhadores e os construtores.*"

Mauricio Godinho Delgado,[14] ao discorrer sobre a temática da responsabilização do dono da obra, coloca duas situações distintas: (a) não se justifica a responsabilidade quando "*o tomador de serviços se tenha valido esporadicamente ou por curto período da prestação de serviços pactuada perante o empreiteiro e subempreiteiro e, preferivelmente, como instrumento de produção de mero valor de uso*"; (b) tem-se a responsabilidade, quando for o caso de "*contratos de empreitada ou prestação de serviços entre duas empresas, em que a dona da obra (ou tomadora de serviços) necessariamente tenha de realizar tais empreendimentos, mesmo que estes assumam caráter infraestrutural e de mero apoio à sua dinâmica normal de funcionamento. Em tais situações parece clara a responsabilização subsidiária da dona da obra (ou tomadora dos serviços) pelas verbas laborais contratadas pela empresa executora da obra ou serviços. [...] A responsabilização do dono da obra ou tomador dos serviços, em tais casos, derivaria de três aspectos normativos apreendidos na ordem trabalhista: em primeiro lugar, a importância (e efeitos) da noção de risco empresarial, no Direito do Trabalho; em segundo lugar, a assimilação justrabalhista do conceito civilista de abuso do direito; finalmente, em terceiro lugar, as repercussões do critério de hierarquia normativa imperante no universo do direito, em especial no Direito do Trabalho*".

Francisco Antonio de Oliveira[15] afirma que não é justo para o trabalhador não ter a responsabilidade do dono da obra, independentemente de ser construtora ou incorporadora: "*Quando constrói a sua própria residência, o dono da obra não poderá assumir a relação de empregador, posto que não explora o ramo de construção. Mas a sua presença como responsável solidário é inarredável, pois o seu patrimônio foi enriquecido com o esforço físico do trabalhador. E ele, dono da obra, agiu com culpa, repita-se, ao contratar empreiteiro irresponsável. Por outro lado, a situação do trabalhador entre o dono da obra e o empreiteiro é de res inter alios. O trabalhador não corre o risco de nenhum empreendimento, mesmo porque jamais participaria de qualquer lucro. O único pecado do trabalhador foi entregar a sua força de trabalho a empreiteiro irresponsável. Não pode, pois, ser castigado por isso. A orientação deve ser repensada, pois que levará a situação sumamente injusta. E, nas lições de Couture, 'entre a legalidade e a justiça,*

---

[13] PRUNES, José Luiz Ferreira. Ob. cit., p. 321.
[14] DELGADO, Mauricio Godinho. Ob. cit., p. 370.
[15] OLIVEIRA, Francisco Antonio de. *Comentários aos precedentes normativos e às orientações jurisprudenciais do TST*. 2. ed., p. 332.

prefira a justiça'. Esse também é o direcionamento colhido na teoria da tridimensionalidade (fato, valor e norma). A realidade é que deve superar o enquadramento do ato diante da ausência de norma expressa."

Em nossa visão o dono da obra ou tomador dos serviços não deve ser responsabilizado pelas obrigações trabalhistas do empreiteiro e subempreiteiro, exceto quando os serviços tomados sejam necessários para o desempenho da atividade econômica no âmbito da construção civil.

Como exemplos, temos as situações nas quais pessoas físicas e jurídicas contratam serviços de ampliação ou de reformas de suas propriedades. Por outro lado, não se terá a exclusão da responsabilidade quando o tomador dos serviços atua no ramo da construção civil, como as empresas construtoras ou incorporadoras.

A jurisprudência atual do TST é no sentido de que o art. 455 da CLT não deve ser aplicável ao dono da obra ou tomador dos serviços, exceto se a obra é um desdobramento da sua atividade econômica no campo da construção civil.

Nesse sentido, o TST, por meio da OJ 191, SDI-I, estabeleceu: *"Diante da inexistência de previsão legal específica, o contrato de empreitada de construção civil entre o dono da obra e o empreiteiro não enseja responsabilidade solidária ou subsidiária nas obrigações trabalhistas contraídas pelo empreiteiro, salvo sendo o dono da obra uma empresa construtora ou incorporadora."*

No IRR 190.53.2015.5.03.0090, a SDI-I do TST acolheu as seguintes teses jurídicas, as quais estão em plena sintonia com o teor da OJ 191:

1ª) a exclusão de responsabilidade solidária ou subsidiária por obrigação trabalhista, a que se refere a Orientação Jurisprudencial nº 191 da SbDI-1 do TST, não se restringe a pessoa física ou micro e pequenas empresas. Compreende igualmente empresas de médio e grande porte e entes públicos;

2ª) a excepcional responsabilidade por obrigações trabalhistas, prevista na parte final da Orientação Jurisprudencial nº 191 da SbDI-1 do TST, por aplicação analógica do artigo 455 da CLT, alcança os casos em que o dono da obra de construção civil é construtor ou incorporador e, portanto, desenvolve a mesma atividade econômica do empreiteiro;

3ª) não é compatível com a diretriz sufragada na Orientação Jurisprudencial nº 191 da SbDI-1 do TST jurisprudência de Tribunal Regional do Trabalho que amplia a responsabilidade trabalhista do dono da obra, excepcionando apenas "a pessoa física ou micro e pequenas empresas, na forma da lei, que não exerçam atividade econômica vinculada ao objeto contratado".

De forma inovadora, também no IRR 190.53.2015.5.03.0090, a SDI-I do TST deliberou que o dono da obra, independentemente, de ser empresa construtora ou incorporadora, por aplicação analógica do art. 455, CLT, tem responsabilidade subsidiária em relação aos direitos trabalhistas dos empregados do empreiteiro, quando este não tiver idoneidade econômico-financeira. Essa inovação, segundo as razões do IRR, não se aplica ao ente público da Administração direta e indireta, ante os termos do art. 71, § 1º, da Lei 8.666/93, o qual se exige a demonstração da culpa do contratante (ADC 16 e o RE 766091).

4.3.6 A responsabilidade do dono da obra e atividade-fim

Há casos de relações comerciais entre o dono da obra e a empresa prestadora, cujo objeto contratual é a prestação de serviços para a construção de obras, as quais são necessárias pela empresa tomadora (= dono da obra) para a consecução do seu objetivo social.

Apesar das teses jurídicas oriundas do IRR 190.53.2015.5.03.0090, não se deve confundir empreitada de obra com empreitada de serviço.

A empreitada de obra resultaria na aplicação do entendimento consolidado na OJ 191 da SDI-I do TST, contudo, o mesmo não se pode afirmar quanto à empreitada de serviço.

A OJ 191 tem como escopo proteger aquele que contrata trabalhadores para obras certas e de curta ou média duração, o que não abrange as hipóteses em que, além do longo tempo de duração do contrato, as atividades contratadas são inerentes à manutenção de instalações e dos equipamentos.

Por tais circunstâncias, a contratante não pode ser considerada dona da obra, aplicando-se, assim, o disposto na Súmula 331, TST. Casos análogos já foram debatidos em outras oportunidades pelo TST.[16]

4.3.7 A responsabilidade do dono da obra ou tomador de serviço pelo acidente de trabalho

Acatamos a posição adotada pelo C. TST (OJ 191) no sentido de que o dono da obra ou tomador dos serviços não deve ser responsabilizado pelas obrigações trabalhistas do empreiteiro e subempreiteiro, exceto quando os serviços tomados sejam necessários para o desempenho da atividade econômica no âmbito da construção civil.

A isenção de responsabilidade da dona da obra contida na OJ 191 é uma exceção à regra geral da responsabilização e, assim, deve ser interpretada de maneira restritiva, impondo-se o afastamento da responsabilidade do dono da obra somente em relação aos débitos trabalhistas em sentido estrito. Conclui-se, pois, que a OJ é inaplicável ao dono da obra, quando se tratar de acidente de trabalho e a responsabilidade civil dele decorrente.

O art. 942, CC, prevê a responsabilidade solidária daqueles que participam do ato ilícito, conceito este que abrange o descumprimento das normas de Direito do Trabalho.

De forma permanente, impõe-se à empresa, na qualidade de empregadora ou de tomadora da mão de obra, a obrigação de diligenciar, para que as atividades exercidas pelo trabalhador sejam realizadas sob condições adequadas e com o fornecimento de equipamentos, individuais e coletivos de proteção, por meio dos quais seja possibilitado o afastamento ou minimização do risco de acidentes.

---

[16] TST – 1ª T. – Ag-AIRR 264-16.2013.5.09.0671 – Rel. Min. Walmir Oliveira da Costa – *DEJT* 16/10/2015.
TST – 1ª T. – AIRR 403-39.2012.5.02.0075 – Relª Des. Conv. Luíza Aparecida Oliveira Lomba – *DEJT* 19/6/2015.
TST – 3ª T. – AIRR 795-80.2010.5.05.0134 – Rel. Min. Alexandre de Souza Agra Belmonte – *DEJT* 8/8/2014.

Portanto, havendo ato ilícito (= acidente de trabalho), justifica-se a responsabilização imputada à tomadora dos serviços.

As empresas (tomadora e prestadora) são corresponsáveis pelas lesões sofridas pelo trabalhador no curso da contratação, e como tal, por expressa previsão legal, são solidariamente responsáveis pela reparação (art. 942, CC).

Nem poderia ser de forma diversa, pois do contrário, estar-se-ia beneficiando o infrator, pondo-se em risco a efetividade do direito material conferido à parte lesada.

Ademais, não se pode perder de vista, ainda, o princípio da proteção ao trabalhador, consagrado na Constituição Federal, pelo art. 1º, IV, quando declara que a República Federativa do Brasil tem como norte, dentre outros, o valor social do trabalho, estabelecendo no art. 170 que a ordem econômica está assentada na valorização do trabalho humano. Nesse sentido, há julgados do TST.[17]

No RE 828040, em 10/2/2017, o STF deliberou pela existência de repercussão geral quanto à responsabilidade subsidiária da empresa tomadora pelas lesões sofridas por um trabalhador num acidente do trabalho, sendo que o fundamento da decisão do TST é a aplicação da Sumula 331, IV (5ª T. – ARR – 438-80.2010.5.24.0002 – Rel. Min. João Batista Brito Pereira – j, 22/5/2013). Vale dizer, a discussão está lastreada na argumentação se o tomador de serviços pode ser responsabilizado pelo acidente de trabalho, sem que haja culpa ou dolo.

Por outro lado, em 7/10/2016, no RE 828.075, o STF deliberou pela tese de que: *"Não tem repercussão geral a controvérsia relativa à natureza da responsabilidade civil de empresa prestadora de serviços públicos por dano moral ou material causado ao empregado em virtude do exercício de atividade profissional de risco".*

4.4 CONTRATO DE TRABALHO E REPRESENTAÇÃO COMERCIAL

Exerce a representação comercial[18] autônoma a pessoa jurídica ou a pessoa natural, sem relação de emprego, que desempenha, em caráter não eventual por conta de uma ou mais pessoas, a mediação para a realização de negócios mercantis, agenciando propostas ou pedidos, para transmiti-los aos representados, praticando ou não atos relacionados

---

[17] TST – SDI-I – E-RR 240-03.2012.5.04.0011 – Rel. Min. João Oreste Dalazen – *DEJT* 27/11/2015.
TST – 3ª T. – RR 176985-63.2006.5.12.0029 – Rel. Min. Mauricio Godinho Delgado – *DEJT* 22/11/2013.
TST – 6ª T. – RR 133500-73.2008.5.04.0511 – Rel. Min. Aloysio Corrêa da Veiga – *DEJT* 23/3/2012.

[18] O contrato de representação comercial autônoma é tratado pelo novo Código Civil, nos arts. 710 a 721, com o título de agência e distribuição. Pelo contrato de agência, uma pessoa assume, em caráter não eventual e sem vínculos de dependência, a obrigação de promover, por conta própria, mediante retribuição, a realização de certos negócios, em zona determinada, caracterizando-se a distribuição quando o agente tiver à sua disposição a coisa a ser negociada (art. 710). "A normatização promovida pelo novo CCB, entretanto, não altera a estrutura operativa do instituto jurídico, que se rege, também, naquilo que permanecer compatível, pela antiga Lei nº 4.886 (art. 721, *in fine*, CCB/2002)" (DELGADO, Mauricio Godinho. Ob. cit., p. 594).

com a execução dos negócios. Quando a representação comercial incluir poderes atinentes ao mandato mercantil, serão aplicáveis, quanto ao exercício deste, os preceitos próprios da legislação comercial (art. 1º, parágrafo único, Lei 4.886/65).

Representação comercial é o negócio jurídico pelo qual *"uma das partes obriga-se, contra retribuição, a promover habitualmente a realização por conta de outra, em determinada zona, de operações mercantis, agenciando pedidos para esta. Entram em sua composição os seguintes elementos: 1 – a obrigação do agente de promover a conclusão de contratos por conta do preponente; 2 – habitualidade do serviço; 3 – delimitação da zona onde deve ser prestado; 4 – direito do agente à retribuição do serviço que presta; 5 – exclusividade e independência de serviço"*.[19]

O contrato de representação comercial é uma convenção típica, ou seja, *"pode tal contrato conter o mandato, mas com este não se confunde; não é comissão mercantil; não é simples locação de serviços, pois, nele, não se remunera o trabalho do agente, mas o resultado útil dele decorrente. Não é mandato, com efeito, pois este constitui, segundo a doutrina, uma relação interna entre mandante e mandatário, sendo projetado no mundo exterior pela representação, que com ele foi conjugado no direito brasileiro. A representação comercial deriva do instituto geral da representação nos negócios jurídicos, pela qual uma pessoa age em lugar e no interesse de outra, sem ser atingida pelo ato que pratica. O representante comercial é, assim, um colaborador jurídico, que, através da mediação, leva as partes a entabular e concluir negócios. Não é, também, locação de serviços, pois, como ensinam Planiol e outros autores, o contrato de locação de serviços objetiva levar o locador a realizar, sob a dependência do locatário, serviços materiais, sendo remunerado em atenção à força do trabalho despendida. O contrato de representação comercial situa-se no plano da colaboração na realização de negócio jurídico, acarretando remuneração de conformidade com o seu resultado útil. Consideramos, por isso, o contrato de representação uma criação moderna do direito, pertencente ao grupo dos chamados contratos de mediação, destinado a auxiliar o tráfico comercial"*.[20]

A diferenciação entre o empregado e o representante comercial se faz em função do caso concreto, principalmente pelo fator subordinação.[21]

A liberdade de ação do representante é o fator diferencial quanto à figura do empregado, isto é, *"não há subordinação hierárquica na relação do representante comercial com o preponente; quando existe, o contrato passa a informar uma relação de emprego. Subordinação inexiste, em princípio, se entendida na acepção estrita de vínculo de natureza pessoal que implica direção dos serviços a serem prestados"*.[22]

---

[19] GOMES, Orlando. *Contratos*. 8. ed., p. 437.
[20] REQUIÃO, Rubens. *Curso de direito comercial*. 9. ed., v. 1, p. 141.
[21] TRT– 3ª R. – RO 01073/2014-100-03-00.4 – Rel. Juiz Conv. Cleber Lucio de Almeida – *DJe* 23/6/2015 – p. 233.
TRT– 7ª R. – RO 0000831-65.2014.5.07.0025 – Relª Des. Dulcina de Holanda Palhano – *DJe* 17/7/2015 – p. 101.
[22] GOMES, Orlando. Ob. cit., p. 437.

Para Mauricio Godinho Delgado,[23] a subordinação é o elemento de mais *"difícil aferição no plano concreto desse tipo de relação entre as partes. Ela tipifica-se pela intensidade, repetição e continuidade de ordens do tomador de serviços com respeito ao obreiro, em direção à forma de prestação dos serviços contratados. Se houver continuidade, repetição e intensidade de ordens do tomador de serviços com relação à maneira pela qual o trabalhador deve desempenhar suas funções, está-se diante da figura trabalhista do vendedor empregado (arts. 2 e 3, caput, CLT; Lei nº 3.207, de 1957). Inexistindo essa contínua, repetida e intensa ação do tomador sobre o obreiro, fica-se diante da figura regulada pela Lei Comercial nº 4.886/65 e Código Civil de 2002".*

Além da subordinação, outro critério diferenciador é a pessoalidade. Se no cumprimento de suas obrigações contratuais, o representante contrata outros trabalhadores (prepostos), pode-se afirmar que é o caso de um autêntico contrato de representação comercial. Se não houver essa delegação por parte do representante, tem-se a pessoalidade na relação jurídica, o que poderá levar à caracterização do vínculo empregatício, desde que ocorra, também, a presença da subordinação.

A jurisprudência dos TRTs não é uníssona no sentido de que a condição de representante para ser aceita exige o preenchimento de requisitos formais: contrato por escrito e a inscrição no Conselho Regional.[24]

4.5 CONTRATO DE TRABALHO E MANDATO

O termo "mandato" possui vários significados: (a) ordem; (b) autorização para se fazer representar por alguém mediante procuração; (c) delegação; (d) poderes concedidos pelos eleitores a seus representantes.

No campo do Direito Civil, configura-se o contrato de mandato quando alguém recebe de outrem poder para, em seu nome, praticar atos ou administrar interesses (art. 653, CC).

A pessoa que transmite ou confere os poderes chama-se mandante; a que recebe e exerce os mesmos poderes denomina-se mandatário ou procurador. A essência do mandato é a representação.

Efetuado o exame do conceito do que vem a ser mandato, temos os principais fatores de diferenciação com o contrato de trabalho, a saber: (a) o mandato pode ser gratuito ou oneroso; o contrato de trabalho é oneroso; (b) no contrato de trabalho, a representação não é tão essencial como ocorre no mandato; (c) no mandato, o intuito básico é a realização de um ato jurídico mediante a representação do mandante pelo mandatário; já no contrato de trabalho o intuito básico é a própria prestação de serviços para um

---

[23] DELGADO, Mauricio Godinho. Ob. cit., p. 597.
[24] TRT – 21ª R. – RO 0000333-53.2016.5.21.0010 – Rel. Ronaldo Medeiros de Souza – *DJe* 22/9/2017 – p. 977.
TRT – 3ª R. – 1ª T. – RO 00644.2004.047.03.00.7 – Rel. Juiz Marcio Flavio Salem Vidigal – *DJMG* 11/3/2005.

determinado fim; (d) no mandato temos as figuras do mandante, do mandatário e do terceiro; no contrato de trabalho, temos duas figuras somente, ou seja, o empregado e o empregador.

4.6 CONTRATO DE TRABALHO E SOCIEDADE

O espírito associativo é inerente ao ser humano. O homem, em grupo, tem a multiplicação de suas possibilidades, com a conjugação de esforços em comum. A sociedade é uma forma de associação do ser humano.

Celebram contrato de sociedade as pessoas que reciprocamente obrigam-se a contribuir, com bens ou serviços, para o exercício de atividade econômica e a partilha, entre si, dos resultados (art. 981, CC). A base da sociedade é a comunhão de interesses entre os sócios.

Não se confunde com o contrato de trabalho. Os critérios para a referida distinção são os seguintes: (a) os sujeitos, quanto ao contrato de trabalho, são o empregado e o empregador; já na sociedade são os sócios; (b) o objeto do contrato de trabalho é a prestação de serviços subordinados pelo empregado ao empregador em troca da remuneração; na sociedade, é a divisão dos lucros pelos sócios. Os sócios são pessoas que, entre si, não mantêm uma relação de subordinação, mas de igualdade. Os sócios possuem o que se chama de *affectio societatis*. Já no contrato de trabalho, o empregado coloca à disposição do empregador a sua força de trabalho em prol do salário. O intuito do empregador é a utilização da força de trabalho de seus empregados para a consecução do objetivo de seu empreendimento.

4.7 CONTRATO DE TRABALHO E PARCERIA RURAL

De acordo com o art. 4º, Decreto 59.566/66, parceria rural é o contrato agrário pelo qual uma pessoa se obriga a ceder à outra, por tempo determinado ou não, o uso específico de imóvel rural, de parte ou partes do mesmo, incluindo, ou não, benfeitorias, outros bens e/ou facilidades, com o objetivo de nele ser exercida atividade de exploração agrícola, pecuária, agroindustrial, extrativa vegetal ou mista; e/ou lhe entrega animais para cria, recria, invernagem, engorda ou extração de matérias-primas de origem animal, mediante partilha de riscos de caso fortuito e de força maior do empreendimento rural, e dos frutos, produtos ou lucros havidos nas proporções que estipularem, observados os limites percentuais da lei (art. 96, VI, Estatuto da Terra).

Ocorre a parceria agrícola quando o objeto da cessão for o uso de imóvel rural, de parte ou partes do mesmo, com o objetivo de nele ser exercida a atividade de produção vegetal (art. 5º, I, Decreto 59.566).

Tem-se a parceria rural quando o objeto da cessão forem animais para cria, recria, invernagem ou engorda (art. 5º, II).

Na parceria agroindustrial, o objeto de cessão é o uso do imóvel rural, de parte ou partes do mesmo, e/ou maquinaria e implementos com o objetivo de ser exercida atividade de transformação de produto agrícola, pecuário ou florestal (art. 5º, III).

Tem-se a parceria extrativa quando o objeto de cessão for o uso de imóvel rural, de parte ou partes do mesmo, e/ou animais de qualquer espécie com o objetivo de ser atividade extrativa de produto agrícola, animal ou vegetal (art. 5º, IV).

Por fim, a parceria também pode ser mista, quando o objeto da cessão abranger mais de uma das modalidades acima citadas (art. 5º, V).

A parceria rural não pode ser confundida com a relação de emprego.

Em linhas gerais, a parceria rural é um contrato no qual uma parte ingressa com a terra, ou com a terra e benfeitorias e facilidades, e a outra com o seu trabalho, ou trabalho e máquinas, animais, investimentos etc., havendo a divisão dos resultados na forma estabelecida. Não há a subordinação jurídica de uma parte em relação à outra.

Já no contrato de trabalho tem-se a subordinação do empregado ao poder diretivo do empregador, recebendo como contraprestação o salário pelos serviços prestados.

4.8 CONTRATO DE TRABALHO E O CONTRATO DE COMISSÃO

O contrato de comissão é aquele em que um dos sujeitos, o comissário, em seu próprio nome, procede à compra ou venda de bens de outra pessoa, o comitente (art. 693, CC). O comissário atua de acordo com as ordens e instruções do comitente (art. 695). Trata-se de um mandato sem representação.

O comissário fica diretamente obrigado para com as pessoas com quem faça a contratação, sem que possa haver ação destas pessoas contra o comitente e vice-versa, exceto se o comissário ceda seus direitos a qualquer das partes (art. 694).

No desempenho de suas tarefas contratuais, o comissário atua com autonomia e responsabilidade. Tem a liberdade de criar estratégias (= autonomia), contudo, é obrigado a prestar contas de todas as ações ao comitente. É inegável a obrigação do comissário em dar lucros ao comitente quando da realização da venda dos bens.

No contrato de trabalho, quem assume os riscos da atividade econômica é o empregador, sendo que o empregado é remunerado pela força de trabalho disponibilizada e não tem, necessariamente, a obrigação de dar lucros ao empregador.

Não se pode negar a possibilidade de o empregado assumir a condição de comissário, em determinadas situações, contudo, é o empregador quem ficará responsável para com as pessoas que o comissário (empregado) tenha contratado.

4.9 CONTRATO DE TRABALHO E O CONTRATO DE CORRETAGEM

No contrato de corretagem, uma pessoa (= corretor), não vinculada à outra por mandato, prestação de serviços ou qualquer relação de dependência, obriga-se a obter para a segunda um ou mais negócios, conforme as instruções recebidas (art. 722, CC).

O corretor atua com absoluta autonomia em relação ao cliente. Claro está que deverá observar as instruções dadas pelo cliente, contudo, a execução das suas atividades se faz com absoluta liberdade.

Vale dizer, o corretor tem a autonomia para determinar o tempo e o modo de execução dos serviços, enquanto que no contrato de trabalho, o empregado, quando da prestação dos serviços, está sujeito ao poder diretivo do empregador.

4.10 CONTRATO DE TRABALHO. PROMISCUIDADE E LIGAÇÃO

Na normatividade jurídica, podemos encontrar várias relações jurídicas que se entrelaçam e que levam aos vários desdobramentos: os contratos mistos; os contratos autônomos (ligação); a promiscuidade interna.

Contratos mistos são originários da mistura de elementos de contratos típicos ou atípicos. É o caso de um contrato de trabalho com o mandato, locação, fornecimento de alimentação, aprendizagem etc.

José Martins Catharino[25] ensina que *"por mais numerosos que sejam os contratos nominados e qualificados, com a crescente complexidade da vida social sempre surgem contratos outros, inominados ou atípicos, puros e impuros ou 'mistos'. Puros são os especificamente novos, que não são comuns; impuros ou 'mistos', os que resultam de mistura contratual de elementos ou ingredientes específicos, de dois ou mais elementos caracterizadores de contratos diferentes, normalmente isolados. Impureza ou mistura decorrente do que Enneccerus chamou de 'liberdade de estruturação' dos contratos. Realmente, nada impede que os contratantes misturem, por ser de suas vontades e interesses, elementos de dois ou mais contratos nominados e qualificados. No particular, a autonomia volitiva ainda impera".*

Para se resolver o impasse normativo quanto à regulamentação normativa de um contrato misto, a doutrina aponta as seguintes teorias: a da absorção, da combinação e a analógica.

Pela primeira, o que se tem, na verdade, é a negativa da existência do contrato misto. Vale dizer, aplica-se a regra de que o acessório segue o principal. Verifica-se, na análise do caso concreto, qual é o elemento principal. Escolhido o elemento principal, aplicam-se as regras para ele previstas no ordenamento. Por esse enfoque analítico, desaparecem-se as diferenças individuais pela absorção das que sejam menos importantes pela mais importante. É o caso de um contrato de mandato absorvido pelo contrato de trabalho.

Pela segunda, também se tem a negativa do contrato misto. Ao contrário da teoria da absorção, na combinação o operador do Direito procede ao exame do caso concreto, fazendo a separação de todos os seus elementos, para que cada um possa aplicar a sua regulamentação própria. Tem-se a desintegração do contrato. Pela teoria da combinação, o que se tem é a consideração de cada um dos elementos puros presentes na contratação mista, dando-se a cada um de tais elementos a sua regulamentação.

Pela teoria analógica, tem-se a redução do contrato misto a quase nada. Vale dizer, a análise efetiva do caso concreta leva em consideração as normas gerais sobre contrato. Quanto às particularidades do contrato, a cada uma delas, aplica-se, por analogia, a sua regulamentação própria.

José Martins Catharino ensina que a solução analógica há de ser valorizada, *"pois leva em conta a mistura e, ao mesmo tempo, não desconsidera a diferença entre seus componentes"*.[26]

---

[25] CATHARINO, José Martins. *Compêndio universitário de direito do trabalho*, v. 1, p. 295.
[26] CATHARINO, José Martins. Ob. cit., v. 1, p. 297.

Há a ligação, como fenômeno da interação de um contrato de trabalho com outras figuras contratuais, quando se tem a presença de contratos que mantêm as suas individualidades próprias. É o caso do contrato de trabalho e a parceria na área rural ou a entrega de uma moradia, a título de comodato e o contrato de trabalho na área urbana. No caso da ligação, vamos respeitar as normas próprias de cada tipo de contratação. Vale dizer, não há mistura quanto à regulamentação normativa.

Tem-se a promiscuidade quando no próprio contrato de trabalho o empregado, alternada ou sucessivamente, realiza tarefas que não são condizentes com a sua condição de empregado.

Como bem assevera José Martins Catharino:[27] *"Dá-se promiscuidade, interna ou interior no contrato de emprego, puro ou misturado, solitário ou a outro coligado, quando o empregado, durante sua execução, trabalha sucessivamente, alternadamente, ou alternada e sucessivamente, com finalidades diversas. Tal fato ganha importância prática quando um dos trabalhos prestados está sujeito à intensa disciplina normativa especial ou menos; ou quando, mais ainda, um está regulado pela legislação do trabalho, e outro, não (ex: trabalho doméstico concomitante com industrial, comercial, rural etc.)."*

Quando se tem a promiscuidade interna, onde os trabalhos subordinados são distintos, contudo de igual importância, aplica-se o conteúdo normativo que seja mais benéfico ao trabalhador.

Por outro lado, se for o caso de promiscuidade interna, com a presença de trabalhos distintos e com diferença na importância de cada tarefa executada (a diferença há de ser aferida na qualidade, quantidade e valor de cada trabalho executado), o impasse normativo será dirimido pela lei da preponderância. Aplica-se a regulamentação em função do trabalho que seja preponderante.

QUESTIONÁRIO

1. Quais são as razões para se fazer a distinção entre o contrato de trabalho e os denominados contratos afins?

2. Quais são as diferenças entre o contrato de trabalho e a locação de serviços?

3. Quais são as diferenças entre o contrato de trabalho e a empreitada?

4. Explique as diferenças entre o empreiteiro e o pequeno operário ou artífice.

5. Qual é a diferença entre responsabilidade solidária e subsidiária?

6. O empreiteiro principal é responsável pelas dívidas trabalhistas do subempreiteiro? Em caso afirmativo, a responsabilidade é solidária ou subsidiária?

7. O dono da obra equipara-se ao empreiteiro principal para fins de imputação do art. 455, CLT?

---

[27] CATHARINO, José Martins. Ob. cit., v. 1, p. 338.

8. A responsabilidade do dono da obra é válida para toda e qualquer atividade econômica?

9. Qual é o conceito de representação comercial?

10. Qual é o traço marcante da distinção entre a representação comercial e o contrato de trabalho?

11. Quais são as diferenças entre o contrato de trabalho e o mandato?

12. O empregado pode ser considerado um sócio do empregador?

13. Quais são os tipos legais de parceria rural?

14. A subordinação é traço fundamental do contrato de parceria rural?

15. Explique as diferenças entre contrato misto e a promiscuidade interna. Dê exemplos.

Capítulo V
EMPREGADO

5.1 A FIGURA DO EMPREGADO

Empregado é a pessoa natural que presta serviços de natureza não eventual a empregador e sob a dependência deste e mediante salário (art. 3º, *caput*, CLT). Dessa forma, não deve haver distinções relativas à espécie de emprego e à condição de trabalhador, nem entre o trabalho intelectual, técnico e manual (art. 3º, parágrafo único, CLT; art. 7º, XXXII e XXXIV, CF).

5.1.1 Pessoa natural

Somente pode ser caracterizado como empregado o ser humano. A essência do Direito do Trabalho consiste na proteção e valoração da dignidade do ser humano.

A relação empregatícia é pessoal, visto que o empregado não se pode fazer substituir por outra pessoa durante a prestação dos serviços, denotando o caráter de uma obrigação personalíssima. Assevere-se, porém, que o aspecto *intuitu personae* não implica a exclusividade de possuir um único tomador de seus serviços. O trabalhador subordinado pode ter vários empregadores, desde que tenha tempo e de acordo com as peculiaridades de cada relação.

Américo Plá Rodríguez,[1] ao realçar o fato de que o contrato de trabalho seja *intuitu personae* quanto à pessoa do trabalhador, pondera: *"Deve-se levar em conta que a obrigação principal que o trabalhador contrai, como consequência da celebração do contrato, é a de colocar sua energia pessoal a serviço do empregador. Por conseguinte, a este, não lhe pode ser indiferente à pessoa cujas energias são colocadas à sua disposição, dado que a quantidade, a qualidade e a modalidade dessa energia podem variar de uma pessoa para outra."*

Quanto ao empregador, o contrato de trabalho, como regra, não assume o caráter de ser *intuitu personae*.

Segundo Américo Plá Rodríguez,[2] o referido fenômeno explica-se *"pela circunstância de que ao trabalhador o que interessa fundamentalmente é que se lhe conceda uma*

---

[1] RODRÍGUEZ, Américo Plá. *Princípios de direito do trabalho*, p. 178.
[2] RODRIGUEZ, Américo Plá. Ob. cit., p. 179.

oportunidade de pôr suas energias à disposição de alguém, mediante o pagamento de um salário determinado. O fato de que a empresa pertença a uma pessoa física ou jurídica não interessa em absoluto ao trabalhador. Pelo mesmo motivo, não se preocupa o trabalhador que a pessoa moral modifique sua composição jurídica ou que os possuidores das ações ou das quotas sociais sofram mudanças [...] A falta de contato pessoal entre o proprietário da empresa e cada um dos trabalhadores; a possibilidade de que o contrato de trabalho subsista nas mesmas condições apesar das variações produzidas na pessoa do empregador; o fenômeno da despersonalização do empregador; a tendência manifesta do Direito do Trabalho de procurar dar estabilidade à relação de emprego torna perfeitamente explicável essa posição de indiferença do trabalhador frente às alterações ocorridas na pessoa do empregador. Por isso, podemos dizer, em termos gerais, que, se o trabalhador não pode continuar o contrato de trabalho, este termina; todavia, se o empregador não pode prosseguir, pode ser substituído por outro, sem que o contrato de trabalho se altere".

5.1.2 Serviços não eventuais

Para a compreensão do que vêm a ser serviços não eventuais (habituais), adotaremos a significação do que é eventual. A doutrina nos aponta quatro correntes, a saber:

a) descontinuidade – eventual é o trabalho descontínuo e interrupto com relação ao tomador dos serviços. Vale dizer, a prestação de serviços é fragmentada, com a existência de afastamentos razoáveis entre um período de trabalho e outro para o mesmo tomador. Para Mauricio Godinho Delgado, a Lei Consolidada teria rejeitado a teoria da descontinuidade ao adotar a expressão "serviços de natureza não eventual" (art. 3º, *caput*), portanto, *"um trabalhador que preste serviço ao tomador, por diversos meses seguidos, mas apenas em domingos ou fins de semana (caso de garçons de clubes campestres, por exemplo), não poderia se configurar como trabalhador eventual, em face da não absorção, pela CLT, da teoria da descontinuidade"*;[3]

b) evento – a prestação de serviços ocorre por um fato determinado e esporádico para o tomador. A eventualidade está atrelada à duração do evento. Contudo, a teoria não é razoável quando se têm eventos que resultem em uma dilação temporal mais ampla. Portanto, só seria admissível em se tratando de acontecimento incerto, casual ou fortuito;

c) fins do empreendimento – o lapso de tempo para caracterizar ou não o vínculo empregatício não possui critérios numéricos exatos. A não eventualidade se fará em função de cada caso concreto e de acordo com as particularidades do mesmo. Por isso, para fundamentar essa ideia, há uma parte da doutrina que atrela a eventualidade aos fins da empresa, aduzindo que serviços não eventuais são os exercidos de acordo com a finalidade da empresa. A justificativa está incorreta, pois existem várias empresas que possuem empregados que exercem

---

[3] DELGADO, Mauricio Godinho. *Curso de direito do trabalho.* 5. ed., p. 294.

atividades não condizentes com a sua finalidade. Como exemplo, temos: uma empresa prestadora de serviços na área de vigilância pode possuir um pedreiro, registrado como empregado, que lhe preste serviços na área de manutenção;

d) fixação jurídica – eventual é o trabalhador que não se fixa de forma contínua a nenhuma fonte de trabalho, tendo vários tomadores simultâneos quanto aos seus serviços. Amauri Mascaro Nascimento[4] ensina: eventual é *"aquele que presta a sua atividade para múltiplos destinatários, sem se fixar continuadamente em nenhum deles. Eventual é um subordinado de poucas horas ou pouco tempo que vai realizar um serviço especificado, findo o qual terminará a sua obrigação. Não é autônomo porque está sob o poder diretivo de outrem, o destinatário do serviço, enquanto o executar".*

Na caracterização do trabalho eventual, Mauricio Godinho Delgado[5] afirma que não é razoável partir de um único critério e sim da combinação de todas as teorias, propondo, assim, os seguintes elementos característicos: *"(a) descontinuidade da prestação do trabalho, entendida como a não permanência em uma organização com ânimo definitivo; (b) não fixação jurídica a uma única fonte de trabalho, com pluralidade variável de tomadores de serviços; (c) curta duração do trabalho prestado; (d) natureza do trabalho tende a ser concernente a evento certo, determinado e episódico no tocante a regular dinâmica do empreendimento tomador dos serviços; (e) em consequência, a natureza do trabalho prestado tenderá a não corresponder, também, ao padrão dos fins normais do empreendimento".*

5.1.3 Subordinação e sua natureza jurídica

5.1.3.1 Fronteiras do Direito do Trabalho

Nessas últimas décadas, parte da doutrina internacional tem estudado os limites e abrangência do Direito do Trabalho, face às formas de trabalho "sem proteção" (relações fraudulentas e "trabalhadores independentes/autônomos") ou relações jurídicas triangulares de trabalho (subcontratação e terceirização).

Nesse cenário, a OIT editou a Convenção das Agências Privadas de Emprego 181 (1997), a Recomendação de Agências Privadas de Emprego 188 (1997) e a Resolução 198 (2006), relativa à relação de trabalho.

Entre outros inúmeros fóruns de discussão, o 16º Congresso Mundial de Direito do Trabalho e Seguridade Social (2000) e o 5º Congresso Regional Americano de Direito do Trabalho e Seguridade Social (2001) procuraram estudar e debater as similitudes e diferenças entre o contrato de trabalho (relação de emprego) e os contratos cíveis e comerciais.

---

[4] NASCIMENTO, Amauri Mascaro. *Curso de direito do trabalho*. 21. ed., p. 629.
[5] DELGADO, Mauricio Godinho. Ob. cit., p. 297.

Traçar as fronteiras do Direito do Trabalho não é fácil, pois como já assinalava Américo Plá Rodríguez,[6] essas fronteiras têm a peculiaridade e a dificuldade de serem móveis, dinâmicas e extensíveis, pois vão alterando constantemente a aplicação do Direito do Trabalho.

As mudanças nas relações jurídicas de trabalho e sua fragilidade atual decorrem das transformações econômicas, produtivas, tecnológicas e sociais.[7]

Segundo estudos da OIT,[8] para distinguir entre relação de trabalho e as relações de outro gênero recorre-se a critérios distintos. Alguns consideram em uma relação de trabalho a pessoa que presta seus serviços em circunstâncias que correspondem a uma relação de subordinação ao empregador (ou dependência) ou se há integração a uma organização ou não assume os riscos inerentes a qualidade de empregador. Em alguns casos, a legislação nacional vai mais além e determina que serão considerados assalariados alguns trabalhadores cuja situação pode ser ambígua e, em outras leis, existe a prescrição que certas formas de trabalho não representam uma relação de emprego.[9]

Nessas últimas décadas, as fronteiras do Direito do Trabalho se moveram, ora se ampliou, também foi reduzida e, em muitos casos, se tornou confusa ("tema fronteiriço"), segundo Óscar Ermida Uriarte e Óscar Hernández Álvarez.[10]

Como instrumentos de pressão limitadores do campo de aplicação do Direito do Trabalho, verificam-se alguns métodos: (a) desregulamentação; (b) adequação das normas trabalhistas (flexibilização); (c) redução do campo de aplicação do Direito do Trabalho pela via da interpretação doutrinária e jurisprudencial ou simplesmente pela prática laboral, com a exclusão de determinados temas ou situações.[11]

As fronteiras do Direito do Trabalho clássico indicam um trabalho eminentemente marcado pelo vínculo da subordinação e dentro da empresa, concebida como uma coletividade que se reúne em uma mesma atividade econômica e sob a direção do mesmo empregador.[12]

A doutrina e a legislação dos diversos países latino-americanos utilizam de vários elementos para a caracterização do contrato de trabalho, entre eles a pessoalidade, a

---

[6] RODRÍGUEZ, Américo Plá. Sobre las fronteiras del derecho del trabajo. In *Estudos em homenagem a Rafael Caldeira*, p. 313.
[7] OIT. *El ámbito del relación del trabajo*. Genebra. Oficina Internacional do Trabalho. 2003, p. 12-14.
[8] OIT. *El ámbito del relación del trabajo*, p. 24-25.
[9] Para verificar se uma relação de trabalho existe, é necessário ser guiada pelos fatos sobre o que realmente concordaram e cumpriram as partes, e não pelo nome que deram ao contrato. Em outras palavras, o que conhecemos no direito como princípio da primazia da realidade (OIT. *El ámbito del relación del trabajo*, p. 25).
[10] URIARTE, Óscar Ermida; ÁLVAREZ, Óscar Hernández. Crítica a la Subordinación. In *Libro Homenaje a José Román Duque Sánchez*. v. 1, p. 447.
[11] URIARTE, Óscar Ermida; ÁLVAREZ, Óscar Hernández. Ob. cit., p. 447.
[12] JIMÉNEZ, Carlos Poblete. El objeto del derecho del trabajo y su extensión. *Revista Jurídica de la Universidad Bernando O'Higgins*, p. 172.

voluntariedade, onerosidade, risco da atividade, subordinação entre outros.[13] Como elemento essencial, a doutrina latino-americana e alguns países da Europa apontam a subordinação (ou dependência). Em virtude de sua importância, algumas legislações chegam a conceituar a "subordinação".[14]

5.1.3.2 Recomendação 198, OIT

Considerando vários aspectos sociais e econômicos, bem como a própria finalidade da OIT e as diversas relações jurídicas de trabalho existentes, a Recomendação 198 foi adotada pela OIT, em 15 de junho de 2006, a qual procura estimular políticas públicas de proteção e apontar elementos indicadores da existência de "relação de trabalho".

Dentre os vários aspectos que justificam a Recomendação, alguns se destacam: (a) as dificuldades de estabelecer a existência ou não de uma relação de trabalho em situações onde os respectivos direitos e obrigações relativas às partes não estão claras, onde houve uma tentativa de disfarçar as relações de trabalho, ou onde existam inadequações ou limitações na estrutura legal, ou em suas interpretações ou aplicações; (b) situações existem onde arranjos contratuais podem ter o efeito de privar trabalhadores de sua proteção devida; (c) que a proteção deva ser acessível a todos, particularmente trabalhadores vulneráveis, e deva ser baseada em lei que seja eficiente, efetiva e compreensiva, com resultados expeditos, e que encoraja aquiescência voluntária; (d) que a economia globalizada aumentou a mobilização dos trabalhadores que necessitam de proteção, ao menos contra as práticas fraudulentas de proteção nacional por escolha da lei; (e) na estrutura da provisão transnacional de serviços, é importante estabelecer quem é considerado um trabalhador em uma relação de trabalho, quais direitos este trabalhador possui, e quem é o empregador; (f) as dificuldades em estabelecer a existência de uma relação de trabalho podem criar sérios problemas para aqueles trabalhadores envolvidos, suas comunidades, e a sociedade como um todo; (g) tanto a incerteza como a existência de uma relação de trabalho necessita ser discutida para garantir uma competição justa e proteção efetiva dos trabalhadores de forma apropriada às leis e práticas nacionais.

Pela Recomendação 198, os estados-membros devem formular e aplicar uma política nacional para rever em intervalos apropriados e, caso necessário, clarificando e adotando o alcance de regulamentos e leis relevantes, no sentido de garantir proteção efetiva aos trabalhadores que executam seus trabalhos no contexto de uma relação de trabalho.

Tais políticas devem ao menos incluir medidas para:

a) prover orientação às partes envolvidas, em particular, empregadores e trabalhadores, em estabelecer efetivamente a existência de uma relação de trabalho e na distinção entre empregador e trabalhador autônomo;

---

[13] URIARTE, Óscar Ermida; ÁLVAREZ, Óscar Hernández. Ob. cit., p. 448.
[14] Código de Trabalho de Honduras (arts. 19 e 20), Código de Trabalho do Panamá (arts. 64 e 65) e a Lei de Produtividade e Competitividade do Trabalho do Peru (art. 9º).

b) combater as relações de trabalho disfarçadas no contexto de, por exemplo, outras relações que possam incluir o uso de outras formas de acordos contratuais que escondam o verdadeiro *status* legal, notando que uma relação de trabalho disfarçado ocorre quando o empregador trata um indivíduo diferentemente de como trataria um empregado de maneira a esconder o verdadeiro *status* legal dele ou dela como um empregado, e essas situações podem surgir onde acordos contratuais possuem o efeito de privar trabalhadores de sua devida proteção;

c) garantir padrões aplicáveis para todas as formas de acordos contratuais, incluindo aqueles envolvendo múltiplas partes, de modo que os trabalhadores empregados tenham a devida proteção;

d) garantir que padrões aplicáveis a todas as formas de acordos contratuais estabeleçam quem é responsável pela proteção contida nesses acordos;

e) prover acesso efetivo àqueles envolvidos, em particular empregadores e trabalhadores, apropriando procedimentos e mecanismos rápidos, baratos, justos e efetivos para resolver disputas relativas à existência e termos de uma relação de trabalho;

f) garantir aquiescência com aplicação efetiva de leis e regulamentos envolvendo a relação de trabalho;

g) prover treinamento adequado e apropriado nos padrões de trabalho internacional relevantes, comparativo e casos de lei para o judiciário, árbitros, mediadores, inspetores do trabalho, e outras pessoas responsáveis por lidarem com resoluções de disputas e execuções de leis e padrões nacionais de emprego.

Com a finalidade da proteção das políticas nacionais para os trabalhadores em uma relação de trabalho, a determinação da existência de tal relação deve ser guiada primeiramente pelos fatos relacionados com o tipo de trabalho e a remuneração do trabalhador, não resistindo como a relação é caracterizada em qualquer acordo contrário, contratual ou que possa ter sido acordado entre as partes.

Os estados-membros devem promover métodos claros para orientar trabalhadores e empregadores como também determinar a existência de uma relação de trabalho.

Com a finalidade de facilitar a determinação da existência de uma relação de trabalho, os estados-membros devem consultar a Recomendação 198, considerando as possibilidades seguintes:

a) permitir uma ampla variedade de meios para determinar a existência de uma relação de trabalho;

b) prover para uma presunção legal de que uma relação de trabalho existe onde um ou mais indicadores relevantes se fazem presente;

c) determinar acompanhamento de consultas prioritárias com as organizações mais representativas de empregadores e trabalhadores, onde trabalhadores com certas características, em geral ou em setores específicos, devam ser julgados serem tanto empregado ou autônomo.

Com a finalidade de políticas nacionais consideradas pela Recomendação 198, os estados-membros podem claramente considerar a definição de condições aplicadas para determinar a existência de uma relação de trabalho, por exemplo, subordinação ou dependência (art. 12).

Os estados-membros devem considerar a possibilidade de definirem em suas leis e regulamentos, ou por outros meios, indicadores específicos da existência de uma relação de trabalho. Esses indicadores podem incluir:

a) o fato de que o trabalho: é realizado de acordo com as instruções e sobre o controle de outro grupo; envolvendo a integração do trabalhador na organização da empresa; é executado única ou principalmente para o benefício de outra pessoa; deve ser realizado pessoalmente pelo trabalhador; é realizado dentro de horas de trabalho específicas ou dentro do local de trabalho especificado ou acordado pelo grupo que requisitou o trabalho; é de uma duração particular e tem certa continuidade; requer a disponibilidade do trabalhador; ou envolve a provisão de ferramentas, materiais e maquinário pelo grupo requisitado para o trabalho;

b) pagamento periódico da remuneração para o trabalhador; o fato de que tal remuneração constitui a única ou principal fonte de renda do trabalhador; provisão de pagamento em espécie, como alimentação, aluguel ou transporte; reconhecimento de autorizações tais como descanso semanal e feriados anuais; pagamento pelo grupo que requisitou o trabalho para curso empreendido pelo trabalhador a fim de realizar o trabalho; ou ausência do risco financeiro para o trabalhador.

5.1.3.3 Elemento subordinação

Historicamente, a subordinação como elemento essencial da aplicação do Direito do Trabalho foi proposto por Ludovico Barassi, em seu livro *Il contratto del lavoro nel diritto positivo italiano* (1901), colocado como a sujeição plena e exclusiva do trabalhador ao poder diretivo e ao controle do empregador.

A doutrina italiana coloca como a característica básica da relação de emprego a heterodireção da atividade, no sentido de que o desempenho do trabalho deve ser realizado conforme exigido pelo empregador, com ordens que o empregado é obrigado a cumprir.[15]

Diante da fragilidade da subordinação no Código de 1942, a jurisprudência italiana procura identificá-la a partir de alguns indícios: (a) inserção do trabalhador na organização da empresa; (b) orientação técnica; (c) controle e poder disciplinar do empregador; (d) exclusividade da dispensa por um único empregador; (e) modalidade de retribuição, geralmente a tempo, independentemente do resultado; (f) vinculação a horário de trabalho; (g) ausência de risco etc.[16]

---

[15] VALLEBONA, Antonio. *Istituzioni di diritto del lavoro*, 7. ed., p. 3.

[16] CARINCI, Franco; TAMAJO, Rafaele De Luca; TOSI, Paolo; TREU, Tiziano. *Diritto del lavoro. Il rapporto di lavoro subordinato*, v. 2, p. 23.

No Direito Francês, ao lado de outros elementos (fornecimento do trabalho e pagamento da remuneração), a subordinação jurídica é indispensável para a caracterização da relação de emprego.

Foi em 1931 que o Tribunal de Cassação francês adotou a primeira concepção de subordinação jurídica (*arrêt Bardou*)[17]. De acordo com a decisão da Corte de Cassação, *"a condição jurídica de um trabalhador em relação à pessoa para quem ele trabalha não pode ser fixada pela fraqueza ou pela dependência econômica dos que trabalham e só pode resultar no contrato entre as partes, ... a qualidade de empregado implica necessariamente a existência de uma relação jurídica de subordinação do trabalhador para a pessoa que emprega 'acordo em questão de ter o efeito de colocar este trabalho', sob a direção, supervisão e controle"* de seu contratante.[18]

Na visão da doutrina francesa, a subordinação jurídica resulta da submissão ao poder regulamentar, disciplinar e de direção, na realização do trabalho em nome de outro.[19]

Durante essas décadas, a exigência de uma relação jurídica de subordinação tem sofrido uma flexibilização. A Corte de Cassação reconheceu que as restrições periféricas (localização, horário, prestação de contas etc.) que afetam a prestação de um trabalho profissional e independente, nos aspectos técnicos de sua atividade (médico ou outro profissional de saúde sob as regras de conduta profissional, artista, atleta profissional), são suficientes para estabelecer uma relação de subordinação.[20]

No Direito positivo, a exigência e o conceito de subordinação são encontrados nos arts. 19 e 20, do Código de Trabalho de Honduras:

> *"Artículo 19. Contrato individual de trabajo es aquel por el cual una persona natural. Se obliga a ejecutar una obra o a prestar sus servicios personales a otra persona, natural o jurídica, bajo la continua dependencia o subordinación de ésta, y mediante una remuneración.*
>
> *Por dependencia continua se entiende la obligación que tiene el trabajador de acatar ordenes del patrono y de someterse a su dirección, ejercida personalmente o por medio de terceros, en todo lo que se refiera al trabajo.*
>
> *Articulo 20 – Para que haya contrato de trabajo se requiere que concurran éstos tres (3) elementos esenciales:*
>
> *a) la actividad personal del trabajador, es decir, realizada por sí mismo;*
>
> *b) la continuada subordinación o dependencia del trabajador respecto del patrono, que faculta a este para exigirle el cumplimiento de ordenes, en cualquier momento en cuanto el modo, tiempo o cantidad de trabajo, e imponerle reglamentos, la cual debe mantenerse Por todo el tiempo de duración del contrato; y,*
>
> *c) un salario como retribución del servicio.*

---

[17] PESKINE, Elsa; WOLMARK, Cyril. *Droit du travail*, 6. ed., p. 35.
[18] PÉLISSIER, Jean; AUZERO, Gilles; DOCKÈS, Emmanuel. *Droit du travail*, 26. ed., p. 235.
[19] MAZEUD, Antoine. *Droit du travail*, 7. ed., p. 297.
[20] PÉLISSIER, Jean; AUZERO, Gilles; DOCKÈS, Emmanuel. Ob. cit., p. 235.

Una vez reunidos los tres (3) elementos de que trata este artículo, se entiende que existe contrato de trabajo y no deja de serlo por razón del nombre que se le dé, ni de otras condiciones o modalidades que se le agreguen."

Também é possível encontrar o conceito legal de subordinação (jurídica e econômica) no Código de Trabalho do Panamá (arts. 64 e 65):

> *"Artículo 64. La subordinación jurídica consiste en la dirección ejercida o susceptible de ejercerse, por el empleador o sus representantes, en lo que se refiere a la ejecución del trabajo.*
>
> *Artículo 65. Existe dependencia económica en cualquiera de los siguientes casos:*
>
> *1. Cuando las sumas que percibe la persona natural que preste el servicio o ejecute la obra constituyen la única o principal fuente de sus ingresos;*
>
> *2. Cuando las sumas a que se refiere el ordinal anterior provienen directa o indirectamente de una persona o empresa, o como consecuencia de su actividad;*
>
> *3. Cuando la persona natural que presta el servicio o ejecuta la obra no goza de autonomía económica, y se encuentra vinculada económicamente al giro de actividad que desarrolla la persona o empresa que pueda considerarse como empleador.*
>
> *En caso de duda sobre la existencia de una relación de trabajo, la prueba de la dependencia económica determina que se califique como tal la relación existente."*

Por fim, a Lei de Produtividade e Competitividade do Trabalho do Peru (art. 9º) disciplina o tema:

> *"Artículo 9. Por la subordinación, el trabajador presta sus servicios bajo dirección de su empleador, el cual tiene facultades para normar reglamentariamente las labores, dictar las órdenes necesarias para la ejecución de las mismas, y sancionar disciplinariamente, dentro de los limites de la razonabilidad, cualquier infracción o incumplimiento de las obligaciones a cargo del trabajador.*
>
> *El empleador esta facultado para introducir cambios o modificar turnos, días u horas de trabajo, así como la forma y modalidad de la prestación de las labores, dentro de criterios de razonabilidad y teniendo en cuenta las necesidades del centro de trabajo."*

5.1.3.4 Elemento subordinação e suas feições no Brasil atual

5.1.3.4.1 Subordinação

Etimologicamente, o termo "subordinação" é originário de *subordinare* (*sub* – baixo; *ordinare* – ordenar), expressando, assim, a noção de dependência, obediência, sujeição de uma pessoa a outra.

No âmbito do Direito do Trabalho brasileiro, a subordinação é primordial na caracterização da relação de emprego, como ponto de distinção entre o trabalhador autônomo e o subordinado.

5.1.3.4.2 Caracterização da subordinação

A doutrina procura caracterizar a subordinação como:

a) econômica – o empregado, como tem o salário como principal fonte de subsistência, tem uma dependência econômica em relação ao empregador. É uma visão insatisfatória. Há trabalhadores que detêm uma condição econômica superior à do empregador e, mesmo assim, são considerados empregados. Por outro lado, pode haver dependência econômica, sem que se tenha a condição de empregado, como são as hipóteses do representante comercial e do empreiteiro;

b) técnica – como o empregador detém a exploração da atividade econômica, o empregado dependeria das suas orientações técnicas para o desempenho de suas atividades laborais. Atualmente, é inaceitável esta tese. Com a expansão do conhecimento e qualificação do trabalhador, há situações nas quais o conhecimento técnico do trabalhador é importante para a consecução da atividade econômica, logo, o empregador seria o dependente;

c) jurídica – o empregado, além de estar obrigado a trabalhar, deverá fazê-lo sob as ordens do empregador. Trata-se de uma vinculação jurídica, visto ser originária de um negócio jurídico (contrato de trabalho).[21]

5.1.3.4.3 Subordinação jurídica

Como fenômeno jurídico, a subordinação é vista por três prismas:

a) o subjetivo,[22] no qual se evidencia a sujeição do empregado ao poder diretivo do empregador. Trata-se da visão clássica da subordinação. A subordinação tem destaque pela intensidade das ordens emanadas pelo empregador em relação à prestação dos serviços por parte do empregado;

---

[21] "A subordinação classifica-se, inquestionavelmente, como um fenômeno jurídico, derivado do contrato estabelecido entre trabalhador e tomador de serviços, pelo qual o primeiro acolhe o direcionamento objetivo do segundo sobre a forma de efetuação da prestação do contrato" (DELGADO, Mauricio Godinho. *Curso de direito do trabalho*, 11. ed., p. 296).

[22] "O empregado não atua de livre vontade, estando sujeito às ordens do empregador. Esta subordinação, no entanto é jurídica, e não pessoal, pois originada de um negócio jurídico (contrato de trabalho), em que uma parte assume o dever de trabalhar para outra, que a remunera. Por outro lado, notamos que esta subordinação é necessária em virtude da estrutura capitalista da empresa moderna. O critério da subordinação baseia-se portanto no fato de que o empregado não está obrigado apenas a trabalhar, mas a fazê-lo sob as ordens do empregador. Essa concepção ficou conhecida como a da subordinação subjetiva, ou modelo da subordinação-controle. Porém, com o passar do tempo e a crescente complexidade das relações de emprego e de trabalho, bem como as novas modalidades de prestação de trabalho, essa orientação demonstrou ser perigosamente simplista, atraindo distorções e revelando as falhas naturais da concepção" (ZANGRANDO, Carlos Henrique da Silva. *Curso de direito do trabalho*, t. 2, p. 434).

b) o objetivo,[23] em que a subordinação está no modo em que se dá a prestação de serviços e não no tocante à pessoa do empregador. O empregado está vinculado aos fins e objetivos da atividade desenvolvida pelo empregador;

c) estrutural, em que o trabalhador está inserido na atividade econômica do empregador. Não é necessário que receba ordens diretas ou que o seu trabalho esteja relacionado com os fins da empresa. A subordinação repousa na inserção do trabalhador na dinâmica de organização e funcionamento da empresa.[24]

---

[23] "Na visão moderna, o vínculo que une o empregado ao empregador é a atividade do primeiro, que se exterioriza por meio da prestação do trabalho. E é sobre a atividade do trabalhador, e não sobre a sua pessoa, que o empregador exerce seu poder de direção e comando. Evidentemente, quando o empregador admite o empregado, busca nele mais suas habilitações particulares que traços de sua personalidade. No entanto, como o trabalho não existe *per se*, é impossível dissociá-lo da figura do trabalhador. Daí se dizer que na relação de emprego existe uma relação imediata com a atividade do emprego (trabalho), e uma atividade mediata com a pessoa do mesmo. A subordinação gravita em torno da atividade imediata, e não da mediata. Exercita-se a subordinação, porém, sobre comportamentos de recíproca expressão, que se definem pela integração da atividade do empregado na organização empresarial" (ZANGRANDO, Carlos Henrique da Silva. Ob. cit., t. 1, p. 434).

[24] A teoria da subordinação estrutural tem recebido críticas pelo seu aspecto ampliativo, aglutinando, assim, qualquer tipo de subordinação: "A teoria da subordinação estrutural tem sido invocada, igualmente, para estender a proteção trabalhista aos prestadores de serviços que, mesmo sendo o proprietário do bem de produção, não têm inteira liberdade para decidir sobre a atividade econômica em que é usado. Não se trata de terceirização, propriamente, por inexistir a intermediação duma empresa fornecedora de mão de obra (a terceirizada), mas há inegável similitude entre as duas hipóteses. A teoria da subordinação estrutural, contudo, encontra-se sintetizada em fórmula (a difundida pelos julgados que a aplicam) um tanto imprecisa. O elemento 'inserção na dinâmica da atividade econômica', levado às últimas implicações, alcançaria um universo de trabalhadores e de outros agentes econômicos extraordinariamente largos. (...) Ninguém negará, por exemplo, que os franqueados se inserem na dinâmica da atividade do franqueador; nem por isto se há de reputar aqueles titulares de direitos trabalhistas perante este. Na verdade, qualquer tentativa de renovação do conceito de subordinação há de encontrar limites. O direito do trabalhado não incide sempre que alguém presta serviços a outrem; não incide, conforme se passa a demonstrar, nem mesmo quando a prestação de serviços é subordinada. Nas relações jurídicas há várias espécies de subordinação, e nem todas são regidas pelo direito do trabalho. A subordinação empresarial, por exemplo, é exclusivamente disciplinada pelo direito comercial, conforme se examina na próxima seção deste parecer (...) De um modo geral, a subordinação pessoal, consoante estudado pela doutrina juslaborista, corresponde à obrigação contraída pelo empregado, de obedecer às ordens do seu empregador, durante o tempo (normalmente, uma jornada diária de oito horas) em que se encontra no emprego. Observadas as habilidades e funções correspondentes ao emprego, e no tempo a este correspondente, o empregador pode exigir do empregado a realização das atividades que determinar, na forma e no prazo por ele definidos. Nenhum destes elementos encontra-se na subordinação empresarial. Nesta última, a subordinação se caracteriza pelo fato de um empresário estar obrigado a organizar sua empresa de acordo com as instruções emanadas por outro empresário. Trata-se de obrigação decorrente de contrato empresarial e, portanto, corresponde a subordinação a ato de livre e consciente vontade do empresário subordinado" (Coelho, Fabio Ulhoa. Subordinação empresarial e subordinação estrutural. *A valorização do trabalho autônomo e a livre-iniciativa*. Coord. Yone Frediani. Porto Alegre: *Lex Magister*, 2015, p. 56).

Os diversos prismas do fenômeno jurídico da subordinação não devem ser aplicados de forma excludente e sim com harmonia. Nesse aspecto, concordamos com as palavras de Mauricio Godinho Delgado:[25] *"A conjugação dessas três dimensões da subordinação – que não se excluem, evidentemente, mas se completam com harmonia – permite superaram-se as recorrentes dificuldades de enquadramento dos fatos novos do mundo do trabalho ao tipo jurídico da relação de emprego, retomando-se o clássico e civilizatório expansionismo do Direito do Trabalho. Na essência, é trabalhador subordinado desde o humilde e tradicional obreiro que se submete à intensa pletora de ordens do tomador ao longo de sua prestação de serviços (subordinação clássica ou tradicional), como também aquele que realiza, ainda que sem incessantes ordens diretas, no plano manual ou intelectual, os objetivos empresariais (subordinação objetiva), a par do prestador laborativo que, sem receber ordens diretas das chefias do tomador de serviços, nem exatamente realizar os objetivos do empreendimento (atividades-meio, por exemplo), acopla-se, estruturalmente, à organização e dinâmica operacional da empresa tomadora, qualquer que seja sua função ou especialização, incorporando, necessariamente, a cultura cotidiana empresarial ao longo da prestação de serviços realizada (subordinação estrutural)."*

5.1.3.4.4   Subordinação e a relação de emprego

Do ponto de vista jurídico, como uma das espécies de relação de trabalho, a relação de emprego é um contrato, cujo conteúdo mínimo é a lei, possuindo como sujeitos, de um lado, o empregado (pessoa natural), que presta serviços, e, de outro lado, o empre-

---

"O culto Mauricio Godinho Delgado produziu densa doutrina sobre a matéria, aqui resumida: 'Estrutural é, pois, a subordinação que se manifesta pela inserção do trabalhador na dinâmica do tomador de seus serviços, independentemente de receber (ou não) suas ordens diretas, mas acolhendo, estruturalmente, sua dinâmica de organização e funcionamento. (...) Diante dessas manifestações, não é difícil concluir que a teoria engendra o perfeito paradoxo dogmático: há subordinação estrutural porque não há subordinação jurídica. A subordinação estrutural, em verdade, flexibiliza o conceito de subordinação jurídica, instalando um rigoroso e fechado tratamento homogêneo para situações heterogêneas. Um só modelo contratual para empregados próprios e de terceiros; para trabalho contínuo e descontínuo; para trabalho oneroso ou gratuito; para trabalho com ou sem pessoalidade. A todos o mesmo tratamento jurídico por obra e graça da subordinação estrutural ao tomador do serviço. Ao se admitir tal subversão dogmática, poder-se-ia alterar sentido dos demais elementos do contrato de trabalho simplesmente aplicando-lhes o adjetivo estrutural.

Assim, teríamos a onerosidade estrutural, a pessoalidade estrutural, a não eventualidade estrutural, de modo a não restar vestígio sequer dos pressupostos legais de formação do contrato de trabalho. Todos estariam flexibilizados. As repercussões jurídicas dessa concentração protecionista são graves; levam à desconsideração de contratos civis e de trabalho, com terríveis impactos nos processos de terceirização, que vivem momento de enorme insegurança e instabilidade" (Robortella, Luiz Carlos Amorim; Peres, Antonio Galvão. Subordinação estrutural na terceirização de serviços. Subversão dogmática. *A valorização do trabalho autônomo e a livre-iniciativa*. Coord. Yone Frediani. Porto Alegre: *Lex Magister*, 2015, p. 197).

[25] DELGADO, Mauricio Godinho. Ob. cit., p. 298.

gador, em função de quem os serviços são prestados de forma subordinada, habitual e mediante salário.

O empregador detém o poder diretivo, ou seja, a faculdade legal de dirigir a prestação pessoal dos serviços, organizando-a, controlando-a e punindo o trabalhador, se for necessário. Trata-se de um desdobramento do direito de propriedade (art. 5º, XXII, CF).

Para Vólia Bomfim Cassar,[26] o legislador consolidado adotou a postura objetiva quanto à subordinação, apesar de entender ser inapropriada a redação contida no art. 2º, caput, CLT: *"O legislador trabalhista adotou, por motivos óbvios, o enfoque objetivo da subordinação, que atua no modo como o serviço deve ser executado e não sobre a pessoa do trabalhador. Por isso, é possível contratar empregado externo, em domicílio, teletrabalhadores etc.*

Logo, inapropriada também é a redação contida na parte final do art. 2º da CLT quando se refere '[...] dirige a prestação pessoal de serviços [...]', pois conduz o intérprete à visão subjetiva do instituto, já que utiliza a expressão pessoal logo após a palavra dirige. Deveria ter invertido a ordem da expressão afirmando que '[...] dirige a prestação de serviços pessoais [...]'."

5.1.3.4.5 Parassubordinação

A nova dinâmica global das relações do trabalho (teletrabalho; terceirização; fabricação de componentes para grandes empresas; *franchising* etc.) tem aproximado o trabalho subordinado do trabalho autônomo, logo, a indicação de que a natureza da subordinação é jurídica mostra-se insuficiente.

A doutrina italiana adota a nomenclatura parassubordinação como referência aos trabalhadores que executam suas atividades de forma pessoal, habitual e remunerada, contudo, submetidos a uma relação de coordenação.

Vale dizer, o trabalho parassubordinado é o meio-termo entre o trabalho subordinado e o autônomo. O trabalhador possui uma liberdade maior quanto ao exercício da sua atividade laborativa, sendo que, no máximo, a ingerência do tomador dos serviços é indireta na condução da prestação dos serviços.

Ao tratar do tema, Amauri Mascaro Nascimento[27] ensina que o trabalho parassubordinado é uma *"categoria intermediária entre o autônomo e o subordinado, abrangendo tipos de trabalho que não se enquadram exatamente em uma das duas modalidades tradicionais, entre as quais se situa, como a representação comercial, o trabalho dos profissionais liberais e outras atividades atípicas, nas quais o trabalho é prestado com pessoalidade, continuidade e coordenação. Seria a hipótese, se cabível, do trabalho autônomo com características assimiláveis ao trabalho subordinado. A construção teórica da figura do trabalho parassubordinado teria alguma finalidade para o direito do trabalho se tivesse uma regulamentação legal específica não coincidente com as duas áreas entre as quais se situa, o*

---

[26] CASSAR, Vólia Bomfim. *Direito do trabalho*. 2. ed., p. 268.
[27] NASCIMENTO, Amauri Mascaro. *Curso de direito do trabalho*. 21. ed., p. 430.

trabalho autônomo e o subordinado, mas essa regulamentação não existe, e o problema da extensão dos direitos do trabalho subordinado ao parassubordinado não está resolvido nem mesmo na Itália, onde a jurisprudência é oscilante. Quando o trabalho parassubordinado tiver características preponderantes de subordinado, mais simples é enquadrá-lo como tal (trabalho subordinado), para efeito de aplicação da legislação pertinente, salvo se elaborado uma normativa própria, sem o que não será de grande utilidade no Brasil".

Portanto, diante do caso concreto, ou seja, da discussão judicial sobre a existência ou não de um vínculo de trabalho subordinado, o operador do direito deve valorizar o elemento da subordinação, contudo, também deve dar o realce necessário aos aspectos da dependência econômica do trabalhador em relação ao seu tomador dos serviços. Portanto, deve buscar diversos elementos para fins de caracterização ou da relação de emprego. Como exemplos, temos: (a) quem fornece a matéria-prima; (b) de quem são os instrumentos para a realização do trabalho; (c) a exigência pelo tomador de que os serviços sejam prestados ou não de forma pessoal, aferindo, assim, a possibilidade de o trabalhador se fazer substituir quando da execução do trabalho; (d) a presença de cláusula de exclusividade quanto à prestação dos serviços; (e) o critério de remuneração (unidade tempo ou pela unidade produção); (f) a imposição de horários fixos ou flexíveis para a execução do trabalho; (g) a eventualidade ou não quanto ao trabalho executado; (h) com quem ficam os riscos da atividade econômica; (i) se o objeto do contrato é o trabalho ou o resultado do trabalho; (j) se os trabalhos são realizados mediante a subordinação ou não do prestador ao tomador dos serviços; (k) se a atividade desenvolvida pelo trabalhador está inserida na dinâmica da atividade empresarial ou se relaciona com a própria finalidade desta atividade.

5.1.3.5 *Teletrabalho*

Em muitos casos, a presença do trabalhador não é necessária nos locais físicos onde se tenha o estabelecimento da empresa, com a presença do empregador ou de seus prepostos a dirigir a prestação pessoal dos serviços. É o caso do teletrabalho.

No teletrabalho, podemos destacar que: (a) geralmente, a atividade é realizada a distância, ou seja, fora dos limites de onde os seus resultados são almejados; (b) as ordens são dadas sem condições de se ter o controle físico ou direto da execução. O controle é ocasionado pelos resultados das tarefas executadas; (c) as tarefas são executadas por intermédio de computadores ou de outros equipamentos de informática e telecomunicações.

O teletrabalho é mais uma forma de organização da atividade do empresário do que necessariamente um novo tipo de trabalho, com uma autorregulamentação. Logo, em qualquer das suas modalidades, o teletrabalho poderá ser autônomo ou subordinado (relação de emprego).

A caracterização do teletrabalho, como subordinado ou autônomo, depende da análise das condições concretas de execução da prestação dos serviços, constatando-se, pelas suas peculiaridades, se há ou não a presença de controle, direção e fiscalização quanto ao trabalho prestado.

No Brasil, a CLT passou a prever que não haverá distinção entre o trabalho realizado no estabelecimento do empregador, o executado no domicílio do empregado e o realizado a distância, desde que estejam caracterizados os pressupostos da relação de emprego, sendo que os meios telemáticos e informatizados de comando, controle e supervisão se equiparam, para fins de subordinação jurídica, aos meios pessoais e diretos de comando, controle e supervisão do trabalho alheio (art. 6º, CLT).

A equiparação se faz em termos da subordinação, ou seja, para fins de reconhecimento da relação de emprego. Isso não significa dizer necessariamente que os empregados à distância, que adotem meios telemáticos e informatizados de comando, estejam vinculados, necessariamente, sujeitos a controle de jornada ou ao regime do sobreaviso.

Para o teletrabalhador, a caracterização da subordinação não deve valorizar apenas se o trabalhador recebe ou não ordens do tomador ou se as atividades por ele exercidas inserem-se na atividade econômica do empregador. A análise passa pela atuação laborativa do trabalhador junto à estrutura empresarial.

De modo que, "... *O teletrabalho e o trabalho em domicílio* (home office) *tornaram-se frequentes nas últimas décadas em face da invenção, aperfeiçoamento e generalização de novos meios comunicacionais, ao lado do advento de novas fórmulas organizacionais e gerenciais de empresas e instituições. Isso não elimina, porém, necessariamente, a presença de subordinação na correspondente relação socioeconômica e jurídica entre o trabalhador e seu tomador de serviços, desde que ultrapassado o conceito tradicional desse elemento integrante da relação empregatícia em favor de sua dimensão objetiva ou, até mesmo, em favor do conceito de subordinação estrutural. Dentro deste novo, moderno e atualizado enfoque da subordinação, os trabalhadores em domicílio, mesmo enquadrando-se no parâmetro do* home office, *podem, sim, ser tidos como subordinados e, desse modo, efetivos empregados. Não obstante, não se pode negar que, de maneira geral, em princípio, tais trabalhadores enquadram-se no tipo jurídico excetivo do art. 62 da CLT, realizando o parâmetro das jornadas não controladas de que fala a ordem jurídica trabalhista (art. 62, I, CLT). Por outro lado, a possibilidade de indenização empresarial pelos gastos pessoais e residenciais efetivados pelo empregado no exercício de suas funções empregatícias no interior de seu* home office *supõe a precisa comprovação da existência de despesas adicionais realizadas em estrito benefício do cumprimento do contrato, não sendo bastante, em princípio, regra geral, a evidência de certa mistura, concorrência, concomitância e paralelismo entre atos, circunstâncias e despesas, uma vez que tais peculiaridades são inerentes e inevitáveis ao labor em domicílio e ao teletrabalho. Finalmente, havendo pagamento pelo empregador ao obreiro de valores realmente dirigidos a subsidiar despesas com telefonemas, gastos com informática e similares, no contexto efetivo do* home office, *não têm tais pagamentos natureza salarial, mas meramente instrumental e indenizatória. Na mesma linha, o fornecimento pelo empregador, plenamente ou de modo parcial, de equipamentos para a consecução do* home office *obreiro (telefones, microcomputadores e seus implementos etc.) não caracteriza, regra geral, em princípio, salário* in natura, *em face de seus preponderantes objetivos e sentido instrumentais. Agravo de instrumento desprovido".*[28]

---

[28] TST – AIRR 621/2003-011-10-41.0 – Rel. Min. Mauricio Godinho Delgado – *DJe* 16/4/2010 – p. 945.

A Lei 13.467/17 (Reforma Trabalhista) indica que o teletrabalho é uma modalidade de trabalho à distância, em que a prestação de serviços ocorre, preponderantemente, fora das dependências do empregador, contudo, o comparecimento no estabelecimento do empregador para a realização de atividades específicas, as quais exijam a presença do empregado, não descaracteriza o regime do teletrabalho (art. 75-B, CLT).

5.1.3.5.1 Teletrabalho e a jornada suplementar

A existência de controle de jornada de trabalho não é essencial para a configuração da subordinação. Vale dizer, o trabalhador pode ser considerado empregado independentemente de ter ou não o direito à percepção de horas suplementares.

Não se pode esquecer que o trabalho realizado a distância é uma modalidade de trabalho externo, portanto, de acordo com o art. 62, I, da CLT, não tem direito à percepção de hora extra se a atividade externa exercida pelo empregado for incompatível com a fixação de horário de trabalho.

Contudo, de forma nada razoável, contrariando o bom senso na aplicação da legislação trabalhista, a Lei 13.467/17 incorporou o inciso III ao art. 62, CLT, excluindo, assim, o empregado, em regime de teletrabalho, do direito à percepção de horas extras. De forma literal, a exclusão deve ser evitada, observando, assim, as peculiaridades do caso concreto, pena de se perpetrar a fraude empresarial ao direito à percepção das horas extras por parte do empregador.

No teletrabalho, o empregado não terá direito à percepção da jornada suplementar, se ficar evidenciado que os meios telemáticos e informativos de comando, controle e supervisão não indiquem, por exemplo, que: (a) o empregado esteja submetido a uma jornada de trabalho predeterminada; (b) a execução das tarefas atribuídas ao empregado implique em tanto tempo para a sua consecução e que tenha um determinado prazo para a sua realização; (c) o trabalhador é obrigado a retornar a qualquer contato de forma imediata; (d) se tenha a obrigação para o empregado de ficar "ligado", de forma virtual, por 24 horas diárias; (e) se tenha uma carga diária de tarefas; (f) programas de controle de acesso e de jornada de trabalho.

5.1.3.5.2 Teletrabalho e o sobreaviso

A existência da subordinação e adoção dos recursos telemáticos e informáticos não implica na afirmação de que o empregado no teletrabalho esteja vinculado necessariamente ao regime de sobreaviso.

Em outras palavras, a caracterização do sobreaviso[29] exige que o trabalhador tenha restrição à sua locomoção nos seus horários de descanso (inteligência do art. 244, § 2º, CLT).

---

[29] Pela literalidade do art. 244, § 2º, da CLT, considera-se em sobreaviso o empregado que permanecer em sua própria casa, aguardando a qualquer momento o chamado para o serviço.

O TST entendia que o uso do aparelho *bip* ou celulares pelo empregado, por si só, não caracterizava o regime de sobreaviso, uma vez que o empregado não permanecia em sua residência aguardando, a qualquer tempo, convocação para o serviço (OJ 49, SDI-I).

Pela OJ 49, o art. 244, § 2º, CLT, não seria aplicado ao sistema de chamada por *bip*, pela liberdade de locomoção do empregado ante o fato de não estar vinculado aos limites da sua residência. No máximo, a partir do chamado, se o trabalhador passasse a executar tarefas contratuais, teria direito a percepção deste período como efetivo tempo de trabalho.

Não nos parecia correto o entendimento do TST contido na OJ 49. Pois quando o empregado está vinculado a um local (limite geográfico), e dele não pode se ausentar durante o plantão, o tempo à disposição deve ser considerado como regime de sobreaviso. Exemplo: restrição do empregado a uma determinada cidade, não podendo deslocar para outra localidade, pois a qualquer momento pode ser chamado pelo empregador por meio do celular ou qualquer outro meio telemático de comunicação.

Em algumas decisões, o TST passou a sinalizar a mudança de entendimento, ao mencionar que o empregado teria direito à percepção de horas pelo sobreaviso ante a combinação da utilização do celular e a limitação explícita pelo celular ocasionada no direito de ir e vir do empregado.

Em maio de 2011 (Resolução 175/11), o TST cancelou a redação da OJ 49, convertendo-a na Súmula 428, com a seguinte redação: *"O uso do aparelho BIP pelo empregado, por si só, não caracteriza o regime de sobreaviso, uma vez que o empregado não permanece em sua residência aguardando, a qualquer momento, convocação para o serviço."*

Adequando a sua jurisprudência à realidade, em setembro de 2012, o TST reformulou a redação da Súmula 428: *"I – O uso de instrumentos telemáticos ou informatizados fornecidos pela empresa ao empregado, por si só, não caracteriza regime de sobreaviso"; II – Considera-se em sobreaviso o empregado que, à distância e submetido a controle patronal por instrumentos telemáticos ou informatizados, permanecer em regime de plantão ou equivalente, aguardando a qualquer momento o chamado para o serviço durante o período de descanso."*

Visível a mudança quanto ao entendimento sobre o regime de sobreaviso por parte do TST. A simples entrega ou utilização de instrumentos telemáticos ou informatizados pelo empregado não enseja a caracterização do sobreaviso. Contudo, não mais se exige que o empregado fique circunscrito a sua residência.

No teletrabalho, o empregado terá direito à percepção das horas do sobreaviso, quando ocorrer: (a) o trabalho a distância, em que as atividades são exercidas fora dos limites geográficos da empresa; (b) o controle empresarial quanto aos trabalhos executados (exercido por meio da utilização de instrumentos telemáticos ou informatizados); (c) a imposição de plantões, escalas de trabalho ou figuras equivalentes pelo empregador para os períodos de descanso do trabalhador; (d) a vinculação a qualquer chamado do empregador, para fins de execução de tarefas, as quais serão exercidas a distância ou pelo deslocamento do empregado às dependências da empresa ou para qualquer outro local por determinação empresarial.

5.1.4 Onerosidade

Não há contrato de trabalho a título gratuito, ou seja, sem encargos e vantagens recíprocas. O contrato de trabalho é bilateral e oneroso, isto é, o empregado, ao prestar os serviços, tem direito aos salários. Representa o ganho periódico e habitual percebido pelo trabalhador que presta serviços continuados e subordinados a outrem.

O contrato de trabalho subordinado é inexistente quando o esforço se dá por simples caridade, religião, amizade, solidariedade humana etc. Por exemplo: o serviço voluntário, o qual não gera vínculo empregatício, nem obrigações de natureza trabalhista, previdenciária ou afim (art. 1º, parágrafo único, Lei 9.608/98).

5.2 VISÃO GLOBAL DOS DEMAIS TIPOS DE RELAÇÕES DE TRABALHO

Ao lado da relação empregatícia, temos outras figuras de trabalhadores subordinados: doméstico, avulso, temporário, eventual e o rural.

5.2.1 Trabalhador aprendiz

Contrato de aprendizagem é o contrato de trabalho especial, ajustado por escrito e por prazo determinado, em que: (a) o empregador compromete-se a assegurar ao maior de 14 e menor de 24 anos, inscrito em programa de aprendizagem, a formação técnico--profissional metódica e compatível com os desenvolvimentos físico, moral e psicológico; (b) o aprendiz a executar, com zelo e diligência, as tarefas necessárias a essa formação (art. 428, *caput*).

O contrato de aprendizagem pode-se dar: (a) entre a empresa e o aprendiz (regulada pelo art. 429 – serviço nacional de aprendizagem). É a aprendizagem típica, com o surgimento do contrato de trabalho especial (aprendiz) entre a empresa e o aprendiz; (b) pelas escolas técnicas de educação; entidades sem fins lucrativos, que tenham por objetivo a assistência ao adolescente e à educação profissional, registradas no Conselho Municipal dos Direitos da Criança e do Adolescente; pelas entidades de prática desportiva das diversas modalidades filiadas ao Sistema Nacional do Desporto e aos Sistemas de Desporto dos Estados, do Distrito Federal e dos Municípios (arts. 430 e 431). A formulação do vínculo jurídico ocorre entre o menor e a entidade sem fins lucrativos, além de uma empresa tomadora, na qual o menor prestará os serviços.

A figura do trabalhador aprendiz é objeto de estudos no Capítulo XXXVI da Parte IV desta obra.

5.2.2 Trabalhador doméstico

Pela ótica doutrinária, empregado doméstico é quem presta serviços de natureza contínua e de finalidade não lucrativa, mediante salário e de forma subordinada à pessoa natural ou à família no âmbito residencial. Exemplos: arrumadeira, cozinheira, babá, lavadeira, faxineira, copeiro, jardineiro, vigilante, enfermeira particular, governanta, mordomo, cuidador de idoso etc.

A LC 150/15, ao dispor a respeito do conceito de empregado doméstico, pôs fim à discussão relacionada com o número de dias da semana em que o trabalhador presta serviços à família ou à pessoa. Vale dizer, quando a prestação for superior a dois dias por semana, tem-se a configuração da "continuidade" na caracterização do vínculo de emprego doméstico.

Por lei, empregado doméstico é aquele que presta serviços de forma contínua, subordinada, onerosa, pessoal e de finalidade não lucrativa à pessoa ou à família, no âmbito residencial destas, por mais de dois dias por semana.

É considerado doméstico não só quem trabalha nas delimitações espaciais da residência, como também os que atuam de forma externa para a pessoa natural ou a família. É o caso: (a) do motorista que leva o patrão para o serviço, a esposa em seus afazeres domésticos, as crianças para a escola etc.; (b) dos trabalhadores que labutam em sítio no qual não se trata a exploração lucrativa da propriedade rural (caseiro, cozinheira etc.).

Quando os serviços são prestados, dentro ou fora do âmbito residencial, em atividades comerciais ou industriais, deixam de ter a natureza de trabalho doméstico. É o caso da faxineira que só limpa o consultório que está localizado na residência do patrão. Também é a hipótese do motorista que leva o patrão para a empresa e vice-versa, bem como em seus compromissos profissionais. Nesses dois casos, passa a existir uma relação jurídica como de qualquer outro empregado, ou seja, nos moldes da CLT.

O Anexo do Decreto 6.481/08, na rubrica "Trabalho Doméstico", item 76, estabelece a proibição do trabalho doméstico para o menor de 18 anos.[30]

A LC 150 é explícita no sentido de que é vedada a contratação de menor de 18 anos de idade para desempenho de trabalho doméstico (art. 1º, parágrafo único).

Com maiores detalhes, o trabalho doméstico encontra-se analisado no Capítulo V da Parte V desta obra.

---

[30] O Decreto 6.481, de 12/6/2008, regulamenta os arts. 3º, alínea *d*, e 4º da Convenção 182 da Organização Internacional do Trabalho (OIT), que trata da proibição das piores formas de trabalho infantil e ação imediata para sua eliminação, aprovada pelo Decreto Legislativo 178, de 14/12/1999, e promulgada pelo Decreto 3.597, de 12/9/2000. De acordo com o art. 1º fica aprovada a Lista das Piores Formas de Trabalho Infantil (Lista TIP), na forma do Anexo que acompanha o Decreto 6.481/08. A classificação de atividades, locais e trabalhos prejudiciais à saúde, à segurança e à moral, da Lista TIP, não é extensiva aos trabalhadores maiores de 18 anos (art. 2º, § 3º). A Lista TIP será periodicamente examinada e, se necessário, revista em consulta com as organizações de empregadores e de trabalhadores interessadas (art. 5º). Está proibido o trabalho do menor de 18 anos nas atividades descritas na Lista TIP, a qual poderá ser elidida na hipótese de: (a) ser o emprego ou trabalho, a partir da idade de 16 anos, autorizado pelo Ministério do Trabalho e Emprego, após consulta às organizações de empregadores e de trabalhadores interessadas, desde que fiquem plenamente garantidas a saúde, a segurança e a moral dos adolescentes; (b) aceitação de parecer técnico circunstanciado, assinado por profissional legalmente habilitado em segurança e saúde no trabalho, que ateste a não exposição a riscos que possam comprometer a saúde, a segurança e a moral dos adolescentes, depositado na unidade descentralizada do Ministério do Trabalho e Emprego da circunscrição onde ocorrerem as referidas atividades (art. 2º, § 1º, I e II).

5.2.3 Trabalhador em domicílio

Não há distinção do trabalho realizado no estabelecimento do empregador com o executado no domicílio do empregado ou o realizado a distância, desde que estejam caracterizados os pressupostos da relação de emprego (art. 6º, CLT).

A figura típica do empregado *"é a do que presta serviços subordinados em ambiente adrede destinado ao trabalho, que seja em fábrica, armazém, construção, escritório, entreposto etc. Não se desnatura, entretanto, o contrato de trabalho pelo fato de o trabalhador exercer a sua atividade no próprio domicílio. Dois fatos acentuam a sua condição de empregado: o de não destinar o produto de sua atividade ao mercado, senão a uma determinada empresa; e o de não ser dono da matéria-prima ou dos instrumentos com que trabalha. Tendo em vista as apontadas características, Evaristo de Moraes Filho definiu o trabalhador a domicílio do seguinte modo: '(trabalhador a domicílio é aquele) que realiza [...] habitual ou profissionalmente, em sua própria habitação, ou em local por ele escolhido, longe da vigilância direta do empregador, ou em oficina de família, com o auxílio dos parentes aí residentes ou algum trabalhador externo, sempre que o faça por conta e sob a direção de um patrão'".*[31]

O trabalho domiciliar é uma forma de contrato de trabalho por assimilação, já que o empregado em domicílio, de acordo com o art. 6º, CLT, tem os mesmos direitos do trabalhador subordinado que labore no estabelecimento do empregador.

Na doutrina, para que se tenha a caracterização do trabalho em domicílio, exige-se: *"(a) a continuidade da prestação do serviço em local fora da empresa ou estabelecimento; (b) a fixação da qualidade e quantidade das tarefas a serem executadas; (c) a entrega do produto acabado em períodos de tempo variáveis, mas sempre com uma obrigação predeterminada a este respeito; (d) a fixação de um preço de tarifa unitária, por peça, medida, número, metro ou capacidade; (e) a absorção do tempo do empregado por uma ou mais empresas, ou intermediários".*[32]

Com maiores detalhes, o trabalhador a domicílio encontra-se analisado no Capítulo VI da Parte V desta obra.

5.2.4 Trabalhador avulso

José Martins Catharino salienta que o vocábulo "avulso", em seu sentido vulgar, significa *"separado, desligado, insulado",*[33] logo trabalhador avulso é: *"[...] aquele separado, não inserido em uma organização empresária ou assemelhada, mas, de qualquer maneira, trabalhando para e por ela remunerado. Assim, na prática, não é fácil distinguir-se o traba-*

---

[31] MAGANO, Octavio Bueno. *Manual de direito do trabalho*: direito individual do trabalho. 4. ed., v. 2, p. 145.
[32] GOMES, Orlando; GOTTSCHALK, Elson. *Curso de direito do trabalho*. 4. ed., p. 412.
[33] CATHARINO, José Martins. *Compêndio universitário de direito do trabalho*, v. 1, p. 186.

lhador avulso, individualmente considerado, do eventual ou do empregado, este trabalhador subordinado ou dependente".[34]

Era considerado avulso, o prestador de serviços na orla marítima, realizando serviços para empresas marítimas, por conta destas, mediante rodízio controlado pelo sindicato[35] de sua respectiva categoria. Os seus elementos característicos seriam os seguintes: (a) a intermediação do sindicato na colocação de sua mão de obra; (b) a curta duração dos serviços prestados a um beneficiado (navio aportado); (c) a remuneração paga basicamente em rateio procedido pelo sindicato.

A Portaria 3.107/71 do então Ministério do Trabalho e Previdência Social, no âmbito do sistema geral da previdência social, definia como trabalhador avulso todo trabalhador sem vínculo empregatício que, sindicalizado ou não, tivesse a concessão de direitos de natureza trabalhista executada por intermédio da respectiva entidade de classe (= sindicato).

O conteúdo da Portaria 3.107 trouxe uma dimensão maior para a figura do trabalhador avulso, abrangendo outras categorias de trabalhadores. Em função dessa abrangência, o conceito de trabalhador avulso *"modificou-se em função de um fato determinante das novas configurações do exercício das atividades, que antes eram reconhecidas apenas para a área dos portuários"*.[36]

Amauri Mascaro Nascimento aduz a existência de quatro justificativas para explicar o referido fenômeno:

a) as práticas sociais que levaram ao desenvolvimento de outras categorias fora da área portuária, como é o caso dos garçons;

b) a reorganização dos portos, por meio da Lei 8.630/93 (revogada pela Lei 12.815, de 5/6/2013), dando: "[...] origem a modificações, no plano legal, que afastaram, em determinadas situações, a presença obrigatória do sindicato como órgão da intermediação da contratação do pessoal, uma vez que os órgãos gestores da mão de obra portuária passaram a atuar para esse fim, respondendo solidariamente com os operadores pela remuneração dos avulsos e legitimidade passiva perante a Justiça do Trabalho";[37]

c) a autorização legal para a adoção de empregados nos serviços portuários;

---

[34] CATHARINO, José Martins. Ob. cit., p. 186.
[35] Até a criação do Órgão de Gestão de Mão de Obra (OGMO), a escalação do trabalhador avulso portuário era realizada pelos sindicatos profissionais. Neste sentido, havia o disposto no art. 6º, do Decreto-lei 3, de 27 de janeiro de 1966 (revogado pela Lei 8.630/93): "As entidades estivadoras requisitarão, diretamente, dos sindicatos respectivos, os trabalhadores indispensáveis à execução dos serviços, cuja escalação obedecerá, rigorosamente, ao critério do rodízio, para que haja, assim, uma equitativa divisão do trabalho por todos os trabalhadores matriculados."
[36] NASCIMENTO, Amauri Mascaro. *Curso de direito do trabalho*. 21. ed., p. 450.
[37] NASCIMENTO, Amauri Mascaro. Ob. cit., p. 450.

d) as empresas portuárias passaram a utilizar-se de pessoal próprio para a realização dos serviços em seus terminais na medida em que ficaram desobrigadas da requisição de trabalhadores avulsos junto às entidades sindicais.

A noção de trabalhador avulso não mais exige a intermediação da entidade sindical. Nesse sentido, a Lei 8.213/91, que dispõe sobre os planos de benefícios da previdência social, em seu art. 11, inciso VI, define trabalhador avulso *in verbis*: *"Quem presta, a diversas empresas, sem vínculo empregatício, serviços de natureza urbana ou rural definidos no Regulamento."*

De acordo com o inciso VI do art. 9º do Decreto 3.048/99 (Regulamento da Previdência Social), trabalhador avulso é aquele que, sindicalizado ou não, presta serviços de natureza urbana ou rural, a diversas empresas, sem vínculo empregatício, com a intermediação obrigatória do Órgão Gestor de Mão de Obra (OGMO) ou do sindicato da categoria. São avulsos: (a) o trabalhador que exerce atividade portuária de capatazia, estiva, conferência e conserto de carga, vigilância de embarcação e bloco; (b) o trabalhador de estiva de mercadorias de qualquer natureza, inclusive carvão e minério; (c) o trabalhador em alvarenga (embarcação para carga e descarga de navios); (d) o amarrador de embarcação; (e) o ensacador de café, cacau, sal e similares; (f) o trabalhador na indústria de extração de sal; (g) o carregador de bagagem em porto; (h) o prático de barra em porto; (i) o guindasteiro; (j) o classificador, o movimentador e o empacotador de mercadorias em portos (art. 9º, VI, "a" a "j").

Como tipos de trabalhadores avulsos, o Regulamento enuncia o avulso portuário e o avulso não portuário.

De idêntica forma, o art. 263 da Instrução Normativa 971, de 17 de novembro de 2009, da Receita Federal do Trabalho indica:

a) trabalhador avulso: aquele que, sindicalizado ou não, presta serviços de natureza urbana ou rural, sem vínculo empregatício, a diversas empresas, com intermediação obrigatória do sindicato da categoria ou, quando se tratar de atividade portuária, do OGMO;

b) trabalhador avulso não portuário, aquele que: (1) presta serviços de carga e descarga de mercadorias de qualquer natureza, inclusive carvão e minério, o trabalhador em alvarenga (embarcação para carga e descarga de navios), o amarrador de embarcação, o ensacador de café, cacau, sal e similares, aquele que trabalha na indústria de extração de sal, o carregador de bagagem em porto, o prático de barra em porto, o guindasteiro, o classificador, o movimentador e o empacotador de mercadorias em portos; (2) exerce atividade de movimentação de mercadorias em geral, nas atividades de costura, pesagem, embalagem, enlonamento, ensaque, arrasto, posicionamento, acomodação, reordenamento, reparação da carga, amostragem, arrumação, remoção, classificação, empilhamento, transporte com empilhadeiras, paletização, ova e desova de vagões, carga e descarga em feiras livres e abastecimento de lenha em secadores e caldeiras, operações de equipamentos de carga e descarga, pré-limpeza e limpeza em locais necessários à viabilidade das operações ou à sua continuidade;

c) trabalhador avulso portuário, aquele que presta serviços de capatazia, estiva, conferência de carga, conserto de carga, bloco e vigilância de embarcações na área dos portos organizados e de instalações portuárias de uso privativo, com intermediação obrigatória do OGMO (art. 9º, VI, "a", Decreto 3.048): (1) segurado trabalhador avulso quando, sem vínculo empregatício, registrado ou cadastrado no OGMO, presta serviços a diversos operadores portuários; (2) segurado empregado quando, registrado no OGMO, contratado com vínculo empregatício e a prazo indeterminado (art. 40, *caput*, Lei 12.815/13).

A Lei 12.023/09 disciplina as atividades de movimentação de mercadorias em geral exercidas por trabalhadores avulsos, em áreas urbanas ou rurais sem vínculo empregatício, mediante intermediação obrigatória do sindicato da categoria, por meio de acordo ou convenção coletiva de trabalho para execução das atividades (art. 1º). Trata-se do avulso não portuário.

Os critérios (remuneração; definição das funções; composição de equipes e as demais condições de trabalho) serão objeto de negociação entre as entidades representativas dos trabalhadores avulsos e dos tomadores de serviços (art. 1º, parágrafo único).

Como atividades de movimentação de mercadorias em geral, o legislador estabeleceu: (a) cargas e descargas de mercadorias a granel e ensacados, costura, pesagem, embalagem, enlonamento, ensaque, arrasto, posicionamento, acomodação, reordenamento, reparação da carga, amostragem, arrumação, remoção, classificação, empilhamento, transporte com empilhadeiras, paletização, ova e desova de vagões, carga e descarga em feiras livres e abastecimento de lenha em secadores e caldeiras; (b) operações de equipamentos de carga e descarga; (c) pré-limpeza e limpeza em locais necessários à viabilidade das operações ou à sua continuidade (art. 2º, I a III).

A Lei 12.023 é inaplicável às relações de trabalho regidas pelas Leis 12.815/13 e 9.719/98.

A figura do trabalhador avulso é objeto de estudos no Capítulo XIII da Parte V desta obra.

5.2.5 Trabalhador temporário

O trabalho temporário é regulado pela Lei 6.019/74 (com as alterações legislativas pela Lei 13.429/17) e pelo Regulamento (Decreto 73.841/74, além da Portaria MTE 789/14 e da Instrução Normativa SIT 114/14).

Pela antiga redação do art. 2º, Lei 6.019, trabalho temporário era aquele prestado por pessoa natural a uma empresa, para atender à necessidade transitória de substituição de seu pessoal regular e permanente ou a acréscimo extraordinário de serviços (art. 2º).

Face à nova redação (art. 2º, *caput*), trabalho temporário é o prestado por pessoa física contratada por uma empresa de trabalho temporário que a coloca à disposição de uma empresa tomadora de serviços, para atender à substituição transitória de pessoal permanente ou à demanda complementar de serviços.

Houve a substituição de "acréscimo extraordinário de serviços" por "demanda complementar de serviços". Por essa última expressão, compreenda-se a que seja oriunda de fatores (art. 2º, § 2º, Lei 6.019, redação dada pela Lei 13.429): (a) imprevisíveis (situações empresariais que não podem ser conhecidas de forma prévia); (b) previsíveis (situações empresariais, as quais são passíveis de serem antecipadas dentro do exercício da atividade econômica da empresa tomadora), podendo ser intermitente (hipóteses em que não se tem a continuidade, visto que se tem a sua interrupção, logo, são situações alternadas ou revezadas da necessidade de mão de obra temporária), periódico (situações as quais ocorrem em lapsos de tempo determinados, havendo uma época predeterminada em que será necessária a adoção da mão de obra temporária) ou sazonal (para situações específicas a determinadas épocas do ano, tais como dia dos namorados, natal, carnaval etc.).

A nova redação do art. 2º reflete a IN SIT 114, a qual no art. 2º, §§ 1º a 3º, estabelece os parâmetros de fiscalização do trabalho temporário e as suas hipóteses de contratação.

Pela Lei 13.429, não se pode contratar trabalhadores temporários para a substituição de grevistas (art. 2º, § 1º, Lei 6.019), exceto nas hipóteses legais (arts. 7º, 9º e 11, Lei 7.783/89, Lei de Greve).

Face à antiga redação (art. 4º, Lei 6.019), empresa de trabalho temporário era a pessoa natural ou jurídica urbana cuja atividade consistia na colocação à disposição de outras empresas, temporariamente, trabalhadores, devidamente qualificados, por elas remunerados e assistidos.

O trabalho temporário somente era possível em atividades econômicas urbanas (restrição face aos termos do art. 4º, Lei 5.889/73, a qual trata do empregador rural por equiparação, como sendo a pessoa física ou jurídica que, habitualmente, em caráter profissional, e por conta de terceiros, execute serviços de natureza agrária, mediante utilização do trabalho de outrem).

Pela Lei 13.429, empresa de trabalho temporário é a pessoa jurídica, devidamente registrada no Ministério do Trabalho, responsável pela colocação de trabalhadores à disposição de outras empresas temporariamente.

Cotejando-se as duas redações, a partir da Lei 13.429, empresa de trabalho temporário só pode ser pessoa jurídica e cuja atuação pode ocorrer nas relações urbanas e rurais de trabalho, contudo, é a responsável pela qualificação, remuneração e assistência ao trabalhador temporário.

Pela antiga redação do art. 5º, Lei 6.019, o funcionamento da empresa de trabalho temporário dependeria de registro no Departamento Nacional de Mão de Obra do Ministério do Trabalho e Previdência Social. A exigência é mantida face a atual redação do art. 4º, Lei 6.019, com a redação dada pela Lei 13.429.

Para o funcionamento da empresa de trabalho temporário era exigível (art. 6º, *a* a *f*, Lei 6.019): (a) prova de constituição da firma e de nacionalidade brasileira de seus sócios, com o competente registro na Junta Comercial da localidade em que tenha sede; (b) prova de possuir capital social de no mínimo 500 vezes o valor do maior salário mínimo vigente no país; (c) prova de entrega da relação de trabalhadores a que se refere o art. 360 da CLT, bem como apresentação do Certificado de Regularidade de Situação, fornecido pelo Instituto Nacional de Previdência Social; (d) prova de recolhimento da contribuição sindical; (e) prova da propriedade do imóvel-sede ou recibo referente ao último mês, relativo ao contrato de locação; (f) prova de inscrição no Cadastro Geral de Contribuintes do Ministério da Fazenda.

Por sua vez, o art. 6º, parágrafo único, também previa que, no caso de mudança de sede ou de abertura de filiais, agências ou escritórios, era dispensada a apresentação dos documentos, exigindo-se, no entanto, o encaminhamento prévio ao Departamento Nacional de Mão de Obra de comunicação por escrito, com justificativa e endereço da nova sede ou das unidades operacionais da empresa.

Atualmente, com a nova redação do art. 6º, I a III, da Lei 6.019, são exigíveis: (a) prova de inscrição no Cadastro Nacional da Pessoa Jurídica (CNPJ) no Ministério da Fazenda; (b) prova do competente registro na Junta Comercial da localidade em que tenha sede; (c) prova de possuir capital social de, no mínimo, R$ 100.000,00.

A empresa de trabalho temporário continua obrigada a fornecer ao Departamento Nacional de Mão de Obra, quando solicitada, os elementos de informação julgados necessários ao estudo do mercado de trabalho (art. 8º). Citado dispositivo foi mantido mesmo diante das alterações trazidas pela Lei 13.429.

A Lei 13.429 inovou ao conceituar empresa tomadora, como sendo a pessoa jurídica ou entidade a ela equiparada que celebra contrato de prestação de trabalho temporário com a empresa prestadora de serviços temporários (art. 5º, Lei 6.019).

Não se exige que o tomador dos serviços temporários seja, necessariamente, uma pessoa jurídica. Pode ser qualquer outra entidade a ela equiparada, logo, é admissível que seja pessoa física, entes sem personalidade jurídica etc. Basta que tenha uma atividade (= empresa), na qual se tenha a necessidade de substituição transitória de pessoal permanente ou demanda complementar de serviços.

Pelo art. 16, Decreto 73.841, é considerado trabalhador temporário aquele contratado por empresa de trabalho temporário, para prestação de serviço destinado a atender à necessidade transitória de substituição de pessoal regular e permanente ou a acréscimo extraordinário de tarefas de outra empresa.

Adaptando o conceito legal à Lei 13.429, a qual deu nova redação ao art. 2º, *caput*, da Lei 6.019, trabalhador temporário é o contratado por empresa de trabalho temporário, para prestação de serviço destinado a atender à necessidade transitória de substituição de pessoal permanente ou à demanda complementar de serviços.

O Capítulo XIV da Parte V desta obra apresenta maiores enfoques quanto ao trabalho temporário.

5.2.6 Trabalhador eventual

A doutrina aponta quatro teorias que procuram identificar o trabalhador eventual: a teoria da descontinuidade, a teoria do evento, a teoria dos fins do empreendimento e a teoria da fixação jurídica. Tais teorias foram desenvolvidas no item 5.1.2, deste capítulo.

5.2.7 Trabalhador rural

Há quatro categorias que podem ser tidas como trabalhadores rurais: (a) o empregado convencional que pode ser remunerado por unidade de tempo ou obra, sem predeterminação de prazo; (b) o eventual rural; (c) o safrista; (d) os que prestam serviços sob denominações vindas do Direito Civil (meação, parceria, arrendamento etc.), porém subordinados (Lei 5.889/73).

Empregado rural é toda pessoa natural que, em propriedade rural ou prédio rústico,[38] presta serviços de natureza não eventual a empregador rural, sob a dependência deste e mediante salário (art. 2º, Lei 5.889).

O Capítulo XV da Parte V desta obra apresenta maiores detalhes quanto à figura do trabalhador rural.

5.2.8 Trabalhador autônomo

Trabalhador autônomo é o que não se submete ao poder diretivo de quem contrata os seus serviços. Os elementos característicos: (a) exerce livremente a sua atividade, estabelecendo quando e como os seus serviços serão realizados; (b) assume os riscos da sua atividade; (c) é comum que os serviços prestados estão vinculados a um determinado resultado do trabalho; (d) o resultado do trabalho pode ser obtido de forma individual pelo próprio trabalhador autônomo ou com o auxílio de outros trabalhadores por ele remunerados. Em suma: é um trabalhador por conta e risco próprio.

Por sua vez, o empregado é um trabalhador que: (a) executa serviços por conta alheia, sendo que os riscos são de responsabilidade de quem o contrata; (b) no desempenho de suas tarefas contratuais, fica vinculado aos poderes de fiscalização, de punição e de direção exercidos pelo empregador; (c) o objeto da contratação não é o resultado do trabalho e sim a própria prestação dos serviços. Vale dizer: é um trabalhador por conta e risco alheio.

Para Arion Sayão Romita,[39] o trabalho se diz *"autônomo quando o trabalhador se obriga não a prestar – isto é, a colocar à disposição de outrem – a sua energia de trabalho, mas executar ou fornecer a um tomador uma obra determinada ou um serviço em conjunto, encarado como o resultado de sua atividade, que é exercida fora do âmbito da organização econômica do tomador. Essa atividade é desempenhada pelo trabalhador só ou com auxílio de terceiros, com organização própria e por sua inteira iniciativa, com livre escolha de lugar, tempo e modo de execução e, por isso, sem qualquer vínculo de subordinação com o tomador. Este pode dar instruções de caráter geral referente às características da obra ou dos serviços executados, mas não dá ordens ao prestador de serviços. A prestação a que se*

---

[38] Prédio rústico é o localizado na área urbana, contudo, como nele se tem a exploração de atividade agropastoril, os trabalhadores que lá labutam são considerados como rurais.
[39] ROMITA, Arion Sayão. Competência da Justiça do Trabalho para ações sobre relações de trabalho: trabalho eventual. *Revista Justiça do Trabalho*, ano 22, nº 258, p. 12, jun./2005.

obriga o tomador remunera o produto fornecido ou o serviço executado. O risco econômico da atividade recai sobre o trabalhador autônomo".

A partir da EC 45/04, com a mudança de paradigma (relação de emprego para relação de trabalho) na caracterização da jurisdição trabalhista, a Justiça do Trabalho passou a ter competência para dirimir as questões atinentes ao trabalho autônomo.

Aliás, a competência da Justiça do Trabalho também abrange o trabalho parassubordinado, ou seja, posição intermediária entre o trabalho subordinado e o autônomo, em que o trabalhador presta serviços autônomos, contudo, de forma coordenada pelo tomador. É evidente que há uma dependência econômica do parassubordinado ao tomador dos seus serviços, o que já não acontece com tamanha nitidez quanto ao trabalhador autônomo. Para muitos doutrinadores, a parassubordinação reflete uma modalidade de precarização das relações de trabalho, visto que, apesar da dependência econômica, como os trabalhados são executados de forma autônoma, fica à margem da proteção inerente à relação de emprego.

Arion Sayão Romita[40] ensina: *"O trabalhador parassubordinado pode ser considerado quase sempre um contratante débil. A debilidade contratual, que constitui uma característica constante nas formas de prestação de serviços parassubordinados, justifica a tentativa de incluir esta modalidade no campo de aplicação do direito do trabalho. A debilidade contratual se configura não somente pela debilidade econômica mas também pela circunstância de que o tomador de serviços tem a possibilidade de anular ou reduzir sensivelmente a liberdade contratual do prestador.*

Entre os trabalhadores parassubordinados são elencadas, além dos prestadores de trabalho associativo (sociedades em conta de participação, membros de cooperativa de trabalho, o sócio de indústria, membros de empresa familiar), os representantes comerciais, os propagandistas, agentes teatrais, cinematográficos e esportivos, corretores de toda espécie de negócios (como os corretores de imóveis), concessionários de vendas, pequenos empresários (dependentes economicamente de indústrias a que prestam colaboração contínua), profissionais liberais (como o advogado que trata de modo contínuo dos interesses de uma pessoa física, o médico de família etc.). [...]

Mercê da promulgação da Emenda Constitucional nº 45, a Justiça do Trabalho passou a ser competente para processar e julgar: 1º – os litígios entre empregados e empregadores (competência antiga, já existente antes da promulgação da Emenda, que em nada foi afetada), mediante aplicação da legislação trabalhista (Consolidação das Leis do Trabalho e demais normais que dispõem sobre a relação de emprego); 2º – os litígios entre os trabalhadores autônomos e parassubordinados e os respectivos tomadores dos serviços, mediante aplicação da legislação comum (não trabalhista), civil ou comercial."

Com a Reforma Trabalhista, houve a inserção da regra disciplinando a contratação do autônomo, de modo que sua contratação, cumpridas por este todas as formalidades legais, com ou sem exclusividade, de forma contínua ou não, afasta a qualidade de em-

---

[40] ROMITA, Arion Sayão. Ob. cit., p. 13.

pregado (art. 442-B, CLT). Com certeza, o dispositivo legal em nada contribuiu para a solução da questão, a qual é norteada pelos requisitos do art. 3º, CLT, e pelo princípio da primazia da realidade em cada caso concreto. Essa solução nada criativa já estava prevista para o cooperado (art. 442, parágrafo único, CLT).

QUESTIONÁRIO

1. Qual é a definição legal de empregado?

2. Quais são os elementos presentes na definição de empregado?

3. Explique o que é "serviços não eventuais".

4. Quais são as correntes doutrinárias quanto à noção da natureza jurídica da subordinação?

5. Existe contrato de trabalho a título gratuito?

6. O trabalhador doméstico é um trabalhador subordinado?

7. A pessoa que labora em um sítio de lazer é considerada empregado doméstico ou rural?

8. Quais são as categorias que abrangem o trabalhador avulso?

9. Explique a triangulação existente no contrato de trabalho temporário.

10. Quais são as teorias que procuram explicar a noção de trabalhador eventual?

11. Quais são as diferenças legais entre o empregado rural e o urbano?

12. Quais são os demais tipos de contratos existentes no campo?

13. É possível a existência de um contrato agrário concomitante com o contrato de trabalho na área rural?

14. A exclusividade é elemento essencial na configuração do trabalhador autônomo?

Capítulo VI
EMPREGADOR

6.1 EMPREGADOR E A CONSOLIDAÇÃO DAS LEIS DO TRABALHO

Nos termos da CLT, considera-se empregador a empresa, individual ou coletiva, que, assumindo os riscos da atividade econômica, admite, assalaria e dirige a prestação pessoal de serviço (art. 2º, *caput*).

Essa definição legal, nas palavras de Magano:[1] *"[...] suscita, desde logo, o problema de saber se é a empresa mesmo que se há de considerar como empregador ou se, ao contrário, a pessoa física ou jurídica que sobre ela tem titularidade".*

Délio Maranhão[2] ensina: *"Vê-se daí que, de acordo com a definição legal, empregador é a empresa. Mas, já o dissemos, o legislador não é todo-poderoso. Os fatos são o que são. Vale recordar aqui as palavras de André Rouast: 'As categorias jurídicas devem corresponder às realidades da vida econômica'. A lei 'considera' empregador a empresa. Mas não basta que assim o considere para que o empregador seja, realmente, a empresa."*

Em prol da tese de que a empresa é o sujeito da relação empregatícia, a doutrina invoca os seguintes argumentos: (a) a própria definição legal; (b) a vinculação do empregado com a empresa, o que deriva da combinação dos arts. 10 e 448, CLT, os quais estabelecem a inalterabilidade do contrato de trabalho no caso de transferência de sua titularidade; (c) o fenômeno da despersonalização do empregador.

Por outro lado, opondo-se à referida teoria, há na doutrina uma corrente que entende que a empresa é o objeto (atividade econômica organizada), não podendo ser confundida com a *pessoa* do empregador, seu titular.

Délio Maranhão[3] entende que as duas expressões ("empresa" e "empregador") não são sinônimas, enfatizando que *"empregador é um dos sujeitos do contrato de trabalho, 'contrato' a que se refere, expressamente, em vários de seus artigos, a mesma Consolidação.*

---

[1] MAGANO, Octavio Bueno. *Manual de direito do trabalho*: direito individual do trabalho. 4. ed., v. 2, p. 47.
[2] MARANHÃO, Délio; SÜSSEKIND, Arnaldo; VIANNA, Segadas; TEIXEIRA FILHO, João de Lima. *Instituições de direito do trabalho*. 19. ed., v. 2, p. 292.
[3] MARANHÃO, Délio et al. Ob. cit., p. 292.

Ora, somente a pessoa física ou jurídica pode contratar. Juridicamente, como iremos ver, a 'empresa', empregando-se, ainda assim, tal palavra em sentido impróprio, porque, a rigor, empresa significa atividade, é objeto de direito. Logo, não pode ser empregador".

Oscar Barreto Filho[4] aduz que *"há uma interação entre as expressões empresário, empresa e estabelecimento"*, ponderando que a *"singular correlação entre as três ideias não é uma criação teórica; pelo contrário, é um dado da experiência. Na prática, a continuidade da empresa, que se revela objetivamente no estabelecimento, excedendo a vida das pessoas que a criaram ou dirigiram, a possibilidade de sua transferência de um para outro titular, lhe conferem uma existência aparente, como se fosse real sujeito de direitos e obrigações, a ponto de nela se reconhecer uma pessoa econômica. O próprio esforço desenvolvido pelo empresário, no sentido de atribuir à empresa uma consistência objetiva, leva ao resultado de que a pessoa do titular se vá apagando gradualmente na consciência da clientela, para dar lugar à presença mais firme e mais estável da empresa. Daí a tendência natural, que comumente se nota, de referir à empresa aqueles direitos, aquelas manifestações de atividade que, de fato, são concernentes ao empresário"*.

Não se pode justificar a identidade dos conceitos, alterando-se o sentido natural das palavras por meio do emprego da causa pelo efeito – emprego da metonímia.

Nesse sentido, Oscar Barreto Filho[5] discorre que *"empresa e empresário se correlacionam, embora permanecendo irredutíveis um ao outro, como termos que se exigem reciprocamente numa relação de complementaridade, e só encontram seu significado pleno na unidade da relação que constituem. À luz da dialética que Miguel Reale denomina 'implicação – polaridade', dir-se-ia que a ideia-força de empresa, submetida a um processo evolutivo, projeta-se na realidade, e termina por identificar-se com o ser que lhe dá origem – o empresário – com ele se fundindo numa síntese superadora"*.

Para Magano,[6] *"a principal razão a descoroçoar a teoria da personalização da empresa reside no fato de que a existência das pessoas jurídicas de Direito Privado só se pode afirmar estando elas devidamente registradas, só sendo suscetíveis de registro as pessoas civis, as fundações, as sociedades, mas não as empresas"*.

Empregador, nas palavras de Magano,[7] é *"a pessoa física ou jurídica com titularidade sobre um ou vários estabelecimentos. A empresa é a atividade por ele organizada e desenvolvida através do instrumento adequado, que é o estabelecimento"*.

Délio Maranhão,[8] justificando a posição apresentada, afirma que empregador é *"a pessoa física ou jurídica, que, assumindo os riscos da atividade econômica, assalaria e dirige a prestação pessoal de serviços"*.

---

[4] BARRETO FILHO, Oscar. *Teoria do estabelecimento comercial*. 2. ed., p. 116.
[5] BARRETO FILHO, Oscar. Ob. cit., p. 117.
[6] MAGANO, Octavio Bueno. Ob. cit., p. 48.
[7] MAGANO, Octavio Bueno. Ob. cit., p. 49.
[8] MARANHÃO, Délio et al. Ob. cit., v. 1, p. 300.

No Direito Comercial, na visão de Rubens Requião,[9] tem-se a distinção entre empresa e empresário: *"É preciso compreender, ainda segundo os ensinamentos de Ferri, que a disciplina jurídica da empresa é a disciplina da atividade do empresário, e a tutela jurídica da empresa é a tutela jurídica dessa atividade. Essas considerações levam-nos a compreender que, no ângulo do direito comercial, empresa, na acepção jurídica, significa uma atividade exercida pelo empresário. Disso decorre inevitavelmente que avulta no campo jurídico a proeminente figura do empresário."*

Em função dessas assertivas, o anteprojeto do Código de Trabalho, de autoria de Evaristo de Moraes Filho, definia empregador como a pessoa natural ou jurídica que utiliza serviços de outrem em virtude de contrato de trabalho.

Valentin Carrion[10] critica a expressão *"empregador é a empresa"*, porém salienta: *"Importante é que a lei quis salientar a integração do trabalhador nesse conjunto, independentemente da pessoa que seja seu proprietário, ou venha responder pelas obrigações em determinado momento (arts. 10 e 448)."*

A definição legal sofre influências do fenômeno da institucionalização, ou seja, a empresa é uma instituição na qual se inserem os fatores de produção – terra, capital e trabalho.

Para o legislador consolidado, empregador é a empresa. Geralmente, o termo "empresa" é utilizado para indicar a ideia de sociedade ou mesmo de pessoa jurídica. Para fins do Direito do Trabalho, empresa é utilizada para se referir a um conjunto de bens ou de pessoas, ou só de bens ou pessoas, que, utilizando-se dos fatores de produção (natureza, capital e trabalho), engloba um empreendimento com o intuito de fazer a circulação de bens, serviços ou produtos.

A noção de empregador, pelo prisma legal, nada tem a ver com a pessoa do sócio ou do proprietário do empreendimento. Empregador é o conjunto de coisas materiais e imateriais, as quais levam à produção e circulação de bens ou serviços, sendo que, para a referida finalidade, procede a contratação de empregados. Os empregados são dirigidos, admitidos e remunerados por tal entidade. Empregador é a entidade que, tendo ou não personalidade jurídica, necessita de empregados.

Magano[11] aduz que *"no conceito de empregador não é essencial a ideia de assunção de riscos, porque nele se compreendem tanto os entes que se dedicam ao exercício de atividades econômicas quanto os que deixam de o fazer, dedicando-se, ao revés, a atividades não lucrativas, como é o caso das instituições de beneficência e das associações recreativas".*

O art. 2º, § 1º, CLT, enuncia: *"Equiparam-se ao empregador, para os efeitos exclusivos da relação de emprego, os profissionais liberais, as instituições de beneficência, as associações recreativas ou outras instituições sem fins lucrativos, que admitirem trabalhadores como empregados."*

---

[9] REQUIÃO, Rubens. *Curso de direito comercial.* 9. ed., v. 1, p. 49.
[10] CARRION, Valentin. *Comentários à Consolidação das Leis do Trabalho.* 28. ed., p. 26.
[11] MAGANO, Octavio Bueno. Ob. cit., p. 60.

Dentro da sistemática legal brasileira, empregador poderá ser pessoa natural ou jurídica, bem como outras entidades que, mesmo não tendo personalidade, utilizam o trabalho subordinado.

Em linhas objetivas, empregador, portanto, pode ser: a empresa; os profissionais liberais; as instituições de beneficência; as associações recreativas; outras instituições sem fins lucrativos que admitirem empregados; a pessoa natural ou jurídica que explora atividades agrícolas, pastoril ou de indústria rural; a União, os Estados, os Municípios, as Autarquias, Fundações e as empresas públicas que admitirem empregados; o espólio; a massa falida e o condomínio.

6.2 A NOÇÃO DE EMPRESA NA ECONOMIA

Evaristo de Moraes Filho[12] adota o termo "empresa", em economia política, para se referir *"à organização de esforços plurais, com nítida diferenciação entre direção e execução, deslinde este que se processa desde cedo na história social da humanidade"*.

Na busca de elementos econômicos para o conceito de empresa, Evaristo de Moraes Filho[13] preleciona que são indispensáveis os seguintes requisitos: *"a) existência de uma sociedade suficientemente desenvolvida, sob o regime de troca de serviços através da moeda; (b) a existência de um mercado amplo, anônimo, permanente, que dê consumo aos bens que lhe são proporcionados, pouco importando que seja sob encomenda direta do cliente ou colocado o produto no mercado; (c) a coordenação pelo agente da produção dos fatores indispensáveis (natureza, trabalho e capital); (d) é irrelevante que o agente seja, ele próprio, o detentor e fornecedor de capitais, ou tenha que se valer dos fornecedores estranhos ao seu negócio; (e) necessidade de nítida separação entre função diretiva e executiva, valendo-se o organizador de trabalho alheio; (f) espírito de lucro, avaliável em dinheiro; (g) assunção do risco pelo empresário"*.

Rubens Requião,[14] ao apresentar a noção econômica de empresa, com base nas lições do jurista italiano Ferri, acentua que se trata de: *"[...] um organismo econômico, isto é, se assenta sobre uma organização fundada em princípios técnicos e leis econômicas. Objetivamente considerada, apresenta-se como uma combinação de elementos pessoais e reais, colocados em função de um resultado econômico, e realizada em vista de um intento especulativo de uma pessoa, que se chama empresário. Como criação de atividade organizativa do empresário e como fruto de sua ideia, a empresa é necessariamente aferrada à sua pessoa, dele recebendo os impulsos para seu eficiente funcionamento"*.

6.3 A EMPRESA NA CIÊNCIA DO DIREITO

A noção jurídica de empresa está fundada em sua acepção econômica. Claro está que nem todos os aspectos econômicos da empresa interessam à Ciência do Direito. Para

---

[12] MORAES FILHO, Evaristo de. *Sucessão nas obrigações e a teoria da empresa*, v. 1, p. 259.
[13] MORAES FILHO, Evaristo de. Ob. cit., v. 1, p. 266.
[14] REQUIÃO, Rubens. Ob. cit., v. 1, p. 48.

a Economia, o que interessa é o fenômeno produtivo, isto é, a transformação da matéria-prima em produto, visando ao consumo.

Os ângulos da empresa que interessam ao Direito são os seguintes:

"a) A empresa como expressão da atividade do empresário. A atividade do empresário está sujeita a normas precisas, que subordinam o exercício da empresa a determinadas condições ou pressupostos ou o titulam com particulares garantias. São as disposições legais que se referem à empresa comercial, como o seu registro e condições de funcionamento.

b) A empresa como ideia criadora, a que lei concede tutela. São as normas legais de repressão à concorrência desleal, proteção à propriedade imaterial (nome comercial, marcas, patentes etc.).

c) Como um complexo de bens, que forma o estabelecimento comercial, regulando a sua proteção (ponto comercial), e a transferência de sua propriedade.[15]

d) As relações com os dependentes, segundo princípios hierárquicos e disciplinares nas relações de emprego, matéria que hoje se desvinculou do direito comercial para se integrar no direito do trabalho".[16]

Evaristo de Moraes Filho[17] acentua que *"o conceito econômico não se justapõe ao jurídico de modo perfeito sem deixar resto; as consequências de um não são as mesmas do outro, mas também não se encontram tão distantes a ponto de parecerem duas realidades diversas. Há sempre que existir uma larga margem comum, o bastante para o seu aproveitamento em planos científicos complementares".*

Na visão de Evaristo de Moraes Filho, a empresa reflete a organização do trabalho alheio, havendo a conjugação dos fatores de produção – capital, natureza e trabalho. No entanto, atenua-se a distância entre os dois conceitos, à proporção que se evidencia a empresa como atividade organizada, realçando-se a sua finalidade lucrativa.

O termo "empresa" diz respeito à organização técnico-econômica, cujo objetivo é a produção e venda de bens ou serviços, mediante a combinação dos elementos – capital, natureza e trabalho, objetivando o lucro, sendo que os riscos correm por conta do empresário. Empresário[18] é quem reúne, coordena e dirige os fatores de produção.

Rubens Requião, na procura de argumentos para a elucidação do que vem a ser empresa pelo prisma jurídico, dá ênfase ao critério da abstração. Não se pode, segundo esse autor, confundir a empresa com o estabelecimento. Pelo prisma jurídico, a solução é situar a temática como o exercício de uma atividade, ou seja, *"é da ação intencional (elemento abstrato) do empresário em exercitar a atividade econômica que surge a empresa".*[19]

---

[15] O CC/2002, no art. 1.142, conceitua estabelecimento como "todo complexo de bens organizado, para exercício da empresa, por empresário, ou por sociedade empresária".
[16] REQUIÃO, Rubens. Ob. cit., v. 1, p. 49.
[17] MORAES FILHO, Evaristo de. Ob. cit., v. 1, p. 331.
[18] O CC/2002, em seu art. 966, estabelece: "Considera-se empresário quem exerce profissionalmente atividade econômica organizada para a produção ou a circulação de bens ou de serviços."
[19] REQUIÃO, Rubens. Ob. cit., v. 1, p. 57.

Não devemos confundir a noção de empresário com a de empresa. É o empresário quem organiza a sua atividade, entrelaçando os bens de produção – capital, natureza e trabalho, levando ao surgimento da organização.

Por sua vez, a empresa é *"a organização dos fatores da produção exercida, posta a funcionar pelo empresário. Desaparecendo o exercício da atividade organizada do empresário, desaparece,* ipso facto, *a empresa. Daí por que o conceito de empresa se firma na ideia de que é ela o exercício de atividade produtiva. E do exercício de uma atividade não se tem senão uma ideia abstrata"*.[20]

6.4 ESTABELECIMENTO

Oscar Barreto Filho salienta que o empresário, no exercício da sua atividade (empresa), necessita organizar os fatores de produção. Essa organização implica o surgimento de uma unidade de destinação econômica, que leva à noção de "estabelecimento comercial". O estabelecimento é, portanto, uma projeção patrimonial da empresa.

Quanto ao conceito de estabelecimento, Barreto Filho[21] declina: *"Complexo de bens, materiais e imateriais, que constituem o instrumento utilizado pelo comerciante para a exploração de determinada atividade mercantil."*

Para Evaristo de Moraes Filho,[22] estabelecimento comercial é composto de *"bens corpóreos e incorpóreos, materiais ou imateriais, de coisas e de pessoas, constituindo um conjunto organizado, objetivando a conquista da clientela, finalidade a ser atingida para a sua continuidade e manutenção".*

O termo "estabelecimento" reflete o conjunto de bens corpóreos e incorpóreos, por isso pode ser visto como uma universalidade, que se destina a servir uma clientela, com o objetivo do lucro.

Evaristo de Moraes Filho,[23] ao estudar a temática do estabelecimento como uma universalidade, enfatiza que para *"obter lucros é necessário que o estabelecimento funcione como um todo organizado com uma direção única de propósito. Os seus elementos se encontram num estado de combinação ótima para o seu pleno funcionamento, encontram-se em permanente relação funcional. Trata-se de coisas complexas, coletivas, artificialmente consideradas como um todo único ou pela vontade do titular, ou pela lei. Acode, assim, a indagação sobre qual seja a natureza jurídica desta coleção de coisas e de pessoas, econômica e contabilmente consideradas como unidade. A matéria, como toda a que vimos ultimamente tratando, é das mais árduas e controvertidas, havendo ponto de vista para todos os paladares, num sem-número de opiniões as mais contraditórias. Estamos pisando terreno comum a toda a ciência do Direito, que encheu inclusive de perplexidades grande parte da Idade Média. Dos universais ou das universalidades, é do que se trata. Seja em*

---

[20] REQUIÃO, Rubens. Ob. cit., v. 1, p. 57.
[21] BARRETO FILHO, Oscar. Ob. cit., p. 74.
[22] MORAES FILHO, Evaristo de. Ob. cit., v. 1, p. 346.
[23] MORAES FILHO, Evaristo de. Ob. cit., v. 1, p. 358.

relação ao patrimônio, à herança, ao dote, à comunhão de bens no casamento ou a natureza jurídica do estabelecimento, o problema é sempre o mesmo, variando somente a hipótese tomada como objeto".

Universalidade é *"a pluralidade de coisas que conservam sua autonomia funcional, mas não são unificadas em vista de uma particular valoração feita pelo sujeito ou reconhecida pelo direito"*.[24] Nesse sentido, se a reunião dos bens é determinada pela vontade de uma pessoa física ou jurídica, o que temos é uma universalidade de fato. Ao contrário, se a sua origem decorre da lei, reputa-se como de direito.

Há duas correntes doutrinárias quanto à natureza jurídica do estabelecimento, isto é, uma que o vê como universalidade de fato e outra como sendo de direito.

Evaristo de Moraes Filho concluiu pela impossibilidade de aplicação das duas figuras da universalidade quanto ao estabelecimento, como fórmulas de solução da sua natureza jurídica. Afirma que *"a segurança nas relações jurídicas e a garantia dos credores fizeram com que se recuasse nessas manifestações. Predominou, então, o conceito de universalidade de fato, sem dúvida alguma, vitorioso na Ciência Jurídica do século passado e no primeiro quarto do atual. Dá-se agora uma revisão total do assunto, forçando o estabelecimento (depois do desenvolvimento do conceito maior de empresa) uma evolução no sentido não só de ser admitido como uma universalidade de direito, mas até como capaz de personalização"*.[25]

Também esse autor declara que o estabelecimento deve ser visto como a unidade dos elementos que o compõem, podendo ser objeto de relações jurídicas, logo, *"como consequência, pode o estabelecimento ser objeto de outros direitos reais, além da propriedade: simples posse, usufruto, penhor etc. Nas obrigações, pode ser vendido, doado, dado em locação, ou até deixado, em direito sucessório, como herança ou legado"*.[26]

Quando se fala no estabelecimento como unidade, não se deseja negar a possibilidade da disposição de cada um de seus elementos, porém dar ênfase à relação funcional das partes (elementos) em face do todo.

O empregador, ao exercer a sua atividade econômica organizada (empresa), poderá ter estabelecimentos, o que de fato costuma suceder. Entretanto, poderá ocorrer que se tenha empregador sem estabelecimento (o feirante que cada dia está num local).

Isso significa que a empresa, como estrutura organizada, pode possuir vários estabelecimentos, os quais, geralmente, são caracterizados como unidades de produção em locais diferentes ou mesmo parte de um sistema de trabalho que é distribuído por vários setores próprios e com localização em locais distintos.

---

[24] DINIZ, Maria Helena. *Dicionário jurídico,* v. 4, p. 665.
[25] MORAES FILHO, Evaristo de. Ob. cit., v. 4, p. 405.
[26] MORAES FILHO, Evaristo de. Ob. cit., v. 1, p. 410.

6.5 EMPRESA E ESTABELECIMENTO NA CONSOLIDAÇÃO DAS LEIS DO TRABALHO

O termo "empresa" possui quatro significados para o Direito: (a) subjetivo – como palavra sinônima de empresário; (b) funcional – como atividade econômica organizada; (c) objetivo – como o conjunto de elementos patrimoniais destinados ao exercício da atividade empresarial; (d) corporativo – como instituição, ou seja, uma organização de pessoas, formada pelo empresário e seus colaboradores.

A noção da empresa como instituição, de acordo com as lições de Octavio Bueno Magano,[27] é a que encontra maior receptividade para os juslaboristas, uma vez que *"para muitos deles a institucionalização da empresa não constitui apenas uma diretriz a seguir, mas realidade já consumada"*.

Orlando Gomes e Elson Gottschalk,[28] na abordagem crítica da definição legal de empregador, prelecionam: *"Tal definição é um dos muitos equívocos a que foi levado o consolidador pela absorvente ideia de que se imbuiu de institucionalizar o Direito do Trabalho, conforme já assinalamos. A mesma orientação levou-o a definir o contrato de trabalho como acordo tácito ou expresso, correspondente à relação de emprego. Apesar da força da ideia que se deixou empolgar pela teoria institucional, o espírito contratualista palpita no inteiro corpo da obra. Não é difícil, entretanto, apontar as contradições oriundas dessa posição teórica. Veja-se, por exemplo, a seguinte: se empregador é a empresa, esta não pode sofrer ofensas físicas; não obstante, está entre as justas causas rescisivas do contrato o ato lesivo da honra e da boa fama ou ofensas físicas contra o empregador. Admitir-se-iam, assim, ofensas físicas contra a empresa."*

Assim, fácil concluir que a legislação consolidada não efetua a separação nítida entre "empresa" e "estabelecimento", chegando, às vezes, a empregá-las como expressões sinônimas.

Evaristo de Moraes Filho[29] entende que *"a legislação brasileira do trabalho não mantém coerência sistemática no emprego dos dois vocábulos. As confusões são muitas, aparecendo por vezes os dois institutos tratados desigualmente, com uso indiscriminado e contraditório. Contudo, da sua leitura atenta e pela doutrina exposta pelos autores da Consolidação das Leis do Trabalho, que nada mais fizeram do que seguir a tradição assente em nosso direito do trabalho, conclui-se que a concepção que aí se adota é a seguinte: empresa significa o conjunto da atividade organizada pelo seu titular, pessoa física ou jurídica; ao passo que estabelecimento é um dos seus elementos, uma das suas partes. A doutrina da lei é das mais simples, sem qualquer complicação metafísica. O estabelecimento é o instrumento, o meio material, concreto, a localização espacial para a manifestação ou o exercício da empresa. Podem coincidir os dois, resumindo-se a empresa a um só estabelecimento, o que vem tornar difícil a nítida distinção entre eles [...] Em nossa legislação, fica para a*

---

[27] MAGANO, Octavio Bueno. *Os grupos de empresas no direito do trabalho*, p. 63.
[28] GOMES, Orlando e Gottschalk, Elson. *Curso de direito do trabalho*. 4. ed., p. 105.
[29] MORAES FILHO, Evaristo de. Ob. cit., v. 2, p. 93.

empresa o tratamento abstrato, incorpóreo, de bem complexo, de coisas materiais e imateriais, inclusive relações do trabalho, para o exercício da atividade econômica. Claro que o estabelecimento, como uma de suas partes, é a sua manifestação mais forte, mas sempre concebido como algo de concreto, de materialidade que se manifesta em determinados limites do espaço, pressupondo a empresa".

Na CLT, adotou-se o termo "estabelecimento" em vários de seus dispositivos *"como manifestação localizada e concreta da empresa, em regulamentações de matérias as mais diversas: arts. 74, §§ 2º e 3º; 135; 138; 235; 155, parágrafo único; 169 e § 2º; 171; 172; 173; 174, com alguma confusão; 183; 197, onde se reforça com a expressão 'e locais de trabalho'; 208; 226; 235; 244, § 4º, 324; 358; 429, letras a e b; 430".*[30]

A CLT utiliza o termo "empresa", *"em sentido genérico, nos seguintes dispositivos: 10; 227; 297; 302; 302, § 2º; 334; 352; 356; 358; 359; 360; 364, parágrafo único; 370; 448; 449; 460; 477; 480, § 2º; 485; 492; 497; 501, § 2º; 502; 540; 546; 581, § 2º; 591; 766 e 868".*[31]

Há situações nas quais os dois termos apresentam-se de forma confusa, como se depreende dos seguintes arts. 353; 174; 358, *a*; 430 e 450, todos da CLT.

6.6 O PODER DIRETIVO DO EMPREGADOR

Quando a lei menciona *"admite, assalaria e dirige a prestação pessoal de serviço"* (art. 2º, *caput*, CLT), está evidenciando que é o empregador o detentor do poder diretivo sobre a prestação dos serviços.

É o empregador quem estabelece os salários, as tarefas, o horário, os encargos e como os serviços devem ser desempenhados. Possui o poder diretivo sobre a prestação dos serviços, o qual reflete as faculdades de controle, de fiscalização e de punição quanto às atividades de seus empregados.

Claro que isso não significa a possibilidade de o empregador alterar situações já constituídas ou deixar de observar preceitos legais (leis, acordos etc.).

O poder diretivo do empregador é objeto de estudos no Capítulo VII da Parte IV desta obra.

6.7 GRUPO ECONÔMICO

Pela antiga redação do art. 2º, § 2º, CLT, o grupo de empresas era caracterizado quando existiam várias empresas, com personalidades jurídicas próprias, sob a direção, controle e administração de outra (art. 2º, § 2º, CLT). Nesses casos, geralmente, o que se tinha era a existência de várias empresas sob o controle de uma só empresa. Tal fato ocorria com os grupos financeiros. Ainda ocorria quando se tinha uma empresa como acionista majoritária em várias outras empresas. É o que a doutrina denomina grupo econômico por subordinação (= dominação).

---

[30] MORAES FILHO, Evaristo de. Ob. cit., v. 2, p. 96.
[31] MORAES FILHO, Evaristo de. Ob. cit., v. 2, p. 96.

A figura do grupo econômico e a responsabilidade solidária visam resguardar o próprio patrimônio do empregado, bem como coibir a prática de fraudes. Havendo a dificuldade financeira de uma das empresas, os seus empregados poderão exigir os seus créditos das demais empresas do grupo econômico.

Com a Reforma Trabalhista (Lei 13.467/17), o art. 2º, § 2º, passou a ter a seguinte redação: *"Sempre que uma ou mais empresas, tendo, embora, cada uma delas, personalidade jurídica própria, estiverem sob a direção, controle ou administração de outra, ou ainda quando, mesmo guardando cada uma sua autonomia, integrem grupo econômico, serão responsáveis solidariamente pelas obrigações decorrentes da relação de emprego".*

Pela nova redação, o legislador consolidado prevê o grupo econômico por dois prismas distintos: (a) relação de subordinação (= dominação); (b) relação de coordenação.

As duas modalidades serão apreciadas no tópico 6.7.2.

6.7.1 Conceito de solidariedade

A solidariedade não se presume, resulta da lei ou da vontade das partes. Há solidariedade quando na mesma obrigação concorre mais de um credor, ou mais de um devedor, cada um com direito, ou obrigado à dívida toda (art. 265, CC).

O vínculo obrigacional parte-se em tantas relações jurídicas autônomas quantos forem os credores ou devedores. Tal princípio sofre exceções quando se tem a indivisibilidade do objeto ou ocorre a solidariedade. Em vez de a obrigação dividir-se em tantos quantos forem os sujeitos, ela continua solidificada em um todo, podendo cada um dos: (a) credores exigir do devedor comum a totalidade da prestação; (b) devedores pagar ao credor comum a dívida por inteiro. Pode ser ativa (vários credores), passiva (vários devedores) ou ainda mista (credores e devedores de forma recíproca).

A solidariedade implica multiplicidade de credores ou de devedores, ou, ainda, de ambos, bem como unidade da prestação e corresponsabilidade dos interessados. O traço marcante é que a prestação pode ser exigida de forma integral.

6.7.2 Grupo de empresas e o direito do trabalho

Antes da Reforma Trabalhista (Lei 13.467), o art. 2º, § 2º, CLT previa: *"Sempre que uma ou mais empresas, tendo, embora, cada uma delas, personalidade jurídica própria, estiverem sob a direção, controle ou administração de outra, constituindo grupo industrial, comercial ou de qualquer outra atividade econômica, serão, para os efeitos da relação de emprego, solidariamente responsáveis a empresa principal e cada uma das subordinadas."*

O grupo econômico previsto na CLT possui maior abrangência que o mencionado na Lei 6.404/76, que regula as sociedades anônimas. Para o referido Diploma, o grupo econômico é constituído por meio de uma convenção em função da qual a sociedade controladora e suas controladas obrigam-se a combinar recursos ou esforços para a realização dos respectivos objetos, ou a participar de atividades ou empreendimentos comuns (art. 265, Lei 6.404). Os participantes devem ser sociedades regularmente constituídas, o que já não ocorre para o grupo trabalhista, o qual é constituído de empresas.

A abrangência da lei consolidada corresponde muito mais ao grupo de fato do que ao grupo de direito previsto na lei, dando-se uma proteção maior ao trabalhador. A realidade sobrepõe-se ao formalismo, tendo em vista que pretende evitar os prejuízos que podem sofrer os trabalhadores diante das manobras praticadas pelas empresas que compõem o grupo. O grupo econômico pode ser reconhecido sem que se tenha elementos documentais preexistentes, os quais demonstrem a existência da relação de dominação. Por exemplo: existência de sócios em comum ou de sócios que tenham laços familiares; empresas que tenham uma parceria comercial e que estejam focadas no mesmo objetivo social etc.

A economia moderna fez com que surgissem os grupos que, empenhados na produção, levaram ao surgimento de verdadeiros consórcios de empresas, as quais, mantendo personalidade jurídica própria, estão sob controle ou administração de uma empresa.

A relação de dominação significa a existência de uma empresa principal e de uma ou mais empresas subordinadas ou controladas. A dominação pode concretizar-se por meio de controle, direção ou administração das empresas controladas.

Controle implica a possibilidade de decisão nas deliberações sociais, o poder de eleição dos administradores da empresa ou, ainda, a própria participação acionária. A participação acionária poderá até ser minoritária, porém haverá o controle desde que se visualize o direito de determinar as diretrizes a serem adotadas pela empresa controlada.

Direção é a própria efetivação do controle, subordinando as pessoas e coisas à realização dos objetivos da empresa.

Quanto à administração, Maria Inês Moura S. A. da Cunha[32] considera que, *"na prática, a mesma, muitas vezes, se confunde com a direção. Administrar significa orientar, organizar. E quando se diz que uma empresa é administrada por outra, se quer significar que aquela é orientada, organizada por esta que lhe traça os rumos e estabelece metas, divide e racionaliza o trabalho, fixa estratégias de atuação no mercado onde atua, visando determinados resultados".*

Ainda para a caracterização do grupo, é necessário que os integrantes explorem atividades comercial, industrial ou qualquer outra atividade econômica. Conclui-se que já se tem a exclusão de entidades assistenciais, recreativas, filantrópicas etc.[33]

O intuito do legislador, ao declinar os requisitos do art. 2º, § 2º, CLT (não só na antiga redação, como na atual originária da Lei 13.467/17 – Reforma Trabalhista), é estabelecer a solidariedade entre todas as empresas do grupo para fins de proteção da relação de emprego.

Portanto, os elementos componentes da estrutura do grupo são: *"(a) participantes (empresas); (b) autonomia dos participantes (personalidade jurídica); (c) relação entre*

---

[32] CUNHA, Maria Inês Moura S. A. *Direito do Trabalho*, p. 55.
[33] Há julgados, os quais não aplicam a caracterização de grupo econômico para entidades filantrópicas (TST – SDI-I – E-RR 765.561/2001.4 – Rel. Min. Lelio Bentes Corrêa – *DJe* 26/6/2009; TRT – 9ª R. – RO 03174-2006-673-09-00-8 – Rel. Ubirajara Carlos Mendes – j. 28/8/2009).

os participantes (relação de dominação, através da direção, controle ou administração da empresa principal sobre as filiadas); (d) natureza da atividade (industrial, comercial ou qualquer outra de caráter econômico); (e) efeito (solidariedade); (f) objetivo sobre que recai (relação de emprego)".[34]

A existência do grupo implica sua constituição de unidades autônomas. A autonomia não é simplesmente de cunho técnico. A empresa pode possuir vários estabelecimentos, cada um deles com a sua autonomia administrativa, mas, mesmo assim, não se vislumbra o grupo. O grupo é constituído de unidades econômicas – empresas, cada uma delas com a sua própria personalidade jurídica. Cada empresa tem a liberdade na contratação de seus funcionários, de seus horários etc.

Em relação ao consórcio de empresas, Elson Gottschalk entende que não é dotado de personalidade jurídica, logo, os empregados das empresas coligadas têm como efetivo empregador a empresa com a qual celebrou o seu contrato individual de trabalho.

César Pires Chaves possui posição em contrário, apresentando as seguintes razões: (a) o *caput* do art. 2º traz o conceito de empregador, enquanto o seu § 2º efetua a diferenciação entre empresa principal e empresas subordinadas; (b) o referido parágrafo vincula, pela solidariedade, o tempo de serviço prestado para as empresas associadas do grupo; (c) e, por fim, pondera que o conceito de empregador é indiviso.

Essa é também a posição de Magano:[35] *"A nosso ver, cada unidade autônoma que contrate o serviço de empregados torna-se o sujeito aparente da relação empregatícia, mas o empregador real é o próprio grupo. Embora não possua ele personalidade jurídica, a sua realidade vem à tona, imputando-se-lhe direitos e obrigações, toda vez que a personalidade jurídica das unidades que o compõem deva ser desconsiderada (disregard of legal entity) para dar satisfação aos objetivos da lei trabalhista."*

Na redação anterior à Lei 13.467 (Reforma Trabalhista), o grupo econômico previsto na lei consolidada possui uma estrutura hierarquizada em que há uma relação de dominação mediante a subordinação que há entre a empresa controladora e as demais.

Surge a figura do grupo econômico como empregador único quando duas ou mais empresas encontram-se sob o controle, direção ou administração de outra. A empresa controladora detém a maioria das ações. É o caso das *holding companies*. A forma usual é a existência da empresa principal acima das coligadas, em verdadeira relação de dominação (controle, direção ou administração), caracterizando uma estrutura hierarquizada. No entanto, pode ocorrer de não haver a denominada hierarquização. Nesse sentido, pode existir o grupo sem a existência da empresa controladora e das demais.

Com a Reforma Trabalhista, o art. 2º, § 2º, passou a ter a seguinte redação: *"Sempre que uma ou mais empresas, tendo, embora, cada uma delas, personalidade jurídica própria, estiverem sob a direção, controle ou administração de outra, ou ainda quando,*

---

[34] MAGANO, Octavio Bueno. Ob. cit., p. 78.
[35] MAGANO, Octavio Bueno. Ob. cit., p. 78.

mesmo guardando cada uma sua autonomia, integrem grupo econômico, serão responsáveis solidariamente pelas obrigações decorrentes da relação de emprego".

Pela nova redação, não há dúvidas de que o legislador consolidado prevê o grupo econômico por dois prismas distintos: (a) relação de subordinação (= dominação); (b) relação de coordenação.

Para Maurício Godinho Delgado e Gabriela Neves Delgado: *"Pelo novo texto do § 2º do art. 2º da CLT, fica claro que o grupo econômico para fins justrabalhistas mostra-se configurado ainda que as relações sejam de mera coordenação, ou seja, mesmo guardando cada empresarial a sua autonomia. Nessa medida, o novo texto legal incorporou os argumentos brandidos pelas melhores reflexões doutrinárias e jurisprudenciais, afastando, inequivocamente, a vertente hermenêutica restritiva, que exigia a presença de relação verticalizante, entre as entidades componentes do grupo econômico, sob pena de não considerar caracterizada a figura jurídica especial. Ao invés, o novo texto legal explicita evidente escolha pela vertente da simples coordenação interempresarial, que já era firmemente incorporada pela Lei do Trabalho Rural, de 1973 (art. 3º, § 2º, Lei 5.889/73) e parte expressiva da doutrina laboral pátria".*[36]

Contudo, de acordo com a inovação legislativa (art. 2º, § 3º, CLT), não se tem a caracterização do grupo econômico por coordenação se houver a simples identidade de sócios. Para a devida caracterização, torna-se imperiosa a presença dos seguintes elementos: (a) demonstração de interesse integrado – as atividades de todas as empresas convergem para uma determinada atividade econômica ou um determinado grupo de atividades que se relacionam ou que se interpenetram; (b) efetiva comunhão de interesses – há uma nítida interatividade socioeconômica entre as partes, sendo que uma empresa se relaciona com a outra por relação de coordenação ou subordinação; (c) atuação conjunta das empresas dele integrantes – além da convergência socioeconômica (atividade econômica idêntica ou grupo de atividades que se relacionam ou que se interpenetram), deverá existir a demonstração de que todas as empresas do grupo, de forma conjunta, direcionam as suas atuações para o implemento das suas atividades econômicas.

A presença das razões de cunho econômico é que levaram empresas a se reunirem sob diversas formas de concentração. Logo, nem sempre, a relação de dominação se concretiza com a presença da empresa controladora e das demais. Assim, a responsabilidade, para fins de proteção da relação de emprego, deve subsistir mesmo quando as empresas estão dispostas de forma horizontal (= relação de coordenação), interagindo de forma recíproca, tendo em vista um objetivo comum.

Pelo prisma horizontal (= relação de coordenação), vários são os elementos que podem indicar a existência do grupo econômico, tais como: *"Altos empregados que se revezam entre empresas (engenheiros, técnicos, contadores); um mesmo preposto por elas respondendo; as mesmas instalações em que atuam; o mesmo escritório; o uso, consecutivo ou*

---

[36] DELGADO, Mauricio Godinho; DELGADO, Gabriela Neves. *A Reforma Trabalhista no Brasil: Com os comentários à Lei nº 13.467/2017.* São Paulo: LTr, 2017, p. 100.

alternado, de empregados de uma por outra; situações difusas, na exploração de um negócio, por mais de uma pessoa, quando, muitas vezes, o sócio de uma empresa é representante de outra; o fato de uma firma não transferir, em instrumento idôneo, seu negócio a outra e ainda interferir na relação de emprego dos trabalhadores desta; recíprocas transferências de empregados (Despax fala em 'intercâmbio de pessoa'), negociações comuns etc. A figura do empréstimo de empregado giza áreas de solidariedade, e a corresponsabilidade, aqui, decorre do princípio de desvirtuamento das garantias trabalhistas, obviado pelo art. 9º da CLT. As linhas meramente formais do § 2º do art. 2º da CLT extravasam-se, e a configuração do consórcio trabalhista é encontrada ali sempre onde uma empresa, parcial ou totalmente, influencia na atividade de outra, em decorrência da formação de um bloco de pessoas jurídicas que, de uma forma ou de outra, se interligam, como se aclarou acima. Veja-se o caso de estabelecimentos de crédito que, depois de receberem, em caução, ações de empresas comerciais, acautelam-se de tal forma de seus interesses, que passam a dominar as atividades mercantis da devedora, a preservar o direito de indicar órgãos em sua direção e em tal profundidade comprometem sua independência que, de um momento para outro, se veem implicados em uma situação caracteristicamente consorcial, em termos de legislação do trabalho. Desde que haja interferência de atividade, exercício de poderes de mando, não importa o escalão que o acione, comprometem-se as empresas ligadas na responsabilidade de que cuida o § 2º do art. 2º da CLT."[37]

6.7.3 O grupo econômico como empregador real e a questão da solidariedade ativa e passiva

A questão do grupo econômico como empregador real em oposição à figura do empregador aparente é polêmica.

Amauri Mascaro Nascimento[38] pondera que é discutível a concepção de grupo econômico como empregador único, pois *"contraria a própria estrutura plurissocietária do grupo, característica da sua configuração"*.

Magano[39] entende que a regra da solidariedade não pode ficar restrita ao aspecto obrigacional (solidariedade passiva). Também é razoável, na sua visão, justificar o grupo como sendo uma realidade atuante, *"apta a produzir efeitos no mundo do Direito, embora não dotada de personalidade jurídica. Isto, aliás, se confirma com o fato de haver sido a mesma realidade expressamente reconhecida como empregador único, ideia que continua inerente à estrutura do texto legal vigente"*.

A figura do empregador único justifica-se pela ideia de que o empregado coloca a sua força de trabalho à disposição do empreendimento, o qual decorre da conjugação de interesses de todas as empresas, seja de forma vertical ou horizontal.

---

[37] VILHENA, Paulo Emílio Ribeiro de. *Relação de emprego. Estrutura legal e supostos.* 2. ed., p. 237.
[38] NASCIMENTO, Amauri Mascaro. *Curso de direito do trabalho.* 21. ed., p. 655.
[39] MAGANO, Octavio Bueno. Ob. cit., p. 93.

Admitindo-se a existência do grupo na forma vertical ou horizontal, nada obsta que o empregado seja transferido de uma empresa para outra, podendo, inclusive, surgir outros problemas, tais como equiparação salarial, regulamento de empresas, desvios de função etc.

As questões devem ser resolvidas em separado e de acordo com cada situação, não podendo ser tidas como obstáculos na caracterização do grupo econômico como empregador real.

Pelo prisma formal, a contratação é feita com uma das empresas, mas, como a prestação de serviços é revertida em prol de todas as empresas integrantes do grupo, este passa a ser considerado como empregador real.

Magano[40] afirma que: *"A apontada ideia de empregador único corresponde à concepção do empregador real, contraposto ao empregador aparente, consoante a qual a existência daquele fica geralmente encoberta pelo véu da personalidade jurídica atribuída a cada uma das empresas do grupo, ressurgindo, porém, toda vez que se levante o mesmo véu, lifting the corporate veil, para satisfazer tal ou qual interesse, como o da representação de trabalhadores no âmbito do grupo; o da negociação coletiva ao nível do grupo; o da garantia de condições uniformes de trabalho; o da transferência de trabalhadores; o da soma de períodos de serviços prestados a mais de uma empresa; o da garantia de reintegração do trabalhador em empresa matriz, quando o seu contrato se rescinde junto à filial; o da distribuição de lucros etc."*

Há entre o empregado e a empresa (= empregador aparente) que o contratou uma relação jurídica. O vínculo jurídico é único.

As obrigações decorrentes dessa relação jurídica entre o empregado e o empregador aparente poderão ser exigidas de cada uma das empresas que compõem o grupo econômico. Não se trata de várias relações, mas de vários devedores dos quais se poderão exigir os direitos trabalhistas em sua totalidade. A obrigação é única, e todas as empresas do grupo apresentam-se perante o trabalhador não como devedoras distintas, porém responsáveis solidárias pela mesma obrigação. É o caso da solidariedade passiva.

Como o grupo econômico é o empregador real, a solidariedade, além de ser passiva, também é ativa.

Havendo o reconhecimento da solidariedade nos aspectos ativo e passivo, bem como do grupo como empregador real, surgem várias consequências que devem ser analisadas.

A primeira é a possibilidade da *accessio temporis*, ou seja, a soma dos períodos trabalhados para cada uma das empresas integrantes do grupo econômico.

A segunda consequência é no sentido de haver um único contrato de trabalho com o grupo econômico: a prestação de serviços a mais de uma empresa do mesmo grupo econômico, durante a mesma jornada de trabalho, não caracteriza a coexistência de mais de um contrato de trabalho, salvo ajuste em contrário (Súm. 129, TST).

---

[40] MAGANO, Octavio Bueno. Ob. cit., p. 94.

A terceira consequência, para Magano,[41] *"é a possibilidade da transferência do trabalhador de uma para outra empresa dele integrantes, observadas as mesmas restrições que limitam o poder de comando de qualquer empregador".*

6.7.4 Análise da Súmula 205 do TST

A Súm. 205, TST, enunciava: *"O responsável solidário, integrante do grupo econômico, que não participou da relação processual como reclamado e que, portanto, não consta do Título Executivo Judicial como devedor, não pode ser sujeito passivo na execução"* (a Súm. 205 foi cancelada pela Res. 121/2003).

A Súm. 205 representava um retrocesso, pois a solidariedade passiva é prevista de forma explícita no art. 2º, § 2º, CLT.

Havendo a lesão ao direito subjetivo trabalhista, pode e deve o empregado procurar a sua reparação, exercitando o seu direito de ação contra o seu empregador aparente. Reconhecido o direito, por meio do competente processo de conhecimento, em execução de sentença, com base no título executivo judicial (art. 876, CLT), se a empresa devedora for inadimplente, os bens das demais empresas integrantes do grupo econômico serão penhorados e expropriados, em função do fato de que a solidariedade passiva é imposição legal.

Para o TST, o sucessor não responde solidariamente por débitos trabalhistas de empresa não adquirida, integrante do mesmo grupo econômico da empresa sucedida, quando, à época, a empresa devedora direta era solvente ou idônea economicamente, ressalvada a hipótese de má-fé ou fraude na sucessão (OJ 411, SDI-I). Assim, é solidária a responsabilidade entre a empresa cindida subsistente e aquelas que absorverem parte do seu patrimônio, quando constatada fraude na cisão parcial, como também ocorre na hipótese específica prevista na OJ transitória 30, SDI-I.

O Estado-membro não é responsável subsidiária ou solidariamente com a associação de pais e mestres pelos encargos trabalhistas dos empregados contratados por esta última, que deverão ser suportados integral e exclusivamente pelo real empregador (OJ 185, SDI-I).

6.8 O FENÔMENO DA DESPERSONALIZAÇÃO DO EMPREGADOR

Com o desenvolvimento dos instrumentos de produção, houve uma série de transformações na estrutura econômica das empresas, fazendo com que a figura do empregador, como dirigente em pessoa, fosse ausentando-se do local de trabalho. Uma vez que se tem a referida dissociação, paulatinamente, despersonaliza-se a figura do empregador.

Orlando Gomes e Elson Gottschalk[42] afirmam: *"O empregador deixou de ser aquele homem de carne e osso que descia à oficina para conversar ou repreender seus empregados.*

---

[41] MAGANO, Octavio Bueno. Ob. cit., p. 101.
[42] GOMES, Orlando; GOTTSCHALK, Elson. Ob. cit., p. 112.

Hoje, é a massa dos acionistas cujos nomes, não raro, se ignoram; é a diretoria, o conselho de administração, a empresa S.A. Alguém que deseje empregar sua atividade profissional em uma dessas empresas jamais terá contato com seu proprietário, nem ao celebrar o contrato, nem durante seu curso. As condições em que deverá trabalhar lhe serão indicadas pelo gerente, pelo chefe de seção, pelo serviço do pessoal, quando o não seja por um frio regulamento de fábrica afixado no local de trabalho. Da parte do trabalhador não há, pois, qualquer motivo de ordem pessoal que o induza a prestar serviços a determinado empregador. Apenas sabe que, admitido por esses prepostos, pagar-lhe-ão, em folha, determinado salário."

Claro está que o universo acima retratado é aplicável às grandes empresas. Nas pequenas e médias, mesmo quando se tem a estrutura societária, o fenômeno da despersonalização não é tão acentuado, havendo o contato pessoal dos empregados com os empregadores.

Porém, o importante é justificar que *"[...] o fenômeno da despersonalização ajuda a compreender por que a alienação da empresa pelo seu proprietário não pode afetar os contratos de trabalho. Seria injusto admitir que atentasse contra a situação que o empregado desfruta. Seu emprego lhe deve ser assegurado, porque, no fundo, o empregador não mudou"*.[43]

6.9 O PRINCÍPIO DA CONTINUIDADE DA EMPRESA

As relações para o Direito do Trabalho são vínculos que se desenvolvem, não se permitindo a sua rescisão a não ser em casos justificados e de relevante motivo social, dado que o emprego é necessário para a subsistência do ser humano. O prosseguimento da relação de emprego é um desdobramento do princípio da continuidade do organismo empresário.

Em seus estudos, Américo Plá Rodríguez[44] coloca que *"uma das características apresentadas pelo contrato de trabalho é a de sofrer não apenas novações objetivas, como também subjetivas. Ou seja, não só mudam as condições do trabalho, mas também os protagonistas do contrato. Como já esclarecemos, essas novações não se podem referir ao trabalhador, pois sua posição é imutável, dado o caráter personalíssimo da prestação, mas tão somente ao empregador. Pois bem, essas mudanças na pessoa do empregador não pressupõem a terminação do contrato. Ele continua, apesar dessa substituição".*

O contrato de trabalho não é personalíssimo para o empregador, ao contrário do que ocorre com o empregado. O empregado tem a obrigação básica de dar seu próprio trabalho.

Por outro lado, as relações trabalhistas são de trato sucessivo, sendo que as suas prestações projetam-se no tempo e de forma indeterminada.

O Direito do Trabalho, ao adotar o princípio da continuidade, valoriza o elemento objetivo da empresa, em detrimento do fator subjetivo da pessoa do empregador. Esse princípio justifica a existência de duas regras: (a) as alterações havidas na titularidade da

---

[43] GOMES, Orlando; GOTTSCHALK, Elson. Ob. cit., p. 113.
[44] RODRÍGUEZ, Américo Plá. *Princípios de direito do trabalho*, p. 176.

empresa não atingem o contrato de trabalho; (b) a extinção do contrato com a dissolução da empresa.

O vínculo empregatício resiste ao desaparecimento da figura do responsável pela atividade empresarial, assim: *"[...] o novo titular de um estabelecimento deve respeitar os contratos celebrados por seu antecessor, como o adquirente de um prédio é obrigado a respeitar o contrato de locação entre o alienante e o inquilino. Em ambos os casos, o sucessor assume as obrigações e encargos contraídos pelo antecessor, simplesmente, de ter sucedido".*[45]

6.10 O EMPREGADOR NO TRABALHO TEMPORÁRIO

O trabalho temporário é regulado pela Lei 6.019/74 (com as alterações legislativas pela Lei 13.429/17) e pelo Regulamento (Decreto 73.841/74, além da Portaria MTE 789/14 e da Instrução Normativa SIT 114/14).

Face à antiga redação (art. 4º, Lei 6.019), empresa de trabalho temporário era a pessoa natural ou jurídica urbana cuja atividade consistia na colocação à disposição de outras empresas, temporariamente, trabalhadores, devidamente qualificados, por elas remunerados e assistidos.

O trabalho temporário somente era possível em atividades econômicas urbanas (restrição face aos termos do art. 4º, Lei 5.889/73, a qual trata do empregador rural por equiparação, como sendo a pessoa física ou jurídica que, habitualmente, em caráter profissional, e por conta de terceiros, execute serviços de natureza agrária, mediante utilização do trabalho de outrem).

Pela Lei 13.429, empresa de trabalho temporário é a pessoa jurídica, devidamente registrada no Ministério do Trabalho, responsável pela colocação de trabalhadores à disposição de outras empresas temporariamente.

Cotejando-se as duas redações, a partir da Lei 13.429, empresa de trabalho temporário só pode ser pessoa jurídica e cuja atuação pode ocorrer nas relações urbanas e rurais de trabalho, contudo, é a responsável pela qualificação, remuneração e assistência ao trabalhador temporário.

A Lei 13.429 inovou ao conceituar empresa tomadora, como sendo a pessoa jurídica ou entidade a ela equiparada que celebra contrato de prestação de trabalho temporário com a empresa prestadora de serviços temporários (art. 5º, Lei 6.019).

Não se exige que o tomador dos serviços temporários seja, necessariamente, uma pessoa jurídica. Pode ser qualquer outra entidade a ela equiparada, logo, é admissível que seja pessoa física, entes sem personalidade jurídica etc. Basta que tenha uma atividade (= empresa), na qual se tenha a necessidade de substituição transitória de pessoal permanente ou demanda complementar de serviços.

---

[45] GOMES, Orlando; GOTTSCHALK, Elson. Ob. cit., p. 114.

A adoção do trabalho temporário implica uma relação jurídica triangular porque há um intermediário (empresa de trabalho temporário) entre o trabalhador e o tomador dos seus serviços.

Os vínculos jurídicos são os seguintes: *"[...] um, de natureza civil, entre a empresa cliente e a empresa de trabalho temporário, como tal registrada perante o Ministério do Trabalho (artigos 6º e 9º); o outro, de natureza trabalhista, entre o trabalhador temporário e a empresa fornecedora, que o assalaria, responde diretamente pelos direitos assegurados em lei (art. 11), mas não dirige a prestação pessoal de serviços. É que, sem desfigurar os polos do contrato de trabalho, a empresa fornecedora delega à empresa cliente o poder de comando entre o trabalhador temporário, porquanto o labor é prestado no recinto e em atividades desta, visando à satisfação de seus objetivos estatutários"*.[46]

6.11 O EMPREGADOR NO TRABALHO DOMÉSTICO

O empregador doméstico é a pessoa ou a família que, no seu âmbito residencial, utiliza-se do trabalho humano de forma contínua e sem fins lucrativos.

Ísis de Almeida,[47] ao comentar as características principais do trabalho doméstico, expõe: *"[...] O seu não aproveitamento em uma atividade econômica, e desenvolver-se no âmbito residencial do empregador. Não se trata, portanto, de constituir um tipo de atividade exclusivamente vinculada a tarefas caseiras. Por outro lado, é preciso que a prestação laboral seja contínua, não eventual, como no contrato de trabalho tradicional. Ausente esse pressuposto, o prestador do serviço pode vir a ser um trabalhador autônomo ou um avulso ou eventual, sem amparo, sequer parcial, da legislação trabalhista, especializada"*.

A caracterização ou não do empregador doméstico deriva da inexistência da finalidade econômica. Entretanto, Amauri Mascaro Nascimento[48] alerta para essas diferenciações: *"Porém, se na residência há atividade econômica e o empregado nela colabora, não será doméstico, mas empregado, com todos os direitos da CLT, como no caso de uma pessoa que vende bijuterias na própria casa, auxiliada por um empregado. Um dentista, com consultório na própria residência, terá como empregado, e não como doméstico, aquele que faz a limpeza da sua sala, enquanto a fizer. Não é doméstica a cozinheira de uma pensão, porque aqui há atividade lucrativa. Porém, será doméstico o casal que toma conta de uma chácara residencial. Se na chácara existir produção e comercialização, aqueles que nela trabalham não serão domésticos."*

6.12 O EMPREGADOR NO TRABALHO RURAL

O art. 3º, *caput*, Lei 5.889/73, indica que o empregador rural é a pessoa física ou jurídica, proprietária ou não, que explora atividade agroeconômica, em caráter permanente ou temporário, diretamente ou através de prepostos e com auxílio de empregados.

---

[46] TEIXEIRA FILHO, João de Lima et al. Ob. cit. 19. ed., v. 1, p. 276.
[47] ALMEIDA, Ísis de. *Manual de direito individual do trabalho*, p. 547.
[48] NASCIMENTO, Amauri Mascaro. Ob. cit., p. 994.

O art. 4º prevê a figura do "empregador rural equiparado" como sendo a pessoa natural ou jurídica que, habitualmente, em caráter profissional e por conta de terceiros, executa serviços de natureza agrária, mediante utilização do trabalho de outrem. É a pessoa natural ou jurídica não proprietária do empreendimento, todavia executa serviços de natureza agrária, de forma profissional e habitual.

Os empregadores por equiparação não assumem o risco do empreendimento no qual os seus trabalhadores prestam os serviços, mas são os responsáveis pela mão de obra. A ideia desse artigo é enfatizar que, mesmo havendo a intermediação na área rural, tem-se o vínculo entre o trabalhador e o empresário, se de fato houver os requisitos para a configuração desse trabalhador como empregado.

6.12.1 Grupo econômico no trabalho rural

O § 2º do art. 3º, Lei 5.889, menciona que sempre que uma ou mais empresas, embora tendo cada uma delas personalidade jurídica própria, estiverem sob direção, controle ou administração de outra, ou ainda quando, mesmo guardando cada empresa sua autonomia, todas integram grupo econômico ou financeiro rural, serão responsáveis solidariamente nas obrigações decorrentes da relação de emprego.

Na área rural, a conceituação do grupo econômico é mais abrangente do que na área urbana. Além de incluir as formas da relação de dominação, pode ocorrer, também, que o grupo seja caracterizado por coordenação.

De acordo com Octavio Bueno Magano:[49] *"Convém relembrar que a Lei do Trabalho Rural, além de prever a existência dos grupos constituídos por subordinação (empresa sob a direção, controle ou administração de outra), abre espaço também para os grupos compostos por coordenação. Isto se depreende da frase onde se diz que o grupo se forma mesmo quando cada uma das empresas que o integram guarde a sua autonomia. Guardar autonomia significa não se submeter a controle. Contudo, isto não quer dizer que as empresas do grupo de coordenação não fiquem sujeitas à direção única [...] Dando a Lei do Trabalho Rural guarida ao grupo composto por coordenação, ao longo do grupo formado por subordinação, ou hierarquizado, ampliou consideravelmente a área de sua incidência, no meio rural. Assim, qualquer sociedade, urbana ou rural, posto que possuidora de reduzida participação acionária em empresa rural (figure-se dez por cento), pode ser solidariamente responsabilizada por encargos trabalhistas da última, desde que comprovada a atividade convergente de ambas, na realização de objetivos comuns."*

O grupo de coordenação na área rural possui certa similitude com a coligação prevista na antiga redação do art. 243, § 1º, Lei 6.404/76, o qual enunciava, *in verbis*: "São coligadas as sociedades quando uma participa, com 10% (dez por cento) ou mais, do capital da outra, sem controlá-la."[50]

---

[49] MAGANO, Octavio Bueno. Ob. cit., p. 88.
[50] A redação atual é: "São coligadas as sociedades nas quais a investidora tenha influência significativa" (redação dada pela Lei 11.941/09).

Para Maria Inês Moura S. A. da Cunha:[51] *"A ideia corresponde àquela pertinente à coligação, referida na lei das sociedades anônimas, onde não há controle de uma empresa por outra, mas sim o pressuposto de que todas colimam um objetivo comum. Mais do que isso, se utilizou o legislador das expressões grupo econômico ou financeiro rural, para também abranger as hipóteses em que uma 'holding pura', ou seja, uma empresa constituída, unicamente, para possuir ações de outras empresas, e controlá-las, ou outra entidade financeira controlasse uma empresa rural."*

6.12.2 Consórcio de empregadores na área rural

Ricardo Tadeu Marques da Fonseca[52] afirma que *"o excesso de formalismo contratual e a mecanização das lavouras obrigam-nos à busca de novas alternativas"* como forma de fixar o homem no campo, sendo que o consórcio *"afigura-se como alternativa imediata"*.

O consórcio de empregadores na área rural consiste em uma sociedade de produtores rurais, que tem como objetivo a gestão coletiva de mão de obra. Surgiu nos Estados do Paraná, Minas Gerais e São Paulo como forma alternativa às falsas cooperativas.

Quanto ao registro de constituição da sociedade de produtores rurais, Ricardo Tadeu Marques da Fonseca[53] salienta: *"[...] tem sido efetuado por meio de termo de responsabilidade solidária, registrado em cartório, com a identificação de cada produtor pessoa física. O instrumento do contrato contém, necessariamente, a especificação do objeto, das tarefas a serem desenvolvidas, das cotas de produção a serem cumpridas e do salário, bem como o prazo de duração. Empregador e trabalhador rural negociam diretamente o valor e modalidade do salário, garantindo-se, em qualquer caso, o salário mínimo da hora, dia ou semana. A anotação em CTPS é feita em nome do trabalhador e um dos produtores pessoa física, nomeado para tanto, acrescido da expressão 'e outros'. Houve dificuldades iniciais em razão do entendimento do INSS de que o consórcio era legalmente permitido, mas sobre ele seriam incidentes as taxações inerentes à empresa urbana, por constituir-se empresa prestadora de serviços. A questão ficou superada em razão de debates que foram travados tanto no Poder Judiciário como em vários encontros entre o Ministério do Trabalho e Previdência Social, o Ministério Público do Trabalho e os representantes das categorias profissionais e patronais do campo. No dia 24/91999, foi firmado, na Procuradoria Regional do Trabalho da 15a Região, o que se convencionou chamar PACTO RURAL DE SÃO PAULO, em que se estabeleceram as bases para a proliferação do contrato de equipe patronal rural"*.

Em função desse novo fenômeno social nas relações trabalhistas ocorridas no campo, o Ministério do Trabalho e Emprego editou a Portaria 1.964/99. A sua edição surgiu da necessidade de orientação aos auditores-fiscais do trabalho quanto à fiscalização em propriedades rurais em que haja prestação de trabalho subordinado a um "Condomínio

---

[51] CUNHA, Maria Inês Moura S.A. Ob. cit., p. 55.
[52] FONSECA, Ricardo Tadeu Marques da. Consórcio de empregadores, *Jornal Trabalhista*, nº 793, p. 15-17, jan./2000.
[53] FONSECA, Ricardo Tadeu Marques da. Ob. cit., p. 15-17.

de Empregadores" (ou "Pluralidade de Empregadores Rurais", ou "Registro de Empregadores em Nome Coletivo de Empregadores" ou "Consórcio de Empregadores Rurais").

O art. 1º, *caput*, enuncia: *"As Delegacias Regionais do Trabalho deverão dar ampla divulgação ao modelo de contratação rural denominado 'Consórcio de Empregadores Rurais', estimulando, para tanto, o debate entre produtores e trabalhadores rurais, por meio de suas entidades associativas ou sindicais."*

A expressão "consórcio de empregadores rurais", para os fins da referida Portaria, denota a união de produtores rurais, pessoas físicas, com a finalidade única de contratar empregados rurais (art. 1º, parágrafo único).

O consórcio assume contornos de um contrato de equipe patronal. Na nossa opinião, o contrato de equipe retrata uma situação especial de trabalho, ou seja, uma organização de trabalhadores ou empregadores para a realização de um trabalho comum. Nessa nova modalidade, o que se destaca é a origem patronal, sendo que o trabalhador prestará serviços a todos os integrantes que compõem o consórcio. Por outro lado, todos os produtores rurais consorciados são responsáveis solidários em caso de inadimplemento dos direitos trabalhistas.

Quando da fiscalização em propriedade rural em que haja prestação de trabalho a produtores rurais consorciados, o auditor-fiscal do trabalho procederá ao levantamento físico, tendo como objetivo identificar os trabalhadores encontrados em atividade, fazendo distinção entre os empregados diretos do produtor e aqueles comuns ao grupo consorciado (art. 2º, Portaria GM/MTE 1.964).

Havendo a constatação de trabalhadores contratados pelo consórcio, o auditor-fiscal do trabalho, de forma obrigatória, solicitará os seguintes documentos: (a) matrícula coletiva (CEI, Cadastro Específico do INSS), deferida pelo Instituto Nacional do Seguro Social (INSS); (b) pacto de solidariedade, consoante previsto no art. 896 do CC (art. 265, CC 2002), devidamente registrado em cartório; (c) documentos relativos à administração do Consórcio, inclusive de outorga de poderes pelos produtores a um deles ou a um gerente/administrador para contratar e gerir a mão de obra a ser utilizada nas propriedades integrantes do grupo; (d) livro, ficha ou sistema eletrônico de registro de empregados (art. 3º, I a IV, Portaria GM/MTE 1.964). De forma facultativa, de acordo com a visão do auditor-fiscal, os demais documentos necessários à atuação fiscal (art. 3º, V).

O nome constante da matrícula coletiva entregue ao INSS será anotado no registro do empregado, como também em todos os demais documentos decorrentes do contrato único de prestação de trabalho entre cada trabalhador e os produtores rurais consorciados (art. 3º, § 1º).

O pacto de solidariedade, assinado e registrado em cartório, conterá a identificação de todos os consorciados com nome completo, CPF, documento de identidade, matrícula CEI individual, endereço e domicílio, além do endereço das propriedades rurais onde os trabalhadores exercerão as suas atividades. Saliente-se que a solidariedade inclui não só os direitos trabalhistas, como também os encargos previdenciários (art. 3º, § 2º).

Na hipótese de ser constatada a violação de preceito legal pelo Consórcio de Empregadores Rurais, deverá o Auditor-Fiscal do Trabalho deve lavrar o competente auto de infração em nome contido na CEI coletiva citando, ainda, o CPF do produtor que encabeça a matrícula e fazendo constar no corpo dessa peça as informações necessárias à caracterização da prestação de trabalho a produtores consorciados (art. 4º, *caput*).

O consórcio de empregadores foi reconhecido pela legislação previdenciária por intermédio da Lei 10.256/01, a qual efetuou algumas alterações na Lei 8.212/91, a saber:

a) equipara-se ao empregador rural pessoa física o consórcio simplificado de produtores rurais formado pela união de produtores rurais, pessoas físicas, que outorgar a um deles poderes para contratar, gerir e demitir trabalhadores para prestação de serviços, exclusivamente, aos seus integrantes, mediante documento registrado em cartório de títulos e documentos (art. 25-A, *caput*);

b) o documento deverá conter a identificação de cada produtor, seu endereço pessoal e o de sua propriedade rural, bem como o respectivo registro no Instituto Nacional de Colonização e Reforma Agrária (INCRA) ou informações relativas à parceria, arrendamento ou equivalente e a matrícula no INSS de cada um dos produtores rurais (art. 25-A, § 1º);

c) o consórcio deverá ser matriculado no INSS em nome do empregador a quem hajam sido outorgados os poderes, na forma do regulamento (art. 25-A, § 2º);

d) os produtores rurais integrantes do consórcio serão responsáveis solidários em relação às obrigações previdenciárias (art. 25-A, § 3º).

6.13 EMPREGADOR NA LEI DO FUNDO DE GARANTIA DO TEMPO DE SERVIÇO

O recolhimento fundiário é uma obrigação patronal, isto é, todos os empregadores devem depositar, até o dia sete de cada mês, em conta bancária vinculada, a quantia relativa a 8% da remuneração paga ou devida, no mês anterior, aos seus trabalhadores (art. 15, *caput*, Lei 8.036/90).

Para os fins da lei fundiária (art. 15, § 1º), empregador é a pessoa natural ou jurídica, de Direito Privado ou de Direito Público, da Administração direta, indireta ou fundacional de qualquer dos Poderes, da União, dos Estados, do Distrito Federal e dos Municípios, que admitir trabalhadores regidos pela CLT.

Também será tida como contribuinte (empregador) do sistema fundiário a pessoa física ou jurídica que, *regida por legislação especial, encontrar-se nessa condição ou figurar como fornecedor ou tomador de mão de obra, independente da responsabilidade solidária e/ou subsidiária a que eventualmente venha obrigar-se* (art. 15, § 1º). Como exemplo, temos a empresa de trabalho temporário.

6.14 EMPREGADOR E A SEGURIDADE SOCIAL

No âmbito da Seguridade Social, empresa é a firma individual (pessoa que exerce o comércio individualmente) ou sociedade que assume os riscos de sua atividade econômica urbana ou rural, com ou sem finalidade lucrativa, bem como os órgãos e entidades da

Administração Pública (Direta, Indireta e Fundacional), desde que seus servidores não sejam estatutários (art. 15, I, Lei 8.212/91).

Também são equiparáveis à empresa: o contribuinte individual e a pessoa física na condição de proprietário ou dono de obra de construção civil, em relação a segurado que lhe presta serviço, bem como a cooperativa, a associação ou a entidade de qualquer natureza ou finalidade, a missão diplomática e a repartição consular de carreira estrangeira (art. 15, parágrafo único).

A noção de empresa interliga-se com a figura do segurado. O que importa, de fato, é que a pessoa, natural ou jurídica, possua segurados que lhes prestem serviços. A prestação de serviços não se vincula, de forma única, com a figura do trabalhador subordinado – empregado.

Elucidando essa noção, declara Feijó dos Reis:[54] *"Mas, de qualquer forma, no texto previdenciário, o termo 'empresa' tem compreensão própria: pode ser o empregador tal como definido na CLT; pode ser a sociedade civil de fins não lucrativos; ou a fundação pública ou privada; ou ainda, a repartição ou serviço público em geral, quando mantenham a seu serviço trabalhadores vinculados ao regime."*

A razão da amplitude do termo "empresa" decorre do próprio sistema de custeio da Seguridade Social e da sua finalidade. A proteção social, nos ordenamentos jurídicos modernos, é ampla e contempla uma série de infortúnios. A seguridade social engloba amplas políticas de proteção ao ser humano, visando a sua inserção nas áreas de previdência, assistência e saúde.

Para De Plácido e Silva,[55] o termo "seguridade" sintetiza: *"De seguro é o vocábulo empregado na mesma acepção de segurança; exprime a garantia, a firmeza, ou a estabilidade das coisas. É a qualidade, a condição ou o estado do que é seguro, ou está seguro, firme, ou garantido. Enquanto na segurança previnem-se os riscos, resguardam-se os prejuízos, toma-se cautela ou se determinam medidas para remover o prejuízo, na seguridade, impõe-se a confiança pelo estado de seguro, pela ausência do perigo, dela, seguridade, decorrente."*

Seguridade expressa o ideal da provisão que se faz para o futuro, enquanto segurança reflete o presente. Acrescentando-se ao termo a expressão social, temos a adoção de um sistema que visa amparar os trabalhadores e seus familiares quanto às suas necessidades, quando não conseguem prové-las por seus próprios meios.

Seguridade social, nas palavras de Sergio Pinto Martins:[56] *"É o conjunto de princípios, normas e instituições destinado a estabelecer um sistema de proteção social aos indivíduos contra contingências que os impeçam de prover as suas necessidades pessoais básicas e de suas famílias, integrado por ações de iniciativa dos Poderes Públicos e da sociedade, visando assegurar os direitos relativos à saúde, à previdência e à assistência social."*

A ordem social, como prevista no Título VIII da CF/88, tem como base o primado do trabalho, e, como objetivos, o bem-estar e a justiça sociais (art. 193).

---

[54] FEIJÓ, José dos Reis. *Direito previdenciário brasileiro*. 6. ed., p. 287.
[55] SILVA, De Plácido e. *Vocabulário jurídico*. 27. ed., p. 1268.
[56] MARTINS, Sergio Pinto. *Direito da seguridade social*. 18. ed., p. 44.

O Capítulo II é relativo ao Título Seguridade Social, que, em seu bojo, engloba um conjunto integrado de ações de iniciativa dos Poderes Públicos e da sociedade, visando assegurar os direitos relativos à saúde, à previdência e à assistência social (art. 194, *caput*). Os seus objetivos são: universalidade da cobertura e do atendimento; uniformidade e equivalência dos benefícios e serviços às populações urbanas e rurais; seletividade e distributividade na prestação dos benefícios e serviços; irredutibilidade do valor dos benefícios; equidade na forma de participação no custeio; diversidade da base de financiamento e o caráter democrático e descentralizado da gestão administrativa, com a participação da comunidade, em especial de trabalhadores, empresários e aposentados.

6.15 CONSÓRCIO DE EMPREGADORES NA ÁREA URBANA

A palavra "consórcio" possui vários significados: (a) casamento, associação, união ou comunhão de interesses; (b) associação de pessoas ou de empresas com fins e interesses em comum e que é constituída mediante um contrato; (c) união de pessoas físicas ou jurídicas, com o escopo de formar poupança ou de obter capital, para adquirir, mediante contribuições mensais, bens móveis, imóveis etc.; (d) acordo efetuado entre as entidades públicas com o intuito de se obter um interesse em comum.

A formação de um consórcio de empregadores na área urbana não encontra barreiras na ordem constitucional brasileira. A rigor, pelo princípio da legalidade não há proibição jurídica da sua adoção (art. 5º, II, CF). Outros: a não violação aos princípios e direitos fundamentais; a busca do pleno emprego (art. 170, VIII); a valorização do trabalho humano (art. 170, *caput*, CF); a garantia a todos os direitos dos trabalhadores; aumento da busca do pleno emprego; incremento ao valor social do trabalho (art. 1º); bem-estar e justiça social (art. 193).

No âmbito urbano, um conjunto de pessoas naturais ou jurídicas, mediante registro em cartório, pode formar um consórcio, pela assinatura de um termo de responsabilidade solidária, onde se tenha: (a) identificação de cada pessoa física ou jurídica consorciada; (b) especificação do objetivo; (c) atividades a serem desenvolvidas pelo consórcio; (d) cotas de produção; (e) remuneração; (f) prazo de duração.

As vantagens do consórcio são: (a) a possibilidade de uma maior proteção ao trabalhador, pela solidariedade entre cada um dos consorciados em relação aos direitos trabalhistas; (b) o incremento de empregos formais como forma de absorção de mão de obra; (c) o trabalhador, empregado de um consórcio de empregadores rurais, poderia prestar serviços a qualquer um dos consorciados. Seria uma forma de racionalização de custos[57] e de oportunidades para fins de se tomar a mão de obra empregatícia.[58]

---

[57] Exemplos: (a) o rateio das despesas com os empregados; (b) a utilização dos empregados de acordo com a estrita necessidade do consorciado; (c) diminuição do impacto financeiro das rescisões; (d) otimização da gestão de mão de obra.

[58] Por exemplo, o aumento de categorias profissionais, tais como: (a) vigia de rua contratado por vários moradores; (b) doméstica que atende várias pessoas em dias determinados na semana; (c) faxineira que limpa uma série de escritórios em um determinado condomínio.

Otavio Amaral Calvet[59] ensina: *"Como principal fundamento à consorciação de empregadores, cumpre evidenciar a simples ausência de impedimento no nosso ordenamento jurídico para que, no polo passivo da relação de emprego, figure mais de uma pessoa simultaneamente como empregador. Se não há qualquer norma proibindo a pluralidade de empregadores, deve-se reconhecer, pelo princípio da legalidade insculpido no art. 5º, II, da CRFB, que, existindo manifestação de vontade nesse sentido, é possível que uma pluralidade de interessados efetue a contratação de empregados com escopo de adquirir a energia de trabalho destes de forma subordinada.*

Recorde-se que o contrato de trabalho é regido pelo direito privado, prevalecendo a autonomia da vontade para reger suas disposições em tudo aquilo que não contrarie as normas de ordem pública ou as disposições estipuladas na esfera da autonomia coletiva da vontade conforme art. 444 da CLT. Se é certo que existe uma forte limitação na autonomia da vontade no campo das relações trabalhistas, pelo caráter público que envolve a proteção do hipossuficiente na relação de emprego, certo é também que o Estado em momento algum pretendeu limitar nessa relação obrigacional o número de envolvidos no polo patronal, mesmo porque tal reconhecimento em nada prejudica ao empregado. [...] Acredito que esta modalidade de contratação poderia se tornar menos dispendiosa para os empregadores e mais lucrativa tanto para os empregados, que teriam a segurança de um emprego; bem como para os cofres públicos, já que estaria assegurada a contribuição previdenciária que certamente as diárias não recolhem."

QUESTIONÁRIO

1. Explique a divergência doutrinária na conceituação de empregador.

2. Qual é o fenômeno presente na definição legal de empregador?

3. Qual é a definição legal de empregador? Quem pode ser empregador?

4. Quais são os significados da palavra "empresa" na Economia?

5. Qual é a noção jurídica de empresa na ciência do Direito?

6. Qual é o significado de estabelecimento?

7. As palavras "empresa" e "estabelecimento" são utilizadas de forma adequada pelo legislador consolidado?

8. Como se apresenta o grupo de empresas no Direito do Trabalho?

9. O que é relação de dominação e como a mesma se apresenta?

10. A caracterização do grupo econômico no Direito do Trabalho é hierarquizada ou verticalizada?

---

[59] CALVET, Otavio Amaral. *Consórcio de empregadores urbanos*, p. 52.

11. Na sua visão, diante da interpretação do art. 2º, § 2º, CLT, é possível a formulação do grupo econômico como empregador real?

12. A solidariedade pode ser ativa e passiva na constatação do grupo econômico? Em caso afirmativo, quais são as consequências?

13. A presença das empresas integrantes do grupo econômico no polo passivo da demanda trabalhista é necessária? Quais são as objeções da doutrina?

14. Explique o fenômeno da despersonalização do empregador.

15. Explique o princípio da continuidade da empresa.

16. Como se dá a triangulação no contrato de trabalho temporário?

17. Quais são os contratos presentes em uma relação de trabalho temporário?

18. O empregador doméstico possui natureza lucrativa?

19. O que é empregador rural equiparado?

20. Quais são as diferenças do grupo econômico rural diante do art. 2º, § 2º, CLT?

21. O que representa o consórcio de empregadores na área rural?

22. Qual é o significado de empregador para o sistema fundiário?

23. Qual é a noção de empresa no âmbito da Seguridade Social?

24. O que representa a Seguridade Social?

Capítulo VII
PODER DIRETIVO DO EMPREGADOR

O poder diretivo é um desdobramento do direito de propriedade (art. 5º, XXII, CF) e é um dos elementos do conceito de empregador (art. 2º, CLT).

Por analogia, temos a figura de uma moeda (relação de empregado), sendo que um dos lados representa a subordinação (essencial na figura do empregado), e o outro, o poder diretivo.

O poder diretivo representa a faculdade legal que é concedida ao empregador, de comandar a prestação pessoal dos serviços, organizando-a, controlando-a e punindo o trabalhador, se for necessário.

Várias são as teorias que procuram elucidar a natureza jurídica do poder diretivo do empregador:

a) propriedade privada – o fundamento repousa no direito de propriedade;
b) contratualista – pelo contrato de trabalho, como ajuste de manifestação entre o empregado e o empregador, o primeiro disponibiliza a sua força de trabalho, de forma subordinada, acatando a sua direção pelo segundo;
c) institucionalista – a empresa, como uma instituição, tem a autoridade hierárquica quanto aos seus colaboradores (empregados);
d) interesse – é do interesse do empregador organizar, controlar e disciplinar a prestação dos serviços dos seus empregados;
e) direito potestativo – *"inoponibilidade do empregado contra o poder diretivo do empregador"*;[1]
f) direito-função – trata-se de um *"direito-dever, na medida em que aumenta, gradativamente, a participação dos trabalhadores nas decisões da empresa, limitando-se assim a amplitude do dever patronal de direção, a ponto de se transformar em conjunto de deveres do empregador para com os seus empregados"*.[2]

A Reforma Trabalhista (Lei 13.467/17) prevê o regulamento empresarial como matéria de negociação coletiva (art. 611-A, VI, CLT).

---

[1] NASCIMENTO, Amauri Mascaro. *Iniciação ao direito do trabalho*. 32. ed., p. 142.
[2] NASCIMENTO, Amauri Mascaro. Ob. cit., p. 142.

7.1 PODER DE ORGANIZAÇÃO

A empresa representa a combinação dos fatores de produção (natureza, capital e trabalho) que levam à produção e circulação de bens e serviços. O empregador possui a faculdade da organização quanto a tais fatores. É o empregador quem escolhe a atividade a ser exercida, a estrutura jurídica a ser adotada para o desempenho dessa atividade, o número de empregados e suas tarefas e funções, a fixação das regras e normas que irão compor o regulamento da empresa etc.

Além do regulamento da empresa, também deve o empregador respeitar as normas mínimas que compõem o Direito do Trabalho.

7.2 PODER DE CONTROLE

O empregador possui o dever de fiscalizar a atividade de seus empregados. Além disso, cabe ao empregador ditar as regras e as tarefas a serem exercidas. Ao lado dessa fixação, em decorrência do poder diretivo, possui a faculdade de exigir o implemento das tarefas.

O controle se faz por meio da fixação de horários em livros ou cartões de ponto; da prestação de contas de empregados vendedores; do controle de peças produzidas; da revista dos empregados ao entrar e sair do local de trabalho etc.

Pode-se afirmar que em certas circunstâncias, o empregador tem o dever de fiscalizar a atuação dos seus empregados, em especial, como ocorre nas matérias relacionadas com a medicina e a segurança do trabalho. Vale dizer, cabe ao empregador cumprir e fazer cumprir as normas de segurança e medicina do trabalho, como também instruir os empregados, por meio de ordens de serviço, quanto às precauções a tomar no sentido de evitar acidentes de trabalho ou doenças ocupacionais (art. 157, I e II, CLT).

7.3 PODER DISCIPLINAR

O poder disciplinar é a terceira manifestação que deriva do poder diretivo. O empregador tem o direito de impor aos seus trabalhadores sanções de cunho disciplinar.

Parte da doutrina pondera que o contrato não justifica o poder de um contratante aplicar ao outro uma penalidade. A relação empregatícia, sendo um contrato, não propiciaria a nenhum dos contratantes a imposição unilateral de qualquer medida disciplinar. Dentro dessa concepção, somente ao Estado cabe o direito de punir, inexistindo um poder privado disciplinar.

Essa posição não deve ser acatada. O contrato é inquestionável dentro da relação empregatícia, porém, quando se tem a sua visualização, dentro dos critérios legais inseridos nos arts. 2º e 3º, CLT, o empregado fica adstrito ao poder diretivo do empregador, sendo que essa faculdade legal repousa na teoria da propriedade privada sobre os meios de produção (a razão da constituição da própria empresa).

Dentro do Direito brasileiro, as hipóteses em que pode haver a existência das penalidades ao empregado são: *"As penalidades que podem ser aplicadas ao empregado são a suspensão disciplinar e a advertência. O atleta profissional é ainda passível de multa. A lei brasileira autoriza a suspensão disciplinar do empregado, por até 30 (trinta) dias, ao dispor que 'a suspensão do empregado por mais de 30 (trinta) dias consecutivos importa a rescisão injusta do contrato de trabalho' (art. 474). São usuais as suspensões disciplinares de 1, 3 e 5 dias ou até mais, comunicadas ao empregado por 'carta-suspensão', não como forma prevista em lei, mas como decorrência de praxe. Vale, evidentemente, a comunicação verbal. Como é prevista suspensão, admite-se a punição do empregado com advertência, embora não prevista pela CLT. Quem tem poder maior por certo terá, também, nele compreendido, um poder menor, que é o de advertir, que acarreta consequências morais, mas não implicações econômicas como a suspensão, cujo resultado, além da proibição do trabalho durante o seu cumprimento, será a perda dos salários dos dias respectivos, mais do repouso semanal. A lei não autoriza o empregador a multar o empregado. Há, no entanto, atletas profissionais que são multados com base nas normas desportivas. Não há em nossas leis a necessidade de gradação de penalidades. Assim, para ser despedido, não é necessário que o empregado, anteriormente, tenha sido advertido e suspenso, salvo se o regulamento interno da empresa o determinar. As penalidades disciplinares estão sujeitas a controle da Justiça do Trabalho. O empregado, inconformado com a suspensão ou a advertência, tem o direito de ação, para obter sentença judicial anulando a penalidade."*[3]

A experiência demonstra que é comum a existência da gradação na aplicação das penalidades: advertência, suspensão e, por último, a dispensa motivada (justa causa). São inadmissíveis as seguintes punições: (a) a de cunho pecuniário, exceto para o atleta profissional; (b) as que ofendam a dignidade, a intimidade, a honra e o decoro do trabalhador; (c) as de cunho discriminatório.

A advertência representa um alerta do empregador ao empregado para a correção de desvios. Tem o objetivo de evitar uma sanção mais grave.

A suspensão é a típica punição trabalhista em que o empregado é atingido no seu patrimônio. Como deixa de trabalhar pela imposição empresarial, não recebe os seus salários durante a suspensão. O limite máximo da suspensão é de 30 dias (art. 474, CLT).

Dispensa motivada é o término do contrato de trabalho por iniciativa do empregador face à conduta do trabalhador. Há um motivo disciplinar, o qual gera a quebra da confiança. O empregado é sensivelmente afetado no plano material, visto que não tem direito: 13º salário; férias proporcionais e abono; seguro desemprego; liberação dos depósitos fundiários.

A gradação das penalidades representa a preocupação do empregador em não prejudicar o empregado com o término do contrato com a primeira penalidade, porém denota a sua fiscalização e subsequente punição se for o caso, integrando o trabalhador ao seio da empresa.

Toda e qualquer medida disciplinar deve ser condizente com o bom-senso, não podendo haver o extravasamento desse poder disciplinar. A medida punitiva há de ser coerente com a atitude ou fato.

---

[3] NASCIMENTO, Amauri Mascaro. *Iniciação ao direito do trabalho.* 22. ed., p. 192.

Não havendo essa coerência por parte do empregador, o empregado possui o direito de discutir em juízo o excesso dessa penalidade, pleiteando sua nulidade e o ressarcimento dos eventuais prejuízos pecuniários.

Apesar do reconhecimento quanto ao direito de punição do empregador, é razoável pensar-se em uma limitação a esse poder punitivo.

Para tanto, seria interessante que a negociação coletiva ou o legislador estabelecessem um procedimento prévio a uma eventual aplicação de punição.

O procedimento deveria compreender: (a) comunicação formal ao empregado do motivo pelo qual está sendo acusado; (b) com a comunicação, o empregado pode se defender, inclusive, diligenciar no sentido das provas, as quais elucidem a questão, logo, a segunda fase seria a da defesa; (c) a terceira fase repousa na produção de provas, tais como relatos de outros trabalhadores, documentos etc.; (d) após as fases já citadas, tem-se a conclusão do procedimento, em que o empregador decide a respeito da aplicação ou não da penalidade.

Apesar de o empregador ser parte e juiz (o procedimento não se equipara, literalmente, a um processo judicial), sem dúvida, já representa um grande avanço para evitar situações injustas. No mínimo, a punição não é automática, visto que o procedimento resguarda ao empregado o direito à resposta e à prova.

O Poder Judiciário não deve interferir no poder disciplinar do empregador, exceto, em circunstâncias pontuais: (a) adoção de medidas ilegais pelo empregador, como a transferência punitiva de local de trabalho; (b) dispensa por justa causa de empregados estáveis ou com garantia de emprego, em que se tem por imposição legal ou contratual a necessidade do ajuizamento do inquérito para apuração de falta grave (arts. 494 e 659, X, CLT; Súm. 197, STF); (c) anulação de medida disciplinar, visto que a punição adotada não se coaduna com a gravidade do ato ou da omissão do empregado.

7.4 REGULAMENTO DE EMPRESA

Na opinião de Emílio Gonçalves,[4] o regulamento de empresa representa: *"O conjunto sistemático das normas sobre as condições especiais de trabalho na empresa e sobre a disciplina das relações entre o empregador e seus empregados. Nele se enfeixam normas de natureza técnico-profissional, disposições relativas à segurança do trabalho, utilização de ferramentas e aparelhos, uso de vestiários e armários, serviço médico ao lado de cláusulas a respeito das obrigações do empregado, horário de trabalho, critérios e periodicidade de pagamento da remuneração, concessão de férias e licenças, infrações disciplinares e respectivas sanções, prazo de aviso-prévio de despedida e outros aspectos das relações e condições de trabalho na empresa. Regula, em suma, as situações laborais da empresa, aplicando-se a todos os empregados, atuais e futuros."*

---

[4] GONÇALVES, Emílio. *O poder regulamentar do empregador*: o regulamento do pessoal na empresa. 2. ed., p. 39.

Trata-se de uma manifestação do poder diretivo do empregador, o qual possui a prerrogativa de dispor sobre as normas reguladoras das condições gerais e especiais do trabalho na empresa. Não se trata de um poder absoluto, havendo limitações.

A primeira limitação envolve os direitos do empregado como ser humano (Princípio da Dignidade Humana).

Nesse sentido, Emílio Gonçalves[5] afirma: *"No exercício de sua atividade profissional, subordinada à autoridade do empregador, não perde o empregado a sua qualidade de pessoa, impondo-se, em consequência, da parte do empregador, o respeito à dignidade do trabalhador, o que implica a inoperância das normas baixadas pelo empregador que, direta ou indiretamente, venham ferir a dignidade do trabalhador."*

A segunda limitação é originária da própria legislação trabalhista, a qual contém dispositivos de natureza imperativa, resguardando a melhoria da condição social dos trabalhadores (art. 7º, CF), sendo nulos de pleno direito os atos praticados com o objetivo de desvirtuar, impedir ou fraudar a aplicação dos preceitos contidos na legislação trabalhista (art. 9º, CLT).

E, por fim, a terceira limitação reside nos direitos que foram fixados individualmente com cada trabalhador, os quais prevalecem sobre os atos normativos que sejam fixados pelo empregador.

Várias são as teorias que procuram explicar a natureza jurídica do regulamento da empresa. Podemos classificá-las em:

a) teoria contratualista – sustenta que o regulamento da empresa tem como fonte o mútuo consentimento das partes. A sua eficácia reside na aceitação do trabalhador que, ao aceitar o contrato de trabalho, dá força impositiva ao regulamento;

b) contrato de adesão – o empregado, ao ser admitido, adere a um contrato individual previamente estipulado pelo empregador. Ao efetuar a sua adesão, de forma concomitante, já estaria aderindo ao regulamento de empresa. O trabalhador somente é livre para contratar ou não, mas, ao fazê-lo, vincula-se às normas impostas unilateralmente pelo empregador;

c) teoria regulamentar ou institucional – a empresa é uma instituição, compreendendo os fatores de produção (trabalho, capital e matéria-prima), levando à produção de bens e serviços, logo, possui poderes normativos e disciplinares. O regulamento da empresa é *"obra desses poderes que existem em todas as comunidades e sem os quais não poderão subsistir nem alcançar seus fins. Todo agrupamento, quer se trate de sociedade política, quer se trate de sociedade de fins lucrativos ou não, deve ter sua lei interna, a natureza de lei em sentido material, formulada pelo empresário"*.[6]

---

[5] GONÇALVES, Emílio. Ob. cit., p. 35.
[6] GONÇALVES, Emílio. Ob. cit., p. 42.

A legislação brasileira é omissa ao tratar de forma específica o regulamento de empresa. Há somente algumas citações genéricas, tais como: a vedação de constar no regulamento qualquer restrição ao direito da mulher ao seu emprego, por motivo de casamento ou de gravidez (art. 391, CLT); o abono de férias concedido em regulamento de empresa, desde que não excedente de 20 dias de salário, não integrará a remuneração do empregado para nenhum efeito (art. 144, CLT). Na jurisprudência do TST, algumas Súmulas tratam do assunto: 72, 77, 84, 87, 92, 97, 186, 288, 313, 326 e 327.

O regulamento de empresa é fonte do Direito do Trabalho, pois traça normas quanto às condições de trabalho dentro da empresa. No Brasil, diante da omissão legislativa, quando ocorre a formulação de um regulamento, geralmente é imposto de forma unilateral pelo empregador. Em tese, diante da visão unilateral quanto à sua imposição, o empregador poderá alterar o regulamento interno, diminuindo os direitos impostos aos trabalhadores, reduzindo os custos, mas mantendo os postos de trabalho.

Em face da alteração do regulamento, de forma unilateral, surge a seguinte indagação: será que as referidas alterações são válidas para os contratos em curso? Nesse particular, convém apresentar a Súm. 51, I, TST: "*As cláusulas regulamentares, que revoguem ou alterem vantagens deferidas anteriormente, só atingirão os trabalhadores admitidos após a revogação ou alteração do regulamento.*"

Ainda como exemplos, respectivamente, temos as Súm. 97 e 288, TST: *Súm. 97 – "Instituída complementação de aposentadoria por ato da empresa, expressamente dependente de regulamentação, as condições desta devem ser observadas como parte integrante da norma." Súm. 288, I – "A complementação dos proventos da aposentadoria, instituída, regulamentada e paga diretamente pelo empregador, sem vínculo com as entidades de previdência privada fechada, é regida pelas normas em vigor na data da admissão do empregado, ressalvadas as alterações que forem mais benéficas (art. 468 da CLT)."*

A jurisprudência uniforme do TST (Súmulas 51, I; 97 e 288, I) entende que as alterações dos regulamentos de empresa somente são válidas para os novos empregados, logo, diante do fenômeno da sucessão trabalhista, as normas trabalhistas impostas pelo sucedido no regulamento não poderão ser modificadas pelo sucessor. Trata-se da aplicação do princípio da condição mais benéfica (art. 468, *caput*, CLT).

Arion Sayão Romita[7] dispõe: "*É de rigor distinguir o regulamento adotado por via unilateral daquele que é estipulado mediante acordo com os trabalhadores. Na primeira hipótese, o regulamento pode ser unilateralmente modificado pelo empregador, porém a alteração só alcançará os empregados que foram admitidos em data posterior à da vigência da alteração[...] Na outra hipótese – regulamento resultante de negociação entre empregador e empregador – a alteração das respectivas cláusulas só será lícita se observado o mesmo procedimento: a mudança deve resultar de mútuo consenso.*"

O TST acresceu à Súmula 288 o item II, o qual dispõe que na hipótese de coexistência de dois regulamentos de planos de previdência complementar, instituídos pelo

---

[7] ROMITA, Arion Sayão. *Direito do trabalho*: temas em aberto, p. 140.

empregador ou por entidade de previdência privada, a opção do beneficiário por um deles tem efeito jurídico de renúncia às regras do outro. Correto esse entendimento. O trabalhador não pode ser contemplado, de forma simultânea, de regras dos dois planos de previdência. A opção por um plano implica na renúncia aos benefícios do outro plano.

Em abril de 2016, o TST acresceu dois itens novos à Súmula 288: "*III – Após a entrada em vigor das Leis Complementares nºs 108 e 109, de 29/05/2001, reger-se-á a complementação dos proventos de aposentadoria pelas normas vigentes na data da implementação dos requisitos para obtenção do benefício, ressalvados o direito adquirido do participante que anteriormente implementara os requisitos para o benefício e o direito acumulado do empregado que até então não preenchera tais requisitos. IV – O entendimento da primeira parte do item III aplica-se aos processos em curso no Tribunal Superior do Trabalho em que, em 12/04/2016, ainda não haja sido proferida decisão de mérito por suas Turmas e Seções.*"

QUESTIONÁRIO

1. O que representa o poder diretivo do empregador?

2. Explique o poder de organização do empregador.

3. Quais são as atribuições decorrentes do poder de controle?

4. O poder disciplinar do empregador é limitado?

5. Quais são as penalidades que podem ser aplicadas pelo empregador?

6. O que é regulamento de empresa?

7. Quais são as limitações quanto ao poder regulamentar do empregador?

8. Explique as teorias relativas à natureza jurídica do regulamento de empresa.

9. As alterações do regulamento de empresa podem prejudicar os direitos dos trabalhadores?

Capítulo VIII
DESCONSIDERAÇÃO DA PESSOA JURÍDICA

Desde o início da civilização, o homem possui a necessidade de viver em grupos, em comunidade. O grupo representa a conjugação de esforços e de recursos, levando o ser humano ao desenvolvimento ético, social, econômico, político etc.

A pessoa jurídica é fruto da intenção ou vontade dos sócios, os quais constituem uma sociedade, como forma de conjugação dos esforços em prol de uma atividade.[1]

8.1 PESSOA JURÍDICA

A expressão "pessoa jurídica" é utilizada para se referir às instituições, corporações, associações e sociedades, as quais são formadas pela vontade do homem e que, em função do reconhecimento pela ordem jurídica, passam a ser sujeitos de direitos e obrigações, possuindo patrimônio próprio e personalidade jurídica distinta da dos seus membros.[2]

---

[1] "O homem, em sua origem, é um ser sociável. Desde os primórdios, juntou-se aos seus iguais para garantir a sobrevivência do bando e consequentemente sua própria sobrevivência. Com as transformações sofridas pela organização social ao longo do tempo, o homem passou a ser dotado de capacidade jurídica, tornando-se sujeito de direitos e obrigações inúmeras, o que lhe acarreta em uma série de possibilidades e responsabilidades.

Alguns de seus interesses podem ser realizados de forma individual, mas alguns tantos outros, quer pela complexidade social alcançada, quer pela ambição natural do homem, se faz necessária a necessidade agrupamento para a viabilidade de objetivos comuns. Conforme assinala o ilustre Professor Caio Mário da Silva Pereira: '[...] e, vemos, então, em todos os povos, como assina Enneccerus, que a necessidade sugeriu uniões e instituições permanentes, para obtenção de fins comuns, desde as de raio de ação mais amplo, como o Estado, o Município, a Igreja, até as mais restritas como as associações particulares'.

A pessoa jurídica é uma criação do Direito em razão da própria necessidade social, para permitir a conjugação de vontades, a fim de possibilitar o alcance de objetivos impossíveis à atividade individual isolada. Na definição de Jefferson Daibert, a pessoa jurídica 'é o conjunto de pessoas ou bens destinados à realização de um fim a quem o direito reconhece aptidão para ser titular de direitos e obrigações na ordem civil'" (GUSMÃO, Mônica. *Curso de direito empresarial*. 5. ed., p. 41).

[2] Pessoa jurídica é a unidade de pessoas naturais ou de patrimônios, que visa à consecução de certos fins, reconhecida pela ordem jurídica como sujeito de direitos e obrigações (DINIZ, Maria Helena. *Curso de direito civil brasileiro*. 18. ed., v. 1, p. 206).

Diz-se jurídica, como esclarece De Plácido e Silva, *"porque se mostra uma 'encarnação da lei'. E, quando não seja inteiramente criada por ela, adquire vida ou existência legal somente quando cumpre as determinações fixadas por lei".*[3]

Quanto à natureza jurídica da pessoa jurídica, a doutrina aponta quatro teorias:

a) da ficção – a pessoa jurídica é uma ficção da lei, ou seja, uma criação artificial do legislador para o exercício de direitos patrimoniais, além de se facilitar a função de determinadas entidades. Não se deve acatar a teoria da ficção, na medida em que, *"por ser abstrata, não corresponde à realidade, pois se o Estado é uma pessoa jurídica, e se se concluir que ele é ficção legal ou doutrinária, o direito que dele emana também o será"*;[4]

b) da equiparação – a pessoa jurídica é um patrimônio que se equipara no seu tratamento jurídico às pessoas naturais. Bens não devem ser equiparados ao sujeito de direitos e obrigações; portanto, a teoria é inaceitável;

c) da realidade objetiva ou orgânica – ao lado das pessoas naturais, há organismos sociais, que são constituídos pelas pessoas jurídicas, com existência e vontade própria, distinta da de seus membros. Portanto, devem ser acatados por serem uma realidade objetiva. Contudo, não se pode visualizar que a pessoa jurídica tenha vontade. A vontade é inerente à pessoa natural e não à pessoa jurídica;

d) da realidade das instituições jurídicas[5] – o ser humano adquire a personalidade jurídica a partir do nascimento com vida (art. 2º, CC). Já as pessoas jurídicas adquirem a personalidade jurídica com a inscrição de seus contratos, atos constitutivos, estatutos ou compromissos no registro peculiar (art. 45, CC). Do ponto de vista material, somente a pessoa natural é uma realidade. A pessoa jurídica é uma ficção, pois a mesma não pode ser vista sob a ótica das leis físicas. Porém, pelo prisma da realidade jurídica, a pessoa jurídica é uma entidade que, como a pessoa natural, pode ser sujeito de direitos e obrigações. Aliás, o predicado da personalidade jurídica é um atributo do Estado tanto para as pessoas naturais como para as jurídicas. Convém aduzir que o escravo, mesmo sendo pessoa humana, não era visto como sujeito de direitos e obrigações, e sim como mero objeto de uma relação jurídica. Logo, a pessoa jurídica, para a órbita jurídica, não é uma mera ficção, e sim sujeito de direitos e obrigações, como também o é a pessoa natural.

---

[3] SILVA, De Plácido e. *Vocabulário jurídico*. 27. ed., p. 1041.

[4] DINIZ, Maria Helena. Ob. cit., v. 1, p. 207.

[5] "A teoria da realidade das instituições jurídicas, de Hauriou, admite que há um pouco de verdade em cada uma dessas concepções. Como a personalidade humana deriva do direito (tanto que este já privou seres humanos de personalidade – os escravos, p. ex.), da mesma forma ele pode concedê-la a agrupamentos de pessoas ou de bens que tenham por escopo a realização de interesses humanos. A personalidade jurídica é de um atributo que a ordem jurídica estatal outorga a entes que o merecem. Logo, essa teoria é a que melhor atende à essência da pessoa jurídica, por estabelecer, com propriedade, que a pessoa jurídica é uma realidade jurídica" (DINIZ, Maria Helena. Ob. cit., v. 1, p. 207).

8.2 CLASSIFICAÇÃO DAS PESSOAS JURÍDICAS

Podem ser classificadas pelos seguintes critérios: (a) funções e capacidade; (b) estrutura; (c) nacionalidade.

8.2.1 Quanto às suas funções e capacidade

Pelo critério função e capacidade, as pessoas jurídicas são classificadas em Pessoas de Direito Público, interno ou externo, e de Direito Privado (art. 40, CC).

As pessoas jurídicas de Direito Público interno são: União, Estados, Distrito Federal, Territórios e Municípios legalmente constituídos, como também as Autarquias, as associações públicas e as demais entidades de caráter público criado por lei (art. 41, I a V, CC).

As de Direito Público externo abrangem os Estados estrangeiros e todas as pessoas que forem regidas pelo direito internacional público (por exemplo: ONU, OEA, UNESCO, FAO, OIT etc.) (art. 42, CC).

As pessoas jurídicas de Direito Privado são instituídas pela iniciativa dos particulares. Como exemplos, temos: (a) fundações particulares, associações, sociedades (civis ou simples e empresárias) (art. 44, I a III, CF); (b) organizações religiosas (art. 44, IV, CC); (c) partidos políticos[6] (art. 1º, Lei 9.096/95; art. 17, I a IV, §§ 1º a 4º, CF; arts. 44, V, 2.031 a 2.034, CC); (d) empresa individual de responsabilidade limitada (arts. 44, VI e 980-A, CC).

As fundações particulares (arts. 62 a 69, CC) são universalidades de bens, que adquirem personalidade em função da ordem jurídica, em decorrência de um fim determinado pelo seu fundador. A fundação somente poderá ser constituída para fins diversos (assistência social; cultura, defesa e conservação do patrimônio histórico e artístico; educação; saúde; segurança alimentar e nutricional; defesa, preservação e conservação de meio ambiente e promoção do desenvolvimento sustentável; pesquisa científica, desenvolvimento de tecnologias alternativas, modernização de sistemas de gestão, produção e divulgação de informações e conhecimentos técnicos e científicos; promoção da ética, da cidadania, da democracia e dos direitos humanos; atividades religiosas) (art. 62, I a IX, redação da Lei 13.151/15). O fim é imutável e deve ser observado pelo gestor. Os bens integrantes do acervo da fundação devem ser geridos para a consecução desse objetivo.

---

[6] O partido político, pessoa jurídica de direito privado, destina-se a assegurar, no interesse do regime democrático, a autenticidade do sistema representativo e a defender os direitos fundamentais definidos na Constituição (art. 1º, Lei 9.096/95). O partido político não se equipara às entidades paraestatais (art. 1º, parágrafo único).

As sociedades em geral representam uma *universitas personarum*, ou seja, um conjunto de pessoas que conjugam esforços em função de um objetivo. Podem ser: (a) associações; (b) sociedades civis ou simples;[7] (c) sociedades mercantis ou empresárias.[8]

A associação é constituída pela união de pessoas que se organizam para fins não econômicos (art. 53 e segs., CC). Não se tem o intuito lucrativo, bem como não possuem os associados o interesse na divisão de lucros. O patrimônio é gerido, como se fosse um instrumento, para se alcançar o objetivo pretendido pelos associados. Exemplo: clubes esportivos para o lazer de seus associados.

Celebram contrato de sociedade as pessoas que reciprocamente se obrigam a contribuir, com bens ou serviços, para o exercício de atividade econômica e a partilha, entre si, dos resultados (art. 981). A atividade pode restringir-se à realização de um ou mais negócios determinados (art. 981, parágrafo único).

Salvo as exceções expressas, considera-se empresária (= sociedade mercantil) a sociedade que tem por objeto o exercício de atividade própria de empresário; e, como simples, as demais sociedades (art. 982, *caput*).

Independentemente de seu objeto, considera-se empresária a sociedade por ações e, simples, a cooperativa (art. 982, parágrafo único).

Considera-se empresário quem exerce profissionalmente atividade econômica para a produção ou a circulação de bens ou de serviços (art. 966, *caput*).

---

[7] "A sociedade simples, por sua vez, é a que visa fim econômico ou lucrativo que deve ser repartido entre os sócios, sendo alcançado pelo exercício de certas profissões ou pela prestação de serviços técnicos (CC, arts. 997 a 1.038). Por exemplo: uma sociedade imobiliária (Lei 4.728/65, art. 62); uma sociedade que presta serviços de pintura (*RT, 39*:216); que explora o ramo hospitalar ou escolar; que presta serviços de terraplenagem (*RT, 395*:205); uma sociedade cooperativa (CC, arts. 982, parágrafo único, 1.093 a 1.096). Mesmo que uma sociedade civil venha a praticar, eventualmente, atos de comércio, tal fato não a desnatura, pois o que importa para identificação da natureza da sociedade é a atividade principal por ela exercida (*RT, 462*:81). Tem ela certa autonomia patrimonial e atua em nome próprio, pois sua existência é distinta da dos sócios, de modo que os débitos destes não são da sociedade e vice-versa" (DINIZ, Maria Helena. Ob. cit., v. 1, p. 227).

[8] "Sociedades empresárias, que visam lucro, mediante exercício de atividade mercantil (*RT, 468*:207), assumindo as formas de: sociedade em nome coletivo; sociedade em comandita simples; sociedade em comandita por ações; sociedade limitada; sociedade anônima ou por ações (CC, arts. 1.039 a 1.092). Assim, para se saber se dada sociedade é simples ou empresária, basta considerar-se a natureza das operações habituais; se estas tiverem por objeto o exercício de atividades econômicas organizadas para a produção ou circulação de bens ou de serviços, próprias de empresários (CC, arts. 982 a 967), a sociedade será empresária. E a ela se equipara a sociedade que tenha por fim exercer atividade própria de empresário rural, que seja constituída de acordo com um dos tipos de sociedade empresária e que tenha requerido sua inscrição no Registro das Empresas de sua sede (CC, arts. 968 e 984). Será simples a que não exerce tais atividades, mesmo que adote quaisquer das formas empresariais, como permite o art. 985 do Código Civil, exceto se for anônima ou por ações, que, por força de lei, será sempre empresária (CC, arts. 983 e 982, parágrafo único; *RT, 434*:122)" (DINIZ, Maria Helena. Ob. cit., v. 1, p. 227).

Não se considera empresário quem exerce profissão intelectual, de natureza científica, literária ou artística, ainda com o concurso de auxiliares ou colaboradores, exceto se o exercício da profissão constituir elemento de empresa (art. 966, parágrafo único).

É obrigatória a inscrição do empresário no Registro Público de Empresas Mercantis da respectiva sede, antes do início de sua atividade (art. 967).

A sociedade empresária deve ser constituída segundo um dos tipos regulados nos arts. 1.039 a 1.092 do CC, ou seja: sociedade em nome coletivo; sociedade em comandita simples; sociedade limitada; sociedade anônima e sociedade em comandita por ações.

A sociedade simples pode ser constituída em conformidade com os tipos mencionados *supra* e, não o fazendo, subordina-se às normas que lhe são próprias (art. 983, *caput*).

Ressalvam-se as disposições concernentes à sociedade em conta de participação e à cooperativa, bem como as constantes de leis especiais que, para o exercício de certas atividades, imponham a constituição de sociedade de acordo com um determinado tipo (art. 983, parágrafo único).

A sociedade empresária ou simples adquire personalidade jurídica com a inscrição, no registro próprio e na forma da lei, dos seus atos constitutivos (arts. 45, 985 e 1.150).

A sociedade simples é regulada pelo disposto nos arts. 997 a 1.038. No relacionamento da sociedade simples com terceiros, devem ser observadas as seguintes regras:

a) se os bens da sociedade não lhe cobrirem as dívidas, respondem os sócios pelo saldo, na proporção em que participem das perdas sociais, salvo cláusula de responsabilidade solidária (art. 1.023);

b) os bens particulares dos sócios não podem ser executados por dívidas da sociedade, senão depois de executados os bens sociais (art. 1.024);

c) o sócio, admitido em sociedade já constituída, não se exime das dívidas sociais anteriores à admissão (art. 1.025);

d) o credor particular de sócio pode, na insuficiência de outros bens do devedor, fazer recair a execução sobre o que a este couber nos lucros da sociedade, ou na parte que lhe tocar em liquidação (art. 1.026, *caput*). Se a sociedade não estiver dissolvida, pode o credor requerer a liquidação da quota do devedor, cujo valor, apurado na forma do art. 1.031, será depositado em dinheiro, no juízo da execução, até 90 dias após aquela liquidação (art. 1.026, parágrafo único); e

e) os herdeiros do cônjuge de sócio, ou o cônjuge do que se separou judicialmente, não podem exigir desde logo a parte que lhes couber na quota social, mas concorrer à divisão periódica dos lucros, até que se liquide a sociedade (art. 1.027).

8.2.2 Quanto à estrutura

As pessoas jurídicas, quanto à sua estrutura, são divididas em: (a) associações e sociedades (*universitas personarum*); (b) fundações (*universitas bonorum*).

As associações e sociedades representam um grupo de pessoas afetado a um fim, enquanto as fundações representam um patrimônio que se destina a um fim.

As duas formas possuem o aspecto pessoal e real (patrimônio – acervo de bens). Na forma associativa, o patrimônio representa um instrumento, para que os sócios possam levar à consecução do objetivo pretendido. Já na estrutura fundacional, o patrimônio é a essência para que o objetivo seja atingido.

8.2.3 Quanto à sua nacionalidade

As pessoas jurídicas podem ser nacionais ou estrangeiras.

Maria Helena Diniz:[9] *"Quanto à nacionalidade, pois nesta categoria qualifica-se a pessoa jurídica como nacional ou estrangeira, tendo em vista sua articulação, subordinação à ordem jurídica que lhe conferiu personalidade, sem se ater à nacionalidade dos membros que a compõem e à origem do controle financeiro (LICC, art. 11; CF, arts. 176, § 1º, e 222; Lei nº 10.149/2000, art. 1º, que altera o art. 2º, §§ 1º e 2º, da Lei nº 8.884/1994; CC, arts. 1.126 a 1.141)."*

Pessoa jurídica estrangeira é aquela *"que não tem nacionalidade brasileira, mas que, com seu reconhecimento, goza, no território brasileiro, da mesma capacidade que possui no país de origem. Se vier a abrir, no Brasil, filial, sucursal, agência ou estabelecimento, deverá, para evitar fraude à lei, obter a aprovação de seu estatuto social pelo governo federal brasileiro, sujeitando-se, então, à lei brasileira, uma vez que adquirirá domicílio no Brasil. Com isso, não se nacionaliza a pessoa jurídica estrangeira; apenas determina-se-lhe o exercício de seus direitos, com as restrições estabelecidas pela ordem pública e os bons costumes. A pessoa jurídica estrangeira, mesmo sendo nulo o ato de sua constituição, poderá ser reconhecida como organização de fato, sem personalidade jurídica, quanto às operações já levadas a efeito, podendo, no que disser respeito a essas operações, recorrer ao tribunal brasileiro, pois a nulidade de sua constituição não terá efeito quanto aos fatos consumados. Com a aprovação de seus atos constitutivos, a pessoa jurídica estrangeira estará habilitada a aqui funcionar regularmente. Tal aprovação refere-se à sua capacidade funcional. Não precisa dessa autorização para que possa praticar negócios ou para que seja admitida em juízo, ativa ou passivamente, se tiver de pleitear direitos decorrentes de seu funcionamento regular fora do Brasil, já que o direito de estar em juízo constitui consectário jurídico de reconhecimento de sua personalidade jurídica, e não ato de exercício de sua capacidade funcional"*.[10]

8.3 A RESPONSABILIDADE E O TIPO SOCIETÁRIO

De forma breve, podemos dizer que o tipo de responsabilidade está ligado ao tipo societário:

a) sociedade em nome coletivo – a responsabilidade é ilimitada de todos os sócios;
b) sociedade em comandita simples – a responsabilidade – quanto ao sócio comanditário – é limitada. Quanto ao sócio comanditado, é ilimitada;

---

[9] DINIZ, Maria Helena. *Curso de direito civil brasileiro*. 18. ed, v. 1, p. 208.
[10] DINIZ, Maria Helena. *Dicionário jurídico*, v. 3, p. 588.

c) sociedade de capital e indústria – a responsabilidade é ilimitada para o sócio capitalista e nenhuma para o sócio de indústria, salvo se participar da administração da sociedade;

d) sociedade em conta de participação – a responsabilidade é exclusiva do sócio ostensivo;

e) sociedade por cotas de responsabilidade limitada – a responsabilidade é limitada à integralização do capital social;

f) sociedade anônima ou companhia – o sócio de uma sociedade anônima possui a designação de acionista. A responsabilidade fica limitada à integralização das ações por ele subscritas. Porém, quanto aos acionistas controladores, os quais são majoritários, e que utilizam os seus poderes, bem como em relação aos administradores, poderão responder pessoalmente pelos danos causados por atos praticados com culpa, dolo ou com abuso de poder. Nesse sentido, são os arts. 117, 158, 159 e 165, Lei 6.404.

8.4 OS EFEITOS DA PERSONALIZAÇÃO DA PESSOA JURÍDICA

A pessoa jurídica é a resultante da união de esforços para a realização de fins comuns.

A existência legal das pessoas jurídicas de Direito Privado começa com a inscrição dos seus contratos, atos constitutivos, estatutos ou compromissos no seu registro peculiar, que é regulado por lei especial ou com a autorização ou aprovação do Governo, quando necessária (art. 45, *caput*, CC).

Em face da personalidade jurídica atribuída pelo Direito, as pessoas jurídicas passam a ser sujeitos de direitos e obrigações, com consequências nas titularidades obrigacional, processual e patrimonial.

Na titularidade obrigacional, tem-se: as relações jurídicas contratuais ou extracontratuais, decorrentes da exploração da atividade econômica, envolvem os terceiros e a pessoa jurídica, sendo que os sócios não são participantes dessa relação.

Com a sua personificação, a pessoa jurídica terá a legitimação para demandar e ser demandada em juízo – titularidade processual.

Por conta disso, o patrimônio da pessoa jurídica não se confunde com os bens dos sócios, bem como as suas obrigações não podem ser imputadas aos sócios; logo, respondem pelas obrigações da sociedade, em princípio, apenas os bens sociais. Em suma: a garantia do credor é representada pelo patrimônio social da pessoa jurídica.

Em face da concessão de personalidade às pessoas jurídicas, como consequência, tem-se a aquisição da autonomia patrimonial, ou seja: os bens da sociedade não se confundem com os bens particulares de seus sócios, bem como os sócios não respondem pelas obrigações sociais.

8.5 OS LIMITES DA PERSONALIZAÇÃO DA PESSOA JURÍDICA

O princípio da autonomia patrimonial é decorrência da personalização da pessoa jurídica. Em face desse princípio, os sócios não respondem, como regra, pelas obrigações da sociedade.

Com o avanço das relações sociais, o princípio da autonomia patrimonial passou a ter uma aplicação restrita, deixando de ser aplicado quando o credor da empresa é empregado, consumidor ou o próprio Estado.

A origem do desprestígio da autonomia da pessoa jurídica repousa em dois fatores: (a) na utilização fraudulenta do instituto da personalidade jurídica, como forma de evitar os deveres legais ou contratuais; (b) em função da natureza da obrigação imputada à pessoa jurídica.

Para se coibirem as práticas fraudulentas dos sócios na utilização da pessoa jurídica, a doutrina desenvolveu a teoria da desconsideração da personalidade jurídica: afasta-se o princípio da autonomia patrimonial nos casos em que é mal utilizado.

Outro modo de limitação ao princípio da autonomia patrimonial reside na natureza da obrigação contraída pela pessoa jurídica. A doutrina faz a diferenciação entre obrigação negociável e a não negociável.

A obrigação negociável é a decorrente do exercício da atividade empresarial. A pessoa jurídica é a única responsável pelas dívidas e demais encargos decorrentes dos negócios jurídicos realizados com outras pessoas (naturais ou jurídicas). Tais obrigações pertencem ao campo do Direito Civil e Comercial, geralmente representadas por títulos cambiais ou em contratos mercantis.

A obrigação não negociável é a originária de atos ilícitos ou por imposição legal. Nesse tipo de obrigação, deixa-se de lado o princípio da autonomia patrimonial, para que os bens particulares dos sócios também sejam responsáveis pelas dívidas da pessoa jurídica.

A lógica dessa distinção encontra-se no argumento de que nas obrigações negociáveis as partes, geralmente, estabelecem outros mecanismos de garantia, tais como: aval, fiança, hipoteca, penhor etc.

8.6 A DESCONSIDERAÇÃO DA PERSONALIDADE JURÍDICA

A desconsideração da personalidade jurídica representa um avanço doutrinário e jurisprudencial de grande valia, notadamente como forma de se aceitar a responsabilidade patrimonial e particular dos sócios, em função dos débitos sociais das empresas em que são membros. Não se pode aceitar, por ser uma questão de justiça, o fato de os sócios recorrerem à ficção da pessoa jurídica para enganar credores, para fugir à incidência da lei ou para proteger um ato desonesto. Pode e deve o Judiciário, como um todo, desconsiderar o véu da personalidade jurídica, para que se possa imputar o patrimônio pessoal dos sócios, como forma de se auferir elementos para a satisfação dos créditos, notadamente dos empregados da sociedade. Essa temática jurídica deriva da concepção desenvolvida pela doutrina americana e que se intitula nas expressões *disregard theory* ou *disregard of the legal entity*, ou, ainda, *lifting the corporate veil* (erguendo-se a cortina da pessoa jurídica). A solução, diante de casos concretos, é o juiz desconsiderar o véu da personalidade jurídica para coibir as fraudes, os jogos de interesses e os abusos de poder, para se conseguir o resguardo dos interesses de terceiros e do próprio fisco.

Na visão de Silvio Rodrigues,[11] *"o juiz deve esquecer a ideia de personalidade jurídica para considerar os seus componentes como pessoas físicas e impedir que através do subterfúgio prevaleça o ato fraudulento".*

Para Maria Helena Diniz,[12] *"a desconsideração ou penetração permite que o magistrado não mais considere os efeitos da personificação ou da autonomia jurídica da sociedade para atingir e vincular a responsabilidade dos sócios, com o intuito de impedir a consumação de fraudes e abusos de direito cometidos, por meio da personalidade jurídica, que causem prejuízos ou danos a terceiros. Convém lembrar, ainda, que a* disregard doctrine *visa atingir o detentor do comando efetivo da empresa, ou seja, o acionista controlador* (maitre de l'affaire ou active shareholder) *e não os diretores assalariados ou empregados, não participantes do controle acionário. Pressupõe, portanto, a utilização fraudulenta da companhia pelo seu controlador, sendo que na Inglaterra, observa Tunc, opera-se sua extensão aos casos graves de negligência ou imprudência na conduta negocial* (reckless trading), *admitindo que se acione o administrador se houver culpa grave* (misfeasance e breach of trust), *para que sejam indenizados os prejuízos causados à sociedade por atos praticados contra ela. Nos Estados Unidos essa doutrina só tem sido aplicada nas hipóteses de fraudes comprovadas, em que se utiliza a sociedade como mero instrumento ou simples agente do acionista controlador. Em tais casos de confusão do patrimônio da sociedade com o do acionista induzindo terceiros em erro, tem-se admitido a desconsideração, para responsabilizar pessoalmente o controlador".*

Há no Direito Brasileiro, segundo Fábio Ulhoa Coelho,[13] duas teorias: *"De um lado, a teoria mais elaborada, de maior consistência e abstração, que condiciona o afastamento episódico da autonomia patrimonial das pessoas jurídicas à caracterização da manipulação fraudulenta ou abusiva do instituto. Nesse caso, distingue-se com clareza a desconsideração da personalidade jurídica e outros institutos jurídicos que também importam a afetação de patrimônio de sócio por obrigação da sociedade (p. ex., a responsabilização por ato de má gestão, a extensão da responsabilidade tributária ao gerente etc.). Ela será chamada, aqui, de teoria maior. De outro lado, a teoria menos elaborada, que se refere à desconsideração em toda e qualquer hipótese de execução do patrimônio de sócio por obrigação social, cuja tendência é condicionar o afastamento do princípio da autonomia à simples insatisfação de crédito perante a sociedade. Trata-se da teoria menor, que se contenta com a demonstração pelo credor da inexistência de bens sociais e da solvência de qualquer sócio, para atribuir a este a obrigação da pessoa jurídica."*

De acordo com Fábio Ulhoa Coelho, há duas maneiras para se formular a teoria da desconsideração da personalidade jurídica: (a) a primeira – a maior, quando o juiz deixa de lado a autonomia patrimonial da pessoa jurídica, coibindo-se a prática de fraudes e abusos; (b) a segunda – a menor, em que o simples prejuízo já autoriza o afastamento da autonomia patrimonial da pessoa jurídica.

---

[11] RODRIGUES, Silvio. *Direito civil.* 25. ed., v. 1, p. 74.
[12] DINIZ, Maria Helena. Ob. cit., v. 1, p. 257.
[13] COELHO, Fábio Ulhoa. *Curso de direito comercial,* v. 2, p. 35.

8.7 A DESCONSIDERAÇÃO NO DIREITO BRASILEIRO

No Direito Pátrio, a teoria da desconsideração da personalidade jurídica é aplicada em hipóteses de simulação, fraude à lei ou à execução.

Em alguns diplomas legais, a teoria da desconsideração da pessoa jurídica é prevista de forma expressa, por exemplo:

a) na sociedade por cota de responsabilidade limitada, nos casos de excesso de mandato e pelos atos praticados com violação do contrato ou da lei, a responsabilidade dos sócios-gerentes ou que derem o nome à firma encontra-se prevista no art. 10 do Decreto 3.708/19;

b) na sociedade anônima, a responsabilidade do acionista, controlador e do administrador está prevista nos arts. 115, 117 e 158, da Lei 6.404/76;

c) a Lei 9.605/98, art. 4º, prevê a desconsideração da pessoa jurídica sempre que sua personalidade for obstáculo ao ressarcimento de prejuízos causados à qualidade do meio ambiente;

d) no Direito Pátrio, a *disregard doctrine* foi acolhida pelo CDC (art. 28, Lei 8.078/90), autorizando a desconsideração da personalidade jurídica da sociedade quando houver: (1) abuso de direito, desvio ou excesso de poder, lesando consumidor; (2) infração legal ou estatutária, por ação ou omissão, em detrimento do consumidor; (3) falência, insolvência, encerramento ou inatividade, em razão da má administração; (4) obstáculo ao ressarcimento dos danos que causar aos consumidores, pelos simples fato de ser pessoa jurídica;[14]

e) a Lei 12.529/11, art. 34, determina a desconsideração da personalização da pessoa jurídica quando ocorrer infração à ordem econômica, desde que configurados abuso de direito, excesso de poder, infração à lei, fato ou ato ilícito, violação dos estatutos ou contrato social e quando houver falência, insolvência, encerramento ou inatividade da pessoa jurídica provocados por má administração;

f) de acordo com o art. 19, Lei 12.846/13, em razão da prática de atos lesivos à Administração Pública, a União, os Estados, o Distrito Federal e os Municípios,

---

[14] "Esse preceito do Código de Defesa do Consumidor (art. 28, § 5º) é plenamente aplicável ao direito do trabalho, autorizando, portanto, a desconsideração da personalidade jurídica do empregador na fase de execução trabalhista. Vale lembrar que o direito do consumidor, preocupado com a proteção da parte mais vulnerável em termos materiais e processuais, guarda especial semelhança com o direito do trabalho, igualmente atento à parte da relação jurídica que apresenta maior vulnerabilidade material e processual. Essa similitude de princípios e finalidades chancela a incidência daquele dispositivo nas relações laborais, como forma de assegurar a efetividade e o cumprimento da própria legislação trabalhista. Assim, havendo insuficiência de bens por parte da empresa empregadora pagar as dívidas trabalhistas, com fundamento no art. 28, § 5º, do CPC, a jurisprudência dos tribunais admite alcançar os bens dos sócios, por aplicação da teoria da desconsideração da personalidade jurídica" (PEDUZZI, Maria Cristina Irigoyen. Execução trabalhista e responsabilidade de sócios e diretores, *Revista Magister de Direito do Trabalho*, nº 57, p. 17, nov./dez. 2013).

por meio das respectivas Advocacias Públicas ou órgãos de representação judicial, ou equivalentes, e o Ministério Público, poderão ajuizar ação com vistas à aplicação das seguintes sanções às pessoas jurídicas infratoras: (1) perdimento dos bens, direitos ou valores que representem vantagem ou proveito direta ou indiretamente obtidos da infração, ressalvado o direito do lesado ou de terceiro de boa-fé; (2) suspensão ou interdição parcial de suas atividades; (3) dissolução compulsória da pessoa jurídica; (4) proibição de receber incentivos, subsídios, subvenções, doações ou empréstimos de órgãos ou entidades públicas e de instituições financeiras públicas ou controladas pelo Poder Público, pelo prazo mínimo de um e máximo de cinco anos. A dissolução compulsória da pessoa jurídica será determinada quando comprovado ter sido: (a) a personalidade jurídica utilizada de forma habitual para facilitar ou promover a prática de atos ilícitos; (b) constituída para ocultar ou dissimular interesses ilícitos ou a identidade dos beneficiários dos atos praticados. Qualquer das sanções poderá ser aplicada de forma isolada ou cumulativa. O Ministério Público ou a Advocacia Pública ou órgão de representação judicial, ou equivalente, do ente público poderá requerer a indisponibilidade de bens, direitos ou valores necessários à garantia do pagamento da multa ou da reparação integral do dano causado, ressalvado o direito do terceiro de boa-fé.

O art. 50, CC, acabou por adotar essa teoria. Em caso de abuso da personalidade jurídica, caracterizado pelo desvio de finalidade, ou pela confusão patrimonial, pode o juiz decidir, a requerimento da parte, ou do Ministério Público quando lhe couber intervir no processo, que os efeitos de certas e determinadas relações de obrigações civis sejam estendidos aos bens particulares dos administradores ou sócios da pessoa jurídica.

Nos seus comentários ao art. 50, Maria Cecília Alves Pinto[15] afirma: *"Edilton Meireles lamenta que o novo Código não tenha avançado mais na despersonificação da pessoa jurídica, para fins de responsabilidade de seus sócios, pois o projeto previa a responsabilidade solidária, sempre que o administrador ou representante se houvesse utilizado da maneira fraudulenta ou abusiva da pessoa jurídica. Entretanto, o fato de ter havido limitação da responsabilidade dos administradores ou sócios da pessoa jurídica à hipótese de abuso da personalidade, caracterizado por desvio de conduta ou confusão patrimonial, não obsta a despersonificação da pessoa jurídica, com responsabilidade pessoal dos administradores e sócios, em decorrência da aplicação da teoria da responsabilidade civil por atos ilícitos. Neste diapasão, conclui Edilton Meireles que: 'Assim, mesmo fora das hipóteses elencadas no* caput *do art. 50 do novo Código Civil, desde que caracterizado o abuso de direito das pessoas físicas integrantes da pessoa jurídica, é possível responsabilizar patrimonialmente aquelas pelos atos ilícitos praticados através dessa pessoa ficta admitida em direito.'*

Prevê o art. 927 do CC/2002 que: *'Aquele que, por ato ilícito, causar dano a outrem, fica obrigado a repará-lo.'*

---

[15] PINTO, Maria Cecília Alves. *O direito de empresa no novo Código Civil e seus reflexos no direito do trabalho*, p. 144.

Seguindo a linha de raciocínio do jurista citado, referido art. 927 autoriza a desconsideração da personalidade jurídica do empregador, com responsabilização pessoal dos sócios ou administradores, sempre que causarem dano aos empregados, em decorrência de ato ilícito. E o não cumprimento da legislação trabalhista, sendo o empregado lesado em direitos que lhe são assegurados, subsume-se à previsão legal, gerando a responsabilização do sócio ou administrador responsável pelo dano.

É importante salientar, ainda, que, no Direito do Trabalho, em que a execução pode ser iniciada a requerimento do interessado, ou ex officio, pelo próprio juiz competente, nos termos do art. 878 da CLT, tem-se por inaplicável ao processo trabalhista o art. 50 do CC/2002, quando exige, para a despersonificação da pessoa jurídica, o requerimento da parte ou do Ministério Público. Detendo o juiz o impulso oficial da execução, mesmo sem requerimento, pode direcioná-la contra o sócio ou administrador responsável, atendidos os preceitos legais a respeito da questão."

Apesar das críticas doutrinárias, não se pode negar os avanços adotados no art. 50 do CC, a saber: (a) a adoção de uma regra genérica a respeito da responsabilidade civil dos administradores e sócios da pessoa jurídica por abuso da personalidade jurídica; (b) essa responsabilidade inclui o administrador ou o sócio de qualquer pessoa jurídica; anteriormente, somente havia previsão legal para o administrador da sociedade anônima e os sócios das sociedades comerciais limitadas.

8.8 A RESPONSABILIDADE DO SÓCIO E O DIREITO DO TRABALHO

Os bens particulares dos sócios não respondem pelas dívidas da sociedade senão nos casos previstos em lei. O sócio, demandado pelo pagamento da dívida, tem direito a exigir que sejam primeiro executados os bens da sociedade (art. 795, *caput*, CPC).

O sócio, que pagar a dívida, poderá executar o devedor (pessoa jurídica) nos autos do mesmo processo (art. 795, § 3º).

Questão interessante é quanto à responsabilidade do sócio, quando os bens da pessoa jurídica são insuficientes para a satisfação do valor global da execução.

Os bens particulares de sócio, como regra geral, não podem ser objeto de penhora por dívida da sociedade, pois o patrimônio dos sócios não se confunde com o da pessoa jurídica.

Cabe aos sócios o direito de exigir que sejam executados, em primeiro lugar, os bens da sociedade, indicando bens livres e desembaraçados da empresa, suficientes para a liquidação do débito (art. 795, § 2º).

O CPC exige que, para fins da desconsideração da personalidade jurídica, que se faça o incidente previsto nos arts. 134 a 137 (art. 795, § 4º).

A penhora, em bens particulares dos sócios, é feita quando não há patrimônio da sociedade ou quando se tem a dissolução ou extinção irregular da sociedade.

Deve ser aplicada a teoria da desconsideração da personalidade jurídica como forma de se conseguir bens em quantidade suficiente para a devida satisfação dos créditos reconhecidos em juízo.

Também se justifica a responsabilidade do sócio, em execução trabalhista, quando este, antes da propositura da ação, efetua a cessão de suas cotas, desligando-se da sociedade (art. 10-A, CLT).

Os sócios devem responder pelos débitos da pessoa jurídica quando os seus bens são insuficientes ou não são localizados, precipuamente, considerando-se a natureza alimentar e privilegiada dos créditos trabalhistas.

No Direito do Trabalho, alguns defendem a menção do nome do sócio executado no título executivo judicial, de maneira a evitar constrição judicial contra quem não foi citado, negando-lhe o direito de defesa. Por analogia, invocam a inteligência da Súm. 205, TST (cancelado em 2003).

Seus defensores entendem que, *"por analogia, o referido Enunciado poderá ser aplicado quando o sócio for chamado a responder pela pessoa jurídica, já que a reclamatória jamais é proposta contra a pessoa jurídica e seus sócios ou diretores".*[16]

Nesse sentido, são os ensinamentos de Wilson de Souza Campos Batalha:[17] *"Essa longa viagem através dos atos de fraude e da solidariedade que envolvem e demonstram que a personalidade jurídica, como conceito, não pode frustrar a aplicação dos princípios jurídicos à realidade subjacente, desde que se obedeçam aos requisitos fundamentais da execução – a participação de quem vier a ser condenado no processo executório e a sua inclusão no título executivo judicial. O título executivo judicial, como o título executivo cartular necessita ser completo e insuscetível de dúvidas, constituindo requisito essencial a sua nominatividade, sem a qual o processo executório constituiria fonte de insegurança e incerteza."*

A inclusão do nome dos sócios na fase de conhecimento não pode ser condição *sine qua non* para a sua execução, nos casos de fraude ou abuso de direito, eis que não nos parece estar em consonância com a moderna teoria *disregard doctrine*, até porque as disposições legais não fazem essa exigência.

Mais do que isso, tal exigência nos parece inclusive violar o próprio espírito dessa teoria, já que após incansáveis anos seguidos à espera da tutela jurisdicional, prestes a receber aquilo que lhe é de direito, o autor não consegue receber seus créditos, porque os sócios fecharam as portas e dilapidaram o patrimônio da pessoa jurídica em um verdadeiro gesto de má-fé.

A teoria da *disregard of legal entity* pretende evitar esses tipos de fraudes e abusos de direitos, garantindo a continuidade da execução contra a pessoa dos sócios ou empresas coligadas.

---

[16] OLIVEIRA, Francisco Antonio. *Comentários aos Enunciados do TST*. 10. ed., p. 457.
[17] BATALHA, Wilson de Souza Campos. Desconsideração da personalidade jurídica na execução trabalhista: responsabilidade dos sócios em execução trabalhista contra sociedade, *Revista LTr*, v. 58, nº 11, p. 1299.

Há o predomínio da aplicação da teoria objetiva na desconsideração da personalidade jurídica ante o caráter protetor do Direito do Trabalho e a valorização do trabalho para a própria dignidade do trabalhador como ser humano.

Nesse sentido, Carlos Carmelo Balaró[18] ensina que *"[...] a jurisprudência reinante nos Tribunais do Trabalho está calcada no sentimento de que basta a comprovação da ausência de bens da pessoa jurídica para satisfação da execução para a responsabilização dos seus sócios e ex-sócios, independente da comprovação dos artigos 50 do CC e 28 do CDC, ou das ponderações sobre a garantia do contraditório ao menos quanto à possibilidade de impugnação da conta de liquidação em sede de embargos à execução. Tal sentimento da nossa jurisprudência especializada pode até causar indignação aos estudiosos de outras áreas do Direito, entretanto, nas palavras de José Augusto Rodrigues Pinto, deve-se preservar e privilegiar '[...] o princípio primário do Direito do Trabalho, do qual emergiram, por desdobramento, todos os demais, [...] da Proteção do Hipossuficiente Econômico'. No mesmo sentido, encontramos nos ensinamentos de Arion Sayão Romita, citado por Francisco Antonio de Oliveira, que: 'não se compadece com a índole do direito obreiro a perspectiva de ficarem os créditos trabalhistas a descoberto, enquanto os sócios, afinal os beneficiários diretos do resultado do labor dos empregados da sociedade, livram os seus bens pessoais da execução, a pretexto de que os patrimônios são separados. Que permaneçam separados para os efeitos comerciais, compreende-se; já para os fins fiscais, assim não entende a lei; não se deve permitir, outrossim, no Direito do Trabalho, para a completa e adequada proteção dos empregados".*

O TST tem acolhido a teoria objetiva na desconsideração da personalidade jurídica.[19]

Evidentemente, o que é inadmissível é a execução de créditos contra uma pessoa natural ou jurídica que não possua nenhuma relação com o fato, seja uma relação direta (da própria pessoa), seja indireta (responsabilidade por atos de outrem).

O STJ fixou o entendimento de que se presume dissolvida irregularmente a empresa que deixar de funcionar no seu domicílio fiscal, sem comunicação aos órgãos competentes, legitimando o redirecionamento da execução fiscal para o sócio-gerente (Súm. 435).

A interpretação dos arts. 1.003,[20] parágrafo único, e 1.032,[21] do CC, indica a responsabilidade solidária do sócio que se retira da empresa, a qual, contudo, tem a limitação temporal de dois anos após a averbação no registro.

---

[18] BALARÓ, Carlos Carmelo. O sócio, o ex-sócio, o administrador da empresa e o alcance da execução trabalhista, *Revista do Advogado da Associação dos Advogados de São Paulo*, ano XXVIII, nº 97, p. 43, maio 2008.

[19] TST – AIRR 0084700-87.1998.5.05.0009 – Relª Minª Dora Maria da Costa – *DJe* 30/6/2015 – p. 1405.

[20] Até dois anos depois de averbada a modificação do contrato, responde o cedente solidariamente com o cessionário, perante a sociedade e terceiros, pelas obrigações que tinha como sócio (art. 1.003, parágrafo único, CC).

[21] A retirada, exclusão ou morte do sócio, não o exime, ou a seus herdeiros, da responsabilidade pelas obrigações sociais anteriores, até dois anos após averbada a resolução da sociedade; nem nos dois

Há julgado do TST quanto à aplicação do prazo de dois anos[22] para fins de exclusão da responsabilidade do ex-sócio na execução trabalhista.

Mauro Schiavi[23] entende ser aplicável o art. 1.003 ao Processo do Trabalho: *"No nosso sentir, o art. 1.003 do Código Civil se aplica ao Processo do Trabalho, por conter um critério objetivo e razoável de delimitação da responsabilidade do sócio retirante. Não obstante, em caso de fraude ou notória insolvência da empresa ao tempo da retirada, a responsabilidade do sócio retirante deve persistir por prazo superior a dois anos."*

A Lei 13.467 (Reforma Trabalhista) regulou a responsabilidade do sócio retirante (art. 10-A, CLT), em nível de sucessão trabalhista, ao dispor que responde subsidiariamente pelas obrigações trabalhistas da sociedade relativas ao período em que figurou como sócio, somente em ações ajuizadas até dois anos depois de averbada a modificação do contrato. Contudo, deverá ser observada a seguinte ordem de preferência: (a) a empresa devedora; (b) os sócios atuais; (c) os sócios retirantes. Caso haja a hipótese de fraude, o sócio retirante responderá solidariamente com os demais sócios.

Com a Reforma Trabalhista, o prazo decadencial de dois anos é interrompido com o ajuizamento da demanda trabalhista, portanto, o sócio retirante não mais poderá invocar a interrupção a partir do momento em que houve a desconsideração na fase executória da demanda trabalhista.[24]

Por outro lado, ao contrário do Código Civil (art. 1.003) (= responsabilidade solidária), a responsabilidade do sócio retirante é subsidiária, sendo somente solidária diante da fraude na alteração societária. Diante da fraude, não se tem a observância da ordem de preferência.[25]

---

primeiros casos, pelas posteriores e em igual prazo, enquanto não se requerer a averbação (art. 1.032, CC).

[22] TST – RR 0001452-69.2011.5.09.0459 – Rel. Min. Guilherme Augusto Caputo Bastos – *DJe* 26/6/2015 – p. 1553.

[23] SCHIAVI, Mauro. *Manual de Direito Processual do Trabalho.* 10. ed., p. 1089.

[24] "O enxerto do art. 10-A ao texto da CLT pode ter piorado a condição do sócio retirante: aplica-se, em geral, a regra do art. 1.003, parágrafo único, do CC, quanto ao prazo de dois anos da responsabilidade do sócio retirante. Ocorre que a Reforma Trabalhista de 2017 adotou o entendimento de que os dois anos se calculam entre a saída do sócio e o ajuizamento da ação trabalhista. Ou seja, contanto que a ação esteja ajuizada, o sócio pode ser responsabilizado cinco, dez, quinze anos após, porque somente após a fase de conhecimento e o acertamento dos cálculos é que se descobrirá se a pessoa jurídica e os sócios atuais têm patrimônio suficiente para arcar com o débito. Para o sócio retirante, era mais favorável o entendimento de que ele respondia por dois anos contados entre sua saída e a fase de execução ou simplesmente entre sua saída e o mandado de citação, penhora e avaliação. Agora, ele ficará vinculado a um processo trabalhista cuja existência ele pode até mesmo desconhecer" (SILVA, Homero Batista Mateus. *Comentários à Reforma Trabalhista* – Análise da Lei 13.467/2017 – Artigo por artigo, 2017, p. 27).

[25] "O art. 10-A, parágrafo único, prevê a hipótese de responsabilidade direta do ex-sócio, sem passar pelo esgotamento do patrimônio societário ou dos sócios atuais, em caso de prova da fraude na alienação empresarial" (SILVA, Homero Batista Mateus. Ob. cit., p. 28).

8.9 TEORIA INVERSA DA DESCONSIDERAÇÃO DA PERSONALIDADE JURÍDICA

A aplicação da teoria inversa da desconsideração da personalidade jurídica faz com que a pessoa jurídica seja responsabilizada por débitos contraídos por sócios, administradores ou ex-sócios. É uma forma de se coibir a prática de fraudes por sócios, os quais transferem os seus bens para a pessoa jurídica, como forma de prejudicar os seus credores pessoais. Ao invés da responsabilidade do patrimônio do sócio, quem será responsabilizado é o patrimônio da pessoa jurídica. Tem-se a confusão entre o patrimônio da pessoa jurídica e o do sócio, o que deve ser punido, aplicando-se, assim, a inteligência do art. 50 do Código Civil.

Ben-Hur Silveira Claus[26] ensina: *"A desconsideração inversa da personalidade jurídica visa a coibir o desvio de bens do sócio para a sociedade, conforme se extrai da lição de Fábio Ulhoa Coelho. Na desconsideração inversa, o abuso da personalidade jurídica do ente societário caracteriza-se pelo preenchimento do suporte fático da confusão patrimonial, requisito previsto no art. 50 do Código Civil. O autor esclarece que a desconsideração inversa consiste no afastamento do princípio da autonomia patrimonial da pessoa jurídica para responsabilizar a sociedade por obrigação do sócio, técnica jurídica que tem cabimento quando '[...] o devedor transfere seus bens para a pessoa jurídica sobre a qual detém absoluto poder. Desse modo, continua a usufruí-los, apesar de não serem de sua propriedade, mas da pessoa jurídica controlada'. Vale dizer, a técnica da desconsideração inversa tem aplicação quando o sócio esvazia seu patrimônio pessoal, transferindo-o à pessoa jurídica da qual é sócio, para furtar-se às obrigações que são de sua responsabilidade pessoal, mediante a artificiosa invocação da autonomia patrimonial da sociedade personificada para a qual o sócio desviou seu patrimônio pessoal."*

Mauro Shiavi afirma que é aplicável essa teoria ao processo trabalhista, como forma de valorização da satisfação do crédito trabalhista, aplicando-se, assim, a inteligência evolutiva e teleológica dos arts. 50 do Código Civil e 28 do Código de Defesa do Consumidor.

Há julgados na Justiça do Trabalho que reconhecem a inversão na desconsideração da personalidade jurídica.[27]

O CPC/2015 admite a desconsideração inversa da personalidade jurídica (art. 135).

8.10 O INCIDENTE DE DESCONSIDERAÇÃO DA PERSONALIDADE JURÍDICA NO CPC/2015

Com o incidente da desconsideração da personalidade jurídica, o CPC/2015 criou uma nova modalidade de intervenção de terceiros, assim, não se exige uma ação judicial própria para a aplicação da teoria da desconsideração da personalidade jurídica.

---

[26] CLAUS, Ben-Hur Silveira. A desconsideração inversa da personalidade jurídica na execução trabalhista e a pesquisa eletrônica de bens de executados, *Revista Síntese Trabalhista e Previdenciária*, nº 290, ago. 2013, p. 13.

[27] TRT – 2ª R. – 14ª T. – AP 02233009619915020048 – Rel. Davi Furtado Meirelles – j. 27/3/2014.
TRT – 2ª R. – 4ª T. – AP 02639000220075020501 – Rel. Ivani Contini Bramante – j. 2/4/2013.
TRT – 9ª R. – SE – AP 04714-2013-662-09-00-6 – Rel. Cássio Colombo Filho – *DEJT* 25/3/2014.

Quanto à sua disciplina legal, destacam-se (arts. 134 a 137):

a) o incidente será instaurado a pedido da parte ou do Ministério Público, quando lhe couber intervir no processo. Será obrigatória a observância dos pressupostos previstos em lei. Admite-se a hipótese de desconsideração inversa da personalidade jurídica;
b) o pedido é cabível em todas as fases do processo de conhecimento, no cumprimento de sentença e na execução fundada em título executivo extrajudicial;
c) a instauração do incidente será imediatamente comunicada ao distribuidor para as anotações devidas. A comunicação é dispensada quando o pedido é efetuado na petição inicial, hipótese em que será citado o sócio ou a pessoa jurídica;
d) a instauração do incidente suspende o processo, exceto se o requerimento for efetuado na petição inicial. O requerimento deve demonstrar o preenchimento dos pressupostos legais específicos para desconsideração da personalidade jurídica. Instaurado o incidente, o sócio ou a pessoa jurídica serão citados para manifestar-se e requerer as provas cabíveis no prazo de 15 dias. Concluída a instrução, se necessária, o incidente será resolvido por decisão interlocutória, contra a qual caberá agravo de instrumento. Se a decisão for proferida pelo relator, cabe agravo interno;
e) acolhido o pedido de desconsideração, a alienação ou oneração de bens, havida em fraude de execução, será ineficaz em relação ao requerente.

É considerado terceiro, para fins de embargos de terceiro, quem sofre constrição judicial de seus bens por força de desconsideração da personalidade jurídica, de cujo incidente não fez parte (art. 674, § 2º, III, CPC).

Na sistemática processual civil, o recurso contra as decisões proferidas em incidente de desconsideração da personalidade jurídica é o agravo de instrumento (art. 1.015, IV).

O CPC estabelece que ficam sujeitos à execução os bens do responsável, nos casos da desconsideração da personalidade jurídica, se observado o incidente (art. 790, VII).

Quanto à fraude à execução, nos casos de desconsideração da personalidade jurídica, verifica-se a partir da citação da parte cuja personalidade se pretende desconsiderar (art. 792, § 3º).

É considerado terceiro, para fins de embargos de terceiro, quem sofre constrição judicial de seus bens por força de desconsideração da personalidade jurídica, de cujo incidente não fez parte (art. 674, § 2º, III).

8.11 O PROCESSO DO TRABALHO E O INCIDENTE DE DESCONSIDERAÇÃO

Há na doutrina trabalhista uma razoável resistência à aplicação do incidente de desconsideração da personalidade jurídica ao processo trabalhista.

Em linhas gerais, as objeções repousam nos seguintes argumentos:

a) a exigência de iniciativa da parte, o que colide com o princípio do impulso oficial (art. 878, CLT);
b) a suspensão automática do processo, para a solução do incidente, o que colide com a celeridade processual, com prejuízo evidente à garantia da efetividade da jurisdição;
c) a necessidade que possui o credor em provar os requisitos quanto à desconsideração da personalidade jurídica, o que poderia inviabilizar o seu deferimento, pelas dificuldades práticas na produção dessa prova;
d) a necessidade do contraditório prévio, o que colide com o processo trabalhista, o qual exige a garantia do juízo, para que, posteriormente, o devedor possa discutir a sua legitimação quando da oposição de embargos à execução;
e) a possibilidade de recurso imediato, o que colide com o princípio da irrecorribilidade imediata das decisões interlocutórias no processo trabalhista (art. 893, § 1º, CLT; Súm. 214, TST).

Assim, como inúmeras outras inovações do CPC, não temos dúvidas de que o incidente da desconsideração da personalidade jurídica é compatível com o processo trabalhista (arts. 769 e 889, CLT; art. 15, CPC), notadamente, por ser um procedimento que permite o respeito à segurança jurídica e ao devido processo legal quanto à pessoa do sócio ou ex-sócio (arts. 7º e 10, CPC).

Contudo, em face das peculiaridades do microssistema processual, a aplicação do incidente de desconsideração da personalidade jurídica deve ser adequada aos procedimentos do processo do trabalho.

Por conta disso, entendemos que o incidente pode também ser instaurado de ofício, na medida em que a execução trabalhista pode ser processada por ato do magistrado (art. 878, CLT).

A IN 39/16 (art. 6º, *caput*), do TST, determina a aplicação do incidente de desconsideração da personalidade jurídica ao processo trabalhista, assegurando a iniciativa, na fase de execução, também ao juiz do trabalho (art. 878, CLT).

A instauração do incidente suspenderá o processo, sem prejuízo de concessão da tutela de urgência de natureza cautelar (art. 301, CPC) (art. 6º, § 2º, IN 39). Isso significa que o juiz trabalhista, de ofício, poderá adotar as medidas necessárias, durante o desenrolar do incidente, para evitar o perigo de dano ou o risco ao resultado útil do processo. Por exemplo, durante a solução do incidente, poderá ser determinada a indisponibilidade dos bens do sócio ou ex-sócio.

A Lei 13.467 fixou que o incidente de desconsideração da personalidade jurídica é aplicável ao processo trabalhista (art. 133 e segs., CPC) (art. 855-A, CLT).

Instaurado o incidente, o sócio ou a pessoa jurídica será citado. Concluída a instrução, se necessária, o incidente será resolvido por decisão interlocutória. Não há dúvidas de que, para fins de acolhimento do incidente, o juiz trabalhista irá adotar a teoria menor, não se exigindo que o credor trabalhista demonstre a culpa do sócio ou do ex-sócio na gestão patrimonial da pessoa jurídica.

Além disso, o magistrado, diante do caso concreto, poderá adotar medida acautelatória (*v.g.* sequestro, arresto e indisponibilidade de bens) *ex officio*, na medida em que visem a efetivar as decisões judiciais (art. 855-A, § 2º, CLT).

A Lei 13.467 alterou a redação do art. 878, CLT, ao dispor que a execução de ofício somente é permitida nos casos em que as partes não estiverem representadas por advogado. Evidente a inconstitucionalidade da nova redação, visto que a atuação de ofício do magistrado, ante o impulso oficial, é fator de aplicação do princípio constitucional da razoabilidade da duração do processo (art. 5º, LXXVIII).

Em relação aos recursos na seara trabalhista, temos:

a) na fase de conhecimento, seja a matéria discutida em decisão interlocutória ou na própria sentença definitiva, o recurso cabível é o ordinário quando da prolação da sentença (art. 893, § 1º, CLT; art. 855-A, § 1º, I). Assim, tratando-se de decisão interlocutória proferida no curso do processo, a parte interessada deverá consignar sua insatisfação – "protesto não preclusivo" (art. 795) e, posteriormente, questioná-la pelo recurso ordinário;

b) se ocorrer o incidente apenas na fase recursal por decisão monocrática do relator do processo, o recurso oponível será o agravo interno (art. 855-A, § 1º, III);

c) na liquidação ou execução de sentença, após a decisão do incidente, *a priori*, tem-se o direcionamento da execução em relação à pessoa do sócio ou ex-sócio. Pela ótica dos autores, após a garantia do juízo (art. 884), o sócio deverá interpor embargos à execução. Da decisão que julgar os embargos, caberá o agravo de petição (art. 897, *a*). Contudo, o art. 855-A, § 1º, II, dispõe que, na fase de execução, o recurso cabível é o agravo de petição, sem a necessidade da garantia do juízo.

QUESTIONÁRIO

1. A pessoa jurídica é uma ficção ou realidade para o mundo jurídico?

2. Quais são os critérios de classificação das pessoas jurídicas?

3. Quais são as diferenças entre associações e sociedades?

4. Como se faz a distinção entre sociedade civil e comercial?

5. Quais são os tipos das sociedades comerciais?

6. Como se opera a responsabilidade dos sócios nas sociedades comerciais?

7. Quais são os efeitos da personalização da pessoa jurídica?

8. Explique os limites da personalização da pessoa jurídica.

9. O que representa o princípio da desconsideração da personalidade jurídica?

10. Quais são os fundamentos da desconsideração da personalidade jurídica?

11. A ordem jurídica nacional agasalha de forma genérica a desconsideração da personalidade jurídica?

12. Como se dá a responsabilidade do sócio no Direito do Trabalho?

13. O incidente da desconsideração da personalidade jurídica é aplicável ao processo trabalhista?

Capítulo IX
SUCESSÃO TRABALHISTA

9.1 AQUISIÇÃO DE DIREITOS E A SUCESSÃO

Os seres humanos estão em constantes relacionamentos. É inegável que a vida em sociedade assume uma eterna ebulição de contatos e interações. Dessas interações surgem as relações sociais, as quais envolvem vários fatos sociais, a saber: econômicos, genéticos, estéticos, éticos, jurídicos, religiosos, políticos etc.

O Direito é imanente a uma sociedade, daí o adágio *ubi societas, ibi ius*, como fator de manutenção da ordem social, disciplinando os comportamentos e atitudes dos seres humanos. As relações sociais repercutem na órbita jurídica, fazendo com que se tenha o fenômeno da aquisição de direito, que representa o ato pelo qual a pessoa, física ou jurídica, adquire a titularidade de um direito real ou pessoal, seja em razão da lei ou da convenção.

O termo "direito" tem vários significados, tais como: direito objetivo (como norma jurídica) e direito subjetivo (como faculdade de agir); porém, quando se fala na aquisição, a ideia mais sensata é a idealização do direito como um fenômeno humano.

Nesse sentido, Evaristo de Moraes Filho[1] pondera: *"Direito como norma e direito como faculdade, direito objetivo e direito subjetivo, pensa DONATI são como os lados côncavo e convexo da mesma realidade. O direito é, em suma, sempre, em qualquer de seus aspectos, um fenômeno humano, ou subjetivo, por excelência."*

A relação jurídica surge da vida em sociedade, dos comportamentos humanos e suas interações, porém, como bem assevera Evaristo de Moraes Filho:[2] *"[...] não existem como tais na essência da natureza humana, já que se originam de fora, anexando-se a ela. Somente o germe destas relações, isto é, a possibilidade e a sua necessidade, se encontra no fundo desta natureza; mas o seu desenvolvimento possui caráter individual e contingente, manifestado na variedade indefinida que se nota na extensão dos direitos de cada qual".*

---

[1] MORAES FILHO, Evaristo de. *Sucessão nas obrigações e a teoria da empresa*, v. 1, p. 39.
[2] MORAES FILHO, Evaristo de. Ob. cit., v. 1, p. 41.

Como ocorre na natureza, os direitos subjetivos nascem, passam por transformações e se extinguem. Os direitos, quanto à aquisição, podem ser divididos em originários e derivados. O direito, na aquisição originária, nasce no momento em que o titular apropria-se do bem de maneira direta, sem haver a intermediação de outra pessoa. Como exemplos, temos: a ocupação de coisa abandonada, a caça e a pesca etc. Já a aquisição derivada tem como pressuposto a existência de uma relação jurídica, pois implica a transmissão de titularidade do direito de uma pessoa a outra. É importante salientar que ninguém pode transmitir mais direitos do que aqueles que possui.

Podemos concluir que na aquisição originária *"o direito é admitido sem quaisquer ônus supervenientes, com o conteúdo e a eficácia que lhe consignou o próprio fato que o produzir. Nos derivados, transfere-se o direito tendo em consideração o conteúdo e os encargos do precedente. Ninguém pode transmitir um direito melhor do que aquele que possui. Os vícios e os encargos acompanham o direito que gravam"*.[3]

Por sua vez, a aquisição derivada pode ser dividida em: (a) translativa – representa a aquisição derivada típica na medida em que o adquirente substitui o antigo titular na plenitude de seus direitos, como ocorre na cessão de crédito ou na alienação de uma propriedade; (b) constitutiva – não leva ao fenômeno completo da substituição, havendo somente uma passagem parcial dos direitos. O direito que se adquire é distinto, porém deriva do direito do antigo titular. Como exemplos, temos: a constituição do usufruto ou de uma servidão predial.

A vida social faz com que os direitos originários ou derivados sejam transmitidos de forma constante. Tudo o que representa um bem da vida, uma utilidade ou um valor econômico, seja móvel ou imóvel, pode ser objeto de direito, logo, passível de ser transferido de um titular para outro. Dessa forma, em tese, todos os direitos são transmissíveis, passando de um titular a outro, refletindo a própria dinâmica da vida em sociedade, trazendo repercussões na órbita jurídica.

A sucessão ou transmissão de direitos pressupõe uma modificação subjetiva, a mudança do sujeito de direito, seja ativo ou passivo. Em sentido amplo, a sucessão representa a substituição de uma pessoa por outra na mesma relação jurídica.

Evaristo de Moraes Filho entende que a sucessão deve ser analisada em um sentido mais restrito, excluindo a ideia da aquisição originária, mantendo a derivada constitutiva e a translativa.

Sobre isso preleciona: *"Sem dúvida nenhuma, o caso típico, perfeito e completo de sucessão se dá exemplarmente na aquisição derivada-translativa. Nesta, a sucessão se apresenta com todos os seus caracteres, em toda sua plenitude, devendo ser aqui surpreendida para melhor compreensão e isolamento como conceito básico da ciência do direito. Mas, sem forçar muito, pode ser encontrado na relação derivada-constitutiva."*[4]

---

[3] MORAES FILHO, Evaristo de. Ob. cit., v. 1, p. 45.
[4] MORAES FILHO, Evaristo de. Ob. cit., v. 1, p. 59.

No sentido restrito, a sucessão tem os seguintes requisitos:

a) existência de uma relação jurídica, em outras palavras, a presença de direitos e obrigações entre credor e devedor;
b) substituição de um sujeito por outro, o que pode ocorrer tanto nos direitos como nas obrigações;
c) imodificabilidade do objeto e conteúdo do vínculo. Desenvolvendo a temática deste último item, Evaristo de Moraes Filho aponta as discussões, enfatizando as posições doutrinárias de Bernhard Windscheid e de G. Kuntze. Assim, a sucessão, na visão de Windscheid, implica somente a substituição do sujeito, mantendo-se inalterados o objeto e o conteúdo. O direito transmitido não se altera quando se tem a substituição de sua titularidade. Por outro lado, Kuntze entende que não se pode falar em sucessão a título particular. O direito subjetivo é o vínculo ideal entre a pessoa e o bem, logo, com a alteração do sujeito, transmuda-se a própria relação. Essa posição valoriza o ideal do direito romano, onde só ocorria a sucessão quando a transferência fosse a título universal. A sucessão a título particular ou singular, no direito romano, implicava a transferência da coisa. Deixando-se de lado as discussões doutrinárias, o importante para Evaristo de Moraes Filho[5] é que o conceito de sucessão *"depende sempre do ordenamento positivo vigente. A sucessão não é um simples fato, é mais do que isso é a qualificação jurídica de certos pressupostos de fato, é preciso que, além de determinados elementos empíricos, esteja também presente o reconhecimento formal, fazendo com que se estabeleça o vínculo de sequência, de continuidade entre uma posição e outra. A identidade das posições dos dois sujeitos, antecessor e sucessor, é relativa, e isto é o suficiente para os fins práticos do direito, já que é ele próprio quem assim o quer e determina"*;
d) a existência de um vínculo de causalidade entre as duas situações, ou seja, a substituição na titularidade, seja nos direitos, como nas obrigações, não altera o conteúdo da relação. Como o antecessor não pode transferir mais direitos do que possui, o objeto permanece inalterado, sendo que o sucessor terá plena identidade de vantagens e ônus. O que fenece para o antecessor renasce para o sucessor em uma relação de dependência.

Uma vez apresentados esses quatro itens, é importante ressaltar que a sucessão não depende, necessariamente, da existência de ato volitivo entre as partes, uma vez que o ordenamento jurídico, diante de algumas circunstâncias, reconhece tal fenômeno.

Nesse sentido, podemos falar em sucessão voluntária (intenção das partes) e involuntária ou coativa (a imposta pela ordem jurídica). Portanto, a sucessão pode ser caracterizada: (a) por ato voluntário do antecessor com aceitação pelo sucessor; (b) por ato decorrente de negociação jurídica entre o antecessor e o sucessor; (c) por ato de apropriação imposto pelo Estado; (d) pelo reconhecimento expresso da norma jurídica.

---

[5] MORAES FILHO, Evaristo de. Ob. cit., v. 1, p. 74.

Não poderíamos deixar de ponderar que não basta a simples ocorrência de um evento cronológico para justificar a caracterização da sucessão.

Evaristo de Moraes[6] discorre: *"A ausência obrigatória de relação pessoal entre o adquirente e o primitivo titular não quer significar, no entanto, que exista sucessão numa simples relação cronológica, com inteira independência da vontade do autor ou de disposição de lei. Por isso, não a admitimos no usucapião, na ocupação, e assim por diante. Chegar depois não significa necessariamente substituir, tomar o lugar na mesma posição, juridicamente falando. Aí, trata-se de um mero fato físico, sem maiores consequências jurídicas quanto ao conteúdo e objeto da relação existente."*

Entretanto, na esfera trabalhista, como assevera Evaristo de Moraes Filho,[7] a tendência é *"transformar o post hoc em propter hoc, como um forte indício de relação de causalidade entre este fato posterior e outro anterior, que lhe teria dado origem. Mas a verdade é que a sucessão puramente cronológica, em sentido amplo e vulgar, escapa do conceito técnico de sucessão, do ponto de vista jurídico"*.

Na ordem jurídico-trabalhista, na busca de elementos para a explicitação do fenômeno da sucessão, o lado econômico quanto ao prosseguimento da atividade organizada é o aspecto relevante, uma vez que os contratos de prestação de trabalho assalariado são feitos para perdurar de forma indeterminada.

9.2 A RELATIVIDADE DOS CONTRATOS E A SUCESSÃO

O direito real visa disciplinar as relações entre os homens e as coisas, estabelecendo regras quanto à *"aquisição, exercício, conservação e perda do poder dos homens sobre esses bens como para os meios de sua utilização econômica"*.[8]

O direito obrigacional ou de crédito contempla *"as relações jurídicas de natureza pessoal, visto que seu conteúdo é a prestação patrimonial, ou seja, a ação ou omissão da parte vinculada (devedor), tendo em vista o interesse do credor, que, por sua vez, tem o direito de exigir aquela ação ou omissão, de tal modo que, se ela não for cumprida espontaneamente, poderá movimentar a máquina judiciária para obter do patrimônio do devedor a quantia necessária à composição do dano"*.[9]

No direito real, o ser humano exerce o poder diretamente sobre a coisa, sendo que todos os demais devem respeitar o referido direito. Os direitos reais são oponíveis *erga omnes*, ou seja, são exigidos de todos e contra todos, de modo determinado ou indeterminado.

Os direitos pessoais ou obrigacionais somente envolvem as pessoas que participam da relação jurídica, o que vem a justificar a relatividade dos contratos. O direito somente pode ser exigido da outra parte, isto é, do sujeito passivo da obrigação, pela responsabilização patrimonial.

---

[6] MORAES FILHO, Evaristo de. Ob. cit., v. 1, p. 80.
[7] MORAES FILHO, Evaristo de. Ob. cit., p. 80.
[8] DINIZ, Maria Helena. *Dicionário jurídico*, v. 2, p. 149.
[9] DINIZ, Maria Helena. Ob. cit., v. 2, 1998, p. 149.

O Código Civil francês de 1804, denotando a influência romanística, acentuava em seu art. 1.165, *in verbis*: *"As convenções não produzem efeito senão entre as partes contratantes; não prejudicam nem aproveitam a terceiros senão no caso previsto no art. 1.121."*

A doutrina clássica entende que a convenção não pode ser imposta a terceiro, bem como não pode ser por ele invocada. No entanto, ao final do séc. XIX, surgem as primeiras críticas ao rigor desse axioma. As razões das críticas residem em dois fatores: o significado do vocábulo "terceiro" e a variedade das obrigações na sociedade moderna.

9.2.1 O significado do termo "terceiro"

Para se ter a ideia do que é "terceiro", torna-se imperioso o exame do termo "parte". O vocábulo "parte", no sentido restrito, representa toda pessoa que, tendo interesse, participa ou intervém na realização de um ato jurídico. Parte é o que atua na celebração de um contrato civil ou comercial, bem como aquele que está presente em um litígio, como autor ou réu (reclamante e reclamada). Porém, parte não é só quem atua diretamente no ato jurídico, mas também aquele que é representado por outra pessoa.

Não podemos aplicar a regra *res inter alios acta* (coisa realizada entre terceiros) para os representados, porque os atos praticados pelos representantes trazem repercussões em seus patrimônios.

Ainda dentro da temática da relativização dos contratos, é importante examinarmos se a sucessão interage ou não com a noção de parte.

Para o Direito Civil, o termo "herdeiro" possui vários significados: *"(a) sucessor legítimo ou testamentário do de cujus; (b) legatário; (c) aquele que tem direito de suceder bens, no todo ou em parte, após a morte de seu proprietário; (d) aquele que sucede na totalidade da herança, ou em parte dela, sem determinação do valor e do objeto, parte que apenas será individualizada com a partilha"*.[10]

Herdeiro é um sucessor *mortis causa*, adquirindo bens tanto a título universal como particular.

A sucessão tem um aspecto universal ou particular.

Universal é a que ocorre quando se tem a transmissão total ou de parte indeterminada da herança, incluindo-se o ativo e o passivo. O herdeiro sucede no todo ou em uma cota-parte do patrimônio do *de cujus*.

A sucessão a título singular ou particular é a *"que se dá quando o testador transfere ao beneficiário apenas objetos certos e determinados. Nessa espécie de sucessão é o legatário que sucede ao de cujus em bens ou direitos determinados ou individuados, ou em fração do patrimônio devidamente individuada, sub-rogando-se de modo concreto, na titularidade jurídica de determinada relação de direito, sem representar o falecido, pois não responde pelas dívidas e encargos da herança"*.[11]

---

[10] DINIZ, Maria Helena. Ob. cit., v. 1, p. 713.
[11] DINIZ, Maria Helena. Ob. cit., v. 4, p. 450.

Será que podemos equiparar o sucessor ao herdeiro?

A equiparação não oferece dificuldades quando é a sucessão a título universal, isto é, as obrigações também são transmissíveis ao sucessor.

Todavia, surge uma questão: o sucessor *inter vivos* seria a título singular ou universal?

Há duas correntes doutrinárias: (a) o sucessor é considerado parte somente quando a sucessão se dá a título universal; (b) o sucessor é parte tanto a título singular como universal. A solução para o impasse reside em se considerar o sucessor, a título singular, parte quanto aos direitos e terceiro quanto às dívidas.

Em sentido amplo, a noção de parte engloba: (a) os sujeitos da relação jurídica; (b) os representados; (c) os herdeiros; (d) os sucessores a título universal e os a título singular (só quanto aos direitos).

Concluímos, então, que o princípio da relatividade dos contratos deve ser aplicado considerando-se a palavra "parte" no sentido amplo.

Retornando à noção do termo "terceiro", consideramos como um termo equívoco, ou seja, pode ser interpretado de várias formas; logo, é uma palavra que não pode ser utilizada sem uma definição prévia.

Segundo Evaristo de Moraes Filho,[12] *"terceiro é, assim, em geral, todo o sujeito, necessariamente indeterminado, estranho à relação jurídica dada. Por isso mesmo, é impossível dar uma noção unitária de terceiro, que não seja simplesmente negativa. E foi procedendo desta forma que eliminamos aquelas figuras do conceito de terceiro, como tributário da res inter alios acta. Neste sentido, então, terceiro é toda pessoa que não esteve presente à realização do contrato, por si ou por seus representantes (voluntários ou legais), ou não é herdeiro, nem sucessor das partes".*

Terceiro é a pessoa que não deve sofrer nenhuma consequência jurídica em função da obrigação estabelecida entre duas pessoas (*primus* – sujeito ativo; *secundus* – sujeito passivo).

Em relação a essa questão, José Martins Catharino[13] afirma: *"O relativismo contratual não pode ser separado da relatividade do conceito de terceiro, determinável por exclusão: terceiro é quem não é primeiro nem segundo, em se tratando de contrato entre dois. 'Terceiro' não é apenas quem não contratou, mas também a quem os efeitos de determinado contrato não alcança. Em poucas palavras, terceiro desinteressado ou absoluto."*

9.2.2 Nova abordagem do princípio da res inter alios acta

Pelo princípio da *res inter alios acta*, a coisa feita entre as partes não pode prejudicar nem aproveitar a terceiros.

---

[12] MORAES FILHO, Evaristo de. Ob. cit., v. 1, p. 189.
[13] CATHARINO, José Martins. *Compêndio universitário de direito do trabalho*, v. 1, p. 171.

O avanço das relações sociais fez com que o princípio da *res inter alios acta* sofresse uma alteração sensível quanto à sua aplicabilidade. Nesse sentido, em vários campos da órbita jurídica temos a inversão da visão clássica quanto às obrigações – as convenções não prejudicam nem beneficiam terceiros.

A dinâmica das relações sociais também fez com que os negócios jurídicos se sobrepusessem uns aos outros, além da mútua correlação. Referido fenômeno fez com que a exceção passasse a ser a regra.

Vários são os contratos em que terceiros devem respeitar suas consequências, além de sofrerem suas influências: venda, locação de coisas, de serviços, de mandato, seguro, transporte, sociedade etc.

Como exemplo histórico da nova abordagem do princípio da *res inter alios acta*, Evaristo de Moraes Filho[14] ensina: "[...] *Nos casos de responsabilidade do sucessor singular pelas dívidas do autor que melhor se caracterizou o rompimento do direito contemporâneo com a estreiteza da* res inter alios acta, *nos moldes do individualismo revolucionário [...]. A resistência dos tribunais foi vencida pela lei de 17 de março de 1909, sobre a chamada 'propriedade comercial'. Pelo seu art. 7º, se um fundo de comércio é objeto de constituição de uma sociedade, os credores do comerciante, que se manifestam perante o tribunal de comércio nos 15 dias que se seguem ao ato de reconhecimento daquela operação, podem reclamar da sociedade o pagamento de seu crédito [...]. Mas, na mesma França, com o espaço de menos de 20 anos desta data, duas novas leis vieram quebrar totalmente a inteireza do princípio da* res inter alios acta, *neste particular. E ambas são atinentes à matéria do contrato de trabalho. A primeira, de 22 de novembro de 1918, garantia aos desmobilizados de guerra o direito ao seu antigo emprego nas empresas, a despeito de quem fosse o seu atual proprietário [...]. Mas foi com a lei de 19 de julho de 1928, que este sentido evolutivo atingiu o seu clímax, garantindo ao trabalhador o direito ao emprego nos casos de cessão, venda ou transformação jurídica de qualquer espécie que se desse na empresa*".

Nos contratos, ao lado da autonomia da vontade dos contratantes, temos a supremacia da ordem pública. A autonomia das partes não é absoluta. A atividade individual tem como limites: a moral, a ordem pública e os bons costumes.

Orlando Gomes[15] salienta que é "*prematuro afirmar-se que o princípio da autonomia da vontade será eliminado, ou tão restringido que a liberdade de contratar se reduza à escolha do tipo contratual definido na lei, com todos os efeitos regulados imperativamente. Em vez de especular sobre a sua sorte ou a respeito da evolução do direito das obrigações, mais vale, para não fugir à realidade, enunciar os processos técnicos que o direito positivo da atualidade utiliza para evitar ou coibir as consequências inadmissíveis da aplicação dos dogmas individualistas em sua pureza original*".

---

14 MORAES FILHO, Evaristo de. Ob. cit., v. 1, p. 201 e segs.
15 GOMES, Orlando. *Contratos*. 8. ed., p. 38.

Para Orlando Gomes, os processos técnicos que revelam a restrição à autonomia da vontade das partes são:

a) dirigismo contratual: reflete a adoção da regulamentação legal quanto ao conteúdo dos contratos, evidenciando a figura do dirigismo contratual. A vontade deixa de ser autônoma. Ao lado das normas supletivas, também há as normas imperativas. É inegável que o dirigismo contratual trouxe restrições ao princípio da autonomia de vontade dos contratantes. Nesse sentido, Orlando Gomes[16] discorre: *"No novo contexto determinado pela política de intervenção do Estado na economia, o contrato sofre duas importantes modificações em sua significação e na sua função: (1) deixa de ser simplesmente expressão da autonomia privada; (2) passa a ser uma estrutura de conteúdo complexo e híbrido, com disposições voluntárias e compulsórias, nas quais a composição dos interesses reflete o antagonismo social entre as categorias a que pertencem os contratantes (produtores e consumidores, empregadores e empregados, senhorios e inquilinos)"*;
b) adoção de controles estatais quanto à constituição e funcionamento das empresas, cujas atividades são importantes para a sociedade;
c) a discussão corporativa, isto é, a adoção de meios para se manter o equilíbrio real entre os contratantes. As pessoas organizam-se por meio de entidades representativas, conjugando esforços para que possam discutir com a outra parte em pé de igualdade. Exemplificando, temos as convenções coletivas de trabalho, nas quais a regulamentação autoritária é substituída pela manifestação das pessoas, pelas suas entidades representativas.

Na visão de Orlando Gomes,[17] o conjunto desses processos técnicos decorre *"do reconhecimento de que a desigualdade real entre os contratantes favorece o abuso do mais forte. Procura-se corrigi-la, compensando-se a inferioridade econômica ou circunstancial de uma das partes com uma superioridade jurídica, segundo a fórmula de Gallart Folch, ou com a possibilidade, através do espírito associativo, da restauração da equivalência de forças"*.

Como exemplo de norma imperativa na órbita trabalhista nacional, é a existência dos dispositivos legais que mantém os contratos de trabalho inalterados, apesar das transformações ou alterações ocorridas na estrutura da empresa. Não há dúvidas de que referidos dispositivos representam uma restrição quanto à autonomia de vontade dos contratantes.

José Martins Catharino[18] afirma que *"tal situação é uma manifestação a mais na queda do dogma da autonomia da vontade, no sentido absoluto e formal, e, por via de consequência, uma, dentre outras, do relativismo contratual. [...] O empregado, inserido em determinada empresa, não pode ser considerado terceiro desinteressado ou absoluto em*

---

[16] GOMES, Orlando. Ob. cit., p. 18.
[17] GOMES, Orlando. Ob. cit., p. 39.
[18] CATHARINO, José Martins. Ob. cit., v. 1, p. 172.

relação ao novo empregador, com o qual não contratou, ainda mais porque a lei equiparou empresa a empregador".

9.3 O FENÔMENO DA SUCESSÃO NA RELAÇÃO JURÍDICO-TRABALHISTA

A temática da sucessão relaciona-se com o fenômeno da despersonalização do empregador, porém, o mais importante nessa afirmação é o fato de que o empregado não fica vinculado, pelo contrato de trabalho, à pessoa física ou jurídica, mas a uma estrutura denominada empresa.

Dessa forma, é inegável que o contrato de trabalho é *intuitu personae* quanto ao empregado, o que já não ocorre com o empregador. À medida que se despersonaliza o empregador, personaliza-se a empresa, gerando uma nítida sensação de que a empresa é o empregador.

Deve ser realçado que a doutrina moderna tem reconhecido a existência de entes que, desprovidos de personalidade jurídica, atuam como centros irradiadores de direitos e obrigações, tais como: a herança, a massa falida, o condomínio etc.

Octavio Bueno Magano,[19] ao debruçar-se sobre a questão da empresa como empregador, discorre: *"Tendo em vista a apontada tendência da empresa no sentido de se institucionalizar e considerando, de outro lado, a crise do conceito de pessoa jurídica, o que tem levado os autores à conclusão de que a sua autonomia deve ficar sujeita a limitações, para, em certos casos, deixar transparecer a realidade que lhe é subjacente* (disregard of legal entity), *não é difícil concluir que a empresa, configurados os mesmos casos, pode e deve surgir como o verdadeiro sujeito da relação empregatícia. Há de se acentuar que tal hipótese é mais consentânea com a macroempresa, em cujo âmbito de atuação a personalidade jurídica não passa frequentemente de artifício tendente a tornar mais fácil à realização dos interesses dos controladores daquela."*

O princípio da despersonalização é adotado pelo legislador brasileiro na definição legal de empregador, especialmente na denominação do grupo econômico (art. 2º, *caput*, § 2º, CLT).

Atualmente, em face dos exageros decorrentes da utilização do instituto da pessoa jurídica, a doutrina tem desenvolvido a teoria da desconsideração da personalidade jurídica. Invoca-se o princípio da desconsideração da personalidade jurídica quando se está diante de situações de fraude ou abuso de direito.

De acordo com Fábio Ulhoa Coelho,[20] *"a teoria da desconsideração da personalidade jurídica visa, justamente, a impedir que essas fraudes e esses abusos de direito, perpetrados com utilização do instituto da pessoa jurídica, se consumem. É uma elaboração teórica destinada à coibição das práticas fraudulentas que se valem da pessoa jurídica. E é, ao mesmo tempo, uma tentativa de preservar o instituto da pessoa jurídica, ao mostrar que o*

---

[19] MAGANO, Octavio Bueno. *Manual de direito do trabalho*: direito individual do trabalho. 4. ed., v. 2, p. 75.

[20] COELHO, Fábio Ulhoa. *Desconsideração da personalidade jurídica*, p. 13.

problema não reside no próprio instituto, mas no mau uso que se pode fazer dele. Ainda, é uma tentativa de resguardar a própria pessoa jurídica que foi utilizada na realização da fraude, ao atingir nunca a validade do ato constitutivo, mas apenas a sua eficácia episódica. Em suma, pela teoria da desconsideração da personalidade jurídica, o direito pretende livrar-se da fraude e do abuso perpetrado através de uma pessoa jurídica, preservando-a, contudo, em sua autonomia patrimonial".

Convém salientar que há momentos em que a invocação doutrinária ou judicial da teoria da desconsideração não é necessária. Isso ocorre quando a própria lei dispõe que pode ser deixada de lado a autonomia da pessoa jurídica, como forma de resguardar outros direitos. Fábio Ulhoa Coelho cita como exemplos da desconsideração legal o grupo de empresas na área trabalhista (art. 2º, § 2º, CLT) e a responsabilidade pessoal tributária dos mandatários, prepostos e empregados resultantes de atos praticados com excesso de poderes ou infração de lei, contrato social ou estatutos (art. 135, II, CTN).

A legislação consolidada, ao declinar que a empresa é o empregador, não tem só a preocupação em delinear o conceito, porém dar evidência ao argumento de que o empregado está vinculado à atividade econômica organizada. Como forma de se realçar a influência da desconsideração da personalidade jurídica, temos a ênfase da legislação consolidada ao dispor que os contratos permanecem inalterados, mesmo quando se tem a mudança na propriedade ou na estrutura jurídica da empresa.

Não pretendemos dizer que o Direito do Trabalho simplesmente ignore o conceito ou a existência da pessoa jurídica.

A pessoa jurídica é instituto de plena eficácia nas relações jurídico-trabalhistas, mas, diante de certas circunstâncias, por autorização legal ou em casos de fraude ou abuso, adota-se a teoria da despersonificação como forma de resguardar os direitos dos trabalhadores.

O fenômeno da sucessão trabalhista interage com o princípio da continuidade do contrato de trabalho.

O contrato de trabalho é *intuitu personae* quanto ao empregado, mas se admite a novação subjetiva quanto ao empregador. A sucessão valoriza o princípio da continuidade da relação jurídico-trabalhista, uma vez que estabelece a inalterabilidade do contrato no caso da mudança de propriedade ou alteração jurídica da empresa.

A novação subjetiva quanto ao empregador não é motivo legal para a cessação do contrato de trabalho. O contrato de trabalho, como relação jurídica, nasce da prestação de serviços. Como é de trato sucessivo, passa por transformações e se extingue, todavia, no seu curso, a novação subjetiva no polo – empregador –, não é fator legal a impedir o seu prosseguimento.

Não há dúvidas de que a base científica para a sucessão trabalhista é a continuidade da relação de trabalho. Contudo, há uma situação na ordem jurídico-trabalhista brasileira em que a novação subjetiva pode levar à extinção do contrato de trabalho. Nesse sentido, o art. 483, § 2º, CLT, enuncia, *in verbis*: *"No caso de morte do empregador constituído em empresa individual, é facultado ao empregado rescindir o contrato de trabalho."*

Quando o empregador é a pessoa física, no caso de sua morte, o empregado poderá dar como rescindido o seu contrato de trabalho. Não se trata de uma justa causa do empregador, mas de um motivo justificado para que o empregado dê por rescindido o seu contrato. Se houver o prosseguimento da atividade empresarial com outra pessoa, substituindo o falecido, o empregado terá a opção em prosseguir ou não com a sua relação contratual. Contudo, em uma outra situação, ou seja, quando se tem a substituição do empregador, o empregado não poderá considerar rescindido o seu contrato, exceto se for demissionário.

É importante destacar que o art. 485, CLT, declina: *"Quando cessar a atividade da empresa, por morte do empregador, os empregados terão direito, conforme o caso, à indenização a que se referem os arts. 477 e 497."*

O que leva à rescisão do contrato não é a morte pura e simples do empregador, porém o não prosseguimento da atividade empresarial. Nesse sentido, Valentin Carrion[21] discorre: *"Se a atividade continuar com os sucessores, o empregado terá a faculdade de, sem ônus para ele (nem para a empresa), rescindir o contrato (CLT, art. 483, § 2º). É o pouco que resta do princípio do Direito Civil, de que as obrigações personalíssimas se rescindem com a morte de uma das partes, consagrado no Código Civil (arts. 1.226 e seg.), na antiga locação de serviços (Guiomar Faria, 'O contrato de trabalho na falência')."*

9.3.1 O emprego da expressão "sucessão trabalhista"

Várias são as nomenclaturas utilizadas para a denominação desse fenômeno, tais como: "sucessão de empresas" ou "sucessão de empregadores". As denominações são várias, tendo em vista que é discutível na doutrina quem seja de fato o empregador. Para alguns, o empregador é a empresa. Para outros, empregador é a pessoa física ou jurídica que, exercendo a atividade econômica organizada (empresa), possua empregados.

Délio Maranhão pondera que, no Direito do Trabalho, a substituição merece um destaque especial. A razão dessa importância encontra-se na figura do empregador. O referido autor entende que empregador é a pessoa natural ou jurídica, não podendo ser confundida com a noção de empresa. Empresa é a atividade econômica organizada. Como a sucessão é a substituição de sujeito, é imprópria a utilização da denominação sucessão de empresa. O correto é a utilização da expressão "sucessão de empregadores".

Para evitarmos as discussões doutrinárias, entendemos melhor a adoção da expressão "sucessão trabalhista" para nos referirmos ao fenômeno dessa substituição. A razão reside no fato de que a citada expressão, de modo amplo e genérico, engloba tanto os casos de mudança na propriedade quanto na estrutura jurídica da empresa.

9.3.2 Conceito de sucessão trabalhista

O Direito do Trabalho não pode utilizar o termo "sucessão" nos mesmos moldes em que é empregado no direito comum.

---

[21] CARRION, Valentin. *Comentários à Consolidação das Leis do Trabalho*. 28. ed., p. 375.

O critério adotado para a definição da sucessão trabalhista não pode ser rigorosamente jurídico. Nesse sentido, Orlando Gomes e Elson Gottschalk[22] ponderam que: *"Os termos estritos em que é configurada a noção clássica de sucessão não permitem se extraiam do princípio todas as consequências que sua finalidade indica. A aceitação do conceito tradicional de sucessão facilitaria a fraude à lei. Para evitá-la, procurou-se imprimir ao conceito de sucessão um conteúdo econômico que, não raro, o desfigura, mas, assim, o direito do empregado está melhor assegurado. De acordo com o novo critério, haverá sucessão toda vez que a empresa não sofra alteração nos fins para os quais se constituiu, trabalhando os empregados nos mesmos postos, prestando ou podendo prestar os mesmos serviços."*

Mozart Victor Russomano[23] declina que o conceito de sucessão no Direito do Trabalho é diferente em relação ao Direito Civil, discorrendo que: *"Dá-se à sucessão quando uma firma assume o ativo e o passivo de outra, prosseguindo na negociação da firma anterior. Tem-se admitido, também, que há sucessão quando a firma em si não desaparece, apenas, um estabelecimento, sendo os empregados aproveitados em outro estabelecimento do mesmo empregador [...]. Por isso, se aceita como tendo havido sucessão sempre que alguém, simplesmente, adquire um estabelecimento comercial ou industrial, na sua unidade orgânica, mesmo sem ter responsabilidade relativamente aos negócios da outra firma [...]. Há sucessão, no conceito trabalhista que a palavra sugere, quando uma pessoa adquire de outrem empresa, estabelecimento ou seção no seu conjunto, isto é, na sua unidade orgânica, sempre que não houver continuidade na prestação do trabalho pelos empregados, mesmo quando não existir vínculo jurídico de qualquer natureza entre o sucessor e o sucedido (conceito trabalhista)."*

Amauri Mascaro Nascimento salienta que o fenômeno da sucessão trabalhista reflete a alteração subjetiva quanto à figura do empregador, abrangendo a sucessão de empregadores (ou de empresas) e a alteração na estrutura jurídica do empregador.

Para Amauri Mascaro Nascimento, o fenômeno da sucessão trabalhista pode ser visto em dois sentidos:

a) sentido amplo, *"quando da alienação da empresa para outro empresário. A rigor, não é adequado falar nesse caso em sucessão de empresa. A empresa continua a existir normalmente, não foi sucedida, substituída por outra. O seu ou seus titulares, sim. Houve modificação de propriedade. Porém convencionou o nosso direito que também esse acontecimento deve ser denominado sucessão de empresas. A aquisição da empresa pelo novo titular, portanto, é a sua nota característica [...]. Tem admitido a doutrina a sucessão de empresa mesmo havendo apenas a alienação de um dos seus estabelecimentos. Verifica-se, portanto, a modificação de titular em relação aos empregados cujo estabelecimento (filial, agência etc.) passa a pertencer a novo empresário, incorporando-se, nessas condições, a uma empresa nova ou passando a constituir, por si, uma empresa. Portanto, não só com o transpasse de*

---

[22] GOMES, Orlando; GOTTSCHALK, Elson. *Curso de direito do trabalho*. 4. ed., p. 315.
[23] RUSSOMANO, Mozart Victor. *Comentários à Consolidação das Leis do Trabalho*. 11. ed., p. 50.

toda a organização, mas de parte dela também, configura-se a sucessão, no sentido trabalhista";[24]

b) sentido restrito, *"designa todo acontecimento em virtude do qual uma empresa é absorvida por outra, o que ocorre nos casos de incorporação, transformação e fusão. Incorporação é a operação pela qual uma ou mais empresas são absorvidas por outra que lhes sucede em todos os direitos e obrigações, fiscais ou trabalhistas. Transformação é a operação pela qual uma sociedade passa de uma espécie para outra. Fusão é a operação pela qual se unem duas ou mais sociedades para formar uma sociedade nova".*[25]

Discordamos da opinião de Amauri Mascaro Nascimento quando indica a transformação como modalidade de sucessão trabalhista. Na transformação, não se tem a alteração subjetiva, mas somente a alteração da qualificação jurídica (tipo) de sua estrutura. O correto é a inclusão, ao lado da incorporação e da fusão, da cisão como exemplo de sucessão trabalhista, pois ela é a operação pela qual a empresa faz a transferência de parcelas do seu patrimônio para uma ou mais sociedades. Portanto, a sucessão trabalhista, no sentido restrito, engloba: a incorporação, a fusão e a cisão.

Mauricio Godinho Delgado[26] entende que sucessão é *"o instituto justrabalhista em virtude do qual se opera, no contexto da transferência de titularidade de empresa ou estabelecimento, uma completa transmissão de créditos e assunção de dívidas trabalhistas entre alienante e adquirente envolvidos".*

Para Mauricio Godinho Delgado, o instituto em apreço representa uma transmissão de créditos, com a transferência da titularidade da empresa ou do estabelecimento, assumindo o adquirente a responsabilidade pelos débitos trabalhistas.

Diante das transcrições acima, entendemos que a sucessão trabalhista é a mudança de propriedade pela alienação, como também quando se tem a absorção de uma empresa por outra (fusão, cisão e incorporação).

O mais importante no exame da sucessão trabalhista é o destaque que se dá ao seu conteúdo econômico. Não basta a simples denotação jurídica para se aquilatar o exato alcance desse instituto trabalhista. Entretanto, é preciso destacar que, se houver o prosseguimento da atividade econômica organizada, com a utilização dos trabalhadores pelo sucessor, justifica-se a presença da sucessão trabalhista, mantendo-se íntegros os contratos individuais de trabalho.

A esse respeito, acentuam os arts. 10 e 448 da CLT, respectivamente, *in verbis*: "Art. 10. Qualquer alteração na estrutura jurídica da empresa não afetará os direitos adquiridos por seus empregados." "Art. 448. A mudança na propriedade ou na estrutura jurídica da empresa não afetará os contratos de trabalho dos respectivos empregados."

---

[24] NASCIMENTO, Amauri Mascaro. *Curso de direito do trabalho*. 3. ed., p. 391.
[25] NASCIMENTO, Amauri Mascaro. Ob. cit., p. 391.
[26] DELGADO, Mauricio Godinho. *Introdução ao direito do trabalho*. 2. ed., p. 344.

No caso de ocorrer mudança na estrutura jurídica ou na propriedade, de forma objetiva, os contratos de trabalho dos empregados permanecem inalterados. Todavia, os dispositivos legais mencionados anteriormente asseguram, nas relações jurídico-trabalhistas, a adoção de 2 princípios: o da continuidade das relações e o da despersonalização do empregador.

A legislação consolidada resguarda os direitos adquiridos, presentes e futuros, quando se tem o fenômeno da sucessão trabalhista, mantendo-se intactos os contratos individuais de trabalho, valorizando-se, inclusive, a continuidade no emprego.

A responsabilidade do sucessor pela integralidade do contrato de trabalho foi criada para facilitar e beneficiar o empregado.

O fenômeno da sucessão trabalhista pode ocorrer mesmo sem haver alteração da organização jurídica (cisão, incorporação, fusão ou mudança de titularidade).

O que se realça é o fenômeno econômico, ou seja, o prosseguimento da atividade econômica organizada com a utilização dos mesmos empregados; logo, a sucessão pode ocorrer, na opinião de Valentin Carrion,[27] ainda nas seguintes hipóteses: *"(a) entre arrendatários que se substituem na exploração do mesmo serviço; (b) entre pessoas de Direito Público e privado; (c) na aquisição de acervo da massa falida ou sociedade em liquidação mediante leilão, quando se adquire todo o acervo e se continua a atividade ou parte orgânica do mesmo; não quando se vendem os bens desintegrados; (d) sucessão por encampação, absorção ou fusão do serviço do estabelecimento. Em todos os casos, a atividade empresarial é o elemento definidor; assim o adquirente de apartamento em condomínio não o é do construtor (Evaristo de Moraes Filho, Sucessões); (e) é possível a sucessão num só estabelecimento da empresa desde que seja um núcleo diferenciado, capaz de sobrevivência autônoma juridicamente (Evaristo, Sucessões)".*

Com a Reforma Trabalhista, houve a inserção normativa do art. 448-A, CLT, evidenciando a responsabilidade do sucessor pelas obrigações trabalhistas e, no caso de fraude, da empresa sucedida também.

9.3.3 A natureza jurídica da sucessão trabalhista

Várias são as posições doutrinárias quanto à natureza jurídica da sucessão trabalhista, procurando explicá-la à luz do Direito Civil, tais como: a novação, a estipulação em favor de terceiro, a cessão de crédito e a sub-rogação.

9.3.3.1 *Novação*

A novação implica a criação de uma nova dívida, que extingue a anterior. Possui um efeito simultâneo: a extinção da obrigação anterior com a geração de uma nova. Tem-se a substituição de uma obrigação por outra.

---

[27] CARRION, Valentin. Ob. cit., p. 67.

As espécies de novação são: (a) objetiva ou real – quando se tem a alteração no objeto da relação obrigacional (art. 360, I, CC). Como exemplo, temos: o credor de uma obrigação de dar concorda em receber uma obrigação de fazer ou vice-versa; (b) a subjetiva ou pessoal – o que se tem de novo é a mudança quanto aos sujeitos da relação jurídica, podendo ser o ativo (subjetiva ativa) ou o passivo (subjetiva passiva).

Na novação subjetiva ativa (art. 360, III), o que se altera é a pessoa do credor. Os seus requisitos são: (a) a anuência do devedor, o qual passa a ter uma nova dívida com um novo credor, estando liberado da anterior; (b) o consentimento do antigo credor, que renuncia ao seu crédito, ao permitir o estabelecimento da nova obrigação do devedor com o novo credor; (c) a concordância do novo credor, o qual aceita a promessa do devedor. Convém aduzir que a presente forma de novação está sendo substituída pela cessão de crédito. Exemplificando: João deve a Pedro a quantia de R$ 5.000,00. Pedro concorda em liberar João, se este contrair com José uma nova dívida no mesmo valor. Se a proposta for aceita, desaparece o débito anterior e surge uma obrigação entre João e José.

A novação subjetiva passiva ocorre quando se tem a substituição do devedor, operando-se de dois modos: delegação e expromissão. Na delegação, a mudança do devedor será feita com a anuência do sujeito ativo originário, ou seja, é ele quem faz a indicação da pessoa que irá resgatar o seu crédito, com a concordância do credor (art. 360, II). Como exemplo, temos: João deve a Pedro a quantia de R$ 5.000,00. João propõe como novo devedor José. Se Pedro aceitar a proposta, extingue-se a obrigação dele com João, na medida em que se tem uma nova obrigação entre José e Pedro. Trata-se da delegação perfeita, em que se tem a participação de três pessoas: o devedor, como delegante; o novo devedor, como delegado; e o credor, que se chama delegatário.

Não se deve confundir a delegação perfeita com a sucessão singular do débito. Nessa última, mesmo com mudança do devedor, não ocorre a extinção da obrigação, não havendo o efeito novatório. Trata-se da delegação imperfeita, sendo que o credor (delegatário) terá dois devedores: o delegante e o delegado.

Na expromissão, o terceiro assume a dívida do devedor originário, sem a necessidade de seu consentimento. Basta que haja a concordância do credor. Temos apenas as figuras do credor e do novo devedor (art. 362, CC). Exemplificando: João deve a Pedro a quantia de R$ 5.000,00. José pede a Pedro que libere João, extinguindo-se a obrigação de João com Pedro, já que José se compromete a pagar a Pedro a quantia devida.

A sucessão não pode ser explicada pela noção de novação. A razão dessa afirmação repousa no argumento de que a responsabilidade do sucessor trabalhista é imposta por lei, independentemente da sua vontade. Não se exige a adesão expressa do novo devedor – o sucessor –, ao contrário do que ocorre na novação.

Por outro lado, no fenômeno da sucessão trabalhista, não se tem a intenção de novar nem de extinguir a obrigação com a celebração de uma outra. Sequer com a delegação imperfeita é possível justificar a sucessão trabalhista como sendo um tipo de novação, tendo em vista que na primeira não se tem a liberação do devedor antigo, o que já não ocorre na segunda.

9.3.3.2 Estipulação em favor de terceiro

A estipulação em favor de terceiro implica a existência de um contrato entre duas pessoas, sendo que a primeira (estipulante) convenciona com a outra (promitente) a entrega de uma determinada prestação em prol de terceiro (estipulado), o qual é alheio à formação da relação obrigacional (arts. 436 a 438, CC).

No caso do empregado, quando se dá o fenômeno da sucessão trabalhista, ele é um terceiro interessado, como também continua como devedor na relação jurídico-trabalhista (trata-se de uma relação jurídica complexa, ou seja, as duas partes são credores e devedores de forma concomitante).

O empregado nunca poderá ser tido como um mero beneficiário em função do que é pactuado entre o sucessor e o sucedido. Assim, concluímos que a tese da estipulação em favor de terceiro é insuficiente para a clarividência da natureza jurídica da sucessão trabalhista.

9.3.3.3 Cessão de crédito

A cessão de crédito denota a transferência que o credor faz a outrem de seus direitos, havendo a figura do cedente e do cessionário. O cedente é quem transfere os seus direitos. O cessionário é quem os adquire, assumindo a titularidade. O devedor não intervém na formação do ato jurídico (arts. 286 a 298, CC).

Na legislação brasileira, a cessão de crédito é válida: (a) se não estiver em dissonância com a natureza da obrigação; (b) se for permitida pela lei; (c) se não houver convenção em contrário com o devedor.

A cessão de crédito é insuficiente para elucidar a temática da natureza jurídica da sucessão trabalhista por dois motivos: (a) o que ocorre na sucessão trabalhista é uma transferência de direitos e obrigações do sucedido para o sucessor, o que já colide com a lei civil, a qual só prevê a transferência de crédito na cessão; (b) a sucessão trabalhista representa uma verdadeira assunção de dívidas, o que ocorre é *"uma dupla cessão de crédito e de débito obrigatória, por força de lei, que assume as características jurídicas de uma autêntica sucessão: o sucessor subentra, para os efeitos do direito do trabalho, na universalidade que constitui a empresa ou o estabelecimento, substituindo a pessoa do antecessor, como se fosse ele próprio, continuando-o, independente do consentimento do empregado interessado (desde que não haja fraude à lei ou má-fé, é claro). A relação jurídica permanece a mesma, com inteira liberação do antecessor, que se faz substituir pelo seu sucessor"*.[28]

9.3.3.4 Sub-rogação

O vocábulo "sub-rogação" origina-se do latim *subrogatio*, indicando substituição de uma coisa por outra com as mesmas qualidades e ônus. Pode ser real (substituição da coisa) ou pessoal (substituição de uma pessoa por outra).

---

[28] MORAES FILHO, Evaristo de. Ob. cit., v. 2, p. 249.

No campo obrigacional, a sub-rogação pessoal ocorre quando alguém efetua o adimplemento de obrigação alheia ou faz o empréstimo do montante necessário que satisfaça o credor. Ocorre a substituição do sujeito ativo, sendo que o novo credor passa a ter todos os direitos creditórios contra o devedor.

Tanto a cessão de crédito como a sub-rogação denota a existência de uma alteração subjetiva da obrigação (sujeito ativo), porém a primeira reflete uma sucessão particular quanto ao direito creditório, decorrente de manifestação de vontade, não havendo a necessidade do pagamento. Por sua vez, a sub-rogação pode ocorrer independentemente da manifestação de vontade, desde que se tenha o pagamento da obrigação.

A sub-rogação pessoal pode ser legal ou convencional.

Legal é a imposta pela lei, podendo ocorrer: (a) do credor que paga a dívida do devedor comum; (b) do adquirente do imóvel hipotecado, que paga a credor hipotecário, bem como do terceiro que efetiva o pagamento para não ser privado de direito sobre imóvel; (c) do terceiro interessado, que paga a dívida pela qual era ou podia ser obrigado, no todo ou em parte (art. 346, I a III, CC).

Convencional é a sub-rogação em função de um ajuste de vontades, podendo ocorrer: (a) quando o credor recebe o pagamento de terceiro e expressamente lhe transfere todos os seus direitos; (b) quando uma terceira pessoa empresta ao devedor a quantia necessária para solver a obrigação, tendo a condição expressa de ficar o mutuante investido nos direitos do credor satisfeito (art. 347, I e II).

A sub-rogação é insuficiente para a justificativa do fenômeno da sucessão trabalhista: (a) não há na sucessão trabalhista o consentimento do empregado; (b) não há o pagamento das dívidas, uma vez que a relação jurídica entre o empregado e o empregador, pelo fenômeno da despersonalização, permanece intacta; (c) a responsabilidade do sucessor trabalhista é imposta de forma imperativa pela legislação consolidada.

9.3.3.5 *A sucessão trabalhista como assunção de dívida*

O que ocorre na assunção de dívida é que um terceiro, por meio de um contrato celebrado com o credor, assume o lugar do devedor. Trata-se de uma transmissão ou cessão da dívida. Quando é contratual, é necessária a anuência do credor. Nessa modalidade contratual temos três elementos: (a) existência de uma obrigação; (b) liberação do devedor primitivo; (c) posição do terceiro como devedor da mesma obrigação. Interligando tais elementos e impondo a sua origem na lei, podemos concluir que a sucessão trabalhista reflete uma assunção de dívida *ope legis*.

Nesse sentido, Evaristo de Moraes[29] considera que: "*Nisto estamos de parabéns, pela simplicidade e amplitude da fórmula adotada pela legislação brasileira. É a mais extensa e compreensiva possível. A não ser em casos excepcionais, de particular prestação de serviços intuitu personae, de natureza intelectual, não pode o empregado negar-se a aceitar a transferência do estabelecimento comercial ou industrial. Mas, em compensação, fica o sucessor*

---

[29] MORAES FILHO, Evaristo de. Ob. cit., v. 2, p. 254.

inteiramente responsável por todos os direitos adquiridos durante a vigência anterior do contrato. Mesmo para os contratos já rescindidos pelo antigo empregador, inexistentes no momento do trespasse, fica privativamente responsável o sucessor. Dívidas não pagas pelo sucedido, a antigos empregados ou aos poderes públicos, também, por elas torna-se responsável o adquirente do negócio. Em suma: é como se não ocorresse a sucessão de empresa, por isso que o novo titular subentra ou sub-roga-se em todos os direitos e obrigações do seu antecessor. As relações jurídicas passadas e presentes permanecem as mesmas, com todos os seus efeitos. Todos os débitos constituídos antes da cessão, ao tempo do primitivo titular, passam para o patrimônio do novo titular."

O Código Civil brasileiro regula a questão da assunção de dívida nos seguintes termos: (a) é facultado a terceiro assumir a obrigação do devedor, com o consentimento expresso do credor, ficando exonerado o devedor primitivo, salvo se aquele, ao tempo da assunção, era insolvente e o credor o ignorava (art. 299, *caput*). Qualquer das partes pode assinar prazo ao credor para que consinta na assunção da dívida, interpretando-se o seu silêncio como recusa (art. 299, parágrafo único); (b) salvo assentimento expresso do devedor primitivo, consideram-se extintas, a partir da assunção da dívida, as garantias especiais por ele originariamente dadas ao credor (art. 300); (c) se a substituição do devedor vier a ser anulada, restaura-se o débito, com todas as suas garantias, salvo as garantias prestadas por terceiros, exceto se este conhecia o vício que inquinava a obrigação (art. 301); (d) o novo devedor não pode opor ao credor as exceções pessoais que competiam ao devedor primitivo (art. 302); (e) o adquirente de imóvel hipotecado pode tomar a seu cargo o pagamento do crédito garantido; se o credor, notificado, não impugnar em 30 dias a transferência do débito, entender-se-á dado o assentimento (art. 303).

9.3.4 Caracterização da sucessão trabalhista

Os teores do tópico intitulado "conceito de sucessão trabalhista" justificam a presença de duas hipóteses clássicas nas quais se tem a sucessão: (a) a primeira, na alteração da estrutura formal da pessoa jurídica que possua empregado, tais como: mudança na estrutura societária ou acionária ou os processos de fusão, incorporação ou cisão; (b) a segunda, na substituição do titular passivo da relação empregatícia por outra pessoa, que pode ser jurídica ou natural, tais como: a aquisição de um estabelecimento ou de vários, bem como da própria empresa em sua totalidade.

Diante dos novos quadros da economia, em função das privatizações e das intervenções no mercado financeiro, advém outra hipótese de sucessão trabalhista, a qual será estudada.

Na sucessão são mantidos íntegros os contratos de trabalho dos empregados. As justificativas dessa afirmação são as seguintes: (a) o princípio da despersonalização do empregador, ou seja, o empregado, pelo contrato de trabalho, está vinculado à empresa (atividade econômica organizada); (b) a unidade econômica (fundo de comércio), no todo ou em parte, mesmo com a substituição quanto à sua titularidade, continua em atividade; (c) a continuidade dos contratos de trabalho vigentes à época da transferência, os quais permanecem íntegros.

O contrato de trabalho, na visão de Evaristo de Moraes Filho,[30] é parte indispensável, integrando o fundo de comércio, logo é *"algo capaz de valoração econômica, como fator imanente ao funcionamento daquele conjunto de bens, materiais e imateriais"*,[31] não havendo a necessidade da busca de teorias institucionalistas ou de direito real, já que *"a explicação da natureza jurídica da sucessão se encontra no campo mesmo da teoria geral do direito, sem necessidade de frases equívocas, repassadas de valores políticos ou avessas aos princípios racionais do direito. Basta que se reconheça que,* ope legis, *passou o contrato a fazer parte, obrigatoriamente, do estabelecimento industrial ou comercial. Em qualquer negócio jurídico de que seja objeto o estabelecimento, mesmo quando os contratantes não hajam se referido expressamente ao pessoal, determina a lei que este seja compulsoriamente considerado"*.

Os fenômenos das privatizações e das intervenções no mercado financeiro não podem ser tidos como mera alienação de máquinas ou de coisas singulares para a justificativa da sucessão trabalhista. É necessário que se tenha a alienação da atividade econômica organizada, seja parcial ou total.

Nesse sentido, não podemos nos esquecer da lição de Délio Maranhão:[32] *"Não se configura a sucessão no caso de venda de máquinas ou coisas singulares. A sucessão pressupõe a transferência de um para outro titular de uma organização produtiva, ainda que parte de um estabelecimento, destacável como unidade econômica."*

Mauricio Godinho Delgado entende que a sucessão é aplicável às privatizações e às intervenções no mercado financeiro.

A esse respeito, discorre: *"Essas situações novas, que se tornaram comuns no fim do século em decorrência da profunda reestruturação do mercado empresarial brasileiro (em especial mercado financeiro, de privatizações e outros segmentos), conduziram a jurisprudência a reler os dois preceitos celetistas, encontrando neles um tipo legal mais amplo do que o originalmente concebido pela doutrina e jurisprudência dominantes. Para essa nova interpretação, o sentido e os objetivos do instituto sucessório trabalhista residem na garantia de que qualquer mudança intra ou interempresarial não poderá afetar os contratos de trabalho (arts. 10 e 448, CLT). O ponto central do instituto passa a ser qualquer mudança intra ou interempresarial significativa que possa afetar os contratos empregatícios; verificada tal mudança, operar-se-ia a sucessão trabalhista – independentemente da continuidade efetiva da prestação laborativa. À luz dessa vertente interpretativa, também configura situação própria à sucessão de empregadores a alienação ou transferência de parte significativa do(s) estabelecimento(s) ou da empresa de modo a afetar significativamente os contratos de trabalho. Ou seja, a mudança na empresa que afete a garantia original dos contratos empregatícios provoca a incidência do tipo legal dos arts. 10 e 448 da CLT. Isso significa que a separação de bens, obrigações e relações jurídicas de um complexo empresarial com o fito de se transferir parte relevante dos ativos saudáveis para outro titular (direitos, obrigações*

---

[30] MORAES FILHO, Evaristo de. Ob. cit., v. 2, p. 261.
[31] MORAES FILHO, Evaristo de. Ob. cit., v. 2, p. 261.
[32] MARANHÃO, Délio. *Direito do trabalho*. 8. ed., p. 83.

e relações jurídicas), preservando-se o restante de bens, obrigações e relações jurídicas no antigo complexo – agora significativamente empobrecido –, afeta sim, de modo significativo, os contratos de trabalho, produzindo a sucessão trabalhista com respeito ao novo titular (arts. 10 e 448, CLT)."[33]

Resumindo a própria questão da sucessão trabalhista, Nelson Mannrich[34] afirma: *"Em geral, o processo de privatização envolve, do ponto de vista trabalhista, o levantamento dos direitos dos trabalhadores que ainda não foram dispensados ou que não aderiram ao plano de desligamento voluntário. Tais direitos serão assegurados pelo sucessor, nos termos do art. 10 e 448 da CLT, independentemente dos métodos utilizados para reduzir ao máximo a resistência dos empregados, através de aquisição de ações. Ou seja, segundo o ordenamento jurídico vigente, a privatização não afeta os direitos adquiridos dos empregados, relativamente a salário, acesso à carreira, gratificações e outros benefícios. O sucessor responde por eventual alteração contratual que implique prejuízo."*

Várias são as questões levantadas quanto aos desdobramentos da privatização em relação aos contratos de trabalho, sendo que a solução *"se dá com a aplicação do instituto da sucessão no Direito do Trabalho"*.[35]

Para o TST (OJ 261, SDI-I), *"as obrigações trabalhistas, inclusive as contraídas à época em que os empregados trabalhavam para o banco sucedido, são de responsabilidade do sucessor, uma vez que a este não foram transferidos os ativos, as agências, os direitos e deveres contratuais, caracterizando típica sucessão trabalhista."*

9.3.5 Requisitos da sucessão trabalhista

Délio Maranhão[36] observa que dois são os requisitos essenciais para que se opere a sucessão, a saber: *"(a) que uma unidade econômico-jurídica passe de um para outro titular; (b) que não haja solução de continuidade na prestação de serviços"*.

As figuras clássicas da sucessão envolvem a transferência no todo ou em parte da empresa, como também quando se tem a mudança de titularidade ou os processos de fusão, incorporação ou cisão.

Quando se fala em unidade econômico-jurídica, o que se deve ter em mira é a transferência de uma universalidade, a qual pode incluir a empresa como um todo ou alguns de seus estabelecimentos específicos, tais como agências ou filiais.

O pressuposto da sucessão é a alienação de uma organização produtiva de um titular para outro, logo, o que se tem em questão é a transferência de uma universalidade.[37]

---

[33] DELGADO, Mauricio Godinho. Ob. cit., p. 347.
[34] MANNRICH, Nelson. "O processo de privatização de empresas no Brasil e os direitos dos trabalhadores." *Revista LTr*, v. 61, nº 6, p. 729 e segs.
[35] MANNRICH, Nelson. Ob. cit., p. 729 e segs.
[36] MARANHÃO, Délio. Ob. cit., p. 82.
[37] Universalidade, nas palavras de De Plácido e Silva, "do latim 'universalitas', de 'universalis', gramaticalmente, universalidade é a generalidade, a totalidade, ou toda composição, conjunção,

A empresa pode ser vista como uma universalidade, na qual se congregam coisas e pessoas, levando-se à produção e circulação de bens e serviços, constituindo uma atividade econômica. Quando se opera a transferência desse conjunto, mesmo que de forma parcial, porém, mantendo a unidade, acontece a sucessão, permanecendo íntegros os contratos individuais de trabalho desses empregados. Pondere-se que os dispositivos legais (arts. 10 e 448, CLT) não só amparam os contratos que permanecem, como também os já rescindidos.

Ainda nas palavras de Mauricio Godinho Delgado,[38] ao tratar da nova figura da sucessão trabalhista (privatizações e intervenções no mercado financeiro), *"[...] a ideia central que se considera é a de transferência de uma universalidade, ou seja, a transferência de parte significativa do(s) estabelecimento(s) ou da empresa de modo a afetar significativamente os contratos de trabalho. Assim, a passagem para outro titular de uma fração relevante de um complexo empresarial (bens materiais e imateriais), comprometendo-se de modo relevante o antigo complexo, pode ensejar a sucessão de empregadores, por afetar de modo significativo (relevante) os antigos contratos de trabalho".*

A responsabilidade do adquirente, em função da sucessão, opera-se de forma legal, ante a incidência clara e objetiva dos arts. 10 e 448, não se perquirindo a respeito do vínculo que se tenha estabelecido entre o sucedido e o sucessor, ou, ainda, da natureza do título que tenha originado a referida transferência.

O segundo requisito envolve a continuidade da prestação laborativa do trabalhador. O obreiro continua a prestar os serviços dentro da unidade (da empresa em si ou parte desta) que foi transferida.

A prestação dos serviços deve manter-se intacta, mas não podemos levar ao pé da letra o referido juízo de valor. Imagine-se a situação na qual o contrato tenha sido rescindido antes da sucessão. Ou, ainda, dentro da nova vertente (privatizações e intervenções no mercado financeiro), quando se tem a alienação de parte dos negócios (os setores importantes e mais rentáveis) da empresa como unidade econômico-jurídica, sendo que nessa transferência somente parte dos empregados é aproveitada, havendo a rescisão do contrato dos demais. A continuidade da prestação de serviços dos empregados é relevante, mas não pode ser vista como essencial para todo e qualquer ato de sucessão trabalhista, sob pena de se fazer inócua a proteção legal (arts. 10 e 448).

Mauricio Godinho Delgado[39] ensina: *"Tal requisito, esclareça-se, mantém-se relevante para o exame de inúmeras situações fático-jurídicas concretas – embora já não se possa*

---

ou reunião de várias coisas, congregadas, reunidas, justapostas, coletivadas, para que cumpram certos objetivos. Assim, universalidade não somente revela o acervo de coisas, a massa de bens e de direitos, o patrimônio, como, no seu conceito de ajuntamento, coleção, concentração, união, traduz o sentido de corporação, colégio, companhia, associação e sociedade. Há, por isso, que se distinguirem as universalidades de coisas e as universalidades de pessoas, como há universalidades de ideias, de princípios e de regras" (*Vocabulário jurídico*. 27. ed., p. 1445).

[38] DELGADO, Mauricio Godinho. Ob. cit., p. 350.
[39] DELGADO, Mauricio Godinho. Ob. cit., p. 352.

sustentar seja ele imprescindível à existência do instituto sucessório trabalhista. É que a presença do segundo requisito (ao lado, é claro, do primeiro já examinado) torna induvidosa a incidência do tipo legal celetista. Verificando-se a continuidade laborativa em cenário de transferência interempresarial, haverá, inquestionavelmente, sucessão de empregadores com respeito ao novo titular da empresa ou estabelecimento. Entretanto, a falta do segundo requisito conduz o operador jurídico à necessidade de exame mais circunstanciado do tipo de transferência interempresarial ocorrida. Não será toda transferência intra-empresarial que propiciará a sucessão de empregador [...], mas somente aquela transferência que afetar de modo significativo às garantias anteriores do contrato de emprego. Em contrapartida estará, sim, propiciada a sucessão, ainda que a transferência interempresarial não tenha afetado, significativamente, o contrato empregatício [...], mas desde que se verifique a continuidade da prestação laborativa para o novo titular."

9.3.6 Fundamentos e abrangência da sucessão trabalhista

Os fundamentos doutrinários que justificam a sucessão trabalhista residem nos seguintes princípios: intangibilidade objetiva do contrato de emprego, despersonalização da figura do empregador e da continuidade do contrato de trabalho.

Toda e qualquer alteração na empresa, seja a título de transferência de parte ou de seu todo, na estrutura societária ou acionária ou decorrente de processo de fusão, incorporação ou cisão, não prejudica os contratos individuais de trabalho.

A relação de emprego, sob o ponto de vista do polo passivo (o empregador), não é *intuitu personae*. O empregador é a pessoa natural ou jurídica proprietária do empreendimento, todavia, o empregado vincula-se à atividade econômica organizada, ante a influência do princípio da despersonalização do empregador.

Assim, no caso de haver a alteração subjetiva do empregador, seja a que título for, pela preponderância das regras (arts. 10 e 448), mantêm-se íntegros os contratos de trabalho dos empregados.

É inegável que a sucessão trabalhista possui como fundamentos legais os arts. 10 e 448, os quais são aplicáveis a todos os empregados,[40] seja da área urbana, seja da rural.

9.3.7 Efeitos da sucessão trabalhista

A análise desses efeitos será efetuada sob três prismas: (a) posição jurídica do sucessor; (b) efeitos quanto ao sucedido; (c) discordância do empregado com a sucessão.

---

[40] Claro está que a sucessão trabalhista não abrange o trabalho doméstico. O empregador doméstico, como sujeito passivo dessa relação, é a pessoa ou a família, não possuindo finalidade lucrativa, não desempenhando atividade econômica. A sucessão tem como um de seus pressupostos a transferência no todo ou em parte da empresa, como unidade econômico-jurídica, sendo imprescindível, para a sua ocorrência, o conteúdo econômico do trabalho para o tomador.

9.3.7.1 Posição jurídica do sucessor

Pelo primeiro prisma, o sucessor, diante do fenômeno da transferência de titularidade, adquire a responsabilidade legal dos contratos de trabalho dos empregados da unidade econômico-jurídica. A responsabilidade atinge não só os contratos atuais, como os já rescindidos antes e após a sucessão, abrangendo todos os direitos trabalhistas.

Nesse sentido, Evaristo de Moraes Filho[41] afirma que o sucessor fica *"inteiramente responsável por todos os direitos adquiridos durante a vigência anterior do contrato. Mesmo para os contratos já rescindidos pelo antigo empregador, inexistentes no momento do trespasse, fica privativamente responsável o sucessor"*.

Antonio Lamarca[42] possui entendimento diverso, para ele *"o novo titular responderia, segundo a lei, pelos direitos adquiridos e contratos de trabalho vigentes, nunca pelo que se tornou discutível em face do despedimento do obreiro antes do trespasse"*.

Não podemos esquecer que, no fenômeno da sucessão trabalhista, deve ser realçado o fator econômico. A garantia dos contratos faz-se em função do patrimônio que se insere na própria atividade empresarial (fundo de comércio), logo, a responsabilidade dos contratos extintos antes da sucessão é do sucessor.

A prudência no ato da transação é imperiosa. Com razão, Evaristo de Moraes Filho[43] assevera: *"Daí o cuidado necessário, perante o nosso direito, na aquisição de uma empresa ou de um estabelecimento. É necessária uma revisão de todos os contratos em curso, com exame detido nos livros comerciais e nas carteiras profissionais. Verificar quais os débitos para com os empregados e a administração pública. Mais ainda: averiguar se há empregados dispensados há menos de dois anos ou se corre alguma ação contra a empresa."*

9.3.7.2 A responsabilidade do sucedido

Pelo segundo prisma, antes do advento da Reforma Trabalhista (Lei 13.467/17), como regra geral, não preserva a regra legal qualquer responsabilidade, seja solidária ou subsidiária, em relação ao empregador sucedido. O sucessor, ante os termos da lei, assume por completo o papel de empregador, respondendo na íntegra pelos contratos de trabalho dos empregados.

Délio Maranhão[44] pondera: *"(c) A responsabilidade do sucessor, imposta por norma de natureza cogente, não pode ser afastada pela vontade individual; (d) Não existe, no direito brasileiro, responsabilidade solidária do sucedido. Operada a sucessão, responsável é, apenas, o sucessor. É de se ressalvar, evidentemente, a hipótese de sucessão simulada ou fraudulenta; [...]; (f) A relação em que se verifica a sucessão há de ser de Direito Privado, regida pelo Direito do Trabalho, ainda que o sucessor ou o sucedido sejam pessoas de Direito Público"*.

---

[41] MORAES FILHO, Evaristo de. Ob. cit., v. 2, p. 254.
[42] LAMARCA, Antonio. *Contrato individual do trabalho*, p. 84.
[43] MORAES FILHO, Evaristo de. Ob. cit., v. 2, p. 255.
[44] MARANHÃO, Délio. Ob. cit., p. 83.

Claro está que a regra em apreço não pode ser vista de forma absoluta. Algumas indagações devem ser valoradas no sentido de justificarmos a afirmação supra: (a) se o sucessor não tiver condições econômico-financeiras de suportar os encargos pecuniários trabalhistas diante do fenômeno da sucessão, em tese, é razoável a responsabilidade solidária ou subsidiária do sucedido? (b) se houver a fraude na sucessão, poderá haver a responsabilidade do sucedido?

Orlando Gomes e Elson Gottschalk[45] entendem que há situações nas quais o sucedido poderá ser responsabilizado. A justificativa dessa afirmação encontraria respaldo no próprio caráter protetivo do Direito do Trabalho. Assim, aduzem: *"Casos há em que deve subsistir como meio único de não prejudicar os direitos dos empregados. Tal se dará, por exemplo, quando a cessão da empresa tenha sido feita em fraude, para que o cedente se exonere das obrigações trabalhistas [...]. Os que admitem a permanência da responsabilidade do primitivo empregador afirmam que só subsiste quando o cessionário (novo empregador) não pode cumprir as obrigações legais. Apenas nesta hipótese excepcional, poderá o empregado voltar-se contra seu ex-empregador. Não há, pois, obrigação disjuntiva. Ainda que de difícil fundamentação jurídica, não se pode negar, contudo, que o primacial objetivo do Direito do Trabalho de amparar o empregado exige o reconhecimento da responsabilidade do primitivo empregador, em casos excepcionais. Poder-se-ia, com efeito, estabelecer a seguinte regra: toda vez que o novo empregador não puder assegurar aos empregados os direitos que a estes estão expressamente garantidos em lei, o primitivo responderá subsidiariamente pelo cumprimento das obrigações correlatas a tais direitos."*

Mozart Victor Russomano,[46] adotando a mesma opinião dos autores mencionados, afirma que *"o empregador, financeiramente bem, desiste do negócio. Mas, para tanto deve pagar altas indenizações aos seus empregados. Prefere, por isso, transferi-los a outro interessado, que, estando em condições precárias, aceita o estabelecimento. Na verdade, os trabalhadores estarão sofrendo prejuízo, pois perdem a segurança: o responsável pelos seus direitos adquiridos era uma empresa forte e, agora, passa a ser o empregador economicamente ou moralmente inidôneo. Em princípio, diante do texto cru da lei, nada há a fazer. Mas, desde que se demonstre fraude ou simulação e desde que o empregado possa provar, satisfatoriamente, a má situação financeira do novo empregador, é de se admitir que ele reaja contra a nova ordem de coisas. Isso, porém, deve ser admitido como fato excepcional, condicionado à produção de prova convincente e robusta, pois, caso contrário, se permitirá que o empregado abale, injustificadamente, o prestígio comercial da nova empresa e, por incompreensão ou má-fé, fuja ao diâmetro protetor da norma estudada, com prejuízos causados, quiçá inconscientemente, para si próprio e para a coletividade".*

Não há dúvidas de que o fenômeno da sucessão trabalhista é um fator de garantia dos direitos dos trabalhadores, logo, não pode ser utilizado de forma fraudulenta contra os seus direitos. Em casos de fraude, bem como de insuficiência financeira por parte do

---

[45] GOMES, Orlando; GOTTSCHALK, Elson. Ob. cit., p. 318.
[46] RUSSOMANO, Mozart Victor. Ob. cit., p. 52.

sucessor, há a imputação do sucedido, como forma de resguardar os direitos trabalhistas dos empregados da empresa.[47]

No tocante à sucessão em sentido amplo (tópico 9.3.2 supra), a Reforma Trabalhista (Lei 13.467/17) regulou a responsabilidade do sócio retirante (art. 10-A, CLT), ao dispor que o ex-sócio, pessoa física ou jurídica, responde subsidiariamente pelas obrigações trabalhistas da sociedade relativas ao período em que figurou como sócio, somente em ações ajuizadas até dois anos depois de averbada a modificação do contrato. Contudo, deverá ser observada a seguinte ordem de preferência: (a) a empresa devedora; (b) os sócios atuais; (c) os sócios retirantes. Caso seja a hipótese de fraude, o sócio retirante responderá solidariamente com os demais sócios.[48]

Com a Reforma Trabalhista, o prazo decadencial de dois anos é interrompido com o ajuizamento da demanda trabalhista, portanto, o sócio retirante não mais poderá invocar a interrupção a partir do momento em que houve a desconsideração na fase executória da demanda trabalhista.[49]

---

[47] "Cisão parcial de empresa. Responsabilidade solidária. PROFORTE. É solidária a responsabilidade entre a empresa cindida subsistente e aquelas que absorverem parte do seu patrimônio, quando constatada a fraude na cisão parcial" (OJ Transitória 30, SDI-I).

[48] *"O novo art. 10-A da CLT, inserido pela Lei n. 13.457/2017, regula a responsabilidade do sócio retirante da entidade societária pelas obrigações trabalhistas da respectiva entidade. Anote-se que a responsabilidade do sócio da entidade societária é amplamente aceita na ordem jurídica brasileira, em distintos campos do Direito, sendo também pacífica na doutrina e na jurisprudência trabalhistas. Inúmeros dispositivos legais, de diversos campos jurídicos, têm sido citados, reiteradamente, pela doutrina e jurisprudência, para sufragar essa responsabilidade na seara jurídica laboral. Além disso, a aplicação da teoria da desconsideração da personalidade jurídica, harmônica ao princípio da despersonalização da figura sociojurídica do empregador – ambos absorvidos, claramente, por vários dispositivos da CLT (por exemplo, art. 2º, caput e § 2º: definições jurídicas não só de empregador como também de grupo econômico para fins justrabalhistas; arts. 10 e 448 da CLT: preceitos reguladores da sucessão trabalhista) –, igualmente tem sido brandida como suporte para o reconhecimento de tal responsabilidade. Com o advento do novo art. 10-A da CLT, essa responsabilidade subsidiária passou a contar, ademais, com dispositivo expresso no interior da própria Consolidação das Leis do Trabalho. No Direito Comum, bem como no Direito do Trabalho, a responsabilidade do sócio tem sido considerada de natureza apenas subsidiária. Tal aspecto foi igualmente explicitado pelo novo preceito normativo da Consolidação (art. 10-A, caput e incisos I, II e III). Pelo novo art. 10-A, caput, da CLT, infere-se que o sócio de entidade societária preserva a sua responsabilidade subsidiária enquanto estiver compondo o quadro societário da correspondente entidade"* (DELGADO, Mauricio Godinho; DELGADO, Gabriela Neves. A Reforma Trabalhista no Brasil: Com os comentários à Lei n. 13.467/2007, 2017, p. 109).

[49] *"O enxerto do art. 10-A ao texto da CLT pode ter piorado a condição do sócio retirante: aplica-se, em geral, a regra do art. 1.003, parágrafo único, do CC, quanto ao prazo de dois anos da responsabilidade do sócio retirante. Ocorre que a Reforma Trabalhista de 2017 adotou o entendimento de que os dois anos se calculam entre a saída do sócio e o ajuizamento da ação trabalhista. Ou seja, contanto que a ação esteja ajuizada, o sócio pode ser responsabilizado cinco, dez, quinze anos após, porque somente após a fase de conhecimento e o acertamento dos cálculos é que se descobrirá se a pessoa jurídica e os sócios atuais têm patrimônio suficiente para arcar com o débito. Para o sócio retirante, era mais favorável o entendimento de que ele respondia por dois anos contados entre sua saída e a fase de execução ou simplesmente entre sua saída e o mandado de citação, penhora e avaliação. Agora, ele*

Por outro lado, ao contrário do Código Civil (art. 1.003) (= responsabilidade solidária), a responsabilidade do sócio retirante é subsidiária, sendo somente solidária diante da fraude na alteração societária. Diante da fraude, não se tem a observância da ordem de preferência, impondo-se, assim, a responsabilidade solidária (art. 942, CC).[50]

No tocante à sucessão em sentido restrito (tópico 9.3.2 *supra*: incorporação, fusão ou cisão), a Lei 13.467, de forma contrária ao disposto no art. 10-A, estabeleceu que o sucedido não responde pelos débitos trabalhistas anteriores à sucessão (art. 448-A, *caput*, CLT), em evidente prejuízo aos trabalhadores, exceto se a sucessão for fraudulenta, em que a empresa sucedida responderá solidariamente com a sucessora (art. 448-A, parágrafo único; art. 942, CC).

A responsabilidade do sucedido não deve ficar limitada tão somente à hipótese da fraude, e sim também no tocante às situações em que o sucessor não tenha idoneidade econômica para o pagamento dos direitos trabalhistas dos empregados da empresa. Ademais, parece-nos que a fraude mencionada é uma fraude perante terceiros, como os trabalhadores e outros credores.

Para tanto há de ser aplicável a inteligência da OJ 411, SDI-I: *"O sucessor não responde solidariamente por débitos trabalhistas de empresa não adquirida, integrante do mesmo grupo econômico da empresa sucedida, quando, à época, a empresa devedora direta era solvente ou idônea economicamente, ressalvada a hipótese de má-fé ou fraude na sucessão".*

9.3.7.3 A discordância do empregado com a sucessão trabalhista

O empregado, diante da leitura dos arts. 10 e 448, CLT, não pode se insurgir contra a sucessão. A sucessão repousa na continuidade da relação empregatícia e da atividade empresarial, sendo que os trabalhadores estão inseridos no universo da empresa.

A inserção do trabalhador no universo da empresa, em tese, equivale a considerá-lo como uma coisa, porém, o importante é a manutenção dos seus direitos e contratos de trabalho, realçando o trabalho humano e a sua importância no campo do direito. Se o empregado não está satisfeito com o novo titular da atividade econômica, poderá solicitar a demissão. Não será possível postular as verbas como se houvesse uma rescisão imotivada ou indireta.

Orlando Gomes e Elson Gottschalk[51] consideram que *"a obrigação do empregador de conservar os antigos empregados implica, no fundo, em uma equiparação dos empregados aos bens e utensílios de um estabelecimento, transmitidos ao cessionário. Os empregados são transferidos como as coisas, confundidos no balanço geral da casa. O empregado é a coisa*

---

ficará vinculado a um processo trabalhista cuja existência ele pode até mesmo desconhecer" (SILVA, Homero Batista Mateus. *Comentários à Reforma Trabalhista* – Análise da Lei 13.467/2017 – Artigo por artigo. São Paulo: Revista dos Tribunais, 2017, p. 27).

[50] *"O art. 10-A, parágrafo único, prevê a hipótese de responsabilidade direta do ex-sócio, sem passar pelo esgotamento do patrimônio societário ou dos sócios atuais, em caso de prova da fraude na alienação empresarial"* (SILVA, Homero Batista Mateus. Ob. cit., p. 28).

[51] GOMES, Orlando; GOTTSCHALK, Elson. Ob. cit., p. 319.

acessória que depende da principal: a empresa. Daí certos autores se insurgirem contra a ideia de que o empregado seja obrigado a continuar prestando serviços ao novo empregador. Que não seja obrigado é ponto inquestionável dada à liberdade que tem o empregado de se demitir. Mas pedida a demissão porque não quer servir ao novo empregador, direito não lhe assiste de pleitear em juízo as indenizações legais".

Mauricio Godinho Delgado,[52] adotando a mesma posição, afirma: *"Desse modo, não considera o Direito do Trabalho relevante a aquiescência expressa ou tácita obreira à validade do processo de modificação ou transferência interempresarial e correspondentes repercussões dos arts. 10 e 448 da CLT. Em face do princípio da despersonalização da figura do empregador e da imperatividade das normas da sucessão trabalhista, inexiste, a princípio, pois, qualquer suporte justrabalhista a um eventual pleito de rescisão indireta do contrato (art. 483, CLT) pelo empregado em virtude de não concordar com a transferência da empresa ou estabelecimento em que labora."*

Todavia, pode haver situações nas quais seja possível ao empregado não acatar a sucessão e ter direito à percepção das verbas indenizatórias. Claro está que os motivos devem ser relevantes, legítimos, a embasar e justificar tal insurgência do empregado em relação ao fenômeno da sucessão trabalhista. A legitimidade ou não do motivo há de ser apreciada em função do caso concreto.

Para se realçar a resistência do empregado, é interessante declinar a lição de Américo Plá Rodríguez:[53] *"Em certos casos pode significar uma alteração substancial do contrato, que motive a fundada resistência do trabalhador. Contudo, observemos que em tais hipóteses não é propriamente a mudança do empregador que determina a ruptura do contrato, mas a modificação substancial que ela provoca ou representa. Dito de outra maneira: a modificação substancial importa no que se chamou uma alteração rescisiva do contrato de trabalho."*

Como exemplo, temos a hipótese do jornalista que dá por rescindido o seu contrato, quando, diante do fenômeno da sucessão, muda-se a orientação política do jornal.

Sabemos que o contrato de trabalho não é *intuitu personae* quanto ao empregador, porém, tal fato não elide o direito do trabalhador em declinar a sua opinião.

Nesse sentido, Gilberto Gomes[54] declina: *"Não inibe, por si só, o empregado de manifestar seu desagrado, seu inconformismo, sua irresignação com a substituição do outro sujeito da relação contratual. É imperiosa a necessidade de participação do empregado no fenômeno da sucessão de empregadores, pois sobre ele recaem as consequências dessa mesma sucessão, transformando-o, até mesmo, de sujeito no contrato de trabalho para objeto de contrato comercial que altera uma das partes do contrato de trabalho, sem audiência de outra parte, o empregado. Indubitável que ocorre, in casu, uma alteração unilateral do contrato de trabalho, no mínimo, que pode significar uma alteração substancial do contrato, ensejadora de justificável resistência do trabalhador."*

---

[52] DELGADO, Mauricio Godinho. Ob. cit., p. 358.
[53] RODRÍGUEZ, Américo Plá. *Princípios de direito do trabalho*, p. 191.
[54] GOMES, Gilberto. *Sucessão de empresa*: a questão da responsabilidade solidária e a posição do empregado, p. 82.

O CC, no seu art. 299, *caput*, declina que é facultado a terceiro assumir a obrigação do devedor, com o consentimento expresso do credor, ficando exonerado o devedor primitivo, salvo se aquele, ao tempo da assunção, era insolvente e o credor o ignorava.

Pela aplicação subsidiária do CC, uma parte da doutrina trabalhista tem entendido que o consentimento do empregado, como credor do alienante, é vital para a eficácia do negócio jurídico da compra e venda da atividade econômica organizada.

Não se trata de nulidade do negócio jurídico e sim de sua ineficácia quanto ao credor trabalhista. Em uma eventual demanda trabalhista, o empregado poderá solicitar os seus direitos trabalhistas contra o sucessor e o sucedido.

Edilton Meireles[55] afirma: *"Aliás, se o próprio Direito Civil-Comercial não admite sua validade sem o consentimento do credor, não há razões para que isto ocorra de forma diversa no Direito do Trabalho. Se naqueles ramos do Direito, onde a autonomia de vontade prevalece, em regra, é inadmissível a assunção da dívida sem a concordância do credor, maiores razões temos para lhe negar validade no campo do Direito do Trabalho, quando o empregado não assente com essa cessão de débito. Isso porque, como adverte Orlando Gomes, 'a sucessão no débito está sujeita a exigências que se não fazem em relação à sucessão no crédito. Ao credor não é diferente a pessoa do devedor, que é considerada não só em relação às suas qualidades, notadamente exação no cumprimento dos deveres, mas, também, no que diz respeito à idoneidade patrimonial, enquanto ao devedor não interessa, em princípio, a pessoa do credor. Tanto faz que seja o originário, como quem o substitua na relação obrigacional. Ao credor importa fundamentalmente a pessoa do devedor. Por isso, a cessão de débito não vale sem seu consentimento, enquanto a de crédito dispensa o do devedor'. [...] Assim, com o novo texto civil, cai por terra o entendimento de que, na sucessão trabalhista, a cessão do crédito se operaria* ope legis *pelas mesmas razões que justificam a sucessão de empregadores quando do trespasse. Lembre-se, entretanto, que o credor poderá se voltar contra o antigo devedor se verificar posteriormente que, na data da assunção da dívida, era o novo devedor (sucessor) insolvente."*

9.3.8 Cláusula de exoneração de responsabilidade do sucessor

É comum, diante dos instrumentos jurídicos nos quais se opera a referida transferência, a inserção da cláusula da não responsabilização. Será que a referida cláusula possui o condão de elidir a aplicação dos arts. 10 e 448 da CLT?

A doutrina é unânime em afirmar que a referida cláusula não possui a menor relevância para o Direito do Trabalho. A imperatividade dos arts. 10 e 448 da CLT é patente, pois estabelecem regras que não podem ser postas de lado pela vontade das partes (sucessor e sucedido) quando da assinatura do ato jurídico que estabelece a alienação da empresa.

É evidente o cunho protetor dessas regras, as quais são baseadas nos princípios da intangibilidade do contrato empregatício, da despersonalização da figura do empregador e da continuidade do contrato de trabalho.

---

[55] MEIRELES, Edilton. *O novo Código Civil e o direito do trabalho*. 2. ed., p. 85.

Mauricio Godinho Delgado[56] ensina: *"Na medida em que o instituto sucessório é criado e regulado por normas jurídicas imperativas, torna-se irrelevante para o Direito do Trabalho a existência de cláusulas contratuais firmadas no âmbito dos empregadores envolvidos sustentando, por exemplo, que o alienante 'responderá por todos os débitos trabalhistas, até a data da transferência, sem responsabilização do adquirente'. À luz da Consolidação das Leis do Trabalho tais débitos transferem-se, sim, imperativamente ao adquirente. Nesse quadro normativo, semelhantes cláusulas contratuais civis entre as empresas pactuantes produzirão repercussões apenas no circuito jurídico exterior ao Direito do Trabalho, sendo impotentes para provocar consequências justrabalhistas. Mas atenção: não se trata de negar importância à existência desse tipo de cláusula no que tange à regulação das relações jurídicas interempresariais. Trata-se apenas de esclarecer que seus efeitos cingem-se somente às relações jurídicas civis ou comerciais entre as empresas, não afetando os direitos e prerrogativas contratuais do empregado. É que, considerado o âmbito estritamente interempresarial de influência, tais cláusulas até mesmo assumem significativa importância prática, já que viabilizam o mais ágil e funcional ressarcimento de gastos eventualmente realizados pelo adquirente no que tange aos períodos empregatícios anteriores à transferência."*

Amauri Mascaro Nascimento[57] afirma: *"A legislação trabalhista, na defesa dos contratos de trabalho e visando à garantia do empregado, estabelece o princípio da continuidade do vínculo jurídico trabalhista, declarando que a alteração na estrutura jurídica e a sucessão de empresas em nada o afetará. Esse princípio significa, simplesmente, uma garantia de permanência do contrato de trabalho, no pressuposto de que o empregado tem um direito de continuidade na empresa, da qual é um colaborador. Se entendida como uma comunidade social que tem funções econômicas, mas também sociais e que deve promover a integração do homem que trabalha na vida coletiva, a empresa deve respeitar, na medida possível e independentemente das modificações por que passa no curso da sua existência, a presença do trabalhador, encarando a natureza alimentar do salário que dela recebe e a consequente necessidade de manutenção que para ele representa essa fonte de ingressos econômicos com os quais enfrentará os gastos destinados à manutenção pessoal e da família."*

Francisco Antonio de Oliveira[58] assim expressa seu ponto de vista: *"A responsabilidade do novo empregador (empresa) com relação aos empregados se opera de pleno direito, sendo de nenhum valor face aos empregados qualquer acordo feito entre sucessor e sucedido, visando a liberar de qualquer responsabilidade. Os empregados em casos tais estariam na posição de* res inter alios *e o avençado não se lhes aplicaria."*

O legislador brasileiro adota regras para evitar os abusos decorrentes do princípio da autonomia da vontade mediante a adoção de normas de ordem pública. É o caso dos arts. 10 e 448 da CLT, que tratam do fenômeno da sucessão trabalhista e suas implicações quanto aos contratos de trabalho.

---

[56] DELGADO, Mauricio Godinho. Ob. cit., p. 356.
[57] NASCIMENTO, Amauri Mascaro. Ob. cit., p. 393.
[58] OLIVEIRA, Francisco Antonio de. *Direito do trabalho em sintonia com a Nova Constituição*. p. 201.

São inaplicáveis as cláusulas que exoneram o sucessor de qualquer responsabilidade ante o caráter cogente das disposições legais mencionadas anteriormente.

Essas ilações são corroboradas pelo CC, o qual, no seu art. 1.146, estabelece a responsabilidade solidária do alienante quanto aos débitos anteriores a compra e venda do estabelecimento.

9.4 O FENÔMENO DA SUCESSÃO NO DIREITO COMERCIAL

Os mecanismos relativos à reorganização das empresas encontram-se previstos na legislação das sociedades por ações, mas são aplicáveis a qualquer tipo societário. Assim, as formas pelas quais as empresas mudam de tipo, aglutinam-se ou dividem-se, envolvem quatro modalidades: a transformação, a fusão, a incorporação e a cisão.

Essas modalidades interligam-se com o fenômeno da concentração de empresas. Quanto a isso, Waldirio Bulgarelli[59] aduz que, do ponto de vista econômico: "*[...] pode considerar-se que há concentração de empresas, sempre que existam liames de natureza econômica entre empresas, acarretando uma unidade maior ou menor, mais ou menos intensa, conforme o grau e a forma de tais limites. Tratando-se de um fenômeno complexo, pelas múltiplas formas de que se reveste, a doutrina tem-se esforçado para classificá-lo, surgindo assim inúmeras tentativas nem sempre capazes de abranger o fenômeno em toda a sua amplitude. Identificaram-se, por exemplo – embora não correspondendo necessariamente à evolução histórica –, algumas fases da concentração, com a primária, em que as empresas cresceriam por absorção de outras (mais fracas) ou fusionando-se (quando de porte relativamente igual) e uma secundária, em que surgiria a aliança ou controle sobre outras, pela impossibilidade de crescer como única unidade, por gigantismo, problemas fiscais, questões de licitude etc., chegando até ao desdobramento ou cisão. Nessa linha, podem-se distinguir três tipos mais amplos abrangendo o fenômeno concentracionista, a saber: (1) a compenetração, compreendendo a fusão em sentido amplo (como a fusão propriamente dita e a incorporação); (2) a associação, através da união de empresas, sobretudo por via contratual; (3) a integração, através dos grupos societários, efetivada pela via da participação acionária".*

Não pretendemos fazer a análise da concentração de empresas pelo prisma econômico. O que nos interessa é a visualização desse fenômeno pelo aspecto jurídico, para que possamos justificar a sua inserção na temática da sucessão.

A transformação é o mecanismo pelo qual se tem a mudança de tipo societário, não acarretando a dissolução e liquidação da entidade societária. Não se tem a extinção da pessoa jurídica, com a criação de outra. Permanece o mesmo sujeito de direito coletivo anterior à transformação.

Na incorporação, o que se tem é o fato de que uma sociedade absorve uma ou várias outras, as quais deixam de existir; a fusão implica a união de duas ou mais sociedades, surgindo uma nova empresa; a cisão é a transferência de parcelas do patrimônio social

---

[59] BULGARELLI, Waldirio. *Fusões, incorporações e cisões de sociedades.* 5. ed., p. 196.

para um ou mais entes societários, já existentes ou constituídos na oportunidade. Referidas modalidades levam à extinção do ente societário (art. 219, II, Lei 6.404/76).

A partir do momento em que se menciona a extinção de uma sociedade com a criação de uma outra, ou que se questiona a transferência do patrimônio social de uma empresa para outra, de forma nítida, surge a temática de quem será o responsável pelos débitos da empresa incorporada, fusionada ou cindida.

É patente que a incorporação, a fusão e a cisão implicam a transferência da titularidade de quem exerce a atividade econômica organizada (empresa). Assim, para uma melhor visualização desses aspectos, vamos analisar cada um desses mecanismos, partindo-se do texto legal (arts. 220 a 234).

9.4.1 Transformação

A transformação é a operação pela qual a sociedade passa, independentemente de dissolução e liquidação, de um tipo para outro (art. 220, *caput*, Lei 6.404/76).

O procedimento quanto à transformação deverá observar os preceitos que regulam a constituição e o registro do tipo a ser adotado pela sociedade (art. 220, parágrafo único). Por exemplo, no caso de ser adotada, é necessário o consentimento unânime dos sócios ou acionistas. Porém, se houver a previsão no estatuto ou contrato social, o sócio dissidente terá o direito de retirar-se da sociedade (art. 221, *caput*). Os sócios podem renunciar, quando da elaboração do contrato social, ao direito de retirada da sociedade quando da sua transformação (art. 221, parágrafo único). Já quanto aos direitos dos credores, a transformação não irá prejudicá-los em hipótese alguma, ficando resguardados com as mesmas garantias até o pagamento integral (art. 222, *caput*).

Diante das assertivas anteriormente traçadas, quando se está diante da transformação, não se tem nenhuma alteração subjetiva, mas somente a alteração da qualificação jurídica (tipo) de estrutura, logo, os débitos e as responsabilidades perante terceiros permanecem inalterados.

Na transformação, Modesto Carvalhosa[60] esclarece, *"não existe dissolução ou liquidação da pessoa jurídica, mas sim extinção dos atos constitutivos que são substituídos por outros, e que dão, à mesma pessoa jurídica transformada, direitos, obrigações e responsabilidades diversos no plano interno, e inalterados no plano externo, ou seja, junto aos credores e ao Poder Público".*

Concluímos, portanto, que, em se tratando da transformação, não há o fenômeno da sucessão, logo será o mesmo empregador em face de seus empregados.

A transformação e as demais formas (incorporação, fusão e cisão) são institutos semelhantes, na medida em que ocorrem alterações na estrutura societária; todavia, há diferenças: *"Ocorre que a transformação somente se produz entre tipos diversos de sociedades, ao passo que nos demais casos podem ser as sociedades de um mesmo tipo (art. 223). Ademais, como ressaltado, a mudança da organização social na transformação não*

---

[60] CARVALHOSA, Modesto. *Comentários à Lei de Sociedades Anônimas*, v. 1, t. 1, p. 177.

acarreta a extinção da sociedade objeto desse negócio jurídico, diferentemente dos demais casos (art. 223) em que necessariamente ocorre, ainda que possa ser parcial nos casos de cisão (art. 229). Ademais, na fusão e na incorporação estão envolvidas duas vontades, a dos sócios da sociedade incorporada e a dos sócios da incorporadora, o mesmo ocorrendo na fusão. Na cisão a vontade é apenas dos sócios da companhia cindida. Já na transformação, a vontade social é apenas dos sócios das sociedades cuja organização legal (tipo) vai alterar--se com a permanência do mesmo patrimônio, quadro social e valor declarado do capital. Não há, com efeito, qualquer alteração patrimonial da sociedade transformada. O balanço anterior à transformação e posterior deve refletir as mesmas variações patrimoniais. Por ser sempre mantida na transformação a identidade da pessoa jurídica, não há necessidade de reavaliação do patrimônio da sociedade. Não há mudança de pessoa jurídica, não havendo, portanto, transferência de bens."[61]

9.4.2 Incorporação, fusão e cisão

A incorporação, fusão ou cisão podem ocorrer entre sociedades de tipos iguais ou diferentes, sendo que a deliberação deverá ser efetuada na forma prevista para alteração do estatuto ou contrato social (art. 223, *caput*, Lei 6.404). Mas, se houver a criação de uma nova sociedade, deverão ser observadas as normas reguladoras do respectivo tipo societário (art. 223, § 1º).

A adoção de qualquer de uma dessas modalidades exige dos órgãos de administração ou dos sócios a elaboração de um protocolo, o qual deverá conter (art. 224, I a VII): (a) o número, espécie e classe das ações que serão atribuídas em substituição dos direitos de sócios que se extinguirão e os critérios utilizados para determinar as relações de substituição; (b) os elementos ativos e passivos, que formarão cada parcela do patrimônio, no caso de cisão; (c) os critérios de avaliação do patrimônio líquido, a data da avaliação e o tratamento das variações patrimoniais posteriores; (d) a solução a ser adotada quanto às ações ou quotas do capital de uma das sociedades possuídas por outra; (e) o valor do capital das sociedades a serem criadas ou do aumento ou redução do capital das sociedades que forem parte na operação; (f) o projeto ou projetos de estatuto, ou de alterações estatutárias, que deverão ser aprovados para efetivar a operação; (g) todas as demais condições a que estiver sujeita a operação.

Além desse protocolo, também é necessária a elaboração da justificação, a qual será submetida à deliberação da assembleia geral das sociedades envolvidas nessas operações. A justificação deverá conter os seguintes elementos (art. 225, I a IV): (a) os motivos ou fins da operação e o interesse da companhia na sua realização; (b) as ações que os acionistas preferenciais receberão e as razões para a modificação dos seus direitos, se prevista; (c) a composição, após a operação, segundo espécies e classes das ações, do capital das companhias que deverão emitir ações em substituição às que se deverão extinguir; (d) o valor de reembolso das ações dos acionistas dissidentes.

---

[61] CARVALHOSA, Modesto. Ob. cit., v. 1, t. 1, p. 184.

As operações de incorporação, fusão e cisão necessitam, para o seu implemento, que o patrimônio líquido trazido para a formação do capital social seja ao menos igual ao montante do capital a ser realizado (art. 226, *caput*).

É inegável que a fusão, a incorporação e a cisão geram efeitos que interagem com a temática da sucessão. Nesse sentido, Modesto Carvalhosa:[62] *"O primeiro e mais fundamental efeito jurídico da fusão, da incorporação e da cisão total é a sucessão* ope legis, *a título universal, de todos os direitos, obrigações e responsabilidades assumidos pelas sociedades que se extinguem (arts. 219, II, 231, 232 e 233). No caso de cisão parcial, a sucessão poderá ser subsidiariamente convencionada nos limites previstos no parágrafo único do art. 233."*

Torna-se importante traçarmos alguns pormenores quanto às noções desses institutos. Sob o ponto de vista legal, temos: (a) incorporação é a *"operação pela qual uma ou mais sociedades são absorvidas por outra, que lhes sucede em todos os direitos e obrigações"* (art. 227, *caput*); (b) fusão é a *"operação pela qual se unem duas ou mais sociedades para formar sociedade nova, que lhes sucederá em todos os direitos e obrigações"* (art. 228, *caput*); (c) cisão é a *"operação pela qual a companhia transfere parcelas do seu patrimônio para uma ou mais sociedades, constituídas para esse fim ou já existentes, extinguindo-se a companhia cindida, se houver versão de todo o seu patrimônio, ou dividindo-se o seu capital, se parcial a versão"* (art. 229, *caput*).

Quanto ao aspecto doutrinário, temos: (a) incorporação – *"constitui negócio plurilateral que tem como finalidade a interação de patrimônios societários, através da agregação do patrimônio de uma sociedade em outra, com a extinção de uma delas"*;[63] (b) fusão – *"constitui negócio plurilateral que tem como finalidade jurídica à integração de patrimônios societários em uma nova sociedade. Do negócio resulta a extinção de todas as sociedades fundidas"*;[64] (c) cisão – *"constitui negócio plurilateral que tem como finalidade a separação do patrimônio social em parcelas para a constituição ou integração destas em sociedades novas ou existentes. Do negócio resulta ou não a extinção da sociedade cindida".*[65]

A incorporação leva à sucessão universal, compreendendo todos os direitos, obrigações e responsabilidades da empresa incorporada pela incorporadora, o que também ocorre com a fusão e a cisão.

Quanto à cisão parcial, opera-se também a sucessão *ope legis*, a título universal, *"da parcela do patrimônio social transferido para o capital de nova sociedade ou de sociedade já existente. Assim, todos os direitos, obrigações e responsabilidades inerentes a essa mesma parcela do patrimônio transferido são assumidos pelas sociedades beneficiárias, novas ou existentes".*[66]

A própria legislação comercial impõe o reconhecimento da sucessão. As novas sociedades que surgem pela adoção desses mecanismos justificam a responsabilidade

---

[62] CARVALHOSA, Modesto. Ob. cit., p. 217.
[63] CARVALHOSA, Modesto. Ob. cit., v. 4, t. 1, p. 227.
[64] CARVALHOSA, Modesto. Ob. cit., v. 4, t. 1, p. 274.
[65] CARVALHOSA, Modesto. Ob. cit., v. 4, t. 1, p. 290.
[66] CARVALHOSA, Modesto. Ob. cit., v. 4, t. 1, p. 290.

pelos contratos rescindidos e pelos que prosseguem após a ocorrência da substituição quanto à titularidade da atividade econômica.

Nesse sentido, Waldirio Bulgarelli:[67] *"De lembrar que, em termos de relações trabalhistas, a Consolidação das Leis de Trabalho estabeleceu de há muito tempo que as transformações na propriedade ou na estrutura jurídica da empresa não afetam os contratos de trabalho dos respectivos empregados (arts. 10 e 448). Como, entre nós, a participação dos trabalhadores na gestão das empresas não se encontra regulamentada, como ocorre nos países europeus (Espanha, Alemanha, França etc.), eles não participam do processo fusionista, tendo, contudo, os seus direitos assegurados nos termos da CLT."*

9.5 O FENÔMENO DA SUCESSÃO NO DIREITO TRIBUTÁRIO

Em seus arts. 129 a 133, o CTN trata da responsabilidade dos sucessores em relação aos tributos.

O art. 130 cuida da responsabilidade por sucessão dos adquirentes de imóveis quanto aos impostos relativos: à propriedade, o domínio útil e a contribuição de melhoria. Por sua vez, o art. 130, parágrafo único, disciplina a sucessão em relação ao adquirente de bem em hasta pública.

O art. 131, II, disciplina a responsabilidade em relação ao sucessor, a qualquer título, e o cônjuge meeiro, pelos tributos devidos pelo *de cujus* até a data da partilha ou adjudicação, limitada esta responsabilidade ao montante do quinhão, do legado ou da meação.

Outra hipótese interessante de sucessão tributária é a disciplinada no art. 132: *"A pessoa jurídica de direito privado que resultar de fusão, transformação ou incorporação de outra ou em outra é responsável pelos tributos devidos até a data do ato pelas pessoas jurídicas de direito privado fusionadas, transformadas ou incorporadas."*

A empresa ou pessoa jurídica de direito privado que surgir de fusão, transformação ou incorporação de outra ou em outra é a responsável pelos tributos devidos pelos entes que nela se integraram até a data da realização do ato.

Citada responsabilidade também é aplicável aos casos de extinção de pessoa jurídica de direito público, quando houver o prosseguimento da atividade econômica por qualquer sócio remanescente ou seu espólio, sob a mesma ou outra razão social, ou sob firma individual (art. 132, parágrafo único).

A hipótese que mais se coaduna com o fenômeno da sucessão trabalhista é a prevista no art. 133, *caput*, I e II, o qual enuncia: *"A pessoa natural ou jurídica de direito privado que adquirir de outra, por qualquer título, fundo de comércio ou estabelecimento comercial, industrial ou profissional, e continuar a respectiva exploração, sob a mesma ou outra razão social ou sob firma ou nome individual, responde pelos tributos, relativos ao fundo ou estabelecimento adquirido, devidos até a data do ato: (I) – integralmente, se o alienante cessar a exploração do comércio, indústria ou atividade; (II) – subsidiariamente com o alienante, se este prosseguir na exploração ou iniciar dentro de seis meses, a contar*

---

[67] BULGARELLI, Waldirio. Ob. cit., p. 203.

da data da alienação, nova atividade no mesmo ou em outro ramo de comércio, indústria ou profissão."

A fim de explicitar as decorrências interpretativas desse artigo, vamos transcrever as lições de Aliomar Baleeiro:[68] *"O conjunto de bens da empresa ou do profissional constitui seu fundo de comércio – a instalação, os imóveis, máquinas e utensílios, a posse do imóvel, se não é próprio, as dívidas ativas, o acervo de mercadorias acabadas ou matérias-primas, enfim, tudo quanto empregado na exploração, constituindo um bem composto, universalidade de coisas –* universitas rerum. *Se alguém alienar a empresa, seu fundo de comércio ou apenas um estabelecimento da empresa, e o adquirente continuar a respectiva exploração, sob a mesma ou diversa razão social ou sob firma ou nome individual, fica responsável o último pelos tributos do primeiro, devidos até a data da alienação, e que incidiam sobre quaisquer daquelas universalidades de coisas."*

A princípio, o art. 133, I, estabelece que a responsabilidade é integral do adquirente se o alienante cessar a exploração, indústria ou atividade. Por outro lado, o art. 133, II, estabelece que a responsabilidade do adquirente é subsidiária com o alienante, se este prosseguir na exploração ou iniciar, dentro de 6 meses a contar da alienação, outra atividade ou prosseguir no mesmo ramo (de comércio, indústria ou profissão).

Em uma visão interpretativa literal, parece-nos que há uma dissonância entre os referidos incisos e a inteligência contida no *caput*, porém o seu exato alcance é o seguinte: *"[...] o fisco exigirá diretamente os débitos anteriores à alienação ao adquirente se o alienante retirar-se do negócio ou atividade e não iniciar outra nos 6 meses seguintes; mas os exigirá diretamente do próprio alienante em caso contrário, reservando-se a cobrá-los do adquirente se aquele for insolvente, desaparecer, ou tornar impraticável a cobrança".*[69]

O alienante não pode ficar desobrigado quanto aos débitos anteriores à alienação. Se assim o fosse, bastaria vender a sua empresa, deixando os encargos tributários para um adquirente, que não teria a devida força econômica para pagá-los.

A exata dicção desse artigo repousa no fato de que o adquirente é o responsável pelos débitos tributários anteriores à alienação, porém, o fisco tem o direito de exigi-los, quando, de fato, o adquirente não tiver capacidade econômica para solvê-los.

Por fim, convém salientar que as cláusulas entre o adquirente e o alienante não são vinculativas para o fisco. É patente a ineficácia de convenções particulares quanto aos débitos tributários. Nesse sentido, de forma lapidar, estabelece o art. 123: *"Salvo disposições de lei em contrário, as convenções particulares, relativas à responsabilidade pelo pagamento de tributos, não podem ser opostas à Fazenda Pública, para modificar a definição legal do sujeito passivo das obrigações tributárias correspondentes."*

Com objetividade, comentando o referido dispositivo, Aliomar Baleeiro[70] expõe: *"Ninguém se escusa às prestações decorrentes de obrigação tributária, indicando pacto*

---

[68] BALEEIRO, Aliomar. *Direito tributário brasileiro.* 10. ed., p. 486.
[69] BALEEIRO, Aliomar. Ob. cit., p. 487.
[70] BALEEIRO, Aliomar. Ob. cit., p. 469.

celebrado para substituir-se por outrem. Nenhuma convenção entre particulares pode ser oposta ao fisco para modificar a definição do sujeito passivo. Entenda-se: não se libera quem deva ser sujeito passivo, porque outrem assumiu o encargo de prestar por ele o que a lei lhe impôs. As cláusulas valem apenas entre as partes."

A LC 118/05 acresceu os §§ 1º a 3º ao art. 133 do CTN: "*§ 1º – O disposto no caput deste artigo não se aplica na hipótese de alienação judicial: I – em processo de falência; II – de filial ou unidade produtiva isolada, em processo de recuperação judicial.*

§ 2º – Não se aplica o disposto no § 1º deste artigo quando o adquirente for: (I) – sócio da sociedade falida ou em recuperação judicial, ou sociedade controlada pelo devedor falido ou em recuperação judicial; (II) – parente, em linha reta ou colateral até o 4º (quarto) grau, consanguíneo ou afim, do devedor falido ou em recuperação judicial ou de qualquer de seus sócios; ou (III) – identificado como agente do falido ou do devedor em recuperação judicial com o objetivo de fraudar a sucessão tributária.

§ 3º – Em processo da falência, o produto da alienação judicial de empresa, filial ou unidade produtiva isolada permanecerá em conta de depósito à disposição do juízo de falência pelo prazo de 1 (um) ano, contado da data de alienação, somente podendo ser utilizado para o pagamento de créditos extraconcursais ou de créditos que preferem ao tributário."

A nova ordem legal (art. 133, §§ 1º a 3º, CTN) é clara que em caso de falência ou de recuperação judicial, o adquirente pelo estabelecimento não tem a responsabilidade pelos débitos.[71]

No mesmo sentido, pela Lei 11.101/05 (Lei de Falência e Recuperação Judicial), quando houver a alienação conjunta ou separada de ativos, inclusive da empresa ou de suas filiais, promovida sob qualquer das modalidades (art. 141).

9.6 O FENÔMENO DA SUCESSÃO NO DIREITO CIVIL

O vocábulo "sucessão", no Direito Civil, possui vários significados: *"(a) aquisição* ope legis *da posse da herança pelos herdeiros legítimos ou testamentários, com a abertura da sucessão, tomando o lugar do* de cujus, *continuando sua posse, com os mesmos caracteres (vícios ou qualidades); (b) em sentido amplo, é o modo derivado de aquisição do domínio, indicando o ato* inter vivos *pelo qual alguém sucede a outrem, investindo-se, total ou parcialmente, nos direitos que lhe pertenciam; (c) em sentido restrito, é a transferência, total ou parcial, de herança, por morte de alguém, a um ou mais herdeiros; (d) bens, direitos ou*

---

[71] "Desse modo, o adquirente de bens, numa alienação judicial em processo de falência, não responde, nem subsidiariamente, por tributos devidos pela empresa falida; no mesmo sentido, no processo de recuperação judicial, a venda de filial ou de unidade produtiva isolada também não acarreta responsabilidade tributária para o comprador. Essas disposições, ao excluir a regra de sucessão tributária nas hipóteses assinaladas, buscam afastar o receio de potenciais compradores de assumir passivos fiscais elevados e desconhecidos, receio esse que aviltava o preço dos ativos das empresas falidas ou concordatárias e os tornava praticamente invendáveis. Por razões óbvias, a sucessão tributária permanece quando o adquirente seja pessoa física ou jurídica que mantenha com o devedor falido ou em recuperação judicial algum dos relacionamentos arrolados no § 2º acrescido ao artigo em exame" (AMARO, Luciano. *Direito tributário brasileiro*. 11. ed., p. 325).

encargos transmitidos a outrem; (e) prole; descendência; (f) ato ou efeito de suceder por ato inter vivos *ou* causa mortis".[72]

Em função dos vários significados supra, por questão de didática, devemos relacionar a temática da sucessão com o direito das obrigações e das sucessões.

9.6.1 A sucessão no Direito das Obrigações

A transferência das obrigações pode ser ativa ou passiva. Na primeira, o que se transmite é o direito, havendo uma transformação subjetiva quanto ao credor – sucessão ativa –, enquanto, na segunda, o que se transfere é a obrigação, com alteração no polo passivo da relação jurídica – sucessão passiva. Porém, o importante é ressaltar que a relação jurídica é mantida intacta, sem qualquer alteração em sua substância.

A transmissão, no direito das obrigações, possui alguns tipos: (a) a cessão de crédito (arts. 286 a 298, CC) – tem-se a transmissão quanto ao credor; (b) cessão de débito ou assunção de dívida (arts. 299 a 303) – o que se transmite é a posição do devedor; (c) cessão de contrato – as partes, como titulares de direitos e obrigações recíprocos (devedor e credor simultaneamente), efetuam a transmissão das suas posições na relação jurídica para outrem, havendo uma cessão de crédito e de débito.[73]

A cessão de crédito representa um negócio jurídico de caráter bilateral, podendo ser gratuito ou oneroso, pelo qual o titular de uma obrigação (credor), na qualidade de cedente, transfere, no todo ou em parte, a outrem (cessionário), independentemente da anuência do devedor (cedido), sua posição no vínculo obrigacional, com todos os acessórios e garantias, excetuando-se disposição em contrário, sem haver a extinção da relação jurídica.[74]

---

[72] DINIZ, Maria Helena. *Dicionário jurídico,* v. 4, p. 450.

[73] "Apesar de não ser regulamentada pelo direito brasileiro, a cessão de contrato tem existência jurídica como negócio jurídico inominado, por decorrer do princípio da autonomia negocial, pois desde que os contraentes tenham capacidade, sendo lícito e possível o objeto e não recorrendo a forma proibida legalmente, as partes poderão estipular o que quiserem. Além disso, é preciso lembrar que, se a cessão de crédito e a débito são permitidas, não há porque vedar a cessão do contrato, já que se do contrato defluem créditos e débitos para os interessados, que os podem transmitir separadamente, não há razão para que não tenham o direito de os transferir no todo. Portanto, na cessão de contrato transmitem-se ao cessionário não só os direitos, mas também as obrigações do cedente. A cessão de contrato é, segundo Silvio Rodrigues, a transferência da inteira posição ativa e passiva, do conjunto de direitos e obrigações de que é titular uma pessoa, derivados de contrato bilateral já ultimado, mas de execução ainda não concluída. A cessão de contrato possibilita a circulação do contrato em sua integralidade, permitindo que um estranho ingresse na relação contratual, substituindo um dos contratantes primitivos, assumindo todos os seus direitos e deveres. Há, portanto, uma transferência da posição ativa e passiva de uma das partes a terceiro, que passará a fazer parte da relação jurídica, como, p. ex., nos contratos de cessão de locação, de empreitada, de compromisso de compra e venda, de mandato, em que, por meio do substabelecimento, o contrato-base é transferido, transmitindo-se ao cessionário todos os direitos e deveres dele decorrentes" (DINIZ, Maria Helena. *Curso de direito civil brasileiro,* v. 2, 16. ed., p. 427).

[74] "Trata-se de um negócio jurídico bilateral, ou melhor, de um contrato, visto que nela devem figurar, imprescindivelmente, o cedente, que transmite seu direito de crédito no todo ou em parte, e o cessionário, que os adquire, assumindo sua titularidade. Além da manifestação da vontade

O cedente, quando a cessão se dá a título oneroso, tem a responsabilidade perante o cessionário pela existência do crédito ao tempo da ocorrência do ato. Quando for a título gratuito, também terá a mesma responsabilidade se tiver agido com má-fé (art. 295). Em tese, o cedente não tem responsabilidade pela solvência do devedor, salvo disposição em contrário (art. 296).

O principal efeito da cessão de crédito é a transmissão da titularidade da relação jurídica cedida, sendo que o cessionário terá os mesmos direitos do credor a quem substituiu na obrigação, incluindo-se todos os seus acessórios, vantagens e ônus. Em suma: o cessionário, com a cessão de crédito, ocupará a mesma posição do cedente, logo, poderá atuar em relação ao crédito como se fosse credor originário.

Com o CC, a cessão de débito passou a ser prevista de forma explícita no sistema normativo nacional (arts. 299 a 303).

É comum a cessão de débito nas relações comerciais, quando se tem a transferência de fundo de comércio, assumindo o novo devedor todos os encargos do cedente, colocando-se na posição do devedor primitivo.

A cessão de débito representa um negócio jurídico bilateral, em que o devedor, com anuência expressa do credor, efetua a transferência a um terceiro dos seus encargos obrigacionais, com a sua substituição na relação obrigacional. Os seus pressupostos são os seguintes: (a) a existência e validade da obrigação que é transmitida; (b) a substituição não deverá alterar a essência da relação jurídica; (c) a concordância do credor, na medida em que é importante para ele quem seja o devedor, notadamente pelas questões de solvência ou de capacidade patrimonial para o adimplemento da obrigação.

9.6.2 A sucessão no Direito das Sucessões

No sentido amplo, o termo "sucessão" representa o ato pelo qual uma pessoa (sucessor) toma o lugar de outra (sucedido), assumindo, a qualquer título, no todo ou em parte, os direitos do sucedido.

Porém, no campo do direito das sucessões, o referido termo é empregado de forma restrita, designando: *"[...] tão somente a transferência da herança, ou do legado, por morte de alguém, ao herdeiro ou legatário, seja por força de lei, ou em virtude de testamento[...]. A sucessão, no questionado ramo do Direito Civil, tem, pois, como pressuposto, do ponto de*

---

de quem pretende transferir um crédito, será necessária a aceitação expressa ou tácita de quem o recebe. O cedido (devedor) não intervém no negócio jurídico, pois sua anuência é dispensável, sendo suficiente que se lhe comunique a cessão, para que ele possa saber quem é o legítimo detentor do crédito, para poder pagar-lhe a prestação devida no momento oportuno. A cessão de crédito justifica-se plenamente, pois o direito de crédito representa, sob o prisma econômico, um valor patrimonial; daí a sua disponibilidade, podendo ser negociado ou transferido, já que representa promessa de pagamento futuro. Pode ser, indubitavelmente, objeto de contrato, pois sempre haverá quem ofereça por ele certo valor. A moderna conceituação de obrigação, que a concebe como um vínculo pessoal entre sujeitos substituíveis, foi determinada pelo novo estilo da vida econômica, que impõe a circulação do crédito, de forma que será permitido ao credor dispor dele, realizando negócios para transferi-lo a outrem" (DINIZ, Maria Helena. Ob. cit., v. 2, p. 411).

vista subjetivo, a morte do autor da herança. Antes desse evento, o titular da relação jurídica é o de cujus [...] Depois dele, o herdeiro torna-se titular, sucedendo ao defunto, tomando-lhe o lugar e convertendo-se assim no sujeito de todas as relações jurídicas, que a este pertenciam. O herdeiro substitui, destarte, o falecido, assumindo-lhe os direitos e obrigações".[75]

A sucessão é, no campo do direito das sucessões, regulada pelos arts. 1.784 a 2.027, do Livro V, do CC.

9.7 A FALÊNCIA E A SUCESSÃO TRABALHISTA

A Lei 11.101/05 fixa que quando houver a alienação conjunta ou separada de ativos, inclusive da empresa ou de suas filiais, promovida sob qualquer das modalidades, tem-se que:

a) todos os credores, observada a ordem de preferência definida no art. 83, Lei 11.101, sub-rogam-se no produto da realização do ativo (art. 141, *caput*);

b) o objeto da alienação estará livre de qualquer ônus e não haverá sucessão do arrematante nas obrigações do devedor (incluindo-se: as de natureza tributária, as derivadas da legislação do trabalho e as decorrentes de acidentes de trabalho) (art. 141, I e II);

c) não se aplica o disposto no art. 141, *caput*, II, quando o arrematante for: (1) sócio da sociedade falida, ou sociedade controlada pelo falido; (2) parente, em linha reta ou colateral até o 4º grau, consanguíneo ou afim, do falido ou de sócio da sociedade falida; 3) identificado como agente do falido com o objetivo de fraudar a sucessão (art. 141, § 1º, I a III);

d) os empregados do devedor contratados pelo arrematante serão admitidos mediante novos contratos de trabalho e o arrematante não responde por obrigações decorrentes do contrato anterior (art. 141, § 2º).

Pela nova lei de falência (art. 141), não se tem a ocorrência do fenômeno da sucessão na alienação conjunta ou separada de ativos, inclusive da empresa ou de suas filiais. Em outras palavras: (a) o objeto da alienação e o arrematante estão desobrigados das dívidas do devedor; (b) o arrematante, no caso da contratação de empregados do devedor, não assume qualquer responsabilidade pelo contrato de trabalho anterior.[76, 77]

---

[75] MONTEIRO, Washington de Barros. *Curso de direito civil.* 16. ed., v. 6, p. 1.

[76] "Na alienação conjunta ou separada de ativos, inclusive da empresa ou de suas filiais, o objeto da alienação estará livre de qualquer ônus e não haverá sucessão do arrematante nas obrigações do devedor, inclusive as de natureza tributária, as derivadas da legislação do trabalho e as decorrentes de acidentes do trabalho (art. 141, II, da Lei nº 11.101). O objetivo é permitir que o adquirente compre os ativos e verta dinheiro para a massa, sem que tenha responsabilidade trabalhista ou tributária por sucessão. Do contrário, não terá interesse em adquirir bens e ser responsabilizado como sucessor. Empregados do devedor contratados pelo arrematante serão admitidos mediante novos contratos de trabalho, e o arrematante não responde por obrigações decorrentes do contrato anterior (§ 2º do art. 141 da Lei nº 11.101). Se o arrematante responder pelos créditos dos empregados em decorrência da falência, não irá contratá-los" (MARTINS, Sergio Pinto. A nova lei de falência e suas implicações nos créditos dos trabalhadores, *Jornal Síntese nº 97*, mar. 2005, p. 3).

[77] "Uma exceção foi introduzida em 2005 pela Lei de Falências e de Recuperação de Empresas (Lei n. 11.101/2005) e que derroga, mas não revoga, o art. 448 da CLT, no caso de arrematação de bens

9.8 A RECUPERAÇÃO JUDICIAL E A SUCESSÃO TRABALHISTA

Se o plano de recuperação judicial aprovado envolver alienação judicial de filiais ou de unidades produtivas isoladas do devedor, o juiz ordenará a sua realização (art. 60, *caput*, Lei 11.101), sendo que o objeto da alienação estará livre de qualquer ônus e não haverá sucessão do arrematante nas obrigações do devedor, incluindo as de cunho tributário (art. 60, parágrafo único).

Pela interpretação literal, diante da alienação judicial de filiais ou de unidades produtivas isoladas do devedor, desde que tenha ocorrido aprovação no plano de recuperação judicial, pode-se dizer que não há a sucessão trabalhista.

Em sentido contrário, no tocante à recuperação judicial, ao comentar o art. 60, Sergio Pinto Martins[78] aponta: *"Se o legislador não foi expresso na exclusão de créditos trabalhistas na alienação de bens na recuperação judicial, foi porque não teve interesse nesse sentido. As exceções têm de ser interpretadas de forma restritiva. O § 1º do art. 161 da Lei nº 11.101 estabelece que a recuperação extrajudicial não abrange créditos decorrentes da legislação do trabalho. O parágrafo único do art. 60 da Lei nº 11.101 faz remissão ao § 1º do art. 141 da mesma Lei e não ao inciso II do art. 141, que faz a ressalva em relação às verbas de natureza trabalhista. Não havendo exceção na Lei nº 11.101 quanto à sucessão trabalhista na alienação na recuperação judicial, devem ser observados os arts. 10 e 448 da CLT."*

No mesmo sentido, Mauricio Godinho Delgado[79] ensina: *"No tocante à recuperação judicial, esta não abrangência resultaria de interpretação lógico-sistemática da nova lei, uma vez que semelhante vantagem empresária somente teria sido concedida para os casos de falência, conforme inciso II e § 2º do art. 141, preceitos integrantes do capítulo legal específico do processo falimentar. Nada haveria a respeito da generalização da vantagem empresarial nos dispositivos comuns à recuperação judicial e à falência, que constam do Capítulo II do mesmo diploma legal (arts. 5º até 46). Além disso, o art. 60 e seu parágrafo único, regras integrantes do capítulo regente da recuperação judicial, não se referem às obrigações trabalhistas e acidentárias devidas aos empregados, embora concedam a vantagem excetiva (ausência de sucessão) quanto às obrigações de natureza tributária. Por fim, estes mesmos dispositivos (art. 60, caput e parágrafo único) somente se reportam ao § 1º do art. 141, mantendo-se, significativamente silentes quanto às regras lançadas no inciso II e § 2º do citado art. 141 (estas, sim, fixadoras da ausência de sucessão trabalhista)."*

O STF fixou o entendimento de que o art. 60 da Lei 11.101 não é inconstitucional.[80]

---

decorrentes de falência e de recuperação judicial de empresas. Nesse caso, o objeto da alienação estará livre de qualquer ônus e não haverá sucessão do arrematante nas obrigações do devedor, inclusive as derivadas da legislação do trabalho (arts. 60 e 141, II). Na falência, empregados do devedor contratados pelo arrematante serão admitidos mediante novos contratos de trabalho (art. 141, § 2º)" (NASCIMENTO, Amauri Mascaro. *Curso de direito do trabalho*. 21. ed., p. 731).

[78] MARTINS, Sergio Pinto. Alienação na recuperação judicial e sucessão trabalhista, *Revista do Direito Trabalhista*, ano 13, ago. 2007, p. 25.

[79] DELGADO, Mauricio Godinho. *Curso de direito do trabalho*. 10. ed., p. 426.

[80] STF – ADI 3934/DF – Min. Ricardo Lewandowski – *DOE* 6/11/2009.

A jurisprudência trabalhista tem entendido pela inexistência da sucessão.[81]

9.9 RESPONSABILIDADE DA ADMINISTRAÇÃO PÚBLICA NA GESTÃO DOS SERVIÇOS PÚBLICOS

Segundo entendimento jurisprudencial do TST, celebrado contrato de concessão de serviço público em que uma empresa (primeira concessionária) outorga a outra (segunda concessionária), no todo ou em parte, mediante arrendamento, ou qualquer outra forma contratual, a título transitório, bens de sua propriedade: (a) em caso de rescisão do contrato de trabalho após a entrada em vigor da concessão, a segunda concessionária, na condição de sucessora, responde pelos direitos decorrentes do contrato de trabalho, sem prejuízo da responsabilidade subsidiária da primeira concessionária pelos débitos trabalhistas contraídos até a concessão; (b) no tocante ao contrato de trabalho extinto antes da vigência da concessão, a responsabilidade pelos direitos dos trabalhadores será exclusivamente da antecessora (OJ 225, SDI-I).

O TST entende que é válida a penhora em bens de pessoa jurídica de direito privado, realizada anteriormente à sucessão pela União ou por Estado-membro, não podendo a execução prosseguir mediante precatório. A decisão que a mantém não viola o art. 100, CF (OJ 343, SDI-I).

A jurisprudência consolidada do TST é no sentido de que a atividade da São Paulo Transportes S.A. (SPTrans) de gerenciamento e fiscalização dos serviços prestados pelas concessionárias de transporte público (concessão e permissão de serviços), atividade descentralizada da Administração Pública, não se confunde com a terceirização de mão de obra, não se configurando a responsabilidade subsidiária (OJ Transitória 66, SDI-I).

Não vemos como isentar a Administração Pública de responsabilidade no caso da intervenção em empresas privadas concessionárias ou permissionárias de serviço público, isso porque, durante o período de intervenção, a gestão/administração da prestação dos serviços ocorre por atos de administradores designados pelo Poder Público (art. 37, § 6º, CF). Se o administrador designado deixou de observar a legislação trabalhista, o Poder Público responderá, com direito de regresso. Entendemos se tratar de responsabilidade solidária do empregador com o Poder Público (art. 942, parágrafo único, CC).

Com a intervenção, o Poder Público não passa a ser o empregador, nem sucessor trabalhista. O que se dá apenas com a encampação, isto é, quando o Estado (Administração Pública), pela prática de um ato administrativo discricionário, por *"utilidade pública, antes do término do contrato de concessão de serviço público, sem que haja qualquer ato culposo do concessionário, põe fim ao contrato, mediante pagamento de um resgate, avocando a si o serviço público e ressarcindo o concessionário mediante uma indenização"*.[82]

---

[81] TST – 7ª T. – AIRR 136500-08.2007.5.01.0024 – Rel. Min. Delaíde Miranda Arantes – j. 18/6/2014.
[82] DINIZ, Maria Helena. *Dicionário jurídico*, v. 2, p. 320.

O TST vem reconhecendo a responsabilidade (solidária/subsidiária) da Administração Pública em caso de intervenção do Poder Público.[83]

Cumpre ressaltar que não há nulidade da contratação por ausência de concurso público (art. 37, II, § 2º, CF, Súm. 363, TST) no período de intervenção, vez que o empregador não é a Administração Pública. O que se tem é apenas a relação de emprego se formalizando pelo ato do administrador (interventor) com uma empresa da iniciativa privada.[84]

9.10 RESPONSABILIDADE NO DESMEMBRAMENTO DOS ENTES DE DIREITO PÚBLICO

Em caso de criação de novo município, por desmembramento, cada uma das novas entidades responsabiliza-se pelos direitos trabalhistas do empregado no período em que figurarem como real empregador (OJ 92, SDI-I).

9.11 SUCESSÃO E O GRUPO ECONÔMICO

Por regra, a empresa sucessora somente tem responsabilidade com os débitos trabalhistas da própria empresa sucedida, não havendo a extensão dessa responsabilidade por dívidas de outras empresas do grupo econômico da sucedida. Há exceções: a insolvência ou a falta de capacidade econômica da devedora direta à época ou se for o caso de má-fé ou fraude na sucessão (OJ 411, SDI-I).

9.12 SUCESSÃO E O TÉRMINO DO CONTRATO DE PRESTAÇÃO DE SERVIÇOS

Tanto na iniciativa pública como na privada, em decorrência do término do contrato ou da inexecução parcial ou total das obrigações contratuais, é comum que se tenha o aproveitamento no todo ou em parte dos empregados pela nova empresa contratante. Em outras palavras, empregados da empresa prestadora são aproveitados pela nova empresa contratada para que não se tenha a interrupção na terceirização promovida pela tomadora.

O término do liame contratual entre a empresa contratante, como prestadora de serviços, e a empresa tomadora, seja da iniciativa pública como privada, é situação corriqueira nas relações trabalhistas. No máximo, o que ocorre é a substituição de uma empresa por outra empresa, contudo, esta substituição não implica em dizer que a nova contratante esteja assumindo a titularidade da atividade econômica da ex-contratada. Não há qualquer tipo de vinculação jurídica entre a atual contratada e a ex-contratada.

Quando uma nova empresa é contratada pela empresa tomadora, não se pode afirmar que a ex-contratante tenha sido sucedida. O que se tem é tão somente o prosseguimento

---

[83] TST – 7ª T. – AIRR 3289-88.2013.5.12.0045 – Rel. Min. Cláudio Brandão – j. 2/12/2015.
TST – 5ª T. – AIRR 1073-57.2013.5.12.0045 – Rel. Min. Maria Helena Mallmann – j. 23/9/2015.
[84] TST – 4ª T. – RR 1264.2004.521.04.00 – Rel. Min. Barros Levenhagen – *DJ* 11/5/2007.

da terceirização por opção da empresa tomadora, sendo necessário, para tanto, que uma nova empresa seja contratada em substituição à outra empresa. O prosseguimento da prestação de serviços, mesmo que se utilize mão de obra da outra empresa, não pode ser invocado para justificar que a nova empresa contratante seja a responsável por eventuais débitos trabalhistas da ex-contratante junto aos seus empregados. Também não é o caso de prosseguimento do mesmo contrato de trabalho, assumindo a nova contratante a qualidade de sucessora, visto não existir nenhum liame jurídico entre as duas empresas contratadas.

Em sentido contrário, Hugo Fidélis Batista[85] ensina: *"Nota-se, portanto, que se deve falar, hoje, em dois tipos de sucessão de empregadores para fins trabalhistas: a) sucessão de empregadores para fins trabalhistas de maior abrangência, a tradicional na doutrina; e b) a sucessão de empregadores para fins trabalhistas de menor abrangência.*

Sucessão de empregadores para fins trabalhistas maior *entende-se aquela que, uma vez transferida a titularidade da atividade econômica a outro empresário que resolve a ela dar continuidade, por ato voluntário das partes, passa o sucessor a responder pelo passado, presente e futuro dos encargos trabalhistas, até que, eventualmente, outra sucessão ocorra, respondendo, pois, por 'toda história do contrato trabalhista'.*

Sucessão de empregadores para fins trabalhistas menor, por sua vez, é a que ora defendemos. Conceitualmente, trata-se da hipótese em que, havendo transferência a título originário, público e temporário da execução da atividade econômica ou serviço público desenvolvido, apenas poder-se-á falar em sucessão trabalhista a partir da análise atomizada de cada contrato de trabalho. A ocorrência ou não da sucessão trabalhista, portanto, não será analisada sob a ótica apenas da transferência voluntária e continuidade da atividade econômica (análise molecularizada), mas, em especial, da continuidade de cada contrato de trabalho e da natureza pública da transferência desta atividade.

Nos casos de contratações públicas por meio de licitação ou concursos públicos, haverá transferência a título originário, público e temporário de determinado serviço ou atividade que passará a ser prestada por pessoa diversa da que a prestava anteriormente. Assim, se o vencedor do certame (concurso ou licitação pública) decidir manter os empregados anteriores responderá por toda a história dos contratos que manteve, não se podendo falar em solução de continuidade contratual, em rescisão do contrato de trabalho e, por fim, em direito a qualquer tipo de verba de natureza rescisória. Haverá sucessão de empregadores para fins trabalhistas menor, *de modo a se concluir que o contrato será o mesmo do início da prestação dos serviços".*

Há jurisprudência de tribunais regionais no sentido do não reconhecimento da sucessão.[86]

---

[85] BATISTA, Hugo Fidélis. A terceirização, a sucessão de contratos administrativos e a teoria menor da sucessão de empregadores para fins trabalhistas. *Revista do Direito Trabalhista*, v. 21, nº 3, p. 36.

[86] TRT – 3ª R. – RO 600/1999-113-03-00.0 – Rel. José Murilo de Morais – *DJe* 28/2/2011 – p. 173; TRT – 13ª R. – RO 14100-87.2010.5.13.0012 – Rel. Afranio Neves de Melo – *DJe* 18/2/2011 – p. 10;

Em novembro/2011, o TST entendeu que a nova empresa contratante é responsável pelo pagamento das diferenças salariais de uma trabalhadora, que são decorrentes de salários auferidos na ex-empregadora e o praticado na atual empregadora (TST – 6ª T. – RR 138900-22.2009.5.12.0055 – Rel. Min. Aloysio Corrêa da Veiga – *DEJT* 4/11/2011).

QUESTIONÁRIO

1. Como se dá a aquisição de direitos?

2. Como pode ser dividida a aquisição derivada?

3. Qual é o tipo de aquisição de direito que se interage com a sucessão? Justifique.

4. A sucessão somente ocorre em função da vontade das partes?

5. Explique, pelo prisma do Direito Romano, a relatividade dos contratos.

6. Quais são os fundamentos quanto à temática da relatividade dos contratos?

7. Qual o significado da palavra "terceiro"?

8. Como se dá a nova abordagem do princípio da relatividade dos contratos?

9. Explique a interação do fenômeno da sucessão trabalhista com a temática da despersonalização do empregador.

10. Qual é a abrangência exata do conceito de sucessão trabalhista?

11. Quais são as correntes doutrinárias que procuram explicitar a natureza jurídica da sucessão trabalhista?

12. A sucessão trabalhista é uma assunção de dívida? Justifique.

13. Quais são as modalidades da caracterização da sucessão trabalhista?

14. Quais são os requisitos da sucessão trabalhista?

15. Explique os fundamentos e a abrangência do fenômeno da sucessão trabalhista.

16. Quais são os efeitos da sucessão trabalhista quanto ao sucessor?

17. Quais são os efeitos da sucessão trabalhista quanto ao sucedido?

18. O empregado, em tese, pode discordar da sucessão trabalhista?

TRT – 17ª R. – 2ª T. – RO 0084400.62.2007.5.17.0014 – Rel. Carlos Henrique Bezerra Leite – *DJe* 15/1/2010).

19. A cláusula contratual de exoneração de responsabilidade do sucessor é oponível em relação aos empregados?

20. Como se dá o fenômeno da sucessão no Direito Comercial?

21. Ocorre a sucessão na transformação?

22. Ocorre a sucessão na incorporação, fusão e cisão?

23. Como ocorre a sucessão no Direito Tributário?

24. Explique o fenômeno da sucessão no direito das obrigações.

25. Explique o fenômeno da sucessão no direito das sucessões.

26. Explique se ocorre o fenômeno da sucessão trabalhista diante da nova lei da falência (Lei 11.101/2005).

Capítulo X
A SUCESSÃO TRABALHISTA EM FACE DAS PRIVATIZAÇÕES

10.1 EXAME DE CASOS CONCRETOS

Para uma visão mais pormenorizada dos estudos até aqui realizados, vamos analisar duas situações: (a) o sistema TELEBRAS; (b) a Rede Ferroviária Federal.

10.1.1 O sistema TELEBRAS

A desestatização das telecomunicações no Brasil foi realizada mediante prévia reestruturação da TELEBRAS, autorizada pelos arts. 187 a 190, Lei 9.472/97. Assim, com base no art. 189, Lei 9.472, o processo da reestruturação do sistema de telecomunicações poderia adotar as seguintes medidas: (a) cisão, fusão e incorporação; (b) dissolução de sociedade ou desativação parcial de seus empreendimentos; (c) redução de capital social.

Inicialmente, antecedendo a privatização das empresas de telecomunicações, o governo federal procedeu à cisão parcial das empresas integrantes do sistema TELEBRAS. Houve a subdivisão em diversas sociedades, as quais, em uma etapa posterior, foram alienadas em leilões públicos.

A TELEBRAS permaneceu como empresa residual, na medida em que ficou com um patrimônio de pouco mais de 1% do capital original. O seu objetivo, após a cisão, é assegurar a preservação da capacidade em pesquisa e desenvolvimento tecnológico (art. 190).

A cisão levou à criação de 12 sociedades anônimas, a saber: (a) telefonia fixa em todo o território nacional: Embratel Participações S.A.; (b) telefonia fixa: Tele Norte Leste Participações S.A.; Tele Centro Sul Participações S.A.; Telesp Participações S.A.; (c) telefonia celular: Telesp Celular Participações S.A.; Telemig Celular Participações S.A.; Tele Celular Sul Participações S.A.; Tele Sudeste Celular Sul Participações S.A.; Tele Centro-Oeste Celular Participações S.A.; Tele Nordeste Celular Participações S.A.; Tele Leste Celular Participações S.A.; Tele Norte Celular Participações S.A.

O mecanismo adotado para alteração da estrutura acionária da TELEBRAS, a cisão, não deixa dúvidas de que, mesmo antes da privatização, já houve transferência da atividade econômica para as novas empresas.

As novas empresas que surgiram dessa cisão, como continuaram, no desempenho da atividade econômica organizada – serviços de telecomunicações –, utilizando-se dos mesmos empregados, devem ser tidas como sucessoras.

Posteriormente, com o Edital MC/BNDES 1/98, que disciplinou a venda das ações ordinárias e preferenciais de cada uma das companhias anteriormente mencionadas, houve o início do processo de privatização dos serviços de telecomunicações.

A alienação do capital acionário dessas empresas implica a substituição da esfera pública pela privada quanto ao exercício da atividade econômica, levando, assim, à caracterização do fenômeno da sucessão trabalhista. Entretanto, o edital não menciona, de forma explícita e pormenorizada, a responsabilidade dos adquirentes quanto às relações jurídicas decorrentes da prestação de trabalho com vínculo empregatício, mas, no seu tópico 4.3, item IV, assim estabelece: *"Assegurar aos atuais empregados das COMPANHIAS e de suas respectivas controladas os Planos de Previdência Complementar da Fundação Sistel de Seguridade Social e da Telos – Fundação Embratel de Seguridade Social, conforme o caso, nos termos constantes do Estatuto e Regulamento do Plano de Benefícios em vigor de cada uma das referidas entidades, aderindo e ratificando os Convênios de Adesão, já celebrados pelas COMPANHIAS e suas respectivas controladas, com as mencionadas entidades de Previdência Complementar."*

Como se constata, o edital somente prevê a responsabilidade do sucessor em face dos contratos em curso e as obrigações relativas ao plano de previdência complementar. A previsão é restrita, porém, denota o reconhecimento contratual da sucessão. Convém acrescentar que a citada obrigação é ratificada na minuta do contrato de compra e venda de ações ordinárias das companhias privatizadas (cláusula 5.1.4).

Apesar dessa cláusula, como ficam as responsabilidades atinentes às obrigações trabalhistas dos contratos extintos e em curso, além dos encargos da previdência complementar dos contratos rescindidos antes da privatização? A solução repousa na obrigação legal prevista nos arts. 10 e 448, CLT, os quais disciplinam o fenômeno da sucessão trabalhista, estabelecendo a responsabilidade do sucessor.

10.1.2 Rede Ferroviária Federal S.A. (RFFSA)

A União, de acordo com o art. 175, CF, fez alterações na exploração do serviço público que, outrora, era concedida à Rede Ferroviária Federal S.A (RFFSA).

É importante ressaltar que é da competência da União, em função do estabelecido no art. 21, XII, *d*, CF, explorar, de forma direta ou mediante autorização, concessão ou permissão: *"Os serviços de transporte ferroviário e aquaviário entre portos brasileiros e fronteiras nacionais, ou que transponham os limites de Estado ou Território."*

A RFFSA foi incluída no Programa Nacional de Desestatização (PND) por meio do Decreto 473/92. O modelo adotado pelo Banco Nacional de Desenvolvimento Econômico e Social (BNDES), visando à privatização dessa empresa, consistiu em: (a) divisão da RFFSA em seis malhas regionais (Nordeste, Sudeste, Sul, Oeste, Centro-Leste e Teresa Cristina); (b) transferência da concessão dos serviços de transporte público, mediante a realização de leilão público, para o setor privado; (c) arrendamento dos bens da RFFSA às novas empresas operadoras; (d) estruturação de sistema de regulamentação do setor ferroviário; (e) preservação da RFFSA, cabendo-lhe funções de administração patrimonial e financeira e, por meio de delegação do Departamento de Transportes Ferroviários (DTF/MT), a fiscalização técnica e de segurança operacional das malhas objeto de concessão.

Várias empresas foram criadas para a exploração dessas malhas ferroviárias e que foram objeto da transferência do setor público para o privado. Nessa modalidade de privatização, a União outorgou concessão a particular de serviço público, o que é previsto na Constituição. As empresas vencedoras nos referidos leilões mencionam que a referida modalidade de desestatização não implica a transferência da titularidade da Empresa Pública a um particular. Essa posição é justificada pelo argumento de que a empresa que explorava as linhas não foi extinta, bem como não se teve a cessão do seu patrimônio. O que houve, na visão das novas concessionárias, é que a RFFSA deixou de ter a concessão para a exploração do serviço público.

Com o intuito de evitar as questões judiciais decorrentes da sucessão trabalhista, o edital da licitação para a concessão do serviço público de transportes ferroviários da malha Sudeste (a empresa vencedora da licitação é a MRS LOGÍSTICA S.A.), em seu capítulo 7º, estabeleceu: *"A RFFSA continuará como única responsável por todos os seus passivos, a qualquer título e de qualquer natureza jurídica, obrigando-se a indenizar à concessionária os valores que esta venha a pagar, decorrentes de atos e fatos ocorridos antes da assinatura do contrato de concessão, mesmo quando reclamados ou objeto de decisão judicial posteriormente ao evento aqui referido [...]. As obrigações trabalhistas da RFFSA para com seus empregados transferidos para a concessionária, relativas ao período anterior à data da transferência de cada contrato de trabalho, sejam ou não objeto de reclamação judicial, continuarão de responsabilidade da RFFSA."*

Do ponto de vista formal, quando se tem a atribuição da concessão do serviço público para outra pessoa natural ou jurídica, não se tem a transferência da titularidade do ente. Porém, as novas empresas concessionárias, com a desestatização dos serviços públicos ferroviários, assinaram o contrato de arrendamento dos bens e instalações da Rede Ferroviária Federal. Manteve-se a continuidade da atividade econômica, utilizando-se dos bens e instalações, inclusive, adotando a mesma força de trabalho.

Não se pode negar o interesse público, por parte do Estado, na adoção de novas técnicas para o gerenciamento dos serviços públicos, mas, em contrapartida, os direitos trabalhistas são intangíveis e devem ser respeitados. A sucessão trabalhista encontra-se embasada em critérios objetivos, preservando os contratos de trabalho dos empregados, estabelecendo a responsabilidade por parte do sucessor. Os arts. 10 e 448, CLT, são dispositivos de ordem pública, logo, devem ser respeitados e aplicados, de forma coerente, quando se tem a visualização do fenômeno da sucessão trabalhista.

É importante ressaltar que a União, por meio da Lei 9.364/96, em seu art. 1º, fica autorizada ao pagamento com sub-rogação dos débitos da RFFSA junto ao INSS e à Fundação Rede Ferroviária de Seguridade Social (REFER).

O TST, por meio da OJ 225, SDI-I, entendeu que "*as empresas que prosseguiram na exploração das malhas ferroviárias da Rede Ferroviária Federal são responsáveis pelos direitos trabalhistas dos ex-empregados, cujos contratos de trabalho não foram rescindidos antes da entrada em vigor do contrato de concessão de serviço respectivo*".

Em abril/2002, o TST alterou a redação dessa OJ nos seguintes termos: "*Em razão da subsistência da Rede Ferroviária Federal S.A., e da transitoriedade da transferência dos seus bens pelo arrendamento das malhas ferroviárias, a Rede é responsável subsidiariamente pelos direitos trabalhistas referentes aos contratos de trabalho rescindidos após a entrada em vigor do contrato de concessão; e quanto àqueles contratos rescindidos antes da entrada em vigor do contrato de concessão, a responsabilidade é exclusiva da Rede.*"

O TST, em abril/2005, efetuou nova alteração de redação nos seguintes moldes:

"*Celebrado contrato de concessão de serviço público em que uma empresa (primeira concessionária) outorga a outra (segunda concessionária), no todo ou em parte, mediante arrendamento, ou qualquer outra forma contratual, a título transitório, bens de sua propriedade:*

I – em caso de rescisão do contrato de trabalho após a entrada em vigor da concessão, a segunda concessionária, na condição de sucessora, responde pelos direitos decorrentes do contrato de trabalho, sem prejuízo da responsabilidade subsidiária da primeira concessionária pelos débitos trabalhistas contraídos até a concessão;

II – no tocante ao contrato de trabalho extinto antes da vigência da concessão, a responsabilidade pelos direitos dos trabalhadores será exclusivamente da antecessora".

Com a MP 353/07, ficou encerrado o processo de liquidação e extinta a RFFSA, sociedade de economia mista instituída com base na autorização contida na Lei 3.115/57. Ficaram encerrados os mandatos do Liquidante e dos membros do Conselho Fiscal da extinta RFFSA. A União sucedeu a extinta RFFSA nos direitos, obrigações e ações judiciais em que esta seja autora, ré, assistente, oponente ou terceira interessada, além do que os bens imóveis da extinta RFFSA foram transferidos para a União. A MP foi transformada na Lei 11.483/07.

QUESTIONÁRIO

1. Como ocorreu a privatização no sistema TELEBRAS?

2. Como se deu a privatização na Rede Ferroviária Federal S.A. (RFFSA)?

Capítulo XI
A SUCESSÃO TRABALHISTA EM FACE DA REESTRUTURAÇÃO DO MERCADO FINANCEIRO

O operador do direito, ao adotar a visão tridimensional, deve interagir os seguintes elementos: fato, valor e norma. O fato repousa na transferência da atividade econômica organizada. O valor é a proteção necessária que se dá aos direitos passados, atuais e futuros dos trabalhadores. A norma é a que assegura a responsabilidade do sucessor em face do trespasse.

Tais elementos, adotados de forma harmônica e dinâmica, encontram-se presentes quando ocorrem as sucessivas inserções do Poder Público, por meio do Bacen, nas estruturas societárias e organizacionais das instituições financeiras.

As inserções trazem repercussões na órbita normativa trabalhista, não podendo o operador do direito, de forma estática, mostrar-se indiferente. Não se pretende negar a necessidade e a oportunidade dessas medidas governamentais, porém, não se pode, de outro lado, justificar a não interferência delas nas relações empregatícias das instituições financeiras.

O novo panorama traz à baila as discussões jurisprudenciais e doutrinárias quanto a um velho fenômeno trabalhista: a sucessão trabalhista.

O Bacen possui uma série de mecanismos para operar no mercado financeiro (intervenção, liquidação extrajudicial e administração especial temporária). A instituição financeira sujeita ao regime da administração temporária especial pode sofrer a desapropriação das suas ações, a decretação da liquidação extrajudicial, a incorporação, a fusão, a cisão ou a transferência do controle acionário.

Procurando um meio de recuperação rápida das instituições financeiras que entraram ou estavam prestes a entrar em colapso, mantendo a credibilidade do SFN, o Governo Federal criou, por meio das MP 1.179 e 1.182 (convertidas, respectivamente, nas Leis 9.710/98 e 9.447/97), além da Resolução 2.208 do Bacen, o chamado PROER, com o intuito de permitir a sobrevida das empresas em crise, para que estas pudessem se reorganizar, inclusive mediante uma das formas de agregação estipuladas pela Lei 6.404 (com as alterações feitas pela Lei 9.457).

O PROER visa à reorganização administrativa, operacional e societária da instituição financeira, o que implica a transferência de controle acionário ou a modificação de objeto social.

A Lei 9.447, em seu art. 5º, independentemente da adoção de mecanismos (intervenção, liquidação extrajudicial, regime de administração especial temporária), permite a transferência do controle acionário, além da reorganização societária, com a utilização da incorporação da fusão ou da cisão.

O art. 6º desse diploma autoriza que o interventor, o liquidante ou o conselho diretor da instituição submetida aos regimes da intervenção, liquidação extrajudicial ou administração especial temporária, com autorização do Bacen: (a) adote a transferência para outras sociedades, isoladamente ou em conjunto, de bens, direitos e obrigações da empresa ou de seus estabelecimentos; (b) proceda à alienação ou cessão de bens e direitos a terceiros e acorde a assunção de obrigações por outra sociedade; (c) proceda à constituição ou reorganização de sociedade ou sociedades para as quais sejam transferidos, no todo ou em parte, bens, direitos e obrigações da instituição sob intervenção, liquidação extrajudicial ou administração especial temporária, objetivando a continuação geral ou parcial de seu negócio ou atividade.

Quando analisamos o fenômeno da sucessão no âmbito do Direito Comercial, abordando os institutos da incorporação da fusão e cisão (arts. 220 e segs., Lei 6.404), é evidente que as novas empresas são sucessoras das obrigações das empresas incorporadas, fusionadas ou cindidas.

Como os bancos são considerados juridicamente sociedades anônimas, a transmissão de seu patrimônio e controle pode dar-se na forma da Lei 6.404, que leva à caracterização do fenômeno da sucessão trabalhista.

O mecanismo do regime da administração especial temporária e as novas técnicas preventivas impostas pelo PROER levam à questão da sucessão trabalhista, na medida em que se tem a substituição do responsável pelo exercício da atividade econômica organizada (empresa).

Na abordagem dessa questão, várias indagações surgem:

Como ficam os direitos dos empregados dessas instituições financeiras?

Podem as partes, ao estabelecer a compra e venda de uma instituição financeira, excluir a responsabilidade do sucessor quanto à observância dos direitos dos seus empregados?

O sucessor é obrigado a responder pelos débitos trabalhistas dessas instituições anteriores ao trespasse?

As respostas para tais indagações repousam na afirmação de que os arts. 10 e 448, CLT, são de ordem pública, logo, não podem ser ignorados quando se tem a transferência da titularidade no comando de uma instituição financeira.

Júlio César Bebber[1] ensina: *"Num passado não muito distante, as instituições financeiras mal administradas (por negligência ou má-fé) sofriam a intervenção do Banco Central do Brasil e eram liquidadas extrajudicialmente, faliam, ou viravam bancos estatais,*

---

[1] BEBBER, Júlio César. Intervenção e liquidação extrajudicial de instituições financeiras: sucessão trabalhista – o caso da venda dos bancos sob intervenção, *Revista LTr*, v. 62, nº 4, p. 475.

como, v. g., os casos do Banco Habitasul, do Banco Sulbrasileiro (hoje Banco Meridional), do Banco Andrade Arnaux, do Banco Halles, do Banco Residência, entre outros. Na era atual, alguns economistas, na condição de políticos, nomeados para o exercício de cargos públicos relevantes, inclusive de ministros de Estado, em nome de um certo plano de estabilização, chamado Plano Real, e preocupados com a economia do nosso País, resolveram lançar mão de um outro esquema que é o seguinte: separa-se o ativo (fundo de comércio com todo o patrimônio principal, destituído das dívidas) do passivo não relativo aos depósitos bancários. Aquele é entregue – alienado – para outra instituição financeira (no caso do Banco Econômico, ao Banco Excel; no caso do Banco Bamerindus, ao Banco HSBC), a qual continua a desenvolver normalmente as atividades bancárias; este, destituído de todo o seu ativo principal, fica sob intervenção. Note-se, então, que não se trata, aqui, de uma intervenção pura e simples nos moldes idealizados pelo legislador. O que há, na verdade, é um tertium genus de intervenção, ou seja, trata-se de um modo sui generis de intervenção, que desafia uma solução igualmente sui generis. Entendo que, nesses casos, mesmo ante certas particularidades aparentemente desfavoráveis, não há como escapar da sucessão trabalhista (CLT, arts. 10 e 448), posto que houve transferência da carta patente, e: (a) segundo o princípio da despersonalização do empregador, o empregado, pelo contrato de trabalho, não fica vinculado à pessoa natural ou jurídica do empregador, mas sim à unidade econômica, industrial, comercial etc.; (b) a unidade econômico-jurídica (o fundo de comércio), ainda que em parte, passou de um para outro titular, o qual continuou exercendo as atividades bancárias; e (c) há continuidade dos contratos de trabalho (os quais são intangíveis) vigentes à época da transferência."

Arion Sayão Romita,[2] ao responder uma consulta jurídica envolvendo a compra e venda de ativos de um banco por outro, ensina: *"Os fatos descritos nos itens 2, 3, e 4, supra, permitem afirmar que ocorre, na hipótese em exame, sucessão de empresas ou, mais corretamente, no que concerne aos direitos dos trabalhadores, sucessão de empregadores. A sucessão trabalhista pressupõe a verificação conjunta de dois requisitos: 1º – a transferência de uma unidade econômica titular; 2º – que não haja solução de continuidade na prestação de serviços por parte dos empregados. Ambos os requisitos estão presentes, no caso em tela [...] A fundamentação doutrinária da figura da sucessão de empresa resulta da observância de três princípios do Direito do Trabalho: 1º – o princípio da continuidade do contrato de trabalho; 2º – o princípio da intangibilidade objetiva do contrato de trabalho; 3º – o princípio da despersonalização do empregador. A ordem pública trabalhista preconiza a conservação do vínculo empregatício, a despeito da modificação ocorrida em um dos polos da relação jurídica de emprego (no caso o empregador). O contrato de trabalho é celebrado intuitu personae apenas em relação à pessoa do empregado. O empregador pode mudar; desde que permaneça a empresa, a relação de trabalho persiste, agora assumida pelo sucessor. Dá-se, assim, efeito prático ao princípio da continuidade da relação de emprego. O contrato de trabalho está protegido pelo ordenamento jurídico, do ponto de vista objetivo, quanto às modificações decorrentes da substituição de um empregador por outro. A sucessão – alteração subjetiva – não afeta o contrato de trabalho,*

---

[2] ROMITA, Arion Sayão. *Direito do trabalho*: temas em aberto, p. 188.

que persiste íntegro, quanto aos direitos e obrigações dele resultantes. A despersonalização do empregador também visa à proteção e à persistência do vínculo empregatício: não importa a pessoa jurídica a que o empregado presta serviços. Desde que a empresa perdure, continue a existir, já agora propriedade de novo titular, o empregado admitido pelo antigo empregador continua a prestar serviços ao novo, como se nada tivesse acontecido. Na verdade, a vinculação do empregado se dá à empresa. O contrato de trabalho é um elemento da empresa. Desde que ela se persiste, mesmo que ocorra mudança na titularidade, o contrato de trabalho sobrevive, sob a responsabilidade do adquirente."

As posições doutrinárias resumem com maestria todo o desenrolar dos capítulos anteriores, quando procuramos visualizar a natureza jurídica do Direito do Trabalho, o fenômeno da sucessão trabalhista e os seus aspectos legais e doutrinários.

Quando se tem a alteração na estrutura jurídica da empresa ou a substituição do responsável pelo exercício da atividade econômica organizada (empresa), tem-se a incidência da norma jurídico-trabalhista, fazendo com que se mantenham íntegros os contratos de trabalho dos empregados.

Em função disso, a responsabilidade do sucessor também abrange os contratos de trabalho rescindidos antes do trespasse, ante a natureza jurídica da sucessão trabalhista, ou seja: assunção de dívida *ope legis*.

De acordo com Evaristo de Moraes Filho:[3] *"Pouco importam aos exercentes de uma relação de emprego as transformações subjetivas que se operem na estrutura jurídica do organismo fazendário: venda, cessão, doação, alteração, fusão, locação, usufruto ou qualquer outra modificação quanto à sua propriedade ou titularidade. O único critério válido e indispensável é que a empresa ou o estabelecimento apresentem reais e objetivas condições de sobrevivência, de continuidade no seu exercício, com todos ou alguns elementos indispensáveis para o seu funcionamento. O que importa é a manutenção do seu aviamento, isto é, a esperança de lucros futuros, seu verdadeiro objetivo organizacional. Em Direito do Trabalho – e neste ponto cada vez mais se firma a doutrina universal e torna pacífica a jurisprudência nacional –, para que haja sucessão nos direitos e obrigações da empresa, é o bastante ocorrer,* in concreto, *identidade de finalidade econômica entre sucessor e sucedido, com a permanência do pessoal. Porque é deste ponto de vista que a encaram as normas tutelares deste direito especial."*

A cláusula contratual que impeça a responsabilidade do sucessor pelos débitos anteriores da empresa não surte efeitos quanto aos empregados. A justificativa encontra respaldo na dicção legal dos arts. 10 e 448 da CLT, bem como em face dos próprios princípios doutrinários que norteiam o fenômeno da sucessão trabalhista.

Não devemos nos esquecer da natureza jurídica da sucessão trabalhista, que faz com que os direitos trabalhistas sejam exercidos contra a empresa. Como a mesma subsiste após o trespasse, o atual titular será o responsável pelo cumprimento dessas obrigações que já existiam antes do trespasse.

---

[3] MORAES FILHO, Evaristo de. *Sucessão nas obrigações e a teoria da empresa*, v. 2, p. 235.

Para Júlio César Bebber,[4] *"a sucessão, além da cessão de créditos, opera, também, a assunção de dívidas. Tanto os créditos quanto os débitos integram a universalidade do estabelecimento, cujo conceito é unitário. Não se pode dissociar a dívida da unidade econômica, a qual adere a esta quando do trespasse, ou seja, é ela elemento indispensável do fundo de comércio, com valoração econômica, que integra o funcionamento do conjunto de bens".*

A liberdade de contratar não é absoluta, havendo limites, os quais são representados por normas de ordem pública. Os arts. 10 e 448, CLT, são dispositivos de ordem pública na órbita trabalhista.

O art. 170, CF, estabelece que a ordem econômica deve ser fundada na valorização do trabalho humano e na livre-iniciativa, adotando-se como princípios a função social da propriedade e a busca do pleno emprego. Por sua vez, a ordem social possui por base o primado do trabalho, e, como objetivos, o bem-estar e a justiça social (art. 193, CF).

O trabalho humano e a sua proteção possuem uma dimensão constitucional. O respeito aos direitos trabalhistas, em função do trespasse, deve ser respeitado.

Os contratos assinados entre as instituições financeiras, mesmo com a concordância do Poder Público, fazendo a cessão dos ativos das instituições financeiras, não podem negar a responsabilidade do sucessor.

A OJ 261, SDI-I, declina: *"As obrigações trabalhistas, inclusive as contraídas à época em que os empregados trabalhavam para o banco sucedido, são de responsabilidade do sucessor, uma vez que a este não foram transferidos os ativos, as agências, os direitos e deveres contratuais, caracterizando típica sucessão trabalhista."*

QUESTIONÁRIO

1. A reestruturação do mercado financeiro se entrelaça com o tema da sucessão trabalhista?

2. O banco adquirente da carta-patente da agência financeira torna-se o responsável pelos débitos trabalhistas dos empregados da agência do período anterior à aquisição?

---

[4] BEBBER, Júlio Cesar. Ob. cit., p. 476.

Capítulo XII
ASPECTOS DA TERCEIRIZAÇÃO

12.1 O FENÔMENO DA TERCEIRIZAÇÃO E O DIREITO DO TRABALHO

O termo "terceirização" possui vários significados, *v. g.*, o processo de descentralização das atividades da empresa e valorização do setor terciário da economia.

Em linhas gerais, o fenômeno da terceirização[1] possui argumentos favoráveis e contrários. Os favoráveis são: a modernização da administração empresarial com a redução de custos, aumento da produtividade com a criação de novos métodos de gerenciamento da atividade produtiva. Os contrários são: a redução dos direitos globais dos trabalhadores, tais como a promoção, salários, fixação na empresa e vantagens decorrentes de convenções e acordos coletivos.

Pelo avanço tecnológico, a partir dos anos 70, as relações individuais de trabalho têm passado por várias alterações.

---

[1] No âmbito do Direito do Trabalho, terceirização é o "fenômeno pelo qual se dissocia a relação econômica de trabalho da relação justrabalhista que lhe seria correspondente. Por tal fenômeno insere-se o trabalhador no processo produtivo do tomador de serviços sem que se estendam a este os laços justrabalhistas, que se preservam fixados com uma entidade interveniente. A terceirização provoca uma relação trilateral em face da contratação de força de trabalho no mercado capitalista: o obreiro, prestador de serviços, que realiza suas atividades materiais e intelectuais junto à empresa tomadora de serviços; a empresa terceirizante, que contrata este obreiro, firmando com ele os vínculos jurídicos trabalhistas pertinentes; a empresa tomadora dos serviços, que recebe a prestação de labor, mas não assume a posição clássica de empregadora desse trabalhador envolvido. O modelo trilateral de relação socioeconômica e jurídica que surge com o processo terceirizante é francamente distinto do clássico modelo empregatício, que se funda em relação de caráter essencialmente bilateral. Essa dissociação entre relação econômica de trabalho (firmada com a empresa tomadora) e relação jurídica empregatícia (firmada com a empresa terceirizante) traz graves desajustes em contraponto aos clássicos objetivos tutelares e redistributivos que sempre caracterizaram o Direito do Trabalho ao longo da sua história. Por se chocar com a estrutura teórica e normativa original do Direito do Trabalho esse novo modelo sofre restrições da doutrina e jurisprudência justrabalhistas, que nele tendem a enxergar uma modalidade excetiva de contratação de força de trabalho" (DELGADO, Mauricio Godinho. *Curso de direito do trabalho*. 5. ed., p. 428).

O avanço fez com que surgissem modificações radicais na organização da produção, novos métodos de gestão de mão de obra etc. Tais mudanças levaram à discussão quanto à estrutura indeterminada da relação de trabalho.

O empresário precisa efetuar a adequação à nova realidade, logo, a sua atividade não poderia estar vinculada a uma estrutura arcaica de mão de obra.

Os neoliberais apregoam que a globalização das economias e dos mercados financeiros e a terceirização, como seu reflexo, são processos irreversíveis, devendo o Direito do Trabalho pautar-se pelos novos tempos.

No emprego deve haver a flexibilização, com a substituição da relação de emprego típica (contrato por prazo indeterminado e a proteção contra a dispensa imotivada).

Pela dinâmica quanto ao novo processo econômico, a fixação do trabalhador não deve ser permanente na empresa, e sim temporária. Existe uma forte tendência de se substituir a mão de obra permanente pela intermediação.

Com a terceirização, a empresa passa a atribuir parte de suas atividades para outras empresas. Ou seja, transfere a realização de parte do processo de produção para a responsabilidade de outra empresa.

O objetivo da terceirização é a diminuição dos custos, além de maior eficiência e melhora na qualidade do produto ou do serviço. Na busca por melhores resultados empresariais, os trabalhadores estão perdendo a vinculação jurídica com as empresas, principalmente pela intermediação que está ocorrendo, com o aumento crescente das empresas prestadoras de serviço.

No dia a dia, denota-se o elevado número de contratos por prazo determinado, o que, em essência, colide com a gênese do Direito do Trabalho. Pelo princípio da continuidade das relações jurídicas laborais, torna-se importante a fixação indeterminada dos contratos de trabalho, respeitando-se os direitos mínimos previstos em lei e os mais benéficos decorrentes do contrato de trabalho ou de instrumentos normativos.

Neste particular, a terceirização é incongruente com o Direito do Trabalho. A integração do trabalhador à empresa é uma forma de conservação da sua fonte de trabalho, dando-lhe garantias quanto ao emprego e à percepção de salários. É fator de segurança econômica.

As empresas modernas, em sua quase maioria, possuem em seu interior diversos trabalhadores que não são seus empregados e sim de outras empresas – empresas prestadoras (locadoras de mão de obra ou de serviços temporários). O trabalhador perde o seu referencial dentro da empresa.

A terceirização não resiste aos fundamentos do Direito do Trabalho, mostrando-se incongruente com a ordem constitucional do trabalho, com o princípio do não retrocesso social, com a concepção de trabalho decente e com os objetivos da OIT que não admitem a ideia do trabalho humano como mercadoria.

No texto da CLT, o legislador brasileiro traça restrições aos contratos de forma determinada (art. 443).

Uma das opções legais para intermediação da mão de obra foi a Lei 6.019/74, que possibilitou, em caso de necessidade transitória de substituição de mão de obra permanente e de acréscimo extraordinário de serviço, a contratação de trabalhadores sob a égide de um contrato determinado. Porém, com regras específicas, surgindo uma nova figura – contrato de trabalho temporário. A lei visava evitar a fraude na contratação indeterminada e sem critérios de trabalhadores, por meio da interposição das empresas prestadoras. A contratação é possível, desde que seja feita para substituição temporária de mão de obra permanente ou em caso de acréscimo extraordinário de serviços.

Mesmo assim, a intermediação avançou e o TST editou a Súmula 256, fixando o entendimento de que é ilegal a contratação de trabalhadores por empresa interposta, com a formação do vínculo empregatício diretamente com o tomador dos serviços, exceto nas hipóteses de trabalho temporário e de serviço de vigilância. Esse entendimento não se permitia a contratação mesmo para a atividade-meio. A Súm. 256[2] foi cancelada e substituída pela 331.

Atualmente, a Lei 13.429, de 31/3/2017, trata da terceirização no art. 2º, ao inserir no texto da Lei 6.019/74, os arts. 4º-A, 4º-B, 5º-A, 5º-B, 19-A a 19-C.

Pondere-se que a Lei 13.467, de 13/7/2017 (Reforma Trabalhista), trouxe mudanças na Lei 13.429: (a) alteração de redação quanto ao *caput* dos arts. 4º-A e 5º-A; (b) inclusão dos arts. 4º-C, 5º-C e 5º-D.

---

[2] Salvo os casos de trabalho temporário e de serviço de vigilância, previstos nas Leis 6.019/74 e 7.102/83, é ilegal a contratação de trabalhadores por empresa interposta, formando-se o vínculo empregatício diretamente com o tomador dos serviços (Súm. 256, TST). Não havia restrições jurisprudenciais quanto à prática da prestação de serviços, até a emissão, pelo Tribunal Superior do Trabalho, da Súm. 256. A Súmula ditava que era ilegal a contratação de trabalhadores por intermédio da empresa interposta, excetuando as hipóteses do trabalho temporário – Lei 6.019/1974 – e do serviço de vigilância – Lei 7.102/83. As razões que levaram o TST a emitir a Súm. 256 foram as seguintes: (a) o direito do trabalhador quanto à sua inserção no desenvolvimento da empresa (art. 165, V, CF); (b) o lucro das empresas de mão de obra, que advém do valor recebido das empresas tomadoras e o que pagava aos seus empregados; (c) o fato de que a intermediação, geralmente, ultrapassava os limites de noventa dias, logo, haveria a formação da relação de emprego diretamente entre o trabalhador e a empresa tomadora. Várias foram as críticas opostas quanto ao posicionamento do Tribunal Superior do Trabalho: (a) a CF/88 assegura a todos o livre exercício de qualquer atividade econômica, independentemente de autorização de órgãos públicos, salvo nos casos previstos em lei (art. 170, parágrafo único); (b) a competência da União para legislar sobre organização do sistema nacional de emprego e condições para o exercício de qualquer trabalho será lícito, salvo se a lei o vedar (art. 22, XVI, CF); (c) pelo fato de que fazia letra morta de autênticos contratos do Direito Civil, como os relativos à locação de serviços (arts. 593 e segs., CC) e os de empreitada (arts. 610 e segs., CC). Em tese, não mais seriam possíveis os contratos de conservação de elevadores com empresa especializada, de pintura de edifícios, de execução de serviços de hidráulica, alvenaria etc.; (d) a ofensa ao art. 5º, XIII (CF) que assegura a liberdade do exercício de qualquer trabalho, ofício ou profissão, atendidas as qualificações profissionais que a lei estabelecer.

Parece-nos necessária uma abordagem sistemática de como a matéria é tratada na Súmula 331, TST, além da Instrução Normativa MTb/GM 3, de 29/8/1997 e a Lei 13.429/17 (com as alterações e inclusões trazidas pela Lei 13.467).

12.2 RESPONSABILIDADE TRABALHISTA: SÚMULA 331 DO TST, INSTRUÇÃO NORMATIVA MTB 3/97 E AS LEIS 13.429/17 E 13.467/17

A relação jurídica empregatícia é bilateral, equiparando-se a uma moeda na qual se tem de um lado o poder diretivo (empregador) e, do outro, a subordinação (empregado). Além disso, a pessoalidade e a subordinação são elementos previstos nos conceitos de empregador e de empregado (arts. 2º e 3º, CLT).

Com a terceirização, há a intermediação da mão de obra pelas empresas prestadoras de serviços. De um lado, tem-se a empresa tomadora e, de outro, a prestadora. Os trabalhadores são subordinados diretamente à empresa prestadora e não à tomadora. A relação jurídica é triangular, existindo entre a empresa tomadora e a prestadora um contrato regido pelas leis do Direito Civil, de evidente prestação de serviços. Entre a empresa prestadora e o trabalhador há um contrato de trabalho.

A Súmula 331 do TST nada dispunha quanto aos conceitos de empresa prestadora e de empresa tomadora. Antes da Lei 13.429/17, tais conceitos eram encontrados na Instrução Normativa MTb/GM 3/97.

12.2.1 Empresa prestadora

Empresa prestadora de serviços é a pessoa jurídica de Direito Privado, legalmente constituída, de natureza comercial, a qual se destina a realizar determinado e específico serviço à outra empresa fora do âmbito das atividades-fim e normais para que se constituiu esta última (art. 2º, Instrução Normativa MTb/GM 3, de 29/8/97).

As suas características, de acordo com o art. 2º, são as seguintes: (a) a relação entre a empresa de prestação de serviços a terceiros e a empresa contratante é regida pela lei civil (art. 2º, § 1º); (b) a relação de trabalho entre a empresa de prestação de serviços a terceiros e seu empregado é disciplinada pela CLT (art. 2º, § 2º); (c) em se tratando de empresa de vigilância e de transporte de valores, as relações de trabalho estão reguladas pela Lei 7.102/83, e, subsidiariamente, pela CLT (art. 2º, § 3º); (d) dependendo da natureza dos serviços contratados, a prestação destes poderá se desenvolver nas instalações físicas da empresa contratante ou em outro local por ela determinado (art. 2º, § 4º); (e) a empresa de prestação de serviços contrata, remunera e dirige o trabalho realizado a seus empregados (art. 2º, § 5º); (f) os empregados da empresa de prestação de serviços a terceiros não estão subordinados ao poder (diretivo, técnico e disciplinar) da empresa contratante (art. 2º, § 6º).

Por sua vez, o art. 4º-A (*caput* e §§ 1º e 2º), da Lei 6.019/74, com a redação dada pelas Leis 13.429/17 e 13.467/17, fixa que:

a) empresa prestadora de serviços a terceiros é a pessoa jurídica de Direito Privado destinada a prestar à contratante serviços determinados e específicos. Denotamos que há diferença conceitual entre a IN 3/97 e a Lei 13.429. Não se tem mais a restrição expressa de que o "serviço determinado e específico" esteja fora do âmbito das atividades-fim e normais da empresa tomadora. Esta noção ficou claríssima com a Lei 13.467, a qual deu nova redação ao *caput* do art. 4º-A, ao dispor que é considerada como prestação de serviços a terceiros a transferência feita pela contratante da execução de quaisquer de suas atividades, inclusive sua atividade principal, à pessoa jurídica de Direito Privado prestadora de serviços que possua capacidade econômica compatível com a sua execução;

b) empresa prestadora pode ser a responsável pela contratação, remuneração e direção do trabalho executado por seus trabalhadores ou por subcontratar outras empresas para a realização dos serviços. Mais uma inovação ao se comparar a IN 3/97 e a Lei 13.429. A nova legislação admite de forma literal que a empresa prestadora possa, na consecução das obrigações assumidas junto à empresa tomadora, optar em gerir a mão de obra ou proceder à subcontratação de outras empresas para a realização dos serviços. Isso significa que uma empresa prestadora possa terceirizar a sua própria atividade econômica, que é a prestação de serviços a outras empresas;

c) não há vínculo de emprego entre os trabalhadores ou os sócios das empresas prestadoras de serviços, qualquer que seja o seu ramo, com a empresa contratante. É razoável dizer-se que não há o vínculo entre a tomadora e a empresa contratante, quando se estiver diante de uma terceirização não fraudulenta. Contudo, se houver a subordinação direta e a pessoalidade entre o trabalhador e a empresa tomadora, sem dúvidas, ante os termos do art. 9º, CLT, o vínculo se forma com o tomador dos serviços.

O art. 4º-B da Lei 6.019 (acréscimo pela Lei 13.429) indica os requisitos para o funcionamento da empresa de prestação de serviços a terceiros: (a) prova de inscrição no Cadastro Nacional da Pessoa Jurídica (CNPJ); (b) registro na Junta Comercial; (c) capital social compatível com o número de empregados, observando-se os seguintes parâmetros: (1) até dez empregados – capital mínimo de R$ 10.000,00; (2) mais de dez e até vinte empregados – capital mínimo de R$ 25.000,00; (3) mais de vinte e até cinquenta empregados – capital mínimo de R$ 45.000,00; (4) com mais de cinquenta e até cem empregados – capital mínimo de R$ 100.000,00; (5) mais de cem empregados – capital mínimo de R$ 250.000,00.

12.2.2 Empresa tomadora

A contratante (ou empresa tomadora) é a pessoa natural ou jurídica de Direito Público ou Privado que celebra contrato com empresas de prestação de serviços a terceiros, com a finalidade de contratar serviços (art. 3º, IN 3/97). Tem como características: (a) a contratante e a empresa prestadora de serviços a terceiros devem desenvolver atividades diferentes e ter finalidades distintas (art. 3º, § 1º); (b) a contratante não pode manter o trabalhador em atividade diversa daquela para a qual este fora contratado pela empresa de prestação de serviços a terceiros (art. 3º, § 2º); (c) em se tratando de empresas do mesmo grupo econômico, cuja prestação de serviços se dê em uma delas, o vínculo empregatício se estabelece entre a contratante e o trabalhador colocado à sua disposição de acordo com o disposto no art. 2º da CLT (art. 3º, § 3º); (d) o contrato de prestação de serviços a terceiros pode abranger o fornecimento de serviços, materiais e equipamentos (art. 3º, § 4º).

O contrato entre as duas empresas (prestadora e tomadora) possui natureza empresarial. Se o contratante for pessoa de Direito Público, em havendo o procedimento da licitação, o contrato é de natureza administrativa com efeitos empresariais (art. 4º, IN 3).

A empresa prestadora faz o elo de vinculação entre o trabalhador e a empresa tomadora e é a responsável como empregadora quanto aos créditos trabalhistas deste empregado.

A IN 3 fixa o âmbito da terceirização como sendo a contratação dos serviços da prestadora pela tomadora. Trata-se da terceirização pessoal ou de serviços.[3]

---

[3] "A terceirização consiste na contratação de empresa para a prestação de um serviço que não está ligado, direta ou indiretamente, ao conjunto de atividades que formal ou materialmente constituem o objeto social da empresa contratante, ou seja, que não diz respeito às operações existenciais da empresa contratante, inerentes à sua cadeia produtiva de bens e serviços, para cuja finalidade é constituída. (...) Terceirização não se confunde com intermediação de mão de obra. Nesta, é possível a utilização de trabalhadores para a execução de serviços inerentes à atividade principal da empresa contratante, desde que mediante expressa autorização legal, como ocorre no trabalho temporário (Lei 6.019/74) e na subempreitada (art. 455, da CLT). Ao passo que a terceirização diz respeito à contratação de empresa para a prestação de um serviço que não está ligado, direta ou indiretamente, ao conjunto de atividades formal ou materialmente compreendidas no objeto social da empresa contratante.

A terceirização e a intermediação de mão de obra têm em comum o fato de provocarem a formação de uma relação trilateral entre a empresa tomadora e a empresa prestadora. E ao provocá-la, criam uma situação que, no plano individual, afastam o vínculo empregatício entre a empresa tomadora e o trabalhador arregimentado pela empresa intermediária ou terceirizada, contratada para a prestação de serviços.

De diferente têm que, no plano coletivo, a intermediação insere o trabalhador na mesma categoria profissional dos trabalhadores que prestam serviços à empresa contratante, aplicando-se-lhes os mesmos direitos, enquanto a terceirização insere o trabalhador terceirizado na categoria profissional correspondente à categoria específica da empresa contratada, com distinção dos direitos coletivos aplicados aos trabalhadores da empresa contratante e trabalhadores terceirizados.

A terceirização não deve, igualmente, ser confundida com o repasse do direito de exploração de certa atividade (por exemplo, a franquia) e com a exploração de negócio próprio em bem alheio, mediante arrendamento ou comodato (estacionamento, cantina, restaurante).

Assim ocorre porque nas duas situações a exploração do negócio não é da empresa que dela não participa direta ou indiretamente.

De igual sorte, não deve ser confundida com a instalação de equipamentos destinados ao funcionamento do prédio ou negócio da empresa (elevadores, frigoríficos, equipamentos de informática) e com a contratação para construção ou reforma de bem destinado a uso próprio (dono da obra), eis que as duas hipóteses não dizem respeito à atividade-fim ou atividade-meio.

Finalmente, não constituem hipóteses de terceirização:

- a contratação de serviços eventuais, assim entendidos os que não estão relacionados com a atividade-fim ou com a atividade-meio da empresa, destinados a projeto ou tarefa específica de curta duração. Por exemplo, empresa que contrata outra para a elaboração de um *software*, que demanda a presença de trabalhadores no local de trabalho para esse fim durante determinado tempo;

Contudo, diante da realidade dinâmica da economia, muitas vezes tem-se a contratação de empresas por outras empresas para a produção de bens. Trata-se da terceirização de material ou de produção.[4] Em alguns julgados tem-se a restrição da responsabilidade subsidiária da empresa tomadora às hipóteses em que a terceirização está relacionada

---

- contratação de profissionais liberais ou de empresa para a prestação de serviços especializados que não constituam a atividade-fim ou a atividade-meio da empresa, caso da empresa que contrata escritório de advocacia, de contabilidade ou serviço médico para lhe dar assistência específica. Assim, não ocorre, no entanto, com os trabalhadores da empresa contratada para transporte dos trabalhadores;
- a contratação de serviços eventuais de reparo de máquinas e equipamentos da empresa. Já a contratação de manutenção destinada ao funcionamento regular da empresa está compreendida no conceito de terceirização" (BELMONTE, Alexandre Agra. Aspectos jurídicos materiais e processuais da terceirização trabalhista. *Revista LTr*, v. 79, nº 3, mar./2015, p. 266).

No AIRR nº 000079-10.2014.5.15.0013, o TST entendeu pela inaplicabilidade da responsabilidade subsidiária diante do fornecimento de matéria-prima necessária à exploração do objeto social da empresa tomadora (contratação para o fornecimento de peças aeronáuticas) (Rel. Min. Luiz Philippe Vieira de Mello Filho – *DEJT* 12/2/2016):

[4] "No primeiro caso (terceirização material), uma determinada fase do processo produtivo é apartada da estrutura empresarial e acometida ao terceiro especializado, que se limita a executá-la, com recursos próprios e autonomia gerencial, para adiante fornecer ao contratante o produto final de sua atividade, que será incorporado à linha de produção da empresa-cliente no estado em que se apresenta (i.e., manufaturado ou semimanufaturado). Não há quaisquer obrigações dos trabalhadores da empresa fornecedora para com a empresa-cliente, senão indiretamente; e, nessa esguelha, confundir-se-ão com as obrigações contratuais da própria empregadora (que – na perspectiva comunitária da 'Gemeinschaftsverhältnis' alemã – comunicam-se sociologicamente a todo o grupo de trabalhadores. Em todo caso, serão sempre obrigações de fins, adstritas à entrega do produto com as especificações ajustadas. A subordinação técnico-jurídica da massa trabalhadora cinge-se às instâncias hierárquicas do empregador formal; logo, não há espaços para ingerências da empresa-cliente na fase produtiva que externalizou. Não há, outrossim, necessidade de vínculos ou contatos, formais ou informais, entre os empregados da fornecedora e o *staff* da empresa-cliente. Com a terceirização material ou de produção, as grandes empresas descobrem caminhos legais para alavancar seus processos internos de downsizing (= redução da estrutura organizacional), acompanhando a tendência de enxugamento estrutural inerente à terceira onda toffleriana (supra, tópico III). Tudo isso sem perda social necessária de postos de trabalho: a interdependência empresarial – oposta à autossuficiência que marcara o modelo fordista – predispõe o trespasse dos postos de trabalho às 'empresas orbitais', i.e., àquelas empresas que se capitalizam fornecendo produtos manufaturados e semimanufaturados às linhas de produção das empresas-cliente. Cumprirá, de resto, assegurar aos empregados das primeiras – quer por lei, por negociação coletiva ou mesmo por construção judicial – certa equivalência com os padrões salariais e com as condições de trabalho praticadas pela empresa-cliente, para que não haja discrepâncias substanciais de feitio precarizante" (FELICIANO, Guilherme Guimarães. Direito do trabalho, terceirização e contratos de fornecimento industrial. Notas sobre a responsabilidade jurídica de clientes e fornecedores. *Jus Navigandi*, Teresina, ano 11, nº 1336, 27 fev. 2007. Disponível em: <http://jus2.uol.com.br/doutrina/texto.asp?id=9538>. Acesso em: 27/7/2009).

com a contratação dos serviços. Vale dizer, por exemplo, a responsabilidade subsidiária não tem abrangido as situações de contrato de facção[5, 6] ou de franquia.[7]

Em decisões recentes, a responsabilidade da empresa franqueadora é reconhecida, quando se ficar evidente que a primeira tinha ingerência na atividade da franqueada. A ingerência demonstra a existência de um contrato de prestação de serviços e não de franquia.

De acordo com o art. 5º-A (Lei 6.019, com a redação das Leis 13.429 e 13.467), quanto à empresa tomadora têm-se que:

a) contratante é a pessoa física ou jurídica que celebra contrato com empresa de prestação de serviços determinados e específicos (art. 5º-A, *caput*). Ao contrário da IN 3/97, a disposição legal não exige que a empresa tomadora tenha atividade comercial distinta da realizada pela prestadora, contudo, não é possível que se tenha o desvio da mão de obra contratada, visto que é vedada à contratante a utilização dos trabalhadores em atividades distintas daquelas que foram objeto do contrato com a empresa prestadora de serviços (art. 5º-A, § 1º. Essa ressalva também consta da IN 3/97. Se houver o desvio, haverá o vínculo de emprego com a tomadora. Essa noção ficou claríssima com a Lei 13.467, a qual deu nova redação ao *caput* do art. 5º-A, ao dispor: "Contratante é a pessoa física ou jurídica que celebra contrato com empresa prestadora de serviços relacionados a quaisquer de suas atividades, inclusive sua atividade principal;

b) os serviços contratados poderão ser executados nas instalações físicas da empresa contratante ou em outro local, de comum acordo entre as partes (art. 5º-A, § 2º). Idêntica sistemática da IN 3/97;

c) é responsabilidade da contratante garantir as condições de segurança, higiene e salubridade dos trabalhadores, quando o trabalho for realizado em suas dependências ou local previamente convencionado em contrato (art. 5º-A, § 3º). A IN

---

[5] Considerando as diversas atividades do processo de fabricação ou da industrialização do seu produto, a empresa procede a sua fragmentação, transferindo algumas destas atividades para outras empresas. É o que se denomina de facção, daí se ter o contrato de facção. Não se tem a contratação dos serviços e sim do resultado, que consiste em uma parte a ser utilizada ou agregada ao seu produto final. Nada obsta que a contratante possa ajustar todo o produto a outra empresa, o que é muito comum no ramo econômico da indústria de confecções e vestuário.

[6] TST – 7ª T. – RR 2472-78.2012.5.15.0076 – Rel. Min. Cláudio Mascarenhas Brandão – *DJe* 31/3/2015. TST – 7ª T. – RR 215-17.2010.45.09.0303 – Rel. Min. Douglas Alencar Rodrigues – *DJe* 31/3/2015. TST – RR 656-80.2011.5.12.0011 – Rel. Min. Alexandre de Souza Agra Belmonte – *DJe* 17/5/2013 – p. 1038.

[7] Contrato de franquia é: "o contrato pelo qual uma das partes (franqueador ou *franchisor*) concede, por certo tempo, à outra (franqueado ou *franchiese*) o direito de comercializar com exclusividade, em determinada área geográfica, serviços, nome comercial, título de estabelecimento, marca de indústria ou produto que lhe pertence, com assistência técnica permanente, recebendo, em troca, certa remuneração" (Diniz, Maria Helena. *Dicionário jurídico*, v. 2, p. 592).

3/97 e a Súmula 331 não dispunham de forma expressa quanto à responsabilidade da empresa tomadora pelas normas de tutela à saúde e à incolumidade física e psíquica do trabalho, apesar de que a ordem jurídica já previa a responsabilidade civil da empresa tomadora (art. 942, CC; art. 927, parágrafo único, CC). Trata-se de um avanço da Lei 13.429;

d) ao contrário do trabalho temporário (art. 9º, § 2º, Lei 6.019, com a redação dada pela Lei 13.429), a contratante poderá estender ao trabalhador da empresa de prestação de serviços o mesmo atendimento médico, ambulatorial e de refeição destinado aos seus empregados, existente nas dependências da contratante, ou local por ela designado (art. 5º-A, § 4º). Não é uma obrigação para a empresa tomadora e sim uma liberalidade. Do ponto de vista do sistema de proteção, é injustificável essa diferenciação de tratamento entre o trabalho terceirizado e o trabalho temporário.

O art. 5º-B (Lei 6.019, com a redação da Lei 13.429) fixa que o contrato entre a empresa prestadora e a tomadora deverá conter: (a) qualificação das partes; (b) especificação do serviço a ser prestado; (c) prazo para realização do serviço, quando for o caso; (d) valor.

12.2.3 Empresa interposta e a contratação irregular

A figura da "empresa interposta" é própria das situações nas quais se tem a fraude na contratação, justificando-se a existência do vínculo diretamente com o tomador. Nessas situações, o que se tem é a fraude na própria contratação. O prestador, do ponto de vista formal, apresenta-se como um intermediário, sendo o verdadeiro empregador a empresa tomadora.

O tópico III da Súmula 331 do TST menciona que não se tem a caracterização do vínculo nas hipóteses da contratação de serviços de vigilância (Lei 7.102/83), de conservação e limpeza, além dos serviços especializados ligados com atividade-meio do tomador.

É importante a ressalva inserida na parte final da Súmula 331: *"(...) desde que inexistente a pessoalidade e a subordinação direta"*. A pessoalidade reflete que os serviços de vigilância, de conservação, de limpeza e os especializados podem ser executados por qualquer profissional indicado pela empresa interposta. Poderá haver rodízios, remanejamento de trabalhadores sempre que for necessário por parte da empresa interposta, em caso de férias, de faltas, licenças médicas etc. Diante da inexistência do requisito da pessoalidade, neutraliza-se a própria subordinação. A empresa tomadora não tem o poder para advertir, reclamar ou punir a prestação dos serviços dos trabalhadores da empresa interposta. A triangulação das relações jurídicas deve ser perfeita para que não se tenha a vinculação jurídica do tomador em relação ao trabalhador. Em caso contrário, tem-se a caracterização da relação empregatícia com a empresa tomadora.

Na execução diária das relações jurídicas, uma dose de bom senso (princípio da razoabilidade) deve ser aplicada na caracterização do elemento subordinação. O que não se admite é a subordinação direta. Pequenas orientações ou cumprimento de regras gerais da empresa por parte do empregado da prestadora não ensejam o vínculo empregatício direto com a tomadora.

12.2.4 Vedação da terceirização na atividade-fim da empresa tomadora

12.2.4.1 Súmula 331, TST

A jurisprudência consagrada pelo TST (Súmula 331) admite a terceirização da "atividade inicial" (estágio inicial) e da "atividade intermediária" (atividade-meio).

O "estágio inicial" da terceirização representa atividades, tais como: limpeza, conservação e vigilância. São atividades que denotam apoio à empresa, sem haver qualquer transferência tecnológica ou de parceria comercial, com a liberação da tomadora de algumas responsabilidades gerenciais ou administrativas.

Na terceirização, a "atividade-meio" consiste no apoio a setores dentro da empresa tomadora que se interligam ao processo produtivo, mas não na sua atividade-fim, tais como: assessoria jurídica ou contábil; locação de automóveis; fotografia e revelações; mecânica; pintura etc.

A Súmula 331 não admite que a empresa tomadora proceda à terceirização nas suas atividades relacionadas com a atividade-fim.

Como esclarece Mauricio Godinho Delgado: *"A dualidade atividades-meio versus atividades-fim já vinha sendo elaborada pela jurisprudência ao longo das décadas de 1980 e 1990, por influência dos dois diplomas legais dirigidos à Administração Pública e como parte do esforço para melhor compreender a dinâmica jurídica da terceirização por além dos estritos limites colocados pelo antigo Enunciado nº 256 do TST. O Enunciado 331 claramente assimilou os resultados desse esforço hermenêutico. Atividades-fim podem ser conceituadas como as funções e tarefas empresariais e laborais que se ajustam ao núcleo da dinâmica empresarial do tomador dos serviços, compondo a essência dessa dinâmica e contribuindo inclusive para a definição de seu posicionamento e classificação no contexto empresarial e econômico. São, portanto, atividades nucleares e definitórias da essência da dinâmica empresarial do tomador dos serviços. Por outro lado, atividades-meio são aquelas funções e tarefas empresariais e laborais que não se ajustam ao núcleo da dinâmica empresarial do tomador dos serviços, nem compõem a essência dessa dinâmica ou contribuem para a definição de seu posicionamento no contexto empresarial e econômico mais amplo. São, portanto, atividades periféricas à essência da dinâmica empresarial do tomador dos serviços."* [8]

Augusto Cezar Ferreira de Baraúna afirma: *"O estágio avançado da terceirização consiste no repasse para terceiros das atividades-chave da empresa, tais como: gestão de certos processos como implantação da qualidade total, algumas atividades de pesquisa e desenvolvimento ou, até mesmo, a gestão de outros fornecedores. Ou seja, o estágio avançado admite que seja implementada uma política de distribuição comercial de responsabilidades, onde as partes contratantes se comprometem em produzir produtos de qualidade, objetivando o aperfeiçoamento do produto final, mesmo que seja repassada tecnologia de uma empresa para outra. Para que este novo estágio de terceirização seja plenamente assimilado pela cadeia produtiva de produtores e fornecedores nesta altura abolida a nomenclatura de tomador e prestador de serviços, é necessária a implementação de alguns princípios comer-*

---

[8] Delgado, Mauricio Godinho. *Curso de Direito do Trabalho*. 5. ed., p. 444.

ciais que sirva como fundamento para sua boa estruturação, tais como: um maior entrosamento entre empresa-origem e empresa-destino na produção comercial; maior atenção da empresa-origem na tecnologia de produção e de gestão da empresa-destino; transferência de know-how para a empresa destino, desde que essa transferência se traduza em benefícios futuros para a empresa-origem e desde que não gere desvantagens estratégicas posteriores; a terceirização não deve agregar valor ao produto final etc."[9]

Para Augusto Cezar Ferreira de Baraúna, a jurisprudência não deve restringir a terceirização aos estágios inicial e intermediário (estágio avançado), desde que a terceirização não seja fraudulenta.

Alice Monteiro de Barros pondera: *"Tanto a Justiça do Trabalho como o Ministério Público não têm medido esforços no combate à terceirização de serviços ligados à atividade-fim da empresa fora dos limites traçados pelo Enunciado nº 331 do TST. Entre os malefícios da terceirização em atividade-fim das empresas encontram-se a violação ao princípio da isonomia, a impossibilidade de acesso ao quadro de carreira da empresa usuária dos serviços terceirizados, além do esfacelamento da categoria profissional."* [10]

Como fenômeno global, a terceirização repercute nas relações trabalhistas, logo, também há de ser aceita na atividade-fim.

O Brasil está interligado à economia mundial e necessita adaptar-se aos avanços das novas realidades que tendem a valorizar o trabalho-meio como forma de contratação dos trabalhadores em geral. Todavia, o que não se deve permitir é a fraude, o desrespeito aos direitos mínimos, o que só é permitido verificar em função de cada caso em concreto.

Em qualquer caso, havendo fraude ou não, a responsabilidade subsidiária do tomador faz-se presente. Se for o caso de fraude, o vínculo se formará diretamente com a empresa tomadora, havendo a responsabilidade solidária da prestadora, ante a ilicitude perpetrada na terceirização (art. 942, CC).

Com a Lei 13.429, para alguns, deixou de haver o limite da atividade-fim para a terceirização da atividade econômica da empresa tomadora.

12.2.4.2 Atividade-fim e as Leis 13.429/17 e 13.467/17

Na interpretação do art. 4º, *caput*, §§ 1º e 2º, Lei 6.019/74 (redação dada pela Lei 13.429/17), podemos denotar que há duas grandes correntes.

A primeira no sentido de que o dispositivo legal não impõe restrições à terceirização de serviços à atividade-fim da empresa tomadora, em especial, quando afirma que a empresa prestadora pode optar entre a administração da mão de obra contratada ou proceder a subcontratação de outras empresas para a realização dos serviços contratados pela tomadora. Essa posição é robustecida quando a nova disposição legal assegura que não há vínculo de emprego dos trabalhadores ou sócios das empresas prestadoras de serviços com a empresa tomadora, qualquer que seja o ramo da atividade econômica.

---

[9] Baraúna, Augusto Cezar Ferreira de. *A terceirização à luz do Direito do Trabalho*, p. 105.
[10] Barros, Alice Monteiro de. *Curso de Direito do Trabalho*, p. 425.

Aplica-se à hipótese o brocardo *ubi lex voluit dixit, ubi noluit tacuit*, ou seja, onde a lei não distingue, não cabe ao intérprete distinguir. A leitura da Lei 6.019/74, em seu art. 4º-A, *caput*, e seus parágrafos, permite concluir que o legislador não almejou restringir a terceirização a qualquer tipo de serviço, inclusive permitindo que a empresa prestadora subcontrate outras empresas para a prestação do serviço contratado pela empresa tomadora. Portanto, tem-se como plenamente possível a terceirização de serviços ligados à atividade-fim da empresa tomadora, inclusive sem qualquer formação de vínculo entre o empregado da prestadora e a contratante.

A segunda é no sentido de que continua a limitação da atividade-fim na contratação dos serviços determinados e específicos pela contratante junto à empresa prestadora. Os fundamentos: (a) a Lei 6.019/74, com a redação dada pela Lei 13.429/17, somente admite a contratação de temporários na atividade-fim da tomadora no caso do trabalho temporário (art. 9º, § 3º); (b) como a terceirização representa a precarização dos direitos trabalhistas, as novas disposições devem ter uma interpretação restritiva; (c) não se pode inserir serviços ligados à atividade-fim no conceito legal do art. 4º-A, *caput*, quando afirma que a empresa prestadora de serviços somente presta serviços determinados e específicos à empresa tomadora; (d) a interpretação há de ser efetuada com os cânones da Carta Política de 1988, que prevê uma série de princípios e regras, os quais procuram valorizar o trabalho como fonte para a dignidade do trabalhador.

Assim, ante a sistemática da Lei 13.429, tem-se a celeuma jurídica instalada sobre a possibilidade de se terceirizar a terceirização em atividade-fim de forma ampla ou não.

Como visto (art. 4º-A, *caput* e §§ 1º e 2º, Lei 6.019), empresa prestadora de serviços a terceiros é a pessoa jurídica de Direito Privado destinada a prestar à contratante serviços determinados e específicos.

Diante da comparação conceitual entre a IN 3/97 e a Lei 13.429, não mais se tem a restrição expressa de que o serviço determinado e específico esteja fora do âmbito das atividades-fim e normais da empresa tomadora. Portanto, não há mais o limite da terceirização ao universo da atividade fim da empresa tomadora.

Por outro lado, a empresa prestadora pode ser a responsável pela contratação, remuneração e direção do trabalho executado por seus trabalhadores ou por subcontratar outras empresas para a realização dos serviços (mais uma "inovação" ao se comparar a IN 3/97 e a Lei 13.429). A nova legislação admite de forma literal que a empresa prestadora possa, na consecução das obrigações assumidas junto à empresa tomadora, optar em gerir a mão de obra ou proceder à subcontratação de outras empresas para a realização dos serviços. Isso significa que uma empresa prestadora possa terceirizar a sua própria atividade econômica que é a prestação de serviços a outras empresas. É o fim do limite à atividade-fim na terceirização.

Com a Lei 13.467/17, não há mais dúvidas quanto à possibilidade da ampla terceirização, qualquer que seja a atividade laboral executada pelo trabalhador e o objeto econômico da empresa tomadora, na medida em que os arts. 4º-A e 5º-A, *caput*, passaram, respectivamente, a ter a seguinte redação: (a) prestação de serviços a terceiros é a transferência feita pela contratante da execução de quaisquer de suas atividades, inclusive sua atividade principal, à pessoa jurídica de Direito Privado prestadora de serviços que possua capacidade econômica compatível com a sua execução; (b) contratante é a pessoa física ou jurídica que celebra contrato com empresa de prestação de serviços relacionados a quaisquer de suas atividades, inclusive sua atividade principal.

Apesar dos termos explícitos da Lei 13.467, a doutrina aponta as seguintes objeções à terceirização na atividade-fim da empresa tomadora:

a) viola a pretensão constitucional de continuidade do vínculo de emprego, face à exiguidade temporal dos contratos de trabalho na terceirização;

b) inviabiliza o direito fundamental ao gozo das férias anuais remuneradas, pela rotatividade no campo da terceirização (art. 7º, XVII, CF);

c) prejudica a obtenção dos depósitos fundiários (art. 7º, III, CF), a qual depende da permanência temporal do trabalhador no emprego;

d) redução da possibilidade de obtenção de maior proporcionalidade quanto ao aviso prévio (art. 7º, XXI), ante a exiguidade temporal dos contratos de trabalho na terceirização;

e) esvaziamento da defesa dos interesses e dos direitos da categoria profissional, na medida em que a terceirização expulsa o trabalhador de sua categoria profissional originária (arts. 7º, *caput*, 8º e 9º);

f) inviabiliza o gozo para o trabalhador terceirizado quanto à participação nos lucros e resultados (art. 7º, XI);

g) pressiona a redução de investimentos em medidas de proteção à saúde e segurança do trabalhador (art. 7º, XXII);

h) promove o rebaixamento dos salários dos trabalhadores, acarretando, por consequência, a diminuição pecuniária dos demais direitos trabalhistas;

i) aumento da prestação das horas extras, o que leva ao aumento dos riscos de acidentes de trabalho, além de prejudicar a geração de novos postos de emprego;

j) eleva o inadimplemento dos direitos trabalhistas;

k) com a terceirização irrestrita, a empresa tomadora pode eximir-se de participar da política social de inclusão de pessoas com deficiência no mercado de trabalho (art. 24, XIV, CF; art. 93, Lei 8.213/91);

l) a empresa tomadora pode isentar-se da sua obrigação quanto à política de inserção e qualificação do jovem trabalhador no mercado de trabalho (art. 227, CF);

m) deixa de garantir a isonomia salarial entre o trabalhador terceirizado e o empregado direto da empresa tomadora;

n) como os terceirizados não gozam do direito ao enquadramento sindical dos trabalhadores da empresa tomadora, tem-se a violação ao direito do piso salarial correspondente à extensão e à complexidade do trabalho (art. 7º, V);

o) no âmbito das empresas públicas e sociedades de economia mista, a possibilidade da ampla terceirização, sem a limitação à atividade-fim, implica violação da regra constitucional do concurso público (art. 37, II).

Em agosto de 2018, o STF, por maioria de votos, fixou a seguinte tese: "*É lícita a terceirização ou qualquer outra forma de divisão do trabalho entre pessoas jurídicas distintas, independentemente do objeto social das empresas envolvidas, mantida a responsabilidade subsidiária da empresa contratante*" (RE 958.252, tema 725 da repercussão geral).

Como desdobramento lógico da decisão do STF, torna-se evidente que as disposições legais (Leis 13.429/17 e 13.467/17) são constitucionais ao permitirem a contratação de prestação de serviços a terceiros em todas as atividades da empresa contratante.

Contudo, o entendimento do STF não afasta a possibilidade de constatação de fraude na terceirização (atividade-meio ou atividade-fim) na análise do caso concreto (art. 9º, CLT), seja pela inobservância dos parâmetros formais fixados pela legislação vigente, seja pela constatação dos requisitos específicos da relação de emprego (art. 3º, CLT), em especial, a subordinação.

12.2.5 A empresa tomadora na iniciativa privada e a responsabilidade subsidiária

Na iniciativa privada, a empresa tomadora tem o dever de fiscalizar o cumprimento das obrigações trabalhistas da empresa escolhida. É o desdobramento da responsabilidade civil quanto às relações do trabalho, por meio da culpa *in eligendo* e *in vigilando*. Deve solicitar, mensalmente, a comprovação quanto aos recolhimentos previdenciários, fiscais e trabalhistas. Essa denotação decorre do fato de que o crédito trabalhista é "superprivilegiado" (art. 186, CTN; art. 449, CLT) (Súm. 331, IV, TST).

A responsabilidade subsidiária é aplicável quando ficar evidente que a empresa prestadora é inadimplente quanto aos títulos trabalhistas de seus empregados. É comum, pela experiência forense, quando se tem a rescisão do contrato de prestação de serviços entre a tomadora e a prestadora, não haver o pagamento dos títulos rescisórios dos empregados da segunda. Diante dessa situação de inadimplemento, pela aplicação decorrente da responsabilidade civil – culpa *in eligendo* e *in vigilando*, a tomadora deverá ser responsabilizada.

Claro está que a empresa tomadora deve ser inserida na relação jurídica processual, para que possa ser responsabilizada, em caso do inadimplemento por parte da empresa prestadora.

A inclusão é uma medida salutar, pois, fazendo parte da relação jurídica processual, a empresa tomadora poderá requerer em Juízo as provas necessárias, deduzir os seus argumentos etc., visando ao respeito aos princípios do contraditório e do amplo direito de defesa, como pilares do devido processo legal.

Por outro lado, a coisa julgada somente faz lei entre as partes (art. 506, CPC), logo, em havendo o reconhecimento de sua responsabilidade, poderá ser acionada no transcorrer da execução (art. 876, CLT).

Será que há limites quanto aos títulos do contrato de trabalho do empregado da prestadora no tocante à responsabilidade subsidiária da tomadora?

A responsabilidade subsidiária da empresa tomadora abrange todos os títulos decorrentes do contrato de trabalho, inclusive os de natureza punitiva, como as multas dos arts. 467 e 477; multa de 40% sobre os depósitos fundiários (Súm. 331, VI).

O art. 5º-A, § 5º (Lei 6.019, com a redação dada pela Lei 13.429), fixa a responsabilidade subsidiária pelas obrigações trabalhistas referentes ao período em que se beneficiou da prestação dos serviços, sendo que o recolhimento das contribuições previdenciárias deve observar o art. 31 da Lei 8.212/91 (retenção de 11% pela empresa tomadora do valor bruto da nota fiscal ou fatura de prestação de serviços).

A responsabilidade subsidiária da empresa tomadora na Administração Pública será tratada no tópico 12.4, *infra*.

12.3 CONTRATAÇÃO IRREGULAR NA ADMINISTRAÇÃO PÚBLICA

12.3.1 Acessibilidade ao serviço público

Tem-se como acessibilidade o conjunto de normas e princípios que disciplinam o ingresso de pessoas no serviço público.

Na redação originária da CF/88, o acesso a cargo, emprego e função pública era apenas aos brasileiros, não fazendo distinção entre natos ou naturalizados (art. 37, I).

Com a EC 11/96, as universidades e instituições de pesquisa científica e tecnológica passaram a poder admitir professores, técnicos e cientistas estrangeiros na forma da lei (art. 207). No âmbito federal, a Lei 9.515/97 disciplinou a questão, inserindo o § 3º no art. 5º da Lei 8.112/90.

A partir da EC 19/98, os cargos, empregos e funções públicas são acessíveis aos brasileiros que preencham os requisitos legais, assim como aos estrangeiros, na forma da lei (art. 37, I).

Em ambos os casos, a lei a disciplinar a contratação deverá ser de cada ente da Federação.

Acertadamente, o STF tem considerado inconstitucional toda modalidade de provimento que propicie ao servidor investir-se, sem prévia aprovação em concurso público destinado ao seu provimento, em cargo que não integra a carreira na qual anteriormente investido (Súm. 685; SV 43).

12.3.2 Concurso público

O concurso público (provas ou de provas e títulos) é reflexo da exigência da moralidade, da impessoalidade e da eficiência (art. 37, *caput*, CF), sendo requisito indispensável para a investidura em cargo ou emprego público, excetuando-se as hipóteses de cargo de provimento em comissão. A exceção é justificável, pois deve ser considerada a confiança que deve presidir a escolha do nomeando, além do caráter temporário do exercício e da própria demissão *ad nutum* dos ocupantes de tais cargos.

Além disso, com o concurso público assegura-se a igualdade entre os participantes e garante-se que os aprovados sejam pessoas capazes e competentes. Para isso, dois requisitos são indispensáveis: (a) o concurso é público, não podendo ser restringido a determinado grupo, como quando apenas aqueles que já são servidores podem participar (concursos internos); (b) o resultado deve ser obtido de modo objetivo, com critérios claros, para que não haja dúvida sobre a aprovação de alguns e reprovação de outros.

Além dos cargos de provimento em comissão, há na CF outras exceções, como a nomeação dos membros dos Tribunais de Contas da União; do 1/5 Constitucional, que é composto de membros do Ministério Público e de advogados nos tribunais; dos membros do STF; STJ; TSE e STM (arts. 73, § 2º, 94, 101, 104, parágrafo único, XII, 107, 111-A, I, 119, II, 120, III, e 123). Outra exceção constitucional é a contratação emergencial (art. 37, IX, CF), quando normalmente se tem apenas um processo seletivo.

Na vigência da CF/67, apenas a nomeação para cargo público possuía como requisito constitucional a aprovação em concurso público (art. 97). Assim, a relação de emprego com a Administração iniciada antes da CF/88, ainda que sem concurso público, é válida.[11]

Atualmente, a exigência do concurso público envolve tanto os cargos como os empregos públicos, de acordo com a natureza e a complexidade do cargo ou emprego (art. 37, II, CF; Súm. 685, STF; SV 43, STF). O ingresso no serviço público sem aprovação em concurso público implica nulidade do ato e punição da autoridade responsável (art. 37, II e § 2º), por ato de improbidade administrativa, nas esferas civil, administrativa e penal.

O ingresso no serviço público, por aprovação em concurso, é uma imposição que procura dar transparência à gestão da Administração Pública, visando evitar favorecimentos e prejuízo dos serviços públicos.

A imposição do concurso público deve ser observada como forma de acesso ao serviço público, tanto para a Administração Pública direta como a indireta, inclusive em todas as esferas políticas (União, Estados, Distrito Federal e Municípios).

12.3.3 A nulidade e o Direito do Trabalho

Toda e qualquer relação de natureza pessoal advém de um ato jurídico. O contrato de trabalho é um ato de manifestação de vontades, que leva à formação da relação empregatícia.

O art. 104, CC, estabelece que a validade do ato jurídico requer: agente capaz; objeto lícito, possível, determinado ou determinável; e forma prescrita ou não defesa em lei. Não basta somente a declaração de vontades. É necessária, para a validade do ato jurídico em si, a observância da forma, da licitude do objeto e da capacidade das partes.

No Direito do Trabalho, a expressão "objeto lícito" sintetiza o próprio conteúdo do contrato de trabalho. A atividade é um dos elementos característicos do contrato de trabalho e, por isso, deve estar em sintonia com a ordem, moralidade, os bons costumes e a ordem pública.

---

[11] OJ 321, SDI-I: "Salvo os casos de trabalho temporário e de serviço de vigilância, previstos nas Leis 6.019, de 3/1/1974, e 7.102, de 20/6/1983, é ilegal a contratação de trabalhadores por empresa interposta, formando-se o vínculo empregatício diretamente com o tomador dos serviços, inclusive ente público, em relação ao período anterior à vigência da CF/88."
STF – AI 254.417-AgR – Rel. Min. Octavio Gallotti – *DJ* 16/6/2000.
TST – 5ª T. – RR 419.144 – Rel. Juiz Conv. Walmir Oliveira da Costa – *DJ* 1/6/2007.
TST – 2ª T. – AIRR 808.409 – Rel. José Simpliciano Fontes de F. Fernandes – *DJ* 12/3/2004.

O contrato de trabalho tem como objeto a prestação de serviços assumida pelo empregado – trabalho. O empregador tem a obrigação de dar, que é o pagamento dos salários. Tais obrigações mútuas e básicas devem envolver um fim lícito.

Não se deve, porém, confundir trabalho ilícito com trabalho proibido.

Trabalho proibido é aquele que, em função de vários elementos, a lei impede seja exercido por determinadas pessoas ou em determinadas circunstâncias, sem que essa proibição decorra da moral ou dos bons costumes (prestação, por exemplo, do serviço por estrangeiro, mulher ou menor de idade nos casos em que a lei não o permita).

Como assevera Délio Maranhão:[12] *"Tratando-se de trabalho simplesmente proibido, embora nula a obrigação, pode o trabalhador reclamar os salários correspondentes aos serviços realizados, o que não aconteceria se o trabalho fosse ilícito: nemo de improbitate sua consequitur actionem."*

Discorre Octavio Bueno Magano:[13] *"Como esclarece Martinez Vivot, quando se trata de objeto ilícito, o valor tutelado é a realização da ordem pública, ao passo que, quando se trata de objeto proibido, a tutela da ordem pública se realiza de modo mediato, prevalecendo o interesse do trabalhador. A consequência da distinção é indicada nos dispositivos subsequentes, nos quais se indica que o trabalho ilícito não produz efeitos e que o proibido não afeta o direito do trabalhador de perceber as remunerações e indenizações derivadas de sua extinção, em virtude de nulidade. Como exemplo de trabalho ilícito, Vasquez Vialard refere o relacionado com o jogo e de proibido o trabalho noturno ou em lugares insalubres para mulheres e menores."*

A incapacidade civil, esclarece Amauri Mascaro Nascimento,[14] *"não prejudica os direitos trabalhistas. O empregador terá que cumprir as mesmas obrigações. Logo, a incapacidade do trabalhador não é fato determinante de exoneração dos encargos trabalhistas. Os incapazes não estão proibidos de trabalhar, ainda que tenha sido declarada a sua interdição"*.

Tal posição justifica-se pelos seguintes argumentos: (a) a irretroatividade das nulidades, segundo a qual, no contrato de trabalho, todos os efeitos se produzem até o momento em que for declarada pela autoridade competente a sua nulidade; (b) a inadmissibilidade do enriquecimento sem causa, segundo a qual o empregador estaria se locupletando ilicitamente do trabalho humano caso pudesse, sem ônus, dispor do trabalho do incapaz; (c) a impossibilidade da restituição das partes à situação anterior, uma vez que o trabalho é a emanação da personalidade e da força de alguém: uma vez prestado não pode ser devolvido ao agente, com que é impossível restituí-lo ao trabalhador, não sendo justo deixá-lo sem a reparação.

---

[12] MARANHÃO, Délio. *Direito do trabalho*. 8. ed., p. 45.
[13] MAGANO, Octavio Magano. *Manual de direito do trabalho*: direito individual do trabalho. 4. ed., v. 3, p. 192.
[14] NASCIMENTO, Amauri Mascaro. *Iniciação ao direito do trabalho*. 33. ed., p. 246.

12.3.4 As correntes doutrinárias quanto à nulidade e à contratação na administração sem a realização do concurso público

As noções do Direito Civil quanto à nulidade ou anulabilidade dos atos jurídicos, de forma genérica, não podem ser aplicadas ao Direito do Trabalho. As ponderações feitas evidenciam que deve haver as devidas reflexões quando se pretende analisar o contrato de trabalho e as temáticas da nulidade ou anulabilidade.

A contratação de funcionário ou empregado público sem a prévia aprovação em concurso público está violando de forma direta o que dispõe o art. 37, II e § 2º, CF.

Em tese, em havendo a contratação sem a devida realização do concurso público, o ato é nulo, pois não houve a observância da forma e da solenidade prevista na lei.

A questão da ineficácia do contrato de trabalho não deve ser resolvida de forma simples, como a prevista na teoria civilista das nulidades. O ato nulo, dentro do prisma civilista, não produz nenhum efeito.

Pela natureza especial da relação de emprego, os efeitos da declaração de nulidade não podem ser retroativos, não sendo possível o retorno das partes simplesmente ao estado anterior da contratação. Os serviços prestados pelo trabalhador não podem ser restituídos. Isso também ocorre com os salários. A força de trabalho, pela lógica, implica dispêndio de energia física e intelectual, sendo, assim, insuscetível de haver a devida restituição.

No Direito do Trabalho, por isso, há de ser aplicável a irretroatividade das nulidades, pois o trabalhador não pode devolver a sua energia despendida na execução dos serviços.

A nulidade, em havendo a contratação sem o concurso público, deve ser decretada, de forma irretroativa, justificando-se no mínimo que o trabalhador tenha direito ao pagamento dos salários havidos durante o período.

A par dessas discussões, há na doutrina várias posições que discutem os efeitos da prestação dos serviços na Administração Pública sem a realização do concurso público.

A primeira corrente doutrinária é no sentido de que a contratação irregular não gera nenhum efeito para o trabalhador, inclusive havendo a faculdade de a própria Administração declarar como nula a contratação.

Em nosso entendimento, dentro desse prisma, o trabalhador não pode ser condenado a ressarcir os valores recebidos a título de vencimentos ou salários, pois a decretação da nulidade torna impossível fazer o restabelecimento da situação anterior.

A segunda corrente é no sentido de que a nulidade reconhecida tem os seus efeitos a partir do momento de sua declaração, sendo que o trabalhador tem direito à percepção de seus direitos legais até o citado momento, como forma de indenização, todavia, sem haver o registro de seu contrato na CTPS, inclusive não gerando efeitos para fins de Previdência Social.

A terceira corrente entende que a ausência do concurso ou a ocorrência de suas irregularidades não vicia o contrato de trabalho, fazendo o trabalhador jus aos seus direitos trabalhistas, inclusive para fins previdenciários. Essa corrente encontra respaldo no princípio da primazia da realidade.

Em quaisquer dessas hipóteses, o responsável pela contratação, em qualquer nível da Administração Pública, deve ser responsabilizado, devendo indenizar os cofres públicos em função de seus atos na gestão da coisa pública (art. 37, § 2º, CF), além da responsabilidade civil, administrativa e criminal prevista na Lei de Improbidade Administrativa (Lei 8.429/92).

Assim, a irregularidade leva à nulidade do ato e à responsabilidade da autoridade administrativa.

Em tese, o ato da contratação irregular é nulo, não gerando qualquer efeito.

Para o STF, é inconstitucional toda modalidade de provimento que propicie ao servidor investir-se, sem prévia aprovação em concurso público destinado ao seu provimento, em cargo que não integra a carreira na qual anteriormente investido (Súm. 685). Também não tem se admitido que leis estaduais ampliem as hipóteses de dispensa de concurso público para ingresso no serviço público.

O TST, pela OJ 85, SDI-I, agasalhou a primeira corrente, ao reconhecer apenas o direito à percepção de salários dos dias efetivamente trabalhados. A jurisprudência dominante consolidou-se na Súm. 363: *"A contratação de servidor público, após a Constituição Federal de 1988, sem prévia aprovação em concurso público, encontra óbice no seu art. 37, II, e § 2º, somente conferindo-lhe direito ao pagamento dos dias efetivamente trabalhados segundo a contraprestação pactuada."* Admite, inclusive, ação rescisória por violação ao art. 37, II e § 2º, CF (OJ 10, SDI-II).

Em situação equivalente, o TST entende proceder o pedido de rescisão do julgado quando a assunção do professor-adjunto ao cargo de professor titular de universidade pública ocorre sem prévia aprovação em concurso público (OJ 38, SDI-II).

Em abril de 2002, o TST reviu a redação da Súm. 363: *"A contratação de servidor público, após a Constituição de 1988, sem prévia aprovação em concurso público, encontra óbice no seu art. 37, II e § 2º, somente conferindo-lhe direito ao pagamento da contraprestação pactuada, em relação ao número de horas trabalhadas, respeitado o salário mínimo/hora."*

No final de 2003, a Súm. 363 passou a ter a seguinte redação: *"A contratação de servidor público, após a CF/1988, sem prévia aprovação em concurso público, encontra óbice no respectivo art. 37, II e § 2º, somente lhe conferindo direito ao pagamento da contraprestação pactuada, em relação ao número de horas trabalhadas, respeitado o valor da hora do salário mínimo, e dos valores referentes aos depósitos do FGTS."*

Com isso, o TST reafirmou a sua posição de nulidade do contrato de trabalho com a Administração Pública quando ausente a aprovação em concurso público, garantindo apenas o pagamento das horas efetivamente trabalhadas, de modo a excluir os descansos semanais remunerados, adicionais, afastamentos e licenças remuneradas, mas garantiu o pagamento do salário mínimo-hora e dos depósitos do fundo de garantia por tempo de serviço. Naquelas situações em que o salário mensal era inferior ao salário mínimo nacional, o entendimento de que o salário mínimo-hora deve ser observado tenta garantir um mínimo de dignidade ao trabalhador.

A última alteração da Súm. 363 é decorrência da imposição legal que reconheceu o direito do trabalhador aos depósitos do FGTS mesmo havendo a nulidade do contrato de trabalho por ausência de concurso público (MP 2.164-41/01, a qual inseriu o art. 19-A na Lei 8.036/90, convalidada pela EC 32, art. 2º).

Da mesma forma, ainda que desvirtuada a finalidade do contrato de estágio celebrado na vigência da CF/88, é inviável o reconhecimento do vínculo empregatício com Ente da Administração Pública direta ou indireta, por força do art. 37, II, CF, bem como o deferimento de indenização pecuniária, exceto em relação às parcelas previstas na Súm. 363, se requeridas (OJ 366, SDI-I).

O TST tem entendido que as diferenças fundiárias abrangem todo o período contratual, inclusive o lapso anterior à vigência da MP 2.164-41/01 (OJ 362, SDI-I).

É de se acrescentar ainda que o TST tem aplicado a sistemática da Súm. 256 para as hipóteses de vínculo empregatício com a Administração Pública em relação ao período anterior da CF/88 (OJ 321, SDI-I), ou seja, salvo os casos de trabalho temporário e de serviço de vigilância, previstos nas Leis 6.019/74 e 7.102/83, é ilegal a contratação de trabalhadores por empresa interposta, formando-se o vínculo empregatício diretamente com o tomador dos serviços.

A Súm. 256 foi revista pela Súm. 331 (Res. 23/93), sendo, posteriormente, cancelada pela Res. 121/03.

Isso porque, na vigência na Constituição anterior, a exigência de aprovação em concurso público era apenas para o provimento de cargo estatutário efetivo, não havendo essa exigência quando da celebração de contrato de trabalho.

Assim, é válida a contratação de empregado público antes da CF/88, mesmo sem concurso público, desde que preenchidos os requisitos do art. 3º, CLT.

O Ministério Público do Trabalho pode arguir, em parecer, na primeira vez que tenha de se manifestar no processo, a nulidade do contrato de trabalho em favor de ente público, ainda que a parte não a tenha suscitado, a qual será apreciada, sendo vedada, no entanto, qualquer dilação probatória (OJ 350, SDI-I).

Em caso concreto, o TST, mesmo diante da contratação irregular da servidora pública, deferiu à trabalhadora o direito aos salários pela estabilidade da gestante, sob o fundamento de que o direito à vida, por ser o mais fundamental de todos os direitos, sobrepõe-se a qualquer outro direito.[15]

Contudo, em outro julgado, o TST entendeu que a nulidade de contrato de trabalho não assegura indenização à gestante demitida.[16]

O TST deliberou que a nulidade do contrato de trabalho não impede a reparação por dano moral.[17]

Quando se tem a privatização da empresa, é válida a contratação ocorrida sem concurso público (Súm. 430, TST).

---

[15] TST – 6ª T. – RR 2211/2000-028-01-00.5 – Rel. Min. Aloysio Corrêa da Veiga – *DEJT* 29/5/2009.

[16] "[...] O Tribunal Regional entendeu nulo o contrato por ausência de concurso público e indevida a reintegração e indenização decorrente da estabilidade à gestante. A decisão regional deferiu à reclamante apenas os direitos constantes da Súmula nº 363 do TST, com a qual está em sintonia. Incide o óbice do § 4º do art. 896 da CLT. Agravo de instrumento desprovido" (TST – 1ª T. – AIRR 561-19.2010.5.18.0011 – Rel. Min. Luiz Philippe V. de Mello Filho – *DEJT* 13/5/2011).

[17] TST – SDI-I – E-ED-RR 17.400-12.2004.5.02.0291 – Rel. Min. Renato de Lacerda Paiva – *DEJT* 24/6/2011.

12.4 CONSEQUÊNCIAS DAS IRREGULARIDADES NA TERCEIRIZAÇÃO

Nos termos da Súmula 331, TST, na terceirização permitida (estágios: inicial e intermediário da atividade econômica da empresa tomadora), sem que se tenha a pessoalidade e a subordinação direta dos empregados da empresa prestadora junto à empresa tomadora, haverá a responsabilidade subsidiária da segunda pelos débitos trabalhistas da primeira junto aos seus empregados.

Diante da fraude na contratação das duas empresas, face aos termos da Súmula 331, nos estágios inicial e intermediário da contratante, o vínculo empregatício se forma entre o trabalhador e a empresa tomadora, com a responsabilidade solidária das duas empresas.

Quando não há a possibilidade jurídica da terceirização (Súmula 331), ou seja, na atividade-fim da empresa tomadora, independentemente da subordinação direta ou da pessoalidade, forma-se o vínculo empregatício entre o trabalhador e a empresa tomadora, com a responsabilidade solidária das duas empresas (tomadora e a prestadora) (art. 942, CC).

Ante os termos da Lei 13.429, alguns defendem que deixou de haver o limite para a terceirização quanto ao complexo de funções e tarefas inerentes à atividade-fim da empresa tomadora. Contudo, ante a Lei 13.467 e a nova alteração dada aos arts. 4º-A e 5º-A, *caput*, não há mais dúvidas quanto à possibilidade da ampla terceirização, qualquer que seja atividade laboral executada pelo trabalhador e o objeto econômico da empresa tomadora.

A terceirização é permitida não só no âmbito da iniciativa como junto à Administração Pública. Na última hipótese, o contrato celebrado entre a empresa prestadora de serviços e a pessoa jurídica de Direito Público é de natureza administrativa com efeitos civis, na conformidade do § 7º, art. 10 do Decreto-lei 200/67 e da Lei 8.666/93 (art. 4º, *caput*, Instrução Normativa MTb/GM 3, de 29/8/1997).

Contudo, quando se tiver a fraude junto à atividade-fim na área da Administração Pública, diante da regra constitucional da obrigatoriedade do concurso público (art. 37, II e § 2º), não haverá a formação do vínculo empregatício entre o trabalhador e a pessoa jurídica de Direito Público. A consequência é no sentido de que a Administração Pública, pela jurisprudência atual do TST (Súm. 331, IV), é a responsável subsidiária dos direitos trabalhistas dos trabalhadores da empresa prestadora. De idêntica forma ante os termos da Lei 13.429 (art. 5º, § 5º, Lei 6.019).

O entendimento jurisprudencial dissocia-se do art. 71, § 1º, da Lei 8.666/93, o qual prevê expressamente: *"A inadimplência do contratado com referência aos encargos trabalhistas, fiscais e comerciais não transfere à Administração Pública a responsabilidade por seu pagamento, nem poderá onerar o objeto do contrato ou restringir a regularização e o uso das obras e edificações, inclusive perante o registro de imóveis."*

Assim, a Lei 8.666, que disciplina o processo licitatório, em seu art. 71, § 1º, exclui qualquer responsabilidade da Administração por encargos trabalhistas, fiscais e comerciais não quitados pelas empresas prestadoras de serviços.

Já o § 2º do art. 71 atribui à Administração a responsabilidade solidária pelos encargos previdenciários resultantes do contrato (art. 31, Lei 8.212/91).

Ressalvados os casos especificados na legislação própria, o texto constitucional determina que obras, serviços, compras e alienações somente serão contratadas mediante processo de licitação pública, a qual tem como pressuposto basilar a igualdade de condições entre todos os concorrentes (art. 37, XXI, CF).

Dessa forma, entendem os publicistas, invocando o princípio da estrita legalidade (art. 37, *caput*), que a Administração não pode ser tida como responsável por nenhum ato praticado pela empresa vencedora do processo licitatório. Até porque a atribuição de fiscalização do cumprimento das normas trabalhistas é de competência do Ministério Público do Trabalho e órgãos integrantes do Ministério do Trabalho, como as delegacias regionais do trabalho.

Acrescente-se a isso que nem poderia a Administração, se quisesse, criar regras no processo licitatório sobre fiscalização das normas trabalhistas, por ser da União a competência apenas para legislar sobre Direito do Trabalho (art. 22, I).

Pensar ainda que eventuais cláusulas contratuais possuem caráter privado, sendo facultado às partes disporem de forma ampla e irrestrita, desde que não atentem contra restrições legais, é um equívoco, porque a Administração está adstrita à legalidade em todos os seus atos, e os contratos celebrados com a Administração são regidos pelos princípios e normas do Direito Público e não Privado, como ocorre na iniciativa privada.

Ademais, poder-se-ia lembrar que a maior parte dos Municípios e mesmo dos órgãos da Administração Pública não possuem quadro técnico suficiente ou com competência técnica para supervisionar todos os serviços terceirizados, de maneira que obrigaria o Administrador a promover outro processo licitatório, agora para contratar uma empresa fiscalizadora, o que seria um absurdo do ponto de vista administrativo burocrático e custo-operacional.

O TST, inicialmente, apenas atribuía a responsabilidade subsidiária do tomador dos serviços pelo inadimplemento das obrigações trabalhistas quando tivesse participado da relação processual e constasse também do título executivo judicial (Súmula 331, IV).

O item IV da Súmula 331 sofreu alteração em setembro de 2000, passando a atribuir expressamente responsabilidade subsidiária para a Administração Pública, apesar do previsto no art. 71, da Lei 8.666.

Neste ponto, dois podem ser os posicionamentos: (a) inconstitucionalidade do art. 71, § 1º, na medida em que estaria violando o princípio constitucional da igualdade (art. 5º, *caput*) e os preceitos de que o trabalho é um dos fundamentos do Estado Democrático (art. 1º, IV), direitos sociais garantidos constitucionalmente (art. 6º); a ordem econômica deve estar fundada na valorização do trabalho (art. 170) e a ordem social tem como base o primado do trabalho (art. 193); (b) inaplicabilidade do art. 71, § 1º, nas questões de terceirização trabalhista, já que há o sistema positivo a atribuir responsabilidade àquele que age com culpa *in vigilando* e *in eligendo*, além de possibilitar a fraude a direitos trabalhistas e violar os preceitos constitucionais mencionados.

Importante lembrar que a Administração Pública, quando contrata pessoal pelo regime da CLT, equipara-se ao empregador privado, sem qualquer prerrogativa de império, apesar de sofrer inúmeras limitações pelas normas de Direito Público.

Acrescente-se, admitindo a responsabilidade da Administração Pública, que parte da doutrina entende que a responsabilidade é objetiva, conforme mandamento constitucional (art. 37, § 6º).

O STF foi provocado a se manifestar sobre a constitucionalidade do art. 71, § 1º, Lei 8.666 (ADIn 16/DF). Em novembro de 2010, o Plenário do STF, por maioria de votos, declarou sua constitucionalidade.

Em maio de 2011, o TST estabeleceu nova redação para o tópico IV da Súmula 331, ao suprimir do seu conteúdo qualquer alusão ao teor da Lei 8.666 e o seu art. 71, com a seguinte redação: *"Os entes integrantes da Administração Pública Direta e Indireta respondem subsidiariamente, nas mesmas condições do item IV, caso evidenciada a sua conduta culposa no cumprimento das obrigações da Lei 8.666/93, especialmente na fiscalização do cumprimento das obrigações contratuais e legais da prestadora de serviço como empregadora. A aludida responsabilidade não decorre de mero inadimplemento das obrigações trabalhistas assumidas pela empresa regularmente contratada."*

A partir da alteração da Súmula 331, o TST tem exigido a demonstração da culpa da empresa tomadora, quando se trata da Administração Pública, para a imposição da responsabilidade subsidiária.[18]

No RE 760931, o STF entendeu pela repercussão geral quanto à temática da responsabilidade subsidiária da Administração Pública. Há no TST cerca de 8 mil processos com recurso extraordinário aguardando a manifestação do STF (art. 1.036, § 1º, CPC). Em março de 2017, o STF fixou o entendimento de que não se pode ter a responsabilização automática da Administração Pública, só cabendo sua condenação se houver prova inequívoca de sua conduta omissiva ou comissiva na fiscalização dos contratos.

Apesar de a contratação irregular de trabalhador, mediante empresa interposta, não implicar geração de vínculo de emprego com ente da Administração Pública, o TST fixou o entendimento de que, pelo princípio da igualdade, tem-se o direito dos empregados terceirizados às mesmas verbas trabalhistas legais e normativas asseguradas àqueles contratados pelo tomador dos serviços, desde que presente a igualdade de funções (aplicação analógica do art. 12, *a*, Lei 6.019/74) (OJ 383, SDI-I).

O art. 5º-A, § 5º (Lei 6.019, com a redação dada pela Lei 13.429), fixa a responsabilidade subsidiária pelas obrigações trabalhistas referentes ao período da prestação dos serviços, sendo que o recolhimento das contribuições previdenciárias deve observar o art. 31, Lei 8.212/91 (retenção de 11% pela empresa tomadora do valor bruto da nota fiscal ou fatura de prestação de serviços).

---

[18] TST – 7ª T. – AIRR 745-54.2010.5.01.0073 – Rel. Min. Cláudio Mascarenhas Brandão – *DEJT* 31/3/2015.

12.5 IGUALDADE SALARIAL NA TERCEIRIZAÇÃO

Assegura-se para o trabalhador temporário remuneração equivalente à percebida pelos empregados da mesma categoria da empresa tomadora ou cliente, calculados à base horária, garantida, em qualquer hipótese, a percepção do salário mínimo regional (art. 12, *a*, Lei 6.019/74). Trata-se do salário equitativo (OJ 383, SDI-I).

Será que o salário equitativo deve ser também aplicável às demais situações em que se tenha a terceirização lícita?

É cabível o salário equitativo para as hipóteses em que se tem a terceirização lícita. As suas justificativas são: (a) é inadmissível uma discriminação socioeconômica, o que fere a própria dignidade do trabalhador; (b) a terceirização, sem a isonomia, é uma fórmula de aviltamento de salários e do padrão social dos trabalhadores; (c) a presença de dispositivos constitucionais, os quais asseguram a não discriminação (art. 5º, *caput* e I; art. 7º, XXXII).[19]

Diferentemente do que ocorre na iniciativa privada, a contratação irregular (terceirização fraudulenta) de trabalhador mediante empresa interposta não gera vínculo de emprego diretamente com a Administração Pública (art. 4º, parágrafo único, IN MTE/GM 3, 29/8/1997; Súm. 331, II), isso porque a contratação de trabalhador sem concurso público pela Administração Pública Direta e Indireta é nula (art. 37, II, § 2º, CF; Súm. 363, TST; Súm. 685, STF; SV 43, STF).

Correta a aplicação do salário equitativo ou isonômico, visto que é inadmissível uma discriminação socioeconômica, o que fere a própria dignidade do trabalhador. A terceirização não pode ser vista como um mecanismo de aviltamento de salários e do padrão social dos trabalhadores.

Entendemos que a igualdade salarial não se limita aos casos de terceirização ilícita envolvendo a Administração Pública, mas que também deve ser aplicada nos casos de terceirização lícita com a iniciativa privada, quando houver igualdade de funções.

O Enunciado 16 da 1ª Jornada de Direito Material e Processual na Justiça do Trabalho (realizada em nov./07) enuncia: *"I – SALÁRIO. PRINCÍPIO DA ISONOMIA. Os estreitos limites das condições para a obtenção da igualdade salarial estipulados pelo art. 461 da CLT e Súmula nº 6 do Colendo TST não esgotam as hipóteses de correção das desigualdades salariais, devendo o intérprete proceder à sua aplicação na conformidade dos artigos 5º, caput, e 7º, inc. XXX, da Constituição da República e das Convenções 100 e 111 da OIT. II – TERCEIRIZAÇÃO. SALÁRIO EQUITATIVO. PRINCÍPIO DA NÃO DISCRIMINAÇÃO. Os empregados da empresa prestadora de serviços, em caso de terceirização lícita*

---

[19] TST – AIRR 0001769-94.2014.5.03.0179 – Rel. Des. Conv. Vania Maria da Rocha Abensur – *DJe* 19/6/2014 – p. 2814. TST – AIRR 0000775-88.2014.5.03.0107 – Rel. Min. Mauricio Godinho Delgado – *DJe* 12/6/2015 – p. 1231.

ou ilícita, terão direito ao mesmo salário dos empregados vinculados à empresa tomadora que exercerem função similar."

De forma impositiva, a Lei 13.419/17 nada dispõe a respeito do salário equitativo entre os trabalhadores da empresa prestadora em relação aos empregados da tomadora. No fundo, a terceirização é uma forma de precarização dos direitos trabalhistas.

Contudo, a Lei 13.467/17 acresceu a Lei 6.019/74, o art. 4º-C e o § 1º, dispondo que a empresa tomadora e a prestadora poderão estabelecer, se assim entenderem, que os empregados da contratada farão jus a salário equivalente ao pago aos empregados da contratante, além de outros direitos. Como se denota, não se trata de um salário isonômico de forma obrigatória.

12.6 VANTAGENS À TERCEIRIZAÇÃO PELA LEI 13.467/17

É assegurado aos empregados da empresa prestadora de serviços (art. 4º-C, I e II, Lei 6.019/74; acréscimos oriundos da Lei 13.467/17), durante a execução dos serviços nas dependências da tomadora, idênticas condições:

a) relacionadas com: (1) a alimentação garantida aos empregados da contratante, quando oferecida em refeitórios; (2) o direito de utilizar os serviços de transporte; (3) o atendimento médico ou ambulatorial existente nas dependências da contratante ou local por ela designado; (4) o treinamento adequado, fornecido pela contratada, quando a atividade o exigir. As condições (1ª, 2ª e 3ª) estabelecem uma obrigação legal de isonomia de tratamento, as quais, de certa maneira, colidem com o disposto no art. 5º-A, § 4º, o qual estabelece uma faculdade da empresa contratante. Logo, trata-se de um avanço normativo, como mecanismo, de valorização do trabalho terceirizado;

b) sanitárias, de medidas de proteção à saúde e de segurança no trabalho e de instalações adequadas à prestação do serviço. Essa imposição está em sintonia com o art. 5º-A, § 3º, Lei 6.019, o qual determina que é responsabilidade da contratante garantir as condições de segurança, higiene e salubridade dos trabalhadores, quando o trabalho for realizado em suas dependências ou local previamente convencionado em contrato. Regra, a qual realça o dever de respeito à incolumidade física e psíquica do trabalho, como forma de valorização da dignidade do trabalhador.

Por fim, nos contratos que impliquem mobilização de empregados da contratada em número igual ou superior a 20% dos empregados da contratante, esta poderá disponibilizar aos empregados da contratada os serviços de alimentação e atendimento ambulatorial em outros locais apropriados e com igual padrão de atendimento, com vistas a manter o pleno funcionamento dos serviços existentes (art. 4º-C, § 2º, Lei 6.019, redação dada pela Lei 13.467).

12.7 PROIBIÇÕES IMPOSTAS PELA LEI 13.467/17

O art. 5º-C (acrescido à Lei 6.019 pela Lei 13.467/17) determina que não pode figurar como contratada, a pessoa jurídica cujos titulares ou sócios tenham, nos últimos dezoito meses, prestado serviços à contratante na qualidade de empregado ou trabalhador sem vínculo empregatício, exceto se os referidos titulares ou sócios forem aposentados.

O objetivo precípuo é a formação legítima de empresas prestadoras, evitando-se, assim, como fraude, a constituição de contratadas, cujos titulares (com exceção dos aposentados) sejam trabalhadores, na qualidade de empregados ou autônomos, que tenham prestados para a tomadora. Se isso ocorrer, não só tais trabalhadores, os quais são sócios, como também os empregados da empresa contratada constituída, poderão postular o vínculo de emprego de forma direta com a tomadora;

Por outro lado, o art. 5º-D (acrescido à Lei 6.019 pela Lei 13.467) fixa que o empregado demitido não poderá prestar serviços para esta mesma empresa na qualidade de empregado de empresa prestadora de serviços antes do decurso de prazo de dezoito meses, contados a partir da data da sua demissão.

O objetivo é evitar a precarização do trabalho, com a dispensa de empregados pelas prestadoras, contudo, mantendo-se a prestação de serviços como empregados das contratadas. Se isso ocorrer, tais trabalhadores poderão postular o vínculo de emprego de forma direta com a tomadora.

QUESTIONÁRIO

1. Quais são os significados da palavra "terceirização"?
2. Quais são as consequências do fenômeno da terceirização nas relações do trabalho?
3. Explique as críticas doutrinárias quanto à Súm. 256 do TST.
4. Quais são as diferenças entre as Súm. 256 e 331, TST, quanto ao fenômeno da terceirização?
5. Qual é o significado de empresa prestadora?
6. Qual é o significado de empresa tomadora?
7. Quais são as diferenças entre empresa prestadora e a de trabalho temporário?
8. O trabalho temporário é uma forma de terceirização?
9. O que representa a empresa interposta? A empresa interposta é a verdadeira empregadora ou não? Justifique.
10. Como ocorre a contratação irregular na terceirização?

11. A contratação irregular na terceirização na Administração Pública direta e indireta gera o vínculo empregatício com a empresa tomadora? Justifique.

12. A terceirização é possível na atividade-fim da empresa tomadora?

13. A empresa tomadora tem responsabilidade solidária ou subsidiária?

14. Qual é a natureza jurídica da responsabilidade subsidiária da empresa tomadora?

15. A responsabilidade subsidiária também é aplicável para a empresa tomadora da Administração Pública direta e indireta?

16. Quais são os princípios que norteiam a temática da nulidade no Direito do Trabalho?

17. Será que na terceirização, quando não se está diante da fraude, o empregado da empresa prestadora tem direito ao mesmo salário praticado pela empresa tomadora?

Capítulo XIII
COOPERATIVA E O DIREITO DO TRABALHO

13.1 COOPERATIVA. CONCEITO E TIPOS

A política nacional do cooperativismo compreende a atividade decorrente de iniciativas ligadas ao sistema cooperativo e que sejam originárias de setor público ou privado, isoladas ou coordenadas entre si, desde que reconhecido seu interesse público (art. 1º, Lei 5.764/71).

A cooperativa representa um ideal de solidariedade e incentivo, pois haveria a conjugação de esforços para fins comuns, inclusive tendo respaldo do legislador constituinte de 1988 (art. 174, § 2º).

Desde a Lei 5.764, o Governo, mediante a criação da política nacional do cooperativismo, tinha como intuito incentivar o cooperativismo, especialmente mediante a prestação de assistência técnica e de incentivos financeiros e creditícios, necessários para a criação e o desenvolvimento das entidades cooperativistas.

Para Amador Paes de Almeida,[1] cooperativa é uma *"sociedade de pessoas, com capital variável, que se propõe, mediante a cooperação de todos os sócios, um fim econômico"*. É uma pessoa jurídica de direito privado.

A cooperativa representa uma sociedade civil, na qual se tem a conjugação de esforços, que podem ser com bens ou serviços, visando um fim comum e que corresponde a uma atividade econômica, porém sem fins lucrativos (arts. 3º e 4º, Lei 5.764). O cooperado ou associado, concomitantemente, é ao mesmo tempo um sócio e usuário da organização.

Os seus elementos característicos são: (a) número ilimitado de associados; (b) capital variável, representado por quotas-partes, inacessíveis a terceiros estranhos à sociedade; (c) limitação do número de quotas-partes para cada associado; (d) singularidade de voto, podendo as cooperativas centrais, federações e confederações de cooperativas, exceção feita às de crédito, optar pelo critério da proporcionalidade; (e) *quorum* para as assembleias baseado no número de associados e não no capital; (f) retorno das sobras líquidas do exercício, proporcionalmente às operações realizadas pelo associado; (g) neutralidade

---

[1] ALMEIDA, Amador Paes de apud Nei Frederico Cano. Sociedade cooperativa – vínculo empregatício entre ela e seus associados – o parágrafo único do art. 442 da CLT. *Revista LTr*, v. 59, nº 7, p. 890.

política e a não discriminação religiosa, racial e social; (h) prestação de assistência aos associados, e, quando previsto nos estatutos, aos empregados da cooperativa (art. 4º).

As cooperativas podem ser (tipos): (a) singulares, as constituídas pelo número mínimo de 20 pessoas naturais, sendo excepcionalmente permitida a admissão de pessoas jurídicas que tenham por objeto as mesmas ou correlatas atividades econômicas das pessoas físicas ou, ainda, aquelas sem fins lucrativos; (b) cooperativas centrais ou federações de cooperativas, as constituídas de, no mínimo, 3 singulares, podendo, excepcionalmente, admitir associados individuais; (c) confederações de cooperativas, as constituídas, pelo menos, de 3 federações de cooperativas ou cooperativas centrais, da mesma ou de diferentes modalidades (art. 6º).

As sociedades podem ser de responsabilidade limitada ou ilimitada, de acordo com os teores dos arts. 11 e 12, porém o associado somente poderá ser responsabilizado pelo terceiro, após já ter sido exigido de forma judicial o crédito da cooperativa (art. 13).

Pela doutrina, denotamos os seguintes tipos de cooperativas, na lição de Cláudio Armando Couce de Menezes:[2] *"produção – consistem nas associações que têm como finalidade dar ao trabalhador, agrícola ou industrial, a posse dos instrumentos de produção e o direito de disposição integral do produto de seu labor. São as que mais se aproximam de algumas cooperativas de trabalho, porém não se confundem com estas porque objetivam transformar os obreiros em autênticos empresários, através da organização da atividade em moldes empresariais, com o trabalho e o capital reunidos em um só corpo. Não há disposição do trabalho. Já as cooperativas de trabalho, como as de mão de obra, atuam como prestadoras ou locadoras de serviços, desenvolvendo diretamente suas atribuições relacionadas basicamente à entrega da energia física ou labor intelectual do seu tomador. É, em suma, uma associação ou sociedade de trabalhadores, ainda que autônomos ou eventuais; consumo – são as associações destinadas à eliminação do intermediário das trocas e vendas. Agrupam-se os cooperativados, sem a intenção de obter lucro, para atender necessidades pessoais e domésticas, congregando bens e serviços; crédito – buscam o auxílio financeiro mútuo, afastando a figura do banqueiro, do usurário e da financiadora".*

O CC disciplina a sociedade cooperativa nos arts. 1.093 a 1.096.

São características da sociedade cooperativa: (a) variabilidade, ou dispensa do capital social; (b) concurso de sócios em número mínimo necessário a compor a administração da sociedade, sem limitação de número máximo; (c) limitação do valor da soma de quotas do capital social que cada sócio poderá tomar; (d) intransferibilidade das quotas do capital a terceiros estranhos à sociedade, ainda que por herança; (e) *quorum*, para a assembleia geral funcionar e deliberar, fundado no número de sócios presentes à reunião, e não no capital social representado; (f) direito de cada sócio a um só voto nas deliberações, tenha ou não capital a sociedade, e qualquer que seja o valor de sua participação; (g) distribuição dos resultados, proporcionalmente ao valor das operações efetuadas pelo sócio com a sociedade, podendo ser atribuído juro fixo ao capital realizado; (h)

---

[2] MENEZES, Cláudio Armando Couce. Fraude na formação do contrato de trabalho. *Revista do Direito Trabalhista*, p. 19, set./1997.

indivisibilidade do fundo de reserva entre os sócios, ainda que em caso de dissolução da sociedade (art. 1.094, I a VIII).

Na sociedade cooperativa, a responsabilidade dos sócios pode ser limitada ou ilimitada (art. 1.095, *caput*). É limitada a responsabilidade na cooperativa em que o sócio responde somente pelo valor de suas quotas e pelo prejuízo verificado nas operações sociais, guardada a proporção de sua participação nas mesmas operações (art. 1.095, § 1º). É ilimitada a responsabilidade na cooperativa em que o sócio responde solidária e ilimitadamente pelas obrigações sociais (art. 1.095, § 2º).

13.2 TERCEIRIZAÇÃO E AS COOPERATIVAS DE TRABALHO

As cooperativas de trabalho apresentam-se sob diversas formas: *"(a) Cooperativa de produção coletiva – modelo básico do cooperativismo na antiga Iugoslávia. Em âmbito nacional, temos como exemplo dessas sociedades as cooperativas de produção agropecuária (CPAs), frutos jurídicos e associativos dos processos de assentamentos de pessoas ligadas ao movimento dos sem-terra; (b) Organizações Comunitárias de trabalho, ex.: os kibutz de Israel; (c) Cooperativas de trabalho – realizadas em caráter empresarial, com capital, equipamentos e instalações industriais pertencentes à sociedade. Não dependem dos tomadores de seus serviços. Sua relação com o mercado se dá pela negociação direta de seus bens ou serviços. São as grandes cooperativas de produção agrícola e industrial; (d) Cooperativas de profissionais liberais autônomos. Comuns na área médica e odontológica. Nelas há independência na direção do trabalho, fixando o profissional o seu horário de trabalho e o número de atendimentos. Sem prejuízo, inclusive, de outras atividades que exerce habitualmente; (e) Cooperativas de mão de obra – nestas reúnem-se vários obreiros para realizar serviços em prol de um contratante, que os utiliza em tarefas antes cumpridas por trabalhadores autônomos, empregados ou eventuais, inorganizados".*[3]

É válida a utilização de cooperativas de trabalho, como fórmula de intermediação na contratação do labor humano, desde que sejam observados os ideais do corporativismo: adesão voluntária, autonomia, objetivo comum ligado pela solidariedade, autogestão, continuidade, integralidade e viabilidade. Essa utilização não é sinônima de fraude à legislação trabalhista. Por outro lado, a adoção do sistema cooperativo de trabalho é um fator de redução de custos para os tomadores de serviços, sem se falar na inexistência de vínculos permanentes e nos encargos trabalhistas diretos e indiretos.

Vale dizer, a intermediação da mão de obra, mediante a utilização da cooperativa de trabalho, quando, de fato, são respeitados os ideais do cooperativismo, não justifica o reconhecimento da fraude. Não devemos esquecer que o objetivo do cooperativismo é o desenvolvimento socioeconômico e profissional do cidadão. Todo ser humano almeja a sua dignidade profissional, inclusive com aumento em seus ganhos, por intermédio da sua força de trabalho.

---

[3] MENEZES, Cláudio Armando Couce de. Ob. cit., p. 20.

Antes das Leis 13.429/17 e 13.467/17 (Reforma Trabalhista), como as cooperativas de trabalho representam uma forma de terceirização, logo, poderiam ser implementadas dentro das hipóteses inseridas na Súmula 331 do TST: atividade-meio, limpeza, conservação e serviços de segurança, desde que não houvesse a pessoalidade e a subordinação direta. Quanto à atividade-fim, a terceirização não seria possível, notadamente pelo que dispõe a Súmula 331, IV.

Atualmente, como não há mais a limitação da terceirização quanto à atividade-fim, logo, em tese, pode entender-se que é possível a adoção do trabalho cooperado em qualquer ramo da atividade empresarial junto à empresa tomadora, contudo, essa possibilidade é inadmissível ante os termos do art. 5º, Lei 12.690/12: *"A Cooperativa de Trabalho não pode ser utilizada para intermediação de mão de obra subordinada".*

A experiência forense tem apontado uma série de irregularidades na contratação do trabalho humano, mediante a intermediação pelas cooperativas. Diante da fraude, o Judiciário Trabalhista deve reconhecer o vínculo empregatício com o tomador dos serviços, impondo a anotação do contrato na CTPS do trabalhador, além da condenação quanto aos direitos trabalhistas. A condenação é contra a empresa tomadora, com o reconhecimento da responsabilidade solidária da cooperativa (art. 942, CC).

Há de ser ressaltado que a fraude será analisada pelas peculiaridades do caso concreto, sendo provada pelos meios em direito permitidos.

O parágrafo único do art. 442 da CLT enuncia que qualquer que seja o ramo de atividade da sociedade cooperativa, não existe vínculo empregatício entre ela e seus associados, nem entre estes e os tomadores de serviços daquela. Essa disposição legal deve ser relativizada, diante do caso concreto, sob pena de violação aos direitos trabalhistas (art. 9º, CLT).

Diante do caso concreto, além dos requisitos formais previstos na legislação, para fins da constatação da existência ou não da fraude na contratação de um trabalhador cooperado, devemos analisar os seguintes elementos:

a) princípio da dupla qualidade – a cooperativa deve prestar serviços para terceiros, como para os próprios cooperados (art. 4º, *caput*, e art. 7º, Lei 5.764/71);

b) princípio da retribuição pessoal diferenciada – o cooperado deve ter uma renda superior a um trabalhador empregado que exerça a mesma função. Não se pode esquecer que o ideal do cooperativismo é propiciar ao trabalhador, na qualidade de cooperador, obter melhor qualificação, renda e situação socioeconômica (art. 2º, *caput*, Lei 12.690/12);

c) a presença do *affectio societatis*, ou seja, a vontade inequívoca dos cooperados em constituir a cooperativa, como forma de conjugação de esforços em prol de um objetivo comum;

d) capital próprio, ou seja, a cooperativa deve ser formada pela união de esforços dos cooperados, devendo cada um integralizar as suas cotas, para que a instituição possa ter o seu próprio capital. Em outras palavras, a cooperativa é a resultante da participação econômica dos seus membros;

e) divisão dos resultados entre os cooperados;

f) realização de assembleias gerais frequentes, além do conhecimento do cooperativismo.

13.3 COOPERATIVAS DE TRABALHO E A LEI 12.690/12

A Lei 12.690/12 trata da organização e o funcionamento das cooperativas de trabalho, além da instituição do Programa Nacional de Fomento às Cooperativas de Trabalho (PRONACOOP).

São aplicáveis à cooperativa de trabalho, no que não colida com a Lei 12.690, o previsto na Lei das Cooperativas (Lei 5.764/71) e no Código Civil (Lei 10.406/02).

Não se aplica a Lei 12.690 para as cooperativas: (a) de assistência à saúde na forma da legislação de saúde suplementar; (b) que atuam no setor de transporte regulamentado pelo Poder Público e que detenham, por si ou por seus sócios, a qualquer título, os meios de trabalho; (c) de profissionais liberais cujos sócios exerçam as atividades em seus próprios estabelecimentos; (d) de médicos cujos honorários sejam pagos por procedimento.

Como modalidade especial de cooperativa, cooperativa de trabalho é uma sociedade constituída por trabalhadores, dotada de autonomia exercida de forma coletiva e coordenada fixada em assembleia geral, a qual é convocada para estabelecer as regras internas de funcionamento e a forma de execução dos trabalhos. O número mínimo para a constituição é de 7 cooperados.

Na constituição da cooperativa de trabalho, a Lei 12.690 dá destaque para a autogestão e a autonomia.

Autogestão é o processo democrático em que os trabalhadores, quando da realização da assembleia geral, de forma autônoma e coletiva, estabelecem: (a) as diretrizes para o funcionamento e as operações da cooperativa; (b) a forma de execução dos trabalhos pelos sócios.

Não se pode equiparar o equiparado a um trabalhador autônomo, na medida em que a execução dos serviços por ele executados deve observar as regras estabelecidas por todos os integrantes da cooperativa quando da realização da assembleia geral.

Há princípios e valores a serem observados: (a) adesão voluntária e livre; (b) gestão democrática; (c) participação econômica dos membros; (d) autonomia e independência; (e) educação, formação e informação; (f) intercooperação; (g) interesse pela comunidade; (h) preservação dos direitos sociais, do valor social do trabalho e da livre-iniciativa; (i) não precarização do trabalho; (j) respeito às decisões de assembleia, observado o disposto nesta Lei; (l) participação na gestão em todos os níveis de decisão de acordo com o previsto em lei e no Estatuto Social. A não observância desses princípios pode levar à descaracterização da relação de trabalho cooperado, gerando, assim, o eventual reconhecimento de uma relação de trabalho subordinado (= relação de emprego).

A cooperativa de trabalho constituída antes da Lei 12.690 tem o prazo de 12 meses, contado de sua publicação, para adequar seus estatutos às disposições nela previstas.

Como espécies de cooperativa de trabalho, a Lei 12.690 prevê: (a) de produção, quando constituída por sócios que contribuem com trabalho para a produção em comum de bens e a cooperativa detém, a qualquer título, os meios de produção; (b) de serviço, quando constituída por sócios para a prestação de serviços especializados a terceiros, sem a presença dos pressupostos da relação de emprego.

No âmbito do Direito do Trabalho, o que é comum é a presença das cooperativas de serviço. A sistemática adotada pela Lei 12.690 visa a coibir as fraudes perpetradas com a utilização das cooperativas como instrumentos de fraudes na intermediação da mão de obra (= terceirização). Por expressa previsão, a cooperativa de trabalho não pode ser utilizada para intermediação de mão de obra subordinada (art. 5º). Vale dizer, não mais se tem a possibilidade da contratação de cooperativas como meras fornecedoras de mão de obra. Não se pode esquecer que a verdadeira cooperativa de trabalho é uma conjugação de esforços, em que os trabalhadores se reúnem e mediante um processo democrático estabelecem os parâmetros para o funcionamento da cooperativa e a forma em que os serviços serão executados.

Não mais se admite as intituladas cooperativas em que os serviços prestados não tenham um critério de especialidade. Não mais se pode admitir o tomador de serviço proceder à contratação de cooperados para o exercício de uma gama variável de funções, aglutinando em um único contrato serviços de portaria, de cozinha, de administração etc. É o caso das cooperativas multifuncionais. A partir de agora, os sócios, como verdadeiros cooperados, devem constituir uma cooperativa de serviços para a prestação de serviços especializados. Para tanto é necessário que os trabalhadores tenham uma identidade profissional, para que a partir dessa experiência profissional possam, de fato e de direito, atuarem de forma coordenada, prestando serviços com qualidade.

Quando as cooperativas de serviço realizam atividades fora do estabelecimento da cooperativa, a execução será submetida a uma coordenação com mandato nunca superior a um ano ou ao prazo estipulado para a realização dessas atividades. A coordenação será eleita em reunião específica pelos sócios que se disponham a realizá-las, em que serão expostos os requisitos para sua consecução, os valores contratados e a retribuição pecuniária de cada sócio partícipe. Trata-se de uma forma de evitar a fraude na contratação das cooperativas de trabalho. Presume-se intermediação de mão de obra subordinada à relação contratual estabelecida entre a empresa contratante e as cooperativas de trabalho que não cumprirem com essa regra.

A Lei 12.690 trouxe inegáveis avanços para o cooperado. Além de outros direitos fixados na assembleia geral, a cooperativa de trabalho deve assegurar aos seus sócios:

a) retiradas não inferiores ao piso da categoria profissional e, na ausência deste, não inferiores ao salário mínimo, calculadas de forma proporcional às horas trabalhadas ou às atividades desenvolvidas. O sócio, como trabalhador, tem direito à remuneração pelos serviços executados;

b) duração do trabalho normal não superior a 8 horas diárias e 44 horas semanais, exceto quando a atividade, por sua natureza, demandar a prestação de trabalho por meio de plantões ou escalas, facultada a compensação de horários. Apesar de não ser empregado, nada mais justo do que o sócio, como trabalhador, tenha direito à fixação de uma jornada normal de trabalho;

c) repouso semanal remunerado, preferencialmente aos domingos. Trata-se da folga remunerada. Todo trabalhador tem direito a um descanso entre uma semana e outra de trabalho. É uma pausa necessária. A lei não fixa o valor do descanso. O correto é que a assembleia geral fixe o valor. No silêncio, nada obsta que, por analogia, sigam aplicadas as regras para o empregado;

d) repouso anual remunerado. É a hipótese das férias. A lei não estabelece a duração das férias, logo, trata-se de uma incumbência a ser fixada pela assembleia geral, além dos critérios de remuneração desse período remunerado. Se a assembleia for silente, por analogia, há de ser aplicada a legislação trabalhista, arbitrando-se o período mínimo equivalente a 30 dias com o acréscimo do abono constitucional;

e) retirada para o trabalho noturno superior à do diurno. Trata-se do adicional noturno. Mais uma vez, no silêncio da assembleia, há de ser aplicada a legislação aplicável ao empregado;

f) adicional sobre a retirada para as atividades insalubres ou perigosas. São os adicionais de insalubridade e de periculosidade. Os valores devem ser fixados pelos sócios quando da realização da assembleia geral. Se esta for silente, por analogia, aplica-se a regra consolidada;

g) seguro de acidente de trabalho.

Apesar de o sócio não ser um empregado, a nova lei lhe assegura uma série de direitos trabalhistas. Como dito, é inegável o avanço legislativo, o que vem a indicar que o sócio de uma cooperativa de trabalho não pode ser visto como um mero trabalhador autônomo. Trata-se de uma figura intermediária entre o trabalhador autônomo e o subordinado. O que vai dizer se este trabalhador é um verdadeiro cooperado não são os novos direitos que lhe são dados e sim o contexto no qual se dá a prestação dos serviços, com análise detalhada para a constituição da cooperativa, bem como de como a cooperativa se relaciona com os seus cooperados e como se dá a prestação de serviços desta cooperativa para com os tomadores dos serviços de seus cooperados.

A cooperativa de serviço constituída antes da Lei 12.690 tem o prazo de 12 meses, contado de sua publicação, para assegurar aos sócios as seguintes garantias: (a) retiradas não inferiores ao piso da categoria profissional e, na ausência deste, não inferiores ao salário mínimo, calculadas de forma proporcional às horas trabalhadas ou às atividades desenvolvidas; (b) repouso anual remunerado; (c) retirada para o trabalho noturno superior à do diurno; (d) adicional sobre a retirada para as atividades insalubres ou perigosas; (e) seguro de acidente de trabalho.

Por lei, o sócio não terá direito à percepção do repouso semanal e do repouso anual nos casos em que as operações entre o sócio e a cooperativa sejam eventuais, salvo decisão em contrário da assembleia. Trata-se de uma regra adequada. O eventual não pode receber idêntico tratamento como ocorre com o trabalhador cooperado regular. A lei não estabelece o que são "operações eventuais", contudo, é razoável afirmar que se trata daquelas situações em que o sócio presta serviços de forma esporádica (= sem habitualidade) por meio da cooperativa.

Como forma de garantia do adimplemento dos direitos trabalhistas dos sócios, a cooperativa de trabalho deve estabelecer os meios, inclusive, provisionar recursos. Para tanto, os critérios devem ser aprovados em assembleia. Além dos fundos obrigatórios previstos em lei, a cooperativa de trabalho poderá criar, em assembleia geral, outros fundos, inclusive rotativos, com recursos destinados a fins específicos, fixando o modo de formação, custeio, aplicação e liquidação.

Como forma de resguardo a incolumidade física e psíquica dos seus sócios, as cooperativas são obrigadas a respeitar as normas legais de saúde e segurança do trabalho. Neste particular, a empresa contratante responde solidariamente pelo cumprimento das normas de saúde e segurança do trabalho quando os serviços forem prestados no seu estabelecimento ou em local por ele determinado. Trata-se de uma obrigação solidária imposta por lei e que tem amparo no fato de que a empresa tomadora tem o dever legal de exigir de suas parceiras o implemento das normas relacionadas com a segurança e medicina do trabalho.

A Lei 12.690 estabelece uma série de regras quanto ao funcionamento das cooperativas:

a) a cooperativa pode adotar por objeto social qualquer gênero de serviço, operação ou atividade, desde que previsto no seu Estatuto Social;

b) é obrigatório o uso da expressão "Cooperativa de Trabalho" na denominação social da cooperativa;

c) não pode a cooperativa ser impedida de participar de procedimentos de licitação pública que tenham por escopo os mesmos serviços, operações e atividades previstas em seu objeto social;

d) a admissão de sócios na cooperativa estará limitada consoante as possibilidades de reunião, abrangência das operações, controle e prestação de serviços e congruente com o objeto estatuído;

e) para o cumprimento dos seus objetivos sociais, o sócio poderá exercer qualquer atividade da cooperativa;

f) além da realização das assembleias geral ordinária e extraordinária, a cooperativa deve realizar anualmente, no mínimo, mais uma assembleia geral especial para deliberar, entre outros assuntos especificados no edital de convocação, sobre gestão da cooperativa, disciplina, direitos e deveres dos sócios, planejamento e resultado econômico dos projetos e contratos firmados e organização do trabalho;

g) o destino das sobras líquidas ou o rateio dos prejuízos será decidido em assembleia geral ordinária;

h) o Estatuto Social ou Regimento Interno deve estabelecer incentivos à participação efetiva dos sócios na assembleia geral e eventuais sanções em caso de ausências injustificadas;

i) o quórum mínimo de instalação da assembleia geral é de: (1) 2/3 (dois terços) do número de sócios, em primeira convocação; (2) metade mais um dos sócios, em segunda convocação; (3) 50 sócios ou, no mínimo, 20% (vinte por cento) do total de sócios, prevalecendo o menor número, em terceira convocação, exigida a presença de, no mínimo, 4 sócios para as cooperativas que possuam até 19 sócios matriculados;

j) as decisões são consideradas válidas quando contarem com a aprovação da maioria absoluta dos sócios presentes. Comprovada fraude ou vício nas decisões das assembleias, serão elas nulas de pleno direito, aplicando-se, conforme o caso, a legislação civil e penal;

k) a notificação dos sócios para participação das assembleias será pessoal e ocorrerá com antecedência mínima de 10 dias de sua realização. Na impossibilidade de notificação pessoal, a notificação será postal, respeitando-se o prazo de 10 dias. Na impossibilidade de realização das notificações pessoal e postal, os sócios serão notificados mediante edital afixado na sede e em outros locais previstos nos estatutos e publicado em jornal de grande circulação na região da sede da cooperativa ou na região onde ela exerça suas atividades.

Não pode a cooperativa de trabalho distribuir verbas de qualquer natureza entre os sócios, exceto a retirada devida em razão do exercício de sua atividade como sócio ou retribuição por conta de reembolso de despesas comprovadamente realizadas em proveito da cooperativa.

Ao Ministério do Trabalho e Emprego, no âmbito de sua competência, incumbe a fiscalização do cumprimento da Lei 12.690, sendo que em caso de intermediação de mão de obra subordinada, a cooperativa de trabalho e os contratantes de seus serviços estarão sujeitos à multa de R$ 500,00 (quinhentos reais) por trabalhador prejudicado, dobrada na reincidência, a ser revertida em favor do Fundo de Amparo ao Trabalhador (FAT).

A constituição ou utilização de cooperativa de trabalho para fraudar deliberadamente a legislação trabalhista, previdenciária e o disposto na Lei 12.690 acarreta aos responsáveis as sanções penais, cíveis e administrativas cabíveis, sem prejuízo da ação judicial visando à dissolução da cooperativa.

13.4 COOPERATIVAS E TRABALHO RURAL

Empregador rural é pessoa natural ou jurídica, proprietária ou não, que explora atividade agroeconômica, em caráter permanente ou temporário, diretamente ou por meio de prepostos e com auxílio de empregados (art. 3º, *caput*, Lei 5.889/73).

O art. 4º, Lei 5.889 prevê a figura do empregador rural equiparado como sendo a pessoa natural ou jurídica que, habitualmente, em caráter profissional e por conta de terceiros, executa serviços de natureza agrária, mediante utilização do trabalho de outrem. É a pessoa natural ou jurídica que não é o proprietário do empreendimento, todavia executa serviços de natureza agrária, de forma profissional e habitual.

Referidos empresários não assumem o risco do empreendimento no qual os seus trabalhadores prestam os serviços, mas são os responsáveis pela mão de obra. O ideal desse artigo é enfatizar que, mesmo havendo a intermediação na área rural, tem-se o vínculo entre o trabalhador e o empresário, se de fato houver os requisitos para a configuração desse trabalhador como empregado.

A cooperativa não pode fazer o elo entre o proprietário da terra e o trabalhador, pois pode ser vista como empregador rural equiparado. Portanto, a terceirização deve ser vista com restrições na área rural, mesmo quando se tratar das cooperativas.

QUESTIONÁRIO

1. Qual é a importância das cooperativas no Direito do Trabalho?

2. A utilização das cooperativas de trabalho é sinônimo de fraude nas relações do trabalho?

3. É possível a adoção das cooperativas de trabalho na atividade-fim do tomador?

4. Há restrição no emprego das cooperativas de trabalho na área rural?

Capítulo XIV
ELEMENTOS DO CONTRATO DE TRABALHO

A Constituição Federal garante o livre exercício de qualquer trabalho, ofício ou profissão, desde que atendidas as qualificações profissionais que a lei estabelecer (art. 5º, XIII).

A CLT não fixa os elementos essenciais de validade do contrato individual de trabalho, logo, a solução encontra-se na aplicação subsidiária do Direito Civil (art. 8º).

O contrato surge quando estão presentes os seus elementos ou componentes legais, seja tácito ou expresso.

Os elementos essenciais são: agente capaz, objeto idôneo (lícito, possível, determinado ou determinável) e forma prescrita ou não defesa em lei (art. 104, I a III, CC).

14.1 CAPACIDADE DE SER PARTE E DE ESTAR EM JUÍZO

Toda pessoa é capaz de direitos e deveres na ordem civil (art. 1º, CC).

A personalidade inicia-se com o nascimento com vida, porém a lei já resguarda os direitos do nascituro desde a concepção (art. 2º, CC).

Capacidade jurídica é a aptidão para que se possa ser sujeito de direitos e obrigações, interligando-se com as noções de pessoa e personalidade. A capacidade reflete poderes ou faculdades, enquanto que a personalidade é a resultante desses fatores. Pessoa é ente a que a ordem jurídica outorga tais poderes.

O Direito Civil efetua a distinção quanto à capacidade de gozo ou de direito em relação à de fato ou de exercício.

Enquanto a capacidade de gozo é imanente à pessoa como sujeito de direitos e deveres, a capacidade de fato ou de exercício pressupõe certos fatores, como idade e estado de saúde. A primeira é o pressuposto da segunda.

A capacidade de fato ou de exercício é uma relação de adequação entre o fator subjetivo (saúde) e o objetivo (idade). A Lei Civil efetua a diferenciação entre os absolutamente e os relativamente incapazes.

O menor de 18 anos não pode requerer a habilitação para dirigir. A idade é o fator para que o mesmo tenha a capacidade de fato ou de exercício.

Toda pessoa que se acha no exercício dos seus direitos tem capacidade para estar em juízo (art. 71, CPC).

A capacidade de ser parte é inerente ao ser humano. É uma decorrência dos atributos da personalidade civil.

Contudo, não basta possuir a capacidade de ser parte para que se possa estar em juízo; é necessária a capacidade processual[1] ou capacidade de estar em juízo. Esta deriva da primeira, na medida em que pressupõe certos fatores, tais como: idade e estado mental, que lhe propicie demandar ou ser demandado.

Os incapazes serão representados ou assistidos por seus pais, tutores ou curadores na forma da lei civil (art. 72, CPC). A representação é um instituto que se integra à capacidade processual.

No Direito do Trabalho, a idade, como critério a justificar a plena capacidade, não tem as mesmas regras que na órbita do Direito Civil.

É absolutamente incapaz para o trabalho o menor de 16 anos, salvo o menor aprendiz, a partir dos 14 anos. É permitido o labor para o maior de 16 e menor de 18 anos, excetuando-se as condições insalubres e de periculosidade, bem como o labor noturno (art. 7º, XXXIII, CF). A partir dos 18 anos é plena a capacidade trabalhista (art. 439, CLT).

A reclamação trabalhista do menor de 18 anos será feita por seus representantes legais, e, na falta destes, pela Procuradoria da Justiça do Trabalho, pelo sindicato, pelo Ministério Público Estadual ou curador nomeado em juízo (art. 793, CLT).

14.1.1 Representação

A representação está presente na aquisição de direitos, exercício de funções ou na realização de atos por intermédio de outrem. Pode ser direta ou indireta. Direta é quando se age em nome de outrem. A indireta ocorre quando se pratica o ato em nome próprio, contudo no interesse de outrem.

A representação direta será: (a) legal – o poder do representante emana de disposição legal. Os pais, tutores e curadores são os representantes legais das pessoas absolutamente incapazes. As pessoas jurídicas são representadas por quem os estatutos designarem.

---

[1] Deve ser dito que a capacidade processual é mais ampla do que a civil, "pois a lei confere a primeira a alguns entes despersonalizados, isto é, desprovidos da segunda. Exemplos: o condomínio, o espólio, a massa falida, a sociedade de fato etc., que não têm capacidade civil, mas têm capacidade de estar em juízo" (WAMBIER, Luiz Rodrigues; ALMEIDA, Flávio Renato Correia de; TALAMINI, Eduardo. *Curso avançado de processo civil*, 8. ed., v. 1, p. 203).

Por outro lado, a capacidade processual é algo que para ser compreendido não necessita de complemento, como ocorre com a legitimação. Não se deve confundir a capacidade processual com a legitimação. Legitimação é um fator que se interage com os elementos da ação. É uma decorrência da atuação dos sujeitos de uma relação jurídica material em função de um bem da vida (objeto do litígio). Nesse plano fala-se em legitimação *ad causam*. Em juízo, os sujeitos da relação jurídica, como regra, são os mesmos da situação jurídica material controvertida. Em sede de processo tem--se a legitimação *ad processum*. Quando não se tem essa associação, de forma objetiva, ocorre o que se chama de legitimação extraordinária ou substituição processual, ou seja, somente quando autorizado pelo ordenamento jurídico pode alguém demandar, em nome próprio, direito alheio (art. 18, CPC).

O espólio é representado por seu inventariante; a massa falida, pelo síndico; a herança jacente, pelo curador; a sociedade em liquidação, pelo liquidante; o condomínio de edifício de apartamentos, pelo síndico etc.; (b) voluntária ou convencional – os poderes do representante decorrem de um ajuste de vontades com o representado. É o que ocorre, por exemplo, no contrato de mandato.[2]

14.1.2 Assistência

Assistência é a intervenção obrigatória de pessoas designadas por lei em atos praticados por relativamente incapazes (arts. 4º e 1.634, VII, CC). É uma forma de proteção legal para a prática de certos atos da vida civil.

No Processo Civil, o menor de 16 anos é representado e não assistido. Contudo, a capacidade civil não pode ser aplicável nos mesmos moldes ao Processo Trabalhista.

Em relação ao trabalho do menor, a CF assevera: proibição de trabalho noturno, perigoso ou insalubre a menores de 18 e de qualquer trabalho a menores de 16 anos, salvo na condição de aprendiz, a partir de 14 anos (art. 7º, XXXIII).

Wagner Gigilio[3] afirma que o menor, dos 14 aos 18 anos, *"é assistido em juízo, e não representado por responsável legal. Qualquer menção da lei à representação do menor deve ser levada à conta da falta de técnica da CLT. As consequências práticas dessa distinção afastam a possibilidade crítica de se tratar de questão teórica de interesse meramente acadêmico. O assistente, ao contrário do representante, apenas supre a deficiência de vontade do assistido, e não a substitui. Assim, não pode o assistente, por exemplo, fazer acordo em nome do assistido, mas é este que, após consulta com seu responsável legal, deve aceitar ou recusar a conciliação proposta".*

No processo do trabalho, a assistência aos maiores de 14 e menores de 18 anos será prestada pelos representantes legais e, na falta destes, pela Procuradoria da Justiça do Trabalho, pelo sindicato, pelo Ministério Público estadual ou curador nomeado em juízo (art. 793, CLT).

Wagner Giglio e Sergio Pinto Martins entendem que outros parentes (irmão, irmã, tio, tia etc.) não podem atuar como assistentes. Quando não houver a presença do representante legal, o magistrado trabalhista deverá observar a gradação dos demais entes legitimados previstos no art. 793 da CLT.

No Processo Civil, compete a ambos os pais, qualquer que seja a sua situação conjugal, o pleno exercício do poder familiar, que consiste em, quanto aos filhos, representá-los judicial e extrajudicialmente até os 16 anos, nos atos da vida civil, e assisti-los, após essa idade, nos atos em que forem partes, suprindo-lhes o consentimento (arts. 1.634, VII, e 1.690, CC) ou quem detenha o poder familiar.

---

[2] Opera-se o mandato quando alguém recebe de outrem poder para, em seu nome, praticar atos ou administrar interesses. A procuração é o instrumento do mandato (art. 653, CC).

[3] Giglio, Wagner. *Direito Processual do Trabalho.* 13. ed., p. 110.

14.1.3 Pessoas absolutamente incapazes

As pessoas absolutamente incapazes eram: (a) os menores de 16 anos; (b) os que, por enfermidade ou deficiência mental, não tiverem o necessário discernimento para a prática desses atos; (c) os que, mesmo por causa transitória, não puderem exprimir sua vontade (art. 3º, I a III, CC).

Com a Lei 13.146/15 (Estatuto da Pessoa com Deficiência), a qual deu nova redação ao art. 3º, CC, por absolutamente incapaz, temos apenas o menor de 16 anos.

Os menores de 16 anos não podem praticar os atos da vida civil, pois o legislador presume que a sua idade não lhe dê condições para atuar com discernimento.

Por enfermidade ou deficiência são as pessoas que *"por motivo de ordem patológica ou acidental, congênita ou adquirida, não estão em condições de reger sua pessoa ou administrar seus bens. Determinadas pessoas, por não terem, por falta de discernimento, a livre disposição de vontade para cuidar dos próprios interesses, são consideradas absolutamente incapazes, devendo ser representadas por um curador (CC, art. 1.767, I), tais como: (a) portadores de enfermidades físico-psíquicas que impedem o discernimento como: demência ou fraqueza mental senil; demência afásica; degeneração, psicastenia; psicose tóxica, psicose autotóxica (depressão, uremia etc.); psicose infectuosa (delírio pós-infeccioso etc.); paranoia; demência arteriosclerótica; demência sifilítica; mal de Parkinson senil, apresentando temores, sensíveis sinais de depressão evolutiva, rigidez muscular, instabilidade emocional e demência progressiva; doença neurológica degenerativa progressiva etc.; (b) deficiência mental ou anomalia psíquica, incluindo alienados mentais, psicopatas mentecaptos, maníacos, imbecis, dementes e loucos furiosos, ou não"*.[4]

Os negócios e os atos jurídicos praticados pelos absolutamente incapazes são nulos (arts. 166, I, e 185, CC). Tais pessoas não podem exercer direitos, direta ou pessoalmente, devendo ser representados. A ordem jurídica impede-os de praticar o ato *per se*. Poderão fazê-lo representados por outra pessoa que tenha maturidade e esteja em seu lugar para lhes suprir a vontade defeituosa. É o fenômeno da representação.

Os absolutamente incapazes serão representados por seus pais (arts. 1.634, VII, e 1.690, CC), tutores[5] ou curadores.[6]

Compete ao tutor representar o menor, até os 16 anos, nos atos da vida civil, e assisti-lo, após essa parte, nos atos em que for parte (art. 1.747, I).

---

[4] DINIZ, Maria Helena. *Curso de Direito Civil brasileiro*. 18. ed., v. 1, p. 143.

[5] Tutor é: "1. Aquele que tem o encargo de dirigir a pessoa e administrar bens de menor que não está sob o pátrio poder do pai ou da mãe, zelando pela sua criação, educação e haveres. Exerce, portanto, um múnus público, imposto pelo Estado, para atender a um interesse coletivo, possibilitando a efetivação do dever estatal de guardar e defender órfãos. 2. Aquele que exerce a tutela, em virtude de lei, testamento ou determinação judicial" (DINIZ, Maria Helena. *Dicionário jurídico*, v. 4, p. 651).

[6] Curador é: "(a) pessoa encarregada judicialmente de administrar bens ou interesses alheios; (b) aquele que rege a pessoa de interditos, como loucos, surdos-mudos sem educação que os habilite a manifestar sua vontade ou pródigos" (DINIZ, Maria Helena. Ob. cit., v. 1, p. 971).

Pela Lei 13.146, a qual deu nova redação ao art. 1.767, CC, a curatela é aplicável aos: (a) que, por causa transitória ou permanente, não puderem exprimir sua vontade; (b) ébrios habituais e os viciados em tóxicos; (c) pródigos.

A Lei 13.146 deu nova redação ao *caput* do art. 1.768, CC, substituindo a expressão *"A interdição deve ser promovida"* por *"O processo que define os termos da curatela deve ser promovido"*, acrescentando, ainda o inciso IV ao art. 1.768, dispondo que a curatela pode ser requerida pela própria pessoa.

Interdição representa a decisão judicial que declara que a pessoa não possui capacidade para administrar seus bens nem praticar nenhum ato jurídico.

O art. 1.768, CC, foi revogado de forma expressa pelo CPC (art. 1.072, II). Atualmente, a interdição pode ser promovida pelo: (a) parente ou tutor; (b) cônjuge ou companheiro; (c) representante da entidade em que se encontra abrigado o interditando; (d) Ministério Público (art. 747, I a IV, CPC).

Apesar da revogação do art. 1.768, CC, ante as alterações sistêmicas da Lei 13.146, a pessoa com deficiência não mais será interditada, visto que deixa de ser absolutamente incapaz (na antiga redação do art. 3, II, CC: *"os que, por deficiência mensal, não tiverem o necessário discernimento para a prática desses atos"*) para ser relativamente incapaz (na nova redação, art. 4º, III: *"aqueles que, por causa transitória ou permanente, não puderem exprimir sua vontade"*). Portanto, os atos praticados pela pessoa com deficiência deixam de estar vinculados ao regime da nulidade e incapacidade absolutas.

Em linhas gerais, com a Lei 13.146, temos dois sistemas de apoio à pessoa com deficiência: (a) curatela para os que, por causa transitória ou permanente, não possam exprimir sua vontade (art. 1.767, I, CC). De absolutamente incapazes, passaram a ser considerados relativamente incapazes; (b) tomada de decisão para todos os portadores com deficiência que tenham limitações no exercício do autogoverno, mas que preservam, precariamente, a aptidão de se expressarem e de se fazerem compreender. De relativamente incapazes, passaram a ser capazes (arts. 6º e 116, Lei 13.146).

14.1.4 Pessoas relativamente incapazes

As pessoas relativamente incapazes eram: (a) os maiores de 16 e menores de 18 anos; (b) os ébrios habituais, os viciados em tóxicos, e os que, por deficiência mental, tenham o discernimento reduzido; (c) os excepcionais, sem desenvolvimento mental completo; (d) os pródigos (art. 4º, I a IV).

Com a Lei 13.146/15 (Estatuto da Pessoa com Deficiência), a qual deu nova redação ao art. 4º, CC, houve a exclusão dos deficientes e dos excepcionais (sem desenvolvimento mental completo) do rol dos relativamente incapazes. Isso significa que os deficientes e os excepcionais poderão praticar os atos da vida civil (art. 6º, Lei 13.146). Caso seja necessário poderá solicitar a designação de pessoas apoiadoras.[7]

---

[7] A Lei 13.146 acresceu ao CC o art. 1.783-A, que trata do instituto denominado de: "Da Tomada de Decisão Apoiada". Isso significa que a pessoa com deficiência, em querendo, poderá solicitar

A capacidade dos indígenas é regulada por legislação especial (art. 4º, parágrafo único), a qual está inserida na Lei 6.001/73, Estatuto do Índio, e o seu regulamento (Dec. 88.118/83). Haverá a cessação dessa tutela na medida em que houver a adaptação do silvícola à civilização do país.[8]

---

a designação de pessoas, por ela indicadas, que lhe deem apoio para a execução dos atos. Citadas pessoas são denominadas apoiadores.

A tomada de decisão apoiada é o processo pelo qual a pessoa com deficiência elege pelo menos duas pessoas idôneas, com as quais mantenha vínculos e que gozem de sua confiança, para prestação de apoio na tomada de decisão sobre atos da vida civil, com o fornecimento de elementos e informações necessários para que possa exercer sua capacidade.

Para formular o pedido, a pessoa com deficiência e os apoiadores devem apresentar termo em que constem os limites do apoio a ser oferecido e os compromissos dos apoiadores, inclusive o prazo de vigência do acordo e o respeito à vontade, aos direitos e aos interesses da pessoa que devem apoiar. O pedido deverá conter as pessoas aptas a prestarem o apoio.

Antes do pronunciamento judicial quanto ao pedido, o juiz, assistido por equipe multidisciplinar, após oitiva do Ministério Público, deverá ouvir, pessoalmente, o requerente e os apoiadores.

A decisão tomada por pessoa apoiada terá validade e efeitos sobre terceiros, sem restrições, desde que esteja inserida nos limites do apoio acordado. O terceiro pode solicitar que os apoiadores assinem o contrato ou acordo, especificando, por escrito, sua função em relação ao apoiado.

Caso o negócio jurídico possa trazer risco ou prejuízo relevante, diante da divergência de opiniões entre a pessoa apoiada e um dos apoiadores, deverá o juiz, ouvido o Ministério Público, decidir sobre a questão.

Se o apoiador agir com negligência, exercer pressão indevida ou não adimplir as obrigações assumidas, poderá a pessoa apoiada ou qualquer pessoa apresentar denúncia ao Ministério Público ou ao juiz. Procedente a denúncia, haverá a destituição do apoiador, sendo que o juiz nomeará, ouvida a pessoa apoiada e se for de seu interesse, outra pessoa para prestação de apoio.

A pessoa apoiada pode, a qualquer tempo, solicitar o término de acordo firmado em processo de tomada de decisão apoiada.

O apoiador pode solicitar ao juiz a exclusão de sua participação do processo de tomada de decisão apoiada, sendo seu desligamento condicionado à manifestação do juiz sobre a matéria.

Aplicam-se à tomada de decisão apoiada, no que couber, as disposições referentes à prestação de contas na curatela.

[8] Não haverá discriminação entre trabalhadores indígenas e os demais trabalhadores, com a aplicação de todos os direitos e garantias das leis trabalhistas e de previdência social (art. 14, *caput*, Lei 6.001/73). É permitida a adaptação de condições de trabalho aos usos e costumes da comunidade a que pertencer o índio (art. 14, parágrafo único). Serão nulos os contratos de trabalho ou de locação de serviços realizados com os índios isolados (quando vivem em grupos desconhecidos ou de que se possuem poucos e vagos informes através de contatos eventuais com elementos da comunhão nacional – art. 4º, *i*) (art. 15). Os contratos de trabalho ou de locação de serviços realizados com indígenas em processo de integração ou habitantes de parques ou colônias agrícolas dependerão de prévia aprovação do órgão de proteção ao índio, obedecendo, quando necessário, a normas próprias (art. 16, *caput*). Será estimulada a realização de contratos por equipe, ou a domicílio, sob a orientação do órgão competente, de modo a favorecer a continuidade da via comunitária (art. 16, § 1º). Em qualquer caso de prestação de serviços por indígenas não integrados, o órgão de proteção ao índio exercerá permanente fiscalização das condições de trabalho, denunciando os abusos e providenciando a aplicação das sanções cabíveis (art. 16, § 2º). O órgão de assistência ao

O ato praticado pelo relativamente incapaz não é nulo, e sim anulável (art. 171, I, CC). A anulabilidade deve ser requerida em juízo (art. 177). O relativamente incapaz é assistido. O absolutamente incapaz é representado.

Os relativamente incapazes serão assistidos pelos seus pais, tutores ou curadores.

Os maiores de 16 anos e menores de 18 anos podem praticar os atos da vida civil. Realiza-se o ato da vida civil com a orientação, a opinião de um assistente.

O art. 5º, V, do CC, estabelece que é o caso de emancipação quando o menor com 16 anos completos, pelo estabelecimento civil ou comercial, ou pela existência de relação de emprego, desde que, em função deles, tenha economia própria.

Para Edilton Meireles,[9] a expressão "economia própria" *"deve ser entendida como a percepção de remuneração suficiente para o seu sustento próprio e de sua família. Entendemos, então, que, ainda que formalmente, com a simples percepção do salário mínimo se estará preenchendo esse requisito, pois é a lei que, ao definir o seu valor, preceitua o que seja o mínimo necessário para subsidiar o sustento do empregado e de sua família. Faltará essa 'economia própria', quando, por exemplo, o menor é admitido para receber salário inferior ao mínimo legal, o que pode ocorrer se contratado a tempo parcial, por exemplo".*

Portanto, o menor empregado, com 16 anos completos, se tiver condições de prover o sustento próprio e/ou de sua família, automaticamente, está emancipado pela Lei Civil.

Pródigo é a pessoa que, de uma forma desordenada, dissipa o seu patrimônio, reduzindo-se à miséria. A interdição do pródigo não é ampla. Pode praticar atos de mera administração. Contudo, sem a presença do curador, não poderá emprestar, transigir, dar quitação, alienar, hipotecar, demandar ou ser demandado (art. 1.782).

14.1.5 Menor de idade e o direito do trabalho

No Direito do Trabalho, a idade, como critério a justificar a plena capacidade, não possui as mesmas regras que na órbita do Direito Civil.

É absolutamente incapaz para o trabalho o menor de 16 anos, salvo o menor aprendiz, a partir dos 14 anos. É permitido o labor para o maior de 16 e o menor de 18 anos, excetuando-se as condições insalubres e periculosas, bem como o labor noturno (art. 7º, XXXIII, CF). A partir dos 18 anos, é plena a capacidade trabalhista.

O Decreto 6.481, de 12/6/2008, regulamenta os arts. 3º, alínea *d*, e 4º da Convenção 182, OIT, que trata da proibição das piores formas de trabalho infantil e ação imediata para sua eliminação, aprovada pelo Decreto Legislativo 178, de 14/12/1999, e promulgada pelo Decreto 3.597/00. Como se denota, trata-se de uma nova regulamentação de trabalho proibido para o menor.

---

indígena propiciará o acesso, aos seus quadros, de índios integrados, estimulando a sua especialização indigenista (art. 16, § 3º).

[9] MEIRELES, Edilton. *O novo Código Civil e o direito do trabalho*. 2. ed., p. 14.

De acordo com o art. 1º fica aprovada a Lista das Piores Formas de Trabalho Infantil (Lista TIP), na forma do Anexo que acompanha o Dec. 6.481. A classificação de atividades, locais e trabalhos prejudiciais à saúde, à segurança e à moral, nos termos da Lista TIP, não é extensiva aos trabalhadores maiores de 18 anos (art. 2º, § 3º). A Lista TIP será periodicamente examinada e, se necessário, revista em consulta com as organizações de empregadores e de trabalhadores interessadas (art. 5º).

Está proibido o trabalho do menor de 18 anos nas atividades descritas na Lista TIP, a qual poderá ser elidida na hipótese de: (a) ser o emprego ou trabalho, a partir da idade de 16 anos, autorizado pelo Ministério do Trabalho e Emprego (MTE), após consulta às organizações de empregadores e de trabalhadores interessadas, desde que fiquem plenamente garantidas a saúde, a segurança e a moral dos adolescentes; (b) aceitação de parecer técnico circunstanciado, assinado por profissional legalmente habilitado em segurança e saúde no trabalho, que ateste a não exposição a riscos que possam comprometer a saúde, a segurança e a moral dos adolescentes, depositado na unidade descentralizada do MTE da circunscrição onde ocorrerem as referidas atividades (art. 2º, § 1º, I e II).

As controvérsias sobre a efetiva proteção dos adolescentes envolvidos em atividades constantes do parecer técnico serão objeto de análise por órgão competente do MTE, que tomará as providências legais cabíveis (art. 2º, § 2º).

Os trabalhos técnicos ou administrativos serão permitidos, desde que fora das áreas de risco à saúde, à segurança e à moral, ao menor de 18 e maior de 16 anos e ao maior de 14 e menor de 16, na condição de aprendiz (art. 3º).

Para fins de aplicação das alíneas *a*, *b* e *c* do art. 3º da Convenção 182, OIT, integram as piores formas de trabalho infantil: (a) todas as formas de escravidão ou práticas análogas, tais como venda ou tráfico, cativeiro ou sujeição por dívida, servidão, trabalho forçado ou obrigatório; (b) a utilização, a demanda, oferta, tráfico ou aliciamento para fins de exploração sexual comercial, produção de pornografia ou atuações pornográficas; (c) a utilização, recrutamento e oferta de adolescente para outras atividades ilícitas, particularmente para a produção e tráfico de drogas; (d) o recrutamento forçado ou compulsório de adolescente para ser utilizado em conflitos armados.

A Portaria 88, de 28/4/2009, da Secretaria de Inspeção do Trabalho, estabelece, para fins do art. 405, I, da CLT, como locais e serviços perigosos ou insalubres, proibidos ao trabalho do menor de 18 anos, os descritos no item denominado "Trabalhos Prejudiciais à Saúde e à Segurança" (LISTA TIP), revogando, assim, a Portaria 20, de 13/9/2001.

A IN SIT 102, de 28/3/2013, estabelece os procedimentos para a atuação da inspeção do trabalho no combate ao trabalho infantil e proteção ao adolescente trabalhador.

14.2 A IDONEIDADE DO OBJETO

O CC não aponta com exatidão os critérios para a diferenciação entre o objeto da obrigação e o objeto do contrato.

Na doutrina, o objeto do contrato é a operação jurídica pretendida pelas partes, enquanto, na obrigação, o seu objeto é a prestação assumida pela parte em função do contrato, podendo ser de dar, fazer e não fazer.

Na obrigação, o objeto pode ser imediato e mediato. Imediato é a prestação de dar, fazer ou não fazer. Mediato é o conteúdo dessas prestações.

O objeto imediato do contrato individual de trabalho é a obrigação de fazer do empregado (trabalho subordinado) e a obrigação de dar do empregador (remuneração).

O conteúdo (objeto mediato) dessas prestações envolve: (a) para o empregado, o complexo das atividades a serem executadas; (b) para o empregador, o pagamento dos salários contratados.

O art. 104, II, estabelece que a validade do negócio jurídico exige o objeto lícito, possível, determinado ou determinável. Em outras palavras, trata da idoneidade do objeto. A idoneidade do objeto é ampla. Pode compreender atos: (a) não contrários à moral, à ordem pública e aos bons costumes; (b) que objetivem prestações fisicamente impossíveis, como viagem ao centro da terra; (c) que estabeleçam prestações juridicamente impossíveis, tais como a herança de pessoa viva (art. 426).

No Direito do Trabalho, o objeto idôneo sintetiza o próprio conteúdo do contrato de trabalho. A atividade é um dos elementos característicos do contrato de trabalho. Deve estar em sintonia com a ordem, moralidade, os bons costumes e a ordem pública, além de ser possível do ponto de vista físico e jurídico.

Na visão de José Affonso Dallegrave Neto,[10] o conceito de "licitude" (= idoneidade) é *"abrangente e significa a conformidade com o direito, ou seja, estar em sintonia com a lei, a moral e os bons costumes. Na prática, quando se fala em objeto do contrato, ora se pensa nas obrigações (objeto imediato), ora no seu conteúdo (objeto mediato). Conforme leciona corretamente o professor Sílvio Venosa, 'pelo nosso sistema, o exame da idoneidade do objeto se refere a ambos'. Não obstante o artigo 82 do Código Civil mencionar somente a expressão objeto lícito, a doutrina, com base na acertada e completa expressão do artigo 145, II, do mesmo codex, amplia o predicado para objeto lícito e possível. Por objeto possível se entende aquele materialmente factível de ser realizado. Riva Sanseverino acrescenta 'que, no contrato de trabalho, o objeto deve ser possível, lícito, determinado ou determinável', uma vez que impossível obrigar alguém a pagar alguma coisa, ou a exercer alguma atividade, de forma indeterminada".*

No âmbito do Direito do Trabalho aplicamos os requisitos do negócio jurídico para a validade do contrato individual de trabalho, contudo com uma ressalva: a diferenciação necessária entre o trabalho ilícito e o proibido.

Mauricio Godinho Delgado[11] ensina que: *"A ordem jurídica somente confere validade ao contrato que tenha objeto lícito (art. 145, II, CCB/1916; art. 166, II, CCB/2002). O Direito do Trabalho não destoa desse critério normativo geral. Enquadrando-se o*

---

[10] DALLEGRAVE NETO, José Affonso. *Contrato individual de trabalho*: uma visão estrutural, p. 109.
[11] DELGADO, Mauricio Godinho. *Curso de direito do trabalho.* 5. ed., p. 501.

labor prestado em um tipo legal criminal, rejeita a ordem justrabalhista reconhecimento jurídico à relação socioeconômica formada, negando-lhe, desse modo, qualquer repercussão de caráter trabalhista. Não será válido, pois, contrato laborativo que tenha por objeto trabalho ilícito. Contudo, há uma distinção fundamental a ser observada no tocante a esse tema. Trata-se da diferença entre ilicitude e irregularidade do trabalho. Ilícito é o trabalho que compõe um tipo legal penal ou concorre diretamente para ele; irregular é o trabalho que se realiza em desrespeito à norma imperativa vedatória de labor em certas circunstâncias ou envolvente de certos tipos de empregados. Embora um trabalho irregular possa também, concomitantemente, assumir caráter de conduta ilícita (exercício irregular da medicina, por exemplo), isso não necessariamente se verifica. A doutrina e a jurisprudência tendem também a chamar o trabalho irregular de trabalho proibido, pela circunstância de ele importar desrespeito à norma proibitiva expressa do Estado. É exemplo significativo de trabalho irregular (ou proibido) aquele executado por menores em período noturno ou em ambientação perigosa ou insalubre. Na mesma direção o trabalho executado por estrangeiro sem autorização administrativa para prestação de serviços."

Para Carlos Henrique da Silva Zangrando o objeto do contrato individual de trabalho pode ser: (a) lícito, mas executado em atividade ilícita; (b) ilícito.

Na primeira hipótese, a atividade ilícita realizada pelo empregador não contamina o contrato de trabalho: *"A ilicitude da atividade do empregador não se transmite, e nem contamina o contrato de trabalho cujo objeto é, primariamente, lícito (utile per inutili vitiari non debet). Indiferente o fato do empregado ter conhecimento da ilicitude das atividades do empregador. No máximo, deveria denunciá-lo. Assim, por exemplo, uma arrumadeira ou faxineira contratada para trabalhar em residência ou casa de favorecimento ao lenocínio não comete ao ilícito (CP, art. 229). No mesmo sentido, não é ilícito o trabalho do garçom de cassino clandestino (Dec.-lei nº 9.215/46). Também não é ilícito o contrato de empregado doméstico cujo patrão armazena substâncias entorpecentes em casa (Lei nº 11.343/06, art. 28)."*[12]

Na segunda hipótese, o trabalho realizado pelo empregado é ilícito, visto que se tem a ofensa de um dispositivo legal, geralmente, relacionado com a órbita penal: *"No contrato de trabalho com objeto ilícito, a nulidade é absoluta e total, não havendo que se falar em quaisquer direitos trabalhistas aos 'empregados', pois que, neste caso, não há sequer formação de contrato de trabalho. E não havendo contrato, não haverá os acessórios (direitos trabalhistas e previdenciários). Irrelevante se presente a subordinação do 'empregado' para com o 'empregador'. São exemplos de contrato de trabalho com objeto ilícito a contratação de um indivíduo para executar homicídios, mediante ordens (CP, art. 121), o contrato de indivíduo para constranger alguém, mediante violência ou grave ameaça (CP, art. 146), a contratação de indivíduo para execução de furtos ou roubos (CP, arts. 155 e 157), a contratação de apontadores do jogo do bicho (Dec.-lei nº 3.666/41, art. 58, e OJ SBDI-1*

---

[12] ZANGRANDO, Carlos Henrique da Silva. *Curso de direito do trabalho*, v. 1, p. 651.

nº 199); a contratação de vendedor de CD ou DVD 'pirata', o treinador de animais (cães, galos e outros) para luta em 'rinha', ou o vendedor de rifa (Dec.-lei nº 3.688/41, art. 50)."[13]

14.3 FORMA

A forma é o requisito que deve ser observado na prática de um ato para que seja considerado jurídico. Reflete a maneira pela qual o ato se exterioriza, ou seja, o modo pelo qual se apresenta no mundo jurídico.

Há de ser analisada em função de dois aspectos: (a) no interno, faz-se a constatação da capacidade do agente, da licitude do objeto e da manifestação de vontade; (b) no externo, leva-se em consideração se o ato jurídico observa ou não as formalidades previstas em lei para a sua validade.

Tem-se a exigência da forma pelos seguintes motivos: (a) autenticidade do ato; (b) garantia da livre manifestação da vontade das partes; (c) em função da importância do ato; (d) prova da realização do ato jurídico.

Em função da observância necessária ou não da forma prescrita em lei para a sua existência, os atos jurídicos classificam-se em solenes e não solenes.

Como regra, os contratos não exigem a forma especial, exceto quando a lei expressamente a exigir (art. 107, CC).

Além da forma prevista em lei (art. 166, IV), também é obrigatória a observância da solenidade[14] que a lei considere essencial para a sua validade (art. 166, V), sob pena de nulidade do ato jurídico.

Os arts. 107 e 166, IV e V, CC, são aplicáveis à órbita jurídica trabalhista.

Como regra, o contrato de trabalho é um ato jurídico não solene, podendo ser: tácito ou expresso, verbal ou por escrito e por prazo determinado ou indeterminado (art. 443, *caput*, CLT). Com a Reforma Trabalhista, o art. 443 também passou a prever que o contrato de trabalho poderá ser para prestação de trabalho intermitente (art. 452-A).

Há exceções: exige-se a forma escrita para os contratos de aprendizagem, de serviço temporário, de artista, de atleta profissional de futebol e, ainda, para a rescisão de todos os contratos de trabalho com duração efetiva superior a 1 ano.

14.3.1 A prova do contrato individual de trabalho

Prova[15] é o conjunto de meios que são aplicados legalmente, para demonstrar a existência dos atos jurídicos, tais como: confissão; atos processados em juízo; documen-

---

[13] ZANGRANDO, Carlos Henrique da Silva. Ob. cit., p. 651.
[14] Solenidades são as formalidades ou cerimônias previstas em lei, que devem ser observadas na realização dos atos jurídicos, sob pena de sua nulidade.
[15] O vocábulo "prova", originado do latim *probatio*, o qual deriva do verbo *probare*, é aquilo que tem o condão de demonstrar a veracidade de algum fato ou autenticidade de alguma coisa. A

tos públicos e particulares; testemunhas; presunções; exames e vistorias; arbitramento e inspeção judicial.

14.3.1.1 A Carteira de Trabalho e Previdência Social

O meio de prova, por excelência, quanto à existência do contrato individual de trabalho, é a anotação na carteira profissional (CTPS) (art. 456, *caput*, CLT).

As anotações inseridas na carteira de trabalho não possuem valor absoluto. Vale dizer: geram apenas uma presunção *iuris tantum*, na medida em que o seu conteúdo pode ser elidido por outros meios lícitos de provas (Súm. 12, TST; Súm. 225, STF).

Para Délio Maranhão,[16] *"as anotações na Carteira do empregado fazem prova absoluta contra o empregador e equivalem à confissão. Contra o empregado, tais anotações fazem prova relativa: presumem-se verdadeiras, mas essa presunção poderá vir a ser destruída mediante prova contrária. O valor probante absoluto contra o empregador supõe anotação regular. Não prevalece quando feita por quem não tinha poderes e pode ser anulada nos mesmos casos em que é anulável a confissão (erro de fato, dolo ou violência). Note-se que apenas os fatos podem ser objeto de confissão".*

14.3.1.2 Documento escrito

A CLT também admite, como meio de prova do contrato de trabalho, o instrumento escrito (art. 456, *caput*).

Um dos princípios peculiares do Direito do Trabalho é o relativo à primazia da realidade, logo, surge uma indagação: será que o legislador consolidado está se referindo a instrumento ou a documento escrito?

De forma genérica, documento é a *"coisa representativa de um ato ou fato. Nesse sentido, os instrumentos são espécies do gênero documentos".*[17]

---

doutrina aponta dois sentidos para a palavra prova: (a) objetivo – os meios admissíveis em direito (depoimentos, documentos, perícias etc.) para a demonstração dos fatos narrados em juízo; (b) subjetivo – a visualização da verdade dos fatos indicados pelas partes no curso do processado. Assim, temos como claro que a prova consiste no meio idôneo destinado a convencer o julgador (destinatário da prova) da veracidade da alegação feita no processo. O conceito de verdade pode ser visto pelos seguintes prismas: (a) real ou material – é a verdade que corresponde ao plano de como os fatos ocorreram; (b) formal ou processual – é a que surge nos autos, como consequência das provas produzidas pelas partes. Nem sempre corresponde à verdade real. No Processo do Trabalho, o juiz deve zelar pela busca da verdade real, já que possuem ampla liberdade na direção do processo, inclusive zelando pelo andamento rápido das causas, podendo determinar qualquer diligência necessária ao esclarecimento delas (art. 765, CLT). Assim, em situações de revelia ou de uma *ficta confessio*, o magistrado deve ouvir a parte contrária ou as testemunhas presentes, quando não estiver convencido das alegações postas em juízo.

[16] MARANHÃO, Délio. *Direito do trabalho.* 8. ed., p. 46.
[17] SANTOS, Moacyr Amaral. *Primeiras linhas de direito processual civil.* 7. ed., v. 2, p. 392.

O CC, ao disciplinar a prova dos atos jurídicos, impõe a diferenciação entre instrumentos e documentos, como espécies de documentos escritos.

O instrumento previsto na Lei Civil (arts. 221, 217 e 218) é o documento elaborado com o objetivo de servir, no futuro, como prova do ato nele representado. Trata-se de um documento pré-constituído. A sua elaboração exige a observância de forma especial ou das solenidades estabelecidas em lei, dependendo da importância e da finalidade do ato.

Os instrumentos podem ser: (a) públicos, os quais decorrem da atividade do servidor público no exercício de suas funções: o título de nomeação do funcionário público, o instrumento público de mandato, a escritura pública de compra e venda de imóvel, a inscrição dessa escritura no Registro de Imóveis, o testamento público, a sentença judicial, a penhora feita pelos oficiais de justiça etc.; (b) particulares ou privados, que resultam da prática de atos por particulares ou seus representantes: a letra de câmbio, a nota promissória, o cheque, a escritura particular de compra e venda de imóveis, o instrumento particular de mandado, o instrumento particular de locação de serviços etc.

No sentido restrito, documento representa o escrito, o qual não foi feito especialmente para provar a existência ou formação de um ato. Não pode ser visto como prova pré-constituída do ato, servindo, apenas, como um elemento de prova.

Os documentos podem ser: (a) públicos, os quais são originários da atividade do servidor público no cumprimento de suas atribuições funcionais: as mensagens do Presidente da República ao Congresso Nacional, as publicações de atos administrativos no Diário Oficial, as guias de recolhimentos de impostos etc.; (b) particulares ou privados, que decorrem da atuação de particulares ou de seus representantes: uma carta missiva, um aviso de estabelecimento bancário dirigido ao devedor dando-lhe notícia do vencimento da dívida, um convite para casamento, a notícia pela imprensa de um acontecimento.

Após a diferenciação entre instrumento e documento, conclui-se que o legislador, de fato, no art. 456 da CLT, refere-se a documento escrito.

Em tese, se fosse instrumento escrito, não poderia haver prova em contrário (art. 107, CC).

O aspecto formal do ato jurídico no Direito do Trabalho é a exceção, não havendo uma forma especial obrigatória para o contrato individual de trabalho (art. 443, CLT).

Exemplos de contratos especiais de trabalho que exigem a celebração de documento: aprendizagem (art. 428, CLT); trabalho temporário (art.11, Lei 6.019/74); atletas profissionais de modalidades esportivas (art. 28, *caput*, Lei 9.615/98); artistas e técnicos em espetáculos de diversão (art. 9º, *caput*, art. 10, Lei 6.533/78).

14.3.1.3 Outros meios de prova

No Direito do Trabalho, o princípio da primazia da realidade *"revela a importância, não só das manifestações tácitas durante a vigência do pacto, mas também o predomínio das relações concretas travadas pelas partes sobre as formas, ou mesmo da própria realidade sobre a documentação escrita. O que ocorre, na práxis, é que traduz o verdadeiro contrato e não aquilo que é estipulado documentalmente pelas partes".*[18]

No caso da inexistência da anotação do contrato na carteira de trabalho ou do documento escrito, a prova poderá ser suprida por todos os meios permitidos em Direito (art. 456, *caput*, CLT).

Havendo divergência entre a realidade e o que está anotado e inserido na carteira de trabalho ou documento escrito, pela aplicação do princípio da primazia da realidade, admite-se a adoção de outros meios de prova em juízo.

14.3.1.4 Ônus da prova

O termo "ônus" significa obrigação, dever, encargo de alguém ou de uma das partes. Assim, ônus da prova significa o dever da parte de fazer prova de suas alegações.

A incumbência do ônus da prova encontra-se delineada pelos arts. 818, CLT, e 373, CPC, os quais determinam que o ônus probatório do autor é em relação aos fatos constitutivos de seu direito, enquanto o réu deve provar os fatos: impeditivo, modificativo ou extintivo da pretensão do autor.

Por fato constitutivo temos aquele que gera o direito do autor e, via de consequência, o dever do réu. Em outras palavras, são aqueles que, provados, concedem ao autor o deferimento da sua pretensão inicial (ex.: o trabalho em jornada suplementar; a identidade de função para efeito de equiparação salarial; a ocorrência da justa causa do empregador em caso de rescisão indireta do contrato de trabalho etc.).

Enquanto fato impeditivo é aquele que impede que de um fato decorra efeito jurídico que seria normal (ex.: o reclamante pretende o pagamento de horas extras diárias, a reclamada apresenta um acordo coletivo de compensação de jornada, com folga em outro dia da semana), o fato modificativo é aquele que, sem impedir ou excluir a relação jurídica, tem o poder de modificar a situação jurídica (ex.: o empregado exige o pagamento imediato das comissões; o empregador informa que as mesmas são devidas, contudo de forma parcelada); e, por fim, fato extintivo do direito do autor é o que torna sem razão a pretensão inicial (o pagamento das horas extras ou das verbas rescisórias solicitadas).

Se o réu apresenta sua defesa apenas negando as alegações (fatos) em que se baseia a pretensão inicial do autor, este terá o ônus de provar os fatos constitutivos do seu direito.

Por outro lado, se a defesa do réu apresenta fatos capazes de alterar ou eliminar as consequências jurídicas daquele fato descrito pelo autor, o ônus da prova será seu, uma vez que implicitamente admitiu a veracidade das alegações iniciais e porque a sua defesa baseia-se em fatos modificativos, extintivos e impeditivos.

O juiz, de ofício, poderá determinar a realização de provas que julgar necessárias à instrução do processo (arts. 765, CLT, e 370, CPC). Esse dispositivo não deve suprir

---

[18] GENRO, Tarso Fernando. *Direito individual do trabalho*: uma abordagem crítica, p. 61.

o ônus da prova das partes, mas tão somente produzir novas provas, a fim de auxiliar o julgador na avaliação das provas que já se encontram nos autos.

Porém, o magistrado sensível e atuante não pode manter-se distante da real necessidade das partes e do objetivo maior do processo, a busca da justiça, bem como da obrigação do Estado em prestar a tutela jurisdicional, preservando as relações sociais, evitando situações onde as partes procuram fazer justiça pelas próprias mãos.

A princípio, o contrato individual de trabalho, como negócio jurídico, deve ser provado por quem o alega. O autor deverá provar os fatos constitutivos de seu direito: a subordinação, o salário e a prestação pessoal dos serviços.

Para alguns doutrinadores, se o réu não nega a prestação dos serviços, afirmando outro tipo de relação jurídica – trabalho autônomo, eventual ou avulso –, chama para si o respectivo ônus probatório, em função da alegação de fatos impeditivos, modificativos ou extintivos do direito do autor.

Nesse sentido, Délio Maranhão:[19] *"A inexistência de tais circunstâncias (fatos impeditivos), bem como os fatos extintivos (pagamento, prescrição) constituem matéria de exceção, cabendo a prova à parte que os alega. Embora não se prenda à validade do contrato, o caráter eventual da prestação entende-se como fato impeditivo."*

Se o réu negar a prestação dos serviços, ao autor caberá a prova do vínculo de emprego.

14.4 NULIDADE

Ato jurídico é todo ato lícito que tenha por fim imediato adquirir, resguardar, transferir, modificar ou extinguir direitos. Entretanto, como toda obra humana, o ato jurídico é suscetível de defeitos, vícios, que acarretam consequências.

As consequências são as seguintes: (a) atos inexistentes, por vício essencial, não chegam a ter existência jurídica, possuindo apenas uma aparência de validade; (b) atos nulos surgem afetados por vício insanável, não produzindo efeito válido entre as partes, pois não se podem adquirir direitos contra a lei; entretanto, a nulidade deve ser reconhecida pelo Judiciário; (c) ato anulável é aquele em que a vontade do agente se mostra viciada por erro, dolo, coação ou simulação; mas a anulação só é possível se provocada pelos interessados; (d) atos irregulares são aqueles sanáveis, porque sua realização não levou em conta requisito não essencial à sua validade.

Pode haver vícios ou defeitos que podem levar à denominada nulidade absoluta (atos nulos) ou à anulabilidade do ato jurídico (atos anuláveis).

Mauricio Godinho Delgado[20] ensina: *"Nulidade é a invalidação da existência e/ou dos efeitos jurídicos de um ato ou seu componente em virtude de se chocar com regra jurídica imperativa. Ou, ainda, a 'consequência jurídica prevista para o ato praticado em*

---

[19] MARANHÃO, Délio. Ob. cit., p. 46.
[20] DELGADO, Mauricio Godinho. Ob. cit., p. 507.

desconformidade com a lei que o rege, que consiste na supressão dos efeitos jurídicos que ele se destinava a produzir'. A nulidade deriva da ocorrência de defeitos ou vícios no ato ou seu elemento integrante. Tais defeitos e vícios, como se sabe, podem ter origem em aspectos subjetivos vinculados às próprias partes contratuais (por exemplo, ausência de capacidade adequada à prática válida do ato em exame), ou à higidez da manifestação de vontade dessas partes (como ocorre com os defeitos denominados erro, dolo ou coação). Podem tais defeitos e vícios também ter origem em aspectos objetivos vinculados ao ato mesmo ou seus elementos e aspectos integrantes. É o que se passa quer com os denominados vícios sociais (simulação e fraude à lei trabalhista), quer com a afronta a requisitos legais dirigidos aos elementos jurídico-formais do contrato (por exemplo, ilicitude do objetivo contratual ou desrespeito a formalidade contratual imperativa)."

14.4.1 Atos nulos

Ocorre a nulidade do ato jurídico quando: (a) celebrado por pessoa absolutamente incapaz; (b) for ilícito, impossível ou indeterminável o seu objeto; (c) o motivo determinante comum a ambas as partes for ilícito; (d) não revestir a forma prescrita em lei; (e) for preterida alguma solenidade que a lei considere essencial para a sua validade; (f) tiver por objetivo fraudar lei imperativa; (g) a lei taxativamente o declarar nulo, ou proibir-lhe a prática, sem cominar sanção (art. 166, I a VII, CC).

14.4.1.1 Simulação

Na estrutura do CC, a simulação é causa de nulidade do ato jurídico (art. 167, § 1º, I a III, e § 2º).

Simulação é a declaração enganosa da vontade, com o intuito de produzir efeito diverso do aparentemente indicado. É o desacordo intencional entre a vontade interna e a declarada. Tem-se a realização de um ato jurídico aparente, com a devida ocultação do ato efetivamente desejado.

Os seus requisitos são: (a) como regra – uma declaração bilateral da vontade; (b) é sempre fruto da combinação com a outra parte que participa da relação jurídica ou das pessoas que participam da relação jurídica; (c) o ato emanado da simulação não reflete a real intenção das partes e tem o escopo de prejudicar ou iludir a terceiros.

Em geral, a simulação nos atos jurídicos ocorre quando: (a) aparentar conferir ou transmitir direitos a pessoas diversas das a quem realmente se confere ou transmite; (b) contiver declaração, confissão, condição ou cláusula não verdadeira; (c) os instrumentos particulares foram antedatados ou pós-datados (art. 167, § 1º, I a III).

Ficam ressalvados os direitos de terceiros de boa-fé em face dos contraentes do ato jurídico simulado (art. 167, § 2º).

Pela Lei Civil, o negócio jurídico simulado deverá subsistir, se for válido na sua substância e forma, consoante o disposto no art. 167, *caput*. Essa disposição é aplicável ao Direito do Trabalho, notadamente pela aplicação do princípio da primazia da realidade. As simulações de pagamento, como é o caso de salário pago "por fora", não elidem os direitos trabalhistas quanto aos recolhimentos fundiários e demais incidências em: férias, décimo terceiro salário etc., inclusive gerando o direito às parcelas previdenciárias.

14.4.2 Atos anuláveis

As hipóteses que evidenciam a anulabilidade do ato jurídico são: (a) incapacidade relativa do agente; (b) vício resultante de erro, dolo, coação, estado de perigo, lesão ou fraude contra credores (art. 171, I e II, CC).

14.4.2.1 Erro

De forma concreta, erro e ignorância (arts. 138 a 144, CC) não são expressões sinônimas, porém, diante da lei, os seus efeitos são equiparados. Erro é a falsa noção a respeito de um fato ou pessoa. Ignorância é a falta de conhecimento a respeito de um fato ou pessoa.

O erro pode ser substancial ou acidental. Substancial é o erro de uma tamanha intensidade que, se fosse conhecida a verdade, não se teria a manifestação de vontade. Acidental é o erro de menor importância ou realce.

Para se decretar a nulidade do ato jurídico, o erro deve ser substancial (art. 138).

A distinção *supra* se torna clara quando se tem a análise dos tipos legais de erros substanciais (arts. 138 e 139):

a) interessa à natureza do ato – tenciona-se praticar um ato e, no entanto, realiza-se outro: João entrega determinado objeto a título de empréstimo, e José o recebe a título de doação;

b) sobre o objeto principal da declaração – a coisa concretizada no ato, em verdade, não era pretendida pelo agente: o comprador acredita sejam parafusos os objetos que adquiriu e, de fato, são pregos;

c) recai sobre alguma das qualidades essenciais do objeto principal da declaração – o erro envolve a qualidade do bem que o adquirente possa estar comprando: alguém que compra candelabros prateados (de prata), mas são de latão; quem adquire um quadro de Portinari pensando ser o original, quando de fato é uma cópia;

d) diz respeito a qualidades essenciais da pessoa a quem a declaração se refere – o erro envolve a própria pessoa em relação à qual se tem o ato jurídico em si. É o caso do testamento contemplando filho natural e que, ao depois, se descobre não ser filho do testador.

Como se constata dos tipos legais, o erro deve ser concreto e plausível para a decretação da anulabilidade. Não basta a ocorrência de mero engano (art. 142).

O art. 140 autoriza às partes a faculdade de estabelecer o erro acidental como substancial. Em tese, o erro sobre o movimento de negócios de um estabelecimento não é substancial. Contudo, as partes convencionam que essa é a razão determinante do contrato, logo, o erro sobre tal assunto é promovido de acidental a substancial, podendo ser alegado para se promover a anulação do ajuste.

O erro de cálculo não autoriza a nulidade do ato jurídico, havendo somente a retificação da declaração de vontade (art. 143).

O erro não prejudica a validade do ato jurídico quando a pessoa, a quem a manifestação de vontade se dirige, oferecer-se para executá-la na conformidade da vontade real do manifestante (art. 144).

14.4.2.1.1 Erro de fato ou de direito

Erro de fato reflete a falsa noção a respeito de uma coisa ou de uma pessoa. Em outras palavras, uma circunstância de fato. Exemplo: a contratação de um técnico de informática, de grande capacidade profissional, que tenha o nome de Pedro José da Silva. De forma equivocada, no processo de seleção, é selecionada outra pessoa, com nome idêntico (homônimo).

Erro de direito decorre da falsa noção a respeito da existência de uma norma jurídica.

Para Maria Helena Diniz,[21] erro de direito é o *"relativo à existência de uma norma jurídica, supondo-se, exemplificativamente, que ela esteja em vigor, quando, na verdade, foi revogada. Tal erro não é considerado como causa de anulação de ato jurídico porque 'ninguém se escusa de cumprir a lei, alegando que não a conhece'; todavia, a jurisprudência e a doutrina têm entendido que o* error juris, *desde que afete a manifestação da vontade, na sua essência, viciando o consentimento, ou melhor, desde que tenha sido o motivo único e principal a determinar a vontade, não podendo, contudo, recair sobre norma cogente, mas apenas sobre normas dispositivas, sujeitas ao livre acordo das partes".*

O cidadão não pode alegar o desconhecimento da lei para se furtar ao seu cumprimento. Essa alegação fere o bom-senso e a vida em sociedade.

Como regra, é inadmissível a alegação de que a lei não foi cumprida por não a conhecer (art. 3º, LINDB).

Há situações em que ocorre uma noção equivocada a respeito da aplicação da lei e, dependendo dessa noção equivocada na formação da declaração, denota-se o erro de direito, o que somente pode ser feito em cada caso concreto.

Várias são as situações que podem ser arguidas para se arrefecer o citado princípio: (a) o conhecimento e a exata aplicação das leis é restrito a uma pequena parte da população; (b) a vasta e complexa rede legislativa dos ordenamentos jurídicos contemporâneos; (c) o caráter técnico da linguagem jurídica, que é inacessível ao homem comum; (d) o analfabetismo de certas regiões ou povos; (e) o antagonismo existente nas interpretações jurisdicionais a respeito de determinadas leis.

---

[21] DINIZ, Maria Helena. *Dicionário jurídico*, v. 2, p. 359.

O CC equiparou o erro de direito ao erro de fato, ou seja, o erro é substancial quando, sendo de direito e não implicando recusa à aplicação da lei, for o motivo único ou principal do ato jurídico (art. 139, II).

14.4.2.2 Dolo

O dolo resulta do emprego de artifícios ou meios astuciosos, os quais são empregados para induzir alguém à prática de um ato que o prejudica, aproveitando ao autor do dolo ou a terceiro. Trata-se do erro intencional, ou seja, a ideia falsa não é da própria vítima, mas decorrente da malícia alheia.

Os elementos do dolo são: (a) a intenção de induzir o declarante a praticar o ato jurídico; (b) o emprego de artifícios graves e fraudulentos pela parte beneficiada ou por terceiro; (c) como causa originária e determinante da declaração de vontade.

Como espécies de dolo têm-se: a) principal, causa originária e determinante do ato jurídico e que leva à sua anulação (art. 145, CC): uma pessoa simples induzida a vender por preço baixo quinhão hereditário relativamente valioso; a contratação de técnico de informação pelo seu currículo profissional, o qual apresenta diplomas de conclusão de cursos falsificados; b)   acidental, presente na realização do ato jurídico, mas não é essencial para a sua concretização: a compra e venda de um imóvel por um preço acima da média de mercado em uma dada região urbana, em função da alegação do vendedor de que o imóvel teve trocada a sua parte hidráulica, com encanamentos de ótima qualidade, e que não haverá problemas nessa parte da edificação, inclusive mostrando a nota de produtos por ele adquiridos para a reforma antes da venda. Após a venda, constatam-se problemas de vazamentos nos encanamentos. A venda é originária de uma série de fatores, dentre eles a alegação da troca de equipamentos. Nesse caso, o que se tem é a prática do dolo acidental, não acarretando a anulabilidade do ato jurídico, porém o comprador terá direito a perdas e danos (art. 146).

Nos contratos bilaterais, a omissão, isto é, o silêncio de uma das partes a respeito de fato ou qualidade desconhecida da outra parte, e que foi essencial no ato jurídico, também é considerada como dolo (art. 147). Por exemplo: a omissão dolosa do vendedor de um pomar de laranjas que oculta estarem os frutos atacados de uma praga.

O dolo recíproco não pode ser alegado como fator para a anulação ou indenização (art. 150). É uma aplicação do princípio geral de direito: a ninguém é dado alegar a sua própria torpeza.

14.4.2.3 Coação

A coação, para viciar a declaração da vontade, há de ser tal que incuta ao paciente fundado temor de dano iminente e considerável à sua pessoa, à sua família, ou aos seus bens (art. 151, CC).

Por coação compreende-se a pressão física ou moral exercida sobre alguém para induzi-lo à prática de um ato.

Na coação física, tem-se o constrangimento corporal. Como não há a devida e livre manifestação de vontade, denota a nulidade absoluta do ato jurídico.

Na moral, a vontade não está completamente eliminada, como ocorre no caso de emprego da violência física. A vítima conserva relativa liberdade. Tem a escolha de praticar o ato exigido ou sofrer o dano. A manifestação de vontade ocorre, apesar de os resultados não serem os desejados pelo emissor.

A análise da coação se faz em função de cada caso, cotejando o sexo, idade, condição, saúde, temperamento do paciente e demais circunstâncias do ato (art. 152). Por exemplo: após ser acusado da subtração de dinheiro da empresa, o empregado se vê compelido a assinar uma declaração assumindo a responsabilidade pela devolução da quantia, visto que, se não o fizesse, o empregador o denunciaria à polícia.

Não se configura a coação quando o seu emitente faz alusão ao exercício normal de um direito (art. 153): João deve a Pedro a quantia de R$ 1.000,00. Pedro ameaça João, no sentido de que, se não pagar a dívida, irá protestar o título ou entrar com uma ação executória. Haveria coação se Pedro fizesse a ameaça no sentido de que poderia agredi-lo fisicamente ou a seus familiares.

Também não justifica a coação a ocorrência do temor reverencial (art. 153). Por temor reverencial entende-se o receio de desgostar o pai, a mãe ou outras pessoas a quem se deve obediência e respeito. Quem concorda com um ato, movido apenas pelo escrúpulo de desgostar parente ou superior hierárquico, equipara-se ao que consente com uma simples ameaça, a qual nada representaria para uma pessoa normal. Como exemplo: não se configura coação se o pai pede à filha que se case com uma determinada pessoa, sob a ameaça de que ficaria desgostoso se não o fizesse.

A coação, preenchidos os requisitos legais, é causa determinante da nulidade do ato jurídico, mesmo quando praticada por terceiro (art. 153), se dela tivesse ou devesse ter conhecimento a parte a quem aproveita. Nesse caso, a parte responde solidariamente com o terceiro por perdas e danos.

Será o caso de subsistência do ato jurídico se a coação decorrer de terceiro, sem que a parte a que aproveita dela tivesse ou devesse ter conhecimento. Nessa hipótese, o autor da coação responde por todas as perdas e danos que houver causado à vítima (art. 155).

14.4.2.4 *Estado de perigo e lesão*

Tem-se o estado de perigo quando alguém, premido da necessidade de salvar-se, ou a pessoa de sua família, de grave dano conhecido pela outra parte, assume obrigação excessivamente onerosa (art. 156, *caput*, CC).[22]

---

[22] "Configura-se quando alguém, ameaçado por perigo iminente, anui em pagar preço desproporcionado para obter socorro. Assim, aquele que, assaltado por bandidos, em lugar ermo, se dispõe a pagar alta cifra a quem venha livrá-lo da violência; ou o náufrago que oferece ao salvador recompensa excessiva; ou o comandante de embarcação, às portas do naufrágio, que propõe pagar qualquer preço a quem venha socorrê-lo; ou o doente que, no agudo da moléstia, concorda com os altos honorários exigidos pelo cirurgião; ou a mãe que promete toda a sua fortuna para quem lhe

Tratando-se de pessoa não pertencente à família do declarante, o juiz decidirá segundo as circunstâncias (art. 156, parágrafo único).

Ocorre a lesão quando uma pessoa, sob premente necessidade, ou por inexperiência, obriga-se à prestação manifestamente desproporcional ao valor da prestação oposta (art. 157, *caput*).[23]

Tem-se a apreciação da desproporção das prestações segundo os valores vigentes ao tempo em que foi celebrado o negócio jurídico (art. 157, § 1º).

Não se decretará a anulação do negócio se for oferecido suplemento suficiente, ou se a parte favorecida concordar com a redução do proveito (art. 157, § 2º).

14.4.2.5 Fraude contra credores

A fraude contra credores ocorre quando o devedor insolvente, ou na iminência de tornar-se tal, pratica atos suscetíveis de diminuir seu patrimônio, reduzindo, desse modo, a garantia que este representa para resgate de suas dívidas.

O patrimônio é o conjunto de bens e obrigações da pessoa jurídica ou física e que responde pelas suas dívidas, já que inexiste prisão por dívida, exceto se for obrigação alimentícia e depositário infiel (art. 5º, LXVII, CF).

Os elementos da fraude contra credores são: (a) objetivo, o ato prejudicial ao credor, por tornar o devedor insolvente, ou por ter sido praticado em estado de insolvência; (b) subjetivo, a presença da má-fé, a intenção do devedor em prejudicar os seus credores, com a alienação fraudulenta de seus bens.

O CC aponta os atos pelos quais a fraude pode se apresentar: (a) atos de transmissão gratuita de bens ou de remissão – perdão de dívidas (art. 158); (b) atos a título oneroso do devedor insolvente, se a insolvência for notória ou houver motivo para ser conhecida do outro contratante (art. 159); (c) pagamento antecipado de dívidas vincendas (art. 162); (d) constituição de direitos de preferência a um ou alguns dos credores quirografários (art. 163).

14.4.3 Diferenças entre nulidade e anulabilidade

A anulabilidade decorre do interesse da pessoa prejudicada ou de um grupo de pessoas determinadas. Por sua vez, a nulidade, além de ser de ordem pública, possui alcance geral e é decretada no interesse da própria coletividade.

---

venha salvar o filho, ameaçado pelas ondas ou de ser devorado pelo fogo" (RODRIGUES, Silvio. *Direito civil*. 34. ed., v. 1, p. 218).

[23] "Os elementos da lesão são: (a) a lesão só é admissível nos contratos comutativos, porquanto nestes há uma presunção de equivalência entre as prestações; por conseguinte, ela não se compreende nos ajustes aleatórios em que, por definição mesmo, as prestações podem apresentar considerável desequilíbrio; (b) a desproporção entre as prestações deve verificar-se no momento do distrato e não posteriormente. Pois, se naquele instante não houve disparidade entre os valores, inocorreu lesão; (c) a desproporção deve ser considerável" (RODRIGUES, Silvio. Ob. cit., p. 224).

A nulidade não pode ser suprida pelo juiz, embora haja requerimento das partes (art. 168, parágrafo único, CC). A anulabilidade pode ser suprida pelo juiz a requerimento das partes ou sanada, expressa ou tacitamente, pela ratificação (art. 172).

A anulabilidade deve ser decretada mediante provocação da parte, não se justificando a sua ocorrência *ex officio* pelo juiz (art. 177). Por sua vez, a nulidade pode e deve ser decretada de ofício (art. 168, parágrafo único).

A nulidade pode ser decretada não só a pedido dos interessados, como também do órgão do Ministério Público, quando lhe caiba intervir (art. 168). A anulabilidade pode ser alegada e promovida pelos prejudicados com o ato, ou por seus legítimos representantes (art. 177).

A anulabilidade é sempre prescritível, enquanto a nulidade não prescreve (*quod initio vitiosum est non potest tractu temporis convalescere*) ou, se prescreve, será no maior prazo previsto em lei.

A nulidade, quase sempre, opera *pleno jure*, ressalvada a hipótese em que se suscite dúvida sobre a existência da própria nulidade, caso em que se tornará imprescindível à propositura de ação para o reconhecimento de sua ocorrência, pois a ninguém é lícito fazer justiça pelas próprias mãos. A anulação deve ser sempre pleiteada por meio de ação judicial.

Pela aplicação do Direito Romano, *quod nullum est nullum producit effectum*, a doutrina clássica afirma que o ato nulo não produz efeito. Essa posição tem sofrido severas restrições: (a) a citação nula por incompetência do juiz interrompe a prescrição e constitui o devedor em mora; (b) o título nulo de translação do domínio serve como título de posse; (c) o ato vigora se o prejudicado nunca alegar a nulidade; (d) casamento putativo, que, apesar de nulo, produz efeitos; (e) impossibilidade jurídica ou material de retroagir à situação anterior das partes; (f) a boa-fé de terceiros que consolida direitos adquiridos e impede a restituição de frutos; (g) impossibilidade de restituições mútuas no caso de torpeza bilateral; (h) a sociedade de fato, que vale em relação a terceiros.

O ato anulável gera efeitos até o momento da decretação judicial da sua nulidade. Nesse caso, as partes serão restituídas ao estado anterior. Não sendo possível a restituição, haverá a indenização pelo valor correspondente (art. 182, CC).

O menor, entre 16 e 18 anos, não pode, para se eximir de uma obrigação, invocar a sua idade se dolosamente a ocultou quando inquirido pela outra parte, ou se, no ato de obrigar-se, declarou-se maior (art. 180).

Ninguém pode reclamar o que, por uma obrigação anulada, pagou a um incapaz, se não provar que reverteu em proveito dele a importância paga (art. 181).

A invalidade do instrumento não induz a do ato jurídico sempre que este puder provar-se por outro meio (art. 183).

Respeitada a intenção das partes, a invalidade parcial de um ato jurídico não o prejudicará na parte válida, se esta for separável; a invalidade da obrigação principal implica a das obrigações acessórias, mas a destas não induz a da obrigação principal (art. 184).

14.4.4 A teoria da nulidade no Direito Civil

A eficácia do ato jurídico depende da sua subordinação aos requisitos previstos em lei. Se o sujeito pratica o ato em conformidade com a lei, este será válido e irá produzir os seus efeitos no mundo jurídico.

O Direito Civil Brasileiro não adota o princípio do Direito Francês: *pas de nullité sans grief* (não há nulidade sem prejuízo).

O legislador civil, inspirado no princípio do respeito à ordem pública, estabeleceu as regras da nulidade quando houvesse infração às leis daquela natureza.

A decretação da nulidade representa uma sanção pelo descumprimento da determinação legal, fazendo com que o ato jurídico não produza os seus efeitos.

Pela doutrina civilista, a nulidade pode ser absoluta (art. 166) ou relativa (art. 171).

A decretação da nulidade absoluta gera efeitos *ex tunc*. O ato jurídico é desfeito, retornando as partes ao estado anterior.

Se for o caso de nulidade relativa (quando o vício do ato jurídico resultar de incapacidade relativa do agente ou resultante de erro, dolo, coação, simulação ou fraude), a sua decretação produzirá efeitos *ex nunc*, ou seja, a partir do julgamento de sua ineficácia, não tendo efeitos retroativos.

14.4.5 A teoria da nulidade no Direito do Trabalho

O contrato de trabalho tem como objeto a obrigação de fazer assumida pelo empregado, a qual compreende a prestação de seus serviços – trabalho. O empregador tem a obrigação de dar, que é o pagamento dos salários. Tais obrigações mútuas e básicas devem envolver um fim lícito.

Porém, não se deve confundir trabalho ilícito com trabalho proibido.

Trabalho proibido é aquele que, em função de vários elementos, a lei impede seja exercido por determinadas pessoas ou em determinadas circunstâncias, sem que essa proibição decorra da moral ou dos bons costumes (prestação, por exemplo, do serviço pelo estrangeiro, mulher, ou menor nos casos em que a lei não o permite).

Quando for o caso de trabalho proibido, não haverá qualquer prejuízo salarial ou de outros direitos ao trabalhador. O empregador será responsável por tais encargos trabalhistas, além da imputação administrativa por ofensa aos dispositivos violados.

Tem-se o trabalho ilícito quando a atividade desenvolvida pelo trabalhador está intimamente ligada a um tipo penal ou concorra diretamente para a sua realização ou ofensa à moral e aos bons costumes. Para fins dessa aferição, devemos analisar a atividade exercida pelo trabalhador (objeto imediato) e como essa atividade é utilizada pelo empregador para o implemento da sua atividade econômica (objeto mediato). Uma faxineira tem o seu serviço, que é a faxina, voltada para a limpeza, o que é lícito, enquanto uma "garota de programa" tem o seu labor direcionado para a atividade de prostituição, o que é ilícito (exploração de prostituição). No mesmo é a atividade de um angariador de aposta no jogo de bicho (OJ 199, SDI-I).

As nulidades absolutas no âmbito do Direito do Trabalho não podem ser aplicadas como ocorre no Direito Civil. Em outras palavras, como se trata de um contrato de atividade, se houver o reconhecimento da nulidade do contrato não há como haver o retorno das partes ao estado anterior. Nessa hipótese, a nulidade é declarada com efeitos *ex nunc*, ou seja, tem-se a produção de efeitos até o momento da sua declaração.

Tais lições são justificadas pelos seguintes princípios:

a) o princípio da irretroatividade das nulidades, segundo o qual no contrato de trabalho todos os efeitos se produzem até o momento em que for declarada pela autoridade competente a sua nulidade;

b) o princípio do enriquecimento sem causa, segundo o qual o empregador estaria se locupletando ilicitamente do trabalho humano caso pudesse, sem ônus, dispor do trabalho do incapaz;

c) a impossibilidade da restituição das partes à situação anterior uma vez que o trabalho é a emanação da personalidade e da força de alguém: uma vez prestado, não pode ser devolvido ao agente, com que é impossível restituí-lo ao trabalhador, não sendo justo deixá-lo sem a reparação.

Dependendo do bem jurídico relacionado com a discussão de uma nulidade contratual, o contrato será válido até o momento da decretação da nulidade. É o caso do contrato de trabalho de um menor de 16 anos que não seja um aprendiz. Até o momento do reconhecimento da nulidade, o menor deve ter o pleno reconhecimento dos seus direitos trabalhistas.

Essa mesma regra não pode ser aplicada quando o bem jurídico a ser tutela relaciona-se com o interesse público. É o caso do empregado público que foi admitido sem a realização do competente concurso público (art. 37, II, CF). A nulidade será declarada, não se reconhecendo ao trabalhador nenhum direito trabalhista, exceto o salário pactuado e os depósitos fundiários (sem a multa de 40%) (Súm. 363, TST).

14.4.5.1 A contratação irregular na Administração Pública

No tópico 12.3 do Capítulo XII da Parte IV é abordada a temática da contratação irregular na Administração Pública.

14.4.5.2 A impossibilidade do vínculo empregatício em face do "jogo do bicho"

Outro exemplo de nulidade absoluta é o caso do trabalhador que lida com o jogo do bicho.

Nesse sentido, a OJ 199, SDI-I: "É nulo o contrato de trabalho celebrado para o desempenho da atividade inerente à prática do jogo do bicho, ante a ilicitude de seu objeto, o que subtrai o requisito de validade para a formação do ato jurídico."

A nulidade do contrato de trabalho ante o jogo do bicho deriva da ilicitude do objeto. O jogo do bicho é contravenção penal (art. 58, Dec.-lei 3.688/41).

Para Sergio Pinto Martins,[24] se for *"proposta ação trabalhista para reconhecimento de relação de emprego em atividade ilícita, principalmente em casos que envolvem jogo do bicho, o processo deverá ser extinto sem julgamento de mérito, por impossibilidade jurídica do pedido (art. 267, VI, do CPC) e falta de interesse do autor de postular em juízo (art. 3º do CPC), em virtude da ilicitude do objeto do contrato de trabalho, pois este deve observar a moral, a ordem pública e os bons costumes, como deve ocorrer em qualquer ato jurídico".*

14.4.5.3 O vínculo de emprego do policial militar

São comuns na Justiça do Trabalho demandas em que o policial militar solicita o reconhecimento do vínculo empregatício com o tomador dos seus serviços na iniciativa privada.

As empresas contestam as demandas com o fundamento de que a legislação específica proíbe o policial militar de trabalhar para outras pessoas, logo, seria uma hipótese de impossibilidade quanto ao pedido de vínculo empregatício jurídico.

Para o TST, a eventual infração administrativa não elide o reconhecimento, desde que se tenham os requisitos da relação de emprego (art. 3º, CLT) (Súm. 386).

14.4.5.4 O vínculo de emprego e o trabalho infantil

No tópico 36.4.1 do Capítulo XXXVI da Parte IV tem-se o estudo do trabalho do menor de 16 anos e o reconhecimento do vínculo de emprego.

14.5 ELEMENTOS ACIDENTAIS

Os elementos acidentais são: a condição e o termo.

14.5.1 Condição suspensiva e resolutiva

Condição é a cláusula de livre estipulação entre as partes contratantes que submete a eficácia do ato jurídico a um acontecimento futuro e aleatório (art. 121, CC). Pode ser suspensiva ou resolutiva.

A primeira subordina a eficácia do ato jurídico à ocorrência de evento futuro e incerto. O ato só produz os seus efeitos havendo a ocorrência do evento. Como exemplo: a promessa de emprego de um tio ao seu sobrinho, caso passe no exame vestibular.

Já a condição resolutiva implica a eficácia do ato desde a sua constituição, gerando efeitos, os quais serão extintos com a concretização do evento futuro e incerto. Como exemplos, temos: (a) a perda do cargo de confiança, caso o empregado não atinja determinada meta estabelecida pela empresa; (b) a manutenção do contrato até a ocorrência de justa causa do empregado ou do empregador (arts. 482 e 483, CLT).

---

[24] MARTINS, Sergio Pinto. *Direito do trabalho.* 21. ed., p. 137.

Na condição resolutiva, o contrato de trabalho produz os seus efeitos até a constatação do evento futuro e incerto. Verificada a condição, o contrato se extingue. Os efeitos da condição resolutiva são *ex nunc*, não se admitindo o efeito retroativo.

14.5.1.1 Condições ilícitas

Condições abusivas são: as contrárias à moral, aos bons costumes e as impossíveis física ou juridicamente.

São lícitas, em geral, todas as condições não contrárias à lei, à ordem pública ou aos bons costumes. Entre as condições defesas se incluem as que privarem de todo efeito o negócio jurídico, ou o sujeitarem ao puro arbítrio de uma das partes (art. 122, CC).

No Direito do Trabalho, também não se admitem as condições ilícitas.

Se no contrato de trabalho houver uma cláusula que preveja o pagamento fixo de salário no caso de a empresa ter lucros, reputa-se uma condição ilícita, pois estaria privando o acordo de todo e qualquer efeito.

A presença simultânea das cláusulas contratuais de compensação e de prorrogação de jornada de trabalho, segundo José Affonso Dallegrave Neto,[25] *"implica sujeitar o reclamante ao exclusivo arbítrio da reclamada quanto à forma de adimplemento de obrigação contratual, o que é vedado pelo art. 122 do Código Civil".*

14.5.1.2 Condições lícitas

14.5.1.2.1 Cláusula de não concorrência

Pacto de não concorrência é a cláusula em que o empregado se compromete a não praticar, de forma pessoal ou por terceiro, ato de concorrência para com o empregador.

Citada cláusula aplica-se para situações que ocorram após o término do contrato de trabalho, portanto, não se confunde com o dever de não concorrência (art. 482, *c*, CLT).

O pacto não é uma violação à liberdade de trabalhar (art. 5º, XIII, CF), na medida em que o empregador tem o direito de proteger os segredos da empresa (art. 5º, XII) e de se precaver contra a eventual concorrência praticada contra os seus negócios (art. 170, II e III).

Para que a cláusula seja válida, é necessário que: (a) seja estipulada por escrito no contrato de trabalho ou no respectivo acordo assinado quando do término do contrato; (b) se tenha o prejuízo efetivo ao empregador, caso o empregado venha a trabalhar em outra empresa; (c) pela restrição à liberdade ao trabalho (art. 5º, XIII, CF), deve haver uma compensação patrimonial pelo período de restrição; (d) prazo limitado – não há prazo na ordem jurídica interna. É recomendável que se respeite o prazo de até dois anos (prazo máximo de validade dos contratos por prazo determinado, art. 445, *caput*, CLT).

---

[25] DALLEGRAVE NETO, José Affonso. Ob. cit., p. 132.

14.5.1.2.2 Cláusula de permanência

Pacto de permanência é a cláusula pela qual o empregado se compromete a permanecer no serviço do empregado durante certo lapso temporal, assumindo, assim, a obrigação de não solicitar a demissão durante o prazo de validade da cláusula.

A cláusula representa uma segurança jurídica ao empregador que tenha investido na formação técnica e acadêmica do seu empregado, custeando cursos, faculdades, intercâmbios etc. Após a formação por parte do trabalhador, como forma de resguardo desse investimento, o empregado assume o compromisso de ficar na empresa durante certo lapso temporal. Caso a cláusula seja violada, será obrigado a restituir de forma total ou parcial a quantia despendida pela empresa.

14.5.1.2.3 Cláusula de exclusividade

Para o empregado, o contrato de trabalho implica uma obrigação personalíssima, visto que o trabalhador, por regra, não pode se fazer substituir quando da prestação de serviços. Trata-se da pessoalidade.

Por outro lado, não se deve confundir a pessoalidade com a exclusividade, ou seja, a cláusula em que o empregado assume a condição de não ter outros vínculos de trabalho (como empregado ou outra forma de trabalho assalariado) com outros tomadores de serviço. Se houver a exigência da exclusividade, nada mais razoável de que o empregado tenha uma retribuição financeira por essa obrigação. A cláusula somente será válida durante o período contratual. Caso seja violada pelo empregado, é passível que se tenha a caracterização da justa causa.

É comum nos contratos de representação comercial a adoção da cláusula de exclusividade (art. 27, *j*, Lei 4.886/65).

14.5.2 Termo

O vocábulo "termo" possui dois significados: (a) o momento a partir do qual um ato jurídico começa a produzir ou cessa de produzir efeitos. Reflete o dia no qual se inicia ou se extingue a eficácia do ato jurídico; (b) cláusula que subordina a eficácia do ato jurídico à verificação de evento futuro e certo.

A certeza quanto à realização do evento é pacífica, todavia nem sempre é possível a fixação da data com exatidão. O termo certo subordina os efeitos do contrato a um evento futuro e com data exata. O termo incerto, apesar da certeza do evento, não tem condições de fixar a sua realização com precisão.

No Direito do Trabalho, o "termo" encontra-se presente na temática dos contratos por prazo determinado: (a) termo certo – cuja vigência dependa de data pré-fixada; (b) termo incerto – cuja vigência dependa da execução de serviços especificados ou ainda da realização de certo acontecimento suscetível de previsão aproximada (art. 443, § 1º, CLT).

Para José Affonso Dallegrave Neto,[26] os contratos por prazo determinado *"dizem respeito, tão somente, aos contratos com termo final [...] Pela dicção do parágrafo primeiro do art. 443 da CLT, encontramos o conceito legal de contrato por prazo determinado como aquele [...]. São três hipóteses legais. Todas, indiscutivelmente, envolvendo acontecimento futuro e certo. Portanto, contrato por prazo determinado é sempre um contrato a termo".*

14.5.3 A problematização dos contratos com termo inicial ou condição suspensiva

A análise será desdobrada em três aspectos: (a) promessa mediante condição suspensiva; (b) promessa com termo inicial; (c) empregado à disposição da empresa antes do termo inicial pactuado.

14.5.3.1 *Promessa mediante condição suspensiva*

Se não ocorrer o implemento da condição suspensiva, o ato jurídico não gera nenhum efeito (art. 125, CC). É aplicável ao Direito do Trabalho (art. 8º, CLT).

A simples promessa de emprego condicionada a um evento futuro e incerto não outorga ao trabalhador qualquer direito trabalhista, exceto se houver a presença de artifícios maliciosos por parte do empregador (art. 129, CC). Nesse caso, o empregado terá direito a uma indenização por danos (art. 186).

14.5.3.2 *Promessa com termo inicial*

A presença do termo inicial para a execução do contrato individual de trabalho assegura ao trabalhador o direito ao emprego, em função da certeza quanto ao evento futuro.

Portanto, se o empregador-promitente, injustificadamente, obstar a prestação dos serviços no dia fixado, o trabalhador não terá direito ao salário, mas à indenização equivalente, de acordo com os arts. 131 e 186, CC.

Se o contrato obstado for por prazo determinado, o empregador deverá pagar a indenização relativa à metade do período avençado (art. 479, CLT). Se o responsável for o empregado, deverá indenizar o empregador (art. 480, *caput*). O limite da indenização não poderá exceder àquela a que teria direito o empregado em idênticas condições (art. 480, § 1º).

No caso de a contratação obstada ser por prazo indeterminado, o montante da reparação é o pagamento do aviso-prévio (art. 487).

14.5.3.3 *Empregado à disposição da empresa antes do termo inicial pactuado*

Se o empregado fica à disposição do empregador, antes mesmo da data do termo inicial ou do implemento da condição suspensiva, deve ser aplicada a inteligência do art. 4º, *caput*, da CLT, ou seja, deve ser considerado como de serviço efetivo o período em

---

[26] DALLEGRAVE NETO, José Affonso. Ob. cit., p. 135.

que o empregado esteja à disposição do empregador, aguardando ou executando ordens, salvo disposição especial expressamente consignada.

14.5.4 Período de experiência

Período de experiência estava relacionado com o primeiro ano do contrato de trabalho do empregado não optante pelo FGTS.

O primeiro ano de duração de contrato por prazo indeterminado é considerado como período de experiência, e, antes que se complete, nenhuma indenização será devida (art. 478, § 1º, CLT). Não se confunde com o contrato de experiência previsto no art. 443, § 2º, c.

Com a edição da Lei 5.107/66, a qual criou o sistema fundiário (FGTS), o referido parágrafo ficou sem aplicabilidade. Atualmente, o FGTS está disciplinado pela Lei 8.036/90.

14.5.5 Período pré-contratual

Pré-contrato ou contrato preliminar[27] é *"aquele pelo qual um ou ambos os contraentes obrigam-se a celebrar determinado contrato no momento em que lhes convier. Gera uma obrigação de fazer um contrato definitivo, ou seja, a obrigação de um futuro* contrahere, *isto é, de contrair contrato definitivo, contendo a possibilidade de arrependimento e indenização das perdas e danos"*.[28]

Podem ocorrer ajustes preliminares[29] entre os futuros sujeitos de um contrato de trabalho, as quais levam a um pré-contrato (verbal ou documental), mas, no momento da consumação da contratação, um dos contratantes não cumpre com a sua palavra. Isso pode gerar uma série de transtornos pecuniários para a outra parte. Por exemplo: um trabalhador, que muda de cidade, com os seus familiares, deixando um emprego, confiando no ajuste preliminar de que teria uma colocação na nova localidade.

A concretização do contrato de trabalho exige o implemento de etapas.

As duas primeiras etapas do processo de contratação são: (a) recrutamento – o empregador anuncia que há vagas para empregados nos seus quadros funcionais, o que

---

[27] "A proposta de contrato obriga o proponente, se o contrário não resultar dos termos dela, da natureza do negócio, ou das circunstâncias do caso" (art. 427, CC).

[28] DINIZ, Maria Helena. Ob. cit., v. 1, p. 862.

[29] "Para que ocorra a efetiva celebração do contrato, haverá sempre um procedimento anterior necessário composto de fases sem as quais não se aperfeiçoa o vínculo obrigacional. É possível, ainda, que exista uma fase eventual no procedimento de forma contratual" (NERY JUNIOR, Nelson; NERY, Rosa Maria Barreto Borriello de Andrade. *Código Civil comentado.* 3. ed., p. 390). A fase eventual ou preparatória envolve as seguintes etapas: "(a) o contato preliminar – a declaração de que há disposição (bilateral) de contratar; (b) a tratativa – discussões acerca das disposições do contrato, que poderá ou não se formar; (c) a minuta contratual – assim compreendida como a documentação escrita das tratativas, já avançadas nessa etapa, e que auxilia materialmente o seu prosseguimento; e (d) o contrato preparatório (preliminar)" (NERY JUNIOR, Nelson; NERY, Rosa Maria de Andrade. Ob. cit., p. 390).

ocasiona a presença de vários trabalhadores para o processo de seleção; (b) seleção – os trabalhadores recrutados são submetidos a um processo de escolha pelo empregador. São submetidos a testes, exames e entrevistas. O objetivo é a escolha do trabalhador ou dos trabalhadores aptos para o posto de emprego oferecido pela empresa. Nessas etapas, ainda não há como se indicar um pré-contrato. O trabalhador tem a mera expectativa de direito. O processo seletivo não substitui eventual contratação por prazo determinado a título experimental.

As duas últimas etapas são: (a) admissão – tem-se a formalização do contrato de trabalho. O trabalhador passa a ser parte do grupo de colaboradores do empregador; (b) treinamento – não é uma etapa necessária. Às vezes, a função, que será exercida, após a admissão, exige, por parte do trabalhador, um treinamento especial.

O pré-contrato de trabalho nasce a partir do momento em que o trabalhador é aprovado na seleção e, por qualquer meio, recebe a confirmação da sua escolha.

"Podemos então afirmar que o pré-contrato de trabalho nasce apenas quando da comunicação da seleção para a vaga ao candidato escolhido. Esta comunicação pode ser formal (p. ex.: telegrama, carta, fax, telefonema, e-mail etc.) como pode se dar até mesmo tacitamente (p. ex.: quando o selecionado é enviado para fazer exames médicos admissionais, quando o setor de pessoal retém a CTPS para anotação e requer a documentação necessária etc.)." [30]

Também pode ocorrer o pré-contrato, quando o trabalhador, após a seleção, contudo, antes da admissão, passa por um treinamento prévio. *"Dependendo da empresa e de suas necessidades, o treinamento pode se dar antes ou após a admissão do empregado. Em sendo anterior à admissão, mister se faz a formalização de contrato de treinamento, no qual fique estipulado que a admissão dependerá exclusivamente dos resultados obtidos pelo treinando. Se assim não for, pressupõe-se o desejo de formalização de relação empregatícia, e temos também pré-contrato de trabalho."*

Diante da não formalização do contrato pelo empregador, se não houver justo motivo, poderá o prejudicado pleitear a reparação dos prejuízos (patrimoniais e extrapatrimoniais) junto à Justiça do Trabalho (art. 114, I, CF).

QUESTIONÁRIO

1. A CLT prevê quais são os elementos essenciais de validade do contrato individual de trabalho?

2. O que representa a capacidade?

3. Quem são os absolutamente e relativamente incapazes?

4. Explique a questão da idade mínima do trabalhador no Direito do Trabalho.

5. O que representa o objeto ilícito no Direito do Trabalho?

---

[30] ZANGRANDO, Carlos Henrique da Silva. Ob. cit., v. 1, p. 645.

6. As expressões "objeto ilícito" e "trabalho proibido" são equivalentes no Direito do Trabalho?

7. O contrato de trabalho exige, como regra genérica, a adoção de forma especial? Justifique.

8. Qual é a importância da carteira de trabalho para o trabalhador?

9. De quem é o ônus da prova quanto à existência do contrato de trabalho?

10. Quais são as hipóteses de ocorrência dos atos nulos e anuláveis?

11. Explique, sucintamente, cada uma das situações que leva à anulação do ato por vício.

12. Quais são as diferenças básicas entre nulidade e anulabilidade?

13. Quais são as diferenças entre a teoria da nulidade do Direito Civil e a do Direito do Trabalho?

14. Qual é a implicação da contratação sem a realização de concurso público no Direito do Trabalho?

15. É possível a aplicação das condições suspensivas e resolutivas no contrato individual de trabalho?

16. As condições ilícitas são admissíveis no Direito do Trabalho?

17. Quais são os significados da palavra "termo"?

18. Explique a problematização do termo inicial na formalização do contrato individual de trabalho.

Capítulo XV
OBRIGAÇÕES DO CONTRATO DE TRABALHO

15.1 VISÃO GLOBAL

O contrato de trabalho gera direitos e obrigações, os quais são decorrentes da lei ou da vontade das partes (empregador e empregado).

15.2 OBRIGAÇÕES CONTRATUAIS BÁSICAS

15.2.1 Atuação com boa-fé

Para Maria Helena Diniz,[1] boa-fé representa o *"estado de espírito em que uma pessoa, ao praticar ato comissivo ou omissivo, está convicta de que age de conformidade com a lei"*, bem como a *"lealdade ou honestidade no comportamento, considerando-se os interesses alheios, e na celebração e execução dos negócios jurídicos"*, tendo o *"propósito de não prejudicar direitos alheios"*.

A atuação com boa-fé há de estar presente em todo e qualquer relacionamento humano, logo, também é imprescindível nas relações trabalhistas.

Atualmente, a boa-fé tem previsão expressa no CC (arts. 113, 128, 164 e 422).

Nas relações trabalhistas, a boa-fé sintetiza a lealdade que deve haver entre empregador e empregado, como ponto de equilíbrio, denotando a sinceridade de atitudes e de propósitos.

15.2.2 Diligência e assiduidade

A diligência representa a própria colaboração do empregado para com a empresa.

O empregado deve ser assíduo, pontual e dedicado ao serviço. As suas tarefas devem ser executadas com acuidade, produtividade e zelo.

A assiduidade decorre do dever de diligência. É visualizada pelas faltas ao serviço, bem como pela impontualidade. O empregado tem a obrigação de colaborar com a empresa. Deve ser diligente não só quanto ao comparecimento ao serviço, como também ao desempenhar as suas funções de acordo com o poder diretivo do empregador.

---

[1] DINIZ, Maria Helena. *Dicionário jurídico*, v. 2, p. 422.

15.2.3 Fidelidade

Para Octavio Bueno Magano,[2] fidelidade é a *"observância da fé devida. A inserção do trabalhador na empresa permite-lhe familiarizar-se com a vida desta, tendo acesso, às vezes, aos seus mais recônditos segredos. Tudo isso por causa da fé depositada, como condição de acesso e de permanência no emprego, o que gera o correspondente dever de fidelidade. A inobservância mais flagrante desse dever é a de revelação de segredos da empresa ou de outras informações a que o empregado tenha acesso em virtude do cargo ocupado. Mas ocorre também na falta de comunicação de perigos a que a empresa esteja exposta na concorrência com o empregador, nos casos de suborno, quando o trabalhador aceita dádivas da clientela, para lhes dar tratamento preferencial, traindo, dessa maneira, a fidelidade devida ao empregador".*

O contrato de trabalho não gera apenas efeitos patrimoniais, mas também relações pessoais. No desempenho de suas funções, o trabalhador deve agir com lealdade e correção.

A fidelidade envolve três deveres negativos: (a) não receber gratificações, presentes ou favores de terceiros que trabalham com a empresa sem o conhecimento do empregador; (b) não revelar segredos de que tenha conhecimento em razão do seu trabalho, os quais sejam relativos aos procedimentos de fabricação, bem como relativos aos negócios; (c) não fazer concorrência desleal, nem colaborar com quem a faça.

15.2.4 Colaboração

O dever de colaboração repousa na obrigação do empregado em atuar de forma participativa no desempenho de suas atribuições com zelo e diligência.

Como exemplos do fator colaboração, temos: (a) a obrigação do empregado em levar ao conhecimento do empregador qualquer problema na execução de seu trabalho, tais como defeitos nas máquinas, instalações, matérias-primas etc.; (b) ser precavido, evitando os problemas que podem advir do local de trabalho ou de suas condições, zelando pelo patrimônio da empresa, bem como pela sua própria constituição física e de seus colegas de trabalho; (c) denunciar os atos delituosos que são praticados em prejuízo aos interesses da empresa; (d) levar ao conhecimento do empregador as faltas justificadas, para que a sua ausência não implique prejuízo para a produção, no sentido de que o empregador tome as precauções necessárias para contornar referidos transtornos; (e) prestar serviços, nas situações em que há trabalhos inadiáveis, para evitar o perecimento da matéria-prima, ou mesmo em função do acréscimo da própria produção.

15.2.5 Cláusula da não concorrência no contrato de trabalho

Em diversos campos do Direito, tem-se a preocupação com a concorrência desleal, *v. g.*, o crime de concorrência desleal previsto no Direito Penal (art. 195, Lei 9.279/96),

---

[2] MAGANO, Octavio Bueno. *Manual de direito do trabalho*: direito individual do trabalho. 4. ed., v. 2, p. 210.

no Direito Comercial, quando se tem a fixação no sentido de que o sócio retirante da empresa se obriga a não atuar em empresa concorrente ou em face de uma delimitação espacial em empresa concorrente (art. 1.147, CC), no Direito do Trabalho, a justa causa do empregado, quando pratica ato de concorrência à empresa para a qual trabalha, ou for prejudicial ao serviço (art. 482, *c*, CLT) ou viola segredo da empresa (art. 482, *g*).

Como bem expõe Luiz Carlos Amorim Robortella,[3] nas relações de trabalho, *"o dever de lealdade e não concorrência é inerente ao vínculo entre empregado e empregador, configurando justa causa o seu descumprimento. Após a rescisão contratual, todavia, essa restrição ao empregado encontra forte oposição, sob o argumento de que vulnera o princípio constitucional da liberdade de trabalhar".*

15.2.5.1 Conceituação do termo "concorrência"

Etimologicamente, o termo "concorrência" significa ato ou efeito de concorrer; circunstância de duas ou mais coisas produzirem ou verificarem-se ao mesmo tempo; simultaneidade, concomitância; oposição de interesses.[4]

Em sentido lato, segundo Ari Possidonio Beltran,[5] concorrência *"é a disputa entre aqueles que exercem a mesma atividade. Como conseq*uência, busca-se a proteção de dados comerciais, técnicos, 'know-how', até a preservação de empregados com elevada formação técnica, por vezes com bolsas de estudos no exterior financiadas pela própria empresa, bem como a relação de clientes, ou ainda almeja-se, em certas condições, evitar a própria concorrência direta, ainda que por disposição limitada no tempo. Em tais modalidades de pactuação, fala-se, sobretudo, em 'cláusula de não restabelecimento', 'cláusula de não concorrência em contrato social' e da 'cláusula de não concorrência em contrato de trabalho'. [...] Em análise singela, pode-se dizer que o pacto de não concorrência implica a obrigação pela qual uma das partes contratantes se compromete a não praticar venda que induza desvio de clientela da outra. Se a relação jurídica vinculante é a venda de um estabelecimento comercial, haverá cláusula expressa assegurando que o alienante deixará de organizar um novo fundo de comércio".*

No campo do Direito do Trabalho, a cláusula de não concorrência *"envolve a obrigação pela qual o empregado se compromete a não praticar pessoalmente ou por meio de terceiro ato de concorrência para com o empregador".*[6]

---

[3] ROBORTELLA, Luiz Carlos Amorim. Direito de empresa no Código Civil de 2002 e seus impactos no direito do trabalho. *Repertório de Jurisprudência IOB*, nº 19, v. 2, p. 521, 1ª Quinzena de out./2003.

[4] HOUAISS, Antônio; VILLAR, Mauro de Salles; FRANCO, Francisco Manoel de Mello. *Dicionário Houaiss da língua portuguesa*, p. 788.

[5] BELTRAN, Ari Possidonio. A cláusula de não concorrência no direito do trabalho. *Revista do Advogado*, v. 54, p. 63, dez./1998.

[6] MARTINS, Sergio Pinto. Cláusula de não concorrência inserida no contrato de trabalho. *Repertório IOB de Jurisprudência*, nº 7/01, Caderno 2, p. 128, 1ª Quinzena de abr./2001.

Em outras palavras, no Direito do Trabalho, a cláusula ou pacto de não concorrência estabelece para o empregado a proibição de prática de atos que prejudique, ou que possa prejudicar, a atividade econômica do empregador.

No primeiro momento, o dever da não concorrência representa uma obrigação de natureza moral, contemplando a lealdade do empregado para com o empregador.

Durante a vigência do contrato de trabalho, a concorrência é inadmissível por ser um dever elementar, ou seja, o trabalhador não pode servir a dois empregadores com interesses opostos. Trata-se de uma questão de probidade. Em função do dever de não concorrência, o trabalhador não poderá desempenhar atividades da mesma natureza ou ramo de produção que exerce em função de seu contrato de trabalho, sempre que tais atividades, ao gerar interesses contraditórios para o trabalhador, estejam sendo prejudiciais ao empregador. A concorrência desleal apresenta-se quando o empregado exerce atividades que impliquem prejuízos ao empregador, pela evidente colisão de interesses contrários.

Como bem aponta Américo Plá Rodríguez,[7] *"note-se que a proibição não atinge qualquer outra atividade, mas somente o desempenho da mesma atividade por conta própria ou de outra pessoa que não seja o empregador. Não se proíbe a pluralidade de ocupações, mas a concorrência desleal. A proibição somente abrange toda espécie de atividade quando no contrato for estipulada a exclusividade ou dedicação total. Trata-se, neste caso, de uma situação excepcional, que não se presume, mas deve ser estabelecida expressamente. Geralmente essa condição é acompanhada de uma melhoria na remuneração".*

O dever da não concorrência reputa-se parte integrante do contrato individual de trabalho, sendo um dos motivos para rescisão motivada do contrato de trabalho expressamente mencionado pelo legislador (art. 482, c, CLT), *in verbis*: *"a negociação habitual, por conta própria ou alheia, sem permissão do empregador e quando constituir ato de concorrência à empresa para a qual trabalha o empregado, ou for prejudicial ao serviço."*[8]

Amador Paes de Almeida[9] esclarece aspectos do dispositivo legal: *"a habitualidade pressupõe o caráter continuado, permanente, da negociação, não a caracterizando eventual venda de algum produto a colega de serviço ou fora do expediente. A proibição do empregador pode estar inserida no regulamento da empresa e, ainda que não haja expressa proibição, há de ser vedada quando concorra com a atividade empresarial".*

Ao lado do dever da não concorrência, também tem o empregado a obrigação de fidelidade e de colaboração para com seu empregador.

---

[7] RODRÍGUEZ, Américo Plá. *Curso de direito do trabalho*, p. 138.
[8] Os seus elementos constitutivos são: (a) negociação habitual, por conta própria ou alheia; (b) quando constituir ato de concorrência desleal ao empregador; (c) for prejudicial ao serviço, desde que empregador não haja concordado com a negociação, expressa ou tacitamente.
[9] ALMEIDA, Amador Paes. *CLT comentada*. 3. ed., p. 231.

15.2.5.2 O pacto de não concorrência nas relações comerciais

No âmbito das relações comerciais, as teorias sobre a vigência da cláusula da não concorrência são três: *"a primeira, originariamente defendida por Rui Barbosa, segundo a qual a liberdade de comércio constitui princípio de direito público e a obrigação de não restabelecimento somente pode decorrer de contrato, porquanto inexiste previsão em nosso ordenamento, devendo, ainda, ser limitada, sob pena de nulidade; uma segunda corrente defende que a proibição do restabelecimento deve decorrer ou de cláusula expressa, ou de circunstância que induza, de forma inequívoca, ser essa a intenção dos contratantes; finalmente, a terceira corrente entende que a proibição de concorrência decorre, de forma implícita, dos negócios com o estabelecimento"*.[10]

Pode-se dizer que tal cláusula será ilícita quando objetivar a destruição de empresas concorrentes, com a eliminação de clientes e dos mercados, além da imposição de preços mais elevados, em verdadeiro ato de abuso econômico, o que deve ser coibido pela ação do Poder Público.

Por outro lado, será considerada lícita quando: (a) não restabelecimento em caso de venda do fundo de comércio ou de estabelecimento, arrendamento ou usufruto de estabelecimento (art. 1.147, CC);[11] (b) não concorrência de sócio em sociedades comerciais – o contrato social poderá proibir, em cláusula, a vedação aos sócios, gerentes ou não, de participar ou associar-se a uma empresa concorrente; (c) não concorrência de sócio após a sua retirada da sociedade da qual fazia parte.

A validade da cláusula de não concorrência exige alguns requisitos, a saber: (a) a proibição deve ser por tempo determinado – o empresário, a quem se dirige a proibição, terá a vedação da sua atividade profissional ou empresarial restringida por um determinado lapso de tempo, suficiente para que o adquirente possa se adaptar ao seu novo negócio, adequando o mercado e a sua clientela. O CC fixou o prazo em torno de 5 anos (art. 1.147, *caput*); (b) a não concorrência deverá se circunscrever a uma delimitação territorial; (c) a restrição há de estar vinculada à atividade do estabelecimento transferido, portanto, a não concorrência não pode ser estendida a qualquer atividade do alienante.

---

[10] CAMPOS FILHO, José Machado de. Cláusula de não restabelecimento. *Enciclopédia Saraiva do Direito*, p. 82.

[11] "O estabelecimento comercial, juridicamente, não é apenas a instalação física ou o equipamento utilizado, mas, também, os bens incorpóreos utilizados para desenvolver a atividade, ou seja, marca, nome comercial, sistema de trabalho, técnica produtiva, lista de clientes etc. O CC protege da concorrência o adquirente do estabelecimento empresarial, como se vê no art. 1.147 e seu parágrafo único [...]. É a proteção ao fundo empresarial, antigo fundo de comércio, contra a concorrência do alienante, por frustrar a justa e legítima expectativa do adquirente ao realizar o negócio. Tais regras se inserem no modelo de proteção à propriedade industrial, ao direito autoral e ao segredo do negócio, como decorrência dos princípios da livre-iniciativa e da livre concorrência. O ordenamento consagra a repressão penal e a reparação civil para os atos de concorrência desleal, em todos os seus aspectos" (ROBORTELLA, Luiz Carlos Amorim. Ob. cit., p. 521).

Quanto às consequências pelo descumprimento da cláusula de não concorrência, Ari Possidonio Beltran[12] aponta: (a) a rescisão do contrato, com apuração de perdas e danos decorrentes; (b) o eventual fechamento judicial do novo estabelecimento tendo em vista as obrigações de não fazer, com perdas e danos; (c) a postulação pura e simples de indenização pelos prejuízos; (d) a cobrança de multa contratual, se esta for pactuada; (e) eventuais medidas cautelares.

15.2.5.3 O pacto da não concorrência e o término do contrato de trabalho

Constitucionalmente, é livre o exercício de qualquer trabalho, ofício ou profissão, atendidas as qualificações profissionais (art. 5º, XIII).

Contudo, não há direitos absolutos. O que se tem na teia incessante das relações sociais é um eterno entrelaçamento de interesses e de valores a serem tutelados pela ordem jurídica.

Se o trabalhador tem o direito constitucional quanto a sua liberdade de dispor da sua força de trabalho, por sua vez, o empregador tem o direito de resguardar sua propriedade, os seus inventos, os seus segredos comerciais, industriais etc.

Ari Possidonio Beltran[13] entende que a cláusula da não concorrência, após a extinção do contrato de trabalho, não viola o art. 5º, XIII, CF, em primeiro lugar, *"tal dispositivo, como qualquer outro, deve ser entendido em harmonia com os demais preceitos, e não isoladamente. Ademais, a abstenção deverá ser temporária, estabelecida por consenso e mediante justa contraprestação de caráter indenizatório, devidamente acertada entre as partes. Deverá ser limitada no tempo e abrangerá apenas a atividade fixada, especificamente, como capaz de, em tese, colocar em desvantagem o antigo empregador frente a concorrentes. Estará o empregado livre para o exercício de quaisquer atividades não constantes da limitação, ou seja, a vedação atinge – e não gratuitamente – apenas o 'não concorrer', durante certo tempo. Em suma, pactua-se uma 'espera remunerada'".*

A rigor, o empregado não pode ser impedido de trabalhar, contudo, poderá ser responsabilizado civilmente pela violação de segredo do empregador. Da mesma forma pensa Sergio Pinto Martins[14] ao afirmar que *"o empregado pode ser processado por responsabilidade civil de divulgação de segredo do empregador, mas não pode ser impedido de trabalhar. Exceção ocorreria se o empregador pagasse, como compensação financeira, um valor ao empregado pelo não exercício de atividade concorrente".*

Para Luiz Carlos Amorim Robortella,[15] o CC, *"ao consagrar normas de proteção ao adquirente de estabelecimento empresarial, facilita a compreensão e aceitação da cláusula de não concorrência nas relações de trabalho, que tem larga aplicabilidade em outros sistemas jurídicos. [...]*

---

[12] BELTRAN, Ari Possidonio. Ob. cit., p. 65.
[13] BELTRAN, Ari Possidonio. Ob. cit., p. 67.
[14] MARTINS, Sergio Pinto. Ob. cit., p. 127.
[15] ROBORTELLA, Luiz Carlos Amorim. Ob. cit., p. 520.

Arnold Wald admitia, mesmo no regime do Código Civil de 1916, a legalidade da cláusula não concorrencial após a rescisão do contrato de trabalho:

'Com efeito, o princípio da liberdade do trabalho seria ofendido se se estipulasse que alguém não poderia trabalhar em qualquer setor de atividade, em qualquer lugar e para todo o sempre. Mas, obviamente, essa liberdade não é atingida se a restrição, livremente consentida e justamente retribuída' ('Pacto de não concorrência', RT 552/33)".

Parece-nos aceitável a restrição quanto a essa liberdade de trabalhar, após a extinção do contrato de trabalho, quando empregado e empregador, por uma cláusula contratual explícita, estabelecerem a proibição ao ex-empregado.

Até porque as relações contratuais de trabalho podem ser objeto de livre estipulação das partes interessadas em tudo quanto não contravenha às disposições de proteção ao trabalho, às convenções coletivas que lhes sejam aplicáveis e às decisões das autoridades competentes (art. 444, CLT).

A legislação trabalhista não cuida da proibição da cláusula da não concorrência após o término do contrato individual de trabalho.

Diante da lacuna (art. 8º CLT), aplica-se o art. 122, CC, o qual considera por lícitas, em geral, todas as condições não contrárias à lei, à ordem pública ou aos bons costumes.

A rigor, a fixação da cláusula da não concorrência, se observar certos critérios de razoabilidade, não pode ser considerada como uma condição ilícita ou inválida.

Para que cláusula contratual seja válida, impõe-se:

a) a não concorrência deverá ser limitada no tempo. Por analogia, como tempo máximo, podemos sugerir o prazo de 5 anos (art. 1.147, CC) ou de 2 anos para o contrato por prazo determinado (art. 445, *caput*, CLT);

b) que a restrição esteja relacionada com a atividade profissional exercida pelo empregado na vigência do contrato individual de trabalho. É imperioso que a cláusula explicite todas as restrições, indicando o campo de atuação e as respectivas limitações, com detalhes técnicos específicos. Em hipótese alguma, a restrição poderá vedar qualquer atividade por parte do ex-empregado (a cláusula da não concorrência teria a configuração de uma cláusula abusiva);

c) que a restrição, além de estar vinculada com a atividade profissional exercida pelo empregado, tenha a fixação da sua amplitude geográfica, a qual irá depender da dimensão espacial onde se dá ou onde se tem a influência da atividade econômica do empregador;

d) que o empregado tenha uma compensação financeira pelas restrições advindas da cláusula. Essa compensação, no mínimo, deverá corresponder à remuneração por ele auferida quando estava em vigência o contrato individual de trabalho. Por remuneração, a nosso ver, compreendem-se as vantagens pecuniárias e não pecuniárias (vantagens *in natura*), decorrentes não só da prestação de serviços, como do contrato de trabalho, pagas pelo empregador. Vale dizer, a indenização pela restrição advinda da proibição representada pela não concorrência equivalerá, no mínimo, ao que ex-empregado receberia se estivesse na condição de empregado. Trata-se de valores de natureza indenizatória e não salarial, na medida em que não está remunerando o trabalho prestado ou o tempo à disposição. A indenização será equivalente ao valor da última remuneração mensal, multiplicada pelo número de meses relativos à duração da não concorrência. O pagamento poderá ser mensal ou no ato da dispensa;

e) a fixação de uma multa, no caso do não cumprimento da cláusula, tanto pelo empregado como pelo empregador. A multa, em hipótese alguma, não poderá ser superior ao valor do principal (art. 413, CC). Se houver descumprimento parcial, a apuração da cláusula penal deverá corresponder ao tempo restante para o complemento da duração total da restrição (da não concorrência).

A cláusula da não concorrência poderá ser fixada:

a) no próprio ato da contratação do trabalhador, como empregado, desde que o contrato seja por escrito. Nessa hipótese, a cláusula será eficaz após o término do contrato de trabalho;
b) durante a vigência do contrato de trabalho, em documento separado ou como aditamento ao contrato originário entre o empregador e o empregado;
c) no momento da rescisão contratual, as partes poderão estabelecer a cláusula da não concorrência.

15.2.6 Respeito quanto às normas de segurança e medicina do trabalho

Os direitos sociais envolvem as questões relativas à educação, à saúde, à alimentação, ao trabalho, à moradia, ao transporte, ao lazer, à segurança, à previdência social, à proteção à maternidade e à infância e à assistência aos desamparados (art. 6º, CF).

O art. 7º, CF, estabelece quais são os direitos dos trabalhadores urbanos e rurais, além de outros que visem à melhoria de sua condição social. No elenco desses direitos temos: *"redução dos riscos inerentes ao trabalho, por meio de normas de saúde, higiene e segurança"* (XXII).

A segurança e medicina do trabalho relacionam-se com o Direito Tutelar do Trabalho, pois o seu intuito é zelar pela vida do trabalhador, evitando acidentes, preservando a saúde, bem como propiciando a humanização do trabalho.

Como sujeito do contrato individual de trabalho, o empregador tem a obrigação de zelar pela segurança, saúde e higiene de seus trabalhadores, cumprindo e fazendo cumprir os dispositivos legais, além de criar as condições necessárias referentes à medicina e segurança do trabalho.

A saúde e a incolumidade física do trabalho são fatores integrantes do próprio direito à vida. A vida humana possui um valor inestimável e deve ser protegida por todos os meios, portanto, a sistematização das normas da segurança e medicina do trabalho representa um instrumental de grande valia, a valorizar e dignificar a vida humana, além do patrimônio jurídico do trabalho, representado pela sua força de trabalho.

A responsabilidade pela reparação do acidente do trabalho e demais situações a ele equiparadas deve ser valorizada, com seus desdobramentos nas áreas: previdenciária, trabalhista, civil e criminal. Como exemplo, o art. 7º, XXVIII, assim enuncia: *"seguro contra acidentes de trabalho, a cargo do empregador, sem excluir a indenização a que este está obrigado, quando incorrer em dolo ou culpa"*.

No campo da OIT, o Brasil ratificou diversas convenções: (a) 119 (Proteção das Máquinas no Ambiente de Trabalho); (b) 120 (Higiene no Comércio e nos Escritórios); (c) 136 (Proteção contra os Riscos da Intoxicação pelo Benzeno); (d) 139 (Prevenção e Controle de Riscos Profissionais causados por Substâncias ou Agentes Cancerígenos); (e) 148 (Contaminação do Ar, Ruídos e Vibrações); (f) 152 (Segurança e Higiene dos Trabalhos Portuários); (g) 155 (Segurança e Saúde dos Trabalhadores); (h) 161 (Serviços de Saúde do Trabalho); (i) 162 (Utilização do Asbesto com Segurança); (j) 163 (Proteção da Saúde e Assistência Médica aos Trabalhadores Marítimos); (k) 167 (Segurança e Saúde na Construção); (l) 170 (Segurança na Utilização de Produtos Químicos no Trabalho); (m) 174 (Prevenção de Acidentes Industriais Maiores); (n) 176 (Segurança e Saúde nas Minas); (o) 178 (Condições de Vida e de Trabalho dos Trabalhadores Marítimos).

Na CLT, a medicina e a segurança do trabalho são disciplinadas nos arts. 154 e segs., com a seguinte divisão: (a) condições de segurança; (b) condições de salubridade; (c) outras condições tendentes a assegurar o conforto do trabalhador.

O legislador consolidado delegou à autoridade administrativa (Ministério do Trabalho) a regulação pormenorizada desses institutos, a qual está inserida na Portaria 3.214/1978 do MTE (art. 200, CLT).

15.2.7 Dever de não discriminar

15.2.7.1 Princípio da igualdade

A igualdade perante a lei visa à correção da desigualdade natural entre os homens. Os seres humanos são desiguais pela natureza, cada um com suas aptidões, todavia, sem exceção, todos devem ter um tratamento justo em face da lei.

Celso Ribeiro Bastos[16] afirma que a igualdade substancial denota o *"tratamento uniforme de todos os homens. Não se trata, como se vê, de um tratamento igual perante o direito, mas de uma igualdade real e efetiva perante os bens da vida"*.

A noção de igualdade posta nas ordens constitucionais contemporâneas reflete mais o ideal formal[17] do que o material ou substancial.

---

[16] BASTOS, Celso Ribeiro. *Curso de Direito Constitucional*. 22. ed, p. 187.

[17] A respeito dessa afirmação, José Afonso da Silva aduz: "A afirmação do art. 1º da Declaração dos Direitos do Homem e do Cidadão cunhou o princípio de que os homens nascem e permanecem iguais em direito. Mas aí firmara a igualdade jurídico-formal no plano político, de caráter puramente negativo, visando abolir os privilégios, isenções pessoais e regalias de classe. Esse tipo de igualdade gerou as desigualdades econômicas, porque fundada 'numa visão individualista do homem, membro de uma sociedade liberal relativamente homogênea'. Nossas constituições,

Nessa perspectiva, a igualdade formal significa o *"direito de todo cidadão não ser desigualado pela lei senão em consonância com os critérios albergados ou ao menos não vedados pelo ordenamento constitucional."*[18]

O ideal da igualdade teve *"transladada a sua topografia. Deixou de ser um direito individual tratado tecnicamente como os demais. Passou a encabeçar a lista destes direitos, que foram transformados em parágrafos do artigo igualizador. Esta transformação é prenhe de significação. Com efeito, reconheceu-se à igualdade o papel que ela cumpre na ordem jurídica. Na verdade, a sua função é de um verdadeiro princípio a informar e a condicionar todo o restante do direito. É como se tivesse dito: assegura-se o direito de liberdade de expressão do pensamento, respeitada a igualdade de todos perante este direito. Portanto, a igualdade não assegura nenhuma situação jurídica específica, mas na verdade garante o indivíduo contra toda má utilização que possa ser feita na ordem jurídica. A igualdade é, portanto, o mais vasto dos princípios constitucionais, não se vendo recanto onde ela não seja impositiva."*[19]

15.2.7.2 O princípio da igualdade no Direito Internacional

Consagrado pela Revolução Francesa (1789), o princípio da igualdade encontra-se presente em diversos tratados internacionais.

Naquele momento da história (séc. XVIII), a Declaração dos Direitos do Homem e do Cidadão mencionava que *"os homens nascem e são livres e iguais em direitos. As distinções sociais só podem fundamentar-se na utilidade comum."* (art. 1º)

A Declaração dos Direitos Humanos da ONU (1945) prevê a igualdade, de modo que *"todos os seres humanos nascem livres e iguais em dignidade e em direitos. Dotados de razão e de consciência, devem agir uns para com os outros em espírito de fraternidade"* (art. 1º). Além disso, *"todos são iguais perante a lei e, sem distinção, têm direito a igual proteção da lei. Todos têm direito à proteção igual contra qualquer discriminação que viole a presente Declaração e contra qualquer incitamento a tal discriminação"* (art. 7º).

---

desde o Império, inscreveram o princípio da igualdade, como igualdade perante a lei, enunciado que, na sua literalidade, se confunde com a mera isonomia formal, no sentido de que a lei e sua aplicação tratam a todos igualmente, sem levar em conta as distinções de grupos. A compreensão do dispositivo vigente, nos termos do art. 5º, *caput*, não deve ser assim tão estreita. O intérprete há que aferi-lo com outras normas constitucionais, conforme apontamos *supra* e, especialmente, com as exigências da justiça social, objetivo da ordem econômica e da ordem social. Considerá-lo-emos como isonomia formal para diferenciá-lo da isonomia material, traduzida no art. 7º, XXX e XXXI, que já indicamos no nº 1 *supra*. A Constituição procura aproximar os dois tipos de isonomia, na medida em que não se limitara ao simples enunciado da igualdade perante a lei; menciona também igualdade entre homens e mulheres e acrescenta vedações à distinção de qualquer natureza e qualquer forma de discriminação" (*Curso de Direito Constitucional Positivo*. 18. ed. São Paulo: Malheiros, 2000, p. 217).

[18] BASTOS, Celso Ribeiro. Ob. cit., p. 188.
[19] BASTOS, Celso Ribeiro. Ob. cit., p. 191.

Após a Declaração de Direitos Humanos, a preocupação e a proteção da igualdade serão objeto de vários Diplomas Normativos Internacionais, alguns de forma mais ampla, outros de forma direcionada a grupos específicos, como as mulheres.

Nesse contexto, os Pactos Internacionais dos Direitos Civis e Políticos[20] e dos Direitos Econômicos, Sociais e Culturais[21] da ONU (1966) vão tratar da igualdade, respectivamente, no art. 2º, item 1º e no art. 2º, itens 1º e 2º.

O Pacto de Direitos Civis e Políticos prevê a igualdade perante a lei, de forma ampla, determinando que os Estados-membros garantam "... *a todas as pessoas proteção igual e eficaz contra qualquer discriminação por motivo de raça, cor, sexo, língua, religião, opinião política ou de outra natureza, origem nacional ou social, situação econômica, nascimento ou qualquer outra situação*" (art. 26).

O tema não passou desapercebido pela Convenção Americana sobre Direitos Humanos (Pacto de São José da Costa Rica) (1969). Pela Convenção, os Estados-membros "... *comprometem-se a respeitar os direitos e liberdades nela reconhecidos e a garantir seu livre e pleno exercício a toda pessoa que esteja sujeita à sua jurisdição, sem discriminação alguma por motivo de raça, cor, sexo, idioma, religião, opiniões políticas ou de qualquer outra natureza, origem nacional ou social, posição econômica, nascimento ou qualquer outra condição social*" (art. 1º).

Posteriormente, ainda o tema foi objeto de proteção para grupos específicos pela Convenção sobre a Eliminação de Todas as Formas de Discriminação contra a Mulher (ONU, 1974) e, posteriormente, pela Declaração de Nova York (Convenção da Pessoa com Deficiência) (ONU, 2006).

15.2.7.3 Discriminação

No meio jurídico, discriminação indica: *"(a) ato de separar uma coisa que está unida a outra; (b) separação entre coisas, cargos, serviços, funções ou encargos iguais, similares ou diferentes; (c) definição; (d) limitação decorrente da individuação da coisa; (e) classi-*

---

[20] "Cada Estado-parte no presente Pacto compromete-se a respeitar e a garantir a todos os indivíduos que se encontrem nos seus territórios e estejam sujeitos à sua jurisdição os direitos reconhecidos no presente Pacto, sem qualquer distinção, derivada, nomeadamente, de raça, de cor, de sexo, de língua, de religião, de opinião política, ou de qualquer outra opinião, de origem nacional ou social, de propriedade ou de nascimento, ou de outra situação" (art. 2º, item 1º).

[21] "1. Cada Estado-parte do presente Pacto compromete-se a adotar medidas, tanto por esforço próprio como pela assistência e cooperação internacionais, principalmente nos planos econômico e técnico, até o máximo de seus recursos disponíveis, que visem a assegurar, progressivamente, por todos os meios apropriados, o pleno exercício dos direitos reconhecidos no presente Pacto, incluindo, em particular, a adoção de medidas legislativas.

2. Os Estados-partes do presente Pacto comprometem-se a garantir os direitos nele enunciados e exercer sem discriminação alguma por motivo de raça, cor, sexo, língua, religião, opinião política ou de outra natureza, origem nacional ou social, situação econômica, nascimento ou qualquer outra situação" (art. 2º, itens 1º e 2º).

ficação de algo, fazendo as devidas especificações; (f) tratamento preferencial de alguém, prejudicando outrem".[22]

Para Mauricio Godinho Delgado,[23] discriminação é a *"conduta pela qual se nega à pessoa, em face de critério injustamente desqualificante, tratamento compatível com o padrão jurídico assentado para a situação concreta por ela vivenciada."*

A discriminação genérica é odiosa e fere a dignidade do ser humano.

Dentre várias outras, como situações indicadoras de discriminação, podemos citar: idade, sexo, credo, estado civil, cor, origem social, estado de saúde, opinião política, parentescos, aparência física, estado de saúde, invalidez, deficiência física, nacionalidade etc.

Não pode haver diferenças entre os seres humanos. Daí a importância de critérios legais que proíbem as discriminações e que é decorrência direta da aplicação do princípio da igualdade.

No combate à discriminação, com o advento de critérios legais coibindo o tratamento diferenciado, surgiu a necessidade da formulação do princípio da não discriminação.

Pelo princípio da não discriminação, a ordem jurídica contempla uma série de mecanismos norteadores de uma vedação à adoção de medidas que impliquem condutas diferenciadas para com as pessoas em virtude de fatores que sejam injustamente discriminatórios para com a vida em sociedade.

15.2.7.4 A igualdade no trabalho

Além do princípio da igualdade está prevista de forma ampla no universo normativo internacional a igualdade no trabalho e no emprego.

A própria Declaração Universal dos Direitos Humanos prevê: *"1. Toda a pessoa tem direito ao trabalho, à livre escolha do trabalho, a condições equitativas e satisfatórias de trabalho e à proteção contra o desemprego. 2. Todos têm direito, sem discriminação alguma, a salário igual por trabalho igual. 3. Quem trabalha tem direito a uma remuneração equitativa e satisfatória, que lhe permita e à sua família uma existência conforme com a dignidade humana, e completada, se possível, por todos os outros meios de proteção social"* (art. 23).

O princípio da igualdade é objeto de proteção no âmbito da União Europeia. Inicialmente, com o objetivo de permitir que os trabalhadores pudessem usufruir da livre circulação pelos países integrantes da União Europeia, o Tratado de Roma (1957) estabeleceu as bases para a coordenação dos sistemas de segurança social dos Estados-membros, ao consagrar o princípio da igualdade de remuneração entre homens e mulheres e previu a criação do Fundo Social Europeu (FSE). O sistema de proteção social foi aprimorado pela Carta Comunitária dos Direitos Sociais Fundamentais dos Trabalhadores – arts. 2º, 3º e 16 (Carta Social, de 1989).

---

[22] DINIZ, Maria Helena. *Dicionário jurídico*, v. 2, p. 191.
[23] DELGADO, Mauricio Godinho. *Curso de Direito do Trabalho*. 5. ed, p. 772.

A Declaração Sociolaboral do Mercosul (1998) prevê a igualdade de direitos, tratamento e oportunidades no emprego, sem qualquer distinção e independentemente da origem nacional. Além disso, os Estados-membros assumiram o dever de realizar ações destinadas a eliminar a discriminação no que tange aos grupos em situação desvantajosa no mercado de trabalho (art. 1º), inclusive das pessoas com deficiência (art. 2º).

Nesse aspecto, também a proteção ao trabalho e emprego da pessoa com deficiência está consagrada na Declaração de Nova York (art. 27) (ONU, 2006).

15.2.7.5 Os direitos fundamentais no trabalho no âmbito da OIT

A Declaração de Princípios e Direitos Fundamentais no Trabalho da OIT (1998) traz como direitos fundamentais: a) a liberdade sindical e o reconhecimento efetivo do direito de negociação coletiva; b) a eliminação de todas as formas de trabalho forçado ou obrigatório; c) a abolição efetiva do trabalho infantil; e d) a eliminação da discriminação em matéria de emprego e ocupação.

Com a Declaração de Princípios e Direitos Fundamentais no Trabalho, a OIT elegeu 8 Convenções como integrantes da Declaração de Princípios e Direitos Fundamentais no Trabalho, são elas: a) Convenção 29 – Trabalho Forçado (1930); b) Convenção – Liberdade Sindical e proteção do direito de sindicalização (1948); c) Convenção 98 – Direito de sindicalização e de negociação coletiva (1949); d) Convenção 100 – Igualdade de remuneração (1951); e) Convenção 105 – Abolição do trabalho forçado (1957); f) Convenção 111 – Discriminação (emprego e ocupação) (1958); g) Convenção 138 – Idade Mínima (1973); h) Convenção 182 – Piores Formas de Trabalho Infantil (1999).

Importante lembrar que a Declaração de Princípios e Direitos Fundamentais, ao lado da Declaração da Filadélfia e da Constituição, é um Diploma normativo obrigatório para todos os Estados-membros da OIT.

15.2.7.6 Trabalho decente

Na visão da OIT, trabalho decente é o trabalho produtivo e adequadamente remunerado, exercido em condições de liberdade, equidade e segurança, sem quaisquer formas de discriminação, e capaz de assegurar uma vida digna a todas as pessoas que vivem de seu trabalho. Em suma: no trabalho decente há o respeito aos direitos do trabalhador, como forma de resguardo a sua dignidade.[24]

---

[24] Arion Sayão Romita ensina: "O conceito de trabalho decente foi formulado pela Organização Internacional do Trabalho para assinalar as prioridades da Organização e atualizar seu enfoque para o século XXI. Baseia-se no reconhecimento de que o trabalho é fonte da dignidade pessoal, estabilidade familiar, paz na comunidade, de democracias que produzem para as pessoas e crescimento econômico que aumenta as possibilidades de trabalho produtivo e o desenvolvimento das empresas. Na visão da OIT, o emprego produtivo e o trabalho decente são elementos-chave para alcançar a redução da pobreza. O trabalho decente reflete as prioridades da agenda social, econômica e política do sistema internacional, a saber: a globalização justa, atenuação da pobreza,

Para a OIT, os eixos para a formulação da Agenda do Trabalho Decente são: (a) criação de empregos de qualidade para homens e mulheres; (b) a extensão da proteção social; (c) a valorização e o fortalecimento do diálogo social; (d) a aplicação dos princípios e direitos fundamentais no trabalho, os quais estão inseridos na Declaração dos Direitos e Princípios Fundamentais do Trabalho da OIT (1998).

15.2.7.7 A discriminação na ótica da OIT

A violação ao princípio da igualdade, especialmente, nas matérias relacionadas com a igualdade de gênero e a racial, quando relacionadas com o trabalho ou emprego, implica formas odiosas de discriminação e não se justificam mais, em nenhuma situação.

Como pontuado inicialmente, os estudos da CEPAL, Banco Mundial e da OIT indicam ainda a existência de defasagem salarial, por diversos motivos, entre eles, em função do gênero e da raça.

15.2.7.7.1 Discriminação racial

De forma geral, racismo é a doutrina que apregoa a superioridade de determinada raça. É a separação e a marginalização de uma raça por outra que se autodenomina superior.[25]

Arion Sayão Romita[26] afirma que: *"Racismo é um conjunto de práticas e ideias que preconizam a supremacia de um grupo racial sobre outro. Origina-se de preconceito e enseja a repressão penal por força de um sentimento de repugnância ou inferioridade baseado em raça, cor, etnia ou procedência nacional".*

Não se pode negar que o racismo está relacionado com uma modalidade de discriminação.

Discriminação racial, de acordo com o art. 1º da Convenção Internacional sobre a Eliminação de Todas as Formas de Discriminação Racial (1968),[27] é definida como toda distinção, exclusão, restrição ou preferência baseada em raça, cor, descendência ou origem nacional ou étnica que tenha por objeto ou resultado anular ou restringir o reconhecimento, gozo ou exercício em um mesmo plano (em igualdade de condição) de

---

segurança, inclusão social, dignidade, diversidade" (*Direitos fundamentais nas relações de trabalho.* 3. ed., p. 240).

[25] "1. Direito Penal. (a) Teoria defensora da superioridade de uma raça humana sobre as demais; (b) crime inafiançável e imprescritível consistente em fazer discriminação racial, sujeito à pena de reclusão; (c) segregacionismo; tipo de preconceito conducente à segregação de determinadas minorias étnicas; (d) ação ou qualidade racista; (e) discriminação e perseguição contra raças consideradas inferiores (Matteucci). 2. Sociologia geral. (a) Conjunto de caracteres físicos, morais e intelectuais que distinguem certa raça; (b) apego à raça" (DINIZ, Maria Helena. Ob. cit., v. 4, p. 29).

[26] ROMITA, Arion Sayão. Ob. cit., p. 331.

[27] Foi adotada pela Resolução 2.106-A da Assembleia Geral das Nações Unidas em 21/12/1965. Foi ratificada pelo Brasil em 27/3/1968.

direitos humanos ou liberdades fundamentais nos campos políticos, econômico, social, cultural ou em qualquer outro campo da vida pública.

A Convenção 111[28] da OIT (1958) trata da discriminação em matéria de emprego e ocupação, sendo que o Estado-membro signatário dessa convenção deve estabelecer uma política nacional que tenha por fim promover, por métodos adequados às circunstâncias e os usos nacionais, a igualdade de oportunidades e de tratamento em matéria de emprego e profissão. Trata-se de um mecanismo de se obter o respeito da plena igualdade de homens e mulheres nas relações individuais e coletivas de trabalho.

De acordo com o art. 1º, § 1º, Convenção 111, o termo "discriminação" compreende: (a) toda distinção, exclusão ou preferência fundada na raça, cor, sexo, religião, opinião pública, ascendência nacional ou origem social, que tenha por efeito destruir ou alterar a igualdade de oportunidade ou de tratamento em matéria de emprego ou profissão; (b) qualquer outra distinção, exclusão ou preferência que tenha por efeito destruir ou alterar a igualdade de oportunidade ou tratamento em matéria de emprego ou profissão que poderá ser especificada pelo membro interessado depois de consultadas as organizações representativas de empregadores e trabalhadores, quando estas existam, e outros organismos adequados.

Para fins de aplicação da Convenção 111, os termos "emprego" e "profissão" incluem o acesso à formação profissional, ao emprego, às diferentes profissões, bem como às condições de emprego (art. 1º, § 3º).

Não constituem discriminação: (a) a constatação de distinções, exclusões ou preferências fundadas em qualificações exigidas para determinado emprego (art. 1º, § 2º); (b) a adoção de medidas em relação a uma pessoa, suspeita legítima de se entregar a uma atividade prejudicial à segurança do Estado ou cuja atividade se encontre realmente comprovada, desde que a referida pessoa tenha o direito de recorrer a uma instância competente, estabelecida de acordo com a prática nacional (art. 4º); (c) as medidas especiais de proteção ou de assistência previstas em outras convenções ou recomendações adotadas pela Conferência Internacional do Trabalho da OIT (art. 5º, § 1º); (d) qualquer membro pode, depois de consultadas as organizações representativas de empregadores e trabalhadores, quando estas existam, definir como não discriminatórias quaisquer outras medidas especiais que tenham por fim salvaguardar as necessidades particulares de pessoas em relação às quais a atribuição de uma proteção ou assistência especial seja, de uma maneira geral, reconhecida como necessária, por motivos tais como o sexo, a invalidez, os encargos de família ou o nível social ou cultural (art. 5º, § 2º).

O art. 14 da Convenção 117[29] da OIT (1962) estabelece a não discriminação em matéria de raça, cor, sexo, crença, associação tribal ou filiação sindical. Deve ser eli-

---

[28] Aprovada na 42ª reunião da Conferência Internacional do Trabalho (1958). Entrou em vigor no plano internacional em 15/6/1960. No Brasil foi aprovada pelo Decreto Legislativo 104, de 24/11/1964. Ratificação ocorrida em 26/11/1965. Promulgação pelo Decreto 62.150, de 19/1/1968.

[29] Aprovada na 46ª reunião da Conferência Internacional do Trabalho (1962). Entrou em vigor no plano internacional em 25/4/1964. No Brasil foi aprovada pelo Decreto Legislativo 65, de

minada toda e qualquer discriminação em matéria de: (a) legislação e às convenções do trabalho, que deverão proporcionar um tratamento econômico equitativo a todos os que residam ou trabalhem legalmente no país; (b) admissão aos empregos públicos e privados; (c) condições de contratação e de promoção; (d) facilidades de formação profissional; (e) condições de trabalho; (f) medidas relativas à higiene, à segurança e ao bem-estar; (g) disciplina; (h) participação na negociação de convenções coletivas; (i) valores salariais, que devem ser estabelecidos de acordo com o princípio de retribuição idêntica por trabalho idêntico, no mesmo processo e na mesma empresa. Serão tomadas todas as medidas práticas e possíveis a fim de reduzir todas as diferenças nos valores salariais que provenham de discriminações baseadas na raça, na cor, no sexo, na crença, na qualidade de membro de um grupo tradicional ou na filiação sindical, elevando os valores aplicáveis aos trabalhadores menos remunerados. Os trabalhadores procedentes de um país contratados para trabalharem em outro país poderão obter, para além do seu salário, vantagens em espécie ou em gêneros para fazerem frente a todos os encargos pessoais ou familiares razoáveis que resultem do emprego fora do seu lar.

No texto da Constituição Brasileira de 1988, tem-se: (a) como objetivo fundamental da República Federativa do Trabalho, a promoção do bem de todos, sem preconceitos de origem, raça, sexo, cor, idade e quaisquer outras formas de discriminação (art. 3º, IV); (b) a lei punirá qualquer discriminação atentatória dos direitos e liberdades fundamentais (art. 5º, XLI); (c) prática do racismo constitui crime inafiançável e imprescritível, sujeito à pena de reclusão (art. 5º, XLII).

A Lei 7.716, de 5/1/1989, define os crimes resultantes de preconceitos de raça ou de cor. Tem-se a pena de reclusão de 2 a 5 anos para quem: (a) impedir ou obstar o acesso de alguém, devidamente habilitado, a qualquer cargo da Administração Direta ou Indireta, bem como das concessionárias de serviços públicos. Incorre na mesma pena quem, por motivo de discriminação de raça, cor, etnia, religião ou procedência nacional, obstar a promoção funcional; (b) negar ou obstar emprego em empresa privada. Incorre na mesma pena quem, por motivo de discriminação de raça ou de cor ou práticas resultantes do preconceito de descendência ou origem nacional ou étnica: (1) deixar de conceder os equipamentos necessários ao empregado em igualdade de condições com os demais trabalhadores; (2) impedir a ascensão funcional do empregado ou obstar outra forma de benefício profissional; (3) proporcionar ao empregado tratamento diferenciado no ambiente de trabalho, especialmente quanto ao salário. Ficará sujeito às penas de multa e de prestação de serviços à comunidade, incluindo atividades de promoção da igualdade racial, quem: em anúncios ou qualquer outra forma de recrutamento de trabalhadores, exigir aspectos de aparência próprios de raça ou etnia para emprego cujas atividades não justifiquem essas exigências.

O empregador responsável pela prática discriminatória racial, além de estar cometendo um crime, estará cometendo ilícitos administrativos e trabalhistas. Na seara trabalhista, será responsabilizado: (a) pela dispensa indireta (justa causa do emprega-

---

30/11/1966. Ratificação ocorrida em 24/3/1969. Promulgação pelo Decreto 66.496, de 27/4/1970.

dor); (b) por danos morais pela violação aos direitos de personalidade do trabalhador (responsabilidade civil); (c) por eventuais danos materiais à capacidade de trabalho do empregado (responsabilidade civil).

15.2.7.7.2 Discriminação por gênero

A Convenção da ONU sobre Eliminação de todas as Formas de Discriminação contra a Mulher[30] assevera que os Estados-membros adotarão todas as medidas apropriadas para eliminar a discriminação contra a mulher na esfera do emprego a fim de assegurar, em condições de igualdade entre homens e mulheres, os mesmos direitos, em particular: (a) o direito ao trabalho como direito inalienável de todo ser humano; (b) o direito às mesmas oportunidades de emprego, inclusive a aplicação dos mesmos critérios de seleção em questões de emprego; (c) o direito de escolher livremente profissão e emprego, o direito à promoção e à estabilidade no emprego e a todos os benefícios e outras condições de serviço, e o direito ao acesso à formação e à atualização profissionais, incluindo aprendizagem, formação profissional superior e treinamento periódico; (d) o direito a igual remuneração, inclusive benefícios, e igualdade de tratamento relativa a um trabalho de igual valor, assim como igualdade de tratamento com respeito à avaliação da qualidade do trabalho; (e) o direito à seguridade social, em particular em casos de aposentadoria, desemprego, doença, invalidez, velhice ou outra incapacidade para trabalhar, bem como o direito de férias pagas; (f) o direito à proteção da saúde e à segurança nas condições de trabalho, inclusive a salvaguarda da função de reprodução (art. 11). Acentua, ainda, que, com o intuito de impedir a discriminação contra a mulher por razões de casamento ou maternidade e assegurar a efetividade de seu direito a trabalhar, os Estados-partes tomarão as medidas adequadas para: (a) proibir, sob sanções, a demissão por motivo de gravidez ou licença de maternidade e a discriminação nas demissões motivadas pelo estado civil; (b) implantar a licença de maternidade, com salário pago ou benefícios sociais comparáveis, sem perda do emprego anterior, antiguidade ou benefícios sociais; (c) estimular o fornecimento de serviços sociais de apoio necessários para permitir que os pais combinem as obrigações para com a família com as responsabilidades do trabalho e a participação na vida pública, especialmente mediante fomento da criação e desenvolvimento de uma rede de serviços destinados ao cuidado das crianças; (d) dar proteção especial às mulheres durante a gravidez nos tipos de trabalho comprovadamente prejudiciais para elas (art. 11).

---

[30] O Brasil aprovou a Convenção da ONU a respeito da Eliminação de Todas as Formas de Discriminação contra a Mulher (assinada pela República Federativa do Brasil, em Nova York, no dia 31/3/1981, com reservas aos seus artigos 15, § 4º, e 16, § 1º, alíneas *a*, *c*, *g* e *h*). A Convenção foi aprovada pelo Congresso Nacional pelo Decreto Legislativo 93, de 14/11/1093. O Decreto 89.460, de 20/3/1984, promulgou a norma. Na sequência, o Decreto Legislativo 26, de 22/6/1994, revogou o Decreto Legislativo 93. Na sequência, o Decreto 89.460 foi revogado pelo Decreto 4.377, de 13/9/2002.

A Convenção 100[31] da OIT (1951) trata do salário igual para trabalho de igual valor entre o homem e a mulher: (a) a expressão *"igualdade de remuneração para a mão de obra masculina e a mão de obra feminina por um trabalho de igual valor"* refere-se às taxas de remuneração fixas sem discriminação fundada no sexo (art. 1º, *b*); (b) não deverão ser consideradas como contrárias aos princípios de igualdade de remuneração para a mão de obra masculina e a mão de obra feminina, por um trabalho de igual valor, as diferenças entre as taxas de remuneração, que correspondem, sem consideração de sexo, às diferenças resultantes de tal avaliação objetiva nos trabalhos a efetuar (art. 3º, § 3º).

A OIT, com o intuito de evitar as discriminações entre o nacional e o estrangeiro, aprovou outras: (a) Convenções 19 (1925), sobre acidentes de trabalho; (b) Convenções 66 (1939), revista pela 97 (1949) e complementada pela 143 (1975), que trata do problema imigratório; (c) Convenções 118 (1962), cuida da Seguridade Social.[32]

Na Constituição Federal, verifica-se um sistema de proteção amplo. Destaca-se: (a) que homens e mulheres são iguais em direitos e obrigações (art. 5º, I); (b) proibição de diferença de salários, de exercício de funções e de critério de admissão por motivo de sexo (art. 7º, XXX); (c) licença à gestante, sem prejuízo do emprego e do salário, com a duração de 120 dias (art. 7º, XVIII); (d) garantia de emprego à mulher gestante, desde a confirmação da gravidez até cinco meses após o parto (art. 10, II, *b*, do ADCT); (e) seguro-maternidade (art. 201, III); (f) proteção do mercado de trabalho da mulher, mediante incentivos (art. 7º, XX).

15.2.7.8 Discriminação sexual

Sexualidade é o "conjunto de manifestações afetivo-emocionais conscientes e inconscientes, que engloba a orientação sexual e as diversas expressões de gênero, enquanto produtos culturais, cambiantes e manipulados, assim como outros traços dos indivíduos, em sua constante busca pelo autoconhecimento e afirmação enquanto pessoa humana". [33]

O ser humano tem uma capacidade de se sentir atraído por outra pessoa. Essa atração pode ser física, emocional, afetiva ou sexual. Dessa atração podem surgir relacionamentos íntimos e sexuais. A orientação sexual é uma atração erótico-afetiva e que pode ser por pessoas de: mesmo sexo (homossexualidade); sexo oposto (heterossexualidade) ou por ambos (bissexualidade).

Minoria é o grupo formado por pessoas em quantidade inferior ao conjunto da população e que ocupa uma posição social de não dominância. Possuem uma característica distinta em relação ao padrão hegemônico da maioria. São discriminados socialmente por essa diferenciação.

---

[31] Aprovada na 34ª reunião da Conferência Internacional do Trabalho (1951). Entrou em vigor no plano internacional em 23/8/1953. No Brasil foi aprovada pelo Decreto Legislativo 24, de 29/5/1956. Ratificação ocorrida em 25/4/1957. Promulgação pelo Decreto 41, 25/6/1957.

[32] O Brasil ratificou as Convenções 19, 97, 100, 111 e 118.

[33] SILVA JUNIOR, Assis Moreira. Desdobramentos Jurídicos da Homofobia no Trabalho, *Revista Síntese Trabalhista*, nº 289, p. 69, jul. 2013.

Em linhas objetivas, o grupo minoritário tem as seguintes características: (a) incapacidade de autodefesa, logo, os seus integrantes necessitam de proteção estatal e de políticas públicas específicas, objetivando, assim, a sua valorização como cidadãos; (b) a opressão social, via exclusão ou segregação, por parte do grupo social hegemônico.

Minorias sexuais são grupos de pessoas que sofrem preconceito, discriminação e intolerância, precipuamente, por terem elementos característicos, os quais estão em dissonância com os padrões dominantes de sexualidade.

Infelizmente, como padrão dominante de sexualidade, a sociedade adota a heterossexualidade, ou seja, *"uma lógica binária de gênero e sexualidade que separa os indivíduos entre homens e mulheres e lhes impõe aquilo que fora sedimentado, culturalmente, como 'natural', segundo o único padrão aceito para a sexualidade, qual seja, a heterossexualidade compulsória. Considera-se que sexo biológico, identidade de gênero e papel de gênero deveriam enquadrar as pessoas dentro de normas integralmente femininas ou masculinas"*.[34]

Diante da prática de atitudes e comportamentos, os quais estejam em dissonância com os padrões da heterossexualidade, algumas pessoas são alvo da opressão social, a qual adota várias formas de conduta: palavras, gestos, agressões verbais e/ou físicas etc.

Em sociedade é imperiosa a coexistência pacífica, respeitando-se todo e qualquer ser humano, cujo comportamento não esteja em sintonia com o que se entende por padrão normal. Qualquer que seja a orientação sexual em dissonância com o padrão heterossexual deve ser respeitado.

Palavra usualmente adotada e que está relacionada com a discriminação sexual é a homofobia. De forma restritiva, o vocábulo homofobia retrata o preconceito, a discriminação e a intolerância contra os homossexuais, contudo, podemos adotá-la como toda e qualquer forma de discriminação contra as minorias sexuais.

Não se deve admitir a discriminação, seja na fase pré-contratual (a não admissão por questão de sexualidade), no curso do contrato de trabalho (práticas de assédio moral ou sexual) ou no término do contrato de trabalho (dispensa discriminatória pela opção sexual do empregado).

15.2.8 Respeito quanto ao direito intelectual

Direito intelectual é o conjunto de normas relativas aos produtos oriundos da inteligência humana, tais como: direitos autorais, os de utilização de programas de computação e os relativos à propriedade industrial.

A Constituição de 1988 assegura ao empregado o direito intelectual, a saber: (a) aos autores pertence o direito exclusivo de utilização, publicação ou reprodução de suas obras, transmissível aos herdeiros pelo tempo que a lei fixar (art. 5º, XXVII); (b) proteção às participações individuais em obras coletivas e à reprodução da imagem e voz humanas, inclusive nas atividades desportivas (art. 5º, XXVIII, *a*); (c) direito de fiscalização do aproveitamento econômico das obras que criaram ou de que participaram os criadores,

---

[34] SILVA JUNIOR, Assis Moreira. Ob. cit., p. 67.

aos intérpretes e às respectivas representações sindicais e associativas (art. 5º, XXVIII, *b*); (d) a lei assegurará aos autores de inventos industriais privilégio temporário para sua utilização, bem como proteção às criações industriais, à propriedade das marcas, aos nomes de empresas e a outros signos distintivos, tendo em vista o interesse social e o desenvolvimento tecnológico e econômico do País (art. 5º, XXIX).

Mauricio Godinho Delgado[35] acentua que *"as parcelas com natureza de direito intelectual podem ser devidas pelo empregador ao obreiro no contexto do contrato empregatício. Contudo, preserva, regra geral, natureza jurídica própria, distinta da salarial. É que elas derivam de direito específico adquirido pelo trabalhador ao longo do contrato, com estrutura, dinâmica e fundamento jurídicos próprios. Pode ocorrer, até mesmo, que o próprio título jurídico ensejador do direito intelectual não seja o contrato de trabalho, mas um contrato paralelo ao pacto empregatício original. Em qualquer dessas hipóteses, porém, tais parcelas não se comunicam com o salário obreiro, preservando natureza jurídica específica e distinta".*

15.2.8.1 Direito autoral

Direito autoral é o conjunto de faculdades de caráter não patrimonial (moral) e patrimonial que a ordem jurídica atribui ao criador de obras literárias, artísticas e científicas. Essas normas são relativas à paternidade e ao aproveitamento da obra, por qualquer meio, por parte do autor ou de seus sucessores. Regulamentação: Lei 9.610/98.

Como desdobramento do direito da personalidade, pelo prisma moral, os direitos autorais são inalienáveis e irrenunciáveis (art. 27, Lei 9.610), logo, torna-se nula qualquer cláusula de cessão de direitos a terceiros.

Por sua vez, pelo aspecto patrimonial, os direitos autorais podem ser cedidos, adotando-se o licenciamento, a concessão, a cessão ou outros meios admitidos em direito (art. 49, *caput*). Após setenta anos, os direitos patrimoniais do autor caem em domínio público (art. 41).

Autor é a pessoa física criadora de obra literária, artística ou científica (art. 11, *caput*), contudo, a proteção concedida ao autor pode ser aplicável à pessoa jurídica nos casos previstos na Lei 9.610.

Os direitos morais do autor são: (a) reivindicação da autoria da obra a qualquer tempo; (b) a inclusão do seu nome, pseudônimo ou sinal convencional indicado ou anunciado, como autor, na utilização de sua obra; (c) conservação da obra como inédita; (d) assegurar a integridade da obra, opondo-se a quaisquer modificações ou à prática de atos que, de qualquer forma, possam prejudicá-la, ou atingi-lo, como autor, em sua reputação ou honra; (e) modificação da obra, antes ou depois de utilizada; (f) retirar de circulação a obra ou de suspender qualquer forma de utilização já autorizada, quando a circulação ou utilização implicarem afronta à sua reputação e imagem; (g)

---

[35] DELGADO, Mauricio Godinho. *Curso de direito do trabalho*. 5. ed., p. 608.

acesso a exemplar único e raro da obra, quando se encontre legitimamente em poder de outrem, para o fim de, por meio de processo fotográfico ou assemelhado, ou audiovisual, preservar sua memória, de forma que cause o menor inconveniente possível a seu detentor, que, em todo caso, será indenizado de qualquer dano ou prejuízo que lhe seja causado (art. 24).

Os direitos patrimoniais do autor estão elencados no art. 28 e segs., Lei 9.610. Normalmente, os direitos autorais importam em 10% sobre o valor obtido com a venda total do produto criado.

Ao contrário da antiga lei autoral (art. 36, Lei 5.988/73), a Lei 9.610 não disciplina a quem pertence os direitos autorais quando a obra intelectual for produzida em cumprimento a dever funcional ou for decorrente do contrato de trabalho ou prestação de serviços. Isso significa que cabe às partes a disciplina das regras para a autoria e a propriedade intelectual. Caso não se tenha essa regulação, é razoável a aplicação analogia das demais legislações a respeito do tema (arts. 88 a 91, Lei 9.279/96; art. 4º, Lei 9.609/98).

15.2.8.2 *Direitos de programas de computação*

De acordo com o art. 1º da Lei 9.609/98, programa de computador representa o conjunto organizado de instruções (em linguagem natural ou codificada contida em suporte físico de qualquer natureza), de emprego necessário em máquinas automáticas de tratamento da informação, dispositivos, instrumentos ou equipamentos periféricos, baseados em técnica digital ou análoga, para fazê-los funcionar de modo e para fins determinados.

Respeitada estipulação em contrário (art. 4º, *caput*, Lei 9.609/98), os direitos relativos ao programa de computador pertencem de forma exclusiva ao empregador, contratante de serviços ou órgão público, os quais tenham sido desenvolvidos e elaborados na vigência de contrato ou de vínculo estatutário, expressamente destinado à pesquisa e desenvolvimento, ou em que a atividade do empregado, contratado de serviço ou servidor seja prevista, ou ainda que decorra da própria natureza dos encargos concernentes a esses vínculos. Trata-se da hipótese de invenção de serviço.

Na invenção de serviço, a compensação do trabalho ou serviço prestado é limitada à remuneração ou ao salário estabelecido, respeitando-se qualquer ajuste expresso em contrário (art. 4º, § 1º).

Com exclusividade, ao empregado, contratado de serviço ou servidor pertencem os direitos concernentes a programa de computador gerado sem relação com o contrato de trabalho, prestação de serviços ou vínculo estatutário, e sem a utilização de recursos, informações tecnológicas, segredos industriais e de negócios, materiais, instalações ou equipamentos do empregador, da empresa ou entidade com a qual o empregador mantenha contrato de prestação de serviços ou assemelhados, do contratante de serviços ou órgão público (art. 4º, § 2º). Trata-se da invenção livre.

Citadas regras também são aplicáveis às hipóteses em que o programa de computador for desenvolvido por bolsistas, estagiários e assemelhados (art. 4º, § 3º).

15.2.8.3 Direito à propriedade industrial (invenção)

Magano[36] salienta que *"invenção é coisa ou engenho contendo novidade não compreendida no estado da técnica e suscetível, por outro lado, de aplicação industrial"*.

O art. 454 da CLT foi tacitamente revogado pelos arts. 40 e segs., Lei 5.772/71. Por sua vez, esse diploma foi revogado, de forma expressa, pela Lei 9.279/96, que declina, em seus arts. 88 e segs., a temática quanto às invenções.

De acordo com a Lei 9.279, as invenções podem ser:

a) de serviço (arts. 88 e 89) – a invenção e o modelo de utilidade são decorrentes do contrato de trabalho, cuja execução ocorra no Brasil e que tenha por objeto a pesquisa ou a atividade inventiva, ou resulte esta da natureza dos serviços para os quais foi o empregado contratado. Os direitos pertencem de forma exclusiva ao empregador. A retribuição pelo trabalho limita-se ao salário ajustado, salvo disposição contratual expressa em contrário;

b) Salvo prova em contrário, presume-se desenvolvida na vigência do contrato de trabalho a invenção ou o modelo de utilidade, cuja patente seja requerida pelo empregador até um ano após a extinção do vínculo empregatício. Pela negociação ou de acordo com a norma da empresa, o empregador (titular da patente) poderá conceder ao empregado (autor de invento ou aperfeiçoamento), participação nos ganhos econômicos resultantes da exploração da patente. Nesse caso, a participação não se incorpora ao salário;

c) livre (art. 90) – pertence exclusivamente ao empregado, por ter sido desenvolvida de forma desvinculada do contrato de trabalho e não decorrente da utilização de recursos, meios, dados, materiais, instalações ou equipamentos do empregador;

d) de estabelecimento (também denominado trabalho inventivo casual) (art. 91) – a invenção é resultante da contribuição pessoal do empregado e de recursos, dados, meios, materiais, instalações ou equipamentos do empregador. A propriedade é comum e em partes iguais, ressalvada expressa disposição contratual em contrário. Se houver mais de um empregado, a parte deles será dividida igualmente entre todos, salvo ajuste em contrário. O empregador tem o direito exclusivo de licença de exploração, assegurando ao empregado a justa remuneração. Na falta de acordo, a exploração do objeto da patente será iniciada pelo empregador dentro do prazo de um ano, contado da data de sua concessão, sob pena de passar à exclusiva propriedade do empregado a titularidade da patente, ressalvadas as hipóteses de falta de exploração por razões legítimas. No caso de

---

[36] MAGANO, Octavio Bueno. Ob. cit., p. 214.

cessão, qualquer dos cotitulares, em igualdade de condições, poderá exercer o direito de preferência (art. 91, § 4º).

15.2.9 Obrigação de proporcionar e prestar trabalho

Em função do contrato de trabalho, o trabalhador possui o encargo de dar a sua força de trabalho em prol do empregador. Os serviços serão controlados, fiscalizados e punidos, ficando à mercê do poder diretivo do empregador. Como forma de contraprestação, tem direito à percepção dos salários.

Em face do poder diretivo, o empregador deve determinar: (a) as funções que serão exercidas pelo empregado; (b) os serviços e as tarefas a serem executados.

Não basta o simples pagamento de salários. O empregado não deve ficar aguardando indefinidamente que os serviços lhe sejam determinados. O empregador tem a obrigação de lhe propiciar que os trabalhos, de fato, sejam executados.

O trabalho, como atividade humana remunerada, não é só fonte de subsistência. O empregado tem o direito de se sentir útil dentro da empresa. O eterno aguardo de ordens, de serviços etc., sem qualquer definição por parte do empregador, é uma verdadeira ofensa à figura do trabalhador, justificando a rescisão indireta do contrato de trabalho (art. 483, *d* e *g*, CLT).

Como desdobramento da obrigação de propiciar condições para o trabalho, possui também o empregador o encargo quanto ao fornecimento dos equipamentos necessários para que o trabalhador possa de fato desempenhar as suas funções.

A obrigação básica do empregado é a de prestar o trabalho. O salário é a contraprestação ao labor prestado. O trabalhador coloca-se à disposição do empregador para o cumprimento das tarefas inerentes à sua profissão ou cargo que tenha na empresa. Aliás, convém ser dito que o tempo de serviço é computado pelo período em que o trabalhador esteja à disposição do empregador, seja aguardando ou executando ordens (art. 4º).

15.3 A ILEGALIDADE DA PROVA E O DIREITO DA PERSONALIDADE NO DIREITO DO TRABALHO

15.3.1 Conceito de prova ilegal

O art. 5º, LVI, CF, assegura que são inadmissíveis no processo as provas obtidas por meios ilícitos. Pela influência da norma constitucional, de maneira geral a expressão "prova ilícita" abrange toda e qualquer prova inadmissível no processo.

No plano infraconstitucional, o art. art. 369, CPC, indica que todos os meios legais, bem como os moralmente legítimos, ainda que não especificados no Código, são hábeis para provar a verdade dos fatos, em que se funda a ação ou a defesa.

Adotaremos a expressão "prova ilegal"[37] como gênero, abrangendo as espécies: (a) prova ilícita, como aquela que viola norma de direito material; (b) prova ilegítima, a qual não respeita norma de cunho processual.[38]

A respeito da admissibilidade da prova ilegal no curso do processo, há três correntes doutrinárias:

a) obstativa: em hipótese alguma admite a prova que seja obtida por meio ilícito. Para essa corrente, temos a posição doutrinária quanto à teoria do fruto da árvore envenenada[39] (*the fruit of poisonous tree*), isto é, consideram-se ilícitas não só a prova diretamente obtida com a prática do ato ilícito como também as demais que sejam originárias dessa prova;

b) permissiva: a prova há de ser aceita visto que ilícito não é o seu conteúdo e sim o meio de sua obtenção. Portanto, quem deve ser punido é quem praticou o ato ilícito com o devido aproveitamento do seu conteúdo probatório;

c) intermediária: a prova ilícita há de ser combatida, mas, diante do caso concreto e de acordo com os interesses relacionados com a prova produzida. Admite-se a prova ilícita como forma de se valorar o interesse que mereça uma proteção mais adequada pela ordem jurídica. Trata-se da aplicação do princípio da pro-

---

[37] "As provas ilícitas não se confundem com as provas ilegais e as ilegítimas. Enquanto, conforme já analisado, as provas ilícitas são aquelas obtidas com infringência ao direito material, as provas ilegítimas são as obtidas com desrespeito ao direito processual. Por sua vez, as provas ilegais seriam o gênero do qual as espécies são as provas ilícitas e as ilegítimas, pois, configuram-se pela obtenção com violação de natureza material ou processual ao ordenamento jurídico" (MORAES, Alexandre de. *Direito constitucional*. 15. ed., p. 126).

[38] "Conceituar prova obtida ilicitamente é tarefa da doutrina. Há alguma confusão reinando na doutrina a respeito do tema, quando se verifica o tratamento impreciso que se dá aos termos prova ilegítima, prova ilícita, prova ilegitimamente admitida, prova obtida ilegalmente. Utilizando, entretanto, a terminologia de prova vedada, sugerida por Nuvolone, tem-se que há prova vedada em sentido absoluto (quando o sistema jurídico proíbe sua produção em qualquer hipótese) e em sentido relativo (há autorização do ordenamento, que prescreve, entretanto, alguns requisitos para a validade da prova). Resumindo a classificação de Nuvolone, verifica-se que a prova será ilegal sempre quando houver violação do ordenamento como um todo (leis e princípios gerais), quer sejam, de natureza material ou meramente processual. Ao contrário, será ilícita a prova quando sua proibição for de natureza material, vale dizer, quando for obtida ilicitamente" (NERY JUNIOR, Nelson. *Princípios do processo civil na Constituição Federal*. 5. ed., p. 155).

[39] "A teoria dos *fruits of the poisonous tree*, ou teoria dos frutos da árvore envenenada, cuja origem é atribuída à jurisprudência norte-americana, nada mais é que simples consequência lógica da aplicação do princípio da inadmissibilidade das provas ilícitas. Se os agentes produtores da prova ilícita pudessem dela se valer para a obtenção de novas provas, a cuja existência somente se teria chegado a partir daquela (ilícita), a ilicitude da conduta seria facilmente contornável. Bastaria a observância da forma prevista em lei, na segunda operação, isto é, na busca das provas obtidas por meio das informações extraídas pela via da ilicitude, para que se legalizasse a ilicitude da primeira (operação). Assim, a teoria da ilicitude por derivação é uma imposição da aplicação do princípio da inadmissibilidade das provas obtidas ilicitamente" (Oliveira, Eugênio Pacelli. *Curso de processo penal*. 9. ed., p. 301).

porcionalidade.[40] Diante dos interesses discutidos (a ilicitude da prova e os fatos que necessitam da prova ilícita para a demonstração da sua verdade), deixa-se de lado a ilicitude e entende-se por aplicável a prova ao caso concreto para a tutela do interesse. Exemplos: a conversa telefônica gravada por um dos interlocutores, sem a anuência do outro, quando se discutem fatos relacionados com a guarda dos filhos.

15.3.2 Direito da personalidade e o Direito do Trabalho

O termo "pessoa"[41] pode ser visto em três acepções distintas: (a) vulgar – sinônimo de ser humano; (b) filosófica – o ente, dotado da razão, que realiza atos de forma consciente. Essa visão é aplicável ao homem ou a qualquer coletividade; (c) jurídica, como sujeito de direito.

Os sujeitos de direito são os que participam da relação jurídica, como titulares de direitos e deveres, ou seja, as pessoas naturais e as pessoas jurídicas, grupos de pessoas ou de bens a quem o Direito atribui a titularidade jurídica. No Direito moderno, *"todo ser humano é pessoa no sentido jurídico. Mas, além dos homens, são também dotadas de personalidade certas organizações ou coletividades, que tendem a consecução de fins comuns. Nessas condições, presente determinado direito, há de existir forçosamente um sujeito que lhe detenha a titularidade. Esse sujeito pode ser o homem, individualmente, ou um agrupamento mais ou menos numeroso de homens, animados ou inspirados por fins e interesses comuns. Duas, por conseguinte, as espécies de pessoas reconhecidas pela ordem jurídica: a pessoa natural, também chamada pessoa física (o homem, ou melhor, o ente humano, o ser humano), e a pessoa jurídica, igualmente denominada pessoa moral ou pessoa coletiva (agrupamentos humanos visando a fins de interesse comum)"*.[42]

Personalidade é a aptidão reconhecida pela ordem jurídica para que alguém exerça os direitos e as obrigações. Não se trata de um direito e sim de um conceito no qual se apoiam os direitos e deveres que dela irradiam.

---

[40] "Segundo o princípio da proporcionalidade, também denominado de 'lei da ponderação', na interpretação de determinada norma jurídica, constitucional ou infraconstitucional, devem ser sopesados os interesses e direitos em jogo, de modo a dar-se à solução concreta mais justa. Assim, o desatendimento de um preceito não pode ser mais forte e nem ir além do que indica a finalidade da medida a ser tomada contra o preceito a ser sacrificado" (NERY JUNIOR, Nelson. Ob. cit., p. 152).

[41] Washington de Barros Monteiro afirma que a palavra pessoa "advém do latim *persona*, emprestada à linguagem teatral na antiguidade romana. Primitivamente, significa máscara. Os atores adaptavam ao rosto uma máscara, provida de disposição especial, destinada a dar eco às suas palavras. *Personare* queria dizer, pois, ecoar, fazer ressoar. A máscara era uma *persona*, porque fazia ressoar a voz da pessoa. Por curiosa transformação no sentido, o vocábulo passou a significar o papel que cada ator representava e, mais tarde, exprimiu a atuação de cada indivíduo no cenário jurídico. Por fim, completando a evolução, a palavra passou a expressar o próprio indivíduo que representa esses papéis" (*Curso de direito civil*, v. 1, 33. ed., p. 55).

[42] MONTEIRO, Washington de Barros. Ob. cit., p. 56.

Ao discorrer sobre a personalidade, Maria Helena Diniz[43] afirma: *"O direito objetivo autoriza a pessoa a defender sua personalidade, de forma que, para Goffredo Telles Jr., os direitos da personalidade são os direitos subjetivos da pessoa de defender o que lhe é próprio, ou seja, a identidade, a liberdade, a sociabilidade, a reputação, a honra, a autoria etc. Por outras palavras, os direitos de personalidade são direitos comuns da existência, porque são simples permissões dadas pela norma jurídica, a cada pessoal, de defender um bem que a natureza lhe deu, de maneira primordial e direta.*

Rubens Limongi França apresentou, cientificamente, a estrutura da especificação e classificação dos direitos da personalidade, assim formulada: os direitos de personalidade são direitos de defender: (1) a integridade física: a vida (a concepção e a descendência – gene artificial, inseminação artificial ou de proveta; o nascimento – aborto; o planejamento familiar – limitação de filhos; a proteção do menor pela família ou pela sociedade; a habilitação; a educação; o trabalho; o transporte adequado; a segurança física; o aspecto físico da estética humana; a proteção médica e hospitalar; o meio ambiente ecológico; o sossego; o lazer; o desenvolvimento vocacional profissional e artístico; a liberdade física; o prolongamento artificial da vida; a reanimação; a velhice digna), os alimentos, o próprio corpo vivo ou morto, o corpo alheio vivo ou morto, as partes separadas do corpo vivo ou morto (o espermatozoide; o óvulo; o uso do útero para procriação alheia; o exame médico; a transfusão ou a alienação de sangue; o transplante; a experiência científica; o transexualismo; a mudança artificial do sexo; o débito conjugal; a liberdade física; o 'passe' esportivo; o sepulcro; a cremação; a utilização científica do cadáver; a doação de órgãos do corpo morto; o culto religioso no enterro); (2) a integridade intelectual: a liberdade de pensamento, a autoria científica, artística, literária e a atuação de esportista participante ou não de espetáculo público; (3) a integridade moral: a honra, a honorificência, o recato, o segredo pessoal, doméstico, político, religioso e profissional, a imagem, a identidade pessoal, familiar e social (profissional, política e religiosa), a liberdade civil, política e religiosa; a segurança moral, a intimidade, o aspecto moral da estética humana, a identidade sexual, o nome, o título, o pseudônimo, a alcunha. Como se vê, destina-se a resguardar a dignidade humana, mediante sanções, que devem ser suscitadas pelo ofendido."

15.3.2.1 Vida privada e intimidade

Do ponto de vista prático, as expressões "privacidade" e "intimidade" representam os direitos (art. 5º, X, CF) que a pessoa tem de se resguardar das intromissões de terceiros na sua vida.

Não se pode esquecer que o ser humano tem a vida privada e a intimidade.

A privacidade compreende todos os comportamentos e acontecimentos que o ser humano deseja que não sejam acessíveis a terceiros. Vale dizer, da sua vida privada somente participam as demais pessoas que o ser humano assim efetivamente o deseja,

---

[43] DINIZ, Maria Helena. *Curso de direito civil brasileiro*. 16. ed., v. 7, p. 67.

por manter com elas confiança ou por ter certa familiaridade. Portanto, privacidade englobaria a intimidade.

A intimidade relaciona-se com a existência de vínculos subjetivos de familiaridade e de amizade mais estreitos do ser humano. São os fatos e os acontecimentos mais íntimos, parte mesmo do que se denominam de segredos da vida particular e que são somente compartilhados com as pessoas mais chegadas.[44]

Diante da violação da privacidade ou da intimidade do empregado (e de qualquer trabalhador), tem-se a caracterização de um dano moral, o qual há de ser indenizado (art. 5º, X, CF; arts. 11 e 186, CC).

Como obrigação legal e contratual, no cotidiano da relação de trabalho, o empregador e o trabalhador devem ter o respeito mútuo, além de assegurar a não violação das respectivas privacidades. Mas, não se pode esquecer: a intimidade e a privacidade devem ser analisadas e respeitadas em cotejo com o poder diretivo do empregador.

Na gestão da atividade econômica, o empregador detém o que se denomina de poder diretivo, ou seja, o poder de dirigir, punir e fiscalizar a prestação de serviços de seus empregados.

Cabe ao empregador, como detentor dos meios de produção (a qual também é uma garantia constitucional – art. 5º, XXII), planejar e estabelecer as metas quanto ao desempenho de sua atividade empresarial. Para tanto necessita disciplinar: como a função do seu empregado há de ser desempenhada; quais são as tarefas ou atribuições inerentes a uma determinada função; os horários de trabalho dos seus empregados etc.

Em várias situações ou condições, o empregado (mesmo tendo a garantia constitucional do respeito à sua vida privada ou a sua intimidade) tem que ceder para o poder diretivo do empregador. No desempenho de suas tarefas, o empregado há de ser pontual, assíduo, colaborador, diligente, atuar com boa-fé e com o espírito de colaboração.

No conflito de direito com proteção constitucional, diante do caso concreto, a proteção da privacidade e da intimidade pode sofrer limitações quando se relacionarem

---

[44] "No âmbito da esfera privada estão compreendidos todos aqueles comportamentos e acontecimentos que o indivíduo não quer que se tornem de domínio público. Paulo José da Costa Júnior, ao abordar o tema, faz observar que: '[...] No bojo da esfera privada está contida a esfera da intimidade (Vetrauenpsphãre) ou esfera confidencial (Vertrulichkeitssphãre). Dela participam somente aquelas pessoas nas quais o indivíduo deposita certa confiança e com as quais mantém certa intimidade. Fazem parte desse grupo, conversações ou populo, com muitos membros que chegam a integrar a esfera pessoal do titular do direito à intimidade. Vale dizer, da esfera da intimidade resta excluído não apenas o público em geral, como é óbvio, bem assim determinadas pessoas, que privam com o indivíduo num âmbito mais amplo. Por derradeiro, no âmbito da esfera privada está aquela que deve ser objeto de especial proteção contra a indiscrição: a esfera do segredo (Gehemsphãre). Ela compreende aquela parcela da vida particular que é conservada em segredo pelo indivíduo do qual compartilham uns poucos amigos, muito chegados. Dessa esfera não participam sequer pessoas da intimidade do sujeito. Consequentemente, a necessidade de proteção legal, contra a indiscrição nessa esfera, faz-se sentir mais intensa' " (RIBEIRO, Luis José de Jesus. *A prova ilícita no processo do trabalho*, p. 93).

com o desempenho profissional do empregado, não abrangendo, em hipótese alguma, atos ou acontecimentos estranhos ao cotidiano da relação de trabalho.

Como a relação de emprego é uma relação calcada na confiança mútua entre o empregador e o empregado, o exercício do poder diretivo não pode extravasar os limites adequados e necessários para o bom gerenciamento da atividade empresarial. Se isso ocorrer, pela peculiaridade do extravasamento, poderá se ter a violação do direito do trabalhador quanto a sua privacidade ou intimidade.

Nos itens abaixo, analisaremos algumas situações concretas em que se tem a oposição do poder diretivo do empregador e o respeito à intimidade ou privacidade, como um dos direitos de personalidade do empregado, cotejando-se tais temas com as provas ilegais.

15.3.2.1.1   Seleção do empregado

Na admissão de empregados, várias práticas são adotadas, tais como: questionários, exames psicotécnicos e toxicológicos, testes grafológicos, astrologia, verificação sobre a vida financeira etc.

Como esclarece Cláudia Salles Vilela Vianna,[45] *"procedimento atualmente adotado pelas empresas e, a princípio, irregular, tem sido a exclusão de candidatos com pendências no SERASA, SPC e outras restrições cadastrais, ato que colide com diversos princípios constitucionais, como da intimidade do indivíduo, o livre acesso ao trabalho, a discriminação e o cerceamento de condutas pessoais e externas ao local de trabalho (CF/88, art. 5º, inciso XIII, e art. 7º, inciso XXXI). [...]Assim, excluir da fase de seleção candidatos com restrições financeiras, sem qualquer fundamento lógico-laboral constitui processo irregular e discriminatório adotado pela empresa, com possível ingresso de ação por dano movida pelo interessado caso este último consiga comprovar o ocorrido".*

O empregador tem o pleno direito de optar pelos meios de seleção que possam, de fato e de direito, avaliar as condições intelectuais do candidato para a função que vier a desempenhar e não, simplesmente, violentar sua privacidade ou sua intimidade. Em outras palavras: os meios empregados haverão de ser adequados para a constatação da aptidão profissional do candidato (experiências anteriores, capacitação técnica, locais de trabalho anteriores etc.).

Não é razoável que se tenha indagações ou perguntas relacionadas com a vida pessoal do trabalhador, a não ser que esteja vinculada com o cargo oferecido pela empresa, tais como: situação familiar, vida social, locais que procura para as suas diversões.

Por outro lado, há informações que não são admissíveis, sob pena de uma discriminação negativa (art. 7º, XXX): opção sexual, convicção religiosa, filiação sindical, origem étnica etc.

Dependendo do cargo a ser executado e das suas responsabilidades, torna-se razoável que o empregador faça os levantamentos de antecedentes criminais, como também de

---

[45] VIANNA, Cláudia Salles Vilela. *Manual prático das relações trabalhistas.* 9. ed., p. 42.

cartórios (protestos, distribuidor civil e criminal) do candidato. É o caso de uma empresa que trabalha com prestação de serviços de telefonia (instalação) em residência de terceiros.

Quanto à solicitação de antecedentes criminais, o TST fixou o seguinte entendimento: a) não é legítima e caracteriza lesão moral a exigência de certidão de antecedentes criminais de candidato a emprego quando traduzir tratamento discriminatório ou não se justificar em razão de previsão em lei, da natureza do ofício ou do grau especial de fidúcia exigido; b) a exigência de certidão de antecedentes criminais de candidato a emprego é legítima e não caracteriza lesão moral quando amparada em expressa previsão legal ou justificar-se em razão da natureza do ofício ou do grau especial de fidúcia exigido, a exemplo de empregados domésticos, cuidadores de menores, idosos ou deficientes (em creches, asilos ou instituições afins), motoristas rodoviários de carga, empregados que laboram no setor da agroindústria no manejo de ferramentas de trabalho perfurocortantes, bancários e afins, trabalhadores que atuam com substâncias tóxicas, entorpecentes e armas, trabalhadores que atuam com informações sigilosas (SDI-I – IRR 243000-58.2013.5.13.0023 – Min. João Oreste Dalazen – *DEJT* 22/9/2017).

Na seleção de candidatos, as empresas têm adotado o polígrafo.[46] É muito discutível na ciência se o polígrafo, como aparelho, é confiável para a devida aferição se a pessoa que a ele é submetida está ou não dizendo a verdade.

O TST entendeu que a adoção do polígrafo não viola os direitos de personalidade do trabalhador. A decisão enfatiza que o equipamento foi utilizado como meio de segurança pelo empregador e não teve o objetivo de expor o trabalhador a situação humilhante (TST – 6ª T. – RR 317/2003-092-03-00.9 – Rel. Min. Aloysio Corrêa da Veiga – *DEJT* 15/5/2009).

A SDI-I deliberou que o empregador não pode exigir exames toxicológicos e de HIV do empregado (TST – SDI-I – ED-RR 61700-26.2001.5.17.0007 – Rel. Min. Maria de Assis Calsing – *DEJT* 18/12/2009).

Pela Portaria 1.246, de 28/5/2010, o Ministro do Trabalho e do Emprego estabelece orientações para as empresas e os trabalhadores em relação aos testes relacionados ao vírus da imunodeficiência adquirida (HIV), no sentido de que não será permitida, de forma direta ou indireta, nos exames médicos por ocasião da admissão, mudança de função, avaliação periódica, retorno, demissão ou outros ligados à relação de emprego. Contudo, nada obsta que campanhas ou programas de prevenção da saúde estimulem os trabalhadores a conhecer seu estado sorológico quanto ao HIV por meio de orientações e exames comprovadamente voluntários, sem vínculo com a relação de trabalho, e sempre resguardada a privacidade quanto ao conhecimento dos resultados.

A Portaria 1.927, de 11 de dezembro de 2014, do MTE, estabelece orientações sobre o combate à discriminação relacionada ao HIV e à Aids nos locais de trabalho.

---

[46] "Aparelho que faz traçados simultâneos sobre uma folha de papel, registrando a tensão arterial, o ritmo respiratório, a pulsação apical e o pulso jugular, possibilitando averiguar se a pessoa está dizendo a verdade ou não" (DINIZ, Maria Helena. *Dicionário jurídico*, v. 3, p. 626).

Ao analisar a questão, a 4ª Turma do STJ entendeu que é lícita a confecção por sociedade empresária de lista contendo informações sobre empregados, clientes, fornecedores e outras pessoas com quem manteve ou mantém relacionamento empresarial, desde que para uso próprio da empresa, utilização interna. A divulgação da informação interna é que pode configurar ato ilícito, quando represente ofensa à reputação do atingido, causando-lhe dano moral, passível de reparação (STJ – 4ª T. – REsp 1.260.638 - MS – Rel. Min. Raul Araújo – j. 26/4/2016).

15.3.2.1.2 Monitoramento audiovisual

O empregador tem o direito de proceder ao monitoramento audiovisual de seus empregados? As provas colhidas no monitoramento audiovisual são admissíveis para se comprovar uma justa causa do empregado?

O empregador, como detentor do seu poder diretivo, tem o direito de estabelecer a vigilância eletrônica nas dimensões espaciais dos setores de produção. É um desdobramento de sua qualidade de empregador (poder diretivo) e de preservação do seu direito de propriedade.

Para tanto, adotará o monitoramento por imagem e som, cujas razões são: o controle do acesso às dependências da empresa e trânsito de pessoas nas áreas comuns, além da proteção ao patrimônio – processos e produtos críticos.

Para que não haja a violação à privacidade ou à intimidade de seus empregados e/ou colaboradores, o empregador deverá tomar alguns cuidados.

As câmeras não poderão estar em locais dentro da empresa que possam ser considerados como de violação à intimidade e à privacidade dos trabalhadores, tais como: vestiários, banheiros, restaurantes e áreas afins.

Além disso, a câmera não deve ficar enfocada apenas no posto de trabalho de um empregado e sim do ambiente, como um todo, sob pena de vulnerar o seu direito à intimidade.

A doutrina aponta: *"A legislação brasileira não proíbe que o poder de direção conferido ao empregador se verifique através de aparelhos audiovisuais de controle de prestação de serviços, o que, aliás, é uma decorrência do avanço da tecnologia e poderá consistir em um instrumento probatório valioso na avaliação da conduta do empregado. Inadmissível é entender que o conjunto de locais do estabelecimento esteja sob total controle do empregador e autorizar a introdução de aparelhos audiovisuais indistintamente. Ora, há certos locais que são privados por natureza ou se destinam ao descanso do empregado, logo, não se pode permitir a instalação de um sistema de vídeo, por exemplo, em um banheiro, ou em uma cantina. A combinação de ameaças, à privacidade de dados, de invasão crescente da intimidade física e de maior vigilância de pessoal, a OIT atribui a denominação: 'química de intrusão'. A vigilância eletrônica poderá ter um futuro promissor, desde que utilizada de forma humana, combatendo-se os abusos na sua utilização e permitindo-se o acesso do obreiro às informações que lhe digam respeito."*[47]

---

[47] BARROS, Alice Monteiro de. *Proteção à intimidade do empregado*, p. 80.

Em relação ao monitoramento audiovisual e os demais tipos de controle eletrônico, ainda é necessário estudos científicos e uma maior discussão jurídica sobre os efeitos desses tipos de controle feito pelo empregador e seus reflexos na saúde mental do empregado. É inegável que as pessoas reagem de forma diversa em cada nova situação, sendo que a utilização dessa forma de controle, seja de forma abusiva ou não, poderá desencadear ou agravar patologias psíquicas nos empregados.

Ao analisar o tema, o TST entendeu que é possível ao empregador filmar o local de trabalho, desde que o trabalhador tenha ciência dessa gravação, e que se tenha a exclusão de banheiros e refeitórios (6ª T. – AIRR 69.640.74.2003.5.17.0006 – Rel. Min. Mauricio Godinho Delgado; ARR 0000800-87.2008.5.15.0007 – Rel. Min. Renato de Lacerda Paiva – *DJE* 19/6/2015 – p. 2408).

O TRT da 23ª Região, ao apreciar demandas relacionadas com uma empresa, apesar da adoção das câmeras no vestiário, concluiu pela inocorrência de violação ao direito da personalidade, sob o fundamento de que: (a) a atitude visou evitar furto e vandalismo contra o patrimônio dos próprios empregados com filmagens em circuito fechado; (b) o acesso de visualização tinha procedimento rígido detalhado em norma organizacional; (c) a participação da entidade sindical (1ª T. – RO 0001036-56.2013.5.23.0002 – Relª Eliney Bezerra Veloso – *DJe* 23/2/2015; 1ª T. – RO 00003364-50.2013.5.23.0101 – Relª Eliney Bezerra Veloso – *DJe* 30/1/2015).

15.3.2.1.3   Captação de comunicação telefônica

O inciso XII do art. 5º, CF, enuncia que é inviolável o sigilo da correspondência e das comunicações telegráficas, de dados e das comunicações telefônicas, salvo, no último caso, por ordem judicial, nas hipóteses e na forma que a lei estabelecer para fins de investigação criminal ou instrução processual penal.

Esse dispositivo constitucional assegura quatro objetos jurídicos distintos: (a) correspondência; (b) comunicações telegráficas; (c) dados; (d) comunicações telefônicas.

Para Luiz José de Jesus Ribeiro,[48] a vedação é absoluta para a correspondência e as comunicações telegráficas, enquanto que a vedação é relativa para as demais, ou seja, *"em determinadas hipóteses, reguladas em lei, é possível a sua violação. Assim, podemos concluir, com segurança, que a violação das comunicações telefônicas e de dados prevista pela Constituição é exceção à regra de inviolabilidade para finalidade de investigação criminal e instrução processual penal"*.

A interceptação de comunicações telefônicas, de qualquer natureza, para prova em investigação criminal e em instrução processual penal, deve observar o disposto na Lei 9.296/96, havendo a necessidade de ordem do juiz competente da ação principal, sob segredo de justiça (art. 1º, *caput*, Lei 9.296).

---

[48]   RIBEIRO, Luiz José de Jesus. Ob. cit., p. 96.

Luiz José de Jesus Ribeiro[49] argumenta que alguns entendem que *"a Lei nº 9.296/1996 é inconstitucional por ter estendido, no parágrafo único do art. 1º, a interceptação ao fluxo de informações em sistemas de informática e telemática. Assim, para essa corrente, a interceptação deveria ficar restrita às comunicações telefônicas. Discorda-se dos que assim entendem e firma-se tal posicionamento com na base na interpretação gramatical. Dispõe o inciso XII do art. 5º da CF, que 'é inviolável o sigilo da correspondência e das comunicações telegráficas, de dados e das comunicações telefônicas, salvo no último caso[...]'. O último caso cuida dos dados e das comunicações telefônicas".*

Na elucidação da captação da comunicação telefônica, não devemos confundir a interceptação e a gravação.

A interceptação representa a coleta de dados realizada por terceiro, de uma comunicação sem a ciência de nenhum ou de um só dos interlocutores.

Pode ser: (a) telefônica: a captação ocorre pelo fato de o telefone estar grampeado. Por regra, a interceptação telefônica é ilícita (art. 5º, XII); (b) ambiental: a captação da conversa efetuada por um terceiro por meio de um gravador. É a interceptação entre presentes. É ilícita (art. 5º, X).[50]

Gravação é a coleta de dados por um dos participantes da comunicação. Pode ser: (a) consentida: todos têm a plena ciência de sua ocorrência, como é o caso de gravações efetuadas por empresas prestadoras de serviços, quando o consumidor ou o cliente reclama para a empresa solicitando os seus serviços ou para eventuais reclamações. É lícita; (b) clandestina: um dos interlocutores não tem ciência da sua realização. Pode ser realizada por aparelho eletrônico ou telefônico (gravação clandestina propriamente dita) ou no próprio ambiente da conversação (gravação ambiental). Por regra, qualquer gravação clandestina é ilícita (art. 5º, X e XII).

---

[49] RIBEIRO, Luiz José de Jesus. Ob. cit., p. 95.
[50] "As gravações sub-reptícias de conversas entre presentes, efetuadas por terceiros, com o desconhecimento de todos os interlocutores ou de um deles, embora sejam interceptações em sentido técnico, não se enquadram na dicção do art. 5º, XII, da Constituição Federal, que cuida somente da quebra do sigilo das comunicações telefônicas e de dados. As conversas confidenciais interceptadas, no entanto, infringem o direito à intimidade, também assegurado pela Constituição, no inciso X do mesmo artigo. O direito à intimidade é o direito de estar só. É o direito do indivíduo, querendo, de ser deixado em paz, sem ser importunado por terceiros. É, como bem expressa Carlos Bittar, direito que reveste-se das condições fundamentais dos direitos da personalidade, devendo-se enfatizar a sua condição de direito negativo, ou seja, expresso exatamente pela não exposição a conhecimento de terceiro de elementos particulares da esfera reservada do titular. A Lei nº 9.296/96 não tratou de regulamentar as interceptações ambientais. Na falta de tratamento específico, afirmam Grinover, Scarance e Gomes Filho que, normalmente, a prova obtida mediante interceptação ambiental será ilícita, por infringir o art. 5º, X, da Constituição da República, pelo menos enquanto não houver lei que, razoavelmente, discipline a matéria. Esta, no entanto, deverá resguardar devidamente, as declarações espontâneas do suspeito ou acusado, sub-repticiamente gravadas, em face da prevalência da garantia constitucional do direito ao silêncio" (RIBEIRO, Luiz José de Jesus. Ob. cit., p. 99).

Em alguns casos, no entanto, é admitida como meio de prova. Por exemplo, quando o interesse público deva prevalecer sobre a proteção da intimidade e da privacidade do interlocutor.

Nas relações de trabalho, diante de uma conversa telefônica entre o empregado e um cliente da empresa, não visualizamos qualquer ilicitude, se o cliente, como terceiro, tiver ciência prévia de que a comunicação será captada. Nesse caso, o empregado representa a própria empresa que presta os serviços ou que vende os produtos. A nosso ver, trata-se de uma gravação consentida. Exceto tal situação, as demais conversas telefônicas não poderão ser captadas, mesmo que o empregado tenha ciência da gravação, já que o outro interlocutor não terá a ciência da captação. No mínimo, trata-se de uma gravação clandestina.

Importante destacar que na gravação de uma conversa do empregado com um cliente, temos um terceiro nessa relação: o cliente. Do ponto de vista do Direito, o cliente poderá concordar ou não com a gravação. Além disso, ele também passa a ter direito a uma cópia da gravação.

Por parte do empregador, existe o dever de comunicar prévia e individualmente cada empregado sobre esse controle, esclarecendo a forma que é feito e sua finalidade.

Na doutrina, Alice Monteiro de Barros[51] acentua: *"Quanto à possibilidade de o empregador escutar a conversa telefônica do empregado, a doutrina espanhola estabelece o critério mais correto, partindo da seguinte distinção: se o telefone é utilizado como meio de execução das tarefas, o empregador poderá intervir e controlar as chamadas, pois não é considerado terceiro a respeito da conversa; outra será a situação se o telefonema se verificar nos descansos e pausas ocorridos dentro do horário de trabalho; nesse caso, a interferência do empregador afetará o direito à intimidade do empregado."*

Convém ser dito que o ato do empregador em conferir o número chamado ou o tempo de duração das conversas ou simplesmente não permitir a utilização do telefone da empresa em serviço não representam atos de violação da privacidade ou da intimidade.

15.3.2.1.4 Monitoramento do *e-mail*

Tradicionalmente, encontramos duas espécies de endereço eletrônico, um *e-mail* pessoal e um *e-mail* corporativo.

O correio eletrônico particular (*e-mail* pessoal) é contratado por uma pessoa natural junto a um provedor de acesso, com a finalidade de criar um endereço eletrônico pessoal. O contratante é quem define: o codinome que adotará no seu endereço; fixação do próprio *login* e a respectiva senha de acesso. A comunicação é realizada por meio da conta privada do usuário, o qual detém a titularidade, suportando os custos da prestação de serviços de acesso e conexão.

O correio eletrônico corporativo (*e-mail* corporativo) é a correspondência eletrônica que passa pela rede privada de computadores do empregador, o qual suporta, na

---

[51] BARROS, Alice Monteiro de. Ob. cit., p. 84.

qualidade de proprietário dos equipamentos e da caixa postal, os custos com o acesso e conexão. O correio eletrônico é uma ferramenta de trabalho, logo, deve ser utilizada como instrumento de comunicação em face da prestação de serviços junto à atividade econômica do empregador (TST – 1ª T. – RR 613/00.7 – Rel. Min. João Oreste Dalazen – *DJU* – 10/6/2005 – p. 901).

É discutível se o empregador, diante dos direitos da personalidade (= respeito à vida privada do trabalhador), pode controlar ou ter acesso ao correio eletrônico do seu empregado, já que esse avanço tecnológico está presente nas empresas, em especial, como uma ferramenta de trabalho. Pondere-se: essa discussão é própria quanto ao correio eletrônico corporativo. Não se pode admitir, a nosso ver, a intromissão do empregador em relação ao correio eletrônico privado de seu empregado.

Os argumentos favoráveis são: (a) a estrutura de utilização do correio eletrônico (*e-mail*) é de propriedade do empregador; (b) o poder diretivo do empregador, o qual lhe permite dirigir, controlar e punir a prestação pessoal dos serviços de seus empregados; (c) como a empresa é responsável pelos atos de seus empregados (art. 932, III, CC), torna-se razoável que faça a fiscalização e leitura das mensagens recebidas e emitidas nos computadores da empresa; (d) a inocorrência da privacidade quanto ao conteúdo da mensagem eletrônica, pois o administrador do provedor pode ter acesso ao mesmo.

Em sentido contrário: (a) o direito de propriedade não é absoluto e deve ceder à garantia da privacidade das comunicações, que só pode ser elidida por ordem judicial; (b) o poder de direção do empregador é relativo e não pode se sobrepor à intimidade e à privacidade do empregado; (c) apesar da empresa responder pelos atos de seus empregados e prepostos, há meios de elidir essa responsabilidade, tais como: a adoção de programas impeditivos de envio de mensagens para endereços não cadastrados com a prévia ciência ao empregado; proibição de remessa de imagens não relacionadas com o desempenho das tarefas contratuais, por meio de código de conduta.

Adepto do monitoramento do e-mail pelo empregador, Mário Antônio Lobato de Paiva[52] coloca: *"Os bens em jogo podem sofrer uma vulneração que permite denotar que nenhum direito é absoluto seja ele o de liberdade de organização da empresa, a titularidade na propriedade do correio eletrônico, a inviolabilidade sem restrições do sigilo de dados. [...] A palavra-chave para essas dúvidas concernentes ao modo de aplicação do direito chama-se equilíbrio, ou seja, a proporcionalidade de cada direito em virtude da falta de legislação existente somos chamados a aplicar normas gerais que não vislumbram de forma clara a limitação existente, por exemplo, no direito à intimidade. Daí a necessidade da interpretação responsável e coerente resguardando o poder diretivo do empregador para comandar a empresa sem que implique em lesão ao direito do empregado de acessar os serviços eletrônicos.*

Muitas das vezes constatamos uma certa erronia na conceituação do direito a intimidade, pois, por exemplo, a funcionalidade do e-mail *fornecido pelo empregador permite uma certa abstração de confidencialidade já que se olharmos, por esta ótica poderemos*

---

[52] PAIVA, Mário Antônio Lobato de. A privacidade do trabalhador no meio informático. *Revista do Direito Trabalhista,* ano 9, nº 4, p. 12, abr./2003.

perceber que não se trata da privacidade do empregado e sim de mero ofício encaminhado ou proposta de venda. Daí pode assegurar que não se trata de uma correspondência íntima e sim de um mero expediente utilizável e aberto a todos os que trabalhem na empresa.

Este pode ser absolutamente profissional, e, portanto, não seria invocável o direito a intimidade, ou pode conter aspectos próprios daquilo que define intimidade: o âmbito privado das pessoas, inacessível aos demais. E neste último caso, naturalmente, o trabalhador tem que saber que este instrumento não tem o condão de proteger sua intimidade, mas sim de veicular produtos ou serviços da empresa."

Podemos indicar como critérios de aferição do correio eletrônico e de outros meios de informática disponibilizados pelo empregador para o empregado: *"(a) a utilização positiva, própria do funcionário proativo. É aquele trabalhador que, além dos* sites *normais de busca de informações de dados, de interesse de sua função, 'navega' por* sites *afins, buscando descobrir mais informações em outras fontes, ampliando o universo de pesquisa. Esta atitude torna-se elogiável, pois aumenta as possibilidades de negócios da empresa com eventuais reduções de custos; (b) a utilização negativa, própria do funcionário que usa Internet e o correio eletrônico, que estão à sua disposição, para finalidades estritamente pessoais, tais como jogos, pesquisas de lazer, compras pessoais, e-mails para amigos etc.; (c) a utilização neutra, própria do funcionário que acessa a Internet e o correio eletrônico para casos estritamente necessários, conquanto pessoais, como é o caso de consulta de saldo bancário; resultado de exames de laboratório, chamado para doação de sangue etc.".*[53]

Diante da não utilização adequada pelo empregado, em face do poder diretivo sobre a prestação dos serviços, o empregador pode e deve tomar as medidas necessárias para coibir essa utilização negativa, contudo, pautando a sua ação com algumas cautelas.

Nesse sentido, concordamos com Mário Antônio Lobato de Paiva[54] quando afirma que o *e-mail* do trabalhador na empresa (*e-mail* corporativo) é uma ferramenta de trabalho, logo, *"em determinadas circunstâncias e com determinadas políticas, é possível que o empresário possa conhecer o conteúdo desses* e-mails *em situações de abuso a respeito das quais haja indícios objetivos de que estão sendo perpetrados. Esses indícios devem ser baseados em critérios objetivos como, por exemplo, a frequência no número de comunicações de caráter pessoal, ou o título próprio das mensagens no caso do correio eletrônico. Nesses casos, se o empresário tiver um indício objetivo de que está sendo produzida uma situação de abuso deverá ser permitido o controle, estabelecendo o mínimo de garantias exigíveis, por parte do trabalhador, a respeito de seus direitos.*

Em primeiro lugar deverá existir uma comunicação prévia do afetado para essa vasculha; em segundo lugar, haverá de contar com a presença de um representante sindical, que tutele os direitos do trabalhador controlando as garantias de transparência; e por último, um procedimento que busque o nexo causal e a proporcionalidade entre a prática abusiva e a sanção aplicável ao fato.

---

[53] FINATI, Cláudio Roberto. As relações de trabalho na era da informática. *Revista do Direito Trabalhista*, versão CD-Rom.
[54] PAIVA, Mário Antônio Lobato de. Ob. cit., p. 13.

Atualmente não existe um regime de sanções para faltas relacionadas com o uso das novas tecnologias, muito menos uma gradação da sanção, com qual se produz uma situação de arbitrariedade que provoca falta de defesa do trabalhador pela ausência do princípio da proporcionalidade.

O que não podemos aceitar é que este poder de controle do empresário autorize uma intromissão indiscriminada em qualquer caso ao conteúdo das comunicações de seus trabalhadores via e-mail. Há que ser estabelecido neste campo às regras do jogo, e a via para fazê-lo que pode ser por meio da lei, convenção ou acordo coletivo.

Defendemos que o empresário pode acessar o e-mail de seus empregados, porém não de uma forma indiscriminada e sistemática já que o trabalhador tem direitos que podem ser invocados legitimamente como o direito à inviolabilidade das comunicações e direito ao exercício de trabalho em condições dignas. E, portanto, o trabalhador tem direito a não sofrer intromissão em sua atividade.

Em todo o caso devem ser respeitados os princípios básicos a que regem qualquer contrato de emprego como, por exemplo, o da boa-fé, dentre outros pautados na exata consecução das relações de trabalho. Assim no que diz respeito aos limites para o uso profissional do correio eletrônico, seja no contrato de trabalho de forma individual ou nas convenções coletivas de trabalho, as partes têm que acordar as condições que regulem a utilização profissional do e-mail obedecendo às diretrizes legais e contratuais do direito do trabalho.

Não defendemos que os empregados fiquem isolados do mundo quando estiverem em serviço sem qualquer possibilidade de comunicação com a família e amigos. Esta deve ser comedida e de preferência restrita a outros meios menos dispendiosos até que em último caso se chegue ao e-mail. Assim deve o empregador salientar que o e-mail *não é um meio idôneo para comunicação pessoal*, e pôr outros meios, se possível à disposição do trabalhador para que este possa comunicar-se pessoalmente fora da vigilância e controle da empresa de forma razoável e desde que não traga prejuízos consideráveis à empresa".

15.3.2.1.5 Sujeição à revista

São admissíveis em juízo as provas colhidas nas denominadas "revistas íntimas" dos empregados, as quais tenham sido realizadas com agressão à dignidade do trabalhador?

Como se sabe, o objetivo da revista é evitar a prática de atos, os quais levam à dilapidação do seu patrimônio.

Na doutrina, a problemática da revista pode ser agrupada em 3 correntes distintas: (a) posição favorável, já que a revista se funda na própria relação de emprego em face do poder diretivo do empregador; (b) contrários à revista, na medida em que a sua realização é uma ofensa à privacidade do empregado, caracterizando, assim, o dano moral; (c) admite-se a revista com ponderações, tais como a sua regulamentação e a prévia ciência ao empregado, como forma de se evitarem abusos e discriminação.

Edilton Meireles[55] afirma que a *"revista, por si só, sem qualquer justificativa ou genérica, é prática abusiva, pois viola o direito à intimidade e à vida privada, bem como*

---

[55] MEIRELES, Edilton. *O novo Código Civil e o direito do trabalho*. 2. ed., p. 19.

fere o princípio do respeito à dignidade da pessoa humana. Submeter qualquer pessoa, indistintamente, sem maior grau de suspeita, mas, simplesmente, por demasiada cautela, à revista, é ferir, de forma violenta, o direito à intimidade, além de constituir, em algumas circunstâncias, ato ofensivo à honra e desrespeito à dignidade da pessoa do trabalhador. Estará, assim, o empregador abusando do direito de contratar se impuser à obrigação do empregado se sujeitar à revista de forma genérica. A revista, porém, justifica-se em situações especiais, principalmente quando há forte suspeita de prática de ato de improbidade por parte do empregado. É preciso, no entanto, haver essa forte suspeita. Não basta mera desconfiança. Não concordamos com o entendimento de que a revista, para não ser considerada abusiva, deva previamente ser estabelecida em regulamento coletivo ou, mesmo, que seja realizada em caráter geral e impessoal. Data venia, é preciso, tão somente, que haja fundada suspeita de que a pessoa a ser revistada esteja em conduta criminosa. [...] A revista pessoal do empregado, portanto, apenas pode ser realizada na forma estabelecida na lei processual penal, ou seja, mediante prévia ordem judicial, inclusive a requerimento da parte interessada (art. 242 do CPP), ou quando da prisão em flagrante, quando haja fundada suspeita de que a pessoa esteja na posse de arma proibida ou de objetos ou papéis que constituem corpo de delito ou quando a medida for determinada no curso de busca domiciliar, mas sempre realizada por uma autoridade policial ou pelo oficial de justiça. O empregador, portanto, data venia, em caráter particular jamais poderá realizar a revista pessoal de seus empregados. Querendo realizá-la, deverá, para tanto, requerer ordem judicial neste sentido ou solicitar à autoridade policial que assim proceda na hipótese de prisão em flagrante ou quando tenha fundada suspeita de que o empregado esteja na posse de objetos ou papéis que constituem corpo de delito. Qualquer cláusula contratual prevendo a revista pessoal particular, portanto, é abusiva".

Alice Monteiro de Barros[56] entende que a *"revista se justifica, não quando traduza um comodismo do empregador para defender o seu patrimônio, mas quando constitua o último recurso para satisfazer ao interesse empresarial, à falta de outras medidas preventivas; essa fiscalização visa à proteção do patrimônio do empregador e à salvaguarda da segurança das pessoas. Não basta a tutela genérica da propriedade, devendo existir circunstâncias concretas que justifiquem a revista; é mister que haja, na empresa, bens suscetíveis de subtração e ocultação, com valor material, ou que tenham relevância para o funcionamento da atividade empresarial. Ademais, a tecnologia também poderá ser utilizada para evitar ou reduzir os efeitos da revista na intimidade dos empregados. A título de exemplo, a colocação de etiquetas magnéticas em livros e roupas torna desnecessária a inspeção em bolsas e sacolas, nos estabelecimentos comerciais. Quando utilizada, a revista deve ser de caráter geral, impessoal, para evitar suspeitas, através de um critério objetivo (sorteio, numeração, todos os integrantes de um turno ou setor), mediante ajuste prévio com a entidade sindical ou com o próprio empregado, na falta daquela, respeitando-se, ao máximo, os direitos de personalidade (intimidade, honra, entre outros). A revista deverá ser realizada no âmbito da empresa, assim, entendido o local de trabalho, a entrada e saída*

---

[56] BARROS, Alice Monteiro. Ob. cit., p. 74.

deste. O exercício do poder diretivo conferido ao empregador, no caso, não se estende para fora do estabelecimento da empresa, ainda que hajam fundadas suspeitas contra o obreiro; nessa circunstância deverá o empregador recorrer às autoridades competentes. A revista deverá ser realizada, em geral, na saída; na entrada do trabalho ou durante a execução do serviço, justifica-se, excepcionalmente, não só em face da intensificação do fenômeno terrorista no mundo, mas também pelo fato de que, em determinadas atividades (minas, por exemplo), deverá ser evitada a introdução de objetos como explosivos ou outro objeto capaz de colocar em risco a segurança das pessoas ou o patrimônio empresarial. Sugere-se, para tal fim, o sistema automático de detecção de objetivos, não seletivo, geralmente usado nos aeroportos; a partir daí, pode-se justificar a revista individualizada de certos empregados, em relação aos quais funcionou o sinal de alarme, sempre com a menor publicidade possível, na presença de um colega de trabalho, dependendo da circunstância, de colega do mesmo sexo, e respeitando-se sua dignidade pessoal.

A utilização desses controles, ainda que de maior custo econômico do que as revistas manuais impõem-se, em nome da tutela da dignidade do empregado. Logo, a revista individual só se justifica quando fundada em sérias razões. A revista efetuada em uma ou poucas pessoas, ainda que de forma superficial e respeitosa, poder-lhe-á ser altamente lesiva, pois elas tornar-se-ão suspeitas. Daí a inadmissibilidade de controles discriminatórios, arbitrários, dos quais advenha predisposição contra os empregados selecionados".

É imperioso que, no ato da revista, o empregador respeite a dignidade do trabalhador, já que são invioláveis a intimidade, a vida privada e a imagem das pessoas, assegurando-se à vítima o direito à indenização material ou moral decorrente de sua violação (art. 5º, X, CF).

Atualmente, é vedado proceder ao empregador ou preposto a revistas íntimas nas empregadas ou funcionárias (art. 373-A, VI, CLT; arts. 1º e 2º, Lei 13.271/16).[57]

Para o TST a inspeção visual de bolsas, pastas e sacolas de empregados, sem a ocorrência de contato físico, não implica em reparação por dano moral.[58]

---

[57] De acordo com a Lei 13.271/16, as empresas privadas, os órgãos e entidades da Administração Pública, Direta e Indireta, ficam proibidos de adotar qualquer prática de revista íntima de suas funcionárias e de clientes do sexo feminino (art. 1º), ficando sujeitos a: (a) multa de R$ 20.000,00 ao empregador, revertidos aos órgãos de proteção dos direitos da mulher; (b) a dobra da multa, em caso de reincidência, independentemente da indenização por danos morais e materiais e sanções de ordem penal (art. 2º, *caput*, I e II).

[58] TST – RR 8418/2007-015-09-40.4 – Rel. Min. Horácio Raymundo de Senna Pires – *DJe* 11/6/2010 – p. 632.
TST – 7ª T. – RR 744500-30.2005.5.09.0012 – Rel. Min. Maria Doralice Novaes – *DEJT* 9/4/2010.
TST – RR 1348-42.2010.5.19.0004 – Rel. Min. José Roberto Freire Pimenta – *DJe* 17/5/2013 – p. 723.

15.3.2.2 Honra

A prova colhida pelo empregador com violência à honra do trabalhador poderá ser considerada ilegal. Não se pode esquecer que a honra é um dos direitos de personalidade do empregado (art. 5º, X, CF).

Do ponto de vista do Direito, a honra pode ser objetiva ou subjetiva. A primeira é caracterizada pela sua reputação, ou seja, tudo aquilo que os outros pensam a respeito do cidadão, quanto aos seus atributos físicos, intelectuais, morais etc. A segunda reflete o sentimento de cada um a respeito de seus atributos físicos, intelectuais, morais etc. É a avaliação que o indivíduo faz de suas qualidades como ser humano.

Em princípio, a prática pelo empregador ou seus prepostos, contra o empregado ou pessoas de sua família, de ato lesivo da honra e boa fama envolve as hipóteses de injúria, calúnia e difamação, podendo ensejar a rescisão indireta do contrato de trabalho. A ocorrência da legítima defesa exclui a justa causa do empregador (art. 483, CLT).

O termo "injúria" deriva do latim *injuria, de in + jus*: injustiça, falsidade. Injúria é o fato típico que ofende a honra, a dignidade ou o decoro da vítima, podendo ser: verbal, por escrito ou física (injúria real). A injúria pode ser concretizada por meio de palavras, como também por gestos e, em algumas circunstâncias, por meio de atos físicos (bofetadas, empurrões etc.).

Na calúnia, atribui-se à vítima a prática de um crime, porém, de forma falsa.

Por fim, o termo "difamação" deriva do latim, *diffamare*, de fama, desacreditar. O objeto jurídico a ser tutelado é a honra objetiva, a reputação da vítima. Na difamação, o sujeito procura imputar à vítima fatos que atinjam os seus atributos morais. Não se confunde com a calúnia. Nesta, o que se procura imputar são fatos que atinjam os seus atributos morais, porém, que são indicadores de falsa notícia de crime. É a atribuição falsa à vítima de um fato definido como crime.

Na calúnia e difamação são atribuídos fatos à vítima, enquanto na injúria o que se atribui é uma qualidade negativa com a ofensa a sua honra subjetiva. As seguintes afirmações confirmam as distinções: "Fulano é um peculatário!" (calúnia); "Beltrano é um depravado!" (difamação); "Sicrano é um boçal!" (injúria).

Além da justa causa do empregador, a prática de atos que violem a honra objetiva e subjetiva do empregado implicará na indenização por dano moral (art. 5º, X, CF; art. 186, CC).

Assim, a injúria ataca a honra subjetiva, ferindo a sua dignidade ou o seu decoro (art. 140, CP), enquanto a calúnia e a difamação (arts. 138 e 139, CP) atingem a honra objetiva.

15.3.2.3 Imagem

O direito à imagem é um dos direitos de personalidade (art. 5º, X, CF). Sua violação pelo empregador irá importar no direito à percepção de indenização por danos morais para o empregado e a imediata suspensão da prática do ato danoso.

No direito à imagem há duas variações: (a) direito relacionado à reprodução gráfica (retrato, fotografia, imagem etc.) da pessoa natural. Trata-se da imagem-retrato; (b) direito relacionado ao conjunto de atributos cultivados pelo homem e reconhecidos pela sociedade. É o que se denomina de imagem-atributo.

Quanto à utilização de marcas comercializadas junto ao uniforme do empregado, a jurisprudência do TST indica que há violação à imagem do trabalhador.[59]

A Reforma Trabalhista (Lei 13.467/17) incluiu ao texto da CLT o art. 456-A, caput, ao dispor que cabe ao empregador o padrão da vestimenta no meio ambiente laboral, sendo lícita a inclusão no uniforme de logomarcas da própria empresa ou de empresas parceiras e de outros itens de identificação relacionados à atividade desempenhada.

Face ao conteúdo desse dispositivo legal, o empregador tem a liberdade quanto à escolha da cor do uniforme, além do modelo, estilo, inclusive, podendo incluir as logomarcas da própria empresa e de empresas parceiras. Contudo, isso não significa que o empregado seja obrigado a utilizar uniformes indecentes ou que o exponham ao ridículo.

Não se pode esquecer que o art. 20, *caput*, CC, estabelece o direito da pessoa natural ao ressarcimento pela utilização da sua imagem, quando se tem o intuito comercial ou que atinja a honra, a boa fama ou a respeitabilidade. Logo, pondere-se que, apesar do disposto no art. 456-A, *caput*, CLT, se o uniforme, de certa maneira, agredir tais atributos do empregado ou se destinar a fins comerciais, o trabalhador terá direito à indenização (dano moral). Cumpre destacar que independe de prova do prejuízo a indenização pela publicação não autorizada de imagem de pessoa com fins econômicos ou comerciais (Súm. 403, STJ).

Por fim, assevere-se que a higienização do uniforme é de responsabilidade do empregador, exceto nas hipóteses em que forem necessários procedimentos ou produtos diferentes dos utilizados para a higienização das vestimentas de uso comum (art. 456-A, parágrafo único).

15.3.2.3.1 Direito de arena do atleta

O direito de arena reputa-se uma garantia constitucional, já que é assegurada, na forma da lei, a proteção às participações individuais em obras coletivas e à reprodução da imagem e voz humanas, inclusive nas atividades desportivas (art. 5º, XXVII, *a*).

Esta matéria é analisada com pormenores no tópico 2.4.10 do Capítulo V da Parte V desta obra.

---

[59] TST – SDI-I – ERR 19-66.2012.5.03.0037 – Min. Renato de Lacerda Paiva – *DEJT* 18/10/2013. TST – 1ª T. – RR 1480-40.2013.5.10.0103 – Rel. Des. Conv. Marcelo Lamego Pertence – *DEJT* 3/11/2015.

15.3.2.4 Outros direitos de personalidade

A Constituição Federal trata de outros direitos da personalidade e que são aplicáveis ao Direito do Trabalho (que já foram analisados no item 15.2.8): (a) *"é livre a expressão da atividade intelectual, artística, científica e de comunicação, independentemente de censura ou licença"* (art. 5º, IX); (b) *"aos autores pertence o direito exclusivo de utilização, publicação ou reprodução de suas obras, transmissível aos herdeiros pelo tempo que a lei fixar"* (art. 5º, XXVII); (c) *"a proteção às participações individuais em obras coletivas e à reprodução da imagem e voz humanas, inclusive nas atividades desportivas; o direito de fiscalização econômico das obras que criarem ou de que participarem aos criadores, aos intérpretes e às respectivas representações sindicais e associativas"* (art. 5º, XXVIII).

15.3.3 O Código Civil e o direito da personalidade. As irradiações no Direito do Trabalho

Nos seus arts. 11 a 21, o Código Civil trata dos direitos da personalidade. Como destaques, temos:

a) toda pessoa tem direito ao nome, nele compreendidos o prenome e o sobrenome (art. 16). O nome é a forma pela qual o ser humano é individualizado e reconhecido, não só no âmbito de sua família, como no da sociedade. O nome da pessoa não pode ser empregado por outrem em publicações ou representações que a exponham ao desprezo público, ainda quando não haja intenção difamatória (art. 17). Sem autorização, não se pode usar o nome alheio em propaganda comercial (art. 18). O pseudônimo adotado para atividades lícitas goza da proteção que se dá ao nome (art. 19);

b) salvo se autorizadas, ou necessárias à administração da justiça ou à manutenção da ordem pública, à divulgação de escritos, à transmissão da palavra, ou à publicação, a exposição ou a utilização da imagem de uma pessoa poderá ser proibida de acordo com o seu pedido e sem prejuízo da indenização que couber, se lhe atingirem a honra, a boa fama ou a respeitabilidade, ou se forem destinadas a fins comerciais (art. 20, *caput*). Em se tratando de morto ou de ausente, são partes legítimas para requerer essa proteção o cônjuge, os ascendentes ou os descendentes (art. 20, parágrafo único);

c) a vida privada da pessoa natural é inviolável, e o juiz, a requerimento do interessado, adotará as providências necessárias para impedir ou fazer cessar ato contrário a essa norma (art. 21).

Os direitos da personalidade estão presentes nas relações jurídico-trabalhistas.

Pela aplicação dos arts. 16 a 20 do CC, o empregador não poderá: (a) utilizar o nome do seu empregado em publicações ou representações que o exponham ao desprezo público, mesmo que não tenha a intenção difamatória; (b) usar o nome do empregado ou o seu pseudônimo, sem sua autorização, para propaganda comercial; (c) usar a imagem do empregado, sem autorização, para fins comerciais. Nessas hipóteses, além de exigir que cesse a lesão ao seu direito de personalidade, poderá exigir a indenização moral e a material cabível (art. 12).

Em relação à vida privada do trabalhador (art. 21), o empregador não pode violá-la, não devendo, por exemplo, transmitir a terceiros as informações que constam do prontuário pessoal e médico do empregado, ou ainda de seu desempenho (conduta; frequência ao trabalho; o valor de sua remuneração etc.).[60]

Ao analisar um caso concreto, o TST entendeu que o empregador não pode exigir certidão de antecedentes criminais para a efetivação da contratação, logo, deferiu ao trabalhador o direito à reparação do dano moral (3ª T. – RR 88400.17.2009.5.09.0513 – Rel. Min. Alberto Luiz Bresciani de Fontan Pereira – j. 27/4/2011).

Por sua vez, a 2ª Turma do TST, negou recurso do Ministério Público do Trabalho, por considerar que se não há proibição legal à existência de serviços de proteção ao crédito, de registros policiais e judiciais, menos ainda à possibilidade de algum interessado pesquisar dados públicos de candidatos em processo seletivo (RR 38100-27.2003.5.20.0005, Rel. Min. Renato de Lacerda Paiva – j. 8/2/2012).

Em outro julgado, a 7ª Turma do TST deliberou pela ilegalidade de cláusula de edital de licitação do Banco Central do Brasil que impedia a contratação, por empresa terceirizada, de vigilante com restrição de crédito, constatada em consulta a serviços de proteção ao crédito. Para a Turma, a situação financeira do empregado nada tem a ver com o serviço a ser prestado, reputando-se, assim um fator arbitrário na seleção dos trabalhadores a serem contratados (RR 123800-10.2007.5.06.0008 – DEJT 3/2/2012).

Quanto aos apelidos no local de trabalho, quando não se tem o intuito da discriminação ou da agressão ao trabalhador, há o entendimento de que não é o caso de imposição de uma indenização por dano moral.[61]

É admissível a cláusula contratual que exija a manutenção de "peso ideal" dos empregados, em especial, quando a empregadora comercializa produtos e serviços voltados ao emagrecimento, contudo, não é possível a justa causa aplicável ao trabalhador, o qual venha a obter ganho de causa pela idade.

Não gera direito à percepção de dano moral o empregador público que divulga os salários dos seus empregados (princípio da publicidade) (art. 37, CF). Ressalte-se que o STF já se manifestou favoravelmente pela divulgação da remuneração mensal de servidores públicos, sob o argumento de que o ato de divulgar tais informações prestigia a ordem administrativa, o controle oficial e social dos gastos públicos e o princípio da Publicidade Administrativa (Suspensão de Segurança 3092/SP, Rel. Min.

---

[60] TST – 5ª T. – AIRR 3142-61.2012.5.02.0082 – Rel. Des. Conv. José Rêgo Júnior – DEJT 4/9/2015.
[61] TST – 3ª T. – RR 6600-54.2009.5.09.0872 – Rel. Min. Alexandre de Souza Agra Belmonte – DEJT 23/10/2015.
TST – RR 0000112-57.2012.5.02.0263 – Rel. Des. Conv. José Ribamar Oliveira Lima Júnior – DJe 19/6/2015 – p. 3009.

Gilmar Mendes, *DJe* 4/8/2009). De molde a corroborar tal entendimento, destaca-se a recente iniciativa do STF, bem como do TST que, em atendimento à Lei de Acesso à Informação (Lei 12.527/11), divulgaram os salários de seus ministros e servidores em seus sítios na *internet*. A conduta do empregador público, ao divulgar nome, remuneração e cargo do servidor público na internet, está amparada no princípio da publicidade da Administração Pública.[62]

Várias são as hipóteses fáticas em que se pode ter a caracterização da violação aos direitos da personalidade do empregado; (a) pré-contratação trabalhista; (b) sistemática de seleção e da contratação trabalhista; (c) ofensas físicas e morais; (d) assédio moral e sexual; (e) revistas: (1) íntimas; (2) objetos do obreiro, mesmo que não íntimos (bolsas, sacolas etc.); (f) divulgação de dados pessoais do trabalhador; (g) monitoramento audiovisual no local de trabalho (banheiros, vestiários etc.); (h) critérios empresariais de cobrança de metas; (i) sistemas agressivos de motivação empresarial; (j) sistemática de acesso a correio eletrônico pessoal do trabalhador; (l) atrasos de salários; (m) acidente de trabalho; (n) condições ambientais laborais agressivas à dignidade do trabalhador; (n) práticas discriminatórias no local de trabalho; (o) desrespeito aos direitos intelectuais do trabalhador; (p) violação à honra e a imagem do trabalhador; (q) anotação desabonadora na carteira de trabalho.

15.3.4 Reforma Trabalhista (Lei 13.467) e o dano extrapatrimonial

15.3.4.1 Introdução

Modernamente, até por conta das mudanças sociais, desenvolvimento das relações comerciais e humanas, avanços científicos etc., a responsabilidade jurídica é um campo do Direito que tem se destacado, desafiando juristas e estudiosos.

Em linhas gerais, o campo da responsabilidade jurídica pode ser dividido em dois grandes blocos, a responsabilidade civil e a penal. Diz-se responsabilidade civil porque se restringe à esfera civil, regulada pelos institutos do Direito Civil, enquanto a responsabilidade penal é expressa pela violação da norma penal.

A forma de distinguir as duas espécies de responsabilidades é pela exclusão, uma vez que ambas não podem ser aplicadas conjuntamente ao final da mesma relação processual. Assim, se chegarmos à conclusão de que ao término de uma relação processual não se pretende aplicar normas de cunho material penal, por exclusão estaremos diante da responsabilidade civil. Por outro lado, caso optemos pela aplicação das normas materiais penais, certamente estará em pauta a responsabilidade penal.

---

[62] TST – 1ª T. – AIRR 293-07.2012.5.09.0411 – Rel. Min. Hugo Carlos Scheuermann – *DEJT* 8/11/2013.
TST – 2ª T. – RR 258900-68.2008.5.09.0411 – Rel. Min. José Roberto Freire Pimenta – *DEJT* 30/8/2013.
TST – SDI-I – E-RR 336000-02.2008.5.09.0411 – Rel. Min. Augusto César Leite de Carvalho – *DEJT* 5/4/2013.

Contudo, muitas vezes, a responsabilidade civil e a responsabilidade penal são coincidentes, ensejando as respectivas ações civil e criminal. Assim, a vítima busca a reparação dos danos sofridos, enquanto a sociedade, muitas vezes representada pela vítima, modernamente, pretende recuperar a pessoa delinquente e prevenir outros delitos.

Como o Direito é apenas um, os seus ramos não são estanques nem poderiam ser, existindo divisões apenas para fins didáticos e estudos acadêmicos, as responsabilidades civil e penal também não o são, sendo certo que se comunicam mutuamente, com uma influência da ação penal mais acentuada na relação civil.

A responsabilidade civil é independente da criminal, não se podendo questionar mais sobre a existência do fato, ou sobre quem seja o seu autor, quando estas questões se acharem decididas no juízo criminal (art. 935, CC).

15.3.4.2 Responsabilidade civil

Responsabilidade civil é o instituto jurídico capaz de proporcionar à vítima a reparação dos danos causados, sejam eles com repercussões no âmbito material ou moral, com o restabelecimento da situação anterior ao ato danoso (*status quo ante*) ou, alternativa ou simultaneamente, por uma compensação pecuniária equivalente à extensão do dano causado.

A responsabilidade civil subdivide-se em contratual e extracontratual. Diz-se contratual aquela responsabilidade oriunda do descumprimento de uma obrigação contratual. Já a extracontratual, conhecida como responsabilidade aquiliana, é a que, de modo contrário, não encontra amparo em qualquer relação de contrato entre o agente e a vítima. Tal distinção é adotada pela legislação de inúmeros países, inclusive pela do Brasil.

As diferenças entre as duas modalidades de responsabilidade são:

a) ônus da prova – na responsabilidade contratual, o credor só está obrigado a demonstrar o descumprimento contratual, enquanto, na responsabilidade extracontratual, o autor da ação é que fica com o ônus de provar que o fato se deu por culpa do agente;

b) fontes – enquanto a contratual tem a sua origem na convenção, a extracontratual a tem na inobservância do dever genérico de não lesar, de não causar dano a ninguém;

c) capacidade do agente causador do dano – nas relações contratuais, exige-se a capacidade plena dos contratantes e de não produzir efeitos indenizatórios. Assim, limita-se a responsabilidade aos agentes contratantes, enquanto, na hipótese de obrigação derivada de um ilícito, o ato do incapaz gera o dever de reparação por aqueles que legalmente são responsáveis pela sua guarda. No entanto, não poderá o relativamente incapaz (maior de 16 e menor de 18 anos de idade) invocar a sua idade para se eximir de uma obrigação, se dolosamente a ocultou ou espontaneamente declarou-se plenamente capaz, quando do ato obrigacional (art. 180, CC). Os pais são responsáveis pela reparação civil quanto aos atos praticados pelos filhos menores, que estiverem sob sua autoridade e em sua companhia (art. 932, I). Contudo, não se pode esquecer que o incapaz responde pelos prejuízos que causar, se as pessoas por ele responsáveis não tiverem obrigação de fazê-lo ou não dispuserem de meios suficientes. A indenização deverá ser equitativa e não terá lugar se privar do necessário o incapaz ou as pessoas que dele dependem (art. 928, parágrafo único);

d) gradação da culpa – em regra, a responsabilidade, seja extracontratual ou contratual, funda-se na culpa. A obrigação de indenizar, em se tratando de delito, deflui da lei, que vale *erga omnes*. Consequência disso seria que, na responsabilidade delitual, a falta se apuraria de maneira mais rigorosa, enquanto na responsabilidade contratual ela variaria de intensidade em conformidade com os diferentes casos. O CC/2002 adotou a gradação da culpa na fixação da responsabilidade civil: se houver excessiva desproporção entre a gravidade da culpa e o dano, poderá o juiz reduzir, equitativamente, a indenização (art. 944, parágrafo único).

15.3.4.3 Teorias da responsabilidade civil

Quanto às teorias da responsabilidade civil, a doutrina aponta a subjetiva e a objetiva.

15.3.4.3.1 Teoria subjetiva

Na teoria subjetiva, o que nos chama mais a atenção é a necessidade da existência de um ato ilícito, o qual, por sua vez, demonstra a culpa ou o dolo do agente causador. O ilícito civil caracteriza-se pela existência de um ato contra o ordenamento jurídico, praticado pela vontade expressa (dolo) ou não (culpa) do agente, causando um dano a terceiro e, via de consequência, gerando ao causador o dever de restabelecer a situação anterior.

Desse modo, para a teoria subjetiva, a responsabilidade civil de alguém só tem razão de ser quando preenchidos os seguintes requisitos: (a) o ato ou omissão violadora do direito de outrem; (b) o dano produzido por esse ato ou omissão; (c) a relação de causalidade entre o ato ou omissão e o dano; (d) a culpa *lato sensu*.

Além disso, a responsabilidade fundamentada na culpa do agente pode ser direta ou indireta; será direta, quando o agente responder por ato próprio, e indireta, nos casos em que a lei prevê a responsabilidade de alguém por ato praticado por outrem. A título exemplificativo de responsabilidade indireta, temos as hipóteses, previstas no art. 932, CC, quais sejam: (a) os pais, pelos filhos menores que estiverem sob sua autoridade e em sua companhia; (b) o tutor e o curador, pelos pupilos e curatelados, que se acharem nas mesmas condições; (c) o empregador ou comitente, por seus empregados, serviçais e prepostos, no exercício do trabalho que lhes competir, ou em razão dele; (d) os donos de hotéis, hospedarias, casas ou estabelecimentos onde se albergue por dinheiro, mesmo para fins de educação, pelos seus hóspedes, moradores e educandos.

Convém salientar que as pessoas indicadas no art. 932, ainda que não haja culpa de sua parte, responderão pelos atos praticados pelos terceiros ali referidos (art. 933).

O responsável indireto poderá ingressar em juízo contra o agente danoso, a fim de reaver o que pagou, salvo se o causador do dano for descendente seu, absoluta ou relativamente incapaz (art. 934).

15.3.4.3.2 Teoria objetiva

Na teoria objetiva, o que muito se combate é a ideia da culpa como fundamento da responsabilidade civil, porque, para aqueles que defendem a teoria objetiva, o dever de reparar independe da sua existência, sendo suficiente a existência do dano concreto (dano experimentado). É importante esclarecer que, nas hipóteses de responsabilidade objetiva, a atividade exercida é lícita, mas, por expor terceiros a perigo, podendo causar-lhes danos, tem o dever de tomar todas as cautelas para que efetivamente isso não ocorra. Por isso, a responsabilidade objetiva funda-se no princípio da equidade, pois aquele que lucra com a situação (exercício da atividade) deve responder pelo risco ou pelas desvantagens dela resultantes, *ubi emolumentum, ibi onus; ubi commoda, ibi incommoda*.

Na responsabilidade objetiva não se exige a prova à culpa do agente, sendo que em alguns casos ela é presumida, em outros, é prescindível. Nos casos da responsabilidade objetiva, a vítima só precisa provar a ação ou omissão, o nexo causal e o dano resultante, mas não precisa demonstrar a culpa do agente (ato ilícito), porque a culpa já é presumida. Nesses casos, ocorre a inversão do *onus probandi*, podendo o ofensor provar a existência de uma excludente de responsabilidade. Exemplo típico de culpa presumida é a responsabilidade do dono do animal que venha causar dano a outrem (art. 936, CC). Nos casos onde se prescinde totalmente da prova da culpa (responsabilidade independente da culpa), basta a caracterização da relação de causalidade entre a ação e o dano (teoria do risco). Temos, como exemplo, a responsabilidade das empresas que exploram atividades de transporte pelos acidentes que possam ocorrer.

No Direito Pátrio, os casos mais comuns de responsabilidade objetiva ocorrem: nos casos de acidente de trabalho, de exploração da atividade de transporte (terrestre, marítimo e aéreo), das Pessoas de Direito Público e das de Direito Privado, prestadores de serviços públicos, do dono do animal, do dono do prédio em ruína, do habitante da casa da qual caírem coisas etc.

Assim, diferentemente da teoria subjetiva, a objetiva adota apenas os critérios objetivos da responsabilidade, quais sejam: (a) a existência do ato ou omissão violadora do direito de outrem; (b) o resultado danoso para a vítima; (c) o nexo causal entre o ato ou omissão e o resultado, não se discutindo a existência ou não de culpa do agente provocador.

15.3.4.4 Dano extrapatrimonial (moral)

Como visto, não há responsabilidade civil, seja subjetiva ou objetiva, sem a ocorrência do dano, o qual pode ser de cunho patrimonial (dano material)[63] e não patrimonial (= extrapatrimonial).

O dano moral ou dano extrapatrimonial é aquele que se opõe ao dano material, não afetando os bens patrimoniais propriamente ditos, mas atingindo os bens de ordem moral, por exemplo, os de foro íntimo da pessoa (honra, liberdade, intimidade e a imagem). Assim, concluímos que são danos morais aqueles que se qualificam em razão da esfera da subjetividade ou plano valorativo da pessoa na sociedade, havendo, necessariamente, que atingir o foro íntimo da pessoa humana ou o da própria valoração pessoal no meio em que vive, atua ou que possa de alguma forma repercutir. Cumpre ressaltar que os danos morais, de modo semelhante aos danos materiais, somente serão reparados quando ilícitos e após a sua caracterização (dano experimentado).

Os danos morais são divididos em:

a) puros (diretos) se exaurem nas lesões, ou seja, esgotam-se em apenas um aspecto, atingindo aos chamados atributos da pessoa, como a honra, a intimidade, a liberdade etc.;

b) reflexos (indiretos) constituem-se como efeitos de lesão ao patrimônio, isto é, são aqueles surgidos como consequência de um dano material, são reflexos daquele dano;

c) sucessivos ou simultâneos ao dano material, ou seja, quando este estiver em relação direta e imediata com a ação violentadora ou apresentar-se em via de consequência do dano material;

---

[63] O dano patrimonial atinge os bens integrantes do patrimônio, isto é, o conjunto de relações jurídicas de uma pessoa apreciáveis economicamente. Têm-se a perda, deterioração ou diminuição do valor do patrimônio. A diferença existente entre o patrimônio anterior ao ato danoso e o atual (dano emergente), somada à diferença entre o patrimônio existente e o que possivelmente existiria (lucro cessante), caso não ocorresse o evento danoso, forma o dano material. O dano emergente é a efetiva diminuição do patrimônio já existente, enquanto o lucro cessante é aquilo que se deixou de auferir, ganhar. O dano material pode ser direto ou indireto. Na busca da diferenciação entre o dano material direto e o indireto, a doutrina aponta três critérios: (a) direto é o dano ao patrimônio da vítima (destruição de uma estátua); indireto é o que abrange os interesses jurídicos extrapatrimoniais do lesado, tais como os direitos de personalidade, causando, assim, perdas patrimoniais (por exemplo: despesas com o tratamento de lesões corporais); (b) direto é o que atinge a própria vítima do fato lesivo; indireto é o causado a terceiros em função desse mesmo evento danoso; (c) direto representa a consequência imediata da lesão, enquanto o indireto é o resultante da interação do evento lesivo com outro acontecimento distinto. Esse critério interliga-se mais com o nexo causal entre o dano e a ação ou omissão que o ocasionou.

d) subjetivos ou objetivos, dependendo da sua extensão, vez que se limitam à esfera íntima ou se projetam no círculo de seu relacionamento familiar ou social. Assim, temos como dano moral subjetivo aquele que atinge o sentimento da própria dignidade moral, nascido da consciência de nossas virtudes ou do nosso valor moral, enquanto o dano objetivo é aquele que afeta a estima que outros fazem de nossas qualidades morais e de nosso valor social, abalando a boa reputação moral ou profissional, afetada pela injúria, calúnia ou difamação, sendo que esta última pode ser dirigida contra a pessoa jurídica.

15.3.4.5 Dano extrapatrimonial no âmbito da Reforma Trabalhista

A Lei 13.467 incluiu o Título II-A, com a denominação "Dano Extrapatrimonial", ao texto da CLT, regulando-o nos arts. 223-A a 223-G.

O art. 223-A indica que são aplicáveis à reparação de danos de natureza extrapatrimonial decorrentes da relação de trabalho apenas os dispositivos previstos no Título II-A.

Incabível o arcabouço normativo pretendido pelo legislador. A responsabilidade civil exige uma visão multidisciplinar, em que o operador do Direito, de forma sistemática, faça o entrelaçamento entre as diversas áreas da Ciência Jurídica (Direito Constitucional, Direito Civil, Direito Previdenciário, Direito do Trabalho).

Não se pode esquecer que o magistrado não pode se eximir de decidir sob a alegação de lacuna ou obscuridade do ordenamento jurídico (art. 140, *caput*, CPC), devendo, assim, decidir o caso com a analogia, os costumes e os princípios gerais de direito (art. 4º, LINDB; art. 8º, *caput*, CLT).

Por sua vez, o art. 223-B declina que dano de natureza extrapatrimonial é a ação ou omissão, a qual ofenda a esfera moral ou existencial da pessoa física ou jurídica, as quais são as titulares exclusivas do direito à reparação.

O dano moral da pessoa jurídica já tem previsão na Súmula 227, STJ, inclusive, já sendo aplicável na jurisprudência trabalhista, limitado a questões objetivas (por exemplo: repercussão negativa no âmbito comercial). É verdade que a pessoa jurídica não pode ser atingida na sua honra subjetiva (as pessoas jurídicas não têm direitos personalíssimos, pois estes são próprios do ser humano; as pessoas jurídicas, por não terem espírito, jamais sofrerão detrimento anímico).

Contudo, a pessoa jurídica detém o que vem a ser honra objetiva, ou seja, sempre que o seu bom nome, reputação ou imagem (no sentido lato da expressão) forem violados em decorrência da ilicitude cometida por alguém, o direito deve estar presente para sujeitar o agressor à indenização por dano moral.

Também há previsão legal quanto ao dano existencial, ou seja, quando a conduta patronal impossibilita ao empregado o relacionamento e o convívio em sociedade, através de atividades recreativas, afetivas, espirituais, esportivas, culturais e de descanso, prejudicando, assim, o bem-estar físico e psíquico.

Quanto ao que vem a ser dano moral, é importante que se dê uma visão ampliativa ao vocábulo, como forma de contemplar todo e qualquer dano extrapatrimonial, por exemplo, o dano moral coletivo,[64] o dano social,[65] o dano psíquico,[66] o

---

[64] Dano moral coletivo é a lesão que atinge os direitos da personalidade da comunidade. Vale dizer, é a transgressão aos direitos e interesses transinvidivuais da personalidade da coletividade, como a dignidade humana, os direitos dos cidadãos, a saúde pública, o meio ambiente natural e o cultural, a paz, a segurança, o bem-estar etc. Os elementos do dano moral coletivo são: (a) sujeito ativo, isto é, a comunidade ou a coletividade que foi atingida nos seus direitos de personalidade e que assim tem o direito à reparação do dano; (b) sujeito passivo, a pessoa humana ou jurídica ou qualquer outro ente despersonalizado que tem o dever de proceder à reparação do dano causado, visto que a sua ação ou omissão foi a responsável pela violação de um direito transindividual dos direitos da personalidade; (c) objeto, a reparação que pode ser pecuniária ou não pecuniária. Como exemplos de violação de direitos transindividuais, temos: (a) anúncios prejudiciais aos consumidores; (b) veiculação de publicidade enganosa prejudicial aos consumidores; (c) divulgação ou exposição de fatos ou de informações ofensivas à honra, à imagem, à liberdade de categorias ou grupos de pessoas; (d) produção e comercialização fraudulenta de produtos que exponham à população à ocorrência de riscos à saúde de uma maneira em geral; (e) o não fornecimento de medicamentos à população visando à majoração de preços, como forma de obtenção de lucros; (f) destruição do meio ambiente com prejuízos à comunidade; (g) dilapidação do erário público como a prática de atos de improbidade pelos responsáveis pela gestão da Administração Pública; (h) ofensa ao patrimônio cultural da comunidade; (i) prática de qualquer forma de degradação do trabalho humano (trabalho escravo); (j) a não observância das normas de medicina e segurança do trabalho que exponham um grupo de trabalhadores a uma série de riscos; (k) prática da terceirização fraudulenta; (l) exploração do trabalho da mulher e do menor com violação das normas mínimas de proteção; (m) atos fraudulentos contra grupo ou categorias de trabalhadores. Há condenações do TST em ações civis públicas, objetivando, assim, a recomposição do dano moral coletivo na seara trabalhista (2ª T. – RR 110700-17.2003.5.03.0103 – Rel. Min. Renato de Lacerda Paiva – *DEJT* 19/11/2010; 7ª T. – RR 54340-93.2004.5.08.0004 – Rel. Min. Guilherme A. Caputo Bastos – *DEJT* 19/2/2010). É de se ressaltar que existem decisões do STJ que consideram incompatível a existência do dano moral com direitos transindividuais, vez que o dano moral, segundo esse entendimento, exige vinculação à noção de dor ou de sofrimento individual (1ª T. – REsp 598281-MG – Rel. Min. Desig. Teori Albino Zavascki – *DJ* 1/6/2006 – p. 147; 1ª T. – REsp 821891-RS – Rel. Min. Luiz Fux – *DJE* 12/5/2008).

[65] Os danos sociais *"são lesões à sociedade, no seu nível de vida, tanto por rebaixamento de seu patrimônio moral – principalmente a respeito da segurança – quanto por diminuição na qualidade de vida"* (AZEVEDO, Antonio Junqueira de. Por uma nova categoria de dano na responsabilidade civil: o dano social. In: *O Código Civil e sua interdisciplinaridade*, p. 370-377). O dano social envolve uma ou várias "condutas socialmente reprováveis" (= comportamento exemplar negativo) não podendo ser confundido com o dano moral coletivo, como bem acentua Flavio Tartuce, visto que: (a) o coletivo atinge vários direitos da personalidade, enquanto o social causa um rebaixamento no nível de vida da coletividade; (b) o coletivo atinge direitos individuais homogêneos em sentido estrito, e a indenização é destinada para as próprias vítimas. No social, os direitos violados são difusos, logo, toda a sociedade é vítima da conduta, devendo, assim, a indenização ser direcionada para um fundo de proteção ou instituição de caridade (*Manual de Direito Civil*, p. 439).

[66] O dano psíquico, também conhecido como dano psicológico, é aquele que se projeta na esfera emocional da vítima, resultando em um trauma (doença psíquica) e provocando alterações de comportamento. Via de regra, está relacionado à violação do patrimônio imaterial (extrapatrimonial), como uma ameaça, agressões físicas etc., violação essa que acaba por desencadear uma doença psíquica, a qual exige um tratamento médico/psíquico diferenciado. Não raras vezes, incurável. Exemplo disso. Em uma viagem de avião, poucos minutos depois de sua decolagem, a porta do avião, por não ter sido travada de forma adequada, é arrancada pela pressão atmosférica, ocasionando uma situação de desespero entre passageiros e tripulação. Minutos depois, a aeronave

dano estético[67] etc.

Por fim, as principais críticas ao art. 223-B repousam na limitação que se faz ao titular, visto que, pelo prisma literal, o dispositivo legal não contempla: (a) o dano moral em ricochete (a perda de um querido, quando o trabalhador vem a falecer em um acidente de trabalho); (b) a transmissão do dano moral da vítima para os seus sucessores (art. 943, CC).

São tutelados juridicamente os seguintes bens para a pessoa natural: a honra, a imagem, a intimidade, a liberdade de ação, a autoestima, a sexualidade, a saúde, o lazer e a integridade física são os bens juridicamente tutelados inerentes à pessoa natural (art. 223-C, CLT). Lamentável a atuação legislativa quanto à limitação dos bens, os quais possam ser, em tese, objeto de violação para a pessoa natural. Por excelência, dano extrapatrimonial é o que lesa o direito de personalidade do ser humano, o qual, por essência, não pode ser limitada a tais hipóteses, especialmente, quando a personalidade humana é por demais ampla. Por exemplo, o art. 223-C não contempla a morte ou a liberdade religiosa. Não se pode esquecer que o art. 5º, V, CF, não limita, de forma taxativa, as hipóteses de indenização por dano moral. Logo, o magistrado trabalhista, diante do caso concreto, deverá apreciar toda e qualquer hipótese ofensiva à personalidade do trabalhador, como possível de plena reparação em nível de dano moral e também material.

Quanto à pessoa jurídica, a imagem, a marca, o nome, o segredo empresarial e o sigilo da correspondência são bens juridicamente tutelados (art. 224-D, CLT).

No tocante ao nexo causal, o art. 223-E acentua que são responsáveis pelo dano extrapatrimonial todos os que tenham colaborado para a ofensa ao bem jurídico tutelado, na proporção da ação ou da omissão.

Como já previsto na Súmula 37 do STJ, a reparação por danos extrapatrimoniais pode ser pedida cumulativamente com a indenização por danos materiais decorrentes do mesmo ato lesivo (art. 223-F, *caput*, CLT), sendo que, se houver cumulação de pedidos, o juízo, ao proferir a decisão, discriminará os valores das indenizações a título de danos patrimoniais e das reparações por danos de natureza extrapatrimonial (art. 223-F, § 1º). A composição das perdas e danos, a qual compreende os lucros cessantes e os danos emergentes, não interfere na avaliação dos danos extrapatrimoniais (art. 223-F, § 2º).

---

consegue retornar ao aeroporto. A situação caótica a que foram submetidos esses passageiros e tripulantes, ainda que por poucos minutos, pode desencadear vários traumas, entre eles, um medo em andar de avião (aerofobia).

[67] O dano estético é representado pela alteração morfológica, como também deformidades, marcas, cicatrizes, as quais causam à vítima desgosto ou complexo de inferioridade. A doutrina e a jurisprudência divergem sobre o dano estético ser ou não uma terceira espécie de dano ou ser simplesmente apenas um aspecto do dano moral. No IX Encontro Nacional dos Tribunais de Alçada (agosto/1997), firmou-se o posicionamento de que: *"O dano moral e o dano estético não se cumulam, porque ou o dano estético importa em dano material ou está compreendido no dano moral (por unanimidade)"*. Posteriormente, o STJ passou a considerar lícita a cumulação das indenizações de dano estético e dano moral (Súm. 387).

Para fins de fixação da indenização por dano extrapatrimonial, o magistrado deverá considerar: (a) a natureza do bem jurídico tutelado; (b) a intensidade do sofrimento ou da humilhação; (c) a possibilidade de superação física ou psicológica; (d) os reflexos pessoais e sociais da ação ou da omissão; (e) a extensão e a duração dos efeitos da ofensa; (f) as condições em que ocorreu a ofensa ou o prejuízo moral; (g) o grau de dolo ou culpa; (h) a ocorrência de retratação espontânea; (i) o esforço efetivo para minimizar a ofensa; (j) o perdão, tácito ou expresso; (l) a situação social e econômica das partes envolvidas; (m) o grau de publicidade da ofensa (art. 223-G, *caput*, I a XII, CLT).

A base de cálculo da indenização é o último salário contratual do empregado, seja ela fixada em favor do trabalhador ou do empregador, sendo que o valor da indenização varia de acordo com o grau da ofensa, que pode ser: (a) leve – até 3 vezes o limite; (b) média – até 5 vezes o limite; (c) grave – até 20 vezes o limite; (d) gravíssima – até 50 vezes o limite (art. 223-G, § 1º, I a IV).

Além disso, em caso de reincidência entre as partes idênticas, o juízo poderá elevar ao dobro o valor da indenização.

Seguramente, não se pode admitir o "tabelamento" ("tarifação") dos danos morais pela lei, cabe ao magistrado fixar a indenização considerando o caso concreto. O STF, ao julgar a "tarifação" dos danos morais fixada na Lei de Imprensa (Lei 5.250/67, art. 52), entendeu que a regra legal é incompatível com a CF (art. 5º, V e X) (2ª T – RE 396386/SP – Rel. Min. Carlos Velloso – j. 29/6/2004).

QUESTIONÁRIO

1. Quais são as obrigações contratuais básicas?

2. O que representa a boa-fé?

3. A assiduidade é decorrência da diligência?

4. Quais são os deveres negativos presentes na fidelidade?

5. O empregado deve colaborar com o empregador?

6. É possível ao empregado ter atividades que colidam com a atividade econômica do empregador?

7. Quais são as obrigações contratuais básicas do empregado e do empregador quanto à segurança e medicina do trabalho?

8. Quais são as implicações decorrentes do dever da não discriminação no contrato individual de trabalho?

9. Quais são os tipos de invenções?

10. O empregador pode deixar seus empregados à sua disposição, de forma indeterminada, no aguardo de tarefas? Justifique.

11. O empregador pode violar o *e-mail* corporativo do seu empregado?

12. O empregado tem direito a ser indenizado quando o empregador viola a sua imagem?

Capítulo XVI
A ONEROSIDADE NO CONTRATO DE TRABALHO

16.1 NOÇÃO DE ONEROSIDADE

Em sua quase totalidade, não há contrato de trabalho a título gratuito, ou seja, sem encargos e vantagens recíprocas. Vale dizer, geralmente, o contrato de trabalho é bilateral e oneroso. Ao prestar serviços, o empregado tem direito à percepção dos salários.

Para Mauricio Godinho Delgado,[1] a relação empregatícia é *"uma relação de essencial fundo econômico. Através dessa relação sociojurídica é que o moderno sistema econômico consegue garantir a modalidade principal de conexão do trabalhador ao processo produtivo, dando origem ao largo universo de bens econômicos característicos do mercado atual. Desse modo, ao valor econômico da força de trabalho colocada à disposição do empregador deve corresponder uma contrapartida econômica em benefício obreiro, consubstanciada no conjunto salarial, isto é, o complexo de verbas contraprestativas pagas pelo empregador ao empregado em virtude da relação jurídica pactuada. O contrato de trabalho é, desse modo, um contrato bilateral, sinalagmático e oneroso, por envolver um conjunto diferenciado de prestações e contraprestações entre as partes, economicamente mensuráveis"*.

A onerosidade, como componente fático-jurídico do contrato individual de trabalho, abrange duas dimensões:

a) a objetiva, em que a onerosidade representa o pagamento efetuado pelo empregador ao empregado, por intermédio das parcelas remuneratórias em virtude do pactuado;

b) a subjetiva, na qual a onerosidade denota a intenção das partes – empregado e empregador – na fixação de um *quantum* em função da prestação dos serviços. A intenção das partes na fixação de uma contraprestação em relação aos serviços prestados é importante na caracterização do contrato individual de trabalho.

---

[1] DELGADO, Mauricio Godinho. *Introdução ao direito do trabalho*. 2. ed., p. 256.

O contrato individual de trabalho é um vínculo de natureza complexa, possuindo vários direitos, deveres e obrigações. Dentre essas obrigações, destaca-se a prestação remuneratória, a qual revela o conteúdo econômico do contrato individual de trabalho, cuja responsabilidade pertence ao empregador.

A prestação remuneratória tem como objeto uma obrigação de dar, cujo conteúdo envolve valores pecuniários e utilidades.

A Reforma Trabalhista (Lei 13.467/17) permite o predomínio da negociação coletiva em relação à legislação no tocante aos seguintes aspectos da onerosidade: (a) remuneração por produtividade, incluídas as gorjetas percebidas pelo empregado, e remuneração por desempenho pessoal; (b) enquadramento do grau de insalubridade; (c) prêmios de incentivo em bens ou serviços, eventualmente concedidos em programas de incentivo; (d) participação nos lucros ou resultados da empresa.

16.2 DENOMINAÇÃO

Várias expressões são empregadas para a denominação da prestação econômica do contrato individual de trabalho. De forma usual, adotam-se os termos: "remuneração" e "salário".

Octavio Bueno Magano[2] aduz que *"entre as múltiplas denominações arroladas, a que melhor caracteriza o conteúdo da prestação obrigacional devida pelo empregador ao empregado é, sem dúvida, salário. Contudo, considerando-se que a correlatividade das obrigações entre os dois referidos sujeitos não se entende hoje em termos absolutos, admitindo-se, ao contrário, que a retribuição do último se constitui de todas as vantagens obtidas em virtude da existência do vínculo empregatício, inclusive os pagamentos auferidos de terceiro, conclui-se ser a palavra remuneração a que melhor exprime o apontado sentido, o qual, não sendo irrelevante para o Direito do Trabalho, indica que o termo em causa, num estudo abrangente da matéria, deve prevalecer sobre salário. Tal entendimento coaduna--se, aliás, com o teor de nossa legislação, estatuindo o art. 457, da CLT, que, no conceito de remuneração, compreende-se, além do salário devido e pago diretamente pelo empregador, como contraprestação de serviços, as gorjetas que o empregado receber".*

Também há uma série de outros vocábulos que se interligam com a onerosidade contratual trabalhista:

a) salário mínimo – é o valor básico de toda e qualquer relação de emprego, decorrente de lei e válido para todo o território nacional, sendo capaz de atender às necessidades vitais básicas do trabalhador e às de sua família com moradia, alimentação, educação, saúde, lazer, vestuário, higiene, transporte e previdência social, com reajustes periódicos que lhe preservem o poder aquisitivo, sendo vedada sua vinculação para

---

[2] MAGANO, Octavio Bueno. *Manual de direito do trabalho*: direito individual do trabalho. 4. ed., v. 2, p. 218.

qualquer fim (art. 7º, IV).[3] Constitucionalmente, não existe relação do valor do salário mínimo com a jornada diária ou semanal de trabalho. Contudo, esclarece José Cairo Júnior,[4] *"as últimas leis que definiam o valor do salário mínimo nacional especificaram o seu valor mensal, diário e horário. A partir desses parâmetros legais, é possível afirmar que o salário mínimo é devido de forma proporcional ao horário de trabalho previamente ajustado, observando a jornada normal de oito horas por dia".* Nesse sentido, é o entendimento do TST (OJ 358, I, SDI-I)[5]. Atualmente, a política de valorização do salário mínimo está prevista na Lei 13.152/05, a qual fixa para o período de 2016 a 2019 que o valor do salário mínimo será reajustado com base na variação do INPC, com a inclusão de um aumento real. O aumento real será calculado com base na taxa de crescimento real do Produto Interno Bruto (PIB). O novo valor será fixado por decreto do Poder Executivo;

b) salário básico ou salário contratual – é o valor básico fixado pelo empregador e empregado para retribuir a jornada contratual. Por ser o valor básico, não remunera nenhum outro aditivo contratual, sob pena de caracterização de uma ilicitude (Súm. 91, TST);

c) salário profissional – é o valor básico estipulado por lei para determinadas profissões, atividades ou ofícios. Por exemplo: médico (Súm. 143, TST), engenheiros (Súm. 370), radiologista (Súm. 358) etc.;

d) piso salarial – é o valor mínimo fixado por lei estadual e que se relaciona com a extensão e complexidade do trabalho (art. 7º, V, CF; LC 103/2000);

e) salário normativo ou piso da categoria – é o salário fixado para o trabalhador em função de cláusula prevista em: acordo coletivo, convenção coletiva ou decisão normativa;

f) complemento salarial – os valores pagos pelo empregador ao empregado quando se tem a prestação de serviços em circunstâncias especiais. Exemplo: horas extras; adicional noturno etc.;

g) suplemento salarial – retribuição paga por terceiros aos empregados, como é o caso das guetas, gorjetas etc.;

h) o salário mínimo não pode ser objetivo de negociação coletiva (art. 611-B, IV, CLT).

---

[3] Salvo nos casos previstos na Constituição, o salário mínimo não pode ser usado como indexador de base de cálculo de vantagem de servidor público ou de empregado, nem ser substituído por decisão judicial (SV 4, STF).
Não viola a Constituição o estabelecimento de remuneração inferior ao salário mínimo para as praças prestadoras de serviço militar inicial (SV 6, STF).

[4] Cairo Júnior, José. *Curso de direito do trabalho*. 2. ed., p. 270.

[5] OJ 358, SDI-I – SALÁRIO MÍNIMO E PISO SALARIAL PROPORCIONAL À JORNADA REDUZIDA. EMPREGADO. SERVIDOR PÚBLICO. I – Havendo contratação para cumprimento de jornada reduzida, inferior à previsão constitucional de oito horas diárias ou quarenta e quatro semanais, é lícito o pagamento do piso salarial ou do salário mínimo proporcional ao tempo trabalhado.

16.3 CONCEITO DE REMUNERAÇÃO

Para Magano, remuneração[6] é o *"conjunto de vantagens habitualmente atribuídas ao empregado, de acordo com algum critério objetivo, em contraprestação de serviços prestados e em montante suficiente para satisfazer às necessidades próprias e da família"*.

Sergio Pinto Martins[7] ensina que remuneração é o *"conjunto de retribuições recebidas habitualmente pelo empregado pela prestação de serviços, seja em dinheiro ou em utilidades, provenientes do empregador ou de terceiros, mas decorrentes do contrato de trabalho, de modo a satisfazer suas necessidades e de sua família"*.

José Martins Catharino[8] entende que remuneração é a *"prestação devida a quem põe seu esforço pessoal à disposição de outrem por causa de uma relação de emprego"*.

Assim, remuneração é toda a retribuição legal e habitualmente auferida pelo empregado em virtude do contrato de trabalho, sendo paga pelo empregador ou por terceiros, como ocorre com a gorjeta, por exemplo.

16.4 CONCEITO DE SALÁRIO

O termo "salário" tem origem na expressão latina *salarium argentum* (pagamento em sal) que era a forma primária de pagamento dos soldados do Império Romano.

Etimologicamente, o "salário" significa *"remuneração ajustada pela prestação de serviços, esp. em razão do contrato de trabalho; ordenado, vencimentos. [...] remuneração do trabalho prestado, dia por dia ou hora por hora. [...] paga ou recompensa de serviços"*.[9]

Amauri Mascaro Nascimento[10] conceitua salário como a *"totalidade das percepções econômicas dos trabalhadores, qualquer que seja a forma ou meio de pagamento, quer retribuam o trabalho efetivo, os períodos de interrupção do contrato e os descansos computáveis na jornada de trabalho"*.

Pela análise desse conceito, constatamos que Amauri Mascaro não faz a diferenciação entre salário e remuneração, o que já não ocorre com Sergio Pinto Martins,[11] o qual entende que salário é *"o conjunto de prestações fornecidas diretamente ao trabalhador pelo empregador em decorrência do contrato de trabalho, seja em função da contraprestação do trabalho, da disponibilidade do trabalhador, das interrupções contratuais ou demais hipóteses previstas em lei"*.

Apesar da divergência entre os dois autores, deve ser destacada a ênfase comum de que os salários são originários da efetiva prestação dos serviços, como também dos períodos nos quais o empregado está à disposição do empregador.

---

[6] MAGANO, Octavio Bueno. Ob. cit., p. 218.
[7] MARTINS, Sergio Pinto. *Direito do trabalho.* 21. ed., p. 241.
[8] CATHARINO, José Martins. *Compêndio universitário de direito do trabalho.* v. 2, p. 439.
[9] HOUAISS, Antônio; VILLAR, Mauro de Salles; FRANCO, Francisco Manoel de Mello. *Dicionário Houaiss da língua portuguesa*, p. 2499.
[10] NASCIMENTO, Amauri Mascaro. *Curso de direito do trabalho.* 21. ed., p. 817.
[11] MARTINS, Sergio Pinto. Ob. cit., p. 242.

Dessa forma, não há rígida interação entre o trabalho prestado e o salário pago.[12] Os salários são devidos em função da contraprestação da disponibilidade do trabalhador.

Considera-se como de serviço efetivo o período em que o empregado esteja à disposição do empregador, aguardando ou executando ordens, salvo disposição especial expressamente consignada (art. 4º, *caput*, CLT).

16.4.1 Distinção entre remuneração e salário

Há, na doutrina, três posições para explicitar as interações entre as palavras "remuneração" e "salário".

A primeira posição identifica remuneração como salário, representando o conjunto das parcelas recebidas pelo empregado em função do contrato de trabalho, como contraprestação da força de trabalho entregue ao empregador, denunciando o caráter oneroso do contrato individual de trabalho.

A segunda corrente faz uma diferenciação entre as duas palavras. Para os adeptos dessa posição doutrinária, remuneração é o gênero que engloba todas as parcelas devidas e pagas ao empregado em decorrência do contrato de trabalho, enquanto salário é uma dessas parcelas. Logo, a remuneração é o gênero; salário é uma espécie da remuneração.

Na terceira vertente doutrinária, a análise parte da combinação exegética dos arts. 457 e 76 da CLT, havendo duas variantes interpretativas.

Para a primeira variante, salário representa o conjunto das parcelas pagas diretamente pelo empregador, enquanto remuneração envolve o salário mais a gorjeta.

Para a segunda variante, remuneração é a retribuição paga ao trabalhador por terceiro, em decorrência do contrato de trabalho, enquanto salário representa os ganhos auferidos pelo empregado, os quais são pagos pelo empregador, como forma de contraprestação dos serviços disponibilizados pelo primeiro ao segundo, em função do contrato individual de trabalho.

As consequências interpretativas da última variante levam à restrição do efeito expansionista do conceito de salário, o que pode prejudicar o próprio trabalhador, notadamente os de baixa renda, que não poderão levar em conta outras parcelas remuneratórias para fins de pagamento de outros títulos decorrentes do contrato de trabalho.

---

[12] Para Amauri Mascaro Nascimento, "a doutrina não encontrou as diretrizes seguras para o conceito de salário. Segundo a teoria da contraprestatividade, a primeira que procurou explicar o salário em termos jurídicos no âmbito da relação de emprego, o salário é a contraprestação do trabalho na troca que o empregado faz com o empregador, fornecendo a sua atividade e dele recebendo a remuneração correspondente. A crítica que se faz a essa teoria é simples: nem sempre o empregado trabalha, e mesmo nas paralisações recebe salário, como quando está em férias. Surgiu a teoria da contraprestação com o contrato de trabalho, que, rejeitando a relação entre trabalho e salário, procurou dimensioná-la com o contrato para afirmar que quando o empregador paga o empregado o está remunerando porque é um trabalhador sob sua subordinação e cujo trabalho tanto poderá como não utilizar, segundo os interesses da produção" (Ob. cit., p. 815).

Após a análise das diversas correntes doutrinárias, entendemos que o ponto de destaque para a diferenciação entre salário e remuneração é a vinculação ou não da parcela auferida pelo empregado em função da disponibilização da sua força de trabalho, independentemente de ser paga pelo empregador ou por terceiro.

Nesse sentido, remuneração é o conjunto de todas as vantagens auferidas pelo empregado, de natureza salarial ou não, pecuniárias ou não, decorrentes do contrato de trabalho. Salário é parte integrante da remuneração, representando as parcelas auferidas como contraprestação do serviço disponibilizado ao empregador.

O elemento diferenciador é a vinculação ou não da parcela à força de trabalho disponibilizada, o que inclusive soluciona as questões para a incidência das parcelas remuneratórias em outros títulos, tais como: férias, 13º salário, recolhimentos fundiários etc.

16.5 ELEMENTOS DA REMUNERAÇÃO

Os elementos integrantes do conceito da remuneração são: essencialidade, habitualidade, periodicidade, quantificação e reciprocidade.

16.5.1 Essencialidade

Como o contrato de trabalho do trabalhador subordinado (arts. 2º e 3º, CLT) é oneroso, a remuneração é fator essencial na sua caracterização.

16.5.2 Habitualidade

As duas obrigações básicas – salário e trabalho – repetem-se ao longo do desenvolvimento do contrato individual de trabalho, realçando o seu conteúdo de trato sucessivo.

As parcelas integrantes da remuneração são habituais em decorrência da própria sucessividade do contrato de trabalho.

A habitualidade é um dos requisitos da jurisprudência para justificar o caráter salarial ou não da parcela remuneratória.

Nesse sentido, tem-se: (a) para fins da incidência das horas extras: nos DSR/feriados (Súm. 172, TST; art. 7º, *a,* Lei 605/49); nas férias (art. 142, § 5º, CLT); no aviso prévio indenizado (art. 487, § 5º); no décimo-terceiro salário (Súm. 45); nos depósitos fundiários (Súm. 63); (b) o adicional noturno, pago com habitualidade, integra o salário do empregado para todos os efeitos (Súm. 60, I); (c) o adicional de insalubridade, enquanto houver o seu pagamento, integra a remuneração para todos os efeitos legais (Súm. 139); (d) o salário-produção, como outras modalidades de salário-prêmio, é devido, desde que verificada a condição a que estiver subordinado, e não pode ser suprimido, unilateralmente, pelo empregador, quando pago com habitualidade (Súm. 209, STF); (e) no cálculo da indenização por despedida injusta, incluem-se os adicionais, ou gratificações que, pela habitualidade, tenham-se incorporado ao salário (Súm. 459, STF).

Para fins da integração das utilidades à remuneração, o pagamento das parcelas também deve ser habitual (art. 458, *caput,* CLT).

16.5.3 Reciprocidade

Além de ser comutativo, o contrato de trabalho também é sinalagmático, na medida em que as suas vantagens, obrigações e deveres são recíprocos.

Ao trabalho combinado e disponibilizado pelo empregado, o empregador deverá pagar o salário estipulado.

Adota-se a expressão "trabalho combinado e disponibilizado pelo empregado", eis que o pagamento do salário *"não vai depender apenas da prestação de serviços, pois pode ocorrer de o empregado ter alguma falta considerada pela lei como justificada e irá receber seu salário, como o fato de ter de se alistar eleitor, ou nos quinze primeiros dias do afastamento por doença, hipóteses em que o empregador terá de pagar salários independentemente da prestação de serviços. De outro modo, o art. 4º da CLT estabelece que o empregado está à disposição do empregador tanto no período em que executa suas ordens, como no período em que não está trabalhando, mas aguardando as determinações do empregador"*.[13]

16.5.4 Periodicidade

A periodicidade é fator inerente à remuneração. A cada período da prestação dos serviços, tem-se o pagamento dos salários.

O pagamento do salário, qualquer que seja a modalidade do trabalho, não deve ser estipulado por período superior a um mês, salvo o que concerne a comissões, percentagens e gratificações (art. 459, *caput*, CLT).

O pagamento dos salários deve ser feito até o 5º dia útil do mês subsequente ao vencido (art. 459, § 1º).

O art. 12-1 da Convenção 95 da OIT estabelece que o salário será pago em intervalos regulares.

16.5.5 Quantificação

O art. 1º da Convenção 95 da OIT acentua que salário ou remuneração é o ganho suscetível de ser avaliado em espécie ou fixado por acordo ou pela legislação nacional, que é devido em virtude de um contrato de trabalho, escrito ou verbal, por um empregador a um trabalhador, seja por trabalho efetuado, seja por serviços prestados ou que devam ser prestados. O trabalhador, por intermédio de critérios objetivos, deverá saber o valor do seu ganho. Isso significa que a remuneração não pode depender de fatores aleatórios. Por exemplo: o empregado só terá direito ao salário se a empresa tiver lucros.

O contrato de trabalho é comutativo e sinalagmático, havendo a correlação e a equivalência entre o trabalho prestado e o salário ajustado, os quais são fixados previamente pelo empregado e empregador.

---

[13] MARTINS, Sergio Pinto. Ob. cit., p. 246.

A noção de remuneração repele a ideia de aleatório. Aleatório é o que depende de forte, fortuito, incerto ou eventual. O contrato de trabalho não é do tipo aleatório, onde as prestações das partes ou de uma delas dependem de um acontecimento incerto e futuro.

Na doutrina, o salário aleatório só é possível em condições especiais, como é o caso dos que recebem por comissão; todavia, haverá a garantia do pagamento do salário mínimo ou do piso salarial.

A obrigação patronal quanto ao pagamento da remuneração não pode ficar vinculada totalmente a uma condição.

A esse respeito, Arnaldo Süssekind[14] afirma: *"Dispondo a lei brasileira que 'os riscos da atividade econômica' correspondem à empresa (art. 2º da CLT) e que a todo empregado assiste o direito de receber salário nunca inferior ao mínimo, ainda que perceba remuneração variável (art. 7º, VII, da Constituição de 1988), afigura-se-nos incontestável ter estabelecido, a fortiori, que: (a) o pagamento do salário referente ao contrato de trabalho não pode ficar condicionado aos lucros da empresa; (b) sempre que o salário ajustado variar com o volume de negócios ou serviços realizados pelo empregado, terá este o direito de receber da empresa quantia não inferior ao salário mínimo local."*

Como a remuneração deve ser combinada previamente e de acordo com a função ajustada, a jurisprudência também repele o salário complessivo (Súm. 91, TST), o qual representa a fixação de um montante prévio, sendo pago juntamente com o salário ordinário, englobando-se outros títulos, tais como horas extras, adicional de insalubridade, DSR etc. A referida figura não é admitida na medida em que possibilitaria a ocorrência de fraudes.

16.6 CLASSIFICAÇÃO DA REMUNERAÇÃO

Dentre os vários critérios classificatórios da remuneração, podemos adotar os seguintes: a natureza jurídica da estipulação, a origem de sua fixação, o modo da sua aferição e o relativo à natureza do pagamento.

Pela natureza jurídica da estipulação, a remuneração pode ser própria do contrato de trabalho ou com ele compatível. Reputam-se compatíveis com o contrato de trabalho, a título exemplificativo, as parcelas remuneratórias relativas às comissões, ao pagamento por empreitada e das participações em lucros. São tipos remuneratórios que não são próprios do contrato de trabalho.

Quanto ao critério da origem de sua fixação, as parcelas da remuneração podem ser espontâneas ou imperativas. Espontâneas são as parcelas fixadas pelas partes. As imperativas podem ser: convencionais (acordo ou convenção coletiva); judiciais (decisão normativa) e legais (salário mínimo ou profissional, fixados por lei).

Pelo terceiro critério, a remuneração pode ser aferida pela unidade de tempo, de obra e por tarefa. Na unidade de tempo, o valor é pago em função da duração do serviço,

---

[14] SÜSSEKIND, Arnaldo; MARANHÃO, Délio; VIANNA, Segadas; TEIXEIRA FILHO, João de Lima. *Instituições de direito do trabalho.* 19. ed., v. 1, p. 355.

independentemente da obra realizada. A unidade de obra denota a remuneração que é fixada tendo em vista a obra ou trabalhos realizados, sem se preocupar com o tempo gasto para a sua realização. Pela tarefa, o salário é fixado pela combinação dos critérios temporal e produção, em que o empregado recebe o salário de acordo com o lapso temporal predeterminado para a realização da produção.

E, por fim, pelo critério da natureza do pagamento, as remunerações podem ser fixadas em dinheiro ou em utilidades. A lei fixa que 30% do salário mínimo será sempre pago em dinheiro (art. 82, parágrafo único, CLT).

16.6.1 Remuneração por unidade de tempo

Por unidade de tempo compreende a remuneração paga ao empregado em função do tempo que ficou ou permaneceu à disposição do empregador. É o valor determinado segundo a duração do trabalho, não sofrendo influência do rendimento do empregado, bem como do resultado obtido pelo empregador. É a forma mais usual para a mensuração da remuneração paga.

Por tempo significa que a remuneração pode ser paga por hora, dia, semana, quinzena ou mês. Convém, ainda, frisar que a remuneração somente pode ser ajustada no máximo por um período de um mês (art. 459, CLT).

A adoção da unidade de tempo não pode ser confundida com os períodos de pagamento. Por exemplo: o horista pode receber os seus valores no final do mês ou da semana.

Havendo contratação para cumprimento de jornada reduzida, inferior à previsão constitucional de 8 horas diárias ou 44 semanais, é lícito o pagamento do piso salarial ou do salário mínimo proporcional ao tempo trabalhado (OJ 358, I, SDI-I).

No âmbito da Administração Pública (Direta, Autárquica e Fundacional), para o STF e TST, não é válida remuneração de empregado público inferior ao salário mínimo, ainda que cumpra jornada de trabalho reduzida (OJ 358, II, SDI-I).

16.6.2 Remuneração por unidade de obra

Por remuneração por unidade de obra compreende-se o que é fixado por unidade produzida durante a jornada de trabalho.

É empregado nos trabalhos manuais, sendo que o empregado recebe pela produção realizada, todavia lhe é assegurado o pagamento do salário mínimo (art. 7º, VII, CF; Lei 8.716/93).

O montante é calculado em função da produção do empregado, não se levando em conta o tempo que o trabalhador permanece à disposição do empregador.

O art. 483, *g*, da CLT fixa a justa causa do empregador, autorizando a rescisão indireta do contrato de trabalho, quando houver a redução do trabalho, sendo este pago por peça ou tarefa, de forma a ir afetando sensivelmente a importância dos salários.

O empregado que recebe remuneração por produção e trabalha em jornada suplementar faz jus à percepção apenas do adicional de hora extra. Esta regra é inaplicável ao empregado cortador de cana, a quem é devido o pagamento das horas extras e do adicional respectivo (OJ 235, SDI-I).

16.6.3 Remuneração por tarefa

A remuneração paga por tarefa possui como base a produção do trabalhador, o qual, após cumprir a obrigação de produzir um determinado número de peças por dia, estará dispensado do cumprimento do restante da jornada diária. Se ficar laborando, após o cumprimento da tarefa diária, deverá receber um acréscimo ao valor do que foi estabelecido.

A CLT permite a remuneração por tarefa, como se depreende do pagamento das férias (art. 142, § 2º) e da rescisão indireta (art. 483, *g*).

A adoção do sistema de mensuração dos salários pelo critério da tarefa não elide a responsabilidade do empregador em pagar a garantia mínima prevista na Lei 8.716/93 (salário mínimo).

Quem recebe remuneração por tarefa, por aplicação analógica da OJ 235, SDI-I, somente tem direito ao adicional de hora extra, exceto no caso do empregado cortador de cana, a quem é devido o pagamento das horas extras e do adicional respectivo.

16.6.4 Remuneração por unidade de lucro

A Constituição, em seu art. 7º, XI, enuncia: *"Participação nos lucros, ou resultados, desvinculada da remuneração, e, excepcionalmente, participação na gestão da empresa, conforme definido em lei."*

A priori, é possível haver nos ganhos do empregado a participação nos lucros, que geralmente é paga sob a forma de gratificações semestrais ou anuais, porém, não havendo a integração desses valores ao salário ou remuneração para fins de incidência em outros títulos.

Na doutrina, há 3 correntes quanto à natureza jurídica da participação nos lucros: *"A primeira, afirmando que, realmente, a participação nos lucros é uma forma de salário. A segunda, entendendo que se trata de um contrato de sociedade. A terceira, salientando que é um contrato* sui generis, *uma figura nova, uma forma de transição entre o contrato de trabalho e de sociedade."*[15]

A participação nos lucros é regulada pela Lei 10.101/00.

Pela legislação brasileira, a participação não substitui ou complementa a remuneração devida a qualquer empregado, nem constitui base de incidência de qualquer encargo trabalhista, não se lhe aplicando o princípio da habitualidade (art. 2º, *caput*, Lei 10.101), exigindo convenção ou acordo coletivo de trabalho para sua efetivação.

16.6.5 Remuneração em dinheiro

Dinheiro é uma coisa móvel e fungível, representando uma unidade-gênero, que se expressa de forma numérica e ideal em signos monetários. É uma unidade de valor, reconhecida pelo Estado e que possui validade como meio de troca.

---

[15] NASCIMENTO, Amauri Mascaro. Ob. cit., p. 175.

Usualmente, a palavra "dinheiro" é empregada como meio de efetuar pagamentos ou adquirir bens, representando moeda metálica ou papel-moeda. Também pode ser utilizada para papéis representativos de títulos de crédito, como é o caso dos cheques.

O art. 463, *caput*, CLT, enuncia que a prestação em espécie será paga em moeda corrente do País.

Segundo Sergio Pinto Martins,[16] o art. 463, CLT, *"não deveria referir-se à prestação em espécie para significar o salário pago em moeda, pois nos países de língua espanhola se usa a palavra espécie para designar o salário pago em utilidades, que também é permitida em nosso país".*

Concordamos com essa crítica. A expressão correta é que o pagamento seja efetuado em dinheiro.

A imposição legal tem como objetivo evitar os pagamentos dos salários por meio: (a) do *truck system* – vales, cupons, bônus etc. (art. 462, § 2º, CLT); (b) da moeda estrangeira (art. 1º, Dec.-lei 857/69).

16.6.6 Salário *in natura* ou utilidade

Salário *in natura* ou utilidade é o pagamento efetuado por meio de utilidades tais como: alimentação, habitação, vestuário etc.

O art. 458, *caput*, CLT, determina que, além da parcela em dinheiro, compreende-se na remuneração, para todos os efeitos legais, a alimentação, habitação, vestuário ou outras prestações *in natura* que a empresa, por força do contrato ou costume, forneça habitualmente ao empregado.

Dois são os critérios básicos para a configuração da utilidade: (a) habitualidade – a concessão deve ser reiterada ao longo da vigência do contrato; (b) gratuidade – é uma prestação fornecida pelo empregador sem qualquer ônus para o empregado.

Em caso algum será permitido: o pagamento com bebidas alcoólicas ou drogas nocivas, como é o caso dos cigarros (Súm. 367, II, TST) (art. 458, *caput*, CLT).

A presença da utilidade na remuneração do empregado não significa que a mesma deverá ser tida como salário.

Para evidenciar a diferença, a doutrina aponta que a utilidade é salário quando a sua concessão ocorre pelo serviço prestado e não para o serviço. Por exemplo: o pagamento do aluguel de uma casa ao empregado e outros tipos de vantagens que denotem a essência dos benefícios como fatores de incentivo e de contraprestação aos serviços prestados.

O art. 82, parágrafo único, CLT, assevera que o percentual de 30% do salário mínimo, necessariamente, será pago em dinheiro. Portanto, podemos concluir que 70% do salário contratual podem ser pagos por meio de utilidades.

---

[16] MARTINS, Sergio Pinto. Ob. cit., p. 248.

16.6.6.1 O critério da inclusão da remuneração-utilidade para o cálculo dos demais títulos do contrato de trabalho

Os valores atribuídos às prestações *in natura* deverão ser justos e razoáveis, não podendo exceder, em cada caso, os dos percentuais das parcelas componentes do salário mínimo (art. 458, § 1º, CLT).

Além do art. 458, § 1º, a incidência em outros títulos deve observar a orientação jurisprudencial fixada na Súm. 258, TST: *"Os percentuais fixados em lei relativos ao salário* in natura *apenas se referem às hipóteses em que o empregado percebe salário mínimo, apurando-se, nas demais, o real valor da utilidade."*

No caso da habitação e da alimentação, quando são fornecidas como remuneração-utilidade, auferindo o empregado salário superior ao mínimo legal, os adicionais a serem observados são: para habitação, 25% e, para alimentação, 20%, os quais devem incidir sobre o salário contratual (art. 458, § 3º, CLT).

Se for o caso de habitação coletiva, o valor da remuneração-utilidade a ela correspondente será obtido mediante a divisão do justo valor da habitação pelo número de coocupantes, vedada, em qualquer hipótese, a utilização da mesma unidade residencial por mais de uma família (art. 458, § 4º).

O valor relativo à assistência prestada por serviço médico ou odontológico, próprio ou não, inclusive o reembolso com medicamentos, óculos, aparelhos ortopédicos, próteses, órteses, despesas médico-hospitalares e outras similares, mesmo quando concedido em diferentes modalidades de planos e coberturas, não integram o salário do empregado para qualquer efeito nem o salário de contribuição (art. 28, § 9º, q, Lei 8.212/91) (art. 458, § 5º, CLT, redação dada pela Lei 13.467/17).

Para o trabalhador rural, a cessão pelo empregador de moradia e de sua infraestrutura básica, assim como bens destinados à produção para sua subsistência e de sua família, não integram o salário, desde que caracterizados como tais, em contrato escrito celebrado entre as partes, com testemunhas e notificação obrigatória ao respectivo sindicato de trabalhadores rurais (art. 9º, § 5º, Lei 5.889/73).

Os percentuais do salário mínimo devem ser utilizados apenas quando o salário auferido pelo empregado seja de fato o correspondente ao mínimo. De acordo com o art. 82, parágrafo único, da CLT, 30% do salário mínimo devem ser pagos, necessariamente, em dinheiro. A diferença – 70% – pode ser paga em utilidades.

16.6.6.2 Utilidades que não podem ser consideradas como salário in natura

De acordo com o art. 458, § 2º, CLT, não serão consideradas como salário as seguintes utilidades concedidas pelo empregador: (a) vestuários, equipamentos e outros acessórios fornecidos aos empregados e utilizados no local de trabalho, para a prestação do serviço; (b) educação, em estabelecimento de ensino próprio ou de terceiros, compreendendo os valores relativos à matrícula, mensalidade, anuidade, livros e material didático; (c) transporte destinado ao deslocamento para o trabalho e retorno, em percurso servido ou não por transporte público; (d) assistência (médica, hospitalar e odontológica) prestada diretamente ou mediante seguro-saúde; (e) seguros de vida e de acidentes pessoais; (f) previdência privada; (g) valor correspondente ao vale-cultura.

O § 5º foi acrescido ao art. 458, pela Lei 13.467/17, como forma de ratificação legal, de que o valor relativo à assistência prestada por serviço médico ou odontológico, próprio ou não, inclusive o reembolso com medicamentos, óculos, aparelhos ortopédicos, próteses, órteses, despesas médico-hospitalares e outras similares, mesmo quando concedido em diferentes modalidades de planos e coberturas, não integram o salário do empregado para qualquer efeito nem o salário de contribuição (art. 28, § 9º, q, Lei 8.212/91).

Essas utilidades não podem ser consideradas salário *in natura* por expressa vedação legal.

O vale-refeição, fornecido por força do contrato de trabalho, tem caráter salarial, integrando a remuneração para todos os efeitos legais (Súm. 241, TST).

O entendimento da Súm. 241 é inaplicável quando a alimentação é decorrente do Programa de Alimentação do Trabalhador (PAT), criado pela Lei 6.321/76, já que a mesma é cobrada do empregado. Nesse sentido: *"A ajuda alimentação fornecida por empresa participante do Programa de Alimentação ao Trabalhador, instituído pela Lei nº 6.321/76, não tem caráter salarial. Portanto, não integra o salário para nenhum efeito legal"* (OJ 133, SDI-I).

Pela OJ 413, o TST fixou o entendimento de que a norma coletiva conferindo caráter indenizatório à verba denominada auxílio-alimentação ou a adesão posterior do empregador ao PAT não altera a natureza salarial da parcela, instituída anteriormente, para aqueles empregados que, habitualmente, já percebiam o benefício (Súmulas 51, I, e 241).

Para os bancários, a ajuda-alimentação prevista em norma coletiva, em decorrência de prestação de horas extras, tem natureza indenizatória e, por isso, não integra o salário do empregado bancário (OJ 123, SDI-I).

Em linhas gerais, o TST adota a posição de que o auxílio-alimentação não tem natureza salarial quando: (a) adotado como instrumental à prestação dos serviços; (b) decorre do labor em locais inóspitos ou longínquos; (c) é originário do PAT; (d) fixado por instrumento normativo, cuja regra é explícita no sentido de que é verba indenizatória; (e) o empregado sofre desconto no salário face à concessão do benefício.[17]

A Lei 13.467/17 e a MP 808/17 (Reforma Trabalhista), ao alterar a redação do art. 457, § 2º, CLT, evidenciou que o auxílio-alimentação não é parcela integrante do salário ou do salário de contribuição, bem como que também não deve ser pago em dinheiro. Com a nova redação dada ao citado dispositivo, entendemos que o TST deverá reformular a posição jurisprudencial cristalizada na Súmula 241.

A utilização, pelo empregado, em atividades particulares, de veículo que lhe é fornecido para o trabalho da empresa não caracteriza salário-utilidade (Súm. 367, I). Esse entendimento é aplicável aos contratos de trabalho em que o empregado utiliza o veículo

---

[17] TST – 3ª T. – RR 549-15.2012.5.04.0305 – Rel. Min. Mauricio Godinho Delgado – *DEJT* 6/02/2015.
TST – 6ª T. – RR - 752-52.2012.5.09.0041 – Relª. Minª Kátia Magalhães Arruda – *DEJT* 8/5/2015.

fornecido pelo empregado, não só para o trabalho, como também fora do trabalho, como ocorre nos finais de semana, férias etc. Excluem-se dessa hipótese as situações em que o automóvel é concedido para fins exclusivamente particulares, nas quais a utilidade irá integrar o salário para o cálculo de outros títulos trabalhistas. É o caso do automóvel fornecido ao executivo, o qual é utilizado somente pelos seus familiares.

A Lei 12.761/12 instituiu o Programa de Cultura do Trabalho, além de proceder a criação do vale-cultura (art. 458, VIII, CLT). O programa tem por objetivos: (a) possibilitar o acesso e a fruição dos produtos e serviços culturais; (b) estimular a visitação a estabelecimentos culturais e artísticos; (c) incentivar o acesso a eventos e espetáculos culturais e artísticos. O vale-cultura é um mecanismo de acesso e fruição de produtos e serviços culturais para o trabalhador que seja empregado da empresa optante pelo Programa de Cultura do Trabalhador. A concessão será por meio magnético e com o valor expresso em moeda corrente. Por usuário, o valor mensal do vale-cultura será de R$ 50,00 (cinquenta reais). O fornecimento é obrigatório ao empregado com renda de até 5 salários-mínimos mensais. O empregador pode descontar até 10% do valor do benefício da remuneração do empregado. Para os demais empregados, a concessão do benefício fica condicionada ao atendimento total dos que tenham a remuneração de até 5 salários-mínimos mensais. Nessa hipótese, os percentuais serão de 20% a 90% do valor do vale-cultura, de acordo com a respectiva faixa salarial. O empregado poderá optar pelo não recebimento do vale-cultura. Citado título não tem natureza salarial por expressa disposição legal (art. 11, Lei 12.761). A Lei 12.761 é regulamentada pelo Decreto. 8.084, de 26/8/2013.

16.6.7 Remuneração variável

Será que é possível ao empregador instituir a modalidade de salário pago ao empregado vinculado à sua produção? Será que é possível a fixação exclusiva de salário variável?

Diante da análise da CLT, a resposta é positiva, desde que seja garantido ao empregado o direito à percepção do salário mínimo como garantia.

Quando o salário for ajustado por empreitada, ou convencionado por tarefa ou peça, será garantida ao trabalhador uma remuneração diária nunca inferior à do salário mínimo (art. 78, *caput*, CLT).

Para o empregado comissionista ou que receba percentagens, no caso da sua remuneração ser constituída de parte fixa e variável, sempre lhe será garantido o salário mínimo, sendo vedado qualquer desconto em mês subsequente a título de compensação (art. 78, parágrafo único).

No mesmo sentido, porém, de uma forma mais pormenorizada, temos a Lei 8.716/93, a qual dispõe sobre a garantia do salário mínimo aos trabalhadores que perceberem remuneração variável, fixado por comissão, peça, tarefa ou outras modalidades, sendo assegurado um salário mensal nunca inferior ao salário mínimo (art. 1º). A garantia também é aplicável aos que percebem salário misto, integrado por parte fixa e parte variável (art. 2º). É vedado ao empregador fazer qualquer tipo de desconto em mês subsequente a título de compensação de eventuais complementações em meses anteriores em função dessa garantia (art. 3º).

A Lei 8.716 não revogou expressamente o art. 78, CLT, contudo, diante da sua leitura, é patente que regulou inteiramente a matéria, portanto, de acordo com o art. 2º, § 1º, LINDB, houve a revogação tácita.

Quanto à gorjeta, será que é possível ao empregador fixá-la como único critério para a fixação da remuneração do empregado?

A gorjeta, espontânea ou compulsória (quando cobrada pelo empregador), é valor pago por terceiro (art. 457, § 3º, CLT), por outro lado, como o salário mínimo é a contraprestação mínima devida e paga pelo empregador (art. 76, CLT, e art. 6º, Lei 8.542/92); o empregador não poderá adotar a gorjeta como critério para a fixação da remuneração do empregado.

Nesse sentido, Sergio Pinto Martins[18] declina: *"Quando o empregado percebe salário misto, integrado por parte fixa e parte variável, normalmente a parte fixa é estipulada em um salário mínimo e o restante pode ser variável. É o que ocorre com garçons, que percebem geralmente um salário mínimo a título de fixo e o restante são gorjetas. O comissionista poderia, porém, ganhar apenas comissões, como de 2% sobre a venda que realizar."*

A Lei 10.101/00 dispõe sobre a participação dos trabalhadores nos lucros ou resultados da empresa, permite uma forma de remuneração variável. A participação nos lucros não substitui ou complementa a remuneração devida a qualquer empregado, nem pode ser considerada base de incidência de qualquer encargo trabalhista, não se lhe aplicando o princípio da habitualidade.

16.7 COMPONENTES DA REMUNERAÇÃO

16.7.1 Adicionais salariais

Adicional é um suplemento pecuniário pago ao trabalhador e que decorre do labor prestado em determinadas condições. A sua origem pode ser: legal (hora extra; insalubridade etc.); norma coletiva (adicional por tempo de serviço); contratual.

16.7.1.1 Adicional de insalubridade

No âmbito da CF, tem-se a previsão do adicional de remuneração para as atividades penosas, insalubres ou perigosas, na forma da lei (art. 7º, XXIII).

São consideradas atividades ou operações insalubres aquelas que, por sua natureza, condição ou métodos de trabalho, exponham os empregados a agentes nocivos à saúde, acima dos limites de tolerância fixados em razão da natureza e da intensidade do agente e do tempo de exposição aos seus efeitos (art. 189, CLT).

Incumbe ao Ministério do Trabalho aprovar o quadro das atividades e operações insalubres, adotando normas sobre os critérios de caracterização da insalubridade, os limites de tolerância aos agentes agressivos, meios de proteção e o tempo máximo de exposição do empregado a esses agentes (art. 190, *caput*).

---

[18] MARTINS, Sergio Pinto. Ob. cit., p. 257.

Atualmente, a matéria encontra-se disciplinada pela NR 15 (MTE), a qual prevê o pagamento do adicional de insalubridade quando o empregado está exposto a agentes físicos (ruído, calor etc.), químicos (arsênico, chumbo, cromo, hidrocarboneto e outros compostos de carbono etc.) e biológicos (hospitais, laboratórios, lixo urbano, resíduos de animais deteriorados etc.).

A Reforma Trabalhista (Lei 13.467/17, ao incluir o art. 611-A, XII, ao texto da CLT, fixou que é possível a negociação coletiva quanto aos agentes insalubres, ao dispor a negociação coletiva quanto ao enquadramento do grau de insalubridade e prorrogação de jornada em locais insalubres, sem licença prévia das autoridades competentes do Ministério do Trabalho. Evidentemente que a prorrogação de jornada de trabalho somente poderá ocorrer quando respeitadas as normas de saúde, higiene e segurança do trabalho previstas em lei ou em normas regulamentadoras do Ministério do Trabalho.

A disposição legal é por demais contraditória (art. 611-A, XII), visto que: (a) possibilita a negociação coletiva entre os seres coletivos do trabalho (sindicatos e as empresas), contudo, simultaneamente, a cláusula normativa deve observar na íntegra as normas regulamentadoras do Ministério do Trabalho.

Além dessa contradição, há de ser ressaltado que o art. 611-B, XVIII, CF, o qual foi incluído na CLT pela Lei 13.467, dispõe que a negociação coletiva não pode dispor a respeito do adicional de remuneração para as atividades insalubres, penosas ou perigosas.

Quando é solicitada em juízo a insalubridade ou a periculosidade, a perícia no local de trabalho é obrigatória, podendo ser realizada por médico ou engenheiro do trabalho (OJ 165, SDI-I) (art. 195, § 2º). Somente quando não for possível sua realização, como é o caso de fechamento da empresa ou da desativação de local de trabalho dentro da empresa, poderá o julgador utilizar-se de outros meios de prova (OJ 278).

A simples constatação de agente insalubre pela perícia não basta para a respectiva condenação. É necessária a inscrição do agente, como insalubre, na classificação oficial do MTE (art. 190, CLT).[19]

---

[19] Súm. 448: I – Não basta à constatação da insalubridade por meio de laudo pericial para que o empregado tenha direito ao respectivo adicional, sendo necessária a classificação da atividade insalubre na relação oficial elaborada pelo Ministério do Trabalho; II – A higienização de instalações sanitárias de uso público ou coletivo de grande circulação, e a respectiva coleta de lixo, por não se equiparar à limpeza em residências e escritórios, enseja o pagamento de adicional de insalubridade em grau máximo, incidindo o disposto no Anexo 14 da NR-15 da Portaria do MTE 3.214/78 quanto à coleta e industrialização de lixo urbano.
OJ 171, SDI-I – Adicional de insalubridade. Óleos minerais. Sentido do termo "manipulação". Para efeito de concessão de adicional de insalubridade não há distinção entre fabricação e manuseio de óleos minerais – Portaria 3.214 do Ministério do Trabalho, NR – 15, Anexo XIII.
OJ 173, SDI-I – I – Ausente previsão legal, indevido o adicional de insalubridade ao trabalhador em atividade a céu aberto, por sujeição à radiação solar (art. 195 da CLT e Anexo 7 da NR 15 da Portaria 3.214/78 do MTE).
II – Tem direito ao adicional de insalubridade o trabalhador que exerce atividade exposto ao calor acima dos limites de tolerância, inclusive em ambiente com carga solar, nas condições previstas no Anexo 3 da NR 15 da Portaria 3.214/78 do MTE.

Para efeito do adicional de insalubridade, a perícia judicial, em reclamação trabalhista, não dispensa o enquadramento da atividade entre as insalubres, que é ato da competência do MTE e Previdência Social (Súm. 460, STF).

A eliminação dos agentes agressores da insalubridade mediante fornecimento de aparelhos protetores aprovados pelo órgão competente do Poder Executivo exclui a percepção do respectivo adicional (Súm. 80, TST). É indispensável o certificado de aprovação (CA) do equipamento de proteção individual (EPI), para comprovação da eficiência dos EPIs para neutralizar o agente agressor.[20]

Em caso de condenação, a empresa deverá inserir, mês a mês e enquanto o trabalho for executado em condições insalubres, o valor correspondente em folha de pagamento (OJ 172, SDI-I).

Dependendo do grau, os percentuais são os seguintes: (a) grau mínimo: 10%; (b) grau médio: 20%; e (c) grau máximo: 40%. Os percentuais variam de acordo com o agente insalubre e seu enquadramento na Portaria 3.214/78 (que regula os agentes periculosos e insalubres), basicamente na NR 15.

O adicional de insalubridade, porque calculado sobre uma base mensal (30 dias), já remunera os dias de repouso semanal e feriado (OJ 103, SDI-I).

Pelo art. 192, CLT, a base de cálculo não é o salário contratual do empregado e sim o salário mínimo. Repercute em outras verbas, como por exemplo: horas extras (OJ 47, SDI-I), 13º salário, férias, aviso prévio etc. (Súm. 139, TST).

O STF afastou a possibilidade de vinculação do adicional de insalubridade ao salário mínimo, por entender que viola o previsto no art. 7º, IV, CF.[21]

Há na doutrina o entendimento de que o art. 192 da CLT, diante da nova ordem constitucional, foi recepcionado quanto aos percentuais do adicional de insalubridade em graus (mínimo, médio e máximo), contudo, não o foi quanto à base de cálculo (adoção do salário mínimo).

Não houve a recepção visto que o Texto Constitucional adota a expressão "remuneração". Devemos compreender que o adicional de insalubridade, como a periculosidade e a penosidade, devem ser calculados sobre a remuneração do trabalhador. Remuneração não é sinônimo de salário mínimo. No mesmo sentido, salário mínimo não é piso salarial (art. 7º, IV e V, CF).

Pela jurisprudência TST, cabe ação rescisória por violação ao art. 192 da CLT quando a decisão judicial acolhe pedido de adicional de insalubridade com base na remuneração do empregado (OJ 2, SDI-II).

Em outubro/03, o TST restaurou o entendimento contido na Súm. 17: "*O adicional de insalubridade, devido a empregado que percebe, por força de lei, convenção coletiva ou sentença normativa, salário profissional, será sobre este calculado.*"

---

[20] TST – 5ª T. – RR 198900-67.2007.5.02.0012 – Rel. Min. Guilherme Augusto Caputo Bastos – j. 24/8/2016.
[21] STF – 1ª T. – RE 236396/MG – Min. Sepúlveda Pertence, *DJU* 20/11/1998, *LTr* 62/1621.

Portanto, pela jurisprudência dominante do TST, o adicional de insalubridade havia de ser calculado sobre o salário mínimo (Súm. 228), exceto quando houvesse um piso salarial superior ao mínimo legal (art. 7º, V, CF; Súm. 17).

Com o objetivo de fixação da base de cálculo do adicional de insalubridade, o STF editou a Súm. Vinculante 4: *"Salvo nos casos previstos na Constituição, o salário mínimo não pode ser usado como indexador de base de cálculo de vantagem de servidor público ou de empregado, nem ser substituído por decisão judicial."*

Em junho/08, o TST fixou: (a) o cancelamento da OJ 2 da SDI-I e da Súm. 17; (b) nova redação para a OJ 47 da SDI-I: *"A base de cálculo da hora extra é o resultado da soma do salário contratual mais o adicional de insalubridade"*; (c) nova redação para a Súm. 228: *"A partir de 9 de maio de 2008, data da publicação da Súmula Vinculante nº 4 do Supremo Tribunal Federal, o adicional de insalubridade será calculado sobre o salário básico, salvo critério mais vantajoso fixado em instrumento coletivo."*

A jurisprudência do STF indica que o salário mínimo é a efetiva base de cálculo do adicional de insalubridade até que a pendência seja resolvida pelo legislador infraconstitucional.

Na Reclamação 6.266 (STF), por liminar concedida pelo Min. Gilmar Mendes, houve a suspensão do teor da Súm. 228 do TST.

Ante à posição do STF, o TST determinou que fosse acrescido ao teor da Súm. 228: *"Súmula cuja eficácia está suspensa por decisão liminar do Supremo Tribunal Federal."*

Em março/2018, no julgamento da Reclamação 6.275 (STF), o Min. Ricardo Lewandowski cassou o trecho da Súm. 228, TST, que estipulava o "salário básico" do trabalhador como base de cálculo do adicional de insalubridade.

A eliminação da insalubridade mediante fornecimento de aparelhos protetores aprovados pelo órgão competente do Poder Executivo exclui a percepção do respectivo adicional de insalubridade (Súm. 80). A Súmula 80 é contraditória com o teor da Súmula 289, a qual indica que o simples fornecimento do aparelho de proteção pelo empregador não o exime do pagamento do adicional de insalubridade, devendo o empregador adotar as medidas legais necessárias que conduzam à diminuição ou eliminação da nocividade.

16.7.1.2 Adicional de periculosidade

No âmbito da CF, tem-se a previsão do *"adicional de remuneração para as atividades penosas, insalubres ou perigosas, na forma da lei"* (art. 7º, XXIII). Não é possível a adoção da negociação coletiva para a flexibilização do adicional de periculosidade (art. 611-B, XVIII, CLT).

Nos termos da CLT, são consideradas atividades ou operações perigosas, na forma da regulamentação aprovada pelo Ministério do Trabalho e Emprego, aquelas que, por sua natureza ou métodos de trabalho, impliquem risco acentuado em virtude de exposição permanente do trabalhador a: (a) inflamáveis; (b) explosivos;(c) energia elétrica; (d) roubos ou outras espécies de violência física nas atividades profissionais de segurança pessoal ou patrimonial (Lei 12.740/12); (e) contato com radiação ionizante ou substância radioativa (OJ 345, SDI-I); (f) atividades de trabalhador em motocicleta (Lei 12.997/14).

O contato eventual com o agente perigoso, assim considerado o fortuito, ou o que, sendo habitual, se dá por tempo extremamente reduzido, não dá direito ao empregado a perceber o adicional respectivo (Súm. 364, I, TST). Esse entendimento jurisprudencial não trilha o bom-senso, já que o trabalhador deve auferir a periculosidade pelo trabalho em condições de risco, independentemente do tempo de sua exposição.

Quando é arguido em juízo insalubridade ou a periculosidade,[22] a perícia no local de trabalho é obrigatória, podendo ser realizada por médico ou engenheiro do trabalho (OJ 165, SDI-I) (art. 195, § 2º). Quando não for possível sua realização como em caso de fechamento da empresa, por aplicação analógica da OJ 278, poderá o julgador utilizar-se de outros meios de prova.

O pagamento de adicional de periculosidade efetuado por mera liberalidade da empresa, ainda que de forma proporcional ao tempo de exposição ao risco ou em percentual inferior ao máximo legalmente previsto, dispensa a realização da prova técnica (art. 195, CLT), pois torna incontroversa a existência do trabalho em condições perigosas (Súmula 453).

É devido o pagamento do adicional de periculosidade ao empregado que desenvolve suas atividades em edifício (construção vertical), seja em pavimento igual ou distinto daquele onde estão instalados tanques para armazenamento de líquido inflamável, em quantidade acima do limite legal, considerando-se como área de risco toda a área interna da construção vertical (OJ 385, SDI-I).

O trabalho em condições periculosas dá direito ao empregado à percepção de um adicional, cujo valor é 30% sobre o seu salário contratual, sem os acréscimos resultantes de gratificações, prêmios ou participações nos lucros da empresa (art. 193, § 1º, CLT).

Caso existam agentes insalubres e periculosos no local de trabalho, o empregado optará por um dos adicionais (art. 193, § 2º). Em setembro de 2014, a 7ª Turma do TST entendeu que os adicionais de insalubridade e periculosidade são cumuláveis, face ao sistema constitucional de proteção (art. 7º) e as Convenções da OIT ratificadas pelo Brasil, em especial, as Convenções 148 e 155.[23] Contudo, em junho/2016, a SDI-I, deliberou no sentido de que somente é possível a acumulação dos dois adicionais, quando existirem causas distintas (agentes agressores).[24] Por fim, em outubro/17, foi estabelecido o incidente de resolução de revista de recursos repetitivos (tema 17) no tocante à cumulação de adicionais de periculosidade e de insalubridade, quando os adicionais estão amparados em fatos geradores distintos e autônomos, o qual aguarda julgamento pelo Tribunal Pleno.

---

[22] De acordo com a Súmula 39, TST, os empregados que operam em bomba de gasolina têm direito ao adicional de periculosidade (Lei 2.573/55), logo, não se tem a necessidade de realização de prova técnica.
[23] TST – 7ª T. – RR 1072-72.2011.5.02.0384 – Min. Cláudio Mascarenhas Brandão – *DEJT* 3/10/2014.
TST – 7ª T. – RR 773-47.2012.5.04.0015 – Rel. Min. Cláudio Mascarenhas Brandão – *DEJT* 4/5/2015.
[24] TST – SDI-I – E-ARR 1081-60.2012.5.03.0064 – Min. João Oreste Dalazen – *DEJT* 17/6/2016.

Não é válida a cláusula de acordo ou convenção coletiva de trabalho fixando o adicional de periculosidade em percentual inferior ao estabelecido em lei e proporcional ao tempo de exposição ao risco, pois tal parcela constitui medida de higiene, saúde e segurança do trabalho, garantida por norma de ordem pública (art. 7º, XXII e XXIII, CF; art. 193, § 1º, CLT) (Súm. 364, II, TST).

Para o TST, o adicional de periculosidade incide, apenas, sobre o salário básico e não sobre este acrescido de outros adicionais (Súm. 191, I). Esse entendimento não elide a afirmação de que se tem a incidência do adicional de periculosidade em: férias, horas extras, 13º salário, aviso prévio etc.

Nos meses em que for pago, o valor do adicional de periculosidade integra o salário para todos os efeitos legais, inclusive para cálculo das horas extras, adicional noturno, 13º salário, férias, aviso prévio etc. O adicional de periculosidade, quando é pago aos empregados mensalistas, também não gera qualquer reflexo em DSR/s, pois no seu valor mensal já está incluído o valor do descanso (OJ 103, SDI-I).

Como verba salarial, o valor do adicional de periculosidade deve compor a base de cálculo do adicional: (a) noturno, já que também neste horário o trabalhador permanece sob condições de risco (OJ 259, SDI-I); (b) suplementar (hora extra) (Súm. 132, I).

Quanto às horas de sobreaviso, como o empregado não se encontra em condições de risco, não é cabível a integração do adicional de periculosidade sobre as mencionadas horas (Súm. 132, II).

Serão descontados ou compensados do adicional de periculosidade outros da mesma natureza eventualmente já concedidos ao vigilante por meio de acordo coletivo (art. 193, § 3º, CLT).

Pela Súm. 447, TST, os tripulantes e demais empregados em serviços auxiliares de transporte aéreo que, no momento do abastecimento da aeronave, permanecem a bordo não têm direito à percepção da periculosidade (art. 193; CLT; Anexo 2, item 1, "c", NR 16 da Portaria 3.214/78).

16.7.1.2.1 Adicional de periculosidade no setor de energia elétrica

Atualmente, o adicional de periculosidade pela exposição permanente do trabalhador a energia elétrica encontra-se disciplinado expressamente pelo art. 193, I, CLT (Lei nº 12.740/12).

O art. 3º, da Lei nº 12.740, revogou expressamente a Lei 7.369/85 e, consequentemente, o Decreto regulamentador 93.412/86 também perdeu eficácia no sistema jurídico. Apesar disso, considerando a falta de regulamentação do Ministério do Trabalho sobre os parâmetros do agente perigoso "energia elétrica", pela aplicação do art. 8º, CLT, e a própria segurança jurídica, parece-nos adequada a aplicação aos dispositivos do Dec. 93.412 até o advento de outra regulamentação, sob pena de cairmos em um vazio legislativo e na inexistência do direito do trabalhador.

O TST entende que é assegurado o adicional de periculosidade para os empregados que trabalham em sistema elétrico de potência em condições de risco, ou que o façam com equipamentos e instalações elétricas similares, que ofereçam risco equivalente, ainda que em unidade consumidora de energia elétrica (OJ 324, SDI-I).

Na jurisprudência dominante do TST, o trabalho exercido em condições perigosas, embora de forma intermitente, dá direito ao empregado a receber o adicional de periculosidade de forma integral, tendo em vista que a Lei 7.369 não estabeleceu qualquer proporcionalidade em relação ao seu pagamento (Súm. 361).

Para o empregado eletricitário: (a) desde que tenha sido contratado pela Lei 7.369/85, o adicional de periculosidade deve ser calculado sobre a totalidade das parcelas de natureza salarial, não sendo válida cláusula normativa, a qual determina a incidência sobre o salário básico (Súm. 191, II); (b) com a alteração legislativa (Lei 12.740/12), para o eletricitário contratado a partir da vigência da alteração, o adicional deve ser calculado exclusivamente sobre o salário básico.

É devido o adicional de periculosidade aos empregados cabistas, instaladores e reparadores de linhas e aparelhos de empresas de telefonia, desde que, no exercício de suas funções, fiquem expostos a condições de risco equivalente ao do trabalho exercido em contato com sistema elétrico de potência (OJ 347, SDI-I).

Em julho de 2014, foi publicada a Portaria 1.078, do Ministério do Trabalho e Emprego, a qual aprova o Anexo 4, da NR 16, que passa a disciplinar as atividades e operações perigosas com energia elétrica.

Com a Portaria 1.078, têm direito ao adicional de periculosidade os trabalhadores que: (a) executam atividades ou operações em instalações ou equipamentos elétricos energizados em alta tensão; (b) realizam atividades ou operações com trabalho em proximidade, conforme estabelece a NR-10; (c) realizam atividades ou operações em instalações ou equipamentos elétricos energizados em baixa tensão no sistema elétrico de consumo (SEC), no caso de descumprimento do item 10.2.8 e seus subitens da NR10 – Segurança em Instalações e Serviços em Eletricidade; (d) das empresas que operam em instalações ou equipamentos integrantes do sistema elétrico de potência (SEP), bem como suas contratadas, em conformidade com as atividades e respectivas áreas de risco descritas no quadro I anexo à Portaria.

Por sua vez, não é devido o pagamento do adicional nas seguintes situações: (a) atividades ou operações no sistema elétrico de consumo em instalações ou equipamentos elétricos desenergizados e liberados para o trabalho, sem possibilidade de energização acidental, conforme estabelece a NR-10; (b) atividades ou operações em instalações ou equipamentos elétricos alimentados por extrabaixa tensão; (c) atividades ou operações elementares realizadas em baixa tensão, tais como o uso de equipamentos elétricos energizados e os procedimentos de ligar e desligar circuitos elétricos, desde que os materiais e equipamentos elétricos estejam em conformidade com as normas técnicas oficiais estabelecidas pelos órgãos competentes e, na ausência ou omissão destas, as normas internacionais cabíveis.

Segundo o item 3, da Portaria 1.078, o trabalho intermitente é equiparado à exposição permanente para fins de pagamento integral do adicional de periculosidade nos meses em que houver exposição, excluída a exposição eventual, assim considerado o caso fortuito ou que não faça parte da rotina.

16.7.1.2.2 Adicional de periculosidade pelo contato com radiação ionizante ou substância radioativa

A exposição do empregado à radiação ionizante ou à substância radioativa enseja a percepção do adicional de periculosidade, pois a regulamentação ministerial (Portarias do Ministério do Trabalho 3.393, de 17/12/1987, e 518, de 7/4/2003), ao reputar perigosa a atividade, reveste-se de plena eficácia, porquanto expedida por força de delegação legislativa contida no art. 200, *caput*, e inciso VI, CLT. No período de 12/12/2002 a 6/4/2003, enquanto teve vigência a Portaria 496 do Ministério do Trabalho, o empregado fez jus ao adicional de insalubridade (OJ 345, SDI-I).

Em maio/15, com a Portaria 595 (alterou a Portaria 518): (a) não são consideradas perigosas as atividades desenvolvidas em áreas que utilizam móveis de raios X para diagnóstico médico; (b) áreas tais como emergências, centro de tratamento intensivo, sala de recuperação e leitos de internação não são classificadas como salas de irradiação em razão do uso do equipamento móvel de raios X.

O Anexo 5 da NR 15, da Portaria 3.214/78, estabelece o contato com radiações ionizantes como sendo hipótese justificadora do direito à percepção do adicional de insalubridade.

Para Sergio Pinto Martins, a Portaria 518 não pode fixar o contato com radiação ionizante ou substância radioativa como hipótese de adicional de periculosidade, visto que norma administrativa não pode tratar de hipótese reservada a lei. Vale dizer, somente a lei é que pode criar as hipóteses de adicional de periculosidade: *"Não há dúvida que as substâncias ionizantes e radioativas fazem mal à saúde do trabalhador. O objetivo da Portaria nº 518 é resguardar a saúde do empregado, mas não tem previsão em lei. [...] A lei não estabelece previsão de pagamento de adicional de periculosidade em relação a contato com substâncias ionizantes ou radiativas. O inciso VI do artigo 200 da CLT e o seu parágrafo único não estabelecem o direito ao adicional de periculosidade ou a qualquer outro adicional. Logo, ele não pode ser estabelecido por portaria, que não tem natureza de lei, nem é norma emitida pelo Poder Legislativo. O pagamento do adicional de periculosidade só pode ser determinado por lei, diante do princípio da legalidade (art. 5º, II, da Constituição) e do fato que é de competência da União regular a matéria (art. 22, I, da Lei Maior) e não de norma administrativa, de portaria."*[25]

16.7.1.2.3 Adicional de periculosidade nas atividades de segurança pessoal ou patrimonial

Com a alteração legislativa (Lei 12.740), o adicional de periculosidade é devido para os que lidam com roubos ou outras espécies de violência física. Vale dizer, o título é devido para os que lidam com segurança pessoal ou patrimonial. Exemplo: guarda de transportes de valores, guarda-costas, vigilante etc.

---

[25] MARTINS, Sergio Pinto. *Comentários às orientações jurisprudenciais da SBDI-1 e 2 do tst*. 4. ed., p. 124.

Será que esta alteração legislativa é aplicada ao vigia?

Vigia é o trabalhador que executa atividade de observação e fiscalização de um determinado local, não laborando armado, enquanto o vigilante é o empregado contratado para proceder à vigilância patrimonial das instituições financeiras e de outros estabelecimentos, públicos ou privados, bem como à segurança de pessoas físicas, além de realizar o transporte de valores ou garantir o transporte de qualquer outro tipo de carga (arts. 15 e 10, Lei 7.102/83).

Geralmente o vigilante trabalha armado, o que não ocorre com o vigia, contudo, é inegável que as tarefas executadas implicam em cuidar do patrimônio alheio, logo, os dois estão expostos a uma situação constante de perigo. É justo que os vigias também recebam o adicional de periculosidade.

A doutrina indica: "*Embora o novo dispositivo consolidado seja destinado a esses profissionais (vigilantes e seguranças), aspectos precisam ser considerados.*

Existe o vigia, que não é nem vigilante nem segurança, e não raro faz a mesma coisa, pelo menos no sentido de que cuida do patrimônio alheio. Acreditamos que o legislador poderia ter também atentado para esse aspecto. Ainda que não use – alguns utilizam – arma de fogo, o vigia como o vigilante, está em condição de perigo, bastando, para isso, ver o noticiário policial diário, indicando a quantidade de trabalhadores desse setor que são mortos no Brasil. Nessa linha, aliás, podem ser incluídos os chamados 'seguranças de shopping center', que não são vigilantes nem vigias; chama-se 'seguranças', mas não usam armas."[26]

Pela Lei 12.740, para o trabalhador que exerce as tarefas de vigilante serão descontados ou compensados do adicional de periculosidade outros da mesma natureza eventualmente pagos por negociação coletiva (acordo ou convenção coletiva de trabalho) (art. 193, § 3º). É o caso do adicional de risco que é pago ao vigilante por norma coletiva.

A Portaria MTE 1.885, de 2 de dezembro de 2013, aprovou o Anexo 3 da NR 16, da Portaria 3.214/78, dispondo a respeito das atividades e operações perigosas com exposição a roubos ou outras espécies de violência física nas atividades profissionais de segurança pessoal ou patrimonial. Os efeitos pecuniários decorrentes do trabalho em condições de periculosidade serão devidos a contar da data da publicação da Portaria (art. 196, CLT; art. 3º, Portaria MTE 1.885).

A Portaria 1.885 é aplicável aos empregados: (a) empregados das empresas prestadoras de serviço nas atividades de segurança privada ou que integrem serviço orgânico de segurança privada, devidamente registradas e autorizadas pelo Ministério da Justiça, conforme Lei 7.102/83 e suas alterações posteriores; (b) que exercem a atividade de segurança patrimonial ou pessoal em instalações metroviárias, ferroviárias, portuárias, rodoviárias, aeroportuárias e de bens públicos, contratados diretamente pela administração pública direta ou indireta.

---

[26] FRANCO FILHO, Georgenor de Sousa. Novas Atividades Perigosas. *Revista do Direito Trabalhista*, ano XIX, nº 3, março de 2013, p. 11.

As atividades ou operações que expõem os empregados a roubos ou outras espécies de violência física são: (a) vigilância patrimonial – segurança patrimonial e/ou pessoal na preservação do patrimônio em estabelecimentos públicos ou privados e da incolumidade física de pessoas; (b) segurança de eventos – segurança patrimonial e/ou pessoal em espaços públicos ou privados, de uso comum do povo; (c) segurança nos transportes coletivos – segurança patrimonial e/ou pessoal nos transportes coletivos e em suas respectivas instalações; (d) segurança ambiental e florestal – segurança patrimonial e/ou pessoal em áreas de conservação de fauna, flora natural e de reflorestamento; (e) transporte de valores – segurança na execução do serviço de transporte de valores; (f) escolta armada – segurança no acompanhamento de qualquer tipo de carga ou de valores; (g) segurança pessoal – acompanhamento e proteção da integridade física de pessoa ou de grupos; (h) supervisão/fiscalização operacional – supervisão e/ou fiscalização direta dos locais de trabalho para acompanhamento e orientação dos vigilantes; (i) telemonitoramento/telecontrole – execução de controle e/ou monitoramento de locais, através de sistemas eletrônicos de segurança.

16.7.1.2.4 Adicional de periculosidade para o trabalhador em motocicleta

Com a Lei 12.997/14, os trabalhadores em motocicleta passaram a ter direito ao adicional de periculosidade, nos termos da regulamentação do MTE.

A Portaria 1.565, do MTE, de 14 de outubro de 2014, aprovou o Anexo 5, da NR 16, o qual passou a disciplinar as atividades perigosas em motocicleta. Dois meses após sua publicação, a Portaria 1.565 teve seus efeitos suspensos pela Portaria 1.930, do MTE, de 17 de dezembro de 2014, atendendo à determinação judicial proferida nos autos do processo 0078075-82.2014.4.01.3400, que tramita na 20ª Vara Federal da Seção Judiciária do Distrito Federal – Tribunal Regional Federal da 1ª Região.

Contudo, o MTE, com a edição da Portaria 5, de 7/1/15, revogou a Portaria 1.930, bem como fixou suspendeu os efeitos da Portaria 1.565 apenas para os associados da Associação Brasileira das Indústrias de Refrigerantes de Bebidas não Alcoólicas e aos confederados da Confederação Nacional das Revendas AMBEV e das Empresas de Logística da Distribuição. Isso equivale a dizer que a Portaria está em vigência, com exceção dos motociclistas vinculados a tais entidades.

Pela Portaria 1.565, o Anexo 5 foi acrescido aos termos da Portaria 3.214/78, com a seguinte redação: (a) as atividades laborais com utilização de motocicleta ou motoneta no deslocamento de trabalhador em vias públicas são consideradas perigosas; (b) não são consideradas perigosas: (1) a utilização de motocicleta ou motoneta exclusivamente no percurso da residência para o local de trabalho ou deste para aquela; (2) as atividades em veículos que não necessitem de emplacamento ou que não exijam carteira nacional de habilitação para conduzi-los; (3) as atividades em motocicleta ou motoneta em locais privados; (4) as atividades com uso de motocicleta ou motoneta de forma eventual, assim considerado o fortuito, ou o que, sendo habitual, dá-se por tempo extremamente reduzido.

16.7.1.3 Adicional de penosidade

O adicional de penosidade encontra previsão no art. 7º, XXIII, CF, não tendo sido regulamentado no âmbito infraconstitucional até a presente data.

Para Octavio Bueno Magano[27] *"as atividades penosas previstas na Constituição de 1988 são as geradoras de desconforto físico ou psicológico, superior ao decorrente do trabalho normal. Em espanhol, fala-se em 'trabajos sucios', para significar os executados em minas de carvão, transporte e entrega de carvão, limpeza de chaminés, limpeza de caldeiras, limpeza e manutenção de tanques de petróleo, recipientes de azeites, trabalhos com grafite e cola, trabalho em matadouros, preparação de farinha de peixe, preparação de fertilizantes etc. No artigo 387, a, da CLT, há a proibição imposta à mulher de trabalhar em subterrâneos, nas minerações, em subsolo, nas pedreiras e obras de construção pública e particular. Esse rol de atividades não inclui trabalhos insalubres ou perigosos mencionados na alínea b do mesmo preceito. Logo, devem ser tidos como trabalhos penosos".*

A Convenção 182, OIT (1999), ratificada pelo Brasil, cuida da Proibição e Ação Imediata para a Eliminação das Piores Formas de Trabalho Infantil, apresentando uma lista das piores formas de trabalho infantil (lista TIP).

A legislação infraconstitucional trabalhista brasileira não tem critérios quanto à caracterização das atividades penosas (hipóteses de incidência) ou alíquota/percentual ou base de cálculo etc.

Em função do quadro normativo atual, somente os adicionais de insalubridade e periculosidade possuem efetiva aplicabilidade.

Nesse sentido, Mauricio Godinho Delgado[28] assevera: *"é que a penosidade e seu correspondente adicional, embora mencionados na Constituição (art. 7º, XXIII, CF/88), ainda não merecem tipificação e especificação por texto normativo trabalhista infraconstitucional. No Direito Administrativo já existe tipificação de atividades penosas com o respectivo adicional (ilustrativamente, art. 71, Lei 8.112/90). Contudo, a ordem justrabalhista heterônoma atual ainda não estendeu ao mercado de trabalho privado semelhante normatização".*

16.7.1.4 Adicional de hora extra

Considera-se como jornada extraordinária: as horas trabalhadas *"além da jornada normal de cada empregado, comum ou reduzida; é o caso do bancário que trabalhe sete horas; ou do comerciário que pactue e trabalhe apenas quatro horas por dia, a quinta hora já será extra; de outro modo o empregador podia contratar jornada inferior habitual, convocando o empregado a trabalhar oito horas, apenas quando lhe conviesse, sem garantir-lhe salário de oito horas. Mesmo sem ultrapassar a jornada normal, são consideradas horas*

---

[27] MAGANO, Octavio Bueno. *Manual de direito do trabalho*: direito tutelar do trabalho. 2. ed., v. 4, p. 173.
[28] DELGADO, Mauricio Godinho. *Salário teoria e prática*, p. 155.

extraordinárias as que se trabalham em dia útil quando o empregado não tem obrigação de fazê-lo (ex.: bancário, no sábado)".[29]

O adicional de hora extra é de 50% (art. 7º, XVI, CF, não podendo ser reduzido por negociação coletiva, art. 611-B, X, CLT).

Para o advogado, o percentual é de 100%, mesmo havendo contrato escrito (art. 20, § 2º, Lei 8.906/94).

As horas extras prestadas com habitualidade integram o cálculo do décimo-terceiro salário (Súm. 45, TST), aviso prévio indenizado (art. 487, § 5º, CLT), indenização (Súm. 24), depósitos fundiários (Súm. 63), gratificações semestrais (Súm. 115), férias (art. 142, § 5º, CLT), descanso semanal remunerado (art. 7º, *a*, Lei 605/49, Súm. 172).

A remuneração do serviço suplementar é composta do valor da hora normal, integrado por parcelas de natureza salarial e acrescido do adicional previsto em lei, contrato, acordo, convenção coletiva ou sentença normativa (Súm. 264, TST). Para se calcular a hora extra, devem ser consideradas todas as parcelas salariais que compõem a remuneração do trabalhador. Verbas de natureza salarial são aquelas devidas em função da contraprestação do trabalho e caracterizam-se, principalmente, pela habitualidade, tais como: adicional de periculosidade, insalubridade (OJ 47, SDI-I), transferência etc.

O empregado que recebe salário por produção e trabalha em jornada suplementar faz jus à percepção apenas do adicional de horas extras, exceto no caso do empregado cortador de cana, a quem é devido o pagamento das horas extras e do adicional respectivo (OJ 235, SDI-I).

O empregado, sujeito a controle de horário, e que seja remunerado à base de comissões, somente terá direito ao adicional de hora extra, a ser calculado sobre o valor-hora das comissões recebidas no mês, considerando-se como divisor o número de horas efetivamente trabalhadas (Súm. 340).

Caso o empregado receba remuneração mista (uma parte fixa e outra variável), tem direito a horas extras, sendo que, em relação à parte fixa, são devidas as horas extras acrescidas do adicional. Contudo, no tocante à parte variável, é devido somente o adicional, nos termos da Súmula 340 (OJ 397, SDI-I).

O adicional noturno integra a base de cálculo da hora extra prestada no período noturno (OJ 97, SDI-I).

Cumprida integralmente a jornada no período noturno, havendo a sua prorrogação, também se torna devido o adicional quanto às horas extras prorrogadas (art. 73, § 5º, CLT) (Súm. 60, II, TST).

O cálculo do valor das horas extras habituais, para efeito de reflexos em verbas trabalhistas, observará o número das horas efetivamente prestadas e sobre ele aplica-se o valor do salário-hora da época do pagamento daquelas verbas (Súm. 347, TST).

---

[29] CARRION, Valentin. *Comentários à Consolidação das Leis do Trabalho.* 28. ed., p. 103.

A supressão total ou parcial, pelo empregador, do serviço suplementar prestado com habitualidade, durante pelo menos 1 ano, assegura ao empregado o direito à indenização correspondente ao valor de 1 mês das horas suprimidas, total ou parcialmente, para cada ano ou fração igual ou superior a 6 meses de prestação de serviço acima da jornada normal. O cálculo observará a média das horas suplementares efetivamente trabalhadas nos últimos 12 meses, multiplicada pelo valor da hora extra do dia da supressão (Súm. 291).

16.7.1.5 Adicional por tempo de serviço

O adicional por tempo de serviço é devido em função de um determinado espaço de tempo em que o trabalhador presta serviços para a empresa. Também pode ser chamado de anuênio ou prêmio por tempo de serviço. Geralmente, a sua fixação decorre de norma interna da empresa ou de ajustes normativos – convenções ou acordos coletivos de trabalho. Jurisprudência (Súm. 52, 202, 203, 225, 226 e 240, TST).

16.7.1.6 Adicional noturno

A CF/88 assegura remuneração do trabalho noturno superior ao diurno (art. 7º, IX, sendo que o adicional noturno não pode ser alterado por negociação coletiva, art. 611-B, VI, CLT).

De acordo com o art. 73, da CLT: (a) trabalho noturno urbano é o desempenhado entre 22:00 e 5:00 horas do dia seguinte; (b) duração da hora noturna é de 52 minutos e 30 segundos (52'30"); (c) o fator da redução do horário noturno (diferença de 7 minutos e 30 segundos) (7'30") não foi revogado pelo art. 7º, IX, CF (OJ 127, SDI-I); (d) o adicional é de 20% e incide sobre o salário contratual do empregado; (e) nos horários mistos (diurnos e noturnos), a jornada após as 22:00 horas deverá ser apurada de forma reduzida e com o adicional legal (20%).

Para os empregados rurais, o adicional é de 25% e o horário noturno é das 21:00 às 5:00 horas (lavoura) e das 20:00 às 4:00 horas (pecuária). Não existe a redução da hora noturna de trabalho para o trabalhador rural (art. 7º, Lei 5.889/73).

Como verba salarial, o adicional noturno pago com habitualidade integra o salário para todos os efeitos (Súm. 60, I, TST), repercutindo, assim, em férias, abono de férias, 13º salário, aviso prévio, depósitos fundiários e nos domingos e feriados.

Cumprida integralmente a jornada no período noturno e ocorrendo a sua prorrogação, também é devido o adicional quanto às horas extras prorrogadas (art. 73, § 5º) (Súm. 60, II).

O empregado submetido à jornada de 12 horas de trabalho por 36 de descanso (12 × 36), que compreenda a totalidade do período noturno, tem direito ao adicional noturno, relativo às horas trabalhadas após as 5 horas da manhã (OJ 388, SDI-I).

No julgamento do E-RR 845.200.087.15.00-4, a SDI-I entendeu que o adicional noturno também é devido mesmo se o empregado não cumpra toda a jornada noturna (das 22h00 às 5h00). Neste caso, a jornada noturna praticada era das 23h45 às 7h45, contudo, mesmo assim o trabalhador teve reconhecido o direito à percepção do fator do adicional noturno e da redução no lapso temporal das 5h00 às 7h45.

O trabalho em regime de turnos ininterruptos de revezamento não retira o direito à hora noturna reduzida, não havendo incompatibilidade entre as disposições contidas nos arts. 73, § 1º, CLT, e 7º, XIV, CF (OJ 395, SDI-I).

Com a alteração de turno de trabalho, o empregado perde o direito ao recebimento do adicional noturno. Deixa de existir a obrigatoriedade do pagamento por parte do empregador (Súm. 265).

É permitido o trabalho noturno da mulher (art. 381, CLT), sendo vedado para o trabalhador menor (art. 7º, XXXIII, CF, e art. 404, CLT).

Para o advogado, o horário noturno é aquele compreendido entre as 20:00 e 5:00 horas, com adicional de 25% (art. 20, § 3º, Lei 8.906/94).

A hora noturna no regime de trabalho no porto, compreendida entre 19:00 horas e 7:00 horas do dia seguinte, é de 60 minutos (art. 4º, Lei 4.860/65) (OJ 60, I, SDI-I).

Com a EC 72/13, o empregado doméstico passou a ter direito à percepção do adicional noturno, além do fator da redução do horário noturno. Contudo, como se tratava de uma disposição constitucional de eficácia limitada, era necessária a regulamentação infraconstitucional. A regulamentação adveio com a publicação da LC 150/15 (art. 14, §§ 1º a 4º) (a publicação ocorreu em 2 de junho de 2015): (a) considera-se noturno o trabalho executado entre às 22 horas de um dia e às 5 horas do dia seguinte; (b) a hora de trabalho noturno terá duração de 52 minutos e 30 segundos (52'30"); (c) a remuneração do trabalho noturno deve ter acréscimo de, no mínimo, 20% sobre o valor da hora diurna; (d) nos horários mistos, assim entendidos os que abrangem períodos diurnos e noturnos, as regras acima são aplicáveis às horas de trabalho noturno; (e) no regime 12X36, não é devido o adicional noturno e o fator da redução após às 5horas da manhã (art. 10, § 1º).

O trabalhador temporário tem direito ao adicional noturno (art. 12, *e*, Lei 6.019/74).

Vigia noturno tem direito ao adicional noturno (Súm. 402, STF; Súm. 140, TST).

Como o trabalho noturno dos empregados (atividades de: exploração, perfuração, produção e refinação de petróleo, industrialização de xisto, indústria petroquímica e transporte de petróleo e seus derivados por meio de dutos) é disciplinado pela Lei 5.811/72, não se aplica a hora reduzida de 52'30", art. 73, § 2º, CLT (Súm. 112).

O adicional noturno integra a base de cálculo das horas extras prestadas no período noturno (OJ 97, SDI-I).

O adicional de periculosidade deve compor a base de cálculo do adicional noturno, já que também nesse horário o trabalhador permanece sob as condições de risco (OJ 259, SDI-I).

16.7.1.7 Adicional de transferência

A legislação trabalhista impede as transferências impostas unilateralmente pelo empregador quanto à mudança de local de trabalho. Considera-se transferência a que implicar, necessariamente, na mudança de residência do empregado (art. 469, *caput*, CLT).

A transferência é lícita quando ocorrer extinção do estabelecimento no qual trabalhe o empregado (art. 469, § 2º).

Permite-se a transferência: (a) nos contratos, em que houver a cláusula explícita ou implícita quanto à mudança de local de trabalho, desde que a mesma decorra da necessidade do serviço; (b) para os empregados que exerçam cargo de confiança (art. 469, § 1º). Pelo fato de o empregado exercer cargo de confiança ou a existência de previsão de transferência, desde que a mudança de residência seja transitória, não se tem a exclusão do direito ao adicional de 25% (OJ 113, SDI-I).

Presume-se abusiva a transferência sem a comprovação da necessidade do serviço (Súm. 43, TST).

O adicional não é devido quando a transferência for definitiva. A transitoriedade é essencial para a percepção do adicional (art. 469, § 3º). O TST considera devido o adicional quando a transferência é provisória (OJ 113, SDI-I).

O adicional de transferência é devido à base de 25% do salário contratual e integra o salário para todos os fins, repercutindo em férias, horas extras, 13º salário etc.

16.7.1.8 Adicional de sobreaviso

Adicional de sobreaviso é a verba paga ao empregado que permanece em local ajustado com o seu empregador aguardando a convocação para a execução de determinados serviços.

Para o trabalhador ferroviário, o adicional de sobreaviso correspondente a 1/3 do salário normal relacionado com as horas da escala (duração máxima: 24 horas) (art. 244, § 2º, CLT).

Por analogia, a escala do trabalhador ferroviário é aplicada para várias outras profissões ou atividades profissionais (eletricitários – Súm. 229, TST).

Também há dispositivos legais que o preveem: (a) para os empregados nas atividades de exploração, perfuração, produção e refinação de petróleo, industrialização do xisto etc.: entende-se por regime de sobreaviso aquele em que o empregado permanece à disposição do empregador por um período de 24 horas para prestar assistência aos trabalhos normais ou atender a necessidades ocasionais de operação (art. 5º, § 1º, Lei 5.811/72); (b) para os aeronautas, sobreaviso é o período de tempo não inferior a 3 horas e não excedente a 12 horas, em que o aeronauta permanece no local de sua escolha, à disposição do empregador, devendo apresentar-se no aeroporto ou outro local determinado, até 90 minutos após receber comunicação para o início de nova tarefa (art. 43, Lei 13.475/17).

Para o TST: (a) o uso de instrumentos telemáticos ou informatizados fornecidos pela empresa ao empregado, por si só, não caracteriza o regime de sobreaviso; (b) é considerado em sobreaviso o empregado que, à distância e submetido a controle patronal por instrumentos telemáticos ou informatizados, permanecer em regime de plantão ou equivalente, aguardando a qualquer momento o chamado para o serviço durante o período de descanso (Súm. 428).

16.7.2 Outras parcelas salariais

16.7.2.1 Abonos

Os abonos representam as quantias pagas em dinheiro como antecipação ou adiantamento salarial, integrando o salário dos empregados para todos os efeitos (art. 457, § 1º, CLT), exceto quando expressamente vedado pela lei que o criou. Com a Reforma Trabalhista (Lei 13.467/17 e a MP 808/17), ante a nova redação do art. 457, § 1º, CLT, o legislador ficou silente quanto à natureza salarial ou não do abono. Portanto, a natureza salarial ou não do abono ficará condicionada a sua origem normativa (autônoma ou heterônoma).

Segundo o TST, a decisão que estende aos inativos a concessão de abono de natureza jurídica indenizatória, previsto em norma coletiva apenas para os empregados ativos, a ser pago de uma única vez, e confere natureza salarial à parcela, ofende o disposto no art. 7º, XXVI, da CF (OJ 346, SDI-I).

16.7.2.2 Décimo terceiro salário

É um dos direitos sociais dos trabalhadores o décimo terceiro (art. 7º, VIII, CF, não podendo ser objeto de negociação coletiva, art. 611-B, V, CLT). Trata-se da tradicional gratificação de Natal, transformada em lei de caráter obrigatório (Lei 4.090/62, Dec. 57.155/65, diplomas recepcionados pela CF/88). Possui natureza salarial.

O valor do décimo terceiro deve ser apurado com base na remuneração integral (art. 7º, VIII, CF, art. 457, CLT). A remuneração a ser observada é do mês de dezembro ou do mês da rescisão do contrato de trabalho. O valor corresponde a 1/12 da remuneração por cada mês de serviço prestado durante o ano (art. 1º, Lei 4.090).

A parte variável da remuneração integra o cálculo da gratificação natalina (art. 2º, Dec. 57.155). Havendo salário-utilidade, a quantia efetivamente descontada e correspondente a essa será computada para a fixação da respectiva gratificação (art. 5º).

A fração igual ou superior a 15 dias deve ser considerada como mês integral para o cálculo da gratificação (art. 1º, § 2º, Lei 4.090).

As faltas legais ou justificadas não prejudicam a gratificação natalina (art. 2º). Quanto às faltas injustificadas, será analisado cada mês, individualmente, para se verificar se o empregado trabalhou ou não, pelo menos, 15 dias. Assim, por exemplo: o empregado com 12 meses de serviço e que tenha 25 faltas no mês num determinado mês receberá 11/12 de sua remuneração, isto é, perderá apenas o avo correspondente àquele mês, por ter laborado menos de 15 dias.

O décimo terceiro salário deve ser pago até o dia 20 de dezembro de cada ano, podendo o empregador fazer adiantamento da gratificação entre os meses de fevereiro e novembro, no valor de metade do salário recebido pelo empregado no mês anterior, de uma única vez (Lei 4.749/65).

O empregador não é obrigado a fazer o adiantamento para todos os empregados no mesmo mês. Havendo requerimento do empregado no mês de janeiro do respectivo ano, o adiantamento será pago quando da concessão do descanso anual.

Em todas as modalidades de término do contrato de trabalho, o trabalhador tem direito à percepção do décimo terceiro salário, com exceção da dispensa por justa causa (art. 3º, Lei 4.090).

Jurisprudência sumulada pelo TST (Súm. 14, 45, 46, 50, 148 e 157).

16.7.2.3 *Gratificação*

Gratificação é todo valor pago ao empregado a título de prêmio ou incentivo, com o intuito de se ter maior dedicação. Representa uma demonstração de reconhecimento, logo, não é um ato obrigatório e sim espontâneo.

O vocábulo, a bem da verdade, não é unívoco, tendo sido usado em quatro sentidos: (a) recompensa pecuniária por um serviço eventual ou por uma prestação extraordinária; (b) qualquer pagamento extra; (c) toda dádiva fundada em alguma causa beneficiosa ou grata para quem a concede; (d) remuneração fixa pelo desempenho de certos serviços ou encargos, sem o caráter de salário ou compatível com o salário.

Pela prática reiterada de suas concessões, tornaram-se usos e costumes, logo, o que era uma prática espontânea passou a se tornar obrigatório (Súm. 207, STF). É o caso da gratificação natalina, que passou a ser obrigatória pela Lei 4.090.

Américo Plá Rodríguez,[30] enumera as correntes doutrinárias em três, *"a primeira afastando as gratificações do âmbito salarial, a segunda sustentando que as gratificações não integram o salário, mas são a ele assimiláveis para certos efeitos, e a terceira para a qual as gratificações têm natureza salarial, defende esta última orientação, apontando, para fundamentar a sua posição, dois motivos. As gratificações, quando da constituição do contrato de trabalho, são instituídas pelo empregador para que o salário não se eleve e ambas as partes do contrato de trabalho devem encarar a remuneração como um todo. O segundo motivo está em que, apesar dos seus aspectos mais difusos, as gratificações assemelham-se aos prêmios e outras retribuições do trabalho, destinando-se a contraprestar o maior zelo, esforço ou a maior tarefa do trabalhador".*

Pela antiga redação do art. 457, § 1º, CLT, as gratificações ajustadas integravam o salário (art. 457, § 1º, CLT). O fato de constar do recibo de pagamento o caráter de liberalidade não basta, por si só, para excluir a existência de um ajuste tácito (Súm. 152, TST). A gratificação paga com habitualidade configura salário, representando um ajuste tácito entre empregado e empregador.

Diante da Reforma Trabalhista, ante a nova redação do art. 457, § 1º, CLT, somente integra o salário as gratificações legais.

Apesar da alteração legislativa, é válida a afirmação de que a gratificação, mesmo que concedida de forma unilateral pelo empregador, continua a fazer parte do salário, pois a sua concessão é uma forma de remunerar o trabalho executado pelo empregado, repercutindo, assim, nos demais direitos trabalhistas.

---

[30] RODRÍGUEZ, Américo Plá apud Amauri Mascaro Nascimento. *Iniciação ao direito do trabalho.* 8. ed., p. 183.

Quando a gratificação era paga por um prazo superior a 10 anos, se o empregador, sem justo motivo, revertesse o empregado ao cargo efetivo, não poderia suprimir a gratificação, tendo em vista o princípio da estabilidade financeira (Súm. 372, I). Mantido o empregado no exercício da função comissionada, não poderia o empregador reduzir o valor da gratificação (Súm. 372, II).

Com a Reforma Trabalhista, ante a reformulação ocorrida no art. 468, CLT, com a inclusão do § 2º, o TST deverá restringir esse entendimento até o início da vigência da reforma (como forma de respeito ao direito adquirido, só se aplica a Súmula 372 quem tiver implementado o lapso de dez anos em 10/11/2017), visto que é possível a alteração unilateral do contrato, de forma unilateral por parte do empregador, com ou sem justo motivo, com a supressão do pagamento da gratificação de função (art. 468, § 1º), a qual, inclusive, não será incorporada ao salário, independentemente do tempo de exercício da respectiva função.

A gratificação periódica contratual integra o salário, pelo seu duodécimo, para todos os efeitos legais, inclusive o cálculo do décimo terceiro salário (Súm. 253).

Existindo, ao mesmo tempo, gratificação por tempo de serviço outorgado pelo empregador e outra da mesma natureza prevista em acordo coletivo, convenção coletiva ou sentença normativa, o empregado tem direito a receber, exclusivamente, a que lhe seja mais benéfica (Súm. 202).

As gratificações de produtividade e por tempo de serviço, pago mensalmente, não repercutem no cálculo do repouso semanal remunerado (Súm. 225).

A gratificação por tempo de serviço integra o cálculo das horas extras (Súm. 226).

O adicional por tempo de serviço integra o cálculo da gratificação prevista no art. 224, § 2º, CLT (Súm. 240).

A gratificação semestral não repercute nos cálculos das horas extras, das férias e do aviso prévio, ainda que indenizados (Súm. 253).

16.7.2.4 Gratificação de função

A gratificação de função corresponde às parcelas que são pagas aos empregados que exerçam cargos de maior responsabilidade na hierarquia da empresa. Como é uma parcela paga em função da prestação dos serviços, inegável o seu aspecto salarial. Do ponto de vista legal, a Reforma Trabalhista, ante a nova redação dada ao § 1º, art. 457, CLT, a gratificação de função prevista em legal integra o salário para todos os fins.

Quando a gratificação é paga por um prazo superior a 10 anos, se o empregador, sem justo motivo, reverter o empregado ao cargo efetivo, não poderá suprimir a gratificação, tendo em vista o princípio da estabilidade financeira (Súm. 372, I, TST). Mantido o empregado no exercício da função comissionada, não pode o empregador reduzir o valor da gratificação (Súm. 372, II). Esse entendimento deve ser mantido até a data de 10/11/2017, ante a Reforma Trabalhista, ante a inclusão do § 2º ao art. 468, CLT (tema visto no tópico 16.7.2.3).

Para os bancários que recebam gratificação de função, a duração normal da jornada de trabalho será de 8 horas diárias. A gratificação deverá ser, no mínimo, de 1/3 sobre o salário do cargo efetivo (art. 224, § 2º, CLT).

Os gerentes, bem como os diretores e chefes de departamento ou de filial, os quais recebam uma gratificação de no mínimo 40% sobre o salário, não se enquadram nos limites normais da duração da jornada de trabalho (art. 62, I e parágrafo único).

A jornada de trabalho do empregado de banco é regida pelo art. 224, § 2º (a jornada normal é de 8 horas diárias). Quanto ao gerente-geral de agência bancária, presume-se o exercício de encargo de gestão, aplicando-se, assim, o disposto no art. 62 (Súm. 287, TST).

O bancário não enquadrado no § 2º, art. 224, que receba gratificação de função, não pode ter o salário relativo às horas extraordinárias compensado com o valor daquela vantagem (Súm. 109).

O bancário que exerce a função a que se refere o § 2º, art. 224, e recebe gratificação não inferior a 1/3 de seu salário, tem remunerada as duas horas extraordinárias, excedentes de seis (Súm. 102, II).

Gratificação de função superior a 1/3 e inferior ao valor constante de norma coletiva, inexistência de direito às 7ª e 8ª horas. Direito à diferença do adicional, se e quando pleiteada (Súm. 102, VII).

16.7.2.5 Gratificação da verba SUS

A Lei 6.229/75 instituiu o Sistema Nacional de Saúde. O Dec. 94.657, de 20/7/1987, criou e disciplinou os Sistemas Unificados e Descentralizados de Saúde nos Estados (SUDS).

Na Constituição de 1988, a saúde é parte da Seguridade Social (art. 194), sendo a saúde direito de todos e dever do Estado (art. 196), garantindo, mediante políticas sociais e econômicas, a redução do risco de doença e de outros agravos e o acesso universal e igualitário às ações e aos serviços para sua promoção, proteção e recuperação (art. 2º, Lei 8.212/91).

Os consórcios públicos, na área de saúde, deverão obedecer aos princípios, às diretrizes e às normas que regulam o SUS (art. 1º, § 3º, Lei 11.107/05).

As ações e serviços de saúde são de relevância pública, sendo responsabilidade do Poder Público a sua regulamentação, fiscalização e controle nos termos da lei, podendo ser executados diretamente ou por terceiros, pessoas físicas ou jurídicas (art. 197, CF).

As ações e serviços públicos de saúde integram uma rede regionalizada e hierarquizada e constituem um sistema único e organizado por diretrizes: (a) descentralização, com direção única em cada esfera de governo; (b) atendimento integral, com prioridade para as atividades preventivas, sem prejuízo dos serviços assistenciais; (c) participação da comunidade (art. 198).

Na sistemática legal vigente (Lei 8.080/90), o SUS passou a figurar como o conjunto de ações e serviços de saúde, prestados por órgãos e instituições federais, estaduais e municipais, da administração direta e indireta e das fundações mantidas pelo Poder Público (art. 4º). A Lei 8.080 revogou a Lei 6.229.

A Lei 8.689/93 extinguiu o INAMPS, tendo suas funções, competências e atribuições absorvidas pelas instâncias federal, estadual e municipal gestoras do SUS, observando as competências e atribuições das Leis 8.080 e 8.142/90 (art. 1º, parágrafo único, Lei 8.689), tendo a União, por meio do orçamento da Seguridade Social, obrigação de garantir ao SUS, permanentemente e sem prejuízo da participação dos recursos do Orçamento Fiscal, aporte anual de recursos financeiros equivalentes, no mínimo, à média dos gastos da Autarquia nos últimos 5 exercícios fiscais (art. 14).

O SUS é financiado com recursos da seguridade social (art. 195, CF), da União, dos Estados, do Distrito Federal e do Município, podendo ter outras fontes (art. 198, parágrafo único).

No que tange à política de recursos humanos, será formalizada e executada, articuladamente, pelas diferentes esferas de governo, em cumprimento da organização de um sistema de formação de recursos humanos em todos os níveis de ensino, inclusive de pós-graduação, além da elaboração de programas de permanente aperfeiçoamento de pessoal, bem como da valorização da dedicação aos serviços do SUS (art. 27, Lei 8.080).

Os cargos e funções de chefia, direção e assessoramento somente podem ser exercidos em regime de tempo integral (art. 28).

Ocorre que parte dos valores destinados ao SUS serve para pagamento suplementar dos servidores da área da saúde. É a gratificação SUS, antigamente denominada como gratificação SUDS.

A gratificação SUS tem natureza salarial para sua exigibilidade e incidência em outras verbas decorrentes do contrato de trabalho – art. 457, CLT?

Tratando-se de administração pública (empregador público), o pagamento de qualquer vantagem remuneratória não é possível sem que exista expressa previsão legal (princípio da legalidade), a qual tem requisitos constitucionais de validade e eficácia próprios: (a) projeto de lei de iniciativa do chefe do Poder Executivo (art. 61, § 1º, II, *a*, CF); (b) aprovação do projeto de lei pelo Poder Legislativo (art. 48, X); (c) existência de prévia dotação orçamentária suficiente para atender às projeções de despesas e aos acréscimos dela decorrentes; (d) autorização específica na lei de diretrizes orçamentárias (art. 169, § 1º, I e II); (e) limites de gastos com pessoal – Lei de Responsabilidade na Gestão Fiscal (LC 101/2000).

Feitas essas considerações, dois pontos parecem ser essenciais para a resposta à indagação feita: (a) a gratificação SUS não é paga pelo empregador, tratando-se de repasses de verbas do SUS, não carecendo de dotação orçamentária específica do ente público, até porque não é computada como despesa total de pessoal para se verificar os limites de gastos fixados pela Lei de Responsabilidade na Gestão Fiscal. Pensar de outra forma imporia a necessidade de previsão legal para o seu pagamento e observância de todos os requisitos constitucionais de validade e eficácia da norma; (b) é variável e pode ser suprimida a qualquer tempo, não havendo direito adquirido à sua percepção, pois não decorre do contrato de trabalho existente ou das tarefas realizadas, mas sim do engajamento do empregador, administração direta ou indireta, ao SUS.

Acrescente-se que, geralmente, a remuneração é paga pelo empregador e não por terceiros, art. 457, *caput*, da CLT.

A gratificação SUS, portanto, não possui natureza salarial, não gerando qualquer direito à sua percepção ou incorporação à remuneração percebida pelo empregado para incidência em verbas oriundas do contrato de trabalho, tais como: horas extras, férias, décimo-terceiro salário etc.

Necessário dizer que, se assim não for, atribuindo-se à gratificação SUS caráter salarial, verificam-se outras repercussões.

Como elemento essencial de validade do ato, tem-se a forma, quando a lei assim exigir, ao lado, a capacidade do agente e a licitude do objeto (art. 104, CC). De modo que o pagamento de gratificações pela administração pública sem determinação legal implica pagamento indevido e consequente nulidade do ato e enriquecimento sem causa, o que importa devolução dos valores pagos e recebidos indevidamente.

Até porque valores de remuneração, vantagens, adicionais, proventos de aposentadoria em desacordo com a CF serão imediatamente reduzidos aos limites previstos, não se admitindo a invocação de direito adquirido ou percepção de excesso a qualquer título (art. 17, ADCT).

O TST, contudo, analisando a natureza jurídica da complementação SUDS paga aos profissionais da área da saúde do Rio Grande do Sul, considerando que, apesar de ser fruto de repasse, a gratificação era paga pelo próprio Estado como contraprestação de serviços e que tinha por objetivo permitir que os servidores da saúde do Estado e do INAMPS trabalhassem em conjunto, de forma integrada, *"servindo a parcela em questão à manutenção da isonomia salarial entre os profissionais do Estado e os da União"*,[31] acabou por entender que a mesma possui natureza salarial enquanto paga, repercutindo nas demais verbas decorrentes do contrato de trabalho (OJ transitória 43, SDI-I, antiga OJ 168, SDI-I).

16.7.2.6 Prêmio

Prêmio é um salário que deriva de fatores de ordem pessoal do empregado ou de um grupo de empregados, tais como: produção, eficiência, assiduidade etc. Geralmente, é pago em função da produção do trabalhador, logo, a sua natureza salarial é indiscutível.

Mauricio Godinho Delgado[32] ensina: *"Os prêmios (ou bônus) consistem em parcelas contraprestativas pagas pelo empregador ao empregado em decorrência de um evento ou circunstância tida como relevante pelo empregador e vinculada à conduta individual do obreiro ou coletiva dos trabalhadores da empresa.*

---

[31] HADDAD, José Eduardo. *Precedentes jurisprudenciais do TST comentados*, p. 335.
[32] DELGADO, Mauricio Godinho. *Curso de direito do trabalho*. 16. ed., p. 870.

O fato eleito como hábil a ensejar o prêmio tende a ser favorável ao empregador, porém vinculado à conduta do trabalhador ou grupo destes (produção e/ou produtividade: assiduidade; zelo etc.).

Distingue-se a parcela dos adicionais, à medida que os fatos ou circunstâncias que propiciam o pagamento destes tendem a ser gravosos ao trabalhador. A parcela distingue-se também das gratificações, à medida que os fatos ou circunstâncias propiciadores do pagamento destas não se vinculam diretamente à conduta obreira. (...) O prêmio, na qualidade de contraprestação paga pelo empregador ao empregado, tem nítida feição salarial".

Com a recente alteração do art. 457, §§ 2º e 4º, CLT, os prêmios não integram a remuneração do empregado, sendo consideradas as liberalidades concedidas pelo empregador em forma de bens, serviços ou valor em dinheiro a empregado ou a grupo de empregados, em razão de desempenho superior ao ordinariamente esperado no exercício de suas atividades.

Apesar da inovação legislativa, como o prêmio se vincula, expressamente, à prestação dos serviços, mantém-se a sua feição salarial. Portanto, é razoável impor-se a natureza salarial do prêmio.

O art. 611-A XIV (acrescido à CLT pela Reforma) fixa que os prêmios de incentivo em bens ou serviços, eventualmente concedidos em programas de incentivo, podem ser regulados de forma diferenciada por negociação coletiva (acordo ou convenção coletiva de trabalho).

O salário-produção, como outras modalidades de salário-prêmio, é devido, desde que verificada a condição a que estiver subordinado, e não pode ser suprimido de forma unilateral pelo empregador, quando pago com habitualidade (Súm. 209, STF). Citado entendimento há de ser adequado à regulamentação legal dos prêmios (art. 457, §§ 2º e 4º, CLT).

16.7.2.7 Comissão e percentagem

As comissões refletem uma prática frequente no comércio. É uma forma de salário pago por unidade de produção, na medida em que o vendedor recebe pelas vendas efetuadas. Representa uma modalidade de retribuição condicionada ao serviço realizado.

Em nosso direito, a comissão: *"(a) é admitida como forma exclusiva ou não de retribuição; (b) não se confunde com a percentagem, nem com a participação nos lucros; (c) é irredutível; (d) a aceitação da venda pela empresa representa o momento de aquisição do direito; (e) nenhuma implicação resultará da cessação da relação de emprego quanto às comissões já consumadas e a inexecução do negócio, salvo a insolvência do cliente, não deve prejudicar o vendedor".*[33]

Percentagem é *"espécie de comissão. As comissões se referem a um valor determinado, como $ 10,00 por unidade vendida, e as percentagens, como o próprio nome indica,*

---

[33] NASCIMENTO, Amauri Mascaro. Ob. cit., p. 182.

seriam um percentual sobre as vendas (exemplo: 5% sobre as vendas), não tendo um valor determinado em numerário".[34]

O pagamento de comissões e percentagens só é exigível depois de ultimada a transação a que se referem (art. 466, *caput*, CLT). O valor da comissão é devido a partir da concretização da negociação e não a partir do cumprimento do negócio e/ou do pagamento. Por aplicação da Lei 3.207/57, a transação será considerada aceita se o empregador não a recusar por escrito, dentro de 10 dias, contados da data da proposta. Tratando-se de transação a ser concluída com comerciante ou empresa estabelecida noutro Estado ou no estrangeiro, o prazo para aceitação ou recusa da proposta de venda será de 90 dias podendo, ainda, ser prorrogado, por tempo determinado, mediante comunicação escrita feita ao empregado (art. 3º).

Nas transações realizadas por prestações sucessivas, é exigível o pagamento das percentagens e comissões que lhes disserem respeito proporcionalmente à respectiva liquidação (art. 466, § 1º). O término do contrato de trabalho não prejudica a percepção das comissões e percentagens (art. 466, § 2º).

Pela Lei 3.207, a qual trata das atividades dos empregados vendedores, viajantes ou pracistas, quanto às comissões, destacamos: (a) o pagamento de comissões e percentagens deverá ser feito mensalmente, expedindo a empresa, no fim de cada mês, a conta respectiva com as cópias das faturas correspondentes aos negócios concluídos (art. 4º, *caput*); (b) as partes podem fixar outra época para o pagamento de comissões e percentagens, a qual não poderá exceder a um trimestre, contado da aceitação do negócio, sendo sempre obrigatória a expedição da conta pela empresa (art. 4º, parágrafo único). Esta regra não colide com a CLT, que prevê que a comissão pode ser paga por uma periodicidade superior a 30 dias (art. 459); (c) nas transações em que a empresa se obrigue por prestações sucessivas, o pagamento das comissões e percentagens será exigível de acordo com a ordem de recebimento das mesmas (art. 5º); (d) a cessação das relações de trabalho, ou a inexecução voluntária do negócio pelo empregador, não prejudicará a percepção das comissões e percentagens devidas (art. 6º).

Pela cláusula *stare del credere*, também denominada cláusula *del credere*, o empregado recebe do empregador um valor à título de comissão (valor complementar), contudo, torna-se responsável caso o cliente não pague os valores devidos à empresa. Vale dizer, o empregado assume os riscos da atividade econômica, visto que se torna responsável pela solvência e pontualidade dos compradores.[35]

---

[34] MARTINS, Sergio Pinto. Ob. cit., p. 274.
[35] "Cláusula que era admitida em contrato de agência ou representação comercial, pela qual o representante comercial, mediante compensação pecuniária especial, respondia pelo mau negócio que fizesse, se terceiro, com o qual contratou, deixasse de cumprir a obrigação sem justa causa, garantindo ao representando a execução da obrigação de terceiro" (DINIZ, Maria Helena. *Dicionário jurídico*. 3. ed., v. 1º, p. 681).

O art. 7º, Lei 3.207, estabelece que, verificada a insolvência do comprador, o empregador terá direito de estornar as comissões pagas. É muito discutível a adoção desta cláusula, visto que o risco do empreendimento estaria sendo imputado ao vendedor.

No contrato de representação comercial, no qual há um plano de igualdade jurídica entre as partes (contrato de trabalho autônomo), o art. 43, Lei 4.886/65, veda a adoção da cláusula *del credere*, logo, é justa a posição pelo não cabimento do estorno para a relação de emprego, na qual o vendedor (viajante ou pracista) tem uma dependência jurídica em relação ao empregador.[36]

De forma correta, o TST não tem admitido o estorno de comissões sobre vendas não adimplidas, visto que o risco do empreendimento não pode ser imputado ao trabalhador.[37]

Ao empregado que aufere salário variável a título de comissão é assegurada a garantia do salário mínimo (art. 78, CLT e art. 1º, Lei 8.716/93).

É devida a remuneração do repouso semanal e dos dias feriados ao empregado comissionista, ainda que pracista (Súm. 27, TST).

Caso o empregado receba remuneração mista (uma parte fixa e outra variável), tem direito a horas extras, sendo que, em relação à parte fixa, são devidas as horas extras acrescidas do adicional. Contudo, no tocante à parte variável, é devido somente o adicional, nos termos da Súmula 340 (OJ 397, SDI-I,).

Para o empregado que recebe por produção, somente é devido o adicional de hora extra (OJ 235, SDI-I). Este entendimento não é aplicável ao cortador de cana.

Integra a remuneração do bancário a vantagem pecuniária por ele auferida na colocação ou na venda de papéis ou valores mobiliários de empresas pertencentes ao mesmo grupo econômico, quando exercida essa atividade no horário e local de trabalho e com o consentimento tácito ou expresso, do banco empregador (Súm. 93, TST).

16.7.2.8 *Gorjetas*

Dentro do sistema salarial brasileiro, a gorjeta compõe a remuneração do empregado (art. 457, *caput*, CLT).

Oportuno destacar que o pagamento da gorjeta ou taxa de serviço ou adicional continua opcional, a critério do cliente. Vale dizer, a nova lei não altera o caráter optativo das gorjetas, tampouco estabelece o percentual a ser pago pelo cliente.

---

[36] TRT – 13ª R. – RO 0052100-38.2014.5.13.0006 – Rel. Wolney de Macedo Cordeiro – *DJe* 3/3/2015 – p. 9.
[37] TST – 1ª T. – Ag-AIRR 978-62.2012.5.02.0070 – Rel; Min. Walmir Oliveira da Costa – *DEJT* 12/9/2014.
TST – 2ª T. – RR 17100-40.2007.5.04.0016 – Rel. Min. José Roberto Freire Pimenta – *DEJT* 1/7/2014.
TST – 3ª T. – RR 11023-84.2013.5.03.0031 – Rel. Min. Alberto Luiz Bresciani de Fontan Pereira – *DEJT* 26/9/2014.
TST – 4ª T. – RR 11200-27.2013.5.17.0009 – Rel. Min. Fernando Eizo Ono – *DEJT* 14/11/2014.

As gorjetas podem ser classificadas em: (a) eventual; (b) usual; (c) remuneração única; (d) sobretaxa; (e) proibida.

Nem sempre o empregado lida com o público. É o caso de porteiros e motoristas de empresas. Às vezes, tais empregados recebem uma pequena liberalidade dos visitantes. Trata-se da gorjeta eventual, a qual não integra o contrato para nenhum fim.

A gorjeta usual é imposta pelos usos e costumes. É o caso do garçom de restaurante. O garçom tem conhecimento de que uma parte de sua remuneração advirá das gorjetas. O freguês do restaurante concede a liberalidade para não ser descortês com o garçom, como forma de retribuição à qualidade do atendimento e dos serviços prestados. O costume, inegavelmente, beneficia o empregador, portanto, tais gorjetas são parcelas integrantes da remuneração.

A fixação da gorjeta, como remuneração única do empregado, não é possível ante a obrigação legal quanto ao pagamento do salário mínimo pelo empregador (art. 76, CLT; Lei 8.716/93).

Ao contrário da gorjeta usual, a sobretaxa corresponde à gorjeta cobrada compulsoriamente nas notas de prestação de serviços. Trata-se de uma imposição do prestador de serviços aos clientes. No Brasil, o sistema de sobretaxa é comum em hotéis, bares e restaurantes.

A gorjeta é arrecadada pelo empregador e distribuída aos empregados, portanto é parcela integrante da remuneração.

Além disso, o empregador, em face do seu poder diretivo, poderá proibir que os seus empregados recebam gorjetas pelos serviços prestados. A inobservância dessa regra por parte do empregado, dependendo da sua reiteração, levará à caracterização da dispensa por justa causa.

No texto consolidado vigente, considera-se gorjeta não só a importância espontaneamente dada pelo cliente ao empregado, como também o valor cobrado pela empresa, como serviço ou adicional, a qualquer título, e destinado à distribuição aos empregados (art. 457, § 3º, CLT, Lei 13.467).

A Lei 13.419/17 regulamentou o rateio, entre empregados, das gorjetas e de qualquer cobrança adicional sobre as despesas em bares, restaurantes, hotéis, motéis e estabelecimentos similares, alterando o art. 457, CLT.

A divisão das gorjetas será feita segundo critérios definidos em acordo coletivo ou em convenção coletiva de trabalho, privilegiando a negociação coletiva de trabalho (art. 7º, XXVI, CF; art. 611-A, IX, CLT).

Em caso de ausência de norma coletiva, os critérios de rateio e distribuição, bem como os percentuais de retenção serão definidos em assembleia geral de trabalhadores, a ser realizada conforme os ditames do art. 612, CLT. Caso a entidade sindical profissional não assuma a negociação coletiva (art. 8º, VI, CF), os trabalhadores somente poderão negociar de forma direta com o empregador, se houver a recusa das federações e ou das confederações (art. 617, *caput*, CLT).

Nos termos da Lei 13.419, inexistindo previsão em convenção ou acordo coletivo de trabalho, os critérios de rateio e distribuição da gorjeta e os percentuais serão definidos em assembleia geral dos trabalhadores e observarão (art. 457, §§ 5º e seguintes, CLT).

As empresas que cobrarem a gorjeta deverão:

a) para as empresas inscritas em regime de tributação federal diferenciado, lançá-la na respectiva nota de consumo, facultada a retenção de até 20% da arrecadação correspondente, mediante previsão em convenção ou acordo coletivo de trabalho, para custear os encargos sociais, previdenciários e trabalhistas derivados da sua integração à remuneração dos empregados, devendo o valor remanescente ser revertido integralmente em favor do trabalhador;

b) para as empresas não inscritas em regime de tributação federal diferenciado, lançá-la na respectiva nota de consumo, facultada a retenção de até 33% da arrecadação correspondente, mediante previsão em convenção ou acordo coletivo de trabalho, para custear os encargos sociais, previdenciários e trabalhistas derivados da sua integração à remuneração dos empregados, devendo o valor remanescente ser revertido integralmente em favor do trabalhador;

c) anotar na CTPS e no contracheque de seus empregados o salário contratual fixo e o percentual percebido a título de gorjeta;

d) a gorjeta, quando entregue pelo consumidor diretamente ao empregado, terá seus critérios definidos em convenção ou acordo coletivo de trabalho, facultada a retenção nos parâmetros do art. 457, § 6º;

e) as empresas deverão anotar na CTPS de seus empregados o salário fixo e a média dos valores das gorjetas referente aos últimos doze meses;

f) cessada pela empresa a cobrança da gorjeta, desde que cobrada por mais de doze meses, essa se incorporará ao salário do empregado, tendo como base a média dos últimos doze meses, salvo o estabelecido em convenção ou acordo coletivo de trabalho;

g) para empresas com mais de 60 empregados, será constituída comissão de empregados, mediante previsão em convenção ou acordo coletivo de trabalho, para acompanhamento e fiscalização da regularidade da cobrança e distribuição da gorjeta, cujos representantes serão eleitos em assembleia geral convocada para esse fim pelo sindicato laboral e gozarão de garantia de emprego vinculada ao desempenho das funções para que foram eleitos, e, para as demais empresas, será constituída comissão intersindical para o referido fim.

Em caso de descumprimento das regras legais, o empregador pagará ao trabalhador prejudicado, a título de multa, o valor correspondente a 1/30 da média da gorjeta por dia de atraso, limitada ao piso da categoria, assegurados em qualquer hipótese o contraditório e a ampla defesa, observadas as seguintes regras: a) será triplicada caso o empregador seja reincidente; b) considera-se reincidente o empregador que, durante o período de doze meses, descumpre as regras legais por mais de sessenta dias.

16.7.2.9 Quebra de caixa

A expressão "quebra de caixa" representa *"a pequena diferença normal entre a importância existente em caixa e quanto deveria haver, conforme o registro do que foi pago e recebido. O saldo é transferido a débito, se as diferenças para menos forem maiores, ou a crédito, se as diferenças para mais forem superiores, de uma conta de despesa".*[38]

No Direito do Trabalho, geralmente, a verba conhecida como quebra de caixa é paga aos empregados que recebem valores pelo empregador, laborando, diretamente, no caixa da empresa.

A quebra de caixa é uma parcela paga como forma de compensar os descontos na remuneração do empregado, quando há diferença no acerto dos valores por ele recebidos. Como não deriva da prestação dos serviços, não irá incidir em outras verbas decorrentes do contrato de trabalho.

A origem da quebra de caixa não decorre de imposição legal e sim dos usos e costumes nas relações de trabalho, os quais foram incorporados em normas coletivas.

Quando a quebra de caixa é paga independentemente de ocorrer ou não prejuízo ao empregador, tem-se a descaracterização do seu conteúdo compensatório, passando a ser verba salarial.

A parcela paga aos bancários sob a denominação quebra de caixa possui natureza salarial, integrando o salário do prestador dos serviços, para todos os efeitos legais (Súm. 247, TST).

16.7.2.10 Gueltas

A origem das gueltas está no mercado farmacêutico (década de 1960), onde se tinha o pagamento do "B.O.", ou seja, um valor pago pelo fabricante ao balconista da farmácia pelo medicamento vendido por ele ao cliente.

Atualmente, encontramos a prática das gueltas em: comércio de eletrodomésticos; postos de gasolina (sem bandeira na venda de aditivos e lubrificantes de marcas diversas); empresas de cartão de crédito e bancos parceiros etc.

Será que as gueltas representam uma parcela salarial na remuneração do empregado?

Pode-se afirmar que a sua origem possui grande semelhança com as gorjetas à medida que são valores pagos por terceiros ao empregado. Ao contrário das gorjetas (pagas pelo cliente), as gueltas são pagas pelo fornecedor do produto ou do serviço.

Devido a essa semelhança, para as gueltas pode ser aplicada a Súm. 354, TST, que determina: as gorjetas cobradas pelo empregador na nota de serviço ou oferecidas espontaneamente pelos clientes integram a remuneração do empregado, não servindo de base de cálculo para as parcelas de: aviso prévio; adicional noturno; horas extras e o repouso semanal remunerado. Em outras palavras, as gorjetas são computadas para

---

[38] DINIZ, Maria Helena. Ob. cit., v. 4, p. 9.

fins de décimo terceiro salário, férias, abono de férias, recolhimentos fundiários, recolhimentos previdenciários etc.

O caráter salarial é realçado quando o empregador tem participação no processo de percepção e pagamento das gueltas, tais como: (a) elaboração de listas de vendas dos empregados pelo empregador e a consequente entrega ao fornecedor; (b) participação do empregador na sistemática pela percepção de descontos pelos valores dos produtos pagos ao fornecedor.

Também não se pode negar que as gueltas tenham uma relativa similitude com os prêmios, apesar de os valores serem pagos por um terceiro. Não deixa de representar um incentivo ao empregado.

16.7.2.11 Luvas

Para o Direito Comercial, luva representa: *"1. Quantia em dinheiro, além do preço do aluguel, não anotada no contrato, paga pelo locatário ao locador no contrato inicial da locação comercial para que tenha preferência na locação ou por ocasião da renovação. 2. Valor do aviamento, cobrado no ato da venda ou transferência do estabelecimento mercantil ou industrial".*[39]

Na órbita dos contratos da área desportiva profissional, luvas sintetizam o *"reconhecimento de um 'fundo de trabalho', isto é, do valor do trabalho desportivo já apresentado pelo atleta que será contratado, estabelecendo um paralelo com o 'fundo de comercio', que é o valor do ponto adquirido pelo locatário. As luvas traduzem importância paga ao atleta pelo seu empregador, 'na forma que for convencionada, pela assinatura do contrato'; compõem a sua remuneração para todos os efeitos legais (art. 12 da Lei nº 6.354, de 1976 e art. 31, § 1º da Lei 9.615, de 1998). Elas podem ser em dinheiro, títulos ou bens, como automóveis. Seu valor é fixado tendo em vista a eficiência do atleta antes de ser contratado pela entidade desportiva, ou seja, o desempenho funcional já demonstrado no curso de sua vida profissional; logo, embora de natureza retributiva, não se confunde com prêmios e gratificações; cujas causas ocorrem no curso do contrato. As luvas têm natureza de salário pago por antecipação, não se confundido com indenização, pois nelas não se encontra presente o caráter ressarcitório advindo de perda".*[40]

Para o Direito do Trabalho, as luvas não representam uma indenização e sim um valor pago ao trabalhador no ato da sua contratação, pelos seus aspectos personalíssimos (capacidade de trabalho; currículo profissional etc.).

Carlos Zangrando[41] afirma que a verba paga a título de luvas *"tem origem justamente na aquisição de um direito em face do desempenho personalíssimo do atleta, ou seja, o seu valor é previamente convencionado na assinatura do contrato, tendo por base a atuação do atleta na sua modalidade desportiva".*

---

[39] Diniz, Maria Helena. *Dicionário jurídico*, p. 179.
[40] BARROS, Alice Monteiro de. *Contratos e regulamentações especiais de trabalho*: peculiaridades, aspectos controvertidos e tendências. 3. ed., p. 116.
[41] ZANGRANDO, Carlos Henrique da Silva. *Curso de direito do trabalho*, t. II, p. 824.

A jurisprudência reconhece a natureza salarial das luvas.[42]

16.7.3 Parcelas não salariais

16.7.3.1 Salário-maternidade

A empregada gestante tem direito à licença-maternidade de 120 dias, sem prejuízo do emprego e do salário (art. 7º, XVIII, CF; art. 392, CLT). A negociação coletiva não pode flexibilizar a duração mínima da licença-maternidade (art. 611-B, XIII, CLT).

A empregada deve, mediante atestado médico, notificar o seu empregador da data do início do afastamento, que poderá ocorrer entre o 28º dia antes do parto e a ocorrência deste (art. 392, § 1º).

Os períodos de repouso, antes e depois do parto, poderão ser aumentados de duas semanas cada um, mediante atestado médico (art. 392, § 2º).

Em caso de parto antecipado, a mulher terá direito aos 120 dias da licença-maternidade (art. 392, § 3º). O TST tem acatado a estabilidade (art. 10, II, *b*, ADCT) quando se tem o nascimento da criança sem vida (natimorto).[43]

O salário-maternidade também será devido à empregada que adotar ou obtiver guarda judicial para fins de adoção de criança e a base de 120 dias (art. 392-A, redação dada pela Lei 13.509/17). Pela IN 77/15 do INSS, em caso de parto antecipado ou não, ainda que ocorra parto de natimorto, este último comprovado mediante certidão de óbito, a segurada terá direito aos 120 dias previstos em lei, sem necessidade de avaliação médico-pericial pelo INSS (art. 343, § 5º).

A Lei 12.873/13 trouxe modificações quanto às hipóteses de concessão da licença-maternidade, visto que acresceu o § 5º ao art. 392-A, além de criar o art. 392-C ao texto da CLT e de alterar a redação do art. 392-B: (a) a adoção ou guarda judicial conjunta ensejará a concessão de licença-maternidade a apenas um dos adotantes ou guardiães (empregado ou empregada) (art. 392-A, § 5º). Não pode haver a acumulação dos benefícios pelos adotantes; (b) em caso de morte da genitora, é assegurado ao cônjuge ou companheiro empregado o gozo de licença por todo o período da licença-maternidade ou pelo tempo restante a que teria direito a mãe, exceto no caso de falecimento do filho ou de seu abandono (art. 392-B); (c) o empregado que adotar ou obtiver guarda judicial para fins de adoção também goza de idênticos direitos (licença-maternidade de 120 dias) (art. 392-C).

---

[42] TST – 6ª T. – RR-1336-98.2012.5.03.0005 – Rel. Min. Aloysio Corrêa da Veiga – j. 19/3/2014.
TST – 4ª T. – RR 152600-58.2009.5.15.0095 – Relª Minª Maria de Assis Calsing – j. 17/4/2013.
TST – 3ª T. – AIRR 137100-07.2009.5.04.0402 – Rel. Min. Alberto Luiz Bresciani de Fontan Pereira – j. 3/10/2012.

[43] TST – 2ª T. – RR 106300-93.2005.5.04.0027 – Rel. Min. José Roberto Freire Pimenta – *DEJT* 17/4/2015.
TST – 6ªT. – RR 153000-88.2009.5.02.0045 – Rel. Min. Augusto César Leite de Carvalho – *DEJT* 5/12/2014.

O salário-maternidade é pago diretamente pela Previdência Social (arts. 71-A a 73, Lei 8.213/91). Por regra, o salário-maternidade corresponde a uma renda mensal igual à remuneração integral (art. 72).

A Lei 11.770/08 procedeu à instituição do Programa Empresa Cidadã, o qual se destina a prorrogação pelo prazo de 60 dias no tocante à prorrogação da licença-maternidade (art. 7º, XVIII, CF).

Porém, o benefício não é automático e sim facultativo, na medida em que depende da adesão do empregador ao programa (art. 1º, § 1º). Por outro lado, também é necessário que a empregada faça o requerimento até o final do primeiro mês após o parto, para que a prorrogação seja concedida imediatamente após a fruição da licença-maternidade de 120 dias.

A Lei 11.770 prevê ainda a concessão da prorrogação para a empregada e o empregado que adotem ou obtenham a guarda judicial para fins de adoção de criança (art. 1º, § 2º).

A Administração Pública está autorizada a instituir programa que garanta prorrogação da licença-maternidade para suas servidoras (art. 2º).

Durante o período de prorrogação da licença-maternidade, o beneficiário (a empregada gestante e a empregada/empregado adotante) terá direito à sua remuneração integral, nos mesmos moldes devidos no período de percepção do salário-maternidade pago pelo regime geral de previdência social (art. 3º), contudo, não poderá exercer qualquer atividade remunerada e a criança não poderá ser mantida em creche ou organização similar (art. 4º). Em caso de descumprimento, haverá a perda do direito à prorrogação (art. 4º, parágrafo único).

A pessoa jurídica tributada com base no lucro real poderá deduzir do imposto devido, em cada período de apuração, o total da remuneração integral do beneficiário que foi pago nos 60 dias de prorrogação de sua licença-maternidade, vedada a dedução como despesa operacional (art. 5º).

O Decreto 7.052, de 23/12/2009, regulamentou o Programa Empresa Cidadã.

A licença-maternidade será de 180 dias no caso das mães de crianças acometidas por sequelas neurológicas decorrentes de doenças transmitidas pelo *Aedes aegypti*, assegurado, nesse período, o recebimento de salário-maternidade (art. 71, Lei 8.213/91) (art. 18, § 3º, Lei 13.301/16).

16.7.3.2 Salário-família

O salário-família é regulado pelos arts. 65 a 70, Lei 8.213/91, e arts. 81 a 92, Decreto 3.048/99. A negociação coletiva não pode flexibilizar o salário-família (art. 611-B, VIII, CLT).

De acordo com a Portaria Interministerial MPS/MF 15, de 17/01/2018, o valor da cota do salário-família, a partir de 1º/1/2018, será de R$ 45,00 (para o segurado com remuneração mensal não superior a R$ 877,67) e de R$ 31,71 (para o segurado com remuneração mensal superior a R$ 877,68 e igual ou inferior a R$ 1.319,18).

O salário-família será pago mensalmente: (a) ao empregado, pela empresa, com o respectivo salário, e ao trabalhador avulso, pelo sindicato ou órgão gestor de mão de obra, mediante convênio; (b) ao empregado ou trabalhador avulso aposentado por invalidez ou em gozo de auxílio-doença, pelo INSS, juntamente com o benefício; (c) ao trabalhador rural aposentado por idade aos 60 anos, se do sexo masculino, ou 55 anos, se do sexo feminino, pelo INSS, juntamente com a aposentadoria; (d) aos demais empregados e trabalhadores avulsos aposentados aos 65 anos de idade, se do sexo masculino, ou 60 anos, se do sexo feminino, pelo INSS, juntamente com a aposentadoria (art. 82, I a IV).

Quando o salário do empregado não for mensal, o salário-família será pago juntamente com o último pagamento relativo ao mês (art. 82, § 1º).

O salário-família do trabalhador avulso independe do número de dias trabalhados no mês, devendo o seu pagamento corresponder ao valor integral da cota (art. 82, § 2º).

Quando o pai e a mãe são segurados empregados ou trabalhadores avulsos, ambos têm direito ao salário-família (art. 82, § 3º).

As cotas do salário-família, pagas pela empresa, deverão ser deduzidas quando do recolhimento das contribuições sobre a folha de salário (art. 82, § 4º).

O pagamento do salário-família será devido a partir da data da apresentação da certidão de nascimento do filho ou da documentação relativa ao equiparado, estando condicionado à apresentação anual de atestado de vacinação obrigatória, até seis anos de idade, e de comprovação semestral de frequência à escola do filho ou equiparado, a partir dos sete anos de idade, observadas as regras previstas no Decreto 3.048/99 (art. 84, *caput*).[44] A empresa deverá conservar, durante 10 anos, os comprovantes dos pagamentos e as cópias das certidões correspondentes, para exame pela fiscalização do INSS (art. 84, parágrafo único).

A invalidez do filho ou equiparado maior de 14 anos de idade deve ser verificada em exame médico-pericial a cargo da previdência social (art. 85).

O salário-família correspondente ao mês de afastamento do trabalho será pago integralmente pela empresa, pelo sindicato ou órgão gestor de mão de obra, conforme o caso, e o do mês da cessação de benefício pelo INSS (art. 86).

Tendo havido divórcio, separação judicial ou de fato dos pais, ou em caso de abandono legalmente caracterizado ou perda do pátrio-poder, o salário-família passará a ser pago diretamente àquele a cujo cargo ficar o sustento do menor, ou a outra pessoa, se houver determinação judicial nesse sentido (art. 87).

O direito ao salário-família cessa automaticamente: (a) por morte do filho ou equiparado, a contar do mês seguinte ao do óbito; (b) quando o filho ou equiparado completar 14 anos de idade, salvo se inválido, a contar do mês seguinte ao da data do aniversário;

---

[44] Súm. 254, TST – "O termo inicial do direito ao salário-família coincide com a prova da filiação. Se feita em juízo, corresponde à data do ajuizamento do pedido, salvo se comprovado que anteriormente o empregador se recusara a receber a respectiva certidão".

(c) pela recuperação da capacidade do filho ou equiparado inválido, a contar do mês seguinte ao da cessação da incapacidade; (d) pelo desemprego do segurado (art. 88, I a IV).

Para efeito de concessão e manutenção do salário-família, o segurado deve firmar termo de responsabilidade, no qual se comprometa a comunicar à empresa ou ao INSS qualquer fato ou circunstância que determine a perda do direito ao benefício, ficando sujeito, em caso do não cumprimento, às sanções penais e trabalhistas (art. 89).

A falta de comunicação oportuna de fato que implique cessação do salário-família, bem como a prática, pelo empregado, de fraude de qualquer natureza para o seu recebimento, autoriza a empresa, o INSS, o sindicato ou órgão gestor de mão de obra, conforme o caso, a descontar dos pagamentos de cotas devidas com relação a outros filhos ou, na falta delas, do próprio salário do empregado ou da renda mensal do seu benefício, o valor das cotas indevidamente recebidas, sem prejuízo das sanções penais cabíveis, observado o disposto no § 2º do art. 154 (art. 90).

O empregado deve dar quitação à empresa, sindicato ou órgão gestor de mão de obra de cada recebimento mensal do salário-família, na própria folha de pagamento ou por outra forma admitida, de modo que a quitação fique plena e claramente caracterizada (art. 91).

As cotas do salário-família não serão incorporadas, para qualquer efeito, ao salário ou ao benefício (art. 92).

16.7.3.3 Ajuda de custo e diárias

Ajuda de custo é a *"indenização das despesas feitas pelo empregado com a sua transferência para local diverso daquele em que está domiciliado, onde passará a exercer seu trabalho para a empresa empregadora"*.[45]

Diária é o valor pecuniário recebido dado pelo empregador ao empregado para que o mesmo faça o pagamento das despesas com alimentação, transporte, hospedagem etc.

A diferença entre a ajuda de custo e a diária é que a segunda é para os deslocamentos do empregado a trabalho em viagens, o que não ocorre com a primeira, a qual representa a indenização pela mudança de local de trabalho. Por outro lado, o pagamento das diárias é habitual, enquanto a ajuda de custo é eventual ou originária de um único pagamento.

Em linhas gerais, as diárias e a ajuda de custo não possuem natureza salarial. A finalidade desses títulos é o ressarcimento de despesas efetuadas pelo trabalhador em função do contrato de trabalho. Não retribuem o serviço prestado, portanto, não podem ser tidas como salário.

Contudo, pode acontecer que o empregador classifique como ajuda de custo despesas que de fato não existiram. Também pode ocorrer de a empresa fixar diárias de valor fixo sem a exigência do comprovante das despesas que as justifiquem.

---

[45] DINIZ, Maria Helena. *Dicionário jurídico*, v. 1, p. 153.

Na legislação consolidada, as importâncias, ainda que habituais, pagas a título de ajuda de custo e diárias para viagem não integram a remuneração do empregado, não se incorporam ao contrato de trabalho e não constituem base de incidência de qualquer encargo trabalhista e previdenciário (art. 457, § 2º, CLT, Lei 13.467).

Pela jurisprudência dominante do TST, antes da Lei 13.467, integravam o salário, pelo seu valor total e para efeitos indenizatórios, as diárias de viagem que excedessem a 50% do salário do empregado, enquanto perdurassem as viagens (Súm. 101; Súm. 318).

O critério jurisprudencial adotado era insatisfatório. Poderia ocorrer que o empregado, em seus deslocamentos, tivesse despesas efetivas que superassem 50% de seu salário. Nessa situação, o valor pago a título de diária, de forma concreta, possui evidente natureza indenizatória e não remuneratória pelo serviço prestado.

A solução apontada pela doutrina é a classificação das diárias em próprias e impróprias. As diárias próprias representam as indenizações havidas pelos deslocamentos do empregado, correspondendo, de fato, às despesas efetuadas. As diárias impróprias denotam uma fraude, já que possuem natureza salarial. A titulação não corresponde à realidade. É o que ocorre quando o empregador concede as diárias, contudo, não exige a comprovação das despesas ou o próprio acerto de contas por parte do empregado.

A Súmula 101 não mais se coaduna com a atual redação do art. 457, § 2º, com a redação dada pela Lei 13.467, a qual é clara no sentido de que a diária, qualquer que seja o seu percentual, não se incorpora ao contrato de trabalho e não constitui base de incidência de encargo trabalhista e previdenciário.

16.7.3.4 Participação nos lucros

A Constituição, em seu art. 7º, XI, enuncia: *"Participação nos lucros, ou resultados, desvinculada da remuneração, e, excepcionalmente, participação na gestão da empresa, conforme definido em lei."*

Há, na doutrina, três correntes quanto à participação nos lucros. A primeira entende que a parcela é uma forma de salário. A segunda menciona que se trata de um contrato de sociedade. E a terceira pondera que a participação é uma forma de contrato *sui generis*, representando uma forma de transição entre o contrato individual de trabalho e o de sociedade.

A priori, é possível haver nos ganhos do empregado a participação nos lucros, que geralmente é paga sob a forma de gratificações semestrais ou anuais, contudo, não havendo a integração desses valores ao salário ou remuneração para fins de incidência em outros títulos (natureza indenizatória). Em outras palavras, não possui natureza salarial. Antes da CF/88, o TST reconhecia a natureza salarial da verba.[46]

Atualmente, a participação dos trabalhadores nos lucros ou resultados da empresa é regulada pela Lei 10.101/00.

---

[46] Súmula 251 – A parcela participação nos lucros da empresa, habitualmente paga, tem natureza salarial, para todos os efeitos legais (cancelada pela Resolução 33/1994).

O objetivo da lei é regular a participação dos trabalhadores nos lucros ou resultados da empresa como instrumento de integração entre o capital e o trabalho e como incentivo à produtividade, nos termos do art. 7º, XI, CF (art. 1º, Lei 10.101).

A participação nos lucros ou resultados será objeto de negociação entre a empresa e seus empregados, mediante um dos procedimentos a seguir descritos, escolhidos pelas partes de comum acordo: (a) comissão paritária escolhida pelas partes, integrada, também, por um representante indicado pelo sindicato da respectiva categoria; (b) convenção ou acordo coletivo (art. 2º, *caput*, I e II).

Dos instrumentos decorrentes da negociação deverão constar regras claras e objetivas quanto à fixação dos direitos substantivos da participação e das regras adjetivas, inclusive mecanismos de aferição das informações pertinentes ao cumprimento do acordado, periodicidade da distribuição, período de vigência e prazos para revisão do acordo, podendo ser considerados, entre outros, os seguintes critérios e condições: (a) índices de produtividade, qualidade ou lucratividade da empresa; (b) programas de metas, resultados e prazos, pactuados previamente (art. 2º, § 1º).

A Lei 12.832/13 incluiu ao art. 2º, da Lei 10.101, o § 4º com as seguintes diretrizes: "*§ 4º Quando forem considerados os critérios e condições definidos nos incisos I e II do § 1º deste artigo: I – a empresa deverá prestar aos representantes dos trabalhadores na comissão paritária informações que colaborem para a negociação; II – não se aplicam as metas referentes à saúde e segurança no trabalho*".

Com a inclusão legislativa, do ponto de vista de uma interpretação literal, afirmamos que não poderá mais ser considerada como critério e condição do direito à percepção do PLR as metas relacionadas com a saúde e segurança do trabalho.

Quando nos instrumentos decorrentes da negociação (direta ou indireta, por ACT/CCT) forem considerados índices de produtividade, qualidade ou lucratividade empresariais, é vedada a fixação de metas referentes à saúde e segurança no trabalho (por exemplo, meta de não ocorrência ou de redução de acidentes do trabalho).

O instrumento de acordo celebrado será arquivado na entidade sindical dos trabalhadores (art. 2º, § 2º).

Excluem-se da aplicação da Lei 10.101 os seguintes empregadores: (a) pessoas naturais; (b) a entidade sem fins lucrativos, que preencha os seguintes requisitos de forma simultânea: (1) não distribua resultados, a qualquer título, ainda que indiretamente, a dirigentes, administradores ou empresas vinculadas; (2) aplique integralmente os seus recursos em sua atividade institucional e no País; (3) destine o seu patrimônio a entidade congênere ou ao poder público, em caso de encerramento de suas atividades; (4) mantenha escrituração contábil capaz de comprovar a observância dos demais requisitos desse inciso, e das normas fiscais, comerciais e de direito econômico que lhe sejam aplicáveis (art. 2º, § 3º).

A participação nos lucros ou resultados não substitui ou complementa a remuneração devida a qualquer empregado nem constitui base de incidência de qualquer encargo trabalhista, não se lhe aplicando o princípio da habitualidade (art. 3º, *caput*).

Para fins de obtenção do lucro real, a pessoa jurídica pode deduzir como despesa operacional as participações atribuídas aos empregados nos lucros ou resultados, nos termos da presente Lei, dentro do próprio exercício de sua constituição (art. 3º, § 1º).

Não pode haver o pagamento de qualquer antecipação ou distribuição de valores a título de participação nos lucros ou resultados da empresa em periodicidade inferior a um trimestre, ou mais de duas vezes no mesmo ano civil (art. 3º, § 2º).

Todos os pagamentos efetuados em decorrência de planos de participação nos lucros ou resultados, mantidos espontaneamente pela empresa, podem ser compensados com as obrigações decorrentes de acordos ou convenções coletivas de trabalho atinentes à participação nos lucros ou resultados (art. 3º, § 3º).

Com a Lei 12.832/2013 houve o regramento tributário para fins de Imposto de Renda da participação nos lucros e resultados, a qual será tributada pelo imposto sobre a renda exclusivamente na fonte, com tabela progressiva própria e regramento jurídico (art. 3º, § 5º a § 10, Lei 10.101).

Caso a negociação visando à participação nos lucros ou resultados da empresa resulte em impasse, as partes têm a faculdade de adotar os seguintes mecanismos de solução do litígio: (a) mediação; (b) arbitragem de ofertas finais (art. 4º, *caput*, I e II).

Fere o princípio da isonomia instituir vantagem mediante acordo coletivo ou norma regulamentar que condiciona a percepção da parcela participação nos lucros e resultados ao fato de estar o contrato de trabalho em vigor na data prevista para a distribuição dos lucros. Assim, inclusive na rescisão contratual antecipada, é devido o pagamento da parcela de forma proporcional aos meses trabalhados, pois o ex-empregado concorreu para os resultados positivos da empresa (Súm. 451, TST).

16.7.3.5 Verba de representação

A verba de representação corresponde à indenização das despesas efetuadas pelo empregado para a promoção dos interesses comerciais do empregador. Exemplos: almoços e jantares oferecidos pelo empregado a clientes da empresa, motorista particular fornecido pelo empregador ao executivo, disponibilidade de veículos e moradias luxuosas etc.

O pagamento da verba de representação é comum para os empregados ocupantes de cargos elevados na hierarquia da empresa, como é o caso dos executivos.

Como o objetivo é o ressarcimento das despesas em prol dos interesses comerciais do empregador, a verba de representação não possui natureza salarial e sim compensatória, portanto, não irá incidir em outras verbas decorrentes do contrato de trabalho. Contudo, é necessário que haja a demonstração e comprovação dessas despesas pelo empregado ao empregador, caso contrário, poderá será tida como parcela salarial.

16.7.3.6 Employee stock option

No direito comparado (Estados Unidos da América, Itália, França etc.), é comum a participação do trabalhador no capital da empresa por intermédio do direito de opção de compra de ações negociáveis no mercado de capitais.

Diversas são as formas pelas quais o empregado pode participar nas ações das empresas: (a) individual – as ações são dadas a uma determinada pessoa; (b) coletiva – as ações destinam-se a um grupo de pessoas como um todo; (c) sindical – as ações são adquiridas pelo sindicato; (d) sociedade – uma sociedade, por exemplo, uma cooperativa procede à aquisição de ações da empresa.

Stock option plan representa o plano que define critérios para outorga a destinatários específicos (trabalhadores autônomos, empregados, administradores) da possibilidade para a devida aquisição de ações da empresa. Como dito, trata-se de ações negociáveis da empresa no mercado de capitais. A opção pressupõe um preço predeterminado para a sua compra. No direito comparado, como regra, os planos de opção de compra de ações são estabelecidos de duas formas: uma para os acionistas e outra para os empregados ou prestadores de serviços da empresa. A sua origem pode ser legal ou voluntária.

No direito comparado há algumas expressões que são aplicáveis ao *stock option*: (a) *call option*, direito que a pessoa tem de comprar, em uma data futura e determinada, ações da empresa por um determinado preço prefixado no momento da outorga da opção e não quando do exercício da opção. A opção conterá: número específico de ações; lapso de tempo em que poderá ocorrer a opção de compras; a fixação do preço; (b) como oposto da *call option*, temos a *put option*, em que o acionista tem o direito de exigir do outorgante que adquira as suas ações. A opção deverá estabelecer o preço e o período.

No ordenamento jurídico brasileiro, a opção de compra de ações negociáveis da empresa encontra-se regulamentada no art. 168, § 3º, da Lei 6.404/76: *"O estatuto pode prever que a companhia, dentro do limite de capital autorizado, e de acordo com plano aprovado pela assembleia geral, outorgue opção de compra de ações a seus administradores ou empregados, ou a pessoas naturais que prestem serviços à companhia ou à sociedade sob seu controle."*

Pela análise do dispositivo legal, há dois requisitos: (a) a existência de capital autorizado; (b) o plano aprovado pela assembleia geral, que outorgue a opção de compra de ações negociáveis da empresa aos seus administradores, empregados ou a pessoas naturais que lhe prestem serviços. Na fixação do plano, a assembleia geral irá deliberar quanto ao volume máximo de emissão das ações e estabelecer se as mesmas serão ordinárias ou preferenciais.

Stock option representa a participação do trabalhador no capital da empresa e que é exercido por meio da opção de compra de ações negociáveis no mercado de capitais. É uma forma individual de participação.

Para Sergio Pinto Martins,[47] "stock option *quer dizer o direito de opção por ações da empresa que são compradas por preços em média abaixo do mercado e de vendê-las com lucro. [...] O empregado tem o direito a um lote de ações. Se ele continuar na empresa por um certo período, ganha o direito de comprar as ações pelo preço do dia da reserva e vendê-las pelo valor atualizado. O prazo costuma ser de três, cinco ou dez anos. Caso o*

---

[47] MARTINS, Sergio Pinto. *Direito do trabalho*. 21. ed. p. 258.

empregado deixe a empresa antes disso, perderá o direito. O direito de opção costuma ser exercido apenas se o valor da ação for superior ao valor estabelecido quando da opção. Do contrário, o empregado teria prejuízos".

Como bem assinala Sergio Pinto Martins, a opção de compra de ações distingue-se do bônus de subscrição. O bônus de subscrição é um título pelo qual o titular, de acordo com as condições inseridas no certificado, tem o direito de subscrever ações do capital social. O direito se exerce quando da apresentação do título à empresa e com o pagamento do preço de emissão das ações. Tem a forma nominativa (art. 78, Lei 6.404). São endossáveis ou ao portador. Na aquisição das ações pela subscrição, o titular haverá de pagar o preço. Na opção de ações da empresa nada é cobrado do empregado quando da opção. O bônus de subscrição, ao contrário da opção de compra de ações, representa um direito de preferência que a empresa dá aos seus acionistas.

Entre a empresa e o empregado, no caso da *stock options*, como negócio jurídico, destacam-se as seguintes cláusulas:

a) o preço de exercício (*exercise price*), que também se intitula preço de emissão da ação. Representa o valor da ação que será paga pelo empregado quando do exercício do direito de opção de compra das ações. A bem da verdade, o empregado nada pagará à empresa. Para Sergio Pinto Martins,[48] *"o empregado vai adquirir as ações pelo preço original e vendê-las pelo preço atual. Caso as ações valham menos, o empregado não exerce a opção. A vantagem é que o empregado não precisa pagar pelas ações quando da opção. Se não quiser exercê-la, pois está abaixo do valor da época da opção, não é obrigado a fazê-la e também não tem qualquer prejuízo. Pode fazê-la no futuro"*;

b) o prazo de carência é o lapso temporal em que o empregado deve ficar na empresa, prestando os seus serviços, para auferir o direito de opção de compra de ações negociáveis no mercado de capitais. Trata-se de uma condição suspensiva para a aquisição do direito. Normalmente, o prazo é de 3 a 5 anos. Se o empregado vier a ser despedido pelo empregador durante o período da condição suspensiva, haverá de ser aplicável o art. 129 do CC, logo, o empregador terá de pagar uma indenização equivalente ao que o empregado ganharia com o direito de opção de compra;

c) termo de opção representa o lapso temporal no qual o empregado irá exercitar o seu direito de opção de compra de ações, sendo que o prazo varia de 5 a 10 anos.

O *employee stock option* não pode ser visto como uma forma de participação nos lucros. O direito de opção de compra relaciona-se com o valor da ação da empresa à época do efetivo exercício do direito e não com a existência ou não de lucros ou resultados positivos da empresa. Vale dizer, o empregado não tem metas ou produtividade a ser implementada, como ocorre, geralmente, na participação nos lucros, para fins de

---

[48] MARTINS, Sergio Pinto. Ob. cit., p. 259.

se exercitar o direito de opção de compra de ações negociáveis da empresa no mercado de capitais.

Também não pode ser visto como um prêmio na medida em que a opção nada tem a ver com o esforço do empregado. *Stock option* não é um salário-condição, como ocorre com o prêmio. O empregado somente deverá aguardar o implemento do prazo de carência para adquirir o direito de opção.

A opção de compras não se assemelha a uma forma de salário variável. Não é salário variável, pois o empregador não é obrigado a pagar a diferença quando o valor efetivo da ação no futuro for inferior ao valor predeterminado quando da instituição do *stock option*.

Não é salário, eis que a opção do direito de compra de ações nada tem a ver com a efetiva prestação dos serviços. O ganho na venda das ações nada tem a ver com a força de trabalho disponibilizada pelo empregado ao empregador.

Portanto, concordamos com Sergio Pinto Martins[49] quando afirma que: *"A natureza jurídica da opção de compra de ações é mercantil, embora feita durante o contrato de trabalho, pois representa mera compra e venda de ações. Envolve a opção um ganho financeiro, sendo até um investimento feito pelo empregado nas ações da empresa. Por se tratar de risco do negócio, em que as ações ora estão valorizadas, ora perdem seu valor, o empregado pode ter prejuízo com a operação. É uma situação aleatória que nada tem a ver com o empregador em si, mas com o mercado de ações."*

Da mesma forma entende Gustavo Filipe Barbosa Garcia,[50] que ressalta a natureza comercial do negócio jurídico, diante da faculdade do empregado ter a faculdade de vender ou não as referidas ações, assumindo o risco pela sua flutuação nas bolsas de valores. Com isso, *"não se verificam, assim, os requisitos do salário, das parcelas salariais ou remuneratórias, afastando a incidência das disposições trabalhistas sobre o valor em questão"*.

QUESTIONÁRIO

1. O que é remuneração?

2. O que é salário?

3. Quais são os critérios de classificação quanto ao salário?

4. Como se calcula a incidência da parcela salarial *in natura* nos demais títulos decorrentes do contrato de trabalho?

5. Quando o empregado recebe salário fixo e comissão, como deve ser o cálculo das horas extras? Referida sistemática também é válida para quem recebe salário-tarefa? Justifique.

---

[49] MARTINS, Sergio Pinto. Ob. cit., p. 261.
[50] GARCIA, Gustavo Filipe Barbosa. *Curso de direito do trabalho*, p. 209.

6. Como deve ser calculada a hora extra prestada no horário das 22:00 às 05:00?

7. O adicional de periculosidade incide no cálculo do adicional noturno?

8. O adicional de insalubridade incide no cálculo da hora extra?

9. A participação nos lucros ou resultados é desvinculada dos salários?

10. Como se calcula o adicional de periculosidade para os eletricistas?

11. O adicional de transferência é devido para o detentor de cargo de confiança?

12. Indique as diferenças entre ajuda de custo e diárias.

13. O que são diárias próprias e impróprias?

14. Quais são os tipos de gorjetas?

15. O décimo terceiro salário é devido de acordo com o ano civil e em quais hipóteses?

16. A quebra de caixa é verba salarial?

17. O salário-maternidade é período de interrupção ou de suspensão do contrato individual de trabalho?

18. O que representam as gueltas?

19. O que representa *employee stock option*?

Capítulo XVII
PROTEÇÃO AO SALÁRIO

A proteção ao salário é fator decorrente do princípio tutelar, o qual é inerente ao Direito do Trabalho.

A Convenção 95, OIT (aprovada pelo Decreto Legislativo 24, de 29/5/1956, e promulgada pelo Dec. 41.721, de 25/6/1957), estabelece as seguintes regras: (a) o salário será pago em moeda de curso legal, proibindo a utilização de bônus, cupons ou outra forma que se suponha representar a moeda de curso legal (art. 3.1). Admite-se também o pagamento em cheque ou vale-postal (art. 3.2); (b) o pagamento deve ser feito diretamente ao trabalhador interessado (art. 5º); (c) proíbe o empregador de restringir a liberdade do trabalhador de dispor de seu salário da maneira que lhe convier (art. 6º); (d) veda a adoção do *truck system* (art. 7º); (e) os descontos dependerão da lei ou da norma coletiva (art. 8º); (f) a impenhorabilidade quanto ao pagamento dos salários (art. 10.1); (g) a preferência dos créditos trabalhistas em caso de falência ou de liquidação judiciária (art. 11); (h) os salários devem ser pagos em intervalos regulares (art. 12.1), os quais ocorrerão em dias úteis e no local de trabalho ou nas proximidades (art. 13.1).

Em linhas gerais, a ordem jurídica nacional fixa os seguintes caracteres quanto ao salário: (a) impenhorabilidade (art. 833, IV, CPC/15; a impenhorabilidade é relativa, visto ser inaplicável para: (1) pagamento de prestação alimentícia, independentemente de sua origem; (2) as importâncias excedentes a 50 salários mínimos mensais. Neste sentido, tem-se o teor da OJ 153, SDI-II, que somente assegura a impenhorabilidade na ótica do CPC/73); (b) irredutibilidade, exceto se for o caso de acordo ou convenção coletiva de trabalho (art. 7º, VI, CF); (c) irrenunciabilidade, o trabalhador não pode renunciar aos direitos mínimos, tais como férias, aviso prévio etc. (art. 9º, CLT). Quanto ao aviso prévio, temos a exceção prevista na Súm. 276 do TST; (d) intangibilidade, o trabalhador não pode sofrer descontos aleatórios em seus salários (art. 462, CLT); (e) o pagamento deve ser em moeda corrente (art. 463). Tal regra sofre exceções, tais como o pagamento em cheque ou por meio de depósito bancário.

A proteção ao salário se faz contra: (a) os abusos do empregador; (b) os credores do empregador; (c) os credores do empregado.

17.1 CONTRA OS ABUSOS DO EMPREGADOR

17.1.1 Retenção dolosa do salário

O art. 7º, X, CF, declina a proteção do salário na forma da lei, constituindo crime a sua retenção dolosa.

Deve ser ressaltado que a lei *"que define o crime ainda não foi editada, mas as regras da CLT e da legislação ordinária já servem para a proteção ao salário. A Constituição também não esclarece se a retenção é total ou parcial ou se é feita uma vez ou várias vezes, que são questões a serem decididas pela lei ordinária. O crime só irá ocorrer com a retenção dolosa, quando houver vontade de reter, e não na retenção culposa. A norma constitucional é de eficácia limitada"*.[1]

A negociação coletiva não pode flexibilizar as normas de proteção ao salário (art. 611-B, VII, CLT).

17.1.2 Pagamento pessoal e mediante recibo

Os salários devem ser pagos diretamente ao trabalhador e mediante recibo. No caso de ser o empregado analfabeto, deverá constar no recibo a sua impressão digital, ou, esta não sendo possível, que se tenha a assinatura a seu rogo (art. 464, *caput*, CLT).

A permissão quanto à assinatura a rogo implica ser cabível a quebra do princípio da pessoalidade, permitindo que o pagamento do salário também ocorra a uma pessoa credenciada pelo empregado.

A assinatura a rogo é aplicável tanto ao empregado alfabetizado como ao não alfabetizado. Pode ocorrer que o empregado alfabetizado esteja impossibilitado de assinar o recibo, logo, é cabível que alguém faça por ele, desde que devidamente habilitado.

O trabalhador menor de 18 anos pode dar recibo. No entanto, lhe é vedado dar quitação das verbas rescisórias sem assistência do responsável (art. 439).

A prova de pagamento se faz por meio de recibos. Quanto à referida exigência, aponta a doutrina: é *ad pompam et solemnitatem* – não se admite prova em contrário ou apenas *ad probationem tantum* – admite prova em contrário. Em nosso entendimento, o recibo é importante, porém, deve ser admitida prova em contrário. O importante é o pagamento do salário.

Para Sergio Pinto Martins,[2] *"não se admite a prova do pagamento de salário por meio de testemunhas, pois pode dar ensejo a fraudes; contudo, se o empregado confessar que recebeu o salário, estará suprida a falta de recibo. Em relação ao empregado doméstico, será possível ser utilizado qualquer meio de prova para demonstrar o pagamento do salário, em função de o art. 464 da CLT não lhe ser aplicável (art. 7º, a, da CLT)"*.

---

[1] MARTINS, Sergio Pinto. *Direito do trabalho*. 21. ed., p. 306.
[2] MARTINS, Sergio Pinto. Ob. cit., p. 307.

Em sentido contrário, Arnaldo Süssekind[3] afirma que *"a falta de recibo cria uma presunção juris tantum de que o pagamento não se realizou, sujeitando o empregador, a quem cabe o ônus de sua comprovação, a uma prova exuberante e incontroversa capaz de destruí-la. Da mesma forma, a exibição do recibo estabelece igual presunção no sentido de que o pagamento se verificou nos termos anotados no documento, impondo ao empregado a apresentação de prova robusta e convincente para comprovar que contém afirmação fictícia. A natureza probatória do dispositivo legal possibilita, portanto, ao empregador destruir a presunção juris tantum da falta de pagamento do salário, decorrente da ausência do recibo; e, ao empregado, comprovar a parcialidade de um pagamento, embora conste do recibo sua percepção integral, ou, ainda, o recebimento periódico de um salário complementar não anotado na Carteira de Trabalho e que não figura nos respectivos recibos".*

Também terá força de recibo o comprovante de depósito em conta bancária aberta para esse fim em nome do empregado, com o consentimento deste, em estabelecimento de crédito próximo ao local de trabalho (art. 464, parágrafo único).

O contrato de trabalho é de trato sucessivo, ou seja, os salários são pagos em prestações mensais. Em função dessa assertiva, será que é aplicável ao contrato individual de trabalho a regra do CC: quando o pagamento for em quotas periódicas, a quitação da última estabelece, até prova em contrário, a presunção de estarem solvidas as anteriores (art. 943)? A resposta é negativa, ante a obrigação, do empregador, de pagar os salários mensalmente, de forma direta e mediante recibo (arts. 459, 464 e 465, CLT).

A Convenção 117, OIT, aprovada pelo Decreto Legislativo 65, de 30/11/66, e promulgada pelo Dec. 66.496, de 27/4/70, em seu art. 11.1, determina que: "Tomar-se-ão as *medidas necessárias para assegurar que todos os salários ganhos sejam devidamente pagos, e os empregadores terão obrigatoriamente de estabelecer registros, que indiquem os pagamentos dos salários, de entregar aos trabalhadores atestados relativos ao pagamento dos seus salários e de tomar outras medidas apropriadas para facilitar a inspeção necessária*".

17.1.3 Pagamento em moeda corrente

O salário deve ser pago em moeda corrente no País (art. 463, *caput*, CLT). A imposição não abrange a parte do salário que pode ser paga em utilidades (art. 82).

Salvo autorização expressa da lei, as obrigações legais e contratuais devem ser cumpridas em moeda corrente, sob pena de nulidade (arts. 315 e 318, CC).

O pagamento do salário, sem a observância do art. 463, CLT, considera-se como não feito (art. 463, parágrafo único). Isso significa que o empregador deverá repetir o pagamento em moeda corrente no País, não cabendo ao empregado devolver o que recebeu, pois não terá direito à repetição aquele que deu alguma coisa para obter fim ilícito, imoral, ou proibido por lei (art. 883, CC).

---

[3] SÜSSEKIND, Arnaldo; MARANHÃO, Délio; VIANNA, Segadas; TEIXEIRA FILHO, João de Lima. *Instituições de direito do trabalho*. 19. ed., v. 1, p. 481.

Para Arnaldo Süssekind,[4] *"em face do estipulado no parágrafo único do art. 463, ter--se-á como não realizado o pagamento do salário que inobservar a regra do artigo. Trata-se de presunção juris et de jure, que não admite prova em contrário".*

A regra quanto ao pagamento em moeda corrente não é absoluta. Com base na Convenção 95, OIT, o Ministério do Trabalho expediu a Portaria 3.245/71, a qual foi revogada pela 3.281/84, admitindo o pagamento do salário ou férias por intermédio de depósito em conta-corrente ou em cheque.

As empresas situadas em perímetro urbano poderão efetuar o pagamento dos salários e da remuneração das férias por meio de conta-corrente, aberta para esse fim em nome de cada empregado e com o consentimento deste, em estabelecimento de crédito próximo ao local de trabalho, ou em cheque emitido diretamente pelo empregador em favor do empregado, salvo se o trabalhador for analfabeto, quando o pagamento somente poderá ser efetuado em dinheiro (art. 1º, *caput*, Portaria 3.281/84).

A adoção do sistema previsto no art. 1º da Portaria 3.281 será estipulada em convênio entre a empresa e o estabelecimento de crédito, de modo que o empregado possa utilizar a importância depositada de acordo com o disposto nos arts. 145, 459, parágrafo único, e 465 da CLT.

Os pagamentos efetuados de acordo com a Portaria 3.281 obrigam o empregador a assegurar ao empregado: (a) horário que permita o desconto imediato do cheque; (b) transporte, caso o acesso ao estabelecimento de crédito exija a utilização do mesmo; (c) condição que impeça qualquer atraso no recebimento dos salários e da remuneração das férias (art. 2º).

17.1.3.1 Pagamento de salário em moeda estrangeira

De acordo com o art. 1º do Dec.-lei 857/69, é nulo de pleno direito: os contratos, títulos e quaisquer documentos, bem como as obrigações que, exequíveis no Brasil, estipulem pagamento em ouro, em moeda estrangeira, ou por qualquer forma, restrinjam ou recusem, nos seus efeitos, o curso legal do cruzeiro.

Para Délio Maranhão,[5] *"a consequência da nulidade é a conversão da moeda estrangeira em moeda nacional, porque o empregado não pode ser prejudicado pela ilegalidade praticada pelo empregador. Seu salário há de ser pago. E não cabe a invocação do art. 460 da Consolidação porque, embora ilegal, estipulação de salário houve. O problema está em saber qual o momento dessa conversão, dada a flutuação da taxa de câmbio. Se no dia do contrato, ou do primeiro pagamento. Inclinamo-nos pela conversão ao câmbio da data do pagamento, se favorável ao empregado. Afinal, que significa estipular o empregador, embora contra a lei, um salário em moeda estrangeira, a ser pago no País, senão o propósito de pagar o que, em cruzeiros, equivalesse à moeda convencionada, de acordo com a variação cambial? Do contrário, a conversão seria feita, desde logo, na conclusão do contrato. A nulidade da*

---

[4] SÜSSEKIND, Arnaldo et al. Ob. cit., p. 486.
[5] MARANHÃO, Délio. *Direito do trabalho.* 8. ed., p. 200.

cláusula não pode ser invocada pelo empregador, em seu próprio favor, para eximir-se do pagamento. É preciso não esquecer que estamos no campo do Direito do Trabalho e não no do direito comum: em princípio, é nulo o ato quando prejudicial ao empregado".

A jurisprudência tem aceitado o pagamento em moeda estrangeira, desde que haja a conversão do valor para a moeda nacional pela taxa de câmbio à época da contratação.[6]

O salário de técnicos estrangeiros não precisa ser estipulado em moeda corrente do País. Porém, a taxa de conversão será a data de vencimento da obrigação (art. 3º, Dec.-lei 691/69).[7]

Os trabalhadores contratados ou transferidos para prestar serviços no exterior terão o seu salário-base fixado em moeda nacional, mas a remuneração devida durante o período da transferência, computada a parcela do adicional de transferência acordado, poderá, no todo ou em parte, ser paga no exterior, em moeda estrangeira (art. 5º, Lei 7.064/82).

17.1.4 A vedação ao *truck system*

O *truck system*, "*originariamente empregado na Inglaterra, e até hoje utilizado em regiões aonde não chegou ainda o Direito do Trabalho, consiste no pagamento do salário com papéis de aceitação restrita na localidade. Geralmente, com o recebimento desse bônus, ficam os empregados compelidos a adquirir as mercadorias de que necessitam nos estabe-*

---

[6] "(...) REDUÇÃO SALARIAL. FIXAÇÃO DO SALÁRIO EM MOEDA ESTRANGEIRA. O Tribunal Regional, ao contrário do que assevera a reclamada, deu a exata efetividade ao art. 463 da CLT, porquanto constatado que a reclamante sofreu redução nominal do salário em razão da variação cambial. Consoante bem advertido pelo Colegiado de origem, 'é vedado pagamento do salário em dólar, ou ainda a sua indexação, motivo pelo qual deve haver a conversão para a moeda nacional, de acordo com a taxa de câmbio **praticada na data da celebração do contrato**, aplicando-se sobre esse valor, quando houver, os reajustes legais ou contratuais' (sublinhei). A conversão do salário em moeda nacional somente na data do efetivo pagamento permite que o salário do empregado sofra alterações segundo as flutuações da moeda estrangeira, em flagrante violação à garantia da irredutibilidade salarial preconizada pelo art. 7º, IV, da Constituição da República. Precedentes. Agravo de instrumento não provido" (TST – 7ª T. – AIRR 115-73.2012.5.10.0009 – Rel. Des. Conv. André Genn de A. Barros – *DEJT* 7/8/2015).

"A vedação contida no art. 463 da CLT diz respeito ao pagamento do salário em moeda estrangeira, e não ao seu ajuste dessa forma. Na hipótese, comprovado que o salário do autor equivalia a determinada quantia em dólares, deve esta importância ser adotada para fixar o seu salário mensal, convertido em moeda corrente na data da contratação, aplicando-se os reajustes legais e normativos. Recurso provido" (TRT – 4ª R. – 7ª T. – RO 01455-1999-001-04-00-0 – Rel. Juiz Ricardo Hofmeister de Almeida Martins Costa – j. 7/5/2003).

[7] "Se a contratação é feita em dólar, o pagamento deve ser feito em real e a conversão deve ser feita na data da contratação, de forma a aplicar a legislação brasileira e as normas coletivas locais" (TRT – 2ª R. – 2ª T. – RO 01793-2004-017-02-00 – Rel. Sérgio Pinto Martins – *DOESP* 31/10/2006).

"[...] Nos contratos onde se ajustou o pagamento do salário em moeda estrangeira, a conversão deve respeitar o câmbio da data em que devida a parcela. Recurso de revista conhecido e desprovido (TST, Processo RR 129933/2004-900-01-00, Relator Ministro ALBERTO LUIZ BRESCIANI DE FONTAN PEREIRA). Agravo não provido" (TRT – 10ª R. – AP 46500-16.2006.5.10.0001 – Relª Maria P. Bueno Teixeira – *DJe* 17/12/2010 – p. 90).

lecimentos de propriedade do próprio empregador ou de pessoa que lhe assegure comissão no comércio compulsoriamente realizado".[8]

As empresas que mantiverem armazéns ou outros tipos de serviços destinados ao fornecimento de salário *in natura* não poderão exercer coação ou induzimento no sentido de que os seus empregados utilizem desses préstimos (art. 462, § 2º, CLT). Exceção à regra ocorre quando não for possível o acesso dos empregados a armazéns ou serviços não mantidos pela empresa. Nesse caso, é lícito à autoridade competente determinar a adoção de medidas adequadas, visando que as mercadorias sejam vendidas e os serviços prestados a preços razoáveis, sem intuito de lucro e sempre em benefício dos empregados (art. 462, § 3º).

A vedação quanto ao *truck system* não é absoluta, ante o argumento de que a legislação permite o pagamento de parcelas salariais *in natura* (arts. 82 e 458).

17.1.5 Local, dia e hora do pagamento

O pagamento do salário será efetuado em dia útil e no local de trabalho, dentro do horário do serviço ou imediatamente após o seu encerramento, salvo quando efetuado por depósito em conta bancária (arts. 464, parágrafo único, e 465, CLT).

17.1.6 Periodicidade e tempestividade do pagamento

O pagamento do salário não poderá exceder o período de um mês, devendo ocorrer até o 5º dia útil do mês subsequente ao mês vencido. Tal dispositivo não se aplica às comissões, percentagens e gratificações (art. 459, *caput* e § 1º, CLT).

Na contagem dos dias para o pagamento do salário será incluído o sábado, excluindo-se o domingo e o feriado, inclusive o municipal (art. 1º, I, IN 1, de 7/11/1989, Secretaria de Relações do Trabalho).

No caso de pagamento quinzenal ou semanal, deverá ser efetuado até o 5º dia útil após o vencimento (art. 1º, IV, IN 1).

Quando o empregador utilizar o sistema bancário para o pagamento dos salários, os valores deverão estar à disposição do empregado, o mais tardar, até o 5º dia útil (art. 1º, II).

As comissões e percentagens serão pagas mensalmente, depois de ultimada a transação a que se referem (art. 4º, Lei 3.207/57, e art. 466, CLT). O TST tem entendido que a comissão é devida com a realização da compra e venda, sendo que o eventual cancelamento da compra pelo cliente não elide o direito ao pagamento da comissão.[9] Poderá ser fixado outro prazo para pagamento, desde que não exceda um trimestre (art. 4º, parágrafo único, Lei 3.207).

---

[8] SÜSSEKIND, Arnaldo et al. Ob. cit., p. 483.
[9] TST – 2ª T. – RR 215800-97.2003.5.02.0002 – Rel. Des. Conv. Cláudio Armando Couce de Menezes – *DEJT* 2/10/2015.

Diante da inexistência de previsão expressa em contrato ou em instrumento normativo, a alteração de data de pagamento pelo empregador não viola o art. 468, CLT, desde que observado o art. 459, parágrafo único, CLT (OJ 159, SDI-I).

As empresas que estiverem em débito salarial (mora salarial), não poderão: (a) pagar honorários, gratificações, *pro labore* ou qualquer outro tipo de retribuição ou retirada a seus diretores, sócios, gerentes ou titulares de firma individual; (b) distribuir valores (lucros, bonificações, dividendos etc.) aos seus sócios, titulares, acionistas, ou membros de órgãos dirigentes, fiscais ou consultivos; (c) ser dissolvidas; (d) a mora contumaz impede qualquer benefício de natureza fiscal, tributária, ou financeira, por parte de órgãos da União, dos Estados ou dos Municípios, ou de que estes participem (Dec.-lei 368/68).

Considera-se mora contumaz o atraso ou sonegação de salários devidos aos empregados, por período igual ou superior a três meses, sem motivo grave e relevante, excluindo-se as causas pertinentes ao risco do empreendimento (art. 2º, § 1º).

Além disso, a mora salarial justifica a rescisão indireta do contrato de trabalho (art. 483, *d*, CLT).

O pagamento dos salários atrasados em audiência não elide a mora capaz de determinar a rescisão do contrato de trabalho (Súm. 13, TST).

Na rescisão do contrato de trabalho, havendo controvérsia sobre o montante das verbas rescisórias, o empregador é obrigado a pagar ao trabalhador, à data do comparecimento à Justiça do Trabalho, a parte incontroversa dessas verbas, sob pena de pagá-las acrescidas de 50% (art. 467, CLT).

Para a configuração dessa sanção, é necessária a conjugação dos seguintes fatores: (a) o término do contrato de trabalho; (b) o não pagamento da parcela incontroversa das verbas rescisórias pelo empregador quando do seu comparecimento ao juízo trabalhista; (c) a condenação imposta pelo juízo trabalhista.

O TST entende que são inaplicáveis os arts. 467 e 477 à massa falida, porque a mesma está impedida de saldar qualquer débito, até mesmo o de natureza trabalhista, fora do juízo universal da falência (Súm. 388).

A penalidade abrange o saldo de salários, o aviso prévio, as férias vencidas e proporcionais e seus respectivos abonos de 1/3, indenização por tempo de serviço (arts. 478 e 492, CLT), indenização adicional (art. 9º, Lei 7.238/84).

Na ótica de Sergio Pinto Martins, o acréscimo de 50% é inaplicável aos depósitos fundiários e à respectiva multa de 40%. O fato de esses títulos serem depositados na conta vinculada não elide o argumento de que são devidos em função do término do contrato de trabalho, portanto, são títulos rescisórios.

17.1.7 Descontos no salário do empregado

O salário é de natureza alimentar, sendo necessária a sua proteção jurídica quanto aos descontos feitos pelo empregador. Trata-se da aplicação do princípio da intangibilidade salarial.

Em função do princípio da intangibilidade salarial, tem-se a proibição dos descontos nos salários do empregado por parte do empregador (art. 462, *caput*, CLT).

Porém, há exceções:

a) adiantamento de salário, *"as importâncias normalmente oferecidas pelo empregador ao empregado, como acontece com os vales tirados pelo segundo no decorrer do mês. Logo, há a possibilidade do desconto no salário de tais adiantamentos, desde que tenham sido realmente recebidos pelo obreiro"*;[10]

b) os previstos em lei: contribuições previdenciárias (Lei 8.212/91), prestações alimentícias decorrentes de decisão judicial, compensação por falta de aviso prévio (art. 487, § 2º, CLT), mensalidade sindical (art. 543), contribuição sindical obrigatória (contribuição sindical) (art. 582),[11] imposto de renda na fonte (Lei 7.713/88), desconto de até 6% do salário em face da concessão do vale transporte (art. 9º, I, Dec. 95.247/87), da multa em relação ao atleta de futebol (arts. 48 e 50, Lei 9.615/98) e a devolução de prêmios e outras vantagens recebidas pelo atleta em caso de violação das regras de antidopagem (art. 50-A);

c) os previstos em cláusulas de convenção coletiva, acordo coletivo ou sentença normativa;[12]

d) preexistindo acordo no caso de culpa ou na ocorrência de dolo, os valores correspondentes aos danos causados pelo empregado ao empregador poderão ser descontados dos salários na época do pagamento (art. 462, § 1º);

Para Ísis de Almeida,[13] *"é lícito o desconto do valor de danos causados em bens da empresa pelo empregado, em virtude de ato culposo (negligência, imperícia ou imprudência), mas somente quando tal estipulação tiver sido ajustada por ocasião da admissão*

---

[10] MARTINS, Sergio Pinto. Ob. cit., p. 311.

[11] Com a Lei 13.467/2017, a qual deu nova redação ao art. 582, CLT, a contribuição sindical passou a ser facultativa, pois, o seu desconto depende da concordância do trabalhador.

[12] A jurisprudência atual do TST entende que a CF (arts. 5º, XX, e 8º, V) assegura o direito de livre associação e sindicalização, logo, seria ofensiva a essa modalidade de liberdade cláusula constante de acordo, convenção ou sentença normativa estabelecendo contribuição sindical a título de taxa para custeio do sistema confederativo, assistencial, revigoramento ou fortalecimento sindical e outros da mesma espécie, obrigando trabalhadores não sindicalizados. São nulas as estipulações que não observam tal restrição, tornando-se passíveis de devolução os valores irregularmente descontados (PN 119, SDC). No mesmo sentido, as cláusulas coletivas que estabeleçam contribuição em favor de entidade sindical, a qualquer título, obrigando trabalhadores não sindicalizados, são ofensivas ao direito de livre associação e sindicalização, constitucionalmente assegurado, e, portanto, nulas, sendo passíveis de devolução, por via própria, os respectivos valores eventualmente descontados (OJ 17, SDC). A Súmula Vinculante 40, STF, determina que a contribuição confederativa só é exigível dos filiados da entidade sindical, em face do disposto no art. 8º, IV, CF. Com a Lei 13.467/17, a qual deu nova redação ao art. 545, CLT, as contribuições (assistencial e confederativa) passaram a ser facultativas, pois os seus descontos dependem da concordância do trabalhador.

[13] ALMEIDA, Ísis de. *Manual de direito individual do trabalho*, p. 217.

do empregado, não se exigindo tal avença quando o dano resultou de dolo. Assim, deve-se entender um instrumento ou uma máquina danificados; um veículo abalroado; uma multa sofrida pela empresa em decorrência de infração de qualquer natureza causada pelo empregado, desde que fique legalmente apurada a sua culpa. Não basta que ele seja o responsável apenas pelo dano; exige-se uma ação direta dele, ainda que decorrente de negligência, imperícia ou imprudência [...]. Não poderá o empregador ratear, entre todos os empregados de uma seção, o valor de um dano, de uma ferramenta desaparecida, ou de prejuízo que lhe adveio pela inexecução ou mau desempenho de um serviço, se não foi identificado o causador direto do dano ou do prejuízo. Se o procedimento do empregado, entretanto, foi doloso causou dano ou prejuízo deliberadamente, o desconto independe de prévio ajuste (§ 1º do art. 462 da CLT)".

Questão interessante é a indagação no sentido de se aferir qual é o valor que o empregador pode descontar em caso de o montante ser superior ao salário mensal, ou mesmo, quando se tem a própria rescisão contratual.

Há doutrinadores que entendem que o valor a ser descontado fica limitado a um mês de salário, em função do que dispõe o art. 477, § 5º, CLT.[14]

Para outros, se o contrato estiver em vigência, que o desconto seja parcelado, de modo a não onerar o trabalhador. Justificamos o valor em torno de 30%, no máximo.

Porém, havendo a rescisão, entendíamos que o valor total do dano deveria ser descontado, pois não seria razoável, muito menos jurídico, a figura do enriquecimento ilícito (princípios da razoabilidade e da vedação do enriquecimento sem causa). O valor deveria ser descontado na íntegra dos títulos rescisórios e, se o montante fosse superior, o empregador teria a faculdade de demandar em juízo para o ressarcimento integral dos seus prejuízos.

Atualmente, alteramos o nosso entendimento. O valor do prejuízo causado pelo empregado ao empregador, em caso de término do contrato de trabalho, tem um limite, o qual corresponde ao valor máximo de um salário (art. 477, § 5º, CLT).[15] Não se pode esquecer que os valores da rescisão também são de natureza salarial, logo, de evidente cunho alimentar para o trabalhador e os seus familiares. A diferença haverá de ser objeto de uma demanda perante a Justiça do Trabalho.[16]

---

[14] "O § 5º do art. 477 da CLT dispõe que, na rescisão, qualquer compensação no pagamento a que fizer jus o empregado não poderá exceder o equivalente a um mês de sua remuneração. Exemplos de compensação: (a) aviso prévio (CLT, art. 487, § 2º); (b) prejuízo decorrente de dolo causado pelo empregado-reclamante no curso do contrato de trabalho (CLT, art. 462, § 1º). Em ambos os casos, a lei faculta ao reclamado pedir ao juiz que autorize a compensação de tais débitos com os eventuais créditos a que o empregado-reclamante tem direito" (LEITE, Carlos Henrique Bezerra. *Curso de direito processual do trabalho*. 4. ed., p. 468).

[15] TST – 3ª T. – RR 673-89.2012.5.04.0404 – Rel. Min. Alberto Luiz Bresciani de Fontan Pereira – j. 21/5/2014.

[16] TST – AIRR 0000702-67.2010.5.15.0093 – Rel. Des. Conv. André Genn de A. Barros – *DJe* 12/6/2015.

e) admite-se o desconto no salário dos valores referentes ao pagamento das prestações de dívidas contraídas para aquisição de unidade habitacional (Sistema Financeiro de Habitação), desde que a requerimento escrito do empregado. Possui caráter obrigatório para o empregador. Trata-se de uma garantia complementar na operação de financiamento (Lei 5.725/71);

f) descontos salariais efetuados pelo empregador, com a autorização prévia e por escrito do empregado, para ser integrado em planos de assistência odontológica, médico-hospitalar, de seguro, de previdência privada, ou de entidade cooperativa, cultural ou recreativo-associativa dos seus trabalhadores, em seu benefício e dos seus dependentes, não afrontam o disposto pelo art. 462, CLT, salvo se ficar demonstrada a existência de coação ou de outro defeito que vicie o ato jurídico (Súm. 342, TST). É inválida a presunção de vício de consentimento resultante do fato de ter o empregado anuído expressamente com descontos salariais na oportunidade da admissão. É de se exigir demonstração concreta do vício de vontade (OJ 160, SDI-I);

g) quando se fornece uma ou mais das parcelas do salário em utilidades (salário *in natura*), o empregador está autorizado a proceder ao desconto dessa parcela do valor do salário que se paga em dinheiro (art. 82, *caput*, CLT). Contudo, é assegurado ao empregado o direito à percepção em dinheiro de 30% do valor total do salário mínimo (art. 82, parágrafo único). Para Arnaldo Süssekind,[17] o desconto do adiantamento não é uma forma de desconto e sim de mera dedução;

h) os empregados poderão autorizar, de forma irrevogável e irretratável, o desconto, em folha de pagamento ou na sua remuneração, dos valores referentes ao pagamento de empréstimos, financiamentos, cartão de crédito e operações de arrendamento mercantil concedidos por instituições financeiras e sociedades de arrendamento mercantil, quando previsto nos respectivos contratos (art. 1º, *caput*, Lei 10.820/03).

17.1.7.1 *O desconto das multas*

As multas fixadas pelo empregador no contrato de trabalho reputam-se descontos salariais indevidos. Não se pode equiparar a multa à reparação de danos causados pelo empregado.

---

[17] "Os descontos salariais podem ser encarados sob o aspecto material e o jurídico: pelo prisma material é uma simples operação de dedução; mas nem sempre a subtração de uma parcela do salário ajustado, operada no momento do seu pagamento, constitui desconto sob o ponto de vista jurídico. Destarte, juridicamente não se poderão conceituar como desconto as deduções referentes aos adiantamentos de salário ou aos pagamentos de salário-utilidade, porque, em ambos os casos, o empregado já recebeu, antecipadamente, em espécie ou *in natura*, a parcela materialmente deduzida do salário que lhe foi entregue no dia do pagamento" (Ob. cit., v. 1, p. 470).

Segundo Arnaldo Süssekind,[18] *"dentre as penalidades aplicáveis a empregados faltosos, a multa salarial é a que merece maior repulsa da doutrina, porque é imoral e injurídica a falta de pagamento do trabalho executado. O empregado deve sempre receber o salário atinente à obrigação contratual cumprida; se praticou ato faltoso, deve ser punido de forma a não perder essa contraprestação. Daí por que o legislador brasileiro faculta ao empregador aplicar a seus empregados pena de suspensão até trinta dias, a qual, pelo prisma jurídico, não configura desconto salarial, porque também suspende a prestação de serviço. Para Orlando Gomes, a aplicação de multa pode resultar do 'contrato individual de trabalho, desde que as infrações multáveis sejam estipuladas'. Todavia, não se nos afigura procedente a conclusão do sempre lembrado professor baiano, como, aliás, atestam os autores já citados e a jurisprudência pátria. Como bem salienta Russomano, ao 'discordar radicalmente dessa orientação', a lei brasileira, 'quando atribuiu aos contratos individuais o poder de autorizar descontos, fê-lo em norma autônoma, no § 1º do art. 462, exclusivamente para os casos de danos causados pelo trabalhador'. Não podendo ser a multa estipulada em contrato individual de trabalho, certo é que também o regulamento da empresa não a poderá prever, uma vez que a eficácia jurídica deste instrumento advém da inserção de suas cláusulas nos contratos individuais de trabalho".*

Ísis de Almeida[19] entende que *"o trabalhador pode sofrer desconto em seu salário dos dias em que não trabalhou em virtude de suspensão disciplinar (os que têm a remuneração do repouso semanal condicionada à condição de pontualidade e assiduidade deixam de percebê-la também), mas não pode sofrer multa de nenhuma forma, salvo quando estipulada em convenção coletiva".*

17.1.7.2 Desconto de dívida civil ou comercial

Deve ser ressaltado que a dívida civil ou comercial não pode ser descontada do salário do empregado (Súm. 18, TST). A compensação da dívida trabalhista deve ser matéria de defesa (art. 767, CLT; Súm. 48, TST).

Na ótica de Ísis de Almeida,[20] é *"inadmissível a compensação de dívida civil ou comercial do empregado com seus créditos trabalhistas, ainda que o empregador tenha pago o débito como fiador ou avalista. Aluguéis atrasados, promissórias vencidas, duplicatas não resgatadas não podem ser pagos pela empresa para desconto no que tiver de pagar ao empregado por força do contrato de trabalho, salvo autorização expressa dele, em cada caso. A aquisição de mercadorias da própria empresa entende-se como transação estranha ao contrato de trabalho, devendo o respectivo pagamento ser realizado diretamente pelo empregado, ou expressamente autorizado por ele o respectivo desconto no salário. Se a transação é realizada a prazo, com ou sem reserva de domínio ou alienação fiduciária, as prestações vencidas estão no mesmo caso".*

---

[18] SÜSSEKIND, Arnaldo et al. Ob. cit., p. 473.
[19] ALMEIDA, Ísis de. Ob. cit., p. 217.
[20] ALMEIDA, Ísis de. Ob. cit., p. 218.

17.1.7.3 Autorização para desconto de prestações em folha de pagamento

17.1.7.3.1 Introdução

A Lei 10.820/03 estabeleceu a autorização para desconto de prestações em folha de pagamento.

Os empregados regidos pela CLT poderão autorizar o desconto em folha de pagamento dos valores referentes ao pagamento de empréstimos,[21] financiamentos[22], cartões de crédito e operações de arrendamento mercantil[23] concedidos por instituições financeiras e sociedades de arrendamento mercantil, quando previstos nos respectivos contratos (art. 1º, *caput*).

A autorização para o desconto é dada em caráter irrevogável e irretratável.

Os sujeitos relacionados com a operação de empréstimo, financiamento e arrendamento mercantil são: (a) empregador – a pessoa jurídica assim definida pela legislação trabalhista e o empresário (art. 966, CC); (b) empregado (art. 3º, CLT), na qualidade de mutuário; (c) instituição consignatária – a instituição autorizada a conceder empréstimo ou financiamento ou realizar operação com cartão de crédito ou de arrendamento mercantil (art. 2º, I a IV).

O desconto mencionado também poderá incidir sobre verbas rescisórias devidas pelo empregador, se assim previsto no respectivo contrato de empréstimo, financiamento, cartão de crédito ou arrendamento mercantil, até o limite de 35%, sendo 5% destinados exclusivamente para a: (a) amortização de despesas contraídas por meio de cartão de crédito; (b) utilização com a finalidade de saque por meio de cartão de crédito (art. 1º, § 1º). Verbas rescisórias são as importâncias devidas em dinheiro pelo empregador ao empregado em razão de rescisão do seu contrato de trabalho (art. 2º, V).

---

[21] Trata-se do mútuo, isto é, o empréstimo de consumo já que a "coisa emprestada, sendo fungível ou consumível, não poderá ser devolvida, de modo que a restituição se fará no seu equivalente, ou seja, por outra do mesmo gênero, quantidade e qualidade" (DINIZ, Maria Helena. *Dicionário jurídico*, v. 2, p. 316).

[22] Contrato de financiamento é a "operação bancária pela qual o banco antecipa numerário sobre créditos que o cliente (pessoa física ou jurídica) possa ter, com o escopo de emprestar-lhe certa soma, proporcionando-lhe recursos necessários para realizar certo ato negocial e reservando-lhe o direito de receber de devedores do financiado os créditos em seu nome ou na condição de seu representante, sem prejuízo das ações que contra ele conserva até a liquidação final" (DINIZ, Maria Helena. Ob. cit., v. 1, p. 847).

[23] Arrendamento mercantil (*leasing* financeiro) é "o contrato pelo qual uma pessoa jurídica, pretendendo utilizar determinado equipamento, comercial ou industrial, ou certo imóvel, consegue que uma instituição financeira o adquira, arrendando-o ao interessado, por tempo determinado, possibilitando ao arrendatário, findo tal prazo, optar entre a devolução do bem, a renovação do arrendamento ou aquisição do bem arrendado, mediante um preço residual fixado no contrato, isto é, o que fica após a dedução das prestações até então pagas" (DINIZ, Maria Helena. Ob. cit., v. 1, p. 275).

17.1.7.3.2 O valor do desconto e a sua sistemática de cálculo e respectivos limites

A Lei 10.820/03 estabeleceu a autorização para desconto de prestações em folha de pagamento.

Os empregados poderão autorizar, de forma irrevogável e irretratável, o desconto em folha de pagamento ou na sua remuneração disponível dos valores referentes ao pagamento de empréstimos, financiamentos, cartões de crédito e operações de arrendamento mercantil concedidos por instituições financeiras e sociedades de arrendamento mercantil, quando previsto nos respectivos contratos (art. 1º, *caput*, Lei 10.820).

Os empregados poderão solicitar o bloqueio, a qualquer tempo, de novos descontos. O que não afeta os descontos autorizados em data anterior à da solicitação do bloqueio.

Os sujeitos relacionados com a operação de empréstimo, financiamento e arrendamento mercantil são: (a) empregador, a pessoa jurídica assim definida pela legislação trabalhista e o empresário; (b) empregado, na qualidade de mutuário; (c) instituição consignatária, a instituição autorizada a conceder empréstimo ou financiamento ou realizar operação com cartão de crédito ou de arrendamento mercantil (art. 2º).

É facultado ao empregador descontar também os custos operacionais, devendo tornar disponível às entidades sindicais que solicitem as informações referentes aos custos operacionais.

O Dec. 4.840, de 17/9/2003 (Regulamento da Lei 10.820), dispõe sobre os limites de valor do empréstimo, da prestação consignável e do comprometimento das verbas rescisórias (art. 1º, § 2º, Lei 10.820).

No momento da contratação da operação, a autorização para a efetivação dos descontos deverá observar os seguintes limites: a soma dos descontos e o total das consignações voluntárias não podem exceder, respectivamente, a 35% e 40% da remuneração disponível (art. 2º, § 2º, I e II, Lei 10.820; art. 3º, I e II, Dec. 4.840).

O Dec. 4.840 define quais são os títulos e descontos obrigatórios que devem ser considerados para fins de apuração da remuneração disponível e do valor do desconto permitido.

Remuneração básica é a soma das parcelas pagas ou creditadas mensalmente em dinheiro ao empregado. Não podem ser incluídos nessa soma os seguintes títulos: (a) diárias; (b) ajuda de custo; (c) adicional pela prestação de serviço extraordinário; (d) gratificação natalina; (e) auxílio-natalidade; (f) auxílio-funeral; (g) adicional de férias; (h) auxílio-alimentação, mesmo se pago em dinheiro; (i) auxílio-transporte, mesmo se pago em dinheiro; (j) parcelas referentes à antecipação de remuneração de competência futura ou pagamento em caráter retroativo (art. 2º, § 1º, I a X, Dec. 4.840).

Remuneração disponível é a parcela remanescente da remuneração básica após a dedução das consignações compulsórias, assim entendidas as efetuadas a título de: (a) contribuição para a Previdência Social oficial; (b) pensão alimentícia judicial; (c) imposto sobre rendimentos do trabalho; (d) decisão judicial ou administrativa; (e) mensalidade e contribuição em favor de entidades sindicais; (f) outros descontos compulsórios instituídos por lei ou decorrentes de contrato de trabalho (art. 2º, § 2º, I a VI, Dec. 4.840).

Consignações voluntárias correspondem a todos os descontos autorizados pelo empregado (por exemplo: seguro de vida, refeição, vale-transporte, assistência médica etc.), com a inclusão do próprio valor para fins de empréstimo (Lei 10.820), contudo, excluindo-se as contribuições compulsórias (art. 2º, § 3º, Dec. 4.840; art. 2º, § 1º, Lei 10.820).

Os descontos autorizados de acordo com a Lei 10.820 terão preferência sobre outros descontos da mesma natureza que sejam autorizados posteriormente (art. 3º, § 4º, Lei 10.820; art. 5º, § 2º, Dec. 4.840).

O desconto da prestação para pagamento do empréstimo, financiamento ou arrendamento concedido será feito diretamente em folha de pagamento e o valor correspondente creditado a favor da instituição consignatária, independentemente de crédito e débito na conta corrente dos mutuários (art. 15, Regulamento).

É facultada a contratação pelo mutuário de seguro em favor da instituição consignatária, junto a ela própria ou a outra instituição de sua escolha, para cobertura do risco de inadimplência nas operações de que trata esse Decreto em caso de morte, desemprego involuntário ou redução de rendimentos (art. 17, Regulamento).

17.1.7.3.3 Os encargos legais do empregador

As obrigações do empregador são as seguintes (art. 3º, Lei 10.820; art. 5º, Dec. 4.840):

a) prestar ao empregado e à instituição consignatária, mediante solicitação formal do primeiro, as informações necessárias para a contratação da operação de crédito ou arrendamento mercantil, inclusive: (1) a data habitual de pagamento mensal do salário; (2) o total já consignado em operações preexistentes; (3) as demais informações necessárias para o cálculo da margem disponível para a consignação;

b) tornar disponíveis aos empregados, bem como às respectivas entidades sindicais, as informações referentes aos custos operacionais decorrentes da realização da operação. É facultado ao empregador descontar na folha de pagamento os custos operacionais. Custos operacionais compreendem: (1) a tarifa bancária cobrada pela instituição financeira referente à transferência dos recursos da conta corrente do empregador para a conta corrente da instituição consignatária; (2) despesa com alteração das rotinas de processamento da folha de pagamento para realização da operação (art. 10, § 1º, I e II, Regulamento). As demais regras, quanto a tais custos, encontram-se no art. 4º, §§ 5º e 6º, da Lei 10.802, e art. 10, §§ 2º a 5º, do Regulamento;

c) efetuar os descontos autorizados pelo empregado em folha de pagamento e sobre as verbas rescisórias e repassar o valor à instituição consignatária na forma e no prazo previstos em regulamento.

É vedado ao empregador impor ao mutuário e à instituição consignatária escolhida pelo empregado qualquer condição que não esteja prevista na Lei 10.820 ou em seu regulamento para a efetivação do contrato e a implementação dos descontos autorizados (art. 3º, § 1º).

Cabe ao empregador informar, no demonstrativo de rendimentos do empregado, de forma discriminada, o valor do desconto mensal decorrente de cada operação de empréstimo, financiamento, cartão de crédito ou arrendamento, bem como os custos operacionais (art. 3º, § 3º).

O empregador será o responsável pelas informações prestadas, pela retenção dos valores devidos e pelo repasse às instituições consignatárias, o qual deverá ser realizado até o 5º dia útil após a data de pagamento, ao mutuário, de sua remuneração disponível (art. 5º, *caput*, Lei 10.820; art. 6º, Regulamento).

Salvo disposição contratual em sentido contrário, o empregador não será corresponsável pelo pagamento dos empréstimos, financiamentos, cartões de crédito e arrendamentos mercantis concedidos aos mutuários, mas responderá sempre, como devedor principal e solidário, perante a instituição consignatária, por valores a ela devidos, em razão de contratações por ele confirmadas, que deixarem, por sua falha ou culpa, de serem retidos ou repassados (art. 5º, § 1º; art. 7º, Regulamento).

Contudo, na hipótese de comprovação de que o pagamento mensal do empréstimo, financiamento, cartão de crédito ou arrendamento mercantil foi descontado do mutuário e não foi repassado pelo empregador à instituição consignatária, fica ela proibida de incluir o nome do mutuário em qualquer cadastro de inadimplentes (art. 5º, § 2º; art. 9º, Regulamento). Nessa hipótese, o empregador e os seus representantes legais ficarão sujeitos à ação de depósito (art. 5º, § 3º). Caberá à instituição consignatária informar ao mutuário, por escrito ou por meio eletrônico por ele indicado no ato da celebração do contrato, toda vez que o empregador deixar de repassar o valor exato do desconto mensal (art. 8º, Regulamento).

No caso de falência do empregador, antes do repasse das importâncias descontadas dos mutuários, fica assegurado à instituição consignatária o direito de pedir, na forma prevista em lei, a restituição das importâncias retidas (art. 5º, § 4º). Em outras palavras, a instituição consignatária deverá habilitar o seu crédito junto aos autos da massa falida.

17.1.7.3.4 A concessão do empréstimo, financiamento ou arrendamento mercantil ao empregado. Liberação

Há várias formas negociais para a concessão de empréstimo, financiamento ou arrendamento mercantil (art. 4º, Lei 10.820):

a) acordo direto entre a instituição consignatária e o empregado, como mutuário. Nessa hipótese, os valores e demais condições objeto de livre negociação, respeitando-se as demais disposições da Lei 10.820 e seu regulamento;

b) negociação facultativa: (1) direta do empregador, com a anuência da entidade sindical representativa da maioria dos empregados, sem ônus para estes, com as instituições consignatárias; (2) coletiva das entidades e centrais sindicais, sem ônus para os empregados, firmar, com instituições consignatárias, acordo que defina condições gerais e demais critérios a serem observados nos empréstimos, financiamentos ou arrendamentos que venham a ser realizados com seus representados. Em qualquer hipótese, os acordos celebrados poderão: (a) definir critérios mínimos, parâmetros e condições financeiras diferenciadas por situação cadastral e demais características individuais do empregado, como também a diferenciação, por empresa, de critérios mínimos, parâmetros e condições financeiras (art. 4º, §§ 5º e 6º, Regulamento); (b) delegar à instituição consignatária a responsabilidade de receber, processar e encaminhar ao empregador as autorizações mencionadas no art. 5º, § 3º, III, do Regulamento (art. 4º, § 8º). A fixação de prestações fixas ao longo de todo o período de amortização é obrigatória nesses acordos (art. 4º, § 7º). É vedada aos empregadores, entidades e centrais sindicais a cobrança de qualquer taxa ou exigência de contrapartida pela celebração ou pela anuência nos acordos, bem como a inclusão, neles, de cláusulas que impliquem pagamento em seu favor, a qualquer título, pela realização das operações, executando-se a hipótese dos custos financeiros pela operação de empréstimo, financiamento ou arrendamento mercantil.

Assegura-se ao empregado o direito de optar por instituição consignatária que tenha firmado acordo com o empregador, com sua entidade sindical, ou qualquer outra instituição consignatária de sua livre escolha, ficando o empregador obrigado a proceder aos descontos e repasses por ele contratados e autorizados. Por outro lado, se o empregado preencher todos os requisitos e condições definidas no acordo firmado entre o empregador ou as entidades e centrais sindicais com a entidade consignatária, não poderá essa instituição negar-se a celebrar o empréstimo, financiamento ou arrendamento mercantil.

A liberação do crédito ao mutuário (art. 5º, §§ 3º a 7º, Dec. 4.840) exige:

a) a confirmação do empregador, por escrito ou meio eletrônico certificado, quanto à possibilidade de realização dos descontos, em função dos limites legais para a sua concessão;

b) a assinatura, por escrito ou meio eletrônico certificado, do contrato entre o mutuário e a instituição consignatária;

c) a outorga ao empregador, pelo mutuário, de autorização, em caráter irrevogável e irretratável, para a consignação das prestações contratadas em folha de pagamento. A autorização é outorgada de forma escrita ou por meio eletrônico certificado, podendo a instituição consignatária processar o documento e mantê-lo sob sua guarda, na condição de fiel depositária, transmitindo as informações ao empregador por meio seguro. Exceto quando diversamente previsto em contrato com a anuência do empregador, a efetivação do desconto em folha de pagamento do mutuário deverá ser iniciada pelo empregador no mínimo 30 dias e no máximo 60 dias após o recebimento da autorização. A autorização é nula de pleno direito na hipótese da não liberação do crédito ou do bem arrendado ao mutuário no prazo máximo de 5 dias úteis contados da data da outorga. A repactuação do contrato de empréstimo, financiamento ou operação de arrendamento mercantil que implique alteração do número ou do valor das prestações consignadas em folha observará os mesmos procedimentos.

17.1.7.3.5 O desconto e o benefício previdenciário

Na hipótese de entrada em gozo de benefício previdenciário temporário pelo mutuário, com suspensão do pagamento de sua remuneração por parte do empregador, cessa a obrigação de este efetuar a retenção e o repasse das prestações à instituição consignatária (art. 14, *caput*, Regulamento).

Para tanto, é obrigatório que o contrato de empréstimo, financiamento ou operação de arrendamento mercantil celebrado contenha cláusula que regulamente as relações entre o mutuário e a instituição consignatária durante a percepção do benefício previdenciário (art. 14, parágrafo único).

17.1.7.3.6 O desconto e o término do contrato individual de trabalho

Em caso de rescisão do contrato de trabalho do empregado antes do término da amortização do empréstimo, ressalvada disposição contratual em contrário, serão mantidos os prazos e encargos originalmente previstos, cabendo ao mutuário efetuar o pagamento mensal das prestações diretamente à instituição consignatária (art. 13, Regulamento).

Os contratos de empréstimo, financiamento ou arrendamento poderão prever a incidência de desconto de até 30% das verbas rescisórias para a amortização total ou parcial do saldo devedor líquido para quitação na data de rescisão do contrato de trabalho do empregado (art. 16, *caput*).

Considera-se saldo devedor líquido para quitação o valor presente das prestações vincendas na data da amortização, descontado à taxa de juros contratualmente fixada referente ao período não utilizado em função da quitação antecipada. Deverá a instituição consignatária informar ao mutuário e ao empregador, por escrito ou meio eletrônico certificado, o valor do saldo devedor líquido para quitação. Quando o saldo devedor líquido para quitação exceder o valor comprometido das verbas rescisórias, caberá ao mutuário efetuar o pagamento do restante diretamente à instituição consignatária, assegurada a manutenção das condições de número de prestações vincendas e taxa de juros originais, exceto se houver previsão contratual em contrário. Havendo previsão de vinculação de verbas rescisórias em mais de um contrato, será observada a ordem cronológica das autorizações referidas no inciso III do § 3º do art. 5º (art. 16, §§ 1º a 4º).

De acordo com a Lei 13.313, a qual acresceu os §§ 5º a 8º ao art. 1º, Lei 10.820, nas operações de crédito consignado, o empregado poderá oferecer em garantia, de forma irrevogável e irretratável, o percentual de até: (a) 10% do saldo de sua conta vinculada no FGTS; (b) 100% do valor da multa paga pelo empregador.

A garantia só poderá ser acionada na ocorrência de despedida (sem justa causa; indireta; culpa recíproca ou força maior), não lhe aplicando a impenhorabilidade do FGTS.

O Conselho Curador do FGTS poderá definir o número máximo de parcelas e a taxa máxima mensal de juros a ser cobrada pelas instituições consignatárias nas operações de crédito.

Cabe ao agente operador do FGTS definir os procedimentos operacionais necessários à execução da garantia.

17.2 CONTRA OS CREDORES DO EMPREGADOR

17.2.1 A falência e os créditos trabalhistas

O art. 149, *caput*, da Lei 11.101/05 (Lei das Falências) enuncia que realizadas as restituições (arts. 85 e segs.), pagos os créditos extraconcursais[24] e consolidado o quadro-geral de credores, as importâncias recebidas com a realização do ativo serão destinadas ao pagamento dos credores, atendendo à classificação prevista no art. 83, respeitados os demais dispositivos legais e as decisões judiciais que determinam reserva de importâncias.[25]

Pela interpretação do art. 149, após o pagamento dos pedidos de restituições e dos créditos extraconcursais, o ativo auferido na falência destina-se ao pagamento dos demais credores.

Pelo art. 83, I, os créditos derivados da legislação do trabalho, limitados a 150 salários-mínimos por credor, e os decorrentes de acidentes de trabalho, possuem preferência quanto aos demais credores da massa.

O art. 186, CTN (Lei 5.172/66) rezava que o crédito tributário preferia a qualquer outro, seja qual for à natureza ou o tempo da constituição deste, ressalvados os créditos decorrentes da legislação do trabalho. Ocorre que o art. 186 CTN foi alterado pela LC 118/05.

Com a LC 118, o crédito tributário prefere a qualquer outro seja qual for sua natureza ou o tempo de sua constituição, ressalvados os créditos decorrentes da legislação do trabalho ou do acidente de trabalho, sendo que em caso de falência: (a) o crédito tributário não prefere aos créditos extraconcursais ou às importâncias passíveis de restituição, nos termos da lei falimentar, nem aos créditos com garantia real, no limite do valor do bem gravado; (b) a lei poderá estabelecer limites e condições para a preferência dos créditos decorrentes da legislação do trabalho; (c) a multa tributária prefere apenas aos créditos subordinados.

Com isso, resolveram-se possíveis discussões sobre conflito de normas entre o texto do CTN e a Lei 11.101.

---

[24] São créditos extraconcursais, os quais serão pagos com precedência sobre os mencionados no art. 83, na ordem a seguir, os relativos a: (a) remunerações devidas ao administrador judicial e seus auxiliares, e créditos derivados da legislação do trabalho ou decorrentes de acidentes de trabalho relativos a serviços prestados após a decretação da falência; (b) quantias fornecidas à massa pelos credores; (c) despesas com arrecadação, administração, realização do ativo e distribuição do seu produto, bem como custas do processo de falência; (d) custas judiciais relativas às ações e execuções em que a massa falida tenha sido vencida; (e) obrigações resultantes de atos jurídicos praticados durante a recuperação judicial (art. 67, Lei 11.101), ou após a decretação da falência, e tributos relativos a fatos geradores ocorridos após a decretação da falência, respeitada a ordem estabelecida no art. 83 (art. 84, I a V).

[25] Havendo reserva de importâncias, os valores a ela relativos ficarão depositados até o julgamento definitivo do crédito e, no caso de não ser este finalmente reconhecido, no todo ou em parte, os recursos depositados serão objeto de rateio suplementar entre os créditos remanescentes (art. 149, § 1º).

Contudo, importante ressaltar, houve muita discussão sobre a limitação do crédito trabalhista a um teto. Dizia-se, segundo Manoel Justino, que a limitação era necessária, para que fossem evitados os créditos "maquiados", normalmente criados às vésperas da falência, em favorecimento a pessoas que nunca haviam trabalhado ou a pessoas que teriam, na realidade, um crédito muito menor. Na visão de Manoel Justino, o argumento parece não ser o mais correto, pois não se pode entender como justo castigar-se o trabalhador que efetivamente tem valores altos a receber em decorrência de dedicação à empresa por longo tempo porque o cumprimento dessa obrigação poderia vir a favorecer terceiros fraudadores. É claro que muito mais correto, intuitivo até, seria criar mecanismos para evitar a fraude, ao invés de punir indiscriminadamente todos os empregados.

O STF tem entendido que a execução do crédito trabalhista, após a sua fixação pelo Judiciário Trabalhista, há de ser feita junto à massa falida (STF – RE 583.955 – Rel. Min. Ricardo Lewandowski – *DJe* 28/8/2009).

17.2.2 Os precatórios e os créditos trabalhistas

17.2.2.1 Conceito de Fazenda Pública

A expressão "Fazenda Pública" compreende as pessoas jurídicas de direito público interno (União, os Estados, os Municípios, o Distrito Federal, os Territórios e as autarquias ou fundações de Direito Público federais, estaduais ou municipais cujos bens estejam sujeitos ao regime de Direito Público).

As empresas públicas e as sociedades de economia mista são entes de direito privado, não se adequando ao conceito de Fazenda Pública (art. 173, § 1º, II, CF).

17.2.2.2 Obrigatoriedade do precatório na execução contra a Fazenda Pública

Como regra, os pagamentos devidos pela Fazenda Pública Federal, Estadual, Distrital e Municipal, em virtude de sentença judiciária, serão efetuados exclusivamente na ordem cronológica de apresentação dos precatórios[26] e à conta dos créditos respectivos,

---

[26] Precatório é a "requisição de pagamento ou prestação pecuniária que é objeto da execução contra a Fazenda Pública, contendo peças obrigatórias exigidas pelo regimento do tribunal, pelo juízo da execução ou indicadas pelas partes, tais como: petição inicial, procuração, contestação, sentença de primeiro grau, acórdão do tribunal, petição inicial da execução, sentença que julgou a liquidação, firma reconhecida do magistrado e autenticação das peças que foram juntadas por cópia. A requerimento do autor, o juízo da execução promove o envio do aludido ofício ao presidente do tribunal para que este, após ouvir o Ministério Público e obter parecer favorável, requisite a verba junto à autoridade administrativa" (DINIZ, Maria Helena. *Dicionário jurídico*, v. 3, p. 675). Pela IN 32/07, do TST, o precatório trabalhista conterá as seguintes informações: (a) número do processo; (b) nomes das partes e de seus procuradores; (c) nomes dos beneficiários e respectivos números no CPF ou no CNPJ, inclusive quando se tratar de advogados, peritos e outros; (d) natureza do crédito (comum ou alimentar) e espécie da requisição (RPV ou precatório); (e) valor individualizado por beneficiário e valor total da requisição; (g) data-base considerada para efeito de atualização monetária dos valores; (f) data do trânsito em julgado da sentença ou acórdão (art. 9º).

proibida a designação de casos ou de pessoas nas dotações orçamentárias e nos créditos adicionais abertos para esse fim (art. 100, *caput*, CF).[27]

No orçamento das entidades de direito público, tem-se por obrigatória a inclusão de verba necessária ao pagamento de seus débitos, oriundos de sentenças transitadas em julgado, constantes de precatórios judiciários apresentados até 1º de julho, fazendo-se o pagamento até o final do exercício seguinte, quando terão seus valores atualizados monetariamente (art. 100, § 5º). Durante o período previsto no § 1º do art. 100 da Constituição, não incidem juros de mora sobre os precatórios que nele sejam pagos (SV 17, STF).

As dotações orçamentárias e os créditos abertos serão consignados diretamente ao Poder Judiciário, cabendo ao Presidente do Tribunal que proferir a decisão exequenda determinar o pagamento integral e autorizar, a requerimento do credor e exclusivamente para os casos de preterimento de seu direito de precedência ou de não alocação orçamentária do valor necessário à satisfação do seu débito, o sequestro da quantia respectiva (art. 100, § 6º).

O Presidente do Tribunal competente que, por ato comissivo ou omissivo, retardar ou tentar frustrar a liquidação regular de precatórios incorrerá em crime de responsabilidade e responderá, também, perante o Conselho Nacional de Justiça (art. 100, § 7º).

Após a citação da Fazenda Pública, o juiz requisitará o pagamento por intermédio do presidente do tribunal competente (arts. 535, § 3º, I, e 910, § 1º, CPC), sendo que o pagamento será realizado na ordem de apresentação do precatório e à conta do respectivo crédito.

17.2.2.3 *Créditos de natureza alimentícia*

Os débitos de natureza alimentícia compreendem aqueles decorrentes de salários, vencimentos, proventos, pensões e suas complementações, benefícios previdenciários e indenizações por morte ou invalidez, fundadas na responsabilidade civil, em virtude de sentença transitada em julgado, e serão pagos com preferência sobre todos os demais débitos, exceto sobre aqueles referidos no § 2º, art. 100 (art. 100, § 1º, CF).[28]

---

[27] É válida a penhora em bens de pessoa jurídica de direito privado, realizada anteriormente à sucessão pela União ou por estado-membro, não podendo a execução prosseguir mediante precatório. A decisão que a mantém não viola o art. 100, CF (OJ 343, SDI-I).

[28] O Conselho Federal da Ordem dos Advogados do Brasil (CFOAB), Associação dos Magistrados Brasileiros (AMB); Associação Nacional dos Membros do Ministério Público (CONAMP); Associação Nacional dos Servidores do Poder Judiciário (ANSJ); Confederação Nacional dos Servidores Públicos (CNSP); Associação Nacional dos Procuradores do Trabalho (ANPT) questionam perante o STF a constitucionalidade formal e material da EC 62 (ADIn 4357, Rel. Min. Carlos Ayres Britto). Em março de 2013, o Plenário do STF declarou procedente em parte a ação para declarar a inconstitucionalidade da expressão "na data de expedição de precatório", contida no § 2º, bem como os §§ 9º, 10 e 15, bem como das expressões "índice oficial de remuneração básica da caderneta de poupança" e "independentemente de sua natureza", constantes do § 12, todos dispositivos do art. 100 da CF, com a redação dada pela EC 62/09. Também houve a declaração da inconstitucionalidade do art. 97 do ADCT e do art. 1º-F, da Lei 9.494/97.

Os débitos de natureza alimentícia cujos titulares, originários ou por sucessão hereditária, tenham 60 anos de idade, ou sejam portadores de doença grave, ou pessoas com deficiência, assim definidos na forma da lei, serão pagos com preferência sobre todos os demais débitos, até o valor equivalente ao triplo do fixado em lei para os fins do disposto no § 3º, art. 100, admitido o fracionamento para essa finalidade, sendo que o restante será pago na ordem cronológica de apresentação do precatório (art. 100, § 2º).

Os créditos trabalhistas são considerados de natureza alimentícia, logo, estão sujeitos à espera na ordem cronológica entre os demais de igual natureza, já que toda a despesa pública necessita de previsão orçamentária (art. 167, CF).

O pagamento dos créditos trabalhistas será realizado na ordem de apresentação dos respectivos precatórios de natureza alimentícia (Súm. 144, STJ; Súm. 655, STF).

Não cabe recurso extraordinário contra decisão proferida no processamento de precatórios (Súm. 733).

17.2.2.4 Obrigações de pequeno valor contra a Fazenda Pública

A exigência da expedição de precatórios não se aplica aos pagamentos de obrigações definidas em lei como de pequeno valor que a Fazenda Pública (Federal, Estadual, Distrital ou Municipal) deva fazer em virtude de sentença judicial transitada em julgado (art. 100, § 3º, CF).[29]

Nos termos do art. 128, Lei 8.213/91, as demandas judiciais que tiverem por objeto o reajuste ou a concessão de benefícios regulados pela lei previdenciária cujos valores de execução não forem superiores a R$ 57.240,00 (Portaria Interministerial MF 15, de 16/1/2018), por opção de cada um dos exequentes, por autor poderão ser quitadas no prazo de até sessenta dias após a intimação do trânsito em julgado da decisão, sem necessidade da expedição de precatório.

Não se admite a expedição de precatório complementar ou suplementar de valor pago, bem como fracionamento, repartição ou quebra do valor da execução, para que o pagamento ocorra em parte sem precatório e a outra mediante expedição de precatório (art. 100, § 8º).

O montante da obrigação de pequeno valor pode ser fixado de forma distinta para as entidades de direito público, segundo as diferentes capacidades econômicas, contudo, será respeitado, por mínimo, o valor do maior benefício do regime geral de previdência social (art. 100, § 4º).

Com a promulgação da Lei 10.259/01, houve a instituição do Juizado Especial Cível, no âmbito da Justiça Federal, o qual tem as atribuições de processar, conciliar e julgar causas até o valor de 60 salários-mínimos, bem como executar as suas sentenças (art. 3º, *caput*).

---

[29] Há dispensa da expedição de precatório, na forma do art. 100, § 3º, CF, quando a execução contra a Fazenda Pública não exceder os valores definidos, provisoriamente, pela EC 37/02, como obrigações de pequeno valor, inexistindo ilegalidade, sob esse prisma, na determinação de sequestro da quantia devida pelo ente público (OJ 1, TP).

O cumprimento do acordo ou da sentença, com trânsito em julgado, que imponham obrigação de fazer, não fazer ou entrega de coisa certa, será efetuado mediante ofício do juiz à autoridade citada para a causa, com cópia da sentença ou do acordo (art. 16).

Tratando-se de obrigação de pagar quantia certa, após o trânsito em julgado da decisão, o pagamento será efetuado no prazo de 60 dias, contados da entrega da requisição, por ordem do juiz, à autoridade citada para a causa, na agência mais próxima da Caixa Econômica Federal (CEF) ou do Banco do Brasil, independentemente de precatório (art. 17, *caput*).

A obrigação de pequeno valor tem por limite o valor estabelecido na Lei 10.259 para a competência do Juizado Especial Federal Cível, ou seja, o equivalente a 60 salários-mínimos (art. 17, § 1º).

Caso não seja cumprida a requisição judicial, o juiz determinará o sequestro do numerário suficiente ao cumprimento da decisão (art. 17, § 2º).

Se o valor da execução ultrapassar o estabelecido montante de 60 salários-mínimos, o pagamento será efetuado, sempre, por meio do precatório, contudo, o exequente tem a faculdade de renunciar ao crédito do valor excedente, para que possa optar pelo pagamento do saldo sem o precatório (art. 17, § 4º).

Em abril/2007, o TST fixou o entendimento de que em se tratando de reclamações trabalhistas plúrimas, a aferição do que vem a ser obrigação de pequeno valor, para efeito de dispensa de formação de precatório e aplicação do disposto no art. 100, § 3º, CF, deve ser realizada de acordo com os créditos de cada reclamante (OJ 9, TP).

A Instrução Normativa 32 do TST define os valores relativos à execução por obrigação de pequeno valor: (a) 60 salários-mínimos (Fazenda Pública Federal); (b) 40 salários ou o valor estipulado pela legislação local (Fazendas Públicas: Estadual e Distrital); (c) 30 salários-mínimos, ou o valor estipulado pela legislação local (Fazenda Pública Municipal).

17.2.2.5 Compensação de crédito pela Fazenda Pública

No momento da expedição dos precatórios, independentemente de regulamentação, deles deverá ser abatido, a título de compensação, valor correspondente aos débitos líquidos e certos, inscritos ou não em dívida ativa e constituídos contra o credor original pela Fazenda Pública devedora (com a inclusão das parcelas vincendas de parcelamentos), ressalvada a execução suspensa em virtude de contestação administrativa ou judicial (art. 100, § 9º).

Antes da expedição dos precatórios, o Tribunal solicitará à Fazenda Pública devedora, para resposta em até 30 dias, sob pena de perda do direito de abatimento, informação sobre os débitos que preencham as condições estabelecidas no § 9º, para os fins nele previstos (art. 100, § 10).

Os §§ 9º e 10 foram declarados inconstitucionais pela decisão do STF (ADIn 4.357).

17.2.2.6 Atualização dos precatórios

A atualização de valores de requisitórios, após sua expedição, até o efetivo pagamento, independentemente de sua natureza, será feita pelo índice oficial de remuneração básica da caderneta de poupança, e, para fins de compensação da mora, incidirão juros simples no mesmo percentual de juros incidentes sobre a caderneta de poupança, ficando excluída a incidência de juros compensatórios (art. 100, § 12).

As expressões "índice oficial de remuneração básica da caderneta de poupança" e "independentemente de sua natureza" foram declaradas inconstitucionais pelo STF (ADIn 4357). Na sua decisão, o STF entendeu que devem ser aplicados os mesmos critérios de fixação de juros moratórios para devedores públicos e privados nos limites da relação jurídica tributária. Isso significa que essa decisão não afetou os critérios de juros e correção monetária quanto aos débitos trabalhistas da Fazenda Pública.

No RE 870.947, quanto aos juros moratórios e à correção monetária impostas à Fazenda Pública, o STF fixou as seguintes teses: (a) juros moratórios – *"O art. 1º-F da Lei nº 9.494/97, com a redação dada pela Lei nº 11.960/09, na parte em que disciplina os juros moratórios aplicáveis a condenações da Fazenda Pública, é inconstitucional ao incidir sobre débitos oriundos de relação jurídico-tributária, aos quais devem ser aplicados os mesmos juros de mora pelos quais a Fazenda Pública remunera seu crédito tributário, em respeito ao princípio constitucional da isonomia (CRFB, art. 5º, caput); quanto às condenações oriundas de relação jurídica não tributária, a fixação dos juros moratórios segundo o índice de remuneração da caderneta de poupança é constitucional, permanecendo hígido, nesta extensão, o disposto no art. 1º-F da Lei nº 9.494/97 com a redação dada pela Lei nº 11.960/09"*; (b) correção monetária – *"O art. 1º-F da Lei nº 9.494/97, com a redação dada pela Lei nº 11.960/09, na parte em que disciplina a atualização monetária das condenações impostas à Fazenda Pública segundo a remuneração oficial da caderneta de poupança, revela-se inconstitucional ao impor restrição desproporcional ao direito de propriedade (CRFB, art. 5º, XXII), uma vez que não se qualifica como medida adequada a capturar a variação de preços da economia, sendo inidônea a promover os fins a que se destina"*.

Portanto, de acordo com a OJ 7, TP, TST, quanto aos juros e correção monetária dos débitos trabalhistas da Fazenda Pública, devem ser observados: (a) 1% ao mês, até agosto de 2001 (art. 39, § 1º, Lei 8.177/91); (b) 0,5% ao mês, de setembro de 2001 a junho de 2009 (art. 1º-F, Lei 9.494/97); (c) a partir de 30/6/2009, atualizam-se os débitos trabalhistas, mediante a incidência dos índices oficiais de remuneração básica e juros aplicados à caderneta de poupança (art. 5º da Lei 11.960/2009).

De acordo com a Súmula Vinculante 17, durante o período previsto no § 1º do art. 100 da CF (período transcorrido entre a elaboração da conta e o efetivo pagamento, se realizado no exercício subsequente), não incidem juros de mora sobre os precatórios que nele sejam pagos.

17.2.2.7 Atuação do credor

É facultada ao credor (conforme estabelecido em lei da entidade federativa devedora) a entrega de créditos em precatórios para compra de imóveis públicos do respectivo ente federado (art. 100, § 11).

O credor poderá ceder, total ou parcialmente, seus créditos em precatórios a terceiros, independentemente da concordância do devedor (art. 100, § 13), não se aplicando ao cessionário os seguintes benefícios:

(a) Os débitos de natureza alimentícia cujos titulares, originários ou por sucessão hereditária, tenham 60 anos de idade, ou sejam portadores de doença grave, ou pessoas com deficiência, assim definidos na forma da lei, serão pagos com preferência sobre todos os demais débitos, até o valor equivalente ao triplo do fixado em lei para os fins do disposto no § 3º, art. 100, admitido o fracionamento para essa finalidade, sendo que o restante será pago na ordem cronológica de apresentação do precatório (art. 100, § 2º); (b) a expedição de precatórios não se aplica aos pagamentos de obrigações definidas em leis como de pequeno valor que as Fazendas referidas devam fazer em virtude de sentença judicial transitada em julgado (art. 100, § 3º).

A cessão de precatórios somente produzirá efeitos após comunicação, por meio de petição protocolizada, ao tribunal de origem e à entidade devedora (art. 100, § 14).

17.2.3 Recuperação judicial e os créditos trabalhistas

Como regra, o deferimento do processamento da recuperação judicial suspende o curso da prescrição e de todas as ações e execuções em face do devedor, inclusive aquelas dos credores particulares do sócio solidário (art. 6º, *caput*, Lei 11.101).

Pela interpretação lógica do art. 6º, a suspensão somente é aplicável para as ações e execuções nas quais se tenha a fixação de um valor líquido em face do devedor, de acordo com as próprias exceções legais:

a) o processamento da demanda em que se tenha quantia ilíquida (art. 6º, § 1º), pela necessidade da liquidação do crédito na ação competente, para a subsequente habilitação;

b) as ações de natureza trabalhista e as impugnações previstas no art. 8º, Lei 11.101, serão processadas perante a Justiça do Trabalho até a apuração do respectivo crédito, que será inscrito no quadro-geral de credores pelo valor determinado em sentença (art. 6º, § 2º). Essa exceção deriva da competência material trabalhista prevista no art. 114, CF.

Nas duas hipóteses acima, o juiz da ação ou da execução tem a faculdade de determinar a reserva da importância que estimar devida na recuperação judicial. Após a fixação do crédito (valor líquido), o seu montante poderá ser incluído na classe própria (art. 6º, § 3º).

Portanto, o magistrado trabalhista, mesmo antes da prolação da sentença de mérito ou da liquidação do crédito na execução, por cautela, poderá solicitar ao juízo da recuperação judicial ou da falência a reserva de numerário para a garantia do crédito trabalhista.

A suspensão do curso da prescrição na recuperação judicial não excederá o prazo improrrogável de 180 dias contado do deferimento do processamento da recuperação, restabelecendo-se, após o decurso do prazo, o direito dos credores de iniciar ou continuar suas ações e execuções, independentemente de pronunciamento judicial (art. 6º, § 4º).

O art. 6º, § 2º, permite pleitear, perante o administrador judicial, habilitação, exclusão ou modificação de créditos derivados da relação de trabalho. Essa possibilidade é admissível se o crédito for líquido.

O art. 6º, § 5º, menciona que é aplicável ao processo trabalhista a suspensão do curso da prescrição e das ações e execuções contra o devedor, durante a recuperação judicial, devendo ser observado o prazo improrrogável de 180 dias, sendo que, após o fim da suspensão, as execuções trabalhistas poderão ser normalmente concluídas, ainda que o crédito já esteja inscrito no quadro-geral de credores.

Após o decurso do prazo de 180 dias, o crédito trabalhista poderá ser executado na própria ação trabalhista, mesmo que o crédito tinha sido incluído junto ao quadro-geral de credores.

Há decisões de TRTs pelo prosseguimento da execução trabalhista após o decurso do prazo de 180 dias.

O STJ tem entendido que a execução do crédito trabalhista há de ser feita junto ao juízo onde se processa a recuperação judicial.

Por outro lado, diante da ocorrência da adjudicação na vara do trabalho, o STJ manteve a execução no judiciário laboral.

Pela Súmula 480, o STJ fixou o entendimento de que o juízo da recuperação judicial não é competente para decidir sobre a constrição de bens não abrangidos pelo plano da recuperação judicial.

O STF, em decisão de lavra do Ministro Ricardo Lewandowski, deliberou que compete à Justiça Comum a execução de créditos trabalhistas em processos de recuperação judicial, excluindo-se, assim, a competência da Justiça do Trabalho.[30]

17.2.4 Liquidação extrajudicial e os créditos trabalhistas

Na hipótese de liquidação extrajudicial, é direta a execução do crédito trabalhista, não alterando o curso normal do processo trabalhista (OJ 143, SDI-I).

17.2.5 Recuperação extrajudicial e o crédito trabalhista

A recuperação extrajudicial, ou seja, o ajuste direto entre o devedor e os seus credores, não é aplicável aos créditos trabalhistas, consoante o teor do art. 161, § 1º, Lei 11.101.

A exclusão é respaldada pela essência do Direito do Trabalho, isto é, o caráter alimentar do crédito trabalhista e a irrenunciabilidade dos direitos trabalhistas, decorrência direta do princípio protetor (art. 9º, CLT).

---

[30] STF – RE 583955/RJ – Rel. Min. Ricardo Lewandowski – *DJE* de 27/08/2009.

17.3 CONTRA OS CREDORES DO EMPREGADO

17.3.1 Impenhorabilidade do salário

O CPC/73 determinava que o salário era impenhorável, excetuando-se a hipótese em que a penhora era para pagamento de prestação alimentícia (art. 649, IV, § 2º).

Diante da exceção prevista no art. 649, § 2º, CPC/73, será que seria inoponível a impenhorabilidade a qualquer credor de prestação alimentícia? Em outras palavras: Qual é o exato sentido da expressão "prestação alimentícia"?

Se adotássemos uma visão restrita, a expressão "prestação alimentícia" estaria relacionada somente com os alimentos previstos no art. 1.694, CC. A impenhorabilidade não seria oponível somente para os alimentos decorrentes da lei civil.

Maria Helena Diniz ressalta que: *"Segundo Orlando Gomes, alimentos são prestações para satisfação das necessidades vitais de quem não pode provê-las por si. Compreende o que é imprescindível à vida da pessoa como alimentação, vestuário, habitação, tratamento médico, diversões, e, se a pessoa alimentada for menor de idade, ainda verbas para sua instrução e educação (CC, art. 1.701, in fine), incluindo parcelas despendidas com sepultamento, por parentes legalmente responsáveis pelos alimentos. [...] O fundamento desta obrigação de prestar alimentos é o princípio da preservação da dignidade da pessoa humana (CF, art. 1º, III) e o da solidariedade humana, pois vem a ser um dever personalíssimo, devido pelo alimentante, em razão do parentesco que o liga ao alimentado. Assim, na obrigação alimentar um parente fornece a outro aquilo que lhe é necessário à sua manutenção, assegurando-lhe meios de subsistência, se ele, em virtude da idade avançada, doença, falta de trabalho ou qualquer incapacidade, estiver impossibilitado de produzir recursos materiais com o próprio esforço"*.[31]

A visão restritiva era inaceitável. Como os valores pecuniários eram necessários para a subsistência do ser humano, logo, da sua própria dignidade, deveriam ser considerados como prestação alimentícia.

A impenhorabilidade seria inaplicável quando o único meio de penhora da obrigação alimentícia era o salário do próprio executado. Em outras palavras: diante do caso concreto, o juiz não deveria considerar a impenhorabilidade como um valor absoluto. Por exemplo: a condenação judicial de pensão vitalícia imposta a um trabalhador. Se o único bem do trabalhador for o seu salário, nada mais justo que o magistrado defira a penhora de determinado percentual do seu salário para o pagamento da pensão vitalícia à vítima.

"Quanto ao salário, parte da doutrina e jurisprudência tem admitido a penhora em certo percentual, aplicando-se os princípios da razoabilidade e proporcionalidade. Desse modo, segundo o caso concreto, a situação econômica do reclamante e do reclamado, pensamos ser possível a penhora de parte do salário do executado. Hoje, assistimos, muitas

---

[31] DINIZ, Maria Helena. *Curso de Direito Civil brasileiro*. 17. ed., v. 5, p. 458.

vezes, em audiências trabalhistas, o reclamado dizer que irá cumprir o acordo entabulado na audiência ou a condenação com um percentual do salário".[32]

Em dezembro/2008, o TST fixou o entendimento de que há ofensa a direito líquido e certo a decisão que determina o bloqueio de numerário existente em conta salário, para satisfação de crédito trabalhista, ainda que seja limitado a determinado percentual dos valores recebidos ou a valor revertido para fundo de aplicação ou poupança, visto que o art. 649, IV, CPC/73 (art. 833, IV, CPC/2015), contém norma imperativa que não admite interpretação ampliativa, sendo que a exceção prevista no art. 649, § 2º, CPC/73 (art. 833, § 2º, CPC/2015), é espécie e não gênero de crédito de natureza alimentícia, não englobando o crédito trabalhista (OJ 153, SDI-II).

A visão do TST é ampliativa quanto à impenhorabilidade, pois envolveria não só a conta salário, como também as sobras do salário mensal que foram revertidas para fundo de aplicação ou poupança, visto que a origem deste valor teria sido originária do salário auferido pelo trabalhador.

Há críticas na doutrina quanto a esse posicionamento do TST: *"Interpretando esse artigo, o C. TST entendeu que aludidos vencimentos são absolutamente impenhoráveis, vez que são destinados a preservar a subsistência do devedor e de sua família. Além disso, entendeu que a execução prevista no parágrafo 2º teve como foco tão somente a prestação alimentícia (ação de alimentos), o que não englobaria os créditos trabalhistas que também possuem natureza alimentar.*

O Eg. TST entendeu ainda que, mesmo as sobras salariais, revertidas para fundo de aplicação ou poupança, também são impenhoráveis. Seria o caso, por exemplo, de o executado receber R$ 10.000,00 e no fim do mês lhe sobrar R$ 1.000,00, que seria aplicado na poupança. Nesse caso, o TST entende que o valor transferido para a poupança derivou do salário do executado, sendo preservado pela impenhorabilidade. Com base nesse entendimento, o Tribunal Superior do Trabalho passou a admitir a impetração do mandado de segurança quando fosse penhorada conta salário do executado, mesmo que apenas uma porcentagem, sob o fundamento de violação de direito líquido e certo do executado. Registra-se que, embora a penhora tenha mecanismo próprio de impugnação, qual sejam, os embargos à penhora, a jurisprudência do TST e a do próprio STF permitem a impetração de mandado de segurança nas hipóteses em que do ato impugnado possa advir prejuízos imediatos e irreparáveis ou de difícil reparação ao executado.

Em que pese o entendimento da Corte Trabalhista, com ele não podemos concordar, pelos seguintes fundamentos.

A impenhorabilidade de certos bens estabelecida na ordem jurídica é regra que restringe o direito fundamental à tutela executiva (e também à tutela efetiva). Tal restrição se justifica como forma de preservar a dignidade do executado e de seus familiares, conferindo-lhe um patrimônio mínimo e verbas que possam garantir sua sobrevivência, como é o caso do salário.

---

[32] SCHIAVI, Mauro. *Manual de Direito Processual do Trabalho*, p. 763.

No entanto, por se tratar de uma técnica de restrição de direito fundamental, é preciso que se submeta ao método da ponderação de interesses, o qual deve ser analisado em cada caso concreto, com base no princípio da proporcionalidade". [33]

O CPC atual fixou a posição de que os salários (art. 833, IV) e a poupança (art. 833, X) podem ser objeto de penhora para pagamento de prestação alimentícia, independentemente de sua origem (dever de assistências e atos ilícitos), bem como as importâncias excedentes a cinquenta salários mínimos mensais, respeitando-se as regras previstas no art. 528, § 8º (eventual concessão de efeito suspensivo à impugnação ao cumprimento da decisão por parte do executado não obsta a que o exequente levante mensalmente a importância da prestação) e art. 529, § 3º (o débito objeto da execução pode ser descontado dos rendimentos ou rendas do executado, de forma parcelada, desde que, somado à parcela devida, não ultrapasse 50% dos ganhos líquidos do exequente). Tais regras são aplicáveis ao processo trabalhista ante a natureza alimentar do crédito trabalhista (art. 833, § 2º).

A partir da vigência do CPC/2015, como a impenhorabilidade é inaplicável à prestação alimentícia, sem qualquer tipo de restrição, nas demandas trabalhistas o salário do executado poderá ser objeto de penhora, visto que os créditos trabalhistas são de natureza salarial.

Nas execuções trabalhistas, em que as penhoras ocorreram após a vigência do CPC/2015, é inaplicável o teor da OJ 153, SDI-II. O TST já reconhece esse juízo de valor, pois, ao revisar o conteúdo da OJ em setembro de 2017, no seu corpo manteve alusão ao art. 649, IV e § 2º, significando, assim, que a impenhorabilidade é aplicável para as situações fáticas ocorridas antes de 17/3/2016 (início da vigência do CPC/2015).

17.3.2 Penhora sobre créditos trabalhistas

Em relação ao credor do empregado, Ísis de Almeida salienta que é impossível a penhora no rosto dos autos de uma demanda trabalhista, visando constranger o crédito do empregado por dívida cobrada na Justiça Comum.

Discorre: *"[...] não se pode penhorar, na execução, o salário ou qualquer outro direito trabalhista do empregado, ainda que de natureza indenizatória, ou mesmo crédito trabalhista que ele esteja executando na Justiça do Trabalho [...] Estão nesse caso, inclusive, os empréstimos concedidos pela empresa ao empregado, se de alguma forma desvinculados do contrato de trabalho, ou quando a obrigação de pagar esteja representada por títulos de crédito, contrato especial etc. De trabalhista, a dívida se tornou civil, se foi assumida através de algum instrumento que corporifique o negócio jurídico civil, notadamente se há coobrigados garantindo o crédito, empregados ou não da empresa, ou sócio desta. De todas as restrições supra só se exclui a prestação de alimentos quando determinada judicialmente.*

---

[33] SANTOS, Élisson Miessa dos; CORREIA, Henrique Correia. *Súmulas e orientações jurisprudenciais do TST.* 2 ed., p. 1393.

Neste caso, o empregador obedece fielmente à ordem do juiz competente, descontando o valor arbitrado e entregando-o à Justiça".[34]

Trata-se da aplicação do princípio de que os salários são impenhoráveis.

Como vimos no tópico anterior, a regra não pode ser absoluta. Imaginemos a hipótese de uma condenação judicial na qual o empregado tenha sido condenado ao pagamento de uma pensão mensal vitalícia a uma determinada vítima. O crédito trabalhista do empregado, na sua demanda judicial, poderá vir a ser penhorado pela vítima (autora da ação na qual o empregado é o réu).

A partir da vigência do CPC/2015, como a impenhorabilidade é inaplicável à prestação alimentícia, sem qualquer tipo de restrição, nas demandas trabalhistas em que o executado é credor, como reclamante, o seu crédito poderá ser objeto de penhora, visto que os créditos discutidos na outra demanda também têm natureza alimentar.

17.3.3 Penhora sobre conta corrente

Para Sergio Pinto Martins[35] *"estando o salário em conta corrente, já não é mais salário, mas numerário à disposição do cliente, podendo ser penhorado".*

A princípio discordamos desse entendimento, visto que o fato de o salário ter sido depositado em conta-corrente, por questão de lógica, não transforma a sua natureza jurídica, permanecendo o seu caráter alimentar.

Contudo, há situações em que a penhora recai em contas-correntes: (a) onde se tenha a percepção de salários, cujas retiradas mensais não implicam o saque de todo o valor depositado, havendo, assim, saldos residuais, os quais somados, em um determinado período, passam a significar um acréscimo ao patrimônio do devedor; (b) que além de depósitos de salários, se tenha depósitos de outras origens, formando, assim, um acréscimo ao patrimônio do devedor. Normalmente, tais valores ficam em uma poupança atrelada à conta corrente.

Nessas situações somos a favor da penhora da conta corrente na medida em que o valor depositado deixa de ser salário para ser patrimônio.

17.3.4 Penhora sobre conta poupança

O CPC/73 (art. 649, X) determinava que o valor de até quarenta salários mínimos depositados em caderneta de poupança não poderia ser objeto de penhora.

Por sua vez, o CPC/2015 fixou a posição de que os salários (art. 833, IV) e a poupança (art. 833, X) podem ser objeto de penhora para pagamento de prestação alimentícia, independentemente de sua origem, bem como as importâncias excedentes a cinquenta salários mínimos mensais, respeitando-se as regras previstas no art. 528, § 8º (eventual concessão de efeito suspensivo à impugnação ao cumprimento da decisão por parte do

---

[34] ALMEIDA, Ísis de. Ob. cit., p. 218.
[35] MARTINS, Sergio Pinto. Ob. cit., p. 309.

executado não obsta a que o exequente levante mensalmente a importância da prestação) e art. 529, § 3º (o débito objeto da execução pode ser descontado dos rendimentos ou rendas do executado, de forma parcelada, desde que, somado à parcela devida, não ultrapasse 50% dos ganhos líquidos do exequente). Citada inovação é aplicável ao processo trabalhista ante a natureza alimentar do crédito trabalhista (art. 833, § 2º).

A partir da vigência do CPC/2015, como a impenhorabilidade é inaplicável à prestação alimentícia, sem qualquer tipo de restrição, nas demandas trabalhistas os depósitos da caderneta de poupança poderão ser objeto de penhora, visto que os créditos trabalhistas são de natureza salarial.

Nas execuções trabalhistas, em que as penhoras ocorreram após a vigência do CPC/2015, é inaplicável o teor da OJ 153, SDI-II. O TST já reconhece esse juízo de valor, pois, ao revisar o conteúdo da OJ em setembro de 2017, no seu corpo manteve alusão ao art. 649, IV e § 2º, significando, assim, que a impenhorabilidade é aplicável para situações fáticas ocorridas antes de 17/3/2016 (início da vigência do CPC/2015).

17.4 CERTIDÃO NEGATIVA DE DÉBITOS TRABALHISTAS (CNDT)

A Lei 12.440/11 acresceu ao texto da CLT o art. 642-A, o qual dispõe a respeito da Certidão Negativa de Débitos Trabalhistas (CNDT).

A CNDT deverá ser expedida de forma gratuita e eletrônica, para comprovar a inexistência de débitos inadimplidos perante a Justiça do Trabalho.

Não haverá a emissão da certidão ao interessado quando constar em seu nome o inadimplemento de obrigações: (a) estabelecidas em sentença condenatória transitada em julgado proferida pela Justiça do Trabalho ou em acordos judiciais trabalhistas, inclusive no que concernente aos recolhimentos previdenciários, a honorários, a custas, a emolumentos ou a recolhimentos determinados em lei; (b) decorrentes de execução de acordos firmados perante o Ministério Público do Trabalho ou Comissão de Conciliação Prévia.

Quando houver a existência de débitos garantidos por penhora suficiente ou com exigibilidade suspensa, será expedida Certidão Positiva de Débitos Trabalhistas em nome do interessado com os mesmos efeitos da CNDT.

A CNDT certificará a empresa em relação a todos os seus estabelecimentos, agências e filiais, além de ter um prazo de 180 dias, contado da data de sua emissão.

A Lei 12.440 também acresceu à Lei 8.666/93: (a) o inciso IV ao art. 27 (que trata da documentação necessária para a habilitação nas licitações), fixando que também é necessária a regularidade trabalhista além da fiscal; (b) o inciso V ao art. 29 (que elenca os documentos relativos à regularidade fiscal e trabalhista), indicando a prova de inexistência de débitos inadimplidos perante a Justiça do Trabalho, mediante a apresentação de certidão negativa (art. 642-A, CLT).

A Resolução 1.470/11 do TST regulamenta a expedição da certidão negativa de débitos trabalhistas.

Com a Reforma Trabalhista foi acrescido o art. 883-A, ao texto da CLT, dispondo que a decisão judicial transitada em julgado somente poderá ser levada a protesto (art.

517, CPC), gerar inscrição do executado em órgãos de proteção ao crédito (art. 782) ou no Banco Nacional de Devedores Trabalhistas (BNDT), nos termos da lei, após o transcurso do prazo de 45 dias a contar da citação do executado, se não houver garantia do juízo.

QUESTIONÁRIO

1. É possível o pagamento do salário mediante o depósito bancário? Em caso positivo, quais são as regras a serem observadas pelo empregador?

2. A legislação brasileira admite o pagamento de salário com utilidades?

3. É possível o pagamento de salário em moeda estrangeira?

4. O que é *truck system*?

5. Quais são as consequências para as empresas que estão em atraso com o pagamento dos salários dos seus empregados?

6. O empregador está autorizado a proceder ao desconto em caso de dano causado pelo empregado? Há limites para o desconto?

7. O desconto do seguro de vida no salário do empregado é ilegal?

8. É possível o desconto das multas no salário do empregado?

9. A compensação de dívida comercial é admitida no contrato de trabalho?

10. O crédito trabalhista tem preferência na falência do empregador?

11. O empregado pode ter penhorado o seu salário por dívida comum?

Capítulo XVIII
IGUALDADE SALARIAL

18.1 IGUALDADE SALARIAL

A igualdade jurídica é um desdobramento da noção de justiça.[1]

O Estado contemporâneo, na busca da igualdade jurídica, intervém no âmbito contratual privado, resguardando as condições necessárias para a plena igualdade das partes.

Como reflexo dessa intervenção estatal, temos o princípio da igualdade de tratamento dos homens perante a lei (art. 5º, I, CF).[2]

A isonomia salarial, como corolário do princípio da igualdade jurídica, também se encontra prevista na CF (art. 7º, XXX). A CLT assegura que a todo trabalho de igual valor corresponderá salário igual, sem distinção de sexo (art. 5º).

---

[1] O termo "justiça", em sentido amplo e vulgar, é utilizado para representar: jurisdição, organização judiciária, poder judiciário, serviços judiciários, direito, juízo, razão jurídica, respeito ao direito, alçada, tribunais, magistrados, autoridades judiciais, ministério público, pessoal forense, ofícios de justiça, escrivanias forenses, auxiliares da justiça, lei etc. Justiça, na visão do jurista romano Ulpiano, era definida como a vontade firme e permanente de dar a cada um o seu direito: *justitia est constans et perpetua voluntas jus suum cuique tribuere*. Para o homem comum, as palavras direito e justiça são tidas por sinônimas, não sendo fácil a exata visualização desses conceitos. Essa dificuldade também ocorre no campo da Ciência Jurídica. Quando se fala em direito e justiça, surge o ideal de um sentimento, como se um fosse o reflexo do outro. Porém, nem sempre o direito reflete o que é justo, como se depreende das sucessivas ordens jurídicas adotadas pelos homens. A noção do que é justo varia de acordo com os valores morais e éticos de uma dada sociedade. No campo da Ciência Jurídica, há três correntes doutrinárias: (a) direito nada tem a ver com a justiça; (b) a impossibilidade de saber se uma ordem jurídica é justa usando conceitos éticos; (c) a justiça não é um conceito, mas apenas um pseudoconceito.

[2] A igualdade jurídica representa a correção da desigualdade natural entre os homens. Através da ordem jurídica, procura-se atenuar os antagonismos decorrentes das desigualdades naturais entre os homens. Pela natureza, os homens são desiguais, porém, perante a lei, de acordo com as suas aptidões, todos terão um tratamento justo em face da lei.

18.2 EQUIPARAÇÃO SALARIAL

Antes da Reforma Trabalhista (Lei 13.467/17), sendo idêntica a função, a todo trabalho de igual valor, prestado ao mesmo empregador, na mesma localidade, corresponderá igual salário, sem distinção de sexo, nacionalidade ou idade (art. 461, *caput*, CLT).

Com a nova redação do art. 461, *caput*, a equiparação salarial fica limitada as funções exercidas no mesmo estabelecimento empresarial, bem como as hipóteses de distinção, além de sexo, passaram a contemplar: etnia, nacionalidade ou idade.

Também em função da Reforma Trabalhista, no caso de comprovada discriminação por motivo de sexo ou etnia, além das diferenças salariais, o juiz deverá determinar a multa, a favor do empregado discriminado, no valor de 50% do limite máximo dos benefícios do Regime Geral da Previdência Social (art. 461, § 6º).

A equiparação salarial assegura o direito a salário igual e não a igual remuneração.

Sergio Pinto Martins[3] menciona que *"se o empregado ganha gorjeta, que é paga pelo cliente, não pode ser equiparado à outra pessoa. Não há direito a equiparação à remuneração, mas ao salário. Este envolve o pagamento direto pelo empregador pela prestação dos serviços. Como o empregado não pode receber apenas gorjeta, que é paga pelo terceiro, em relação à parte fixa do salário, pode haver equiparação salarial"*.

De acordo com a Súmula 6, VI, TST, para os fins do art. 461 da CLT, é irrelevante a circunstância de que o desnível salarial tenha origem em decisão judicial que beneficiou o paradigma, exceto: (a) se decorrente de vantagem pessoal ou de tese jurídica superada pela jurisprudência de Corte Superior; (b) na hipótese de equiparação salarial em cadeia, suscitada em defesa, se o empregador, na qualidade de réu (reclamado), produzir prova do alegado fato modificativo, impeditivo ou extintivo do direito à equiparação salarial em relação ao paradigma remoto, sendo considerada irrelevante, para esse fim, a existência de diferença de tempo de serviço na função superior a dois anos entre o reclamante e os empregados paradigmas componentes da cadeia equiparatória, à exceção do paradigma imediato.

A partir da Lei 11.467, não é mais possível a indicação de paradigmas remotos, ainda que o paradigma contemporâneo tenha obtido a vantagem em ação judicial própria (art. 461, § 5º). Vale dizer, a equiparação salarial somente será admissível entre empregados contemporâneos no cargo ou na função.

Vamos dividir os requisitos da equiparação salarial em:

a) aquisitivos – todos devem estar presentes para o deferimento da equiparação salarial. São: indicação do paradigma; identidade de funções; serviço de igual valor; trabalho prestado ao mesmo empregador e na mesma localidade. A partir da Reforma, a expressão "na mesma localidade" foi substituída por "no mesmo estabelecimento empresarial";

---

[3] MARTINS, Sergio Pinto. *Direito do trabalho*. 21. ed., p. 317.

b) obstativos – a presença de um deles implica na improcedência da postulação judicial da equiparação. São: diferença de tempo na função; quadro de carreira e o empregado readaptado. A partir da Reforma, além da diferença de tempo na função, passou-se a ter o requisito de quatro anos na empresa.

O empregado que se sentir prejudicado indicará o colega que trabalha nas mesmas condições e que tenha um salário superior. Este será chamado de paradigma ou modelo, e o empregado que pretende a equiparação, de equiparando.

18.2.1 Requisitos aquisitivos

18.2.1.1 Indicação do paradigma

O empregado que se sentir prejudicado indicará o colega que trabalha nas mesmas condições e que tenha um salário superior. Este será chamado de paradigma ou modelo, e o empregado que pretende a equiparação, de equiparando.

Não é exigência legal a indicação de apenas um paradigma. Diante da ausência da exigência legal, a postulação judicial da equiparação salarial com vários paradigmas é razoável, desde que, no caso concreto, essa forma de postulação por parte do trabalhador não signifique obstáculos ao amplo exercício do direito de defesa pelo empregador. Há julgado do TST nesse sentido (2ª T. – RR 1760/1998-053-02-00.1 – Rel. Min. José Simpliciano Fontes de F. Fernandes – *DEJT* 13/11/2009; 1ª T. – AIRR 1825200-67.2005.5.09.0014 – Rel. Min. Hugo Carlos Scheuermann – *DEJT* 4/5/2015; 7ª T. – AIRR 1696-41.2010.5.01.0431 – Rel. Des. Conv. André Genn de Assunção Barros – *DEJT* 7/11/2014).

18.2.1.2 Identidade de função

O termo "função" não deve ser confundido com cargo.

De acordo com Aluysio Mendonça Sampaio,[4] cargo é *"o complexo de atribuições e direitos fixados num mesmo escalão da hierarquia da empresa"*, enquanto função é o *"conjunto de serviços, o complexo de deveres e responsabilidades atribuído, contratualmente, ao empregado"*.[5]

Arnaldo Süssekind[6] afirma que *"o empregado só pode reivindicar o mesmo salário do seu colega se ambos exercerem a mesma função, isto é, quando desempenharem os mesmos misteres ou tarefas, com igual responsabilidade na estrutura e funcionamento da empresa. Por isto, cumpre não confundir cargo e função; dois empregados podem ter o mesmo cargo e exercer, de fato, tarefas dessemelhantes ou de níveis de responsabilidade diferentes; ou, inversamente, executar a mesma função, sem que os respectivos cargos possuam a mesma designação. Como pondera Catharino, 'a nomenclatura comum emprestada a cargos dos*

---

[4] SAMPAIO, Aluysio Mendonça. *Dicionário de direito do trabalho*. 4. ed., p. 71.
[5] SAMPAIO, Aluysio Mendonça. Ob. cit., p. 184.
[6] SÜSSEKIND, Arnaldo; MARANHÃO, Délio; VIANNA, Segadas; TEIXEIRA FILHO, João de Lima. *Instituições de direito do trabalho*, 19. ed., v. 1, p. 438.

quais são titulares dois empregados gera, quando muito, uma presunção de identidade de funções; mas, se estas, na realidade, são as mesmas pouco importa que sejam desempenhadas por ocupantes de cargos distintos'. Por isto mesmo, tem sido negada a equiparação aos chefes de seção, aos assistentes técnicos, aos secretários de diretores que, não obstante a identidade de títulos, executam serviços diversos; ou, ainda, a contínuos e serventes que trabalham de acordo com as circunstâncias. Também, 'se os empregados possuem o mesmo cargo (escriturários), mas integram seções diferentes com funções diversas, indevida é a isonomia', o mesmo ocorrendo com professores de diferentes especialidades, da mesma Universidade, 'ainda que todos tenham a mesma denominação e outras condições gerais de nivelamento'. O relevante, portanto, como primeiro requisito para a equiparação salarial, é a identidade de funções em relação à natureza dos serviços prestados".

Sergio Pinto Martins[7] entende que no Direito do Trabalho não *"existe uma distinção precisa entre cargo e função, como no Direito Administrativo. Cargo é o gênero e a função a espécie. Envolve o cargo a denominação das atribuições da pessoa. Função é a atividade efetivamente desempenhada pelo empregado. Cargo seria o de motorista. Função seria a de motorista de caminhão, de ônibus, de perua etc. Não interessa efetivamente a denominação dada pelo empregador, mas a realidade dos fatos, a atividade desempenhada pelos empregados. Pouco importa que duas pessoas tenham cargos diversos, se, na prática, tenham iguais atribuições. A CLT não usa a palavra cargo, mas função".*

Para efeito de equiparação de salários, em caso de trabalho igual, conta-se o tempo de serviço na função e não no emprego (Súm. 6, II, TST; Súm. 202, STF).

Com a Reforma Trabalhista, além do requisito de dois anos na função, houve também a fixação de que não poderá haver a diferença de quatro anos na empresa (art. 461, § 1º).

18.2.1.2.1 A nomenclatura da função

O empregador deverá pagar o mesmo salário para os empregados que prestem serviços na mesma função. A nomenclatura da função é o que menos interessa no que se refere à equiparação salarial. Pelo princípio da primazia da realidade, a importância reside na identidade de tarefas executadas pelo equiparando e paradigma.

Para o TST, a equiparação salarial só é possível se o empregado e o paradigma exercerem a mesma função, desempenhando as mesmas tarefas, não importando se os cargos têm, ou não, a mesma denominação (Súm. 6, III).

No caso específico do auxiliar de enfermagem, cujo exercício pressupõe habilitação técnica, realizada pelo Conselho Regional de Enfermagem, impossível a equiparação salarial do simples atendente com o auxiliar de enfermagem (OJ 296, SDI-I).

18.2.1.2.2 Cargo de confiança

A equiparação salarial também é compatível se os cargos forem de confiança.

---

[7] MARTINS, Sergio Pinto. Ob. cit., p. 318.

18.2.1.2.3   Trabalho intelectual

Como a CF (art. 7º, XXXII) e a legislação consolidada não fazem diferenças entre o trabalho manual, intelectual ou técnico (art. 3º, parágrafo único) para fins da equiparação salarial, não se exige a plena identidade de grau de escolaridade entre equiparando e paradigma.

Sergio Pinto Martins[8] entende que é *"possível a equiparação salarial em trabalho intelectual, como de advogados, contadores, engenheiros etc., ainda que seja difícil aferir os requisitos básicos para a isonomia salarial, bastando que exerçam as mesmas funções e atendam aos ditames da norma legal".*

Para Arnaldo Süssekind,[9] *"a regra do salário igual para trabalho de igual valor dificilmente poderá determinar a equiparação salarial entre empregados cujo trabalho seja de natureza intelectual ou artística. É que o valor das prestações de serviços intelectuais ou artísticos, não pode ser aferido por critérios objetivos, dificultando, não impossibilitando, a afirmação de que dois profissionais empreendem suas tarefas com igual produtividade e com a mesma perfeição técnica. Entre dois advogados de uma empresa, dois contadores de uma emissora radiofônica, dois atletas profissionais de uma equipe de futebol poder-se-á verificar se o trabalho é de igual valor? Cremos que não".*

Para o TST, desde que atendidos os requisitos do art. 461, CLT, é possível a equiparação salarial de trabalho intelectual, que pode ser avaliado por sua perfeição técnica, cuja aferição terá critérios objetivos (Súm. 6, VII).

18.2.1.3   Serviço de igual valor

Serviço de igual valor compreende a presença de uma dupla identidade: a quantitativa e a qualitativa.

18.2.1.3.1   Identidade quantitativa

A identidade quantitativa denota que na equiparação deve ser considerado o fator da produtividade, ou seja, a capacidade de produzir do trabalhador, mantendo-se inalterados os demais fatores de produção. O paradigma e o equiparando devem possuir a mesma capacidade de trabalho.

Não devemos confundir produção com produtividade.

Produção é o ato de produzir, gerar, elaborar. Reflete o que é fabricado pelo homem, adequando-se o trabalho com o capital e a técnica. Em suma: produção é a quantidade de trabalho efetuada pelo trabalhador.

Produtividade é a capacidade para desempenhar o trabalho, denotando o conjunto de aptidões que o trabalhador possui para a execução das suas tarefas.

---

[8]   MARTINS, Sergio Pinto. Ob. cit., p. 318.
[9]   SÜSSEKIND, Arnaldo et al. Ob. cit., p. 439.

Como regra, a produtividade é calculada pela quantidade do serviço executado, o que não é isento críticas. Dois trabalhadores podem ter a mesma capacidade de trabalho, todavia, no desempenho de suas funções podem sofrer uma série de dificuldades, tais como: máquinas e matérias-primas diferentes. A produtividade deve pressupor a idêntica capacidade de trabalho, observadas as mesmas condições e técnicas para o desempenho das tarefas.

18.2.1.3.2 Identidade qualitativa

A identidade qualitativa exige a mesma perfeição técnica, que se exprime na presença do esmero, do zelo, do acabamento quanto à obra ou tarefa desempenhada.

Equiparando o paradigma, ao desempenharem suas funções, devem possuir o mesmo conjunto de qualidades e defeitos quanto aos serviços executados.

A avaliação da identidade qualitativa é mais fácil nas atividades manuais do que nas intelectuais. Pela lógica, qualquer atividade produtiva possui uma técnica de execução, todavia, a presença do homem na sua realização faz com que se tenha um pouco da sua própria personalidade.

Como a presença da personalidade humana é mais marcante nas atividades intelectuais ou artísticas, torna-se difícil a avaliação da identidade qualitativa nessas atividades. Por isso, vários doutrinadores afirmam ser impossível a equiparação salarial nas atividades intelectuais ou artísticas.

18.2.1.4 *Serviço prestado ao mesmo empregador*

O requisito "mesmo empregador" envolve duas posições contrárias.

A primeira é no sentido de que o serviço pode ser prestado a várias empresas; desde que integrantes do mesmo grupo econômico.

A segunda parte do pressuposto de que os serviços prestados têm que ser na mesma empresa, embora ocorram em estabelecimentos (filiais) diversos.

A respeito dessas correntes doutrinárias, Octavio Bueno Magano[10] ensina: *"O art. 461, caput, da CLT, estabelece como pressuposto da equiparação o trabalho 'prestado ao mesmo empregador'. Isso na maioria das vezes quer dizer trabalho prestado para a mesma pessoa física ou jurídica. Não obstante, pode significar igualmente atividades desenvolvidas junto a empresas diferentes, pertencentes ao mesmo grupo econômico. Aluysio Sampaio rechaça essa ideia porque não admite que o grupo possa ser tido como empregador. Como adotamos posição exatamente oposta, não vislumbramos qualquer óbice à equiparação em tal hipótese. Em apoio de tal entendimento, cumpre referir aqui em primeiro lugar, o magistério de Délio Maranhão, quando diz: 'Seja [...] o empregador uma só pessoa, seja uma só pessoa jurídica, o empregado estará sempre e igualmente protegido contra atos que*

---

[10] MAGANO, Octavio Bueno. *Manual de direito do trabalho*: direito individual do trabalho. 4. ed., v. 2, p. 273.

lhe atinjam direitos contratual ou legalmente assegurados [...]'. Paulo Emílio Ribeiro de Vilhena afirma, a seu turno, ser acionável a norma do art. 461, da CLT, 'já que se consideram as empresas consorciadas como se fossem uma só'. Fernando Damasceno é igualmente incisivo asseverando ser necessário considerar as empresas do grupo como empresa única 'para fins equiparatórios'."

Parte da jurisprudência dos TRTs não tem reconhecido a equiparação salarial no caso de grupo econômico. Recentemente, o TST passou a admitir a equiparação salarial:

"(...) O v. acórdão regional está filiado, por inteiro, com a jurisprudência iterativa, atual e notória desta C. Corte, no sentido de que o grupo econômico implica a solidariedade dual (solidariedade ativa e passiva), entre os seus integrantes, formando o chamado empregador único, sendo viável, caso constatada a presença de todos os requisitos previstos no artigo 461, da CLT, a equiparação salarial entre empregados contratados por diferentes empresas do conglomerado, sobretudo diante do exercício das mesmas tarefas pelos trabalhadores e no mesmo local, como no caso. Precedentes. Trânsito do recurso de revista que encontra óbice no artigo 896, § 7º, da CLT e na Súmula 333, do C. TST, inclusive com base em dissenso pretoriano. Afasto, pois, a hipótese de violação aos artigos 461 e 818, da CLT e 333, I, do CPC. Agravo de instrumento conhecido e não provido" (TST – AIRR 0079900-61.2007.5.15.0093 – Relª Desª Conv. Jane Granzoto Torres da Silva – DJe 12/6/2015 – p. 2850).

Nossa visão ante a tese de que o grupo econômico é o empregador real, como forma de valorização do trabalho humano e de se coibir situações discriminatórias salariais entre as diversas empresas integrantes do grupo, nada obsta que um empregado de uma das empresas do grupo seja indicado como paradigma por um trabalhador de outra empresa.

O art. 37, XIII, CF, veda a vinculação ou equiparação de quaisquer espécies remuneratórias para o efeito de remuneração de pessoal do serviço público (Administração Pública direta, autárquica e fundacional). Com isso, torna-se impossível a equiparação salarial entre os servidores públicos estatutário e celetista, os quais estão regidos por regimes diferentes.

Todavia, a cessão de empregados não exclui a equiparação salarial, embora exercida a função em órgão governamental estranho à cedente, se esta responde pelos salários do paradigma e do reclamante (Súm. 6, V, TST).

Segundo Francisco Antonio de Oliveira,[11] *"é mais ou menos comum a contratação do servidor público por determinado órgão e sua posterior cessão a outro órgão por motivos que vão desde a necessidade de serviço até o atendimento de pedido de algum político de prestígio em prol do seu apaniguado. Todavia, o Enunciado ora comentado absteve-se de conotações subjetivas e analisou os fatos objetivamente em consonância com as normas legais que regem a espécie. E dentro desse enfoque não teria sentido o tratamento diferenciado de servidor que exercesse as mesmas funções, com a mesma produtividade e perfeição técnica e viesse a receber salário inferior de colega de função pelo simples motivo de haver sido cedido por*

---

[11] OLIVEIRA, Francisco Antonio. *Comentários aos enunciados do Tribunal Superior do Trabalho.* 3. ed., p. 267.

outro órgão da Administração Pública. Ao depois, essa seria sem dúvida uma boa desculpa que, certamente, proliferaria entre os órgãos públicos para que não dessem o tratamento isonômico [...]. Todavia, o Enunciado deixa uma válvula enorme para a neutralização da norma legal, quando excepciona: 'se esta responde pelos salários do paradigma e do reclamante'. Vale dizer, basta que seja cedido apenas o reclamante para que este passe a exercer as mesmas funções, com a mesma produtividade e perfeição técnica, sem qualquer direito, já que o paradigma seria empregado da empresa cessionária. Se a cessão se der entre órgãos do Poder Público da mesma horizontalidade (Federal, Estadual, Municipal) não vemos razão para que se discrimine, ainda que o salário seja pago por órgãos diferentes; o mesmo se diga quanto ao grupo de empresas. O problema poderia surgir quando extrapolasse, v. g., do Federal para o Estadual etc.".

Para as situações fáticas subsequentes a 11/11/2017 (vigência da Reforma Trabalhista – Lei 13.467), apesar da nova redação do art. 461, *caput*, manter a expressão "prestado ao mesmo empregador", como houve a substituição da expressão "mesma localidade" por "mesmo estabelecimento empresarial", tem-se uma sensível restrição à tese de que a equiparação salarial é cabível para empresas integrantes do grupo econômico. A tese somente será razoável de ser articulada se as duas empresas integrantes do grupo econômica, de forma objetiva, exercerem as suas atividades econômicas no mesmo estabelecimento empresarial.

Importante lembrar que a concepção jurídica de "estabelecimento" está prevista no art. 1.142, CC, o qual considera estabelecimento todo complexo de bens organizado, para exercício da empresa, por empresário, ou por sociedade empresária.

18.2.1.5 Serviço prestado na mesma localidade

Quanto ao local de trabalho, Octavio Bueno Magano[12] afirma: *"O art. 461, caput, da CLT estabelece como pressuposto da equiparação o trabalho prestado 'na mesma localidade'. No entender de Roberto Barreto Prado, 'a localidade vem a ser o lugar onde o empregado presta o seu serviço, significando, pois, estabelecimento'. Arnaldo Süssekind, fundado em que as disparidades salariais se justificam, desde que diferentes os índices de custo de vida, sustenta que o conceito de localidade corresponde ao Município. Messias Pereira Donato encarece a importância da igualdade de condições de vida e, na lógica desse raciocínio, chega a admitir que a diversidade de localidade não exclui a equiparação. Fernando Damasceno acentua a tendência atual no sentido de dilatar o conceito de mesma localidade, para estendê-lo como uma identidade de condições socioeconômicas. Parece-nos claro que, por causa dessas razões socioeconômicas, o legislador, tal como entende Arnaldo Süssekind, teve inicialmente presente A correspondência entre localidade e Município. Sucede que, nos dias de hoje, a homogeneidade de condições socioeconômicas passou a ser característica das regiões metropolitanas, o que justifica a evolução do processo interpretativo, para colimar a equipolência entre o conceito destas e o de localidade. Mas a questão precisa ser encarada também sob outro ângulo, quiçá de maior interesse, pelo menos no âmbito internacional*

---

[12] MAGANO, Octavio Bueno. Ob. cit., p. 274.

qual o de diferenças em causa, explicáveis em virtude da predileção das empresas multinacionais pelas áreas de mão de obra mais barata, podem implicar exploração dessa mão de obra, justificando, então, a adoção do critério de paridade salarial por empresa. Trata-se, como se vê, de duas tendências contrapostas. A última poderá realçar-se dentro de nossas fronteiras, na medida em que as empresas nacionais ou multinacionais vierem a procurar as áreas geoeconômicas de menor desenvolvimento econômico do País, para fazerem os seus investimentos, tendo em vista evitar o crescente custo da mão de obra nas áreas de maior desenvolvimento. No estágio atual da nossa legislação, pode-se afirmar, à guisa de conclusão, que localidade significa município, com tendência a corresponder à região metropolitana. De lege ferenda, haverá de ser também prevista a equiparação por empresa, tendo em vista as razões supramencionadas."

Como se constata, por localidade pode ser compreendido o mesmo município ou a região geográfica de idênticas condições socioeconômicas.

Esse entendimento foi esposado pelo TST: "*O conceito de 'mesma localidade' de que trata o art. 461 da CLT refere-se, em princípio, ao mesmo município, ou a municípios distintos que, comprovadamente, pertençam à mesma região metropolitana*" (Súm. 6, X).

Com a Reforma Trabalhista, a equiparação salarial somente será possível se o paradigma e o paragonado laborarem no mesmo estabelecimento empresarial.

18.2.2 Requisitos obstativos

18.2.2.1 Diferença de tempo na função

Se o tempo na função for superior a 2 anos, temos a impossibilidade quanto à equiparação (Súm. 6, II, TST; Súm. 202, STF; art. 461, § 1º, CLT).

De acordo com a jurisprudência sumulada do TST, é desnecessário que, ao tempo da reclamação sobre a equiparação salarial, reclamante e paradigma estejam a serviço do estabelecimento, desde que o pedido se relacione com situação pretérita (Súm. 6, IV).

Em junho/15, o TST alterou a redação do tópico VI da Súmula 6, para esclarecer que é irrelevante, nas demandas decorrentes da equiparação salarial em relação ao paradigma remoto, a existência de diferença de tempo de serviço na função superior a dois anos entre o autor da demanda e os empregados paradigmas componentes da cadeia equiparatória, à exceção do paradigma imediato.

Citada alteração jurisprudencial tem a ver com as demandas trabalhistas em que o paradigma imediato indicado tem o desnível salarial decorrente de outra decisão judicial transitada em julgado. O paradigma remoto é o modelo indicado pelo paradigma imediato na sua demanda trabalhista.

Portanto, a diferença de dois anos é exigível apenas quanto ao paradigma efetivamente indicado na petição inicial, não sendo oponível ao direito equiparado o lapso temporal superior a dois anos entre o paradigma efetivo e o paradigma remoto.

Para completar tais lições, devemos asseverar outro aspecto quanto à identidade de tempo de serviço, ou seja, o da simultaneidade dos trabalhos cotejados.

A partir da Reforma Trabalhista (Lei 13.467), como houve a reformulação da redação do § 1º do art. 461, a equiparação salarial exige que entre o paradigma e o paragonado não se tenha diferença de tempo de serviço para o mesmo empregador superior a quatro anos, além do que a diferença de tempo na função não seja superior a dois anos.

Por outro lado, também com a Reforma, exige-se que a equiparação ocorra entre empregados contemporâneos no cargo ou na função, sendo vedada a indicação de paradigmas remotos, ainda que o paradigma contemporâneo tenha obtido a vantagem em ação judicial própria (art. 461, § 5º).

18.2.2.2 Quadro organizado de carreira

Não há direito à equiparação salarial, quando o empregador tiver pessoal organizado em quadro de carreira, hipótese em que as promoções deverão obedecer aos critérios de antiguidade e merecimento (art. 461, § 2º, CLT).

Na visão de Francisco Antonio de Oliveira,[13] o *"quadro de carreira tem por objetivo prover para que de forma organizada e racional, levando-se em conta critérios de antiguidade e de merecimento, o empregado tenha possibilidades concretas de ascensão na carreira. É um desincentivo à rotatividade do empregado (Antiguidade) é um incentivo à dedicação, com produção, produtividade, fidelidade etc. (merecimento)"*.

O quadro de carreira deverá estar homologado pelo Ministério do Trabalho. Exclui-se dessa exigência o quadro de carreira das entidades de Direito Público da Administração Direta, Autárquica e Fundacional, aprovado por ato administrativo da autoridade competente (Súm. 6, I, TST).

Qualquer reclamação de empregado com base nessa temática – direito fundado em quadro de carreira – será apreciada pela Justiça do Trabalho (Súm. 19, TST).

O quadro de pessoal organizado em carreira e aprovado pelo órgão competente, com a exclusão da equiparação salarial, não obsta demanda trabalhista fundada em preterição, enquadramento ou reclassificação (Súm. 127).

Não representa obstáculo à equiparação salarial a existência de plano de cargos e salários que, referendado por norma coletiva, prevê critério de promoção apenas por merecimento ou antiguidade, não atendendo, portanto, o requisito de alternância dos critérios (art. 461, § 2º, CLT) (OJ 418).

Com a Reforma Trabalhista, a equiparação salarial não é mais devida quando o empregador tiver pessoal organizado em quadro de carreira ou adotar, por meio de norma interna da empresa ou por negociação coletiva, plano de cargos e salários, não se exigindo qualquer forma de homologação ou de registro em órgão público (art. 461, § 2º, CLT). Por outro lado, também não é mais necessário que se tenha a alternância entre os critérios de antiguidade e merecimento. Basta apenas um dos critérios (art. 461, § 3º).

---

[13] OLIVEIRA, Francisco Antônio. Ob. cit., p. 314.

18.2.2.3 Empregado readaptado

Não serve como paradigma o empregado readaptado em nova função, por motivo de deficiência física, devidamente atestada pelo órgão previdenciário. A justificativa: a maior remuneração é imposição legal na medida em que o salário anterior à readaptação não pode ser reduzido pelo empregador, logo, a desigualdade salarial com os demais empregados não viola o princípio da isonomia salarial, por se tratar de uma vantagem pessoal (art. 461, § 4º, CLT).

18.2.3 Ônus da prova

É do empregador o ônus da prova do fato impeditivo, modificativo ou extintivo da equiparação salarial (Súm. 6, VIII, TST). O encargo probatório é regulado pelo disposto nos arts. 373, CPC, e 818, CLT.

Como fato constitutivo do direito, incumbe ao trabalhador provar a identidade de função e quanto aos demais requisitos da equiparação, a prova é do empregador.

18.3 EQUIPARAÇÃO POR EQUIVALÊNCIA

Embora não tenha amplo reconhecimento doutrinário, a equiparação por equivalência é um desdobramento do princípio da igualdade (art. 460, CLT).

Pelo art. 460 da CLT, diante da ausência de estipulação do salário ou da prova sobre a importância ajustada, o empregado terá o direito a perceber salário igual ao daquele que, na mesma empresa, fizer serviço equivalente, ou do que for habitualmente pago para serviço semelhante.

Para alguns, o referido dispositivo não trata de equiparação e sim de forma de arbitramento de remuneração. Para outros, é uma modalidade de equiparação, pois o seu pressuposto é a falta de estipulação do salário ou a inexistência de prova sobre a importância ajustada.

Denotando, ainda, o embate doutrinário, temos: *"Eis aí uma daquelas normas supletivas referentes aos contratos de trabalho, que mencionamos anteriormente. O legislador previu duas hipóteses: I. Não existe prova sobre o salário ajustado pelos contratantes; II. Não foi ajustado salário, isto é, não foi ele expressamente ajustado, visto que o contrato de trabalho, sendo por natureza oneroso, implica no pagamento de salários como retribuição ao serviço, o que sempre está incluído nas condições contratuais, embora implicitamente. E a solução encontrada, nos dois casos, foi a mesma: O empregado receberá salário igual ao do trabalhador que na mesma empresa, desempenhe função equivalente. Inexistindo, na própria empresa, função equivalente à do empregado, receberá o salário habitualmente pago por serviço semelhante, na empresa ou na localidade. A segunda solução só tem cabimento quando não houver lugar para a primeira. Sérias críticas tem recebido a lei por essa regra supletiva. Na verdade, nem sequer se pode ela apoiar no princípio de que o trabalho igual pressupõe salário igual. Melhor fora, pois, que a lei, nesses casos de omissão contratual, remetesse a tese para o âmbito do art. 461: determinasse a equiparação salarial, que estudaremos a seguir, e, não sendo ela possível, autorizasse o arbitramento, que seria* mais realista, quer fosse feito pelo próprio juiz, em face da prova, quer fosse estipulada por árbitros, em liquidação de sentença."[14]

18.4 SALÁRIO SUBSTITUIÇÃO

Enquanto perdurar a substituição provisória que não tenha caráter meramente eventual, inclusive nas férias, o empregado substituto fará jus ao salário do substituído (Súm. 159, I, TST).

Devemos, a princípio, declinar o que vem a ver substituição eventual e não eventual.

Para Francisco Antonio de Oliveira:[15] *"Diz-se eventual aquela substituição ocorrida, v.g., por uma tarde, quando o titular teve de retirar-se por qualquer motivo. A substituição não eventual dá-se quando o substituto passa a ocupar o cargo por ocasião das férias, doença prolongada, licença-prêmio, ou mesmo quando o substituído é deslocado dentro da empresa para substituir em outro setor etc., pouco importando o maior ou menor período de duração. Dizer-se, por exemplo, que a substituição em férias de trinta dias é eventual e que a substituição em licença-prêmio de seis meses não é eventual é pura elucubração. A lei não fixa prazo. Deve o julgador ater-se ao princípio da razoabilidade. E não há razão para que a empresa pague menos ao empregado que substitui o chefe do setor, por exemplo. Eduardo Cossernelli (apud Russomano, ob. cit., 1955, p. 541) abordou a matéria. 'A lei não fixou prazo algum. Por maior que seja o tempo de duração das mesmas, o empregado substituto, interino ou comissionado não chegará a obter a efetividade no emprego. Enquanto o seu cargo tiver a natureza temporária ou eventual a que se refere o art. 450, ele estará sempre na iminência de voltar ao seu posto efetivo. A precariedade é matéria central da discussão. Tanto é precário aquele empregado que substitui durante uma doença de quinze dias, como aquele que substitui nas férias ou na licença prêmio. Todavia, não se confunda precariedade com eventualidade. Eventual do léxico, diz respeito àquilo que depende de acontecimento incerto, casual, fortuito, acidental* (Novo Dicionário Aurélio da Língua Portuguesa, Nova Fronteira, 2. ed., 1986, p. 736). *Logo, casual, fortuito ou acidental é a retirada do chefe em determinada tarde para cuidar de assuntos particulares ou acometido que fora de mal súbito. Fora disso a substituição não é eventual e deverá ser remunerada, pena de enriquecimento sem causa do empregador."*

Também é importante a diferenciação entre salário substituição e equiparação salarial.

Segundo Octavio Bueno Magano,[16] a Súm. 159, I, TST, *"não implica simultaneidade e sim sucessividade, mas é óbvio que se, na hipótese por ela formulada, a eventualidade exclui a equiparação, o mesmo deve acontecer nos casos de simultaneidade. A simultaneidade, desde que não possua caráter meramente eventual, constitui, portanto, pressuposto da equiparação salarial. O que dizer, agora, da sucessividade? Esta, em princípio, não conduz à equiparação. Como afirma Damasceno, 'na sucessividade vigora a livre estipulação*

---

[14] RUSSOMANO, Mozart Victor. *Comentários à CLT.* 11. ed., p. 465.
[15] OLIVEIRA, Francisco Antônio. Ob. cit., p. 382.
[16] MAGANO, Octavio Bueno. Ob. cit., p. 276.

salarial, podendo o empregador fixar o salário que melhor lhe aprouver. Assim é que, vago um cargo, seja ele pela rescisão contratual ou por promoção do empregado que o ocupava, o empregador poderá contratar remuneração menor com o novo ocupante, sem violar o princípio isonômico'. Contudo, excepcionalmente, tratando-se de sucessividade traduzida em substituição, então será ela veículo conducente à equiparação. A falta de reconhecimento de que a equiparação decorrente de substituição baseia-se em sucessividade e não em simultaneidade deu ensejo a esta oportuna advertência de Amauri Mascaro Nascimento: '[...] na substituição há sucessividade mas não há simultaneidade. Assim, haverá sempre uma contradição gritante em nosso Direito, enquanto for afirmado em tese o direito do substituto aos salários do substituído e exigida a simultaneidade de trabalho como pressuposto da equiparação'. Em conclusão final, pode-se afirmar que a simultaneidade constitui, via de regra, um dos pressupostos do direito à equiparação, não, porém, nos casos de substituição".

Ao empregado chamado a ocupar, em comissão, interinamente ou em substituição eventual ou temporária, cargo diverso do que exercer na empresa, serão garantidas a contagem do tempo naquele serviço, bem como a volta ao cargo anterior (art. 450, CLT).

O art. 450 trata de duas hipóteses distintas: "O comissionamento interino, correspondente à promoção em caráter de experiência, e a substituição eventual ou transitória, destinada a suprir faltas ou impedimentos de outros empregados."[17]

Na substituição eventual, como já vimos, o substituto não tem direito ao mesmo salário do substituído. Contudo, no comissionamento interino, o empregado terá direito à gratificação de função, enquanto perdurar essa situação.

18.5 DESVIO DE FUNÇÃO

Desvio de função representa a alteração unilateral de função por parte do empregador, a qual resulta em prejuízos salariais ao empregado.

O contrato de trabalho é comutativo e sinalagmático. As obrigações básicas são previamente ajustadas pelas partes. O empregado deve receber o salário fixado de acordo com as tarefas a serem desempenhadas.

Contudo, é comum, ao longo da prestação dos serviços, o empregado ser deslocado para o desempenho de tarefas estranhas ao estabelecido no contrato, sem ter a correspondente elevação salarial.

A presença do quadro de carreira não elide o direito do empregado à percepção da diferença salarial, enquanto perdurar o desvio funcional (Súm. 223, ex-TRF).

Reconhecido o desvio de função, o servidor faz jus às diferenças salariais decorrentes (Súm. 378, STJ).

No caso da existência de quadro de carreira na empresa, o empregado, em desvio de função, não terá direito a novo enquadramento, mas apenas às diferenças salariais respectivas, mesmo que o desvio de função haja iniciado antes da vigência da CF (OJ 125, SDI-I).

---

[17] MAGANO, Octavio Bueno. Ob. cit., p. 303.

18.6 ACÚMULO DE FUNÇÕES

Para caracterização do acúmulo de funções (excesso de trabalho), há de haver o exercício dessas, de tal forma que o empregador deixe de contratar outro funcionário, pois o obreiro labora por duas pessoas.

O excesso de trabalho pode ser verificado por duas vertentes: extensão e intensidade.

Pela extensão, o trabalhador labora além do limite de tempo previsto. A evolução histórica do Direito do Trabalho fixou limites temporais para a duração do trabalho como forma de proteger o empregado face ao desgaste provocado pelo excesso de trabalho em seu viés temporal.

Pela intensidade, o excesso se dá pelo gradativo incremento de tarefas atribuídas ao trabalhador ou exigência de aumento de produtividade. Não há necessariamente exigência de extensão de jornada, a qual pode se dar dentro do limite legalmente previsto, porém dentro desse módulo legal exige-se que o trabalhador desempenhe maior número de afazeres, ocasionando igualmente excesso de trabalho.

Nessa linha, a intensificação do trabalho corresponde ao aumento do dispêndio de energia para a execução das atribuições.

Tanto no primeiro, como no segundo, o excesso de trabalho produz danos à saúde do trabalhador, citando-se como exemplo a ocorrência de estresse, sentimento de incapacidade, na medida em que o indivíduo não consegue cumprir todas as atividades dentro das horas predeterminadas, o que pode levar a quadro depressivo, além de somatizar em doenças como úlceras, gastrites, insônia etc.

Um dos grandes desafios no Direito do Trabalho no século XXI é regular a intensidade do trabalho, visto a inexistência de parâmetros objetivo-científicos a apurá-la.

Como visto, o excesso de trabalho pode se dar sem o elasticimento da jornada, porém com o aumento de tarefas atribuídas ao trabalhador.

Portanto, o acúmulo de funções representa o acréscimo de tarefas durante a execução do contrato de trabalho por imposição unilateral do empregador, a qual resulta em prejuízos salariais ao empregado, visto que não se tem a majoração do salário. Este acréscimo de tarefas não se vincula às atribuições do cargo que o trabalhador ocupa na empresa e para as quais é remunerado.

O contrato de trabalho é comutativo e sinalagmático. As obrigações básicas são previamente ajustadas pelas partes. O empregado deve receber o salário fixado de acordo com as tarefas a serem desempenhadas. Com o acúmulo, é inevitável o rompimento unilateral por parte do empregador do equilíbrio contratual entre o salário e as tarefas ajustadas no ato da admissão. Para que este desequilíbrio deixe de existir, nada mais razoável que o empregado tenha um reajuste salarial efetivo como forma de compensação pela execução das novas tarefas. Vale dizer, a imposição empresarial, quanto ao acúmulo de funções, sem um critério financeiro de compensação, implica violação ao teor do art. 468, CLT.

Os que negam o direito ao acúmulo de funções adotam, por fundamento básico, a assertiva de que o empregado, no ato da admissão, se obrigou a todo e qualquer serviço compatível com a sua condição pessoal (art. 456, parágrafo único, CLT). Discordamos desta visão. O fato de o empregado ter condições de executar funções para as quais não foi contratado não lhe retira o direito ao salário condizente. O salário se vincula ao trabalho executado e não às aptidões profissionais ou pessoais do trabalhador.

18.7 SALÁRIO EQUITATIVO

O trabalhador temporário tem direito à percepção de remuneração equivalente à percebida pelos empregados da mesma categoria da empresa tocadora ou cliente, calculados à base horária, garantida, em qualquer hipótese, a percepção do salário mínimo regional (art. 12, *a*, Lei 6.019/74).

Pelo salário equitativo, os valores dos salários e demais vantagens legais e normativas dos empregados da empresa tomadora são aplicáveis aos empregados da empresa de trabalho temporário.

Também é aplicável o salário equitativo às demais situações em que se tenha a terceirização lícita, visto que seria inadmissível uma discriminação socioeconômica, o que fere a própria dignidade do trabalhador. Por outro lado, a terceirização, sem a isonomia, é uma fórmula de aviltamento de salários e do padrão social dos trabalhadores. E, por fim, assevere-se a presença de dispositivos constitucionais, os quais asseguram a não discriminação (art. 5º, *caput* e I; art. 7º, XXXII).

Diferentemente do que ocorre na iniciativa privada, a contratação irregular (terceirização fraudulenta ou terceirização impossível) de trabalhador mediante empresa interposta não gera vínculo de emprego diretamente com a Administração Pública (art. 4º, parágrafo único, Instrução Normativa MTE/GM 3, 29/8/1997; Súm. 331, II), isso porque a contratação de trabalhador sem concurso público pela Administração Pública direta e indireta é nula (art. 37, II, § 2º, CF; Súm. 363, TST; Súm. 685, STF).

Apesar de a contratação irregular de trabalhador, mediante empresa interposta, não implicar na geração de vínculo de emprego com ente da Administração Pública, pela aplicação do princípio da isonomia, tem-se o direito dos empregados terceirizados às mesmas verbas trabalhistas legais e normativas asseguradas àqueles contratados pelo tomador dos serviços, desde que presente a igualdade de funções. É um desdobramento da aplicação analógica do art. 12, *a*, Lei 6.019/74 (OJ 383, SDI-I).

18.8 IGUALDADE SALARIAL E A ADMINISTRAÇÃO PÚBLICA

Semelhantemente ao empregador privado, a Administração Pública não pode alterar as cláusulas do contrato de trabalho dos seus empregados, pois depende de concordância do empregado, desde que não lhe traga prejuízo (arts. 9º e 468, CLT), com exceção daquelas hipóteses em que se impõe a supremacia do interesse público sobre o pactuado.

A observância da exigência constitucional de aprovação em concurso público (art. 37, II, CF) e dos princípios que norteiam a administração, em especial, da legalidade e moralidade administrativa (art. 37, *caput*), impede que possíveis alterações de funções do contrato de trabalho ensejem reenquadramento funcional.

A existência de situação irregular permite apenas ao empregado a percepção das diferenças salariais da função para a qual foi contratado e da função exercida, simplesmente porque a administração não poderia beneficiar-se dessa alteração do contrato de trabalho sem qualquer retribuição, o que causaria desequilíbrio do contrato de trabalho e desrespeito aos princípios da boa-fé, da razoabilidade e da inadmissibilidade do enriquecimento sem causa, sem que se promova a retificação da CTPS ou possua implicações previdenciárias.

O direito do empregado a receber a diferença das remunerações, de forma indenizada, pelo desvio de função já foi reconhecido pelo STF.[18]

Dessa forma, sem razão aqueles que não admitem o pagamento das diferenças salariais no caso de desvio de função por entender que o inciso XIII, art. 37, vedou a vinculação ou equiparação de quaisquer espécies remuneratórias para efeito de remuneração de pessoal do serviço público. A norma constitucional pretendeu evitar reajustes automáticos, como, por exemplo, aqueles vinculados a índices econômicos.

O TST tem reconhecido o direito às diferenças salariais pelo desvio de função ao empregado público (OJ 125, SDI-I). No mesmo sentido é o entendimento consolidado do STJ (Súm. 378), *"reconhecido o desvio de função, o servidor faz jus às diferenças salariais decorrentes"*.

Igualmente, equivocam-se aqueles que, considerando que o empregador público se equipara ao privado quando contrata pelo regime da CLT e pelo princípio da primazia da realidade, têm admitido o novo enquadramento do empregado público em desvio de função mesmo sem aprovação em novo concurso público (art. 37, II e § 2º, CF; Súmula 363, TST).

Na isonomia salarial, além dos dispositivos constitucionais e legais que alicerçam o princípio da igualdade (arts. 5º, *caput*, 7º, XXX, XXXI, XXXII, CF; arts. 5º, 460 e 461, CLT), antes da EC 19, o art. 39, § 1º, CF, previa: *"A lei assegurará, aos servidores da administração direta, isonomia de vencimentos para cargos de atribuições iguais ou semelhados do mesmo Poder ou entre servidores dos Poderes Executivo, Legislativo e Judiciário, ressalvadas as vantagens de caráter individual e as relativas à natureza ou ao local de trabalho"*.

O art. 39, § 1º, mencionava expressamente apenas isonomia de vencimentos para cargos de atribuições iguais ou semelhadas do mesmo Poder ou não. Isso não impede que a sua *ratio*, ao lado dos demais preceitos, também seja invocada, mesmo depois de sua revogação, para garantir a isonomia salarial de empregado público, que exerce função igual ou semelhada a outro empregado com salário inferior. Nesse caso, os demais requisitos do art. 461 da CLT deverão ser observados.

Para o TST, o art. 37, XIII, da CF/88 veda equiparação de qualquer natureza para o efeito de remuneração do pessoal do serviço público, sendo juridicamente impossível a aplicação da norma infraconstitucional prevista no art. 461 da CLT quando se pleiteia equiparação salarial entre servidores públicos, independentemente de terem sido contratados pela CLT (OJ 297, SDI-I).

---

[18] STF – AI 594.942-AgR – Rel. Min. Sepúlveda Pertence – *DJ* 7/12/2006.

Não se aplica a vedação da equiparação prevista no art. 37, XIII, da CF/88, pois, ao contratar empregados sob o regime da CLT, a sociedade de economia mista equipara-se a empregador privado, conforme disposto no art. 173, § 1º, II, CF (OJ 353, SDI-I). Dentro dessa lógica, tal restrição também não se aplica às empresas públicas.

De qualquer forma, é inadmissível a equiparação salarial entre servidores contratados por regimes jurídicos distintos, um pelo regime celetista e outro pelo regime estatutário.[19]

Reconhecendo a isonomia salarial, estaria o Judiciário promovendo reajuste salarial para o empregado prejudicado?

Constitucionalmente, não é função do Poder Judiciário promover reajuste salarial, sendo que tal atribuição é de iniciativa privativa do chefe do Poder Executivo (art. 61, § 1º, *a*). O princípio da autonomia dos Poderes é outro óbice ao reajuste salarial promovido pelo Judiciário aos servidores integrantes dos demais Poderes (art. 2º). Trata-se de um princípio basilar do Estado Democrático de Direito. Ao lado desses pontos, o legislador constituinte veda a vinculação ou equiparação de quaisquer espécies remuneratórias para o efeito de remuneração de pessoal do serviço público (art. 37, XIII).

A jurisprudência pacífica do STF considera que não cabe ao Poder Judiciário, que não exerce função precípua de cunho legislativo, aumentar vencimentos de servidores públicos, sob fundamento de isonomia salarial (Súm. 339; Súm. Vinculante 37).

A equiparação salarial, porém, reconhecida pelo Poder Judiciário, não se confunde com reajuste salarial e possui, inclusive, motivação diversa. Trata-se, sim, de garantir a observância do princípio da igualdade inerente ao ser humano que se projeta nas relações de trabalho.

Particularmente, em relação às empresas públicas, às sociedades de economia mista e suas subsidiárias, têm-se sua sujeição ao regime próprio das empresas privadas (art. 173, CF) e as limitações para alteração do contrato de trabalho (arts. 9º e 468, CLT).

QUESTIONÁRIO

1. É correto afirmar que a equiparação salarial é um desdobramento da noção de justiça?

2. Quais são os requisitos legais quanto à equiparação salarial?

3. O termo "função" tem o mesmo significado que "cargo"?

4. A nomenclatura da função é vital na caracterização da equiparação salarial?

5. Cargo de confiança é obstáculo legal na caracterização da equiparação salarial?

6. O trabalho intelectual justifica a equiparação salarial?

---

[19] "Equiparação de vantagens dos servidores públicos estatuários aos então celetistas que adquiriram estabilidade for força da CF. Ofensa ao art. 37, II, da CF" (STF – TP – ADI 180 – Rel. Min. Nelson Jobim – *DJ* 27/6/2003).

7. O que devemos entender por identidade quantitativa?

8. Como se apresenta a identidade qualitativa nos trabalhos manuais?

9. É possível a equiparação salarial quando o paradigma é empregado de outra empresa do mesmo grupo econômico?

10. A expressão "mesma localidade" prevista no art. 461 da CLT significa mesma cidade?

11. A diferença de 2 anos é na função ou no emprego?

12. De quem é o ônus da prova para elidir a identidade quantitativa e qualitativa?

13. Qual é o significado da equiparação por equivalência?

14. O empregado contratado para ficar no lugar de uma pessoa dispensada terá direito ao mesmo salário auferido pelo ex-empregado?

15. O quadro de carreira elide o direito à percepção das diferenças salariais pelo desvio de função?

Capítulo XIX
DURAÇÃO DO TRABALHO

19.1 HISTÓRICO

A princípio, a questão social tinha a preocupação básica na redução das jornadas praticadas. Tivemos a fixação da duração diária do trabalho em 10 horas em vários países da Europa: Inglaterra (1847); França (1848); Áustria (1885); Rússia (1887).

Em 1868 foi fixada a jornada de 8 horas no serviço público federal dos Estados Unidos e, em 1901, de forma geral, na Austrália. A Igreja adotou a temática em apreço na Encíclica *Rerum Novarum*, escrita pelo Papa Leão XIII, em 1891. A declaração de princípios feita na Confederação das Nações Aliadas e incorporada ao Tratado de Versailhes adotou a jornada de 8 horas ou a semana de 48 horas.

A Convenção 1, OIT (1919), fixa a jornada de trabalho em 8 horas diárias e 48 semanais. A Convenção 30 (1930) considera jornada de trabalho o tempo à disposição do empregador e estipula uma jornada de 8 horas para os trabalhadores do comércio. A Convenção 31 (1931) prevê uma jornada de 7 horas e 45 minutos para os trabalhadores em minas de carvão. A Convenção 40 (1935) estabelece uma jornada semanal de 40 horas. A Convenção 47 (1935) a jornada semanal de 35 horas. A Convenção 67 (1939) determina uma jornada de 48 horas para os trabalhadores em empresa de transporte rodoviário. A Recomendação 116 (1962) versa sobre a adoção progressiva da semana de 48 horas. A Declaração Universal dos Direitos do Homem (1948) colocou que deve haver uma limitação razoável das horas de trabalho.

No Brasil, várias leis surgiram a partir de 1932, dirigidas a diversos setores da economia, disciplinando a duração do trabalho em 8 horas diárias ou em jornadas inferiores, conforme cada caso.

A legislação foi unificada pelo Dec.-lei 2.308/40, o qual estabeleceu a jornada de 8 horas. Porém, algumas profissões mantiveram uma jornada diferenciada. O Dec.-lei foi encampado pelo art. 58, CLT (1º/5/1943).

Em relação ao trabalho rural, os contratos de trabalho, individuais ou coletivos, estipularão, conforme os usos, praxes e costumes de cada região, o início e o término normal da jornada de trabalho, a qual não poderá exceder 8 horas por dia (art. 5º, Dec. 73.626/74).

Já na primeira metade do século, as Constituições da República passaram a disciplinar a matéria a partir de 1934, sendo seguidas pelas demais, de 1946, de 1967, pela EC 1/69 e, atualmente, pela de 1988, que fixou a jornada em 8 horas diárias, limitada a 44 horas semanais (art. 7º, XIII).

Com a Reforma Trabalhista (Lei 13.467/2017), é possível a negociação coletiva no tocante ao pacto quanto à jornada de trabalho, desde que sejam observados os limites constitucionais (art. 611-A, I CLT).

Por outro lado, não se admite a negociação (art. 611-B, CLT) quanto: (a) remuneração do trabalho superior à do diurno (inciso VI); (b) repouso semanal remunerado (inciso IX); (c) remuneração do serviço extraordinário superior, no mínimo, em 50% à do normal (inciso X).

19.2 DENOMINAÇÃO

Há 3 expressões para a denominação da matéria em estudo: "horário de trabalho", "duração do trabalho" e "jornada de trabalho".

A duração do trabalho tem um significado mais amplo, envolvendo não só a jornada diária, como também as férias e o descanso semanal remunerado.

Jornada de trabalho é o número de horas diárias ou semanais prestadas pelo trabalhador para a empresa.

Horário de trabalho é o lapso temporal diário, compreendendo do início até o seu término, em que o empregado presta serviços ao empregador, não se incluindo o intervalo. Por exemplo: o horário das 7 às 11h e das 12 às 16h.

Descanso semanal remunerado é o período ininterrupto de 24 horas em que o empregado está de folga em relação às suas atividades contratuais, sendo que este lapso temporal é remunerado pelo empregador no correspondente ao salário de um dia de trabalho.

Como o estudo deste capítulo é a duração diária do trabalho, vamos adotar a expressão "jornada de trabalho".

19.3 FUNDAMENTOS

Entre os vários preceitos universais de proteção do trabalho humano, *"têm lugar de relevo os referentes à limitação do tempo de trabalho. Se as duas principais obrigações resultantes da relação de emprego são o trabalho prestado pelo empregado e o salário pago pelo empregador, torna-se evidente a importância do sistema jurídico que impõe limites à duração do trabalho, cujos fundamentos são: (a) de natureza biológica, porque elimina ou reduz os problemas psicofisiológicos oriundos da fadiga; (b) de caráter social, por ensejar a participação do trabalhador em atividades recreativas, culturais ou físicas, propiciar-lhe a aquisição de conhecimentos e ampliar-lhe a convivência com a família; (c) de ordem econômica, porquanto restringe o desemprego e aumenta a produtividade do trabalhador, mantendo-o efetivamente na população economicamente ativa"*.[1]

19.4 NATUREZA JURÍDICA

A análise da natureza jurídica da jornada de trabalho envolve 2 aspectos.

A princípio, tem *"natureza pública, pois é interesse do Estado limitar a jornada de trabalho, de modo que o trabalhador possa descansar e não venha prestar serviços em jornadas extensas. Num segundo momento tem natureza privada, visto que as partes do*

---

[1] SÜSSEKIND, Arnaldo. *Direito constitucional do trabalho*, p. 195.

contrato de trabalho podem fixar jornadas inferiores às previstas na legislação ou nas normas coletivas. A legislação apenas estabelece o limite máximo, podendo as partes fixar limite inferior. Assim, a jornada de trabalho teria natureza mista, coexistindo elementos com característica pública e privada".[2]

19.5 CONCEITO DE JORNADA DE TRABALHO

Segundo Octavio Bueno Magano,[3] jornada de trabalho é o *"tempo diariamente dedicado ao trabalho"*. Para Sergio Pinto Martins,[4] é a *"quantidade de labor diário do empregado"*.

Três são as teorias sobre jornada de trabalho. A primeira considera a jornada de trabalho como sinônimo de horas laboradas. Uma outra, as horas laboradas acrescidas do tempo à disposição. E a terceira, além das horas trabalhadas e à disposição do empregador, abrange também o tempo gasto pelo empregado para ir e retornar ao local de trabalho (horas *in itinere*).[5]

A legislação brasileira adotava a teoria do tempo à disposição do empregador.[6]

Em algumas ocasiões, a jurisprudência do TST filiou-se à terceira teoria (*in itinere*), estabelecendo os seguintes requisitos:

a) condução fornecida pelo empregador. Para haver a referida caracterização necessita-se que o tempo gasto para ir e retornar ao local de trabalho seja em condução fornecida pela empresa (Súm. 90, I). A condução não necessita ser de propriedade do empregador. Também não se necessita que o transporte seja gratuito (Súm. 320);

---

[2] MARTINS, Sergio Pinto. *Direito do trabalho*. 21. ed., p. 501.
[3] MAGANO, Octavio Bueno. *Manual de direito do trabalho*: direito-tutelar do trabalho. 2. ed., v. 4, p. 29.
[4] MARTINS, Sergio Pinto. Ob. cit., p. 499.
[5] Essa orientação é acolhida pela legislação previdenciária, em que o acidente *in itinere* é equiparado ao acidente de trabalho. Compreende-se por acidente *in itinere*: o acidente sofrido no percurso da residência para o local de trabalho ou deste para aquela, qualquer que seja o meio de locomoção (art. 21, IV, *d*, Lei 8.213/91).
[6] O tempo despendido pelo empregado da boca da mina ao local do trabalho e vice-versa será computado para efeito de pagamento de salário (art. 294, CLT). Será computado como de trabalho efetivo todo o tempo que o empregado estiver à disposição da Estrada (art. 244, *caput*). No caso das turmas de conservação da via permanente, o tempo efetivo do trabalho será contado desde a hora da saída da casa da turma até a hora em que cessar o serviço em qualquer ponto compreendido dentro dos limites da respectiva turma. Quando o empregado trabalhar fora dos limites da sua turma, ser-lhe-á também computado como de trabalho efetivo o tempo gasto no percurso da volta a esses limites (art. 244, § 3º). Considera-se de sobreaviso o empregado efetivo, que permanecer em sua própria casa, aguardando a qualquer momento o chamado para o serviço. Cada escala de sobreaviso será, no máximo, de 24 horas. As horas de sobreaviso, para todos os efeitos, serão contadas à razão de 1/3 do salário normal (art. 244, § 2º). Será computado como de trabalho efetivo o tempo em que o empregado (jornalista) estiver à disposição do empregador (art. 309). Considera-se como de serviço todo o tempo em que o empregado esteja à disposição do empregador (art. 492, parágrafo único). Considera-se como de serviço efetivo o período em que o empregado esteja à disposição do empregador (para fins de indenização e estabilidade), aguardando ou executando ordens, salvo dispositivo especial expressamente consignado (art. 4º, *caput*).

b) o local necessita ser de difícil acesso ou que não seja servido por transporte público.[7] Se ocorrer de o empregado em seu deslocamento utilizar condução própria ou transporte público pago pelo empregador, não se tem a caracterização das horas *in itinere*. No entanto, se para chegar ao local de trabalho depende da condução fornecida pela empresa, porque não há outro meio de alcançá-lo, então resta caracterizado local de difícil acesso, sendo devidas as horas *in itinere*. Contudo, havendo transporte público regular em parte do trajeto, as horas *in itinere* serão limitadas ao trecho não atingido pelo transporte público (Súm. 90, IV). Por outro lado, a mera insuficiência do transporte público não justifica o pagamento das horas *in itinere* (Súm. 90, III). Considerando que as horas *in itinere* são computáveis na jornada de trabalho, o tempo que extrapola a jornada legal é considerado como extraordinário e sobre ele deve incidir o adicional respectivo (Súm. 90, V).

Em 2001, a terceira teoria foi adotada pela legislação consolidada, de modo que o tempo despendido pelo empregado até o local de trabalho e para o seu retorno, por qualquer meio de transporte, não era computado na jornada de trabalho, salvo quando, tratando-se de local de difícil acesso ou não servido por transporte público, o empregador fornecer a condução (art. 58, § 2º, CLT, Lei 10.243/01).

Pela LC 123/07 (Estatuto da Pequena e Microempresa), para as microempresas e empresas de pequeno porte poderia ser fixado, por meio de acordo ou convenção coletiva, em caso de transporte fornecido pelo empregador, em local de difícil acesso ou não servido por transporte público, o tempo médio despendido pelo empregado, bem como a forma e a natureza da remuneração (art. 58, § 3º).

O critério das horas de trajeto tem sido aplicável pelo TST em algumas empresas, computando-se o tempo gasto da portaria até o local de trabalho, ante a dimensão espacial da empresa. É o caso da Açominas. Trata-se das horas de trajeto interno (OJ Transitória 36, SDI-I). Há julgados no sentido da aplicação deste entendimento para a Volkswagen do Brasil (cidade de São Bernardo do Campo – Estado de São Paulo) (E-ED-RR 29100.95.2003.5.02.0462; E-RR 36500.76.2005.5.0465; RR 115700.70.2007.5.02.0463).

Em maio/11, o TST fixou o seguinte entendimento: *"Considera-se à disposição do empregador, na forma do art. 4º da CLT, o tempo necessário ao deslocamento do trabalhador entre a portaria da empresa e o local de trabalho, desde que supere o limite de 10 (dez) minutos diários"* (Súm. 429).

Diversas decisões do TST consideravam que os minutos em que o empregado chegava com antecedência ao local de trabalho ou que esperava pela saída do local de

---

[7] É difícil a caracterização do que vem a ser local de difícil acesso. Para alguns, trata-se da área rural, enquanto o de fácil acesso seria a zona urbana. Não se trata de um critério isento de críticas. A melhor solução é a análise das peculiaridades do caso concreto. Quanto ao transporte público, a caracterização das horas de trajeto não exige que o transporte seja inexistente, bastando que seja irregular. Irregular é o transporte fornecido de forma intermitente, não havendo horários regulares para as saídas. Por exemplo: somente há ônibus às 8 h e a partir das 20 h. Irregular não se confunde com transporte insuficiente. Insuficiente é o transporte que possui horários regulares, contudo, em determinados horários do dia, o número de ônibus não é suficiente para atender a demanda.

trabalho, em face da condução fornecida pelo empregador, deveriam ser computados na duração da jornada diária de trabalho (6ª T. – RR 2761-71.2012.5.02.0464 – Reª Minª Kátia Magalhães Arruda – j. em 10/6/2015; 8ª T. – RR 1736-69.2012.5.03.0084 – Rel. Des. Conv. João Pedro Silvestrin – *DEJT* 20/3/2015; 4ª T. – ARR 116-31.2012.5.24.0086 – Rel. Min. Fernando Eizo Ono – *DEJT* 13/3/2015).

Com a Reforma Trabalhista (Lei 13.467 e a MP 808), várias foram as alterações ocorridas na legislação consolidada quanto à mensuração da jornada de trabalho.

Pela nova redação do art. 58, § 2º, não há mais a mensuração da jornada pelo tempo de trajeto, visto que o tempo despendido pelo empregado desde a sua residência até a efetiva ocupação do posto de trabalho e para o seu retorno, caminhando ou por qualquer outro meio de transporte, inclusive o fornecido pelo empregador, não será computado na jornada de trabalho por não ser tempo à disposição do empregador. Em face dessa alteração, o § 3º do art. 58 foi revogado. Portanto, a jurisprudência do TST deverá ser adaptada aos termos da nova legislação.

Por outro lado, devido à inclusão do § 2º ao art. 4º, CLT (acréscimo pela Lei 13.467), por não mais ser considerado tempo à disposição, não será computado como período extraordinário o que exceder a jornada normal, ainda que ultrapasse o lapso de cinco minutos na entrada ou na saída (minutos residuais), quando o empregado, por escolha própria: (a) buscar proteção pessoal, em caso de insegurança nas vias públicas ou más condições climáticas; (b) adentrar ou permanecer nas dependências da empresa para exercer atividades particulares. Dentre outras, como atividades particulares, a lei estipula: (a) práticas religiosas; (b) descanso; (c) lazer; (d) estudo; (e) alimentação; (f) atividades de relacionamento social; (g) higiene pessoal; (h) troca de roupa ou uniforme, quando não houver obrigatoriedade de realizar a troca na empresa. Não há dúvidas de que a jurisprudência do TST deverá adaptar-se aos termos da nova legislação.

Em linhas gerais, o legislador da Reforma teve por objetivo restringir, de forma irracional e desumana, a mensuração da jornada de trabalho do trabalhador, suprimindo o tempo de trajeto externo e interno, além de escoimar do tempo à disposição uma série de hipóteses fáticas na contagem do número de horas diárias.

19.5.1 A duração da jornada de trabalho

A duração do trabalho normal não será superior a 8 horas diárias e 44 semanais, facultada a compensação e a redução da jornada, mediante acordo ou convenção coletiva de trabalho (art. 7º, XIII, CF).

Após a CF/88, o divisor mensal para fins de apuração do salário-hora é de 220 horas: 44 horas semanais divididas por 6 dias de labor na semana = 7 horas e 20 minutos diários × 30 dias no mês = 220 horas mensais. Anteriormente, o divisor mensal era de 240 horas: 48 horas semanais divididas por 6 dias de labor na semana = 8 horas diárias × 30 dias no mês = 240 horas mensais.

Para os empregados sujeitos a 40 horas semanais de trabalho, aplica-se o divisor 200 (duzentos) para o cálculo do valor do salário-hora (Súm. 431, TST). Origem do divisor: 40 horas semanais divididas por 6 dias de labor na semana = 6 horas e 40 minutos diárias × 30 dias no mês = 200 horas semanais.

Havendo contratação para cumprimento de jornada reduzida, inferior à previsão constitucional de 8 horas diárias ou 44 semanais, é lícito o pagamento do piso salarial ou do salário mínimo proporcional ao tempo trabalhado (OJ 358, SDI-I, TST).

No âmbito da Administração Pública (Direta, Autárquica e Fundacional), ante os precedentes do STF, não é válida remuneração de empregado público inferior ao salário mínimo, ainda que cumpra jornada de trabalho reduzida (OJ 358, II, SDI-I).

O professor, que tem o labor diário no limite máximo da jornada prevista no art. 318, CLT, tem direito ao salário mínimo integral, não se aplicando o critério da proporcionalidade em relação à jornada prevista no art. 7º, XIII, CF/88 (OJ 393, SDI-I).

Existem outras categorias profissionais que possuem carga horária diária ou mensal inferior. A redução pode ser imposta por lei[8] ou pela jurisprudência.[9]

---

[8] Exemplos: (a) a jornada do bancário é de 6 horas (art. 224, CLT); (b) empregados em serviços de telefonia, telegrafia submarina e subfluvial, de radiotelegrafia e radiotelefonia possuem uma jornada de 6 horas ou 36 semanais (art. 227); (c) para os operadores cinematográficos a jornada é de 6 horas (art. 234); (d) para os empregados em minas de subsolo, 6 horas diárias ou 36 semanais (art. 293); (e) advogado, 4 horas diárias contínuas e 20 semanais, salvo acordo ou convenção coletiva ou em caso de dedicação exclusiva (art. 20, Lei 8.906/94). O Regulamento Geral do Estatuto da Advocacia e da Ordem dos Advogados do Brasil considera como jornada de trabalho de dedicação exclusiva aquela que não ultrapasse 40 horas semanais, prestada à empresa empregadora. Prevalece à jornada com "dedicação exclusiva, se este foi o regime estabelecido no contrato individual do trabalho quando da admissão do advogado no emprego, até que seja alterada por meio de convenção ou acordo coletivo (art. 12, § 1º). A jornada de trabalho prevista no *caput* do art. 12 não impede o advogado de exercer outras atividades remuneradas fora dela (art. 12, § 2º). Se não houver acordo ou convenção, prevalece a jornada de trabalho estabelecida no art. 20 do Estatuto (art. 13)" (MARTINS, Sergio Pinto. Ob. cit., p. 503). A jornada de 4 horas não se aplica aos advogados empregados da Administração Pública Direta da União, dos Estados, do Distrito Federal e dos Municípios, bem como das autarquias, fundações instituídas pelo Poder Público, Empresa Pública e às sociedades de economia mista (art. 4º, Lei 9.527/97). O advogado empregado contratado para jornada de 40 horas semanais, antes da edição da Lei 8.906/94, está sujeito ao regime de dedicação exclusiva (art. 20), pelo que não tem direito à jornada de 20 horas semanais ou 4 diárias (OJ 403, SDI-I); (f) para os cabineiros de elevador, a jornada é de 6 horas diárias (art. 1º, Lei 3.270/57); (g) a Lei 4.950/66 não estipula a jornada reduzida para engenheiros, mas apenas estabelece o salário mínimo da categoria para uma jornada de 6 horas. Não há que se falar em horas extras, exceto as que sejam excedentes à oitava, desde que seja respeitado o salário mínimo da categoria (Súm 370, TST); (h) a Lei 3.999/61 não estipula a jornada reduzida para os médicos, mas apenas estabelece o salário mínimo da categoria para uma jornada de quatro horas. Não há que se falar em horas extras, salvo as que excedam da oitava, desde que seja respeitado o salário mínimo da categoria (Súm. 370); (i) o professor não poderia dar, por dia, mais de 4 aulas consecutivas, nem mais de 6 aulas intercaladas, no mesmo estabelecimento de ensino (art. 318, CLT). Com a Lei 13.415/2017, o art. 318 sofreu alteração na sua redação, e o professor poderá lecionar em um mesmo estabelecimento por mais de um turno, desde que não ultrapasse a jornada de trabalho semanal estabelecida legalmente, assegurado e não computado o intervalo para refeição. Por fim, a contraprestação mensal devida ao professor, que trabalha no limite máximo da jornada prevista no art. 318 da CLT, é de um salário mínimo integral, não se cogitando do pagamento proporcional em relação à jornada prevista no art. 7º, XIII, da CF/88 (OJ 393, SDI-I); (j) para os jornalistas, a duração normal do trabalho é de 5 horas diárias, tanto de dia como de noite (art. 303, CLT), com a possibilidade de que a duração seja estendida até o limite de 7 horas diárias normais, mediante acordo escrito, em que se estipule aumento de ordenado, correspondente ao excesso do tempo de trabalho, e em que se fixe um

É comum na atividade econômica *fast food* a adoção de uma jornada variável de trabalho junto aos contratos individuais de trabalho dos seus empregados. No ato da contratação é fixada uma jornada de trabalho compreendendo uma quantidade variável diária de 4 a 8 horas de trabalho. Vale dizer, o trabalhador não tem predeterminada uma carga horária diária. A duração da jornada diária varia de acordo com a determinação empresarial. Esta cláusula é nula de pleno direito, pois vincula o trabalhador a uma jornada diária arbitrária, visto que está sujeito ao limite diário imposto pelo empregador.[10]

Na ACP 0001040-74.2012.5.06.0011, o Ministério Público do Trabalho e a empresa ARCOS DOURADOS COMÉRCIO DE ALIMENTOS LTDA. (McDonald's) celebraram um acordo em que ficou estabelecido que a empresa encerraria a jornada móvel e variável em todo o país (90% dos trabalhadores até julho de 2013 e o restante até o dia 31 de dezembro de 2013).

A Reforma Trabalhista permite que a negociação coletiva disponha a respeito de pacto quanto à jornada de trabalho, observados os limites constitucionais (art. 611-A, I, CLT). Claro está que a norma coletiva deverá respeitar a jornada diária de oito horas e a semanal de quarenta e quatro horas, bem como a duração mínima do intervalo intrajornada (exceto outra cláusula normativa expressa, sendo que o intervalo mínimo será de 30 minutos para jornada superior a seis horas, nos termos do art. 611-A, III), jornada máxima de dez horas (se houver a compensação), intervalo interjornada de onze horas (art. 66, CLT) e a folga semanal (no máximo até o sétimo dia, OJ 410, SDI-I; coincidente, de forma obrigatória, com o domingo a cada 3 semanas, art. 7º, XV, CF e art. 6º, Lei 10.101/00).

19.5.2 O regime de tempo parcial

Até a Reforma Trabalhista, considerava-se trabalho em regime de tempo parcial aquele cuja duração não exceda a 25 horas semanais (art. 58-A, CLT).

O salário a ser pago aos empregados sob o regime de tempo parcial será proporcional à sua jornada, em relação aos empregados que cumprem, nas mesmas funções, tempo integral (art. 58-A, § 1º).

---

intervalo destinado a repouso ou à refeição (art. 304). Os limites (5 ou 7 horas diárias) são inaplicáveis às funções de: redator-chefe; secretário; subsecretário; chefe de redação e subchefe de revisão; chefe de oficina, de ilustração e de portaria (art. 306); (k) os profissionais técnicos em radiologia possuem uma jornada semanal de trabalho de 24 horas (art. 14, Lei 7.394/85).

[9] Exemplos: (a) as empresas de crédito, financiamento ou investimento, também denominadas "financeiras", equiparam-se aos estabelecimentos bancários para os efeitos do art. 224 da CLT (Súm. 55, TST); (b) os empregados de empresas distribuidoras e corretoras de títulos e valores mobiliários não têm direito à jornada especial dos bancários (Súm. 119); (c) é aplicável à telefonista de mesa de empresa que não explora o serviço de telefonia o disposto no art. 227 e seus parágrafos da CLT (Súm. 178).

[10] TST – 7ª T. – RR 1000-77.2010.5.03.0001 – Rel. Min. Pedro Paulo Manus – *DEJT* 15/6/2012.
TST – 8ª T. – RR 9891900-16.2005.5.09.0004 – Relª Minª Dora Maria da Costa – *DEJT* 25/02/2011.

Por exemplo: (a) o empregado enquadrado no regime do art. 7º, XIII, ganha R$ 220,00 por mês; o salário-hora é de R$ 1,00; (b) o empregado em regime de tempo parcial, que tenha uma jornada diária de 3 horas (na semana: 3 × 6 dias de labor = 18 horas), deverá ganhar por dia: R$ 3,00; por mês, ganhará R$ 3,00 × 30 dias = R$ 90,00.

Para os empregados enquadrados no regime do art. 7º, XIII, CF, é possível a adoção do regime de tempo parcial mediante opção manifestada perante a empresa, na forma prevista em instrumento decorrente de negociação coletiva (art. 58-A, § 2º).

Além disso, os empregados sob o regime de tempo parcial não poderiam prestar horas extras (art. 59, § 4º).

A LC 150/15 permite para o empregado doméstico a prática de hora extra quando é contratado mediante a adoção do regime de tempo parcial (art. 3º, § 2º). Poderá haver o acréscimo de uma hora extra diária, desde que a jornada máxima diária seja de seis horas.

Com a Reforma Trabalhista, o art. 58-A sofreu várias alterações, sendo que: (a) jornada a tempo parcial é aquela em que o trabalho deverá ter a duração não excedente a trinta horas semanais, sem a possibilidade de horas extras semanais ou aquela cuja duração não exceda a vinte e seis horas semanais, contudo, nessa situação com a hipótese da prestação de horas extras semanais até o limite de seis horas; (b) caso a jornada semanal seja inferior a vinte e seis horas semanais, também é admissível a realização de até seis horas extras semanais. Isso significa que, se o empregado for contratado com uma carga semanal de cinco, sete ou dez horas, o empregador poderá exigir dele até seis horas semanais. Como se vê não há a mínima proporção do número máximo de horas extras com a efetiva carga semanal contratada de até vinte e seis horas semanais. Em outras palavras, o empregado fica à disposição do empregador; (c) as horas extras são devidas com o adicional mínimo de 50%; (d) é possível a compensação, no regime de trabalho a tempo parcial, desde que as horas suplementares sejam compensadas até a semana imediatamente posterior à sua execução. Caso isso não ocorra, as horas extras devem ser pagas na folha de pagamento do mês subsequente.

Como se denota, várias foram as alterações quanto ao regime legal da jornada a tempo parcial, em evidente prejuízo ao trabalhador, visto que passou a ser admissível a existência de horas extras e da compensação da hora extra na semana subsequente.

Já que a Lei 13.467 manteve a redação do art. 58-A, § 2º, para os contratos em vigor, quando da entrada em vigência da lei, somente será possível a transformação da jornada de trabalho de forma integral a tempo parcial, mediante expressa negociação coletiva. Portanto, não é válida a alteração contratual bilateral ou unilateral por parte do empregador (art. 468, *caput*).

19.5.3 Ônus da prova quanto à jornada suplementar

O termo "ônus" significa obrigação, dever, encargo de alguém ou de uma das partes. Assim, ônus da prova significa o dever da parte de fazer prova de suas alegações.

A incumbência do ônus da prova encontra-se delineada pelos arts. 818, CLT e 373, CPC, os quais determinam que o ônus probatório do autor é em relação aos fatos constitutivos de seu direito. Ao réu cabe a prova da existência de fato impeditivo, modificativo ou extintivo da pretensão do autor. Por fato constitutivo temos aquele que gera o direito do autor e, via de consequência, o dever do réu. Em outras palavras, é aquele que, provado, concede ao autor o deferimento da sua pretensão inicial. É o caso do trabalho em jornada suplementar.

Fato impeditivo é aquele que impede que de um fato decorra efeito jurídico que seria normal (ex.: o reclamante pretende o pagamento de horas extras diárias, a reclamada apresenta um acordo coletivo de compensação de jornada, com folga em outro dia da semana); já o fato modificativo é aquele que, sem impedir ou excluir a relação jurídica, tem o poder de modificar a situação jurídica (ex.: o empregado exige o pagamento imediato das horas extras, o empregador informa que as mesmas não são devidas, ante a existência do cargo de confiança); e, por fim, fato extintivo do direito do autor é o que torna sem razão a pretensão inicial (o pagamento das horas extras ou das verbas rescisórias solicitadas).

19.5.3.1 Os cartões de ponto e o encargo probatório

De acordo com a jurisprudência dominante do TST, é ônus do empregador, que conta com mais de 10 empregados em cada estabelecimento, o registro da jornada de trabalho na forma do art. 74, § 2º, CLT. O registro pode ser: manual, eletrônico ou mecânico. Não é necessário que o horário de intervalo seja anotado diariamente. Basta que seja preassinalado. A Portaria 1.510, de 25/8/2009, do MTE, disciplina o registro eletrônico de ponto e a utilização do Sistema de Registro Eletrônico de Ponto (SREP).

A não apresentação injustificada dos controles de frequência gera presunção relativa de veracidade da jornada de trabalho, a qual pode ser elidida por prova em contrário (Súm. 338, I).

Se o empregador não procede à juntada dos cartões de ponto aos autos, quando da formulação da sua defesa oral ou escrita (art. 434, CPC), bem como não justifica a sua inércia, tem-se a inversão quanto ao encargo probatório, com a presunção da veracidade quanto à jornada de trabalho articulada na peça vestibular.

Essa afirmação não pode ser vista de forma absoluta. Nem sempre a presença de uma presunção elide o encargo probatório da parte por ela beneficiada.

Um exemplo elucidativo: quando da defesa, o empregador contesta o pedido de horas extras e junta aos autos os cartões de ponto de todo o período contratual; na audiência em prosseguimento, ciente de que deveria comparecer para prestar depoimento, sob pena de confissão (Súm. 74, I, TST), o preposto não comparece; ao empregador é aplicada a pena de confissão, a qual gera a presunção de veracidade da matéria fática aduzida na petição inicial; porém, como o empregado não impugnou os cartões de ponto e os respectivos horários, a prova documental do reclamado deverá ser acatada (art. 430, CPC).

Deve ser, ainda, ressaltado que: (a) os cartões de ponto que demonstram horário de entrada e saída invariáveis são inválidos como meio de prova, invertendo-se o ônus da prova, relativo às horas extras, que passa a ser do empregador, prevalecendo o horário da inicial se dele não se desincumbir (Súm. 338, III, TST); (b) o tacógrafo, por si só, sem a existência de outros elementos, não serve para controlar a jornada de trabalho de empregado que exerce atividade externa (OJ 332, SDI-I); (c) a presunção de veracidade da jornada de trabalho anotada em folha individual de presença, ainda que prevista em instrumento normativo, pode ser elidida por prova em contrário (Súm. 338, II), sendo que o respectivo encargo probatório é do autor (arts. 818, I, CLT; art. 373, I, CPC); (d) a decisão que defere horas extras com base em prova oral ou documental não ficará limitada ao tempo por ela abrangido, desde que o julgador fique convencido de que o procedimento questionado superou aquele período (OJ 233, SDI-I).

O TST tem admitido ser encargo do empregado, quando do ajuizamento da demanda, provar a jornada de trabalho indicada na inicial, quando a empresa junta os espelhos de cartões de ponto que não foram assinados. Espelhos de cartões de ponto são documentos produzidos pela empresa e que retratam os horários de trabalho inseridos no controle eletrônico da jornada de trabalho. Em linhas gerais, o TST entende pela validade, pois, a ausência de assinatura do trabalhador seria mero vício formal que não enseja, por si só, a invalidação do documento.[11]

A Portaria MTE 373, de 25/2/2011, permite aos empregadores adotar sistemas alternativos de controle da jornada de trabalho, desde que autorizados por instrumento normativo (acordo ou convenção coletiva de trabalho). A adoção do sistema alternativo implica a presunção de cumprimento integral pelo empregado da jornada de trabalho contratual, convencionada ou acordada vigente no estabelecimento.

De acordo com o art. 3º, os sistemas alternativos eletrônicos não devem admitir: (a) restrições à marcação do ponto; (b) marcação automática do ponto; (c) exigência de autorização prévia para marcação de sobrejornada; (d) alteração ou eliminação dos dados registrados pelo empregado.

No tocante à fiscalização, os sistemas alternativos eletrônicos deverão: (a) estar disponíveis no local de trabalho; (b) permitir a identificação de empregador e empregado; (c) possibilitar, através da central de dados, a extração eletrônica e impressa do registro fiel das marcações realizadas pelo empregado.

Para o TST, não se pode admitir o registro de ponto por exceção que esteja previsto em norma coletiva: *"(...) não há como se conferir validade à norma coletiva que adota o registro de ponto por exceção, dispensando a marcação dos horários de entrada e de saída. Isso porque, a despeito da elevação constitucional dos instrumentos normativos oriundos de negociações coletivas, a Constituição não autoriza a estipulação de condições que atentem contra as normas de fiscalização trabalhista, como a isenção de registro de frequência normal, a teor dos artigos 74, § 2º, e 444 da CLT. Precedentes. Recurso de revista conhecido e provido"* (TST – 8ª T. – RR 1315-06.2013.5.12.0016 – Relª Minª Ministra Dora Maria da Costa – *DEJT* 21/11/2014).

---

[11] TST – 3ª T. – AIRR 208-05.2011.5.05.0011 – Rel. Min. Alberto Luiz Bresciani de Fontan Pereira – *DEJT* 8/3/2013.
TST – 8ª T. – RR 750-64.2010.5.01.0077 – Relª Minª Dora Maria da Costa – *DEJT* 22/2/2013.

Com o advento da Reforma Trabalhista, o art. 611-A, CLT, de forma irracional, permite que se tenha a flexibilização do art. 74, CLT, ao dispor que é possível a negociação coletiva quanto à modalidade de registro de jornada de trabalho. A imposição legal, quanto ao controle formal de jornada, é norma tutelar do Direito do Trabalho, logo, não é razoável que os seres coletivos (empresas e os sindicatos) possam negociar quanto aos critérios legais.

19.5.4 Os cartões de ponto e a apuração da jornada suplementar

De acordo com o art. 58, § 1º, CLT, não serão descontadas nem computadas como jornada extraordinária as variações de horário no registro de ponto não excedente de 5 minutos, observado o limite máximo de 10 minutos diários. Esse entendimento já era agasalhado pela jurisprudência do TST (OJ 23, SDI-I). Atualmente, a matéria é prevista na Súm. 366.

Com a nova redação da Súm. 366, TST, para fins de configuração do tempo à disposição pouco importa quais são as atividades desenvolvidas ao longo do tempo residual (troca de uniforme, lanche, higiene pessoal etc.).

A partir da vigência da Lei 10.243/01 que acrescentou o § 1º ao art. 58, CLT, não mais prevalece cláusula prevista em convenção ou acordo coletivo que aumenta o limite de 5 minutos que antecedem e sucedem a jornada de trabalho para fins de apuração das horas extras (Súm. 449, TST).

Há uma tolerância de cinco minutos na entrada e outro tanto na saída. Se na entrada ou na saída, o limite tiver sido ultrapassado, todos os minutos, inclusive, o próprio limite, serão considerados na apuração da jornada de trabalho.

A partir da Reforma Trabalhista, em face da inclusão do § 2º ao art. 4º, CLT, por não mais ser considerado tempo à disposição, não será computado como período extraordinário o que exceder a jornada normal, ainda que ultrapasse o lapso de cinco minutos na entrada ou na saída (minutos residuais), quando o empregado, por escolha própria: (a) buscar proteção pessoal, em caso de insegurança nas vias públicas ou más condições climáticas; (b) adentrar ou permanecer nas dependências da empresa para exercer atividades particulares. Dentre outras, como atividades particulares, a lei estipula: (a) práticas religiosas; (b) descanso; (c) lazer; (d) estudo; (e) alimentação; (f) atividades de relacionamento social; (g) higiene pessoal; (h) troca de roupa ou uniforme, quando não houver obrigatoriedade de realizar a troca na empresa. Não há dúvidas de que a jurisprudência do TST (Súmula 366) deverá adaptar-se aos termos da nova legislação.

19.5.5 Cursos fornecidos ou pagos pelo empregador

Os cursos de aprimoramento fornecidos pelo empregador aos seus empregados não podem ser computados na jornada de trabalho ou ser considerados como tempo à disposição. O intuito desses cursos é a formação intelectual ou a capacitação técnica do trabalhador. A matéria é controvertida na jurisprudência. Contudo, há julgados em sentido diverso.[12]

19.6 CONCEITO DE HORA EXTRA

As horas extras compreendem as que excedem a jornada normal do empregado.

Jornada normal é a prevista na lei, no instrumento normativo ou no contrato de trabalho do empregado.

Quando se excede a duração da jornada normal, o empregado tem direito à percepção da hora extra.

19.6.1 Exclusão da jornada suplementar

Os empregados sob o regime de tempo parcial não poderiam prestar horas extras (art. 59, § 4º, CLT). Essa regra foi alterada com a Reforma Trabalhista, visto que o empregado, sujeito ao regime a tempo parcial, caso a jornada seja de até vinte e seis horas semanais, poderá ser obrigado pelo empregador a prestar até seis horas extras semanais, com a possibilidade de compensação da jornada suplementar, se a mesma ocorrer até no máximo na outra semana.

Também estão excluídos da limitação normal da jornada de trabalho os empregados: (a) que exercem atividade externa incompatível com a fixação de horário de trabalho, devendo tal condição ser anotada na CTPS e no registro de empregados; (b) os gerentes, assim considerados os que exercem de cargo de gestão e aos quais se equiparam os diretores e chefes de departamento ou filial. Porém, o salário do cargo de confiança, compreendendo a gratificação de função, se houver, não poderá ser inferior ao valor do respectivo salário acrescido de 40% (art. 62, I e II, parágrafo único, CLT); (c) empregado doméstico, visto que o art. 7º, parágrafo único, da CF, não lhe assegurava os direitos previstos nos incisos XIII, XIV e XVI do próprio art. 7º. Com a EC 72/13, o empregado doméstico passou a ter limitação constitucional da jornada de trabalho (arts. 2º e 3º, LC 150/15).

Para uma corrente doutrinária, o art. 62 seria inconstitucional, pois o art. 7º, XIII, CF, estabelece que o empregado deve trabalhar 8 horas diárias e 44 semanais.

Na opinião de Sergio Pinto Martins,[13] o art. 62, CLT, *"não está mencionando que o empregado deva trabalhar mais do que a jornada especificada na Constituição, apenas que aquelas pessoas que não têm controle de horário ou os gerentes, de modo geral, deixam de ter direito a horas extras, pois no primeiro caso é difícil dizer qual o horário em que prestam serviços, por trabalharem externamente, e no segundo caso o empregado faz o horário que quer, podendo entrar mais cedo e sair mais tarde, ou entrar mais tarde e sair mais cedo, a seu critério. Nesse último caso, verifica-se que o poder de direção do empregador é muito*

---

[12] TRT – 11ª R. – RO 0001037-05.2012.5.11.0101 – Rel. Des. Ormy da Conceição Dias Bentes – *DJe* 19/6/2013 – p. 10.
TRT – 12ª R. – 1ª C. – RO 0002850-93.2012.5.12.0051 – Rel. Jorge Luiz Volpato – *DJe* 23/5/2014.
[13] MARTINS, Sergio Pinto. Ob. cit., p. 506.

menor, e em muitos casos é o empregado que determina muitas coisas, justamente por ter encargo de gestão. Assim, não têm tais pessoas direito a horas extras e não é inconstitucional o art. 62 da CLT".

Com a Reforma Trabalhista, o teletrabalhador (art. 75-A e segs., CLT) também não tem direito à percepção de horas extras, visto que o seu regime de trabalho se enquadra no inciso III do art. 62, CLT.

19.6.1.1 Atividades externas

Atividades externas envolvem as atividades cuja circunstância é estarem todas fora da fiscalização e controle do empregador. Não há possibilidade de se conhecer a jornada efetiva. Exemplifique-se: propagandistas, cobradores em domicílio, motoristas de caminhões etc. A análise será efetuada em função de cada caso em concreto. É comum a existência de atividades externas, contudo, o fato em si não justifica o enquadramento na hipótese da lei. Além de o trabalho ser externo, é imperioso a impossibilidade quanto à inexistência de seu controle. Deve haver a anotação da referida condição na ficha de registro, bem como na CTPS (art. 62, I, CLT).

19.6.1.2 Encargos de gestão

Pela antiga redação do art. 62, *b*, CLT, estavam excluídos da limitação normal da jornada de trabalho os gerentes, assim considerados os que, investidos de mandato, em forma legal, exerciam encargos de gestão, e, pelo padrão mais elevado de vencimentos, diferenciavam-se dos demais empregados, ficando-lhes, entretanto, assegurado o descanso semanal.

A doutrina e a jurisprudência, interpretando o art. 62, *b*, na caracterização de cargo de confiança, assimilavam por inteiro *"uma clássica noção construída pelo jurista Mario de La Cueva sobre o tema: seriam funções de confiança aquelas cujo exercício colocasse em jogo 'a própria existência da empresa, seus interesses fundamentais, sua segurança e a ordem essencial ao desenvolvimento de sua atividade'. Considerava-se firme a intenção da lei de restringir a noção de cargo de confiança àqueles que deferissem a seus ocupantes uma tríade de requisitos: (a) poderes e função de gestão com respeito à dinâmica da empresa; (b) poderes e função de representação, com outorga de mandato, na forma legal; (c) inequívoca distinção remuneratória a seus detentores, em face dos demais empregados da mesma organização".*[14]

Diante da nova redação imposta pela Lei 8.966/94, como gerentes são considerados os que exercem cargo de gestão, aos quais se equiparam os diretores e chefes de departamento ou filial. Porém, o salário do cargo de confiança, compreendendo a gratificação de função, se houver, não poderá ser inferior ao valor do respectivo salário efetivo acrescido de 40% (art. 62, II e parágrafo único).

---

[14] DELGADO, Mauricio Godinho. *Introdução ao direito do trabalho.* 2. ed. p. 291.

Cotejando-se as duas redações, temos: (a) não se exige mais a existência do mandato na caracterização da exclusão legal para o gerente; (b) equiparam-se ao gerente os cargos de diretores e chefes de departamento ou filial.

Na ótica de Mauricio Godinho Delgado,[15] *"a nova lei manteve também o requisito de exercício de funções e atribuições de gestão (a lei fala em 'exercentes de cargos de gestão'). Aduziu, contudo, que nessas funções se enquadram os cargos de diretores (o que não traduz novidade) e chefes de departamento ou filial. A referência a 'chefes de departamento', entretanto, pode ter um ainda imponderável caráter modificativo sobre a essência do tipo legal celetista clássico. Na verdade, se tal expressão não for submetida a um esforço interpretativo extremamente criterioso, poderá ter o efeito de ampliar desmesuradamente o conceito celetista de cargo de confiança. Por fim, a lei nova silenciou a respeito do anterior requisito da função de representação mediante mandato ('investidos de mandato, em forma legal', dizia o texto precedente do mesmo artigo), ampliando, em certa medida, as hipóteses de incidência do tipo legal 'cargo de confiança'. Não há mais, pois, o requisito da outorga de mandato na forma legal".*

Independentemente ou não da existência de mandato na forma legal, a exclusão da limitação da jornada normal exige que o gerente ou os equiparados tenha poderes de mandado, cujos atos obrigam a empresa. Não basta a simples responsabilidade no trato das suas funções. Deverá ter os poderes de gestão e de representação (= de mando), além de um padrão remuneratório elevado em face dos subordinados.

De fato, a grande alteração havida repousa na nova abrangência das funções que se enquadram na exclusão legal – gerentes, diretores e chefes de departamento ou de filial, além da exigência de que a remuneração deve ser superior em 40% ao salário básico. A pessoa que passa a ter encargos de gestão deve perceber uma remuneração, no mínimo, 40% superior à que auferia anteriormente.

A regra específica dos bancários continua inalterada. Aqueles que exercem funções de direção, gerência, fiscalização, chefia e equivalentes, ou que desempenham outros cargos de confiança, desde que recebam gratificação não inferior a um terço do salário do cargo efetivo, não possuem limitação de jornada (art. 224, § 2º, CLT).

A configuração, ou não, do exercício da função de confiança a que se refere o art. 224, § 2º, depende da prova das reais atribuições exercidas pelo empregado bancário, não se admitindo o seu reexame mediante recurso de revista ou de embargos (Súm. 102, I, TST).

O bancário, exercente de função a que se refere o § 2º do art. 224 e que recebe gratificação não inferior a 1/3 do seu salário, já tem remuneradas às duas horas extraordinárias que excedem de seis (Súm. 102, II).

O bancário sujeito à regra do art. 224, § 2º, cumpre jornada de oito horas, não fazendo jus ao pagamento da 7ª e 8ª horas como extras (Súm. 102, IV). Quanto ao gerente geral de agência bancária, presume-se o exercício de encargo de gestão, sendo aplicável o teor do art. 62, II (Súm. 287).

---

[15] DELGADO, Mauricio Godinho. Ob. cit., p. 293.

O advogado empregado de banco, pelo simples exercício da advocacia, não exerce cargo de confiança, não se enquadrando, portanto, na hipótese do art. 224, § 2º (Súm. 102, V).

19.6.1.3 Regime de teletrabalho

A Lei 13.467/17 (Reforma Trabalhista) indica que o teletrabalho é uma modalidade de trabalho à distância, em que a prestação de serviços ocorre, preponderantemente, fora das dependências do empregador, contudo, o comparecimento no estabelecimento do empregador para a realização de atividades específicas, as quais exijam a presença do empregado, não descaracteriza o regime do teletrabalho (art. 75-B, CLT).

A existência de controle de jornada de trabalho não é essencial para a configuração da subordinação. Vale dizer, o trabalhador pode ser considerado empregado independentemente de ter ou não o direito à percepção de horas suplementares.

Não se pode esquecer que o trabalho realizado a distância é uma modalidade de trabalho externo, portanto, de acordo com o art. 62, I, da CLT, não tem direito à percepção de hora extra se a atividade externa exercida pelo empregado for incompatível com a fixação de horário de trabalho.

Contudo, contrariando o bom senso na aplicação da legislação trabalhista, a Lei 13.467 incorporou o inciso III ao art. 62, CLT, excluindo, assim, o empregado, em regime de teletrabalho, do direito à percepção de horas extras. A exclusão de forma literal deve ser evitada, observando-se, assim, as peculiaridades do caso concreto, pena de se perpetrar a fraude empresarial ao direito à percepção das horas extras por parte do empregador.

No teletrabalho, o empregado não terá direito à percepção da jornada suplementar, se ficar evidenciado que os meios telemáticos e informativos de comando, controle e supervisão não indiquem, por exemplo, que: (a) o empregado esteja submetido a uma jornada de trabalho predeterminada; (b) a execução das tarefas atribuídas ao empregado implique tanto tempo para a sua consecução e que tenha determinado prazo para a sua realização; (c) o trabalhador é obrigado a retornar a qualquer contato de forma imediata; (d) se tenha a obrigação para o empregado de ficar "ligado", de forma virtual, por 24 horas diárias; (e) se tenha uma carga diária de tarefas; (f) programas de controle de acesso e de jornada de trabalho.

19.6.2 Prorrogação da jornada diária de trabalho

A CLT permite horas extraordinárias em três casos: acordo de prorrogação, sistema de compensação e necessidade imperiosa (força maior, conclusão de serviços inadiáveis e a recuperação das horas de paralisação).

19.6.2.1 Acordo de prorrogação de horas

Acordo de prorrogação de horas é o ajuste fixado entre o empregado e o empregador, objetivando a realização de horas além do limite normal da duração da jornada de trabalho, mediante o pagamento das respectivas horas extras. Pode ser por prazo determinado ou indeterminado.

A duração normal do trabalho poderá ser acrescida de até duas horas suplementares, se convencionado por escrito entre empregador e empregado ou previsto no acordo ou convenção coletiva de trabalho (art. 59, *caput*, CLT). O adicional mínimo a ser pago é de 50% (art. 7º, XVI, CF, art. 59, § 1º, CLT). O adicional de horas extras do advogado é de 100% (art. 20, § 2º, Lei 8.906/94).

Com a Reforma Trabalhista, o art. 59, *caput*, CLT, sofreu alteração legislativa, sendo que a duração diária do trabalho poderá ser acrescida de horas extras, em número não excedente de duas, por acordo individual, convenção coletiva ou acordo coletivo de trabalho. Como se denota, apesar da alteração legislativa, não houve alteração de conteúdo. Também houve alteração no art. 59, § 1º, no sentido de dispor que o adicional suplementar é de 50%, o que implica dizer que não houve alteração de conteúdo. Por fim, o art. 611-B, X, CLT (Reforma Trabalhista) não permite que o adicional de 50% seja flexibilizado por norma coletiva.

Se a duração do trabalho extravasar o limite de 10 horas diárias, todas as horas extras prestadas são devidas (Súm. 376, I, TST). Nesse caso, como foi excedido o limite de duas horas diárias, deverá haver a imposição da multa administrativa.

Não será devido o adicional de horas extras quando houver o ajuste para a compensação de jornada (art. 59, § 2º, CLT).

Nas atividades insalubres, a prorrogação ou a compensação da jornada depende de licença prévia das autoridades competentes em matéria de higiene do trabalho (art. 60, *caput*, CLT; Súm. 85, VI, TST).

A Reforma Trabalhista fixou a possibilidade da negociação coletiva quanto à prorrogação em locais insalubres, incluída a possibilidade de contratação de perícia, afastada a licença prévia das autoridades competentes do MTE, desde que respeitadas, na integralidade, as normas de saúde, higiene e segurança do trabalho previstas em lei ou em normas regulamentadoras do Ministério do Trabalho (art. 611-A, XII).

Apesar do inciso XII determinar que se observem as normas legais e as normas regulamentadoras do Ministério do Trabalho, evidente a contradição do legislador, eis que o art. 611-B, XVII, CLT (originário da Reforma, o qual indica as matérias que não podem ser objeto de negociação coletiva), menciona a proibição quanto às normas de saúde, higiene e segurança previstas em lei ou em normas regulamentadoras do MTE.

Pondere que a doutrina e a jurisprudência são uníssonas no sentido de que as regras concernentes à duração da jornada de trabalho e aos intervalos pertencem ao campo do Direito Tutelar do Trabalho, em especial, em face do previsto no art. 7º, XXII, CF, o qual dispõe ser um dos direitos sociais do trabalhador o respeito à redução dos riscos inerentes ao trabalho, por meio de normas de saúde, higiene e segurança.

Devido aos juízos de valor supraexarados, também não há razoabilidade com a alteração legislativa ocorrida com a Reforma, a qual incluiu o parágrafo único ao art. 60, dispondo que a licença prévia da autoridade pública é dispensada quando se tem o regime de trabalho à base de 12x36 horas de trabalho.

Os bancários podem prorrogar sua jornada de trabalho em até duas horas diárias (art. 225, CLT). A contratação do serviço suplementar, quando da admissão do trabalhador bancário, é nula. Os valores assim ajustados apenas remuneram a jornada normal, sendo devidas as horas extras com adicional de, no mínimo, 50% (Súm. 199, I, TST). Contudo, as horas extras pactuadas após a admissão do bancário não configuram pré-contratação.

Há uma corrente jurisprudencial junto ao TST no sentido da extensão da Súmula 199 a todo e qualquer contrato de trabalho, visto que seria inadmissível a pré-contratação de horas extras na celebração do contrato (3ª T. – RR 83.453/2003-900-04-00.6 – Rel. Min. Carlos Alberto Reis de Paula – j. 18/6/2008; 2ª T. – RR 2486-78.2012.5.03.0017 – Rel. Min. José Roberto Freire Pimenta – j. 28/5/2014; SDI-I – E-ED-RR 206.32.2013.5.02.0081 – Rel. Min. Guilherme Augusto Caputo Bastos – *DEJT* 1/12/2017).

A prorrogação de jornada das telefonistas é admitida em caso de indeclinável necessidade (art. 227, § 1º, CLT).

Para o menor de 18 anos é vedada a formulação de acordo de prorrogação de jornada de trabalho (horas extras contratuais). É possível a compensação (acordo), independentemente do acréscimo salarial, mediante convenção ou acordo coletivo, com a distribuição do excesso de horas de um dia para outro dia, com o limite de 44 horas semanais ou outra jornada menor (art. 413, I, CLT). Somente se admite a prorrogação da jornada do empregado menor por motivo de força maior, até o limite de 12, com acréscimo de, no mínimo, 50%, desde que o trabalho seja imprescindível ao funcionamento do estabelecimento (art. 413, II). Além disso, quando o empregado menor prestar serviços em mais de um estabelecimento, as horas de trabalho em cada um serão totalizadas (art. 414).

Em relação aos cabineiros de elevador, é vedado a empregador e empregado qualquer acordo visando ao aumento das horas de trabalho (art. 1º, § 1º, Lei 3.270/57).

O valor das horas suplementares prestadas habitualmente, por mais de 2 anos, ou durante todo o contrato, se suprimidas, integra-se no salário para todos os efeitos legais (Súm. 76, TST). Esse entendimento foi revisto pela Súm. 291.

Pelo entendimento jurisprudencial atual, a supressão total ou parcial, pelo empregador, do serviço suplementar prestado com habitualidade, durante pelo menos 1 ano, assegura ao empregado o direito à indenização correspondente ao valor de um mês das horas suprimidas, total ou parcialmente, para cada ano ou fração igual ou superior a 6 meses de prestação de serviço acima da jornada normal. O cálculo observará a média das horas suplementares efetivamente trabalhadas nos últimos 12 meses, multiplicada pelo valor da hora extra do dia da supressão (Súm. 291).

O cálculo do valor das horas extras habituais, para efeito de reflexos em verbas trabalhistas, deve observar o número de horas efetivamente prestadas e a ele aplica-se o valor do salário-hora da época do pagamento (Súm. 347). Citado critério deve ser observado no cálculo dos seguintes títulos: (a) indenização por antiguidade (Súm. 24); (b) gratificações natalinas (Súm. 45); (c) aviso prévio indenizado (art. 487, § 5º, CLT);

(d) gratificações semestrais (Súm. 115); (e) gratificações por tempo de serviço do trabalhador bancário (Súm. 226); (f) remuneração de férias, acrescida de um terço (art. 142, § 5º, CLT). Quanto ao FGTS (Súm. 63) e no tocante ao descanso semanal remunerado (art. 7º, *a* e *b*, Lei 605/49; Súm. 172), a incidência é efetuada mês a mês, visto que tais títulos são pagos mensalmente.

Aos ferroviários que trabalham em "estação do interior", assim classificada por autoridade competente, não são devidas horas extras (art. 243, CLT) (Súm. 61).

De acordo com a OJ 47, o adicional de insalubridade incide sobre o cálculo da hora extra.

Para o cálculo das horas extras prestadas pelos trabalhadores portuários, será observado somente o salário básico, com a exclusão dos adicionais de risco e de produtividade (art. 7º, § 5º, Lei 4.860/65) (OJ 60, II, SDI-I).

A Lei 5.811/72, quanto à duração da jornada de trabalho dos petroleiros, foi recepcionada pela CF/88 (Súm. 391, I).

A remuneração do serviço suplementar compõe-se do valor da hora normal integrado por parcelas de natureza salarial e acrescido do adicional previsto em lei, contrato, acordo, convenção coletiva ou sentença normativa (Súm. 264).

O empregado sujeito a controle de horário, remunerado à base de comissões, tem direito ao adicional de, no mínimo, 50% pelo trabalho em horas extras, calculado sobre o valor-hora das comissões recebidas no mês, considerando-se como divisor o número de horas efetivamente trabalhadas (Súm. 340).

O empregado que recebe remuneração mista (uma parte fixa e outra variável) tem direito a horas extras pelo trabalho em sobrejornada. Em relação à parte fixa, são devidas as horas simples acrescidas do adicional de horas extras. Em relação à parte variável, é devido somente o adicional de horas extras, aplicando-se à hipótese o disposto na Súm. 340 do TST (OJ 397, SDI-I).

O empregado que recebe salário por produção e trabalha em sobrejornada faz jus à percepção apenas do adicional de hora extra, exceto no caso do empregado cortador de cana, a quem é devido o pagamento das horas extras (valor da hora normal com o acréscimo do adicional suplementar) (OJ 235, SDI-I).

Em qualquer hipótese, antes da prorrogação de jornada, para a mulher, na condição de empregada, será obrigatório um descanso de 15 minutos (art. 384, CLT). Citado dispositivo foi revogado pela Reforma Trabalhista (art. 5º, I, *i*, Lei 13.467).

19.6.2.2 Acordo de compensação

A compensação das horas de trabalho consiste na distribuição das horas de um dia pelos demais dias da semana ou em outras.

A compensação pode ser: anual; semanal; semana espanhola; semestral e mensal.

19.6.2.2.1 Compensação anual e semestral

A Lei 9.601/98 criou o denominado banco de horas, o qual permite compensar o excesso de horas trabalhadas em um dia pelo correspondente em outro, observado o período de 1 ano. Contudo, a sua adoção pela empresa está condicionada à previsão em acordo ou convenção coletiva da categoria (Súm. 85, V, TST). O limite máximo da jornada diária continua a ser de 10 horas. A compensação não precisa ocorrer na própria semana ou mês em que se deu o acréscimo da jornada diária. Basta que ocorra dentro da vigência do instrumento normativo, que não pode ser superior a 12 meses.

O adicional de horas extras não será devido quando, por disposição de acordo ou convenção coletiva de trabalho, o excesso de horas em um dia for compensado pela correspondente diminuição em outro dia, de maneira que não exceda, no período máximo de um ano, a soma das jornadas semanais de trabalho previstas, nem seja ultrapassado o limite máximo de 10 horas diárias (art. 59, § 2º, CLT).

Quando da rescisão contratual, existindo horas a serem compensadas, o empregador é obrigado a pagá-las como horas extras, calculadas sobre o valor da remuneração na data da rescisão (art. 59, § 3º). A Reforma alterou a redação do § 3º, contudo, na sua essência, mantém-se a regra da antiga redação.

Não se pode admitir simultaneamente horas extras habituais e a existência do banco de horas (Súm. 85, IV, TST). Seria uma forma de fraude aos direitos trabalhistas, visto que o trabalhador poderia estar laborando além da décima hora diária de trabalho, bem como seria uma negação da sistemática do banco de horas. Não se pode esquecer que o banco de horas é uma exceção legal, em que as horas podem ser compensadas dentro de um período razoável de tempo, o qual não pode ser superior a um ano, e que permite ao empregador organizar a sua produção. Diante das horas extras habituais, diante da fraude, o empregado tem direito à percepção de todas as horas laboradas, após a 8ª diária, como horas extras.

Com a Reforma Trabalhista, o teor da Súmula 85, IV, está prejudicado, na medida em que a prestação de horas extras habituais não descaracteriza o acordo de compensação de jornada e o banco de horas (art. 59-B, parágrafo único). Evidente que a inclusão legislativa é um retrocesso social, pois, é inadmissível para um empregado sujeito ao regime de compensação, seja semanal ou via banco de horas, também seja obrigado a prestar horas extras habituais.

Por fim, a Reforma Trabalhista permite uma variante do banco de horas, a ser estabelecido por acordo individual entre o empregador e o trabalhador, desde que a compensação ocorra no período máximo de seis meses (art. 58, § 5º). O que deveria ser objeto próprio de negociação coletiva não poderia ser facultado à autonomia individual, na medida em que não se pode presumir a plena possibilidade de o empregado dispor a respeito do conteúdo contratual com o empregador. Em nível individual, sempre haverá a sujeição do empregado à vontade empresarial. Mais um retrocesso, pois a compensação tem um período de até seis meses, o que, sem dúvidas, é um período longo e que somente atende aos interesses empresariais.

19.6.2.2.2 Compensação semanal, mensal e a semana espanhola

A compensação semanal foi prevista *"para o sábado, mas a lei não impede que possa ser em outro dia da semana. A conveniência do trabalhador em compensar a jornada, evitando deslocar-se até o estabelecimento para trabalho apenas parcial do dia, juntamente com a redução horária, introduzida pela CF, trazem consequências outras; a primeira a de que, apesar de inexistir apoio expresso na legislação, prevalece a jornada semanal, em detrimento da diária; a segunda é o artificialismo de quaisquer exigências para formalizar a realidade vantajosa para o empregado que é a compensação; assim, o acordo escrito trará maior segurança às partes, mas o acordo tácito não pode ser recusado como inválido".*[16]

Antes da vigência da Constituição Federal, o TST entendia: (a) o não atendimento das exigências legais, para adoção do regime de compensação de horário semanal, não implica a repetição do pagamento das horas excedentes, sendo devido, apenas, o adicional respectivo (Súm. 85); (b) a compensação de horário semanal deve ser ajustada por acordo escrito, não necessariamente em acordo coletivo ou convenção coletiva, exceto quanto ao trabalho da mulher (Súm. 108; cancelada pela Res. 85/98).

Na duração do trabalho normal (não superior a 8 horas diárias e 44 horas semanais), tem-se a faculdade da compensação de horários e a redução da jornada mediante acordo ou convenção coletiva de trabalho (art. 7º, XIII, CF).

Segundo o inciso XIII, art. 7º, CF, a compensação ou redução da jornada somente é válida mediante acordo ou convenção coletiva de trabalho.

Contudo, a doutrina e a jurisprudência, mesmo em face do disposto no art. 7º, III, CF, apontaram ressalvas:

a) a compensação também poderia ser aceita quando houvesse um acordo tácito entre empregado e empregador, pela aplicação do princípio da primazia da realidade;
b) a possibilidade de compensação de jornada por meio de acordo individual de trabalho, o que somente poderia ocorrer por instrumento coletivo. Entendendo a necessidade de instrumento coletivo, o acordo individual não prevaleceria, restando a obrigatoriedade do empregador ao pagamento das horas trabalhadas além da jornada contratual diária como horas extras. Por conseguinte, a Súm. 85, TST, deixaria de ser aplicada, pois não seria devido apenas o respectivo adicional, mas também a hora trabalhada.

As duas hipóteses seriam viáveis desde que a compensação semanal (por acordo individual ou por negociação coletiva) fizesse a previsão de horários e dias pré-determinados para a distribuição do número de horas na semana, com a observância de que a jornada diária não fosse superior a 10 horas.

---

[16] CARRION, Valentin. *Comentários à Consolidação das Leis do Trabalho*. 28. ed., p. 107.

Quanto às duas hipóteses acima, atualmente, o TST entende que é:

a) cabível o acordo de compensação individual, salvo se houver norma coletiva em sentido contrário (Súm. 85, II);
b) inadmissível a compensação de jornada de trabalho mediante acordo individual tácito, o qual é tido por inválido (Súm. 85, III).

Para a ilustração, vamos declinar o seguinte quadro sinótico:

a) compensação consiste na distribuição das horas de um dia, pelos demais dias da semana. Em tese, o empregado não trabalha no sábado e cumprirá estas horas de 2ª até 6ª feira ou irá trabalhar menos no sábado (art. 7º, XIII, CF e art. 59, § 2º, CLT);
b) a compensação é válida mediante acordo ou convenção coletiva ou acordo individual;
c) dependendo dos critérios de entendimento, a compensação pode ocorrer de fato, mesmo sem a formalização, sendo válida por ser uma cláusula de fato benéfica ao trabalhador (princípio da primazia da realidade bem como da condição mais benéfica);
d) ou ainda, acatando-se em parte a compensação, e deferindo-se somente o adicional, já que a hora trabalhada foi paga (Súm. 85, III). O art. 59-B, caput, CLT (originário da Reforma Trabalhista) ratifica que o não atendimento das exigências para a compensação de jornada, inclusive a fixada por acordo tácito, não implica a repetição do pagamento das horas extras excedentes à jornada diária, se não ultrapassada a duração máxima semanal, sendo devido apenas o adicional;
e) em termos concretos:
   1. jornada sem a compensação: 8:00 às 17:00, de 2ª a 6ª feira, com uma hora de intervalo, e nos sábados, das 8:00 às 12:00, totalizando 44 horas semanais de trabalho;
   2. jornada com a compensação (acordo coletivo, convenção coletiva ou acordo individual de trabalho): 7:00 às 17:00, de 2ª a 5ª e na sexta-feira até as 16:00, sempre com uma hora diária de intervalo, totalizando 44 horas semanais de trabalho;
   3. em não havendo a formalização da compensação e adotando-se a nulidade, teríamos uma hora extra diária de 2ª a 5ª; ou, de acordo com a Súm. 85, seria o caso somente do adicional para a hora extra de 2ª a 5ª.

Em valores:

1ª hipótese – hora extra por inteiro:

   valor do salário mensal = R$ 220,00
   valor da hora normal = R$ 220,00/ 220 = R$ 1,00

valor da hora extra = R$ 1,00 + 50% (adicional suplementar) = R$ 1,50

4 horas × R$ 1,50 = R$ 6,00 (horas extras na semana)

2ª hipótese – somente o adicional:

valor da hora normal = R$ 1,00

valor do adicional (50%) = R$ 0,50 por hora

4 horas × R$ 0,50 = R$ 2,00 (valor adicional de horas na semana).

A compensação, para ser aceita, deverá ser de, no máximo, duas horas a mais por dia de trabalho, totalizando-se 10 horas diárias de trabalho (art. 59, § 2º, CLT).

A prestação de horas extras habituais descaracteriza o acordo de compensação de horas. Nesta hipótese, as horas que ultrapassarem a jornada semanal normal devem ser pagas como horas extras e, quanto àquelas destinadas à compensação, deve ser pago a mais apenas o adicional por trabalho extraordinário (Súm. 85, IV).

Com a Reforma Trabalhista, o teor da Súmula 85, IV, está prejudicado, na medida em que a prestação de horas extras habituais não descaracteriza o acordo de compensação de jornada e o banco de horas (art. 59-B, parágrafo único). Evidente que a inclusão legislativa é um retrocesso social, pois, é inadmissível para um empregado sujeito ao regime de compensação, seja semanal ou via banco de horas, também seja obrigado a prestar horas extras habituais.

O TST fixou o entendimento de que é válida a sistemática de compensação de horário quando a jornada é a denominada "semana espanhola", que alterna a prestação de 48 horas em uma semana e 40 horas em outra, não violando os arts. 59, § 2º, CLT, e 7º, XIII, CF, o seu ajuste mediante acordo ou convenção coletiva de trabalho (OJ 323, SDI-I).

Por fim, o art. 59, § 6º (originário da Reforma Trabalhista) permite a formulação de acordo individual, seja expresso ou tácito, desde que a compensação de horas ocorra dentro do próprio mês da prestação de serviços. Isso significa que o excesso de horas de trabalho até o limite de duas diárias deva ser compensado de uma semana para outra, se ocorrer dentro da escala mensal de trabalho. Desde que o excesso diário seja respeitado, bem como não se tenha horas extras habituais, entendemos por válida essa modalidade de compensação.

19.6.2.2.2.1 Compensação e as atividades insalubres

A adoção do acordo de compensação em atividades insalubres só é admissível se houver a expressão autorização do Ministério do Trabalho e Emprego (art. 60, CLT).

Para o TST, o art. 60 não teria sido recepcionado pela nova ordem constitucional, de acordo com o disposto na Súm. 349: *"A validade de acordo coletivo ou convenção coletiva de compensação de jornada de trabalho em atividade insalubre prescinde da inspeção prévia da autoridade competente em matéria de higiene do trabalho (art. 7º, XIII, da CF/88)"*.

Contudo, como a Súmula foi cancelada em 24/5/2011, continua válida a previsão legal de que a compensação necessita da expressa autorização do Ministério do Trabalho e Emprego.

Em junho/16, o TST deliberou que não é válido acordo de compensação de jornada em atividade insalubre, ainda que estipulado em norma coletiva, sem a necessária inspeção prévia e permissão da autoridade competente, na forma do art. 60 da CLT (Súm. 85, VI).

A Portaria MTE 702, de 29/5/2015, regula os critérios de autorização administrativa para a compensação de horas de trabalho em atividades insalubres.

Como dito no tópico 19.6.2.1 supra, são inconstitucionais as alterações legislativas originárias da Reforma Trabalhista (art. 611-B, parágrafo único e o art. 60, parágrafo único, CLT), ante os termos do art. 7º, XXII, CF).

19.6.2.3 Necessidade imperiosa

Ocorrendo necessidade imperiosa, poderá a duração do trabalho exceder do limite legal ou convencionado, seja para fazer face ao motivo de força maior, seja para atender à realização ou conclusão de serviços inadiáveis ou cuja inexecução possa acarretar prejuízo manifesto (art. 61, *caput*, CLT).

19.6.2.3.1 Força maior

A CLT conceitua força maior como todo acontecimento inevitável, em relação à vontade do empregador, e para a realização do qual este não concorreu, direta ou indiretamente. A imprevidência do empregador exclui a razão de força maior (art. 501, *caput* e § 1º).

Na ocorrência de fatos tidos como força maior, independentemente de convenção coletiva ou acordo coletivo de trabalho, o trabalho poderá ser exigido (art. 61, § 1º, CLT, Lei 13.467).

O trabalho em dia de repouso semanal é permitido, devendo a empresa justificar a ocorrência perante o superintendente regional do trabalho no prazo de 15 dias (art. 8º, *a*, Dec. 27.048/49).

Não há limite para a jornada no caso de ocorrência de força maior. A remuneração da hora trabalhada não poderá ser inferior à da hora normal (art. 61, § 2º, CLT).

Para Valentin Carrion,[17] *"a remuneração mínima de 50% para a hora extraordinária, instituída pela CF de 1988, deve ser aplicada à realização de serviços inadiáveis e não aos de força maior; respeita-se, assim, o critério diferenciador, quanto às duas espécies, de o legislador ordinário, atualizando seu valor naquele que se considera competente".*

---

[17] CARRION, Valentin. Ob. cit. 28. ed. p. 111.

Em sentido contrário, Sergio Pinto Martins[18] entende que: *"O adicional será de 50% (art. 7º, XVI). Nesse ponto não mais prevalece a primeira parte do § 2º do art. 61 da CLT, que dizia que a remuneração não será inferior à da hora normal, o que mostrava que não havia adicional de horas extras."*

O menor de 18 anos poderá ter sua jornada prorrogada até 12 horas na ocorrência de força maior. Fará jus ao recebimento do adicional de horas extras (art. 413, CLT).

19.6.2.3.2 Serviços inadiáveis

Serviços inadiáveis são aqueles que devem ser realizados na mesma jornada diária de trabalho, sob pena de prejuízos ao empregador. Exemplos: a utilização de matéria-prima perecível na indústria de alimentação; a concretagem de colunas ou pisos na construção civil. Nestes casos, a jornada será paga como horas extras com o adicional de 50%, não havendo necessidade de autorização ou acordo neste sentido, sendo que, no máximo, o trabalho diário é permitido até 12 horas (art. 61, § 2º).

A jornada do trabalhador menor de idade não poderá ser prorrogada para atender à realização ou conclusão de serviços inadiáveis (art. 413).

19.6.2.3.3 Recuperação de horas

A empresa poderá ficar paralisada em decorrência *"de causas acidentais ou de força maior, como a interdição da área em que se encontram prédios de escritórios para serviços de perfuração do túnel do METRÔ. A empresa pode exigir a reposição das horas durante as quais o serviço não pode ser prestado? O art. 61, § 3º, da CLT o autoriza, mediante prévia concordância da Delegacia Regional do Trabalho e durante o máximo de 45 dias por ano, com até 2 horas extras por dia. [...] E os salários das horas extras de reposição? A lei não é esclarecedora, de modo que podem ser formuladas hipóteses diversas, mas, como não é lógico admitir trabalho sem salário, é possível afirmar que as horas extras de recuperação devem ser remuneradas porque há prestação de um serviço. Não fosse assim, estaria incentivando o enriquecimento ilícito. Complica-se o caso quando se procura saber se a remuneração dessas horas é com ou sem adicional. Lei ordinária não manda pagar o adicional. Mas a Constituição Federal de 1988, ordena, sem especificações, o pagamento do adicional nas horas extras".*[19]

Como se denota, a matéria não é pacífica em relação à obrigação de o empregador pagar ou não o adicional de horas extras nas horas trabalhadas por motivo de interrupção.

Na opinião de Sergio Pinto Martins,[20] *"o empregado deverá receber as horas trabalhadas além da jornada normal como extras, pois se trata de tempo à disposição do empregador (art. 4º da CLT), além do que o empregador é que deve assumir os riscos da atividade econômica decorrentes da paralisação (art. 2º da CLT). A Constituição também*

---

[18] MARTINS, Sergio Pinto. Ob. cit., p. 523.
[19] NASCIMENTO, Amauri Mascaro. *Iniciação ao direito do trabalho*. 27. ed., p. 295.
[20] MARTINS, Sergio Pinto. Ob. cit., p. 523.

não faz distinção quanto às horas extras para a recuperação em razão de paralisações, pois, não deixam de ser horas suplementares, revelando, assim, que haverá pagamento de adicional de horas extras, que será de 50%".

19.6.2.4 O percentual do adicional da hora extra e a base de cálculo

O adicional mínimo para todas as horas extras é de 50% (art. 7º, XVI, CF; art. 611-B, X, CLT). Pode ocorrer que, em determinadas categorias ou atividades, se adotem outros adicionais, geralmente majorados em função da lei, das convenções ou acordos coletivos de trabalho, bem como das sentenças normativas. Por exemplo, para o advogado empregado, o adicional de horas extras não será inferior a 100% (art. 22, § 2º, Lei 8.906/94).

Quanto à base de cálculo da hora extra: a remuneração do serviço suplementar é composta do valor da hora normal, integrado por parcelas de natureza salarial e acrescido do adicional previsto em lei, contrato, acordo, convenção coletiva ou sentença normativa (Súm. 264, TST).

Para se calcular a hora extra, devem ser considerados todos os fatores salariais que compõem a remuneração do trabalhador.

Verbas de natureza salarial são aquelas devidas em função da contraprestação do trabalho e caracterizam-se, principalmente, pela habitualidade.

Quando o empregado recebe salário por produção ou por tarefa, somente lhe é devido o adicional de hora extra, exceto no caso do empregado cortador de cana, a quem é devido o pagamento das horas extras (valor da hora normal com o acréscimo do adicional suplementar) (OJ 235, SDI-I).

O empregado sujeito a controle de horário, remunerado à base de comissões, tem direito ao adicional de, no mínimo, 50% pelo trabalho em horas extras, calculado sobre o valor-hora das comissões recebidas no mês, considerando-se como divisor o número de horas efetivamente trabalhadas (Súm. 340).

O empregado que recebe remuneração mista (uma parte fixa e outra variável) tem direito a horas extras pelo trabalho em sobrejornada. Em relação à parte fixa, são devidas as horas simples acrescidas do adicional de horas extras. Em relação à parte variável, é devido somente o adicional de horas extras, aplicando-se à hipótese o disposto na Súm. 340 do TST (OJ 397, SDI-I).

19.6.2.5 Critério para a incidência das horas extras

O cálculo do valor das horas extras habituais, para efeito de reflexos em verbas trabalhistas, observará o número das horas extras efetivamente prestadas e sobre ele aplica-se o valor do salário-hora da época do pagamento daquelas verbas (Súm. 347, TST).

Para a ilustração da incidência das horas extras, vamos declinar os quadros sinóticos abaixo delineados.

Quadro geral da incidência das horas extras.

Quadro A   Evolução salarial.

PERÍODO	SALÁRIO MENSAL	SALÁRIO-HORA	V. H. EXTRA[23]
10/2016	R$ 220,00	R$ 1,00	R$ 1,50
11 a 12/2016	R$ 220,00	R$ 1,00	R$ 1,50
1/2017 a 4/2017	R$ 440,00	R$ 2,00	R$ 3,00
5/2017 a 10/2017	R$ 600,00	R$ 2,72	R$ 4,08
11/2017 a 4/2018	R$ 700,00	R$ 3,18	R$ 4,77

Quadro B   Demonstrativo das horas extras.

PERÍODO	Nº HORAS EXTRAS	TOTAL/ANO
10/2016	10	
11	34	
12	20	64
1/2017	10	
2	22	
3	24	
4	25	
5	30	
6	30	
7	30	
8	25	
9	40	
10	44	
11	50	
12	60	390
1/2018	20	

[21]   As horas extras foram calculadas com o adicional de 50%.

PERÍODO	Nº HORAS EXTRAS	TOTAL/ANO
2	24	
3	00	
4	00	44

Os Quadros A e B representam a evolução salarial do empregado, o valor da hora extra e o número de horas extras prestadas.

Vamos declinar os critérios de apuração de reflexos das horas extras em férias e abono, décimo-terceiro salário e no aviso prévio:

a) no 13º salário deve ser calculada a média de horas extras no período de janeiro a dezembro de cada ano (extração da média física do ano civil). Na sequência, a média é multiplicada pelo valor da hora extra de dezembro de cada ano; se a média é relativa à verba que é devida na rescisão, deverá ser considerado o valor da hora extra do mês da rescisão.

Exemplos:

13º salário – 2016 – 3/12

ano de 2016 – 64 horas ÷ 3 (nº meses) = 21,33 média mensal

21,33 × 3/12 (proporção 13º salário) = 5,33 × R$ 1,50 (valor da hora extra em 12/94) = R$ 7,99

13º salário – 2017 – integral

ano de 2017 – 390 horas ÷ 12 (nº meses) = 32,50 média mensal

32,50 × R$ 4,77 (valor da hora extra em 12/2017) = R$ 155,02

13º salário – 2018 – 4/12

ano de 2018 – 44 ÷ 4 (nº meses) = 11 média mensal

11 × 4/12 (proporção 13º salário) = 3,66 × R$ 4,77 (valor da hora extra em 4/2018) = R$ 17,45;

b) nas férias, deve ser calculada a média de horas extras no período aquisitivo de cada ano; deve ser considerado o valor do mês de gozo das horas extras ou do pagamento destas, se for o caso de férias indenizadas (pagas na rescisão).

Exemplos:

férias – 2016/2017 – integral

período aquisitivo – 10/2016 a 9/2017 (nº horas extras) = 300

período concessivo – 1º/3/2018 a 30/3/2018

300 ÷ 12 = 25 (média mensal) × R$ 4,77 (valor da hora extra relativo ao período de gozo) = R$ 119,15 + abono constitucional (1/3) = R$ 158,86

férias – 2017/2016 – férias proporcionais 7/12 (neste caso, também são férias proporcionais) período aquisitivo (incompleto) – 10/2017 a 4/2018

horas extras do período 198 ÷ 7 (nº de meses do período) = 28,28 média mensal

28,28 × 7/12 = 16,49 × R$ 4,77 (valor da hora extra abril/2018) = R$ 78,60 + abono constitucional (1/3) = R$ 104,88;

c) em aviso prévio, deve ser calculada a média de horas extras nos últimos 12 meses; o valor da média deve ser multiplicado pelo valor da hora extra do mês da rescisão.

Exemplo:

média dos últimos 12 meses

nº horas extras = 5/2017 a 4/2018 = 353

353 ÷ 12 = 29,41 horas

29,41 × R$ 4,77 (valor da hora extra em abril/2018) = R$ 140,28.

Estes são os critérios básicos para efetuar a incidência das horas extras em férias e abono, 13º salário e no aviso prévio.

Apura-se, basicamente, a média de horas extras do período de cada uma dessas verbas e se multiplica pelo fator da hora extra relativa à época do cálculo. Os fatores salariais habituais são inseridos na base de cálculo das horas extras.

A incidência das horas extras em DSR/feriados é efetuada com o montante da jornada suplementar dividido pelo número de dias úteis e a consequente multiplicação dos dias destinados aos DSR/feriados.

Exemplo:

Período	Nº Hora Extra	Valor H. Extras	D. Úteis	DSR	Média
10/2017	44	209,88	25	6	50,37
11/2017	50	238,50	24	6	59,62

A primeira coluna representa o número de horas extras. A segunda, a conversão das horas extras em valores. A terceira é igual ao número de dias úteis. A quarta é para os domingos e feriados. A última representa a própria incidência das horas extras em DSR e feriados.

O raciocínio acima é a base para a incidência de todas as verbas salariais em DSR e feriados, logo, esta sistemática também pode ser adotada para o cálculo do adicional noturno, das comissões etc.

19.6.2.5.1 Reflexos em domingos e feriados

É público e notório que as comissões incidem no cálculo dos domingos e feriados (Súm. 27, TST).

Na sequência, esse *plus* salarial, ou seja, as comissões e os domingos e feriados pelas comissões, é observado para o cálculo de férias, abono de férias, 13º salário, depósitos fundiários e aviso prévio. Pode-se dizer que toda parcela variável que incide em domingos e feriados é base de cálculo dos demais direitos.

Logo, também por se tratar de uma parte variável, a incidência das horas extras em domingos e feriados (Súm. 172, TST) haveria de ser observada para fins de cálculo dos direitos acima indicados.

Nos processos (E-RR 961.2003.067.02.00.2 e E-RR 201.2004.051.02.00-0), a SDI-I entendeu que o cálculo de domingos e feriados pelas horas extras em outros títulos reputa-se *bis in idem*, determinando que essa parcela não fosse incluída em férias, abono de férias, 13º, aviso prévio e no FGTS + 40%.

Em junho/10, o TST pacificou o entendimento de que a majoração do valor do repouso semanal remunerado, em razão da integração das horas extras habitualmente prestadas, não repercute no cálculo das férias, da gratificação natalina, do aviso prévio e do FGTS, sob pena de caracterização de *bis in idem* (OJ 394, SDI-I). Há incidente de recurso de revista repetitivo sobre a matéria a ser decidido pelo Pleno do TST (SDI-I – IRR 10169-57.2013.5.05.0024 – Rel. Min. Márcio Eurico Vitral Amaro).

19.7 TURNOS ININTERRUPTOS DE REVEZAMENTO

A Constituição Federal de 1988 estabelece a jornada de seis horas para o trabalho realizado em turnos ininterruptos de revezamento, salvo negociação coletiva (art. 7º, XIV).

O que representa a expressão: *Turnos ininterruptos de revezamento?*

Turno significa turma de trabalho. Não se confunde com jornada ou trabalho ininterrupto.

Revezamento sintetiza as turmas que são escaladas para prestar serviços em diferentes períodos de trabalho (manhã, tarde ou noite). São turmas que trabalham em rodízio.

Ininterrupto não se vincula à ideia de que as atividades empresariais sejam ininterruptas. Para o turno ser ininterrupto não é necessário que a jornada seja direta, sem interrupções (sem o intervalo intrajornada ou sem a folga semanal). Ininterrupto está qualificando o vocábulo turno. Turnos ininterruptos são as turmas que se sucedem uma a uma no exercício da atividade econômica por períodos distintos de trabalho.

Por exemplo, de forma clássica, trabalha em turnos ininterruptos de revezamento quem alterna os seus horários de trabalho, a cada período de dias, atuando, por exemplo: 6:00 às 14:00; 14:00 às 22:00; 22:00 às 06:00.

O revezamento pode ser semanal, quinzenal ou mensal. Não implica, necessariamente, que seja semanal.

Também não tem a necessidade de que no sistema de revezamento sejam contemplados todos os turnos. Neste sentido, o TST tem reconhecido o labor em turnos ininterruptos de revezamento para o trabalhador que exerce suas atividades em sistema de alternância de turnos, ainda que em dois turnos de trabalho, que compreendam, no todo ou em parte, o horário diurno e o noturno, pois submetido à alternância de horário prejudicial à saúde, sendo irrelevante que a atividade da empresa se desenvolva de forma ininterrupta (OJ 360, SDI-I).

Postas tais assertivas, podemos concluir que turno ininterrupto de revezamento é uma modalidade especial de jornada de trabalho em que os empregados laboram, de forma alternada, em turmas que se revezam ininterruptamente a cada número de dias (semana, quinzena ou mês), nos períodos (diurno e noturno), cobrindo toda a duração do dia.

Pela jurisprudência do TST, a interrupção do trabalho destinada a repouso e alimentação, dentro de cada turno, ou o intervalo para repouso semanal não descaracteriza o turno de revezamento com jornada de seis horas (Súm. 360).

Para o STF, os intervalos fixados para descanso e alimentação durante a jornada de 6 horas não descaracterizam o sistema de turnos ininterruptos de revezamento (Súm. 675).

Os turnos de revezamento devem respeitar: (a) intervalo intrajornada de no mínimo uma hora (art. 71, CLT); (b) intervalo interjornada de no mínimo onze horas (art. 66, CLT); (c) folga semanal (art. 7º, XV, CF; art. 1º, Lei 605/49), a qual deve corresponder no máximo com o sétimo dia laborado (OJ 410, SDI-I); (d) observância do adicional noturno e do fator da redução do horário noturno (art. 73, CLT).

De acordo com o art. 7º, XXVI, CF, os sujeitos coletivos do trabalho (entidades sindicais e as empresas) possuem o que se denomina de autonomia privada coletiva. Trata-se de uma decorrência da autonomia sindical.

No âmbito do direito coletivo, autonomia privada coletiva é a faculdade que as partes possuem da auto-organização e autorregulamentação dos conflitos coletivos de trabalho, criando normas que regulam as relações atinentes à vida sindical, bem como às relações individuais e coletivas entre empregados e empregadores.

A jornada de seis horas pode passar a ser de oito horas para os trabalhadores, os quais laborem em turnos ininterruptos, se houver a negociação coletiva.

Neste particular, a matéria está pacífica na jurisprudência, como é o caso da Súmula 423 do TST: *"Estabelecida jornada superior a seis horas e limitada a oito horas por meio de regular negociação coletiva, os empregados submetidos a turnos ininterruptos de revezamento não têm direito ao pagamento das 7a e 8a horas como extras".*

Contudo, é inválido o instrumento normativo que, regularizando situações pretéritas, estabelece jornada de oito horas para o trabalho em turnos ininterruptos de revezamento (OJ 420, SDI-I).

O que é inadmissível é o próprio empregador, de forma unilateral ou por acordo direto com o empregado, fixar a jornada de seis horas para oito horas para quem labora em turnos de revezamento (OJ 275, SDI-I): *"Inexistindo instrumento coletivo fixando jornada diversa, o empregado horista submetido a turno ininterrupto de revezamento faz jus ao pagamento das horas extraordinárias laboradas além da 6a, bem como o respectivo adicional."*

É facultado ao empregador, em face do seu poder diretivo, a fixação do turno de trabalho de seus empregados, não se podendo falar em violação unilateral dos contratos individuais de trabalho (art. 468, CLT). A fixação do turno de trabalho é condição mais benéfica aos trabalhadores, pelo fato de evitar os desgastes biológicos, psicológicos e físicos das alterações sucessivas quanto aos horários de trabalho. Convém lembrar que o TST admite a transferência do empregado do horário noturno para o diurno, com a supressão da parcela relativa ao adicional noturno, sem a configuração da violação ao direito adquirido (Súm. 265).

O Ministério do Trabalho e Emprego, por intermédio da Portaria 412, de 20/9/2007, fixou o entendimento de que é ilícita a alteração da jornada e do horário de trabalho dos empregados que trabalhem em regime de turnos ininterruptos de revezamento, salvo mediante convenção ou acordo coletivo de trabalho (art. 1º, *caput*), sendo que a não observância implica violação dos arts. 444 e 468, CLT, ensejando, inclusive, a multa do art. 510 (art. 1º, parágrafo único).

O trabalho em regime de turnos ininterruptos de revezamento não retira o direito à hora noturna reduzida, não havendo incompatibilidade entre as disposições contidas nos arts. 73, § 1º, CLT, e 7º, XIV, CF (OJ 395, SDI-I).

Na ótica do TST, a prática habitual de horas extras invalida a negociação coletiva, a qual fixa a jornada de 8 horas para os turnos ininterruptos, implicando, assim, o direito à percepção da jornada suplementar a partir da 6ª hora diária de labor.[22]

Por outro lado, as negociações coletivas, as quais fixam os horários de trabalho, quando da regulação dos turnos ininterruptos, também devem respeitar a jornada máxima da 8ª hora diária limitada à 44ª hora semanal.[23]

19.7.1 O intervalo interjornada e os turnos ininterruptos de revezamento

Entre duas jornadas de trabalho haverá um período mínimo de 11 horas consecutivas para descanso (art. 66, CLT).

No regime de revezamento, as horas trabalhadas em seguida ao repouso semanal de 24 horas, com prejuízo do intervalo mínimo de 11 horas, devem ser remuneradas como extraordinárias, inclusive com o respectivo adicional (Súm. 110, TST).

Entre uma semana e outra, além do descanso semanal de 24 horas, o empregador também deverá observar o intervalo de 11 horas. Isso significa que na elaboração das escalas de revezamento, entre uma semana e outra, o empregador deverá observar um descanso ininterrupto de 35 horas. Em caso contrário, as horas trabalhadas, em prejuízo desse intervalo, serão pagas como horas extraordinárias.

19.7.2 A questão do salário-hora pelos turnos ininterruptos de revezamento

O empregado que labora em turnos ininterruptos de revezamento, sem haver a negociação coletiva, tem direito às 7ª e 8ª horas como jornada suplementar. O divisor mensal será de 180 horas.

---

[22] TST – RR 427-67.2011.5.03.0142 – Rel. Min. João Batista Brito Pereira – *DJe* 3/8/2012 – p. 1134.
TST – RR 7800-81.2008.5.17.0008 – Rel. Min. João Batista Brito Pereira – *DJe* 20/4/2012 – p. 1493.
TST – RR 127400-84.2009.5.08.0114 – Rel. Min. João Batista Brito Pereira – *DJe* 20/4/2012 – p. 1580.
[23] TST – SDI-I – E-RR 274-97.2012.5.03.0142 – Rel. Min. Aloysio Corrêa da Veiga – *DEJT* 6/12/2013.

É polêmica a questão do salário-hora normal que deve ser praticado pelas empresas quanto às horas suplementares decorrentes dos turnos ininterruptos.

Há 3 correntes jurisprudenciais: (a) condenação somente no adicional de hora extra para as 7ª e 8ª horas; (b) manutenção do salário-hora normal, com a fixação da jornada em 6 horas, condenando-se nas 7ª e 8ª como horas extraordinárias; (c) majoração do valor do salário-hora normal, além da condenação nas 7ª e 8ª como horas suplementares.

No caso de empregado mensalista, o salário-hora normal será obtido dividindo-se o salário mensal correspondente à duração normal do trabalho por 30 vezes o número de horas dessa duração (art. 64, *caput*, CLT). Se o número de dias for inferior a 30, será adotado o número efetivo de dias de trabalho (art. 64, parágrafo único).

Para o empregado diarista, o salário-hora normal será obtido com a divisão do salário diário correspondente à duração normal de trabalho pelo número de horas de efetivo trabalho (art. 65, CLT).

O salário-hora normal, quando o empregado é mensalista, será apurado considerando-se: (a) o salário mensal correspondente à duração do trabalho normal (art. 58, CLT); (b) a jornada normal diária × 30 dias; (c) o salário-hora será o fruto da divisão do salário normal pela carga horária mensal normal.

Antes da Constituição de 1988, tínhamos: (a) jornada normal = 8 horas diárias (art. 58, CLT); (b) 8 horas diárias × 30 dias = 240 horas. O resultado – 240 horas – representa a carga horária mensal normal.

Com o advento da CF/88, a jornada diária foi mantida em 8 horas diárias, contudo, limitada a 44 horas semanais (art. 7º, XIII). Então, temos: 44 horas divididas por 6 dias na semana = 7 horas e 20 minutos, equivalendo, no mês, a 220 horas.

Várias são as classificações sobre as formas de salário. Dentre elas, para o objeto de nossos estudos, destacamos a relativa à mensuração do salário pela unidade de tempo. Os salários podem ser calculados por hora, dia, semana, quinzena ou mês, não se admitido a fixação de salário por tempo superior a 1 mês, excetuando os casos de comissões, gratificações e percentagens (art. 459, CLT).

Contudo, é importante a ênfase de que a forma de cálculo do salário pela unidade de tempo nada tem a ver com a época do pagamento dos salários do empregado. O empregado pode ter o seu salário calculado por hora, mas irá recebê-lo ao final da semana ou do mês.

Diante das assertivas traçadas, é patente que o salário corresponde a uma jornada de trabalho normal, seja diária ou mensal.

Antes da Constituição vigente, os empregados que laboravam em turnos ininterruptos de revezamento tinham a carga horária normal diária de 8 horas e semanal de 48 horas. Nas duas jornadas (diária e semanal), o divisor mensal era de 240 horas.

Com a promulgação da CF/88, para os trabalhadores que laboravam em turnos ininterruptos, a carga horária normal diária passou de 8 horas para 6 horas, portanto, o divisor mensal foi de 240 horas para 180 horas. Pondere-se que o divisor é originário da carga horária normal diária × 30 dias (art. 64, CLT).

Os trabalhadores que se ativavam em turnos ininterruptos, mantidas as cargas horárias praticadas antes do advento da CF, passaram a ter direito a 60 horas extras mensais, mantendo-se inalterável o salário-hora praticado anteriormente pelo empregador.

O salário corresponde à carga horária normal diária. Por sua vez, toda carga horária normal diária corresponde a uma carga horária mensal (o divisor), logo, o salário mensal deve corresponder à carga horária mensal.

Em nossa opinião, as empresas, que laboram em turnos de revezamento não foram obrigadas a majorar o salário-hora após o advento da CF.

Em várias ações judiciais trabalhistas, os autores entendem que o salário não pode ser reduzido. A bem da verdade, a manutenção do salário-hora normal no cálculo das horas extras pelos turnos ininterruptos nada tem a ver com a redução do salário. Tanto para os que recebem por mês (mensalistas), como para os recebem por hora (horistas), o salário-hora normal mantém-se inalterável.

Devemos justificar e apontar os equívocos:

a) para os empregados, sejam mensalistas ou não, em turnos ininterruptos: antes da CF, o empregado ganhava $ 240,00 por 240 horas, sendo o salário-hora normal de $ 1,00;

b) após a CF de 1988, a mesma remuneração – $ 240,00 – correspondia a 180 horas, sendo o salário-hora normal de $ 1,33; se a empresa mantiver a jornada diária em 8 horas, entendem alguns operadores do direito que o empregado tem direito a 60 horas extras, partindo-se do salário hora de $ 1,33 + adicional de 50% × 60 horas. O valor da remuneração mensal seria de $ 240,00 + $ 119,70, totalizando-se $ 359,70. Outros entendem que somente é devido o adicional, ou seja: salário-hora de $ 1,33: 2 (adicional – 50%) = $ 0,665 × 60 horas = $ 39,90 + $ 240,00 = $ 279,90.

Em nossa opinião, a solução correta é a seguinte: (a) salário mensal = carga horária normal diária ou mensal; (b) a carga horária diária passou a ser de 6 horas; (c) a carga horária mensal passou a ser de 180 horas; (d) o salário-hora é de $ 1,00, pois deve corresponder ao número de horas diárias ou mensais normais, permanecendo inalterável. Então, temos: 180 horas × $ 1,00 = $ 180,00; 60 horas extras a 50% = $ 1,00 × 50% (adicional hora extra) = 90,00. A soma mensal é de $ 180,00 + $ 90,00 = $ 270,00.

Para o TST, se não existir instrumento coletivo fixando jornada diversa, o empregado horista submetido a turno ininterrupto de revezamento faz jus ao pagamento das horas extraordinárias laboradas além da 6ª, bem como ao respectivo adicional (OJ 275, SDI-I).

Para o cálculo do salário-hora do empregado horista, submetido a turnos ininterruptos de revezamento, considerando a alteração da jornada de 8 para 6 horas diárias, aplica-se o divisor 180, em observância ao disposto no art. 7º, VI, CF, que assegura a irredutibilidade salarial (OJ 396, SDI-I).

19.8 SOBREAVISO

Do ponto de vista legal, sobreaviso é a escala de até 24 horas em que o empregado permanece em sua própria casa, aguardando a qualquer momento o chamado para o serviço. Citadas horas são remuneradas a base de 1/3 do salário normal. Citado regime é próprio do trabalhador ferroviário (art. 244, § 2º, CLT), contudo, é comum a sua extensão para outras categorias de trabalhadores.

As horas de sobreaviso dos eletricitários, por aplicação analógica do art. 244, § 2º, CLT, são remuneradas à razão de 1/3 sobre as parcelas de natureza salarial (Súm. 229, TST).

Durante as horas de sobreaviso, o empregado não se encontra em condições de risco, razão pela qual é incabível a integração do adicional de periculosidade sobre as mencionadas horas (Súm. 132).

O TST entendia que o uso do aparelho *bip* pelo empregado, por si só, não caracterizava o regime de sobreaviso, uma vez que o empregado não permanecia em sua residência aguardando, a qualquer tempo, convocação para o serviço (OJ 49, SDI-I).

Pela OJ 49, o art. 244, § 2º, CLT, não seria aplicado ao sistema de chamada por *bip*, pela liberdade de locomoção do empregado ante o fato de não estar vinculado aos limites da sua residência. No máximo, a partir do chamado, se o trabalhador passasse a executar tarefas contratuais, teria direito a percepção desse período como efetivo tempo de trabalho.

Inviável o entendimento do TST. Quando o empregado está vinculado a um local (limite geográfico), e dele não pode se ausentar durante o plantão, o tempo à disposição deve ser considerado como regime de sobreaviso. Exemplo: restrição do empregado a uma determinada cidade, não podendo se deslocar para outra localidade, pois a qualquer momento pode ser chamado pelo empregador por meio do celular ou qualquer outro meio telemático de comunicação.

Em algumas decisões, o TST passou a sinalizar a mudança de entendimento, ao mencionar que o empregado teria direito à percepção de horas pelo sobreaviso ante a combinação da utilização do celular e a limitação explícita pelo celular ocasionada no direito de ir e vir do empregado (TST – 5ª T. – RR – 37791/2002-900-09-00.8 – Rel. Min. Emmanoel Pereira – *DEJT* 5/6/2009; TST – 8ª T. – RR 22259/2001-652-09-00.0 – Relª Minª Maria Cristina I. Peduzzi – *DEJT* 8/5/2009).

Em maio/11, o TST cancelou a redação da OJ 49, convertendo-a na Súmula 428, com a seguinte redação: *"O uso do aparelho BIP pelo empregado, por si só, não caracteriza o regime de sobreaviso, uma vez que o empregado não permanece em sua residência aguardando, a qualquer momento, convocação para o serviço."*

Houve alteração de redação na Súmula para a inclusão de aparelho de intercomunicação, como gênero, citando, como espécies: BIP, "pager" ou o aparelho celular.

Pelo avanço das formas de comunicação, torna-se marcante o fenômeno de que a presença do trabalhador não é mais tão necessária nos locais físicos onde se tenha o estabelecimento da empresa, com a presença do empregador ou de seus prepostos a dirigir a prestação pessoal dos serviços. Por exemplo, é o caso do teletrabalho ou do trabalhador a domicílio.

Como reflexo desta modernidade, a CLT passou a prever que não há distinção entre o trabalho realizado no estabelecimento do empregador, o executado no domicílio do empregado e o realizado a distância, desde que estejam caracterizados os pressupostos da relação de emprego, sendo que os meios telemáticos e informatizados de comando, controle e supervisão se equiparam, para fins de subordinação jurídica, aos meios pessoais e diretos de comando, controle e supervisão do trabalho alheio (art. 6º, CLT, com a redação da Lei 12.551/11).

Adequando a sua jurisprudência à realidade, o TST reformulou a redação da Súmula 428: "*I – O uso de instrumentos telemáticos ou informatizados fornecidos pela empresa ao empregado, por si só, não caracteriza regime de sobreaviso; II – Considera-se em sobreaviso o empregado que, à distância e submetido a controle patronal por instrumentos telemáticos ou informatizados, permanecer em regime de plantão ou equivalente, aguardando a qualquer momento o chamado para o serviço durante o período de descanso.*"

Visível a mudança quanto ao regime de sobreaviso por parte do TST. A simples entrega ou utilização de instrumentos telemáticos ou informatizados pelo empregado não é fator a ensejar a caracterização do sobreaviso. Contudo, não mais se exige que o empregado fique circunscrito a sua residência.[24] O sobreaviso é caracterizado: (a) pelo trabalho a distância, ou seja, fora dos limites geográficos da empresa; (b) pela presença do controle empresarial quanto aos trabalhos executados (exercido por meio da utilização de instrumentos telemáticos ou informatizados); (c) ante a imposição de plantões, escalas de trabalho ou figuras equivalentes pelo empregador para os períodos de descanso do trabalhador; (d) pela vinculação do trabalhador a qualquer chamado do empregador,

---

[24] Em sentido contrário, Gustavo Filipe Barbosa Garcia entende que a nova redação da Súmula 428 ainda se interage com a necessidade de que o empregado ainda esteja em sua residência para fins de configuração do sobreaviso: "Vale dizer, o inciso II da Súmula nº 428 do TST incide ao caso em que o empregado, por exemplo, cumpriu a sua jornada de trabalho (no estabelecimento do empregador), depois vai para sua residência, com o objetivo de usufruir o seu período de descanso (como o intervalo interjornada ou o descanso semanal remunerado), mas fica a distância (pois já está em sua residência, e não mais no estabelecimento) e submetido ao controle patronal, por meio de instrumentos telemáticos ou informatizados (por exemplo, com a exigência de manter o celular ou com o computador ligado), permanecendo, assim, em regime de plantão ou equivalente, aguardando, a qualquer momento, o chamado para o serviço, mesmo em se tratando de período de descanso" (Sobreaviso e Súmula nº 428 do Tribunal Superior do Trabalho. *Revista Síntese Trabalhista e Previdenciária*, nº 286, p. 19, abr. 2013).

Para Pollyanna Silva Guimarães, a nova redação da Súmula 428 não mais atrela o sobreaviso à presença do trabalhador à sua residência, visto que as novas técnicas de comunicação, quando adotadas, também restringem a liberdade de locomoção do trabalhador: "Assim é que, diante de tais considerações, o Tribunal Superior do Trabalho, por meio da Resolução nº 185, divulgada em setembro de 2012, resolveu alterar a redação da Súmula 428, para não se fazer 'mais necessário que o empregado permaneça em casa para que se caracterize o sobreaviso, bastando que esteja em estado de disponibilidade, em regime de plantão, para que tenha o direito à remuneração correspondente" (O Regime de Sobreaviso na Era da Informação. *Revista Síntese Trabalhista e Previdenciária*, nº 286, p. 35, abr. 2013).

para fins de execução de tarefas, seja a distância ou deslocamento às dependências da empresa ou para qualquer outro local por determinação empresarial.

Outras fontes normativas que preveem o sobreaviso: (a) para os empregados nas atividades de exploração, perfuração, produção e refinação de petróleo, industrialização do xisto etc.: entende-se por regime de sobreaviso aquele em que o empregado permanece à disposição do empregador por um período de 24 horas para prestar assistência aos trabalhos normais ou atender a necessidades ocasionais de operação (art. 5º, § 1º, Lei 5.811/72); (b) para os aeronautas, sobreaviso é o período de tempo não inferior a 3 horas e não excedente a 12 horas, em que o aeronauta permanece no local de sua escolha, à disposição do empregador, devendo apresentar-se no aeroporto ou outro local determinado, até 90 minutos após receber comunicação para o início de nova tarefa (art. 43, Lei 13.475/17).

19.9 PRONTIDÃO

Prontidão é o regime de trabalho em que o empregado fica nas dependências da empresa, aguardando ordens. A escala de trabalho será de até 12 horas, sendo que o trabalhador será remunerado à base de 2/3 do salário-hora normal. Citado regime é próprio da categoria dos ferroviários (art. 244, §§ 3º e 4º). Se a escala for superior a 6 horas, o trabalhador terá direito a uma hora de intervalo, a qual não será computada como de serviço.

É razoável aplicar-se o regime de prontidão para outras categorias de trabalhadores. Basta que se tenha uma escala de plantão em que o empregado fique nas dependências da empresa, aguardando ordens.

Para o aeronauta, reserva é o período de tempo em que o trabalhador permanece, por determinação do empregador, em local de trabalho à sua disposição. Trata-se de um regime de prontidão (art. 44, Lei 13.475/17).

19.10 TRABALHO EM REGIME DE 12 × 36 E OUTRAS JORNADAS

O trabalho prestado em regime de 12 × 36 é aquele no qual o empregado presta serviços em 12 horas e descansa 36 consecutivas. No dia a dia, também é comum encontrarmos outras jornadas de trabalho, como 24 × 48 (o empregado trabalha 24 horas e descansa 48 horas), 6 × 2 (semana espanhola) etc. É muito comum nas áreas da saúde, vigilância etc.

Não havia previsão expressa da lei, contudo, o regime costumava ser disciplinado em norma coletiva da categoria. É vista como uma forma de compensação de jornada (art. 7º, XIII, CF). Para a sua validade, a maior parte da doutrina entendia ser obrigatória disposição de norma coletiva. Logo, quem laborava no regime 12 × 36, com a cláusula normativa, não teria direito à percepção de hora extra além da oitava hora diária.

Com a edição da Súmula 444, o TST fixou o entendimento de que: (a) é válido o regime 12 × 36 quando previsto em lei ou ajustado exclusivamente mediante negociação coletiva (acordo coletivo ou convenção coletiva de trabalho); (b) é assegurado ao trabalhador a remuneração em dobro dos feriados trabalhados; (c) não há o direito ao pagamento de adicional suplementar quanto a 11ª e 12ª horas.

Tal regime não dispensa a concessão de intervalo para refeição e descanso (art. 71, CLT).

O empregado submetido à jornada de 12 horas de trabalho por 36 de descanso, que compreenda a totalidade do período noturno, tem direito ao adicional noturno após às 22:00 horas, bem como em relação às horas trabalhadas após as 5 horas da manhã (OJ 388, SDI-I).

Para o motorista profissional, a Lei 12.619/12 estabeleceu a possibilidade de adoção deste regime de trabalho por negociação coletiva (art. 235-F, CLT). Idêntica regra foi mantida pela nova lei do motorista profissional – Lei 13.103/15 (art. 235-F, CLT).

A Lei 11.901/09 prevê a jornada em regime de escala (12 × 36) para o bombeiro civil (art. 5º)[25].

O TST entende não ser válida a adoção do regime de trabalho 4 × 2 (4 dias de 12 horas de trabalho por 2 dias de descanso), visto que a escala viola o limite máximo de 10 horas diárias bem como o limite semanal de 44 horas de trabalho. A rejeição ocorre inclusive quando esta fixação ocorre por negociação coletiva (TST – 6ª T. – RR 189500-18.2005.5.02.0006 – Relª Minª Kátia Magalhães Arruda – *DEJT* 19/10/2012; TST – 8ª T. – RR 23441-19.2009.5.03.0088 – Relª Minª Dora Maria da Costa – *DEJT* 8/11/2011).

Com a Reforma Trabalhista, o regime 12 × 36 foi disciplinado no corpo da CLT (art. 59-A), de modo que, com exceção ao disposto no art. 59, CLT, o qual trata da compensação e suas diversas modalidades, é facultado às partes, mediante acordo individual escrito, convenção coletiva ou acordo coletivo de trabalho, estabelecer horário de trabalho de doze horas seguidas por trinta e seis horas ininterruptas de descanso, observados ou indenizados os intervalos para repouso e alimentação.

A remuneração mensal pactuada pelo horário abrange os pagamentos devidos pelo descanso semanal remunerado e pelo descanso em feriados, e serão considerados compensados os feriados e as prorrogações de trabalho noturno, quando houver (art. 59-A, parágrafo único).

Ante o regramento consolidado, a Súmula 444, TST, continua como válida, quando exige a validade com base na lei ou na negociação coletiva, contudo, o seu entendimento resta superado quanto aos feriados. Por outro lado, a OJ 388 não mais poderá ser aplicável para situações posteriores à vigência da Reforma.

---

[25] Ao julgar a ADI 4842, o STF entendeu que o art. 5º, da Lei 11.901/09, é constitucional, pois norma não viola preceitos constitucionais; além de não ser lesiva à sua saúde ou a regras de medicina e segurança do trabalho, é mais favorável ao trabalhador.

19.11 ADICIONAL NOTURNO

A CF/88 assegura remuneração do trabalho noturno superior ao diurno (art. 7º, IX). É inadmissível a negociação coletiva para fins de redução da remuneração do trabalho noturno superior à do diurno (art. 611-B, VI).

De acordo com o art. 73 da CLT: (a) trabalho noturno urbano é o desempenhado entre 22 horas e 5 horas do dia seguinte; (b) duração da hora noturna é de 52 minutos e 30 segundos (52'30"); (c) o fator da redução do horário noturno (diferença de 7 minutos e 30 segundos) (7'30") não foi revogado pelo art. 7º, IX, CF (OJ 127, SDI-I); (d) o adicional é de 20% e incide sobre o salário contratual do empregado; (e) nos horários mistos (diurnos e noturnos), a jornada após às 22horas deverá ser apurada de forma reduzida e com o adicional legal (20%).

Para os empregados rurais, o adicional é de 25% e o horário noturno é das 21 às 5horas (lavoura) e das 20 às 4 horas (pecuária). Não existe a redução da hora noturna de trabalho para o trabalhador rural (art. 7º, Lei 5.889/73).

Como verba salarial, o adicional noturno pago com habitualidade integra o salário para todos os efeitos (Súm. 60, I), repercutindo, assim, em férias, abono de férias, 13º salário, aviso prévio, depósitos fundiários e nos domingos e feriados.

Cumprida integralmente a jornada no período noturno e ocorrendo a sua prorrogação, também é devido o adicional quanto às horas extras prorrogadas (art. 73, § 5º) (Súm. 60, II, TST).

O empregado submetido à jornada de 12 horas de trabalho por 36 de descanso (12 × 36), que compreenda a totalidade do período noturno, tem direito ao adicional noturno, relativo às horas trabalhadas após as 5 horas da manhã (OJ 388, SDI-I). Com a Reforma Trabalhista (art. 59-A, § 1º), não é mais devido o adicional noturno e a redução do horário noturno após às 05:00 horas, para quem trabalha no regime 12 × 36. Portanto, o TST deverá restringir os efeitos da OJ até a entrada em vigor da Reforma (dia 11/11/2017).

No julgamento do E-RR 845.200.087.15.00-4, a SDI-I entendeu que o adicional noturno também é devido mesmo se o empregado não cumpra toda a jornada noturna (das 22h às 5h). Neste caso, a jornada noturna praticada era das 23h45 às 7h45, contudo, mesmo assim o trabalhador teve reconhecido o direito à percepção do fator do adicional noturno e da redução no lapso temporal das 5h às 7h45.

O trabalho em regime de turnos ininterruptos de revezamento não retira o direito à hora noturna reduzida, não havendo incompatibilidade entre as disposições contidas nos arts. 73, § 1º, CLT, e 7º, XIV, CF (OJ 395, SDI-I).

Com a alteração de turno de trabalho, o empregado perde o direito ao recebimento do adicional noturno. Deixa de existir a obrigatoriedade do pagamento por parte do empregador (Súm. 265).

É permitido o trabalho noturno da mulher (art. 381, CLT), sendo vedado para o trabalhador menor (art. 7º, XXXIII, CF, e art. 404, CLT).

Para o advogado, o horário noturno é aquele compreendido entre às 20 horas e 5: horas, com adicional de 25% (art. 20, § 3º, Lei 8.906/94).

A hora noturna no regime de trabalho no porto, compreendida entre 19 horas e 7 horas do dia seguinte, é de 60 minutos (art. 4º, Lei 4.860/65) (OJ 60, I, SDI-I).

Com a EC 72/13, o empregado doméstico passou a ter direito à percepção do adicional noturno, além do fator da redução do horário noturno, contudo, como se tratava de uma disposição constitucional de eficácia limitada, era necessária a regulamentação infraconstitucional. A regulamentação adveio com a publicação da LC 150/15 (art. 14, §§ 1º a 4º) (a publicação ocorreu em 2 de junho de 2015): (a) considera-se noturno o trabalho executado entre às 22 horas de um dia e às 5 horas do dia seguinte; (b) a hora de trabalho noturno terá duração de 52 minutos e 30 segundos (52'30"); (c) a remuneração do trabalho noturno deve ter acréscimo de, no mínimo, 20% sobre o valor da hora diurna; (d) nos horários mistos, assim entendidos os que abrangem períodos diurnos e noturnos, as regras *supra* são aplicáveis às horas de trabalho noturno; (e) no regime 12 × 36, não é devido o adicional noturno e o fator da redução após às 5 horas da manhã (art. 10, § 1º).

O trabalhador temporário tem direito ao adicional noturno (art. 12, *e*, Lei 6.019/74).

Vigia noturno tem direito ao adicional noturno (Súm. 402, STF; Súm. 140, TST).

Como o trabalho noturno dos empregados (atividades de exploração, perfuração, produção e refinação de petróleo, industrialização de xisto, indústria petroquímica e transporte de petróleo e seus derivados por meio de dutos) é disciplinado pela Lei 5.811/72, não se aplica a hora reduzida de 52'30", art. 73, § 1º, CLT (Súm. 112).

O adicional noturno integra a base de cálculo das horas extras prestadas no período noturno (OJ 97, SDI-I).

O adicional de periculosidade deve compor a base de cálculo do adicional noturno, já que também nesse horário o trabalhador permanece sob as condições de risco (OJ 259, SDI-I).

19.11.1 Quadro sinótico – trabalhador urbano

Para a ilustração do adicional noturno para o trabalhador urbano, vamos delinear o seguinte quadro sinótico:

a) de acordo com o art. 73 da CLT, o adicional noturno é devido no horário das 22h00 às 5h00;

b) o empregado labora das 22h00 às 5h00; o empregado labora 7 horas, porém, recebe à base de 8 horas, pois, a hora noturna é de 52'30";

c) o fator do adicional noturno é de 20% sobre o valor do salário-hora contratual; o fator da redução é sintetizado pelo fator de 7'30".

Exemplos:

1. se o empregado labora das 22h00 às 5h00, o fator do adicional de 20% será calculado sobre 220 horas mensais. Neste raciocínio, o fator do adicional noturno engloba o fator da redução; o empregado recebe o salário mensal de R$ 200,00. O adicional noturno

representa 20%, logo, temos a título de adicional noturno = R$ 40,00. Nesta hipótese, o fator da redução está incluso no número de horas, pois o empregado, de fato, labora 7 horas, mas recebe à base de 8 horas;

2. é comum haver os horários mistos, logo, nesta circunstância, o fator da redução pode ser calculado tanto em questão de número de horas como no próprio valor da hora noturna;

1ª hipótese:

> horário: 18h00 às 4h00 da manhã
>
> 18h00 às 22h00: 4 horas diurnas normais
>
> 22h00 às 02h00: 4 horas noturnas normais
>
> 02h00 às 04h00: 2 horas noturnas extras

Nessa hipótese, a hora noturna normal foi calculada à base de 60 minutos para a simplificação da apuração, já que o fator da redução está inserido no valor da hora noturna normal.

O que justifica tal fato é a seguinte fórmula:

HN = (HD/7 + HD) × 1,2

HN = valor da hora noturna

HD = valor hora diurna

1,2 = sintetiza o valor do adicional noturno

HD/7 = sintetiza o fator da redução da jornada noturna.

Considerando-se o fator 1 para hora diurna, temos que a hora noturna, com a inclusão do fator da redução, representa 1,3714, ou seja, HN = 1,3714 × valor da hora diurna.

O percentual de 37,14% representa o valor do adicional noturno com a inclusão do fator da redução do horário noturno.

A hora noturna com o fator da redução representa 1,3714 em relação à hora diurna normal.

Ou ainda, de forma resumida: HN = HD + 37,14%.

Tal sistemática é utilizada para não se necessitar do cálculo da redução em número de horas.

Se, no exemplo acima, fôssemos calcular as horas efetivamente trabalhadas, considerando a hora noturna como de 52'30", teríamos:

2ª hipótese:

> 18h00 às 22h00: 4 horas diurnas normais
>
> 22h00 às 01h30: 4 horas noturnas normais (hora de 52'30")
>
> 01h30 às 04h00: 2 horas e 45 minutos: noturnas extras (hora de 52'30").

Nesta hipótese, o valor da hora noturna será de 1,2 vezes o valor da hora diurna, ou seja: hora noturna = hora diurna + 20%.

As duas hipóteses representam a apuração do adicional noturno. A primeira hipótese considera o fator da redução já no valor da hora noturna em si e a segunda observa o fator da redução em número de horas.

Como se constata, nas duas hipóteses, temos a presença da hora extra noturna. A hora extra noturna deve ser calculada com a inclusão do adicional noturno (OJ 97, SDI-I).

Então, temos a seguinte fórmula para a hora extra noturna:

HEN = (HDN + AD. NOT) × 1,5

HEN = valor da hora extra noturna

HD = valor da hora diurna

AD. NOT = valor do adicional noturno

1,5% – sintetiza o multiplicador da hora extra.

As horas extras prestadas após as 5h00 da manhã também são vistas como horas extras noturnas (Súm. 60, II).

Os reflexos do adicional noturno (em férias e abono de férias, DSR e feriados, 13º salário e aviso prévio) observam os mesmos critérios relativos às incidências das horas extras.

19.12 TEMPO DE ESPERA

Pela Lei 12.619/12, a espera (art. 235-C, § 2º), que se atribuía tão somente ao motorista profissional rodoviário de cargas, correspondia às horas que excedessem à duração da sua jornada normal de trabalho, quando ficasse aguardando para carga ou descarga do veículo no embarcador ou destinatário ou para fiscalização da mercadoria transportadora em barreiras fiscais ou alfandegárias (art. 235-C, § 8º).

Vale dizer, tempo de espera era o que excedia à duração da jornada diária, quando o empregado ficasse aguardando a carga ou descarga.

Se o motorista ficasse aguardando, a partir da terceira hora e até a oitava hora diária, o empregador pagaria este período como horas normais de trabalho. Se ultrapassasse da 8ª hora, o que excedesse seria pago como tempo de espera e de forma indenizada, computando-se o valor do salário-hora normal acrescido de 30% (art. 235-C, § 9º).

Como o pagamento, *a priori*, é a título indenizatório, entendíamos que devesse ser considerado tão somente o salário-hora básico, excluindo-se qualquer outro aditivo salarial como ocorre quando do pagamento das horas extras (Súm. 264, TST).

A Lei 13.103/15 trouxe sensíveis alterações quanto ao regramento do tempo de espera:

a) tempo de espera é o lapso temporal em que o motorista profissional fica aguardando carga ou descarga do veículo nas dependências do embarcador ou do destinatário e o período gasto com a fiscalização da mercadoria transportadora em barreiras fiscais ou alfandegárias, não sendo computadas como jornada de trabalho nem como horas extraordinárias (art. 235-C, § 8º). Como se denota, tempo de espera não é a partir do término da jornada normal de trabalho, visto que o seu início ocorre quando o motorista estiver aguardando nas hipóteses supramencionadas;

b) apesar do cômputo do tempo de espera não ser a partir da oitava hora diária e sim a partir do momento em que se tem a parada, o legislador assegurou que, em nenhuma hipótese, o tempo de espera do motorista empregado prejudicará o direito ao recebimento da remuneração correspondente ao salário-base diário (art. 235-C, § 10). Por salário-base diário compreenda-se a remuneração correspondente à jornada normal de 8 horas. Isso significa que, se o tempo de espera começar na quarta hora diária de labor e prosseguir por mais sete horas, o motorista receberá oito horas diárias (inclusão de três horas + cinco horas de tempo de espera), e o restante do tempo de espera (duas horas) não será computado na jornada diária, sendo pagos às duas horas a base de 30% do salário-hora normal;

c) as horas do tempo de espera, ao contrário da Lei 12.619 (valor da hora normal + 30%), serão pagas na proporção de 30% do salário-hora normal (art. 235-C, § 9º). Como se denota, há a redução na base de cálculo, bem como o tempo de espera não é computado na jornada diária como tempo trabalhado, muito menos para fins de cálculo de hora extra. Isso significa, a nosso ver, que fica mantida a sistemática anterior de que as horas que correspondem ao tempo de espera são de natureza indenizatória;

d) quando o tempo de espera for superior a duas horas ininterruptas, sendo exigida a permanência do motorista empregado junto ao veículo, caso o local ofereça condições adequadas, o tempo será considerado como repouso para os fins dos intervalos (intrajornada e interjornada), contudo, com direito à remuneração à base de 30% do salário-hora diário (art. 235-C, § 11);

e) quando em tempo de espera, caso se tenha as movimentações necessárias do veículo, não se elide a caracterização do tempo de espera, logo, não serão computadas como parte da jornada diária de trabalho, contudo, fica garantido o intervalo interjornada mínimo de oito horas consecutivas (art. 235-C, § 12).

19.13 TEMPO DE RESERVA

Ao contrário do tempo de espera, em que as horas eram indenizadas, nas viagens em que o empregador adotava o revezamento de motoristas trabalhando em dupla no mesmo veículo, o tempo que excedesse a jornada normal de trabalho em que o motorista estivesse em repouso no veículo em movimento seria considerado tempo de reserva (art. 235-E, § 6º, Lei 12.619/12).

O tempo de reserva também seria aplicável ao motorista rodoviário de passageiro (art. 235-E, § 12, Lei 12.619).

Vale dizer, o tempo de reserva era o tempo excedente da duração normal de trabalho, em que o motorista profissional encontrava-se de repouso, contudo, o veículo estava em movimento sendo dirigido por outro motorista.

A Lei 12.619 assegurava que parte do intervalo interjornada (= repouso) seria usufruída com o veículo parado.

O intervalo mínimo para os motoristas rodoviários de cargas e de passageiros, os quais laborassem em forma de revezamento (= dupla), seria de seis horas consecutivas e seria usufruído: (a) fora do veículo, em alojamento externo; (b) dentro do veículo, se houver cabine leito, com o veículo estacionado.

Isso significava que, por dia de trabalho, o intervalo interjornada dos motoristas, os quais laborassem em revezamento, seria de onze horas: seis horas seriam gozadas com o veículo parado e outras cinco horas com o veículo em movimento, as quais seriam pagas como tempo de reserva.

O tempo de reserva era calculado à base de 30% do valor da hora normal e englobava as horas que o motorista está usufruindo o intervalo interjornada dentro do veículo em movimento.

De forma análoga: (a) para o aeronauta, reserva é o período de tempo em que o aeronauta permanece, por determinação do empregador, em local de trabalho à sua disposição (art. 44, Lei 13.475/17); (b) para o ferroviário, reserva equipara-se à prontidão, ou seja, o empregado fica nas dependências da estrada, aguardando ordens (art. 244, § 3º, CLT).

O tempo de reserva haveria de ser visto como verba salarial (aplicação analógica: art. 71, § 4º, CLT e Súm. 437, III, TST, e OJ 355, SDI-I). Deveria repercutir em: férias, abono de férias, 13º salário, depósitos fundiários e a multa de 40%, domingos e feriados e no aviso prévio.

Atualmente, o art. 235-D, § 5º (redação dada pela Lei 13.103/15), dispõe que nos casos em que o empregador adotar dois motoristas trabalhando no mesmo veículo, o tempo de repouso poderá ser feito com o veículo em movimento, assegurado o repouso mínimo de seis horas consecutivas fora do veículo em alojamento externo ou, se na cabine leite, com o veículo estacionado, a cada setenta e duas horas.

Houve a supressão da remuneração do tempo de reserva. Trata-se de um retrocesso.

No setor de transporte de pessoas, o descanso poderá ser feito com o veículo em movimento, respeitando-se os horários de jornada de trabalho, assegurado, após setenta e duas horas, o repouso em alojamento externo ou, se em poltrona correspondente ao serviço de leito, com o veículo estacionado (art. 235-E, III).

QUESTIONÁRIO

1. Quais são as correntes doutrinárias quanto ao conceito de jornada de trabalho?

2. Explique a questão da natureza jurídica da jornada de trabalho.

3. Quais são os limites da jornada diária normal para o trabalhador brasileiro?

4. Explique os sistemas de compensação de horas de trabalho.

5. O que são turnos ininterruptos de revezamento?

6. A utilização do celular justifica o enquadramento analógico quanto ao sobreaviso do trabalhador ferroviário?

7. A compensação de horas de trabalho deve ser por ajuste escrito?

8. É possível a compensação aleatória de horas de trabalho?

9. Quais são as diferenças do adicional noturno entre o trabalhador urbano e o rural?

10. Explique o cálculo da redução do adicional noturno para o trabalhador urbano.

11. As horas suplementares prestadas após as 05h00, em prorrogação ao horário noturno, são horas extras noturnas ou diurnas?

Capítulo XX
INTERVALOS PARA DESCANSO

20.1 INTERVALOS

Para se atender à necessidade de descanso do empregado, durante o desenrolar da relação de emprego, há os intervalos, os quais são analisados considerando-se a duração diária, semanal e anual do trabalho.

Pela duração diária, temos os intervalos: intrajornada e interjornada. Ante a jornada semanal, tem-se a concessão do repouso semanal remunerado. E, por fim, o labor anual implica o direito às férias remuneradas.

Em linhas gerais, os intervalos possuem os seguintes objetivos: (a) recuperação das energias despendidas na jornada diária, como forma de evitar os problemas decorrentes da fadiga mental e física; (b) propiciar ao trabalhador o contato com os seus familiares e com a sua comunidade; (c) a manutenção da capacidade de produção do trabalhador.

Sergio Pinto Martins[1] afirma que os intervalos para descanso *"são períodos na jornada de trabalho, ou entre uma e outra, em que o empregado não presta serviços, seja para se alimentar ou para descansar"*.

O legislador da Reforma Trabalhista (Lei 13.467/17) fixou que normas relacionadas com a duração do trabalho e os intervalos não são consideradas como normas de saúde, higiene e segurança do trabalho, propiciando, assim, a possibilidade de negociação coletiva sobre tais temas (art. 611-B, parágrafo único).

A contradição do legislador é cristalina na medida em que o art. 611-B, XVII, CLT (originário da Reforma, o qual indica as matérias que não podem ser objeto de negociação coletiva), menciona a proibição quanto às normas de saúde, higiene e segurança previstas em lei ou em normas regulamentadoras do MTE.

Pondere que a doutrina e a jurisprudência são uníssonas no sentido de que as regras concernentes à duração da jornada de trabalho e aos intervalos pertencem ao campo do Direito Tutelar do Trabalho, em especial, em face do previsto no art. 7º, XXII, CF, o qual dispõe ser um dos direitos sociais do trabalhador o respeito à redução dos riscos inerentes ao trabalho, por meio de normas de saúde, higiene e segurança. Por conta disso, não é razoável dispensar a licença prévia da autoridade pública quando se tem o regime de trabalho à base de 12 ×36 horas de trabalho (art. 60, parágrafo único, CLT, Lei 13.467).

---

[1] MARTINS, Sergio Pinto. *Direito do trabalho*. 21. ed., p. 540.

20.1.1 Intervalo intrajornada

Intervalo intrajornada é o descanso concedido dentro da própria jornada de trabalho. Dentro de cada jornada laboral, o ordenamento determina a concessão do intervalo para repouso ou alimentação. Esse repouso destina-se à recomposição física do trabalhador, por intermédio da alimentação, dentro da jornada diária de trabalho. Citados descansos deverão obedecer ao critério estabelecido no art. 71, CLT, ou seja, a duração do trabalho.

Na jornada de trabalho com até 4 horas não existe obrigatoriedade para a concessão de intervalo, salvo disposição específica de lei ou norma coletiva de trabalho. Duração de trabalho superior a 4 horas e inferior a 6, o intervalo será de 15 minutos. Por fim, quando o trabalho for prestado por mais de 6 horas contínuas, o intervalo para refeição e descanso será de 1 hora, podendo estender-se até 2 horas.

O art. 71, *caput*, da CLT, indica que por acordo escrito ou contrato coletivo, a duração do intervalo intrajornada poderá exceder de duas horas diárias. A autorização legal não pode ser invocada para qualquer tipo de extravasamento da duração mínima do intervalo intrajornada, sob pena de se ter a possibilidade de o empregado ficar à disposição do empregador. Exemplo: duração do intervalo é de 4 horas; o trabalhador inicia a jornada às 8 horas e termina às 12 horas; retorna às 16e sai às 20 horas. É uma forma de o trabalhador ficar à disposição do empregador, o qual poderia utilizar desta força de trabalho nos horários de maior pico nas suas atividades empresariais.

O TST tem entendido que a negociação coletiva pode dilatar a duração do intervalo intrajornada.[2]

Ultrapassada habitualmente a jornada de seis horas de trabalho, é devido o gozo do intervalo intrajornada mínimo de uma hora, obrigando o empregador a remunerar o período para descanso e alimentação não usufruído como extra, acrescido do respectivo adicional, na forma prevista no art. 71, *caput* e § 4º, CLT (Súm. 437, IV).

O contrato de trabalho escrito, o acordo ou a convenção coletiva de trabalho poderá prever um intervalo superior a 2 horas (art. 71, *caput*, CLT).[3]

Atendendo todas as exigências referentes à organização de refeitório, o Ministro do Trabalho, ouvida a Secretaria de Segurança e Medicina do Trabalho, poderá autorizar intervalos inferiores a uma hora, quando os empregados não estiverem em regime de trabalho prorrogado de horas suplementares (art. 71, § 3º, CLT).

No trabalho contínuo, de duração superior a 6 horas, o empregado rural tem direito ao intervalo para repouso e alimentação de acordo com os usos e costumes da região, não sendo computado na duração do trabalho (art. 5º, Lei 5.889/73).

---

[2] TST – 3ª T. – RR 140-24.2012.5.09.0653 – Rel. Alberto Luiz Bresciani de Fontan Pereira – *DEJT* 20/9/2013.
[3] TST – AIRR 0002591-48.2013.5.03.0008 – Relª Desª Conv. Rosalie Michaele Bacila Batista – *DJe* 26/6/2015 – p. 1339.
TST – RR 140400-79.2013.5.17.0141 – Rel. Min. José Roberto Freire Pimenta – *DEJT* 5/6/2015.

Os intervalos não são considerados na somatória da jornada de trabalho (art. 71, § 3º, CLT).

Como regra, o intervalo intrajornada é tido como suspensão do contrato de trabalho, pois há paralisação de serviços pelo obreiro, sem qualquer obrigatoriedade quanto ao pagamento dos salários.[4]

A Súm. 88 do TST (cancelada em 2/1995) estabelecia que o desrespeito ao intervalo mínimo entre 2 turnos de trabalho, sem importar excesso na jornada efetivamente trabalhada, não dá direito a qualquer ressarcimento ao obreiro, por se tratar apenas de infração sujeita à penalidade administrativa.

A não concessão do intervalo por parte do empregador, não implicava o pagamento de horas extras, desde que observado o limite da jornada legal ou contratual de trabalho.

Com a inserção do § 4º no art. 71, CLT, por intermédio da Lei 8.923/94, a não concessão ou restrição do intervalo por parte do empregador, independentemente da prestação de horas suplementares, implicava o pagamento do período como jornada extraordinária até o advento da Lei 13.467.

A princípio, essa alteração legislativa (Lei 8.923) tem a natureza jurídica de punição ao empregador que não propicia o intervalo mínimo para repouso e alimentação dos seus trabalhadores.

Todavia, não deve ser realçado somente o aspecto punitivo.

É evidente, por outro lado, que o valor está remunerando os serviços prestados durante o intervalo não usufruído, logo, também é parcela salarial integrante da sua remuneração, justificando as incidências em férias, 13º salário, FGTS, aviso prévio e nos DSR e feriados.

Postas tais considerações, entendemos que somente pode ser deferida a diferença do intervalo não gozado como jornada suplementar, não havendo justificativas para o teor da OJ 307 – SDI-I, a qual determinava: *"Após a edição da Lei nº 8.923/94, a não concessão total ou parcial do intervalo intrajornada mínimo, para repouso e alimentação, implica o pagamento total do período correspondente, com acréscimo de, no mínimo, 50% sobre o valor da hora normal de trabalho (art. 71 da CLT)"*.

Em outras palavras, o art. 71, § 4º, possui uma natureza jurídica híbrida: (a) sanção; (b) remuneração pelo labor parcial ou total quanto à duração do intervalo intrajornada.

Pela OJ 354, SDI-I, o TST fixou a posição de que a parcela prevista no art. 71, § 4º, CLT, tem natureza salarial. Logo, há de repercutir em outras parcelas salariais.

O adicional a ser observado é o de 50% (art. 7º, XVI, CF), não se admitindo outros adicionais, como os previstos em norma coletiva (acordo ou convenção coletiva). Os fundamentos: (a) a fixação não é hora extra propriamente dita (hora extra, consoante a melhor doutrina, é o que extravasa da jornada normal diária – contratual ou legal);

---

[4] Pela influência da teoria do seguro social, a legislação previdenciária equipara ao acidente de trabalho o acidente sofrido pelo segurado no período destinado a refeição ou descanso (art. 21, IV, § 1º, Lei 8.213/91).

(b) o fato de o legislador impor a inexistência parcial ou total do horário intrajornada como hora extra não implica, necessariamente, que se trata de hora extra, já que o seu deferimento não está atrelado à existência da jornada suplementar diária (como ocorria anteriormente à época da Súm. 88, TST).

Entendíamos que a negociação coletiva poderia reduzir a duração do intervalo intrajornada. Citado fenômeno representava uma compensação ou redução da jornada de trabalho, logo, o fundamento legal que valida a negociação coletiva é a flexibilização prevista no art. 7º, XIII, da CF, além do reconhecimento constitucional quanto aos instrumentos normativos (art. 7º, XXVI). Contudo, deve ser dito que a autonomia privada coletiva não é tão ampla, não sendo possível a sua adoção em questões de ordem pública, como é o caso do art. 71 da CLT. A redução do intervalo só é admissível quando for o caso de autorização expressa do Ministério do Trabalho (art. 71, § 3º).

A SDI-I pela OJ 342 fixou: *"É inválida cláusula de acordo ou convenção coletiva de trabalho contemplando a supressão ou redução do intervalo intrajornada porque este constitui medida de higiene, saúde e segurança do trabalho, garantido por norma de ordem pública (art. 71 da CLT e art. 7º, XXII, da CF/88), infenso à negociação coletiva".*

O TST, mesmo diante da redução da duração do horário de intervalo intrajornada, considerava válida a negociação coletiva[5] para fins de redução do horário intrajornada. Por decorrência dessa posição, o TST estabeleceu o tópico II ao conteúdo da OJ 342 (em novembro/09): *"Ante a natureza do serviço e em virtude das condições especiais de trabalho a que são submetidos estritamente os condutores e cobradores de veículos rodoviários, empregados em empresas de transporte público coletivo urbano, é válida cláusula de acordo ou convenção coletiva de trabalho contemplando a redução do intervalo intrajornada, desde que garantida a redução da jornada para, no mínimo, sete horas diárias ou quarenta e duas semanais, não prorrogada, mantida a mesma remuneração e concedidos intervalos para descanso menores e fracionados ao final de cada viagem, não descontados da jornada."*

O Ministério do Trabalho, por intermédio da Portaria 42/07, estabeleceu os requisitos para a redução do intervalo intrajornada.[6]

---

[5] TST – 4ª T. – RR 1253.2005.003.24.00-0 – Rel. Min. Antonio José de Barros Levenhagen – DJ 17/11/2006.

[6] O intervalo previsto no art. 71, CLT, poderá ser reduzido pela negociação coletiva (acordo ou convenção coletiva de trabalho), desde que: (a) a autorização tenha sido aprovada em assembleia geral da categoria ou dos empregados de uma empresa ou empresas, se for o caso de acordo; (b) os empregados não estejam submetidos a regime de jornada suplementar; (c) que o empregador, signatário do acordo ou beneficiário da redução pela convenção, adote nos seus estabelecimentos o pleno atendimento das exigências concernentes à organização dos refeitórios e demais normas regulamentadoras de segurança e saúde no trabalho (art. 1º, I e II, Portaria 42).
É imperioso ser ressaltado que o instrumento normativo não poderá dispor sobre a indenização ou supressão total do intervalo, especificando, inclusive, sobre as condições de repouso e alimentação garantidas aos empregados (art. 2º).
Caberá ao Ministério do Trabalho, a qualquer tempo, verificar no local de trabalho a observância das condições em que se dá a prestação de serviços, principalmente, sob o aspecto da segurança e

A Portaria 42/07 foi revogada pela Portaria 1.095, de 20/5/2010, a qual contém:

a) a redução do intervalo intrajornada de que trata o art. 71, § 3º, CLT, poderá ser deferida por ato de autoridade do MTE quando prevista em convenção ou acordo coletivo de trabalho, desde que os estabelecimentos abrangidos pelo seu âmbito de incidência atendam integralmente às exigências concernentes à organização dos refeitórios, e quando os respectivos empregados não estiverem sob regime de trabalho prorrogado a horas suplementares (art. 1º, *caput*);

b) de forma privativa, compete aos Superintendentes Regionais do Trabalho e Emprego a competência para decidir sobre o pedido de redução de intervalo para repouso ou refeição (art. 1º, § 1º);

c) os instrumentos coletivos que estabeleçam a possibilidade de redução deverão especificar o período do intervalo intrajornada. Não será admitida a supressão, diluição ou indenização do intervalo intrajornada, respeitado o limite mínimo de 30 minutos (art. 1º, §§ 2º e 3º);

d) o pedido de redução do intervalo intrajornada formulado pelas empresas com fulcro em instrumento coletivo será acompanhado de cópia deste e será dirigido ao Superintendente Regional do Trabalho e Emprego, com a individualização dos estabelecimentos que atendam aos requisitos indicados no *caput* do art. 1º desta Portaria, vedado o deferimento de pedido genérico (art. 2º, *caput*). Instruirá o pedido à documentação que ateste o cumprimento dos requisitos, consoante formulário previsto na própria Portaria (art. 2º, § 1º). O pedido poderá ser deferido, independentemente de inspeção prévia, após a verificação da regularidade das condições de trabalho nos estabelecimentos pela análise da documentação apresentada, e pela extração de dados do Sistema Federal de Inspeção do Trabalho, da Relação Anual de Informações Sociais (RAIS) e do Cadastro Geral de Empregados e Desempregados (CAGED) (art. 2º, § 2º);

e) a autorização será dada pela vigência máxima de 2 anos, não afastando a competência dos agentes da Inspeção do Trabalho de verificar, a qualquer tempo, *in loco*, o cumprimento dos requisitos legais (art. 3º). O descumprimento dos requisitos torna sem efeito a redução de intervalo, procedendo-se às autuações por descumprimento do previsto no *caput* do art. 71 da CLT, bem como das outras infrações que forem constatadas.

Em setembro/12, após o cancelamento das OJs 307, 354 e 381, quanto a esta matéria o TST adotou Súm. 437, I e III: (a) *"Após a edição da Lei nº 8.923/94, a não concessão ou a*

---

saúde dos trabalhadores, devendo adotar as medidas legais pertinentes a cada situação encontrada (art. 3º).

No caso de descumprimento das condições para a validade da redução do horário de intervalo, além da não observância de outras condições estabelecidas no instrumento normativo, haverá a suspensão da redução do intervalo até a devida regularização (art. 4º).

concessão parcial do intervalo intrajornada mínimo, para repouso e alimentação, a empregados urbanos e rurais, implica o pagamento total do período correspondente, e não apenas daqueles suprimido, com acréscimo de, no mínimo, 50% sobre o valor da remuneração da hora normal de trabalho (art. 71, da CLT), sem prejuízo do cômputo da efetiva jornada de labor para efeito de remuneração"; (b) "Possui natureza salarial a parcela prevista no art. 71, § 4º, com redação introduzida pela Lei nº 8.923, de 27 de julho de 1994, quando não concedido ou reduzido pelo empregador o intervalo mínimo intrajornada para repouso e alimentação, repercutindo, assim, no cálculo de outras salariais."

Pela leitura da Súmula 437, I, tem-se: (a) a manutenção da posição jurisprudencial anterior de que o intervalo do art. 71 deve ser cumprido na íntegra, sob pena de pagamento da totalidade do intervalo mínimo como hora extra, além das suas incidências; (b) o esclarecimento de que o adicional será no mínimo de 50%, logo, se houver outro adicional mais benéfico (normativo ou contratual), este será observado; (c) a confirmação de que o trabalhador rural tem direito a idêntico tratamento, por aplicação analógica do art. 71 da CLT.

Também em setembro/12, o TST consolidou o entendimento que (Súm. 437, II): *"É inválida cláusula de acordo ou convenção coletiva de trabalho contemplando a supressão ou redução do intervalo intrajornada porque este constitui medida de higiene, saúde e segurança do trabalho, garantido por norma de ordem pública (art. 71 da CLT e art. 7º, XXII, da CF/1988), infenso à negociação coletiva".*

Isto significa que o TST ratificou a sua posição jurisprudencial de que o intervalo não pode ser reduzido por negociação coletiva, contudo, inovou ao cancelar o reconhecimento da possibilidade desta redução para o transporte público coletivo.

Seria razoável que o TST mantivesse o teor do item II da OJ 342, visto que a Lei 12.619/12 criou o § 5º ao art. 71 da CLT, estabelecendo que o intervalo intrajornada mínimo para o transporte público coletivo pode ser fracionado, por negociação coletiva. É necessário que: (a) o fracionamento compreenda o término da primeira hora trabalhada e o início da última hora trabalhada; (b) se observe a integralidade da remuneração; (c) a concessão de intervalos ao final de cada viagem, não descontados do cômputo da jornada diária; (d) o fracionamento é admissível para as funções (motoristas, cobradores, fiscalização de campo e afins nos serviços de operação de veículos rodoviários) empregadas no setor de transporte coletivo de passageiros.

Por segurança jurídica, a redação do item II da OJ 342 deveria ter sido considerada por válida até o início da vigência da Lei 12.619, como mecanismo interpretativo a resguardar as situações fáticas praticadas antes do advento deste diploma legal e que observavam esta posição jurisprudencial dominante. Há situações pretéritas à Lei 12.619, objeto de demandas judiciais não solucionadas ou que poderão vir a ser. Para tais situações, recomendamos a adoção do entendimento do tópico II da ex-OJ 342, como forma de segurança jurídica.

Com a Lei 13.103/15, o § 5º do art. 71 passou a ter a seguinte redação: *"O intervalo expresso no* caput *poderá ser reduzido e/ou fracionado, e aquele estabelecido no § 1º poderá ser fracionado, quando compreendidos entre o término da primeira hora trabalhada e o início da última hora trabalhada, desde que previsto em convenção ou acordo coletivo de trabalho, ante a natureza do serviço e em virtude das condições especiais de trabalho a que são submetidos estritamente os motoristas, cobradores, fiscalização de campo e afins nos serviços de operação de veículos rodoviários, empregados no setor de transporte coletivo de passageiros, mantida a remuneração e concedidos intervalos para descanso menores ao final de cada viagem".*

As diferenças são: (a) o intervalo do *caput* do art. 71, CLT (de no mínimo uma hora) poderá ser reduzido ou fracionado, o que não era possível pela antiga redação; (b) o intervalo fracionado não seria descontado da duração normal da jornada de trabalho, o que deixa de existir na nova redação.

Após a análise do intervalo intrajornada, deve ser ressaltado que a concessão de intervalos não previstos em lei, por parte do empregador, na jornada de trabalho, representa tempo à disposição da empresa, remunerado como serviço extraordinário, se acrescido ao final da jornada (Súm. 118, TST).

A interpretação jurisprudencial da Súm. 118 decorre da aplicação do art. 4º, *caput*, CLT, onde se tem que a jornada de trabalho compreende o lapso temporal em que o empregado está à disposição do empregador, executando ou aguardando ordens.

É uma forma de impor limites à ação desmesurada de um empregador, que poderia estabelecer 4 horas na parte da manhã e outro tanto à noite, fazendo com que o trabalhador ficasse horas à sua disposição, sem qualquer tipo de remuneração.

Para o trabalhador ferroviário (maquinista integrante da categoria "c" – equipagem de trens em geral), de acordo com a Súm. 446, a garantia ao intervalo intrajornada também é aplicável, não havendo incompatibilidade entre as regras inscritas nos arts. 71, § 4º, e 238, § 5º, da CLT.

A Lei 13.467/17 (Reforma Trabalhista) alterou a redação do § 4º do art. 71, CLT, ao dispor que: (a) somente o tempo do intervalo suprimido deve ser pago como hora extra; (b) o valor pago, quanto ao tempo de intervalo suprimido, não deve incidir em outros direitos trabalhistas.

Por fim, de acordo com o art. 611-A, III, CLT, a negociação coletiva (Reforma Trabalhista) também poderá reduzir a duração mínima do intervalo intrajornada, desde que se respeite o intervalo mínimo de 30 minutos, quando a jornada diária for superior a seis horas.

Não há dúvidas de que a jurisprudência do TST (Súmula 437) deverá se adaptar à nova legislação.

20.1.2 Intervalo interjornada

O interjornada é o intervalo concedido entre duas jornadas diárias de trabalho. A sua concessão propicia o repouso físico e mental do trabalhador, como também um breve período de convívio com os seus familiares.

Entre duas jornadas de trabalho, o intervalo é de 11 horas tanto para o empregado urbano (art. 66, CLT) como para o rural (art. 5º, Lei 5.889/73).

O gozo efetivo do intervalo interjornada representa uma suspensão do contrato individual de trabalho, na medida em que se tem a paralisação dos serviços sem a obrigatoriedade do pagamento dos salários.

Porém, no regime de revezamento, as horas trabalhadas em seguida ao repouso semanal de 24 horas, com prejuízo do intervalo mínimo de 11 horas consecutivas, para descanso entre jornadas, devem ser remuneradas como extraordinárias, inclusive com o respectivo adicional (Súm. 110, TST).

Mesmo após o descanso semanal remunerado de 24 horas, o intervalo de 11 horas haverá de ser cumprido. Assim, se a jornada de trabalho finda no sábado às 12h00, a nova jornada somente poderá iniciar após o descanso semanal acrescido do intervalo de 11 horas. Em outras palavras, a prestação do serviço somente poderá ocorrer após 35 horas.

Em nossa visão, a Súm. 110, TST, é válida não só quanto à hipótese supracitada, como também para todas as demais situações nas quais não se tenha o respeito ao intervalo de 11 horas entre uma jornada diária e outra, independentemente da prestação ou não de horas suplementares.[7]

A Súm. 110 é uma evolução. Além da multa administrativa pela não concessão, o empregador será obrigado a efetuar o pagamento das horas laboradas em prejuízo do intervalo. Esse entendimento jurisprudencial visa penalizar o empregador pela não observância do texto legal.

Assim, mesmo não havendo uma jornada suplementar em todos os dias, o trabalhador terá direito à supressão do intervalo mínimo estabelecido no art. 66 da CLT como hora extra.

Esse enunciado, de forma nítida, influenciou o legislador consolidado na inclusão do § 4º ao art. 71, CLT, por intermédio da Lei 8.923/94.

De acordo com a OJ 355, SDI-I, o TST fixou o entendimento de que o desrespeito ao intervalo mínimo interjornada previsto no art. 66, CLT, acarreta, por analogia, os mesmos efeitos previstos no art. 71, § 4º, CLT, e na Súm. 110, devendo-se pagar a integralidade das horas que foram subtraídas do intervalo, acrescidas do respectivo adicional.

Para cabineiros, nas estações de tráfego intenso, o intervalo interjornada é de 14 horas (art. 245, CLT).

Como a violação do intervalo interjornada é deferida como hora extra, por aplicação da Súmula 437, TST, as horas extras dela decorrentes, a partir de 11-11-2017 (vigência da Reforma Trabalhista), não mais deverão repercutir em outras verbas (art. 71, § 4º, CLT).

---

[7] "A ordem jurídica não tem regra clara no tocante ao desrespeito ao intervalo mínimo de 11 horas, após, considerado o repouso semanal nas demais situações trabalhistas (excluído o regime de turnos ininterruptos de revezamento). A conduta hermenêutica da Súmula nº 88 do TST está superada, em face de seu cancelamento (conduta que informava que o desrespeito ao intervalo mínimo entre dois turnos de trabalho, desde que não importando em efetivas horas extraordinárias laboradas, tinha o caráter de mera falta administrativa, não gerando ressarcimento ao trabalhador). Fica aberta, assim, a possibilidade de estender-se a conduta interpretativa da Súmula 110 a todas as situações de desrespeito ao intervalo interjornada de 11 horas, após considerado o lapso do repouso semanal" (DELGADO, Mauricio Godinho. *Curso de direito do trabalho*. 5. ed., p. 936).

20.1.3 Intervalos especiais

Os intervalos especiais são os que fogem à regra geral. Atendem apenas determinadas profissões, atividades específicas e encontram-se previstos em lei.

Geralmente, esses intervalos são computados à jornada diária de trabalho, portanto, são remunerados. Representam uma interrupção do contrato, eis que, apesar da paralisação temporária quanto à prestação dos serviços, subsiste a obrigação quanto ao pagamento dos salários.

Apesar da reformulação do art. 71, § 4º, CLT (Reforma Trabalhista), os presentes intervalos (tópicos: 20.1.3.1 a 20.1.3.6), por representarem interrupção, caso não sejam concedidos, deverão ser pagos como hora extra na sua totalidade, inclusive, com as incidências em outras verbas do contrato individual de trabalho.

20.1.3.1 Serviços de mecanografia

Nos serviços permanentes de mecanografia (datilografia, escrituração ou cálculo), a cada período de 90 minutos de trabalho consecutivo corresponderá um repouso de 10 minutos não deduzido da duração normal do trabalho (art. 72, CLT).

Esse intervalo reputa-se interrupção do contrato individual de trabalho. Por outro lado, é importante mencionar que ele também não é absorvido pela previsão do art. 71 da CLT – intervalo para refeição.

A jurisprudência considera que o art. 72, CLT, é exemplificativo e não taxativo. Portanto, tem concedido o intervalo de 10 minutos a cada 90 trabalhados para profissões que desempenham funções semelhantes às profissões ali mencionadas.

Os digitadores, por aplicação analógica do art. 72, CLT, equiparam-se aos trabalhadores nos serviços de mecanografia (datilografia, escrituração ou cálculo), razão pela qual têm direito a intervalos de descanso de 10 minutos a cada 90 minutos de trabalho consecutivos (Súm. 346, TST).

A NR 17, Portaria 3.214/78, que trata da ergonomia, fixa um intervalo, a não ser descontado da jornada de trabalho, para os digitadores, de 10 minutos para cada 50 trabalhados (NR 17.6.4, *d*).

Esses dois intervalos também são tidos como interrupções do contrato individual de trabalho; se não concedidos, devem ser pleiteados como horas extras.

20.1.3.2 Serviços em frigoríficos

Os empregados que trabalham em câmaras frigoríficas (internamente ou na movimentação de mercadorias de fora para dentro ou de dentro para fora), após 1 hora e 40 minutos de trabalho contínuo, devem gozar um intervalo de 20 minutos de repouso, computado como de trabalho efetivo (art. 253, CLT).

Pela leitura do art. 253, CLT, constata-se que esse intervalo representa uma interrupção do contrato de trabalho. O seu não gozo representa o direito à percepção de hora extra. Neste sentido: TST – AIRR 543/2000-654-09-00 – Rel. Min. Luiz Philippe Vieira de Mello Filho – *DJe* 5/2/2010 – p. 536; TST – RR 684-42.2010.5.15.0062 – Rel. Min. Guilherme Augusto Caputo Bastos – *DJE* 19/12/2012 – p. 146.

Para o empregado submetido a trabalho contínuo em ambiente artificialmente frio, desde que se observem as premissas fáticas do art. 253, parágrafo único, da CLT, mesmo que não labore em câmara frigorífica, tem direito ao intervalo de 20 minutos. É uma hipótese de interpretação extensiva do art. 253, *caput*, CLT (Súm. 438, TST).

20.1.3.3 Mineiros

No trabalho em minas de subsolo, a jornada de trabalho é de 6 horas diárias e 36 semanais (art. 293, CLT), com pausa de 15 minutos para repouso, a cada período de 3 horas consecutivas de trabalho. A pausa será computada na duração normal do trabalho (art. 298).

Esse intervalo reputa-se uma interrupção quanto ao contrato de trabalho. A não concessão implica para o empregado o direito à percepção da jornada suplementar correspondente (TRT – 12ª R. – 3ª T. – RO 00467-2007-053-12-00-4 – Relª Mari Eleda Migliorini – j. 18/6/2008).

20.1.3.4 Serviços de telefonia, radiotelefonia e radiotelegrafia

Para os operadores de telefonia, radiotelefonia e radiotelegrafia, sujeitos a horários variáveis, a duração da jornada de trabalho é de 7 horas diárias e 17 horas de folga, deduzindo-se desse tempo 20 minutos para descanso, sempre que se verificar esforço contínuo de mais de 3 horas (art. 229, CLT).

Esse intervalo, pela leitura do art. 229 da CLT, considera-se interrupção do contrato, portanto a sua não concessão justifica o pagamento de hora extra.

20.1.3.5 Mulher em fase de amamentação

No texto originário, havia a previsão de que as mulheres em fase de amamentação terão direito a 2 intervalos de 1/2 hora cada um para alimentar o próprio filho, até que este complete 6 meses de idade. O prazo de 6 meses poderia ser prorrogado pelo médico oficial (art. 396, CLT).

Em 2017, o art. 396 sofreu alterações com as Leis 13.467 e 13.509. Para fins de amamentação do seu filho, natural ou adotado, até que complete seis meses de idade, a mulher terá direito a dois descansos especiais à base de 30 minutos cada um. O período poderá der dilatado por mais seis meses, a critério da autoridade competente, sendo que os horários dos descansos serão definidos em acordo individual entre a mulher e o empregador.

Por fim, o art. 611-B, XXX, CLT (Reforma Trabalhista), proíbe que o intervalo de amamentação seja objeto de negociação coletiva (indisponibilidade absoluta).

20.1.3.6 Médicos

A cada 90 minutos de trabalho, o médico usufruirá um repouso de 10 minutos (art. 8º, § 1º, Lei 3.999/61).

A lei também nada menciona sobre a sua inclusão ou não na jornada de trabalho.

Pelo realce da função de médico e pelo desgaste normal, o intervalo deve ser visto como interrupção do contrato de trabalho.

20.1.3.7 Mulher e a jornada extraordinária

Em caso de prorrogação do horário normal, para a empregada era obrigatório um descanso de 15 minutos no mínimo, antes do início da jornada suplementar de trabalho (art. 384, CLT).

O dispositivo legal não aponta se esse intervalo é de cunho suspensivo ou interruptivo quanto à duração da jornada de trabalho.

Diante do silêncio do legislador, há de se aplicar a regra geral do art. 71, CLT, ou seja, de que o intervalo intrajornada é considerado como suspensão, logo, não computável na duração da jornada de trabalho.

Contudo, diante da sua não concessão, pela aplicação analógica do art. 71, § 4º, CLT, há de ser visto como hora extra.

Em abril/07, a 4ª Turma do TST (RR 12600.2003.008.09.00-3, Rel. Min. Antonio José de Barros Levenhagen) determinou o pagamento de indenização referente ao período de descanso previsto no art. 384, CLT. A decisão da 4ª T. destaca que, embora a CF afirme que homens e mulheres são iguais em direitos e obrigações (art. 5º, II), deve ser reconhecido que elas se distinguem dos homens, sobretudo em relação às condições de trabalho, pela sua peculiar identidade biossocial. Foi por essa peculiaridade que o legislador concedeu às mulheres, no art. 384, CLT, um intervalo de 15 minutos antes do início do período de sobretrabalho, no caso de prorrogação da jornada normal. O sentido protetor da norma da CLT é claro e não afronta o dispositivo constitucional da isonomia entre homens e mulheres, além de contradizer a ideia corrente de que as mulheres têm menos direitos que os homens.

O TST tem mantido o entendimento de que a violação do art. 384 implica em hora extra (SDI-I – E-RR 28684/2002-900-09-00.9 – Rel. Min. Horácio Senna Pires – *DJU* 20/2/2009).

Ao analisar a matéria, o Plenário do STF entendeu que o art. 384, CLT, não viola o princípio da igualdade (RE 658312 – Rel. Min. Dias Toffoli – j. 27/11/2014).[8]

O art. 384 foi revogado de forma expressa pela Reforma Trabalhista (art. 5º, I, *i*).

---

[8] Em agosto/15, o Plenário do STF, em julgamento de embargos declaratórios, declarou a nulidade dessa decisão, ante a ocorrência de irregularidade quanto à intimação de uma das partes para a data do julgamento.

20.1.3.8 Outras pausas

Além dos intervalos previstos em lei, devem ser concedidas pausas no trabalho que visem preservar a integridade física e mental do empregado.

A NR 31 (Segurança e Saúde no Trabalho na Agricultura, Pecuária, Silvicultura, Exploração Florestal e Aquicultura) prevê a existência de pausas para descanso, nas atividades que forem realizadas necessariamente em pé (item 31.10.7) e nas atividades que exijam sobrecarga muscular estática ou dinâmica (item 31.10.9).

A NR 17 (Ergonomia), ao cuidar da organização do trabalho, prevê que nas atividades que exijam sobrecarga muscular estática ou dinâmica do pescoço, ombros, dorso e membros superiores e inferiores, e a partir da análise ergonômica do trabalho, devem ser incluídas pausas para descanso do trabalhador (item 17.6.3, *b*).

Com a Lei 13.645/18, foi instituído o Dia Nacional do Desafio, a ser comemorado na última quarta-feira do mês de maio. A comemoração compõe-se de atividades físicas e esportivas orientadas, a serem realizadas por, no mínimo, quinze minutos, em empresas privadas, em órgãos da Administração Pública, Direta e Indireta, em estabelecimentos escolares, nos lares, nos espaços públicos e em quaisquer outros lugares que permitam o convívio saudável entre as pessoas.

QUESTIONÁRIO

1. O que são intervalos para descanso?

2. Qual é a duração do intervalo intrajornada?

3. A inexistência parcial ou total do intervalo intrajornada deve ser remunerada como hora extra? Justifique.

4. Qual é a duração do intervalo interjornada?

5. É possível a concessão de intervalo intrajornada além dos limites legais? Justifique.

6. Quais são os intervalos especiais? Explique-os.

Capítulo XXI
DESCANSO SEMANAL REMUNERADO

21.1 DENOMINAÇÃO

Várias são as denominações utilizadas para o instituto em apreço: folga semanal, repouso semanal remunerado, descanso semanal remunerado, descanso hebdomadário, repouso dominical, descanso semanal, repouso semanal.

Vamos adotar a expressão "descanso semanal remunerado", a qual retrata o intervalo entre uma semana e outra, visando ao descanso do trabalhador como forma de recomposição das suas energias, além de propiciar o contato com os seus familiares e sua comunidade.

A expressão "repouso semanal remunerado" é empregada pela Constituição Federal (art. 7º, XV) e pela Lei 605/49.

A Reforma Trabalhista veda a negociação coletiva quanto ao repouso semanal remunerado (art. 611-B, IX, CLT).

21.2 CONCEITO

Descanso semanal remunerado é o lapso temporal correspondente a 24 horas consecutivas, de preferência aos domingos e nos feriados, nos quais o empregado não é obrigado a comparecer ao serviço, uma vez por semana, recebendo a remuneração correspondente.

Mauricio Godinho Delgado[1] ensina que o descanso semanal ou o repouso semanal é o *"lapso temporal de 24 horas consecutivas situado entre os módulos semanais de duração do trabalho do empregado, coincidindo preferencialmente com o domingo, em que o obreiro pode sustar a prestação de serviços e sua disponibilidade perante o empregador, com o objetivo de recuperação e implementação de suas energias e aperfeiçoamento em sua inserção familiar, comunitária e política".*

Por feriado compreenda-se: *"lapsos temporais de um dia, situados ao longo do ano--calendário, eleitos pela legislação em face de datas comemorativas cívicas ou religiosas*

---

[1] DELGADO, Mauricio Godinho. *Curso de direito do trabalho.* 5. ed., p. 936.

específicas, em que o empregado pode sustar a prestação de serviços e sua disponibilidade perante o empregador".[2]

De acordo com o art. 7º, XV, CF, o repouso semanal remunerado é um direito social dos trabalhadores, devendo, preferencialmente, coincidir com os domingos. Como um dos direitos sociais dos trabalhadores, o Estado tem a preocupação de exigir o seu cumprimento por parte dos empregadores.

Apesar de esse dispositivo nada mencionar quanto aos feriados, nada obsta que a legislação infraconstitucional assegure o descanso nesses dias (Lei 605).

21.3 NATUREZA JURÍDICA

Para Octavio Bueno Magano,[3] o descanso semanal remunerado *"constitui expressão da atividade tutelar do Estado e ao mesmo tempo salário. Não nos parece, portanto, satisfatória a explicação dos autores segundo os quais o instituto se desdobraria em dois direitos dos trabalhadores (abstenção do trabalho e recebimento de remuneração) e duas obrigações do empregador (abstenção da exigência de trabalho e pagamento de remuneração). Essa explicação não é satisfatória porque deixa na penumbra o papel do Estado, o principal responsável pela vigência e pela eficácia do instituto"*.

Como parte integrante do Direito Tutelar do Trabalho, o descanso semanal remunerado denota o direito à percepção dos salários, sem a contraprestação do trabalho executado, além de ser um dever estatal, o qual visa assegurar a saúde física e mental do trabalhador.

A natureza jurídica do descanso semanal remunerado deixa claro quais são os fundamentos desse instituto: o resguardo da incolumidade física e mental do trabalhador e de propiciar o seu contato com os familiares e a sociedade.

21.4 A VIGÊNCIA OU NÃO DOS ARTS. 67 A 70 DA CLT

Os arts. 67 a 70 da CLT disciplinam a temática do descanso semanal remunerado.

É importante a análise quanto à vigência desses artigos, notadamente pelo advento da Lei 605, a qual dispõe sobre o repouso semanal remunerado e o pagamento de salários nos dias feriados civis e religiosos.

A revogação pode ser expressa ou tácita. Em duas situações, a revogação tácita ocorre: (a) no caso de incompatibilidade entre a lei posterior e a anterior; (b) quando a lei posterior regular inteiramente a matéria tratada na anterior (art. 2º, § 1º, LINDB).

De fato, pela leitura da Lei 605, constatamos que a mesma regulou inteiramente a matéria versada nos arts. 67 a 70, CLT.

---

[2] DELGADO, Maurício Godinho. Ob. cit., p. 937.
[3] MAGANO, Octavio Bueno. *Manual de direito do trabalho direito tutelar do trabalho*. 2. ed., v. 4, p. 67.

O art. 67, *caput*, é incompatível com o art. 1º, Lei 605, o qual assegura o repouso semanal remunerado consecutivo de 24 horas, preferencialmente, aos domingos. O *caput* do art. 67 não assegura a remuneração do descanso semanal, o qual deveria coincidir com o domingo.

Os arts. 8º e 9º, Lei 605, revogam o parágrafo único do art. 67, CLT, ao tratarem dos serviços que devem ser feitos em domingos. Esses dispositivos são regulamentados pelo art. 6º, Dec. 27.048/49.

O art. 68, CLT, está revogado pelo art. 10, Lei 605, o qual é regulamentado pelo art. 7º do Dec. 27.048/49. Também o art. 69, CLT, está revogado pelo art. 10, Lei 605.

O art. 4º, Dec. 73.626/74, o qual aprova o Regulamento da Lei 5.889/73 (trabalho rural), faz alusão aos arts. 67 a 70, CLT, o que não pode ser acatado, ante o fato de que a Lei 605 regulou inteiramente a matéria versada nesses artigos.

Nesse particular, Octavio Bueno Magano[4] afirma: *"Que dizer, porém, do argumento de que o Governo ao expedir o Decreto nº 73.626, de 1974, teria feito remissão aos questionados preceitos da CLT? Entendemos que isso se explica como mero cochilo da autoridade incumbida de regulamentar a Lei nº 5.889, de 8/6/1973."*

21.5 TRABALHADORES BENEFICIÁRIOS

Os empregados da área urbana e rural possuem o direito a um repouso semanal remunerado de 24 horas consecutivas, preferencialmente aos domingos (art. 7º, XV, CF, art. 1º, Lei 605).

Será obrigatoriamente concedido o descanso semanal remunerado aos empregados domésticos (art. 7º, parágrafo único, CF), sendo-lhe aplicada a Lei 605 (a Lei 11.324/06, no art. 9º, revogou a alínea *a* do art. 5º que vedava a aplicação da Lei 605 ao doméstico; atualmente, a matéria é disciplinada pelo art. 16, LC 150/15).

Em face do que dispõe o art. 5º, a Lei 605 não é aplicável aos: (a) funcionários públicos da União, dos Estados e dos Municípios, e aos respectivos extranumerários em serviço nas próprias repartições; (b) servidores de autarquias paraestatais, desde que sujeitos a regime próprio de proteção ao trabalho que lhes assegure situação análoga à dos funcionários públicos.

A Lei 605 também não se aplica aos trabalhadores rurais que trabalhem em regime de parceria, meação, ou forma semelhante de participação na produção, que não são considerados empregados (art. 2º).

Nos casos de contratação dos servidores públicos pelo regime previsto na CLT, será devido o repouso semanal remunerado (art. 4º, Lei 605).

Os funcionários públicos civis, mesmo sujeitos ao regime próprio da Administração Pública, passaram a ter direito ao repouso semanal remunerado (art. 39, § 2º, CF).

O trabalhador temporário também tem direito ao descanso (art. 12, *d*, Lei 6.019/74).

---

[4] MAGANO, Octavio Bueno. Ob. cit., p. 64.

O inciso XXXIV, art. 7º, CF, assegura os direitos do trabalhador com vínculo empregatício permanente ao avulso, recepcionando o art. 3º, Lei 605, o qual estende o regime do repouso semanal remunerado para os trabalhadores que trabalhem agrupados, por intermédio de sindicato, caixa portuária ou entidade congênere.

O empregado sujeito ao trabalho na exploração, perfuração e refinação de petróleo, que trabalhe no regime de revezamento por turnos, terá direito a um repouso de 24 horas consecutivas para cada 3 turnos trabalhados (art. 3º, V, Lei 5.811/72).

21.6 REMUNERAÇÃO

A remuneração do descanso semanal remunerado corresponde, para: (a) os que trabalham por dia, semana, quinzena ou mês, à de 1 dia de serviço; (b) os que trabalham por hora, à de sua jornada normal de trabalho; (c) os que trabalham por tarefa ou peça, ao equivalente ao salário correspondente às tarefas ou peças feitas durante a semana, no horário normal de trabalho, dividido pelos dias de serviço efetivamente prestados ao empregador; (d) o empregado em domicílio, ao equivalente ao quociente da divisão por 6 da importância total da sua produção na semana (art. 7º, *a* a *d*, Lei 605).

Os empregados cujos salários não sofram descontos por motivo de feriados civis ou religiosos são considerados já remunerados nesses mesmos dias de repouso, conquanto tenham direito à remuneração dominical (art. 7º, § 1º).

Consideram-se já remunerados os dias de repouso semanal do empregado mensalista ou quinzenalista, cujo cálculo de salário mensal ou quinzenal, ou cujos descontos por faltas sejam efetuados na base do número de dias do mês ou de 30 e 15 diárias, respectivamente (art. 7º, § 2º).

Para os trabalhadores, os quais prestem serviços agrupados, por intermédio de sindicato, caixa portuária ou entidade congênere, a remuneração do descanso semanal remunerado consistirá no acréscimo de um 1/6 calculado sobre os salários percebidos (art. 3º, Lei 605).

21.6.1 Horas extras

De acordo com a Súm. 172, TST, as horas extras habituais deverão ser computadas no repouso remunerado.

O art. 7º, *a* e *b*, Lei 605, determina o cômputo das horas extras habitualmente prestadas no descanso semanal remunerado, mesmo que o trabalhador preste serviços por hora, semana, quinzena ou mês.

Pela interpretação teleológica da Lei 605, o repouso semanal e os dias feriados civis e religiosos devem ser remunerados da mesma forma, pois o empregado, nesses dias, deve receber como se estivesse trabalhando. Portanto, também se justifica a incidência das horas extras habituais nos feriados.

A majoração do valor do repouso semanal remunerado, em razão da integração das horas extras habitualmente prestadas, não repercute no cálculo das férias, da gratificação natalina, do aviso prévio e do FGTS, sob pena de caracterização de *bis in idem* (OJ 394, SDI-I). Há incidente de resolução de recurso de revista repetitivo quanto a essa matéria, a ser dirimido pelo Pleno do TST (SDI-I – IRR 10169-57.2013.5.05.0024 – Rel. Min. Márcio Eurico Vitral Amaro).

21.6.2 Comissionistas

Para o STF, o vendedor pracista, remunerado mediante comissão, não tem direito ao repouso semanal remunerado (Súm. 201).

Essa Súmula colide com a jurisprudência dominante do TST em que é devida a remuneração do repouso semanal e dos dias feriados ao empregado comissionista, ainda que pracista (Súm. 27).

O descanso semanal remunerado corresponde ao valor de um dia de trabalho (art. 7º, Lei 605), logo, as comissões devem incidir nesses dias, o que evidencia a correção do entendimento jurisprudencial do TST.

21.6.3 Gratificações e gorjetas

As gratificações de produtividade e por tempo de serviço, que são pagas mensalmente, não repercutem no cálculo do repouso semanal remunerado (Súm. 225, TST).

O cálculo das gratificações é mensal, portanto, ocorre à inclusão dos descansos semanais remunerados (art. 7º, § 2º, Lei 605).

De acordo com a Súm. 354, TST, as gorjetas não devem incidir no cálculo dos descansos semanais remunerados.

Incorreta a formulação jurisprudencial, na medida em que o empregado, nos dias destinados aos descansos semanais remunerados, deve receber como se estivesse laborando, independentemente de o valor ser pago pelo próprio empregador ou por terceiro.

Não se pode confundir a mensuração do salário com a sistemática do pagamento. Há empregados horistas que recebem por mês e vice-versa. As gorjetas podem ser pagas todo o mês, porém, se as mesmas são mensuradas de acordo com os dias efetivamente trabalhados, não se estará incluindo a sua percepção nos descansos semanais remunerados.

21.6.4 Férias

As férias serão concedidas pelo prazo de 30 dias (art. 130, *caput*, CLT). Na modalidade do regime de tempo parcial, as férias eram computadas de acordo com a carga horária semanal de trabalho, podendo ser no máximo de 18 dias (art. 130-A, CLT, revogado pela Lei 13.467).

Na duração das férias, os dias feriados oficiais ou costumeiros situados dentro do período de férias anuais não serão computados como parte do período de férias anuais remuneradas (art. 6º, § 1º, Convenção 132, OIT).

Com isso, a Súm. 147, TST,[5] resta prejudicada quando afirma que os feriados intercalados no período das férias não são devidos.

Porém, o lapso de 30 dias será reduzido de acordo com as faltas injustificadas do empregado no curso do período aquisitivo (art. 130, I a IV, CF).

21.6.5 Bancários

Há vários anos, por intermédio de sucessivas negociações coletivas, o sábado é considerado dia destinado à incidência das horas extras habituais para a categoria dos bancários.

Excetuando a norma mais benéfica, o sábado é considerado dia útil não trabalhado, de acordo com a Súm. 113, TST.

Essa posição jurisprudencial está em consonância com o art. 224, CLT, o qual dispõe que o bancário recebe por 6 horas contínuas nos dias úteis, perfazendo um total de 30 horas de trabalho por semana.

21.6.6 Professores

Os professores, de acordo com os artigos 7º, § 2º, Lei 605, e art. 320, CLT, que recebem salário mensal à base de hora-aula, têm direito ao acréscimo de 1/6 a título de descanso semanal remunerado, considerando-se para esse fim o mês de 4,5 semanas (Súm. 351, TST).

21.6.7 Incidência do adicional de insalubridade ou periculosidade

Os adicionais de insalubridade ou periculosidade, como são calculados à base de 30 dias, já remuneram os descansos semanais remunerados.

Nesse sentido, temos a OJ 103, SDI-I: *"O adicional de insalubridade já remunera os dias de repouso semanal e feriados."*

21.6.8 Condição de pagamento

O empregador não será obrigado a fazer o pagamento do descanso semanal remunerado quando, sem justo motivo, o empregado não tiver cumprido a sua jornada semanal de trabalho integralmente (art. 6º, Lei 605).

Entende-se como semana o período de segunda-feira a domingo, anterior à semana em que recair o dia do repouso (art. 11, § 4º, Dec. 27.048).

Desta forma, dois são os requisitos do descanso semanal: assiduidade e pontualidade. Esses requisitos são aplicáveis tanto para o empregado horista, como ao mensalista, pois a lei não faz nenhuma distinção.

---

[5] A Súm. 147 foi cancelada pela Res. 121 do TST em 28/10/2003.

Assiduidade é a presença do trabalhador durante toda a semana anterior, não tendo faltas nesse período.

O empregado pontual é o que cumpre a sua jornada diária integralmente, observando os horários de entrada e saída, sem atrasos.

Os atrasos ocorridos, desde que comprovados, na entrada em função de acidente de transporte ou por motivo de força maior, são considerados justificados.

O empregador, no caso da não observância de tais requisitos por parte do empregado, está autorizado a descontar o dia relativo ao descanso semanal remunerado.

O que prejudica o direito à percepção do descanso semanal remunerado é a ocorrência das faltas injustificadas.

Nos termos da legislação, são consideradas faltas justificadas: (a) período de férias (art. 129, CLT); (b) até 2 dias consecutivos, no caso de falecimento do cônjuge, ascendente, descendente, irmão ou pessoa que, declarada em sua CTPS, viva sob sua dependência econômica; (c) 1 dia, em cada 12 meses de trabalho, para doação voluntária de sangue; (d) até 2 dias no caso de alistamento eleitoral; (e) no período em que estiver cumprindo exigência do Serviço Militar; (f) nos dias em que estiver realizando exame vestibular para ingresso em estabelecimento de ensino superior (art. 473, CLT); (g) 3 dias consecutivos, no caso de casamento (art. 6º, *d*, Lei 605, art. 473, CLT); (h) a suspensão preventiva para responder inquérito administrativo ou de prisão preventiva, quando for impronunciado ou absolvido; (i) testemunhar em juízo (art. 822, CLT, art. 463, parágrafo único, CPC); (j) jurado sorteado para comparecimento às sessões do júri (art. 441, CPP); (k) ausência do empregado, devidamente justificada, a critério da administração do estabelecimento; (l) paralisação do serviço nos dias em que, por conveniência do empregador, não tenha havido trabalho; (m) com fundamento na lei sobre acidente do trabalho; (n) motivo de doença (art. 6º, Lei 605); (o) 5 dias, licença-paternidade (art. 10, § 1º, ADCT; a Lei 13.257/16 elasteceu a licença-paternidade por mais 15 dias, desde que a empresa esteja inscrita no Programa Empresa Cidadã); (p) 120 dias, licença-gestante (art. 7º, XVIII, CF), a licença será de 180 dias, quando a empresa estiver inscrita no Programa Empresa Cidadã e no caso das mães de crianças acometidas por sequelas neurológicas decorrentes de doenças transmitidas pelo *Aedes Aegypti*; (q) o licenciamento compulsório de 2 semanas da empregada por motivo de aborto não criminoso (art. 395, CLT); (r) pelo tempo que se fizer necessário, quando tiver que comparecer a juízo (art. 473, VIII, CLT); (s) pelo tempo que se fizer necessário, quando, na qualidade de representante de entidade sindical, estiver participando de reunião oficial de organismo internacional do qual o Brasil seja membro (art. 473, IX).

A Lei 13.257/16, a qual trata das políticas públicas para a primeira infância, incluiu os incisos X e XI ao art. 473, dispondo que são faltas abonadas: (a) até 2 dias para acompanhar consultas médicas e exames complementares durante o período da gravidez de esposa ou companheira; (b) 1 dia por ano para acompanhar filho de até 6 anos em consulta médica.

Em relação aos professores, não serão descontadas, no decurso de 9 dias, as faltas verificadas por motivo de gala ou de luto em consequência de falecimento do cônjuge, do pai ou mãe e ou de filho (art. 320, § 3º, CLT).

A princípio, a comprovação da doença deve ser efetuada pelo serviço ou convênio médico da empresa (art. 60, § 4º, Lei 8.213/91, Súm. 15 e 282, TST).

Se a empresa não dispuser desses meios, o atestado, na sequência, deverá ser emitido pelos médicos da previdência, do sindicato ou de entidade pública, para efeito do abono da falta dada pelo empregado. Para que não haja eventuais dúvidas ou discussões judiciais quanto à validade dos atestados apresentados, é imperioso que o empregador dê ciência aos seus empregados de que, em primeiro lugar, os atestados devem ser do médico da empresa ou do convênio médico.

21.7 FERIADOS

Os feriados podem ser civis ou religiosos.

Os civis são: (a) os declarados em lei federal; (b) a data magna do Estado fixada em lei estadual; (c) os dias de início e do término do ano do centenário de fundação do Município, fixados em lei municipal (art. 1º, I a III, Lei 9.093/95).

Os dias destinados aos feriados civis, de acordo com a legislação federal, correspondem: (a) 1º de janeiro (Dia da Paz Mundial, Lei 662/49); (b) 21 de abril (Tiradentes, Lei 662); (c) 1º de maio (Dia do Trabalho, Lei 662); (d) 7 de setembro (Independência do Brasil, Lei 662); (e) 12 de outubro (Senhora Aparecida, Padroeira do Brasil, Lei 6.802/80); (f) 2 de novembro (Dia de Finados, Lei 662); (g) 15 de novembro (Proclamação da República, Lei 662); (h) 25 de dezembro (Natal, Lei 662).

Os feriados religiosos são os dias de guarda, declarados em lei municipal, de acordo com a tradição local e em número não superior a 4, nestes incluída a Sexta-Feira da Paixão (art. 2º, Lei 9.093/95). Nesses feriados, geralmente, tem-se a inclusão do dia de fundação dos próprios Municípios.

Na cidade de São Paulo, de acordo com a Lei 7.008/67, os feriados municipais são os dias: 25 de janeiro, 2 de novembro, sexta-feira da Semana Santa e *Corpus Christi*.

Além dos feriados mencionados, outros não podem ser criados, exceto se for o caso de uma nova lei federal.

Logo, como se costuma imaginar, a terça-feira de carnaval não é feriado, podendo, se quiser, o empregador exigir a prestação de serviços nesse dia.

Em vários Municípios, o Dia da Consciência Negra[6] também é feriado (20 de novembro).

O Dia do Professor (15 de outubro) é feriado escolar (Dec. 52.682, de 14/10/1963).

---

6   Data da morte do Zumbi dos Palmares (1695).

É permitido o trabalho em feriados nas atividades do comércio em geral, desde que autorizado pela norma coletiva e observada a legislação municipal, nos termos do art. 30, I, da CF (art. 6º-A, Lei 10.101/00).

Pela Súmula 444, o TST fixou a posição de que a jornada (12 × 36) dá direito ao trabalhador ao labor em feriados de forma dobrada. Esse entendimento não mais se mantém ante os termos do art. 59-A, § 1º, CLT; Lei 13.467).

21.8 O DESCANSO SEMANAL E FERIADO TRABALHADO

De acordo com o art. 8º, Lei 605, excetuados os casos em que a execução do serviço for imposta pelas exigências técnicas das empresas, é vedado o trabalho em feriados civis e religiosos, ficando garantida a remuneração respectiva.

Por outro lado, nas atividades em que não for possível, por exigências técnicas das empresas, a suspensão do trabalho, nos dias feriados civis e religiosos, a remuneração será paga em dobro, salvo se o empregador determinar outro dia de folga (art. 9º, Lei 605). O outro dia de folga deverá ser concedido dentro da mesma semana (7 dias), sob pena de se ter o pagamento em dobro.[7]

Para os fins da Lei 605, exigências técnicas são as condições que, peculiares às atividades da empresa, ou em razão do interesse público, tornem indispensável a continuidade do serviço (art. 5º, parágrafo único).

A constatação das exigências técnicas levará em consideração os motivos de ordem econômica, permanentes ou ocasionais, além das peculiaridades locais (art. 10).

As empresas de serviços públicos e de transporte enquadram-se nas que estão autorizadas a ter atividades nos dias destinados aos descansos semanais remunerados (art. 10, parágrafo único). Outras empresas, a critério do Poder Executivo, poderão ser enquadradas nessas exigências técnicas (art. 10, parágrafo único).

Nesse sentido, o Dec. 27.048 traz uma relação anexa das atividades autorizadas a trabalhar nos dias de repouso, compreendendo alguns setores da indústria, do comércio, dos transportes, da comunicação e publicidade, serviços funerários e atividades de agricultura e pecuária.

A permissão para a realização de trabalho aos domingos, em caráter permanente, dependerá de autorização do Chefe do Poder Executivo, a qual será concedida mediante

---

[7] "Se o funcionário trabalha em dias de repouso ou feriados, deve receber em dobro (art. 9º da Lei nº 605/49), exceto se o empregador conceder a folga em outro dia. O art. 9º da Lei nº 605/1949 só trata dos feriados, e não dos domingos, mas entendemos que se aplica por analogia aos domingos trabalhados sem folga compensatória. Qual é a forma legal de compreensão a título de folgas? A lei não dispõe. Não precisará, porém, ser feita por acordo ou convenção coletiva. Basta que seja concedida em folga em outro dia da semana. Não se está compensando a jornada de trabalho, mas o repouso semanal não gozado. A folga, porém, deve ser concedida dentro de sete dias. Se for concedida no oitavo dia, já deverá haver pagamento em dobro" (MARTINS, Sergio Pinto. *Direito do trabalho*. 21. ed., p. 560).

decreto. De forma transitória, a autorização pode ser dada pelo Superintendente Regional do Trabalho (art. 7º, Dec. 27.048).

Em caso de força maior, admite-se o trabalho em dia de repouso, devendo a empresa justificar a ocorrência perante o Superintendente Regional do Trabalho no prazo de 15 dias (art. 8º, *a*).

Também se permite o trabalho em dia de repouso para atender à realização ou conclusão de serviços inadiáveis ou cuja inexecução possa acarretar prejuízo manifesto. Depende de autorização prévia do Superintendente Regional do Trabalho, a qual não será superior a 60 dias (art. 8º, *b*).

Atualmente, a autorização para o trabalho aos domingos e nos dias de feriados civis e religiosos é regulada pela Portaria MTE 945, de 8/7/2015. A autorização pode ser concedida por: (a) acordo coletivo específico firmado entre empregadores e entidade representativa da categoria profissional de empregados; (b) ato administrativo do Superintendente Regional do Trabalho e Emprego, com circunscrição no local da prestação do serviço.

21.8.1 A questão da remuneração dos descansos trabalhados

Os arts. 8º e 9º referem-se aos dias feriados civis e religiosos, porém, dentro da visão teleológica da Lei 605, também podemos incluir os dias destinados à folga semanal.

O trabalho no descanso semanal remunerado sem folga compensatória deverá ser pago em dobro, independentemente da remuneração relativa ao descanso.

O descanso trabalhado e não compensado possui a natureza jurídica de hora extra, devendo ser enriquecida com o adicional de 100% (Súm. 146, TST).

Na ótica de Sergio Pinto Martins, a dobra para o descanso laborado, sem a devida folga, não é hora extra, pois a lei trata a questão como uma penalidade.[8]

Discordamos dessa opinião: se o intervalo intrajornada, quando não é gozado, é pago como hora extra, independentemente de haver ou não a realização da jornada suplementar nesse dia, com a mesma razão, as horas laboradas nos descansos semanais, sem a devida folga compensatória, devem ser pagas como horas extras a 100%, inclusive com os reflexos pertinentes em férias, 13º, abono de férias, depósitos fundiários e aviso prévio.

---

[8] "Assim, se o empregado já recebe o repouso semanal em seu salário, por ter remuneração mensal, terá o empregador de pagar mais uma vez o repouso trabalhado sem folga compensatória, para atingir o pagamento em dobro e não se aplicar a dobra sobre a verba já recebida, pois isso implicaria o pagamento em triplo. O empregador não deve pagar o dia trabalhado em domingo e feriado com o adicional de horas extras de 100%, pois inexiste o direito a horas extras ou adicional de horas extras para esse dia, apenas penalidade de remunerá-lo em dobro. Da mesma forma, não há que se falar em reflexos de trabalho em feriados e domingos em outras verbas, porque as penalidades devem ser interpretadas restritivamente. Inexiste previsão legal desses reflexos, além de que não se trata de horas extras, para que houvesse reflexos" (MARTINS, Sergio Pinto. Ob. cit., p. 560).

Em prol da nossa discordância, Valentin Carrion[9] aponta vários outros fundamentos: *"Primeiro porque, se assim fosse, a lei não necessitaria dizer qualquer coisa a mais: devido um salário sem trabalhar, o segundo seria devido, na hipótese de se prestarem serviços naquele mesmo dia. Em segundo lugar porque, em condições anormais, a lei impõe acréscimo para desestimulá-lo (férias não concedidas: 100%; noturno, 20% e hora reduzida; extraordinário, 50%; insalubridade, 10 a 40%; periculosidade, 30%); não se pode acreditar que o empregador que mantiver empregado trabalhando ilegalmente (pela lei e a Constituição), mesmo continuadamente, dia após dia, sem uma folga, em domingo ou em outra jornada, não pague adicional algum (nesse sentido, Catharino, Compêndio)."*

A fim de se evitar o pagamento como hora extra a 100%, a solução para o empregador é a concessão de uma folga compensatória, a qual deverá ocorrer dentro da mesma semana em que houve o trabalho no dia destinado ao repouso. Se a folga, por exemplo, for dada no 8º dia, impõe-se o pagamento da hora extra a 100%.

Neste sentido, o TST fixou o entendimento de que se tem a violação do inciso XV do art. 7º, CF, na concessão de repouso semanal remunerado após o sétimo dia consecutivo de trabalho, importando no seu pagamento em dobro (OJ 410, SDI-I).

21.8.2 A coincidência do descanso semanal remunerado com o domingo

Outra questão interessante quanto ao dia destinado ao descanso semanal remunerado é no tocante à sua coincidência ou não com o domingo.

O empregado urbano e o rural possuem o direito a um repouso semanal remunerado de 24 horas, preferencialmente aos domingos (art. 7º, XV, CF).

A princípio, podemos concluir que a folga poderá cair em qualquer dia da semana.

Todavia, é necessário que, a cada número de semanas, o descanso semanal remunerado coincida com o domingo. Se isso não ocorrer, a folga trabalhada deverá ser paga de forma dobrada.

Para Valentin Carrion, *"é imperativo humano que o trabalhador repouse no domingo, no mesmo dia em que sua família, seus parentes e seus concidadãos (Capitant e Cuch, apud Cesarino Jr., Direito social brasileiro, p. 304). O trabalho em dias em que os filhos, a esposa e os amigos descansam contribui para a dissolução dos laços gregários, tão importantes para a própria sociedade, e a estabilidade do indivíduo; também repercute sobre a produção, a economia, a criminalidade etc. É que, via de regra, o homem que trabalha durante a semana, em grande parte, o faz com a esperança de atingir o dia de descanso, como prêmio. O descanso deverá coincidir com o domingo, salvo se a empresa estiver autorizada a agir diferentemente, ou em caso de força maior; o contrário constitui ilegalidade".*

Em prol dessa argumentação, nas empresas autorizadas a funcionar nos descansos semanais remunerados, a escala de revezamento ou folga deverá ser organizada a fim de que, pelo menos em um período máximo de 7 semanas de trabalho, cada empregado

---

[9] CARRION, Valentin. *Comentários à Consolidação das Leis do Trabalho*. 28. ed., p. 119.

usufrua pelo menos 1 domingo de folga (art. 2º, *b*, Portaria 417/66). Não estão sujeitos a essa regra os elencos teatrais e congêneres (art. 6º, § 2º, Dec. 27.048).

A MP 388/07, convertida na Lei 11.603/07, que alterou o art. 6º, Lei 10.101/00, permitiu ao comércio varejista em geral trabalhar aos domingos, desde que observada a Legislação Municipal (art. 30, I, CF).Porém, o repouso semanal deverá coincidir, pelo menos uma vez no período de 3 semanas, com o domingo, respeitadas as demais normas de proteção e outras previstas em instrumentos normativos.

QUESTIONÁRIO

1. Qual é o conceito de descanso semanal remunerado?
2. Qual é a natureza jurídica do descanso semanal remunerado?
3. Como se calcula o descanso semanal remunerado?
4. As faltas injustificadas geram a perda do direito ao descanso semanal remunerado?
5. Cite seis hipóteses de faltas justificadas.
6. O atestado do INSS é válido para o abono das faltas, se a empresa tiver convênio médico?
7. O descanso semanal trabalhado é hora extra?
8. A folga semanal deve coincidir ou não com o domingo? Justifique.

Capítulo XXII
FÉRIAS

22.1 CONCEITO

Férias é o direito do empregado de paralisar a prestação dos serviços, por iniciativa do empregador, durante certo número de dias em cada ano, com a percepção da remuneração, após ter adquirido o direito no decurso dos 12 meses anteriores, a fim de lhe proporcionar a recuperação psíquica e física, além do convívio social.

Toda pessoa tem direito ao descanso e à remuneração, especialmente a uma limitação racional das horas de trabalho e a férias remuneradas periódicas (art. 24, Declaração Universal dos Direitos do Homem).

A Constituição prevê o descanso com, pelo menos, um terço a mais do que o salário normal (art. 7º, XVII).

A temática das férias é tratada nos arts. 129 a 153 da CLT, os quais devem ser aplicados de acordo com a Convenção 132 da OIT (cuja promulgação deu-se pelo Dec. 3.197, de 5/10/1999).

A Reforma Trabalhista veda a negociação coletiva quanto às férias (art. 611-B, XI e XII, CF).

22.2 OBRIGAÇÕES

O empregador possui duas obrigações: (a) fazer, consentir no descanso do empregado durante o lapso temporal mínimo fixado por lei; (b) dar, o pagamento dos salários equivalente ao repouso.

Para o empregado, há o direito de exigir a concessão desse período de descanso do empregador, bem como a obrigação de não trabalhar durante o gozo das férias.

O Estado tem o interesse em assegurar a saúde física e mental do trabalhador, impondo: a proibição de trabalho durante o descanso pelo empregado; o pagamento antecipado da remuneração por parte do empregador; a fixação do abono constitucional de 1/3.

Essas medidas impostas pelo Estado evidenciam o caráter compulsório das férias, como forma de propiciar ao trabalhador o efetivo gozo do descanso anual.

22.3 REGRAS BÁSICAS

O direito às férias anuais remuneradas possui 5 regras básicas:

a) anualidade – a cada 12 meses de trabalho, adquire-se o direito às férias, as quais devem ser concedidas nos 12 meses subsequentes;
b) remunerabilidade – o lapso temporal correspondente ao descanso é remunerado, como ocorre com o repouso semanal remunerado;
c) continuidade – o fracionamento da duração das férias sofre limitações por parte da legislação, para que o empregado possa gozar o maior número de dias de descanso;
d) irrenunciabilidade – as férias existem para serem gozadas, não podendo ser objeto de transação, sob pena de nulidade (art. 9º, CLT), exceto quanto ao abono de férias (art. 143);
e) proporcionalidade – no sentido amplo, a duração do descanso poderá ter reduções em função das ausências injustificadas do empregado durante o período aquisitivo, como também é assegurado ao empregado o direito ao pagamento proporcional do período aquisitivo incompleto em decorrência da extinção do contrato de trabalho.

22.4 PERÍODOS: AQUISITIVO E CONCESSIVO. DURAÇÃO

Período aquisitivo é o lapso correspondente a 12 meses nos quais o empregado trabalha para adquirir as férias.

Período concessivo é o período de 12 meses subsequentes ao lapso aquisitivo em que o empregador deverá conceder as férias ao empregado.

A cada novo período de 12 meses – período aquisitivo –, o empregado terá direito a usufruir um novo período de descanso anual (art. 129, CLT).

Em função dessa assertiva, podemos afirmar que o segundo ano de contrato é concessivo para o gozo do primeiro descanso anual e aquisitivo para o segundo período de férias e assim sucessivamente.

Se as férias são concedidas dentro do período concessivo, o empregado faz jus ao afastamento do trabalho com a percepção equivalente a 30 dias de remuneração.

No caso de o gozo das férias ocorrer fora do período concessivo, além da suspensão dos serviços com o pagamento da remuneração equivalente, o empregado fará jus à dobra (art. 137).

Para a elucidação da importância do período aquisitivo, devemos examinar alguns outros conceitos:

a) férias vencidas – são aquelas a que o empregado já adquiriu o direito, mas ainda não as gozou. Em caso da extinção do contrato, as férias vencidas são devidas de forma simples (férias simples), se o período concessivo não houver expirado.

Se houver a expiração, impõe-se o pagamento dobrado (férias em dobro) (art. 137, CLT). A dobra há de incidir inclusive quanto ao abono constitucional de 1/3 (TST – SDI-I – E-ED-RR 207941.28.1999.5.02.0048 – Rel. Min. Augusto César L. de Carvalho – *DEJT* 10/2/2012).

b) férias proporcionais – como não se completou o respectivo período aquisitivo, as férias são devidas observando-se a proporção por mês de serviço ou fração superior a 14 dias.

De acordo com a Súm. 7, TST, *"a indenização pelo não deferimento das férias em tempo oportuno será calculada com base na remuneração devida ao empregado à época da reclamação ou, se for o caso, à da extinção do contrato".*

As férias serão concedidas pelo prazo de 30 dias (art. 130, *caput*, CLT).

Na duração das férias – 30 dias –, os dias feriados oficiais ou costumeiros situados dentro do período de férias anuais não serão computados como parte do período de férias anuais remuneradas (art. 6º, § 1º, Convenção 132, OIT).[1] Com isso, a Súm. 147 do TST[2] resta prejudicada, quando afirma que os feriados intercalados no período das férias não são devidos.

Porém, o lapso de 30 dias será reduzido de acordo com as faltas injustificadas dadas pelo empregado no curso do período aquisitivo (art. 130, I a IV, CF). A proporção é a seguinte:

nº de faltas injustificadas no período aquisitivo	período de gozo das férias
até 5	30 dias corridos
de 6 a 14	24 dias corridos
de 15 a 23	18 dias corridos
de 24 a 32	12 dias corridos

Com mais de 32 faltas injustificadas, o empregado perderá o direito a férias.

As férias proporcionais são calculadas à base de 1/12 de 30, 24, 18 ou 12 dias, por mês de serviço ou fração superior a 14 dias, observando-se a seguinte tabela:

---

[1] "Pensamos que a Convenção nº 132, interpretada sob a perspectiva do *favor laboratoris*, e diante do efeito derrogatório do nosso sistema legal, exige a reformulação das diretrizes que vinham sendo aplicadas para que uma nova interpretação, resultante das duas normas interpenetradas, possa ser estabelecida. Entendemos que o sistema agora é o seguinte: o empregado terá direito a férias vencidas anuais, não havendo, nesse ponto, divergência, e serão de 30 dias corridos, excluídos os dias feriados oficiais ou costumeiros" (NASCIMENTO, Amauri Mascaro. *Curso de direito do trabalho*. 24. ed., p. 1178).

[2] A Súm. 147 foi cancelada pela Resolução 121 do TST, de 28/10/2003.

Base para apuração da proporcionalidade

Proporção em número de avos	30 dias até 5 faltas	24 dias de 6 a 14 faltas	18 dias de 15 a 23 faltas	12 dias de 24 a 32 faltas
1/12	2,5 dias	2 dias	1,5 dia	1 dia
2/12	5 dias	4 dias	3 dias	2 dias
3/12	7,5 dias	6 dias	4,5 dias	3 dias
4/12	10 dias	8 dias	6 dias	4 dias
5/12	12,5 dias	10 dias	7,5 dias	5 dias
6/12	15 dias	12 dias	9 dias	6 dias
7/12	17,5 dias	14 dias	10,5 dias	7 dias
8/12	20 dias	16 dias	12 dias	8 dias
9/12	22,5 dias	18 dias	13,5 dias	9 dias
10/12	25 dias	20 dias	15 dias	10 dias
11/12	27,5 dias	22 dias	16,5 dias	11 dias
12/12	30 dias	24 dias	18 dias	12 dias

Para os empregados submetidos ao regime de trabalho de tempo parcial, a proporção das férias seguia a regra prevista no art. 130-A da CLT (revogado pela Lei 13.467). Logo, a partir de 11/11/2017 (início da vigência da Reforma), para os empregados submetidos ao regime de trabalho a tempo parcial, aplica-se o art. 130, CLT.

O período de férias é computado como tempo de serviço (art. 130, § 2º, CLT), o que já não ocorre com as férias indenizadas.

Em hipótese alguma, é permitido ao empregador descontar, do período de gozo de férias, as faltas justificadas do empregado ao serviço (art. 130, § 1º, CLT; Súm. 89, TST).

Se a falta tiver sido justificada pelo empregado ou for abonada pelo empregador, a mesma não poderá influir no número de dias que irá compor o período anual de gozo das férias.

Por exemplo: (a) o empregado faltou 20 dias no período aquisitivo, tendo justificado duas ausências; (b) o empregador não descontou 7 dias; (c) será excluído do período de gozo o equivalente a 9 dias; (d) no regime do art. 130, o empregado terá direito a 24 dias de férias; (e) no regime de tempo parcial, o gozo será pela metade e de acordo com a duração da jornada de trabalho semanal.

As hipóteses para as justificativas quanto às faltas são: (a) até 2 dias consecutivos, no caso de falecimento do cônjuge, ascendente, descendente, irmão ou pessoa que, declarada em sua CTPS, viva sob sua dependência econômica; (b) até 3 dias consecutivos, em virtude de casamento; (c) 1 dia, em cada 12 meses de trabalho, para doação voluntária de sangue;

(d) por 2 dias, no caso de alistamento eleitoral; (e) no período em que estiver cumprindo exigência do Serviço Militar; (f) nos dias em que estiver realizando exame vestibular para ingresso em estabelecimento de ensino superior (art. 473, CLT); (g) 120 dias de licença--gestante (art. 7º, XVIII, CF), a licença será de 180 dias, quando a empresa estiver inscrita no Programa Empresa Cidadã e no caso das mães de crianças acometidas por sequelas neurológicas decorrentes de doenças transmitidas pelo *Aedes Aegypti*; (h) licenciamento compulsório de 2 semanas da empregada por motivo de aborto não criminoso (art. 395, CLT); (i) por motivo de acidente do trabalho ou doença (Súm. 198, STF; Súm. 46, TST); (j) ausência do empregado, devidamente justificada, a critério da administração do estabelecimento; (k) a suspensão preventiva para responder inquérito administrativo ou de prisão preventiva, quando for impronunciado ou absolvido (art. 131, CLT); (l) testemunhar em juízo (art. 822, CLT, art. 463, parágrafo único, CPC); (m) jurado sorteado para comparecimento às sessões do júri; (n) 5 dias, licença paternidade (art. 10, § 1º, ADCT; a Lei 13.257/16 aumentou a licença paternidade por mais 15 dias, desde que a empresa esteja inscrita no Programa Empresa Cidadã); (o) paralisação dos serviços nos dias em que, por conveniência do empregador, não tenha havido trabalho, observando o previsto no art. 133, CLT; (p) não serão descontadas dos professores, no decurso de 9 dias, as faltas verificadas por motivo de gala ou de luto em consequência de falecimento do cônjuge, do pai ou mãe, ou de filho (art. 320, § 3º, CLT); (q) pelo tempo em que se fizer necessário, quando, na qualidade de representante de entidade sindical, estiver participando de reunião oficial de organismo internacional do qual o Brasil seja membro (art. 473, IX); (r) pelo tempo que se fizer necessário, quando tiver que comparecer a juízo (art. 473, VIII).

A Lei 13.257/16, a qual trata das políticas públicas para a primeira infância, incluiu os incisos X e XI ao art. 473, dispondo que são faltas abonadas: (a) até 2 dias para acompanhar consultas médicas e exames complementares durante o período da gravidez de esposa ou companheira; (b) 1 dia por ano para acompanhar filho de até 6 anos em consulta médica.

O período anterior ao serviço militar obrigatório será considerado no cálculo do período aquisitivo do direito às férias, desde que o empregado compareça ao estabelecimento no prazo de 90 dias após a data da baixa (art. 132, CLT).

22.5 PERDA DO DIREITO DE FÉRIAS

Implica perda do direito ao descanso anual remunerado (art. 133, I a IV, CLT), iniciando novo período aquisitivo, quando no curso dos 12 meses o empregado:

a) pede demissão, antes de completar o 1º período aquisitivo, e não for readmitido nos 60 dias subsequentes (art. 133, I). Em face da Convenção 132, OIT, citada hipótese legal não vige mais. Atualmente, salvo na hipótese de dispensa do empregado com justa causa,[3] a extinção do contrato de trabalho sujeita o empregador

---

[3] Nos termos da CLT (art. 146, parágrafo único), em caso de dispensa motivada, o empregado perde o direito às férias proporcionais. Com a ratificação da Convenção 132, da OIT, entendemos

ao pagamento da remuneração das férias proporcionais, ainda que incompleto o período aquisitivo de doze meses (art. 147, CLT) (Súm. 171, TST);

b) permanecer em licença remunerada por mais de 30 dias;

c) deixar de trabalhar, percebendo remuneração, por mais de 30 dias, em virtude de paralisação parcial ou total da empresa. A empresa comunicará ao órgão local do Ministério do Trabalho, com antecedência mínima de 15 dias, as datas de início e fim da paralisação total ou parcial dos serviços da empresa, e, em igual prazo, comunicará, nos mesmos termos, ao sindicato representativo da categoria profissional, bem como afixará aviso nos respectivos locais de trabalho (art. 133, § 3º);

d) receber da Previdência Social prestações de acidente de trabalho ou auxílio-doença por mais de 6 meses, ainda que descontínuos.

Em qualquer das hipóteses das letras (a) a (d), inicia-se novo período aquisitivo, a partir do momento do retorno do empregado ao serviço (art. 130, § 2º).

Como as hipóteses da licença remunerada e da paralisação remuneram apenas os 30 dias, há julgados os quais entendem pela aplicação do terço constitucional, visto que não seria justo ao empregado ser prejudicado por uma decisão empresarial. Correta a posição jurisprudencial.[4]

A interrupção da prestação de serviços deverá ser anotada na CTPS (art. 133, § 1º).

Quando o empregado estiver servindo às Forças Armadas, o tempo de trabalho anterior à apresentação do empregado para serviço militar obrigatório será computado no período aquisitivo, desde que ele compareça ao estabelecimento dentro de 90 dias da data em que se verificar a respectiva baixa (art. 132, CLT).

No caso da licença não remunerada em decorrência de pedido formulado pelo empregado, o empregador não tem a obrigação de pagar os salários, gerando, assim, a suspensão da contagem do período aquisitivo das férias, o qual terá reinício após o retorno do empregado, com o seu regular implemento após 12 meses de serviço.

22.6 DA CONCESSÃO DAS FÉRIAS

As férias serão concedidas no período concessivo, ou seja, no prazo de 12 meses após o término do lapso temporal aquisitivo (art. 134, CLT).

A não concessão no prazo legal implica o pagamento em dobro da remuneração (art. 137, *caput*, CLT).

Se, porventura, houver o gozo de parte das férias dentro do prazo legal, os demais dias deverão ser remunerados em dobro (Súm. 81, TST).

---

que o direito não pode ser prejudicado (art. 11). Contudo, a matéria é controvertida. O TST se posicionou contrariamente ao direito do empregado.

[4] TST – SDI-I – E-RR 175700-12.2002.5.02.0463 – Rel. Min. João Oreste Dalazen – j. 29/5/2014.

É devido o pagamento de férias ao rurícola, qualquer que tenha sido a data de sua admissão, e, em dobro, se não concedidas na época prevista em lei.

Pela norma consolidada, a concessão de férias é ato exclusivo do empregador, não dependendo de pedido ou concordância do empregado (art. 136, *caput*). Contudo, esse dispositivo há de ser aplicado em função do que dispõe o art. 10, item 1º, Convenção 132: *"A ocasião em que as férias serão gozadas será determinada pelo empregador, após consulta à pessoa interessada em questão ou seus representantes, a menos que seja fixada por regulamento, acordo coletivo, sentença arbitral ou qualquer outra maneira conforme à prática nacional."* Assevere-se, ainda, que o item 2º, do art. 10, assevera que: *"Para fixar a ocasião do período de gozo das férias serão levadas em conta as necessidades do trabalho e as possibilidades de repouso e diversão ao alcance da pessoa empregada."*

Será dada ciência ao empregado, por escrito, do período concedido para descanso, com antecedência mínima de 30 dias. O período concedido deverá constar na CTPS e na ficha de registro do empregado (art. 135, CLT).

As férias serão concedidas em um único período (art. 134, *caput*). Em casos excepcionais, a concessão poderia ocorrer em 2 períodos, um dos quais não poderá ser inferior a 10 dias corridos (art. 134, § 1º).

Com a promulgação da Convenção 132, a fração das férias poderá ocorrer; todavia, um de seus períodos deverá ser no mínimo de 14 dias (art. 8º, § 2º).

Com a Reforma Trabalhista, desde que se tenha a expressa concordância do empregado, as férias poderão ser gozadas na seguinte sistemática: (a) fracionamento em até três períodos; (b) um dos períodos não poderá ser inferior a 14 dias e os demais não poderão ser inferiores a cinco dias corridos, cada um; (c) não se poderá iniciar o gozo das férias no período de dois dias, o qual antecede feriado ou dia destinado ao repouso semanal remunerado. Citadas regras são válidas para os períodos aquisitivos que estejam em curso ou que se iniciam após a vigência da reforma (11/11/2017), como também para os períodos já completos antes da reforma, visto que a alteração legislativa tem efeito imediato quanto aos contratos em curso.

Para o empregado menor de 18 anos e aqueles com mais de 50 anos de idade, as férias deveriam ser concedidas em um único período (art. 134, § 2º, CLT; revogado pela Reforma Trabalhista, art. 5º, I, f).

O empregado menor estudante de 18 anos tem o direito de optar por um período de férias que seja coincidente com as férias escolares (art. 136, § 2º).

Os membros de uma família que trabalhem no mesmo estabelecimento ou empresa poderão usufruir conjuntamente do período de descanso, se assim solicitarem e desde que não cause prejuízo para o serviço (art. 136, § 1º).

Como o empregador não pode conceder às férias quando a trabalhadora esteja em gozo do período de licença-maternidade, é razoável o entendimento de que se o parto ocorrer durante o período das férias, que se tenha a interrupção do gozo das férias, as quais terão reinício após o término da licença-maternidade.

Nesta mesma linha de raciocínio, se o término do período concessivo ocorrer quando a trabalhadora esteja em gozo de licença-maternidade, nada mais justo que as férias sejam imediatamente concedidas após o término da própria licença-maternidade (TST – 2ª T. – RR 728/2003-11-12-00.0 – Rel. Min. Renato de Lacerda Paiva – *DEJT* 18/9/2009 – p. 591). Como a trabalhadora saiu de licença dentro do período concessivo, o empregador não tinha a obrigação de pagar ou conceder às férias, logo, somente deverá concedê-las após o retorno, não sendo devida a dobra (art. 137, CLT).

Sempre que as férias forem concedidas após o término do prazo concessivo, o empregador pagará em dobro a respectiva remuneração (art. 137, *caput*). Vale dizer, ultrapassado o prazo concessivo, tem-se a observância das seguintes regras: (a) mantém-se a obrigação do empregador em concedê-las, na medida em que o empregado poderá requerer judicialmente a fixação do período de férias a que tem direito (art. 137, § 1º); a decisão judicial irá fixar pena diária de 5% do salário mínimo, em caso de descumprimento, e que será devida ao empregado até o cumprimento da obrigação (art. 137, § 2º); (b) o gozo das férias será de 30 dias, contudo a remuneração será dobrada. O acréscimo de 1/3 é devido em relação à dobra; (c) a vara do trabalho deverá remeter cópia da decisão transitada em julgado ao órgão local do Ministério do Trabalho, para fins de aplicação da multa de caráter administrativo (art. 137, § 3º).

A respeito da dobra temos: (a) o pagamento das férias em dobro, quando da rescisão, não tem natureza salarial e sim indenizatória; (b) no curso do contrato, há duas correntes: a primeira entende que a dobra é salário. O texto consolidado adota a expressão *"pagará em dobro a respectiva remuneração"* (art. 137, *caput*). A segunda fixa a posição de que *"não pode o operador jurídico restringir-se à mera interpretação gramatical da expressão celetista 'respectiva remuneração'; é necessário acoplar-se a seu processo hermenêutico os métodos lógico, sistemático e finalístico. Ora, estes demonstram que o sentido do instituto é inquestionavelmente punitivo (quer a lei sancionar o empregador faltoso com um acréscimo sobre a respectiva prestação inadimplida). Porém não se trataria de verba apenas punitiva, senão também reparatória (quer a lei compensar a frustração obreira pelo inadimplemento ocorrido)"*.[5]

O legislador proíbe o trabalho no período de descanso anual. Para outro empregador, é permitido quando obrigado em virtude de contrato de trabalho (arts. 129 e 138).

Ao comentar o art. 138, Valentin Carrion[6] afirma: *"A intenção do legislador teria sido, presume-se, estimular o descanso do empregado, para seu bem-estar físico e mental; este desejo se concretiza com a melhora do nível de vida; não é resultado de normas legais. A proibição carece de sanção expressa e é de discutível constitucionalidade por ferir a liberdade da pessoa."*

22.7 FÉRIAS COLETIVAS

É facultada ao empregador a concessão de férias coletivas a todos os empregados de uma empresa ou de determinados estabelecimentos ou setores da empresa (art. 139, CLT).

---

[5] DELGADO, Mauricio Godinho. *Curso de direito do trabalho*. 5. ed., p. 977.
[6] CARRION, Valentin. *Comentários à Consolidação das Leis do Trabalho*. 28. ed., p. 149.

O empregador não necessita consultar os empregados a respeito da data da concessão das férias coletivas (art. 136).

A concessão das férias coletivas ocorre quando se tem a queda no volume da produção, o que é comum nas montadoras, como também no período do Natal até o Ano Novo.

22.7.1 Períodos

As férias coletivas poderão ser divididas em 2 períodos, desde que nenhum deles seja inferior a 10 dias (art. 139, § 1º, CLT).

Para o empregado estudante, menor de 18 anos, as férias devem coincidir com o período escolar (art. 136, § 2º), logo, o empregador não tem como obrigá-lo a sair de férias coletivas, exceto se houver a coincidência com as suas férias escolares. No caso da concessão das férias coletivas em período diverso das escolares, as mesmas devem ser consideradas como licença remunerada. Nessa hipótese, as férias normais serão gozadas juntamente com as férias escolares, respeitando-se o período concessivo.

As faltas do empregado no curso do período aquisitivo não podem ser descontadas das férias coletivas (art. 130, § 1º).

Para os empregados contratados pelo regime de tempo parcial, também poderá haver a concessão das férias coletivas.

No caso dos membros de uma família, os quais prestem serviços no mesmo estabelecimento ou empresa, de acordo com o art. 136, § 1º, se assim o desejarem, terão direito a gozar férias coletivas no mesmo período, exceto se não resultar prejuízo para o serviço.

22.7.2 Comunicações

O empregador deverá comunicar ao órgão local do Ministério do Trabalho, com a antecedência mínima de 15 dias, as datas de início e fim das férias coletivas, precisando quais os estabelecimentos ou setores abrangidos pela medida. Em igual prazo, o empregador enviará cópia da aludida comunicação aos sindicatos representativos da respectiva categoria profissional e providenciará a afixação de aviso nos locais de trabalho (art. 139, §§ 2º e 3º, CLT).

As microempresas e empresas de pequeno porte estão desobrigadas de fazer a comunicação à Ministério do Trabalho (art. 51, V, LC 123/06).

A inobservância dessas formalidades (comunicação e notificação ao sindicato) não gera a nulidade quanto à concessão das férias coletivas, porém, a empresa estará sujeita à sanção administrativa cabível.

22.7.3 Empregados com menos de 12 meses

O empregado com menos de um ano, ao entrar em férias coletivas, terá o início de um novo período aquisitivo quando do seu retorno ao trabalho (art. 140, CLT).

Se o período das férias coletivas gozadas excede o direito do empregado quando da respectiva concessão, os dias excedentes devem ser considerados como licença remunerada. O empregado não poderá ficar prejudicado nas suas férias normais pelo ato do empregador, já que o risco do empreendimento não pode ser imputável ao trabalhador.

22.7.4 Empregados com mais de 12 meses

Por analogia, o art. 140, CLT, deve ser aplicável ao empregado com mais de 1 ano de serviço em vias de completar novo período aquisitivo de férias.

Se o período das férias coletivas gozadas excede o direito do empregado, os dias excedentes devem ser considerados como licença remunerada. O empregado, ao retornar das férias coletivas, terá o início de um novo período aquisitivo de férias.

Porém, se o período das férias coletivas gozadas for inferior ao direito do empregado, o empregador deverá conceder o saldo restante dentro do período concessivo originário. Nesse caso, não se aplica analogicamente o teor do art. 140.

22.7.5 Anotação de férias

Quando o número de empregados contemplados com as férias coletivas for superior a 300, a empresa poderá promover, mediante carimbo, as anotações de que trata o art. 135, § 1º (art. 141, *caput*, CLT).

O carimbo, cujo modelo será aprovado pelo Ministério do Trabalho, dispensará a referência ao período aquisitivo a que correspondem, para cada empregado, as férias concedidas (art. 141, § 1º).

Adotado o procedimento de anotação indicado, à empresa caberá fornecer cópia do recibo da quitação das férias (art. 145, parágrafo único) ao empregado.

Quando da cessação do contrato de trabalho, o empregador anotará na CTPS as datas dos períodos aquisitivos correspondentes às férias coletivas gozadas pelo empregado (art. 141, § 3º).

22.8 REMUNERAÇÃO

O pagamento da remuneração das férias, com abono ou não, será efetuado até 2 dias antes do início do respectivo período (art. 145, *caput*, CLT).

É devido o pagamento em dobro da remuneração das férias, incluído o terço constitucional, com base no art. 137, CLT, quando, ainda que gozadas na época própria, o empregador tenha descumprido o prazo previsto no art. 145 (OJ 386, SDI-I).

O empregado dará quitação do pagamento, com indicação do início e do término das férias (art. 145, parágrafo único).

O cálculo das férias corresponderá à remuneração de 30 dias. Os feriados existentes no período de gozo das férias não poderão ser incluídos no período de 30 dias (art. 6º, art. 1º, Convenção 132).

Quando das férias, o empregado fará jus à remuneração apurada na data de sua concessão.

A indenização pelo não deferimento das férias no tempo oportuno será calculada com base na remuneração devida ao empregado à época da reclamação ou, se for o caso, à da extinção do contrato (Súm. 7, TST).

Se o salário for pago por hora, com jornadas variáveis, apura-se pela média no período aquisitivo, não podendo ser inferior ao salário mínimo (Súm. 199, STF).

Nos casos de salário pago por tarefa, tomar-se-á a média da produção no período aquisitivo (Súm. 149, TST), sempre aplicando o valor da remuneração da data da concessão.

Quando o salário é pago por percentagem, comissão ou viagem, apura-se a média percebida pelo empregado nos 12 meses que precedem a concessão das férias (art. 142, CLT).

O salário *in natura* anotado na CTPS, adicionais de horas extras (art. 142, § 5º, CLT), noturno (Súm. 60, I, TST; art. 142, § 5º, CLT), insalubridade ou periculosidade serão computados no salário para efeito de cálculo da remuneração das férias (art. 142).

O cálculo do valor das horas extras habituais, para efeito de reflexos em verbas rescisórias, observará o número das horas efetivamente prestadas e sobre ele aplica-se o valor do salário-hora da época do pagamento daquelas verbas (Súm. 347, TST).

A gratificação semestral não repercute nos cálculos das horas extras, das férias e do aviso prévio, ainda que indenizados (Súm. 253).

Além disso, o empregado tem direito ao acréscimo de, pelo menos, 1/3 a mais do que o salário normal (art. 7º, XVII, CF). Também será devido no caso de férias indenizadas, sejam elas integrais ou proporcionais.

O pagamento das férias, integrais ou proporcionais, gozadas ou não, na vigência da Constituição, se sujeita ao acréscimo do terço previsto em seu art. 7º, XVII (Súm. 328, TST). É inviável o pagamento simultâneo do terço constitucional e do abono instituído em negociação coletiva (OJ Transitória 50, SDI-I).

As férias serão concedidas no prazo de 12 meses após o período aquisitivo (art. 134, CLT). A não concessão no prazo legal implica o pagamento em dobro da remuneração (férias em dobro) (art. 137). Também os dias de férias gozados após o período legal de concessão deverão ser remunerados em dobro (Súm. 81, TST).

É devido o pagamento de férias ao rurícola, qualquer que tenha sido a data de sua admissão, e, em dobro, se não concedidas na época prevista em lei.

Segundo o entendimento jurisprudencial, as férias indenizadas não incidem nos recolhimentos fundiários (OJ 195, SDI-I) e a as férias proporcionais e o abono não incidem no cálculo do imposto de renda (Súm. 386, STJ).

22.9 ABONO DE FÉRIAS

O empregado tem a faculdade de converter um terço do período de férias em abono pecuniário, no valor da remuneração que lhe seria devida nos dias correspondentes (abono de férias). Isto é, converte parte do seu período de descanso em dias de trabalho, recebendo a devida contraprestação. É uma faculdade do empregado e o empregador não pode se opor. Deve ser requerido até 15 dias antes do término do período aquisitivo (art. 143, CLT). Os dias do abono devem ser pagos com o acréscimo de 1/3 (art. 7º, VII; abono constitucional).

Nos casos de descanso coletivo, o abono pecuniário será objeto de acordo coletivo entre as partes (empregador e sindicato), independendo de requerimento individual (art. 143, § 2º, CLT).

Não excedendo 20 dias, o abono pecuniário não integra a remuneração do empregado para os efeitos da legislação do trabalho (art. 144). Tem cunho indenizatório.

O pagamento da remuneração de férias, com abono ou não, será efetuado até 2 dias antes do início do descanso (art. 145).

Não se aplicava a conversão (abono de férias) aos empregados contratados em regime de tempo parcial de trabalho (art. 143, § 3º, revogado pela Reforma Trabalhista, art. 5º, I, *g*).

Para Amauri Mascaro Nascimento,[7] a *Constituição "deixa claro que o direito do empregado é ao gozo de férias, com o que parece atritar-se com a Constituição o abono de férias, que é a conversão do direito de gozar em direito de receber um pagamento por transformação da obrigação; nesse caso, há razões de sobra para a declaração da inconstitucionalidade do abono de férias previsto na CLT (art. 143)".*

O empregado não pode ser obrigado pelo empregador a proceder à venda de 1/3 do período de suas férias (TST – 6ª T. – RR 1746800.23.3006.5.09.0008 – Rel. Mauricio Godinho Delgado – *DEJT* 19/11/2010).

22.10 EFEITOS DA CESSAÇÃO DO CONTRATO DE TRABALHO

Na cessação do contrato de trabalho, as férias podem ser divididas em: férias vencidas e proporcionais.

As férias vencidas referem-se a período aquisitivo completo e que não foram ainda gozadas. Podem ser: simples ou dobradas.

Quando da cessação do contrato, qualquer que seja a sua causa, as férias vencidas são devidas de forma simples ou em dobro (art. 146, *caput*).

As férias simples são aquelas cujo período concessivo não se expirou quando do advento da extinção do contrato de trabalho, ao contrário do que ocorre com as férias dobradas.

As férias proporcionais ocorrem quando não houve o término do período aquisitivo.

Quanto às férias proporcionais, o legislador consolidado adota os seguintes critérios:

a) o empregado terá direito às férias proporcionais, desde que não haja sido demitido por justa causa, de acordo com o art. 130, na proporção de 1/12 por mês de serviço ou fração superior a 14 dias (art. 146, parágrafo único, CLT; Súm. 171,

---

[7] NASCIMENTO, Amauri Mascaro. *Curso de direito do trabalho*. 21. ed., p. 944.

TST). Nessa hipótese, o direito do empregado é amplo, já que sempre terá direito às férias, salvo no caso da dispensa por justa causa;
b) o empregado que for despedido sem justa causa, ou cujo contrato de trabalho se extinguir em prazo predeterminado, antes de completar 12 meses de serviço, terá direito à remuneração relativa ao período incompleto de férias, de acordo com o art. 130, na proporção de 1/12 por mês de serviço ou fração superior a 14 dias (art. 147, CLT; Súm. 261, TST). Nessa hipótese, o direito ao pagamento das férias proporcionais é assegurado em duas únicas situações: dispensa sem justa causa e término de contrato a prazo.

Com a ratificação da Convenção 132, OIT, passou a ser discutível a temática de que as férias proporcionais não são cabíveis no caso da dispensa por justa causa e no pedido de demissão, quando o empregado tiver menos de um ano de casa.

O art. 5º, § 1º, Convenção 132, assegura que um período mínimo de serviço poderá ser exigido para a obtenção de direito a um período de férias remuneradas anuais, que em hipótese alguma poderá ultrapassar 6 meses. Portanto, o empregado que tiver mais de 6 meses terá o direito às férias proporcionais, ante o fato de que houve a referida aquisição.

Em caso da dispensa por justa causa e pedido de demissão, o direito às férias proporcionais torna-se patente, ante o teor do art. 11, Convenção 132: *"Toda pessoa empregada que tenha completado o período mínimo de serviço que pode ser exigido de acordo com o parágrafo 1º do artigo 5º da presente Convenção deverá ter direito, em caso de cessação da relação empregatícia, ou a um período de férias remuneradas proporcional à duração do período de serviço pelo qual ela não gozou ainda tais férias, ou a uma indenização compensatória, ou a um crédito de férias equivalente."*

A Convenção 132 desvincula o direito da percepção às férias da forma de extinção do contrato de trabalho. Observado o período mínimo de 6 meses, o qual não pode ser objeto de redução pela legislação do Estado-membro da OIT, as férias são devidas, seja pelo gozo ou por um valor equivalente.

Homero Batista Mateus da Silva[8] entende que *"a diferença está no fato de que a Organização Internacional do Trabalho não se sensibiliza com a forma de extinção do contrato de trabalho, enquanto que a Consolidação das Leis do Trabalho é enfática na retirada do direito à proporcionalidade para o dispensado por justa causa e para o demissionário com menos de um ano de casa (artigos 146 e 147, com a interpretação que lhes deu o enunciado 261 da Súmula do Tribunal Superior do Trabalho). Há de prevalecer, então, a novidade. Em momento algum o tratado retira o direito às férias, integrais ou proporcionais, do empregado que deu causa à extinção do contrato de trabalho. Antes, assegura-o sempre no artigo 11, de forma indenizada ou desfrutada. Não se admitem no ordenamento pátrio as férias gozadas após a extinção da relação de emprego, firmando-se apenas a possibilidade de indenização. O Brasil separava as duas formas de férias: às integrais, o empregado fazia*

---

[8] SILVA, Homero Batista Mateus. A discreta vigência da Convenção 132 da OIT sobre férias anuais remuneradas. *Revista Amatra*, nº 3, p. 8, ago./2000.

jus sempre, mesmo que cometesse ato faltoso ou se desligasse voluntariamente; às proporcionais, o empregado somente faria jus sob certas circunstâncias. A novidade legislativa consiste em unificar o tratamento: todos os empregados farão jus às férias proporcionais quando da cessação do contrato, a partir da vigência da Convenção 132 da Organização Internacional do Trabalho".

Amauri Mascaro Nascimento[9] entende que *"as férias proporcionais são um direito do empregado qualquer que tenha sido a causa da rescisão contratual, inclusive nas dispensas por justa causa, e serão indenizadas ou gozadas antes do desligamento do empregado no curso do período aquisitivo incompleto".*

A jurisprudência do TST não tem acatado a tese de que as férias proporcionais sejam devidas em caso de dispensa por justa causa do trabalhador (6ª T. – RR 2217-02.2011.5.15.0062 – Rel. Min. Kátia Magalhães Arruda – j. 26/6/2013; 5ª T. – RR 1572-64.2010.5.04.0402 – Rel. Min. João Batista Brito Pereira – j. 3/10/2012).

No cálculo das férias proporcionais de 6 meses deverá ser aplicada a tabela prevista no art. 130, ponderando que também em relação às faltas estas serão proporcionais aos 6 meses. Por exemplo: (a) no caso das férias de 12 meses, se o empregado tiver de 6 a 14 faltas injustificadas, terá direito a 24 dias de férias; (b) no caso das férias de 6 meses, aplicando-se a proporção – 50% –, o empregado só terá direito a 12 dias de férias, se houver faltado de forma injustificada por 3 a 7 dias.

Para os efeitos de falência ou recuperação judicial, a remuneração das férias, ainda quando devida após a cessação do contrato de trabalho, terá natureza salarial (art. 148, CLT).

Na hipótese da culpa recíproca (art. 481, CLT), o empregado terá direito a 50% do valor do aviso prévio, das férias proporcionais e da gratificação natalina do ano respectivo (Súm. 14, TST).

22.11 PRESCRIÇÃO

A prescrição do direito de reclamar a concessão das férias ou o pagamento da respectiva remuneração é contada do término do período concessivo ou, se for o caso, da cessação do contrato de trabalho (art. 149, CLT).

Para Amauri Mascaro Nascimento,[10] *"enquanto estiver no emprego, portanto no curso do contrato de trabalho, o empregado disporá do prazo de 5 anos para reclamar na Justiça do Trabalho as férias vencidas que não gozou. Quanto mais demorar, mais períodos de férias vencidas vão sendo atingidos. Quando o contrato de trabalho, por qualquer causa, extinguir-se, o empregado terá 2 anos para reclamar judicialmente os pagamentos correspondentes às férias que não gozou, inclusive proporcionais. Não observados esses prazos, dá-se a prescrição do direito de ação".*

---

[9] NASCIMENTO, Amauri Mascaro. Ob. cit., 24. ed., p. 1178.
[10] NASCIMENTO, Amauri Mascaro. *Iniciação ao direito do trabalho.* 27. ed., p. 321.

No caso de o empregador efetuar a concessão das férias sem o correto pagamento da remuneração equivalente, haverá outro termo inicial para o cômputo da prescrição. Nesse caso, o termo inicial será a data em que se efetuou o pagamento incompleto das férias.

Contra os menores de 18 anos, não corre a prescrição (art. 440, CLT).

22.12 A QUEM SE APLICA AS FÉRIAS?

O art. 7º, *caput*, CF, assegura os direitos sociais trabalhistas dos empregados urbanos e rurais.

Os arts. 129 a 133, 134, alíneas *a, c, d, e* e *f*, 135 a 142; parágrafo único do art. 143, 144 e 147, CLT, são aplicáveis ao trabalhador rural (art. 4º, Dec. 73.626/74).

Os avulsos possuem igualdade de direitos com o trabalhador com vínculo empregatício permanente (art. 7º, XXXIV, CF), portanto, têm direito à percepção das férias anuais remuneradas, as quais são reguladas pela Lei 5.085/66. No que for compatível, os arts. 130 a 147 da CLT são aplicáveis aos avulsos (art. 1º, Lei 5.085).

O direito às férias com o respectivo abono também é aplicável aos servidores públicos civis e militares (arts. 39, § 3º, e 142, § 3º, VIII, CF).

O art. 12 da Lei 6.019/74 assegura ao trabalhador temporário o pagamento das férias proporcionais, as quais são devidas à base de 1/12 por mês de serviço ou fração superior a 15 dias, exceto em caso de dispensa com justa causa. As férias proporcionais são devidas com o abono de 1/3 (art. 7º, XVII, CF).

Para os marítimos, aplicam-se as normas gerais dos arts. 129 a 149, CLT, observadas as disposições especiais dos arts. 150 a 152, destacando-se: *"(a) o período aquisitivo pode ser formado por serviços prestados a embarcações de diferentes armadores, cedendo a concessão das férias àquele para o qual o tripulante estiver trabalhando no momento de gozá-las (art. 150, caput); (b) as férias podem ser gozadas, parceladamente, nos portos onde residir o tripulante, desde que a permanência da embarcação seja superior a seis dias (§§ 1º, 2º e 3º do art. 150); (c) o armador poderá suspender as férias em caso de necessidade, determinada pelo interesse público e comprovada pela autoridade competente (§ 5º); (d) o Delegado do Trabalho Marítimo poderá autorizar a acumulação de dois períodos de férias, tal como prevê a Convenção nº 91 da OIT, desde que justificado em requerimento apresentado pelo sindicato, quando se tratar de sindicalizado, ou pela empresa, em caso contrário (§ 6º); (e) a remuneração do tripulante, durante as férias, será acrescida do valor da etapa que estiver percebendo (art. 152)".*[11]

O art. 2º, § 1º, Convenção 132, assegura o direito às férias anuais remuneradas para todas as pessoas empregadas, com exceção dos marítimos. O art. 3º, § 3º, declina que a duração das férias não deverá em caso algum ser inferior a 3 semanas, por um ano de serviço. Em nossa visão, após a promulgação da Convenção 132, dissiparam-se as eventuais dúvidas quanto à duração das férias para o empregado doméstico.

---

[11] SÜSSEKIND, Arnaldo; MARANHÃO, Délio; VIANNA, Segadas; TEIXEIRA FILHO, João de Lima. *Instituições de direito do trabalho*. 19. ed., v. 2, p. 906.

Os direitos e garantias contidos na Constituição não excluem outros decorrentes do regime e dos princípios por ela adotados, ou dos tratados internacionais em que a República Federativa do Brasil seja parte (art. 5º, § 2º).

A duração das férias do empregado doméstico é de 30 dias e não mais de 20 dias úteis. O art. 3º, Lei 5.859, estava revogado pela ratificação da Convenção 132.

A Lei 11.324/06 acresceu alguns dispositivos à Lei 5.859. Dentre eles, o art. 3º assevera que o empregado doméstico terá direito a férias anuais remuneradas de 30 dias com, pelo menos, 1/3 a mais que o salário normal, após cada período de 12 meses de trabalho, prestado à mesma pessoa ou família. Vale dizer, definitivamente, o legislador pôs fim à discussão quanto ao número de dias de férias dos domésticos (30 dias corridos ou 20 dias úteis).

Com a nova alteração do parágrafo único do art. 7º, da CF, pela EC 72/13, tornou-se inquestionável que o empregado doméstico tem direito à percepção das férias proporcionais.

A LC 150/15, que revogou a Lei 5.859, estabelece que o empregado doméstico tem direito a 30 dias de férias (art. 17).

No caso dos professores, aplicam-se as normas gerais dos arts. 129 a 149, CLT, salvo quando houver disposição especial em contrário.

O art. 322, § 2º, declina que, no período de férias, não se poderá exigir dos professores outro serviço, a não ser o relacionado com a realização dos exames. Normalmente, os professores gozam as suas férias no mês de julho.

As férias escolares não podem ser confundidas com as férias dos professores. Nas primeiras, o professor fica à disposição do empregador, portanto, nesse período, os serviços podem ser exigidos.

É assegurado aos professores o pagamento dos salários no período de férias escolares. Se houver a dispensa sem justa causa, ao terminar o ano letivo ou no curso das férias escolares, o professor terá direito aos salários desse período (Súm. 10, TST).

QUESTIONÁRIO

1. Qual é a natureza jurídica das férias?

2. Quais são os princípios relativos às férias?

3. O que representa o período aquisitivo e o período concessivo?

4. Os feriados devem ser descontados na duração das férias?

5. As faltas devem ser descontadas do período de férias?

6. Como se dá a contagem das faltas quanto aos empregados no regime de trabalho de tempo parcial?

7. Quais são as hipóteses da perda do direito de férias?

8. O empregador é obrigado a conceder as férias de uma única vez?

9. Vencido o período concessivo sem o gozo das férias, o empregado, unilateralmente, poderá escolher o período de gozo?

10. As férias coletivas podem ser dadas a uma parte dos empregados da empresa?

11. Como se opera o período aquisitivo para os empregados com menos de 12 meses no caso das férias coletivas?

12. As férias devem ser calculadas com a média nominal das horas extras ou de acordo com a média física?

13. As férias proporcionais são devidas em caso de pedido de demissão, quando o empregado tenha 4 meses de contrato?

14. Como se calculam as férias do doméstico?

Capítulo XXIII
ALTERAÇÃO DO CONTRATO DE TRABALHO

23.1 A FORÇA OBRIGATÓRIA DOS CONTRATOS E O DIRIGISMO CONTRATUAL

Os contratos são feitos para serem cumpridos: *pacta sunt servanda*. Esse princípio também é válido para o contrato individual de trabalho.

Em função do *pacta sunt servanda*, temos *"uma consequência lógica: qualquer alteração em suas cláusulas há de resultar, também, de mútuo acordo. No contrato de trabalho, tais cláusulas nem sempre, como sabemos, resultam, entretanto, da vontade dos contratantes. Existe um estatuto legal de proteção ao trabalhador que se traduz, por assim dizer, em um contrato mínimo, a cujas condições não se podem furtar as partes ao estabelecerem a relação de emprego. Mas, esta relação decorrendo, livremente, do consenso delas, dá-se a subjetivação daquele estatuto: as condições legais tornam-se condições contratuais"*.[1]

A formulação de um estatuto legal mínimo denota a presença do dirigismo contratual na formação da relação empregatícia.

O dirigismo contratual denota a necessidade de o Estado intervir em áreas do relacionamento humano sempre que há a possibilidade do desequilíbrio da relação contratual. Nesse sentido, há várias normas jurídico-trabalhistas impostas pelo Estado com o intuito de mitigar o antagonismo que deriva do relacionamento capital *versus* trabalho.

As relações contratuais de trabalho podem ser objeto de livre estipulação das partes interessadas em tudo quanto não contravenha às disposições de proteção ao trabalho, aos acordos e convenções coletivas de trabalho que lhes sejam aplicáveis e às decisões das autoridades competentes (art. 444, CLT).

A Lei 13.467/17 (Reforma Trabalhista) incluiu ao art. 444, CLT, o parágrafo único com a seguinte redação: *"A livre estipulação a que se refere o caput deste artigo aplica-se às hipóteses previstas no art. 611-A desta Consolidação, com a mesma eficácia legal e preponderância sobre os instrumentos coletivos, no caso de empregado portador de diploma de nível superior e que perceba salário igual ou superior a duas vezes o limite máximo dos benefícios do Regime Geral da Previdência Social"*.

---

[1] MARANHÃO, Délio. *Direito do trabalho*. 8. ed., p. 203.

A inovação legislativa implica severa restrição ao dirigismo contratual, ao estabelecer duas grandes categorias de trabalhadores: os hipossuficientes e os hipersuficientes.

Ao contrário dos demais trabalhadores (hipossuficientes), os hipersuficientes possuem nível superior e um padrão remuneratório igual ou superior a duas vezes o limite máximo dos benefícios do regime geral da Previdência Social. Para eles, na composição das cláusulas contratuais, de determinado contrato de trabalho, é válida a plena autonomia de vontade, em nível individual, para todas as matérias previstas no art. 611-A, CLT (prevalência do modelo legislado em relação ao modelo legal).

Por uma presunção legal (remuneração mais elevada e formação acadêmica do trabalhador), parte-se do pressuposto de que o trabalhador detém maior capacidade para elidir a desigualdade material inerente a uma relação de emprego, derrogando, assim, um sistema normativo legal de proteção quanto aos principais elementos do negócio jurídico (contrato de trabalho), tais como: função, salário, jornada, intervalo, remuneração por produtividade etc. É um retrocesso, visto que se submete o contrato de trabalho às regras do Direito Civil, com uma presunção absoluta da igualdade material entre os contratantes.

Não se pode esquecer de que o art. 7º, CF, seja no *caput* ou incisos, não agasalha nenhuma possibilidade de tratamento diferenciado face ao padrão remuneratório do trabalhador.

23.2 O CONCEITO DE ALTERAÇÃO

O termo "alteração" deriva do latim *alteratio*, advindo de *alter*, outro. Representa o ato da mudança, modificação, transformação.

O contrato de trabalho, como toda e qualquer relação jurídica, após o nascimento, passa por modificações e transformações até o seu término.

Como também é de trato sucessivo (relação continuada), a alteração do contrato individual de trabalho implica a mudança das suas cláusulas contratuais originárias, ao longo da prestação dos serviços.

Na vigência do contrato de trabalho, o princípio da inalterabilidade dos contratos e o princípio da condição mais benéfica interagem com o *jus variandi*, havendo ainda o *jus resistentiae* (direito de resistência do trabalhador às alterações ilícitas).

Na opinião de Délio Maranhão,[2] a classificação das alterações contratuais pode ser: "*Quanto à sua origem, classificam-se as alterações das condições de trabalho em: (a) obrigatórias, ou seja, as que resultam, imperativamente, de lei ou de norma a esta equiparada (convenção coletiva ou sentença normativa); (b) voluntárias, isto é, as que decorrem da vontade das partes. Subdividem-se estas últimas em unilaterais ou bilaterais, conforme provenham da vontade de uma, ou do consenso de ambas as partes. Quanto ao seu objeto, em: (a) qualitativas, quando dizem respeito à natureza do trabalho; (b) quantitativas, quando se referem à quantidade do trabalho ou ao quantum do salário; (c) circunstanciais,*

---

[2] MARANHÃO, Délio. Ob. cit., p. 203.

quando se relacionam com o local de trabalho, ou com a forma da contraprestação salarial. Quanto aos seus efeitos, em: (a) favoráveis ao empregado; (b) prejudiciais."

23.3 A ALTERAÇÃO CONTRATUAL VOLUNTÁRIA E O PRINCÍPIO DA IMODIFICABILIDADE

Pelo princípio da imodificabilidade (princípio da inalterabilidade contratual lesiva), nenhuma condição de trabalho pode ser modificada de forma unilateral, de modo que nos contratos de trabalho só é lícita a alteração das respectivas condições por mútuo consentimento, e, ainda assim, desde que não resultem, direta ou indiretamente, prejuízos ao empregado, sob pena de nulidade da cláusula infringente desta garantia (art. 468, *caput*, CLT).

Assim, as alterações do contrato de trabalho por vontade comum das partes são válidas (mútuo consentimento), desde que não causem prejuízo (direto ou indireto) para o empregado, sob pena de ser declarada nula a alteração pactual.

Segundo Mozart Victor Russomano,[3] o princípio da imodificabilidade é um *"avanço doutrinário digno de nota, porque o texto nacional é amplo. Não, apenas, por admitir a nulidade absoluta da alteração contratual em face de prejuízos sofridos pelo trabalhador. Nem, unicamente, porque a nulidade nasce desses prejuízos, sejam eles diretos ou indiretos. Mas, sobretudo, porque, ao que se depreende do teor daquele preceito, não importa que esses prejuízos fossem, ou não, previsíveis no ato da novação. Isso equivale a dizer que mesmo quando as desvantagens oriundas, para o trabalhador, da alteração do contrato fossem previsíveis, tanto para ele próprio quanto para seu empregador, a nulidade perdurará. Assim, os prejuízos são considerados, como causa de nulidade absoluta da alteração do contrato de trabalho, com a maior objetividade possível. O fundamento lógico daquele dispositivo está na ideia de que ninguém aceita, livremente, a modificação das condições do contrato, quando tal modificação é contrária a seus interesses. A isso devemos acrescentar, naturalmente, o fato de que o trabalhador, por sua ignorância ou pela sua condição dentro da empresa, pode, facilmente, ser induzido a erro, pelo empregador, e sofrer, não raro, coação patronal, no transcurso do contrato. A circunstância, porém, de que a previsibilidade dos prejuízos supervenientes em nada influi quanto à nulidade da cláusula nova com o restabelecimento consequente da cláusula inovada faz com que se jogue o pensamento além daquele fundamento lógico da norma do art. 468, para adotar-se uma concepção objetiva, segundo a qual não se admite a modificação contratual em detrimento do empregado, pura e simplesmente. Poder-se-á dizer, como nós próprios temos dito, que nesses casos se presume a existência de vício de consentimento (erro ou coação). A presunção do vício de consentimento é uma originalidade, pois o vício da manifestação de vontade, em princípio, deve ser compensado. No direito pátrio, e neste caso, há presunção iuris et de iure e, como todas as presunções dessa natureza, é inflexível. Com base nessa presunção, que é absoluta, nasce a nulidade, também absoluta".*

---

[3] RUSSOMANO, Mozart Victor. *Curso de direito do trabalho.* 6. ed., p. 115.

23.4 JUS VARIANDI

A doutrina, em oposição ao princípio legal da imodificabilidade das condições de trabalho, elaborou o princípio do *jus variandi*, o qual pode ser enunciado como sendo o direito do empregador, em situações excepcionais, de efetuar alterações unilaterais nas condições de trabalho dos seus empregados.

Na opinião de Octavio Bueno Magano,[4] o contrato de trabalho *"traz o germe da alteração na sua própria natureza, como decorrência do poder hierárquico que o empregador tem sobre o empregado. O poder hierárquico, quando exercido no sentido de alterar condições de trabalho, chama-se mais especificamente* jus variandi. *Diz Hugo Gueiroz Bernardes, 'o* jus variandi *constitui implícita consequência da direção da prestação dos serviços, consagrada, entre nós, no art. 2º da CLT'. A apontada antinomia é, todavia, mais aparente do que real. O legislador adotou, na verdade, solução de compromisso entre as duas diretrizes contrastantes. Por fidelidade ao princípio de que* pacta sunt servanda, *criou o art. 468, da CLT. Pela compreensão de que o contrato tende à alteração devido ao elemento subordinação, que lhe é essencial, consistente este numa permanente sujeição do empregado às ordens do empregador, permitiu que, em casos excepcionais, o contrato fosse passível de alteração".*

No sistema jurídico, são exemplos de *jus variandi* as alterações de funções em virtude de avanços tecnológicos; alteração das atribuições, pela extinção da função exercida; fixação de turnos ininterruptos de revezamento; reversão dos cargos em comissão; alteração da jornada de trabalho do período noturno para o diurno; alteração do local de trabalho no âmbito do mesmo município ou região macroeconômica; alterações decorrentes de *factum principis* etc.

23.5 ESPÉCIES DE ALTERAÇÕES DO CONTRATO DE TRABALHO

Na análise das alterações do contrato de trabalho, adotam-se os seguintes critérios: funcional, salarial, jornada de trabalho e local de trabalho.

23.5.1 Alteração de função

A alteração de função (modificação funcional) é a alteração que ocorre na qualificação profissional do empregado e que pode ser de três tipos: duas verticais (promoção e rebaixamento) e uma horizontal (mudança de cargo, dentro do mesmo nível hierárquico).

A promoção é o ato pelo qual o empregado é elevado de um cargo para outro, dentro da estrutura empresarial, com a percepção de vantagens (aumento de salário ou benefícios indiretos). Via de regra, a promoção ocorre por merecimento ou antiguidade. O empregado terá direito à promoção quando o quadro de carreira da empresa assim prever, especificando os requisitos e o posto superior.

---

[4] MAGANO, Octavio Bueno. *Manual de direito do trabalho*: direito individual do trabalho. 4. ed., v. 2, p. 298.

O empregado pode rejeitar a promoção. Contudo, a matéria não é pacífica. Para alguns, a recusa somente se justificará por motivos poderosos. O empregado participa de uma organização econômica e, ao fazer o contrato, do qual decorre essa participação, tomando conhecimento da possibilidade de acesso, com isto tacitamente concorda. Também o empregador deseja a promoção do empregado, por lhe interessar, logicamente, a melhoria qualitativa do seu quadro de pessoal. O empregado que foge à responsabilidade de cargo de maior confiança, de fato, frustra a justa expectativa do empregador, que o levou a contratá-lo.

Valentin Carrion[5] entende que *"o rebaixamento não é permitido, seja hierárquico, seja funcional (por exemplo: trabalho especializado para outro sem qualificação profissional), mesmo que não traduza diminuição de salário".*

Como se vê, o rebaixamento, por regra, é inadmissível. Contudo, há exceções:

a) ao empregado chamado a ocupar cargo diverso do que exercer na empresa, em comissão, interinamente, ou sem substituição eventual ou temporária, é garantida a contagem do tempo naquele serviço, bem como volta ao cargo anterior (art. 450, CLT);

b) reversão, em que se tem a determinação do empregador para que o respectivo empregado reverta ao cargo efetivo, anteriormente ocupado, deixando o exercício de função de confiança (arts. 468, § 1º, e 469, § 1º).

No caso de o cargo de confiança ter sido exercido por 10 ou mais anos, o afastamento, sem a ocorrência de um justo motivo, gera a manutenção do pagamento da gratificação de função (Súm. 372, I, TST).

Francisco Antonio de Oliveira[6] afirma: *"Não negamos que a empresa, em correndo o risco do empreendimento, tem o poder de adequar a sua administração da forma que melhor lhe convier. O que não pode é reduzir o ganho do empregado que durante anos bem exerceu a função que lhe foi confiada com zelo, dedicação e muitas vezes com preterição da própria família. O Precedente sob comento bem demonstra a preocupação da mais alta Corte Trabalhista sensível à nova realidade. E o direcionamento interpretativo ora trazido faz suporte em sede de razoabilidade, quando elege o parâmetro de dez longos anos."*

Mesmo quando o empregado é mantido na função comissionada, não pode ocorrer a redução do valor da gratificação de função (Súm. 372, II).

A alteração horizontal é válida, desde que seja justificada e não traga prejuízos para o trabalhador de natureza profissional ou salarial. Exemplos: a transferência do empregado pela desativação do setor de trabalho; alteração de parte de tarefas de um gerente por alterações administrativas na estrutura da empresa.

---

[5] CARRION, Valentin. *Comentários à Consolidação das Leis do Trabalho.* 28. ed., p. 322.
[6] OLIVEIRA, Francisco Antonio. *Comentários aos precedentes normativos e individuais do Tribunal Superior do Trabalho,* p. 186.

Com a Reforma Trabalhista, ante a reformulação ocorrida no art. 468, CLT, com a inclusão do § 2º, o TST deverá restringir esse entendimento até o início da vigência da reforma (como forma de respeito ao direito adquirido, só se aplica a Súmula 372 quem tiver implementado o lapso de dez anos em 10/11/2017), visto que é possível a alteração unilateral do contrato, de forma unilateral por parte do empregador, com ou sem justo motivo, com a supressão do pagamento da gratificação de função (art. 468, § 1º, CLT), a qual, inclusive, não será incorporada ao salário, independentemente do tempo de exercício da respectiva função.

23.5.2 Alteração salarial

A alteração salarial pode ocorrer por: (a) alteração do valor monetário; (b) alteração da forma de apuração do salário (salário por unidade de tempo, salário por unidade de obra e salário por tarefa).

A alteração do valor monetário do salário pode se dar pelo aumento salarial (espontâneo ou imperativo) ou pela redução.

A redução de salário não é possível, salvo por previsão em convenção ou acordo coletivo (art. 7º, VI, CF). Veda-se a redução do salário, por ser a razão da subsistência do trabalhador, além de ser a mais importante contraprestação aos serviços prestados.

O princípio da irredutibilidade salarial é válido para fins de proteção do valor nominal do salário, não justificando qualquer forma genérica de recomposição salarial pela desvalorização da moeda, exceto quando se tenha uma política salarial genérica de reajuste do poder de compra dos salários.

A irredutibilidade também não se aplica à manutenção das parcelas salariais aditivas, tais como: adicional de hora extra (Súm. 291, TST); adicional noturno (Súm. 265); adicional de insalubridade e periculosidade (Súm. 80 e 248).

Não é mais possível a redução salarial de até 25% (art. 503, CLT; art. 2º, Lei 4.923/65). Esses dispositivos não foram recepcionados pela nova ordem constitucional, a qual elevou o princípio da irredutibilidade à hierarquia maior, só permitindo a redução salarial por intermédio da negociação coletiva (art. 7º, VI).

De acordo com o art. 503, *caput*, era lícita, em caso de força maior ou prejuízos devidamente comprovados, a redução geral dos salários dos empregados da empresa, proporcionalmente aos salários de cada um, não podendo, entretanto, ser superior a 25%, respeitado, em qualquer caso, o salário mínimo. Com a cessação dos efeitos decorrentes do motivo de força maior, era garantido o restabelecimento dos salários reduzidos.

Durante a substituição do empregado, a qual não tenha caráter meramente eventual, o substituto fará jus ao salário contratual do substituído, como ocorre nas férias (Súm. 159, I, TST).

Diante da inexistência de previsão expressa em contrato ou em instrumento normativo, a alteração de data de pagamento pelo empregador não viola o art. 468, desde que observado o limite legal (5º dia útil), previsto no art. 459, parágrafo único (OJ 159, SDI-I).

Em decisão turmária, o TST acolheu recurso de revista da empresa, decretando a improcedência do pedido de diferenças salariais, ao entender que é válida a negociação direta entre empregado e empregador, quando se tem a redução salarial acompanhada da redução de horas de trabalho.[7]

Diante dos inúmeros problemas que podem surgir pela alteração da forma de apuração do salário (salário por unidade de tempo, salário por unidade de obra e salário por tarefa), recomenda-se que a alteração seja realizada por norma coletiva de trabalho.

Pela Reforma Trabalhista, a qual acresceu o § 3º ao art. 611-A, CLT, se for pactuada cláusula que reduza o salário ou a jornada, o instrumento normativo deverá prever a proteção dos empregados contra dispensa imotivada durante o período de vigência da norma coletiva.

23.5.3 Alteração de jornada de trabalho

No âmbito da Constituição, a jornada de trabalho não pode ser superior a 8 horas diárias e 44 horas semanais, facultando-se a compensação de horário e a redução de jornada de trabalho, mediante acordo ou convenção coletiva de trabalho (art. 7º, XIII). Nos turnos ininterruptos de revezamento, a jornada é de 6 horas, salvo negociação coletiva de trabalho (art. 7º, XIV).

Em relação às outras alterações da jornada de trabalho, o horário pode ser alterado de uma forma mais flexível:

a) alteração de jornada noturna para diurna (Súm. 265, TST);
b) alteração de turnos ininterruptos para turno fixo, pois é mais benéfico ao trabalhador laborar em um só turno de trabalho;
c) supressão total ou parcial das horas extras desde que se tenha o pagamento da indenização (Súm. 291);
d) horas extras em tese não podem ser exigíveis do empregador, exceto em caso de acordo de prorrogação e compensação, bem como de força maior, recuperação de horas de trabalho e serviços inadiáveis;
e) retorno do servidor público (Administração direta, indireta e fundacional) à jornada inicialmente contratada não se insere nas vedações do art. 468, CLT, sendo a sua jornada definida em lei e no contrato de trabalho firmado entre as partes (OJ 308, SDI-I);
f) previsão contida no art. 10, Lei 5.811/72 (petroleiros), possibilitando a mudança do regime de revezamento para horário fixo, constitui alteração lícita, não violando os arts. 468, CLT, e 7º, VI, CF (Súm. 391, II).

---

[7] TST – 3ª T. – RR 19400-73.2010.5.16.0003 – Rel. Min. Alexandre de Souza Agra Belmonte – *DEJT* 4/10/2013.

23.5.4 Alteração do local de trabalho

É lícita a transferência do local de prestação de serviços pelo empregador (unilateral), desde que não implique necessariamente a mudança do domicílio do empregado (art. 469, *caput*, CLT). O empregado transferido, por ato unilateral do empregador, para local mais distante de sua residência tem direito a suplemento salarial correspondente ao acréscimo da despesa de transporte (Súm. 29, TST).

Como regra, o local de trabalho não pode ser alterado, sem anuência do empregado. Porém, quando o empregado é transferido para local distinto de onde presta os serviços, acarretando a mudança de sua residência, o empregador é obrigado a pagar o que se denomina adicional de transferência, o qual corresponde ao adicional de 25% sobre o salário básico.

O legislador consolidado utiliza a expressão "domicílio", o que está incorreto.

Não é imperioso que o Reclamante tenha a transferência de domicílio para que possa ter direito à percepção do adicional de transferência. A palavra domicílio como posta no art. 469, *caput*, da CLT, deve ser interpretada como residência. Em outras palavras, a mudança de residência e de forma provisória é que acarreta o direito à percepção do adicional de transferência.

Neste sentido, é o que deflui da OJ 113, da SDI-I, quando indica que: "*O fato de o empregado exercer cargo de confiança ou a existência de previsão de transferência no contrato de trabalho não exclui o direito ao adicional. O pressuposto legal apto a legitimar a percepção do mencionado adicional é a transferência provisória.*"

Se o significado da palavra domicílio, como posto no *caput* do art. 469, é o relativo ao conceito normativo de domicílio do Código Civil (art. 70), estaríamos negando o próprio direito ao adicional de transferência, na medida em que o trabalhador, quando muda de domicílio, implica um ato volitivo em que se dá a sua expressa concordância, pois o significado de domicílio é diferente do termo residência.

Como noção jurídica, no vocábulo domicílio há os elementos: (a) subjetivo, a intenção da fixação de forma definitiva; (b) objetivo, que compreende o local. Residência é parte do conceito legal de domicílio, compreendendo o local em que a parte habita. O que separa residência de domicílio é que no segundo o local onde se mora tem-se o ânimo definitivo da fixação neste local. Logo, para se dar a exata dicção da palavra domicílio no *caput* do art. 469, CLT, deve ser adotada a noção jurídica de domicílio como contraponto em relação à residência. Residência faz parte do conceito de domicílio, sendo que o empregado pode ter outras residências transitórias nas quais não tem a vontade de ali ficar de forma definitiva (= domicílio). Vale dizer, o empregado é transferido de um local para outro, passando a ter uma residência de forma transitória, contudo, o seu efetivo domicílio é o local onde reside com ânimo de ali se fixar.

Na visão de Amador Paes de Almeida,[8] "a transferência de uma localidade para outra é igualmente vedada (art. 469), não se considerando, todavia, transferência a que não

---

[8] ALMEIDA, Amador Paes de. *CLT comentada*. 6. ed., p. 224.

acarretar, necessariamente, a mudança de domicílio do empregado. A expressão 'domicílio' tem o sentido de residência, localidade onde o empregado tem moradia, onde reside."

Para Gustavo Filipe de Garcia,[9] *"é certo que parte da doutrina entende que o termo domicílio, no referido dispositivo da CLT, encontra-se empregado com o sentido de residência. Como se sabe, o domicílio é o local do centro de atividades da pessoa, ou seja, o lugar onde a pessoa natural estabelece a sua residência com 'ânimo definitivo' (art. 70 do Código Civil de 2002). Na verdade, a disposição mencionada orienta-se mais pela circunstância de fato da questão, ou seja, referindo-se ao local de moradia do empregado. Havendo a necessária modificação do lugar em que o trabalhador habita, reside, verifica-se a transferência para fins trabalhistas. Por isso, não há necessidade de preenchimento de outros requisitos técnico-jurídicos, de ordem formal, previstos no Direito Civil, para reconhecer a transferência para fins trabalhistas."*

Segundo Vólia Bomfim,[10] *"nestes casos a transferência tem que ser provisória, determinada pelo empregador, importar em mudança de município e de residência (e não domicílio como diz a lei) e ter ocorrido por necessidade de serviço".*

A transferência não é tida por ilícita: (a) em caso de cargo de confiança; (b) contratos que contenham cláusula explícita ou implícita de transferência; (c) quando ocorre a extinção do estabelecimento em que o empregado trabalhe (art. 469, §§ 1º e 2º, CLT).

Para o TST, presume-se abusiva a transferência de empregado com cargo de confiança e daqueles cujos contratos tenham como condição, implícita ou explícita, a transferência (art. 461, § 1º, CLT), sem comprovação da necessidade do serviço (Súm. 43).

23.5.4.1 Cargo de confiança

"Cargo de confiança" é uma expressão de vários sentidos no Direito do Trabalho.

Na opinião de Mozart Victor Russomano,[11] há na CLT *"uma ideia de confiança progressivamente crescente, que pode ser enunciada em quatro níveis: (a) confiança genérica, comum a todos os contratos de trabalho, que pressupõem um minimum de fidúcia, de parte do empregador; (b) confiança relativa aos bancários, segundo a exemplificação do § 2º do art. 224; (c) confiança estrita (art. 499); (d) confiança excepcional, que é aquela que enquadra o gerente na alínea c do art. 62 [...] Mas o cargo de confiança, diz a lei, será o de diretoria, de gerência e outros, quer dizer, outros análogos para o desempenho dos quais seja, na verdade, indispensável, de parte do empregador, confiança ampla no empregado, confiança excepcional, não a confiança comum que deve existir entre todos os trabalhadores e todas as empresas".*

A confiança prevista no art. 469, § 1º, CLT, é reservada aos empregados, os quais são investidos de poderes de representação e gestão, podendo praticar atos que obriguem o empregador.

---

[9] GARCIA, Gustavo Filipe de. *Curso de direito do trabalho.* 3. ed., p. 503.
[10] CASSAR, Vólia Bomfim. *Direito do trabalho.* 2. ed., p. 991.
[11] RUSSOMANO, Mozart Victor. *Comentários à Consolidação das Leis do Trabalho.* 11. ed., p. 107.

A existência do cargo de confiança legitima a alteração unilateral por parte do empregador, mas não exime a sua responsabilidade quanto ao pagamento do adicional de 25%, enquanto perdurar a transferência (art. 469, § 3º, CLT; OJ 113, SDI-I).

23.5.4.2 Cláusulas: explícita e implícita

Tem-se a cláusula explícita quando o conteúdo do contrato individual de trabalho, de forma escrita, contém a hipótese de que poderá haver a transferência do local de prestação de serviços.

Por sua vez, a cláusula implícita é a cláusula não escrita, segundo a qual, pela particularidade da empresa ou dos serviços realizados, ou mesmo da função exercida, o empregado poderá ser transferido para outras localidades. É o caso de empresa de circo, reflorestamento e mesmo de instalações industriais.

Necessidade de serviço compreende a impossibilidade do desenvolvimento das atividades da empresa sem a presença dos seus empregados. É o caso de não haver no local profissional habilitado ou de que o serviço não possa ser realizado por outro empregado.

A presença das cláusulas legitima a transferência, mas não exime a sua responsabilidade quanto ao pagamento do adicional de 25%, enquanto perdurar a transferência (art. 469, § 3º, CLT; OJ 113, SDI-I).

23.5.4.3 Extinção do estabelecimento

Na hipótese da extinção do estabelecimento, a transferência é lícita (art. 469, § 2º, CLT), não tendo o empregador obrigatoriedade quanto ao pagamento do adicional de transferência (art. 469, § 3º).

Por estabelecimento entenda-se a unidade técnica de produção, composta de bens corpóreos e incorpóreos e com a presença de empregados, em um determinado local, de propriedade de uma pessoa natural ou jurídica, os quais são organizados para o desempenho de uma atividade econômica.

A licitude da transferência abrange: (a) a extinção em definitivo do estabelecimento no qual o empregado laborava, com a utilização da sua força de trabalho em outra localidade, onde a empresa tenha um novo estabelecimento; (b) a transferência do estabelecimento de uma localidade para outra, com a utilização da mão de obra.

Nas duas hipóteses (extinção e transferência de estabelecimento), a transferência é válida, mesmo sem o consentimento do empregado, em face da impossibilidade de continuidade da prestação dos serviços (art. 469, § 2º).

Com a extinção da empresa, sem a ocorrência de motivo de força maior, ao empregado estável despedido é garantida a indenização por rescisão do contrato por prazo indeterminado, paga em dobro (art. 497, CLT; Súm. 221, STF). Essa indenização em dobro é válida para os portadores da estabilidade decenal (art. 492).

Em caso de fechamento do estabelecimento, filial ou agência, ou supressão necessária da atividade, sem ocorrência de força maior, é assegurado ao empregado estável (estabilidade decenal), que ali exerça sua função, o direito à indenização dobrada (art. 498).

Pela inteligência direta desses artigos, a Súm. 173, TST enuncia: *"Extinto, automaticamente, o vínculo empregatício com a cessação das atividades da empresa, os salários só são devidos até a data da extinção."*

Por tais assertivas, é comum entender-se que, no caso das estabilidades provisórias, os salários somente são devidos até o momento em que houve a atividade empresarial.

Nesse sentido, temos as seguintes Súmulas do TST: (a) *"Havendo extinção da atividade empresarial no âmbito da base territorial do sindicato, não há razão para subsistir a estabilidade"* (Súm. 369, IV); (b) *"A estabilidade provisória do cipeiro não constitui vantagem pessoal, mas garantia para as atividades da CIPA, que somente tem razão de ser quando em atividade a empresa. Extinto o estabelecimento, não se verifica a despedida arbitrária, sendo impossível a reintegração e indevida a indenização do período estabilitário"* (Súm. 339, II).

Corretos os entendimentos contidos nas Súmulas. Não se pode negar que a extinção implica a rescisão contratual, na medida em que não mais se tem a atividade empresarial.

Contudo, como regra, não se pode esquecer que o risco do empreendimento não pode ser imputado ao trabalhador. Logo, a extinção não pode ser arguida para elidir o direito aos salários de todo o período da estabilidade provisória e consequentes reflexos em férias, abono de férias, 13º salário e nos recolhimentos fundiários, quando a mesma é uma garantia inerente ao patrimônio jurídico do trabalhador. Vale dizer, a extinção não elide os títulos da estabilidade quando esta se tratar de uma vantagem pessoal do trabalhador. É o caso das estabilidades do acidentado (art. 118, Lei 8.213/91), da gestante (art. 10, II, *b*, ADCT).

O dirigente sindical estável não pode ser transferido (art. 543, *caput*, CLT). Se houver a concordância do dirigente com a transferência, haverá a perda de seu mandato (art. 543, § 1º).

23.6 TRANSFERÊNCIA PROVISÓRIA

O adicional de transferência é devido no percentual de 25% sobre os salários que o empregado percebia antes da mudança do local de trabalho. Passa a ser devido nas seguintes hipóteses: (a) cargo de confiança; (b) cláusula explícita; (c) cláusula implícita.

O pagamento será efetuado mês a mês ao empregado, enquanto perdurar a situação da mudança do seu local de trabalho-transferência. Portanto, nas transferências definitivas, o adicional de 25% não é devido.

O TST tem entendido que o adicional só é devido na transferência provisória (OJ 113, SDI-I).

Por questão de lógica, com a transferência definitiva, o empregado tem alterado o seu domicílio, logo, teve efetivo interesse na mudança do local de trabalho.

Em sentido contrário, Valentin Carrion[12] afirma que: *"Não há como excluir-se da majoração a transferência definitiva: em primeiro lugar porque o texto não o diz; em*

---

[12] CARRION, Valentin. Ob. cit., p. 332.

segundo lugar porque a realidade lhe retira a justificativa; é que a mudança de domicílio, com os transtornos desse transplante familiar, é dos mais onerosos que podem ocorrer, com as alterações de aluguéis, ocupações e estudos não só do titular como de outros membros da família".

O art. 469, CLT, não traz em seu bojo o que seria transferência provisória para os efeitos legais. Alguns se balizam pelos critérios da profissão dos aeronautas.

A Lei 13.475, que regula a profissão do aeronauta, considera transferência provisória aquela por período mínimo de 30 dias e não superior a 120 dias (art. 73). Retornando, o aeronauta permanecerá em sua base por 180 dias.

Tem-se como transferência permanente do aeronauta aquela que se opera por mais de 120 dias, com mudança de domicílio. O interstício entre transferências permanentes não será inferior a 2 anos.

Independentemente da licitude ou não da transferência, seja provisória ou não, todas as despesas resultantes da mudança do local de trabalho correm por conta do empregador (art. 470, CLT).

As despesas envolvem os gastos com: mudança, transporte do empregado e de seus familiares, eventual indenização pela rescisão do contrato de locação etc.

Se, após a rescisão contratual, o empregado voltar a residir no antigo local de trabalho, o empregador, por falta de previsão legal, não está obrigado a efetuar o pagamento das despesas com essa mudança.

23.7 TRANSFERÊNCIA PARA O EXTERIOR

A Lei 7.064/82 dispõe sobre: (a) situação de trabalhadores contratados no Brasil ou transferidos por seus empregadores para prestar serviço no exterior (art. 1º, *caput*); (b) a contratação de trabalhador, por empresa estrangeira, para trabalhar no exterior (art. 12).

A Lei 7.064 não abrange os casos de empregado designado para prestar serviços de natureza transitória, por período não superior a 90 dias, desde que o empregado tenha ciência expressa dessa transitoriedade e receba, além das passagens de ida e volta, as diárias durante o período de trabalho, as quais, seja qual for o valor, não terão natureza salarial (art. 1º, parágrafo único, *a* e *b*).

A transferência para o exterior ocorre quando o empregado é: (a) removido para o exterior, cujo contrato estava sendo executado no território brasileiro (art. 2º, I); (b) cedido à empresa sediada no estrangeiro, para trabalhar no exterior, desde que mantido o vínculo trabalhista com o empregador brasileiro (art. 2º, II); (c) contratado por empresa sediada no Brasil para trabalhar a seu serviço no exterior (art. 2º, III).

A empresa responsável pelo contrato de trabalho do empregado transferido, independentemente da observância da legislação do local da execução dos serviços, deverá assegurar: (a) os direitos previstos na Lei 7.064; (b) a aplicação da legislação brasileira de proteção ao trabalho, naquilo que não for incompatível com a Lei 7.064, quando mais favorável do que a legislação territorial, no conjunto de normas em relação a cada matéria (art. 3º, I e II). Trata-se da teoria do conglobamento mitigado ou por instituto.

Por tais dispositivos, ao trabalhador, nacional ou estrangeiro, contratado no Brasil e transferido para o exterior, aplica-se à lei brasileira quando mais favorável do que a legislação do local da prestação dos serviços e em relação a cada matéria.

De acordo com o ajuste escrito entre o empregador e o empregado, haverá a fixação do salário-base e do adicional de transferência (art. 4º, *caput*).

Quanto ao salário-base, tem-se que: (a) haverá a sujeição aos reajustes e aumentos compulsórios previstos na legislação brasileira; (b) o seu valor não poderá ser inferior ao mínimo estabelecido para a categoria profissional do empregado; (c) os reajustes e aumentos compulsórios incidirão exclusivamente sobre os valores ajustados em moeda nacional (art. 4º, §§ 1º a 3º).

Assevere-se ainda que: (a) o salário base do contrato será obrigatoriamente estipulado em moeda nacional, contudo, a remuneração e o adicional de transferência poderão, de forma total ou parcial, ser pagos no exterior, em moeda estrangeira; (b) por opção escrita do empregado, a parcela da remuneração a ser paga em moeda nacional poderá ser depositada em conta bancária; (c) é assegurada ao empregado, enquanto estiver prestando serviços no exterior, a conversão e remessa dos correspondentes valores para o local de trabalho (art. 5º, §§ 1º e 2º).

Após dois anos, o empregado e a sua família terão direito de usufruir as suas férias no Brasil. As despesas correrão por conta do empregador ou da empresa para qual tenha sido cedido (art. 6º).

O retorno ao Brasil poderá ser determinado pela empresa quando: (a) não se tornar mais necessário ou conveniente o serviço do empregado no exterior; (b) da justa causa perpetrada pelo empregado (art. 7º).

Independentemente do término do contrato, é assegurado ao empregado o seu retorno ao país: (a) após três anos de trabalho contínuo; (b) para atender à necessidade grave de natureza familiar; (c) por motivo de saúde; (d) quando o empregador der justa causa para a rescisão do contrato (art. 7º, parágrafo único).

Cabe à empresa o custeio do retorno do empregado (art. 8º).

Quando o retorno se verificar por iniciativa do empregado, ou quando der justa causa para rescisão do contrato, tem a obrigação de proceder ao reembolso das respectivas despesas, ressalvadas as hipóteses do art. 7º (art. 8º, parágrafo único).

O adicional de transferência, as prestações *in natura*, bem como quaisquer outras vantagens a que fizer jus o empregado em função de sua permanência no exterior, não serão devidos após o seu retorno (art. 10).

A contratação de trabalhador, por empresa estrangeira, para laborar no exterior também é permitida, desde que se tenha a prévia autorização do Ministério do Trabalho (art. 12). A autorização será dada à empresa de cujo capital participe, em pelo menos 5%, pessoa jurídica domiciliada no Brasil (art. 13). Nesta hipótese, sem prejuízo da aplicação das leis do país da prestação dos serviços, no que respeita a direitos, vantagens e garantias trabalhistas e previdenciárias, a empresa estrangeira assegurará ao trabalhador os direitos a ele conferidos nos arts. 15 a 17, Lei 7.064.

23.8 GARANTIA CONTRA A TRANSFERÊNCIA ABUSIVA

O juiz trabalhista poderá conceder medida liminar, em ações judiciais que visem tornar sem efeito as transferências, as quais não se incluem nas exceções legais previstas no art. 469, CLT (art. 659, IX, CLT).

O art. 659, IX, CLT, reputa-se uma forma de antecipação da própria tutela solicitada (tutela de urgência).

O juiz, ao determinar a inibição patronal quanto ao ato da transferência ou o retorno do empregado já transferido, de forma concreta, está antecipando os efeitos da futura decisão de mérito. Para tanto, devem estar presentes os requisitos dos arts. 294 e segs., CPC.

Não fere direito líquido e certo a concessão de liminar obstativa de transferência de empregado, em face da previsão do inciso IX, art. 659, CLT (OJ 67, SDI-II).

QUESTIONÁRIO

1. O que representa o dirigismo contratual?
2. Como podemos classificar as alterações relativas ao contrato individual de trabalho?
3. A alteração contratual voluntária colide com o princípio da imodificabilidade?
4. É válida a criação doutrinária do *jus variandi*?
5. Quais são as hipóteses válidas da alteração contratual unilateral?
6. O empregado pode recusar uma promoção?
7. A alteração do horário noturno para diurno com a supressão do adicional noturno fere o direito adquirido do empregado?
8. A supressão das horas extras habituais viola o direito adquirido do empregado?
9. Quais são as hipóteses nas quais é válida a remoção do empregado? Mesmo com a licitude da mudança de local de trabalho, o adicional de transferência é devido?
10. O que representa o cargo de confiança no Direito do Trabalho?
11. Aponte as diferenças entre cláusula explícita e implícita quanto à transferência de local de trabalho.
12. A extinção do estabelecimento elide a obrigatoriedade quanto ao pagamento do adicional de transferência? Justifique.
13. O adicional de transferência é devido em caso da mudança definitiva de local de trabalho?

Capítulo XXIV
SUSPENSÃO E INTERRUPÇÃO DO CONTRATO DE TRABALHO

24.1 CONCEITO DE SUSPENSÃO E INTERRUPÇÃO

Ocorre a interrupção do contrato de trabalho quando apenas algumas partes das obrigações contratuais podem ser exigidas (cessação provisória e parcial), normalmente no que tange ao pagamento de salários e contagem de tempo de serviço.

Por outro lado, na ocorrência da suspensão, as cláusulas do contrato encontram-se com seus efeitos provisoriamente suspensos (cessação provisória e total). O empregado não faz jus ao recebimento de salários nem à contagem de tempo de serviço.

Em ambos os casos, como o contrato de trabalho continua em vigência, as demais cláusulas devem ser respeitadas: proibição de violar segredos da empresa, concorrência desleal etc.

24.2 ESPÉCIES E SEUS EFEITOS

A forma mais adequada para explicar as diferenças entre a suspensão e a interrupção é o exame de várias situações e os seus efeitos quanto ao contrato individual de trabalho.

24.2.1 Aborto

Em caso de aborto não criminoso, comprovado por atestado médico oficial, a mulher terá um repouso remunerado de duas semanas, ficando-lhe assegurado o direito de retornar à função que ocupava antes de seu afastamento (art. 395, CLT).

A licença de duas semanas para o aborto não criminoso é interrupção do contrato de trabalho, já que haverá o pagamento da remuneração pela Previdência Social (art. 93, § 5º, Dec. 3.048/99), computando-se o tempo para todos os fins.[1]

No caso do aborto criminoso, o afastamento será de suspensão, não gerando nenhum efeito para o contrato de trabalho.

---

[1] TRT – 19ª R. – RO 01122/2011-010-19-00.8 – Rel. João Leite – *DJe* 1/10/2014 – p. 5.

24.2.2 Faltas por motivo de saúde. Auxílio-doença

Em caso de seguro-doença ou auxílio-enfermidade, o empregado é considerado em licença não remunerada durante o prazo desse benefício (art. 476, CLT).

Os primeiros 15 dias de afastamento do empregado em relação ao trabalho serão pagos pelo empregador (art. 60, § 3º, Lei nº 8.213/91). Para tanto, é necessária a apresentação do atestado médico. Em caso de a incapacidade laborativa ser superior ao limite de 15 dias, o trabalhador será encaminhado à perícia médica para fins de avaliação da necessidade quanto à percepção do auxílio-doença (Código 31, do INSS).

No caso dos demais segurados, v. g. empregado doméstico, o benefício auxílio-doença será pago pelo INSS a contar da data do início da incapacidade (art. 60, Lei 8.213).

As faltas decorrentes de problemas de saúde são justificadas mediante a apresentação de atestado médico.

Podemos, então, estabelecer que o atestado é um documento emitido pelo médico e cuja finalidade consiste na justificativa das faltas ou ausências ao trabalho, com base em situações que envolvam doença ou acidente do empregado. Eventuais faltas do empregado para a realização de exames médicos também devem ser comprovadas por atestado médico.

Como documento, o atestado médico deve conter: (a) tempo de dispensa concedida ao segurado, por extenso e numericamente; (b) diagnóstico codificado, conforme o Código Internacional de Doenças (CID), desde que haja a expressa concordância do paciente; (c) assinatura do médico ou dentista sobre carimbo do qual conste nome completo e registro no respectivo Conselho Profissional.

Para que o atestado seja válido, deve ser emitido pelo médico na seguinte ordem: da empresa, do convênio fornecido pela empresa ou por profissional da Previdência Social (art. 60, § 4º, Lei 8.213; Súm. 15 e 282, TST).

A partir do 16º dia de afastamento, o empregado irá receber o auxílio-doença pago pela Previdência Social. O período de afastamento por auxílio-doença de até 6 meses, contínuos ou descontínuos, é computado para as férias (arts. 131, III, e 133, IV, CLT), portanto, é um caso de interrupção do contrato de trabalho.

Só será caso de suspensão se o auxílio-doença for superior a 6 meses, contínuos ou descontínuos, o que implicará início do cômputo de um novo período aquisitivo, após o retorno ao trabalho (art. 133, § 2º, CLT).

O art. 75, Decreto 3.048/99, que regulamenta a Lei 8.213/91, mencionam as seguintes regras quanto ao pagamento do período de 15 dias pelo empregador: (a) se concedido novo benefício decorrente da mesma doença dentro de 60 dias contados da cessação do benefício anterior, a empresa fica dispensada do pagamento relativo aos quinze primeiros dias de afastamento, prorrogando-se o benefício anterior e descontando-se os dias trabalhados, se for o caso (§ 3º); (b) se o empregado, por motivo de doença, afastar-se do trabalho durante 15 dias e retornar à empresa no 16º dia, e se dela voltar a se afastar dentro de 60 dias desse retorno, em decorrência da mesma doença, o trabalhador terá direito à percepção do auxílio-doença a partir da data do novo retorno (§ 4º); (c) se o retorno a atividade ocorrer antes do 15º dia do afastamento, o segurado fará jus ao auxílio-doença a partir do dia seguinte ao que completar o período de 15 dias (§ 5º); (d) a impossibilidade de atendimento pela Previdência Social ao segurado antes do término do período de recuperação indicado pelo médico assistente na documentação autoriza o retorno do empregado ao trabalho no dia seguinte à data indicada pelo médico assistente (§ 6º).

Quando o empregado apresenta vários atestados sucessivos, indicativos da mesma doença e inferiores a 15 dias, dentro de um período de 60 dias, incumbe ao empregador proceder a soma dos dias de todos os atestados e encaminhar o trabalhador ao INSS, desde que a soma ultrapasse o período de 30 dias. Por exemplo: (a) se o empregado, dentro do período de 60 dias, apresenta 4 atestados, respectivamente, de 14, 7, 13 e 10 dias, a partir do 2º atestado, como o trabalhador atingiu 15 dias, o empregador deve encaminhá-lo para o INSS, o qual é o responsável pelo pagamento do auxílio-doença. Nesta hipótese, o empregador paga 30 dias de atestados e o restante será pago pelo INSS a título de auxílio-doença; (b) se o INSS não acatar os atestados, o empregado fica obrigado a retornar ao trabalho.

24.2.3 Acidente de trabalho

O dia do acidente, além dos 15 dias subsequentes, será pago pelo empregador, computando-se esse período para todos os fins, logo, trata-se de interrupção do contrato de trabalho.

O auxílio-doença será pago pela Previdência Social a partir do 16º dia seguinte ao do afastamento da atividade ou a partir da data de entrada do requerimento, se entre o afastamento e a data de entrada do requerimento decorrerem mais de 45 dias (art. 60, § 1º, Lei 8.213/91) (código 91, INSS). Durante esse período, não se tem o pagamento de salários pelo empregador, porém, é o caso de interrupção do contrato de trabalho: (a) a contagem do tempo de serviço para fins de indenização e estabilidade (art. 4º, § 1º, CLT); (b) o cômputo para as férias (art. 131, III), exceto se o auxílio-doença exceder de 6 meses, contínuos ou descontínuos (art. 133, IV); (c) a obrigação quanto ao recolhimento dos depósitos fundiários (art. 15, § 5º, Lei 8.036/90).

No caso dos demais segurados, *v. g.*, empregado doméstico, o benefício auxílio--doença será pago pelo INSS a contar da data do início da incapacidade.

24.2.4 Aposentadoria por invalidez

O empregado que for aposentado por invalidez terá suspenso o seu contrato de trabalho durante o prazo fixado pelas leis de previdência social para a efetivação do benefício (art. 475, *caput*, CLT).

De acordo com o art. 47 da Lei 8.213/91, na verificação da recuperação da capacidade de trabalho do aposentado por invalidez será observado o seguinte procedimento:

a) quando a recuperação ocorrer dentro de 5 anos, contados da data do início da aposentadoria por invalidez ou do auxílio-doença que a antecedeu sem interrupção, o benefício cessará: (1) de imediato, para o segurado-empregado, que tiver direito de retornar à função que desempenhava na empresa quando se aposentou, na forma da legislação trabalhista, valendo como documento, para tal fim, o certificado de capacidade fornecido pela Previdência Social; ou (2) após tantos meses quantos forem os anos de duração do auxílio-doença ou da aposentadoria por invalidez, para os demais segurados;

b) quando a recuperação for parcial, ou ocorrer após o período da letra *a supra*, ou ainda quando o segurado for declarado apto para o exercício de trabalho diverso do qual habitualmente exercia, a aposentadoria será mantida, sem prejuízo da volta à atividade: (1) no seu valor integral, durante 6 meses contados da data em que for verificada a recuperação da capacidade; (2) com redução de 50%, no período seguinte de 6 meses; (3) com redução de 75%, também por igual período de 6 meses, ao término do qual cessará definitivamente.

O contrato de trabalho ficará suspenso enquanto houver o pagamento total ou parcial da aposentadoria por invalidez, o que fica a critério do médico da Previdência Social (art. 42, *caput*, Lei 8.213).

Enquanto o trabalhador estiver auferindo a aposentadoria por invalidez, o seu contrato de trabalho estará suspenso (Súm. 160, TST), não sendo, assim, aplicável o prazo de cinco anos previsto na Súm. 217 do STF (editada em 1963). Não devemos aplicar o prazo de cinco anos, visto que a Súmula do STF é anterior ao advento da Lei 8.213.

Com a recuperação da capacidade de trabalho e o respectivo cancelamento da aposentadoria por invalidez, o empregado terá o direito de retornar à função que ocupava ao tempo da aposentadoria, facultado, porém, ao empregador, o direito de indenizá-lo por rescisão do contrato de trabalho, nos termos dos arts. 477 e 478, exceto na hipótese de ser ele portador de estabilidade, quando a indenização deverá ser paga na forma do art. 497.

Se o empregador houver admitido substituto para o aposentado, poderá rescindir, com este, o respectivo contrato de trabalho sem indenização, desde que tenha havido ciência inequívoca da interinidade ao ser celebrado o contrato (art. 475, § 2º).

O aposentado por invalidez que retornar voluntariamente à atividade terá sua aposentadoria automaticamente cancelada, a partir da data do retorno (art. 46, Lei 8.213).

Apesar de a aposentadoria por invalidez ser uma hipótese de suspensão do contrato de trabalho, a jurisprudência fixou o entendimento de que o trabalhador tem o direito à manutenção do plano de saúde ou de assistência médica oferecido pela empresa (Súm. 440, TST).

24.2.5 Aviso prévio

As reduções (diária e semanal) para o trabalhador urbano (art. 488, CLT) e a diária para o rural (art. 15, Lei 5.889/73) durante o cumprimento do aviso prévio são consideradas como interrupção do contrato individual de trabalho.

24.2.6 Empregado eleito para o cargo de diretor

O empregado eleito para ocupar cargo de diretor tem o respectivo contrato de trabalho suspenso, não se computando o tempo de serviço deste período, salvo se permanecer a subordinação jurídica inerente à relação de emprego (Súm. 269, TST).

24.2.7 Encargo público

Por encargo público entenda-se o desempenho de mandato eletivo ou não, tal como: vereador, deputado, senador, ministro etc.

O encargo público não constituirá motivo para a alteração ou rescisão de trabalho por parte do empregador (art. 472, *caput*, CLT).

O empregado da iniciativa privada, o qual se afasta para o exercício de encargo público, terá o seu contrato de trabalho suspenso. O período de afastamento será considerado como licença não remunerada, não gerando direito às férias, décimo terceiro salário, recolhimentos fundiários etc. Para que o empregado tenha direito a voltar a exercer o cargo do qual se afastou em virtude de encargo público, é indispensável que notifique o empregador dessa intenção, por telegrama ou carta registrada, dentro do prazo máximo de 30 dias, contados da data do término do encargo a que estava obrigado (art. 472, § 1º, CLT).

Ao servidor público das Administrações Direta, Autárquica e Fundacional, no exercício de mandato eletivo, aplicam-se as seguintes disposições: (a) tratando-se de mandato eletivo federal, estadual ou distrital, ficará afastado de seu cargo, emprego ou função; (b) investido no mandato de prefeito, será afastado do cargo, emprego ou função, sendo-lhe facultado optar pela sua remuneração; (c) investido no mandato de vereador, havendo compatibilidade de horários, perceberá as vantagens de seu cargo, emprego ou função, sem prejuízo da remuneração do cargo eletivo, e, não havendo compatibilidade, será aplicada a hipótese da letra *b* acima; (d) em qualquer caso que exija o afastamento para o exercício de mandato eletivo, seu tempo de serviço será contado para todos os efeitos legais, exceto para promoção por merecimento; (e) no caso de afastamento, para efeito de benefício previdenciário, os valores serão determinados como se no exercício estivesse (art. 38, I a V, CF).

24.2.8 Faltas ao serviço

Os afastamentos por faltas previstas em lei, norma coletiva, regulamento de empresa ou no próprio contrato individual de trabalho são tidos por justificados, não havendo prejuízo à percepção da remuneração, além da sua contagem no tempo de serviço. Portanto, as faltas justificadas são consideradas interrupção do contrato de trabalho.

O art. 473, CLT, prevê as principais hipóteses legais em que o empregado poderá deixar de comparecer ao serviço sem prejuízo do salário. As hipóteses legais são tratadas na sequência.

24.2.8.1 Nojo

Nojo compreende os dias de luto a contar do óbito de um parente.

De acordo com o art. 473, I, CLT, o empregado poderá faltar, sem prejuízo dos salários, até 2 dias consecutivos, em caso de falecimento do cônjuge, ascendente, descendente, irmão ou pessoa que, declarada em sua CTPS, viva sob sua dependência econômica.

O período de 2 dias é computado a partir do dia seguinte ao do falecimento e de forma sucessiva.

O parentesco pode ser: (a) reto, as pessoas descendem umas das outras, na relação de ascendentes ou descendentes. A linha reta é ascendente quando se sobe do filho para o pai, deste para o avô etc., e descendente quando se desce da pessoa para os seus descendentes: do avô para o filho, deste para o neto etc.; (b) colateral ou transversal até o 4º grau, as pessoas provêm de um só tronco, sem descenderem uma da outra: irmãos, tios, sobrinhos e primos. Irmãos são parentes colaterais em 2º grau. Primos e tios são colaterais de 4º grau. Sobrinhos são parentes colaterais em 3º grau.

Nas duas linhas (reta e colateral), os graus de parentesco são contados por gerações, mas há uma diferença: na linha reta, cada geração é contada uma só vez, ao passo que na linha colateral é contada duas vezes, porque se sobe de um parente até o ascendente comum, descendo depois até encontrar o outro parente. Por esta razão é que não há 1º grau na linha colateral.

O natimorto, isto é, o que nasce sem vida, também se enquadra no art. 473, I, CLT, pois é descendente do pai.

Para o ascendente, descendente, irmão ou cônjuge não há limite de idade para a justificativa da falta, o que já não ocorre com os demais dependentes econômicos do empregado.

Dentro do Regime Geral de Previdência Social, são considerados dependentes do segurado: (a) o cônjuge, a companheira, o companheiro e o filho não emancipado, de qualquer condição, menor de 21 anos ou inválido ou que tenha deficiência intelectual ou mental ou deficiência grave; (b) os pais; (c) o irmão não emancipado, de qualquer condição, menor de 21 anos ou inválido ou que tenha deficiência intelectual ou mental ou deficiência grave; (d) o enteado e o menor tutelado equiparam-se a filho mediante declaração do segurado e desde que comprovada a dependência econômica (art. 16, I a III, Lei 8.213/91).

Considera-se companheira ou companheiro a pessoa que, sem ser casada, mantém união estável com o segurado ou com a segurada, de acordo com o § 3º do art. 226 da CF (art. 16, § 3º, Lei 8.213).

A dependência econômica das pessoas (cônjuge, companheira, companheiro e o filho não emancipado, de qualquer condição, menor de 21 anos ou inválido) é presumida e a das demais deve ser comprovada (art. 16, § 4º, Lei 8.213).

A anotação da dependência econômica deverá ser feita pela Previdência Social (art. 40, II, CLT).

O professor tem direito a 9 dias a título de nojo em consequência de falecimento do cônjuge, do pai ou mãe, ou de filho (art. 320, § 3º, CLT).

24.2.8.2 Gala

Gala é o casamento da pessoa. Também pode ser utilizada a palavra "bodas". O art. 320, § 3º, CLT, em relação ao professor, utiliza a expressão "gala".

O art. 6º, § 1º, *d*, Lei 605/49, prevê o casamento como motivo justificado para fins da percepção do repouso semanal remunerado.

Em virtude de casamento, o empregado poderá faltar até 3 dias consecutivos, os quais serão computados a partir do dia seguinte ao do evento. O abono legal é válido para o casamento civil ou religioso (art. 226, § 2º, CF).

O professor tem direito a 9 dias a título de gala (art. 320, § 3º, CLT).

24.2.8.3 Licença-paternidade

O art. 7º, XIX, CF, assegura a licença-paternidade para os trabalhadores urbanos e rurais na forma da lei.

De acordo com o art. 10, § 1º, ADCT, até que a lei venha a disciplinar o art. 7º, XIX, o prazo da licença-paternidade é de 5 dias.

A licença-paternidade, de acordo com a Constituição, também é aplicável ao: doméstico (art. 7º, parágrafo único); servidor público civil (art. 39, § 3º); servidor militar (art. 42, § 1º).

Sergio Pinto Martins entende que a licença-paternidade é um período não remunerado, devendo ser tido como suspensão do contrato de trabalho.

Como não é remunerado, dentro da ótica desse jurista, citado direito pode ser acumulado com a previsão legal do art. 473, III, CLT, o qual prevê o direito de o empregado faltar por um dia, em caso de nascimento de filho, no decorrer da primeira semana.

Discordamos dessa opinião. De fato, a CF não menciona que a licença-paternidade deva ser remunerada. Porém, a imposição remunerada desse direito decorre de uma visão sistemática da ordem jurídico-trabalhista.

O aplicador do direito deve cotejar a licença-paternidade com o art. 473, III, CLT, ampliando o prazo de um para 5 dias. Portanto, a licença-paternidade é interrupção do contrato individual de trabalho, sendo de incumbência do empregador o pagamento dos dias de afastamento, além de computá-lo como tempo de serviço.

A licença-paternidade é válida tanto para o pai casado, como para o solteiro, sendo que deve ser gozada no decorrer da primeira semana após o parto.

A Lei 13.257/16 aumentou a licença-paternidade por mais 15 dias, desde que a empresa esteja inscrita no Programa Empresa Cidadã (Lei 11.770/08).

24.2.8.4 Doação de sangue

O empregado poderá faltar por 1 dia, a cada 12 meses de trabalho, em caso de doação voluntária de sangue devidamente comprovada (art. 473, IV, CLT).

24.2.8.5 Obrigações perante a Justiça Eleitoral

De acordo com o art. 473, V, o empregado poderá faltar ao serviço até 2 dias consecutivos ou não, para fins de alistamento eleitoral.

O art. 48, Código Eleitoral (Lei 4.737/65), acentua que o empregado, mediante comunicação de 48 horas de antecedência, poderá deixar de comparecer ao serviço, sem prejuízo do salário e por tempo não excedente a 2 dias, para o fim de se alistar eleitor ou requerer transferência.

Os eleitores nomeados para compor as mesas receptoras ou juntas eleitorais e os requisitados para auxiliar seus trabalhos serão dispensados do serviço, mediante declaração expedida pela Justiça Eleitoral, sem prejuízo do salário, vencimento ou qualquer outra vantagem, pelo dobro dos dias de convocação (art. 98, Lei 9.504/97). Entendemos que este direito é aplicável a qualquer trabalhador, visto que a lei não menciona que o regime jurídico deva ser, necessariamente, o da relação empregatícia. Portanto, por exemplo, pode ser aplicável ao estagiário.

24.2.8.6 Obrigações com o serviço militar

Inicialmente, os dias necessários ao alistamento (e processo de seleção) no serviço militar obrigatório não poderão ser descontados dos salários (art. 473, VI, CLT). Além disso, o reservista tem o dever da apresentação anual, no local e data que forem fixados, para fins de exercício de apresentação das reservas ou cerimônia cívica do Dia do Reservista (art. 65, *c*, Lei 4.375/64). Trata-se de uma hipótese de interrupção contratual.

O art. 473, VI, não é extensivo para as faltas do intitulado "tiro de guerra", no qual o trabalhador fica afastado meio período para o cumprimento das exigências do serviço militar.

O afastamento do empregado em virtude das exigências do serviço militar não constituirá motivo para a alteração ou rescisão do contrato de trabalho por parte do empregador (art. 472, *caput*, CLT).

Quando o empregado é convocado e incorporado à organização militar da ativa ou matriculado em órgão de formação de reserva, não terá direito à remuneração do período (art. 60, § 1º, Lei 4.375/64). O contrato estará interrompido, já que o tempo de serviço é contado para fins de indenização e estabilidade (art. 4º, § 1º, CLT), fazendo jus ao FGTS (art. 15, § 5º, Lei 8.036/90).

O empregado, quando incorporado ou matriculado em órgão de formação de reserva, por motivo de convocação para prestação do serviço militar, terá assegurado o retorno ao cargo ou emprego respectivo, dentro dos 30 dias que se seguirem ao licenciamento, ou término do curso, salvo se declarar, por ocasião da incorporação ou matrícula, não pretender a ele voltar (art. 60, *caput*, Lei 4.375).

Para que o empregado tenha direito a voltar a exercer o cargo do qual se afastou em virtude de exigências do serviço militar ou de encargo público, é indispensável que notifique o empregador dessa intenção, por telegrama ou carta registrada, dentro do prazo máximo de 30 dias, contados da data da baixa ou do término do encargo a que estava obrigado.

Se o empregado for incorporado, por motivo de convocação, para manobras, exercícios, manutenção da ordem interna ou guerra, terá assegurado o retorno ao emprego e garantido o direito a 2/3 da respectiva remuneração, enquanto perdurar o período da incorporação. A gratificação regulamentar é de responsabilidade do Exército, Marinha ou Aeronáutica (art. 61, *caput*). É facultada aos convocados a opção pelos vencimentos, salários ou remuneração que mais lhes convenham (art. 61, § 1º). Trata-se de interrupção do contrato de trabalho.

O tempo de trabalho anterior à apresentação do empregado para serviço militar obrigatório será computado no período aquisitivo, desde que ele compareça ao estabelecimento dentro de 90 dias da data em que se verificar a respectiva baixa (art. 132, CLT).

No caso de engajamento do empregado a uma das Armas, o incorporado perderá a garantia, o que levará à extinção do contrato de trabalho.

24.2.8.7 *Prestação de vestibular*

O empregado poderá faltar ao serviço, sem prejuízo do salário, nos dias em que estiver comprovadamente realizando provas de exame vestibular para ingresso em estabelecimento de ensino superior (art. 473, VII, CLT).

O comparecimento do trabalhador, como estudante, na realização das provas do ENEM, deve ser enquadrado nesta hipótese legal, na medida em que o resultado (= nota obtida) é utilizado pelas instituições de ensino nos seus vestibulares.

24.2.8.8 *Testemunhas e jurados*

As testemunhas não poderão sofrer qualquer desconto pelas faltas ao serviço, ocasionadas pelo seu comparecimento para depor, quando devidamente arroladas ou convocadas (art. 822, CLT; art. 463, CPC).

Mesmo se a testemunha comparecer à audiência, mas não prestar depoimento, deverá ter a sua falta devidamente abonada e remunerada.

O jurado sorteado para comparecimento a sessões do tribunal do júri não poderá sofrer qualquer desconto em seus vencimentos (art. 441, CPP).

24.2.8.9 *Ajuizamento de ação*

As horas em que o empregado faltar ao serviço para comparecimento necessário, como parte, à Justiça do Trabalho não serão descontadas de seu salário (Súm. 155, TST).

Como reflexo desse entendimento jurisprudencial, o legislador consolidado, por meio da Lei 9.853/99, estabeleceu que o empregado poderá deixar de comparecer ao serviço, sem prejuízo do salário, pelo tempo que se fizer necessário, quando tiver de estar presente em juízo (art. 473, VIII, CLT).

24.2.8.10 Conselhos

A participação dos representantes dos trabalhadores (reuniões do Conselho Nacional da Previdência Social e do Conselho Curador do FGTS) é considerada como jornada efetivamente trabalhada para todos os fins e efeitos legais (art. 3º, § 6º, Lei 8.213/91, art. 3º, § 7º, Lei 8.036/90).

24.2.8.11 Reunião oficial de organismo internacional

É considerada falta justificada ao serviço, pelo tempo que se fizer necessário, quando, na qualidade de representante de entidade sindical, o empregado estiver participando de reunião oficial de organismo internacional do qual o Brasil seja membro (art. 473, IX, CLT).

24.2.8.12 Outras hipóteses

Não será considerada falta ao serviço, para os efeitos das férias, a ausência do empregado durante a suspensão preventiva para responder a inquérito administrativo ou de prisão preventiva, quando for impronunciado ou absolvido (art. 131, V, CLT).

Por intermédio da negociação coletiva, outras faltas podem ser abonadas, tais como: o dia da categoria, a ausência para tratamento da saúde de pessoa da família etc.

No caso de férias, a falta será tida por justificada pela empresa, entendendo-se como tal a que não tiver determinado o desconto do correspondente salário (art. 131, IV, CLT).

A mãe ou o pai que falta ao serviço para levar o filho ao médico deve ter a justificativa quanto à sua ausência. Os pais têm o dever legal de zelar pelos filhos (poder familiar) (arts. 1.634 e 1.635, CC). Justificativa essa mencionada expressamente em alguns instrumentos normativos.

A Lei 13.257/16, a qual trata das políticas públicas para a primeira infância, incluiu os incisos X e XII ao art. 473, dispondo que são faltas abonadas: (a) até 2 dias para acompanhar consultas médicas e exames complementares durante o período da gravidez de esposa ou companheira; (b) 1 dia por ano para acompanhar filho de até 6 anos em consulta médica.

24.2.9 Férias

As férias anuais remuneradas representam um caso de interrupção, pois o período é remunerado e computado como tempo de serviço (arts. 129 e 130, § 2º, CLT).

24.2.10 Greve

A participação em greve suspende o contrato de trabalho, devendo as relações obrigacionais durante o período ser regidas pelo acordo, convenção, laudo arbitral ou decisão da Justiça do Trabalho, desde que observadas as condições previstas na lei que regulamenta o direito de greve em atividades essenciais (art. 7º, Lei 7.783/89).

De forma excepcional, em alguns julgados, o TST adota a posição de que os dias de greve são considerados como de interrupção, visto que houve um justo motivo para a paralisação (atraso de salários; *lockout*; descumprimento de instrumento normativo vigente; medicina e segurança do trabalho etc.).[2]

Se a empresa pagar os salários durante a greve, estaremos diante de um caso de interrupção do contrato de trabalho.

24.2.11 *Lockout*

Lockout é a paralisação das atividades, por iniciativa do empregador, com o objetivo de frustrar negociação ou dificultar o atendimento de reivindicações dos respectivos trabalhadores (art. 17, *caput*, Lei 7.783/89).

Durante o *lockout* é assegurado aos trabalhadores o direito à percepção dos salários (art. 17, parágrafo único), configurando hipótese de interrupção do contrato de trabalho.

24.2.12 Inquérito para apuração de falta grave

Inquérito judicial é a ação interposta pelo empregador em face do empregado estável decenal para apurar ocorrência de fato tido como falta grave. O prazo é de 30 dias, a contar da data da suspensão. Reconhecida a falta, o contrato é rescindido.

A critério do empregador, o empregado estável poderá ser suspenso preventivamente de suas funções enquanto perdurar o inquérito judicial (art. 494, CLT).

Não será considerada falta ao serviço a suspensão preventiva para efeito de contagem do período aquisitivo das férias (art. 131, V).

Tida como inexistente a falta, a suspensão torna-se sem efeito, devendo o empregador pagar ao empregado todos os salários do período de afastamento (art. 495). Também ocorre a reintegração ao emprego. Trata-se de interrupção.

Se a reintegração for desaconselhável, os salários devem ser pagos em dobro (art. 496 e 497).

Havendo a suspensão e comprovada a falta, entendemos que o período após a propositura do inquérito é de suspensão. Não serão devidos os salários, operando a rescisão contratual retroativa, não havendo a contagem de tempo de serviço.

---

[2] TST – 8ª T. – RR 202200-73.2009.5.02.0042 – Rel. Min. Márcio Eurico Vitral Amaro – *DEJT* 8/11/2013.
TST – SDC – AgR-ES 4253-26.2011.5.00.0000 – Rel. Min. João Oreste Dalazen – *DEJT* 2/3/2012.

24.2.13 Intervalos

O intervalo intrajornada não será computado na jornada de trabalho (art. 71, § 2º, CLT), logo, trata-se de suspensão do contrato individual de trabalho.

Porém, há intervalos que integram a jornada de trabalho. Exemplos: serviços permanentes de mecanografia (art. 72, CLT); digitadores (Súm. 346, TST); câmaras frigoríficas (art. 253, CLT); e minas de subsolo (art. 298). Nesses casos, ocorre a interrupção.

24.2.14 Sobreaviso e prontidão

Considera-se de sobreaviso o empregado efetivo que permanecer em sua própria casa, aguardando, a qualquer momento, o chamado para o serviço. Cada escala de sobreaviso será, no máximo, de 24 horas. As horas de sobreaviso, para todos efeitos, serão contadas à razão de 1/3 do salário normal (art. 244, § 2º, CLT).

Considera-se de prontidão o empregado que ficar nas dependências da empresa, aguardando ordens. A escala de prontidão será, no máximo, de 12 horas. As horas de prontidão serão, para todos os efeitos, contadas à razão de 2/3 do salário-hora normal (art. 244, § 3º).

Sobreaviso e prontidão são situações de interrupção do contrato de trabalho, pois os salários são devidos ao empregado, além da contagem de tempo de serviço (art. 4º).

Apesar de o sobreaviso e a prontidão serem institutos próprios do trabalhador ferroviário, a jurisprudência reconhece a sua aplicação analógica para outros tipos de trabalhadores.

24.2.15 Repouso semanal remunerado

O repouso semanal remunerado garante ao empregado o repouso por 24 horas, além do pagamento dos salários correspondentes. Trata-se de hipótese de interrupção do contrato de trabalho.

24.2.16 Representação sindical

Considera-se de licença não remunerada, salvo assentimento da empresa ou cláusula contratual, o tempo em que o dirigente sindical ausentar-se do trabalho para o desempenho de seu mandato eletivo (art. 543, § 2º, CLT).

Excetuando as situações de concordância da empresa ou de cláusula contratual, o período de afastamento do dirigente sindical, para o desempenho das suas funções, configura-se suspensão do contrato individual de trabalho.

24.2.17 Licença gestante e adoção e guarda

A empregada gestante tem direito à licença-maternidade de 120 dias, sem prejuízo do emprego e do salário (art. 7º, XVIII, CF; art. 392, CLT).

O salário-maternidade é devido à empregada que adotar ou obtiver guarda judicial de criança e a base de 120 dias (art. 392-A). Trata-se de uma hipótese de interrupção do contrato de trabalho.

24.2.18 Segurança nacional

O Dec.-lei 3/66 alterou o art. 472, §§ 3º a 5º, CLT, para cuidar de questões envolvendo a segurança nacional e a relação de emprego.

Ocorrendo motivo relevante de interesse para a segurança nacional, poderia a autoridade competente solicitar o afastamento do empregado do serviço ou do local de trabalho, sem que se configurasse a suspensão do contrato de trabalho. O afastamento seria solicitado pela autoridade competente diretamente ao empregador, em representação fundamentada com audiência da Procuradoria Regional do Trabalho, que providenciaria, desde logo, a instauração do competente inquérito administrativo.

Durante os primeiros 90 dias do afastamento em virtude de inquérito administrativo para apuração de motivo de interesse da segurança nacional, o empregado continuaria percebendo sua remuneração, o que constituiria uma hipótese de interrupção do contrato. Esse período seria de interrupção.

Após o decurso dos 90 dias, como o empregador não era obrigado a pagar os salários do empregado, ante a falta de previsão legal, o contrato de trabalho estaria suspenso.

Pelos ideais democráticos da CF/88, torna-se evidente que referida sistemática não foi recepcionada pela nova ordem constitucional.

Como o Dec.-lei 3/66 foi expressamente revogado pela Lei 8.630/93, entendemos que também houve a revogação dos §§ 3º a 5º, do art. 472, CLT.

24.2.19 Suspensão disciplinar

A suspensão disciplinar do empregado decorre do poder de direção e disciplina do empregador. A punição somente tem razão de ser quando existente a falta e desde que guarde proporcionalidade entre esta e a punição.

A suspensão do empregado por mais de 30 dias consecutivos importa rescisão injusta do contrato de trabalho (art. 472, CLT).

Nula é a punição de empregado se não tiver sido precedida de inquérito ou sindicância interno a que se obrigou a empresa por norma regulamentar (Súm. 77, TST).

24.2.20 Suspensão para qualificação profissional (lay-off)

A suspensão para qualificação profissional (também conhecida como *lay-off*) é regulada pelo art. 476-A, CLT.

Os requisitos da suspensão para qualificação profissional são: (a) negociação coletiva (acordo ou convenção coletiva), como mecanismo de autorização e de regulação da suspensão; (b) concordância formal do empregado; (c) participação do empregado em curso ou programa de qualificação profissional oferecido pelo empregador com duração equivalente à suspensão do contrato. Não é necessário que o curso seja fornecido na empresa ou por empregados da empresa; (d) notificação pelo empregador à entidade sindical representativa da categoria profissional com antecedência mínima de quinze dias da suspensão contratual dos seus empregados.

Em relação ao prazo: (a) a suspensão do contrato de trabalho pode durar de dois a cinco meses; (b) o prazo da suspensão pode ser prorrogado por negociação coletiva, desde que se tenha a concordância do empregado e a empresa pague o valor da bolsa de qualificação durante o respectivo período. Contudo, a prorrogação não se confunde com a possibilidade de suspensões autônomas do contrato de trabalho. Só é possível a suspensão do contrato de trabalho, pelo período de dois a cinco meses, a cada dezesseis meses, para fins de realização da qualificação profissional.

No tocante aos efeitos da suspensão: (a) o empregado, afastado do emprego, pela suspensão, quando do retorno ao trabalho, tem direito as vantagens que, em sua ausência, tenham sido atribuídas à categoria a que pertencia na empresa; (b) percepção da bolsa de qualificação profissional (art. 2º-A, Lei 7.998/90). De acordo com o art. 3º-A (Lei 7.998), a periodicidade, os valores, o cálculo do número de parcelas e os demais procedimentos operacionais de pagamento da bolsa de qualificação profissional, bem como os pré-requisitos para habilitação serão os mesmos adotados em relação ao benefício do seguro-desemprego, exceto quanto à dispensa sem justa causa. Caso o programa seja prorrogado, o empregador assume o compromisso em efetuar o pagamento desta bolsa; (c) a bolsa não tem natureza salarial; (d) o empregador pode conceder uma ajuda compensatória mensal, cujo valor será definido em negociação coletiva; (e) o empregado tem direito à percepção dos benefícios concedidos de forma voluntária pelo empregador (convênio médico, cesta alimentação, *ticket* refeição etc.), desde que sejam estabelecidos na negociação coletiva.

A dispensa não é nula se ocorrer no curso da suspensão. Contudo, há uma consequência: multa prevista na norma coletiva, a qual, no mínimo, será equivalente a uma remuneração mensal anterior à suspensão do contrato. Caso a dispensa ocorra no prazo de três meses após a data do retorno da suspensão, a multa também é devida.

Todos os atos serão tidos por nulos de pleno direito quando praticados com o intuito de fraudar, desvirtuar ou mesmo impedir a aplicação da legislação trabalhista (art. 9º).

Portanto, havendo a suspensão do contrato e não sendo ministrado curso ou programa de qualificação profissional ou, ainda, se o empregado continuar a prestar serviços, fica descaracterizada a suspensão, sujeitando o empregador ao pagamento imediato dos salários e dos encargos sociais do período, bem como às penalidades previstas em lei e norma coletiva (art. 476-A, § 6º).

Durante a suspensão, não há obrigatoriedade de recolhimento de FGTS e de INSS, bem como não se tem a contagem de 1/12 por mês para fins de cálculo do décimo terceiro salário. Quanto às férias, entendemos que o período de afastamento não pode prejudicar o período aquisitivo, visto que: (a) o período é inferior a seis meses; (b) o empregado não aufere, necessariamente, salário do empregador. Portanto, ante a inteligência do art. 133, IV, § 2º, CLT, não há prejuízo para fins de implemento do período aquisitivo.

24.2.21 Medida cautelar criminal

O art. 319, VI, do CPP, estabelece, como espécie de medida cautelar diversa da prisão, a suspensão do exercício de função pública ou de atividade de natureza econômica ou financeira quando houver justo receio de sua utilização para a prática de infrações penais.

Trata-se de suspensão do contrato de trabalho e decorrente de ato alheio à vontade do empregador, já que é decorrente de imposição judicial.

24.2.22 Amamentação

No texto originário, havia a previsão de que as mulheres em fase de amamentação teriam direito a dois intervalos de meia hora cada um para alimentar o próprio filho, até que este completasse seis meses de idade. O prazo de seis meses poderia ser prorrogado pelo médico oficial (art. 396, CLT).

A lei não determina o cômputo do intervalo do art. 396 na jornada de trabalho. Apesar disso, a matéria não é pacífica na doutrina.

Valentin Carrion[3] entende que o *"tempo destinado a amamentar o filho é tempo de descanso especial, presumindo-se como de tempo de serviço e, portanto, remunerado (Gomes-Gottschalk, Curso, p. 388; Amaro, Tutela, v. 4, p. 546), caso seja suprimido".*

Na visão de Sergio Pinto Martins,[4] *"a lei não dispõe que esses intervalos não serão deduzidos da jornada de trabalho ou serão computados como tempo de serviço à disposição do empregador, ao contrário dos arts. 72, 253 e 298 da CLT. Onde a lei não distingue, não cabe ao intérprete fazê-lo. Assim, deve-se entender que esses intervalos serão deduzidos da jornada de trabalho e não serão remunerados".*

Pela importância do intervalo, sua concessão deve ser vista como interrupção do contrato de trabalho.

A 2ª Turma do TST entendeu que o intervalo para amamentação, quando não usufruído, deve ser pago como hora extra (RR 9276600-03.2003.5.04.0900 – Rel. Min. Vantuil Abdala – *DEJT* 18/9/2009).

Em 2017, o art. 396 sofreu alterações com as Leis 13.467 e 13.509. Para fins de amamentação do seu filho, natural ou adotado, até que complete seis meses de idade, a mulher terá direito a dois descansos especiais à base de trinta minutos cada um. O período poderá der dilatado por mais seis meses, a critério da autoridade competente, sendo que os horários dos descansos serão definidos em acordo individual entre a mulher e o empregador. Mesmo após a Reforma, caso os intervalos não sejam concedidos, mantém-se o seu deferimento como hora extra, além de suas incidências, pois, representam interrupção quanto à prestação dos serviços.

---

[3] CARRION, Valentin. *Comentários à Consolidação das Leis do Trabalho.* 28. ed., p. 255.
[4] MARTINS, Sergio Pinto. *Direito do trabalho,* 21. ed., p. 547.

O art. 611-B, XXX, CF (Reforma Trabalhista) proíbe que o intervalo de amamentação e o afastamento da lactante possa ser objeto de negociação coletiva (indisponibilidade absoluta).

24.3 O CONTRATO DE TRABALHO E A LEI MARIA DA PENHA (LEI 11.340/06)

A Lei 11.340/06, denominada de Lei Maria da Penha, dispõe a respeito da violência doméstica ou familiar contra a mulher.

A assistência à mulher em situação de violência doméstica e familiar será prestada de forma articulada e conforme os princípios e as diretrizes previstos na Lei Orgânica da Assistência Social, no Sistema Único de Saúde, no Sistema Único de Segurança Pública, entre outras normas e políticas públicas de proteção, e emergencialmente quando for o caso (art. 9º, *caput*, Lei 11.340).

O juiz criminal (Justiça Comum) deverá determinar, por prazo certo, a inclusão da mulher em situação de violência doméstica e familiar no cadastro de programas assistenciais do governo federal, estadual e municipal (art. 9º, § 1º). Também deverá ser assegurada à mulher em situação de violência doméstica e familiar, para preservar sua integridade física e psicológica: (a) acesso prioritário à remoção quando servidora pública integrante da administração direta ou indireta; (b) manutenção do vínculo trabalhista, quando necessário o afastamento do local de trabalho, por até seis meses (art. 9º, § 2º, I e II).

A assistência à mulher em situação de violência doméstica e familiar compreenderá o acesso aos benefícios decorrentes do desenvolvimento científico e tecnológico, incluindo os serviços de contracepção de emergência, a profilaxia das Doenças Sexualmente Transmissíveis (DST) e da Síndrome da Imunodeficiência Adquirida (AIDS) e outros procedimentos médicos necessários e cabíveis nos casos de violência sexual (art. 9º, § 3º).

Como se denota, a servidora pública (estatutária ou celetista) tem o direito prioritário a uma remoção de local de trabalho diante da violência doméstica ou familiar com o intuito da preservação da sua integridade física e psicológica.

A garantia deverá ser implementada de imediato pela Administração Pública, em cumprimento à determinação judicial, uma vez que as medidas protetivas de urgência poderão ser concedidas pelo juiz criminal,[5] a requerimento do Ministério Público ou a pedido da ofendida (art. 19, *caput*, Lei 11.340).

---

[5] Enquanto não estruturados os Juizados de Violência Doméstica e Familiar contra a Mulher, as varas criminais acumularão as competências cível e criminal para conhecer e julgar as causas decorrentes da prática de violência doméstica e familiar contra a mulher, subsidiada pela legislação processual pertinente (art. 33, *caput*, Lei 11.340/06). Será garantido o direito de preferência, nas varas criminais, para o processo e o julgamento das causas referidas no *caput* (art. 33, parágrafo único).

A segunda garantia é a manutenção do vínculo empregatício pelo período de até 6 meses. Pela análise do texto legal, podemos ter 3 interpretações, ou seja, trata-se de uma forma de estabilidade, suspensão ou interrupção do contrato de trabalho.

Acreditamos que não se trata de nenhuma forma propriamente dita de estabilidade. O legislador menciona a manutenção do vínculo pelo prazo de até no máximo 6 meses, nada aduzindo, expressamente, quanto à possibilidade de retorno, expirado o prazo de 6 meses ou quanto ao pagamento de salários durante o afastamento.

As duas outras hipóteses, isto é, a suspensão e a interrupção, são as mais atrativas para o operador do direito.

Numa visão literal, a rigor, como a norma nada indica quanto aos salários do período, poder-se-ia pensar que o período de afastamento seria de suspensão contratual, logo, não seria devida nenhuma vantagem contratual à mulher, na qualidade de empregada.

Sergio Pinto Martins[6] ensina: *"O empregador não tem obrigação de pagar salários à empregada afastada por 6 meses do emprego em decorrência de violência doméstica, assim como não deve contar o tempo para fins de férias, pagar 13º salário, e haver incidência do FGTS e da contribuição previdenciária".*

Contudo, não podemos esquecer o alcance social da Lei 11.340, ou seja, a proteção das mulheres em situação de violência doméstica e familiar.

A CF, no art. 226, § 8º, assegura o dever de assistência à família na pessoa de cada um dos que a integram, criando mecanismos para coibir a violência no âmbito de suas relações.

O afastamento, se necessário, para a mulher, será involuntário e com o escopo primordial para a preservação de sua incolumidade física e psíquica, portanto, não é admissível que se analise o lapso temporal de até no máximo 6 meses como se fosse uma mera suspensão contratual.

Para fins da efetividade do dispositivo infraconstitucional, a nossa conclusão é pela caracterização de um lapso contratual interruptivo, portanto, para a empregada serão assegurados todos os direitos durante o afastamento, contudo, observado o período máximo de 6 meses. Trata-se de uma forma de justiça distributiva.[7]

---

[6] MARTINS, Sergio Pinto. Manutenção do contrato de trabalho em razão de violência doméstica. *Repertório de Jurisprudência IOB*, v. 2, nº 13/2007, p. 401.

[7] "Em que consiste, essencialmente, a distributiva? Como as demais espécies de justiça, em dar a 'outrem' o que é 'devido' segundo uma 'igualdade'. Mas essas notas apresentam-se, no caso, com características próprias. Assim: (a) pluralidade de pessoas ou 'alteridade' apresenta-se como relação entre a comunidade e seus membros, o todo e a parte; (b) o 'devido' consiste em assegurar aos membros da coletividade uma equitativa 'participação no bem comum'; (c) e a 'igualdade', a ser estabelecida ou respeitada, é proporcional ou relativa, e não absoluta ou simples, como nas relações de justiça comutativa. Com esses elementos podemos formular a seguinte definição: justiça distributiva é a virtude pela qual a comunidade dá a cada um de seus membros uma participação no bem comum, observada uma igualdade proporcional ou relativa" (MONTORO, André Franco. *Introdução à ciência do direito*. 25. ed., p. 174).

O empregador deveria recolher as contribuições previdenciárias e fundiárias, além de ser compelido a resguardar a contagem deste lapso temporal como tempo de serviço para férias e décimo terceiro salário.

Não se pode impor o pagamento de salários do período ao empregador, visto que ao empregador não se pode imputar a responsabilidade por esse afastamento.

A concessão de um benefício pela assistência social à trabalhadora é uma solução viável. Não se pode esquecer que a assistência social é prestada, independentemente de contribuição à seguridade social, tendo por objetivo a promoção de integração ao mercado de trabalho (art. 203, III, CF).

Para Gustavo Filipe Barbosa Garcia:[8] *"Tendo em vista o caráter bilateral do contrato de emprego, seria necessária determinação legal impondo ao empregador o dever de permanecer pagando o salário à mulher, mesmo sem ela estar trabalhando, como ocorre nas hipóteses de interrupção contratual. Além disso, cabe ao Estado assegurar e conceder os benefícios assistenciais e de saúde para a situação enfocada (de violência doméstica e familiar), até mesmo para que não ocorra discriminação contra a mulher no mercado de trabalho. Tanto é assim que o caput e o § 1º do art. 9º fazem menção ao sistema (estatal e governamental) de assistência social (bem como de saúde e de segurança pública). Nesse mesmo enfoque é a previsão do art. 226, § 8º, da Constituição Federal de 1988, estabelecendo o dever do Estado de assegurar a assistência à família na pessoa de cada um dos que a integram, criando mecanismos para coibir a violência no âmbito de suas relações".*

Em caso de incapacidade física ou psíquica da empregada, se for segurada da previdência social, respeitado o prazo legal da carência, deverá gozar do benefício previdenciário (auxílio-doença). Nesta situação, o empregador paga os 15 primeiros dias de afastamento, entrando, assim, a segurada em gozo do auxílio-doença. O contrato de trabalho estará suspenso.

Diante da violência familiar ou doméstica contra a mulher, o juízo criminal irá comunicar ao empregador quanto ao conteúdo da sua decisão, impondo-se o direito da empregada ao período máximo de 6 meses para fins de manutenção do seu contrato de trabalho.

Em caso de desobediência pelo empregador, quanto à ordem judicial criminal de manutenção do vínculo empregatício, a Justiça do Trabalho haverá de ser provocada para a satisfação da ordem, por meio de uma ação proposta pela própria ofendida onde se pleiteie a tutela de manutenção do seu direito a um período máximo de 6 meses de afastamento contratual.

24.4 EFEITOS DA SUSPENSÃO E DA INTERRUPÇÃO

Quando do seu retorno, em caso de suspensão ou interrupção, quanto aos efeitos do contrato de trabalho, além do retorno ao cargo anteriormente ocupado, o empregado

---

[8] GARCIA, Gustavo Filipe Barbosa. *Curso de direito do trabalho.* 3. ed., p. 567.

afastado terá direito a todas as vantagens, legais ou normativas, que tenham sido atribuídas à categoria a que pertencia na empresa (art. 471).

Se o empregado afastado pertencer a categoria diferenciada, será esta a norma a ser observada. Para tanto, é necessário que a empresa faça parte do referido instrumento normativo (Súm. 374, TST). Em caso contrário, será observada a norma negocial da categoria profissional preponderante.

Eventuais benefícios pessoais, os quais tenham sido adquiridos pelo trabalhador pelo seu esforço, não poderão ser reivindicados pelo empregado afastado, se não atender às condições para tanto.

O afastamento do empregado em virtude das exigências do serviço militar ou de outro encargo público não constituirá motivo para alteração ou rescisão do contrato de trabalho por parte do empregador (art. 472, *caput*, CLT).

Para que o empregado tenha direito a voltar a exercer o cargo do qual se afastou em virtude de exigências do serviço militar ou de encargo público, é indispensável que notifique o empregador dessa intenção, por telegrama ou carta registrada, dentro do prazo máximo de 30 dias, os quais serão contados da data da baixa ou do término do encargo a que estava obrigado (art. 472, § 1º).

Nos contratos de trabalho por prazo determinado, o tempo de afastamento, por interrupção ou suspensão, em nada influenciará o término do referido pacto, salvo se as partes dispuserem de forma diversa (art. 472, § 2º).

Diante do art. 472, § 2º, CLT, o tempo de afastamento não será computado na contagem do contrato por prazo determinado, exceto se houver disposição em contrário por parte dos contratantes. Isto significa que, em tese, os períodos de afastamento por suspensão e interrupção devem ser computados para a terminação do contrato por prazo determinado. Quanto a essa discussão, há duas correntes doutrinárias: (a) primeira, em que o contrato se extingue no termo final, mesmo que o empregado ainda esteja afastado. É a hipótese do empregado que sofre o acidente de trabalho no 60º dia do contrato, sendo que o afastamento será de 6 meses. O tempo expirará no 90º dia; (b) segunda, em que o contrato não se prorroga, contudo, a sua extinção somente ocorrerá após o retorno do empregado.

No contrato por prazo determinado, regulado pela Lei 9.601, são garantidas as estabilidades provisórias da gestante, do dirigente sindical (titular e suplente), do empregado eleito para cargo de direção de comissões internas de prevenção de acidentes e do empregado acidentado, nos termos do art. 118 da Lei 8.213/91, durante a vigência do contrato, que não poderá ser rescindido antes do prazo estipulado pelas partes (art. 1º, § 4º).

Para o TST, o empregado tem direito à manutenção de plano de saúde ou de assistência médica oferecido pela empresa, não obstante suspenso o contrato de trabalho em virtude de auxílio doença acidentário ou de aposentadoria por invalidez (Súm. 440).

24.5 DISPENSA DO EMPREGADO NO CURSO DA SUSPENSÃO OU DA INTERRUPÇÃO

Para Sergio Pinto Martins,[9] *"a lei nada esclarece sobre se o empregado pode ser dispensado durante o prazo de suspensão ou interrupção do contrato de trabalho. Poderia dizer-se que aquilo que não é proibido é permitido; logo, a dispensa seria possível. Assim, o empregador poderá dispensar o empregado durante o período de interrupção ou suspensão do contrato de trabalho, porém deverá pagar as vantagens do período, mesmo que o empregado esteja coberto por benefícios da Previdência Social".*

Octavio Bueno Magano[10] afirma ser possível a dispensa do empregado no curso do prazo da suspensão ou da interrupção, contudo, faz as seguintes restrições: *"É corrente o entendimento de que o empregador não pode despedir o empregado durante o prazo da suspensão ou da interrupção do seu contrato de trabalho. Mas isso não é totalmente exato. Defeso ao empregador é despedir o empregado em virtude da causa motivadora de seu afastamento do serviço. Será igualmente vedado ao empregador denunciar o contrato, quando este estiver amparado por estabilidade, seja esta definitiva ou transitória".*

Gustavo Filipe Barbosa Garcia[11] preleciona: *"Por fim, embora seja ilícita a dispensa sem justa causa quando do afastamento por licença médica, a prática de ato de justa causa pelo obreiro autoriza a despedida, pois aqui não mais se verifica ato patronal tendente a afastar a aplicação de norma protetora. Se até mesmo o empregado estável pode ser dispensado pela prática de ato faltoso (art. 492 da CLT), por óbvio que o empregado cujo pacto laboral encontra-se suspenso (ou interrompido) também o pode. Logicamente, essa justa causa poderá ser objeto de questionamento em juízo, por meio de ação trabalhista ajuizada pelo empregado despedido. Não reconhecida a justa causa, se postulada a nulidade da dispensa em razão da suspensão contratual, a reintegração, em princípio, também, aqui, impor-se-á".*

De fato, o empregador tem o direito potestativo quanto à dispensa do empregado, mesmo no curso da interrupção ou da suspensão do contrato, porém, não de forma absoluta.

Quando se tratar de justa causa,[12] o empregador tem o direito de dispensar o trabalhador, sendo que a matéria poderá ser objeto de uma discussão judicial. Contudo, a dispensa imotivada não será possível durante o transcurso da causa de suspensão ou de interrupção do contrato de trabalho.

---

[9] MARTINS, Sergio Pinto. Ob. cit., p. 367.
[10] MAGANO, Octavio Bueno. *Manual de direito do trabalho*: direito individual do trabalho. 4. ed., v. 2, p. 319.
[11] GARCIA, Gustavo Filipe Barbosa. *Curso de direito do trabalho*. 8. ed., p. 629.
[12] TRT – 5ª R. – 4ª T. – RO 0001119-72.2011.5.05.0025 – Rel. Paulo Sérgio Sá – *DJe* 19/5/2015; TRT – 6ª R. – RO 0001045-92.2014.5.06.0313 – Rel. Pedro Paulo Pereira Nobrega – *DJe* 29/7/2015 – p. 145.

QUESTIONÁRIO

1. O que é suspensão do contrato de trabalho?

2. O que é interrupção do contrato de trabalho?

3. O período de afastamento em função do acidente de trabalho é interrupção ou suspensão do contrato de trabalho? Justifique.

4. O aviso prévio representa uma hipótese de interrupção do contrato de trabalho? Justifique.

5. Qualquer falta ao trabalho pode ser considerada como suspensão do contrato de trabalho?

6. O repouso semanal remunerado é interrupção ou suspensão do contrato de trabalho?

7. O serviço militar é suspensão ou interrupção do contrato de trabalho?

8. Quais são os efeitos da interrupção e da suspensão em relação ao contrato de trabalho?

9. Na interrupção ou suspensão do contrato de trabalho, o empregado pode ser dispensado?

Capítulo XXV
TÉRMINO DO CONTRATO DE TRABALHO

25.1 TERMINOLOGIA

É discutível na doutrina a terminologia empregada para qualificar o término do contrato de trabalho.

Como sabemos, o contrato de trabalho é uma relação jurídica, a qual nasce, desenvolve-se e chega ao seu termo.

O modo usual da extinção do contrato de trabalho é a sua execução. Pelo cumprimento natural e espontâneo das obrigações assumidas pelas partes (empregado e empregador), a relação jurídica, por eles avençada, deixa de existir. Contudo, por vezes, o contrato se extingue por causas supervenientes à sua formação e que não são previstas como normais para o término da relação jurídica. Em face dessas assertivas, Délio Maranhão utiliza a expressão "dissolução" para fazer referência às hipóteses em que o contrato chega a seu fim por uma via que não seja a normal.

Dissolução é gênero, do qual resolução, resilição e rescisão são espécies.

Ocorre a resolução quando: *"(a) há inexecução faltosa por parte de um dos contratantes; (b) o contrato está subordinado a uma condição resolutiva; e (c) a execução se torna impossível por motivo de força maior".*[1]

Por sua vez, a resilição pode ser bilateral ou unilateral. A bilateral é o *"distrato: as partes, de comum acordo, deliberam desfazer o contrato".*[2] A unilateral pressupõe *"um contrato por tempo indeterminado. Nenhum dos contratantes tendo assumido a obrigação de fazê-lo durar por um período certo, qualquer deles, a qualquer tempo, pode fazê-lo findar. Como escreve Orlando Gomes, a natureza do 'poder de resilir unilateralmente o contrato não sofre contestação. Trata-se de um direito potestativo'. Potestativo é o direito cujo exercício não visa ao cumprimento de um dever jurídico, a que se obrigara o outro sujeito da relação, mas à modificação, ou extinção dessa relação, limitando-se este, assim, a sofrer as consequências do exercício do direito pelo seu titular".*

---

[1] MARANHÃO, Délio. *Direito do trabalho*. 8. ed., p. 217.
[2] MARANHÃO, Délio. Ob. cit., p. 217.

E, por fim, a rescisão compreende as situações de nulidade do contrato individual de trabalho.

Evaristo de Moraes Filho adota o termo "cessação" para envolver toda e qualquer forma de término do contrato de trabalho. Esse termo também é utilizado por Octavio Bueno Magano.

O art. 49 do Estatuto dos Trabalhadores da Espanha emprega a expressão "extinção" do contrato de trabalho. A legislação portuguesa menciona cessação do contrato de trabalho como gênero.

A CLT utiliza os termos "rescisão" e "extinção do contrato".

Pelas divergências doutrinárias, vamos adotar "término" para fazermos referência às causas que põe fim ao contrato de trabalho.

25.2 CAUSAS TERMINATIVAS DO CONTRATO DE TRABALHO

As causas terminativas do contrato de trabalho podem estar relacionadas: (a) à vontade das partes – unilateral ou bilateral (pedido de demissão, dispensa imotivada e acordo mútuo); (b) ao não cumprimento das obrigações contratuais (dispensa motivada, rescisão indireta do contrato de trabalho, culpa recíproca); (c) a causas supervenientes (morte do empregado, morte do empregador pessoa natural, força maior etc.).

25.2.1 Causas terminativas do contrato de trabalho – relacionadas à vontade das partes

25.2.1.1 Pedido de demissão

Demissão é a comunicação efetuada pelo empregado ao empregador, declarando que não mais deseja prosseguir com a relação de emprego. Como é um ato unilateral, a sua validade independe da concordância do empregador.

Para Valentin Carrion,[3] a *"ruptura súbita pelo empregado dá ao empregador direito de descontar a importância de um salário mensal (Barreto Prado, Tratados; Maranhão, Direito do Trabalho); apesar de opiniões em contrário, a compensação pode ser realizada com qualquer crédito que o empregado tiver e não apenas com o saldo salarial, se este já foi pago; a expressão legal quis fixar o montante e não que a compensação seja autorizada apenas sobre os salários, exatamente a parcela mais intangível que a literatura jurídica conhece; o entendimento contrário é ilógico, mesmo que baseado em alteração do texto originário (assim: Russomano, Curso, e Catharino, Compêndio). É certo que só é permitida a compensação e não a ação do empregador para cobrar o empregado; nesta parte a letra da lei é coerente com o que repete no título processual, afirmando que a compensação ou retenção só poderão ser arguidas como matéria de defesa (art. 767), mas de duvidosa constitucionalidade (a lei não excluirá da apreciação do Poder Judiciário lesão ou ameaça de direito, CF de 1988, art. 5º, XXXV)".*

---

[3] CARRION, Valentin. *Comentários à Consolidação das Leis do Trabalho*. 28. ed, p. 381.

O direito ao aviso prévio é irrenunciável pelo empregado. O pedido de dispensa de cumprimento não exime o empregador de pagar o valor respectivo, salvo comprovação de haver o prestador dos serviços obtido novo emprego (Súm. 276, TST).

Com o pedido de demissão, o empregado deverá cumprir integralmente o aviso prévio. Se deixar de cumprir o aviso de forma integral ou parcial, o empregador terá o direito de descontar o salário correspondente ao período (art. 487, § 2º, CLT).

Para os empregados com mais de ano de serviço, o pedido de demissão só terá validade quando homologado perante o sindicato ou autoridade do Ministério do Trabalho (art. 477, § 1º, CLT).

Em janeiro/16, o TST decidiu pela nulidade do pedido de demissão, ante a ausência da homologação da rescisão, independentemente, da confissão do empregado quanto à demissão.[4]

O art. 477, § 1º, CLT, exigia a assistência sindical ou do MTE para a homologação da rescisão de empregados com mais de um ano de serviço e, diante do descumprimento da formalidade legal, essencial à validade do ato jurídico, não haveria como reconhecer-se que a ruptura contratual se deu por iniciativa do trabalhador. Sem a homologação, era inválido o pedido de demissão do empregado, ainda que ele confessasse em juízo a sua iniciativa de desligamento contratual, devendo a dispensa ser reconhecida como imotivada. Não se poderia olvidar que a norma era cogente e assegurava a prevalência do princípio da indisponibilidade dos direitos trabalhistas, de modo que a declaração de que o pedido de demissão se deu sem vício de vontade não supriria o requisito da assistência sindical imposto pela lei. Com a Reforma, a partir de 11/11/2017 (Lei 13.467), ante a revogação expressa do § 1º do art. 477, CLT, deixa de ser obrigatória a homologação da rescisão contratual. Portanto, a validade do pedido de demissão não está mais condicionada a essa formalidade.

Os recibos de pagamento e pedidos de demissão dos empregados públicos que prestam serviços para a União, Estados, Distrito Federal, Municípios e autarquias ou fundações de direito público que não explorem atividade econômica possuem presunção relativa de validade, não estão sujeitos à homologação (art. 1º, I, Dec.-lei 779/69).

Com o pedido, o empregado perde o direito à indenização de 40% sobre o saldo do FGTS e as parcelas do seguro-desemprego. Tem direito a receber o saldo de salário, décimo terceiro salário (Súm. 157, TST), férias vencidas e proporcionais, acrescidas de um terço constitucional.

O empregado que, espontaneamente, pede demissão, antes de completar 12 meses de serviço, tem direito a férias proporcionais (Súm. 261 e 171, TST).

---

[4] TST – SDI-I – E-RR 825-12.2010.5.09.0003 – Rel. Min. Hugo Carlos Scheuermann – *DEJT* 29/1/2016.

25.2.1.2 A dispensa do empregado

A dispensa do empregado representa sérias consequências econômicas para si e seus familiares, implicando dificuldades sociais, dado o aspecto alimentar do salário.

Em linhas objetivas, dispensa é o ato pelo qual o empregador põe fim ao vínculo empregatício. Representa uma forma de extinção do contrato individual de trabalho.

Na doutrina, a natureza jurídica da dispensa é polêmica: (a) direito potestativo do empregador; (b) direito relativo do empregador; (c) sanção disciplinar resultante do poder diretivo; (d) fator de extinção do contrato de trabalho.

De fato, a dispensa é um ato jurídico unilateral, denotando verdadeiro direito potestativo do empregador, sendo que a vontade do trabalhador nada vale.

Vários são os tipos de dispensa: *"(1) dispensa com ou sem justa causa (CLT, art. 482), aquela fundada em causa pertinente à esfera do trabalhador, quase sempre uma ação ou omissão passível de comprometer a disciplina; (2) dispensa obstativa, destinada a impedir ou fraudar a aquisição de um direito que se realizaria caso o empregado permanecesse no serviço, como as dispensas que antecedem um reajustamento salarial; (3) dispensa indireta (CLT, art. 483), que é a ruptura do contrato de trabalho pelo empregado diante de justa causa do empregador; (4) dispensa individual, de um empregado, ou, embora no mesmo ato, de diversos empregados, por causas diferentes em relação a cada um dos despedidos; (5) dispensa coletiva, de mais de um empregado, por um único motivo igual para todos, quase sempre razões de ordem objetiva da empresa, como problemas de ordem objetiva da empresa, como problemas econômicos, financeiros e técnicos; (6) dispensa arbitrária (CF, art. 7º, I), ainda não regulamentada pela legislação; (7) dispensa voluntária prevista pela Lei nº 9.468, de 10.7.1997, para servidores civis do Poder Executivo Federal da Administração Direta, Autárquica e Fundacional, mas praticada por empresas do setor privado"*.[5]

25.2.1.2.1 Dispensa arbitrária

A Convenção 158, OIT, ratificada pelo Dec. Legislativo 68, de 16/9/1992, e promulgada pelo Dec. 1.855, de 10/4/1996, versa sobre a rescisão do pacto laboral por iniciativa do empregador.

Não se dará término à relação de trabalho, exceto diante de uma causa justificada, ou seja, relacionada com a sua capacidade ou seu comportamento, ou baseada nas necessidades de funcionamento da empresa, estabelecimento ou serviço (art. 4º, Convenção 158). Citado dispositivo representa um mecanismo de eliminação da denúncia vazia (dispensa sem qualquer motivo) do contrato de trabalho por parte do empregador.

---

[5] NASCIMENTO, Amauri Mascaro. *Iniciação ao direito do trabalho.* 31. ed., p. 220.

São causas injustificadas para a dispensa: (a) a filiação a um sindicato ou a participação em atividades sindicais; (b) a candidatura a representante dos trabalhadores; (c) a apresentação de queixa ou participação em um procedimento estabelecido contra um empregador por supostas violações de leis ou regulamentos, ou o fato de o trabalhador recorrer perante as autoridades administrativas competentes; (d) a raça, a cor, o sexo, o estado civil, as responsabilidades familiares, a gravidez, a religião, as opiniões políticas, a ascendência nacional ou a origem social; (e) a ausência do trabalho durante a licença-maternidade (art. 5º, Convenção 158).

Não deverá haver o término do contrato de trabalho por motivos relacionados ao seu comportamento ou seu desempenho antes de se dar ao mesmo a possibilidade de se defender das acusações feitas contra ele, a menos que não seja possível pedir ao empregador, razoavelmente, que lhe conceda essa possibilidade (art. 7º, Convenção 158).

O trabalhador, que considerar injustificado o término do seu contrato de trabalho, terá o direito de recorrer contra o mesmo perante um organismo neutro, como, por exemplo, um tribunal do trabalho, uma junta de arbitragem ou um árbitro (art. 8º, *caput*, Convenção 158).

A Convenção 158 disciplina a questão relativa à dispensa coletiva, indicando que quando o empregador deliberar pelo término da relação de trabalho por motivos econômicos, tecnológicos, estruturais ou análogos: (a) proporcionará aos representantes dos trabalhadores interessados, em tempo oportuno, a informação pertinente, incluindo os motivos dos términos previstos, o número e categorias dos trabalhadores que poderiam ser afetados pelos mesmos e o período durante o qual seriam efetuados esses términos; (b) oferecerá aos representantes dos trabalhadores interessados, o mais breve que for possível, uma oportunidade para realizarem consultas sobre as medidas que deverão ser adotadas para evitar ou limitar os términos e as medidas para atenuar as consequências adversas de todos os términos para os trabalhadores afetados, por exemplo, achando novos empregos para os mesmos; (c) deverá notificar o mais breve possível à autoridade competente, comunicando-lhe a informação pertinente, incluindo uma exposição, por escrito, dos motivos dos términos previstos, o número e as categorias dos trabalhadores que poderiam ser afetados e o período durante o qual serão efetuados esses términos (arts. 13 e 14).

Pela Constituição, reputa-se direito social do trabalhador a relação de emprego protegida contra despedida arbitrária ou sem justa causa, nos termos de lei complementar, que preveja indenização compensatória, dentre outros direitos (art. 7º, I). Até a promulgação da legislação complementar, a proteção fica limitada à multa dos 40% sobre os depósitos fundiários (art. 10, I, ADCT).

A doutrina entendeu que a Convenção 158 estava em conflito com o art. 7º, I, CF, o qual exige a edição de uma lei complementar, em face da importância da matéria.

Como a Convenção 158 foi recepcionada como lei ordinária, estaria violado o art. 7º, I, CF. Esse entendimento foi agasalhado pelo STF (ADIn 1.480-3 proposta pela Confederação Nacional dos Transportes – CNT e outras).

A Convenção 158 foi denunciada pelo Brasil à OIT em 20/11/1996. O ato da denúncia foi comunicado ao público brasileiro, mediante a edição do Dec. 2.100, de 20/12/1996, da Presidência da República.[6, 7, 8]

Ao elucidar a temática do art. 7º, I, CF, Valentin Carrion[9] afirma que o *"despedimento arbitrário é aquele que não se fundamenta: (a) em sérias razões de interesse objetivo da empresa ou (b) na atitude ilícita do empregado, ao descumprir seus deveres funcionais (justa causa). Nesse sentido é que o despedimento não arbitrário já inclui a existência de uma de suas espécies que é a justa causa".*

As expressões ("despedida arbitrária" e "sem justa causa") empregadas no Texto Constitucional não devem ser vistas como expressões sinônimas.

Dispensa arbitrária é sinônima de dispensa imotivada. Dispensa não arbitrária é a que envolve um fator objetivo a legalizar ou legitimar a atuação do empregador quanto ao término do contrato de trabalho. Seria a dispensa motivada.

Nos termos da CLT, com base na garantia dada ao representante do empregado na Comissão Interna de Prevenção de Acidentes (CIPA), dispensa arbitrária é aquela que não se funda em motivo disciplinar, técnico, econômico ou financeiro (art. 165, CLT).

A dispensa com justa causa encaixa-se na dispensa não arbitrária pelo motivo disciplinar.

---

[6] A CONTAG – Confederação Nacional dos Trabalhadores na Agricultura ajuizou ação direta pleiteando a inconstitucionalidade do Decreto 2100. Trata-se da ADIn 1.625-DF. Até a presente data, há 4 votos, sendo 3 a favor da procedência e outro contrário. Em 11 de novembro de 2015, o STF retomou o julgamento da ADIn, sendo que a Ministra Rosa Weber apresentou o seu voto no sentido da inconstitucionalidade formal do decreto por meio do qual foi dada ciência da denúncia da convenção. De acordo com o conteúdo do voto, o decreto não poderia revogar um tratado internacional, o qual tinha força de lei ordinária na ordem jurídica nacional. A análise da questão foi retomada com a apresentação do voto-vista do ministro Teori Zavascki, que acompanhou a orientação de que é necessária a participação do Poder Legislativo na revogação de tratados e sugeriu modulação de efeitos para que a eficácia do julgamento seja prospectiva. O Ministro Dias Toffoli pediu vista dos autos.

[7] "... REINTEGRAÇÃO. CONVENÇÃO 158 DA OIT. A Convenção 158 da OIT não garantiu indenização compensatória por dispensa arbitrária ou sem justa causa, por absoluta ausência de respaldo legal, e, com a denúncia da Convenção pelo Governo brasileiro em 20/11/1996, o Supremo Tribunal Federal, que já havia concedido liminar nos autos da ADI 1.480-3/DF para declarar a natureza meramente programática da norma, extinguiu o processo sem julgamento do mérito, por perda superveniente do objeto. Assim, não há falar em direito à reintegração ou à indenização compensatória em razão de despedida sem justa causa, fundada na Convenção 158 da OIT. Embargos de que não se conhece" (TST – SDI-I – E-RR 706049-60.2000.5.04.0023 – Rel. Min. João Batista Brito Pereira – *DEJT* 13/5/2011).

[8] O Presidente da República encaminhou ao Congresso Nacional a Mensagem Legislativa 59/08 para que houvesse a ratificação da Convenção 158. Contudo, a Comissão de Relações Exteriores e de Defesa Nacional (CREDN) da Câmara dos Deputados rejeitou a mensagem em 02 de julho de 2008.

[9] CARRION, Valentin. Ob. cit., p. 345.

25.2.1.2.2 Dispensa do empregado sem justa causa

Dá-se a dispensa sem justa causa quando a extinção do contrato ocorre por iniciativa do empregador e sem os motivos tidos como de justa causa, mas desde que fundada em motivo financeiro, técnico ou econômico.

O empregado fará jus ao recebimento do saldo de salário; aviso prévio; férias vencidas e proporcionais, acrescidas de um terço constitucional; décimo terceiro salário; liberação do fundo de garantia; multa de 40% e entrega das guias do seguro-desemprego.

25.2.1.2.3 Dispensa coletiva

Após analisar diversos sistemas jurídicos europeus, a Convenção 158 e a Recomendação 119, da OIT, Nelson Mannrich faz um estudo sobre os diversos projetos de lei que procuraram regulamentar a dispensa coletiva no Direito Brasileiro.

Em seu estudo, Nelson Mannrich[10] afirma que a dispensa coletiva se caracteriza por três elementos que integram seu conceito: causal, numérico e temporal.

Sobre o elemento causal, *"os ordenamentos analisados, ora definem as causas, ora limitam-se a indicá-las. A jurisprudência e a doutrina têm-se encarregado de explicitar e ampliar seus contornos. [...]*

O critério mais importante a orientar a questão relacionada à causa da dispensa é o econômico. [...]

Justificam a dispensa coletiva, entre outras, as seguintes situações: crise financeira, introdução de novos equipamentos ou tecnologia, fechamento de uma filial, queda das vendas, introdução de novos métodos de trabalho. [...]"

Sobre o elemento numérico, Nelson Mannrich afirma que, em geral, os diversos sistemas jurídicos dão ênfase ao elemento numérico, ou seja, "**pode ocorrer quando atingido determinado número de trabalhadores**".

Por fim, o elemento temporal, de caráter acessório, diz respeito ao lapso temporal durante o qual as dispensas ocorreram, *v. g.*, adota-se 30 dias, na Alemanha; 120 dias, na Itália; 90 dias, na Comunidade Europeia; 3 meses, em Portugal.

Assim, a dispensa coletiva é uma modalidade de término de contrato de trabalho, por ato unilateral do empregador, em que se tem a dispensa simultânea de vários trabalhadores (em determinado lapso de tempo), sem que se tenha a substituição dos empregados dispensados. Podem existir várias causas, mas o objetivo é a redução definitiva do quadro de empregados da empresa.

A dispensa coletiva não pode ser confundida com a dispensa plúrima individual,[11] visto que nesta o empregador tem por objetivo a substituição da mão de obra dispen-

---

[10] MANNRICH, Nelson. *Dispensa coletiva*: da liberdade contratual à responsabilidade social, p. 521-523.

[11] "RECURSO ORDINÁRIO. DISSÍDIO COLETIVO DE NATUREZA JURÍDICA. DEMISSÃO COLETIVA. CONFIGURAÇÃO. 1. A questão objeto do presente Recurso situa-se apenas em

sada. Também não se pode qualificar a dispensa coletiva pelo número de empregados dispensados. A sua causa, como dito, é o intuito do empregador em reduzir o volume da mão de obra.

Para Jorge Cavalcanti Boucinhas,[12] a dispensa coletiva, *"qualquer que seja a sua razão, não pode ser encarada como uma soma de despedidas individuais, nem na comissão, nem nos efeitos. Tampouco representa o mesmo que uma dispensa plúrima, outra modalidade de resilição simultânea de vários contratos de trabalho. A sua caracterização, portanto, não pode se basear em critério exclusivamente quantitativo.*

Segundo Orlando Gomes, 'dispensa coletiva é a rescisão simultânea, por motivo único, de uma pluralidade de contratos de trabalho numa empresa, sem substituição dos empregados dispensados'. Os seus traços característicos são a peculiaridade da causa e a redução definitiva do quadro pessoal.

No tocante à peculiaridade da causa, o que caracteriza a dispensa coletiva é o fato de o empregador se sentir compelido, por uma ou por outra razão, a dispensar certo número de empregados, e não trabalhadores previamente determinados. Esta modalidade de dispensa não visa o empregador a pessoas concretas, mas a um grupo de trabalhadores identificáveis apenas por traços não pessoais, como a lotação em certa seção ou departamento da empresa, a qualificação profissional, ou o tempo de serviço. A causa da dispensa é comum a todos, não se prendendo ao comportamento de nenhum deles, mas a uma necessidade da empresa.

O objetivo do empregador ao adotar tal prática não é abrir vagas ou reduzir, provisoriamente, o número de empregados. Seu desígnio é, ao contrário, diminuir definitivamente o quadro de pessoal. Os empregados dispensados não são substituídos, eles são desligados. Ou porque se tornaram desnecessários ou porque não tem a empresa condições de conservá-los.

A dispensa plúrima, diversamente, consiste na que se sucede 'quando numa empresa se verifica uma série de despedidas singulares ou individuais, ao mesmo tempo, por motivo relativo à conduta de cada empregado dispensado'.

Caracteriza-se, portanto, pela dispensa de um número considerável de empregados, por fato que a todos diga respeito, como, por exemplo, a insubordinação dos trabalhadores

---

definir se o caso concreto amolda-se ao conceito de demissão em massa, premissa afastada pelo Órgão de origem e que resultou no indeferimento do pedido. Não se trata, portanto, de verificar os efeitos jurídicos de uma dispensa coletiva, mas se, sob o aspecto jurídico, tem ela essa conformação. 2. Versa o caso sobre a dispensa de 180 empregados num interregno de 4 meses, período esse de incremento de produção e recuperação de postos de trabalho. 3. A descaracterização da hipótese de demissão coletiva, no caso vertente, emerge já do seu aspecto causal, que constitui o núcleo do conceito, por se tratar de premissa básica e constante na sua formulação, segundo as normas de direito internacional e direito comparado. Não se verifica aqui a existência de fato único, seja ele de ordem econômica, tecnológica ou estrutural, alheio à pessoa do empregado, que possa moldar o caso à hipótese de demissão coletiva. Trata-se, na espécie, de dispensa plúrima. Recurso Ordinário a que se nega provimento" (TST – SDC – RO 147-67.2012.5.15.0000 – Relª Min. Maria de Assis Calsing – *DEJT* 19/4/2013).

[12] Boucinhas Filho, Jorge Cavalcanti. Exigência de Negociação Coletiva antes de Dispensas Coletivas. *Revista Juris Síntese*, nº 85, set./out. 2010.

da seção de embalagem de uma empresa. Outrossim, somente se verifica esta modalidade de dispensa quando os dispensados são pessoas determinadas. Um conjunto concreto de empregados.

No caso de dispensa plúrima, os serviços dos substituídos precisam continuar a ser prestados por igual número de novos trabalhadores. A sua finalidade, portanto, não é reduzir o quadro de pessoal, mas substituí-lo em razão de algum fato ou de algum ato praticado por um grupo de empregados."

De acordo com a sua motivação, podemos classificar a dispensa coletiva como decorrência de: (a) força maior – é o caso da extinção da empresa ou de um dos seus estabelecimentos (arts. 501 a 504, CLT); (b) aspecto tecnológico – a inclusão de novas tecnologias à atividade econômica, a qual gera a redução da mão de obra adotada na produção; (c) elemento econômico – problemas financeiros que levam a diminuição da produção e a consequente necessidade da dispensa de empregados; (d) organização de trabalho – a empresa, por adotar novos mecanismos de rotinas de trabalho, produção e utilização da força de trabalho, tem a necessidade de redução de postos de trabalho.

Não há na ordem jurídica nacional nenhum regramento específico que regule a dispensa coletiva.

A Convenção 158 estabelece algumas premissas quanto a dispensa coletiva, contudo, como visto no tópico acima, citado diploma não tem mais vigência na ordem jurídica interna.

Apesar da inexistência de regramento específico quanto à dispensa coletiva, o TST entende que a negociação coletiva é imprescindível para a dispensa em massa dos trabalhadores.[13]

O TRT da 2ª Região deliberou que a dispensa coletiva deve ser dirimida pelos princípios e regrados do Direito Coletivo do Trabalho, seja no aspecto material como processual, fixando que a deliberação coletiva da greve não é proibida, contudo, que está sujeita ao procedimento de negociação coletiva, devendo ser justificada por motivos técnicos e econômicos.[14]

A dispensa coletiva, sem a realização de negociação coletiva prévia, fere uma série de valores e princípios: (a) a boa-fé contratual objetiva, visto que a sua adoção revela falta de lealdade e transparência quanto aos reais motivos da dispensa coletiva; (b) a função social do contrato, na medida em que os seres coletivos, no trato das relações coletivas, devem adotar o primado da solidariedade (art. 3º, I, CF); (c) justiça social (art. 170, *caput*, CF); (d) dignidade da pessoa humana (art. 1º, III, CF).

A adoção da dispensa coletiva, sem critérios prévios da negociação coletiva, pode levar a nulificação das dispensas ocorridas, com a determinação de reintegração dos empregados dispensados.

---

[13] TST – SDC – ED-RODC 30900-12.2009.5.15.0000 – Rel. Min. Mauricio Godinho Delgado – *DEJT* 4/9/2009.

TST – SDC – RO 173-02.2011.5.15.0000 – Rel. Min. Mauricio Godinho Delgado – *DEJT* 31/8/2012.

[14] TRT – 2ª R. – SDC – Proc. 20281.2008.0000.2001 – Rel. Ivani Contini Bramante.

O STF (ARE 647651) reconheceu a repercussão geral quanto à temática da dispensa coletiva. Trata-se de uma controvérsia envolvendo o Sindicato dos Metalúrgicos de São José dos Campos e Região e a Embraer.

A Reforma Trabalhista adotou uma posição contrária à jurisprudência do TST, ao trazer uma inovação legislativa, no sentido de que as dispensas imotivadas (individuais, plúrimas ou coletivas) equiparam-se para todos os fins, não havendo necessidade de autorização prévia de entidade sindical ou de celebração de convenção coletiva ou acordo coletivo de trabalho para sua efetivação (art. 477-A).

É inegável que a inovação legislativa agride a principiologia contida na Carta Política de 1988. A doutrina aponta: *"A leitura gramatical e literalista do novo preceito normativo apenas demonstra a compulsão da Lei n. 13.467/17 no sentido de enxergar, no mundo do trabalho, estritamente os interesses unilaterais dos empregadores.*

Demonstra também, lamentavelmente, a depreciação do diploma legal com respeito ao Estado Democrático de Direito construído no País pela Constituição de 1988, com seus pilares normativos estruturantes de natureza democrática e inclusiva – todos manifestamente negligenciados pelo recém-aprovado art. 477-A da Consolidação das Leis do Trabalho.

Ademais, todo o universo de princípios humanísticos e sociais da Constituição da República é desrespeitado pela nova regra legal, sob qualquer perspectiva que se queira examinar a matéria. Princípios como da centralidade da pessoa humana na ordem socioeconômica e jurídica, da dignidade da pessoa humana, do bem-estar individual e social, da inviolabilidade física e psíquica do direito à vida, da igualdade em sentido material, da segurança em sentido amplo e social, ao invés de apenas em sua antiga acepção patrimonial, além do princípio da valorização do trabalho e emprego – este em paridade e simetria (ao contrário de subordinação) com o princípio da livre-iniciativa –, sem contar, ainda, o princípio da subordinação da propriedade à sua função social, todos esses princípios e normas constitucionais de 1988 são descurados pela literalidade da regra inserida no recente art. 477-A da CLT".[15]

Em dezembro/2017, o Pleno do TST deliberou que o ajuizamento de dissídio coletivo de natureza jurídica não é o meio processual adequado para a discussão da validade ou não da dispensa coletiva (TST – TP – RO 10.782-38.2015.5.03.0000 – Relª Maria Cristina Irigoyen Peduzzi – j. 18/12/2017).

Como reflexo da Reforma Trabalhista, em janeiro de 2018, o Min. Ives Gandra da Silva Martins Filho, presidente do TST, em correição parcial (CorPar 1000393-87.2017.5.00.0000), entendeu como válida a demissão de 150 professores de uma das maiores universidades de Porto Alegre/RS. A correição parcial é originária da decisão do TRT da 4ª Região, a qual manteve a liminar concedida em uma ação civil pública, em que suspendeu a dispensa.

---

[15] DELGADO, Mauricio Godinho; DELGADO, Gabriela Neves. *A reforma trabalhista no Brasil:* com os comentários à Lei n. 13.467/2017, p. 181.

Pela ótica do Min. Ives Gandra, a decisão corrigenda foi prolatada contra texto expresso de lei, o qual (art. 477-A, CLT) dispensa a negociação coletiva, tendo, assim, o empregador o direito potestativo de dispensa sem justa causa. Consta da fundamentação: *"'In casu', para impedir a utilização, pelo empregador, do direito potestativo de dispensa sem justa causa, a autoridade coatora e a autoridade requerida, contra expresso texto de lei, exigiram o que a lei expressamente dispensa, que é a intermediação negocial do sindicato de texto de lei classe para as demissões ditas de massa.*

Com efeito, o art. 477-A da CLT, bem como decisão do Pleno do TST (cfr. TST--RO-10782-38.2015.5.03.0000, Red. Min. Maria Cistina Peduzzi, j. 18/12/17), vieram a superar a orientação da SDC do TST, que exigia a negociação coletiva prévia à demissão em massa.

O que mais chama a atenção, em relação ao exercício do controle difuso de constitucionalidade das leis pelas autoridades requeridas, calcado no art. 8º, III, da CF, é o fato de que, por décadas, desde que a Constituição Federal de 1988 foi editada, demissões plúrimas se deram, e apenas em 2009, em precedente da SDC, calcado em princípios gerais constitucionais e no referido dispositivo constitucional, é que se passou a exigir a negociação coletiva prévia às demissões plúrimas, e, em nítido reconhecimento do ativismo judiciário que se praticava, registrando que a orientação apenas se adotaria nos próximos dissídios coletivos de natureza jurídica ajuizados com esse objeto. (...)

Nesse sentido, mesmo superado tal precedente, quer jurisprudencialmente, quer legalmente, insistem as autoridades requeridas em esgrimi-lo, quanto aos seus fundamentos, refratárias à jurisprudência atual do TST e à Lei 13.467/17, da Reforma Trabalhista.

Assim, impedir instituição de ensino de realizar demissões nas janelas de julho e dezembro, louvando-se exclusivamente no fato do número de demissões realizadas, ao arrepio da lei e do princípio da legalidade, recomenda a intervenção da Corregedoria-Geral da Justiça do Trabalho, ocasionalmente exercida pela Presidência do TST, para restabelecer o império da lei e impedir o dano que sofrerá a entidade de ensino, cerceada no gerenciamento de seus recursos humanos, irreparável financeiros e orçamentários, comprometendo planejamento de aulas, programas pedagógicos e sua situação econômica".

25.2.1.3 Por acordo mútuo das partes

Nessa modalidade de término de contrato, empregado e empregador resolvem pôr fim ao contrato, estipulando as suas condições (distrato). As verbas trabalhistas a serem pagas também são negociadas, exceto os salários e a remuneração de férias que não podem ser transacionados. O fundo de garantia não será levantado (art. 20, Lei 8.036/90) e não há direito ao seguro-desemprego.

Mauricio Godinho Delgado[16] indica que o acordo, para fins de término do contrato de trabalho, não é uma medida de grande realce prático: *"É que, em harmonia aos princípios basilares do Direito do Trabalho, não pode o empregado fazer transação supressiva de*

---

[16] DELGADO, Mauricio Godinho. *Curso de direito do trabalho.* 5. ed., p. 1170.

parcelas juslaborativas, muito menos fazendo renúncia no contexto da extinção do pacto empregatício. Por essa razão, no acordo informal para rompimento do contrato de trabalho, todas as verbas rescisórias próprias à dispensa sem justa causa mantêm-se, em princípio, devidas ao trabalhador, cumprindo-se a resilição bilateral como se fosse, na realidade, mera despedida injusta. Essa inarredável circunstância jurídica torna o distrato, evidentemente, desinteressante para o empregador, sob o ponto de vista econômico".

Com a Lei 13.467/17 (Reforma Trabalhista), ao texto da CLT foi acrescido o art. 484-A, no sentido de ser possível o término do contrato por mútuo consenso. Serão devidas pela metade: (a) o valor do aviso prévio, se indenizado; (b) a multa do FGTS (art. 18, § 1º, Lei 8.036/90). Quanto ao saque do FGTS, o trabalhador terá direito a 80% do valor dos depósitos, não sendo possível, por outro lado, o acesso ao seguro-desemprego. Quanto às demais verbas, o valor é devido na sua integralidade.

Como, a partir da Reforma, a homologação da rescisão não é mais obrigatória, surge uma preocupação no sentido de que o presente dispositivo pode ser adotado, como modalidade fraudatória, eis que, ao invés da dispensa imotivada, o empregador poderá induzir os seus empregados a uma dispensa por mútuo consenso.

25.2.2 Causas terminativas do contrato de trabalho – relacionadas ao não cumprimento das obrigações contratuais

25.2.2.1 *Dispensa do empregado com justa causa (dispensa motivada)*

25.2.2.1.1 Aspectos gerais da justa causa

No trato diário da relação jurídica, as obrigações contratuais refletem a confiança que deve existir entre o empregado e o empregador.

Com a ruptura da confiança, passa a existir a justificativa para a rescisão contratual. Se o fato é praticado pelo empregador, concretiza-se a hipótese da dispensa indireta (art. 483, CLT). Quando é do empregado, é a situação da dispensa por justa causa, cujas figuras encontram-se previstas no art. 482.

Na opinião de Evaristo de Moraes Filho,[17] justa causa é a *"rescisão unilateral do contrato de trabalho, sem ônus para nenhuma das partes, como todo ato faltoso ou culposamente grave, que faça desaparecer a confiança e a boa-fé que devem entre elas existir, tornando assim impossível o prosseguimento da relação".*

Antonio Lamarca[18] entende que a definição de Evaristo de Moraes Filho é *"aceitável porque, efetivamente, o ato praticado deve ser doloso ou a culpa, de tal modo intensa, que se avizinhe do dolo eventual; a falta grave deve ser suficientemente grave para abalar definitivamente a base fiduciária em que se alicerça o contrato, e a falta em si, tão grave que impeça o prosseguimento da relação, embora não imediatamente. Entretanto prosseguimos,*

---

[17] MORAES FILHO, Evaristo de. Apud Lamarca, Antonio. *Curso normativo de direito do trabalho.* 2. ed., p. 157.
[18] LAMARCA, Antonio. Ob. cit., p. 157.

na ocasião devem estar presentes alguns requisitos para que juridicamente se configure a justa causa ou a falta grave. Os escritores, em geral, apontam três: (a) o caráter determinante da falta; (b) a atualidade da falta; (c) a proporcionalidade entre a falta e a punição".

Dispensa com justa causa é o término do contrato, tendo como motivo a falta cometida pelo empregado.

Na ocorrência da dispensa com justa causa, o empregador terá que pagar o saldo de salário e as férias vencidas e proporcionais, acrescidas de um terço.[19]

No que tange à dispensa com justa causa, 3 são os sistemas que tratam de suas causas: o genérico, o taxativo e o misto.

O primeiro, sistema genérico, é aquele onde se permite a dispensa com justa causa sem que a norma legal especifique quais são as hipóteses que dariam ensejo a esse tipo de rescisão.

Ao contrário desse, no sistema taxativo, todas as figuras de justa causa encontram-se previstas na lei.

Por sua vez, o sistema misto envolve os dois anteriores. A lei traz as hipóteses da justa causa, porém, alguns tipos legais são bastante amplos e genéricos de modo a abranger situações não previstas pelo legislador.

As hipóteses descritas no art. 482, CLT, não são taxativas, mas exemplificativas, sendo admitidas outras hipóteses previstas em lei.

Em relação ao enquadramento dos motivos que ensejaram a justa causa (falta do empregado) no texto legal, temos uma corrente que não admite o enquadramento equivocado (ortodoxa) e outra que aceita (heterodoxa).

Na opinião dos ortodoxos, deve haver uma simetria entre o fato alegado e a tipificação legal invocada em juízo. Se o empregador alega desídia, porém, a justa causa é a de insubordinação, o justo motivo não será reconhecido.

Para os heterodoxos, deverá o empregador narrar os fatos com objetividade, cabendo ao juízo enquadrá-los na hipótese legal. Trata-se da aplicação do brocardo jurídico *da mihi factum, dabo tibi ius* (dá-me o fato, dar-te-ei o direito). Pouco importa o nome que o empregador dê à justa causa. O importante é que o empregador faça a indicação do fato, devendo o magistrado efetuar a adequação entre o ato faltoso e a previsão legal.

Cabe ao empregador o ônus da prova quanto à existência de justa causa para a dispensa do empregado (arts. 818, CLT, e 373, II, CPC). A prova da justa causa reputa-se um fato impeditivo ao direito do autor à percepção das verbas rescisórias.

---

[19] Nos termos da CLT (art. 146, parágrafo único), com a dispensa motivada, o empregado perde o direito às férias proporcionais. Com a ratificação da Convenção 132, da OIT, entendemos que o direito não pode ser prejudicado (art. 11). Contudo, a matéria é controvertida. O TST se posicionou contrariamente ao direito do empregado. Sugerimos a leitura do item 22.10, Parte IV, desta obra.

25.2.2.1.2 Elementos

Os elementos da justa causa são subjetivos e objetivos.

O elemento subjetivo diz respeito à culpa *lato sensu* (negligência, imprudência, imperícia e dolo) do empregado.

Quanto aos elementos objetivos, assim podem ser destacados:

a) previsão legal: a figura da justa causa deve estar prevista em lei. É uma decorrência da regra do Direito Penal: *nullum crimen, nulla poena sine praevia lege* (não pode haver crime nem pena sem lei anterior), a qual está prevista no art. 5º, XXXIX, CF, e no art. 1º, Código Penal;
b) gravidade da falta: o fato deve ser grave para justificar o término. A confiança deve ficar abalada com a ação ou a omissão do empregado;
c) causalidade: deve haver nexo de causa e efeito entre o fato e a medida disciplinar;
d) imediatividade: o fato deve ser contemporâneo à medida aplicada à dispensa por justa causa (atualidade). Em caso contrário, pode haver o que se intitula de perdão tácito. Perdão tácito é o que resulta de uma conduta incompatível com a vontade de não perdoar. Há situações que não caracterizam o perdão tácito, mesmo diante da demora na dispensa por justa causa. É o caso de inquérito administrativo, sindicância interna etc.;
e) proporcionalidade entre o ato faltoso e a punição: o poder disciplinar é uma manifestação que deriva do poder diretivo. O empregador tem o direito de impor aos seus trabalhadores sanções disciplinares.

Há uma corrente doutrinária que pondera que o contrato não justifica o poder de um aplicar ao outro uma penalidade. A relação empregatícia, em sendo um contrato, não propiciaria a nenhum dos contratantes a imposição unilateral de qualquer medida disciplinar. Vale dizer, somente ao Estado cabe o direito de punir, inexistindo um poder privado disciplinar.

Essa doutrina não deve ser acatada. Dentro dos critérios legais inseridos nos arts. 2º e 3º, CLT, o empregado fica adstrito ao poder diretivo do empregador, sendo que referida faculdade legal repousa na teoria da propriedade privada sobre os meios de produção (a razão da constituição da própria empresa).

Dentro do Direito brasileiro, as hipóteses em que pode haver a existência das penalidades ao empregado são: *"As penalidades que podem ser aplicadas ao empregado são a suspensão disciplinar e a advertência. O atleta profissional é ainda passível de multa. A lei brasileira autoriza a suspensão disciplinar do empregado, por até 30 (trinta) dias, ao dispor que 'a suspensão do empregado por mais de 30 (trinta) dias consecutivos importa na rescisão injusta do contrato de trabalho' (art. 474). São usuais as suspensões disciplinares de 1, 3 e 5 dias ou até mais, comunicadas ao empregado por 'carta suspensão', não como forma prevista em lei, mas como decorrência de praxe. Vale evidentemente, a comunicação verbal. Como é prevista suspensão, admite-se a punição do empregado com advertência, embo-*

ra não prevista pela CLT. Quem tem poder maior, por certo terá, também, nele compreendido, um poder menor, que é o de advertir, que acarreta consequências morais, mas não implicações econômicas como a suspensão, cujo resultado, além da proibição do trabalho durante o seu cumprimento, será a perda dos salários dos dias respectivos, mais do repouso semanal. A lei não autoriza o empregador a multar o empregado. Há, no entanto, atletas profissionais que são multados com base nas normas desportivas. Não há em nossas leis a necessidade de gradação de penalidades. Assim, para ser despedido, não é necessário que o empregado, anteriormente, tenha sido advertido e suspenso, salvo se o regulamento interno da empresa o determinar. As penalidades disciplinares estão sujeitas a controle da Justiça do Trabalho. O empregado, inconformado com a suspensão ou a advertência, tem o direito de ação, para obter sentença judicial anulando a penalidade."[20]

A experiência demonstra que é comum a existência da gradação na aplicação das penalidades, a saber: advertência, suspensão e, por último, a dispensa com justa causa. A sequência denota a preocupação do empregador em não prejudicar o empregado com a rescisão do contrato com a primeira penalidade; contudo, representa a sua fiscalização e subsequente punição, se for o caso, integrando o trabalhador ao seio da empresa. Porém, toda e qualquer medida disciplinar deve ser condizente com o bom-senso, não podendo haver o extravasamento deste poder disciplinar. A medida punitiva há de ser coerente com a atitude ou fato. Em não havendo a razoabilidade, possui o empregado o direito de discutir em Juízo o excesso desta penalidade, pleiteando o seu cancelamento;

f) ausência de punição anterior – o empregado não pode ser punido duas vezes pelo mesmo fato, já que a doutrina repudia o *bis in idem*.

Quanto a este aspecto, Amauri Mascaro Nascimento[21] acentua a presença da singularidade, *"para significar que é vedada a dupla punição pela mesma justa causa – non bis in idem –, devendo a justa causa funcionar como ato motivador de uma penalidade, ou advertência, ou suspensão ou dispensa. Não se confunde este último aspecto com outro. Há justa causa decorrente de ato instantâneo e de ato habitual. Exemplo deste último é o mau procedimento. Exemplo daquele é o ato de insubordinação. Havendo uma conduta habitual e se o empregado sofreu suspensão numa das etapas do seu iter, nada impede que na reiteração do comportamento venha a ser despedido sem que se comprometa a justa causa pela dupla punição"*.

Ainda, como outros elementos característicos da justa causa, tem-se: (a) a comunicação da justa causa pode ser por escrito ou não; existem algumas categorias que, em suas convenções ou acordos coletivos de trabalho, fazem alusão à carta de dispensa. Na CTPS não deve ser inserido o motivo da rescisão; (b) existem algumas empresas que fazem a sindicância interna, o que geralmente está previsto no regulamento interno ou mesmo

---

[20] NASCIMENTO, Amauri Mascaro. *Iniciação ao direito do trabalho*. 22. ed., p. 192.
[21] NASCIMENTO, Amauri Mascaro. Ob. cit., 31. ed., p. 226.

em convenção ou acordo coletivo; pela legislação brasileira, não há a referida necessidade. Nula é a punição de empregado se não precedida de inquérito ou sindicância interna a que se obrigou a empresa, por norma regulamentar (Súm. 77, TST); (c) local do ato – a justa causa pode ser praticada tanto dentro da empresa como fora dela.

25.2.2.1.3 Hipóteses legais

As principais hipóteses de justa causa do empregado estão previstas no art. 482, CLT, as quais serão analisadas com acuidade nos tópicos abaixo.

Também há outras causas legais: (a) não observância das instruções expedidas pelo empregador e deixar de usar os equipamentos de proteção individual fornecidos pela empresa (art. 158, parágrafo único, *a* e *b*, CLT); (b) recusa injustificada na execução de serviço extraordinário, nos casos de urgência ou de acidente, capazes de afetar a regularidade do serviço da estrada de ferro (art. 240); (c) movimento grevista sem observância da Lei 7.783/89. Convém salientar que a simples adesão à greve não constitui falta grave (Súm. 316, STF).

25.2.2.1.3.1 Improbidade

Improbidade (art. 482, *a*, CLT) pode representar: falta de honestidade; falta de caráter; a ocorrência de um comportamento imoral, malicioso, desonesto, perverso, indigno, indecente, falso, pernicioso ou desonroso.

Na execução do contrato de trabalho, a improbidade revela-se pela prática de um ato lesivo ao patrimônio da empresa ou de terceiro interligado com o trabalho. Exemplos: furto, roubo, falsificação de documentos para receber horas extras, a adulteração de atestados médicos etc.

25.2.2.1.3.2 Incontinência de conduta

A incontinência (art. 482, *b*, CLT) de conduta representa o comportamento irregular do empregado no tocante à moral sexual. Exemplos: manter amante no local de trabalho; relações sexuais dentro da empresa; assédio sexual.

Além do aspecto jurídico trabalhista, existe o crime de assédio sexual (art. 216-A, CP), detenção, de um a dois anos. Com o objetivo de dar maior proteção a "criança/adolescente", se a vítima for menor de 18 anos de idade, a pena é aumentada em até 1/3.

Como leciona Evandro Fabiani Capano,[22] *"o Direito Penal pátrio acabo por conceituar o assédio sexual como a importunação de subordinada, abusando o agente de relação de autoridade ou ascendência, que são advindas das relações de emprego, produzindo o tipo penal positivado".*

---

[22] CAPANO, Evandro Fabiani. *Dignidade sexual*: comentários aos novos crimes do Título VI do Código Penal (art. 213 a 234-B) alterados pela Lei 12.015/09, p. 60.

25.2.2.1.3.2.1 Assédio sexual

Assédio sexual é o comportamento humano que busca o prazer sexual, constrangendo com gestos, palavras ou com emprego de violência. Ocorre não só em relações de confiança como também nas quais está presente o poder hierárquico (relação de autoridade).

Os seus elementos são: (a) sujeitos – o assediador, quem pratica a atitude de constrangimento; o assediado, a vítima, que recebe a conduta; (b) conduta de natureza sexual reprovável, ou seja, todo e qualquer ato em que não se visualiza nenhuma possibilidade de negativa por parte da vítima. Normalmente, essa conduta se concretiza em uma ameaça, seja de retaliação, de perseguição ou de eventual violência; (c) que a conduta seja rejeitada pela vítima.

A reiteração da conduta não pode ser vista como elemento essencial na caracterização do assédio sexual, já que podem ocorrer situações concretas em que o constrangimento esteja patente em um só ato, como é o caso da ameaça da dispensa por justa causa pelo superior hierárquico se a funcionária não "aceitar" o convite para a ida até o motel.

O Código Penal disciplina o assédio sexual (art. 216-A): *"Constranger alguém com o intuito de obter vantagem ou favorecimento sexual, prevalecendo-se o agente da sua condição de superior hierárquico ou ascendência inerentes ao exercício de emprego, cargo ou função. Pena – detenção, de um a dois anos".*

A norma penal possui um campo restrito de aplicação, pois somente considera o assédio como o constrangimento decorrente de superior hierárquico ou de quem tenha ascendência em virtude de ocupação de emprego, cargo ou função.

Na seara do Direito do Trabalho, várias são as hipóteses do assédio sexual:

a) o praticado pelo próprio empregador (pessoa física – proprietário; pessoa jurídica – sócio, diretor etc.). Trata-se de uma forma de assédio sexual por intimidação, ou seja, tem-se a presença do poder hierárquico;

b) quando o agente é um representante do empregador (preposto), normalmente, um superior hierárquico em relação à vítima. É outra forma de assédio por intimidação (= ameaça);

c) o que ocorre entre colegas de trabalho, sem a presença da relação de autoridade (poder hierárquico). É o que se denomina assédio sexual ambiental;

d) o realizado por um cliente da empresa em relação aos seus empregados;

e) o praticado por filhos do empregador ou do superior hierárquico;

f) quando a vítima é o próprio empregador e o assediador, o empregado. Não se trata de uma situação comum.

No tocante às relações do trabalho, Alice Monteiro de Barros[23] afirma que quando o assédio é *"praticado por colega de trabalho do empregado ou cliente do estabelecimento,*

---

[23] BARROS, Alice Monteiro de. O assédio sexual no direito do trabalho comparado. *Revista LTr*, v. 62, nº 11, p. 1475.

a responsabilidade do empregador, no tocante à indenização, também se impõe, mas de forma subsidiária, por ser ele o titular do poder diretivo e assumir os riscos do empreendimento econômico, nos termos do art. 2º da CLT. Logo, deverá zelar, não só pela organização técnica, como também pela boa ordem na empresa, onde deverá existir um padrão mínimo de moralidade e de garantia pessoal. O respeito ao direito à intimidade dos trabalhadores é manifestação dessa garantia pessoal. Se o autor do assédio é o empregador ou outro superior hierárquico, o empregado poderá postular a rescisão indireta do contrato de trabalho. Em ambas as situações, o pleito versará também sobre indenização por dano material ou moral, dada a violação do direito à intimidade, assegurado no art. 5º, X, da Constituição Federal. Considerando o assédio sexual sofrido pelo empregado como causa de despedida indireta, em qual ou quais das alíneas do art. 483 da CLT estaria enquadrado? Entendemos que a falta se situa tanto na alínea 'd', como nas alíneas 'e' e 'c' do art. 483 da CLT. [...] Ainda sob o prisma do Direito do Trabalho, se o assédio é de iniciativa de um empregado em relação a outro colega ou ao empregador, o autor estará sujeito às sanções disciplinares inclusive à dispensa, pela prática de justa causa em face da incontinência de conduta ou mau procedimento. Se, todavia, houver acusação falsa de assédio sexual, seu autor estará sujeito às sanções alusivas à calúnia, injúria ou difamação e sujeitar-se-á às sanções criminais. A sanção recíproca evita atitude irresponsável, com o propósito exclusivo de angariar vultosas indenizações".

É proibido a concessão ou a renovação de quaisquer empréstimos ou financiamentos pelo BNDES a empresas da iniciativa privada cujos dirigentes sejam condenados por assédio moral ou sexual, racismo, trabalho infantil, trabalho escravo ou crime contra o meio ambiente (art. 4º, Lei 11.948/09).

A Lei 10.948/01, do Estado de São Paulo, dispõe sobre as penalidades a serem aplicadas à prática de discriminação em razão de orientação sexual.

25.2.2.1.3.3 Mau procedimento

O mau procedimento (art. 482, *b*, CLT) representa o comportamento incompatível do empregado com as regras de vida em sociedade. Todo e qualquer ato faltoso do empregado, o qual não possa ser tipificado nas demais hipóteses do art. 482, CLT, será classificado no mau procedimento. Não deve ser confundido com a incontinência de conduta, já que esta é utilizada para a violação da moral sexual. Exemplo: o uso de entorpecentes, adulteração de documentos etc.

25.2.2.1.3.4 Negociação habitual

Negociação habitual (art. 482, *c*, CLT) ocorre quando o empregado realiza atos de comércio, sem permissão do empregador e de forma habitual.

A negociação habitual não pode ser confundida com a hipótese de o empregado ter 2 empregos, desde que não ocorra prejuízo a qualquer dos empregadores.

A negociação, para justificar a justa causa, deve implicar a concorrência desleal ou o inadequado exercício de atividade comercial. A justa causa em questão não necessita dos elementos previstos para o tipo criminal – concorrência desleal – para a sua caracterização, ou seja, qualquer atividade, mesmo que alheia ao objeto social da empresa, que seja exercida pelo empregado, de forma habitual e sem permissão, caracteriza a justa causa.

25.2.2.1.3.5 Condenação criminal

Apesar de não ser tecnicamente justa causa, o legislador consolidado considera como hipótese de término de contrato de trabalho a condenação criminal do empregado, passada em julgado, caso não tenha havido suspensão da execução da pena (art. 482, *d*, CLT).

A doutrina indica: *"A existência da letra 'd' do artigo 482, em estudo, não se justifica, porém, nem mesmo a título de espancar possíveis dúvidas do intérprete. E isso porque o normal, a regra é estar o empregado contratualmente obrigado a prestar serviços. Só excepcionalmente, por medida de proteção ao economicamente fraco, se autoriza o descumprimento dessa obrigação, nas hipóteses expressamente previstas em lei. Ora, as exceções legais devem ser interpretadas restritivamente, não admitindo extensão analógica. Assim, se a lei não prevê a condenação criminal como exceção, o empregado sob efeito dela continua sempre jungido à obrigação de fornecer serviço; se não o fornece, extingue-se o contrato de trabalho. Em resumo: a condenação criminal não é justa causa, do ponto de vista doutrinário, porque não há ato faltoso do empregado; resolve (e não rescinde) o contrato por impossibilidade material de sua execução; e sua inserção no rol das justas causas e não só imprópria como também desnecessária."*[24]

Suspensão condicional da pena é: *"o direito público subjetivo do réu de, preenchidos todos os requisitos legais, ter suspensa a execução da pena imposta, durante certo prazo e mediante determinadas condições".*[25]

Para se justificar a justa causa, é necessário que o empregado seja condenado, havendo o trânsito em julgado da decisão. Se estiver em fase de recurso, não se justifica a rescisão por justa causa. A mesma hipótese também se justifica se tiver havido a concessão do *sursis*, isto é, a suspensão condicional da pena.

A condenação criminal deve estar relacionada com fatos estranhos ao contrato de trabalho. Em caso contrário, ou seja, se o procedimento criminal se faz com base em situação advinda do contrato de trabalho, o empregado pode ser dispensado com base nas demais hipóteses do art. 482, não se necessitando aguardar o desfecho da ação penal.

A execução da pena privativa de liberdade, não superior a 2 anos, poderá ser suspensa, por 2 a 4 anos, desde que: (a) o condenado não seja reincidente em crime doloso; (b) a culpabilidade, os antecedentes, a conduta social e personalidade do agente, bem como os motivos e as circunstâncias, autorizem a concessão do benefício; (c) não seja indicada ou cabível a substituição prevista no art. 44, Código Penal (art. 77, CP).

Se o empregado está cumprindo e desde que tenha havido o trânsito em julgado dessa condenação criminal, o empregador está autorizado a dispensá-lo por justa causa com base no art. 482, *d*, CLT.

---

[24] GIGLIO, Wagner. *Justa causa*. 2. ed., p. 112.
[25] CAPEZ, Fernando. *Curso de direito penal* – parte geral. 7. ed., p. 437.

O empregado não deve ser dispensado após o cumprimento da pena.

25.2.2.1.3.6 Desídia

A desídia (art. 482, *e*, CLT) ocorre quando o empregado é negligente no serviço ou no cumprimento de suas tarefas. O empregado executa as suas funções com preguiça, má vontade, displicência, desleixo etc. Visualiza-se, pois, uma forma culposa atrelada à negligência. Pode ser considerada como um conjunto de pequenas faltas que denotam a negligência. Não se trata de *bis in idem*. O empregado é reincidente nas situações de desídia, sofrendo outras punições: advertência escrita ou verbal e suspensão, sendo que a reiteração leva à justa causa.

25.2.2.1.3.7 Embriaguez

A alínea *f* do art. 482 da CLT menciona embriaguez habitual ou em serviço.

A rigor, pode parecer que a embriaguez se relaciona somente com o alcoolismo, contudo, a doutrina esclarece: *"Não se deve ater, entretanto, o intérprete, com rigidez, à relação gramatical de embriaguez e alcoolismo, aquela resultante deste. A intenção do legislador foi antes sancionar o empregado que, por vício ou incontinência, ingerisse ou se ministrasse drogas nocivas que lhe perturbassem a razão. E daí o uso de tóxicos e entorpecentes determinar também a figura legal faltosa estabelecida em lei. No mesmo sentido pronunciou-se M. V. Russomano: 'A embriaguez pode ser motivada pelo álcool (a sua forma mais comum), mas também pode ser resultante do uso de dezenas de outras substâncias tóxicas e entorpecentes: morfina, cocaína, ópio, seus derivados, etc. A lei não distinguiu. Estipulou, somente, que a embriaguez na forma suprarreferida, constitui justa causa. É de se entender, pois, que, qualquer que seja o tóxico usado, esse fato autoriza a dispensa do obreiro, visto que as consequências para a relação de emprego são sempre as mesmas'."* [26]

Wagner Giglio, ao citar Almeida Júnior, ensina: *"Melhor nos parece, entretanto, a definição da Associação Médica Britânica, transcrita por Almeida Júnior, para os fins colimados na presente obra: 'A palavra embriaguez será usada para significar que o indivíduo está de tal forma influenciado pelo álcool, que perdeu o governo de suas faculdades ao ponto de torna-se incapaz de executar com prudência o trabalho a que consagre no momento'. Mude-se a palavra 'álcool' por 'tóxico ou entorpecente', na definição supra, e ela abrangerá também os casos de embriaguez não alcoólica, servindo de roteiro para orientar o julgador no exame dos casos concretos."* [27]

A embriaguez em serviço é a que acontece no local da prestação de serviços, não se exigindo, porém, a sua reiteração para fins de caracterização.

O empregado motorista profissional deve submeter-se a exames toxicológicos com janela de detecção mínima de 90 dias e a programa de controle de uso de droga e de bebida alcoólica, instituído pelo empregador, com sua ampla ciência, pelo menos uma vez

---

[26] Giglio, Wagner. *Justa causa*, 2. ed., p. 148.
[27] Giglio, Wagner. Ob. cit., p. 153.

a cada dois anos e seis meses, podendo ser utilizado para esse fim o exame obrigatório (previsto na Lei 9.503/97, Código de Trânsito Brasileiro), desde que realizado nos últimos 60 dias (art. 235-B, VII, CLT). O empregado não pode se recusar a fazer os testes, alegando violação dos direitos de personalidade. Esta exigência legal é uma decorrência do interesse público e coletivo, visto que o motorista profissional rodoviário tem uma grande responsabilidade social quando do desempenho de suas atividades. Deve o empregador estabelecer as regras em regulamento e divulgar aos seus empregados. A recusa do empregado será considerada infração disciplinar, passível de dispensa motivada.

Por sua vez, a embriaguez habitual é a que se dá sem qualquer relação com o contrato de trabalho. Exige-se a habitualidade.

A Organização Mundial da Saúde (OMS) reconhece o alcoolismo como doença, sendo que isso também pode ocorrer com outras formas de dependência química.

Como doença, a embriaguez não deve ser vista como uma causa para a dispensa motivada.

O empregado, que se apresenta embriagado em serviço, não é um trabalhador que praticou deliberadamente uma justa causa. Trata-se de uma pessoa com problemas patológicos e que merece ser tratada. Diante do quadro clínico da dependência e da sua reiteração, o empregado há de ser encaminhado à Previdência Social. O contrato deverá ficar suspenso enquanto procede aos seus tratamentos para a cura definitiva da dependência.

25.2.2.1.3.8 Violação de segredo da empresa

A violação de segredo (art. 482, *g*, CLT) é caracterizada pela divulgação não autorizada das patentes de invenção, métodos de execução, fórmulas, escrita comercial. Representa tudo aquilo que, em sendo de conhecimento exclusivo da empresa, não possa ser levado a conhecimento de terceiro, sob pena de causar prejuízo direto ou indireto à empresa. Não exige a lei, para a caracterização da justa causa, a visualização em concreto do prejuízo. Basta haver a divulgação não autorizada de algo que seja segredo da empresa.

25.2.2.1.3.9 Indisciplina e insubordinação

A indisciplina e a insubordinação são mencionadas no art. 482, *h*, CLT.

Indisciplina é o não cumprimento de ordens gerais de serviço. Por sua vez, insubordinação denota a não observância de ordens pessoais dadas pelo empregador ou superior hierárquico por parte do trabalhador. Exemplos: o empregado que geralmente fuma em local proibido é indisciplinado; o que está fumando em local proibido e não apaga o cigarro quando é solicitado pelo empregador ou superior hierárquico comete a justa causa de insubordinação.

25.2.2.1.3.10 Abandono de emprego

O abandono de emprego (art. 482, *i*, CLT) é configurado pela ausência do empregado ao serviço com o ânimo de não mais laborar. Possui dois elementos: o decurso de um período de ausência, que a jurisprudência tem fixado em torno de 30 dias (Súm. 32 e 62, TST), e o desejo do empregado de não mais prosseguir com o contrato.

Em outras hipóteses, pode ocorrer que o tempo para a caracterização seja inferior a 30 dias. Basta haver a ausência e o ânimo em se desligar da empresa. De forma concreta, o que justifica ser o prazo igual ou inferior a 30 dias é o exame do caso concreto.

É importante ressaltar que o prazo de 30 dias deriva da aplicação analógica do art. 474, CLT.

Normalmente, as empresas utilizam de anúncio em jornais, solicitando o retorno do empregado ao serviço, sob pena de abandono de emprego. O anúncio não é imposição legal. Deriva de usos e costumes, contudo, não é o único documento hábil para a comprovação da justa causa. Também é viável a remessa de correspondência ou telegrama à residência do empregado, solicitando o seu comparecimento ao serviço. Pode, ainda, ser remetida uma notificação judicial ou extrajudicial. Em outras palavras, o abandono de emprego pode ser provado pelos meios admissíveis em direito.

O ônus de provar o término do contrato de trabalho, quando negadas a prestação de serviço e a dispensa, é do empregador, pois o princípio da continuidade da relação de emprego constitui presunção favorável ao empregado (Súm. 212, TST).

25.2.2.1.3.11 Ato lesivo à honra e boa fama

Ato lesivo à honra e boa fama (art. 482, *j* e *k*, CLT) envolvem a calúnia, injúria ou difamação, as quais podem ser praticadas contra o empregador, superior hierárquico ou qualquer outra pessoa, ocorrendo nas dependências da empresa ou onde o empregado execute as suas atividades. Geralmente, ocorre por meio de gestos ou palavras. No caso de legítima defesa, própria ou de outrem, fica elidida a justa causa.

Na análise da justa causa por ato lesivo à honra e boa fama, o juiz deverá avaliar a intenção do empregado, o ambiente de trabalho, além da sua escolaridade e a gravidade dos fatos imputados.

25.2.2.1.3.12 Ofensa física

A ofensa física pode ocorrer tanto nas dependências da empresa, como no local onde o empregado desempenha suas atividades (art. 482, *j* e *k*, CLT). A ofensa física não exige a concretização da lesão corporal. Basta a violência, como um empurrão, um murro. Pode ser praticada contra o empregador, superior hierárquico ou qualquer outra pessoa. A legítima defesa, própria ou de outrem, elide a justa causa.

25.2.2.1.3.13 Prática constante de jogos de azar

Ocorre a justa causa quando se tem a prática constante de jogos de azar (art. 482, *l*, CLT). A reiteração (= habitualidade) é imperiosa. Em nosso entendimento, o elemento pecuniário é importante na caracterização desta justa causa. Pode ser caracterizada por meio de: carteado, corridas de cavalos, apostas pelo resultado de encontros esportivos, loterias, bingo, roleta, bacará, jogo do bicho etc.

25.2.2.1.3.14 Perda da habilitação ou dos requisitos legais para o exercício da profissão

A Lei 13.467/17 incluiu uma nova modalidade legal de justa causa (art. 482, *m*, CLT), a qual ocorre pela perda da habilitação ou dos requisitos legais para o exercício da profissão, desde que seja decorrente de uma atitude dolosa do empregado.

Há profissões legais, as quais estabelecem a necessidade da habilitação para o seu exercício, como é o caso dos médicos e dos motoristas (carteira nacional de habilitação).

Contudo, qualquer que seja o requisito legal, não se admite a justa causa se o ato imputado ao trabalhador seja decorrente de uma atitude comissiva ou omissa culposa. É necessária a demonstração do elemento volitivo para a caracterização da justa causa. Por fim, não se pode esquecer que a demonstração também exige os demais elementos objetivos e subjetivos da caracterização da justa causa.

25.2.2.2 *Rescisão indireta do contrato de trabalho (dispensa indireta)*

A dispensa indireta (também conhecida como rescisão indireta do contrato de trabalho) é o término do contrato de trabalho por decisão do empregado, tendo em vista justa causa que o atingiu e que foi praticada pelo empregador. Isto significa que o empregado pode considerar o contrato rescindido e solicitar a indenização.

A natureza jurídica da dispensa indireta é híbrida. É uma mescla de demissão e de despedida. Nesse sentido, Magano:[28] *"Assemelha-se à demissão, por ser ato unilateral de iniciativa do empregado, mas dela se distancia por não implicar qualquer ideia de renúncia. Ao contrário, o empregado denuncia o contrato com fundamento em falta grave do empregador. E por aí a figura em exame se aproxima da despedida sem justa causa."*

As situações legais da justa causa do empregador estão elencadas no art. 483 da CLT.

Nas hipóteses de não cumprimento das obrigações contratuais pelo empregador (art. 483, *d*) e redução do trabalho (art. 483, *g*), é facultado ao empregado, quando pleitear a rescisão indireta do contrato e o pagamento das verbas devidas, permanecer no serviço até o final do processo (art. 483, § 3º).

O limitar as hipóteses nas quais o empregado possa ficar trabalhando, mesmo após o ajuizamento da ação, para alguns significa prejuízo ao trabalhador. O correto, em nosso entendimento, é a interpretação sistemática. A opção deve ser válida para todas as hipóteses legais previstas no art. 483.

As hipóteses previstas nas alíneas *d* e *g* refletem situações de menor gravidade, logo, mais fáceis de serem aceitas e suportadas pelo empregado, portanto, a autorização é expressa. Nas demais, a opção é implícita, pois seria um absurdo exigir o afastamento quando o salário é elemento vital para a subsistência do empregado, bem como, inclusive, arcando com os riscos de eventual improcedência da alegação em juízo.

---

[28] MAGANO, Octavio Bueno. *Manual de direito do trabalho*: direito individual do trabalho. 4. ed., v. 2, p. 330.

Comprovados os motivos da rescisão indireta, o empregado fará jus ao recebimento do saldo de salário; aviso prévio; décimo terceiro salário; férias vencidas e proporcionais, acrescidas de um terço; liberação do fundo de garantia; multa de 40%; e entrega da guia do seguro-desemprego.

Se a ação for julgada improcedente, o empregado não terá direito às verbas rescisórias, recebendo somente o saldo de salário e as férias vencidas.

No caso de o empregado continuar trabalhando após a propositura da ação, a decisão judicial que reconhecer a dispensa indireta poderá considerar o contrato rescindido na data do trânsito em julgado ou no momento do ajuizamento da demanda.

Cabe ao empregado provar em juízo os motivos alegados na demanda trabalhista em que solicita a decretação da rescisão contratual em face da justa causa do empregador (art. 818, I, CLT, e art. 373, I, CPC).

25.2.2.2.1 Hipóteses

25.2.2.2.1.1 Exigência de serviços superiores às suas forças, defesos por lei, contrários aos bons costumes, ou alheios ao contrato

O art. 483, *a*, CLT, prevê como causa extintiva do contrato de trabalho por culpa do empregador a exigência de serviços superiores às forças do empregado, defesos por lei, contrários aos bons costumes ou alheios ao contrato.

O termo "forças" não deve ser analisado de forma restrita, ou seja, para indicar que se trata de força muscular. A expressão engloba as acepções de força muscular, aptidão para a tarefa, capacidade profissional.

Serviço defeso em lei envolve as atividades proibidas pela lei penal ou que oferecem risco à vida do trabalhador ou do próximo.

Trabalho contrário aos bons costumes é aquele que é ofensivo à moral pública.

Serviços alheios ao contrato representam a realização de tarefas exigidas pelo empregador que são contrárias aos serviços pelos quais o trabalhador foi contratado.

25.2.2.2.1.2 Tratamento pelo empregador ou por seus superiores hierárquicos com rigor excessivo

O tratamento pelo empregador ou por seus superiores hierárquicos com rigor excessivo (art. 483, *b*, CLT) compreende a presença de repreensões ou medidas punitivas desfundamentadas, configurando uma perseguição ou intolerância ao empregado. É comum a implicância na emanação das ordens ou na exigência de tarefas anormais na execução dos serviços.

Deve ser respeitado o princípio da proporcionalidade entre a natureza da falta e a penalidade aplicada ao trabalhador. Se o empregado atrasa por alguns minutos, não sendo rotina tais atrasos, e vem a sofrer uma suspensão de 10 dias, denota-se o rigor excessivo.

25.2.2.2.1.2.1 Assédio moral

25.2.2.2.1.2.1.1 O conceito de assédio moral

Ao enunciar o seu conceito de assédio moral, Rodolfo Pamplona Filho[29] procura um sentido de literalidade. Vale dizer, não é um privilégio da relação de trabalho. Pode ocorrer em qualquer ambiente onde se tenha uma coletividade, tal como: escolas, igrejas, clubes, corporações militares etc. Para ele, assédio moral é: *"uma conduta abusiva, de natureza psicológica, que atenta contra a dignidade psíquica do indivíduo, de forma reiterada, tendo por efeito a sensação de exclusão do ambiente e do convívio social"*.

De acordo com Marie-France Hirigoyen[30] assédio moral é *"toda e qualquer conduta abusiva manifestando-se sobretudo por comentários, palavras, gestos, escritos que possam trazer dano à personalidade, à dignidade ou à integridade física ou psíquica de uma pessoa, por em perigo seu emprego ou degradar o ambiente de trabalho"*.[31]

Marie-France Hirigoyen entrelaça a questão do assédio moral com o campo das relações de trabalho, em especial, na seara da relação de emprego, em que tais condutas assumem tons mais dramáticos pela dependência econômica do trabalhador subordinado (= empregado) em relação ao seu empregador.

No mesmo sentido, Sônia Mascaro Nascimento[32] ensina: *"Já o assédio moral* (mobbing, bullying, harcèlement moral *ou, ainda, manipulação perversa, terrorismo psicológico) caracteriza-se por ser uma conduta abusiva, de natureza psicológica, que atenta contra a dignidade psíquica, de forma repetitiva e prolongada, e que expõe o trabalhador a situações humilhantes e constrangedoras, capazes de causar ofensa à personalidade, à dignidade ou à integridade psíquica, e que tenha por efeito excluir a posição do empregado no emprego ou deteriorar o ambiente de trabalho, durante a jornada de trabalho e no exercício de suas funções."*

A globalização, com base em novas técnicas de seleção, inserção e avaliação do indivíduo no trabalho, fez uma reestruturação nas relações do trabalho.

---

[29] PAMPLONA FILHO, Rodolfo. Noções conceituais sobre o assédio moral na relação de emprego. Disponível em: <http://jus2.uol.com.br/doutrina/text.asp?id=8838>. Acesso em: 28 dez. 2007.

[30] A obra mais conhecida sobre o assédio moral e que presta imensa contribuição ao estudo dessa matéria é, sem dúvida alguma, a da psiquiatra Marie-France Hirigoyen, denominada de *Assédio moral: a violência perversa do cotidiano*, que em pouco tempo foi traduzida para diversos idiomas e constituiu-se em *best-seller*. Esta obra, na França, motivou trabalhadores a se manifestarem em protesto, junto aos seus empregadores, exigindo respeito à sua dignidade contra o assédio moral. A autora recebeu grande volume de cartas de trabalhadores relatando as próprias experiências com o assédio moral e o *stress*, inspirando-a, algum tempo depois, a escrever e publicar outra obra, cujo título é *Mal-estar no trabalho: redefinindo o assédio moral*.

[31] HIRIGOYEN, Marie-France. *Assédio moral*: a violência perversa do cotidiano, p. 65.

[32] NASCIMENTO, Sônia Mascaro. O assédio moral no ambiente do trabalho. *Revista LTr*, v. 68, p. 922.

O novo paradigma é o "sujeito produtivo", ou seja, o trabalhador que ultrapassa metas, deixando de lado a sua dor ou a de terceiro. É a valorização do individualismo em detrimento do grupo de trabalho.

A valorização do trabalho em equipe assume um valor secundário, já que a premiação pelo desempenho é só para alguns trabalhadores, ou seja, os que atingem as metas estabelecidas, esquecendo-se que o grupo também é o responsável pelos resultados da empresa.

O individualismo exacerbado reduz as relações afetivas e sociais no local de trabalho, gerando uma série de atritos, não só entre as chefias e os subordinados, como também entre os próprios subordinados.

O implemento de metas, sem critérios de bom-senso ou de razoabilidade, gera uma constante opressão no ambiente de trabalho, com a sua transmissão para os gerentes, líderes, encarregados e os demais trabalhadores que compõem um determinado grupo de trabalho.

As consequências dessas tensões (= pressões) repercutem na vida cotidiana do trabalhador, com sérias interferências na sua qualidade de vida, gerando desajustes sociais e transtornos psicológicos. Há relatos de depressão, ansiedade e outras formas de manifestação (ou agravamento) de doenças psíquicas ou orgânicas. Casos de suicídio têm sido relatados, como decorrência dessas situações.

Esse novo contexto leva ao incremento do assédio moral, isto é, a uma série de comportamentos abusivos traduzidos por gestos, palavras e atitudes, os quais, pela sua reiteração, expõem ou levam ao surgimento de lesões à integridade física ou psíquica do trabalhador, diante da notória degradação do ambiente de trabalho (= meio ambiente do trabalho). O assédio moral objetiva a exclusão do trabalhador do ambiente de trabalho.

A Lei 13.185/15 estabeleceu o Programa de Combate à Intimidação Sistemática (*Bullying*) em todo o território nacional.

Para o contexto da Lei 13.185, considera-se intimidação sistemática (*bullying*) todo ato de violência física ou psicológica, intencional e repetitivo, que ocorre sem motivação evidente, praticado por indivíduo ou grupo, contra uma ou mais pessoas, com o objetivo de intimidá-la ou agredi-la, causando dor e angústia à vítima, em uma relação de desequilíbrio de poder entre as partes envolvidas.

A intimidação sistemática (*bullying*) é caracterizada quando há violência física ou psicológica em atos de intimidação, humilhação ou discriminação e, ainda: ataques físicos; insultos pessoais; comentários sistemáticos e apelidos pejorativos; ameaças por quaisquer meios; grafites depreciativos; expressões preconceituosas; isolamento social consciente e premeditado e pilhérias.

Há previsão do *cyberbullying*, como a intimidação sistemática na rede mundial de computadores, quando se usarem os instrumentos que lhe são próprios para depreciar, incitar a violência, adulterar fotos e dados pessoais com o intuito de criar meios de constrangimento psicossocial.

A lei classifica o *bullying* conforme as ações praticadas, como: (a) verbal: insultar, xingar e apelidar pejorativamente; (b) moral: difamar, caluniar, disseminar rumores; (c) sexual: assediar, induzir e/ou abusar; (d) social: ignorar, isolar e excluir; (e) psicológica: perseguir, amedrontar, aterrorizar, intimidar, dominar, manipular, chantagear e infernizar; (f) físico: socar, chutar, bater; (g) material: furtar, roubar, destruir pertences de outrem; (h) virtual: depreciar, enviar mensagens intrusivas da intimidade, enviar ou adulterar fotos e dados pessoais que resultem em sofrimento ou com o intuito de criar meios de constrangimento psicológico e social.

25.2.2.2.1.2.1.2 Natureza jurídica do assédio moral

Sobre a natureza jurídica do assédio moral, a doutrina aponta: (a) discriminação; (b) dano moral.

O assédio moral tem a finalidade de excluir a pessoa do meio ambiente do trabalho, logo, as suas condutas assumem uma modalidade de discriminação negativa, a qual há de ser repudiada. De forma deliberada, quem assedia tem o firme propósito de expor a sua vítima a uma série de situações de desigualdade (= discriminação negativa) em relação aos demais colegas de trabalho e ao próprio meio ambiente do trabalho.

Por outro lado, o assédio moral também pode ser visto como uma atitude de ofensa ao patrimônio ideal (violação de um direito de personalidade) do trabalhador, logo, assume, de certa forma, como consequência, o equivalente a um dano moral. Contudo, não se pode dizer que o assédio moral seja um dano moral. O dano moral é a consequência do assédio moral. Aliás, o assédio moral também pode gerar danos materiais (= patrimoniais) à vítima.

Ao elucidar os dois gêneros adotados para fins de explicitação da natureza jurídica do assédio moral, Sônia Mascaro Nascimento[33] ensina: *"De suma importância é a verificação da natureza jurídica do assédio. Verificamos que o mesmo pode se inserir no âmbito do gênero 'dano moral' ou mesmo do gênero da 'discriminação', com o que concordamos. A Diretiva 76/207/CEE da União Europeia estabelece o segundo critério de classificação ao assumir, em seu artigo 2º, item 3, o seguinte: 'O assédio e o assédio sexual, na acepção da presente diretiva são considerados discriminação em razão do sexo e são, portanto, proibidos'. Isso porque o próprio conceito do assédio moral dispõe que a finalidade maior de tais condutas é a exclusão da pessoa do ambiente de trabalho, de modo que se expõe a vítima a situações de desigualdade propositadamente e, o que é mais importante, sem motivo legítimo. Assim também ocorre no assédio sexual, em que o assediador elege uma 'vítima' para constranger, tratando-a diferentemente dos demais. [...] Vale destacar que a Organização Internacional do Trabalho, quando da adoção da 'Declaração da OIT sobre os Princípios e Direitos Fundamentais no Trabalho e seu Seguimento', em 1998, elegeu a eliminação da discriminação em matéria de emprego e ocupação como um desses princípios e direitos fundamentais no trabalho, ao lado da liberdade sindical e da eliminação do*

---

[33] NASCIMENTO, Sônia Mascaro. Ob. cit., p. 922.

trabalho forçado e infantil. Tal Declaração estabelece uma obrigatoriedade de respeito a tais direitos fundamentais, independentemente de ratificação das respectivas Convenções (nº 29, 87, 98, 100, 105, 111, 138 e 182). Por outro lado, poder-se-ia classificar o assédio como uma espécie do gênero 'dano moral', caracterizando esse como o resultado de uma conduta que viole os direitos da personalidade de um indivíduo. [...] Muito embora seja defensável tal classificação, entendo que a mesma não reflete a natureza jurídica do assédio, mas sim o seu resultado, ou seja, a prática do assédio, moral ou sexual, resultará numa obrigação de reparar um dano moral causado por um ato discriminatório violador de um direito personalíssimo."

25.2.2.2.1.2.1.3 Meio ambiente do trabalho e o assédio moral

Na ótica do legislador, meio ambiente é o conjunto de condições, leis, influências e interações de ordem (física, química e biológica) que permite, abriga e rege a vida em todas as suas formas (art. 3º, I, Lei 6.938/81).

José Afonso da Silva[34] indica: meio ambiente é *"a interação do conjunto de elementos naturais, artificiais e culturais que propiciam o desenvolvimento equilibrado da vida em todas suas formas".*

Quando se vem à mente a expressão "meio ambiente", tem-se por referência uma realidade complexa, onde estão presentes diversos elementos (físicos, químicos, biológicos e socioeconômicos) e suas interações que ocorrem dentro de sistemas naturais, artificiais, sociais e culturais.

Por outro lado, não se pode dissociar o meio ambiente de uma nova disciplina dentro da Ciência Jurídica, que vem a ser o Direito Ambiental, como *"conjunto de normas que reconhecem e tornam efetivos ao ser humano o direito a um ambiente são, tutelando-o na medida de seus interesses, sem prejudicar a defesa dos interesses gerais pelas entidades públicas e associações particulares".*[35]

Os objetivos do Direito Ambiental são: *"Assegurar não só a efetividade do direito a um meio ambiente ecologicamente equilibrado, preservando-o e defendendo-o, vedando práticas contra sua degradação e obrigando a recuperação do ambiente degradado, conforme soluções técnicas exigidas pelo órgão público competente, mas também o patrimônio genético, estabelecendo, ainda, diretrizes e punições às condutas lesivas ao meio ambiente; fixar os limites máximos de poluição; limitar administrativamente o uso da propriedade privada, impedindo dano causado pela poluição ambiental etc."*[36]

Pelo texto constitucional (art. 225, *caput*), podemos constatar a presença de três concepções fundamentais para o Direito Ambiental: (a) o direito ao meio ambiente ecologicamente equilibrado, como direito de todos; (b) a natureza jurídica dos bens ambientais, como de uso comum do povo e essencial a uma efetiva qualidade de vida;

---

[34] SILVA, José Afonso da. *Direito ambiental constitucional.* 4. ed., p. 20.
[35] DINIZ, Maria Helena. *Dicionário jurídico,* v. 2, p. 141.
[36] DINIZ, Maria Helena. Ob. cit., p. 141.

(c) a obrigação do Poder Público e da coletividade na defesa e preservação dos bens ambientais para as gerações presentes e futuras.

Como o efetivo titular de um meio ambiente sadio e equilibrado é o povo, estamos diante de um direito transindividual em nível difuso.

Na doutrina, encontramos três tipos de meio ambiente: (a) o artificial, que compreende o espaço construído (edificações) e os equipamentos públicos (ruas, praças, áreas verdes, espaços livres em geral); (b) o cultural, que apesar de ser artificial (obra do homem), pela sua importância, adquiriu um valor especial e que se interage com o patrimônio em diversos aspectos, tais como: histórico, artístico, arqueológico, paisagístico, turístico; (c) o natural ou físico, o qual, exemplificativamente, compreende o solo, a água, o ar atmosférico, a flora, a fauna, ou seja, a interação que se dá entre as diversas espécies e as suas relações com o ambiente físico que ocupam.

Para José Afonso da Silva, o meio ambiente de trabalho deve ser inserido no meio ambiente artificial, inclusive, indicando que é digno de um tratamento especial na CF (art. 200, VIII).

Ao destacar o meio ambiente de trabalho, como meio ambiente artificial, Sidnei Machado[37] aduz: *"A saúde ocupacional já reconheceu que os riscos físicos, químicos e biológicos a que estão sujeitos os trabalhadores representam um problema ambiental em essência. Também no processo de globalização econômica, com o contexto político a ele inerente, fica cada vez mais difícil fazer qualquer separação entre o trabalho dentro da fábrica e fora dela. Na verdade, os riscos que desencadeiam o processo saúde-doença se estendem por todo o cotidiano do trabalhador. Porém, há muito pouco tempo se começou a estabelecer a relação entre meio ambiente e saúde dos trabalhadores. Entendia-se, contudo, que ambiente de trabalho é o 'conjunto das condições de produção em que simultaneamente, a força de trabalho e o capital se transformam em mercadorias e em lucro'.*

Trabalhar com o referencial teórico e conceitual do meio ambiente de trabalho, como meio ambiente artificial, parece ser adequado. A mesma empresa que lança no ar produtos químicos contamina primeiramente o ambiente interno da empresa e, consequentemente, atinge a saúde dos trabalhadores. Embora essa articulação seja recente, ela já estava presente no conceito de saúde do trabalhador, nos programas de prevenção recomendados pela OIT, nos acordos comerciais, tratados internacionais e, em certa medida, agregada ao conceito de desenvolvimento sustentável. Assim, compreende-se como meio ambiente de trabalho o conjunto das condições internas e externas do local de trabalho e sua relação com a saúde dos trabalhadores.

Para o mundo do trabalho essa aproximação do meio ambiente com a saúde do trabalhador, numa perspectiva antropocêntrica, coloca a ecologia dentro da política. O produtivismo é a lógica do mundo de produção capitalista, cuja irracionalidade dilapida a natureza para sua reprodução. Essa é a verdadeira fonte da crise ecológica, que também

---

[37] MACHADO, Sidnei. *O direito à proteção ao meio ambiente de trabalho no Brasil*, p. 66.

gera a exploração desenfreada da força de trabalho que coloca em perigo a vida, a saúde ou o equilíbrio psíquico dos trabalhadores."

Em face das interações que há entre o meio ambiente do trabalho e a saúde do trabalhador, como forma de valorização da dignidade do ser humano, tem-se a importância de como o assédio moral deve ser evitado na órbita das relações do trabalho.

Como exemplos de problemas de saúde causados ao trabalhador pelo assédio moral: depressão, dores de cabeça, tonturas, distúrbios digestivos, palpitações, tremores, diminuição da libido, falta de ar, falta de apetite etc.

25.2.2.2.1.2.1.4 Espécies de assédio moral

A forma de assédio mais difundida e estudada é o assédio moral interpessoal, o qual diz respeito a quem pratica o assédio moral. O assédio moral interpessoal, em razão do agente assediante, pode ser classificado de quatro formas:

a) assédio moral vertical – pressupõe uma relação de autoridade, com o predomínio do desmando, da competitividade e da instauração do medo pelo superior em relação ao subordinado. A doutrina indica: *"Assédio moral vertical é a utilização do poder de chefia para fins de verdadeiro abuso de direito dos poderes diretivo e disciplinar, bem como para esquivar-se de consequências trabalhistas. Tal é o exemplo do empregador que, para não ter que arcar com as despesas da dispensa imotivada de um empregado, tenta convencê-lo a demitir-se ou cria situações constrangedoras, como retirar sua autonomia no departamento, transferir todas as suas atividades para outras pessoas ou isolá-lo do ambiente, para que o mesmo se julgue, de algum modo, culpado pela situação, demitindo-se"*;[38]

b) assédio moral horizontal – é o que se instaura em pessoas de idêntica hierarquia, tendo por característica básica à pressão para produzir com qualidade e baixo custo. É a humilhação presente nas relações cotidianas entre os mais produtivos e os menos produtivos. A doutrina ensina: *"Assédio moral horizontal é o percebido entre os próprios colegas de trabalho que, motivados pela inveja do trabalho muito apreciado do outro colega, o qual pode vir a receber uma promoção, ou ainda pela mera discriminação motivada por fatores raciais, políticos, religiosos etc., submetem o sujeito 'incômodo' a situações de humilhação perante comentários ofensivos, boatos sobre sua vida pessoal, acusações que podem denegrir sua imagem perante a empresa, sabotando seus planos de trabalho."*[39]

c) assédio moral combinado – é o que se dá quando o chefe e outros empregados estabelecem uma união com o propósito de humilhar uma pessoa, visando a sua exclusão da empresa;

---

[38] VILLATORE, Marco Antônio; ROCHA, Alexandre Euclides. *A atividade econômica do empregador em consonância com os direitos fundamentais dos empregados*, p. 159.
[39] VILLATORE, Marco Antônio; ROCHA, Alexandre Euclides. Ob. cit., p. 159.

d) assédio moral ascendente – é o praticado por um subordinado ou por grupo de empregados que desejam a saída do superior (chefe) da empresa. Na doutrina, temos: *"Assédio moral ascendente é o assédio praticado por um subalterno que se julga merecedor do cargo do chefe, bem como por um grupo de empregados que querem sabotar o novo chefe, pois, não o julgam tão tolerante quanto o antigo ou tão capacitado para tal cargo."*[40]

Também há o assédio moral institucional (ou organizacional), como um comportamento patronal generalizado e reconhecido pela política institucional da empresa. O agressor não é uma pessoa física, mas a própria pessoa jurídica empresarial. Enquanto o assédio moral interpessoal tem por objetivo a exclusão da vítima do ambiente de trabalho, discriminando-a e humilhando-a perante o grupo, no assédio moral institucional o que se objetiva é a sujeição de um grupo de trabalhadores às agressivas políticas mercantilistas da empresa.

Para configuração do assédio moral institucional são necessários os seguintes requisitos: (a) ofensa ao direito fundamental à saúde no ambiente de trabalho, não sendo necessária a prova do dano psíquico coletivo; (b) os atos devem estar inseridos dentro da política institucional da empresa por meio de diversos modelos de gestão: administração por estresse, administração por injúria etc.; (c) presença do caráter despersonalizado do assédio, ou seja, os atos não são dirigidos a pessoas ou grupos específicos, mas à coletividade dos trabalhadores de um setor da empresa ou de toda a empresa; (d) o agressor é a empresa, ou seja, a própria pessoa jurídica.[41]

Em duas decisões, o TST reconheceu como assédio moral institucional a prática organizacional de duas redes de supermercados que consistia em constranger os trabalhadores a cantar e dançar no ambiente de trabalho (7ª T. – RR 701-05.2013.5.09.0656 – Rel. Min. Luiz Philippe Vieira de Mello Filho – *DEJT* 28/8/2015; 1ª T. –AIRR 1618-03.2010.5.06.0142 – Rel. Min. Hugo Carlos Scheuermann – *DEJT* 16/8/2013).

O TST reconheceu também como assédio moral institucional o empregador valer-se de políticas agressivas e desmesuradas de gestão, genericamente praticadas e capazes de reforçar a prática do terror psicológico junto aos empregados. No caso, os trabalhadores eram chamados de incompetentes e ameaçados de dispensa pelo superior hierárquico sob a argumentação de não adaptação a novo método de trabalho implantado (4ª T. – AIRR 123000-94.2006.5.02.0018 – Rel. Min. João Oreste Dalazen – *DEJT* 29/8/2014).

O TRT da 2ª Região reconheceu o assédio moral institucional pela cobrança de metas abusivas, com obrigação de venda de seguros ou garantia estendidas, sendo que em muitos casos, as cobranças eram lançadas nos pedidos de venda sem o conhecimento do cliente, o que gerava reclamações e constrangimentos posteriores aos vendedores. (12ª T. – RO 00042713520125020201 – Rel. Maria Elizabeth Mostardo Nunes – *DEJT* 19/9/2014).

---

[40] VILLATORE, Marco Antônio; ROCHA, Alexandre Euclides. Ob. cit., p. 159.
[41] CALVO, Adriana. *O direito fundamental à saúde mental no ambiente de trabalho*: o combate ao assédio moral institucional – visão dos tribunais trabalhistas, p. 78-79.

Em outra decisão, o assédio moral institucional foi caracterizado pelo clima opressivo criado na empresa com a cobrança para o atingimento de metas, com pressões e cobranças frequentes, infligindo humilhação aos empregados. (TRT – 10ª R – 2ª T. – RO 01678-2013-013-10-00-4 – Rel. Brasilino Santos Ramos – *DEJT* 14/11/2014).

25.2.2.2.1.2.1.5 Elementos do assédio moral

A ordem jurídica nacional não possui previsão legal genérica a respeito do assédio moral, logo, à doutrina é que devemos ir para explicitar quais são os seus elementos, como forma de revelação desse instituto.

O assédio moral é uma série de comportamentos abusivos, traduzidos por gestos, palavras e atitudes, os quais, pela sua reiteração, expõem ou levam ao surgimento de lesões à integridade física ou psíquica do trabalhador, diante da notória degradação do ambiente de trabalho (= meio ambiente do trabalho). O assédio moral objetiva a exclusão do trabalhador do ambiente de trabalho.

Deste conceito, podemos extrair quatro elementos:

a) conduta abusiva: quando os limites do que venha a ser razoável são ultrapassados, estamos diante de um comportamento abusivo, não tolerável. Nem todos os gracejos, nem todos os comentários são aceitáveis. No assédio moral, o assediador ultrapassa os limites do que venha a ser razoável dentro de um determinado contexto. A conduta abusiva equipara-se ao abuso do direito por envolver aspectos de humilhação e de ofensas ao patrimônio ideal (atentado ou efetiva lesão aos direitos de personalidade) do trabalhador. Exemplos de condutas típicas de assédio moral: rigor excessivo; confiar tarefas inúteis ou degradantes; desqualificação ou críticas em público; isolamento ou inatividade forçada etc.;

b) reiteração da conduta: como regra, além de abusiva, é necessário que a conduta do assediador seja reiterada para que possa de fato levar a vítima a uma situação de atentado ou de efetiva lesão à sua integridade psíquica, caracterizando, assim, o assédio moral. Contudo, em casos excepcionais, pela intensidade e gravidade da conduta abusiva, um evento esporádico poderá levar à caracterização do assédio moral. Sônia Mascaro Nascimento[42] preleciona: *"Um dos elementos essenciais para a caracterização do assédio moral no ambiente de trabalho é a reiteração da conduta ofensiva ou humilhante, uma vez que, sendo este fenômeno de natureza psicológica, não há de ser um ato esporádico capaz de trazer lesões psíquicas à vítima. Como bem esclarece o acórdão proferido no TRT da 17a Região, 'a humilhação repetitiva e de longa duração interfere na vida do assediado de modo direto, comprometendo sua identidade, dignidade e relações afetivas e sociais, ocasionando graves danos à saúde física e mental, que podem evoluir para a incapacidade laborativa, desemprego*

---

[42] NASCIMENTO, Sônia Mascaro. O assédio moral no ambiente do trabalho. *Revista LTr*, v. 68, p. 924.

ou mesmo a morte, constituindo um risco invisível, porém concreto, nas relações e condições de trabalho'. Assim, o arco temporal deve ser suficientemente longo para que cause um impacto real e de verdadeira perseguição pelo assediador. Em um de seus trabalhos, Dr. Leymann chega a quantificar um período mínimo, afirmando que 'uma dificuldade relacional se torna assédio quando é praticada com uma frequência mínima de uma vez por semana, em um período superior a 6 meses'. Atualmente, não se fala em um tempo determinado em dias, ou meses, porém foi constatado que o assédio moral, em regra, se configura no prazo de 1 a 3 anos, o que, porém, não deve servir de parâmetro, vez que o assédio pode ser verificado em tempo mais exíguo, dependendo do tempo que o dano levar para se instalar";

c) no tocante à natureza psicológica do atentado à dignidade psíquica do trabalhador, Rodolfo Pamplona Filho[43] ensina: *"O campo de investigação do assédio moral reside na violação a direitos da personalidade do indivíduo, com prática de atos atentatórios à sua dignidade psíquica. Quando a conduta afeta também aspectos corpóreos do ser humano, pode-se verificar a ocorrência de algum outro tipo de ato ilícito, qual seja, a agressão física ou o esbulho patrimonial, entre outros. Este é um elemento bastante relevante, pois poderá delimitar o campo de alcance da eventual reparação que se pretender em juízo."*

A caracterização do assédio moral para Rodolfo Pamplona Filho[44] não implica, necessariamente, na presença da comprovação do dano psíquico-emocional: *"Sendo o assédio moral a conduta lesiva; o dano psíquico-emocional deve ser entendido como a consequência natural da violação aos direitos da personalidade da vítima. Note-se, portanto, que a necessidade do dano não é um elemento da caracterização do assédio moral, mas, sim, da responsabilidade civil decorrente de tal conduta. [...] De fato, a doença psíquico-emocional, como patologia, pode advir do assédio, mas não necessariamente ocorrerá, nem é elemento indispensável, pois o que é relevante, na caracterização do mobbing, é a violação do direito da personalidade, cuja materialização ou prova dependerá do caso concreto."*

No mesmo diapasão, Alice Monteiro de Barros[45] comenta: *"O conceito de assédio moral deverá ser definido pelo comportamento do assediador, e não pelo resultado danoso. Ademais, a Constituição vigente protege não apenas a integridade psíquica, mas também a moral. A se exigir o elemento alusivo ao dano psíquico como indispensável ao conceito de assédio moral, teríamos um mesmo comportamento caracterizando ou não a figura ilícita, conforme o grau de resistência da vítima, ficando sem punição as agressões que não tenham conseguido dobrar psicologicamente a pessoa. E mais, a se admitir como elemento do assédio moral o dano psíquico, o terror psicológico se converteria em um ilícito sujeito à mente e à sub-*

---

[43] PAMPLONA FILHO, Rodolfo. Ob. cit.
[44] PAMPLONA FILHO, Rodolfo, Ob. cit.
[45] BARROS, Alice Monteiro de. *Curso de direito do trabalho*, p. 876.

jetividade do ofendido. [...] É óbvio, entretanto, que se o dano psíquico ocorrer, ele gerará aumento da indenização por dano moral ou uma compensação autônoma."

Em sentido contrário, Sônia Mascaro Nascimento[46] declina: *"Nessa esteira, entendo que a configuração do assédio moral depende de prévia constatação da existência do dano, no caso, a doença psíquico-emocional. Para tanto, necessária a perícia feita por psiquiatra ou outro especialista da área para que, por meio de um laudo técnico, informe o magistrado, que não poderia chegar a tal conclusão sem uma opinião profissional, sobre a existência desse dano, inclusive fazendo a aferição do nexo causal. Ressalto que a prova técnica para a constatação do dano deve ser produzida por perito da área médica, sem o que não há como se falar em assédio moral, eis ausente seu pressuposto essencial: o dano psicológico ou psíquico-emocional."*

d) finalidade de exclusão: o objetivo principal no assédio moral é fazer com que a vítima seja excluída do ambiente de trabalho. Em outras palavras, a exclusão do trabalhador implica na essência do assédio moral como fator de discriminação no meio ambiente do trabalho. Exemplificativamente, temos: (a) o agente procura fazer com que o trabalhador, vítima do assédio, peça a demissão do emprego; (b) que a vítima formule precocemente o seu pedido de aposentadoria; (c) que a vítima renuncie a sua estabilidade.

25.2.2.2.1.2.1.6 Assédio moral e a legislação trabalhista

Em termos genéricos, a legislação trabalhista é omissa a respeito do assédio moral nas relações individuais e coletivas trabalhistas. Por uma interpretação sistemática, tem-se a possibilidade de extração da ordem jurídico-trabalhista de uma série de dispositivos legais, objetivando a adequação da solução legal para o assédio moral.

Como bem expõe Dallegrave Neto: *"A jurisprudência reconhece a figura do assédio moral e o cabimento da reparação dos danos decorrentes, conforme didático aresto do pretório trabalhista de São Paulo de lavra do magistrado Francisco Ferreira Jorge Neto, o qual reproduzimos na forma de texto:*

'1. O dano moral está presente quando se tem a ofensa ao patrimônio ideal do trabalhador, tais como: a honra, a liberdade, a imagem, o nome etc. Não há dúvidas de que o dano moral deve ser ressarcido (art. 5º, V e X, CF). O que justifica o dano moral, nos moldes da exordial, é o assédio moral.'

2. O assédio moral é a exposição do trabalhador a situações humilhantes e constrangedoras, repetitivas e prolongadas durante a jornada de trabalho e no exercício de suas funções.

3. O empregador, pela culpa na escolha e na fiscalização, torna-se responsável pelos atos de seus prepostos (Súmula nº 341, STF). A responsabilidade é objetiva do empregador. Contudo, torna-se necessária a prova do preposto, logo, temos o fator da responsabilidade subjetiva, pela modalidade extracontratual (art. 159, Código Civil de 1916, atual 186, Có-

---

[46] NASCIMENTO, Sônia Mascaro. Ob. cit., p. 926.

digo Civil de 2002). Os requisitos da responsabilidade civil subjetiva são: (a) ato comissivo ou omissivo; (b) dano moral; (c) nexo causal; (d) culpa em sentido amplo (dolo) ou restrito (negligência, imprudência ou imperícia).

4. O exame global das provas indica que não há elementos seguros para justificar a ofensa moral ou as agressões da Sra. Marta não só em relação ao autor, como também em relação aos demais funcionários. A prova há de ser cabal e robusta para o reconhecimento do dano moral. Não há elementos para se indicar a presença do assédio moral. Se não há o elemento do ato, deixa de se justificar a existência do próprio assédio. E, por fim, o dano moral é questionável, notadamente, quando o próprio autor disse que nunca procurou orientação psicológica ou reclamações perante o Ministério do Trabalho ou a Delegacia Regional do Trabalho. Diante da inexistência dos requisitos da responsabilidade civil, descabe a indenização por dano moral (TRT, 2ª Reg., 4ª Turma, RO01-02146-2003-902-02-00, Francisco Ferreira Jorge Neto, DOE SP, PJ, TRT 2ª; 1.8.2003)."[47]

O assédio moral do empregador pode ser enquadrado nas seguintes hipóteses:

a) a exigência de serviços superiores às suas forças, defesos por lei, contrários aos bons costumes, ou alheios ao contrato (art. 483, *a*, CLT): o termo "forças" não deve ser analisado de forma restrita, ou seja, para indicar que se trata somente de força muscular. A expressão engloba as acepções de força muscular, aptidão para a tarefa, capacidade profissional. Serviço defeso em lei envolve as atividades proibidas pela lei penal ou que oferecem risco à vida do trabalhador ou do próximo. Trabalho contrário aos bons costumes é aquele que é ofensivo à moral pública. A expressão "serviços alheios ao contrato" representa a realização de tarefas exigidas pelo empregador que estão contrárias aos serviços pelos quais o trabalhador foi contratado;

b) o tratamento pelo empregador ou por seus superiores hierárquicos com rigor excessivo (art. 483, *b*): compreende a presença de repreensões ou medidas punitivas sem razoabilidade, configurando, assim, uma perseguição ou intolerância ao empregado. É comum a implicância na emanação das ordens ou a exigência de tarefas anormais na execução dos serviços. Deve ser respeitado o princípio da proporcionalidade entre a natureza da falta e a penalidade aplicada ao trabalhador. Por exemplo: se o empregado atrasa por alguns minutos, não sendo rotina tais atrasos, e vem a sofrer uma suspensão de dez dias, denota-se o rigor excessivo;

c) perigo de mal considerável (art. 483, *c*): ocorre quando o empregado é compelido a executar suas tarefas sem que a empresa faça a adoção das medidas necessárias para que o local de trabalho esteja dentro das normas de higiene e segurança do trabalho.

---

[47] DALLEGRAVE NETO, José Affonso. *Responsabilidade civil no direito do trabalho*, p. 234.

É do empregado, vítima de assédio moral, o encargo probatório quanto à base constitutiva dos fatos, os quais embasam as condutas abusivas e reiteradas por parte do empregador.

Cabe ressaltar que o empregador responde não só pelas suas atitudes, como também pelas condutas dos demais empregados ou prepostos.

Diante da comprovação do assédio moral, quando da prestação jurisdicional, o magistrado trabalhista irá dar por rescindindo o contrato de trabalho, impondo, inclusive, a condenação ao empregador quanto ao pagamento de títulos (aviso prévio, férias proporcionais e abono, 13º salário, liberação do fundo de garantia pelo código 01 + 40% e as guias para o saque das parcelas do seguro-desemprego) ao trabalhador.

25.2.2.2.1.3 Perigo de mal considerável

O perigo de mal considerável (art. 483, *c*, CLT) ocorre quando o empregado é compelido a executar suas tarefas sem que a empresa faça a adoção das medidas necessárias para que o local de trabalho esteja dentro das normas de higiene e segurança do trabalho.

25.2.2.2.1.4 O descumprimento patronal das obrigações contratuais

O descumprimento patronal das obrigações do contrato (art. 483, *d*, CLT) representa que o empregador está descumprindo tanto as normas legais como as contratuais. Os exemplos podem ser: salário; horário e natureza do trabalho; local da prestação de serviços etc.

A hipótese mais comum é quando o empregador está em atraso quanto ao pagamento dos salários (mora salarial). É importante ressaltar que o pagamento dos salários atrasados em audiência não é motivo suficiente para elidir a rescisão do contrato de trabalho (Súm. 13, TST).

25.2.2.2.1.5 Ato lesivo da honra e da boa fama

A prática pelo empregador ou seus prepostos, contra o empregado ou pessoas de sua família, de ato lesivo da honra e boa fama envolve as hipóteses de injúria, calúnia e difamação (art. 483, *e*, CLT). A ocorrência da legítima defesa exclui a justa causa do empregador.

A expressão "injúria" deriva do latim *injuria, de in + jus*: injustiça, falsidade. Injúria é o fato típico que ofende: a honra, a dignidade ou o decoro da vítima. Pode ser verbal, por escrito ou física (injúria real).

A honra pode ser objetiva ou subjetiva. A primeira é caracterizada pela sua reputação, ou seja, tudo aquilo que os outros pensam a respeito do cidadão, quanto aos seus atributos físicos, intelectuais, morais etc. A segunda reflete o sentimento de cada um a respeito de seus atributos físicos, intelectuais, morais etc. É a avaliação que o indivíduo faz de suas qualidades como ser humano. A injúria ataca a honra subjetiva, ferindo a sua dignidade ou o seu decoro (art. 140, CP). A injúria pode ser concretizada pelas palavras, como também por gestos e, em algumas circunstâncias, por meio de atos físicos (bofetadas, empurrões etc.).

A calúnia e a difamação (arts. 138 e 139, CP) atingem a honra objetiva.

Na calúnia, atribui-se à vítima a prática de um crime, porém, de forma falsa.

A expressão "difamação" deriva do latim, *diffamare*, de fama, desacreditar. O objeto jurídico a ser tutelado é a honra objetiva, a reputação da vítima. Na difamação, o sujeito procura imputar à vítima fatos que atinjam os seus atributos morais. Não se confunde com a calúnia. Nesta, o que se procura imputar são fatos que atinjam os seus atributos morais, porém, que são falsa notícia de crime. É a atribuição falsa à vítima de um fato definido como crime.

Na calúnia e difamação são atribuídos fatos à vítima, enquanto na injúria o que se atribui é uma qualidade negativa, ofendendo-se a sua honra subjetiva. As seguintes afirmações confirmam as distinções: "Fulano é um peculatário!" (calúnia); "Beltrano é um depravado!" (difamação); "Sicrano é um boçal!" (injúria).

25.2.2.2.1.6 Ofensas físicas

Com a exclusão da legítima defesa própria ou de outrem, as ofensas físicas praticadas pelo empregador ou seus prepostos (art. 483, *f*, CLT) contra o empregado ou outrem, no recinto da empresa ou fora dele, caracteriza justa causa patronal, justificando a rescisão indireta do contrato de trabalho.

25.2.2.2.1.7 Redução do trabalho

A alínea *g*, art. 483, CLT, é relativa à redução do trabalho, quando o empregado recebe por peça ou tarefa. Se houver a diminuição sensível de seus ganhos, sem qualquer outra forma de compensação, admite-se a rescisão indireta do contrato de trabalho.

25.2.2.3 *Culpa recíproca*

A culpa recíproca ocorre quando empregado e empregador, concomitantemente, incorrem em uma justa causa e dessa situação complexa resulta o término do contrato de trabalho.

Como se constata, as duas justas causas devem possuir uma relação mútua de causa e efeito (simultâneas), as quais, pela sua gravidade, são suficientes para a rescisão contratual.

O exemplo clássico é o relativo à agressão mútua. Contudo, nem sempre é possível, em face do caso concreto, a exata clarividência quanto à existência ou não da culpa recíproca.

Na ocorrência da culpa recíproca, a indenização será devida pela metade (art. 484, CLT). A multa indenizatória será de 20% e o empregado poderá levar os depósitos fundiários (arts. 18, § 2º, e 20, I, Lei 8.036/90). Não tem direito ao seguro-desemprego.

Reconhecida a culpa recíproca na rescisão do contrato de trabalho (art. 484, CLT), o TST entendia que o empregado não tinha direito ao aviso prévio, às férias proporcionais e à gratificação natalina do ano respectivo (Súm. 14). Esse entendimento foi revisto pela

Res. 121/03, com a nova redação da Súm. 14: *"Reconhecida a culpa recíproca na rescisão do contrato de trabalho (art. 484 da CLT), o empregado tem direito a 50% (cinquenta por cento) do valor do aviso prévio, do décimo-terceiro salário e das férias proporcionais."*

25.2.3 Causas terminativas do contrato de trabalho – causas supervenientes

25.2.3.1 Morte do empregado

Na ocorrência da morte do empregado, o contrato é extinto.

Os herdeiros existentes recebem o saldo de salário, férias vencidas e proporcionais, com acréscimo de 1/3; 13º salário e depósitos fundiários.

25.2.3.2 Morte do empregador pessoa natural

A novação subjetiva quanto ao empregador não é motivo legal para a cessação do contrato de trabalho. O contrato de trabalho, como relação jurídica, nasce da prestação de serviços. Como é de trato sucessivo, passa por transformações e se extingue, contudo, no seu curso, a novação subjetiva no polo empregador não é fator legal a impedir o seu prosseguimento.

Há uma situação na ordem jurídico-trabalhista brasileira em que a novação subjetiva pode levar à extinção do contrato de trabalho. Nesse sentido, o art. 483, § 2º, CLT enuncia: *"No caso de morte do empregador constituído em empresa individual, é facultado ao empregado rescindir o contrato de trabalho."*

Quando o empregador é a pessoa natural, no caso de sua morte, o empregado tem a faculdade de dar como rescindido o seu contrato de trabalho. Não se trata de uma justa causa do empregador, e sim de um motivo justificado para que o empregado dê por rescindido o contrato. O empregado não terá direito à indenização, como também não é obrigado a dar o aviso prévio ou a efetuar o pagamento da indenização na hipótese de contrato por prazo determinado (art. 480, CLT).

Se houver o prosseguimento da atividade empresarial com outra pessoa, substituindo o falecido, o empregado terá a opção de prosseguir ou não com a sua relação contratual. Contudo, quando se tem a substituição do empregador, o empregado não poderá considerar rescindido o seu contrato, exceto se for demissionário.

É importante destacar o art. 485, CLT: *"Quando cessar a atividade da empresa por morte do empregador, os empregados terão direito, conforme o caso, à indenização a que se referem os arts. 477 e 497."*

O que leva à rescisão do contrato não é a morte pura e simples do empregador, mas o não prosseguimento da atividade empresarial. Nesse sentido, Valentin Carrion[48] discorre: *"Se a atividade continuar com os sucessores, o empregado terá a faculdade de, sem*

---

[48] CARRION, Valentin. Ob. cit., p. 375.

ônus para ele (nem para a empresa), rescindir o contrato (CLT, art. 483, § 2º). É o pouco que resta do princípio do Direito Civil, de que as obrigações personalíssimas se rescindem com a morte de uma das partes, consagrado no Código Civil (arts. 1.226 e seg.), na antiga locação de serviços (Guiomar Faria, O contrato de trabalho na falência)."

25.2.3.3 Extinção da empresa

A extinção da empresa (art. 497, CLT), o fechamento (estabelecimento, filial ou seção) (art. 498), além da falência (quando implicar a cessação do contrato de trabalho), não elide o direito do empregado à percepção das verbas rescisórias. Nestas hipóteses, serão devidas as mesmas verbas da dispensa sem justa causa.

A Súmula 173, TST, enuncia que o contrato de trabalho fica extinto de forma automática com a cessação das atividades da empresa, sendo que os salários são devidos até a data da extinção.

Por decorrência desta súmula, é comum entender-se que, no caso das estabilidades provisórias, os salários somente são devidos até o momento em que houve a atividade empresarial.

Nesse sentido, temos as seguintes Súmulas do TST: (a) *"Havendo extinção da atividade empresarial no âmbito da base territorial do sindicato, não há razão para subsistir a estabilidade"* (Súm. 369, IV); (b) *"A estabilidade provisória do cipeiro não constitui vantagem pessoal, mas garantia para as atividades da CIPA, que somente tem razão de ser quando em atividade a empresa. Extinto o estabelecimento, não se verifica a despedida arbitrária, sendo impossível a reintegração e indevida a indenização do período estabilitário"* (Súm. 339, II).

Corretos os entendimentos contidos nas Súmulas. Não se pode negar que a extinção implica a rescisão contratual, na medida em que não mais se tem a atividade empresarial.

Contudo, o risco do empreendimento não pode ser imputado ao trabalhador. A extinção não pode ser arguida para elidir o direito aos salários de todo o período da estabilidade provisória e consequentes reflexos em férias, abono de férias, 13º salário e nos recolhimentos fundiários, quando a mesma é uma garantia inerente ao patrimônio jurídico do trabalhador. Vale dizer, a extinção não elide os títulos da estabilidade quando esta se tratar de uma vantagem pessoal do trabalhador. É o caso das estabilidades do acidentado (art. 118, Lei 8.213/91), da gestante (art. 10, II, *b*, ADCT).

25.2.3.4 Força maior e caso fortuito

É difícil distinguir caso fortuito de força maior. O CC identificou-os num conceito único: *"O caso fortuito ou de força maior verifica-se no fato necessário, cujos efeitos não era possível evitar ou impedir"* (art. 393, parágrafo único).

As legislações modernas preocupam-se mais em determinar os casos que responsabilizam o devedor pela inexecução, do que os que o eximem. É a chamada conceituação negativa, em que culposo é todo fato que não resulta de caso fortuito ou força maior.

A respeito da diferenciação entre força maior e caso fortuito, Washington de Barros Monteiro:[49] *"Entendem uns que essas expressões são sinônimas, ou, pelo menos, equivalentes, do ponto de vista de suas consequências jurídicas. Afirmam outros, ao inverso, que se não confundem os dois conceitos, divergentes entre si por elementos próprios e específicos. A primeira corrente é denominada subjetiva, enquanto a segunda se qualifica de objetiva. Teoricamente, distinguem-se os dois conceitos. Várias teorias procuram sublinhar-lhes os traços distintivos: (a) teoria da extraordinariedade; (b) teoria da previsibilidade e da irresistibilidade; (c) teoria das forças naturais e do fato de terceiro; (d) teoria da diferenciação quantitativa; (e) teoria do conhecimento; (f) teoria do reflexo sobre a vontade humana."*

Washington de Barros Monteiro adota a teoria da extraordinariedade, apesar de salientar que é de pouca importância a diferenciação exata das duas figuras, já que ambas possuem idêntica força liberatória.

Para a teoria das forças naturais e do fato de terceiro, a força maior resulta *"de eventos físicos ou naturais, de índole ininteligente, como o granizo, o raio e a inundação; o caso fortuito decorre de fato alheio gerador de obstáculo que a boa vontade do devedor não logra superar, como a greve, o motim e a guerra".*[50]

A partir do estudo da origem dos termos, Marcus Cláudio Acquaviva[51] afirma que caso fortuito é o *"acontecimento de ordem natural gerador de efeitos jurídicos, v. g., erupções vulcânicas, queda de raios, estiagem, avalancha e, no mesmo sentido, aluvião, forma originária de aquisição da propriedade imóvel, propiciada pelo acréscimo de uma porção de terra a outra, por fato natural. O caso fortuito não se confunde com a força maior, esta ocasionada por ato humano".*

Na CLT, força maior é todo acontecimento inevitável, em relação à vontade do empregador, e para a realização do qual este não concorreu, direta ou indiretamente (art. 501, *caput*).

Não caracterizam a força maior: (a) a imprevidência do empregador; (b) os fatos que não afetam substancialmente, nem que são suscetíveis de afetar a situação econômica e financeira da empresa (art. 501, §§ 1º e 2º).

Na visão de Valentin Carrion,[52] a força maior adotada pelo texto *"abrange o caso fortuito (imprevisto e imprevisível) e a força maior em sentido restrito (fato previsto ou previsível), ambos superiores às forças de quem lhes suporta os efeitos (Cunha Gonçalves, Princípios de Direito Civil Luso-Brasileiro, v. 2, p. 645); a norma repisa que a imprevidência exclui a configuração de força maior; pode consistir em fenômenos naturais, atos humanos privados, leis novas ou atos do governo. A CLT contempla em outro dispositivo a atividade impossibilitada por lei ou ato governamental (art. 486, indenização pelo governo responsável). [...] No Direito do Trabalho: (a) aplica-se a teoria da esfera da responsabilidade; afirma-se que todo acontecimento que atinge a empresa entra na esfera jurídica da respon-*

---

[49] MONTEIRO, Washington de Barros. *Curso de direito civil*. 28. ed., v. 4, p. 331.
[50] MONTEIRO, Washington de Barros. Ob. cit., p. 331.
[51] ACQUAVIVA, Marcus Cláudio. *Dicionário jurídico brasileiro Acquaviva*. 13. ed., p. 171.
[52] CARRION, Valentin. Ob. cit., p. 398.

sabilidade do empregador (Gomes-Gottschalk, Curso); a força maior aqui não desobriga do pagamento de indenizações, mas as reduz; (b) a jurisprudência é muito exigente e com frequência rejeita a configuração de força maior".

Como exemplos de situações que não caracterizam a força maior, temos: (a) medidas governamentais de caráter geral no campo da economia; (b) extinção de setor obsoleto da empresa; (c) incêndio, inexistindo seguro contra fogo; (d) mau tempo, em atividade realizada a céu aberto; (e) falência e recuperação judicial (art. 449, CLT).

Ocorrendo o motivo de força maior que determine a extinção da empresa, ou de um dos estabelecimentos em que trabalhe o empregado, é assegurada a este, quando despedido, uma indenização na forma seguinte: (a) sendo estável, de acordo com os arts. 477 e 478; (b) não tendo direito à estabilidade, metade da que seria devida em caso de rescisão sem justa causa; (c) no caso de contrato por prazo determinado, a metade da indenização prevista no art. 479 (art. 502, I e II, CLT); (d) a multa rescisória é de 20% (art. 18, § 2º, Lei 8.036/90).

No caso da comprovação da falsa alegação do motivo de força maior, é garantida a reintegração aos empregados estáveis e, aos não estáveis, o complemento da indenização já percebida, assegurado a ambos o pagamento da remuneração atrasada (art. 504, CLT).

25.2.3.5 Factum principis

Antigamente, a expressão *factum principis* (fato do príncipe) representava o ato arbitrário da autoridade executiva. Atualmente, compreende todo ato voluntário da Administração Pública que vem onerar as partes que com ela contratam. A teoria do fato do príncipe tem grande importância no campo dos contratos administrativos, para permitir ao prejudicado obter reparação do Estado.

No campo do Direito do Trabalho, *factum principis* compreende a paralisação temporária ou definitiva do trabalho, motivada por ato de autoridade municipal, estadual ou federal, ou pela promulgação de lei ou resolução que impossibilite a continuação da atividade, quando prevalecerá o pagamento da indenização, que ficará a cargo do governo responsável (art. 486, *caput*, CLT).

Sempre que o empregador invocar em sua defesa o *factum principis*, o tribunal do trabalho competente notificará a pessoa de Direito Público apontada como responsável pela paralisação do trabalho, para que, no prazo de 30 dias, alegue o que entender devido, passando a figurar no processo como chamada à autoria (art. 486, § 1º).

Se a parte interessada, firmada em documento hábil, invocar defesa baseada na ocorrência do *factum principis* e indicar qual o juiz competente, será ouvida a parte contrária, para, dentro de 3 dias, falar sobre essa alegação (art. 486, § 2º).

Verificada qual a autoridade responsável, a vara do trabalho ou o juiz de direito, investido da jurisdição trabalhista, dar-se-á por incompetente, remetendo os autos ao juiz privativo da fazenda, perante o qual correrá o feito nos termos previstos no processo comum (art. 486, § 3º).

Para Valentin Carrion,[53] *"a paralisação do trabalho por ato de autoridade é o* factum principis, *uma das espécies de força maior. O instituto se esvaziou no decorrer do tempo, se é que já não nasceu morto; a prática revela dois aspectos: se o ato da autoridade é motivado por comportamento ilícito ou irregular da empresa, a culpa e as sanções lhe são atribuídas por inteiro; se seu proceder foi regular, a jurisprudência entende que a cessação da atividade faz parte do risco empresarial e também isenta o poder público do encargo; o temor de longa duração dos processos judiciais contra a Fazenda Pública também responde por essa tendência dos julgados".*

O *factum principis* somente transfere para a responsabilidade estatal o pagamento da indenização. Portanto, exime-se o empregador da obrigação legal quanto ao pagamento da multa dos 40% ou da indenização do art. 478, CLT (para os não optantes anteriores à CF/88 e os portadores da estabilidade decenal). Os demais títulos rescisórios serão de responsabilidade do empregador.

25.2.3.6 Aposentadoria

Os diversos tipos de aposentadoria encontram-se regulados pela Lei 8.213/91, a qual dispõe sobre os benefícios da Previdência Social.

A aposentadoria por invalidez implica a suspensão do contrato de trabalho. Nesse sentido, a Lei Consolidada enuncia: (a) pela aposentadoria por invalidez, haverá a suspensão do contrato de trabalho do empregado durante o prazo fixado pelas leis de Previdência Social para a efetivação do benefício (art. 475, *caput*); (b) recuperando o empregado a capacidade de trabalho e sendo a aposentadoria cancelada, será assegurado o direito à função que ocupava ao tempo da aposentadoria, facultado, porém, ao empregador, o direito de indenizá-lo por rescisão do contrato de trabalho (arts. 477 e 478), salvo na hipótese de ser ele portador de estabilidade, quando a indenização deverá ser paga na forma do artigo 497 (art. 475, § 1º); (c) se o empregador houver admitido substituto para o aposentado, poderá rescindir, com este, o respectivo contrato de trabalho sem indenização, desde que tenha havido ciência inequívoca da interinidade quando da celebração do contrato (art. 475, § 2º).

Com a aposentadoria por invalidez, o empregado somente terá direito ao levantamento do saldo do FGTS, não fazendo jus ao recebimento de verbas rescisórias do contrato de trabalho. O contrato encontra-se suspenso, podendo o empregado ao trabalho voltar quando reabilitado.

A aposentadoria por invalidez é paga enquanto perdurar a incapacidade do trabalhador (art. 42, Lei 8.213/91).

Cancelada a aposentadoria por invalidez, o trabalhador terá direito de retornar ao emprego, facultado, porém, ao empregador, indenizá-lo na forma da lei (Súm. 160, TST). Não se aplica o prazo de cinco anos previsto na Súmula 217 do STF, visto que o seu conteúdo é anterior a Lei 8.213/91.

---

[53] CARRION, Valentin. Ob. cit., p. 375.

Para o TST, o empregado tem direito à manutenção de plano de saúde ou de assistência médica oferecido pela empresa ao empregado, não obstante suspenso o contrato de trabalho em virtude de auxílio doença acidentário ou de aposentadoria por invalidez (Súm. 440).

Na aposentadoria por idade, de acordo com o art. 49, I, b, Lei 8.213/91, o benefício será devido na data do seu requerimento, quando não houver o desligamento do emprego. Por idade, o empregado pode se aposentar com 65 anos e a empregada com 60 anos (art. 48, *caput*). Contudo, a aposentadoria por idade poderá ser requerida pela empresa, desde que o segurado empregado tenha cumprido o período de carência e completado 70 anos de idade, se do sexo masculino, ou 65 anos, se do sexo feminino, sendo compulsória, garantindo-se ao empregado o direito à indenização da legislação trabalhista. Será considerada como data de término do contrato a imediatamente anterior à do início da aposentadoria (art. 51).

Nos outros casos de aposentadoria (tempo de serviço: comum e especial; idade – com exceção da hipótese do art. 51, da Lei 8.213), sempre houve uma grande discussão a respeito do término do contrato de trabalho.

A esse respeito, tivemos a seguinte evolução legislativa:

a) Lei 5.890/73 fixava que a aposentadoria era causa da extinção contratual, sendo que o empregado era obrigado a pedir demissão;

b) pela Lei 6.887/80, a aposentadoria não mais era causa de término da relação de emprego;

c) Lei 6.950/81 restabeleceu a demissão do empregado para fins de solicitação da aposentadoria;

d) Lei 8.213/91, a qual dispõe, atualmente, sobre os benefícios da Previdência Social, não exige o desligamento do emprego para a concessão da aposentadoria espontânea (art. 49 e 52);

e) uma série de MPs (381/93; 408/94; 425/94 e 446/94) estabeleceu que havia necessidade de desligamento da atividade exercida pelo segurado empregado, para que houvesse a concessão do pedido de aposentadoria por tempo de contribuição (comum e especial) ou por idade. Tais medidas provisórias não foram transformadas em lei pelo Congresso Nacional;

f) Lei 8.870/94 alterou uma série de dispositivos na lei dos benefícios (Lei 8.213/91), contudo, nada alterou quanto aos arts. 49, 54 e 57; vale dizer que, do ponto de vista legal, a cessação do contrato não era requisito legal para a solicitação do pedido de aposentadoria;

g) Lei 9.528/97 acresceu ao art. 453, CLT, os §§ 1º e 2º, respectivamente, com as seguintes redações:

"§ 1º Na aposentadoria espontânea de empregados das empresas públicas e sociedades de economia mista é permitida sua readmissão desde que atendidos os requisitos constantes do art. 37, inciso XVI, da Constituição Federal, e condicionada à prestação de concurso público;

§ 2º O ato de concessão de benefício de aposentadoria a empregado que não tiver completado trinta e cinco anos de serviço, se homem, ou trinta, se mulher, importa extinção do vínculo empregatício."

Será que, após a aposentadoria por tempo de contribuição (espontânea) (comum e especial; idade), ocorrerá o término do contrato de trabalho?

Vale dizer, assim, na eventualidade de o empregado continuar a prestar serviço, que surge um novo contrato de trabalho?

Do ponto de vista legal, o art. 453, §§ 1º e 2º, CLT, era claro no sentido de que a aposentadoria seria a causa natural do término do contrato de trabalho. Contudo, a vigência dos dois parágrafos foi suspensa por decisões do STF, que deferiram medidas cautelares, respectivamente, nas ADIn 1770-4 e 1721-3.

Para o TST, a aposentadoria espontânea extinguia o contrato de trabalho, mesmo quando o empregado continua a trabalhar na empresa após a concessão do benefício previdenciário. Assim sendo, seria indevida a multa de 40% do FGTS em relação ao período anterior à aposentadoria (OJ 177, SDI-I).

Em outubro/06, o Plenário do STF acolheu as duas ADIn, 1.770-4 e 1.721-3, declarando a inconstitucionalidade dos §§ 1º e 2º, art. 453, CLT, o que vem a justificar a posição de que a aposentadoria não é mais causa natural da extinção do contrato de trabalho. Pela decisão do STF, o TST, poucos dias após, procedeu ao cancelamento da OJ 177. Por meio da OJ 361, o TST uniformizou a sua jurisprudência no sentido de que a aposentadoria espontânea não é causa de extinção do contrato de trabalho.

Diante das decisões do STF, na qualidade de guardião da Constituição Federal, a aposentadoria não é mais causa natural da extinção do contrato de trabalho.

Vale dizer, quando da aposentadoria, nos termos da lei, o empregado terá o direito de soerguer os depósitos fundiários e, quando da efetiva dispensa, por ato do empregador e sem justa causa, terá direito à percepção da multa de 40% em função de todo o período contratual (antes e após a aposentadoria).

25.2.3.7 Transcurso do prazo pactuado – contrato por prazo determinado

A extinção natural do contrato por tempo determinado é o transcurso do prazo convencionado. Nessa hipótese, o empregado terá direito ao saldo de salário, 13º salário e férias, acrescidas de 1/3, além de levantar o FGTS.

Se o empregador terminar o contrato antes do seu termo final, será obrigado a pagar metade da remuneração a que teria direito o empregado até o final do contrato, a título de indenização (art. 479, CLT).

Por outro lado, o empregado não poderá pretender rescindir o avençado sem justa causa, sob pena de indenizar o empregador dos prejuízos que desse fato lhe resultarem (art. 480, CLT). Contudo, a indenização é limitada aos valores a que teria direito o empregado em condições idênticas (art. 480, § 1º, CLT).

Havendo cláusula assecuratória do direito recíproco de rescisão, aplicam-se os princípios que regem a rescisão dos contratos por prazo indeterminado (art. 481, CLT).

Cabe aviso prévio nas rescisões antecipadas dos contratos de experiência, na forma do art. 481, CLT (Súm. 163, TST).

25.2.4 A decretação da falência e o contrato individual de trabalho

A Lei 11.101/05 disciplina a recuperação judicial, a recuperação extrajudicial e a falência do empresário e da sociedade empresária, os quais são qualificados como devedores (art. 1º), com repercussões no Direito do Trabalho.

O art. 117, *caput*, Lei 11.101, estabelece que os contratos bilaterais não são resolvidos pela falência e podem ser cumpridos pelo administrador judicial se o cumprimento reduzir ou evitar o aumento do passivo da massa falida ou for necessário à manutenção e preservação de seus ativos, mediante autorização do comitê.

Como regra, o contrato de trabalho somente estará rescindido em caso de efetiva paralisação das atividades econômicas, pelo inadimplemento das obrigações laborais ou pela manifestação de vontade do administrador.

Os direitos oriundos da existência do contrato de trabalho permanecem inalterados em função da decretação da falência, concordata ou dissolução da empresa, sendo que os créditos trabalhistas são privilegiados (observado o limite do art. 83, I).

Geralmente, com a falência, temos a extinção do contrato de trabalho, mas alguns contratos poderão continuar existindo ou haver a contratação de empregados para situações especiais.

Como a falência é um fato previsível, além da não transferência dos riscos do empreendimento ao trabalhador (art. 2º, CLT), o aviso prévio é devido nessa situação. Também são devidos: férias simples e as proporcionais, independentemente de o empregado ter ou não mais de um caso de contrato de trabalho; depósitos fundiários serão liberados pelo código 01, inclusive com o direito à percepção da multa de 40%; o décimo terceiro salário será proporcional.

Pela atual jurisprudência do TST, como não há numerário em caixa para o pagamento das verbas rescisórias ao empregado, a multa do art. 477, CLT, não é devida (Súm. 388).

Contudo, se o empregado comprovar que havia os recursos para a satisfação dos seus direitos trabalhistas pelo término do contrato, em nosso entendimento, a multa será devida.

Também é o caso do direito à percepção da multa, quando a decretação da falência ocorrer após o decurso do prazo para pagamento das verbas rescisórias. Nesse caso, a multa deve ser imposta, pois a falência não é o fator determinante para o término do contrato de trabalho.

Os argumentos expostos são aplicáveis ao acréscimo de 50% previsto no art. 467 quanto aos títulos rescisórios incontroversos no caso do término do contrato de trabalho (Súm. 388).

25.2.5 A Lei Anticorrupção e os direitos trabalhistas

A Lei Anticorrupção (Lei 12.846/13) prevê que em razão da prática de atos que atentem contra o patrimônio público nacional ou estrangeiro, contra princípios da administração pública ou contra os compromissos internacionais assumidos pelo Brasil (art. 5º), a União, os Estados, o Distrito Federal e os Municípios, por meio das respectivas Advocacias Públicas ou órgãos de representação judicial, ou equivalentes, e o Ministério Público, poderão ajuizar ação com vistas à aplicação das seguintes sanções às pessoas jurídicas infratoras: a) perdimento dos bens, direitos ou valores que representem vantagem ou proveito direta ou indiretamente obtidos da infração, ressalvado o direito do lesado ou de terceiro de boa-fé; b) suspensão ou interdição parcial de suas atividades; c) dissolução compulsória da pessoa jurídica; d) proibição de receber incentivos, subsídios, subvenções, doações ou empréstimos de órgãos ou entidades públicas e de instituições financeiras públicas ou controladas pelo poder público, pelo prazo mínimo de um e máximo de cinco anos (art. 19).

Em caso de dissolução da pessoa jurídica ou, mesmo no caso de outras sanções decorrentes da aplicação da Lei Anticorrupção, os direitos dos trabalhadores não poderão ser afetados.

25.2.6 Arbitragem e o contrato individual do trabalho

No Direito Civil, a arbitragem é admitida para solução de litígios relativos a direitos patrimoniais disponíveis (art. 1º, *caput*, Lei 9.307).

Na doutrina trabalhista, se costuma fazer algumas distinções, a saber:

a) quanto à fonte do direito pronunciado:[54] (1) se a origem for de dispositivo legal, o direito é irrenunciável (ex.: aviso prévio), exceto por autorização expressa de lei;[55] (2) no caso de norma oriunda de trato consensual, pode haver a renúncia,

---

[54] "A indisponibilidade de direitos trabalhistas pelo empregado constitui-se em regra geral no Direito Individual do Trabalho do país, estando subjacente a pelo menos três relevantes dispositivos celetistas: arts. 9º, 444 e 468, CLT. Isso significa que o trabalhador, quer por ato individual (renúncia), quer por ato bilateral negociado com o empregador (transação), não pode dispor de seus direitos laborais, sendo nulo o ato dirigido a esse despojamento. Essa conduta normativa geral, no plano concreto da relação de emprego, a um só tempo, tanto o princípio da indisponibilidade de direitos trabalhistas, como o princípio da imperatividade da legislação do trabalho. A indisponibilidade inerente aos direitos oriundos da ordem justrabalhista não tem, contudo, a mesma exata rigidez e extensão. Pode-se, tecnicamente, distinguir entre os direitos imantados por indisponibilidade absoluta ao lado de direitos imantados por uma indisponibilidade relativa" (DELGADO, Mauricio Godinho. *Curso de direito do trabalho*, 5. ed., p. 216).

[55] "Absoluta será a indisponibilidade, do ponto de vista do direito individual do trabalho, quando o direito enfocado merecer uma tutela de nível de interesse público, por traduzir um patamar civilizatório mínimo firmado pela sociedade política em um dado momento histórico. É o que ocorre, como já apontado, ilustrativamente, com o direito à assinatura de CTPS, ao salário mínimo, à incidência das normas de proteção à saúde e segurança do trabalhador. Também será absoluta a

desde que não haja proibição legal para tal, vício de consentimento ou prejuízo para o empregado[56] (art. 468, CLT);

b) o momento da realização da renúncia: (1) antes da formalização do contrato de trabalho não se admite a renúncia; (2) durante o seu transcurso, é admissível, como exceção – para as regras contratuais e legais, quando expressamente autorizadas; (3) após a sua cessação, com bem menos restrições, a renúncia é permitida.

De qualquer modo, parece não restar dúvidas de que se está – quando se analisa o Direito do Trabalho – diante de um direito que não comporta, em princípio, a faculdade da disponibilidade de direitos por ato voluntário e isolado do empregado.

Assim, o Direito do Trabalho não se coaduna com a Lei 9.307, não admitindo a arbitragem como mecanismo de solução dos conflitos individuais do trabalho.

O TST entende que a arbitragem é incompatível com o processo trabalhista como forma de composição de conflitos individuais de trabalho (6ª T. – RR 2253/2003-009-05-00.9 – Rel. Min. Aloysio Corrêa da Veiga – *DEJT* 15/5/2009; 3ª T. – RR 795/2006-028-05-00.8 – Re. Min. Alberto Luiz Bresciani de Fontan Pereira – *DEJT* 29/5/2009; SDI-I – E-RR 27700-25.2005.5.05.0611 – Rel. José Roberto Freire Pimenta – j. 26/3/2015).

Outro argumento utilizado pelo TST contra a arbitragem nos conflitos individuais diz respeito ao vício de vontade do empregado que assina um contrato de trabalho com cláusula arbitral, com renúncia prévia em contrato de adesão (TST – 4ª T. – RR 25900-67.2008.5.03.0075 – Rel. Min. Antônio José de Barros Levenhagen – j. 2/12/2009 – *DEJT* 11/12/2009; TST – 8ª T. – RR 51085-09.2005.5.10.0014 – Relª. Min. Maria Cristina Irigoyen Peduzzi – j. 24/3/2010 – *DEJT* 30/3/2010).

Como não é possível a inserção de uma cláusula de arbitragem em um contrato individual de trabalho, pelas mesmas razões, também se mostra inadmissível a admissibilidade de cláusula de instrumento normativo que preveja a arbitragem para os conflitos

---

indisponibilidade, sob a ótica do direito individual do trabalho, quando o direito enfocado estiver protegido por norma de interesse abstrato da respectiva categoria. Esse último critério indica que a noção de indisponibilidade absoluta atinge, no contexto das relações bilaterais empregatícias (direito individual, pois), parcelas que poderiam, no contexto do direito coletivo do trabalho, ser objeto de transação coletiva e, portanto, de modificação real. Noutras palavras: a área de indisponibilidade absoluta, no direito individual, é desse modo, mais ampla que a área de indisponibilidade absoluta própria ao direito coletivo" (DELGADO, Mauricio Godinho. Ob. cit., p. 218).

[56] "Relativa será a indisponibilidade, do ponto de vista do direito individual do trabalho, quando o direito enfocado traduzir interesse individual ou bilateral simples, que não caracterize um padrão civilizatório geral mínimo firmado pela sociedade política em um dado momento histórico. É o que se passa, ilustrativamente, com a modalidade de salário paga ao empregado ao longo da relação de emprego (salário fixo *versus* salário variável, por exemplo): essa modalidade salarial pode se alterar, licitamente, desde que a alteração não produza prejuízo efetivo ao trabalhador. As parcelas de indisponibilidade relativa podem ser objeto de transação (não de renúncia, obviamente), desde que a transação não resulte em efetivo prejuízo ao empregado (art. 468, CLT). O ônus da prova do prejuízo, entretanto, caberá a quem alegue sua ocorrência, isto é, ao trabalhador, já que não há prova sobre fato negativo" (DELGADO, Mauricio Godinho. Ob. cit., p. 218).

individuais (TST – 1ª T. – RR 3093400-86.2002.5.02.0900 – Rel. Min. Luiz Philippe Vieira de Mello Filho – j. 27/5/2009 – *DEJT* 5/6/2009).

Da mesma forma, o TST considerou inválida a utilização da arbitragem como supedâneo da homologação da rescisão do contrato de trabalho (TST – SDI-I – E-ED--RR – 79500-61.2006.5.05.0028 – Rel. Min. João Batista Brito Pereira – j. 18/3/2010).

Com a Reforma Trabalhista, no contrato de trabalho, em que o empregado tenha uma remuneração superior a duas vezes o limite máximo de benefício pago pelo Regime Geral de Previdência Social, o legislador admite por válida a inserção da cláusula compromissória de arbitragem, desde que seja por iniciativa do empregado ou mediante a sua concordância expressa (art. 507-A, CLT). Trata-se de uma hipótese temerária. O fato de se ter uma remuneração superior, não implica, necessariamente, que o empregado tenha plena liberdade de estabelecer o conteúdo do contrato de trabalho ou que tenha capacidade de resistir ou de rejeitar uma imposição empresarial. Em qualquer caso, a inserção contratual da arbitragem exige a demonstração inequívoca da plena aquiescência do empregado, cuja prova, se houver discussão judicial, será encargo probatório do empregador.

QUESTIONÁRIO

1. As expressões "dispensa não arbitrária" e "sem justa causa" são sinônimas?

2. Há, na ordem jurídica trabalhista, um sistema efetivo de proteção contra a dispensa arbitrária para qualquer trabalhador? Justifique.

3. Quais são os direitos trabalhistas em caso de dispensa sem justa causa e por justa causa?

4. É possível a fixação de uma justa causa por norma contratual entre empregado e empregador? Justifique.

5. Quais são os elementos da justa causa?

6. O que é ato de improbidade?

7. O que representa o mau procedimento e a incontinência de conduta?

8. O assédio sexual é possível nas relações de trabalho?

9. A simples condenação criminal é fator determinante para o término do contrato individual de trabalho?

10. O que representa a desídia?

11. A disciplina é importante no contrato de trabalho?

12. A legítima defesa exclui a justa causa de ato lesivo à honra e boa fama? Explique.

13. Quais são os direitos trabalhistas no caso do pedido de demissão?

14. O que representa a dispensa indireta?

15. Quais são as principais figuras legais quanto à caracterização da dispensa indireta? Justifique.

16. O empregado, em qualquer tipo de justa causa do empregador, é obrigado a deixar o emprego, para solicitar em juízo a decretação da dispensa indireta? Explique.

17. A aposentadoria é fator determinante do término do contrato de trabalho?

18. A morte do empregador pessoa física é fator determinante do término do contrato de trabalho?

19. O que é força maior no Direito do Trabalho?

20. O que representa o *factum principis* para o contrato de trabalho?

21. A decretação da falência é fator natural para o término do contrato de trabalho? Justifique.

Capítulo XXVI
AVISO PRÉVIO

26.1 CONCEPÇÃO CLÁSSICA DO AVISO PRÉVIO

Nos primórdios do Direito do Trabalho, a liberdade contratual era a essência da relação jurídica entre empregado e empregador. As partes eram livres para celebrar o contrato, estabelecer o seu conteúdo e definir suas formas de extinção. Todavia, era necessária a proteção da liberdade contratual, em face da perpetuação do contrato. Daí foi assegurado às partes o direito unilateral de rescindir o contrato, pela manifestação da vontade, mediante o aviso prévio.

Para Renato Rua de Almeida,[1] a concepção clássica do aviso prévio é *"o que se convencionou chamar de teoria civilista tradicional do direito de resilição contratual do contrato de trabalho por prazo indeterminado, porque se baseia na liberdade contratual, tendo como seus corolários a igualdade e a reciprocidade, existentes no contrato civil"*.

Como reflexo da concepção clássica do aviso prévio, o art. 599, CC, enuncia: *"Não havendo prazo estipulado, nem se podendo inferir da natureza do contrato, ou do costume do lugar, qualquer das partes, a seu arbítrio, mediante aviso prévio, pode resolver o contrato."*

A Reforma Trabalhista (Lei 13.467/17) não permite que a negociação coletiva possa flexibilizar a regra legal de que o aviso prévio é proporcional ao tempo de serviço, sendo no mínimo de 30 dias (art. 611-B, XVI, CLT).

26.2 CONCEPÇÃO CONTEMPORÂNEA DO AVISO PRÉVIO

Na evolução histórica do Direito do Trabalho, após a fase do apogeu da visão civilista do contrato individual de trabalho, temos a intervenção estatal como novo modelo nas relações jurídicas trabalhistas. O modelo legal (intervenção estatal) representa uma forma do resguardo do equilíbrio contratual, atenuando as divergências oriundas da exploração desmesurada da força de trabalho, criando normas de proteção ao trabalho humano.

---

[1] ALMEIDA, Renato Rua de. Proteção contra a despedida arbitrária. Aviso prévio proporcional ao tempo de serviço. *Revista LTr*, v. 56, nº 10, p. 1199.

No modelo intervencionista, o aviso prévio assume uma nova concepção, representando uma limitação ao direito potestativo unilateral das partes, em especial do empregador, em romper unilateralmente o contrato por prazo indeterminado.

Na concepção contemporânea do aviso prévio, tem-se a ruptura da igualdade absoluta e simétrica desse instituto. Para o empregado, o aviso prévio mantém o seu aspecto obrigacional, mas, para o empregador, passa a significar uma limitação quanto à sua liberdade de dispensa.

Elucidando essa nova concepção, Renato Rua de Almeida[2] afirma que *"o aviso prévio deixa de ser um direito recíproco e absolutamente igual, quando se tratar de despedida imotivada do empregado. Na teoria da proteção contra a despedida arbitrária, rompe-se com a igualdade absoluta e simétrica do aviso prévio. Essa ruptura vem revelar a diferença conceitual entre o ato do empregado de demitir-se e o ato do empregador em despedir imotivadamente o empregado. Nesse caso, o direito deixa de ser igualmente recíproco, ficando o empregador obrigado a conceder um aviso prévio de duração sempre superior àquele que receberia do empregado caso esse se demitisse do serviço. É nesse sentido, pois, que o aviso prévio passa a ser encarado como uma limitação unilateral, ao direito potestativo do empregador, de despedir imotivadamente o empregado no contrato por prazo indeterminado".*

A diferença conceitual do aviso prévio para empregado e empregador foi adotada na nova legislação francesa, pela lei de 19/2/1958, onde se assegura um aviso prévio do empregador compatível com o tempo de serviço do empregado na empresa, no caso da dispensa imotivada no contrato por prazo indeterminado. No Brasil, citado reflexo também está presente na CF/88, a qual, em seu art. 7º, XXI, assegura aviso prévio proporcional ao tempo de serviço, sendo no mínimo de 30 dias, nos termos da lei.

Para Renato Rua de Almeida,[3] *"em se tratando de ato de demissão do empregado, este deverá conceder um aviso prévio de apenas oito dias, na conformidade do disposto no art. 487, I, da Consolidação das Leis do Trabalho. Mas se o empregado for despedido sem justa causa, o empregador deverá conceder-lhe um aviso prévio de pelo menos trinta dias, conforme previsão do citado art. 7º, inciso XXI, da Constituição Federal".*

Amauri Mascaro Nascimento[4] enfatiza: *"Leis contemporâneas fixam prazos diferentes de aviso prévio, maiores para o empregador e menores para o empregado. Na França, a Lei de 1973, que alterou dispositivos do Código do Trabalho (art. L. 122-6), para empregados com menos de 6 meses, exclui o direito; entre 6 meses e 2 anos fixa a duração em 1 mês; e para empregados com mais de 2 anos a duração do aviso prévio será de 2 meses. Porém, o empregado, quando pede demissão, concederá aviso prévio em duração que é baseada nos usos, convenções coletivas e regulamentos de empresas. Esse critério dualista é seguido pelo direito da Comunidade Europeia do Carvão e do Aço, distinguindo as figuras da demissão e da dispensa para dar-lhes tratamento diferente. Na relação de síntese do direito da comunidade, Camerlynck explica que a tendência revelada é no sentido da diversidade de*

---

[2] ALMEIDA, Renato Rua de. Ob. cit., p. 1200.
[3] ALMEIDA, Renato Rua de. Ob. cit., p. 1201.
[4] NASCIMENTO, Amauri Mascaro. *Curso de direito do trabalho.* 21. ed., p. 785.

tratamento em matéria de aviso prévio, acrescentando, ao exemplo da França, o da então República Federal da Alemanha e o da Itália. No direito peninsular a duração do aviso prévio, quando o empregado o concede ao empregador porque pediu demissão, é reduzida à metade. Assim, a igualdade formal entre empregado e empregador está cedendo lugar para outra concepção, a da desigualdade natural entre empregado e empregador, decorrente da posição do trabalhador no contrato de trabalho, que é de subordinação e de dependência."

26.3 CONCEITO E NATUREZA JURÍDICA

Octavio Bueno Magano[5] entende que aviso prévio é o *"prazo que deve preceder a rescisão unilateral do contrato de trabalho de termo final indeterminado e cuja não concessão gera a obrigação de indenizar".*

Amauri Mascaro Nascimento[6] afirma que o aviso prévio é a *"denúncia do contrato por prazo indeterminado, objetivando fixar o seu termo final".*

Segundo Pedro Proscursin,[7] aviso prévio é a *"comunicação unilateral das partes, prevista nos contratos de trabalho por prazo indeterminado, informando que o mesmo será encerrado sem justa causa, isto é, cessará simplesmente dentro de determinado prazo".*

Em nossa visão, aviso prévio é a comunicação prévia dada por uma das partes à outra, no sentido de que deseja a extinção do vínculo sem justa causa, com a observância do prazo a que estiver obrigada, assumindo o compromisso da manutenção do contrato durante esse prazo, sob pena do pagamento de uma quantia fixada em norma trabalhista.

Portanto, tríplice a natureza do aviso prévio: (a) comunicar à outra parte da rescisão pactual; (b) prazo mínimo para o aviso; (c) pagamento pelos serviços prestados ou em caráter indenizatório.

O aviso prévio é um direito potestativo, de caráter unilateral, ao qual não pode a outra parte opor resistência.

Trata-se de uma garantia para as partes, tanto empregado como empregador, evitando rescisões abruptas, inesperadas. O primeiro não poderá deixar de prestar serviços sem a notificação prévia, possibilitando ao empregador que consiga um substituto ou se programe da melhor forma possível. Da mesma forma, guardadas as devidas proporções, permite ao empregado a ciência antecipada da rescisão, permitindo-lhe conseguir um novo emprego.

26.4 IRRENUNCIABILIDADE

Por se tratar de matéria de ordem pública, o aviso prévio é um direito irrenunciável, não podendo ser objeto de transação.

---

[5] MAGANO, Octavio Bueno. *Manual de direito do trabalho*: direito individual do trabalho. 4. ed., v. 2, p. 336.
[6] NASCIMENTO, Amauri Mascaro. Ob. cit., p. 781.
[7] PROSCURSIN, Pedro. Aviso prévio: evolução e disciplina legal. *Revista LTr*, v. 63, nº 11, p. 1478.

O direito ao aviso prévio é irrenunciável pelo empregado. Nesse sentido, o pedido de dispensa de cumprimento não exime o empregador de pagar o valor respectivo, salvo comprovação de haver o prestador dos serviços obtido novo emprego (Súm. 276, TST).

26.5 PRAZOS

O aviso prévio é proporcional ao tempo de serviço, sendo, no mínimo, de 30 dias, nos termos da lei (art. 7º, XXI, CF).

É discutível na doutrina a eficácia dessa norma constitucional em face do direito preexistente, ou seja: o que foi revogado e o que foi recepcionado pela Constituição?

A respeito da eficácia das normas constitucionais, Maria Helena Diniz ensina: *"Baseados nas várias classificações apresentadas pela doutrina, propomos, tendo por critério a questão da intangibilidade e da produção dos efeitos concretos, que se distingam as normas constitucionais em: (a) normas com eficácia absoluta; (b) normas com eficácia plena; (c) normas com eficácia relativa restringível; e (d) normas com eficácia relativa complementável ou dependente de complementação."*[8]

As normas constitucionais com eficácia absoluta *"são as intangíveis; contra elas nem mesmo há o poder de emendar. Daí conterem uma força paralisante total de qualquer legislação que, explícita ou implicitamente, vier a contrariá-las".*[9]

São de eficácia plena as normas constitucionais que *"forem idôneas, desde sua entrada em vigor, para disciplinarem as relações jurídicas ou o processo de sua efetivação, por conterem todos os elementos imprescindíveis para que haja a possibilidade da produção imediata dos efeitos previstos, já que, apesar de suscetíveis de emenda, não requerem normação subconstitucional subsequente. Podem ser imediatamente aplicadas".*[10]

As normas constitucionais com eficácia relativa restringível, *"por serem de aplicabilidade imediata ou plena, embora sua eficácia possa ser reduzida, restringida nos casos e na forma que a lei estabelecer; têm, portanto, seu alcance reduzido pela atividade legislativa. São preceitos constitucionais que receberam do constituinte normatividade capaz de reger os interesses, mas contém, em seu bojo, a prescrição de meios normativos ou de conceitos que restringem a produção de seus efeitos. São normas passíveis de restrição. Independem para sua aplicabilidade de interferência do legislador, pois não requerem normação futura, visto serem de aplicação imediata, mas preveem meios destinados a restringi-las. Logo, enquanto não sobrevier à legislação restritiva, o direito nelas contemplado será pleno".*[11]

As normas dependentes de complementação legislativa *"ainda não receberam do constituinte normatividade suficiente para sua aplicação imediata, porque ele deixou ao legislativo a tarefa de regulamentar a matéria, logo, por esta razão, não poderão produzir*

---

[8] DINIZ, Maria Helena. *Norma constitucional e seus efeitos*. 4. ed., p. 109.
[9] DINIZ, Maria Helena. Ob. cit., p. 109.
[10] DINIZ, Maria Helena. Ob. cit., p. 112.
[11] DINIZ, Maria Helena. Ob. cit., p. 113.

todos os seus efeitos de imediato, porém têm aplicabilidade mediata, já que incidirão totalmente sobre os interesses tutelados, após o regramento infraconstitucional".[12]

Diante da leitura do art. 7º, XXI, CF, e de acordo com as assertivas retrocitadas, esta norma contempla dois aspectos quanto à sua eficácia: (a) eficácia plena no tocante ao prazo mínimo de 30 dias; (b) dependente de complementação legislativa quanto à proporcionalidade do aviso prévio em relação ao tempo de serviço.

Nesse sentido, encontram-se revogados os incisos I e II, art. 487, CLT, que fixam a duração do aviso prévio de acordo com a periodicidade do pagamento dos salários.

O TST preconizava que a proporcionalidade do aviso prévio, com base no tempo de serviço, dependia da legislação regulamentadora, visto que o art. 7º, XXI, CF, não era autoaplicável (OJ 84, SDI-I, cancelada em 2012).[13]

Nos seus comentários à OJ 84, Francisco Antonio de Oliveira[14] afirma: *"De qualquer forma, enquanto não vier a regulamentação de que fala o inciso XXI do art. 7º da CF, o aviso prévio não poderá ser superior a 30 dias, estando revogado o inc. I do art. 487 da CLT, regra aplicável ao § 2º do mesmo artigo."*

Sergio Pinto Martins[15] ensina que *"o inciso XXI do art. 7º da Constituição determinou que o aviso prévio será de no mínimo 30 dias, norma essa autoaplicável. A Lei Maior não dispõe que o aviso prévio é o dado pelo empregador ao empregado, mas que se trata de um direito do trabalhador. Assim, na hipótese do aviso prévio dado pelo empregado ao empregador, o prazo poderá ser de oito dias, se o pagamento for efetuado por semana ou por tempo inferior. Se o aviso prévio for dado pelo empregador ao empregado, terá de ser de pelo menos 30 dias, mesmo que o trabalhador ganhe por semana ou tempo inferior".*

A CF fixa o prazo mínimo de 30 dias, determinando que a sua proporcionalidade em função do tempo de serviço será fixada por lei ordinária, porém, nada obstava que, em face da negociação coletiva (art. 7º, XXVI), o lapso temporal pudesse ser aumentado. É comum, em várias categorias profissionais, por intermédio da convenção coletiva, a fixação maior da duração do aviso prévio. É imperioso ressaltar que o prazo de aviso prévio de 60 dias, concedido por meio de norma coletiva que silencia sobre alcance de seus efeitos jurídicos, computa-se integralmente como tempo de serviço (art. 487, § 1º, CLT) (OJ 367).

---

[12] DINIZ, Maria Helena. Ob. cit., p. 114.
[13] Em 22/6/2011, o STF (MI 943, 1010, 1074 e 1090) deliberou pela suspensão do julgamento de vários mandados de injunção, para que pudesse examinar o mérito dos pedidos e dispor qual deve ser a norma aplicável para o aviso prévio proporcional ao tempo de serviço em face da omissão do Congresso Nacional em legislar quanto ao disposto no inciso XXI, art. 7º, CF. Em 30 de abril de 2013, o STF declarou procedente o MI 943, determinando que seja aplicada a proporcionalidade fixada pela Lei 12.506/11, inclusive, autorizando aos ministros que apliquem monocraticamente esse entendimento aos mandados de injunção pendentes de julgamento, desde que impetrados antes do advento da lei regulamentadora.
[14] OLIVEIRA, Francisco Antonio de. *Comentários aos precedentes normativos e individuais do Tribunal Superior do Trabalho*, p. 216.
[15] MARTINS, Sergio Pinto. *Direito do trabalho*. 21. ed., p. 407.

A lei não declina o termo inicial para a contagem do aviso prévio, logo, surge a dúvida quanto à sua contagem: (a) dia da comunicação; (b) dia seguinte ao da ciência.

Para elucidar essa temática, de acordo com o art. 8º, CLT, deve ser aplicada, analogicamente, a regra do art. 132, *caput*, CC, de acordo com a Súm. 380, TST, ou seja, com a exclusão do dia do começo e a inclusão do dia do vencimento.

Há entendimento doutrinário de que a data (inicial e final) do aviso prévio (laborado ou indenizado) pode ocorrer em dia não útil, coincidindo, assim, com domingo ou feriado.

Sergio Pinto Martins[16] ensina: *"O prazo poderá começar a correr mesmo em dia não útil, pois não há nenhuma ressalva no Direito material quanto a esse fato, ao contrário do Direito processual (parágrafo 2º do art. 184 do CPC), que disciplina que os prazos somente começam a correr no primeiro dia útil após a intimação. Pouco importa, entretanto, se o último dia do aviso prévio for sábado, domingo ou feriado, pois neste último dia o pacto estará terminado, não havendo nenhuma prorrogação, até porque o prazo é de 30 dias corridos".*

26.5.1 Regulamentação infraconstitucional: Lei 12.506/11

A Lei 12.506/11 estabeleceu que o aviso prévio será concedido na proporção de 30 dias aos empregados que contem até um ano de serviço para o mesmo empregador (art. 1º, *caput*).

O aviso prévio será acrescido de 3 dias por ano de serviço para a mesma empresa, limitado ao máximo de 60 dias, totalizando, assim, o equivalente ao lapso temporal de 90 dias (art. 1º, parágrafo único).

26.5.2 Início da contagem dos três dias

Será que o período de 3 dias por cada ano na empresa deve ser computado a partir do primeiro ano completo ou será computado a partir do segundo ano completo?

O art. 7º, XXI, CF, assegura que o aviso prévio é proporcional ao tempo de serviço.

A Lei 12.506 assegura o prazo de 30 dias aos empregados que contem até um ano de serviço na mesma empresa (art. 1º, *caput*). Isto significa que se o empregado tiver o tempo de casa de até um ano, não poderá solicitar o elasticimento dos 3 dias.

O parágrafo único do art. 1º assegura a proporção ao aviso prévio à base de 3 dias por cada ano de serviço prestado na mesma empresa e até o máximo de 60 dias e num total de 90 dias.

Cotejando-se o art. 1º e o disposto no art. 7º, XXI, a partir do momento em que o trabalhador tem mais de um ano, a proporção de 3 dias deve ser computada a partir deste primeiro ano completo. Vale dizer, não se deve esperar o implemento de 2 anos para o cômputo dos primeiros 3 dias da proporcionalidade do aviso prévio.

---

[16] MARTINS, Sergio Pinto. *Comentários às súmulas do TST*. 7. ed., p. 284.

O Ministério do Trabalho entende que a proporcionalidade deve ser computada a partir do momento em que se tem um ano de contrato de trabalho (Nota Técnica 35/DMSC/GAB/SIT, de 13/2/2012 – Secretaria de Inspeção do Trabalho; Nota Técnica 184/CGRT/SRT/MTE, de 7/5/2012 – Secretaria de Relações do Trabalho).

26.5.3   Contagem do lapso temporal inferior a um ano

Se o empregado for dispensado pelo empregador quando houver, por exemplo, 2 anos e 5 meses, como é que será calculada a proporcionalidade do acréscimo do aviso prévio?

Pela leitura do art. 1º da Lei 12.506, o legislador optou em fixar a proporcionalidade face ao lapso temporal correspondente a um ano. A cada ano completo, 3 dias de acréscimo, até o limite de 60 dias, além dos 30 dias iniciais.

Contudo, nada mais justo de que seja considerada a proporcionalidade, visto que o elasticimento do aviso prévio é um fator de limitação ao poder potestativo de o empregador em proceder à dispensa unilateral dos seus trabalhadores.

A proporção deve observar a regra do art. 478 da CLT, ou seja, se o período incompleto for superior a 6 meses, há de ser computado o período como equivalente de um ano.

26.5.4   Aplicação da Lei 12.506/11 e o tempo de serviço anterior à sua vigência

O período de 3 dias por cada ano compreende os anos completos dos contratos de trabalho dos trabalhadores antes da vigência da nova lei?

Após a publicação, observado o eventual período de *vacatio legis*, a lei inicia a sua vigência, regulando fatos futuros e não pretéritos.

O passado escapa ao teor da aplicação da lei nova (art. 5º, XXXVI, CF; a lei deve respeitar o ato jurídico perfeito e a coisa julgada). Essa sistematização tem o escopo de evitar situações de incertezas nas relações jurídicas.

Quando uma lei entra em vigor, sua aplicação é para o presente e para o futuro, com efeito geral e imediato. Ter efeito geral e imediato implica dizer que a nova lei é aplicável para os contratos em curso à data de sua vigência, mesmo que tenham sido constituídos anteriormente.

Pode-se afirmar que a Lei 12.506/01 é válida para as dispensas que ocorreram após a sua entrada em vigência (dia 12/10/2011), sendo a proporção de 3 dias considerada para cada ano de fluência deste contrato de trabalho.

26.5.5   A Lei 12.506/11 tem efeito retroativo?

O respeito ao ato jurídico perfeito, ao direito adquirido e à coisa julgada (art. 5º, XXXVI, CF), concretiza o princípio de que a lei, em regra, não tem retroatividade, em prol da segurança e da estabilidade jurídica. Portanto, a Lei 12.506 somente é válida para as dispensas que ocorreram após o início da sua vigência.

Neste sentido, o TST fixou o entendimento de que o direito à proporcionalidade do aviso prévio somente é assegurado nas rescisões de contrato de trabalho ocorridas a partir da publicação da Lei 12.506/11 (Súm. 441).

26.5.6 Contratos rescindidos antes da Lei 12.506/11

Não é viável a adoção da ação ordinária trabalhista movida contra o empregador visando obter o complemento do aviso prévio pela proporção (Súm. 441, TST).

Temos, então, de pensar no mandado de injunção. O mandado de injunção será concedido sempre que a falta de norma regulamentadora torne inviável o exercício dos direitos e liberdades constitucionais e das prerrogativas inerentes à nacionalidade, à soberania e à cidadania (art. 5º, LVXXI, CF; Lei 13.300/16).

Na visão de José Afonso da Silva,[17] mandado de injunção é um *"remédio ou ação constitucional posto à disposição de quem se considere titular de qualquer daqueles direitos, liberdades ou prerrogativas inviáveis por falta de norma regulamentadora exigida ou suposta pela Constituição. Sua principal finalidade consiste assim em conferir imediata aplicabilidade à norma constitucional portadora daqueles direitos e prerrogativas, inerte em virtude de ausência de regulamentação".*

Consiste em uma *"ação constitucional de caráter civil e de procedimento especial, que visa suprir uma omissão do Poder Público, no intuito de viabilizar o exercício de um direito, uma liberdade ou uma prerrogativa prevista na Constituição Federal. Juntamente com a ação direita de inconstitucionalidade por omissão, visa ao combate à síndrome de enefetividade das normas constitucionais".*[18]

Trata-se de um instrumento de implementação do ideal contido no art. 5º, § 1º, CF, ou seja, de normas definidoras dos direitos e garantias fundamentais têm aplicação imediata. As normas constitucionais que *"permitem o ajuizamento do mandado de injunção assemelham-se às da ação direta de inconstitucionalidade por omissão e não decorrem de todas as espécies de omissões do Poder Público, mas tão-só em relação às normas constitucionais de eficácia limitada de princípio institutivo de caráter impositivo e das normas programáticas vinculadas ao princípio da legalidade, por dependerem de atuação normativa ulterior para garantir sua aplicabilidade. Assim, sempre haverá a necessidade de lacunas na estrutura normativa, que necessitem ser colmatadas por leis ou atos normativos (por exemplo: ausência de resolução do Senado Federal no caso de estabelecimento de alíquotas às operações interestaduais. CF, art. 155, § 2º)".*[19]

Poderá ser impetrado por qualquer pessoa cujo exercício de um direito, liberdade ou prerrogativa constitucional esteja sendo inviabilizado em virtude da falta de norma regulamentadora da Constituição.

---

[17] SILVA, José Afonso da. *Curso de direito constitucional positivo.* 18. ed., p. 450.
[18] MORAES, Alexandre de. *Direito constitucional.* 21. ed., p. 158.
[19] MORAES, Alexandre de. Ob. cit., p. 158-159.

Além do individual, o STF já admitiu o mandando de injunção de natureza coletiva.[20]

No polo passivo, somente o Poder Público poderá figurar, já que possui a incumbência de emanar provimentos normativos que permitam a aplicabilidade da Constituição.

Em 2011, estavam em pauta junto ao Supremo Tribunal Federal, quatro mandados de injunção a respeito da proporcionalidade do aviso prévio (art. 7º, XXI, CF) (MI 943. 1.010, 1.074 e 1.090).

Ao analisar o mérito do MI 943, o STF determinou a aplicação dos parâmetros da Lei 12.506/11 ao caso concreto e autorizou os Ministros a decidirem monocraticamente casos idênticos.

"Mandado de injunção. 2. Aviso prévio proporcional ao tempo de serviço. Art. 7º, XXI, da Constituição Federal. 3. Ausência de regulamentação. 4. Ação julgada procedente. 5. Indicação de adiamento com vistas a consolidar proposta conciliatória de concretização do direito ao aviso prévio proporcional. 6. Retomado o julgamento. 7. Advento da Lei 12.506/2011, que regulamentou o direito ao aviso prévio proporcional. 8. Aplicação judicial de parâmetros idênticos aos da referida legislação. 9. Autorização para que os ministros apliquem monocraticamente esse entendimento aos mandados de injunção pendentes de julgamento, desde que impetrados antes do advento da lei regulamentadora. 10. Mandado de injunção julgado procedente" (STF – TP – MI 943 – Rel. Min. Gilmar Mendes – j. 6/2/2013).

26.6 CABIMENTO

O aviso prévio, como regra, é aplicável nos contratos por prazo indeterminado (art. 487, *caput*, CLT).

Como instituto, o aviso prévio denota o direito recíproco de um dos sujeitos (empregado e empregador) em comunicar à parte contrária a intenção de não continuar com o contrato individual de trabalho, logo, é cabível no pedido de demissão e da dispensa imotivada.

Porém, há outras situações nas quais o aviso prévio é cabível: (a) na extinção da empresa sem força maior (Súm. 44, TST); (b) na dispensa indireta (art. 487, § 4º, CLT); (c) na falência (art. 449).

O valor do aviso prévio no caso da culpa recíproca é pela metade (art. 484, CLT; Súm. 14, TST).

Por exceção, o aviso prévio é aplicável nos contratos por prazo determinado, quando nele houver a cláusula assecuratória do direito recíproco de rescisão antes de expirado o termo ajustado, caso seja exercido tal direito por qualquer das partes (art. 481, CLT).

---

[20] "Mandado de Injunção Coletivo. Admissibilidade, por analogia do art. 5º, LXX, da Constituição. Legitimidade, no caso, de entidade sindical de pequenas e médias empresas, as quais, notoriamente dependentes do crédito bancário, têm interesse comum na eficácia do art. 192, § 3º, da Constituição, que fixou limites aos juros reais" (STF – TP – MI 361 – Rel. Min. Néri da Silveira – j. 8/4/1994 – *DJ* 17/6/1994).

O TST entende que cabe aviso prévio nas rescisões antecipadas dos contratos de experiência, de acordo com o art. 481, CLT (Súm. 163).

No contrato de trabalho temporário (Lei 6.019/74), o aviso prévio não é cabível, já que as partes têm conhecimento antecipado do termo final do contrato, o qual não pode ser superior a 270 meses.

Com a Reforma Trabalhista (Lei 13.467/17), nos términos do contrato de trabalho por acordo, o aviso prévio, se indenizado, é devido pela metade (art. 484-A, I, a, CLT).

26.7 FORMA

A CLT não estabelece a forma pela qual deverá haver a concessão do aviso prévio.

Para Amauri Mascaro Nascimento,[21] o aviso prévio é uma *"manifestação de vontade que pretende rescindir o contrato. Não há exigência de qualquer formalidade para que tenha eficácia. Pode exteriorizar-se por meio de um documento escrito. Porém também terá validade se formulado oralmente. A lei (CLT, art. 487) apenas exige um aviso prévio, sem especificar qualquer forma especial. Recomenda-se, no entanto, a forma escrita"*.

Como medida de prudência, recomenda-se que o aviso prévio seja dado por escrito. O modo usual é o documento elaborado em duas vias, ficando uma em poder do empregador e a outra com o empregado. Dessa maneira, torna-se inquestionável a concessão do aviso prévio, cabendo à parte interessada a prova em contrário. Outra forma de aviso prévio por escrito ocorre quando o mesmo é dado por intermédio de telegrama, cabendo ao seu emissor a prova do seu efetivo recebimento.

No caso de o empregado ser analfabeto, recomenda-se que seja aposta a sua digital no documento, além da assinatura de duas testemunhas, como meio de se comprovar a ciência do aviso prévio.

Se houver a recusa pelo empregado em apor a sua assinatura no documento, para validá-lo, é necessário que duas testemunhas o assinem, confirmando a recusa.

Admite-se o aviso prévio verbal, desde que a parte contrária reconheça a sua concessão. Se a parte não o reconhecer, a sua comprovação poderá ser feita por outros meios de prova, cabendo a prova a quem deu o aviso prévio.

26.8 OS EFEITOS DO AVISO PRÉVIO

26.8.1 O aviso prévio do empregador

Nas rescisões por iniciativa do empregador, o aviso prévio pode ser trabalhado ou indenizado.

De qualquer forma, integra o período no seu tempo de serviço (art. 487, § 1º, CLT), inclusive para pagamento das férias (1/12 + 1/3 – abono constitucional) e do décimo terceiro salário (1/12) e dos depósitos fundiários (Súm. 305, TST).

---

[21] NASCIMENTO, Amauri Mascaro. Ob. cit., p. 784.

Quando o aviso prévio é laborado, a jornada de trabalho será reduzida em 2 horas ou ocorrerá a dispensa por 7 dias corridos, sem prejuízo dos salários (art. 488, CLT).

No caso de a jornada normal praticada pelo empregado ser inferior a 8 horas, em uma interpretação sistemática, haverá a redução proporcional da sua jornada durante o período do aviso prévio. Como sabemos, a carga horária geral normal é de 8 horas diárias (art. 7º, XIII, CF), sendo que a redução é de 2 horas (25% da jornada diária).

Se de fato o empregado labora 4 horas diárias, haverá 1 redução da sua jornada diária, durante o aviso prévio, de 1 hora, o que equivalerá a 25% da sua jornada contratual normal.

A não observância da redução diária ou semanal da jornada frustra a finalidade do instituto, ocasionando a ineficácia da comunicação dada, devendo ser pago outro aviso prévio.

É ilegal substituir o período que se reduz da jornada de trabalho, no aviso prévio, pelo pagamento das horas correspondentes (Súm. 230, TST).

O empregado rural tem direito a 1 dia por semana para procurar um novo emprego (art. 15, Lei 5.889/73).

26.8.1.1 *O empregador e a proporcionalidade do aviso prévio*

O aviso prévio e o seu elasticimento é uma limitação ao poder potestativo do empregador em proceder à dispensa unilateral dos seus empregados.

Por lei, de forma inicial, cabe ao empregador escolher como será o aviso prévio: indenizado ou laborado (art. 488, *caput*, CLT).

Se for indenizado, o aviso prévio deverá observar a limitação temporal de 30 dias somado ao lapso de 3 dias por cada ano de trabalho para o empregador.

Se for trabalhado, o empregador não pode exigir que o empregado seja obrigado a cumprir a totalidade do número de dias de aviso prévio. Vale dizer, o empregado será obrigado a cumprir no máximo 30 dias, tendo o empregado o direito a optar pela redução diária de duas horas ou uma semana por inteiro (art. 488, parágrafo único).

Em recente decisão (setembro/17), o TST indicou que a proporcionalidade é válida apenas para os casos em que a empresa demite o funcionário sem justa causa (SDI-I – E-RR 1964-73.2013.5.09.009 – Rel. Min. Hugo Carlos Scheuermann – *DEJT* 29/9/2017).

26.8.2 Aviso prévio do empregado

O não cumprimento do aviso por parte do empregado dá ao empregador o direito aos salários correspondentes ao período (art. 487, § 2º, CLT). Em função dessa faculdade, o empregador terá direito ao desconto ao saldo de salário ou a qualquer crédito.

Sergio Pinto Martins[22] entende que *"o empregador só poderá descontar do empregado os salários do período mencionado e não outro tipo de verba, como férias, por exemplo. Se*

---

[22] MARTINS, Sergio Pinto. Ob. cit., p. 409.

o empregado não presta serviços durante o aviso prévio, por sua própria decisão, perde o direito ao restante do aviso prévio".

Valentin Carrion[23] pondera que a *"ruptura súbita pelo empregado dá ao empregador direito de descontar a importância de um salário mensal (Barreto Prado, Tratados; Maranhão, Direito do Trabalho); apesar de opiniões em contrário, a compensação pode ser realizada com qualquer crédito que o empregado tiver e não apenas com o saldo salarial, se este já foi pago; a expressão legal quis fixar o montante e não que a compensação seja autorizada somente apenas sobre os salários, exatamente a parcela mais intangível que a literatura jurídica reconhece; o entendimento contrário é ilógico, mesmo que baseado em alteração do texto originário (assim: Russomano, Curso, e Catharino, Compêndio). É certo que só é permitida a compensação e não a ação do empregador para cobrar o empregado; nesta parte, a letra da lei é coerente com o que repete no título processual, afirmando que a compensação ou retenção só poderão ser arguidas como matéria de defesa (art. 767), mas de duvidosa constitucionalidade (a lei não excluirá da apreciação do Poder Judiciário lesão ou ameaça de direito, CF de 1988, art. 5º, XXXV)"*.

26.8.2.1 Empregado e a Lei 12.506/11

A visão contemporânea do aviso prévio implica dizer que a dilação do seu prazo é uma limitação do empregador ao seu poder potestativo quanto ao término unilateral dos contratos de trabalho. [24]

---

[23] CARRION, Valentin. *Comentários à Consolidação das Leis do Trabalho*. 28. ed., p. 381.

[24] "(...) B) RECURSO DE REVISTA DO RECLAMANTE. PROPORCIONALIDADE DO AVISO PRÉVIO AO TEMPO DE SERVIÇO. VANTAGEM ESTENDIDA APENAS AOS EMPREGADOS. A Lei 12.506/2011 é clara em considerar a proporcionalidade uma vantagem estendida aos empregados (*caput* do art. 1º do diploma legal), sem a bilateralidade que caracteriza o instituto original, fixado em 30 dias desde 5.10.1988. A bilateralidade restringe-se ao aviso prévio de 30 dias, que tem de ser concedido também pelo empregado a seu empregador, caso queira pedir demissão (*caput* do art. 487 da CLT), sob pena de poder sofrer o desconto correspondente ao prazo descumprido (art. 487, § 2º, CLT). Esse prazo de 30 dias também modula a forma de cumprimento físico do aviso prévio (aviso trabalhado): redução de duas horas de trabalho ao dia, durante 30 dias (*caput* do art. 488, CLT) ou cumprimento do horário normal de trabalho durante o pré-aviso, salvo os últimos sete dias (parágrafo único do art. 488 da CLT). A escolha jurídica feita pela Lei 12.506/2011, mantendo os trinta dias como módulo que abrange todos os aspectos do instituto, inclusive os desfavoráveis ao empregado, ao passo que a proporcionalidade favorece apenas o trabalhador, é sensata, proporcional e razoável, caso considerados a lógica e o direcionamento jurídicos da Constituição e de todo o Direito do Trabalho. Trata-se da única maneira de se evitar que o avanço normativo da proporcionalidade se converta em uma contrafacção, como seria impor-se ao trabalhador com vários anos de serviço gravíssima restrição a seu direito de se desvincular do contrato de emprego. Essa restrição nunca existiu no Direito do Trabalho nem na Constituição, que jamais exigiram até mesmo do trabalhador estável ou com garantia de emprego (que tem – ou tinha – vantagem enorme em seu benefício) qualquer óbice ao exercício de seu pedido de demissão. Ora, o cumprimento de um aviso de 60, 80 ou 90 dias ou o desconto salarial nessa mesma proporção fariam a ordem jurídica retornar a períodos selvagens da civilização ocidental, antes do advento do próprio Direito do Trabalho – situação normativa incompatível com

O art. 7º, *caput*, CF, assegura direitos aos trabalhadores. O aviso prévio proporcional ao tempo de trabalho é um dos direitos do trabalhador, portanto, o próprio elastecimento não pode ser exigido do trabalhador.

Quando for o caso de aviso prévio devido pelo empregado ao empregador, o prazo do aviso prévio é de 30 dias.

Se o aviso prévio não for cumprido pelo empregado, o empregador terá direito tão somente à retenção de 30 dias (art. 487, § 1º, CLT).

O Ministério do Trabalho entende que a proporcionalidade é direito do empregado, logo, não pode o aviso prévio, no pedido de demissão, ser superior a 30 dias (Nota Técnica 35/DMSC/GAB/SIT, de 13/2/2012 – Secretaria de Inspeção do Trabalho; Nota Técnica 184/CGRT/SRT/MTE, de 7/5/2012 – Secretaria de Relações do Trabalho).

26.8.3 Aviso prévio e a anotação na CTPS

A data de saída a ser anotada na CTPS deve ser correspondente à do término do prazo do aviso prévio, ainda que indenizado (OJ 82, SDI-I; art. 487, § 1º, CLT).

Segundo Francisco Antonio de Oliveira,[25] *"o direcionamento ora adotado pelo precedente beneficia o trabalhador, que ao longo dos anos acabava por perder período considerável que não era contado para a aposentadoria, já que não registrado em carteira. E, por coerência, a anotação na CTPS, compondo o tempo de serviço para a jubilação, exigirá também o recolhimento previdenciário. A anotação, todavia, será ociosa, se embora indenizado o aviso prévio, o trabalhador conseguiu de imediato novo emprego. É que, nesse caso, haveria a superposição de tempo. Parece-nos razoável que o precedente houvesse excepcionado essa hipótese".*

A proporcionalidade de 3 dias por cada ano de tempo de serviço deve ser computada para fins da anotação na CTPS.

26.8.4 Aviso prévio e o reajuste salarial coletivo

O reajustamento salarial coletivo, o qual é determinado no curso do aviso prévio, beneficia o empregado pré-avisado da despedida, mesmo que tenha recebido antecipadamente os salários correspondentes ao período do aviso, que integra seu tempo de serviço para todos os efeitos legais (art. 487, § 6º, CLT).

A proporcionalidade de 3 dias por cada ano de tempo de serviço deve ser computada para fins do reajuste salarial coletivo.

---

o espírito da Constituição da República e do Direito do Trabalho brasileiros. Recurso de revista conhecido e provido" (TST – 3ª T. – ARR 1423-43.2012.5.01.0059 – Rel. Min. Mauricio Godinho Delgado – *DEJT* 10/4/2015).

[25] OLIVEIRA, Francisco Antonio. Ob. cit., p. 214.

26.8.5 Aviso prévio e a indenização adicional

O empregado dispensado sem justa causa no período de 30 dias que antecede a data de sua correção salarial fará jus ao recebimento de um salário mensal (art. 9º, Lei 7.238/84), não importando se o aviso prévio é trabalhado ou indenizado (Súm. 182 e 314, TST; OJ 268, SDI-I).

A proporcionalidade de 3 dias por cada ano de tempo de serviço deve ser computada para fins da indenização adicional.

Com o aviso prévio, quando a dispensa se projeta para depois do reajuste salarial, não se pode dizer que esta tenha ocorrido no trintídio que antecede a data base.

O TST entende que a indenização adicional é devida, mesmo quando se tem o pagamento das verbas rescisórias com o reajuste (Súm. 314). Contudo, isso somente é justificável, quando de fato e de direito, a dispensa opera-se no trintídio que antecede a data base. Para tanto, a própria Súmula, no seu bojo, faz alusão ao teor da Súmula 182. Portanto, é indevida a indenização adicional.

No mesmo sentido é o teor do Enunciado 19 da Portaria da Secretaria de Relações do Trabalho (SRT) 4, de 16/9/2014, *in verbis*: *"É devida ao empregado, dispensado sem justa causa no período de 30 dias que antecede a data base de sua categoria, indenização equivalente ao seu salário mensal.*

I - Será devida a indenização em referência se o término do aviso prévio trabalhado ou a projeção do aviso prévio indenizado se verificar em um dos dias do trintídio;

II - O empregado não terá direito à indenização se o término do aviso prévio ocorrer após ou durante a data base e fora do trintídio, no entanto, fará jus aos complementos rescisórios decorrentes da norma coletiva celebrada".

26.8.6 Aviso prévio e a reconsideração

A rescisão contratual opera-se apenas após o término do período do aviso prévio. Porém, durante o aviso, se a parte notificante reconsiderar o ato, à outra parte é facultada a aceitação ou não (art. 489, CLT).

Caso seja aceita a reconsideração ou continuando a prestação depois de expirado o prazo, o contrato continuará a vigorar, como se o aviso não tivesse sido dado (art. 489, parágrafo único).

26.8.7 A ocorrência da justa causa na fluência do aviso prévio

O empregador que der causa à rescisão indireta do contrato durante os 30 dias de aviso se sujeita ao pagamento da remuneração correspondente ao prazo do referido aviso, sem prejuízo da indenização que for devida (art. 490, CLT).

O empregado que, durante o prazo do aviso prévio, cometer qualquer das faltas consideradas pela lei como justas para a rescisão perde direito ao restante do aviso prévio (art. 491).

Diante da interpretação literal do art. 491, em tese, qualquer falta grave praticada pelo empregado, durante o curso do aviso prévio, não irá prejudicá-lo quanto ao pagamento das verbas rescisórias, já que o mesmo somente perderia os dias não laborados.

O empregado que agride, no curso do aviso prévio, de forma injustificada, outro colega de trabalho terá direito à percepção das verbas rescisórias?

De acordo com a jurisprudência dominante do TST, a justa causa do empregado, salvo a de abandono de emprego, praticada pelo empregado no decurso do prazo de aviso prévio, dado pelo empregador, retira àquele qualquer direito às verbas rescisórias de natureza indenizatória (Súm. 73, TST).

Após a concessão do aviso prévio pelo empregador, o empregado não é obrigado a trabalhar durante o pré-aviso. Se quiser, de acordo com o teor da Súm. 73, TST, o empregado poderá faltar ao serviço, perdendo o direito à percepção do resto do pré-aviso.

Porém, se vier a praticar qualquer outra justa causa, além dos dias não laborados, também perderá o direito ao pagamento das verbas rescisórias.

26.8.8 Aviso prévio e estabilidade

O presente tópico será analisado no capítulo relativo à Estabilidade (tópico 27.5).

26.8.9 Aviso prévio e a doença ou o acidente do trabalho[26]

Não se pode ter a concessão do aviso prévio no caso da suspensão do contrato de trabalho por doença ou acidente de trabalho. O aviso prévio é incompatível com os institutos da suspensão ou interrupção do contrato de trabalho.

"A impossibilidade de concessão do aviso prévio durante o período de suspensão ou interrupção do contrato de trabalho é evidente, já que os institutos são totalmente incompatíveis. Suspenso o contrato, não há como pré-avisar."[27]

"Se o empregado sofre um acidente de trabalho ou vem a ficar doente, não há que se falar na concessão de aviso prévio pelo empregador na constância do afastamento, pois o trabalhador fica impossibilitado de procurar novo emprego. O aviso prévio somente poderá ser concedido quando do retorno do obreiro."[28]

Quando o acidente ou a doença ocorre na fluência do aviso prévio, a doutrina é no sentido de que se tem a suspensão do prazo, sendo que o restante do prazo tem reinício quando do retorno do trabalhador após o afastamento. Esse entendimento se coaduna com a própria finalidade do aviso prévio, ou seja, a de propiciar ao trabalhador a oportunidade de obter um novo emprego no mercado de trabalho.

---

[26] Na redação deste tópico, houve a fecunda colaboração da operadora do Direito: Neire Dias Ferreira Jorge.
[27] ZANGRANDO, Carlos Henrique da Silva. *Curso de direito do trabalho*. v. 2, p. 946.
[28] MARTINS, Sergio Pinto. *Comentários à CLT*. 9. ed., p. 559.

"A maior dúvida ocorre quando já foi dado o aviso prévio e o empregado vem a se acidentar ou a ficar doente. A melhor orientação, segundo nos parece, seria a de que havendo acidente do trabalho ou ficando o empregado doente, suspende-se o curso do aviso prévio, pois o obreiro não o pode cumprir, muito menos lhe possibilita a procura de novo emprego ou ir trabalhar no novo serviço, o que descaracteriza a finalidade do instituto. Quando o empregado voltar a trabalhar é que irá recomeçar a contagem do aviso prévio, computando-se o tempo do aviso prévio já transcorrido no período anterior ao da suspensão."[29]

"Já se decidiu que, em caso de doença, não se exige a dilatação do prazo, porque a obrigação do empregador seria a de pagar auxílio-enfermidade apenas até o momento em que o contrato cessasse, ou seja, até o último dia do aviso prévio. Impugnamos essa orientação, porque, durante a doença do empregado, fica frustrada a finalidade do aviso prévio, que é a de lhe ensejar a busca de nova colocação. Assim, o prazo respectivo deve ser dilatado, por período igual ao da doença."[30]

"Na hipótese de doença do empregado no curso do aviso prévio, suspende-se a fluência do respectivo prazo, de modo que, a teor da Súmula nº 371 do TST, os efeitos da dispensa só se concretizarão depois de expirado o benefício previdenciário. Isso porque o contrato de trabalho, durante o aviso prévio, ainda que indenizado, está em plena vigência, substituindo a relação jurídica e seus efeitos até a expiração do prazo do aviso. A doença ocorrida durante o aviso prévio, portanto, suspende o seu curso, e o cumprimento do restante do pré-aviso deverá ocorrer após o término do auxílio-doença. O raciocínio está em consonância com a finalidade do aviso prévio, pois, se o empregado encontra-se em gozo de auxílio-doença não poderá procurar um novo emprego. Logo, cessado o benefício previdenciário, o prazo restante do aviso prévio recomeça a fluir, permitindo ao empregado a procura de um novo emprego."[31]

O TST, por meio da Súm. 371, é explícito no tocante à suspensão do prazo do aviso prévio: *"A projeção do contrato de trabalho para o futuro pela concessão do aviso prévio indenizado, tem efeitos limitados às vantagens econômicas obtidas no período de pré-aviso, ou seja, salários, reflexos e verbas rescisórias. No caso de concessão de auxílio doença no curso do aviso prévio, todavia, só se concretizam os efeitos da dispensa depois de expirado o benefício previdenciário."*

Quanto à Súm. 371, Sergio Pinto Martins ensina: *"A segunda parte do verbete é contraditória com a primeira, pois, se o aviso prévio indenizado só tem efeito para vantagens econômicas, inclusive contando o tempo de serviço, pois há incidência do FGTS (Súm 305 do TST), não poderia gerar efeito para auxílio-doença. Entretanto, nesse caso os efeitos do contrato de trabalho estão suspensos a partir do 16º dia. O empregado não pode ser dispensado, pois os efeitos do contrato de trabalho estão suspensos."*[32]

---

[29] MARTINS, Sergio Pinto. *Direito do trabalho*. 25. ed., p. 394.
[30] MAGANO, Octavio Bueno. *Manual de direito do trabalho*: direito individual do trabalho. 4. ed., p. 340.
[31] BARROS, Alice Monteiro de. *Curso de direito do trabalho*. 5. ed., p. 962.
[32] MARTINS, Sergio Pinto. *Comentários às súmulas do Tribunal Superior do Trabalho*. 7. ed., p. 269.

Ao analisar um caso concreto, o TST entendeu que é possível a dispensa do trabalhador com justa causa na fluência da suspensão do contrato de trabalho:

"DISPENSA DO EMPREGADO POR JUSTA CAUSA NO CURSO DO AUXÍLIO--DOENÇA. FALTA COMETIDA EM PERÍODO ANTERIOR À FRUIÇÃO DO BENEFÍCIO. POSSIBILIDADE. Nos termos do artigo 476 da Consolidação das Leis do Trabalho, o empregado que se encontra em gozo de auxílio-doença está em licença não remunerada, efeito verificado a partir do 16º dia de afastamento, segundo a legislação previdenciária – vale dizer, está com seu contrato de trabalho suspenso. A suspensão do contrato de trabalho desobriga o empregador, tão somente, quanto às verbas decorrentes diretamente da prestação de serviços, ou seja, quanto às obrigações principais. As obrigações contratuais acessórias permanecem incólumes, como, por exemplo, benefícios voluntariamente concedidos ao empregado, moradia, seguro saúde etc. É o que se infere de uma análise conjunta dos artigos 471, 476 e 476-A, § 4º, da Consolidação das Leis do Trabalho e 63, parágrafo único, da Lei nº 8.213/91 e, ainda, da Súmula/TST nº 440. Referidos benefícios não decorrem da prestação de serviços, mas diretamente do contrato de emprego. E nessa hipótese, as normas legais não preveem que empregados eventualmente afastados da empresa, por gozo de benefício previdenciário, deixarão de gozar dos referidos direitos. Não obstante a ausência de eficácia das principais cláusulas contratuais no período de suspensão do contrato de trabalho, ainda prevalecem, nesse interregno, os princípios norteadores da relação empregatícia, tais como: lealdade, boa-fé, fidúcia, confiança recíproca, honestidade etc. Incontroverso nos autos que a dispensa do recorrido se deu por justa causa. Assim, é de se concluir que o poder potestativo de rescindir o contrato de trabalho não deve ser afetado por esta suspensão de eficácia. Seria uma incoerência se reconhecer uma justa causa e, por conta da suspensão do contrato de trabalho, obrigar o empregador a continuar a pagar obrigações contratuais acessórias. Quando a confiança entre as partes é quebrada, há sério comprometimento de importante pilar da contratação, sendo irrelevante que os fatos ensejadores dessa quebra tenham ocorrido antes ou durante o período de afastamento do empregado, porque a fixação de tal marco não vai restaurar a confiança abalada. Portanto, não há que se falar em concretização dos efeitos da demissão por justa causa após o término do período da suspensão do contrato. Estando comprovada a justa causa, a suspensão do contrato de trabalho não se revela como motivo capaz de impedir a rescisão do contrato de trabalho de imediato. Recurso de embargos conhecido e provido" (TST – SDI-I – E-RR 4895000-38.2002.5.04.0900 – Rel. Min. Renato de Lacerda Paiva – *DEJT* 24/6/2016).

26.9 AVISO PRÉVIO CUMPRIDO EM CASA

O aviso prévio cumprido em casa é aquele no qual o empregador rescinde o contrato de trabalho e libera o empregado da prestação de serviços, mas determina que o mesmo fique à disposição da empresa.

A questão que se coloca diz respeito ao prazo para pagamento das verbas rescisórias (art. 477, CLT). Encontramos duas posições na jurisprudência e doutrina, sendo que a maior parte não aceita tal figura. O TST entende que o prazo para o pagamento das verbas rescisórias, no caso de o aviso prévio ser cumprido em casa, é até o décimo dia da notificação da dispensa (OJ 14, SDI-I).

A partir da Reforma Trabalhista, o prazo para o pagamento das verbas rescisórias foi unificado, devendo, assim, os direitos trabalhistas serem pagos até dez dias contados a partir do término do contrato. Como o aviso prévio cumprido em casa equivale ao aviso prévio indenizado, a regra é que o prazo de dez dias deve ser computado a partir da ciência do aviso prévio e não do seu término.

26.10 AVISO PRÉVIO E A PRESCRIÇÃO

No término do contrato de trabalho por iniciativa do empregador, o aviso prévio pode ser trabalhado ou indenizado. De qualquer forma, integra o período no seu tempo de serviço (art. 487, § 1º, CLT), inclusive para cálculos das demais verbas trabalhistas.

Com base nesse dispositivo, entendeu o TST que a prescrição começa a fluir no final da data do término do aviso prévio (OJ 83, SDI-I).

Quando o aviso prévio é trabalhado, dúvidas não há de que integra o tempo de serviço para todo e qualquer fim. Contudo, quando é indenizado, o seu cômputo deve ser visto somente no plano patrimonial, ou seja, apenas com as incidências em décimo terceiro salário, férias e fundo de garantia (Súm. 305, TST).

Nesse sentido, correta a crítica de Francisco Antonio de Oliveira:[33] *"Em verdade, ao assim direcionar, a mais Alta Corte Trabalhista rompe, de certo modo, com o princípio da actio nata, já que o prazo prescricional, com base naquele princípio, teria início por ocasião do pagamento. Suponha-se a hipótese de aviso prévio indenizado, em que o pagamento foi efetuado no 10º dia, contado da demissão (art. 477, § 6º, b, CLT). A partir desse momento o trabalhador teve conhecimento dos valores pagos pela empresa, podendo, pois, discutir a correção ou não de tais pagamentos. Aí nasce o legítimo interesse."*

Não se pode aplicar a OJ 83 quando o aviso prévio é discutível em face da própria demanda judicial quanto à existência da relação empregatícia.

A declaração de existência do vínculo de emprego é imprescindível para a aplicação do prazo prescricional. Assim, há que se admitir, para a contagem da prescrição, a existência prévia de um contrato de trabalho e, na hipótese específica de aplicação da prescrição bienal, sua extinção. A existência do vínculo empregatício é, portanto, prejudicial à aplicação do próprio instituto da prescrição.

Portanto, a prejudicialidade do pedido declaratório de reconhecimento do vínculo empregatício impõe sua análise em primeiro plano para, posteriormente, ser analisada a prescrição bienal.

A proporcionalidade de 3 dias por cada ano de tempo de serviço deve ser computada para fins da contagem da prescrição.

---

[33] OLIVEIRA, Francisco Antonio de. Ob. cit., p. 215.

26.11 VALOR DO AVISO PRÉVIO

A remuneração do aviso prévio indenizado corresponde ao último salário pago, calculado a base de 30 dias, acrescido da média das parcelas variáveis: horas extras (art. 487, § 5º, CLT); adicional noturno; insalubridade; periculosidade etc.

A natureza jurídica do aviso prévio indenizado é de ser o pagamento de uma indenização substitutiva pelo descumprimento da obrigação da concessão do aviso prévio.

Quando o empregado recebe por tarefa, o cálculo do aviso prévio será efetuado de acordo com a média dos últimos 12 meses laborados (art. 487, § 3º, CLT).

Se o aviso prévio for laborado, o empregado irá receber os salários e os adicionais variáveis correspondentes ao período do pré-aviso. Nesse caso, não se poderá falar na incidência das horas extras, pois o empregado não poderá executar horas suplementares, sob pena de nulidade da concessão do aviso prévio.

O aviso prévio trabalhado tem natureza salarial, o aviso prévio indenizado, não.

A gratificação semestral não repercute nos cálculos das horas extras, das férias e do aviso prévio, ainda que indenizados (Súm. 253, TST).

O pagamento relativo ao período de aviso prévio, trabalhado ou não, está sujeito à contribuição para o FGTS (Súm. 305).

A proporcionalidade de 3 dias por cada ano de tempo de serviço deve ser computada para fins de pagamento de: décimo terceiro salário, férias e abono de férias e os depósitos fundiários e a multa de 40%.

26.12 AVISO PRÉVIO E A CONTRIBUIÇÃO PREVIDENCIÁRIA

O Decreto 6.727, de 12/1/2009, alterou o Regulamento da Previdência Social, revogando a não incidência da contribuição previdenciária sobre o valor pago a título de aviso prévio indenizado. Logo, a partir de 13 de janeiro de 2009, a parcela paga a título de aviso prévio indenizado na rescisão contratual tem a incidência da contribuição previdenciária.

Pelo caráter indenizatório, não se tem a incidência da contribuição previdenciária quanto ao valor do aviso prévio.

O teor do Decreto não se coaduna com a sistemática legal do aviso prévio. O aviso prévio indenizado não é salário, portanto, não deve incidir no tocante ao salário de contribuição (art. 22, I, Lei 8.212/91).[34]

---

[34] "(...) 2. AVISO PRÉVIO INDENIZADO. CONTRIBUIÇÃO PREVIDENCIÁRIA. NÃO INCIDÊNCIA. A Lei nº 9.528/97, que alterou a Lei 8.212/91, excluindo o aviso prévio indenizado do rol das parcelas que não integram o salário de contribuição (art. 28, § 9º), também alterou tal conceito, conforme o texto do art. 28, I, do referido diploma legal. Decorre daí que o aviso prévio indenizado não faz parte do salário de contribuição, pois não se destina a retribuir qualquer trabalho. A conclusão vem corroborada pela Instrução Normativa MPS/SRP nº 3, de 14.7.2005 (DOU de 15.7.2005), a qual, em seu art. 72, VI, *f*, expressamente dispõe que as importâncias recebidas a título de aviso prévio indenizado não integram a base de cálculo para incidência de contribuição previdenciária. Assim, se remanesciam dúvidas, quanto à integração ou não do aviso prévio inde-

QUESTIONÁRIO

1. Qual é o conceito de aviso prévio?

2. O prazo de 30 dias quanto ao aviso prévio pode ser majorado?

3. O empregado pode renunciar ao aviso prévio? Justifique.

4. O aviso prévio é cabível nos contratos por prazo determinado?

5. Há uma forma específica para a prática do ato do aviso prévio?

6. O aviso prévio pode ser cumprido em casa?

7. O empregador pode descontar o aviso prévio não cumprido pelo empregado?

8. A reconsideração unilateral é suficiente para reverter os efeitos do aviso prévio?

9. O aviso prévio é compatível com o instituto da estabilidade?

10. As horas extras devem incidir no aviso prévio laborado?

---

nizado no salário de contribuição, em face do contido na nova redação do art. 28, § 9º, da Lei nº 8.212/91, em contraposição ao disposto no Decreto nº 3.048/99, em seu art. 214, § 9º, *f*, foram elas dirimidas pela própria Autarquia. Recurso de revista conhecido e provido (...)" (TST – 3ª T. – ARR 237-21.2012.5.04.0020 – Rel. Min. Alberto Luiz Bresciani de Fontan Pereira – *DEJT* 21/8/2015).

Capítulo XXVII
GARANTIA E ESTABILIDADE DE EMPREGO

27.1 CONCEITOS DE ESTABILIDADE E GARANTIA DE EMPREGO

Para Amauri Mascaro Nascimento, o termo "estabilidade" tem dois significados.

O primeiro relaciona-se com a estabilidade do emprego (estabilidade econômica). Vale dizer, todos os seres humanos almejam a estabilidade econômica que representa uma das diversas formas da busca da dignidade do ser humano. Para tanto, vários são os atos da sociedade cujo objetivo é a eliminação da insegurança econômica do trabalhador. Exemplos: políticas públicas de emprego; seguro-desemprego; recolocação do desempregado ao mercado de trabalho etc. Portanto, estabilidade econômica é a estabilidade do emprego como forma de dignidade do trabalhador.

O segundo significado interage com o prisma jurídico, em que a estabilidade é a limitação imposta ao empregador de rescindir imotivadamente o contrato de trabalho (estabilidade no emprego). Vale dizer, é o *"direito do empregado de manter o emprego mesmo contra a vontade do empregador, salvo causas previstas em lei"*.[1]

Trata-se da estabilidade no emprego e que pode ser vista em: (a) definitiva (própria ou absoluta), que produz efeitos durante toda a relação de emprego. É o caso da antiga

---
[1] NASCIMENTO, Amauri Mascaro. *Curso de direito do trabalho*. 21. ed., p. 775.

estabilidade decenal (art. 492, CLT) e dos arts. 19 do ADCT[2] e 41[3] da CF (servidores públicos celetistas); (b) provisória (imprópria ou relativa), cujos efeitos persistem de acordo com a causa que a originou, *v. g.*, estabilidade sindical, acidentário etc.

E, ainda, segundo Amauri Mascaro Nascimento, "estabilidade" não possui o mesmo significado que garantia: *"Não se identificam as duas figuras, embora próximas. Garantia de emprego é um instituto mais amplo que estabilidade. Compreende, além da estabilidade, outras medidas destinadas a fazer com que o trabalhador obtenha o primeiro emprego, como também a manutenção do emprego conseguido. Relaciona-se com a política de emprego."*[4]

Assim, a expressão "garantia de emprego" equivale-se à política de emprego do Governo (Políticas Públicas), como a questão dos aprendizes, cotas para deficientes etc., enquanto "garantia no emprego" é utilizada como sinônimo da estabilidade provisória.

Mauricio Godinho Delgado pondera que estabilidade é *"a vantagem jurídica de caráter permanente deferida ao empregado em virtude de uma circunstância tipificada de caráter geral, de modo a assegurar a manutenção indefinida no tempo do vínculo*

---

[2] "A estabilidade do art. 19 do Ato das Disposições Constitucionais Transitórias atingiu os servidores públicos civis 'em exercício na data da promulgação da Constituição, há pelos menos cinco anos continuados', que não tenham sido admitidos por meio de concurso público. No tocante aos servidores concursados já seriam estáveis, na data da Constituição, obviamente, a teor do art. 41 da Carta de 1988 (que previa prazo menor, de dois anos), além da própria ordem constitucional precedente, que lhes era favorável. Não parece consistente, do ponto de vista jurídico, dúvida acerca da amplitude do preceito constitucional em análise: afinal, a regra genérica e indiferenciada insculpida nesse dispositivo da Constituição de 1988 não permite, para os fins de sua incidência, vislumbrar-se distinção entre servidores sob regime administrativo e sob regime celetista, os chamados empregados públicos. Em consequência, tais servidores civis vinculados, por meio da CLT, desde 5 de outubro de 1983, à União, Estados, Distrito Federal e Municípios, com suas respectivas administrações diretas, autárquicas e fundacionais, mesmo não tendo sido admitidos mediante aprovação em concurso público, são, inquestionavelmente, 'considerados estáveis no serviço público' (art. 19, ADCT/CF-88). Não se pode ampliar, entretanto, a regra constitucional favorável. Desse modo, não há que se falar nesta especialíssima estabilidade para servidores irregularmente admitidos após 5.10.2003, ainda que antes da data de vigência da Carta Magna. Não há como estender-se também a excepcional vantagem para os demais empregados de entidades estatais, que não fossem integrantes da administração direta, autárquica e fundacional (art. 19, ADCT/CF-88), ou seja, empregados, por exemplo, de empresas públicas, sociedades de economia mista e outras entidades controladas pelo Estado, mas organizadas segundo os modelos sociojurídicos privatísticos" (DELGADO, Mauricio Godinho. *Curso de direito do trabalho*. 5. ed., p. 1244).
Pela OJ 364, SDI-I, a fundação instituída por lei e que recebe dotação ou subvenção do Poder Público para realizar atividades de interesse do Estado, ainda que tenha personalidade jurídica de direito privado, ostenta natureza de fundação pública. Assim, seus servidores celetistas são beneficiários da estabilidade prevista no art. 19, ADCT.

[3] "O servidor público celetista da administração direta, autárquica ou fundacional é beneficiário da estabilidade prevista no art. 41 da Constituição Federal de 1988" (Súm. 390, I, TST). Cumpre ressaltar que o dispositivo constitucional foi alterado pela EC 19.

[4] NASCIMENTO, Amauri Mascaro. *Iniciação ao direito do trabalho*. 27. ed., p. 432.

empregatício, independentemente da vontade do empregador",[5] enquanto que garantia *"é a vantagem jurídica de caráter transitório deferida ao empregado em virtude de uma circunstância contratual ou pessoal obreira de caráter especial, de modo a assegurar a manutenção do vínculo empregatício por um lapso temporal definido, independentemente da vontade do empregador. Tais garantias têm sido chamadas, também, de estabilidades temporárias ou estabilidades provisórias (expressões algo contraditórias, mas que se vêm consagrando)".*[6]

Na ótica de Mauricio Godinho Delgado, a estabilidade é de caráter permanente, enquanto a garantia está relacionada com as hipóteses da estabilidade transitória ou temporária. A diferença estaria nos limites da duração do direito ao emprego.

27.2 ESTABILIDADE DECENAL

O empregado, com mais de 10 anos de serviço e não optante do FGTS na mesma empresa, não poderá ser despedido senão por motivo de falta grave ou circunstâncias de força maior, devidamente comprovado (art. 492, CLT). Para comprovar a existência da falta, é necessário o ajuizamento do inquérito para apuração de falta grave (arts. 494 e 853).

Dentro desse regime (de não opção do fundo de garantia), nos contratos por prazo indeterminado, os empregados não estáveis e que fossem dispensados teriam direito a uma indenização correspondente a 1 mês de remuneração por cada ano de serviço, assim também considerada a fração igual ou superior a 6 meses (arts. 477 e 478).

O sistema de opção do Fundo de Garantia por Tempo de Serviço foi criado pela Lei 5.107/66.

A CF/67 garantiu ao empregado a estabilidade, com indenização ao trabalhador despedido, ou fundo de garantia equivalente (art. 158, XIII); mantida pelo EC 1/69 (art. 165). Em face da literalidade do texto constitucional, havia uma polêmica em volta da matéria da equivalência dos 2 institutos. Contudo, pacificou-se o entendimento de que a equivalência entre os regimes do Fundo de Garantia do Tempo de Serviço e da estabilidade da CLT é meramente jurídica e não econômica, sendo indevidos quaisquer valores a título de reposição de diferenças de valores entre os dois (Súm. 98, I, TST).

A estabilidade decenal e a indenização por tempo de serviço tornaram-se incompatíveis com a CF/88 (art. 7º, I). Porém, preservou-se o direito daqueles que já tinham adquirido a estabilidade quando da promulgação da CF (art. 14, Lei 8.036/90).

É importante ser ressaltado que a estabilidade contratual ou a derivada de regulamento de empresa são compatíveis com o regime do Fundo de Garantia do Tempo de Serviço, o que não ocorre com a estabilidade decenal (art. 492, CLT), que é renunciada com a opção pelo FGTS (Súm. 98, II).

---

[5] DELGADO, Mauricio Godinho. Ob. cit., p. 1242.
[6] DELGADO, Mauricio Godinho. Ob. cit., p. 1249.

27.2.1 Exclusão à estabilidade decenal

Não têm direito à estabilidade aqueles que exercem cargos de diretoria, gerência ou outros de confiança imediata do empregador. O tempo de serviço é computado para os efeitos de aquisição da estabilidade (art. 499, *caput*, CLT).

Ao empregado que deixar de exercer o cargo de confiança é assegurada a reversão ao cargo efetivo anterior, desde que garantido pela estabilidade e inexistindo falta grave (art. 499, § 1º).

Despedido sem justa causa, o empregado que tenha exercido cargo de confiança por mais de 10 anos fará jus a uma indenização correspondente à remuneração de 1 mês por cada ano de serviço (arts. 499, § 2º, e 478).

O instituto da estabilidade decenal não se aplica aos empregados em consultórios ou escritórios de profissionais liberais (art. 507).

27.2.2 Despedida de empregado estável decenal

O empregado estável somente poderá ser dispensado por motivo de falta grave (justa causa) ou circunstância de força maior, devidamente comprovado em inquérito de falta grave (arts. 492 e 853, CLT).[7]

---

[7] O inquérito para apuração de falta grave é a ação trabalhista que, diante da falta grave do empregado estável, permite ao juiz a rescisão motivada do contrato de trabalho. A ação é proposta pelo empregador (requerente) contra o empregado estável (requerido). Atualmente, o inquérito judicial é utilizado para apuração de falta grave àqueles empregados que detenham estabilidade: (a) estabilidade decenal (arts. 492, 494 e 853, CLT); (b) dirigente sindical (Súm. 197, STF, Súm. 379, TST); (c) empregado eleito para o cargo de diretor em sociedade cooperativa também goza de estabilidade (art. 55, Lei 5.764/71); (d) representante no Conselho Curador do Fundo de Garantia (art. 3º, § 9º, Lei 8.036/90); (e) representante no Conselho Nacional de Previdência Social (art. 3º, § 7º, Lei 8.213/91); (f) membro do Conselho deliberativo das Entidades Fechadas de Previdência Complementar (art. 12, *caput* e § 1º, LC 108/01); (g) empregado público estável (art. 19, ADCT); (h) empregado público estável (art. 41, CF, antes da EC 19/98, Súm. 390, TST); (i) membro da Comissão de Conciliação Prévia (art. 625-B, § 1º, CLT). O empregado público estável pela aplicação do art. 41, CF, antes da EC 19, também poderá ser dispensado motivadamente por apuração em processo administrativo, onde seja garantido o amplo direito de defesa (Súm. 20, STF). Nem mesmo a dispensa durante o estágio probatório poderia dispensar a apuração da falta cometida, com aplicação analógica da Súmula 21, STF. O inquérito para apuração de falta grave tem suas origens na Lei Eloy Chaves, a qual permitia a dispensa dos ferroviários que tivessem dez anos de trabalho para a mesma empresa ferroviária mediante a instauração de inquérito administrativo, presidido pelo engenheiro, em que era apurada a falta grave cometida pelo trabalhador. Procedimento esse que foi estendido a outras categorias até ser adotado pela CLT (art. 853). O inquérito é proposto pelo empregador de forma escrita (art. 853), sendo permitida a cada parte a oitiva de até seis testemunhas durante a instrução (art. 821). É facultado ao empregador suspender o empregado até a decisão final do processo, sendo que sua dispensa somente se tornará efetiva com a decisão do inquérito que reconheça a falta grave (art. 494). A partir da data em que ocorreu a suspensão do empregado, o empregador tem o prazo de trinta dias para ingressar com o inquérito (art. 853), respondendo pelos salários devidos no período do afastamento até o ajuizamento (art. 855). O prazo de 30 dias para instauração de inquérito judicial de empregado estável para

Faculta-se ao empregador a suspensão do empregado acusado de falta grave até o final do processo judicial. Contudo, a sua dispensa apenas ocorre após a procedência do inquérito de falta grave (art. 494).

27.2.3 Falta grave

A expressão "falta grave" equivale às hipóteses legais da justa causa.

Justa causa é *"todo ato doloso ou culposamente grave, que faça desaparecer a confiança e a boa-fé que devem existir entre empregado e empregador, tornando assim impossível o prosseguimento da relação".*[8]

O prazo para instauração do inquérito para apuração de falta grave em face de empregado estável é de 30 dias, contados da suspensão do empregado (art. 853, CLT). É de decadência o prazo de 30 dias para instauração do inquérito judicial, a contar da suspensão, por falta grave, do empregado estável (Súm. 403, STF).

O prazo de decadência do direito do empregador de ajuizar inquérito contra o empregado que incorre em abandono de emprego é contado a partir do momento em que o empregado pretendeu seu retorno ao serviço (Súm. 62, TST).

27.2.4 Readmissão e reintegração

Readmissão não se confunde com reintegração. A primeira, como o próprio nome indica, representa uma nova contratação. Diferentemente da segunda, onde ocorre a

---

[8] apuração de falta grave é de decadência, a contar da suspensão (Súm. 403, STF; Súm. 62, TST). Não havendo a suspensão do empregado, não se pode falar em decadência do direito de ajuizar inquérito, ante a ausência de marco inicial do prazo para ingresso da ação desconstitutiva. Nesse caso, o ajuizamento do inquérito não pode tardar, o que implicará o perdão tácito da empresa, porque caso o empregado não fosse estável e o empregador quisesse rescindir motivadamente o contrato, quando da falta grave, a aplicação da pena de demissão teria que ser imediata. Provada a falta grave cometida pelo empregado, o contrato de trabalho é extinto pela decisão judicial de natureza constitutiva (desconstitutiva, na verdade). O ônus da prova é do empregador (art. 818, II, CLT; art. 373, II, CPC). Se houve a suspensão do empregado, a extinção retroage à data da suspensão, data em que o empregador teria demitido o empregado se pudesse. Caso não haja a suspensão e o empregado continue trabalhando até a decisão judicial, a decisão judicial extingue o contrato de trabalho na data da suspensão, sendo que o período posterior passa a constituir um novo contrato. Julgado improcedente o inquérito, nada se altera no contrato de trabalho. Caso tenha ocorrido a suspensão do contrato de trabalho, o empregado será reintegrado e terá direito aos salários e outras vantagens pecuniárias do período de afastamento. O empregador que deixar de cumprir decisão transitada em julgado de reintegração de empregado incorrerá em multa (art. 729). Quando a reintegração do empregado se mostrar desaconselhável, como consequência da incompatibilidade criada pela circunstância fática ou/e pelo processo judicial, principalmente, quando o empregador for pessoa natural, o juiz poderá converter a reintegração em indenização (Súm. 28, TST). A decisão será desconstitutiva e condenatória. No caso de estabilidade decenal, a indenização será em dobro (art. 497), salvo na ocorrência de força maior, quando a indenização será simples (art. 502, I).

[8] MORAES FILHO, Evaristo de. *A justa causa na rescisão do contrato de trabalho*, p. 105.

continuidade do contrato, inclusive com o pagamento da remuneração por todo o período de afastamento.

Não havendo comprovação da falta grave, em caso de despedida, o empregador fica obrigado a readmitir o empregado estável no serviço e a lhe pagar os salários a que teria direito no período da suspensão (art. 495, CLT). Melhor seria o legislador utilizar o termo "reintegração".

Sendo desaconselhável a reintegração, dado o grau de incompatibilidade resultante da demanda, o juízo poderá converter em indenização dobrada (art. 496).

Também aos empregados estáveis que forem demitidos em caso de fechamento do estabelecimento, filial ou agência, ou supressão necessária de atividade, sem ocorrência de motivo de força maior, é assegurado o direito a uma indenização em dobro (art. 498).

27.2.5 Renúncia à estabilidade

O tempo do trabalhador não optante do FGTS, anterior à promulgação da Constituição, em caso de rescisão sem justa causa, encontra-se regulado pelas regras inseridas nos arts. 477, 478 e 479, CLT (art. 14, § 1º, Lei 8.036/90).

Em outras palavras, fará jus ao recebimento de um salário por ano de serviço prestado, assim também considerado aquele de fração igual ou superior a 6 meses, sendo que, no caso de extinção da empresa, sem a ocorrência de força maior, a indenização será dobrada.

O tempo de serviço anterior à CF poderá ser transacionado entre empregador e empregado, respeitado o limite mínimo de 60% da indenização prevista (art. 14, § 2º, Lei 8.036).

É facultado ao empregador desobrigar-se da responsabilidade da indenização relativa ao tempo de serviço anterior à opção, depositando na conta vinculada do trabalhador, até o último dia útil do mês previsto em lei para o pagamento de salário (art. 459, CLT), o valor correspondente à indenização, aplicando-se ao depósito, no que couberem, todos os dispositivos da Lei 8.036 (art. 14, § 3º).

Os trabalhadores têm o direito de optar pelo sistema do FGTS, com efeitos retroativos a 1º/1/1967 ou à data de sua admissão, quando posterior àquela (art. 14, § 4º).

Na época da vigência da Lei 5.107/66, também era possível transacionar a estabilidade, desde que houvesse o pagamento de 60% do valor relativo à indenização (art. 3º).

Em caso de rescisão contratual por acordo, o empregado estável optante tem direito ao mínimo de 60% do total de indenização em dobro, calculada sobre o maior salário percebido no emprego. Se houver recebido menos do que esse total, qualquer que tenha sido a forma de transação, é assegurada a complementação até aquele limite (Súm. 54, TST).

A gratificação natalina é computável para efeito de cálculo da indenização (Súm. 148, TST).

27.2.6 Homologação do pedido de demissão

O pedido de demissão do empregado estável só será válido quando feito com a assistência do respectivo sindicato, ou, no caso de inexistência, perante autoridade local competente do Ministério do Trabalho ou da Justiça do Trabalho (art. 500, CLT).

27.2.7 Dispensa obstativa

Como todas as demais relações jurídicas, o contrato de trabalho nasce, desenvolve-se e chega ao seu termo final. A extinção normal do contrato ocorre pelo cumprimento da obrigação.

Não havendo impedimento legal ou mesmo qualquer restrição, os sujeitos da relação jurídica (empregado e empregador) podem dissolver o contrato de trabalho por sua vontade a qualquer tempo.

A dispensa obstativa ocorre quando o empregador dissolve o contrato de trabalho com o intuito de prejudicar o empregado na aquisição de direitos, os quais passariam a existir caso o contrato mantivesse o seu curso natural.

A legislação civil, ao tratar da condição como elemento acidental do negócio jurídico, considera verificada a condição cujo implemento for maliciosamente obstado pela parte a quem aproveita o seu implemento. Do mesmo modo, tem-se não verificada a condição maliciosamente levada a efeito por aquele que aproveita o seu implemento (art. 120, CC).

No Direito do Trabalho, presume-se obstativa a dispensa que impede o empregado de adquirir a estabilidade decenal (art. 499, § 3º, CLT). O TST entendeu que a presunção se configura aos 9 anos de serviços (Súm. 26, cancelada pela Res. 121/03, TST).

Ocorrendo a dispensa obstativa do empregado a fim de lhe impedir a aquisição da estabilidade, o empregador pagará a indenização de forma dobrada (art. 499, § 3º, CLT).

Nessa linha de raciocínio, o direito obstado convertido em indenização deverá corresponder à indenização dobrada (art. 402, CC).

Tal afirmação decorre do confronto do caso fático com os princípios da continuidade das relações de trabalho, da razoabilidade e da boa-fé do Direito do Trabalho.

Corroborando tais princípios, o texto legal declara nulos de pleno direito os atos praticados com o objetivo de impedir ou fraudar direitos trabalhistas (art. 9º, CLT) e as alterações contratuais prejudiciais aos direitos dos empregados (art. 468).

27.3 ESTABILIDADES PROVISÓRIAS

27.3.1 Dirigente sindical

É vedada a dispensa do empregado sindicalizado a partir do registro da candidatura a cargo de direção ou representação sindical e, se eleito, ainda que suplente, até 1 ano após o final do mandato, exceto no caso de falta grave (art. 8º, VIII, CF, art. 543, § 3º, CLT). O mandato sindical é de 3 anos (art. 515, *b*, CLT).

O empregado eleito representante do sindicato patronal não tem direito a estabilidade, pois o texto refere-se apenas à representação da classe dos empregados.

Os pressupostos da aquisição da estabilidade do dirigente sindical são de natureza: (1) subjetiva – *"a) ser dirigente ou representante sindical sócio da respectiva entidade no exercício das suas funções estatutárias; (b) estar na plenitude do gozo dos seus direitos sindicais; (c) integrar lista submetida a assembleia sindical";*[9] (2) objetiva – *"(a) pertencer a entidade sindical de reconhecida existência legal e cuja existência não tenha sido impugnada na via administrativa ou judicial; (b) o cargo ocupado deve ser eletivo e não preenchido, segundo o estatuto da entidade, através de outra forma, como a simples designação; (c) o número de cargos da entidade deve corresponder às suas necessidades, não se reconhecendo, em face do abuso de direito, estabilidade de dirigente ou representante sindical de cargos que o estatuto criou de forma abusiva e com a finalidade única de proteger o seu ocupante; (d) a comunicação da eleição pelo sindicato à empresas".*[10]

A CF não limitou o número dos dirigentes estáveis da entidade sindical profissional; logo, em tese, todos podem ser tidos como portadores da estabilidade? A resposta é negativa. A estabilidade somente envolve os membros titulares e suplentes da diretoria e do conselho fiscal (art. 522, *caput*, CLT).

A restrição é válida para Valentin Carrion,[11] na medida em que *"permitiria aos sindicatos tornar estáveis todos os seus membros ou, ao menos, centenas deles, contrariando o bom-senso e qualquer corrente hermenêutica, inclusive a do 'razoável' (Recaséns Siches); não há, assim, como deixar de continuar a adotar os critérios dos arts. 522 e 543, §§ 3º e 4º. Dessas normas decorrem: (a) vedação da dispensa (art. 543, § 3º); (b) quais os cargos que gozam dessa garantia (art. 543, § 4º); (c) o número dos contemplados, máximo de 7 pela Diretoria e de 3 membros, do Conselho Fiscal (art. 522); entendemos, pois, que o número máximo é de 7 mais 3".*

Esse entendimento é agasalhado em parte pela jurisprudência sumulada do TST (Súm. 369, II). Vale dizer, para o TST, a estabilidade somente abrange os integrantes da diretoria da entidade sindical, respeitando, o limite de 7 titulares e 7 suplentes.

No AG.REG, no Agravo de Instrumento 593.129/MG, o STF (março/2015), por meio do voto do Min. Luís Roberto Barroso, deliberou que a jurisprudência do STF é firme no sentido de que os limites legais à estabilidade dos dirigentes sindicais, previstos no art. 522 da CLT, foram recepcionados pela CF.

O delegado sindical não é beneficiário da estabilidade provisória prevista no art. 8º, VIII, CF, a qual é dirigida, exclusivamente, àqueles que exerçam ou ocupem cargos de direção nos sindicatos, submetidos a processo eletivo (OJ 369, SDI-I).

Apesar de ser também eleito, para o TST, o membro de conselho fiscal de sindicato não tem direito à estabilidade prevista nos arts. 543, § 3º, CLT, e 8º, VIII, CF, porquanto

---

[9] NASCIMENTO, Amauri Mascaro. Ob. cit., p. 1097.
[10] NASCIMENTO, Amauri Mascaro. Ob. cit., p. 1098.
[11] CARRION, Valentin. *Comentários à Consolidação das Leis do Trabalho*. 28. ed., p. 427.

não representa ou atua na defesa de direitos da categoria respectiva, tendo sua competência limitada à fiscalização da gestão financeira do sindicato (art. 522, § 2º, CLT) (OJ 365, SDI-I).

O dirigente sindical estável não poderá ser impedido do exercício de suas funções, nem transferido para lugar ou mister que lhe dificulte ou torne impossível o desempenho das atribuições sindicais (art. 543, *caput*, CLT). Perderá o mandato, se ocorrer a transferência voluntária ou a pedido (art. 543, § 1º).

A entidade sindical comunicará por escrito à empresa, no prazo de 24 horas, o dia e a hora do registro da candidatura do seu empregado e, em igual prazo, sua eleição e posse, fornecendo, outrossim, a este, comprovante no mesmo sentido. Caberá ao MTE proceder à comunicação no caso de eleição decorrente de Lei (art. 543, § 5º, CLT).

De acordo com a Súm. 369, I, do TST, ao empregado dirigente sindical é assegurado o direito à estabilidade provisória, ainda que a comunicação do registro da candidatura ou da eleição e da posse seja realizada fora do prazo previsto no art. 543, § 5º, da CLT, desde que a ciência ao empregador, por qualquer meio, ocorra na vigência do contrato de trabalho.

A estabilidade não abrange o dirigente da associação profissional. Não existe mais a possibilidade de uma associação profissional ter a representatividade dos empregados nas mesmas condições que os sindicatos. A partir da CF/88, a lei não poderá exigir autorização do Estado para a fundação da entidade sindical (art. 8º, I), portanto, não há sentido para que os dirigentes de uma associação profissional gozem de estabilidade. Em função dessa assertiva, o TST cancelou a Súm. 222.

Registro de candidatura no curso do aviso prévio não gera direito à estabilidade provisória (art. 543, § 3º, CLT; Súm. 369, V).

Havendo extinção da atividade empresarial no âmbito da base territorial do sindicato, não há razão para subsistir a estabilidade (Súm. 369, IV).

O empregado com representação sindical só pode ser despedido mediante inquérito em que se apure falta grave (Súm. 197, STF; Súm. 379, TST). É direito líquido e certo do empregador a suspensão do empregado, ainda que detentor de estabilidade sindical, até a decisão final do inquérito em que se apure falta grave a ele indicada, na forma do art. 494, *caput* e parágrafo único, CLT (OJ 137, SDI-II). Ressalvada a hipótese do art. 494, CLT, não fere direito líquido e certo a determinação liminar de reintegração no emprego de dirigente sindical (art. 659, IX, CLT; OJ 65, SDI-II).

O empregado de categoria diferenciada eleito dirigente sindical só goza de estabilidade se exercer na empresa atividade pertinente à categoria profissional do sindicato para o qual foi eleito dirigente (Súm. 369, III, TST).

27.3.2 Membro da CIPA

A constituição da Comissão Interna de Prevenção de Acidentes (CIPA) é obrigatória, de acordo com as instruções expedidas pelo MTE, nos estabelecimentos ou locais de obras nelas especificadas (art. 163, *caput*).

A CIPA encontra-se regulada pela NR 5, tendo como objetivo a prevenção de acidentes e doenças decorrentes do trabalho, de modo a tornar compatível permanentemente o trabalho com a preservação da vida e a promoção da saúde do trabalhador (art. 5.1, da NR 5).

Cada CIPA será composta de representantes de empresas e dos empregados. A NR 5 disciplina o número total de integrantes da CIPA, o qual varia em função do número de empregados no respectivo estabelecimento.

Os representantes dos empregadores, titulares e suplentes serão por eles designados anualmente, entre os quais o presidente da CIPA. Os representantes, titulares, indicados pelo empregador não poderão ser reconduzidos por mais de 2 mandatos consecutivos.

Os representantes dos empregados, titulares e suplentes serão eleitos em escrutínio secreto pelos interessados, independentemente de filiação sindical, entre os quais se encontra o vice-presidente. O mandato dos membros eleitos da CIPA terá a duração de um ano, permitida uma reeleição. Não haverá prejuízo da estabilidade, se houver a eleição por CIPA e esta não chegar a ser instalada pelo empregador (TST – 1ª T – RR – Rel. Min. Hugo Carlos Scheuermann – j. 4/10/2017).

Haverá a perda do mandato se o membro titular da CIPA faltar, sem qualquer justificativa, a mais de 4 reuniões ordinárias, e será substituído pelo suplente.

A CIPA, de acordo com o art. 5º da Portaria 9/96, não poderá ter seu número de representantes reduzido, bem como não será desativada pelo empregador antes do término do mandato de seus membros, ainda que haja redução do número de empregados da empresa ou reclassificação de risco, exceto nos casos em que houver encerramento da atividade do estabelecimento.

Os titulares da representação dos empregados nas CIPAs não poderão sofrer despedida arbitrária, entendendo-se como tal a que não se fundar em motivo: disciplinar, técnico, econômico ou financeiro (art. 165, *caput*).

Ocorrendo a despedida, caberá ao empregador, em caso de ação trabalhista, comprovar a existência de qualquer dos motivos mencionados no *caput*, art. 165, CLT, sob pena de ser condenado a reintegrar o empregado (art. 165, parágrafo único). Como se constata, não se tem a necessidade do ajuizamento do inquérito para a dispensa do cipeiro.

O art. 10, II, *a*, ADCT veda a dispensa arbitrária ou sem justa causa do empregado eleito para cargo de direção de comissões internas de prevenção de acidentes, desde o registro de sua candidatura até 1 ano após o final de seu mandato. O mandato é de 1 ano.

A garantia envolve não só o representante titular do empregado, como também o suplente (Súm. 339, I, TST).

Com a extinção do estabelecimento, não se verifica a despedida arbitrária do representante titular ou suplente do trabalhador, sendo impossível a reintegração e indevida a indenização do período estabilitário (Súm. 339, II, TST).

Existe precedente do TST, no qual entendeu que a estabilidade do cipeiro garante a reintegração e não simplesmente a conversão da estabilidade em pecúnia.[12]

---

[12] TST – 7ª T. – RR 81400-59.2007.5.03.0009 – Rel. Min. Pedro Paulo Manus – *DEJT* 3/6/2011.

27.3.3 Gestante

A empregada gestante não poderá ser dispensada, salvo justa causa, desde a confirmação da gravidez até 5 meses após o parto (art. 10, II, *b*, ADCT). Nos casos em que ocorrer o falecimento da genitora, a estabilidade será assegurada a quem detiver a guarda do seu filho (art. 1º, LC 146/14).

Há várias teorias a respeito da estabilidade da gestante. Dentre elas, destacam-se a objetiva e a subjetiva.

A teoria objetiva é baseada na confirmação da gravidez para a própria empregada, logo, a estabilidade no emprego independe da comprovação da gravidez perante o empregador. Há decisão judicial no sentido de que a confirmação da gravidez não pode ser confundida com a própria concepção, visto que a mesma somente poderia garantir os direitos de natureza civil.[13] Em outro julgado, a confirmação da gravidez foi fixada a partir da própria concepção na vigência do contrato de trabalho.[14]

A teoria objetiva foi acolhida pela jurisprudência: *"O desconhecimento do estado gravídico pelo empregador, salvo previsão contrária em norma coletiva, não afasta o direito ao pagamento da indenização decorrente da estabilidade"* (art. 10, II, *b*, ADCT; OJ 88, SDI-I, com a antiga redação; atual Súm. 244, I, TST).

Pela jurisprudência do TST, o que elidia a teoria objetiva era a presença da cláusula normativa que obrigasse a comprovação, o que se fazia por intermédio de um prazo decadencial. A natureza era decadencial. Decorrido o referido prazo previsto na cláusula normativa, sem a efetiva comprovação, havia a perda do direito. Para o TST, a presença dessa cláusula nas negociações coletivas não feria a norma constitucional, a qual reconhecia (e ainda reconhece) a validade dos acordos e das convenções coletivas de trabalho (art. 7º, XXVI), valorizando a autonomia privada coletiva.

Pela teoria subjetiva, a empregada deve comprovar o estado gravídico para o empregador, por intermédio da apresentação do atestado médico ou exame laboratorial.

O STF, no AI 448572/SP, pelo voto do Min. Celso de Mello, entendeu que a empregada gestante tem direito à estabilidade provisória, bastando para tanto a confirmação objetiva do estado de gravidez. Não é necessária a prévia comunicação ao empregador, como também é nula a exigência de notificação à empresa, mesmo quando pactuada em sede de negociação coletiva.

Com a decisão do STF, o TST alterou a sua jurisprudência: *"O desconhecimento do estado gravídico pelo empregador, não afasta o direito ao pagamento da indenização decorrente da estabilidade (art. 10, II, 'b', ADCT)"* (Súm. 244, I, TST).

---

[13] TRT – 24ª R. – 2ª T. – RO 00-53.2008.021.24.00-6 – Rel. Des. Fed. Francisco das C. Lima Filho – *DJe* 25/11/2008.

[14] TST – 4ª T. – RR – 916/2007-021-05-00.8 – Rel. Min. Antônio José de Barros Levenhagen – *DEJT* 19/6/2009.

O TST entendia que a garantia de emprego à gestante não autoriza a reintegração, assegurando-lhe apenas o direito a salários e vantagens correspondentes ao período e seus reflexos (Súm. 244).

Havia críticas quanto à antiga redação da Súm. 244, TST: *"Esse verbete foi editado na vigência da Emenda Constitucional nº 1, de 1969, que não previa prazo de licença--maternidade, muito menos garantia de emprego. É possível dizer que o Enunciado 244 do TST fica prejudicado pela previsão da Lei Maior, pois com a determinação do ADCT o constituinte assegurou efetivamente o emprego à gestante, conferindo-lhe garantia de emprego desde a confirmação da gravidez até cinco meses após o parto (art. 10, II, b, ADCT). Assim, a gestante tem direito a ser reintegrada no emprego, e não à indenização, como era a anterior orientação da jurisprudência"*.[15]

Pela Res. 121/03, TST, a Súm. 244 passou a ter a seguinte redação: *"A garantia de emprego à gestante só autoriza a reintegração se esta se der durante o período da estabilidade. Do contrário, a garantia restringe-se aos salários e demais direitos correspondentes ao período de estabilidade"* (atual Súm. 244, II).

O STF reconheceu a repercussão geral quanto ao conhecimento ou não do estado gravídico da empregada pelo empregador (RE 629053).

No contrato de experiência, extinto antes do período de 4 semanas que precedia ao parto, a empregada não tinha direito a receber, do empregador, o salário-maternidade (Súm. 260, TST, que foi cancelada pela Res. 121/03, TST).

A matéria estava disciplinada pela Súm. 244, III, a qual entendia que não há direito da empregada gestante à estabilidade provisória na hipótese de admissão mediante contrato de experiência, visto que a extinção da relação de emprego, em face do término do prazo, não constituía dispensa arbitrária ou sem justa causa.

De fato, a estabilidade não se coaduna com o contrato por prazo determinado. A predeterminação faz com que as partes tenham ciência do termo final da contratação, logo, *"se a empregada ficar grávida no curso do ajuste laboral, será indevida a garantia de emprego, pois não está havendo dispensa arbitrária ou sem justa causa. Há apenas o decurso do prazo do pacto de trabalho celebrado entre as partes. Situações que ocorram no curso do pacto laboral de prazo determinado não podem ser opostas para modificar a sua cessação, salvo se houver ajuste entre as partes"*.[16]

Contudo, como a estabilidade da gestante é uma proteção à maternidade, não pode ser limitada pela predeterminação contratual. Assim, o TST reformulou a sua posição jurisprudencial (Resolução 185, de 14/9/2012), com alteração do item III da Súmula 244: *"A empregada gestante tem direito à estabilidade provisória prevista no art. 10, inciso II, alínea 'b', do Ato das Disposições Constitucionais Transitórias, mesmo na hipótese de admissão mediante contrato por prazo determinado."* Correta a nova redação ante a importância da proteção à maternidade.

---

[15] MARTINS, Sergio Pinto. *Direito do trabalho*. 13. ed., p. 369.
[16] MARTINS, Sergio Pinto. Ob. cit., p. 369.

A confirmação deve ocorrer na vigência do contrato de trabalho, não sendo possível no curso do aviso prévio (Súm. 371).

O teor da Súm. 371 não é aplicável à empregada gestante ante os termos da Lei 12.812/13, que acresceu o art. 391-A ao texto da CLT, dispondo que a confirmação do estado de gravidez advindo no curso do contrato de trabalho, ainda que durante o prazo do aviso prévio trabalhado ou indenizado, garante a estabilidade prevista no art. 10, II, *b*, do ADCT.

A proteção constitucional aplica-se ao empregado adotante ao qual tenha sido concedida a guarda provisória (art. 391-A, parágrafo único, CLT, Lei 13.509/17). Na análise de um caso concreto e antes da Lei 13.509, o TST entendeu que a trabalhadora dispensada, quando iniciou o processo de adoção de recém-nascido, tem direito à estabilidade provisória (3ª T. – RR 200600-19.2008.5.02.0085 – Rel. Min. Alexandre Agra Belmonte – *DEJT* 7/8/2015).

O rompimento da relação de trabalho por ato discriminatório, além do direito à reparação pelo dano moral, faculta ao empregado optar entre: (a) a reintegração com ressarcimento integral de todo o período de afastamento, mediante pagamento das remunerações devidas, corrigidas monetariamente, acrescidas dos juros legais; (b) a percepção, em dobro, da remuneração do período de afastamento, corrigida monetariamente e acrescida dos juros legais (art. 4º, Lei 9.029/95).

Há julgados que aplicam a licença-maternidade e a estabilidade na hipótese de a criança ter nascido sem vida (TRT – 3ª R. – RO 2145/2012-004-03-00.6 – Rel. Marcelo Lamego Pertence – *DJe* 19/11/2013 – p. 334; TST – 5ª T. – RR 1193/2004-037-01-40 – Relª Minª Kátia Magalhães Arruda – *DJe* 11/4/2008; TST – 2ª T. – RR 106300-93.2005.5.04.0027 – Rel. Min. José Roberto Freire Pimenta – *DEJT* 17/4/2015; TST – 6ª T. – RR 153000-88.2009.5.02.0045 – Rel. Min. Augusto César Leite de Carvalho – *DEJT* 5/12/2014).

Pela IN 45/10 do INSS, em caso de parto antecipado ou não, ainda que ocorra parto de natimorto, este último comprovado mediante certidão de óbito, a segurada teria direito aos 120 dias previstos em lei, sem necessidade de avaliação médico-pericial pelo INSS (art. 294, § 5º). Por parto, a IN 45 fixava o evento ocorrido a partir da vigésima terceira semana (sexto mês) de gestação, inclusive em caso de natimorto (art. 294, § 3º).

Atualmente, a matéria é disciplinada pela IN 77/15: (a) para fins de concessão do salário-maternidade, considera-se parto o evento que gerou a certidão de nascimento ou certidão de óbito da criança (art. 343, § 3º); (b) tratando-se de parto antecipado ou não, ainda que ocorra parto de natimorto, este último comprovado mediante certidão de óbito, a segurada terá direito aos cento e vinte dias previstos em lei, sem necessidade de avaliação médico-pericial pelo INSS (art. 343, § 5º).

Em outros julgados, o TST entendeu que o nascimento de bebê sem vida exclui a licença-maternidade, equiparando-se à hipótese ao disposto no art. 395, CLT (8ª T. – RR 1987-22.2010.5.02.0202 – Rel. Des. Convocado João Pedro Silvestrin; 8ª T. – RR 142600-59.2005.5.15.0088 – Relª Minª Dora Maria da Costa – *DJ* 22/2/2008; RR 1200-21.2002.5.18.0010 – Rel. Min. Antônio José de Barros Levenhagen – *DJ* 9/2/2007).

O TST admite por válida a recusa da trabalhadora em retornar ao trabalho, após a dispensa, quando a reintegração é oferecida pela empresa em juízo (4ª T. – RR 56486.2013.5.03.0010 – Relª Minª Maria de Assis Calsing – *DEJT* 25/10/2013; 8ª T. – RR 3500-18.2014.5.17.0121 – Rel. Des. Conv. João Pedro Silvestrin – *DEJT* 12/12/2014).

27.3.4 Acidentado

O empregado segurado, vítima de acidente do trabalho, tem garantida a manutenção do seu contrato de trabalho na empresa durante o prazo mínimo de 12 meses, após a cessação do auxílio-doença acidentário, independentemente da percepção de auxílio-acidente (art. 118, Lei 8.213/91).

Pelo art. 118, a estabilidade do acidentado tem os seguintes requisitos: (a) o reconhecimento administrativo da doença profissional, do trabalho ou do acidente de trabalho pela entidade autárquica (INSS); (b) o afastamento do serviço além dos primeiros 15 dias, com o pagamento do auxílio-doença acidentário.

Quando se fala em acidente de trabalho, não deve ser somente considerado o típico, mas também os previstos nos arts. 20 e 21, Lei 8.213: as moléstias profissionais e do trabalho e os acidentes equiparados aos do trabalho.

É comum, em função de várias ações trabalhistas, o empregador não emitir o Comunicado de Acidente de Trabalho (CAT) em função de um acidente típico ou equiparado, bem como, quando o empregado começa a desenvolver uma situação de doença de trabalho, proceder de imediato à dispensa imotivada, efetuando o pagamento dos direitos trabalhistas, mas obstando ao trabalhador que tenha reconhecido o acidente ou a doença profissional perante o INSS.[17]

Será que é possível haver a condenação do empregador pelo ato obstativo dessa estabilidade provisória, indenizando o trabalhador pelo valor correspondente aos 12 meses de sua duração e com a incidência deste período em férias, abono de férias, décimo terceiro salário e o FGTS com o acréscimo da multa fundiária?

Trata-se de uma questão interessante e que merece algumas considerações.

A declinação deve ser feita em função do caso concreto, devendo ficar provada a atitude fraudatória da empresa. Como sabemos, o empregado adquire a estabilidade quando retorna do gozo do auxílio-doença acidentário. Do ponto de vista formal, o

---

[17] "E as razões das recusas de não emissão da CAT pelos empregadores são conhecidas e dentre outras, citamos: (a) obrigação de continuar depositando o FGTS enquanto o empregado estiver com o contrato suspenso; (b) garantia de emprego até um ano após a suspensão do benefício acidentário do artigo 118 da Lei nº 8.213/91; (c) elevação dos custos operacionais por incidência de uma alíquota maior, em razão do reconhecimento dos riscos existentes na empresa de infortúnios, instituídos pela Lei nº 8.213/91, que pelo artigo 22, é obrigada a recolher sobre a folha de pagamento de 1,0%, 2,0% e 3% para as empresas em cuja atividade preponderante esse risco seja considerado grave" (SALVADOR, Luiz. Acidente do trabalho: empregador que não admite a CAT deve indenizar trabalhador pelos prejuízos. *Jornal Trabalhista Consulex*, ano XXI, nº 1033, p. 21, set./2004).

reconhecimento administrativo do INSS e o afastamento superior a 15 dias são vitais, porém, imaginemos algumas situações: (a) o empregado passa a apresentar um quadro clínico de doença profissional; (b) a empresa, visando evitar o próprio afastamento médico, efetua já de antemão a dispensa do funcionário, com o intuito de elidir a própria concretização fática do requisito do art. 118; (c) a empresa não emite o CAT e não comunica o acidente ou a doença ocupacional. Tais situações caracterizam medidas ilegais e obstativas do direito do empregador.

Na essência, o Direito do Trabalho é dinâmico e realístico. No ato de julgar o intérprete não se pode ater tão somente aos formalismos da Lei. O intérprete deve analisar os fatos e, quando adequá-los, posicionar-se com intuito de efetiva prestação jurisdicional dentro do prisma teleológico, ou seja, a própria finalidade jurídica e social do alcance da lei.

O TST entendia que o afastamento do trabalho por prazo superior a 15 dias e a consequente percepção do auxílio-doença acidentário constituem pressupostos para o direito à estabilidade prevista no art. 118, Lei 8.213, assegurada por período de 12 meses, após a cessação do auxílio-doença (OJ 230, SDI-I).

O art. 118 pressupõe um elemento formal, ou seja, o afastamento caracterizado junto ao INSS; todavia, mesmo não havendo este afastamento, se ficar provado no curso da instrução processual, além da própria doença ocupacional, a inércia ou o descuido do empregador quanto às condições de trabalho, pode e deve o juiz reconhecer a dispensa obstativa com a imposição da estabilidade.

Reconhecendo a temática da dispensa obstativa em relação ao art. 118, o TST reviu a sua posição: *"São pressupostos para a concessão da estabilidade o afastamento superior a 15 dias e a consequente percepção do auxílio-doença acidentário, salvo se constatada, após a despedida, doença profissional que guarde relação de causalidade com a execução do contrato de emprego"* (Súm. 378, II).

Há uma corrente doutrinária que restringe a estabilidade do acidentado para os que tenham adquirido sequelas pelo acidente ou doença profissional.

Adepto dessa posição, Décio Sebastião Daidone[18] afirma: *"Com efeito, somente possuem essa garantia, os acidentados que ultrapassam a fase de auxílio-doença e passam a gozar de auxílio-acidente, que é devido após a consolidação das lesões decorrentes, resultando sequela que implique, de uma forma genérica, redução da capacidade laborativa, como dispõe o art. 86, da Lei nº 8.213/91, em seus incisos e parágrafos [...] Referida lei, procura dar garantias ao acidentado que se reabilitou, mas que continua com alguma sequela e por essa razão que relaciona as diversas reduções da capacidade laborativa, nos incisos I a III; tanto é assim que no parágrafo primeiro, estabelece que o auxílio-acidente é vitalício, ou seja, por todo o período em que continuar trabalhando, até a aposentadoria, na empresa em que sofreu o acidente ou em outra. Essa é a razão pela qual o legislador acrescentou* in fine *do* caput *do artigo 118, a expressão 'independentemente de percepção de auxílio-acidente',*

---

[18] DAIDONE, Décio Sebastião. O direito do trabalho e as estabilidades provisórias. *Revista LTr*, v. 63, nº 8, p. 1043.

ou seja, independente de estar o acidentado percebendo da previdência auxílio-acidente e por estar de volta ao trabalho, quando deverá ser readaptado eventualmente à sua antiga ou em nova função, deve gozar daquela garantia, como previsto no § 3º do artigo 86 ([...] ou concessão de outro benefício[...]). Ao que sofrer acidente do trabalho e permanecer afastado do emprego em auxílio-doença, até completo restabelecimento, podendo voltar ao desempenho de suas funções, sem qualquer redução laborativa, não merecerá a percepção de auxílio-acidente e consequentemente, a garantia de emprego por determinado período, pois se dispensado, ao contrário do que aconteceria com o primeiro, não teria qualquer dificuldade, além das normais, para a obtenção de novo emprego, o que certamente não ocorreria com o portador de sequelas por acidente de trabalho e que reduzem a capacidade laborativa."

Alguns defendem a inconstitucionalidade no art. 118, Lei 8.213, argumentando que a proteção da relação de emprego contra despedida arbitrária ou sem justa causa, prevendo indenizações compensatórias e outros direitos, deve-se dar por lei complementar e não ordinária, como no caso da Lei 8.213 (art. 7º, I, CF).

No entanto, não entendemos que a Lei 8.213 pretendeu regulamentar o previsto no inciso I, do art. 7º, da CF, mas apenas prever outra forma de estabilidade (Súm. 378, I, TST).

27.3.5 Representante no Conselho Curador do Fundo de Garantia

Aos membros do Conselho Curador do FGTS, enquanto representantes dos trabalhadores, efetivos e suplentes, é assegurada a estabilidade no emprego, da nomeação até 1 ano após o término do mandato de representação, somente podendo ser demitidos por motivo de falta grave, regularmente comprovada por meio de processo judicial (art. 3º, § 9º, Lei 8.036/90). O mandato é de 2 anos (art. 3º, § 3º).

27.3.6 Representante no Conselho Nacional de Previdência Social

Os membros, titulares e seus suplentes, do Conselho Nacional de Previdência Social (CNPS), representantes dos trabalhadores, terão direito à estabilidade no emprego, desde a nomeação até um ano após o término do mandato de representação, somente podendo ser demitidos por motivo de falta grave, regularmente comprovada por intermédio de processo judicial (art. 3º, § 7º, Lei 8.213/91). O mandato é de 2 anos (art. 3º, § 1º).

27.3.7 Empregados eleitos diretores de sociedades cooperativas

Os empregados de empresas, que sejam eleitos diretores de sociedade cooperativa criada por eles, gozarão das garantias asseguradas aos dirigentes sindicais pelo art. 543, CLT (art. 55, Lei 5.764/71).

De acordo com a jurisprudência atual do TST, *"o art. 55 da Lei nº 5.764/71 assegura a garantia de emprego apenas aos empregados eleitos diretores de Cooperativa, não abrangendo os membros suplentes"* (OJ 253, SDI-I).

27.3.8 Membros da Comissão de Conciliação Prévia

O art. 625-B da CLT estabelece os requisitos da Comissão de Conciliação Prévia no âmbito da empresa:

a) o número dos componentes – a Comissão será composta, no mínimo, de 2 e, no máximo, de 10 membros, observando-se a composição paritária (art. 625-B, *caput*, combinado com o art. 625-A, *caput*);

b) os representantes da empresa serão por ela indicados; por sua vez, os representantes dos empregados serão eleitos por meio de um escrutínio secreto, o qual terá a fiscalização pelo sindicato da categoria profissional (art. 625-B, I);

c) para cada representante titular, haverá 1 suplente, cujo mandato terá a duração de 1 ano, permitida uma recondução (art. 625, II e III);

d) os representantes dos empregados, titulares e suplentes possuem a estabilidade no emprego até 1 ano após o final do mandato, salvo se cometerem falta grave, nos termos da lei (art. 625-B, § 1º, CLT). O art. 625-B, § 1º, é omisso quanto ao termo inicial dessa estabilidade. A aquisição dessa estabilidade, valendo-se da analogia, inicia-se com o registro da candidatura, como ocorre para a CIPA e o sindicato, de acordo, respectivamente, com o art. 10, II, *a*, das ADCT e arts. 8º, VIII, CF e 543, § 3º, CLT. A dispensa do representante eleito como titular ou suplente só é admissível em caso de falta grave, a qual deverá ser apurada em inquérito judicial, como é o caso do dirigente sindical (art. 543, § 3º, CLT; Súm. 379, TST). Faculta-se ao empregador a suspensão do contrato de trabalho desse representante (art. 853, CLT), com o prazo decadencial de 30 dias subsequentes para o ajuizamento do inquérito judicial, de acordo com a Súm. 62, do TST, e a Súm. 403, do STF. O art. 625-B da CLT somente admite a dispensa em caso de falta grave, logo, não é possível a dispensa diante de outros motivos, tais como técnico, econômico ou financeiro, como ocorre para os integrantes da CIPA (art. 165, *caput*). Ressalvamos que, em caso de extinção das atividades da empresa, os salários somente são devidos até o referido momento, de acordo com a jurisprudência dominante do TST (Súm. 173);

e) o representante dos empregados desenvolverá seu trabalho normal na empresa, afastando-se de suas atividades apenas quando convocado para atuar como conciliador, sendo computado como tempo de trabalho efetivo o despendido nessa atividade (art. 625-B, § 2º, CLT).

O trabalhador integrante da Comissão, na qualidade de representante eleito dos empregados, não terá o seu contrato de trabalho suspenso. Prossegue em suas atividades normais, excetuando-se os períodos em que seja necessária a participação nos trabalhos da Comissão. Claro está que os referidos períodos de cessação das atividades laborais representam interrupção quanto aos efeitos do contrato individual de trabalho.

27.3.9 Aidético

Apesar dos avanços da ciência médica, a Síndrome de Imunodeficiência Adquirida (AIDS ou SIDA) ainda não possui cura. A situação atual frente à doença e seus avanços são as campanhas educativas e medicações que atenuam os seus efeitos.

Os portadores do vírus merecem a solidariedade e o respeito de seus familiares, da sociedade e das suas instituições. As formas de contágio são restritas e não elidem a possibilidade concreta da vida em sociedade.

Quando se conhece a condição de portador do vírus, a vida pessoal do ser humano sofre um grande alvoroço, em face do desespero que essa ciência incute na sua alma. Tem-se o início do processo de discriminação que atinge o portador, em sua vida profissional e familiar.

Sabe-se que é difícil a vida das pessoas marginalizadas. O homem é um ser que discrimina o seu semelhante, deixando à margem da sociedade milhões e milhões de pessoas, humanos, por questões de estado de saúde, credo, raça, cor, idade etc.

O Direito nasceu da necessidade de regulamentação e proteção da sociedade como um todo. Por sua vez, o Direito do Trabalho, como parte da Ciência Jurídica, surgiu para disciplinar as relações de trabalho. Ambos devem preservar o maior dos bens jurídicos, a vida (o maior dom de Deus).

A República Federativa do Brasil tem os seguintes objetivos fundamentais: (a) a construção de uma sociedade livre, justa e solidária; (b) garantir o desenvolvimento nacional; (c) erradicar a pobreza e a marginalização e reduzir as desigualdades sociais e regionais; (d) promover o bem de todos, sem preconceitos de origem, raça, sexo, cor, idade e quaisquer outras formas de discriminação (art. 3º, CF).

A CF consagra o princípio da igualdade, garantindo-se o direito à vida, à liberdade, à igualdade, à segurança e à propriedade (art. 5º), como também a liberdade (ao trabalho, ofício ou profissão), atendidas as qualificações profissionais (art. 5º, XIII). Não se admite, ainda, qualquer discriminação atentatória dos direitos e liberdades fundamentais, sendo crime inafiançável a prática de racismo (art. 5º, XLI e XLII).

São direitos sociais do trabalhador: a educação, a saúde, a alimentação, o trabalho, a moradia, o transporte, o lazer, a segurança, a Previdência Social, a proteção à maternidade e à infância, a assistência aos desamparados (art. 6º, CF).

A relação de emprego é protegida contra a dispensa arbitrária ou sem justa causa na forma da legislação em vigor (art. 7º, I, CF). Atualmente, temos a multa de 40% sobre os valores do Fundo de Garantia do Tempo de Serviço (art. 10, I, ADCT, art. 18, § 1º, Lei 8.036/90).

É expressamente proibida a adoção de qualquer prática discriminatória e limitativa para efeito de acesso à relação de trabalho, ou de sua manutenção, por motivo de sexo, origem, raça, cor, estado civil, situação familiar, deficiência, reabilitação profissional, idade, entre outros, ressalvadas, nesse caso, as hipóteses de proteção à criança e ao adolescente previstas no art. 7º, XXXIII, CF (art. 1º, Lei 9.029/95).

A Lei 7.670/88 trata dos benefícios previdenciários dos portadores do vírus HIV, inclusive autorizando o levantamento do FGTS, independentemente da rescisão do contrato de trabalho (art. 1º, II).

Inexiste norma expressa disciplinando qualquer forma de garantia de emprego aos portadores da AIDS/SIDA.

A rescisão do contrato de trabalho é uma possibilidade legal para os seus sujeitos. Sabemos que não existe ainda uma forma de cura definitiva da AIDS, apenas tratamentos de controle, que são acessíveis a parte dos infectados. Aos que contraíram a doença são devidos o respeito, a solidariedade e a esperança da sociedade, logo, não se pode admitir a dispensa, por parte do empregador, em relação ao trabalhador portador do vírus HIV. No mínimo, seria uma dispensa discriminatória, em face dos dispositivos legais citados nos parágrafos acima.

Pelo teor da Súm. 443 do TST, quando da despedida de empregado portador do vírus HIV ou de outra doença grave que suscite estigma ou preconceito, tem-se a presunção de que se trata de uma dispensa discriminatória. Com a invalidação do ato, o empregado tem direito à reintegração no emprego.

Para os gregos, estigma representava os sinais corporais negativos (físicos) indicativos do atributo moral da pessoa humana (marcas efetuadas com cortes ou com fogo). Era uma forma de identificação de criminosos ou escravos. Atualmente, estigma relaciona-se com a ideia de qualquer característica física ou moral que exclui a pessoa natural dos grupos considerados normais por uma dada sociedade. São atributos indicativos de que a pessoa natural frustra as expectativas de normalidade. Há três tipos: (a) deformações físicas (deficiências auditivas, visuais etc.); (b) desvios de caráter (dependência de drogas, doenças relacionadas com comportamento sexual, distúrbios mentais etc.); (c) estigmas tribais (raça, nação, religião etc.).

Preconceito é a emissão de um juízo de valor depreciativo a respeito de alguma coisa ou pessoa. Infelizmente é comum ao ser humano atuar por gestos, palavras ou comportamentos de forma pejorativa, emitindo juízos de valor sem uma visão completa e pormenorizada do que se fala, levando, assim, a formulação de juízos de valor depreciativos de pessoas, lugares ou tradições. É uma forma de discriminação da pessoa por motivos de raça, idade, cor, religião, estado de saúde etc.

Diante da demanda judicial, cuja causa de pedir é o término do contrato de trabalho pela alegação da existência do HIV ou de outra doença grave, diante da presunção de que a dispensa é discriminatória, cabe ao empregador alegar e provar a existência de um motivo justificado para o seu término. O motivo justificativo poderá ser de cunho técnico, econômico, disciplinar ou financeiro (aplicação da inteligência do art. 165, CLT).

Diante do reconhecimento da invalidade da dispensa, o empregado terá direito à reintegração, com o pagamento integral dos salários do período de afastamento, corrigidos monetariamente e acrescidos dos juros legais (art. 4º, I, Lei 9.029).

Se a reintegração não for possível, por ser desaconselhável (art. 496, CLT), haverá a sua conversão em pecúnia (art. 4º, II, Lei 9.029/95).

Para fins de mandado de segurança, deve ser ressaltado que não há direito líquido e certo a ser oposto contra ato de juiz que, antecipando a tutela jurisdicional, determina a reintegração do empregado até a decisão final do processo, quando demonstrada a razoabilidade do direito subjetivo material, como nos casos de anistiado pela Lei 8.878/94, aposentado, integrante de comissão de fábrica, dirigente sindical, portador de doença profissional, portador de vírus HIV ou detentor de estabilidade provisória prevista em norma coletiva (OJ 142, SDI-II).

A Lei 12.984/14 tipifica penalmente as condutas discriminatórias contra o portador do HIV e o doente de Aids, em razão da sua condição de portador ou de doente. Estão previstas em lei como práticas discriminatórias: (a) recusar, procrastinar, cancelar ou segregar a inscrição ou impedir que permaneça como aluno em creche ou estabelecimento de ensino de qualquer curso ou grau, público ou privado; (b) negar emprego ou trabalho; (c) exonerar ou demitir de seu cargo ou emprego; (d) segregar no ambiente de trabalho ou escolar; (e) divulgar a condição do portador do HIV ou de doente de Aids, com intuito de ofensa à dignidade; (f) recusar ou retardar atendimento de saúde. Crime punível com reclusão, de um a quatro anos, e multa.

27.3.10 Membros da comissão de representação dos empregados

A Reforma Trabalhista (Lei 13.467/17) estabeleceu a Comissão de Representação dos Empregados junto às empresas (art. 510-A e segs., CLT).

Nas empresas com mais de duzentos empregados, é assegurada a eleição de uma comissão para representá-los, com a finalidade de promover-lhes o entendimento direto com os empregadores.

A composição é estabelecida em função do número de empregados da empresa: (a) com mais de duzentos e até três mil, por três membros; (b) com mais de três mil e até cinco mil, por cinco membros; (c) com mais de cinco mil, por sete membros. No caso de a empresa possuir empregados em vários Estados da Federação e no Distrito Federal, será assegurada a eleição de uma comissão de representantes dos empregados por Estado ou no Distrito Federal.

O mandato é de um ano, não podendo o membro, que houver exercido a função de representante dos empregados na comissão, ser candidato nos dois períodos subsequentes.

Desde o registro da candidatura até um ano após o fim do mandato, o membro da comissão de representantes dos empregados não poderá sofrer despedida arbitrária, entendendo-se como tal a que não se fundar em motivo disciplinar, técnico, econômico ou financeiro.

Pelo que se denota, não é necessário o inquérito para apuração de falta grave.

Por outro lado, diante da dispensa não arbitrária, caso se tenha a demanda judicial, em que se discute o motivo da dispensa, caberá ao empregador provar a tese da motivação.

27.3.11 A questão da reintegração nas estabilidades provisórias

É comum a discussão judicial a respeito das estabilidades provisórias, notadamente em função das empregadas gestantes, nas quais se pleiteia a reintegração no emprego.

Nessas discussões judiciais entre o ajuizamento da demanda e o momento da sua decisão, há o transcurso de vários anos, o que faz com que tenha se expirado o prazo da estabilidade, tornando inviável a reintegração.

Quando for o caso de estabilidade provisória, no qual se pretende a reintegração, a concessão do salário relativo ao período de estabilidade já exaurido na própria decisão judicial não irá configurar julgamento *extra petita* (Súm. 396, II, TST).

Em outras ocasiões, a demora ocorre entre o momento da decisão que reconhece a estabilidade, impondo a reintegração, e o trânsito em julgado, fazendo com que se tenha a expiração do prazo da garantia, tornando inviável o cumprimento da obrigação de fazer.

Quando for o caso de estabilidade provisória, em que o período está exaurido, e a reintegração assegurada não é possível, são devidos os salários desde a data da despedida até o término da garantia (Súm. 396, I).

Há hipóteses em que a reintegração não é mais possível na medida em que o trabalhador somente propôs a demanda após o decurso da própria estabilidade. Nestas hipóteses, se não houver um justo motivo por parte do trabalhador quanto à sua inércia, entendemos que ocorreu a decadência do direito ao reconhecimento judicial da estabilidade e a sua conversão em pecúnia.

A OJ 399, SDI-I, não encampa a tese da decadência, ao afirmar que o ajuizamento de ação trabalhista, após o decurso do período de garantia de emprego, não configura abuso do exercício do direito de ação, pois este está submetido apenas ao prazo prescricional (art. 7º, XXIX, CF), sendo devida a indenização desde a dispensa até a data do término do período da estabilidade.

27.4 CONCESSÃO DO AVISO PRÉVIO NO PERÍODO DA ESTABILIDADE[19]

Não se pode admitir a concessão de aviso prévio a empregado que goza de garantia ou estabilidade de emprego, em face da diversidade da natureza jurídica dos institutos.

O aviso prévio é a comunicação prévia efetuada por uma parte à outra, objetivando, assim, o término da relação empregatícia indeterminada, sem que haja justo motivo, respeitando o prazo mínimo previsto em lei e a responsabilidade pela manutenção do contrato na sua vigência, sob pena de uma quantia prevista na legislação trabalhista. Em outras palavras, é a notificação de uma parte à outra, no sentido de que pretende terminar a relação de emprego (= contrato de trabalho). É concedido tanto pelo empregado como pelo empregador.

---

[19] Na redação dos tópicos 27.4 a 27.6, houve a fecunda colaboração da operadora do direito, Neire Dias Ferreira Jorge.

Por sua vez, a estabilidade é o direito de o empregado continuar na empresa, de forma permanente ou parcial, contra a vontade do seu empregador, sendo que a dispensa somente estará autorizada nas hipóteses expressamente previstas em lei.

O objetivo do aviso prévio é propiciar ao empregado a obtenção de um novo emprego, enquanto que a estabilidade tem por objetivo dar ao empregado a tranquilidade de que poderá contar com o seu posto de trabalho, valorizando, assim, a sua dignidade, visto que o salário é vital para a subsistência.

Portanto, o aviso prévio, de no mínimo 30 dias, somente poderá fluir após o término do período de estabilidade. Neste sentido, a Súm. 348, TST: *"É inválida a concessão do aviso prévio na fluência da garantia de emprego, ante a incompatibilidade dos dois institutos."*

"O aviso prévio visa a que o empregado possa ter tempo para procurar novo emprego. Compreende pagamento do salário respectivo. De fato, é incompatível a concessão do aviso prévio durante a garantia de emprego viria reduzir esta última. Assim, deve terminar a garantia de emprego para que seja concedido o aviso prévio." [20]

"O aviso prévio, conforme a hipótese, ou seja, se concedido pelo empregador ou pelo empregado, apresenta objetivos distintos. Efetivamente, sendo o empregador quem o concede, o objetivo do aviso prévio é possibilitar que o empregado possa procurar novo trabalho durante tal período, ou seja, no tempo que antecede a cessação do vínculo de emprego. Por isso é que se considera 'inválida a concessão do aviso prévio na fluência da garantia de emprego, ante a incompatibilidade dos dois institutos' (Súmula 348 do TST). Na mesma linha, a Orientação Jurisprudencial 268 da SBDI-I do TST assim prevê: 'Indenização adicional. Leis 6.708/79 e 7.238/84. Aviso prévio. Projeção. Estabilidade provisória. Somente após o término período estabilitário é que se inicia a contagem do prazo do aviso prévio para efeito das indenizações previstas nos artigos 9º da Lei 6.708/79 e 9º da Lei 7.238/84'. Diversamente, se o aviso prévio é concedido pelo empregado, a finalidade é fazer com que o empregador busque outro empregado para ficar no lugar daquele que pré-avisou quanto à sua demissão." [21]

27.5 AQUISIÇÃO DA ESTABILIDADE NA FLUÊNCIA DO AVISO PRÉVIO (INDENIZADO OU LABORADO)

Quando se tem a eclosão da estabilidade na fluência do aviso prévio, a doutrina trabalhista não é pacífica no sentido de ser devida ou não a garantia de emprego. Convém ser dito que não há uma legislação específica a esse respeito.

Para Sergio Pinto Martins,[22] o aviso prévio e a estabilidade são institutos antagônicos: *"Na verdade, o aviso prévio dado ao empregado visa a que este tenha tempo para procurar outro emprego. Quando da garantia de emprego, não tem o obreiro qualquer interesse de procurar outro serviço, visto que está acobertado por aquele direito. Dessa forma, fazendo-se*

---

[20] MARTINS, Sergio Pinto. *Comentários às súmulas do TST*. 7. ed., p. 234.
[21] GARCIA, Gustavo Filipe Barbosa. *Curso de direito do trabalho*. 3. ed., p. 662.
[22] MARTINS, Sergio Pinto. *Direito do trabalho*. 25. ed., p. 393.

com que o trabalhador procure outro emprego nos últimos 30 dias da garantia de emprego, não estará assegurado o fim precípuo do aviso prévio, que é, justamente, proporcionar ao empregado tempo para encontrar outro trabalho. O aviso prévio e o a garantia de emprego são institutos distintos, que não se confundem. Enquanto a estabilidade assegura a permanência do obreiro na empresa, o aviso prévio provoca a ruptura da relação de emprego dentro de 30 dias. Logo, geram direitos completamente opostos. Durante a garantia de emprego, o trabalhador não pode receber o aviso prévio, pois este visa justamente concretizar a rescisão do pacto laboral. Quando da dação do aviso prévio, o empregador não tem o direito potestativo de despedir o empregado de forma imotivada, visto que o trabalhador detém a proteção da garantia de emprego."

Com ênfase nas Súm. 369, V e 371, TST, Gustavo Filipe Barbosa Garcia[23] ensina que não se adquire a estabilidade no curso do aviso prévio: "*Nesse sentido, a Súmula 369 do TST, no inciso V, assim prevê: 'O registro da candidatura do empregado a cargo de dirigente sindical durante o período de aviso prévio, ainda que indenizado, não lhe assegura a estabilidade, visto que inaplicável a regra do § 3º do art. 543 da Consolidação das Leis do Trabalho'. A mesma orientação pode ser aplicada às outras modalidades de estabilidade provisória e garantia de permanência no emprego. A Súmula 371, tratando ao aviso prévio indenizado e seus efeitos na superveniência de auxílio-doença no curso deste, confirma que: 'A projeção do contrato de trabalho para o futuro, pela concessão do aviso prévio indenizado, tem efeitos limitados às vantagens econômicas obtidas no período de pré-aviso, ou seja, salários, reflexos e verbas rescisórias. No caso de concessão de auxílio-doença no curso do aviso prévio, todavia, só se concretizam os efeitos da dispensa depois de expirado o benefício previdenciário'. A primeira parte do referido verbete, ao limitar os efeitos do aviso prévio indenizado às vantagens econômicas obtidas no período, a contrario sensu, exclui o direito de reintegração, ou seja, de estabilidade provisória, tal como já previa a Orientação Jurisprudencial 40 da SBDI-I do TST, incorporada à referida Súmula 371. A parte final da Súmula 371 apenas reflete a incorporação da Orientação Jurisprudencial 135 da SBDI-I do TST, justificando-se tal orientação porque durante o auxílio-doença o contrato de trabalho se mantém suspenso. No entanto, quando cessa o referido benefício previdenciário, os efeitos da dispensa se concretizam e não se verifica direito do empregado de permanecer no emprego.*"

Apesar do teor da Súm. 369, V, Alice Monteiro de Barros afirma que tem opinião em contrário. Em linhas gerais, os fundamentos da sua posição são no sentido de que: (a) a comunicação do aviso prévio não tem o efeito da extinção pura e simples do contrato. É necessário o transcurso do período do aviso prévio, indenizado ou não (art. 489, CLT). Vale dizer, o direito potestativo de o empregador pôr fim ao contrato individual de trabalho somente se concretiza após a expiração do período do aviso prévio; (b) o período de aviso prévio, indenizado ou não, integra o tempo de serviço para todos os fins (art. 487, CLT).

---

[23] GARCIA, Gustavo Filipe Barbosa. Ob. cit., p. 668.

Orlando Gomes e Elson Gottschalk[24] ensinam que é um equívoco entender que a comunicação (= denúncia) do aviso prévio converte um contrato por tempo indeterminado em outro por tempo determinado: *"A denúncia apenas constitui em mora a parte rescindente. É um engano supor-se que converte um contrato por tempo indeterminado em outro por tempo determinado. Trata-se, como vimos, de um ato receptício de declaração de vontade, fruto de um direito potestativo. Não requer da parte notificada o assentimento, a aceitação de um novo contrato a tempo determinado. No caso de comunicação escrita da denúncia, o 'ciente', que a parte dá, é uma simples declaração de ciência em efeito vinculante ou negocial. O contrato celebrado pelas partes continua sendo o originário a tempo indeterminado, ao qual a denúncia fica um termo certo para a dissolução. Não é sem relevância prática a observação. Dentro outras consequências, ela ajuda a compreender a razão pela qual as causas de suspensão do contrato de trabalho provenientes de força maior que atingem a pessoa do empregado (doença, acidente de trabalho etc.) suspendem, também, o curso do prazo de aviso, que deve ser retomado após seu desaparecimento. Se se tratasse de um novo contrato a prazo determinado, isso não poderia ocorrer. Por essa mesma razão, permanecem todos os efeitos do contrato por tempo indeterminado até o advento do termo final do aviso. Os deveres e obrigações das partes continuam inalterados no período do aviso prévio, como se este não fora dado, e, com a superveniência do termo, a liquidação da indenização faz-se segundo a regra aplicável aos contratos por prazo indeterminado."*

Até recentemente havia decisões do TST em prol das duas correntes, ou seja, de que é possível ou não a aquisição do direito à estabilidade na fluência do aviso prévio (indenizado ou laborado).

Com a edição da Súm. 371, o TST fixou o posicionamento de que, no curso do aviso prévio, caso ocorra a concessão de auxílio-doença, só se concretizam os efeitos da dispensa depois de expirado o benefício previdenciário.

Com o art. 391-A, CLT (Lei 12.812/13), reconheceu-se a estabilidade a gestante (art. 10, II, *b*, ADCT) ainda que no curso do aviso prévio trabalhado ou indenizado. Com a Lei 13.509/17, também é aplicável o art. 391-A ao empregado adotante ao qual tenha sido concedida guarda provisória para fins de adoção (art. 391-A, parágrafo único). Na análise de um caso concreto e antes da Lei 13.509, o TST entendeu que a trabalhadora dispensada, quando iniciou o processo de adoção de recém-nascido, tem direito à estabilidade provisória (3ª T. – RR 200600-19.2008.5.02.0085 – Rel. Min. Alexandre Agra Belmonte – *DEJT* 7/8/2015).

27.6 ESTABILIDADE E O CONTRATO POR PRAZO DETERMINADO

Por regra, a estabilidade é aplicável aos contratos por prazo indeterminado, não tendo afinidade com a predeterminação contratual.

---

[24] GOMES, Orlando; GOTTSCHALK, Elson. *Curso de direito do trabalho*. 4. ed., p. 346.

Nos contratos por prazo determinado, a prestação de serviços tem um termo certo (termo prefixado) ou um termo incerto (quando a sua vigência dependa da execução de serviços especificados ou da realização de certo acontecimento suscetível de previsão aproximada). A estabilidade não se coaduna com a fixação de um termo final para a contratação quando da admissão do trabalhador. É natural a extinção do contrato de trabalho quando do advento do seu termo final.

A doutrina indica: *"A natureza do contrato de trabalho por tempo determinado (aqui inserto o contrato de experiência) pressupõe que ambas as partes o firmaram já com vistas à duração certa. Trata-se, pois, de modalidade contratual em que as partes ajustaram, de antemão, o termo final do negócio jurídico. Assim, são, em princípio, incompatíveis o contrato por prazo determinado, com a aquisição de estabilidade no emprego. [...] Não há direito da empregada gestante à estabilidade provisória na hipótese de admissão mediante contrato de experiência, visto que a extinção da relação de emprego, em face do término do prazo, não constitui dispensa arbitrária ou sem justa causa (Súmula n. 244, III)."*[25]

Alice Monteiro de Barros assevera que a estabilidade não é aplicável aos contratos por prazo determinado, visto que há de ser respeitada a boa-fé das partes quando se estabeleceu a predeterminação contratual.

"Nos contratos por prazo determinado ou a termo, a jurisprudência predominante do TST entendia existir incompatibilidade entre este tipo de ajuste e o instituto da estabilidade provisória e, mesmo na hipótese de resilição contratual pelo empregador, desautorizava a concessão deste instituto jurídico. Nosso entendimento continua sendo esse, pois a garantia de emprego não poderia ser levada ao extremo de assegurar ao empregado uma prorrogação de contrato a termo, sobrepondo-se ao limite do contrato estabelecido de boa-fé. É que milita a favor do empregador, em princípio, por força da própria estrutura do aludido contrato, a certeza de seu término, corolário do acordo de vontades celebrado pelas partes."[26]

Contudo, Alice Monteiro de Barros restringe a aplicação da Súm. 244, III (antiga redação), somente às situações em que houve o término do contrato de experiência na data aprazada, não se aplicando quando for o caso de a empregada ser despedida arbitrariamente, sem justa causa ou obtiver a dispensa indireta.

Na visão de Alice Monteiro de Barros, *"esse entendimento, no entanto, foi alterado pela Súmula 244, inciso III, do TST, que só retira os efeitos da estabilidade provisória da gestante se o contrato chegar ao termo. Logo, como a referida súmula limitou-se a excluir a estabilidade provisória quando do advento do termo de contrato a prazo, a garantia de emprego procederá quando a empregada for despedida arbitrariamente, dispensada sem justa causa ou obtiver a rescisão indireta."*[27]

A jurisprudência sumulada do TST entendia que não havia o direito da empregada gestante à estabilidade provisória na hipótese de admissão mediante contrato de expe-

---

[25] ZANGRANDO, Carlos Henrique da Silva. *Curso de direito do trabalho*, v. 2, p. 893.
[26] BARROS, Alice Monteiro de. Ob. cit., p. 1004.
[27] BARROS, Alice Monteiro de. Ob. cit., p. 1004.

riência, visto que a extinção da relação de emprego, em face do término do prazo, não constituía dispensa arbitrária ou sem justa causa (Súm. 244, III).

De fato, como a estabilidade da gestante é uma proteção à maternidade, não pode ser limitada pela predeterminação contratual. Assim, o TST reformulou a sua posição jurisprudencial (Resolução 185, de 14/9/2012), com alteração do item III da Súmula 244: *"A empregada gestante tem direito à estabilidade provisória prevista no art. 10, inciso II, alínea 'b', do Ato das Disposições Constitucionais Transitórias, mesmo na hipótese de admissão mediante contrato por prazo determinado."* Correta a nova redação ante a importância da proteção à maternidade.

Mauricio Godinho Delgado[28] também entende que não se devem aplicar as garantias ou estabilidades de emprego ao âmbito dos contratos por prazo determinado: *"A prefixação de um termo final ao contrato, em hipóteses legalmente já restringidas, torna incompatível o posterior acoplamento de uma consequência típica de contratos de duração incerta – e que teria o condão de indeterminar o contrato, alargando o lapso contratual por período múltiplas vezes mais amplo do que o curto período licitamente pactuado."*

Para Mauricio Godinho Delgado[29] a única exceção da aplicabilidade da garantia ou estabilidade no emprego nos contratos por prazo determinada é a hipótese relacionada com o acidente de trabalho: *"De fato, aqui, a causa do afastamento integra a essência sociojurídica de tal situação trabalhista, já que se trata de suspensão provocada por malefício sofrido estritamente pelo trabalhador em decorrência do ambiente e processo laborativos, portanto em decorrência de fatores situados fundamentalmente sob ônus e risco empresariais. Ora, sabe-se que no Direito a causa somente afeta de modo substantivo as regras e efeitos do ato caso seja tida como fator determinante de sua ocorrência (art. 90, CCB/1916; art. 140, CCB/2002); na presente situação suspensiva, a causa do afastamento do obreiro é, inegavelmente, fator determinante da regência e efeitos normativos especiais resultantes da ordem jurídica. Note-se que a CLT, em sua origem, parecia não prever a situação excepcional enfocada (art. 472, § 2º, CLT). Contudo, nesse aspecto, ela teve de se ajustar ao comando mais forte oriundo da Constituição de 1988, determinando tutela especial sobre as situações envolventes à saúde e segurança laborais (art. 7º, XXII, CF/88): a Carta de 1988, afinal, fala em redução dos riscos inerentes ao trabalho, por meio de normas de saúde, higiene e segurança. Em tal quadro, a garantia de emprego de um ano, que protege trabalhadores acidentados ou sob doença profissional, após seu retorno da respectiva licença acidentária (art. 118, Lei nº 8.213/91), incide, sim, em favor do empregado, ainda que admitido, na origem por pacto empregatício a termo. Trata-se da única e isolada exceção (que não abrange sequer afastamento por outras doenças não ocupacionais ou por serviço militar ou outro fator) – mas que decorre da própria ordem constitucional e suas repercussões sobre o restante da ordem jurídica."*

Não havia uniformidade da jurisprudência do TST quanto à aplicabilidade do art. 118 da Lei 8.213/91 aos contratos por prazo determinado. No sentido positivo: 5ª T. – RR

---

[28] DELGADO, Mauricio Godinho. *Curso de direito do trabalho*. 5. ed., p. 535.
[29] DELGADO, Mauricio Godinho. Ob. cit., p. 535.

51300-93.2006.5.15.0051 – Relª Minª Kátia Magalhães Arruda – *DEJT* 5/11/2010; 6ª T. – RR 87940-85.2007.5.15.0043 – Rel. Mauricio Godinho Delgado – *DEJT* 14/5/2010; SDI-I – E-RR 73740-05.2005.5.02.0464 – Rel. Min. Horácio de Senna Pires – j. 24/10/2011; 8ª T. – RR 71000-56.2008.5.04.0030 – j. 5/9/2011; SDI-I – E-RR 9700-45.2004.5.02.0465 – j. 7/7/2011. Em sentido negativo: 3ª T. – RR 570.2005.655.09.00-0 – Relª Minª Maria Cristina Peduzzi – j. 2/4/2007; SBDI-I – E-RR 512/2004.003-17-00.4 – Rel. Min. Carlos Alberto Reis de Paula – *DJ* 9/11/2007.

Pela Resolução 185, de 14/9/2012, o TST fixou o entendimento de que o empregado submetido a contrato de trabalho por prazo determinado goza da garantia provisória de emprego, decorrente de acidente de trabalho (art. 118, Lei 8.213/91) (Súm. 378, III). Evidente que a proteção à constituição física e psíquica do trabalhador deve se sobrepor à predeterminação contratual. Correta a atual posição do TST.

27.6.1 Gestante e o contrato temporário (Lei 6.019/74)

É razoável a tese quanto a não aplicação da Súmula 244 do TST, sob o fundamento de que o seu conteúdo não é aplicável às peculiaridades do contrato de trabalho temporário.

O contrato temporário é modalidade de contrato especial que objetiva a prestação de serviços de natureza provisória, para atender à necessidade de substituição transitória de pessoal regular e permanente ou à demanda complementar de serviços, nos termos do art. 2º, da Lei 6.019/74 (redação com a Lei 13.429/17).

O prazo máximo de duração era de 3 meses, salvo autorização do MTE (art. 10, Lei 6.019). Com a nova redação dada pela Lei 13.429, seu prazo máximo de duração não poderá exceder a 180 dias, podendo ser prorrogado por até 90 dias, quando comprovada a manutenção das condições que o ensejaram.

Como espécie do gênero – contrato por prazo determinado –, o trabalho temporário envolve uma regulação triangular, em que há a empresa prestadora de trabalho temporário, a empresa tomadora e o trabalhador temporário, sendo que a sua validade fica sujeita a requisitos específicos da Lei 6.0194. Portanto, na visão do MM. Juízo *a quo*, pela teoria da distinção, o teor da Súmula 244 não se coaduna com os seus elementos.

De fato, essa modalidade de contratação difere do contrato por prazo determinado, regulado nos arts. 479 a 481 da CLT.

O trabalho temporário possui regramento próprio, inclusive quanto às consequências decorrentes da rescisão antecipada, não se lhe aplicando a sanção prevista no art. 479 da CLT. Nesse sentido, decidiu, por maioria, a SDI-I, no julgamento do E-RR-1342-91.2010.5.02.0203, Redator Min. Renato de Lacerda Paiva (*DEJT* 14/8/2015).

No julgamento do referido processo, prevaleceu o entendimento contido no voto divergente, segundo o qual *"o contrato do trabalhador temporário não tem como objetivo suprir necessidade permanente da empresa tomadora dos serviços, mas sim necessidade transitória do serviço para substituição de pessoal regular ou atendimento de demanda extraordinária, sem que o contratado tenha reconhecida a sua condição de empregado e nem lhe seja garantida a sua permanência na empresa durante o prazo previsto".*

Acentuou-se, ainda, "*que em se tratando dessa modalidade de contrato, o vínculo temporário não é estabelecido em razão da pessoa do trabalhador, sendo facultado à empresa tomadora a requisição de outro trabalhador junto à empresa prestadora de serviço em substituição daquele que não atendeu às suas expectativas*".

Concluiu-se, portanto, que "*o contrato temporário é um contrato especial para atender à situação específica, regido por estatuto próprio, e, portanto, não é alcançado por dispositivos da Consolidação das Leis do Trabalho*".

Assim, neste precedente, ficou destacada a distinção do trabalhador temporário em relação a outros trabalhadores, inclusive do avulso, haja vista a ausência de necessidade permanente, pois já há outro empregado contratado para realizar a mesma atividade.

Nesses termos, reportamo-nos ao voto do Exmo. Ministro Alexandre Agra Belmonte, que acompanhou a divergência aberta pelo Exmo. Ministro Renato de Lacerda Paiva, registrando que "*a grávida contratada sob a égide da Lei nº 6.019/74 não adquire garantia de emprego. A uma porque não é empregada e a duas porque o empregador terminaria com o ônus de manter dois trabalhadores (no retorno do substituto ou após finda a necessidade extraordinária do serviço) para uma só vaga permanente, jogando por terra o espírito da contratação temporária.*"

Não é possível equiparar o contrato por prazo determinado referido no item III da Súmula 244 do TST ao contrato temporário, regido pela Lei 6.019, que apenas pode ser firmado nas hipóteses excepcionais de atendimento de necessidade transitória de substituição de pessoal regular e permanente ou acréscimo extraordinário de serviços (art. 2º, Lei 6.019, antes da alteração pela Lei 13.429). Não se admite, assim, que o contrato temporário subsista fora das situações que autorizam a sua celebração.

Portanto, a disciplina própria instituída pela Lei 6.019 não permite incluir o contrato temporário entre os contratos por prazo determinado, referidos nos arts. 479 a 481 da CLT, e tampouco gera a expectativa de continuidade da relação.

Diante das assertivas supralançadas, é inegável que o contrato de trabalho temporário não é um mero contrato por prazo determinado.

Pelas características especialíssimas do contrato de trabalho temporário, cuja análise não foi contemplada nos precedentes que fundamentaram a edição da Súmula 244, III, do TST, não há amparo legal para o reconhecimento da estabilidade provisória da gestante à trabalhadora contratada na modalidade prevista na Lei 6.019, que não é considerada empregada, como é o trabalhador contratado por prazo determinado, a teor dos arts. 479 a 481 da CLT. Há decisões do TST em prol dessa articulação.[30]

---

[30] TST – 1ª T. – RR 266-49.2015.5.02.0076 – Rel. Min. Walmir Oliveira – *DEJT* 24/3/2017.
TST – 1ª T. – RR 1143-41.2014.5.02.0070 – Rel. Min. Hugo Carlos Scheuermann – *DEJT* 20/5/2016.

27.7 ESTABILIDADE E APOSENTADORIA

Outra questão interessante, a qual gera dúvidas, é se a aposentadoria do empregado estável extingue a estabilidade.

Com o advento da Lei 8.213/91, retornou a discussão doutrinária e jurisprudencial a respeito da aposentadoria, como fator natural da extinção contratual.

O art. 49, I, *b*, Lei 8.213, determinou que a aposentadoria por idade será devida ao segurado empregado, inclusive o doméstico, a partir da data do requerimento, quando não houvesse o desligamento do emprego.

Do ponto de vista legal, o art. 453, §§ 1º e 2º, CLT, era claro no sentido de que a aposentadoria seria a causa natural do término do contrato de trabalho. Contudo, a vigência dos dois parágrafos foi suspensa por decisões do STF, que deferiram medidas cautelares, respectivamente, nas ADIn 1770-4 e 1721-3.

Para o TST, a aposentadoria espontânea extinguia o contrato de trabalho, mesmo quando o empregado continuasse a trabalhar na empresa após a concessão do benefício previdenciário. Assim sendo, seria indevida a multa de 40% do FGTS em relação ao período anterior à aposentadoria (OJ 177, SDI-I).

Em outubro/06, o Plenário do STF acolheu as duas ADIn, 1.770-4 e 1.721-3, declarando a inconstitucionalidade dos §§ 1º e 2º, art. 453, CLT, o que vem a justificar a posição de que a aposentadoria não é mais causa natural da extinção do contrato de trabalho.

Pela decisão histórica do STF, o TST no dia 30/10/2006 procedeu ao cancelamento da OJ 177.

O TST, por meio da OJ 361, pacificou o entendimento de que a aposentadoria não é mais causa natural do término do contrato de trabalho.

Vale dizer, quando da aposentadoria, nos termos da lei, o empregado terá o direito de soerguer os depósitos fundiários e, quando da efetiva dispensa, por ato do empregador e sem justa causa, terá direito à percepção da multa de 40% em função de todo o período contratual (antes e após a aposentadoria).

Se a aposentadoria não é mais causa natural da cessação do contrato individual de trabalho, será que a conclusão é no sentido de que a mesma também não interfere na fluência ou na aquisição do direito à estabilidade?

A nosso ver, deve haver um limite para a fluência de toda e qualquer estabilidade.

No particular, entendemos que a aposentadoria é a causa natural do término de qualquer estabilidade.

Não se pode esquecer que a estabilidade é uma forma de limitação ao poder de dispensa do empregador, na medida em que o emprego representa salário, o qual é vital para a subsistência do empregado.

A partir do momento em que o empregado passa a usufruir os benefícios da aposentadoria, passa a ter uma fonte própria de custeio, logo, a sua situação passa a ser incompatível com o instituto da estabilidade.

27.8 ESTABILIDADE E A EXTINÇÃO DO ESTABELECIMENTO OU DA EMPRESA

Com a extinção da empresa, sem a ocorrência de motivo de força maior, ao empregado estável despedido é garantida a indenização por rescisão do contrato por prazo indeterminado, paga em dobro (art. 497, CLT). Essa indenização em dobro é válida para os portadores da estabilidade decenal (art. 492).

Em caso de fechamento do estabelecimento, filial ou agência, ou supressão necessária da atividade, sem ocorrência de força maior, é assegurado ao empregado estável (estabilidade decenal), que ali exerça sua função, o direito à indenização dobrada (art. 498).

Pela inteligência direta desses artigos, a Súm. 173, TST enuncia: *"Extinto, automaticamente, o vínculo empregatício com a cessação das atividades da empresa, os salários só são devidos até a data da extinção."*

Por tais assertivas, é comum entender-se que, no caso das estabilidades provisórias, os salários somente são devidos até o momento em que houve a atividade empresarial.

Nesse sentido, temos as seguintes Súmulas do TST: (a) *"Havendo extinção da atividade empresarial no âmbito da base territorial do sindicato, não há razão para subsistir a estabilidade"* (Súm. 369, IV); (b) *"A estabilidade provisória do cipeiro não constitui vantagem pessoal, mas garantia para as atividades da CIPA, que somente tem razão de ser quando em atividade a empresa. Extinto o estabelecimento, não se verifica a despedida arbitrária, sendo impossível a reintegração e indevida a indenização do período estabilitário"* (Súm. 339, II).

Corretos os entendimentos contidos nas Súmulas. Não se pode negar que a extinção implica a rescisão contratual, na medida em que não mais se tem a atividade empresarial.

Contudo, como regra, não se pode esquecer que o risco do empreendimento não pode ser imputado ao trabalhador. Logo, a extinção não pode ser arguida para elidir o direito aos salários de todo o período da estabilidade provisória e consequentes reflexos em férias, abono de férias, 13º salário e nos recolhimentos fundiários, quando a mesma é uma garantia inerente ao patrimônio jurídico do trabalhador. Vale dizer, a extinção não elide os títulos da estabilidade quando esta se tratar de uma vantagem pessoal do trabalhador. É o caso das estabilidades do acidentado (art. 118, Lei 8.213/91), da gestante (art. 10, II, *b*, ADCT).

QUESTIONÁRIO

1. Quais são os conceitos de estabilidade e garantia de emprego?
2. A estabilidade decenal foi mantida pela Constituição Federal de 1988?
3. Quais são as hipóteses de exclusão da estabilidade decenal?
4. Qual é o significado da dispensa obstativa?
5. Quando se inicia a estabilidade provisória do dirigente sindical?

6. A estabilidade é válida para todo e qualquer dirigente sindical?

7. É necessário o inquérito judicial à dispensa do cipeiro?

8. A empregada deve comunicar a gravidez ao empregador para fins de aquisição do direito à estabilidade?

9. Adquire-se o direito à estabilidade nos contratos por prazo determinado?

10. A estabilidade prevista no art. 118, Lei 8.213, colide com o art. 7º, I, CF?

11. Na sua opinião, o aidético tem direito à estabilidade?

12. Os institutos da estabilidade e do aviso prévio são colidentes?

Capítulo XXVIII
FUNDO DE GARANTIA DO TEMPO DE SERVIÇO

28.1 CONCEITO

O Fundo de Garantia do Tempo de Serviço (FGTS) de forma opcional foi criado pela Lei 5.107/66, alterado pelo Dec.-lei 20/1966 e regulamentado pelo Dec. 59.829/66.

Passou a ser considerado um direito constitucional com a CF/67, a qual previa a estabilidade, com indenização ao trabalhador despedido ou fundo de garantia equivalente (art. 158, XIII, CF/67, art. 165, XIII, EC 1/69).[1]

Atualmente, o fundo de garantia não é mais opcional, respeitado o direito adquirido daqueles que adquiriram a estabilidade decenal (arts. 7º, III, CF/88, 14, Lei 8.036/90).[2]

O Fundo de Garantia do Tempo de Serviço pode ser conceituado como *"um depósito bancário destinado a formar uma poupança para o trabalhador, que poderá ser sacada nas hipóteses previstas na lei, principalmente quando é demitido sem justa causa. Outrossim, servem os depósitos como forma de financiamento para aquisição de moradia pelo Sistema Financeiro da Habitação".*[3]

O FGTS é constituído pelos saldos das contas vinculadas a que se refere essa lei e outros recursos a ele incorporados, devendo ser aplicados com atualização monetária e juros, de modo a assegurar a cobertura de suas obrigações (art. 2º, *caput*, Lei 8.036).

Os recursos incorporados ao sistema fundiário advêm de: (a) eventuais saldos decorrentes dos resultados financeiros auferidos pela CEF; (b) dotações orçamentárias específicas; (c) resultados das aplicações dos recursos do FGTS; (d) multas, correção monetária e juros moratórios devidos; (e) demais receitas patrimoniais e financeiras (art. 2º, § 1º).

As contas vinculadas em nome dos trabalhadores são absolutamente impenhoráveis (art. 2º, § 2º), inclusive para pagamento de honorários de sucumbência ou de qualquer

---

[1] A equivalência entre os regimes do FGTS e da estabilidade prevista na CLT é meramente jurídica e não econômica, sendo indevidos valores a título de reposição de diferenças (Súm. 98, I).

[2] A estabilidade contratual ou derivada de regulamento de empresa é compatível com o regime do FGTS. Diversamente ocorre com a estabilidade legal (decenal, art. 492, CLT), que é renunciada com a opção pelo FGTS (Súm. 98, II).

[3] MARTINS, Sergio Pinto. *Direito do trabalho*. 21. ed., p. 453.

outro tipo de honorário (STJ – 3ª T – REsp 1.619.868 – Rel. Min. Ricardo Villas Bôas Cueva – j. 24/10/17).

A Lei 11.491/07 instituiu o Fundo de Investimento do Fundo de Garantia do Tempo de Serviço caracterizado pela aplicação de recursos do FGTS (FI-FGTS), destinado a investimentos em empreendimentos dos setores de aeroportos, energia, rodovia, ferrovia, hidrovia, porto e saneamento, de acordo com as diretrizes, critérios e condições de que dispuser o Conselho Curador do FGTS.

28.2 NATUREZA JURÍDICA

Amauri Mascaro Nascimento[4] discorre sobre as principais teorias quanto à natureza jurídica do FGTS:

"*a) Teoria do Tributo*

Os depósitos do Fundo de Garantia têm natureza tributária, mais precisamente um tributo paralelo ao arrecadado pelo Estado, como receita orçamentária, em face dos seus fins sociais, tendo como fato gerador o pagamento do salário ao empregado. Os especialistas em direito tributário sustentam a natureza parafiscal do Fundo de Garantia.

b) Teoria da Contribuição Previdenciária

É a tese sustentada por Gabriel Saad, para quem 'o depósito bancário a que estão obrigadas as empresas é mais contribuição de caráter previdenciário do que indenização'. Houve, realmente, um propósito inicial do legislador, não inteiramente solidificado, no sentido de revestir o Fundo de Garantia de caráter previdenciário, tanto assim que confiou a fiscalização do seu cumprimento ao INSS.

c) Teoria da Indenização

O Fundo de Garantia, como substituto das indenizações de antiguidade do empregado, conservaria esse mesmo caráter e natureza jurídica.

d) Teoria da Natureza dupla

Procura discriminar os depósitos do Fundo de Garantia, dando-lhes natureza diversa. Aluysio Sampaio afirma o seguinte: 'os depósitos do Fundo de Garantia não têm natureza jurídica comum. Identifica-os, apenas, a natureza geral a eles de serem depósitos bancários, sendo que em garantia, relativamente ao empregado não optante. Os depósitos mensais na conta – optante – resultam, juridicamente, da responsabilidade objetiva do empregador. O acréscimo devido na despedida sem justa causa preserva, integralmente, a natureza jurídica da indenização de antiguidade, prevista na CLT, na qual a responsabilidade objetiva do empregador é mitigada pela responsabilidade subjetiva do empregado'.

e) Teoria do Salário Diferido

É sustentada por Süssekind e Puech. Entendemos, também, que para os empregados optantes, desapareceu a indenização, surgindo em seu lugar um salário depositado para utilização futura.

---

[4] NASCIMENTO, Amauri Mascaro. *Curso de direito do trabalho.* 21. ed., p. 882.

f) Teoria da Obrigação Dualista

É tese defendida por Fábio Leopoldo de Oliveira, para quem as contribuições têm natureza fiscal e os depósitos levantados têm a natureza de salário oficial."

Como se visualiza das teorias expostas, a matéria é controvertida. Há aqueles que concluem ser o FGTS uma verba indenizatória. Outros o definem como contribuição parafiscal ou previdenciária. De fato, o FGTS não é verba indenizatória pura (a indenização pressupõe sempre um dano a ser compensado), o que nem sempre acontece na extinção do contrato de trabalho. Não se trata de contribuição parafiscal (porque inexiste suporte legal nesse sentido) ou previdenciária (o recolhimento fundiário não se sujeita ao controle e gestão por órgãos da Previdência Social).

Concretamente, a natureza do FGTS possui várias facetas. Pelas finalidades a que se destina, pode ser uma espécie de pecúlio em favor do empregado, ou ainda um fundo para obras sociais em benefício da coletividade.

Amauri Mascaro Nascimento[5] ensina que as dificuldades quanto à *"definição da natureza jurídica do fundo de garantia prendem-se à sua característica múltipla, uma vez que foi criado para substituir a indenização de dispensa, porém é mais amplo, uma vez que forma um pecúlio para o trabalhador e é recolhido de forma compulsória pelo Estado. Essas teorias veem o fundo de garantia por um dos seus ângulos. Visto de modo global e pelos seus aspectos preponderantes, o fundo de garantia é um instituto de natureza trabalhista com tendência de expandir-se para âmbito maior. Compreendido como de natureza trabalhista, para alguns é uma figura análoga à do salário diferido – salário cujo direito é adquirido no presente, mas a utilização é projetada para o futuro".*

28.3 CAMPO DE APLICAÇÃO

É tido como empregador, para efeitos da legislação pertinente ao fundo de garantia, a pessoa natural ou a pessoa jurídica de Direito Privado ou Direito Público, da Administração Pública direta, indireta ou fundacional de qualquer dos Poderes, da União, dos Estados, do Distrito Federal e dos Municípios, que admitir trabalhadores a seu serviço, bem assim aquele que, regido por legislação especial, encontrar-se nessa condição ou figurar como fornecedor ou tomador de mão de obra, independentemente da responsabilidade solidária e/ou subsidiária a que eventualmente venha obrigar-se (art. 15, § 1º).

Por sua vez, considera-se trabalhador toda pessoa física que prestar serviços a empregador, a locador ou tomador de mão de obra, excluídos os eventuais, os autônomos e os servidores públicos civis e militares sujeitos a regime jurídico próprio (art. 15, § 2º, Lei 8.036).

De acordo com a Lei 10.208/01, faculta-se aos empregadores domésticos a realização do depósito do FGTS para os empregados que exerçam suas funções no âmbito doméstico. Como é uma faculdade, não há a imposição legal quanto aos depósitos. Atualmente, a

---

[5] NASCIMENTO, Amauri Mascaro. *Iniciação ao direito do trabalho.* 27. ed., p. 374.

EC 72/13 assegura o FGTS como direito do trabalhador doméstico, sendo que o direito foi regulamentado na LC 150/15 (art. 21 e segs.).

Os diretores não empregados das empresas sujeitas ao regime do FGTS poderão ser equiparados aos demais empregados para efeitos legais (art. 16, Lei 8.036).

28.4 OPÇÃO RETROATIVA

A partir da CF/88, deixou de existir a opção pelo FGTS, já que este passou a ser um direito do trabalhador (art. 7º, III). O FGTS é aplicável aos trabalhadores urbanos e rurais (art. 7º, *caput*).

Convém salientar que os rurais, anteriormente à CF/88, não tinham o direito ao FGTS, logo, a eles não se aplica a opção retroativa.

É ressalvado o direito adquirido dos trabalhadores urbanos que, à data da promulgação da CF/88, já tinham o direito à estabilidade no emprego (art. 14, *caput*, Lei 8.036).

O tempo de serviço anterior a 5/10/1988 do trabalhador não optante do FGTS, em caso de rescisão sem justa causa pelo empregador, será indenizado a base de um mês de salário por ano de serviço efetivo ou por ano e fração igual ou superior a seis meses (art. 14, § 1º).

O tempo de serviço anterior à atual CF poderá ser transacionado entre empregador e empregado, respeitado o limite mínimo de 60% da indenização prevista (art. 14, § 2º).

O empregador tem a faculdade de desobrigar-se da responsabilidade da indenização relativa ao tempo de serviço anterior à opção, depositando na conta vinculada do trabalhador, até o último dia útil do mês previsto em lei para o pagamento de salário, o valor correspondente à indenização, aplicando-se ao depósito as disposições da Lei 8.036 (art. 14, § 3º).

O trabalhador pode optar a qualquer momento pelo FGTS, de forma retroativa, a partir de 1º/1/1967 ou à data da sua admissão quando posterior (art. 14, § 4º).

A opção retroativa pelo FGTS necessita da concordância do empregador (OJ Transitória 39, SDI-I).

28.5 OS DEPÓSITOS NO FGTS

Todos os empregadores estão obrigados a depositar, em conta bancária vinculada, o valor correspondente a 8% da remuneração devida ou paga ao empregado, incluídos os valores das gorjetas, comissões, percentagens, gratificações ajustadas, diárias de viagens, desde que excedam 50% do salário, abonos pagos pelo empregador, salários *in natura*, gratificação natalina, referente ao mês anterior.[6] Observando-se a data limite, até o dia 7 de cada mês subsequente ao mês trabalhado (art. 15, *caput, Lei 8.036/90).

---

[6] A contribuição para o FGTS incide sobre a remuneração mensal devida ao empregado, inclusive horas extras e adicionais eventuais (Súm. 63, TST).

Não há incidência de contribuição para o FGTS em relação às férias indenizadas (OJ 195, SDI-I).

Consideram-se remuneração as retiradas de diretores não empregados, quando haja deliberação da empresa, garantindo-lhes os direitos decorrentes do contrato de trabalho de que trata o art. 16.

O depósito previsto no art. 15, *caput*, é obrigatório nos casos de afastamento para prestação do serviço militar obrigatório e licença por acidente do trabalho.

Não se incluem na remuneração para o cálculo do recolhimento fundiário as parcelas elencadas no art. 28, § 9º, da Lei 8.212/91, a qual dispõe a respeito do custeio da Seguridade Social (art. 15, § 6º).

Os depósitos fundiários nos contratos de aprendizagem têm o percentual de 2% (art. 15, § 7º, Lei 8.036).

Os empregadores obrigam-se a comunicar mensalmente aos trabalhadores os valores recolhidos ao FGTS e repassar-lhes todas as informações sobre suas contas vinculadas recebidas da CEF ou dos bancos depositários (art. 17, Lei 8.036).

Com a LC 150, é devida a inclusão do empregado doméstico no FGTS, de acordo com o Regulamento a ser editado pelo Conselho Curador e pelo agente operador do FGTS.

O empregador doméstico somente passará a ter obrigação de promover a inscrição e de proceder aos recolhimentos referentes a seu emprego, após advento da regulamentação específica.

Os cálculos dos valores devidos a título de FGTS são de responsabilidade do empregador, considerando-se a alíquota de 8% do salário do trabalhador, sendo que a sistemática do recolhimento deverá observar os critérios fixados no Simples Doméstico.

A LC 150 entrou em vigência na sua publicação (a partir do dia 2/6/2015), sendo que o Governo Federal teve o prazo de 120 dias para proceder à regulamentação do denominado Simples Doméstico (vigência a partir do dia 2/10/2015). É um sistema que unifica os recolhimentos, por parte dos empregadores, das seguintes obrigações legais: (a) 8% a 11%, contribuição previdenciária do empregado doméstico; (b) 8% de contribuição patronal previdenciária; (c) 0,8% de contribuição social para financiamento do seguro contra acidentes de trabalho; (d) 8% para o FGTS; (e) 3,2% (fundo para demissão sem justa causa); e (f) o imposto sobre a renda retido na fonte. Com exceção das letras "a" e "f", as demais são obrigações patronais. Os recolhimentos legais incidem sobre a remuneração paga ou devida no mês anterior, a cada empregado, incluída na remuneração a gratificação natalina.

28.5.1 Os depósitos e seus efeitos no término do contrato de trabalho

Ocorrendo rescisão do contrato de trabalho por parte do empregador, ficará este obrigado a depositar na conta vinculada do trabalhador no FGTS os valores relativos aos depósitos referentes ao mês da rescisão e ao imediatamente anterior que ainda não houver sido recolhido, sem prejuízo das cominações legais (art. 18, *caput*, Lei 8.036).

Enquanto não promulgada a lei complementar prevista no art. 7º, I, CF, em caso de dispensa sem justa causa ou dispensa arbitrária (art. 10, I, ADCT), o empregador depositará, na conta vinculada do trabalhador no FGTS, importância igual a 40% do montante de todos os depósitos realizados na conta vinculada durante a vigência do contrato de trabalho, atualizados monetariamente e acrescidos dos respectivos juros (art. 18, § 1º).

Quando ocorrer despedida por culpa recíproca ou força maior, reconhecida pela Justiça do Trabalho, o percentual da multa será de 20% (art. 18, § 2º).

A LC 110/2001 instituiu uma contribuição social de 10% sobre os valores depositados no FGTS, com os acréscimos, a cargo do empregador em casos de extinção do contrato de trabalho por iniciativa do empregador (art. 1º).

As importâncias deverão constar da documentação comprobatória do recolhimento dos valores devidos a título de rescisão do contrato de trabalho, observado o disposto no art. 477, CLT, eximindo o empregador exclusivamente quanto aos valores discriminados (art. 18, § 3º).

No caso de extinção do contrato de trabalho (art. 14), serão observados os seguintes critérios: (a) havendo indenização a ser paga, mediante comprovação do pagamento daquela, o empregador poderá sacar o saldo dos valores depositados na conta individualizada do trabalhador; (b) não havendo indenização a ser paga, ou decorrido o prazo prescricional para a reclamação de direitos por parte do trabalhador, o empregador poderá levantar em seu favor o saldo da respectiva conta individualizada, mediante comprovação perante o órgão competente do Ministério do Trabalho e da Previdência Social (art. 19, §§ 1º e 2º).

A multa de 40% é devida inclusive sobre os saques ocorridos na vigência do contrato de trabalho (art. 18, § 1º; OJ 42, I, SDI–I).

A CEF, por meio de circular, estabelece procedimentos para movimentação do FGTS, inclusive indicando os códigos de saque.

As principais hipóteses de movimentação são (art. 20, Lei 8.036):

a) despedida, pelo empregador, sem justa causa, inclusive a indireta; a rescisão antecipada, sem justa causa, pelo empregador, do contrato de trabalho por prazo determinado, inclusive do temporário, por obra certa ou contrato de experiência; rescisão antecipada, em justa causa, pelo empregador, do contrato de trabalho firmado nos termos da Lei 9.601, conforme o disposto em convenção coletiva ou acordo coletivo de trabalho; exoneração do diretor não empregado, sem justa causa, por deliberação da assembleia, dos sócios cotistas ou da autoridade competente. Os depósitos fundiários serão liberados, com multa de 40%. O código do termo de rescisão é 01;

b) rescindido o contrato de trabalho por culpa recíproca das partes ou por força maior, os depósitos também são liberados, com multa de 20%. O código de liberação é 02;

c) rescisão do contrato de trabalho por extinção total da empresa, fechamento de quaisquer de seus estabelecimentos, filiais ou agências, supressão de parte de suas atividades; declaração de nulidade do contrato de trabalho por infringência ao art. 37, II, da CF, quando mantido o direito ao salário; rescisão do contrato de trabalho por falecimento do empregador individual. Os depósitos são liberados. Código 03;

d) extinção normal do contrato por prazo determinado, inclusive, do trabalho temporário, por obra certa ou do contrato de experiência; término do mandato do diretor não empregado que não tenha sido reconduzido ao cargo. Código 04. A multa não é devida;

e) aposentadoria, inclusive por invalidez; rescisão contratual do trabalhador, a pedido ou por justa causa, relativo a vínculo empregatício firmado após a aposentadoria; exoneração do diretor não empregado, a pedido ou por justa causa, relativa a mandato exercido após a aposentadoria. Código 05.

Na extinção do contrato com justa causa e no caso de pedido de demissão, os depósitos não são liberados. Também não há que se falar em multa.

Com a Reforma (Lei 13.467/17), o legislador instituiu a extinção do contrato de trabalho por acordo entre o empregado e o empregador, sendo que a multa será pela metade, bem como a movimentação da conta vinculada do trabalhador é limitada a 80% do valor dos depósitos (art. 484-A, CLT; art. 20, I-A, Lei 8.036/90).

28.5.2 Os atrasos quanto aos recolhimentos fundiários

O empregador que não realizar os depósitos previstos até o sétimo dia de cada mês, em conta bancária vinculada, da importância correspondente a 8% da remuneração paga ou devida, no mês anterior, a cada trabalhador, responderá pela incidência da Taxa Referencial (TR) sobre a importância correspondente (art. 22, *caput*, Lei 8.036).

A incidência prevista no *caput* do art. 22 será cobrada por dia de atraso, tomando-se por base o índice de atualização das contas vinculadas do FGTS (art. 22, § 2º).

Sobre o valor dos depósitos, acrescido da TR, incidirão, ainda, juros de mora de 0,5% ao mês ou fração e multa, sujeitando-se, também, às obrigações e sanções previstas no Dec.-lei 368/68 (art. 22, § 1º).

A multa prevista no § 1º do art. 22 será cobrada nas seguintes condições: (a) 5%, caso o pagamento seja feito no próprio mês do vencimento da obrigação; (b) 10%, a partir do mês seguinte ao do vencimento da obrigação (art. 22, § 2º-A). Essa multa é de cunho administrativo e não reverte em prol do trabalhador. Reverte em prol do sistema fundiário (TRT – 5ª R. – 2ª T. – RO 0000839-55.2011.5.05.0493 – Rel. Renato Mário Simões – *DJe* 15/6/2012).

Para efeito de levantamento de débito para com o FGTS, o percentual de 8% incidirá sobre o valor acrescido da TR até a data da respectiva operação (art. 22, § 3º).

Para os créditos trabalhistas, o TST, em julgamento plenário realizado em 4/8/2015, examinou a Arguição de Inconstitucionalidade suscitada pela 7ª Turma, nos autos do AIRR-479-60.2011.5.04.0231, e pronunciou a inconstitucionalidade por arrastamento do art. 39 da Lei 8.177/91, elegendo como fundamento a *ratio decidendi* exposta pelo STF no julgamento das ADIs 4.357, 4.372, 4.400 e 4.425. Foi determinada a modulação dos efeitos da decisão, a fim de que os créditos trabalhistas alvos de execuções judiciais fossem corrigidos pelo IPCA-E a contar de 30/6/09, observada, porém, a preservação das situações jurídicas consolidadas resultantes dos pagamentos efetuados nos processos judiciais, em andamento ou extintos, em virtude dos quais foi adimplida e extinta a obrigação, ainda que parcialmente, sobretudo em decorrência da proteção ao ato jurídico perfeito (art. 5º, XXXVI, CF; art. 6º, LINDB).

28.5.3 Diferenças fundiárias e o encargo probatório

Se o trabalhador, no ato da postulação em juízo, definir o período no qual não houve os depósitos ou se esses foram inferiores, se o empregador, em sua defesa, alegar a inexistência das diferenças, atrai para si os encargos probatórios, tendo, assim, a incumbência de apresentar os comprovantes dos recolhimentos, em face da alegação de fato extintivo do direito do autor (art. 818, II, CLT, e art. 373, II, CPC) (Súm. 461, TST).

As diferenças fundiárias decorrentes da condenação trabalhista serão corrigidas pelos mesmos índices aplicáveis aos débitos trabalhistas (OJ 302, SDI-I).

28.6 A PRESCRIÇÃO DO FGTS

De acordo com a Súm. 95, TST, é trintenária a prescrição do direito de reclamar contra o não recolhimento da contribuição para o FGTS (cancelada pela Res. 121/03).

Também nesse sentido é a Súm. 210, STJ: *"A ação de cobrança das contribuições para o FGTS prescreve em trinta anos."*

O prazo de 30 anos é originário da visão previdenciária quanto à natureza jurídica da contribuição fundiária (art. 20, Lei 5.107/66). Pela antiga Lei Orgânica da Previdência Social (Lei 3.807), o prazo da prescrição previdenciária era de 30 anos.

A partir da nova legislação de custeio, a prescrição previdenciária passou a ser de 10 anos (art. 46, Lei 8.212/91), o que faz com que não se justifique mais o prazo de 30 anos para alguns doutrinadores.[7]

Para Sergio Pinto Martins,[8] o prazo é de 5 anos, pois a contribuição fundiária possui natureza tributária, já que o FGTS *"pode ser enquadrado no art. 149 da Constituição, em função de se tratar de uma contribuição de interesse de categoria profissional, que só pode ser estabelecida por lei de iniciativa da União, por ser uma contribuição social".*

Andréa Ehlke Mucerino[9] considera que, *"após a promulgação da Constituição Federal de 1988, o Fundo de Garantia por Tempo de Serviço teve sua natureza jurídica consagrada como sendo tributária, da espécie de constituição parafiscal. [...]*

---

[7] O art. 46 da Lei 8.212/91 foi declarado inconstitucional (Súmula Vinculante 8, STF).
[8] MARTINS, Sergio Pinto. *Direito do trabalho*. 21. ed., p. 470.
[9] MUCERINO, Andréa Ehlke. A prescrição quinquenal do FGTS. *Revista LTr*, v. 59, nº 10, p. 1331.

Portanto, em face do disposto na nova Lei Maior, o Enunciado da Súmula 95 do Colendo Tribunal Superior do Trabalho deve ser cancelado, bem como o entendimento jurisprudencial acerca da questão deve ser revisto a fim de enquadrar-se à realidade, eis que este vem de encontro com o nosso ordenamento constitucional, que, no artigo 149, determina expressamente serem as contribuições previdenciárias tributo, inclusive situando-as dentro do capítulo do Sistema Tributário Nacional. Em consequência, não mais se pode admitir que às mesmas sejam aplicadas normas diversas daquelas constantes no Código Tribunal Nacional, lei complementar ratione materiae, *sob o argumento de que o Colendo Supremo Tribunal Federal anteriormente já tivesse consolidado a questão, cuja decisão seria imutável mesmo após a promulgação de uma nova Carta Magna".*

Pela natureza tributária, o prazo para a arrecadação do tributo é de 5 anos (art. 174, CTN). Essa posição não foi acolhida pelo STF.[10]

Atualmente, a justificativa apontada para o prazo prescricional de 30 anos do FGTS é o art. 23, § 5º, da Lei 8.036, *in verbis: "O processo de fiscalização, de autuação e de imposição de multas reger-se-á pelo disposto no Título VII da CLT, respeitado o privilégio do FGTS à prescrição trintenária."*

Sergio Pinto Martins considera inconstitucional o art. 23, § 5º, Lei 8.036, pois uma lei ordinária não pode derrogar o estabelecido em uma lei complementar (CTN).

Outros, por sua vez, defendem a natureza de direito trabalhista social do FGTS, aplicando-lhe a prescrição trabalhista do art. 7º, XXIX, CF.

Posição defendida por Rodolfo Pamplona Filho:[11] *"[...] acreditamos que a melhor interpretação da natureza jurídica do instituto é de que se trata de um depósito que decorre diretamente de um vínculo empregatício e é feito em função dele, pelo que não poderia deixar de ter natureza trabalhista.*

Sendo assim, a prescrição a ser utilizada é a genericamente aplicável aos direitos trabalhistas em geral, ou seja, a prevista no art. 7º, XXIX, da vigente Constituição Federal.

Tal conclusão também pode ser obtida através de uma interpretação do próprio dispositivo constitucional, eis que tanto o FGTS quanto o prazo prescricional estão previstos no mesmo artigo, o que leva à conclusão lógica de que o biênio e o quinquênio prescricional são perfeitamente aplicáveis aos depósitos fundiários, eis que também o são a todos os direitos

---

[10] "FGTS. Prescrição. O E. Plenário do STF, no julgamento do RE nº 100.249, firmou entendimento no sentido de que inaplicável à pretensão de cobrança de FGTS o prazo quinquenal do art. 174 do CTN, por não se tratar de tributo, mas de contribuição estritamente social, com os mesmos privilégios das contribuições previdenciárias (art. 19 da Lei nº 5.107, de 13/9/1966). RE conhecido para se afastar a declaração de prescrição" (STF – 1ª T. – RE 115979 – Rel. Min. Sydney Sanches – j. 19/4/1988 – DJ 10/6/1988 – p. 14406).
"FGTS. Natureza. Prescrição. O Fundo de Garantia por Tempo de Serviço tem natureza trabalhista e social, não se lhe aplicando as normas disciplinadoras da prescrição e da decadência relativas aos tributos" (STF – 2ª T. – RE 120.189-4 – Rel. Min. Marco Aurélio – *DJ* 19/2/1999 – ADCOAS 8172882).

[11] PAMPLONA FILHO, Rodolfo. *Prescrição trabalhista* – questões controvertidas, p. 78.

garantidos nos demais incisos. Por que, então, somente o FGTS teria prazo distinto dos outros direitos trabalhistas garantidos constitucionalmente?".

Para nós, a natureza jurídica do fundo de garantia é algo não definido, como se depreende das várias correntes doutrinárias a respeito desse assunto.

Como não possui uma natureza jurídica definida, deveria ser mantido o prazo do art. 23, § 5º, Lei 8.036.

Para João de Lima Teixeira Filho,[12] *"os créditos trabalhistas do fundo de garantia não se confundem com as contribuições de natureza tributária; cumpre, de plano, afastar a hipótese de incidência do art. 174 do Código Tributário Nacional, que fixa a prescrição quinquenal para o recolhimento das contribuições de natureza fiscal. Acertado, pois, o Enunciado nº 95 do TST, segundo o qual".*

A Súm. 206, TST, prevê que a prescrição parcial das contribuições relativas às parcelas remuneratórias alcança o respectivo recolhimento da contribuição para o FGTS.

A adequação da antiga Súm. 95 com o prazo prescricional trabalhista está na nova redação da Súm. 362, *in verbis*: "É trintenária a prescrição do direito de reclamar contra o não recolhimento da contribuição para o FGTS, observado o prazo de dois anos após o término do contrato de trabalho."

Quando o fundo de garantia é verba acessória, a conclusão é de que a Súm. 206, TST, é compatível com a 362.

Quando o fundo é verba principal, se a demanda for ajuizada após o decurso do prazo de 2 anos da extinção do contrato de trabalho, deve ser observada a prescrição total prevista no art. 7º, XXIX, CF.

Se a demanda for ajuizada dentro do lapso de 2 anos, a prescrição retroativa será trintenária.

Diante do contexto global desse tópico, concluímos que a única alteração que deriva da Súm. 362 é a seguinte: (a) a prescrição parcial fundiária quanto ao FGTS como verba principal é trintenária; (b) para fazer valer a prescrição como sendo trintenária, o ex-empregado deve ajuizar a demanda dentro do prazo de 2 anos a contar da rescisão contratual; (c) no mais, a Súm. 362 não altera a visão do FGTS como verba acessória.

João de Lima Teixeira Filho[13] entende: *"Seja a hipótese de prescrição trintenária, seja a de prescrição quinquenal, a retroatividade respectiva pressupõe o ajuizamento da ação dentro do biênio que se seguir à ruptura contratual (Enunciado nº 362 do TST)."*

Quanto à opção pelo FGTS, o termo inicial da prescrição coincide com a data em que houve a formalização do ato opcional e não com a extinção do contrato de trabalho (Súm. 223, TST, cancelada pela Res. 121/03).

---

[12] SÜSSEKIND, Arnaldo; MARANHÃO, Délio; VIANNA, Segadas; TEIXEIRA FILHO, João de Lima. *Instituições de direito do trabalho*. 19. ed., v. 1, p. 681.
[13] SÜSSEKIND, Arnaldo et al. Ob. cit., v. 1, p. 682.

Nas ações em que se discutem os juros progressivos sobre os saldos da conta vinculada do FGTS, a prescrição da ação não atinge o fundo de direito, limitando-se às parcelas vencidas (Súm. 398, STJ).

Em 13 de novembro de 2014, o STF considerou o art. 23, § 5º, Lei 8.036, inconstitucional (ARE 709.2012-DF – Rel. Min. Gilmar Mendes). O STF entendeu que o prazo prescricional retroativo para questões relacionadas ao FGTS é de 5 anos, aplicando a regra prescricional constitucional (art. 7º, XXIX, CF).[14]

No referido julgamento, o STF atribuiu efeito modulador, nos seguintes termos: "*A modulação que se propõe consiste em atribuir à presente decisão efeitos ex nunc (prospectivos). Dessa forma, para aqueles cujo termo inicial da prescrição ocorra após a data do presente julgamento, aplica-se, desde logo, o prazo de cinco anos. Por outro lado, para os casos em que o prazo prescricional já esteja em curso, aplica-se o que ocorrer primeiro: 30 anos, contados do termo inicial, ou 5 anos, a partir desta decisão.*

Assim se, na presente data, já tenham transcorrido 27 anos do prazo prescricional, bastarão mais 3 anos para que se opere a prescrição, com base na jurisprudência desta Corte até então vigente. Por outro lado, se na data desta decisão tiverem decorrido 23 anos do prazo prescricional, ao caso se aplicará o novo prazo de 5 anos, a contar da data do presente julgamento."

Pela Resolução 198/15, o TST reformulou a redação da Súmula 362, adequando-a à jurisprudência do STF: "*I – Para os casos em que a ciência da lesão ocorreu a partir de 13.11.2014, é quinquenal a prescrição do direito de reclamar contra o não recolhimento de contribuição para o FGTS, observado o prazo de dois anos após o término do contrato.*

II – Para os casos em que o prazo prescricional já estava em curso em 13.11.2014, aplica-se o prazo prescricional que se consumar primeiro: trinta anos, contados do termo inicial, ou cinco anos, a partir de 13.11.2014 (STF – ARE 709212/DF)".

28.7 OS DEPÓSITOS FUNDIÁRIOS E A LEI 9.601/98

Nos contratos firmados sob a égide da Lei 9.601,[15] a alíquota da contribuição fundiária é de 2% (art. 2º, II), a qual é efetuada na conta vinculada do trabalhador junto à CEF.

---

[14] "*Recurso extraordinário. Direito do Trabalho. Fundo de Garantia por Tempo de Serviço (FGTS). Cobrança de valores não pagos. Prazo prescricional. Prescrição quinquenal. Art. 7º, XXIX, da Constituição. Superação de entendimento anterior sobre prescrição trintenária. Inconstitucionalidade dos arts. 23, § 5º, da Lei 8.036/1990 e 55 do Regulamento do FGTS aprovado pelo Decreto 99.684/1990. Segurança jurídica. Necessidade de modulação dos efeitos da decisão. Art. 27 da Lei 9.868/1999. Declaração de inconstitucionalidade com efeitos ex nunc. Recurso extraordinário a que se nega provimento*" (STF – TP – ARE 709.2012-DF – Rel. Min. Gilmar Mendes – j. 13/11/2014).

[15] Pelo art. 1º, *caput*, Lei 9.601, as convenções e os acordos coletivos de trabalho poderão instituir contrato de trabalho por prazo determinado, de que trata o art. 443, CLT, independentemente das condições estabelecidas em seu § 2º, em qualquer atividade desenvolvida pela empresa ou estabelecimento, para admissões que representem acréscimo no número de empregados.

Pela negociação coletiva (acordo ou convenção coletivos de trabalho), as partes poderão estabelecer, sem prejuízo da alíquota de 2%, a obrigação do empregador em efetuar depósitos mensais vinculados, a favor do empregado, em estabelecimento bancário, com periodicidade determinada de saque (art. 2º, parágrafo único).

Em decorrência da autonomia privada coletiva, as partes – os sindicatos da categoria econômica e profissional ou este com uma empresa ou várias empresas –, de forma objetiva, podem estabelecer a obrigação patronal quanto à diferença.

Esse valor não será depositado na CEF, porém, deverá ocorrer todo mês em qualquer estabelecimento bancário.

O percentual poderá ser de 1% a 6%, ou seja, até o complemento do percentual do FGTS de 8%. Nada obsta que o percentual ajustado seja até superior ao montante de 8%, apesar de ser algo quase impossível, já que a Lei 9.601 tem como escopo a diminuição dos encargos sociais.

O levantamento dessa diferença não se vincula à extinção ou não da relação empregatícia, já que a periodicidade dos saques fica a critério das partes.

28.8 OS DEPÓSITOS FUNDIÁRIOS E OS EXPURGOS INFLACIONÁRIOS

O STF, ao apreciar o recurso extraordinário interposto pela CEF, reconheceu o direito adquirido dos trabalhadores à correção do saldo do FGTS.[16] A posição favorável é no sentido da correção pelos índices relativos a dois planos econômicos: Verão (janeiro de 1989) e Collor I (em parte – abril de 1990).

O STJ pacificou a questão no âmbito da Justiça Federal pela Súm. 252: *"Os saldos das contas do FGTS, pela legislação infraconstitucional, são corrigidos em 42,72% (IPC) quanto às perdas de janeiro de 1989 e 44,80% (IPC) quanto às de abril de 1990, acolhidos pelo STJ os índices de 18,02% (LBC) quanto às perdas de junho de 1987, de 5,38% (BTN) para maio de 1990 e 7,00%(TR) para fevereiro de 1991, de acordo com o entendimento do STF (RE 226.855-7-RS)."*

Em face da decisão do STF, o legislador infraconstitucional editou a LC 110/01, autorizando a CEF a creditar nas contas vinculadas do FGTS, a expensas do próprio Fundo, o complemento da atualização monetária decorrente dos expurgos inflacionários.[17]

O reconhecimento judicial e legal desse direito trouxe repercussões nos direitos decorrentes dos contratos individuais de trabalho, estejam rescindidos ou não, em especial, no pagamento da multa de 40% pela cessação do contrato de trabalho.

O TST considera o empregador responsável pelo pagamento da diferença da multa de 40% sobre os depósitos do FGTS, decorrente da atualização monetária em face dos expurgos inflacionários (OJ 341, SDI-I).

---

[16] STF – RE 226.855-7 – Rel. Min. Moreira Alves – j. 31/8/2000 – *DJ* 13/10/2000.

[17] Em 30/6/2007, o STF editou a Súm. Vinculante 1: "Ofende a garantia constitucional do ato jurídico perfeito a decisão que, sem ponderar as circunstâncias do caso concreto, desconsidera a validez e a eficácia de acordo constante de termo de adesão instituído pela Lei Complementar nº 110/2001".

Com o advento da LC 110/01 (reconhecimento do direito às diferenças dos depósitos do fundo de garantia – base de cálculo da multa de 40% –, decorrentes dos planos econômicos: Verão e Collor I), abriu-se o prazo prescricional bienal para que o trabalhador postulasse judicialmente a diferença da multa de 40% sobre o saldo do fundo de garantia.

Essa posição foi acolhida inicialmente pelo TST (OJ 344, SDI-I, alterada em nov./2005). Em dezembro de 2008, o TST fixou o entendimento de que o ajuizamento de protesto judicial, dentro do biênio posterior à LC 110/01, interrompe a prescrição, sendo irrelevante o transcurso de mais de 2 anos da propositura de outra medida acautelatória com o mesmo objetivo ocorrido e antes da vigência da referida lei, pois ainda não iniciado o prazo prescricional, conforme disposto na OJ 344 (OJ 370, SDI-I).

Outra posição tem defendido o início do prazo prescricional a partir da decisão de trânsito em julgado da decisão da Justiça Federal que reconhece o direito do trabalhador às diferenças de correção monetária dos depósitos fundiários se for posterior à data de edição da LC 110/01, até porque algumas decisões da Justiça Federal têm reconhecido o direito do trabalhador às diferenças decorrentes de outros planos econômicos.

Em decisão de fevereiro de 2003, o TST entendeu que a prescrição inicia-se com o reconhecimento do direito pelo Órgão Jurisdicional, no caso a Justiça Federal.

Essa segunda posição também acabou sendo adotada pelo TST, quando da reformulação da OJ 344, SDI-I, em nov./2011, *in verbis*: *"O termo inicial do prazo prescricional para o empregado pleitear em juízo diferenças da multa do FGTS, decorrentes dos expurgos inflacionários, deu-se com a vigência da Lei Complementar nº 110, em 30/6/01, salvo comprovado trânsito em julgado de decisão proferida em ação proposta anteriormente na Justiça Federal, que reconheça o direito à atualização do saldo da conta vinculada."*

Questionário

1. Qual é o conceito do FGTS?

2. Qual é a natureza jurídica do FGTS?

3. O recolhimento fundiário é obrigatório para o empregado doméstico?

4. Qual é a base de cálculo do recolhimento fundiário?

5. Quais são os prazos prescricionais quanto aos recolhimentos fundiários?

6. Como se opera o recolhimento fundiário para os contratos por prazo determinado regulados na Lei 9.601?

7. Como se aplica a prescrição no tocante à multa de 40% em relação aos expurgos inflacionários?

Capítulo XXIX
INDENIZAÇÃO

29.1 CONCEITO DE INDENIZAÇÃO

No âmbito do Direito Civil, a indenização é a reparação do dano em função de um ato ou omissão. O dano representa a lesão de um bem jurídico, podendo ser moral ou material.

Quando se tem o término do contrato, a lesão sofrida pelo empregado é a perda do emprego. Portanto, para o Direito do Trabalho, a indenização é o pagamento efetuado como forma de compensação pela perda do emprego ao empregado quando do término do contrato individual de trabalho por ato imputável ao empregador.

Ao contrário do que ocorre no Direito Civil, a indenização paga ao empregado não necessita da prova do dolo ou da culpa, bem como não se indaga a respeito da presença do efetivo prejuízo. Basta ocorrer o término do contrato por fato imputável ao empregador.

As teorias que justificam a indenização são:

a) abuso do direito – tem origem na jurisprudência francesa. A indenização é cabível quando se tem o término do contrato sem a ocorrência de motivos justos e legítimos, o que faz com que a ruptura contratual seja tida por abusiva;

b) crédito – é originária do direito italiano. O empregado, na vigência do contrato, contribui para o empreendimento, logo, teria um direito de crédito sobre os fundos do estabelecimento. O crédito representa a colaboração que se transforma em indenização, como forma de ressarcimento pelos prejuízos advindos quando da dispensa por iniciativa do empregador;

c) risco – deriva da jurisprudência alemã. Esta teoria parte do princípio de que empregados e empregadores constituem uma comunidade de interesses, na qual cada um dos interessados deve retirar as suas vantagens e suportar os seus riscos. De acordo com a esfera jurídica dos interessados (empregados e empregadores), os riscos são divididos em três categorias: (1) o empregado deve assumir os riscos oriundos de seus atos pessoais; (2) as consequências são assumidas pelos dois, já que não são oriundas de atos por eles realizados; (3) o empregador é o responsável pelos riscos oriundos de seus atos ou por serem oriundos da exploração da atividade econômica. Essa posição é aplicável nos acidentes de trabalho, denotando a responsabilidade objetiva do empregador, já que as lesões são oriundas do emprego da força de trabalho para a consecução do objetivo empresarial;

d) salário diferido – para os adeptos desta teoria, o valor da indenização corresponde a um montante pelo número de anos de serviço prestados à empresa;

e) prêmio – a indenização é uma decorrência da colaboração do empregado, pelos anos de serviço, em prol das atividades empresariais;

f) pena – a indenização é uma sanção pela prática do ato ilícito da dispensa imotivada;

g) dano – o valor pago pelo empregador representa uma reparação pelo dano causado advindo pela perda do emprego;

h) assistência social – a indenização corresponde a um benefício de natureza social e cuja responsabilidade é do empregador.

29.2 A INDENIZAÇÃO COMO UM DIREITO SOCIAL DO EMPREGADO

Dentre os direitos sociais dos trabalhadores, temos a relação de emprego protegida contra a despedida arbitrária ou sem justa causa, a qual advirá de lei complementar, que preverá indenização compensatória, além de outros direitos (art. 7º, I, CF).

Até a presente data, não surgiu na ordem jurídico-trabalhista a legislação complementar para regular o dispositivo constitucional. Enquanto perdura essa situação, os empregadores são obrigados a pagar a multa de 40% sobre os depósitos fundiários e seus acréscimos legais (art. 10, I, ADCT, e art. 18, § 1º, Lei 8.036/90).

A Constituição de 1988 substituiu a estabilidade no emprego pela garantia de uma indenização compensatória, além de outros direitos. Com a promulgação da CF, o art. 492, CLT, o qual previa a aquisição do direito de estabilidade no emprego após 10 anos de serviço na mesma empresa, não foi recepcionado.

Para Arnaldo Süssekind,[1] o teor do art. 7º, I, CF, revela: *"a diretriz que prevaleceu na Assembleia Constituinte: dificultar a despedida do empregado, tornando-a mais onerosa, ao invés de proibi-la, ainda que arbitrária. Se o preceito adotado manda a lei complementar prever 'indenização compensatória' – indenização que só pode ser devida em casos de resilição contratual, e não nos de reintegração – é porque parte do princípio de que o contrato de trabalho pode ser denunciado unilateralmente pelo empregador, mesmo quando arbitrário o seu ato. Pelo menos como regra, constituindo exceções os casos de estabilidade provisória, condicionada a determinadas situações".*

No seio da OIT, a temática da estabilidade absoluta foi superada pela adoção de um sistema de proteção contra a dispensa arbitrária por parte do empregador, resultando na aprovação da Convenção 158.

---

[1] SÜSSEKIND, Arnaldo. *Direito constitucional do trabalho*, p. 104.

Segundo Arnaldo Süssekind,[2] a Recomendação 119, aprovada pela Conferência Internacional do Trabalho (Assembleia Geral da OIT) em 1963, prescreveu, como regra fundamental: *"Não se deve proceder à terminação da relação de trabalho, a menos que exista uma causa justificada relacionada com a capacidade ou a conduta do trabalhador ou se baseie nas necessidades do funcionamento da empresa, do estabelecimento ou do serviço (item a, nº 1). Esse diploma legal da OIT exerceu grande influência em diversos países, que inovaram ou reformularam as respectivas legislações, conciliando a efetivação do direito do trabalhador à segurança no emprego com a preservação de respeitáveis interesses da empresa e da própria economia nacional. Consoante depoimento da Comissão de Expertos, em estudo do qual participamos, 'ainda que o objetivo fundamental da Recomendação seja o de proteger a segurança no emprego dos trabalhadores, trata também de equilibrar distintos interesses. Por exemplo, o interesse do trabalhador na segurança do emprego, posto que a perda do emprego importa a perda, para ele e sua família, dos meios de vida indispensáveis; o do empregador, em manter a autoridade nas questões que influem no funcionamento eficaz da empresa; e, por último, o interesse da comunidade em manter relações de trabalho pacíficas e evitar desequilíbrios desnecessários, seja pelo desemprego ou por unidades econômicas improdutivas. [...] Desta maneira, a Recomendação consagra o princípio de que o trabalhador deve ter direito a permanecer no seu cargo, salvo se o empregador tiver uma razão válida para dar por terminada a relação de trabalho'. Essa tendência da legislação comparada levou a Conferência a aprovar, em 1982, a Convenção nº 158, completada pela Recomendação nº 166."*

29.3 A INDENIZAÇÃO PREVISTA NA CLT

Nos contratos por prazo indeterminado, a indenização devida pela rescisão será de um mês de remuneração por ano de serviço efetivo, ou por ano e fração igual ou superior a 6 meses (art. 478, *caput*, CLT).

Nos contratos por prazo determinado, o empregador que, sem justa causa, despedir o empregado será obrigado a pagar-lhe, a título de indenização, e por metade, a remuneração a que teria direito até o término do contrato (art. 479, *caput*). Para o empregado que recebe salário variável, o cálculo da indenização deverá observar os critérios fixados para a rescisão dos contratos por prazo determinado (art. 479, parágrafo único).

Havendo termo estipulado, o empregado não se poderá desligar do contrato, sem justa causa, sob pena de ser obrigado a indenizar o empregador do prejuízo que desse fato lhe resultar (art. 480, *caput*). Porém, a indenização não poderá exceder àquela a que teria direito o empregado em idênticas condições (art. 480, § 1º).

Até o ano de 1966, a indenização (arts. 478 e 479) representava a única forma de compensação para os empregados que eram dispensados pelo empregador de forma injustificada.

---

[2] SÜSSEKIND, Arnaldo. Ob. cit., p. 113.

Com a criação do FGTS (Lei 5.107/66), passou a existir a dicotomia entre a indenização e o regime fundiário, como critérios indenizatórios para a perda do emprego por ato do empregador.

Com a Constituição Federal de 1988, deixou de existir a dicotomia entre os 2 regimes, passando a ser o Fundo de Garantia do Tempo de Serviço um dos direitos sociais dos trabalhadores e não mais uma simples opção (art. 7º, III).

Fica ressalvado o direito adquirido dos trabalhadores que, à data da promulgação da Constituição 1988, já tinham o direito à estabilidade decenal (arts. 492 e segs., CLT, art. 14, *caput*, Lei 8.036/90).

O tempo do trabalhador não optante do FGTS, anterior à CF/88, em caso de rescisão sem justa causa pelo empregador, será indenizado na forma dos arts. 477, 478 e 497, CLT (art. 14, § 1º).

Atualmente, a indenização dos contratos por prazo indeterminado prevista no art. 478, CLT, somente é devida para os empregados não optantes até o advento da CF/88 e será calculada à base de uma remuneração mensal por ano de trabalho, acrescida do duodécimo da gratificação natalina (Súm. 148, TST).

Já para os contratos por prazo determinado, a rescisão antecipada, sem justa causa ou com culpa recíproca, não elide o pagamento da indenização prevista no art. 479, CLT (art. 14, Decreto 99.684/90).

Segundo Sergio Pinto Martins,[3] *"o art. 479 da CLT foi revogado a partir de 5/10/88, pois o FGTS passa a ser um direito do trabalhador, deixando de existir o regime alternativo de estabilidade com indenização ou FGTS equivalente".*

É possível a transação do tempo de serviço anterior à atual Constituição, desde que o valor seja no mínimo de 60% da indenização prevista (art. 14, § 2º).

Também fica resguardado aos trabalhadores, a qualquer momento, optar pelo FGTS, com efeito retroativo a 1º/1/1967 ou à data de sua admissão, quando posterior àquela (art. 14, § 4º).

29.4 INDENIZAÇÃO ADICIONAL

A indenização adicional é devida quando se tem a rescisão contratual sem justa causa no trintídio que antecede o reajuste salarial da categoria na data-base.

A indenização adicional, prevista no art. 9º das Leis 6.708/79 e 7.238/84, corresponde ao salário mensal, no valor devido à data da comunicação do despedimento, integrado pelos adicionais legais ou convencionados, ligados à unidade de tempo mês, não sendo computável a gratificação natalina (Súm. 242, TST).

O tempo do aviso prévio, mesmo indenizado, conta-se para efeito da indenização adicional do art. 9º, Lei 6.708 (Súm. 182, TST).

---

[3] MARTINS, Sergio Pinto. *Direito do trabalho*. 21. ed., p. 447.

É devido o pagamento da indenização adicional na hipótese de dispensa injusta do empregado, ocorrida no trintídio que antecede a data base. A legislação posterior não revogou os arts. 9º, Lei 6.708 e 7.238 (Súm. 306, TST, cancelada pela Res. 121/03).

Ocorrendo a rescisão contratual no período de 30 dias que antecede a data-base, observada a Súm. 182 do TST, o pagamento das verbas rescisórias com o salário já corrigido não afasta o direito à indenização adicional prevista nas Leis 6.708 e 7.238 (Súm. 314, TST).

Com o aviso prévio, quando a dispensa se projeta para depois do reajuste salarial, não se pode dizer que a dispensa tenha ocorrido no trintídio que antecede a data-base.

A Súmula 314 do TST entende que a indenização adicional é devida, mesmo quando se tem o pagamento das verbas rescisórias com o reajuste. Contudo, isso somente é justificável quando, de fato e de direito, a dispensa opera-se no trintídio que antecede a data-base. Para tanto, a própria Súmula, no seu bojo, faz alusão ao teor da Súmula 182. Portanto, é indevida a indenização adicional.[4]

No mesmo sentido é o teor do Enunciado 19 da Portaria da Secretaria de Relações do Trabalho (SRT) 4, de 16/9/2014, *in verbis*: *"É devida ao empregado, dispensado sem justa causa no período de 30 dias que antecede a data-base de sua categoria, indenização equivalente ao seu salário mensal.*

I – Será devida a indenização em referência se o término do aviso prévio trabalhado ou a projeção do aviso prévio indenizado se verificar em um dos dias do trintídio;

II – O empregado não terá direito à indenização se o término do aviso prévio ocorrer após ou durante a data-base e fora do trintídio, no entanto, fará jus aos complementos rescisórios decorrentes da norma coletiva celebrada".

Somente após o término do período estabilitário é que se inicia a contagem do prazo do aviso prévio para efeito das indenizações previstas nos arts. 9º das Leis 6.708 e 7.238 (OJ 268, SDI-I).

---

[4] "I – RECURSO DE REVISTA INTERPOSTO PELOS RECLAMANTES. INDENIZAÇÃO ADICIONAL. ART. 9º DA LEI Nº 7.238/84 1. Consoante dispõe o art. 9º da Lei nº 7.238/84, o empregado dispensado sem justa causa no período de 30 dias que antecede a data de sua correção salarial faz jus à indenização adicional equivalente a um salário mensal. 2. Comprovada a dispensa dentro do trintídio, considerando-se a projeção do aviso prévio indenizado, fazem jus os Reclamantes à indenização a que alude o art. 9º da Lei nº 7.238/84. Inteligência das Súmulas nos 182 e 314 do Tribunal Superior do Trabalho. 3. Recurso de Revista de que se conhece e a que se dá provimento. (...)" (TST – 4ª T. – ARR 236-50.2010.5.18.0009 – Rel. Min. João Oreste Dalazen – *DEJT* 2/8/2013). "(...) INDENIZAÇÃO ADICIONAL. ARTIGO 9º DA LEI Nº 7.238/84. AVISO PRÉVIO INDENIZADO. PROJEÇÃO. SÚMULAS 182 E 314 DO TST. Quanto aos efeitos do aviso prévio para fins de pagamento da indenização adicional, esta Corte consagrou entendimento no sentido de que "o tempo do aviso prévio, mesmo indenizado, conta-se para efeito da indenização adicional do art. 9º da Lei nº 6.708/79" (Súmula nº 182). De tal forma, se a rescisão contratual somente se efetivou, considerando-se o cômputo do período do aviso prévio, ainda que indenizado, após a data-base da categoria profissional, não há que se falar em direito à referida indenização, que somente é devida quando a rescisão contratual ocorre no período de trinta dias que antecede à data-base relativa ao reajuste salarial da categoria (Súmula nº 314 do TST). Recurso de revista conhecido e provido" (TST – 6ª T. – RR 92500-37.2010.5.17.0002 – Rel. Min. Aloysio Corrêa da Veiga – *DEJT* 18/11/2011).

QUESTIONÁRIO

1. O art. 7º, I, CF, assegura a plena estabilidade para o trabalhador brasileiro? Justifique.

2. Quais são as teorias que procuram explicar a indenização na dispensa sem justa causa?

3. O art. 478 da CLT, em face da CF/88 e do regime fundiário, é aplicável em quais hipóteses?

4. O art. 479, CLT, foi revogado tacitamente pela nova ordem constitucional promulgada de 1988?

5. Quando é devida a indenização adicional? Qual é o seu valor?

Capítulo XXX
A DISPENSA DO EMPREGADO COMO OBSTATIVA DE DIREITOS

30.1 A DISPENSA DO EMPREGADO PELO EMPREGADOR

A dispensa do empregado representa sérias consequências econômicas para ele e seus familiares, implicando dificuldades sociais, dado o aspecto alimentar do salário.

Dispensa é o ato pelo qual o empregador põe fim ao vínculo empregatício.

Na doutrina, a natureza jurídica da dispensa é polêmica: (a) direito potestativo do empregador; (b) direito relativo do empregador; (c) sanção disciplinar resultante do poder diretivo; (d) fator de extinção do contrato de trabalho.

É inegável que a dispensa é um ato jurídico unilateral, denotando verdadeiro direito potestativo[1] do empregador, sendo que a vontade do trabalhador nada vale.

Em contrapartida a esse direito, o empregado tem o direito de solicitar a extinção do contrato de trabalho (pedido de demissão).

30.2 DISPENSA OBSTATIVA

A dispensa obstativa ocorre quando o empregador dissolve o contrato de trabalho com o intuito de prejudicar o empregado na aquisição de direitos, os quais passariam a existir caso o contrato mantivesse o seu curso natural.

No Direito do Trabalho, presume-se obstativa a dispensa que impede o empregado de adquirir a estabilidade decenal (art. 499, § 3º, CLT). O TST entendeu que a presunção mencionada configura-se aos 9 anos de serviços (Súm. 26, TST, cancelada pela Res. 121/03).

---

[1] Direito potestativo é aquele em *"que seu titular tem poder de influir unilateralmente na situação jurídica de outrem, sem que este possa fazer algo, tendo que se sujeitar à sua vontade (Chiovenda). Por exemplo, o poder de revogar procuração ou de pedir divisão de coisa comum. É o poder que tem alguém por manifestação unilateral da vontade de criar, modificar ou extinguir relações jurídicas em que outros são interessados (Orlando Gomes). Ou, como prefere De Plácido e Silva, é o poder de adquirir ou alienar direitos, ou de exercer sobre seus direitos toda ação de uso, gozo, disposição ou proteção que a lei lhe assegura. Enfim, é o que se caracteriza pelo fato de seu titular poder exercer livremente sua vontade, produzindo efeitos na esfera jurídica de terceiro, sem que este possa impedi--lo"* (DINIZ, Maria Helena. *Dicionário jurídico*. v. 2, p. 173).

A legislação civil, ao tratar da condição como elemento acidental do negócio jurídico, considera verificada a condição cujo implemento for maliciosamente obstado pela parte a quem aproveita o seu implemento. Do mesmo modo, tem-se não verificada a condição maliciosamente levada a efeito por aquele que aproveita o seu implemento (art. 129, CC/2002).

30.3 PRINCIPIOLOGIA DO DIREITO DO TRABALHO

O Direito do Trabalho possui princípios próprios e específicos.

Renomados estudiosos, sem chegarem a um consenso, já se debruçaram sobre o estudo da principiologia trabalhista.

Em um dos mais completos estudos sobre o tema, Américo Plá Rodríguez enumera os princípios do Direito do Trabalho como sendo: protetor (*in dubio pro operario*; norma mais favorável e a condição mais benéfica); da irrenunciabilidade de direitos; da continuidade da relação de emprego; da primazia da realidade; da razoabilidade e da boa-fé.

Arnaldo Süssekind elenca como princípio específico do Direito do Trabalho: o de proteção do trabalhador, o qual gera outros: o princípio *in dubio pro operario*; norma mais favorável; condição mais benéfica; primazia da realidade; integralidade; e da intangibilidade do salário. Consagrados constitucionalmente, temos: o princípio da não discriminação; da continuidade da relação de emprego; irredutibilidade do salário. Também menciona a importância do princípio da boa-fé no Direito do Trabalho.

Dentre os trabalhos sobre a principiologia do Direito do Trabalho, também devemos mencionar o de Luiz de Pinho Pedreira da Silva,[2] no qual apresenta os seguintes princípios: proteção; *in dubio pro operario*; norma mais favorável; condição mais benéfica; irrenunciabilidade de direitos; continuidade; igualdade de tratamento; razoabilidade; primazia da realidade.

Para o exame da dispensa do empregado como obstativa de direitos, destacamos os princípios da continuidade, da razoabilidade e da boa-fé.

O princípio da continuidade *"é aquele em virtude do qual o contrato de trabalho perdura até que sobrevenham circunstâncias previstas pelas partes ou em lei, como idôneas para fazê-lo cessar. Tais circunstâncias podem ser, por exemplo, um pedido de demissão, uma despedida, um termo"*.[3]

Complementa Américo Plá Rodríguez: *"Para compreendermos este princípio devemos partir da base que o contrato de trabalho é um contrato de trato sucessivo, ou seja, que a relação de emprego não se esgota mediante a realização instantânea de certo ato, mas perdura no tempo. A relação empregatícia não é efêmera, mas pressupõe uma vinculação que se prolonga."*[4]

---

[2] SILVA, Luiz de Pinho Pedreira da. *Principiologia do direito do trabalho*. 2. ed., p. 144.
[3] SILVA, Luiz de Pinho Pedreira da. Ob. cit., p. 144.
[4] RODRÍGUEZ, Américo Plá. *Princípios de direito do trabalho*, p. 134.

É um princípio que milita em favor do empregado.

Após atribuir ao princípio da continuidade as projeções (preferência pelos contratos de duração indeferida; amplitude para a admissão das transformações do contrato; facilidade para manter o contrato, apesar dos descumprimentos ou nulidades em que haja incorrido; resistência em admitir a rescisão unilateral do contrato, por vontade patronal; interpretação das interrupções dos contratos como simples suspensões; manutenção do contrato nos casos de substituição do empregador), Américo Plá Rodríguez[5] conclui que, *"observando e resumindo este conjunto de projeções, podemos dizer que a continuidade se sobrepõe à fraude, à variação, à infração, à arbitrariedade, à interrupção e à substituição".*

Por sua vez, o princípio da razoabilidade *"consiste na afirmação essencial de que o ser humano, em suas relações trabalhistas, procede e deve proceder conforme a razão".*[6] Possui um caráter subjetivo na avaliação e aplicação no caso fático.

O princípio da razoabilidade *"encontra suas bases na teoria da lógica do razoável, de Recaséns Siches e Perelman, como na jurisprudência sociológica norte-americana, desenvolvida no final do século XIX pelo juiz Holmes, na Corte Suprema dos Estados Unidos, deitando raízes ainda na doutrina alemã da jurisprudência dos interesses, a que se propagou, no campo do direito, essa espécie de lógica, já estudada na filosofia, como recorda Diogo Figueiredo, que acrescenta: 'Sob o influxo dessas duas linhas de pensamento a preocupação formalista foi cedendo ao primado dos interesses tutelados. A superação do formalismo axiológico e do mecanismo decisional em Direito fica a dever à lógica do razoável, que pôs em evidência que o aplicador da lei, seja o administrador, seja o Juiz, não pode desligar-se olimpicamente do resultado de sua decisão e entender que cumpriu o seu dever com a simples aplicação silogística da lei aos fatos: sua tarefa é criativa por natureza, pois, com ela, ambos integram a ordem jurídica. Com efeito, à luz da razoabilidade, os atos administrativos, bem como os jurisdicionais, ganham pela justificação teleológica, concretizam o Direito e dão-lhe vida, ao realizarem, efetivamente, a proteção e a promoção dos interesses por ele destacados e garantidos em tese. À luz da razoabilidade, o Direito, em sua aplicação administrativa ou jurisdicional contenciosa, não se exaure num ato puramente técnico, neutro e mecânico; não se esgota no racional nem prescinde de valorações e de estimativas: a aplicação da vontade da lei se faz por atos humanos, interessados e aptos a impor os valores por ele estabelecidos em abstrato'".*[7]

O princípio da razoabilidade representa óbice ao abuso do *jus variandi* (ato abusivo), tendo fácil visualização nos casos de aplicação de punição excessiva ou transferência de função ou horário com a finalidade de prejudicar direitos ou o cumprimento do contrato de trabalho.

Por fim, talvez não como um princípio específico do Direito do Trabalho, mas sim como princípio geral de direito, temos o princípio da boa-fé, pelo qual as partes sempre devem cumprir as suas obrigações contratuais com fidelidade e boa-fé.

---

[5] RODRÍGUEZ, Américo de Plá. Ob. cit., p. 139.
[6] RODRÍGUEZ, Américo de Plá. Ob. cit., p. 245.
[7] SILVA, Luiz de Pinho Pedreira da. Ob. cit., p. 189.

Sempre se teve boa-fé no sentido de expressar a intenção pura, isenta de dolo ou engano, com que a pessoa realiza o negócio ou executa o ato, certa de que está agindo na conformidade do direito, consequentemente protegida pelos preceitos legais.

Dessa forma, *"quem age de boa-fé, está capacitado de que o ato de que é agente, ou do qual participa, está sendo executado dentro do justo e do legal. É assim, evidentemente, a justa opinião, leal e sincera, que se tem a respeito do fato ou do ato, que se vai praticar, opinião esta tida sem malícia e sem fraude, porque, se se diz justo, é que está escoimada de qualquer vício, que lhe empane a pureza da intenção. Protege a lei todo aquele que age de boa-fé, quer resilindo o ato, em que se prejudicou, quer mantendo aquele que deve ser respeitado, pela* bonae fidei actiones. *É assim que a boa-fé provada ou deduzida de fatos que mostram sua existência justifica a ação pessoal, pela qual se leva à consideração do juiz o pedido para que se anule o ato praticado, ou se integre àquele que agiu de boa-fé no direito, que se assegurou, quando de sua execução"*.[8]

Corroborando com tais princípios, o texto legal declara nulos de pleno direito os atos praticados com o objetivo de impedir ou fraudar direitos trabalhistas (art. 9º, CLT) e as alterações contratuais prejudiciais aos direitos dos empregados (art. 468).

30.4 A DISPENSA DO EMPREGADO COMO OBSTÁCULO À ESTABILIDADE

No âmbito do Direito do Trabalho, geralmente, a dispensa obstativa é *"a rescisão do contrato pelo empregador, com a dispensa sem causa aparente do empregado, objetivando impedir que este venha a adquirir estabilidade"*.[9]

Em várias situações fáticas, o empregador, unilateralmente, dá por rescindido o contrato de trabalho, efetuando o pagamento correto das verbas rescisórias do seu empregado, evitando com isso que o mesmo possa adquirir a estabilidade.

O exemplo clássico era a dispensa do empregado aos nove anos de emprego, para elidir o seu direito ao reconhecimento da estabilidade decenal (Súm. 26, TST, cancelada pela Res. 121/03).

Com a instituição do regime fundiário, a estabilidade decenal começou a ser posta de lado, já que o empregado, no ato da admissão, ao fazer a opção pelo fundo de garantia, não mais poderia ter o direito à estabilidade prevista no art. 492, CLT.

Na CF/88, o legislador constituinte valorizou a adoção de um sistema protetor contra a dispensa arbitrária ou sem justa causa em detrimento da estabilidade (art. 7º, I), ocasionando a revogação do art. 492, CLT. Porém, preservou-se o direito daqueles que já tinham adquirido estabilidade quando da promulgação da CF/88 (art. 14, Lei 8.036/90).

Atualmente, não há, na ordem jurídico-trabalhista, a possibilidade legal da estabilidade absoluta, ou seja, o direito ao emprego.

O que temos é a adoção de estabilidades provisórias em função de situações específicas.

---

[8] SILVA, De Plácido e. *Vocabulário Jurídico*. 6. ed., v. 1, p. 257.
[9] DINIZ, Maria Helena. *Dicionário Jurídico*, v. 1, p. 196.

Dentre elas, na legislação encontramos:

a) é vedada a dispensa do empregado sindicalizado a partir do registro da candidatura a cargo de direção ou representação sindical e, se eleito, ainda que suplente, até 1 ano após o final do mandato, exceto no caso de falta grave (art. 8º, VIII, CF, art. 543, § 3º, CLT);
b) é vedada a dispensa arbitrária ou sem justa causa do empregado eleito para o cargo de direção de comissões internas de prevenção de acidentes, desde o registro de sua candidatura até 1 ano após o final do seu mandato (art. 10, II, *a*, ADCT). O suplente da CIPA goza de garantia de emprego prevista no art. 10, II, *a*, ADCT (Súm. 339, I, TST);
c) a empregada gestante não poderá ser dispensada, salvo justa causa, desde a confirmação da gravidez até 5 meses após o parto (art. 10, II, *b*, ADCT);
d) o empregado segurado, vítima de acidente do trabalho, tem garantida a manutenção do seu contrato de trabalho na empresa durante o prazo mínimo de 12 meses, após a cessação do auxílio-doença acidentário, independentemente da percepção de auxílio-acidente (art. 118, Lei 8.213/91; Súm. 378, II, TST);
e) aos membros do Conselho Curador do FGTS, enquanto representantes dos trabalhadores, efetivos e suplentes, é assegurada a estabilidade no emprego, da nomeação até 1 ano após o término do mandato de representação, somente podendo ser demitidos por motivo de falta grave, regularmente comprovada por meio de processo judicial (art. 3º, § 9º, Lei 8.036/90);
f) os membros do Conselho Nacional de Previdência Social (CNPS), representantes dos trabalhadores, titulares e seus suplentes, terão direito à estabilidade no emprego, desde a nomeação até 1 ano após o término do mandato de representação, somente podendo ser demitidos por motivo de falta grave, regularmente comprovada por intermédio de processo judicial (art. 3º, § 7º, Lei 8.213);
g) o empregado de empresa, eleito diretor de sociedade cooperativa por ele criada, gozará das garantias asseguradas aos dirigentes sindicais pelo art. 543 da CLT (art. 55, Lei 5.764/71). Essa estabilidade não se aplica ao suplente (OJ 253, SDI-I);
h) os servidores públicos celetistas civis da União, dos Estados, do Distrito Federal e dos Municípios, das Administrações Direta, Autárquica e das fundações públicas, em exercício na data da promulgação da Constituição, há pelo menos 5 anos continuados, e que não tenham sido admitidos na forma regulada no art. 37 da Constituição, são considerados estáveis no serviço público (art. 19, ADCT);
i) os membros da Comissão de Conciliação Prévia (art. 625-B, CLT);
j) o servidor público celetista da Administração direta, autárquica ou fundacional é beneficiário da estabilidade prevista no art. 41 da CF (Súm. 390, I, TST);
k) desde o registro da candidatura até um ano após o fim do mandato, o membro da comissão de representantes dos empregados não poderá sofrer despedida arbitrária, entendendo-se como tal a que não se fundar em motivo disciplinar, técnico, econômico ou financeiro (art. 510-D, § 3º, CLT, Reforma Trabalhista).

Também há uma série de estabilidades provisórias previstas em instrumentos normativos (convenções e acordos coletivos de trabalho), tais como: doença ou acidente de trabalho; serviço militar; idade pré-aposentadoria etc.

A dispensa obstativa deverá ser reconhecida, valorizando-se os princípios básicos do Direito do Trabalho, para coibir a prática de atos fraudulentos do empregador que, ao dispensar seus empregados, em determinadas situações, evita que os mesmos adquiram o direito à estabilidade provisória.

Quando o empregado está em vias de adquirir uma estabilidade provisória, a dispensa levada a efeito pelo empregador, de forma concreta, representa um empecilho à aquisição do direito, caracterizando-se dispensa obstativa.

Na ação judicial, o empregado deverá solicitar a nulidade da dispensa, invocando o seu caráter obstativo, pleiteando a sua reintegração no emprego e o direito aos salários e demais consectários legais, além do reconhecimento da sua condição de estável.

Caberá ao empregado provar que a dispensa é obstativa, já que se trata de fato constitutivo do seu direito obstado (o direito à própria estabilidade, arts. 818, I, CLT e art. 373, I, CPC).

No caso de a reintegração não ser possível, de forma subsidiária deverá ser solicitada a conversão da estabilidade em pecúnia, com o pagamento dos salários durante o período da estabilidade e suas incidências nos depósitos fundiários com a multa dos 40%, nas férias e abono constitucional e no décimo terceiro salário.

QUESTIONÁRIO

1. O que é dispensa do empregado pelo empregador?

2. O que representa a dispensa obstativa?

3. Quais são os princípios que devem ser invocados para se coibir a prática da dispensa obstativa? Justifique.

4. A dispensa obstativa aplica-se tanto à estabilidade decenal como às demais estabilidades provisórias legais ou normativas? Justifique.

Capítulo XXXI
A DECADÊNCIA E A PRESCRIÇÃO

31.1 CONCEITOS E DISTINÇÕES DA PRESCRIÇÃO E DA DECADÊNCIA

A decadência e a prescrição têm em comum a produção de efeitos nas relações jurídicas materiais pelo decurso do tempo. Essas figuras jurídicas são indispensáveis à estabilidade e consolidação de todos os direitos.

A prescrição pode ser aquisitiva e extintiva (ou liberatória), enquanto a decadência corresponde a uma única modalidade.

Na modalidade aquisitiva, a prescrição representa uma forma originária de aquisição do direito de propriedade (usucapião). A usucapião é a aquisição do direito real de propriedade pelo decurso do prazo em favor daquele que deter a coisa, com ânimo de dono. Os seus elementos básicos são: a posse e o tempo.

A prescrição extintiva representa a perda de um direito, quando o seu titular, pela inércia e decurso do tempo, não exercida a tutela defensiva para exigi-lo. Implica o término do direito de ação, que é o meio legal para exigir o direito violado.

Os requisitos da prescrição extintiva são: (a) existência de uma ação exercitável; (b) inércia do titular da ação pelo seu não exercício; (c) continuidade dessa inércia durante certo lapso de tempo; (d) ausência de algum fato ou ato a que a lei confere eficácia (impeditiva, suspensiva ou interruptiva) do prazo prescricional.

Os prazos prescricionais são fixados por lei e possuem três regras fundamentais: (a) os particulares não podem declarar imprescritível qualquer direito; (b) antes de consumada, a prescrição é irrenunciável; (c) os prazos prescricionais não podem ser dilatados pela vontade dos particulares.

A prescrição é um dos modos de extinção de direitos, não devendo ser confundida com a decadência.

É inegável que os dois institutos apresentam semelhanças quanto à origem, ou seja, o decurso de prazo, mas a diferença básica repousa sobre os efeitos que produzem.

Apesar da existência de diversas correntes doutrinárias, é comum se afirmar que a prescrição atinge diretamente a ação e, por via oblíqua, faz desaparecer o direito por ela tutelado, enquanto a decadência, ao inverso, atinge o direito e, por via reflexa, extingue a ação.

Pela sua importância, o critério científico-jurídico para a identificação dos prazos decadenciais ou prescricionais fixado por Agnelo Amorim Filho,[1] considerando a classificação dos direitos potestativos[2] desenvolvida por Chiovenda, acabou sendo acolhido pela doutrina. Pode ser expresso da seguinte maneira: *"1º Estão sujeitas à prescrição: todas as ações condenatórias, e somente elas [...] 2º Estão sujeitas à decadência (indiretamente, isto é, em virtude da decadência do direito a que correspondem): as ações constitutivas que têm prazo especial de exercício fixado em lei; 3º São perpétuas (imprescritíveis): (a) as ações constitutivas que não têm prazo especial de exercício fixado em lei; e (b) todas as ações declaratórias."*

Outras distinções entre os dois institutos podem ser destacadas: (a) a prescrição, ao contrário da decadência, pode ser suspensa ou interrompida, excetuando apenas a situação da incapacidade absoluta – art. 3º do CC (arts. 208 e 198, I do CC); (b) a prescrição só corre contra algumas pessoas, enquanto que a decadência corre contra todos – *erga omnes*; (c) a decadência legal, diferentemente da prescrição, não pode ser renunciada (art. 209), a qual pode ser após sua consumação, sem prejuízo de terceiro (art. 191); (d) o prazo decadencial é fixado por lei ou por vontade unilateral ou bilateral das partes (art. 211), enquanto a prescrição, somente por lei (art. 192).

---

[1] AMORIM FILHO, Agnelo. Critério científico para distinguir a prescrição de decadência e para identificar as ações imprescritíveis. *RT*, v. 300, p. 37.

[2] "Segundo Chiovenda, o processo serve às duas grandes categorias de direitos, a saber; (1º) à dos direitos ligados a um bem da vida, a serem alcançados, antes de tudo, mediante a prestação, positiva ou negativa, do obrigado; (2º) à dos direitos tendentes à modificação do estado jurídico existente (a rigor, preexistentes, *ex lege*), os quais são os direitos potestativos. Os direitos tendentes a uma prestação, por sua vez, subdividem-se em direitos obrigacionais (prestação positiva) e direitos reais (prestação negativa – abstenção de todos). A ação, segundo Chiovenda, é um direito potestativo, e é aqui que reside a grande novidade de seu pensamento. Os direitos potestativos têm a característica fundamental de, através dos mesmos, poder 'alguém [...] influir, com sua manifestação de vontade, sobre a condição jurídica de outro, sem o concurso da vontade deste'. O direito potestativo tem dois objetivos primordiais: (1º) fazer cessar um direito ou estado jurídico existente; (2º) produzir um estado jurídico inexistente, e, nessa produção, compreende-se a mera modificação. Em certos casos, para atuar o direito potestativo, há necessidade de intervenção do juiz, em outros, ao contrário, esta não é necessária" (ALVIM, Arruda. *Manual de direito processual civil*. 6. ed., v. 1, p. 359).

"O direito potestativo é aquele que consiste no poder que tem o seu titular de influir sobre a situação jurídica de outro, sem a existência de qualquer relação obrigacional, no sentido de criar, modificar ou extinguir uma relação jurídica. O direito potestativo foi conceituado com muita precisão por Chiovenda, como sendo aquele que 'consiste no poder que tem uma pessoa de influir sobre a situação jurídica de outra, sem que esta possa ou deva fazer alguma coisa senão sujeitar-se, como, v. g., o poder de revogar a procuração, de ocupar *res nullius*, de pedir a divisão da coisa comum, de despedir empregado. Por declaração unilateral de vontade, o titular cria, modifica ou extingue situações jurídicas em que outros são interessados' (apud Orlando Gomes, *Introdução ao direito civil*. 2. ed. Rio de Janeiro: Forense, 1965)" (Direito potestativo. *Enciclopédia Saraiva do Direito*, v. 27, p. 505).

Até o advento da Lei 11.280/06, outra diferença apontada entre os institutos era que a decadência podia ser declarada de ofício pelo juiz, o que não ocorria com a prescrição, exceto no caso de favorecimento a absolutamente incapaz (art. 194, CC, art. 219, § 5º, CPC/73).

A Lei 11.280 revogou expressamente o art. 194 do CC, e o § 5º do art. 219 do CPC/73 passou a prever que o juiz deveria pronunciar, de ofício, a prescrição.[3] O CPC/15 (art. 332, § 1º) menciona que o juiz também poderá julgar liminarmente improcedente o pedido se verificar, desde logo, a ocorrência da decadência ou de prescrição, independentemente da citação do réu (art. 332, *caput*). De acordo com o art. 487, *caput*, II, CPC/15, haverá a resolução de mérito quando o juiz decidir, de ofício ou a requerimento, sobre a ocorrência de decadência ou prescrição. Contudo, ressalvada a hipótese do § 1º do art. 332, tais institutos não serão reconhecidos sem que antes seja dada às partes a oportunidade de manifestação (art. 487, parágrafo único).

Com isso, a renúncia à prescrição (art. 191, CC) deverá ser expressa.

No Direito brasileiro, são imprescritíveis as pretensões envolvendo: (a) os direitos da personalidade; (b) estado da pessoa; (c) bens públicos; (d) direito de família no que concerne à questão inerente ao direito à pensão alimentícia, à vida conjugal, ao regime de bens; (e) pretensão do condomínio de a qualquer tempo exigir a divisão da coisa comum ou a meação de muro divisório; (f) ação, para anular inscrição do nome empresarial feita com violação de lei ou do contrato (art. 1.167, CC).

31.2 HIPÓTESES DE DECADÊNCIA NO DIREITO DO TRABALHO

As hipóteses de decadência não são comuns no Direito do Trabalho.

Os prazos decadenciais mais conhecidos são os relativos ao inquérito para apuração de falta grave (30 dias do afastamento do empregado estável, art. 853, CLT), ação rescisória (2 anos da formação da coisa julgada, art. 975, CPC) e o mandado de segurança (120 dias, art. 23, Lei 12.016/09).

31.3 PRESCRIÇÃO TRABALHISTA

31.3.1 Causas impeditivas e suspensivas da prescrição trabalhista

O CC trata de diversas causas impeditivas e suspensivas da prescrição (arts. 197 e 198), as quais são aplicáveis ao Direito do Trabalho (art. 8º, CLT), sofrendo, contudo, algumas adaptações.

A primeira causa impeditiva da prescrição é a relação matrimonial, já que inexiste qualquer restrição legal para a existência de relação de emprego entre os cônjuges. Apesar de a norma prever expressamente a "sociedade conjugal" (art. 197, I, CC), na constância

---

[3] O TST entende que o reconhecimento de ofício da prescrição viola o princípio do retrocesso social (SDI-I – E-RR 255500-85.2005.5.02.0010 – Rel. Min. Augusto César Leite de Carvalho – *DEJT* 27/4/2012).

da união estável também não se pode falar em prescrição já que se trata de uma situação equiparada ao casamento pelo ordenamento jurídico (art. 226, § 3º, CF, Lei 9.278/1996, arts. 1.723 a 1.727, CC).

Além dessa causa, também impede a contagem da prescrição a relação de poder familiar e a relação de tutela e curatela. Hipóteses também aplicáveis no Direito do Trabalho, apesar da sua pouca incidência prática.

Outra causa impeditiva é a incapacidade absoluta, e a menoridade é a que apresenta maior relevância para o Direito do Trabalho.

De fato, a menoridade trabalhista (18 anos) é fator impeditivo da prescrição, independentemente de ser o menor absolutamente ou relativamente incapaz (art. 440, CLT). Tal regra não se aplica quando cessar a incapacidade civil, como ocorre na emancipação e em outras situações previstas pelo legislador (art. 5º, CC).

Nos dias atuais, não há mais dúvida, pois a interrupção da obrigação indivisível é prevista no CC (art. 201) e, nos casos em que houver devedores com responsabilidade solidária, a interrupção efetuada contra um devedor solidário envolve os demais e seus herdeiros (art. 204, § 1º).

Também é causa impeditiva da prescrição a ausência do titular do direito do Brasil, a serviço público da União, Estados e Municípios. Também aplicável aos ausentes para a prestação de serviço público ao Distrito Federal, autarquias e fundações.

Outra causa impeditiva está prevista no art. 198, III, do CC: os que se acharem servindo nas Forças Armadas, em tempo de guerra.

A submissão do litígio trabalhista à Comissão de Conciliação Prévia é causa de suspensão do prazo prescricional (art. 625-G, CLT) pelo período que durar a tentativa conciliatória, ainda que o prazo de dez dias fixado pelo legislador para conclusão dos trabalhos da Comissão seja ultrapassado.

Tratando-se de fato que deva ser apurado no juízo criminal, a prescrição somente se iniciará com a decisão definitiva (art. 200, CC). Tal regra tem aplicação ao Processo do Trabalho, de modo que a parte interessada poderá aguardar o desfecho da ação penal, para posteriormente promover a ação trabalhista, *e. g.*, pleiteando a reparação de dano causado por uma acusação falsa.

A aplicação de tal regra é salutar ao Processo do Trabalho, primeiro, porque se evita o ajuizamento de ações que dependam do pronunciamento do juízo criminal (efeitos da coisa julgada penal, arts. 63 ss, CPP) e, segundo, pela desnecessidade de realização de atos judiciais que possam se mostrar futuramente inócuos (princípio da economia processual).

A prescrição não atingirá os fatos e seus efeitos que estão sendo apurados pelo juízo criminal, *v. g.* uma justa causa pela acusação de ato de improbidade, contudo, a prescrição continua correndo para outras verbas decorrentes do contrato de trabalho (horas extras, adicional noturno etc.).

Trata-se de uma faculdade da parte interessada aguardar o pronunciamento do juízo criminal para ajuizar a ação trabalhista. Certo é que se a decisão trabalhista depender da decisão penal, a ação trabalhista proposta antes do término da ação penal terá que ser suspensa (art. 313, V, CPC) e ainda corre o risco de não apresentar em juízo todo o relato do desfecho da ação penal.

Como causas suspensivas aplicáveis ao Direito do Trabalho, citam-se: (a) a pendência de condição suspensiva; (b) não estando vencido o prazo (art. 199, I e II, CC).

Em face dessas condições, denota-se o princípio da *actio nata*: a contagem da prescrição inicia-se no instante em que, violado o direito, nasce para o titular a pretensão (art. 189, CC).

Nesse sentido, a Súm. 443, STF: *"A prescrição das prestações anteriores ao período previsto em lei não ocorre quando não tiver sido negado, antes daquele prazo, o próprio direito reclamado ou a situação jurídica de que ele resulta."*

Parte da jurisprudência entende suspensa a prescrição trabalhista por conta da suspensão do contrato de trabalho, em especial nos casos de aposentadoria por invalidez (art. 475, CLT, art. 47, Lei 8.213/91, Súm. 217, STF, Súm. 160, TST), doença ou acidente de trabalho, entre outras situações.

Contudo, convém ressaltar que tais hipóteses não se encontram expressamente previstas na lei, sendo que para nós a suspensão ou não da prescrição, ou mesmo da decadência (arts. 208 e 198, CC), vai depender das condições físicas ou mentais do reclamante de pleitear seus direitos, devendo ser analisado caso a caso, já que, *v. g.*, um empregado hospitalizado estaria impedido de praticar qualquer ato da vida civil.

Para o TST, a suspensão do contrato de trabalho, em virtude da percepção do auxílio-doença ou da aposentadoria por invalidez, não impede a fluência da prescrição quinquenal, ressalvada a hipótese de absoluta impossibilidade de acesso ao Judiciário (OJ 375, SDI-I).

Encontramos ainda como causa suspensiva da prescrição os intitulados (obstáculo judicial e legal), com fundamento no previsto nos arts. 132, § 1º, do CC, 224, CPC, art. 775, CLT. Como exemplos: (a) obstáculo legal: a coincidência do último dia da prescrição com o dia destinado ao feriado; (b) obstáculo judicial: a eventual paralisação dos serviços forenses, o que poderá prejudicar o exercício da defesa do direito por seu titular.

Necessário se faz alertamos que as figuras denominadas de "obstáculo judicial" e "obstáculo legal" não são reconhecidas de forma absoluta pela jurisprudência e doutrina.

O TST afasta a decadência, prorrogando até o primeiro dia útil, imediatamente subsequente, o prazo decadencial para ajuizamento de ação rescisória quando expira em férias forenses, feriados, finais de semana ou em dia em que não houver expediente forense, pela aplicação do art. 775 da CLT (Súm. 100, IX).

Segundo parte da doutrina e jurisprudência, é improrrogável o prazo prescricional e mesmo decadencial, porque esses prazos não possuem natureza jurídica de prazo processual, mas sim de fato jurídico de direito material, de modo que o previsto no art. 775 da CLT e no art. 224 do CPC é inaplicável por se destinar especificamente aos prazos processuais.

Também não seria o caso de aplicação do art. 132 do CC, o qual possui destinação específica e com inserção no Livro III, Título I, Capítulo III, que trata da condição, do termo e do encargo dos atos jurídicos e não no Título IV, do mesmo Livro, o que permitiria também sua aplicação à prescrição ou à decadência.

Pelo CPC (art. 975, § 1º), o prazo de dois anos é prorrogado até o primeiro dia útil imediatamente subsequente, quando a sua expiração ocorrer durante férias forenses, recesso, feriados ou em dia que não houver expediente forense.

A Lei 13.545/17 determina a suspensão do prazo processual nos dias compreendidos entre 20 de dezembro e 20 de janeiro, inclusive, não se podendo realizar audiências nem sessões de julgamento. Claro está que essa inovação processual vem justificar a adoção das hipóteses de aplicação dos obstáculos para se ter também a suspensão dos prazos prescricionais.

31.3.2 Causas interruptivas da prescrição trabalhista

A mais importante causa interruptiva é a propositura de ação judicial trabalhista. A prescrição é interrompida com a citação pessoal feita ao devedor, ainda que ordenada por juiz incompetente (art. 202, I, CC).

A data do ajuizamento fixa o termo quanto à interrupção da prescrição, pois a citação no Processo do Trabalho é automática (art. 841, CLT). Por regra, o juiz trabalhista tem conhecimento do processo somente quando da realização da audiência inaugural.

A demanda trabalhista, ainda que arquivada, interrompe a prescrição em relação aos pedidos idênticos (Súm. 268, TST). Evidentemente que a interrupção da ação trabalhista pelo arquivamento respectivo somente atinge o objeto da ação e não outros direitos que possam ser postulados.

A Reforma Trabalhista (Lei 13.467/17) inseriu o § 3º ao art. 11, CLT, dispondo que a interrupção da prescrição somente ocorrerá pelo ajuizamento de reclamação trabalhista, mesmo em juízo incompetente, ainda que venha a ser extinta sem resolução de mérito, contudo, produzindo efeitos apenas em relação aos pedidos idênticos.

Pela estrutura do processo civil, a citação válida torna prevento o juízo, faz litispendência, torna litigiosa a coisa, constitui em mora o devedor e interrompe a prescrição (art. 219, *caput*, CPC/73; art. 240, CPC/15).

O CPC/73 fixou que a interrupção da prescrição retroage ao momento do ajuizamento da ação (art. 219, § 1º), desde que o autor promova a citação do réu nos 10 dias subsequentes ao despacho que a ordenar. Não havendo a citação, o juiz prorrogará o prazo até 90 dias.

Se o réu não for citado neste prazo, a conclusão a que se chega é no sentido de que não há interrupção da prescrição (art. 219, § 4º, CPC/73).

O CPC/15, no seu art. 240, mantém idênticas regras, com exceção do prazo máximo de 90 dias e da inocorrência do efeito quanto a prevenção (a prevenção ocorre com a data do ajuizamento da demanda).

Certamente que a demora ou atraso da citação, em função de motivos inerentes ao mecanismo da Justiça, não pode ser acolhida para a decretação da prescrição ou decadência (Súm. 78, ex-TFR, Súm. 106, STJ).

As hipóteses do art. 202, II a V, CC (protesto judicial ou cambial; pela apresentação do título de crédito em juízo de inventário ou em concurso de credores; por qualquer ato judicial que constitua em mora o devedor), são de incidência rara no Processo Trabalhista, já que não são comuns os procedimentos cautelares ou preparatórios, preferindo o credor trabalhista à utilização direta da ação principal.

O TST fixou o entendimento de que o protesto judicial é medida aplicável no processo do trabalho, por força do art. 769, CLT, sendo que o seu ajuizamento, por si só, interrompe o prazo prescricional, em razão da inaplicabilidade do § 2º do art. 219, CPC/73 (art. 240, § 2º, CPC/15), que impõe ao autor da ação o ônus de promover a citação do réu, por ser ele incompatível com o disposto no art. 841, CLT (OJ 392, SDI-I).

A situação de qualquer ato inequívoco, mesmo extrajudicial que importe reconhecimento do direito pelo devedor (art. 202, VI, CC) pode ser aplicável ao processo trabalhista. É a situação, por exemplo, na qual o empregador chama o seu ex-empregado para um acerto de contas ou reconhece a existência de dívida junto ao FGTS.

A interrupção aproveita o demandante, não favorecendo os demais cocredores nem prejudicando os codevedores (art. 204, CC), exceto se for o caso de obrigações solidárias, indivisíveis ou no caso do fiador. Por isso, havendo sucessão do empregado por herdeiros maiores e menores de idade, entende-se interrompida ou suspensa a prescrição para todos, conforme o caso, pois os direitos trabalhistas sucedidos formam uma universalidade de direitos indivisíveis.

Além disso, a interrupção pode ser promovida por qualquer interessado (art. 203, CC); portanto, entende-se que a ação promovida pelo sindicato como substituto processual interrompe o prazo prescricional da ação individual do empregado.

31.3.3 Prazos prescricionais trabalhistas

Anteriormente à CF/88, para o trabalhador urbano, o prazo prescricional era de 2 anos, sendo computado a partir da lesão ao direito (art. 11, CLT), enquanto para o empregado rural o lapso era 2 anos, a contar da extinção do contrato de trabalho (art. 10, Lei 5.859/73).

Com o art. 7º, XXIX, CF, os prazos prescricionais trabalhistas passaram a ser de: (a) 5 anos para o trabalhador urbano, até o limite de 2 anos após a extinção do contrato; (b) 2 anos após a extinção do contrato, para o trabalhador rural, não atingindo as situações já consumadas.

O prazo prescricional de 5 anos previsto no art. 7º, XXIX, é de aplicação imediata, não atingindo pretensões já alcançadas pela prescrição bienal, quando da promulgação da CF (Súm. 308, II, TST); logo, esse prazo somente é válido a partir da vigência da CF (5/10/1988).

Pela norma constitucional, a diferença básica entre o empregado urbano e o rural era que, para o segundo, a prescrição não é computada na fluência do contrato de trabalho, o que acabou por ser alterado com a EC 28, igualando os prazos prescricionais do trabalhador urbano e rural.

Assim, para o trabalhador urbano, temos 2 prazos prescricionais: (a) 5 anos, o qual é computado na vigência do contrato de trabalho, a partir da lesão a cada direito violado; (b) 2 anos, de cunho total, cujo início é a partir da extinção do contrato de trabalho.

Para o trabalhador rural, não havia o cômputo da prescrição no curso do contrato de trabalho. Com a extinção contratual, se tinha e se mantém até os dias de hoje o prazo prescricional total de 2 anos.

Em função da diferenciação de tratamento entre o urbano e o rural, a CF facultava ao empregador rural comprovar a cada 5 anos, perante a Justiça do Trabalho, o cumprimento das suas obrigações trabalhistas para com o empregado rural, na presença deste e de seu representante sindical (art. 233, *caput*).

Comprovado o cumprimento das obrigações, ficava o empregador isento de qualquer ônus decorrente daquelas obrigações no período respectivo. Caso o empregado e seu representante não concordassem com a comprovação do empregador, caberia à Justiça do Trabalho a solução da controvérsia (art. 233, § 1º).

Ficava ressalvado ao empregado, em qualquer hipótese, o direito de postular, judicialmente, os créditos que entendesse existir, relativamente aos últimos 5 anos (art. 233, § 2º).

A comprovação poderia ser feita em prazo inferior a 5 anos, a critério do empregador (art. 233, § 3º).

Na primeira comprovação do cumprimento das obrigações trabalhistas pelo empregador rural, após a promulgação da CF, seria certificada perante a Justiça do Trabalho a regularidade do contrato e das atualizações das obrigações trabalhistas de todo o período (art. 10, § 3º, ADCT).

Com a EC 28/00, houve alteração na redação do art. 7º, XXIX, CF, passando a não mais haver diferenças de prazo prescricional entre empregado urbano e rural. Diz a nova redação do texto constitucional: *"Ação, quanto aos créditos resultantes das relações de trabalho, com prazo prescricional de cinco anos para os trabalhadores urbanos e rurais, até o limite de dois anos após a extinção do contrato de trabalho."*

A EC 28 também revogou o art. 233 da CF, segundo o qual o empregador rural deveria comprovar, de 5 em 5 anos, o pagamento dos créditos trabalhistas.

Sobre o tema, em 27/9/2002, o TST (SDI-I) editou a OJ 271, a qual teve sua redação alterada em novembro de 2005, *in verbis*: "*O prazo prescricional da pretensão do rurícola, cujo contrato de emprego já se extinguira ao sobrevir a Emenda Constitucional nº 28, de 26/05/2000, tenha sido ou não ajuizada a ação trabalhista, prossegue regido pela lei vigente ao tempo da extinção do contrato de emprego.*"

Para os contratos em curso à época da vigência da EC 28, não há prescrição total ou parcial dos direitos do trabalhador rural, desde que a demanda tenha sido ajuizada no prazo de cinco anos contados a partir da publicação desta EC, desde que tenha sido respeitado o biênio prescricional (OJ 417, SDI-I). Isso significa que a prescrição parcial quinquenal passa a fluir a partir da publicação da EC 28.

Ao empregado que exerce atividade rural em empresa de reflorestamento aplica-se a prescrição própria do rurícola (OJ 38, SDI-I).

31.3.4 Ações declaratórias

As ações declaratórias são utilizadas para as situações de incerteza. Pedem o reconhecimento quanto à existência ou não de uma relação jurídica, sem haver a pretensão quanto à sanção. O interesse do autor pode limitar-se à declaração da: (a) existência ou inexistência de relação jurídica; (b) autenticidade ou falsidade de documento (art. 19, I e II, CPC). É admissível a declaratória, ainda que tenha ocorrido a violação do direito (art. 20, CPC). As ações declaratórias não podem servir à prova de simples fatos, a não ser o expressamente previsto (falsidade de documento). A experiência demonstra que são várias as hipóteses de ações declaratórias no processo trabalhista: reconhecimento de estabilidade, existência ou não do vínculo empregatício etc.

Atualmente, é pacífico na doutrina o entendimento de que as ações declaratórias são imprescritíveis. Em função dessas assertivas, a Lei 9.658/98 incluiu o parágrafo único ao art. 11 da CLT, dispondo que os prazos prescricionais são inaplicáveis às ações que tenham por objeto anotações para fins de prova junto à Previdência Social (revogado pela Reforma Trabalhista)

O TST fixou o entendimento de que o marco inicial da contagem do prazo prescricional para o ajuizamento de ação condenatória (quando há a dispensa do empregado no curso de ação declaratória que possua a mesma causa de pedir remota) é o trânsito em julgado da decisão proferida na ação declaratória e não a data da extinção do contrato de trabalho (OJ 401, SDI-I).

31.3.5 Férias

A prescrição do direito de reclamar a concessão das férias ou o pagamento da respectiva remuneração é contada do término do período concessivo ou, se for o caso, da cessação do contrato de trabalho (art. 149, CLT).

31.3.6 Parcelas oriundas de sentença normativa

O entendimento do TST é de que *"o prazo de prescrição com relação à ação de cumprimento de decisão normativa flui apenas a partir da data de seu trânsito em julgado"* (Súm. 350).

A execução da sentença normativa, por uma ação de cumprimento, antes do trânsito em julgado, é uma faculdade da parte interessada, portanto, o prazo prescricional somente começará a fluir com o trânsito em julgado da decisão.

Até porque, pela Súm. 246, o TST exarou o entendimento de que é dispensável o trânsito em julgado da sentença normativa para propositura da ação de cumprimento.

31.3.7 Ato único do empregador (prescrição total e parcial)

Tratando-se de demanda que envolva pedido de prestações sucessivas decorrentes de alteração do pactuado, a prescrição é total, exceto quando o direito à parcela esteja também assegurado por preceito de lei (Súm. 294, TST).

A posição do TST em considerar prescrito o direito de reclamar diferenças salariais resultantes de planos econômicos (OJ 243, SDI-I) está em conflito com a disposição da Súm. 294, na medida em que as diferenças postuladas estavam previstas em lei.

Tratando-se de pedido de pagamento de diferenças salariais decorrentes da inobservância dos critérios de promoção estabelecidos em plano de cargos e salários criado pela empresa, a prescrição aplicável é a parcial, pois a lesão é sucessiva e se renova mês a mês (Súm. 452).

Por maioria de votos, a SDI-I do TST, quando da análise do processo (E-ED-RR 83200-24.2008.5.03.0095), deliberou que a prescrição é parcial, quando se tem a redução de parte fixa do salário, por entender que a irredutibilidade salarial é princípio constitucional.

A OJ 175, SDI-I, indica que a supressão das comissões, ou a alteração quanto à forma ou ao percentual, em prejuízo do empregado, é suscetível de operar a prescrição total, nos termos da Súmula 294, em virtude de cuidar-se de parcela não assegurada por preceito de lei. Não concordamos com o verbete judicial, na medida em que a comissão é parcela assegurada e o art. 468, *caput*, CLT, entende ser nula de pleno a alteração contratual unilateral ou bilateral que seja prejudicial ao trabalhador.

A Reforma Trabalhista acrescentou ao texto consolidado o § 2º ao art. 11, dispondo que não somente a alteração do pactuado (matéria já regulada pela Súmula 294), como também para o descumprimento do pactuado, a prescrição é total, exceto quando o direito a parcela esteja assegurado por preceito legal. Não comungamos com a tese da prescrição total, uma vez que a parcela sempre estará assegurada por preceito legal, ante a aplicação do princípio da inalterabilidade da condição mais benéfica (art. 468, *caput*, CLT).

31.3.8 Legitimidade para arguição da prescrição

A prescrição deve ser alegada pela parte a quem aproveita (art. 191, CC). Quando se tratava de direitos patrimoniais, o juiz, de ofício, não poderia conhecer da prescrição, salvo se favorecesse absolutamente incapaz (art. 194, CC, art. 219, § 5º, CPC/73).

A Lei 11.280/06 revogou expressamente o art. 194, CC, e o § 5º do art. 219, CPC/73, passou a prever que o juiz pronunciará, de ofício, a prescrição. O CPC/15 (art. 332, § 1º) menciona que o juiz também poderá julgar liminarmente improcedente o pedido se verificar, desde logo, a ocorrência da decadência ou de prescrição, independentemente da citação do réu (art. 332, *caput*). De acordo com o art. 487, *caput*, II, CPC/15, haverá a resolução de mérito quando o juiz decidir, de ofício ou a requerimento, sobre a ocorrência de decadência ou prescrição. Contudo, ressalvada a hipótese do § 1º do art. 332, tais institutos não serão reconhecidos sem que antes seja dada às partes a oportunidade de manifestação (art. 487, parágrafo único).

A manifestação jurisdicional *ex officio* sobre a prescrição tem aplicação no Direito do Trabalho (art. 8º, CLT) e no Direito Processual do Trabalho (art. 769), por não haver incompatibilidade com as regras trabalhistas e porque o sistema de proteção do trabalhador (princípio protetor e a irrenunciabilidade dos direitos trabalhistas) não ultrapassa os limites do Direito Material para atingir o Direito Processual. Acrescente-se que a própria Constituição prevê a regra prescricional para os créditos de natureza trabalhista.

31.3.9 Momento de arguição no processo de conhecimento

Pela Súm. 153 do TST, não se conhece da prescrição na instância ordinária, quando a parte deixou de articular a matéria.

Até recentemente, ao contrário do que ocorria com a decadência legal, em se tratando de direitos patrimoniais, o juiz não podia conhecer de ofício da prescrição, salvo se favorecesse a absolutamente incapaz (art. 194, CC, art. 219, § 5º, CPC/73). A regra era no sentido de que a matéria deve ser alegada pela parte. Contudo, o art. 194, CC, foi revogado, e o art. 219, § 5º, CPC, passou a ter nova redação pela Lei 11.280/06, admitindo o pronunciamento *ex officio* da prescrição. O CPC/15 (art. 332, § 1º) menciona que o juiz também poderá julgar liminarmente improcedente o pedido se verificar, desde logo, a ocorrência da decadência ou de prescrição, independentemente da citação do réu (art. 332, caput).

Em função da Súm. 153 do TST, entende-se que é cabível a arguição da prescrição durante todo o processo de conhecimento ou mesmo em sede recursal ou ainda até o momento da formulação das contrarrazões do recurso ou recurso adesivo.

O teor da Súm. 153 deriva do que previa o art. 162 do CC de 1916: *"A prescrição pode ser alegada, em qualquer instância, pela parte a quem aproveita."*

Disposição também é encontrada no art. 175 do Código de Processo Civil de 1939.

Necessário dizer que o CC de 2002 mantém a mesma *ratio*, ao prever que *"a prescrição poder ser alegada em qualquer grau de jurisdição, pela parte a quem aproveita"* (art. 193).

31.3.10 Períodos descontínuos de trabalho

Da extinção do último contrato é que começa a fluir o prazo prescricional do direito de ação objetivando a soma de períodos descontínuos de trabalho (Súm. 156, TST).

A soma dos períodos contínuos ou descontínuos é possível, *acessio temporis*, excetuando-se as seguintes hipóteses: dispensa com justa causa, o pagamento da indenização legal e a aposentadoria (art. 453, CLT).

Assim, havendo a caracterização de unicidade dos períodos contínuos ou descontínuos de trabalho, a prescrição é computada a partir do último contrato de trabalho.

31.3.11 Equiparação salarial

Na demanda de equiparação salarial, a prescrição só alcança as diferenças salariais vencidas no período anterior aos 5 anos que precederam o ajuizamento (Súm. 6, IX, TST).

A demanda que visa ao reenquadramento funcional tem prescrição extintiva (Súm. 275, II), sendo que o desvio funcional do empregado não gera, por si só, novo enquadramento, mas apenas as diferenças salariais (OJ 125, SDI-I).

No contrato de trabalho, por ser de trato sucessivo, as obrigações contratuais trabalhistas se projetam no tempo. Desta forma, as lesões são periódicas, fazendo com que haja lapsos temporais distintos.

31.3.12 Desvio de função

Na demanda que objetiva corrigir desvio funcional, a prescrição só alcança as diferenças salariais vencidas no período anterior aos 5 anos que precederam ao ajuizamento (Súm. 275, I, TST).

A demanda que visa ao reenquadramento funcional tem contra ela a prescrição extintiva (Súm. 275, II), sendo que o simples desvio funcional do empregado não tem o condão de gerar novo enquadramento, mas apenas as diferenças salariais (OJ 125, SDI-I).

O contrato de trabalho é sinalagmático e comutativo. As obrigações contratuais básicas são conhecidas de forma prévia, além de serem equivalentes. O empregado, ao ser contratado, sabe a função e o salário correspondente.

O empregado, no curso da relação contratual, poderá ser posto em outra função, porém, sem o salário equivalente. Neste caso, para nós, a lesão será mensal, abrangendo o período em que perdurar o desvio de função.

31.3.13 Aviso prévio

Com base nas OJs 82 e 83, SDI-I, o TST entendeu que o aviso prévio há de ser computado para fins de baixa na CTPS, além da própria prescrição.

O aviso prévio pode ser indenizado ou trabalhado. Quando é trabalhado, não há dúvida de que integra o tempo de serviço para todo e qualquer fim.

A data de saída a ser anotada na CTPS deve corresponder à do término do prazo do aviso prévio ainda que indenizado (OJ 82, SDI-I).

A prescrição começa a fluir no final da data do término do aviso prévio (art. 487, § 1º, CLT, e OJ 83, SDI-I).

Até porque, segundo o TST, no curso do aviso prévio indenizado, quando há superveniência de auxílio-doença, os efeitos da dispensa só se concretizam depois de expirado o benefício previdenciário, sendo irrelevante que tenha sido concedido no período do aviso prévio, já que ainda vigorava o contrato de trabalho (Súm. 371).

Todavia, quando o aviso prévio é indenizado, a integração deve ser vista somente no plano patrimonial, justificando-se as incidências em décimo terceiro salário, férias e fundo de garantia (Súm. 305).

31.3.14 Prescrição do trabalhador avulso

Até recentemente, o TST considerava aplicável à prescrição bienal prevista no art. 7º, XXIX, CF, ao trabalhador avulso, tendo como marco inicial a cessação do trabalho ultimado para cada tomador de serviço (OJ 384, SDI-I). A OJ 384 foi cancelada em setembro/2012.

Assim, em regra, aplica-se ao trabalhador avulso a prescrição quinquenal (TRT – 2ª R. – RO 01983006520085020447 – Rel. Álvaro Alves Nôga – j. 20/5/2011).

A prescrição bienal somente será computada a partir do descredenciamento do trabalhador do Órgão Gestor de Mão de Obra (OGMO) (TST – 2ª T. – RR 135200-29.2006.5.09.0022 – Rel. Min. José Roberto Freire Pimenta – j. 9/10/2012 – *DEJT* 19/10/2012).

QUESTIONÁRIO

1. Como podem ser conceituadas decadência e prescrição?

2. Quais são as principais regrais legais sobre a prescrição?

3. Como fica a contagem do prazo decadencial e prescricional reduzido pela nova lei de aplicação imediata?

4. Quais são as hipóteses de decadência no Direito do Trabalho? E seus respectivos prazos legais?

5. Qual é a diferença entre as causas impeditivas, suspensivas e interruptivas da prescrição?

6. Quais são as causas interruptivas da prescrição trabalhista?

Capítulo XXXII
ASSISTÊNCIA SINDICAL E O CONTRATO DE TRABALHO

32.1 ASSISTÊNCIA

O pedido de demissão ou recibo de quitação de rescisão do contrato de trabalho, firmado por empregado com mais de 1 ano de serviço, só seria válido quando feito com a assistência do sindicato da categoria profissional ou perante a autoridade do Ministério do Trabalho (art. 477, § 1º, CLT).

Na opinião de Valentin Carrion,[1] a ausência da assistência era *"mais grave no pedido de demissão do que no de pagamento",* pois *"deseja-se preservar não só a autenticidade de manifestação havida com a data, e ainda afastar a ausência de pressões ou abuso sobre o estado de ânimo claudicante do empregado em virtude de algum revés momentâneo sofrido no ambiente de trabalho ou fora dele. Mesmo que se prove a autenticidade do pedido de demissão não homologado, prevalece o posterior arrependimento;* idem *quanto ao acordo para rescindir, devendo o empregado restituir a quantia recebida. A manifestação de vontade só deveria ter sido aceita após a obediência à forma imposta".*

Quanto à ausência de homologação da quitação de pagamento, *"o vício é meramente formal; é igualmente ineficaz, mas se o empregado confessar o recebimento ou haja prova indubitável do pagamento (exemplo, cheque nominal por ele descontado), não é impossível que o defeito possa ser tido como suprido, evitando-se o enriquecimento sem causa do empregado; mas, para o seu reconhecimento, é necessário prova irrefutável".*[2]

A SDI-I decidiu pela nulidade do pedido de demissão, ante a ausência da homologação da rescisão, independentemente, da confissão do empregado quanto à demissão.[3]

O artigo 477, § 1º, CLT, exigia a assistência sindical ou do Ministério do Trabalho e Emprego para a homologação da rescisão de empregados com mais de um ano de serviço e, diante do descumprimento da formalidade legal, essencial à validade do ato jurídico, não havia como reconhecer-se que a ruptura contratual se deu por iniciativa do trabalhador.

---

[1] CARRION, Valentin. *Comentários à Consolidação das Leis do Trabalho.* 28. ed., p. 351.
[2] CARRION, Valentin. Ob. cit., p. 351.
[3] TST – SDI-I – E-RR 825-12.2010.5.09.0003 – Rel. Min. Hugo Carlos Scheuermann – *DEJT* 29/1/2016.

Sem a homologação, seria inválido o pedido de demissão do empregado, ainda que ele confessasse em juízo a sua iniciativa de desligamento contratual, devendo a dispensa ser reconhecida como imotivada.

Não se pode olvidar que a norma era cogente e assegurava a prevalência do princípio da indisponibilidade dos direitos trabalhistas, de modo que a declaração de que o pedido de demissão se deu sem vício de vontade não supria o requisito da assistência sindical imposto pela lei.

A expressão "mais de um ano" deveria considerar ou não o cômputo do aviso prévio? Quando o aviso prévio era trabalhado, a questão não nos oferece maiores dificuldades. A resposta deveria ser afirmativa. Contudo, no caso de o aviso prévio ser indenizado, surgiam as controvérsias. Para alguns, as incidências só seriam patrimoniais (1/12 nas férias e 1/12 no décimo terceiro salário e nos depósitos fundiários + 40%), já que a projeção seria uma ficção da lei (art. 487, § 1º, CLT). Para outros, com base nas OJ 82 e 83, SDI-I, o período do aviso prévio indenizado deve ser somado ao tempo do contrato para fins de contagem dos 12 meses.

Com a Reforma Trabalhista, a partir de 11/11/2017, ante a revogação expressa do § 1º do art. 477, CLT, deixa de ser obrigatória a homologação da rescisão contratual. Portanto, a validade do pedido de demissão não está condicionada a essa formalidade.

A competência era concorrente entre o sindicato da categoria profissional e a autoridade do Ministério do Trabalho para a realização da homologação. A escolha caberia ao empregador. Porém, quando não havia na localidade nenhum dos órgãos citados, a assistência seria prestada pelo Representante do Ministério Público, Promotor de Justiça ou, onde houver, pelo Defensor Público e, na falta ou impedimento destes, pelo Juiz de Paz (art. 477, § 3º, CLT). O § 3º foi revogado de forma expressa pela Lei 13.467 (art. 5º, I, *j*).

A partir de 11/11/2017, com a Reforma Trabalhista, ante a nova redação do art. 477, *caput*, quando houver o término do contrato de trabalho, além da anotação na CTPS o empregador deverá comunicar a dispensa aos órgãos competentes e efetuar o pagamento das verbas rescisórias ao empregado dispensado.

O pagamento das verbas rescisórias constantes do TRCT seria efetuado em dinheiro ou em cheque visado, conforme acordado pelas partes, exceto na hipótese de analfabeto, quando o pagamento somente poderá ser feito em dinheiro (art. 477, § 4º). Com a Reforma Trabalhista, a nova redação do art. 477, § 4º, a partir de 11/11/17, o pagamento das verbas rescisórias será efetuado: (a) em dinheiro, depósito bancário ou cheque visado, conforme acordem as partes; (b) em dinheiro ou depósito bancário quando o empregado for analfabeto.

Com as alterações legislativas impostas pela Reforma, a entrega dos documentos comprobatórios (comunicação da extinção contratual aos órgãos competentes) e o pagamento das verbas rescisórias devem ser efetuados no prazo de dez dias contados a partir do término do contrato (nova redação do art. 477, § 6º).

A comunicação efetuada pelo empregador aos órgãos competentes e a anotação do término do contrato na CTPS são aspectos formais vitais, a partir de 11/11/2017, para que o empregado possa requer o benefício do seguro-desemprego, além da movimentação da conta vinculada (art. 477, § 10).

Os empregados da União, dos Estados, do Distrito Federal, dos Municípios e das autarquias ou fundações de direito público, federais, estaduais ou municipais que não explorem atividade econômica prescindem da assistência, já que se presumem válidos os recibos de quitação ou pedidos de demissão (art. 1º, I, Dec.-lei 779/69). Citada regra deixa de ser válida ante a extinção da homologação da rescisão contratual com a Reforma Trabalhista.

Qualquer compensação no pagamento da rescisão não poderá exceder o equivalente a 1 mês de remuneração do empregado (art. 477, § 5º, CLT). A regra foi mantida na Reforma.

Sergio Pinto Martins[4] entende que, *"se houver adiantamento superior a um mês, a compensação na rescisão somente poderá ater-se ao referido valor, presumindo-se que o restante venha a ser dívida de natureza civil".*

Eduardo Gabriel Saad[5] esclarece que o § 5º, art. 477, veda a *"compensação que exceda a um mês de remuneração do empregado. Significa dizer que o empregador está impedido de fazer ao empregado adiantamentos salariais que superem, em valor, a remuneração de um mês. O novo diploma legal restringiu a aplicação do instituto da compensação que o Código Civil, no art. 1.009, define assim: 'Se duas pessoas forem ao mesmo tempo credor e devedor uma da outra, as duas obrigações extinguem-se até onde se compensarem'".*

Quanto ao empregado estável, o pedido de demissão só será válido quando feito com a assistência da entidade sindical e, se não o houver, perante autoridade local competente do Ministério do Trabalho ou da Justiça do Trabalho (art. 500, CLT). A formalidade *"se aplica tanto à estabilidade permanente quanto à provisória. O dispositivo pretende evitar a fraude".*[6]

O ato da assistência na rescisão contratual seria sem ônus para o trabalhador e empregador (art. 477, § 7º, CLT). Era contrária ao espírito da lei (art. 477, § 7º) e da função precípua do sindicato a cláusula coletiva que estabelecia taxa para homologação da rescisão contratual (OJ 16, SDC). Com a Reforma Trabalhista, o § 7º foi revogado de forma expressa (art. 5º, I, j).

---

[4] MARTINS, Sergio Pinto. *Direito do trabalho.* 21. ed., p. 673.
[5] SAAD, Eduardo Gabriel. *Consolidação das Leis do Trabalho comentada.* 28. ed., p. 347.
[6] CARRION, Valentin. Ob. cit., p. 396.

32.2 O ALCANCE DA QUITAÇÃO

O instrumento de rescisão ou recibo de quitação, qualquer que seja a causa de dissolução do contrato, deve ter especificado a natureza de cada parcela paga ao empregado e discriminado o seu valor, sendo válida a quitação, apenas, relativamente às mesmas parcelas (art. 477, § 2º, CLT).

A interpretação quanto aos efeitos da quitação tinha duas correntes doutrinárias. A primeira no sentido de que a quitação envolvia o valor pago. Para os adeptos da segunda, o valor recebido no termo da rescisão homologada abrangia o título mencionado na parcela, não podendo o empregado nada mais reclamar a título de diferenças em função da parcela recebida.

Predominou na interpretação do TST a segunda corrente interpretativa: *"A quitação, nas hipóteses dos §§ 1º e 2º do art. 477, da CLT, concerne exclusivamente aos valores discriminados no documento respectivo"* (Súm. 41).[7]

Pela Res. 22/93, o TST editou a Súm. 330: *"Quitação. Validade. Revisão do Enunciado nº 41. A quitação passada pelo empregado, com assistência da Entidade Sindical de sua categoria, ao empregador, com observância dos requisitos exigidos nos parágrafos do art. 477, da CLT, tem eficácia liberatória em relação às parcelas expressamente consignadas no recibo."*

Em 18/12/1994, o TST reformulou a Súm. 330, mantendo a redação original com os seguintes acréscimos: *"salvo se oposta ressalva expressa e específica ao valor dado à parcela ou parcelas impugnadas".*

Diante da nova interpretação judicial, a homologação efetuada pelo sindicato da categoria profissional teria eficácia liberatória quanto às parcelas, logo, o empregado nada mais poderia reclamar quanto a tais títulos, exceto se houvesse ressalva expressa e específica quanto aos valores das parcelas.

Como se denota, a alteração jurisprudencial não abrange as quitações homologadas pelas demais entidades previstas no art. 477: Ministério do Trabalho, Ministério Público, Defensor Público e Juiz de Paz. Para eles, mantém-se o teor da Súm. 41, ou seja, a quitação somente abrange os valores e não os títulos.

Na ótica de Francisco Antonio de Oliveira,[8] *"com o novo direcionamento jurisprudencial sumulado a quitação levada a efeito nos termos do art. 477 e obediente aos seus parágrafos tem eficácia liberatória. Disso resulta que o trabalhador não poderá vir a juízo reclamar diferenças sobre o valor recebido, porque quitou a parcela na sua totalidade. Evidente que não será impedido de pleitear a diferença quando houver evidente erro material, v. g., a parcela era de CR$ 8.700,00 referente ao aviso prévio e por lapso datilográfico constou*

---

[7] A Súm. 41 foi cancelada pela Res. 121, TST, de 28/10/2003.
[8] OLIVEIRA, Francisco Antonio de. *Comentários aos Enunciados do TST*, 3. ed., p. 805.

CR$ 7.800,00. O vocábulo parcela significa título + valor. O entendimento até então adotado pelo Enunciado nº 41 tornava inútil à solenidade exigida pela Lei (art. 477, § 1º, CLT)".

Discordamos dessa opinião. Devemos diferenciar os termos: "parcela" e "título".

O vocábulo "parcela" possui os seguintes significados: *"(a) verba; (b) cada uma das prestações que devem ser pagas na venda a crédito, na tributação etc."*.[9]

Já o termo "título" tem o significado que denota *"fundamento jurídico"; "documento que autoriza o exercício de um direito ou função"; "ato ou fato jurídico hábil para a aquisição ou transferência do direito (Clóvis Beviláqua)"; "causa que, exteriormente, preenche os requisitos legais necessários para a transferência de algum direito (R. Limongi França)"; "fato de que se origina o direito para o sujeito ativo e a obrigação para o sujeito passivo de uma relação jurídica (João Mendes)."*[10]

Pelos significados dos dois termos, "parcela" não pode ser tida como sinônima de "título".

Parcela não representa o fato ou o ato que origina o direito. Portanto, a sua utilização na Súmula 330 do TST compreende a importância paga e não o direito quitado.

O art. 320, CC, estabelece que a quitação designará o valor, a espécie da dívida quitada, o nome do devedor, ou quem por este pagou, o tempo e o lugar do pagamento, com assinatura do credor, ou do seu representante.

Como se constata, a quitação abrange o valor da dívida paga, logo, só desobriga o devedor quanto ao montante do valor entregue ao credor.

Sergio Pinto Martins[11] ao tecer as suas críticas quanto à Súm. 330, expõe que *"a quitação envolve apenas as parcelas e valores pagos e não os títulos. Se não houve o pagamento integral, o empregado poderá reclamar eventuais diferenças ou até mesmo verbas que não foram pagas e que, portanto, não foram quitadas"*.

Para Júlio Bernardo do Carmo[12] *"a interpretação do § 2º do art. 477 da CLT que conduza à assertiva de que a quitação ampla, sem ressalvas, devidamente homologada, tolhe ao empregado a possibilidade de vir postular outras verbas ou diferenças não ressalvadas, atualmente reencetada pelo TST, através da edição do Enunciado nº 330, faz ouvidos moucos a irrenunciabilidade dos direitos trabalhistas, a par de conferir superioridade jurídica ao empregador na relação jurídica trabalhista, partindo da presunção de que enunciado de forma explícita o título ou parcela no instrumento rescisório, há quitação plena, mesmo quando os valores pagos agridem a realidade por malferir a extensão do crédito trabalhista efetivamente devido"*.

---

[9] DINIZ, Maria Helena. *Dicionário jurídico.* v. 3, p. 512.
[10] DINIZ, Maria Helena. Ob. cit., v. 4, p. 568.
[11] MARTINS, Sergio Pinto. Ob. cit., p. 675.
[12] CARMO, Júlio Bernardo do. Da eficácia liberatória da quitação advinda de homologação de rescisão contratual trabalhista: cotejo do Enunciado nº 330/TST com o princípio da legalidade. *Revista LTr*, v. 58, nº 3, p. 307.

Não podemos nos esquecer de que a assistência dada ao empregado, no ato da homologação, por qualquer das entidades previstas em lei, *"estabelece presunção facti ou hominis quanto à sua validade. Mas essa dissolução pode ser anulada mediante prova da ocorrência de erro substancial (art. 138 do Código Civil), silêncio intencional (dolo) a respeito de fato ou qualidade que impediria a celebração do ato nas condições em que foi realizado (art. 147 do Código Civil), coação (arts. 151 a 154 do Código Civil) ou simulação (art. 167). Em tais hipóteses a quitação não será nula, mas anulável, cabendo ao trabalhador o ônus da prova. Mesmo quando o distrato ou a denúncia do contrato por empregado estável haja sido homologado pela Justiça do Trabalho, certo é que sua anulação pode ser obtida pela via da reclamação à mesma Justiça, como os atos jurídicos em geral. Desnecessário, portanto, o apelo à ação rescisória (cf. art. 486 do CPC)"*.[13]

Pela Res. 108, publicada no *Diário Oficial da União* em 18/4/2001, o TST alterou a redação da Súm. 330: *"A quitação passada pelo empregado, com assistência de entidade sindical de sua categoria, ao empregador, com observância dos requisitos exigidos nos parágrafos do art. 477 da CLT, tem eficácia liberatória em relação às parcelas expressamente consignadas no recibo, salvo se oposta ressalva expressa e especificada ao valor dado à parcela ou parcelas impugnadas.*

I – A quitação não abrange parcelas não consignadas no recibo de quitação e, consequentemente, seus reflexos em outras parcelas, ainda que essas constem desse recibo.

II – Quanto a direitos que deveriam ter sido satisfeitos durante a vigência do contrato de trabalho, a quitação é válida em relação ao período expressamente consignado no recibo de quitação."

Na verdade, o que houve foi o acréscimo dos tópicos I e II ao corpo da Súm. 330.

No item I, fica explicitado que a quitação somente abrange as parcelas efetivamente mencionadas no corpo do documento da rescisão. Exemplos: (a) no documento consta somente o pagamento do adicional de insalubridade; o empregado poderá solicitar a incidência desta verba em outros títulos, tais como: férias, 13º salário etc.; (b) consta da quitação o pagamento do 13º salário e das férias de todo o pacto laboral, sem qualquer alusão ao adicional de insalubridade; judicialmente, o empregado poderá reclamar o adicional de insalubridade e suas incidências em outros títulos, inclusive nas férias e no 13º salário.

Pelo item II, a quitação deve ser vista quanto ao período de cálculo do título mencionado na parcela. Exemplo: consta o pagamento das férias do período aquisitivo 1997/98; o empregado poderá reclamar outras férias que não constem do termo da quitação.

Na nova redação da Súm. 330, o TST procurou explicitar a abrangência da eficácia liberatória, o que vem corroborar as críticas doutrinárias expostas.

---

[13] SÜSSEKIND, Arnaldo; MARANHÃO, Délio; VIANNA, Segadas; TEIXEIRA FILHO, João de Lima. *Instituições de direito do trabalho*. 19. ed., v. 1, p. 229.

A quitação não desobriga o empregador de pagar as diferenças apontadas pelo empregado no curso da demanda trabalhista, tendo eficácia liberatória somente quanto ao valor da parcela e não ao título mencionado no termo da rescisão.

Apesar de a Reforma Trabalhista não ter alterado o § 2º do art. 477, como não se tem a exigência da homologação para as rescisões ocorridas a partir de 11/11/2017, não mais há o interesse jurídico quanto à aplicação da Súmula 330, TST.

32.3 A ÉPOCA PARA PAGAMENTO DAS VERBAS RESCISÓRIAS

32.3.1 Prazos

O pagamento das parcelas constantes do instrumento de rescisão ou recibo de quitação seria efetuado nos seguintes prazos: (a) até o 1º dia útil imediato ao término do contrato; ou (b) até o 10º dia, contado da data da notificação da demissão, quando da ausência do aviso prévio, indenização do mesmo ou dispensa de seu cumprimento (art. 477, § 6º, CLT).

As hipóteses em que o pagamento das verbas deveria ocorrer até o 1º dia útil seguinte ao desligamento são: *"(a) extinção normal de contratos de prazo determinado, como de experiência, obra certa, aprendizagem, safra, ou acontecimento; (b) último dia do aviso prévio trabalhado ou do tipo domiciliar, em que a pessoa recebe como se tivesse trabalhado".*[14]

As situações em que o prazo é de 10 dias corridos eram: *"(a) a empresa está indenizando o aviso prévio; (b) o empregado pediu demissão sem dar aviso prévio, cujo valor lhe está sendo descontado; (c) o empregado foi desobrigado de cumprir o aviso, o que solicitou, tanto na dispensa como no caso de ter pedido demissão imediata; (d) a dispensa decorre de falta grave; (e) o pedido de demissão não comporta aviso prévio porque se trata de contrato de prazo determinado".*[15]

Pela jurisprudência do TST, o fato da homologação da rescisão contratual ocorrer após os prazos legais (art. 477, § 6º) não implicava a caracterização da mora do empregador, exceto se as verbas tiverem sido pagas fora do prazo legal.[16]

O depósito da multa de 40% do FGTS após o decurso do prazo para o pagamento das verbas rescisórias, por se tratar de uma verba rescisória, também justificava a aplicação da multa do art. 477.

Com as alterações legislativas impostas pela Reforma, a entrega dos documentos comprobatórios (comunicação da extinção contratual aos órgãos competentes) e o pagamento das verbas rescisórias devem ser efetuados no prazo de dez dias contados a partir do término do contrato (nova redação do art. 477, § 6º). Isso significa que o prazo será sempre de dez dias, caso o aviso prévio seja laborado ou indenizado.

---

[14] SERSON, José. *Curso de rotinas trabalhistas*. 36. ed., p. 131.
[15] SERSON, José. Ob. cit., p. 131.
[16] TST – 4ª T. – RR 1472-35,20912.5.03.0025 – Rel. Min. João Oreste Dalazen – *DJe* 5/6/2015.
TST – 4ª T. – AIRR 0160600-04.2009.5.01.0009 – Rel. Min. João Oreste Dalazen – *DJe* 26/6/2015.

A comunicação efetuada pelo empregador aos órgãos competentes e a anotação do término do contrato na CTPS são aspectos formais vitais, a partir de 11/11/2017, para que o empregado possa requer o benefício do seguro-desemprego, além da movimentação da conta vinculada (art. 477, § 10).

32.3.1.1 Aviso prévio cumprido em casa

Para a jurisprudência do TST, o prazo para o pagamento das verbas rescisórias no caso do aviso prévio domiciliar (o empregado é dispensado quanto à prestação dos serviços, cumprindo em casa o aviso) seria o 10º dia da notificação da despedida (art. 477, § 6º, *b*; OJ 14, SDI-I). No fundo, como o aviso prévio domiciliar equivale a uma modalidade de aviso prévio indenizado, com a Reforma, o prazo será de dez dias a contar do momento da ciência da dispensa.

32.3.2 Multas

O descumprimento do prazo previsto no § 6º, art. 477, por parte do empregador, implica multa administrativa por trabalhador, além do pagamento da multa a favor do empregado, em valor equivalente ao salário, salvo quando, comprovadamente, o trabalhador der causa à mora (art. 477, § 8º). Pela Portaria 290 do MTE, o valor da multa administrativa é de 160 UFIRs. O último valor da UFIR foi de R$ 1,0641. A UFIR foi extinta pela edição da MP 2.176-79 (2001), a qual se transformou na Lei 10.522/02. Após a extinção, os valores são atualizados pela taxa SELIC.

A multa do art. 477 não pode ser considerada como cláusula penal. Trata-se de uma sanção legal imposta ao empregador pelo descumprimento da obrigação quanto ao pagamento das verbas rescisórias no prazo.

Apesar de ser uma imposição legal, para que haja a condenação judicial na multa do art. 477 torna-se necessário que a mesma seja solicitada de forma expressa quando da formulação da petição inicial. A multa não pode ser tida como pedido implícito quando da postulação judicial.

Antes da edição dos §§ 6º e 8º, art. 477, CLT, em vários instrumentos normativos (convenções e acordos coletivos de trabalho), era comum a fixação de prazos para o pagamento das verbas rescisórias. Isso significa que, se a norma negocial fixar um prazo menor ou multa superior aos limites legais, a mesma irá prevalecer sobre o texto da lei.

32.3.3 Prova do atraso

No caso de discussão judicial quanto à multa, porque a regularidade do pagamento e a data são fatos extintivos do direito do autor, o respectivo *onus probandi* é do empregador, de acordo com os arts. 818, II, CLT, e 373, II, CPC.

O empregador, para evitar a caracterização da mora do devedor, deverá ajuizar a ação de consignação em pagamento (arts. 334 e segs., CC), como também pode utilizar a consignação extrajudicial (quando for o caso somente de obrigação em dinheiro), de acordo com o art. art. 539, §§ 1º a 3º, CPC.

32.3.4 A quem se aplicam os prazos e as multas do art. 477 da CLT?

As multas previstas no art. 477 são válidas para todos os tipos de rescisão contratual.

A exceção é quanto à massa falida (Súm. 388, TST). Esta condição elide a multa somente quando a decretação da falência ocorrer na vigência do contrato de trabalho. Se ocorrer após o término do contrato, não poderá elidir a responsabilidade, pois a multa já é devida ao empregado.

Os entes públicos (União, Estados, Municípios, Distrito Federal) e entidades de Direito Público (Autarquias e Fundações Públicas federais, estaduais, municipais que não explorem atividade econômica) não estão isentos quanto à observância dos prazos previstos no art. 477. O TST fixou o entendimento de que a multa do art. 477 da CLT é aplicável à pessoa jurídica de Direito Público (OJ 238, SDI-I).

Na opinião de Sergio Pinto Martins, a multa não é devida ao empregado doméstico, na medida em que a CLT é inaplicável a ele. Discordamos desta posição. Para o doméstico, de acordo com o art. 7º, parágrafo único, CF, dentre outros direitos, são aplicáveis: aviso prévio, 13º salário e as férias com o abono de 1/3. A doutrina entende que os direitos que a Constituição concedeu genericamente aos domésticos devem ser aplicados com a regulamentação das leis que já os contemplam, logo, por exemplo, são aplicáveis os dispositivos legais da CLT que disciplinam a dispensa por justa causa. Como os prazos legais são aplicáveis a toda e qualquer rescisão (art. 477, § 2º), deve haver a sua extensão para os domésticos.

O TST tem entendido que não se aplicam à empregada doméstica as multas do art. 467 e do art. 477.[17]

A partir da LC 150/15, a penalidade do art. 477, CLT, é aplicável ao trabalhador doméstico, visto que a CLT é aplicável de forma subsidiária (art. 19, *caput*, LC 150).

A responsabilidade subsidiária da empresa tomadora também compreende a multa do art. 477 (Súm. 331, VI, TST).

A empresa em recuperação judicial também não está isenta quanto do pagamento da multa do art. 477 da CLT. Nada há de concreto na Lei 11.101/05 que desobrigue a empresa em recuperação judicial quanto aos prazos do art. 477 no sentido do pagamento das verbas rescisórias.

32.3.5 A contagem do prazo

O prazo previsto na alínea *b*, § 6º, art. 477 para pagamento das verbas rescisórias deveria ser computado de acordo com o art. 132, CC (OJ 162, SDI-I), portanto, seria excluído o dia em que houve a notificação da dispensa e incluído o dia do vencimento.

Com a Reforma Trabalhista, diante da nova redação do § 6º do art. 477, o pagamento deverá ocorrer em até dez dias contados a partir do término do contrato.

---

[17] TST – 8ª T. – AIRR 83800-20.2007.5.02.0447 – Rel. Desembargador Convocado João Pedro Silvestrin – *DEJT* 27/9/2013.

32.3.6 Pagamento à vista

O pagamento das verbas rescisórias constantes do TRCT seria efetuado em dinheiro ou em cheque visado, conforme acordado pelas partes, exceto na hipótese de analfabeto, quando o pagamento somente poderá ser feito em dinheiro (art. 477, § 4º). Com a Reforma Trabalhista, a nova redação do art. 477, § 4º, a partir de 11/11/2017, o pagamento das verbas rescisórias será efetuado: (a) em dinheiro, depósito bancário ou cheque visado, conforme acordem as partes; (b) em dinheiro ou depósito bancário quando o empregado for analfabeto.

De acordo com a IN SRT 15/10, o pagamento poderá ser feito, dentro do prazo estabelecido no § 6º do art. 477 da CLT, por meio de ordem bancária de pagamento, ordem bancária de crédito, transferência eletrônica ou depósito bancário em conta corrente ou poupança do empregado, observando que: (a) o estabelecimento bancário deverá se situar na mesma cidade do local de trabalho; (b) o empregador deve comprovar que nos prazos legais ou previstos em convenção ou acordo coletivo de trabalho o empregado foi informado e teve acesso aos valores devidos (art. 23, §§ 1º e 2º).

O parcelamento das verbas rescisórias não elide o direito do empregado à percepção da multa.

32.3.7 Força maior e caso fortuito

A empresa, no intuito de elidir a responsabilidade pela multa, alega as dificuldades econômicas para não cumprir os prazos quanto ao pagamento das verbas rescisórias.

Convém salientar que o risco do empreendimento não pode ser imputado ao trabalhador (art. 2º, CLT), portanto, a alegação da força maior ou caso fortuito com base na crise econômica ou situação análoga, não tem o condão de evitar a aplicação da multa.

O art. 477, nos seus §§ 6º e 8º, não faz nenhuma ressalva quanto à força maior como critério legal que elide a imposição da multa.

32.3.8 A multa e a demanda trabalhista

Há situações de dúvida razoável quanto ao fato de a obrigação ser devida ou não, o que somente é possível de ser solucionada após o exame minucioso e exaustivo das provas e das alegações postas em juízo.

Exemplos: ato de dispensa por justa causa aplicado ao empregado pelo empregador e que é discutida em juízo; discussão quanto à existência ou não do vínculo empregatício, com a percepção do direito às verbas rescisórias.

Em caso de fundada controvérsia quanto à existência da obrigação cujo inadimplemento gerou a multa, o TST entendia ser incabível a multa do art. 477, § 8º, CLT (OJ 351, SDI-I, cancelada).

Atualmente, quanto a multa do art. 477, a jurisprudência do TST aponta ser: (a) devida, quando reconhecido o vínculo empregatício (Súm. 462); (b) indevida, quando reconhecida a existência de diferenças de verbas rescisórias em juízo (4ª T. – RR 10099-25.2014.5.03.0165 – Rel. Min. João Oreste Dalazen – *DJE* 31/3/2015; 7ª T. – RR 23400-80.2010.5.17.0006 – Rel. Min. Luiz Philippe Vieira de Mello Filho – *DEJT* 25/10/2013).

32.3.9 A proporcionalidade na aplicação da multa

A multa fixada no art. 477, § 8º, CLT, deve ser calculada à base de um mês de salário, independentemente do número de dias quanto ao atraso no pagamento das verbas rescisórias.

Como a multa possui a natureza de uma sanção legal, é inaplicável a limitação prevista no art. 412, CC.

Aliás, a restrição prevista no art. 412 somente é aplicável quando for o caso de multa estipulada em cláusula penal diária ou não (OJ 54, SDI-I).

32.3.10 O valor da multa

A disposição legal (art. 477, § 8º, CLT) menciona o termo "salário", contudo, não estabelece a base de cálculo. Como sabemos, os salários podem ser pagos por dia, semana, quinzena ou mês. Surge a problematização: qual é o salário para fins de pagamento da multa?

De acordo com o art. 459, *caput*, o salário não pode ser pago por período superior a 30 dias. Por outro lado, os títulos rescisórios são calculados à base de 1 mês de salário (art. 478).

Com base nessas assertivas, concluímos que o período de cálculo da multa prevista no art. 477, independentemente do número de dias de atraso quanto às verbas rescisórias, deverá ser calculado à base de 30 dias (= salário mensal).

Fixada a base mensal, resta-nos dirimir a questão relativa aos títulos, os quais devem estar ou não presentes no cálculo da multa.

O salário a ser considerado para fins de cálculo é o salário-base, sem qualquer outro aditivo, seja *in natura* ou não, já que o art. 477, § 8º, não adota o termo "remuneração".

Por salário-base entendemos o valor pago em relação à base de 30 dias, o qual poderá ser mensurado pelo sistema de tempo, obra ou tarefa.

32.4 O PAGAMENTO DAS VERBAS RESCISÓRIAS COM ACRÉSCIMO DE 50%

A Lei 10.272/01 estabeleceu nova redação do art. 467, CLT: "*Em caso de rescisão de contrato de trabalho, havendo controvérsia sobre o montante das verbas rescisórias, o empregador é obrigado a pagar ao trabalhador, à data do comparecimento à Justiça do Trabalho, a parte incontroversa dessas verbas, sob pena de pagá-las acrescidas de cinquenta por cento.*"

A redação original do art. 467 previa a dobra quanto à parte incontroversa dos salários.

O intuito do legislador é evitar a prática de atos protelatórios do empregador durante o transcorrer da demanda trabalhista.

32.4.1 A quem se aplica o art. 467 da CLT?

Convém salientar que o art. 467, CLT, utiliza a expressão "trabalhador", portanto, há de ser aplicado para todo e qualquer tipo de trabalho humano, inclusive para o doméstico.

A responsabilidade subsidiária da empresa tomadora também compreende a multa do art. 467 (Súm. 331, VI, TST).

O parágrafo único do art. 467 indicava que a sanção não era aplicável à União, aos Estados, ao Distrito Federal, aos Municípios e às suas autarquias e fundações públicas. A Lei 10.272/01, ao dar nova redação ao art. 467, suprimiu o teor do parágrafo único na atual redação, logo, a multa é aplicável para os entes da administração pública. Convém ser dito que a antiga exceção era inaplicável às empresas públicas, as quais exploram atividade econômica e às sociedades de economia mista, já que as mesmas devem observar as regras do Direito do Trabalho, de acordo com o art. 173, § 1º, II, CF.

O TST entende que é indevida a aplicação do art. 467 nos casos de decretação de falência da empresa, porque a massa falida está impedida de saldar qualquer débito, até mesmo o de natureza trabalhista, fora do juízo universal da falência (Súm. 388).

A empresa em recuperação judicial não está isenta quanto ao pagamento da multa do art. 467 da CLT. Nada há de concreto na Lei 11.101/05 que desobrigue a empresa em recuperação judicial quanto aos prazos do art. 467 no sentido do pagamento das verbas rescisórias.

32.4.2 Requisitos

Os requisitos são: (a) o término do contrato de trabalho; (b) o término pode ser por iniciativa do empregado ou do empregador; (c) a inexistência de controvérsia sobre o montante das verbas devidas pelo término do contrato de trabalho; (d) o não pagamento do montante incontroverso quando da realização da primeira audiência trabalhista.

33.4.3 Conceito de verbas rescisórias

A penalidade prevista no art. 467, CLT, envolve o montante incontroverso dos seguintes títulos: saldo de salários; aviso prévio; férias vencidas e proporcionais; abono constitucional de 1/3 das férias; indenização por tempo de serviço (arts. 477, 478 e 492); indenização adicional (art. 9º, Lei 7.238/84).

O acréscimo de 50% é aplicável aos depósitos fundiários da rescisão e à respectiva multa de 40%. O fato de os títulos serem depositados na conta vinculada não elide o argumento de que são devidos em função do término do contrato de trabalho, portanto, são títulos rescisórios.

32.4.4 Pode haver a aplicação de ofício pelo juiz?

A penalidade do art. 467, CLT, reputa-se uma norma de cunho processual, logo, há de ser aplicada independentemente da solicitação na petição inicial. Trata-se de um pedido implícito, já que a norma legal determina o pagamento com acréscimo de 50% das verbas rescisórias incontroversas.

32.4.5 Revelia

Havendo rescisão contratual e sendo revel e confesso o empregador quanto à matéria de fato, deve haver a sua condenação no pagamento das verbas rescisórias, não quitadas em primeira audiência, com acréscimo de 50% (Súm. 69, TST).

32.5 QUITAÇÃO ANUAL DAS OBRIGAÇÕES TRABALHISTAS (REFORMA TRABALHISTA – LEI 13.467/17)

A Reforma Trabalhista (Lei 13.467/17) introduziu o art. 507-B ao texto da CLT, no sentido de ser facultada a empregadores e empregados, na vigência ou não do contrato de trabalho, firmar o termo de quitação anual das obrigações trabalhistas com a assistência da entidade sindical. Trata-se de um procedimento similar ao que havia no art. 233, CF, o qual foi revogado pela EC 28/00.

O termo deve conter a discriminação mensal das obrigações de dar e fazer, as quais tenham sido cumpridas, além da quitação anual consentida pelo empregado, com eficácia liberatória das parcelas nele especificadas.

Por uma interpretação literal, a quitação implica a desobrigação empresarial das parcelas indicadas no termo sindical, assim, não mais seria possível ao empregado demandar eventuais diferenças.

Claro está que essa interpretação não pode prevalecer: (a) a entidade sindical não tem estrutura para aferir o cumprimento efetivo dos direitos trabalhistas, notadamente, face ao elevado número de direitos a serem analisados, além da necessidade do exame de vasta documentação e a conferência mensal dos valores pagos. Em suma, é inadmissível a eficácia liberatória das parcelas mencionadas, na medida em que, muitas vezes, a conferência exige um trabalho meticuloso de perícia contábil; (b) a plena eficácia liberatória implica severa restrição ao acesso ao Judiciário, violando, assim, o princípio da inafastabilidade da jurisdição (art. 5º, XXXV, CF); (c) por fim, mesmo quando se tinha a homologação da entidade sindical, a assistência não implica plena quitação dos direitos trabalhistas, como se depreende da Súmula 330, TST.

QUESTIONÁRIO

1. A homologação da rescisão contratual elide o direito do empregado em solicitar outros direitos na Justiça do Trabalho? Justifique.

2. A multa do art. 477 deve ser aplicada no caso da dispensa por justa causa, cujo motivo será objeto de apreciação pelo Judiciário Trabalhista?

3. A multa do art. 477 é proporcional ao número de dias de atraso quanto ao pagamento das verbas rescisórias?

4. As dificuldades econômicas da empresa elidem a responsabilidade quanto à multa?

5. A multa do art. 477 é aplicável ao doméstico?

6. A quitação anual firmada perante a entidade sindical prejudica o acesso ao Judiciário?

Capítulo XXXIII
IDENTIFICAÇÃO E REGISTRO PROFISSIONAL

33.1 A DEFINIÇÃO DA CTPS

Carteira de Trabalho e Previdência Social (CTPS) é o *"documento de identificação profissional, que serve também de atestado de antecedentes do trabalhador e de prova de seu contrato de trabalho"*.[1]

De utilização obrigatória pelo empregado urbano e rural, a CTPS possui também referência expressa para outros trabalhadores: empregado aprendiz (art. 428, § 1º, CLT); trabalhador autônomo (Lei 4.886/1965); o empregado doméstico (art. 9º, LC 150/15); temporários (art. 12, § 1º, Lei 6.019/74); treinador profissional (art. 6º, Lei 8.650/93).

O residente fronteiriço também poderá requerer a CTPS e a inscrição no Cadastro de Pessoas Físicas (art. 93, Decreto 9.199/17 – Regulamento da Lei de Migração, Lei 13.445/17).

Ao migrante (pessoa que se desloque de país ou região geográfica ao território de outro país ou região geográfica, em que estão incluídos o imigrante, o emigrante e o apátrida – art. 1º, parágrafo único, I, Decreto 9.199) é assegurada a garantia de cumprimento de obrigações legais e contratuais trabalhistas e de aplicação das normas de proteção ao trabalhador, sem discriminação em razão da nacionalidade e da condição migratória (art. 4º, XI, Lei 13.445).

Os Estrangeiros, desde que tenham visto provisório no País, poderão trabalhar com registro em carteira de trabalho, emitida pela Superintendência do Trabalho e Emprego (Decreto 9.199/17).

A carteira de trabalho tem dupla finalidade: (a) prova do contrato de trabalho – finalidade probatória; (b) os elementos nela inseridos valem a favor do empregado (finalidade constitutiva).

A carteira é um fator de qualificação profissional do empregado, mas pode existir o contrato sem anotação na CTPS.

---

[1] MAGANO, Octavio Bueno. *Manual de direito do trabalho*: direito tutelar do trabalho. 2. ed., v. 4, p. 15.

Em conclusão, são independentes as duas coisas, o contrato de trabalho e a carteira de trabalho, mas ambas se completam.

33.2 AS ANOTAÇÕES NA CTPS

A CTPS será obrigatoriamente apresentada, contra recibo, pelo trabalhador ao empregador que o admitir, o qual terá o prazo de 48 horas para nela anotar, especificamente, a data de admissão, a remuneração e as condições especiais, se houver, sendo facultada a adoção de sistema manual, mecânico ou eletrônico, conforme instruções a serem expedidas pelo Ministério do Trabalho (art. 29, *caput*, CLT).

A retenção da CTPS é apenada com multa administrativa (art. 53).

Os dados relativos à remuneração devem especificar o salário, qualquer que seja sua forma de pagamento, seja ele em dinheiro ou em utilidades, bem como a estimativa da gorjeta (art. 29, § 1º).

As anotações devem ser realizadas: (a) na data-base; (b) a qualquer tempo, por solicitação do trabalhador; (c) no caso de rescisão contratual; (d) necessidade de comprovação perante a Previdência Social (art. 29, § 2º).

A inobservância destas determinações acarretará a lavratura do auto de infração, pelo fiscal do trabalho, que deverá, de ofício, comunicar a falta de anotação ao órgão competente, para o fim de instaurar o processo de anotação (art. 29, § 3º).

Importante ressaltar que é vedado ao empregador efetuar anotações desabonadoras à conduta do empregado em sua CTPS, sujeitando-se a multa (art. 29, § 4º e 5º). O empregador que fizer anotações desabonadoras responde pelo dano causado na Justiça do Trabalho, ainda que o contrato de trabalho não tenha se efetivado (pré-contrato).

Também são obrigatórias as anotações relativas a acidente de trabalho (art. 30).

O portador da CTPS possui o direito de apresentá-la aos órgãos autorizados, para o fim de ser anotado o que for cabível, não podendo ser recusada a solicitação, nem cobrado emolumento não previsto em lei (art. 31).

As anotações relativas às alterações no estado civil dos portadores de CTPS serão feitas mediante prova documental, as quais somente podem ser feitas pelo INSS e somente em sua falta, pelos órgãos emitentes (art. 20). As declarações referentes aos dependentes serão registradas nas fichas respectivas, pelo funcionário encarregado da identificação profissional, a pedido do próprio declarante, que as assinará (art. 32, *caput*). As SRTEs e os órgãos autorizados deverão comunicar à Secretaria de Emprego e Salário todas as alterações que anotarem nas CTPS (art. 32, parágrafo único).

Todas as anotações serão feitas seguidamente, sem abreviaturas, ressalvando-se no fim de cada assentamento as emendas, entrelinhas e quaisquer circunstâncias que possam ocasionar dúvidas (art. 33).

Tratando-se de serviço de profissionais de qualquer atividade, exercício por empreitada individual ou coletiva, com ou sem fiscalização da outra parte contratante, a carteira será anotada pelo respectivo sindicato profissional ou pelo representante legal de sua cooperativa (art. 34).

O valor das anotações da CTPS não é absoluto – *iuris tantum* (Súm. 225, STF; Súm. 12, TST), até por conta do princípio da primazia da realidade.

Também é obrigatório o livro de registro (arts. 41 e segs., CLT).

O valor da multa pelo não registro é regulado pelo art. 47, CLT, sendo: (a) R$ 3.000,00 por empregado não registrado, acrescido de igual valor em cada reincidência; (b) quando se tratar de microempresa ou empresa de pequeno porte, o valor é de R$ 800,00 por empregado não registrado; (c) a imposição da multa não exige o critério da dupla visita (art. 627, CLT).

As penalidades administrativas quanto às anotações falsas estão disciplinadas a partir do art. 49, CLT.

O Ministério do Trabalho e Emprego, por intermédio da Portaria MTE 41, de 28/3/2007, disciplina o registro e a anotação da CTPS de empregados.

A 2ª Turma do TST entendeu que o extravio da CTPS gera o direito à percepção de dano moral (AIRR-18.697/2005-011-09-40.7 – Rel. Min. Renato de Lacerda Paiva – j. 11/3/2009).

33.3 O PROCEDIMENTO ADMINISTRATIVO QUANTO À FALTA OU RECUSA DE ANOTAÇÃO NA CTPS

A reclamação pela falta ou recusa quanto às anotações é um procedimento administrativo junto à SRTE ou órgão autorizado (art. 36, CLT), o qual pode desaguar na Justiça do Trabalho.

O procedimento administrativo é instaurado por: (a) ato *ex officio* do MTE diante das irregularidades constatadas pelo inspetor do trabalho (art. 29, § 3º); (b) solicitação do próprio trabalhador (arts. 31 e 36), com ou sem o patrocínio de advogado ou pelo sindicato.

O início do procedimento ocorre com a lavratura do termo de reclamação, onde são especificados os seguintes dados: (a) qualificação do trabalhador e do seu empregador; (b) as anotações recusadas. Nada obsta que o procedimento tenha início com a petição inicial subscrita por advogado.

Após a lavratura do termo de reclamação, tem-se a realização da diligência pelo inspetor do trabalho. A instrução ocorre no próprio local de trabalho, ouvindo-se, informalmente, o empregado e, se necessário, as testemunhas, com a elaboração do termo de diligência. Caso o empregador concorde com a anotação na CTPS, tem-se o término do procedimento administrativo com seu arquivamento.

Diante da persistência quanto à recusa da anotação, o empregador é notificado, por via postal, para que, em dia e hora previamente designados, venha prestar os esclarecimentos ou efetuar as devidas anotações na CTPS ou sua entrega (art. 37).

Não comparecendo o empregador, lavra-se o termo de audiência, sendo considerado revel e confesso sobre os termos da reclamação feita. As anotações serão efetuadas por despacho da autoridade que tenha processado a reclamação (art. 37, parágrafo único).

Valentin Carrion[2] entende que, *"não comparecendo o empregador, a anotação do funcionário, por ser administrativa, não vincula o Poder Judiciário nem se opera coisa julgada ou preclusão; em nosso entender, é um simples fato a ser pesado pelo juiz, com os demais".*

Havendo o comparecimento, poderão ser feitas as anotações se houver concordância do empregador. Em caso de recusa, será lavrado um termo de comparecimento, que deverá conter, entre outras indicações, o lugar, o dia e hora de sua lavratura, o nome e a residência do empregador, assegurando-lhe o prazo de 48 horas, a contar do termo, para declinar a sua defesa (art. 38, *caput*).

Na sua defesa, o empregador, pessoalmente ou acompanhado de advogado, deveria apontar as razões pelas quais não efetuou as anotações solicitadas pelo trabalhador. Permite-se a produção de provas documentais pelo empregador.

Com o término do prazo para a defesa, o procedimento administrativo é encaminhado para a autoridade que o preside, a qual poderá determinar novas diligências ou proceder ao seu julgamento.

No procedimento administrativo, leciona Amauri Mascaro Nascimento,[3] a defesa *"é ampla, podendo versar sobre as anotações da carteira de trabalho em geral, como data da admissão, função, salário, férias, opção pelo Fundo de Garantia por Tempo de Serviço etc. Porém, a lei retira a atribuição de decidir do Ministério do Trabalho e Emprego nos casos em que o empregador, em sua defesa, alega que não procedem as anotações em decorrência da inexistência de relação de emprego. Nesse caso, dificilmente, pelos meios administrativos, é possível fazer o levantamento de prova necessária para dirimir a controvérsia".*

No caso da impugnação pelo empregador, na visão de Valentin Carrion,[4] *"o julgamento por funcionários do Poder Executivo seria inconstitucional em face da Carta Magna, que atribui competência à Justiça do Trabalho para julgamento de dissídios entre empregadores e empregador (CF de 1988, art. 114)".*

Verificando-se que as alegações feitas pelo empregador versam sobre a não existência de relação de emprego ou sendo impossível verificar essa condição pelos meios administrativos, será o processo encaminhado à Justiça do Trabalho ficando, nesse caso, sobrestado o julgamento do auto de infração que houver sido lavrado (art. 39, *caput*).

Com a remessa do procedimento administrativo à Justiça do Trabalho, adota-se o rito do dissídio individual trabalhista, com a distribuição para uma das varas. Como não há valor da causa estimável, o rito a ser adotado é o relativo ao procedimento trabalhista comum.

A peça inicial do dissídio individual repousa no próprio termo de comparecimento, tendo como objeto a anotação solicitada perante a autoridade administrativa. Nada obsta que o empregado, querendo, faça o aditamento com novos dados ou pedidos, desde que o requerimento ocorra antes da citação do empregador.

---

[2] CARRION, Valentin. *Comentários à Consolidação das Leis do Trabalho.* 31. ed., p. 101.
[3] NASCIMENTO, Amauri Mascaro. *Curso de direito processual do trabalho.* 21. ed., p. 622.
[4] CARRION, Valentin. Ob. cit., p. 101.

Nessas hipóteses, diante do aspecto pecuniário da demanda, de acordo com o valor da causa, deverá ser observado o rito processual adequado (procedimento: comum, sumário ou sumaríssimo).

Após a regular distribuição, a vara do trabalho deverá providenciar a designação de audiência de instrução e julgamento, citando o empregador para que compareça, pena de incorrer nos efeitos da revelia.

Quando da audiência, diante do acordo, as anotações serão efetuadas de acordo com o estabelecido pelas partes.

Diante da impossibilidade do acordo, o empregador terá a oportunidade de formular a defesa, oralmente ou por escrito, prosseguindo o feito com sua regular instrução, ouvindo-se as partes e as testemunhas.

Se a vara do trabalho, em face do conjunto probatório, reconhecer o vínculo empregatício, deverá determinar que o empregador faça as anotações necessárias na CTPS após o trânsito em julgado e, em caso de recusa, que a própria secretaria as faça e expeça comunicação à autoridade competente para o fim de aplicar as sanções administrativas cabíveis (art. 39, § 1º).

Igual procedimento será observado no caso de processo trabalhista de qualquer natureza, quando for verificada a falta de anotações na CTPS, devendo o juiz, nesta hipótese, mandar proceder, desde logo, àquelas sobre as quais não houver controvérsia (art. 39, § 2º).

Diante da ausência do registro pelo empregador, quando da vigência da prestação dos serviços, torna-se comum o ajuizamento da demanda trabalhista objetivando a sua anotação, além dos demais direitos violados. Na sentença, se houver a imposição do vínculo empregatício e a correspondente anotação na CTPS, a vara do trabalho deve determinar que o registro seja efetuado pelo empregador sob pena de multa diária.

A disposição do art. 39, § 2º, da CLT, em verdade, não afasta a aplicação das *astreintes*, haja vista que, embora a Secretaria da Vara, autorizada pelo Juiz, possa promover anotações na CTPS do empregado, tal providência deve ser tida como excepcional, só implementada nas hipóteses raras em que o empregador estiver impossibilitado de realizar a retificação, pois a este é que incumbe, de fato, a responsabilidade pelos registros, como se infere claramente do teor do art. 29 da CLT.

Não se pode olvidar, ainda, que na prática do mercado de trabalho, a anotação pela Secretaria da Vara é considerada desabonadora, causando embaraços ao trabalhador e ainda acaba desmerecendo o empregado e até obstaculizando a sua contratação por um novo empregador.

Além disso, a imposição de multa com vistas ao cumprimento de obrigação de fazer encontra amparo nas disposições estabelecidas nos arts. 537 e 814, CPC.

Como decorrência do registro na CTPS, os valores das contribuições previdenciárias serão devidos ao INSS, contudo, a competência para executá-los é da Justiça Federal (Súmula Vinculante 53, STF; art. 876, parágrafo único, CLT).

33.4 A CTPS E A LEGISLAÇÃO CRIMINAL

A CLT, ao tratar dos crimes de falsidade na emissão, substituição ou anotação da carteira profissional, adotou o regime da catalogação, declinando, uma a uma, as hipóteses, indicando que as penalidades são as mencionadas no art. 299 do Código Penal, o qual trata de falsidade ideológica (art. 49, *caput*, CLT).

As hipóteses de falsidade da CLT são: (a) fazer, no todo ou em parte, qualquer documento falso ou alterar o verdadeiro; (b) afirmar falsamente a sua própria identidade, filiação, lugar de nascimento, residência, profissão, estado civil e os beneficiários, ou atestar os de outra pessoa; (c) servir-se de documentos falsificados; (d) falsificar, fabricando ou alterando, ou vender, usar ou possuir CTPS assim alterada; (e) anotar dolosamente em CTPS ou registro de empregado, ou confessar ou declarar, em juízo ou fora dele, data de admissão em emprego diversa da verdadeira[5] (art. 49, I a V).

Nessa catalogação, o legislador consolidado não menciona quais são as hipóteses de falsidade ideológica e material, contudo, estabelece a pena prevista para a falsidade ideológica.

Como se sabe, é importante a diferenciação entre a falsidade material e a ideológica: *"a. Na falsidade material, o que se frauda é a própria forma do documento, que é alterada, no todo ou em parte, ou é forjada pelo agente, que cria um documento novo. b. Na falsidade ideológica, ao contrário, a forma do documento é verdadeira, mas seu conteúdo é falso, isto é, a ideia ou declaração que o documento contém não corresponde à verdade. Efeitos da distinção: 1. Quanto à capitulação penal. Se a falsidade do documento é material, incide no art. 297; mas se é ideológica, enquadra-se no art. 299. Se o falso em documento particular é material, insere-se neste art. 298; e, se for ideológico, no art. 299 do CP".*[6]

O art. 297, §§ 1º a 4º, CP, trata da falsificação de documento público, ao aplicar a pena de 2 a 6 anos, além da multa, a quem falsificar, no todo ou em parte, documento público, ou alterar documento público verdadeiro. Se o agente é funcionário público, e comete o crime prevalecendo-se do cargo, aumenta-se a pena de sexta parte. Equiparam-se a documento público, para fins de aplicação da lei penal: (a) o emanado de entidade paraestatal; (b) o título ao portador ou transmissível por endosso; (c) as ações de sociedade comercial; (d) os livros mercantis; (e) o testamento particular. Nas mesmas penas incorre quem: (a) insere ou faz inserir: (1) na folha de pagamento ou em documento de informações que seja destinado a fazer prova perante a Previdência Social, pessoa que não possua a qualidade de segurado obrigatório; (2) na CTPS do empregado ou em documento que deva produzir efeito perante a Previdência Social, declaração falsa ou diversa da que deveria ter sido escrita; (3) em documento contábil ou em qualquer outro documento

---

[5] "Trata-se de fato que ocupa boa parte dos anais da jurisprudência do trabalho, pois são sem conta os litígios tendo como causa a dúvida na data da admissão. Em muitos desses fatos, são fortes os indícios de dolo por parte do empregador" (SAAD, Eduardo Gabriel. *Consolidação das leis do trabalho*. 28. ed., p. 80).

[6] DELMANTO, Celso; DELMANTO, Roberto; DELMANTO JUNIOR, Roberto; DELMANTO, Fabio M. de Almeida. *Código penal comentado*. 5. ed., p. 529.

relacionado com as obrigações da empresa perante a Previdência Social, declaração falsa ou diversa da que deveria ter constado; (b) omite, nos documentos mencionados no § 3º, nome do segurado e seus dados pessoais, a remuneração, a vigência do contrato de trabalho ou de prestação de serviços.

Diante da situação concreta e das hipóteses legais do art. 49, I a V, CLT, o operador do direito deve enquadrá-la como falsidade material ou ideológica, objetivando, assim, a devida aplicação da norma penal. Vale dizer, nem todas as hipóteses do art. 49 podem ser penalizadas como se fosse falsidade ideológica, sob pena de violação da própria tipificação penal.

33.5 A OMISSÃO QUANTO AO REGISTRO NA CTPS É CRIME?

Pelo disposto no art. 297, §§ 3º e 4º, CP, será que é razoável o argumento de que a omissão quanto ao registro é uma hipótese de menor gravidade em relação à anotação fraudulenta ou errônea na CTPS do trabalhador. Em outras palavras, será que a não anotação (omissão) do contrato não se trata de tipo penal?

Damásio de Jesus[7] afirma que a alteração imposta pela Lei 9.983/00 *"não tem o condão de inferir no rol de comportamentos típicos a omissão de anotação de novo contrato de trabalho. Pune a conduta do empregador que, mantendo contrato de trabalho e o registro na CTPS, altera-o falsamente (§ 3º e incisos), ou que, no ato do registro, modifica dados com o intuito de burlar a Previdência Social (§ 4º). A incriminação, porém, não passa disso, não prevendo como fato típico a simples omissão do registro".*

Para Damásio de Jesus,[8] os objetos jurídicos dos delitos de falsidade documental não são atingidos pela simples conduta de o empregador não proceder ao registro do empregado, já que o *"intento do legislador, ao definir a nova figura típica, foi claramente o de proteger dois sujeitos passivos: a Previdência Social e o segurado. Por segurado entende-se o contratado cujo registro já tenha sido informado, achando-se inscrito na Previdência Social. A Seguridade é tutelada pela norma penal, que claramente quer exigir lisura na relação estabelecida pelo empregador com o órgão de previdência, constituindo os assentamentos da CTPS os parâmetros legítimos para os cálculos contributivos. O segurado, por sua vez, é protegido porque somente a partir de informações válidas alcançar-se-ão benefícios igualmente válidos.*

Quanto à objetividade normativa do tipo, de ver-se que está superado o conceito de fé pública como objeto jurídico dos delitos de falsidade documental. De noção vaga e imprecisa, sob o prisma objetivo indica a autenticidade documental, subjetivamente, a confiança que as pessoas têm na veracidade dos objetos, documentos etc. Mas, segurança ou confiabilidade no tráfego jurídico, como diz Luiz Flávio Gomes, indicam uma noção tão vaga quanto 'fé pública'. Modernamente, entende-se que os objetos jurídicos dos delitos de

---

[7] JESUS, Damásio de. Deixar de registrar empregado não é crime. Disponível em: <www.damasio.com.br/novo/html/artigos/art_115.htm>. Acesso em: 13 jun. 2004.

[8] JESUS, Damásio de. Ob. cit.

falsidade documental são: (a) autenticidade (função de garantia do documento); (b) perpetuação (incolumidade física do objeto material); (c) valor de prova (função probatória do documento). Desse modo, não é suficiente que haja afetação material do documento para a existência de crime, sendo necessário que a conduta ofensa-o juridicamente, lesando ou expondo o perigo de lesão suas funções de garantia, perpetuação e valor probatório. O simples fato de o empregador deixar de registrar o empregado não afeta nenhuma das mencionadas funções da Carteira de Trabalho. [...]

Ora, a Carteira de Trabalho não submetida a registro pelo empregador não sofre, em face da conduta negativa, nenhuma alteração material ou ideológica capaz de lesar sua autenticidade, perpetuação e função probatória. O documento continua o mesmo, nele não se produzindo nenhum efeito lesivo efetivo ou potencial. Sob o aspecto da autenticidade, pela omissão de registro o documento não passa a ser falso, nulo ou de valor reduzido. Sob o prisma probatório, não perde seu valor de fazer prova em juízo das declarações materialmente nele produzidas. Quanto à perpetuação, os enunciados de pensamento nele contidos não são afetados, acrescidos ou reduzidos".

Em sentido contrário, Anita Tormen[9] afirma: *"Não se tem, pois, como não perceber ou acatar a inclusão dada pela Lei nº 9.983/00 com o dom de inserir no rol de comportamentos típicos a omissão de anotação de novo contrato de trabalho. Ora, se se pune a conduta do empregador que, mantendo contrato de trabalho e o registro na CTPS, altera-o falsamente (§ 3º e incisos), ou que, no ato do registro, modifica dados com o intuito de burlar a Previdência Social (§ 4º), por óbvio que a omissão assume, sim, o suporte fático à atração da regra de conduta."*

33.6 A CTPS E O DANO MORAL

Será que a ausência do registro na CTPS do trabalhador pode implicar dano moral para o empregador?

É inegável que o trabalhador é prejudicado pela ausência de um contrato de trabalho na sua CTPS.

A anotação representa a efetiva participação do trabalhador no mercado formal de trabalho, além da indicação das suas qualidades de profissional e da vinculação a um determinado ofício ou atividade econômica, como também da sua participação em várias áreas da vida social e jurídica, tais como: abertura de conta bancária; obtenção de crédito junto à instituição financeira e no comércio em geral; participação junto ao FGTS e à Seguridade Social etc. Por tais motivos, o empregado tem direito à percepção de uma indenização a título de danos morais.

A jurisprudência do TST é dissonante quanto ao reconhecimento de dano moral pela ausência do registro na CTPS:

---

[9] TORMEN, Anita. Da omissão e da falsidade dos registros na CTPS: aspectos criminais. *Justiça do Trabalho*, nº 242, p. 64, fev./2004.

"(...) DANO MORAL. AUSÊNCIA DE ANOTAÇÃO NA CTPS. A Carteira de Trabalho e Previdência Social registra a vida funcional pretérita do trabalhador, bem como comprova sua situação laboral no momento presente. Garante, assim, o acesso do obreiro aos principais direitos trabalhistas, tais como seguro-desemprego, benefícios previdenciários e FGTS. A ausência de anotação na CTPS, mormente quando não se discute em Juízo o vínculo de emprego, gera a obrigação de indenizar o trabalhador pelos danos morais suportados, neste caso comprovados in re ipsa. Agravo a que se nega provimento" (TST – 1ª T. – Ag-AIRR 343-59.2011.5.02.0024 – Rel. Des. Conv. Marcelo Lamego Pertence – *DEJT* 16/10/2015).

"(...) RECURSO DE REVISTA. FALTA DE ANOTAÇÃO DA CTPS. INDENIZAÇÃO POR DANOS MORAIS. Esta Corte Superior já teve a oportunidade de se manifestar quanto ao não cabimento da indenização por danos morais pela mera falta de anotação da CTPS. Para o dever de indenizar deve existir a prova cabal de que a parte sofreu algum constrangimento pela omissão consignada. Recurso de revista não conhecido" (TST – 2ª T. – RR 3323-58.2010.5.02.0203 – Rel. Des. Conv. Gilmar Cavalieri – *DEJT* 16/10/2015).

Há julgado do TST no sentido de que a não devolução da CTPS do trabalhador dá direito a dano moral. Correto esse entendimento. A carteira de trabalho – CTPS é documento de identificação pessoal e de total relevância para o exercício de qualquer emprego ou de atividade por conta própria, pois registra todo o histórico profissional do trabalhador e também garante o acesso a alguns dos principais direitos trabalhistas, tais como seguro-desemprego e benefícios previdenciários. Deste modo, a retenção injustificada do documento viola o direito à honra e dignidade humana do trabalhador e da sua família, que sofre limitação na comprovação da sua vida funcional e, principalmente, no acesso a inúmeros direitos trabalhistas, essenciais na manutenção da sua vida e de seus dependentes.

"[...] II -- RECURSO DE REVISTA. DANO MORAL E MATERIAL. RETENÇÃO DA CTPS. EXISTÊNCIA DE PREJUÍZO. O Regional consignou que houve demora na entrega da CTPS do funcionário desaparecido aos seus familiares. O artigo 29 da CLT estabelece que o empregador seja obrigado a devolver ao empregado a sua Carteira de Trabalho em até 48 horas após a contratação, com as devidas anotações. Assim, a retenção da carteira do trabalhador pelo empregador além do prazo estabelecido constitui ato ilícito configurador do direito à indenização por danos morais. Precedentes. Conhecido e provido" (TST – 5ª T. – RR 98400-51.2009.5.08.0013 – Rel. Min. Emmanoel Pereira – *DEJT* 24/8/2012).

Não se admite que o empregador, ao cumprir a determinação de anotação na CTPS, faça alusão na CTPS de que o registro é imposição judicial. Essa atitude patronal afeta a credibilidade do empregador junto ao mercado de trabalho, causando-lhe sensíveis prejuízos materiais e morais, visto que essa anotação é uma marca de que o trabalhador processou um determinado empregador.[10]

---

[10] TST – 7ª T. – RR 2779-61.2011.5.02.0421 – Rel. Min. Luiz Philippe Vieira de Mello Filho – *DEJT* 28/6/2013.

QUESTIONÁRIO

1. O que representa a Carteira de Trabalho e Previdência Social (CTPS)?

2. Como se obtém a CTPS?

3. Qual é o valor das anotações na CTPS?

4. Qual é o prazo prescricional quanto às anotações na CTPS?

Capítulo XXXIV
CRITÉRIOS DE NÃO DISCRIMINAÇÃO NO TRABALHO

34.1 PRINCÍPIO DA IGUALDADE

A igualdade perante a lei visa à correção da desigualdade natural entre os homens. Os seres humanos são desiguais pela natureza, cada um com suas aptidões, todavia, sem exceção, todos devem ter um tratamento justo em face da lei.

Celso Ribeiro Bastos[1] afirma que a igualdade substancial denota o *"tratamento uniforme de todos os homens. Não se trata, como se vê, de um tratamento igual perante o direito, mas de uma igualdade real e efetiva perante os bens da vida".*

A noção de igualdade posta nas ordens constitucionais contemporâneas reflete mais o ideal formal[2] do que o material ou substancial. Igualdade formal significa o *"direito de todo cidadão não ser desigualado pela lei senão em consonância com os critérios albergados ou ao menos não vedados pelo ordenamento constitucional".*[3]

---

[1] BASTOS, Celso Ribeiro. *Curso de direito constitucional.* 22. ed., p. 187.

[2] A respeito dessa afirmação, José Afonso da Silva aduz: "A afirmação do art. 1º da Declaração dos Direitos do Homem e do Cidadão cunhou o princípio de que os homens nascem e permanecem iguais em direito. Mas aí firmara a igualdade jurídico-formal no plano político, de caráter puramente negativo, visando abolir os privilégios, isenções pessoais e regalias de classe. Esse tipo de igualdade gerou as desigualdades econômicas, porque fundada 'numa visão individualista do homem, membro de uma sociedade liberal relativamente homogênea'. Nossas constituições, desde o Império, inscreveram o princípio da igualdade, como igualdade perante a lei, enunciado que, na sua literalidade, se confunde com a mera isonomia formal, no sentido de que a lei e sua aplicação tratam a todos igualmente, sem levar em conta as distinções de grupos. A compreensão do dispositivo vigente, nos termos do art. 5º, *caput*, não deve ser assim tão estreita. O intérprete há que aferi-lo com outras normas constitucionais, conforme apontamos *supra* e, especialmente, com as exigências da justiça social, objetivo da ordem econômica e da ordem social. Considerá-lo-emos como isonomia formal para diferenciá-lo da isonomia material, traduzida no art. 7º, XXX e XXXI, que já indicamos no nº 1 *supra*. A Constituição procura aproximar os dois tipos de isonomia, na medida em que não se limitara ao simples enunciado da igualdade perante a lei; menciona também igualdade entre homens e mulheres e acrescenta vedações à distinção de qualquer natureza e qualquer forma de discriminação" (*Curso de direito constitucional positivo.* 18. ed., p. 217).

[3] BASTOS, Celso Ribeiro. Ob. cit., p. 188.

O art. 2º da Declaração Universal dos Direitos Humanos, aprovada pela Assembleia Geral das Nações Unidas em 1948, enuncia: *"Todo homem tem capacidade para gozar os direitos e as liberdades estabelecidas nesta Declaração sem distinção de qualquer espécie, seja de raça, cor, sexo, língua, religião, opinião política ou de qualquer outra natureza, origem nacional ou social, riquezas, nascimento, ou qualquer outra condição."*

Todos são iguais perante a lei, sem distinção de qualquer natureza, garantindo-se aos brasileiros e aos estrangeiros residentes no país a inviolabilidade do direito à vida, à liberdade, à igualdade, à segurança e à propriedade (art. 5º, *caput*, CF).

O ideal da igualdade teve *"transladada a sua topografia. Deixou de ser um direito individual tratado tecnicamente como os demais. Passou a encabeçar a lista destes direitos, que foram transformados em parágrafos do artigo igualizador. Esta transformação é prenhe de significação. Com efeito, reconheceu-se à igualdade o papel que ela cumpre na ordem jurídica. Na verdade, a sua função é de um verdadeiro princípio a informar e a condicionar todo o restante do direito. É como se tivesse dito: assegura-se o direito de liberdade de expressão do pensamento, respeitada a igualdade de todos perante este direito. Portanto, a igualdade não assegura nenhuma situação jurídica específica, mas na verdade garante o indivíduo contra toda má utilização que possa ser feita na ordem jurídica. A igualdade é, portanto, o mais vasto dos princípios constitucionais, não se vendo recanto onde ela não seja impositiva".*[4]

34.2 DISCRIMINAÇÃO

Na linguagem jurídica em geral, discriminação indica: *"(a) ato de separar uma coisa que está unida a outra; (b) separação entre coisas, cargos, serviços, funções ou encargos iguais, similares ou diferentes; (c) definição; (d) limitação decorrente da individuação da coisa; (e) classificação de algo, fazendo as devidas especificações; (f) tratamento preferencial de alguém, prejudicando outrem".*[5]

Para Mauricio Godinho Delgado,[6] discriminação é a *"conduta pela qual se nega à pessoa, em face de critério injustamente desqualificante, tratamento compatível com o padrão jurídico assentado para a situação concreta por ela vivenciada".*

A discriminação genérica é odiosa e fere a dignidade do ser humano. Dentre várias outras, como situações indicadoras de discriminação, podemos citar: idade, sexo, credo, estado civil, cor, origem social, estado de saúde, opinião política, parentescos, aparência física, estado de saúde, invalidez, deficiência física, nacionalidade etc.

Não pode haver diferenças entre os homens. Daí a importância de critérios legais que proíbem as discriminações e que é decorrência direta da aplicação do princípio da igualdade.

---

[4] BASTOS, Celso Ribeiro. Ob. cit., p. 191.
[5] DINIZ, Maria Helena. *Dicionário jurídico*. v. 2, p. 191.
[6] DELGADO, Mauricio Godinho. *Curso de direito do trabalho*. 5. ed., p. 772.

No combate à discriminação, com o advento de critérios legais coibindo o tratamento diferenciado, surgiu a necessidade da formulação do princípio da não discriminação.

Pelo princípio da não discriminação, a ordem jurídica contempla uma série de mecanismos norteadores de uma vedação à adoção de medidas que impliquem condutas diferenciadas para com as pessoas em virtude de fatores que sejam injustamente discriminatórios para com a vida em sociedade.

A Declaração Universal dos Direitos do Homem estabelece que os homens são iguais perante a lei e têm direito, sem qualquer distinção, à igual proteção da lei, inclusive, à igual proteção contra qualquer discriminação (art. 7º).

O princípio da não discriminação também é aplicável ao Direito do Trabalho e da Seguridade Social, valorizando o direito ao trabalho, a livre escolha de emprego, as condições de trabalho, o salário igual por igual trabalho e a proteção contra o desemprego (art. 22).[7]

A Lei 7.716/89 reza que serão punidos os crimes resultantes de discriminação ou preconceito de raça, cor, etnia, religião ou procedência nacional.

A Lei 9.029/95 proíbe a exigência de atestado de gravidez e esterilização e outras práticas discriminatórias, para admissão ou de permanência da relação jurídica de trabalho.

É proibida a concessão ou a renovação de quaisquer empréstimos ou financiamentos pelo BNDES a empresas da iniciativa privada cujos dirigentes sejam condenados por assédio moral ou sexual, racismo, trabalho infantil, trabalho escravo ou crime contra o meio ambiente (art. 4º, Lei 11.948/09).

34.3 A DISCRIMINAÇÃO NA ÓTICA DA ORGANIZAÇÃO INTERNACIONAL DO TRABALHO (OIT)

Em 1998, a OIT fixou oito Convenções, as quais integram a Declaração de Princípios Fundamentais e Direitos no Trabalho. Em linhas gerais, tais convenções estão relacionadas com as seguintes temáticas: trabalho forçado; liberdade sindical e negociação coletiva; discriminação e trabalho infantil. Dentre as Convenções escolhidas, temos a Convenção 100 (igualdade de remuneração) (1951) e a Convenção 111 (discriminação – emprego e ocupação) (1958).

De acordo com o art. 1º, § 1º, Convenção 111, o termo "discriminação" compreende: (a) toda distinção, exclusão ou preferência fundada na raça, cor, sexo, religião, opinião pública, ascendência nacional ou origem social, que tenha por efeito destruir ou alterar

---

[7] "Também o Direito do Trabalho tem absorvido essa moderna vertente de evolução da cultura e prática jurídicas. No caso brasileiro, essa absorção ampliou-se, de modo significativo, apenas após o advento da mais democrática carta de direitos já insculpida na história política do país, a Constituição da República de 1988" (DELGADO, Mauricio Godinho. Ob. cit., p. 773).

a igualdade de oportunidade ou de tratamento em matéria de emprego ou profissão; (b) qualquer outra distinção, exclusão ou preferência que tenha por efeito destruir ou alterar a igualdade de oportunidade ou tratamento em matéria de emprego ou profissão que poderá ser especificada pelo membro interessado depois de consultadas as organizações representativas de empregadores e trabalhadores, quando estas existam, e outros organismos adequados.

Para fins de aplicação da Convenção 111, os temos "emprego" e "profissão" incluem o acesso à formação profissional, ao emprego, às diferentes profissões, bem como às condições de emprego (art. 1º, § 3º).

Não constituem discriminação: (a) a constatação de distinções, exclusões ou preferências fundadas em qualificações exigidas para um determinado emprego (art. 1º, § 2º); (b) a adoção de medidas em relação a uma pessoa, suspeita legítima de se entregar a uma atividade prejudicial à segurança do Estado ou cuja atividade se encontre realmente comprovada, desde que a referida pessoa tenha o direito de recorrer a uma instância competente, estabelecida de acordo com a prática nacional (art 4º); (c) as medidas especiais de proteção ou de assistência previstas em outras convenções ou recomendações adotadas pela Conferência Internacional do Trabalho da OIT (art. 5º, § 1º); (d) qualquer membro pode, depois de consultadas as organizações representativas de empregadores e trabalhadores, quando estas existam, definir como não discriminatórias quaisquer outras medidas especiais que tenham por fim salvaguardar as necessidades particulares de pessoas em relação às quais a atribuição de uma proteção ou assistência especial seja, de uma maneira geral, reconhecida como necessária, por motivos tais como o sexo, a invalidez, os encargos de família ou o nível social ou cultural (art. 5º, § 2º).

A Convenção 100 trata do salário igual para trabalho de igual valor entre o homem e a mulher: (a) a expressão *"igualdade de remuneração para a mão de obra masculina e a mão de obra feminina por um trabalho de igual valor"* refere-se às taxas de remuneração fixas sem discriminação fundada no sexo (art. 1º, *b*); (b) não deverão ser consideradas como contrárias aos princípios de igualdade de remuneração para a mão de obra masculina e a mão de obra feminina, por um trabalho de igual valor, as diferenças entre as taxas de remuneração, que correspondem, sem consideração de sexo, às diferenças resultantes de tal avaliação objetiva nos trabalhos a efetuar (art. 3º, § 3º).

A OIT, com o intuito de evitar as discriminações entre o nacional e o estrangeiro, aprovou outras Convenções: (a) 19 (1925), sobre acidentes de trabalho; (b) 66 (1939), revista pela 97 (1949) e complementada pela 143 (1975), que trata do problema imigratório; (c) 118 (1962), cuida da Seguridade Social.

O Brasil ratificou as Convenções 19, 97, 100, 111 e 118.

34.4 CRITÉRIOS GENÉRICOS DE PROTEÇÃO CONTRA A DISCRIMINAÇÃO

Homens e mulheres são iguais em direitos e obrigações (art. 5º, I, CF).

A Convenção da ONU[8] sobre Eliminação de todas as Formas de Discriminação contra a Mulher assevera que os Estados-partes adotarão todas as medidas apropriadas para eliminar a discriminação contra a mulher na esfera do emprego a fim de assegurar, em condições de igualdade entre homens e mulheres, os mesmos direitos, em particular: (a) o direito ao trabalho como direito inalienável de todo ser humano; (b) o direito às mesmas oportunidades de emprego, inclusive a aplicação dos mesmos critérios de seleção em questões de emprego; (c) o direito de escolher livremente profissão e emprego, o direito à promoção e à estabilidade no emprego e a todos os benefícios e outras condições de serviço, e o direito ao acesso à formação e à atualização profissionais, incluindo aprendizagem, formação profissional superior e treinamento periódico; (d) o direito a igual remuneração, inclusive benefícios, e igualdade de tratamento relativa a um trabalho de igual valor, assim como igualdade de tratamento com respeito à avaliação da qualidade do trabalho; (e) o direito à seguridade social, em particular em casos de aposentadoria, desemprego, doença, invalidez, velhice ou outra incapacidade para trabalhar, bem como o direito de férias pagas; (f) o direito à proteção da saúde e à segurança nas condições de trabalho, inclusive a salvaguarda da função de reprodução (art. 11). Acentua, ainda, que com o intuito de impedir a discriminação contra a mulher por razões de casamento ou maternidade e assegurar a efetividade de seu direito a trabalhar, os Estados-partes tomarão as medidas adequadas para: (a) proibir, sob sanções, a demissão por motivo de gravidez ou licença de maternidade e a discriminação nas demissões motivadas pelo estado civil; (b) implantar a licença de maternidade, com salário pago ou benefícios sociais comparáveis, sem perda do emprego anterior, antiguidade ou benefícios sociais; (c) estimular o fornecimento de serviços sociais de apoio necessários para permitir que os pais combinem as obrigações para com a família com as responsabilidades do trabalho e a participação na vida pública, especialmente mediante fomento da criação e desenvolvimento de uma rede de serviços destinados ao cuidado das crianças; (d) dar proteção especial às mulheres durante a gravidez nos tipos de trabalho comprovadamente prejudiciais para elas (art. 11).

Por regra, não pode haver critério de discriminação entre homens e mulheres. Contudo, diante de algumas situações, previstas em legislação infraconstitucional, justifica-se a distinção, preservando a sua própria condição física, tais como: a proibição de levantamento de certa quantidade de peso (art. 390, CLT); a concessão de intervalos para amamentação (art. 396); intervalo de 15 minutos, após o término da jornada e antes do início da jornada suplementar (art. 384).

---

[8] O Brasil aprovou a Convenção da ONU a respeito da Eliminação de todas as Formas de Discriminação contra a Mulher (assinada pela República Federativa do Brasil, em Nova York, no dia 31/3/1981, com reservas aos seus arts. 15, § 4º, e 16, § 1º, alíneas *a*, *c*, *g* e *h*). A Convenção foi aprovada pelo Congresso Nacional pelo Decreto Legislativo 93, de 14/11/1993. O Decreto 89.460, de 20/3/1984, promulgou a norma. Na sequência, o Decreto Legislativo 26, de 22/6/1994, revogou o Decreto Legislativo 93. Na sequência, o Decreto 89.460 foi revogado pelo Decreto 4.377, de 13/9/2002.

Não pode haver a discriminação de empregado pela manifestação de seu pensamento (art. 5º, IV, CF).

É livre o exercício de qualquer trabalho, ofício ou profissão, atendidas as qualificações profissionais que a lei estabelecer (art. 5º, XIII). Não pode existir discriminação no que se refere a trabalho, ofício ou profissão, porém, deverá haver observância dos preceitos legais que regulam as profissões (art. 22, XVI).

A criação de associações e, na forma da lei, a de cooperativas independe de autorização, sendo vedada a interferência estatal em seu funcionamento (art. 5º), sendo que ninguém poderá ser compelido a associar-se ou a permanecer associado (art. 5º, XX). O Poder Público não pode impor exigências para a constituição das entidades associativas – sindicatos –, sendo que é facultada ao trabalhador a filiação, bem como a manutenção da qualidade de filiado (art. 8º, I e V).

Como é inviolável a liberdade de consciência e de crença (art. 5º, VI), bem como porque ninguém será privado de direitos por motivo de crença religiosa ou de convicção filosófica ou política (art. 5º, VIII), é inadmissível qualquer discriminação nas relações de trabalho que tenham como objeto tais valores.

34.5 CRITÉRIOS ESPECÍFICOS CONTRA A DISCRIMINAÇÃO

34.5.1 Trabalhadores urbanos e rurais

A Constituição Federal estabelece o trabalho como um dos direitos sociais, os quais são previstos, individualmente, no art. 7º, I a XXXIV, sem qualquer distinção entre trabalhadores urbanos e rurais.

A não discriminação entre o trabalhador urbano e rural não implica a revogação da Lei 5.889/73, que trata dos aspectos específicos do trabalho rural.

Há diferenças de tratamento legal entre o rural e o urbano, por exemplo, quanto ao adicional noturno, à duração do horário noturno, ao intervalo para refeição e descanso e à redução do aviso prévio.

34.5.2 Trabalho intelectual, técnico e manual

A lei não poderá efetuar distinções relativas à espécie de emprego e à condição de trabalhador, nem entre o trabalho intelectual, o técnico e o manual (art. 7º, XXXII, CF; art. 3º, parágrafo único, CLT).

Ao discorrer sobre a não discriminação do trabalho humano, Délio Maranhão[9] afirma: *"Como adverte Arnaldo Süssekind, 'o que a Constituição proíbe é que os direitos, garantias e benefícios assegurados de maneira geral ou para determinada categoria distingam entre os trabalhadores manuais ou técnicos e os intelectuais integrantes do grupo a que se refere a lei'. Não impede sejam regulamentadas diferentemente as condições de trabalho de categorias diferentes. Nas palavras de Cooley, a 'garantia de proteção igual não deve ser*

---

[9] MARANHÃO, Délio. *Direito do trabalho*. 8. ed., p. 58.

entendida no sentido de que toda pessoa tem, precisamente, que possuir os mesmos direitos que outra pessoa. Visa a precisamente, possuir os mesmos direitos que qualquer outra. Visa a categorias de pessoas, e a proteção dada pela lei deverá considerar-se igual se todas as pessoas da mesma categoria ela trata do mesmo modo, sob as mesmas circunstâncias e condições'. Do que se trata, é da valorização do trabalhador, do trabalho humano, como tais, independentemente da natureza dos serviços prestados. Todo trabalho é digno, dignifica o homem e merece igual proteção."

34.5.3 Proteção do mercado de trabalho da mulher

As principais situações geradoras da discriminação do trabalho da mulher são: *"a) proibição generalizada do trabalho noturno; (b) proibição do trabalho em atividades insalubres ou perigosas; (c) dificuldades de acesso aos cursos de formação profissional; (d) dificuldades de harmonização das responsabilidades familiares com as do emprego, sobretudo onde inexistem ou forem insuficientes as creches de bairros; (e) gravame da proteção à maternidade".*[10]

Para evitar a discriminação, a legislação infraconstitucional, mediante incentivos específicos, deverá proteger o mercado de trabalho da mulher (art. 7º, XX).

Segundo Arnaldo Süssekind[11] o art. 7º, XX, é *"meramente programático. Pena que esse inciso tenha referido 'mercado de trabalho', esquecido de que o trabalho não é mercadoria. Como ponderou Marly Cardone, 'tais incentivos, seguramente, serão na área tributária, mediante isenções que lei criará'. E devem visar, a nosso ver, à instalação e ao funcionamento de creches, berçários, cursos de formação profissional qualificada, cursos de reciclagem etc. Se no plano universitário já é significativo o número de mulheres, certo é, todavia, que na aprendizagem de ofícios e na formação técnico-profissional ainda é baixo o coeficiente feminino".*

A Reforma Trabalhista (Lei 13.467/17) veda a possibilidade da flexibilização das seguintes garantias da proteção ao trabalho da mulher (art. 611-B, XXX, CLT): (a) regras gerais de proteção (art. 373-A, CLT); (b) peso máximo permitido à mulher (art. 390); (c) licença-maternidade (art. 392); (d) licença-maternidade à adotante (art. 392-A); (e) faculdade de rompimento do contrato, quando se tem o trabalho como prejudicial à gestação (art. 394); (f) afastamento do local de trabalho durante a gestação e a amamentação, se o local for insalubre (art. 394-A); (g) licença para o aborto não criminoso (art. 395); (h) licença-amamentação (art. 396); (i) locais destinados à guarda dos filhos das operárias (art. 400).

34.5.4 Discriminação por motivo de sexo, idade, estado civil e cor

Proibição de diferença de salários, de exercício de funções e de critérios de admissão por motivo de sexo, idade, cor ou estado civil (art. 7º, XXX, CF).

---

[10] SÜSSEKIND, Arnaldo. *Direito constitucional do trabalho*, p. 259.
[11] SÜSSEKIND, Arnaldo. Ob. cit., p. 262.

A todo trabalho de igual valor corresponderá salário igual, sem distinção de sexo (art. 5º, CLT).

Quanto à temática do trabalho de igual valor, a matéria é regulada pelo art. 461. A equiparação salarial ocorre com: (a) identidade de funções; (b) trabalho de igual valor (identidade qualitativa e quantitativa); (c) serviço prestado para o mesmo empregador e no mesmo estabelecimento comercial; (d) diferença de tempo de serviço na função inferior a 2 anos, bem como que não haja a diferença de 4 anos na empresa; (e) inexistência de quadro de carreira.

De forma especial, no tocante à equiparação salarial por motivo de sexo ou etnia, além do pagamento das diferenças salariais, o juiz deve determinar a imposição de multa em favor do empregado discriminado no valor de 50% do limite máximo dos benefícios da Previdência Social (art. 461, § 6º, redação dada pela Lei 13.467).

Qualquer ato discriminatório no serviço público ou privado, quanto à admissão no emprego por motivo de raça, cor, etnia, religião ou procedência nacional constitui crime (arts. 3º e 4º, Lei 7.716/89).

É proibida a prática discriminatória e limitativa para efeito de acesso ou manutenção da relação de trabalho, em função de sexo, origem, raça, cor, estado civil, situação familiar, deficiência, reabilitação profissional ou idade, entre outros, ressalvadas, nesse caso, as hipóteses de proteção à criança e ao adolescente (art. 7º, XXXIII, CF) (art. 1º, Lei 9.029/95).

Portanto, são crimes: (a) exigência de teste, exame, perícia, laudo, atestado, declaração ou qualquer outro procedimento relativo à esterilização ou estado de gravidez; (b) a adoção de quaisquer medidas do empregador que configurem indução ou instigamento à esterilização genética, bem como promoção do controle de natalidade, com exceção dos serviços e de aconselhamento ou planejamento familiar realizado por meio de instituições (públicas ou privadas), os quais respeitem às normas do Sistema Único de Saúde – SUS. A pena é de um a dois anos e multa (art. 2º, Lei 9.029).

Além da tipificação penal, para qualquer ofensa à Lei 9.029 e nos dispositivos legais, os quais tipificam os crimes resultantes de preconceito de etnia, raça, cor ou deficiência, fica estabelecida a multa administrativa à base de dez vezes o valor do maior salário pago pelo empregador, sendo que, em caso de reincidência, o valor fixado será elevado em 50%. Também fixa a vedação da obtenção de crédito junto a instituições financeiras oficiais (art. 3º, I e II).

Além de dano moral, em caso do rompimento da relação de trabalho, pela prática de ato discriminatório, são facultadas ao empregado as seguintes opções: (a) a readmissão com ressarcimento integral de todo o período de afastamento, com o pagamento das remunerações devidas com atualização e juros; ou (b) a percepção, em dobro, da remuneração do período de afastamento, de forma atualizada e com juros (art. 4º, I e II).

O Estatuto do Idoso (Lei 10.741/03) tipifica como crime por motivo de idade: obstar acesso a qualquer cargo público ou negar emprego ou trabalho (art. 100, I e II), punível com reclusão de seis meses a um ano e multa.

A Lei 12.288/10 instituiu o Estatuto da Igualdade Racial, que se destina a garantir à população negra a efetivação da igualdade de oportunidades, a defesa dos direitos étnicos individuais, coletivos e difusos e o combate à discriminação e às demais formas de intolerância étnica.

Para efeito do Estatuto, considera-se: (a) discriminação racial ou étnico-racial: toda distinção, exclusão, restrição ou preferência baseada em raça, cor, descendência ou origem nacional ou étnica que tenha por objeto anular ou restringir o reconhecimento, gozo ou exercício, em igualdade de condições, de direitos humanos e liberdades fundamentais nos campos político, econômico, social, cultural ou em qualquer outro campo da vida pública ou privada; (b) desigualdade racial: toda situação injustificada de diferenciação de acesso e fruição de bens, serviços e oportunidades, nas esferas (pública e privada), em virtude de raça, cor, descendência ou origem nacional ou étnica; (c) desigualdade de gênero e raça: assimetria existente no âmbito da sociedade que acentua a distância social entre mulheres negras e os demais segmentos sociais; (d) população negra: o conjunto de pessoas que se declaram pretas e pardas, conforme o quesito cor ou raça usado pela Fundação Instituto Brasileiro de Geografia e Estatística (IBGE), ou que adotam autodefinição análoga; (e) políticas públicas: as ações, iniciativas e programas adotados pelo Estado no cumprimento de suas atribuições institucionais; (f) ações afirmativas: os programas e medidas especiais adotados pelo Estado e pela iniciativa privada para a correção das desigualdades raciais e para a promoção da igualdade de oportunidades.

34.5.5 Pessoa com deficiência

É proibida qualquer discriminação no tocante a salário e critérios de admissão do trabalhador portador de deficiência (art. 7º, XXXI, CF; art. 34, § 3º, Lei 13.146/15 – Estatuto da Pessoa com Deficiência). Essa temática encontra-se abordada, pormenorizadamente, no Capítulo XXXVII, da Parte IV.

A Reforma Trabalhista não permite a negociação coletiva quanto à violação da proibição de qualquer discriminação no tocante a salário e critérios de admissão do trabalhador com deficiência (art. 611-B, XXII, CLT).

34.5.6 Trabalhador com vínculo empregatício permanente e trabalhador avulso

O art. 7º, XXXIV, CF, estabelece a igualdade de direitos entre o trabalhador com vínculo empregatício permanente e o trabalhador avulso.

A Reforma Trabalhista não permite a negociação coletiva quanto à temática da igualdade de direitos entre o trabalhador com vínculo de emprego permanente e o trabalhador avulso (art. 611-B, XXV, CLT).

34.5.7 Empregado comum e empregado em domicílio

Também não há distinção do trabalho realizado no estabelecimento do empregador com o executado no domicílio do empregado ou a distância, desde que estejam caracterizados os pressupostos da relação de emprego (art. 6º, CLT).

34.5.8 Empregado com HIV ou doença grave

De acordo com a Súmula 443 do TST, quando se tem a despedida de empregado portador do vírus HIV ou de outra doença grave que suscite estigma ou preconceito, presume-se discriminatória a dispensa. Inválido o ato, o empregado tem direito à reintegração no emprego.

Para os gregos, estigma representava os sinais corporais negativos (físicos) indicativos do atributo moral da pessoa humana (marcas efetuadas com cortes ou com fogo). Eram as formas de identificação de criminosos ou escravos. Atualmente, estigma relaciona-se com a ideia de qualquer característica física ou moral que exclui a pessoa natural dos grupos considerados normais por uma dada sociedade. Seriam os atributos que indicam que uma pessoa natural frustra as expectativas de normalidade. Há três tipos: (a) deformações físicas (deficiências auditivas, visuais etc.); (b) desvios de caráter (dependência de drogas, doenças relacionadas com comportamento sexual, distúrbios mentais etc.); (c) estigmas tribais (raça, nação, religião etc.).

Preconceito é a emissão de um juízo de valor depreciativo a respeito de alguma coisa ou pessoa. Infelizmente é comum ao ser humano atuar por gestos, palavras ou comportamentos de forma pejorativa, emitindo juízos de valor sem uma visão completa e pormenorizada do que se fala, levando, assim, a formulação de juízos de valor depreciativos de pessoas, lugares ou tradições. É uma forma de discriminação da pessoa por motivos de raça, idade, cor, religião, estado de saúde etc.

Diante da demanda judicial, cuja causa de pedir é o término do contrato de trabalho, diante da alegação da existência do HIV ou de outra doença grave, como se tem a presunção de que esta dispensa é discriminatória, caberá ao empregador alegar a existência de um motivo justificado para o seu término. O motivo justificativo poderá ser de cunho técnico, econômico, disciplinar ou financeiro (aplicação da inteligência do art. 165, CLT). Diante do reconhecimento da invalidade da dispensa, o empregado terá direito a reintegração. Se a reintegração não for possível, por ser desaconselhável (art. 496, CLT), haverá a sua conversão em pecúnia (art. 4º, II, Lei 9.029/95).

A Lei 12.984/14 define as hipóteses de crime de discriminação dos portadores do vírus de imunodeficiência humana (HIV) e doentes de AIDS. São crimes: (a) negar emprego ou trabalho; (b) exonerar ou demitir de seu cargo ou emprego; (c) segregar no ambiente de trabalho.

A Portaria 1.246, de 28/5/2010, do MTE, proíbe a realização de testes sorológicos de HIV nos exames ocupacionais e a Portaria 1.927, de 11/12/2014, do MTE, estabelece orientações sobre o combate à discriminação relacionada ao HIV e à Aids nos locais de trabalho.

QUESTIONÁRIO

1. O tratamento diferenciado do trabalhador, em face de algumas situações específicas, fere o princípio da igualdade?

2. Como se apresenta a discriminação na ótica da OIT?

3. Quais são os critérios genéricos de proteção contra a discriminação?

4. Quais são os critérios específicos contra a discriminação?

5. É possível a discriminação do trabalho intelectual em face do manual e técnico?

6. A existência de leis, as quais regulamentam determinadas profissões, fere algum princípio da não discriminação?

7. Quais são as regras de proteção ao trabalho da mulher?

8. A existência de regras de proteção ao trabalho da mulher viola o princípio da não discriminação?

9. Quais são as práticas que levam à configuração de crime prevista na Lei 9.029/95?

10. A legislação brasileira estabelece a negativa de emprego ao portador do vírus (HIV) como hipótese de crime?

Capítulo XXXV
TRABALHO DA MULHER

35.1 ÂMBITO INTERNACIONAL

A Revolução Industrial é o marco inicial das normas de proteção ao trabalho dos homens e das mulheres. Nesse período, os relatos históricos demonstram a exploração do trabalho das mulheres e das crianças com péssimas condições de trabalho e de salário.

Em vários países, houve o início de uma legislação proibitiva do trabalho da mulher em algumas situações.

Na Inglaterra, o *Coal Mining Act* (1842) proibiu o trabalho de mulheres em subterrâneo; o *Factory Act* (1844) limitou o trabalho da mulher em 12 horas, proibindo-o no período noturno; o *Factory and Workshop Act* (1878) vedou a utilização de mulheres em trabalhos perigosos e insalubres.

Na França, houve a proibição do trabalho das mulheres em minas e pedreiras, além da proibição quanto ao trabalho noturno, desde que menores de 21 anos de idade (1874); a limitação da jornada das mulheres em 11 horas (1892); a imposição aos proprietários de estabelecimentos comerciais da obrigação de aparelhá-los com cadeiras para as mulheres (1900); o repouso não remunerado de 8 semanas para as mulheres grávidas, com a proibição de carregar objetos pesados (1909); a interdição do trabalho das mulheres nas partes exteriores das lojas (1913).

No âmbito da OIT, várias foram as convenções e recomendações de índole protecionista para o trabalho da mulher.

Quanto às convenções da OIT, têm-se: (a) 3 (1919), relativa ao trabalho da mulher antes e depois do parto; (b) 4 (1919), proíbe o trabalho da mulher em oficinas públicas ou privadas, exceto se o trabalho for feito em oficinas de família; (c) 41 (1934), regula o trabalho noturno da mulher; (d) 45 (1935), veda o trabalho da mulher em subterrâneos e minas; (e) 89 (1949), a respeito do trabalho noturno das mulheres na indústria; (f) 100 (1951), disciplina a igualdade de remuneração entre homem e mulher para trabalho igual; (g) 103 (1952), relativa à proteção da maternidade; (h) 111 (1956), trata da discriminação em matéria de emprego e profissão; (i) 127 (1967), versa sobre o limite máximo de levantamento de pesos; (j) 156 (1981), estabelece igualdade de oportunidades e de tratamento para trabalhadores dos 2 sexos em relação às responsabilidades familiares; (k) 171 (1990), a respeito do trabalho noturno, o qual compreende um período de 7 horas e realizado da 00h00 às 05h00, tendo as mulheres proteção especial apenas em função da maternidade.

As recomendações da OIT são: (a) 12 (1921), proteção antes e depois do parto; (b) 13 (1921), a respeito do trabalho noturno das mulheres na agricultura; (c) 26 (1927), versa quanto à proteção das mulheres emigrantes a bordo de embarcações; (d) 67 (1944), auxílio-maternidade; (e) 90 (1951), igualdade de remuneração entre homem e mulher; (f) 92 (1952), sobre a proteção da maternidade; (g) 111 (1958), a respeito das práticas discriminatórias no emprego ou ocupação; (h) 123 (1965), o emprego das mulheres e das suas responsabilidades familiares; (i) 165 (1981), dispondo a respeito da igualdade de oportunidades e tratamento para os trabalhadores.

Além da regulamentação normativa da OIT, a proteção ao trabalho da mulher está presente em outros textos genéricos: (a) o art. 2º, Declaração Universal dos Direitos Humanos (1948), em que se faz alusão à capacidade de todo e qualquer ser humano para o gozo de direitos, sem distinção de raça, cor, sexo, língua, religião, opinião política ou de outra natureza, de origem nacional ou social, riqueza, nascimento ou qualquer outra condição; no seu art. 7º, estabelece que todos têm o direito à igual proteção contra qualquer discriminação que viole a presente Declaração e contra qualquer incitamento a tal discriminação; (b) o art. 3º, Pacto Internacional sobre Direitos Econômicos (19/12/1966), assegura a igualdade de direitos do homem e da mulher quanto aos benefícios de todos os direitos econômicos, sociais e culturais enumerados no mesmo Pacto; (c) o art. 2º, Pacto Internacional sobre Direitos Civis e Políticos (19/12/1966), fala de proteção igual e eficaz contra toda discriminação, notadamente de raça, sexo, língua, opinião política e de toda outra opinião de origem nacional ou social, de fortuna, de nascimento ou de qualquer outra situação; (d) o art. 11, Convenção da Organização das Nações Unidas sobre Eliminação de todas as Formas de Discriminação contra a Mulher (20/3/1975) – ratificada pelo Brasil em 20/03/1984, pelo Decreto 89.460 –, o qual determina aos Estados-partes a adoção de todas as medidas necessárias para a eliminação da discriminação contra a mulher na esfera do emprego, a fim de assegurar, em condições de igualdade entre homens e mulheres, os mesmos direitos.

O sistema de proteção ao trabalho da mulher é marcante nas seguintes áreas: *"a) na da duração da jornada de trabalho; (b) na dos trabalhos noturnos; (c) na dos trabalhos perigosos e insalubres; (d) na do repouso semanal; (e) na da gravidez; (f) na da maternidade; (g) na da moralidade. Os principais fundamentos com base nos quais se procurou justificar o sistema em causa foram os seguintes: (a) vocação da mulher para os serviços domésticos e a consequente necessidade de ser protegida, no interesse do marido e da família, contra a exploração abusiva dos empregadores; (b) a debilidade da mulher, que a incapacita para trabalhos longos e penosos; (c) o interesse social na preservação da saúde da mulher, dada a sua condição de produtora de seres humanos".*[1]

---

[1] MAGANO, Octavio Bueno. *Manual de direito do trabalho*: direito tutelar do trabalho. 2. ed., v. 4, p. 100.

Para Magano[2] a concepção protecionista está em crise, sendo *"que as normas protecionistas só se justificam em relação à gravidez e à maternidade, devendo as demais ser abolidas, sobretudo quando engendrarem a possibilidade de discriminação. Vale dizer, em outras palavras, que o entendimento hoje dominante é no sentido de que, em lugar de normas protecionistas, o que deve prevalecer é o princípio da não discriminação, que, no dizer de Françoise Giroud, não se traduz propriamente por igualdade, mas por equivalência".*

Como reflexo da tendência da não discriminação, na França, com a Lei 83.635, de 13/7/1983, ficou bem clara a *"tendência moderna de resguardar os interesses das mulheres não através de normas protecionistas e sim mediante proibição de discriminações por motivo de sexo. De acordo com isso, estabeleceram-se as seguintes proibições: (a) mencionar ou fazer mencionar, numa oferta de emprego, o sexo ou a situação familiar do candidato; (b) recusar a contratação de candidato a emprego, efetivar alteração contratual, rescindir contrato, não se dispor a renová-lo, em consideração do sexo ou da situação familiar do candidato. [...] Outra legislação em que bem se assinala a mudança de concepção, a respeito do trabalho da mulher, é a italiana. O marco mais significativo da apontada virada é a Lei nº 903, de 9/12/1977, em que se inserem as seguintes regras: a da proibição de qualquer discriminação fundada no sexo, ao ensejo da constituição do contrato de trabalho, salvo no campo da moda, da arte e dos espetáculos; a da previsão de que tanto a mãe quanto o pai possam ausentar-se do trabalho, para, configurados determinados pressupostos, prestar assistência ao filho, ainda que adotivo; a da previsão de que a vedação do trabalho noturno possa deixar de prevalecer através de convenção ou acordo coletivo; a da previsão de que trabalhos penosos possam ser executados por mulheres, desde que a proibição legal eventualmente existente se declare como não aplicável, em cláusula de convenção ou acordo coletivo de trabalho".*[3]

35.2 A EVOLUÇÃO DA PROTEÇÃO DO TRABALHO DA MULHER NO BRASIL

O primeiro diploma legislativo de proteção do trabalho da mulher no Brasil foi o Decreto 21.417-A, de 17/5/1932. Impregnado da concepção protecionista, proibia: (a) trabalho noturno das 20h00 às 05h00; (b) trabalho nos subterrâneos, nas minerações em subsolo, nas pedreiras e nas obras de construção pública ou particular; (c) remoção de pesos; (d) trabalho em serviços insalubres ou perigosos; (e) serviços no período de 4 semanas antes e de 4 semanas depois do parto. Assegurava às mulheres alguns direitos: (a) remuneração igual à dos homens, por trabalho de igual valor; (b) auxílio-maternidade correspondente a 1/2 da remuneração relativa as oito semanas; (c) a faculdade de rescindir o contrato, desde que fossem ocupadas com tarefas prejudiciais à gestação; (d) a concessão de 2 intervalos diários, de 1/2 hora cada um, para amamentação dos seus filhos, durante os primeiros 6 meses após o parto; (e) a garantia de um local apropriado para a guarda dos filhos, em período de amamentação, nos estabelecimentos com pelo

---

[2] MAGANO, Octavio Bueno. Ob. cit., p. 101.
[3] MAGANO, Octavio Bueno. Ob. cit., p. 103.

menos 30 mulheres com mais de 16 anos de idade; (f) excluía a gravidez do rol das justas causas para a rescisão do contrato individual de trabalho.

Com o Decreto 24.273, de 22/5/1934, foi atribuído às mulheres empregadas no comércio o direito ao auxílio-maternidade.

A Constituição de 1934 previa: (a) proibição da discriminação do trabalho da mulher em relação aos salários (art. 121, § 1º, *a*); (b) vedação do trabalho da mulher em serviços insalubres (alínea *d*); (c) garantia do repouso remunerado para a gestante (alínea *h*); (d) constituição dos serviços de amparo à maternidade (art. 121, § 3º).

Com o Dec.-lei 2.548, de 31/8/1940, admitiu-se a possibilidade da redução do salário mínimo da mulher, contrariando toda a política de proteção do Estado Novo.

Com a criação da CLT, foi mantida a legislação protetora, suprimindo a discriminação prevista no Dec.-lei 2.548.

O Dec.-lei 6.353, de 20/3/1944, substituiu a proibição do trabalho noturno para a mulher, permitindo os serviços em algumas atividades, desde que houvesse a idade mínima de 18 anos (art. 379, CLT).

A ordem constitucional de 1946 manteve as proibições de diferenças quanto aos salários e de trabalho em atividades insalubres (art. 157, II e IX), inclusive o direito da gestante ao descanso antes e depois do parto, sem prejuízo do emprego nem do salário (art. 157, X). Reconheceu, também, as assistências sanitária, hospitalar e médica à gestante (art. 157, XIV), e a previdência em favor da maternidade (art. 157, XVI).

As garantias de 1946 foram mantidas na CF/67, com a inclusão do direito da mulher à aposentadoria aos 30 anos de trabalho, com salário integral (art. 158, XX).

A CLT sofreu alterações com o Dec.-lei 229, de 28/2/1967: (a) a permissão do regime de compensação da jornada de trabalho mediante acordo coletivo (art. 374); (b) a possibilidade do trabalho noturno para mulheres maiores de 18 anos – o labor em estabelecimentos de ensinos; (c) alteração quanto ao vestiário; (d) o rigor maior quanto ao empregador em relação ao local apropriado destinado à guarda de filhos de mulheres em período de amamentação; (e) a proibição do trabalho da mulher em período de 4 semanas antes e 8 semanas após o parto.

O Dec.-lei 546, de 18/4/1969, permitiu o trabalho noturno da mulher em estabelecimento bancário, em tarefas relativas ao movimento de compensação de cheques ou à computação eletrônica.

O Dec.-lei 744, de 6/8/1969, autorizou o trabalho noturno da mulher nas seguintes hipóteses: (a) serviço de saúde e bem-estar (art. 379, II, CLT); (b) em cargos técnicos ou postos de direção, de gerência, de assessoramento ou de confiança (art. 379, V); (c) na industrialização de produtos perecíveis em curto prazo durante o período de safra quando ocorrer necessidade imperiosa de serviço, bem como nos demais casos em que o trabalho se fizer com matérias-primas ou matérias em elaboração suscetível de alteração rápida (art. 379, VI); (d) em caso de força maior (art. 379, VII); (e) nos estabelecimentos bancários, de acordo com as hipóteses do Dec.-lei 548/69 (art. 379, VIII).

A EC 1/69 manteve as garantias e proibições das anteriores.

Na CF/88, destaca-se: (a) que homens e mulheres são iguais em direitos e obrigações (art. 5º, I); (b) proibição de diferença de salários, de exercício de funções e de critério de admissão por motivo de sexo (art. 7º, XXX); (c) licença à gestante, sem prejuízo do emprego e do salário, com a duração de 120 dias (art. 7º, XVIII); (d) garantia de emprego à mulher gestante, desde a confirmação da gravidez até cinco meses após o parto (art. 10, II, *b*, do ADCT); (e) seguro-maternidade (art. 201, II); (f) proteção do mercado de trabalho da mulher, mediante incentivos (art. 7º, XX).

Com a Lei 7.855, de 24/10/1989, houve a revogação de vários artigos da CLT relacionados à proteção do trabalho da mulher, adequando o Texto Consolidado às novas necessidades do mercado de trabalho: (a) art. 379 – que proibia o trabalho noturno; (b) art. 380 – que especificava o trabalho em determinadas condições; (c) arts. 374 e 375 – que disciplinavam a prorrogação e compensação; (d) art. 387 – a respeito do labor nos subterrâneos, nas minerações em subsolo, nas pedreiras e obras de construção civil, pública ou particular, e nas atividades perigosas e insalubres.

A Lei 9.799, de 26/5/1999, incorporou à CLT os arts. 373-A, 390-B a 390-E, e 392, § 4º.

A Convenção da ONU[4] sobre Eliminação de todas as Formas de Discriminação contra a Mulher assevera que os Estados-partes adotarão todas as medidas apropriadas para eliminar a discriminação contra a mulher na esfera do emprego a fim de assegurar, em condições de igualdade entre homens e mulheres, os mesmos direitos, em particular: (a) o direito ao trabalho como direito inalienável de todo ser humano; (b) o direito às mesmas oportunidades de emprego, inclusive a aplicação dos mesmos critérios de seleção em questões de emprego; (c) o direito de escolher livremente profissão e emprego, o direito à promoção e à estabilidade no emprego e a todos os benefícios e outras condições de serviço, e o direito ao acesso à formação e à atualização profissionais, incluindo aprendizagem, formação profissional superior e treinamento periódico; (d) o direito a igual remuneração, inclusive benefícios, e igualdade de tratamento relativa a um trabalho de igual valor, assim como igualdade de tratamento com respeito à avaliação da qualidade do trabalho; (e) o direito à seguridade social, em particular em casos de aposentadoria, desemprego, doença, invalidez, velhice ou outra incapacidade para trabalhar, bem como o direito de férias pagas; (f) o direito à proteção da saúde e à segurança nas condições de trabalho, inclusive a salvaguarda da função de reprodução (art. 11). Acentua, ainda, que com o intuito de impedir a discriminação contra a mulher por razões de casamento ou maternidade e assegurar a efetividade de seu direito a trabalhar, os Estados-partes tomarão as medidas adequadas para: (a) proibir, sob sanções, a demissão por motivo de gravidez ou licença de maternidade e a discriminação nas demissões motivadas pelo

---

[4] O Brasil aprovou a Convenção da ONU a respeito da Eliminação de todas as Formas de Discriminação contra a Mulher (assinada pela República Federativa do Brasil, em Nova York, no dia 31/3/1981, com reservas aos seus artigos 15, § 4º, e 16, § 1º, alíneas *a, c, g* e *h*). A Convenção foi aprovada pelo Congresso Nacional pelo Decreto Legislativo 93, de 14/11/1093. O Decreto 89.460, de 20/3/1984, promulgou a norma. Na sequência, o Decreto Legislativo 26, de 22/6/1994, revogou o Decreto Legislativo 93. Na sequência, o Decreto 89.460 foi revogado pelo Decreto 4.377, de 13/9/2002.

estado civil; (b) implantar a licença de maternidade, com salário pago ou benefícios sociais comparáveis, sem perda do emprego anterior, antiguidade ou benefícios sociais; (c) estimular o fornecimento de serviços sociais de apoio necessários para permitir que os pais combinem as obrigações para com a família com as responsabilidades do trabalho e a participação na vida pública, especialmente mediante fomento da criação e desenvolvimento de uma rede de serviços destinados ao cuidado das crianças; (d) dar proteção especial às mulheres durante a gravidez nos tipos de trabalho comprovadamente prejudiciais para elas (art. 11).

A Lei 11.340/06, denominada Lei "Maria da Penha", criou mecanismos para coibir a violência doméstica e familiar contra a mulher, de acordo com o § 8º, art. 226, CF; da Convenção sobre a Eliminação de Todas as Formas de Discriminação contra as Mulheres e da Convenção Interamericana para Prevenir, Punir e Erradicar a Violência contra a Mulher, além de dispor sobre a criação dos Juizados de Violência Doméstica e Familiar contra a Mulher.

A Reforma Trabalhista veda a possibilidade da flexibilização das seguintes garantias da proteção ao trabalho da mulher (art. 611-B, XXX, CLT): (a) regras gerais de proteção (art. 373-A, CLT); (b) peso máximo permitido à mulher (art. 390); (c) licença-maternidade (art. 392); (d) licença-maternidade à adotante (art. 392-A); (e) faculdade de rompimento do contrato, quando se tem o trabalho como prejudicial à gestação (art. 394); (f) afastamento do local de trabalho durante a gestação e a amamentação, se o local for insalubre (art. 394-A); (g) licença para o aborto não criminoso (art. 395); (h) licença-amamentação (art. 396); (i) locais destinados à guarda dos filhos das operárias (art. 400).

35.3 FUNDAMENTOS PARA A PROTEÇÃO DO TRABALHO DA MULHER

Para a intervenção do Direito na defesa da mulher que trabalha, a doutrina indica os seguintes fundamentos: *"(1) fundamento fisiológico – a mulher não é dotada da mesma resistência física do homem e a sua constituição é mais frágil, de modo a exigir do direito uma atitude diferente e mais compatível com o seu estado; (2) fundamento social – interessa à sociedade a defesa da família, daí porque o trabalho da mulher deve ser especialmente protegido de tal modo que a maternidade e as solicitações dela decorrentes sejam devidamente conciliadas com as ocupações profissionais".*[5]

A adoção de medidas de proteção ao trabalho da mulher é matéria de ordem pública, não se justificando, em hipótese alguma, a redução do salário (art. 377, CLT).

Porém, o exacerbado protecionismo gerou uma discriminação do acesso da mulher ao mercado de trabalho. Houve a necessidade da restrição ao elevado número das medidas paternalistas, com a supressão das seguintes proibições: (a) trabalho noturno; (b) trabalho em atividades insalubres e perigosas.

---

[5] NASCIMENTO, Amauri Mascaro. *Curso de direito do trabalho*. 21. ed., p. 973.

Com razão, Sergio Pinto Martins[6] afirma que as medidas paternalistas *"só se justificam em relação ao período de gravidez e após o parto, de amamentação e a certas situações peculiares à mulher, como de sua impossibilidade física de levantar pesos excessivos, que são condições inerentes à mulher. As demais formas de discriminação deveriam ser abolidas. O art. 5º da Constituição proclama a igualdade de todos perante a lei, sem distinção de qualquer natureza. O inciso I do mesmo artigo estabelece que homens e mulheres são iguais em direitos e obrigações. No entanto, a CLT ainda tem uma série de artigos discriminatórios quanto ao trabalho da mulher, que já não se justificam. Verifica-se que os motivos de proteção ao trabalho da mulher são conservadores e, em vez de protegê-la, acabam discriminando-a".*

35.4 A CONTRATAÇÃO DO TRABALHO DA MULHER

A mulher, aos 18 anos de idade, adquire a capacidade plena para os fins trabalhistas, não mais estando vigorando a presunção do trabalho autorizado da mulher casada (art. 446, CLT).

35.5 DURAÇÃO DO TRABALHO

A duração do trabalho da mulher é igual à de qualquer outro trabalhador, sujeito a uma carga horária diária de 8 horas, limitada a 44 semanais (art. 7º, XIII, CF).

35.6 SALÁRIO

Não se justifica a diferença de salário entre o homem e a mulher (art. 7º, XXX, CF; art. 5º, CLT).

As questões relativas à equiparação salarial continuam reguladas pelo art. 461 da CLT.

De forma especial, no tocante à equiparação salarial por motivo de sexo ou etnia, além do pagamento das diferenças salariais, o juiz deve determinar a imposição de multa em favor do empregado discriminado no valor de 50% do limite máximo dos benefícios da Previdência Social (art. 461, § 6º, redação dada pela Lei 13.467).

35.7 TRABALHO NOTURNO

O trabalho noturno da mulher é permitido em qualquer local, observando-se a jornada de 52'30", e o adicional noturno à base de 20% (art. 381, CLT).

35.8 PERÍODOS DE DESCANSO

Também não há diferenças entre os intervalos quanto ao homem e à mulher: (a) intervalo de 11 horas entre duas jornadas de trabalho (art. 382, CLT); (b) intervalo de 1 a 2 horas para refeição (art. 383).

---

[6] MARTINS, Sergio Pinto. *Direito do trabalho.* 21. ed., p. 593.

Em caso de prorrogação do horário normal, para a empregada era obrigatório um descanso de 15 minutos no mínimo, antes do início da jornada suplementar de trabalho (art. 384, CLT).

O dispositivo legal não aponta se esse intervalo é de cunho suspensivo ou interruptivo quanto à duração da jornada de trabalho. Diante do silêncio do legislador, há de se aplicar a regra geral do art. 71, CLT, ou seja, de que o intervalo intrajornada é considerado como suspensão, logo, não computável na duração da jornada de trabalho. Contudo, diante da sua não concessão, pela aplicação analógica do art. 71, § 4º, há de ser visto como hora extra.

Em decisão de abril/07, a 4ª Turma do TST (RR 12600.2003.008.09.00-3 – Min. Rel. Antonio José de Barros Levenhagen) determinou o pagamento de indenização referente ao período de descanso previsto no art. 384 da CLT. A decisão da 4ª Turma destaca que, embora a Constituição afirme que homens e mulheres são iguais em direitos e obrigações (art. 5º, II), deve ser reconhecido que elas se distinguem dos homens, sobretudo em relação às condições de trabalho, pela sua peculiar identidade biossocial. Foi por essa peculiaridade que o legislador concedeu às mulheres, no art. 384, um intervalo de 15 minutos antes do início do período de sobretrabalho, no caso de prorrogação da jornada normal. O sentido protetor da norma da CLT é claro e não afronta o dispositivo constitucional da isonomia entre homens e mulheres, além de contradizer a ideia corrente de que as mulheres têm menos direitos que os homens.

O TST tem mantido o entendimento de que a violação do art. 384 implica hora extra (SDI-I – E-RR 28684.2002.900.09.00.9 – Rel. Min. Horácio Senna Pires – *DJU* 20/2/2009; RR – 8ª T. – 153.86.2012.5.03.0007 – Relª Min. Dora Maria da Costa – *DEJT* 26/10/2012).

Ao analisar a matéria, o Plenário do STF entendeu que o art. 384, CLT, não viola o princípio da igualdade (RE 658312 – Rel. Min. Dias Toffoli – j. 27/11/2014).[7]

O art. 384 foi revogado pela Reforma Trabalhista, logo, os parágrafos acima são válidos para as situações fáticas anteriores a 11/11/2017.

O descanso semanal será de 24 horas consecutivas e coincidirá no todo ou em parte com o domingo, salvo motivo de conveniência pública ou necessidade imperiosa de serviço, a juízo da autoridade competente, na forma das disposições gerais, caso em que recairá em outro dia (art. 385, *caput*).

Também devem ser observados os preceitos da legislação geral sobre a proibição de trabalho nos feriados civis e religiosos (art. 385, parágrafo único). A folga, necessariamente, deverá observar uma escala de revezamento quinzenal, que favoreça o repouso dominical (art. 386).

---

[7] Em agosto/2015, o Plenário do STF, em julgamento de embargos declaratórios, declarou a nulidade dessa decisão, ante a ocorrência de irregularidade quanto à intimação de uma das partes para a data do julgamento.

35.9 TRABALHO PROIBIDO

Trabalho proibido é aquele que, em função de vários elementos, a lei *"impede seja exercido por determinadas pessoas ou em determinadas circunstâncias, sem que essa proibição decorra da moral ou dos bons costumes (prestação, por exemplo, do serviço por estrangeiro, mulher, ou menor nos casos em que a lei não o permita)"*.[8]

Quanto ao trabalho proibido, assevere-se: ao empregador é vedado empregar a mulher em serviço que demande o emprego de força muscular superior a 20 quilos para o trabalho contínuo, ou 25 quilos para o trabalho ocasional (art. 390, *caput*, CLT).

Não está compreendida na determinação deste artigo a remoção de material feita por impulsão ou tração de vagonetes sobre trilhos, de carros de mão ou quaisquer aparelhos mecânicos (art. 390, parágrafo único).

A Reforma Trabalhista estabeleceu que o art. 390, CLT, não poderá ser objeto de negociação coletiva (art. 611-B, XXX, CLT).

35.10 MÉTODOS E LOCAIS DE TRABALHO

Quanto aos métodos e locais de trabalho, o empregador é obrigado: (a) a prover os estabelecimentos de medidas concernentes à higiene dos métodos e locais de trabalho, tais como ventilação e iluminação e outros que se fizerem necessários à segurança e ao conforto das mulheres, a critério da autoridade competente; (b) a instalar bebedouros, lavatórios, aparelhos sanitários, dispor de cadeiras ou bancos, em número suficiente, que permitam às mulheres trabalhar sem grande esgotamento físico; (c) a instalar vestiários com armários individuais privativos das mulheres, exceto os estabelecimentos comerciais, escritórios, bancos e atividades afins, em que não seja exigida a troca de roupa, a critério da autoridade competente em matéria de segurança e higiene do trabalho, admitindo-se como suficientes as gavetas ou escaninhos, onde possam as empregadas guardar seus pertences; (d) a fornecer, gratuitamente, a juízo da autoridade competente, os recursos de proteção individual, tais como: óculos, máscaras, luvas e roupas especiais, para a defesa dos olhos, do aparelho respiratório e da pele, de acordo com a natureza do trabalho (art. 389, CLT).

35.11 PROTEÇÃO À MATERNIDADE

Não constitui justo motivo para a rescisão do contrato de trabalho da mulher, o fato de haver contraído matrimônio ou encontrar-se em estado de gravidez (art. 391, *caput*, CLT).

Não serão admissíveis em regulamentos empresariais ou ajustes normativos (convenção coletiva ou contrato coletivo de trabalho), restrições ao direito da mulher ao seu emprego, por motivo de casamento ou de gravidez (art. 391, parágrafo único).

---

[8] MARANHÃO, Délio. *Direito do trabalho*. 8. ed., p. 45.

A mulher gestante, sem prejuízo do emprego e do salário, terá direito à licença-maternidade com a duração de 120 dias (art. 7º, XVIII, CF; art. 392, *caput*, CLT). A licença será de 180 dias, quando a empresa estiver inscrita no Programa Empresa Cidadã e no caso das mães de crianças acometidas por sequelas neurológicas decorrentes de doenças transmitidas pelo *Aedes Aegypti*.

Salário-maternidade é o período de descanso remunerado da mulher trabalhadora em virtude da data prevista para o parto.

Alice Monteiro de Barros afirma que o direito à licença-maternidade não depende do estado civil da mulher (art. 2º, Convenção 103, OIT, ratificada pelo Decreto 58.521, de 14/7/1966), como também não se vincula ao nascimento com vida do filho. Para ela, a *"licença tem como fato gerador não só o nascimento do filho, mas também a gestação, que, como a saúde, ocasiona à mulher transtornos físicos naturais e até psíquicos. Aliás, o próprio diploma internacional citado, isto é, a Convenção nº 103 da OIT (revista pela de nº 183) e ratificada pelo Brasil, em 1966, previu no art. 3º, item 6, para a hipótese de doença decorrente do parto, uma prorrogação desta licença, mas nunca substituição da licença-maternidade pela licença por doença, ainda que decorrente daquela. O fato de a criança ter falecido não elide a pretensão. É que o dispositivo constitucional pertinente, o art. 392 consolidado e a lei previdenciária não exigem que a criança nasça com vida, para que a empregada tenha direito à licença-maternidade e à garantia de emprego. Logo, onde o legislador não distingue, não cabe ao intérprete fazê-lo"*.[9]

Para a mulher grávida é facultado romper, mediante atestado médico, o compromisso resultante de qualquer contrato de trabalho, desde que este seja prejudicial à gestação (art. 394, CLT). Nesse caso, a *"ruptura do contrato é por motivo justo, ficando a empregada isenta de pagar o aviso prévio a que alude o art. 487 ou a indenização prevista no art. 480 e parágrafos da CLT. Ressalte-se, entretanto, que não lhe será devida nenhuma vantagem atinente ao seu estado de gestação"*.[10]

Em caso de aborto[11] não criminoso, comprovado por atestado médico, a mulher terá um repouso remunerado de duas semanas, além de ficar-lhe assegurado o direito de retornar à função que ocupava antes de seu afastamento (art. 395, CLT).

Alice Monteiro de Barros[12] entende que não há justificativa para se condicionar *"a licença a que alude o art. 395 do aborto não criminoso, mormente se considerarmos que*

---

[9] BARROS, Alice Monteiro de. O trabalho da mulher na Constituição de 1988. In: *Constitucionalismo social*: estudos em homenagem ao Ministro Marco Aurélio Mendes de Farias Mello, p. 114.

[10] BARROS, Alice Monteiro de. Ob. cit., p. 118.

[11] Aborto é a "interrupção da prenhez antes que o feto seja viável, isto é, antes que o feto possa viver fora do útero materno, o que ocorre dos sete meses da gestação em diante [...] A morte do feto é requisito indispensável [...] O aborto pode ser espontâneo ou provocado. O primeiro é consequência de estados patológicos da mãe ou do feto, impeditivos de prosseguimento da gestação. O provocado pode ser legal ou criminoso. Legal é o aborto provocado nos casos em que a lei o autoriza. Criminoso é o provocado fora dos casos legais" (BARROS, Alice Monteiro de. Ob. cit., p. 116).

[12] BARROS, Alice Monteiro de. Ob. cit., p. 116.

50% da mortalidade materna na América Latina é proveniente de aborto clandestino e o Brasil possui aproximadamente a cifra de 5.000 mortes por ano, de mulheres no ciclo gravídico puerperal".

Há julgados os quais aplicam a licença-maternidade e a estabilidade na hipótese de a criança ter nascido sem vida, por entenderem que o fato gerador do direito é a concepção.[13]

Em outros julgados, o TST entendeu que o nascimento de bebê sem vida exclui a licença-maternidade, equiparando-se à hipótese ao disposto no art. 395, CLT (8ª T. – RR 1987-22.2010.5.02.0202 – Rel. Des. Convocado João Pedro Silvestrin; 8ª T. – RR 142600-59.2005.5.15.0088 – Relª Minª Dora Maria da Costa – *DJ* 22/2/2008; RR 1200-21.2002.5.18.0010 – Rel. Min. Antônio José de Barros Levenhagen – *DJ* 9/2/2007).

Pela IN 45/10 do INSS, em caso de parto antecipado ou não, ainda que ocorresse parto de natimorto, este último comprovado mediante certidão de óbito, a segurada teria direito aos 120 dias previstos em lei, sem necessidade de avaliação médico-pericial pelo INSS (art. 294, § 5º). Por parto, a IN nº 45 fixava o evento ocorrido a partir da vigésima terceira semana (sexto mês) de gestação, inclusive em caso de natimorto (art. 294, § 3º).

Atualmente, a matéria é disciplinada pela IN 77/15: (a) para fins de concessão do salário-maternidade, considera-se parto o evento que gerou a certidão de nascimento ou certidão de óbito da criança (art. 343, § 3º); (b) tratando-se de parto antecipado ou não, ainda que ocorra parto de natimorto, este último comprovado mediante certidão de óbito, a segurada terá direito aos cento e vinte dias previstos em lei, sem necessidade de avaliação médico-pericial pelo INSS (art. 343, § 5º).

Os períodos em que a segurada receber salário-maternidade serão computados para todos os efeitos como tempo de serviço, portanto, trata-se de interrupção do contrato individual de trabalho.

A Reforma Trabalhista estabeleceu que os arts. 392 e 395, CLT, não poderão ser objeto de negociação coletiva (art. 611-B, XXX, CLT).

No mais, quanto aos critérios do pagamento e outros desdobramentos, a matéria está analisada no tópico 16.7.3.2 do Capítulo XVI, da Parte IV desta obra.

35.11.1 Será a licença-maternidade aplicável à mãe adotiva?

O salário-maternidade também será devido à empregada que adotar ou obtiver guarda judicial de criança ou adolescente e a base de 120 dias (art. 392-A, com a redação da Lei 13.509/17).

A Lei 12.873/13 trouxe modificações quanto às hipóteses de concessão da licença--maternidade, visto que acresceu o § 5º ao art. 392-A, além de alterar a redação do art. 392-B e acrescer o art. 392-C ao texto da CLT. Com isso, são hipóteses da licença: (a) a adoção ou guarda judicial conjunta ensejará a concessão de licença-maternidade a apenas

---

[13] TRT – 3ª R. – RO 2145/2012-004-03-00.6 – Rel. Marcelo Lamego Pertence – *DJe* 19/11/2013 – p. 334.
TST – 5ª T. – RR 1193/2004-037-01-40 – Relª Min. Kátia Magalhães Arruda – *DJe* 11/4/2008.

um dos adotantes ou guardiães (empregado ou empregada) (art. 392-A, § 5º). Não pode haver a acumulação dos benefícios pelos adotantes; (b) em caso de morte da genitora, é assegurado ao cônjuge ou companheiro empregado o gozo de licença por todo o período da licença-maternidade ou pelo tempo restante a que teria direito a mãe, exceto no caso de falecimento do filho ou de seu abandono (art. 392-B); (c) o empregado que adotar ou obtiver guarda judicial para fins de adoção também goza de idênticos direitos (licença--maternidade de 120 dias) (art. 392-C).

O salário-maternidade é pago diretamente pela Previdência Social (arts. 71-A a 73, Lei 8.213/91). Por regra, o salário-maternidade corresponde a uma renda mensal igual a remuneração integral (art. 72).

A Reforma Trabalhista estabeleceu que o art. 392-A, CLT, não poderá ser objeto de negociação coletiva (art. 611-B, XXX, CLT).

35.12 PRÁTICAS DISCRIMINATÓRIAS CONTRA A MULHER

É expressamente proibida a adoção de qualquer prática discriminatória e limitativa para efeito de acesso à relação de trabalho, ou sua manutenção, por motivo de sexo, origem, raça, cor, estado civil, situação familiar, deficiência, reabilitação profissional, idade, entre outros, ressalvadas, nesse caso, as hipóteses de proteção à criança e ao adolescente (art. 7º, XXXIII, CF) (art. 1º, Lei 9.029/95, art. 373-A, CLT).

Constituem crime as seguintes práticas discriminatórias: (a) a exigência de teste, exame, perícia, laudo, atestado, declaração ou qualquer outro procedimento relativo à esterilização ou a estado de gravidez;[14] (b) a adoção de quaisquer medidas, de iniciativa do empregador, que configurem: (1) indução ou instigamento à esterilização genética; (2)

---

[14] A CLT (art. 373-A, IV), assim como a Lei 9.029/95, vedam a prática de ato discriminatório para efeito de admissão ou manutenção no emprego. A finalidade é impedir o empregador que, tendo conhecimento prévio do estado gravídico, deixa de admitir a candidata ao emprego por esta razão.

A princípio, poder-se-ia considerar que o teste de gravidez, no exame demissional, obrigatório a teor do que dispõe o art. 168, II, CLT, afrontaria o art. 373-A, inciso IV, CLT, que proíbe a exigência de atestado ou exame, como condição para permanência no emprego.

Contudo, o que a legislação veda é exigir da empregada que comprove que não está grávida, seja para ser admitida, seja para se manter no emprego. Isso significa que, se durante o contrato de trabalho, se o empregador exigir da empregada que apresente atestado de que não está grávida, praticará ato discriminatório.

Portanto, no que se refere ao exame demissional, não há qualquer fundamento para se considerar a solicitação do exame de gravidez como uma conduta discriminatória. Ao revés, o exame objetiva dar segurança jurídica ao término do contrato de trabalho, na medida em que, caso a empregada esteja em estado gestacional (muitas vezes até sem conhecimento da própria trabalhadora), o empregador poderá decidir pela manutenção ou não da dispensa. O que se resguarda é o direito da empregada gestante ao emprego, conforme o disposto no art.10, II, *b*, do ADCT.

O exame de gravidez é, assim, um meio do empregador comprovar ou não o estado gravídico da empregada que está sendo dispensada, sendo uma vantagem tanto para a trabalhadora, que ciente do resultado positivo será acobertada pela estabilidade constitucional, como para o empregador, que permanecendo com a trabalhadora no seu quadro de funcionários, estará amparado pela Pre-

promoção do controle de natalidade, assim não considerado o oferecimento de serviços e de aconselhamento ou planejamento familiar, que sejam realizados pelas instituições públicas ou privadas e submetidos às normas do SUS. A pena: detenção de 1 a 2 anos e multa.

Podem ser sujeitos ativos dos crimes: (a) a pessoa física empregadora; (b) o representante legal do empregador, como definido na legislação trabalhista; (c) o dirigente, direto ou por delegação, de órgãos públicos e entidades das administrações públicas (direta, indireta e fundacional) de qualquer dos Poderes da União, dos Estados, do Distrito Federal e dos Municípios (art. 2º, Lei 9.029, art. 373-A, IV, CLT).

Além dessas sanções, as infrações dispostas na Lei 9.029 e nos dispositivos legais, os quais tipificam os crimes resultantes de preconceito de etnia, raça, cor ou deficiência, são passíveis das seguintes cominações: (a) multa administrativa de 10 vezes o valor do maior salário pago pelo empregador, elevado em 50% em caso de reincidência; (b) proibição de obter empréstimo ou financiamento junto a instituições financeiras oficiais (art. 3º).

Também é expressamente vetado considerar o sexo, a idade, a cor ou situação familiar, estado de gravidez, executando as atividades que assim o exigirem, para a divulgação de vaga de emprego, admissão, remuneração, promoção ou dispensa (art. 373-A, CLT).

Além do dano moral, o rompimento da relação de trabalho por ato discriminatório faculta ao empregado optar entre: (a) a readmissão com ressarcimento integral de todo o período de afastamento, mediante pagamento das remunerações devidas, corrigidas monetariamente, acrescidas dos juros legais; (b) a percepção, em dobro, da remuneração do período de afastamento, corrigida monetariamente e acrescida dos juros legais (art. 4º, Lei 9.029).

Não poderá o empregador ou preposto proceder à revista íntima nas empregadas ou funcionárias (art. 5º, X, CF, art. 373-A, VI, CLT).

Também é proibida a concessão ou a renovação de quaisquer empréstimos ou financiamentos pelo BNDES a empresas da iniciativa privada cujos dirigentes sejam condenados por assédio moral ou sexual, racismo, trabalho infantil, trabalho escravo ou crime contra o meio ambiente (art. 4º, Lei 11.948/09).

---

vidência Social quando do período relativo à licença-maternidade (podendo fazer a compensação nos moldes do art. 72, Lei 8.213/91).

Oportuno trazer à colação a doutrina: "Parece que o legislador ordinário usou erradamente a expressão manutenção. Dessa maneira, a prática do empregador exigir o exame médico para a dispensa da empregada é um ato de garantia para as próprias partes da condição de estabilidade da obreira, para efeito da manutenção da relação de emprego no caso de ela estar grávida, não representado crime, infração administrativa ou outra qualquer. Não se trata, assim, de discriminação, pois, ao contrário, está verificando se a empregada pode ou não ser dispensada, pois sem o exame não se saberá se a empregada estava ou não grávida quando da dispensa, que implicaria ou não na reintegração" (MARTINS, Sergio Pinto. *Direito do trabalho*. 3. ed. São Paulo: Atlas, 1996, p. 506-507).

De acordo com a Lei 13.271/16, as empresas privadas, os órgãos e entidades da administração pública, direta e indireta, ficam proibidos de adotar qualquer prática de revista íntima de suas funcionárias e de clientes do sexo feminino (art. 1º), ficando sujeitos a: (a) multa de R$ 20.000,00 ao empregador, revertidos aos órgãos de proteção dos direitos da mulher; (b) a dobra da multa, em caso de reincidência, independentemente da indenização por danos morais e materiais e materiais e sanções de ordem penas (art. 2º, *caput*, I e II).

A inserção do empregado no ambiente de trabalho não lhe retira os direitos da personalidade, dos quais o direito à intimidade constitui uma espécie. É certo que o empregado, ao ser submetido ao poder diretivo do empregador, sofre algumas limitações em seu direito à intimidade. Não se admite, contudo, que a ação do empregador se amplie a ponto de ferir a dignidade da pessoa humana.

A Reforma Trabalhista estabeleceu que o art. 373-A, CLT, não poderá ser objeto de negociação coletiva (art. 611-B, XXX, CLT).

35.13 AMAMENTAÇÃO

No texto originário, havia a previsão de que as mulheres em fase de amamentação terão direito a dois intervalos de meia hora cada um para alimentar o próprio filho, até que este complete 6 meses de idade. O prazo de 6 meses poderia ser prorrogado pelo médico oficial (art. 396, CLT).

A lei não determina o cômputo do intervalo do art. 396 na jornada de trabalho. Apesar disso, a matéria não é pacífica na doutrina.

Valentin Carrion[15] entende que o *"tempo destinado a amamentar o filho é tempo de descanso especial, presumindo-se como de tempo de serviço e, portanto, remunerado (Gomes-Gottschalk, Curso, p. 388; Amaro, Tutela, v. 4, p. 546), caso seja suprimido"*.

Na visão de Sergio Pinto Martins,[16] *"a lei não dispõe que esses intervalos não serão deduzidos da jornada de trabalho ou serão computados como tempo de serviço à disposição do empregador, ao contrário dos arts. 72, 253 e 298 da CLT. Onde a lei não distingue, não cabe ao intérprete fazê-lo. Assim, deve-se entender que esses intervalos serão deduzidos da jornada de trabalho e não serão remunerados"*.

A 2ª Turma do TST entendeu que o intervalo para amamentação, quando não usufruído, deve ser pago como hora extra (RR 9276600-03.2003.5.04.0900 – Rel. Min. Vantuil Abdala – *DEJT* 18/9/2009).

Pela importância do intervalo, sua concessão deve ser vista como interrupção do contrato de trabalho.

Os estabelecimentos em que trabalhem pelo menos 30 mulheres com mais de 16 anos de idade terão local apropriado onde seja permitido às empregadas guardar

---

[15] CARRION, Valentin. *Comentários à Consolidação das Leis do Trabalho*. 28. ed., p. 255.
[16] MARTINS, Sergio Pinto. Ob. cit., p. 547.

sob vigilância e assistência os seus filhos no período da amamentação. A exigência poderá ser suprida por creches distritais mantidas, diretamente ou mediante convênios, com outras entidades públicas ou privadas, pelas próprias empresas, em regime comunitário, ou a cargo do SESI, do SESC, da LBA ou de entidades sindicais (art. 389, §§ 1º e 2º, CLT).

Os locais destinados à guarda dos filhos das operárias durante o período de amamentação deverão possuir, no mínimo, um berçário, uma saleta de amamentação, uma cozinha dietética e uma instalação sanitária (art. 400).

Em 2017, o art. 396 sofreu alterações com as Leis 13.467 (Reforma Trabalhista) e 13.509. Para fins de amamentação do seu filho, natural ou adotado, até que complete 6 meses de idade, a mulher terá direito a dois descansos especiais à base de 30 minutos cada um. O período poderá der dilatado por mais 6 meses, a critério da autoridade competente, sendo que os horários dos descansos serão definidos em acordo individual entre a mulher e o empregador. Caso os intervalos não sejam concedidos, mantém-se o seu deferimento como hora extra, além de suas incidências, pois representam interrupção quanto à prestação dos serviços.

Por fim, o art. 611-B, XXX, CLT, proíbe que o intervalo de amamentação e o afastamento do trabalho (durante gestação e lactação em ambientes insalubres) sejam objetos de negociação coletiva (indisponibilidade absoluta).

35.14 MATERNIDADE E O AMBIENTE DE TRABALHO

É facultado à trabalhadora gestante romper o compromisso resultante de qualquer contrato de trabalho, desde que este seja prejudicial à gestação, mediante a apresentação de atestado médico (art. 394, CLT).

A empregada gestante ou lactante será afastada, enquanto durar a gestação e a lactação, de quaisquer atividades, operações ou locais insalubres, devendo exercer suas atividades em local salubre (art. 394-A, CLT, Lei 13.287/16).

Sem prejuízo de sua remuneração, inclusive do adicional de insalubridade, a empregada deverá ser afastada de: a) atividades consideradas insalubres em grau máximo, enquanto durar a gestação; b) atividades consideradas insalubres em grau médio ou mínimo, quando apresentar atestado de saúde, emitido por médico de confiança da mulher, que recomende o afastamento durante a gestação; c) atividades consideradas insalubres em qualquer grau, quando apresentar atestado de saúde, emitido por médico de confiança da mulher, que recomende o afastamento durante a lactação.

Cabe à empresa pagar o adicional de insalubridade à gestante ou à lactante, efetivando-se a compensação (art. 248, CF), por ocasião do recolhimento das contribuições incidentes sobre a folha de salários e demais rendimentos pagos ou creditados, a qualquer título, à pessoa física que lhe preste serviço.

Quando não for possível que a gestante ou a lactante afastada do trabalho exerça suas atividades em local salubre na empresa, a hipótese será considerada como gravidez de risco e ensejará a percepção de salário-maternidade durante todo o período de afastamento.

35.15 ESTABILIDADE DA GESTANTE

É vedada a dispensa arbitrária ou sem justa causa da empregada gestante, desde a confirmação da gravidez até 5 meses após o parto (art. 10, II, *b*, ADCT). Nos casos em que ocorrer o falecimento da genitora, a estabilidade será assegurada a quem detiver a guarda do seu filho (art. 1º, LC 146/2014).

35.15.1 Pedido de reintegração ou indenização

Segundo entendimento anterior do TST, a garantia de emprego à gestante não autorizava a reintegração, assegurando-lhe apenas o direito a salários e vantagens correspondentes ao período e seus reflexos (Súm. 244, TST).

O TST utiliza o termo "garantia" na redação da Súm. 244.

O ideal da estabilidade provisória é propiciar o trabalho e o pagamento dos salários durante um certo período. É o que ocorre com a estabilidade da gestante. Neste sentido, deveria ser repensado o referido entendimento jurisprudencial.

A Súm. 244 *"não afina com a realidade e constitui mesmo incentivo ao despedimento, quando não permite a reintegração, indo além mesmo da vontade das partes. Suponha-se que determinada empresa realmente não soubesse do estado de gestação da sua empregada. Mas ao tomar conhecimento coloca o emprego à disposição. É um direito seu vez que transferirá o ônus para a Previdência, já que para tanto contribui mensalmente. Todavia, o Enunciado poderá, inclusive, dificultar um acordo, já que a empregada preferirá em muitos casos a indenização à volta ao emprego, com respaldo na Súmula que não permite a reintegração".*[17]

Pela Res. 121/03 do TST houve alteração na redação da Súm. 244: "A garantia de emprego à gestante só autoriza a reintegração se esta se der durante o período da estabilidade. Do contrário, a garantia restringe-se aos salários e demais direitos correspondentes ao período de estabilidade." Atualmente, o citado verbete é o item II da Súm. 244.

Ante a nova redação da Súm. 244, II, a jurisprudência faz a opção pela reintegração da empregada gestante, se a mesma for possível no curso da demanda trabalhista. Em caso contrário, haverá a sua conversão em pecúnia, com o pagamento dos salários e demais direitos concernentes ao período da duração da estabilidade.

Contudo, essa Súmula não pode ser invocada para justificar, automaticamente, a conversão em pecúnia diante da inércia da trabalhadora gestante para promover a postulação judicial que visava ao reconhecimento da estabilidade.

O primeiro problema que se pode destacar ocorre quando a trabalhadora prejudicada ingressa em juízo requerendo a sua reintegração vários meses depois da dispensa.

Nesses casos, apesar de a lesão ao direito da trabalhadora ter sido ocasionada por culpa do empregador, considerando que o direito não ampara ao que dorme, os princí-

---

[17] OLIVERA, Francisco Antonio de. *Comentários aos enunciados do Tribunal Superior do Trabalho.* 3. ed., p. 609.

pios da razoabilidade e da boa-fé, alguns julgados acabaram por excluir a indenização pecuniária dos meses em que a trabalhadora se manteve inerte, reconhecendo-a apenas a partir do ingresso da ação.

Outro problema envolvendo a estabilidade temporária ocorre quando a ação trabalhista é proposta após o término do prazo da estabilidade temporária, mas ainda no prazo constitucional da prescrição de 2 anos. Nesses casos, o objeto da ação é a indenização pecuniária pela dispensa indevida no período de estabilidade.

Entendemos que o magistrado não pode reconhecer à trabalhadora o direito invocado, isto porque o direito à manutenção do contrato de trabalho por certo lapso de tempo, o qual ensejaria a reintegração e sua possível conversão em indenização, quando exaurida, não existe mais quando da postulação judicial.

Admitir outra posição seria beneficiar a parte inerte, com desvirtuamento do instituto e com violação aos princípios da razoabilidade e boa-fé.

Francisco Antonio de Oliveira[18] afirma que *"existe aquele caso em que o obreiro deixa transcorrer o prazo da estabilidade para só depois vir cobrar a indenização. É bem de ver que a estabilidade existe para proteger uma realidade, v. g., cipeiro etc. Assim, a estabilidade aí existiria em função da representação de outros colegas de serviço, não em função do obreiro solitariamente, vale dizer, ela tem alento em âmbito coletivo e não individual. E o fato de deixar transcorrer in albis o prazo não lhe dará direito de receber indenização, porque estaria trocando a estabilidade, que é um direito de classe, por dinheiro. E empregado que assim age o faz dolosamente. E não poderá levar vantagem com a sua própria omissão".*

Agora resta-nos saber se, além da aplicação desses princípios de direito, houve a decadência ou a prescrição do direito do trabalhador e, consequentemente, da sua conversão em pecúnia.

A solução do problema tem como ponto central saber qual é a natureza do direito que se pretende proteger.

Poder-se-ia pensar que o trabalhador tem o direito ao trabalho, como forma de prestar serviços (obrigação de fazer) e de receber pelos serviços prestados (obrigação de dar), e do empregador de dar o trabalho e pagar pelo trabalho realizado (obrigações de dar).

Dentro desse raciocínio, com a lesão ao direito obrigacional, nasce o direito de ação (*actio nata*), o qual, nos termos da Constituição Federal, pode ser exercido até 2 anos após a extinção do contrato de trabalho (art. 7º, XXIX). Como se sabe, as ações que tenham cunho condenatório estão sujeitas à prescrição e nunca à decadência.

Essas premissas nos levariam a uma conclusão, pois, ainda que não mais houvesse o direito à estabilidade quando do ingresso da ação, estaria garantido seu pagamento em pecúnia. O não cumprimento dos direitos obrigacionais converte-se em perdas e danos.

---

[18] OLIVEIRA, Francisco Antonio. *Comentários aos precedentes normativos e individuais do TST.* p. 235.

Não nos parece ser esse o melhor entendimento, à medida que o trabalhador prejudicado tem o direito de prestar sua força de trabalho como decorrência natural da manutenção do contrato de trabalho. Esse é o objetivo da estabilidade.

O direito do empregado em manter vigente o contrato de trabalho, ainda que contra a vontade do empregador, é um direito potestativo, que tem como característica principal a sujeição que o respectivo exercício cria para outra parte, independentemente da sua vontade ou até mesmo contra a mesma.

Importante dizer que o direito do empregado em manter vigente o contrato de trabalho não lhe garante qualquer direito pecuniário, sendo que os direitos trabalhistas, como pagamento de salários, somente serão devidos como contraprestação do trabalho que venha a ser realizado. O direito potestativo, por si só, não gera direito pecuniário (outra característica).

Tratando-se do exercício de direito potestativo do trabalhador a manutenção da relação contratual vigente, não se trata de reconhecer a prescrição trabalhista, mas o não exercício do direito no prazo legal que repercute na sua decadência.

O TST fixou o entendimento de que o ajuizamento de ação trabalhista depois de decorrido o período de garantia de emprego não configura abuso do exercício do direito de ação, pois este está submetido apenas ao prazo prescricional inscrito no art. 7º, XXIX, CF/88, sendo devida à indenização desde a dispensa até a data do término do período estabilitário (OJ 399, SDI-I).

35.15.2 A confirmação da gravidez

A empregada gestante não poderá ser dispensada, salvo justa causa, desde a confirmação da gravidez até 5 meses após o parto (art. 10, II, *b*, ADCT).

Há várias teorias a respeito da estabilidade da gestante. Dentre elas, destacam-se a objetiva e a subjetiva.

A teoria objetiva é baseada na confirmação da gravidez para a própria empregada, logo, a estabilidade no emprego independe da comprovação da gravidez perante o empregador. Há decisão judicial no sentido de que a confirmação da gravidez não pode ser confundida com a própria concepção, visto que a mesma somente poderia garantir os direitos de natureza civil.[19] Em outro julgado, a confirmação da gravidez foi fixada a partir da própria concepção na vigência do contrato de trabalho.[20]

A teoria objetiva foi acolhida pela jurisprudência: "*O desconhecimento do estado gravídico pelo empregador, salvo previsão contrária em norma coletiva, não afasta o direito ao pagamento da indenização decorrente da estabilidade*" (art. 10, II, *b*, ADCT; OJ 88, SDI-I, com a antiga redação; atual Súm. 244, I, TST).

---

[19] TRT – 24ª R. – 2ª T. – RO 00-53.2008.021.24.00-6 – Rel. Des. Fed. Francisco das C. Lima Filho – *DJe* 25/11/2008.

[20] TST – 4ª T. – RR – 916/2007-021-05-00.8 – Relª Min. Antônio José de Barros Levenhagen – *DEJT* 19/6/2009.

Pela jurisprudência do TST, o que elidia a teoria objetiva era a presença da cláusula normativa que obrigasse a comprovação, o que se fazia por intermédio de um prazo decadencial. A natureza era decadencial. Decorrido o referido prazo previsto na cláusula normativa, sem a efetiva comprovação, havia a perda do direito. Para o TST, a presença dessa cláusula nas negociações coletivas não feria a norma constitucional, a qual reconhecia (e ainda reconhece) a validade dos acordos e das convenções coletivas de trabalho (art. 7º, XXVI), valorizando a autonomia privada coletiva.

Pela teoria subjetiva, a empregada deve comprovar o estado gravídico para o empregador, por intermédio da apresentação do atestado médico ou exame laboratorial.

O STF, no AI 448572/SP, pelo voto do Min. Celso de Mello, entendeu que a empregada gestante tem direito à estabilidade provisória, bastando, para efeito de acesso a essa inderrogável garantia social de índole constitucional, a confirmação objetiva do estado fisiológico de gravidez, independentemente, quanto a este, de sua prévia comunicação ao empregador, revelando-se írrita, de outro lado e sob tal aspecto, a exigência de notificação à empresa, mesmo quando pactuada em sede de negociação coletiva.

Pela decisão do STF, o TST alterou a sua jurisprudência: *"O desconhecimento do estado gravídico pelo empregador, não afasta o direito ao pagamento da indenização decorrente da estabilidade (art. 10, II, 'b', ADCT)"* (Súm. 244, I).

Críticas são feitas à posição adotada pelo TST e STF, que tem como regra a teoria objetiva.

Francisco Antonio de Oliveira[21] declina: *"Embora se possa defender o precedente à medida que a proteção é dirigida à gestante, não se pode perder de vista certas situações que, em ocorrendo, dificultariam a aplicação do precedente por ausência de razoabilidade. Pense-se na hipótese daquela empregada que desconhecia a sua gravidez ao ser dispensada e, portanto, nenhuma confirmação fizera no momento da rescisão. Como carrear ao empregador consequências de fato que nem a própria empregada conhecia? E que, se de tal tivesse conhecimento, poderia evitar a dispensa e prosseguir ao abrigo da Previdência (Dec. 2.172/97). Avente-se, ainda, a hipótese daquela empregada que, sabedora da gravidez, esconde o fato do empregador e somente vem a denunciá-lo através do ajuizamento de ação vários meses depois ou mesmo após o nascimento do filho. Não vemos como, em tais hipóteses, falar-se em dispensa arbitrária. O empregador não agiu com culpa e nem teve o ânimo de fazê-lo. Poder-se-ia, ainda, dizer que ao empregador competia tomar todas as providências antes da dispensa, inclusive determinando que a obreira fizesse exame de laboratório. Todavia, a situação não é tão simples assim: a empregada poderá negar-se a fazê-lo e, em se tratando de empregada solteira, a situação mais se complica, podendo até mesmo resvalar para o dano moral. O precedente adota a espécie de culpa objetiva do empregador, salvo se dito o contrário através de norma coletiva. Ora, como demonstramos, poderá não existir norma coletiva direcionando para a espécie e não existir dispensa arbitrária de que fala a Constituição. Mantemos algumas reservas para com o precedente quando deságua na culpa objetiva carreada ao empregador, extrapolando ao senso comum."*

---

[21] OLIVEIRA, Francisco Antonio de. Ob. cit., p. 222.

Estamos diante das duas posições: (a) alguns julgados admitem a estabilidade, mesmo após a rescisão contratual, quando a empregada já tinha a ciência da gravidez, independente do conhecimento do empregador, condicionando os salários a partir do ajuizamento da demanda. Justificam a posição, declinando que, ante a ausência do conhecimento pelo empregador, não pode dizer que o mesmo tenha agido de má-fé; (b) outras decisões ainda reconhecem a estabilidade, mesmo quando a gestante vem a ter a confirmação da gravidez após a rescisão.

A adoção de uma posição intermediária não é a correta. A correção dessa afirmação repousa no princípio da boa-fé.

Não se pode negar que o empregador tenha o direito potestativo quanto à dispensa de seus empregados, devendo respeitar a estabilidade, seja prevista na lei como em outras fontes peculiares ao Direito do Trabalho.

Ao dispensar, agindo de má-fé, deve sofrer as implicações decorrentes deste ato, determinando-se a reintegração com o pagamento dos salários vencidos ou a conversão do período da estabilidade em pecúnia.

Porém, quando não tem ciência da gravidez, é injustificável que venha a ser responsabilizado.

Maria Helena Diniz[22] acentua que boa-fé representa o *"estado de espírito em que uma pessoa, ao praticar ato comissivo ou omissivo, está convicta de que age de conformidade com a lei"*, bem como a *"lealdade ou honestidade no comportamento, considerando-se os interesses alheios, e na celebração e execução dos negócios jurídicos"*, tendo o *"propósito de não prejudicar direitos alheios"*.

Portanto, conclui-se que a empregada gestante tem estabilidade no emprego a partir da confirmação de sua gravidez, entendendo-se como confirmação a apresentação do atestado médico para o seu empregador.

Em agosto/2010, o TST decidiu que a empregada tem o direito à estabilidade, mesmo que não tenha ciência da gravidez à época da prestação dos serviços, visto que a estabilidade existe para o benefício da mãe trabalhadora e da criação que irá nascer (SDI-II – RO 43300-15.2009.5.09.0909 – Rel. Min. Barros Levenhagen – *DEJT* 27/8/2010).

35.15.3 A estabilidade de emprego da gestante e o contrato de experiência

A matéria estava disciplinada pela Súm. 244, III, a qual entendia que não havia direito da empregada gestante à estabilidade provisória na hipótese de admissão mediante contrato de experiência, visto que a extinção da relação de emprego, em face do término do prazo, não constituía dispensa arbitrária ou sem justa causa.[23]

---

[22] DINIZ, Maria Helena. *Dicionário jurídico*, v. 1, p. 422.
[23] "No que tange aos contratos determinados, a jurisprudência entende que há incompatibilidade entre esses contratos e a estabilidade provisória e, mesmo na hipótese de resilição contratual, pelo empregador, desautoriza-se a concessão do instituto jurídico em exame. A garantia de emprego não poderia ser levada ao extremo de assegurar à empregada considerada ineficiente ou sem ha-

Pela ótica do TST, a estabilidade não se coadunava com o contrato por prazo determinado. A predeterminação fazia com que as partes tenham ciência do termo final da contratação.

Adepto desta ótica, Sergio Pinto Martins[24] ensina: *"No contrato de trabalho por tempo determinado as partes sabem desde o início quando o pacto irá terminar. Assim, se a empregada ficar grávida no curso do ajuste laboral, será indevida a garantia de emprego, pois não está havendo dispensa arbitrária ou sem justa causa. Há apenas o decurso do prazo do pacto de trabalho celebrado entre as partes. Situações que ocorram no curso do pacto laboral de prazo determinado não podem ser opostas para modificar a sua cessação, salvo se houver ajuste entre as partes."*

Como a estabilidade da gestante é uma proteção à maternidade, não pode ser limitada pela predeterminação contratual. Assim, o TST reformulou a sua posição jurisprudencial (Resolução 185, de 14/9/2012), com alteração do item III da Súmula 244: *"A empregada gestante tem direito à estabilidade provisória prevista no art. 10, inciso II, alínea 'b', do Ato das Disposições Constitucionais Transitórias, mesmo na hipótese de admissão mediante contrato por prazo determinado."* Correta a nova redação ante a importância da proteção à maternidade.

35.15.4 A estabilidade de emprego da gestante no curso do aviso prévio

Nos Tribunais, a existência da estabilidade de emprego da gestante no curso do aviso prévio já se mostrou polêmica. Atualmente, com a confirmação do estado de gravidez advindo no curso do contrato de trabalho, ainda que durante o prazo do aviso prévio trabalhado ou indenizado, garante-se à empregada gestante a estabilidade provisória (art. 391-A, CLT, incluído pela Lei 12.812/13).

A proteção à maternidade é aplicável ao empregado adotante ao qual tenha sido concedida guarda provisória para fins de adoção (art. 391-A, parágrafo único, CLT, Lei 13.509). Na análise de um caso concreto e antes da Lei 13.509, o TST entendeu que a trabalhadora dispensada, quando iniciou o processo de adoção de recém-nascido, tem direito à estabilidade provisória (3ª T. – RR 200600-19.2008.5.02.0085 – Rel. Min. Alexandre Agra Belmonte – *DEJT* 7/8/2015).

35.15.5 A estabilidade de emprego e a empregada doméstica

Dentre os direitos sociais dos trabalhadores urbanos e rurais, tem-se a relação de emprego protegida contra despedida arbitrária ou sem justa causa, nos termos de lei complementar, que preverá indenização compensatória, dentre outros direitos (art. 7º, I, CF).

---

bilitação durante a experiência, uma prorrogação do contrato a termo, sobrepondo-se ao limite do contrato estabelecido de boa-fé" (BARROS, Alice Monteiro de. Ob. cit., p. 130).

[24] MARTINS, Sergio Pinto. Ob. cit., p. 427.

Até que seja promulgada a Lei Complementar prevista no art. 7º, I, fica vedada a dispensa arbitrária ou sem justa causa da empregada gestante, desde a confirmação da gravidez até 5 meses após o parto (art. 10, II, *b*, ADCT).

Os direitos sociais dos trabalhadores domésticos são previstos no art. 7º, parágrafo único. Dentre eles, não se encontra *"a relação de emprego protegida [...] que preverá indenização compensatória, dentre outros direitos"* (art. 7º, I).

Pela interpretação sistemática da Constituição, a doutrina e a jurisprudência entendiam que não havia previsão legal da estabilidade da gestante à empregada doméstica.

Contudo, a Lei 11.324/06, acresceu à Lei 5.859/72 (que tratava das relações de emprego doméstico), o art. 4º-A, com a seguinte redação: é vedada a dispensa arbitrária ou sem justa causa da empregada doméstica gestante desde a confirmação da gravidez até 5 meses após o parto.

Sergio Pinto Martins[25] ensina: *"Nada impede que a lei ordinária estabeleça melhores condições de trabalho para o empregado doméstico. Não se pode dizer, portanto, que a norma é inconstitucional. Passa a doméstica a ter garantia de emprego desde a confirmação da gravidez até cinco meses após o parto. Houve uma equiparação à empregada comum. O TST entende que o desconhecimento do estado gravídico pelo empregador não afasta o direito ao pagamento da indenização decorrente da estabilidade (art. 10, II, b, do ADCT) (Súmula 244, I, do TST)."*

A EC 72/13 assegura à empregada doméstica o direito à estabilidade de emprego pela gravidez diante da nova redação do art. 7º, parágrafo único, da CF.

Atualmente, a estabilidade da empregada doméstica está regulada pela LC 150/15 (art. 25, parágrafo único): *"A confirmação do estado de gravidez durante o curso do contrato de trabalho, ainda que durante o prazo do aviso prévio trabalhado ou indenizado, garante à empregada gestante a estabilidade provisória prevista na alínea b do inciso II do art. 10 do Ato das Disposições Constitucionais Transitórias".*

35.16 PROTEÇÃO DO MERCADO DE TRABALHO DA MULHER

Para evitar a discriminação, a legislação infraconstitucional, por intermédio de incentivos específicos, deverá proteger o mercado de trabalho da mulher (art. 7º, XX). Esse dispositivo, na ótica de Arnaldo Süssekind,[26] é *"meramente programático. Pena que esse inciso tenha referido 'mercado de trabalho', esquecido de que o trabalho não é mercadoria. Como ponderou Marly Cardone, 'tais incentivos, seguramente, serão na área tributária, mediante isenções que lei criará'. E devem visar, a nosso ver, à instalação e ao funcionamento de creches, berçários, cursos de formação profissional qualificado, cursos de reciclagem etc. Se no plano universitário já é significativo o número de mulheres, certo é,*

---

[25] MARTINS, Sergio Pinto. Alterações feitas na Lei nº 5.859/1982 pela Lei nº 11.324/2006 quanto aos domésticos. *Repertório de Jurisprudência IOB*, nº 22/2006, p. 685, 2ª quinzena de nov.

[26] SÜSSEKIND, Arnaldo. *Direito constitucional do trabalho*, p. 259.

todavia, que na aprendizagem de ofícios e na formação técnico-profissional ainda é baixo o coeficiente feminino".

35.17 CRECHE NO LOCAL DE TRABALHO

O art. 389, § 1º, da CLT, estabelece que o empregador é obrigado nos estabelecimentos em que trabalharem, ao menos 30 mulheres, com mais de 16 anos de idade, que haja local apropriado onde seja permitido às empregadas guardar sob vigilância e assistência os seus filhos no período de amamentação.

Esta exigência será suprida por meio de creches distritais mantidas, diretamente ou mediante convênios, com outras entidades públicas ou privadas, pelas próprias empresas, em regime comunitário, ou a cargo do SESI, do SESC, da LBA ou de entidade sindicais (art. 389, § 2º).

A Portaria MTE 3.296, de 3/9/1986, autoriza as empresas e empregadores a adotar o sistema de reembolso-creche, em substituição à exigência prevista no § 1º, art. 389, da CLT. Para tanto, é necessário que seja observado que: (a) o reembolso-creche deverá cobrir, integralmente, as despesas efetuadas com o pagamento da creche de livre escolha da empregada-mãe, ou outra modalidade de prestação de serviços desta natureza, pelo menos até os 6 meses de idade da criança, nas condições, prazos e valor estipulados em acordo ou convenção coletiva, sem prejuízo do cumprimento dos demais preceitos de prestação à maternidade; (b) o benefício deverá ser concedido a toda empregada-mãe, independentemente do número de mulheres do estabelecimento, e sem prejuízo do cumprimento dos demais preceitos de proteção à maternidade; (c) as empresas e empregadores deverão dar ciência às empregadas da existência do sistema e dos procedimentos necessários para a utilização do benefício, com a afixação de avisos em locais visíveis e de fácil acesso para os empregados; (d) o reembolso-creche deverá ser efetuado até o terceiro dia útil da entrega do comprovante das despesas efetuadas, pela empregada-mãe, com a mensalidade da creche.

A implantação do sistema de reembolso-creche dependerá de prévia estipulação em acordo ou convenção coletiva, sendo que essa exigência não se aplica aos órgãos públicos e às instituições paraestatais referidas no *caput*, art. 566, CLT.

QUESTIONÁRIO

1. Quais são os fundamentos para a proteção do trabalho da mulher?
2. Há diferenças quanto à duração da jornada do trabalho do homem e da mulher?
3. Quais são os períodos de descanso do trabalho da mulher?
4. Como se dá a proteção à maternidade?
5. A estabilidade de emprego e a licença-maternidade são aplicáveis à mãe adotiva? Qual é a sua opinião a respeito desta matéria?

6. Quais são as práticas discriminatórias contra a mulher? Tais práticas configuram crime?

7. A amamentação é um intervalo remunerado ou não para a mulher?

8. A gravidez deve ser comunicada ao empregador para fins de resguardo do direito da estabilidade para a empregada gestante?

9. A gravidez justifica a reintegração ou a conversão da estabilidade em pecúnia?

10. No contrato de experiência, a empregada gestante tem direito ao reconhecimento da estabilidade?

11. A estabilidade de emprego é reconhecida à empregada doméstica?

12. A proteção constitucional do mercado de trabalho da mulher é autoaplicável?

Capítulo XXXVI
TRABALHO DA CRIANÇA E DO ADOLESCENTE

36.1 BREVE ESBOÇO HISTÓRICO DA PROTEÇÃO LEGAL

O trabalho infantil[1] é antigo na História. O Código de Hamurabi, 2 mil anos atrás, tinha algumas medidas de proteção aos menores aprendizes. No Egito, na Grécia e em Roma, os filhos dos escravos também eram propriedade dos senhores, sendo obrigados a trabalhar para o dono ou terceiros. Nessa hipótese, o soldo era revertido em prol do senhor.

Com o início das corporações romanas, os filhos dos trabalhadores livres laboravam como aprendizes para, no futuro, exercer o mesmo ofício paterno.

Na Idade Média, com o surgimento das corporações[2] de ofício, o menor, durante anos e anos, laborava sem qualquer salário ou proteção.

Durante a Revolução Industrial na Inglaterra, um inquérito realizado em 1814 constatou o trabalho de crianças de 5 e 6 anos de idade nas fábricas, sem qualquer tipo de proteção ou controle de jornada de trabalho. A industrialização europeia (Revolução

---

[1] "A dificuldade econômica das famílias tem sido a principal responsável pela exploração de que são vítimas os menores, desde a primeira infância e nas mais variadas épocas da humanidade" (BARROS, Alice Monteiro de. *Curso de direito do trabalho*. 5. ed., 2009, p. 548).

[2] "Na Idade Média, o menor trabalhava nas corporações de ofício durante 7 anos e às vezes até mesmo por 10 anos, tempo desproporcional ao necessário à aprendizagem. Na maioria dos serviços, o número de aprendizes era limitado a um ou dois e mesmo nos momentos de crise o mestre estava proibido de ter aprendizes de 3 ou 6 anos. Ele propiciava educação ao aprendiz e este lhe dava todo o seu tempo, pois dormia sob o seu teto e comia à sua mesa. Os serviços que prestava eram gratuitos e a família do aprendiz ainda pagava ao mestre uma importância em dinheiro. Após o aprendizado, o menor tornava-se 'companheiro' e era matriculado sob novo registro" (BARROS, Alice Monteiro de. Ob. cit., p. 548).

Industrial)[3] levou a exploração desumana do trabalho infantil e da mulher, surgindo daí a necessidade da criação de uma legislação protetora.[4]

No Brasil (época colonial e no império), com o predomínio do trabalho escravo, não havia qualquer proteção legal. Os filhos de escravos eram utilizados em atividades domésticas, agrícolas ou nas indústrias rudimentares.

No Brasil Republicano, o Governo Federal, por intermédio do Decreto 1.313, de 17/1/1890, fixou uma série de restrições ao trabalho do menor nas fábricas do Distrito Federal, as quais não foram aplicadas. Houve outras tentativas: o Decreto Municipal 1.801, de 11/8/1917 e o Decreto 16.300, de 1923.[5]

Com o Dec. 17.943-A, de 12/10/1927, foi aprovado o Código de Menores, com algumas proibições.[6] O Dec. 22.042, de 3/11/1932, traçou as regras quanto ao trabalho do menor na indústria.[7] O Dec.-lei 1.238, de 2/5/1939 (regulamentado pelo Dec. 6.029, de 26/7/1940), estabeleceu os cursos de aperfeiçoamento profissional, e propiciou o direito

---

[3] "A introdução da técnica, já nos finais da Idade Média, com a máquina de tecer [...] e com a máquina a vapor de James Watt, foi o ponto de partida para a revolução do ambiente industrial. Dentro em breve, a organização da empresa, principalmente orientada no sentido do lucro, viria a obedecer, com rigor progressivo, aos princípios concordantes da racionalização e da divisão do trabalho. [...] O campo estava aberto para a introdução de mulheres e menores no trabalho industrial, independentemente de uma prévia aprendizagem como se procedia antes, pois a singeleza da tarefa a cumprir não exigia, muitas vezes, mais do que a repetição dos mesmos movimentos. A indústria têxtil favorecia, deste então, a absorção do trabalho das chamadas 'meias forças', pois nela o emprego dos meios técnicos ensejou, cedo, uma racional divisão do trabalho. O emprego de mulheres e menores na indústria nascente representava uma sensível redução do curso de produção, a absorção de mão de obra barata, em suma, um meio eficiente e simples, para enfrentar a concorrência" (GOMES, Orlando; GOTTSCHALK, Élson. *Curso de direito do trabalho*. 4. ed., 1971, p. 382).

[4] "A França, iniciando a assistência à infância, com as Leis de 1841 e 1848, assegurou proteção aos menores trabalhadores com a Lei de 19.3.1874, que fixou a idade de admissão ao emprego, o tempo máximo da duração do trabalho, a proibição do serviço noturno e nas minas subterrâneas. Na Bélgica, a Lei de 28.5.1888 registra um conjunto de medidas protetoras. Na Inglaterra, desde 1802, por iniciativa de Roberto Peel, existia uma lei de proteção aos menores trabalhadores nas indústrias têxteis. A Alemanha, em 1891, expedia um Código Industrial (*Gewerbeordnung*), incluindo proteção aos menores trabalhadores. A Suíça teve uma lei em 1877, a Áustria em 1855, a Holanda em 1889, Portugal em 1891 e a Rússia em 1.7.1881 expedia sua primeira lei de proteção aos menores" (VIANNA, Segadas; SÜSSEKIND, Arnaldo; MARANHÃO, Délio; TEIXEIRA FILHO, João de Lima. *Instituições de direito do trabalho*. 19. ed., v. 2, p. 991).

[5] O Decreto 16.300 aprovou o Regulamento do Departamento Nacional de Saúde Pública, dispondo que o menor de 18 anos de idade não poderia trabalhar mais de 6 horas em um período de 24 horas. Esta proibição foi reproduzida na Lei 5.083, de 1º/12/1926.

[6] As proibições eram: (a) o trabalho ao menor de 12 anos de idade; (b) o labor noturno aos menores de 18 anos; (c) as tarefas para os menores de 14 anos na praça pública.

[7] A idade mínima era de 14 anos, além de ser obrigatória a exibição de documentos para a admissão: certidão de idade; autorização dos pais ou responsáveis; atestado médico, de capacidade física e mental; prova de saber ler, escrever e contar. Tornou-se obrigatória a apresentação de uma relação de empregados menores. Ao analfabeto foi assegurado o tempo necessário para a escola. Proibiu-se o trabalho nas minas para os menores de 16 anos.

a frequência. Com a educação profissional de 18 a 21 anos, o Dec.-lei 2.548 permitiu a redução do salário. O Dec.-lei 3.616, de 13/9/1941, manteve as disposições das leis anteriores e acresceu outras regras.[8]

No âmbito da Organização Internacional do Trabalho (OIT), houve uma série de convenções[9] sobre o trabalho infantil.[10] A Organização das Nações Unidas (ONU) em 1959 editou a Declaração Universal dos Direitos da Criança.

As Constituições Brasileiras de 1824 e 1891 nada dispuseram quanto ao trabalho infantil. No tocante às demais Cartas Políticas (1937; 1946; 1967 e 1969), as regras básicas, com algumas pequenas variações, dispunham a respeito de: (a) idade mínima para o trabalho do menor; (b) idades mínimas para o labor em jornada noturna e em local insalubre; (c) proibição da desigualdade salarial pelo critério da idade.[11]

A Consolidação das Leis do Trabalho (1943), no Capítulo IV (arts. 402 a 441), trata das regras concernentes à proteção do trabalho infantil.

---

[8] Exemplos: (a) quando for o caso do emprego do menor de 18 anos em mais de um estabelecimento, haverá a soma das horas de trabalho, para fins de fixação da jornada normal; (b) a instituição da Carteira de Trabalho.

[9] Destacamos: (a) 5 (1919), revista pela 59, de 1937, idade mínima de 14 anos para admissão em trabalhos industriais, minas, canteiros, indústrias, construção civil; (b) 6 (1919), o trabalho noturno na indústria; (c) 7 (1920), idade mínima de 14 anos para admissão no trabalho marítimo, sendo revista em 1936 (Convenção 58). Esta Convenção é complementada pela 16 (exame médico obrigatório para os empregados a bordo) e 15 (proibição da mão de obra de menores de 15 anos como foguistas e paioleiros; (d) 10 (1921), idade mínima de admissão nos trabalhos agrícolas, vedando ocupá-los durante o horário de estudo nas escolas; (e) 15 (1921), idade de 18 anos para admissão como paioleiros ou foguistas; (f) 33 (1932), a idade mínima de 15 anos para admissão nos trabalhos não industriais, com revisão pela Convenção 60 (1937); (g) 78 (1946), a obrigação do exame médico para admissão de emprego em trabalhos não industriais e a 79 (1946), limitando o trabalho noturno em atividades não industriais; (h) 112 (1959), idade mínima para o trabalho na pesca; (i) 123 (1965), idade mínima de 16 anos para o labor em subterrâneos; (j) 124 (1965), exigência de atestado médico periódico para o trabalho em subterrâneos; (k) 128 (1967), peso máximo a ser transportado; (l) 138 e 146 (1973), a idade mínima para admissão no emprego; (m) 142 (1975), políticas e programas de orientação e formação profissional do menor; (n) 182 (1999), eliminação das formas degradantes do trabalho infantil.

[10] "As principais Convenções da OIT sobre a temática, ratificadas pelo Brasil, são as de n. 05, 06, 16, 58, 138, 142 e 182. Além dessas normas internacionais, há várias Recomendações da OIT sobre o trabalho do menor, entre as quais as de n. 04, 14, 41, 45, 52, 57, 60, 77, 79, 80, 87, 96, 101, 117 e 190, além de outras não específicas" (BARROS, Alice Monteiro de. Ob. cit., p. 553).

[11] A de 1934 estabeleceu: (a) proibição de trabalho a menores de 14 anos; de trabalho noturno a menores de 16; e, em indústrias insalubres, a menores de 18 anos e a mulheres (art. 121, § 1º, *d*); (b) proibição de diferença de salário por motivo de idade (art. 121, § 1º, *a*). A Constituição de 1937 manteve as regras da de 1934 (art. 137, *k*), com exceção da proibição da desigualdade salarial. A de 1946 (art. 157, IX) alterou a idade para fins de proibição em labor noturno, ao estabelecer a idade mínima de 18 anos. No mais, manteve as regras da Constituição de 1934, inclusive, com a proibição da desigualdade salarial por idade (art. 157, II). Pela de 1967, o trabalho infantil foi regulado no sentido de que: (a) idade mínima: 12 anos; (b) labor em horário noturno e em indústrias insalubres após os 18 anos (art. 158, X). O regramento de 1967 foi mantido na EC 01 (1969).

A Constituição Federal de 1988 dispõe que: (a) proibição de diferença de salários, de exercício de funções e de critério de admissão por motivo de sexo, idade, cor ou estado civil; (b) proibição de trabalho noturno, perigoso ou insalubre a menores de 18 anos e de qualquer trabalho a menores de 16 anos, com exceção da condição de aprendiz, a partir de 14 anos.[12]

É crime hediondo o favorecimento da prostituição ou de outra forma de exploração sexual de criança ou adolescente ou vulnerável (art. 218-B, CP, pela Lei 12.978/14).

A Lei 12.962/14 estabelece medidas legais para assegurar a convivência da criança e do adolescente com os pais privados de liberdade.

A Lei 13.010/14 estabelece o direito da criança e do adolescente de serem educados e cuidados sem o uso de castigos físicos ou de tratamento cruel ou degradante.

Em 1990 houve a promulgação do Estatuto da Criança e do Adolescente (ECA) (Lei 8.069/90), com o propósito de assegurar à criança e ao adolescente, a efetividade dos direitos humanos, proporcionando, com absoluta prioridade, o direito à vida, à saúde, à alimentação, à educação, ao lazer, à profissionalização, à cultura, à dignidade, ao respeito, à liberdade e à convivência familiar e comunitária, além de colocá-los a salvo de toda forma de negligência, discriminação, exploração, violência, crueldade e opressão (art. 227, *caput*, CF).

É proibida a concessão ou a renovação de quaisquer empréstimos ou financiamentos pelo BNDES a empresas da iniciativa privada cujos dirigentes sejam condenados por assédio moral ou sexual, racismo, trabalho infantil, trabalho escravo ou crime contra o meio ambiente (art. 4º, Lei 11.948/09).

A Reforma Trabalhista proíbe a negociação coletiva (art. 611-B, XXIII e XXIV, CLT) quanto: (a) a proibição de trabalho noturno, perigoso ou insalubre a menores de 18 anos e de qualquer trabalho a menores de 16 anos, salvo na condição de aprendiz, a partir de 14 anos; e (b) as medidas de proteção legal de crianças e adolescentes.

36.2 DENOMINAÇÃO

Na esfera civil, o vocábulo "menor" relaciona-se com a aptidão para ser sujeito de direitos e obrigações (capacidade), enquanto que na órbita penal liga-se à temática da imputabilidade.

A denominação adequada é a expressão "criança e adolescente", na medida em que a proteção do trabalho infantojuvenil não se relaciona com a capacidade civil ou a responsabilidade penal e sim com o exercício de atividades que influenciam ou que podem influenciar, negativamente, a evolução (educacional, cultural, moral, física e mental) das crianças e adolescentes.[13]

---

[12] Antes da EC 20/98, a idade mínima era de 14 anos, exceto para o menor aprendiz que era de 12 anos.

[13] "Menor, como já se viu, é o vocábulo tradicionalmente utilizado para induzir a aplicabilidade do conjunto de regras destinadas a proteger o trabalhador não adulto. Sucede que o termo em causa,

A Carta Política de 1988 (art. 227) adota a expressão "a criança e ao adolescente".[14]

Para o legislador infraconstitucional (ECA), considera-se criança a pessoa até 12 anos de idade incompletos e o adolescente que tenha entre 12 e 18 anos de idade (art. 2º, Lei 8.069/90), sendo que gozam de todos os direitos fundamentais inerentes à pessoa humana, assegurando-se, todas as oportunidades e facilidades, a fim de lhes facultar o desenvolvimento (físico, mental, moral, espiritual e social) em condições de liberdade e de dignidade (art. 3º).

36.3 FUNDAMENTOS DA PROTEÇÃO

A proteção estatal para o trabalho da criança e do adolescente repousa em motivos de ordem fisiológica, de segurança pessoal, de salubridade, de moralidade e de cultura.

"a) Motivos fisiológicos – destinados a proteger o desenvolvimento físico normal do menor, pela imposição de limites naturais aos trabalhos de duração excessiva, noturnos, insalubres, perigosos, penosos, que exigem o dispêndio de força e energia, protegendo o seu desenvolvimento físico.

b) Motivos de segurança pessoal – destinados a proteger o menor da exposição a riscos de acidentes de trabalho, decorrentes de sua própria debilidade etária, evitando que se possa exigir do menor uma atenção maior do que o mesmo é capacitado a dar.

---

significando a falta de aptidão para os atos da vida jurídica, tem mais implicações com a ordem civil do que com a trabalhista. Para esta, a palavra mais adequada é civil, que se traduz por *child*, em inglês; *enfant*, em francês; *fanciulli*, em italiano; *nino*, em espanhol. Definindo-se a criança com o menino ou a menina que se encontra no período anterior à puberdade, entende-se que a ela, pela sua debilidade e inexperiência, se devam dirigir as normas especiais de proteção ao trabalho. Com efeito, o fundamento de tais normais não é a incapacidade do trabalhador para os atos da vida civil e sim a sua debilidade e inexperiência. Todavia, como já se assinalou, as normas de que se cuida não visam apenas à proteção das crianças senão também dos adolescentes, isto é, daqueles que se encontram entre a puberdade e a idade adulta" (MAGANO, Octavio Bueno. *Manual de direito do trabalho* – direito tutelar do trabalho. 2. ed., p. 128).

"Na realidade, o termo menor é pouco esclarecedor. Além disso, o trabalhador com menos de 18 anos, em certas situações, pode trabalhar, com que não é propriamente incapaz para essa atividade, mas sim merece a proteção especial da legislação trabalhista. Por isso, em termos científicos e doutrinários, reconhece-se que a expressão criança e adolescente revela-se mais atual, específica e adequada" (GARCIA, Gustavo Filipe Barbosa. *Curso de direito do trabalho*, 3. ed., p. 980).

[14] "Criança é o menino ou a menina que se encontra no período anterior à puberdade. Puberdade é o estágio do desenvolvimento humano em que a pessoa se torna capaz de conceber. Adolescência é o período da vida entre a puberdade e a maturidade" (MAGANO, Octavio Bueno. Ob. cit., p. 128).

Criança é a "pessoa até doze anos de idade, que tem assegurado todos os direitos fundamentais ao homem, que deverão ser respeitados prioritariamente pela família, pela sociedade e pelo Estado, sob pena de responderem pelos danos causados" (DINIZ, Maria Helena. *Dicionário jurídico*, v. 1, p. 225).

Adolescência é a "idade que sucede à infância e vai até os dezoito anos. É o período da vida que se situa entre doze e dezoito anos" (DINIZ, Maria Helena. Ob. cit., p. 115).

c) Motivos de salubridade – destinados a proteger o menor do trabalho em condições agressivas à sua saúde ou em contato com substâncias prejudiciais à sua saúde e incolumidade física.

d) Motivos de moralidade – destinados a proteger o menor do trabalho em atividades que, embora lícitas, sejam de moralidade duvidosa, afastando o mesmo de ambientes que coloquem em risco ou prejudiquem a sua formação moral.

e) Motivos culturais – destinados a proteger o menor para que tenha uma formação educacional adequada, não se permitindo que o mesmo dedique a exclusividade de seu tempo ao trabalho em detrimento de seu estudo e educação. O que se pretende é que o trabalho não prejudique a escola e o desenvolvimento cultural do menor na mais tenra idade."[15]

Para Octávio Bueno Magano,[16] as normas de proteção são necessárias para que se possa assegurar ao menor o desenvolvimento *"físico, mental, moral, espiritual e social, de forma sadia e normal e em condições de liberdade e dignidade"*, na medida em que tais normas se fundam em razões *"biológicas, psicológicas, morais e culturais, o que explica que nelas o interesse público claramente prevaleça sobre o privado e que sua classificação se faça no âmbito do direito tutelar do trabalho"*.[17]

O Estatuto da Criança e do Adolescente adota o princípio da proteção integral, que compreende uma série de medidas dirigidas à família, à sociedade e ao Estado, visando à prioridade das políticas públicas no trato das questões relacionadas com as crianças e adolescentes, objetivando, assim, o desenvolvimento num ambiente sadio e promissor.[18]

O sistema de proteção é aplicável a todas as crianças e adolescentes, sem discriminação de nascimento, situação familiar, idade, sexo, raça, etnia ou cor, religião ou crença, deficiência, condição pessoal de desenvolvimento e aprendizagem, condição econômica, ambiente social, região e local de moradia ou outra condição que diferencie as pessoas, as famílias ou a comunidade em que vivem (art. 3º, § 3º, Lei 8.069, com a redação da Lei 13.257/16).

---

[15] NASCIMENTO, Nilson de Oliveira. *Manual do trabalho do menor*, p. 70.
[16] MAGANO, Octávio Bueno. Ob. cit., p. 127.
[17] MAGANO, Octávio Bueno. Ob. cit., p. 127.
[18] O princípio da proteção integral compreende: (a) a criança e o adolescente gozam de todos os direitos fundamentais inerentes à pessoa humana, assegurando-se por lei ou por outros meios, todas as oportunidades e facilidades, a fim de lhes facultar o desenvolvimento (físico, mental, moral, espiritual e social), em condições de liberdade e de dignidade (art. 3º, Lei 8.069/90); (b) é dever da família, da comunidade, da sociedade em geral e do poder público assegurar, com absoluta prioridade, a efetivação dos direitos referentes à vida, à saúde, à alimentação, à educação, ao esporte, ao lazer, à profissionalização, à cultura, à dignidade, ao respeito, à liberdade e à convivência familiar e comunitária (art. 4º); (c) nenhuma criança ou adolescente será objeto de qualquer forma de negligência, discriminação, exploração, violência, crueldade e opressão, punido na forma da lei qualquer atentado, por ação ou omissão, aos seus direitos fundamentais (art. 5º); (d) a criança e o adolescente têm direito a proteção à vida e à saúde, mediante a efetivação de políticas sociais públicas que permitam o nascimento e o desenvolvimento sadio e harmonioso, em condições dignas de existência (art. 7º).

36.4 NORMAS DE PROTEÇÃO DO TRABALHO DA CRIANÇA E DO ADOLESCENTE

Em linhas gerais, a proteção ao trabalho da criança e do adolescente está regulada nos arts. 402 a 441 da CLT e 60 a 69 do Estatuto da Criança e do Adolescente (ECA). Aliás, o estatuto estabelece que a proteção ao trabalho dos adolescentes é regulada por lei especial, ou seja, a CLT (art. 61).

36.4.1 Idade

A partir dos 18 anos ocorre a plena capacidade trabalhista[19] (art. 7º, XXXIII, CF; art. 402, CLT; art. 60, ECA). É absolutamente incapaz para o trabalho o adolescente de 16 anos de idade, salvo o aprendiz (a partir dos 14 anos). Permite-se o labor para o maior de 16 e menor de 18 anos, excetuando-se as condições insalubres e periculosas e a jornada noturna. Trata-se da incapacidade relativa no Direito do Trabalho, ou seja, as hipóteses do menor empregado (16 a 18 anos) e do menor aprendiz (14 a 18 anos) (art. 428, *caput*, CLT; art. 65, ECA).

Desde que se tenha à presença dos requisitos dos arts. 2º e 3º da CLT, existe a possibilidade da caracterização do vínculo de emprego para o menor de 16 a 18 anos. Vale dizer, possui todos os direitos trabalhistas com algumas normas específicas de proteção (arts. 402 a 441, CLT; arts. 60 a 69, ECA).

Será que o trabalho executado pelo menor de 16 anos, excetuando o aprendiz (a partir dos 14 anos), pode implicar no reconhecimento do vínculo empregatício?

Se houver os requisitos (onerosidade, pessoalidade, subordinação e habitualidade) do art. 3º da CLT, impõe-se o reconhecimento da relação jurídica empregatícia. Não se pode ter o apego à idade mínima para impor-se a negativa.

Seria uma forma de valorizar a própria torpeza do empregador (enriquecimento ilícito)[20] em detrimento da dignidade do ser humano.

Além do registro em carteira, o menor receberá os direitos como empregado.[21]

---

[19] "Logo, no Direito do Trabalho, são absolutamente incapazes os menores de 16 anos, exceção feita ao aprendiz. Já os relativamente incapazes são os menores de 18 e maiores de 16 anos ou, se aprendizes, os menos de 16 e maiores de 14 anos (art. 1º Emenda Constitucional nº 20). O menor de 14 anos será sempre absolutamente incapaz" (BARROS, Alice Monteiro de. Ob. cit., p. 558).

[20] "Caso o menor venha a trabalhar com menos de 16 anos, mediante subordinação e os demais requisitos do vínculo empregatício, deverá receber remuneração pelo serviço prestado, sob pena de enriquecimento ilícito do empregador em detrimento do empregado, além de ser reconhecido o contrato de trabalho entre as partes. Se houver acidente do trabalho, terá direito o adolescente às prestações pertinentes. Assim, trabalhando o menor com menos de 16 anos, deve ser reconhecido o vínculo de emprego, pois a garantia prevista constitucionalmente não pode ser contra ele interpretada, ou em seu detrimento" (MARTINS, Sergio Pinto. *Direito do trabalho*. 25. ed., p. 607).

[21] Para José Affonso Dallegrave Neto, "se no instante do juiz declarar a nulidade do contrato o menor tiver ainda menos que 14 anos (o texto foi escrito antes da Emenda 20/98), neste caso a nulidade absoluta importará na rescisão *ope judicis* do contrato e os efeitos serão *ex nunc* (irretroativos). O

Há posição doutrinária de que somente deve receber o saldo de salário.[22]

Pela legislação da seguridade social, não poderá ser considerado segurado facultativo (art. 13, Lei 8.213/91; art. 11, Dec. 3.048/99). A rigor, o tempo trabalhado antes da idade mínima, não poderá ser computado para fins do regime da Previdência Social.

Contudo, há decisões do STJ reconhecendo o trabalho infantil, antes da idade mínima permitida, para contagem do tempo de serviço para fins previdenciários.[23]

Tratando-se de direito tutelar, a negociação coletiva não pode estabelecer uma idade inferior ao limite legal.[24]

36.4.1.1 Artistas mirins

Pela CLT, o juiz da vara da infância e juventude pode autorizar o trabalho infantil (art. 405, § 3º, alíneas *a* e *b*), desde que: (a) a representação tenha fim educativo ou a peça de que participe não possa ser prejudicial à sua formação moral; (b) se certifique ser a ocupação indispensável à própria subsistência ou à de seus pais, avós ou irmãos e não advir nenhum prejuízo à sua formação moral (art. 406, *caput*, I e II).

Respeitando-se os princípios da proteção integral (ECA), mediante alvará judicial, tem-se a possibilidade da autorização para a participação de criança e adolescente em espetáculos públicos e seus ensaios, bem como em certames de beleza, desde que sejam observados: (a) as peculiaridades locais; (b) a existência de instalações adequadas; (c) o tipo de frequência habitual ao local; (d) a adequação do ambiente a eventual participação

---

contrato será eficaz até a rescisão judicial do contrato, assegurando ao empregado todos os direitos trabalhistas inclusive a anotação da CTPS. O empregador responderá por multa administrativa" (*Contrato individual de trabalho*: uma visão estrutural, p. 168). Também no caso de a nulidade ser reconhecida, após o desaparecimento da sua causa, o "contrato de trabalho se prorroga seja pelo instituto da sanação ou da convalidação. Portanto, se o empregado menor de 14 anos (o texto foi escrito antes da Emenda 20/98) continuou laborando ou retornou a trabalhar depois de ter completado esta idade, o contrato, embora nulo é eficaz, cabendo ao obreiro todos os direitos trabalhistas, inclusive a anotação da CTPS do período laborado. É de se frisar, uma vez mais, que nos contratos civis a regra geral é de que o ato nulo não se convalida, nem é passível de sanação. Todavia, conforme já foi explicado anteriormente, em se tratando de Contrato de Trabalho, a nulidade absoluta é passível de sanação e convalidação ante os princípios próprios da nulidade trabalhista" (DALLEGRAVE NETO, José Affonso. Ob. cit., p. 168).

[22] "No entanto, se o menor, absolutamente incapaz, trabalhar, o contrato será nulo, sendo devidos apenas a retribuição pelos dias trabalhados. Sustentamos, entretanto, com amparo nos arts. 593 e 606, parte final do Código Civil brasileiro de 2002, que a contraprestação mensal ou compensação razoável, terminologia adotada pelo preceito legal civil, deverá tomar como parâmetro aquela que seria paga a quem exercesse o serviço como autônomo, e não com base no salário mínimo. Isso porque a força do trabalho do menor foi utilizada em benefício de alguém, não sendo mais possível restituí-la, com retorno *ao satus quo ante*. A hipótese versa sobre trabalho proibido e não ilícito" (BARROS, Alice Monteiro de. Ob. cit., p. 559).

[23] STJ – 5ª T. – REsp 396.338/RS – Rel. Min. Jorge Scartezzini – *DJ* 22/4/2002 – p. 247.

[24] TST – SDC – RODC 16015.2005.909.09.00.4 – Rel. Min. Gelson de Azevedo – *DJU* 10/11/2006.

ou frequência de crianças e adolescentes; (e) a natureza do espetáculo. A autorização judicial há de ser fundamentada (art. 149, II).

A ADI 5.326, proposta pela Associação Brasileira de Emissoras de Rádio e Televisão (ABERT), discute a inconstitucionalidade de atos normativos do Poder Público, os quais passaram à competência da Justiça do Trabalho a concessão de autorizações para o trabalho artístico de crianças e adolescentes. De acordo com a causa de pedir, o art. 114, CF, de acordo com a redação conferida pela EC 45, não dá prerrogativa ao judiciário trabalhista para conhecer pedidos de autorização de crianças e adolescentes em repartições artísticas.

Em agosto/2015, o Ministro Marco Aurélio admitiu a ADI 5.326 e deferiu medida para: (a) suspender, até o exame definitivo do processo, a eficácia da expressão "inclusive artístico", constante do inciso II da Recomendação Conjunta 1/14; (b) afastar a atribuição, definida no Ato GP 19/13 e no Provimento GP/CR 7/14, quanto à apreciação de pedidos de alvará visando à participação de crianças e adolescentes em representações artísticas e a criação do Juizado Especial na Justiça do Trabalho; (c) suspender a criação do Juizado Especial na Justiça do Trabalho; (d) indicar a competência da Justiça Comum para a análise do pedido de alvará judicial.

36.4.1.2 Emancipação

De acordo com o art. 5º, *caput*, do CC (2002), a menoridade cessa aos 18 anos completos, contudo, cessará, para o menor, a incapacidade pelo estabelecimento civil ou comercial, ou pela existência de relação de emprego, desde que, em função deles, o menor com 16 anos completos tenha economia própria[25] (art. 5º, parágrafo único, V).

Trata-se de uma hipótese de emancipação[26] civil, a qual não elide a observância das normas de proteção ao trabalho infantil. Não se pode esquecer que as normas de proteção da CLT visam o resguardo da incolumidade física e psíquica do menor.[27]

---

[25] Economia própria representa a percepção de remuneração igual ou superior ao salário mínimo nacional (art. 7º, IV, CF). A doutrina indica: "A expressão 'economia própria' deve ser entendida como a percepção de remuneração suficiente para o sustento próprio e de sua família. Entendemos, então, que, ainda que formalmente, com a simples percepção do salário mínimo se estará preenchendo esse requisito, pois é a lei que, ao definir o seu valor, preceitua o que seja o mínimo necessário para subsidiar o sustento do empregado e de sua família" (MEIRELLES, Edilton. *O novo Código Civil e o direito do trabalho*. 2. ed., p. 15).

[26] Emancipação é quando se adquire a capacidade civil antes do implemento da idade mínima, podendo, assim, ter-se a realização dos atos da vida civil, sem a necessidade da assistência do representante legal.

[27] Em sentido contrário: "Quanto à capacidade civil, o novo Texto Civil apenas incluiu a possibilidade da aquisição da maioridade, após os 16 anos, pelo menor que mantenha relação de emprego, desde que tenha economia própria. Assim, se o menor de 18 anos for empregado, recebendo salário, ainda que equivalente ao mínimo legal, cessará sua incapacidade para vida civil. Essa plena incapacidade civil aos 16 anos tem reflexos na legislação trabalhista, pois para esta a maioridade se adquire aos 18 anos. Contudo, com o novo Código Civil, preenchidos os requisitos da alínea 'e' do art. 5º (ser empregado e ter economia própria), o menor de 18 anos adquire plena capacidade civil, inclusive

36.4.2 Duração do trabalho

O intervalo de repouso é obrigatório e não será inferior ao lapso de 11 horas, após cada período de trabalho efetivo, quer contínuo, quer dividido em 2 turnos (art. 412). Para maior segurança do trabalho e garantia da saúde dos menores, o auditor fiscal do trabalho poderá proibir o gozo dos períodos de repouso nos locais de trabalho (art. 409).

É proibida a prorrogação da duração normal diária do trabalho (art. 413, *caput*), exceto: (a) até mais 2 horas, independentemente de acréscimo salarial, mediante convenção ou acordo coletivo, desde que o excesso de horas em 1 dia seja compensado pela diminuição em outro, de modo a ser observado o limite máximo de 44 horas semanais ou outro inferior legalmente fixado (art. 413, I); (b) excepcionalmente, por motivo de força maior, até o máximo de 12 horas, com acréscimo salarial de, pelo menos, 50% sobre a hora normal e desde que o trabalho do menor seja imprescindível ao funcionamento do estabelecimento (art. 413, II).

Com o objetivo de proteger o trabalhador menor, a prorrogação extraordinária deveria ser comunicada ao Ministério do Trabalho no prazo de 48 horas e havia um intervalo de 15 minutos entre o término da jornada normal e o início da jornada suplementar (art. 376, parágrafo único, art. 413, parágrafo único; art. 384), contudo, tais regras foram expressamente revogadas (Leis 10.224/01 e 13.467/17).

Quando for empregado em mais de uma empresa, somam-se todos os horários, como se fossem de um só emprego, sendo proibido ultrapassar o total de 8 horas diárias de trabalho (art. 414).[28]

36.4.3 Trabalho noturno

É vedado o trabalho noturno (art. 7º, XXXIII, CF; art. 404, CLT; art. 67, I, ECA).

Nas atividades urbanas o horário noturno compreende o período das 22h00 às 5h00 (art. 404).

No trabalho rural, o horário noturno é das 20h00 às 4h00, na pecuária, e das 21h00 às 5h00 na lavoura (art. 7º, Lei 5.889/73).

---

trabalhista. Se, entretanto, faltar um desses requisitos, a maioridade não é adquirida. Assim, se o menor trabalha, mas não tem 'economia própria', continuará relativamente incapaz" (MEIRELLES, Edilton. Ob. cit., p. 15).

[28] "Esse dispositivo pode ser interpretado como se referindo à existência de vínculos de emprego com mais de um empregador. Assim, ainda que implicitamente, o dispositivo confirma a possibilidade de trabalhar em mais de um emprego, não sendo a exclusividade requisito do contrato de trabalho. No entanto, se um dos empregadores, de boa-fé, não tem conhecimento de que o menor trabalha em outra empresa, aquele não pode ser penalizado" (GARCIA, Gustavo Filipe Barbosa. Ob. cit., p. 992).

36.4.4 Trabalho insalubre ou perigoso

É proibido o trabalho insalubre ou perigoso para a criança e o adolescente (art. 7º, XXXIII, CF; art. 405, I, CLT; art. 67, II, ECA). A Portaria 88, de 28/4/2009, da Secretária de Inspeção do Trabalho, estabelece, para fins do artigo 405, I, CLT, como locais e serviços perigosos ou insalubres, proibidos ao trabalho do menor de 18 anos, os descritos no item denominado "Trabalhos Prejudiciais à Saúde e à Segurança" (LISTA TIP),[29] revogando, assim, a Portaria 20, de 13/9/2001.

O Ministro do Trabalho poderá derrogar qualquer proibição, quando houver desaparecido parcial ou total o caráter perigoso ou insalubre que determinou a proibição (art. 410). O quadro será revisto bienalmente (art. 441).

36.4.5 Trabalho penoso

Trabalho penoso é o realizado em condição incômoda ou difícil, acarretando o cansaço físico e mental do trabalhador. A legislação trabalhista não define quais são as atividades penosas. O art. 7º, XXXIII, CF, não é explícito quanto à proibição do trabalho

---

[29] O Decreto 6.481, de 12/6/2008, regulamenta os arts. 3º, d, e 4º, Convenção 182, OIT, que trata da proibição das piores formas de trabalho infantil e ação imediata para sua eliminação, aprovada pelo Decreto Legislativo 178, de 14/12/1999, e promulgada pelo Decreto 3.597, de 12/9/2000. De acordo com o art. 1º fica aprovada a Lista das Piores Formas de Trabalho Infantil (Lista TIP), na forma do Anexo que acompanha o Decreto 6.481. A classificação de atividades, locais e trabalhos prejudiciais à saúde, à segurança e à moral, nos termos da Lista TIP, não é extensiva aos trabalhadores maiores de 18 anos (art. 2º, § 3º). A Lista TIP será periodicamente examinada e, se necessário, revista em consulta com as organizações de empregadores e de trabalhadores interessadas (art. 5º). Está proibido o trabalho do menor de 18 anos nas atividades descritas na Lista TIP, a qual poderá ser elidida na hipótese de: (a) ser o emprego ou trabalho, a partir da idade de 16 anos, autorizado pelo MTE, após consulta às organizações de empregadores e de trabalhadores interessadas, desde que fiquem plenamente garantidas a saúde, a segurança e a moral dos adolescentes; (b) aceitação de parecer técnico circunstanciado, assinado por profissional legalmente habilitado em segurança e saúde no trabalho, que ateste a não exposição a riscos que possam comprometer a saúde, a segurança e a moral dos adolescentes, depositado na unidade descentralizada do MTE da circunscrição onde ocorrerem as referidas atividades (art. 2º, § 1º, I e II). As controvérsias sobre a efetiva proteção dos adolescentes envolvidos em atividades constantes do parecer técnico serão objeto de análise por órgão competente do MTE, que tomará as providências legais cabíveis (art. 2º, § 2º). Os trabalhos técnicos ou administrativos serão permitidos, desde que fora das áreas de risco à saúde, à segurança e à moral, ao menor de 18 e maior de 16 anos e ao maior de 14 e menor de 16, na condição de aprendiz (art. 3º). Para fins de aplicação das alíneas a, b e c, art. 3º, Convenção 182, integram as piores formas de trabalho infantil: (a) todas as formas de escravidão ou práticas análogas, tais como venda ou tráfico, cativeiro ou sujeição por dívida, servidão, trabalho forçado ou obrigatório; (b) a utilização, a demanda, oferta, tráfico ou aliciamento para fins de exploração sexual comercial, produção de pornografia ou atuações pornográficas; (c) a utilização, recrutamento e oferta de adolescente para outras atividades ilícitas, particularmente para a produção e tráfico de drogas; (d) o recrutamento forçado ou compulsório de adolescente para ser utilizado em conflitos armados.

penoso para a criança e do adolescente. A omissão é suprida pelo ECA (art. 67, II), que veda os trabalhos perigosos, insalubres ou penosos.[30]

36.4.6 Serviços prejudiciais

O trabalho não poderá ser realizado em locais prejudiciais à sua formação e aos desenvolvimentos físico, psíquico, moral e social e em horários e locais que não permitam a frequência à escola (art. 403, parágrafo único, CLT; art. 67, III e IV, ECA).

Não se permite o trabalho em locais ou serviços prejudiciais à sua moralidade (art. 405, II).

É considerado prejudicial à moralidade (art. 405, § 3º), o trabalho:

a) prestado, de qualquer modo, em teatros de revista, cinemas, boates, cassinos, cabarés, *dancings* e estabelecimentos análogos ou em empresas circenses, em funções de acrobata, saltimbanco, ginasta e outras semelhantes. O juiz poderá autorizar o trabalho, desde que: (1) a representação tenha fim educativo ou a peça de que participe não possa ser prejudicial à sua formação moral; (2) se certifique ser a ocupação do menor indispensável à própria subsistência ou à de seus pais, avós ou irmãos e não advir nenhum prejuízo à sua formação moral (art. 406, *caput*, I e II);

b) de produção, composição, entrega ou venda de escritos impressos, cartazes, desenhos, gravuras, pinturas, emblemas, imagens e quaisquer outros objetos que possam, a juízo da autoridade competente, prejudicar sua formação moral;

c) consistente na venda, a varejo, de bebidas alcoólicas (art. 405, § 3º, CLT).

O trabalho (em ruas, praças e outros logradouros) depende de prévia autorização do juiz, ao qual cabe verificar se a ocupação é indispensável à sua própria subsistência ou à de seus pais, avós ou irmãos e se dessa ocupação não poderá advir prejuízo à sua formação moral (art. 405, § 2º). Para as entidades oficialmente reconhecidas e destinadas ao amparo dos menores jornaleiros, é que será outorgada a autorização do trabalho (art. 405, § 4º).

É vedado ao empregador contratar criança ou adolescente em serviço que demande o uso de força muscular superior a 20 quilos (trabalho contínuo) ou 25 quilos (trabalho

---

[30] "Sucede que a referida lei não esclareceu o que se deve entender por trabalho penoso. Recorrendo às normas internacionais, mais precisamente à Recomendação n. 95, de 1952, da OIT, considera-se trabalho penoso aquele que implique levantar, empurrar ou retirar grandes pesos, ou que envolva esforço físico excessivo ao qual o trabalhador não está acostumado. É certo que a Recomendação n. 95 refere-se à mulher, mas sob tal aspecto comporta aplicação analógica, mesmo porque coincide com o disposto no art. 390, parágrafo único, da CLT, também relativo a ela e que, não obstante, aplica-se por analogia ao menor, por força da própria lei (art. 405, § 5º)" (BARROS, Alice Monteiro de. Ob. cit., p. 564).

ocasional). Não se compreende a remoção de material por: impulsão ou tração de vagonete sobre trilhos, carros de mão ou quaisquer aparelhos mecânicos (artigos 405, § 5º, e 390).

Não se admite o labor em minas para crianças e adolescentes (art. 301).

É vedado o exercício da profissão de propagandista e vendedor de produtos farmacêuticos ao menor de 18 anos (art. 3º, Lei 6.224/75).

36.4.7 Férias

O empregado menor de 18 anos e aqueles com mais de 50 anos de idade terão férias em um único período (art. 134, § 2º, CLT). Citada regra foi revogada pela Reforma (art. 5º, I, f). Logo, a antiga redação é válida para as situações ocorridas até o dia 11/11/2017.

Com a Reforma Trabalhista, desde que se tenha a expressa concordância do empregado, as férias poderão ser gozadas na seguinte sistemática: (a) fracionamento em até três períodos; (b) um dos períodos não poderá ser inferior a 14 dias e os demais não poderão ser inferiores a cinco dias corridos cada um; (c) não se poderá iniciar o gozo das férias no período de dois dias, o qual antecede feriado ou dia destinado ao repouso semanal remunerado. Citadas regras são válidas para os períodos aquisitivos que estejam em curso ou que se iniciam após a vigência da reforma (11/11/2017), como também para os períodos já completos antes da reforma, visto que a alteração legislativa tem efeito imediato quanto aos contratos em curso.

O empregado estudante menor de 18 anos tem o direito de optar por um período de férias que seja coincidente com as férias escolares (art. 136, § 2º).

Os membros de uma família que trabalhem no mesmo estabelecimento ou empresa poderão usufruir conjuntamente do período de descanso, se assim solicitarem e desde que não cause prejuízo para o serviço (art. 136, § 1º).

36.5 DEVERES E RESPONSABILIDADES EM RELAÇÃO AO MENOR

É dever dos responsáveis legais (os pais ou tutores) afastar as crianças e os adolescentes de empregos que diminuam consideravelmente o seu tempo de estudo, reduzam o tempo de repouso necessário à sua saúde e constituição física ou prejudiquem a sua educação moral (art. 424, CLT).

O responsável legal tem a faculdade de pleitear a extinção do contrato de trabalho, desde que o serviço possa acarretar para ele prejuízos de ordem física ou moral (art. 408). Não haverá a necessidade de aviso prévio por parte do menor ao empregador.

Cabe aos empregadores: (a) a obrigação de velar pela observância, nos seus estabelecimentos ou empresas, dos bons costumes e da decência pública, bem como das regras de segurança e medicina do trabalho (art. 425); (b) o dever, se o trabalho executado for prejudicial à sua saúde, ao seu desenvolvimento físico ou à sua moralidade, de proporcionar as facilidades para mudar de serviço (art. 426); (c) obrigação de conceder ao menor o tempo que for necessário para a frequência às aulas (art. 427, *caput*).

Cabe à autoridade competente[31] verificar se o trabalho executado é prejudicial à sua saúde, ao seu desenvolvimento físico ou à sua moralidade (art. 407, *caput*). Em caso positivo, poderá obrigar a criança ou o adolescente a abandonar o serviço, devendo a empresa, quando for o caso, proporcionar ao menor todas as facilidades para mudar de funções (art. 426).

Se a empresa não tomar as medidas possíveis e recomendadas para que se tenha a mudança de função, será configurada a rescisão indireta do contrato de trabalho, na forma do art. 483, CLT (art. 407, parágrafo único).

36.6 REGISTRO DE MENORES

A Seção III – da Admissão em Emprego e da Carteira de Trabalho e da Previdência Social, que compreendia os artigos 415 a 423 da CLT, não mais está em vigor. Os arts. 415 a 417 foram revogados pelo Dec.-lei 926, de 10/10/1969, enquanto que o art. 417 deu-se pela Lei 7.855, de 24/10/1989 e os arts. 419 a 423 pela Lei 5.686, de 3/8/1971. Portanto, não só o registro como também a CTPS do menor, são iguais aos de qualquer trabalhador.

36.7 RECIBO DE QUITAÇÃO E DE PAGAMENTO

É lícito ao menor firmar recibo face o pagamento dos salários. Contudo, quando for o caso da rescisão contratual, é vedado ao menor de 18 anos dar, sem assistência dos seus responsáveis legais, quitação ao empregador pelo recebimento de indenização que lhe for devida (art. 439, CLT).

A validade do pedido de demissão do empregado menor depende do caso concreto. Se ficar evidente, pela realidade do contrato de trabalho, que o menor é de fato um demissionário, mesmo que o pedido tenha sido feito sem a presença do responsável, nada há para ser objetado quanto ao seu pedido de demissão. O que importa é a efetiva demonstração da vontade do menor desatrelada de qualquer vício de vontade.

Alice Monteiro de Barros[32] entende que o empregado menor pode requerer a demissão sem o consentimento do representante legal: *"Em consequência do que foi exposto, a jurisprudência tem admitido também a validade do aviso prévio concedido pelo empregado menor ao empregador, sem a assistência dos pais ou representante legal, ao argumento de que, se ele está autorizado a contratar, deve-se presumir autorizado a firmar o distrato. Compartilhamos desse entendimento, mesmo porque a lei não proíbe que o menor peça demissão, o que ela exige é a participação dos pais ou representante legal, no alusivo à quitação final. Quando o legislador pretendeu exigir a assistência na demissão do trabalhador, ele foi claro, como se infere do art. 477, § 1º, da CLT. Ao pais ou o representante legal não*

---

[31] "Como o art. 407 da CLT não estabelece distinção ou restrição, é possível entender que a 'autoridade', ali indicada, pode ser não só o juiz da infância e da juventude, o juiz do trabalho, como o auditor-fiscal do trabalho, conforme a hipótese em concreto" (GARCIA, Gustavo Filipe Barbosa. Ob. cit., p. 991).

[32] BARROS, Alice Monteiro de. Ob. cit., p. 560.

o representam, simplesmente o assistem, salvo nas exceções previstas em lei, isto é, quando entenderem que o prosseguimento da relação de emprego é prejudicial à integridade física ou moral do menor."

36.8 CONTRATO DE APRENDIZAGEM

A Lei 9.394/96, que trata das Diretrizes e Bases da Educação, em seu art. 40 estabelece que a educação profissional será desenvolvida em articulação com o ensino regular ou por diferentes estratégias de educação continuada, em instituições especializadas ou no ambiente de trabalho. É dever da sociedade no sentido da conjugação de esforços para que novas oportunidades sejam criadas no âmbito da educação e formação profissional.

Em sentido amplo, o ECA adota a aprendizagem ao mencionar a formação técnico-profissional ministrada de acordo com as diretrizes e bases da legislação de educação em vigor (art. 62), devendo ser observados os seguintes princípios: (a) garantia de acesso e frequência obrigatória ao ensino regular; (b) atividade compatível com o desenvolvimento do adolescente; (c) horário especial para o exercício das atividades (art. 63, I a III).

Oris de Oliveira[33] ensina que o ECA coloca a aprendizagem no campo da educação, deixando de existir, pois, qualquer dicotomia ou posição entre escola e trabalho: *"A aprendizagem, visando ao exercício de atividades específicas ditadas pela divisão do trabalho na vida social – é processo educacional, alternado (ensino teórico e prático), metódico (operações ordenadas dentro de um programa em que se passa do menos para o mais complexo) efetuado sob orientação de um responsável (pessoa física ou jurídica) em ambiente adequado (condições objetivas: pessoal docente, equipamento). A aprendizagem se insere na educação permanente, que engloba a formação profissional contínua, no interior da qual há a formação inicial (conjunto de formações organizadas pelo sistema escolar e universitário, de ensino geral e tecnológico visando a alunos e estudantes ainda não engajados na vida ativa) e formações posteriores que perduram por toda a vida."*

A aprendizagem pode ser realizada de duas formas:

a) escolar, que ocorre em escolas de artes e ofícios, em escolas técnicas e em escolas profissionais, sendo oferecida ao aluno matriculado no ensino fundamental e médio ou que o tenha concluído. Deve ser ressaltado que a aprendizagem escolar não substitui a educação regular. Pondere-se que há na aprendizagem escolar a parte teórica e a prática, a qual é, geralmente, propiciada nos laboratórios do estabelecimento de ensino. Como forma usual de complemento da parte prática da aprendizagem escolar, tem-se o aspecto profissionalizante, em que a escola encaminha o aluno a uma empresa, que lhe dá um estágio. No ordenamento jurídico nacional, temos a Lei 11.788/08, que regula o contrato de estágio;

---

[33] OLIVEIRA, Oris de. *Trabalho e profissionalização de adolescente*, p. 246.

b) empresária: na doutrina, pode-se dizer que a aprendizagem empresária é uma formação de longa duração, cujo desenvolvimento envolve duas fases: a primeira na empresa; a segunda, de natureza complementar e que se dá em um estabelecimento de formação, de acordo com a legislação ou os costumes. É disciplinada por um contrato de aprendizagem escrito.

O legislador consolidado trata da aprendizagem como um dos meios de formação profissional (= sentido empresarial). Também pelo ECA para o adolescente aprendiz (maior de 14 anos), são assegurados os direitos trabalhistas e previdenciários (art. 65).[34]

Contrato de aprendizagem[35] é o contrato de trabalho especial, ajustado por escrito e por prazo determinado, em que: (a) o empregador[36] compromete-se a assegurar ao maior de 14 e menor de 24 anos, inscrito em programa de aprendizagem, a formação técnico-profissional metódica e compatível com os desenvolvimentos físico, moral e psicológico; (b) o aprendiz a executar, com zelo e diligência, as tarefas necessárias a essa formação (art. 428, *caput*).

O contrato de aprendizagem pode-se dar entre a empresa e o aprendiz (regulada pelo art. 429 – serviço nacional de aprendizagem) ou na forma prevista nos arts. 430 e 431 (escolas técnicas de educação; entidades sem fins lucrativos que tenham por objetivo a assistência ao adolescente e à educação profissional, registradas no Conselho Municipal dos Direitos da Criança e do Adolescente; entidades de prática desportiva das diversas modalidades filiadas ao Sistema Nacional do Desporto dos Estados, do Distrito Federal e dos Municípios).

---

[34] O art. 64 do Estatuto fixava que ao adolescente aprendiz (12 a 14 anos) era assegurada uma bolsa de aprendizagem, sem a oportunidade do vínculo de emprego. Esta disposição foi revogada pela EC 20/98, a qual estabeleceu a idade mínima para o aprendiz a partir dos 14 anos. A doutrina indica: "Sabe-se, entretanto, que, a partir da Emenda Constitucional n. 20/98, não mais subsiste a diferenciação delineada pelo ECA para a aprendizagem, extinguindo-se, por coerência, a bolsa aprendizagem, porque todo aprendiz é empregado, restando então revogado o art. 64 do ECA" (STEPHAN, Cláudia Coutinho. Ob. cit., p. 93).

[35] "Muito discutida é a natureza jurídica do contrato de aprendizagem. Há quem sustente tratar-se de um contrato *sui generis*, outros de um contrato preliminar, havendo ainda quem o veja com um contrato misto, de trabalho e de ensino. A posição dominante o considera contrato de trabalho, divergindo apenas quanto à sua duração. Sustenta parte da doutrina que, se a aprendizagem for facultativa, ele será um contrato indeterminado; se se tratar de aprendizagem obrigatória, o contrato será determinado. A jurisprudência do TST vem-lhe atribuindo a natureza de tipo especial de contrato determinado, em estreita consonância com a alteração legislativa verificada com a Lei nº 10.097, de 2000, que deu nova redação ao art. 428 da CLT" (BARROS, Alice Monteiro de. Ob. cit., p. 572).

[36] "No contrato de aprendizagem, a principal obrigação do empregador é propiciar a formação profissional (obrigação de fazer), seguida da obrigação de pagar salário (obrigação de dar). Afirma-se, também, que a subordinação do trabalhador aprendiz é mais acentuada. O empregador dirige sua atividade pessoal nos momentos em que aprende sem trabalhar, quando trabalha aprendendo, ou ainda, enquanto produz em proveito da empresa, sem estar aprendendo" (BARROS, Alice Monteiro de. Ob. cit., p. 573).

Na primeira hipótese, trata-se da aprendizagem típica, com o surgimento do contrato de trabalho especial (aprendiz) entre a empresa e o aprendiz.

Na segunda hipótese, tem-se a formulação do vínculo entre o menor e a entidade sem fins lucrativos, além de uma empresa tomadora, na qual o menor prestará os serviços.[37]

"Pela nova disciplina da Lei n. 10.097/00, o contrato de aprendizagem pode operar-se diretamente entre a empresa e o aprendiz – aprendizagem típica, tratada pelo art. 428 – ou por vínculo de emprego celebrado com uma entidade sem fins lucrativos que tenha como objetivo a assistência ao adolescente e a educação profissional. Nesse último caso, a referida entidade acumula as funções de empregadora e de entre de formação técnico-profissional, ao encaminhar o trabalhador-aprendiz para prestar seu labor a uma empresa que é simples tomadora de serviços – aprendizagem atípica, in fine. *Configura-se, dessa forma, uma hipótese de intermediação de mão de obra lícita não contemplada na Súmula n. 331 do TST, em que a entidade sem fins lucrativos assume todas as obrigações decorrentes do contrato de trabalho. A relação jurídica entre a entidade empregadora e a empresa tomadora limita-se a um simples contrato de prestação de serviços. Todavia, esta última pode ser responsabilizada subsidiariamente, caso a entidade sem fins lucrativos não cumpra com as obrigações trabalhistas que tem perante o aprendiz (exegese da Súmula n. 331, IV, do TST)."* [38]

"Respeitável corrente doutrinária entende que, se houver a contratação pela entidade, inexistirá vínculo empregatício. Nesse sentido, eis o que diz o professor Amauri Mascaro Nascimento [...] Divergimos, respeitosamente, do entendimento supra. O art. 431 da CLT, ao referir-se à possibilidade de contratação do aprendiz por entidades, em momento algum disse que não haveria vínculo empregatício. Declarou, apenas, que nesta hipótese, a relação de emprego não se formaria com a empresa tomadora de serviços, nada mais. Não pode se emprestar interpretação tão ampliativa ao dispositivo, que desnatura o próprio contrato de aprendizagem. Como visto linhas antes, o art. 428 da CLT é de clareza solar: contrato de aprendizagem é o contrato de trabalho (leia-se de emprego) especial. Um de seus pressupostos de validade, inclusive, é a anotação na Carteira de Trabalho e Previdência Social

---

[37] Para Cláudia Coutinho Stephan, não há vínculo de emprego entre o aprendiz e a entidade sem fins lucrativos: "Nesta última hipótese, não se constituirá vínculo empregatício, tratando-se, portanto, de um tipo especial de aprendiz não empregado, sendo aconselhável apenas que o menor seja protegido por um seguro de acidentes pessoais, aplicando-se a esse tipo de trabalhador as normas especiais de segurança e medicina do trabalho" (Ob. cit., p. 115).

De idêntica forma, Amauri Mascaro Nascimento acentua: "Menor aprendiz não empregado (CLT, art. 431) é aquele cuja aprendizagem é contratada e prestada por determinado tipo de entidade, a que se refere o art. 430, II, da CLT, saber, entidade sem fins lucrativos, que tenha por objetivo a assistência ao adolescente e a educação profissional, registrada no Conselho Municipal dos Direitos da Criança e do Adolescente, tratando-se, como está claro na lei, de uma relação de aprendizagem especial não caracterizando relação de emprego, porque nela figura como instituição, que ministrará a aprendizagem, uma entidade do tipo acima mencionado e porque a aprendizagem é dirigida e ministrada com este tipo de instituição" (*Curso de direito do trabalho*. 24. ed., p. 715).

[38] QUEIROZ, Claudete Terezinha Tafuri. *CLT Interpretada*: artigo por artigo, parágrafo por parágrafo. Organizador: Domingos Závio ZAINAGHI. Coordenador: Antônio Cláudio da Costa MACHADO, 2. ed., p. 297.

(art. 428, § 1º). Assim, não parece haver dúvidas: se a entidade for a contratante, será ela a empregadora, cabendo ao empregado todos os direitos relativos a um contrato de emprego, especial por ser de aprendizagem."[39]

A validade do contrato de aprendizagem pressupõe: (a) anotação na CTPS; (b) matrícula e frequência do aprendiz à escola, caso não haja concluído o ensino médio; (c) inscrição em programa de aprendizagem desenvolvido sob a orientação de entidade qualificada em formação técnico-profissional metódica (art. 428, § 1º). Nas localidades onde não houver oferta de ensino médio, a contratação do aprendiz poderá ocorrer sem à frequência à escola, desde que ele já tenha concluído o ensino fundamental (art. 428, § 7º).

O aprendiz terá direito à percepção do salário mínimo hora, exceto se houver condição mais favorável (art. 428, § 2º).

O prazo máximo do contrato de aprendizagem não poderá exceder 2 anos, exceto quando se tratar de aprendiz portador de deficiência (art. 428, § 3º).

A formação técnico-profissional prevista no art. 428 caracteriza-se por atividades teóricas e práticas, metodicamente organizadas em tarefas de complexidade progressiva desenvolvidas no ambiente de trabalho (art. 428, § 4º).

A idade máxima de 24 anos não se aplica a aprendizes portadores de deficiência (art. 428, § 5º).

Para os fins do contrato de aprendizagem, a comprovação da escolaridade de aprendiz com deficiência deve considerar, sobretudo, as habilidades e competências relacionadas com a profissionalização (art. 428, § 6º).

Para o aprendiz com deficiência, com 18 anos ou mais, a validade do contrato pressupõe anotação na CTPS e matrícula e frequência em programa de aprendizagem desenvolvido sob orientação de entidade qualificada em formação técnico-profissional metódica (art. 428, § 8º).

As empresas, qualquer que seja o ramo de atividade, são obrigadas a empregar e matricular nos cursos dos Serviços Nacionais de Aprendizagem número de aprendizes equivalente a 5%, no mínimo, e 15%, no máximo, dos trabalhadores existentes em cada estabelecimento, cujas funções demandem formação profissional (art. 429, *caput*). Os limites são inaplicáveis quando o empregador for entidade sem fins lucrativos, que tenha por objetivo a educação profissional (art. 429, § 1º-A) ou no caso das microempresas ou das empresas de pequeno porte (art. 51, III, LC 123/06). No cálculo da percentagem, as frações darão lugar à admissão de um aprendiz (art. 429, § 1º).

As empresas poderão destinar até 10% de sua cota de aprendizes à formação técnico-profissional metódica em áreas relacionadas a práticas de atividades desportivas, à prestação de serviços relacionados à infraestrutura, incluindo as atividades de construção, ampliação, recuperação e manutenção de instalações esportivas e à organização e promoção de eventos esportivos (art. 429, § 2º, CLT, Lei 13.420/17).

---

[39] OLIVA, José Roberto Dantas. *O princípio da proteção integral e o trabalho da criança e do adolescente no Brasil*, p. 235.

Para fins de aferição das funções que demandem a formação profissional, recomenda-se a utilização da Classificação Brasileira de Ocupações (CBO). Contudo, devem ser excluídas as seguintes funções: (a) aprendizes já contratados; (b) trabalhadores temporários; (c) habilitação profissional de nível técnico ou superior; (d) cargos de direção, gerência ou confiança (art. 10, Decreto 5.598/05).

Para fins de contratação de aprendiz, o número mínimo das funções profissionais é de 7 por empresa, visto que o limite máximo é de 15%. Caso contrário, haveria o extravasamento deste limite máximo.

O § 2º do art. 429, CLT, dispõe que os estabelecimentos devem ofertar vagas de aprendizes a adolescentes usuários do Sistema Nacional de Atendimento Socioeducativo (SINASE) nas condições a serem dispostas em instrumentos de cooperação celebrados entre os estabelecimentos e os gestores dos Sistemas de Atendimento Socioeducativo locais.

Na hipótese de os Serviços Nacionais de Aprendizagem não oferecerem cursos ou vagas suficientes para atender a demanda dos estabelecimentos, os cursos poderão ser suprido por outras entidades qualificadas em formação técnico-profissional metódica: (a) escolas técnicas de educação; (b) entidades sem fins lucrativos, que tenham por objetivo a assistência ao adolescente e à educação profissional, registradas no Conselho Municipal dos Direitos da Criança e do Adolescente; (c) entidades de prática desportiva das diversas modalidades filiadas ao Sistema Nacional do Desporto dos Estados, do Distrito Federal e dos Municípios) (art. 430, *caput*, I, II e III).[40]

As entidades devem contar com estrutura adequada ao desenvolvimento dos programas de aprendizagem, de forma a manter a qualidade do processo de ensino, bem como acompanhar e avaliar os resultados (art. 430, § 1º). Caberá ao MTE fixar normas para avaliação da competência das citadas entidades (art. 430, § 2º).

O Ministério do Trabalho fixará normas para avaliação da competência das entidades sem fins lucrativos e entidades de prática desportiva (art. 430, § 3º, CLT, Lei 13.420/17), as quais deverão cadastrar seus cursos, turmas e aprendizes matriculados no MTE (art. 430, § 4º).

Nos termos do Regulamento, as entidades poderão firmar parcerias entre si para o desenvolvimento dos programas de aprendizagem (art. 430, § 5º).

---

[40] De acordo com o art. 8º, Decreto 5.598, de 1º/12/2005, são consideradas entidades qualificadas em formação técnico-profissional metódica: (1) os Serviços Nacionais de Aprendizagem, assim identificados: (a) Serviço Nacional de Aprendizagem Industrial (SENAI); (b) Serviço Nacional de Aprendizagem Comercial (SENAC); (c) Serviço Nacional de Aprendizagem Rural (SENAR); (d) Serviço Nacional de Aprendizagem do Transporte (SENAT); (e) Serviço Nacional de Aprendizagem do Cooperativismo (SESCOOP); (2) as escolas técnicas de educação, inclusive as agrotécnicas; (3) as entidades sem fins lucrativos, que tenham por objetivos a assistência ao adolescente e à educação profissional, registradas no Conselho Municipal dos Direitos da Criança e do Adolescente. A Portaria 723/12 do MTE dispõe a respeito da cooperação ou parcerias entre entidades qualificadas em formação técnico-profissional metódica.

A jornada de trabalho do aprendiz não será superior ao limite de 6 horas, não se admitindo a compensação ou prorrogação (art. 432, *caput*). O limite poderá ser de até 8 horas diárias para os aprendizes que já tiverem completado o ensino fundamental, se nelas forem computadas as horas destinadas à aprendizagem teórica (art. 432, § 1º).

A extinção do contrato de aprendizagem ocorrerá: (a) no advento do seu termo; (b) quando o aprendiz completar 24 anos (art. 433, *caput*).

Haverá a rescisão antecipada nas seguintes hipóteses: (a) desempenho insuficiente ou inadaptação do aprendiz, salvo para o aprendiz com deficiência quando desprovido de recursos de acessibilidade, de tecnologias assistivas e de apoio necessário ao desempenho de suas atividades; (b) falta disciplinar grave; (c) ausência injustificada à escola que implique perda do ano letivo; (d) a pedido do aprendiz (art. 433, I a IV).

De acordo com o art. 433, § 2º, na rescisão antecipada do contrato de aprendizagem não se aplicam as regras dos demais contratos por prazo determinado (indenização pela metade dos dias restantes para o término – arts. 479 e 480).

Quanto aos depósitos fundiários, os contratos de aprendizagem possuem a alíquota de 2% (art. 15, § 7º, Lei 8.036/90).

A IN SIT 97, de 30/7/2012, dispõe sobre a fiscalização das condições de trabalho no âmbito dos programas de aprendizagem.

36.9 TRABALHO EDUCATIVO (ECA)

O programa social que tenha por base o trabalho educativo, sob responsabilidade de entidade governamental ou não governamental sem fins lucrativos, deverá assegurar ao adolescente que dele participe condições de capacitação para o exercício de atividade regular remunerada (art. 68, *caput*, ECA).

Oris de Oliveira afirma que os §§ 1º e 2º do art. 68[41] evidenciam qual é a exata compreensão do que representa o trabalho educativo:

"*É educativo o trabalho: a) em que há exigências pedagógicas relativas ao desenvolvimento pessoal e social do educando; b) do qual resulta produção; c) em que as exigências pedagógicas prevalecem sobre as da produção; d) do qual se aufere remuneração feita por 'unidade de obra' (por trabalho efetuado) ou 'por participação na venda' dos produtos mas que não desfigura nem descaracteriza o caráter educativo; e) cujo objetivo e assegurar condições de capacitação para o exercício de atividade regular remunerada.*"[42]

Todo e qualquer programa social que tenha por base o trabalho educativo deve dar maior ênfase ao conteúdo pedagógico do que ao aspecto produtivo, logo, o mais adequado seria adotarmos o vocábulo educação como substantivo e trabalho como adjetivo. Vale

---

[41] Trabalho educativo é a atividade laboral em que as exigências pedagógicas relativas ao desenvolvimento pessoal e social do educando prevalecem sobre o aspecto produtivo (art. 68, § 1º, ECA). A remuneração que o adolescente recebe pelo trabalho efetuado ou a participação na venda dos produtos de seu trabalho não desfigura o caráter educativo (art. 68, § 2º).

[42] OLIVEIRA, Oris de. Ob. cit., p. 221.

dizer, o programa social há de interagir a educação para o trabalho e a educação pelo trabalho. Não basta apenas educar para que depois o aluno possa trabalhar. O trabalho é um dos instrumentos da formação educacional do menor.

Para Oris de Oliveira,[43] para que o trabalho seja considerado educativo é indispensável: *"(a) que ele se associe à educação do cidadão contribuindo para o desenvolvimento do educando com vistas a realizar suas potencialidades intrínsecas e à formação e desenvolvimento de sua personalidade; (b) que no aspecto biopsicológico 'extraia' (educere) do adolescente o que ele tem de 'próprio' e 'original'. Deve, pois, o trabalho contribuir para suprir as necessidades individuais: respeito pelo desenvolvimento harmônico do corpo e do espírito; promover desenvolvimento emocional; incentivar a formação de um espírito crítico; promover desenvolvimento de valores morais e culturais de todo tipo; (c) no aspecto social promova o desenvolvimento do senso de responsabilidade social; instrumentalização para participação nas transformações e no progresso sociais; desenvolver formação política para exercício da cidadania".*[44]

Com base nos ensinamentos de Oris de Oliveira, Adalberto Martins declina que o trabalho educativo abrange várias modalidades: (a) contrato de aprendizagem; (b) contrato de estágio (Lei 11.788/08); (c) as atividades profissionalizantes de uma cooperativa-escola; (d) as atividades das escolas-produção; (e) as atividades de um processo de reciclagem; (f) as atividades de uma requalificação profissional.

Adalberto Martins afirma que como o trabalho educativo não se insere na noção de trabalho econômico (o qual se destina à produção de bens e riquezas), não se pode exigir a idade mínima indicada no art. 7º, XXXIII, da Constituição Federal.

Adalberto Martins defende: *"Pelo exposto, é possível afirmar que o trabalho educativo não se insere, necessariamente, no conceito econômico de trabalho, pois que objetiva a formação profissional e não, propriamente, a produção de bens e riquezas. O aspecto produtivo é apenas secundário, insere-se no projeto pedagógico e objetiva remunerar o educando. [...] Concluímos, pois, que a restrição de idade indicada no art. 7º, XIII, da Constituição Federal não abarca o trabalho educativo, o qual seria possível até mesmo antes dos catorze anos de idade, desde que não se exija que o menor trabalhe em local insalubre, perigoso ou em horário noturno."*[45]

Como diversas são as formas de trabalho educativo, pode-se afirmar que nem todas irão caracterizar a figura do trabalho consolidado. Contudo, é necessária a plena interação entre o trabalho e a educação.[46]

---

[43] OLIVEIRA, Oris de. Ob. cit., p. 227.
[44] OLIVEIRA, Oris de. Ob. cit., p. 227.
[45] MARTINS, Adalberto. *A proteção constitucional ao trabalho de crianças e adolescentes*, p. 97.
[46] "[...] RECURSO DE REVISTA. TRABALHO DO MENOR. CONTRATOS DE APRENDIZAGEM, DE ESTÁGIO OU DE TRABALHO EDUCATIVO NÃO CONFIGURADOS. VÍNCULO EMPREGATÍCIO RECONHECIDO. A Constituição de 1988 estabeleceu uma tutela especial em favor das crianças e dos adolescentes, proibindo o trabalho das primeiras e assegurando – direitos previdenciários e trabalhistas – aos segundos (art. 227, § 3º, II, CF). O contrato de aprendizagem

Para Amauri Mascaro Nascimento, *"Difere, dos anteriores, o trabalho socioeducativo do menor. É autorizado pelo Estatuto da Criança e do Adolescente (art. 67), que assim considerar aquele previsto em programa social, sob a responsabilidade de entidade governamental ou não sem fins lucrativos e que assegure ao adolescente que dele participe condições de capacitação para o exercício de atividade regular remunerada, em que as exigências pedagógicas relativas ao desenvolvimento pessoal e social do educando prevalecem sobre o produtivo. Não é igual às figuras anteriores, uma vez que não se trata de menor empregado, porque não cria relação de emprego, nem de menor aprendiz empregado, pela mesma razão, nem de menor aprendiz não empregado, na medida em que não se trata de aprendizagem de profissão ministrada por instituição especializada nesse objetivo, nem mesmo, em alguns casos, será um contrato, como na hipótese de menores em regime semiaberto da FEBEM e que dessa entidade devem receber formação social e educacional com fins de reabilitação e reingresso pleno na sociedade. As exigências pedagógicas, portanto, são fundamentais, e o fator trabalho é complementar apenas, não prevalecendo os aspectos produtivos."* [47]

36.10 OFICINA FAMILIAR

Ao trabalho em oficinas em que trabalhem exclusivamente pessoas da família do menor e esteja este sob a direção do pai, mãe ou tutor, não se tem o enquadramento como menor empregado, contudo, é imperioso que se tenha o respeito (art. 402, parágrafo único, CLT): (1) à vedação de trabalho em horário noturno (22h00 às 05h00) (art. 404); (2) à proibição do trabalho nas hipóteses inseridas no art. 405; (3) à observância das regras da duração do trabalho (arts. 411 a 414). Em linhas gerais, as regras citadas são reproduzidas no art. 67 (I a IV) do ECA.

---

que o Texto Magno ressalva (art. 227, § 3º, I, combinado com o art. 7º, XXXIII, CF) é pacto formalístico trabalhista, regulado pela CLT (arts. 428 e seguintes da Consolidação), com diversos direitos laborativos. A outra ressalva existente (contrato de estágio) supõe manifesta vinculação programática do labor com a grade curricular do estudante, como efetiva complementação dos estudos escolares. Não há, desde 1988, espaço para a pura e simples utilização desprotegida da mão de obra do jovem brasileiro (art. 227, CF/88), não se prestando a tanto o art. 68 do Estatuto da Criança e do Adolescente, que tem de se amoldar às formas de trabalho educativo hoje autorizadas, o contrato de aprendizagem (art. 428 da CLT) e o contrato de estágio (antiga Lei nº 6.494/77), ou corresponder, como terceira ressalva, a um tipo jurídico que denote a manifesta prevalência da função pedagógica sobre a função produtiva (trabalho educativo). É incompatível com a nova ordem jurídica as soluções assistencialistas de pré-1988 (*Programa Bom Menino* e similares), em que se colocava o jovem em atividades essencialmente produtivas sem imbricação com a dinâmica escolar ou funções educacionais, destituído, ademais, de qualquer significativa proteção trabalhista. Recurso de revista provido" (TST – 6ª T. – RR 195500-38.2000.5.01.0038 – Rel. Min. Mauricio Godinho Delgado – *DEJT* 13/3/2009).

[47] NASCIMENTO, Amauri Mascaro. Ob. cit., p. 716.

QUESTIONÁRIO

1. Quais são os fundamentos para a proteção do trabalho da criança e do adolescente?

2. Como se opera a questão da menoridade no Direito do Trabalho?

3. O menor de 14 anos pode ser reconhecido como empregado? Há restrição na legislação previdenciária?

4. Quais são as regras quanto à duração do trabalho do menor?

5. O trabalho insalubre é proibido ou permitido para o menor?

6. O trabalho penoso já foi regulamentado para o menor?

7. Quais são os deveres e responsabilidades em relação ao menor?

8. A prescrição corre contra o menor?

9. O menor pode assinar pedido de demissão?

10. Qual é o conceito de contrato de aprendizagem?

Capítulo XXXVII
A PESSOA COM DEFICIÊNCIA NO MERCADO DE TRABALHO

37.1 INTRODUÇÃO

Em muitos aspectos, a vida da pessoa com deficiência não é diferente das demais pessoas, possuindo momentos de alegria e de tristezas, derrotas e conquistas, isto é, bons e maus momentos, mas se diferencia em uma particularidade: são vítimas constantes de preconceitos e discriminações.

Claro que isso não é um fenômeno moderno e também localizado apenas no Brasil ou em países pobres.

Tem-se notícias de que os povos antigos e mesmo os povos indígenas tinham o costume de tirar a vida do recém-nascido com alguma deficiência física. Isso ocorria com rituais próprios, como enterro da criança viva ou jogando-a num abismo e outras tantas formas imagináveis de se tirar vida de alguém.

Infelizmente, os avanços científicos e sociais da humanidade moderna ainda não foram suficientes para mudar totalmente este quadro de preconceito.

Certamente, isso se deve a uma visão distorcida por parte de alguns.

Em seus estudos, Arion Sayão Romita[1] aponta inúmeros personagens de destaque da história que possuíam algum tipo de deficiência: *"Além desse personagem da Antiguidade, outros célebres deficientes físicos apresentavam a mesma característica, como Byron (1788-1824); poeta inglês, que era* clubfoot, *isto é, portador de um pé deformado, torto. Toulouse-Lautrec (1864-1901), pintor francês, sofreu duas quedas de cavalo, o que o deixou anão e estropiado das pernas. Milton (1608-1674), poeta e ensaísta inglês, compôs, entre outras obras,* Paradise Lost *(Paraíso Perdido, 1667) sendo deficiente visual, totalmente cego. Camões (1524-1580), o maior poeta lírico e épico da língua portuguesa, perdeu o olho direito numa batalha contra os mouros em Ceuta, em 1547. Antonio Feliciano de Castilho (1800-1875), poeta, prosador, ensaísta e pedagogo português, padeceu de cegueira desde os seus seis anos."*

---

[1] ROMITA, Arion Sayão. Trabalho do deficiente. *Jornal Trabalhista*, nº 812, p. 6, maio/2000.

Além desses, Arion Romita cita outros tantos personagens portadores de deficiência da história, dentre eles Miguel de Cervantes, Antonio Francisco da Costa Lisboa (Aleijadinho), Beethoven etc.

Algumas pessoas, contudo, pensam que os portadores de deficiência são pessoas infelizes, outros as consideram oprimidas, ou, ainda, acham que são diferentes, há também aqueles que os imaginam inúteis ou doentes. Sem falar naqueles que pensam que o portador de deficiência possui todas essas "qualidades" simultaneamente.

Porém, nada disso é verdade.

A pessoa com deficiência é uma pessoa capaz, mas que possui algumas limitações físicas ou mentais.[2]

A pessoa com deficiência não precisa e não quer o sentimento de pena de ninguém,[3] mas apenas busca condições humanas e materiais que lhe permitam viver como as demais pessoas.[4]

Aristóteles[5] já afirmava que *"é mais fácil ensinar um aleijado a desempenhar uma tarefa útil do que sustentá-lo como indigente"*.

37.2 TERMINOLOGIA

Nesses últimos anos, os Organismos Internacionais e os Tratados, Convenções e Pactos Internacionais que tratam da "pessoa deficiente" procuram delimitar a abrangência das expressões utilizadas.

Inicialmente, o termo "deficiente" foi utilizado na Declaração dos Direitos dos Deficientes da Organização das Nações Unidas (1975),[6] para designar toda pessoa em estado de incapacidade de prover, por si mesma, no todo ou em parte, as necessidades

---

[2] Na realidade, o patrimônio jurídico das pessoas portadoras de deficiência se resume no cumprimento do direito à igualdade, quer apenas cuidando de resguardar a obediência à isonomia de todos diante do texto legal, evitando discriminações, quer colocando as pessoas portadoras de deficiência em situação privilegiada em relação aos demais cidadãos, benefício perfeitamente justificado e explicado pela própria dificuldade de integração natural desse grupo de pessoas (ARAÚJO, Luiz Alberto David. *A proteção constitucional das pessoas portadoras de deficiência*, p. 81).

[3] A pessoa deficiente luta em posição de desvantagem para garantir trabalho e saúde e, na maioria das vezes, perde na competição acirrada e desigual do mundo atual. Para os deficientes, o índice de desemprego é duas ou três vezes superior; baixa qualidade de vida, a pobreza e a desnutrição são muito mais acentuadas e a exclusão social predomina, bastando citar o reduzido acesso deles às universidades (OLIVEIRA, Sebastião Geraldo de. Proteção jurídica ao trabalho dos portadores de deficiência. *Discriminação*, p. 139).

[4] Neste ponto há que se retomar o já apresentado na primeira parte do trabalho, quando falamos do princípio da igualdade. Fica claro que a pessoa portadora de deficiência não está habilitada para toda e qualquer profissão. O princípio constitucional não tem a extensão de permitir que uma pessoa portadora de deficiência visual pretenda pleitear um emprego onde a visão é essencial (*v. g.*, motorista) (ARAÚJO, Luiz Alberto David. Ob. cit., p. 87).

[5] VALTECIDES, Rubens. *Deficiente físico*: novas dimensões da proteção ao trabalhador, p. 21.

[6] Aprovada pela Assembleia Geral da Organização das Nações Unidas em 9/12/1975.

de uma vida pessoal ou social normal, em consequência de uma deficiência congênita ou não de suas faculdades físicas ou mentais (art. 1º).

A Organização Internacional do Trabalho (OIT), na Convenção 159 (1983), a qual trata de reabilitação profissional e emprego, utiliza a expressão "pessoa deficiente" se referindo "as pessoas cujas possibilidades de obter e conservar um emprego adequado e de progredir no mesmo fiquem substancialmente reduzidas devido a uma deficiência de caráter físico ou mental devidamente comprovada" (art. 1º).

Por sua vez, a Convenção Interamericana para a Eliminação de Todas as Formas de Discriminação contra as Pessoas Portadoras de Deficiência (1999),[7] da Organização dos Estados Americanos (OEA), utiliza a expressão "pessoa portadora de deficiência" e o termo "deficiência" para significar "uma restrição física, mental ou sensorial, de natureza permanente ou transitória, que limita a capacidade de exercer uma ou mais atividades essenciais da vida diária, causada ou agravada pelo ambiente econômico e social" (art. 1º).

No âmbito da Organização Mundial de Saúde (OMS), incapacidade é um termo abrangente para deficiências (problemas nas funções ou na estrutura do corpo, tais como um desvio importante ou uma perda), limitações em atividades e restrições à participação de um indivíduo em situações da vida real (Classificação Internacional de Funcionamento, de Incapacidade e de Saúde – CIF, 2001).[8]

No preâmbulo da Convenção Internacional sobre os Direitos das Pessoas com Deficiência (Convenção de Nova Iorque, 2007), os Estados reconheceram que a "deficiência" é um conceito em evolução e que resulta da interação entre pessoas com deficiência e as barreiras devidas às atitudes e ao ambiente que impedem a sua plena e efetiva participação na sociedade em igualdade de oportunidades com as demais pessoas.

Apesar disso, a Convenção de Nova Iorque acabou por conceituar pessoas com deficiência como "aquelas que têm impedimentos de longo prazo de natureza física, mental, intelectual ou sensorial, os quais, em interação com diversas barreiras, podem obstruir sua participação plena e efetiva na sociedade em igualdades de condições com as demais pessoas" (art. 1º).

Assim, dentre os diversos termos e expressões utilizados, apesar das críticas que possam ser feitas, a ONU adota a expressão "pessoa com deficiência".

A Constituição Brasileira utiliza "pessoas portadoras de deficiência" (art. 7º, XXXI, 23, II, 24, IV, 37, VIII, 40, § 4º, I, 201, § 1º, 203, IV e V, 207, III, 227, § 1º, II, § 2º, e 244).

A Lei 13.146/15 (Estatuto da Pessoa com Deficiência) adota a expressão "pessoa com deficiência".

---

[7] Adotada na cidade de Guatemala, em 7/6/1999, no vigésimo nono período ordinário de sessões da Assembleia Geral.

[8] A CIF representa uma revisão da Classificação Internacional de Deficiência, Incapacidades e Desvantagens (ICIDH), publicada inicialmente pela OMS com caráter experimental em 1980. A CIF foi desenvolvida após estudos de campo sistemáticos e consultas internacionais nos últimos 5 anos e foi aprovada pela Quinquagésima Quarta Assembleia Mundial de Saúde para utilização internacional em 22 de maio de 2001 (Resolução WHA54.21).

37.3 QUEM SÃO AS PESSOAS COM DEFICIÊNCIA FÍSICA OU MENTAL?

Somente depois de se identificar quem são os portadores de deficiência física ou mental é que se poderá melhor planejar políticas sociais e econômicas para atender as suas necessidades.

A restrição física ou mental pode decorrer de vários fenômenos: uma má formação gestacional, por problemas de saúde, por sequelas decorrentes de acidentes de veículos, de trabalho doméstico etc.

Identificar o portador de deficiência não é uma tarefa fácil, pois bastaria alguma restrição física ou mental para ser considerada uma pessoa portadora de deficiência?

Nessa linha de pensamento abrangente, todos, ou pelo menos quase todos seriam portadores de deficiência com o avanço da idade.

Terminologicamente, deficiência[9] é a falta, falha, carência, imperfeição, defeito ou insuficiência.

Já o termo portador[10] significa aquele que porta ou conduz, ou traz consigo, ou em si.

Assim, facilmente conclui-se que pessoa com deficiência é aquela que porta alguma restrição física ou mental.

Porém, parece que tal ideia acaba por ser muito abrangente, abarcando pessoas com qualquer tipo de restrição, como, por exemplo, uma pessoa míope ou sem um dos dedos da mão.

Procurando melhor dimensionar a questão, a Organização Mundial da Saúde (OMS) (1980) fez a seguinte classificação: (a) incapacidade – restrição para realizar uma atividade normal para o ser humano, *v. g.*, ausência de um membro; (b) deficiência – perda ou anomalia de uma estrutura ou função psicológica ou anatômica, por ex., perda ou redução da capacidade de falar ou andar; (c) desvantagem – desempenho reduzido de determinada função, exemplo típico, como a prática de determinado esporte pela idade.

Tal classificação, no entanto, não foi capaz de solucionar os problemas existentes.

Isso fez com que a OMS procedesse à revisão dos seus critérios em 1999, a qual pode ser entendida da seguinte maneira:[11] *"O corpo humano possui uma estrutura (esqueleto, órgãos, membros e componentes) e um conjunto de funções (fisiológicas, psicológicas e sociais). Com o seu corpo, os seres humanos desenvolvem atividades. No desenvolvimento dessas atividades podem existir dificuldades devido a impedimentos associados a problemas de estrutura ou das funções do corpo. Isso pode restringir a participação do seu portador em diversas situações de vida. A extensão desses impedimentos, entretanto, está ligada a providências que são ou não tomadas do lado social. Por isso, uma pessoa é deficiente quando tem restrições de estrutura ou funções corporais não compensadas por providências sociais."*

---

[9] FERREIRA, Aurélio Buarque de Holanda. *Novo dicionário da língua portuguesa*. 2. ed., p. 528.
[10] FERREIRA, Aurélio Buarque de Holanda. Ob. cit., p. 1.369.
[11] PASTORE, José. *Oportunidade de trabalho para portadores de deficiência*, p. 39.

Para a OIT, uma pessoa é portadora de deficiência para o trabalho quando a possibilidade de conseguir, permanecer e progredir no emprego é substancialmente limitada em decorrência de uma reconhecida desvantagem física ou mental (Convenção 159).

No Brasil, considera-se deficiente a pessoa que apresenta, em caráter permanente, perdas ou anomalias de sua estrutura ou função psicológica, fisiológica ou anatômica, que gerem incapacidade para o desempenho de atividades, dentro do padrão considerado normal para o trabalho humano (Lei 7.853/89 e o seu Regulamento – Decreto 3.298/99).

O Decreto 3.298 estabelece os seguintes conceitos legais:

a) deficiência – toda perda ou anormalidade de uma estrutura ou função psicológica, fisiológica ou anatômica que gere incapacidade para o desempenho de atividade dentro do padrão considerado normal para o ser humano;

b) deficiência permanente – aquela que ocorreu ou se estabilizou durante um período de tempo suficiente para não permitir recuperação ou ter probabilidade de que se altere, apesar de novos tratamentos;

c) incapacidade – uma redução efetiva e acentuada da capacidade de integração social, com necessidade de equipamentos, adaptações, meios ou recursos especiais para que a pessoa portadora de deficiência possa receber ou transmitir informações necessárias ao seu bem-estar pessoal e ao desempenho de função ou atividade a ser exercida (art. 3º, I a III).

É considerada pessoa portadora de deficiência a que se enquadra nas seguintes categorias (art. 4º, I a V, Decreto 3.298):

a) deficiência física – alteração completa ou parcial de um ou mais segmentos do corpo humano, acarretando o comprometimento da função física, apresentando-se sob a forma de paraplegia, paraparesia, monoplegia, monoparesia, tetraplegia, tetraparesia, triplegia, triparesia, hemiplegia, hemiparesia, ostomia, amputação ou ausência de membro, paralisia cerebral, nanismo, membros com deformidade congênita ou adquirida, exceto as deformidades estéticas e as que não produzam dificuldades para o desempenho de funções;

b) deficiência auditiva – perda bilateral, parcial ou total, de 41 decibéis (dB) ou mais, aferida por audiograma nas frequências de 500 Hz, 1.000 Hz, 2.000 Hz e 3.000 Hz;

c) deficiência visual – cegueira, na qual a acuidade visual é igual ou menor que 0,05 no melhor olho, com a melhor correção óptica; a baixa visão, que significa acuidade visual entre 0,3 e 0,05 no melhor olho, com a melhor correção óptica; os casos nos quais a somatória da medida do campo visual em ambos os olhos for igual ou menor que 60°; ou a ocorrência simultânea de quaisquer das condições anteriores;

d) deficiência mental – funcionamento intelectual significativamente inferior à média, com manifestação antes dos 18 anos e limitações associadas a duas ou

mais áreas de habilidades adaptativas, tais como: (1) comunicação; (2) cuidado pessoal; (3) habilidades sociais; (4) utilização dos recursos da comunidade; (5) saúde e segurança; (6) habilidades acadêmicas; (7) lazer; (8) trabalho;
e) deficiência múltipla – associação de duas ou mais deficiências.

A Lei 13.146/15 (Estatuto da Pessoa com Deficiência) define pessoa com deficiência como sendo aquela que em impedimento de longo prazo de natureza física, mental, intelectual ou sensorial, o qual, em interação com uma ou mais barreiras, pode obstruir sua participação plena e efetiva na sociedade em igualdade de condições com as demais pessoas.

37.4 ASPECTOS DA PROTEÇÃO LEGAL

Com o fim das guerras, sempre havia os problemas relacionados com os cuidados que os soldados ou civis mutilados necessitavam.

No Brasil, à época da Guerra do Paraguai, fundou-se o Asilo dos Inválidos da Pátria.

Após a Primeira e a Segunda Guerra Mundial, a Europa teve que se adaptar e criar sistemas de cotas de reserva de mercado de trabalho para os mutilados.

Em 1923, a OIT recomendou a aprovação de leis nacionais que obrigassem as entidades públicas e privadas a empregar certo montante de portadores de deficiência causada por guerra. Em 1944, na Reunião de Filadélfia, a OIT aprovou uma recomendação, visando induzir os países-membros a empregar uma quantidade razoável de deficientes não combatentes.

Aos 20/12/1971, a Assembleia das Nações Unidas proclama a Declaração dos Direitos do Deficiente Mental.

A Declaração dos Direitos das Pessoas Portadoras de Deficiência, aprovada pela ONU em 9/12/1975, garantiu aos portadores de deficiência os direitos inerentes à dignidade humana (art. 3º), bem como previu que as necessidades especiais seriam consideradas no planejamento econômico e social (art. 8º).

O ano de 1981 foi proclamado pelas Nações Unidas como *Internacional Year of Disabled Persons* (Ano Internacional das Pessoas Deficientes).

Em 1982, a ONU aprovou o Programa de Ação Mundial para as Pessoas Deficientes (Res. 37, de 3/12/1982), a qual tinha como postulado básico a igualdade de oportunidades, garantindo a todos o acesso ao sistema geral da sociedade – meio físico e cultural, a habitação, o transporte, os serviços sociais e de saúde, as oportunidades de educação e de trabalho, a vida cultural e social, inclusive as instalações esportivas e de lazer (art. 12).

A Assembleia Geral das Nações Unidas, pela Res. 37, proclamou a *United Nations Decade of Disabled Persons* (Década das Nações Unidas das Pessoas com Deficiência), compreendendo os anos de 1983 a 1992.

A *American with Desabilities Act* (Lei dos Deficientes nos Estados Unidos da América) foi aprovada em 1990 e entrou em vigor em 1992. Na Inglaterra, a Lei que trata do tema é de 1995.

A Convenção da OIT 159 (1983), ratificada pelo Brasil (Decreto 129/91), versa sobre a reabilitação e emprego da pessoa portadora de deficiência.

O Dia do Deficiente (3 de dezembro) só foi instituído pela Organização das Nações Unidas (ONU) em 14/10/1992.

A Declaração de Salamanca, Espanha, destaca a preocupação com a educação especial para pessoas portadoras de deficiência (10/6/1994).

Como bem coloca o José Pastore[12] *"esses instrumentos basearam-se no princípio segundo o qual os portadores de deficiência são membros da sociedade e têm o direito de permanecer nas comunidades e ali receber os serviços de educação, saúde e emprego como os demais habitantes".*

Com a modificação do Tratado de Amsterdã (1997), esse passou a servir como recomendação para os países da União Europeia, como instrumento de antidiscriminação e obrigação de facilitar a inserção, permanência e progresso dos portadores de deficiência no mercado de trabalho.

Foi adotada pela Assembleia da ONU em 13 de dezembro de 2006, aberta para ratificação a partir de 30 de março de 2007, a Convenção Internacional sobre os Direitos das Pessoas com Deficiência (Convenção de Nova Iorque), a qual entrou em vigor em 3 de maio de 2008 e foi ratificada por 126 países e 155 são signatários (até dezembro de 2012). O Brasil ratificou a Convenção de Nova Iorque e seu Protocolo Opcional, com *status* de emenda constitucional (art. 5º, § 3º, CF) (Decreto 6.949, de 25/8/2009, Decreto Legislativo 186, de 9/7/2008).

Ao lado de outros Tratados, Pactos e Declarações Internacionais que procuram o reconhecimento da pessoa de direito, a Convenção de Nova Iorque prevê uma série de princípios e deveres aos Estados e à sociedade no processo de reconhecimento da pessoa com deficiência, ao procurar assegurar direitos fundamentais como a igualdade e não discriminação (com desdobramentos perante à lei, de acesso à Justiça, aspectos de proteção às mulheres e às crianças etc.), direito à vida (em situações de risco e emergências humanitárias, prevenção contra a exploração, a violência e o abuso, proteção da integridade da pessoa, prevenção contra tortura ou tratamentos ou penas cruéis, desumanos ou degradantes), saúde (inclusive habilitação e reabilitação), educação, liberdades pessoais e perante a coletividade (liberdade e segurança da pessoa, liberdade de movimentação e nacionalidade, vida independente e inclusão na comunidade, mobilidade pessoal, liberdade de expressão e de opinião e acesso à informação), intimidade e privacidade (respeito à privacidade, respeito pelo lar e pela família), padrão de vida e proteção social adequados, participação na vida social (política e pública, cultural e em recreação, lazer e esporte), trabalho e emprego e políticas públicas de conscientização e acessibilidade, além da criação de sistemas de informação (estatísticas e coleta de dados, implementação e monitoramentos nacionais etc.).

---

[12] PASTORE, José. Ob. cit., p. 36.

37.5 PROTEÇÃO LEGAL NO BRASIL

Na Constituição brasileira e na legislação existente, a pessoa portadora de deficiência tem proteção especial. No que tange às garantias constitucionais, o Brasil possui um sistema legal de proteção bem encadeado.

Um dos objetivos fundamentais da República Federativa é a construção de uma sociedade livre, justa e solidária (art. 3º, I, CF), bem como promover o bem-estar de todos, sem preconceitos de origem, raça, sexo, cor, idade e quaisquer outras formas de discriminação (art. 3º, IV).

O art. 7º, XXXI, proíbe qualquer tipo de discriminação no tocante aos salários e critérios de admissão do trabalhador portador de deficiência.

A Constituição atribui à União, Estados, Municípios e Distrito Federal a responsabilidade de cuidar da saúde e da assistência pública, da proteção e garantia das pessoas portadoras de deficiência (art. 23, II).

A competência legislativa sobre regras de proteção e integração social das pessoas portadoras de deficiência pertence a todos os Entes Federados (art. 24, XIV), sendo que a lei reservará um percentual de cargos e empregos públicos para as pessoas portadoras de deficiência (art. 37, VIII).

A assistência social será prestada aos necessitados, independentemente de contribuição à seguridade social, com objetivo de habilitar e reabilitar as pessoas portadoras de deficiência e promover a sua integração à vida comunitária, garantindo um salário mínimo mensal à pessoa deficiente que comprovar não ter condição de prover a própria manutenção ou de tê-la provida por sua família (art. 203, IV e V).

Além disso, o Estado tem o dever de garantir o atendimento educacional especializado aos portadores de deficiência (art. 208, III) e criar programas de prevenção e atendimento especializado para os portadores de deficiência física, sensorial ou mental, bem como a integração social do adolescente portador de deficiência, mediante o treinamento para o trabalho e a convivência, e a facilitação do acesso aos bens e serviços coletivos, com a eliminação de preconceitos e obstáculos arquitetônicos (art. 227, § 1º, II).

Muitas Constituições Estaduais e Leis Orgânicas dos Municípios também trazem em seu bojo questões relacionadas aos portadores de deficiência.

A Lei 7.853/89 criou a Coordenadoria Nacional para Integração das Pessoas Portadoras de Deficiência (CORDE) e assegurou às pessoas portadoras de deficiência o pleno exercício de seus direitos básicos, inclusive dos direitos à educação, à saúde, ao trabalho, ao lazer, à Previdência Social, ao amparo à infância e à maternidade, e de outros que, decorrentes da Constituição e das leis, propiciem seu bem-estar pessoal, social e econômico (art. 2º).

A Lei 7.853 também prevê a adoção de legislação específica que discipline reserva de mercado de trabalho aos portadores de deficiência física (art. 2º, II, *d*) e a proteção dos seus interesses coletivos, difusos, individuais homogêneos e individuais indisponíveis por medidas judiciais que poderão ser propostas pelo Ministério Público, Defensoria Pública, União, Estados, Municípios e Distrito Federal, por associações constituídas há mais de um ano, por autarquia, empresa pública, fundação ou sociedade de economia mista que inclua, entre suas finalidades institucionais, a proteção dos interesses e a promoção de direitos da pessoa com deficiência (art. 3º).

Negar ou obstar emprego, trabalho ou promoção à pessoa em razão de sua deficiência constitui crime, punível com reclusão de 2 a 5 anos e multa (art. 8º, III). Se a pessoa com deficiência for menor de 18 anos, a pena é agravada em 1/3 (art. 8º, § 1º).

A Lei 10.098/00 estabelece normas gerais e critérios básicos para a promoção da acessibilidade das pessoas portadoras de deficiência ou com mobilidade reduzida.

O Decreto 3.298/99, que instituiu a Política Nacional para a Integração da Pessoa Portadora de Deficiência, tem como uma de suas diretrizes (art. 6º, V) *"ampliar as alternativas de inserção econômica da pessoa portadora de deficiência, proporcionando a ela qualificação profissional e incorporação no mercado de trabalho".*

No que se refere às relações de trabalho, a Portaria 772, de 26/8/1999, do Ministério do Trabalho, permite a contratação de pessoa deficiente, sem a caracterização de emprego com o tomador de serviços, quando: (a) realizada com a intermediação de entidade sem fins lucrativos, de natureza filantrópica e de comprovada idoneidade, que tenha por objeto assistir o portador de deficiência; (b) a entidade assistencial intermediadora comprove a regular contratação de portadores de deficiência nos moldes da CLT; (c) o trabalho destinar-se a fins terapêuticos, desenvolvimento da capacidade laborativa reduzida devido à deficiência, ou inserção da pessoa portadora de deficiência no mercado de trabalho, e (d) em igualdade de condições com os demais trabalhadores, quando os portadores de deficiência estiverem inseridos no processo produtivo da empresa (art. 1º).

O trabalho prestado pela pessoa portadora de deficiência física poderá ocorrer no âmbito da entidade que prestar assistência ou da empresa que para o mesmo fim celebrar convênio ou contrato com a entidade assistencial (art. 1º, § 1º).

Certamente que na prática a questão não é tão simples, pois em alguns casos essa forma de contratação poderá ensejar fraude a direitos trabalhistas, como ocorre com outros tipos de empregados. Nesses casos, a solução passa pela aplicação da Súm. 331, TST.

No âmbito da União, é assegurado o direito da pessoa portadora de deficiência se inscrever em concurso público para provimento de cargos cujas atribuições lhe sejam compatíveis, reservadas até 20% das vagas oferecidas no concurso (art. 5º, § 2º, Lei 8.112/91). Há julgado no STJ[13] que assegura o cumprimento desta cota.

Por sua vez, a Lei 8.213/91, em seu art. 93, estabeleceu cotas compulsórias de vagas a serem respeitadas pelas empresas do setor privado com mais de 100 empregados, observando proporção: (I) de 100 a 200 empregados, 2%; (II) de 201 a 500, 3%; (III) de 501 a 1.000, 4%; (IV) 1.001 ou mais, 5%.

De acordo com o art. 5º, § 1º, da IN SIT 98, de 15/8/2012, os percentuais de 2% a 5% são apurados pelo número de empregados da empresa. Portanto, não são computa-

---

[13] STJ – 6ª T. – ROMS 200501088678 – Rel. Min. Paulo Medina – *DJU* 16/10/2006 – p. 431.

dos os trabalhadores terceirizados, bem como o levantamento não será efetuado pelo estabelecimento da empresa.

Além disso, a dispensa de pessoa com deficiência ou de beneficiário reabilitado da Previdência Social ao final de contrato por prazo determinado de mais de 90 dias e a dispensa imotivada em contrato por prazo indeterminado somente poderão ocorrer após a contratação de outro trabalhador com deficiência ou beneficiário reabilitado da Previdência Social (art. 93. § 1º, Lei 8.213, com a redação da Lei 13.146).

Para a reserva de cargos será considerada somente a contratação direta de pessoa com deficiência, excluído o aprendiz com deficiência (art. 93, § 3º Lei 8.213, com a redação da Lei 13.146).

O Estatuto da Criança e do Adolescente assegura à criança e ao adolescente portador de deficiência atendimento especializado e, a este último, o trabalho protegido (Lei 8.069/90).

A legislação brasileira garante educação especial aos portadores de deficiência (Lei 9.394/96 – Lei de Diretrizes e Bases da Educação Nacional), passe livre no sistema de transporte coletivo interestadual, desde que comprovadamente carente (art. 1º, Lei 8.899/1994), e isenção de IPI na aquisição de automóveis para a utilização no transporte autônomo de passageiros, bem como por pessoas portadoras de deficiência física (Lei 8.989/95).

Com a Lei 9.867/99 houve a instituição das Cooperativas Sociais, as quais têm a finalidade de inserir as pessoas em desvantagens no mercado econômico, por meio do trabalho, com fundamento no interesse geral da comunidade em promover a pessoa humana e a integração social dos cidadãos (art. 1º), com a organização e gestão de serviços sociossanitários e educativos; bem como o desenvolvimento de atividades agrícolas, industriais, comerciais e de serviços (art. 1º, I e II).

Atualmente, a política nacional para integração de pessoas portadoras de deficiência no mercado de trabalho e na sociedade em geral é disciplinada pelo Decreto 3.298 do Poder Executivo Federal, o qual compreende o conjunto de orientações normativas que objetivam assegurar o pleno exercício dos direitos individuais e sociais das pessoas portadoras de deficiência (art. 1º), observando os seguintes princípios: (a) desenvolvimento de ação conjunta do Estado e da sociedade civil, de modo a assegurar a plena integração da pessoa portadora de deficiência no contexto socioeconômico e cultural; (b) estabelecimento de mecanismos e instrumentos legais e operacionais que assegurem às pessoas portadoras de deficiência o pleno exercício de seus direitos básicos que, decorrentes da Constituição e das leis, propiciam o seu bem-estar pessoal, social e econômico; (c) respeito às pessoas portadoras de deficiência, que devem receber igualdade de oportunidades na sociedade por reconhecimento dos direitos que lhes são assegurados, sem privilégios ou paternalismos (art. 5º, I, II e III).

Busca-se a equiparação de oportunidades com a reabilitação integral do portador de deficiência, formação profissional e qualificação para o trabalho, escolarização regular e especial e orientação e promoção individual, familiar e social (art. 15).

Assim, conclui-se que a pequena participação dos portadores de deficiência no mercado de trabalho e na geração de riquezas para o país não decorre da falta de um sistema legal protetor, *"mas sim da carência de ações, estímulos e instituições que viabilizem, de forma concreta, a formação, habilitação, reabilitação e inserção dos portadores de deficiência no mercado de trabalho. As nações bem-sucedidas nesse campo baseiam o apoio a essas pessoas em um intrincado tripé, a saber, educação, reabilitação e compensação às empresas por meio de estímulos e benefícios".*[14]

A LC 142/13 assegura a concessão de aposentadoria da pessoa com deficiência segurada do Regime Federal de Previdência Social. São exigíveis: (a) vinte e cinco anos de tempo de contribuição, se homem, e vinte anos, se mulher, no caso de segurado com deficiência grave; (b) vinte e nove anos de tempo de contribuição, se homem, e vinte e quatro anos, se mulher, no caso de segurado com deficiência moderada; (c) trinta e três anos de tempo de contribuição, se homem, e vinte e oito anos, se mulher, no caso de segurado com deficiência leve; (d) sessenta anos de idade, se homem, e cinquenta e cinco anos de idade, se mulher, independentemente do grau de deficiência, desde que cumprido tempo mínimo de contribuição de quinze anos e comprovada a existência de deficiência durante igual período. O Decreto 8.145, de 3/12/2013, regulamenta a aposentadoria por tempo de contribuição e por idade da pessoa com deficiência.

O Estatuto da Pessoa com Deficiência estabelece que a pessoa com deficiência tem direito: (a) ao trabalho de sua livre escolha e aceitação, em ambiente acessível e inclusivo, em igualdade de oportunidades com as demais pessoas; (b) de exigir que as pessoas jurídicas de direito público, privado ou de qualquer natureza garantam ambientes de trabalho acessíveis e inclusivos; (c) à igualdade de oportunidades com as demais pessoas, a condições justas e favoráveis de trabalho, incluindo igual remuneração por trabalho de igual valor; (d) de que não haja restrições ao trabalho e qualquer tipo de discriminação em razão de sua condição, inclusive nas etapas de recrutamento, seleção, contratação, admissão, exames admissional e periódico, permanência no emprego, ascensão profissional e reabilitação profissional, bem como exigência de aptidão plena; (e) à participação e ao acesso a cursos, treinamentos, educação continuada, planos de carreira, promoções, bonificações e incentivos profissionais oferecidos pelo empregador, em igualdade de oportunidades com os demais empregados; (f) de acessibilidade em cursos de formação e de capacitação (art. 34, §§ 1º a 5º).

37.6 GARANTIA NO EMPREGO OU ESTABILIDADE

Além das garantias previstas na CF destinada aos portadores de deficiência física, a Lei 8.213/91, que trata dos Planos de Benefícios da Previdência Social, no capítulo que disciplina a habilitação e reabilitação do trabalho, traz: (a) um sistema de cotas (de contratações) para os trabalhadores reabilitados ou as pessoas com deficiências, habilitadas (art. 93), o qual prevê que a dispensa do trabalhador reabilitado ou de portador com deficiência habilitado somente poderá ocorrer após a contratação de substituto de condição semelhante (§ 1º); (b) a responsabilidade do Ministério do Trabalho e Emprego em estabelecer a sistemática de fiscalização e de geração de dados e estatísticas sobre o total

---

[14] PASTORE, José. Ob. cit., p. 59.

de empregados e as vagas preenchidas por pessoas com deficiência e por beneficiários reabilitados da Previdência Social, fornecendo-os, quando solicitados, aos sindicatos, às entidades representativas dos empregados ou aos cidadãos interessados (§ 2º).

O art. 93, *caput*, da Lei 8.213, determina à empresa, com 100 ou mais empregados, a obrigação quanto ao preenchimento de cotas.

A dispensa de pessoa com deficiência ou de beneficiário reabilitado da Previdência Social ao final de contrato por prazo determinado de mais de 90 dias e a dispensa imotivada em contrato por prazo indeterminado somente poderão ocorrer após a contratação de outro trabalhador com deficiência ou beneficiário reabilitado da Previdência Social (art. 93. § 1º, Lei 8.213, com a redação da Lei 13.146).

Um sistema de proteção semelhante já era previsto no artigo 55 da Lei 3.807/60 (Lei Orgânica da Previdência Social).[15]

Na visão de José Pastore,[16] é uma proteção exagerada e *"tende a assustar o empregador, transformando-se em discriminação adicional. As empresas, temendo não encontrar substituto equivalente para o portador de deficiência que vier a ser desligado e não podendo demitir até mesmo quando encerrar as atividades em que ele trabalha, resistem em admitir o primeiro – o que limita as oportunidades de trabalho para os portadores de deficiência como um todo"*.

Para Sebastião Geraldo de Oliveira,[17] a garantia do art. 93 é uma estabilidade provisória sem prazo certo: *"Pela leitura do art. 93 da Lei nº 8.213/91, pode-se concluir que a empresa com mais de cem empregados só poderá dispensar o acidentado reabilitado, sem justa causa, se atender cumulativamente a dois requisitos: 1) contar com um número de empregados reabilitados ou deficientes habilitados pelo menos no limite do piso estabelecido; 2) admitir outro empregado em condição semelhante, de modo a garantir o percentual mínimo. Trata-se, portanto, de estabilidade sem prazo certo, pois terá duração até a admissão de outro trabalhador em condição semelhante, mesmo assim quando a cota mínima estiver preenchida. Pode-se concluir também que, enquanto a empresa não atinge o percentual mínimo legal, nenhum empregado reabilitado pode ser dispensado, mesmo se for contratado outro em condições semelhantes, a não ser por justa causa. Caso ocorra a dispensa ilegal, o acidentado reabilitado ou o deficiente habilitado tem direito à reintegração no emprego e aos salários e demais vantagens de todo o período de afastamento ou até quando o empregador preencher as condições legais para promover validamente a dispensa. Como se vê, essa estabilidade provisória de emprego atua como complemento da garantia prevista no art. 118 da Lei nº 8.213/1991."*

---

[15] "Art. 55. As empresas que dispuserem de 20 ou mais empregados serão obrigadas a reservar de 2% a 5% dos cargos, para atender os casos de readaptados ou reeducados profissionalmente, na forma que o regulamento desta lei estabelecer."

[16] PASTORE, José. Ob. cit., p. 58.

[17] OLIVEIRA, Sebastião Geraldo de. *Proteção jurídica à saúde do trabalhador*. 4. ed., p. 342.

Vale dizer, na ótica de Sebastião Geraldo de Oliveira, os dois requisitos do art. 93 (*caput* e o § 1º) devem existir de forma simultânea, daí adota a expressão: "estabilidade própria sem prazo certo".

Segundo Sergio Pinto Martins,[18] os dois requisitos não devem existir de forma simultânea: *"A empresa com 100 ou mais empregados está obrigada a preencher de 2% a 5% dos seus cargos com beneficiários reabilitados ou pessoas portadoras de deficiência (art. 93, da Lei nº 8.213). A dispensa de trabalhador reabilitado ou de deficiente habilitado ao final de contrato por prazo determinado de mais de 90 dias só poderá ocorrer após a contratação de substituto de condição semelhante (§ 1º do art. 93 da Lei nº 8.213). O § 1º do art. 93 da Lei nº 8.213/91 estabeleceu situação compreendendo condição suspensiva: admissão de empregado de condição semelhante. Trata-se de hipótese de garantia de emprego em que não há prazo certo. A dispensa do trabalhador reabilitado ou dos deficientes só poderá ser feita se a empresa tiver o número estabelecido pelo art. 93 da Lei nº 8.213. Enquanto a empresa não atinge o número mínimo previsto em lei, haverá garantia de emprego para as referidas pessoas. Admitindo a empresa deficientes ou reabilitados em percentual superior ao previsto no art. 93 da Lei nº 8.213/91, poderá a empresa demitir outras pessoas em iguais condições até atingir o referido limite. Poderá, porém, a empresa dispensar os reabilitados ou deficientes por justa causa."*

Vale dizer, a essência posta no art. 93, visto na sua interpretação sistemática e teleológica, estabelece um sistema de garantia, que garante o emprego ao portador da deficiência, quando da sua dispensa, se a empresa, com a dispensa, ferir a cota mínima de portadores de deficiência como empregados.

Em linhas gerais, o dever jurídico imposto à empresa envolve: (a) a obrigação da empresa em preencher certos percentuais de seus cargos com beneficiários reabilitados pelo INSS ou habilitados nas proporções indicadas (sistema de cotas); (b) a existência de pessoas portadoras de deficiência, nos termos do Decreto 3.298, que regulamenta a Lei 7.853; (c) as pessoas devem ser reabilitadas ou habilitadas; (d) a contratação exige a aptidão para o desempenho das atribuições da função, que deve ser constatada pelo empregador.

O conteúdo jurídico do art. 93, *caput*, combinado com o seu § 1º, não gera direitos individuais e sim a proteção a um grupo de trabalhadores – as pessoas portadoras de deficiência (reabilitados ou habilitados).

A norma protege indivíduos do grupo, mas não confere a uma determinada pessoa do grupo um direito subjetivo. A lei protege o interesse ou direito difuso decorrente de uma circunstância fática comum e pertinente a uma coletividade indeterminada e que se apresenta de forma indivisível (art. 81, parágrafo único, I, Lei 8.078/1990, CDC).

Trata-se de uma estabilidade ao trabalhador reabilitado portador de deficiência, contudo, para que a dispensa seja considerada válida, a empresa deverá contratar, previamente, um substituto, ou comprovar que a dispensa não prejudica o sistema de cota imposto pela Lei (art. 93, *caput*).

---

[18] MARTINS, Sergio Pinto. *Direito do trabalho*. 25. ed., p. 422.

O objetivo do art. 93 e o seu § 1º é a garantia quanto ao cumprimento do sistema de cotas previsto no *caput*, mantendo vigente o contrato de trabalho do empregado portador de deficiência física reabilitado até que venha a ser substituído por outro empregado em condições semelhantes.

Vale dizer, a dispensa irá gerar para o portador da deficiência um direito subjetivo, diante da ausência de comprovação da contratação prévia de um substituto ou de a dispensa estar violando o sistema de cota de emprego destinado ao deficiente habilitado ou reabilitado.

Independentemente do preenchimento das cotas previstas na Lei 8.213, o sistema jurídico veda práticas discriminatórias de acesso ou manutenção de empregado (art. 7º, XXX, CF, art. 373-A, CLT, Lei 9.029/95), chegando, além de outras sanções, a caracterizar crime com pena de detenção de 1 a 2 anos e multa.

O rompimento da relação de trabalho por ato discriminatório faculta ao empregado optar entre: (a) a reintegração com ressarcimento integral de todo o período de afastamento, mediante pagamento das remunerações devidas, corrigidas monetariamente, acrescidas dos juros legais e (b) a percepção, em dobro, da remuneração do período de afastamento, corrigida monetariamente e acrescida dos juros legais (art. 4º, Lei 9.029).

Por fim, incumbe MTE estabelecer a sistemática de fiscalização, bem como gerar dados e estatísticas sobre o total de empregados e as vagas preenchidas por pessoas com deficiência e por beneficiários reabilitados da Previdência Social, fornecendo-os, quando solicitados, aos sindicatos, às entidades representativas dos empregados ou aos cidadãos interessados (art. 93, § 2º, Lei 8.2131, com a redação da Lei 13.146).

37.7 OBSTÁCULOS

O grande entrave da inserção e manutenção do portador de deficiência no mercado de trabalho está: (a) na carência de qualificação profissional; (b) na carência dos sistemas de habilitação e reabilitação; e (c) nos estímulos econômicos que facilitam a sua contratação pelas empresas.

Na adoção de medidas que visem integrar os portadores de deficiência física, podem-se identificar dois grupos, uns que entendem que o tratamento jurídico é suficiente para sanar o problema e outros que defendem o tratamento econômico.

A verdade parece estar na combinação dos dois argumentos. Os portadores de deficiência não necessitam de medidas preferenciais, mas sim de remoção das barreiras que impedem a sua inserção no mercado de trabalho.

Mas, por não haver uma integração eficiente desses três pontos, no Brasil, uma grande parte dos portadores de deficiências é constituída de pedintes de ruas e trabalham na economia informal, como: camelôs, distribuidores de propaganda nos semáforos etc., estando, via de regra, fora do mercado formal de trabalho e sem a proteção do sistema de seguridade social.

As estimativas existentes são bastante desencontradas. Mas, se formos considerar como trabalho atividade que é exercida de forma legal, com registro em carteira de trabalho ou de forma autônoma, mas com as devidas proteções da seguridade social, é bem provável que essa proporção fique em torno de 2,5% do total de portadores de deficiência em idade de trabalhar no Brasil – 180 mil pessoas.

Necessariamente, *"para alcançar o objetivo de proporcionar aos deficientes o acesso aos cargos e empregos públicos e privados, é necessário que o Estado-legislador adote medidas niveladoras, a fim de remover os obstáculos que se opõem ao livre desenvolvimento da personalidade dessas pessoas, assim como dos demais membros das classes sociais desfavorecidas"*.[19]

37.8 DEFICIÊNCIA NA FORMAÇÃO PROFISSIONAL

O sistema educacional brasileiro tem se mostrado ineficiente na medida em que ainda não é capaz de atender a todas as crianças em idade escolar, com cuidados especiais para aqueles que necessitam.

Dados recentes do Censo Escolar 2000 demonstram que aproximadamente 300 mil alunos portadores de deficiência estão frequentando as escolas, sendo que apenas três mil estão no ensino médio.

Tal situação também decorre de um problema estrutural, como ausência de escolas especiais e profissionais educadores com formação adequada para trabalharem com alunos portadores de deficiência.

37.9 TECNOLOGIA

Certamente, o desenvolvimento tecnológico tem auxiliado os portadores de deficiência a superar suas limitações, exemplo claro disso são as próteses artificiais, as novas técnicas na área médica etc.

No que se refere especificamente ao mercado de trabalho, as inovações tecnológicas têm substituído o trabalho físico pelo intelectual, permitindo a realização de tarefas mesmo a distância, é o teletrabalho, muitas vezes, com a diminuição do número de postos de trabalho.

A realização de trabalhos com auxílio da informática, por exemplo, tem permitindo um maior acesso dos portadores de deficiência física ao mercado de trabalho. Certamente, para aqueles que dominam os novos meios de produção.

37.10 HABILITAÇÃO E REABILITAÇÃO

A habilitação e a reabilitação profissional dizem respeito à adoção de medidas para habilitar ou restaurar uma capacidade produtiva do portador de deficiência com vistas a integrá-lo ou reintegrá-lo no trabalho.

O sistema de habilitação e reabilitação é carente e não tem estrutura para atender a todos os casos, permitindo o ingresso e o reingresso do portador de deficiência física ou mental no mercado de trabalho.

---

[19] ROMITA, Arion Sayão. Ob. cit., p. 11.

No país inteiro, são aproximadamente 30 centros de reabilitação, com poucos núcleos de reabilitação profissional, atingindo apenas 10% das cidades, se considerarmos as instituições filantrópicas e particulares.

Sem dúvida, o custo da reabilitação é alto, mas ainda é mais baixo do que manter pessoas acidentadas afastadas, recebendo benefícios da Previdência Social por anos seguidos.

37.11 FLEXIBILIZAÇÃO DO DIREITO DO TRABALHO

Alguns têm apontado como solução para a inserção dos portadores de deficiência no mercado de trabalho maior flexibilização do Direito do Trabalho, de maneira a permitir um crescimento no número de postos de trabalho existentes e adequações específicas para cada realidade.

A fixação dos limites da flexibilização de direitos trabalhistas ainda é muito controvertida no Direito do Trabalho brasileiro.

Em linhas gerais, o Direito brasileiro adotou um sistema de flexibilização atrelado à negociação coletiva no que se refere à irredutibilidade salarial (art. 7º, VI, CF), à compensação e redução de jornada de trabalho (XIII) e aos turnos ininterruptos (XIV).

Evidentemente que essas limitações constitucionais não impedem a expansão de novas formas de trabalho, como o teletrabalho.

O que não pode ser aceita é a existência de relações de trabalho sem a proteção legal do Estado, com argumentos de que o empregador e o empregado podem pactuar livremente seus direitos e deveres, como decorrência do princípio da autonomia privada.

Neste aspecto, importante lembrar que o Direito do Trabalho nasceu exatamente no meio da Revolução Industrial, como forma de proteger o trabalhador explorado, o hipossuficiente.

Parecem inexistir argumentos que possam mudar tal concepção.

Mas, hoje, muitos, inclusive no meio jurídico, têm defendido a supremacia do negociado sobre o legislado, afirmando que o princípio da autonomia privada coletiva exercida pelas Entidades Sindicais pode criar e extinguir direitos e obrigações trabalhistas, encontrando limite apenas no que se refere a normas indisponíveis absolutas, *v. g.*, anotação da carteira de trabalho.

37.12 RESERVAS DE MERCADO DE TRABALHO

No que se refere ao sistema de reserva de mercado de trabalho, sistema de cotas, há 3 modalidades: (a) cota legal; (b) cota terceirizada; (c) cota-contribuição.

Ao analisar o tema, Pastore afirma que: *"Nos países desenvolvidos que o adotam, o sistema de cotas é apenas uma peça de um complexo enredo de leis, instituições, programas e incentivos econômicos para facilitar o trabalho dos portadores de deficiência. Embora o sistema de cotas persista em vários países da Europa, nota-se uma forte inclinação de mudança na sua filosofia, com uma tendência clara em direção ao tripé que combina leis antidiscriminação, sistemas de cotas e esquemas de contribuição e terceirização – dentro do conceito de 'rede de apoio'."*

O sistema de cota legal é o existente no Brasil, com cotas progressivas, atingindo inclusive as empresas privadas.

Para a União, são reservados até 20% das vagas oferecidas no concurso (art. 5º, § 2º, Lei 8.112/91). Enquanto, no setor privado, a empresa deve observar a seguinte proporção: (I) de 100 a 200 empregados, 2%; (II) de 201 a 500, 3%; (III) 501 a 1.000, 4%; (IV) 1.001 ou mais, 5%.

No sistema de cota terceirizada, adotado na França, a empresa pode preencher a sua cota com contratações diretas, mas também contratando pessoas que trabalham em entidades de "trabalho protegido", que trabalhem em casa ou pagando uma contribuição a um centro de reabilitação, desde que não excedam a 50% da cota da empresa.

O sistema de cota contribuição tem como ideia fundamental que a sociedade como um todo e as empresas como parte dessa sociedade têm uma responsabilidade inalienável de criar condições favoráveis para os cidadãos portadores de deficiência.

Nesse sistema, busca-se primeiramente oportunidade de trabalho e, não havendo preenchimento das vagas, paga-se uma contribuição, a qual retorna para benefício do deficiente no mercado de trabalho, auxiliando as empresas a remover barreiras e superar as suas cotas.

QUESTIONÁRIO

1. Qual é a importância da identificação dos portadores de deficiência física ou mental no planejamento das políticas sociais e econômicas?

2. Como se dá a proteção legal no Brasil do trabalho do portador de deficiência?

3. O portador de deficiência tem garantia no emprego?

4. Quais são os obstáculos para a inserção do portador de deficiência no mercado de trabalho?

5. A tecnologia é importante para o portador de deficiência?

6. Quais são os significados da habilitação e da reabilitação?

7. A flexibilização é vital para a inserção do portador de deficiência no mercado formal de trabalho?

8. Deve existir um sistema legal obrigatório de reserva de mercado de trabalho para o deficiente físico?

Capítulo XXXVIII
FISCALIZAÇÃO DO TRABALHO

38.1 CONCEITO DE FISCALIZAÇÃO DO TRABALHO

Fiscalização do Trabalho é o *"conjunto de normas emitidas pelo Ministério do Trabalho com o escopo de garantir não só a aplicação dos preceitos legais e regulamentares e das convenções internacionais, devidamente ratificadas pelo Brasil, alusivas à duração e às condições de trabalho, mas também a proteção dos trabalhadores no exercício da atividade profissional".*[1]

Para Octavio Bueno Magano,[2] *"fiscalizar, no sentido comum da expressão, significa examinar, vigiar, sindicar. No sentido técnico do Direito do Trabalho, possui as seguintes acepções: (a) atuação visando à aplicação das normas legais; (b) orientação de empregadores e trabalhadores quanto à observância das normas legais; (c) informação às autoridades sobre deficiências de condições de trabalho, ainda não regulamentadas".*

De forma concomitante, o fiscal do trabalho é censor, orientador e pesquisador.

Na tarefa de censor, o fiscal visita os locais de trabalho, constatando as irregularidades e punindo os empregadores infratores da legislação trabalhista.

Como orientador, o fiscal do trabalho colabora na compreensão da legislação trabalhista, aprimorando a sua observância, atuando como um autêntico educador social.

E, por fim, no desempenho de suas tarefas, o fiscal propicia o levantamento de elementos que serão utilizados nas pesquisas relativas às condições de trabalho, como forma de melhorias quanto à legislação trabalhista.

38.2 A FISCALIZAÇÃO DO TRABALHO NOS PLANOS INTERNACIONAL E NACIONAL

Com o surgimento da Organização Internacional do Trabalho (OIT), por intermédio do Tratado de Versalhes, a fiscalização do trabalho passou a merecer especial atenção.

---

[1] DINIZ, Maria Helena. *Dicionário jurídico*. v. 2, p. 562.
[2] MAGANO, Octavio Bueno. *Manual de direito do trabalho*: direito tutelar do trabalho. 2. ed., v. 4, p. 177.

O art. 427, nº 9, do Tratado de Versalhes preconizou que cada Estado deveria organizar um serviço de inspeção, compreendendo o trabalho das mulheres, além de assegurar a aplicação das leis e regulamentos para a proteção de todos os trabalhadores.

Vários são as os instrumentos normativos (recomendações e convenções) da OIT relativos à fiscalização do trabalho.

As Recomendações são: (a) 5 (1919), cuida da instalação de uma inspeção eficaz nas empresas; (b) 20 (1923), sobre a organização de serviços de inspeção do trabalho; (c) 28 (1936), traz os princípios para a inspeção do trabalho entre os marítimos; (d) 54 (1937), trata sobre inspeção do trabalho na indústria de construção; (e) 59 (1939), dispensa tratamento à inspeção do trabalho entre os indígenas; (f) 81 (1947), sobre a inspeção do trabalho; (g) 82 (1947), cuida da inspeção do trabalho entre os mineiros e nos transportes.

As Convenções que cuidam do tema são: (a) 21 (1926), relativa à simplificação da inspeção do trabalho dos emigrantes a bordo; (b) 81 (1947), sobre a inspeção do trabalho na indústria e no comércio; (c) 85 (1947), cuida da inspeção do trabalho nos territórios não metropolitanos.

Para Octavio Bueno Magano,[3] os traços mais importantes da Convenção 81 são os seguintes: *"I – caracterização da fiscalização como: (a) ação visando à aplicação das disposições legais sobre condições de trabalho; (b) orientação de empregados e empregadores sobre a observância da lei trabalhista; (c) pesquisa de condições de trabalho ainda não regulamentadas; II – atribuição da função de fiscalizar a funcionários públicos, que podem contar, todavia, com a colaboração de empregadores, empregados e suas organizações; III – ampla liberdade de ação assegurada ao fiscal, com a franquia, inclusive, de penetrar de dia ou de noite, sem aviso prévio, em qualquer estabelecimento submetido à inspeção."*

A Convenção 81 foi aprovada pelo Decreto Legislativo 24, de 29/5/1956, promulgado pelo Decreto 41.721, de 25/6/1957.

A Constituição em vigor, em seu art. 21, XXIV, estabelece que compete à União *"organizar, manter e executar a inspeção do trabalho"*.

A CLT, no Título VII, intitulado "Do Processo de Multas Administrativas", no Capítulo I, assevera o caráter repressor da inspeção do trabalho, incumbindo ao Ministério do Trabalho e Emprego a fiscalização do fiel cumprimento das normas de proteção ao trabalho (art. 626, *caput*). Os aspectos (educador e orientador) da atividade do fiscal encontram-se nos arts. 627 e 627-A.

O Decreto 4.552, de 27/12/02, aprovou o Regulamento da Inspeção do Trabalho (RIT). Existem várias Instruções Normativas e Portarias disciplinando a atuação dos auditores-fiscais.

A inspeção do trabalho é competência privativa dos agentes federais, porém há convênios entre os Estados, os Municípios e o Ministério do Trabalho e Emprego (MTE) para uma ação conjunta no campo da fiscalização das normas relativas ao Direito do Trabalho.

---

[3] MAGANO, Octavio Bueno. Ob. cit., p. 177.

As esferas de competência do MTE são: (a) política e diretrizes para a geração de emprego e renda e de apoio ao trabalhador; (b) política e diretrizes para a modernização das relações de trabalho; (c) fiscalização do trabalho, inclusive do trabalho portuário, bem como aplicação das sanções previstas em normas legais ou coletivas; (d) política salarial; (e) formação e desenvolvimento profissional; (f) segurança e saúde no trabalho; (g) política de imigração (art. 14, XIX, Lei 9.649/98).

Os órgãos que compõem o MTE: (a) Conselho Nacional do Trabalho; (b) Conselho Nacional de Imigração; (c) Conselho Curador do FGTS; (d) Conselho Deliberativo do Fundo de Amparo do Trabalhador; (e) Secretaria de Formação e Desenvolvimento Profissional; (f) Secretaria de Políticas de Emprego e Salário; (g) Secretaria de Relações do Trabalho; (h) Secretaria de Fiscalização do Trabalho (SEFIT); (i) Secretaria de Segurança e Saúde no Trabalho.

Incumbem à Secretaria de Fiscalização do Trabalho (SEFIT), no âmbito nacional, as competências de planejamento e normatização da fiscalização do Estado do cumprimento dos direitos e garantias previstos nas normas legais e convencionais e da repressão ao trabalho escravo e outras formas de trabalho degradante e a sonegação dos recolhimentos fundiários.

A fiscalização das condições ambientais de trabalho, a qual é realizada pelos médicos e engenheiros do trabalho, é de competência da Secretaria de Segurança e Saúde no Trabalho. Também são de sua competência as ações preventivas de acidentes de trabalho.

As Superintendências Regionais do Trabalho e Emprego (SRTE) (Decreto 8.894/16) são órgãos descentralizados do MTE responsáveis pela fiscalização da legislação trabalhista junto às empresas, devendo, para tanto, observar as diretrizes expedidas pelas Secretarias de Fiscalização do Trabalho e de Segurança e Saúde no Trabalho.

Atualmente, o título auditor-fiscal do trabalho (art. 10, I a IV, Lei 10.593/02) engloba os cargos de: (a) fiscal do Trabalho; (b) assistente social encarregado da fiscalização do trabalho da mulher e do menor; (c) engenheiros e arquitetos, com a especialização prevista na Lei 7.410/85, encarregados da fiscalização da segurança no trabalho; (d) médico do trabalho, encarregado da fiscalização das condições de salubridade do ambiente do trabalho.

O regime jurídico do auditor-fiscal do trabalho é o previsto na Lei 8.112/90, não sendo possível a contratação pelo vínculo de emprego regulado pela CLT (Lei 9.962/00).

Os ocupantes do cargo de auditor fiscal do trabalho têm por atribuições assegurar, em todo o território nacional: (a) o cumprimento de disposições legais e regulamentares, inclusive as relacionadas à segurança e à medicina do trabalho, no âmbito das relações de trabalho e de emprego; (b) a verificação dos registros em CTPS, visando à redução dos índices de informalidade; (c) a verificação do recolhimento e a constituição e o lançamento dos créditos referentes ao FGTS e à contribuição social de que trata o art. 1º, LC 110/01, objetivando maximizar os índices de arrecadação; (d) o cumprimento de acordos, convenções e contratos coletivos de trabalho celebrados entre empregados e empregadores; (e) o respeito aos acordos, tratados e convenções internacionais dos quais o Brasil seja signatário; (f) a lavratura de auto de apreensão e guarda de documentos, materiais, livros e assemelhados, para verificação da existência de fraude e irregularidades, bem como o exame da contabilidade das empresas; (g) a verificação do recolhimento e a constituição e o lançamento dos créditos decorrentes da cota-parte da contribuição sindical urbana e rural (art. 11, I a VII, Lei 10.593). Pondere-se que cabe ao Poder Executivo regulamentar as atribuições previstas no art. 11, inclusive, podendo conceder outras atribuições, desde que sejam compatíveis com as atividades de auditoria e fiscalização (art. 11, parágrafo único).

O Decreto 4.552, de 27/12/2002, instituidor do Regulamento da Inspeção do Trabalho, no seu Anexo, traz pormenores quanto às demais competências e atribuições do auditor-fiscal do trabalho (art. 18):

a) verificar o cumprimento das disposições legais e regulamentares, inclusive as relacionadas à segurança e à saúde no trabalho, no âmbito das relações de trabalho e de emprego, em especial: (1) os registros em Carteira de Trabalho e Previdência Social (CTPS), visando à redução dos índices de informalidade; (2) o recolhimento do FGTS, objetivando maximizar os índices de arrecadação; (3) o cumprimento de acordos, convenções e contratos coletivos de trabalho celebrados entre empregados e empregadores; e (4) o cumprimento dos acordos, tratados e convenções internacionais ratificados pelo Brasil;

b) ministrar orientações e dar informações e conselhos técnicos aos trabalhadores e às pessoas sujeitas à inspeção do trabalho, atendidos os critérios administrativos de oportunidade e conveniência;

c) interrogar as pessoas sujeitas à inspeção do trabalho, seus prepostos ou representantes legais, bem como trabalhadores, sobre qualquer matéria relativa à aplicação das disposições legais e exigir-lhes documento de identificação;

d) expedir notificação para apresentação de documentos;

e) examinar e extrair dados e cópias de livros, arquivos e outros documentos, que entenda necessários ao exercício de suas atribuições legais, inclusive quando mantidos em meio magnético ou eletrônico;

f) proceder a levantamento e notificação de débitos;

g) apreender, mediante termo, materiais, livros, papéis, arquivos e documentos, inclusive quando mantidos em meio magnético ou eletrônico, que constituam prova material de infração, ou, ainda, para exame ou instrução de processos;

h) inspecionar os locais de trabalho, o funcionamento de máquinas e a utilização de equipamentos e instalações;

i) averiguar e analisar situações com risco potencial de gerar doenças ocupacionais e acidentes do trabalho, determinando as medidas preventivas necessárias;

j) notificar as pessoas sujeitas à inspeção do trabalho para o cumprimento de obrigações ou a correção de irregularidades e adoção de medidas que eliminem os riscos para a saúde e segurança dos trabalhadores, nas instalações ou métodos de trabalho;

k) quando constatado grave e iminente risco para a saúde ou segurança dos trabalhadores, expedir a notificação, determinando a adoção de medidas de imediata aplicação;

l) coletar materiais e substâncias nos locais de trabalho para fins de análise, bem como apreender equipamentos e outros itens relacionados com a segurança e saúde no trabalho, lavrando o respectivo termo de apreensão;

m) propor a interdição de estabelecimento, setor de serviço, máquina ou equipamento, ou o embargo de obra, total ou parcial, quando constatar situação de grave e iminente risco à saúde ou à integridade física do trabalhador, por meio de emissão de laudo técnico que indique a situação de risco verificada e especifique as medidas corretivas que deverão ser adotadas pelas pessoas sujeitas à inspeção do trabalho, comunicando o fato de imediato à autoridade competente;

n) analisar e investigar as causas dos acidentes do trabalho e das doenças ocupacionais, bem como as situações com potencial para gerar tais eventos;

o) realizar auditorias e perícias e emitir laudos, pareceres e relatórios;

p) solicitar, quando necessário ao desempenho de suas funções, o auxílio da autoridade policial;

q) lavrar termo de compromisso decorrente de procedimento especial de inspeção;

r) lavrar autos de infração por inobservância de disposições legais;

s) analisar processos administrativos de auto de infração, notificações de débitos ou outros que lhes forem distribuídos;

t) devolver, devidamente informados os processos e demais documentos que lhes forem distribuídos, nos prazos e formas previstos em instruções expedidas pela autoridade nacional competente em matéria de inspeção do trabalho;

u) elaborar relatórios de suas atividades, nos prazos e formas previstos em instruções expedidas pela autoridade nacional competente em matéria de inspeção do trabalho;

v) levar ao conhecimento da autoridade competente, por escrito, as deficiências ou abusos que não estejam especificamente compreendidos nas disposições legais;

w) atuar em conformidade com as prioridades estabelecidas pelos planejamentos nacional e regional, nas respectivas áreas de especialização;

x) atuar em conformidade com as prioridades estabelecidas pelos planejamentos nacional e regional.

O art. 31 do Dec. 4.552/02 estabelece as atribuições dos agentes de higiene e segurança do trabalho, os quais, em linhas objetivas, executam tarefas operacionais.

38.3 PROCEDIMENTO DA FISCALIZAÇÃO TRABALHISTA

O procedimento da fiscalização trabalhista é regulado pelos arts. 627 e segs., CLT.

38.3.1 Fiscalização, da autuação e da imposição das multas

Com o intuito de promover a instrução dos responsáveis no cumprimento das leis de proteção do trabalho, a fiscalização deverá observar o critério de dupla visita nos seguintes casos: (a) quando ocorrer promulgação ou expedição de novas leis, regulamentos ou instruções ministeriais, sendo que, com relação exclusivamente a esses atos, será feita apenas a instrução dos responsáveis; (b) em se realizando a primeira inspeção dos estabelecimentos ou dos locais de trabalho, recentemente inaugurados ou empreendidos (art. 627, CLT).

Na dupla visita, o auditor-fiscal do trabalho não *"deverá agir no sentido de autuar o empregador logo em sua primeira inspeção. Deve, isto sim, orientar e instruir o empregador sobre o sentido e o alcance da norma, indicando como cumpri-la. Só na segunda visita é que a persistência da infração ensejará o procedimento corretivo: a autuação. Essa preocupação educativa cederá quando ficar constatado, já na primeira visita, que o empregador recorre a expedientes obnubilativos à configuração do próprio vínculo de emprego (ausência de anotação na CTPS), ou o inspetor encontrar fraude, resistência ou embaraço à própria ação fiscal, porque aí a malícia é evidente e a autuação, por consequência, deve ser feita desde logo"*.[4]

A fiscalização também poderá adotar procedimento especial para a ação fiscal, objetivando a orientação sobre o cumprimento das leis de proteção ao trabalho, bem como a prevenção e o saneamento de infrações à legislação mediante termo de compromisso, na forma a ser adotada no Regulamento da Inspeção do Trabalho (art. 627-A).

O art. 627-A permite a realização da mesa de entendimento, a qual tem como objetivo persuadir o empregador a se adequar às normas trabalhistas, assinando o termo de compromisso para a regularização da situação.

A proposição da mesa de entendimento é emanada da chefia da fiscalização local junto ao delegado regional. Em caso da sua aprovação, será instalada de imediato. Em caso de recusa, o delegado regional deverá fundamentar os seus motivos.

Com a instauração, o processo administrativo tem 60 dias para ser concluído, admitindo uma prorrogação. Com a celebração do termo de compromisso, na presença da entidade sindical e do empregador, esse terá o prazo de 120 dias para o implemento das condições ajustadas.

Se o empregador não atender à convocação da mesa de entendimento ou não cumprir com o ajustado, sofrerá a fiscalização imediata e a respectiva imposição de multa.

Além do sistema de dupla visita (art. 627, CLT) e da mesa de entendimento (art. 627-A), em toda diligência realizada pelo auditor fiscal do trabalho, na qual houver a conclusão pela existência de violação de preceito legal, deverá ser lavrado o auto de infração, sob pena de responsabilidade administrativa (art. 628, *caput*).

---

[4] SÜSSEKIND, Arnaldo; MARANHÃO, Délio; VIANNA, Segadas; TEIXEIRA, Lima. *Instituições de direito do trabalho*. 19. ed., v. 2, p. 1.273.

As empresas são obrigadas a possuir o livro intitulado "Inspeção do Trabalho", cujo modelo encontra-se previsto na portaria ministerial. Nesse livro, registrará o agente da inspeção sua visita ao estabelecimento, declarando a data e a hora do início e término da mesma, bem como o resultado da inspeção, nele consignando, se for o caso, todas as irregularidades verificadas e as exigências feitas com os respectivos prazos para seu atendimento, e, ainda, de modo legível, os elementos de sua identificação funcional (art. 628, §§ 1º e 2º).

O auditor-fiscal deverá agir com lisura e boa-fé, observando os princípios de Direito Administrativo em sua conduta. Em caso contrário, responderá por falta grave no cumprimento do dever funcional, ficando passível, desde logo, da pena de suspensão até 30 dias, instaurando-se, obrigatoriamente, em caso de reincidência, inquérito administrativo (art. 628, §§ 3º e 4º). No desempenho de suas funções, o auditor-fiscal exibirá sua carteira funcional (art. 630, *caput*).

É vedada a outorga de identidade fiscal a quem não esteja autorizado, em razão do cargo ou função, a exercer ou praticar, no âmbito da legislação trabalhista, atos de fiscalização.

O auto de infração será lavrado em duplicata, com uma via entregue ou enviada ao infrator, dentro de 10 dias da lavratura sob pena de responsabilidade (art. 629, *caput*).

Não se condiciona a validade do auto à assinatura do infrator ou de testemunhas. O auto de infração será lavrado no local da inspeção, salvo havendo motivo justificado, que será declarado no próprio auto, quando então deverá ser lavrado no prazo de 24 horas, sob pena de responsabilidade. Após a lavratura, não poderá ser inutilizado, nem sustado o curso do respectivo processo, devendo o agente da inspeção apresentá-lo à autoridade competente, mesmo se incorrer em erro (art. 629, §§ 1º e 2º).

O auditor-fiscal tem o livre acesso a todas as dependências do estabelecimento, tendo o empregador ou seu preposto a obrigação de lhe prestar todas as informações e esclarecimentos necessários (art. 630, § 3º), sendo que os documentos sujeitos à inspeção deverão permanecer, sob as penas da lei, nos locais de trabalho, somente se admitindo, por exceção, a critério da autoridade competente, sejam os mesmos apresentados em dia e hora previamente fixados pela fiscalização (art. 630, § 4º).

No caso da não observância das imposições previstas no art. 630, §§ 3º a 5º, haverá a configuração de resistência ou embaraço à fiscalização e justificará a lavratura do respectivo auto de infração, cominada a multa de valor igual a 189,424 UFIRs a 1.891,4236 UFIRs (Portaria 290, MTE 11/4/1997), levando-se em conta, além das circunstâncias atenuantes ou agravantes, a situação econômico-financeira do infrator e os meios a seu alcance para cumprir a lei (art. 630, § 6º). O último valor da UFIR foi de R$ 1,0641. A UFIR foi extinta pela edição da MP 2.176-79 (2001), a qual se transformou na Lei 10.522/02. Após a extinção, os valores são atualizados pela taxa SELIC. Com a Lei 13.467/17 (Reforma Trabalhista), os valores das multas administrativas expressos em moeda corrente serão reajustados anualmente pela Taxa Referencial (TR), divulgada pelo Banco Central do Brasil, ou pelo índice que vier a substituí-lo (art. 634, § 2º).

Quando solicitadas, é obrigação das autoridades policiais prestarem assistência ao auditor-fiscal de que necessitarem para o fiel cumprimento de suas atribuições legais (art. 630, § 8º).

O servidor público (federal, estadual ou municipal) ou representante legal de entidade sindical poderá comunicar à autoridade competente do Ministério do Trabalho as infrações que verificar (art. 631, *caput*), sendo que após a comunicação, a autoridade competente tomará as diligências necessárias, inclusive lavrando os autos de infrações cabíveis (art. 631, parágrafo único).

No caso de lavratura de auto de infração, o empregador infrator tem o prazo de 10 dias, contados do recebimento do auto, para a formulação da sua defesa (art. 629, § 3º), podendo requerer a audiência de testemunhas e as diligências que lhe parecerem necessárias à elucidação do processo, cabendo, porém, à autoridade, julgar da necessidade de tais provas (art. 632).

Os prazos para defesa ou recurso poderão ser prorrogados de acordo com despacho expresso da autoridade competente, quando o autuado residir em localidade diversa daquela onde se achar essa autoridade (art. 633).

A imposição das multas incumbe às autoridades regionais competentes em matéria de trabalho (art. 634, *caput*), sendo que a aplicação da multa não elidirá o reconhecimento da responsabilidade criminal (art. 634, § 1º).

Quanto à responsabilidade criminal do empregador infrator, João de Lima Teixeira Filho[5] aduz: "*O Código Penal, de maneira ampla, considera crime o ato de frustrar, mediante fraude ou violência, qualquer direito assegurado pela Legislação do Trabalho (art. 203). Anotações falsas na CTPS tipificam, eventualmente, crime de falsidade ideológica (art. 49 c/c art. 299 do CP). O atraso no pagamento de salários, por período superior a três meses, sem motivo grave e relevante, excluídas as causas referentes ao risco do empreendimento, pode importar pena de detenção de um mês a um ano (art. 4º do Decreto-lei nº 368/68). A inobservância às regras de segurança no trabalho, de modo a expor a vida ou a saúde de trabalhador a perigo direto e iminente, também pode configurar crime (art. 132 do CP).*

O empregador ou preposto que dirigir ofensas verbas ao inspetor do trabalho comete crime de desacato (art. 331 do CP). E o que resistir à fiscalização, mediante emprego de violência ou ameaça, responderá por crime de resistência (art. 329 do CP). Abster-se de satisfazer o recolhimento das contribuições sociais também configura crime, sujeitando-se os empregadores às penas de reclusão, de dois a seis anos, e a multa penal (art. 95 da Lei nº 8.212/91)."

Com reflexos nas relações de trabalho, a Lei 9.983/00 inseriu vários artigos no Código Penal, a saber:

a) apropriação indébita previdenciária: deixar de repassar à Previdência Social as contribuições recolhidas dos contribuintes, no prazo e forma legal ou convencional, com pena de reclusão, de dois a cinco anos, e multa (art. 168-A). Nas mesmas penas incorre quem deixar de: (1) recolher, no prazo legal, contribuição ou outra

---

[5] SÜSSEKIND, Arnaldo et al. Ob. cit., p. 1.278.

importância destinada à Previdência Social que tenha sido descontada de pagamento efetuado a segurados, a terceiros ou arrecadada do público; (2) recolher contribuições devidas à Previdência Social que tenham integrado despesas contábeis ou custos relativos à venda de produtos ou à prestação de serviços; (3) pagar benefício devido a segurado, quando as respectivas cotas ou valores já tiverem sido reembolsados à empresa pela Previdência Social (art. 168-A, § 1º, I a III). É extinta a punibilidade se o agente, espontaneamente, declara, confessa e efetua o pagamento das contribuições, importâncias ou valores e presta as informações devidas à Previdência Social, na forma definida em lei ou regulamento, antes do início da ação fiscal (art. 168-A, § 2º). É facultado ao juiz deixar de aplicar a pena ou aplicar somente a de multa se o agente for primário e de bons antecedentes, desde que tenha promovido, após o início da ação fiscal e antes de oferecida a denúncia, o pagamento da contribuição social previdenciária, inclusive acessórios; ou o valor das contribuições devidas, inclusive acessórios, seja igual ou inferior àquele estabelecido pela Previdência Social, administrativamente, como sendo o mínimo para o ajuizamento de suas execuções fiscais (art. 168-A, § 3º), a qual não se aplica aos casos de parcelamento de contribuições cujo valor, inclusive dos acessórios, seja superior àquele estabelecido, administrativamente, como sendo o mínimo para o ajuizamento de suas execuções fiscais (art. 168-A, § 4º, CP, com a redação da Lei 13.606/18);

b) sonegação de contribuição previdenciária: suprimir ou reduzir contribuição social previdenciária e qualquer acessório, mediante as seguintes condutas: (1) omitir de folha de pagamento da empresa ou documento de informações previsto pela legislação previdenciária (segurados: empregado, empresário, trabalhador avulso ou trabalhador autônomo ou a este equiparado que lhe prestem serviços); (2) deixar de lançar mensalmente nos títulos próprios da contabilidade da empresa as quantias descontadas dos segurados ou as devidas pelo empregador ou pelo tomador de serviços; (3) omitir, total ou parcialmente, receitas ou lucros auferidos, remunerações pagas ou creditadas e demais fatos geradores de contribuições sociais previdenciárias. A pena prevista é de reclusão, de 2 a 5 anos, e multa (art. 337-A). É extinta a punibilidade se o agente, espontaneamente, declara e confessa as contribuições, importâncias ou valores e presta as informações devidas à Previdência Social, na forma definida em lei ou regulamento, antes do início da ação fiscal (art. 337-A, § 1º). É facultado ao juiz deixar de aplicar à pena ou aplicar somente a de multa se o agente for primário e de bons antecedentes, desde que: o valor das contribuições e acessórios seja igual ou inferior àquele estabelecido pela Previdência Social, administrativamente, como sendo o mínimo para o ajuizamento de suas execuções fiscais (art. 337-A, § 2º). Se o empregador não for pessoa jurídica e sua folha de pagamento mensal não ultrapassar a R$ 1.510,00, o juiz poderá reduzir a pena de 1/3 até a metade ou aplicar apenas a de multa (art. 337-A, § 3º), sendo que esse valor será reajustado nas mesmas datas e nos mesmos índices do reajuste dos benefícios da Previdência Social (art. 337-A, § 4º);

c) os §§ 3º e 4º, art. 297, CP, tratam de falsificação de documento público: (1) na folha de pagamento ou em documento de informações que seja destinado a fazer prova perante a Previdência Social de pessoa que não possua a qualidade de segurado obrigatório (art. 297, § 3º, I); (2) na CTPS do empregado ou em documento que deva produzir efeito perante a Previdência Social, declaração falsa ou diversa da que deveria ter sido escrita (art. 297, § 3º, II); (3) em documento contábil ou em qualquer outro documento relacionado com as obrigações da empresa perante a Previdência Social, declaração falsa ou diversa da que deveria ter constado (art. 297, § 3º, III); (4) nas mesmas penas incorre quem omite, nos documentos obrigatórios (mencionados no § 3º), o nome do segurado e seus dados pessoais, a remuneração, a vigência do contrato de trabalho ou de prestação de serviços (art. 297, § 4º). As situações previstas no § 3º, I a II, retratam hipóteses de crime formal comissivo. Por sua vez, o § 4º retrata um crime omissivo formal. Como crime formal, não se tem a necessidade da concretização do resultado ou de eventual prejuízo. De acordo com o STF, a competência para eventual ação penal é da Justiça Comum, ratificando, assim, as Súmulas 62 e 107, STJ.

38.3.2 Fiscalização orientadora para as microempresas e as empresas de pequeno porte

A LC 123/06 (Estatuto Nacional da Microempresa e da Empresa de Pequeno Porte) prevê que a fiscalização, no que se refere aos aspectos trabalhista, metrológico, sanitário, ambiental, de segurança, de relações de consumo e de uso e ocupação do solo, deverá ter natureza prioritariamente orientadora, quando a atividade ou situação, por sua natureza, comportar grau de risco compatível com esse procedimento (art. 55).

Será observado o critério de dupla visita para lavratura de autos de infração, salvo quando for constatada infração por falta de registro de empregado ou anotação da CTPS, ou, ainda, na ocorrência de reincidência, fraude, resistência ou embaraço à fiscalização.

38.3.3 Fiscalização para relação de trabalho doméstico

A LC 150/15 acresceu à Lei 10.593/02 o art. 11-A, o qual trata da atuação do auditor-fiscal do trabalho quando da fiscalização das normas relativas ao contrato de trabalho doméstico.

Exige-se: (a) no âmbito do domicílio do empregador, a inspeção depende de agendamento e de entendimento prévio com o empregador; (b) a fiscalização tem natureza prioritariamente orientadora; (b) o critério de dupla visita para lavratura de auto de infração, salvo quando for constatada infração por falta de anotação na carteira de trabalho e Previdência Social ou, ainda, na ocorrência de reincidência, fraude, resistência ou embaraço à fiscalização; (c) durante a inspeção do trabalho, o auditor-fiscal do trabalho deverá estar acompanhado pelo empregador ou por alguém de sua família por este designado.

A IN 110/14 do MTE fixa os procedimentos de fiscalização do cumprimento das normas relativas à proteção ao trabalho doméstico.

38.3.4 Recursos administrativos

De toda decisão que impuser multa por infração das leis e disposições reguladoras do trabalho, e não havendo forma especial de processo, caberá recurso para a Secretaria das Relações do Trabalho (art. 635, *caput*, CLT). Todas as decisões devem ser fundamentadas (art. 635, parágrafo único).

Os recursos devem ser interpostos no prazo de 10 dias, contados do recebimento da notificação, perante a autoridade que houver imposto a multa, a qual, depois de os informar, encaminhá-los-á à autoridade de instância superior (art. 636, *caput*).

O recurso só terá seguimento se o interessado o instruir com a prova do depósito da multa (art. 636, § 1º). Contudo, tal exigência não foi recepcionada pela CF/88, na medida em que a própria Constituição garante aos litigantes, no processo judicial ou administrativo, o direito ao contraditório e à ampla defesa, com os meios e recursos a ele inerentes (art. 5º, LV), bem como assegura o direito de petição aos Poderes Públicos em defesa de direitos ou contra ilegalidade ou abuso de poder (art. 5º, XXIX, *c*).

A Súm. 373, STJ, afirma que é ilegítima a exigência de depósito prévio para admissibilidade de recurso administrativo.

Em 10/11/2009, o STF fixou o entendimento que é inconstitucional a exigência de depósito ou arrolamento prévios de dinheiro ou bens para admissibilidade de recurso administrativo (Súm. Vinculante 21).

Dias após (16/11/2009), o TST editou a Súm. 424 com a seguinte redação: *"O § 1º do art. 636 da CLT, que estabelece a exigência de prova do depósito prévio do valor da multa cominada em razão de autuação administrativa como pressuposto de admissibilidade de recurso administrativo, não foi recepcionado pela Constituição Federal de 1988, ante a sua incompatibilidade com o inciso LV do art. 5º."*

Caso o empregador infrator esteja em local incerto e não sabido, a notificação será realizada por edital e com publicação no órgão oficial (art. 636, § 2º).

Da notificação constará o prazo de 10 dias para o recolhimento do valor da multa, sob pena de cobrança executiva (art. 636, § 3º). Será reduzida de 50% se o infrator renunciar ao recurso e proceder ao recolhimento dentro do prazo de 10 dias contados do recebimento da notificação ou da publicação do edital (art. 636, § 6º).

Das decisões proferidas que impliquem arquivamento destes, haverá recurso de ofício para a autoridade competente de instância superior (art. 637).

O Ministro do Trabalho e Emprego tem a faculdade de avocar ao seu exame e decisão, dentro de 90 dias do despacho final do assunto, ou no curso do processo, as questões referentes à fiscalização dos preceitos estabelecidos na CLT (art. 638).

38.3.5 Depósito, da inscrição e da cobrança da multa

Se o recurso não for provido, o depósito da multa se converterá em pagamento (art. 639) ocasionando a extinção da obrigação.

É facultado às SRTE, na conformidade de instruções expedidas pelo Ministro de Estado, promover a cobrança amigável das multas antes do encaminhamento dos processos à cobrança executiva (art. 640).

Se o infrator não comparecer ou não depositar a importância da multa ou penalidade, será efetuada a inscrição em livro especial, existente nas repartições das quais se tiver originado a multa ou penalidade, ou de onde tenha provindo a reclamação que a determinou, com a extração de cópia autêntica da inscrição e remessa às autoridades competentes para a respectiva cobrança judicial (art. 641).

A cobrança judicial das multas impostas pelas autoridades administrativas do trabalho obedecerá ao disposto na legislação aplicável à cobrança da dívida ativa da União (Lei 6.830/80) (art. 640).

Pela EC/45, a Justiça do Trabalho passou a ser competente para as ações relativas às penalidades administrativas impostas aos empregadores pelos órgãos de fiscalização das relações de trabalho (art. 114, VII, CF).

Importante salientar que a competência da Justiça Laboral abrange não só as penalidades aplicadas, como também os demais atos praticados pela Fiscalização das Relações de Trabalho que possam ocasionar prejuízos pecuniários ou não ao empregador, como, por exemplo, o ato do fiscal do trabalho que extrapola o exercício regular das suas funções.

O art. 16 da Lei 11.457/07 atribuiu à Procuradora Geral Federal a representação da União, nos processos perante a Justiça do Trabalho, que estejam relacionados com a cobrança de contribuições previdenciárias, de imposto de renda retido na fonte e de multas impostas aos empregadores pelos órgãos de fiscalização das relações de trabalho, mediante delegação da Procuradoria-Geral da Fazenda Nacional.

QUESTIONÁRIO

1. Qual é o conceito de fiscalização do trabalho?

2. Como a fiscalização do trabalho é tratada pela OIT?

3. Como se dá a fiscalização no plano das Delegacias Regionais do Trabalho?

4. Quais são as fases do procedimento quanto à fiscalização trabalhista?

Capítulo XXXIX
DIREITO AMBIENTAL DO TRABALHO

39.1 CONCEITO DE DIREITO AMBIENTAL

Para Maria Helena Diniz,[1] Direito Ambiental é o *"conjunto de normas que reconhecem e tornam efetivo ao ser humano o direito a um ambiente são, tutelando-o na medida de seus interesses, sem prejudicar a defesa dos interesses gerais pelas entidades públicas e associações particulares".*

Os objetivos do Direito Ambiental são: *"Assegurar não só a efetividade do direito a um meio ambiente ecologicamente equilibrado, preservando-o e defendendo-o, vedando práticas contra sua degradação e obrigando a recuperação do ambiente degradado, conforme soluções técnicas exigidas pelo órgão público competente, mas também o patrimônio genético, estabelecendo, ainda, diretrizes e punições às condutas lesivas ao meio ambiente; fixar os limites máximos de poluição; limitar administrativamente o uso da propriedade privada, impedindo dano causado pela poluição ambiental etc."*[2]

A base constitucional do Direito Ambiental Brasileiro encontra-se no art. 225, CF/88, no Capítulo VI – Do Meio Ambiente.

O art. 225, *caput*, CF, estabelece que todos têm direito ao meio ambiente ecologicamente equilibrado, bem de uso comum do povo e essencial à sadia qualidade de vida, impondo-se ao Poder Público e à coletividade o dever de defendê-lo e preservá-lo para as presentes e futuras gerações.

Da leitura do dispositivo constitucional, Celso Antonio Pacheco Fiorillo[3] estabelece 3 concepções fundamentais para o Direito Ambiental: *"Indica o direito ao meio ambiente ecologicamente equilibrado como direito de todos; estabelece a natureza jurídica dos bens ambientais, como sendo de uso comum do povo e essencial à sadia qualidade de vida; e impõe, tanto ao poder público como à coletividade, o dever de defender e preservar os bens ambientais para as presentes e futuras gerações."*

---

[1] DINIZ, Maria Helena. *Dicionário jurídico*, v. 2, p. 141.
[2] DINIZ, Maria Helena. Ob. cit., v. 2, p. 141.
[3] FIORILLO, Celso Antonio Pacheco. Fundamentos constitucionais da política nacional do meio ambiente: comentários ao artigo 1º da Lei nº 6.938/1981. *Revista do Programa de Pós-Graduação em Direito PUC/SP*, nº 2, p. 97.

A Constituição estabelece o meio ambiente ecologicamente equilibrado como direito de todos, reputando um bem de uso comum do povo, cabendo ao poder público e à coletividade a sua defesa.

O titular do meio ambiente sadio e equilibrado é o povo, logo, reputa-se um direito transindividual – interesse difuso.[4]

Nesse sentido, Maria José S. C. Pereira do Vale[5] aduz: *"O estabelecimento do meio ambiente como um direito de todos deve ser visto como um importante marco na construção de uma sociedade democrática e participativa, na medida em que é conferido à sociedade organizada em associações e sindicatos o encargo da preservação do meio ambiente. Continuando na análise do referido dispositivo (art. 225, caput, CF), passamos à natureza jurídica do bem ambiental, objeto do Direito Ambiental, para afirmar que se trata de direito difuso, já que transindividual, de natureza indivisível, de que são titulares pessoas indeterminadas e ligadas entre si por circunstâncias de fato (art. 81, parágrafo único, I da Lei nº 8.078/1990), tanto como titulares do direito ao meio ambiente equilibrado como titulares do direito de defender e preservar o meio ambiente (nesse passo tanto o poder público quanto a sociedade civil gozam dessa prerrogativa)."*

39.2 CONCEITO DE MEIO AMBIENTE

A expressão "meio ambiente" possui vários significados: *"1. Habitat, ou seja, lugar onde se vive sob influência das leis físico-naturais, cuja fauna e flora devem ser preservadas, devendo-se para tanto combater a poluição e as práticas que possam ser lesivas a elas, sob pena de responsabilidade civil e penal. 2. É a interação do conjunto de elementos naturais, artificiais e culturais que propiciam o desenvolvimento equilibrado da vida humana (José Afonso da Silva)."*[6]

Do ponto de vista legal, meio ambiente é o conjunto de condições, leis, influências e interações de ordem (física, química e biológica), que permite, abriga e rege a vida em todas as suas formas (art. 3º, I, Lei 6.938/81).

José Afonso da Silva[7] aponta três tipos de meio ambiente: *"I – Meio ambiente artificial, constituído pelo espaço urbano construído, consubstanciado no conjunto de edificações (espaço urbano fechado) e dos equipamentos públicos (ruas, praças, áreas verdes, espaços livres em geral: espaço urbano aberto); II – Meio ambiente cultural, integrado pelo patrimônio histórico, artístico, arqueológico, paisagístico, turístico, que embora artificial, em regra, como obra do homem, difere do anterior (que também é cultural) pelo sentido do valor especial que adquiriu ou de que se impregnou; III – Meio ambiente natural ou físico,*

---

[4] Interesses ou direitos difusos são os direitos transindividuais, de natureza indivisível, de quem sejam titulares pessoas indeterminadas e ligadas por circunstâncias de fato (art. 81, parágrafo único, I, Lei 8.078/1990).
[5] VALE, Maria José S. C. Pereira do. Responsabilidade civil e o meio ambiente do trabalho. *Revista do Ministério Público do Trabalho em São Paulo – 2a Região*, nº 2, 1998, p. 194.
[6] DINIZ, Maria Helena. Ob. cit., v. 3, p. 245.
[7] SILVA, José Afonso da. *Direito ambiental constitucional*. 2. ed., p. 3.

constituído pelo solo, água, ar atmosférico, flora, enfim, pela interação dos seres vivos e seu meio, onde se dá a correlação recíproca entre as espécie e as relações destas com o ambiente físico que ocupam."

Para José Afonso da Silva, o meio ambiente do trabalho deve ser inserido no meio ambiente artificial, inclusive indicando que é digno de um tratamento especial na CF/88. O art. 200, VIII, ao tratar das competências do sistema único de saúde, estabelece: *"Colaborar na proteção do meio ambiente, nele compreendido o do trabalho."*

Há outros autores que destacam o meio ambiente do trabalho como um tipo de meio ambiente, como é o caso de Celso Antonio Pacheco Fiorillo e Marcelo Abelha Rodrigues. Para esses autores, meio ambiente do trabalho é o *"limite físico do local do trabalho, onde se deve tutelar a saúde e a segurança do trabalhador, protegendo-se o meio ambiente do trabalho de poluições".*[8]

A CLT não trata do meio ambiente do trabalho, todavia, nos seus arts. 154 a 201, o legislador consolidado estabelece uma série de regras pertinentes à temática da Segurança e Medicina do Trabalho.

39.3 MEDICINA E SEGURANÇA DO TRABALHO

Os direitos sociais envolvem as questões relativas à educação, à saúde, à alimentação, ao trabalho, à moradia, ao transporte, ao lazer, à segurança, à Previdência Social, à proteção à maternidade e à infância e à assistência aos desamparados (art. 6º, CF).

O art. 7º, CF, estabelece quais são os direitos dos trabalhadores urbanos e rurais, além de outros que visem à melhoria de sua condição social.

No elenco destes direitos, temos: *"redução dos riscos inerentes ao trabalho, por meio de normas de saúde, higiene e segurança"* (art. 7º, XXII).

Todo empregador é obrigado a zelar pela segurança, saúde e higiene de seus trabalhadores, propiciando as condições necessárias para tanto, bem como zelando para o cumprimento dos dispositivos legais atinentes à medicina e segurança do trabalho.

A medicina e segurança do trabalho são matérias inseridas no Direito Tutelar do Trabalho, pois o seu intuito é zelar pela vida do trabalhador, evitando acidentes, preservando a saúde, bem como propiciando a humanização do trabalho.

As disposições inseridas na legislação e que são pertinentes à saúde, higiene e segurança possuem a titulação de medicina e segurança do trabalho.

Segurança do trabalho representa *"a ausência de risco propiciador da incolumidade psicossomática do trabalhador".*[9]

---

[8] FIORILLO, Celso Antonio Pacheco; RODRIGUES, Marcelo Abelha. *Manual de direito ambiental e legislação aplicável*, p. 64.

[9] Cesarino Junior apud Magano, Octavio Bueno. *Manual de direito do trabalho*: direito tutelar do trabalho. 2. ed., v. 3, p. 155.

Medicina do trabalho *"compreende o estudo de todas formas de proteção da saúde do trabalhador enquanto no exercício do trabalho, principalmente com o caráter de prevenção das doenças profissionais e de melhoramento das aptidões laborais em tudo quanto concerne às suas condições físicas, mentais e ambientais".*[10]

A temática da medicina e segurança do trabalho é tratada nos arts. 154 e segs., CLT, os quais se encontram divididos em três partes: (a) condições de segurança; (b) condições de salubridade; (c) outras condições tendentes a assegurar o conforto do trabalhador.

O legislador delegou à autoridade administrativa a regulação pormenorizada destes institutos, os quais são encontráveis na Portaria 3.214/78.

As condições de segurança são alusivas às edificações, às instalações elétricas; à movimentação, armazenagem e manuseio de materiais, às máquinas e equipamentos, às caldeiras, fornos e recipientes sob pressão.

As medidas de proteção são relativas: a levantamento, transporte e descarga de materiais; em obras de construção, demolição e reparos; concernentes a trabalho a céu aberto; contra incêndio, à sinalização e aos resíduos industriais.

As condições salubres são as favoráveis à incolumidade física do trabalhador, respeitando-se o bem-estar físico, o social e o mental.

A Portaria 3.214 estabelece quais são os agentes que justificam o deferimento da insalubridade – NR 15 e seus anexos –, além de determinar as condições e os limites de exposição toleráveis aos agentes insalubres. Além disso, também são pormenorizadas as situações que justificam o deferimento da periculosidade (NR 16).

Em linhas gerais, a insalubridade deriva de agentes nocivos à saúde, tais como: temperatura excessiva, umidade, pressão, radiações, vibrações, fumaças, vapores, atmosfera impura, vírus, bactérias etc. Não basta haver a existência do agente nocivo à saúde para justificar o deferimento do adicional de insalubridade. É necessário que o mesmo esteja previsto na legislação como fator a justificar o pagamento do referido adicional. Dentro da NR 15, são os seguintes os agentes: ruídos, ruídos de impacto, calor, radiações ionizantes, vibrações, frio, umidade, exposição aos agentes químicos, contato com agentes biológicos, esgotos e lixos urbanos.

A eliminação da insalubridade pode ocorrer pela adoção de medidas que visem à manutenção das condições de trabalho dentro dos padrões de tolerância aos agentes nocivos e pela utilização dos equipamentos de proteção. Não basta a simples entrega dos equipamentos de proteção. Deve haver a sua utilização, substituição e fiscalização pelo empregador (Súm. 289, TST). O empregado que não usa o EPI fica sujeito à medida disciplinar (arts. 157 e segs., da CLT).

Segundo o TST, a eliminação dos agentes agressores da insalubridade mediante fornecimento de aparelhos protetores aprovados pelo órgão competente do Poder Executivo exclui a percepção do respectivo adiciona (Súm. 80, TST). É indispensável o certificado de aprovação (CA) do equipamento de proteção individual (EPI), para comprovação

---

[10] Cesarino Junior apud Magano, Octavio Bueno. Ob. cit., p. 155.

da eficiência dos EPIs para neutralizar o agente agressor.[11] De certa maneira, o teor da Súmula 80 é contraditório com que dispõe a Súmula 289, TST, a qual menciona que o fornecimento do equipamento de proteção não exime o empregador quanto ao pagamento da insalubridade, visto que é obrigação empresarial tomar as medidas que conduzam à diminuição ou eliminação da nocividade, entre as quais as relativas ao uso efetivo do equipamento pelo empregado.

O adicional de periculosidade, calculado à base de 30% sobre o salário do trabalhador, é justificável pela exposição (atividades/operações perigosas) a (na forma da regulamentação aprovada pelo Ministério do Trabalho e Emprego): (a) inflamáveis; (b) explosivos; (c) energia elétrica; (d) roubos ou outras espécies de violência física nas atividades profissionais de segurança pessoal ou patrimonial (art. 193, CLT, com a redação dada pela Lei 12.740/12); (e) contato com radiação ionizante ou substância radioativa (OJ 345, SDI-I, TST); (f) atividades de trabalhador em motocicleta (Lei 12.997/14).

As normas de segurança e medicina do trabalho são de ordem pública e aderem ao contrato individual de trabalho, integrando o Direito Tutelar do Trabalho.[12]

Pelo fato de que tais normas integram o contrato de trabalho, José Luiz Dias Campos e Adelina Bitelli Dias Campos[13] enfatizam: *"Sustentamos, sem margem de erro, que o contrato de trabalho contém, implicitamente, cláusula assecuratória das condições de segurança e saúde do trabalhador de modo que, a sua inexistência caracteriza inadimplemento de obrigação contratual ensejadora de reparação penal e civil, havendo acidente do trabalho dela decorrente. Nestas circunstâncias o infortúnio laboral ocorreu não pelo risco da atividade laborativa para a qual foi contratado o laborista, mas por inexecução de uma obrigação que compete ao empregador. Acidente de trabalho decorrente de não cumprimento de normas de segurança e de saúde do trabalhador não é singelo acidente do trabalho, como pode parecer para alguns, mas também um ato ilícito, de natureza contratual, com todas as consequências previstas no Código Civil Brasileiro, notadamente a reparação do dano além da tipificação penal."*

A saúde e a incolumidade física do trabalho são fatores integrantes do próprio direito à vida. A vida humana possui um valor inestimável e deve ser protegida por todos os meios. A medicina e segurança do trabalho são matérias de grande valia, como instrumental técnico-jurídico, a valorizar e dignificar a vida humana, além do patrimônio jurídico do trabalhador, o qual é representado pela sua força de trabalho.

---

[11] TST – 5ª T. – RR 198900-67.2007.5.02.0012 – Rel. Min. Guilherme Augusto Caputo Bastos – j. 24/8/2016.

[12] Direito Tutelar do Trabalho é a "parte do Direito do Trabalho composta de regras que podem implicar direitos e obrigações entre empregados e empregadores, mas nas quais predominam deveres dos últimos e, excepcionalmente, dos primeiros, perante o Estado" (MAGANO, Octavio Bueno. Ob. cit., p. 10). Pode ser dividido em regras concernentes: a duração do trabalho, de certas profissões especializadas, da higiene e segurança do trabalho e do trabalho de menores e mulheres.

[13] CAMPOS, José Luiz Dias; DIAS, Adelina Bitelli. *Acidentes do trabalho. prevenção e reparação*. 3. ed., p. 42.

A obrigação de reparar o acidente de trabalho e demais situações a ele equiparadas deve ser valorizada, como forma de se evitar a ocorrência de milhares e milhares de acidentes que ocorrem em nosso país. A responsabilidade não possui somente desdobramento na área previdenciária (INSS). Deve também, em nosso entendimento, incidir em outros campos, tais como a responsabilidade criminal e civil.

Aliás, o art. 7º, XXVIII, CF, assim enuncia: *"seguro contra acidentes de trabalho, a cargo do empregador, sem excluir a indenização a que este está obrigado, quando incorrer em dolo ou culpa"*.

É importante salientar também que o Brasil ratificou diversas Convenções da OIT, dentre as quais, destacamos: (a) 119, Proteção das Máquinas no Ambiente de Trabalho; (b) 120, Higiene no Comércio e nos Escritórios; (c) 136, Proteção contra os Riscos da Intoxicação pelo Benzeno; (d) 139, Prevenção e Controle de Riscos Profissionais causados por Substâncias ou Agentes Cancerígenos; (e) 148, Contaminação do Ar, Ruídos e Vibrações; (f) 152, Segurança e Higiene dos Trabalhos Portuários; (g) 155, Segurança e Saúde dos Trabalhadores; (h) 161, Serviços de Saúde do Trabalho; (i) 167, Segurança e Saúde nas Minas; (j) 162, Utilização do Asbesto com Segurança; (k) 163, Proteção da Saúde e Assistência Médica aos Trabalhadores Marítimos; (l) 167, Segurança e Saúde na Construção; (m) 170, Segurança na Utilização de Produtos Químicos no Trabalho; (n) 174, Prevenção de Acidentes Industriais Maiores; (o) 176, Segurança e Saúde nas Minas; (p) 178, Condições de Vida e de Trabalho dos Trabalhadores Marítimos.

Com a Reforma Trabalhista (Lei 13.467/17 e MP 808/17), face à valorização do modelo negocial em relação ao legal, o art. 611-A, XII, autoriza o enquadramento do grau de insalubridade. Além de um retrocesso, do ponto de vista literal, o dispositivo contém uma contradição, na medida em que permite a negociação, contudo, vinculada ao que dispõe a lei e a regulamentação do Ministério do Trabalho.

Além das críticas já opostas ao inciso XII, art. 611-A, outra alteração legislativa da Reforma, art. 611-B, dispositivo que fixa as temáticas, as quais não podem ser objeto de negociação, estabelece não ser possível a supressão ou redução dos direitos relativos: (a) as normas de saúde, higiene e segurança do trabalho previstas em lei ou em normas regulamentadoras do Ministério do Trabalho; (b) aos adicionais de remuneração (atividades penosas, insalubres ou perigosas).

No fundo, não é possível a negociação coletiva quanto às normas de higiene, saúde e segurança do trabalho, ante o caráter de ordem pública de tais normas legais.

39.3.1 Regras gerais

A observância, em todos os locais de trabalho, das regras relativas à Segurança e Medicina do Trabalho não desobriga as empresas do cumprimento de outras disposições que, com relação à matéria, sejam incluídas em códigos de obras ou regulamentos sanitários dos Estados ou Municípios em que se situem os respectivos estabelecimentos, bem como daquelas oriundas de convenções coletivas de trabalho (art. 154, CLT).

Compete à Secretaria de Segurança e Saúde do Trabalho: (a) estabelecer, nos limites de sua competência, normas sobre a aplicação dos preceitos da Segurança e Medicina do Trabalho, especialmente os referidos no art. 200; (b) coordenar, orientar, controlar e supervisionar a fiscalização e as demais atividades relacionadas com a segurança e a medicina do trabalho em todo território nacional, inclusive a Campanha Nacional de Prevenção de Acidentes do Trabalho; (c) conhecer, em última instância, dos recursos, voluntários ou de ofício, das decisões proferidas pelas Superintendências Regionais do Trabalho e Emprego em matéria de segurança e medicina do trabalho (art. 155, I a III).

Compete especialmente às SRTEs, no limite de sua jurisdição: (a) promover a fiscalização do cumprimento das normas de segurança e medicina do trabalho; (b) adotar as medidas que se tornem exigíveis, em virtude das disposições da segurança e medicina do trabalho, determinando as obras e reparos que, em qualquer local de trabalho, se façam necessárias; (c) impor as penalidades cabíveis por descumprimento das normas constantes do Capítulo V da CLT – Da Segurança e da Medicina do Trabalho, na forma do art. 201 (art. 156, I a III).

As empresas têm como obrigações: (a) cumprir e fazer cumprir as normas de segurança e medicina do trabalho; (b) instruir os empregados, por meio de ordens de serviço, quanto às precauções a tomar no sentido de evitar acidentes do trabalho ou doenças ocupacionais; (c) adotar as medidas que lhes sejam determinadas pelo órgão regional competente; (d) facilitar o exercício da fiscalização pela autoridade competente (art. 157, I a IV).

Os empregados têm como obrigações: (a) observar as normas de segurança e medicina do trabalho e as instruções emanadas do empregador nos termos do art. 157, II; (b) colaborar com a empresa na aplicação dos dispositivos relativos à Segurança e Medicina do Trabalho (art. 158, I e II).

Constitui ato faltoso do empregado a recusa injustificada: (a) à observância das instruções expedidas pelo empregador na forma do art. 157, II; (b) ao uso dos equipamentos de proteção individual fornecidos pela empresa (art. 158, parágrafo único).

Por intermédio de convênios autorizados pelo Ministério do Trabalho, poderão ser delegadas a outros órgãos federais, estaduais ou municipais atribuições de fiscalização ou orientação às empresas quanto ao cumprimento das disposições relativas à Segurança e Medicina do Trabalho (art. 159).

39.3.2 Inspeção prévia e do embargo ou interdição

Nenhum estabelecimento poderá iniciar suas atividades sem prévia inspeção e aprovação das respectivas instalações pela autoridade regional competente em matéria de segurança e medicina do trabalho (art. 160, *caput*, CLT).

Nova inspeção deverá ser feita quando ocorrer modificação substancial nas instalações, inclusive equipamentos, que a empresa fica obrigada a comunicar, prontamente, à DRT (art. 160, § 1º).

É facultado à empresa solicitar prévia aprovação, pela SRTE, dos projetos de construção e respectivas instalações (art. 160, § 2º).

O Superintendente Regional do Trabalho e Emprego, à vista do laudo técnico do serviço competente que demonstre grave e iminente risco para o trabalhador, poderá interditar estabelecimento, setor de serviço, máquina ou equipamento, ou embargar obra, indicando na decisão, tomada com a brevidade que a ocorrência exigir, as providências que deverão ser adotadas para prevenção de infortúnios de trabalho (art. 161, *caput*).

As autoridades federais, estaduais e municipais darão imediato apoio às medidas determinadas pelo Superintendente Regional do Trabalho e Emprego (art. 161, § 1º).

A interdição[14] ou embargo[15] poderá ser requerido pelo serviço competente da SRTE, e, ainda, por agente da inspeção do trabalho ou por entidade sindical (art. 161, § 2º).

Da decisão do Superintendente Regional do Trabalho e Emprego poderão os interessados recorrer, no prazo de 10 dias, para o órgão de âmbito nacional competente em matéria de segurança e medicina do trabalho, ao qual será facultado dar efeito suspensivo ao recurso (art. 161, § 3º).

Responderá por desobediência, além das medidas penais cabíveis, quem, depois de determinada a interdição ou embargo, ordenar ou permitir o funcionamento do estabelecimento ou de um dos seus setores, a utilização de máquina ou equipamento, ou o prosseguimento de obra, se, em consequência, resultarem danos a terceiros (art. 161, § 4º).

O Superintendente Regional do Trabalho e Emprego, independente de recurso, e após laudo técnico do serviço competente, poderá levantar a interdição ou o embargo (art. 161, § 5º).

Durante a paralisação dos serviços, em decorrência da interdição ou embargo, os empregados receberão os salários como se estivessem em efetivo exercício (art. 161, § 6º).

A Portaria MTE 40, de 14/01/2011, regulamenta os procedimentos relativos aos embargos e interdições.

39.3.3 Medidas preventivas de medicina do trabalho

Será obrigatório exame médico, por conta do empregador, nas condições estabelecidas neste artigo e nas instruções complementares a serem expedidas pelo MTE: (a) na admissão; (b) na demissão; (c) periodicamente (art. 168, *caput*, I a III, CLT).

O MTE baixará instruções relativas aos casos em que serão exigíveis exames: (a) por ocasião da demissão; (b) complementares (art. 168, § 1º, *a* e *b*).

Outros exames complementares poderão ser exigidos, a critério médico, para apuração da capacidade ou aptidão física e mental do empregado para a função que deva exercer (art. 168, § 2º).

O MTE estabelecerá, de acordo com o risco da atividade e o tempo de exposição, a periodicidade dos exames médicos (art. 168, § 3º).

---

[14] A interdição representa a paralisação total ou parcial do estabelecimento, setor de serviço, máquina ou equipamento (item 3.2, NR 3, Portaria 3.214/1978).

[15] Embargo é a paralisação total ou parcial da obra (item 3.3, NR 3, Portaria 3.214). Considera-se como obra todo e qualquer serviço de engenharia de construção, montagem, instalação, manutenção e reforma (item 3.3.1).

O empregador manterá, no estabelecimento, o material necessário à prestação de primeiros socorros médicos, de acordo com o risco da atividade (art. 168, § 4º).

O resultado dos exames médicos, inclusive o exame complementar, será comunicado ao trabalhador, observados os preceitos da ética médica (art. 168, § 5º).

Para o motorista profissional serão obrigatórios os exames toxicológicos quando da admissão e dispensa, assegurando-se o direito à contraprova em caso de resultado positivo e a confidencialidade dos resultados dos respectivos exames. Também será necessário o exame, com janela de detecção mínima de 90 dias, específico para substâncias psicoativas que causem dependência ou, comprovadamente, comprometam a capacidade de direção, podendo ser utilizado para essa finalidade o exame toxicológico previsto na Lei 9.503/97 (Código de Trânsito Brasileiro), desde que realizado nos últimos 60 dias (art. 168, §§ 6º e 7º, inovação dada pela Lei 13.103/15).

Será obrigatória a notificação ao INSS das doenças profissionais e das produzidas em virtude de condições especiais de trabalho, comprovadas ou objeto de suspeita, de conformidade com as instruções expedidas pelo MTE (art. 169).

A NR 7 trata dos exames médicos e suas exigências.

39.3.4 Condições de segurança

Os arts. 170 a 187, 198 e 199, CLT, estabelecem uma série de medidas que devem ser observadas nos locais de trabalho, com o intuito de prevenção dos acidentes e doenças profissionais.

O art. 200 atribui ao MTE à formulação e a expedição de Normas Regulamentadoras (NRs) que atendam às peculiaridades de cada atividade ou setor de trabalho.

Por intermédio da Portaria 3.214, o Ministro do Trabalho expediu as NRs, as quais já sofreram diversas modificações ou alterações.

As NRs dispõem a respeito das seguintes matérias:

NR 1 – Disposições gerais;

NR 2 – Inspeção prévia;

NR 3 – Embargos e interdição;

NR 4 – Serviço Especializado em Segurança e Medicina do Trabalho (SSMT);

NR 5 – Comissão Interna de Prevenção de Acidentes (CIPA);

NR 6 – Equipamentos de Proteção Individual (EPI);

NR 7 – Exames médicos;

NR 8 – Edificações;

NR 9 – Riscos ambientais;

NR 10 – Instalações e serviços de eletricidade;

NR 11 – Transporte, armazenagem, movimentação e manuseio de materiais;

NR 12 – Máquinas e equipamentos;

NR 13 – Caldeiras, vasos de pressão e tubulações;
NR 14 – Fornos;
NR 15 – Atividades e operações insalubres;
NR 16 – Atividades e operações perigosas;
NR 17 – Ergonomia;
NR 18 – Obras de construção, demolição e reparos;
NR 19 – Explosivos;
NR 20 – Combustíveis líquidos e inflamáveis;
NR 21 – Trabalho a céu aberto;
NR 22 – Trabalhos subterrâneos;
NR 23 – Proteção contra incêndios;
NR 24 – Condições sanitárias nos locais de trabalho;
NR 25 – Resíduos industriais;
NR 26 – Sinalização de segurança;
NR 27 – Registro de profissionais;
NR 28 – Fiscalização e penalidades;
NR 29 – Trabalho portuário;
NR 30 – Trabalho aquaviário;
NR 31 – Trabalho na agricultura, pecuária, silvicultura, exploração florestal e aquicultura;
NR 32 – Trabalho em serviços de saúde;
NR 33 – Trabalho em espaços confinados;
NR 34 – Trabalho na indústria naval;
NR 35 – Trabalho em Altura;
NR 36 – Trabalho em empresas de abate e processamento de carnes e derivados.

39.3.4.1 Equipamentos de proteção individual

A empresa é obrigada a fornecer aos empregados, gratuitamente, equipamento de proteção individual adequado ao risco e em perfeito estado de conservação e funcionamento, sempre que as medidas de ordem geral não ofereçam completa proteção contra os riscos de acidentes e danos à saúde dos empregados (art. 166, CLT).

O equipamento de proteção só poderá ser posto à venda ou utilizado com a indicação do Certificado de Aprovação do Ministério do Trabalho (art. 167).

Além da entrega do equipamento de proteção, o empregador é obrigado a exigir do empregado a sua efetiva utilização, bem como substituí-lo quando necessário.

Nesse sentido, vide a Súm. 289, TST: *"O simples fornecimento do aparelho de proteção pelo empregador não o exime do pagamento do adicional de insalubridade, cabendo-lhe tomar as medidas que conduzem à diminuição ou eliminação da nocividade, dentre as quais ao uso efetivo do equipamento pelo empregado."*

Como exemplos de equipamentos de proteção, temos: protetores auriculares (tipo concha ou *plug*), luvas, óculos de proteção, capacete, calçados, máscaras, luvas, vestimentas etc.

As regras quanto aos equipamentos de proteção encontram-se previstas na NR 6.

Para o trabalhador rural, os equipamentos são regulados pelas Portarias 86/05 e 3.214/78 (NR 31) do Ministério do Trabalho e Emprego.

39.3.4.2 Órgãos de segurança e medicina do trabalho nas empresas

As empresas, de acordo com normas a serem expedidas pelo Ministério do Trabalho, estarão obrigadas a manter serviços especializados em segurança e medicina do trabalho (art. 162, *caput*).

Os Serviços Especializados em Engenharia e em Medicina do Trabalho (SESMT) são regulados pela NR 4.

Citados serviços devem observar os seguintes princípios: (a) a classificação das empresas segundo o número de empregados e a natureza do risco de suas atividades; (b) o número mínimo de profissionais especializados exigidos de cada empresa, de acordo com a sua classificação; (c) a qualificação exigida para os profissionais em questão e o seu regime de trabalho; (d) as demais características e atribuições dos serviços especializados em segurança e em medicina do trabalho, nas empresas (art. 162, parágrafo único, *a* a *d*).

Nos termos da NR 4, a dimensão do SESMT depende do grau do risco da atividade principal e do número total de empregados existentes no estabelecimento.

O Dec. 92.530/86 regula a especialização de engenheiros e arquitetos em engenharia de segurança do trabalho, como também dispõe a respeito da profissão de técnico de segurança do trabalho. A Lei 7.410/85 dispõe sobre a atividade de engenharia de segurança.

Além dos serviços de engenharia e medicina do trabalho, também há a Comissão Interna de Prevenção de Acidentes (CIPA), cuja constituição é obrigatória, de acordo com as instruções expedidas pelo Ministério do Trabalho, nos estabelecimentos ou locais de obras nelas especificadas (art. 163, *caput*).

A CIPA encontra-se regulada pela NR 5, tendo como objetivo a prevenção de acidentes e doenças decorrentes do trabalho, de modo a tornar compatível permanentemente o trabalho com a preservação da vida e a promoção da saúde do trabalhador (art. 5.1, da NR 5).

Cada CIPA será composta de representantes de empresas e dos empregados. A NR 5 disciplina o número total de integrantes da CIPA, o qual varia em função do número de empregados no respectivo estabelecimento.

Os representantes dos empregadores, titulares e suplentes serão por eles designados anualmente, entre os quais o presidente da CIPA. Os representantes, titulares, indicados pelo empregador não poderão ser reconduzidos por mais de dois mandatos consecutivos.

Os representantes dos empregados, titulares e suplentes serão eleitos em escrutínio secreto pelos interessados, independentemente de filiação sindical, entre os quais se encontra o vice-presidente. O mandato dos membros eleitos da CIPA terá a duração de um ano, permitida uma reeleição.

Haverá a perda do mandato se o membro titular da CIPA faltar, sem qualquer justificativa, a mais de 4 reuniões ordinárias, e será substituído pelo suplente.

A CIPA não poderá ter seu número de representantes reduzido, bem como não poderá ser desativada pelo empregador, antes do término do mandato de seus membros, ainda que haja redução do número de empregados da empresa, exceto no caso de encerramento das atividades do estabelecimento.

Os titulares da representação dos empregados não poderão sofrer despedida arbitrária, ou seja, a dispensa não fundada nos seguintes motivos: disciplinar, técnico, econômico ou financeiro (art. 165, *caput*).

Ocorrendo a despedida, caberá ao empregador, em caso de ação trabalhista, comprovar a existência de qualquer dos motivos mencionados no *caput* do art. 165 da CLT, sob pena de ser condenado a reintegrar o empregado (art. 165, parágrafo único).

O art. 10, II, *a*, ADCT, veda a dispensa arbitrária ou sem justa causa do empregado eleito para cargo de direção de comissões internas de prevenção de acidentes, desde o registro de sua candidatura até um ano após o final de seu mandato.

A garantia envolve não só o representante titular do empregado, como também o suplente (Súm. 339, I, TST), não se aplicando ao representante do empregador.

Com a extinção do estabelecimento, não se verifica a despedida arbitrária do representante titular ou suplente do trabalhador, sendo impossível a reintegração e indevida a indenização do período estabilitário (Súm. 339, II, TST).

Na área rural, a CIPA é disciplinada pela NR 31.

39.3.4.3 Edificações

As edificações deverão obedecer aos requisitos técnicos que garantam perfeita segurança aos que nelas trabalhem (art. 170, CLT).

Os locais de trabalho terão, no mínimo, três metros de pé-direito, assim considerada a altura livre do piso ao teto (art. 171, *caput*). O limite mínimo poderá ser reduzido, desde que atendidas as condições de iluminação e de conforto térmico compatível com a natureza do trabalho, sujeitando-se tal redução ao controle do órgão competente em matéria de segurança e medicina do trabalho (art. 171, parágrafo único).

Os pisos dos locais de trabalho não deverão apresentar saliência nem depressões que prejudiquem a circulação de pessoas ou a movimentação de materiais (art. 172).

As aberturas nos pisos e paredes serão protegidas de forma que impeçam a queda de pessoas ou de objetos (art. 173).

As paredes, escadas, rampas de acesso, passarelas, pisos, corredores, coberturas e passagens dos locais de trabalho deverão obedecer às condições de segurança e de higiene do trabalho, estabelecidas pelo MTE, e manter-se em perfeito estado de conservação e limpeza (art. 174).

A NR 8 traça maiores detalhes quanto às edificações.

39.3.4.4 Iluminação

Em todos os locais de trabalho deverá haver iluminação adequada, natural ou artificial, apropriada à natureza da atividade (art. 175, *caput*, CLT).

A iluminação deverá ser uniformemente distribuída, geral e difusa, a fim de evitar ofuscamento, reflexos incômodos, sombras e contrastes excessivos (art. 175, § 1º).

Os níveis mínimos de iluminação, os quais devem ser observados nos locais de trabalho, de acordo com a Norma Regulamentadora 17, item 17.5.3.3, são os previstos na Norma Brasileira do Inmetro 5.413.

Somente após 26/2/1991 foram, efetivamente, retiradas do mundo jurídico as normas ensejadoras do direito ao adicional de insalubridade por iluminamento insuficiente no local da prestação de serviço, como previsto na Portaria 3.751/90 do Ministério do Trabalho (OJ Transitória 57, SDI-I).

39.3.4.5 Conforto térmico

Os locais de trabalho deverão ter ventilação natural, compatível com o serviço realizado (art. 176, *caput*, CLT). A ventilação artificial será obrigatória sempre que a natural não preencha as condições de conforto térmico (art. 176, parágrafo único).

Quando as condições de ambiente são desconfortáveis em virtude de instalações geradoras de frio ou de calor, é obrigatório o uso de vestimenta adequada para o trabalho em tais condições ou de capelas, anteparos, paredes duplas, isolamento térmico e recursos similares, de forma que os empregados fiquem protegidos contra as radiações térmicas (art. 177).

As condições de conforto térmico dos locais de trabalho devem ser mantidas dentro dos limites fixados pelo MTE (art. 178).

39.3.4.6 Instalações elétricas

O MTE disporá sobre as condições de segurança e as medidas especiais a serem observadas relativamente a instalações elétricas, em qualquer das fases de produção, transmissão, distribuição ou consumo de energia (art. 179, CLT), cabendo ao profissional qualificado instalar, operar, inspecionar ou reparar instalações elétricas (art. 180). Os que trabalharem em serviços de eletricidade ou instalações elétricas devem estar familiarizados com os métodos de socorro para os acidentados por choques elétricos (art. 181).

A NR 10 disciplina a temática das instalações e serviços em eletricidade.

39.3.4.7 Movimentação, armazenagem e manuseio de materiais

Na movimentação, armazenagem e manuseio de materiais, o Ministério do Trabalho deverá expedir normas abordando os seguintes aspectos: (a) as precauções de segurança na movimentação de materiais nos locais de trabalho, os equipamentos a serem obrigatoriamente utilizados e as condições especiais a que estão sujeitas a operação e a manutenção desses equipamentos, inclusive exigências de pessoal habilitado; (b) as exigências similares relativas ao manuseio e à armazenagem de materiais, inclusive quanto às condições de segurança e higiene relativas aos recipientes e locais de armazenagem e os equipamentos de proteção individual; (c) a obrigatoriedade de indicação de carga máxima permitida nos equipamentos de transporte, dos avisos de proibição de fumar e de advertência quanto à natureza perigosa ou nociva à saúde das substâncias em movimentação ou em depósito, bem como das recomendações de primeiros socorros e de atendimento médico e símbolo de perigo, segundo padronização internacional, nos rótulos dos materiais ou substâncias armazenados ou transportados (art. 182, I a III, CLT).

As disposições relativas ao transporte de materiais também são aplicáveis, no que couber, ao transporte de pessoas nos locais de trabalho (art. 182, parágrafo único).

As pessoas que trabalharem na movimentação de materiais deverão estar familiarizadas com os métodos racionais de levantamento de cargas (art. 183).

A NR 11 estabelece as regras pormenorizadas quanto à movimentação, armazenagem e manuseio de materiais.

39.3.4.8 *Máquinas e equipamentos*

As máquinas e os equipamentos deverão ser dotados de dispositivos de partida e parada e outros que se fizerem necessários para a prevenção de acidentes do trabalho, especialmente quanto ao risco de acionamento acidental (art. 184, *caput*, CLT), sendo proibidos: a fabricação, a importação, a venda, a locação e o uso de máquinas e equipamentos que não atendam a essa determinação (art. 184, parágrafo único).

Os reparos, limpeza e ajustes somente poderão ser executados com as máquinas paradas, salvo se o movimento for indispensável à realização do ajuste (art. 185).

A NR 12 estabelece normas adicionais sobre proteção e medidas de segurança na operação de máquinas e equipamentos, especialmente quanto à proteção das partes móveis, distância entre estas, vias de acesso às máquinas e equipamentos de grandes dimensões, emprego de ferramentas, sua adequação e medidas de proteção exigidas, quando motorizadas ou elétricas.

39.3.4.9 *Caldeiras, fornos e recipientes sob pressão*

As caldeiras, os equipamentos e recipientes em geral que operam sob pressão deverão dispor de válvulas e outros dispositivos de segurança que evitem seja ultrapassada a pressão interna de trabalho compatível com a sua resistência (art. 187, *caput*, CLT).

A NR 13 determina normas complementares quanto à segurança das caldeiras, fornos e recipientes sob pressão, especialmente quanto ao revestimento interno, à localização, à ventilação dos locais e outros meios de eliminação de gases ou vapores prejudiciais à saúde, e demais instalações ou equipamentos necessários à execução segura das tarefas de cada empregado.

As caldeiras serão periodicamente submetidas a inspeções de segurança, por engenheiro ou empresa especializada, inscritos no Ministério do Trabalho, de conformidade com as instruções que para esse fim forem expedidas. Toda caldeira será acompanhada de "Prontuário" com documentação original do fabricante, abrangendo, no mínimo, especificação técnica, desenhos, detalhes, provas e testes realizados durante a fabricação e a montagem, características funcionais e a pressão máxima de trabalho permitida (PmTP), esta última indicada, em local visível, na própria caldeira.

O proprietário da caldeira deverá organizar, manter atualizado e apresentar, quando exigido pela autoridade competente, o Registro de Segurança, no qual serão anotados, sistematicamente, as indicações das provas efetuadas, inspeções, reparos e quaisquer outras ocorrências. Os projetos de instalação de caldeiras, fornos e recipientes sob pressão deverão ser submetidos à aprovação prévia do órgão regional competente em matéria de segurança do trabalho (art. 188, §§ 1º a 3º).

A NR 14 dispõe a respeito das regras complementares quanto aos fornos.

39.3.4.10 Ergonomia

Ergonomia é o conjunto de normas voltadas à orientação da força do trabalho, visando à adequação das relações do homem com o seu trabalho e as condições nas quais ele é desenvolvido.

Por intermédio da NR 17, o MTE determinou as regras a serem observadas nas condições de trabalho relacionadas com levantamento, transporte e descarga de materiais.

É de 60 quilogramas o peso máximo que um empregado pode remover individualmente, ressalvadas as disposições especiais relativas ao trabalho do menor e da mulher (art. 198, *caput*, CLT).

Não está compreendida na proibição deste artigo a remoção de material feita por impulsão ou tração de vagonetes sobre trilhos, carros de mão ou quaisquer outros aparelhos mecânicos, podendo o MTE, em tais casos, fixar limites diversos, que evitem sejam exigidos do empregado serviços superiores às suas forças (art. 198, parágrafo único).

Será obrigatória a colocação de assentos que assegurem postura correta ao trabalhador, capazes de evitar posições incômodas ou forçadas, sempre que a execução da tarefa exija que trabalhe sentado (art. 199, *caput*).

Quando o trabalho deva ser executado de pé, os empregados terão à sua disposição assentos para serem utilizados nas pausas que o serviço permitir (art. 199, parágrafo único).

Ao empregador é vedado empregar a mulher em serviço que demande o emprego de força muscular superior a 20 quilos, para o trabalho contínuo, ou 25 quilos, para o trabalho ocasional (art. 390, *caput*), sendo inaplicável a citada determinação quando ocorrer a remoção de material feita por impulsão ou tração de vagonetes sobre trilhos, de carros ou quaisquer aparelhos mecânicos (art. 390, parágrafo único). A regra também é aplicável ao trabalho do menor (art. 405, § 5º).

39.3.4.11 Outras medidas especiais de proteção

As medidas encontram-se previstas no art. 200 da CLT e são as seguintes:

a) medidas de prevenção de acidentes e os equipamentos de proteção individual em obras de construção, demolição ou reparos;

b) depósitos, armazenagem e manuseio de combustíveis, inflamáveis e explosivos, bem como o trânsito e permanência nas áreas respectivas;

c) trabalho em escavações, túneis, galerias, minas e pedreiras, sobretudo quanto à prevenção de explosões, incêndios, desmoronamentos e soterramentos, eliminação de poeiras, gases etc., e facilidades de rápida saída dos empregados;

d) proteção contra incêndio em geral e as medidas preventivas adequadas, com exigências ao especial revestimento de portas e paredes, construção de paredes contra fogo, diques e outros anteparos, assim como garantia geral de fácil circulação, corredores de acesso e saídas amplas e protegidas, com suficiente sinalização;

e) proteção contra insolação, calor, frio, umidade e ventos, sobretudo no trabalho a céu aberto, com provisão, quanto a este, de água potável, alojamento e profilaxia de endemias;

f) proteção do trabalhador exposto a substâncias químicas nocivas, radiações ionizantes e não ionizantes, ruídos, vibrações e trepidações ou pressões anormais ao ambiente de trabalho, com especificação das medidas cabíveis para eliminação ou atenuação desses efeitos, limites máximos quanto ao tempo de exposição, à intensidade da ação ou de seus efeitos sobre o organismo do trabalhador, exames médicos obrigatórios, limites de idade, controle permanente dos locais de trabalho e das demais exigências que se façam necessárias;

g) higiene nos locais de trabalho, com discriminação das exigências, instalações sanitárias, com separação de sexos, chuveiros, lavatórios, vestiários e armários individuais, refeitórios ou condições de conforto por ocasião das refeições, fornecimento de água potável, condições de limpeza dos locais de trabalho e modo de sua execução, tratamento de resíduos industriais;

h) emprego das cores nos locais de trabalho, inclusive nas sinalizações de perigo.

Tratando-se de radiações ionizantes e explosivos, devem ser observadas as normas técnicas previstas na Res. 6/73 do Conselho Nacional de Energia Nuclear (CNEN) (art. 200, parágrafo único).

39.3.4.12 *Exposição a produtos fumígenos derivados ou não do tabaco*

Considerando o regramento jurídico existente,[16] os Ministérios do Trabalho e Emprego e o Ministério da Saúde editaram a Portaria Interministerial MTE/MS 2.647, de 4 de dezembro de 2014, com o objetivo de regulamentar as condições de isolamento, ventilação e exaustão do ar e medidas de proteção ao trabalhador em relação à exposição

---

[16] Portaria Interministerial MTE/MS 2.647 menciona, entre outros diplomas normativos, o art. 200, CLT, a Lei 9.294/96 (restrições ao uso e à propaganda de produtos fumígenos etc.), o Decreto 5.658/06 (Convenção-Quadro sobre Controle do Uso do Tabaco, adotada pelos países membros da Organização Mundial de Saúde) e o Decreto 8.262/14, o qual altera o Decreto.2.018/96, estabelecendo exceções à proibição do uso de produtos fumígenos derivados ou não do tabaco em recinto coletivo fechado.

ao fumo nos ambientes indicados no art. 3º do Decreto 2.018/96, alterado pelo Decreto 8.262, de 31 de maio de 2014.

Além de disciplinar área exclusiva para o uso de produtos fumígenos derivados ou não do tabaco, a Portaria veda a permanência regular de trabalhadores no interior das áreas exclusivas para o uso de produtos fumígenos derivados ou não do tabaco (art. 5º).

Caso seja necessário o trânsito de trabalhadores para a execução de atividades eventuais no interior das áreas exclusivas para o uso de produtos fumígenos derivados ou não do tabaco, deverão ser adotadas as medidas necessárias suficientes para minimização ou controle dos riscos decorrentes da exposição aos produtos fumígenos derivados ou não do tabaco.

Os serviços de manutenção das instalações e equipamentos das áreas exclusivas para o uso de produtos fumígenos derivados ou não do tabaco somente podem ser efetuados quando os locais não estiverem em funcionamento.

Além disso, nos locais de cultos religiosos onde haja uso de produto fumígeno derivado ou não do tabaco deve ser fixada na entrada a indicação sobre qual produto fumígeno está sendo utilizado (art. 10). Nesse caso, é vedado o trânsito e a permanência de trabalhadores para a execução de suas atividades laborativas, durante o uso dos produtos fumígenos, derivados ou não do tabaco.

Os órgãos de vigilância sanitária estaduais, municipais e do Distrito Federal e as Superintendências Regionais do Trabalho e Emprego serão responsáveis pela aplicação e execução de ações de sua competência visando ao cumprimento da Portaria Interministerial MTE/MS 2.647 (art. 11).

O descumprimento das determinações contidas na Portaria Interministerial constitui infração de natureza sanitária, sujeitando o infrator às sanções previstas no art. 9º da Lei 9.294/96, e/ou infração de natureza trabalhista, conforme previsto no art. 157, e observadas as punições previstas no art. 201, ambos da CLT, sem prejuízo de outras penalidades previstas na legislação em vigor. As infrações de natureza sanitária serão apuradas com a observância do processo previsto nos arts. 12 e seguintes da Lei 6.437/77.

39.4 ATIVIDADES INSALUBRES, PERIGOSAS E PENOSAS

O art. 7º, XXIII, CF, determina que é direito dos trabalhadores o adicional de remuneração para as atividades penosas, insalubres ou perigosas na forma da lei.

Os adicionais de periculosidade e de insalubridade encontram-se disciplinados nos arts. 189 a 197, CLT.

As atividades insalubres são as previstas na NR 15. As atividades perigosas são elencadas na NR 16 da Portaria 3.214/78 (explosivos; inflamáveis; exposição a roubos ou outras espécies de violência física nas atividades profissionais de segurança pessoal ou patrimonial; energia elétrica; atividades perigosas em motocicleta).

39.4.1 Insalubridade

São consideradas atividades ou operações insalubres aquelas que, por sua natureza, condição ou métodos de trabalho, exponham os empregados a agentes nocivos à saúde, acima dos limites de tolerância fixados de acordo com a natureza e a intensidade do agente e do tempo de exposição aos seus efeitos (art. 189, CLT).

Incumbe ao MTE aprovar o quadro das atividades e operações insalubres, adotando normas sobre os critérios de caracterização da insalubridade, os limites de tolerância aos agentes agressivos, meios de proteção e o tempo máximo de exposição do empregado a esses agentes (art. 190, *caput*).

Atualmente, a matéria encontra-se disciplinada pela NR 15 (MTE), a qual prevê o pagamento do adicional de insalubridade quando o empregado está exposto a agentes físicos (ruído, calor etc.), químicos (arsênico, chumbo, cromo, hidrocarboneto e outros compostos de carbono etc.) e biológicos (hospitais, laboratórios, lixo urbano, resíduos de animais deteriorados etc.).

A Reforma Trabalhista, ao incluir o art. 611-A, XII, ao texto da CLT, fixou que é possível a negociação coletiva no que se refere aos agentes insalubres, ao dispor a negociação coletiva quanto ao enquadramento do grau de insalubridade. A disposição legal é por demais contraditória (art. 611-A, XII), visto que: (a) possibilita a negociação coletiva entre os seres coletivos do trabalho (sindicatos e as empresas), contudo, simultaneamente, a cláusula normativa deve observar na íntegra as normas regulamentadoras do MTE.

O adicional de insalubridade tem natureza salarial, eis que decorre do labor prestado em condições insalubres e é calculado de acordo com o seu grau, tendo como base o salário mínimo. A base de cálculo não é o salário contratual do empregado e sim o salário mínimo (Súm. 228, TST). Repercute em outras verbas, como por exemplo: horas extras (OJ 47, SDI-I), décimo terceiro salário, férias, aviso prévio etc. (Súm. 139, TST).

Há na doutrina o entendimento de que o art. 192 da CLT, diante da nova ordem constitucional, foi recepcionado quanto aos percentuais do adicional de insalubridade em graus (mínimo, médio e máximo), contudo, não o foi quanto à base de cálculo (adoção do salário mínimo). Não houve a recepção visto que o texto constitucional adota a expressão "remuneração". Devemos compreender que o adicional de insalubridade, como a periculosidade e a penosidade, devem ser calculados sobre a remuneração do trabalhador. Remuneração não é sinônimo de salário mínimo. No mesmo sentido, salário mínimo não é piso salarial (art. 7º, IV e V, CF).

Pela jurisprudência TST, cabia ação rescisória por violação ao art. 192, CLT quando a decisão judicial acolhia pedido de adicional de insalubridade com base na remuneração do empregado (OJ 2, SDI-II, cancelada pela Res. 148/08).

Em outubro/03, o TST restaurou o entendimento contido na Súm. 17: *"O adicional de insalubridade, devido a empregado que percebe, por força de lei, convenção coletiva ou sentença normativa, salário profissional, será sobre este calculado."*

Portanto, pela jurisprudência dominante do TST, o adicional de insalubridade havia de ser calculado sobre o salário mínimo (Súm. 228), exceto quando houvesse um piso salarial superior ao mínimo legal (art. 7º, V, CF; Súm. 17).

Com o objetivo de fixação da base de cálculo do adicional de insalubridade, o STF editou a Súm. Vinculante 4: *"Salvo nos casos previstos na Constituição, o salário mínimo não pode ser usado como indexador de base de cálculo de vantagem de servidor público ou de empregado, nem ser substituído por decisão judicial."*

Em junho/08, o TST editou a Res. 148 a qual determina: (a) o cancelamento da OJ 2 da SDI-II e da Súm. 17; (b) nova redação para a OJ 47, SDI-I: *"A base de cálculo da hora extra é o resultado da soma do salário contratual mais o adicional de insalubridade"*; (c) nova redação para a Súm. 228: *"A partir de 9 de maio de 2008, data da publicação da Súmula Vinculante nº 4 do Supremo Tribunal Federal, o adicional de insalubridade será calculado sobre o salário básico, salvo critério mais vantajoso fixado em instrumento coletivo."*

Na Reclamação 6.266, formulada pela Confederação Nacional da Indústria ao STF, por liminar concedida pelo Min. Gilmar Mendes, houve a suspensão do teor da Súm. 228, TST.

A Resolução 185/12 do TST acresceu ao teor da Súm. 228, cuja eficácia está suspensa por decisão liminar do STF.

A jurisprudência do STF indica que o salário mínimo é a efetiva base de cálculo do adicional de insalubridade até que a pendência seja resolvida pelo legislador infraconstitucional. Ante a posição do STF, o TST determinou que fosse acrescido ao teor da Súm. 228: *"Súmula cuja eficácia está suspensa por decisão liminar do Supremo Tribunal Federal."*

Dependendo do grau, os percentuais são os seguintes: (a) grau mínimo: 10%; (b) grau médio: 20%; e (c) grau máximo: 40% (art. 192).

Os percentuais variam de acordo com os agentes insalubres previstos nos Anexos da NR 15:

Anexo 1 – Níveis de ruído contínuo ou intermitente superiores aos limites de tolerância. Percentual: 20%;

Anexo 2 – Níveis de ruído de impacto superiores aos limites de tolerância. Percentual: 20%;

Anexo 3 – Exposição ao calor com valores superiores aos limites de tolerância. Percentual: 20%;

Anexo 5 – Níveis de radiações ionizantes com radioatividade superior aos limites de tolerância. Percentual: 40%;

Anexo 6 – Ar comprimido. Percentual: 40%;

Anexo 7 – Radiações não ionizantes consideradas insalubres em decorrência de inspeção realizada no local de trabalho. Percentual: 20%;

Anexo 8 – Vibrações consideradas insalubres em decorrência de inspeção localizada no local de trabalho. Percentual: 20%;

Anexo 9 – Frio considerado insalubre em decorrência de inspeção realizada no local de trabalho. Percentual: 20%;

Anexo 10 – Umidade considerada insalubre em decorrência de inspeção realizada no local de trabalho. Percentual: 20%;

Anexo 11 – Agentes químicos cujas concentrações sejam superiores aos limites de tolerância. Percentuais: 10%, 20% e 40%;

Anexo 12 – Poeiras minerais cujas concentrações sejam superiores aos limites de tolerância. Percentual: 40%;

Anexo 13 – Atividades ou operações que envolvem agentes químicos, consideradas insalubres em decorrência de inspeção realizada no local de trabalho. Percentuais: 10%, 20% e 40%;

Anexo 14 – Agentes biológicos. Percentuais: 20% e 40%.

A deficiência de iluminação no local de trabalho, desde 26/02/1991, deixou de ser norma ensejadora do direito ao adicional de insalubridade (OJ Transitória 57, SDI-I).

A higienização de instalações sanitárias de uso público ou coletivo de grande circulação, e a respectiva coleta de lixo, por não se equiparar à limpeza em residências e escritórios, enseja o pagamento de adicional de insalubridade em grau máximo, incidindo o disposto no Anexo 14 da NR 15 da Portaria do MTE 3.214/78 quanto à coleta e industrialização de lixo urbano (Súm. 448, II).

Para efeito de concessão de adicional de insalubridade não há distinção entre fabricação e manuseio de óleos minerais. Portaria 3.214 do Ministério do Trabalho, NR 15, Anexo XIII (OJ 171, SDI-I).

Em face da ausência de previsão legal, o adicional de insalubridade é indevido pelos raios solares (OJ 173, I, SDI-I; art. 195 da CLT e Anexo 7 da NR 15 da Portaria 3214), contudo, tem direito ao adicional de insalubridade o trabalhador que exerce atividade exposto ao calor acima dos limites de tolerância, inclusive em ambiente com carga solar (OJ 173, II, SDI-I; Anexo 3 da NR 15 da Portaria 3.214).

Para o trabalhador rural, a insalubridade é regulada pelas Portarias 86/05 e 3.214/78 (NR 31) do MTE.

A eliminação ou neutralização da insalubridade deverá ocorrer com: (a) a adoção de medidas de ordem geral que conservem o ambiente de trabalho dentro dos limites de tolerância; (b) a utilização de equipamento de proteção individual (art. 191, I e II, CLT; NR 15, item 15.4.1; Súmulas 80 e 289, TST).

O direito do empregado ao adicional de insalubridade cessará com a eliminação do risco à sua saúde ou integridade física, de acordo com as regras da Seção XIII do Capítulo V, CLT, e das normas expedidas pelo MTE (art. 194, CLT).

A simples entrega do equipamento de proteção pelo empregador não o exime do pagamento do adicional de insalubridade, cabendo-lhe tomar as medidas que conduzam à diminuição ou eliminação da nocividade, dentre as quais as relativas ao uso efetivo do equipamento pelo empregado (Súm. 289, TST). Para o TST, a eliminação dos agentes agressores da insalubridade mediante fornecimento de aparelhos protetores aprovados pelo órgão competente do Poder Executivo exclui a percepção do respectivo adicional (Súm. 80, TST), contudo, é indispensável o certificado de aprovação (CA) do equipamento de proteção individual (EPI), para comprovação da eficiência dos EPIs para neutralizar o agente agressor.[17]

Os efeitos pecuniários da insalubridade são devidos a partir da inclusão da respectiva atividade nos quadros aprovados pelo Ministério do Trabalho (art. 196, CLT; Súm. 448).

A reclassificação ou descaracterização da insalubridade, por ato da autoridade competente, repercute na satisfação do respectivo adicional, sem ofensa a direito adquirido ou ao princípio da irredutibilidade salarial (Súm. 248, TST).

Condenada ao pagamento do adicional de insalubridade ou periculosidade, a empresa deverá inserir, mês a mês e enquanto o trabalho for executado sob essas condições, o valor correspondente em folha de pagamento (OJ 172, SDI-I).

Para efeito do adicional de insalubridade, a perícia judicial, em reclamação trabalhista, não dispensa o enquadramento da atividade entre as insalubres, que é ato da competência do Ministério do Trabalho (Súm. 460, STF).

A caracterização e a classificação da insalubridade e da periculosidade, segundo as normas do MTE, far-se-ão por meio de perícia a cargo de médico do trabalho ou engenheiro do trabalho, registrado no MTE (art. 195, *caput*).

39.4.2 Periculosidade

Nos termos da CLT, são consideradas atividades ou operações perigosas, na forma da regulamentação aprovada pelo Ministério do Trabalho e Emprego, aquelas que, por sua natureza ou métodos de trabalho, impliquem risco acentuado em virtude de exposição permanente do trabalhador a: (a) inflamáveis; (b) explosivos; (c) energia elétrica; (d) roubos ou outras espécies de violência física nas atividades profissionais de segurança pessoal ou patrimonial (art. 193, CLT, com a redação dada pela Lei 12.740/12); (e) contato com radiação ionizante ou substância radioativa (OJ 345, SDI-I); (f) atividades de trabalhador em motocicleta (Lei 12.997/14).

O contato eventual com o agente perigoso, assim considerado o fortuito, ou o que, sendo habitual, se dá por tempo extremamente reduzido, não dá direito ao empregado a perceber o adicional respectivo (Súm. 364, TST). Esse entendimento jurisprudencial não trilha o bom-senso, já que o trabalhador deve auferir a periculosidade pelo trabalho em condições de risco, independentemente, do tempo de sua exposição.

Quando é arguida em juízo insalubridade ou periculosidade,[18] a perícia no local de trabalho é obrigatória, podendo ser realizada por médico ou engenheiro do trabalho (OJ 165, SDI-I) (art. 195, § 2º). Quando não for possível sua realização como em caso

---

[17] TST – 5ª T. – RR 198900-67.2007.5.02.0012 – Rel. Min. Guilherme Augusto Caputo Bastos – j. 24/8/2016.

[18] De acordo com a Súmula 39, TST, os empregados que operam em bomba de gasolina têm direito ao adicional de periculosidade (Lei 2.573/55), logo, não se tem a necessidade de realização de prova técnica.

de fechamento da empresa, por aplicação analógica da OJ 278, SDI-I, poderá o julgador utilizar-se de outros meios de prova.

O pagamento de adicional de periculosidade efetuado por mera liberalidade da empresa, ainda que de forma proporcional ao tempo de exposição ao risco ou em percentual inferior ao máximo legalmente previsto, dispensa a realização da prova técnica (art. 195, CLT), pois torna incontroversa a existência do trabalho em condições perigosas (Súm. 453).

É devido o pagamento do adicional de periculosidade ao empregado que desenvolve suas atividades em edifício (construção vertical), seja em pavimento igual ou distinto daquele onde estão instalados tanques para armazenamento de líquido inflamável, em quantidade acima do limite legal, considerando-se como área de risco toda a área interna da construção vertical (OJ 385, SDI-I).

O trabalho em condições periculosas dá direito ao empregado à percepção de um adicional, cujo valor é 30% sobre o seu salário contratual, sem os acréscimos resultantes de gratificações, prêmios ou participações nos lucros da empresa (art. 193, § 1º, CLT).

Caso existam agentes insalubres e periculosos no local de trabalho, o empregado optará por um dos adicionais (art. 193, § 2º). Em setembro de 2014, a 7ª Turma do TST entendeu que os adicionais de insalubridade e periculosidade são cumuláveis, face ao sistema constitucional de proteção (art. 7º) e as Convenções da OIT ratificadas pelo Brasil, em especial, as Convenções 148 e 155.[19] Contudo, em junho/2016, a SDI-I deliberou no sentido de que somente é possível a acumulação dos dois adicionais quando existirem causas distintas (agentes agressores).[20] Por fim, em outubro/17, foi estabelecido o incidente de resolução de revista de recursos repetitivos no tocante à cumulação de adicionais de periculosidade e de insalubridade, quando os adicionais estão amparados em fatos geradores distintos e autônomos.

Não é válida a cláusula de acordo ou convenção coletiva de trabalho fixando o adicional de periculosidade em percentual inferior ao estabelecido em lei e proporcional ao tempo de exposição ao risco, pois tal parcela constitui medida de higiene, saúde e segurança do trabalho, garantida por norma de ordem pública (art. 7º, XXII e XXIII, CF; art. 193, § 1º, CLT) (Súm. 364, II, TST).

Para o TST, o adicional de periculosidade incide, apenas, sobre o salário básico e não sobre este acrescido de outros adicionais (Súm. 191).[21] Esse entendimento não elide a afirmação de que se tem a incidência do adicional de periculosidade em: férias, horas extras, 13º salário, aviso prévio etc.

---

[19] TST – 7ª T. – RR 1072-72.2011.5.02.0384 – Min. Cláudio Mascarenhas Brandão – *DEJT* 03/10/2014.
TST – 7ª T. – RR 773-47.2012.5.04.0015 – Rel. Min. Cláudio Mascarenhas Brandão – *DEJT* 4/5/2015.
[20] TST – SDI-I – E-ARR 1081-60.2012.5.03.0064 – Min. João Oreste Dalazen – *DEJT* 17/6/2016.
[21] Pela nova redação da Súm. 191, o adicional de periculosidade incide apenas sobre o salário básico e não sobre este acrescido de outros adicionais, o que não ocorre para os eletricitários, em que a base de cálculo da periculosidade é a totalidade das parcelas de natureza salarial.

Nos meses em que for pago, o valor do adicional de periculosidade integra o salário para todos os efeitos legais, inclusive para cálculo das horas extras, adicional noturno, décimo terceiro salário, férias, aviso prévio etc. O adicional de periculosidade quando é pago aos empregados mensalistas também não gera qualquer reflexo em DSR/s, pois no seu valor mensal já está incluído o valor do descanso (OJ 103, SDI-I).

Como verba salarial, o adicional de periculosidade deve compor a base de cálculo do adicional: (a) noturno, já que também neste horário o trabalhador permanece sob condições de risco (OJ 259, SDI-I); (b) suplementar (hora extra) (Súm. 132, I),

Quanto às horas de sobreaviso, como o empregado não se encontra em condições de risco, não é cabível a integração do adicional de periculosidade sobre as mencionadas horas (Súm. 132, II, TST).

Serão descontados ou compensados do adicional outros da mesma natureza eventualmente já concedidos ao vigilante por meio de acordo coletivo (art. 193, § 3º, CLT).

Pela Súm. 447, TST, os tripulantes e demais empregados em serviços auxiliares de transporte aéreo que, no momento do abastecimento da aeronave, permanecem a bordo não têm direito à percepção da periculosidade (art. 193; CLT; Anexo 2, item 1, "c", NR 16 da Portaria 3.214/78).

39.4.2.1 Adicional de periculosidade no setor de energia elétrica

Atualmente, o adicional de periculosidade pela exposição permanente do trabalhador a energia elétrica encontra-se disciplinado expressamente pelo art. 193, I, CLT (Lei 12.740/2012).

O art. 3º da Lei 12.740 revogou expressamente a Lei 7.369/85 e, consequentemente, o Decreto regulamentador 93.412/86 também perdeu eficácia no sistema jurídico. Apesar disso, considerando a falta de regulamentação do Ministério do Trabalho sobre os parâmetros do agente periculoso "energia elétrica", pela aplicação do art. 8º, CLT, e a própria segurança jurídica, parece-nos adequada a aplicação dos dispositivos do Dec. 93.412 até o advento de outra regulamentação, sob pena de cairmos em um vazio legislativo e da inexistência do direito do trabalhador.

O TST entende que é assegurado o adicional de periculosidade para os empregados que trabalham em sistema elétrico de potência em condições de risco, ou que o façam com equipamentos e instalações elétricas similares, que ofereçam risco equivalente, ainda que em unidade consumidora de energia elétrica (OJ 324, SDI-I).

Na jurisprudência dominante do TST, o trabalho exercido em condições perigosas, embora de forma intermitente, dá direito ao empregado a receber o adicional de periculosidade de forma integral, tendo em vista que a Lei 7.369/85 não estabeleceu qualquer proporcionalidade em relação ao seu pagamento (Súm. 361).

Para o empregado eletricitário: (a) desde que tenha sido contratado pela Lei 7.369/85, o adicional de periculosidade deve ser calculado sobre a totalidade das parcelas de natureza salarial, não sendo válida cláusula normativa, a qual determina a incidência sobre o salário básico (Súm. 191, II); (b) com a alteração legislativa (Lei 12.740/12), para o eletricitário contratado a partir da vigência da alteração, o adicional deve ser calculado exclusivamente sobre o salário básico.

Para os eletricitários, o adicional de periculosidade há de ser calculado sobre a totalidade das parcelas de natureza salarial (Súm. 191, TST).

É devido o adicional de periculosidade aos empregados cabistas, instaladores e reparadores de linhas e aparelhos de empresas de telefonia, desde que, no exercício de suas funções, fiquem expostos a condições de risco equivalente ao do trabalho exercido em contato com sistema elétrico de potência (OJ 347, SDI-I).

Em julho de 2014, foi publicada a Portaria 1.078, do Ministério do Trabalho e Emprego, a qual aprova o Anexo 4, da NR 16, que passa a disciplinar as atividades e operações perigosas com energia elétrica.

Com a Portaria 1.078, têm direito ao adicional de periculosidade os trabalhadores que: (a) executam atividades ou operações em instalações ou equipamentos elétricos energizados em alta tensão; (b) realizam atividades ou operações com trabalho em proximidade, conforme estabelece a NR-10; (c) realizam atividades ou operações em instalações ou equipamentos elétricos energizados em baixa tensão no sistema elétrico de consumo (SEC), no caso de descumprimento do item 10.2.8 e seus subitens da NR10 – Segurança em Instalações e Serviços em Eletricidade; (d) das empresas que operam em instalações ou equipamentos integrantes do sistema elétrico de potência (SEP), bem como suas contratadas, em conformidade com as atividades e respectivas áreas de risco descritas no quadro I anexo à Portaria.

Por sua vez, não é devido o pagamento do adicional nas seguintes situações: (a) nas atividades ou operações no sistema elétrico de consumo em instalações ou equipamentos elétricos desenergizados e liberados para o trabalho, sem possibilidade de energização acidental, conforme estabelece a NR-10; (b) nas atividades ou operações em instalações ou equipamentos elétricos alimentados por extrabaixa tensão; (c) nas atividades ou operações elementares realizadas em baixa tensão, tais como o uso de equipamentos elétricos energizados e os procedimentos de ligar e desligar circuitos elétricos, desde que os materiais e equipamentos elétricos estejam em conformidade com as normas técnicas oficiais estabelecidas pelos órgãos competentes e, na ausência ou omissão destas, as normas internacionais cabíveis.

Segundo o item 3, da Portaria 1.078, o trabalho intermitente é equiparado à exposição permanente para fins de pagamento integral do adicional de periculosidade nos meses em que houver exposição, excluída a exposição eventual, assim considerado o caso fortuito ou que não faça parte da rotina.

39.4.2.2 Adicional de periculosidade pelo contato com radiação ionizante ou substância radioativa

A exposição do empregado à radiação ionizante ou à substância radioativa enseja a percepção do adicional de periculosidade, pois a regulamentação ministerial (Portarias do Ministério do Trabalho 3.393, de 17/12/1987, e 518, de 7/4/2003), ao reputar perigosa a atividade, reveste-se de plena eficácia, porquanto expedida por força de delegação legislativa contida no art. 200, *caput*, e inciso VI, da CLT. No período de 12/12/2002 a 6/4/2003, enquanto vigeu a Portaria 496 do Ministério do Trabalho, o empregado fez jus ao adicional de insalubridade (OJ 345, SDI-I).

Em maio/15, com a Portaria 595 (que alterou a Portaria 518): (a) não são consideradas perigosas, as atividades desenvolvidas em áreas que utilizam móveis de raios X para diagnóstico médico; (b) áreas tais como emergências, centro de tratamento intensivo, sala de recuperação e leitos de internação não são classificadas como salas de irradiação em razão do uso do equipamento móvel de raios X.

O Anexo 5 da NR 15, da Portaria 3.214/78, estabelece o contato com radiações ionizantes como sendo hipótese justificadora do direito à percepção do adicional de insalubridade.

Para Sergio Pinto Martins, a Portaria 518, de 7/4/2003, do Ministério do Trabalho e Emprego, não pode fixar o contato com radiação ionizante ou substância radioativa como hipótese de adicional de periculosidade, visto que norma administrativa não pode tratar de hipótese reservada a lei. Vale dizer, somente a lei é que pode criar as hipóteses de adicional de periculosidade: "*Não há dúvida que as substâncias ionizantes e radioativas fazem mal à saúde do trabalhador. O objetivo da Portaria nº 518 é resguardar a saúde do empregado, mas não tem previsão em lei. [...] A lei não estabelece previsão de pagamento de adicional de periculosidade em relação a contato com substâncias ionizantes ou radiativas. O inciso VI do artigo 200 da CLT e o seu parágrafo único não estabelecem o direito ao adicional de periculosidade ou a qualquer outro adicional. Logo, ele não pode ser estabelecido por portaria, que não tem natureza de lei, nem é norma emitida pelo Poder Legislativo. O pagamento do adicional de periculosidade só pode ser determinado por lei, diante do princípio da legalidade (art. 5º, II, da Constituição) e do fato que é de competência da União regular a matéria (art. 22, I, da Lei Maior) e não de norma administrativa, de portaria.*"[22]

39.4.2.3 Adicional de periculosidade nas atividades de segurança pessoal ou patrimonial

Com a alteração legislativa (Lei 12.740), o adicional de periculosidade é devido para os que lidam com roubos ou outras espécies de violência física. Vale dizer, o título é devido para os que lidam com segurança pessoal ou patrimonial. Exemplo: guarda de transportes de valores, guarda-costas, vigilante etc.

Será que esta alteração legislativa é aplicada ao vigia?

Vigia é o trabalhador que executa atividade de observação e fiscalização de um determinado local, não laborando armado, enquanto o vigilante é o empregado contratado para proceder à vigilância patrimonial das instituições financeiras e de outros estabelecimentos, públicos ou privados, bem como à segurança de pessoas físicas, além de realizar o transporte de valores ou garantir o transporte de qualquer outro tipo de carga (arts. 15 e 10, Lei 7.102/83).

---

[22] MARTINS, Sergio Pinto. *Comentários às orientações jurisprudenciais da SBDI-1 e 2 do tst*. 4. ed., p. 124.

Geralmente o vigilante trabalha armado, o que não ocorre com o vigia, contudo, é inegável que as tarefas executadas implicam em cuidar do patrimônio alheio, logo, os dois estão expostos a uma situação constante de perigo. É justo que os vigias também recebam o adicional de periculosidade.

A doutrina indica: *"Embora o novo dispositivo consolidado seja destinado a esses profissionais (vigilantes e seguranças), aspectos precisam ser considerados.*

Existe o vigia, que não é nem vigilante nem segurança, e não raro faz a mesma coisa, pelo menos no sentido de que cuida do patrimônio alheio. Acreditamos que o legislador poderia ter também atentado para esse aspecto. Ainda que não use – alguns utilizam – arma de fogo, o vigia como o vigilante, está em condição de perigo, bastando, para isso, ver o noticiário policial diário, indicando a quantidade de trabalhadores desse setor que são mortos no Brasil. Nessa linha, aliás, podem ser incluídos os chamados 'seguranças de shopping center', que não são vigilantes nem vigias; chama-se 'seguranças', mas não usam armas."[23]

Pela Lei 12.740, para o trabalhador que exerce as tarefas de vigilante serão descontados ou compensados do adicional de periculosidade outros da mesma natureza, eventualmente pagos por negociação coletiva (acordo ou convenção coletiva de trabalho) (art. 193, § 3º). É o caso do adicional de risco que é pago ao vigilante por norma coletiva.

A Portaria MTE 1.885, de 2/12/2013, aprovou o Anexo 3 da NR 16, da Portaria 3.214/78, dispondo a respeito das atividades e operações perigosas com exposição a roubos ou outras espécies de violência física nas atividades profissionais de segurança pessoal ou patrimonial. Os efeitos pecuniários decorrentes do trabalho em condições de periculosidade serão devidos a contar da data da publicação da Portaria (art. 196, CLT; art. 3º, Portaria MTE 1.885).

A Portaria 1.885 é aplicável aos empregados: (a) empregados das empresas prestadoras de serviço nas atividades de segurança privada ou que integrem serviço orgânico de segurança privada, devidamente registradas e autorizadas pelo Ministério da Justiça, conforme Lei 7.102/83 e suas alterações posteriores; (b) que exercem a atividade de segurança patrimonial ou pessoal em instalações metroviárias, ferroviárias, portuárias, rodoviárias, aeroportuárias e de bens públicos, contratados diretamente pela administração pública direta ou indireta.

As atividades ou operações que expõem os empregados a roubos ou outras espécies de violência física são: (a) vigilância patrimonial – segurança patrimonial e/ou pessoal na preservação do patrimônio em estabelecimentos públicos ou privados e da incolumidade física de pessoas; (b) segurança de eventos – segurança patrimonial e/ou pessoal em espaços públicos ou privados, de uso comum do povo; (c) segurança nos transportes coletivos – segurança patrimonial e/ou pessoal nos transportes coletivos e em suas respectivas instalações; (d) segurança ambiental e florestal – segurança patrimonial e/ou pessoal em áreas de conservação de fauna, flora natural e de reflorestamento; (e) transporte de valores – segurança na execução do serviço de transporte de valores; (f) escolta armada

---

[23] FRANCO FILHO, Georgenor de Sousa. Novas atividades perigosas. *Revista do Direito Trabalhista*, ano XIX, nº 3, mar. 2013, p. 11.

– segurança no acompanhamento de qualquer tipo de carga ou de valores; (g) segurança pessoal – acompanhamento e proteção da integridade física de pessoa ou de grupos; (h) supervisão/fiscalização operacional – supervisão e/ou fiscalização direta dos locais de trabalho para acompanhamento e orientação dos vigilantes; (i) telemonitoramento ou telecontrole – execução de controle e/ou monitoramento de locais, através de sistemas eletrônicos de segurança.

39.4.2.4 Adicional de periculosidade para o trabalhador em motocicleta

Com a Lei 12.997/14, os trabalhadores em motocicleta passaram a ter direito ao adicional de periculosidade, nos termos da regulamentação do MTE.

A Portaria 1.565, do MTE, de 14/10/2014, aprovou o Anexo 5, da NR 16, o qual passou a disciplinar as atividades perigosas em motocicleta. Dois meses após sua publicação, a Portaria 1.565 teve seus efeitos suspensos pela Portaria 1.930, do MTE, de 17 de dezembro de 2014, atendendo à determinação judicial proferida nos autos do processo 0078075-82.2014.4.01.3400, que tramita na 20ª Vara Federal da Seção Judiciária do Distrito Federal – TRF da 1ª Região.

Contudo, o MTE, com a edição da Portaria 5, de 7 de janeiro de 2015, revogou a Portaria 1.930, bem como suspendeu os efeitos da Portaria 1.565 apenas para os associados da Associação Brasileira das Indústrias de Refrigerantes de Bebidas não Alcoólicas e aos confederados da Confederação Nacional das Revendas AMBEV e das Empresas de Logística da Distribuição. Isso equivale a dizer que a Portaria está em vigência, com exceção dos motociclistas vinculados a tais entidades.

Pela Portaria 1.565, o Anexo 5 foi acrescido aos termos da Portaria 3.214/78, com a seguinte redação: (a)as atividades laborais com utilização de motocicleta ou motoneta no deslocamento de trabalhador em vias públicas são consideradas perigosas; (b) não são consideradas perigosas: (1) a utilização de motocicleta ou motoneta exclusivamente no percurso da residência para o local de trabalho ou deste para aquela; (2) as atividades em veículos que não necessitem de emplacamento ou que não exijam carteira nacional de habilitação para conduzi-los; (3) as atividades em motocicleta ou motoneta em locais privados; (4) as atividades com uso de motocicleta ou motoneta de forma eventual, assim considerado o fortuito, ou o que, sendo habitual, dá-se por tempo extremamente reduzido.

39.4.3 Penosidade

O adicional de penosidade encontra previsão no art. 7º, XXIII, CF, não tendo sido regulamentado no âmbito infraconstitucional até a presente data.

Para Octavio Bueno Magano[24] *"as atividades penosas previstas na Constituição de 1988 são as geradoras de desconforto físico ou psicológico, superior ao decorrente do trabalho normal. Em espanhol, fala-se em 'trabajos sucios', para significar os executados em minas de carvão, transporte e entrega de carvão, limpeza de chaminés, limpeza de caldeiras, limpeza*

---

[24] MAGANO, Octavio Bueno. Ob. cit., 173.

e manutenção de tanques de petróleo, recipientes de azeites, trabalhos com grafite e cola, trabalho em matadouros, preparação de farinha de peixe, preparação de fertilizantes etc. No artigo 387, a, da CLT, há a proibição imposta à mulher de trabalhar em subterrâneos, nas minerações, em subsolo, nas pedreiras e obras de construção pública e particular. Esse rol de atividades não inclui trabalhos insalubres ou perigosos mencionados na alínea b do mesmo preceito. Logo, devem ser tidos como trabalhos penosos".

A Convenção 182, OIT (1999), ratificada pelo Brasil, cuida da Proibição e Ação Imediata para a Eliminação das Piores Formas de Trabalho Infantil, apresentando uma lista das piores formas de trabalho infantil (lista TIP).

Apesar de previsão constitucional, inexistindo regramento pela legislação trabalhista infraconstitucional do adicional de penosidade, não se tem definido os critérios para sua caracterização (hipóteses de incidência), bem como alíquota/percentual, base de cálculo etc.

Em função do princípio da legalidade (art. 5º, II, CF), o empregador não pode ser compelido ao seu pagamento.

Nesse sentido, Mauricio Godinho Delgado[25] assevera: *"É que a penosidade e seu correspondente adicional, embora mencionados na Constituição (art. 7º, XXIII, CF/88), ainda não merecem tipificação e especificação por texto normativo trabalhista infraconstitucional. No Direito Administrativo já existe tipificação de atividades penosas com o respectivo adicional (ilustrativamente, art. 71, Lei 8.112/90). Contudo, a ordem justrabalhista heterônoma atual ainda não estendeu ao mercado de trabalho privado semelhante normatização."*

39.4.4 Perícia técnica

É facultado às empresas e aos sindicatos das categorias profissionais interessadas requererem ao Ministério do Trabalho a realização de perícia em estabelecimento ou setor deste, com o objetivo de caracterizar e classificar ou delimitar as atividades insalubres ou perigosas (art. 195, § 1º).

Quando é arguido em juízo insalubridade, ou periculosidade, a perícia no local de trabalho é obrigatória, podendo ser realizada por médico ou engenheiro do trabalho (OJ 165, SDI-I) (art. 195, § 2º). Quando não for possível sua realização, como em caso de fechamento da empresa, poderá o julgador utilizar-se de outros meios de prova (OJ 278, SDI-I).

O disposto nos §§ 1º e 2º, art. 195, CLT, não prejudicará a ação fiscalizadora do Ministério do Trabalho nem a realização *ex officio* da perícia (art. 195, § 3º).

A verificação mediante perícia de prestação de serviços em condições nocivas, considerando agente insalubre diverso do apontado na inicial, não prejudica o pedido de adicional de insalubridade (Súm. 293, TST).

---

[25] DELGADO, Mauricio Godinho. *Salário teoria e prática*, p. 155.

Pela leitura do art. 195, § 2º, CLT, a realização da perícia é obrigatória para os casos de insalubridade e periculosidade.

Apesar do rigor da norma, o correto é a aplicação dessa regra com outras disposições processuais (art. 769, CLT), mesmo porque o juiz apreciará a prova pericial, indicando na sentença os motivos que o levaram a considerar ou a deixar de considerar as conclusões do laudo, levando em conta o método adotado pelo perito (art. 479, CPC). Poderá, de ofício, determinar a realização de nova perícia quando a matéria não estiver suficientemente esclarecida (art. 480, *caput*).

A responsabilidade com a verba honorária pericial é da parte sucumbente na pretensão relativa ao objeto da perícia, ainda que beneficiária da justiça gratuita (art. 790-B, CLT, Lei 13.467).

A indicação do perito assistente é faculdade da parte, a qual deve responder pelos respectivos honorários, ainda que vencedora no objeto da perícia (Súm. 341, TST).

Pela Res. 66/10 do Conselho Superior da Justiça do Trabalho, os tribunais regionais deverão destinar recursos orçamentários para pagamento de honorários periciais, sempre que à parte sucumbente na pretensão for concedido o benefício da Justiça do Trabalho. A responsabilidade da União pelo pagamento de honorários periciais em caso de concessão do benefício da justiça gratuita está condicionada ao atendimento simultâneo dos seguintes requisitos: (a) fixação judicial de honorários periciais; (b) sucumbência da parte na pretensão objeto da perícia; (c) trânsito em julgado da decisão (Súm. 457).

Pela nova redação ao art. 790-B, CLT, em que a responsabilidade pelo pagamento dos honorários periciais é da parte sucumbente na pretensão objeto da perícia, ainda que beneficiária da justiça gratuita. Contudo, somente no caso em que o beneficiário da justiça trabalhista não tenha obtido em juízo créditos capazes de suportar o pagamento dos honorários periciais, ainda que em outro processo, é que a União responderá pelo encargo (art. 790-B, § 4º).

Quando o trabalhador é beneficiário da justiça gratuita, ante o seu estado de necessidade, não é correta a imposição do pagamento de honorários periciais, visto que: (a) o crédito trabalhista é de natureza alimentar; (b) o crédito trabalhista não é penhorável; (c) a responsabilidade pelos honorários periciais não se coaduna com a assistência jurídica integral, tampouco com a proteção do salário (art. 5º, LXXIV; art. 7º, X, CF); (d) como necessitado, o trabalhador depende dos seus créditos trabalhistas para a sua subsistência, logo, essa responsabilidade não se coaduna com o primado da dignidade da pessoa humana (art. 1º, III); (e) a responsabilidade pelos honorários periciais, diante da concessão da justiça gratuita, representa uma severa limitação prática ao acesso ao Judiciário (art. 5º, XXX).

Em suma, com ou sem proveito econômico, deve ser afastada a condenação do trabalhador ao pagamento de honorários periciais, devendo, contudo, serem observadas a Resolução 66/2010 do Conselho Superior da Justiça do Trabalho e Súmula 457 do TST.

QUESTIONÁRIO

1. Qual é o conceito de direito ambiental?

2. Quais são os tipos de meio ambiente?

3. A temática da medicina e segurança do trabalho pode ser enquadrada no meio ambiente do trabalho?

4. As normas de medicina e segurança do trabalho são de ordem pública?

5. O empregador deve exigir dos empregados a utilização dos equipamentos de proteção?

6. O empregado pode ser dispensado por justa causa pela não utilização dos equipamentos de proteção?

7. A simples entrega do protetor auricular é suficiente para elidir a responsabilidade do empregador pelo pagamento do adicional de insalubridade?

8. Quais são os exames médicos obrigatórios?

9. Qual é a importância da CIPA quanto à temática da medicina e segurança do trabalho?

10. O representante do empregador na CIPA goza de estabilidade no emprego?

11. Quais são as atividades que justificam o pagamento da periculosidade e da insalubridade?

12. O adicional de insalubridade deve incidir sobre o salário mínimo? Justifique.

13. O adicional de penosidade é remunerado?

14. A prova testemunhal é importante na constatação da insalubridade ou da periculosidade?

Capítulo XL
POLÍTICA SALARIAL

40.1 CONCEITO DE POLÍTICA SALARIAL

Política salarial é o estudo de normas para o estabelecimento de salários condizentes com o tipo de trabalho das diversas categorias profissionais, em função das variações do custo de vida.

Para Sergio Pinto Martins,[1] a política salarial visa *"estabelecer um sistema de proteção ao salário do trabalhador, de distribuição de riqueza, de combate ao desemprego e a inflação, assim como vem a ser uma forma de serem evitados conflitos de natureza salarial, justamente para delimitação da forma como os salários irão ser corrigidos no passar do tempo"*.

Na elucidação da política salarial, também é necessário o enfoque dos conceitos relativos ao salário mínimo, salário profissional e piso salarial.

40.2 SALÁRIO MÍNIMO

A Convenção 131, OIT (1970), ratificada pelo Brasil em 4/5/1983, no seu art. I – 1, assegura que o membro da OIT *"compromete-se a estabelecer um sistema de salários mínimos que proteja todos os grupos de assalariados cujas condições de trabalho forem tais que seria aconselhável assegurar-lhes a proteção."*

Pela CF, o salário deve ser fixado por lei e válido para todo o território nacional, sendo capaz de atender às necessidades vitais básicas do trabalhador e às de sua família com moradia, alimentação, educação, saúde, lazer, vestuário, higiene, transporte e Previdência Social, com reajustes periódicos que preservem o poder aquisitivo não sendo permitida a sua vinculação para qualquer fim (art. 7º, IV).

Na CLT, salário mínimo é a contraprestação mínima devida e paga diretamente pelo empregador a todo trabalhador, inclusive ao trabalhador rural, sem distinção de sexo, por dia normal de serviço, e capaz de satisfazer, em determinada época e região do país, às suas necessidades normais de alimentação, habitação, vestuário, higiene e transporte (art. 76).

---

[1] MARTINS, Sergio Pinto. *Direito do trabalho*. 21. ed., p. 326.

O critério constitucional é mais amplo e satisfatório do que o estabelecido na legislação consolidada.

Pelo prisma constitucional, o salário mínimo deve ser fixado por lei, não se permitindo a existência de desníveis entre uma região e outra.

O valor do salário mínimo deve ser suficiente para prover as necessidades vitais básicas da pessoa do trabalhador, bem como de seus familiares.

As necessidades vitais básicas envolvem as despesas com moradia, alimentação, educação, saúde, lazer, vestuário, higiene, transporte e Previdência Social.

Os valores do salário mínimo devem ser reajustados, periodicamente, como forma de manutenção do seu poder aquisitivo.

O salário mínimo não pode ser utilizado como parâmetro de indexação para qualquer fim. Não pode ser utilizado como critério de reajuste de honorários, preços, prestações ou qualquer outra forma de atualização de valores.

Para os trabalhadores que possuem remuneração variável, o salário mínimo atua como garantia mínima da sua paga mensal (art. 7º, VII, CF; art. 78, CLT). Isso significa que, se no mês o trabalhador auferir a título de salário variável um montante inferior à garantia, o valor a ser pago é o condizente com o salário mínimo.

A Lei 8.716/93 estabelece a garantia do salário mínimo para os trabalhadores que perceberem: (a) remuneração variável, fixada por comissão, peça, tarefa ou outras modalidades (art. 1º); (b) salário misto, integrado por parte fixa e parte variável.

Ao empregador é vedado fazer qualquer tipo de desconto em mês subsequente a título de compensação de eventuais complementações feitas em meses anteriores, nos quais a garantia tenha sido adotada (art. 3º, Lei 8.716).

Para o aprendiz, excetuando condição mais favorável, também é garantido o salário mínimo/hora (art. 428, § 2º, CLT).

O salário mínimo pode ser pago em utilidades – salário *in natura* (art. 82, *caput*, CLT) –, porém, o percentual de 30% do seu valor mensal será remunerado em dinheiro (art. 82, parágrafo único).

É devido o salário mínimo ao trabalhador em domicílio, considerado este como o executado na habitação do empregado ou em oficina de família, por conta de empregador que o remunere (art. 83).

É nula qualquer cláusula que estipule salário inferior ao montante do salário mínimo, permitindo-se ao trabalhador postular em juízo a diferença (arts. 117 e 118).

Segundo Sergio Pinto Martins,[2] pelo padrão infraconstitucional atual, o salário mínimo *"pode ser conceituado como a contraprestação mínima devida e paga diretamente ao trabalhador para satisfazer suas necessidades básicas e de sua família. A gorjeta não se inclui no salário mínimo, pois não é paga pelo próprio empregador, mas por terceiros"* (art. 6º, Lei 8.542/92, e art. 76, CLT).

---

[2] MARTINS, Sergio Pinto. Ob. cit., p. 328.

O salário mínimo corresponde à carga horária normal prevista no art. 7º, XIII, CF, ou seja, a uma jornada diária de 8 horas e 44 semanais.

O salário mínimo diário corresponderá a um 1/30 avos do salário mínimo mensal, e o salário mínimo horário a 1/220 avos do salário mínimo (art. 6º, § 1º, Lei 8.542).

Para os trabalhadores que tenham por disposição legal a jornada máxima diária de trabalho inferior a 8 horas, o salário mínimo será igual ao definido no parágrafo acima, multiplicado por 8 e dividido pelo máximo legal (art. 6º, § 2º, Lei 8.542).

Havendo contratação para cumprimento de jornada reduzida, inferior à previsão constitucional de 8 horas diárias ou 44 semanais, é lícito o pagamento do piso salarial ou do salário mínimo proporcional ao tempo trabalhado (OJ 358, I, SDI-I).

No âmbito da Administração Pública (direta, autárquica e fundacional), ante os precedentes do STF, não é válida remuneração de empregado público inferior ao salário mínimo, ainda que cumpra jornada de trabalho reduzida (OJ 358, II, SDI-I).

A contraprestação mensal devida ao professor, que trabalha no limite máximo da jornada prevista no art. 318, CLT, é de um salário mínimo integral, não se cogitando do pagamento proporcional em relação à jornada prevista no art. 7º, XIII, CF (OJ 393, SDI-I).

A Lei 12.382/11 autorizou a Presidência da República a fixar o reajuste do salário mínimo por decreto presidencial até o ano de 2015. No julgamento da ADI 4.568, o STF fixou o entendimento de que a citada lei não fere o poder do Congresso Nacional de deliberar anualmente sobre o reajuste ou o aumento real do salário mínimo.

Atualmente, a política de valorização do salário mínimo está prevista na Lei 13.152, a qual fixa para o período de 2016 a 2019, que o valor será reajustado com base na variação do INPC com a inclusão de um aumento real. O aumento real será calculado com base na taxa de crescimento real do Produto Interno Bruto (PIB). O novo valor será fixado por decreto do Poder Executivo.

40.3 SALÁRIO PROFISSIONAL

O art. 7º, V, CF, estabelece o piso salarial proporcional à extensão e à complexidade do trabalho.

A análise do dispositivo constitucional envolve as seguintes matérias: (a) a denominação; (b) a definição; (c) a classificação; (d) os métodos de fixação; (e) a quantificação.

Na denominação, o Texto Constitucional utiliza a expressão "piso salarial", a qual guarda uma certa conexão com o salário normativo, mas, de fato, não são expressões sinônimas.

Na elucidação da denominação, devemos tratar dos conceitos de salário normativo, piso salarial e salário profissional.

Salário normativo é o salário fixado para o trabalhador em função de cláusula prevista em acordo coletivo, convenção coletiva ou decisão normativa. Geralmente, a cláusula indica um percentual de aumento sobre o salário do trabalhador vigente à época da data-base.

Piso salarial é o *"limite mínimo de ganho atribuído a uma determinada categoria profissional, em termos absolutos. Assim, se houver disposição de convenção ou decisão* *normativa determinando que nenhum trabalhador da categoria profissional respectiva seja empregado com ganho inferior ao valor, por exemplo, de Cr$ 20.000,00 (vinte mil cruzeiros), o caso será de piso salarial. Salário profissional é o próprio piso salarial, quando fixado não apenas para incidir sobre os contratos em curso, mas também para os que vierem a ser celebrados no futuro. O salário estabelecido pela Lei nº 7.394/1985, para os técnicos em radiologia, constitui caso típico de salário profissional".*[3]

No art. 7º, V, o legislador constituinte utiliza a denominação "salário profissional", o qual pode ser definido como sendo a *"remuneração mínima diversificada, em relação a diferentes categorias profissionais, de acordo com a extensão e a complexidade do trabalho de cada qual".*[4]

A classificação do salário profissional envolve a extensão e a complexidade de cada profissão, justificando a existência de padrões diferentes de remunerações mínimas para diversas profissões, como, por exemplo, o caso dos médicos, dos engenheiros etc.

Os métodos de fixação do salário profissional são: a lei, a convenção ou acordo coletivo e a sentença ou decisão normativa.

A quantificação do salário profissional pode adotar: valor fixo ou montante equivalente a tantos salários mínimos. Essa última fórmula não colide com o art. 7º, IV, CF. De fato, a vedação constitucional envolve a utilização do salário mínimo como padrão genérico, visando à indexação da economia.

O TST considerava passível de rescisão a decisão que deferia reajuste de salários a empregado público com base em vinculação ao salário mínimo (OJ 71, SDI-II). Esse entendimento foi revisto, para considerar que a estipulação do salário profissional em múltiplos de salário mínimo não afronta o art. 7º, IV, CF, só incorrendo em vulneração do referido preceito constitucional a fixação de correção automática do salário pelo reajuste do salário mínimo (OJ 71, SDI-II, nova redação em nov./2004).

Pela Súm. Vinculante 16, os arts. 7º, IV, e 39, § 3º, CF, referem-se ao total da remuneração percebida pelo servidor público. Para o servidor público, a garantia do salário mínimo não corresponde ao salário-base e sim à remuneração total recebida pelo servidor.

No âmbito da Administração Pública (direta, autárquica e fundacional), ante os precedentes do STF, não é válida remuneração de empregado público inferior ao salário mínimo, ainda que cumpra jornada de trabalho reduzida (OJ 358, II, SDI-I).

40.3.1 Pisos salariais estaduais

A LC 103/00, art. 1º, autorizou os Estados e o Distrito Federal a instituir, mediante lei de iniciativa do Poder Executivo, o piso salarial de que trata o inciso V, art. 7º, CF, para os empregados que não tenham piso salarial definido em lei federal, convenção ou acordo coletivo de trabalho.

---

[3] MAGANO, Octavio Bueno. *Manual de direito do trabalho*: direito individual do trabalho. 4. ed., v. 2, p. 290.

[4] MAGANO, Octávio. Ob. cit., p. 291.

O referido piso poderá ser estendido aos empregados domésticos.

Contudo, pretendendo evitar manobras políticas eleitoreiras, não poderá ocorrer no segundo semestre do ano em que se verificar eleição para os cargos de governador dos Estados e do Distrito Federal e de deputados estaduais e distritais.

Também, por decorrência do pacto federativo, não atinge a remuneração de servidores públicos federais e municipais.

A LC 103 tem sofrido severas críticas, notadamente por algumas questões de inconstitucionalidade:

a) possibilita padrões monetários mínimos regionais, colidindo com o art. 7º, IV, que menciona salário mínimo unificado;
b) não se coaduna com o art. 7º, V, que estabelece um salário condizente com a extensão e a complexidade da profissão, o que nada tem a ver com salários diferenciados para os vários Estados da Federação.

A correta aplicação da LC 103 é quanto à fixação do piso salarial para os servidores celetistas dos respectivos Estados e para os demais trabalhadores do setor privado, com a indicação dos critérios quanto à extensão e complexidade da profissão.

Nesse sentido, Osmar Mendes Paixão:[5] *"O que podem os Estados-membros fazer é legislar sobre pisos salariais de seus próprios servidores. Para alcançar empregados privados, devem observar, in concreto, os requisitos constitucionais da extensão e complexidade do trabalho, que estão associados à lucratividade ou crescimento do setor, especialização da função ou dos seus ocupantes. O que foi feito no Estado do Rio de Janeiro foi o estabelecimento de 'pisos salariais', sem a demonstração da complexidade e extensão do trabalho, para grandes grupos que abrangem todos os empregados exercentes das atividades ali elencadas, o que constitui, sem dúvida, salário mínimo."*

Carlos Moreira de Luca[6] afirma: *"Com base na Lei Complementar, os Estados poderão fixar piso salarial para empregados em determinadas atividades que sejam específicas ou mais comuns em determinadas regiões. Mas (voltamos sempre ao ponto) tal piso salarial seria apenas para alguma categoria ou atividade, não se confundindo jamais com o salário mínimo geral, independentemente de qualificação profissional ou qualquer atributo do trabalhador."*

Dessa forma, a LC 103 delegou expressamente a possibilidade de criação de um piso salarial proporcional à extensão e à complexidade do trabalho (art. 7º, V), não se confundindo com o *"salário mínimo, fixado em lei, nacionalmente unificado, capaz de atender a suas necessidades vitais básicas e às de sua família com moradia, alimentação, educação, saúde, lazer, vestuário, higiene, transporte e Previdência Social, com reajustes periódicos que lhe preservem o poder aquisitivo, sendo vedada sua vinculação para qualquer fim"* (art. 7º, IV).

---

[5] PAIXÃO, Osmar Mendes. A constitucionalidade da fixação de pisos salariais. *Revista do 9º Congresso Brasileiro de Direito do Trabalho*, mar. 2001, p. 41.

[6] LUCA, Carlos Moreira de. O salário mínimo nacional e os pisos salariais estaduais. *Revista do 9º Congresso Brasileiro de Direito do Trabalho*, mar. 2001, p. 46.

Após distinguir conceitualmente piso salarial de salário mínimo, Ives Gandra Martins Filho[7] afirma: *"Ora, se, eventualmente, o disciplinamento concreto da LC nº 103/00 pode levar a essa confusão, em face da ausência de diferenciação entre as diversas categorias, deve-se ter em conta que o modelo, em si, não padece de inconstitucionalidade e é de valorização do trabalhador, dentro dos parâmetros possíveis em cada unidade da Federação.*

A concretização do modelo da LC nº 103/00 não exige, na verdade, um nível de detalhamento tal que cada categoria deva ter um piso salarial distinto. Pode haver a aglutinação de categorias com nível de complexidade laboral semelhante. [...]

Assim, basta que a lei estadual instituidora dos pisos salariais especifique os principais grupos de categoria que terão determinados patamares salariais mínimos, para que o objetivo da LC nº 103/00 seja atingido, ofertando às categorias que, no Estado, ainda não tenham obtido seu piso salarial, o benefício de uma remuneração mínima mais elevada."

A Lei Estadual 3.512, de 21/12/2000, do Rio de Janeiro, a Lei Estadual 11.647, de 15/7/2001, do Rio Grande do Sul, a Lei Estadual 15.818, de 12/5/2006, do Estado do Paraná, e a Lei Estadual 12.640, de 12/7/2007, do Estado de São Paulo, preveem, entre outras, pisos salariais distintos, considerando a extensão e a complexidade do trabalho.

Para o TST, a estipulação do salário profissional em múltiplos de salário mínimo não afronta o art. 7º, IV, CF, só incorrendo em vulneração do referido preceito constitucional a fixação de correção automática do salário pelo reajuste do salário mínimo (OJ 71, SDI-II).

40.4 HISTÓRICO DA POLÍTICA SALARIAL BRASILEIRA

O Brasil possui um longo histórico de indexação salarial. De 1964 a 1994, houve a edição de várias leis de política salarial, visando à recomposição do salário, por intermédio da fixação de percentuais e períodos para a correção.

A CLT agasalhou a política de ordem pública de indexação e do dirigismo contratual quanto à política salarial.

Nesse sentido, o art. 623, CLT enuncia: *"Será nula de pleno direito disposição de convenção ou acordo que, direta ou indiretamente, contrarie proibição ou norma disciplinadora da política econômico-financeira do governo ou concernente a política salarial vigente, não produzindo quaisquer efeitos perante autoridades e repartições públicas, inclusive para fins de revisão de preços de tarifas, mercadorias e serviços."*

Resumidamente, no período de 1964 a 1994, tivemos as seguintes políticas salariais:

a) Dec. 54.018/64 – fixou os reajustes de salário, com o objetivo de igualar o salário real vigente nos últimos 24 meses, de acordo com um multiplicador;

b) Dec. 1.517/66 – deu poderes ao Presidente da República de fixar, por decreto, os índices mensais para reconstituição do salário real;

---

[7] MARTINS FILHO, Ives Gandra. *Processo coletivo do trabalho*. 3. ed., p. 173-174.

c) Lei 5.451/68 – abrandou o rigor quanto aos reajustes salariais, inclusive, com a instituição de um abono de 10%;
d) Lei 6.147/74 – o período de apuração para fins de atualização foi reduzido de 24 para 12 meses. Fixou, ainda, o abono de emergência;
e) Lei 6.205/75 – os reajustes foram limitados ao teto de 30 salários-mínimos;
f) Lei 6.708/79 – citado diploma foi regulamentado pelo Dec. 84.560. Posteriormente, foi alterado pela Lei 6.886/80. A nova regulamentação a partir de 1979 estabeleceu novos critérios de política salarial, fazendo a distinção entre correção e aumento salarial. A correção reflete mera atualização, enquanto o aumento salarial indica a efetiva elevação do poder aquisitivo dos salários;
g) Dec.-lei 2.045/83 – o aumento salarial foi condicionado à elevação da produtividade da categoria. Houve uma série de outros decretos-leis, estabelecendo reajustes salariais para determinadas faixas e, para outras, a livre negociação;
h) Lei 7.238/84 – a correção automática periódica e geral dos salários, adotando a semestralidade e o índice do INPC;
i) no ano de 1986, houve a edição de vários Dec.-leis: 2.283, 2.284, 2.302. Tivemos a criação do Plano Cruzado, com o congelamento dos preços e a política dos gatilhos salariais. Houve a substituição do INPC pelo IPCA e IPC;
j) Dec.-lei 2.335/87 – a adoção do 2º congelamento, com a edição do Plano Bresser e a instituição da URP;
k) Dec.-lei 2.425/88 – a supressão das URPs de abril e maio de 1988 nos reajustes mensais de salário;
l) Dec.-lei 7.730/89 – o 3º congelamento com o Plano Verão;
m) Lei 8.030/90 – a edição do Plano Collor;
n) Lei 8.177/91 – a desindexação da economia; a Lei 8.178/91 estabeleceu regras de preços e salários, inclusive sobre salário mínimo;
o) Lei 8.419/92 – reajustes quadrimestrais para os salários; a Lei 8.542/92 revaloriza a negociação coletiva e fixa o reajuste quadrimestral na faixa até 6 salários-mínimos;
p) Lei 8.700/93 – reajustes até seis salários-mínimos;
q) Lei 8.800/94 – fixa o programa de estabilização econômica, com o novo padrão monetário "real", assegurando a livre negociação entre as partes para fins de política salarial, pondo fim à indexação salarial automática para os salários.

De fato, as sucessivas políticas salariais, impostas ao longo dos anos, mostraram-se inúteis para assegurar aos trabalhadores brasileiros salários dignos.

Por outro lado, os planos econômicos trouxeram uma série de discussões judiciais a respeito de reajustes que não foram repassados aos salários, notadamente em função dos Planos Bresser, Verão e Collor.

A princípio, o TST entendeu que eram devidos os reajustes dos Planos Bresser e Verão (Súms. 316 e 317). Posteriormente, essas Súmulas foram canceladas, ante o posicionamento do Supremo Tribunal Federal, no sentido de que a supressão de tais índices não feriu os princípios da irredutibilidade salarial e do direito adquirido.

A Lei 8.880, de 27/5/1994, relativa ao Programa da Estabilização Econômica, manteve em vigência o art. 1º da Lei 8.542/92 (art. 43).

A Lei 8.542, no art. 1º, asseverava (revogado pela Lei 10.192, de 14/2/2001) que a política nacional de salários, respeitado o princípio da irredutibilidade salarial, teria por fundamento a livre negociação coletiva.

A negociação coletiva é o caminho legal para a fixação dos salários, cabendo aos atores sociais (os trabalhadores e suas respectivas entidades sindicais e as empresas e os seus sindicatos) a busca dos entendimentos necessários para a solução desses conflitos.

Porém, mesmo com a negociação coletiva, há uma série de restrições legais para a ampla e irrestrita política salarial.

Atualmente, a Lei 10.192, de 14/02/2001, em seu art. 13, estabelece:

a) a vedação de que, no acordo ou convenção e no dissídio, tenha-se a estipulação ou fixação de cláusula de ajuste ou correção salarial automática vinculada a índice de preços;
b) a concessão de aumento salarial a título de produtividade deverá estar amparada em indicadores objetivos;
c) nas revisões salariais na data-base anual, serão deduzidas as antecipações concedidas no período anterior à revisão.

QUESTIONÁRIO

1. Qual é o conceito de política salarial?
2. Quais são as necessidades básicas constitucionais quanto ao salário mínimo?
3. A gorjeta deve ser computada no salário mínimo?
4. O salário mínimo deve ser pago em função da carga horária normal do trabalhador?
5. O que representa salário profissional? Há diferença entre salário profissional e piso salarial?
6. Os pisos salariais estaduais são constitucionais?
7. Na atualidade, há uma política salarial que autorize o reajuste total pela inflação passada quando da data-base da categoria? Justifique.

Parte V
CONTRATOS ESPECIAIS DE TRABALHO

Nesta parte da obra analisaremos os principais contratos especiais de trabalho.

Além dos contratos especiais analisados, a legislação contempla outros regimes jurídicos específicos.

A Lei 8.662, de 7/6/1993, regulamenta a profissão de assistente social.

Com a Lei 13.180, de 22/10/2015, houve a regulamentação da profissão de artesão.

A Lei 11.901, de 12/1/2009, regula a profissão de bombeiro civil.

A Lei 3.270/57 fixa a jornada diária de trabalho do cabineiro de elevador em 6 horas.

A Lei 6.530, de 12/5/1978, regulamenta a profissão de corretor de imóveis, bem como disciplina o funcionamento de seus órgãos de fiscalização. A Lei 13.097/15 trouxe alterações ao art. 6º, da Lei 6.530, ao dispor a respeito da faculdade do corretor de imóveis em associar-se a uma ou mais imobiliárias, mantendo, assim, a sua autonomia profissional.

A Lei 4.594, de 29/12/1964, regula a profissão de corretor de seguros.

A Lei 3.207, de 18/7/1957, regulamenta as atividades dos empregados vendedores, viajantes ou pracistas.

O trabalho do ferroviário é regulamentado pelos arts. 236 a 247, CLT.

A Lei 12.790, de 14/3/2013, dispõe a respeito da regulamentação do exercício da profissão de comerciário.

A jornada dos fisioterapeutas e terapeutas ocupacionais é fixada pela Lei 8.856, de 1/3/1994.

A Lei 12.302, de 2/8/2010, regulamenta o trabalho do instrutor de trânsito.

A Lei 7.644, de 18/12/1987, dispõe sobre a regulamentação da atividade de mãe social.

O trabalho em equipagens da marinha mercante nacional, de navegação fluvial e lacustre, do tráfego nos portos e da pesca é regulado pelo disposto nos arts. 248 e segs. da CLT.

O trabalho dos mineiros de subsolo é regulado nos artigos 293 a 301 da CLT.

Pela Lei 12.009, de 29/7/2009, o legislador infraconstitucional regulamentou o exercício das atividades dos profissionais em transporte de passageiros ("moto-taxista"), além da entrega de mercadorias e em serviço comunitário de rua e os serviços de "motoboy", com o uso de motocicleta.

Com a Lei 12.619, de 30/4/2012, houve a regulamentação da profissão de motorista profissional rodoviário de cargas e de pessoas. Posteriormente, a Lei 12.619 foi revogada em parte pela Lei 13.103, de 2/3/2015.

O trabalho dos músicos é disciplinado pela Lei 3.857, de 22/12/1960.

O trabalho do operador cinematográfico é regulado pelos artigos 234 e 235 da CLT.

A Lei 5.811, de 11/10/1972, dispõe sobre o regime de trabalho dos empregados nas atividades de: exploração, perfuração, produção e refinação de petróleo, industrialização do xisto, indústria petroquímica e transporte de petróleo e seus derivados por meio de dutos.

O Congresso Nacional votou a Lei 8.630, a qual foi sancionada em 25/2/1993 pelo Presidente da República, dispondo sobre o regime jurídico da exploração dos portos organizados e das instalações portuárias e dando outras providências. Citado diploma legal foi revogado pela Lei 12.815, de 27/6/2013.

A Lei 12.869, de 15/10/2013, regula o exercício da atividade e a remuneração do permissionário lotérico.

A Lei 6.224, de 14/7/1975, regula o exercício da profissão de propagandista e vendedor de produtos farmacêuticos.

O trabalho do químico é regulado pela CLT em seus arts. 325 a 351.

A Lei 6.615, de 16/12/1978, dispõe sobre a regulamentação da profissão do radialista.

A Lei 12.198, de 14/1/2010, dispõe a respeito da atividade de repentista como profissão artística (art. 1º).

O trabalho do representante comercial é regulado pela Lei 4.886, de 9/12/1965, com as alterações advindas da Lei 8.420, 8/5/1992.

A Lei 12.468, de 26/8/2011, regulamentou a profissão de taxista. Com a Lei 12.468 ficou reconhecida, em todo o território nacional, a profissão de taxista.

A Lei 7.394, de 29/10/1985, regula o exercício da profissão de técnico em radiologia.

As atividades dos empregados nos serviços de telefonia, de telegrafia submarina e subfluvial, de radiotelegrafia e radiotelefonia, são reguladas pelos arts. 227 a 231, CLT.

A Lei 10.220, de 11/4/2001, estabelece as normas gerais relativas à atividade de peão de rodeio, equiparando-o a atleta profissional.

A Lei 11.442, de 5/1/2007, dispõe a respeito do transporte rodoviário de cargas por conta de terceiros e mediante remuneração, revogando, explicitamente, a Lei 6.813, de 10/7/1980.

A Lei 7.102, de 20/6/1983, dispõe sobre segurança para estabelecimentos financeiros, estabelece normas para constituição e funcionamento das empresas particulares, as quais exploram serviços de vigilância e de transporte de valores.

A Lei 12.467, de 26/8/2011, dispõe sobre a regulamentação do exercício da profissão de *sommelier*.

A Lei 12.591, de 18/1/2012, regulamentou a profissão de turismólogo.

A Lei 12.592, de 18/1/2012, disciplina o exercício das atividades de cabeleireiro, barbeiro, esteticista, manicure, pedicure, depilador e maquiador.

A Lei 12.842, de 10/7/2013, regulamenta o exercício da medicina.

A Lei 12.867, de 10/10/2013, fixa as normas quanto à profissão de árbitro de futebol.

A Lei 12.870, de 15/10/2013, disciplina o exercício da atividade profissional de vaqueiro.

Lei 13.369, de 12/12/2016, disciplina sobre a garantia do exercício da profissão de designer de interiores e ambientes.

A Lei 13.475, de 28/8/2017, regulamenta o exercício da profissão de tripulante de aeronave (aeronauta).

A Lei 13.601, de 9/1/2018, dispõe a respeito da profissão de técnico em biblioteconomia.

A Lei 13.643, de 3/4/2018, dispõe sobre as profissões de Esteticista (esteticista e cosmetólogo, e de técnico em estética).

A Lei 13.653, de 18/4/2018, regulamenta a profissão de arqueólogo.

Capítulo I
ADVOGADO

O exercício da atividade profissional de advocacia sofreu uma série de alterações com o advento da Lei 8.906, de 4/7/1994.

A caracterização da relação de emprego entre o advogado e o seu empregador opera-se nos moldes estabelecidos no art. 2º, CLT, ou seja: a prestação de serviços de natureza não eventual, sob dependência e mediante o pagamento de um salário.

Apesar de o empregado advogado estar submetido às ordens e à subordinação do empregador, a relação de emprego não retira a isenção técnica nem reduz a independência profissional inerente à advocacia (art. 18, *caput*, Lei 8.906).

Assevere-se também que o advogado empregado não está obrigado à prestação de serviços profissionais de interesse pessoal dos empregadores, fora da relação de emprego (art. 18, parágrafo único).

1.1   SALÁRIO PROFISSIONAL

O salário mínimo profissional do advogado será fixado em sentença normativa, salvo se ajustado em acordo ou convenção coletiva de trabalho (art. 19).

1.2   JORNADA DE TRABALHO

A jornada normal do advogado empregado compreende não só a fixada em 4 horas diárias contínuas e 20 por semana, como também aquela maior, até o máximo de 8 horas diárias e 40 na semana, desde que estipulada em decisão, ajustada em acordo individual ou convenção coletiva, ou decorrente de dedicação exclusiva (art. 20, Lei 8.906, e art. 12, parágrafo único, Regulamento Geral do Estatuto da Advocacia e da Ordem dos Advogados do Brasil).

Prevalece a jornada com dedicação exclusiva se este foi o regime estabelecido no contrato individual de trabalho quando da admissão do advogado no emprego, até que seja alterada por convenção ou acordo coletivo (art. 12, caput).

No regime de dedicação exclusiva, como jornada extraordinária deve ser considerado o que exceder da 8ª hora diária (art. 12, parágrafo único).

O advogado empregado contratado para jornada de 40 horas semanais, antes da edição da Lei 8.906/94, está sujeito ao regime de dedicação exclusiva, pelo que não tem direito à jornada de 20 horas semanais ou 4 diárias (OJ 403, SDI-I).

A caracterização do regime de dedicação exclusiva é controvertida na doutrina.

Na opinião de Octavio Bueno Magano,[1] dedicação exclusiva *"significa trabalho para um único empregador, sem atividade paralela autônoma. Se o advogado, embora vinculado a um único emprego, possui escritório próprio já não estará mais em regime de dedicação exclusiva. Se, com o consentimento prévio do empregador, atender a alguns poucos casos, trazidos a ele geralmente por parentes e amigos, tratando-se de atividade marginal, é de se concluir que o regime de dedicação não se desnatura. Será aconselhável, porém, que o empregador se muna de ressalva expressa nesse sentido, vazada, por exemplo, nestes termos: 'acusando a permissão de poder patrocinar causa tal, registro que nem por isso cessará minha sujeição ao regime de dedicação exclusiva, previsto no artigo 20, da Lei 8.906/94.' Por outro lado, pode acontecer de o empregado prestar serviços profissionais a mais de um empregador, caracterizando-se, todavia, cada qual como unidade pertencente a um mesmo grupo econômico. Haverá de aplicar-se, em tal hipótese, a regra contida no Enunciado nº 129, do TST, do seguinte teor: 'A prestação de serviços a mais de uma empresa do mesmo grupo econômico, durante a mesma jornada de trabalho, não caracteriza a coexistência de mais de um contrato de trabalho, salvo ajuste em contrário'".*

Para João de Lima Teixeira Filho,[2] a dedicação exclusiva, *"como forma flexibilizadora da jornada, só pode ser considerada em relação ao próprio módulo temporal, jamais a outro emprego ou atividade autônoma. Essa restrição cerceia a liberdade individual (art. 5º, caput) e a liberdade ao trabalho (art. 5º, XIII), constitucionalmente asseguradas. A interpretação de exclusividade não pode ser estirada ao ponto que pretenderam os juristas citados, pois a própria lei considera a hipótese de o empregado permanecer 'em seu escritório' (art. 20, § 1º). Admite, portanto, a possibilidade de outro vínculo, contrario sensu. E estipula que, se o empregado lá estiver, aguardando ou executando ordens, computa-se o tempo como de serviço. Como não é crível supor que o empregado preste serviços a terceiros dentro da mesma unidade de tempo contratada com a empresa, a dedicação exclusiva não se expande além dos limites contratuais, sob pena de se lhe emprestar sentido limitativo da liberdade individual, pondo a lei em rota de colisão com a Carta Magna".*

Octavio Bueno Magano sofre a influência do Direito Público na caracterização da dedicação exclusiva. Dedicação exclusiva somente ocorreria se fosse o caso da prestação única dos serviços a um só empregador.

O segundo jurista desvincula o fator da dedicação exclusiva de se ter à prestação única dos serviços a um só empregador, adequando a ideia ao modo da jornada contra-

---

[1] MAGANO, Octavio Bueno. Estatuto da OAB. *Revista LTr*, v. 58, nº 8, p. 936.
[2] SÜSSEKIND, Arnaldo; MARANHÃO, Délio; VIANNA, Segadas; TEIXEIRA, Lima. *Instituições de direito do trabalho*, 19. ed., v. 2, p. 1.022.

tual estabelecida. Essa denotação é mais significativa, ligando a ideia ao fator temporal contratado.[3]

Diante da redação do art. 12, do Regulamento Geral do Estatuto da Advocacia e da OAB, dedicação exclusiva interliga-se com a ideia do módulo da jornada de trabalho, ou seja, *"considera-se dedicação exclusiva o regime de trabalho que for expressamente previsto em contrato individual de trabalho"*.

Período de trabalho compreende o tempo em que o advogado esteja à disposição do empregador, aguardando ou executando ordens, no seu escritório ou em atividades externas, sendo-lhe reembolsadas as despesas feitas com transporte, hospedagem e alimentação (art. 20, § 1º).

As horas trabalhadas excedentes da jornada normal devem ser remuneradas por um adicional não inferior a 100% sobre o valor da hora normal, mesmo havendo contrato escrito (art. 20, § 2º).

As horas trabalhadas no período das 20h00 de um dia até as 5h00 do dia seguinte são remuneradas como noturnas, acrescidas do adicional de 25% (art. 20, § 3º).

A jornada de quatro horas não se aplica aos advogados empregados da Administração Pública Direta da União, dos Estados, do Distrito Federal e dos Municípios, bem como das autarquias, fundações instituídas pelo Poder Público, empresa pública e sociedade de economia mista (art. 4º, Lei 9.527/97).

É indevida a jornada de seis horas para o advogado, empregado de instituição bancária, cujo contrato de trabalho fixe jornada de oito horas, considerada como dedicação exclusiva (E-ED-RR 69.600-92.2007.5.03.022).

1.3 VERBA HONORÁRIA

Nas causas em que for parte o empregador, ou pessoa por ele representada, os honorários de sucumbência são devidos aos advogados empregados (art. 21, *caput*).

Os honorários de sucumbência, percebidos por advogado empregado de sociedade de advogados, são partilhados entre ele e a empregadora, na forma estabelecida em acordo (art. 21, parágrafo único).

---

[3] No mesmo sentido, Alice Monteiro de Barros ensina: "Como se ressaltou, a Lei nº 8.906, de 1994, fixou em 4 horas a jornada do advogado empregado e a sua carga horária máxima semanal em 20 horas, salvo norma coletiva em contrário. Estão excluídos desta limitação os que trabalham sob dedicação exclusiva. Nesta hipótese (dedicação exclusiva) serão remuneradas como extras apenas as horas que forem prestadas além da jornada normal de oito horas (parágrafo único do art. 12 do Regulamento Geral do Estatuto da Advocacia e da OAB). Logo, o advogado que celebrou contrato de trabalho antes da vigência da Lei nº 8.906, de 1994, com jornada de 8 horas diárias, não fará jus às horas extras advindas da jornada reduzida de quatro horas, pois a situação se enquadra na excludente da dedicação exclusiva. A nova redação dada ao art. 12 do Regulamento considera dedicação exclusiva o regime de trabalho que for expressamente previsto em contrato individual de trabalho" (*Curso de direito do trabalho*, p. 655).

Os honorários de sucumbência, por decorrerem precipuamente do exercício da advocacia e só acidentalmente da relação de emprego, não integram o salário ou a remuneração, não podendo, assim, ser considerados para efeitos trabalhistas ou previdenciários (art. 14, *caput*, Regulamento).

1.4 NEGOCIAÇÃO COLETIVA

Compete ao sindicato de advogados e, na sua falta, à federação ou confederação de advogados, a representação destes nas convenções coletivas celebradas com as entidades representativas dos empregadores, nos acordos celebrados com a empresa empregadora e nos dissídios coletivos perante a Justiça do Trabalho, aplicáveis às relações de trabalho (art. 11, Regulamento).

1.5 CONTRIBUIÇÃO SINDICAL

O pagamento da contribuição anual à OAB isenta os inscritos nos seus quadros do pagamento obrigatório da contribuição sindical (art. 47, Lei 8.906).

QUESTIONÁRIO

1. Quais são os limites normais da duração da jornada de trabalho do advogado empregado?

2. O que é regime de dedicação exclusiva?

3. Qual é o adicional suplementar da hora extra do advogado empregado?

4. Os honorários advocatícios integram a remuneração do advogado empregado?

Capítulo II
ATLETA PROFISSIONAL DE FUTEBOL

2.1 INTRODUÇÃO

Várias são as modalidades predecessoras do futebol: (a) o *kemari*, o qual era praticado no Japão por volta do ano 4.500 a. C.; (b) o *Tsu Chu*, implementado pelo imperador da China em torno de 2.500 a. C.; (c) o *epyskiros*, da Grécia Antiga; (d) na Itália, em Florença, no século XVI, surgiu o *calcio*, prática esportiva com 27 jogadores em cada equipe. Todas essas modalidades tinham em comum o ato de chutar a bola.

Nos padrões atuais, o futebol surgiu no século XIX, na Inglaterra. Por volta de 1863, os integrantes de vários colégios ingleses tentaram a uniformização das regras do jogo de bola, já que, para alguns, a prática era com as mãos e para outros com os pés.

Em dezembro de 1863, os adeptos do uso dos pés criaram o *football*, cuja prática foi regulamentada pela entidade *The Football Association*, até hoje a maior entidade do futebol inglês.

A origem do futebol no Brasil deriva da atuação de pessoas pertencentes às famílias tradicionais. Para muitos autores, foi Charles Miller, filho de ingleses, o qual, ao retornar da Inglaterra, trouxe bolas, uniformes, bombas de encher a bola e a agulha.

Com a popularização da atividade esportiva do futebol no Brasil, surgiram as agremiações e suas equipes, o que tornou inevitável a formação de profissionais, o que se concretizou a partir da década de 30 do século XX.

Atualmente, o futebol tem uma *"função social relevante, pois além de propiciar interação entre os grupos sociais, com enriquecimento cultural, ele atua como instrumento de equilíbrio pessoal. Isso, porque, quando o praticamos, fugimos ao sedentarismo, melhorando a forma física e, quando o assistimos, identificamo-nos com os ídolos e extravasamos vários tipos de emoções represadas no dia a dia, principalmente dos que vivem nos grandes centros"*.[1]

---

[1] BARROS, Alice Monteiro de. O atleta profissional do futebol em face da "Lei Pelé" (9.615, de 24/3/98). *Revista LTr*, v. 64, nº 3, p. 317.

2.2 EVOLUÇÃO LEGISLATIVA

O Decreto 53.820/64 foi o primeiro diploma legal a dispor sobre o atleta profissional de futebol. Dentre as suas disposições, destacavam-se: a participação de 15% do atleta no preço fixado para o seu "passe"; direito às férias; intervalo mínimo de 60 horas entre partidas; o contrato deveria ter a duração mínima de 3 meses e máxima de 2 anos, além de dispor a respeito da assistência hospitalar obrigatória; para a validade do contrato, o atleta deveria ser alfabetizado, estar em dia com o serviço militar e ter a idade mínima de 16 anos, além da assistência do pai ou responsável, se menor de 21 anos.

O contrato de trabalho de atleta de futebol era regulado pela Lei 6.354/76 e pela Lei 9.615/98 (Lei Pelé), e seu respectivo Regulamento (Decreto 5.000, de 2/3/2004). A Lei 12.395/11 trouxe uma série de alterações à Lei 9.615/98, bem como revogou a Lei 6.354/76.

Com a Lei 13.155/15, houve o estabelecimento dos princípios e práticas de responsabilidade fiscal e financeira e de gestão transparente e democrática para entidades desportivas profissionais de futebol.

Além dessas disposições legais, aplicam-se, ainda, as regras da Federação Internacional de Futebol, dos Códigos Disciplinares de Futebol e outros advindos dos usos, mormente no tocante à remuneração.

2.3 ORGANIZAÇÃO DO DESPORTO BRASILEIRO

Desporto é a *"atividade física ou intelectual com finalidade competitiva, exercida com método e segundo normas preestabelecidas"*.[2]

O desporto brasileiro abrange práticas formais e não formais, obedecendo às normas gerais da Lei 9.615/98, além de ser inspirado nos fundamentos constitucionais do Estado Democrático de Direito.

A prática desportiva pode ser: (a) formal – é regulada por normas nacionais e internacionais e pelas regras de prática desportiva de cada modalidade, aceitas pelas respectivas entidades nacionais de administração do desporto (art. 1º, § 1º); (b) não formal – é caracterizada pela liberdade lúdica de seus praticantes (art. 1º, § 2º).

Os direitos e as garantias individuais previstos na Lei 9.615, bem como os decorrentes dos princípios constitucionais do esporte não implicam a exclusão de outros oriundos de tratados e acordos internacionais assinados pelo Brasil (art. 1º, § 3º).

Como direito individual, o desporto tem como base os princípios: (a) soberania – supremacia nacional na organização da prática desportiva; (b) autonomia – faculdade e liberdade de pessoas naturais e jurídicas organizarem-se para a prática desportiva; (c) democratização – condições de acesso às atividades desportivas sem quaisquer distinções ou formas de discriminação; (d) liberdade – expresso pela livre prática do desporto, de acordo com a capacidade e interesse de cada um, associando-se ou

---

[2] DINIZ, Maria Helena. *Dicionário jurídico*, v. 2, p. 110.

não à entidade do setor; (e) direito social – dever do Estado em fomentar as práticas desportivas formais e não formais; (f) diferenciação – tratamento específico dado ao desporto profissional e não profissional; (g) identidade nacional – proteção e incentivo às manifestações desportivas de criação nacional; (h) educação – desenvolvimento integral do homem como ser autônomo e participante, e fomentado pela utilização dos recursos públicos ao desporto educacional; (i) qualidade – valorização dos resultados desportivos, educativos e dos relacionados à cidadania e ao desenvolvimento físico e moral; (j) descentralização – organização e funcionamento harmônicos de sistemas desportivos diferenciados e autônomos para os níveis federal, estadual, distrital e municipal; (k) segurança – propiciada ao praticante de qualquer modalidade desportiva, quanto à sua integridade (física, mental ou sensorial); (l) eficiência – estímulo à competência desportiva e administrativa (art. 2º).

A exploração e a gestão do desporto profissional constituem exercício de atividade econômica sujeitando-se, especificamente, à observância dos princípios: (a) da transparência financeira e administrativa; (b) da moralidade na gestão desportiva; (c) da responsabilidade social de seus dirigentes; (d) do tratamento diferenciado em relação ao desporto não profissional; (e) da participação na organização desportiva do país (art. 2º, parágrafo único, I a V).

O desporto pode ser reconhecido em qualquer das seguintes manifestações (art. 3º, I a IV):

a) educacional, praticado nos sistemas de ensino e em formas assistemáticas de educação, evitando-se a seletividade, a hipercompetitividade de seus praticantes, com a finalidade de alcançar o desenvolvimento integral do indivíduo e a sua formação para o exercício da cidadania e a prática do lazer;

b) participação, de modo voluntário, compreendendo as modalidades desportivas praticadas com a finalidade de contribuir para a integração dos praticantes na plenitude da vida social, na promoção da saúde e educação e na preservação do meio ambiente;

c) rendimento, praticado segundo normas gerais desta lei e regras de prática desportiva, nacionais e internacionais, com a finalidade de obter resultados e integrar pessoas e comunidades do país e estas com as de outras nações;

d) formação, caracterizado pelo fomento e aquisição inicial dos conhecimentos desportivos que garantam competência técnica na intervenção desportiva, com o objetivo de promover o aperfeiçoamento qualitativo e quantitativo da prática desportiva em termos recreativos, competitivos ou de alta competição.

O desporto de rendimento pode ser organizado e praticado nas seguintes modalidades: (a) profissional, caracterizado pela remuneração pactuada em contrato formal de trabalho entre o atleta e a entidade de prática desportiva; (b) não profissional, identificado pela liberdade de prática e pela inexistência de contrato de trabalho, sendo permitido o recebimento de incentivos materiais e de patrocínio (art. 3º, § 1º, I e II).

2.4 CONTRATO DE TRABALHO DO ATLETA PROFISSIONAL DE FUTEBOL

2.4.1 Regras gerais

O contrato do atleta profissional será por prazo determinado e cuja vigência não será inferior a 3 meses nem superior a cinco anos (art. 30, *caput*, Lei 9.615/98).

Não são aplicáveis a este contrato as seguintes proibições dos contratos por prazo determinado previstos na CLT: (a) estipulação do prazo por mais de dois anos (art. 445, *caput*) ou de 90 dias para o contrato de experiência (art. 445, parágrafo único); (b) uma única prorrogação (art. 451) (art. 30, parágrafo único, Lei 9.615).

Ao atleta profissional são aplicáveis as normas gerais da legislação trabalhista e da seguridade social, observando-se as peculiaridades constantes da Lei 9.615 (art. 28, § 4º, I a VI), e, em especial, as seguintes:

a) se conveniente à entidade de prática desportiva, a concentração não poderá ser superior a 3 dias consecutivos por semana, desde que esteja programada qualquer partida, prova ou equivalente, amistosa ou oficial, devendo o atleta ficar à disposição do empregador por ocasião da realização de competição fora da localidade onde tenha sua sede;

b) o prazo de concentração poderá ser ampliado, independentemente de qualquer pagamento adicional, quando o atleta estiver à disposição da entidade de administração do desporto;

c) acréscimos remuneratórios em razão de períodos de concentração, viagens, pré--temporada e participação do atleta em partida, prova ou equivalente, conforme previsão contratual;

d) repouso semanal remunerado de 24 horas ininterruptas, preferentemente em dia subsequente à participação do atleta na partida, prova ou equivalente, quando realizada no final de semana;

e) férias anuais remuneradas de 30 dias, acrescidas do abono de férias, coincidentes com o recesso das atividades desportivas;

f) jornada de trabalho desportiva normal de 44 horas semanais.

O vínculo desportivo (do atleta com a entidade de prática desportiva contratante) é constituído com o registro do contrato especial de trabalho desportivo na entidade de administração do desporto. Tem natureza acessória ao respectivo vínculo empregatício, sendo dissolvido com: (a) o término da vigência do contrato ou o seu distrato; (b) o pagamento da cláusula indenizatória desportiva ou da cláusula compensatória desportiva; (c) a rescisão decorrente do inadimplemento salarial, de responsabilidade da entidade de prática desportiva empregadora, nos termos desta lei; (d) a rescisão indireta, nas demais hipóteses previstas na legislação trabalhista; (e) a dispensa imotivada do atleta (art. 28, § 5º, I a V).

Os deveres da entidade de prática desportiva empregadora são: (a) registrar o contrato especial de trabalho desportivo do atleta profissional na entidade de administração da respectiva modalidade desportiva; (b) proporcionar aos atletas profissionais as condições necessárias à participação nas competições desportivas, treinos e outras atividades preparatórias ou instrumentais; (c) submeter os atletas profissionais aos exames médicos e clínicos necessários à prática desportiva (art. 34).

Os deveres do atleta profissional são: (a) participar dos jogos, treinos, estágios e outras sessões preparatórias de competições com a aplicação e dedicação correspondentes às suas condições psicofísicas e técnicas; (b) preservar as condições físicas que lhes permitam participar das competições desportivas, submetendo-se aos exames médicos e tratamentos clínicos necessários à prática desportiva; (c) exercitar a atividade desportiva profissional de acordo com as regras da respectiva modalidade desportiva e as normas que regem a disciplina e a ética desportiva (art. 35).

Ao menor de 16 anos é vedada a celebração do contrato de trabalho (art. 29, *caput*).

A lei assegura a possibilidade de desempenhar as atividades desportivas aos dezesseis anos, contudo, não é possível a participação de menores de 18 anos em jogos noturnos, ante a vedação constitucional (art. 7º, XXXIII).

Convém ser dito que são nulas de pleno direito as cláusulas de contratos firmados entre as entidades de prática desportiva e terceiros, ou entre estes e atletas, que possam intervir ou influenciar nas transferências de atletas ou, ainda, que interfiram no desempenho do atleta ou da entidade de prática desportiva, exceto quando objeto de acordo ou convenção coletiva de trabalho (art. 27-B).

Também são nulos de pleno direito os contratos firmados pelo atleta ou por seu representante legal com agente desportivo, pessoa física ou jurídica, bem como as cláusulas contratuais ou de instrumentos procuratórios que possam implicar: (a) vínculo desportivo; (b) vinculação ou exigência de receita total ou parcial exclusiva da entidade de prática desportiva, decorrente de transferência nacional ou internacional de atleta, de acordo com a indenização prevista no art. 28, I, da Lei 9.615/98; (c) em restrição à liberdade de trabalho desportivo; (d) em obrigações consideradas abusivas ou desproporcionais; (e) violação dos princípios da boa-fé objetiva ou do fim social do contrato; (f) sobre o gerenciamento de carreira de atleta em formação com idade inferior a 18 anos (art. 27-C, I a VI).

2.4.2 Trabalhador autônomo

É autônomo o atleta maior de 16 anos que não mantém relação empregatícia com entidade de prática desportiva, auferindo rendimentos por conta e por meio de contrato de natureza civil (art. 28-A, *caput*, Lei 9.615). Trata-se de um contrato de prestação de serviços.

Convém ser dito que o vínculo desportivo do atleta autônomo com a entidade de prática desportiva resulta de inscrição para participar de competição e não implica reconhecimento de relação empregatícia (art. 28-A, § 1º).

A filiação ou a vinculação de atleta autônomo à entidade de administração ou a sua integração a delegações brasileiras partícipes de competições internacionais não caracteriza vínculo empregatício (art. 28-A, § 2º).

2.4.3 Atleta em formação (não profissional)

O atleta não profissional em formação (maior de 14 e menor de 20 anos de idade) poderá receber auxílio financeiro da entidade de prática desportiva formadora, sob a forma de bolsa de aprendizagem livremente pactuada mediante contrato formal, sem que seja gerado vínculo empregatício entre as partes (art. 29, § 4º, Lei 9.615).

O contrato deverá conter: (a) identificação das partes e dos respectivos representantes legais; (b) duração do contrato; (c) direitos e deveres das partes contratantes, inclusive garantia de seguro de vida e de acidentes pessoais para cobrir as atividades do atleta contratado; (d) especificação dos itens de gasto para fins de cálculo da indenização com a formação desportiva (art. 29, § 6º).

É proibida a participação em competições desportivas profissionais dos atletas não profissionais, os quais tenham idade superior a 20 anos (art. 43)

É vedada a prática do profissionalismo, em qualquer modalidade, quando se tratar de: (a) desporto educacional nos estabelecimentos escolares de 1º e 2º graus ou superiores; (b) desporto militar; (c) menores até a idade de 16 anos completos (art. 44, I a III).

2.4.4 Primeiro contrato do atleta profissional

A entidade de prática desportiva formadora tem o direito de assinar com o atleta, a partir de 16 anos de idade, o primeiro contrato especial de trabalho desportivo, cujo prazo não poderá ser superior a 5 anos (art. 29, *caput*, Lei 9.615).

Considera-se entidade de prática desportiva formadora (art. 29, § 2º, I e II) que:

a) forneça aos atletas programas de treinamento nas categorias de base e complementação educacional;

b) satisfaça cumulativamente os seguintes requisitos: (1) estar o atleta em formação inscrito por ela na respectiva entidade regional de administração do desporto há, pelo menos, um ano; (2) comprovar que, efetivamente, o atleta em formação está inscrito em competições oficiais; (3) garantir assistência educacional, psicológica, médica e odontológica, assim como alimentação, transporte e convivência familiar; (4) manter alojamento e instalações desportivas adequados, sobretudo em matéria de alimentação, higiene, segurança e salubridade; (5) manter corpo de profissionais especializados em formação tecnicodesportiva; (6) ajustar o tempo destinado à efetiva atividade de formação do atleta, não superior a quatro horas por dia, aos horários do currículo escolar ou de curso profissionalizante, além de propiciar-lhe a matrícula escolar, com exigência de frequência e satisfatório aproveitamento; (7) ser a formação do atleta gratuita e a expensas da entidade de prática desportiva; (8) comprovar que participa anualmente de competições organizadas por entidade de administração do desporto em, pelo menos, duas categorias da respectiva modalidade desportiva; (9) garantir que o período de seleção não coincida com os horários escolares.

Compete à entidade nacional de administração do desporto a certificação da entidade de prática desportiva formadora (art. 29, § 3º).

É assegurado para a entidade de prática desportiva formadora o direito a uma indenização, no caso da impossibilidade da assinatura do primeiro contrato especial de trabalho desportivo por oposição do atleta, ou por sua vinculação, sob qualquer forma, a outra entidade de prática desportiva, sem autorização expressa da entidade formadora. Serão observadas as seguintes condições (art. 29, § 5º, I a III):

a) o atleta deverá estar regularmente registrado e não pode ter sido desligado da entidade de prática desportiva formadora;

b) a indenização será limitada ao montante correspondente a 200 vezes os gastos comprovadamente efetuados com a formação do atleta;

c) o pagamento da indenização somente poderá ser efetuado por outra entidade de prática desportiva e deverá ser efetivado diretamente à entidade de prática desportiva formadora no prazo máximo de 15 dias, contados da data da vinculação do atleta à nova entidade de prática desportiva, para efeito de permitir novo registro em entidade de administração do desporto.

A lei prevê o direito de preferência da entidade de prática desportiva formadora, detentora do primeiro contrato especial de trabalho desportivo, quanto à primeira renovação deste contrato, cujo prazo não poderá ser superior a 3 anos, salvo se para equiparação de proposta de terceiro (art. 29, § 7º).

Para assegurar o seu direito de preferência, a entidade de prática desportiva (formadora e detentora do primeiro contrato especial de trabalho desportivo) deverá apresentar, até 45 dias antes do término do contrato em curso, proposta ao atleta, indicando as novas condições contratuais e os salários ofertados. No prazo de 15 dias contados da data do recebimento da proposta, sob pena de aceitação tácita, o atleta deverá apresentar resposta à entidade de prática desportiva formadora (art. 29, § 8º). Tanto a proposta como a resposta devem ser cientificadas à entidade regional de administração do desporto.

No caso de proposta mais vantajosa ao atleta, a proponente deverá: (a) apresentar à proposta para entidade de prática desportiva formadora, com a indicação das condições relacionadas com a remuneração; (b) dar conhecimento da proposta à correspondente entidade regional de administração. A entidade de prática desportiva formadora poderá, no prazo máximo de 15 dias, a contar do recebimento da proposta, comunicar se exercerá o direito de preferência (art. 29, § 9º, I a III).

Se a entidade de prática desportiva formadora ofertar as mesmas condições, e, ainda assim, o atleta se opuser à renovação do primeiro contrato especial de trabalho desportivo, ela poderá exigir da nova entidade de prática desportiva contratante a indenização correspondente a, no máximo, 200 vezes o valor do salário mensal constante da proposta (art. 29, § 11).

A contratação do atleta em formação será feita diretamente pela entidade de prática desportiva formadora, sendo vedada a sua realização por meio de terceiros (art. 29, § 12).

A entidade de prática desportiva formadora deverá registrar o contrato de formação desportiva do atleta em formação na entidade de administração da respectiva modalidade desportiva (art. 29, § 13).

2.4.5 Cláusulas: indenizatória esportiva e compensatória esportiva

A atividade do atleta profissional é caracterizada por remuneração pactuada em contrato especial de trabalho desportivo, firmado com entidade de prática desportiva (art. 28, *caput*, Lei 9.615/98). De forma obrigatória, o contrato deve prever cláusulas a respeito da indenização esportiva e da compensação esportiva (art. 28, I e II, Lei 9.615).

A cláusula indenizatória desportiva é devida exclusivamente à entidade de prática desportiva à qual está vinculado o atleta, quando: (a) da transferência do atleta para outra entidade, nacional ou estrangeira, durante a vigência do contrato especial de trabalho desportivo; ou (b) da ocasião do retorno do atleta às atividades profissionais em outra entidade de prática desportiva, no prazo de até 30 meses (art. 28, I, *a* e *b*). O valor da indenização será livremente pactuado pelas partes e expressamente quantificado no instrumento contratual: (a) até o limite máximo de 2.000 vezes o valor médio do salário contratual, para as transferências nacionais; (b) sem qualquer limitação, para as transferências internacionais (art. 28, § 1º). São solidariamente responsáveis: o atleta e a nova entidade de prática desportiva empregadora (art. 28, § 2º).

A cláusula compensatória desportiva é devida pela entidade de prática desportiva ao atleta (art. 28, II) quando da: (a) rescisão decorrente do inadimplemento salarial, de responsabilidade da entidade de prática desportiva empregadora; (b) rescisão indireta; (c) dispensa imotivada do atleta (art. 28, § 5º, III a V). O valor da compensação será livremente pactuado entre as partes e formalizado no contrato especial de trabalho desportivo, observando-se, como limite: (a) máximo, 400 vezes o valor do salário mensal no momento da rescisão; (b) mínimo, o valor total de salários mensais a que teria direito o atleta até o término do referido contrato (art. 28, § 3º).

2.4.6 Suspensão do contrato de trabalho

A entidade de prática desportiva tem a faculdade de suspender o contrato especial de trabalho desportivo do atleta profissional, ficando dispensada do pagamento da remuneração nesse período, quando o atleta for impedido de atuar, por prazo ininterrupto superior a 90 dias, em decorrência de ato ou evento de sua exclusiva responsabilidade, desvinculado da atividade profissional, conforme previsto no referido contrato (art. 28, § 7º, Lei 9.615). Nesta hipótese, é obrigatório que o contrato tenha cláusula expressa reguladora de sua prorrogação automática (art. 28, § 8º).

2.4.7 Término do contrato de trabalho

As hipóteses legais relativas à justa causa do empregado (art. 482, CLT) e ao do empregador (art. 483, CLT) são aplicáveis ao atleta de futebol (art. 28, § 4º, Lei 9.615).

Se o contrato for por prazo inferior a 12 meses, por ocasião da rescisão contratual por culpa da entidade de prática desportiva empregadora, o atleta profissional terá direito às férias (com o abono constitucional – 1/3) e o 13º salário à base de 1/12 por mês relativo à vigência do contrato (art. 28, § 9º, Lei 9.615).

Não são aplicáveis ao atleta profissional as regras previstas nos artigos 479 (em caso de dispensa antes do termo final contratual, o empregador não é obrigado a pagar ao empregado a indenização equivalente à metade dos dias faltantes para o término do contrato de trabalho) e 480 (a indenização devida pelo empregado ao empregador, em caso de pedido de demissão, antes do advento do termo final do contrato de trabalho por prazo determinado) da CLT (art. 28, § 10).

A entidade de prática desportiva empregadora que estiver com pagamento de salário ou de contrato de direito de imagem de atleta profissional em atraso, no todo ou em parte, por período igual ou superior a 3 meses, terá o contrato especial de trabalho desportivo daquele atleta rescindido, ficando o atleta livre para se transferir para qualquer outra entidade de prática desportiva de mesma modalidade, nacional ou internacional, e exigir a cláusula compensatória desportiva e os haveres devidos (art. 31, *caput*). Para fins de aplicação desta regra, compreendem-se como salário: o salário pactuado, o abono de férias, o décimo terceiro salário, as gratificações, os prêmios e demais verbas inclusas no contrato de trabalho (art. 31, § 1º). Saliente-se, ainda, que a mora contumaz será considerada também pelo não recolhimento do FGTS e das contribuições previdenciárias (art. 31, § 2º).

O atleta cedido temporariamente a outra entidade de prática desportiva que tiver os salários em atraso, no todo ou em parte, por mais de 2 meses, notificará a entidade de prática desportiva cedente para, querendo, purgar a mora, no prazo de 15 dias, não sendo, assim, aplicável o disposto no art. 31, *caput*, da Lei 9.615 (art. 39, *caput*).

O não pagamento ao atleta de salário e contribuições previstas em lei por parte da entidade de prática desportiva cessionária, por 2 meses, implicará a rescisão do contrato de empréstimo e a incidência da cláusula compensatória desportiva nele prevista, a ser paga ao atleta pela entidade de prática desportiva cessionária (art. 39, § 1º). Nesta hipótese, o atleta deverá retornar à entidade de prática desportiva cedente para cumprir o antigo contrato especial de trabalho desportivo (art. 39, § 2º).

O atleta profissional tem o direito de recusa quanto a sua participação em competições pela entidade de prática desportiva quando os seus salários, no todo ou em parte, estiverem atrasados em dois ou mais meses (art. 32).

2.4.8 Transferência ou cessão do atleta

Qualquer cessão ou transferência de atleta profissional ou não profissional depende de sua formal e expressa anuência (art. 38, Lei 9.615).

Quando da transferência (nacional, definitiva ou temporária) de atleta profissional, até 5% do valor pago pela nova entidade de prática desportiva será obrigatoriamente distribuído entre as entidades de práticas desportivas que contribuíram para a formação do atleta, na proporção de: (a) 1% para cada ano de formação do atleta, dos 14 aos 17 anos de idade, inclusive; (b) 0,5% para cada ano de formação, dos 18 aos 19 anos de idade, inclusive (art. 29-A).

A entidade de prática desportiva cessionária do atleta tem a obrigação de reter do valor a ser pago à entidade de prática desportiva cedente, 5% do valor acordado para a transferência, distribuindo-os às entidades de prática desportiva que contribuíram para a formação do atleta (art. 29-A, § 1º).

Caso o atleta se desvincule da entidade de prática desportiva de forma unilateral, mediante pagamento da cláusula indenizatória desportiva, caberá à entidade de prática desportiva que recebeu a cláusula indenizatória desportiva distribuir 5% de tal montante às entidades responsáveis pela formação do atleta (art. 29, § 2º).

O percentual devido às entidades (de prática desportiva formadoras do atleta) deverá ser calculado sempre de acordo com certidão a ser fornecida pela entidade nacional de administração do desporto, e os valores distribuídos proporcionalmente em até 30 dias da efetiva transferência (art. 29-A, § 3º).

Na cessão ou transferência de atleta profissional para entidade de prática desportiva estrangeira serão observadas as instruções expedidas pela entidade nacional de título (art. 40, *caput*).

As condições para transferência do atleta profissional para o exterior deverão integrar obrigatoriamente os contratos de trabalho entre o atleta e a entidade de prática desportiva brasileira que o contratou (art. 40, § 1º).

O valor da cláusula indenizatória desportiva internacional originalmente pactuada entre o atleta e a entidade de prática desportiva cedente, independentemente do pagamento da cláusula indenizatória desportiva nacional, será devido a esta, pela entidade de prática desportiva cessionária caso esta venha a concretizar transferência internacional do mesmo atleta, em prazo inferior a 3 meses, caracterizando o conluio com a entidade de prática desportiva estrangeira (art. 40, § 2º).

2.4.9 Participação em seleção

A participação de atletas profissionais em seleções será estabelecida na forma como acordarem a entidade de administração convocante e a entidade de prática desportiva cedente (art. 41, *caput*, Lei 9.615).

A entidade convocadora é a responsável pela indenização à cedente dos encargos previstos no contrato de trabalho, pelo período em que durar a convocação do atleta, sem prejuízo de eventuais ajustes celebrados entre este e a entidade convocadora (art. 41, § 1º).

O período de convocação compreende o lapso temporal até a data de reintegração do atleta à entidade que o cedeu desde que esteja apto a exercer sua atividade profissional (art. 41, § 2º).

2.4.10 Direito de imagem e de arena

Como realce à proteção constitucional da imagem, é necessária a interatividade dos direitos (de imagem e de arena) do atleta profissional de futebol com os direitos da personalidade.

A doutrina visualiza a personalidade por dois prismas: (a) atributos da pessoa humana, ou seja, como capacidade, indicando a pessoa como titular de direitos e obrigações nas relações jurídicas; (b) conjunto de características e atributos da pessoa humana, os quais devem ser protegidos pela ordem jurídica. Por esse prisma, personalidade não se trata de um direito e sim de um conceito no qual se apoiam os direitos e deveres que dela irradiam.

Os direitos da personalidade são os direitos relacionados à proteção da pessoa humana, os quais são essenciais para a plenitude da sua dignidade e integridade.

Como direitos indisponíveis, o titular não poderá, por vontade própria, dispor dos direitos de personalidade, seja em caráter permanente ou total, como forma de preservação da sua estrutura física, psíquica e intelectual. Contudo, sem que se considere como violação da sua dignidade, em certas circunstâncias, o titular poderá cedê-los. É o caso quanto à imagem para o atleta profissional de futebol (art. 87-A, Lei 9.615/98).

A doutrina distribui os direitos da personalidade em dois grandes grupos: (a) os relacionados com a integridade física – direito à vida, direito ao corpo vivo e ao corpo morto; (b) os vinculados à integridade moral – direito à honra, direito à liberdade, direito ao recato, direito de imagem, o direito ao nome e o direito moral do autor.

Como um dos direitos da personalidade, a proteção à imagem apresenta variações como: (a) direito relacionado à reprodução da personalidade da pessoa natural (retrato, fotografia, imagem sonora, imagem visual, partes do corpo etc.). Trata-se da imagem-retrato; (b) direito relacionado ao conjunto de atributos cultivados pelo homem e reconhecidos pela sociedade. É o que se denomina de imagem-atributo.

A CF/88 fixa a proteção à imagem-retrato, ao estabelecer, que são invioláveis a intimidade, a vida privada, a honra e a imagem das pessoas, assegurando o direito à indenização pelo dano material ou moral decorrente de sua violação (art. 5º, X).

A imagem-atributo é protegida pela CF/88, ao dispor que é assegurado o direito de resposta ao ofendido, proporcional ao agravo, além da indenização por dano material, moral ou à imagem (art. 5º, V).

Quanto ao atleta profissional de futebol, a doutrina aponta que há a imagem profissional e a imagem pessoal. A primeira está relacionada com o contrato de trabalho do jogador, enquanto a segunda se refere aos momentos em que não esteja a serviço do clube.

Como uma das modalidades do direito da personalidade, o direito à imagem não pode ser objeto de um contrato, contudo, o titular pode ceder o uso da sua imagem (= direito) a terceiros. A essa cessão, adota-se o nome de contrato de licença do uso de imagem do atleta profissional.

O contrato de licença de uso de imagem é o negócio jurídico formal e por prazo determinado entre o atleta profissional de futebol e a entidades de prática desportiva e ou patrocinadores, cujo objetivo é a exploração da imagem do atleta, como forma de divulgação da marca do clube e ou dos produtos do patrocinador. Deve conter: (a) o meio pela qual a imagem será divulgada (televisão, jornal, revista, cartaz, outdoor etc.); (b) tipo de evento (promoções, festas, entrevistas etc.); (c) o prazo determinado para a sua divulgação; (d) a quantidade da divulgação (número de exposição da imagem; (e) exclusividade ou não da divulgação; (f) o valor a ser pago e a forma do pagamento; (g) forma de revisão.

É válida a afirmação de que o contrato de licença de uso de imagem do atleta profissional tem natureza civil, portanto, os valores auferidos pelo jogador não deverá incidir nas verbas decorrentes do contrato de trabalho (férias; abono de férias; 13º salário; recolhimentos fundiários; verbas previdenciárias etc.). Tem natureza civil na medida em que os valores auferidos decorrem da indenização pela exploração da imagem pessoal, ou seja, a relativa aos momentos em que o jogador não está exercendo a sua profissão. Nesse sentido, o art. 87-A, Lei 9.615 (inovação legislativa da Lei 12.395/11), estabelece que o direito ao uso da imagem do atleta pode ser por ele cedido ou explorado, mediante ajuste contratual de natureza civil e com fixação de direitos, deveres e condições inconfundíveis com o contrato especial de trabalho desportivo.

Contudo, o desvirtuamento do contrato de licença de uso da imagem faz com que os valores auferidos pelo atleta profissional sejam considerados como salários, logo, quanto à sua validade, devem ser analisados de forma simultânea: (a) a efetiva utilização da imagem, como participação em propagandas, entrevistas, campanhas publicitárias etc.; (b) a notoriedade da imagem do atleta, isto é, o reconhecimento da imagem pessoal do jogador pela sociedade ou por uma determinada parcela da população; (c) o valor auferido pela licença deve ser proporcional à utilização e à notoriedade da imagem contratada.

Como situações de fraude, a realidade indica: (a) contratos onerosos de imagem, em que o valor pago supera em muitas vezes o salário efetivo do atleta, como empregado; (b) situações contratuais em que os valores previstos, como indenização pelo uso da imagem, não correspondem às cláusulas obrigacionais efetivas ao jogador, sendo evidente o desequilíbrio contratual; (c) a não utilização efetiva por parte do clube da imagem do atleta; (d) jogador que não tem reajuste no valor do seu salário, contudo, o valor de uso de imagem aumenta de forma constante.

Diante da fraude, os valores pagos a título de imagem representam salário, logo, devem ser observados para o pagamento dos encargos legais e dos demais direitos trabalhistas.

Como mecanismo para evitar a fraude, a Lei 13.155 incluiu o parágrafo único ao art. 87-A, fixando que o valor máximo a título de imagem deve corresponder a 40% da soma do valor do salário e dos valores pagos pelo direito ao uso da imagem. Isso significa que foi posto um valor máximo ao montante do direito de imagem, quando a imagem é cedida pelo empregado à entidade de prática desportiva.

Quanto ao direito de arena, a Carta Política de 1988 (art. 5º, XXVIII, *a*) assegura, mediante a edição de lei infraconstitucional, a proteção da participação individual em obras coletivas e a produção da imagem e voz humana, inclusive nas atividades desportivas. Pelo texto constitucional, o direito de arena não poderá ficar condicionado ao caráter lucrativo do espetáculo, visto que o espetáculo gratuito pode gerar lucro indireto (publicidade, captação de clientes etc.).

No plano infraconstitucional, o direito de arena está regulamentado pela Lei 9.615 (Lei Pelé), em seu art. 42 (com as alterações posteriores advindas das Leis 12.395 e 13.155).

No âmbito do direito desportivo, o direito de arena representa: (a) o direito das entidades de prática desportiva de vedar ou proibir a fixação, transmissão ou retransmissão, por qualquer meio, do espetáculo desportivo; (b) o direito do atleta profissional de usufruir, como participante, de um percentual auferido pela entidade de prática desportiva quando da autorização da fixação, transmissão ou retransmissão, por qualquer meio, do espetáculo desportivo.

Não se confundem o direito de imagem e o direito de arena, visto que o primeiro pertence ao atleta profissional de futebol, como direito personalíssimo, podendo, no máximo, ocorrer a cessão quanto ao uso, por meio do contrato de licença do uso de imagem, enquanto o direito de arena pertence à entidade de prática desportiva.

Não se pode negar que o direito de arena está relacionado com a imagem do atleta, contudo, na sua essência, na sua proteção o que se leva em conta é a autoria do atleta na produção de uma obra coletiva, que vem a ser o jogo de futebol transmitido ou retransmitido.

Antes da Lei 12.395, o percentual mínimo previsto para fins de rateio era de 20% (art. 42, § 1º), não podendo a negociação individual ou coletiva proceder a redução desse percentual. Nesse sentido, o TST fixou o entendimento de que o percentual mínimo deveria ser de 20%, não podendo ser reduzido por negociação coletiva ou individual.

Atualmente, o percentual dos atletas é de 5%, a ser calculado sobre o montante da receita proveniente da exploração de direitos desportivos audiovisuais, sendo que o valor será repassado ao sindicato da categoria profissional, o qual tem a incumbência de distribuir, em parcelas iguais, aos atletas participantes do espetáculo.

O percentual de 5% pode ser alterado por negociação coletiva (convenção ou acordo coletivo de trabalho), não havendo disposição de que se trata de um percentual mínimo.

O que é inadmissível é a redução do percentual de 5% por acordo individual entre o clube e o atleta profissional de futebol. Contudo, nada obsta que o percentual possa ser majorado, adotando-se o percentual mínimo de 5%, por ajuste direto entre o clube e o seu atleta profissional.

A redação originária do art. 42, § 1º, da Lei 9.615 nada dispunha a respeito da natureza jurídica da parcela do direito de arena destinada ao atleta profissional.

A doutrina não é unânime quanto ao caráter salarial dos valores auferidos pelo atleta profissional pelo rateio decorrente do direito de arena.

Há entendimento de que o valor auferido pelo direito de arena é de natureza civil, visto que se indeniza a utilização da imagem do atleta, quando do desempenho de sua atividade profissional, como titular ou reserva em uma partida de futebol.

Como forma de realce à corrente doutrinária negativista (= tem natureza civil), a doutrina indica quatro argumentos basilares: (a) a proteção ao direito de arena é uma forma de evitar que terceiros divulguem a imagem do atleta profissional, logo, não se vincula, direta ou indiretamente, à prestação dos serviços; (b) como o direito de arena é decorrente da antiga Lei Direitos Autorais, não possui natureza salarial, evidenciando, assim, o seu caráter indenizatório; (c) não pode ser equiparada às gorjetas, pois essas, por serem facultativas, visam ao complemento da remuneração dos trabalhadores que recebem salários ínfimos; (d) o direito de arena decorre da exposição coletiva dos que atuam no evento desportivo, não sendo decorrentes do contrato de trabalho.

Para outros, o valor auferido pelo atleta, pela utilização da sua imagem, é uma parcela integrante da remuneração, ante o exercício das suas atividades profissionais, pela sua participação durante a partida de futebol.

Na sua essência, o valor auferido pelo atleta não seria uma espécie de gorjeta, contudo, equipara-se a gorjeta, na medida em que recebe um valor de terceiro (de quem paga o direito de arena à entidade de prática desportiva), pela exposição da sua imagem profissional em um espetáculo.

O TST, sob a luz da antiga redação do art. 42, § 1º, da Lei 9.615, equipara o valor auferido a título de direito de arena um valor equivalente à gorjeta.[3]

De acordo com a Súmula 354, a parcela auferida pelo atleta profissional de futebol, a título de direito de arena, deve incidir no cálculo do 13º salário, dos depósitos fundiários, das férias e seus abonos, contudo, não haverá incidências em: aviso prévio, repouso, horas extras e no adicional noturno.

Pela atual redação do art. 42, § 1º (Lei 12.395), o direito de arena tem natureza civil, logo, não se equipara à gorjeta, exceto se houver expressa previsão contratual (art. 28, § 4º, III, Lei 9.615).

2.4.11 Seguro de vida

As entidades de prática desportiva são obrigadas a contratar seguro de vida e de acidentes pessoais (vinculados à atividade desportiva) para os atletas profissionais, com o objetivo de cobrir os riscos a que eles estão sujeitos (art. 45, *caput*, Lei 9.615/98).

A importância segurada deve garantir ao atleta profissional, ou ao beneficiário por ele indicado no contrato de seguro, o direito à indenização mínima correspondente ao valor anual da remuneração pactuada (art. 45, § 1º).

A entidade de prática desportiva é responsável pelas despesas médico-hospitalares e de medicamentos necessários ao restabelecimento do atleta enquanto a seguradora não fizer o pagamento da indenização (art. 45, § 2º).

2.4.12 Atleta profissional estrangeiro

Ao estrangeiro atleta profissional de modalidade desportiva poderá ser concedido visto, observadas as exigências da legislação específica, por prazo não excedente a cinco anos e correspondente à duração fixada no respectivo contrato especial de trabalho desportivo, permitida uma única renovação (art. 46, *caput*, Lei 9.615).

É vedada a participação de atleta de nacionalidade estrangeira como integrante de equipe de competição de entidade de prática desportiva nacional nos campeonatos oficiais quando o visto de trabalho temporário for concedido na hipótese de desportista (art. 46, § 1º).

---

[3] TST – RR 0001264-44.2010.5.05.0032 – Rel. Min. Guilherme Augusto Caputo Bastos – *DJe* 19/6/2015 – p. 3524.

A entidade de administração do desporto será obrigada a exigir da entidade de prática desportiva o comprovante do visto de trabalho do atleta de nacionalidade estrangeira fornecido pelo Ministério do Trabalho e Emprego, sob pena de cancelamento da inscrição desportiva (art. 46, § 2°).

2.4.13 Poder disciplinar do empregador e a competência da Justiça do Trabalho

Com o objetivo de manter a ordem desportiva e o respeito aos atos emanados de seus poderes internos, pelas entidades de administração do desporto e de prática desportiva, poderão ser aplicadas as sanções de advertência, censura escrita, multa, suspensão e desfiliação ou desvinculação.

A aplicação das sanções não prescinde do processo administrativo no qual sejam assegurados o contraditório e a ampla defesa. As penalidades de suspensão e desfiliação ou desvinculação somente poderão ser aplicadas após decisão definitiva da Justiça Desportiva (art. 48).

A organização, o funcionamento e as atribuições da Justiça Desportiva, limitada ao processo e julgamento das infrações disciplinares e às competições desportivas, serão definidos nos Códigos de Justiça Desportiva, facultando-se às ligas constituir seus próprios órgãos judicantes desportivos, com atuação restrita às suas competições (art. 50, *caput*).

As transgressões relativas à disciplina e às competições desportivas sujeitam o infrator a: (a) advertência; (b) eliminação; (c) exclusão de campeonato ou torneio; (d) indenização; (e) interdição de praça de desportos; (f) multa; (g) perda do mando do campo; (h) perda de pontos; (i) perda de renda; (j) suspensão por partida; (k) suspensão por prazo, o qual não pode ser superior a 30 anos (art. 50, §§ 1° e 5°).

As penas disciplinares não serão aplicadas aos menores de 14 anos (art. 50, § 2°).

As penas pecuniárias não serão aplicadas a atletas não profissionais (art. 50, § 3°).

É discutível a necessidade de se aguardar a decisão da justiça desportiva em matéria trabalhista.

O art. 29, *caput*, da Lei 6.354/76, dispunha que somente seriam admitidas demandas junto à justiça do trabalho depois de esgotadas as instâncias da Justiça Desportiva, a qual deveria proferir a decisão final no prazo máximo de 60 dias contados da instauração do processo. No seu parágrafo único, o art. 29 acentuava que o ajuizamento da demanda trabalhista, após o decurso do prazo de 60 dias, tornaria preclusa a instância disciplinar desportiva no que fosse referente ao litígio trabalhista. O art. 29 era constitucional, visto que o art. 153, § 4°, da EC 1/69 permitia à lei condicionar o ingresso em juízo ao esgotamento prévio das vias administrativas. A Lei 6.354 foi revogada de forma expressa pela Lei 12.395/11.

A nova ordem constitucional (CF/88) fixou que o Poder Judiciário só poderia admitir ações relativas à disciplina e às competições desportivas após esgotarem-se as instâncias da justiça desportiva (art. 217, § 1°). Assevere-se que a justiça desportiva terá o prazo máximo de 60 dias, contados da instauração do processo, para proferir decisão final (art. 217, § 2°). Contudo, a lei não excluirá da apreciação do Poder Judiciário lesão ou ameaça a direito (art. 5°, XXXV, CF).

Por uma interpretação sistemática, a doutrina indica que *"o art. 29, da Lei 6.354/76 é, em parte, incompatível com o vigente texto constitucional: no que cerceia transitoriamente ao atleta profissional de futebol o exercício do direito de ação para vindicar prestação decorrente do contrato de trabalho firmado com a respectiva associação empregadora. A Carta Magna não consente restringir-se o direito de ação, senão excepcionalmente quanto à disciplina e às competições esportivas".*[4]

Quando a demanda patrimonial for entre o atleta e a sua entidade associativa, a competência material pertence à Justiça do Trabalho. Por outro lado, se a questão envolver uma sanção disciplinar aplicada ao atleta, a Justiça Desportiva será acionada, com a instauração do procedimento administrativo. No caso de não haver a solução da demanda administrativa em 60 dias, a questão poderá ser proposta ao Judiciário Trabalhista.[5]

A Lei 9.615, no art. 52, § 1º, estabelece que as decisões finais da justiça desportiva são impugnáveis nos termos gerais do direito, desde que sejam observadas as regras do art. 217, §§ 1º e 2º, da Constituição Federal. Contudo, o recurso ao Poder Judiciário não prejudicará os efeitos desportivos validamente produzidos em consequência da decisão proferida pelos tribunais da justiça desportiva (art. 52, § 2º).

A Lei 12.395 incorporou o art. 90-C a Lei 9.615, dispondo que a arbitragem poderia ser prevista para a solução das pendências relativas a direitos patrimoniais disponíveis, não sendo possível a sua instituição para fins de apreciação de matéria relativa à disciplina e à competição desportiva. É importante ser ressaltado que a instituição da arbitragem está condicionada a que: (a) se tenha a previsão em acordo ou convenção coletiva de trabalho; (b) só poderá ser adotada após a concordância expressa das partes, mediante cláusula compromissória ou compromisso arbitral (art. 92-C, parágrafo único).

A Lei 13.322, de 28/7/2016, estabeleceu o controle de dopagem (art. 48-A e segs., Lei 9.615/98).

2.4.14 Remuneração

Os títulos integrantes da remuneração e que estão especificados no art. 457, § 1º, CLT, são aplicáveis, de forma subsidiária, ao atleta.

De acordo com o art. 24 da Lei 6.354 era vedado à associação empregadora pagar, como incentivo em cada partida, prêmios ou gratificações superiores à remuneração do atleta. Esta proibição não é observada, já que é comum o pagamento de prêmios altíssimos por determinadas partidas, as quais são importantes para a entidade esportiva, notadamente em jogos decisivos para classificação ou de final de campeonato. Atualmente não se tem mais esta proibição ante o disposto no art. 28, § 4º, III, da Lei 9.615, que prevê o ajuste contratual para fins de acréscimos remuneratórios pela participação do atleta em partida.

Há determinadas parcelas que são peculiares ao contrato de trabalho do atleta profissional de futebol: as luvas, os "bichos" e a participação no passe.

---

[4] DALAZEN, João Oreste. *Competência material trabalhista*, p. 133.
[5] TST – 7ª T. – AIRR 625040-48.2006.5.09.0001 – Rel. Min. Guilherme A. Caputo Bastos – *DEJT* 29/10/2009.

"Luvas" é a importância paga pelo empregador ao atleta, na forma do que for convencionado, pela assinatura do contrato (celebração ou renovação) (art. 12, Lei 6.354; art. 31, § 1º, Lei 9.615). É parcela integrante da remuneração, sendo em dinheiro, como também bens ou títulos, tais como automóveis.

"Bicho" é a importância paga ao atleta de futebol geralmente em decorrência das vitórias ou empates nos jogos. É um estímulo ao jogador, portanto, é inegável o seu caráter retributivo. Podem ser valores fixos ou variáveis.

Passe é o *"mais controvertido instituto relativo ao jogador de futebol. De um lado, estão os estudiosos do Direito Laboral criticando-o, vendo no mesmo resquício da escravidão. Ao lado destes, os próprios atletas profissionais sonhando em ter sua liberdade de trabalharem para quem quiser. Noutro polo, estão os dirigentes de clubes, que são contra a extinção do passe, alegando que sem o referido instituto, as entidades desportivas não teriam interesse em investir na preparação de um jogador".*[6]

O passe representa uma ofensa ao princípio constitucional inserido no art. 5º, XIII: "É livre o exercício de qualquer trabalho, ofício ou profissão, atendidas as qualificações profissionais que a lei estabelecer".

Passe é a importância devida por um empregador a outro pela cessão do atleta na vigência ou depois do término do contrato, observadas as normas desportivas pertinentes (art. 11, Lei 6.354, o qual foi revogado pela Lei 9.615).

Alice Monteiro de Barros[7] acata a existência do passe somente quando *"a associação desportiva propiciou ao atleta uma formação como estagiário, à semelhança do que prevê o Código do Trabalho da França, inclusive com a elevação do valor em caso de transferência para clube estrangeiro".*

Para Domingos Sávio Zainaghi,[8] o *"passe tem natureza jurídica de indenização, uma vez que se trata de um ressarcimento ao clube cedente pela perda de uma jornada de seus quadros para os de outro clube".*

2.4.15 Jornada

O art. 6º, Lei 6.354, estabelecia a jornada de 48 horas semanais para o atleta. Esta limitação passou a ser de 44 horas com o advento da CF/88 (art. 7º, XIII). De forma definitiva, o art. 6º foi revogado pela Lei 9.615/01.

Em função deste fato, Alice Monteiro de Barros[9] entende que não há mais a limitação da jornada de trabalho para o atleta de futebol, do que discorda Domingos Sávio

---

[6] ZAINAGHI, Domingos Sávio. *Os atletas profissionais de futebol no direito do trabalho*: Lei nº 9.615/98 "Lei Pelé", p. 110.
[7] BARROS, Alice Monteiro de. Ob. cit., p. 320.
[8] ZAINAGHI, Domingos Sávio. Ob. cit., p. 117.
[9] "Dispunha o art. 6º da Lei nº 6.354, de 1976, que o horário normal de trabalho do atleta seria organizado de forma a bem servir o seu adestramento e exibição, não podendo exceder de 48 horas semanais, hoje, 40 horas semanais, em face da alteração constitucional, tempo em que o empregador poderia exigir que o empregado permanecesse à sua disposição. Lembre-se, entretanto,

Zainaghi, para quem é aplicável a limitação geral para todo e qualquer trabalhador, prevista no art. 7º, XIII, CF.[10]

Pela Lei 6.354, eram aplicáveis ao atleta profissional de futebol as normas gerais da legislação do trabalho (art. 28), portanto, fazia jus: (a) ao intervalo mínimo intrajornada previsto no art. 71 da CLT; (b) à folga semanal remunerada (art. 22, § 2º, Lei 8.672/93); (c) ao adicional noturno (art. 73, CLT).

A Lei 12.395 revogou de forma expressa o disposto na Lei 6.354, além de ter alterado vários artigos da Lei 9.615.

Pela atual redação, o art. 28, § 4º, da Lei 9.615, é aplicável ao atleta profissional às normas gerais da legislação trabalhista, com as peculiaridades da própria Lei 9.615. Dentre as ressalvas específicas da Lei 9.615, temos por aplicáveis ao atleta de futebol as regras relativas: (a) jornada de 44 horas semanais; (b) folga de 24 horas ininterruptas (preferencialmente em dia subsequente à participação do atleta na partida, prova ou equivalente, quando realizada no final de semana).

Isso significa que o período de jogos e de treinos deve ser computado na jornada diária de trabalho, visto que representa tempo à disposição do empregador (art. 4º, CLT).

O adicional noturno e o intervalo mínimo continuam aplicáveis ao atleta em função do disposto no art. 28, § 4º, o qual determina, como dito, que é aplicável ao atleta profissional às normas gerais da legislação trabalhista.

2.4.16 Concentração

Quanto à concentração, temos as seguintes regras (art. 28, § 4º, I a III, Lei 9.615):

a) se conveniente à entidade de prática desportiva, a concentração não poderá ser superior a três dias consecutivos por semana, desde que esteja programada qualquer partida, prova ou equivalente, amistosa ou oficial, devendo o atleta ficar à disposição do empregador por ocasião da realização de competição fora da localidade onde tenha sua sede;

---

que esse dispositivo vigorou apenas até 25/3/2001, quando foi revogado pelos arts. 93 e 96 da Lei nº 9.615, de 1998. Embora a Constituição de 1998 assegure aos empregados urbanos e rurais a jornada de 8 horas, dadas às peculiaridades que envolvem a função do atleta, entendemos que as normas a respeito de limitação de horas semanais, a partir de 26/3/2001, não mais serão aplicadas ao profissional de futebol" (BARROS, Alice Monteiro de. *As relações de trabalho no espetáculo*, p. 182).

[10] "Existe sim limitação diária da duração do trabalho do atleta, a norma constitucional só não se aplica às relações de trabalho doméstico, os quais, por força da lei, não têm qualquer limitação, pois o parágrafo único do art. 7º não estendeu a esses empregados à limitação do inciso XIII. Portanto, os atletas profissionais têm jornada de trabalho de 8 horas diárias e duração semanal de 44 horas, incluindo-se os treinamentos e os períodos de exibição" (ZAINAGHI, Domingos Sávio. *Nova legislação desportiva*, p. 20).

b) o prazo de concentração poderá ser ampliado, independentemente de qualquer pagamento adicional, quando o atleta estiver à disposição da entidade de administração do desporto;

c) acréscimos remuneratórios em razão de períodos de concentração, viagens, pré-temporada e participação do atleta em partida, prova ou equivalente, conforme previsão contratual. Como se denota, o trabalhador poderá ter direito ao ressarcimento das horas à disposição durante o período da concentração se houver previsão contratual.

Convém ser dito que a doutrina é divergente quanto à natureza da concentração. Para uns, trata-se de tempo à disposição do empregador, logo, será computado na duração da jornada de trabalho. Para outros, trata-se de uma caracterização especial do contrato do atleta, portanto, não irá gerar direito à percepção de horas extras.

O TST deliberou que o tempo gasto em concentrações e viagens é atividade normal na profissão de jogador de futebol e não dá direito ao atleta de receber as horas extras e o adicional noturno (RR 129700-34.2002.5.03.0104; RR 405769-69.1997.5.02.5555).

2.4.17 Férias

O atleta terá direito a um período de férias anuais remuneradas de 30 dias, que coincidirá com o recesso obrigatório das atividades de futebol (art. 28, § 4º, V, Lei 9.615/98). Normalmente as férias são gozadas a partir da segunda metade do mês de dezembro e até a primeira metade de janeiro do ano seguinte.

2.4.18 Prescrição

A prescrição do contrato de trabalho do atleta profissional de futebol encontra-se regulada pelo art. 7º, XXIX, CF. A prescrição é parcial e, a base, de 5 anos, iniciando-se a cada lesão, exceto se houver o término da relação contratual, quando então a prescrição será total e de 2 anos.

Como os contratos são por prazo determinado (art. 30, caput, Lei 9.615), com duração de 3 meses a 5 anos, caso se tenha sucessivos contratos por prazo determinado, a cada término contratual, tem-se o início da prescrição bienal, visto que não é possível a soma de sucessivos contratos por prazo determinado em um único contrato.[11]

2.4.19 Exames

Pela Lei 12.346, de 9/12/2010, foi acrescida a Lei 9.615/98, os arts. 82-A e 89-A.

As entidades de prática desportiva de participação ou de rendimento, profissional ou não profissional, promoverão de forma obrigatória a realização de exames periódicos para fins de avaliação da saúde dos atletas. Tem-se a necessidade de regulamentação desta obrigatoriedade (art. 82-A).

---

[11] TST – RR 0001552-69.2011.5.01.0031 – Rel. Min. João Oreste Dalazen – *DJe* 3/7/2015 – p. 501.

Por outro lado, as entidades responsáveis pela organização de competições desportivas profissionais deverão disponibilizar equipes para o atendimento de emergências para árbitros e atletas. Também é necessária a regulamentação (art. 89-A).

QUESTIONÁRIO

1. O contrato de trabalho do atleta profissional de futebol deve ser por escrito? Qual é a sua duração máxima? Justifique.

2. Quais são os títulos integrantes da remuneração do atleta profissional de futebol?

3. O bicho é parcela salarial ou não?

4. O direito de arena é uma decorrência do direito de imagem?

5. Qual é a limitação da jornada diária do atleta profissional de futebol?

6. A concentração representa tempo à disposição ou não? Justifique.

7. Explique a rescisão indireta pela mora salarial do atleta profissional de futebol.

Capítulo III
BANCÁRIO

A CLT, no Título III – Das Normas Especiais de Tutela do Trabalho, Capítulo I – das Disposições Especiais sobre Duração e Condições de Trabalho (arts. 224 a 226), trata do trabalhador bancário.

Para Segadas Vianna,[1] *"as peculiaridades do exercício das atividades bancárias, propriamente ditas, colocam-nas, sem a menor dúvida, entre as profissões penosas extenuantes. A complexidade das operações, as responsabilidades no manuseio de grandes somas e até mesmo a posição de trabalho curvado sobre a mesa provocam, ao fim de curto tempo, o extenuamento do empregado bancário".*

Os trabalhadores das empresas de crédito, financiamento ou investimento, as quais também são denominadas de "financeiras", equiparam-se aos dos estabelecimentos bancários para os efeitos da jornada de seis horas (Súm. 55, TST).

É importante salientar que não se beneficiam do regime legal relativo aos bancários os empregados de estabelecimentos de crédito pertencentes a categorias profissionais diferenciadas (Súm. 117).

Os empregados de empresas distribuidoras e corretoras de títulos e valores mobiliários também não têm direito à jornada especial dos bancários (Súm. 119).

É bancário, o empregado de empresa de processamento de dados que presta serviço à banco integrante do mesmo grupo econômico, exceto quando a empresa de processamento de dados presta serviços a banco e a empresas não bancárias do mesmo grupo econômico ou a terceiros (Súm. 239).

3.1 JORNADA DE TRABALHO

A duração normal do trabalho do bancário (empregados em bancos, casas bancárias e Caixa Econômica Federal) será de 6 horas contínuas nos dias úteis, com exceção dos sábados, perfazendo um total de 30 horas de trabalho por semana (art. 224, *caput*, CLT).

A duração normal de trabalho ficará compreendida entre 7 e 22 horas, assegurando-se ao empregado, no horário diário, um intervalo de 15 minutos para alimentação (art. 224, § 1º).

---

[1] VIANNA, Segadas; SÜSSEKIND, Arnaldo; MARANHÃO, Délio; TEIXEIRA, Lima. *Instituições de direito do trabalho*. 19. ed., v. 2, p. 1034.

O intervalo de 15 minutos não é computável na jornada de trabalho (OJ 178, SDI-I).

O regime especial de 6 horas de trabalho também se aplica aos empregados de portaria e de limpeza, tais como porteiros, telefonistas de mesa, contínuos e serventes, empregados em bancos e casas bancárias (art. 226, *caput*).

A direção de cada banco organizará a escala de serviço do estabelecimento de maneira a haver empregados do quadro da portaria em função, meia hora antes e até meia hora após o encerramento dos trabalhos, respeitado o limite de 6 horas diárias (art. 226, parágrafo único).

É indevida a jornada de 6 horas para o advogado, empregado de instituição bancária, cujo contrato de trabalho fixe jornada de 8 horas, considerada como dedicação exclusiva (E-ED-RR 69.600-92.2007.5.03.022).

3.2 CARGO DE CONFIANÇA

A CLT disciplina a existência de três diferentes cargos de confiança: a) confiança imediata do empregador (art. 499); b) confiança geral (art. 62, II); c) confiança bancária (art. 224, § 2º).

Dentro da estrutura de uma instituição bancária são encontrados os três tipos de cargo de confiança: (a) art. 499, o qual se confunde com o próprio empregador, correspondendo àqueles cargos responsáveis pela direção geral da instituição, tais como, presidente, membro de conselho de administração ou de acionistas, altos diretores ou superintendentes; (b) art. 62, II, funcionários que detêm uma fidúcia especial, sendo o *longa manus* do empregador e responsável pela gestão de sucursais, filiais ou agências, por exemplo, gerentes de agências, superintendentes de regionais; (c) art. 224, § 2º, empregados que dentro da estrutura hierarquizada são responsáveis por setores ou departamentos específicos de trabalho, organizando-os e reportando-se aos gerentes gerais.

Em relação aos dois finais configuram expressa exceção no tocante à duração da jornada de trabalho. Quanto ao referido na alínea *b*, está a lei trabalhista a excluí-lo do limite de 8 horas diárias e 44 semanais; já o de alínea *c* está à parte das condições especiais de trabalho da categoria dos bancários, excedendo às 6 horas diárias, mas limitado ao teto de 8.

As duas figuras não são idênticas, posto se assim fosse não haveria a necessidade de estarem disciplinadas em dois dispositivos legais diversos.

Há uma gradação entre o grau de fidúcia de cada qual.

A primeira (art. 62, II) desempenha poderes de gestão, podendo citar como exemplo aqueles que exerçam as funções de gerentes, chefes de departamento ou de filial. Além disso, como contraprestação pela maior responsabilidade do cargo, devem receber gratificação de pelo menos 40% do salário do cargo efetivo os que recebem remuneração diferenciada. São, pois, dois os requisitos para sua configuração: 1) poderes de gestão; 2) remuneração diferenciada.

A segunda (art. 224, § 2º) detém um grau menor de confiança do empregador visto não exercer, necessariamente, função de gestão, mas dentro da complexa organização da atividade bancária possui um poder de organização sobre o serviço, sendo exemplo, chefes, supervisores, gerentes. Assim como a anterior, recebe gratificação especial pelo exercício da função diferenciada à proporção de 1/3 sobre o salário.

A simples nomenclatura do cargo, porém, não qualifica de forma absoluta o efetivo exercício de cargo de confiança bancária. Há de se perquirir acerca das reais atribuições do empregado, se estas se diferenciam das normais rotinas de trabalho do bancário.

Entre os critérios para sua configuração, aponta-se: a existência de subordinados; exercício parcela de poderes de administração, fiscalização e coordenação no departamento ou setor; possuir autonomia para interferir na rotina de trabalho dos demais funcionários e até advertir ou suspender funcionários por transgressões.

Não há necessidade de que este tenha amplos poderes de gestão, tais como admitir ou demitir funcionários ou tomar decisões que influenciem os rumos do empreendimento, visto estes serem elementos caracterizadores das outras duas figuras de confiança.

O bancário não enquadrado no art. 224, § 2º, CLT, que receba gratificação de função, não pode ter o salário relativo às horas extraordinárias compensado com o valor daquela vantagem (Súm. 109, TST).

Se for o caso do cargo de confiança, desde que o empregado bancário receba gratificação não inferior a 1/3 do seu salário, já tem remuneradas as 2 horas extraordinárias da sexta hora diária (Súm. 102, II TST).

O art. 224, § 2º, CLT, é inaplicável para o caixa bancário, visto que a gratificação igual ou superior a 1/3 do salário do posto efetivo somente remunera a maior responsabilidade do cargo e não às duas horas extraordinárias além da sexta (Súm. 102, VI).

É comum que o valor da gratificação de função, por imposição da negociação coletiva, seja superior a 1/3 do salário do cargo efetivo. Eventual pagamento a menor deste valor não implica a existência do direito à sétima hora como suplementar. Somente haverá o direito à diferença do valor da gratificação (Súm. 102, VII).

É importante salientar que o art. 224, § 2º, CLT, implica a existência de um cargo de confiança para o trabalhador bancário, o qual, porém, não se enquadra na fidúcia prevista no art. 62, II, CLT. Há uma gradação na confiança, havendo a necessidade de se distinguir entre as duas figuras e o trabalho bancário.

A configuração, ou não, do exercício da função de confiança (art. 224, § 2º, CLT), depende da prova das reais atribuições do empregado (Súm. 102, I).

Os que se enquadram no art. 224, § 2º, cumprem a jornada normal de 8 horas (Súm. 102, IV). O que exceder deste limite diário deverá ser pago como hora suplementar e com o divisor de 220 horas (Súm. 124).

A jornada de trabalho do empregado de banco gerente de agência é regida pelo art. 224, § 2º, CLT. Quanto ao gerente geral de agência bancária, presume-se o exercício de encargo de gestão (art. 62, CLT) (Súm. 287).

Pelo simples exercício da advocacia, como empregado de banco, o advogado não exerce cargo de confiança (art. 224, § 2º) (Súm. 102, V).

3.3 HORA EXTRA

A duração normal de trabalho dos bancários poderá ser excepcionalmente prorrogada até 8 horas diárias, não excedendo de 40 horas semanais, observados os preceitos gerais sobre duração do trabalho (art. 225, CLT).

A contratação do serviço suplementar, quando da admissão do trabalhador bancário, é nula.[2] Os valores assim ajustados apenas remuneram a jornada normal sendo devidas as horas extras com o adicional mínimo de 50%, as quais não configuram pré-contratação, se pactuadas após a admissão do bancário (Súm. 199, I, TST).

O sábado do bancário é dia útil não trabalhado e não dia de repouso remunerado, não cabendo assim a repercussão de horas extras habituais sobre sua remuneração (Súm. 113).

Por muitos anos, a categoria dos bancários tem negociado o sábado como dia destinado à incidência das horas extras, evitando, assim, a incidência da Súm. 113 do TST.

Para o cálculo do salário-hora do bancário mensalista (art. 224, *caput*, CLT), o divisor observado era de 180 horas (Súm. 124). Para o detentor de cargo de confiança (art. 224, § 2º), o divisor era de 220 horas (Súm. 343, cancelada pela Resolução 185, de 25/9/2012).

Em setembro/12 (Resolução 185), o TST alterou a redação da Súm. 124. As alterações estão relacionadas com o divisor do trabalhador bancário: (a) se houver ajuste individual expresso ou coletivo no sentido de considerar o sábado como dia de descanso remunerado: (1) 150 para a jornada de 6 horas (art. 224, *caput*, CLT); (2) 220, jornada de 8 horas (art. 224, § 2º); (b) nas demais hipóteses: (1) 180, jornada de seis horas (art. 224, *caput*); (2) 220, jornada de 8 horas (art. 224, § 2º).

Ao apreciar o Incidente de Recursos Repetitivos (IRR 849-83.2013.5.03.0138, dezembro/2016), o TST reformulou novamente a sua jurisprudência, levando, assim, a nova redação da Súmula 124 (Resolução 219/2017): (a) 180 horas, jornada de 6 horas diárias; (b) 220 horas, jornada de 8 horas diárias.

3.4 REMUNERAÇÃO

Integra a remuneração do bancário a vantagem pecuniária auferida na colocação ou na venda de papéis ou valores mobiliários de empresas pertencentes ao mesmo grupo econômico, quando exercida essa atividade no horário e local de trabalho, além do consentimento, tácito ou expresso, do banco empregador (Súm. 93, TST).

O anuênio ou a gratificação por tempo de serviço integra o salário para todos os efeitos legais (Súm. 203).

---

[2] O entendimento consolidado do TST (Súm. 199) também pode ser aplicado analogicamente a outras profissões (TST – 3ª T. – RR 83.453/2003-900-04-00.6 – Rel. Min. Carlos Alberto Reis de Paula – j. 18/6/2008; TST – 2ª T. – RR 2486-78.2012.5.03.0017 – Rel. Min. José Roberto Freire Pimenta – j. 28/5/2014; TST – SDI-I – E-ED-RR 206.32.2013.5.02.0081 – Rel. Min. Guilherme Augusto Caputo Bastos – *DEJT* 1/12/2017).

O adicional por tempo de serviço ou anuênio integra o cálculo da gratificação de função prevista no art. 224, § 2º, CLT (Súm. 240).

A parcela paga aos bancários sob a denominação quebra de caixa possui natureza salarial, com integração ao salário do prestador dos serviços, para todos os efeitos legais (Súm. 247).

A ajuda-alimentação prevista em norma coletiva dos bancários em decorrência de prestação de horas extras tem natureza indenizatória e, por isso, não integra o salário do empregado bancário (OJ 123, SDI-I).

3.5 JUSTA CAUSA

Além das figuras legais previstas no art. 482, CLT, também era tida como justa causa para o trabalhador bancário a falta contumaz de pagamento de dívidas legalmente exigíveis (art. 508). Por falta contumaz, entenda-se o que é reiterado ou contínuo. O art. 508 foi revogado pela Lei 12.347, de 10/12/2010.

3.6 SUCESSÃO

As obrigações trabalhistas, inclusive as contraídas à época em que os empregados trabalhavam para o banco sucedido, são de responsabilidade do sucessor, uma vez que houve a transferência de: ativos, agências, direitos e deveres contratuais, caracterizando típica sucessão trabalhista (OJ 261, SDI-I).

QUESTIONÁRIO

1. Qual é a duração da jornada normal dos bancários?
2. Como se caracteriza o sábado para o trabalhador bancário?
3. Explique a confiança prevista no art. 224, § 2º, CLT, em relação ao bancário.
4. Ao gerente principal da agência bancária aplica-se o art. 224, § 2º, ou o art. 62, II, CLT? Explique.
5. É possível a pré-contratação do trabalho suplementar quanto ao trabalhador bancário?

Capítulo IV
CONTRATO POR PRAZO INDETERMINADO E DETERMINADO

Quanto à duração, os contratos de trabalho podem ser divididos em contrato por prazo determinado e indeterminado.

4.1 CONTRATO POR PRAZO INDETERMINADO

O contrato de trabalho será por prazo indeterminado[1] quando, ao se estabelecer a admissão do empregado, não houver a fixação quanto ao seu término. O termo final pode ocorrer pela fixação de data certa, da execução de serviços especificados ou, ainda, da realização de certo acontecimento suscetível de previsão aproximada (art. 443, § 1º, CLT).

Presume-se sempre que o contrato de trabalho foi pactuado sem limite de tempo. Porém, isso não significa que o trabalhador e a empresa estejam vinculados para sempre.

Como aspectos específicos do contrato por prazo indeterminado, temos: (a) os serviços são prestados sem a fixação *a priori* de um prazo, mas poderá haver a rescisão do contrato de trabalho por qualquer das partes, desde que se tenha o aviso prévio. O aviso prévio é instituto pelo qual uma das partes comunica a outra que, dentro de um prazo,

---

[1] "Contratos indeterminados são aqueles cuja duração temporal não tenha prefixado termo extintivo, mantendo duração indefinida ao longo do tempo. [...] A indeterminação da duração contratual é meio de se conferir concretude ao essencial princípio justrabalhista da continuidade da relação de emprego. A prefixação de um termo final ao contrato conspiraria contra a efetivação, na prática cotidiana do mercado, desse princípio específico do Direito do Trabalho (a relação empregatícia já teria sua morte preanunciada). Por essa razão é que as autorizações legais para pactuação de contratos a prazo surgiram como claras exceções no estuário normativo justrabalhista. Em segundo lugar, a indeterminação da duração contratual também melhor realizaria, na prática, o princípio da norma mais favorável. Isso porque é característica inerente aos contratos sem termo prefixado a existência de maior potencialidade no tocante à aquisição de direitos trabalhistas pelo empregado ao longo do tempo (o empregador tende a investir mais no empregado, e este, a alcançar maior número de direitos no transcorrer dos anos). Além disso, os contratos por tempo indeterminado asseguram ao obreiro um conjunto maior de direitos rescisórios no instante da ruptura do pacto empregatício" (DELGADO, Mauricio Godinho. *Curso de direito do trabalho*. 5. ed., p. 519).

dará por rescindido o contrato de trabalho. Como verba rescisória, temos o acréscimo representado pelo aviso prévio e suas incidências no 13º salário e nas férias e abono; (b) o contrato permanece inalterado durante os períodos de interrupção e suspensão contratuais; (c) o fato de ser compatível com o instituto da estabilidade.

4.2 CONTRATO POR PRAZO DETERMINADO

Contrato por prazo determinado é o que possui, quando da sua celebração, a fixação do prazo quanto ao seu término.[2]

O termo final pode ocorrer pela fixação de data certa, da execução de serviços especificados ou, ainda, da realização de certo acontecimento suscetível de previsão aproximada (art. 443, § 1º, CLT).[3]

O contrato por prazo determinado somente será válido em se tratando de: (a) serviço cuja natureza ou transitoriedade justifique a predeterminação do prazo;[4] (b) atividades empresariais de caráter transitório;[5] (c) contrato de experiência (art. 443, § 2º).

4.2.1 Renovação: consequências

A regra básica é no sentido de que o contrato de trabalho por prazo determinado pode ter no máximo 2 anos (art. 445, CLT).

---

[2] Mauricio Godinho Delgado ensina que os contratos a prazo determinado "são aqueles cuja duração temporal é preestabelecida desde o nascimento do pacto, estipulando como certa e previsível a data de extinção da avença" (Ob. cit., p. 520).

[3] "A normatividade justrabalhista estipula três meios de fixação do termo final do contrato a prazo (art. 443, § 1º, CLT): mediante termo fixo (termo certo) – data prefixada – (trata-se, pois, de meio submetido a critério estritamente cronológico); mediante termo previsto em função da execução de serviços previamente especificados (termo incerto); mediante termo previsto em função da realização de determinado acontecimento suscetível de previsão aproximada (termo incerto)" (DELGADO, Mauricio Godinho. Ob. cit., p. 527).

[4] "O tipo legal dos serviços cuja natureza ou transitoriedade justifique a predeterminação do prazo do contrato é bastante recorrente no cotidiano trabalhista. Trata-se, ilustrativamente, de contratos a termo para atendimento a substituição de empregado permanente, em gozo de férias ou licença previdenciária. Do mesmo modo, contratações efetivadas para atendimento a acréscimo extraordinário e provisório de serviços empresariais (elevação de vendas no período natalino, por exemplo). Na verdade, as mesmas hipóteses de pactuação que autorizam a contratação de trabalho temporário (referimo-nos, evidentemente, à figura terceirizante da Lei n. 6.019, de 1974) – atendimento à necessidade transitória de substituição de pessoal e regular e permanente ou acréscimo extraordinário de serviços da empresa tomadora – autorizam a contratação celetista por tempo determinado" (DELGADO, Mauricio Godinho. Ob. cit., p. 525).

[5] Nas atividades de caráter transitório, "a transitoriedade não diz respeito à atividade do trabalhador[...] mas é aferida em vista das próprias atividades da empresa. A atividade da empresa é que é passageira, fugaz, justificando, assim, que ela pactue contratos a prazos preestabelecidos. Trata-se, ilustrativamente, de atividades empresariais em feiras industriais, comerciais ou agropecuárias; atividades circenses em determinadas comunidades; atividades empresariais sazonais (vendas de fogos de artifício em períodos juninos) etc." (DELGADO, Mauricio Godinho. Ob. cit., p. 525).

O contrato por prazo determinado somente pode ser prorrogado por uma vez. Se houver outras prorrogações, o contrato por prazo determinado passará a ser por prazo indeterminado (art. 451).

Essas duas regras se acumulam, ou seja, o prazo máximo é de 2 anos, admitindo-se uma única prorrogação.

Tais regras poderiam ser fraudadas com a celebração de uma série de contratos em cadeia ou de forma sucessiva, porém tal fato não é possível ante a existência de uma outra disposição legal.

No prazo de 6 meses, o contrato que suceder a outro contrato por prazo determinado é tido como indeterminado, salvo se a expiração desse dependeu da execução de serviços especializados ou da realização de certos acontecimentos (art. 452).

4.3 CONTRATO DE EXPERIÊNCIA

O contrato de experiência é espécie do gênero contrato por prazo determinado (art. 443, § 2º, CLT). Contudo, não deve ser apenas considerado nesse sentido. Reputa-se também um contrato de prova, ou seja, durante um determinado período, os contratantes possuem a possibilidade da avaliação mútua, visando, dentro deste lapso temporal, à adequação ao local de trabalho, às atividades laborais e às condições do próprio empregado.[6]

Como modalidade contratual, o contrato de experiência deveria ser a exceção, porém, não o é. Infelizmente, denota-se que todos os empregados, quando admitidos, o são para um prazo determinado, geralmente assinando um contrato de experiência.

O contrato de experiência é *"nefasto para o empregado, pela incerteza que lhe traz quanto ao seu futuro, ameaçado de ficar desempregado sem saber se deve procurar nova ocupação e sem poder fazê-lo; mas se não é possível fazer letra morta o texto expresso da lei, ela tem que ser interpretada restritivamente, por ser este uma espécie excepcional de contrato. Na dúvida, o pacto se presume como de tempo indeterminado"*.[7]

As regras básicas são as seguintes: (a) prazo máximo é de 90 dias; (b) admissível uma prorrogação, respeitando-se o limite máximo de 90 dias (Súm. 188, TST); (c) inadmissível uma sucessão de contratos de experiência.

Quanto à natureza jurídica do contrato de experiência, a doutrina aponta:

a) contrato preliminar (promessa de contrato);

---

[6] "A lei é lacônica com respeito ao contrato de experiência (alínea *c* do § 2º do art. 443, CLT), não estabelecendo que tipos de aspectos podem ser aferidos na experimentação efetuada. Evidentemente tais aspectos podem abranger a dimensão circunstancial da prestação de serviços (horário, local, ambiente de trabalho etc.), podendo abranger a dimensão objetiva do contrato (prestação salarial, por exemplo). Até mesmo a dimensão subjetiva concernente às partes pode ser avaliada – como, ilustrativamente, a efetiva qualificação profissional do trabalhador ou sua aptidão para cumprir eficazmente a função pactuada, do mesmo modo que a efetiva natureza das atividades desempenhadas pela empresa" (DELGADO, Mauricio Godinho. Ob. cit., p. 541).

[7] CARRION, Valentin. *Comentários à Consolidação das Leis do Trabalho*. 28. ed., p. 280.

b) contrato com a cláusula condicional, isto é, a experiência seria uma cláusula subordinante do efeito jurídico a evento futuro e incerto (art. 121, CC). Para alguns, trata-se de uma condição suspensiva, o que não está correto, na medida em que o contrato de experiência produz efeitos regulares desde a admissão. Para outros, é uma condição resolutiva, já que no ato da admissão não se pode avaliar as condições positivas ou negativas quanto ao período da experiência;

c) contrato autônomo, isto é, um contrato com plena autonomia em relação a outro contrato. Mauricio Godinho Delgado[8] acentua: *"A natureza jurídica de contrato autônomo (contrato próprio, especial) perante o contrato empregatício subsequente resulta de uma definição normativa expressa acolhida pelo Direito do Trabalho pátrio, sepultando o debate sobre a natureza jurídica do instituto. [...] A opção legal efetuada pelo art. 443 não afrontava a função e conteúdo básicos do Direito do Trabalho; ao contrário, ela claramente buscava equilibrar valores significativos no âmbito empregatício. De um lado, reduzia a insegurança das partes (obviamente, em especial do trabalhador) na aferição da experiência, preferindo firmar regra objetiva para os sujeitos trabalhistas – a regra do simples contrato a termo, em contraponto ao contrato condicionado. De outro lado, acentuou ainda mais a redução dessa insegurança, sob a ótica obreira, ao firmar um prazo contratual sumamente exíguo para o contrato a contento – apenas 90 dias, no máximo. Finalmente, garantiu, em contrapartida, a desnecessidade de evidenciação da correta aferição da experiência produzida, ao permitir que o pacto se extinguisse, inexoravelmente, em seu termo final prefixado."*

De acordo com o art. 29, CLT, todas as condições especiais devem ser anotadas na CTPS. Isso equivale a dizer que o contrato de experiência deve ser anotado na CTPS do trabalhador. Contudo, essa exigência, se não cumprida, não transforma o contrato por prazo determinado em indeterminado.

"O só fato de não constar da carteira de trabalho do empregado a condição especial, isto é, a natureza do contrato e/ou sua prorrogação, não o anula, transformando-o em ajuste por prazo indeterminado. É que a lei não prescreve forma especial para o contrato de experiência. Logo, não havendo prova de manifestação do obreiro admitindo essa contratação especial e a respectiva prorrogação, o ajuste deverá ser admitido como válido."[9]

Pela antiga redação do item III da Súm. 244, o TST entendia ser incabível a estabilidade pela gravidez no curso do contrato de experiência. Em setembro/12, o TST alterou o seu entendimento, afirmando que a estabilidade é cabível para o contrato de experiência. É uma forma de valorização da proteção ao nascituro em detrimento da predeterminação do contrato de experiência.

---

[8] DELGADO, Mauricio Godinho. Ob. cit., p. 546.
[9] BARROS, Alice Monteiro de. *Contratos e regulamentações especiais de trabalho*. 3. ed., p. 168.

4.3.1 Consequências do descumprimento

O contrato de experiência representa um contrato por prazo determinado, cujo prazo máximo não pode ser superior a 90 dias.

No contrato por prazo determinado, ao seu término, descabe o pagamento de aviso prévio. São devidos: férias e abono, 13º salário e FGTS (sem o acréscimo de 40%). Tais verbas são devidas na extinção automática do contrato por prazo determinado (abrange tanto o contrato de experiência, como outros contratos por prazo determinado).

É importante ser salientado: no contrato de experiência no qual se tenha a cláusula assecuratória do direito recíproco de rescisão contratual antes de seu término, é cabível o aviso prévio (art. 481, CLT; Súm. 163, TST).

Por outro lado, pode ocorrer a rescisão antecipada de um contrato a prazo. Nessa situação devemos destacar:

a) pelo empregador – O empregador deverá pagar as férias, abono de férias e o 13º salário. O FGTS será liberado pelo código 1 com o acréscimo dos 40%. Também pagará uma indenização equivalente à metade da remuneração a que o empregado teria direito até o término do contrato (art. 479, CLT). A matéria quanto ao acúmulo do art. 479 com os valores do FGTS e respectiva multa é dissonante na doutrina. Existem autores que justificam o acúmulo e outros que não. A indenização devida pelo *"despedimento antecipado é considerada pela doutrina tal como é a fixação legal antecipada das perdas e danos pela violação do pactuado, e não se cumula com o aviso prévio (Barreto Prado, Direito do Trabalho). O regime do FGTS concede direito ao saldo da conta vinculada, mas o acréscimo de percentual não é devido na extinção natural do contrato, como tampouco o é na aposentadoria, falecimento ou no despedimento antecipado, já que o instituto possui sanção específica e apropriada ao grau de inadimplemento. No despedimento antecipado não é devido o acréscimo percentual, como pretende o Regulamento (D. 99.684), sem apoio em lei (em sentido contrário, Amauri, Iniciação ao Direito do Trabalho e Comentários às leis trabalhistas)"*.[10] No caso de rescisão antecipada do contrato a termo, os depósitos fundiários são devidos com a multa dos 40%, sem prejuízo da indenização prevista no art. 479, CLT (art. 14, Decreto 99.684/90);

b) pelo empregado – Quando a rescisão do contrato de experiência é iniciativa do empregado, o empregador somente deverá pagar o décimo terceiro salário. Existem autores que salientam que, no caso de o empregado pedir a rescisão antecipada, deve ser obrigado a efetuar o pagamento de uma indenização ao empregador (art. 480, *caput*). Nesse caso, deve haver a observância de que a indenização não poderia ser superior à que o empregado tivesse direito em idêntica situação (art. 480, § 1º). Logo, o valor desta indenização não poderia ser superior ao que declina o art. 479. Em qualquer hipótese, deverá o empregador provar a existência dos prejuízos.

---

[10] CARRION, Valentin. *Comentários à Consolidação das Leis do Trabalho*. 25. ed., p. 360.

4.4 CONTRATOS DE SAFRA

Considera-se contrato de safra o que tenha duração dependente de variações estacionais de atividades agrárias (art. 14, parágrafo único, Lei 5.889/73).

O contrato de safra é comum para os trabalhadores rurais. A expressão safra refere-se à produção e colheita, como também ao lapso temporal empregado para a preparação do solo.

O termo do contrato de safra é incerto. Não se pode predeterminar a data para o seu término, como também não se consegue ter a completa coincidência do término do contrato para todos os empregados durante a safra.[11]

4.5 CONTRATO DE TEMPORADA

Quanto ao contrato de temporada, devemos asseverar: trata-se de espécie de contrato por prazo determinado em nosso entendimento. O termo é ajustado de acordo com cada época do ano (verão) ou mesmo de acordo com um evento passageiro (carnaval). Tais tipos de contrato não possuem previsão legal.

Para Amauri Mascaro Nascimento,[12] contratos de temporada são aqueles *"nos quais o trabalhador deve realizar suas obrigações em intervalos mais ou menos frequentes, impostos pela índole especial do trabalho contratado (Cabanellas). Exemplifique-se com o caso dos empregados de um feirante cuja barraca funciona somente nas feiras realizadas periodicamente. Também os empregados de hotéis de estações de água. Muitos trabalham para a mesma organização há muitos anos. Não o fazem, todavia, durante todo o ano, mas apenas nas épocas de temporada. Em princípio esses contratos de trabalho devem ser considerados por prazo indeterminado, embora de realização intermitente. No trabalho de temporada existe uma atividade contínua embora se alternando os períodos úteis, porém mantida a permanência e a reiteração no tempo. A menos que meios especiais regulem esse tipo de trabalho, ele será regido pelas normas próprias aplicáveis aos contratos de trabalho por tempo indeterminado, somando-se os diferentes períodos descontínuos para efeito de antiguidade, estabilidade no emprego etc."*.

4.6 CONTRATO DE TRABALHO POR OBRA CERTA (LEI 2.959/56)

O contrato de obra certa é *"uma espécie de contrato por prazo determinado, podendo ser enquadrado na condição de 'serviços especificados' de que fala o § 1º do artigo 443 da CLT e também de um 'acontecimento suscetível de previsão aproximada', encontrado no mesmo mandamento legal. Nessa última hipótese é possível se entender que no contrato de obra certa há uma previsão aproximada do tempo necessário para a realização da obra.*

---

[11] "Não é incomum a ocorrência de situações em que a safra, após atingido um clímax de concentração de trabalho, inicie um paulatino e cada vez mais acentuado roteiro de descenso de atividades, eventualmente provocando o rompimento de distintos contratos a termo em distintos dias do final da safra" (DELGADO, Mauricio Godinho. Ob. cit., p. 549).

[12] NASCIMENTO, Amauri Mascaro. *Iniciação ao direito do trabalho*. 22. ed., p. 113.

O mesmo acontece com o contrato de safra, onde é possível se dizer aproximadamente quando a safra irá ser colhida. [...] Os serviços realizados em obra certa são transitórios 'ou, muitas vezes, não passa a obra certa de atividade empresarial de caráter transitório' (Sampaio, Aluysio, 1973:41). A empresa de construção civil, porém, tem por escopo uma atividade permanente, pois a necessidade de mão de obra é constante. Considerando-se, porém, o serviço como transitório, é possível também enquadrar a obra certa na alínea a do § 2º do artigo 443 da CLT, sendo, assim, um contrato de prazo determinado. É evidente que se o empregado trabalhar ao mesmo tempo em várias obras, ou prestar serviços uns dias numa obra e outros dias em outra, não se poderá falar em contrato por obra certa, mas em contrato de trabalho por prazo indeterminado".[13]

O contrato individual de trabalho por obra certa deve ser anotado na CTPS do trabalhador pelo construtor. Construtor é o empregador que exerce a atividade em caráter permanente, atuando no ramo da construção civil (art. 1º, Lei 2.959/56). Em tese, a atividade da empresa de construção civil é permanente, mas há situações nas quais o serviço prestado é transitório.

A respeito do caráter transitório da construção civil, Sergio Pinto Martins[14] afirma: *"Ora se precisa de mais pedreiros na obra, ora de menos. Em certo momento são necessários azulejistas (fase de acabamento da obra) e em outros momentos não são. O pintor só é necessário na fase final da obra, enquanto nessa fase já não são necessários tantos pedreiros. O tempo do contrato dependerá do serviço a ser executado, como menciona a própria lei, ou do término da obra. De outro lado, nem sempre há imóveis para construir, ou nem sempre se constroem tantos imóveis, pois há dependência do financiamento e das condições do mercado. É sabido que em épocas de crises econômicas ou de recessão a construção de imóveis, como qualquer outro tipo de atividade empresarial, diminui, aumentando o desemprego, mostrando que o serviço é transitório."*

A constatação de ser a obra certa é um evento que independe da vontade das partes, pois é algo que ocorre de forma objetiva. O que irá justificar a licitude ou não desta forma de contratação é a realidade na qual se insere a referida relação. O fato de o construtor ter uma atividade permanente, de forma isolada, em nada eiva de nulidade a adoção do contrato de obra certa no âmbito da construção civil.

O contrato de obra certa não pode ser superior a 2 anos, admitindo-se uma única prorrogação (desde que respeitado o período máximo de 2 anos). É razoável, ainda, a existência de sucessivos contratos de obra certa, desde que se enquadre nas hipóteses do art. 452, CLT, ou seja: salvo se a expiração deste dependeu da execução de serviços especializados ou da realização de certos acontecimentos. Referida ilação é justificável, na medida em que a própria lei admite a rescisão do contrato ao término da obra ou do serviço (art. 2º, Lei 2.959).

---

[13] MARTINS, Sergio. *Direito do trabalho*. 21. ed., p. 146.
[14] MARTINS, Sergio. Ob. cit., p. 147.

Toda e qualquer obra na construção civil compreende várias etapas, logo, na sequência das fases vão sendo demitidos os funcionários, de acordo com o decréscimo natural dos serviços.

4.7 CONTRATO DE TRABALHO POR EQUIPE

O contrato por equipe retrata uma situação especial de trabalho, visto que há uma organização de trabalhadores para a realização de um trabalho comum.

A equipe é representada por um grupo de pessoas contratadas para a realização de uma tarefa ou de um determinado trabalho. A contratação se dá entre o tomador dos serviços e a pessoa física ou jurídica representante dos trabalhadores ou, ainda, de forma direta entre o tomador e o grupo de trabalhadores.

Diante do trabalho por equipe, pode-se ter um contrato de: (a) trabalho regulado pela CLT; (b) prestação de serviços autônomos; (c) empreitada.

O elemento diferenciador é a presença da subordinação de cada integrante do grupo com o tomador dos serviços. Se houver a relação jurídica é de trabalho subordinado, logo, amparado pelo Direito do Trabalho.

Alice Monteiro de Barros[15] ensina: *"Se a equipe adquire uma configuração autônoma, ou seja, se a subordinação não resta caracterizada, a relação jurídica permanecerá à margem do Direito do Trabalho e será disciplinada pelo direito comum, como na prestação de serviços autônomos ou na empreitada. Já na hipótese de existir a subordinação, ainda que atenuada, o Direito do Trabalho ampara a relação jurídica. Nesse caso, como a prestação de serviços só poderá ser executada por uma pessoa física, o contrato de equipe 'se resolve num feixe de contratos especiais.' A equipe configura aqui uma pluralidade de contratos, porém as individualidades, se não desaparecem, pelo menos aglutinam-se em defesa do 'espírito de corpo'."*

Situação comum de contrato de equipe é o trabalho realizado por uma orquestra de músicos. Nestas hipóteses é comum haver um líder do grupo. Se o líder também labora como músico e tem a subordinação jurídica a um tomador dos serviços deste grupo (equipe de músicos), como os demais integrantes da orquestra, é evidente que haverá um feixe de contratos de trabalho entre o tomador dos serviços e cada músico. Não elide a configuração da relação de emprego o fato do líder do grupo receber os valores globais dos salários do empregador e repassar os montantes individuais a cada um dos músicos.

Também há situações em que estamos diante de uma orquestra, onde cada um dos seus integrantes não tem nenhuma vinculação com o tomador dos serviços, e sim com o líder deste grupo. Nesse caso, estamos falando de uma pessoa que é a responsável pela atividade econômica decorrente da prestação de serviços pela orquestra. Esta pessoa é o empregador (figura equiparável a um diretor de orquestra).

Para Alice Monteiro de Barros, *"Se o diretor da orquestra é quem a organiza, dirige e remunera a prestação de serviços, ele estabelece relações individuais de emprego com cada*

---

[15] BARROS, Alice Monteiro de. *Curso de direito do trabalho.* 5. ed., p. 233.

um de seus membros. Por outro lado, o contrato celebrado entre ele e uma empresa que se utiliza do trabalho da equipe está disciplinado pelo direito civil. Nesse caso, não será a empresa a responsável pelos encargos trabalhistas, mas o diretor da orquestra, que lucra com a atividade do grupo."[16]

E, por fim, pode ocorrer que o grupo não tenha líderes, logo, todos são trabalhadores autônomos e se apresentam em grupo, visto que o trabalho não pode ser efetuado de forma isolada.

4.8 CONTRATO POR PRAZO DETERMINADO (LEI 9.601/98 E DECRETO 2.490/98)

Pela estrutura da CLT, é insuficiente a vontade das partes para a validade de um contrato por prazo determinado. A sua ocorrência só é viável em se tratando de atividades empresariais ou serviços transitórios ou no caso de contrato de experiência (art. 443, CLT).

O objetivo da Lei 9.601 foi de ampliação das hipóteses de admissão de empregados a título determinado, com a criação de novos postos de trabalho. Para tanto, possibilita a redução de encargos da folha salarial, além da concessão às empresas de preferência na obtenção de crédito patrocinado por órgãos federais, tal como o BNDES.

O âmbito de sua aplicação não é restrito. Abrange qualquer tipo de empresa, independente do ramo de atividade ou de outra condição.

Contudo, a adoção do contrato por prazo determinado somente será efetuada pela negociação coletiva (convenção ou acordo coletivo). É vedada a sua institucionalização por acordos entre o empregado e o empregador (art. 1º, Lei 9.601).

O instrumento normativo preverá o número de empregados que serão contratados, porém, não poderá haver o extravasamento dos limites fixados na lei.[17]

---

[16] BARROS, Alice Monteiro de. Ob. cit., p. 235.

[17] A apuração do limite deve levar em conta a média dos empregados contratados por prazo indeterminado, compreendendo o período de 1/7/1997 a 31/12/1997 (art. 5º, *caput*, Decreto 2.490/98, que regulamentou a Lei 9.601). Em primeiro lugar: temos a soma do número de empregados de cada dia do mês e, na sequência, a divisão pelo número de dias do respectivo mês. Em segundo lugar: efetua-se a média semestral, por meio da soma das médias mensais e sua divisão por 6 (art. 3º, parágrafo único, Lei 9.601; art. 5º, § 1º, Decreto 2.490). Fixada a média semestral, o limite de contratação (art. 3º, Lei 9.601, art. 6º, Decreto 2.490) será o seguinte: (a) empresa cuja média de contratados por prazo indeterminado, no período, seja de até 49 empregados, pode contratar, sob esse regime, até a metade da média alcançada; (b) empresa, que alcançar média entre 50 e 99 empregados, terá a subtração da média de 49 empregados, aplicando-se sobre o resultado o percentual de 35%, somando-se, finalmente, 24,5, cujo resultado fixa o limite de contratação sob esse regime; (c) empresas que, a partir da média apurada conforme acima estipulado, alcançarem 200 empregados contratados a prazo indeterminado ou mais, subtrairão da sua média 199, e, sobre o resultado, aplicarão o percentual de 20%, somando-se, finalmente, 77 empregados, resultando dessa operação o limite da contratação. Na apuração dos números, deverão ser desprezadas as frações decimais até 4 dígitos, ou, quando superior a 5 dígitos, arredondar para o número inteiro imediatamente superior.

O contrato será anotado na CTPS do empregado, com a indicação do número da lei, além da discriminação em folha de pagamento desse empregado (art. 2º, Decreto 2.490/98).

A negociação coletiva estabelecerá: (a) indenização para as hipóteses de rescisão antecipada do contrato, seja por iniciativa do empregador ou do empregado, não se aplicando o disposto nos arts. 479 e 480, CLT; (b) multas pelo descumprimento de suas cláusulas (art. 1º, § 1º).

Pelo que se constata, em havendo a rescisão antecipada deste contrato, não devem prevalecer às regras da CLT, que impõem o pagamento ou desconto pela metade do período faltante para o término do contrato a termo.

Em relação ao mesmo empregado, o contrato por prazo determinado será de no máximo 2 anos, permitindo-se, dentro desse período, sofrer sucessivas prorrogações, sem acarretar o efeito previsto no art. 451, CLT (art. 1º, § 2º, Lei 9.601; art. 3º, *caput*, Decreto 2.490).

A Lei 9.601 é silente quanto ao art. 452, da CLT, o qual estabelece que não pode haver sucessivos contratos por prazo determinado em um período de seis meses, exceto se for o caso de serviços especializados ou da realização de certos acontecimentos. Vale dizer, a regra da CLT indica a impossibilidade de sucessivos contratos por prazo determinado.

Não se pode negar que a Lei 9.601 é expressa quanto à exclusão dos artigos consolidados. Logo, como a lei não exclui o disposto no art. 452, pode-se concluir que esta regra é válida para o contrato por prazo determinado previsto na Lei 9.601. Vale dizer, como não há exceção expressa, aplica-se o art. 452.

Neste sentido, Mauricio Godinho Delgado:[18] *"A Lei nº 9.601/98 afasta a incidência da regra celetista limitadora das prorrogações do pacto empregatício a termo (art. 451, CLT: limite de apenas uma prorrogação) – conforme será examinado no tópico III.2.C.c, a seguir. Entretanto, silencia-se sobre as regras concernentes à sucessividade contratual (art. 452, CLT). Uma vez que não há incompatibilidade entre estas últimas regras e o contrato provisório, deve-se inferir que prevaleçam na regência da nova figura justrabalhista. [...] As regras celetistas restritivas da sucessividade contratual informam que um contrato a termo somente pode ser licitamente sucedido por outro, entre as mesmas partes, se transcorridos seis meses do contrato anterior (art. 452). Celebrados dois contratos a termo em lapso temporal inferior a seis meses do término do primeiro contrato, o segundo contrato sofrerá modificação objetiva automática, considerando-se como pacto de duração indeterminada."*

O contrato por prazo determinado poderá ser sucedido por outro por prazo indeterminado (art. 3º, parágrafo único, Decreto 2.490).

---

[18] DELGADO, Mauricio Godinho. *Curso de Direito do Trabalho*. 11. ed., p. 570.

Há na doutrina uma corrente que entende que toda e qualquer estabilidade é incompatível com o contrato por prazo determinado. Como exemplo, tínhamos o teor da Súm. 244, III, TST.

O § 4º, art. 1º, Lei 9.601, ao refletir em parte essa corrente, estabelece que são garantidas as estabilidades provisórias da gestante, do dirigente sindical, do cipeiro, do empregado acidentado (art. 118, Lei 8.213/91), durante a vigência do contrato, que não poderá ser rescindido antes do prazo avençado.

Atualmente, para os contratos por prazo determinado, a estabilidade é reconhecida para a gestante (Súm. 244, III) e para o trabalhador vítima de acidente de trabalho (Súm. 378, III).

4.9 CONTRATO DE TRABALHO INTERMITENTE

4.9.1 Aspectos legais do contrato de trabalho intermitente

A Reforma Trabalhista (Lei 13.467/167 e MP 808/17) introduziu ao texto consolidado o contrato de trabalho intermitente (art. 452-A). Além disso, tem-se o Regulamento (Portaria 349, de 23/5/2018).

Não se aplica essa modalidade contratual aos aeronautas, os quais são regidos por legislação própria (Lei 13.475/17).

4.9.1.1 Conceito legal

Considera-se como intermitente o contrato de trabalho no qual a prestação de serviços, com subordinação, não é contínua, ocorrendo com alternância de períodos de prestação de serviços e de inatividade, determinados em horas, dias ou meses, independentemente do tipo de atividade do empregado e do empregador.

O período de inatividade é o intervalo temporal distinto daquele para o qual o empregado intermitente haja sido convocado e tenha prestado serviços. Nesse período, o empregado poderá prestar serviços de qualquer natureza a outros tomadores de serviço, que exerçam ou não a mesma atividade econômica, utilizando contrato de trabalho intermitente ou outra modalidade de contrato de trabalho.

Durante o período de inatividade, o empregado não está à disposição do empregador, logo, não será remunerado.

4.9.1.2 Forma. Cláusulas contratuais obrigatórias e facultativas

O contrato de trabalho intermitente deve ser celebrado por escrito e deve conter especificamente o valor da hora de trabalho, que não pode ser inferior ao valor horário do salário mínimo ou àquele devido aos demais empregados do estabelecimento que exerçam a mesma função em contrato intermitente ou não (art. 452-A, *caput*, CLT).

O contrato deve ser escrito, além do registro na CTPS do empregado, ainda que tenha sido previsto em negociação coletiva (art. 611-A, VIII). Portanto, não se admite contrato de trabalho intermitente verbal ou tácito.

4.9.1.3 Convocação do empregado para a execução das tarefas contratuais

O empregador convocará o empregado, por qualquer meio de comunicação eficaz, para a prestação de serviços, informando qual será a jornada, com uma antecedência mínima de três dias corridos. Após recebida a convocação, o empregado terá o prazo de um dia útil para responder ao chamado, presumida, no silêncio, a recusa (art. 452-A, § 2º).

Apesar de o empregado estar sujeito ao poder diretivo do empregador, a recusa da oferta não descaracteriza a subordinação para fins do contrato de trabalho intermitente. Nada mais justo, na medida em que o trabalhador pode ter outras condições de trabalho mais vantajosas com outros empregadores.

4.9.1.4 Pagamento dos salários e das contribuições do INSS e do FGTS

Ao final de cada período de prestação de serviços, o empregado receberá as seguintes parcelas: (a) remuneração; (b) férias proporcionais com acréscimo de um terço; (c) décimo terceiro salário proporcional; (d) repouso semanal remunerado; (e) os demais adicionais legais (hora extra, adicional noturno etc.).

Sob pena de caracterização de salário complessivo (Súm. 91, TST), o recibo de pagamento deverá conter a discriminação dos valores relativos a cada uma das parcelas pagas ao empregado.

No contrato de trabalho intermitente, a cada doze meses, o empregado adquire direito a usufruir, nos 12 meses subsequentes, um mês de férias, período no qual não poderá ser convocado para prestar serviços pelo mesmo empregador.

Uma das críticas ao contrato de trabalho intermitente é a questão das férias, visto que, durante o seu período de gozo, o empregador nada receberá, pois, o pagamento teria ocorrido, de forma proporcional, a cada período de convocação. Em outras palavras, o empregado gozará férias, contudo, sem ter valores para que possa usufruir, de forma efetiva, do período de descanso.

Os valores a título de INSS e FGTS serão calculados com base nos valores pagos no período mensal, devendo o empregador fornecer ao empregado comprovante do cumprimento dessas obrigações (art. 452-A, § 8º, CLT).

4.9.2 Inconstitucionalidade das regras quanto ao pagamento do 13º salário e das férias

No contrato de trabalho intermitente, em que a prestação de serviços, com subordinação, não é contínua, ocorrendo com alternância de períodos de prestação de serviços e de inatividade, determinados em horas, dias ou meses, não há previsão de jornada fixa nem de quantidade de horas a serem trabalhadas diária, semanal ou mensalmente. Portanto, o trabalhador não possui uma previsão de dias a serem trabalhados, nem horário de entrada e saída.

Essa condição de trabalho afronta a dignidade humana (art. 1º, III, CF), pois a norma jurídica que o prevê coloca o trabalhador numa condição de mero objeto, como ferramenta, equipamento, maquinário, à disposição da atividade econômica empresarial. Esse rebaixamento de *status* civilizatório contraria, ao mesmo tempo, a vedação de tratamento desumano (art. 5º, III) e a finalidade constitucional do direito do trabalho da melhoria da condição social do trabalhador (art. 7º, *caput*).

A ausência de jornada prefixada contraria a disposição do art. 7º, XIII, que limita a duração do trabalho normal. Se há um limite de duração do trabalho normal, é porque o pressuposto essencial do direito do trabalho é ter uma jornada normal. Ademais, a ausência de jornada normal nega a aplicação do inciso XVI, que prevê a remuneração do serviço extraordinário superior, no mínimo, em 50% à do normal.

A pretensão legislativa no tocante à remuneração do contrato de trabalho intermitente é inconstitucional, ao prever o pagamento apenas das horas efetivamente trabalhadas, ressignificando o conceito de tempo de trabalho. Isso porque a ausência de garantia de jornada e, por conseguinte, de salário não garante a subsistência do trabalhador e de sua família com pagamento do salário mínimo mensal constitucional (art. 7º, IV e VII) nem o acesso a direitos sociais como trabalho, moradia, alimentação, saúde, segurança (art. 6º, *caput*).

Além disso, ao transferir ao trabalhador parte hipossuficiente da relação de emprego, os riscos da atividade econômica, atenta também contra a valorização social do trabalho e a função social da propriedade (arts. 1º, IV; 170, *caput*; 5º, XXIII; 170, III).

Nada obstante, o pagamento parcelado do 13º salário e férias acrescidas de 1/3, incorporado ao baixo salário, não confere uma maior proteção ao trabalhador. Trata-se sim de extinção de direitos por via indireta, pois ao parcelar seu pagamento, o empregado nada teria a receber no final do ano a título de 13º salário, tampouco a título de férias quando estas lhe forem concedidas.

Sobre as férias do trabalhador intermitente, a redação do § 9º preserva apenas o direito de não ser convocado, o que não corresponde a descanso remunerado, como são as férias ordinárias. Assim, o trabalhador ficaria um mês sem ser acionado e sem nada receber.

A Constituição Federal, ao prever em seu art. 7º, XVII, o gozo de férias anuais remuneradas acrescidas de um terço, teve como objetivo, além de promover o descanso ao trabalhador, o direito ao lazer, instituído em seu art. 6º. Nesse sentido, e considerando ainda o art. 129, CLT, que também dispõe sobre gozo anual de férias sem prejuízo à remuneração, é que se entende que o art. 452-A, § 9º, CLT não pode ser interpretado como mero gozo de férias sem remuneração, visto que viola a Constituição e se encontra em dissonância com a própria CLT.

Assim, tendo em vista o art. 7º, XVII, CF, que dispõe sobre o direito às férias anuais remuneradas, ou seja, pagas no momento do gozo do período de descanso (art. 452-A, § 9º), o pagamento de férias proporcionais ao fim de cada período de prestação de serviço (art. 452-A, § 6º, II) não encontra aplicabilidade. Portanto, no trabalho intermitente, as férias devem ser remuneradas quando da sua efetiva fruição.

Por seu turno, ao diluir o pagamento do 13º salário, o efeito concreto do contrato de trabalho intermitente é o fulminar o direito previsto no art. 7º, VIII, que perde seu caráter de salário extrapago no final do ano. Outro direito constitucional atingido é o das férias remuneradas acrescidas de um terço (art. 7º, XVII), que também restará consumido pelo pagamento indenizado fragmentado durante o período aquisitivo. O trabalhador ficará um mês sem ser convocado para o trabalho sem nada receber e isso não pode ser considerado o gozo de férias, nos termos da CF.

4.9.3 Salário mínimo. Trabalho decente

Extrai-se do art. 3º da CLT que retribuição constitui pressuposto do contrato de trabalho, de modo que, sem retribuição, não há contrato de trabalho nem atividade laboral em sentido jurídico. A retribuição está pressuposta na relação de emprego, estando assegurado o direito a uma remuneração mínima.

A Constituição Federal, no art. 7º, coloca o salário mínimo no grande rol de direitos básicos dos trabalhadores urbanos e rurais: *"IV – Salário mínimo, fixado em lei, nacionalmente unificado, capaz de atender a suas necessidades vitais básicas e às de sua família com moradia, alimentação, educação, saúde, lazer, vestuário, higiene, transporte e previdência social, com reajustes periódicos que lhe preservem o poder aquisitivo, sendo vedada sua vinculação para qualquer fim".*

No direito internacional do trabalho, diversos instrumentos normativos buscam assegurar uma retribuição mínima (trabalho decente e dignidade do trabalhador). Essa orientação funda-se na ideia de que os salários não são a contrapartida de uma mera mercadoria, mas a única fonte de rendimentos da maior parte da população, a exigir especial proteção.

Nesse sentido o art. 23, item 3, da Declaração Universal dos Direitos do Homem, o art. 5º da Convenção 117 da OIT e o art. 3º da Convenção 131 da OIT almejam garantir um salário mínimo a todos os trabalhadores subordinados, suficiente para garantir-lhes uma vida digna.

Como essas normas integram o ordenamento jurídico interno, por força do art. 5º, § 3º, da Constituição Federal, com *status* de norma supralegal, a regra do *caput* do art. 452-A da CLT está sujeita ao controle de convencionalidade e à interpretação conforme a Constituição, exigindo uma solução hermenêutica compatível com a garantia da retribuição mínima.

O Supremo Tribunal Federal tem firme jurisprudência no sentido de não ser constitucionalmente válida a remuneração de servidor inferior ao salário mínimo, independentemente da duração da jornada de trabalho. Conquanto o entendimento refira-se a servidor público, a mesma *ratio decidendi* deve-se aplicar à hipótese de trabalhador privado sujeito à jornada flexível e remuneração variável.[19]

---

[19] STF – RE 664.678 – Min. Relator Dias Toffoli – *DJ* 2/3/2012.

É certo que o TST, por meio da OJ 358 da SBDI-I, considera válido o pagamento do piso salarial ou do salário mínimo proporcional ao tempo trabalhado. No entanto, o TST vem mitigando essa orientação considerando inválida jornada móvel e variável, sem prévia estipulação da carga horária semanal e dos horários de entrada e saída, nulificando cláusulas contratuais.

Nesse quadro, a disposição do *caput* do art. 452-A da CLT, ao autorizar a instituição da jornada de trabalho móvel, flexível, com remuneração variável, deve harmonizar-se com as normas internacionais do trabalho e do direito constitucional do trabalho, assegurando-se ao trabalhador o direito a uma retribuição mínima, não inferior ao salário mínimo legal, independentemente da quantidade de horas efetivamente trabalhadas.

4.9.4   Inconstitucionalidade da multa legal

O art. 7º, IV e V, CF, exige que na celebração do contrato intermitente seja assegurada ao trabalhador a percepção do salário mínimo mensal ou do piso mensal da categoria, independentemente da convocação para a realização de tarefas por parte do empregador.

O estabelecimento de multa para o trabalhador (art. 452-A, § 4º) que descumprir convocação anteriormente atendida não é compatível com os princípios constitucionais da dignidade humana, do valor social do trabalho, da isonomia, da proteção do trabalhador e da função social da empresa.

4.9.5   Trabalho intermitente e risco para terceiros

O trabalho intermitente não poderá ser exercido em atividades que possam colocar em risco a vida, a saúde e a segurança dos próprios trabalhadores e/ou de terceiros.

Esta modalidade de contratação não pode ser aplicada indiscriminadamente a todos os setores e atividades, vê-se, por exemplo, a proibição expressa contida na parte final do § 3º do art. 443 da CLT quanto aos aeronautas.

O trabalho intermitente é vedado aos aeronautas, que são regidos por lei própria, em razão da técnica necessária para exercer a atividade e do risco que a falta de prática pode representar tanto para o trabalhador como para os consumidores – no caso, os usuários do transporte aéreo. Tal lógica deve ser aplicada quando da análise de outras atividades que também exijam domínio de técnicas específicas e apresentem riscos ao trabalhador e a terceiros.

Por uma questão de isonomia aos aeronautas, conclui-se que é vedado o trabalho intermitente em todas as atividades em que a precariedade das condições de trabalho coloque em risco a segurança dos próprios trabalhadores ou de terceiros.

Isso porque deve ser respeitada a necessidade do indispensável repouso ao trabalhador, cuja atividade, por suas características específicas, não pode e não deve ser objeto de contrato intermitente, sob pena de colocar-se em risco a vida e segurança dos trabalhadores e da sociedade. Exemplificativamente é o caso dos motoristas em geral.

Portanto, a previsão de contrato intermitente para determinados tipos de trabalho coloca em risco não só a vida do próprio trabalhador, como também de terceiros.

4.9.6 Trabalho intermitente. Permanência do trabalhador dentro ou fora do estabelecimento do empregador por conveniência deste último. Tempo de serviço

De acordo com o art. 452-A, § 5º, nos contratos de trabalho intermitente, *"O período de inatividade não será considerado tempo à disposição do empregador, podendo o trabalhador prestar serviços a outros contratantes"*, previsão que colide com o teor do art. 4º da CLT, segundo o qual o cômputo da jornada de trabalho, em regra, engloba o tempo à disposição do empregador.

Na prática, a nova regra permite que o contratante remunere o trabalhador apenas pelas horas efetivamente trabalhadas, desconsiderando a permanência do obreiro dentro ou fora do estabelecimento do empregador para atender a interesses, conveniências ou no aguardo de instruções deste último. Essa alteração implica indevida vantagem aos contratantes, desequilibrando a relação estabelecida entre obreiro e contratante, ao passo que estimula a proliferação de contratos de trabalho de natureza precária.

Segundo a nova regra, o empregador deixaria de ser responsável sobre os períodos de repouso, alimentação e higiene, essenciais à preservação da saúde física e mental do empregado (art. 7º, XXII, CF), além dos períodos de deslocamento para o trabalho, trocas de uniforme, entre outros. Dessa forma, os riscos do empreendimento recaem sobre o trabalhador, em flagrante afronta ao art. 2º da CLT.

Quando o trabalhador se encontrar à disposição de um contratante, aguardando demanda para execução de determinada tarefa, não estará disponível para prestar serviços a outros contratantes, o que esvazia de sentido a parte final do § 5º do art. 452-A e, na prática, impõe ao trabalhador o cumprimento de jornadas de trabalho extenuantes, na expectativa de atender aos interesses de diversos contratantes concomitantemente.

Assim, o afastamento dos períodos à disposição do contratante no cômputo do tempo de serviço reforça o caráter desigual, precário, instável e flexível dos contratos de trabalho intermitentes, especialmente no que tange ao salário e à jornada laboral, em afronta à dignidade da pessoa humana (art. 1º, III, CF), ao valor social do trabalho (art. 1º, IV), à justiça social, à busca do pleno emprego, e à função social da propriedade (art. 170, *caput* e III), em que se fundam a ordem econômica brasileira.

4.6.7 Inconstitucionalidade do Regulamento do Trabalho Intermitente

Em maio/2018, o Ministro do Trabalho editou a Portaria 349, a qual trata do trabalhador autônomo, do trabalhador intermitente e da comissão de representação dos empregados no local de trabalho.

O Regulamento do Trabalho Intermitente (Portaria do Ministro do Trabalho 349, de 23/5/2018), procurou manter no sistema jurídico as regras previstas na MP 808/2017, não convertida em lei (com vigência encerrada em 23/4/2018).

Contudo, face ao princípio da legalidade (art. 5º, II, CF), não pode o instrumento legal utilizado (mera portaria) prever deveres e direitos não previstos em lei.

QUESTIONÁRIO

1. Basta a vontade das partes para a validade de todo e qualquer contrato por prazo determinado como previsto no art. 443 da CLT?

2. O contrato de experiência é um simples contrato por prazo determinado?

3. Quais são as consequências pelo descumprimento do contrato de experiência?

4. O que representa o contrato de safra?

5. O que é contrato de temporada?

6. Qual é o contrato por prazo determinado na construção civil?

7. O que é contrato de equipe?

8. O contrato por prazo determinado previsto na Lei 9.601 representa uma derrogação do art. 443 da CLT? Explique.

9. Qual é o conceito de contrato de trabalho intermitente?

Capítulo V
EMPREGADO DOMÉSTICO

5.1 ASPECTOS DO CONTRATO DE TRABALHO DO EMPREGADO DOMÉSTICO

5.1.1 Quais são as normas legais aplicáveis ao trabalho doméstico?

Inicialmente, o trabalho doméstico era disciplinado pelo Código Civil de 1916 (regras da prestação de serviços).

Com a CLT em 1943, os trabalhadores domésticos foram excluídos da proteção do Diploma Legal da Era Getulista, vez que os preceitos da CLT, salvo quando fosse, em cada caso, expressamente determinado, não se aplicavam aos empregados domésticos. Vale dizer, o trabalho doméstico não tinha regulamentação própria.

Apenas em 1972 foram estabelecidos os primeiros direitos ao doméstico: anotação do contrato na CTPS; inscrição na Previdência, como segurado obrigatório; férias remuneradas (20 dias úteis) após 12 meses de trabalho (Lei 5.859/72).

A Lei 7.418/85 reconheceu ao doméstico o direito ao vale-transporte.

Com a Constituição Federal de 1988, foram assegurados ao doméstico: salário mínimo; irredutibilidade de salário; décimo terceiro salário; repouso semanal remunerado; gozo de férias anuais com o acréscimo de 1/3; licença à gestante (120 dias); licença-paternidade; aviso prévio; aposentadoria; integração à Previdência Social.

Com a LC 103/2000, os empregados domésticos também puderam ser beneficiados pelo "piso salarial estadual".

Em março de 2001, com a Lei 10.208 os empregados domésticos também passaram a ter: (a) inclusão facultativa no FGTS, mediante requerimento do empregador, na forma do regulamento; e (b) o empregado doméstico dispensado sem justa causa faria jus ao benefício do seguro-desemprego, no valor de um salário mínimo, por um período máximo de três meses, de forma contínua ou alternada. Podia parecer que o trabalhador doméstico teria o direito ao seguro-desemprego em caso de dispensa sem justa causa; todavia, tratava-se de direito condicionado, pois dependia de o empregador inscrever o empregado no regime fundiário.

Em julho de 2006, a Lei 11.324 conferiu aos empregados domésticos os seguintes direitos: (a) o empregador doméstico não pode efetuar descontos no salário do empregado por fornecimento de alimentação, vestuário, higiene ou moradia. Poderão ser efetuados os descontos das despesas somente quando a moradia estiver relacionada a local diverso da residência em que ocorrer a prestação de serviço, e desde que essa possibilidade tenha sido expressamente acordada entre as partes. As despesas não têm natureza salarial nem se incorporam à remuneração para quaisquer efeitos; (b) férias anuais remuneradas de 30 dias com, pelo menos, 1/3 a mais que o salário normal, após cada período de 12 meses de trabalho, prestado à mesma pessoa ou família. O legislador pôs fim à discussão do número de dias de férias dos domésticos (30 dias corridos ou 20 dias úteis); (c) descanso semanal remunerado. O doméstico passa a ter direito à remuneração dos feriados religiosos. Se o pagamento é por mês, os feriados e os domingos estão inseridos na remuneração. Também passa a ser devido em dobro o labor realizado em domingos e feriados, quando não houver a devida compensação; e (d) é vedada a dispensa arbitrária ou sem justa causa da empregada doméstica gestante desde a confirmação da gravidez até cinco meses após o parto.

Com a EC 72/2013, houve a alteração do art. 7º, parágrafo único, da CF, acrescendo ao rol de direitos do trabalhador doméstico os seguintes: (a) relação de emprego protegida contra despedida arbitrária ou sem justa causa; (b) seguro-desemprego (deixa de ser opcional); (c) FGTS (fundo de garantia do tempo de serviço) (deixa de ser opcional); (d) garantia de salário, nunca inferior ao mínimo, para os que percebem remuneração variável; (e) remuneração do trabalho noturno superior à do diurno; (f) proteção do salário na forma da lei, constituindo crime sua retenção dolosa; (g) salário-família; (h) duração do trabalho normal não superior a 8 horas diárias e 44 semanais, com a possibilidade de compensação de horários e redução da jornada, mediante acordo ou convenção coletiva de trabalho; (i) remuneração do serviço extraordinário superior, no mínimo, em 50% ao normal; (j) redução dos riscos inerentes ao trabalho, por meio de normas de saúde, higiene e segurança; (l) assistência gratuita aos filhos e dependentes desde o nascimento até cinco anos de idade em creches e pré-escolas; (m) reconhecimento das convenções e acordos coletivos de trabalho; (n) seguro contra acidentes de trabalho, a cargo do empregador, sem excluir a indenização a que este está obrigado, quando incorrer em dolo ou culpa; (o) proibição de diferença de salários, de exercício de funções e de critério de admissão por motivo de sexo, idade, cor ou estado civil; (p) proibição de qualquer discriminação no tocante a salário e critérios de admissão do trabalhador portador de deficiência; e (q) proibição de trabalho noturno, perigoso ou insalubre a menores de 18 e de qualquer trabalho a menores de 16 anos, salvo na condição de aprendiz, a partir de 14 anos.

Em junho de 2015, a Lei Complementar 150 passou a disciplinar o contrato de trabalho doméstico. Em linhas objetivas, o diploma: (a) altera as Leis 8.212/91, 8.213/91 e 11.196/05; (b) revoga o inciso I, do art. 3º da Lei 8.009/90, o art. 36 da Lei 8.213/91, a Lei 5.859/72 e o inciso VII do art. 12 da Lei 9.250/95; e (c) disciplina os direitos individuais do vínculo de emprego doméstico.

As matérias disciplinadas na LC 150, as quais não sejam reservadas constitucionalmente à Lei Complementar, poderão ser objeto de alteração por lei ordinária (art. 45). A LC 150 também acentua que são aplicáveis ao trabalhador doméstico, observadas as peculiaridades da relação, as Leis: (a) 605/49 (descanso semanal remunerado); (b)

4.090/62 e 4.749/65 (normas reguladoras do décimo terceiro salário); (c) 7.418/85 (vale-transporte) e (d) Decreto-lei 5.452/43 (CL).

Convém ser dito que, até a presente data, o Brasil não ratificou a Convenção 189, da OIT, a qual trata do Trabalho Decente para as Trabalhadoras e os Trabalhadores Domésticos.

5.1.2   Quem é o empregado doméstico?

Pela ótica doutrinária, empregado doméstico é quem presta serviços de natureza contínua e de finalidade não lucrativa, mediante salário e de forma subordinada à pessoa natural ou à família no âmbito residencial. Exemplos: arrumadeira, cozinheira, babá, lavadeira, faxineira, copeiro, jardineiro, vigilante, enfermeira particular, governanta, mordomo, cuidador de idoso etc.

A LC 150, ao dispor a respeito do conceito de empregado doméstico, pôs fim à discussão relacionada com o número de dias da semana em que o trabalhador presta serviços à família ou à pessoa. Vale dizer, quando a prestação for superior a dois dias por semana, tem-se a configuração da "continuidade" na caracterização do vínculo de emprego doméstico.

Por lei, empregado doméstico é aquele que presta serviços de forma contínua, subordinada, onerosa, pessoal e de finalidade não lucrativa à pessoa ou à família, no âmbito residencial destas, por mais de dois dias por semana.

É considerado doméstico não só quem trabalha nas delimitações espaciais da residência, como também os que atuam de forma externa, para a pessoa natural ou a família. É o caso: (a) do motorista que leva o patrão para o serviço, a esposa em seus afazeres domésticos, as crianças para a escola etc.; (b) dos trabalhadores que labutam em sítio no qual não se trata a exploração lucrativa da propriedade rural (caseiro, cozinheira etc.).

Quando os serviços são prestados, dentro ou fora do âmbito residencial, em atividades comerciais ou industriais, deixa de ter a natureza de trabalho doméstico. É o caso da faxineira que só limpa o consultório que está localizado na residência do patrão. Também é a hipótese do motorista que leva o patrão para a empresa e vice-versa, bem como em seus compromissos profissionais. Nesses dois casos, passa a existir uma relação jurídica como de qualquer outro empregado, ou seja, nos moldes da CLT.

5.1.3   Qual é a idade mínima para ser contratado como empregado doméstico?

A LC 150 é explícita no sentido de que é vedada a contratação de menor de 18 anos de idade para desempenho de trabalho doméstico. Essa regra já constava da Convenção 182 (1999), da Organização Internacional do Trabalho – OIT, ratificada pelo Brasil (Decreto 6.481, de 12 de junho de 2008).

5.1.4   Quem é o empregador doméstico?

Empregador doméstico é a pessoa natural ou a família que, no seu âmbito residencial, utiliza-se do trabalho humano de forma contínua e sem fins lucrativos.

5.1.5 Como distinguir a figura do "empregado doméstico" da "diarista"?

A "trabalhadora diarista" não possui os mesmos direitos de outros empregados, pois em sua relação jurídica tem o predomínio da vontade dos contratantes (autonomia da vontade), ou seja, trata-se de uma relação disciplinada pelo Direito Civil. Assim, não possui direitos como férias, décimo terceiro salário, limite diário de horas de trabalho etc.

É comum existir em várias ações judiciais a discussão quanto ao pedido de reconhecimento de vínculo como empregado doméstico por parte de trabalhadores tidos como diaristas.

Essas ações judiciais quase sempre tinham como discussão central a caracterização do que vem a ser "serviço de natureza contínua", previsto na legislação específica (art. 1º, Lei 5.859/72, revogada).

O serviço de natureza contínua pode ser considerado: (a) serviços intermitentes, em que o comparecimento é repetido a cada número de dias; (b) caráter contínuo é o que se repete diariamente para um único tomador dos serviços.

Geralmente, como as diaristas possuem vários tomadores de seus serviços, comparecendo em dias alternados e fixos nas residências de famílias ou de pessoas, prestando os serviços e recebendo o pagamento ao final do dia trabalhado, não se reconhece a elas a condição de empregada doméstica.

A LC 150, ao dispor a respeito do conceito de empregado doméstico, pôs fim à discussão relacionada com o número de dias da semana em que o trabalhador presta serviços à família ou à pessoa.

Vale dizer, quando a prestação de dias for superior a dois dias, tem-se a configuração da "continuidade" na caracterização do vínculo de emprego doméstico.

5.1.6 As leis trabalhistas atingem os contratos de trabalho já vigentes?

A lei trabalhista, inclusive a EC 72, teve aplicação direta e imediata, atingindo o contrato de trabalho doméstico já existente, contudo, sem efeito retroativo. Vale dizer, ao entrar em vigor, a lei torna-se aplicável para todo trabalhador, independentemente da data de contratação. Assim, no caso da EC 72, os direitos ali elencados são aplicáveis inclusive aos contratos de trabalho doméstico que já estavam em curso em 3/4/2013 (data de publicação no *Diário Oficial*).

Contudo, quanto aos direitos previstos na EC 72, no momento de sua promulgação havia direitos com eficácia imediata e outros com eficácia limitada.

Tinha eficácia imediata: (a) salário mínimo; (b) irredutibilidade salarial; (c) garantia de salário; (d) décimo terceiro salário; (e) proteção do salário; (f) jornada de trabalho de 8 horas diárias limitadas a 44 horas semanais; (g) repouso semanal remunerado; (h) adicional de hora extra; (i) licença-gestante e licença-paternidade; (j) aviso prévio proporcional; (k) aposentadoria; (l) reconhecimento de convenções e acordos coletivos de trabalho; (m) proibição de diferença de salários, de exercício de funções e de critério de admissão por motivo de sexo, idade, cor ou estado civil; (n) proibição de qualquer discriminação no tocante a salário e critérios de admissão do trabalhador portador de deficiência; (o) proibição de trabalho noturno, perigoso ou insalubre a menores de 18 anos de idade e de qualquer trabalho a menores de 16 anos, salvo na condição de aprendiz, a partir de 14 anos.

Por sua vez, alguns direitos deviam atender às condições estabelecidas em lei e observar a simplificação do cumprimento das obrigações tributárias, principais e acessórias (eficácia limitada): (a) proteção da relação de emprego contra dispensa arbitrária ou sem justa causa; (b) seguro-desemprego e FGTS; (c) remuneração do trabalho noturno; (d) salário-família; (e) assistência gratuita aos filhos e dependentes desde o nascimento até cinco anos de idade em creches e pré-escolas; (f) seguro contra acidentes de trabalho, a cargo do empregador, sem excluir a indenização a que esse será obrigado, quando incorrer em dolo ou culpa.

Antes da LC 150, parte desses direitos considerados de eficácia limitada tinha aplicação imediata, pela utilização da legislação existente e aplicável aos demais empregados regidos pela CLT.

Com a LC 150, os direitos trabalhistas do empregado doméstico foram disciplinados em um diploma legal. Contudo, também são aplicáveis ao doméstico as Leis: (a) 605/49 (descanso semanal remunerado); (b) 4.090/62 e 4.749/65 (normas reguladoras do décimo terceiro salário); (c) 7.418/85 (vale-transporte); (d) Decreto-lei 5.452/43 (CLT – Consolidação das Leis do Trabalho).

Portanto, os direitos trabalhistas previstos na EC 72, os quais eram dependentes de regulamentação infraconstitucional, agora são plenamente exigíveis por parte do empregado doméstico.

5.1.7 Com a Emenda Constitucional 72/13, como ficou o contrato de trabalho do empregado doméstico já existente? Como ficam os contratos a partir da LC 150?

Com a EC 72, os contratos de trabalho de empregado doméstico vigentes foram afetados diretamente pelas novas regras.

A primeira situação diz respeito aos contratos que possuíam cláusulas acordadas pelo empregador e empregado que sejam mais benéficas ao empregado do que a própria lei. Face ao sistema de proteção trabalhista, não era possível alterar a condição contratual existente mais benéfica. Por exemplo: um empregado contratado para trabalhar por 4 horas diárias (20 horas semanais), não poderia ter alterado a sua jornada de trabalho para se adequar à nova regra de 44 horas semanais. A EC 72 deveria respeitar as condições contratuais benéficas já incorporadas aos contratos de trabalho doméstico.

Importante também frisar que não poderia o trabalhador, pela sua manifestação de vontade, renunciar vantagens e proteções decorrentes da ordem jurídica e do seu contrato (princípio da irrenunciabilidade dos direitos trabalhistas). O ato de renúncia a direitos trabalhistas é nulo de pleno direito.

Com a LC 150, os direitos previstos na EC 72, os quais eram dependentes de regulamentação infraconstitucional, também passam a ser exigíveis na relação de trabalho doméstico, a saber: (a) a proteção da relação de emprego contra dispensa arbitrária ou sem justa causa; (b) seguro-desemprego e FGTS; (c) remuneração do trabalho noturno; (d) salário-família; (e) assistência gratuita aos filhos e dependentes desde o nascimento até cinco anos de idade em creches e pré-escolas; (f) seguro contra acidentes de trabalho, a cargo do empregador, sem excluir a indenização a que esse será obrigado, quando incorrer em dolo ou culpa.

A LC 150 tem eficácia a partir da sua publicação (dia 2/6/2015), contudo, o governo federal tem o prazo de 120 dias para proceder à regulamentação do denominado Simples Doméstico, sistema que unifica os recolhimentos, por parte dos empregadores, das seguintes obrigações legais: (a) 8% a 11%, contribuição previdenciária do empregado doméstico; (b) 8% de contribuição patronal previdenciária; (c) 0,8% de contribuição social para financiamento do seguro contra acidentes de trabalho; (d) 8% para o FGTS; (e) 3,2% (fundo para demissão sem justa causa); (f) imposto sobre a renda retido na fonte. Com exceção das letras "a" e "f", as demais são obrigações patronais. O pagamento unificado entrará em vigor após quatro meses da publicação da LC 150 (dia 2/10/2015).

5.1.8 Como fazer o registro do empregado doméstico?

Quando da vigência da Lei 5.584/70, o empregado doméstico deveria apresentar no momento de sua admissão: (a) CTPS; (b) atestado de boa conduta (emitido por autoridade policial ou por pessoa idônea a critério do empregador); (c) atestado de saúde emitido por médico, a critério do empregador.

Atualmente, será obrigatória apenas a apresentação da CTPS, contrarrecibo, pelo empregado ao empregador, quando da admissão, o qual terá o prazo de 48 horas para anotação do contrato de trabalho, especificando: (a) data de admissão; (b) remuneração; e (c) se for o caso, a contratação mediante contrato por prazo determinado.

Na execução do contrato de trabalho, o empregador também deverá anotar: (a) as datas de início e término das férias; e (b) a evolução salarial.

Como a CLT é aplicável de forma subsidiária (art. 19, LC 150), entendemos ser razoável que o empregador, por sua conta, exija o exame médico admissional do empregado (art. 168, *caput*, CLT).

5.1.9 É necessário também um contrato escrito?

A LC 150 não estabelece a obrigatoriedade de um contrato escrito, quando da contratação do empregado doméstico.

Contudo, torna obrigatória a adoção de acordo escrito para: (a) compensação de horas trabalhadas em excesso (semanal ou banco de horas); (b) horas extras na jornada de trabalho em regime de tempo parcial; (c) acompanhamento do empregador pelo empregado em viagem; (d) anotação diária do horário de intervalo no registro de horário de trabalho, quando se tenha o desmembramento do período de intervalo (refeição), na hipótese de o empregado residir no local de trabalho; (e) autorização do desconto com despesas de moradia referente a local diverso da residência em que ocorrer a prestação de serviço; (f) inclusão do empregado em planos de assistência médico-hospitalar e odontológica, de seguro e de previdência privada; (g) fixação de jornada de trabalho (12 x 36); e (h) redução do intervalo intrajornada de 1 hora para 30 minutos, quando a jornada for superior a 6 horas diárias.

Além das hipóteses acima, é obrigatório o registro do horário de trabalho do empregado doméstico por qualquer meio (manual, mecânico ou eletrônico), desde que idôneo.

Portanto, é recomendável que o empregador doméstico elabore um contrato de trabalho escrito indicando: (a) data de admissão; (b) salário; (c) jornada de trabalho (horários de entrada e de saída; os dias de trabalho; o tempo de duração do intervalo; o dia da folga); (d) previsão de horas extras contratuais; (e) acordo de compensação de horas de trabalho (semanal; banco de horas ou semana espanhola); (f) autorização de desconto para os danos causados por culpa do empregado; (g) o local da prestação dos serviços (caso necessário, também a previsão de viagens em que o empregado acompanhará a família); (h) vigência do contrato de trabalho se for o caso (contrato por prazo determinado ou indeterminado); e (i) obrigatoriedade ou não do vale-transporte, com a indicação de trajetos e com a observância do desconto de 6% do salário do trabalhador.

Na execução do contrato de trabalho, deverá o empregador: (a) adotar folha de ponto ou livro de ponto, com a indicação dos horários de entrada e saída, além do intervalo intrajornada; (b) elaborar recibo de pagamento, indicando os valores pagos (salário; horas extras; descanso semanal remunerado etc.) e os descontos efetuados (contribuição previdenciária do empregado; desconto de vale-transporte etc.); e (c) proceder ao recolhimento das obrigações unificadas no sistema denominado "Simples Doméstico".

5.1.10 É válido o contrato por prazo determinado para o empregado doméstico?

Há muita similitude entre as regras da CLT e as previstas na novel LC 150.

De acordo com a LC 150, é facultada a contratação, por prazo determinado, do empregado doméstico:

a) mediante contrato de experiência, cujo prazo máximo não poderá exceder 90 dias. Pode ser prorrogado uma vez, desde que a soma dos períodos não ultrapasse o período de 90 dias. O contrato de experiência que, havendo continuidade do serviço, não for prorrogado após o decurso de seu prazo previamente estabelecido ou que ultrapassar o lapso de 90 dias passará a vigorar por prazo indeterminado;

b) para atender às necessidades familiares de natureza transitória e para substituição temporária de empregado doméstico com contrato de trabalho interrompido ou suspenso. A duração será limitada ao término do evento que motivou a contratação, respeitado o período máximo de dois anos. Apesar da LC 150 ser omissa, por aplicação subsidiária da CLT, admite-se uma única prorrogação, desde que a soma dos dois períodos não ultrapasse o período de dois anos.

Durante a vigência dos contratos por prazo determinado, o empregador que, sem justa causa, despedir o empregado é obrigado a pagar-lhe, a título de indenização, metade da remuneração a que teria direito até o termo do contrato. Idêntica regra aplica-se ao empregado, caso seja demissionário, contudo, a indenização não poderá exceder aquela a que teria direito em idênticas condições.

Durante a vigência dos contratos por prazo determinado, não será exigido aviso prévio.

5.2 QUESTÕES E DÚVIDAS SOBRE A REMUNERAÇÃO E SALÁRIO DO EMPREGADO

5.2.1 O empregado doméstico tem direito ao salário mínimo?

O empregado doméstico tem direito à percepção do salário mínimo nacional, como qualquer outro empregado.

5.2.2 Existe um "salário mínimo estadual" para empregado doméstico?

Desde 2000, os Estados e o Distrito Federal podem disciplinar o que se denomina "piso salarial estadual" (também conhecido como "piso estadual"), erroneamente conhecido como "salário mínimo estadual".

Assim, é comum encontrarmos salários fixados para os domésticos no âmbito estadual.

Por força da LC 103/00, o piso salarial estadual poderá ser estendido aos empregados domésticos.

5.2.3 Posso pagar um salário inferior ao salário mínimo nacional ou ao piso salarial estadual para o doméstico considerando o número de horas contratadas?

O empregador doméstico pode pagar o salário mínimo de forma proporcional de acordo com a jornada diária contratada. O salário mínimo fixado considera uma jornada de trabalho de 8 horas diárias e 44 horas semanais. Da mesma forma ocorreu com o "piso salarial estadual".

Assim, se a jornada de trabalho (diária ou semanal) for inferior ao previsto em lei, o valor do salário mensal será proporcional à jornada mensal, sendo multiplicado pelo valor hora do salário mínimo.

Matematicamente e para fins de cálculos trabalhistas, tem-se um divisor de 220 horas: 44 horas semanais dividido por 6 (número de dias na semana) = 7 horas e 20 minutos; 7 horas e 20 minutos multiplicado por 30 dias = 220 horas.

O salário mínimo diário corresponderá a um 1/30 avos do salário mínimo mensal e o salário mínimo horário a 1/220 avos do salário mínimo mensal (220 horas por mês). Por exemplo: (a) salário mínimo (jan/2018) – R$ 954,00; (b) salário diário – R$ 31,80 (R$ 954,00 dividido por 30 dias); e (c) salário-hora – R$ 4,33 (R$ 954,00 dividido por 220 horas).

Havendo contratação para cumprimento de jornada reduzida, inferior à previsão constitucional de 8 horas diárias ou 44 semanais, é lícito o pagamento do piso salarial ou do salário mínimo proporcional ao tempo trabalhado. Por exemplo: em um contrato de trabalho, com uma jornada diária de 4 horas, o salário poderá ser calculado: (a) salário mínimo mensal – R$ 954,00; (b) salário-hora – R$ 4,33; (c) 4 horas diárias x 30 dias = 120 horas; e (d) salário mensal: R$ 4,33 x 120 = R$ 519,60.

5.2.4 A alimentação e a moradia são espécies de salário utilidade *(in natura)* para o empregado doméstico?

O empregador doméstico não pode efetuar descontos no salário do empregado por fornecimento de alimentação, vestuário, higiene ou moradia.

Também em viagem com o empregador, o trabalhador não poderá sofrer descontos com despesas com transporte, hospedagem e alimentação.

Por exceção legal, poderá haver o desconto das despesas com: (a) moradia, quando se referir a local diverso da residência na qual ocorre a prestação de serviço, desde que essa possibilidade tenha sido expressamente acordada entre as partes; (b) adiantamento salarial; e (c) inclusão do empregado em planos de assistência médico-hospitalar e odontológica, de seguro e de previdência privada, desde que exista acordo escrito e a dedução não ultrapasse 20% do salário.

No caso do empregado doméstico, as despesas (alimentação, vestuário e higiene) não têm natureza salarial (salário *in natura*).

A moradia, além de não ser parcela de natureza salarial, qualquer que seja a modalidade do fornecimento (residência ou em morada anexa), não gera ao empregado qualquer direito de posse ou de propriedade sobre o imóvel.

5.2.5 É necessário ter recibos dos pagamentos realizados?

Recomenda-se que todos os pagamentos de salário sejam efetuados mediante a assinatura de recibos. Se o empregado for analfabeto, mediante sua impressão digital, ou, não sendo possível, a seu rogo.

A permissão da assinatura a rogo implica a quebra do princípio da pessoalidade, permitindo que o pagamento do salário também ocorra a uma pessoa credenciada pelo empregado. Aliás, a assinatura a rogo é aplicável tanto ao empregado alfabetizado como ao não alfabetizado. Pode ocorrer que o empregado alfabetizado esteja impossibilitado de assinar o recibo, logo, é cabível que alguém o faça por ele, desde que devidamente habilitado (por procuração).

Também terá força de recibo o comprovante de depósito em conta bancária, aberta para esse fim em nome de cada empregado, com o seu consentimento, em estabelecimento de crédito próximo ao local de trabalho.

Importante destacar que os recibos devem discriminar todas as verbas e todos os valores pagos. O que não constar expressamente do recibo considera-se não pago.

5.3 PROTEÇÃO DO SALÁRIO

5.3.1 O salário do empregado doméstico pode ser reduzido?

Se a empregada doméstica recebe o valor mensal de R$ 1.000,00, não pode o empregador reduzir o valor para R$ 800,00, exceto se a redução estiver autorizada por acordo ou convenção coletiva de trabalho a ser celebrado juntamente com o sindicato dos trabalhadores.

5.3.2 O salário produção pode ser inferior ao salário mínimo?

Salário-produção é aquele fixado por unidade produzida durante a jornada de trabalho. É também denominado salário-unidade de obra.

O sistema jurídico assegura ao empregado doméstico o direito à garantia de salário nunca inferior ao salário mínimo, se auferir remuneração variável. Exemplo: passadeira contratada para receber R$ 1,35 por peça de roupa passada. No mês de fevereiro de 2018, após laborar 8 horas diárias, limitadas ao montante de 44 horas na semana, tem a produção mensal de 400 peças passadas. Considerando que o valor a receber [R$ 630,00 = produção (R$ 540,00)] + DSR pela produção (1/6 sobre R$ 540,00), é inferior ao valor do salário mínimo, nesse mês, o empregador lhe pagará o equivalente a R$ 954,00 (valor do salário mínimo para janeiro de 2018).

5.3.3 É obrigatório o pagamento do salário em moeda corrente?

O salário deve ser pago em moeda corrente. O pagamento do salário em moeda estrangeira considera-se como não feito. Isso significa que o empregador deverá repetir o pagamento em moeda corrente, não cabendo ao empregado devolver o que recebeu, pois não terá direito à repetição aquele que deu alguma coisa para obter fim ilícito, imoral ou proibido por lei.

Contudo, a regra quanto ao pagamento em moeda corrente não é absoluta, uma vez que é admitido o pagamento do salário ou férias por intermédio de depósito em conta-corrente ou em cheque.

O empregador doméstico poderá efetuar o pagamento dos salários e da remuneração das férias por meio de conta-corrente, aberta para esse fim em nome de cada empregado e com o seu consentimento, em estabelecimento de crédito próximo ao local de trabalho, ou em cheque emitido diretamente pelo empregador em favor do empregado, salvo se o trabalhador for analfabeto, quando o pagamento somente poderá ser efetuado em dinheiro.

Os pagamentos feitos com depósito em conta bancária ou em cheque obrigam o empregador a assegurar ao empregado: (a) horário que permita o desconto imediato do cheque; (b) transporte, caso o acesso ao estabelecimento de crédito o exija; e (c) condição que impeça qualquer atraso no recebimento dos salários e da remuneração das férias.

5.3.4 Há exigência quanto ao local, dia e hora para o pagamento do salário?

O pagamento do salário será efetuado em dia útil e no local de trabalho, dentro do horário do serviço ou imediatamente após o seu encerramento, salvo quando efetuado por depósito em conta bancária.

5.3.5 Há regras quanto à periodicidade e tempestividade do pagamento do salário?

O pagamento do salário não poderá exceder o período de um mês. Isso significa que o empregado doméstico não pode ser contratado com um salário equivalente, por exemplo, a um período de 40 dias.

Por outro lado, o pagamento deve ocorrer até o 5º dia útil do mês subsequente ao mês vencido. Na contagem dos dias para o pagamento do salário será incluído o sábado, excluindo-se o domingo e o feriado, inclusive o municipal.

No caso de pagamento quinzenal ou semanal, deverá ser efetuado até o 5º dia útil após o vencimento. Quando o empregador utilizar o sistema bancário para o pagamento dos salários, os valores deverão estar à disposição do empregado, o mais tardar, até o 5º dia útil.

5.3.6 O empregador doméstico pode efetuar descontos no salário do empregado doméstico?

O salário é de natureza alimentar, sendo necessária à sua proteção jurídica quanto aos descontos feitos pelo empregador (princípio da intangibilidade salarial).

Em função do princípio da intangibilidade salarial, tem-se a proibição dos descontos nos salários do empregado por parte do empregador. Contudo, há exceções:

a) adiantamento de salário;
b) os previstos em lei, como: contribuições previdenciárias; prestações alimentícias decorrentes de decisão judicial, compensação por falta de aviso prévio; mensalidade sindical; contribuição sindical; imposto de renda na fonte; vale-transporte (até 6% do salário);
c) os previstos em cláusulas de convenção coletiva, acordo coletivo ou sentença normativa;
d) havendo acordo prévio no caso de culpa (prejuízo causado por: negligência, imperícia ou imprudência) ou na ocorrência de dolo (prejuízo causado pela vontade deliberada do empregado), os valores correspondentes aos danos causados poderão ser descontados dos salários na época do pagamento. Exemplos: (1) a arrumadeira deixa cair um vaso da empregadora. Evidente o descuido da trabalhadora. O valor do prejuízo só poderá ser restituído à empregadora caso haja uma cláusula prévia por escrito autorizando o desconto. Caso inexistente, a empregadora não poderá efetuar o desconto; (2) a arrumadeira, em uma discussão, pega o vaso e, deliberadamente, o joga no chão. Trata-se de ato intencional. O empregador pode descontar o valor do prejuízo, mesmo sem o acordo prévio; e
e) atrasos e faltas ao serviço não justificadas, além da folga semanal quando existir faltas não abonadas.

5.3.7 O salário do empregado doméstico é penhorável?

Não pode o salário ser objeto de penhora, exceto se for o caso de pensão alimentícia determinada por ordem judicial.

Nesses casos, o empregador será responsável pela retenção do valor e pelo repasse do crédito, observando a determinação judicial (por ex. depósito em conta bancária).

5.3.8 O empregador doméstico pode pagar salários diferentes para seus empregados?

Não se admite para a mesma função diferença de salários por motivo de sexo, idade, cor ou estado civil (princípio da igualdade). Vale dizer, se o empregador tiver dois motoristas, os quais exerçam idênticas tarefas, não poderá, por regra, adotar salários distintos.

5.3.9 A proteção salarial é aplicável ao empregado doméstico portador de deficiência?

É proibida qualquer discriminação no tocante a salário e critérios de admissão do trabalhador portador de deficiência.

5.3.10 O que significa dizer que o crédito trabalhista é privilegiado?

Do ponto de vista do direito, o empregado também é um credor (de sua remuneração) perante o empregador.

Os créditos decorrentes da relação de emprego são privilegiados em relação a outros créditos, ou seja, outras dívidas do empregador.

Até a LC 150, o bem de família do empregador poderia ser penhorado em razão dos créditos de trabalhadores da própria residência e das respectivas contribuições previdenciárias. Essa hipótese de penhora foi expressamente revogada.

5.4 A JORNADA DE TRABALHO DIÁRIA E SEMANAL DO EMPREGADO

5.4.1 Qual é a jornada de trabalho do empregado doméstico?

Jornada de trabalho é o número de horas diárias ou semanais prestadas pelo trabalhador ao empregador doméstico.

A duração do trabalho normal do empregado doméstico não será superior a 8 horas diárias e 44 semanais, facultada a compensação e a redução da jornada, mediante acordo ou convenção coletiva de trabalho.

Matematicamente e para fins de cálculos trabalhistas, o divisor mensal para fins de apuração do salário-hora é 220 horas.

Se o empregado doméstico fizer horas além da 8ª diária e/ou da 44ª hora semanal, o empregador deverá remunerar tais horas como jornada suplementar e com o adicional mínimo de 50%.

Nada obsta que se tenha a fixação de outra jornada contratual, desde que mais benéfica ao empregado doméstico. Nesses casos, aplica-se uma regra de três. Assim, para os empregados sujeitos a 40 horas semanais de trabalho, aplica-se o divisor 200 para o cálculo do valor do salário-hora.

Os contratos vigentes à época da promulgação da EC 72 e que tenham jornadas contratuais mais benéficas ao trabalhador doméstico devem ser respeitados, não se podendo alterar a jornada sob o fundamento de eventual adequação ao limite legal. Exemplo: a empregada labora 40 horas semanais (5 x 2, com jornada de segunda a sexta-feira, com 8 horas diárias) e recebe o salário mínimo. A sua jornada não pode ser alterada para 44 horas semanais. Se isso ocorrer, o que ultrapassar da 8ª hora diária e/ou da 40ª hora semanal será considerado como hora extra. Trata-se da manutenção da norma contratual mais benéfica.

É recomendável que se insira nos contratos de trabalho doméstico o efetivo horário de trabalho, ou seja, o lapso temporal diário, compreendendo do início até o seu término, em que a empregada prestou serviços ao empregador, não se incluindo o intervalo. Por exemplo: horário das 7 às 11h e das 12 às 16h, de segunda a sexta-feira e no sábado das 8 às 12h.

Com a LC 150, ficou explícito que na contagem da jornada diária de trabalho do empregado doméstico não devem ser computadas as horas relacionadas com: (a) tempo de repouso (intervalo de 11 horas entre uma jornada diária e outra); (b) as horas não trabalhadas; e (c) os feriados e os domingos livres em que o empregado que mora no local de trabalho nele permaneça.

5.4.2 É possível para o empregado doméstico a fixação contratual da jornada a tempo parcial?

Para efeitos legais, considera-se trabalho em regime de tempo parcial aquele cuja duração não exceda a 25 horas semanais.

O salário a ser pago aos empregados sob o regime de tempo parcial será proporcional à sua jornada, em relação aos empregados que cumprem, nas mesmas funções, tempo integral.

Por exemplo: (a) o empregado enquadrado no regime do art. 7º, XIII, CF ganha R$ 220,00 por mês; o salário-hora é de R$ 1,00; (b) o empregado em regime de tempo parcial, que tenha uma jornada diária de 3 horas (na semana: 3 x 6 dias de labor = 18 horas), deverá ganhar por dia: R$ 3,00; por mês, ganhará R$ 3,00 x 30 dias = R$ 90,00.

O regime de tempo parcial é válido para o trabalhador doméstico. Trata-se de uma jornada contratual inferior ao limite fixado na Constituição. Contudo, é imperiosa que se tenha a predeterminação dos dias e dos respectivos horários diários. Não é possível a fixação de jornada diária superior a 8 horas.

O horário de trabalho deve ser fixado de forma explícita: (a) jornada semanal: 18 horas; (b) a jornada será cumprida em três dias na semana; e (c) quarta a sexta-feira, das 8h às 11h e das 11h15min às 14h15min. Nesse caso, é obrigatória a concessão de um intervalo diário de 15 minutos.

Para o empregado não doméstico sob regime de tempo parcial (art. 59, § 4º, CLT), a legislação vigente proíbe a prestação de horas extras, o que não ocorre com o doméstico.

Até o advento da LC 150, a sistemática da CLT era aplicável ao empregado doméstico.

Com a LC 150, a duração normal do trabalho do empregado em regime de tempo parcial poderá ser acrescida de hora suplementares, desde que: (a) exista acordo escrito expresso entre o empregado e o empregador; (b) respeite o limite máximo de uma hora extra; e (c) a jornada diária seja de no máximo 6 horas.

5.4.3 O empregado doméstico tem direito à percepção de hora extra?

As horas extras compreendem as que excedem a jornada normal do empregado. Jornada normal é a prevista na lei, no instrumento normativo ou no contrato de trabalho do empregado. Quando se excede a duração da jornada normal, o empregado tem direito à percepção da hora extra (salário-hora acrescido de, no mínimo, 50%).

A jornada normal do empregado doméstico é de 8 horas diárias e 44 horas semanais. Vale dizer, existem dois limites a serem observados, um limite diário (8 horas) e um limite semanal (44 horas), de modo que a hora que ultrapassar a 8ª diária e/ou a 44ª semanal deve ser paga como extra. Para o empregado com jornada de segunda a sexta, das 8 às 12h e das 13 às 17h e, aos sábados, das 8 às 12h, em caso de extravasamento da jornada na semana ou no sábado, citadas horas serão pagas como horas extras. O adicional legal das horas extras é 50%. Nesse caso, se fizer 4 horas extras, o acréscimo salarial será: (a) salário mensal – R$ 220,00; (b) salário-hora – R$ 220,00 : 220 = R$ 1,00; (c) adicional de hora extra – 50%; (d) valor da hora extra – R$ 1,00 + 50% = R$ 1,50; (e) valor das horas extras – R$ 1,50 x 4 = R$ 6,00.

O empregado doméstico pode ter uma jornada contratual inferior aos limites legais. Quando o empregado tem a jornada de segunda a sábado, das 8 às 12h e das 13 às 16h, em caso de extravasamento da jornada na semana ou no sábado, citadas horas serão pagas como horas extras. A sua jornada normal é de 7 horas diárias. O adicional legal das horas extras é 50%. Nesse caso, se fizer 4 horas extras, o acréscimo salarial será: (a) salário mensal – R$ 210,00; (b) salário-hora – R$ 210,00: 210 (7 horas x 30 dias) = R$ 1,00; (c) adicional de hora extra – 50%; (d) valor da hora extra – R$ 1,00 + 50% = R$ 1,50; e (e) valor das horas extras – R$ 1,50 x 4 = R$ 6,00.

Além do pagamento das horas extras, quando as horas extras são habituais, elas também acabam incidindo em outras verbas do contrato de trabalho, como descanso semanal remunerado, décimo terceiro salário, férias etc.

5.4.4 Em quais hipóteses o empregado doméstico é obrigado a prestar horas extras?

A CLT permite horas extraordinárias em três casos: acordo de prorrogação, sistema de compensação e necessidade imperiosa (força maior, conclusão de serviços inadiáveis e a recuperação das horas de paralisação).

Para o empregado doméstico, a partir da LC 150 somente há previsão para a sistemática do acordo de compensação de horas de trabalho.

5.4.4.1 O que vem a ser o acordo de prorrogação de horas?

Acordo de prorrogação de horas é o ajuste fixado entre o empregado doméstico e o empregador, objetivando a realização de horas além do limite normal da duração da jornada de trabalho, mediante o pagamento das respectivas horas extras. Pode ser por prazo determinado ou indeterminado.

Pela CLT, o ajuste pode ser convencionado por escrito entre empregador e empregado ou previsto no acordo ou convenção coletiva de trabalho. A duração normal do trabalho poderá ser acrescida de até 2 horas suplementares. O adicional mínimo a ser pago é de 50%. Se a duração do trabalho extravasar o limite de 10 horas diárias, todas as horas extras prestadas são devidas, isto é, o acordo é tido como inválido, gerando uma infração administrativa para o empregador. Por exemplo: (a) o empregado tem a jornada diária de 8 horas, excedendo, por alguns meses, o labor em 3 horas diárias. Houve o extravasamento do limite de 10 horas diárias, contudo, serão pagas como horas extras as 3 horas com o adicional de 50%; e (b) caso o empregador seja fiscalizado, caberá multa administrativa pela violação do limite legal de 10 horas diárias.

Apesar da ausência de previsão expressa na LC 150 quanto ao ajuste escrito (o qual, consideramos ser necessário), entendemos por válida a fixação máxima da jornada diária em 10 horas, ante a aplicação subsidiária da CLT (art. 19, *caput*, LC 150) (proteção à constituição física do trabalhador, além do respeito a sua dignidade como ser humano).

Logo, o exemplo *supra* é plenamente aplicável ao empregado doméstico, contudo, não haverá a punição administrativa, visto que a jornada diária foi de 10 horas. Além da 10ª hora diária, entendemos que o empregador doméstico ficará sujeito à aplicação da multa administrativa.

Para o TST, em caso de ruptura do acordo de prorrogação (supressão total ou parcial), pelo empregador, de serviço suplementar prestado com habitualidade, durante pelo menos um ano, o empregado tem direito à indenização correspondente ao valor de um mês das horas suprimidas (total ou parcialmente), para cada ano ou fração igual ou superior a 6 meses de prestação de serviço acima da jornada normal. O cálculo observará a média das horas suplementares nos últimos 12 meses anteriores à mudança, multiplicada pelo valor da hora extra do dia da supressão.

5.4.4.2 O que é o acordo de compensação?

A compensação das horas de trabalho consiste na distribuição das horas de um dia pelos demais dias da semana ou em outras semanas.

A compensação pode ser anual, semanal e na forma da semana espanhola.

Com a Reforma Trabalhista (Lei 13.467/17), além dessas modalidades, admite-se o banco de horas, via acordo individual, cuja vigência máxima é de seis meses, além do acordo individual, tácito ou escrito, para a compensação mensal.

Nos tópicos a seguir, haverá o destaque para as três primeiras sistemáticas de compensação.

5.4.4.2.1 Como se dá a compensação anual?

O banco de horas (compensação anual) permite compensar o excesso de horas trabalhadas em um dia pelo correspondente em outro, observado o período de um ano.

No banco de horas, o limite máximo da jornada diária continua a ser de 10 horas, sendo que a compensação não precisa ocorrer na própria semana ou mês em que se deu o acréscimo da jornada diária. Basta que ocorra dentro da vigência do banco, que não pode ser superior a 12 meses.

Exemplo: no dia 5/1/2015, houve a realização de 2 horas além da 8ª hora diária, sendo que houve a compensação no dia 5/3/2015 (na vigência do banco), com a empregada saindo duas horas mais cedo (nesse dia laborou apenas 6 horas).

Para o empregador não doméstico, antes da Reforma Trabalhista (Lei 13.467/17), a adoção do banco de horas estava condicionada à previsão em acordo ou convenção coletiva da categoria. Atualmente, a partir de 11/11/2017, é possível o banco de horas, via negociação direta entre empregado e empregador, com duração de até no máximo 6 meses (art. 59, § 5º, CLT).

Assim, entendíamos que essa exigência não seria aplicável ao empregador doméstico, vez que ainda não possui uma estrutura sindical formalizada em todos os municípios.

Até o advento da LC 150, com exclusão do instrumento normativo, a sistemática da CLT era aplicável ao empregado doméstico.

A LC 150 não exige a negociação coletiva para o banco de horas, contudo, estabeleceu critérios distintos para a compensação de horas do empregado doméstico. Citados critérios refletem uma mescla de compensação mensal com banco de horas.

As regras são: (a) acordo de compensação por escrito. Portanto não vale o acordo verbal; (b) será devido, como hora a ser compensada o que ultrapassar as primeiras 40 horas mensais excedentes ao horário normal de trabalho; (c) das 40 horas mensais poderão ser deduzidas, dentro do próprio mês em que tais horas extras foram prestadas, sem o correspondente pagamento, aquelas não trabalhadas em função: (1) da redução do horário normal; (2) dia útil não trabalhado; (d) o saldo de horas que exceder as 40 primeiras horas mensais, quando for o caso, será compensado no período máximo de um ano; (e) caso se tenha a rescisão do contrato de trabalho sem que tenha havido a compensação integral da jornada extraordinária, o empregado fará jus ao pagamento das horas extras não compensadas, calculadas sobre o valor da remuneração na data de rescisão.

Exemplo: (a) quando da admissão, em setembro/2015, houve a assinatura de acordo escrito de compensação de horas de trabalho entre o empregado e o empregador doméstico; (b) no mês de outubro de 2015, o empregado fez 60 horas extras; (c) no mês de outubro/2015, o empregado folgou um dia a mais da folga semanal regular (DSR), bem como faltou um dia, totalizando, assim, 16 horas não trabalhadas; (d) do limite de 40 horas, o empregador desconta 16 horas e paga 24 como horas extras; (e) as 20 horas excedentes (acima de 40 horas) serão computadas no banco de horas; (f) até setembro/2016, do banco de horas, foram compensadas 10 horas. Como extrapolou o limite de um ano, as horas não compensadas devem ser pagas como extraordinárias; e (g) se ocorrer a dispensa no período de setembro/2015 a setembro/2016, as horas não compensadas, deverão ser pagas como horas extras.

A validade desse exemplo está condicionada: (a) a existência do acordo escrito entre o empregado e o empregador. Recomenda-se a celebração de um novo acordo a cada 12 meses; e (b) que o limite de 60 horas mensais seja apurado dentro da jornada diária até a 10ª hora.

Logo, diante da ausência desses requisitos, temos: (a) caso não se tenha o acordo escrito, de acordo com a inteligência da Súmula 85, do TST, todas as 60 horas serão pagas como horas extras para o empregado doméstico; e (b) o que exceder da 10ª hora será pago, necessariamente, como hora extra, não podendo ser compensada, seja no próprio mês, seja no banco de horas.

5.4.4.2.2   Como pode ocorrer a compensação semanal?

Pela CLT, na compensação semanal, o empregado presta serviços além da 8ª hora diária, compensando esse labor com a redução da jornada em outros dias ou com o não trabalho em um dia. É importante que se tenha o acordo.

O empregado não pode trabalhar mais do que 10 horas diárias.

Pode ser instituída por: (a) acordo escrito entre o empregado e o empregador; e (b) acordo coletivo ou convenção coletiva.

Exemplos: (a) jornada sem a compensação: das 8 às 17h, de segunda a sexta-feira, com uma hora de intervalo, e nos sábados, das 8 às 12h, totalizando 44 horas semanais de trabalho; e (b) jornada com a compensação (acordo coletivo, convenção coletiva ou acordo individual de trabalho): das 7 às 17h, de segunda a quinta, e na sexta-feira até às 16h, sempre com uma hora diária de intervalo, totalizando 44 horas semanais de trabalho.

Até o advento da LC 150, com exclusão do instrumento normativo, a sistemática da CLT era aplicável ao empregado doméstico.

A LC 150 estabeleceu critérios distintos para a compensação de horas do empregado doméstico.

Não exige o instrumento normativo, contudo, estabeleceu critérios, os quais atuam como uma sistemática simultânea de compensação mensal e banco de horas (compensação anual).

Apesar da inexistência de um limite máximo para a jornada de trabalho diária, entendemos ser aplicável o limite de 10 horas.

No mais, reportamo-nos aos critérios e exemplo expostos no tópico 5.4.4.2.1.

5.4.4.2.3   O que vem a ser a "semana espanhola"?

É válida a sistemática de compensação de horário quando a jornada é a denominada "semana espanhola" (compensação espanhola), que alterna a prestação de 48ª horas em uma semana e 40 horas em outra.

Exemplo: (a) em uma semana, jornada das 8 às 18horas, de segunda a sábado (seis dias na semana), com 2 horas de intervalo (48 horas semanais); e (b) na outra semana, jornada das 8 às 18 horas, de segunda a sexta-feira, com 2 horas de intervalo (40 horas semanais).

Para o empregador não doméstico, a adoção da semana espanhola estava condicionada à previsão em acordo ou convenção coletiva da categoria.

Entendíamos que essa exigência não poderia ser exigida do empregador doméstico, o qual não possuía uma estrutura sindical formalizada.

Até o advento da LC 150, com exclusão do instrumento normativo, a sistemática da semana espanhola era aplicável ao empregado doméstico.

Com a LC 150, houve o estabelecimento de critérios distintos para a compensação de horas do empregado doméstico, os quais atuam como uma sistemática simultânea de compensação mensal e banco de horas (compensação anual).

Portanto, a partir da LC 150, não é mais viável a adoção do regime da semana espanhola para o empregado doméstico.

5.4.4.3 O que a lei considera como necessidade imperiosa que justifique a prorrogação da jornada de trabalho?

São hipóteses de necessidade imperiosa: (a) força maior; e (b) serviços inadiáveis. Nessas hipóteses, a duração do trabalho poderá exceder do limite legal (8 horas diárias limitadas a 44 semanais) ou convencionado (ir além da jornada diária e/ou semanal estabelecida entre o empregado e o empregador, desde que seja menor ao limite legal).

5.4.4.3.1 O que é considerado "força maior"?

Do ponto de vista da CLT, força maior é todo acontecimento inevitável, em relação à vontade do empregador, e para a realização do qual este não concorreu, direta ou indiretamente. A imprevidência do empregador exclui a razão de força maior. Exemplos: (a) enchente na residência; e (b) queda da energia elétrica que atrapalha os serviços na residência da família. Nas hipóteses de força maior, não há limite diário para a jornada. A hora extra é devida com adicional de 50%.

A CLT prevê que, na ocorrência de fatos tidos como força maior, independentemente de acordo ou contrato coletivo, o trabalho poderá ser exigido (art. 61, § 1º, CLT, Lei 13.467/17).

5.4.4.3.2 O que podem ser considerados como serviços inadiáveis?

Serviços inadiáveis são aqueles que devem ser realizados na mesma jornada diária de trabalho, sob pena de prejuízos ao empregador. Exemplo: um jantar festivo na casa do empregador doméstico, onde se espera a presença de inúmeros convidados.

Nesses casos, a jornada extraordinária (que exceder a 8ª diária) será paga como hora extra com o adicional de 50%, não havendo necessidade de autorização ou acordo nesse sentido, sendo que, no máximo, o trabalho diário é permitido até 12 horas.

5.4.5 As folgas e os feriados laborados podem ser computados no banco de horas para fins de compensação?

O empregado doméstico tem direito ao descanso remunerado nos finais de semana (DSR ou folga semanal) e aos feriados.

Se por alguma necessidade o empregado doméstico vier a laborar na sua folga ou no feriado, é recomendável a concessão da folga em outro dia na semana (dentro da semana).

É inadmissível que o empregado trabalhe semanas sem qualquer folga e, posteriormente, o empregador venha a concedê-la em dias sucessivos. Exemplo: por quatro semanas, o empregado labora sem folgas e na quinta semana consecutiva o empregador concede quatro dias de folga.

Também é inaceitável que o empregado labore em folgas e tais horas o empregador diminua com a redução da jornada em outros dias na semana. Vale dizer, a única forma válida para a folga laborada é a concessão de outro dia de folga dentro da própria semana.

5.4.6 Caso o empregado trabalhe no dia de folga ou feriado, ele tem direito ao recebimento de horas extras?

O labor na folga (DSR) e no feriado, sem a devida compensação, é hora extra devida em dobro (com adicional de 100%). Exemplo: no domingo, dia de folga, o empregado labora 8 horas. Citadas horas extras são devidas com adicional de 100%. Se o salário-hora é de R$ 1,00, o empregado irá receber: R$ 1,00 x 8 horas x 2 (dobra), totalizando, assim, R$ 16,00.

5.4.7 É obrigatória para o empregado doméstico a adoção de controle formal de jornada de trabalho (cartão de ponto ou livro de ponto)?

Pela sistemática da CLT, para o empregador com mais de 10 empregados é necessária a adoção de controle formal de jornada de trabalho (cartão de ponto; livro de ponto etc.).

Como não é comum a existência de tantos empregados domésticos, tal exigência tem pouca aplicação prática.

Contudo, antes da LC 150, recomendávamos a adoção de livro ou cartão de ponto no qual:

a) fosse anotado pelo empregado doméstico: horário de entrada e de saída; os horários de saída e retorno do intervalo intrajornada;

b) ao final do dia ou do mês, o documento fosse assinado pelo empregado;

c) o trabalhador não deveria anotar horários invariáveis, tais como: 8:00/17:00 (horários de entrada e saída); 12:00/13:00 (horários de intervalo). Horários invariáveis não correspondem à realidade, visto não ser razoável que o trabalhador tenha uma regularidade horária diária. Vale dizer, ninguém chega ou sai do trabalho sempre nos mesmos horários. Deve ser anotado o horário efetivo da entrada e da saída. Exemplo: 7:49 (entrada ao trabalho); 17:32 (saída do trabalho).

O controle formal é essencial para que o empregador doméstico comprove os efetivos horários de trabalho diante de uma ação trabalhista em que o empregado venha pleitear horas extras não remuneradas.

Com a LC 150, independentemente do número de empregados domésticos, passou a ser obrigatória a adoção do registro do horário de trabalho. Pode ser adotada qualquer sistemática: manual, mecânico ou eletrônico. Basta que o controle adotado seja idôneo.

Deverá constar do registro: os horários (entrada e saída) de todos os dias laborados no mês. Recomenda-se que os horários sejam anotados de forma fidedigna (letras "a" a "c" supra).

Quanto ao horário de intervalo, a LC 150 não é explícita, exceto para a hipótese do fracionamento do intervalo para quem resida no local de trabalho. Nesta hipótese, os intervalos deverão ser anotados diariamente no registro de horário de trabalho.

Nas demais, o horário de intervalo poderá ser pré-anotado, como ocorre para o empregado não doméstico (art. 74, § 2º, CLT). Pré-anotado significa uma indicação única no registro de que o horário de intervalo é gozado das 12:00 às 13:00 ou das 11:00 às 12:00. Apesar de ser possível a pré-anotação, recomenda-se que os horários de intervalo sejam anotados diariamente.

5.4.8 Na hipótese de o empregado doméstico residir no local, como é que fica a duração da jornada de trabalho?

Na hipótese de o empregado doméstico residir no local de trabalho, recomenda-se ao empregador doméstico que não adote nenhuma sistemática de exigir que o empregado fique à disposição ou que cumpra qualquer outra atividade além dos horários predeterminados, sob pena de configurar horas extras.

Por exemplo: a jornada contratual é das 8:00 às 18:00 com 2 horas de intervalo (8 horas diárias). À noite, por volta das 19:00, a empregada sai para a escola e retorna à residência às 23 horas. No período das 23:00 às 8:00, o empregador não deverá exigir tarefas da trabalhadora, sob pena desse horário ser considerado como hora extra.

Como forma de evitar a caracterização de jornada suplementar, podemos sugerir a alternativa de o empregador combinar com o trabalhador o sistema de prontidão (caso o empregador entenda ser necessário tais serviços), ou seja: no período das 23:00 às 8:00 o empregador combina que a empregada ficará à disposição do empregador, pagando-lhe, por exemplo, o equivalente à metade das respectivas horas.

Nas hipóteses em que houver prestação de serviços, as horas de trabalho deverão ser remuneradas como horas extras.

5.4.9 É possível a adoção de "jornada flexível" para o empregado doméstico?

"Jornada flexível" é aquela em que os horários e os dias de trabalho não são previamente fixados. O trabalhador fica à disposição do empregador. A cada dia e semana, a duração de trabalho é variável, não só quanto aos dias trabalhados na semana, como também em relação aos horários em cada dia laborado.

Todo ser humano necessita de horários para o trabalho, para o lazer e para as atividades pessoais. Ninguém pode ser contratado para ficar à disposição do empregador, o qual irá variar a jornada diária, dependendo das suas necessidades familiares ou pessoais. Portanto, não é possível a adoção de "jornada flexível" para o empregado doméstico.

5.4.10 É possível o regime de trabalho 12 x 36 para o empregado doméstico?

O regime 12 x 36 é o regime no qual a jornada é de 12 horas diárias com um descanso de 36 horas. Exemplo: horário das 7:00 às 20:00 com uma hora de intervalo, com folga no dia seguinte e com retorno ao trabalho no outro dia às 7:00 e, assim, sucessivamente.

A LC 150 admite a jornada 12 x 36 mediante o acordo escrito entre o empregador e o empregado doméstico, em que se tenha a fixação do horário de entrada e de saída, além da observância do gozo ou da indenização do horário de intervalo intrajornada (repouso e alimentação).

Por lei, quando houver o ajuste escrito do regime 12 x 36, na remuneração mensal do empregado doméstico estarão inclusos: (a) o descanso semanal remunerado; (b) os feriados; e (c) a prorrogação do horário noturno após às 5horas da manhã.

Exemplo: (a) quando da contratação, houve a fixação do salário mensal à base de R$ 2.000,00, com a cláusula 12 x 36 (por escrito), com o horário das 19:00 às 7:00, além de uma hora diária de intervalo; (b) dentro do mês, as folgas e os feriados estão pagos na remuneração mensal; e (c) o adicional noturno é devido no horário das 22:00 às 5:00, não sendo devido na prorrogação das 5:00 às 7:00.

O regime 12 x 36 é uma forma especial de compensação de horas de trabalho, logo, hora extra é a partir da 12ª hora diária. Contudo, a imposição do regime 12 x 36, sem o correspondente ajuste escrito entre o empregado e o empregador, implica o pagamento de hora extra acima da 8ª hora diária.

5.4.11 Como fica a situação do empregado doméstico em viagens com o empregador

A LC 150 estipula que o acompanhamento do empregador pelo empregado em viagem está condicionado à prévia existência de acordo escrito entre as partes.

Durante as viagens, serão consideradas como jornada de trabalho apenas as horas efetivamente trabalhadas no período. Portanto, é inadmissível que todo o tempo da viagem seja considerado como tempo de disposição do empregado ao empregador.

Também por ajuste escrito, é válida a adoção do sistema de compensação para as horas efetivamente trabalhadas em viagens, adotando-se as regras como explicadas no tópico 5.4.4.2.1.

A remuneração-hora do serviço em viagem será, no mínimo, 25% superior ao valor do salário-hora normal (adicional de deslocamento). Trata-se de um adicional que remunera o deslocamento e não a prestação de horas extras.

Mediante acordo, o acréscimo de 25% pode ser convertido em acréscimo no banco de horas, a ser utilizado a critério do empregado. Por exemplo: (a) o empregado laborou 120 horas em viagem; (b) recebe 120 horas pelo salário normal, sem o acréscimo de 25%; e (c) o acréscimo (25% sobre 120 horas), ou seja, 30 horas, é acrescido ao banco de horas.

5.5 TRABALHO REALIZADO NO PERÍODO NOTURNO

A Constituição assegura remuneração do trabalho noturno superior ao diurno.

De acordo com a CLT, existem várias regras protetivas para os empregados que trabalham à noite: (a) jornada noturna é o período das 22às 5horas do dia seguinte; (b) durante a jornada noturna, a hora noturna é de 52 minutos e 30 segundos (52'30"); (c) o fator da redução do horário noturno (diferença de 7 minutos e 30 segundos) (7'30"); (d) o adicional noturno é de 20% e incide sobre o salário contratual do empregado; e (e) nos horários mistos (diurnos e noturnos), a jornada após às 22horas deverá ser apurada de forma reduzida e com o adicional legal (20%).

O empregador doméstico pode fixar a jornada noturna, hipótese muito comum às pessoas que cuidam de crianças ou de idosos.

A EC 72 indica que o empregado doméstico tem direito à remuneração do trabalho noturno superior à do diurno, desde que sejam atendidas as condições estabelecidas em lei.

A LC 150 adota as regras supra, dispondo ainda que, em caso de contratação, pelo empregador, de empregado exclusivamente para desempenhar trabalho noturno, o adicional de 20% será calculado sobre o salário anotado na CTPS. Isso significa que não poderão ser incluídos outros adicionais no cálculo do adicional noturno.

Por outro lado, no regime 12 x 36, a LC 150 dispõe que, quando houver o ajuste escrito, na remuneração mensal do empregado doméstico estará inclusa a prorrogação do horário noturno após às 5 horas da manhã. Exemplo: (a) quando da contratação, houve a fixação do salário mensal à base de R$ 2.000,00, com a cláusula 12 x 36 (por escrito), com o horário das 19 às 7 horas, além de uma hora diária de intervalo; (b) o adicional noturno é devido no horário das 22 às 5 horas, não sendo devido na prorrogação das 5 às 7 horas.

5.6 INTERVALOS DIÁRIOS E SEMANAIS (FINAIS DE SEMANA E FERIADOS)

5.6.1 Como é o intervalo para refeição e descanso do empregado doméstico?

Intervalo intrajornada é o descanso concedido dentro da própria jornada de trabalho. Em cada jornada laboral, o ordenamento determina a concessão do intervalo para repouso ou alimentação. Esse repouso destina-se à recomposição física do trabalhador, por intermédio da alimentação, dentro da jornada diária de trabalho.

No curso da jornada de trabalho, quando for de até 4 horas, não existe obrigatoriedade para a concessão de intervalo. Nos casos em que a jornada for superior a 4 horas e inferior a 6 horas, o intervalo será de 15 minutos. Por fim, quando o trabalho for prestado por mais de 6 horas contínuas, o intervalo para refeição e descanso será de 1 hora, podendo estender-se a 2 horas.

Para o empregado não doméstico, a não concessão ou restrição do intervalo por parte do empregador, independentemente da prestação de horas extras, implica o pagamento do período suprimido, com adicional de, no mínimo, 50%. Exemplo: o empregado tem uma jornada diária de 8 horas e, se não tiver o intervalo na sua totalidade ou apenas usufruir 30 minutos, terá direito à percepção de 1 hora, com adicional de 50%, pela não concessão regular do horário de intervalo.

Sempre defendemos a extensão de tal regra ao empregado doméstico, visto que o intervalo é matéria de ordem pública.

Em linhas gerais, a LC 150 adota a sistemática da CLT, ao estabelecer que é: (a) obrigatória a concessão de intervalo para repouso ou alimentação pelo período de, no mínimo, 1 hora e, no máximo, 2 horas; e (b) admissível, mediante prévio acordo escrito entre empregado e empregador, sua redução a 30 minutos.

O horário de intervalo poderá ser pré-anotado no registro de horário de trabalho.

De forma inovadora, a LC 150 admite o fracionamento do horário de intervalo, caso o empregado resida no local de trabalho. É possível a divisão do intervalo em dois períodos, desde que cada um deles tenha, no mínimo, 1 hora, até o limite de 4 horas no dia. Por exemplo: (a) jornada das 8:00 às 20:00, com dois intervalos; (b) 1º intervalo, das 12:00 às 13:00 e o 2º intervalo, das 16:00 às 19:00; e (c) somando-se as horas efetivamente laboradas (das 8:00 às 12:00; das 13:00 às 16:00 e das 19:00 às 20:00), não computando os intervalos, temos 8 horas de trabalho. Nessa hipótese, os dois horários de intervalo deverão ser anotados diariamente no controle de horário de trabalho.

5.6.2 Existe um número de horas mínimo entre o término de uma jornada de trabalho e início da outra?

O intervalo interjornada é aquele concedido entre duas jornadas diárias de trabalho. A sua concessão propicia o repouso físico e mental do trabalhador, como também um breve período de convívio com os seus familiares.

Entre duas jornadas de trabalho, o intervalo é de 11 horas para o empregado não doméstico. O TST entende que o desrespeito ao intervalo mínimo acarreta o pagamento das horas subtraídas do intervalo como horas extras. Por exemplo: (a) se o empregado termina a jornada às 17:00 e retorna no dia seguinte às 8:00, o empregador respeitou o intervalo de 11 horas (o intervalo concedido foi de 15 horas); e (b) se o empregado termina a jornada de trabalho às 23 horas e retorna no dia seguinte às 8 horas, o empregador desrespeitou o intervalo de horas (o intervalo concedido foi de 9 horas), logo, o empregado tem direito a 2 horas extras.

Já era razoável a extensão da regulamentação existente para outros empregados ao empregado doméstico, visto que o intervalo é matéria de ordem pública, devendo a regra ser observada pelo empregador doméstico.

Com o advento da LC 150, tal extensão tornou-se obrigatória, pois é explícita no sentido de que entre duas jornadas de trabalho deve haver período mínimo de 11 horas consecutivas para descanso (tempo de repouso).

5.6.3 O empregado tem direito de descansar aos domingos e feriados?

Descanso semanal remunerado (DSR) é o lapso temporal correspondente a 24 horas consecutivas, de preferência aos domingos e feriados, nos quais o empregado não é obrigado a comparecer ao serviço, uma vez por semana, recebendo a remuneração correspondente.

Além do descanso semanal, também existem os feriados municipais, estaduais e federais, nos quais o empregado não é obrigado a prestar serviços.

A escala de dias laborados não pode ser superior a 6 dias, visto que a folga deve ser concedida obrigatoriamente até o sétimo dia.

A LC 150 assegura o descanso semanal remunerado à base de 24 horas consecutivas, além do descanso remunerado em feriados.

5.6.4 O descanso do empregado doméstico deve ser sempre aos domingos?

A princípio, a folga (DSR) poderá cair em qualquer dia da semana. Todavia, é necessário que, a cada número de semanas, o descanso semanal remunerado coincida com o domingo. Recomenda-se que a folga coincida com o domingo a cada três semanas de trabalho. Se isso não ocorrer, a folga trabalhada deverá ser paga de forma dobrada. Exemplo: na 3ª semana de trabalho, se a folga não coincidir com o domingo de forma obrigatória, o empregado doméstico terá direito às horas laboradas no domingo de forma dobrada. Se a jornada no domingo foi de 8 horas, como o salário é de R$ 2,00 por hora, o doméstico ganhará o equivalente a R$ 32,00.

Por outro lado, o trabalho no dia de repouso sem folga compensatória deverá ser pago em dobro, independentemente da remuneração relativa ao descanso. Exemplo: se a jornada no domingo é de 6 horas, o doméstico tem direito à percepção da quantia de R$ 24,00 (salário-hora de R$ 2,00). A fim de se evitar o pagamento como hora extra a 100%, a solução para o empregador é a concessão de uma folga compensatória, a qual deverá ocorrer dentro da mesma semana em que houve o trabalho no dia destinado ao repouso.

A LC 150 estabelece o DSR, de forma preferencial, aos domingos. Recomenda-se que o DSR, a cada número de semanas, coincida-se com o domingo. Sugerimos que se adote a regra vigente para os empregados do comércio varejista, pelo menos um domingo descansado a cada período de 3 semanas.

Também está assegurado pela LC 150 que o labor em domingos e feriados, sem a devida compensação, deve ser pago em dobro, sem prejuízo da relação relativa ao repouso semanal.

5.6.5 Como calcular e pagar o descanso semanal?

Com o pagamento do salário mensal, o descanso semanal também está pago, não havendo a necessidade de constar expressamente no recibo de pagamento.

Matematicamente, a remuneração do descanso semanal remunerado corresponde a um dia de serviço, desde que a jornada seja cumprida em todos os dias na semana (no máximo 6 dias). Exemplos: (a) na jornada de 8 horas diárias, limitadas ao fator de 44 horas semanais, ao auferir-se o salário por mês, o DSR está remunerado, visto que o valor corresponde a 30 dias de salário; (b) na jornada de 4 horas diárias por 6 dias por semana, com o valor de R$ 2,00 por hora, o DSR corresponde a R$ 8,00 (4 horas x R$ 2,00); e (c) na jornada de 4 horas diárias por 3 dias por semana, a jornada semanal é de: 4 x 3 = 12 horas. Como a sua jornada não é total na semana, temos que dividir 12 : 6 (número de dias), totalizando 2 horas. O DSR corresponde a 2 horas. O valor do salário-hora é de R$ 2,00. O DSR corresponde a R$ 4,00.

5.7 O DIREITO ÀS FÉRIAS DO EMPREGADO DOMÉSTICO

5.7.1 Quem marca o período de férias do empregado?

As férias são marcadas pelo empregador, no período até 12 meses após a aquisição do direito (cumprimento do período aquisitivo). Exemplo: férias 2014/2015 – período aquisitivo 10/1/2014 a 9/1/2015. Evidentemente, as férias também podem ser marcadas pelo empregador, atendendo a uma solicitação do empregado quanto ao período. Esse período fixado por lei para marcação das férias é conhecido como período concessivo. Exemplo: férias 2014/2015 – período concessivo – 10/1/2015 a 9/1/2016.

O empregado será comunicado, por escrito, do período concedido para descanso, com antecedência mínima de 30 dias. O período concedido deverá constar na CTPS e na ficha de registro do empregado. Se as férias têm início no dia 12/4/2015, o empregado deverá ser pré-avisado do gozo das férias até o dia 12/3/2015.

5.7.2 Quantos são os dias de férias? Elas podem ser divididas?

Atualmente, os empregados domésticos têm direito ao período de 30 dias de férias, após 12 meses de trabalho (período aquisitivo). O período de férias é computado como tempo de serviço, o que já não ocorre com as férias indenizadas.

Em regra, as férias devem ser concedidas em um único período. Em casos excepcionais, as férias poderão ser fracionadas em dois períodos, de modo que um deles tenha, pelo menos, 10 dias e o outro a duração de 14 dias.

Os empregados contratados por tempo de regime parcial (até 25 horas semanais), após cada período de 12 meses de vigência do contrato de trabalho, têm direito a férias, na seguinte proporção: (a) 18 dias, para a duração do trabalho semanal superior a 22 horas, até 25 horas; (b) 16 dias, para a duração do trabalho semanal superior a 20 horas, até 22 horas; (c) 14 dias, para a duração do trabalho semanal superior a 15 horas, até 20 horas; (d) 12 dias, para a duração do trabalho semanal superior a 10 horas, até 15 horas; (e) 10 dias, para a duração do trabalho semanal superior a 5 horas, até 10 horas; (f) 8 dias, para a duração do trabalho semanal igual ou inferior a 5 horas.

5.7.3 O que significa "férias vencidas", "proporcionais", "dobradas" e "indenizadas"?

A expressão "férias vencidas" significa que o empregado já adquiriu o direito a férias, mas ainda não as usufruiu.

Por sua vez, as "férias proporcionais" são aquelas em que ainda não se completou o período aquisitivo, assim, diz-se que para cada mês trabalhado, o empregado adquire 1/12 ao direito de férias.

Exemplo: férias 2014/2015 – período aquisitivo 10/1/2014 a 9/1/2015. Contudo, o empregado foi dispensado no dia 3 de novembro de 2015. Tem direito a 10/12 de férias proporcionais. Salário mensal: R$ 1.200,00. Cálculo: R$ 1.200,00 : 12 x 10 = R$ 1.000,00 + 1/3 (abono constitucional) = R$ 1.333,33.

Já a expressão "férias dobradas" é utilizada para se referir ao pagamento dobrado das férias, quando não são concedidas no prazo legal (dentro do período concessivo). Exemplo: férias 2013/2014 – período aquisitivo 10/1/2013 a 9/1/2014; período concessivo 10/1/2014 a 9/1/2015. Como as férias serão gozadas de 12/3/2015 a 10/4/2015, portanto, fora do período concessivo, o empregado doméstico tem direito a 30 dias de férias, contudo, o pagamento será em dobro. Salário mensal: R$ 1.200,00. Cálculo: R$ 1.200,00 x 2 (dobra) = R$ 2.400,00 + 1/3 (abono constitucional) = R$ 3.200,00.

Por fim, as "férias indenizadas" são aquelas que não foram concedidas na vigência do contrato de trabalho e, quando da sua extinção, serão pagas de forma indenizada.

5.7.4 Qual é o valor a ser pago a título de férias? Qual é o prazo para pagamento?

O valor a ser pago a título de férias considera o valor da remuneração integral (salário e outras parcelas de natureza salarial, como a média de horas extras, média do adicional noturno etc.), na data da concessão, acrescido de 1/3. O pagamento deve ser efetuado até dois dias antes do início do respectivo período e envolverá: (a) número de dias a que o empregado tenha direito; (b) o valor sofrerá o acréscimo de 1/3 (abono constitucional).

O empregado dará quitação do pagamento, com indicação do início e do término do período das férias.

Lembro que as férias não concedidas no prazo legal (período concessivo) devem ser pagas em dobro.

Todos os pagamentos devem ser mediante recibo ou comprovante de depósito bancário na conta do empregado.

5.7.5 Férias do empregador também são férias para o empregado quando estão em viagem?

É comum o empregador estar em férias, com a família, e sair em viagem levando o empregado doméstico junto. Nesse caso, as férias são do empregador e de sua família. Esse período não é férias para o empregado doméstico, o qual acompanha a família do empregador para lhe auxiliar, trabalhando ou permanecendo à disposição do empregador. Trata-se de uma comodidade para o empregador.

5.7.6 Existe a possibilidade de o empregado doméstico perder o direito às férias?

A perda ao direito às férias pode acontecer em situações específicas e essa perda poderá ser total ou parcial.

A perda ao direito total das férias ocorre quando o empregado: (a) permanecer em licença remunerada por mais de 30 dias; (b) deixar de trabalhar, percebendo remuneração, por mais de 30 dias, em virtude de paralisação do trabalho; e (c) receber da Previdência Social prestações de acidente de trabalho ou auxílio-doença por mais de 6 meses, ainda que descontínuos. As duas primeiras hipóteses são incomuns para os empregados domésticos, ao contrário da última, face ao afastamento por acidente ou doença. Em qualquer das hipóteses, após o retorno do empregado, terá início novo período aquisitivo.

Exemplo: Com admissão em 10/1/2014, o primeiro período aquisitivo de férias seria de 10/1/2014 a 9/1/2015. Contudo, o empregado ficou afastado de 14/4/2014 a 13/11/2014 (período superior a 6 meses). Com o retorno em 14/11/2014, temos o reinício do período aquisitivo: 14/11/2014 a 13/11/2015.

A interrupção da prestação de serviços deverá ser anotada na CTPS.

No caso da licença não remunerada em decorrência de pedido formulado pelo empregado, o empregador não tem a obrigação de pagar os salários, gerando, assim, a suspensão da contagem do período aquisitivo das férias, o qual terá reinício após o retorno do empregado.

A redução dos dias de férias é possível se considerarmos o número da faltas injustificadas do empregado ao trabalho no período aquisitivo, observando os seguintes critérios: (a) até 5 faltas injustificadas, não há prejuízo das férias; (b) de 6 a 14 faltas injustificadas, o período de férias é reduzido para 24 dias corridos; (c) de 15 a 23 faltas, o período de férias será de 18 dias; (d) de 24 a 32 faltas, o período será de 12 dias; e (e) mais de 32 faltas injustificadas, tem-se a perda ao direito de férias.

Exemplo: Férias 2014/2015 – período aquisitivo 10/1/2014 a 9/1/2015; no período aquisitivo houve 14 faltas injustificadas. Como as férias serão gozadas de 12/3/2015 a 4/4/2015, o empregado doméstico tem direito a 24 dias de férias e de forma simples, visto que a concessão está dentro do período concessivo. Salário mensal: R$ 1.200,00. Cálculo: R$ 1.200,00 : 30 x 24 = R$ 960,00 + 1/3 (abono constitucional) = R$ 1.280,00.

Em hipótese alguma é permitido ao empregador descontar, do período de gozo de férias, as faltas justificadas do empregado ao serviço ou mesmo feriados. Como regra, as faltas justificadas estão previstas em lei, contudo, nada impede que o empregador também aceite outras justificativas apresentadas pelo empregado.

Por exemplo: (a) o empregado faltou 20 dias no período aquisitivo, tendo justificado duas ausências; (b) o empregador não descontou 7 dias (mera liberalidade); (c) será excluído do período de gozo o equivalente a 9 dias; e (d) o empregado terá direito a 24 dias de férias.

O empregado contratado sob o regime de tempo parcial que tiver mais de 7 faltas injustificadas ao longo do período aquisitivo terá o seu período de férias reduzido à metade.

5.7.7   O empregado doméstico tem direito ao abono de férias?

Tecnicamente, "abono de férias" é a possibilidade que o empregado tem de converter um terço do período de férias em abono pecuniário, no valor da remuneração que lhe seria devida nos dias correspondentes. Isto é, transforma parte do seu período de descanso em dias de trabalho, recebendo a devida contraprestação. Também é um direito estendido aos empregados domésticos. Certo é que o empregado não pode ser obrigado pelo empregador a proceder à venda de 1/3 do período de suas férias. Se o empregado tiver o direito a 30 dias, poderá ceder o equivalente a 10 dias. Caso tenha 24 dias, poderá ceder 8 dias.

Pela LC 150, o abono de férias deverá ser requerido até 30 dias antes do término do período aquisitivo.

5.7.8   Como ficam as férias em caso de extinção do contrato de trabalho?

Na extinção do pacto laboral, pouco importando de que forma ocorra, as férias vencidas (forma dobrada ou de forma simples) são devidas com o acréscimo de 1/3 (abono constitucional).

Por regra, as férias proporcionais (com o abono de 1/3) também são devidas ao doméstico em todas as modalidades por inteiro, excetuando: (a) dispensa por justa causa (quando o empregado pratica justa causa), em que não é devida; (b) extinção por culpa recíproca, como ocorre em uma briga, o empregado terá direito a 50% das férias proporcionais.

5.8   O 13º SALÁRIO DO EMPREGADO DOMÉSTICO

5.8.1   O empregado doméstico tem direito ao 13º salário?

O 13º salário, também conhecido como gratificação natalina, é um direito do empregado doméstico.

5.8.2   Qual é o valor do 13º salário e como calcular?

O valor do 13º salário deve ser apurado com base na remuneração integral (salário básico e outras parcelas pagas, como média de horas extras, média do adicional noturno etc.), sendo que deve ser observada a remuneração do mês de dezembro ou do mês da extinção do contrato de trabalho.

Para o cálculo do 13º salário, deve ser considerada a fração de 1/12 da remuneração por cada mês de serviço prestado durante o ano.

A fração igual ou superior a 15 dias deve ser considerada como mês integral para o cálculo da gratificação.

As faltas legais ou justificadas não prejudicam a gratificação natalina. Quanto às faltas injustificadas, deve ser analisado em cada mês, individualmente, para se verificar se o empregado trabalhou ou não, pelo menos, 15 dias. Assim, por exemplo: o empregado com 12 meses de serviço e que tenha 25 faltas no mês num determinado mês receberá

11/12 de sua remuneração, isto é, perderá apenas o avo correspondente àquele mês, por ter laborado menos de 15 dias.

Exemplos: (a) admissão em 6/7/2015. O décimo terceiro salário é de 6/12. O salário é de R$ 1.200,00. O valor implica: R$ 1.200,00 : 12 x 6 = R$ 600,00; e (b) admissão em 10/1/2015. Dispensa em 7/11/2015. O décimo terceiro salário é de 10/12. O salário é de R$ 1.200,00. O valor implica: R$ 1.200,00 : 12 x 10 = R$ 1.000,00.

5.8.3 Quando deve ser pago o 13º salário?

O 13º salário deve ser pago até o dia 20 de dezembro de cada ano, podendo o empregador fazer adiantamento da gratificação entre os meses de fevereiro e novembro (até o dia 30), no valor de metade do salário recebido pelo empregado no mês anterior, de uma única vez.

Havendo solicitação do empregado no mês de janeiro do respectivo ano, o adiantamento do décimo terceiro salário (1ª parcela) será pago quando da concessão das férias.

Todos os pagamentos devem ser mediante recibo ou comprovante de depósito bancário na conta do empregado.

5.9 PROTEÇÃO À MATERNIDADE E À PATERNIDADE

5.9.1 A empregada doméstica tem os mesmos direitos que outras empregadas no que diz respeito à maternidade?

Atualmente, as empregadas domésticas possuem os mesmos direitos que outras empregadas do sexo feminino quando o tema é a maternidade, apenas com algumas peculiaridades quanto aos benefícios previdenciários.

A LC 150 não trouxe alterações quanto à sistemática da proteção à maternidade e à paternidade.

5.9.2 A empregada doméstica tem direito à estabilidade gestante?

A empregada doméstica, como as demais empregadas, tem direito à estabilidade gestante, desde a confirmação da gravidez até 5 meses após o parto.

Como é vedado exigir exame de gravidez na extinção do contrato de trabalho, o ideal é que a empregada comunique o empregador do estado gravídico. Contudo, ainda que não exista uma comunicação formal, o desconhecimento da gravidez pelo empregador não afasta o direito à estabilidade. A estabilidade tem como ponto de partida a concepção humana.

5.9.3 É possível exigir exames de gravidez da empregada doméstica?

Do ponto de vista do Direito, exigir exames de gravidez para efeito de acesso ao emprego ou para sua manutenção, além de ser proibido, configura-se crime, com detenção de um a dois anos e multa.

Por ser considerada uma prática discriminatória, não é possível nem mesmo perguntar em entrevista se a empregada está grávida ou mesmo se pretende engravidar em um prazo curto de tempo.

Também é considerada prática discriminatória a ruptura do contrato de trabalho pelo fato da empregada ter contraído matrimônio.

5.9.4   Se a empregada ficar grávida no curso do contrato de experiência?

Atualmente, o TST vem entendendo que mesmo quando a gravidez ocorre no curso do contrato de experiência, a empregada gestante tem direito à estabilidade.

Pela proteção constitucional da maternidade, quando a empregada é contratada e está grávida, no ato da contratação, ela adquire a estabilidade.

5.9.5   E quando a empregada ficar grávida no curso do aviso prévio?

Por lei, para a empregada não doméstica, a confirmação do estado de gravidez advindo no curso do contrato de trabalho, ainda que durante o prazo do aviso prévio trabalhado ou indenizado, garante a estabilidade provisória. Essa sistemática é válida para a empregada doméstica (LC 150).

5.9.6   Como compatibilizar o trabalho do dia a dia da empregada doméstica com a gravidez?

Não existe uma resposta para essa pergunta, a gravidez certamente imporá restrições de esforços físicos à empregada doméstica. Neste caso, não há como exigir um trabalho que seja superior à capacidade física do trabalhador.

Em virtude de alguns problemas relacionados à saúde da empregada ou mesmo do feto, o médico poderá afastar a empregada de suas atividades. Se houver recomendação médica, a empregada deve ser afastada junto ao Instituto Nacional de Seguro Social (INSS).

5.9.7   Como funciona a licença-maternidade?

A licença-maternidade, no caso de empregada doméstica, é o período de 120 dias, sem prejuízo do empregado ou salário.

A empregada deve, mediante atestado médico, comunicar o empregador do afastamento do emprego, que poderá ocorrer a partir do 28º dia que antecede a data estimada do parto.

Caso seja uma gravidez de risco, por exemplo, a partir do 2º ou 3º mês, o médico poderá afastar a empregada do trabalho. Nesse caso, a empregada deverá ser encaminhada ao INSS.

5.9.8 Em caso de aborto, qual é o direito da empregada?

Em caso de aborto não criminoso (acidental ou espontâneo), a mulher terá um repouso remunerado de duas semanas, ficando-lhe assegurado o direito de retornar ao trabalho.

Nesse período de afastamento, a empregada receberá o benefício previdenciário (INSS).

5.9.9 A empregada que adota uma criança tem algum direito?

A empregada que adotar ou obter a guarda judicial para fins de adoção de criança terá também licença-maternidade de 120 dias.

Nesse período, a empregada terá direito ao salário-maternidade.

5.9.10 É dever de o empregador pagar o salário-maternidade no período da licença-gestante ou decorrente de adoção de uma criança?

No período de afastamento por licença-gestante ou decorrente de adoção de uma criança, o salário-maternidade será pago diretamente pela Previdência Social à empregada doméstica, em valor correspondente ao do seu último salário-de-contribuição, que não será inferior ao salário mínimo.

O direito ao salário-maternidade independe do tempo de serviço (não exige carência).

5.9.11 Quais são as consequências da ruptura do contrato de trabalho da empregada estável?

A dispensa imotivada da empregada estável lhe garante a reintegração, com o pagamento do período afastado, sem prejuízo de indenizações por danos morais e materiais que possam decorrer da dispensa abusiva.

Contudo, na prática, teríamos uma situação muito delicada, pois o empregador teria que suportar uma pessoa contra sua vontade, dentro da sua própria residência. E, do outro lado, a empregada grávida, com as fragilidades inerentes a essa fase da vida, tendo que trabalhar com um empregador problemático.

Assim, nesses casos, dada a incompatibilidade da reintegração a ser analisada em cada caso concreto –, o Juiz do Trabalho poderá converter a reintegração em indenização; para tanto, todos os salários e vantagens do período prejudicado são verificados e convertidos em pecúnia.

5.9.12 Pode ocorrer a dispensa com justa causa da empregada estável?

Atos de desonestidade, ofensas físicas ou verbais, atos de insubordinação etc., ensejam a dispensa motivada do empregado, sendo que, nesses casos, tem-se a perda da estabilidade.

Importante lembrar que o empregador deverá comprovar de forma convincente as acusações feitas ao empregado em caso de dispensa motivada.

5.9.13 Em caso de abuso ou violação de direitos, pode a empregada considerar extinto o contrato de trabalho?

A legislação trabalhista prevê uma séria de situações, como exigir do empregado serviços superiores às suas forças, proibidos por lei, contrários aos bons costumes ou alheios ao contrato, que ensejam a extinção do contrato de trabalho por culpa do empregador.

Isso também ocorre quando houver rigor excessivo na cobrança dos serviços, houver risco para a vida do empregado, ofensas físicas ou verbais etc.

5.9.14 Qual é o direito do empregado que se tornar pai?

No caso do empregado se tornar pai, ele tem direito a uma licença de 5 dias, sem prejuízo do salário, ou seja, a ser pago pelo empregador.

5.10 O AMBIENTE DE TRABALHO, A DOENÇA E O ACIDENTE DO TRABALHO

5.10.1 O que pode ser considerado ambiente de trabalho no caso do empregado doméstico?

Podemos considerar ambiente de trabalho do empregado doméstico, de uma forma bastante sucinta, o local no qual ele desenvolve regularmente suas atividades profissionais, bem como o local destinado às suas refeições e descanso quando fornecidos pelo empregador.

5.10.2 De quem é o dever de zelar pelo meio ambiente de trabalho?

Todo empregador tem o dever de zelar pela segurança, saúde e higiene de seus trabalhadores, propiciando as condições necessárias para tanto, bem como zelar pelo cumprimento dos dispositivos legais atinentes à medicina e segurança do trabalho.

Contudo, também é dever do empregado zelar pela preservação do ambiente de trabalho e observância das regras de segurança, saúde e higiene no local de trabalho.

Como há interesse público nessas questões, é ainda papel do Estado fiscalizar o cumprimento das normas de medicina e segurança do trabalho.

5.10.3 Existem normas que disciplinam o ambiente de trabalho?

Nos termos da Constituição Federal, os direitos sociais envolvem as questões relativas à educação, à saúde, à alimentação, ao trabalho, à moradia, ao lazer, à segurança, à Previdência Social, à proteção à maternidade e à infância e à assistência aos desamparados.

Além disso, a Constituição prevê os direitos dos trabalhadores e outros que visem à melhoria de sua condição social. No elenco desses direitos, temos: *"redução dos riscos inerentes ao trabalho, por meio de normas de saúde, higiene e segurança"* (art. 7º, XXII, CF).

Apesar dos dispositivos legais existentes, a regulamentação pormenorizada das condições de trabalho está na Portaria 3.214/78, do Ministério do Trabalho e Emprego (MTE), conhecido por Normas Regulamentadoras (NRs).

As NRs dizem respeito às inúmeras questões relacionadas ao meio ambiente de trabalho, são elas: NR 1 – Disposições Gerais; NR 2 – Inspeção Prévia; NR 3 – Embargo e Interdição; NR 4 – Serviço Especializado em Segurança e Medicina do Trabalho (SESMT); NR 5 – Comissão Interna de Prevenção de Acidentes (CIPA); NR 6 – Equipamento de Proteção Individual (EPI); NR 7 – Exames Médicos; NR 8 – Edificações; NR 9 – Riscos Ambientais; NR 10 – Instalações e Serviços de Eletricidade; NR 11 – Transporte, Movimentação, Armazenagem e Manuseio de Materiais; NR 12 – Máquinas e Equipamentos; NR 13 – Vasos sob Pressão; NR 14 – Fornos; NR 15 – Atividades e Operações Insalubres; NR 16 – Atividades e Operações Perigosas; NR 17 – Ergonomia; NR 18 – Obras de Construção, Demolição e Reparos; NR 19 – Explosivos; NR 20 – Combustíveis Líquidos e Inflamáveis; NR 21 – Trabalho a Céu Aberto; NR 22 – Trabalhos Subterrâneos; NR 23 – Proteção contra Incêndio; NR 24 – Condições Sanitárias e de Conforto dos Locais de Trabalho; NR 25 – Resíduos Industriais; NR 26 – Sinalização de Segurança; NR 27 – Registro de Profissionais; NR 28 – Fiscalização e Penalidades; NR 29 – Segurança e Saúde no Trabalho Portuário; NR 30 – Segurança e Saúde no Trabalho Aquaviário; NR 31 – Trabalho na Agricultura, Pecuária, Silvicultura, Exploração Florestal e Aquicultura; NR 32 – Segurança e Saúde no Trabalho em Serviços de Saúde; NR 33 – Segurança e Saúde no Trabalho em Espaços Confinados; NR 34 – Condições e Meio Ambiente de Trabalho na Indústria da Construção e Reparação Naval; NR 35 – Trabalho em Altura; NR 36 – Segurança e Saúde no Trabalho em Empresas de Abate e Processamento de Carnes e Derivados.

5.10.4 Quais são as NRs aplicadas aos empregados domésticos?

A aplicação ou não das NRs depende de cada ambiente de trabalho, por isso, não existe uma resposta precisa para essa questão.

Assim, parece-nos necessária a elaboração de uma regulamentação específica para as relações de trabalho doméstico.

Considerando as NRs existentes, em uma análise inicial, parece-nos que algumas podem ser aplicadas às relações de trabalho doméstico. São elas: NR 1 – Disposições Gerais; NR 6 – Equipamento de Proteção Individual (EPI); NR 7 – Exames Médicos; NR 17 – Ergonomia; NR 24 – Condições Sanitárias dos Locais de Trabalho e NR 28 – Fiscalização e Penalidades.

Para o Decreto 6.481/08, na rubrica "Trabalho Doméstico" (item 76), encontram-se os prováveis riscos ocupacionais e prováveis repercussões à saúde no âmbito do trabalho doméstico:

Item	Descrição dos Trabalhos	Prováveis Riscos Ocupacionais	Prováveis Repercussões à Saúde
76.	Domésticos	Esforços físicos intensos; isolamento; abuso físico, psicológico e sexual; longas jornadas de trabalho; trabalho noturno; calor; exposição ao fogo, posições antiergonômicas e movimentos repetitivos; tracionamento da coluna vertebral; sobrecarga muscular e queda de nível	Afecções músculo-esqueléticas (bursites, tendinites, dorsalgias, sinovites, tenossinovites); contusões; fraturas; ferimentos; queimaduras; ansiedade; alterações na vida familiar; transtornos do ciclo vigília-sono; DORT/LER; deformidades da coluna vertebral (lombalgias, lombociatalgias, escolioses, cifoses, lordoses); síndrome do esgotamento profissional e neurose profissional; traumatismos; tonturas e fobias

5.10.5 Como proceder quanto à realização de exames médicos?

Será obrigatório exame médico, por conta do empregador, nas condições estabelecidas em Lei e nas instruções complementares a serem expedidas pelo MTE: (a) na admissão; (b) na demissão; (c) periodicamente.

5.10.6 Cabe ao empregador fornecer e fiscalizar o uso de equipamentos de proteção?

O empregador é obrigado a fornecer aos empregados, gratuitamente, equipamento de proteção individual adequado ao risco e em perfeito estado de conservação e funcionamento, sempre que as medidas de ordem geral não ofereçam completa proteção contra os riscos de acidentes e danos à saúde dos empregados.

O equipamento de proteção só poderá ser posto à venda ou utilizado com a indicação do Certificado de Aprovação do Ministério do Trabalho.

Além da entrega do equipamento de proteção, o empregador é obrigado a exigir do empregado a sua efetiva utilização, bem como substituí-lo quando necessário.

Como exemplos de equipamentos de proteção, temos: protetores auriculares (tipo concha ou *plug*), luvas, óculos de proteção, capacete, calçados, máscaras, luvas, vestimentas etc.

5.10.7 O que são as regras de ergonomia no trabalho? Como aplicá-las?

Ergonomia é o conjunto de normas voltadas à orientação da força do trabalho, visando à adequação das relações do homem com o seu trabalho e às condições nas quais ele é desenvolvido.

Por intermédio da NR 17, o MTE determinou as regras a serem observadas nas condições de trabalho relacionadas com levantamento, transporte e descarga de materiais.

É de 60 quilogramas o peso máximo que um empregado pode remover individualmente, ressalvadas as disposições especiais relativas ao trabalho do menor e da mulher.

Não está compreendida na proibição do artigo a remoção de material feita por impulsão ou tração de vagonetes sobre trilhos, carros de mão ou quaisquer outros aparelhos mecânicos, podendo o MTE, em tais casos, fixar limites diversos, que evitem sejam exigidos do empregado serviços superiores às suas forças.

Será obrigatória a colocação de assentos que assegurem postura correta ao trabalhador, capazes de evitar posições incômodas ou forçadas, sempre que a execução da tarefa exija que trabalhe sentado.

Quando o trabalho deva ser executado de pé, os empregados terão à sua disposição assentos para serem utilizados nas pausas que o serviço permitir.

Ao empregador é vedado empregar a mulher em serviço que demande o emprego de força muscular superior a 20 quilos, para o trabalho contínuo, ou 25 quilos, para o trabalho ocasional, sendo inaplicável a citada determinação quando ocorrer a remoção de material feita por impulsão ou tração de vagonetes sobre trilhos, de carros ou quaisquer aparelhos mecânicos.

5.10.8 O que pode ser considerado doença ou acidente do trabalho?

Acidente do trabalho é o que ocorre pelo exercício do trabalho a serviço de empresa ou de empregador doméstico ou pelo exercício do trabalho dos segurados previstos em lei, provocando lesão corporal ou perturbação funcional que cause a morte ou a perda ou redução, permanente ou temporária, da capacidade para o trabalho.

São consideradas por doença ou acidente do trabalho, as seguintes entidades mórbidas: (a) doença profissional, assim entendida a produzida ou desencadeada pelo exercício do trabalho peculiar a determinada atividade e constante da respectiva relação elaborada pelo Ministério do Trabalho e da Previdência Social; (b) doença do trabalho, assim entendida a adquirida ou desencadeada em função de condições especiais em que o trabalho é realizado e com ele se relacione diretamente.

Não são consideradas como doença do trabalho: (a) a doença degenerativa; (b) a inerente a grupo etário; (c) a que não produza incapacidade laborativa; (d) a doença endêmica adquirida por segurado habitante de região em que ela se desenvolva, salvo comprovação de que é resultante de exposição ou contato direto determinado pela natureza do trabalho.

Em caso excepcional, constatando-se que a doença não está incluída na relação mencionada, mas que resultou das condições especiais em que o trabalho é executado e com ele se relaciona diretamente, poderá ser considerada doença do trabalho.

Além disso, equiparam-se também ao acidente do trabalho: (a) o acidente ligado ao trabalho que, embora não tenha sido a causa única, haja contribuído diretamente para a morte do segurado, para redução ou perda da sua capacidade para o trabalho, ou produzido lesão que exija atenção médica para a sua recuperação; (b) o acidente sofrido pelo segurado no local e no horário do trabalho, em consequência de: (1) ato de agressão, sabotagem ou terrorismo praticado por terceiro ou companheiro de trabalho; (2) ofensa física intencional, inclusive de terceiro, por motivo de disputa relacionada ao trabalho; (3) ato de imprudência, de negligência ou de imperícia de terceiro ou de companheiro de trabalho; (4) ato de pessoa privada do uso da razão; (5) desabamento, inundação, incêndio e outros casos fortuitos ou decorrentes de força maior; (c) doença proveniente de contaminação acidental do empregado no exercício de sua atividade; (d) acidente sofrido pelo segurado ainda que fora do local e horário de trabalho: (1) na execução de ordem ou na realização de serviço sob a autoridade da empresa; (2) na prestação espontânea de qualquer serviço à empresa para lhe evitar prejuízo ou proporcionar proveito; (3) em viagem a serviço da empresa, inclusive para estudo quando financiada por esta dentro de seus planos para melhor capacitação da mão de obra, independentemente do meio de locomoção utilizado, inclusive veículo de propriedade do segurado; (e) acidente ocorrido nos períodos destinados a refeição ou descanso, ou por ocasião da satisfação de outras necessidades fisiológicas, no local do trabalho ou durante este.

Existe ainda o acidente de percurso (*in itinere*), ou seja, aquele que ocorre no percurso da residência para o local de trabalho ou desse para aquela, qualquer que seja o meio de locomoção, inclusive veículo de propriedade do empregado.

O segurado empregado doméstico, em gozo de auxílio-doença, será considerado pelo empregador doméstico como licenciado e o benefício será pago pelo INSS a partir da data da incapacidade.

A LC 150 prevê o auxílio-acidente ao empregado doméstico.

Como benefício previdenciário, o auxílio-acidente será concedido, como indenização, ao segurado quando, após consolidação das lesões decorrentes de acidente de qualquer natureza, resultarem sequelas que impliquem redução da capacidade para o trabalho que habitualmente exerce.

5.10.9 Quem pode caracterizar uma doença ou acidente como decorrente do trabalho?

O empregado terá o direito ao benefício previdenciário (auxílio-doença ou auxílio-acidente) por meio da perícia médica ou pelo NTEP (Nexo Técnico Epidemiológico Previdenciário).

A perícia médica considerará caracterizada a natureza acidentária da incapacidade quando constatar ocorrência de nexo técnico epidemiológico entre o trabalho e o agravo, decorrente da relação entre a atividade da empresa ou do empregado doméstico e a entidade mórbida motivadora da incapacidade elencada na Classificação Internacional de Doenças (CID), em conformidade com o que dispuser o regulamento da Previdência Social (Decreto 3.048/99).

A empresa ou o empregador doméstico poderão requerer a não aplicação do nexo técnico epidemiológico, de cuja decisão caberá recurso, com efeito suspensivo, da empresa, do empregador doméstico ou do segurado ao Conselho de Recursos da Previdência Social.

5.10.10 Em caso de acidente ou doença do trabalho, o que deve fazer o empregador?

O empregador deve comunicar o acidente do trabalho à Previdência Social até o 1º dia útil seguinte ao da ocorrência e, em caso de morte, de imediato, à autoridade competente (autoridade policial).

Na falta de comunicação por parte do empregador, podem formalizá-la o próprio acidentado, seus dependentes, a entidade sindical competente, o médico que o assistiu ou qualquer autoridade pública.

5.10.11 O empregado doméstico tem direito à estabilidade decorrente do acidente de trabalho?

A legislação previdenciária prevê que o empregado que sofreu acidente de trabalho tem garantida, pelo prazo mínimo de 12 meses, a manutenção do seu contrato de trabalho na "empresa".

Assim, a resposta a essa pergunta dependerá de como podemos entender o termo "empresa" previsto na Lei previdenciária. Ou seja, estamos falando da figura do empregador (inclusive empregador doméstico) ou apenas de pessoas jurídicas que buscam lucro (ou pessoas jurídicas equiparadas)?

A questão merece uma maior reflexão por parte dos estudiosos do Direito e da própria Justiça do Trabalho.

5.10.12 No caso de acidente do trabalho, quais são os efeitos jurídicos?

Não apenas em caso de acidente do trabalho, mas também no caso de doença do trabalho, nas hipóteses em que se verifique uma conduta omissiva ou dolosa do empregador na observância das normas de medicina e segurança do trabalho, o empregador responderá civil e penalmente pelos seus atos, além de ficar sujeito a sanções administrativas que podem vir a ser aplicadas pela fiscalização do trabalho.

Em caso de acidente de trabalho *in itinere* (de percurso), em regra geral, haverá a responsabilidade do empregador se ele fornecer o transporte e ainda quando se verificar sua conduta culposa na segurança do transporte.

5.11 O PEDIDO DE DEMISSÃO DO EMPREGADO E A DISPENSA IMOTIVADA POR PARTE DO EMPREGADOR

5.11.1 O que é o pedido de demissão?

Juridicamente, o pedido de demissão é a extinção do contrato de trabalho por iniciativa do empregado.

Apesar da informalidade que reveste a relação do empregado doméstico, para que não haja dúvida, o melhor é solicitar que o empregado faça o pedido de demissão por escrito.

5.11.2 O que é a dispensa imotivada?

A dispensa imotivada ou dispensa sem justa causa é a extinção do contrato de trabalho por iniciativa do empregador.

Da mesma forma que ocorre no pedido de demissão, sugerimos que a dispensa imotivada seja feita por escrito, de modo a evitar possíveis controvérsias posteriormente.

5.11.3 Como se dá a extinção por mútuo acordo?

Do ponto de vista da lei, é possível a extinção do contrato pela vontade das partes de forma conjunta (por mútuo acordo), contudo, em termos práticos, essa hipótese é de rara incidência.

5.11.4 O empregado doméstico tem direito à proteção em caso de dispensa arbitrária ou sem justa causa?

O empregado doméstico, como os demais empregados, tem direito à proteção em caso de dispensa arbitrária ou sem justa causa.

Ocorre que os exatos termos da proteção dependiam de uma regulamentação específica, a qual não ocorreu. Não acreditamos que essa regulamentação específica venha logo, pois desde 1988 a Constituição Federal prevê a necessidade dessa regulamentação e até os dias de hoje ela não veio.

Enquanto não vier uma regulamentação específica, o empregado doméstico tem direito à mesma proteção que os demais empregados, ou seja, direito à multa de 40% sobre o saldo do FGTS.

A LC 150 deu plena regulamentação infraconstitucional ao sistema fundiário para o empregado doméstico.

Como forma de indenizar a multa de 40%, o empregador doméstico depositará a importância de 3,2% sobre a remuneração devida, no mês anterior, a cada empregado, destinada ao pagamento da indenização compensatória da perda do emprego, sem justa causa ou por culpa do empregador.

O percentual será pago de forma mensal juntamente com as demais obrigações pelo Sistema Simples Doméstico, o qual unifica os recolhimentos das seguintes obrigações legais: (a) 8% a 11%, contribuição previdenciária do empregado doméstico; (b) 8% de contribuição patronal previdenciária; (c) 0,8% de contribuição social para financiamento do seguro contra acidentes de trabalho; (d) 8% para o FGTS; (e) 3,2% (fundo para dispensa sem justa causa); e (f) imposto sobre a renda retido na fonte. Com exceção das letras "a" e "f", as demais são obrigações patronais. O pagamento unificado entrará em vigor após 4 meses da publicação da LC 150 (a partir do dia 2/10/2015).

Nas hipóteses de dispensa por justa causa, pedido de demissão, término do contrato de trabalho por prazo determinado, aposentadoria e de falecimento do empregado doméstico, os valores mensais depositados a título de 3,2% (fundo para dispensa sem justa causa) serão movimentados pelo empregador.

5.11.5 Existem limitações ao direito do empregador dispensar o empregado sem justa causa?

Ainda que seja direito do empregador extinguir o contrato de trabalho, a extinção não pode decorrer de violação ou abuso de direito.

O sistema jurídico prevê de forma específica algumas restrições ao ato do empregador, mas existem também restrições que decorrem de uma interpretação do sistema jurídico como um todo.

Algumas restrições peculiares aos empregados domésticos que podemos indicar: (a) estabilidade da gestante; (b) durante o afastamento médico; (c) práticas discriminatórias, como pelo casamento, pela crença religiosa, pela opção sexual etc.

Nesses casos, a dispensa imotivada poderá ser considerada nula, com a reintegração ou pagamento dobrado da indenização; existe a possibilidade de se configurar crime e ensejar indenização por dano moral e material.

5.11.6 Quais são os direitos do empregado doméstico em caso de dispensa imotivada?

Em caso de dispensa imotivada, o empregado doméstico tem direito a: (a) saldo de salário (o pagamento dos dias trabalhados no mês); (b) aviso prévio; (c) férias proporcionais e vencidas, acrescidas de 1/3; (d) décimo terceiro salário proporcional; (e) FGTS apurado sobre as verbas rescisórias a ser depositado em conta específica; (f) multa de 40% sobre o saldo do FGTS (fundo para dispensa sem justa causa – 3,2%).

Nesse caso, o empregado poderá sacar o FGTS e tem direito ao seguro-desemprego, observados os requisitos específicos.

O empregador poderá determinar o cumprimento do aviso prévio ou indenizá-lo, observando os parâmetros legais (Tópico 5.15 – O direito ao aviso prévio).

5.11.7 Em caso de pedido de demissão, quais são os direitos do empregado doméstico?

Em caso de pedido de demissão, o empregado doméstico tem direito a: (a) saldo de salário (pagamento dos dias trabalhados no mês); (b) férias proporcionais e vencidas, acrescidas de 1/3; (c) décimo terceiro salário proporcional; e (d) FGTS apurado sobre as verbas rescisórias a ser depositado em conta específica (saldo de salário e décimo terceiro salário).

O empregado não tem direito de sacar o FGTS e não tem direito ao seguro-desemprego.

O empregado é obrigado a conceder ao patrão o aviso prévio de 30 dias, pena de sofrer o desconto equivalente a 30 dias de salário por parte do empregador quando do pagamento dos títulos rescisórios.

Os valores mensais depositados a título de 3,2% (fundo para dispensa sem justa causa) serão movimentados pelo empregador.

5.11.8 Como fica a baixa na CTPS do empregado?

Em regra, a indicação da data de extinção do contrato ("a baixa") na CTPS do empregado deve considerar a projeção dos dias relativos ao aviso prévio, considerando o período de 30 dias. Pouco importa se o aviso prévio seja trabalhado ou indenizado, a baixa deve considerar o período do aviso prévio.

5.11.9 Existem prazos para o pagamento das verbas rescisórias?

A CLT prevê que o pagamento das verbas rescisórias deve ocorrer no prazo de 10 dias, quando o empregado é dispensado do cumprimento do aviso prévio (aviso prévio indenizado), e, no prazo de 1 dia, após o cumprimento do aviso prévio (aviso prévio trabalhado).

Para fazer essa contagem, deve-se excluir o dia do começo (dia da dispensa ou pedido de demissão) e incluir o do vencimento.

A inobservância dos prazos para o pagamento das verbas rescisórias enseja o pagamento de duas multas, uma em favor do empregado (de um salário) e uma a ser aplicada pela fiscalização do trabalho.

Apesar das controvérsias que envolvem o tema, entendemos que a multa legal também se aplica ao empregador doméstico.

5.12 A DISPENSA COM JUSTA CAUSA DO EMPREGADO DOMÉSTICO

5.12.1 O que é a dispensa com justa causa?

A dispensa com justa causa ou dispensa motivada é a ruptura do contrato de trabalho na ocorrência de um fato tido como falta grave pelo legislador.

Do ponto de vista do sistema jurídico, quando o empregado não cumpre suas obrigações contratuais, está sujeito às punições.

Considerando a gravidade das faltas cometidas pelo empregado, as punições aplicáveis são: (a) advertência verbal ou escrita; (b) suspensão; e (c) dispensa com justa causa.

5.12.2 Quais as cautelas do empregador quando da dispensa motivada?

Para a validade da dispensa motivada, é necessário observar alguns elementos subjetivos e objetivos.

O elemento subjetivo diz respeito à culpa *lato sensu* (negligência, imprudência, imperícia e dolo) do empregado.

Quanto aos elementos objetivos, destacamos: (a) previsão legal: a figura da justa causa deve estar prevista em lei; (b) gravidade da falta: o fato deve ser grave para justificar o término. A confiança deve ficar abalada com a ação ou a omissão do empregado; (c) causalidade: deve haver nexo de causa e efeito entre o fato e a medida disciplinar; d) imediatividade: o fato deve ser contemporâneo à medida aplicada, isto é, à dispensa por justa causa (atualidade). Em caso contrário, pode haver o que se intitula de perdão tácito; (e) proporcionalidade entre o ato faltoso e a punição; e (f) ausência de punição anterior – o empregado não pode ser punido duas vezes pelo mesmo fato, já que a doutrina repudia o *bis in idem*.

Por fim, sugerimos que a dispensa seja feita por escrito, indicando os motivos que ensejaram a punição. Caso o empregado se recuse a assinar, o ideal é que se tenham duas testemunhas. Outra opção prática é comunicar o empregado por telegrama, com cópia e aviso de recebimento.

O empregador deve ser muito cauteloso na aplicação da justa causa, pois caberá a ele provar as acusações feitas ao empregado em caso de ação judicial; por isso, antes de qualquer coisa, sugerimos consultar um advogado de sua confiança.

5.12.3 Em quais hipóteses o empregador pode dispensar com justa causa o empregado?

Antes do advento da LC 150, considerando que a legislação aplicável ao empregado doméstico não disciplinava as hipóteses de justa causa, todos acabavam aplicando no dia a dia as hipóteses previstas na própria CLT.

A CLT prevê as seguintes hipóteses (art. 482):

a) ato de improbidade, representado pela falta de honestidade: comportamento desonesto, perverso, indigno, indecente, falso, pernicioso ou desonroso. Exemplos: furto, roubo, falsificação de documentos para receber horas extras, adulteração de atestados médicos etc.;

b) incontinência de conduta, caracterizado pelo comportamento irregular do empregado no tocante à moral sexual. Exemplos: manter amante no local de trabalho; relações sexuais dentro da residência do empregador; assédio sexual etc.;

c) mau procedimento representa o comportamento incompatível do empregado com as regras de vida em sociedade, como uso de palavrões, brincadeiras indecorosas etc.;

d) negociação habitual ocorre quando o empregado realiza atos de comércio, sem permissão do empregador e de forma habitual no local de trabalho ou mesmo durante o expediente. Exemplo: a empregada doméstica que vende produtos de beleza para outras empregadas domésticas no prédio;

e) o legislador também considera como hipótese de término de contrato de trabalho a condenação criminal do empregado, passada em julgado, caso não tenha havido suspensão da execução da pena (com pena de restrição de liberdade);

f) a desídia ocorre quando o empregado é negligente no serviço ou no cumprimento de suas tarefas. O empregado executa as suas funções com preguiça, má vontade, displicência, desleixo, sempre chegando atrasado etc. Nesse caso, considerando não se tratar de uma falta grave, sugere-se que existam punições prévias (advertência e suspensões);

g) embriaguez habitual ou em serviço. A ideia de embriaguez se estende também a outros tipos de dependências químicas. A embriaguez habitual é a que se dá sem qualquer relação com o contrato de trabalho. Exige-se a habitualidade. Já a embriaguez em serviço é a que acontece no local da prestação de serviços, não se exigindo, porém, a sua reiteração para fins de caracterização. Essa hipótese legal tem se mostrado muito controvertida, considerando que a Organização Mundial da Saúde (OMS) reconhece o alcoolismo como doença, sendo que isso também pode ocorrer com outras formas de dependência química. Considerada como doença, a embriaguez não enseja a dispensa motivada do empregado;

h) a violação de segredo é caracterizada pela divulgação não autorizada das patentes de invenção, métodos de execução, fórmulas, escrita comercial. Representa tudo aquilo que, em sendo de conhecimento exclusivo da empresa, não possa ser levado a conhecimento de terceiro, sob pena de causar prejuízo direto ou indireto à empresa. Não exige a lei, para a caracterização da justa causa, a visualização em concreto do prejuízo. Basta haver a divulgação não autorizada de algo que seja segredo da empresa. No âmbito residencial, o empregado que divulga informações sobre a vida pessoal da família do empregador é passível de dispensa motivada;

i) enquanto a indisciplina é o não cumprimento de ordens gerais de serviço a todos os empregados, a insubordinação denota a não observância de ordens pessoais dadas pelo empregador ou superior hierárquico por parte do trabalhador. Exemplos: o empregado que geralmente fuma em local proibido é indisciplinado; o que está fumando em local proibido e não apaga o cigarro quando é solicitado pelo empregador ou superior hierárquico comete a justa causa de insubordinação;

j) o abandono de emprego configura-se pela ausência do empregado ao serviço com o ânimo de não mais laborar. Possui dois elementos: o decurso de um período de ausência (30 dias consecutivos) e o desejo do empregado de não mais prosseguir com o contrato;

k) o ato lesivo à honra e boa fama envolve a calúnia, injúria ou difamação, as quais podem ser praticadas contra o empregador, superior hierárquico ou qualquer outra pessoa, ocorrendo nas dependências da empresa ou onde o empregado execute as suas atividades. Geralmente, ocorre por meio de gestos ou palavras. No caso de legítima defesa, própria ou de outrem, fica elidida a justa causa;

l) a ofensa física pode ocorrer tanto nas dependências da residência, como no local onde o empregado desempenha suas atividades. A ofensa física não exige a concretização da lesão corporal. Basta a violência, como um empurrão, um murro. Pode ser praticada contra o empregador, superior hierárquico ou qualquer outra pessoa. A legítima defesa, própria ou de outrem, elide a justa causa;

m) a prática constante de jogos de azar;

n) a perda da habilitação ou dos requisitos estabelecidos em lei para o exercício da profissão, em decorrência de conduta dolosa do empregado.

A LC 150 mantém para o empregado doméstico as hipóteses da CLT, excluindo a negociação habitual e a violação de segredo.

Além disso, inclui uma nova hipótese de dispensa motivada: submissão a maus-tratos de idoso, de enfermo, de pessoa com deficiência ou de criança sob cuidado direto ou indireto do empregado.

5.12.4 Quais são as verbas trabalhistas que o empregado tem direito na dispensa com justa causa?

Na ocorrência da dispensa com justa causa, o empregador deve pagar ao empregado: (a) saldo de salário (os dias trabalhados no mês); (b) férias proporcionais e vencidas, acrescidas de 1/3; (c) décimo terceiro salário proporcional; e (d) FGTS apurado sobre as verbas rescisórias (saldo de salário e décimo terceiro salário proporcional).

O pagamento deve ocorrer no prazo de 10 dias, sob pena de multa.

Os valores mensais depositados a título de 3,2% (fundo para dispensa sem justa causa) serão movimentados pelo empregador.

5.12.5 Existem outras consequências da falta grave cometida pelo empregado?

Além da ruptura do contrato de trabalho, a falta grave do empregado poderá resultar em responsabilidade civil (indenização por dano moral e material) e ilícitos penais, como injúria, calúnia, lesões corporais etc.

5.13 A FALTA GRAVE COMETIDA PELO EMPREGADOR OU SIMULTANEAMENTE PELOS CONTRATANTES

5.13.1 O que é a "falta grave do empregador"?

Assim como o empregado, o empregador pode praticar alguns atos ou ter algumas condutas na vigência do contrato de trabalho que são consideradas faltas graves, as quais podem resultar na rescisão indireta do contrato de trabalho.

A rescisão indireta do contrato de trabalho é a extinção do contrato de trabalho por culpa do empregador (falta grave).

5.13.2 Quais as cautelas do empregado na configuração da rescisão indireta?

Para a validade da rescisão indireta, como regra, é necessário observar os elementos subjetivos e objetivos apresentados no item 5.12.2 – A dispensa com justa causa do empregado doméstico.

Certo é que, no dia a dia, a rescisão indireta do contrato de trabalho enseja muitas controvérsias judiciais, por isso, sugerimos consultar um advogado de sua confiança antes de qualquer medida.

5.13.3 Quais são os atos ou condutas considerados como graves?

Do ponto de vista da lei, considerando as peculiaridades da relação jurídica do doméstico, são faltas graves do empregador:

a) a exigência de serviços superiores às forças do empregado (engloba as acepções de força muscular, aptidão para a tarefa, capacidade profissional), proibidos por lei, contrários aos bons costumes (ofensivos à moral) e alheios ao contrato;

b) o tratamento pelo empregador ou por seus superiores hierárquicos com rigor excessivo compreende a presença de repreensões ou medidas punitivas sem fundamentação, configurando uma perseguição ou intolerância ao empregado. É comum a implicância na emanação das ordens ou na exigência de tarefas anormais na execução dos serviços. Pode configurar inclusive o assédio moral. A LC 150 acrescenta a hipótese do tratamento de forma degradante dispensado pelo empregador doméstico como todo e qualquer ato por ele praticado que viole a dignidade do empregado doméstico. É o caso de local de trabalho sem as mínimas condições de higiene, fornecimento de moradia em local inapropriado ou de alimentação estragada, a imposição de extensas jornadas de trabalho etc.;

c) perigo de mal considerável: ocorre quando o empregado é compelido a executar suas tarefas sem que o empregador faça a adoção das medidas necessárias para que o local de trabalho esteja dentro das normas de higiene e segurança do trabalho;

d) descumprimento patronal das obrigações contratuais, isto é, quando o empregador deixa de cumprir tanto as normas legais como as contratuais. Os exemplos: pagamento de salário; horário e natureza do trabalho; local da prestação de serviços, não recolhimento do FGTS etc.;

e) a prática pelo empregador ou seus prepostos, contra o empregado ou pessoas de sua família, de ato lesivo da honra e boa fama envolve as hipóteses de injúria, calúnia e difamação. A ocorrência da legítima defesa exclui a justa causa do empregador; e

f) com a exclusão da legítima defesa, as ofensas físicas praticadas pelo empregador ou seus prepostos contra o empregado, no recinto da empresa ou fora dele, caracteriza justa causa patronal, justificando a rescisão indireta do contrato de trabalho.

A LC 150 mantém as hipóteses da CLT e acresce duas hipóteses: (a) tratamento de forma degradante (item "b", acima); e (b) prática de qualquer das formas de violência doméstica ou familiar contra mulheres (art. 5º, Lei 11.340/06, Lei Maria da Penha). Pode ser enquadrada nessa situação qualquer ação ou omissão que possa causar morte, lesão, sofrimento físico, sexual ou psicológico e dano moral ou patrimonial por parte do empregador doméstico em relação ao empregado.

5.13.4 Quais são as verbas a serem pagas pelo empregador?

No caso de rescisão indireta do contrato de trabalho, o empregador deverá pagar ao empregado as mesmas verbas devidas no caso de dispensa imotivada, ou seja: (a) saldo de salário (os dias trabalhados); (b) férias vencidas e proporcionais, acrescidas de 1/3; (c) 13º salário proporcional; (d) aviso prévio indenizado; (e) FGTS sobre as verbas rescisórias (aviso prévio, saldo de salário e décimo terceiro salário); e (f) multa de 40% sobre o saldo do FGTS (formado pela contribuição mensal para fundo de dispensa sem justa causa – 3,2%).

5.13.5 O que é a culpa recíproca?

A culpa recíproca ocorre quando empregado e empregador, concomitantemente, incorrem em uma falta grave e dessa situação complexa resulta o término do contrato de trabalho. Como se constata, as duas justas causas devem possuir uma relação mútua de causa e efeito (simultâneas), as quais, pela sua gravidade, são suficientes para a rescisão contratual. O exemplo clássico é o relativo à agressão mútua. Contudo, nem sempre é possível, em face do caso concreto, a exata clarividência quanto à existência ou não da culpa recíproca.

5.13.6 Quais são os direitos do empregado no caso de extinção por culpa recíproca?

No caso de extinção do contrato por culpa recíproca, o empregado tem direito a: (a) saldo de salário (dias trabalhados no mês); (b) 50% do 13º salário; (c) 50% das férias proporcionais, acrescidas de 1/3; (d) férias vencidas, acrescidas de 1/3; (e) 50% do aviso prévio; (f) FGTS sobre as verbas rescisórias (décimo terceiro salário, saldo de salário e aviso prévio); e (g) multa de 20% sobre o saldo do FGTS (fundo para a dispensa sem justa causa – 3.2%). O empregado poderá sacar o FGTS, mas não terá direito ao seguro-desemprego.

As verbas rescisórias devem ser pagas no prazo de 10 dias, sob pena de multas legais.

A outra metade (fundo para a dispensa sem justa causa – 3,2%) será movimentada pelo empregador.

5.13.7 Existem outras consequências da falta grave cometida?

Além dos efeitos no contrato de trabalho, a falta grave do empregador ou simultaneamente pelo empregado e empregador (culpa recíproca) poderá resultar em responsabilidade civil (indenização por dano moral e material) e ilícitos penais, como injúria, calúnia, lesões corporais etc.

5.14 OUTRAS CAUSAS QUE ENSEJAM A EXTINÇÃO DO CONTRATO DE TRABALHO

5.14.1 Existem outras causas que ensejam a extinção do contrato de trabalho?

Além das hipóteses decorrentes da vontade das partes (dispensa imotivada, pedido de demissão e mútuo acordo) e as decorrentes do não cumprimento das obrigações contratuais (dispensa com justa causa, rescisão indireta e culpa recíproca), existem causas que independem da vontade das partes, como a morte do empregado e a morte do empregador doméstico.

No caso da morte do empregador doméstico, o contrato poderá continuar com os demais membros da família.

5.14.2 Com a extinção do contrato em caso de morte, quais são as verbas trabalhistas a serem quitadas?

Na extinção do contrato de trabalho por morte do empregador, o empregado tem direito a: (a) saldo de salário (os dias trabalhados no mês); (b) 13º salário proporcional; (c) férias vencidas e proporcionais, acrescidas de 1/3; (d) FGTS sobre as verbas rescisórias (saldo de salário e 13º salário).

Havendo a morte do empregado, os herdeiros (filhos e esposa) receberão: (a) saldo de salário (os dias trabalhados no mês); (b) 13º salário proporcional; (c) férias vencidas e proporcionais, acrescidas de 1/3; (d) FGTS sobre as verbas rescisórias (saldo de salário e 13º salário).

Nesse caso, se houver divergência sobre quem são os herdeiros ou a parte que cabe a cada um, será necessário ingressar com uma ação judicial (consignação de pagamento), além de consultar um advogado de confiança.

Os valores mensais depositados a título de 3,2% (fundo para dispensa sem justa causa) serão movimentados pelo empregador.

5.14.3 A aposentadoria causa a extinção do contrato de trabalho?

A aposentadoria por tempo de serviço não causa a extinção do contrato de trabalho, ou seja, o empregado poderá continuar trabalhando normalmente.

Por sua vez, a aposentadoria por invalidez implica a suspensão do contrato de trabalho.

De qualquer forma, o empregado afastado junto ao INSS por motivo de doença ou que esteja aposentado por invalidez não pode trabalhar, sob pena de configurar crime, e terá que devolver os valores recebidos do INSS e perderá o benefício previdenciário.

5.15 O DIREITO AO AVISO PRÉVIO

5.15.1 O que é o aviso prévio?

O aviso prévio é a comunicação dada por uma das partes à outra, no sentido de que deseja a extinção do vínculo empregatício sem justa causa, com a observância do prazo a que estiver obrigada, assumindo o compromisso da manutenção do contrato durante esse prazo, sob pena de pagamento de uma quantia fixada em norma trabalhista.

Trata-se de um dever da parte que deseja a finalização da prestação de serviços e um direito da outra parte contratante.

5.15.2 O empregado doméstico tem direito ao aviso prévio?

O aviso prévio pode ser solicitado tanto pelo empregado como pelo empregador, dependendo de quem teve a iniciativa para a extinção do contrato de trabalho.

É garantido ao empregado doméstico o direito ao aviso prévio, de modo que ele se dá de forma proporcional ao tempo de trabalho.

A Lei 12.506/11 dispõe que o aviso prévio será concedido na proporção de 30 dias aos empregados que tenham até um ano de serviço na mesma empresa. Além disso, serão acrescidos três dias por ano de serviço completo e prestado na mesma empresa, até o máximo de 60 dias, perfazendo um total de até 90 dias.

Exemplos: (a) empregado com até um ano de serviço: aviso prévio será de 30 dias; (b) empregado com mais de um ano de serviço, com o período laborado de 2/1/2012 a 31/10/2015. Incluindo a projeção do aviso de 30 dias, o período de vínculo corresponderá a três anos e 10 meses. Logo, o número de anos completos = três anos. Aviso prévio = 36 dias de aviso pela tabela da circular do MTE.

O aviso prévio do empregador ao empregado pode ser indenizado ou trabalhado. Caso seja trabalhado, o aviso prévio corresponderá ao máximo de 30 dias, sendo que o restante (caso o empregado tenha mais de um ano) será indenizado ao empregado. Exemplo: (a) o empregado tem quatro anos de contrato de trabalho; (b) na modalidade indenizada, o aviso prévio corresponderá a 42 dias; e (c) na modalidade trabalhada, serão 30 dias laborados e 12 dias indenizados.

Quanto aos 30 dias laborados, o horário normal de trabalho será reduzido de duas horas diárias, sem prejuízo do salário integral. Pode o empregado substituir a redução diária pelo não comparecimento ao trabalho, por 7 dias, sem prejuízo do salário integral.

O aviso prévio indenizado deverá ser calculado com base na média das horas extras habituais.

5.15.3 O empregado doméstico é obrigado a conceder o aviso prévio?

O aviso prévio proporcional é uma garantia destinada ao empregado e não ao empregador. Vale dizer, se o empregado doméstico pedir a conta (ser demissionário), a duração máxima do aviso prévio será de 30 dias. Se não cumprir esse prazo, o empregador poderá descontar 30 dias de salário quando do pagamento das verbas rescisórias ao empregado doméstico.

A proporcionalidade (três dias de aviso prévio, por ano completo, limitados a 60 dias) é uma obrigação do empregador, portanto, o aviso prévio do trabalhador sempre será à base de 30 dias.

5.16 O FUNDO DE GARANTIA POR TEMPO DE SERVIÇO (FGTS)

5.16.1 O que é o FGTS?

O Fundo de Garantia por Tempo de Serviço (FGTS) é um direito individual do trabalhador, consistente no depósito bancário periódico destinado a formar uma poupança para o trabalhador, que poderá ser utilizada em determinadas hipóteses previstas em lei, como a demissão sem justa causa por iniciativa do empregador, aquisição de moradia, quando portador de determinadas doenças etc.

5.16.2   O empregado doméstico tem direito ao FGTS?

A Constituição Federal não previa expressamente o FGTS como garantia ao empregado doméstico.

Entretanto, a partir de 2001, passou a ser facultada a inclusão do empregado doméstico no FGTS, mediante requerimento do empregador, na forma do regulamento.

Assim, caracterizava-se como opção do empregador e não como direito do empregado.

Somente seria consolidado o direito oponível contra o empregador uma vez que esse optasse pela realização dos recolhimentos em favor do trabalhador.

Com a promulgação da EC 72/13, passou a ser obrigatória a inclusão do empregado doméstico no regime do FGTS.

5.16.3   Esse direito é de aplicação imediata?

Com a EC 72/13, ainda restavam dúvidas sobre a concretização do direito ao FGTS em favor do doméstico.

Existiam especialistas que afirmavam que se devia esperar a regulamentação para o início dos depósitos. Em sentido contrário, havia aqueles que informavam que o começo dos depósitos deveria ser imediato para evitar risco de futuras demandas trabalhistas.

Certo é que, desde março de 2001, era facultado ao empregador fazer o recolhimento do FGTS em favor do empregado doméstico.

Com a LC 150, é devida a inclusão do empregado doméstico no FGTS, de acordo com o Regulamento a ser editado pelo Conselho Curador e pelo agente operador do FGTS.

O empregador doméstico somente passará a ter obrigação de promover a inscrição e de proceder aos recolhimentos referentes a seu emprego, após advento da regulamentação específica.

5.16.4   Como fazer o recolhimento?

Os cálculos dos valores devidos a título de FGTS são de responsabilidade do empregador, considerando-se a alíquota de 8% do salário do trabalhador, sendo que a sistemática do recolhimento deverá observar os critérios fixados no Simples Doméstico.

A partir da LC 150, o Governo Federal tinha o prazo de 120 dias para proceder à regulamentação do denominado Simples Doméstico.

O Simples Doméstico é um sistema que unifica os recolhimentos, por parte dos empregadores, das seguintes obrigações legais: (a) 8% a 11%, contribuição previdenciária do empregado doméstico; (b) 8% de contribuição patronal previdenciária; (c) 0,8% de contribuição social para financiamento do seguro contra acidentes de trabalho; (d) 8%

para o FGTS; (e) 3,2% (fundo para demissão sem justa causa); e (f) o imposto sobre a renda retido na fonte. Com exceção das letras "a" e "f", as demais são obrigações patronais.

O pagamento unificado entrará em vigor após quatro meses da publicação da LC 150 (dia 2/10/2015).

Os recolhimentos legais incidem sobre a remuneração paga ou devida no mês anterior, a cada empregado, incluída na remuneração a gratificação natalina.

5.17 SINDICATO E NORMAS COLETIVAS DE TRABALHO NAS RELAÇÕES ENVOLVENDO OS EMPREGADOS DOMÉSTICOS

5.17.1 O que são as convenções coletivas de trabalho e os acordos coletivos de trabalho?

Os instrumentos normativos (acordos e convenções coletivas de trabalho) são resultado da negociação coletiva de trabalho, a qual representa o processo de diálogo entre os atores não estatais do direito do trabalho, ou seja, entre um grupo de trabalhador ou grupos de trabalhadores, de um lado, e empregador ou grupos de empregadores, do outro, representados ou não pelas entidades sindicais, no qual se busca a solução para os interesses conflitantes diretamente pelas partes e que poderão resultar em instrumentos normativos, materializados pela autonomia privada coletiva dos atores.

Do ponto de vista da lei, a convenção coletiva de trabalho é o acordo de caráter normativo em que dois ou mais sindicatos representativos de categorias econômicas e profissionais estipulam condições de trabalho aplicáveis, no âmbito das respectivas representações, às relações individuais do trabalho. O acordo coletivo, por sua vez, é o instrumento celebrado pelo sindicato de trabalhadores com uma ou mais empresas da correspondente categoria econômica, que estipule condições de trabalho aplicáveis no âmbito da empresa ou das empresas acordantes às respectivas relações de trabalho.

5.17.2 Qual é a finalidade das convenções e acordos coletivos de trabalho?

Os instrumentos normativos têm como forma fundamental de solução de conflitos coletivos de trabalho o aprimoramento dos direitos já existentes, além de permitir a criação de novos direitos, como estabilidade pré-aposentadoria.

5.17.3 Existem acordos ou convenções coletivas de trabalho para os empregados domésticos?

A EC 72/13, no sentido da Convenção 189 da OIT, garante expressamente aos empregados domésticos a possibilidade de autorregulamentação da atividade profissional, por meio da celebração de acordos ou convenções coletivas.

Contudo, há dificuldades para a consecução desse direito.

Isso porque a jurisprudência tem adotado que, embora possa haver representação profissional de sua categoria por sindicato próprio, trata-se de mera associação com caracteres de representação de classe, não se encontrando os empregadores domésticos jungidos a qualquer categoria econômica correspondente, o que implica reconhecer a ausência de negociação coletiva e a impossibilidade de condenação do empregador ao pagamento de benefícios normativos dessa espécie (TST – 6ª T. – RR 169600-16.2005.5.15.0094 – Rel. Min. Augusto César L. de Carvalho – *DJe* 19/10/2012).

Isso se deve ao fato de que a categoria econômica correspondente, ou seja, dos empregadores, não desenvolve atividade efetivamente econômica, contrariando toda a sistemática sindical atualmente vigente. De fato, não se pode dizer que há uma unidade de empregadores domésticos exercentes de uma mesma atividade econômica, tampouco que essa atividade possa ser assim considerada para efeitos de enquadramento sindical.

Portanto, em que pese a possibilidade de celebração de normas coletivas, de imediato ainda não se afigura "possível" o exercício desse direito, até que haja sindicato patronal correspondente.

Em 2013, apesar dos diversos obstáculos a serem superados, o Sindicato das Empregadas e Trabalhadores Domésticos da Grande São Paulo – Sindoméstica-SP (base territorial: Arujá, Barueri, Biritiba-Mirim, Carapicuíba, Cotia, Embu-Guaçu, Ferraz de Vasconcelos, Guararema, Guarulhos, Itaquaquecetuba, Itapecerica da Serra, Itapevi, Jandira, Juquitiba, Mogi das Cruzes, Mairiporã, Osasco, Salesópolis, Santa Isabel, Santana de Parnaíba, Suzano, São Lourenço da Serra, Taboão da Serra, Vargem Grande Paulista) e o Sindicato dos Empregadores Domésticos do Estado de São Paulo celebraram uma convenção coletiva de trabalho.

5.18 PRAZOS PRESCRICIONAIS PARA O EMPREGADO DOMÉSTICO

Em linhas gerais, prescrição é a perda da possibilidade de exigir judicialmente um direito, ocasionada pela inércia de seu titular por um lapso de tempo.

A Constituição Federal dispõe que os trabalhadores poderão recorrer ao Poder Judiciário, em regra geral, quanto aos créditos resultantes das relações de trabalho, respeitado o prazo prescricional de cinco anos para os trabalhadores urbanos e rurais, até o limite de dois anos após a extinção do contrato de trabalho.

É certo que tal disposição constitucional também se aplica ao trabalhador doméstico (art. 43, LC 150).

Explicando-a melhor, quer dizer que extinto o contrato de trabalho, o trabalhador terá o prazo de dois anos para ajuizar demanda trabalhista contra seu ex-empregador. No entanto, somente poderá pleitear direitos referentes aos cinco anos anteriores à data do ajuizamento da ação e não da extinção do contrato de trabalho.

Como a prescrição não é aplicável à ação declaratória, o pedido judicial de reconhecimento do vínculo de emprego doméstico é imprescritível, bem como as ações que tenham por objeto anotações para fins de prova junto à Previdência Social (art. 11, § 1º, CLT, Lei 13.467/17).

É de responsabilidade do empregador o arquivamento de documentos comprobatórios do cumprimento das obrigações fiscais, trabalhistas e previdenciárias, enquanto essas não prescreverem.

A verificação do cumprimento das normas que regem o trabalho do empregado doméstico será efetuada pelo auditor-fiscal de trabalho. A diligência ocorrerá no domicílio do empregador e dependerá de agendamento e de entendimento prévios entre a fiscalização e o empregador.

A fiscalização deverá ter natureza prioritariamente orientadora.

Será observado o critério de dupla visita (na primeira visita, haverá orientação e instrução para o empregador quanto ao sentido e alcance da norma; na segunda, diante do não cumprimento, haverá a autuação) para lavratura de auto de infração, exceto se for a hipótese de infração por falta de anotação na CTPS ou, ainda, na ocorrência de reincidência, fraude, resistência ou embaraço à fiscalização.

Durante a inspeção, o auditor-fiscal do trabalho será acompanhado pelo empregador ou por alguém de sua família por ele designado.

5.19 OS DESCONTOS LEGAIS E O SIMPLES DOMÉSTICO

O Simples Doméstico é o regime unificado de pagamento de tributos, de contribuições e dos demais encargos do empregador doméstico, a ser regulamentado até 29/9/2015 e somente a partir de então exigível por meio de documento único de arrecadação.

A inscrição do empregador no sistema e a entrada de informações ocorrerão em portal na *Internet*, sendo que a impossibilidade de utilização do sistema eletrônico será objeto de regulamento, ainda a ser editado.

As informações prestadas pelo empregador, no sistema eletrônico, serão o suficiente para a exigência dos tributos e encargos trabalhistas, substituindo a entrega de quaisquer outras informações, formulários e declarações a que estão sujeitos os empregadores domésticos, inclusive os relativos ao recolhimento do FGTS. Tal medida visa simplificar a contabilidade do empregador, concentrando todas as obrigações em um único local e momento.

O Simples Doméstico englobará o recolhimento mensal dos seguintes tributos incidentes sobre a remuneração paga ou devida no mês anterior, a cada empregado, incluído o décimo terceiro salário:

> I – 8% a 11% de contribuição previdenciária, como será esclarecido no Capítulo 20;
>
> II – 8% de contribuição patronal previdenciária para a seguridade social, a cargo do empregador doméstico, calculado sobre o salário de contribuição do empregado doméstico a seu serviço;
>
> III – 0,8% de contribuição social para financiamento do seguro contra acidentes do trabalho;
>
> IV – 8% de recolhimento para o FGTS;
>
> V – 3,2%, destinada ao pagamento do seguro-desemprego; e
>
> VI – imposto sobre a renda, se for o caso.

A contribuição e o imposto mencionados serão descontados da remuneração do empregado pelo empregador, que é responsável por seu recolhimento. Para fins de controle do empregado e transparência no contrato de trabalho, o empregador deve fornecer, mensalmente, ao empregado doméstico cópia dos recibos de pagamento dos tributos supraelencados.

O recolhimento deverá ocorrer em instituições financeiras integrantes da rede arrecadadora de receitas federais, com agências bancárias, casas lotéricas etc., até o dia 7 do mês seguinte ao do respectivo pagamento de salário ao empregado. Ou seja, caso o empregado receba mensalmente no dia 5 do mês, o empregador deverá efetuar o recolhimento dos tributos correspondentes até o dia 7 do mês seguinte, sob pena de pagamento de encargos legais na forma prevista na legislação do imposto sobre a renda, inclusive multa.

A Circular 694, de 25/9/2015, da Caixa Econômica Federal (CEF), estabelece os procedimentos referentes à obrigatoriedade de recolhimento doméstico e divulga o Manual de Orientação ao Empregador – Recolhimentos Mensais e Rescisórios ao FGTS e das Contribuições Sociais.

A Portaria Interministerial 822, de 30/9/2015, disciplina o regime unificado de pagamento de tributos, de contribuições e dos demais encargos do empregador doméstico (Simples Doméstico).

A Resolução CC/FGTS (Conselho Curador do FGTS) 780, de 24/9/2015, regulamenta a inclusão do empregado doméstico no FGTS (LC 150/15).

5.20 DIREITOS E QUESTÕES PREVIDENCIÁRIAS

5.20.1 É obrigatória a filiação do empregado doméstico ao INSS?

A filiação representa o início da relação jurídica entre o empregado doméstico e o Instituto Nacional do Seguro Social (INSS) e ocorre com o começo da prestação de serviços.

O empregado doméstico, como qualquer outro empregado e empregador, é contribuinte obrigatório.

5.20.2 O que é carência para fins previdenciários?

Período de carência é o número mínimo de contribuições mensais indispensáveis para que o beneficiário faça jus ao benefício, consideradas a partir do transcurso do primeiro dia dos meses de suas competências.

Dessa forma, o empregado doméstico não terá direito aos benefícios previdenciários se não tiver contribuído com a seguridade social por determinado período, a depender do benefício pretendido.

No caso do auxílio-acidente, haverá sua concessão independentemente de carência, mas o auxílio-doença requer um mínimo de 12 contribuições mensais para o INSS.

Para cômputo do período de carência, serão consideradas as contribuições referentes ao período a partir da data de filiação ao Regime Geral de Previdência Social (RGPS), no caso dos domésticos.

5.20.3 Qual é o valor do benefício previdenciário?

O valor do benefício pode ser compreendido como a quantia paga em dinheiro pelo INSS ao trabalhador ou seu dependente. Pode substituir o salário do empregado doméstico quando ocorrer alguma das hipóteses previstas legalmente que o impeça de prestar serviços. Há também a possibilidade de se referir a uma complementação do rendimento do trabalhador.

No cálculo do valor da renda mensal do benefício, inclusive o decorrente de acidente do trabalho, serão computados os salários de contribuição referentes aos meses de contribuições devidas, ainda que não recolhidas pelo empregador doméstico, sem prejuízo da respectiva cobrança e da aplicação das penalidades cabíveis.

Em outras palavras, ainda que o empregador doméstico não cumpra com sua obrigação de recolhimento da contribuição previdenciária, por meio do Simples Doméstico, o empregado doméstico não será prejudicado no recebimento do benefício ou no seu valor.

Caso o empregado doméstico tenha cumprido todas as condições para a concessão do benefício pleiteado, mas não possa comprovar o valor de seus salários de contribuição no período básico de cálculo, será concedido o benefício de valor mínimo, devendo essa renda ser recalculada quando da apresentação de prova dos salários de contribuição.

O segurado empregado doméstico, em gozo de auxílio-doença, será considerado pelo empregador doméstico como licenciado.

5.20.4 O empregado doméstico é beneficiário da legislação referente ao acidente de trabalho?

A atual legislação referente ao trabalhador doméstico prevê que o acidente do trabalho é o que ocorre pelo exercício da atividade a serviço do empregador doméstico, provocando lesão corporal ou perturbação funcional que cause a morte ou a perda ou redução, permanente ou temporária, da capacidade para o trabalho.

O acidente do trabalho engloba, além daquele propriamente dito, a doença causada pela forma como o labor é realizado e aquela que é inerente à atividade do empregado doméstico, ou seja, que possui alta incidência de ocorrências para aquele que exerce essa profissão, como doenças da coluna, ombros etc.

Não são consideradas como doença do trabalho a doença degenerativa, a inerente a grupo etário, a que não produza incapacidade laborativa e a doença endêmica adquirida por segurado habitante de região em que ela se desenvolva, salvo comprovação de que é resultante de exposição ou contato direto determinado pela natureza do trabalho.

O acidentado deverá se submeter à perícia médica do INSS, a qual poderá considerar caracterizada (ou não) a natureza acidentária da incapacidade.

O INSS também poderá reconhecer o acidente do trabalho quando constatar ocorrência de nexo técnico epidemiológico entre o trabalho e o agravo, decorrente da relação entre a atividade da empresa ou do empregado doméstico e a entidade mórbida motivadora da incapacidade elencada na Classificação Internacional de Doenças (CID), em conformidade com o que dispuser o regulamento.

O empregador doméstico poderá requerer a não aplicação do referido nexo técnico epidemiológico, de cuja decisão caberá recurso, com efeito suspensivo, do empregador doméstico ou do segurado ao Conselho de Recursos da Previdência Social.

Caberá ao empregador doméstico comunicar o acidente do trabalho ao INSS até o 1º dia útil seguinte ao da ocorrência e, em caso de morte, de imediato, sob pena de multa variável entre o limite mínimo e o limite máximo do salário de contribuição, sucessivamente aumentada nas reincidências, aplicada e cobrada pela Previdência Social.

O segurado empregado doméstico, em gozo de auxílio-doença, será considerado pelo empregador doméstico como licenciado e o benefício será pago pelo INSS a partir da data da incapacidade.

5.20.5 O empregado doméstico tem direito ao auxílio-acidente?

A partir da vigência da LC 150, o doméstico passa a ter direito ao auxílio-acidente, o qual a Lei 8.213/91 prevê como indenização ao segurado quando, após consolidação das lesões decorrentes de acidente de qualquer natureza, resultarem sequelas que impliquem redução da capacidade para o trabalho que habitualmente exerce.

Explicando melhor, caso o empregado doméstico sofra acidente, que não necessariamente está relacionado à sua atividade profissional, mas que ocasione sequelas que reduzam sua capacidade de trabalhar nessa atividade, terá direito ao recebimento de uma indenização pelo INSS, denominada auxílio-acidente.

Vale lembrar que deve haver uma redução da capacidade laborativa, pois a total impossibilidade não acarretará o recebimento desse benefício, sendo o caso de aposentadoria por invalidez.

O valor mensal do auxílio-acidente será considerado como salário de contribuição para fins de concessão de qualquer aposentadoria.

Assim, passa o empregado doméstico a se beneficiar da Previdência Social na hipótese de ser vítima de acidente que reduza sua capacidade de trabalho, não ficando desamparado por esse período.

5.20.6 O empregado doméstico tem direito ao salário-família?

O salário-família é um benefício previdenciário devido, mensalmente, ao segurado empregado doméstico, de baixa renda, com valor fixo, na proporção do respectivo número de filhos ou equiparados. Pelo fato de o enteado e o menor tutelado equipararem-se a filho, há necessidade de declaração do segurado e comprovação de dependência econômica na forma estabelecida em Regulamento.

A partir de 1/1/2018, conforme a Portaria Interministerial MPS/MF 15/2018, para cada filho, menor de 14 anos ou inválido de qualquer idade, o empregado doméstico receberá R$ 45,00 se não tiver remuneração superior a R$ 877,67. Se a remuneração for superior a R$ 877,68 e inferior a R$ 1.319,18, é devido o valor de R$ 31,71. Caso o empregado doméstico tenha renda superior a R$ 1.319,19, nada receberá.

O salário-família será pago pelo empregador, conjuntamente com a remuneração mensal, efetivando-se a compensação quando do recolhimento das contribuições, conforme dispuser o Regulamento. Quer isso dizer que, embora o empregador doméstico pague inicialmente o salário-família a seu empregado, poderá, em momento posterior, solicitar o reembolso desses valores perante o INSS.

Ainda que pai e mãe trabalhem para o mesmo empregador doméstico, ambos terão direito ao salário-família.

O pagamento do salário-família é condicionado à apresentação da certidão de nascimento do filho.

O empregador doméstico conservará durante 10 anos os comprovantes de pagamento e as cópias das certidões correspondentes, para fiscalização da Previdência Social.

5.20.7 O empregado doméstico tem direito à assistência gratuita aos filhos e dependentes desde o nascimento até 6 meses de idade em creches e pré-escolas?

Em regra, o valor de auxílio-creche é definido em normas coletivas, mas no caso das domésticas, como visto anteriormente, não há sindicatos reconhecidos dos trabalhadores nem dos empregadores, o que seria fundamental para esse tipo de negociação.

Nas empresas, apenas as que têm mais de 30 mulheres em idade fértil precisam garantir creche a seus funcionários. Por isso, *a priori*, essa regra não tem aplicação imediata.

Em suma, o direito à creche para filhos menores de 6 anos de idade é outro ponto que ainda depende de regulamentação, não veiculada pela LC 150.

5.20.8 O empregado doméstico se beneficia do seguro-desemprego?

O seguro-desemprego tem por finalidade legal prover assistência financeira temporária ao trabalhador desempregado em virtude de dispensa sem justa causa, inclusive a indireta, e ao trabalhador comprovadamente resgatado de regime de trabalho forçado ou da condição análoga à de escravo, assim como auxiliar os trabalhadores na busca ou preservação do emprego, promovendo, para tanto, ações integradas de orientação, recolocação e qualificação profissional.

Com a nova alteração legislativa, garante-se o pagamento do seguro-desemprego ao trabalhador doméstico, entretanto, é certo que o seguro-desemprego não acarretará nenhum custo adicional para o empregador.

O empregado doméstico que for dispensado sem justa causa fará jus ao benefício do seguro-desemprego, no valor de um salário mínimo, por período máximo de três meses, de forma contínua ou alternada. A concessão ocorrerá nos termos do regulamento do Conselho Deliberativo do Fundo de Amparo ao Trabalhador (Codefat).

O seguro-desemprego deverá ser requerido no período de 7 a 90 dias, contados da data de dispensa, sendo que novo benefício só poderá ser requerido após o cumprimento de novo período aquisitivo, cuja duração será definida pelo Codefat.

O benefício do seguro-desemprego será cancelado, sem prejuízo das demais sanções cíveis e penais cabíveis: (a) pela recusa, por parte do trabalhador desempregado, de outro emprego condizente com sua qualificação registrada ou declarada e com sua remuneração anterior; (b) por comprovação de falsidade na prestação das informações necessárias à habilitação; (c) por comprovação de fraude visando à percepção indevida do benefício do seguro-desemprego; (d) por morte do segurado.

Para fins de habilitação ao benefício, o trabalhador doméstico deverá apresentar ao órgão competente do Ministério do Trabalho e Emprego: (a) CTPS, na qual deverão constar a anotação do contrato de trabalho doméstico e a data de dispensa, de modo a comprovar o vínculo empregatício, como empregado doméstico, durante pelo menos 15 meses nos últimos 24 meses; (b) termo de rescisão do contrato de trabalho; (c) declaração de que não está em gozo de benefício de prestação continuada da Previdência Social, exceto auxílio-acidente e pensão por morte; (d) declaração de que não possui renda própria de qualquer natureza suficiente à sua manutenção e de sua família.

5.20.9   O empregado doméstico tem direito à aposentadoria?

A EC 72 assegura ao empregado doméstico o direito à aposentadoria que, aliás, já era garantido anteriormente à veiculação da mencionada alteração constitucional.

A aposentadoria do empregado doméstico pode ser por idade, tempo de contribuição ou invalidez.

A aposentadoria por idade é o benefício devido ao segurado que completar 65 anos de idade, se homem, e 60 anos, se mulher. Deverão ter ocorrido, no mínimo, 180 contribuições mensais à Previdência Social.

Já a aposentadoria por invalidez é o benefício devido ao trabalhador doméstico que, por perícia, for considerado incapaz para a prestação de serviços e impossível à reabilitação. Exige-se que tenha realizado o recolhimento de, ao menos, 12 contribuições mensais.

Por fim, a aposentadoria por tempo de contribuição é garantida ao trabalhador doméstico, desde que, regra geral, tenha feito o pagamento mensal da Previdência Social por 35 anos (homens) ou 30 anos (mulheres).

QUESTIONÁRIO

1. Qual é o conceito de empregado doméstico?

2. Quais são os direitos dos empregados domésticos?

3. Será que o empregado doméstico tem direito aos intervalos intrajornada e interjornada?

4. Como é que ficam os direitos dos empregados domésticos que dormem na residência do empregador? O adicional noturno é devido para toda a jornada noturna?

5. Será que as formas de compensação de horas de trabalho são aplicáveis ao doméstico?

6. O empregado doméstico tem direito à percepção de salário-família?

7. O empregado doméstico tem direito ao salário proporcional quando a jornada de trabalho é inferior ao limite previsto no art. 7º, XIII, CF?

Capítulo VI
TRABALHO EM DOMICÍLIO

Não há distinção do trabalho realizado no estabelecimento do empregador com o executado no domicílio do empregado ou o realizado a distância, desde que estejam caracterizados os pressupostos da relação de emprego (art. 6º, CLT, com a redação da Lei 12.551/11).

A figura típica do empregado *"é a do que presta serviços subordinados em ambiente adrede destinado ao trabalho, que seja em fábrica, armazém, construção, escritório, entreposto etc. Não se desnatura, entretanto, o contrato de trabalho pelo fato de o trabalhador exercer a sua atividade no próprio domicílio. Dois fatos acentuam a sua condição de empregado: o de não destinar o produto de sua atividade ao mercado, senão a uma determinada empresa; e o de não ser dono da matéria-prima ou dos instrumentos com que trabalha. Tendo em vista as apontadas características, Evaristo de Moraes Filho definiu o trabalhador a domicílio do seguinte modo: '(trabalhador a domicílio é aquele) que realiza [...] habitual ou profissionalmente, em sua própria habitação, ou em local por ele escolhido, longe da vigilância direta do empregador, ou em oficina de família, com o auxílio dos parentes aí residentes ou algum trabalhador externo, sempre que o faça por conta e sob a direção de um patrão'".*[1]

O empregado em domicílio está em uma zona cinzenta entre o trabalho autônomo e o subordinado.

À primeira vista, o trabalho em domicílio pode ser enquadrado no trabalho autônomo, *"porque é executado fora da empresa; porque é pago geralmente por peça ou empreitada; porque se realiza sem adstringência a horário; porque não possui caráter pessoal, uma vez que o trabalhador pode ser auxiliado por terceiros, quase sempre familiares; porque não é necessariamente exclusivo, já que pode ele destinar o produto de sua atividade a mais de uma empresa. Essa primeira impressão, no entanto, se desfaz, examinando-se a realidade em foco de mais perto: o empregado a domicílio trabalha fora da vigilância direta do empregador, mas tem a obrigação de sujeitar às suas instruções, que podem ser tão pormenorizadas quanto as dadas a um trabalhador interno; a sua remuneração por peça ou empreitada corresponde, via de regra, ao salário fixo do empregado interno que executa*

---

[1] MAGANO, Octavio Bueno. *Manual de direito do trabalho*: direito individual do trabalho. 4. ed., v. 2, p. 145.

a mesma tarefa; embora não esteja sujeito a horário, tem de trabalhar tão intensamente como se o possuísse; conquanto se sirva frequentemente de auxiliares, no desempenho das tarefas que lhe são atribuídas, responsabiliza-se pessoalmente pela execução delas; quase nunca conta com a possibilidade material de trabalhar para várias empresas, porque as encomendas de uma única são suficientes para o absorver".[2]

O trabalho domiciliar é uma forma de contrato de trabalho por assimilação, já que o empregado em domicílio, de acordo com o art. 6º, CLT, tem os mesmos direitos do trabalhador subordinado que labore no estabelecimento do empregador.

Na doutrina, para que se tenha à caracterização do trabalho em domicílio, exige-se: *"(a) a continuidade da prestação do serviço em local fora da empresa ou estabelecimento; (b) a fixação da qualidade e quantidade das tarefas a serem executadas; (c) a entrega do produto acabado em períodos de tempo variáveis, mas sempre com uma obrigação predeterminada a este respeito; (d) a fixação de um preço de tarifa unitária, por peça, medida, número, metro ou capacidade; (e) a absorção do tempo do empregado por uma ou mais empresas, ou intermediários".*[3]

Não há distinção entre o trabalho em domicílio e o realizado no estabelecimento do empregador quanto às obrigações trabalhistas. Há dificuldade quanto à constatação ou não da existência das horas extras, já que o trabalhador em domicílio está fora do alcance do empregador, tendo a liberdade de escolha quanto ao número de horas de trabalho para a realização das tarefas determinadas, além da possibilidade do auxílio de terceiros etc.

QUESTIONÁRIO

1. A caracterização do trabalho subordinado exige o labor nas dependências físicas da empresa?

2. Quais são as diferenças entre o trabalho em domicílio e o autônomo? Justifique.

3. O empregado em domicílio exige a exclusividade na sua caracterização? Justifique.

4. O empregado em domicílio tem direito à percepção de horas extras?

---

[2] MAGANO, Octavio Bueno. Ob. cit., p. 146.
[3] GOMES, Orlando; GOTTSCHALK, Elson. *Curso de direito do trabalho.* 4. ed., p. 412.

Capítulo VII
ENGENHEIRO E OUTROS

A Lei 4.950-A, de 22/4/1966, dispõe sobre a remuneração de profissionais diplomados em engenharia, química, arquitetura, agronomia e veterinária.

A Lei 5.194, de 24/12/1966, regula o exercício das profissões de engenheiro, arquiteto e engenheiro agrônomo.

A especialização de engenheiros e arquitetos em engenharia de segurança do trabalho, além da profissão de técnico em segurança do trabalho, é disciplinada pela Lei 7.410, de 27/11/1985. O Regulamento é o Decreto 92.530, de 9/4/1986.

7.1 REMUNERAÇÃO E RESPECTIVA JORNADA DE TRABALHO DOS ENGENHEIROS, QUÍMICOS, ARQUITETOS, AGRÔNOMOS E VETERINÁRIOS

O salário mínimo fixado na Lei 4.950-A é a remuneração mínima obrigatória por serviços prestados pelos profissionais definidos no art. 1º, com relação de emprego ou função, qualquer que seja a fonte pagadora (art. 2º).

Por inconstitucionalidade, a Resolução 12/1971 do Senado Federal suspendeu a execução da Lei 4.950-A quanto aos funcionários públicos.

De acordo com o art. 3º, *caput*, da Lei 4.950-A, as atividades ou tarefas são classificadas de acordo com a jornada diária desempenhada pelo profissional, podendo ser igual ou superior de 6 horas. A jornada de trabalho é a fixada no contrato de trabalho ou determinação legal vigente (art. 3º, parágrafo único).

De acordo com a Súmula 370 do TST, a Lei 4.950-A não estipula a jornada reduzida para os engenheiros, mas apenas estabelece o piso salarial da categoria para uma jornada de 6 horas. Não há de se falar em horas extras, exceto as que excedam à oitava diária, respeitando-se, é claro, o salário mínimo da categoria.

Na opinião de Francisco Antonio de Oliveira,[1] *"o engenheiro não tem jornada reduzida, estabelecendo a lei apenas o salário mínimo da categoria para uma jornada de 6 (seis)*

---

[1] OLIVEIRA, Francisco Antonio. *Comentários aos precedentes normativos e individuais do Tribunal Superior do Trabalho*, p. 180.

horas. Assim, não haverá falar em pagamento de horas extras, desde que o salário pago remunere com o mínimo da categoria as horas que ultrapassem a sexta hora. De qualquer forma, há que se limitar o trabalho até a oitava hora, após o que haverá a remuneração extraordinária".

Para os diplomados pelos cursos regulares superiores mantidos pelas Escolas de Engenharia, de Química, de Arquitetura, de Agronomia e de Veterinária com curso universitário de 4 anos ou mais, o salário-base mínimo será de 6 vezes o maior salário mínimo vigente para a jornada de 6 horas (artigos 4º, *a* e 5º).

Para os diplomados pelos cursos regulares superiores mantidos pelas Escolas de Engenharia, de Química, de Arquitetura, de Agronomia e de Veterinária com curso universitário de menos de 4 anos, o salário-base mínimo será de 5 vezes o maior salário mínimo vigente para a jornada de 6 horas (artigos 4º, *b*, e 5º).

Quando a jornada for superior a 6 horas diárias, a fixação do salário-base mínimo será feita tomando-se por base o custo da hora fixado (6 ou 5 salários-mínimos, de acordo com a duração do curso universitário) (art. 5º), acrescidas de 25% as horas excedentes das 6 diárias de serviços (art. 6º).

Ao contrário do que pode parecer, o contrato com os profissionais previstos na Lei 4.950-A não está proibido de *"sobejar à jornada de seis horas. A jornada de trabalho é aquela fixada no contrato de trabalho ou determinação legal vigente (art. 3º, parágrafo único). O que a lei não permite é que em sendo contratado por jornada superior não se venha a garantir o mínimo que a lei dispõe. Vale dizer um contrato de oito horas diárias deverá remunerar as seis horas (art. 5º) e as excedentes (art. 6º)".*[2]

Para quem tem uma jornada contratual de 8 horas, o salário contratual será de 8,5 salários mínimos (um salário mínimo por hora acrescido de 25% do salário mínimo para as horas acima da 6ª hora diária).[3]

É discutível a vinculação do piso salarial da profissão em tantas vezes o valor do salário mínimo ante a proibição prevista no art. 7º, IV, da CF/88, a qual proíbe a vinculação do salário mínimo para qualquer fim.

Não há obstáculos para que o valor inicial do salário do engenheiro seja fixado no valor equivalente ao piso em salários mínimos, contudo, é inadmissível que esse salário inicial seja, posteriormente, reajustado com base no índice da variação do salário mínimo (OJ 71, SDI-I).[4]

---

[2]   OLIVEIRA, Francisco Antonio. *Direito do trabalho em sintonia com a nova Constituição*, p. 143.
[3]   TRT – 13ª R. – RO 0110600-09.2014.5.13.0003 – Rel. Wolney de Macedo Cordeiro – *DJe* 5/5/2015 – p. 22.
[4]   TST – RR 0000169-80.2013.5.08.0002 – Rel. Min. Hugo Carlos Scheuermann – *DJe* 19/6/2015 – p. 804.

O STF entendeu que não há desrespeito à Súmula Vinculante 4, quando se tem a fixação do piso salarial em múltiplos de salário mínimo, desde que o salário contratual inicial seja reajustado por outros índices.[5]

A remuneração do trabalho noturno será feita na base da remuneração do trabalho diurno acrescida de 25% (art. 7º).

QUESTIONÁRIO

1. A Lei 4.950 fixa uma jornada reduzida para os engenheiros?

2. Como devem ser calculadas as horas extras dos engenheiros? Justifique.

---

[5] STF – Agravo Regimental na Reclamação 9.674-SP – Rel. Min. Teori Zavascki – j. 6/10/2015.

Capítulo VIII
ESTAGIÁRIO

8.1 LEGISLAÇÃO APLICÁVEL

A Lei 6.494/77 disciplinava os estágios de estudante de ensino superior e de ensino profissionalizante do 2º grau e supletivo, sendo regulamentada pelo Decreto 84.497/82.

Atualmente, o estágio é disciplinado pela Lei 11.788/08.

A nova legislação se aplica aos estágios realizados por estudantes brasileiros e estrangeiros regularmente matriculados em cursos superiores no País, autorizados ou reconhecidos, observado o prazo do visto temporário de estudante (art. 4º).

Além disso, a nova legislação tem aplicação imediata a todos os contratos de estágio em vigor, os quais deverão ajustar suas regras e cláusulas contratuais aos dispositivos legais. A prorrogação de estágios contratados antes do início da vigência da Lei 11.788, apenas poderá ocorrer quando ajustadas suas disposições (art. 18).

Da mesma forma, a Lei 11.788 se aplica aos processos seletivos de estagiários com a Administração Pública, ainda que não previsto nos editais públicos.

Acrescente-se que o estágio profissional do Curso de Direito tem disciplina no art. 9º, Lei 8.906/94 (Estatuto da Advocacia e da Ordem dos Advogados do Brasil) e é exercido pelo bacharel em Direito inscrito na OAB.

Eventuais pendências quanto ao contrato de estágio devem ser dirimidas pela Justiça do Trabalho (art. 114, I, CF).

8.2 CONCEITO DE ESTÁGIO

Pela legislação, estágio é ato educativo escolar supervisionado, desenvolvido no ambiente de trabalho, que visa à preparação para o trabalho produtivo de educandos que estejam frequentando o ensino regular em instituições de educação superior, de educação profissional, de ensino médio, da educação especial e dos anos finais do ensino fundamental, na modalidade profissional da educação de jovens e adultos (art. 1º, *caput*, Lei 11.788).

Na doutrina, estágio é *"o procedimento formativo, de cunho didático 'pedagógico' e articulado segundo projeto de planejamento institucional, que visa permitir ao estudante complementar a sua formação e compreender na prática os ensinamentos teóricos recebidos em sua vida escolar."*[1]

8.2.1 Atividades equiparadas ao estágio

A legislação vigente permite, para fins de cumprimento do projeto pedagógico,[2] que as atividades de extensão, de monitorias e de iniciação científica na educação superior, desenvolvidas pelos estudantes, sejam equiparadas ao estágio (art. 2º, § 3º).

Assim, o estágio obrigatório previsto no projeto pedagógico do curso poderá ser cumprido por outras atividades equipadas, desde que expressamente previstas no próprio projeto pedagógico.

8.3 OS PRINCÍPIOS DA RELAÇÃO DE ESTÁGIO

Zéu Palmeira Sobrinho aponta os seguintes princípios que estão presentes na relação de estágio: (a) vinculação pedagógica; (b) adequação; (c) rendimento.

Pelo princípio da vinculação pedagógica, o estágio, como ato educativo complexo, compreende: a preparação teórica e prática do estagiário; a qualificação do estudante para a cidadania.

Sob a ótica legal, como forma de visualização do princípio da vinculação pedagógica, o estágio é parte do projeto pedagógico[3] do curso, integrando a formação do estagiário (art. 1º, § 1º), visando o aprendizado de competências próprias da atividade profissional

---

[1] PALMEIRA SOBRINHO, Zéu. O contrato de estágio e as inovações da Lei nº 11.788/08. *Revista LTr*, v. 72, nº 10, p. 1173.

[2] "O projeto pedagógico se constitui no planejamento que uma IES faz para um determinado curso. Nele, além de lista disciplinas ou módulos e demais atividades que compõem o currículo pleno, é necessário que se diga também como serão eles trabalhados, efetivamente, durante o desenvolvimento do curso. Também é necessário que expresse como será atingida a formação que efetivamente materialize o perfil proposto, e como, na prática, serão desenvolvidas nos estudantes as competências e habilidades necessárias para a atuação na área específica" (RODRIGUES, Horácio Wanderlei. *Pensando o ensino do direito no Século XXI*: diretrizes curriculares, projetos pedagógicos e outras questões pertinentes. Florianópolis: Fundação Boiteux, 2005. p. 150).

[3] Pela Lei das Diretrizes e Bases da Educação Nacional, educação é um dever da família e do Estado, tendo por inspiração os princípios de liberdade e os ideais de solidariedade humana, tendo por finalidade o pleno desenvolvimento do educando, seu preparo para o exercício da cidadania e sua qualificação para o trabalho (art. 2º, Lei 9.394/96). O ensino será ministrado com base nos seguintes princípios: (a) igualdade de condições para o acesso e permanência na escola; (b) liberdade de aprender, ensinar, pesquisar e divulgar a cultura, o pensamento, a arte e o saber; (c) pluralismo de ideias e de concepções pedagógicas; (d) respeito à liberdade e apreço à tolerância; (e) coexistência de instituições públicas e privadas de ensino; (f) gratuidade do ensino público em estabelecimentos oficiais; (g) valorização do profissional da educação escolar; (h) gestão democrática do ensino público, na forma desta lei e da legislação dos sistemas de ensino; (i) garantia de padrão de qualidade; (j) valorização da experiência extraescolar; (k) vinculação entre a educação escolar, o trabalho e as práticas sociais; (l) consideração com a diversidade étnico-racial; (m) garantia do direito à educação e à aprendizagem ao longo da vida (art. 3º, I a XIII).

e a contextualização curricular, objetivando o desenvolvimento do educando para a vida cidadã e para o trabalho[4] (art. 1º, § 2º).

O princípio da adequação é um corolário do princípio da vinculação pedagógica, impondo que o *"estágio se realize em condições apropriadas à formação do educando, refutando-se, portanto, a percepção que reduz a finalidade do instituto a mecanismo para o suprimento do mercado de trabalho. [...] A adequação do estágio deve ter em conta as finalidades de dotar o estudante de competências pertinentes às atividades profissionais e de qualificação que o torne capacitado para correlacionar as suas práticas e saberes com as necessidades do bem estar comum da sua comunidade (art. 1º, § 1º, LEE). Isso significa que o estágio como complementação deve ser adequado para o desenvolvimento não apenas de competências (saber-fazer), mas como exercício para qualificar o educando a descobrir a importância social daquilo que ele está sendo adestrado a realizar no seu processo de aprendizagem (para que fazer?). Trata-se também de um meio adequado para despertar a consciência da complexidade dos saberes que permeia a teoria e a prática. Pode servir, portanto, de oportunidade para o educando compreender que os saberes desconectados são apenas mônadas que giram em torno da ilusória crença de que – somente através da segregação na qual gravitam – são capazes de se autoafirmarem".*

Na nova legislação, o princípio da adequação está presente quando exige que a instituição de ensino (art. 7º): (a) indique as condições de adequação do estágio à proposta pedagógica do curso (art. 7º, I); (b) faça a avaliação das instalações da parte concedente do estágio no tocante a sua adequação para a formação cultural e profissional do estagiário (art. 7º, II; art. 9º, II).

E, por fim, pelo princípio do rendimento há uma consequência da interação dos dois princípios anteriores, com o objetivo de que os recursos humanos e materiais sejam empregados no sentido da obtenção do êxito no processo educativo. Para tanto, o estágio, como ato educativo escolar, há de ter a supervisão, a qual exige o acompanhamento efetivo pelo professor orientador da instituição de ensino, além do supervisor da parte concedente do estágio (art. 3º, § 1º).

8.4 CARACTERÍSTICAS DO CONTRATO DE ESTÁGIO

Pelo prisma legal, o contrato de estágio é um contrato: solene, tripartite, oneroso, de trato sucessivo, subordinativo e de atividade.[5]

---

[4] Para a CF, art. 205, "a educação, direito de todos e dever do Estado e da família, será promovida e incentivada com a colaboração da sociedade, visando ao pleno desenvolvimento da pessoa, seu preparo para o exercício da cidadania e sua qualificação para o trabalho".

[5] Há pontos em comuns entre o contrato de estágio e o contrato de trabalho. Em linhas gerais, o contrato de trabalho possui os seguintes elementos constitutivos: bilateral (sinalagmático), oneroso, comutativo, *intuitu personae*, consensual, de prestações sucessivas ou de execução continuada e subordinação jurídica (dependência hierárquica). O contrato é bilateral (sinalagmático), eis que as obrigações são recíprocas. O trabalhador presta os serviços, enquanto cabe ao empregador o pagamento dos salários. As prestações devem ser equivalentes. Como se trata de uma relação, que envolve vantagens e ônus de forma recíproca, temos que é oneroso. Também é comutativo na

8.4.1 Solene

Para a sua validade, o contrato de estágio exige a celebração de um termo de compromisso entre o educando, a parte concedente do estágio e a instituição de ensino (art. 3º, I).

Em outras palavras, o documento formal é essencial para a validade do contrato de estágio, contudo, sua presença não é suficiente para ilidir a caracterização de uma relação de emprego, diante da aplicação do princípio da primazia da realidade.[6]

Também na execução do contrato de estágio, como demonstração da presença da formalidade, a legislação exige: (a) que o educando apresente, de forma periódica, em prazo não superior a 6 meses, o relatório das suas atividades (art. 7º, IV); (b) a parte concedente há de manter à disposição da fiscalização os documentos comprobatórios da relação de estágio (art. 9º, VI); quando do desligamento do estagiário, o sujeito concedente deverá entregar o termo de realização do estágio com a indicação resumida das atividades desenvolvidas, dos períodos e da avaliação de desempenho.

8.4.2 Tripartite

O contrato de estágio, como relação jurídica, possui uma estrutura tripartite (= triangular), com a presença do educando, da instituição de ensino (com obrigações delineadas no art. 7º) e da parte concedente (com obrigações previstas no art. 9º).

---

medida em que a estimativa da prestação a ser recebida por qualquer das partes é conhecida no momento de sua celebração. O salário é estipulado em função dos serviços contratados. O empregado é contratado para o exercício de uma determinada função, tendo ciência das suas tarefas e encargos. De acordo com o salário e a função contratada, não pode o empregador exigir tarefas que não estejam em sintonia com o que foi avençado. A relação é pessoal, visto que o empregado não pode se fazer substituir por outra pessoa durante a prestação dos serviços, denotando o caráter de uma obrigação personalíssima. Assevere-se, porém que o aspecto *intuitu personae* não implica a exclusividade de possuir um único tomador de seus serviços. O trabalhador subordinado pode ter vários empregadores, na medida em que tenha tempo e de acordo com as peculiaridades de cada relação. É consensual, porque se aperfeiçoa com a mera manifestação da vontade das partes, sem haver a necessidade da entrega de alguma coisa. Por outro lado, não é solene, pois não se tem a exigência de forma especial para a sua validade, podendo ser tácito ou expresso, escrito ou verbal. Como o seu implemento projeta-se no tempo, em parcelas vencidas e vincendas, dado o caráter indeterminado das relações empregatícias, visualiza-se o seu cunho de trato sucessivo. E, por fim, é subordinado, na medida em que o empregado coloca a sua força de trabalho à disposição do empregador, que o admite, assalaria e dirige a prestação pessoal de serviços.

[6] "O aspecto solene do instituto tem repercussões na seara processual, tem em vista que judicialmente a relação de estágio não pode ser comprovada por meio de testemunhas (art. 400, II, CPC). Todavia, a solenidade é indispensável, mas não é suficiente por si para a configuração do estágio, haja vista que este demanda uma relação fática que manifeste a observância das finalidades do instituto. Com efeito, viceja no direito do trabalho o princípio da primazia da realidade, segundo o qual não é o aspecto formal dos documentos ou acordos que terá o condão de caracterizar o que se sucede no terreno dos fatos. Ainda que exista o termo de compromisso firmado pelo estagiário, será considerada como vínculo de emprego a relação laboral que, embora sob o invólucro da figura do estágio, não preenche os requisitos da Lei nº 11.788/2008" (PALMEIRA SOBRINHO, Zéu. Ob. cit., p. 1175).

Nesse sentido, Alice Monteiro de Barros[7] afirma: *"O estágio pressupõe, necessariamente, uma relação jurídica triangular, situando-se nos seus vértices a escola, que encaminha o aluno, a empresa, que o recebe, e o aluno que ali exerce atividade prática, sem consonância com o currículo escolar."*

A legislação vigente permite que as instituições de ensino e as partes cedentes de estágio recorram aos serviços de agentes de integração públicos e privados (art. 5º), como Centro de Integração Empresa-Escola (CIEE).

8.4.3 Oneroso

O contrato de estágio não é, necessariamente, oneroso. Contudo, diante da modalidade de estágio não obrigatório haverá a necessidade do pagamento de uma bolsa ou outra forma de contraprestação, a ser acordada, além da concessão do vale-transporte (art. 12, *caput*).

O estagiário não tem direito a um salário, e sim a uma bolsa de complementação educacional, a qual não tem natureza salarial, visto que o contrato de estágio não implica, necessariamente, na formação da relação de emprego.

Na legislação anterior, a bolsa não era obrigatória.[8]

8.4.4 Trato sucessivo

Na sua execução, o contrato de estágio exige várias etapas de aprendizagem, sempre havendo a observância da frequência escolar do estagiário, bem como a supervisão pela parte concedente e a orientação pela instituição de ensino com a presença do professor orientador. Portanto, é um contrato de trato sucessivo.

8.4.5 Subordinativo

No contrato de estágio, há uma relação de dependência hierárquica entre o estagiário e os demais sujeitos (a instituição de ensino e a parte concedente).

O planejamento e a execução do estágio dependem da interação e da atuação simultânea da instituição de ensino e do sujeito concedente, contudo, a atuação individual do estagiário é importante para a obtenção do êxito no processo educativo.

---

[7] BARROS, Alice Monteiro de. *Contratos e regulamentações especiais de trabalho*: peculiaridades, aspectos controvertidos e tendências. 3. ed., p. 328.

[8] Pela antiga legislação, o estágio válido não cria vínculo empregatício de qualquer natureza e o estagiário poderá receber bolsa, ou outra forma de contraprestação que venha a ser acordada (art. 4º, Lei 6.494). Não era obrigatória a concessão de bolsa. Por outro lado, se houvesse a concessão da bolsa, a mesma não será necessariamente em dinheiro. As partes eram soberanas para estabelecer como seria a bolsa. Em suma: (a) a bolsa não era obrigatória; (b) a bolsa, quando concedida, poderia ser em dinheiro ou adotar outra forma de contraprestação, como, por exemplo, o pagamento da escola.

O estagiário há de atuar com boa-fé e com o espírito de colaboração no desempenho de suas tarefas.

A subordinação, no contrato de estágio, é atípica. Não há relação de emprego como ocorre no contrato de aprendizagem regulado pela CLT.[9]

8.4.6   Atividade

Apesar do seu objetivo pedagógico, o contrato de estágio é um contrato de atividade. Visa à preparação do educando para o trabalho (art. 1º, § 2º), sendo que, para tanto, se tem a necessidade, mediante o ajuste de comum acordo (entre a instituição de ensino, do aluno e do sujeito concedente), da fixação de uma jornada de atividade[10] (art. 10, *caput*). A Lei 6.494 era omissa a respeito da duração da jornada do estagiário.[11]

8.5   ESPÉCIES

Na legislação revogada (Lei 6.494), o estágio poderia ser de dois tipos: (a) o curricular; (b) o realizado na comunidade (art. 2º).

O estágio curricular visava à complementação do ensino e da aprendizagem. Deveria ser planejado, executado, acompanhado e avaliado em conformidade com currículos, programas e calendários escolares (art. 3º, § 1º; art. 1º, § 3º). Necessitava de termo de compromisso (o estudante e o sujeito concedente) com a intervenção obrigatória da instituição de ensino.

Enquanto o estágio na comunidade era realizado em atividades comunitárias ou de fim social, proporcionando atividade prática profissional, era comum na área de saúde, assistência social e educação, não necessitando de termo de compromisso.

O Decreto 87.497 somente regulamentou o estágio curricular.

Em face do novo diploma legal (Lei 11.788), há 2 critérios de classificação dos contratos de estágio: (a) exigibilidade, isto é, em que se considera a presença do estágio como parte do projeto pedagógico do curso (art. 1º, § 1º). Por esse critério há as seguintes espécies de estágios: obrigatório e não obrigatório; (b) finalidade, no qual se considera o objetivo do estágio.

---

[9]   Questão apreciada no tópico 36.9 do Capítulo XXXVI (Parte IV).

[10]   "O vínculo do estágio enquanto atividade laboral enquadra-se no conceito mais amplo de relação de trabalho e, em consequência, o estagiário é considerado um trabalhador atípico. Essa proximidade com a relação de trabalho tem ao longo do tempo levado doutrinadores, legisladores e julgadores a admitirem um mínimo de proteção social ao estagiário, tomando como base tênue a aplicação direta ou analógica das normas trabalhistas, relativamente a temas como jornada, falta rescisiva, prescrição, proteção à saúde e à segurança do trabalho etc." (PALMEIRA SOBRINHO, Zéu. Ob. cit., p. 1177).

[11]   O art. 5º somente determinava que a jornada de atividade em estágio, a ser cumprida pelo estudante, deveria compatibilizar o horário escolar e o horário da parte em que venha a ocorrer o estágio.

Assim, encontramos: estágio profissional, estágio sociocultural ou de iniciação científica, estágio civil.

8.5.1 Exigibilidade

De acordo com a lei, o estágio poderá ser obrigatório ou não obrigatório, de acordo com a determinação das diretrizes curriculares da etapa, modalidade e área de ensino e do projeto pedagógico do curso (art. 2º, *caput*). Essa forma de tipologia é um desdobramento da aplicação do princípio da vinculação pedagógica.

Estágio obrigatório é o que está definido no projeto do curso e cuja carga horária é requisito para aprovação e obtenção de diploma (art. 2º, § 1º).

Estágio não obrigatório é aquele desenvolvido como atividade opcional, acrescida à carga horária regular e obrigatória (art. 2º, § 2º).

8.5.2 Finalidade

No estágio profissional, o ato educativo escolar supervisionado (pelo professor orientador e pelo supervisor) tem a preocupação básica da preparação do estagiário para vivenciar o cotidiano das atividades de uma determinada profissão.

O estágio sociocultural, ao contrário do profissional, pretende inserir o aluno em uma modalidade educativa escolar mais abrangente. O objetivo é preparar o estagiário para ser parte de uma comunidade de cultura e de pesquisa.

E, por fim, o estágio comunitário cujo escopo é a inserção do estagiário em atividades e projetos da comunidade. É uma forma de participação do estagiário em programas sociais.

8.6 REQUISITOS PARA A VALIDADE DO CONTRATO DE ESTÁGIO

Para Zéu Palmeira Sobrinho, na análise da validade do contrato de estágio pode-se apontar os requisitos como sendo: subjetivos e objetivos. Nas suas palavras, *"os primeiros respondem à pergunta quem pode celebrar o contrato de estágio? Os últimos reportam-se à questão: o que se exige para a celebração do contrato de estágio?"*[12]

8.6.1 Requisitos subjetivos

O contrato de estágio envolve uma relação jurídica triangular (= tripartite), logo, obrigatoriamente, temos: o aluno, como estagiário; a instituição de ensino e a parte concedente do estágio.[13]

---

[12] PALMEIRA SOBRINHO, Zéu. Ob. cit., p. 1179.
[13] "O estagiário está subordinado de forma atípica à organização concedente e à escola. Por um lado, a subordinação se justifica em face do caráter pedagógico do liame formacional que obriga o estudante perante a instituição de ensino. Por outro lado, a atividade prática do educando fica

De acordo com o art. 1º, *caput*, Lei 11.788, o estagiário pode ser aluno das seguintes modalidades de ensino: educação superior; ensino médio; profissional; especial; e de educação de jovens e adultos (desde que o aluno esteja nos anos finais do ensino fundamental). A amplitude legal harmoniza-se com a Lei de Diretrizes e Bases da Educação Nacional (Lei 9.394), a qual determina, como princípio da educação nacional, que o ensino deverá ser ministrado vinculando a educação escolar, o trabalho e as práticas sociais (art. 3º, XI).

O estudante estrangeiro pode realizar o contrato de estágio desde que: (a) matriculado em curso superior autorizado ou reconhecido no Brasil; (b) tenha o visto temporário de estudante (art. 4º).

A Lei 11.788 nada disciplina quanto à idade mínima para o trabalho do estagiário, logo, é aplicável a CF, a qual, no seu art. 7º, XXXIII, determina proibição de trabalho noturno, perigoso ou insalubre a menor de 18 e de qualquer trabalho a menores de 16 anos, salvo na condição de aprendiz, a partir de 14 anos. A rigor, como o estágio está preparando o aluno para a sua inserção no mercado de trabalho, logo, para atividades remuneradas e produtivas, o menor deverá ter, no mínimo, a idade de 16 anos. Quando o aluno for absoluto ou relativamente incapaz, o termo de compromisso haverá de ser assinado pelo seu representante ou assistente legal (art. 16).

A instituição de ensino, como parte obrigatória no contrato de estágio, tem por obrigações: (a) celebrar termo de compromisso com o educando ou com seu representante ou assistente legal, quando ele for absoluta ou relativamente incapaz, e com a parte concedente, indicando as condições de adequação do estágio à proposta pedagógica do curso, à etapa e modalidade da formação escolar do estudante e ao horário e calendário escolar; (b) avaliar as instalações da parte concedente do estágio e sua adequação à formação cultural e profissional do educando; (c) indicar professor orientador, da área a ser desenvolvida no estágio, como responsável pelo acompanhamento e avaliação das atividades do estagiário; (d) exigir do educando a apresentação periódica, em prazo não superior a 6 meses, de relatório das atividades; (e) zelar pelo cumprimento do termo de compromisso, reorientando o estagiário para outro local em caso de descumprimento de suas normas; (f) elaborar normas complementares e instrumentos de avaliação dos estágios de seus educandos; (g) comunicar à parte concedente do estágio, no início do período letivo, as datas de realização de avaliações escolares ou acadêmicas (art. 7º, I a VII). O plano de atividade haverá de ser incorporado ao termo de compromisso por meio de aditivos à medida que for avaliado, progressivamente, o desempenho do estudante (art. 7º, parágrafo único).

Como sujeito ou parte concedente do estágio, temos as pessoas jurídicas de direito privado e os órgãos da Administração Pública (direta, autárquica e fundacional de qualquer dos poderes da União, dos Estados, do Distrito Federal e dos Municípios), bem como profissionais liberais de nível superior com registro em seus respectivos conselhos

---

na dependência da disciplina e das condições ofertadas pela unidade de execução do estágio" (PALMEIRA SOBRINHO, Zéu. Ob. cit., p. 1180).

de fiscalização profissional (art. 9º, *caput*). As suas obrigações são: (a) celebrar termo de compromisso com a instituição de ensino e o educando, zelando por seu cumprimento; (b) ofertar instalações que tenham condições de proporcionar ao educando atividades de aprendizagem social, profissional e cultural; (c) indicar funcionário de seu quadro de pessoal, com formação ou experiência profissional na área de conhecimento desenvolvida no curso do estagiário, para orientar e supervisionar até 10 estagiários simultaneamente; (d) contratar em favor do estagiário seguro contra acidentes pessoais, cuja apólice seja compatível com valores de mercado, conforme fique estabelecido no termo de compromisso; (e) por ocasião do desligamento do estagiário, entregar termo de realização do estágio com indicação resumida das atividades desenvolvidas, dos períodos e da avaliação de desempenho; (f) manter à disposição da fiscalização documentos que comprovem a relação de estágio; (g) enviar à instituição de ensino, com periodicidade mínima de 6 meses, relatório de atividades, com vista obrigatória ao estagiário (art. 9º, I a VII). No caso de estágio obrigatório, a responsabilidade pela contratação do seguro poderá, alternativamente, ser assumida pela instituição de ensino (art. 9º, par. único).

Como sujeitos auxiliares, temos os agentes de integração públicos e privados, que são pessoas jurídicas de direito público ou privado, as quais atuam no processo de aperfeiçoamento do instituto de estágio, visto que: (a) identificam as oportunidades de estágio; (b) ajustam as condições de realização; (c) fazem o acompanhamento administrativo; (d) encaminham negociação de seguros contra acidentes pessoais; (e) cadastram os estudantes (art. 5º, § 1º, I a V, Lei 11.788).

Não pode o agente de integração cobrar qualquer valor dos estudantes a título de remuneração pelos serviços prestados (art. 5º, § 2º).

Também são os agentes de integração responsáveis civis se indicarem estagiários: (a) para realização de atividades não compatíveis com a programação curricular estabelecida para cada curso; (b) matriculá-los em cursos ou instituições para as quais não há previsão de estágio curricular (art. 5º, § 3º).

Como sua participação não é obrigatória na relação de estágio, o agente de integração assinará o termo de compromisso na condição de interveniente, contudo, não poderá ser representante de nenhuma das partes (estagiário; parte concedente; instituição de ensino) (art. 16).

8.6.2 Requisitos objetivos

Os requisitos objetivos do contrato de estágio são:

a) matrícula e frequência regular do educando em curso de educação superior, de educação profissional, de ensino médio, da educação especial e nos anos finais do ensino fundamental, na modalidade profissional da educação de jovens e adultos e atestados pela instituição de ensino (art. 3º, I, Lei 11.788). De forma essencial, o contrato de estágio perdura enquanto perdurar a qualidade de estudante. Tem-se a sua extinção natural quando se perde a qualidade de aluno;

b) celebração de termo de compromisso[14] entre o educando, a parte concedente do estágio e a instituição de ensino (art. 3º, II). O contrato de estágio é um contrato solene. Como ato preparatório de qualquer estágio, a instituição de ensino deverá elaborar o projeto pedagógico (art. 1º, § 1º), o qual será a essência da formalização de um termo de convênio entre a instituição de ensino e a entidade concedente.[15] Pela legislação atual, as instituições de ensino têm a faculdade de celebrar com entes públicos e privados um convênio de concessão de estágio, em que se tenha a explicitação do processo educativo nas atividades programadas para seus educandos, além das condições previstas nos arts. 6º a 14, Lei 11.788 (art. 8º, *caput*);

c) compatibilidade entre as atividades desenvolvidas no estágio e aquelas previstas no termo de compromisso (art. 3º, III). Entre os estudos e o estágio deve haver uma relação de complementação mútua, evitando-se, assim, o desvio de função em estágios fraudulentos. Por exemplo: um estudante de engenharia trabalhando em um escritório de advocacia. Nesta avaliação há de estar presente o princípio da primazia da realidade;

d) o estágio, como ato educativo escolar supervisionado, deverá ter acompanhamento efetivo pelo professor orientador da instituição de ensino e por supervisor da parte concedente, comprovado por vistos nos relatórios apresentados pelos estagiários (periodicidade não superior a 6 meses) e por menção de aprovação final (art. 3º, § 1º);

---

[14] "No termo do compromisso poderão constar: as atividades que o estagiário desempenhará, desde que compatíveis com a finalidade pedagógica; as datas do início e do término do estágio; a jornada; o valor mensal da bolsa de estudo ou outra forma de contraprestação; a designação do orientador, pela escola, e do empregado da instituição concedente em relação ao qual o estagiário ficará subordinado diretamente; as condições para a avaliação e a aprovação do estágio; as modalidades de suspensão e realização do estágio; as situações em que o estagiário poderá ausentar-se a pedido da instituição de ensino; e a cláusula explicitando sobre as normas internas da organização concedente. O legislador admite que ao longo da execução do contrato de estágio, novos aditivos sejam progressivamente acrescentados ao termo de compromisso, desde que referentes às modificações graduais introduzidas no plano de atividades do estagiário" (PALMEIRA SOBRINHO, Zéu. Ob. cit., p. 1181).

[15] Na opinião de Zéu Palmeira Sobrinho, o termo de convênio ou de parceria é o "pacto firmado, obrigatoriamente por escrito, entre a instituição de ensino e a organização concedente por meio do qual os contratantes firmam a intenção de materializar a experiência do estágio de estudantes e estabelecem os direitos e deveres das partes interessadas. Além de ato-condição da existência do termo de compromisso, o termo de convênio é a prova da institucionalização do estágio, o qual deve ser acessível em igualdade de condições a todos os estudantes de uma comunidade escolar, conforme exige o inciso I, do art. 3º, da LDB. Para viabilizar iguais oportunidades aos educandos, o termo de convênio deve ser documento de ampla publicidade, inclusive sendo recomendável que seja disponibilizado na Internet de modo que a comunidade tenha razoável informação sobre as possibilidades de estágio, exigência que se compatibiliza com os princípios do amplo acesso ao processo de forma educativa e da gestão democrática das instituições de ensino (art. 3º, LDB)" (Ob. cit., p. 1182).

e) a duração do estágio na mesma entidade cedente não excederá de 2 anos, exceto se for o caso de estagiário portador de deficiência (art. 11). De forma expressa, a nova legislação não fixa o prazo mínimo. É recomendável a observância de um semestre letivo, como ocorria com a lei anterior (art. 4º, *b*, Decreto 87.497/82). Apesar de o legislador não prever expressamente a duração mínima, podemos concebê-la como sendo de 6 meses. O fundamento: sujeito concedente deverá enviar à instituição de ensino, com a periodicidade mínima de 6 meses, o relatório de atividades do estagiário (art. 9º, VII);

f) observância de um número máximo de estagiários por estabelecimento[16] da entidade cedente (art. 17).[17] Na hipótese de a parte concedente ter várias filiais ou estabelecimentos, os quantitativos serão aplicados a cada um deles (art. 17, § 2º). Não se aplica o número máximo aos estágios de nível superior e de nível médio profissional (art. 17, § 4º). A lei não se esqueceu de implementar políticas públicas de inclusão ao assegurar às pessoas portadoras de deficiência o percentual de 10% das vagas oferecidas pela parte concedente do estágio (art. 17, § 5º).

8.7 VÍNCULO DE ESTÁGIO E VÍNCULO DE EMPREGO

O contrato de estágio não gera vinculo de emprego (art. 3º, Lei 11.788). Contudo, o descumprimento dos requisitos legais ou de qualquer obrigação contida no termo de compromisso caracteriza vínculo de emprego do educando com a parte concedente do

---

[16] "O legislador estabeleceu que 10% (dez por cento) das vagas devem ser preenchidas por pessoas portadoras de deficiências. A medida, além de buscar estimular a inclusão social, foi adotada levando-se em conta as peculiaridades de adaptação e de desenvolvimento da qualificação do educando com necessidades especiais. A fixação do percentual previsto no art. 17, da LEE, levará a alguns problemas práticos, destacando-se nessa oportunidade pelo menos dois: primeiro, a base de cálculo que engloba todos os empregados, qualificados ou não; segundo, a possibilidade de os terceirizados integrarem essa base de cálculo. Segue-se a análise de cada ponto. Em relação ao primeiro aspecto, a proporção é exagerada porque toma como parâmetro de cálculo a totalidade dos empregados existentes no estabelecimento (§ 1º, art. 17) quando o mais razoável seria que o percentual incidisse sobre o número de profissionais qualificados cujas funções apresentam relação com as atividades a serem desenvolvidas pelo estagiário. Assim, deve-se coibir, por exemplo, que quatro estudantes, dois alunos de contabilidade e dois de enfermagem, sejam contratados para estagiar num estabelecimento hoteleiro que embora tenha mais de vinte empregados (p. ex.: cinco auxiliares de serviços gerais, cinco vigias, dez camareiras etc.) não tenham nenhum profissional na área de contabilidade ou de saúde. Quanto ao segundo aspecto, a legislação abriu uma margem para que os terceirizados sejam computados na base de cálculo do percentual. Desse modo, num estabelecimento em que laboram dois empregados efetivos e dezoito terceirizados, o número de estagiários pode vir a superar o número de efetivos. Tal parâmetro pode servir de estímulo indireto à terceirização e pode ser um facilitador para a utilização do estágio como recurso para a substituição ou aumento de mão de obra terceirizada" (PALMEIRA SOBRINHO, Zéu. Ob. cit., p. 1183).

[17] As proporções de empregados para estagiários são: (a) 1 a 5 = 1; (b) de 6 a 10 = até 2; (c) 11 a 25 = até 5; (d) acima de 25 = até 20% (art. 17, I a IV).

estágio para todos os fins da legislação trabalhista e previdenciária (art. 3º, § 2º, e art. 15, *caput*).

A instituição privada ou pública que for reincidente nas irregularidades quanto à contratação de estagiários ficará impedida de receber novos estagiários pelo prazo de 2 anos, os quais serão computados a partir da data da decisão definitiva do processo administrativo correspondente (art. 15, § 1º), sendo que a penalidade limita-se à filial ou agência em que ocorreu a penalidade (art. 15, § 2º).

No caso da Administração Pública direta ou indireta, diante do desvirtuamento do contrato de estágio, inviável é o reconhecimento do vínculo de emprego com a entidade pública concedente, ante os teores do art. 37, II e § 2º, CF/88, bem como o deferimento de indenização pecuniária, exceto em relação às parcelas previstas na Súm. 363, TST (OJ 366, SDI-I). As parcelas devidas resumem-se ao pagamento da contraprestação pactuada, em relação ao número de horas trabalhadas, respeitado o valor da hora do salário mínimo, e dos valores referentes aos depósitos fundiários.

8.8 DIREITOS DO ESTAGIÁRIO

8.8.1 Jornada de trabalho

O art. 5º, *caput*, da Lei 6.494/77, dispunha que a jornada de atividade em estágio, a ser cumprida pelo estudante, deveria compatibilizar-se com o seu horário escolar e com o horário da parte em que venha a ocorrer o estágio.

Atualmente, a jornada de atividade em estágio será definida de comum acordo entre os participantes do contrato de estágio, devendo constar no termo de compromisso e de ser compatível com as atividades escolares (art. 10, *caput*, Lei 11.788).

Contudo, há limites temporais máximos de 4 horas diárias e 20 horas semanais, no caso de estudantes de educação especial e dos anos finais do ensino fundamental, na modalidade profissional de educação de jovens e adultos (art. 10, I). Para os estudantes do ensino superior, da educação profissional de nível médio e do ensino médio regular, temos 6 horas diárias e 30 horas semanais (art. 10, II).

Quando for o caso de cursos que alternam teoria e prática, nos períodos em que não estão programadas aulas presenciais, o estagiário poderá ter jornada de até 40 horas semanais, desde que isso esteja previsto no projeto pedagógico do curso e da instituição de ensino (art. 10, § 1º).

Por outro lado, se a instituição de ensino adotar verificações de aprendizagem periódicas ou finais, nos períodos de avaliação, a carga horária do estágio será reduzida pelo menos à metade, segundo estipulado no termo de compromisso, para garantir o bom desempenho do estudante (art. 10, § 2º).

É inegável o avanço quanto à fixação de limites para a jornada de trabalho do estagiário, porém, nada foi posto no tocante ao intervalo.

Ante a omissão de regras específicas e a necessidade de preservação do ambiente, bem como das condições mínimas de trabalho, para o estagiário aplicam-se as disposições legais pertinentes à saúde e segurança no trabalho da CLT (art. 14), como os intervalos (intrajornada e interjornada), reputam-se matéria de medicina e segurança do trabalho, a entidade concedente deverá respeitar a duração mínima dos intervalos previstos no: (a) art. 71, CLT (de 4 a 6 horas diárias: 15 minutos; acima de 6 horas: de 1 a 2 horas diárias); (b) art. 66, CLT (11 horas).

8.8.2 Recesso anual

De acordo com o art. 13, *caput*, Lei 11.788, o estagiário tem o direito ao recesso de 30 dias, sempre que o estágio tenha duração igual ou superior a um ano.

Quanto ao recesso, temos: (a) o gozo, preferencialmente, coincidirá com o período das férias escolares do estagiário. Quando o estudante tiver mais de 18 anos, entendemos que seja razoável o gozo de forma preferencial, contudo, se tiver menos de 18 anos, a solução haverá de ser outra. Em outras palavras, obrigatoriamente, o recesso deve ser gozado quando das férias escolares (art. 136, § 2º, CLT); (b) a remuneração do período de gozo, desde que o estagiário receba bolsa ou qualquer outra forma de contraprestação (art. 13, § 1º). Em caso de estágio não remunerado, o estudante somente terá direito ao gozo do recesso.

Quando a duração do estágio é inferior a um ano, o estagiário terá direito a um recesso proporcional à duração do contrato. A proporção será de 2,5 dias por cada mês de estágio (30 por 12 = 2,5) (art. 13, § 2º).

Podem surgir algumas dúvidas quanto ao implemento do período de recesso, as quais não constam literalmente do texto legal.

Quando se tem o início do direito ao gozo do recesso?

Diante da redação do art. 13º, *caput*, após o 1º ano do contrato, o estagiário terá direito a um recesso de 30 dias. Por outro lado, a duração máxima do contrato de estágio é de 2 anos.

Logo, como regra geral, o estagiário terá direito a gozar o recesso após o implemento da metade do contrato. Por exemplo: se o contrato tiver 8 meses de duração, a partir do 5º mês em diante; se o contrato tiver 10 meses, a partir do 6º mês em diante.

As faltas injustificadas têm influência quanto à duração do recesso?

O estagiário tem a obrigação de contribuir para o sucesso do estágio. Não se pode esquecer que o estágio é uma forma legal de preparação do estudante para o trabalho produtivo (art. 1º, *caput*). Portanto, a resposta há de ser afirmativa. As faltas injustificadas devem ser computadas, de forma proporcional, no cálculo do gozo do recesso. Por analogia, invocamos o disposto no art. 130, CLT, para o cálculo da proporcionalidade e o contido no art. 473, também da CLT, para a justificativa da ausência das faltas do estagiário.

Diante do término do contrato de estágio, não tendo ocorrido à fruição do recesso, como é que fica o direito do estagiário?

Se tiver ocorrido o implemento do período aquisitivo quanto ao recesso, se ocorrer a rescisão, sem o respectivo gozo, o estagiário, por questão de respeito ao direito adquirido, terá direito a receber uma quantia equivalente à bolsa ou à outra forma de contraprestação que venha a ser acordada.

No caso do não implemento do período aquisitivo, haverá o direito ao recesso proporcional, desde que a rescisão não tenha sido originária de uma eventual falta grave do próprio estagiário. Trata-se da aplicação analógica do art. 146, parágrafo único, CLT.

8.8.3 Seguro contra acidentes pessoais

O art. 4º, Lei 6.494, previa o seguro contra acidentes pessoais obrigatório. Por sua vez, o art. 8º, Decreto 87.497, estabelecia que o seguro contra acidentes pessoais fosse feito pela instituição de ensino, diretamente ou por meio de atuação conjunta com os agentes de integração.

Essa obrigação foi mantida na Lei 11.788. Pelo art. 9º, a entidade concedente do estágio tem a obrigação de contratar em favor do estagiário seguro contra acidentes de trabalho, cuja apólice seja compatível com valores de mercado, conforme o estabelecido no termo de cooperação (inciso IV). No caso do estágio obrigatório, a responsabilidade pelo seguro poderá ficar a cargo da instituição de ensino (art. 9º, parágrafo único).[18]

8.8.4 Proteção à saúde e segurança

De acordo com o art. 14, Lei 11.788, aplica-se ao estagiário a legislação relacionada à saúde e segurança no trabalho. A implementação é de responsabilidade da parte concedente do estágio.

8.8.5 Bolsa de estudo e o auxílio-transporte

O estagiário poderá receber bolsa ou outra forma de contraprestação que venha a ser acordada, sendo compulsória a sua concessão, bem como a do auxílio-transporte, na hipótese de estágio não obrigatório (art. 12º, *caput*).

A eventual concessão de benefícios relacionados a transporte, alimentação e saúde, entre outros, não caracteriza vínculo empregatício (art. 12, § 1º).

O FGTS não incide sobre a bolsa do estagiário (art. 15, § 6º, Lei 8.036/90).

A contribuição previdenciária não incide sobre a bolsa do estagiário (art. 28, § 9º, *i*, Lei 8.212/91).

Em relação ao imposto sobre a renda e proventos de qualquer natureza (IR), constituem rendimento bruto todo o produto do capital, do trabalho ou da combinação de ambos, os alimentos e pensões percebidos em dinheiro, os proventos de qualquer natureza, assim também entendidos os acréscimos patrimoniais não correspondentes aos rendimentos declarados (art. 43, I e II, Lei 5.172/66; art. 3º, § 1º, Lei 7.713/88). Não

---

[18] "A cobertura securitária poderia ter sido ampliada de modo a não limitar-se a apenas ao seguro contra acidentes pessoais. Parece razoável que o dever de cobertura deveria ser explicitamente estendido pelo legislador de modo a contemplar os danos morais, materiais e estéticos que o terceiro causar ao estagiário, durante o período de realização do estágio" (PALMEIRA SOBRINHO, Zéu. Ob. cit., p. 1186).

entrarão no cômputo do rendimento bruto, as bolsas de estudo e de pesquisa caracterizadas como doação, quando recebidas exclusivamente para proceder a estudos ou pesquisas e desde que os resultados dessas atividades não representem vantagem para o doador, nem importem contraprestação de serviços (art. 26, Lei 9.250/95).

No entanto, são tributáveis os rendimentos provenientes do trabalho assalariado, as remunerações por trabalho prestado no exercício de empregos, cargos e funções, e quaisquer proventos ou vantagens recebidos, tais como salários, ordenados, vencimentos, soldos, soldadas, vantagens, subsídios, honorários, diárias de comparecimento, bolsas de estudo e de pesquisa, remuneração de estagiários.

8.8.6 Condição do estagiário perante a Previdência Social

O estagiário não é segurado obrigatório da Previdência Social. Contudo, poderá se inscrever como segurado facultativo. Para tanto, deverá ter a idade mínima de 16 anos (art. 14, Lei 8.212; art. 11, § 1º, VII, Decreto 3.048/99, Regulamento da Previdência Social).

QUESTIONÁRIO

1. Quais são os tipos de estágio? Explique.
2. Quem pode ser estagiário?
3. A forma escrita é importante para a validade da contratação do estagiário? Justifique.
4. O estágio curricular é uma relação jurídica triangular?
5. O pagamento da bolsa é condição essencial para a validade do estágio?
6. Como se dá a inserção do estágio no âmbito da Previdência Social?
7. Quando é que um estagiário pode ser tido como empregado?

Capítulo IX
JORNALISTA

O trabalho do jornalista encontra-se disciplinado nos artigos 302 a 316 da Consolidação das Leis do Trabalho, bem como no Dec.-lei 972, de 17/10/1969, e o seu Regulamento – Decreto 83.284, de 13/3/1979.

9.1 CONCEITO DE JORNALISTA E DE EMPRESA JORNALÍSTICA

Entende-se como jornalista o trabalhador intelectual cuja função se estende desde a busca de informações até a redação de notícias e artigos e a organização, orientação e direção desse trabalho (art. 302, § 1º).

A definição do art. 302, § 1º, CLT, encontra-se explicitada pelo elenco das funções desempenhadas pelos jornalistas profissionais empregados, as quais compreendem as atividades de: redator; noticiarista; repórter; repórter de setor; radiorrepórter; arquivista-pesquisador; revisor; ilustrador; repórter-fotográfico; repórter-cinematográfico e diagramador (art. 6º, Dec.-lei 972/69).

Também são privativas de jornalista profissional as funções de confiança pertinentes às atividades de editor, secretário, subsecretário, chefe de reportagem e chefe de revisão (art. 6º, parágrafo único).

Consideram-se empresas jornalísticas aquelas que têm a seu cargo a edição de jornais, revistas, boletins e periódicos, ou a distribuição de noticiário, e, ainda, radiodifusão em suas seções destinadas à transmissão de notícias e comentários (art. 302, § 2º).

De acordo com o Dec.-lei 972, empresa jornalística é aquela que tenha como atividade a edição de jornal ou revista, ou a distribuição de noticiário, com funcionamento efetivo, idoneidade financeira e registro legal (art. 3º, *caput*).

Por outro lado, equipara-se à empresa jornalística a seção ou serviço de empresa de radiodifusão, televisão ou divulgação cinematográfica, ou de agência de publicidade, onde sejam exercidas as atividades mencionadas no art. 2º, Dec.-lei 972 (art. 3º, § 1º).

O colaborador, assim entendido aquele que, mediante remuneração, produz trabalho de natureza técnica, científica ou cultural, relacionado com a sua especificação, para ser divulgado com o nome e qualificação de autor, não é tido como empregado (art. 4º, § 1º, *a*, Dec.-lei 972).

9.2 EXERCÍCIO DA FUNÇÃO DE JORNALISTA

Por lei, o exercício da profissão de jornalista requer prévio registro no órgão regional competente do Ministério do Trabalho e Emprego, que se fará mediante a apresentação de: (a) prova de nacionalidade brasileira; (b) certidão de antecedentes criminais; (c) carteira profissional; (d) diploma de curso superior de jornalismo, oficial ou reconhecido, registrado no Ministério da Educação e Cultura ou em instituição por este credenciada, para as funções relacionadas de *a* a *g*, no artigo 6º (art. 4º, Dec.-lei 972).

Contudo, o Plenário do STF decidiu, por maioria, que é inconstitucional a exigência do diploma de jornalismo e registro profissional no MTE como condição para o exercício da profissão de jornalista. O STF declarou a não recepção pela CF/88 do art. 4º, inciso V, Dec.-lei 972 (RE 511.961-SP). O TST tem acatado essa posição do STF.[1]

9.3 JORNADA DE TRABALHO

A duração normal do trabalho dos jornalistas não deverá exceder de 5 horas, tanto de dia como à noite (art. 303, CLT).

Poderá a duração normal ser elevada para 7 horas, mediante acordo escrito, em que se estipule aumento de ordenado, correspondente ao excesso do tempo de trabalho, e em que se fixe um intervalo destinado a repouso ou a refeição (art. 304, *caput*).

Para atender a motivos de força maior, poderá o empregado prestar serviços por mais tempo do que aquele permitido, contudo, o excesso deve ser comunicado à Superintendência Regional do Trabalho e Emprego, dentro de 5 dias, com a indicação expressa dos seus motivos (art. 304, parágrafo único).

As horas de serviço extraordinário (quer as prestadas em virtude de acordo, quer as que derivam das causas previstas no parágrafo único do art. 304) não poderão ser remuneradas com quantia inferior à que resulte do quociente da divisão da importância do salário mensal por 150, para os mensalistas, e do salário diário por 5 para os diaristas, acrescido de, pelo menos, 50% (art. 305).

Os arts. 303, 304 e 305 não se aplicam aos que: (a) exercem as funções de redator-chefe, secretário, subsecretário, chefe e subchefe de revisão, chefe de oficina, de ilustração e chefe de portaria; (b) se ocuparem unicamente em serviços externos (art. 306).

A cada 6 dias de trabalho efetivo corresponderá um dia de descanso obrigatório, que coincidirá com o domingo, salvo acordo escrito em contrário, no qual será expressamente estipulado o dia em que se deve verificar o descanso (art. 307).

Em seguida a cada período diário de trabalho haverá um intervalo mínimo de 10 horas, destinado ao repouso (art. 308).

Será computado como de trabalho efetivo o tempo em que o empregado estiver à disposição do empregador (art. 309).

---

[1] TST – 2ª T. – RR 54100-95.2006.5.02.0006 – Rel. Min. José Roberto Freire Pimenta – *DEJT* 9/3/2012.

O TST entende que a jornada reduzida do jornalista é aplicável, mesmo que o empregador não seja uma empresa do ramo jornalístico (OJ 407, SDI-I).

QUESTIONÁRIO

1. Quais são as funções e atividades inerentes à profissão de jornalista?

2. O que é empresa jornalística?

3. Qual é a duração mínima e máxima da jornada de trabalho do jornalista?

4. É possível a pré-contratação do trabalho extraordinário do jornalista? Justifique.

5. O registro para o jornalista é condição vital para o exercício da sua profissão? Justifique.

Capítulo X
MÉDICOS E DENTISTAS

Pelos aspectos ético e disciplinar, a profissão de médico está subordinada *"à legislação de caráter nitidamente corporativo, em face da Lei nº 3.268, de 30/9/1957, que criou o Conselho Federal e os Conselhos Regionais de Medicina, como no seu conjunto, uma Autarquia, sendo cada um deles dotado de personalidade jurídica de Direito Público. Pela Lei nº 5.517, de 23/10/1968, também os médicos veterinários passaram a ter o exercício de sua profissão e a ética subordinados aos Conselhos Federal e Regionais de Medicina Veterinária. Pelo Decreto nº 44.043, de 19/7/58, foi regulamentada a lei que criou os Conselhos que disciplinam a profissão de médico, nele se estabelecendo os requisitos para a inscrição e para expedição das carteiras profissionais (arts. 3º e 9º). Quando o médico, entretanto, exerce sua atividade profissional mediante a condição de empregado, está ele protegido pelos dispositivos legais que regulam a duração do trabalho e a remuneração. Trata-se da Lei nº 3.999, de 13/12/61"*.[1]

A Lei 4.324, de 14/4/1964, criou o Conselho Federal e os Conselhos Regionais de Odontologia.

A Lei 3.999/61 dispõe a respeito do salário mínimo dos médicos e cirurgiões dentistas (art. 22).

Também é aplicável aos auxiliares: laboratorista, radiologista e internos (art. 2º, *b*, Lei 3.999).

O fato de o empregado não possuir diploma de profissionalização de auxiliar de laboratório não afasta a observância das normas da Lei 3.999, uma vez comprovada a prestação de serviços na atividade (Súm. 301, TST).

Porém, não se compreende na classificação de atividades ou tarefas o estágio efetuado para especialização ou melhoria de tirocínio, desde que não exceda ao prazo máximo de 6 meses e permita a sucessão regular no quadro de beneficiados (art. 3º).

Os benefícios da Lei 3.999 estendem-se aos profissionais da medicina e seus auxiliares que trabalham ou venham a trabalhar em organizações industriais e agrícolas, localizadas em zonas urbanas ou rurais (art. 20, *caput*).

---

[1] VIANNA, Segadas; SÜSSEKIND, Arnaldo; MARANHÃO, Délio; TEIXEIRA, Lima. *Instituições de direito do trabalho*. 19. ed., v. 2, p. 1050.

10.1 SALÁRIO MÍNIMO

O salário mínimo dos médicos compreende a remuneração mínima, permitida por lei, pelos serviços profissionais prestados, com relação de emprego, a pessoas naturais ou jurídicas de Direito Privado (art. 4º). Trata-se de um salário profissional ou piso salarial.

O valor do salário profissional dos médicos é fixado em quantia igual a 3 vezes o salário mínimo comum (art. 5º).

É discutível a vinculação do piso salarial da profissão em tantas vezes o valor do salário mínimo ante a proibição prevista no art. 7º, IV, da CF/88, a qual proíbe a vinculação do salário mínimo para qualquer fim.

Na hipótese do ajuste ou contrato de trabalho adotar para fins de salários o sistema de base horária, o total da remuneração devida não poderá perfazer quantia inferior a 25 vezes o valor da soma das duas primeiras horas, conforme o valor calculado para a respectiva localidade (art. 12).

Para os médicos e dentistas, o salário profissional guarda proporcionalidade com as horas efetivamente trabalhadas, respeitado o mínimo de 50 horas mensais (Súms. 143 e 370, TST).

Vale dizer, o médico tem direito ao valor do piso, mesmo que a sua carga de trabalho seja inferior ao limite de 50 horas mensais.

10.2 JORNADA DE TRABALHO

De acordo com o art. 8º, Lei 3.999, a jornada do médico é de 2 a 4 horas, sendo que o piso salarial é válido para esta duração de jornada. Isto não implica em dizer que o médico tenha direito à percepção de hora extra no que exceder da 4ª hora diária. De acordo com o disposto na Súmula 370: a Lei 3.999 não fixou uma jornada reduzida, apenas estabeleceu o piso para uma jornada de 4 horas, não sendo, assim, devidas horas extras, salvo as horas excedentes à oitava, desde que seja respeitado o piso salarial.

Para cada 90 minutos de trabalho, o médico deve ter um repouso de 10 minutos (art. 8º, § 1º). Trata-se de interrupção do contrato de trabalho, logo, a sua não observância gerará o direito à percepção de hora extra.

Aos médicos e auxiliares que contratam com mais de um empregador é vedado o trabalho além de 6 horas diárias (art. 8º, § 2º).

Mediante acordo escrito, ou por motivo de força maior, poderá ser o horário normal acrescido de horas suplementares, em número não excedente de 2 (art. 8º, § 3º).

A remuneração da hora suplementar não será inferior a 50% (art. 8º, § 4º).

O trabalho noturno terá remuneração superior (acréscimo de 20% sobre a hora diurna) (art. 9º).

10.3 JORNADA DOS MÉDICOS NA ADMINISTRAÇÃO PÚBLICA FEDERAL

A duração da jornada de trabalho dos médicos (empregados de órgão ou entidade da União beneficiados pela Lei 8.878/94) é de 20 horas semanais (art. 43, Lei 12.702/12). Os valores da remuneração estão previstos no Anexo XLVI da Lei 12.702.

Caso queiram, mediante opção funcional, os médicos podem exercer suas atividades em jornada de 40 horas semanais, observados o interesse da administração e a disponibilidade orçamentária e financeira.

10.4 MÉDICO-RESIDENTE

A Lei 6.932/81 disciplina as atividades do médico-residente.

Do ponto de vista jurídico, a residência médica constitui modalidade de ensino de pós-graduação, destinada a médicos, sob a forma de cursos de especialização, caracterizada por treinamento em serviço, funcionando sob a responsabilidade de instituições de saúde, universitárias ou não, sob a orientação de profissionais médicos de elevada qualificação ética e profissional (art. 1º).

Para admissão no curso de residência médica, o candidato deverá submeter-se ao processo de seleção estabelecido pelo programa aprovado pela Comissão Nacional de Residência Médica (art. 2º).

O médico-residente admitido no programa terá anotado no contrato padrão de matrícula: (a) a qualidade de médico-residente, com a caracterização da especialidade que cursa; (b) o nome da instituição responsável pelo programa; (c) a data de início e a prevista para o término da residência; (d) o valor da bolsa paga pela instituição responsável pelo programa.

Ao médico-residente é assegurado bolsa no valor de R$ 3.330,43 (Portaria Interministerial MEC/MS 3, de 16/3/2016), em regime especial de treinamento em serviço de 60 horas semanais. O valor da bolsa do médico-residente poderá ser objeto de revisão anual.

Além disso, o médico-residente é filiado ao Regime Geral de Previdência Social (RGPS) como contribuinte individual.

O médico-residente tem direito à licença-paternidade de 5 dias ou à licença-maternidade de 120 dias.

A instituição de saúde responsável por programas de residência médica poderá prorrogar, nos termos da Lei 11.770/08, quando requerido pela médica-residente, o período de licença-maternidade em até 60 dias.

O tempo de residência médica será prorrogado por prazo equivalente à duração do afastamento do médico-residente por motivo de saúde ou nas hipóteses previstas na Lei 6.932.

É obrigação da instituição de saúde responsável por programas de residência médica oferecer ao médico-residente, durante todo o período de residência: (a) condições adequadas para repouso e higiene pessoal durante os plantões; (b) alimentação; (c) moradia, conforme estabelecido em regulamento.

Os programas dos cursos de residência médica respeitarão o máximo de 60 horas semanais, nelas incluídas um máximo de 24 horas de plantão.

O médico-residente fará jus a um dia de folga semanal e a 30 dias consecutivos de repouso, por ano de atividade.

A interrupção do programa de residência médica por parte do médico-residente, seja qual for a causa, justificada ou não, não o exime da obrigação de, posteriormente, completar a carga horária total de atividade prevista para o aprendizado, a fim de obter o comprovante referido no artigo anterior, respeitadas as condições iniciais de sua admissão.

QUESTIONÁRIO

1. Qual é o valor do salário profissional do médico?
2. O salário profissional do médico implica, necessariamente, a fixação de uma jornada normal de 4 horas diárias? Justifique.
3. Explique a relação de trabalho do médico-residente.

Capítulo XI
PROFESSOR

A Lei 9.394/96 prevê as diretrizes e bases da educação nacional, disciplinando a educação escolar, a qual se desenvolve, predominantemente, por meio do ensino, em instituições próprias. Pondera, ainda, que a educação escolar deverá vincular-se ao mundo do trabalho e à prática social.

A educação abrange os processos formativos que se desenvolvem na vida familiar, na convivência humana, no trabalho, nas instituições de ensino e pesquisa, nos movimentos sociais e organizações da sociedade civil e nas manifestações culturais (art. 1º, *caput*, Lei 9.394).

A educação, dever da família e do Estado, inspirada nos princípios de liberdade e nos ideais de solidariedade humana, tem por finalidade o pleno desenvolvimento do educando, seu preparo para o exercício da cidadania e sua qualificação para o trabalho (art. 2º).

A Lei 11.738/08 instituiu o piso salarial profissional nacional para os profissionais do magistério público da educação básica (art. 60, III, *e*, ADCT).

11.1 CONCEITO

Professor é o *"profissional, habilitado ou autorizado, que, através das atividades inerentes ao magistério, forma as gerações do país propiciando-lhes a educação básica e superior, ou complementando-lhes a formação em cursos de especialização, técnico, preparatório ou profissionalizante, realizados em estabelecimento de ensino público, particular, livre, ou ainda em outro estabelecimento que, embora não específico, proporcione essa formação"*.[1]

O exercício remunerado do magistério, em estabelecimentos particulares de ensino, exige habilitação legal e registro no Ministério da Educação (art. 317, CLT).

Para Alice Monteiro de Barros,[2] *"se um empregado executou as atividades de professor, ele deverá receber os direitos inerentes ao efetivo exercício desta função; a ausência de registro no Ministério da Educação, se por si só não interferiu no exercício efetivo da*

---

[1] BARROS, Alice Monteiro de. O trabalho do professor – peculiaridades e controvérsias. *Revista LTr*, v. 64, nº 12, p. 1509.

[2] BARROS, Alice Monteiro de. Ob. cit., p. 1509.

função, não poderá constituir obstáculo à percepção das vantagens correspondentes, salvo se o empregado se utilizou de meio ardil, capaz de induzir o credor de trabalho a erro. Entendimento contrário implicaria enriquecimento ilícito do empregador, que se beneficiou da força de trabalho do empregado e não lhe pagou o valor correspondente. Ademais, estar-se-ia premiando o empregador que concorreu com culpa in eligendo *na contratação de uma pessoa, sem habilitação, para o cargo que ocupou. [...] Tal raciocínio se fortalece tendo em vista que há 35.267 professores na educação infantil e 118.482 nas quatro primeiras séries do ensino fundamental, que não possuem o curso normal exigido pela Lei de Diretrizes e Bases como elemento indispensável à habilitação do docente. Faltando este requisito, evidentemente que o registro no Ministério da Educação poderá ser negado. Acontece que, não obstante, o professor exerceu o magistério, sem que o fato interferisse na função, pois um contingente enorme de alunos foi por ele preparado. Em sendo assim, não vejo como retirar desses professores os direitos assegurados ao docente. A matéria é, contudo, controvertida, havendo quem sustente que a habilitação profissional e, consequentemente, o registro no Ministério da Educação são imprescindíveis".*

Na ótica de Ralph Cândia,[3] *"as exigências administrativas e necessárias, ao exercício da profissão, estabelecidas no art. 317 [...], se caracterizam como requisitos ligados à regularização profissional propriamente enfocada. O cumprimento delas deve ser exigido pelo estabelecimento de ensino, empregador. Assim é que o professor com situação não regularizada plenamente, que seja contratado e que ministre aulas, concretamente, mediante subordinação econômica à escola, terá seu contrato de trabalho reconhecido, sob o ponto de vista do direito do trabalho, respondendo o estabelecimento de ensino por todos os direitos previstos na legislação trabalhista em vigor. A irregularidade formal, nas circunstâncias, não causa a nulidade do contrato, e mesmo que assim não fosse, a existência do ajuste de fato, com todas as características do pacto laboral, se afigura suficiente para impedir a subtração de quaisquer dos direitos trabalhistas concedidos ao professor, regido pela CLT. Excluem-se, apenas, os professores das chamadas escolas públicas e que estiverem sujeitos ao regime estatutário (letras c e d do art. 7º do Diploma Consolidado)".*

Portanto, pela doutrina juslaboralista, professor não é só quem possui habilitação legal e registro no Ministério da Educação, como também todo aquele que ministra aulas em cursos supletivo, pré-vestibular, preparatório e demais cursos livres.

O TST entende não ser obrigatória a habilitação legal para fins de reconhecimento da condição de professor.[4]

11.2 REGULAMENTAÇÃO

A regulamentação do trabalho dos professores encontra-se nos arts. 317 a 324 da CLT.

---

[3] CÂNDIA, Ralph. *Comentários aos contratos trabalhistas especiais*. 2. ed., p. 315.
[4] TST – E-ED-RR 6800-19.2007.5.04.0016 – Rel. Min. João Oreste Dalazen – *DJe* 24/5/2013 – p. 175.
TST – AIRR 55800-12.2008.5.02.0241 – Rel. Min. Alberto Luiz Bresciani de Fontan Pereira – *DJe* 12/4/2013 – p. 1770.

Além destes dispositivos legais, também é aplicável aos professores empregados a regulamentação decorrente de normas coletivas, gerais e complementares da CLT, desde que sejam compatíveis.

Para Segadas Vianna,[5] o magistério *"mereceu do legislador brasileiro uma justa atenção, já que a essa atividade se aplicam as observações que, a respeito da fadiga intelectual, tivemos oportunidade de fazer ao estudarmos a proteção ao trabalho dos jornalistas. E ainda maior razão teve o legislador para cuidar do amparo aos professores: da conservação de sua capacidade física e intelectual dependerá, também, o bom ou mau ensino ministrado aos jovens entregues aos seus cuidados".*

Alice Monteiro de Barros[6] leciona: *"Encontram-se fora da órbita do Direito do Trabalho os professores que possuem regime institucional junto à administração direta, em estabelecimentos municipais, estaduais, federais, fundacionais e autárquicos. Estes docentes devem ser admitidos mediante concurso público. Tal exigência não se aplica ao professor estrangeiro, que é admitido em estabelecimento de ensino brasileiro, temporariamente. Também não se aplicam as normas trabalhistas aos professores contratados pelo regime especial que vigorou antes da Constituição de 1988, tampouco aos que exercem essa atividade como autônomos, ministrando aulas particulares."*

11.2.1 Repouso semanal remunerado

O professor que recebe salário mensal à base de hora/aula tem direito ao acréscimo de 1/6 a título de repouso semanal remunerado, considerando-se para esse fim o mês de 4,5 semanas (arts. 320, § 1º, CLT, e 7º, § 2º, Lei 605/49, Súm. 351, TST).

11.2.2 Jornada de trabalho

No mesmo estabelecimento de ensino, o professor não poderia ministrar, por dia, mais de 4 aulas consecutivas nem mais de 6 intercaladas (art. 318, CLT).

A CLT era omissa quanto à duração das aulas e ao intervalo entre elas. Não se deve confundir a duração da aula com a unidade de tempo correspondente a uma hora do relógio (60 minutos). A hora-aula era um conceito normativo e que variava de acordo com o contrato de trabalho. Apesar da omissão legislativa, podíamos concluir que, se o professor desse mais de 4 horas-aula consecutivas ou mais de 6 horas-aula intercaladas durante o mesmo dia, teria direito à percepção da jornada suplementar.

Com a reformulação do art. 318, CLT, por intermédio da Lei 13.415/17, deixa de haver os limites de 4 e 6 aulas, sendo que o professor poderá lecionar em um mesmo estabelecimento por mais de um turno, desde que não seja ultrapassada a jornada de trabalho legalmente estabelecida, sendo assegurado o gozo do intervalo e o seu não cômputo na

---

[5] VIANNA, Segadas; SÜSSEKIND, Arnaldo; MARANHÃO, Délio; TEIXEIRA, Lima. *Instituições de direito do trabalho*. 19. ed., v. 2, p. 1.060.

[6] BARROS, Alice Monteiro de. Ob. cit., p. 1509.

jornada diária. Isso significa que o professor pode ter uma jornada de 8 horas diárias, de forma sucessiva, desde que se respeite o intervalo mínimo de uma hora (art. 71, CLT).

Apesar da alteração legislativa, o professor pode ser remunerado por hora-aula, contudo, dependendo da duração da hora-aula e do número de aulas realizadas, se exceder a 8 horas diárias (60 minutos cada uma), terá direito à percepção de hora extra.

De qualquer forma (antes e depois da Lei 13.415), excedida a jornada máxima prevista no art. 318, CLT, as horas excedentes devem ser remuneradas com adicional de, no mínimo, 50% (OJ 206, SDI-I).

É importante salientar que é inadmissível (antes e depois da Lei 13.415) a presença de um intervalo entre uma aula e outra, o que é conhecido como "janela".

A doutrina entende que este lapso de tempo implica o fato do professor estar à disposição do empregador, portanto deverá ser remunerado (art. 4º, CLT). Para Emílio Gonçalves:[7] *"Não obstante, deve o horário das aulas ser estabelecido de comum acordo entre o professor e a direção do estabelecimento e haja recíproco interesse em que não se verifiquem 'janelas' no horário das aulas, muitas vezes surgem dificuldades insuperáveis na fixação do horário global das aulas do estabelecimento, as quais só poderão ser resolvidas com a ocorrência das denominadas 'janelas', no horário de determinado professor. Nestas circunstâncias, o professor, após ter ministrado uma aula, é obrigado a aguardar a duração de uma segunda aula, para só então iniciar nova aula [...] quando o fato independe da vontade do professor [...] aquele permanecerá à disposição do empregador, incumbindo a este a obrigação do pagamento do salário/aula, como se o professor estivesse ministrando aula. A CLT é omissa a este respeito, mas é irrecusável a aplicação à hipótese do disposto no art. 4º do texto consolidado, no sentido de que se considera como de serviço efetivo o período em que o empregado esteja à disposição do empregador, aguardando ou executando ordens."*

Aos professores são vedados, aos domingos, a regência de aulas e o trabalho em exames (art. 319, CLT).

Em suas decisões, o TST entendeu que o aperfeiçoamento profissional, a correção de provas, avaliação de trabalhos, controle de frequência e o registro de nota estão inclusos no número de aulas semanais, não justificando, assim, o deferimento de horas extras.[8]

Se o intervalo intrajornada não é observado, devem ser observadas as consequências previstas no art. 71, § 4º, CLT). Vale dizer, a sua não concessão, seja total ou parcial, implica o período correspondente ao intervalo como hora extra e reflexos até o dia 10-11-2017 (Súmula 427, TST). Com a reformulação do art. 71, § 4º, com a Lei 13.467/17, somente o período não gozado é hora extra, contudo, sem qualquer incidência.

---

[7] GONÇALVES, Emílio. *O magistério particular e as leis trabalhistas.* p. 27.
[8] TST – 7ª T. – RR 308-90.2011.5.04.0203 – Rel. Min. Cláudio Mascarenhas Brandão – *DJe* 6/6/2014.

Por sua vez, o intervalo interjornada (art. 66, CLT) de 11 horas também é aplicável ao professor.[9] Caso seja violado, haverá de ser observada a regra do art. 71, § 4º, CLT (OJ 355, SDI-I).

Quando as aulas são ministradas entre às 22h e 5h do dia seguinte, o professor terá direito ao adicional noturno de acordo com o art. 7º, IX, CF.

11.2.3 Remuneração

A remuneração dos professores será fixada pelo número de aulas semanais, na conformidade dos horários ajustados, desde que observados os limites normais do art. 318 (art. 320, *caput*).

De acordo com a OJ 393, SDI-I, a contraprestação mensal devida ao professor, que trabalha no limite máximo da jornada prevista no art. 318, CLT, é de um salário mínimo integral, não se cogitando do pagamento proporcional em relação à jornada prevista no art. 7º, XIII, CF.

O pagamento será mensal. Considera-se para este efeito cada mês constituído a base de 4,5 semanas. Vencido cada mês, será descontada, na remuneração dos professores, a importância correspondente ao número de aulas a que tiverem faltado (art. 320, §§ 1º e 2º).

Não serão descontadas, no decurso de 9 dias, as faltas verificadas por motivo de gala ou de luto em consequência de falecimento do cônjuge, do pai, ou mãe, ou de filho (art. 320, § 3º).

Sempre que o estabelecimento de ensino tiver necessidade de aumentar o número de aulas marcado nos horários, remunerará o professor, findo cada mês, com uma importância correspondente ao número de aulas excedentes (art. 321).

No período de exames e no de férias escolares, é assegurado aos professores o pagamento, na mesma periodicidade contratual da remuneração por eles percebida, na conformidade dos horários, durante o período de aulas (art. 322, *caput*).

Não será exigida dos professores, no período de exames, a prestação de mais de 8 horas de trabalho diário, salvo mediante o pagamento complementar de cada hora excedente pelo preço correspondente ao de uma aula (art. 322, § 1º).

No período de férias, não se poderá exigir dos professores outro serviço senão o reclamado com a realização dos exames (art. 322, § 2º).

As férias individuais do professor podem ser marcadas com as férias escolares, podendo ocorrer nos meses de janeiro, fevereiro ou julho. O importante é que neste período nenhum serviço seja exigível, nem mesmo relacionado com os exames, pois essa interrupção destina-se à recuperação física e mental do professor.

---

[9] TST – 1ª T. – RR – 120640-33.2006.5.20.0004 – Rel. Min. Walmir Oliveira da Costa – *DEJT* 30/8/2013.

Na ótica de Emílio Gonçalves,[10] *"as férias escolares constituem, assim, instituto peculiar ao sistema de ensino, regulado por lei própria. Ao contrário, nas férias individuais do professor, nenhum trabalho poderá ser exigido, nem mesmo o de exames, pois se trata de instituto regulado pela legislação do trabalho, acarretando a interrupção do contrato de trabalho, ou, mais corretamente, a interrupção de todo e qualquer trabalho por parte do empregado".*

Na hipótese de dispensa sem justa causa, ao término do ano letivo ou no curso das férias escolares, é assegurado ao professor o pagamento a que se refere o *caput* do art. 322 (art. 322, § 3º, Súm. 10, TST).

O professor somente tem direito à manutenção do valor da hora/aula (art. 7º, VI, CF), o que não implica a possibilidade da redução da carga horária, em virtude da diminuição do número de alunos, não se constituindo em alteração contratual ilícita (art. 468, CLT), uma vez que não houve a redução do valor da hora/aula (OJ 244, SDI-I), exceto se houver um regramento distinto previsto em norma coletiva.

11.2.4 Concessão do aviso prévio no curso das férias escolares

Para Alice Monteiro de Barros,[11] o período de aviso prévio do professor *"não poderá coincidir com o das férias escolares. Afirmam alguns que o professor 'não lograria obter nova colocação antes do reinício das aulas', acrescentando-se que os salários desses dois períodos não se confundem; logo, se os salários das férias escolares coincidirem com o do aviso prévio, estar-se-á suprimindo uma parte desse direito".*

Para o TST, o direito aos salários durante o período das férias escolares não exclui o direito à percepção do aviso prévio.

11.2.5 Piso salarial da educação básica

A Lei 11.738/08 regulamenta o piso salarial profissional nacional para os profissionais do magistério público da educação básica.

Profissionais do magistério público da educação básica são aqueles que desempenham as atividades de docência ou as de suporte pedagógico à docência, isto é, direção ou administração, planejamento, inspeção, supervisão, orientação e coordenação educacionais, exercidas no âmbito das unidades escolares de educação básica, em suas diversas etapas e modalidades, com a formação mínima determinada pela legislação federal de diretrizes e bases da educação nacional.

A partir de 1º/1/2016, o piso salarial profissional nacional para os profissionais do magistério público da educação básica é de R$ 2.135,00 mensais, para a formação em nível médio, na modalidade normal (art. 62, Lei 9.394/96).

---

[10] GONÇALVES, Emílio. Ob. cit., p. 27.
[11] BARROS, Alice Monteiro de. Ob. cit., p. 515.

O piso salarial profissional nacional é o valor abaixo do qual a União, os Estados, o Distrito Federal e os Municípios não poderão fixar o vencimento inicial das carreiras do magistério público da educação básica, para a jornada de 40 horas semanais.

Os vencimentos iniciais referentes às demais jornadas de trabalho serão proporcionais ao valor do piso salarial.

Na composição da jornada de trabalho, será observado o limite máximo de 2/3 da carga horária para o desempenho das atividades de interação com os alunos.[12]

O piso salarial profissional nacional do magistério público da educação básica será atualizado, anualmente, no mês de janeiro, a partir do ano de 2009. A atualização será calculada utilizando-se o mesmo percentual de crescimento do valor anual mínimo por aluno referente aos anos iniciais do ensino fundamental urbano, definido nacionalmente, nos termos da Lei 11.494/07.

QUESTIONÁRIO

1. Qual é a abrangência do conceito de professor?

2. Como se calculam as horas extras do professor?

3. Como se calcula o adicional noturno do professor?

4. O professor é obrigado a prestar algum tipo de serviço durante a fluência do seu período de férias individuais?

5. O professor tem direito ao pagamento de remuneração pelo trabalho na correção das provas na sua residência?

---

[12] TST – 4ª T. – AIRR 849-42.2013.5.15.0076 – Rel. Conv. Cilene Ferreira Amaro Santos – *DJE* 17/6/2016.
TST – 1ª T. – AIRR 940-20.2012.5.09.0017 – Rel. Min. Lelio Bentes Corrêa – *DJE* 31/3/2015.

Capítulo XII
TELETRABALHO

12.1 INTRODUÇÃO

Nas últimas décadas, a tecnologia e seus frutos (automação, robôs, internet, computadores, *softwares*, celulares etc.) mudaram significativamente as relações sociais e os meios de produção de bens e serviços.

Por conta disso, deixando de lado os fetiches que as inovações tecnológicas trazem, é necessário aprofundar as discussões sobre sua utilização nas relações sociais e na economia, seja como forma de ampliar conhecimento humano, seja como instrumento de dominação pelos países que alcançaram um nível de desenvolvimento científico ou por alguns grupos sociais.

Além disso, as inovações tecnológicas implementadas nas relações de trabalho alteraram significativamente o modo de produção. Com isso, entre outras diversas questões, o empregado não precisa estar mais fisicamente na empresa e pode prestar seus serviços de outro local. É o denominado "teletrabalho".

12.2 CONCEITOS DE TECNOLOGIA E DE TELEMÁTICA

Do ponto de vista etimológico, o termo "tecnologia" tem origem no grego *tekhnología*, com sentido de tratado ou dissertação sobre uma arte, exposição de regras de uma arte, formado a partir do radical grego *tekhno* (arte, artesanato, indústria e ciência) e o radical *logía* (de logos = linguagem, proposição).

Na língua portuguesa, o vocábulo "tecnologia" significa: "*1. Teoria geral e/ou estado sistemático sobre técnicas, processos, métodos, meios e instrumentos de um ou mais ofícios ou domínios da atividade humana (p. ex. indústria, ciência etc.) (o estado da t. é fundamental na informática). 2. p.met. técnica ou conjunto de técnicas de um domínio particular (a. t. nutricional). 3. p.ext. qualquer técnica moderna e complexa.*"[1]

---

[1] HOUAISS, Antônio; VILLAR, Mauro de Salles; FRANCO, Francisco Manoel de Mello. *Dicionário Houaiss da língua portuguesa,* p. 2683.

O termo "tecnologia" também pode ser visto como: *"Conjunto de conhecimentos, especialmente princípios científicos, que se aplicam a um determinado ramo de atividade".*[2]

Em italiano, o termo tem significado mais objetivo: "*1. Estudo da técnica e aplicação. 2. Estudo dos processos e equipamentos necessários para a transformação de matéria-prima para um produto industrial".*[3] No francês, o vocábulo *"technologie"* expressa: *"Estudo de técnicas, ferramentas, máquinas etc."*.[4]

Para o filósofo Álvaro Vieira Pinto, em sua obra *O conceito da tecnologia*, valendo-se do método marxista materialista dialético, mesclando elementos de economia, política, cultura, sociologia e hermenêutica filosófica, tecnologia é vista como a "ciência da técnica",[5] a qual surge do processo evolutivo da humanidade, como exigência social de produção da época.[6] Ou seja, "os homens nada criam, nada inventam nem fabricam que não seja expressão das suas necessidades, tendo de resolver as contradições com a realidade".[7]

Assim, deve ser denominada "tecnologia" a ciência que abrange e explora a técnica, a qual, por sua vez, "configura um dado da realidade objetiva, um produto da percepção humana que retorna ao mundo em forma de ação, materializado em instrumentos e máquinas, e entregue à transmissão cultural...". A tecnologia resulta em "um conjunto de formulações teóricas, recheadas de complexo e rico conteúdo epistemológico".[8]

O termo "teletrabalho" também é denominado *telecommuting*, trabalho remoto, trabalho a distância *e-workplace*. Na Itália, tem a denominação *telelavoro*, na França, adota-se o termo *teletravail*, enquanto nos Estados Unidos e na Alemanha, respectivamente, é chamado *teleworking* e *telearbait*.

Enquanto o vocábulo "telemática" compreende: *"Direito de informática. 1. Tecnologia que abrange o fax, que transmite imagens por via telefônica; o modem, que requer modulação, ao converter a informação digital que sai de um computador em sinais que viajam pela linha telefônica, e demodulação, ao realizar processo inverso quando esses sinais chegarem ao outro computador. Pelo modem (modulation e demodulation) podem conectar computadores distantes por uma linha telefônica; o videotexto, que possibilita consultar dados (como, por exemplo, horário e preço de passagens; acesso à conta bancária; encomenda de produtos etc.) por linha telefônica, televisor equipado com um decodificador apropriado ou por placa de microcircuitos instalada no computador. 2. Procedimento da elaboração das informações a distância e movimento de circulação automática dos dados informativos, que ocorrem no diálogo com os calculadores eletrônicos, utilizando os terminais inteligentes, capazes de receber e transmitir (Frosini)."*[9]

---

[2] FERREIRA, Aurélio Buarque de Holanda. *Novo dicionário da língua portuguesa*. 2. ed., p. 1656.
[3] ZINGARELLI, Nicola. *Vocabolario della lingua Italiana*. 12. ed., p. 1854.
[4] CALAN, Didier de et al. *Le Robert ilustre & dixel*, p. 1856.
[5] PINTO, Álvaro Vieira. *O conceito de tecnologia*, v. 1, p. 220.
[6] PINTO, Álvaro Vieira. Ob. cit., p. 72, 241 e 284.
[7] PINTO, Álvaro Vieira. Ob. cit., p. 49.
[8] PINTO, Álvaro Vieira. Ob. cit., p. 221.
[9] DINIZ, Maria Helena. *Dicionário jurídico*, v. 4. São Paulo: Saraiva, 1998, p. 506.

12.3 O FENÔMENO DO TELETRABALHO

Em relatório sobre a situação do teletrabalho na União Europeia (1998), a Comissão Europeia traz a informação de que as melhores estimativas indicariam o total de 4 milhões de trabalhadores exercendo alguma espécie de teletrabalho, o que corresponderia a 2,5% da força de trabalho europeia. Esse número representaria o dobro da quantidade verificada no ano de 1996.

Segundo a Fundação Europeia para Melhoria das Condições de Vida e de Trabalho (EUROFOUND), o teletrabalho é um fenômeno que está a crescer em todos os Estados-membros da União Europeia. A percentagem média de trabalhadores envolvidos no teletrabalho nos 27 Estados-membros da UE aumentou de cerca de 5% em 2000 para 7% em 2005. Alguns países apresentam taxas de crescimento consideravelmente superiores, sendo mais na República Tcheca e na Dinamarca, países onde cerca de um em sete trabalhadores está regularmente envolvido em teletrabalho.

No 1º Foro sobre teletrabalho (2008), realizado pelo Centro Interamericano para el Desarrollo del Conocimiento en la Formación Profesional da Organização Internacional do Trabalho (CINTERFOR) em Buenos Aires, destacou-se a necessidade de se buscar novas e eficazes respostas: (a) liberalização do comércio e dos mercados de capitais; (b) programas de ajuste estrutural e a integração econômica; as novas tecnologias e as importantes trocas que têm tido lugar na organização do trabalho; (c) o trabalho em domicílio e o teletrabalho.

A partir de dados gerais sobre o acesso dos brasileiros a computadores e à Internet levantados por diferentes pesquisas de diferentes instituições (PNAD/IBGE, TIC Domicílios, TIC Empresas, Painel IBOPE/NetRatings), a Sociedade Brasileira de Teletrabalho e Teleatividades (SOBRATT) tem realizado alguns cruzamentos que permitem fazer uma estimativa também genérica de que o Brasil, conta com aproximadamente 10 milhões e 600 mil teletrabalhadores em 2008.

Em maio de 2011, realizou-se o I Seminário de Teletrabalho na Cidade de São Paulo, no qual órgãos da Prefeitura e da Federação das Indústrias de São Paulo (FIESP) discutiram o teletrabalho e a empregabilidade de pessoas com deficiência física ou mental.

Também tramitam no Congresso Nacional projetos de lei sobre o tema, sendo que além de disciplinarem a matéria, um deles prevê uma reserva de 20% dos postos de trabalho na modalidade em domicílio ou teletrabalho aos portadores de deficiência.[10]

---

[10] A deputada federal Manuela d'Ávila propôs reserva de vagas para deficientes. A Comissão de Trabalho, de Administração e Serviço Público aprovou o Projeto de Lei 4.505/08 (em 19 de maio de 2010), do deputado Luiz Paulo Vellozo Lucas (PSDB-ES), que regulamenta o trabalho a distância. A proposta define teletrabalho como toda forma de trabalho que envolve um empregador ou um cliente e um empregado ou trabalhador autônomo e é realizado regularmente a distância, em mais de 40% do tempo, por meio de tecnologias de informática e de telecomunicações.
O projeto foi aprovado com duas emendas apresentadas pela relatora, deputada Manuela dÁvila (PCdoB-RS). Uma delas reserva 20% dos postos de trabalho na modalidade em domicílio ou

Atualmente, a presença do trabalhador não é mais tão necessária nos locais físicos onde se tenha o estabelecimento da empresa, com a presença do empregador ou de seus prepostos a dirigir a prestação pessoal dos serviços.

Este fenômeno é decorrência das inovações tecnológicas e da expansão econômica mundial, *"que provocaram a descentralização do trabalho, a propagação e modernização do trabalho a distância, que deixou de ser apenas o trabalho em domicílio tradicional, a fiscalização do serviço sem a presença física do fiscal, a flexibilização das jornadas, a preponderância da atividade intelectual sobre a manual, a ponto de considerar-se que as sociedades atuais não são mais terciárias (comércio) e sim quaternárias (informações/telecomunicações). O trabalho a distância é o gênero que compreende várias espécies, uma delas o teletrabalho. Outras modalidades de trabalho a distância podem ser mencionadas, como o trabalho em domicílio tradicional e aquele desenvolvido fora do centro de produção mediante o uso de instrumentos também tradicionais como o telefone, o bip, o rádio etc.".*[11]

Na visão de Domenico de Masi,[12] o teletrabalho é *"um trabalho realizado longe dos escritórios empresariais e dos colegas de trabalho, com comunicação independente com a sede central do trabalho e com outras sedes, através de um uso intensivo das tecnologias da comunicação e da informação, mas que não são necessariamente sempre de natureza informática".*

O teletrabalho para a OIT é o *"trabajo a distancia (incluido el trabajo a domicilio) efectuado con auxilio de medios de telecomunicación y/o de una computadora".*

É o *"trabajo efectuado en un lugar donde, apartado de las oficinas centrales o de los talleres de producción, el trabajador no mantiene contacto personal alguno con sus colegas, pero está en condiciones de comunicar con ellos por medio de las nuevas tecnologías".*[13]

Para o Conselho Europeu, teletrabalho é uma forma de organizar e/ou executar o trabalho, usando tecnologia da informação, como parte de uma relação contratual ou empregatícia, em qual o trabalho, que também poderia ser realizada nas instalações do empregador, é efetuado fora de seu local regular (Accord-cadre sur le télétravail de 2002).

Nas palavras de Luiz de Pinho Pedreira Silva,[14] teletrabalho é *"a atividade do trabalhador desenvolvida total ou parcialmente em locais distantes da rede principal da empresa, de forma telemática. Total ou parcialmente, porque há teletrabalho exercido em parte na sede da empresa e em parte em locais dela distantes".*

Assim, os elementos característicos do teletrabalho são: (a) atividade realizada a distância, ou seja, fora dos limites de onde os seus resultados são almejados; (b) as ordens são dadas por quem não tem condições de controlá-las fisicamente. O controle é ocasio-

---

teletrabalho aos portadores de deficiência. A outra alteração garante ao teletrabalhador direitos que visem à melhoria de sua condição social, além dos que já estão enumerados no projeto.

[11] SILVA, Luiz de Pinho Pedreira. O teletrabalho. *Revista LTr*, v. 64, n. 5, p. 583.
[12] MAIS, Domenico de. *Ócio criativo*, p. 204.
[13] MARTINO, Vittorio Di; Wirth, Linda. Teletrabajo: un nuevo modo de trabajo y de vida. *Revista Internacional del Trabajo*, v. 109, n. 4, 1990.
[14] SILVA, Luiz de Pinho Pedreira. Ob. cit., p. 584.

nado pelos resultados das tarefas executadas; (c) as tarefas são executadas por intermédio de computadores ou de outros equipamentos de informática e telecomunicações.

12.4 VANTAGENS E DESVANTAGENS ECONÔMICAS E JURÍDICAS

Do ponto de vista econômico e jurídico, o teletrabalho apresenta algumas vantagens e desvantagens.

Do lado do empregador, o fenômeno do teletrabalho tem as seguintes vantagens: economia de espaço nas fábricas e escritórios, de energia elétrica, de intervalos de jornada, aumento da produtividade, surgimento de novos produtos, internacionalização e descentralização da produção.

Em suma, é uma forma de redução dos custos e aumento da produtividade.

Por outro lado, o teletrabalho pode representar um perigo considerável quanto à segurança de informações e dados. Não é possível ao empregador resguardar o acesso às informações que estejam em outros locais fora da empresa. Isso poderá representar um acesso não autorizado aos segredos técnicos, comerciais e industriais do empregador e de clientes.

Quanto aos teletrabalhadores, o fato de laborar em sua residência poderá representar uma maior disponibilidade de tempo para os seus familiares, racionalização das suas atividades profissionais, como também uma forma de redução de gastos com transporte, alimentação e perda de tempo nos seus deslocamentos, notadamente nos grandes centros urbanos, com a inclusão de trabalhadores com deficiência.

Em contrapartida, o teletrabalho pode implicar redução de direitos trabalhistas, com a existência de relações autônomas ou de relações precárias de trabalho e sua informalização, com a ampliação dos obstáculos para aplicação e fiscalização da legislação trabalhista e de acordos e convenções coletivas de trabalho e ainda uma confusão das despesas pessoais do empregado com os custos para a realização do trabalho, além dos problemas de meio ambiente inadequado, com prejuízos à saúde do trabalhador.

Do ponto de vista profissional, poderá reduzir a troca de informações e experiências entre colegas de trabalho, com prejuízo de novas oportunidades profissionais.

Até mesmo para a prestação jurisdicional adequada poderá haver obstáculos, por problemas de competência territorial, principalmente, no teletrabalho transnacional, e quanto à produção probatória no curso da instrução judicial.

12.5 MODALIDADES

As modalidades de teletrabalho podem ser agrupadas por vários critérios (classificação).

Em relação ao critério locativo, tem-se o teletrabalho em domicílio, teletrabalho em telecentros, teletrabalho nômade e teletrabalho transnacional.

O trabalho em domicílio corresponde ao trabalho tradicional realizado em domicílio do empregado ou em qualquer outro local por ele escolhido

Já o teletrabalho realizado em telecentros (centro satélite ou centro local de telesserviço) é uma forma de organização das atividades em um espaço devidamente preparado para o desempenho do teletrabalho, que podem ou não pertencer à empresa.

No trabalho nômade (também conhecido como móvel), o teletrabalhador não tem local fixo para a prestação dos serviços, o que pode ser verificar, *e. g.*, com o trabalhador externo.

Tem-se ainda o teletrabalho transnacional, realizado em partes por trabalhadores situados em países distintos, com trocas de informações e elaboração de projetos em conjunto.

Em relação ao critério temporal, pode ser permanente, quando o tempo de trabalho fora da empresa excede a 90% do tempo trabalhado. Por sua vez, o alternado é aquele em que se consome 90% da carga horária no mesmo local. E ainda o suplementar ocorre quando o teletrabalho é frequente, mas não diário, sendo pelo menos uma vez por semana (dia completo).

Pelo critério comunicativo, tem-se o teletrabalho *off-line* (desconectado) ou *on-line* (conectado).

12.6 NATUREZA JURÍDICA

Em tese, *"certas características do teletrabalho, como a desconcentração, a flexibilidade de horário, a ausência física do empregador ou seu representante para a fiscalização e a de consistir em contabilidade, consultas, traduções etc., não integrando a atividade principal da empresa, têm levado alguns a pensar que ele configura sempre trabalho autônomo"*.[15]

Contudo, como destaca Pinho Pedreira,[16] o teletrabalho *"não imprime, por si mesmo, o selo da autonomia à relação jurídica entre o teletrabalhador e aquele a quem este presta serviços. Adverte, a propósito, Jean-Emmanuel Ray: 'O teletrabalho é modalidade de organização da atividade e não um estatuto particular'. E Rosario Gallardo Moya completa, referindo-se aos teletrabalhadores: '[...] a qualificação jurídica desses trabalhadores não é única, mas dependerá do modo como se leve a cabo a prestação, isto é, do seu conteúdo obrigacional. Em caráter geral pode-se afirmar que o vínculo entre o que presta um serviço de teletrabalho e o que o recebe tanto poderá ser de natureza comercial, quanto civil ou trabalhista'"*.

A natureza jurídica da relação depende do complexo fático que envolva as partes em uma situação de teletrabalho (princípio da primazia da realidade).

O teletrabalho é mais uma forma de organização da atividade do empresário, com algumas particularidades, do que, necessariamente, um "novo tipo de trabalho", com uma autorregulamentação.

---

[15] SILVA, Luiz de Pinho Pedreira. Ob. cit., p. 584.
[16] SILVA, Luiz de Pinho Pedreira. Ob. cit., p. 584.

A economia apresenta uma série de mecanismos jurídicos que são adotados para a tomada do teletrabalho, como, por exemplo: terceirização dos serviços de transmissão de dados, prestação de serviços por trabalhadores autônomos etc.

Em qualquer das suas modalidades, o teletrabalho poderá ser prestado de forma autônoma ou subordinado (relação de emprego).

O que irá dizer se o trabalho é subordinado ou não é a visualização em concreto de como os serviços são prestados, adotando-se o princípio da primazia da realidade.

Serão averiguadas as condições concretas de execução da prestação dos serviços, constatando-se, pelas suas peculiaridades, se há ou não a presença de controle, direção e fiscalização quanto ao trabalho prestado.

No teletrabalho, *"a subordinação acaba ficando mitigada. Em alguns casos, poderá se verificar muito mais autonomia do que subordinação. São diluídas as ordens de serviço. Um executivo pode não ter a quem dar ordens de serviço, pois não há escritório, trabalho interno, subordinados etc. O trabalhador não terá exatamente jornada de trabalho, pois não se sabe a hora que começa e a que termina de prestar serviços, salvo se houver controle específico nesse sentido. Acaba criando a nova tecnologia uma nova forma de subordinação, pois o empregado pode até não ficar subordinado diretamente ao empregador, mas indiretamente. Passa a existir uma telessubordinação ou parassubordinação, como já se verifica na Itália em relação a trabalhadores autônomos. Na telessubordinação, há subordinação a distância, uma subordinação mais tênue do que a normal. Entretanto, o empregado pode ter o controle de sua atividade por intermédio do próprio computador, pelo número de toques, por produção, por relatórios, pelo horário da entrega dos relatórios ou do serviço etc. Se houver uma ligação* on-line *do empregado com o computador central da empresa, o empregador poderá fiscalizar o empregado. O trabalhador prestaria serviços como se estivesse dentro da empresa. A autonomia do trabalhador poderá ser medida pelo fato de que o empregador é que dele depende tecnicamente e não o contrário, porque só o trabalhador é que sabe como se faz o programa do computador. Muitas vezes é uma pessoa altamente especializada".*[17]

No âmbito da OIT, a Convenção 177 (1996) trata do "trabalho em domicílio", assim considerando a figura do trabalhador em domicílio aquele que trabalha: (a) em seu domicílio ou em outros locais que escolha, distintos dos locais de trabalho do empregador; (b) em troca de uma remuneração; (c) com o fim de elaborar um produto ou prestar um serviço conforme as especificações do empregador, independentemente, de quem proporcione o equipamento, os materiais e outros elementos utilizados por ele, a menos que essa pessoa tenha um grau de autonomia e de independência econômica necessário para ser considerado trabalhador autônomo em virtude da legislação nacional ou de decisões judiciais (art. 1º).

Segundo a própria OIT, uma pessoa que tenha a condição de assalariado não se considerará trabalhador em domicílio para efeitos da Convenção 177 pelo mero fato

---

[17] MARTINS, Sergio Pinto. Teletrabalho. *Repertório IOB – Trabalhista e Previdenciário*, nº 18/2001, p. 352.

de realizar ocasionalmente seu trabalho como assalariado em seu domicílio, em vez de realizá-lo em seu lugar de trabalho habitual.

Os Estados-membros que ratificarem a Convenção 177 devem promover a igualdade de tratamento entre os trabalhadores domésticos e assalariados, tendo em conta as características do trabalho em domicílio, buscando: (a) o direito dos trabalhadores em domicílio para estabelecer ou participar de organizações de sua escolha e participar de suas atividades; (b) proteção contra a discriminação; (c) proteção da segurança e saúde no trabalho; (d) remuneração; (e) proteção da seguridade social; (e) acesso à formação; (f) idade mínima para admissão no emprego; (g) proteção à maternidade.

No Brasil, com a Lei 12.551/11, a CLT passou a prever que não haverá distinção entre o trabalho realizado no estabelecimento do empregador, o executado no domicílio do empregado e o realizado a distância, desde que estejam caracterizados os pressupostos da relação de emprego, sendo que os meios telemáticos e informatizados de comando, controle e supervisão se equiparam, para fins de subordinação jurídica, aos meios pessoais e diretos de comando, controle e supervisão do trabalho alheio (art. 6º, CLT).

Considera-se trabalhador em domicílio a pessoa que presta os serviços na sua habitação ou em oficina de família, por conta de empregador que o remunera, tendo direito, pelo menos, a um salário mínimo mensal (art. 83, CLT).

A jurisprudência de nossos tribunais tem equiparado o teletrabalhador à figura do trabalhador em domicílio.[18]

Considerando o princípio constitucional da eficiência administrativa, a produtividade dos Órgãos do Judiciário do Trabalho de 1º e 2ª graus, vincula-se à otimização do tempo de trabalho e à melhoria da qualidade de vida de seus servidores, a implantação do Processo Judicial Eletrônico no Judiciário do Trabalho permitirá o acesso, a qualquer tempo e lugar, a todos os sistemas necessários à instrução, acompanhamento, manutenção e conclusão dos procedimentos judiciários no âmbito desta Justiça Especializada, que instituiu a realização de teletrabalho no âmbito da Justiça de Trabalho inicialmente pela Resolução 109/12 (atualmente, disciplinado pela Resolução 151/15, do Conselho Superior da Justiça do Trabalho – CSJT).

A Resolução CSJT 151 considera teletrabalho a modalidade de trabalho realizada fora das dependências dos Órgãos da Justiça do Trabalho de 1º e 2º graus, com a utilização de recursos tecnológicos (art. 2º).

A implementação tem por objetivo aumentar, em termos quantitativos e sem prejuízo da qualidade, a produtividade dos trabalhos realizados, e ainda: (a) promover meios para atrair, motivar e comprometer os servidores com os objetivos da instituição;

---

[18] TST – 6ª T. – AIRR 62.141-19.2003.5.10.0011 – Rel. Min. Mauricio Godinho Delgado – *DJ* 16/4/2010.
TRT – 3ª R. – RO 435/2010-016-03-00.3 – Rel. Milton V. Thibau de Almeida – *DJe* 18/10/2010 – p. 49.
TRT – 3ª R. – 3 T. – RO 0423-2009-042-03-00-1 RO – Rel. Milton V. Thibau de Almeida – *DJe* 8/2/2010.

(b) economizar tempo e custo de deslocamento dos servidores até o local de trabalho; (c) contribuir para a melhoria de programas socioambientais dos TRTs visando à sustentabilidade solidária do planeta, com a diminuição de poluentes na atmosfera e a redução no consumo de água, esgoto, energia elétrica, papel e de outros bens e serviços disponibilizados nos Órgãos do Judiciário do Trabalho de 1º e 2º graus; (d) ampliar a possibilidade de trabalho aos servidores com dificuldade de deslocamento; (e) possibilitar a melhoria da qualidade de vida dos servidores; (f) promover a cultura orientada a resultados, com foco no incremento da eficiência e da efetividade dos serviços prestados à sociedade; (g) estimular o desenvolvimento de talentos, o trabalho criativo e a inovação; (h) respeitar a diversidade dos servidores; (i) considerar a multiplicidade das tarefas, dos contextos de produção e das condições de trabalho para a concepção e implemento de mecanismos de avaliação e alocação de recursos (art. 4º).

12.7 ASPECTOS JURÍDICOS DO TELETRABALHO E A REFORMA TRABALHISTA

Com a Lei 13.467/17, também conhecida como a "Reforma Trabalhista", a CLT passou a disciplinar o teletrabalho de forma específica (art. 75-A e seguintes).

12.7.1 Morfologia do contrato de trabalho e do teletrabalho

Do ponto de vista morfológico do contrato de trabalho, a contratação poderá ser por escrito ou verbal ou até mesmo de forma tácita, como também determinada ou indeterminada ou ainda para prestação do trabalho intermitente (art. 443, CLT, Lei 13.467).

Na CLT, o teletrabalho caracteriza-se pela prestação de serviços preponderantemente fora das dependências do empregador, com a utilização de tecnologias de informação e de comunicação que, por sua natureza, não se constituam como trabalho externo. O comparecimento do empregado ao estabelecimento empresarial para a realização de atividades específicas não descaracteriza o regime de teletrabalho.

Seguramente, existem modelos híbridos, ou seja, contratos de trabalho em que a prestação de serviços ocorre exclusivamente fora da empresa e também, em outros dias ou parte da jornada de trabalho, dentro da empresa de forma habitual.

A prestação de serviços na modalidade de teletrabalho é cláusula expressa do contrato de trabalho e, portanto, deverá ser por escrito, com as especificações de quais atividades serão realizadas pelo empregado.

O legislador autorizou, por mútuo acordo entre as partes, em aditivo contratual, a alteração entre regime presencial e de teletrabalho.

12.7.2 O negociado sobre o legislado

Uma das temáticas centrais da "Reforma Trabalhista" diz respeito ao "negociado sobre o legislado", de modo que os instrumentos normativos têm prevalência sobre a lei e sobre o regulamento de empresa nas questões envolvendo o teletrabalho (art. 611-

A, VI e VIII, CLT). Além disso, em caso de conflito entre os instrumentos normativos existentes, o acordo coletivo se sobrepõe às convenções coletivas de trabalho (art. 620).

Com isso, tem-se uma hierarquia de normas no Direito do Trabalho e a mitigação do princípio da norma mais favorável.

12.7.3 Cláusulas contratuais específicas

No teletrabalho, o contrato de trabalho possui peculiaridades e, por conta disso, podem ter cláusulas específicas, as quais devem se expressas, decorrentes do "tipo de informação" a que o empregado tem acesso, tais como: *"(a) cláusula de não concorrência durante um certo tempo, mediante o pagamento de uma indenização; (b) cláusula de exclusividade, para não divulgar dados de interesse do empregador. Pessoas não autorizadas não poderiam ter acesso a dados, incluindo, por exemplo, a esposa do empregado e seus filhos etc.; (c) cláusula de utilização pessoal e exclusivamente em serviço do material do empregador, como para proteção a disquetes, da memória do computador etc."*.[19]

Por conta do acesso às diversas informações do empregador e de clientes, é importante que o empregado seja orientado quanto aos limites da divulgação de tais informações a terceiros, de modo a se evitar transtornos com terceiros e a violação de segredos da empresa.

12.7.4 Aquisição e manutenção de equipamentos e da infraestrutura

Na relação de emprego, o risco da atividade econômica é do empregador (art. 2º, CLT). Por conta disso, a aquisição de equipamentos (*hardwares* e *softwares*), bem como as despesas de sua manutenção, é de responsabilidade exclusiva do empregador. Com as alterações da CLT, o legislador prevê que tais despesas, inclusive as despesas de infraestrutura (mobiliário, espaço físico, energia elétrica, rede de *internet* etc.), e seu reembolso serão previstas de forma escrita no contrato (art. 75-D) ou em aditivo.

A exigência de cláusula escrita não altera a responsabilidade do empregador por todas as despesas decorrentes da prestação de serviços e, muito menos, transfere os custos da produção ao empregado.

Certamente, não se tratando de bens e utilidades decorrentes do contrato de trabalho, mas sim de equipamentos necessários à execução das tarefas diárias, tais equipamentos não possuem natureza salarial (art. 75-D, parágrafo único, e art. 458, § 2º, I).

Também é importante orientar o empregado quanto à sua responsabilidade pelos danos materiais que possa causar ao empregador pelo uso inadequado e falta de manutenção dos equipamentos.

Sobre tal questão, o Direito Português prevê expressamente a responsabilidade do empregador pela instalação, manutenção e pagamento das despesas inerentes à prestação

---

[19] MARTINS, Sergio Pinto. Ob. cit., p. 351.

de serviços (art. 168º, I, Código do Trabalho Português). Por sua vez, cabe ao empregado seguir as orientações do empregador quanto ao uso dos equipamentos (art. 168º, II e III).

12.7.5 Reversibilidade das cláusulas de prestação do trabalho em teletrabalho

Na legislação trabalhista, toda e qualquer alteração contratual, para ser válida, necessita da concordância expressa do trabalhador, além de ser benéfica a ele, sob pena de ser tida como nula (art. 468, CLT, princípio da inalterabilidade "lesiva" ao empregado). Trata-se de um desdobramento do próprio princípio protetor (art. 9º).

Como assevera Pinho Pedreira,[20] a *"transferência do trabalho para sua casa ultrapassa os limites do poder de direção, e, portanto, poderá ser efetuada com a modificação das cláusulas do contrato de trabalho, o que depende do consentimento de ambas as partes"*.

Para evitar eventual nulidade quanto à transferência do local de trabalho, as partes, de antemão, no ato da contratação, podem estabelecer a cláusula da reversibilidade, ou seja, *"que permite ao empregado designado para o teletrabalho, assim como ao empregador, exigir o retorno ao trabalho interno se a experiência houver sido frustrante"*.[21]

Com a Lei 13.467, por ato unilateral do empregador e por meio de aditivo contratual, é possível alterar do regime de teletrabalho para o presencial, desde que observado o prazo de transição mínimo de 15 dias (art. 75-C, § 2º, CLT).

Trata-se de uma hipótese de *jus variandi* autorizada por lei, a qual, contudo, não é absoluta, devendo ser apreciada face ao caso concreto, como forma de evitar o abuso de direito do empregador (art. 187, CC), valorizando-se a real intenção deste com a alteração e as possíveis consequências para a vida pessoal e profissional do trabalhador.

12.7.6 Jornada de trabalho

Do ponto de vista prático, como ocorre na configuração do trabalho em domicílio, também será difícil a constatação da jornada suplementar no teletrabalho.

A dificuldade repousa no fato de que o empregado não está vinculado fisicamente ao controle por parte do empregador ou de um preposto.

O trabalho realizado pelo teletrabalhador é externo, logo, em tese, de acordo com o art. 62, I, CLT, não terá direito à percepção das horas extras.

Dentro dessa lógica, a Lei 13.467 passou a prever expressamente que os empregados em regime de teletrabalho não possuem direito ao recebimento de horas extras (art. 62, III).

Porém, a existência ou não de jornada suplementar para o teletrabalhador haverá de ser constatada em função do caso concreto (princípio da primazia da realidade), analisando-se: a carga diária de tarefas; o tempo para a realização de cada tarefa; o prazo estipulado para a entrega da tarefa; o número de toques, programas de controle de acesso e de jornada de trabalho etc.

---

[20] SILVA, Luiz de Pinho Pedreira. Ob. cit., p. 586.
[21] SILVA, Luiz de Pinho Pedreira. Ob. cit., p. 586.

Somente em face das peculiaridades de cada situação é que se pode dizer se o teletrabalhador possui ou não um controle indireto sobre a sua prestação diária dos serviços e, consequentemente, deverá ser remunerado pela jornada extraordinária realizada.

12.7.7 Saúde do trabalhador e intervalo especial

Dentro da lógica protetiva do Direito do Trabalho, o empregador é responsável pelo ambiente de trabalho, bem como pela orientação, fornecimento e fiscalização do uso de equipamentos de proteção (art. 2º, CLT).

No caso do teletrabalho, o empregador deve orientar os empregados, de maneira expressa e extensiva, quanto à prevenção de doenças e acidentes de trabalho, mediante termo de instruções e de responsabilidade assinado pelo empregado (art. 75-E, CLT).

A interpretação literal do art. 75-E, CLT, pode levar à afirmação de que o empregador deixou de ter a responsabilidade, quanto ao meio ambiente do trabalho e à observância das normas de medicina e segurança do trabalho, quando as atividades são realizadas a distância, no formato do teletrabalho, contudo, o referido dispositivo legal há de ser interpretado em sistemática com o art. 157, I e II, CLT.

Vale dizer, é ônus do empregador proporcionar boas condições de trabalho, seja do ponto de vista físico e moral. Nesse sentido, tem o Código do Trabalho de Portugal (art. 169):

"Artigo 169º -Igualdade de tratamento de trabalhador em regime de teletrabalho

1 – O trabalhador em regime de teletrabalho tem os mesmos direitos e deveres dos demais trabalhadores, nomeadamente no que se refere a formação e promoção ou carreira profissionais, limites do período normal de trabalho e outras condições de trabalho, segurança e saúde no trabalho e reparação de danos emergentes de acidente de trabalho ou doença profissional.

2 – No âmbito da formação profissional, o empregador deve proporcionar ao trabalhador, em caso de necessidade, formação adequada sobre a utilização de tecnologias de informação e de comunicação inerentes ao exercício da respectiva actividade.

3 – O empregador deve evitar o isolamento do trabalhador, nomeadamente através de contactos regulares com a empresa e os demais trabalhadores."

O referido dispositivo legal português é complementado pelo art. 170, do mesmo Diploma Legal, o qual prevê expressamente:

"Artigo 170º – Privacidade de trabalhador em regime de teletrabalho

1 – O empregador deve respeitar a privacidade do trabalhador e os tempos de descanso e de repouso da família deste, bem como proporcionar-lhe boas condições de trabalho, tanto do ponto de vista físico como psíquico.

2 – Sempre que o teletrabalho seja realizado no domicílio do trabalhador, a visita ao local de trabalho só deve ter por objeto o controlo da atividade laboral, bem como dos ins-

trumentos de trabalho e apenas pode ser efetuada entre as 9 e as 19 horas, com a assistência do trabalhador ou de pessoa por ele designada.

3 – Constitui contraordenação grave a violação do disposto neste artigo."

Em muitos casos, o empregador possui ferramentas que permitem o monitoramento eletrônico das funções do trabalhador, de modo que poderá fiscalizar o cumprimento das orientações preventivas, sendo que sua omissão ou negligência implicará sua responsabilização trabalhista e civil.

Sem dúvidas, outras questões relevantes dizem respeito ao mobiliário fornecido pelo empregador e à concessão de intervalos.

Como ocorre com a atividade do digitador, o teletrabalho também possui similaridades com os serviços de mecanografia.

Nos serviços permanentes de mecanografia (datilografia, escrituração ou cálculo), a cada período de 90 minutos de trabalho consecutivo, o empregado tem direito a um repouso de 10 minutos não deduzidos da duração normal do trabalho (art. 72).

Esse intervalo reputa-se interrupção do contrato individual de trabalho. Por outro lado, é importante mencionar que ele também não é absorvido pelo intervalo intrajornada.

A jurisprudência considera que o art. 72 é exemplificativo e não taxativo. Portanto, tem concedido o intervalo de 10 minutos a cada 90 minutos trabalhados para profissões que desempenham funções semelhantes às profissões ali mencionadas.

Os digitadores, por aplicação analógica do art. 72, equiparam-se aos trabalhadores nos serviços de mecanografia (datilografia, escrituração ou cálculo), razão pela qual têm direito a intervalos de descanso de 10 minutos a cada 90 minutos de trabalho consecutivo (Súm. 346, TST).

O Ministério do Trabalho, por intermédio da Portaria 3.435, alterou a NR 17 da Portaria 3.214, que trata da ergonomia, fixando um intervalo, a não ser descontado da jornada de trabalho, para os digitadores, de 10 minutos para cada 50 minutos trabalhados (NR 17.6.4, *d*).

Nas atividades de processamento de dados, a Portaria 3.741 determinou a observância de um intervalo remunerado de 10 minutos a cada 50 minutos trabalhados, excetuando hipótese de acordo ou convenção coletiva de trabalho.

Esses dois intervalos também são tidos como interrupções do contrato individual de trabalho. Se não são concedidos, devem ser pleiteados como horas extras.

QUESTIONÁRIO

1. Quais são as formas de trabalho a distância?

2. O teletrabalho é uma forma de trabalho em domicílio?

3. Explique a natureza jurídica do teletrabalho.

4. O teletrabalhador tem direito à percepção de hora extra?

5. No teletrabalho, o empregador tem o dever de zelar pelas normas de medicina e segurança do trabalho?

6. Quem é o responsável pela aquisição dos equipamentos e demais instrumentos de trabalho, quando da fixação do teletrabalho no domicílio do empregado?

Capítulo XIII
TRABALHADOR AVULSO

13.1 TRABALHADOR AVULSO

José Martins Catharino salienta que o vocábulo "avulso", em seu sentido vulgar, significa *"separado, desligado, insulado"*;[1] logo, trabalhador avulso é: *"[...] aquele separado, não inserido em uma organização empresária ou assemelhada, mas, de qualquer maneira, trabalhando para e por ela remunerado. Assim, na prática, não é fácil distinguir-se o trabalhador avulso, individualmente considerado, do eventual ou do empregado, este trabalhador subordinado ou dependente"*.[2]

Era considerado avulso o prestador de serviços na orla marítima, realizando serviços para empresas marítimas, por conta destas, mediante rodízio controlado pelo sindicato[3] de sua respectiva categoria. Seus elementos característicos seriam os seguintes: (a) a intermediação do sindicato na colocação de sua mão de obra; (b) a curta duração dos serviços prestados a um beneficiado (navio aportado); (c) a remuneração paga basicamente em rateio procedido pelo sindicato.

A Portaria 3.107/71 do então Ministério do Trabalho e Previdência Social, no âmbito do sistema geral da Previdência Social, definia como trabalhador avulso todo trabalhador sem vínculo empregatício que, sindicalizado ou não, tivesse a concessão de direitos de natureza trabalhista executada por intermédio da respectiva entidade de classe (= sindicato).

O conteúdo da Portaria 3.107 trouxe uma dimensão maior para a figura do trabalhador avulso, abrangendo outras categorias de trabalhadores. Em função dessa abrangência, o conceito de trabalhador avulso *"modificou-se em função de um fato determinante das*

---

[1] CATHARINO, José Martins. *Compêndio universitário de direito do trabalho*, v. 1, p. 186.
[2] CATHARINO, José Martins. Ob. cit., p. 186.
[3] Até a criação do OGMO (Órgão de Gestão de Mão de Obra), a escalação do trabalhador avulso portuário era realizada pelos sindicatos profissionais. Neste sentido havia o disposto no art. 6º, do Decreto-lei 3, de 27 de janeiro de 1966 (revogado pela Lei 8.630/93): "As entidades estivadoras requisitarão, diretamente, dos sindicatos respectivos, os trabalhadores indispensáveis à execução dos serviços, cuja escalação obedecerá, rigorosamente, ao critério do rodízio, para que haja, assim, uma equitativa divisão do trabalho por todos os trabalhadores matriculados".

novas configurações do exercício das atividades, que antes eram reconhecidas apenas para a área dos portuários".[4]

Amauri Mascaro Nascimento aduz a existência de quatro justificativas para explicar o referido fenômeno:

a) as práticas sociais, as quais levaram ao desenvolvimento de outras categorias fora da área portuária, como é o caso dos garçons;
b) a reorganização dos portos, por meio da Lei 8.630/93, dando: *"[...] origem a modificações, no plano legal, que afastaram, em determinadas situações, a presença obrigatória do sindicato como órgão da intermediação da contratação do pessoal, uma vez que os órgãos gestores da mão de obra portuária passaram a atuar para esse fim, respondendo solidariamente com os operadores pela remuneração dos avulsos e legitimidade passiva perante a Justiça do Trabalho";*[5]
c) a autorização legal para a adoção de empregados nos serviços portuários;
d) as empresas portuárias passaram a utilizar-se de pessoal próprio para a realização dos serviços em seus terminais na medida em que ficaram desobrigadas da requisição de trabalhadores avulsos junto às entidades sindicais.

A noção de trabalhador avulso não mais exige a intermediação da entidade sindical. Nesse sentido, a Lei 8.213/91, que dispõe sobre os planos de benefícios da previdência social, em seu art. 11, inciso VI, define trabalhador avulso *in verbis*: "Quem presta, a diversas empresas, sem vínculo empregatício, serviços de natureza urbana ou rural definidos no Regulamento."

De acordo com o inciso VI do art. 9º do Decreto 3.048/99 (Regulamento da Previdência Social), trabalhador avulso é aquele que, sindicalizado ou não, presta serviços de natureza urbana ou rural, a diversas empresas, sem vínculo empregatício, com a intermediação obrigatória do Órgão Gestor de Mão de Obra (OGMO) ou do sindicato da categoria. São avulsos: (a) o trabalhador que exerce atividade portuária de capatazia, estiva, conferência e conserto de carga, vigilância de embarcação e bloco; (b) o trabalhador de estiva de mercadorias de qualquer natureza, inclusive carvão e minério; (c) o trabalhador em alvarenga (embarcação para carga e descarga de navios); (d) o amarrador de embarcação; (e) o ensacador de café, cacau, sal e similares; (f) o trabalhador na indústria de extração de sal; (g) o carregador de bagagem em porto; (h) o prático de barra em porto; (i) o guindasteiro; (j) o classificador, o movimentador e o empacotador de mercadorias em portos (art. 9º, VI, "a" a "j").

Como tipos de trabalhadores avulsos, o Regulamento enuncia o avulso portuário e o avulso não portuário.

---

[4] NASCIMENTO, Amauri Mascaro. *Curso de direito do trabalho*. 21. ed., p. 450.
[5] NASCIMENTO, Amauri Mascaro. Ob. cit., p. 450.

De idêntica forma, o art. 263 da Instrução Normativa 971, de 17 de novembro de 2009, da Receita Federal do Trabalho indica: (a) trabalhador avulso aquele que, sindicalizado ou não, presta serviços de natureza urbana ou rural, sem vínculo empregatício, a diversas empresas, com intermediação obrigatória do sindicato da categoria ou, quando se tratar de atividade portuária, do OGMO; (b) trabalhador avulso não portuário, aquele que: (1) presta serviços de carga e descarga de mercadorias de qualquer natureza, inclusive carvão e minério, o trabalhador em alvarenga (embarcação para carga e descarga de navios), o amarrador de embarcação, o ensacador de café, cacau, sal e similares, aquele que trabalha na indústria de extração de sal, o carregador de bagagem em porto, o prático de barra em porto, o guindasteiro, o classificador, o movimentador e o empacotador de mercadorias em portos; (2) exerce atividade de movimentação de mercadorias em geral, nas atividades de costura, pesagem, embalagem, enlonamento, ensaque, arrasto, posicionamento, acomodação, reordenamento, reparação da carga, amostragem, arrumação, remoção, classificação, empilhamento, transporte com empilhadeiras, paletização, ova e desova de vagões, carga e descarga em feiras livres e abastecimento de lenha em secadores e caldeiras, operações de equipamentos de carga e descarga, pré-limpeza e limpeza em locais necessários à viabilidade das operações ou à sua continuidade; (c) trabalhador avulso portuário, aquele que presta serviços de capatazia, estiva, conferência de carga, conserto de carga, bloco e vigilância de embarcações na área dos portos organizados e de instalações portuárias de uso privativo, com intermediação obrigatória do OGMO (art. 9º, VI, "a", Decreto nº 3.048): (1) segurado trabalhador avulso quando, sem vínculo empregatício, registrado ou cadastrado no OGMO, presta serviços a diversos operadores portuários; (2) segurado empregado quando, registrado no OGMO, contratado com vínculo empregatício e a prazo indeterminado (art. 40, *caput*, Lei nº 12.815/13).

A Lei 12.023/09 disciplina as atividades de movimentação de mercadorias em geral exercidas por trabalhadores avulsos, em áreas urbanas ou rurais sem vínculo empregatício, mediante intermediação obrigatória do sindicato da categoria, por meio de acordo ou convenção coletiva de trabalho para execução das atividades (art. 1º). Trata-se do avulso não portuário.

Os critérios (remuneração; definição das funções; composição de equipes e as demais condições de trabalho) serão objeto de negociação entre as entidades representativas dos trabalhadores avulsos e dos tomadores de serviços (art. 1º, parágrafo único).

Como atividades de movimentação de mercadorias em geral, o legislador estabeleceu: (a) cargas e descargas de mercadorias a granel e ensacados, costura, pesagem, embalagem, enlonamento, ensaque, arrasto, posicionamento, acomodação, reordenamento, reparação da carga, amostragem, arrumação, remoção, classificação, empilhamento, transporte com empilhadeiras, paletização, ova e desova de vagões, carga e descarga em feiras livres e abastecimento de lenha em secadores e caldeiras; (b) operações de equipamentos de carga e descarga; (c) pré-limpeza e limpeza em locais necessários à viabilidade das operações ou à sua continuidade (art. 2º, I a III).

A Lei 12.023 é inaplicável às relações de trabalho regidas pelas Leis 12.815/13 (diploma revogador da Lei 8.630/93) e 9.719/98.

Por previsão constitucional, os trabalhadores avulsos possuem os mesmos direitos que os empregados (art. 7º, XXXIV).

Os dissídios oriundos das relações entre empregados e empregadores, bem como de trabalhadores avulsos e seus tomadores de serviços, em atividades reguladas na legislação social, serão dirimidos pela Justiça do Trabalho (art. 643, *caput*, CLT).

Também é competente o Judiciário Trabalhista para processar e julgar as ações entre trabalhadores portuários e os operadores portuários ou o Órgão Gestor de Mão de Obra (OGMO) decorrente da relação de trabalho (arts. 643, § 3º, e 652, V, CLT).

13.2 TRABALHADOR EVENTUAL E O AVULSO

É imperiosa a distinção entre trabalhador avulso e o eventual. Nas duas modalidades, a prestação de serviços ocorre por curtos períodos de tempo para diversos tomadores de serviços. O ponto diferencial reside na intermediação dos serviços na figura do trabalho avulso. A intermediação pode ocorrer pela entidade sindical ou pelo OGMO.[6]

Trabalhador avulso é a pessoa física que presta serviços, sem a configuração de relação de emprego, para diversos tomadores, de natureza urbana ou rural, sendo sindicalizado ou não, com a intermediação obrigatória da entidade sindical profissional ou do órgão gestor de mão de obra.

13.3 TRABALHADOR AVULSO PORTUÁRIO E O ÓRGÃO GESTOR DE MÃO DE OBRA (OGMO)

Trabalhador avulso portuário é o que presta serviços, sem a caracterização de vínculo de emprego, para diversos tomadores, com a intermediação do Órgão Gestor de Mão de Obra (OGMO).

Por expressa disposição legal, não há entre o trabalhador portuário avulso e o OGMO a formação de relação de emprego (art. 34, Lei 12.815).

---

[6] "O obreiro chamado avulso corresponde a modalidade de trabalhador eventual, que oferta sua força de trabalho, por curtos períodos de tempo, a distintos tomadores, sem se fixar especificamente a qualquer deles. O que distingue o avulso do eventual, entretanto, é a circunstância de sua força de trabalho ser ofertada, no mercado específico em que atua (o setor portuário), através de uma entidade intermediária. Esse ente intermediário é que realiza a interposição da força de trabalho avulsa em face dos distintos tomadores de serviços: armazéns de portos, navios em carregamento ou descarregamento, importadores e exportadores e outros operadores portuários. Essa entidade intermediária é que arrecada o valor correspondente à prestação de serviços e perfaz o respectivo pagamento ao trabalhador envolvido. No transcorrer de tradição jurídica de longas décadas no país, essa interposição sempre foi exercida pelo sindicato profissional da categoria. [...] Mais recentemente, a contar da Lei do Trabalho Portuário (Lei n. 8.630, de 1993), a interposição dessa força de trabalho passou a ser feita por um órgão de gestão de mão de obra (art. 18, Lei n. 8.630/93), considerado de utilidade pública (art. 25, Lei n. 8.630/93)" (DELGADO, Mauricio Godinho. *Curso de direito do trabalho*, 11. ed., p. 342).
Atualmente, o OGMO é disciplinado pelo art. 39 da Lei 12.815/13.

Apesar da inexistência da relação de emprego, diante da violação das normas disciplinares (previstas em lei ou instrumento normativo) por parte do trabalhador portuário avulso, ao OGMO compete aplicar as seguintes penalidades: (a) repreensão verbal ou por escrito; (b) suspensão do registro pelo período de dez a trinta dias; (c) cancelamento do registro (art. 33, I, "a" a "c", Lei 12.815).[7]

Por expressa disposição legal, a gestão da mão de obra do trabalho portuário deve observar as normas previstas no instrumento normativo (contrato, convenção ou acordo coletivo de trabalho) (art. 36, Lei 12.815).

13.3.1 Órgão Gestor de Mão de Obra (OGMO)

De acordo com o art. 32, *caput*, Lei 12.815, os operadores portuários devem constituir no porto organizado um órgão de gestão de mão de obra portuário.

Operador portuário é a pessoa jurídica pré-qualificada para exercer as atividades de movimentação de passageiros ou movimentação e armazenagem de mercadorias, destinadas ou provenientes de transporte aquaviário, dentro da área do porto organizado (art. 2º, XIII, Lei 12.815).

O OGMO é um órgão de utilidade pública, sendo-lhe vedado ter fins lucrativos, prestar serviços a terceiros ou exercer qualquer atividade não vinculada à gestão de mão de obra (art. 39, Lei 12.815). Incumbe ao OGMO centralizar e administrar a prestação de serviços (= do trabalho) nos portos organizados no Brasil.[8, 9]

---

[7] "Não há empregador na relação de trabalho avulso, ao passo que tomador de serviços não exerce esse tipo de ingerência sobre a mão de obra avulsa. Logo, coube ao OGMO, dentre outras, a atribuição de aplicar advertências escritas e verbais, bem como suspensões (não do contrato de trabalho, pois se não existe, mais do contrato para a prestação de serviços) pelo prazo de dez a trinta dias. Não se pode usar a expressão dispensa por justa causa, dada a ausência do contrato de trabalho, mas o OGMO poderá, sob certas circunstâncias, descadastrar o trabalhador recalcitrante. [...] Preferencialmente, não se deve falar em vínculo de emprego entre o trabalhador e o OGMO, porque as ordens emanadas desta entidade não atingem o grau de subordinação exigido para a configuração da relação de emprego, são ordens apenas de organização e disciplina da entidade para a colocação de mão de obra no mercado. Nem mesmo a aplicação das punições do tipo suspensão do cadastramento do trabalhador desidioso pode servir para delinear uma subordinação jurídica" (SILVA, Homero Batista Mateus da. *Curso de direito do trabalho aplicado*, v. 4, p. 93).

[8] As finalidades do OGMO são: (a) administrar o fornecimento da mão de obra do trabalhador portuário e do trabalhador portuário avulso; (b) manter, com exclusividade, o cadastro do trabalhador portuário e o registro do trabalhador portuário avulso; (c) treinar e habilitar profissionalmente o trabalhador portuário, inscrevendo-o no cadastro; (d) selecionar e registrar o trabalhador portuário avulso; (e) estabelecer o número de vagas, a forma e a periodicidade para acesso ao registro do trabalhador portuário avulso; (f) expedir os documentos de identificação do trabalhador portuário; (g) arrecadar e repassar aos beneficiários os valores devidos pelos operadores portuários relativos à remuneração do trabalhador portuário avulso e aos correspondentes encargos fiscais, sociais e previdenciários (art. 32, I a VII, Lei 12.815/13).

[9] As competências do OGMO são: (a) aplicar, quando couber, normas disciplinares previstas em lei, contrato, convenção ou acordo coletivo de trabalho, no caso de transgressão disciplinar, as seguintes penalidades: (1) repreensão verbal ou por escrito; (2) suspensão do registro pelo período

De forma obrigatória, o OGMO é composto por uma Diretoria Executiva[10] e um Conselho de Supervisão[11] (art. 38, *caput*, Lei 12.815).

13.3.2 Responsabilidades do OGMO quanto aos salários e demais direitos do trabalhador portuário avulso

Quanto à remuneração devida ao trabalhador portuário avulso, o OGMO responde de forma solidária com os operadores portuários (art. 33, § 2º, Lei 12.815).

O OGMO pode exigir dos operadores portuários garantia prévia dos respectivos pagamentos, para atender a requisição de trabalhadores portuários avulsos (art. 33, § 3º, Lei 12.815).

O OGMO não responde de forma solidária pelos prejuízos causados pelos trabalhadores portuários avulsos em relação aos tomadores de seus serviços ou a terceiros (art. 33, § 1º, Lei 12.815).

O operador portuário deve recolher ao OGMO os valores devidos pelos serviços executados, referentes à remuneração por navio, acrescidos dos percentuais relativos a décimo terceiro salário, férias, FGTS, encargos fiscais e previdenciários, no prazo de 24 horas da realização do serviço, para viabilizar o pagamento ao trabalhador portuário avulso (art. 2º, I, Lei 9.719/98).

O OGMO é o responsável pelo pagamento da remuneração pelos serviços executados diretamente ao trabalhador portuário avulso, o qual será feito no prazo de 48 horas após o término do serviço (art. 2º, II, § 1º).

---

de dez a trinta dias; (3) cancelamento do registro; (b) promover: (1) a formação profissional do trabalhador portuário e do trabalhador portuário avulso, adequando-a aos modernos processos de movimentação de carga e operação de aparelhos e equipamentos portuários; (2) o treinamento multifuncional do trabalhador portuário e do trabalhador portuário avulso; (3) a criação de programas de realocação e de cancelamento de registro, sem ônus pra o trabalhador; (c) arrecadar e repassar aos beneficiários as contribuições destinadas a incentivar o cancelamento do registro e a aposentadoria voluntária; (d) arrecadar as contribuições destinadas ao custeio do órgão; (e) zelar pelas normas de saúde, higiene e segurança no trabalho portuário avulso; (f) submeter à administração do porto propostas para aprimoramento da operação portuária e valorização econômica do porto (art. 33, I a VI, Lei 12.815).

[10] A Diretoria Executiva é constituída por um ou mais diretores, cuja designação e destituição ocorrem na forma do regulamento. O prazo de gestão é de três anos, permitida a redesignação. Um dos integrantes do Conselho de Supervisão pode ser designado para o cargo de diretor. No silêncio do estatuto ou do contrato social, a qualquer um dos diretores competirá a representação do órgão e a prática dos atos necessários ao seu funcionamento regular (art. 38, §§ 2º a 4º, Lei 12.815).

[11] O Conselho de Supervisão é constituído por três membros titulares e seus suplentes, indicados na forma do regulamento, tendo por competências: (a) deliberar sobre o número de vagas, a forma e a periodicidade para acesso ao registro do trabalhador portuário avulso; (b) editar as normas de seleção e registro do trabalhador portuário avulso, respeitando-se o estabelecido em contrato, convenção ou acordo coletivo de trabalho; (c) fiscalizar a gestão dos diretores, além de examinar a qualquer tempo, os livros e papéis do órgão, bem como solicitar informações sobre quaisquer atos praticados pelos diretores ou seus prepostos (art. 38, § 1º, I a III, Lei 12.815).

As parcelas referentes às férias e ao décimo terceiro salário serão depositadas pelo OGMO, separada e respectivamente, em contas individuais vinculadas, a serem abertas e movimentadas às suas expensas, especialmente para este fim, em instituição bancária de sua livre escolha, sobre as quais deverão incidir rendimentos mensais com base nos parâmetros fixados para atualização dos saldos dos depósitos de poupança (art. 2º, II, § 2º). Os depósitos serão efetuados no dia 2 do mês seguinte ao da prestação do serviço, prorrogado o prazo para o primeiro dia útil subsequente se o vencimento cair em dia em que não haja expediente bancário (art. 2º, II, § 3º).

Os prazos legais podem ser alterados mediante convenção coletiva firmada entre entidades sindicais representativas dos trabalhadores e operadores portuários, observado o prazo legal para recolhimento dos encargos fiscais, trabalhistas e previdenciários (art. 2º, § 5º).

A liberação das parcelas referentes a décimo terceiro salário e férias, depositadas nas contas individuais vinculadas, e o recolhimento do FGTS e dos encargos fiscais e previdenciários serão efetuados conforme regulamentação do Poder Executivo (art. 2º, § 6º).

13.3.3 Inscrição do trabalhador portuário avulso

Há duas modalidades de inscrição do trabalhador portuário avulso junto ao OGMO: (a) registro – inscrição como mão de obra efetiva (art. 41, II, Lei 12.815); (b) cadastro – inscrição em que o trabalhador labora como mão de obra supletiva no caso de falta de trabalhador registrado (art. 42, I, Lei 12.815).[12, 13]

A respeito do trabalhador portuário avulso registrado e cadastrado, Jucirema Maria Godinho Gonçalves[14] ensina: *"Para a perfeita adequação, nesse tema, lembramos que o bloco dos TPA, no OGMO, possui duas alternâncias: os trabalhadores podem ser cadastrados ou registrados, tratamento criado pela Lei 8.630/93, com diferentes efeitos. Os registrados são aqueles portuários que já possuíam matrícula nas extintas DTM (Delegacia de Tra-*

---

[12] O Decreto 1.596/95 autorizou o levantamento dos trabalhadores portuários em atividade com o objetivo de identificar os trabalhadores ativos para a divulgação das informações pertinentes ao preenchimento das condições para inscrição no cadastro (art. 54) ou no registro (art. 55, Lei 8.630/93, revogada pela Lei 12.815/12).

[13] De acordo com a Convenção 137 (arts. 2º a 4º, OIT) (aprovada pelo Congresso Nacional – Decreto Legislativo 29, de 22 de dezembro de 1993; ratificada pelo governo brasileiro, Decreto 1.574, de 31 de junho de 1995), incumbe à política nacional estimular todos os setores interessados para que assegurem aos portuários, na medida do possível, um emprego permanente ou regular. Em todo caso, um mínimo de períodos de emprego ou um mínimo de renda deve ser assegurado aos portuários sendo que sua extensão e natureza dependerão da situação econômica e social do país ou do porto de que se tratar (art. 2º). Os registros dos trabalhadores serão estabelecidos e mantidos em dia, para todas as categorias profissionais de portuários, sendo que os trabalhadores matriculados terão prioridade para a obtenção de trabalho nos portos. Os registros serão periodicamente revistos, a fim de fixá-los num nível que corresponda às necessidades do porto. Quando uma redução dos efetivos de um registro se tornar necessária, todas as medidas úteis serão tomadas, com a finalidade de prevenir ou atenuar os efeitos prejudiciais aos portuários.

[14] GONÇALVES, Jucirema Maria Godinho. "O Porto". *Revista do TRT da 2ª Região*, n. 1/2009, p. 114.

balho Marítimo, extinta em 1989) submetidos a uma prévia seleção e que já possuíam o cadastro. Pode-se nominá-lo como o trabalhador apto ao trabalho portuário, submetido a uma escala de serviço, mediante rodízio. Já o cadastrado é aquele trabalhador que não detinha, ou, pelo menos, não comprovara a sua matrícula, nem na força supletiva, nem nas DTMs, mas, que atuava com autorização do Sindicato, até a edição da Lei 8.630/93. A partir desta, obteve prévio treinamento por entidade indicada pelo OGMO habilitando-se a exercer a profissão, porém, não participa do rodízio: para ele, só há trabalho quando não houver trabalhadores registrados interessados em determinado serviço".

A inserção do trabalhador no cadastro depende exclusivamente de prévia habilitação profissional do trabalhador interessado. Para obter a habilitação deve realizar o treinamento em entidade indicada pelo OGMO (art. 41, § 1º, Lei 12.815).

O ingresso no registro dependerá da disponibilidade de vagas e da ordem cronológica de inscrição do trabalhador no cadastro (art. 41, § 2º, Lei 12.815).

Pela redação do art. 27, § 3º, da Lei 8.630, havia a extinção do cadastro ou registro por morte, aposentadoria ou cancelamento. Atualmente, apenas por morte ou cancelamento (art. 41, § 3º, Lei 12.815).

Cristiano Paixão e Ronaldo Curado Fleury ensinam que o OGMO tem autonomia legal para estabelecer as bases de seleção e os critérios para julgamento e inscrição dos trabalhadores, contudo, é necessário que os critérios sejam criados na negociação coletiva (art. 42, Lei 12.815; art. 28, Lei 8.630), com o devido respeito aos princípios da moralidade, da impessoalidade e da publicidade.

13.3.4 Multifuncionalidade na área portuária

O art. 57, *caput*, da Lei 8.630 previa que no prazo de cinco anos, a contar da vigência deste diploma legal (vigência a partir de 26 de fevereiro de 1993), o trabalho portuário deveria buscar, progressivamente, a multifuncionalidade do trabalho, com o objetivo de adequá-lo aos modernos processos de manipulação de cargas e de aumentar a sua produtividade.

A multifuncionalidade no trabalho portuário envolve os serviços de (art. 40, § 1º, I a VI, Lei 12.815; art. 57, § 3º, I a VI, Lei 8.630):

a) capatazia – trata-se da atividade responsável pela movimentação de mercadorias nas instalações dentro do porto organizado, compreendendo o recebimento, conferência, transporte interno, abertura de volumes para a conferência aduaneira, manipulação, arrumação e entrega, bem como o carregamento e descarga de embarcações, quando efetuados por aparelhamento portuário (aparelho de guindaste situado em terra). Antes da Lei 8.630, o trabalho de capatazia era realizado pelos empregados das Companhias Docas.[15]

---

[15] Até o advento da Lei 8.630, "[...] os serviços de capatazia, regra geral e quase que absoluta, eram realizados por intermédio de empregados contratados a prazo indeterminado, por meio de seleção

Como exemplos de funções da capatazia, temos: fiel (depositário das cargas depositadas sob a jurisdição do armazém) e ajudante de fiel; encarregado de operação portuário (supervisiona, coordena, orienta e fiscaliza a execução das operações portuárias); operador guindasteiro (atua com o equipamento de transporte e içamento vertical); operador de máquinas (opera equipamentos de transporte sobre pneumáticos: empilhadeiras, tratores, veículos no sistema *roll-on-roll-off* etc.); manobrista (atua na manobra ferroviária); conferente de capatazia (executa serviços de conferência de mercadorias embarcadas e desembarcadas etc.);

b) estiva – é a atividade de movimentação de mercadorias nos conveses (pavimentos de bordo de um navio) ou nos porões das embarcações principais ou auxiliares, incluindo o transbordo, arrumação, peação e despeação, bem como o carregamento e a descarga, quando realizados com equipamentos de bordo. Como exemplos de funções de estiva, temos: chefe de estiva ou contramestre-geral (responsável pela operação de estivagem da carga, com ênfase na elaboração e supervisão técnica da operação); contramestre de porão (atua na execução dos serviços de estiva nos porões dos navios); sinaleiro (também denominado de portaló) (quem faz a sinalização dos movimentos de direção a ser dada a carga ao guindasteiro, guincheiro e operador de ponte rolante, indicando a posição e o local de colocação da carga); operador de ponte rolante (atua na operação dos guinchos de bordo para o içamento da carga); guindasteiro (opera o guindaste); guincheiro (responsável pelos guinchos de bordo); empilhadeirista (opera a empilhadeira); estivador de porão (atua na recepção da mercadoria e a sua arrumação no interior do porão da embarcação); manobreiro (labora na retirada ou colocação de veículos nos navios, bem como nos caminhões cegonha, denominados de *roll-on-roll-off*);

c) conferência de carga – trabalhador que atua na contagem de volumes, anotação de suas características, procedência ou destino, verificação do estado das mercadorias, assistência à pesagem, conferência do manifesto, e demais serviços correlatos, nas operações de carregamento e descarga de embarcações. Exemplos: conferente-chefe; conferente-ajudante; conferente de lingada ou porão; conferente de avaria; conferente de balança; conferente de pátio e conferente de porta ou portão;

d) conserto de carga – tarefas relacionadas com o reparo e restauração das embalagens de mercadorias, nas operações de carregamento e descarga de embarcações,

---

pública, pelas administrações portuárias, e não por trabalhadores avulsos, o que ocorria apenas em casos excepcionais e pontuais. Apenas após a Lei 8.630, de 1993, é que se pôs fim à antiga dicotomia que havia nos portos, onde trabalhadores pertencentes à maioria das categorias portuárias – administrados por seus sindicatos de classe e matriculados nas Delegacias do Trabalho Marítimo – podiam ser contratados apenas como avulsos, enquanto trabalhadores de outra categoria, a de capatazia, eram contratados, regra geral, pelas administrações de portos, com vínculo empregatício)" (PAIXÃO, Cristiano; FLEURY, Ronaldo Curado. Ob. cit., p. 47).

reembalagem, marcação, remarcação, carimbagem, etiquetagem, abertura de volumes para vistoria e posterior recomposição. Exemplos: consertador-chefe da equipe; consertador de porão e o consertador de plataforma;

e) vigilância de embarcações – funções que se interagem com a atividade de fiscalização da entrada e saída de pessoas a bordo das embarcações atracadas ou fundeadas ao largo, bem como da movimentação de mercadorias nos portalós, rampas, porões, conveses, plataformas e em outros locais da embarcação. Exemplos: vigia de portaló (controla e fiscaliza a entrada e saída de pessoas a bordo); vigia ronda; vigia de porão; vigia rampa; vigia rendição e o vigia chefia;

f) bloco – trabalhadores que atuam na atividade de limpeza e conservação de embarcações mercantes e de seus tanques, incluindo batimento de ferrugem, pintura, reparos de pequena monta e serviços correlatos.

O art. 40, § 4º, da Lei 12.815/13, considera as categorias acima como categorias profissionais diferenciadas.

Há outros tipos de trabalhadores portuários não previstos na Lei 8.630 ou na Lei 12.815: (a) amarradores ou desatradacores; (b) guarda portuária; (c) práticos; (d) carregadores de bagagem e ensacadores, empregados da Administração Portuária; (e) vistoriadores de carga contratados por companhias seguradoras; (f) inspetores de sociedade classificadora; (g) marítimos.

13.3.5 Escalas de trabalho

A escalação do trabalhador portuário avulso adota o sistema de rodízio[16, 17] e deve ser efetuada pelo OGMO (art. 5º, Lei 9.719/98).

---

[16] "O funcionamento dos Portos Brasileiros, em regra, é de 24 horas divididas por 'turnos' de trabalho de 6 horas. Os Operadores Portuários (ou tomadores de mão de obra) elaboram as requisições do número de trabalhadores necessários a cada operação de carga e descarga, junto ao OGMO, respeitando a formação das equipes de trabalho que podem estar constituídas, através de Convenção Coletiva. Com a requisição, é efetuada a escalação dos TPA transformando o número em nome, por meio do rodízio, formando os chamados ternos. No Porto de Santos, o trabalho é das 7 às 13 horas, das 13 às 19 horas, das 19 à 1 hora e da 1 às 7 horas (24 horas), todos os dias da semana. Na escalação para os turnos, deve ser observado, obrigatoriamente, o intervalo de 11 horas consecutivas, entre duas jornadas de trabalho, salvo condições excepcionais, ou, dispositivos convencionais" (GONÇALVES, Jucirema Maria Godinho. Ob. cit., p. 118).

[17] Por rodízio compreenda-se a distribuição equitativa do trabalho entre os trabalhadores portuários avulsos registrados. São elaboradas as "escalas diárias", ou seja, listas de trabalhadores que compõem uma equipe de trabalho (terno) escalada para execução de uma tarefa. Há duas formas de rodízio: (a) numérico – os trabalhadores registrados são numerados e entram na fila, a qual avança de acordo com o surgimento das oportunidades de trabalho; (b) câmbio – cada trabalhador detém um documento no qual consta os trabalhos por ele executados. O trabalhador comparece

O avulso registrado tem preferência para compor as equipes de trabalho em cada rodízio, logo, o portuário avulso cadastrado tem o direito de concorrer à escala diária só para complementar a equipe de trabalho do quadro dos registrados (art. 4º).

O operador portuário e o OGMO possuem a responsabilidade quanto à verificação da presença, no local de trabalho, dos trabalhadores constantes da escala diária (art. 6º).

A remuneração é devida ao trabalhador avulso que, constante da escala diária, estiver em efetivo serviço (art. 6º, parágrafo único).

Entre uma escala diária e outra do trabalhador avulso, o OGMO deverá respeitar o intervalo mínimo de 11 horas consecutivas, exceto em situações excepcionais, constantes de instrumento normativo (convenção ou acordo coletivo de trabalho) (art. 8º).

13.4 TRABALHADOR PORTUÁRIO – EMPREGADO

Além do trabalhador portuário avulso, é possível que se tenha na área portuária a contratação de empregados por prazo indeterminado (art. 40, *caput*, Lei 12.815).

Diante da leitura do art. 26, parágrafo único, da Lei 8.630, podia-se concluir que a contratação de trabalhadores portuários de estiva, conferência de carga, conserto de carga e vigilância de embarcações com vínculo empregatício por prazo indeterminado somente seria efetuada dentre os trabalhadores portuários avulsos registrados. De forma idêntica a matéria era tratada no art. 36, § 2º, da MP 595/12.

Por esta interpretação literal, os trabalhadores portuários nas áreas de capatazia e de bloco poderiam ser contratados livremente junto ao mercado de trabalho, não havendo necessidade de consulta junto ao OGMO (trabalhadores portuários habilitados).

Contudo, esta interpretação não era a melhor.

Como se sabe, o OGMO tem a finalidade de administrar o fornecimento da mão de obra do trabalhador portuário e do trabalhador portuário avulso (art. 32, I, Lei 12.815), inclusive, com a competência da promoção da formação profissional e o treinamento multifuncional do trabalho portuário (art. 33, II).

Isto equivalia a dizer que a contratação com vínculo de emprego (funções: capatazia, estiva, conferência de carga, conserto de carta, vigilância de embarcações e bloco), por parte do operador portuário, estava condicionada ao fato de o trabalhador ter a inscrição junto ao OGMO.

Em relação aos demais trabalhadores (estiva, conferência de carga, conserto de carga e vigilância de embarcações), a diferença dos trabalhadores de capatazia e bloco repousava na assertiva de que os primeiros não necessitavam estar registrados. Basta que estejam cadastrados.

---

no pregão no qual disputa com outros colegas uma vaga. A chance de obter um trabalho é maior se tiver menos trabalhos lançados no documento.

Neste sentido, Cristiano Paixão e Ronaldo Curado Fleury não concordavam com a interpretação literal do art. 26, parágrafo único, da Lei 8.630, por entender que a matéria deveria ser analisada de forma sistêmica.[18]

Os citados autores asseveram ainda que a Convenção 137, OIT, adotada no Brasil em 1995, ratificava o entendimento acima, ao fixar que os portuários matriculados teriam prioridade para a obtenção de trabalho nos portos (art. 3º, item 2).[19]

Com a conversão da MP 595, de 6 de dezembro de 2012, na Lei 12.815, de 5 de junho de 2013, houve a reformulação legal quanto à matéria.

Isto significa dizer que para todas as categorias diferenciadas (capatazia, bloco, estiva, conferência de carga, conserto de carga e vigilância de embarcações), a contratação de trabalhadores portuários com vínculo empregatício por prazo indeterminado será feita exclusivamente dentre os trabalhadores portuários avulsos registrados (art. 40, § 2º, Lei 12.815).

O OGMO deverá manter o registro do trabalhador portuário avulso que: (a) for cedido ao operador portuário para trabalhar em caráter permanente; (b) constituir ou se associar à cooperativa formada para se estabelecer como operador portuário (art. 29, Lei 12.815) (art. 3º, I e II, Lei 9.719/98).

No período em que o trabalhador portuário avulso registrado for empregado junto ao operador portuário ou cooperado, não tem o direito de concorrer à escala como avulso (art. 3º, § 1º).

13.5 TERMINAL DE USO PRIVADO E A CONTRATAÇÃO DE MÃO DE OBRA PORTUÁRIA

Porto organizado é o bem público construído e aparelhado para atender as necessidades de navegação, de movimentação de passageiros ou de movimentação e armazenagem de mercadorias, e cujo tráfego e operações estejam sob jurisdição de autoridade portuária (art. 2º, I, Lei 12.815).

---

[18] "Portanto, as interpretações sistêmica, teleológica e, até mesmo, histórica da Lei 8.630/1993 impossibilitam que se desagreguem os dispositivos dos arts. 26 e 27, assentados em sequência lógica e articulada, os quais levam compulsoriamente ao conceito de que os operadores portuários, dentro do porto organizado, poderão contratar trabalhadores de capatazia e bloco por prazo indeterminado, desde que estes sejam inscritos no OGMO, não tendo que ser, necessariamente, registrados, mas, no mínimo, cadastrados, o que pressupõe habilitação profissional para tais atividades, dentro da reserva de mercado que a Lei dos Portos propositadamente criou" (PAIXÃO, Cristiano; FLEURY, Ronaldo Curado. Ob. cit., p. 52).

[19] Note-se que tal interpretação guarda perfeita harmonia com o disposto na Convenção 137 da OIT – que foi, observe-se, adotada no Brasil somente em 1995, após a Lei 8.630/93 –, que tornou possível a contratação, com vínculo empregatício e por prazo indeterminado, de trabalhadores para exercerem trabalho portuário, desde que seja observada a prioridade (não mais exclusividade) aos já matriculados no OGMO (art. 3º, item 2)" (PAIXÃO, Cristiano; FLEURY, Ronaldo Curado. Ob. cit., p. 52).

Como área do porto organizado compreende-se a delimitação de área fixada por ato do Poder Executivo e que compreende as instalações portuárias e a infraestrutura de proteção e de acesso ao porto (art. 2º, II).

Instalação portuária é a instalação localizada dentro ou fora da área compreendido como porto organizado e que é utilizada para movimentação de pessoas, além de movimentação ou armazenagem de mercadorias, destinados ou provenientes de transporte aquaviário (art. 2º, III).

Como tipos de instalação portuária (art. 2º, IV a VII) há: (a) terminal de uso privado – instalação portuária explorada mediante autorização, localizada fora da área do porto organizado; (b) estação de transbordo de cargas – instalação portuária explorada mediante autorização, localizada fora da área do porto organizado e utilizada exclusivamente para operação de transbordo de mercadorias em embarcações de navegação interior ou cabotagem; (c) instalação portuária pública de pequeno porte – instalação portuária explorada mediante autorização, localizada fora do porto organizado, utilizada em movimentação de passageiros ou mercadorias em embarcações de navegação interior; (d) instalação portuária de turismo – instalação portuária explorada mediante arrendamento ou autorização, utilizada em embarque, desembarque e trânsito de passageiros, tripulantes e bagagens, e de insumos para o provimento e abastecimento de embarcações de turismo.

Nos portos organizados, o trabalho portuário de capatazia, estiva, conferência de carga, conserto de carga, bloco e vigilância de embarcações, será realizado por trabalhadores portuários com vínculo empregatício a prazo indeterminado e por trabalhadores portuários avulsos (art. 40, *caput*, Lei 12.815).

A contratação de trabalhador portuário com vínculo empregatício indeterminado será realizada de forma exclusiva junto aos trabalhadores portuários registrados pelo OGMO (art. 40, § 2º).

Portanto, de acordo com a Lei 12.815, nos portos organizados não há obrigatoriedade de se observar qualquer proporção permanente entre o empregado portuário e o avulso portuário.

Para Vólia Bomfim Cassar:[20] *"O operador portuário que desejar contratar trabalhador portuário de capatazia, estiva, conferência de carga, conserto de carga, bloco e vigilância de embarcações, com vínculo de emprego, deverá escolher dentre os avulsos registrados (exclusivamente) – art. 26, parágrafo único da Lei nº 8.630/93. Enquanto for empregado, o trabalhador não concorre à escala como avulso (art. 3º, parágrafo 1º da Lei nº 9.719/98). Encerrado seu contrato de trabalho, o trabalhador retorna à condição de avulso registrado.*

Compete ao operador portuário a requisição de mão de obra avulsa e não ao OGMO (art. 8º, §§ 1º e 2º da Lei nº 8.630/93). A este compete apenas administrar a mão de obra avulsa requisitada, arrecadar e repassar os direitos trabalhistas dos avulsos na forma dos arts. 18 e 19 da mesma lei.

---

[20] CASSAR, Vólia Bomfim. *Direito do trabalho*, 2. ed., p. 305.

Na verdade, ao operador portuário cabe a realização das operações portuárias previstas em lei. Para executar tais operações deve contar com mão-de-obra própria e com mão-de-obra sobressalente. Aliás, a lei é expressa neste sentido – arts. 8º e 26 da Lei nº 8.630/93.

A mens legis *foi a de prestigiar os trabalhadores portuários empregados contratados por prazo indeterminado para suprir a demanda comum. E, em casos de excesso de serviço, o que ocorre com certa frequência, a mão-de-obra avulsa é requisitada.*

O operador portuário não está obrigado a manter de forma permanente qualquer proporção entre o empregado portuário e o avulso portuário, mas deve contratar trabalho avulso periodicamente, na forma do art. 26 da Lei nº 8.630/93, para as atividades mencionadas no respectivo artigo."

Os titulares de instalações portuárias de uso privativo (instalações localizadas fora da área do porto organizado e que são exploradas mediante autorização) têm a faculdade da contratação de trabalhadores a prazo indeterminado, desde que seja observado o disposto no contrato, convenção ou acordo coletivo de trabalho das respectivas categorias econômicas preponderantes (art. 44, Lei 12.815).

Na vigência da Lei 12.815, a contratação de mão de obra portuária deve observar:

a) nos portos organizados, o trabalho será realizado por trabalhadores portuários com vínculo empregatício a prazo indeterminado e por trabalhadores portuários avulsos. A contratação de trabalhador portuário com vínculo empregatício indeterminado será realizada de forma exclusiva junto aos trabalhadores portuários registrados pelo OGMO. Não se tem a obrigação da manutenção de uma proporção entre os dois tipos de trabalhadores;

b) nos terminais privativos, tem-se a faculdade da contratação de trabalhadores portuários não avulsos (com vínculo de emprego), contudo, devem ser respeitadas as regras previstas nos instrumentos normativos das categorias econômicas preponderantes.

Para as instalações portuárias privativas existentes e anteriores à edição da Lei 8.630, deveria ser mantido, em caráter permanente, a proporção entre trabalhadores com vínculo empregatício e trabalhadores avulsos (art. 56, parágrafo único, Lei 8.630).

Vólia Bomfim ensinava:[21] *"Todavia, para as instalações portuárias de uso privativo anteriores à lei, foi exigida a manutenção da proporção existente entre o trabalhador avulso (portuário) e o empregado portuário, de acordo com o art. 56, parágrafo único, da Lei nº 8.630/93. Ressalte-se que a proporcionalidade mencionada não se aplica para o avulso não-portuário, já que não há lei que obrigue a tanto, daí porque a Súmula 309 do TST entendeu desta forma."*

---

[21] CASSAR, Vólia Bomfim. Ob. cit., p. 305.

Na vigência da Lei 8.630, quanto à operação portuária com terminal privativo e a contratação de mão de obra, Cristiano Paixão e Ronaldo Curado Fleury[22] indicavam três situações distintas: *"(1) Terminal privativo situado fora da área do porto organizado, que começou a operar em prazo posterior à vigência da Lei 8.630/1993. Esse terminal está autorizado a contratar livremente sua mão-de-obra, mas se desejar contratar trabalho avulso, terá que dirigir-se ao OGMO";*

"(2) Terminal privativo situado fora da área do porto organizado, que no período anterior à vigência da Lei 8.630/1993 contratava mão-de-obra avulsa. Esse terminal está obrigado a manter a proporção entre a mão de obra avulsa e os trabalhadores contratados pela CLT";

"(3) Instalação portuária arrendada dentro da área do porto organizado. A esse terminal se aplica, na integralidade, o sistema de administração de mão-de-obra estipulado na Lei 8.630/1993 e na legislação posterior".

13.6 OPERADOR PORTUÁRIO E O TRABALHO TEMPORÁRIO

Trabalho temporário é aquele prestado por pessoa física contratada por uma empresa de trabalho temporário que a coloca à disposição de uma empresa tomadora de serviços, para atender à necessidade de substituição transitória de pessoal permanente ou à demanda complementar de serviços (art. 2º, Lei 6.019/74, com a redação de Lei 13.429/17).

O contrato celebrado pela empresa de trabalho temporário e a tomadora de serviços será por escrito, ficará à disposição da autoridade fiscalizadora no estabelecimento da tomadora de serviços e conterá: a) qualificação das partes; b) motivo justificador da demanda de trabalho temporário; c) prazo da prestação de serviços; d) valor da prestação de serviços; e) disposições sobre a segurança e a saúde do trabalhador, independentemente do local de realização do trabalho (art. 9º, Lei 6.019, com a redação de Lei 13.429).

Qualquer que seja o ramo da empresa tomadora de serviços, não existe vínculo de emprego entre ela e os trabalhadores contratados pelas empresas de trabalho temporário (art. 10).

O contrato de trabalho temporário, com relação ao mesmo empregador, não poderá exceder ao prazo de 180 dias, consecutivos ou não, e poderá ser prorrogado por até 90 dias, consecutivos ou não, quando comprovada a manutenção das condições que o ensejaram. Uma nova contratação somente é possível após 90 dias do término do contrato, sendo que a inobservância dessa regra importa na caracterização de vínculo empregatício com a tomadora.

Não se aplica ao trabalhador temporário, contratado pela tomadora de serviços, o contrato de experiência (art. 445, parágrafo único, CLT).

A contratante é subsidiariamente responsável pelas obrigações trabalhistas referentes ao período em que ocorrer o trabalho temporário e o recolhimento das contribuições previdenciárias observará a legislação especial (art. 31, Lei 8.212/91).

---

[22] PAIXÃO, Cristiano; FLEURY, Ronaldo Curado. Ob. cit., p. 42-43.

O contrato de trabalho celebrado entre a empresa do trabalho temporário e o trabalhador colocado à disposição de uma empresa tomadora ou cliente será obrigatoriamente escrito e dele deverão constar, expressamente, os direitos conferidos aos trabalhadores pela Lei 6.019 (art. 11, *caput*).

A adoção do trabalho temporário implica uma relação jurídica triangular porque há um intermediário (empresa de trabalho temporário) entre o trabalhador e o tomador dos seus serviços.

Os vínculos jurídicos são os seguintes: *"[...] um, de natureza civil, entre a empresa cliente e a empresa de trabalho temporário, como tal registrada perante o Ministério do Trabalho (arts. 6º e 9º); o outro, de natureza trabalhista, entre o trabalhador temporário e a empresa fornecedora, que o assalaria, responde diretamente pelos direitos assegurados em lei (art. 11), mas não dirige a prestação pessoal de serviços. É que, sem desfigurar os polos do contrato de trabalho, a empresa fornecedora delega à empresa cliente o poder de comando entre o trabalhador temporário, porquanto o labor é prestado no recinto e em atividades desta, visando à satisfação de seus objetivos estatutários".*[23]

De acordo com o art. 45, Lei 8.630, o operador portuário não poderia locar ou tomar mão de obra sob o regime de trabalho temporário.

A proibição foi mantida de forma expressa na nova legislação do trabalho portuário (art. 40, § 3º, Lei 12.815).

13.7 TRABALHADOR AVULSO E A LEI 12.023/2009

A Lei 12.023/09 disciplina as atividades de movimentação de mercadorias em geral exercidas por trabalhadores avulsos, em áreas urbanas ou rurais sem vínculo empregatício, mediante intermediação obrigatória do sindicato da categoria, por meio de acordo ou convenção coletiva de trabalho para execução das atividades (art. 1º).

Os critérios (remuneração; definição das funções; composição de equipes e as demais condições de trabalho) serão objeto de negociação entre as entidades representativas dos trabalhadores avulsos e dos tomadores de serviços (art. 1º, parágrafo único).

Como atividades de movimentação de mercadorias em geral, o legislador estabeleceu: (a) cargas e descargas de mercadorias a granel e ensacados, costura, pesagem, embalagem, enlonamento, ensaque, arrasto, posicionamento, acomodação, reordenamento, reparação da carga, amostragem, arrumação, remoção, classificação, empilhamento, transporte com empilhadeiras, paletização, ova e desova de vagões, carga e descarga em feiras livres e abastecimento de lenha em secadores e caldeiras; (b) operações de equipamentos de carga e descarga; (c) pré-limpeza e limpeza em locais necessários à viabilidade das operações ou à sua continuidade (art. 2º, I a III).

---

[23] TEIXEIRA FILHO, João de Lima; SÜSSEKIND, Arnaldo; MARANHÃO, Délio; VIANNA, Segadas. *Instituições de direito do trabalho*. 18. ed., v. 1, p. 279.

Não é exclusividade do trabalhador avulso a execução das tarefas previstas no art. 2º, I a III. Citadas atividades também poderão ser executadas por empregados (art. 3º).

Como a entidade sindical tem efetiva participação nesta nova modalidade de trabalho avulso, temos que o sindicato deverá elaborar a escala de trabalho e as folhas de pagamento dos trabalhadores avulsos, com a indicação do tomador do serviço e dos trabalhadores que participaram da operação (art. 4º, *caput*).

Quando da elaboração da folha de pagamento, a entidade sindical deverá informar quanto aos trabalhadores: (a) os respectivos números de registros ou cadastro no sindicato; (b) o serviço prestado e os turnos trabalhados; (c) as remunerações pagas, devidas ou creditadas a cada um dos trabalhadores, registrando-se as parcelas referentes a: (1) repouso remunerado; (2) FGTS; (3) 13º salário; (4) férias + 1/3; (5) adicional de trabalho noturno; (6) adicional de trabalho extraordinário (art. 4º, I a III).

A entidade sindical possui como deveres: (a) divulgar amplamente as escalas de trabalho dos avulsos, com a observância do rodízio entre os trabalhadores; (b) proporcionar equilíbrio na distribuição das equipes e funções, visando à remuneração em igualdade de condições de trabalho para todos e a efetiva participação dos trabalhadores não sindicalizados; (c) repassar aos respectivos beneficiários, no prazo máximo de 72 horas úteis, contadas a partir do seu arrecadamento, os valores devidos e pagos pelos tomadores do serviço, relativos à remuneração do trabalhador avulso; (d) exibir para os tomadores da mão de obra avulsa e para as fiscalizações competentes os documentos que comprovem o efetivo pagamento das remunerações devidas aos trabalhadores avulsos; (e) zelar pela observância das normas de segurança, higiene e saúde no trabalho; (f) firmar acordo ou convenção coletiva de trabalho para os fins de regular as condições de trabalho (art. 5º, I a VI).

Se não houver o repasse dos valores aos trabalhadores, haverá a responsabilidade pessoal e solidária dos dirigentes da entidade sindical (art. 5º, § 1º).

A identidade de cadastro para a escalação não será a carteira do sindicato e não assumirá nenhuma outra forma que possa dar ensejo à distinção entre trabalhadores sindicalizados e não sindicalizados para efeito de acesso ao trabalho (art. 5º, § 2º).

O tomador dos serviços possui os seguintes deveres: (a) pagar ao sindicato os valores devidos pelos serviços prestados ou dias trabalhados, acrescidos dos percentuais relativos a repouso remunerado, 13º salário e férias acrescidas de 1/3, para viabilizar o pagamento do trabalhador avulso, bem como os percentuais referentes aos adicionais extraordinários e noturnos; (b) efetuar o pagamento dos valores a serem repassados, no prazo máximo de 72 horas úteis, contadas a partir do encerramento do trabalho requisitado; (c) recolher os valores devidos ao FGTS, acrescido dos percentuais relativos ao 13º salário, férias, encargos fiscais, sociais e previdenciários, observando o prazo legal (art. 6º, I a II).

A liberação das parcelas referentes ao 13º salário e às férias, depositadas nas contas individuais vinculadas, e o recolhimento do FGTS e dos encargos fiscais e previdenciários serão efetuados conforme regulamentação do Poder Executivo (art. 7º).

As empresas tomadoras do trabalho avulso respondem solidariamente: (a) pela efetiva remuneração do trabalho contratado e são responsáveis pelo recolhimento dos encargos fiscais e sociais, bem como das contribuições ou de outras importâncias devidas à Seguridade Social, no limite do uso que fizerem do trabalho avulso intermediado pelo sindicato (art. 8º); (b) pelo fornecimento dos equipamentos de proteção individual e por zelar pelo cumprimento das normas de segurança no trabalho (art. 9º).

QUESTIONÁRIO

1. O que representa o vocábulo avulso?

2. Atualmente, como se apresentam as diversas categorias de trabalhador avulso? Justifique.

3. O trabalhador avulso tem os mesmos direitos que os trabalhadores com vínculo empregatício?

Capítulo XIV
TRABALHADOR TEMPORÁRIO

14.1 INTRODUÇÃO

O trabalho temporário é regulado pela Lei 6.019/74 (com as alterações legislativas trazidas pela Lei 13.429/17) e pelo Regulamento (Decreto 73.841/74, além da Portaria MTE 789/14 e da Instrução Normativa SIT 114/14).

Pela antiga redação do art. 2º, Lei 6.019, trabalho temporário era aquele prestado por pessoa natural a uma empresa, para atender à necessidade transitória de substituição de seu pessoal regular e permanente ou a acréscimo extraordinário de serviços (art. 2º).

Face à nova redação (art. 2º, *caput*), trabalho temporário é o prestado por pessoa física contratada por uma empresa de trabalho temporário que a coloca à disposição de uma empresa tomadora de serviços, para atender à substituição transitória de pessoal permanente ou à demanda complementar de serviços.

Houve a substituição de "acréscimo extraordinário de serviços" por "demanda complementar de serviços". Por essa última expressão, compreenda-se a que seja oriunda de fatores (art. 2º, § 2º, Lei 6.019, redação dada pela Lei 13.429): (a) imprevisíveis (situações empresariais que não podem ser conhecidas de forma prévia); (b) previsíveis (situações empresariais, as quais são passíveis de serem antecipadas dentro do exercício da atividade econômica da empresa tomadora), podendo ser intermitente (hipóteses em que não se tem a continuidade, visto que se tem a sua interrupção, logo, são situações alternadas ou revezadas da necessidade de mão de obra temporária), periódico (situações as quais ocorrem em lapsos de tempo determinados, havendo uma época predeterminada em que será necessária a adoção da mão de obra temporária) ou sazonal (para situações específicas a determinadas épocas do ano, tais como dia dos namorados, natal, carnaval etc.).

A nova redação do art. 2º reflete a IN SIT 114, a qual no art. 2º, §§ 1º a 3º, estabelece os parâmetros de fiscalização do trabalho temporário e as suas hipóteses de contratação.

Pela Lei 13.429, não se pode contratar trabalhadores temporários para a substituição de grevistas (art. 2º, § 1º, Lei 6.019), exceto nas hipóteses legais (arts. 7º, 9º e 11, Lei 7.783/89, Lei de Greve).

14.2 EMPRESA DE TRABALHO TEMPORÁRIO

Face à antiga redação (art. 4º, Lei 6.019), empresa de trabalho temporário era a pessoa natural ou jurídica urbana cuja atividade consistia na colocação à disposição de outras empresas, temporariamente, trabalhadores, devidamente qualificados, por elas remunerados e assistidos.

O trabalho temporário somente era possível em atividades econômicas urbanas (restrição face aos termos do art. 4º, Lei 5.889/73, a qual trata do empregador rural por equiparação, como sendo a pessoa física ou jurídica que, habitualmente, em caráter profissional, e por conta de terceiros, execute serviços de natureza agrária, mediante utilização do trabalho de outrem).

Pela Lei 13.429, empresa de trabalho temporário é a pessoa jurídica, devidamente registrada no Ministério do Trabalho, responsável pela colocação de trabalhadores à disposição de outras empresas temporariamente.

Cotejando-se as duas redações, a partir da Lei 13.429, empresa de trabalho temporário só pode ser pessoa jurídica e cuja atuação pode ocorrer nas relações urbanas e rurais de trabalho, contudo, é a responsável pela qualificação, remuneração e assistência ao trabalhador temporário.

Pela antiga redação do art. 5º, Lei 6.019, o funcionamento da empresa de trabalho temporário dependeria de registro no Departamento Nacional de Mão de Obra do Ministério do Trabalho e Previdência Social. A exigência é mantida em face da atual redação do art. 4º, Lei 6.019, com a redação dada pela Lei 13.429.

Para o funcionamento da empresa de trabalho temporário era exigível (art. 6º, "a" a "f", Lei 6.019): (a) prova de constituição da firma e de nacionalidade brasileira de seus sócios, com o competente registro na Junta Comercial da localidade em que tenha sede; (b) prova de possuir capital social de no mínimo 500 vezes o valor do maior salário mínimo vigente no País; (c) prova de entrega da relação de trabalhadores a que se refere o art. 360 da CLT, bem como apresentação do Certificado de Regularidade de Situação, fornecido pelo Instituto Nacional de Previdência Social; (d) prova de recolhimento da Contribuição Sindical; (e) prova da propriedade do imóvel-sede ou recibo referente ao último mês, relativo ao contrato de locação; (f) prova de inscrição no Cadastro Geral de Contribuintes do Ministério da Fazenda.

Por sua vez, o art. 6º, parágrafo único, também previa que no caso de mudança de sede ou de abertura de filiais, agências ou escritórios, era dispensada a apresentação dos documentos, exigindo-se, no entanto, o encaminhamento prévio ao Departamento Nacional de Mão de Obra de comunicação por escrito, com justificativa e endereço da nova sede ou das unidades operacionais da empresa.

Atualmente, com a nova redação do art. 6º, I a III, Lei 6.019, são exigíveis: (a) prova de inscrição no Cadastro nacional da Pessoa Jurídica (CNPJ) no Ministério da Fazenda; (b) prova do competente registro na Junta Comercial da localidade em que tenha sede; (c) prova de possuir capital social de, no mínimo, R$ 100.000,00.

A empresa de trabalho temporário continua obrigada a fornecer ao Departamento Nacional de Mão de Obra, quando solicitados, os elementos de informação julgados necessários ao estudo do mercado de trabalho (art. 8º). Citado dispositivo foi mantido mesmo diante das alterações trazidas pela Lei 13.429.

14.3 EMPRESA CONTRATANTE NO TRABALHO TEMPORÁRIO

A Lei 13.429 inovou ao conceituar empresa tomadora como a pessoa jurídica ou entidade a ela equiparada que celebra contrato de prestação de trabalho temporário com a empresa prestadora de serviços temporários (art. 5º, Lei 6.019).

Não se exige que o tomador dos serviços temporários seja, necessariamente, uma pessoa jurídica. Pode ser qualquer outra entidade a ela equiparada, logo, é admissível que seja pessoa física, entes sem personalidade jurídica etc. Basta que tenha uma atividade (= empresa) na qual se tenha a necessidade de substituição transitória de pessoal permanente ou demanda complementar de serviços.

14.4 TRABALHADOR TEMPORÁRIO

Pelo art. 16, Decreto 73.841, é considerado trabalhador temporário aquele contratado por empresa de trabalho temporário para prestação de serviço destinado a atender à necessidade transitória de substituição de pessoal regular e permanente ou a acréscimo extraordinário de tarefas de outra empresa.

Adaptando o conceito legal à Lei 13.429, a qual deu nova redação ao art. 2º, *caput*, Lei 6.019, trabalhador temporário é o contratado por empresa de trabalho temporário, para prestação de serviço destinado a atender à necessidade transitória de substituição de pessoal permanente ou à demanda complementar de serviços.

14.5 CONTRATO DE TRABALHO TEMPORÁRIO

Pela redação originária do art. 9º, Lei 6.019, o contrato entre a empresa de trabalho temporário e a empresa tomadora de serviço ou cliente deveria ser obrigatoriamente escrito e constar expressamente o motivo justificador da demanda de trabalho temporário, assim como as modalidades de remuneração da prestação de serviço.

Atualmente, face aos termos da Lei 13.429, o contrato celebrado pela empresa de trabalho temporário e a tomadora de serviços será por escrito, devendo ficar à disposição da autoridade fiscalizadora no estabelecimento da tomadora de serviços. Os seus requisitos são: (a) qualificação das partes; (b) motivo justificador da demanda de trabalho temporário; (c) prazo da prestação de serviços; (d) valor da prestação de serviços; (e) disposição sobre a segurança e a saúde do trabalhador, independentemente do local de realização do trabalho (art. 9º, *caput*, I a V).

Em linhas gerais, não há grandes diferenças entre as duas redações do art. 9º, visto que: (a) o contrato entre as duas empresas é de natureza civil, sendo, necessariamente, por escrito; (b) deve conter o motivo e a duração da contratação da mão de obra temporária; (c) o valor da contratação (= da mão de obra temporária).

O destaque é que a nova disposição exige (art. 9º, V), como cláusula contratual, as disposições quanto à segurança e à saúde do trabalhador. Essa obrigatoriedade vem reforçar a imposição da Lei 13.429, no sentido de que a empresa tomadora tem a responsabilidade de garantia quanto às condições de segurança, higiene e salubridade dos trabalhadores, quando as atividades dos temporários for realizada nas suas dependências ou em local por ela designado (art. 9º, § 1º). O dispositivo realça o dever legal da contratante quanto às normas de medicina e segurança do trabalho, que são institutos basilares do Direito Tutelar do Trabalho. Por corolário, acentua-se a responsabilidade civil da empresa tomadora pelo de acidente de trabalho (ou figuras equiparáveis) de um trabalhador temporário.

A Lei 13.429 mantém duas obrigações da empresa tomadora já previstas na Lei 6.019: (a) seguro contra acidente de trabalho (art. 12, *g*); (b) a empresa tomadora é obrigada a comunicar à empresa de trabalho temporário a ocorrência de todo acidente cuja vítima seja um assalariado à sua disposição, considerando-se local de trabalho, para efeito da legislação específica, tanto aquele onde se efetua a prestação do trabalho quanto a sede da empresa de trabalho temporário (art. 12, § 2º).

Outra inovação da Lei 13.429 está na obrigação da empresa tomadora quanto à extensão aos trabalhadores temporários do atendimento (médico, ambulatorial e de refeição) destinado aos seus empregados existente nas dependências da empresa ou no local por ela designado (art. 9º, § 2º, Lei 6.019).

Antes da Lei 13.419, já havia o consenso de que era lícito a empresa tomadora ou contratante exercer, durante a vigência do contrato firmado com a empresa de trabalho temporário, o poder diretivo sobre o trabalhador colocado à sua disposição, inclusive em tarefas vinculadas à sua atividade-fim (art. 5º, IN SIT 114/14). Atualmente, por disposição expressa inserida ao art. 9º, § 3º, Lei 6.019, o liame obrigacional por escrito entre as duas empresas (tomadora e de trabalho temporário) pode versar sobre o desenvolvimento de atividades-meio e atividades-fim a serem executadas na atividade econômica da contratante.

A adoção do trabalho temporário implica uma relação jurídica triangular porque há um intermediário (empresa de trabalho temporário) entre o trabalhador e o tomador dos seus serviços.

Se não for o caso de fraude (extravasamento dos limites temporais máximos do contrato de trabalho temporário; não observância das hipóteses legais da contratação), não se forma o vínculo de emprego entre o trabalhador temporário e a empresa tomadora (art. 10, *caput*, pela nova redação da Lei 13.429).

O contrato de trabalho celebrado entre a empresa do trabalho temporário e o assalariado colocado à disposição de uma empresa tomadora ou cliente será obrigatoriamente escrito e nele deverão constar, expressamente, os direitos conferidos aos trabalhadores pela Lei 6.019 (art. 11, *caput*) (redação originária). Regra compatível com as alterações da Lei 13.429.

Será nula qualquer cláusula de reserva, proibindo a contratação do trabalhador pela empresa tomadora ou cliente ao fim do prazo em que tenha sido colocado à sua disposição pela empresa de trabalho temporário (art. 11, parágrafo único) (redação originária). Regra compatível com as novas alterações. Contudo, a Lei 13.429 inovou ao fixar que não se aplica ao trabalhador temporário, que venha a ser contratado pela empresa tomadora, após o término do contrato temporário, o contrato de experiência (art. 445, parágrafo único, CLT). Essa regra é coerente, visto que, durante a vigência do liame temporário, a empresa contratante já pode aquilatar as condições pessoais e profissionais do trabalhador. Claro está que essa regra há de ser aplicada caso o trabalhador temporário, como empregado, exerça idênticas tarefas contratuais.

14.6 PRAZO DO CONTRATO DE TRABALHO TEMPORÁRIO

Pela antiga redação do art. 10, Lei 6.019, o contrato entre a empresa de trabalho temporário e a empresa tomadora ou cliente, com relação a um mesmo empregado, não poderia exceder 3 meses, salvo autorização conferida pelo órgão local do Ministério do Trabalho e Emprego).

A solicitação de prorrogação do prazo de vigência do contrato do trabalhador temporário era disciplinada pela Portaria 550/10, do MTE, a qual foi revogada pela Portaria 789/14, do MTE.

A Portaria 789 fixa que:

a) a autorização da prorrogação do contrato de trabalho por mais 3 meses quando: (1) ocorrerem circunstâncias, já conhecidas na data da sua celebração, que justifiquem a contratação de trabalhador temporário por período superior a 3 meses; ou (2) houver motivo que justifique a prorrogação de contrato de trabalho temporário, que exceda o prazo total de 3 meses de duração;

b) observadas as condições estabelecidas na Portaria do MTE, a duração do contrato de trabalho temporário, incluídas as prorrogações, não pode ultrapassar um período total de 9 meses;

c) na hipótese legal de acréscimo extraordinário de serviços, será permitida prorrogação do contrato de trabalho temporário por até 3 meses além do prazo previsto no art. 10 da Lei 6.019 (antiga redação), desde que perdure o motivo justificador da contratação;

d) a empresa de trabalho temporário deverá solicitar as autorizações previstas na Portaria por meio da página eletrônica do MTE, conforme instruções previstas no Sistema de Registro de Empresa de Trabalho Temporário (SIRETT), disponível no endereço eletrônico (www.mte.gov.br);

e) quando se tratar de celebração de contrato de trabalho temporário com prazo superior a 3 meses, a solicitação de autorização deve ser feita com antecedência mínima de 5 dias de seu início;

f) quando se tratar de prorrogação de contrato de trabalho temporário, a solicitação de autorização deve ser feita até 5 dias antes do termo final inicialmente previsto;

g) independe de autorização do órgão regional do MTE, a prorrogação de contrato de trabalho temporário, quando, somada à duração inicial do contrato, este não deve exceder a 3 meses;

h) o requerimento das autorizações será analisado pela Seção de Relações do Trabalho (SERET) da Superintendência Regional do Trabalho e Emprego do Estado da Federação onde o trabalhador temporário prestará seus serviços;

i) as empresas de trabalho temporário deverão informar, até o dia 7 de cada mês, os dados relativos aos contratos de trabalho temporário celebrados no mês anterior. As informações serão prestadas no SIRETT, por meio de preenchimento do formulário eletrônico ou pela transmissão de arquivo digital com formato padronizado, observando as formalidades previstas na Portaria 789.

O art. 10, Lei 6.019, sofreu alterações. Destacam-se:

a) o contrato de trabalho temporário não poderá exceder ao prazo de 180 dias, consecutivos ou não. O caráter consecutivo não tem a ver com a contagem efetiva de 180 dias efetivamente trabalhados, visto que o contrato de trabalho temporário pode fixar a duração dos serviços em alguns dias na semana. O prazo de 180 dias deve compreender o termo inicial e o termo final previamente estabelecidos quando da contratação do trabalhador temporário (art. 10, § 1º). Feitas tais observações, a diferença está no fato de que a antiga redação previa o período máximo de 3 meses, o qual somente poderia ser prorrogado mediante autorização específica do Ministério do Trabalho, desde que não excedesse o prazo máximo de 9 meses;

b) o contrato de trabalho temporário poderá ser prorrogado por 90 dias, consecutivos ou não, quando comprovada a manutenção das condições que o ensejaram. O caráter consecutivo da prorrogação não tem a ver com a contagem de 90 dias efetivamente trabalhados, visto que o contrato de trabalho temporário pode fixar a duração dos serviços em alguns dias na semana. O prazo de 90 dias deve compreender o termo inicial e o termo final da prorrogação previamente estabelecidos quando da contratação do trabalhador temporário (art. 10, § 2º). Isso significa que o período máximo do contrato de trabalho temporário é de até 270 dias (consecutivos ou não). Contudo, é imperioso ressaltar que, por exemplo, se a duração inicial for de 120 dias (consecutivos ou não), com uma prorrogação de 90 dias (consecutivos ou não), nessa hipótese, a duração máxima será de 210 dias (120 dias + 90 dias, consecutivos ou não). Feitas tais observações, desde que mantidas as condições originárias da contratação originária, não se exige mais a autorização específica da autoridade local do Ministério do Trabalho;

c) não é possível o encadeamento sucessivo de vários contratos de trabalho temporário, visto que cumprido o período máximo estipulado de 270 dias, consecutivos ou não (180 dias + 90 dias), o trabalhador temporário somente poderá ser colocado à disposição da mesma tomadora, em novo contrato temporário, após o decurso de 90 dias do término do contrato anterior (art. 10, § 5º). Contudo, é imperioso ressaltar que, por exemplo, se a duração inicial tiver sido de 120 dias (consecutivos ou não, com uma prorrogação de 90 dias (consecutivos ou não), a duração máxima contratual será de 210 dias (120 + 90 dias, consecutivos ou não). Mesmo com o prazo inferior a 270 dias (consecutivos ou não), deverá ser dado um prazo linear de 90 dias, para que o trabalhador temporário possa ser contratado pela empresa contratante. Caso a regra do art. 10, § 3º, Lei 6.019, seja violada, será formado o vínculo de emprego diretamente com a empresa tomadora (= contratante) (art. 10, § 6º).

A empresa tomadora é responsável pelos débitos trabalhistas dos trabalhadores temporários, sendo que a sua responsabilidade é subsidiária (art. 10, § 7º, com a redação dada pela Lei 13.429). Essa disposição já vinha sendo consagrada ante a aplicação da Súmula 331, IV, TST.

Por fim, o art. 16, Lei 6.019, mantém a sua redação originária, dispondo que, no caso de falência da empresa de trabalho temporário, a contratante é responsável solidária pelo recolhimento das contribuições previdenciárias, da remuneração e indenização do período em que o trabalhador esteve à sua disposição.

14.7 DIREITOS DO TRABALHADOR TEMPORÁRIO

A Lei 13.429 não alterou os direitos previstos na Lei 6.019/74 e o seu Regulamento (Decreto 73.841) para o trabalhador temporário. Destacam-se:

a) ficam assegurados ao trabalhador temporário os seguintes direitos: (1) remuneração equivalente à percebida pelos empregados de mesma categoria da empresa tomadora ou cliente calculado à base horária, garantida, em qualquer hipótese, a percepção do salário mínimo regional; (2) jornada de oito horas, remuneradas as horas extraordinárias não excedentes de duas com acréscimo de 50%; (3) férias proporcionais e abono; (4) repouso semanal remunerado, de preferência aos domingos; (5) adicional por trabalho noturno; (6) Fundo de Garantia do Tempo de Serviço (art. 15, Lei 8.036/90; ante a regra do FGTS, entendemos que não é cabível ao trabalhador temporário a indenização por dispensa sem justa causa ou término normal do contrato, correspondente a 1/12 do pagamento recebido – art. 12, *f*, Lei 6.019); (7) seguro contra acidente de trabalho; (8) proteção previdenciária (art. 12, Lei 6.019/74); (9) décimo-terceiro salário (art. 1º, Lei 4.090/62);

b) de acordo com o Decreto 73.841, a duração normal do trabalho, para os trabalhadores temporários, é de, no máximo, 8 horas diárias, salvo disposições legais específicas concernentes a peculiaridades profissionais. A duração normal do trabalho pode ser acrescida de horas suplementares, em número não excedente a 2 horas, mediante acordo escrito entre a empresa de trabalho temporário e o trabalhador temporário, e a remuneração dessas horas acrescida de, pelo menos, 50% em relação ao salário-hora normal (art. 18);

c) o trabalho noturno terá remuneração superior a 20%, pelo menos, em relação ao diurno, considerando-se trabalho noturno o executado entre às 22 horas de um dia às 5 horas do dia seguinte (art. 19, Decreto 73.841);

d) será registrada na CTPS do trabalhador sua condição de temporário (art. 12, § 1º, Lei 6.019);

e) a empresa tomadora ou cliente é obrigada a comunicar à empresa de trabalho temporário a ocorrência de todo acidente cuja vítima seja um assalariado posto à sua disposição, considerando-se local de trabalho, para efeito da legislação específica, tanto aquele onde se efetua a prestação do trabalho quanto o da sede da empresa de trabalho temporário (art. 12, § 2º);

f) constituem justa causa para rescisão do contrato do trabalhador temporário os atos e circunstâncias mencionados nos arts. 482 e 483 da CLT, ocorrentes entre o trabalhador e a empresa de trabalho temporário ou entre aquele e a empresa cliente onde estiver prestando serviço (art. 13);

g) em 2012, o TST acresceu à Súmula 378 o tópico III: *"O empregado submetido a contrato de trabalho por tempo determinado goza da garantia provisória de emprego, decorrente de acidente de trabalho"*. Como o contrato de trabalho temporário é por prazo determinado, ante a inteligência do tópico III da Súmula nº 378, o trabalhador temporário tem direito à estabilidade do art. 118 da Lei 8.213/91. O TST reformulou a redação do tópico III da Súmula 44 para conferir à empregada gestante, admitida por contrato de experiência, a estabilidade prevista no art. 10, II, *b*, do ADCT. A valorização da proteção ao nascituro se sobrepõe à predeterminação contratual, portanto, à trabalhadora temporária grávida há de ser deferida a estabilidade. Contudo, em recente julgado, o TST entendeu que a nova redação da Súmula 244, II, não é aplicável à trabalhadora temporária;[1]

h) quanto à indenização do art. 479, CLT, na jurisprudência do TST, há entendimento de que a verba não é devida ao trabalhador temporário (TST – SDI-I – E-RR 1342-91.2010.5.02.0203 – Rel. Min. Renato de Lacerda Paiva – *DEJT* 14/8/2015);

i) *o art. 16, Lei 6.019, mantém a sua redação originária, dispondo que, no caso de falência da empresa de trabalho temporário, a contratante é responsável solidária pelo recolhimento das contribuições previdenciárias, da remuneração e indenização do período em que o trabalhador esteve à sua disposição.*

---

[1] TST – 1ª T. – RR 1143-41.2014.5.02.0070 – Min. Hugo Carlos Scheuermann – *DEJT* 20/5/2016.

Como dito nos tópicos anteriores, a Lei 13.429 trouxe outras vantagens para o trabalhador temporário:

a) o art. 9º, V, exige, como cláusula contratual, as disposições quanto à segurança e à saúde do trabalhador. Essa obrigatoriedade vem reforçar a imposição da Lei 13.429, no sentido de que a empresa tomadora tem a responsabilidade de garantia quanto às condições de segurança, higiene e salubridade dos trabalhadores, quando as atividades dos temporários for realizada nas suas dependências ou em local por ela designado (art. 9º, § 1º). O dispositivo realça o dever legal da contratante quanto às normas de medicina e segurança do trabalho, que são institutos basilares do Direito Tutelar do Trabalho. Por corolário, acentua-se a responsabilidade civil da empresa tomadora pelo acidente de trabalho (ou figuras equiparáveis) de um trabalhador temporário;

b) a obrigação da empresa tomadora quanto à extensão aos trabalhadores temporários do atendimento (médico, ambulatorial e de refeição) destinado aos seus empregados, existente nas dependências da empresa ou no local por ela designado (art. 9º, § 2º, Lei 6.019);

c) *a empresa tomadora é responsável pelos débitos trabalhistas dos trabalhadores temporários, sendo que a sua responsabilidade é subsidiária (art. 10, § 7º, com a redação dada pela Lei 13.429). Essa disposição já vinha sendo consagrada ante a aplicação da Súmula 331, IV, TST.*

QUESTIONÁRIO

1. O que é trabalho temporário?

2. Explique o que representa a empresa de trabalho temporário.

3. Explique o que representa a figura do trabalhador temporário.

4. O contrato de trabalho temporário deve ser por escrito? Justifique.

5. É possível o trabalho temporário na área rural? Justifique.

6. Quais são os direitos do trabalhador temporário? Justifique.

Capítulo XV
TRABALHO RURAL

15.1 SISTEMA JURÍDICO

Atualmente, as fontes formais do direito do trabalho rural são: a CF/88, a qual identificou os direitos dos trabalhadores urbanos e rurais, além da Lei 5.889, de 8/7/1973 e o seu Regulamento[1] – Decreto 73.626, de 12/2/1974, e o disposto na CLT, no que não colidir com os dispositivos da Lei 5.889[2] (art. 1º, *caput*).

O marco legal, quanto à regulação formal do trabalho rural, foi a Lei 4.214, de 2/3/1963, também conhecida por Estatuto do Trabalhador Rural e que foi revogada pela Lei 5.889.

Anteriormente, o que era aplicável ao trabalho rural, eram as normas de natureza contratual previstas no Código Civil atinentes aos contratos de locação de prédio rústico (arts. 1.211 a 1.215, CC/1916) e de parceria (arts. 1.410 a 1.423, CC/1916) e dispositivos esparsos do texto consolidado.[3]

15.2 TRABALHO RURAL E AS ATIVIDADES INDUSTRIAIS

Trabalho rural compreende prestação de serviço entrelaçada com as atividades econômicas vinculadas à cultura agrícola e a pecuária.

---

[1] O Decreto 73.626, no art. 4º, esclarece quais são os artigos da CLT que são aplicáveis ao trabalho rural.

[2] "Encontram-se em vigor, prevendo a matéria, a Lei nº 5.889, de 8.6.1973 e seu regulamento, o Decreto nº 73.626, de 12.2.1974. Subsidiariamente, deverão ser aplicadas as normas da Consolidação das Leis do Trabalho (CLT), naquilo em que não colidirem com os supramencionados Lei e Decreto" (ALVARENGA, Octavio Mello. *Política e direito agroambiental*. Rio de Janeiro: Forense, 2. ed., 1995. p. 142).

[3] "Antes mesmo do advento do Estatuto do Trabalhador Rural não estavam os trabalhadores rurais totalmente excluídos do campo de aplicação do Direito do Trabalho. A eles se estendiam as disposições da Consolidação relativas ao salário mínimo (art. 76); às férias (art. 129, parágrafo único); ao aviso prévio e às normas gerais sobre o contrato de trabalho (art. 505). A aplicação do art. 76 importava, implicitamente, reconhecer-lhes o legislador o limite de 8 horas para a jornada de trabalho ('dia normal de trabalho'). Tinham, ainda, os rurais o direito ao repouso semanal remunerado e à remuneração dos domingos e feriados (Lei nº 605, de 5.1.49)" (SÜSSEKIND, Arnaldo; MARANHÃO, Délio; VIANNA, Segadas; TEIXEIRA FILHO, João de Lima. *Instituições de direito do trabalho*. 19. ed., v. 1, p. 188).

Pelo texto consolidado, trabalhador rural é quem exerce funções diretamente ligadas à agricultura e à pecuária não englobando atividades que, pelos métodos de execução dos respectivos trabalhos ou pela finalidade de suas operações, se classifiquem como industriais ou comerciais (art. 7º, *b*). A rigor, o legislador consolidado não considera como trabalho rural o que envolva atividades relacionadas com a indústria e com o comércio.

Por decorrência direta do art. 7º e a sua alínea *b*, havia duas interpretações para se enquadrar o trabalho como rural.

A primeira vincula o trabalho à atividade executada pelo trabalhador. Por exemplo: trabalhador rural é o que labora no plantio da cana-de-açúcar, enquanto seria urbano quem labuta na industrialização da cana (usina de álcool).

A segunda relaciona o trabalho à empresa, não estabelecendo, assim, qualquer diferença pelas atividades executadas pelos trabalhadores para o mesmo empregador. O enquadramento deveria observar a atividade econômica preponderante do empregador.

Esta interpretação foi corporificada na Súmula 196 do STF: *"Ainda que exerça atividade rural, o empregado de empresa industrial ou comercial é classificado de acordo com a categoria do empregador."*

Alice Monteiro de Barros ensina que o escopo desta súmula foi de integrar o trabalhador rural ao sistema previdenciário.

A Súmula 57 do TST, editada em 24/10/1974, preconizava que os trabalhadores agrícolas das usinas de açúcar integravam a categoria profissional dos industriários, beneficiando-se, assim, dos aumentos normativos obtidos pela referida categoria. A Súmula foi cancelada pela Resolução 3 do TST, de 6/5/1993.

Mauricio Godinho Delgado[4] afirma que o antigo Estatuto do Trabalhador Rural e a atual Lei 5.889 não mais adotam o critério da atividade executada pelo empregado, e sim o segmento da atividade desenvolvida pelo empregador: *"Desse modo, sendo rural a empresa, rurícolas serão seus empregados que laborem no campo, ainda que não exercendo atividades tipicamente rurais; não sendo rurícola a empresa, também não serão tidos como trabalhadores do campo seus empregados. Nesta linha há, inclusive, a Súmula 196, do TST."*

No mesmo sentido, Sergio Pinto Martins[5] explica: *"A definição da CLT tem conteúdo finalístico. Se o empregado trabalhava em atividade agrícola, era trabalhador rural. Se prestava serviços em atividade industrial ou comercial, era empregado urbano. Caso o trabalhador trabalhasse numa empresa agrícola, mas não em atividade rural, não seria empregado rural, como o office boy da fazenda.*

Com a vigência da Lei nº 5.889/73, pode-se considerar revogada a definição contida na alínea b do artigo 7º da CLT. Empregado rural é a pessoa física que presta serviços a empregador rural. Este é a pessoa que explora atividade agroeconômica. Esta é a distinção principal entre o empregado urbano e o rural. Não é apenas a pessoa diretamente ligada à agricultura e à pecuária que é empregado rural, pois o datilógrafo da fazenda também é

---

[4] DELGADO, Mauricio Godinho. *Curso de direito do trabalho*, 9. ed., p. 373.
[5] MARTINS, Sergio Pinto. *Comentários à CLT*. 15. ed., p. 14.

empregado rural. São empregados rurais tanto os que trabalham na agricultura ou pecuária como outros trabalhadores que prestam serviço na fazenda, desde que o produto das atividades desta não se destine exclusivamente ao consumo de seus proprietários."

Como exceção jurisprudencial ao critério da atividade econômica desenvolvida pelo empregador, temos dois verbetes:

a) o empregado que trabalha em empresa de reflorestamento, cuja atividade está diretamente ligada ao manuseio da terra e de matéria-prima, é rurícola e não industriário (art. 2º, § 4º, Decreto 73.626), sendo que não importa que o fruto de seu trabalho[6] seja destinado à indústria. Assim, aplica-se a prescrição própria dos rurícolas aos direitos desses empregados (OJ 38, SDI-I);

b) é considerado trabalhador rural o motorista que trabalha no âmbito e empresa cuja atividade é preponderantemente rural, considerando que, de modo geral, não enfrenta o trânsito das estradas e cidades (OJ 315, SDI-I, cancelada em 27/9/2015).

Para Mauricio Godinho Delgado,[7] a ordem jurídico-trabalhista tem fixado que a atividade industrial pelo empregador rural não elide a configuração do trabalhador como rural visto que o: *"[...] Direito do Trabalho mantém como rurícola o empregador no campo que realize também processo de industrialização em seu estabelecimento. O essencial é que sua atividade seja agroeconômica, ainda que se valha, no conjunto de seu empreendimento, de instalações e métodos industriais (ou, até mesmo, de instalações e métodos comerciais). Noutras palavras, a exploração comercial (e também comercial, é claro) realizada dentro do estabelecimento agroeconômico rege-se, para fins justrabalhistas, de maneira geral, pelo manto jurídico rurícola, nos moldes estipulados pela Lei de Trabalho Rural (art. 3º, caput e § 1º, Lei 5.889/73)".*

Apesar da tendência da inclusão da exploração industrial como atividade econômica rural, há situações em que a empresa possui inúmeras e complexas atividades econômicas atreladas à industrialização de produtos na área rural, havendo, assim, dificuldades para a configuração como empregador rural ou urbano.

Diante das dificuldades concretas, Mauricio Godinho Delgado[8] ensina que o operador de direito deverá adotar vários critérios na análise do caso concreto: *"Tais dificuldades práticas recomendam o uso, pelo profissional do Direito, de instrumental metodológico já consagrado, avaliador das circunstâncias envolvidas no caso concreto, em auxílio à sua operação de subsunção do fato ao modelo jurídico previsto pela Lei nº 5.889/73. Por exemplo,*

---

[6] "A jurisprudência tem estabelecido uma exceção em vista desse critério geral: é a que envolve empresas de florestamento e reflorestamento. Embora tais entidades sejam enquadradas, jurídica e administrativamente, como empresas públicas, serão tidos como rurícolas seus empregados que exerçam, no campo, atividades tipicamente rurais. Nesta linha, a OJ nº 38, SDI-I/TST" (DELGADO, Mauricio Godinho. Ob. cit., p. 373).

[7] DELGADO, Mauricio Godinho. Ob. cit., p. 375.

[8] DELGADO, Mauricio Godinho. Ob. cit., p. 376.

o critério enfatizador da localização do estabelecimento (imóvel rural ou prédio rústico, em contraponto a imóvel nitidamente urbano); a seu lado, o critério que afere a intensidade ou preponderância da atividade (agroeconômica versus industrial/comercial); também o critério aferidor da principalidade em contraponto à acessoriedade da dinâmica examinada; até mesmo o critério que examina o caráter do procedimento industrial/comercial utilizado pelo estabelecimento, mantendo como agroeconômico certo tipo de operação rudimentar, rústica, que não agregue, de modo significativo, a sofisticação tecnológica da indústria ou do comércio (sem prejuízo de operações industriais ou comerciais sofisticadas também se enquadrem no conjunto agroeconômico, em virtude da presença dos demais elementos conducentes a tal enquadramento)."

O legislador considera como exploração industrial em estabelecimento agrário as atividades que compreendem o primeiro tratamento dos produtos agrários *in natura* sem transformá-los em sua natureza, tais como: (a) o beneficiamento, a primeira modificação e o preparo dos produtos agropecuários e hortigranjeiros e das matérias-primas de origem animal ou vegetal para posterior venda ou industrialização; (b) o aproveitamento dos subprodutos oriundos das operações de preparo e modificação dos produtos *in natura*, referidos no item anterior (art. 2º, § 4º, I e II, Decreto 73.626).

Não será considerada indústria rural aquela que, operando a primeira transformação do produto agrário, altere a sua natureza, retirando-lhe a condição de matéria-prima (art. 2º, § 5º).

Pela análise dos §§ 2º a 5º do art. 2º do Decreto 73.626, concluímos que na visão do legislador que na atividade desenvolvida no processo de industrialização, inexistindo a transformação da matéria-prima, o trabalho prestado é disciplinado pela legislação aplicável ao rural.

Mauricio Godinho Delgado[9] afirma que o disposto no Decreto 73.626 é inconstitucional quanto ao enquadramento jurídico da atividade industrial na área industrial, visto que a norma *"tem o grave defeito de fracionar o enquadramento do empregador agroeconômico, fazendo conviver no mesmo estabelecimento dois grandes segmentos jurídicos, o rurícola e o industrial (além do comercial, se for o caso)".*

Para Carlos Henrique da Silva Zangrando[10] é de se acatar a posição do regulamento: *"Já o empregado de indústria rural poderá ou não possuir o* status *de empregado rural. Se a indústria rural, ao operar a transformação do produto agrário, lhe alterar a natureza, retirando-lhe a condição de matéria-prima, então estaremos frente a uma atividade industrial comum, e seus empregados serão regulamentados pelo regime geral da CLT (Dec. n. 73.626/74, art. 2º, § 4º). Por essa razão, a grande indústria açucareira não é considerada 'indústria rural', e sim indústria comum, pois altera a natureza da matéria-prima (cana-de-açúcar), para produzir coisa nova (o açúcar e o álcool)."*

---

[9] DELGADO, Mauricio Godinho. Ob. cit., p. 377.
[10] ZANGRANDO, Carlos Henrique da Silva. *Curso de direito do trabalho*. t. II, p. 479.

Para o TST, considera-se rurícola empregado que, a despeito da atividade exercida, presta serviços a empregador agroindustrial (art. 3º, § 1º, Lei 5.889/73), visto que, neste caso, é a atividade preponderante da empresa que determina o enquadramento (OJ 419, SDI-I, cancelada em 27/9/2015).

A Lei 13.171/2015 incluiu ao art. 3º, § 1º, da Lei 5.889/73, como fator de caracterização de trabalho rural, a exploração do turismo rural como forma de auxílio à exploração agroeconômica.

Para o STJ, os empregados que laboram no cultivo da cana-de-açúcar para empresa agroindustrial ligada ao setor sucroalcooleiro detêm a qualidade de rurícola, ensejando a isenção do FGTS desde a edição da LC 11/71 até a promulgação da CF/88 (Súm. 578).

15.3 TIPOLOGIA: TRABALHADORES

Valentin Carrion ensina que a proteção legal da Lei 5.889 é aplicável para quatro categorias de trabalhadores (empregado rural; trabalhador eventual rural; safrista; os que prestam serviços sob denominações vindas do Direito Civil – meação, parceria, arrendamento etc., porém subordinados).[11]

Como esclarece Octavio Mello Alvarenga,[12] encontram-se excluídos da proteção da Lei 5.889, por não serem empregados rurais, os seguintes trabalhadores: *"(a) empregados de propriedades rurais sem finalidade econômica (como sítios de veraneio); (b) membros da família de pequeno proprietário; (c) empregados domésticos, prestando serviços no âmbito residencial; (d) parceiros; (e) arrendatários; (f) trabalhadores eventuais, inclusive os denominados 'boias-frias'; (g) empregados em usinas de açúcar".*

Por outro lado, é comum no campo haver contratos mistos, porque nada impede que a relação jurídica de emprego rural coexista no plano do direito com outras relações jurídicas, principalmente com a parceria. É o caso do trabalhador que recebe uma área de terra ou parte da mesma propriedade para explorar, por conta própria, em parceria, trabalhando na outra área remanescente com relação de emprego.

Convém ser dito que o fato de haver diversos tipos de trabalhadores rurais, não significa, necessariamente, que a ele sejam aplicados os direitos previstos para o empregado rural. Nosso objetivo é fazer a análise dos aspectos envolvendo o empregado rural.

15.3.1 Empregado rural

Empregado rural é toda pessoa natural que, em propriedade rural ou prédio rústico, presta serviços de natureza não eventual a empregador rural, sob a dependência deste e mediante salário (art. 2º, Lei 5.889).

---

[11] CARRION, Valentin. *Comentários à Consolidação das Leis do Trabalho*. 34. ed., p. 51.
[12] ALVARENGA, Octavio Mello. Ob. cit., p. 144.

Assim, são comuns para o empregado rural[13] (art. 2º, CLT) quanto para o urbano[14] (art. 3º, CLT), os seguintes elementos: pessoa natural, pessoalidade, serviço não eventual (habitualidade), subordinação e salário (onerosidade).

O ponto diferenciador da definição legal de empregado urbano e rural, é que o segundo labora em imóvel rural (propriedade rural) ou prédio rústico e que os serviços são prestados a um empregador rural.

Prédio rústico é o localizado na área urbana, contudo, como nele se tem a exploração de atividade agropastoril, os trabalhadores que lá labutam são considerados como rurais.[15]

Em princípio, imóvel rural é o que está ligado com a terra. Pelo vocábulo podíamos compreender as atividades ligadas à exploração da terra, tais como: agricultura, pecuária etc.

Atualmente, para se definir a atividade do empregador rural, utiliza-se o termo agrário. Por atividade agroeconômica entendem-se as atividades (agrícola, pastoril ou pecuária), que não se destina, exclusivamente, ao consumo de seus proprietários.

Podemos, então, estabelecer como empregado rural não só aquele que esteja ligado com a terra pelo seu trabalho, como também aquele que, mesmo não trabalhando em funções típicas da lavoura ou da pecuária, tem seus serviços direcionados para a finalidade da empresa. Logo, são rurais: os motoristas, apontadores, fiscais, administradores, tratoristas, pedreiros e outros cujos serviços convergem para a atividade agroeconômica.

Quanto ao fator da localização do imóvel rural, o legislador não está a exigir a área fora dos perímetros urbanos, e sim a própria destinação do estabelecimento onde o trabalho é executado.

---

[13] Octavio Mello Alvarenga indica para o conceito legal de empregado rural a existência dos seguintes elementos: "a) dependência – subordinação a ordens, conforme basicamente estabelece a legislação do trabalho; (b) exercício de trabalho permanente, caso em que se distingue do trabalhador eventual, avulso ou volante, contratado para determinadas tarefas [...]; (c) salário – que poderá ser pago em dinheiro, ou parte *in natura* [...]. Tais características (dependência, trabalho permanente e salário) deverão acoplar-se, necessariamente, a outra condição essencial: de que o serviço seja prestado a pessoa física ou jurídica que explore atividades agrícolas, pastoris ou na indústria rural. Numa palavra: a uma empresa agrária. A natureza da empresa é que caracterizará a vinculação do empregado – e não a função por ele exercida" (Ob. cit., p. 143).

[14] Empregado é a pessoa natural que presta serviços de natureza não eventual a empregador, sob a dependência deste e mediante salário (art. 3º, *caput*, CLT).

[15] "Já o prédio rústico é conceito utilizado pela ordem jurídica para permitir o enquadramento como rurícola daqueles trabalhadores que efetivamente exercem atividade agropastoril, para empregadores economicamente atados a tais atividades campestres, porém situados em localidades que, por exceção, ficam incrustadas no espaço urbano. Trata-se, pois, do imóvel geograficamente classificado como urbano, porém envolvido, do ponto de vista econômico e laborativo, com atividades nitidamente agropastoris. Como bem exposto pelo jurista Márcio Túlio Viana, neste conceito '[...] o que importa mesmo é a natureza da atividade empresarial. Assim, será rurícola o lavrador que cultiva uma horta em pleno centro de São Paulo" (DELGADO, Mauricio Godinho. Ob. cit., p. 374).

Nesse sentido, João Batista de Albuquerque[16] leciona: *"Alertam os estudiosos da matéria que, quando a lei fala em propriedade rural, não está a exigir área fora dos perímetros urbanos, mas à destinação do estabelecimento onde o trabalho é executado. Do mesmo modo que prédio rústico não significa rude, grosseiro, tosco, mas apenas prédio do campo, rural, campestre* (rus, ruris = *campo)."*

No mesmo sentido, Valdemar P. da Luz[17] indica: *"Questão que por um longo período mostrou-se controvertida é a que pertine ao critério a ser utilizado para o fim de caracterizar uma propriedade rural: o critério da localização ou o da destinação?*

Inicialmente pode-se afirmar que, até o advento do Estatuto da Terra (Lei nº 4.504/64), o critério usado para caracterizar o imóvel rural era o da localização, tido também por critério geográfico, segundo o qual todo imóvel situado fora do perímetro urbano era considerado imóvel rural.

Todavia, com a entrada em vigor do Estatuto da Terra, em 30 de novembro de 1964, passou-se a adotar, para bem caracterizar o imóvel rural, o critério da destinação, ex vi do art. 4º, I, mediante a expressão '[...] qualquer que seja a sua localização, que se destine à exploração extrativa agrícola[...]'

Ao depois, a Lei nº 8.629, de 25-12093, praticamente repetiu a redação do art. 4º[...] ao consignar, no também art. 4º, o seguinte: 'Art. 4º. Para os efeitos desta lei, conceituam-se: I – Imóvel rural – o prédio rústico de área contínua, qualquer que seja sua localização, que se destine ou possa se destinar à exploração agrícola, pecuária, extrativa vegetal, florestal ou agroindustrial'.

Assim é que, consoante proclama a referida norma, entende-se por imóvel rural o prédio rústico que, independentemente de sua localização, se destine, ou possa destinar-se, à exploração agrícola, pecuária, extrativa vegetal, florestal ou agroindustrial. Em consequência, a lei admite a existência de imóvel rural não só na zona rural mas também dentro do próprio perímetro urbano, desde que mantida a destinação preconizada na norma."

15.3.2 Parceria

De acordo com o art. 96, § 1º, da Lei 4.504/64 (Estatuto da Terra) e art. 4º, do Decreto 59.566/66 (Regulamento do Estatuto da Terra), parceria rural é o contrato agrário pelo qual uma pessoa se obriga a ceder à outra, por tempo determinado ou não, o uso específico de imóvel rural, de parte ou partes dele, incluindo, ou não, benfeitorias, outros bens e/ou facilidades, com o objetivo de nele ser exercida atividade de exploração agrícola, pecuária, agroindustrial, extrativa vegetal ou mista; e/ou lhe entrega animais para cria, recria, invernagem, engorda ou extração de matérias-primas de origem animal, mediante partilha, isolada ou cumulativamente, dos seguintes riscos: (a) caso fortuito e de força maior do empreendimento rural; (b) dos frutos, produtos ou lucros havidos nas

---

[16] ALBUQUERQUE, João Batista de. *O empregador e o empregado rural*, p. 22.
[17] LUZ, Valdemar P. *Curso de direito agrário*. 2. ed., p. 22.

proporções que estipularem, observados os limites percentuais legais (art. 96, VI); (c) variações de preço dos frutos obtidos na exploração do empreendimento rural.

Os princípios obrigatórios do contrato de parceria são previstos nos incisos I a IX do art. 96.

Convém ser dito que os parceiros podem estabelecer a prefixação, em quantidade ou volume, do montante da participação do proprietário, desde que, ao final do contrato, seja realizado o ajustamento do percentual pertencente ao proprietário, de acordo com a produção (art. 96, § 2º).

Saliente-se, ainda, que eventual adiantamento do montante prefixado não descaracteriza o contrato de parceria (art. 96, § 3º).

Maria Helena Diniz[18] ensina que os elementos característicos do contrato de parceria são: (a) presença do parceiro-outorgante (cedente, proprietário ou não que entrega dos bens) e do parceiro-outorgado (pessoa ou o conjunto familiar que recebe os bens de acordo com o tipo da parceria; (b) bilateral, oneroso, consensual, aleatório, *intuitu personae* e temporário; (c) partilha de riscos no caso fortuito e na força maior; (d) participação do parceiro-outorgante nos frutos, produtos ou lucros havidos que dependerá de sua maior ou menor parcela de responsabilidade na exploração.

A parceria é distinta do arrendamento: *"Na parceria rural ocorre a partilha de vantagens (produtos, frutos ou lucro), bem como de riscos de caso fortuito e de força maior. Já no arrendamento rural efetiva-se o pagamento do aluguel, pouco importando o sucesso ou a desfortuna do arrendatário."*[19]

Os tipos legais da parceria são: (a) agrícola, quando o objeto da cessão for o uso de imóvel rural, de parte ou partes do mesmo, com o objetivo de nele ser exercida a atividade[20] de produção vegetal; (b) pecuária, quando o objeto da cessão forem animais para cria, recria, invernagem ou engorda; (c) agroindustrial, quando o objeto da cessão for o uso do imóvel rural, de parte ou partes do mesmo, e ou maquinaria e implementos com o objetivo de ser exercida atividade[21] de transformação de produto agrícola-pecuário

---

[18] DINIZ, Maria Helena. *Tratado teórico e prático dos contratos*. 3. ed. São Paulo: Saraiva, 1999. v. 2, p. 506-507.

[19] FERREIRA, Luiz Pinto. *Curso de direito agrário*. 5. ed. São Paulo: Saraiva, 2002. p. 232.

[20] "Há, tão somente, produção vegetal e repartição do produto vegetal. Essa atividade de produção visa obter gêneros vegetais consumidos pelo homem, não incluindo a formação de pastagens e forrageiras, plantios de árvores para o corte e beneficiamento de madeiras, e a exploração de plantas nativas. Uma pessoa cede, portanto, a outra prédio rústico para ser cultivado de acordo com as condições do solo. O parceiro-outorgado terá de explorar a terra conforme a destinação prevista no contrato" (DINIZ, Maria Helena. Ob. cit., p. 509).

[21] "Transformam-se os produtos cultivados em novos produtos. Sua finalidade seria a produção agrícola, pecuária ou florestal ou a exploração de bens vitais e sua transformação para venda. É próprio da atividade agrária 'criar' algo, trabalhando na própria natureza para dela retirar matéria-prima de que necessita para transformá-la, fazendo-a circular e oferecendo-a ao mercado. Na parceria agroindustrial há uma cessão de uso do imóvel rural ou de maquinaria e implementos, para nele produzir ou dele explorar os bens vitais, com o único escopo de transformar o produto obtido

ou florestal; (d) extrativa, quando o objeto da cessão for o uso de imóvel rural, de parte ou partes do mesmo, e ou animais de qualquer espécie com o objetivo de ser exercida atividade[22] extrativa de produto agrícola, animal ou florestal; (e) mista, quando o objeto da cessão abranger mais de uma das modalidades de parceria (agrícola; pecuária; agroindustrial e extrativa) (art. 5º, I a V, do Decreto 59.566).

A previsão contratual de pagamento do trabalhador, parte em dinheiro e parte em percentual na lavoura cultivada ou em gado tratado, é considerada simples locação de serviço, regulada pela legislação trabalhista, sempre que a direção dos trabalhos seja de inteira e exclusiva responsabilidade do proprietário, locatário do serviço a quem cabe todo o risco, assegurando-se ao locador, pelo menos, a percepção do salário mínimo no cômputo das duas parcelas (art. 96, § 4º).

O art. 96, § 4º, dispõe a respeito da falsa parceria, a qual deve ser tratada como se fosse contrato de emprego rural. A doutrina indica: *"A falsa parceria como um contrato de trabalho rural distingue-se nitidamente da autêntica parceria. Aldon Taglialegna salienta a situação dos hipossuficientes na zona rural: falso parceiro, tarefeiro, colono, agregado, empreiteiro etc. A tendência é enquadrar como mero trabalhador rural todo parceiro, exceto o titular de parceria economicamente expressiva. Em muitos países se assemelham tais trabalhadores agrícolas aos trabalhadores subordinados, não somente em face do direito individual como perante o direito coletivo do trabalho. Fernando Pereira Sodero assim se expressa: 'Falsa parceria. – Em algumas áreas rurais do país, entende-se ou dá-se o nome de 'parceria' a um contrato de trabalho rural, no qual o trabalhador percebe salário, parte em dinheiro e parte percentual na lavoura cultivada ou gado tratado. Nesse mesmo caso, a direção dos trabalhos e o custeio e consequente risco do empreendimento são de inteira e exclusiva responsabilidade do proprietário do imóvel rural.'"*[23]

15.3.3 Arrendamento e meação

Arrendamento é o contrato agrário pelo qual uma pessoa se obriga a ceder a outra, por tempo determinado ou não, o uso e gozo de imóvel rural, parte ou partes do mesmo, incluindo outros bens, benfeitorias e/ou facilidades, com o objetivo de nele ser exercida atividade de exploração agrícola, pecuária, agroindustrial, extrativa ou mista, mediante certa retribuição ou aluguel, observados os limites percentuais da lei (art. 3º, Decreto 59.566).

---

ou o bem nela explorado, para a venda. Vende-se a matéria-prima transformada. Como se pode ver, a parceria agroindustrial permite a produção agrícola, pecuária ou florestal ou a exploração de bens vitais, com uma única finalidade: transformar tal produto (vegetal, pecuário ou florestal) para a venda" (DINIZ, Maria Helena. Ob. cit., p. 509).

[22] "Na atividade extrativa extraem-se certos produtos da natureza, sem lhes alterar os caracteres ou a substância; p. ex.: cultivo de seringueiras para extração do látex; cultivo de árvores para colheita de seus frutos; criação de gado para extração de leite etc. Pode ser, portanto, vegetal ou animal" (DINIZ, Maria Helena. Ob. cit., p. 509).

[23] PINTO, Luiz Ferreira. Ob. cit., p. 234.

As partes são denominadas: (a) arrendador, como quem cede o imóvel rural ou o aluga. O arrendador pode ser: proprietário; usufrutuário; usuário ou possuidor; (a) arrendatário, a pessoa ou conjunto familiar, representado pelo seu chefe, que recebe o imóvel ou o toma por aluguel.

O objeto do contrato de arrendamento, como indica Maria Helena Diniz,[24] é a *"terra rural para a produção de bens primários obtidos com o trabalho humano. O arrendatário deverá usar do imóvel para a destinação a que se comprometeu, sob pena de rescisão contratual e de pagar perdas e danos. Se ficou avençado que o imóvel destinar-se-á à cultura de café, irregular será utilizá-lo para pasto ou reflorestamento".*

Subarrendamento é o contrato pelo qual o arrendatário transfere a outrem, no todo ou em parte, os direitos e obrigações do seu contrato de arrendamento (art. 3º, § 2º). O arrendatário outorgante de subarrendamento será, para todos os efeitos, classificado como arrendador (art. 3º, § 3º).

Depreende-se do texto legal, o arrendamento compreende a locação de imóvel rural, sendo que o locatário planta e colhe na propriedade do locador, mediante o pagamento de um aluguel, que pode ser em dinheiro ou parte na colheita.

Os princípios que regem o contrato de arrendamento estão previstos no art. 95, Lei 4.504.

A meação é a divisão dos frutos colhidos entre o agricultor e o dono da terra, em função da exploração da terra. O agricultor recebe a metade da produção da área cultivada.

15.3.4 Empregado de granja ou sítio de lazer

Há nas regiões rurais pequenas propriedades, que podem ser utilizadas até mesmo para o lazer. Em tese, os que labutam nessas propriedades podem ser caracterizados como empregados rurais, o que está incorreto. São trabalhadores domésticos (normalmente, conhecidos como "caseiros"), logo, a disciplina jurídica se faz pela Lei do Trabalho Doméstico (LC 150/2015).

O enquadramento é justificável pelos seguintes motivos: (a) na propriedade não ocorre a exploração para fins de atividade econômica; (b) pode até haver pequenas plantações, porém, geralmente, são para fins familiares ou em situações eventuais para comercialização, o que não elide o labor doméstico.

15.3.5 Trabalhador eventual

O conceito de empregado rural exige o elemento habitualidade. Por sua vez, o trabalhador rural eventual é aquele que presta serviços de curta duração, sem se fixar a um único tomador. A existência da eventualidade se faz pelo exame do caso concreto. A doutrina assevera que a eventualidade caracteriza-se pelo fato de o trabalhador rural ter, concomitante, vários tomadores de seus serviços, não se fixando de forma jurídica a

---

[24] DINIZ, Maria Helena. Ob. cit., p. 502.

nenhum deles. É o que se chama de "bico". É comum tanto na área urbana como na rural. Como exemplos: as diaristas (área urbana) e os boias-frias (área rural).

15.3.6 Parentes do pequeno proprietário

Os trabalhadores, que laboram juntamente com o pequeno proprietário e que são ligados por laços familiares ou de parentesco, não são seus empregados rurais. Geralmente, trata-se de um esforço comum dos familiares em prol de um objetivo (= subsistência), não havendo a exploração econômica. O que há é a conjugação de esforços para extrair da propriedade algo que lhes possa dar condições de propiciar subsistência às suas vidas. É evidente que a pequena comercialização não implica a existência do contrato de trabalho rural. Em qualquer caso, sempre é recomendável a prudência na análise do caso concreto.

15.4 EMPREGADOR RURAL

Empregador rural é pessoa natural ou jurídica, proprietária ou não, que explora atividade agroeconômica, em caráter permanente ou temporário, diretamente ou por meio de prepostos e com auxílio de empregados (art. 3º, Lei 5.889).

Os elementos do conceito de empregador rural são: (a) pessoa física ou jurídica; (b) proprietária ou não; (c) exploração da atividade econômica: (d) a exploração pode ser permanente ou temporária; (e) exercício da atividade econômica de forma direta ou por meio de prepostos e com o auxílio de empregados.

O art. 4º prevê a figura do "empregador rural equiparado" como sendo a pessoa natural ou jurídica que, habitualmente, em caráter profissional e por conta de terceiros, executa serviços de natureza agrária, mediante utilização do trabalho de outrem. É a pessoa natural ou jurídica não proprietária do empreendimento, todavia, executa serviços de natureza agrária, de forma profissional e habitual.

Os empregadores por equiparação não assumem o risco do empreendimento no qual os seus trabalhadores prestam os serviços, mas são os responsáveis pela mão de obra. A ideia desse artigo é enfatizar que, mesmo havendo a intermediação na área rural, tem-se o vínculo entre o trabalhador e o empresário, se de fato houver os requisitos para a configuração desse trabalhador como empregado.

15.4.1 Grupo econômico no trabalho rural

Sempre que uma ou mais empresas (art. 3º, § 2º, Lei 5.889), embora tendo cada uma delas personalidade jurídica própria, estiverem sob direção, controle ou administração (= relação de dominação[25]) de outra, ou ainda quando, mesmo guardando cada uma sua

---

[25] A relação de dominação significa a existência de uma empresa principal e de uma ou mais empresas subordinadas ou controladas. A dominação pode concretizar-se por meio de controle, direção ou administração de uma empresa. Controle implica a possibilidade de decisão nas deliberações sociais, o poder de eleição dos administradores da empresa ou, ainda, a própria participação acionária. A participação acionária poderá até ser minoritária, porém haverá o controle desde que se

autonomia (= personalidade jurídica própria) integra grupo econômico ou financeiro rural, serão responsáveis solidariamente (solidariedade) nas obrigações decorrentes da relação de emprego.

Na área rural, a conceituação do grupo econômico é mais abrangente do que na área urbana. Além de incluir as formas da relação de dominação, pode ocorrer, também, que o grupo seja caracterizado por coordenação.

De acordo com Octavio Bueno Magano,[26] *"convém relembrar que a Lei do Trabalho Rural, além de prever a existência dos grupos constituídos por subordinação (empresa sob a direção, controle ou administração de outra), abre espaço também para os grupos compostos por coordenação. Isto se depreende da frase onde se diz que o grupo se forma mesmo quando cada uma das empresas que o integram guarde a sua autonomia. Guardar autonomia significa não se submeter a controle. Contudo, isto não quer dizer que as empresas do grupo de coordenação não fiquem sujeitas à direção única [...]*

Dando a Lei do Trabalho Rural guarida ao grupo composto por coordenação, ao longo do grupo formado por subordinação, ou hierarquizado, ampliou consideravelmente a área de sua incidência, no meio rural. Assim, qualquer sociedade, urbana ou rural, posto que possuidora de reduzida participação acionária em empresa rural (figure-se dez por cento), pode ser solidariamente responsabilizada por encargos trabalhistas da última, desde que comprovada a atividade convergente de ambas, na realização de objetivos comuns".

Aliás, há julgados os quais aplicam a relação de coordenação do grupo econômico rural para os empregadores urbanos.

15.4.2 Consórcio de empregadores na área rural

O consórcio de empregadores na área rural consiste em uma sociedade de produtores rurais, que tem como objetivo a gestão coletiva de mão de obra. Surgiu nos Estados do Paraná, Minas Gerais e São Paulo, como forma alternativa às falsas cooperativas.

Em função desse novo fenômeno social nas relações trabalhistas ocorridas no campo, o MTE editou a Portaria 1.964, de 1º/12/99. A sua edição surgiu da necessidade de orientação aos auditores-fiscais do trabalho quanto à fiscalização em propriedades rurais em que haja prestação de trabalho subordinado a um "Condomínio de Empregadores" (ou "Pluralidade de Empregadores Rurais", ou "Registro de Empregadores em Nome Coletivo de Empregadores" ou "Consórcio de Empregadores Rurais").

---

visualize o direito de determinar as diretrizes a serem adotadas pela empresa controlada. Direção é a própria efetivação do controle, subordinando as pessoas e coisas à realização dos objetivos da empresa. Administrar significa orientar, organizar, logo, se tem a administração entre duas ou mais empresas, quando uma é orientada ou organizada pela outra. Exemplo: estabelecimento de rumos e metas; divisão e racionalização do trabalho; fixação de estratégias de atuação no mercado para implementar os resultados pretendidos.

[26] MAGANO, Octavio Bueno. *Manual de direito do trabalho*: direito individual do trabalho. 4. ed., p. 88.

O art. 1º, *caput*, enuncia: *"As Delegacias Regionais do Trabalho deverão dar ampla divulgação ao modelo de contratação rural denominado 'Consórcio de Empregadores Rurais', estimulando, para tanto, o debate entre produtores e trabalhadores rurais, por meio de suas entidades associativas ou sindicais."*

A expressão "consórcio de empregadores rurais", para os fins da referida Portaria, denota a união de produtores rurais, pessoas físicas, com a finalidade única de contratar empregados rurais (art. 1º, parágrafo único).

O consórcio assume contornos de um contrato de equipe patronal. O contrato de equipe retrata uma situação especial de trabalho, ou seja, uma organização de trabalhadores ou empregadores para a realização de um trabalho comum. Nessa nova modalidade, o que se destaca é a origem patronal, sendo que o trabalhador prestará serviços a todos os integrantes que compõem o consórcio. Por sua vez, todos os produtores rurais consorciados são responsáveis solidários em caso de inadimplemento dos direitos trabalhistas.

O consórcio de empregadores foi reconhecido pela legislação previdenciária, por intermédio da Lei 10.256, a qual efetuou algumas alterações na Lei 8.212/91, a saber: (a) equipara-se ao empregador rural pessoa física o consórcio simplificado de produtores rurais formado pela união de produtores rurais, pessoas físicas, que outorgar a um deles poderes para contratar, gerir e demitir trabalhadores para prestação de serviços, exclusivamente, aos seus integrantes, mediante documento registrado em cartório de títulos e documentos (art. 25-A, *caput*); (b) o documento deverá conter a identificação de cada produtor, seu endereço pessoal e o de sua propriedade rural, bem como o respectivo registro no Instituto Nacional de Colonização e Reforma Agrária (INCRA) ou as informações (parceria, arrendamento ou equivalente e a matrícula no Instituto Nacional do Seguro Social (INSS) de cada um dos produtores rurais) (art. 25-A, § 1º); (c) o consórcio deverá ser matriculado no INSS em nome do empregador a quem hajam sido outorgados os poderes, na forma do regulamento (art. 25-A, § 2º); (d) os produtores rurais integrantes do consórcio serão responsáveis solidários em relação às obrigações previdenciárias (art. 25-A, § 3º).

15.4.3 Cooperativas e trabalho rural

Empregador rural equiparado é a pessoa natural ou jurídica que, habitualmente, em caráter profissional e por conta de terceiros, execute serviços de natureza agrária, mediante a utilização do trabalho de outrem (art. 4º, Lei 5.889).

Citados empregadores, mesmo não assumindo o risco do empreendimento em que os trabalhadores prestam os serviços, pela exploração da mão de obra destes trabalhadores, são tidos como empregadores por equiparação. Por analogia, temos as hipóteses das empresas locadoras de mão de obra na área urbana.

O ideal do art. 4º da Lei 5.889 é enfatizar que, mesmo havendo a intermediação na área rural, ocorrerá o vínculo entre o trabalhador e o empresário, se de fato houver os requisitos para a configuração deste trabalhador como empregado.

A cooperativa não pode fazer o elo entre o proprietário da terra e o trabalhador, pois pode ser vista como empregador rural equiparado. Portanto, a terceirização deve ser vista com restrições na área rural, mesmo quando se tratar das cooperativas.

15.4.4 O trabalho temporário e o trabalho rural

De acordo com o art. 4º da Lei do Trabalho Temporário (Lei 6.019/74), empresa de trabalho temporário é a pessoa física ou jurídica urbana, cuja atividade consiste em colocar à disposição de outras empresas, temporariamente, trabalhadores, devidamente qualificados, por elas remunerados e assistidos.

Como o dispositivo circunscreve o trabalho temporário para os urbanos, não há a possibilidade do reconhecimento desta modalidade de trabalhador para o trabalho rural.

Assevere-se ainda que o art. 4º, Lei 5.889, estabelece que o responsável pela intermediação da mão de obra na atividade econômica agroindustrial é considerado empregador rural por equiparação. Vale dizer, o empregador rural por equiparação é uma limitação à adoção de um outro intermediário na relação jurídica triangular rural, vedando, assim a adoção da empresa de trabalho rural na área rural.

15.4.5 Sucessão

O fenômeno da sucessão[27] de empregadores (arts. 10 e 448 da CLT) é aplicável ao trabalho rural.

Alice Monteiro de Barros[28] indica: *"Na hipótese de a propriedade rural ser arrendada, opera-se a sucessão, pois há mudança de titularidade, arcando o arrendatário com os encargos trabalhistas e previdenciários. Cessado o arrendamento e voltando o imóvel rural ao proprietário, os encargos passam a este último, pois os contratos de trabalho permanecem incólumes às mudanças na estrutura jurídica da empresa. Havendo fraude ou simulação, arrendador e arrendatário responderão solidariamente. Lembre-se que a compra e venda é um exemplo de sucessão; em consequência, efetuada a venda de uma propriedade rural, os encargos trabalhistas serão transferidos para o sucessor."*

Diante do arrendamento, figura comum no trabalho rural, há julgado impondo a responsabilidade entre o sucessor e o sucedido quanto aos direitos trabalhistas dos trabalhadores rurais.

---

[27] Sucessão trabalhista é a mudança de propriedade pela alienação, como também quando se tem a absorção de uma empresa por outra (fusão, cisão e incorporação). O mais importante no exame da sucessão trabalhista é o destaque que se dá ao seu conteúdo econômico. Não basta a simples denotação jurídica para se aquilatar o exato alcance desse instituto trabalhista. É preciso destacar que, se houver o prosseguimento da atividade econômica organizada, com a utilização dos trabalhadores pelo sucessor, justifica-se a presença da sucessão trabalhista, mantendo-se íntegros os contratos individuais de trabalho.

[28] BARROS, Alice Monteiro de. Ob. cit., p. 472.

15.5 DIREITOS INDIVIDUAIS DO TRABALHADOR RURAL

Em função da isonomia do rural com o urbano, os direitos individuais dos trabalhadores rurais são os previstos no art. 7º, I a XXXIV, CF. Há algumas diferenciações quanto ao implemento de tais direitos, notadamente em face do disposto na Lei 5.889 e respectivo Regulamento (Decreto 73.626).

Os direitos individuais não são aplicáveis somente ao empregado rural (art. 2º, Lei 5.889), mas no que couber aos demais trabalhadores rurais que prestem serviços a empregador rural (art. 17).

Amauri Mascaro Nascimento[29] ensina que: *"Por equiparação da lei (Lei nº 5.889/73, art. 17), os mesmos direitos são atribuídos a trabalhadores rurais não compreendidos na definição de empregado. A lei não esclarece a que tipo de trabalhador se refere. É possível concluir que o trabalhador a que se refere a lei é o eventual, ou seja, aquele que não é fixo, ou 'boia-fria', em algumas regiões denominado volante. É aquele cuja contratação e rateio de ganho se dão através do próprio sindicato. Tanto os eventuais como os avulsos têm os mesmos direitos do empregado rural."*

Ralph Cândia,[30] ao estudar a abrangência da legislação do rural, estabelece que: *"Além dos empregados rurais, perfeitamente enquadrados na definição do art. 2º, o diploma legal incide sobre todos que prestem serviços a empregador rural. Assim, o trabalhador por conta própria é alcançado. No conceito desse trabalhador incluem-se os arrendatários e parceiros autônomos. Também o colono será abrangido atentando-se, em ambos os casos, para as circunstâncias que caracterizam a prestação de serviços na propriedade rural, independente da subordinação ou dependência. O objetivo do texto em causa é estender a proteção especial a todos que exerçam suas atividades dentro do estabelecimento rural. Trata-se de norma de interesse público que visa proteger o trabalhador, assegurando condições mínimas de higiene e segurança do trabalho. Segundo Barretto Prado (ob. cit.), não há contradição com a sistemática do Direito do Trabalho, tendo o legislador atentado para a natural força expansiva do novo ramo da ciência jurídica."*

15.5.1 Idade mínima

A idade mínima para o trabalho rural é a preconizada no art. 7º, XXX, CF, ou seja, o trabalhador deve ter no mínimo 16 anos, exceto se for o caso do menor aprendiz, em que a idade é de 14 anos.[31]

---

[29] NASCIMENTO, Amauri Mascaro. *Iniciação ao direito do trabalho*. 32. ed., p. 121.
[30] CÂNDIA, Ralph. *Comentários aos contratos trabalhistas especiais*. 2. ed., p. 386.
[31] "Por força da Emenda Constitucional nº 20, de 1988, veda-se o trabalho do menor de 16 anos, salvo se aprendiz e, ainda assim, se maior de 14 anos. Por outro lado, a Constituição da República assegura o salário mínimo a todos os empregados, proibindo distinção por idade (art. 7º, IV e XXX). Assim, entendemos que está revogado o art. 11, parágrafo único, da Lei nº 5.889, de 1973, que permitia fosse pago ao empregado rural menor de 16 anos 50% do salário mínimo estabelecido para o adulto" (BARROS, Alice Monteiro de. *Contratos e regulamentações especiais de trabalho*: peculiaridades, aspectos controvertidos e tendências. 3. ed., p. 483).

Para Alice Monteiro de Barros é razoável aplicar-se ao rural a possibilidade da contratação mediante o contrato especial de aprendizagem.

Por força da ratificação da Convenção 182 (1999), OIT, existe um rol de proibições ao trabalho infantil (lista TIP), inclusive na área rural, como: (a) na colheita de cítricos, pimenta malagueta e semelhantes; (b) em estábulos, cavalariças, currais, estrebarias ou pocilgas, sem condições adequadas de higienização; (c) no beneficiamento do fumo, sisal, castanha de caju e cana-de-açúcar; (d) na pulverização, manuseio e aplicação de agrotóxicos, adjuvantes, e produtos afins, incluindo limpeza de equipamentos, descontaminação, disposição e retorno de recipientes vazios etc.

15.5.2 Duração da jornada de trabalho

A jornada de trabalho do rurícola é de 8 horas diárias, totalizando 44 na semana (art. 7º, XIII, CF).

Em qualquer trabalho contínuo, de duração superior a seis horas, haverá a concessão de um intervalo para repouso e alimentação, conforme usos e costumes da região e não nos limites previstos na CLT, sendo que o mesmo não será computado na duração do trabalho. Entre duas jornadas de trabalho haverá um período mínimo de 11 horas consecutivas de intervalo (art. 5º, Lei 5.889).

A não observância dos intervalos gera o direito à percepção das horas extras pela aplicação analógica do art. 71, § 4º, CLT (Súm. 437, I).

Por força do art. 6º da Lei 5.889 nos serviços intermitentes, assim considerados os executados em duas ou mais etapas diárias, não serão computados, como tempo de serviço, os intervalos entre essas etapas, desde que tal hipótese seja ressalvada na CTPS e que a interrupção entre as etapas seja no mínimo de 5 horas. Executam serviços desta natureza os retireiros que começam a trabalhar por volta de 4h00 ou 5h00 e retornam à tarde.

O trabalho noturno é aquele realizado entre as 21h00 de um dia e as 5h00 do dia seguinte para os que labutam na lavoura. Para os que exercem suas atividades na pecuária, o trabalho noturno é aquele compreendido entre 20h00 de um dia e as 4h00 do dia seguinte (art. 7º, *caput*).

O adicional noturno é de 25% sobre o salário, contudo, sem a inclusão da redução da hora noturna, como ocorre no tocante ao empregado urbano (art. 7º, parágrafo único).

Ao menor de 18 anos é proibido o trabalho noturno (art. 8º).

15.5.2.1 *Prorrogação da jornada de trabalho*

A duração normal do trabalho poderá ser acrescida de horas suplementares, em número não excedente de duas, mediante acordo escrito entre o empregador e o empregado ou mediante acordo ou convenção coletiva de trabalho (art. 7º, *caput*, Decreto 73.626).

No instrumento normativo deverá constar de forma obrigatória o adicional de remuneração que será pelo menos 50% superior à da hora normal (art. 7º, § 1º).

Será dispensado o acréscimo de salário se, por força da negociação coletiva, o excesso de horas em um dia for compensado pela correspondente redução em outro dia, de maneira que não exceda o horário normal da semana (art. 7º, § 2º).

A duração da jornada de trabalho poderá exceder o limite legal ou convencionado para terminar serviços que, pela sua natureza, não podem ser adiados, ou por motivo de força maior (art. 8º, caput, Decreto 73.626). O dispositivo trata das situações de serviços inadiáveis e de força maior.

O excesso poderá ser exigido independentemente da negociação coletiva e deverá ser comunicado, no prazo de 10 dias, à SRTE, ou, antes desse prazo, justificado aos agentes locais, sem prejuízo daquela comunicação (art. 8º, § 1º).

Nos casos de excesso de horário por motivo de força maior, a remuneração da jornada excedente não será inferior à da hora normal. Nos demais casos de excesso, a remuneração será, pelo menos, 50% superior à da hora normal, e o trabalho não poderá exceder de 12 horas (art. 8º, § 2º). A limitação de 12 horas diárias também deve ser aplicável aos casos de força maior.

Por outro lado, diante do art. 7º, XIII e XVI, CF, toda e qualquer hora excedente dos limites diário ou semanal, seja no caso de força maior ou de serviços inadiáveis, deverá ser remunerada com adicional de 50%.

A duração da jornada de trabalho poderá igualmente exceder do limite legal ou convencionado, até o máximo de 2 horas, durante o número de dias necessários, para compensar interrupções do trabalho decorrentes de acidentes ou força maior, desde que a jornada diária não exceda de 10 horas (art. 9º, Decreto 73.626). Nessas hipóteses, a prorrogação não poderá exceder a 45 dias por ano, condicionada à prévia autorização da autoridade competente. Trata-se das horas em recuperação, como ocorre para o trabalhador urbano (art. 61, § 3º, CLT). É discutível se o pagamento deve ser remunerado ou não. Entendemos que tais horas devem ser pagas, já que eventuais paralisações não podem ser imputadas ao trabalhador, eis que a eles não pertence o risco do empreendimento.

Para o trabalhador urbano, quando se tem o pagamento do salário por produção ou por tarefa, somente lhe é devido o adicional de hora extra (Súm. 340, TST, e OJs 235 e 397, SDI-I). Contudo, para o trabalhador rural não é justo que somente receba o adicional, quando em jornada suplementar, considerando-se que o labor, geralmente, é executado sob as intempéries diárias (sol, chuva etc.).

Em abril/2012, o TST reformulou a redação da OJ 235: *"O empregado que recebe salário por produção e trabalha em sobrejornada tem direito à percepção apenas do adicional de horas extras, exceto no caso do empregado cortador de cana, a quem é devido o pagamento das horas extras e do adicional respectivo."*

15.5.3 Salário *in natura*

Salvo as hipóteses de autorização legal ou decisão judiciária, só poderão ser descontadas do empregado rural as seguintes parcelas, calculadas sobre o salário mínimo: (a) até o limite de 20% pela ocupação da morada; (b) até o limite de 25% pelo fornecimento de alimentação sadia e farta, atendidos os preços vigentes na região; (c) adiantamentos em dinheiro (art. 9º, caput, *a* a *c*, Lei 5.889). As deduções acima especificadas deverão ser previamente autorizadas, sem o que serão nulas de pleno direito (art. 9º, § 1º).

Sempre que mais de um empregado residir na mesma morada, o desconto da moradia será dividido proporcionalmente ao número de empregados, vedada, em qualquer hipótese, a moradia coletiva de famílias (art. 9º, § 2º).

Rescindido ou findo o contrato de trabalho, o empregado será obrigado a desocupar a casa dentro de 30 dias (art. 9º, § 3º).

De acordo com o art. 16, § 2º, Decreto 73.626, considera-se por morada: a habitação fornecida pelo empregador, a qual, atendendo às condições peculiares de cada região, satisfaça os requisitos de salubridade e higiene estabelecidos em normas expedidas pela fiscalização trabalhista.

A cessão de moradia e de sua infraestrutura básica, assim como bens destinados à produção para sua subsistência e de sua família, por parte do empregador, não integra o salário do trabalhador rural, desde que caracterizados como tais, em contrato escrito celebrado entre as partes, com testemunhas e notificação obrigatória ao respectivo sindicato de trabalhadores rurais (art. 9º, § 5º). Se houver a observância dos requisitos legais, citados benefícios não integram o salário do trabalhador rural.

No caso de eventual desocupação do imóvel pelo trabalhador, a rigor, a demanda deverá ser ajuizada perante o Judiciário Trabalhista (art. 114, CF).[32]

Quanto às utilidades do trabalhador rural concedidas pelo empregador, o TST possui os seguintes precedentes normativos (PN):

a) ao empregado que residir no local de trabalho fica assegurada a moradia em condições de habitação, conforme exigências da autoridade local (PN 34);

b) os empregadores são responsáveis pelos reparos nas residências que cedem aos empregados rurais, desde que os danos não decorram de culpa destes (PN 62);

---

[32] "Para bem equacionar o problema, cumpre esclarecer, de início, a que título se processa a ocupação do imóvel, pelos trabalhadores, em geral. Tostes Malta distingue três situações. A primeira seria a existência de dois contratos inteiramente independentes, um de locação e outro de trabalho, como, por exemplo, se alguém celebrasse contrato de locação com dado indivíduo e, muito depois, o locatário viesse a torna-se empregado do locador. A segunda hipótese surge quando há dois contratos, um de trabalho e um de locação, mas entrosados, um tendo nascido do outro. É o caso de empresas que, possuindo imóveis nas imediações de suas fábricas, alugam-nos a seus empregados. A terceira hipótese, que é a que mais se interessa neste estudo, ocorre quando o empregado não celebra qualquer contrato expresso de locação com a empresa, recebendo a habitação a título de salário-utilidade ou como instrumento de trabalho. Essa última situação, em geral, ocorre nas relações de trabalho rural, quando o trabalhador e sua família ocupam imóvel de propriedade do fazendeiro empregador. Em geral, o rurícola recebe moradia do empregador durante o contrato, dentro do estabelecimento. Eventual locação do imóvel, citada na segunda e terceira hipóteses do exemplo acima, não deixa de ser uma decorrência de sua condição de trabalhador. Logo, como se trata de fornecimento de vantagem proveniente da relação de trabalho, entendemos que a Justiça do Trabalho é competente para dirimir o feito, com base no art. 114 da Constituição da República de 1988, com alterações introduzidas pela Emenda Constitucional nº 45, promulgada em dezembro de 2004" (BARROS, Alice Monteiro de. Ob. cit., p. 487).

c) fornecendo o empregador condução para o trabalhador, informará aos empregados, previamente, os locais e horários do transporte (PN 64);

d) quando fornecidos pelo empregador, os veículos destinados a transportar trabalhadores rurais deverão satisfazer as condições de segurança e de comodidade, sendo proibido o carregamento de ferramentas soltas junto às pessoas conduzidas (PN 71);

e) os empregadores que se dedicarem à pecuária leiteira fornecerão, diariamente, um litro de leite aos trabalhadores que exerçam atividades insalubres (PN 106);

f) nos locais de trabalho no campo, serão mantidos pelo empregador medicamentos e materiais de primeiros socorros (PN 107);

g) os empregadores rurais ficam obrigados a construir abrigos rústicos, nos locais de trabalho, para proteção de seus empregados (PN 108);

h) serão fornecidas gratuitamente, pelo empregador, as ferramentas necessárias à execução do trabalho (PN 110).

15.5.4 Extinção do contrato de trabalho

A extinção do contrato de trabalho rural, sem justa causa, do chefe da unidade familiar, é extensiva à esposa, às filhas solteiras e aos filhos de até 20 anos de idade, que exerçam atividades na propriedade, mediante opção destes (PN 53, SDC).

15.5.5 Adicional de insalubridade e periculosidade

O trabalhador rural tem direito ao adicional de insalubridade, observando-se a necessidade de verificação, na forma da lei, de condições nocivas à saúde. Esse direito lhe foi garantido pela CF/88.

A NR 31 da Portaria 3.214/78 estabelece o conjunto de normas de proteção ao trabalhador rural.

O PN 50, SDC, tem exigido que o empregador rural possua o receituário agronômico de defensivos agrícolas e observe as medidas de prevenção nele contidas, dados os inúmeros produtos tóxicos usados na lavoura.

O PN 106 determina aos empregadores rurais que se dedicarem à pecuária leiteira ficarem obrigados a fornecer, diariamente, um litro de leite aos trabalhadores que exerçam atividades insalubres.

15.5.6 Salário-família

O salário-família é devido aos trabalhadores rurais somente após a vigência da Lei 8.213/91 (Súm. 344, TST).

15.5.7 Aviso prévio

Durante o prazo do aviso prévio, se a rescisão tiver sido promovida pelo empregador, o empregado rural terá direito a um dia por semana, sem prejuízo do salário integral, para procurar outro trabalho (art. 15, Lei 5.889).

15.5.8 Contrato de safra

Considera-se contrato de safra o que tenha duração dependente de variações estacionais de atividades agrárias (art. 14, parágrafo único, Lei 5.889/73).

O contrato de safra é comum para os trabalhadores rurais. O termo "safra" refere-se à produção e colheita, como também ao lapso temporal empregado para a preparação do solo.

A expressão "contrato de safra" é incerta. Não se pode predeterminar a data para o seu término, como também não se consegue ter a completa coincidência do término do contrato para todos os empregados durante a safra.[33]

De acordo com o art. 14, *caput,* Lei 5.889, a indenização do safrista correspondia ao término do contrato que seria de 1/12 do salário mensal, por mês de serviço ou fração igual ou superior a 15 dias.

Como a CF/88 estabeleceu o regime do FGTS como forma de resguardo do tempo de serviço do trabalhador, o trabalhador rural somente terá direito ao levantamento dos depósitos fundiários.

No caso da rescisão antecipada, o empregado rural terá direito, além do saque dos depósitos fundiários, ao acréscimo da multa de 40%.

15.5.9 Proteção do ensino

Toda propriedade rural que mantenha a seu serviço ou trabalhando em seus limites mais de cinquenta famílias de trabalhadores de qualquer natureza é obrigada a possuir e conservar em funcionamento escola primária, inteiramente gratuita, para os filhos destes, com tantas classes quantos sejam os grupos de quarenta crianças em idade escolar (art. 16, *caput*, Lei 5.889).

A matrícula da população em idade escolar será obrigatória, sem qualquer outra exigência, além da certidão de nascimento, para cuja obtenção o empregador proporcionará todas as facilidades aos responsáveis pelas crianças (art. 16, parágrafo único).

15.5.10 Trabalhador rural contratado por pequeno prazo

A Lei 11.718/08 acresceu à Lei 5.889, a figura do trabalhador rural contratado por pequeno prazo.

O produtor rural na qualidade de pessoa natural terá a faculdade de proceder à contratação de trabalhador rural por pequeno prazo para o exercício de atividades de natureza temporária (art. 14-A, *caput*, Lei 5.889).

---

[33] "Não é incomum a ocorrência de situações em que a safra, após atingido um clímax de concentração de trabalho, inicie um paulatino e cada vez mais acentuado roteiro de descenso de atividades, eventualmente provocando o rompimento de distintos contratos a termo em distintos dias do final da safra" (DELGADO, Mauricio Godinho. *Curso de direito do trabalho.* 5. ed., p. 549).

Contudo, o contrato que superar dois meses dentro do período de um ano fica convertido em contrato de trabalho por prazo indeterminado (art. 14-A, § 1º).

A filiação e a inscrição do trabalhador rural contratado por pequeno prazo decorrem, automaticamente, da sua inclusão, pelo empregador, na Guia de Recolhimento do Fundo de Garantia do Tempo de Serviço e Informações à Previdência Social (GFIP), cabendo à Previdência Social instituir mecanismo que permita a sua identificação.

O contrato de trabalhador rural por pequeno prazo não necessita ser anotado na CTPS ou em livro ou ficha de registro de empregados, mas, se não houver outro registro documental, é obrigatória a existência de contrato escrito com o fim específico de comprovação para a fiscalização trabalhista da situação do trabalhador.

A contribuição do segurado trabalhador rural contratado por pequeno prazo é de 8% sobre o respectivo salário de contribuição (art. 28, I, Lei 8.212/91).

A não inclusão do trabalhador na GFIP pressupõe a inexistência de contratação, contudo, sem prejuízo de comprovação, por qualquer meio admitido em direito, da existência de relação jurídica diversa.

O recolhimento das contribuições previdenciárias será efetuado nos termos da legislação da Previdência Social.

São assegurados ao trabalhador rural contratado por pequeno prazo, além de remuneração equivalente à do trabalhador rural permanente, os demais direitos de natureza trabalhista. Todas as parcelas devidas ao trabalhador serão calculadas dia a dia e pagas diretamente a ele mediante recibo, sendo que o FGTS deverá ser recolhido nos termos da Lei 8.036/90.

15.5.11 Intervalo intrajornada

A não concessão total ou parcial do intervalo mínimo para refeição e descanso (intervalo intrajornada) de uma hora ao trabalhador rural, fixado no Decreto 73.626, que regulamentou a Lei 5.889, acarreta o pagamento do período total, acrescido do respectivo adicional, por aplicação subsidiária do art. 71, § 4º, CLT (Súm. 437, I).

O entendimento do TST é aplicável até o dia 10/11/2017, visto que a Lei 13.467 (Reforma Trabalhista) alterou o § 4º, ao dispor que somente o intervalo suprimido é devido como hora extra, contudo, sem qualquer tipo de reflexo.

15.6 PRESCRIÇÃO

Anteriormente à CF/88, para o trabalhador urbano, o prazo prescricional era de 2 anos, sendo computado a partir da lesão ao direito (art. 11, CLT), enquanto para o empregado rural o lapso era 2 anos, a contar da extinção do contrato de trabalho (art. 10, Lei 5.859/73).

Com o art. 7º, XXIX, CF, os prazos prescricionais trabalhistas passaram a ser de: (a) 5 anos para o trabalhador urbano, até o limite de 2 anos após a extinção do contrato; (b) 2 anos após a extinção do contrato, para o trabalhador rural, não atingindo as situações já consumadas.

O prazo prescricional de 5 anos previsto no art. 7º, XXIX, é de aplicação imediata, não atingindo pretensões já alcançadas pela prescrição bienal, quando da promulgação da CF (Súm. 308, II, TST); logo, esse prazo somente é válido a partir da vigência da CF (5/10/1988).

Pela norma constitucional, a diferença básica entre o empregado urbano e o rural era que, para o segundo, a prescrição não é computada na fluência do contrato de trabalho, o que acabou por ser alterado com a EC 28, igualando os prazos prescricionais do trabalhador urbano e rural.

Assim, para o trabalhador urbano, temos 2 prazos prescricionais: (a) 5 anos, o qual é computado na vigência do contrato de trabalho, a partir da lesão a cada direito violado; (b) 2 anos, de cunho total, cujo início é a partir da extinção do contrato de trabalho.

Para o trabalhador rural, não havia o cômputo da prescrição no curso do contrato de trabalho. Com a extinção contratual, se tinha e se mantém até os dias de hoje o prazo prescricional total de 2 anos.

Em função da diferenciação de tratamento entre o urbano e o rural, a CF facultava ao empregador rural comprovar a cada 5 anos, perante a Justiça do Trabalho, o cumprimento das suas obrigações trabalhistas para com o empregado rural, na presença deste e de seu representante sindical (art. 233, *caput*).

Comprovado o cumprimento das obrigações, ficava o empregador isento de qualquer ônus decorrente daquelas obrigações no período respectivo. Caso o empregado e seu representante não concordassem com a comprovação do empregador, caberia à Justiça do Trabalho a solução da controvérsia (art. 233, § 1º).

Ficava ressalvado ao empregado, em qualquer hipótese, o direito de postular, judicialmente, os créditos que entendesse existirem, relativamente aos últimos 5 anos (art. 233, § 2º).

A comprovação poderia ser feita em prazo inferior a 5 anos, a critério do empregador (art. 233, § 3º).

Na primeira comprovação do cumprimento das obrigações trabalhistas pelo empregador rural, após a promulgação da CF, seria certificada perante a Justiça do Trabalho a regularidade do contrato e das atualizações das obrigações trabalhistas de todo o período (art. 10, § 3º, ADCT).

Com a EC 28, de 25/5/2000, houve alteração na redação do art. 7º, XXIX, CF, passando a não mais haver diferenças de prazo prescricional entre empregado urbano e rural. Diz a nova redação do texto constitucional: *"Ação, quanto aos créditos resultantes das relações de trabalho, com prazo prescricional de cinco anos para os trabalhadores urbanos e rurais, até o limite de dois anos após a extinção do contrato de trabalho."*

A EC 28 também revogou o art. 233 da CF, segundo o qual o empregador rural deveria comprovar, de 5 em 5 anos, o pagamento dos créditos trabalhistas.

Sobre o tema, em setembro de 2002, o TST (SDI-I) editou a OJ 271, a qual teve sua redação alterada em novembro de 2005, *in verbis*: *"O prazo prescricional da pretensão do* rurícola, cujo contrato de emprego já se extinguira ao sobrevir a Emenda Constitucional nº 28, de 26/05/2000, tenha sido ou não ajuizada a ação trabalhista, prossegue regido pela lei vigente ao tempo da extinção do contrato de emprego."

Para os contratos em curso à época da vigência da EC 28, não há prescrição total ou parcial dos direitos do trabalhador rural, desde que a demanda tenha sido ajuizada no prazo de cinco anos contados a partir da publicação desta EC, desde que tenha sido respeitado o biênio prescricional (OJ 417, SDI-I). Isso significa que a prescrição parcial quinquenal passa a fluir a partir da publicação da EC 28.

Ao empregado que exerce atividade rural em empresa de reflorestamento aplica-se a prescrição própria do rurícola (OJ 38, SDI-I).

A redação atual da CLT prevê que a pretensão quanto a créditos resultantes das relações de trabalho prescreve em 5 anos para os trabalhadores urbanos e rurais, até o limite de 2 anos após a extinção do contrato de trabalho (art. 11, *caput*, CLT, Lei 13.467/17).

QUESTIONÁRIO

1. Qual é o conceito legal de empregado rural?

2. Qual é o conceito legal de empregador rural?

3. Os direitos trabalhistas contidos na Constituição Federal (art. 7º) são aplicáveis a todo e qualquer trabalhador rural? Justifique.

4. Quais são os intervalos de trabalho para o empregado rural?

5. Como se regula a jornada noturna do empregado rural?

6. Como se calcula o aviso prévio do empregado rural?

7. A moradia é salário *in natura* para o empregado rural? Justifique.

Capítulo XVI
TRABALHO VOLUNTÁRIO

A Lei 9.608/98 dispõe sobre o serviço voluntário.

Considera-se serviço voluntário a atividade não remunerada prestada por pessoa natural a entidade pública de qualquer natureza, ou a instituição privada sem fins lucrativos, que tenha objetivos cívicos, culturais, educacionais, científicos, recreativos ou de assistência à pessoa (art. 1º, *caput*, Lei 9.608).

Serviços cívicos são os relacionados ao bem da pátria, ou seja, os prestados à instituição cujo objetivo seja servir ao bem do Brasil. Como exemplos: os serviços prestados aos clubes ou associações militares, os partidos políticos, as entidades não governamentais voltadas à defesa dos interesses da nação etc.

Serviços culturais interagem com a cultura de um modo geral, ou seja, os prestados à entidade voltada para artes etc.

Há entidades dirigidas para a educação nos seus diversos campos, tais como: ensino básico, nível médio, superior, técnico etc. O serviço voluntário também pode ser prestado a essas entidades.

O serviço voluntário também se aplica aos órgãos ou entidades que sejam destinados à pesquisa científica, tais como: hospitais públicos ou privados que tenham centros de pesquisas, fundações destinadas à solução de doenças etc.

O voluntário também poderá ter suas atividades ligadas ao lazer do ser humano, atuando junto aos clubes sociais e entidades esportivas.

Assistência social compreende atividades de proteção à família, à maternidade, à infância, à adolescência e à velhice, no amparo às crianças e aos adolescentes carentes, em ações de prevenção, habilitação e reabilitação de pessoas portadoras de deficiências, assim como em promoções gratuitas de assistência educacional ou de saúde, além da integração ao trabalho.

Qualquer que seja o serviço prestado constata-se que a lei não faz qualquer tipo de distinção quanto à função a ser executada pelo voluntário, inclusive quanto à existência ou não de subordinação jurídica. Na distribuição das tarefas ou na execução do trabalho voluntário, o trabalhador poderá receber ordens. O importante é que as atividades desempenhadas não impliquem qualquer tipo de contraprestação pecuniária ou não, ou seja, deverá haver o trabalho gratuito.

O trabalho voluntário não gera vínculo empregatício, tampouco obrigação de natureza trabalhista, previdenciária ou afim (art. 1º, parágrafo único).

O serviço voluntário será exercido mediante a celebração de um termo de adesão entre a entidade, pública ou privada, e o prestador do serviço voluntário, dele devendo constar o objeto e as condições do seu exercício (art. 2º).

Para a validade do trabalho voluntário, o ato de adesão é fator primordial, portanto, ante a ausência dessa formalidade, torna-se inaplicável a Lei 9.608.

O prestador será ressarcido pelas despesas que realizar no desempenho das atividades voluntárias (art. 3º, *caput*), porém, as despesas devem ser autorizadas de forma expressa pela entidade (art. 3º, parágrafo único). Esta restrição é uma forma de evitar o abuso por parte do prestador do serviço voluntário.

"RECURSO ORDINÁRIO DA RECLAMADA. Vínculo empregatício. Trabalho voluntário. A reclamante executava, além dos deveres religiosos, obrigações materiais com prestação de serviço relativos à limpeza e manutenção nas instalações e funcionamento da Igreja, pelas quais recebia uma importância certa, o que denota não se tratar de exercício de atividade voluntária sem imposição ou exigência. A comprovação de onerosidade e subordinação nas relações entre a reclamante e a Igreja propiciam o reconhecimento do vínculo empregatício. [...]" (TRT – 21ª R. – RO 125100-11.2012.5.21.0009 – Relª Maria do Perpétuo Socorro Wanderley de Castro – *DJe* 14/5/2014 – p. 135).

"TRABALHO VOLUNTÁRIO. COMPROVAÇÃO. INEXISTÊNCIA DE VÍNCULO EMPREGATÍCIO. As finalidades da associação servem somente como mais um parâmetro de análise a ser ponderado diante do fato concreto. Por outro lado, mesmo não tendo sido formalizado o termo de adesão previsto no art. 2º da Lei 9.608/98, tal fato não leva à existência necessária e automática de vínculo empregatício. Somente o cotejo probatório pode elucidar se a relação era de fato empregatícia ou não. Nesse sentido, analisando a prova dos autos, conclui-se que não restou devidamente comprovado o vínculo empregatício. Como se não bastasse a graciosidade com que o labor era prestado, também não restou configurada a subordinação peculiar às relações de emprego. A reclamada, portanto, acabou por se desincumbir satisfatoriamente de seu encargo probatório, demonstrando a prestação voluntária de serviços. Mantida a sentença por seus próprios fundamentos" (TRT – 7ª R. – 1ª T. – RO 232-29.2013.5.07.0004 – Rel. Francisco Tarcisio Guedes Lima Verde Junior – *DJe* 11/12/2013 – p. 5).

QUESTIONÁRIO

1. O que é o trabalho voluntário?

2. O trabalho voluntário exige alguma formalidade para a sua validade?

3. O ressarcimento das despesas efetuadas pelo prestador de serviços voluntários implica o reconhecimento do vínculo empregatício? Justifique.

Parte VI

DIREITO COLETIVO DO TRABALHO

Capítulo I
ASPECTOS HISTÓRICOS DO DIREITO COLETIVO DO TRABALHO

1.1 ORIGENS HISTÓRICAS

Segadas Viana,[1] afirmando sua semelhança com alguns sistemas sindicais e com as corporações de ofício, busca nos colégios romanos[2] da Antiguidade as origens do sindicalismo moderno.

A maior parte dos doutrinadores, contudo, vê nas corporações de ofício o nascedouro do sindicalismo, sendo que, nas corporações, as forças produtivas reuniam-se *"numa só entidade enquanto que o sindicalismo as bifurcou separando trabalhadores e empregadores"*.[3]

---

[1] "Uns atribuem a Sérvio Túlio a criação dos colégios romanos, dissolvidos oficialmente no ano 64 a. C. e mantidos realmente até o ano 56 da era cristã, mas José Nart Rodes dá sua paternidade a Numa (793-671 a. C.) [...]" (VIANNA, Segadas et al. *Instituições de direito do trabalho*. 19. ed., v. 2, p. 1.071).

[2] "Em Roma, consolidou-se a formação de colégios. Estes constituíam associações distribuídas por ordens profissionais (artesãos, sapateiros, oleiros, joalheiros, forjadores de cobres, carpinteiros). Além destes, existiam os colégios de homens livres, libertos e escravos; via de regra, eram tidos como organismos vinculados ao Estado e gozavam de certas prerrogativas políticas; tinham liberdade de organizar seus próprios estatutos, porém necessitavam de autorização do Estado para sua existência. Desempenhavam atividades políticas, religiosas, assistenciais. Atuavam também na regulamentação de salários dos locadores de mão de obra e conquistaram vantagens como isenção de impostos e taxas e de serviço militar. Os colégios eram tidos como de caráter público ou privado, conforme os ofícios que agregavam. Os primeiros envolviam as profissões e ofícios tidos como necessários para a segurança do Estado e subsistência do povo (padeiros, salsicheiros etc.), gozavam de certos benefícios do Estado (isentos de funções públicas, do serviço militar e dos impostos municipais). Seus membros e seus herdeiros eram obrigados ao exercício do ofício. Fundamentalmente, os colégios romanos possuíam caráter religioso e exerciam funções de auxílio de seus membros, sem, entretanto, possuírem propósitos profissionais" (SANTOS, Ronaldo Lima dos. *Sindicatos e ações coletivas*: acesso à justiça, jurisdição coletiva e tutela dos interesses difusos, coletivos e individuais homogêneos, p. 30).

[3] NASCIMENTO, Amauri Mascaro. Origens históricas e natureza jurídica dos sindicatos, *in Curso de direito coletivo do trabalho*, p. 33.

Com a queda do Império Romano (476, d. C.), surgiu o feudalismo, com uma produção inteiramente rural, sendo que apenas ressurge o comércio, ainda que minimamente, no século XI, com o desenvolvimento de feiras e mercados, favorecidos pelas Cruzadas.[4]

O período conhecido como baixa Idade Média (séc. X ao XV) foi marcado por profundas alterações na sociedade, as quais conduziram à superação do sistema feudal pelo capitalismo comercial.

Em síntese, pode-se dizer que *"no plano econômico, a economia autossuficiente, típica do feudalismo, foi substituída por uma economia comercial. No plano social, a hierarquia estamental foi se desintegrando, surgindo paralelamente um novo grupo social ligado ao comércio: a burguesia. Politicamente, o poder pessoal e universal dos senhores feudais foi sendo gradualmente substituído pelo poder centralizador dos soberanos, originando as monarquias nacionais centralizadas"*.[5]

As cidades *"adquirem autonomia. Garantida a segurança dos seus cidadãos, transformam-se em centros de comércio. Organiza-se a produção com a criação de corporações de ofício, que constituíam verdadeiras associações de trabalho [...]*

O trabalho manual era realizado nas corporações, formadas de mestres, companheiros e aprendizes. As corporações, zelosas por suas prerrogativas, tendiam ao monopólio".[6]

Predominava a ideia de preço justo, sendo condenável a usura, não se admitindo empréstimo a juros. Os salários eram fixados pelas corporações profissionais, *"a remuneração do trabalho deve corresponder ao valor da utilidade produzida, na qual se incluem o esforço despendido e as necessidades próprias e familiares do trabalhador. Trata-se de estimativa, sempre condicionada às possibilidades econômicas da sociedade, mas que em sua aplicação deve atender ao seu princípio informador"*.[7]

---

[4] "A partir da reconquista comercial do mar Mediterrâneo, as cidades italianas foram beneficiadas. Devido às condições geográficas favoráveis e ao fortalecimento de suas ligações comerciais com o Oriente, através da Quarta Cruzada, obtiveram a primazia na distribuição das mercadorias orientais por todo o continente europeu. Na Europa setentrional, o comércio desenvolvia-se especialmente nos mares Báltico e do Norte, sobretudo na região de Flandres, famosa pela produção de lã. A intensificação das atividades comerciais no sul e no norte europeus propiciou a ligação entre essas regiões, através de rotas terrestres e, principalmente, fluviais. Assim, navegando por rios como Danúbio, o Reno e o Ródano, os mercadores empreendiam suas viagens de negócios, reunindo-se nas feiras, que eram pontos de comércio temporário. Até o século XIV, as mais importantes feiras se realizavam em Champanhe, condado francês localizado num dos pontos mais centrais da Europa ocidental. Nesses mercados ambulantes, os comerciantes do norte podiam oferecer seus produtos (tecidos, peles, madeira, mel e peixes) aos italianos, adquirindo deles as mercadorias orientais. Esse comércio possibilitou o retorno das transações financeiras, com o reaparecimento da moeda, o novo impulso à atividade creditícia e a entrada em circulação das letras de câmbio, realçando as atividades bancárias. Com isso, a terra deixava de constituir a única expressão da riqueza, aparecendo com destaque um novo grupo social, os mercadores" (VICENTINO, Cláudio. *História geral*, p. 77-78).

[5] VICENTINO, Cláudio. Ob. cit., p. 73.

[6] PRADO, Roberto Barreto. *Curso de direito sindical*. 3. ed., p. 120.

[7] PRADO, Roberto Barreto. Ob. cit., p. 127.

Na França e Alemanha, entre os séculos XII e XIII, quando construíam as catedrais de Notre Dame e as de Colônia, surgiram as *Bruderschaften* e as *Fraternités*.

Provavelmente, a primeira regulamentação dos grupos profissionais ocorreu em 1351, com a Ordenação de João II, o Bom. Neste mesmo período, na Inglaterra, Eduardo III expediu os *Statutes of Laboures*.

A essa época, as corporações já dominavam e organizavam o trabalho na França e Inglaterra, apoiadas na carta-privilégio dada pelo imperador, pelo senhor feudal ou pela cidade. Existiam também na Alemanha, Itália e Espanha.

Com o desenvolvimento do comércio e o aumento do número de trabalhadores nos grandes centros que se formavam, *"não obstante o apoio que tinham dos detentores do poder, as corporações não conseguiram dominar completamente os trabalhadores de que se serviam e, além do mais, começava a se produzir um sentimento de revolta contra os mestres que, na ambição de enriquecer e também para atender às exigências de dinheiro para a manutenção dos privilégios, estendiam exageradamente o número de anos da aprendizagem e não aumentavam, na proporção do custo de vida, a remuneração de seus trabalhadores, ao mesmo tempo que impediam a abertura de novas oficinas para evitar a concorrência no mercado da mão de obra"*.[8]

Assim, *"a convivência do feudalismo com o desenvolvimento comercial e urbano resultou, no final da Idade Média, em diversas crises, decorrentes da incompatibilidade dos dois sistemas. Nos séculos XIV e XV essas crises aceleraram definitivamente a decadência do feudalismo, que não mais atendia às necessidades da época, confirmando a ascensão definitiva de uma nova ordem socioeconômica na Europa, que encerrou o mundo medieval"*.[9]

Entre os séculos XV ao XVIII (Idade Moderna), predominou o capitalismo comercial. Nesse interstício, as nobrezas estavam em decadência, apesar do grande número de propriedades e títulos, dando lugar à ascensão da burguesia. A importância do desenvolvimento comercial e a capitalização constituiriam a base sobre a qual se desenvolveria o capitalismo industrial.

No fim da Idade Moderna, ocorreu uma série de movimentos revolucionários, entre os que se destaca a independência dos Estados Unidos (1776, elaborada a primeira Constituição Norte-Americana em 1787), Revolução Industrial (1760-1850) e Revolução Francesa (1789). Fatos que abrem o período como a "era das revoluções" (1789-1848).[10]

---

[8] VIANNA, Segadas et al. Ob. cit., p. 1.074.

[9] VICENTINO, Cláudio. Ob. cit., p. 94.

[10] "Imaginar o mundo moderno sem estas palavras (isto é, sem as coisas e conceitos a que dão nomes) é medir a profundidade da revolução que eclodiu entre 1789 e 1848, e que constitui a maior transformação da história humana desde os tempos remotos quando o homem inventou a agricultura e a metalurgia, a escrita, a cidade e o Estado. Esta revolução transformou, e continua a transformar, o mundo inteiro. [...] A grande revolução de 1789-1848 foi o triunfo não da indústria como tal, mas da indústria capitalista; não da liberdade e da igualdade em geral, mas da classe média ou da sociedade burguesa liberal, não da economia moderna ou do Estado moderno, mas das economias e Estados em uma determinada região geográfica do mundo (parte da Europa e alguns trechos da América do Norte), cujo centro eram os Estados rivais e vizinhos da Grã-Bretanha e França. A

A Revolução Francesa representou a queda do Absolutismo, o qual se apoiava ainda nos valores do sistema feudal, em especial no que se refere à estrutura da propriedade e da produção, e a tomada do poder político pela burguesia, eliminando-se os últimos entraves ao desenvolvimento do capitalismo.

Logo na primeira fase da Revolução Francesa, aprovaram-se a abolição dos privilégios feudais e da Igreja, numa tentativa de restabelecer a ordem, e a Declaração dos Direitos dos Homens e do Cidadão, estabelecendo: a igualdade de todos perante a lei; o direito à propriedade privada e de resistência à opressão.

Com a Revolução Francesa, as corporações foram extintas, chegando mesmo a serem proibidas, por se mostrarem como óbice à liberdade do homem. *"Pode-se afirmar, em conclusão, que o sindicalismo surgiu porque foram extintas as corporações de ofício medievais."*[11]

Na análise de Arnaldo Süssekind,[12] *"Se a Revolução Francesa (1789) foi, sob o prisma político, um marco notável na história da civilização, certo é que, ao estear todo o sistema jurídico em conceitos abstratos de igualdade e liberdade, permitiu a opressão dos mais fracos, falhando, portanto, no campo social. É que a relação contratual estipulada entre o detentor de um poder e aquele que, por suas necessidades de subsistência, fica obrigado a aceitar as regras impostas por esse poder, não constitui, senão formalmente, uma relação jurídica; na essência, representa um fato de dominação.*

Afirmando a igualdade jurídico-política dos cidadãos (todos são iguais perante a lei), a Revolução Francesa adotou o princípio do respeito absoluto à autonomia da vontade (liberdade contratual), cuja consequência foi a não intervenção do Estado nas relações contratuais (laissez-faire)."

A partir da segunda metade do século XVIII, principalmente por conta do acúmulo de capitais nas transações comerciais, inicia-se o processo conhecido como a Revolução Industrial na Inglaterra, com a mecanização industrial, *"desviando a acumulação de capitais da atividade comercial para o setor de produção. Esse fato trouxe grandes mudanças, de ordem tanto econômica quanto social, que possibilitaram o desaparecimento dos restos do feudalismo ainda existentes e a definitiva implantação do modo de produção capitalista".*

Em pouco tempo, a Revolução Industrial chegou aos países do continente europeu, atingindo a Bélgica, a França, e, posteriormente à Itália, a Alemanha, a Rússia e os Estados Unidos.

Como bem aponta Cláudio Vicentino,[13] *"o surgimento da mecanização industrial operou significativas transformações em quase todos os setores da vida humana. Na estrutura socioeconômica, fez-se a separação definitiva entre o capital, representado pelos donos dos*

---

transformação de 1789-1848 é essencialmente o levante gêmeo que se deu naqueles dois países e que dali se propagou por todo o mundo" (HOBSBAWM, Eric J. *A era das revoluções – 1789-1848*. 17. ed., p. 16).

[11] NASCIMENTO, Amauri Mascaro. Ob. cit., p. 33.
[12] SÜSSEKIND, Arnaldo. *Direito constitucional do trabalho*, p. 6.
[13] VICENTINO, Cláudio. Ob. cit., p. 205.

meios de produção, e o trabalho, representado pelos assalariados, eliminando-se a antiga organização corporativa da produção, utilizada pelos artesãos. O trabalhador perdia a posse das ferramentas e máquinas, passando a viver da única coisa que lhe pertencia: sua força de trabalho, explorada ao máximo.

Submetidos a remuneração, condições de trabalho e de vida subumanas, em oposição ao enriquecimento e pujança dos proprietários, os trabalhadores associaram-se em organizações trabalhistas como as trade unions *e surgiram ideias e teorias preocupadas com o quadro social da nova ordem industrial. Estabeleceu-se, claramente, a luta de interesses entre a burguesia e o proletariado".*

O *trade-unionismo*, movimento sindicalista da Inglaterra (1720), é considerado o mais antigo do mundo; originou-se nas associações de trabalhadores, em Londres, que tinham como escopo reivindicações de cunho salarial e de limitações de jornada de trabalho. O ponto de partida de união foi quando, *"no ano remoto de 1720, os mestres-alfaiates se dirigiram ao Parlamento Britânico, através de uma associação que reunia mais de sete mil trabalhadores, pleiteando a obtenção de maior salário e a redução de uma hora na jornada diária de trabalho".*[14] Era a resistência dos trabalhadores ao liberalismo econômico.

Foi Robert Owen quem lançou as sementes do Direito do Trabalho, ao implantar medidas de proteção ao trabalho na sua fábrica de tecidos em New Lamark na Escócia e difundiu suas ideias no livro *A new view of society* (1813) e propôs no Congresso de Aix-la--Chapelle a celebração de um tratado internacional limitando a jornada de trabalho (1818).[15]

Inicialmente, as associações dos trabalhadores eram proibidas, passando posteriormente a uma fase de tolerância para chegar ao seu reconhecimento legislativo.

1.2 FASE DA PROIBIÇÃO

A fase de proibição de associação dos trabalhadores foi marcada pelo repúdio às corporações de ofícios da Idade Média e da Idade Moderna e as teorias liberais da economia.[16]

---

[14] RUSSOMANO, Mozart Victor. *Princípios gerais de direito sindical*. 2. ed., p. 17.

[15] SÜSSEKIND, Arnaldo. Ob. cit., p. 7.

[16] "A proibição dos sindicatos pelo Estado é fruto de uma série de concepções ideológicas, políticas e econômicas advindas com o liberalismo da Revolução Francesa, de 1789. O princípio da igualdade jurídico-política e a filosofia do liberal-individualismo determinaram a consagração do dogma da autonomia da vontade nas relações contratuais, inclusive nas de trabalho (*laissez--faire*); a supressão das corporações de ofício e a proibição de coalizações de trabalhadores ou de empregadores. Com esteio no princípio da liberdade dos indivíduos, condenou-se a existência de corpos intermediários na sociedade, como forma de preservar a livre e plena manifestação da vontade, sem que ela estivesse submetida à vontade de instituições ou corpos intermediários. Os contornos desse pensamento liberal são encontrados nas ideias de Jean-Jacques Rousseau para quem o alcançar de uma vontade geral que predominasse sobre as vontades particulares somente ocorreria com a vedação de sociedades parciais no Estado. Essas idealizações liberais encontradas no Contrato Social estavam presentes no informe apresentado por Le Chapelier à Assembleia-geral em 14 de junho de 1791: 'Não há mais corporações no Estado. Há somente o interesse particular de cada indivíduo e o interesse geral'" (SANTOS, Ronaldo Lima dos. Ob. cit., p. 36).

Em vários países a associação de trabalhadores foi considerada como delito. Por exemplo: (a) França, a Lei Le Chapelier[17] (1791) e o Código Penal de Napoleão[18] (1810); (b) Inglaterra, os *Combinations Acts* de 1799 e 1800; (c) Estados Unidos, por uma decisão judiciária do Estado da Filadélfia de 1806; (d) Espanha em 1834.

1.3 FASE DE TOLERÂNCIA

Na fase de tolerância, passou-se a admitir os movimentos sindicais, sem, contudo, o reconhecimento legal.[19] Os sindicatos eram entidades de fato e não jurídicas.

A coalização de trabalhadores e de empregadores deixou de ser um crime, apesar de não ter sido reconhecida como um direito. Vários foram os países que revogaram as proibições: (a) a Inglaterra em 1824 revoga as *Combinations Acts*; (b) a França em 1864 suprime o crime de coalizão; (c) Bélgica (1866); (d) Alemanha (1869); (e) Áustria-Hungria (1870); (f) Países Baixos (1872); (g) Itália (1889).

1.4 RECONHECIMENTO

Da tolerância dos movimentos sindicais, os Estados passam a reconhecer a legitimidade e a figura do sindicato por leis ou nas suas Constituições.[20] A título de esclarecimento, como exemplos de reconhecimento: (a) o *Trade Unions Act* (1871), na Inglaterra; (b) a Lei Waldeck-Rousseau (1884), na França; (c) o *Clayton Act* (1914), nos Estados Unidos.

---

[17] "É possível considerar, como primeira manifestação proibitiva da associação dos trabalhadores, a Revolução Francesa de 1789 e o Liberalismo, enquanto consideravam a associação incompatível com a liberdade do homem. Nesse sentido, a Lei Le Chapelier (1791) inequivocamente exemplifica a fase de proibição das coalizões dos trabalhadores" (NASCIMENTO, Amauri Mascaro. *Curso de direito do trabalho*. 21. ed., p. 1018).

[18] "O Código Penal de Napoleão (1810) pune a associação de trabalhadores, expressando a tendência de caracterizar como delito a organização sindical, como se a questão social fosse uma questão policial" (NASCIMENTO, Amauri Mascaro. Ob. cit., p. 1019).

[19] "Essa fase é predominantemente marcada pela descriminalização das coalizações, ou seja, a supressão da sua tipificação penal, mas sem o reconhecimento jurídico do direito de associação. A realidade social em que viviam os trabalhadores e as doutrinas sociais que efervesciam impediram que as legislações proibitivas das associações inibissem por completo a atuação dos trabalhadores. Criaram-se diversas organizações de trabalhadores e empregadores, muitas com caráter mutualista ou cooperativista, que acabaram por se constituir em verdadeiros grupos de pressão. Muitas delas atuavam na clandestinidade, mas ainda assim adquiriram grande força, a ponto de não mais poderem ser ignoradas pelo Estado" (SANTOS, Ronaldo Lima dos. Ob. cit., p. 38).

[20] "A introdução dos sindicatos nos ordenamentos jurídicos não foi uma graciosidade do Estado, mas uma mudança de postura deste em face da força com a qual o sindicalismo foi integrando-se na vida social. A força dos fatos superou as convicções filosóficas e políticas, até então vigentes, para instalar a liberdade de associação. Também legitimou a atuação das coalizações e sindicalizações que, ao se ampliarem, adquiriram extraordinário elastério na reformulação das convicções jurídicas e ideários políticos, com o alargamento crescente da sua independência sindical. O reconhecimento tem como objetivo a inserção dos sindicatos na ordem social do Estado como forma de submetê--los a discretos meios de controle" (SANTOS, Ronaldo Lima dos. Ob. cit., p. 39).

No âmbito constitucional, a Constituição da Suíça foi a primeira a prever direitos dos trabalhadores (1874). A Constituição francesa de 1848, de curta vigência, fez referência ao direito do trabalho, à educação profissional e a instituições de previdência. A Constituição do México possuía um elenco de direitos trabalhistas como proteção ao trabalho, jornada de trabalho, salário mínimo, proteção ao salário, participação nos lucros das empresas, direito sindical, greve e previdência social (1917).

Derrotada na Primeira Guerra Mundial, a Alemanha proclamou a Constituição de Weimar (1919), que influenciada por ideias socialistas, *"inseriu no seu texto um capítulo sobre a ordem econômica e social, previu a criação de conselhos de trabalhadores nas empresas, nos distritos e no Reich e de conselho econômico nacional, assegurou a liberdade sindical e colocou o trabalho sob a proteção especial do Estado, o qual deveria se empenhar pela regulamentação internacional do trabalho"*.[21]

1.5 NO BRASIL

No período de 1500 a 1888 (a abolição da escravidão), o trabalho livre era inexpressivo no Brasil. Por exemplo: (a) no ano de 1819, havia 1.107.389 escravos, cerca de 50% da população branca, não havia indústria ou mercado consumidor interno; (b) no final do Império, havia cerca de 60 mil operários espalhados em pequenas oficinas e grandes indústrias, sendo um milhão de escravos para a população de 14 milhões.[22] O número de operários era quase 17 vezes menor do que o número de escravos.

As primeiras organizações operárias começam a dar sinais de existência na metade do séc. XIX,[23] responsáveis pelas primeiras reivindicações salariais e de redução de jornada, com, muitas vezes, atribuições assistenciais, como a Liga Operária (1870); Liga Operária de Socorros Mútuos (1872); União Operária (1880); Liga de Resistência dos Trabalhadores em Madeira (1901); Liga dos Operários em Couro (1901); Liga de Resistência das Costureiras (1906) etc.

---

[21] SÜSSEKIND, Arnaldo. Ob. cit., p. 12.
[22] BASBAUM, Leôncio apud AROUCA, José Carlos. *Repensando o sindicato*, p. 15.
[23] "As organizações proletárias obedeciam a diversas modalidades, desde aquelas que se destinavam ao auxílio mútuo, até a defesa contra os inimigos da classe; porém, todas elas são simples transposições de seus congêneres europeus, coexistindo harmoniosamente; corporações, caixas beneficentes, socorros mútuos, sociedades de resistência, sindicatos e bolsas de trabalho existem com finalidade de combate, local de reunião de operários, de conscientização de classe. Mesmo assim, como registra a história 'nesse período de composição, o proletariado brasileiro estava longe de constituir uma classe homogênea'. A classe trabalhadora no Brasil, assim, constituía-se na camada mais atrasada e miserável da população, pois formava-se com aqueles que sem preparo técnico, analfabetos, não conseguiam um emprego público ou trabalho no comércio. Grande parte deste contingente era constituída de ex-escravos, retirantes das secas do Nordeste, agregados que haviam perdido suas terras e artesões que não resistiam a concorrências com as fábricas que despontavam" (AROUCA, José Carlos. Ob. cit., p. 16-17).

A história do Direito do Trabalho brasileiro sofreu influência dos ideais anarquistas[24] trazidos pelos imigrantes italianos, portugueses e espanhóis no final do séc. XIX e início do séc. XX.

Não se pode negar que os trabalhadores europeus tiveram um papel decisivo para a evolução do sindicalismo no Brasil pela condição técnica e politização superior em relação aos trabalhadores nacionais.

À época, os trabalhadores europeus foram influenciados pelo anarquismo, o qual representa uma teoria crítica à ordem jurídica, social e política em que se concretiza o capitalismo. Os anarquistas combatem a ideia de governo e de autoridade. Pregam a não necessidade de leis para se ter a direção da sociedade. Estabelecem a ação direta como meio de luta. No âmbito sindical, os anarquistas pregavam como instrumentos de luta dos trabalhadores: a sabotagem e a greve. A atuação dos anarquistas foi importante para a deflagração das greves na década de 20 no século XX.

Em 1908, na cidade do Rio de Janeiro, pela primeira vez, sindicatos de categorias diferentes do Rio de Janeiro, São Paulo, Rio Grande do Sul, Bahia e Pernambuco (50 associações) se unem e definem um plano de luta em conjunto e fundam a Confederação Operária Brasileira (COB), com ideias socialistas e anarcossindicalistas.[25]

Inúmeras greves[26] ocorreram nas duas primeiras décadas do séc. XX, em especial, em 1919, as quais culminaram com a expulsão de vários estrangeiros e a prisão de brasileiros.

---

[24] "Anarquia. 1. sistema político baseado na negação do princípio da autoridade. 1.1. negação de qualquer tipo de autoridade. 2. estado de um povo que, de fato ou virtualmente, não tem mais governo. [...]"
"Anarquismo. s.m. (1789 cf. DV) 1. FIL HIST POL teoria social e movimento político, com presença atuante na história ocidental durante o século XIX e na primeira metade do século XX, que sustenta a ideia de que a sociedade existe de forma independente e antagônica ao poder exercido pelo Estado, sendo este considerado dispensável e até mesmo nocivo ao estabelecimento de uma autêntica comunidade humana. 2. p. ext qualquer ataque ou afronta à ordem social estabelecida ou aos costumes reinantes. A. individualista FIL HIST POL vertente do anarquismo que preconiza a liberdade e a soberania absoluta do indivíduo, em detrimento da existência do Estado ou de qualquer outra instituição que restrinja a autonomia individual [Freq. Vinculado a uma radicalização do ideário liberal, esta doutrina não admite qualquer restrição à liberdade econômica e ao direito à propriedade]. a. socialista FIL HIST POL vertente clássica e hegemônica do anarquismo teórico e prático que preconiza a substituição da propriedade privada e do poder estatal por uma organização social baseada na coletivização dos meios de produção, na democracia direta (não representativa), e na autonomia política e econômica de pequenas comunidades confederadas" (HOUAISS, Antônio; VILLAR, Mauro de Salles; FRANCO, Francisco Manoel de Mello. *Dicionário Houaiss da língua portuguesa*, p. 204).

[25] AROUCA, José Carlos. Ob. cit., p. 17.

[26] Pela crise de produção gerada pela Primeira Guerra Mundial e a baixa no valor dos salários, houve uma série de greves entre 1917 e 1920. Com a greve de 1917, houve a paralisação de São Paulo, abrangendo cerca de 45 mil pessoas. Pelo governo foi determinada a convocação das tropas do interior. Cerca de 7 mil soldados ocuparam a cidade de São Paulo. Para o porto de Santos, foram enviados dois navios de guerra. A repressão foi forte para o movimento paredista. Num dos choques com a polícia, foi assassinado o operário sapateiro Antonio Martinez. Mais de 10 mil pessoas

Em 1920, foi criada a Confederação Geral dos Trabalhadores. Houve a sua extinção alguns meses depois por ato governamental.

Considerando a repressão à luta dos trabalhadores, José Carlos Arouca[27] afirma que *"a história do sindicalismo sempre esteve ligada à polícia"*.

O reconhecimento dos sindicatos no plano jurídico passou por várias fases.

No plano constitucional: a Constituição Política do Império do Brasil de 1824 (art. 179, § 25) – *"Ficam abolidas as corporações de ofícios, seus juízes, escrivães e mestres."* Constituição de 1891. Omissa. Constituição de 1934 (art. 120) – *"Os sindicatos e as associações profissionais serão reconhecidos de conformidade com a lei. Parágrafo único. A lei assegurará a pluralidade sindical e a completa autonomia dos sindicatos."* Art. 7º, I, h – *"Compete privativamente aos Estados decretar a Constituição e as leis por que se devam reger, respeitando o princípio da representação das profissões"*. Art. 23 – *"A Câmara dos Deputados compõe-se de representantes do povo [...] e representantes eleitos pelas organizações profissionais."* Constituição de 1937 (art. 137) – *"A legislação do trabalho observará, além de outros, os seguintes preceitos: (a) os contratos coletivos de trabalho concluídos pelas associações, legalmente reconhecidas, de empregadores, trabalhadores, artistas e especialistas, serão aplicados a todos os empregados, trabalhadores, artistas e especialistas que elas representam; (b) os contratos coletivos de trabalho deverão estipular obrigatoriamente a sua duração, a importância e as modalidades do salário, a disciplina interior e o horário do trabalho; [...]"* (art. 138)[28] – *"A associação profissional ou sindical é livre. Somente, porém, o sindicato regularmente reconhecido pelo Estado tem o direito de representação legal dos que participarem da categoria de produção para que foi constituído, e de defender-lhes os direitos perante o Estado e as outras organizações profissionais, estipular contratos coletivos de trabalho obrigatórios para todos os seus associados, impor-lhes contribuições e exercer, em relação a eles, funções delegadas de poder público."* Constituição de 1946 (art. 159) – *"É livre a associação profissional ou sindical, sendo reguladas por lei a forma de sua constituição, a sua representação legal nas convenções coletivas de trabalho e o exercício de funções delegadas pelo poder público."* Constituição de 1967 (art. 159, *caput* e § 1º, e EC nº 1/1969, art. 166, *caput* e § 1º) – *"É livre a associação profissional ou sindical; a sua constituição, a representação legal nas convenções coletivas de trabalho e o exercício de funções delegadas de poder público serão regulados em lei. Entre as funções delegadas a que se refere este artigo, compreende-se a de arrecadar, na forma da lei, contribuições para o custeio da atividade dos órgãos sindicais e profissionais e para a execução de programas de interesse das categorias por eles representadas."*

---

acompanharam o enterro. Em 1919, Constantino Castelani, um dos líderes da União Operária, foi morto por policiais quando discursava em frente a uma fábrica.

[27] AROUCA, José Carlos. Ob. cit., p. 17.
[28] Cópia literal da Declaração XXVIII da Carta del Lavoro de 12/4/1927.

Na legislação infraconstitucional: o Decreto 979/1903[29] permitiu a reunião dos profissionais da agricultura e das indústrias rurais, tanto pequenos produtores como empregados e empregadores, com liberdade de escolha das formas de sindicalização (sindicatos rurais). O Decreto 1.637/1907[30] previu a sindicalização urbana e sua organização em profissões similares ou conexas, fixando como finalidade da entidade: o estudo, a defesa e o desenvolvimento dos interesses gerais da profissão e dos interesses individuais dos seus membros. Constitui a primeira fase do sindicalismo brasileiro.

A fase seguinte, conhecida como anarcossindicalismo, desaparece na década de 20, sendo que a sua doutrina e política influenciaram o sindicalismo revolucionário de larga divulgação no Brasil.

A mensagem anarquista *"centralizava-se em alguns pontos: a ideia do combate ao capitalismo, a evanescência do Estado, a desnecessidade da existência de leis jurídicas para governar a sociedade, o combate ao governo e à autoridade, a ação direta como meio de luta, enfim, uma radical crítica a tudo quanto existe na ordem jurídica, política e social".*[31]

O período subsequente, denominado intervencionista, com o modelo corporativista de Getúlio Vargas, foi inspirado no modelo italiano, com a Lei dos Sindicatos, Decreto 19.770/1931.[32] Levado ao plano constitucional em 1937.

---

[29] O Decreto 979/1903 era dirigido aos trabalhadores e empresas da área agrícola, visto que à época o Brasil tinha uma economia quase que totalmente concentrada na agricultura. Como destaques, o Decreto 979 estabeleceu: (a) o direito de reunião de profissionais da agricultura e da indústria rural, com a finalidade de estudo, custeio e defesa dos seus interesses; (b) a permissão aos sindicatos da formação de uniões ou sindicatos centrais com personalidade jurídica separada e com a atribuição de reunir sindicatos de diversas circunscrições territoriais; (c) a atribuição para a entidade sindical quanto à condição de intermediário de crédito a favor dos sócios, adquirindo para eles o que fosse necessário para o exercício da profissão e vendendo por conta deles os produtos de sua exploração; (d) que a aquisição do direito de personalidade jurídica não dependia de autorização estatal; (e) o respeito ao direito de cada indivíduo de ingressar ou não e de sair da entidade sindical.

[30] O Decreto 1.637/1907 foi o resultado de um projeto de lei apresentado pelo deputado baiano Joaquim Ignácio Tosta. No exame do conteúdo normativo, destacamos: (a) a faculdade aos integrantes de profissões similares ou conexas, inclusive profissões liberais de organização de sindicatos para o estudo, a defesa e o desenvolvimento dos interesses gerais da produção e dos interesses profissionais de seus membros; (b) a livre constituição, não dependendo de autorização governamental. Contudo, deveriam depositar, no registro de hipotecas do distrito respectivo, 3 exemplares do estatuto, da ata da instalação e da lista nominativa dos membros da diretoria, do conselho e de qualquer órgão encarregado da direção da sociedade; (c) a entidade sindical tinha por prerrogativas: (1) atuar em juízo ativa e passivamente; (2) adquirir bens móveis e imóveis a qualquer título; (3) organizar para seus membros instituições de mútuo, previdência e cooperação, mas como se fossem associações autônomas; (4) formação de federações ou sindicatos centrais, sem limitações de circunscrições territoriais; (d) a liberdade sindical, com o direito de filiação voluntária e desligamento a qualquer tempo.

[31] NASCIMENTO, Amauri Mascaro. Ob. cit., p. 41-42.

[32] O Decreto 19.770/1931 estabeleceu as premissas de uma organização sindical corporativista, sendo inegável o reflexo histórico do fascismo italiano. Como destaques, temos: (a) o agrupamento oficial de profissões idênticas, similares e conexas em bases territoriais preponderantemente municipais; (b) a vedação de filiação dos sindicatos a entidades internacionais sem autorização do

Posteriormente, o Dec.-lei 1.402/1939[33] complementou a legislação sindical.

No início da década de 40, a sistemática legal até então vigente foi incorporada pela CLT (Dec.-lei 5.453, 1/5/1943).

Com a redemocratização do país em abril de 1945, por influência do Partido Comunista Brasileiro (PCB), funda-se o Movimento Unificado dos Trabalhadores (MUT), com 300 dirigentes sindicais de 13 estados da Federação.[34]

Em 1949, realiza-se o 1º Congresso Brasileiro dos Trabalhadores.

Alguns anos depois (1953), foi formado o Pacto de Unidade Intersindical (PUI).

O Ministro do Trabalho, Almino Afonso, do governo João Goulart, baixou a Portaria 125, de 3/4/1963, legitimando a Confederação Geral dos Trabalhadores (CGT).

As décadas de 60 e 70 são marcadas pelas inúmeras intervenções do Regime Militar no movimento sindical. Segundo José Carlos Arouca,[35] *"de pronto, nada menos do que 409 intervenções em sindicatos que, chegariam a 1.202 em 1979. Cerca de 50 mil prisões e 50 cassações de mandatos parlamentares, 40 já na primeira lista, atingindo 18 parlamentares do Partido Trabalhista Brasileiro, 3 do Partido Social Progressista, 3 do Partido Social Democrático e 3 do Partido Democrático Cristão".*

Em relação às centrais sindicais, aponta Pedro Paulo Teixeira Manus que[36] o regime militar, ciente do poder que detinham, *"cuidou desde logo de colocar na ilegalidade estas*

Ministério do Trabalho; (c) proibição de qualquer propaganda de ideologias sectárias, de caráter social, político ou religioso pelas entidades sindicais; (d) possibilidade de atribuição de efeito *erga omnes* às convenções coletivas de trabalho; (e) a permissão de instituição de associações sindicais de grau superior; (f) o sindicato tinha a função de órgão de colaboração do governo, exigindo-se, para tanto, o reconhecimento estatal do sindicato; (g) a base da estrutura sindical era a da classe profissional, constituída por indivíduos com profissões idênticas, similares e conexas (era prevalecente a organização dos trabalhadores pelo critério horizontal das profissões), o que só foi alterado pelo Dec.-lei 1.402/1939 quando passa a dominar, em nível de classificação, o critério vertical por indústria ou ramos de atividade; (h) o grupo deixou de ter a possibilidade de criação da sua organização, passando a haver a unicidade sindical (sindicato único para cada profissão dentro de uma determinada base).

[33] Como destaques no Dec.-lei 1.402/1939, temos: (a) a exigência de sindicatos exclusivos, únicos e autorizados pelo governo, além da determinação de como a associação sindical seria transformada em sindicato. Procedeu à instituição do quadro de profissões, além da intervenção do Ministério do Trabalho na estrutura sindical; (b) proibição de participação das entidades sindicais junto às organizações sindicais internacionais; (c) a possibilidade da criação de contribuições pelo sindicato.

[34] Em 1946 surgiu o Movimento de Unificação dos Trabalhadores (MUT). Tratava-se de uma central em que se teve forte influência dos comunistas. Tinha por escopo a defesa da soberania nas assembleias sindicais, sem a presença de representantes do governo, além da eleição e posse de diretores sem a prévia aprovação do Ministério do Trabalho. Era a favor da autonomia administrativa, com a eliminação do controle do Estado sobre a aplicação dos fundos sindicais. O MUT foi um movimento efêmero. Pode-se dizer que no governo do general, o movimento sindical foi perseguido, com uma série de perseguições políticas e intervenções nos sindicatos (em 1949 foram 234 intervenções).

[35] AROUCA, José Carlos. Ob. cit., p. 34.

[36] MANUS, Pedro Paulo Teixeira. *Direito individual e coletivo do trabalho.* 11. ed., p. 264.

entidades, como ocorreu com a CGT, a Central Geral dos Trabalhadores, proibindo seu funcionamento, perseguindo seus dirigentes, prendendo-os, torturando-os e banindo alguns dos mais representativos e combatentes sindicalistas".

O ressurgimento dos sindicatos aconteceu em Contagem, em abril de 1968, quando os trabalhadores suspenderam o trabalho reivindicando reposição salarial à revelia da Entidade Sindical que negou qualquer envolvimento com a greve e pediu sua suspensão.[37]

Com apoio do sindicato, novas greves ocorreram no setor metalúrgico em Osasco. Com a ocupação da cidade pelos militares, 30 dirigentes sindicais foram presos e o sindicato foi posto sob intervenção.

Em maio de 1978, os trabalhadores da Scania entraram em greve, seguidos pelos empregados da Ford, Volkswagen e das grandes indústrias metalúrgicas da região do ABC paulista. O movimento paredista se espalhou rapidamente por toda a região.

Em agosto de 1983, por dissidência interna da CGT, nasce a Central Única dos Trabalhadores (CUT).

A Constituição Federal de 1988 prevê o livre direito de instituição de associação para fins lícitos: foi previsto no art. 5º, XVII, sendo vedada a de caráter paramilitar, e a interferência estatal em seu funcionamento, a qual somente poderá ser extinta por decisão judicial transitada em julgado.

Também foi prevista a liberdade de filiação à associação, sendo que ninguém será compelido a associar-se ou a permanecer associado (art. 5º, XX).

Com pequenas modificações, a estrutura sindical existente se manteve até a CF/88 (arts. 10 a 12), a qual dispôs sobre: (a) o direito de organização sindical e a liberdade sindical; (b) o sistema confederativo (sindicato, federações e confederações); (c) unicidade sindical, observando a base territorial; (d) menor base territorial coincide com a do município; (e) livre administração do sindicato, sendo vedada a interferência do Estado; (f) contribuição confederativa fixada por assembleia; (g) liberdade de filiação e desfiliação; (h) unificação do modelo sindical urbano, rural e de colônias de pescadores; (i) possibilidade de participação dos aposentados; (j) garantias do exercício da atividade sindical.

O art. 9º assegura o direito de greve para o empregado celetista. Atualmente, disciplinado pela Lei 7.783/89.

O direito do servidor público civil à livre associação sindical também foi garantido por disposição constitucional (art. 37, VI) e o direito de greve, nos termos e limites definidos em lei especial (art. 37, VII). Esses dispositivos dizem respeito aos servidores estatutários civis.

---

[37] AROUCA, José Carlos. Ob. cit., p. 37.

Constitucionalmente, é vedado o direito de greve[38] e o de sindicalização[39] ao servidor público militar das forças armadas (art. 142, § 3º, IV) e aos militares dos Estados, do Distrito Federal e dos Territórios (art. 42, § 1º).

Aos empregados públicos (regime celetista), a liberdade sindical encontra-se disciplinada no art. 8º, CF. Neste caso, o sistema é semelhante ao da iniciativa privada, sofrendo limitações apenas quanto à celebração de acordos e convenções coletivas de trabalho quando o empregador for a Administração Direta, Autarquia, Associação Pública (Consórcio Público com personalidade de Direito Público) e Fundação de Direito Público. Isso significa que, em relação às empresas públicas, às sociedades de economia mista e suas subsidiárias, não há qualquer restrição.

A Confederação Geral dos Trabalhadores, posteriormente denominada de Central Geral dos Trabalhadores do Brasil (CGTB), foi fundada em setembro de 1990, em São Paulo.

A Força Sindical (FS) nasceu em março de 1991.

A Central Sindical de Trabalhadores Independentes (CSTI) nasceu em março de 1994.

Em 1995, foi criada a Central Autônoma dos Trabalhadores (CAT), que acabou se fundindo com a CSTI.[40]

O Decreto 1.617/95, ao dispor sobre o Conselho Nacional do Trabalho (CNTb), acabou por reconhecer a representatividade da CUT, CGT e Força Sindical (art. 2º, II), quando prevê que membros dessas Centrais Sindicais comporão o CNTb. O Decreto 1.617 foi revogado pelo Decreto 9.028/17, o qual prevê que o Conselho Nacional do Trabalho (CNT) é órgão colegiado de natureza consultiva, composto de forma tripartite, observada a paridade entre representantes dos trabalhadores e dos empregadores, sendo que os representantes dos trabalhadores serão indicados pelas Centrais Sindicais reconhecidas.

A Frente Social Democrata de Sindicatos (FSDS) passou a existir em abril de 1996.

A União Sindical Independente (USI) surgiu em 1985, sendo abandonada logo em seguida, ressurge em agosto de 1997, sob a direção do presidente da Federação dos Comerciários do Estado de São Paulo.

---

[38] "Em todos os países que ratificaram a Convenção nº 87, da OIT, é livre o direito de sindicalização do funcionário público, restrito, apenas, nos termos da lei interna, aos funcionários da polícia e das Forças Armadas. A questão passa pelo problema da isonomia. O princípio da igualdade fundamenta o direito de sindicalização do funcionário público, nas mesmas condições asseguradas àqueles que trabalham para o setor privado e pelas mesmas razões. Há que se considerar, no entanto, que são justificadas algumas restrições, diante do tipo de atividade exercida no setor público, e a disponibilidade, maior na empresa privada, e dependendo de previsões orçamentárias e recursos, no setor público" (NASCIMENTO, Amauri Mascaro. Ob. cit., p. 188).

[39] "Ressalte-se que, no caso brasileiro, apenas os policiais militares estão excluídos do direito de sindicalização, mas não os policiais civis, que são nitidamente servidores públicos civis, aproveitando o disposto no inciso VI, do artigo 37, da Constituição Federal" (BRITO FILHO, José Claudio Monteiro de. O sindicalismo no serviço público, in Constituição e trabalho, p. 137).

[40] AROUCA, José Carlos. O sindicato em um mundo globalizado, p. 710.

Em junho de 2005, nasce a Nova Central Sindical de Trabalhadores (NCST).

A União Geral dos Trabalhadores (UGT) foi fundada em julho de 2007, durante o Congresso Nacional dos Trabalhadores.

Foi fundada em dezembro de 2007, durante o Primeiro Congresso Nacional da Central dos Trabalhadores do Brasil, a Central dos Trabalhadores e Trabalhadoras do Brasil (CTB).

Além das centrais sindicais, José Carlos Arouca[41] menciona a existência de Organizações Paralelas, que assim são, no seu entender, *"porque não se assumem como centrais partidarizadas, mas tendências organizadas como braços sindicais de partidos políticos"*, são elas *"a Unidade Sindical (US) nascida com o PCB e a Corrente Sindical Classista (CSC) do PC do B. Exceção, a Coordenação Confederativa dos Trabalhadores (CCT), sem vinculação política e que, também, não se interioriza nas centrais constituídas"*.

Em julho de 2003, houve a instalação do Fórum Nacional do Trabalho (FNT). Como coordenador do Fórum tem-se a atuação do Ministério do Trabalho e Emprego, que em conjunto com outros representantes do governo, de empregados e empregadores, procederão à elaboração de propostas com o intuito de proceder à atualização do sistema brasileiro de relação de trabalho[42] (relações coletivas e individuais do trabalho).

Em março de 2005, em face dos trabalhos realizados no Fórum Nacional do Trabalho, o Poder Executivo remeteu ao Congresso Nacional propostas de reformulação da estrutura sindical no País, tanto no plano constitucional, quanto legal infraconstitucional.

Como destaques para as alterações legislativas pretendidas, temos: (a) o estabelecimento de entidades sindicais representativas, com forte legitimação no seio dos seus representados; (b) o custeio das entidades sindicais será acertado na própria negociação coletiva; (c) a criação de um processo de negociação coletiva mais transparente e com a valorização da boa-fé dos atores sociais. Nesse sentido, a negociação coletiva terá de ser realizada com

---

[41] AROUCA, José Carlos. Ob. cit., p. 716.

[42] No plano internacional, com propósitos didáticos, podemos citar 3 tipos básicos de sistemas de relações do trabalho: (a) o 1º é praticado, por vários anos, em países de cultura anglo-saxônica (Inglaterra, Estados Unidos da América) e, atualmente na Ásia (Japão e Tigres Asiáticos). Neste sistema, proteções fundamentais são estabelecidas em lei (saúde, segurança e medicina do trabalho, aposentadoria, seguro-desemprego), sendo que o restante é disciplinado por normas autônomas (em nível individual ou coletivo), sem a interferência estatal; (b) o 2º, com aplicação em alguns países da Europa, com notável influência da social democracia (Alemanha, Áustria, Holanda, Escandinávia). Neste tipo, as negociações ocorrem em diversos níveis. Podem ser: (1) com o governo, por intermédio de elaboração de pactos, os quais têm por objetivo as formulações necessárias na área das políticas públicas; (b) com os próprios parceiros (empregados e empregadores), ocorrendo dentro dos grandes setores da economia (negociação centralizada), onde são estabelecidas regras básicas que servem de orientação para as negociações locais e empresariais (negociações descentralizadas). A interferência estatal ocorre, contudo, com a aprovação dos parceiros sociais; (c) o 3º, cuja aplicação é predominante nos países latinos da Europa (Itália, França, Espanha, Portugal) e na América Latina. As negociações sejam centralizadas ou descentralizadas, possuem uma forte normatização estatal. É o caso do Brasil, onde a legislação trabalhista regula ponto a ponto os aspectos formais do processo da negociação coletiva e de seus instrumentos normativos negociados (convenção coletiva e acordo coletivo de trabalho).

honestidade, na medida em que as condutas antissindicais serão punidas; (d) o mecanismo de solução do conflito coletivo de trabalho fica a critério dos atores sociais, podendo, assim, com liberdade, escolherem o que seja mais útil (autocomposição; arbitragem ou o acesso à Justiça do Trabalho); (e) as entidades sindicais (sindicatos, federações, confederações e centrais sindicais) passam a ter o direito de acionar as empresas em nome de seus representados sem a sua autorização ou até mesmo contra a sua vontade. Trata-se de uma regulamentação minuciosa da legislação extraordinária ou substituição processual; (f) a criação da comissão de empregados eleita pelos sindicatos para atuar nos locais de trabalho, com o propósito de melhorar o entendimento entre empregados e empregadores, mas com prerrogativas para obter informações sobre as empresas e realizar negociações internas.

Em maio de 2006, foi editada a MP 293, que cuidava das centrais sindicais e lhes atribuía funções de entidades sindicais, a saber: (a) exercer a representação dos trabalhadores, por meio das organizações sindicais a elas filiadas; (b) participar de negociações em fóruns, colegiados de órgãos públicos e demais espaços de diálogo social que possuam composição tripartite, nos quais estejam em discussão assuntos de interesse geral dos trabalhadores (art. 1º, I e II). Contudo, por pressão das próprias centrais sindicais, a MP foi rejeitada pelo Congresso Nacional em 4/9/2006.

A MP 294/2006, criou o Conselho Nacional das Relações de Trabalho (CNRT), órgão colegiado de natureza consultiva e deliberativa, de composição tripartite e paritária (art. 1º), o qual tinha por finalidade: (a) promover o entendimento entre trabalhadores, empregadores e Governo Federal, buscando soluções acordadas sobre temas relativos às relações do trabalho e à organização sindical; (b) promover a democratização das relações de trabalho, o tripartismo e o primado da justiça social no âmbito das leis do trabalho e das garantias sindicais; (c) fomentar a negociação coletiva e o diálogo social (art. 2º). Em setembro do mesmo ano, a MP foi rejeitada pelo Congresso Nacional.

A Lei 11.648/2008, cuidou do reconhecimento formal e das atribuições das centrais sindicais, sendo que a Portaria 194/08, dispôs sobre as instruções para a aferição dos requisitos de representatividade das centrais sindicais e revogou a Portaria 343/2000. A Portaria 194 foi revogada pela Portaria 1.717/2014, a qual também foi revogada pela Portaria 291, de 30/3/2017.

A Portaria 186, de 10/4/2008, trouxe nova regulamentação administrativa para o pedido de registro sindical junto ao MTE.

Em abril de/2009, o Ministro do Trabalho e Emprego, Carlos Lupi, considerando a regulamentação vigente e a necessidade de demonstração dos índices de representatividade (Lei 11.648 e Portaria 194), reconheceu a CUT, Força Sindical, União Geral dos Trabalhadores (UGT), Central dos Trabalhadores e Trabalhadoras do Brasil (CTB), Nova Central Sindical dos Trabalhadores (NCST).

No setor público, a negociação coletiva de trabalho ganha novos debates com a ratificação pelo Brasil[43] da Convenção 151 da OIT, a qual cuida da sindicalização no

---

[43] O Congresso Nacional aprovou o texto da Convenção 151 e da Recomendação 159 pelo Decreto Legislativo 206, de 7/4/2010. O governo brasileiro depositou o ato de ratificação junto à OIT em 15/6/2010.

setor público, prevendo estímulo aos procedimentos de negociação coletiva e estendeu a proteção contra a discriminação antissindical e ingerência recíproca na organização de pessoal do serviço público.

Atualmente, o registro das entidades sindicais de primeiro grau (sindicatos) é disciplinado pela Portaria MTE 326, de 1º/3/2013, enquanto a Portaria 186/08 continua a registrar tão somente os atos das entidades de grau superior (art. 50, Portaria 326).

Com a Lei 13.467/17 (Reforma Trabalhista), a CLT sofreu uma série de alterações no campo do Direito Individual do Trabalho, com alterações e inovações legais prejudiciais aos trabalhadores, além da fixação da prevalência do negociado em relação ao modelo legal, ao fixar no art. 611-A que a convenção coletiva e o acordo coletivo de trabalho têm prevalência sobre a lei quando, entre outros, dispuserem sobre: (a) pacto quanto à jornada de trabalho, observados os limites constitucionais; (b) banco de horas anual; (c) intervalo intrajornada, respeitado o limite mínimo de 30 minutos para jornada superior a 6 horas; (d) adesão ao Programa Seguro-Emprego (PSE); (e) plano de cargos, salários e funções compatíveis com a condição pessoal do empregado, bem como identificação dos cargos que se enquadram como funções de confiança; (f) regulamento empresarial; (g) representante dos trabalhadores no local de trabalho; (h) teletrabalho, regime de sobreaviso, e trabalho intermitente; (i) remuneração por produtividade, incluídas as gorjetas percebidas pelo empregado, e remuneração por desempenho individual; (j) modalidade de registro de jornada de trabalho; (l) troca do dia de feriado; (m) enquadramento do grau de insalubridade e prorrogação de jornada em locais insalubres, incluída a possibilidade de contratação de perícia, afastada a licença prévia das autoridades competentes do Ministério do Trabalho, desde que respeitadas, na integralidade, as normas de saúde, higiene e segurança do trabalho previstas em lei ou em normas regulamentadoras do Ministério do Trabalho; (n) prêmios de incentivo em bens ou serviços, eventualmente concedidos em programas de incentivo; (o) participação nos lucros ou resultados da empresa.

Os direitos suprafixados estão vinculados a três elementos naturais do contrato de trabalho, como negócio jurídico, a saber: função; jornada de trabalho e remuneração, logo, por uma interpretação literal, com base no art. 611, *caput*, CLT, o instrumento normativo pode dispor de forma prejudicial ao que estiver previsto na norma legal, em detrimento dos direitos sociais (art. 7º, *caput*, CF).

Por um prisma teleológico, a finalidade constitucional da negociação coletiva (art. 7º, XXVI) é obtenção de outros direitos, os quais visem à melhoria das condições sociais dos trabalhadores, logo, é inadmissível a valorização da negociação como mecanismo legal de limitação ou supressão de direitos.

Por outro lado, dentro do espírito liberal da Reforma Trabalhista, o legislador fixou outras regras prejudiciais aos trabalhadores (art. 611-A, §§ 1º a 5º). São elas:

a) no exame do instrumento normativo (convenção coletiva ou acordo coletivo de trabalho), a Justiça do Trabalho analisará exclusivamente a conformidade dos elementos essenciais do negócio jurídico, respeitado o disposto no art. 104, CC (agente capaz; objeto lícito, possível, determinado ou determinável; forma prescrita ou não defesa em lei), bem como balizará sua atuação pelo princípio da intervenção mínima na autonomia da vontade coletiva (art. 8º, § 3º, CLT). Diante do caso concreto, por essa disposição legal, o magistrado trabalhista não poderá adentrar ao mérito da cláusula normativa, analisando, tão somente, se a norma atende aos critérios formais de validade do instrumento normativo, como negócio jurídico. Trata-se de uma violação indevida ao controle jurisdicional das normas coletivas, visto que limita a independência funcional do magistrado trabalhista;

b) a inexistência de expressa indicação de contrapartidas recíprocas em convenção coletiva ou acordo coletivo de trabalho não ensejará sua nulidade por não caracterizar um vício do negócio jurídico. Por disposição legal, a ausência de compensação, quando da supressão ou limitação de direitos previstos na norma legal pela cláusula normativa, não poderá ser considerada, diante do caso concreto, como motivo determinante da ilicitude da cláusula. Evidente que a regra é uma ingerência à independência funcional da magistratura trabalhista;

c) se for pactuada cláusula que reduza o salário ou a jornada, o instrumento normativo deverá prever a proteção dos empregados contra dispensa imotivada durante o prazo de sua vigência. Por disposição legal expressa, essa é a única hipótese exigível de compensação, visto que condiciona a redução do salário ou da jornada de trabalho à expressa fixação da garantia de emprego durante o período de vigência da cláusula normativa;

d) na hipótese de procedência de ação anulatória de cláusula normativa, quando houver a cláusula compensatória, esta deverá ser igualmente anulada, sem repetição do indébito. A nulidade compulsória da cláusula compensatória fere os ditames da independência funcional da magistratura trabalhista. Se há ou não a nulidade da compensação, por consequência, diante do contexto do caso concreto, é solução que se vincula, tão somente, ao livre convencimento jurídico do magistrado (art. 93, IX, CF);

e) os sindicatos subscritores do instrumento normativo participarão, como litisconsortes necessários, em ação individual e coletiva, que tenha como objeto a anulação de cláusulas normativas, vedada a apreciação por ação individual. Impor a não possibilidade de apreciação de cláusula normativa em uma ação individual simples ou plúrima, implica negar o acesso ao Judiciário, o que é por demais inconstitucional, consoante o disposto no art. 5º, XXV, da CF, o qual estabelece: *"a lei não excluirá da apreciação do Poder Judiciário lesão ou ameaça a direito".*

Além do art. 611-A, a Reforma Trabalhista acresceu o art. 611-B ao texto consolidado, estabelecendo os temas, os quais não podem ser objeto de negociação coletiva exclusivamente: (1) normas de identificação profissional, inclusive as anotações na CTPS; (2) seguro-desemprego, em caso de desemprego involuntário; (3) valor dos depósitos mensais e da indenização rescisória do FGTS; (4) salário mínimo; (5) valor nominal do décimo terceiro salário; (6) remuneração do trabalho noturno superior à do diurno; (7) proteção do salário na forma da lei, constituindo crime sua retenção dolosa; (8) salário-família; (9) repouso semanal remunerado; (10) remuneração do serviço extraordinário superior, no mínimo, em 50% à do normal; (11) número de dias de férias devidas ao empregado e o gozo de férias anuais remuneradas com, pelo menos, um terço a mais do que o salário normal; (12) licença-maternidade com a duração mínima de 120 dias; (13) licença-paternidade; (14) proteção do mercado de trabalho da mulher, mediante incentivos específicos, nos termos da lei; (15) aviso prévio proporcional ao tempo de serviço, sendo no mínimo de 30 dias, nos termos da lei; (16) normas de saúde, higiene e segurança do trabalho previstas em lei ou em normas regulamentadoras do Ministério do Trabalho; (17) adicional de remuneração para as atividades penosas, insalubres ou perigosas; (18) aposentadoria; (19) seguro contra acidentes de trabalho, a cargo do empregador; (20) ação, quanto aos créditos resultantes das relações de trabalho, com prazo prescricional de 5 anos para os trabalhadores urbanos e rurais, até o limite de 2 anos após a extinção do contrato de trabalho; (21) proibição de qualquer discriminação no tocante a salário e critérios de admissão do trabalhador com deficiência; (22) proibição de trabalho noturno, perigoso ou insalubre a menores de 18 anos e de qualquer trabalho a menores de 16 anos, salvo na condição de aprendiz, a partir de 14 anos; (23) medidas de proteção legal de crianças e adolescentes; (24) igualdade de direitos entre o trabalhador com vínculo empregatício permanente e o trabalhador avulso; (25) liberdade de associação profissional ou sindical do trabalhador, inclusive o direito de não sofrer, sem sua expressa e prévia anuência, qualquer cobrança ou desconto salarial estabelecidos em convenção coletiva ou acordo coletivo de trabalho; (26) direito de greve, competindo aos trabalhadores decidir sobre a oportunidade de exercê-lo e sobre os interesses que devam por meio dele defender (27) definição legal sobre os serviços ou atividades essenciais e disposições legais sobre o atendimento das necessidades inadiáveis da comunidade em caso de greve; (28) tributos e outros créditos de terceiros; (29) as disposições previstas nos arts. 373-A, 390, 392, 392-A, 394, 394-A, 395, 396 e 400, CLT.

O parágrafo único, art. 611-B, dispõe que as regras sobre duração do trabalho e intervalos não são consideradas normas de saúde, higiene e segurança do trabalho para os fins de aplicação da proibição quanto à negociação.

QUESTIONÁRIO

1. Qual é a origem histórica dos sindicatos?
2. Quais são as fases por que passaram as entidades sindicais até o seu reconhecimento?
3. Aponte sucintamente os principais pontos da evolução do movimento sindical no Brasil.

Capítulo II
RELAÇÕES COLETIVAS DO TRABALHO

2.1 RELAÇÕES DE TRABALHO: INDIVIDUAL E COLETIVA

Segundo Mozart Victor Russomano,[1] o Direito do Trabalho é o único ramo do Direito que, *"deixando de lado a dicotomia clássica entre relações reais e pessoais, engloba--as no conceito de relações individuais, pospondo a esta a esfera distinta, certamente mais ampla, das relações coletivas".*

Assim, no campo do Direito do Trabalho, a doutrina costuma distinguir dois tipos de relações de trabalho, a saber: individual ou coletiva.

A relação individual de trabalho diz respeito ao contrato individual de trabalho, envolvendo o empregado e o empregador (sujeitos) em seus interesses individuais (dizem respeito ao contrato de trabalho individual, ou seja, a relação de emprego). Trata de regulação do contrato de trabalho (direitos e deveres de ambas as partes).[2]

As relações individuais diferem das coletivas porque, nestas, as questões ultrapassam o contrato individual de trabalho para atingir uma coletividade que se une para defender suas reivindicações.

Santiago Pérez del Castillo[3] entende por relação coletiva de trabalho *"a conexão entre grupos de pessoas em torno de interesses derivados do trabalho".*

Para Giuliano Mazzoni,[4] *"sob o nome de 'relações coletivas de trabalho', devemos entender as relações sociais, nem sempre reguladas pela lei, que ocorrem entre as organizações sindicais de empregadores e de trabalhadores subordinados ou entre organizações de trabalhadores subordinados (reconhecidas – no âmbito empresarial – pela lei, acordos*

---

[1] RUSSOMANO, Mozart Victor. *Princípios gerais de direito sindical.* 2. ed., p. 41.

[2] "Se as relações jurídicas individuais não oferecem originalidade quanto à sua constituição, muito embora ofereçam ângulos admiráveis no que diz respeito à sua regulamentação e ao seu desdobramento fático, as relações coletivas, ao revés, estão cheias de novidades jurídicas e, inclusive, da beleza que hoje emerge, para a terra firme do Direito, da infraestrutura das aspirações populares" (RUSSOMANO, Mozart Victor. Ob. cit., p. 42).

[3] CASTILLO, Santiago Pérez del. *Introducción al derecho de las relaciones colectivas de trabajo,* p. 19.

[4] MAZZONI, Giuliano. *Manuale di diritto del lavoro.* 6. ed., v. 2., p. 356-357.

coletivos ou pela direção da empresa) e direção da empresa, ou entre representação de fato dos trabalhadores e dos empregadores, em cada caso, que têm por escopo: (a) a regulação acordada das tarifas das retribuições e de todas as condições de trabalho, com conteúdo normativo e econômico; (b) a regulamentação da atividade sindical, as obrigações recíprocas entre sindicatos, o exercício dos direitos sindicais, o exercício dos direitos de representação coletiva sob plano da empresa, o procedimento convencional para a solução das controvérsias coletivas de trabalho e para a solução de todos os conflitos no âmbito da empresa, os licenciamentos coletivos e individuais e toda a vasta gama de relações que ocorrem, sob o plano coletivo, seja entre empregadores e trabalhadores, seja entre os próprios sindicatos".

O que caracteriza as relações coletivas de trabalho, segundo Alfredo Ruprecht, "é que podem dar origem a uma relação concreta ou à formulação abstrata de normas de trabalho, obrigatórias e imperativas, sendo assim fonte de regras gerais".[5]

Sob a denominação de relação coletiva de trabalho, Giuliano Mazzoni,[6] entende "o complexo de relações sociais, nem sempre reguladas por lei, que ocorrem entre organizações sindicais de empregadores e de trabalhadores subordinados ou entre organizações de trabalhadores subordinados (reconhecidas – no plano da empresa) e a da empresa; ou entre representantes de fato de trabalhadores e empresários, de qualquer maneira qualificados, e que tenham por escopo: (a) a regulação acordada das tarifas das retribuições e de todas as condições de trabalho, com conteúdo normativo e econômico; (b) além da regulação da atividade sindical, [...]".

Na concepção de Amauri Mascaro Nascimento, a distinção entre as relações individuais e as coletivas se dá pelos sujeitos e pelos interesses. Isso porque, "nas relações coletivas, os sujeitos são os grupos de trabalhadores e de empregadores, representados, em regra, pelos sindicatos profissionais e patronais, apresentando-se como relações intersindicais. São coletivas as relações entre sindicato de trabalhadores e, diretamente, uma empresa, ou mais de uma empresa. Quando o sindicato representa os trabalhadores da empresa perante esta, sem a intermediação do sindicato patronal, estar-se-á diante de uma relação coletiva. O sindicato pode representar interesses dos trabalhadores de uma única empresa e, quando o faz, trata-se de uma relação coletiva, uma vez que o grupo, e não cada trabalhador, é o representado.

Nessa mesma perspectiva, no direito sindical há sujeitos coletivos. A expressão refere-se ao grupo. Este, o grupo, é o sujeito. E é coletivo porque é considerado de modo global, como um todo, sem destaque de cada um dos seus participantes. O grupo não tem personalidade jurídica. O ente que o representa, sim, é que a terá formalizado perante o direito. O grupo é, simplesmente, a unidade representada".[7]

Além dos sujeitos e interesses, Amauri Mascaro afirma que a causa também permite diferenciar as duas relações, pois, "nas relações coletivas a defesa dos interesses grupais,

---

[5] RUPRECHT, Alfredo J. *Relações coletivas de trabalho*, p. 33.
[6] MAZZONI, Giuliano. *Relações coletivas de trabalho*, p. 107.
[7] NASCIMENTO, Amauri Mascaro. *Compêndio de direito sindical*. 3. ed., p. 31.

nas relações individuais a defesa dos interesses isolados e específicos das pessoas. A causa nas relações coletivas é abstrata e geral, nas individuais é concreta e específica".[8]

A diferença entre relação individual e coletiva, afirma Giulino Mazzoni,[9] *"não radica apenas no fato de que, no primeiro, haja sujeitos individuais, e coletivos (pelo menos um deles) no segundo; mas, mais propriamente na circunstância de que, enquanto os efeitos da relação individual repercutem direta e imediatamente nas partes, na coletiva, as obrigações de cada membro, assumidas pelo sindicato, se encontram em função dos demais e implicam certo conteúdo obrigatório da relação individual de trabalho, sempre que a mesma surgir".*

Américo Plá Rodríguez, após reconhecer a distinção entre as duas formas de relações de trabalho, entende que essas relações possuem distintos sujeitos e conteúdo, além de se separarem pela natureza do conflito (interesse do trabalhador e interesse abstrato da categoria); interesse que está em jogo, e, por fim, afirma que nas relações individuais se busca negociar trabalho por salário e as coletivas têm uma finalidade normativa ou obrigacional.

Santiago Pérez del Castillo[10] aponta traços distintivos quanto aos sujeitos, conteúdo, interesses, finalidade, conflitos: meios de solução e formas de exteriorização.

Para Bayón Chacón e Perez Botija,[11] as relações individuais se distinguem das coletivas pelos seguintes aspectos: *"(1) Pelos sujeitos: na relação individual são sujeitos um empresário e um trabalhador; na coletiva, grupos definidos por pertencerem a uma empresa ou estruturados na forma de uma associação profissional; (2) Por seu conteúdo: na relação individual é essencialmente contratual e sinalagmática e define contraprestações concretas; a coletiva, em vez, não implica obrigações laborais, mas um meio de criar normas que as sejam; (3) Por sua forma: a relação jurídica do trabalho se reveste da forma de um contrato, escrito, verbal ou tácito; a coletiva, em vez, nem sempre se desenvolve de forma negocial; pelo contrário, é pluriforme; (4) Por sua finalidade: a da relação individual é uma troca econômica de trabalho por salário e a da coletiva é essencialmente normativa, às vezes para obter vantagens extraeconômicas; (5) Por sua transcendência econômica e político-social, apenas perceptível na relação individual e manifesta na coletiva".*

Assim, pode-se dizer que as relações jurídicas de trabalho individual e coletiva diferem essencialmente quanto aos sujeitos e interesses, ainda que outras distinções também possam ser encontradas como apontado por inúmeros doutrinadores.

Nas relações coletivas de trabalho, os sujeitos são os grupos, constituídos de pessoas abstratamente consideradas, e não as pessoas individualmente determinadas. O que aparece é o grupo.

Identificado o grupo, no Direito brasileiro, este compõe uma categoria econômica, profissional ou diferenciada.

---

[8] NASCIMENTO, Amauri Mascaro. *Curso de direito do trabalho*. 21. ed., p. 1051.
[9] MAZZONI, Giuliano. Ob. cit., p. 109.
[10] CASTILLO, Santiago Pérez del. Ob. cit., p. 24-27.
[11] BAYÓN CHACÓN; PEREZ BOTIJA apud RUPRECHT, Alfredo J. Ob. cit., p. 32-33.

No Brasil, segundo Amauri Mascaro Nascimento,[12] são sujeitos coletivos dos trabalhadores: as categorias (profissional e diferenciada) representadas pelos sindicatos; as federações e confederações; as centrais sindicais (quando representam os sindicatos); os delegados sindicais (representando os sindicatos); as comissões de representantes nas empresas; o representante eleito pelos trabalhadores na empresa e, em determinadas situações, como de greve, o grupo pode ser de pouca duração, denominado coalizão.

E os sujeitos coletivos dos empregadores são: as categorias econômicas, representadas pelos sindicatos; as empresas quando agem sem intermediação sindical; as federações; as confederações.

Tarefa árdua para a doutrina é conceituar interesse coletivo e distingui-lo do interesse individual.

Amauri Mascaro Nascimento[13] dimensiona a questão: *"O interesse coletivo é indivisível no sentido de vincular pessoas. Se um grupo de empregados é despedido num mesmo dia, cada empregado por um motivo diferente, difere da dispensa de muitos empregados em dias próximos pelo mesmo motivo. Na primeira hipótese, os interesses são individuais, e, na segunda, há um interesse coletivo. Nesta, o motivo da dispensa é comum a todos os empregados. Nesse sentido é possível cogitar da indivisibilidade do interesse coletivo."*

Atualmente, têm-se classificado os interesses das massas em difusos e coletivos (transindividuais). Importante mencionar ainda a existência dos interesses individuais homogêneos.

São interesses e direitos difusos os de natureza indivisível, de que sejam titulares pessoas indeterminadas e ligadas por circunstância de fato. E os interesses e direitos coletivos os de natureza indivisível de que seja titular grupo, categoria ou classes de pessoas ligadas entre si ou com a parte contrária por uma relação jurídica base (art. 81, I e II, Lei 8.078/90).

Os interesses e direitos homogêneos, assim entendidos os decorrentes de origem comum (art. 83, III), são, como esclarecem Nelson Nery Júnior e Rosa Maria de Andrade Nery,[14] *"direitos individuais cujo titular é perfeitamente identificável e cujo objeto é divisível e cindível. O que caracteriza um direito individual comum como homogêneo é sua origem comum. A grande novidade trazida pelo CDC no particular foi permitir que esses direitos individuais pudessem ser defendidos coletivamente em juízo. Não se trata de pluridade subjetiva de demandas (litisconsórcio), mas de uma única demanda, coletiva, objetivando a tutela dos titulares dos direitos individuais homogêneos. A ação coletiva para a defesa de direitos individuais homogêneos é, grosso modo, a* class action *brasileira".*

---

[12] NASCIMENTO, Amauri Mascaro. *Compêndio de direito sindical.* 3. ed., p. 35.
[13] NASCIMENTO, Amauri Mascaro. Ob. cit., p. 33-34.
[14] NERY JÚNIOR, Nelson; NERY, Rosa Maria de Andrade. *Código de processo civil comentado.* 3. ed., p. 1394.

2.2 DENOMINAÇÃO: DIREITO COLETIVO DO TRABALHO, DIREITO SINDICAL OU DIREITO SOCIAL

O Direito do Trabalho recebeu várias denominações, hoje consideradas ultrapassadas, como Direito Industrial, Direito Operário e Direito Corporativo. Em síntese, pode-se dizer que nenhuma dessas denominações representava corretamente o objeto do Direito do Trabalho, qual seja, o estudo das relações de trabalho, sendo, assim, deixadas de lado com o passar dos anos.

Atualmente, não mais havendo dúvidas sobre a denominação Direito do Trabalho para se referir ao estudo das relações de trabalho, persiste certa controvérsia sobre a denominação do estudo das relações coletivas de trabalho. Três são as denominações utilizadas: (a) Direito Coletivo do Trabalho; (b) Direito Sindical; (c) Direito Social.

A denominação *Direito Coletivo do Trabalho* tem caráter objetivista, com destaque para as relações sociojurídicas dos grupos.

Para Mauricio Godinho Delgado,[15] *"as denominações objetivistas tendem a ser superiores, tecnicamente, às subjetivistas, por enfocarem a estrutura e as relações do ramo jurídico a que se reportam, ao invés de apenas indicarem um de seus sujeitos atuantes".*

Nas palavras de Alfredo Ruprecht,[16] Direito Coletivo do Trabalho *"é a parte do Direito do Trabalho que tem por objeto regular os interesses da categoria profissional de cada um dos sujeitos laborais".*

A expressão "Direito Sindical" tem caráter subjetivo, com vista aos sujeitos do direito coletivo, as entidades sindicais.

Como adepto da expressão "Direito sindical", Amauri Mascaro Nascimento[17] acentua: *"[...] muitos preferem direito coletivo. Sustentam que as relações coletivas de trabalho não são apenas sindicais, no que estão certos. Há relações coletivas de trabalho nas quais o sindicato pode não estar envolvido. Existem representações de trabalhadores, na empresa, não sindicais. Porém, é preciso convir que as relações coletivas, das quais o sindicato participa, não só ocupam a quase-totalidade do espaço das relações coletivas do direito do trabalho com o que, pelo critério preponderância, justifica-se a expressão direito sindical, como, ainda, é o sindicato o centro de gravidade desse setor a que muitos dão o nome direito coletivo do trabalho, o que leva à mesma conclusão. É possível, e justificado, designar esse campo do direito do trabalho pela sua nota característica mais importante, que é a organização e a ação sindical, motivos, portanto, que abonam a escolha pela expressão direito sindical, que valoriza o movimento sindical, principal artífice das relações coletivas de trabalho".*

No mesmo sentido, José Carlos Arouca:[18] *"Uma razão mais forte leva-nos a preferir e adotar Direito Sindical. É que o destaque do elemento subjetivo evidencia a classe trabalha-*

---

[15] DELGADO, Mauricio Godinho. *Direito coletivo do trabalho*, p. 18.
[16] RUPRECHT, Alfredo J. Ob. cit., p. 39.
[17] NASCIMENTO, Amauri Mascaro. *Compêndio de direito sindical*. 3. ed., p. 19.
[18] AROUCA, José Carlos. *Curso básico de direito sindical*, p. 34.

dora como unidade coletivizada e organizada, afastando o projeto neoliberal de substituir o sindicato por unidades de negociações, supostamente eleitas pelos trabalhadores."

Ao lado dessas duas, pode-se encontrar, na doutrina, uma denominação mista, o Direito Social. *"A expressão direito social marca-se pela dubiedade. Designa, às vezes, não somente todo o Direito do Trabalho (individual e coletivo), como também seu ramo associado, direito previdenciário e acidentário do trabalho. Pode ser utilizada também para se referir ao ramo juscoletivo trabalhista.*

Além disso, é epíteto que se usa, ainda, para designar ampla área jurídica, formada por ramos autônomos, de forte conteúdo e impacto comunitários, tais como Direito do Trabalho, Direito Ambiental e Direito do Consumidor.

Há outra dubiedade apontada nesse epíteto: a circunstância de a expressão social, na essência, traduzir característica atávica a qualquer ramo jurídico, não podendo, desse modo, identificar com singularidade apenas um deles. Ainda que se argumentasse que certos ramos têm um conteúdo social maior do que outros (o Direito do Trabalho em contraposição ao civilista Direito das Obrigações, por exemplo), não se poderia em contrapartida, negar que tal característica não é exclusiva do ramo juslaboral, hoje. Observe-se que o conteúdo social do Direito do Consumidor ou do Direito Ambiental não é seguramente inferior àquele inerente ao Direito do Trabalho".[19]

Considerando o critério objetivo, por entender que melhor define a denominação a ser aplicada, adotamos a expressão: "Direito Coletivo do Trabalho".

2.3 DEFINIÇÃO E CONTEÚDO

Para Amauri Mascaro Nascimento,[20] Direito Coletivo do Trabalho *"é o ramo do direito do trabalho que estuda os sindicatos, as demais organizações sindicais, a representação dos trabalhadores nas empresas, os conflitos coletivos de trabalho e suas formas de solução, inclusive, as convenções coletivas e a greve".*

Neste sentido, também leciona Octavio Bueno Magano:[21] *"Direito coletivo do trabalho é a parte do Direito do Trabalho que trata da organização sindical, da negociação e da convenção coletiva do trabalho, dos conflitos coletivos do trabalho e dos mecanismos de solução dos mesmos conflitos."*

Assim, Direito Coletivo representa o conjunto de normas elaboradas pelo Estado e pelas organizações de trabalhadores e de empresários, que busca disciplinar as relações coletivas de trabalho, propondo soluções e instrumentos na pacificação dos conflitos advindos destas relações.

Os elementos integrantes do Direito Coletivo do Trabalho são: (a) organização sindical; (b) convenção coletiva de trabalho (direito normativo); (c) conflitos coletivos de trabalho; e (d) solução dos conflitos coletivos de trabalho. Haveria, ainda, para uns

---

[19] DELGADO, Mauricio Godinho. Ob. cit., p. 19.
[20] NASCIMENTO, Amauri Mascaro. *Iniciação ao direito do trabalho*. 32. ed., p. 36.
[21] MAGANO, Octavio Bueno. *Manual de direito do trabalho*: direito coletivo do trabalho, p. 11.

autores o direito de participação dos trabalhadores na empresa, como defende Alfredo Ruprecht:[22] *"segundo alguns autores, esse aspecto estaria compreendido nas associações profissionais, mas há situações em que essa coparticipação escapa ao âmbito do direito sindical para abranger um espaço maior".*

O conteúdo do direito coletivo de trabalho *"é, pois, dado pelos princípios, regras e institutos que regem a existência e desenvolvimento das entidades coletivas trabalhistas, inclusive suas inter-relações, além das regras jurídicas trabalhistas criadas em decorrência de tais vínculos. São os princípios e normas regulatórios dos sindicatos, da negociação coletiva, da greve, do dissídio coletivo, da mediação e arbitragem coletivas, ao lado dos dispositivos criados pela negociação coletiva e dissídios coletivos, por exemplo".*[23]

2.4 FUNÇÕES DO DIREITO COLETIVO DO TRABALHO

As funções do Direito Coletivo podem ser gerais, quando dizem respeito ao todo do Direito do Trabalho, ou específicas, ao enfocar as relações coletivas de modo particularizado.

A função geral de maior importância do Direito do Trabalho, também presente no Direito Coletivo, é a melhoria das condições de pactuação da força de trabalho na ordem socioeconômica, podendo ser destacado também o seu caráter de modernização e progressão, do ponto de vista econômico e social.

Do ponto de vista específico, o Direito Coletivo possui as seguintes funções: (a) criação de normas; (b) compositiva (pacificação de conflitos); (c) sociopolítica; (d) função econômica. É inegável que a maior projeção dessas funções ocorre nas negociações coletivas, por sua importância no Direito Coletivo do Trabalho.

Sem dúvida, a criação de normas é o ponto marcante do Direito Coletivo do Trabalho. Representa a possibilidade de os sujeitos coletivos pactuarem normas específicas, observando os limites do sistema, aplicável na área de abrangência dos grupos coletivos. A possibilidade de criação de normas pelas Entidades Sindicais decorre do princípio da autonomia privada coletiva.[24]

A pacificação dos conflitos também é de grande relevância, por permitir que os próprios interessados resolvam seus conflitos, o que se dá normalmente pela negociação coletiva (autocomposição).

A função (social e política) do Direito Coletivo do Trabalho representa um instrumento de democratização de poder na sociedade.

---

[22] RUPRECHT, Alfredo J. Ob. cit., p. 40.
[23] DELGADO, Mauricio Godinho. Ob. cit., p. 22.
[24] "A autonomia coletiva é o poder que o Estado reconhece a determinados indivíduos e grupos sociais, de auto-regularem amplamente seus próprios interesses, ou seja, de agir com independência no contexto do ordenamento jurídico, produzindo normas jurídicas próprias. É a faculdade de produzirem o seu ordenamento jurídico por sua própria iniciativa, sem pressão ou coação prévia de qualquer entidade" (SANTOS, Enoque Ribeiro dos. *Direitos humanos na negociação coletivo*, p. 72).

Por fim, a função econômica *"consiste em sua aptidão para produzir a adequação às particularidades regionais ou históricas de regras de indisponibilidade apenas relativas às características do direito individual do trabalho. Com a negociação coletiva, esse segmento ajusta vários aspectos próprios à generalidade das leis trabalhistas a setores ou momentos específicos vivenciados no mercado laborativo. Nesse quadro, ele confere dinamismo econômico ao próprio direito do trabalho".*[25]

QUESTIONÁRIO

1. Como podem ser as relações de trabalho? Qual a distinção entre elas?

2. No que consiste o Direito Coletivo do Trabalho, Direito Sindical e Direito Social?

3. Quais são as funções do Direito Coletivo do Trabalho?

---

[25] DELGADO, Mauricio Godinho. Ob. cit, p. 29.

Capítulo III
PRINCÍPIOS DE DIREITO COLETIVO

Apesar de algumas controvérsias, não se pode negar a existência de princípios específicos do Direito Coletivo do Trabalho,[1] os quais se verificam em torno da noção do ser coletivo, das suas prerrogativas e seus papéis no contexto das relações recíprocas e dos interesses que representam.

Segundo Mauricio Godinho Delgado,[2] os princípios de Direito Coletivo do Trabalho podem ser enquadrados em 3 grupos: (a) princípios assecuratórios das condições de emergência e afirmação da figura do ser coletivo; (b) princípios que tratam das relações entre os seres coletivos; (c) princípios que tratam das relações e efeitos perante o universo e comunidade jurídicos das normas produzidas.

Para José Carlos Arouca,[3] *"os princípios fundamentais do Direito Sindical são aqueles que se referem à coletividade organizada dos trabalhadores assalariados e autônomos principalmente, e a seus instrumentos de ação como forma de ascensão social; secundária e até desnecessariamente, aos empregadores. Mas, mesmo voltado para um conjunto, a individualidade dos que o compõem não pode ser desconhecida.*

Assim, possível destacar como princípios do Direito Sindical: (a) autonomia sindical; (b) liberdade sindical; (c) democracia interna; (d) autonomia privada coletiva; (e) autotutela para a defesa dos interesses e direitos do grupo; (f) representação grupal".

No que tange aos princípios de sustentação sindical, José Augusto Rodrigues Pinto[4] os separa em princípio básico (princípio da liberdade sindical) e princípios convergentes ou complementares (liberdade de trabalho; liberdade de filiação; liberdade de se associar;

---

[1] "A tradição autoritária da história brasileira ao longo do século XX comprometeu, significativamente, o florescimento e maturação do direito coletivo no país. Isso levou até mesmo a que se chegasse a pensar (e teorizar) sobre a inexistência de princípios próprios ao direito coletivo. Esse viés teórico (compreensível em vista da longa cristalização autoritária no plano das relações coletivas no Brasil) não deve prejudicar, contudo, hoje, o desvelamento dos princípios informativos do ramo coletivo negociado, uma vez que, desde a Carta de 1988, essa pesquisa e revelação tornaram-se cruciais para o entendimento do novo direito do trabalho em construção no país" (DELGADO, Maurício Godinho. *Direito coletivo do trabalho*, p. 38).
[2] DELGADO, Mauricio Godinho. Ob. cit., p. 50.
[3] AROUCA, José Carlos. *Curso básico de direito sindical*, p. 39.
[4] PINTO, José Augusto Rodrigues. *Tratado de direito material do trabalho*. p. 670-691.

liberdade de organização; liberdade de administração e liberdade de atuação), sendo que a liberdade de trabalho e de filiação são de expressão individual do trabalhador.

Adotamos a classificação dos princípios de Direito Coletivo de Maurício Godinho Delgado.

3.1 PRINCÍPIOS ASSECURATÓRIOS DA EXISTÊNCIA DO SER COLETIVO

Nesse grupo de princípios, enquadram-se aqueles que têm como finalidade assegurar a existência de condições necessárias para o surgimento e manutenção do ser coletivo. Abrange os princípios da liberdade sindical e da autonomia sindical, para aqueles que a veem desassociada da liberdade sindical.[5]

3.1.1 Princípio da liberdade sindical

O ponto de partida essencial do sindicalismo, como bem aponta José Augusto Rodrigues Pinto,[6] *"é a liberdade, o mais nobre sentimento do ser racional, consolidado na consciência do 'poder de agir, no seio de uma sociedade organizada, segundo a própria determinação, dentro dos limites impostos por normas definidas'".*

Durante a 26ª Conferência Geral da OIT (1944), foi aprovada a Declaração Referente aos Fins e Objetivos da OIT, instrumento conhecido como "Declaração da Filadélfia", no qual se reafirmaram os princípios fundamentais sobre os quais repousa a OIT.

Nessa ocasião, a Conferência reafirmou os princípios fundamentais: (a) trabalho não é mercadoria; (b) a liberdade de expressão e de associação é uma condição indispensável a um processo ininterrupto; (c) a penúria, seja onde for, constitui um perigo para a prosperidade geral; (d) a luta contra a carência, em qualquer nação, deve ser conduzida com infatigável energia, e por um esforço internacional e conjugado, no qual os representantes dos empregadores e empregados discutam, em igualdade com os dos Governos, e tomem com eles decisões de caráter democrático, visando ao bem comum.

Enquanto, genericamente, suas finalidades são: (a) o pleno emprego e a melhoria do nível de vida dos trabalhadores; (b) o emprego dos trabalhadores em ocupações em que possam encontrar sua plena realização e, assim, contribuir para o bem comum; (c) o fomento da formação profissional; (d) o incremento da possibilidade de os trabalhadores participarem de forma equitativa nos frutos do progresso em matéria de salários, assegurando um salário mínimo vital; (e) a negociação livre e efetiva dos contratos coletivos de trabalho; (f) a segurança social; (g) a proteção da vida e da saúde dos trabalhadores, em todas as suas ocupações; (h) a proteção da infância e da maternidade; (i) um nível

---

[5] "É verdade que quando se fala no princípio genérico da liberdade de associação nele se englobam, naturalmente, as matérias relativas à estruturação interna das entidades associativas e suas relações com o Estado. Entretanto, na história do direito do trabalho, desdobrou-se o princípio geral em dois, conforme já sugerido: o da liberdade sindical e o da autonomia dos sindicatos" (DELGADO, Maurício Godinho. Ob. cit., p. 47).

[6] PINTO, José Augusto Rodrigues. *Direito sindical e coletivo do trabalho*, p. 76.

adequado de alimentação, de vida e de cultura; (j) a garantia de uma igualdade de oportunidades nos campos profissional e educativo.

Em 1946, na 29ª Conferência Internacional do Trabalho da OIT, foi aprovada a Constituição da OIT, a qual acabou por incorporar a Declaração da Filadélfia.

A Declaração Universal dos Direitos do Homem, aprovada pela Assembleia-geral da Organização das Nações Unidas (ONU) em 10/12/1948, prevê: Art. XXIII – 1. Todo homem tem direito ao trabalho, à livre escolha de emprego, a condições justas e favoráveis de trabalho e à proteção contra o desemprego. 2 – Todo homem, sem qualquer distinção, tem direito a igual remuneração por igual trabalho. 3 – Todo homem que trabalha tem direito a uma remuneração justa e satisfatória, que lhe assegure, assim como à sua família, uma existência compatível com a dignidade humana, e a que se acrescentarão, se necessário, outros meios de proteção social. 4 – Todo homem tem direito a organizar sindicatos e a neles ingressar para proteção de seus direitos. Art. XXIV – Todo homem tem direito a repouso e lazer, inclusive à limitação razoável das horas de trabalho e a férias remuneradas periódicas. Art. XXV – 1. Todo homem tem direito a um padrão de vida capaz de assegurar a si e à sua família saúde e bem-estar, inclusive alimentação, vestuário, habitação, cuidados médicos e os serviços sociais indispensáveis, e direito à segurança em caso de desemprego, doença, invalidez, viuvez, velhice ou outros casos de perda dos meios de subsistência em circunstâncias fora de seu controle.

Os direitos consagrados pela Declaração Universal do Homem foram regulamentados pelo Pacto dos Direitos Econômicos, Sociais e Culturais[7] e pelo Pacto dos Direitos Civis e Políticos[8] e aprovados pela Assembleia-Geral da ONU em 1966.

A Convenção Americana sobre Direitos Humanos, conhecida como Pacto de San José da Costa Rica[9] (1969), em seu art. 16, ao cuidar do direito de associação, garante a todas as pessoas o direito de se associar livremente com fins ideológicos, religiosos, políticos, econômicos, trabalhistas, sociais, culturais, desportivos ou de qualquer outra natureza.

Como aponta Arnaldo Süssekind,[10] *"essas normas não consideram o exercício dos direitos sindicais, inclusive o de greve, um direito absoluto e ilimitado. Por isso, o Pacto da ONU admite restrições fundadas 'no interesse da segurança nacional ou da ordem pública' e, bem assim, 'para proteger os direitos e liberdades de outrem', devendo os movimentos grevistas observar as leis do respectivo país, elaboradas em consonância com essas diretrizes".*

Internacionalmente, a Convenção da OIT 84 (1947) trata do direito de associação nos territórios não metropolitanos.

---

[7] O Pacto dos Direitos Econômicos, Sociais e Culturais foi ratificado pelo Brasil em 24/1/1992, pelo Decreto de promulgação 591, de 6/7/1992.

[8] O Pacto de Direitos Civis e Políticos foi aprovado pelo Decreto Legislativo 226, de 12/12/1991. Ratificado pelo Brasil em 24/1/1992. Em vigor no Brasil em 24/4/1992. Promulgado pelo Decreto 592, de 6/7/1992.

[9] O Pacto de San José da Costa Rica foi aprovado pelo Decreto Legislativo 27, de 26/5/1992, promulgado pelo Decreto 678, de 6/11/1992.

[10] SÜSSEKIND, Arnaldo. *Direito constitucional do trabalho*, p. 309.

A Convenção da OIT 87 (1948) dispõe sobre a liberdade sindical, reconhecendo aos trabalhadores e empregadores um amplo direito de se organizarem em associações para defesa de seus interesses, sem a interferência direta ou indireta do Estado (art. 2º).

O art. 9º da Convenção 87 prevê que *"a forma pela qual as garantias previstas na presente convenção se aplicarão às forças armadas e à polícia será determinada pela legislação nacional".*

A Convenção 87 não fez qualquer distinção entre trabalhadores da iniciativa privada ou da Administração Pública, prevendo apenas a possibilidade de a legislação nacional atenuar sua abrangência em relação às forças armadas e à polícia, chegando muitos a afirmar, como José Martins Catharino,[11] que *"desde a Convenção nº 87, é esmagadora a consagração internacional da sindicalização dos servidores públicos, em igualdade com os trabalhadores privados".*

Em 1949, foi aprovada a Convenção 98, disciplinando: a proteção aos trabalhadores contra atos de discriminação antissindical; proteção das associações sindicais de empregados e empregadores contra ingerências recíprocas; e incentivos à negociação coletiva. O conteúdo da Convenção 98 não se aplica aos servidores públicos por disposição expressa (art. 6º).

A Convenção 110 (1958) trata do trabalho em plantações, com tópicos específicos para o direito de sindicalização, liberdade sindical e negociação coletiva.

A Convenção 135 (1971) versa sobre a proteção e facilidades para os representantes dos trabalhadores nas empresas.

A Convenção 141 (1975) dispõe sobre a organização de trabalhadores rurais.

A Convenção 144 (1976) tem por objeto as consultas tripartites para a aplicação das normas internacionais do trabalho, criando a obrigação do Estado de colocar em prática o procedimento do governo, dos empregadores e dos trabalhadores para promover a aplicação das normas previstas na Constituição da OIT e nos instrumentos aprovados pela Conferência Internacional do Trabalho.

Posteriormente, a Convenção 151 (1978) tratou, de forma específica, da sindicalização no setor público, prevendo estímulo aos procedimentos de negociação coletiva e estendeu a proteção contra a discriminação antissindical e ingerência recíproca na organização de pessoal do serviço público.[12]

A fomentação da negociação coletiva, aplicável a todos os ramos de atividade econômica, é tema da Convenção 154 (1981). A Convenção 154 admite que, *"no que concerne à função pública, modalidades particulares de aplicação da presente Convenção podem ser fixadas pela legislação ou pela prática nacionais".*

---

[11] CATHARINO, José Martins. *Servidor estatal e sindicalização*, p. 42.

[12] O Congresso Nacional aprovou o texto da Convenção 151 e da Recomendação 159 pelo Decreto Legislativo 206, de 7/4/2010. O governo brasileiro depositou o ato de ratificação junto à OIT em 15/6/2010.

A OIT, em 1998, divulgou a Declaração sobre Princípios e Direitos Fundamentais do Trabalho,[13] reafirmando a necessidade de os Estados-Membros, ainda que não tenham ratificado importantes Convenções, de terem o compromisso, derivado do fato de integrarem essa Organização, de respeitar, promover e tornar realidade de boa-fé e de conformidade com a Constituição, os princípios relativos aos direitos fundamentais que são objeto dessas Convenções, entre eles, a liberdade sindical e o reconhecimento efetivo do direito de negociação coletiva (item 2, *a*). Trata como princípios fundamentais.

No cenário internacional, a liberdade sindical também faz parte da Convenção Europeia dos Direitos Humanos e Liberdades Fundamentais (1950) (art. 11), Carta Social Europeia (1961) (arts. 5º e 6º) e Carta Comunitária dos Direitos Sociais Fundamentais dos Trabalhadores (1989) (art. 11). A liberdade dos trabalhadores é reafirmada pelo Tratado de Amsterdã (1997).

O Brasil ratificou as Convenções 98, 135, 141, 144, 151 e 154.

A liberdade sindical no Brasil passou por várias fases. Na Constituição do Império do Brasil de 1824 (art. 179, § 25): *"Ficam abolidas as corporações de ofícios, seus juízes, escrivães e mestres."* A CF/1891 era omissa sobre o tema. A CF/1934 (art. 120): *"Os sindicatos e as associações profissionais serão reconhecidos de conformidade com a lei."* Em seu parágrafo único: *"A lei assegurará a pluralidade sindical e a completa autonomia dos sindicatos."* Art. 7º, I, *h*: *"Compete privativamente aos Estados decretar a Constituição e as leis por que se devam reger, respeitando o princípio da representação das profissões."* Art. 23: *"A Câmara dos Deputados compõe-se de representantes do povo [...] e representantes eleitos pelas organizações profissionais."* A CF/1937 (art. 139): *"A associação profissional ou sindical é livre. Somente, porém, o sindicato regularmente reconhecido pelo Estado tem o direito de representação legal dos que participarem da categoria de produção para que foi constituído, e de defender-lhes os direitos perante o Estado e as outras organizações profissionais, estipular contratos coletivos de trabalho obrigatórios para todos os seus associados, impor-lhes contribuições e exercer em relação a eles funções delegadas de poder público."* A CF/1946 (art. 159): *"É livre a associação profissional ou sindical, sendo reguladas por lei a forma de sua constituição, a sua representação legal nas convenções coletivas de trabalho e o exercício de funções delegadas pelo poder público."* A CF/1967 (art. 159, caput e § 1º, e EC 1/69, art. 166, caput e § 1º): *"É livre a associação profissional ou sindical; a sua constituição, a representação legal nas convenções coletivas de trabalho e o exercício de funções delegadas de poder público serão regulados em lei. Entre as funções delegadas a que se refere este artigo, compreende-se a de arrecadar, na forma da lei, contribuições para o custeio da atividade dos órgãos sindicais e profissionais e para a execução de programas de interesse das categorias por eles representadas."*

Na Constituição vigente, tem-se a liberdade de associação (art. 5º, XVII e XX) e uma aparente liberdade sindical (art. 8º, *caput* e II), adotando o legislador constituinte

---

[13] A Declaração sobre Princípios e Direitos Fundamentais no Trabalho vincula todos os Estados-Membros da OIT, tenham ou não ratificado as Convenções pertinentes.

a unicidade sindical por base territorial, nunca inferior à área de um município (art. 8º, II). Assim, não vige em nosso sistema a liberdade sindical plena apregoada pela OIT.

Há de ser ressaltado que a norma infraconstitucional não poderá exigir autorização do Estado para fundação do sindicato, com a ressalva do registro no órgão competente e com vedação ao Poder Público da interferência e da intervenção na organização sindical (art. 8º, I).

No sentido coletivo, Amauri Mascaro Nascimento[14] considera que a liberdade sindical *"é manifestação do direito de associação. Pressupõe a garantia, prevista no ordenamento jurídico, da existência de sindicatos. Se as leis de um Estado garantem o direito de associação, de pessoas com interesses profissionais e econômicos, de se agruparem em organizações sindicais, essas serão leis fundantes da liberdade sindical. Assim, liberdade sindical, no sentido agora analisado, caracteriza-se como o reconhecimento, pela ordem jurídica, do direito de associação sindical, corolário do direito de associação, portanto, liberdade sindical, nessa perspectiva, é o princípio que autoriza o direito de associação, aplicado ao âmbito trabalhista".*

Ao analisar o tema, José Francisco Siqueira Neto[15] afirma que o direito à liberdade sindical decorre do direito de reunião e de coalizão. Assim, a liberdade sindical *"é, na verdade, um dos direitos fundamentais do homem, integrante dos direitos sociais, componente essencial das sociedades democráticas-pluralistas".*[16]

Para José Afonso da Silva,[17] a liberdade sindical *"implica efetivamente: (a) liberdade de fundação de sindicato, que significa que o sindicato pode ser constituído livremente, sem autorização, sem formalismo, e adquirir, de pleno direito, personalidade jurídica, com o mero registro no órgão competente, que é o registro das pessoas jurídicas, vedadas, ao Poder Público, a interferência e a intervenção na organização sindical, e é o que consta do art. 8º, I, que assim, consagra, também, o princípio da autonomia dos sindicatos, ou seja, a sua desvinculação com qualquer poder ou entidade; (b) liberdade de adesão sindical, que consiste no direito de os interessados aderirem ou não ao sindicato de sua categoria profissional ou econômica, sem autorização ou constrangimento, liberdade que envolve também o direito de desligar-se dele a hora que o interessado desejar, pois 'ninguém será obrigado a filiar-se ou a manter-se filiado a sindicato', diz o art. 8º; (c) liberdade de atuação, garantia de que o sindicato persiga seus fins e realize livremente a representação dos interesses da respectiva categoria profissional ou econômica, manifestando-se aqui, mais acentuadamente, a autonomia sindical, agora devidamente definida no art. 8º, I, quando proíbe a interferência e a intervenção do Poder Público na organização sindical, e, pois, no seu funcionamento, de tal sorte que não mais se legitima a submissão dos sindicatos à tutela do Ministério do Trabalho ou de qualquer outro órgão, e menos ainda sua intervenção, como era no passa-*

---

[14] NASCIMENTO, Amauri Mascaro. *Compêndio de direito sindical*. 3. ed., p. 140-141.

[15] SIQUEIRA NETO, José Francisco. *Liberdade sindical e representação dos trabalhadores nos locais de trabalho*, p. 29.

[16] SIQUEIRA NETO, José Francisco. Ob. cit., p. 68.

[17] SILVA, José Afonso da. *Curso de direito constitucional positivo*. 15. ed., p. 304.

do; (d) liberdade de filiação do sindicato a associação sindical de grau superior, também previsto no art. 8º, IV, que até autoriza a fixação de contribuição para custeio de sistema confederativo da representação sindical respectiva".

Na visão de Arnaldo Süssekind,[18] a liberdade sindical deve ser vista sob um tríplice aspecto: *"(a) liberdade sindical coletiva, que corresponde ao direito dos grupos de empresários e de trabalhadores, vinculados por uma atividade comum, similar ou conexa, de constituir o sindicato de sua escolha, com a estruturação que lhes convier; (b) liberdade sindical individual, que é o direito de cada trabalhador ou empresário de filiar-se ao sindicato de sua preferência, representativo do grupo a que pertence, e dele desligar-se; (c) autonomia sindical, que concerne à liberdade de organização interna e de funcionamento da associação sindical e, bem assim, à faculdade de constituir federações e confederações ou de filiar-se às já existentes, visando sempre aos fins que fundamentam sua instituição."*

A liberdade sindical, segundo Alfredo J. Ruprecht,[19] é *"o direito de todo o trabalhador ou empregador livremente se associar ou deixar de se associar ou se desligar livremente da associação constituída para a defesa de seus direitos e interesses profissionais e do pleno exercício das faculdades e ações para a realização desses fins".*

José Francisco Siqueira Neto[20] vislumbra a existência de 4 conjuntos temáticos envolvendo a liberdade sindical: (a) liberdade individual (positiva e negativa; direito de constituição, filiação e participação nas organizações e titularidade); (b) autonomia coletiva; (c) formas de proteção da liberdade sindical; (d) a liberdade sindical em face do Estado.

Ao lado do princípio da liberdade sindical, parte da doutrina coloca a liberdade de trabalhar, a liberdade de se associar, a liberdade de se organizar, a liberdade de se administrar, a liberdade de atuar e a liberdade de se filiar como princípios convergentes ou complementares, de modo que alguns se referem à liberdade sindical coletiva e os demais à liberdade sindical individual.[21]

---

[18] SÜSSEKIND, Arnaldo. *Direito constitucional do trabalho*, p. 328.
[19] RUPRECHT, Alfredo J. *Relações coletivas de trabalho*, p. 86.
[20] SIQUEIRA NETO, José Francisco. Ob. cit., p. 82.
[21] "Vemos, então, a liberdade sindical encerrada num círculo protetor que compreende a liberdade de trabalhar, a liberdade de associar-se, a liberdade de organizar-se, a liberdade de administrar-se, a liberdade de atuar e a liberdade de filiar-se. Caracterizamos esses princípios como convergentes, no sentido de que afluem para um estuário comum, o da própria liberdade, no intuito de dar conteúdo consistente ao centro vaporoso que seu conceito, isoladamente, nos oferece. Definimo-los como complementares porque completam o sentido abstrato da liberdade com um revestimento concreto e resistente. O exame pormenorizado de cada um desses modos de manifestação da liberdade sindical torna-se indispensável à exata compreensão dos fundamentos do sindicalismo por eles constituído. Desse exame concluiremos haver princípios convergentes de configuração individual, porque dirigidos à pessoa do trabalhador, ao lado de outros, de configuração coletiva, porque voltados para a coletividade de trabalhadores que, organizada, dá lugar à noção de categoria" (PINTO, José Rodrigues. Ob. cit., p. 78).

3.1.1.1 Liberdade sindical no setor público

Arion Sayão Romita classifica os países em 3 grupos, conforme tratam a questão do sindicalismo no setor público: (a) os funcionários e empregados públicos gozam exatamente dos mesmos direitos de associação assegurados aos trabalhadores do setor privado; (b) esses direitos são negados a certas categorias de funcionários e empregados públicos ou são impostas restrições que habitualmente não se aplicam aos demais trabalhadores; (c) o direito de sindicalização não é reconhecido em favor do servidor público.

Semelhantemente ao setor privado, em linhas gerais, o direito de sindicalização no setor público passou pela fase de restrição total (proibição absoluta), por outra de tolerância (proibição atenuada), geralmente abrangendo apenas aqueles servidores ligados a atividades econômicas e até chegar na sua admissibilidade (reconhecimento genérico), com vedação a algumas categorias, *v. g.*, polícia e forças armadas.

No início da década de 90, apenas alguns Estados vedavam a sindicalização no setor público: Bolívia, Tchad, Chile, Equador, El Salvador, Etiópia, Guatemala, Jordânia, Libéria, Nicarágua, Iêmen e Zimbábue.

Em outros países, como Colômbia, México, Paquistão, Sudão, Egito, Peru, Singapura, dentre outros, existe um sistema de restrições à sindicalização no setor público, o qual pode ser colocado como de diminuição de direitos e exclusão de determinados tipos ou grupos de servidores.

No sistema de diminuição de direitos, *"pratica-se a associação que geralmente se destina a fins culturais, sociais e políticos, mas sem direito a constituir-se em sindicato, com poderes de representação. Este tipo de restrição, na prática, tem significado menor, pois as associações de fato se transformam em sindicatos. Negociam coletivamente e declaram greve. O grau de politização e união do servidor busca naturalmente um canal de expressão em que tais interesses se manifestem. Neste caso, a associação é o veículo"*.[22]

No segundo sistema de restrições, geralmente ficam excluídos alguns tipos de servidores, como, por exemplo, polícia, forças armadas e altos funcionários.

3.1.1.2 Liberdade sindical no setor público brasileiro

A Constituição do Império (1824) era omissa em relação ao tema. Na CF/1891 (art. 72, § 8º), *"a todos é lícito associarem-se e reunirem-se livremente e sem armas, não podendo intervir a polícia senão para manter a ordem pública"*. No Texto Constitucional de 1934 (art. 113, XII), *"é garantida a liberdade de associação para fins lícitos"*. Na CF/1937 (art. 122, § 9º), *"a Constituição assegura a liberdade de associação, desde que seus fins não sejam contrários à lei penal e aos bons costumes"*. Na CF/1946 (art. 144, § 12), *"é garantida a liberdade de associação para fins lícitos"*. Na CF/1967 (art. 157, § 28) e na EC 1/69 (art. 153, § 28), *"é garantida a liberdade de associação"*. Art. 157, § 7º, e EC 1/69, art. 162, *"não será permitida a greve nos serviços públicos e atividades essenciais, definidas em lei"*.

---

[22] SILVA, Antônio Álvares da. Ob. cit., p. 69.

O Decreto 19.770, de 19/3/1931, que regulamentou a sindicalização das classes patronais e operárias, excluiu os empregados ou funcionários públicos, os quais, em virtude da natureza de suas funções, eram subordinados a princípios de hierarquia administrativa.

Da mesma forma, o Decreto 24.694/34 restringia o direito de sindicalização aos servidores públicos.

O Dec.-lei 1.402/39, art. 53, vedou a sindicalização aos servidores do Estado e das paraestatais.

Em 1943, a CLT, além de excluir a aplicação de suas normas aos servidores públicos (art. 7º, c), vedou expressamente ao servidor público civil a possibilidade de constituir uma associação sindical (art. 566).

O Dec.-lei 8.079/45 alterou o art. 7º, CLT, no que tange às disposições que tratam dos servidores públicos, contudo, foi revogado poucos dias depois pelo Dec.-lei 8.249/45.

A Lei 6.128/74 permitiu a sindicalização dos servidores das sociedades de economia mista e a Lei 6.386/76, aos empregados das fundações criadas ou mantidas pelo Poder Público da União, dos Estados e Municípios.

Com a Lei 7.449/85, os empregados das sociedades de economia mista, da Caixa Econômica Federal e das fundações criadas ou mantidas pelo Poder Público da União, dos Estados e Municípios foram excluídos dessa limitação de sindicalização (redação do parágrafo único, art. 566, CLT).

O Prejulgado 44 do TST assim dispunha: *"Os empregados de pessoas jurídicas de Direito Público interno sujeitas à jurisdição das Leis do Trabalho, são alcançados pelas condições estabelecidas em sentenças normativas ou contratos coletivos de trabalho, salvo se beneficiários de reajustes salariais por lei especial."* Com a declaração de inconstitucionalidade dos prejulgados do TST pelo STF, o Prejulgado 44, diferentemente da maior parte dos demais prejulgados, não foi transformado em enunciado (atualmente, denominado de súmula).

Havendo na Administração 2 vínculos, um de natureza estatutário-administrativa e outro celetista, a vedação à sindicalização atingia a todos os servidores públicos?

Para Antônio Álvares da Silva,[23] a resposta é *"no sentido de permissão de se organizarem em sindicatos os empregados e da proibição aos funcionários segundo a lógica do sistema então reinante, que distinguia de modo radical ambos os vínculos".*

Atualmente, essa questão encontra-se superada. É garantido constitucionalmente o direito de sindicalização ao servidor público civil.

A CF/88 garante a plena liberdade de associação para fins lícitos, vedada a de caráter paramilitar (art. 5º, XVII).

O direito do servidor público civil à livre associação sindical é garantido por disposição constitucional (art. 37, VI). Esse dispositivo diz respeito aos servidores estatutários.

---

[23] SILVA, Antônio Álvares da. Ob. cit., p. 72.

A CF/88 veda ao servidor público militar das forças armadas a sindicalização[24] e a greve[25] (arts. 42, § 1º, e 142, § 3º, IV).

Aos empregados públicos, a liberdade sindical encontra-se disciplinada no art. 8º, da CF. Neste caso, o sistema é semelhante ao da iniciativa privada, sofrendo limitações apenas quanto à celebração de acordos e convenções coletivas de trabalho quando o empregador for a Administração (direta, autárquica e fundacional).

Isso significa que, em relação às empresas públicas, às sociedades de economia mista e suas subsidiárias não há qualquer restrição, salvo aquelas expressamente previstas pela CF, como a do teto remuneratório para as empresas públicas e as sociedades de economia mista, e suas subsidiárias, que recebem recursos públicos para pagamento de despesas de pessoal ou de custeio em geral (art. 37, § 9º, CF, EC 19), sendo que, mesmo antes da EC 19, o TST já entendia que as empresas públicas e as sociedades de economia mista estavam submetidas à observância do teto remuneratório constitucional (OJ 339, SDI-I).

3.1.2 Princípio da autonomia sindical

Apenas uma parte da doutrina vê o princípio da autonomia sindical desmembrado do princípio da liberdade sindical. Aqueles que assim o fazem dizem que a liberdade sindical envolve a criação da entidade e a liberdade de filiação e desfiliação do trabalho ou da entidade a outra entidade superior, enquanto o princípio da autonomia sindical diz respeito à autonomia político-administrativa da entidade.

Para aqueles que assim não entendem, as possibilidades de fundar, administrar, atuar e filiar-se representam garantias básicas do trabalhador e do empregador.[26]

Admitida como princípio, a autonomia sindical representa a garantia de autogestão da entidade sindical, sem interferência de outras entidades ou do Estado, não podendo haver limitações na estrutura interna, atuação externa, sustentação econômico-financeira ou controle administrativo estatal ou de outra entidade sindical.

---

[24] "Ressalte-se que, no caso brasileiro, apenas os policiais militares estão excluídos do direito de sindicalização, mas não os policiais civis, que são nitidamente servidores públicos civis, aproveitando o disposto no inciso VI, do artigo 37, da Constituição Federal" (BRITO FILHO, José Claudio Monteiro de. O sindicalismo no serviço público, in *Constituição e trabalho*, p. 137).

[25] "Em todos os países que ratificaram a Convenção nº 87, da OIT, é livre o direito de sindicalização do funcionário público, restrito, apenas, nos termos da lei interna, aos funcionários da polícia e das Forças Armadas. A questão passa pelo problema da isonomia. O princípio da igualdade fundamenta o direito de sindicalização do funcionário público, nas mesmas condições asseguradas àqueles que trabalham para o setor privado e pelas mesmas razões. Há que se considerar, no entanto, que são justificadas algumas restrições, diante do tipo de atividade exercida no setor público, e a disponibilidade, maior na empresa privada, e dependendo de previsões orçamentárias e recursos, no setor público" (NASCIMENTO, Amauri Mascaro. Ob. cit., p. 189).

[26] "Numa visão resumida sobre os seus pontos de maior relevância, é possível dizer que a Convenção nº 87 da OIT contém quatro garantias universais: fundar, administrar, atuar e filiar-se" (NASCIMENTO, Amauri Mascaro. *Iniciação ao direito do trabalho*. 32. ed., p. 254).

Certamente a capacidade de participar e celebrar normas coletivas de trabalho, conhecida como autonomia privada[27] coletiva, decorre da autonomia sindical,[28] que, em outras palavras, *"no âmbito do direito coletivo do trabalho, é o poder das entidades sindicais de auto-organização e autorregulamentação dos conflitos coletivos do trabalho, produzindo normas que regulam as relações atinentes à vida sindical, às relações individuais e coletivas de trabalho entre trabalhadores e empregadores"*.[29]

3.2 PRINCÍPIOS REGENTES DAS RELAÇÕES ENTRE OS SERES COLETIVOS

No grupo dos princípios regentes das relações entre os seres coletivos, o que se tem em vista são as relações dos entes coletivos e os processos consubstanciadores dessas relações. Abrange os princípios da interveniência sindical na normatização coletiva, da equivalência dos contratantes coletivos e da lealdade e transparência nas negociações.

3.2.1 Princípio da interveniência sindical na normatização coletiva

Pelo princípio da interveniência sindical na normatização coletiva, a validade do processo coletivo negocial passa pela participação da entidade sindical.

Nas palavras de Maurício Godinho Delgado,[30] *"o princípio da interveniência sindical na normatização coletiva propõe que a validade do processo de negocial coletivo submeta--se à necessária intervenção do ser coletivo institucionalizado obreiro. No caso brasileiro, o sindicato.*

Assumido pela Carta Constitucional de 1988 (art. 8º, III e VI, CF/88), o princípio visa assegurar a existência de efetiva equivalência entre os sujeitos contrapostos, evitando a negociação informal do empregador com grupos coletivos obreiros estruturados apenas de modo episódico, eventual, sem a força de uma institucionalização democrática como a propiciada pelo sindicato (com garantias especiais de emprego, transferência negocial etc.). [...]

---

[27] "Regem as obrigações contratuais os princípios: 1º) da autonomia da vontade, no qual se funda a liberdade contratual dos contratantes, consistindo no poder de estipular livremente, como melhor lhes convier, mediante acordo de vontades, a disciplina de seus interesses, suscitando efeitos tutelados pela ordem pública. Esse poder de autorregulamentação dos interesses das partes contratantes, condensado no princípio da autonomia da vontade, envolve, além da liberdade de criação do contrato: (a) a liberdade de contratar ou não contratar[...] (b) a liberdade de escolher o outro contratante [...] (c) a liberdade de fixar o conteúdo do contrato [...] 2º) do consensualismo [...] 3º) da obrigatoriedade da convenção [...] 4º) da relatividade dos efeitos do negócio jurídico contratual [...] 5º) da boa-fé [...] " (Diniz, Maria Helena. *Curso de direito civil brasileiro*, 18. ed., v. 3, p. 32-39).

[28] "Acreditamos que o fundamento da autonomia privada coletiva é a ordem jurídica constitucional, que reconhece a existência da estrutura sindical e da atividade sindical consequente" (MANUS, Pedro Paulo Teixeira. *Negociação coletiva e contrato individual de trabalho*, p. 105).

[29] MANUS, Pedro Paulo Teixeira. Ob. cit., p. 102.

[30] DELGADO, Maurício Godinho. Ob. cit., p. 50-51.

Neste quadro, qualquer ajuste feito informalmente entre empregador e empregado terá caráter de mera cláusula contratual, sem o condão de instituir norma jurídica coletiva negociada".

No Direito Brasileiro, cabe ao sindicato a defesa dos direitos e interesses coletivos ou individuais da categoria, inclusive em questões judiciais ou administrativas (art. 8º, III, CF), sendo obrigatória sua participação nas negociações coletivas de trabalho (art. 8º, VI).

Por conseguinte, qualquer negociação feita entre empregador e empregado diretamente representará alteração ou ajuste de cláusula do contrato de trabalho, sem qualquer cunho de norma coletiva negociada, não atingindo, via de regra, outros trabalhadores.

No Texto Constitucional, a redução salarial e a compensação e a redução da jornada de trabalho dependem de acordo ou convenção coletiva de trabalho (art. 7º, VI e XIII).

Desse modo, o aumento real concedido pela empresa para todos os seus empregados somente pode ser reduzido mediante a participação efetiva do sindicato profissional no ajuste, nos termos do art. 7º, VI, CF (OJ 325, SDI-I).

3.2.2 Princípio da equivalência dos contratantes coletivos

Como o próprio nome indica, pelo princípio da equivalência dos contratantes, os entes negociadores devem ser equivalentes, sendo coletivos, por serem entes associativos, contando com instrumentos eficazes de atuação e pressão social.

Neste aspecto, o empregador *"que, isoladamente, já é um ser coletivo, por seu próprio caráter, independentemente de se agrupar em alguma associação sindical. É claro que pode também atuar através de sua entidade representativa; contudo, mesmo atuando de forma isolada, terá natureza e agirá como ser coletivo".*[31]

3.2.3 Princípio da lealdade e transparência na negociação

O princípio da lealdade e transparência na negociação diz respeito à atuação das entidades sindicais nos processos de negociação coletiva, permitindo o desenvolvimento no debate das questões trabalhistas de modo democrático.

3.3 PRINCÍPIOS QUE TRATAM DAS RELAÇÕES E EFEITOS PERANTE O UNIVERSO E COMUNIDADE JURÍDICOS DAS NORMAS PRODUZIDAS

Neste último conjunto de princípios, o ponto comum é a relação e efeito da norma coletiva negociada na comunidade e universo jurídicos em que atuam. Reúne os princípios da criatividade jurídica da negociação coletiva e da adequação setorial negociada.

---

[31] DELGADO, Maurício Godinho. Ob. cit., p. 51.

3.3.1 Princípio da criatividade jurídica da negociação coletiva

Pelo princípio da criatividade jurídica da negociação coletiva, os entes coletivos podem, ao lado das normas estatais, criar normas jurídicas pela materialização da negociação coletiva (acordo coletivo, convenção coletiva e contrato coletivo de trabalho), a qual é reconhecida pelo Estado (art. 7º, XXVI, CF).

3.3.2 Princípio da adequação setorial negociada

O princípio da adequação setorial negociada[32] trata das possibilidades e dos limites jurídicos da negociação coletiva. É o limite da autonomia da vontade privada dos entes coletivos de trabalho.

Não há dúvida de que *"os caminhos teóricos pelos quais transita o princípio da autonomia da vontade são tortuosos, cheios de altos e baixo, suscetíveis com maior ou menor intensidade às fixações doutrinárias ligadas às vicissitudes do processo histórico, influenciando as legislações e a jurisprudência. Entretanto, em que pese as necessárias limitações à liberdade jurídica individual, sua aceitação é admitida em sentido muito lato, obedecidas as restrições impostas pela ordem pública, porque, como sustenta com brilhantismo Bustamante y Sirven, o Estado não pode ser considerado uma camisa-de-força que prive os cidadãos e os estrangeiros de toda ação e de todo movimento".*[33]

Para Emilio Betti,[34] *"a autonomia de um ente ou sujeito subordinado pode ser concebida de duas funções distintas: (a) como fonte de normas destinadas a formar parte integrante da própria ordem jurídica que a reconhece como tal e por meio dela realiza uma espécie de descentralização da função nomogenética, fonte esta que poderia ser qualificada como regulamentar, por ser subordinada à lei; e (b) como pressuposto da hipótese de fato gerador de relações jurídicas já disciplinadas, em abstrato e em geral, pelas normas de ordem jurídica, revelando semelhante distinção um dado fenomenológico que não pode ser desconhecido, bastando, para compreender o problema, comparar as regras resultantes de um acordo normativo entre entes dotados de autonomia, v. g., as produzidas pelo contrato coletivo de trabalho celebrado entre associações profissionais titulares dessa faculdade, como as decorrentes do contrato concluído entre particulares. E conclui: autonomia privada verdadeira e própria consiste no poder que os sujeitos privados possuem de ditar as regras de seus interesses particulares em suas relações recíprocas".*

Até porque *"é preciso ver bem que a liberdade de convencionar não é absoluta, e sim é sempre condicionada, tanto pelo tempo, porque a manifestação da vontade deve ser*

---

[32] A primeira menção feita ao princípio da adequação setorial negociada consta do artigo de Maurício Godinho Delgado, Princípios do direito do trabalho, in *Jornal Trabalhista* – Consulex, nº 535, dez./1994, p. 1202.
[33] STRENGER, Irineu. *Da autonomia da vontade*: direito interno e internacional. 2. ed., p. 127.
[34] BETTI, Emilio apud STRENGER, Irineu. Ob. cit., p. 65.

feita até o momento de ser redigido o ato, como pela própria natureza das estipulações que devem ser lícitas e adequadas ao tipo de contrato fornecido em branco aos contratantes".[35]

Enoque Ribeiro dos Santos,[36] após discorrer sobre os direitos humanos na negociação coletiva, afirma que *"o principal direito fundamental garantido pela nossa Constituição Federal de 1988 é o da dignidade da pessoa humana, que constitui o arcabouço para a fruição dos demais direitos individuais e coletivos, como podemos depreender do art. 1º da Carta Magna. Logo, o fundamento da dignidade humana pode ser considerado como o princípio nuclear para a hermenêutica de todos os direitos e garantias conferidos à pessoa. Metaforicamente, poderíamos visualizar esses direitos como eflúvios do espírito humano, enraizados e agregados intrinsecamente à nossa própria alma pelo simples fato de termos nascido na condição humana".*

Assim, nas situações em que a norma coletiva violar direitos fundamentais (criando, por exemplo: discriminações de sexo, raça, cor, credo etc.) deve ser repudiada do sistema jurídico, seja em ações individuais, seja por ação anulatória de cláusula convencional.

No sistema jurídico vigente, em duas hipóteses, a norma negociada prevalece sobre a norma estatal: (a) quando mais benéfica que a norma estatal, ex. pagamento do adicional de horas extras (art. 59, § 1º, CLT); (b) quando atingir normas trabalhistas de indisponibilidade relativa, como no caso de jornada de trabalho e redução salarial (flexibilização de normas, art. 7º, VI, XII e XIII, CF).

Importante também mencionar que a norma negociada pode disciplinar direitos não tratados pela norma estatal, como a estabilidade em período militar ou pré-aposentadoria, mas devem estar em consonância com o sistema jurídico vigente.

Não se pode negar que a norma negociada tem relevante papel na efetivação de direitos previstos no sistema normativo estatal, como ocorre com banco de horas (art. 59, § 2º, CLT, MP 2.164-41/01); o contrato de trabalho por prazo determinado (Lei 9.601/98); participação dos trabalhadores nos lucros ou resultados da empresa (Lei 10.101/2000) e a regulamentação do trabalho aos feriados nas atividades de comércio em geral, observada a legislação municipal (Lei 10.101/00, alterada pela Lei 11.603/07).

Contudo, com a Lei 13.467/17 (Reforma Trabalhista), a CLT sofreu uma série de alterações no campo do Direito Individual do Trabalho, com alterações e inovações legais prejudiciais aos trabalhadores, além da fixação da prevalência do negociado em relação ao modelo legal, ao fixar que a convenção coletiva e o acordo coletivo de trabalho têm prevalência sobre a lei em diversas matérias (art. 611-A, *caput*, I a XV).

As matérias previstas nos incisos I a XV do art. 611-A estão entrelaçadas a uma série de direitos sociais, os quais se vinculam a três elementos naturais do contrato de trabalho, como negócio jurídico, a saber: função; jornada de trabalho e remuneração. Em outras palavras, tais direitos estão vinculados de forma direta à força de trabalho disponibilizada pelo empregado ao empregador, logo, qualquer cláusula normativa que

---

[35] CASTRO, Amílcar de apud STRENGER, Irineu. Ob. cit., p. 77.
[36] SANTOS, Enoque Ribeiro dos. *Direitos fundamentais na negociação coletiva*, p. 150.

os regule, há de ser vista e analisada à luz dos princípios constitucionais de proteção ao trabalho, como também face à valoração do princípio protetor.

Por uma visão literal do art. 611-A, o instrumento normativo pode dispor de forma prejudicial ao que estiver previsto na norma legal, em detrimento dos direitos sociais (art. 7º, *caput*, CF), contudo, numa visão teleológica, a finalidade constitucional da negociação coletiva (art. 7º, XXVI) é obtenção de outros direitos, os quais visem à melhoria das condições sociais dos trabalhadores, logo, é inadmissível a valorização da negociação como mecanismo legal de limitação ou supressão de direitos.

Se não bastasse o elasticimento da flexibilização, por norma infraconstitucional, o legislador da Reforma Trabalhista estabeleceu outras regras prejudiciais aos trabalhadores (art. 611-A, §§ 1º a 5º).

O art. 611-A, § 1º, da CLT dispõe que, no exame da convenção coletiva ou do acordo coletivo de trabalho, a Justiça do Trabalho deve observar o disposto no referido § 3º do art. 8º da CLT.

O § 3º, do art. 8º, da CLT também incluído pela Lei 13.467, por sua vez, passa a determinar que, no exame de convenção coletiva ou acordo coletivo de trabalho, a Justiça do Trabalho deve analisar exclusivamente a conformidade dos elementos essenciais do negócio jurídico (art. 104, CC) e balizará sua atuação pelo princípio da intervenção mínima na autonomia da vontade coletiva.

Os elementos essenciais do negócio jurídico são a declaração de vontade, as partes, o objeto e a forma. A convenção e o acordo coletivo são negócios jurídicos com eficácia normativa, produzidos em razão do exercício da autonomia privada coletiva, a qual é considerada o poder jurídico e social que produz as normas decorrentes de negociação coletiva de trabalho. Justamente por isso o art. 7º, XXVI, CF, assegura o direito ao reconhecimento das convenções e acordos coletivos de trabalho.

Desse modo, aplica-se o art. 104, CC, ao prever que a validade do negócio jurídico requer: agente capaz; objeto lícito, possível, determinado ou determinável; forma prescrita ou não defesa em lei.

Tendo em vista que um dos requisitos do negócio jurídico é o seu objeto ser lícito, os instrumentos coletivos, inclusive quanto ao conteúdo, devem estar em conformidade com preceitos constitucionais e legais de ordem pública.

Confirmando o exposto, o art. 611-B da CLT, incluído pela Lei 13.467, prevê que constituem objeto ilícito de convenção coletiva ou de acordo coletivo de trabalho, exclusivamente, a supressão ou a redução dos direitos ali arrolados.

Seguindo-se a concepção de monopólio estatal de jurisdição e impossibilidade de declinação sobre situação conflituosa, cabe ao poder judiciário corrigir inconstitucionalidades e ilegalidades de cláusulas postas em normas coletivas.

A responsabilidade judicial para analisar conteúdo de norma privada não é invenção do Direito do Trabalho. Há muito tempo, o contrato deixou de ser o poder reconhecido aos particulares para criação de normas ou preceitos e passou a ser a escolha de resultados já declarados na lei, pois apenas estes são de interesse da coletividade na produção.

Se no campo dos contratos civis individuais obriga-se que se submeta o conteúdo do pacto a um juízo de compatibilidade com o ordenamento jurídico, é, portanto, de se esperar que a Justiça possa analisar as normas coletivas, de modo a poder reconhecê-las como adequadas com a ordem jurídica.

Portanto, o § 1º do art. 611-A, como o art. 8º, § 3º, CLT, ao vedarem, de forma plena, o exame do mérito da cláusula normativa, determinando, tão somente, se a norma atende aos critérios formais de validade do instrumento normativo, como negócio jurídico, simultaneamente, restringem o acesso ao Judiciário, como também limitam a independência funcional do magistrado trabalhista.

QUESTIONÁRIO

1. Como podem ser enquadrados os princípios de Direito Coletivo do Trabalho?

2. Quais são os princípios assecuratórios da existência do ser coletivo? Explique cada um dos princípios.

3. Quais são os princípios regentes das relações entre os seres coletivos? Explique cada um dos princípios.

4. Quais são os princípios que tratam das relações e efeitos perante o universo e comunidade jurídicos das normas produzidas? Explique cada um dos princípios.

Capítulo IV
ORGANIZAÇÃO SINDICAL

4.1 INTEGRANTES DA ORGANIZAÇÃO SINDICAL BRASILEIRA

No âmbito da CLT, a organização sindical brasileira é composta de sindicatos, federações e confederações.

As federações e as confederações são entidades sindicais de nível superior ao sindicato.

As centrais sindicais, entidades de representação geral dos trabalhadores, coordenam a representação dos trabalhadores por meio das organizações sindicais a elas filiadas e participam de negociações em fóruns, colegiados de órgãos públicos e demais espaços de diálogo social que possuam composição tripartite, nos quais estejam em discussão assuntos de interesse geral dos trabalhadores (art. 1º, Lei 11.648/08).

4.1.1 Sindicatos

Sindicato é o instituto organizado para o exercício do direito nas relações entre empregadores e empregados, de forma agrupada ou individualmente, característica utilizada tanto para os empregadores como para os empregados.[1]

Os sindicatos que se constituírem por categorias similares ou conexas (art. 570, CLT) adotarão denominação em que fiquem, tanto como possível, explicitamente mencionadas as atividades ou profissões concentradas (art. 572).

---

[1] "Sindicatos são entidades associativas permanentes, que representam trabalhadores vinculados por laços profissionais e laborativos comuns, visando tratar de problemas coletivos das respectivas bases representadas, defendendo seus interesses trabalhistas e conexos, com o objetivo de lhes alcançar melhores condições de labor e vida. A definição constrói-se tendo em vista os sindicatos obreiros, cuja presença confere a marca distintiva do Direito Coletivo, em sua dinâmica atual e em sua própria evolução histórica ao longo do capitalismo. Entretanto, à medida que existem também, é claro, sindicatos empresariais, pode-se construir definição mais larga, que abranja os dois polos trabalhistas, de obreiro e de empregadores. Nesta linha mais lata, envolvendo empregadores, empregados e outros obreiros que se vinculam sindicalmente (como profissionais liberais e trabalhadores avulsos), sindicatos seriam entidades associativas permanentes, que representam, respectivamente, trabalhadores, *lato sensu*, e empregadores, visando à defesa de seus correspondentes interesses coletivos" (DELGADO, Maurício Godinho. *Direito coletivo do trabalho*, p. 61).

Octavio Bueno Magano[2] considera o sindicato como uma *"associação de pessoas físicas ou jurídicas, que exercem atividade profissional ou econômica, para a defesa e a promoção dos respectivos interesses".*

Elucida Octavio Bueno Magano[3] os elementos da definição de sindicato: *"Os termos dessa definição explicam-se da seguinte maneira: primeiro, trata-se de associação porque esta é a sua verdadeira natureza jurídica, consoante procuraremos demonstrar no item seguinte. Caracterizar o sindicato como agrupamento – critério adotado por alguns autores – é inseri-lo no âmbito da categoria sociológica e não jurídica. Segundo, os sujeitos componentes da associação são pessoas físicas ou jurídicas, distinção essa que se faz necessária por causa dos sindicatos de empregadores. Terceiro, as pessoas que se reúnem em sindicato devem exercer atividade profissional ou econômica, o que exclui a possibilidade de que organizações culturais, grêmios estudantis ou associações de beneficência tomem a feição de sindicatos. Quarto, a finalidade do sindicato não consiste exclusivamente na defesa senão também na promoção dos respectivos interesses."*

O seu elemento primordial é refletir a organização de um grupo que existe na sociedade, podendo reunir pessoas físicas ou pessoas jurídicas, respectivamente, trabalhadores e empresas. O sindicato tem como escopo básico a representação dos interesses de um grupo na esfera das relações trabalhistas.

O sindicato é formado pela assembleia-geral, o conselho fiscal e a diretoria.

A administração será exercida pela diretoria constituída, no máximo, de 7 e, no mínimo, de 3 membros e de um conselho fiscal, composto por 3 membros. Todos os seus membros são eleitos (art. 522, CLT).[4]

Os sindicatos podem ser de categoria econômica (dos empregadores), profissional e diferenciada (art. 511, §§ 2º e 3º, e art. 577).

O pedido de reconhecimento da entidade sindical é disciplinado pela Portaria 186/08, do Ministro do Trabalho e Emprego.

4.1.1.1 Natureza jurídica do sindicato

Vários eram os enfoques dados à natureza jurídica do sindicato, principalmente, quando se verificavam os requisitos para a aquisição da personalidade jurídica. Destaca-se: (a) aqueles que o consideravam como pessoa jurídica de Direito Privado; (b) pessoas de Direito Privado que exercem atribuições de interesse público; (c) pessoa jurídica de Direito Público; e (d) pessoa jurídica de Direito Social.

---

[2] MAGANO, Octavio Bueno. *Manual de direito do trabalho*: direito coletivo do trabalho, p. 78.
[3] MAGANO, Octavio Bueno. Ob. cit., p. 78.
[4] O art. 522, CLT, foi recepcionado pela CF/88. Fica limitada, assim, a estabilidade a que alude o art. 543, § 3º, CLT, a sete dirigentes sindicais e igual número de suplentes (Súm. 369, II). O delegado sindical e o membro do conselho fiscal de sindicato também não possuem estabilidade provisória (OJ's 369 e 365, SDI-I).

Atualmente, o sindicato é visto como pessoa jurídica de Direito Privado.[5] Não há mais interferência do Estado (art. 8º, I, CF). A associação é livre (art. 5º, XX, art. 8º). Possui uma estrutura associativa.[6]

4.1.2 Federação e confederação

Faculta-se aos sindicatos, sempre em número superior a 5, desde que representem a maioria absoluta de um grupo de atividades ou profissões idênticas, similares ou conexas, organizarem-se em federação (art. 534, CLT). Via de regra, a representação é estadual. Excepcionalmente, interestadual ou nacional (art. 534, § 2º).

A confederação é formada por, pelo menos, 3 federações, e terá sede na capital do país (art. 535). As confederações existentes são: Confederação Nacional da Indústria, Confederação Nacional dos Trabalhadores na Indústria; Confederação Nacional do Comércio, Confederação Nacional dos Trabalhadores no Comércio, Confederação Nacional dos Transportes Marítimos, Fluviais e Aéreos, Confederação Nacional dos Trabalhadores em Transportes Marítimos, Fluviais e Aéreos, Confederação Nacional de Transportes Terrestres, Confederação Nacional dos Trabalhadores em Transportes Terrestres, Confederação Nacional das Empresas de Crédito, Confederação Nacional dos Trabalhadores nas Empresas de Crédito, Confederação Nacional de Educação e Cultura, Confederação Nacional dos Trabalhadores em Estabelecimentos de Educação e Cultura; Confederação Nacional das Profissões Liberais[7] (art. 535, §§ 1º e 2º, e art. 577, CLT, anexo).

---

[5] "No Brasil, não obstante a existência de diversas teses a respeito da natureza jurídica do sindicato – pessoa jurídica de direito público, pessoa jurídica de direito privado, pessoa semipública, pessoa jurídica de direito social –, todas, com seu relativo valor, predomina, atualmente, entre os doutrinadores a concepção do sindicato como pessoa jurídica de direito privado. Seguem esse pensamento, entre outros, José Carlos Arouca, Amauri Mascaro nascimento, Sergio Pinto Martins, Segadas Vianna, Roberto Barreto Prado. No ordenamento jurídico brasileiro, os sindicatos sempre conservaram sua natureza de pessoa jurídica de direito privado, não obstante tenham sofrido forte intervenção estatal, máxime durante o Estado Novo, quando subordinados a um rígido controle estatal" (SANTOS, Ronaldo Lima dos. *Sindicatos e ações coletivas*: acesso à justiça, jurisdição coletiva e tutela dos interesses difusos, coletivos e individuais homogêneos, p. 53).

[6] "O sindicato é espécie do gênero associação. Apresenta todas as características de uma associação apontada por Paulo Lyrio Pimenta: é um agrupamento de pessoas, configura uma união permanente, pode visar a qual fim lícito, organiza-se por meio de um estatuto, sua dissolução pode operar-se de forma voluntária ou compulsória. No entanto, os sindicatos constituem espécies particulares de associações, com elementos peculiares que justificam variações na sua disciplina em relação à disciplina geral. Entre essas particularidades encontram-se os poderes e prerrogativas sindicais, entre as quais se destaca o poder de estipular contratos coletivos de trabalho que, em nosso ordenamento jurídico, abarcam toda a categoria" (SANTOS, Ronaldo Lima dos. Ob. cit., p. 53).

[7] A Confederação Nacional das Profissões Liberais é formada por 36 grupos, são eles: advogados; médicos; odontologistas; médicos veterinários; farmacêuticos; engenheiros (civis, de minas, mecânicos, eletricistas, industriais e agrônomos); químicos (químicos industriais, químicos industriais agrícolas e engenheiros químicos); parteiros; economistas; atuários; contabilistas; professores

O pedido de reconhecimento de uma federação será feito ao Ministro do Trabalho, o qual expedirá a carta de reconhecimento (art. 537, *caput* e § 2º). Em sendo confederação, o reconhecimento será feito pelo Presidente da República, mediante decreto (art. 537, § 3º). Eduardo Gabriel Saad[8] afirma que a previsão legal do pedido de reconhecimento para a Federação e Confederação perdeu a eficácia com a Constituição de 1988. Na verdade, a exigência legal está em desconformidade com a CF, de modo que as condições de registro da federação e confederação devem ser as mesmas do sindicato (Súm. 677, STF; OJ 15, SDC).

Atualmente, os pedidos de registro da Federação e Confederação são disciplinados administrativamente pelo arts. 20 e segs., da Portaria 186, do Ministro do Trabalho e Emprego.

A estrutura interna de ambas é composta pela diretoria, conselho de representantes e conselho fiscal.

A diretoria e o conselho fiscal serão constituídos de, no mínimo, 3 membros cada, eleitos pelo conselho de representantes, para mandato de 3 anos (art. 538, *caput* e § 1º, CLT).

O conselho de representantes será formado pelas delegações dos sindicatos, constituída cada delegação de 2 membros, com mandato de 3 anos, cabendo um voto a cada delegação (art. 538, § 4º).

A competência do conselho fiscal é limitada à fiscalização da gestão financeira da entidade sindical (art. 538, § 5º).

4.2 CATEGORIAS

A estrutura dos sindicatos no Brasil apresenta: (a) sindicato por categoria econômica; (b) sindicato por categoria profissional; (c) sindicato por categoria diferenciada.

A entidade sindical representa uma categoria profissional ou econômica.

O termo "categoria" denota o conjunto de empresas ou de pessoas que integram as atividades e profissões setorizadas pelo Estado.

Os sindicatos estão vinculados às respectivas categorias. O sindicato é o representante da categoria, porém, não se confunde com a categoria. Há entre os dois uma relação de conteúdo (categoria) e forma (sindicato).

(privados); escritores; atores teatrais; compositores artísticos, musicais e plásticos; assistentes sociais; jornalistas; protéticos dentários; bibliotecários; estatísticos; enfermeiros; administradores; arquitetos; nutricionistas; psicólogos; fisioterapeutas, terapeutas ocupacionais, auxiliares de fisioterapia e auxiliares de terapia ocupacional; zootecnistas; profissionais liberais de relações públicas; fonoaudiólogos; sociólogos; biomédicos; corretores de imóveis; técnicos industriais de nível médio (2º grau); técnicos agrícolas de nível médio (2º grau); tradutores (art. 577, anexo).

[8] SAAD, Eduardo Gabriel. *CLT comentada*. 32. ed., p. 391.

A lei brasileira não define o que é categoria, porém, atribui ao sindicato a função de representá-la (art. 513, *a*, CLT). A CLT somente estabelece padrões do que vem a ser categoria econômica e profissional:

a) é lícita a associação para fins de estudo, defesa e coordenação dos seus interesses econômicos ou profissionais de todos os que, como empregadores, empregados, agentes ou trabalhadores autônomos, ou profissionais liberais, exerçam, respectivamente, a mesma atividade ou profissão ou atividades ou profissões similares ou conexas (art. 511, *caput*);

b) a solidariedade de interesses econômicos dos que empreendem atividades idênticas, similares ou conexas constitui o vínculo social básico que se denomina categoria econômica (art. 511, § 1º);

c) a similitude de condições de vida oriundas da profissão ou trabalho em comum, em situação de emprego na mesma atividade econômica ou em atividades econômicas similares ou conexas compõe a expressão social elementar compreendida como categoria profissional (art. 511, § 2º);

d) categoria profissional diferenciada é a que se forma dos empregados que exerçam profissões ou funções diferenciadas por força de estatuto profissional especial ou em consequência de condições de vida singulares (art. 511, § 3º);

e) os limites de identidade, similaridade ou conexidade fixam as dimensões dentro das quais a categoria econômica ou profissional é homogênea e a associação é natural (art. 511, § 4º).

Categoria é um vínculo que agrupa atividades ou profissões. Profissão corresponde ao lado trabalhista e, atividade, ao lado empresarial.

Amauri Mascaro Nascimento[9] assevera: *"Categoria econômica é o conjunto de atividades empresariais. Categoria profissional é o conjunto de atividades trabalhistas, de empregados ou outro tipo de trabalhador. Há categorias trabalhistas de autônomos, agentes e profissionais liberais. As atividades que são reunidas numa categoria podem ser idênticas, similares ou conexas. Idênticas são as atividades iguais. Similares são as atividades que se assemelham, com o que numa categoria podem ser agrupadas empresas que não são do mesmo ramo, mas de ramos que se parecem, como hotéis e restaurantes. Conexas são atividades que, não sendo semelhantes, complementam-se como as atividades múltiplas destinadas à construção de uma casa. Categoria diferenciada é o grupo de trabalhadores de uma mesma profissão, por exemplo, engenheiros. Formarão um sindicato de profissão."*

O enquadramento sindical do trabalhador em determinada categoria é dado pela atividade preponderante da empresa. Exceção a essa regra é o profissional de categoria diferenciada.

---

[9] NASCIMENTO, Amauri Mascaro. *Direito sindical*. 2. ed., p. 127.

Tratando da categoria diferenciada, Amador Paes de Almeida[10] afirma que *"integram tal categoria, pois, os empregados que estão sujeitos a regulamentação distinta ou a condições próprias, com relação aos demais empregados que trabalham na mesma empresa"*.

Nas palavras de Valentin Carrion,[11] *"categoria diferenciada é a que tem regulamentação específica do trabalho diferente da dos demais empregados da mesma empresa, o que lhe faculta convenções ou acordos coletivos próprios, diferentes dos que possam corresponder à atividade preponderante do empregador, que é a regra geral"*.

Contudo, o empregado integrante de categoria profissional diferenciada não tem o direito de haver de seu empregador vantagens previstas em instrumento coletivo no qual a empresa não foi representada por órgão de classe de sua categoria (Súm. 374, TST).

O art. 577, CLT, prevê a existência do quadro de atividades e profissões, o qual fixa o plano básico do enquadramento sindical. O quadro de atividades e profissões aponta como categorias diferenciadas: aeronautas; aeroviários; agenciadores de publicidade; atores teatrais em espetáculos de diversões (cenotécnicos), atores teatrais, inclusive corpos corais e bailados, atores cinematográficos; cabineiros (ascensoristas); carpinteiros navais; classificadores de produtos de origem vegetal; condutores de veículos rodoviários (motoristas); empregados desenhistas técnicos, artísticos, industriais, copistas, projetistas técnicos e auxiliares; maquinistas e foguistas (de geradores termoelétricos e congêneres, inclusive marítimos); jornalistas profissionais (redatores, repórteres, revisores, fotógrafos etc.); músicos profissionais; oficiais de radiocomunicação da Marinha Mercante; oficiais gráficos; operadores de mesas telefônicas (telefonistas em geral); práticos de farmácia; professores; profissionais de enfermagem, técnicos, duchistas, massagistas e empregados em hospital e casas de saúde; profissionais de relações públicas; propagandistas de produtos farmacêuticos (propagandistas-vendedores e vendedores de produtos farmacêuticos); publicitários; secretárias; técnicos de segurança do trabalho; trabalhadores em agência de propaganda; trabalhadores na movimentação de mercadorias em geral; trabalhadores em atividades subaquáticas e afins; trabalhadores em serviços de segurança do trabalho – técnicos de segurança do trabalho; tratoristas (excetuados os rurais); vendedores e viajantes do comércio.

Importante ressaltar que com a possibilidade de criação de entidades sindicais sem o controle do Estado a partir da CF/88, dúvidas há sobre a manutenção do quadro de atividades e profissões que fixava o plano básico do enquadramento sindical previsto no anexo do art. 577, CLT.[12]

---

[10] ALMEIDA, Amador Paes de. *CLT comentada*, 3. ed., p. 284.

[11] CARRION, Valentin. *Comentários à Consolidação das Leis do Trabalho*. 28. ed., p. 409.

[12] "É difícil harmonizar a liberdade de associação sindical (parcial na Constituição) com o enquadramento sindical oficial e ainda com o princípio de que, salvo exceções, é a atividade preponderante da empresa que qualifica os seus empregados. A casuística e a força da realidade fática é que vêm prevalecendo. As empresas só se obrigam às convenções de que participaram, sendo irrelevante que o empregado pertença a categoria diferenciada" (CARRION, Valentin. Ob cit., 28. ed., p. 409). Pedro Paulo Teixeira Manus e Carla Teresa Romar entendem que o art. 577, CLT, não foi recepcionado pela CF (art. 8º, *i*) (*CLT e legislação complementar*, p. 171).

Certo é que o dissídio coletivo não é meio próprio para o sindicato vir a obter o reconhecimento de que a categoria que representa é diferenciada, pois esta matéria – enquadramento sindical – envolve a interpretação de norma genérica, notadamente do art. 577 da CLT (OJ 9, SDC). Contudo, a matéria poderá ser reconhecida incidentalmente no curso do processo.

O enquadramento do empregador e do trabalhador rural observará o previsto no Dec.-lei 1.166/71, sendo que, para efeito do enquadramento sindical, considera-se: I – trabalhador rural: (a) a pessoa física que presta serviço a empregador rural mediante remuneração de qualquer espécie; (b) quem, proprietário ou não, trabalhe individualmente ou em regime de economia familiar, assim entendido o trabalho dos membros da mesma família, indispensável à própria subsistência e exercido em condições de mútua dependência e colaboração, ainda que com ajuda eventual de terceiros; e II – empresário ou empregador rural: (a) a pessoa física ou jurídica que tendo empregado, empreende, a qualquer título, atividade econômica rural; (b) quem, proprietário ou não e mesmo sem empregado, em regime de economia familiar, explore imóvel rural que lhe absorva toda a força de trabalho e lhe garanta a subsistência e progresso social e econômico em área igual ou superior à dimensão do módulo rural da respectiva região; (c) os proprietários de mais de um imóvel rural, desde que a soma de suas áreas seja igual ou superior à dimensão do módulo rural da respectiva região.

4.3 CENTRAIS SINDICAIS

As centrais sindicais[13] são entidades situadas acima das categorias profissionais e que agrupam organizações situadas tanto em nível de sindicatos como de federações ou

---

[13] "Ainda assim, com base em padrão mínimo, ao qual se adapta o modelo brasileiro, central sindical pode ser entendida como a entidade formada pela união de organizações sindicais, com objetivo de representar e defender os interesses de uma das classes que compõem a relação entre o capital e o trabalho. [...] Dentro deste modelo, então, e cedendo à tentação de inserir as centrais dentro de um contexto observado sob o prisma hierárquico, as centrais são órgãos que estão acima das demais entidades sindicais e desenvolvem uma defesa ampla dos interesses classistas de trabalhadores ou de empregadores. Este objetivo, aliás, deve servir como elemento diferenciador das centrais em relação às demais organizações sindicais. Não que na questão central os objetivos das entidades sindicais possam ser diferenciados, uma vez que a finalidade de todas, independente de seu tamanho e de sua posição na estrutura, é sempre a mesma: defesa de interesses profissionais ou econômicos. Ocorre, porém, que, do ponto de vista da atuação, enquanto o sindicato, como entidade que congrega, diretamente, trabalhadores e empregadores de determinado setor, pauta sua atuação na defesa dos interesses destes, seus representados, no mais das vezes sem visão de conjunto, as centrais sindicais não, formulando sua política em termais mais amplos e, via de regra, por meio de visão macro, que privilegia o geral e não o particular" (BRITO FILHO, José Cláudio Monteiro de. *Direito sindical*: análise do modelo brasileiro de relações coletivas de trabalho à luz do direito comparado e da doutrina da OIT. Proposta de inserção da comissão de empresa, p. 109).

confederações.¹⁴ Estão amparadas na liberdade associativa constitucional (art. 5º, XVII, XVIII, XIX, XX e XXI, CF).

Até recentemente, a central sindical não detinha poderes de representação das categorias econômica ou profissional, bem como não pode assinar documentos em nome das categorias. Vale dizer, a central sindical não tem poderes para participar de negociação coletiva ou de propor dissídio coletivo.¹⁵

Em que pese outras tentativas anteriores, apenas com a Lei 11.648/08 houve o reconhecimento formal da central sindical, a qual tem por características: (a) ser organização de representação geral dos trabalhadores; (b) ter natureza jurídica de associação em âmbito nacional; (c) ser constituída por entidades de categorias profissionais.

Pelo prisma legal, a central sindical é uma associação supracategorial de âmbito nacional, integrada por entidades sindicais representativas das categorias profissionais, constituindo-se, assim, em uma organização de representação geral dos trabalhadores.¹⁶

4.3.1 Atribuições e prerrogativas da central sindical e a representatividade

Atualmente, as atribuições e prerrogativas da central sindical são (art. 1º, I e II, Lei 11.648):

---

[14] "Centrais – também chamadas uniões ou confederações – são a maior unidade representativa de trabalhadores na organização sindical. São entidades de cúpula. Situam-se, na estrutura sindical, acima das confederações, federações e sindicatos. Representam outras organizações sindicais que a elas se filiam espontaneamente. São intercategoriais, expressando-se como um referencial de concentração da pirâmide sindical. Surgem em congressos de organizações interessadas ou institucionalmente – mas podem ser previstas em leis –, como uma necessidade natural, do mesmo modo como que são criados grupos econômicos. São organizações intercategoriais, numa linha horizontal, abrangentes de diversas categorias. Das mesmas, são aderentes, não os trabalhadores diretamente, mas as entidades de primeiro grau que os representam ou as de segundo grau que integram os sindicatos. Portanto, representam sindicatos, federações e confederações de mais de uma categoria. Atuam numa base territorial ampla, quase sempre, todo o país" (NASCIMENTO, Amauri Mascaro. *Compêndio de direito sindical*, p. 193).

[15] "É obrigatória a participação dos sindicatos nas negociações coletivas de trabalho" (art. 8º, VI, CF).

[16] "Se ao Ministério Público, enquanto instituição independente, cabe a defesa da ordem jurídica, do regime democrático e dos interesses sociais e individuais homogêneos; à Central Sindical, enquanto instituição igualmente independente, cabe coordenar a representação dos trabalhadores por meio dos sindicatos a ela filiados. Daí que, na base da pirâmide da organização sindical brasileira, hoje temos que admitir a Central Sindical, como instituição integrante da organização sindical brasileira. Como entidades civis que são, as Centrais Sindicais possuem legitimidade para impetrar mandado de segurança coletivo (CF, art. 5º, LXX, (b) e propor ação civil pública (Lei n. 7.347/85, art. 5º). Entretanto, não possuem legitimidade para propor dissídio coletivo ou ação de cumprimento; celebrar convenções, acordos ou contratos coletivos de trabalho; decretar greves, instituir juízo arbitral, ou substituir processualmente os integrantes das categorias profissionais dos sindicatos associados" (ZANGRADO, Carlos. *Curso de direito do trabalho*, v. 3, p. 1.476).

a) coordenação[17] da representação dos trabalhadores[18] por intermédio das organizações sindicais a ela filiadas;

b) participação de negociações em fóruns, colegiados de órgãos públicos e demais espaços de diálogo social que possuam composição tripartite, nos quais estejam em discussão assuntos de interesse geral dos trabalhadores;

c) a indicação[19] de representantes para compor os fóruns tripartites, conselhos e colegiados de órgãos públicos.

Para o exercício das atribuições e prerrogativas de participação em negociações tripartites (art. 2º, I a IV), o legislador exigiu parâmetros de representatividade[20] da central sindical.

Os requisitos são: (a) consistência numérica, que compreende a presença de sindicatos que representem, no mínimo, 7% do total de empregados sindicalizados em âmbito nacional. Nos primeiros 24 meses da publicação da Lei 11.648, o percentual é de 5%;

---

[17] "Coordenar significa organizar de forma metódica; estruturar, ordenar. No caso, devemos entender que a Central Sindical será responsável pelo andamento, interligação e harmonização dos esforços das entidades sindicais filiadas, nas ações sindicais e na negociação coletiva. A função da Central, decerto, não pode chegar ao ponto de substituir por inteiro aquelas dos sindicatos, federações ou confederações, devendo atuar como um coadjuvante para que se alcance o objetivo desejado. Nesse passo, poderá a Central prestar auxílio na organização de pautas reivindicatórias para negociação coletiva, fornecendo dados, estudos, pareceres etc. Será capaz também de propiciar consultoria e serviços jurídicos, além de funcionar como assistente do sindicato nas reuniões com os sindicatos das categorias econômicas, e também nas rodadas de mediação, se existentes. Não pode, entretanto, a Central tomar o lugar do sindicato no momento de decidir pelo meio de solução do conflito coletivo (arbitragem ou dissídio coletivo), nem está autorizada a firmar convenção coletiva de trabalho, ou declarar greve, por exemplo" (ZANGRADO, Carlos. Ob. cit., p. 1.473).

[18] "Como dissemos, as Centrais não estão legitimadas para a negociação coletiva o que significa que a lei não as autoriza a direta e isoladamente atuar e assinar convênios coletivos de trabalho. Desse modo, as negociações coletivas continuam sendo da competência dos sindicatos. As Centrais poderão participar de espaços de diálogo sociais em órgãos tripartites nos quais se discutam interesses gerais de trabalhadores. Mas nada impedirá a sua participação coadjuvante em convenções coletivas assinando-as com os Sindicatos – nunca sozinhas – e em pactos sociais[...]" (NASCIMENTO, Amauri Mascaro. Aspectos da legalização das centrais em 2008. Revista LTr, v. 72, nº 4, p. 393).

[19] A indicação representa um ato compartilhado e proporcional em função da representatividade de cada central sindical, salvo se houver um ajuste entre as centrais (art. 3º, *caput*, Lei 11.648). É imperioso ressaltar que o critério da proporcionalidade, além da possibilidade de acordo, não poderá prejudicar a participação de outras centrais sindicais que atendam aos requisitos da representatividade previstos no art. 2º da Lei 11.648 (art. 3º, § 1º). Em qualquer caso, há de se respeitar a paridade de representação de trabalhadores e empregadores (art. 3º, § 2º).

[20] "O primeiro requisito é a consistência numérica atendida com a demonstração do número de trabalhadores sócios dos sindicatos filiados à Central em todo o território nacional. O segundo é a abrangência territorial dos representados que pode ser atendida pela verificação da distribuição dos sindicatos em regiões do País. O terceiro é a abrangência categorial dos representados que será a constatação dos setores da atividade econômica cobertos pelos sindicatos filiados à Central" (NASCIMENTO, Amauri Mascaro. Ob. cit., p. 393).

(b) abrangência territorial dos representados, ou seja, filiação mínima de 100 sindicatos distribuídos nas 5 regiões do País. Por outro lado, em 3 regiões do País deverá haver a existência mínima de 20 sindicatos; (c) abrangência categorial dos representados que implica constatação de filiação mínima de sindicatos em 5 setores de atividade econômica.

A legislação brasileira admite a coexistência de várias centrais sindicais, visto que as suas atribuições e prerrogativas não estão entrelaçadas com o âmbito de legitimação da categoria profissional e sim de acordo com o grau de representatividade[21] da central sindical consoante os critérios expostos acima.[22]

O fato de o legislador ordinário atrelar a central sindical ao grau da representatividade não implica, necessariamente, que a Lei 11.648 seja inconstitucional. Os fundamentos: (a) a ordem constitucional de 1988 não veda a criação de uma central, a qual está acima das entidades sindicais (confederações, federações e sindicatos); (b) a central não representa a categoria profissional, logo, a unicidade sindical somente é exigível para as entidades que compõem o sistema confederativo (art. 8º, II, CF).[23] As centrais sindicais são organizações conexas ao sistema confederativo.[24]

---

[21] A aferição dos requisitos de representatividade será realizada pelo Ministério do Trabalho e Emprego. O Ministro de Estado do Trabalho e Emprego, mediante consulta às centrais sindicais, poderá baixar instruções para disciplinar os procedimentos necessários à aferição dos requisitos de representatividade, bem como para alterá-los com base na análise dos índices de sindicalização dos sindicatos filiados às centrais sindicais. Ato do Ministro de Estado do Trabalho e Emprego divulgará, anualmente, relação das centrais sindicais que atendem aos requisitos, indicando seus índices de representatividade (art. 4º, §§ 1º e 2º, Lei 11.648).

A Portaria MTE 291, de 31/3/2017, aprovou os critérios de aferição de representatividade das entidades sindicais.

[22] "A duplicidade de associações, as representativas e as não representativas, contraria o princípio da isonomia? Decididamente não porque a igualdade está em tratar desigualmente situações desiguais e nos países de plena liberdade sindical há aquelas que são consideradas pelo ordenamento jurídico as mais representativas e que por esse fato podem representar todo o setor ao contrário das demais. Temos, agora, que nos acostumar com a noção de representatividade e não apenas de representação. Nossos Tribunais também terão que se prepararem para avaliações desta ordem. Certamente surgirão nos casos concretos. Ressalve-se, no entanto, que não será o mesmo tipo de avaliação das disputas de representatividade entre sindicatos que pleiteiam representar uma categoria e que são resolvidas com base no princípio da unicidade sindical. As questões entre Centrais serão de impugnação de índices de representatividade, mas não de unicidade, uma vez que nosso modelo legal admite tantas Centrais quantas preencham os requisitos da lei" (NASCIMENTO, Amauri Mascaro. Ob. cit., p. 392).

[23] "Há razões que afastam a sua inconstitucionalidade. Primeiro, o sistema brasileiro confederativo. Não proíbe a criação de Centrais. Situam-se acima das Confederações. Mas onde a lei não proíbe não é dado ao intérprete proibir. Some-se, a isso, o princípio da liberdade sindical previsto na Constituição de 1988 (CF art. 8º) e que limita a criação de mais de uma organização sindical representativa de uma categoria em qualquer grau. O princípio é válido para as Confederações, Federações e Sindicatos, mas não é válido para as Centrais porque não representam uma categoria" (NASCIMENTO, Amauri Mascaro. Ob. cit., p. 392).

[24] A lei não é inconstitucional visto que há "[...] conexidade entre as Centrais e o sistema confederativo. Estamos convencidos que há uma vinculação estreita na pirâmide, apesar da sua construção

Há decisão do TST, a qual reconhece o direito à estabilidade ao dirigente de Central Sindical.[25]

4.3.2 Centrais sindicais reconhecidas

Em 2016, o Ministro do Trabalho e Emprego, considerando a regulamentação vigente e a necessidade de demonstração dos índices de representatividade (Lei 11.648), reconheceu a Central Única dos Trabalhadores (CUT), Força Sindical, União Geral dos Trabalhadores (UGT), Central dos Trabalhadores e Trabalhadoras do Brasil (CTB); Nova Central Sindical dos Trabalhadores (NCST); Central dos Sindicatos Brasileiros (CSB); Central Sindical e Popular Conlutas (CSP CONLUTAS); Central Geral dos Trabalhadores do Brasil (CGTB); Central Brasileira Democrática dos Trabalhadores (CBDT); Central do Servidor (PÚBLICA); Instrumento de Luta e Organização da Classe Trabalhadora (INTERSINDICAL); Central Unificada dos Profissionais Servidores Públicos do Brasil; União Sindical dos Trabalhadores (UST).

4.3.3 Centrais sindicais e os conselhos colegiados

Quanto aos Conselhos Colegiados, podemos destacar que as centrais sindicais compõem: (a) o Conselho Deliberativo do Fundo de Amparo ao Trabalhador (FAT) (art. 18, § 3º, Lei 7.998/90); (b) o Conselho Curador do FGTS (art. 3º, § 3º, Lei 8.036/90); (c) o Conselho Nacional da Previdência Social (CNPS) (art. 3º, § 2º, Lei 8.213/91).

Assevere-se ainda que o art. 5º, Lei 8.677/94, autoriza a participação dos trabalhadores no Conselho Curador do Fundo de Desenvolvimento Social.

QUESTIONÁRIO

1. Quais são os entes integrantes da estrutura sindical brasileira?
2. Qual é a natureza jurídica e a estrutura administrativa do sindicato?
3. Como se formam as federações e as confederações? Qual é a sua estrutura administrativa?
4. O que são categorias e como podem ser classificadas?
5. O que são as centrais sindicais? Quais são suas atribuições?

---

gradativa. Não como negar a relação entre as Centrais e as organizações sindicais que estão abaixo das mesmas nem entre os trabalhadores sócios dos sindicatos no território nacional e as Centrais. Daí ser possível dizer que as Centrais são organizações conexas ao sistema confederativo, pela sua natureza, atribuições e finalidade. São associações supracategoriais mas o seu embrião forma-se na estrutura sindical que as suporta e nesse sentido é que se exige prova da sua consistência numérica, das categorias e das bases territoriais dos sindicatos que à mesma são filiados, como fatores de medição da sua representatividade" (NASCIMENTO, Amauri Mascaro. Ob. cit., p. 392).

[25] TST – 3ª T. – RR 50000-91.2008.5.17.0012 – Rel. Min. Mauricio Godinho Delgado – *DEJT* 29/11/2013.

Capítulo V
ENTIDADES SINDICAIS

5.1 ENTIDADES SINDICAIS

No âmbito da CLT, a organização sindical brasileira é composta de sindicatos, federações e confederações.

As federações e as confederações são entidades sindicais de nível superior ao sindicato.

Já as centrais sindicais, entidade de representação geral dos trabalhadores, coordenam a representação dos trabalhadores por meio das organizações sindicais a ela filiadas e participam de negociações em fóruns, colegiados de órgãos públicos e demais espaços de diálogo social que possuam composição tripartite, nos quais estejam em discussão assuntos de interesse geral dos trabalhadores (art. 1º, Lei 11.648/08).

5.2 CONDIÇÕES DE REGISTRO E FUNCIONAMENTO

Na sistemática anterior, as associações profissionais, para serem reconhecidas como sindicatos, deveriam preencher os requisitos legais (art. 511, CLT). O pedido de reconhecimento era feito ao Ministro do Trabalho (art. 518). Exigia-se a carta de reconhecimento (art. 520), também conhecida como a carta sindical.

A Constituição de 1988 acabou com essa exigência, à medida que passou a prever que a lei não poderá exigir autorização do Estado para a fundação de sindicato, ressalvado o registro no órgão competente, vedadas ao poder público a interferência e a intervenção na organização sindical (art. 8º, I).

Diante da previsão constitucional, criou-se uma polêmica em torno da necessidade do registro: qual seria o órgão competente.

Alguns, considerando o sindicato como pessoa jurídica de Direito Privado, defendiam que a aquisição da personalidade jurídica ocorreria nos moldes da lei civil. Isto é, com o registro no cartório de títulos e documentos (art. 18, CC).

O Ministério do Trabalho entendia que era competente para proceder aos registros (Portaria GM/MTb 3.280, de 6/10/1988). Posteriormente, mudou o seu entendimento (Portaria GM/MTb 3.301, de 1/11/1988).

A instrução normativa GM/MTPS 1, de 27/8/1991, versa sobre o arquivo de entidades sindicais brasileiras (AESB) no Ministério do Trabalho.

Em 10/08/1994, o Ministério do Trabalho editou a Instrução Normativa 3, estabelecendo o registro naquele órgão, com especificação da categoria, base territorial, os órgãos de administração e a sua composição. Em 17/7/1997, o Ministério do Trabalho, por meio da IN 1, revogou a IN 3/1994, dispondo sobre o registro sindical.

O STF considera que, até que lei venha a dispor a respeito, incumbe ao Ministério do Trabalho proceder ao registro das entidades sindicais e zelar pela observância do princípio da unicidade (Súm. 677), sendo que a personalidade jurídica sindical decorre do registro no Ministério do Trabalho.

A comprovação da legitimidade *ad processum* da entidade sindical se faz por seu registro no órgão competente do Ministério do Trabalho, mesmo após a promulgação da CF/88 (OJ 15, SDC).

Posteriormente, o registro da entidade sindical no MTE foi disciplinado pela Portaria 343, de 4/5/2000, com as alterações das Portarias 376, de 23/5/2000, 144, de 5/4/2004, 200, de 15/12/2006 e 186, de 10/04/2008.

Atualmente, o registro das entidades sindicais de primeiro grau (sindicatos) é disciplinado pela Portaria MTE 326, de 1º/3/2013, enquanto a Portaria 186/08 continua a registrar tão somente os atos das entidades de grau superior (art. 50, Portaria 326).

5.3 DENOMINAÇÃO

Os sindicatos que se constituírem por categorias similares ou conexas (art. 570, CLT) adotarão denominação em que fiquem, tanto como possível, explicitamente mencionadas as atividades ou profissões concentradas (art. 572).

5.4 ATIVIDADES E PRERROGATIVAS

São prerrogativas do sindicato (art. 513, *a* a *e*, CLT):

a) representar, perante as autoridades administrativas e judiciárias, os interesses gerais da respectiva categoria ou profissão liberal ou os interesses individuais dos associados relativos à atividade ou profissão exercida;
b) celebrar convenções coletivas de trabalho;
c) eleger ou designar os representantes da respectiva categoria ou profissão liberal;
d) colaborar com o Estado, como órgão técnico e consultivo, no estudo e solução dos problemas que se relacionam com a respectiva categoria ou profissão liberal;
e) impor contribuições a todos aqueles que participam das categorias econômicas ou profissionais ou das profissões liberais representadas.

Além dessas, o sindicato de empregados terá a prerrogativa de fundar e manter agências de colocação (art. 513, parágrafo único, CLT).

5.4.1 Defesa dos interesses

A entidade associativa, quando expressamente autorizada, tem legitimidade para representar os seus filiados: judicial ou extrajudicialmente (art. 5º, XXI, CF), sendo que ao sindicato cabe a defesa dos direitos e interesses coletivos ou individuais da categoria, inclusive em questões judiciais ou administrativas (art. 8º, III).

A CLT admite a associação para fins de estudo, defesa e coordenação de seus interesses econômicos e profissionais (art. 511, *caput*).

O sindicato também representa, perante as autoridades administrativas e judiciárias, os interesses gerais da respectiva categoria ou profissão liberal ou os interesses individuais dos associados relativos à atividade ou profissão exercida (art. 513, *a*).

Com o descumprimento ou a inobservância do previsto na lei do fundo de garantia por parte da empresa, o sindicato a que o empregado estiver vinculado poderá acionar a Justiça do Trabalho para compeli-la a efetuar o depósito das importâncias devidas (art. 25, Lei 8.036/90).

Devidamente autorizado, o empregador poderá proceder descontos nos salários para pagamento de empréstimos, financiamentos, cartões de crédito e operações de arrendamento mercantil do empregado (Lei 10.820/2003). Nesses casos, é facultado ao empregador descontar também os custos operacionais, devendo tornar disponíveis às entidades sindicais que solicitem as informações referentes aos custos existentes.

Deixando os empregadores de satisfazer o pagamento dos salários, nos termos da decisão proferida em dissídio coletivo, o sindicato, independentemente de outorga de poderes de seus associados, poderá ingressar em juízo (art. 872, parágrafo único, CLT).

A representação e a defesa dos interesses da entidade sindical perante órgãos públicos e as empresas constituem atribuição exclusiva da diretoria do sindicato (ou seu mandatário), dos delegados sindicais e associado investido em representação prevista em lei (art. 522, § 3º, CLT).

A Constituição é expressa ao afirmar que, recusando-se qualquer das partes à negociação ou à arbitragem, é facultado às mesmas, de comum acordo, ajuizar dissídio coletivo de natureza econômica (art. 114, § 2º).[1] O art. 857, CLT, fala em prerrogativa das entidades sindicais. O dissídio de natureza jurídica não possui essas exigências.

---

[1] "Nos dissídios coletivos suscitados contra sindicato representativo da categoria econômica, podem intervir, como assistentes, as empresas abrangidas pelo âmbito de representação do sindicato? Negativa deve ser a resposta em relação às empresas livremente filiadas ao sindicato. Sendo estas representadas, no dissídio, pelo respectivo sindicato, admitir-lhes a participação no feito, como assistentes, seria consagrar a duplicidade de atuação da mesma parte no mesmo processo. [...] É de admitir-se, porém, que intervenham como assistentes as empresas não filiadas ao sindicato, uma vez que, embora incluídas no âmbito de representação do sindicato, não têm o ensejo de participar das respectivas deliberações assembleares. Razoável é, portanto, se lhes faculte participarem do dissídio coletivo, na posição de assistente" (BATALHA, Wilson de Souza Campos. *Tratado de direito judiciário do trabalho*. 3. ed., v. 2, p. 497-498).

Tratando-se de greve em atividade essencial, com possibilidade de lesão ao interesse público, o Ministério Público também poderá ajuizar o dissídio coletivo (art. 114, § 3º, CF).

Na assembleia-geral de credores da recuperação judicial ou da falência, os sindicatos poderão representar seus associados titulares de créditos derivados da legislação do trabalho ou decorrentes de acidente de trabalho que não comparecerem, pessoalmente ou por procurador (art. 37, § 5º, Lei 11.101/05).

Para o exercício dessa prerrogativa legal, o sindicato deverá apresentar ao administrador judicial, até 10 dias antes da assembleia, a relação dos associados que pretende representar, e o trabalhador que conste da relação de mais de um sindicato deverá esclarecer, até 24 horas antes da assembleia, qual sindicato o representa, sob pena de não ser representado em assembleia por nenhum deles (art. 37, § 6º, I).

Para alguns doutrinadores, a atuação do sindicato no dissídio coletivo ocorre pela substituição processual,[2] onde o sindicato age em nome próprio na defesa de direito alheio.[3] Exemplos: ações de cumprimento (art. 872, parágrafo único, CLT);[4] insalubridade ou periculosidade (art. 195, § 2º, CLT).[5]

---

[2] CASTELO, Jorge Pinheiro. *O direito processual do trabalho na moderna teoria do processo*, p. 330; VIDAL NETO, Pedro. *Do poder normativo da Justiça do Trabalho*, p. 140; ANDRADE, Everaldo Gaspar Lopes de. *Dissídio coletivo*, p. 56; MARTINS FILHO, Ives Gandra. *Processo coletivo do trabalho*. 3. ed., p. 108; BARROS, Alice Monteiro de. Procedimento no dissídio coletivo, in *Compêndio de direito processual do trabalho*, p. 646.

[3] José Afonso da Silva ensina que a "legitimação para agir em juízo é tradicionalmente pessoal, como Direito Público subjetivo do indivíduo, tanto que, nas constituições anteriores, se declarava que a lei não poderia excluir da apreciação do Poder Judiciário qualquer lesão a direito individual. Agora se dispõe, como veremos, que a lei não poderá excluir da apreciação do Poder Judiciário lesão ou ameaça a direito, sem qualificá-lo. Em consequência, a Constituição já previu casos de representação coletiva de interesses coletivos ou mesmo individuais integrados numa coletividade. É assim que se estabelece que as entidades associativas, quando expressamente autorizadas (certamente em seus estatutos), têm legitimidade para representar seus filiados em juízo ou fora dele (art. 5º, XXI), legitimidade essa também reconhecida aos sindicatos em termos até mais amplos e precisos, *in verbis*: ao sindicato cabe a defesa dos direitos e interesses coletivos ou individuais da categoria, inclusive em questões judiciais ou administrativas (art. 8º, III)" (*Curso de Direito Constitucional Positivo*, 18. ed., p. 263). "Pedro Paulo Manus (Substituição Processual no Processo do Trabalho, p. 250) sustenta que sob o plano jurídico 'não há como admitir outra conclusão a não ser a de que o art. 8º, III, da Constituição Federal reconheceu ao sindicato amplos poderes de substituição processual dos interesses individuais de todos os membros da categoria que representa. Não se limita, assim, a substituição processual no art. 8º do CPC. Embora subsista a regra do referido dispositivo legal comum, em Direito Processual do Trabalho o legislador constituinte entendeu de autorizar expressamente o sindicato a agir como substituto processual, de forma ampla, pelo texto expresso do art. 8º da Constituição Federal" (LEITE, Carlos Henrique Bezerra. *Curso de direito processual do trabalho*, p. 189).

[4] A legitimidade do sindicato para propor ação de cumprimento estende-se também à observância de acordo ou de convenção coletiva (Súm. 286, TST).

[5] A Súm. 271, que foi cancelada pela Resolução 121/03, TST, declinava que era legítima a substituição processual dos empregados associados, pelo sindicato que congrega a categoria profissional, na demanda trabalhista cujo objeto seja adicional de insalubridade ou periculosidade.

Outros, contudo, visualizam uma legitimação ordinária,[6] à medida que a categoria não é pessoa jurídica ou natural, não podendo ser sujeita de direito e porque os interesses do sindicato são indissociáveis dos interesses da categoria.[7] Acrescentam, ainda, que no dissídio de natureza econômica o sindicato não defende direitos da categoria, que inexistem e cuja criação se postula pelo dissídio.

Para Luiz de Pinho Pedreira da Silva trata-se de representação legal.[8]

É de se acrescentar que, em algumas situações, o sindicato atua em nome próprio, o sindicato figura *"em juízo, como suposto titular de um direito pessoal, isto é, defendendo interesse dele como pessoa jurídica e não de quaisquer integrantes da categoria representada. Os dissídios individuais desta última espécie podem apresentar-se em juízo sob multiformes facetas, no direito brasileiro, destacando-se as seguintes subespécies: (a) os intersindicais não coletivos; (b) os intrassindicais; c) os sindicais sobre contribuições"*.[9]

Em várias leis ordinárias, após o advento da CF/1988, foi atribuída aos sindicatos a substituição processual: Leis 7.839/89 e 7.708/89 (política salarial); Lei 8.036/90 (FGTS).

O sindicato, com base no § 2º, art. 195, CLT, tem legitimidade para atuar na qualidade de substituto processual para pleitear diferença de adicional de insalubridade (OJ 121, SDI-I).

[6] ANTUNES, Oswaldo Moreira. Os direitos coletivos e o processual do sindicato. *Revista LTr* 1990, p. 413; ROMITA, Arion Sayão. Legitimação ordinária do sindicato. *Revista LTr*, v. 56, 1992, p. 161; MARTINS, Sergio Pinto. *Direito processual do trabalho*. 20. ed., p. 552.

[7] Arnaldo Süssekind pondera: "O art. 8º da Constituição, depois de referir o sindicato como representante da correspondente categoria econômica ou profissional, na respectiva base territorial, preceitua que lhe cabe a defesa dos direitos e interesses coletivos ou individuais da mesma, seja em questões judiciais ou administrativas (nº III), seja nas negociações coletivas (nº VI). Tais disposições se sintonizam com o comando do art. 513 da CLT, segundo o qual incumbe ao sindicato representar os interesses gerais da categoria perante as autoridades administrativas e judiciárias (alínea (a) e, em seu nome, celebrar convenções coletivas de trabalho (alínea (b) e suscitar dissídio coletivo (art. 857 da CLT). A nova Constituição apenas substituiu a representação dos 'interesses individuais dos associados relativos à atividade ou profissão exercida' pela representação dos interesses 'individuais da categoria'. [...] Do preceituado no art. 8º, III, não resulta, evidentemente, a perda da eficácia das disposições anteriores que atribuíram ao sindicato o poder de atuar judicialmente em defesa de direitos dos trabalhadores, ainda que sem expressa autorização destes, nas hipóteses explicitamente especificadas. E nada impedirá que leis futuras ampliem o elenco dos casos de legitimação extraordinária do sindicato, como prevê o art. 6º do CPC. Cumpre-nos ressaltar, nesta oportunidade, que a única diferença entre o disposto no inciso constitucional em foco e o estatuído no art. 513, da CLT é que esta atribuía ao sindicato a representação dos 'interesses individuais dos associados', enquanto aquele menciona 'interesses [...] individuais da categoria'! No mais, a alusão a 'interesses gerais da respectiva categoria ou profissão liberal', da CLT, corresponde aos 'interesses coletivos [...] da categoria', da nova disposição constitucional. Como se infere, a representação não se restringe mais a 'associados', podendo alcançar os membros da respectiva categoria; mas os direitos suscetíveis de serem defendidos pelo sindicato perante os órgãos administrativos e judiciários hão de ser, ainda que individuais, de interesses da categoria" (*Instituições de direito do trabalho*. 19. ed., v. 2., p. 1.135).

[8] SILVA, Luiz de Pinho Pedreira da. A legitimação ativa para ajuizamento de dissídio coletivo, *in Curso de direito coletivo do trabalho*, p. 410.

[9] DALAZEN, João Oreste. *Competência material trabalhista*, p. 161.

Como destaque, a Lei 8.073, de 30/7/1990, em seu art. 3º assegura que as entidades sindicais poderão atuar como substitutos processuais dos integrantes da categoria.

Procurando dirimir a questão, O TST editou a Súm. 310.[10] Da leitura da Súm. 310, o TST entendeu que o art. 8º, III, CF, não atribuiu a ampla substituição processual para a entidade sindical.

O STF, ao apreciar o Mandado de Injunção 347-5 (impetrante: Sindicato dos Trabalhadores do Serviço Público Federal em Santa Catarina; impetrado: o Excelentíssimo Senhor Presidente da República; Rel. Min. Néri da Silveira), ao enfrentar a preliminar de ilegitimidade de parte do sindicato impetrante, arguida pela Consultoria Geral da República, por unanimidade, entendeu ser caso de substituição processual o previsto no art. 8º, III, CF, bem como ser tal dispositivo autoaplicável.

O Min. Octávio Gallotti (RE 213.693-0), no mesmo sentido, entendeu que a substituição processual prevista no art 8º, III, CF, e art. 3º, Lei 8.073, não pode sofrer as limitações inseridas na Súm. 310, TST.

Consta do acórdão: *"Trata-se de recurso extraordinário, interposto com fundamento no art. 102, III,* a, *da Constituição Federal, contra acórdão do Tribunal Superior do Trabalho, que manteve a decisão do Tribunal Regional do Trabalho que admitira a ilegitimidade* ad causam *do sindicato para atuar com substituto processual de seus filiados, declarando extinto o processo, sem julgamento do mérito, em reclamação trabalhista proposta contra o Banco do Estado de Rondônia S.A., que se fundava no descumprimento de cláusula normativa de convenção coletiva. [...] O acórdão recorrido ao entender inexistente a legitimidade* ad causam *do sindicato para substituir seus filiados, acabou por contrariar o art. 8º, III, da Constituição, que, combinado com o artigo 3º da Lei nº 8.073/90, admitiu a*

---

[10] Em relação à Súm. 310, Regina Maria Vasconcelos Dubugras pondera: "No tocante aos direitos que podem ser pleiteados em juízo pelo sindicato como substituto processual, a origem do instituto nos remete necessariamente à necessidade de autorização legal para o exercício da legitimidade extraordinária, conforme preconizado no art. 6º do CPC – *in verbis*: Ninguém poderá pleitear, em nome próprio, direito alheio, salvo quando autorizado por lei. Com a promulgação da Constituição Federal de 1988 que dispõe em seu art. 8º, III – ao sindicato cabe a defesa dos direitos e interesses coletivos ou individuais da categoria, inclusive em questões judiciais ou administrativas; algumas vozes ecoaram no sentido de que esta seria a autorização legal para o sindicato agir amplamente em defesa dos direitos individuais dos membros da categoria. Neste particular o item I do Enunciado 310 estava correto. Não obstante reconhecermos a conveniência e oportunidade da defesa coletiva de direitos individuais trabalhistas, através da substituição processual dos sindicatos, é imprescindível à previsão legal expressa por tratar-se de hipótese de exceção em nosso sistema jurídico processual. A inteligência do dispositivo acima não autoriza a substituição processual do sindicato em defesa de todos os direitos individuais dos membros da categoria. Entretanto, não se pode negar o permissivo constitucional de substituição processual do sindicato, invocando o art. 6º do CPC, por tratar-se de lei ordinária infraconstitucional. Se o art. 8º, III, da CF/88, fosse expresso quanto à legitimidade extraordinária dos sindicatos, não recepcionaria o art. 6º do CPC no tocante aos direitos trabalhistas, mas como isto não ocorreu, o referido artigo do diploma processual civil é invocado como norma referente ao mesmo objeto que auxilia na interpretação sistemática do dispositivo constitucional" (O cancelamento do enunciado nº 310 do tribunal superior do trabalho e a substituição processual. *Revista LTr*, v. 67, nº 10, p. 1.140).

legitimidade das entidades sindicais para atuar na defesa dos direitos e interesses coletivos ou individuais dos integrantes da categoria, como substitutos processuais (RE nº 202.063, DJ 8/8/97). Ante o exposto, conheço do recurso e dou-lhe provimento para que, afastada a preliminar de ilegitimidade ativa, prossiga o Tribunal, como entender de direito, no julgamento do Recurso Ordinário."

O STF, portanto, diante dos acórdãos mencionados, entendeu que a entidade sindical possui a legitimação processual em face do que dispõe o art. 8º, III, CF/88.

O TST, por intermédio da Resolução 121/03, cancelou a Súm. 310,[11] como também a Súm. 359, a qual estabelecia que a substituição processual para o ajuizamento de ação de cumprimento pertence à entidade sindical e não à federação.

Na apreciação do RE 210.029-RS, o Plenário do STF firmou a posição de que o sindicato pode atuar na defesa de todos e quaisquer direitos subjetivos individuais e coletivos da categoria por ele representada. Inegável o avanço no entendimento do STF.

A priori, pelas decisões anteriores, o sindicato teria, de acordo com o art. 8º, III, da CF, autorização, como substituto processual, para atuar na defesa dos direitos e interesses coletivos ou individuais de seus associados.

Pela nova decisão, a entidade sindical pode atuar na defesa de todos e quaisquer direitos subjetivos individuais e coletivos da categoria por ele representada.

Em outras palavras, pela decisão do STF, no RE 210.029-RS, a entidade sindical possui ampla legitimação, tanto para os direitos ou interesses: (a) metaindividuais: (1) ação civil pública (direito difuso); (2) dissídio coletivo (direito coletivo); (3) ação civil coletiva (direito individual homogêneo, exemplo: ação em que solicita insalubridade ou periculosidade); (4) ação de cumprimento (art. 872, parágrafo único, CLT). Nas duas primeiras hipóteses, o sindicato atua com legitimação autônoma (legitimação ordinária). Nas duas últimas hipóteses, o sindicato atua como substituto processual (legitimação extraordinária).

No dissídio coletivo a atuação do sindicato sempre depende de autorização da assembleia geral dos associados (art. 859, CLT) e deve haver correspondência entre as

---

[11] A posição adotada pelo TST na Súmula nº 310 era muito combatida por aqueles que entendem que o Texto Constitucional, como Pedro Paulo Teixeira Manus e Carla Teresa Martins Romar (CLT e Legislação Complementar, p. 26, nota 4), reconheceu a legitimidade extraordinária ao sindicato. Haveria também incompatibilidade do entendimento adotado pelo TST com o art. 81, *caput* e parágrafo único, III, e art. 82, do Código de Defesa do Consumidor (Lei nº 8.078/1990) e com o art. 5º, da Lei da Ação Civil Pública (Lei nº 7.347/1985), que preveem a substituição processual e extraordinária das associações para figurarem no polo ativo nas ações coletivas, difusas e individuais. Para Amador Paes de Almeida, "a atual Constituição Federal consagra, no âmbito da Justiça do Trabalho, de forma ampla e ilimitada, e não mais como excepcionalidade, a possibilidade de as entidades sindicais proporem dissídios na defesa dos direitos individuais dos integrantes da categoria profissional e não apenas dos associados, pondo-se fim à restrição contida no art. 872, parágrafo único, da CLT" (*CLT comentada*, p. 25).

atividades exercidas pelos setores profissional e econômico envolvidos no conflito (OJ 22, SDC).[12]

Raimundo Simão de Melo,[13] após reconhecer a legitimidade sindical para o dissídio coletivo, diz que esse *"entendimento não pode ser restritivo, a ponto de criar situações até teratológicas, como já aconteceu na jurisprudência, na hipótese de inexistência de sindicato da categoria econômica, v. g., no tocante a entes públicos, com relação aos quais, como se sabe, não há sindicato patronal. Neste caso, evidentemente, é de se aceitar que o respectivo ente público possa ajuizar o dissídio coletivo ou nele se defender sem a presença do sindicato, pena de se negar o direito de ação, constitucionalmente assegurado [...]".*

As empresas que não possuem sindicato ou, na hipótese de greve, poderão compor a lide nas ações coletivas.[14] Antes do cancelamento, a IN 4/93 também previa a legitimidade do empregador quando os interesses em conflito fossem particularizados.[15]

Partindo da premissa de que a Constituição reconhece os acordos coletivos de trabalho entre as empresas e o sindicato profissional, para Sergio Pinto Martins[16] *"não há por que negar à empresa o direito da instauração de dissídio coletivo, quando as partes não chegam a acordo, pois a faculdade é do sindicato, o que não inibe que outras a exercitem, como a própria empresa, o Presidente do Tribunal, o Ministério Público do Trabalho, principalmente na existência de greve.*

O inciso VI do artigo 8º da Constituição tem que ser interpretado no sentido de que a obrigatoriedade da participação do sindicato na negociação coletiva é do sindicato profissional e não do patronal, sob pena da existência dos acordos coletivos, reconhecidos pela Constituição, onde as partes são sindicato profissional e uma empresa, prescindindo-se do sindicato da categoria econômica.

O mesmo raciocínio pode ser transplantado para a análise do parágrafo 2º do artigo 114 da Constituição, em que a faculdade é do sindicato, o que não impede que a ação possa ser instaurada pela empresa, em caso de greve, inclusive pelo Presidente do Tribunal e pelo Ministério Público do Trabalho, permanecendo vigente o artigo 856 da CLT".

Não se admite a legitimidade do sindicato profissional em requerer judicialmente a legalidade de movimento grevista por ele fomentada (OJ 12, SDC, cancelada pela Resolução 166/2010).

---

[12] OJ 22, SDC – É necessária a correspondência entre as atividades exercidas pelos setores profissional e econômico, a fim de legitimar os envolvidos no conflito a ser solucionado pela via do dissídio coletivo.
[13] MELO, Raimundo Simão de. Ob. cit., p. 59-60.
[14] BARROS, Alice Monteiro de. Ob. cit., p. 646.
[15] Item IV, IN 4/93 – Têm legitimidade para o ajuizamento do dissídio coletivo as entidades sindicais e os empregadores; estes, quando não haja entidade sindical representativa ou os interesses em conflito sejam particularizados.
[16] MARTINS, Sergio Pinto. Ob. cit., p. 551.

Guilherme Mastrichi Basso[17] e Raimundo Simão de Melo[18] discordam dessa orientação e apontavam sua inconstitucionalidade, o primeiro por considerar que o direito constitucional de ação encontra-se violado e o segundo por visualizar afronta ao art. 8º, II, CF, que assegura ao sindicato a defesa aos interesses individuais e coletivos da categoria.

A Lei 7.783/89 (art. 4º, § 2º, e art. 5º) confere à comissão de trabalhadores legitimidade para participarem do dissídio coletivo em caso de greve e desde que não haja entidade sindical da categoria.

Parte expressiva da doutrina, diante da relativa liberdade sindical prevista na CF/88 (art. 8º), não admite a instauração de ofício pelo presidente do tribunal (arts. 856 e 874, CLT).

Nas ações individuais e coletivas de competência da Justiça do Trabalho, as entidades sindicais que integram a Confederação Nacional das Profissões Liberais terão o mesmo poder de representação dos trabalhadores empregados atribuído, pela legislação em vigor, aos sindicatos representativos das categorias profissionais diferenciadas (art. 1º, Lei 7.316/1985).

A Confederação Sindical ou entidade de classe de âmbito nacional pode propor a ação direta de inconstitucionalidade e a ação declaratória de constitucionalidade (art. 103, IV, CF), observando a pertinência temática.

As associações civis e de natureza profissional, como OAB, CRM e CREA, não possuem legitimidade para instaurar dissídio coletivo. Isso porque possuem outras finalidades estatutárias, incompatíveis com a defesa dos interesses trabalhistas da categoria (prerrogativa dos sindicatos) e não integram a estrutura sindical vigente.

As centrais sindicais não estão autorizadas diretamente a atuar nos dissídios coletivos.

Também carece de legitimidade ativa o superintendente regional do trabalho e emprego para instaurar dissídio coletivo, mesmo no caso de greve, pois não está previsto nos arts. 856 e 857, CLT.[19]

No que tange ainda às questões coletivas, o STF considera que a impetração de mandado de segurança coletivo por entidade de classe em favor dos associados independe da autorização destes (Súm. 629) e que a entidade de classe tem legitimação para o mandado de segurança ainda quando a pretensão veiculada interesse apenas a uma parte da respectiva categoria (Súm. 630).

Quando a entidade sindical (como substituto processual) é autora da reclamação trabalhista, em cujos autos foi prolatada a decisão rescindenda, tem legitimidade para figurar como réu na ação rescisória, sendo descabida a exigência de citação de todos os

---

[17] BASSO, Guilherme Mastrichi. Dissídio coletivo de natureza jurídica. *Revista Jurídica Virtual da Presidência da República* – Subchefia para Assuntos Jurídicos, nº 4, ago./1999.

[18] MELO, Raimundo Simão de. Ob. cit., p. 60.

[19] TST – RO DC 43.042/92.6 – Rel. Min. Almir Pazzianoto Pinto – *DJU* 14/5/1993 – p. 9134.
TST – RO DC 37.360/91.6 – Rel. Min. Ursulino Santos – *DJU* 5/3/1993 – p. 2991.

empregados substituídos, porquanto inexistente litisconsórcio passivo necessário (Súm. 406, II, TST).

A legitimidade da entidade sindical para a instauração da instância (dissídio coletivo) contra determinada empresa está condicionada à prévia autorização dos trabalhadores da suscitada diretamente envolvidos no conflito (OJ 19, SDC).

Acrescente-se a responsabilidade que tinha o sindicato na homologação das rescisões contratuais quando o pacto tiver vigência de mais de um ano (art. 477, CLT, revogado pela Lei 13.467/17). Além disso, cabe ao sindicato prestar a assistência judiciária gratuita a todos os membros da categoria que percebam até 2 salários mínimos (art. 18, Lei 5.584/70) e aos associados (art. 514, *b*, CLT).

Lembramos que para o TST é contrária ao espírito da lei (art. 477, § 7º) e da função precípua do sindicato a cláusula coletiva que estabelece taxa para homologação de rescisão contratual, a ser paga pela empresa a favor do sindicato profissional (OJ 16, SDC).

5.4.2 Celebrar normas coletivas de trabalho

A Constituição garantiu o reconhecimento de acordos e convenções coletivas (art. 7º, XXVI), sendo obrigatória a participação dos sindicatos nas negociações coletivas (art. 8º, VI).

Tanto é assim que o aumento real concedido pela empresa a todos os seus empregados somente pode ser reduzido mediante a participação efetiva do sindicato profissional no ajuste, nos termos do art. 7º, VI, CF (OJ 325, SDI-I).

A entidade sindical tem a legitimação para negociar os acordos e convenções coletivas. Vale dizer, essa atribuição não é da essência das federações e confederações, as quais possuem uma legitimação supletiva.

As federações e, na falta destas, as confederações representativas de categorias econômicas ou profissionais poderão celebrar convenções coletivas de trabalho para reger as relações das categorias a elas vinculadas, inorganizadas em sindicatos, no âmbito de suas representações (art. 611, § 2º, CLT). Assim, as federações e as confederações somente terão a legitimidade para atuar na celebração de instrumentos normativos quando não houver sindicato de uma atividade ou profissão.

Na hipótese de acordo coletivo, caso a entidade sindical não tenha manifestado interesse na negociação coletiva, o que também tenha ocorrido com a federação e a confederação, poderão os interessados (trabalhadores e a empresa) prosseguir diretamente na negociação coletiva até o final (art. 617, § 1º).

A atuação da entidade sindical fica condicionada à realização da assembleia e da presença de um determinado número de trabalhadores (quórum).

A validade da assembleia que tenha por finalidade pronunciamento sobre relações ou dissídio de trabalho depende de convocação específica para esse fim e o quórum mínimo de metade mais um dos associados quites, em primeira convocação, e, com os presentes em segunda convocação, considerando-se aprovadas as deliberações que obtiverem 2/3 dos votos (art. 524, *e*, CLT).

A celebração de acordos ou convenções coletivas de trabalho pelos sindicatos prescinde de autorização da assembleia-geral especialmente convocada para esse fim, dependendo sua validade do comparecimento e de votação, em primeira convocação, de 2/3 dos associados da entidade (no caso de convenção) ou dos interessados (no caso de acordo), e, em segunda, 1/3 dos membros (art. 612). O quórum de comparecimento e votação será de 1/8 dos associados em segunda convocação nas entidades sindicais que tenham mais de 5.000 associados (parágrafo único).

Pela CLT, o ajuizamento do dissídio coletivo de trabalho pela entidade sindical está condicionado à aprovação da assembleia-geral dos associados interessados na solução do litígio, respeitado o quórum mínimo, ou seja, em primeira convocação, por maioria de 2/3 dos associados interessados e, em segunda convocação, por 2/3 dos presentes (art. 859).

A jurisprudência atual entende que o art. 859 da CLT não foi recepcionado pela nova ordem constitucional (CF/88), ante o cancelamento da Súmula 177 do TST pela Resolução 121 (*DJ*, 19/11/2003 e 25/11/2003).

Por outro lado, pela OJ 13, SDC, o TST entendia que, mesmo após a promulgação da CF/88, subordinava-se a validade da assembleia de trabalhadores à observância do quórum estabelecido no art. 612 da CLT. A OJ 13 foi cancelada (*DJ*, de 24/11/2003).

Portanto, face à liberdade e à autonomia sindicais, caberá ao estatuto da entidade sindical deliberar a respeito das formalidades para expedição de edital, elaboração de ata de assembleia, forma de votação, vista de presença, quórum etc.

Maurício Godinho Delgado[20] ensina: *"Não se pode desconhecer, porém que o rigor deste quórum da CLT afronta o princípio constitucional da autonomia dos sindicatos. Como insistido neste Curso, a matéria é efetivamente própria à regência dos estatutos sindicais (cujas regras submetem-se, é claro, aos princípios jurídicos da lealdade e transparência nas negociações coletivas, da racionalidade e razoabilidade, da vedação ao abuso do direito). Esclareça-se, à propósito, que o TST, após fase de reverência, iniciada nos anos de 1990, ao quórum do art. 612 da CLT (nesta linha, OJs 13 e 21 da SDC), felizmente alterou sua compreensão, cancelando em 2003 as referidas orientações jurisprudenciais".*

Pela Lei de Greve (art. 4º, *caput*, § 1º, Lei 7.783/89), caberá à entidade sindical profissional convocar, na forma do seu estatuto, assembleia-geral que definirá as reivindicações da categoria e deliberará sobre a paralisação coletiva. O Estatuto deverá prever as formalidades de convocação e o quórum para a deliberação (deflagração e cessação da greve).

No caso de dissídio contra empresa, a legitimação do sindicato se faz pela autorização dos trabalhadores da suscitada diretamente envolvidos no conflito (OJ 19, SDC). Por isso, a legitimidade *ad causam* será verificada pela necessária correspondência entre as atividades exercidas pelos setores profissional e econômico envolvidos no conflito (OJ 22).

O TST tem exigido a ampla divulgação do edital de convocação para assembleia-geral (OJ 28) e a indicação do total de associados da entidade sindical como forma de apurar se houve o quórum de trabalhadores exigidos pela lei.

---

[20] DELGADO, Maurício Godinho. *Curso de direito do trabalho*. 11. ed., p. 1403.

A ata da assembleia de trabalhadores que legitima a atuação da entidade sindical deve registrar, obrigatoriamente, a pauta reivindicatória (OJ 8).

O edital de convocação da assembleia-geral e a ata da assembleia-geral são requisitos essenciais para instauração do dissídio (OJ 29).

No caso de a base sindical ser superior à base mínima constitucional, era necessária a realização de múltiplas assembleias (OJ 14, cancelada, *DJ* 2/12/2003).

É possível ainda que os estatutos da entidade sindical exijam, entre outras, quórum qualificado para votação e aprovação de determinadas matérias e prazo mínimo entre a publicação e a realização da assembleia (OJ 35, SDC).

A exigência de aprovação da assembleia é para o dissídio de natureza econômica.

Frustrada a negociação ou verificada a impossibilidade de recurso via arbitral, é facultada a cessação coletiva do trabalho, mediante prévia deliberação da assembleia-geral convocada para tanto. O estatuto da entidade sindical deverá prever as formalidades de convocação e o quórum para a deliberação quanto à deflagração e cessação da greve (arts. 3º e 4º, Lei 7.783).

A falta de autorização prévia da assembleia-geral da categoria implica a carência de legitimidade ativa da entidade sindical (*legitimatio ad causam*).

5.4.3 Eleição dos representantes da categoria

A eleição para cargos de diretoria e conselho fiscal será realizada por votação secreta, de, no mínimo, 6 horas contínuas, na sede do sindicato, nas de suas delegacias e seções e nos principais locais de trabalho (art. 524, § 1º, CLT).

O aposentado filiado tem direito a votar e ser votado (art. 8º, VII, CF).

O mandato é de 3 anos (art. 515, *b*, CLT).

São requisitos para o exercício do cargo: (a) ser maior de 18 anos; (b) ser inscrito há mais de 6 meses no quadro social; (c) exercer a profissão ou a atividade há mais de 2 anos; (d) estar no gozo dos direitos sindicais. É obrigatório aos associados o voto nas eleições sindicais (art. 529).

Não podem ser eleitos para cargos administrativos ou de representação econômica ou profissional, nem permanecer no exercício: (a) os que não tiverem definitivamente aprovadas as suas contas de exercício em cargos de administração; (b) os que houverem lesado o patrimônio de qualquer entidade sindical; (c) os que não estiverem, há pelo menos 2 anos, no exercício da atividade, da profissão ou no desempenho de representação econômica ou profissional; (d) os que tiverem sido condenados por crime doloso enquanto persistirem os efeitos da pena; (e) os que não estiverem no gozo de seus direitos políticos; (f) os que tiveram má conduta (art. 530).

Nas eleições para cargos de diretoria e do conselho fiscal serão considerados eleitos os candidatos que obtiverem maioria absoluta de votos em relação ao total dos associados eleitores (art. 531). Não ocorrendo isso, em uma nova convocação, serão considerados eleitos aqueles que obtiverem maioria dos eleitores presentes (art. 531, § 1º).

Não havendo recurso, a posse da nova diretoria deverá se verificar dentro de 30 dias subsequentes ao término do mandato anterior (art. 532, § 4º).

5.4.4 Colaboração na solução de problemas

O sindicato é personagem principal no encaminhamento e solução de problemas que atingem a categoria, realizando movimentos de operários, participando das negociações, levando soluções etc.

5.5 CONTRIBUIÇÕES EM FAVOR DAS ENTIDADES SINDICAIS

5.5.1 Contribuição sindical

5.5.1.1 Origem e fundamento legal

A contribuição sindical destina-se a atender o custeio do sistema sindical (art. 8º, IV, CF; artigos 548, *a*, 578 e segs., CLT). Considerando a previsão do art. 217, I, e do art. 3º, ambos do CTN, e, ainda, do art. 149, CF, a natureza jurídica da contribuição sindical é tributária.[21] É devida pelo associado e não associado da entidade sindical.[22]

Esta contribuição refere-se ao antigo imposto sindical (Decreto-Lei 27/1966), tendo sido instituída inicialmente na Constituição de 1937. O imposto sindical na área rural foi instituído pela Lei 4.214/1964 (Estatuto do Trabalhador Rural).

O imposto sindical chegou a ser extinto (MPs 236/90, 258/90 e 275/90, as quais não foram convertidas em lei pelo Congresso Nacional). O projeto de Lei 58/90, do Congresso Nacional, extinguindo a contribuição gradativamente no prazo de 5 anos, foi aprovado pelo Congresso, mas vetado pelo Presidente da República.

---

[21] "A contribuição sindical também se insere na definição de tributo contida no art. 3º do CTN. É uma prestação pecuniária, exigida em moeda. É compulsória, pois independe da vontade da pessoa em contribuir. O art. 545 da CLT mostra que o desconto da contribuição sindical pelo empregador independe da vontade do empregado. Não se constitui em sanção de ato ilícito. É instituída em lei (arts. 578 a 610 da CLT) e cobrada mediante atividade administrativa plenamente vinculada, que é o lançamento, feito pelo fiscal do trabalho (art. 606 e seu § 1º da CLT). Logo, sua natureza é tributária" (MARTINS, Sergio Pinto. *Direito do Trabalho*, 23. ed., p. 740).

[22] O STF tem considerado obrigatória a contribuição sindical a todos os integrantes da categoria: "Sindicato. Contribuição sindical da categoria. Recepção. A recepção pela ordem constitucional vigente da contribuição sindical compulsória, prevista no art. 578, CLT e exigível de todos os integrantes da categoria, independentemente de sua filiação ao sindicato resultar do art. 8º, IV, *in fine*, da Constituição, não obsta à recepção, proclamação, no *caput* do art. 8º do princípio da liberdade sindical, que há de ser compreendido a partir dos termos em que a Lei Fundamental a positivou, nos quais a unicidade (art. 8º, II) e a própria contribuição sindical de natureza tributária (art. 8º, IV) – marcas características do modelo corporativista resistente –, dão a medida da sua relatividade (cf. MI 144, Pertence, RTJ 147/858, 874); nem impede a recepção questionada a falta da lei complementar prevista no art. 146, III, CF, à qual alude o art. 149, à vista do disposto no art. 34, §§ 3º 4º das Disposições Transitórias (cf. RE 146733, Moreira Alves, RTJ 146/694, 694)" (STF – 1ª T. – RE 180.745-8 – Rel. Min. Sepúlveda Pertence – j. 24/3/1998 – *DJ* 8/5/1998).

No segundo semestre de 2007, a Câmara dos Deputados Federais chegou a pôr fim à obrigatoriedade do pagamento da contribuição sindical, contudo, o PL foi rejeitado no Senado Federal.

Com a Lei 11.648/08, os arts. 578 a 610, CLT, que cuidam da contribuição sindical, vigorarão até que a lei venha a disciplinar a contribuição negocial, vinculada ao exercício efetivo da negociação coletiva e à aprovação em assembleia geral da categoria.

Antes da Reforma Trabalhista (Lei 13.467): a contribuição sindical é devida por todos aqueles que participarem de uma determinada categoria em favor do sindicato que a representar; na hipótese da sua inexistência, a contribuição será creditada em favor da Federação correspondente à mesma categoria (arts. 579 e 591, CLT).

A partir da vigência da Lei 13.417 (11/11/2017), ante a nova redação dada aos arts. 545, 578, 579, 582, 583 e 587, CLT, a contribuição sindical deixou de ser obrigatória, ou seja, o seu recolhimento ficou condicionado, de forma expressa, à autorização expressa do trabalhador e do empregador.

Várias são as Ações Diretas de Inconstitucionalidades (ADIn 5.810; ADIn 5.811; ADIn 5.813; ADIn 5.815) quanto a Reforma Trabalhista e a contribuição sindical. Em linhas gerais, os fundamentos invocados para o reconhecimento da inconstitucionalidade são: (a) a contribuição sindical é de natureza tributária, materialmente compulsória e exigível por atuação estatal, logo, a Reforma Trabalhista não poderia criar regra mista de não incidência e/ou de isenção tributária, adotando, por fundamento, a livre opção do contribuinte, violando, assim o dever estatal de exigir o adimplemento como instrumento de sua atuação nas respectivas áreas (art. 149, CF), além do fato de que a referida modificação impõe limitações constitucionais ao poder de tributar (art. 146, II) e estabelece obrigação tributária (art. 146, III); (b) por ser a contribuição sindical uma obrigação de caráter tributário, o Estado não tem margem constitucional para oferecer aos contribuintes (empregadores e trabalhadores) a liberdade discricionária quanto ao dever de pagamento ou ao favor fiscal pela isenção; (c) a Reforma Trabalhista, originária de lei ordinária, não poderia adentrar ao campo de matéria reservada à Lei Complementar, como é o caso da matéria tributária; (d) a livre opção dada aos contribuintes viola o princípio da igualdade (art. 150, II), na medida em que o valor da contribuição beneficia toda a categoria profissional ou econômica, abrangendo, assim, os optantes e os não optantes; (e) mantém-se a natureza tributária da contribuição sindical, visto que a Reforma não alterou uma série de dispositivos (a previsão da contribuição; o fato gerador; a descrição das contribuições; os percentuais; a forma de arrecadação e a destinação), contudo, suprimiu o caráter compulsório. Em outras palavras, mantém um tributo facultativo, o que é uma incongruência.

Em junho de 2018, o STF, por maioria e nos termos do voto do Ministro Luiz Fux, julgou improcedentes os pedidos formulados nas ações diretas de inconstitucionalidade, declarando, assim, que é válida a alteração legislativa quanto ao caráter não compulsório da contribuição sindical.

A Nota Técnica 02/2018, da Secretaria das Relações de Trabalho (SRT/MTE), no que se refere à contribuição sindical, admite a anuência prévia e expressa da categoria pela decisão da assembleia dos membros da categoria.

5.5.1.2 Contribuição sindical dos trabalhadores

A contribuição sindical é anual e corresponde à importância de um dia de trabalho para os empregados, sendo para os agentes ou trabalhadores autônomos e para os profissionais liberais – importância equivalente a 30% do maior valor de referência (MVR) fixado pelo Poder Executivo.

Um dia de salário para apuração da contribuição sindical equivale: (a) a uma jornada normal de trabalho, se o pagamento foi feito por unidade de tempo; (b) a 1/30 da quantia percebida no mês anterior, se a remuneração for paga por tarefa, empreitada ou comissão. O desconto dos empregados será no mês de março de cada ano.

No caso dos trabalhadores avulsos, o desconto será no mês de abril, e em relação aos agentes e trabalhadores autônomos e profissionais liberais, será em fevereiro.

O empregado que não estiver trabalhando no mês destinado ao desconto da contribuição sindical será descontado no primeiro mês subsequente ao do reinício do trabalho (art. 602). Com a Reforma Trabalhista, a nova redação do art. 602 dispõe que o desconto fica condicionado à autorização expressa do empregado.

5.5.1.3 Contribuição sindical das empresas

Para os empregadores, a contribuição será proporcional ao capital social da firma ou empresa, registrado na Junta Comercial ou Órgão equivalente (art. 580, CLT).[23]

As entidades ou instituições, que não estejam obrigadas ao registro do capital social, deverão considerar como capital para efeito do cálculo, o percentual de 40% sobre o movimento econômico registrado no exercício financeiro imediatamente anterior (art. 580, § 5º). Estão excluídas da regra deste parágrafo entidades ou instituições que comprovarem, mediante requerimento ao Ministro do Trabalho, que não exercem atividade econômica com finalidade lucrativa (art. 580, § 6º).

---

[23] "No que diz respeito à extinção do índice utilizado para cálculo da contribuição sindical, Maior Valor de Referência – MVR, previsto no art. 580 da CLT, vale a pena lembrar o histórico das sucessivas alterações legislativas que fixaram os critérios de conversão do MVR em Real. O Maior Valor de Referência – MVR, foi extinto pela Lei nº 8.177/91. Os critérios de conversão foram estabelecidos pela Lei nº 8.178/91, que determinou para o mesmo o valor de Cr$ 2.266,17 (dois mil duzentos e sessenta e seis cruzeiros e dezessete centavos). Em 30.12.91 foi promulgada a Lei nº 8.383, que instituiu a Unidade Fiscal de Referência – UFIR, como medida de valor e parâmetro de atualização monetária de tributos e de valores expressos em cruzeiros na legislação tributária federal. Fixou-se o valor de 126,8621, como divisor, para se calcular o valor de uma UFIR, de forma que o MVR, ao ser convertido, correspondia a 17,86 UFIR. Em 26 de outubro de 2000 foi extinta a UFIR pela Medida Provisória nº 1973, posteriormente convertida na Lei nº 10.522, de 19 de julho de 2002. Este mesmo diploma legal determinou que os débitos expressos em UFIR deveriam ser convertidos em Real, utilizando-se, para tanto, o valor de R$ 1,0641, fixado para o ano de 2000, pela Portaria nº 488/99" (CAVALCANTE, Tereza Cristina Lins e. Contribuição sindical patronal. Disponível em: <http://www.mte.gov.br/Temas/Relacoes Trabalho/ContribuicaoSindical/Publicacoes/Conteudo/4409.asp>. Acesso em: 28 ago. 2004). Pelo *site* da Receita Federal, o último valor da UFIR é R$ 1,0641. Então temos que 1 MVR (maior valor de referência) corresponde a 19 UFIRs.

As empresas atribuirão parte do respectivo capital às sucursais, filiais ou agências, desde que localizadas fora da base territorial da entidade sindical representativa da atividade econômica do estabelecimento principal, na proporção das correspondentes operações econômicas (art. 581).

Quando a empresa realizar diversas atividades econômicas, sem que nenhuma delas seja preponderante, cada uma dessas atividades será incorporada à respectiva categoria econômica, sendo a contribuição sindical devida à entidade sindical representativa da mesma categoria. Igual procedimento em relação para as sucursais, agências ou filiais (art. 581, § 1º).

Entende-se por atividade preponderante a que caracterizar a unidade de produto, operação ou objetivo final, para cuja obtenção todas as demais atividades convirjam, exclusivamente, em regime de conexão funcional (art. 581, § 2º).

Tratando-se de grupo de empresas, cada uma delas recolherá a contribuição sindical observando sua atividade preponderante e não a atividade preponderante do grupo.

O recolhimento da contribuição sindical do empregador será no mês de janeiro ou, para os que venham a se estabelecer depois, na ocasião em que requeiram às repartições o registro ou a licença para o exercício da atividade.

A LC 123/06 (Estatuto da Nacional da Microempresa e da Empresa de Pequeno Porte), em seu art. 13, § 3º, dispensa as microempresas e empresas de pequeno porte optantes pelo Simples Nacional do pagamento das demais contribuições instituídas pela União, inclusive as contribuições para as entidades privadas de serviço social e de formação profissional vinculadas ao sistema sindical (contribuição sindical patronal), de que trata o art. 240, CF, e demais entidades de serviço social autônomo.[24]

Incumbia ao INCRA o lançamento e a cobrança da contribuição sindical (art. 4º, do Decreto-lei 1.166/71).

Posteriormente em consonância com o art. 10, § 2º, ADCT e o art. 1º da Lei 8.022/90, a Receita Federal era o órgão que tinha a incumbência de arrecadar o imposto rural, porém, citado dispositivo foi alterado pelo artigo 24, I, da Lei 8.847/94: *"A competência de administração das seguintes receitas, atualmente arrecadadas pela Secretaria da Receita Federal por força do art. 1º da Lei nº 8.022, de 12 de abril de 1990, cessará em 31 de dezembro de 1996: I – Contribuição Sindical Rural, devida à Confederação Nacional da Agricultura – CNA e à Confederação Nacional dos Trabalhadores na Agricultura – CONTAG, de acordo com o art. 4º do Decreto-Lei nº 1.166, de 15 de abril de 1971, e art. 580 da Consolidação das Leis do Trabalho – CLT."*

O art. 17, II, da Lei 9.393/96 autorizou que a Secretaria da Receita Federal celebrasse convênio com a Confederação Nacional da Agricultura para que as entidades patronais

---

[24] A constitucionalidade do art. 13, § 3º, LC 123/2006, foi questionada pela Confederação Nacional do Comércio (ADIn 4.033 – Rel. Min. Joaquim Moreira). Em 15/9/2010, por maioria de votos, o STF julgou improcedente a demanda.

obtivessem os assentos cadastrais dos imóveis que esperam a cobrança das contribuições sindicais devidas a tais entidades.

A Confederação Nacional da Agricultura tem legitimidade ativa para a cobrança da contribuição sindical rural (Súm. 396, STJ).

5.5.1.4 Rateio legal

Da importância arrecadada, seguindo as instruções do Ministro do Trabalho, a Caixa Econômica Federal fará os seguintes créditos para os: (1) empregadores: (a) 5% para a confederação; (b) 15% para a federação; (c) 60% para o sindicato; (d) 20% para a Conta Especial Emprego e Salário; (2) empregados: (a) 5% para a confederação; (b) 10% para a central sindical;[25] (c) 15% para a federação; (d) 60% para o sindicato; (e) 10% para a Conta Especial Emprego e Salário (art. 589).

O sindicato de trabalhadores indicará ao Ministério do Trabalho e Emprego a central sindical, a quem esteja filiada como beneficiária da respectiva contribuição sindical, para fins de destinação dos créditos a título da contribuição sindical (art. 589, § 1º). A central sindical para fazer jus ao percentual da contribuição deverá atender aos requisitos de representatividade (art. 589, § 2º).

Inexistindo confederação, o percentual que lhe era destinado caberá à federação representativa do grupo (art. 590).

Não havendo sindicato, nem entidade sindical de grau superior ou central sindical, a contribuição sindical será creditada, integralmente, à Conta Especial Emprego e Salário. Não havendo indicação de central sindical, os percentuais que lhe caberiam serão destinados também à citada conta (art. 590, §§ 3º e 4º).

Não havendo sindicato, os seus percentuais da contribuição sindical serão creditados à federação correspondente à mesma categoria econômica ou profissional (art. 591, *caput*). Nesta hipótese, os percentuais originários da federação (15%) passam a ser da confederação, que também mantém o seu valor originário (5%) (art. 591, parágrafo único).

A contribuição sindical será aplicada pelo sindicato conforme seus estatutos, observando o previsto no art. 592, CLT, como na assistência jurídica, médica, dentária, hospitalar e farmacêutica, agências de colocação, bibliotecas, creches, congressos, conferências, colônias de férias, centros de recreação etc.

Os sindicatos poderão destinar, em seus orçamentos anuais, 20% dos recursos da contribuição sindical para o custeio das suas atividades administrativas.

As percentagens atribuídas às entidades sindicais de grau superior serão aplicadas de conformidade com o que dispuserem os respectivos conselhos de representantes (art. 593).

---

[25] Tramita no STF (ADI 4067, Min. Joaquim Barbosa) a qual questiona o repasse de 10% da contribuição sindical para as centrais sindicais, sob o argumento de que os recursos da contribuição sindical têm finalidade específica, sendo constitucionalmente vedada sua utilização para o custeio de atividades que extrapolem os limites da respectiva categoria profissional. Até 2017, não houve o término do julgamento quanto ao mérito da demanda.

5.5.1.5 Cobrança

As entidades sindicais são obrigadas a promover a publicação dos editais relativos ao recolhimento da contribuição sindical, durante 3 dias, nos jornais de maior circulação local e até 10 dias da data fixada para depósito bancário (art. 605, CLT).

A jurisprudência é no sentido de que a entidade sindical é obrigada a publicar os editais (TST – 7ª T. – AIRR 2176-42.2012.5.15.0113 – Rel. Min. Douglas Alencar Rodrigues – *DJe* 31/3/2015; TST – AgR – AIRR 0001262-92.2012.5.15.0075 – Rel. Min. Hugo Carlos Scheuermann – *DJe* 19/6/2015 – p. 921).

Em caso de não pagamento, cabe às entidades sindicais promover a cobrança judicial, mediante ação executiva, valendo como título de dívida a certidão expedida pelas autoridades regionais do MTE (art. 606).

Não é mais possível se ter a formulação da execução com base em título emitido pelo Ministério do Trabalho.

O art. 606 da CLT não foi recepcionado pela nova ordem constitucional, a qual não mais vincula as entidades sindicais a atuação ou a ingerência da autoridade administrativa (artigo 8º, CF). Portanto, não há mais como se articular uma ação executiva para objetivar a cobrança da contribuição sindical. O correto é a atuação da própria entidade sindical.

Incumbe à entidade sindical a emissão das guias de recolhimento. Se não houver o pagamento, a entidade sindical possui duas vias procedimentais adequadas: (a) ação de conhecimento de cobrança; (b) ação monitória. Em outras palavras: como o art. 606 da CLT não foi recepcionado pela nova ordem constitucional, não há a necessidade de lançamento e inscrição em dívida ativa. Pondere-se que o Ministério do Trabalho e Emprego não mais emite certidões de débito de contribuição sindical (art. 606 da CLT) (NOTA/MGB/CONJUR/MTE/Nº 30/2003).

Ao comentar o art. 606, Sergio Pinto Martins[26] acentua que o dispositivo foi recepcionado pela CF/88: *"O Ministério do Trabalho expedirá a certidão quanto ao não recolhimento da contribuição sindical. Esse documento é imprescindível para o ajuizamento da execução valendo como título da dívida. O dispositivo celetista não é incompatível com o inciso I do artigo 8º da Constituição, pois a natureza da contribuição sindical é tributária, e parte dela é destinada ao Estado, devendo ser observado o princípio da legalidade. Somente a autoridade do Ministério do Trabalho é que pode expedir a certidão para cobrança da contribuição sindical. O referido documento vale como certidão de dívida ativa, como se depreende do § 2º do artigo 66 da CLT."*

Sergio Pinto Martins[27] também acentua que o meio legal da cobrança é a ação de execução, adotando, inclusive, os critérios procedimentais da Lei 6.830/80: *"A cobrança judicial da contribuição é feita de acordo com os critérios dos executivos fiscais, conforme a Lei nº 6.830/80. O único privilégio que o sindicato não tem é o foro especial. Assim, a competência não será de vara da fazenda pública, mas de vara comum. A competência para a*

---

[26] MARTINS, Sergio Pinto. *Comentários à CLT.* 15. ed., p. 658.
[27] MARTINS, Sergio Pinto. Ob. cit., p. 658.

cobrança da contribuição sindical que deixar de ser recolhida é da Justiça do Trabalho (art. 114, III), pois pode compreender relação entre sindicatos, entre sindicatos e trabalhadores ou entre sindicatos e empregadores."

Há julgados do TST no sentido da recepção do art. 606, CLT.[28]

Por outro lado, o TST também já deliberou no sentido de que a ação executiva (art. 606, CLT) não é a única forma de cobrança dos valores da contribuição sindical, sendo cabível a ação de cobrança, assegurando-se às partes o direito ao contraditório e à ampla defesa (RR 973-30.2010.5.05.0651 – Relª Minª Katia Magalhães Arruda – DJE 22/2/2013 – p. 2764; E-RR 0233300-06.2007.5.02.0078 – Rel. Min. Guilherme Augusto Caputo Bastos – DJe 30/6/2015 – p. 401; (TST – 2ª T. – RR 1830-17.2012.5.02.0481 – Rel. Min. Gilmar Cavalieri – DJe 18/9/2015).

O recolhimento da contribuição sindical fora do prazo legal, quando espontâneo, será acrescido de 10%, nos 30 primeiros dias, com o adicional de 2% por mês subsequente, além de juros de mora de 1% ao mês e correção monetária (art. 600, caput, CLT).

Tratando-se de contribuição sindical rural (Súm. 432, TST), quando não recolhida nos prazos fixados, será atualizada monetariamente, na data do efetivo pagamento (art. 61 da Lei 7.799/89) e cobrada pela União com os seguintes acréscimos: (a) juros de mora, na via administrativa ou judicial, contados do mês seguinte ao do vencimento, à razão de 1% ao mês e calculados sobre o valor atualizado, monetariamente, na forma da legislação em vigor; (b) multa de mora de 20% sobre o valor atualizado, monetariamente, sendo reduzida a 10% se o pagamento for efetuado até o último dia útil do mês subsequente àquele em que deveria ter sido pago; (c) encargo legal de cobrança da Dívida Ativa de que trata o art. 1º, Dec.-lei 1.025/69, e o art. 3º do Dec.-lei 1.645/78, quando for o caso. Os juros de mora não incidem sobre o valor da multa de mora (art. 2º, Lei 8.022/90).

Há julgado do TST que declara a revogação tácita do art. 600, CLT, determinando-se, assim, a aplicação da Súmula 432 para a atualização e juros da contribuição sindical urbana.[29]

5.5.2 Contribuição confederativa

A segunda contribuição é a contribuição confederativa, fonte de receita criada com a CF/88, art. 8º, IV, e que tem como finalidade custear o sistema confederativo (sindicato, federação e confederação), sendo fixada em assembleia da categoria.

Considerando o princípio da liberdade sindical, o STF tem considerado que a contribuição confederativa não é obrigatória para os não filiados à entidade sindical. Assim, a contribuição confederativa (art. 8º, IV, CF) só é exigível de filiados ao sindicato respectivo (Súm. 666, STF; Súmula Vinculante 40, STF).

---

[28] TST – 7ª T. – RR 70400-74.2008.5.05.0493 – Rel. Min. Ives Gandra Martins Filho – DOE 26/10/2012.
TST – 7ª T. – RR 70400-74.2008.5.05.0493 – Rel. Min. Ives Gandra Martins Filho – DOE 26/10/2012.
[29] TST – 3ª T. – AIRR 420-40.2012.5.01.0225 – Relª Minª Vania Maria da Rocha Abensur – DJe 18/9/2015.

O STF entendeu que a contribuição confederativa não tem natureza jurídica tributária (2ª T. – RE198.092-3-SP – Rel. Min. Carlos Mário Velloso – j. 27/8/1996 – *DJU* 16/10/1996 – p. 38.509).

No ARE 1018459, o STF, com repercussão geral, deliberou que é inconstitucional a instituição, por acordo, convenção coletiva ou sentença normativa, de contribuições que se imponham de forma compulsória a empregados da categoria não sindicalizados.

5.5.3   Contribuição assistencial

A contribuição assistencial, também conhecida como taxa assistencial, taxa de reversão, contribuição de solidariedade ou desconto assistencial, visa cobrir os gastos do sindicato realizados por conta da participação em negociação coletiva (art. 513, *e*, CLT), sendo definida em norma coletiva de trabalho.

Controvérsias envolvendo a contribuição assistencial são de competência da Justiça do Trabalho (Lei 8.984/1995), porém, a Justiça do Trabalho, por muito tempo, entendia ser incompetente para apreciar lide entre o sindicato patronal e a respectiva categoria econômica, objetivando cobrar a contribuição assistencial (OJ 290, SDI-I, cancelada em 5/7/2005).

O Min. Marco Aurélio, acompanhado pela 2ª Turma do STF, considerou que a contribuição assistencial é obrigatória para todos os trabalhadores integrantes da categoria.[30]

Em outros julgados, o STF não tem ingressado no mérito da obrigatoriedade ou não da contribuição assistencial, por entender que a questão é de índole infraconstitucional.[31]

Para o trabalhador não associado ao sindicato tem sido admitido o direito de oposição ao desconto da contribuição assistencial ante a existência do princípio da liberdade sindical. Existia o Precedente Normativo 74, cancelado pela Resolução 81, *DJU* 20/8/1998, *in verbis*: "*Desconto Assistencial. Subordina-se o desconto assistencial sindical à não oposição do trabalhador, manifestada perante a empresa até 10 dias antes do primeiro pagamento reajustado.*"

A Seção Especializada em Dissídios Coletivos do TST entende que a "*Constituição da República, em seus arts. 5º, XX e 8º, V, assegura o direito de livre associação e sindicalização. É ofensiva a essa modalidade de liberdade cláusula constante de acordo, convenção ou sentença normativa estabelecendo contribuição em favor de entidade sindical a título de taxa para custeio do sistema confederativo, assistencial, revigoramento ou fortalecimento sindical e outros da mesma espécie, obrigando trabalhadores não sindicalizados. Sendo nulas as estipulações que inobservem tal restrição, tornam-se passíveis de devolução os valores irregularmente descontados*" (PN 119).

No mesmo sentido, tem-se o teor da OJ 17: "*As cláusulas coletivas que estabeleçam contribuição em favor de entidade sindical, a qualquer título, obrigando trabalhadores*

---

[30]   STF – 2ª T. – RE 189.960-3 – Rel. Min. Marco Aurélio – j. 7/11/2000 – *DJ* 10/8/2001.
[31]   STF – 2ª T. – RE 224.885 AgR/RS – Rel. Min. Ellen Gracie – j. 8/6/2004 – *DJ* 6/8/2004 – p. 52.
     STF – 2ª T. – AI 442177 AgR/ES – Rel. Min. Carlos Velloso – j. 4/11/2003 – *DJ* 5/12/2003 – p. 29.

não sindicalizados, são ofensivas ao direito de livre associação e sindicalização, constitucionalmente assegurado, e, portanto, nulas, sendo passíveis de devolução, por via própria, os respectivos valores eventualmente descontados."

Pela Portaria 160, de 16/4/2004, o MTE estabeleceu regras quanto à cobrança das contribuições sindicais.

Dias após, o Ministro do Trabalho e Emprego suspendeu a eficácia do art. 1º, e dos §§ 1º e 2º, do art. 2º, da Portaria 160 até 31/4/2005 (Portaria MTE 180, de 30/4/2004).

No dia 14/4/2005, o STF reconheceu a inconstitucionalidade formal da Portaria 160, do MTE, no julgamento da ADIn 3.206, a qual também resolve o mérito da ADIn 3.353. A decisão, por unanimidade, seguiu o voto do relator, Min. Marco Aurélio, para quem o Ministro do Trabalho extrapolou sua competência. *"O problema é formal. Aqui não cabe discutir se realmente deve-se exigir a concordância do empregado. Mas se o ministro poderia normatizar essa matéria".*

No ARE 1018459, o STF, com repercussão geral, deliberou que é inconstitucional a instituição, por acordo, convenção coletiva ou sentença normativa, de contribuições que se imponham de forma compulsória a empregados da categoria não sindicalizados.

5.5.4 Mensalidade associativa

Por fim, temos a contribuição dos associados, conhecida como contribuição voluntária, que é devida pelos trabalhadores que tomaram a decisão de se filiar a um sindicato a fim de participarem de suas atividades e desfrutar dos serviços por ele proporcionados (art. 548, *b*, CLT). Obrigatória, nos termos do Estatuto da Entidade Sindical.

5.6 PRÁTICAS ANTISSINDICAIS

Como esclarece Oscar Ermida Uriarte,[32] *"o conceito de conduta antissindical é amplo e abrange os atos que prejudiquem indevidamente um titular de direitos sindicais no exercício da atividade sindical ou por causa desta ou aqueles atos mediante os quais lhe são negadas, injustificadamente, as facilidades ou prerrogativas necessárias ao normal desempenho da ação coletiva".*

A Convenção 98, OIT, prevê que os trabalhadores gozarão de adequada proteção contra atos de discriminação com relação a seu emprego. Não se admitem atos que visem: (a) a sujeitar o emprego de um trabalhador à condição de que não se filie a um sindicato ou deixe de ser membro de um sindicato; (b) a causar a demissão de um trabalhador ou prejudicá-lo de outra maneira por sua filiação a um sindicato ou por sua participação em atividades sindicais fora das horas de trabalho ou, com o consentimento do empregador, durante o horário de trabalho (art. 1º).

---

[32] URIATE, Oscar Ermida. *A proteção contra os atos antissindicais*, p. 35.

Além disso, os sindicatos de trabalhadores e de empregadores gozarão de adequada proteção contra atos de ingerência de uns nos outros, ou por agentes ou membros de uns nos outros, na sua constituição, funcionamento e administração (art. 2º).

Certo é que a prática ou conduta antissindical pode partir do empregador, do sindicato patronal, de outro sindicato de trabalhadores ou ainda do Estado.

No âmbito constitucional, é garantida a liberdade de associação e de sindicalização (art. 5º, XVII e XX, art. 8º, V, CF), sendo também mencionada na Declaração Universal dos Direitos Humanos da ONU (art. XX.2, XXIII.4 e XXVIII) e no Pacto de San José da Costa Rica (art. 16), entre outros tratados e convenções internacionais.

Entre as diversas práticas antissindicais, tem-se a cláusula *yellow dog contracts* (o empregado se compromete a não se filiar ao sindicato para ser admitido ou para se manter no emprego), *company unions* (sindicatos de trabalhadores controlados pelo empregador), *closed shop* (empresas que só contratam empregados sindicalizados), *union shop* (contratação de empregado não sindicalizado ou que se sindicaliza depois de um certo lapso de tempo), *maintenance of membership* (o empregado deve manter-se filiado ao sindicato durante a vigência de uma convenção coletiva) etc.

No Direito Pátrio, além dos aspectos de proteção trabalhista, o legislador tipificou penalmente a conduta de "atentado contra a liberdade de associação", sendo assim considerado constranger alguém, mediante violência ou grave ameaça, a participar ou deixar de participar de determinado sindicato ou associação profissional, com pena de detenção, de um mês a um ano, e multa, além da pena correspondente à violência (art. 199, CP).

No Anteprojeto de Reforma Sindical do Fórum Nacional do Trabalho, se procurou disciplinar a matéria de forma clara e sistemática (arts. 173 a 177). O legislador considerou como conduta antissindical todo e qualquer ato do empregador que tenha por objetivo impedir ou limitar a liberdade ou a atividade sindical, tais como: (a) subordinar a admissão ou a preservação do emprego à filiação ou não a uma entidade sindical; (b) subordinar a admissão ou a preservação do emprego ao desligamento de uma entidade sindical; (c) despedir ou discriminar trabalhador em razão de sua filiação a sindicato, participação em greve, atuação em entidade sindical ou em representação dos trabalhadores nos locais de trabalho; (d) conceder tratamento econômico de favorecimento com caráter discriminatório em virtude de filiação ou atividade sindical; (e) interferir nas organizações sindicais de trabalhadores; (f) induzir o trabalhador a requerer sua exclusão de processo instaurado por entidade sindical em defesa de direito individual; (g) contratar, fora dos limites desta Lei, mão de obra com o objetivo de substituir trabalhadores em greve; (h) contratar trabalhadores em quantidade ou por período superior ao que for razoável para garantir, durante a greve, a continuidade dos serviços mínimos nas atividades essenciais à comunidade ou destinados a evitar danos a pessoas ou prejuízo irreparável ao próprio patrimônio ou de terceiros; (i) constranger o trabalhador a comparecer ao trabalho com o objetivo de frustrar ou dificultar o exercício do direito de greve; (j) violar o dever de boa-fé na negociação coletiva.

QUESTIONÁRIO

1. Quais são as condições de registro e funcionamento da entidade sindical?

2. Quais são as prerrogativas do sindicato? Explique cada uma.

3. Como se dá o financiamento da atividade sindical?

4. As contribuições destinadas aos sindicatos são compulsórias?

5. O que são práticas antissindicais?

Capítulo VI
REPRESENTAÇÃO DOS TRABALHADORES NA EMPRESA

6.1 ORIGENS HISTÓRICAS

As origens históricas da participação dos trabalhadores na empresa não são recentes. A esse respeito, Amauri Mascaro Nascimento[1] afirma que na Itália já existiram *"Comissões Internas denominadas consigli di fabbrica em 1906 e 1919. Precederam-nas os Representantes de Secção, da Fábrica Godin, na França, em 1846; os Conselhos de Usina, de León Harmel, Val-des-Bois, em 1885; os Delegados Operários das Fábricas Schneider, em Creusot, na França, em 1889. Seguiram-se os Conselhos de Cooperação Industrial, da Espanha, em 1922; os Conselhos de Empresas instituídos por Lei de 4 de fevereiro de 1920, na Alemanha, com base na Constituição de Weimar; os 'homens de confiança', também da Alemanha, de 1934 etc.*

Esses dados são suficientes para mostrar que a representação dos trabalhadores nas empresas não tem origem identificada com um sistema jurídico. Surgiu através de fontes diversas revestindo-se de mais de uma forma, sempre observando um traço comum, a função de relacionar melhor os trabalhadores com os respectivos empregadores no próprio local de trabalho para o melhor equacionamento dos problemas decorrentes das relações trabalhistas na empresa."

A representação dos trabalhadores na empresa é uma das formas de relações coletivas de trabalho. Em função desta importância, a CF/88 estabeleceu que, nas empresas de mais de 200 empregados, é assegurada a eleição de um representante destes com a finalidade exclusiva de promover-lhes o entendimento direto com os empregadores (art. 11).

6.2 CONCEITO E NATUREZA JURÍDICA

A representação dos trabalhadores na empresa compreende o *"conjunto de meios destinados à discussão e manifestação dos empregados no local de trabalho, tendo em vista a melhoria das relações de trabalho"*.[2]

---

[1] NASCIMENTO, Amauri Mascaro. *Curso de direito do trabalho.* 21. ed., p. 1112.
[2] NASCIMENTO, Amauri Mascaro. Ob. cit., p. 1113.

A natureza jurídica dessa representação é polêmica, não existindo, ainda, uma conclusão a esse respeito na doutrina. Apesar dessa indecisão, devemos salientar alguns pontos relativos à natureza jurídica.

Para alguns, na representação dos trabalhadores temos um conjunto de vontades. Para outros, trata-se de interesses. Ao que nos parece, deve haver o predomínio do interesse, já que este é a mola propulsora para o desenvolvimento e atuação da representação dos trabalhadores.

Os interesses que estão presentes na representação são coletivos, já que o trabalhador faz parte de uma comunidade, ou seja, da própria empresa que o contratou. A atuação da representação faz-se por intermédio das comissões internas, o que já é patente em várias empresas montadoras do Brasil.

Outro aspecto reside no fato de que a representação é um órgão auxiliar do empresário, notadamente pelo realce que se possa dar à concepção social de organização da empresa.

E, por fim, é interessante a discussão para se saber se a representação deve ser equiparada a uma entidade dotada de personalidade jurídica ou a um grupo de fato.

De qualquer maneira, concordamos com as palavras de Amauri Mascaro Nascimento,[3] quando afirma que *"a representação dos trabalhadores na empresa é uma forma de manifestação dos trabalhadores perante o empregador, para tutela dos interesses individuais e coletivos, exercida indiretamente, uma vez que não o é pelo empregado mas sim por aqueles que têm o poder de falar em seu nome".*

6.3 FUNDAMENTOS

De forma ampla, o fundamento da representação dos trabalhadores nas empresas reside no próprio direito fundamental de associação inerente a todo ser humano.

Direito de associação é o direito das pessoas de estarem reunidas e organizadas em sociedades ou agremiações que não tenham fins ilícitos ou atentatórios à ordem pública.

O direito de associação é tratado na CF no art. 5º, XVII a XXI. Também é visto como um direito social do trabalhador a *"participação na gestão da empresa, conforme definido em lei"* (art. 7º, XI).

No plano do direito positivo, além do argumento do direito de associação, há uma série de outras teorias.

A 1ª argumenta que a representação se lastreia no direito de participação dos empregados na empresa. Entretanto, participação e representação não são expressões sinônimas, já que pode haver a primeira, independentemente da existência da segunda, como ocorre na participação dos trabalhadores nos lucros da empresa. Por outro lado,

---

[3] NASCIMENTO, Amauri Mascaro. Ob. cit., p. 915.

como exemplos de participação e representação, temos a atuação dos trabalhadores na gestão de capital social das empresas.

A 2ª teoria abandona a visão individualista, valorizando o aspecto de que o trabalhador deve estar presente na consecução dos objetivos econômicos da empresa, participando das decisões nas diversas esferas de atuação da empresa. Isso ocorre no Japão.

Há também a teoria do interesse coletivo: além dos interesses individuais, existem os transindividuais, cujo exercício é coletivo, o que leva a ser considerada importante a presença do trabalhador na empresa.

6.4 FORMAS DE REPRESENTAÇÃO

A representação dos trabalhadores pode ser dividida em externa e interna. A externa encontra-se presente nas organizações sindicais, enquanto a interna é exercida no local de trabalho.

A interna também pode ser vista por outros aspectos, ou seja, de acordo com o órgão, os representados e os poderes.

Pelo elemento órgão, a representação pode ser: (a) colegiada: há mais de um representante (conselhos, comissões ou comitês de empresa); (b) singular: há apenas um representante (delegado sindical).

Em face do elemento "representados", temos: (a) paritária: a presença colegiada de trabalhadores e empregadores; (b) mista: entidades sindicais e não sindicais; (c) não sindical: não se tem a presença de sindicatos nos órgãos de representação, portanto, a mesma é exercida por empregados não sindicalizados.

Quanto aos poderes, a representação pode ser ampla ou restrita. Ampla, quando os representantes possuem poderes de administração (cogestão). Na restrita, os representantes somente formulam as propostas, não havendo poderes decisórios (Comissão Interna de Prevenção de Acidentes do Trabalho – CIPA, arts. 163 e segs., CLT).

6.5 REPRESENTAÇÃO DOS TRABALHADORES NA EMPRESA PELO PRISMA DA OIT

De acordo com a Convenção 135, OIT,[4] a expressão *"representantes dos trabalhadores"* designa pessoas reconhecidas como tais pela legislação ou prática nacionais, quer sejam: (a) representantes sindicais, a saber, representantes nomeados ou eleitos por sindicatos ou pelos membros de sindicatos; (b) ou representantes eleitos, a saber, representantes livremente eleitos pelos trabalhadores da empresa, conforme as disposições da legislação nacional ou de convenções coletivas, e cujas funções não se estendam a atividades que sejam reconhecidas, nos países interessados, como dependendo das prerrogativas

---

[4] A Convenção 135, OIT, foi aprovada pelo Decreto Legislativo 86, de 14/12/1989, sendo promulgada pelo Decreto 131, de 22/5/1991, portanto, possui hierarquia de lei ordinária federal em nosso ordenamento jurídico.

exclusivas dos sindicatos (art. 3º). Como se constata, a OIT reconhece os delegados ou representantes sindicais (letra *a*) e os representantes do pessoal (letra *b*).

Os representantes dos trabalhadores na empresa devem ser beneficiados com uma proteção eficiente contra quaisquer medidas que poderiam vir a prejudicá-los, inclusive o licenciamento, e que seriam motivadas por sua qualidade ou suas atividades como representantes dos trabalhadores, sua filiação sindical ou participação em atividades sindicais, conquanto ajam de acordo com as leis, convenções coletivas ou outros arranjos convencionais vigorando (art. 1º, Convenção 135).

A Recomendação 143 (1971) dispõe a respeito da proteção dos membros da representação, estabelecendo que deve haver a indicação dos motivos que podem justificar a despedida, mediante consulta a um organismo independente e a possibilidade de recurso por parte do empregado. Em sendo a dispensa injusta, o empregado terá direito à reintegração, com o pagamento dos salários do período.

Em caso de redução de pessoal, deve haver prioridade na conservação do emprego dos representantes dos trabalhadores e devem ser a ele garantidas facilidades para o exercício de suas funções.

O empregador concederá tempo livre necessário ao desempenho de tarefas de representação na empresa, sem perda de salário ou de qualquer outra vantagem social (§ 10).

Deverá haver a possibilidade de o representante ausentar-se da empresa, mediante tempo livre para participação de reuniões, cursos de formação, seminários, congressos e conferências sindicais; o comparecimento a tais reuniões dar-se-á sem a perda do salário, nem de qualquer outra vantagem social (§ 11).

O representante dos trabalhadores tem o direito de acesso aos locais de trabalho, quando necessário, com vistas ao desempenho de suas funções de representação (§ 12), como devem ter acesso à direção da empresa, sempre que se mostrar necessário ao eficiente desempenho de suas atribuições (§ 13).

Quando se fizer necessário, representantes dos trabalhadores terão permissão para arrecadar as contribuições sindicais sempre que não houver outros procedimentos previstos para esse fim (§ 14) e serão permitidas a colocação de cartazes e a difusão de publicações sindicais (§ 15).

A empresa deverá proporcionar aos representantes dos trabalhadores as facilidades materiais e as informações necessárias ao exercício de suas funções (§ 16) e os representantes que não trabalharem na empresa, mas cujo sindicato tenha associados empregados ali trabalhando, devem ser autorizados a ingressar na empresa (§ 17).

6.6 REPRESENTANTE DE PESSOAL

Nas empresas com mais de 200 empregados é assegurada a eleição de um representante destes com a finalidade exclusiva de promover-lhes o entendimento direto com os empregadores (art. 11, CF).

Na ótica de Arnaldo Süssekind,[5] *"as atribuições do representante do pessoal devem circunscrever-se ao campo das relações individuais do trabalho, figurando um caminho de mão dupla entre a administração da empresa e os empregados. Ao promover 'o entendimento com os empregadores', como quer a Carta Magna, o representante do pessoal terá de respeitar a 'reserva sindical', que concerne, principalmente, ao âmbito das questões coletivas de trabalho suscetíveis de negociação coletiva. O art. 11 em exame refere expressamente que, nas empresas, de mais de duzentos empregados, estes elegerão um representante. Parece-nos incontroverso, portanto, que não cogitou de delegado sindical, mas de representante do pessoal, a ser eleito por todos os colegas da empresa e não somente pelos sindicalizados".*

A representação do pessoal reflete a preocupação do legislador constituinte em disponibilizar uma forma democrática de participação dos trabalhadores na empresa.

Não devemos confundir a representação do pessoal com a cogestão. A cogestão é a participação dos empregados no gerenciamento da empresa, atuando de forma decisiva na tomada das decisões administrativas. O representante do pessoal não possui nenhum poder de decisão. É apenas o intermediário entre os trabalhadores e o empresário.

O representante do pessoal também não pode ser visto como um dirigente sindical. O dirigente sindical é eleito pela categoria, sendo integrante de uma entidade sindical, enquanto o representante do pessoal é escolhido pelos seus colegas, no âmbito da empresa, não havendo a necessidade de ser sindicalizado, não representando a categoria, mas apenas os trabalhadores da empresa.

Também não devem ser confundidos: o representante de pessoal e o delegado sindical. O delegado sindical é eleito pela categoria, para representá-la perante a empresa. Trata-se de um trabalhador sindicalizado, o que já não ocorre, necessariamente, com o representante de pessoal.

Na opinião de Sergio Pinto Martins, o art. 11, CF, é autoaplicável, já que a Constituição não faz referência à necessidade da sua regulamentação mediante legislação ordinária ou complementar. Porém, concordamos com as palavras de Süssekind,[6] quando adverte que o preceito constitucional *"não é de eficácia plena e imediata, devendo a lei dispor sobre o procedimento eleitoral, a duração do mandato e as facilidades para o seu exercício, os respectivos encargos e a garantia de emprego do representante. A nosso ver, deveria também determinar que a cada estabelecimento com mais de duzentos empregados corresponderá um representante, pois a circunstância de ter o art. 11 aludido a empresa não impede que o legislador ordinário amplie a representação, tendo em conta que as relações de trabalho se desenvolvem sobretudo em razão de cada estabelecimento. Nada impede, porém, que à falta da lei, ou sem afrontá-la, convenções e acordos coletivos disponham sobre os representantes de trabalhadores".*

Na falta de uma legislação específica, entendemos que caberá às entidades sindicais e às empresas, de forma objetiva, estabelecer os procedimentos para o implemento da

---

[5] SÜSSEKIND, Arnaldo. *Direito constitucional do trabalho*, p. 476.
[6] SÜSSEKIND, Arnaldo. Ob. cit., p. 477.

representação de pessoal no âmbito das empresas com mais de duzentos empregados, dispondo a respeito da duração do mandato, da garantia de emprego, da possibilidade ou não de reeleição etc.

6.7 COGESTÃO

Cogestão implica a participação do empregado na tomada de decisões junto com o empregador, atuando na administração e gerenciamento da empresa.

A cogestão não se confunde com a participação nos lucros, a qual representa uma distribuição dos lucros da empresa para os empregados. Na cogestão, o empregado atua na direção da empresa, sendo responsável direto pelo risco do empreendimento e pela própria possibilidade da constatação ou não do lucro. Porém, é inegável que a participação nos lucros é uma forma indireta de cogestão, na qual o empregado terá o interesse com a sua participação para que a empresa tenha lucros, já que estes serão rateados oportunamente com o conjunto dos trabalhadores.

Também não devemos confundir a cogestão com a participação no capital. Os trabalhadores podem deter uma parcela acionária da empresa, no entanto, não atuam na direção da empresa, o que somente é viável com a cogestão.

A participação dos trabalhadores na gestão da empresa é prevista na CF (art. 7º, XI), que faz alusão à necessidade de regulamentação infraconstitucional. Trata-se, portanto, de uma norma programática.

Convém salientar que no Brasil não é comum a participação de trabalhadores em conselhos de administração ou fiscais das empresas contratantes de seus serviços.

O legislador ordinário poderá adotar qualquer modalidade para o implemento do art. 7º, XI.

Na opinião de Arnaldo Süssekind,[7] a *"participação dos empregados na gestão da empresa não significa, obrigatoriamente, participação em órgãos de decisão. Há vários níveis de participação. A própria cogestão não traduz, necessariamente, codecisão. Segundo prevalece no direito comparado, essa participação pode corresponder a: (a) funções meramente consultivas, consubstanciadas nas atribuições conferidas ao representante do pessoal ou a órgãos integrados por empregados, em representação exclusiva ou paritária; (b) inclusão de empregados em comitês ou comissões internas, geralmente paritárias, encarregadas de velar pela prevenção dos infortúnios do trabalho, promover a conciliação dos litígios individuais de caráter trabalhista ou gerir obras sociais, culturais, desportivas, programas de aprendizagem etc.; (c) integração de representantes dos empregados, em paridade com os acionistas ou, minoritariamente, em órgãos com poder de decidir (codecisão); (d) autogestão das empresas".*

O art. 621 da CLT estabelece que as convenções e os acordos coletivos poderão incluir entre suas cláusulas disposição sobre a constituição e funcionamento de comissões mistas de consulta e participação, no plano da empresa e sobre participação nos lucros.

---

[7] SÜSSEKIND, Arnaldo. Ob. cit., p. 492.

Estas disposições mencionarão a forma de constituição, o modo de funcionamento e as atribuições das comissões, assim como o plano de participação, quando for o caso. Infelizmente, a experiência demonstra que os instrumentos normativos negociados não dispõem a respeito destas comissões.

6.8 COMISSÃO DE REPRESENTAÇÃO DOS EMPREGADOS (REFORMA TRABALHISTA)

6.8.1 Aspectos legais

A Lei 13.467/17 (Reforma Trabalhista) acresceu ao texto consolidado os arts. 510-A a 510-D, como forma de regulamentar a representação dos empregados nas empresas com mais de 200 empregados. Trata-se de uma forma de regulamentação do art. 11, CF.

Nas empresas com mais de 200 empregados, é assegurada a eleição de uma comissão para representá-los, com a finalidade de promover-lhes o entendimento direto com os empregadores.

De acordo com o número de empregados da empresa, a comissão terá: (a) 3 membros – mais de 200 e até 3 mil empregados; (b) 5 membros – mais de 3 mil e até 5 mil empregados; (c) 7 membros – acima de 5 mil empregados.

Se a empresa possuir empregados em vários Estados da Federação e no Distrito Federal, será assegurada a eleição de uma comissão de representantes dos empregados por Estado ou no Distrito Federal, observada a proporção supraindicada.

As atribuições da comissão são: (a) representar os empregados perante a administração da empresa; (b) aprimorar o relacionamento entre a empresa e seus empregados com base nos princípios da boa-fé e do respeito mútuo; (c) promover o diálogo e o entendimento no ambiente de trabalho com o fim de prevenir conflitos; (d) buscar soluções para os conflitos decorrentes da relação de trabalho, de forma rápida e eficaz, visando à efetiva aplicação das normas legais e contratuais; (e) assegurar tratamento justo e imparcial aos empregados, impedindo qualquer forma de discriminação por motivo de sexo, idade, religião, opinião política ou atuação sindical; (f) encaminhar reivindicações específicas dos empregados de seu âmbito de representação; (g) acompanhar o cumprimento das leis trabalhistas, previdenciárias e das convenções coletivas e acordos coletivos de trabalho.

As decisões da comissão são colegiadas, adotando-se a maioria simples nas votações.

Quanto às eleições para a constituição da comissão, a lei prevê: (a) a eleição será convocada, com antecedência mínima de 30 dias, contados do término do mandato anterior, por meio de edital que deverá ser fixado na empresa, com ampla publicidade, para inscrição de candidatura; (b) será formada comissão eleitoral, integrada por cinco empregados, não candidatos, para a organização e o acompanhamento do processo eleitoral, vedada a interferência da empresa e do sindicato da categoria; (c) os empregados da empresa poderão candidatar-se, exceto aqueles com contrato de trabalho por prazo determinado, com contrato suspenso ou que estejam em período de aviso prévio, ainda que indenizado; (e) serão eleitos membros da comissão de representantes dos empregados os candidatos mais votados, em votação secreta, vedado o voto por representação; (f) a comissão tomará posse no primeiro dia útil seguinte à eleição ou ao término do mandato anterior; (g) se não houver candidatos suficientes, a comissão de representantes dos empregados poderá ser formada com número de membros inferior ao previsto no art. 510-A, CLT; (h) se não houver registro de candidatura, será lavrada ata e convocada nova eleição no prazo de um ano.

O mandato é de um ano. Não pode o membro, que houver exercido a função de representante dos empregados na comissão, ser candidato nos dois períodos subsequentes.

Durante o exercício do mandato, o contrato de trabalho não está suspenso ou interrompido, sendo que o empregado permanece na execução das suas tarefas contratuais.

Desde o registro da candidatura até um ano após o fim do mandato, o membro da comissão de representantes dos empregados não poderá sofrer despedida arbitrária, entendendo-se como tal a que não se fundar em motivo disciplinar, técnico, econômico ou financeiro.

Os documentos referentes ao processo eleitoral devem ser emitidos em duas vias, as quais permanecerão sob a guarda dos empregados e da empresa pelo prazo de 5 anos, à disposição para consulta de qualquer trabalhador interessado, do Ministério Público do Trabalho e do Ministério do Trabalho.

6.8.2 A representação sindical e a comissão

O art. 8º da CF atribui ao sindicato *"a defesa dos direitos e interesses coletivos ou individuais da categoria, inclusive em questões judiciais ou administrativas"* (inciso III) e veda a criação de mais de uma organização sindical na mesma base territorial (inciso II), tornando clara a titularidade da representação da categoria pelo ente sindical, razão pela qual fixa como obrigatória a participação do sindicato nas negociações coletivas.

Portanto, sob o princípio constitucional da concordância prática entre as normas constitucionais, a regulamentação da figura do representante dos trabalhadores na empresa, prevista no art. 11 da Constituição, deve amoldar-se, com absoluta harmonia, às normas do art. 8º, que disciplinam minuciosamente a estrutura sindical brasileira, combinadas com as normas internacionais ratificadas pelo Brasil, que versam sobre a matéria.

Em nenhuma hipótese pode o legislador ordinário utilizar a regulamentação do art. 11 da Constituição para esvaziar o poder de representação sindical, inclusive com a criação de estrutura paralela de representação profissional, que implique concorrência com o ente sindical, que atua na base territorial da empresa onde eleita a comissão.

É o que faz o novo texto da lei ao conferir aos representantes dos trabalhadores atribuições para encaminhar reivindicações dos empregados e acompanhar o cumprimento das leis trabalhistas, previdenciárias e das convenções coletivas e acordos coletivos de trabalho (art. 510-B, VI e VII). A norma possui vício de finalidade, pois está voltada a enfraquecer a organização sindical, constituindo por isso legislação abusiva e inconstitucional.

Dispõe o art. 5º da Convenção 135 da OIT que devem ser adotadas medidas adequadas, sempre que necessário, para garantir que a presença de representantes eleitos pelos empregados na empresa não seja utilizada para enfraquecer a atuação dos sindicatos, devendo ser incentivada a cooperação entre eles.

A norma do art. 510-C, § 1º, que exclui expressamente a interferência do sindicato no processo eleitoral da comissão de representantes, afronta diretamente a prerrogativa de representação sindical da categoria (art. 8º, III), contrariando a premissa constitucional de que a eleição democrática de representantes dos trabalhadores constitui direito da categoria profissional, cuja defesa a Constituição atribuiu aos sindicatos, não podendo ser afastada por norma ordinária.

No tocante à necessária harmonização entre as funções das entidades sindicais com aquelas previstas aos representantes no local de trabalho, o Comitê de Liberdade Sindical da OIT, na Recopilação de suas Decisões, apontou no verbete 1098: *"A Convenção de Representantes dos Trabalhadores, 1971 (n. 135) e a Convenção sobre Negociação Coletiva, 1981 (n. 154) contêm previsões explícitas garantindo que, onde exista, na mesma empresa, representantes de entidades sindicais e representantes eleitos pelos trabalhadores, medidas apropriadas devem ser tomadas para assegurar que a existência de representantes eleitos na empresa não seja utilizada para minar a posição dos sindicatos interessados".*

Apesar da atribuição de funções coincidentes com as dos sindicatos, as disposições da CLT conferem poderes superficiais à representação dos trabalhadores no local de trabalho, contrariando o art. 2º.1 da Convenção 135 da OIT, segundo o qual *"facilidades devem ser concedidas, na empresa, aos representantes dos trabalhadores, de modo a possibilitar-lhes o cumprimento rápido e eficiente de suas funções".*

A CLT assegura grau bastante reduzido de representação e de poder de participação dos trabalhadores no local de trabalho, pois as atribuições acometidas aos representantes (incisos de I a VII do art. 510-B) não são acompanhadas de respectivos meios para adequado desempenho de suas funções.

O objetivo constitucional do papel conferido aos representantes no local de trabalho é a promoção de conciliação célere e eficaz de conflitos no local de trabalho. Contudo, considerando que nem o direito de informação, que consiste no mais elementar direito de participação dos trabalhadores na empresa, é atribuído aos seus representantes, conclui-se que a norma não cria instrumentos para que possam desenvolver de forma adequada o dever que lhe é imposto.

Destituindo a representação no local de trabalho de poderes efetivos para manifestar a voz dos trabalhadores perante a empresa, a CLT termina por esvaziar a eficácia do art. 11 da Constituição, ensejando o uso indevido da figura de representação para fragilizar a organização sindical e criando, com isso, ambiente de insegurança jurídica, que incitará conflito, contrário ao propósito de cooperação e solidariedade que orienta a organização coletiva dos trabalhadores na Constituição (arts. 8º e 9º).

Assim, os arts. 510-A a 510-D da CLT, com a redação dada pela Lei 13.467/17, devem ser interpretados e aplicados respeitando-se as prerrogativas constitucionais dos sindicatos, em conformidade com o disposto no art. 8º, incisos III e VI, da Constituição Federal e com as Convenções 135 e 154 da OIT.

A instituição de comissão de representantes nas empresas, nos termos do art. 510-A, CLT, não obsta a instalação e a manutenção das representações sindicais organizadas por local de trabalho.

Nos termos do art. 3º da Convenção 135, as mesmas garantias estabelecidas para os membros das comissões de representação mencionadas no título IV-A da CLT são asseguradas aos integrantes das representações sindicais nos locais de trabalho.

A vedação de interferência do sindicato da categoria na eleição de representante dos empregados, de que trata o § 1º do art. 510-C da CLT, com a redação dada pela Lei 13.467/17, somente pode estar dirigida ao sindicato da categoria econômica, uma vez que ao sindicato da categoria profissional cabe participar do processo no sentido de *"incentivar a cooperação, relativa a todas as questões pertinentes, entre os representantes eleitos, por uma parte, e os sindicatos interessados e seus representantes, por outra parte"* (arts. 3º-B e 5º da Convenção 135).

Os membros da comissão de representação são protegidos, ao lado da garantia constante do art. 510-D, § 3º, da CLT, contra: (a) despedida sem justa causa; (b) transferência para outro estabelecimento; (c) remoção para setor da empresa onde o contato com os demais empregados reste inviabilizado; (d) afastamento por razões pretensamente disciplinares; e) constante requisição para a realização de trabalhos externos, dentre outros expedientes francamente atentatórios à literalidade do art. 1º da Convenção 135.

Os membros da comissão de representação possuem, com base no art. 2º da Convenção 135, os seguintes direitos: (a) tempo livre para o exercício das atividades representativas; (b) ingresso em todas as dependências dos locais de trabalho; (c) acesso direto aos dirigentes empresariais; (d) disponibilização de quadro de avisos com fácil acesso para os trabalhadores; (e) livre distribuição de publicações aos trabalhadores; (f) livre distribuição de mensagens por via eletrônica, por intermédio dos canais institucionais da empresa.

Por seu turno, o § 1º do art. 510-D, que dispõe que o membro que houver exercido a função de representante na comissão não poderá ser candidato nos dois períodos subsequentes, viola o art. 8º, I, da CF e as Convenções 98 e 135.

A MP 808/17 (não convertida em lei), no intuito de atenuar as críticas doutrinárias quanto a atuação sindical e a comissão, acrescentou o art. 510-E, CLT, ao dispor que a comissão de representantes dos empregados não substituirá a função do sindicato de defender os direitos e os interesses coletivos ou individuais da categoria, inclusive em questões judiciais ou administrativas, hipótese em que será obrigatória a participação dos sindicatos em negociações coletivas de trabalho (art. 8º, *caput*, III e VI, CF).

QUESTIONÁRIO

1. Na sua opinião, como deve ser regulamentado o art. 11, CF? Justifique.

2. A representação do pessoal equivale à comissão de fábrica?

3. Na sua opinião, se houver na empresa a cogestão, será válido o condicionamento do pagamento dos salários em função do desempenho da empresa? Justifique.

4. A comissão de representação dos empregados pode substituir o sindicato na representação dos interesses dos trabalhadores? Justifique.

Capítulo VII
CONFLITOS COLETIVOS DO TRABALHO

7.1 CONFLITOS DE TRABALHO

7.1.1 Conceito

O termo "conflito" deriva do latim *conflictus*, significando combate, colisão, luta e posições antagônicas.

O *Dicionário Houaiss da Língua Portuguesa* apresenta como alguns dos significados do termo "conflito" a profunda falta de entendimento entre duas ou mais partes, choque, enfrentamento e estado de divergência.[1]

Deocleciano Torrieri Guimarães[2] considera como sinônimos de conflito: controvérsia, desentendimento, lide, demanda e divergência.

Ao cuidar do tema, Sebastião Antunes Furtado et al.[3] afirmam que *"só em casos extremos – já se disse – capital e trabalho possuem interesses econômicos comuns e, ainda, esta apreciação é uma apreciação política, sem equivalência no terreno econômico. Daí porque uma compreensão ampla dos fatos sociais induz a pensar as relações de trabalho como conflitivas por natureza, embora esta conflituosidade muitas vezes não se exteriorize, indicando um estado de normalidade nas relações entre empresários e trabalhadores"*.

Certo é que, como aponta Mozart Victor Russomano,[4] *"quando se procura conceituar o 'conflito de trabalho', parte-se da ideia de que existe uma divergência ou controvérsia entre duas ou mais de pessoas, que, pela áspera oposição de seus interesses, se transforma em 'conflito'"*.

Apesar disso, não há unanimidade entre os autores em relação à conceituação do fenômeno denominado conflito coletivo de trabalho. Essa é conclusão a que chega

---

[1] Instituto Antônio Houaiss. *Dicionário Houaiss da língua portuguesa*, p. 797.
[2] GUIMARÃES, Deocleciano Torrieri. *Dicionário técnico jurídico*. 8. ed., p. 197.
[3] FURTADO, Sebastião Antunes et al. *Solução dos conflitos coletivos de trabalho no setor privado*: estudos dos sistemas do Brasil e da França, p. 20.
[4] RUSSOMANO, Mozart Victor. Ob. cit., p. 225.

Bernardo Van de Laat Echeverría[5] depois de estudar vários sistemas jurídicos: *"Não obstante a importância e transcendência que há nas relações trabalhistas, não encontram nas legislações conferidas dos países da América Latina, uma noção geral de conflito e menos, ainda, de conflito coletivo."*

Waldemar Ferreira[6] afirma que conflito é *"muito mais que dissídio, litígio ou questão. É altercação. Desordem entre duas ou mais pessoas. Choque. Investida. Embate. Luta de forças físicas e morais. Entende que a palavra conflito, provavelmente, tenha sido utilizada para dar a medida da aspereza da controvérsia a resolver e aparece em muitas legislações e em muitos tratadistas exprimindo a causa levada à Justiça do Trabalho"*.

Para Marcus Cláudio Acquaviva,[7] conflito coletivo de trabalho é aquele que envolve *"toda uma categoria profissional, vale dizer, os indivíduos coletivamente considerados como um todo e não como uma soma de partes. Ocorre, no conflito coletivo, uma contraposição de interesses de categorias, que se insere entre os interesses particular e o do Estado, sendo, por isso, considerado de interesse público"*.

Nas lições de Alcalá-Zamora e Cabanellas,[8] conflito de trabalho é *"toda oposição ocasional de interesses, pretensões ou atitudes entre o patrão ou vários empregados, de uma parte, e um ou mais trabalhadores a seu serviço, por outro lado, sempre que se origine do trabalho, e pretenda solução mais ou menos coativa sobre o setor oposto"*.

A Comissão argentina coordenada por Fernández Gianotti[9] (1965) define conflito de trabalho como *"qualquer desinteligência com relevância jurídica, que se produza nas relações emolduradas pelo direito do trabalho em seus dois ramos fundamentais, a individual e a coletiva"*.

Em seus estudos, Alfredo Ruprecht adota a definição dada por Garcia Abellán, ao considerar que se formaliza a situação de conflito coletivo, mediante uma relação de litígio estabelecida entre *"uma coletividade homogênea de trabalhadores e uma empresa ou grupo de empresas, que tem como matéria ou objeto a confrontação de direitos ou interesses comuns à categoria profissional"*.[10]

O conflito coletivo, alerta Amauri Mascaro Nascimento,[11] *"não é apenas a insatisfação de um grupo de trabalhadores com as condições de trabalho, mas também a exteriorização dessa insatisfação, expressada como ruptura com o modelo jurídico, pondo em crise a relação*

---

[5] ECHEVERRÍA, Bernardo Van der Laat. Conflictos colectivos, huelga y paro patronal. El derecho. In: URIARTE, Oscar Ermida; AVILÉS, Antonio Ojeda (Coord.). *Sindical en América Latina*. p. 219-220.

[6] FERREIRA, Waldemar apud NASCIMENTO, Amauri Mascaro. *Conflitos coletivos de trabalho. Fundamentos do sistema jurisdicional brasileiro*, p. 3.

[7] ACQUAVIVA, Marcus Cláudio. *Dicionário jurídico brasileiro Acquaviva*. 13. ed., p. 218.

[8] Niceto Alcalá-Zamora e Cabanellas apud NASCIMENTO, Amauri Mascaro. *Iniciação ao direito do trabalho*. 28. ed., p. 555.

[9] FERNÁNDEZ CIANOTTI apud ETALA, Carlos Alberto. *Derecho colectivo del trabajo*, p. 339.

[10] RUPRECHT, Alfredo J. Ob. cit., p. 682.

[11] NASCIMENTO, Amauri Mascaro. *Curso de direito do trabalho*. 19. ed., p. 1082-1083.

coletiva. A exteriorização não observa uma unidade de forma. Às vezes é violenta, como na eclosão de greve. Outras, pacíficas, como na reivindicação de um líder pelo grupo. Basta que de algum modo os trabalhadores façam sentir ao empregador que não concordam mais com o modelo jurídico ou o descumprimento de uma obrigação que o rompeu".

Para Nicola Jaeger,[12] o conflito coletivo é *"aquele em que estão em jogo os interesses abstratos da categoria (interesses reflexíveis a qualquer um que se encontra fazendo parte da categoria profissional), tanto que o conflito individual é aquele que se promove em vista da tutela de um interesse concreto individual".*

O conflito coletivo constitui, nas palavras de José Carlos Arouca,[13] *"a defesa e manutenção resistida de reivindicações do conjunto de trabalhadores de uma ou mais empresas ou do grupo profissional (categoria)."* De modo que o coletivo interessa ao *"grupo de trabalhadores como representantes de uma comunidade definida de interesses e não apenas a soma material de indivíduos; interessa à categoria, isto é, a empregados ou empregadores coletivamente considerados e não aos indivíduos considerados em si mesmos".*[14]

Ari Possidônio Beltran,[15] ao analisar o tema, o define como *"todo movimento que gere perturbação da atividade, provocado por grupo de trabalhadores, assistido por entidade legalmente representativa ab initio ou no curso do movimento, contra empregador ou grupo de empregadores, tendo por objetivo reivindicações, relacionadas com o contrato de trabalho, perseguindo interesses abstratos da coletividade".*

Manuel-Carlos Palomeque López[16] entende que o conflito coletivo de trabalho *"é uma tensão ou controvérsia manifesta (não se trata já do conflito estrutural próprio da relação de trabalho) entre trabalhadores e um ou vários empresários surgidos no seio das relações de trabalho".* Nele, há dois elementos configuradores: (a) a existência de uma pluralidade de sujeitos na posição jurídica dos trabalhadores em conflito (elemento subjetivo ou quantitativo) (grupo genérico); (b) um interesse coletivo de classe, de grupo ou categoria (elemento objetivo ou qualitativo).

Octavio Bueno Magano salienta que os termos "conflitos", "controvérsias" e "dissídios" são empregados para caracterizar as lides trabalhistas de natureza coletiva, definindo conflito coletivo a *"divergência entre o grupo de trabalhadores, de outro lado, tendo por objeto a realização de um interesse de grupo, ou dos membros que compõem, considerados estes não uti singuli mas uti univers".*[17]

Em linhas objetivas, pode-se dizer que conflito coletivo de trabalho é o conflito oriundo da relação de trabalho, o qual, de um lado, envolve um grupo de trabalhadores,

---

[12] NICOLA JAEGER apud RODRIGUEZ, Américo Plá. *Curso de derecho laboral*: conflictos colectivos, t. 2, v. 2, p. 13-14.
[13] AROUCA, José Carlos. *Repensando o sindicato*, p. 170.
[14] ROMITA, Arion Sayão. *Competência da justiça do trabalho*, p. 72-73.
[15] BELTRAN, Ari Possidônio. *A autotutela nas relações de trabalho*, p. 64.
[16] LÓPEZ, Manuel-Carlos Palomeque. *Derecho sindical español*. 5. ed., p. 254.
[17] MAGANO, Octavio Bueno. Manual de direito do trabalho, *in Direito coletivo do trabalho*, v. 3, p. 161.

visto de forma abstrata, e de outro, um grupo de empregadores ou um único empregador. Grupos esses que no Direito brasileiro formam as categorias: econômica (empregador), profissional e diferenciada (trabalhadores).

7.1.2 Classificação dos conflitos

Ao tratar das lides de trabalho, Manuel Alonso Olea[18] aponta que os *"[...] conflitos de trabalho apresentam características singulares, sobretudo naquela de suas variantes em que o conflito é, ao mesmo tempo, coletivo – em oposição ao individual, no sentido que põe frente o empresário ou associação de empresários com grupo de trabalhadores, e normativo ou de interesses – em oposição ao jurídico –, no sentido de que trata não sobre a interpretação ou aplicação de uma norma já existente, mas sobre a existência e o conteúdo de uma norma futura"*.

As controvérsias entre o capital e o trabalho são objetos de estudo por várias Ciências, em especial, pela História, Sociologia, Política, Economia e também pelo Direito. No entanto, o Direito, sem desconsiderar outros aspectos, *"interessa-se precipuamente pela composição desses conflitos, de forma racional e pacífica. Cabe ao Direito do trabalho, de maneira específica, encontrar solução não violenta para as desavenças entre empregados e empregadores"*.[19]

Na estrutura das lides coletivas de trabalho, Alfredo Ruprecht[20] distingue quatro elementos essenciais: (a) material (relação jurídica que serve de meio ou base onde nasce ou se gera o conflito – direito do trabalho, civil e comercial); (b) subjetivo (os sujeitos que contrapõem seus interesses); (c) natureza do interesse comprometido (nos leva às diferenças entre conflitos individuais e coletivos); (d) objetivo (objeto ou causa da controvérsia, distinguindo os conflitos em jurídicos ou econômicos).

Considerando ainda que *"todo o direito dos conflitos coletivos de trabalho representa o empenho de regular as lutas trabalhistas"*,[21] afirma que os conflitos podem ser abertos (as partes descumprem as regras, enfrentando-se diretamente, com ânimo de causar prejuízo à parte contrária, utilizando os meios de ação direta) ou regulamentados (as partes cumprem as disposições legais pertinentes).

Ao analisar o elemento material, Ruprecht aponta a existência de duas grandes categorias: (a) conflitos de trabalho próprio (ou puros) – *"são todos os que se produzem entre as partes de uma relação de trabalho ou sujeitos de uma convenção coletiva"*; (b) conflitos de trabalho impróprios (ou impuros) – *"são os que se dão entre associações profissionais ou entre estas e seus filiados ou entre seus membros entre si por causa do trabalho"*.[22] O

---

[18] OLEA, Manuel Alonso. *Introdução ao direito do trabalho.* 5. ed., p. 377.
[19] GIGLIO, Wagner D.; CORRÊA, Claudia Giglio Veltri. *Direito processual do trabalho.* 16. ed., p. 407.
[20] RUPRECHT, Alfredo J. Ob. cit., p. 685.
[21] RUPRECHT, Alfredo J. Ob. cit., p. 685.
[22] RUPRECHT, Alfredo J. Ob. cit., p. 686-687.

conjunto denominado conflitos puros é formado pelos conflitos individuais e coletivos de direito e interesse.

No Direito do Trabalho, apesar de outras classificações existentes,[23] a doutrina majoritária costuma classificar de duas formas as lides de trabalho: em individuais ou coletivas, a depender da relação da qual se originam. Por sua vez, os conflitos coletivos se subdividem em de natureza jurídica (também denominados conflitos de direito, de interpretação ou de cunho declaratório) ou econômica (ou de interesses, constitutivo ou de regulamentação).

Considerando a classificação doutrinária mencionada, Manuel Alonso Olea[24] trata da importância dos conflitos trabalhistas: *"Quanto aos conflitos individuais e jurídicos, sua especificidade é tal que determinou o aparecimento de processos e jurisdições ordinárias de trabalho, distintos dos civis, ali onde não se recorreu a sistemas arbitrais instruídos nas convenções coletivas, ou coexistindo com estas, e sempre com um certo entrelaçamento com as potestades administrativas. O juiz ou tribunal de trabalho, ao facilitar o recurso direto a um órgão dirimente de trabalho, demonstrou em qualquer parte a eficácia da solução jurisdicional de conflitos sociais e fez com que aqueles sejam instituições 'populares e duradouras'. Ao contrário, assim como uma normatização estatal sobre conciliação e mediação em conflitos coletivos pode-se dizer que exista em qualquer parte, a mesma afirmação não é tão certa se referida à sua decisão jurisdicional ou arbitral, que pode não estar prevista, especialmente se o conflito é de interesses – deixando o conflito à sua solução por vitória ou composição entre as partes do mesmo; daí que fale destes conflitos como meramente "negociáveis", frente a outros que seriam 'dirimíveis' –, ou somente prevista como ad hoc para casos de emergência grave ou com caráter voluntário."*

Ruprecht lembra que Pic, embora sem muita clareza, foi o primeiro autor a distinguir os conflitos individuais dos coletivos, sob a denominação dos conflitos obreiro-patronais, fazendo referência à quarta edição do livro *Traité élémentaire de législation industrielle* de 1912.

Para Pic,[25] as lides individuais originavam-se *"por divergência no contrato individual de trabalho e no de aprendizagem, e os coletivos eram os que se produziam entre patrões e todos os trabalhadores de sua indústria ou várias indústrias da mesma localidade e que podiam generalizar-se por todo o país"*.

Especificamente em relação a essa forma de classificação, Américo Plá Rodríguez[26] aponta a existência de três critérios diversos para classificar as controvérsias laborais em individuais ou coletivas: *"(a) Critério subjetivo: o número dos sujeitos. Se for um reclamante, o conflito é individual. Se for mais de um reclamante, é coletivo. (b) Critério objetivo: a norma que se toma em conta. Parte-se do contrato individual de trabalho ou se discute um contrato individual do trabalho, estamos na presença de um conflito individual. Parte-se de*

---

[23] RUPRECHT, Alfredo J. Ob. cit., p. 683-685.
[24] OLEA, Manuel Alonso. Ob. cit., p. 378.
[25] PIC apud RUPRECHT, Alfredo J. Ob. cit., p. 693.
[26] RODRÍGUEZ, Américo Plá. Ob. cit., p. 13.

um convênio coletivo de trabalho ou se pretende modificar uma convenção coletiva, ter um conflito coletivo; (c) Critério funcional: o interesse em jogo. Se o interesse é concreto, isto é, de uma ou mais pessoas determinadas, o conflito é individual. Se o interesse é abstrato ou de categoria, isto é, de todos os que pertencem à categoria, o conflito é coletivo".

Alfredo Ruprecht[27] aponta outros critérios: (a) subjetivo (número de sujeitos); (b) objetivo (relações reguladas individual ou coletivamente); (c) dimensão social quantitativa (ou âmbito social em que repercutem); (d) critério que se baseia na realização formal do conflito (órgão ante o qual se formaliza o conflito); (e) critério que busca a diferenciação em mais de um elemento.

Na controvérsia individual de trabalho, o que se tem, na visão de Sebastião Antunes Furtado et al.,[28] são interesses individualizados, o que *"não significa, contudo, que o conflito deva envolver necessariamente um empregado e um empregador; vários empregados podem fazer parte do mesmo conflito (plúrimo) – porém os interesses de cada um aparecem perfeitamente demarcados. Quando se tratam de conflitos coletivos, os interesses são gerais e, normalmente, abstratos, neles se enfrentam um ou vários empresários a uma coletividade de trabalhadores. [...]*

É necessário, ademais, que o objeto do conflito afete diretamente a um conjunto de empregados, enquanto tal, e só indiretamente aos seus componentes individualmente considerados".

Seguindo as lições de Nicola Jaeger (1936), Américo Plá Rodríguez prefere o critério funcional.

Arnaldo Süssekind entende que o que caracteriza a natureza do dissídio é o seu objeto, ao afirmar: *"se a controvérsia tende a assegurar, a uma ou várias pessoas, o direito proveniente da relação de emprego a que se vincularam, seja este resultado da lei, de sentença, de contrato coletivo ou individual, haverá então dissídio individual. Haverá, em troca, dissídio coletivo, quando a controvérsia tiver por objeto assegurar às pessoas que pertencem a certo grupo ou categoria de trabalhadores novas condições de trabalho, como também a aplicação e interpretação das normas jurídicas às condições de trabalho vigentes.*

Como se pode ver, no primeiro caso existem interesses concretos, e o conflito é sempre de natureza jurídica; no segundo, os interesses são mais abstratos, considerando o grupo como representante da comunidade, sendo o conflito, quase sempre, de natureza econômica".[29]

Hélène Sinay, no *Traité de droit du travail* (1966), considera que a noção de conflito coletivo de trabalho tem duas exigências cumulativas: *"a presença no litígio de um grupo de assalariados e a existência de um interesse coletivo a defender. Assim, o aspecto coletivo é marcado pela qualidade das partes e pelo objeto do litígio".*[30]

---

[27] RUPRECHT, Alfredo J. Ob. cit., p. 697-699.
[28] FURTADO, Sebastião Antunes et al. Ob. cit., p. 22.
[29] SÜSSEKIND, Arnaldo apud RUPRECHT, Alfredo J. Ob. cit., p. 693-694.
[30] SINAY, Hélène apud NASCIMENTO, Amauri Mascaro. *Conflitos coletivos de trabalho*. Fundamentos do sistema jurisdicional brasileiro, p. 11.

Para definir o conflito coletivo de trabalho, segundo Carlos Alberto Etala,[31] não bastará a comprovação da existência de um elemento quantitativo representado pela pluralidade de trabalhadores envolvidos, será necessária a presença de um elemento qualitativo representado pela existência de um interesse coletivo que não é simplesmente o resultado da soma de interesses individuais de vários trabalhadores (*conflicto pluriindividual*).

7.1.2.1 Conflitos coletivos de trabalho

Os conflitos coletivos de trabalho se dividem em conflitos de natureza jurídica (também denominados conflitos de direito ou de cunho declaratório) ou econômica (ou de interesses ou constitutivo).

Parte da doutrina tem atribuído a paternidade da segunda forma de classificação (natureza econômica ou jurídica) a Henri Binet, referindo-se à obra *Les tribunaux du travail*, da própria OIT (1938).[32] De La Cueva alerta que essa *"classificação é mais antiga e serviu como norma para atribuir a competência aos tribunais alemães, que conheciam em todas as contendas jurídicas, independentemente da natureza dos interesses afetados, individuais ou coletivos"*.[33]

Nessa obra, Henri Binet[34] sustenta que *"a expressão conflitos coletivos designa, em geral, aqueles conflitos que não afetam a direitos preexistentes das partes. Esses conflitos se produzem geralmente por motivo da apresentação de reivindicações de novos direitos que dão lugar a discussão e conflito entre os interesses opostos das partes. Eis por que são chamados por vezes de conflitos de interesses. Mas podem também surgir conflitos coletivos por motivo de direitos preexistentes. Tal é o caso, por exemplo, quando o conflito surge por discrepância na interpretação ou na aplicação de um contrato coletivo anteriormente celebrado entre as partes. Esses conflitos são chamados de 'conflitos de direito'"*.

Distinção essa que acabou sendo acolhida por quase a totalidade dos doutrinários pátrios e pelo TST (art. 241, RITST).

Além de prever os dissídios de natureza jurídica e econômica, o RITST prevê a existência dos dissídios originários, de revisão e de declaração sobre a paralisação do trabalho decorrente de greve dos trabalhadores (art. 241, III a V).[35]

---

[31] ETALA, Carlos Alberto. Ob. cit., p. 340.
[32] RUSSOMANO, Mozart Victor. Ob. cit., p. 230, nota. 4; RODRÍGUEZ, Américo Plá. Ob. cit., p. 15.
[33] RUPRECHT, Alfredo J. Ob. cit., p. 701.
[34] BINET, Henri apud RUPRECHT, Alfredo J. Ob. cit., p. 701.
[35] "Na verdade, a classificação não é homogênea, pois os dois primeiros tipos referem-se ao prisma material e os três últimos ao prisma formal, podendo haver superposição de enquadramentos num mesmo dissídio. A classificação, ademais, exclui, como forma ultrapassada, o dissídio de extensão, e revigora o originário, ampliando-o para os casos em que a última norma coletiva tenha sido convencional, ainda que a anterior possa ter sido sentença normativa" (MARTINS FILHO, Ives Gandra. *Processo coletivo do trabalho*. 3. ed., p. 83).

Para Cássio de Mesquita Barros Júnior,[36] os dissídios coletivos são de natureza preponderantemente econômica ou preponderantemente jurídica.

A distinção entre os conflitos coletivos de natureza econômica e de natureza jurídica ocorre, como aponta a doutrina,[37] porque *"nos primeiros a finalidade é a obtenção de uma norma jurídica – convenção coletiva ou sentença normativa. Nos segundos a finalidade não é a obtenção mas a declaração sobre o sentido de uma norma já existente ou a execução de uma norma que o empregador não cumpre; exemplifique-se com o atraso no pagamento dos salários".*[38]

De forma semelhante, Francesco Santaro-Passarelli[39] considera que os conflitos coletivos se dividem em duas grandes categorias: de um lado, as controvérsias sobre aplicação e interpretação da vigente disciplina de trabalho, que são as controvérsias sobre direitos; de outro lado, as controvérsias sobre modificação de tal disciplina que são as de interesse.[40]

A OIT, segundo Alfredo Ruprecht, considera *"conflito jurídico se à interpretação ou aplicação de um direito nascido e atual, pouco importa que este tenha sua fonte numa prescrição formal de lei ou numa disposição de contrato individual ou coletivo"*, enquanto o conflito de interesse *"não versa sobre a interpretação de um direito adquirido, fundado na lei ou no contrato; é uma reivindicação que tende a modificar um direito existente ou a criar um direito novo; estes conflitos competem, normalmente, ao conciliador ou árbitro".*[41]

Assim, para nós, a caracterização dos conflitos coletivos de trabalho em conflitos de natureza econômica ou jurídica se dá porque, nos primeiros, a finalidade é a obtenção de uma norma jurídica (melhores condições de trabalho), enquanto, nos outros, se busca a declaração sobre o sentido de uma norma preexistente ou a execução de uma norma não cumprida, que pode ser uma lei de aplicação particular de determinada categoria (não se tem admitido dissídio coletivo para interpretação de norma legal de caráter geral – OJ 7, SDC) uma convenção coletiva, um acordo coletivo, um contrato coletivo, uma sentença normativa, um laudo arbitral ou um ato normativo qualquer.

---

[36] BARROS JÚNIOR, Cássio de Mesquita apud MANUS, Pedro Paulo Teixeira. Revisão da sentença normativa, *in Curso de direito coletivo do trabalho*, p. 428.
[37] RODRÍGUEZ, Américo Plá. Ob. cit., p. 15, LÓPEZ, Manuel-Carlos Palomeque. Ob. cit., p. 260; GIUDICE, F. del.; MARIANI, F. *Diritto sindicale*. 9. ed., p. 253-254; ETALA, Carlos Alberto. Ob. cit., p. 341; ROMITA, Arion Sayão. Ob. cit., p. 74. VIVOT, Julio J. Martinez. Formas de composição dos conflitos coletivos. In: TEIXEIRA FILHO, João de Lima (Coord.). *Relações coletivas de trabalho*, p. 535; OLEA, Manoel Alonso. Experiência espanhola do sistema de solução de conflitos de trabalho. In: TEIXEIRA FILHO, João de Lima (Coord.). *Relações coletivas de trabalho*, p. 543.
[38] NASCIMENTO, Amauri Mascaro. *Iniciação ao direito do trabalho*. 28. ed., p. 556.
[39] SANTORO-PASSARELLI, Francesco. *Nozioni di diritto del lavoro*, p. 59.
[40] "Embora a designação econômico possa induzir à falsa ideia de que são conflitos que envolvem um 'bem econômico' em si mesmo, na verdade essa não é a sua função, mas a de indicar que o conflito é de natureza construtiva de novo conteúdo normativo para as relações de trabalho. Trata-se de um processo criador, gerador de normas que regerão as condições de trabalho da coletividade laboral" (FURTADO, Sebastião Antunes et al. Ob. cit., p. 24).
[41] RUPRECHT, Alfredo J. Ob. cit., p. 701.

Na sistemática da CLT, o dissídio de natureza econômica pode ser subdividido em: originário (quando inexistir norma coletiva anterior, art. 867, parágrafo único, *a*), revisional (quando pretender a revisão de norma coletiva anterior, arts. 873 a 875) e de extensão (quando visar à extensão ao restante da categoria, arts. 868 a 871).

Na visão de Ives Gandra Martins Filho,[42] *"De qualquer modo, se diferenciação deve haver entre dissídios coletivos no momento da autuação, por comportarem procedimentos distintos, esta só pode se referir à circunstância de se encontrar, ou não, a categoria de greve."*

Arion Sayão Romita[43] condena a classificação clássica, por entender que *"todo dissídio, em matéria de trabalho, quer individual quer coletivo, tem natureza econômica, direta ou indiretamente. A classificação dos dissídios coletivos em dissídios de natureza jurídica e de natureza econômica deve ser afastada, por imprecisa, pois todo dissídio coletivo tem, ao mesmo tempo, natureza jurídica e econômica. Deve ser preferida a nomenclatura que distingue os dissídios de direito dos dissídios de interesses".*

José Augusto Rodrigues Pinto[44] entende que o critério clássico de classificação é redundante e incompleto. Prefere classificá-los em dissídio originário (ou primário), quando tiver por objeto criar norma, pouco importando seu ineditismo (inédita ou em substituição a outra criada em dissídio anterior), e derivados (ou secundários), os quais dependem da existência de norma anterior e têm por objeto revê-la ou interpretá-la para aplicação em concreto.

Há outra classificação a ser mencionada: dissídios voluntários, quando instaurados pelos interessados, e coatos, quando iniciados de ofício pelo presidente do tribunal ou em decorrência de representação do Ministério Público.[45]

Manuel-Carlos Palomeque López[46] considera que por razões de motivação (ou causa) as lides coletivas podem ser tidas como laborais, se versarem sobre questões relativas à própria relação de trabalho entre os sujeitos contratantes, ou políticas (ou extraordinárias), se nascem com qualquer outra finalidade que não corresponda ao interesse profissional dos trabalhadores afetados.

---

[42] MARTINS FILHO, Ives Gandra da Silva. Ob. cit., p. 83.

[43] ROMITA, Arion Sayão. O poder normativo da justiça do trabalho: a necessária reforma. *Revista do Direito do Trabalho Consulex*, nº 5, p. 25, maio/2001.

[44] "Redundante, na medida em que não há, no Direito do Trabalho e em sua extensão processual, nada que não tenha, no fundo, natureza econômica. O próprio Direito do Trabalho é fruto de um fato econômico. Logo, essa natureza não define um tipo de dissídio, estando presente também, inclusive, no dissídio individual. Incompleto porque não exprime a propriedade de ramificação das classes nem expressa a realidade de precedência obrigatória ou, em outro sentido, de acessoriedade entre elas" (PINTO, José Augusto Rodrigues. *Direito sindical e coletivo do trabalho*, p. 354).

[45] MALTA, Christovão Piragibe Tostes. *Prática do processo trabalhista*. 30. ed., p. 681.

[46] LÓPEZ, Manuel-Carlos Palomeque. Ob. cit., p. 259.

Mozart Victor Russomano,[47] após discorrer sobre a classificação clássica,[48] também reconhece a existência de um outro grupo de conflitos coletivos de trabalho: são os conflitos coletivos impróprios (ou impuros), *"embora não caibam, com justeza"*, na definição articulada por ele mesmo sobre os conflitos de trabalho.

Mozart Russomano,[49] com base nas lições de Américo Plá Rodríguez, aponta como principais formas de conflitos impróprios: (a) conflitos intersindicais coletivos; (b) conflitos intersindicais não coletivos; (c) conflitos intrassindicais (conflitos internos); (d) conflitos extrassindicais; (e) conflitos entre trabalhadores.

Américo Plá Rodríguez[50] considera como formas de conflitos impróprios: (a) conflitos intersindicais coletivos; (b) conflitos intersindicais não coletivos; (c) conflitos entre o sindicato e seus membros; (d) conflitos entre trabalhadores.

Alfredo R. Ruprecht[51] entende que os conflitos impróprios são: (a) intersindicais coletivos; (b) intersindicais não coletivos; (c) entre os sindicatos e seus respectivos membros; (d) entre trabalhadores.

Ao analisar a tutela judicial na Lei das Associações Sindicais da Argentina (Lei 23.551/1988), Jorge Guillermo Bermúdez[52] separa a abordagem em três partes: (a) conflitos intrassindicais; (b) conflitos intersindicais; (c) conflitos atípicos, que abarcam todos os outros sujeitos e aspectos que não estão inseridos nos itens anteriores (aspecto residual).

Na doutrina há inúmeras outras formas de classificação das lides coletivas, como leciona Amauri Mascaro Nascimento:[53] *"Há conflitos coletivos voluntários e involuntários, para alguns autores, como Blasco e Alcazar; há conflitos justos e injustos, segundo Cabanellas; há conflitos coletivos interobreiros e interpatronais, segundo Rueda e Miguel Hernainz Márquez; para Jean Rivero e Jean Savatier, há conflitos de aplicação e conflitos de revisão do direito, denominação que empregam para evitar a palavra econômico; há conflitos, para Russomano, próprios e impróprios; Mario de la Cueva, depois de passar em revista a doutrina francesa, alemã, italiana e sul-americana, admitindo a clássica divisão entre conflitos jurídicos e econômicos, concorda com a mesma, subdivide ambos, para afir-*

---

[47] RUSSOMANO, Mozart Victor. Ob. cit., p. 227-235.
[48] "Na verdade, na terminologia empregada, há evidentes imprecisões. Os conflitos jurídicos são conflitos de interesses, no sentido de que resultam do choque entre interesses juridicamente protegidos. Da mesma forma, os conflitos econômicos (ou de interesses), embora criem normas e condições de trabalho, nem por isso deixam de ser jurídicos, porque as normas resultantes da sentença são normas jurídicas e porque as condições modificadas ou criadas são cláusulas de ato jurídico, ou seja, do contrato individual de trabalho. É exatamente por essa possível confusão de palavras e conceitos que as expressões correntemente usadas em Direito do Trabalho devem ser tomadas em sentido estrito e próprio" (RUSSOMANO, Mozart Victor. Ob. cit., p. 231).
[49] RUSSOMANO, Mozart Victor. Ob. cit., p. 234-235.
[50] RODRÍGUEZ, Américo Plá. Ob. cit., p. 17-18.
[51] RUPRECHT, Alfredo J. Ob. cit., p. 687.
[52] BERMÚDEZ, Jorge Guillermo et al. *Derecho colectivo del trabajo*, p. 402.
[53] NASCIMENTO, Amauri Mascaro. *Conflitos coletivos de trabalho*: fundamentos do sistema jurisdicional brasileiro, p. 8-9.

mar que dentre os jurídicos há conflitos que afetam a vida dos grupos profissionais, outros que se referem à interpretação dos contratos coletivos e outros sobre o cumprimento de um contrato coletivo. Nos econômicos, por sua vez, há aqueles em que o fim é a criação de novas normas gerais de trabalho, outros destinam-se à suspensão da vigência das normas já existentes e outros têm por finalidade a supressão de condições gerais de trabalho vigentes com o fechamento da empresa."

7.2 FORMAS DE SOLUÇÃO DE CONFLITOS COLETIVOS DE TRABALHO

Como bem acentua Pedro Vidal Neto, *"[...] os conflitos coletivos de trabalho podem ser solucionados pelos mesmos processos de composição dos demais conflitos de interesses. A experiência concreta mostra, porém, a utilização institucionalizada de técnicas mais variadas de composição pacífica e a persistência de meios de ação direta, especialmente no que diz respeito aos conflitos coletivos"*.[54]

A doutrina, contudo, está muito longe de um consenso sobre os meios e classificação das formas de solução de conflitos coletivos de trabalho. Isso porque, conforme as diferentes épocas e países, por influência de questões sociais, econômicas e políticas, adotaram-se diversos mecanismos para solucionar os conflitos laborais que acabaram sendo classificados de formas distintas.

Uma primeira classificação para a solução das lides trabalhistas destacada por Alfredo Ruprecht é a de Sander (1947),[55] para quem são oito formas de solução: discussão e negociação, conciliação, mediação, arbitragem voluntária, investigação e inquérito, arbitragem obrigatória, intervenção judicial, legislativa.

Alfredo Ruprecht também faz referência à classificação de Commons e Andrews (1936),[56] que apontam quatro formas: mediação ou conciliação, arbitragem voluntária, investigação obrigatória e arbitragem obrigatória.

Para ele próprio,[57] sem descartar outros tipos (decisão administrativa, comissões paritárias e investigação),[58] as principais formas de solução são: (a) conciliação (voluntária ou obrigatória; convencional ou regulamentada); (b) mediação; (c) arbitragem; (d) intervenção jurisdicional; (e) negociação coletiva.

---

[54] VIDAL NETO, Pedro. *Do poder normativo da justiça do trabalho*, p. 42.
[55] SANDER apud RUPRECHT, Alfredo J. Ob. cit., p. 898.
[56] COMMONS; ANDREWS apud RUPRECHT, Alfredo J. Ob. cit., p. 898.
[57] RUPRECHT, Alfredo J. Ob. cit., p. 899.
[58] Além disso, Ruprecht menciona a existência dos meios de ação direta do conflito: "Os meios de ação direta são os que utilizam as partes trabalhistas quando se encontram num conflito de caráter coletivo e não recorrem aos órgãos ou aos procedimentos instituídos para tal fim. Isto é, ignoram os meios de solução que lhe proporciona o estado e tratam de obter o êxito na luta por seus próprios meios, rendendo o adversário e impondo-lhe seus pontos de vista. [...] O objetivo dos meios de ação direta ou conflitos abertos é o de vencer o opositor mediante pressão econômica, uso da força, etc., para causar-lhe um sofrimento, mas correndo os riscos próprios que tais atos implicam" (Ob. cit., p. 707).

Manuel-Carlos Palomeque López,[59] sem prejuízo da tutela jurisdicional do estado aplicável a todos os conflitos, esquematiza as formas de solução de lide coletiva de trabalho: (a) autocomposição (negociação coletiva); (b) heterocomposição (arbitragem, mediação e conciliação).

Amauri Mascaro Nascimento,[60] baseado nas lições de Alcalá-Zamora Y Castillo, discorre sobre a evolução histórica das formas de solução de conflitos. Após isso, aponta a existência de duas formas de solução de controvérsias coletivas: a autocomposição e a heterocomposição.

Segundo Amauri Mascaro Nascimento, *"na ordem trabalhista, a forma autocompositiva clássica é a convenção coletiva de trabalho, decorrente de negociação coletiva, das quais resultam, mediante o acerto dos interesses, as normas que, instituídas de comum acordo pelos sindicatos e empresas, vigorarão por um certo prazo, disciplinando as suas relações e os contratos individuais de trabalho. Há variações de figuras que pertencem ao gênero convenção coletiva, como os acordos coletivos, os acordos intraempresariais etc. Fala-se, às vezes, em protocolo de intenções"*.[61]

Também menciona a existência da conciliação e da mediação como meios de solução de controvérsias.

Ainda para Amauri Mascaro Nascimento, a greve e o *lockout* são formas autodefensivas, *"não são atos decisórios, mas atos de encaminhamento da decisão, modos de pressão sobre a vontade para levá-la à autocomposição"*.[62] Enquanto a arbitragem e a jurisdição são formas de heterocomposição.

Antonio Ojeda Avilés[63] coloca que, *"devido às partes sociais utilizarem frequentemente medidas de pressão a se propor um conflito, muitos setores da doutrina chegaram a identificar o conflito com a greve, entendendo que esta é o conflito coletivo por excelência"*.

Gino Giugni[64] afirma que o ordenamento jurídico italiano *"reconheceu o direito de greve aos trabalhadores, direito este que constitui a forma mais incisiva de autotutela"* e ressalta que a autotutela dos interesses coletivos constitui uma das manifestações essenciais e originárias da coalizão sindical, a qual se expressa de maneiras diversas (condutas), com o objetivo de pressionar a parte contrária para induzi-la a fazer ou não fazer alguma coisa e para determinar equilíbrio entre os fatores de produção.

Apesar disso, Bernardo Van der Laat[65] aponta que *"a doutrina majoritariamente coincide em afirmar que a greve não é o conflito em si, senão um meio de ação direta que utiliza os trabalhadores em conflito na busca de uma solução favorável a suas pretensões"*.

---

[59] LÓPEZ, Manuel-Carlos Polomeque. Ob. cit., p. 263-264.
[60] NASCIMENTO, Amauri Mascaro. *Compêndio de direito sindical*. 3. ed., p. 287.
[61] NASCIMENTO, Amauri Mascaro. *Curso de direito do trabalho*. 19. ed., p. 1135.
[62] NASCIMENTO, Amauri Mascaro. Ob. cit., p. 1136.
[63] AVILÉS, Antonio Ojeda apud ECHEVERRÍA, Bernardo Van der Laat. Ob. cit., p. 228.
[64] GIUGNI, Gino; CURZIO, Pietro; GIROFALO, Mario Giovanni. *Direito sindical*, p. 169.
[65] ECHEVERRÍA, Bernardo Van der Laat. Ob. cit., p. 229.

Américo Plá Rodríguez[66] entende que a greve e o *lockout* são meios de luta e não formas de solução de conflitos.

Sebastião Antunes Furtado et al.[67] entendem que a greve, os piquetes e o *lockout* são formas de exteriorização, de visibilidade, dos conflitos latentes, não representando os conflitos em si mesmos.

No que tange à greve ser considerada como forma de autodefesa, Pedro Paulo Teixeira Manus esclarece: *"Denomina-se autodefesa a prerrogativa que têm os empregados de forçar o empregador à negociação, recusando-se a prestar serviços. Assim, exerce-se o direito de autodefesa por meio do exercício do direito de greve.*

Trata-se de forma de solução de conflito de trabalho no sentido genérico da expressão, pois o exercício em si do direito de greve não significa a própria solução do conflito coletivo. Com efeito, podem os trabalhadores lançar mão da greve, que pode inclusive ser vitoriosa e nem por isso apresentar a solução do conflito.

A greve é, isso sim, um meio de forçar o empregador à negociação, quando este se recusa sentar-se à mesa de negociação para iniciar o processo de autocomposição, ou quando interrompe o processo de negociação em curso por algum motivo."[68]

Maurício Godinho Delgado[69] classifica as formas de solução de controvérsias, basicamente, em três grandes grupos: autotutela (greve),[70] autocomposição (negociação coletiva) e heterocomposição (jurisdição, arbitragem, conciliação e mediação).[71]

---

[66] RODRÍGUEZ, Américo Plá. Medios de solución de conflictos. In: AVILÉS, Antonio Ojeda; URIARTE, Oscar Ermida (Coord.) *El derecho sindical en América Latina*, p. 261.
[67] FURTADO, Sebastião Antunes et al. Ob. cit., p. 57.
[68] MANUS, Pedro Paulo Teixeira. *Negociação coletiva e contrato individual de trabalho*, p. 37-38.
[69] DELGADO, Maurício Godinho. *Curso de direito do trabalho*. 5. ed., p. 1441 e segs.
[70] "No Direito do Trabalho, a greve constitui importante exemplo da utilização da autotutela na dinâmica de conflitos coletivos trabalhistas. Entretanto, conforme já anotado nesta obra, raramente ela completa seu ciclo autotutelar, impondo à contraparte toda a solução do conflito: o que ocorre é funcionar esse mecanismo como simples meio de pressão, visando ao alcance de mais favoráveis resultados na dinâmica negocial coletiva em andamento ou a se iniciar" (DELGADO, Maurício Godinho. Ob. cit., p. 1442-1443).
[71] "É que a diferenciação essencial entre os métodos de solução de conflitos encontra-se, como visto, nos sujeitos envolvidos e na sistemática operacional do processo utilizado. Na autocomposição, apenas os sujeitos originais em confronto é que se relacionam na busca de extinção do conflito, conferindo origem a uma sistemática de análise e solução da controvérsia autogerida pelas próprias partes. Já na heterocomposição, ao contrário, dá-se a intervenção de um agente exterior aos sujeitos originais na dinâmica de solução do conflito, transferindo, como já exposto, em maior ou menor grau, para este agente exterior a direção dessa própria dinâmica. Isso significa que a sistemática de análise e solução da controvérsia deixa de ser exclusivamente gerida pelas partes, transferindo-se em alguma extensão para a entidade interveniente. É evidente que o papel exercido por este agente exterior e a intensidade de sua intervenção são aspectos que variam significativamente em consonância com os tipos de mecanismos heterocompositivos" (DELGADO, Maurício Godinho. Ob. cit., p. 1445).

Raimundo Simão de Melo[72] vê como formas de autodefesa: a greve e o *lockout;* de autocomposição: a negociação coletiva; e de heterocomposição: arbitragem e jurisdição.

Oscar Ermida Uriarte[73] distingue também 3 formas de solução de demandas trabalhistas: autodefesa ou autotutela (ex.: a greve), a autocomposição (negociação coletiva, conciliação facultativa, mediação facultativa e arbitragem facultativa) e heterocomposição (arbitragem obrigatória, intervenção estatal administrativa e decisão judicial).

José Carlos Arouca[74] aponta como formas tradicionais de solução de controvérsias coletivas de trabalho: (a) negociações diretas; (b) conciliação; (c) mediação; (d) arbitragem; (e) jurisdicional.

Na visão de Mozart Victor Russomano,[75] a solução do conflito coletivo pode ser direta (negociação sindical, greve e *lockout*) ou indireta, que se dá pela participação de um terceiro (conciliação, mediação, arbitragem e jurisdicional).

João de Lima Teixeira Filho[76] classifica os meios de composição em autônomos e heterônomos, considerando autônomos se a composição é fruto da vontade dos interessados, *v. g.*, negociação coletiva e mediação. Enquanto a arbitragem e o dissídio coletivo constituem soluções externas do conflito, por independerem da vontade das partes (formas heterônomas).

Amador Paes de Almeida[77] afirma que modernamente podemos sintetizar as formas de solução de interesses opostos em livre negociação (negociação coletiva), arbitragem e jurisdição.

Wagner Giglio[78] considera *"a mais aceitável das classificações das formas de solução dos conflitos"* a que distingue autocomposição da heterocomposição, embora entenda que seja superficial, no sentido de considerar apenas o aspecto exterior da composição, e tenha pouca utilidade prática.

Patrícia Tuma Martins Bertolin[79] prefere classificar as formas de solução de conflitos em autocompositivas e heterocompositivas, sendo que, apesar das divergências existentes, considera como formas autocompositivas a conciliação, a mediação e a negociação coletiva, e formas heterocompositivas a arbitragem e o processo.

---

[72] MELO, Raimundo Simão de. Formas de solução dos conflitos coletivos de trabalho no Brasil. *Revista LTr,* v. 55, nº 11, p. 1305-1310.
[73] URIARTE, Oscar Ermida apud ROCCA, Danúbio Moreira. Estudio comparativo sobre los medios de prevención y solución de conflictos de trabajo en los países del Mercosur. *Revista Derecho Laboral,* nº 214, p. 304, abr./jun./2004.
[74] AROUCA, José Carlos. Ob. cit., p. 173.
[75] RUSSOMANO, Mozart Victor. Ob. cit., p. 237 e segs.
[76] SÜSSEKIND, Arnaldo et al. *Instituições de direito do trabalho.* 19. ed., v. 2, p. 1185.
[77] ALMEIDA, Amador Paes. *CLT comentada.* 3. ed., p. 452.
[78] GIGLIO, Wagner D. Os conflitos trabalhistas, a arbitragem e a justiça do trabalho. *Revista LTr,* v. 47, nº 3, p. 274.
[79] BERTOLIN, Patrícia Tuma Martins. *Reformulação do processo do trabalho,* p. 26.

Da mesma forma, Luiz Felipe Spezi[80] diz que as formas de solução de demandas trabalhistas se dividem em autocompositivas ou autônomas (conciliação, mediação e negociação coletiva) e heterocompositivas ou heterônomas (arbitragem ou solução jurisdicional).

Oswaldo Mantero de San Vicente[81] concorda com essa distinção.

José Claudio Monteiro de Brito Filho[82] divide os meios de solução de conflitos em autocompositivos e heterocompositivos (arbitragem e jurisdição). Na autocomposição, além da negociação e mediação, ele acrescenta a renúncia,[83] e considera a greve e o *lockout* como meios de ação sindical direta.

Ari Possidonio Beltran[84] considera adequada a classificação sistematizada por Martín Valverde, Sañudo-Gutiérrez e Garcia Murcia, que distinguem os meios de solução de conflitos segundo sua origem (autônomos e heterônomos), natureza (privados e públicos) e uso (voluntários e obrigatórios).

Américo Plá Rodríguez[85] aponta como formas de solução de divergências: (a) *el arreglo directo;* (b) *la investigación;*[86] (c) *la conciliación; (d) la mediación;* (e) *el arbitraje;* (f) *la decisión judicial,* e vê como os principais meios de ação direta a greve e o *lockout*.

Contudo, é importante ressalvar que para Américo Plá Rodríguez[87] o trato direto não deveria ser considerado como forma de solução, *"mas entendemos que, na realidade, não corresponde catalogá-lo como meio de solução de conflito, pois esse trato direto costuma supor a ausência do conflito. A só existência de interesses distintos ou de pontos de vista diferentes não significa a existência de conflito sempre que por meio do diálogo e intercâmbio de pontos de vista, se busca o encontro de soluções aceitáveis para todos. Os que se reúnem para celebrar um contrato não estão em conflito. Pelo*

---

[80] SPEZI, Luis Felipe. Formas de soluções dos conflitos do trabalho (autônomas, heterônomas, conciliação, mediação e arbitragem, solução jurisdicional). Atuação do Ministério Público do Trabalho. *Revista do Advogado,* nº 54, dez./98, p. 107.

[81] SAN VICENTE, Osvaldo Mantero. *Derecho sindical,* p. 172.

[82] BRITO FILHO, José Cláudio Monteiro de. *Direito sindical,* p. 271.

[83] "A renúncia, definida como ato unilateral por meio do qual alguém abre mão de direito adotado de certeza, é o último meio autocompositivo de solução de conflitos coletivos de trabalho. Caracteriza-se por emanar de apenas uma das partes envolvidas em conflito coletivo, que abre mão de um direito ou de uma posição assumida, sem que a outra faça o mesmo tipo de concessão" (BRITO FILHO, José Claudio Monteiro de. Ob. cit., p. 275).

[84] BELTRAN, Ari Possidonio. Ob. cit., p. 265-266.

[85] RODRÍGUEZ, Américo Plá. *Curso de derecho laboral:* conflictos colectivos, v. 2, p. 27.

[86] "La investigación" consiste em um procedimento pelo qual ocorre uma averiguação e publicação das causas do conflito, a interessar à opinião pública para que esta influa sobre as partes, a fim de solucionar o conflito. Geralmente, se formaliza mediante a designação de um técnico ou de uma comissão de investigação que reúne todas as informações disponíveis, escuta as partes e elabora um informe que se difunde. Porém, ressalta Américo Plá Rodríguez, "não é um meio direto de solução, e sim um modo de estimular a solução que se alcançará pelo acordo direto, a conciliação, inclusive, a arbitragem" (Ob. cit., p. 28).

[87] RODRÍGUEZ, Américo Plá. *Médios de solución de conflictos.* Ob. cit., p. 273.

contrário, procuram ajuste e entendimento, que será mais ou menos difícil, segundo as diferenças que existam e a vontade de quem delibera em encontrar um ponto de acordo. O trato direto supõe um comum desejo de superar os interesses distintos, o que parece excluir a ideia do conflito".

Carlos Aldao Zapiola[88] apresenta a seguinte classificação: (a) segundo exista ou não a intervenção de terceiros no conflito, distingue entre meios de autocomposição e meios de heterocomposição; (b) segundo a origem ou forma de se estabelecer, serão informais ou formais (unilaterais ou convencionais, legais ou governamentais); (c) segundo o objeto sobre o qual recaem, têm-se os conflitos individuais e coletivos (de direito ou de interesse); (d) segundo o grau de imposição do sistema: voluntários, mistos ou obrigatórios; (e) segundo o momento em que nascem, podem ser prévios ou posteriores ao conflito; (f) podem ser criados para um único conflito ou para vários ou todos os conflitos que podem surgir.

Carlos Alberto Etala[89] enumera as formas de solução de demandas coletivas em: (a) autocomposição das partes; (b) a conciliação; (c) a arbitragem.

Hugo Roberto Mansueti[90] considera autocomposição quando a solução ou a prevenção do conflito derivar do próprio grupo, o que ocorre pela negociação, transação ou mediação, e a prevenção basicamente ocorre pela negociação e a mediação. Na hipótese de um terceiro determinar a solução da lide, o mecanismo é denominado heterocomposição (arbitragem e jurisdição).

Considerando a presença (ou não) de um terceiro que tenha atribuição de solucionar o conflito (imponha a decisão), preferimos classificar os meios de solução de conflitos coletivos em: autocomposição (negociação coletiva, conciliação e mediação) e heterocomposição (arbitragem e jurisdição), pois a greve e o *lockout* representam formas de pressão na solução do conflito. A autodefesa deixou de existir como forma de solução de controvérsia individual com a jurisdição dos Estados modernos.[91]

No Direito do Trabalho brasileiro atual, as formas mais importantes de solução dos conflitos são: negociação coletiva, conciliação, mediação, arbitragem e jurisdição.

---

[88] ALDAO ZAMPIOLA, Carlos. La prevención y resolución de los conflictos laborais. *Revista Trabajo y Seguridad Social*, nº 2, 1986, p. 107.
[89] ETALA, Carlos Alberto. Ob. cit., p. 392.
[90] MANSUETI, Hugo Roberto. *Direito sindical no Mercosul*, p. 115.
[91] Referindo-se a autotutela, Antonio Carlos de Araújo Cintra, Ada Pellegrini Grinover e Cândido Rangel Dinamarco lecionam: "A esse regime chama-se autotutela (ou autodefesa) e hoje, encarando--se do ponto de vista da cultura do século XX, é fácil ver como era precária e aleatória, pois não garantia a justiça, mas a vitória do mais forte, mais astuto ou mais ousado sobre o mais frasco ou mais tímido. São fundamentalmente dois os traços característicos da autotutela: (a) ausência de juiz distinto das partes; (b) imposição da decisão por uma das partes à outra" (ARAÚJO CINTRA, Antonio Carlos de; GRINOVER, Ada Pellegrini; DINAMARCO, Cândido Rangel. *Teoria geral do processo*, 14. ed., p. 21).

7.2.1 Meios de solução de conflitos coletivos de trabalho apregoados pela OIT

No âmbito da OIT, a Recomendação[92] 91 (1951) estimula os Estados a estabelecer sistemas, por via contratual ou legislativa, para a negociação, celebração, revisão e renovação de contratos coletivos.

A Recomendação 92 (1951), que dispõe sobre conciliação e arbitragem voluntárias, preconiza o estabelecimento de organismos para prevenção e solução de conflitos apropriados às condições nacionais, de modo a estimular às partes que se abstenham de recorrer à greve ou *lockout* durante os procedimentos de conciliação ou arbitragem.

A Recomendação da OIT sobre colaboração no âmbito da Empresa (94, de 1952) sugere a adoção de medidas apropriadas a promover a consulta e a colaboração entre empregadores e trabalhadores no âmbito da empresa sobre as questões de interesse comum que não estejam compreendidas dentro do campo de ação dos organismos de negociação coletiva ou que normalmente sejam tratadas por organismos encarregados de determinar as condições de emprego, de modo a: (a) facilitar, estimulando acordos voluntários entre as partes; (b) promover uma legislação que estabeleça organismos de consulta e colaboração, e que determine seu alcance, competência, estrutura e modalidades de funcionamento.

A Recomendação 113 (1960) procura estimular medidas para promover de maneira efetiva a consulta e colaboração, nos ramos de atividade econômica e no âmbito dos Estados, entre as autoridades públicas e as organizações de empregadores e de trabalhadores, assim como entre as próprias organizações, com o objetivo, entre outros, de permitir o exame conjunto de questões de interesse comum, a fim de lograr, em maior medida possível, soluções de comum acordo.

Apesar de ser direcionada às lides individuais de trabalho, a Recomendação 130 (1967) sugere que a solução da controvérsia entre o empregador e o trabalho ocorra den-

---

[92] "A recomendação não é um tratado internacional, destinando-se apenas a sugerir normas que podem ser adotadas no direito internacional por qualquer das fontes formais do Direito do Trabalho, embora visem basicamente ao legislador de cada um dos estados-membros da OIT. Ela não é susceptível de ratificação; mas, como vimos, no campo da OIT ela acarreta para os estados-membros obrigações de natureza formal, a principal das quais é a obrigatoriedade de submissão do seu texto à autoridade nacional competente. E o controle exercido no tocante ao cumprimento dessas obrigações tem concorrido, em inúmeros casos, para que as regras consubstanciadas nas recomendações se convertam em leis ou atos de natureza regulamentar integrantes do direito nacional dos estados-membros. A recomendação cumpre, assim, a função de fonte material de direito. [...] Hoje, a Conferência vem utilizando a recomendação para: (a) disciplinar um tema sobre o qual o direito comparado ainda não revela soluções largamente aceitas; (b) enunciar regras ainda avançadas para grande número de estados-membros, mas cuja universalização a Conferência deseja promover; (c) regulamentar a aplicação de princípios inseridos em muitas convenções, possibilitando aos diversos países ampla flexibilidade para aplicá-los mediante regulamentação adequada às condições nacionais, ainda que inseridas no texto recomendado" (SÜSSEKIND, Arnaldo. *Direito internacional do trabalho*. 3. ed., p. 196-197).

tro da própria empresa e, quando isso não for possível, que o conflito seja resolvido por: (a) procedimento previsto no contrato coletivo; (b) conciliação ou arbitragem prestadas pelas autoridades públicas competentes; (c) um tribunal do trabalho ou outra autoridade judicial; (d) procedimentos apropriados (art. 17).

A Convenção[93] 151 (1978), que trata das relações de trabalho na Administração Pública, reforça a ideia de que a solução dos conflitos envolvendo as condições de emprego deverá lograr êxito, de maneira apropriada às condições nacionais, por meio da negociação entre as partes ou mediante procedimentos independentes e imparciais, tais como a mediação, a conciliação e a arbitragem, estabelecidos de modo que inspirem a confiança dos interessados (art. 8º).

Além disso, a Convenção 151 prevê que as medidas adotadas pelas autoridades públicas para estimular e fomentar o desenvolvimento da negociação coletiva deve ser objeto de consultas prévias e, quando possível, de acordos entre as autoridades públicas e as organizações de empregadores e trabalhadores (art. 7º). E que as medidas previstas com objetivo de fomentar a negociação coletiva não deverão ser concebidas ou aplicadas de modo que obstaculizem a liberdade da negociação coletiva (art. 8º).

Por sua vez, a Convenção 154 (1981) cuida do fomento da negociação coletiva, prevendo que os Estados devam adotar medidas adequadas às condições nacionais para fomentar a negociação coletiva (art. 5º), embora não obsta o funcionamento de sistemas de relações de trabalho nos quais *"a negociação coletiva tenha lugar no início dos mecanismos ou das instituições de conciliação ou de arbitragem, ou de ambos às vezes, nos quais participam voluntariamente as partes na negociação coletiva"* (art. 6º).

A Recomendação 163 (1981) procura fomentar a negociação coletiva no âmbito dos Estados e em todos os níveis (por estabelecimento, por empresa, por ramo de atividade, de indústria, níveis regional ou nacional).

Ao lado da abolição do trabalho forçado, erradicação do trabalho infantil e a eliminação da discriminação no emprego e na ocupação, a negociação coletiva foi elevada ao patamar de princípio pela Declaração sobre os Princípios e Direitos Fundamentais do Trabalho da OIT em 1998. Os parâmetros protetores adotados pela OIT em suas

---

[93] "A convenção ratificada constitui fonte formal do direito, gerando direitos subjetivos individuais, sobretudo nos países onde vigora a teoria do monismo jurídico e desde que não se trate de diploma meramente promocional ou programático. Já as recomendações e as convenções não ratificadas constituem fonte material do direito, portanto servem de inspiração e modelo para a atividade legislativa nacional, os atos administrativos de natureza regulamentar, os instrumentos da negociação coletiva e os laudos de arbitragem voluntária ou compulsória dos conflitos coletivos de interesse, neste último caso compreendidas as decisões dos tribunais do trabalho dotados de poder normativo. [...] As convenções constituem tratados multilaterais, abertos à ratificação dos estados-membros, que, uma vez ratificados, integram a respectiva legislação nacional" (SÜSSEKIND, Arnaldo. Ob. cit., p. 181-182).

Cartas e Convenções somam-se aos tratados de proteção dos direitos humanos,[94] como a Declaração Universal dos Direitos Humanos (1948), Pacto Internacional de Direitos Civis e Políticos, Pacto Internacional dos Direitos Econômicos, Sociais e Culturais (1966), Convenção Americana sobre Direitos Humanos – Pacto de San José da Costa Rica (1969), Convenção sobre os Direitos da Criança (1989) e a Declaração de Direitos Humanos de Viena (1993).

Além das Convenções e Recomendações da OIT, é importante também mencionar que a Carta Interamericana de Direitos Sociais (art. 7º) e a Carta da Organização dos Estados Americanos (art. 45, (c) tratam do tema.

E, no âmbito do Mercosul, pela Declaração Sociolaboral, especificamente em relação às divergências laborais, os Estados-membros comprometem-se a propiciar e desenvolver formas preventivas e alternativas de autocomposição dos conflitos individuais e coletivos de trabalho, fomentando a utilização de procedimentos independentes e imparciais de solução de controvérsias (art. 12) e, ainda, garante aos empregadores ou suas organizações e às organizações ou representações de trabalhadores o direito de negociar e celebrar convenções e acordos coletivos para regular as condições de trabalho, em conformidade com as legislações e práticas nacionais (art. 10).

7.3 PRINCIPAIS MEIOS DE SOLUÇÃO DE CONFLITOS

Não havendo um consenso sobre os meios de solução de conflitos laborais e sua classificação na doutrina trabalhista nacional e estrangeira, parece-nos adequado, sem desconsiderarmos a relevância das demais formas ou suas classificações, limitar-nos a tecer considerações sobre os tidos como de maior expressão, são eles: a negociação coletiva, a conciliação, a mediação, a arbitragem e a jurisdição.

Contudo, é de se notar que a negociação coletiva, a conciliação, a mediação e a arbitragem, ainda que, no caso das três últimas, sejam prestadas por autoridades administrativas, de forma obrigatória ou voluntária, representam formas de soluções extrajudiciais, contrapondo-se à jurisdição prestada pelo Estado (Poder Judiciário).[95]

---

[94] PIOVESAN, Flávia. Direitos humanos no trabalho. In: FREITAS JUNIOR, Antônio Rodrigues de (Coord.). *Direito do trabalho e direitos humanos*, p. 306.

[95] "A divisão segundo o critério funcional é a célebre 'separação dos Poderes', que consiste em distinguir três funções estatais, quais sejam, legislação, administração e jurisdição, que devem ser atribuídas a três órgãos autônomos entre si, que as exercerão com exclusividade, foi esboçada pela primeira vez por Aristóteles, na Obra 'Política', detalhada, posteriormente, por John Locke, no 'Segundo tratado do governo civil', que também reconheceu três funções distintas, entre elas a executiva, consistente em aplicar a força pública no interno, para assegurar a ordem e o direito, e a federativa, consistente em manter relações com outros estados, especialmente por meio de alianças. E, finalmente, consagrada na obra de Montesquieu 'O espírito das leis', a quem devemos a divisão e distribuição clássica, tornando-se princípio fundamental da organização política liberal e transformando-se em dogma pelo art. 16 da Declaração Francesa dos Direitos do Homem e do Cidadão, de 1789 [...]" (MORAES, Alexandre de. *Direito constitucional*. 19. ed., p. 373).

7.3.1 Negociação coletiva

Considerada a forma mais eficiente de solução das controvérsias coletivas de trabalho,[96] a negociação coletiva significa o entendimento direto das partes, podendo resultar na celebração de uma norma coletiva de trabalho. É a principal forma de autocomposição do conflito,[97] tida como a mais legítima e democrática de entendimento no mundo laboral,[98] como ressalta Oscar Ermida Uriarte:[99] *"O segundo aspecto sobressalente na consideração dos meios de solução dos conflitos laborais é a constatação de que a negociação coletiva é a forma perfeita de autocomposição de conflitos coletivos. A doutrina é praticamente unânime em considerar que para a solução de conflitos coletivos, a negociação é, como se disse, a 'forma perfeita', 'o melhor meio', porque constitui por excelência a forma de diálogo entre os diversos grupos componentes da sociedade moderna pluralista, sendo desejável seu florescimento nos países da América Latina."*

A doutrina considera a negociação coletiva, ao lado dos sindicatos e da greve, pilastra da estrutura triangular do direito coletivo.[100] Para Héctor Babace,[101] os principais temas do direito coletivo são: os sujeitos, as relações negociadas e os conflitos coletivos.

Nas palavras de Amauri Mascaro Nascimento, a autocomposição é a técnica de *"solução dos conflitos coletivos pelas próprias partes, sem emprego de violência, mediante ajustes de vontade. Na autocomposição, um dos litigantes ou ambos consentem no sacrifício do próprio interesse, daí a sua classificação unilateral".*[102]

Contudo, Enoque Ribeiro dos Santos[103] aponta que parte da doutrina entende que a prática da negociação coletiva deveria ser obrigatória às partes como uma forma preventiva de solução da lide laboral.

---

[96] "Em linhas gerais, se distinguem em três planos distintos de onde as leis latino-americanas identificam negociações coletivas válidas: (a) negociação coletiva em sentido estrito – Quando as partes querem regular as condições dos contratos de trabalho e das relações coletivas no âmbito da negociação; (b) negociação como solução de um conflito coletivo – Se trata de diversas fórmulas, também etiquetadas com diversos nomes – negociação direta, acordo, etc. – que se contempla como saídas de uma controvérsia coletiva; (c) negociação de salários mínimos. [...]" (AVILÉS, Antonio Ojeda. El procedimiento de la negociación colectiva. *Derecho sindical en América Latina* In: URIARTE, Oscar Ermida; AVILÉS, Antonio Ojeda (Coord.). p. 143).

[97] "Dentre as possíveis e mais importantes contribuições do Direito do Trabalho e das alternativas no âmbito das relações laborais exequíveis para a mitigação da crise do emprego no Brasil e no mundo encontra-se a negociação coletiva de trabalho, por meio de seus dois principais instrumentos: a convenção coletiva e o acordo coletivo" (SANTOS, Enoque Ribeiro dos. *O direito do trabalho e o desemprego*, p. 110).

[98] FURTADO, Sebastião Antunes et al. Ob. cit., p. 27.

[99] URIARTE, Oscar Ermida. El conflito de trabajo. In: URIARTE, Oscar Ermida (Coord.). *Curso introductorio de relaciones laborales.* 2. ed., p. 263.

[100] BARBOZA, Ramiro. Los Actores en la Negociación Colectiva en Paraguay. XVII Congreso Mundial de Derecho del Trabajo y de la Seguridad Social, versão em CD-Rom.

[101] BABACE, Héctor. *Derecho de la integración y relaciones laborales.* 2. ed., p. 265.

[102] NASCIMENTO, Amauri Mascaro. *Curso de direito do trabalho.* 19. ed., p. 1135.

[103] SANTOS, Enoque Ribeiro dos. *Direitos humanos na negociação coletiva*, p. 89.

A negociação coletiva é definida, segundo Manuel-Carlos Palomeque López,[104] como o processo formalizado de diálogo, entre os representantes dos trabalhadores e dos empresários, encaminhado, no exercício de sua autonomia coletiva, à celebração de um convênio coletivo regulador das relações entre ambos.

Nas lições de Carlos Alberto Etala,[105] a negociação coletiva se apresenta como um processo desenvolvido entre as partes – a parte empresarial e a parte obreira – que invocam e defendem interesses distintos, no curso do qual ambas se comunicam e interatuam influenciando-se reciprocamente, e, como resultado desse desenvolvimento, normalmente se logra a elaboração de um produto mutuamente aceito – o convênio coletivo de trabalho –, destinado a regular – com eficácia normativa – as condições de trabalho da atividade, profissão, ofício ou categoria de que se trate e eventualmente acordem materiais que atendam às relações entre as associações pactuantes.

Nas palavras de Enoque Ribeiro dos Santos,[106] negociação coletiva pode ser conceituada *"como processo dialético por meio do qual os trabalhadores e as empresas, ou seus representantes, debatem uma agenda de direito e obrigações, de forma democrática e transparente, envolvendo as matérias pertinentes à relação de trabalho-capital, na busca de um acordo que possibilite o alcance de uma convivência pacífica, em que impere o equilíbrio, a boa-fé e a solidariedade humana".*

Para a Convenção 154, OIT, a expressão "negociação coletiva de trabalho" compreende todas as negociações entre um empregador, um grupo de empregadores ou uma organização ou várias organizações de empregadores, de um lado, e uma organização ou várias organizações de trabalhadores, de outro, com o fim de fixar condições de trabalho e emprego, ou regular as relações entre empregadores e trabalhadores, ou regular as relações entre empregadores e suas organizações e uma organização ou várias organizações de trabalhadores (art. 2º).

A Carta da Organização dos Estados Americanos reconhece aos empregadores e aos trabalhadores, tanto rurais como urbanos, o direito de se associarem livremente para a defesa e promoção de seus interesses, inclusive o direito de negociação coletiva e o de greve por parte dos trabalhadores, o reconhecimento da personalidade jurídica das associações e a proteção de sua liberdade e independência, tudo de acordo com a respectiva legislação (art. 45, *c*).

A negociação coletiva como instituto está estritamente vinculada à liberdade sindical, à medida que é inerente ao direito de exercer o gênero da ação sindical. Na esfera coletiva, *"este gênero corresponde às ações destinadas à reivindicação ou defesa dos interesses coletivos que representam as organizações profissionais ou sindicais, tanto em conflito como em acordo".*[107]

---

[104] LÓPEZ, Manuel-Carlos Palomeque. *Derecho sindical español.* 5. ed., p. 351.
[105] ETALA, Carlos Alberto. Ob. cit., p. 271.
[106] SANTOS, Enoque Ribeiro. Ob. cit., p. 90.
[107] MANSUETI, Hugo Roberto. Ob. cit., p. 77.

O Comitê de Liberdade Sindical da OIT tem sustentado que o direito à negociação coletiva pelas organizações representativas dos trabalhadores e empregadores (não apenas aos sindicatos, mas também às federações e às confederações), no que tange às condições de trabalho, *"é um elemento essencial da liberdade sindical, e que os sindicatos deveriam ter o direito – mediante a negociação coletiva ou por outros meios lícitos – de melhorar as condições de vida e de trabalho daqueles que representam".*[108]

Assim, a liberdade sindical só se *"completa quando os sindicatos organizados, podem defender os interesses dos seus representados e estabelecer livremente, através da negociação, normas mais vantajosas do que as fixadas em lei. O que, naturalmente, só é possível quando garantido o direito de greve".*[109]

A convenção coletiva de trabalho representa, segundo Arion Sayão Romita,[110] *"eficaz instrumento de composição dos conflitos de interesses, pela flexibilidade que oferece à regulamentação das condições de trabalho. Exige, porém, certo grau de amadurecimento das empresas e bem assim das entidades de classe que representam os trabalhadores".*

A negociação coletiva de trabalho, para nós, representa o processo de diálogo entre os atores não estatais do direito do trabalho, ou seja, entre um grupo de trabalhador ou grupos de trabalhadores, de um lado, e empregador ou grupos de empregadores, do outro, representados ou não pelas entidades sindicais, no qual se busca a solução para os interesses conflitantes diretamente pelas partes e que poderão resultar em instrumentos normativos, materializados pela autonomia privada coletiva dos atores, mas não se confundindo com os mesmos. Trata-se da principal forma de autocomposição.

A negociação coletiva possui várias funções, que podem, segundo Enoque Ribeiro dos Santos,[111] ser enumeradas em: (a) função jurídica, a qual se subdivide em função normativa (criação de normas), função obrigacional (as cláusulas obrigacionais dos instrumentos jurídicos provenientes da negociação coletiva) e compositiva (um acordo de vontades, instrumentalizado pelo convênio coletivo); (b) função política (processo no qual as partes convenentes exercitam o poder por intermédio do diálogo social); (c) função econômica (luta por melhores condições de trabalho); (d) função social (busca de uma harmonização e equilíbrio entre os grupos pela efetiva participação); (e) função participativa (forma de participação); (f) função pedagógica (processo constante de aquisição e trocas de experiência).

Acrescente-se que, nos dias atuais, a negociação coletiva é um dos meios eficazes para *"diminuir as desigualdades sociais e fortalecer a autoestima e capacidade dos cidadãos, posto que facilita sua participação"*, ainda que indiretamente, pelas entidades

---

[108] SANTOS, Enoque Ribeiro. Ob. cit., p. 82-83.
[109] FURTADO, Sebastião Antunes. Liberdade sindical: o retorno ao debate na EC 45/2004. In: RAMOS FILHO, Wilson (Coord.) *Direito coletivo do trabalho depois da EC 45/2004*. p. 46.
[110] ROMITA, Arion Sayão. A conciliação nos dissídios coletivos de caráter econômico e suas peculiaridades (no direito brasileiro). *Revista LTr*, v. 41, nº 5, p. 601.
[111] SANTOS, Enoque Ribeiro dos. Ob. cit., p. 128-132.

sindicais, *"no processo de tomada e implementação de decisões que afetam o seu próprio desenvolvimento"*.[112]

Na análise do aspecto da vontade das partes na conciliação, pode-se encontrar, segundo Wagner Giglio,[113] uma ou mais atitudes dos contendores: renúncia do direito pelo trabalhador, reconhecimento do direito pelo empregador, transação.

Genericamente, nas 3 formas de soluções de controvérsias (negociação, conciliação e mediação) que se agrupam na autocomposição, a vontade é o elemento essencial e se manifesta pela desistência (renúncia à pretensão), submissão (renúncia à resistência oferecida à pretensão) ou transação (concessões recíprocas).

Para Manoel Alonso García,[114] a negociação coletiva tem como características: (a) é um procedimento, uma forma empregada para conseguir um objetivo determinado, sem que, por si mesma, seja uma instituição definida e substantiva, servindo a outra; (b) constitui a forma empregada para chegar a uma convenção coletiva, não a outra figura diferente, e sua finalidade é, precisamente, a de alcançar aquela; (c) trata de pôr fim a um conflito ou exercer uma pretensão, mas não quer dizer que se possa dar sem a existência prévia de um ou de outra; assim sendo, enquanto se considere sob esse aspecto, o conflito ou a pretensão são pressupostos necessários para que a negociação se inicie, pois noutro caso não passará a convenção coletiva da expressão formal de um instituto de direito material.

O êxito da negociação coletiva de trabalho, segundo Arnaldo Süssekind,[115] depende de vários fatores, entre os quais se destacam: (a) garantia de liberdade e autonomia sindical; (b) razoável índice de sindicalização do grupo representado; (c) espaço para a complementação e suplementação do sistema legal de proteção ao trabalho.

Ao traçar as linhas da introdução do Direito do Trabalho, Efrén Borrajo Dacruz[116] considera a negociação coletiva uma realidade vigorosa e pujante quando presentes os seguintes requisitos: (a) existência de organizações sindicais representativas e disciplinadas; (b) existência de uma estrutura econômica uniforme, ao menos flexível; (c) existência de um espírito de negociação entre as partes e na sociedade em geral que predomine sobre o afã de prestígio ou sobre as ideologias.

Oscar Ermida Uriarte[117] chega a afirmar que a negociação imprescinde da existência de liberdade sindical e, especialmente, de sindicatos autônomos, autênticos e com boa capacidade de negociação.

---

[112] SANTOS, Enoque Ribeiro dos. Ob. cit., p. 151.
[113] GIGLIO, Wagner D. Ob. cit., p. 275.
[114] GARCÍA, Manoel Alonso. *Curso de derecho del trabajo*. 4. ed., p. 673.
[115] SÜSSEKIND, Arnaldo. *Direito constitucional do trabalho*, p. 401.
[116] DACRUZ, Efrén Borrajo. *Introducción al derecho del trabajo*. 9. ed., p. 282.
[117] URIARTE, Oscar Ermida. Ob. cit., p. 261.

Alfredo Ruprecht[118] apresenta a seguinte classificação: (a) negociação coletiva de criação, quando não existia antes uma convenção coletiva; (b) negociação coletiva de modificação, a qual visa alterar cláusula preexistente; (c) negociação coletiva de substituição, ocorre quando se substitui a convenção existente por uma nova.

Manuel-Carlos Palomeque López afirma que os processos de negociação coletiva se acomodam, em geral, sobre dois métodos básicos: *negociación estática (static bargaining)* e *negociación dinámica (dynamic bargaining)*.[119]

7.3.1.1 Negociação coletiva de trabalho no Brasil

No Brasil, a negociação coletiva de trabalho é disciplinada pela Consolidação das Leis do Trabalho (arts. 611 a 625, CLT).

É obrigatória a participação dos sindicatos na negociação coletiva de trabalho (art. 8º VI, CF), os quais podem ser por categoria (econômica, profissional e diferenciada).

As federações e, na falta destas, as confederações representativas de categorias econômicas ou profissionais poderão celebrar convenções coletivas de trabalho para reger as relações das categorias a elas vinculadas, inorganizadas em sindicatos, no âmbito de suas representações (art. 611, § 2º, CLT).

Os empregados de uma ou mais empresas, que estejam interessados na negociação de um acordo coletivo de trabalho, darão ciência do seu interesse ao sindicato para que assuma a direção da negociação no prazo de 8 dias. Ultrapassado esse prazo, os empregados darão ciência à federação e, na falta dessa, à confederação para que assuma a negociação no prazo de 8 dias. Esgotado o prazo, os interessados poderão prosseguir diretamente na negociação (art. 617). Da mesma forma deverá proceder a empresa ou grupo de empresas interessadas na negociação do acordo coletivo de trabalho.

---

[118] RUPRECHT, Alfredo J. Ob. cit., p. 927-928.

[119] "1. Negociação estática (*static bargaining*), própria dos países continentais europeus, em que as partes entram nas relações de negociação de forma circunstancial ou periódica, dando vida a bandeiras coletivas perfeitamente determinadas e imediatamente configuráveis. As partes, uma vez obtido o acordo, não voltam a entrar em negociação até o término do acordo ou, em caso de não se ter fixado um limite temporal, até que haja uma alteração nas circunstâncias. 2. Negociação Dinâmica (*dynamic bargaining*), própria do sistema britânico de relações de trabalho, em que as partes dão vida a uma série de instituições de caráter permanente (*joint council, joint committee, conciliation board*) que cumprem a função de adaptar os pactos às novas circunstâncias. Neste modelo dinâmico, a duração do convênio não tem importância, considerando que as comissões igualitárias instituídas atualizam as cláusulas convencionadas, superando os conflitos que surjam em cada momento à base de uma negociação direta e contínua (*continuous bargaining*). Originam-se, assim, peculiares relações intersindicais, das quais resultam instituições que tem a ver mais com a administração do convênio que com a própria 'contratação', na medida em que os atos de estipulação ou renovação das convenções sejam substituídos por processos contratuais e sistemas de conciliação de conflitos de caráter continuado" (LÓPEZ, Manuel-Carlos Palomeque. Ob. cit., p. 352).

Os sindicatos representativos de categorias econômicas ou profissionais e as empresas, inclusive as que não tenham representação sindical, quando provocados, não podem recusar-se à negociação coletiva (art. 616, *caput*).

Verificando-se recusa à negociação coletiva, cabe aos sindicatos ou empresas interessadas dar ciência do fato, conforme o caso, ao Departamento Nacional do Trabalho (atualmente Secretaria de Emprego e Salário) ou aos órgãos regionais do Ministério do Trabalho e Emprego, para convocação compulsória dos sindicatos ou empresas recalcitrantes (art. 616, § 1º).

No caso de persistir a recusa à negociação coletiva, pelo desatendimento às convocações feitas pelo Departamento Nacional do Trabalho (atualmente Secretaria de Emprego e Salário) ou órgãos regionais do Ministério do Trabalho, ou se malograr a negociação entabulada, é facultada aos sindicatos ou empresas interessadas a instauração de dissídio coletivo (art. 616, § 2º).

A CLT também prevê a instauração do dissídio coletivo por iniciativa do presidente do Tribunal em caso de greve (art. 856). Contudo, a doutrina entende que o referido dispositivo legal não foi recepcionado pela Constituição Federal de 1988, a qual atribuiu ao sindicato e ao Ministério Público do Trabalho a legitimidade ativa para o dissídio de greve. O art. 8º, Lei 7.783/89, prevê a possibilidade de instauração do dissídio por qualquer uma das partes (empregador e comissão de negociação dos trabalhadores, na falta de entidade sindical).

Com a EC 45/04, em caso de recusa das partes à negociação coletiva ou à arbitragem, o ajuizamento do dissídio coletivo de natureza econômica somente poderá ocorrer em "comum acordo" das partes (art. 114, § 2º, CF). Essa exigência não se aplica ao dissídio coletivo jurídico.

No caso de greve em atividades essenciais (art. 10, Lei 7.783/89), com possibilidade de lesão ao interesse público, o Ministério Público do Trabalho tem legitimidade ativa para ingressar com o dissídio coletivo (art. 114, § 3º, CF, art. 856, CLT).

Havendo convenção, acordo ou sentença em vigor, o dissídio coletivo deverá ser instaurado dentro dos 60 dias anteriores ao respectivo termo final, para que o novo instrumento possa ter vigência no dia imediato a esse termo (art. 616, § 3º).

Nenhum processo de dissídio coletivo de natureza econômica será admitido sem antes se esgotarem as medidas relativas à formalização da convenção ou acordo correspondente (art. 616, § 4º).

Não se admite a negociação coletiva de trabalho para os empregados públicos da Administração Pública Direta, Autárquica e Fundacional, considerando restrições do próprio sistema jurídico: (a) competência constitucional privativa para projetos de leis que versem sobre a criação de cargos, empregos e funções públicas, bem como dispõem sobre sua remuneração; (b) concessão de reajustes e outras vantagens por lei – princípio da legalidade constitucional (art. 37, *caput*); (c) requisitos constitucionais para a concessão de vantagens e reajustes econômicos, bem como limites de gastos com pessoal (art. 169, CF, LC 101/0); (d) observância do teto remuneratório; (e) princípios da supremacia do interesse público e da continuidade dos serviços públicos.

O Decreto Legislativo 206, de 7/4/2010, aprovou a Convenção 151 da OIT, cujo conteúdo relaciona-se com as relações de trabalho na administração pública, dispondo a respeito do direito de organização e das garantias às organizações de trabalhadores do setor público, além da fixação de parâmetros para a fixação e negociação das condições de trabalho, solução de conflitos e para o exercício dos direitos civis e políticos. Houve a ratificação do Decreto Legislativo pelo governo brasileiro em 15/6/2010.

Por decorrência da inteligência da Convenção 151, o TST reformulou o teor da OJ 5 da Seção de Dissídios Coletivos, a qual, na sua antiga redação, não facultava aos empregados públicos a possibilidade do dissídio coletivo, visto não lhes ser aplicável o direito ao reconhecimento de acordos e convenções coletivas de trabalho.

Com a Resolução 186, de 14/9/2012, OJ 5 tem a seguinte redação: *"Em face de pessoa jurídica de direito público que mantenha empregados, cabe dissídio coletivo exclusivamente para apreciação de cláusulas de natureza social. Inteligência da Convenção nº 151 da Organização Internacional do Trabalho, ratificada pelo Decreto Legislativo nº 206/2010."*

Com este novo direcionamento, o TST passou a admitir, de forma explícita, o ajuizamento de dissídios coletivos contra a administração pública, objetivando a análise das cláusulas sociais.

Para os empregados das empresas públicas, sociedades de economia mistas, suas subsidiárias e controladas e demais empresas sob controle direto e indireto da União, aumentos reais de salário somente poderão ocorrer depois de autorizados pelo Comitê de Coordenação das Empresas Estatais (CCE), devendo todas as cláusulas do acordo coletivo vigente ser objeto de negociação a cada nova data-base.

Genericamente, a negociação coletiva de trabalho pode resultar na convenção coletiva de trabalho ou acordo coletivo de trabalho, que são reconhecidas pelo estado (art. 7º, XXVI, CF).

A convenção coletiva de trabalho é o acordo de caráter normativo, pelo qual dois ou mais sindicatos representativos de categorias econômicas e profissionais estipulam condições de trabalho aplicáveis, no âmbito das respectivas representações, às relações individuais do trabalho (art. 611, *caput*, CLT).

Por sua vez, o acordo coletivo de trabalho é celebrado pela entidade sindical dos trabalhadores com uma ou mais empresas da correspondente categoria econômica, que estipulem condições de trabalho, aplicáveis no âmbito da empresa ou das empresas acordantes às respectivas relações de trabalho (art. 611, § 1º).

Esclarece Roberto Barretto Prado que, durante a vigência de convenção coletiva da categoria, o acordo posterior não poderá desrespeitá-la, admitindo *"entretanto que os acordantes introduzam novas condições complementares. Não há possibilidade de conflitos, mas simplesmente direito de acréscimo e aperfeiçoamento"*.[120] Isso porque o próprio legislador determinou que as condições estabelecidas em convenção, quando mais favoráveis, prevalecerão sobre as estipuladas no acordo (art. 620, CLT, redação originária). Com a

---

[120] PRADO, Roberto Barretto. *Curso de Direito Coletivo do Trabalho*. 2. ed., p. 87.

Reforma Trabalhista, houve uma alteração significativa na regra legal, de modo que as condições estabelecidas em acordo coletivo de trabalho sempre prevalecerão sobre as estipuladas em convenção coletiva de trabalho (art. 620, CLT, Lei 13.467/17).

As convenções e acordos coletivos são aplicáveis às partes (sindicatos e empresas) participantes da negociação, aos seus representados (empresas e empregados) e seus empregados não sindicalizados – efeito *erga omnes* (arts. 611 e 613, III).

Para a validade da convenção ou do acordo, é necessária a publicidade. Começam a viger 3 dias após a data do depósito. Nos sindicatos convenentes e nos estabelecimentos das empresas compreendidas no seu campo de aplicação, os instrumentos deverão ser fixados em lugar visível no prazo de 5 dias da data do depósito (art. 614).

Não existe controle administrativo sobre o conteúdo do instrumento normativo.

De pleno direito, são considerados nulas as disposições dos instrumentos normativos que, direta ou indiretamente, contrariem proibição ou norma disciplinadora da política econômico-financeira do governo ou concernente à política salarial vigente (art. 623).

As normas coletivas não poderão vigorar por prazo superior a 2 anos (art. 614, § 3º).

De certa maneira, este dispositivo legal perdeu a sua eficácia com a redação da Súmula 277 do TST: *"As cláusulas normativas dos acordos coletivos ou convenções coletivas integram os contratos individuais de trabalho e somente poderão ser modificadas ou suprimidas mediante negociação coletiva de trabalho"* (redação dada pela Resolução 185, de 14/9/2012).

Em outubro de 2016, na ADPF 323, o Ministro Gilmar Mendes (STF) concedeu a liminar para suspender a eficácia da Súmula 277.

Por fim, a Reforma Trabalhista pôs fim à celeuma, vedando a ultratividade quanto às normas coletivas, ao alterar a redação do § 3º, art. 614: "Não será permitido estipular duração de convenção coletiva ou acordo coletivo de trabalho superior a dois anos, sendo vedada a ultratividade".

A prorrogação, revisão, denúncia ou revogação total ou parcial da convenção ou acordo depende de aprovação da assembleia geral do sindicato ou dos concordantes, observando o *quorum* mínimo legal para a realização da assembleia (art. 615).

Com a Lei 13.467/17 (Reforma Trabalhista), a CLT sofreu uma série de alterações no campo do Direito Individual do Trabalho, com alterações e inovações legais prejudiciais aos trabalhadores, além da fixação da prevalência do negociado em relação ao modelo legal, ao fixar no art. 611-A que a convenção coletiva e o acordo coletivo de trabalho têm prevalência sobre a lei quando, entre outros, dispuserem sobre: (a) pacto quanto à jornada de trabalho, observados os limites constitucionais; (b) banco de horas anual; (c) intervalo intrajornada, respeitado o limite mínimo de 30 minutos para jornada superior a 6 horas; (d) adesão ao Programa Seguro-Emprego (PSE) (Lei 13.189/15); (e) plano de cargos, salários e funções compatíveis com a condição pessoal do empregado, bem como identificação dos cargos que se enquadram como funções de confiança; (f) regulamento empresarial; (g) representante dos trabalhadores no local de trabalho; (h) teletrabalho, regime de sobreaviso e trabalho intermitente; (i) remuneração por produtividade, incluídas as gorjetas percebidas pelo empregado, e remuneração por desempenho individual; (j) modalidade de registro de jornada de trabalho; (l) troca do dia de feriado; (m) enquadramento do grau de insalubridade; (n) prorrogação de jornada em ambientes insalubres, sem licença prévia das autoridades competentes do MTE; (o) prêmios de incentivo em bens ou serviços, eventualmente concedidos em programas de incentivo; (p) participação nos lucros ou resultados da empresa.

Os direitos suprafixados estão vinculados a três elementos naturais do contrato de trabalho, como negócio jurídico, a saber: função; jornada de trabalho e remuneração, logo, por uma interpretação literal, com base no art. 611, *caput*, CLT, o instrumento normativo pode dispor de forma prejudicial ao que estiver previsto na norma legal, em detrimento dos direitos sociais (art. 7º, *caput*, CF).

Por um prisma teleológico, a finalidade constitucional da negociação coletiva (art. 7º, XXVI) é obtenção de outros direitos, os quais visem à melhoria das condições sociais dos trabalhadores, logo, é inadmissível a valorização da negociação como mecanismo legal de limitação ou supressão de direitos.

Por outro lado, dentro do espírito liberal da Reforma Trabalhista, o legislador fixou outras regras prejudiciais aos trabalhadores (art. 611-A, §§ 1º a 5º). São elas:

a) no exame do instrumento normativo (convenção coletiva ou acordo coletivo de trabalho), a Justiça do Trabalho analisará exclusivamente a conformidade dos elementos essenciais do negócio jurídico, respeitado o disposto no art. 104, CC (agente capaz; objeto lícito, possível, determinado ou determinável; forma prescrita ou não defesa em lei), bem como balizará sua atuação pelo princípio da intervenção mínima na autonomia da vontade coletiva (art. 8º, § 3º, CLT). Diante do caso concreto, por essa disposição legal, o magistrado trabalhista não poderá adentrar ao mérito da cláusula normativa, analisando, tão somente, se a norma atende aos critérios formais de validade do instrumento normativo, como negócio jurídico. Trata-se de uma violação indevida ao controle jurisdicional das normas coletivas, visto que limita a independência funcional do magistrado trabalhista;

b) a inexistência de expressa indicação de contrapartidas recíprocas em convenção coletiva ou acordo coletivo de trabalho não ensejará sua nulidade por não caracterizar um vício do negócio jurídico. Por disposição legal, a ausência de compensação, quando da supressão ou limitação de direitos previstos na norma legal pela cláusula normativa, não poderá ser considerada, diante do caso concreto, como motivo determinante da ilicitude da cláusula. Evidente que a regra é uma ingerência à independência funcional da magistratura trabalhista;

c) se for pactuada cláusula que reduza o salário ou a jornada, o instrumento normativo deverá prever a proteção dos empregados contra dispensa imotivada durante o prazo de sua vigência. Por disposição legal expressa, essa é a única hipótese exigível de compensação, visto que condiciona a redução do salário ou da jornada de trabalho à expressa fixação da garantia de emprego durante o período de vigência da cláusula normativa;

d) na hipótese de procedência de ação anulatória de cláusula normativa, quando houver a cláusula compensatória, esta deverá ser igualmente anulada, sem repetição do indébito. A nulidade compulsória da cláusula compensatória fere os ditames da independência funcional da magistratura trabalhista. Se há ou não a nulidade da compensação, por consequência, diante do contexto do caso concreto, é solução que se vincula, tão somente, ao livre convencimento jurídico do magistrado (art. 93, IX, CF);

e) os sindicatos subscritores do instrumento normativo participarão, como litisconsortes necessários, em ação individual e coletiva, que tenha como objeto a anulação de cláusulas normativas. Impor a não possibilidade de apreciação de cláusula normativa em uma ação individual simples ou plúrima, implica negar o acesso ao Judiciário, o que é por demais inconstitucional, consoante o disposto no art. 5º, XXV, da CF, o qual estabelece: *"a lei não excluirá da apreciação do Poder Judiciário lesão ou ameaça a direito".*

Além do art. 611-A, a Reforma Trabalhista acresceu o art. 611-B ao texto consolidado, estabelecendo os temas, os quais não podem ser objeto de negociação coletiva exclusivamente: (1) normas de identificação profissional, inclusive as anotações na CTPS; (2) seguro-desemprego, em caso de desemprego involuntário; (3) valor dos depósitos mensais e da indenização rescisória do FGTS; (4) salário mínimo; (5) valor nominal do décimo terceiro salário; (6) remuneração do trabalho noturno superior à do diurno; (7) proteção do salário na forma da lei, constituindo crime sua retenção dolosa; (8) salário-família; (9) repouso semanal remunerado; (10) remuneração do serviço extraordinário superior, no mínimo, em 50% à do normal; (11) número de dias de férias devidas ao empregado e o gozo de férias anuais remuneradas com, pelo menos, um terço a mais do que o salário normal; (12) licença-maternidade com a duração mínima de 120 dias; (13) licença-paternidade; (14) proteção do mercado de trabalho da mulher, mediante incentivos específicos, nos termos da lei; (15) aviso prévio proporcional ao tempo de serviço, sendo no mínimo de 30 dias, nos termos da lei; (16) normas de saúde, higiene e segurança do trabalho previstas em lei ou em normas regulamentadoras do MTE; (17) adicional de remuneração para as atividades penosas, insalubres ou perigosas; (18) aposentadoria; (19) seguro contra acidentes de trabalho, a cargo do empregador; (20) ação, quanto aos créditos resultantes das relações de trabalho, com prazo prescricional de 5 anos para os trabalhadores urbanos e rurais, até o limite de 2 anos após a extinção do contrato de trabalho; (21) proibição de qualquer discriminação no tocante a salário e critérios de admissão do trabalhador com deficiência; (22) proibição de trabalho noturno, perigoso ou insalubre a menores de 18 anos e de qualquer trabalho a menores de 16 anos, salvo na condição de aprendiz, a partir de 14 anos; (23) medidas de proteção legal de crianças e adolescentes; (24) igualdade de direitos entre o trabalhador com vínculo empregatício permanente e o trabalhador avulso; (25) liberdade de associação profissional ou sindical do trabalhador, inclusive o direito de não sofrer, sem sua expressa e prévia anuência, qualquer cobrança ou desconto salarial estabelecidos em convenção coletiva ou acordo coletivo de trabalho; (26) direito de greve, competindo aos trabalhadores decidir sobre a oportunidade de exercê-lo e sobre os interesses que devam por meio dele defender;

(27) definição legal sobre os serviços ou atividades essenciais e disposições legais sobre o atendimento das necessidades inadiáveis da comunidade em caso de greve; (28) tributos e outros créditos de terceiros; (29) as disposições previstas nos arts. 373-A, 390, 392, 392-A, 394, 394-A, 395, 396 e 400, CLT.

O parágrafo único, art. 611-B, dispõe que as regras sobre duração do trabalho e intervalos não são consideradas normas de saúde, higiene e segurança do trabalho para os fins de aplicação da proibição quanto à negociação.

7.3.2 Conciliação e mediação

7.3.2.1 Conciliação

Patrícia Tuma Martins Bertolin[121] tece considerações sobre a importância da conciliação: *"A conciliação é uma forma pacífica de se dirimir controvérsias. É bastante provável que seja ela uma instituição tão antiga quanto o interesse dos homens em resolver seus conflitos por via pacífica e vem se ampliando sobremaneira, de forma a assumir importância até mesmo na solução de conflitos internacionais e na manutenção da paz mundial.*

No mundo atual, provavelmente só há uma outra esfera em que a conciliação se reveste de importância comparável: as relações de trabalho. É exatamente no âmbito das relações laborais que se tem recorrido com mais frequência à conciliação e em que tem ela alcançado seu mais alto grau de perfeição."

A conciliação representa uma forma consensual de solução das lides de trabalho, com o auxílio de um terceiro (conciliador).[122] Segundo Arion Sayão Romita, a conciliação já foi chamada de "negociação coletiva protegida" (Oficina Internacional del Trabajo, 1974).[123]

Para Alfredo Ruprecht,[124] a conciliação é um meio de solução das demandas coletivas de trabalho, *"pelo qual as partes – voluntária ou obrigatoriamente – levam suas diferenças ante um terceiro, que não propõe nem decide, com o objetivo de harmonizar, conformar ou ajustar suas mútuas pretensões, na tentativa de chegar a um acordo que seja satisfatório para ambos".*

Assim, a conciliação representa uma forma de solução da lide coletiva de trabalho pelas partes, com auxílio de um terceiro (o conciliador), que tem como papel fundamental manter os canais de diálogo abertos e promover a aproximação das partes, a qual, semelhantemente à negociação coletiva, poderá resultar na celebração de um instrumento normativo de trabalho.

---

[121] BERTOLIN, Patrícia Tuma Martins. Ob. cit., p. 27.
[122] "Os componentes que a integram são dois: (a) A base. O acordo entre as partes. (b) O elemento complementar. A presença de um terceiro que busca cercar as partes e facilitar o acordo" (RODRÍGUEZ, Américo Plá. *Curso de derecho laboral*: conflictos colectivos, t. 4, v. 2, p. 29).
[123] ROMITA, Arion Sayão. Ob. cit., p. 603.
[124] RUPRECHT, Alfredo J. Ob. cit., p. 904.

Dessa forma, o objetivo da conciliação é chegar a um acordo, *"mediante renúncias parciais de pretensões expostas, com o fim de restabelecer a paz industrial e levar adiante as relações trabalhistas, ficando ambas as partes conformes com o resultado obtido"*.[125]

O conciliador, segundo Pedro Paulo Teixeira Manus, *"não efetua propostas, nem age no sentido de interferir no conteúdo do ajuste a ser celebrado, limitando-se a aproximar e estimular os negociadores"*.[126]

Américo Plá Rodríguez menciona a possibilidade de classificar as formas de conciliação de diferentes maneiras: (a) quem seja o terceiro atuante: públicas (administrativa, judicial ou política) ou privadas (obrigatórias ou facultativas); (b) momento: preventiva ou posterior; (c) a composição do órgão conciliador: unipessoal ou colegiado; (d) procedimento: regulado previamente ou sem trâmite predeterminado; (e) caráter: estabelecido ou aleatório.[127]

7.3.2.2 Mediação

Alfredo Ruprecht[128] afirma que a mediação é considerada como um intermediário entre a conciliação e a arbitragem, mas se aproximaria da conciliação, por constituir um instrumento de aproximação entre as partes para encontrar a solução para a divergência que as separa e encontrar a solução que satisfaça a ambos, e sua proximidade com a arbitragem ocorre pelo papel ativo que tem o mediador.

Para Marco Antônio César Villatore,[129] *"na mediação, as partes que não conseguem um acordo direto designam um terceiro, chamado de mediador, que deverá tentar aproximá-las para que cheguem a um resultado final que lhe seja satisfatório"*.

Como outra forma de solução das controvérsias trabalhistas, parece-nos precisa a conceituação feita por Ruprecht,[130] para quem a mediação é um meio *"pelo qual as partes recorrem a um órgão por elas designado ou instituído oficialmente, o qual propõe a solução que pode ou não ser acolhida por elas"*.

Nas lições de Maurício Godinho Delgado,[131] a mediação corresponde à atuação do terceiro, assim *"considerado terceiro imparcial em face dos interesses contrapostos e das*

---

[125] RUPRECHT, Alfredo J. Ob. cit., p. 905.
[126] MANUS, Pedro Paulo Teixeira. Ob. cit., p. 54.
[127] "Segundo seu caráter estável ou aleatório, cabe distinguir entre aquelas conciliações a cargo dos órgãos normalmente encarregados de cumprir esta função e de órgãos que eventualmente podem cumprir esta tarefa, seja por iniciativa própria, seja a pedido das partes, seja por encargo de alguma autoridade" (RODRÍGUEZ, Américo Plá. Ob. cit., p. 29-30).
[128] RUPRECHT, Alfredo J. Ob. cit., p. 918.
[129] VILLATORE, Marco Antônio César. Aspectos gerais da solução extrajudicial de conflitos em países do Mercosul. *Revista do Tribunal Regional do Trabalho da Décima Quinta Região*, nº 18, p. 52, set./2002.
[130] RUPRECHT, Alfredo J. Ob. cit., p. 919.
[131] DELGADO, Maurício Godinho. *Curso de direito do trabalho*. 5. ed., p. 1453.

respectivas partes conflituosas, busca auxiliá-las e, até mesmo, instigá-las à composição, cujo teor será, porém, decidido pelas próprias partes".

Para Ruprecht,[132] a mediação tem como característica *"obter das partes uma aceitação à solução da divergência, originada numa proposta de um terceiro, que não tem força compulsiva, mas simplesmente de recomendação".*

Em outras palavras, quer dizer, na conciliação, é a vontade das partes que prevalece, resultando, quando favorável, via de regra, em um instrumento normativo de trabalho.

Amauri Mascaro Nascimento destaca que o mediador não substitui a vontade das partes conflitantes, mas se restringe a propor a solução às mesmas, que terão plena liberdade para aceitá-la ou não.

A mediação pode ser: (a) facultativa ou obrigatória, quanto à vontade das partes se submeterem ou não ao procedimento de mediação; (b) unipessoais ou colegiadas, considerando o órgão mediador; (c) pública ou privada.[133]

Parte da doutrina[134] tem apontado que a principal diferença entre mediação e conciliação está na atividade do órgão. Na mediação a atividade do órgão é muito mais intensa, não se limita apenas a dirigir o debate, como acontece na conciliação, mas intervém ativamente nele e propõe a solução.

Segundo Pedro Paulo Manus,[135] na mediação, *"o mediador efetua proposta de solução do conflito, diferentemente do conciliador, que apenas estimula as partes ao acordo, sem nele interferir".*

Amauri Mascaro Nascimento[136] afirma que *"a diferença entre as duas figuras está menos na sua função e perspectivas de atuação do agente, mais no âmbito em que é exercida. A mediação é um mecanismo basicamente extrajudicial e a conciliação é judicial e extrajudicial. [...] Diferem conciliação e mediação: a mediação tem produzido efeitos muito bons nos conflitos coletivos de interesse e a conciliação nos conflitos individuais jurídicos. Assim, a conciliação é, também, um ato processual, enquanto a mediação não, a menos que se designe a atuação conciliatória judicial como ato de mediação. A conciliação, se assim dispuser o ordenamento jurídico, pode ser um ato administrativo ou um ato judicial, e a tendência da mediação é a de ser um procedimento particular. Mas as funções das duas figuras são muito próximas".*

Carlos Alberto Etala,[137] ao distinguir os dois institutos, diz que na mediação *"o terceiro chamado a ajudar as partes em conflitos a buscar uma solução terá uma intervenção mais direta até o ponto de formular sua própria proposta de solução a que colocará a consideração dos interessados".*

---

[132] RUPRECHT, Alfredo J. Ob. cit., p. 918.
[133] NASCIMENTO, Amauri Mascaro. *Compêndio de direito sindical*. 3. ed., p. 292.
[134] ROMITA, Arion Sayão. Ob. cit., p. 603.
[135] MANUS, Pedro Paulo Teixeira. Ob. cit., p. 55.
[136] NASCIMENTO, Amauri Mascaro. Ob. cit., p. 293-294.
[137] ETALA, Carlos Alberto. Ob. cit., p. 392.

Américo Plá Rodríguez,[138] após reconhecer a dificuldade de se distinguir a conciliação da mediação, inclusive fazendo referência à doutrina de inúmeros países, afirma que a mediação se contenta com uma composição, sem se preocupar com a justiça dela, e a conciliação aspira a uma composição justa.[139] Essa distinção também é apontada por Arion Sayão Romita.[140]

Além disso, segundo Américo Plá Rodríguez,[141] a conciliação e a mediação são os caminhos preferidos para a solução dos conflitos coletivos de trabalho, isso porque *"[...] responde aos ensinos de uma larga experiência que nos mostra que as soluções conseguidas de comum acordo entre as partes são muito mais sólidas, mais firmes, mais duráveis, mais fecundas que as soluções impostas pela via de autoridade. Não importa o cuidado que se tenha posto em encontrar uma solução equilibrada e equânime; não interessa o acerto e a justiça com que se tenha atuado; não conta muito o poder persuasivo dos fundamentos da solução imposta. O que as partes sentem é que lhes impõem de fora uma solução que eles não aceitaram. A mesma solução tem maiores possibilidades de triunfar nas práticas, se contou desde o princípio, no período de sua gestação, com o aporte, a colaboração, o consentimento e a responsabilidade de cada uma das partes. Se ambas as partes contribuem entre as duas a forjar uma solução, se sentirão mais solidárias com ela e vão procurar cumpri-la com maior entusiasmo, lealdade e fidelidade a seu espírito. Procurarão caminhar nos eixos que alcancem os propósitos perseguidos"*.

7.3.2.3 Conciliação e mediação no Brasil

No Brasil, não existe previsão legal quanto à conciliação extrajudicial para os conflitos coletivos de trabalho. Para os conflitos individuais, a conciliação extrajudicial é feita na Comissão de Conciliação Prévia (art. 625-A e segs., CLT).

Nos conflitos coletivos de trabalho, a conciliação será feita pelo presidente dos tribunais do trabalho em audiência designada no curso da ação judicial – dissídio coletivo de trabalho (art. 862), o qual será submetido à homologação do tribunal na primeira sessão (art. 863). Trata-se de conciliação feita no curso do processo judicial.

---

[138] RODRÍGUEZ, Américo Plá. Ob. cit., p. 32.

[139] "Mas logo introduz uma nota distinta. Quando a mediação se contenta com uma composição qualquer sem se preocupar com sua justiça, a conciliação aspira a uma composição justa. Coincidindo com este último enfoque diversos autores sustentam que a conciliação deve buscar não somente uma solução aceita por ambas as partes, sem que seja também razoavelmente justa. Dentro da dificuldade para encontrar uma solução justa em uma etapa conciliatória, cremos que a conciliação não deve buscar a paz a qualquer preço, mas somente no âmbito da lei e de acordo com considerações de razoabilidade e justiça. O conciliador não deve atuar mecanicamente, sem critérios. Não deve limitar-se a mensurar a distância entre as posições das partes para cortar pela metade a diferença, sem buscar soluções que pareçam adequadas às circunstâncias do caso, introduzindo elementos ponderados e descartando renúncias de direitos irrenunciáveis" (RODRÍGUEZ, Américo Plá. Ob. cit., p. 32).

[140] ROMITA, Arion Sayão. Solução dos conflitos coletivos de trabalho. *Revista LTr*, v. 42, p. 691.

[141] RODRÍGUEZ, Américo Plá. Ob. cit., p. 32-33.

Feita a conciliação perante os órgãos da Justiça do Trabalho, ela somente será desconstituída por ação rescisória (Súm. 259, TST).

A mediação extrajudicial será prestada pelo Ministério do Trabalho (âmbito administrativo). Quando se verificar recusa à negociação coletiva, cabe aos sindicatos ou empresas interessadas dar ciência do fato ao Departamento Nacional do Trabalho (atualmente Secretaria de Emprego e Salário) ou aos órgãos regionais do MTE, para convocação compulsória dos sindicatos ou empresas recalcitrantes (art. 616, § 1º).

No caso de persistir a recusa à negociação coletiva, pelo desatendimento às convocações feitas pelo Departamento Nacional do Trabalho (atualmente Secretaria de Emprego e Salário) ou órgãos regionais do MTE, ou se malograr a negociação entabulada, é facultada aos sindicatos ou empresas interessadas a instauração de dissídio coletivo (art. 616, § 2º). A partir da EC 45, o dissídio coletivo de trabalho de natureza econômica somente pode ser proposto de "comum acordo" pelas partes (art. 114, § 2º, CF).

A Lei 10.192/01, que dispõe sobre medidas complementares do Plano Real, prevê as soluções de conflitos trabalhistas por negociação direta ou pela mediação.

A Lei 10.101/00, que prevê o sistema de participação dos trabalhadores nos lucros e resultados da empresa, menciona a mediação e a arbitragem de ofertas finais[142] como forma de solução dos impasses.

O Decreto 1.572, de 28/7/95, estabelece uma série de regras sobre a mediação na negociação coletiva dos conflitos trabalhistas. Da mesma forma, a Portaria do Ministério do Trabalho 3.122, de 5/7/1988.

A Portaria do Ministério do Trabalho 817, de 30/8/1995, estabelece critérios para participação do mediador na negociação coletiva de natureza trabalhista, enquanto a Portaria 818, de 30/8/1995, estabelece critérios para o credenciamento de mediador perante as Delegacias Regionais do Trabalho.

O art. 240, RITST, prevê a possibilidade de a parte solicitar a mediação, como forma de solução de um conflito coletivo, a qual será formulada antes da instauração do dissídio coletivo, em petição dirigida à Vice-Presidência, que marcará audiência para composição voluntária do conflito.

Pondere-se que vários TRTs possuem núcleos de mediação para os dissídios coletivos.

7.3.3 Arbitragem

Entre 1860 e 1864, na Inglaterra, as primeiras modalidades de arbitragem tomaram forma, eram as juntas mistas do tipo Mundella e Kettle, seguidas pelas formas compulsórias de arbitragem da Nova Zelândia (1894) e da Austrália (início do séc. XX).[143]

---

[142] Art. 4º, Lei 10.101/00 – "[...] § 1º – Considera-se arbitragem de ofertas finais aquela em que o árbitro deve restringir-se a optar pela proposta apresentada, em caráter definitivo, por uma das partes."

[143] CÓRDOVA, Efrén. O acaso da arbitragem nos conflitos de interesse. In: TEIXEIRA FILHO, João de Lima (Coord.). *Relações coletivas de trabalho*, p. 557.

Nesses últimos anos, segundo Efrén Córdova,[144] a arbitragem trabalhista vem decaindo e *"seu uso se faz cada vez mais raro nos conflitos de natureza econômica ocorridos nos países industrializados. A função arbitral, que antes parecia prioritária, vem perdendo importância em quase todos os países. Pode-se hoje inclusive falar de seu ocaso. Em contrapartida, existe uma tendência nítida no Direito Comparado do Trabalho para usar-se a conciliação como meio preferencial de solução dos conflitos econômicos".*

Arbitragem, na conceituação de Alfredo Ruprecht,[145] *"é um meio de solução dos conflitos coletivos de trabalho pelo qual as partes – voluntária ou obrigatoriamente – levam suas dificuldades ante um terceiro, obrigando-se a cumprir o laudo que o árbitro ditar".*

Em sentido lato, Wagner Giglio[146] entende que a arbitragem *"consiste em submeter o conflito à decisão de um terceiro, pessoa ou grupo de pessoas físicas, entidade administrativa ou órgão judicial".*

Carlos Alberto Etala[147] considera a arbitragem um procedimento de solução das lides de trabalho, *"mediante a qual das partes, de comum acordo, designam uma pessoa alheia a elas – o árbitro – para que resolvam em um prazo determinado as questões controvertidas que lhes submetem voluntariamente a sua decisão".*

João de Lima Teixeira Filho[148] vê na arbitragem *"mais um mecanismo auxiliar pelo qual as partes podem recorrer para concluir a negociação coletiva que diretamente não lograram compor".*

Como forma de solução da controvérsia, a arbitragem representa a submissão pelas partes do conflito, no caso, coletivo de trabalho, voluntária ou obrigatoriamente, a um terceiro (árbitro ou tribunal arbitral) que dará a solução por meio de uma decisão, observando os critérios previamente definidos pelas partes e em consonância com o sistema jurídico vigente.

Diferentemente do que ocorre na conciliação e mediação, na arbitragem o árbitro resolve obrigatoriamente o conflito, com a apresentação de um laudo (ou decisão).[149]

---

[144] CÓRDOVA, Efrén. Ob. cit., p. 571.
[145] RUPRECHT, Alfredo J. Ob. cit., p. 941.
[146] GIGLIO, Wagner D. Ob. cit., p. 277.
[147] ETALA, Carlos Alberto. Ob. cit., p. 392.
[148] SÜSSEKIND, Arnaldo; MARANHÃO, Délio; VIANNA, Segadas; TEIXEIRA, Lima. *Instituições de direito do trabalho.* 19. ed., v. 2, p. 1195.
[149] Ari Possidonio Beltran apresenta características específicas de distinção entre conciliação, mediação e arbitragem: "(a) na arbitragem o conflito é dirimido ao prevalecer a decisão ou laudo do árbitro sobre a vontade das partes em contenda. Na conciliação as próprias partes compõem ou resolvem o conflito, com mútuas concessões. Na mediação, o mediador não decide, mas propõe um projeto de solução às partes, que poderão aceitá-lo; (b) na conciliação não é necessário, em princípio que exista um sujeito ou órgão conciliador, podendo as partes conciliarem-se entre si, sendo que, ao contrário, a figura do árbitro e a do mediador são necessárias na arbitragem e na mediação, respectivamente; (c) a conciliação e a mediação são meios especialmente adequados para conflitos coletivos de regulação, enquanto a arbitragem melhor se presta para a solução de conflitos sobre a aplicação do Direito vigente. Com frequência o árbitro é um técnico em legislação

As principais classes de arbitragem, apontadas por Oscar Ermida Uriarte,[150] são: voluntária (ou facultativa) e obrigatória; posterior ou concomitante à divergência.

Américo Plá Rodríguez[151] separa as formas de arbitragem em arbitragem facultativa[152] (de aceitação por acordo comum entre as partes ou imposição unilateral) e obrigatória (obrigatória quanto ao submetimento, mas livre quanto ao cumprimento do fato, o qual não é preceptivo ou obrigatório quanto ao submetimento e ao fato).[153]

Repudiando a arbitragem obrigatória, Oscar Ermida Uriarte[154] entende que a arbitragem facultativa pode ser aceita como meio de solução das controvérsias coletivas sempre que existirem alguns requisitos (absolutamente indispensáveis): (a) liberdade sindical; (b) existência de sindicatos autônomos, autênticos e fortes; (c) árbitros independentes em sua eleição e forma de atuação; (d) disponibilidade das partes de mesma possibilidade de expressão.

Patrícia Tuma[155] denomina arbitragem contratual, quando decorra de um ajuste das partes, e arbitragem legal, se se tratar de procedimento determinado pela lei. E, em relação à escolha do árbitro, se feita pelos litigantes, será particular, se a indicação cabe ao estado, considera-se oficial ou administrativa.[156]

Apesar da proximidade da arbitragem obrigatória da solução jurisdicional, pois em ambas há uma solução imposta às partes, elas não se confundem, pois *"o caráter*

---

trabalhista, incumbido de dirimir tais conflitos, razão pela qual sua posição muito se assemelha à do juiz profissional" (Ob cit., p. 275).

[150] URIARTE, Oscar Ermida. Ob. cit., p. 263.
[151] RODRÍGUEZ, Américo Plá. Ob. cit., p. 34.
[152] "A arbitragem pode ser voluntária (ou facultativa), obrigatória (ou compulsória). Em primeiro lugar, as partes têm a faculdade de submeter sua divergência à decisão de um árbitro. Em segundo, o ordenamento jurídico impõe às partes que submetam a mesma a um arbitramento. A obrigatoriedade pode dar-se em relação a dois aspectos: quanto a recorrer ao arbitramento e/ou quanto a acatar o laudo arbitral uma vez que ele mesmo pronuncie. Por suas peculiares características, existe a dúvida se a arbitragem voluntária é uma forma de autocomposição ou de uma composição heterogênea, visto que há uma autocomposição no compromisso arbitral (as partes acordam recorrer do arbitramento) e a heterocomposição no laudo (a decisão que põe fim ao conflito é tomada por um árbitro, não pelas partes), especialmente quando é necessário executar o mesmo" (ROCCA, Danubio Moreira. Ob. cit., p. 308).
[153] "(b) Obrigatório quanto ao submetimento mas livre quanto ao cumprimento da sentença, o qual não é regra. Isto importa a desnaturalização do instituto que se assemelha mais a uma investigação do que a uma autêntica arbitragem. Geralmente é fonte de problemas anteriores porque a parte beneficiada com a sentença pretenderá seu cumprimento ainda que dê razões ao caráter não obrigatório de tal sentença. (c) Obrigatório quanto ao submetimento e à sentença; o que supõe a regra do submetimento e a obrigatoriedade do laudo, uma vez que este se pronuncie" (RODRÍGUEZ, Américo Plá. Ob. cit., p. 34).
[154] URIARTE, Oscar Ermida. Ob. cit., p. 266.
[155] BERTOLIN, Patrícia Tuma Martins. Ob. cit., p. 38.
[156] "Dessa maneira tem sido dividida em arbitragem convencional e regulamentada em arbitragem voluntária, livre ou autônoma e obrigatória, compulsória ou legal" (RUPRECHT, Alfredo J. Ob. cit., p. 944).

compulsório daquele procedimento não interfere em sua natureza privada, enquanto a atividade jurisdicional é necessariamente exercida por órgãos públicos, imposta às partes", e porque *"o árbitro não pode usar medidas coercitivas, nem decretar medidas cautelares, prerrogativas da via jurisdicional"*.[157]

Além disso, *"o juiz aplica a lei correspondente, o árbitro não costuma ter uma norma anterior que lhe aponte a solução. O juiz aplica o direito, o árbitro o declara"*.[158] As funções do árbitro são apenas similares às do juiz e o laudo arbitral não é uma sentença. O árbitro é *"um terceiro instituído, cuja natureza e funções não são as de órgãos jurisdicionais"*.

Capitant e Cuche[159] resumem as objeções à arbitragem obrigatória nos conflitos coletivos de trabalho, apontando: (a) existe um repúdio à arbitragem obrigatória, já a facultativa tem encontrado defensores; (b) a arbitragem implica impor sanções aos que não a acatam, o que é difícil de aplicar ao trabalhador; (c) a arbitragem obrigatória representa supressão do direito de greve.

Também se tem apontado como crítica à arbitragem obrigatória a vinculação das partes a uma decisão imposta por um terceiro, retirando das partes a possibilidade de criação de melhores condições de trabalho. Haveria também o perigo de as partes no procedimento arbitral, ao formularem suas pretensões, exagerarem o mais possível, objetivando um resultado "máximo".[160]

Américo Plá Rodríguez[161] expõe os problemas encontrados na arbitragem obrigatória: *"Foi muito resistido porque o setor do trabalho o vê como uma maneira de restringir o direito de greve, já que a prática significa a obrigação de submeter as diferenças ao tribunal arbitral que resolve inapelavelmente as diferenças. Essa resistência do setor laboral tem sido compartida, em grande parte, pelo setor empregador que prefere as soluções negociadas às soluções impostas. No fundo há uma desconfiança da imparcialidade, da idoneidade e do acerto do órgão arbitral. [...] Cabe anotar que o submetimento à arbitragem de conflitos de direito suscita menos resistência porquanto, em definitiva, é uma questão referente ao alcance do significado de normas jurídicas, as quais sempre têm sido submetidas à decisão de terceiros."*

Parte da doutrina pensa de forma contrária, argumentando: (a) facilita a rápida solução dos conflitos; (b) pronto reconhecimento da personalidade jurídica das associações profissionais de trabalhadores e sua equiparação às dos empregadores; (c) a assistência prestada aos grupos mais fracos; (d) o reajuste dos níveis gerais de salários à situação da economia geral.[162]

---

[157] BERTOLIN, Patrícia Tuma Martins. Ob. cit., p. 39.
[158] RUPRECHT, Alfredo J. Ob. cit., p. 949-950.
[159] CAPITANT; CUCHE apud RUPRECHT, Alfredo J. Ob. cit., p. 939.
[160] BLANPAIN apud RUPRECHT, Alfredo J. Ob. cit., p. 939.
[161] RODRÍGUEZ, Américo Plá. Ob. cit., p. 34-35.
[162] LAFFERT apud RUPRECHT, Alfredo J. Ob. cit., p. 939.

Orlando Gomes e Élson Gottschalk fazem observância relevante no que tange à arbitragem obrigatória em alguns países, prestada por órgãos administrativos (Austrália, Nova Zelândia, Países Baixos) ou por órgãos judiciários (Brasil, México, Espanha): *"não dispensa na primeira fase do procedimento a conciliação, que, por estar inserida necessariamente no mecanismo, é uma conciliação obrigatória [...]".*[163]

Amauri Mascaro Nascimento,[164] de forma breve, aponta as formas de arbitragem nos Estados Unidos: *"(a) convencional, a preferida dor árbitros, uma vez que eles têm plena liberdade para resolver as questões, tirar médias ou impor outras situações; (b) final ofter, na qual o árbitro ficará limitado a colher ou a oferta de uma parte ou a oferta de outra parte, tal como foram apresentadas; (c) package ou arbitragem por pacote. O árbitro adotará como decisão o pacote total das ofertas do empregador sobre todos os itens da negociação, ou pacote global das pretensões do sindicato sobre todos os itens da negociação. Não decidirá alguns temas segundo a pretensão do sindicato e outros de acordo com a proposta do empregador; e (d)* med-arb, *que é a arbitragem na qual o árbitro pode atuar como mediador".*

7.3.3.1 Arbitragem no Brasil

A Constituição Federal de 1988, em sua redação original, previa que frustrada a negociação coletiva de trabalho, as partes poderiam eleger árbitros (art. 114, § 1º). Em outras palavras, poderiam buscar a solução do conflito pela arbitragem. A possibilidade de se adotar a arbitragem voluntária para solução do conflito coletivo foi mantida pela EC 45.

No sistema jurídico brasileiro, a arbitragem é regulamentada pela Lei 9.307/96, a qual é aplicável aos litígios relativos a direitos patrimoniais disponíveis (art. 1º).

Apesar de ser uma norma destinada à arbitragem privada, Carlos Alberto Carmona[165] entende que *"tanto para as questões ligadas aos direitos coletivos quanto para aquelas atinentes aos individuais pode incidir a Lei nº 9.307/96, cujos dispositivos são plenamente aplicáveis também à arbitragem trabalhista."*

De forma semelhante, depois de analisar o tema, J. E. Carreira Alvim[166] afirma que *"excluem alguns ordenamentos jurídicos do âmbito da arbitragem – assim procede o italiano, art. 806 – as controvérsias individuais de trabalho, o que não acontece entre nós, onde a Lei nº 9.307/96 não faz qualquer restrição nesse sentido".*

De forma inovadora, a Lei 13.129/15 fixa que a Administração Pública Direita e Indireta pode adotar a arbitragem, como forma de solução de conflitos, que estejam relacionados com direitos patrimoniais disponíveis (art. 1º, § 1º). Será competente para a celebração da convenção de arbitragem a pessoa, a qual tenha a incumbência para a

---

[163] GOMES, Orlando; GOTTSCHALK, Elson. *Curso de direito do trabalho.* 14. ed., p. 649.
[164] NASCIMENTO, Amauri Mascaro. Ministério do Trabalho e Previdência Social: arbitragem e mediação. In: TEIXEIRA FILHO, João de Lima (Coord.). *Perspectivas do direito do trabalho,* p. 39.
[165] CARMONA, Carlos Alberto. *Arbitragem e processo*: um comentário à Lei nº 9.307/96, p. 51-52.
[166] CARREIRA ALVIM, J. E. *Comentários à lei de arbitragem* (Lei nº 9.307, de 23.9.1996). 2. ed., p. 32.

realização de acordos ou transações (art. 1º, § 2º). A solução não pode ser por equidade, visto que é admissível somente a arbitragem de direito, ou seja, aquela em que os árbitros devem decidir o conflito com fundamento em regras de direito, devendo haver o respeito ao princípio da publicidade (art. 2º, § 3º).

Luiz Antonio Scavone Junior[167] aponta duas consequências do art. 507-A, CLT, a primeira delas é a iniciativa do trabalhador na celebração da cláusula arbitral e a segunda (a outra forma) que se tenha a concordância expressa do empregado, "essa concordância, exigida pelo art. 507-A, CLT, vem expressa no art. 4º da Lei de Arbitragem e se trata de contrato de adesão, como na maioria das vezes se trata, de tal sorte que a cláusula inserida no contrato de trabalho deverá estar em negrito e conter visto ou assinatura específica para a cláusula arbitral."

Além disso, Luiz Scavone[168] defende a celebração do compromisso arbitral depois da extinção do contrato de trabalho, por entender que o interessado tem a possibilidade de optar entre a postulação judicial e a arbitragem, ou seja, "é preciso ponderar que, depois do fim da relação jurídica trabalhista, os direitos de qualquer trabalhador – não apenas aqueles qualificados pelo art. 507-A da CLT – são patrimoniais disponíveis, de natureza indenizatória, sendo possível neste momento pactuar a arbitragem."

A doutrina trabalhista tem apresentado grande resistência à aplicação da arbitragem aos conflitos entre empregado e empregador, por serem os direitos individuais indisponíveis para o trabalhador. A solução dos conflitos pela via arbitral, com a exclusão da jurisdição estatal, foi objeto de acirrados debates em que alguns defendiam sua inconstitucionalidade, por violação à garantia constitucional de acesso ao Poder Judiciário (art. 5º, XXXV, CF). Analisando o tema, o STF reconheceu a constitucionalidade da Lei 9.307, ao considerar, por maioria de votos, que a manifestação de vontade da parte na cláusula compromissória, quando da celebração do contrato, e a permissão legal dada ao juiz para que substitua a vontade da parte recalcitrante em firmar o compromisso, não ofendem o art. 5º, XXXV, da CF (TP – SE 5.206 Espanha (Ag. Reg.) – Rel. Min. Sepúlveda Pertence – j. 12/12/2001 – DJ 30/4/2004 – p. 29).

Contudo, é possível a parte se socorrer da via judicial não como instância revisional ou recursal da arbitragem, mas para reconhecer sua nulidade, quando não atender às determinações legais ou quando o laudo for proferido fora dos limites da convenção arbitral. Reconhecida a nulidade, o árbitro ou tribunal arbitral fará novo laudo.

Cabe ao Ministério Público do Trabalho, quando solicitado pelas partes, o exercício da função de árbitro nos conflitos de competência da Justiça do Trabalho (art. 83, XI, LC 75/1993). Função disciplinada pela Resolução 44/1999, do Conselho Superior do Ministério Público do Trabalho.

---

[167] SCAVONE JUNIOR, Luiz Antonio. *Manual de arbitragem:* mediação e conciliação. 8. ed., p. 38.
[168] SCAVONE JUNIOR, Luiz Antonio. Ob. cit., p. 39.

As partes poderão submeter seus litígios à arbitragem mediante convenção de arbitragem (cláusula compromissória e compromisso arbitral)[169] (art. 3º, Lei 9.307).

A sentença arbitral será proferida no prazo fixado pelas partes ou no prazo de 6 meses, prazo que poderá ser prorrogado pela vontade das partes interessadas.

Por previsão expressa da Lei, a sentença arbitral produz, entre as partes e seus sucessores, os mesmos efeitos da sentença proferida pelo Judiciário e, sendo condenatória, constitui título executivo (art. 31).

7.3.4 Jurisdição

Embora o Estado seja uno, modernamente, ele possui três funções: a legislativa, a executiva e a jurisdicional.[170]

É a clássica tripartição dos poderes apresentada por Montesquieu em *O espírito das leis*, esboçada inicialmente por Aristóteles (na obra *Política*) e estudada por John Locke (na obra *Segundo tratado do governo civil*).

Deixando as funções (legislativa e executiva) um pouco de lado, coube ao Poder Judiciário *"a função de dizer o direito no processo de conhecimento e, quando necessário, de realizá-lo coativamente (processo de execução)"*.[171]

A jurisdição é uma das funções do Estado, *"mediante a qual este se substitui aos titulares dos interesses em conflito para, imparcialmente, buscar a pacificação do conflito que os envolve, com justiça"*.[172]

A intervenção judicial, segundo as palavras de Alfredo Ruprecht,[173] é o meio de solução das demandas coletivas de trabalho, no qual *"as partes devem levar obrigatoriamente suas divergências a um tribunal de justiça que ditará uma sentença que põe fim à divergência e tem caráter obrigatório para as partes"*.

Representa um procedimento pelo qual *"os tribunais ordinários ou de trabalho, quando existem, se pronunciam definitivamente a respeito de litígios sobre direitos e obrigações vinculados com as relações laborais"*.[174]

---

[169] Cláusula compromissória é a convenção pela qual as partes em um contrato se comprometem a submeter à arbitragem os litígios que possam surgir, relativamente ao contrato. Já o compromisso arbitral é a convenção pela qual as partes submetem um litígio à arbitragem, podendo ser judicial ou extrajudicial. No direito coletivo do trabalho, a cláusula compromissória deverá ser feita em acordo ou convenção coletiva de trabalho firmada anteriormente pelas partes. O compromisso arbitral também pode ser firmado por norma coletiva específica para esse fim, à medida que dependerá de aprovação da assembleia de trabalhadores.

[170] SILVA, José Afonso da. *Curso de direito constitucional positivo*. 9. ed., p. 97.

[171] ALVIN, Arruda. *Manual de direito processual civil*. 6. ed., v. 1, p. 161.

[172] ARAÚJO CINTRA, Antonio Carlos de; GRINOVER, Ada Pelegrini; DINAMARCO, Cândido Rangel. Ob. cit., p. 129.

[173] RUPRECHT, Alfredo J. Ob. cit., p. 964.

[174] ALDÃO ZAMPIOLA, Carlos. Ob. cit., p. 127.

Assim como ocorre nos conflitos individuais, nos coletivos, o Estado *"substitui as atividades das partes em conflito, tomando para si a atribuição de solucioná-lo, vedando às partes a utilização da autodefesa"*.[175]

Sem desconsiderarmos a existência de outras classificações, costuma-se indicar a existência de dois tipos de solução judicial para as divergências coletivas de trabalho, uma de direito (jurídico ou declaratório) e outra de interesse (econômico ou constitutivo), sendo que, no primeiro, apenas se discute sobre a interpretação de uma norma preexistente e, no segundo, se busca a constituição de novas condições de trabalho.

Muito se tem discutido em torno de se aplicar a jurisdição, como meio de solução de conflito, aos conflitos coletivos laborais de interesse.

Wagner Giglio[176] afirma que, nos conflitos de interesse, *"a intervenção do estado é repelida pela notória maioria dos países, que adotam a arbitragem de vários outros tipos"*.

Américo Plá Rodríguez[177] entende que apenas os conflitos jurídicos devem se submeter à jurisdição, isso porque, semelhantemente aos conflitos jurídicos individuais, os conflitos coletivos jurídicos podem ser solucionados por operação lógica idêntica: o silogismo no qual a premissa maior é a norma e a premissa menor são as circunstâncias do caso concreto.

Por outro lado, os conflitos coletivos de interesse *"[...] não podem resolver-se de acordo com os critérios jurídicos, que são os que manejam constantemente os juízes senão em função de critérios econômicos, práticos, políticos e de equidade. Os juízes estão acostumados a resolver os problemas em função das normas existentes. Não têm o hábito da criação de soluções distintas a aquelas que derivam das normas e que provêm de razões de mérito ou de conveniência"*.[178]

Ainda que tratando especificadamente do Brasil, Ives Gandra Martins Filho[179] diz que a intervenção estatal na solução dos conflitos coletivos pelo poder normativo apresenta vários inconvenientes: (a) enfraquecimento da liberdade negocial; (b) desconhecimento real das condições do setor; (c) demora nas decisões; (d) generalização das condições de trabalho; (e) incompatibilidade com a democracia pluralista e representativa; (f) maior índice de descumprimento da norma coletiva.

Além dessas, outras deficiências da intervenção estatal no Brasil podem ser apontadas: (a) inibe a autocomposição, principalmente quando o empregador possui uma orientação mais tradicional em relações do trabalho; (b) impõe solução artificial, que resulta em descumprimento (não atendem às expectativas de uma das partes); (c) aumenta ou esconde o conflito (ausência da verdadeira solução); (d) coercitiva.[180]

---

[175] BERTOLIN, Patrícia Tuma Martins. Ob. cit., p. 41.
[176] GIGLIO, Wagner D. Ob. cit., p. 278.
[177] RODRÍGUEZ, Américo Plá. Ob. cit., p. 36.
[178] RODRÍGUEZ, Américo Plá. Ob. cit., p. 36.
[179] MARTINS FILHO, Ives Gandra. Ob. cit., p. 35-36.
[180] DURANT, Cláudia Maria Beatriz S. Vantagens e desvantagens da ratificação pelo Brasil da Convenção nº 87 da OIT. In: ARMAND, Pereira (Org.). *Reforma sindical e negociação coletiva*, p. 45.

Wagner Giglio[181] aponta outros problemas: (a) atribuição de poderes normativos ao juiz, afetando o princípio constitucional da divisão de poderes; (b) seu caráter antidemocrático; (c) a falta de confiança na neutralidade do Estado; (d) a possibilidade de o Estado, ao criar normas, alterar a ordem social; (e) repressão ao direito de greve.

Após refutar inúmeros argumentos contrários à prestação jurisdicional aos conflitos coletivos,[182] Alfredo Ruprecht, para quem a solução judicial é a mais conveniente,[183] aponta as vantagens da solução judicial aos conflitos coletivos laborais: *"1ª) os conflitos coletivos seriam resolvidos, em definitivo, por técnicos em Direito. Isso contribuiria para o acerto jurídico da decisão e limitaria as possibilidades de erros formais que poderiam incidir na validade das resoluções que se ditem; 2ª) os casos seriam sempre submetidos a tribunais criados com anterioridade ao fato da causa; 3ª) a constituição desses tribunais seria permanente, pelo menos a respeito dos juízes de direito que os integram; 4ª) estariam garantidas a imparcialidade e independência do tribunal, pelo menos com respeito aos juízes de direito, pois se trataria de magistrados alheios aos interesses em conflito. Não precisaria dizer que esse argumento incidirá favoravelmente na seriedade e prestígio dos tribunais; 5ª) a obrigatoriedade de submissão à jurisdição judicial asseguraria a solução pacífica dos conflitos e, por conseguinte, a paz social; 6ª) dar-se-ia às partes a garantia de um verdadeiro processo".*[184]

7.3.4.1 Poder normativo da Justiça do Trabalho do Brasil

Apesar de ser tema relacionado especificamente ao Direito brasileiro, o poder normativo do Poder Judiciário Trabalhista desempenhou papel relevante na solução dos conflitos coletivos de trabalho submetidos à jurisdição do Estado.

O poder normativo da Justiça do Trabalho no Brasil teve como paradigma a Carta *del Lavoro* do regime fascista italiano de Benito Mussolini, a qual atribui ao magistrado trabalhista italiano o poder de dirimir conflitos coletivos de trabalho pela fixação de

---

[181] GIGLIO, Wagner D. Ob. cit., p. 279.

[182] "Os inconvenientes que seus detratores ressaltam podem ser agrupados nos seguintes termos: 1ª) desvirtuar-se-ia a essência da função judicial, ao se dar aos tribunais função normativa; 2ª) despojar-se-ia a sentença do valor da coisa julgada que é inseparável dela; 3ª) poderiam ficar afetadas a agilidade e a rapidez das soluções que são fundamentais nesse tipo de controvérsia, tendo em vista a morosidade e lentidão do procedimento judicial; 4ª) os magistrados poderiam não ter um perfeito conhecimento específico do problema em litígio; 5ª) os conflitos sobre salários devem, muitas vezes, ser resolvidos com composição, em razão de política social ou econômica, onde, por razões de sua função, os magistrados não podem entrar; 6ª) obrigaria os juízes a atuar em causas e procedimentos muito distintos dos que integram sua normal e corrente função específica; 7ª) aceita a distinção entre conflito de direito e econômico, poderiam surgir problemas de competência, sobre se uma controvérsia é de um tipo ou de outro; 8ª) desprestigiar-se-ia a justiça pelo descumprimento de suas sentenças, pelas partes ou pelo próprio estado" (RUPRECHT, Alfredo J. Ob. cit., p. 973).

[183] RUPRECHT, Alfredo J. Ob. cit., p. 969.

[184] RUPRECHT, Alfredo J. Ob. cit., p. 974-975.

novas condições laborais,[185] não tendo sido consagrado expressamente pela Constituição de 1934 ou pela de 1937 do Brasil. Apesar disso, para Almir Pazzianotto Pinto,[186] o poder normativo teve seu embrião na Constituição de 1934, art. 122, que instituiu a Justiça do Trabalho destinada a dirimir questões, regidas pela legislação social, entre empregadores e empregados.

Getúlio Vargas, em outubro de 1935, apresentou à Câmara dos Deputados um anteprojeto de organização da Justiça do Trabalho que, segundo Valdemar Ferreira, era inconstitucional em vários pontos, em especial, pela incompatibilidade da função normativa dos Tribunais do Trabalho com a Constituição vigente à época. Oliveira Vianna defendeu arduamente a constitucionalidade do poder normativo.[187]

Com a dissolução da Câmara pelo Presidente da República, o projeto não chegou a se converter em lei e a organização da Justiça do Trabalho acabou sendo disciplinada pelo Dec.-lei 1.217, de 1/5/1939, que, em seu art. 65, atribuiu expressamente o poder normativo à Justiça do Trabalho. Regulamentado pelo Decreto 6.596/1940, o conteúdo do Dec.-lei foi absorvido pela CLT em 1º/5/1943.

Com a Constituição Federal de 1946, a Justiça do Trabalho foi incorporada pelo Poder Judiciário, sendo que o art. 123, § 2º, previu que a lei especificará os casos em que as decisões nos dissídios coletivos poderão estabelecer normas e condições de trabalho.[188]

Desde então, o poder normativo da Justiça do Trabalho foi previsto em todas as Constituições brasileiras, pouco importando sua origem autoritária ou democrática.

A previsão constitucional do instituto não foi óbice para que o poder normativo, durante todos esses anos, tenha sido objeto de acirrados debates e inúmeras críticas.

Também conhecido como competência normativa, o poder normativo era a possibilidade constitucional de a Justiça Laboral estabelecer normas e condições, respeitadas as disposições convencionais e legais mínimas de proteção ao trabalho, para a solução do conflito coletivo de trabalho (art. 114, § 2º, CF, anteriormente à EC 45/2004).

Nas palavras de Amador Paes de Almeida,[189] *"é a faculdade concebida à Justiça do Trabalho de criar novas condições de trabalho, numa função inequivocadamente legiferante, própria do poder legislativo".*

---

[185] MARTINS FILHO, Ives Gandra. Ob. cit., p. 14.
[186] PINTO, Almir Pazzianotto. Justiça do trabalho e poder normativo. *Revista Synthesis*, nº 39, p. 20, 2004.
[187] ROMITA, Arion Sayão. *Competência da justiça do trabalho*, p. 81.
[188] "Logo que promulgada a Constituição de 1946, foi submetida aos tribunais a tese de que a Justiça do Trabalho era incompetente para julgar os dissídios coletivos de natureza econômica enquanto não fosse votada a lei a qual alude o seu art. 123, § 2º, isto é, se persistia, ou não, o poder normativo da Justiça do Trabalho, em face da nova Carta. [...] Esta opinião – a da constitucionalidade do poder normativo da Justiça do Trabalho – foi a que prevaleceu no Supremo Tribunal Federal" (ROMITA, Arion Sayão. Ob. cit., p. 83-84).
[189] ALMEIDA, Amador Paes de. Ob. cit., p. 456.

Para Vantuil Abdala[190] o poder normativo *"tem sido um importante fato de equilíbrio social, principalmente em um país como o nosso, com as realidades mais diversas e com um sindicalismo, como se disse no início, sem muito poder de barganha, sem muita autenticidade, muitas vezes. Assim, quem tem possibilidade de estabelecer condições mais justas para essas categorias com menor poder de pressão é a Justiça do Trabalho".*

Dois são os fundamentos que, na opinião de José Augusto Rodrigues Pinto,[191] justificavam, antes do advento da EC nº 45, a presença do poder normativo no ordenamento jurídico brasileiro: *"O primeiro, social, é a* longa manus *da tutela estatal para a proteção do hipossuficiente econômico, buscando neutralizar a resistência patronal para negociar a normatização das condições gerais de trabalho, sob o influxo das reivindicações operárias. Seu exercício produz uma fonte imperativa estatal, que irá preencher o vazio normativo aberto pela falta de fonte imperativa profissional, não completada através das tratativas diretas dos grupos interessados na relação de emprego. O segundo fundamento, de índole totalitária pouco disfarçada, é a infiltração do poder político nas relações entre sindicatos, um dos meios de tornar dependente, pela oferta da tutela, a atividade da representação profissional, ao mesmo tempo que facilita a oposição patronal ao avanço das reivindicações trabalhistas."*

O poder normativo sempre sofreu críticas, como aponta Valentin Carrion:[192] *"É a intromissão do estado no livre jogo da negociação. A negociação coletiva é inconcebível sem a pressão da greve ou de sua ameaça, como o mostra o Direito Comparado nas democracias. E a greve só deve terminar com a vitória ou a derrota das pretensões, pela negociação ('tratado de paz', como disse Planiol).*

O recurso ao Poder Judiciário contraria a doutrina e a experiência internacionais. Em nosso país, só se justifica pela existência de comunidades sem qualquer tradição gregária trabalhista e sem poder de negociação.

O Poder Normativo, como hoje existe, é uma dura provocação que as Constituições têm imposto à Justiça do Trabalho. Os dissídios coletivos são julgados sem que se ofereça, aos seus Juízes, qualquer conhecimento objetivo da realidade fática referente à categoria interessada. A lei ou a jurisprudência terá de exigir nos autos laudo circunstanciado quanto à realidade setorial da categoria profissional que está litigando.

Pela Constituição de 1988, o âmbito do novo Poder Normativo da Justiça do Trabalho passa a ser aparentemente ilimitado. Sem aquele laudo técnico ou instrução real, as decisões normativas proferidas como até aqui foram poderão cair, à falta de justificativa na reprovação constitucional, quando determinam que sejam 'fundamentadas todas as suas decisões, sob pena de nulidade'.

---

[190] ABDALA, Vantuil. Poder normativo da Justiça do Trabalho: manutenção ou extinção. *Revista Synthesis* nº 39, p. 11.
[191] PINTO, José Augusto Rodrigues. *Direito sindical e coletivo de trabalho*, p. 349.
[192] CARRION, Valentin. *Comentários à Consolidação das Leis do Trabalho*. 25. ed., p. 668.

A questão não é meramente formal, mas consequência de que, de um lado, as concessões normativas não podem ser mero capricho judiciário; de outro, que a Justiça está concebida para decidir com base na lei e nos princípios e não para criar a norma do legislador. Se assim ocorrer, haverá colisão com a competência do Poder Legislativo, expressamente lembrada na Carta Magna: 'É da competência exclusiva do Congresso Nacional [...] zelar pela preservação de sua competência legislativa em face da atribuição normativa dos outros Poderes' (art. 49, XI).

Nas palavras de Marco Aurélio Mendes de Farias Mello: 'no campo dos conflitos coletivos, os esforços devem ser desenvolvidos no sentido de privilegiar a autocomposição em detrimento da intervenção do estado, sendo com aquela incompatível o poder ilimitado que se quer atribuir à Justiça do Trabalho' (Rev. Synthesis 6/540). 'Justiça do Trabalho deve Legislar?'

O que tem havido é o que o Prof. João Carlos Casella chamou de 'jurisprudencialização' das cláusulas contratuais. Concedem-se estas ou aquelas apenas por hábito. Descaracteriza-se a função de 'terno sob medida' que a convenção coletiva ou a sentença normativa tem de ser."

Para Sebastião Antunes Furtado et al.[193] há uma contradição intrínseca no poder normativo. *"De um lado, o juiz, por princípio, deve respeitar a lei e aplicá-la ao caso concreto com a maior isenção de ânimo possível. [...] O poder normativo, por outro lado, significa criar a norma, função esdrúxula para o juiz, que, na prática, nem cria direito, nem o interpreta. [...] Porém, se trata de criar normas, então o magistrado não está tecnicamente preparado, razão pela qual não há prestação jurisdicional. O que se vê com frequência é 'jurisprudencialização' de cláusulas preestabelecidas."*

Certo é que a atuação da Justiça do Trabalho pelo poder normativo encontrava seus limites no próprio sistema jurídico,[194] como esclarece Carlos Coqueijo Costa:[195] *"O Poder Normativo, atribuído à Justiça do Trabalho, limita-se ao norte, pela Constituição; ao sul, pela lei, à qual não pode contrariar; a leste, pela equidade e o bom-senso; e a oeste, pela regra consolidada no art. 766, conforme a qual nos dissídios coletivos serão estipuladas condições que assegurem justo salário aos trabalhadores, mas permitam também justa retribuição às empresas interessadas."*

O Poder Judiciário não exerce função típica legislativa – princípio da separação dos poderes (art. 2º, CF). O Congresso Nacional tem por competência exclusiva *"zelar pela*

---

[193] FURTADO, Sebastião Antunes et al. Ob. cit., p. 98.
[194] "Quanto ao limite máximo de atuação da Justiça do Trabalho na elaboração de normas e condições de trabalho há muita divergência. Para alguns, diante do atual texto constitucional (art. 114, § 2º), não há mais qualquer limite para a atuação normativa, cabendo aos tribunais decidir com base apenas nos princípios da oportunidade e da conveniência. Para outros, no entanto, a Justiça do Trabalho somente pode atuar normativamente no vazio da lei, desde que não se sobreponha ou contrarie a legislação em vigor, sendo-lhe vedado estabelecer normas ou condições proibidas pela Constituição ou dispor sobre matéria cuja disciplina esteja reservada constitucionalmente ao domínio da lei formal" (MELO, Raimundo Simão de. *Dissídio coletivo de trabalho*, p. 51).
[195] TST – RO DC 30/82 – Ac. TP. 1.071/82 – Rel. Min. Coqueijo Costa – j. 27/5/1982.

preservação de sua competência legislativa em face da atribuição normativa dos outros Poderes" (art. 49, XI).

A República Federativa do Brasil, constitucionalmente, é um Estado democrático de direito e tem como fundamento a soberania, a cidadania, a dignidade da pessoa humana, os valores sociais do trabalho e da livre-iniciativa, o pluralismo político (art. 1º).

A própria Constituição afirma que a ordem econômica, fundada na valorização do trabalho humano e na livre-iniciativa tem por fim assegurar a todos a existência digna, conforme os ditames da justiça social, observando os princípios, em especial, a propriedade privada, a função social da propriedade privada e a livre concorrência (art. 170).

O exercício do poder normativo também devia considerar o princípio da legalidade (*"ninguém será obrigado a fazer ou deixar de fazer alguma coisa senão em virtude de lei"*) (art. 5º, II).

Como destaca Wilson de Souza Campos Batalha,[196] *"[...] a Justiça do Trabalho, na vigência das anteriores Constituições, manifestava-se contrária à concessão de vantagens praete legem. [...] Entretanto, com o decorrer do tempo, convenções e acordos coletivos vieram formando um autêntico direito consuetudinário relativo à consagração de certas estipulações estranhas ao mero reajuste salarial, que a Justiça do Trabalho considerou válidas e que, hoje, se caracterizam como jurisprudência predominante".*

Contudo, é de se destacar que o STF declarou a inconstitucionalidade de várias estipulações,[197] como menciona Wilson Campos Batalha:[198] *"O STF havia recusado validade à cláusula de abono de faltas de empregado estudante, de seguro de vida e por acidentes pessoais, anuênios e obrigações de a empresa fornecer, anualmente, ao sindicato, relação de seus empregados. Também fora condenada a cláusula obrigando a empresa a fornecer declaração escrita acerca da justa causa, ao ensejo da rescisão contratual, sob pena de considerar-se injusta a despedida. Nega-se validade à cláusula de estabilidade do empregado em idade de convocação militar.*

Não era admitida a obrigatoriedade de colocação de avisos sem se excluírem matérias político-partidárias ou que contenham ofensas. Admitia-se a fixação de prazo para homologação das rescisões contratuais. Não se admitia a complementação de salários dos empregados afastados para tratamento de moléstia, nem obrigação de transporte e alimentação, nem a obrigação de fornecerem as empresas relação dos contribuintes da contribuição sindical. Admitia-se fixação de aviso prévio superior a 30 dias para empregados com mais de 45 anos de idade."

---

[196] BATALHA, Wilson de Souza Campos. *Tratado de direito judiciário do trabalho.* 3. ed., v. 2, p. 465.
[197] Súm. 190, TST. Poder normativo do TST. Condições de trabalho. Inconstitucionalidade. Decisões contrárias ao STF. Ao julgar ou homologar ação coletiva ou acordo nela havido, o Tribunal Superior do Trabalho exerce o poder normativo constitucional, não podendo criar ou homologar condições de trabalho que o Supremo Tribunal Federal julgue iterativamente inconstitucionais.
[198] BATALHA, Wilson de Souza Campos. Ob. cit., p. 466.

O STF, mesmo na vigência da Constituição anterior, entendia que o poder normativo não poderia ser exercido se não houvesse previsão legal, como, por exemplo, não poderia assegurar estabilidade ao empregado acidentado;[199] abono de falta ao empregado estudante[200] e incidência de aumento salarial sobre diárias de viagem não excedentes a 50% do salário.[201]

Em vários julgados, o STF considerou que as cláusulas deferidas em sentença normativa pelo poder normativo só podem ser impostas se encontrarem suporte em lei,[202] com preocupação em matéria de reajuste salarial.[203]

O STF (RE 197.911-9-PE – Rel. Min. Octavio Gallotti – *DJU* 7/11/1997) deliberou que o poder normativo da Justiça do Trabalho somente poderá ser exercido quando: (a) a lei seja omissa; (b) não for contrário à legislação vigente; (c) não se sobreponha aos termos da legislação; (d) estabeleça cláusulas normativas e ou obrigacionais, cujos conteúdos não estejam vedados pela ordem constitucional; (e) a matéria tratada na sentença normativa não esteja reservada de forma explícita ao regramento legal (lei ordinária ou lei complementar) por expressa previsão constitucional.

O TST entendeu que auxílio-educação é matéria de acordo e não de dissídio coletivo, pois é dever do estado e da família a educação, sendo direito de todos (art. 205, CF).[204] A instituição de banco de horas e a participação dos trabalhadores nos lucros da empresa são matérias de negociação coletiva de trabalho, não cabendo ao Judiciário intervir.[205]

A Lei 7.701/88, em seu art. 4º, *d*, conferiu ao Pleno do TST a competência para aprovar os precedentes da jurisprudência predominante em dissídios coletivos.

Com base no permissivo legal, o TST[206] instituiu vários Precedentes Normativos criando direitos e obrigações não previstos em lei[207] que vigoraram por aproximadamente seis anos, até que foram cancelados pelas Resoluções 81, 82 e 86, de 1998.

---

[199] STF – 2ª T. – RE 107.920-SP – Rel. Min. Aldir Passarinho – j. 19/5/1987.
[200] STF – 2ª T. – RE 108.474-SP, Rel. Min. Carlos Madeira – j. 12/8/1986 – *Revista LTr* nº 52, v. 2, p. 302. STF – 1ª T. – RE 109.397-8 – Rel. Min. Ilmar Galvão – j. 28/11/1995 – *DJ* 1º/3/1996 – p. 5.013.
[201] STF – TP – RE 87.120-9-SP – Rel. Min. Djaci Falcão – j. 9/11/1978 – *Revista LTr* nº 43, p. 619.
[202] STF – 2ª T. – RE 116.047-PR – Rel. Min. Carlos Madeira – j. 7/10/1988 – *DJ* 27/10/1988 – p. 27934; STF – 2ª T. – RE 114.836-MG – Rel. Min. Maurício Corrêa – j. 1/12/97 – *DJ* 6/3/1998 – p. 16.
[203] STF – TP – RE 81.514 –RS – Rel. Min. Xavier de Albuquerque – j. 20/11/1975 – *DJ* 12/12/1975 – *in RTJ*, v. 76 – 289.
[204] TST – SDC – RO DC 176.982/95.1-4 – Rel. Min. Ursulino Santos – j. 4/12/1995 – *DJU* 12/2/1996 – p. 1.008.
[205] TST – SDC – DC 145687/2004-000-00-00 – Rel. Min. Barros Levenhagen – j. 21/10/2004 – 28/10/2004; TST – SDC – DC 145.688/2004-000-00-00 – Rel. Min. Barros Levenhagen – j. 21/10/2004 – 28/10/2004.
[206] Resolução Administrativa TST 37, 8/9/1992.
[207] Exemplos de direitos e obrigações criados pelos precedentes normativos eram os: Precedente Normativo 43 – Horas extras. Adicional (positivo). As horas extraordinárias serão remuneradas com o adicional de 100%. Precedente Normativo 75 – Contrato de experiência. Readmissão (positivo). Readmitido o empregado no prazo de um ano na função que exercia, não será celebrado novo

Com a EC 45, o poder normativo da Justiça Laboral, para parte da doutrina, deixou de existir,[208] em primeiro lugar, porque a CF apenas passou a prever expressamente que, ajuizado o dissídio coletivo de natureza econômica, caberá *"à Justiça do Trabalho decidir o conflito, respeitadas as disposições mínimas legais de proteção ao trabalho, bem como as convencionadas anteriormente"*, não fazendo mais referência à possibilidade de o Judiciário Trabalhista *"estabelecer normas e condições, respeitadas as disposições convencionais e legais mínimas de proteção ao trabalho"*, como estava na redação original do § 2º, art. 114, CF.[209]

Com a alteração constitucional, as disposições convencionais e legais mínimas de proteção ao trabalho passaram apenas a orientar as decisões dos tribunais em questões trabalhistas.

Ao lado desse argumento também se deve considerar que, com a EC, o ajuizamento do dissídio coletivo de trabalho de natureza econômica, após a recusa de qualquer das partes à negociação coletiva ou à arbitragem, somente pode ocorrer de "comum acordo" pelas partes (art. 114, § 2º) que, por sua vontade, estarão indicando ao Judiciário quais são exatamente as questões divergentes e limitando a prestação jurisdicional.

---

contrato de experiência, desde que cumprido na integralidade o anterior. Precedente Normativo 76. Aviso prévio de sessenta dias (positivo). Concedem-se sessenta dias de aviso prévio a todos os trabalhadores demitidos sem justa causa. Precedente Normativo 90 – Trabalho noturno. Adicional de 60% (positivo). O trabalho noturno será pago com o adicional de 60%, a incidir sobre o salário da hora normal. Precedente Normativo 101 – Adicional de transferência (positivo). Concede-se adicional de transferência estabelecido pelo § 3º do art. 469 da CLT, no percentual de 50%.

[208] "A extinção do efeito normativo para as decisões adotadas pelos tribunais do trabalho em dissídios coletivos representou, na verdade, a última aresta aparada no sentido de viabilizar a definitiva integração da Justiça do Trabalho no conceito pleno de jurisdição e, por via de consequência, no sistema constitucional da separação dos poderes do Estado" (MACEDO, José Acurcio Cavaleiro de. A Emenda Constitucional nº 45/2004 e a judiciarização da Justiça do Trabalho. *Revista LTr*, v. 69, nº 1, p. 106). "O poder normativo da Justiça do Trabalho acabou. E já acabou tarde" (GARCIA, Pedro Carlos Sampaio. O fim do poder normativo. *Justiça do trabalho: competência ampliada*, p. 396).

[209] "Não se pode negar, contudo, que, seguindo o vezo da má técnica, o legislador inseriu no § 2º conceito clássico, aceito inclusive pela doutrina da OIT, de conflitos coletivos de natureza econômica, ao tempo em que determinou à Justiça do Trabalho que julgue o conflito. [...] Embora a designação econômico possa induzir à falsa ideia de que são conflitos que envolvem um 'bem econômico' em si mesmo, na verdade essa não é a sua função, mas a de indicar que o conflito é de natureza construtiva de novo conteúdo normativo para as relações de trabalho. Trata-se de um processo criador, gerador de normas que regerão as condições de trabalho da coletividade laboral. [...] Portanto, como observa o percuciente Procurador do Trabalho, Itacir Luchtemberg, há aqui um nó legislativo a desvelar. Se por um lado, pela primeira vez na história constitucional, há expressa referência ao conceito consagrado de dissídio coletivo de natureza econômica, que praticamente equivale a poder normativo, onde, a rigor, não há julgamento em sentido estrito, há, por outro, determinação, também expressa, de que a Justiça do Trabalho julgue o conflito" (FURTADO, Sebastião Antunes. Liberdade sindical: o retorno ao debate na EC 45/2004. *Direito coletivo do trabalho depois da EC 45/2004*, p. 70-71).

No que se refere ao poder normativo, Amauri Mascaro[210] afirma que *"não é sustentável a tese de que o poder normativo da Justiça do Trabalho foi extinto. Como será possível defender o fim do poder normativo da Justiça do Trabalho quando a EC nº 45 manteve o dissídio coletivo econômico que só pode ser solucionado com decisão de mérito com pronunciamento sobre as condições de trabalho pleiteadas? [...] Mas, como é possível um Tribunal do Trabalho julgar dissídio coletivo de natureza econômica sem solucionar o pleito que o motivou? E ao julgar o pleito, como será possível ao Tribunal fazê-lo sem decidir sobre as normas e condições de trabalho em torno das quais as partes controvertem e não chegaram a um acordo na negociação coletiva?"*

Segundo Amauri Mascaro Nascimento,[211] a origem histórica da exigência "de comum acordo" constitucional para o dissídio coletivo resulta de uma sugestão do Comitê de Liberdade Sindical da OIT. Por ocasião da greve dos petroleiros e da dispensa de cinquenta dirigentes sindicais em 1995, a CUT apresentou uma queixa na OIT contra o Governo brasileiro. A queixa foi apreciada pelo Comitê de Liberdade Sindical da OIT, que encaminhou ao Brasil as seguintes sugestões: (a) reintegração dos dirigentes sindicais despedidos; (b) transformação do nosso sistema de solução dos conflitos coletivos com a adoção da arbitragem quando solicitado pelas duas partes; (c) manutenção do dissídio coletivo apenas nos casos de greve em atividades essenciais. Com isso, caminhou-se para a supressão do dissídio coletivo. Cogitou-se a transformação do dissídio coletivo em arbitragem pelos Tribunais do Trabalho, o que não foi aceito.

A eliminação da competência normativa, para Almir Pazzianotto Pinto,[212] *"não redundará no desaparecimento dos conflitos, nem trará aperfeiçoamento no desempenho do movimento sindical ou nas relações entre patrões e empregados. Não atenuará diferença nos níveis regionais de desenvolvimento, tampouco contribuirá para que desapareçam greves abusivas ou não abusivas. Extinguirá, entretanto, instrumento judiciário legítimo do qual hoje e há cinquenta anos se servem, em última instância, trabalhadores ou patrões, empresas privadas, sociedades de economia mista, estatais e governo, quando malograram todas as chances de solução pelo caminho do diálogo, colocando em perigo interesses superiores da coletividade".*

Com a supressão do poder normativo, segundo Nelson Nazar,[213] *"estar-se-ia gerando um desequilíbrio em nosso sistema jurídico-positivo, insustentável no meu entender".*

Na visão de Sebastião Antunes Furtado,[214] *"embora não tenha eliminado de uma vez por todas o poder normativo da Justiça do Trabalho, a referida Emenda Constitucional feriu-o de morte ao limitá-lo, quer ampliando os pressupostos de admissibilidade do dissídio*

---

[210] NASCIMENTO, Amauri Mascaro. A questão do dissídio coletivo de comum acordo. *Revista LTr*, v. 70, nº 6, p. 655.
[211] NASCIMENTO, Amauri Mascaro. Ob. cit., p. 650.
[212] PINTO, Almir Pazzianotto. *Temas escolhidos de direito do trabalho*, p. 94.
[213] NAZAR, Nelson. Poder normativo da Justiça do Trabalho: manutenção ou extinção? *Revista Synthesis*, nº 39, p. 20, 2004.
[214] FURTADO, Sebastião Antunes. Ob. cit., p. 84.

coletivo, quer balizando os pressupostos para o seu julgamento, inclusive nas hipóteses de greve.

Naturalmente, ao condicionar o ajuizamento da ação à concordância das partes, a norma reduziu em muito a possibilidade de real exercício do poder normativo, na medida em que não é crível que elas 'negociem' o julgamento pelos Tribunais do Trabalho, mas não negociem diretamente os seus instrumentos normativos".

Para Dirceu Pinto Júnior,[215] a vinculação do ajuizamento do dissídio coletivo de natureza econômica à concordância de ambas as partes levará, na prática, ao fim do poder normativo, apesar de ainda existir o poder normativo no âmbito constitucional.

Enoque Ribeiro dos Santos[216] elenca as diversas teses jurídicas que dizem respeito ao "comum acordo" do art. 114, § 2º: (a) extinção do poder normativo dos Tribunais, privilegiando a negociação coletiva de trabalho; (b) mitigação do poder normativo, passando a ter um cunho arbitral – pública e estatal prestada pelo Poder Judiciário; (c) manutenção do poder normativo nos demais tipos de dissídios coletivos (natureza jurídica, originário, de revisão e de declaração); (d) o comum acordo teria cunho facultativo; (e) inconstitucionalidade da exigência, por afronta ao princípio constitucional da inafastabilidade do Judiciário.

Amauri Mascaro Nascimento considera que a exigência do "comum acordo" para o ajuizamento do dissídio coletivo de natureza econômica é inconstitucional, por violação ao princípio do controle jurisdicional.

Na visão de Arnaldo Süssekind,[217] a exigência do comum acordo destoa do sistema constitucional, pois o art. 5º, XXXV, da CF, *"como cláusula pétrea, assegura o direito da entidade sindical, uma vez malograda a negociação coletiva, de ajuizar o dissídio coletivo, ainda que sem a concordância da entidade patronal – garantia que se harmoniza com o preceito no art. 8º, III, do ordenamento constitucional".*

Em seminário realizado pela Escola da Magistratura do TRT da 15ª Região, no dia 25/2/2005, entre outras conclusões, apontou-se que a expressão "de comum acordo" para o ingresso do dissídio coletivo de natureza econômica constante no § 2º, art. 114, CF, afronta o princípio da inafastabilidade do controle jurisdicional, insculpido no art. 5º, XXXV, que trata de cláusula pétrea (art. 60, § 4º, IV).

A análise da constitucionalidade ou não do "comum acordo" encontra-se pendente no STF (ADIn 3.392, Rel. Min. Cezar Peluso).

---

[215] PINTO JÚNIOR, Dirceu. O poder normativo da Justiça do Trabalho e a EC 45/2004. *Direito coletivo do trabalho depois da EC 45/2004,* p. 140.

[216] SANTOS, Enoque Ribeiro. Dissídio coletivo e Emenda Constitucional nº 45/2004 – Considerações sobre as teses jurídicas da existência do "comum acordo". *Revista Justiça do Trabalho* nº 264, p. 16, dez./2005.

[217] SÜSSEKIND, Arnaldo. Do ajuizamento dos dissídios coletivos. *Revista da Escola da Magistratura,* nº 1, p. 112-113, set./2006.

Enoque Ribeiro dos Santos[218] afirma que a supressão do poder normativo *"não representará qualquer cerceamento do direito de livre acesso ao Poder Judiciário pelos legitimados, o que coloca por terra a tese de que com o advento do 'comum acordo' [...], estaria ocorrendo uma lesão ao princípio da inafastabilidade da jurisdição, [...]"*.

Na visão de Arion Sayão Romita,[219] não existe inconstitucionalidade a ser reconhecida, porque a regra constitucional (art. 5º, XXXV) é *"inaplicável à hipótese, porque o dissídio coletivo não tem por objeto a reparação de lesão ou ameaça a direito subjetivo. No julgamento do dissídio coletivo de interesses, não está em tela de juízo a aplicação de uma norma preexistente que assegura um 'direito' pretensamente violado, porquanto essa modalidade de processo judicial visa à criação da norma, ou seja, inovar o direito positivo aplicável às categorias em litígio. [...] Por outro lado, a exigência de iniciativa conjunta não impede o acesso ao Poder Judiciário. Observado o pressuposto processual do 'comum acordo', o tribunal julgará o dissídio coletivo"*.

Para Mauro Schiavi,[220] o § 2º do art. 114, CF, não está em atrito com o princípio da inafastabilidade da jurisdição visto que este princípio: *"[...] é dirigido à lesão de direito já existente (positivado no ordenamento jurídico), pois o dissídio coletivo de natureza econômica tem natureza dispositiva (ou constitutiva para alguns), já que visa à criação de norma aplicável no âmbito da categoria e não de aplicação do direito vigente a uma lesão de direito. Além disso, se trata de competência atribuída à Justiça do Trabalho, por exceção, para criar normas jurídicas no âmbito das categorias profissional e econômica, no chamado vazio da lei e solucionar o conflito coletivo de natureza econômica, quando fracassarem as tentativas de negociação direta e arbitragem voluntária. [...] A nosso ver, o comum acordo não é um pressuposto processual, e sim uma condição da ação, ou, melhor dizendo, um óbice à apreciação da pretensão coletiva trazida em juízo. Por isso não se trata de um requisito de validade da relação jurídica processual, umas uma condição prévia para apreciação da pretensão. [...] Assim, não há necessidade de o comum acordo ser prévio ao ajuizamento do dissídio, podendo tal condição ser preenchida no curso do processo, inclusive de forma tácita, pela não oposição do suscitado"*.

No mesmo sentido, Carlos Henrique Bezerra Leite[221] acentua que o inciso XXXV do art. 5º e o § 2º do art. 114 não se colidem, visto que o dissídio coletivo não tem o condão de: *"[...] proteger direito preexistente, lesado ou ameaçado de lesão"*, visto que *"por meio dele o que se pretende é criar direito novo, de natureza abstrata, por meio do poder normativo especialmente atribuído à Justiça do Trabalho, destinado à categoria profissional representada pela entidade sindical suscitante. Daí a natureza constitutiva deste tipo especial de ação coletiva, pois cria novos direitos entre os representantes das categorias econômica e profissional"*.

---

[218] SANTOS, Enoque Ribeiro. Ob. cit., p. 12.
[219] ROMITA, Arion Sayão. *Competência da justiça do trabalho*, p. 92.
[220] SCHIAVI, Mauro. *Manual de direito processual do trabalho*. 3. ed., p. 1043 e segs.
[221] LEITE, Carlos Henrique Bezerra. *Curso de direito processual do trabalho*. 8. ed., p. 1128.

Na sequência, Bezerra Leite indica que a exigência do mútuo acordo, para fins do ajuizamento do dissídio coletivo de natureza econômica, trata-se de uma: *"[...] condição de ação, pois a sua ausência implica ausência de interesse processual, na modalidade necessidade (CPC, arts. 3º e 267, VI). Vale dizer, sem o mútuo consentimento das partes no dissídio coletivo de natureza econômica não há necessidade de intervenção do Estado-Juiz para prestar o serviço jurisdicional. De outro giro, parece-nos que a expressão 'de comum acordo' não significa que as partes deverão obrigatoriamente subscrever em conjunto a petição inicial do dissídio coletivo. Basta que uma delas comprove que a outra concordou com a propositura da demanda coletiva. Essa concordância poderá ser tácita ou expressa. Será expressa quando houver um documento assinado por ambas as partes interessadas concordando com a propositura da ação coletiva. Será tácita quando houver prova de que uma parte tenha convidado a outra para, em determinado prazo, manifestar sua concordância ou não com o ajuizamento da demanda coletiva, valendo o silêncio como concordância tácita. Também pensamos que a concordância tática pode ser extraída do comportamento do suscitado na audiência de conciliação ou ao contestar a ação de dissídio coletivo. Em outros termos, se na audiência de conciliação o réu apresentar contraproposta ou na contestação o réu se manifesta sobre o mérito da pretensão, impugnando as cláusulas e condições postuladas pelo autor (suscitante), mas silencia-se sobre a inexistência de comum acordo para a propositura do dissídio coletivo, há de se interpretar que houve, por parte do réu, concordância tácita".*[222]

Ives Gandra Martins Filho[223] acentua: *"O grande impacto da Emenda Constitucional nº 45/2004 no campo dos dissídios coletivos foi a introdução da exigência do mútuo acordo para o ajuizamento da ação coletiva (CF, art. 114, § 2º). Nos debates de que participei na SDC-TST algum tempo depois da promulgação da referida Emenda, sustentei a natureza semelhante a juízo arbitral que teria adquirido o dissídio coletivo com a EC 45/04 [...]."*

"Nos processos que se seguiram, a SDC-TST, para minimizar o impacto que a EC 45/2004 teve na seara do Processo Coletivo do Trabalho, passou a negar peremptoriamente qualquer similaridade do novo perfil do dissídio coletivo com o juízo arbitral. Para tanto, tem feito finca-pé na tese de que a EC 45/04 não reduziu o Poder Normativo da Justiça do Trabalho (o que não condiz com a realidade), mas apenas introduziu pressuposto processual suplementar aos já existentes, exigindo o mútuo acordo para a proposição da ação coletiva de natureza econômica."

"Com a chegada dos 10 novos ministros do TST, previsto na EC 45/04 para recomposição da Corte pós-extinção da representação classista, a SDC acabou sendo substancialmente renovada, com os ministros mais novos passando a integrá-la. Nesse contexto, buscou-se ainda negar a necessidade do mútuo acordo para o ajuizamento de dissídio coletivo, de modo a se manter em sua plenitude o Poder Normativo da Justiça do Trabalho. Fui relator do processo em que se debateu, proposta pela divergência dos ilustres colegas Min. WALMIR OLIVEIRA DA COSTA e MAURICIO GODINHO DELGADO, a tese mais

---

[222] LEITE, Carlos Henrique Bezerra. Ob. cit. 2. ed., p. 1128.
[223] MARTINS FILHO, Ives Gandra. *Processo coletivo do trabalho* 4. ed., p. 117/124.

arrojada (sustentada também por alguns TRTs) da desnecessidade do comum acordo para a instauração da instância coletiva."

"Em que pese as ponderáveis razões expostas pela corrente divergente, acabou prevalecendo a jurisprudência já consolidada da exigência do comum acordo, ao menos tácito."

"Assim postas as coisas, pacificada a jurisprudência, é o comum acordo pressuposto processual negativo do dissídio coletivo, no sentido de que, se o Suscitante opuser-se à instauração da instância, o dissídio coletivo deverá ser extinto. Se a recusa se der apenas na fase recursal, não será levada em conta, na medida em que o dissídio coletivo já foi instaurado e já existe sentença normativa regulando as relações entre as partes e compondo o conflito coletivo."

O TST tem entendido que o comum acordo é um pressuposto processual, contudo, não se tem a obrigatoriedade do seu preenchimento no ato do ajuizamento do dissídio coletivo,[224] contudo, se houver oposição formal pelo suscitado (réu) no curso da demanda, o dissídio coletivo deve ser julgado extinto sem resolução de mérito (art. 485, IV, CPC).

Em muitas demandas coletivas, a exigência do comum acordo para a propositura do dissídio coletivo por parte das empresas ou das entidades sindicais equivale ao abuso de direito. Tem-se a alegação dessa matéria, simplesmente, como forma de se evitar a prestação jurisdicional, inclusive, com a recusa na negociação coletiva mesmo antes do ajuizamento do dissídio coletivo.

Abuso de direito e a boa-fé são institutos que se completam.

A doutrina indica que: *"Historicamente, ausente previsão normativa específica em sede civil, se encarregou a jurisprudência da tarefa de dar contornos e aplicação ao instituto do abuso de direito, embora, como não poderia ser diferente, sem uniformidade de entendimento.*

O Código Civil de 2002, inovando em relação ao texto do seu antecessor, consagrou, expressamente, a teoria do abuso de direito, em seu art. 187, com nítida inspiração no direito português (art. 334 do Código luso): [...] 'Também comete ato ilícito o titular de um direito que, ao exercê-lo, excede manifestamente os limites impostos pelo seu fim econômico ou social, pela boa-fé ou pelos bons costumes'.

O abuso do direito é constatado no instante da violação do elemento axiológico da norma. Instala-se a contrariedade entre o comportamento comissivo ou omissivo do indivíduo e o fundamento valorativo-material do preceito.

Indaga-se, todavia, se é possível mensurar o que pode ou não ser considerado exercício admissível de determinada posição jurídica. Parece-nos que a resposta se situa justamente nos termos do art. 187 do Código Civil. O essencial do abuso do direito será dado pela boa-fé, pelos bons costumes e pela função social e econômica dos direitos.

---

[224] TST – SD – RO 1001883-95.2014.5.02.0000 – Relª Minª Maria de Assis Calsing – *DJE* 26/2/2016.
TST – SDC – RO 4524-10.2013.5.02.0000 – Rel. Min. Mauricio Godinho Delgado – *DJE* 26/2/2016.

Sob o ponto de vista do direito obrigacional, o mencionado artigo é a cláusula geral mais rica do Codex, Reúne em um único dispositivo os quatro princípios éticos que presidem o sistema. Bastaria acrescentar a ordem pública para tê-los todos em vista.

A boa-fé é o parâmetro de correção e honestidade nas relações obrigacionais. No imaginário coletivo, a boa-fé e os bons costumes não seriam conceitos distintos, pois ambos emanam de um anseio ético, convergindo em uma mesma linha moral.

Se é verdade que ambos tangenciam a linha da moral e se direcionam à satisfação de anseios gerais, Menezes Cordeiro explica que os bons costumes surgem como algo exterior, exprimindo a moral social, a ponto de expressar regras impeditivas de comportamentos que não recebem consagração expressa por determinada coletividade, a certo tempo. Já a boa-fé é algo interior ao ordenamento jurídico. Com base em comportamentos típicos, ela será sistematizada mediante a criação de esquemas normativos de atuação.

Ademais, explica Larenz que a cláusula de bons costumes se aplica indiscriminadamente, enquanto a boa-fé pressupõe um vínculo já existente de confiança entre quem invoca esse princípio e quem deve comportar-se com submissão perante ele. Por isso, nem toda infração à boa-fé significa ofensa aos bons costumes, enquanto qualquer conduta imoral, particularizada em relações especiais, atinge gravemente o princípio da boa-fé. A nosso viso, enquanto uma prescreve, a outra proscreve. A boa-fé é afirmativa, pois elabora modelos de comportamento a assumir; já os bons costumes se limitam a suprimir efeitos da atividade negocial nociva.

Por último, ao descrever o abusivo exercício do direito que excede manifestamente a sua função social e econômica, o legislador adverte que, sendo a ordem econômica constitucional submetida aos princípios da justiça e solidariedade (art. 170, CF), será possível uma intervenção no âmbito da liberdade contratual e a forma pela qual o contratante atuar for lesiva ao bem comum. O exercício de um direito de modo contrário ao interesse geral é antijurídico, caracterizando o abuso do direito.

O verdadeiro critério do abuso do direito no campo das obrigações, por conseguinte, parece se localizar no princípio da boa-fé, pois em todos os atos geralmente apontados como de abuso de direito estará presente uma violação ao dever de agir de acordo com os padrões de lealdade e confiança, independentemente de qualquer propósito de prejudicar.

Conforme a lição de Tereza Negreiros, boa-fé e abuso do direito complementam-se, operando aquela como parâmetros de valoração do comportamento dos contratantes: o exercício de um direito será irregular e, nesta medida, abusivo se consubstanciar quebra de confiança e frustração de legítimas expectativas."[225]

Enquanto o art. 186, CC, exige, para fins de conceituação de ato ilícito, a violação frontal dos pressupostos lógico-formais da norma jurídica, já no abuso de direito o legislador civil não exige o desrespeito à estrutura formal e sim a ofensa a sua valoração.

---

[225] FARIAS, Cristiano Chaves de; ROSENVALD, Nelson. *Direito civil* – teoria geral. 7. ed., p. 473-475.

Em outras palavras: *"[...] Conduz-se de forma contrária aos fundamentos materiais da norma, por negligenciar o elemento ético que preside a sua adequação ao ordenamento. [...] No abuso do direito não há desafio à legalidade estrita de uma regra, porém à sua própria legitimidade, posto vulnerado o princípio que a fundamenta e lhe concede sustentação sistemática".*[226]

A entidade sindical, a qual invoca o aspecto formal do "comum acordo", sem qualquer conteúdo valorativo no exercício deste direito, equivale a dizer que também está agindo em violação ao princípio da boa-fé.

Quem invoca o "comum acordo", sem qualquer conteúdo fático e jurídico consistente, está, simultaneamente: (a) opondo resistência injustificada ao andamento processual; (b) agindo de forma temerária, na medida em que cria um incidente, sem a menor razoabilidade; (c) provocando incidentes manifestamente infundados.

É imperiosa o que a atuação da Justiça do Trabalho estabeleça mecanismos de evidenciar a má-fé do responsável pela alegação do "comum acordo".

Recomenda-se, então, quando da realização da audiência de conciliação nos dissídios coletivos, que questões sejam discutidas ou indagadas aos suscitados, os quais invocam o "comum acordo", como forma de evidenciar que essa alegação não tem a devida consistência fática e jurídica.

As questões propostas são:

1. O suscitado recebeu a pauta de reivindicações?
2. Quando do recebimento da pauta de reivindicações, o suscitado foi convidado pelo suscitante à negociação coletiva em uma reunião previamente agendada para este fim?
3. Quais foram as atitudes do suscitado quanto à pauta de reivindicação? Houve uma contraproposta formal?
4. Para o suscitado, quais são as cláusulas normativas quanto à pauta de reivindicações que não possibilitam a formalização do instrumento normativo?
5. Quais são as cláusulas normativas da pauta de reivindicações as quais são aceitas pelo suscitado?
6. O suscitado compareceu à reunião para negociação junto ao Ministério Público do Trabalho? Nesta reunião, quais foram os motivos do impasse?
7. Quais são os motivos concretos e relevantes pela suscitada quanto à discordância na formalização do instrumento normativo?
8. Ante o princípio da boa-fé, informe o suscitado as razões que levam a sustentar, no presente dissídio coletivo, a necessidade do "comum acordo"?

---

[226] FARIAS, Cristiano Chaves de; ROSENVALD, Nelson. Ob. cit., p. 473-475.

QUESTIONÁRIO

1. Como se classificam as relações de trabalho? E como se distinguem?

2. Como podem ser os conflitos de trabalho? O que os distingue?

3. Explique os conflitos próprios e impróprios.

4. Quais são os meios (ou formas) de soluções de conflitos coletivos de trabalho?

5. Sobre negociação coletiva de trabalho, aponte o conceito, os sujeitos e as funções.

6. Conceitue e distinga conciliação e mediação.

7. Quais são os instrumentos normativos existentes? Em breves palavras, explique cada um deles.

8. A arbitragem tem sido admitida como forma de solução de conflitos trabalhistas (individual e coletivo)? Justifique.

9. O que é jurisdição?

10. Quais as vantagens e desvantagens da jurisdição nos conflitos coletivos de trabalho?

Capítulo VIII
MEIOS DE PRESSÃO, GREVE E *LOCKOUT*

8.1 MEIOS DE PRESSÃO

Historicamente, os trabalhadores e até mesmo os empregadores têm utilizado diversos meios visando pressionar a parte contrária a ceder ou negociar (denominados meios de pressão).

A doutrina aponta diversos meios, sendo os mais conhecidos: sabotagem, boicote, *ratting*, listas negras, trabalho arbitrário, greve, *lockout* etc.

A sabotagem consiste na destruição de máquinas, matérias-primas e outros instrumentos de trabalho da empresa, por parte dos trabalhadores.

Já o boicote representa *"a oposição ou obstrução ao negócio do empregador, a falta de cooperação, vocábulo que devemos a James Boycott, nome de um latifundiário da Irlanda, da metade do século XVIII, que teve de abandonar a cidade onde morava, porque os trabalhadores se recusaram a colaborar com ele, criando uma situação insustentável para os seus negócios; a sabotagem, destruição ou inutilização de máquinas ou mercadorias pelos trabalhadores, protesto violento, contra o empregador, para danificar seus bens; piquetes, forma de pressão para dissuadir os recalcitrantes que não querem participar da greve, enquanto pacíficos, admitidos, quando violentos, proibidos pelo direito sindical"*.[1]

Enquanto *ratting*, do termo inglês *to ratten*, significa *"privar de ferramentas os trabalhadores, com o objetivo de que as tarefas não sejam desenvolvidas normalmente"*.[2]

As listas negras de trabalhadores são feitas pelos empregadores e são encaminhadas a outros empregadores, como forma de troca de informações sobre trabalhadores e de seu comportamento no ambiente de trabalho, as quais são utilizadas no momento da contratação (discriminação). Informações, como, por exemplo, se promove ação trabalhista, organiza grupos de reivindicação etc.

---

[1] NASCIMENTO, Amauri Mascaro. *Compêndio de direito sindical*. 3. ed., p. 26-27.
[2] RUPRECHT, Alfredo J. *Relações coletivas de trabalho*, p. 860.

Mencionado por Alfredo J. Ruprecht,[3] o trabalho arbitrário seria uma greve "ao contrário", ou seja, *"os trabalhadores agem contra a vontade do empresário e a seguir reclamam o pagamento do salário correspondente à tarefa efetuada"*.

A greve e o *lockout* serão tratados nos itens a seguir.

8.2 GREVE

8.2.1 Aspectos históricos

A greve, via de regra, representa a paralisação coletiva com o intuito reivindicatório junto ao empregador, não se confundindo com outras ações dos trabalhadores.

Se os trabalhadores suspendem a prestação de trabalho para protestar por motivo de solidariedade a outros trabalhadores ou demonstrar uma posição política, tem-se o que a doutrina denomina greve atípica.[4]

Ao longo da sua evolução histórica, a greve pode ser vista: (a) como ilícito penal (delito) e civil (resolução contratual); (b) deixa de constituir um ilícito penal, havendo somente a ilicitude civil, havendo a sua tolerância; e (c) por fim, passa a ser tida como direito, de natureza constitucional, como forma de atuação de legítima defesa dos trabalhadores, visando à recomposição coletiva do antagonismo entre o capital e o trabalho.

Na França, a Lei Le Chapelier (1781) proibia qualquer forma de agrupamento profissional, visando à defesa dos interesses coletivos. Por sua vez, o Código Napoleônico (arts. 414, 415 e 416) punia com prisão e multa toda e qualquer tentativa de greve dos operários. Na Inglaterra, em face dos *Combination Acts,* de 1799 e 1800, havia a punição, como crime de conspiração contra a Coroa, para qualquer atuação dos trabalhadores procurando melhores condições de trabalho ou de salário.

Essa fase de proibição começa a mudar na Europa apenas na primeira metade do séc. XIX, em especial, na Inglaterra (1825) e na França (1864), quando a greve deixa de ter uma tipificação penal.

Em outros países o reconhecimento da greve como um direito é tardio, sendo que no México, em 1917, na Itália, em 1947 e em Portugal, em 1974, quando passam para o patamar constitucional.

No Brasil, o Código Penal (1890) proibia a greve, ainda que pacífica, tendo sido, porém, logo alterado pelo Decreto 1.162 de 12/12/1890, passando a punir apenas a violência ocorrida durante o movimento paredista.

A Lei 38, de 4/4/1935, Lei de Segurança Nacional, considerou a greve como delito.

---

[3] RUPRECHT, Alfredo J. Ob. cit., p. 861.
[4] "Para a OIT 'greves políticas não cabem no âmbito dos princípios da liberdade sindical'. Da mesma forma, a proibição de greves declaradas para exercer pressões sobre o Governo, quando carecem de razões profissionais não constituem um atentado à liberdade sindical" (AROUCA, José Carlos. *Repensando o sindicato*, p. 373).

A primeira Constituição a tratar do tema foi a de 1937, a qual declarou a greve e o *lockout "recursos antissociais nocivos ao trabalhador e ao capital e incompatíveis com os superiores interesses da produção nacional"* (art. 139).

O reconhecimento do direito de greve, a ser exercido nos termos da lei, veio com a CF/1946, em seu art. 158. Direito esse mantido na CF/67 e na EC 1/69.

Regulamentado pela Lei 4.330/64 o exercício do direito de greve, havia tantas limitações e exigências, *"a ponto de ter sido denominada por muitos juslaboristas como a lei do delito de greve e não a lei do direito de greve".*[5]

A CF/88, em seu art. 9º, caput, assim enuncia: *"É assegurado o direito de greve, competindo aos trabalhadores decidir sobre a oportunidade de exercê-lo e sobre os interesses que devem por meio dele defender."*

No art. 37, o legislador constituinte garantiu o direito de greve ao servidor público civil e, nos arts. 42, § 1º, e 142, § 3º, IV, a vedou aos militares das Forças Armadas e das Polícias Militares e Corpos de Bombeiros Militares dos Estados, do Distrito Federal e dos Territórios.[6]

Em relação ao art. 9º, CF, o legislador constituinte remeteu para a legislação infraconstitucional: (a) os critérios que irão definir os serviços ou atividades essenciais, além das disposições relativas ao atendimento das necessidades inadiáveis da comunidade; (b) a caracterização dos abusos e das respectivas responsabilidades (art. 9º, §§ 1º e 2º).

Perante a Constituição, a greve não *"constitui um direito absoluto, posto que o art. 9º, § 2º, menciona que 'os abusos cometidos sujeitam os responsáveis às penas da lei'. Se se admite a figura do abuso, reconhece-se claramente que o direito de greve é relativo e só se admite quando justificado por sua finalidade social. A greve deve encontrar adequação social e não deve ocasionar prejuízos exorbitantes e desnecessários à produção. A recusa a trabalhos de emergência não encontra adequação social e a provocação de prejuízos exorbitantes, que impeçam, ou retardem, desnecessariamente, a retomada da produção, constituem abusos do direito de greve. Perante a mesma Constituição, a greve não caracteriza direito individual, no sentido de sua proclamação, de sua execução e de seus objetivos. Não é pluralidade das abstenções ao trabalho que caracteriza a greve: é a pluralidade concertada das paralisações e a unidade de atuação e de objetivos – objetivos necessariamente coletivos. A participação dos sindicatos não é apenas pressuposto, mas condição* sine qua non *do direito de greve, no seu contexto constitucional. A obrigatoriedade da participação dos sindicatos nas negociações coletivas do trabalho (art. 8º, VI) impõe, para a legitimidade do direito de greve, a necessária participação sindical, caracterizando-se a greve como um direito sindical. Se cabe aos trabalhadores decidir sobre a oportunidade do exercício do direito de greve e a*

---

[5] LAVOR, Francisco Osani de. A greve no contexto democrático. *Revista LTr*, v. 59, nº 6, p. 737.
[6] Por maioria de votos, o STF (ARE 654432/GO) deliberou que é inconstitucional o exercício do direito de greve por parte de policiais civis e demais servidores públicos que atuem diretamente na área de segurança pública.

indicação dos interesses que devem ser por meio dela defendidos, tal decisão deve ocorrer, não isoladamente ou em grupos informais, mas em assembleias sindicais".[7]

8.2.2 Conceituação

O termo "greve" vem de "grève, *francesa, que significa praia, areal, enquanto* griève *significa agravo, gravame (plainte). Segundo Paul Garcia, a origem da adoção do vocábulo* grève *para designar o fenômeno, está ligada ao fato dos operários franceses terem se reunido na Praça do Hotel de Ville, em Paris, quando desempregados, ou para discutirem 'fatos relativos à suspensão do trabalho'. Como tal praça, após enchentes do Sena, ficava cheia de detritos – chamados 'no baixo francês' de* gravé, *passou a ser chamada 'Place de la Gravé', e mais tarde, por vício de pronúncia, 'Place de la grève', donde* grève, *com o significado que até hoje perdura, com uso e compreensão generalizados".*[8]

Várias são as denotações dadas ao termo "greve", não havendo consenso entre os autores.

Alguns *"enxergam um verdadeiro paradoxo na expressão 'direito de greve', uma vez que esta se trata de uma ação violenta, contrastando com o Direito. Para Carnelutti, por exemplo, a greve encerra uma* contradictio in adjecto, *enquanto George Scelle entende que é todo impossível estabelecer uma teoria jurídica da greve, uma vez que se equipararia a buscar a quadratura do círculo. Couture ensina que a greve é um meio de autotutela à disposição do operariado para suprir a lacuna da proteção social ou da proteção legal [...]."*[9]

Amauri Mascaro Nascimento[10] nos dá uma visão doutrinária acerca das definições do que vem a ser greve: *"Greve, para Gerhard Boldt, é uma interrupção coletiva e combinada do trabalho por um certo número de trabalhadores da mesma profissão ou empresa, tendo um objetivo de luta, a fim de que os seus fins venham a ser atingidos.*

Paul Horion a define como a abstenção combinada e coletiva do trabalho, por um grupo de assalariados, tendo o fim imediato de paralisar a atividade de uma ou mais empresas, para pressionar os empregadores ou terceiros.

Paul Durand propõe a seguinte definição: 'toda interrupção de trabalho, de caráter temporário, motivada por reivindicações suscetíveis de beneficiar todo ou parte do pessoal e que é apoiada por um grupo suficientemente representativo da opinião obreira'.

Giovanni Tarello, depois de uma análise penetrante, conceitua a greve, pela 'natureza, uma abstenção do trabalho que vem proclamada com o fim de obter a composição de uma controvérsia de interesses'.

---

[7] BATALHA, Wilson de Souza Campos; BATALHA, Sílvia Marina Labate. *Sindicatos/sindicalismo.* 2. ed., p. 231.
[8] CATHARINO, José Martins. *Tratado elementar de direito sindical,* p. 261.
[9] LAVOR, Francisco Osani de. Ob. cit., p. 737.
[10] NASCIMENTO, Amauri Mascaro. *Direito sindical.* 2. ed., p. 334.

Rivero e Savatier formulam a seguinte definição: 'A greve é a cessação ajustada do trabalho pelos assalariados, para constranger o empregador, através desse meio de pressão, a aceitar seus pontos de vista sobre a questão que é objeto do litígio.'

Para Hélène Sinay a greve é 'a recusa coletiva e combinada de trabalho, manifestando a intenção dos assalariados de se colocarem provisoriamente fora do contrato, a fim de assegurar o sucesso de suas reivindicações'.

Alfredo J. Ruprecht incluiu na sua longa definição, como um dos seus componentes, o seu fim, 'exercer pressão sobre o patrão, com o fim de obter o reconhecimento de uma prestação de caráter profissional ou econômico'.

Para Niceto Alcalá-Zamora y Castillo, a greve é uma das técnicas autocompositivas de solução dos conflitos."

Magano[11] considera a greve *"como o poder do grupo profissional que se manifesta através de atividade tendente à realização de um interesse coletivo, mediante a suspensão coletiva e temporária do trabalho dos trabalhadores pertencentes ao mesmo grupo"*.

O que se tem de comum em todas as definições anteriormente exaradas, em linhas gerais, são os seguintes pontos: a paralisação passageira da prestação dos serviços; uma atitude concertada por um grupo de trabalhadores, isto é, uma atitude decidida por acordo; o caráter coletivo e a existência de um interesse profissional em torno do qual se unifique o grupo.

Deve ser ressaltado que o direito de greve não é um desdobramento da liberdade individual, do direito de fazer ou não fazer. Também não deve ser entendido como uma emanação da personalidade do indivíduo. Trata-se de um direito coletivo, de natureza funcional e instrumental.

O direito de greve desempenha *"uma função social e só no sentido dessa função social pode legitimar-se. Não é um direito em si, que encontre satisfação no seu próprio exercício – é um direito instrumental, cujo exercício se destina à obtenção de resultados finalísticos"*.[12]

Durante a 1ª Jornada de Direito Material e Processual do Trabalho (nov./2007), ficou definido que não há, na CF, previsão reducionista do direito de greve, de modo que todo e qualquer ato dela decorrente está garantido, salvo os abusos. A CF/88 contempla a greve atípica, ao fazer referência à liberdade conferida aos trabalhadores para deliberarem acerca da oportunidade da manifestação e dos interesses a serem defendidos. A greve não se esgota com a paralisação das atividades, eis que envolve a organização do evento, os piquetes, bem como a defesa de bandeiras mais amplas ligadas à democracia e à justiça social (En. 6).

Ao lado da greve (típica), também temos a atuação dos trabalhadores que é denomina greve atípica (movimentos de não colaboração),[13] como greve rotativa (ou articulada,

---

[11] MAGANO, Octavio Bueno. *Manual de direito do trabalho*: direito coletivo do trabalho, v. 3, p. 172.
[12] BATALHA, Wilson de Souza Campos; BATALHA, Sílvia Marina Labate. Ob. cit., p. 229.
[13] "Desde logo é possível afirmar que há greves típicas e atípicas: as primeiras, observando os padrões clássicos e rotineiros, e as segundas, distanciando-se desses mesmos padrões. As greves atípicas

ou por turno), greve trombose (ou nevrálgica, ou tampão), greve de solidariedade, greve de zelo, greve de rendimento e outras formas de paralisação ou não colaboração dos trabalhadores, em que pese as divergências doutrinárias para se enquadrar essas formas de manifestações como exercício do direito de greve.[14]

As condições inadequadas do ambiente de trabalho também podem ensejar a paralisação das atividades pelos empregados ("greve ambiental"). Além das disposições da CLT, no Estado de São Paulo, a greve ambiental encontra previsão no art. 229, § 2º, da Constituição Estadual.[15]

A ocupação ou a ameaça de ocupação do local de trabalho pelos empregados como decorrência de movimento grevista se inserem na competência da Justiça Laboral (*v. g.*, ações possessórias) (Súm. Vinculante 23, STF).

8.2.3 Natureza jurídica

Arion Sayão Romita,[16] alicerçado em Piero Calamandrei, enfatiza a conexão histórica da greve e sua evolução com o regime político adotado: *"(a) Greve-delito – concepção paternalista e autoritária do Estado, ou seja, regimes corporativos aparelhados de órgãos destinados a solucionar por via impositiva os conflitos coletivos de trabalho (competência normativa dos Tribunais do Trabalho); (b) greve-liberdade – concepção liberal do Estado, que se desinteressa da greve, tida por fato socialmente indiferente, sujeita apenas à punição*

---

identificam-se com formas de não colaboração dos trabalhadores com o empregador, o que leva autores a admitirem greve sem paralisação de trabalho" (NASCIMENTO, Amauri Mascaro. Ob. cit., p. 448).

[14] "A questão jurídica que se apresenta com as greves atípicas resulta do seu atrito com o conceito de greve, que pressupõe a paralisação do trabalho, o que não ocorre no caso. Seria possível enquadrar essas omissões no conceito de greve? Em princípio, a impressão que fica é negativa, porque greve e cessação do trabalho são dados que se completam. Porém, é preciso ouvir que a não colaboração é menos prejudicial do que a paralisação total da produção. Não colaborando, os trabalhadores estariam sujeitos a punições de desídia, ao passo que, abstendo-se totalmente do trabalho, nenhuma punição sofreriam. Estariam fazendo uma greve. Admita-se também que a conflitividade é maior com a greve-paralisação do que com a greve-não colaboração. É melhor para a empresa manter uma produção reduzida do que nada produzir" (NASCIMENTO, Amauri Mascaro. Ob. cit., p. 452).

[15] Art. 229, Constituição do Estado de São Paulo: "Compete à autoridade estadual, de ofício ou mediante denúncia de risco à saúde, proceder à avaliação das fontes de risco no ambiente de trabalho, e determinar a adoção das devidas providências para que cessem os motivos que lhe deram causa.
§ 1º Ao sindicato de trabalhadores, ou a representante que designar, é garantido requerer a interdição de máquina, de setor de serviço ou de todo o ambiente de trabalho, quando houver exposição a risco iminente para a vida ou a saúde dos empregados.
§ 2º Em condições de risco grave ou iminente no local de trabalho, será lícito ao empregado interromper suas atividades, sem prejuízo de quaisquer direitos, até a eliminação do risco.
§ 3º O Estado atuará para garantir a saúde e a segurança dos empregados nos ambientes de trabalho.
§ 4º É assegurada a cooperação dos sindicatos de trabalhadores nas ações de vigilância sanitária desenvolvidas no local de trabalho."

[16] ROMITA, Arion Sayão. *Direito do trabalho*: temas em aberto, p. 592.

quando enseja violência ou atos de perturbação da ordem pública; enquanto mero episódio de luta entre classes, a ele o Estado assiste como mero espectador; (c) greve-direito – concepção social democrática do Estado – a greve é considerada socialmente útil e é protegida pelo ordenamento jurídico".

Hoje, é inegável que a greve é conceituada como direito, logo, torna-se necessária a exata denotação do que vem a ser a sua natureza jurídica.[17]

Para os juristas italianos, a greve deveria ser vista como um direito potestativo. O seu conteúdo revela um direito potestativo, na medida em que o seu titular, no caso, o empregado, pelo exercício do referido direito, possui o poder de modificar com sua vontade uma situação jurídica em relação à outra parte, o empregador, o qual se encontra em estado de mera sujeição. O interesse protegido, de forma objetiva, representa um direito subjetivo coletivo sendo atribuído ao trabalhador, visando à proteção de um interesse coletivo, do qual é coautor e portador. Referida teoria não é suficiente para elucidar a concepção do que vem a ser o direito de greve, na medida em que não lhe confere o exato alcance de sua legitimidade. Vincula somente a greve e o contrato individual de trabalho, não abrangendo os demais fatores que podem eclodir de um movimento paredista, tais como: as greves de solidariedade e as de cunho econômico-político.

Pela insuficiência dessa teoria, a qual revela um cunho individualista e privado quanto à greve, outras surgiram, a saber:

1. a teoria da greve como direito absoluto da pessoa: parte do pressuposto de que é a entidade sindical a detentora da titularidade do exercício do direito de greve. Gera, pois, a consequência de considerar a proclamação como ato de exercício do direito, negando-se o direito que possui o trabalhador de entrar ou não em greve. O intuito dessa posição doutrinária era a ênfase quanto à proteção constitucional do direito de greve, ultrapassando os limites do contrato de trabalho, tendo como antagonista não só o empregador como também o poder público;

2. a teoria da greve como direito de liberdade: nas palavras de Arion Sayão Romita,[18] esta teoria *"sustenta que o direito de greve é um direito subjetivo absoluto classificado como os direitos subjetivos públicos em geral, na categoria do direito de liberdade entendida em sentido técnico, ou seja, atribuído ao indivíduo em face do Estado, oponível ao poder público, com a consequente impossibilidade, para este, de tipificar a greve como delito. O direito de greve se inscreve entre os direitos fundamentais compreendidos como direitos da personalidade, cujo exercício, normalmente livre perante o Estado, só encontra limites em outros direitos de liberdade individual. Como direito absoluto – como absolutos são todos os direitos e garantias individuais*

---

[17] Por natureza jurídica, entende-se "a essência ou o sentido objetivo que esse instituto apresenta no mundo do direito. Não se trata de definir, de dizer o que é, mas sim de responder à pergunta acerca do significado de certo instituto em face das noções jurídicas que lhe são afins" (ROMITA, Arion Sayão. Ob. cit., p. 592).

[18] ROMITA, Arion Sayão. Ob. cit., p. 596.

protegidos pela Constituição – não pode ser limitado sequer pelo empregador, como particular (mesmo porque não configura Direito Privado), por seu conteúdo e sua destinação típica. A greve dá origem, assim, a um verdadeiro poder (potestá di sciopero) de suspender temporariamente a obrigação de prestar serviços. Superado está, via de consequência, o conceito de greve como inadimplemento da obrigação de trabalhar (concepção que só se pode admitir com o abandono da ideia de greve como direito subjetivo), pois esse efeito decorre de uma nova situação subjetiva, qual seja, a poder de greve, identificado como poder discricionário do trabalhador de decidir a legítima suspensão da relação jurídica de trabalho, para proteger ou promover um interesse coletivo profissional, superior àquele emergente do contrato de trabalho".

A teoria é insuficiente, na medida em que o trabalhador, ao entrar em greve, defende interesse próprio como coletivo, não exercitando um poder de interesse de outrem. O trabalhador grevista, de forma concomitante, defende interesse próprio e da coletividade. Ao entrar em greve, no exercício desse direito subjetivo, o trabalhador pode sofrer as consequências advindas de seu comportamento, na medida em que pode ser responsabilizado, tanto pelos excessos de natureza trabalhista como civil e penal;

3. greve como direito de autoproteção: a greve é um direito subjetivo individual cujo exercício reflete uma condição, ou seja, um conjunto simultâneo do mesmo direito por parte de outros trabalhadores, os quais tenham interesses profissionais iguais ou análogos. A teoria é insuficiente, na medida em que a greve reflete uma ação coletiva, tendo como fim a proteção de interesses profissionais de um grupo de trabalhadores.

Todas essas teorias são insuficientes para explicitar a temática quanto à natureza jurídica do direito de greve.

Na ótica de Arion Sayão Romita,[19] a greve *"deve ser considerada mero fato jurídico: qualquer abstenção do trabalho, desde que deliberada por um grupo de trabalhadores e que tenha por objeto a satisfação de um interesse coletivo, constitui uma greve, caracterizada não como declaração de vontade, mas como comportamento, do qual decorre o efeito jurídico da suspensão da relação de trabalho. Não depende de proclamação: esta apenas ostenta o caráter de convite à greve. Proclamação sem abstenção de trabalho não constitui greve. A greve deriva geneticamente do exercício da autonomia coletiva que o moderno ordenamento jurídico reconhece aos grupos sociais organizados. A 'ordem' de greve consiste na afirmação de um interesse supraindividual, atinente ao grupo: esse interesse assiste a todos os membros do grupo porque seus integrantes, encontrando-se todos em uma mesma função. Os trabalhadores são protegidos em função de seu interesse, porém como membros do grupo, e não* uti individui. *Assim, três afirmações podem ser formuladas: 1ª o direito de greve, ainda que considerado direito subjetivo de titularidade e de exercício individuais,*

---

[19] ROMITA, Arion Sayão. Ob. cit., p. 598.

encontra sua origem em uma 'competência' (autonomia coletiva) de sindicato, de órgão análogo ou de coalizão momentaneamente organizada; 2ª em razão de sua estrutura, o direito de greve, como direito de abster-se licitamente da prestação de serviços, produz automático efeito suspensivo da relação de trabalho; 3ª o exercício do direito de greve admite a satisfação de pretensões que se encontrem quer na disponibilidade do sujeito passivo da relação (o empregador), quer não".

Qualquer que seja a posição doutrinária quanto à greve, o importante é a exata denotação da sua função social. Trata-se de um direito instrumental, na medida em que é um elemento essencial da negociação coletiva. Se o sistema jurídico não reconhece a greve como um direito instrumental, os trabalhadores e as suas entidades sindicais estão desarmados, desprovidos de um arcabouço institucional para que possam fazer a pressão, dentro dos limites da razoabilidade, para angariar melhores condições de trabalho e de salário.

8.2.4 Aspectos do direito de greve na visão da OIT

A Organização Internacional do Trabalho tem analisado a questão da greve em diversos países, sob os mais diversos ângulos e realidades sociais, políticas e econômicas distintas.[20]

Em 1952, na 2ª Reunião, o Comitê de Liberdade Sindical reconheceu o direito de greve, como meio legítimo fundamental que dispõem os trabalhadores e suas organizações para promover e defender seus interesses econômicos e sociais. Não se trata de mero fato social e sim de um direito.

O Comitê de Liberdade Sindical tem adotado um critério restritivo para limitar as categorias de trabalhadores que podem ser privados desse direito e quanto às limitações legais para seu exercício. E ainda tem vinculado o exercício do direito de greve à finalidade de promoção e defesa dos interesses econômicos e sociais dos trabalhadores, sendo que o correto exercício do direito de greve não deve ensejar sanções, o que configura atos de discriminação antissindical.

O Comitê de Liberdade Sindical admite outras figuras (greve atípicas), como greve de ocupação, de ritmo lento, de zelo e de solidariedade, desde que revistam caráter pacífico.

Segundo a OIT, as reivindicações da greve se agrupam em: (a) natureza trabalhista, quando buscam garantir ou melhorar as condições de trabalho e da vida dos trabalhadores; (b) natureza sindical, quando visam garantir e desenvolver os direitos das organizações sindicais e seus dirigentes; (c) natureza política.

Contudo, se ressalva que as organizações sindicais evitem que suas reivindicações assumam um aspecto claramente político. A Comissão de *Experts* considera que as greves de natureza puramente política não estão cobertas pelos princípios da liberdade sindical.

---

[20] GERNIGON, Bernard; ODERO, Alberto; GUIDO, Horacio. *Principio de la OIT sobre el Derecho de Huelga*. Genebra: Oficina Internacional del Trabajo, 1998.

Em relação aos trabalhadores que podem ter restrições ao direito de greve, a visão da OIT é restritiva, admitindo a exclusão das forças armadas e polícia, dos funcionários públicos que exerçam funções de autoridade em nome do Estado, serviços essenciais (relacionados ao perigo à vida, à segurança e à saúde), desde que desfrutem de uma proteção compensatória. Também se admitem restrições durante períodos de crise nacional grave, como conflitos armados, catástrofes naturais etc.

De maneira geral, existe uma série de condições ou requisitos para a licitude da greve, sendo que as mesmas devem ser razoáveis e não devem constituir limitações importantes à possibilidade de ação das organizações sindicais. O Comitê de Liberdade Sindical considera aceitável: (a) obrigação de pré-aviso; (b) obrigação de recorrer a procedimentos extrajudiciais de solução de conflitos, como condição prévia a declaração da greve; (c) quórum mínimo e razoável para deliberação da greve; (d) votação secreta; (e) adoção de medidas para respeitar os regulamentos de segurança e prevenção de acidentes; (f) manutenção de serviços mínimos em casos de serviços essenciais, daqueles que possam gerar um crise nacional grave de serviços públicos transcendentais; (g) a garantia de liberdade de trabalho para os não grevistas.

A análise dos aspectos de legalidade do movimento paredista deve ser atribuída a um órgão independente das partes e de sua confiança. Segundo o Comitê de Liberdade Sindical, tal análise não deve ser feita pelo governo ou autoridades administrativas.

Segundo o Comitê de Liberdade Sindical, a proibição de realização de greves por motivo de reconhecimento (para negociar coletivamente) não está em conformidade com os princípios da liberdade sindical, por outro lado, o próprio Comitê tem aceito disposições que proíbem as greves que impliquem uma ruptura de um acordo ou convenção coletiva (restrição temporal). Também declarou que desde que a solução de um conflito de direitos resultante de uma diferente interpretação de uma lei devesse incumbir aos tribunais competentes, a proibição de greves em tal situação não constitui uma violação à liberdade sindical.

O Comitê de Expertos tem destacado que a proteção dos trabalhadores e dirigentes sindicais contra os atos de discriminação antissindical é um elemento essencial do direito de sindicalização.

Sem disposições específicas contra os atos de discriminação por motivo de greve, a proteção contra todo ato discriminatório na relação de emprego está garantida de maneira geral nas Convenções 98 (direito de sindicalização e negociação coletiva), Convenção 135 (representação dos trabalhadores) e Convenção 151 (relações de trabalho na Administração Pública).

Em outras questões, o Comitê de Liberdade Sindical entende que: (a) a proibição aos piquetes só se justifica quando a greve perde seu caráter pacífico, perturbar a ordem pública ou ameaçar os trabalhadores que continuam trabalhando; (b) só se admite a contratação de trabalhadores em substituição aos grevistas nas seguintes situações: greve em serviços essenciais e crise nacional aguda; (c) sobre o pagamento dos dias parados, como regra geral as partes devem negociar livremente.

8.2.5 Greve no direito brasileiro

O direito de greve é um direito político, uma conquista democrática e constitucional. Está inserido na Constituição como um dos direitos sociais (art. 9º). É um instrumento de pressão política, de reivindicação econômica ou mesmo de solidariedade entre os trabalhadores.

A greve representa a suspensão temporária do trabalho, sendo condicionada à aprovação pela assembleia, tendo como causa o interesse dos trabalhadores, visando à reivindicação e à obtenção de melhores condições de trabalho, ou ainda, ao cumprimento das obrigações assumidas pelos empregadores, seja em função de instrumento normativo ou dos contratos individuais de trabalho.

Quanto ao direito positivo, a greve pode ser vista como um direito, representando uma liberdade aos trabalhadores, como também um delito, uma infração legal.

Quanto aos efeitos do contrato de trabalho, pode representar uma suspensão ou interrupção. Na suspensão não se tem o pagamento dos salários, bem como não se efetua a contagem do tempo, o que já não ocorre na segunda hipótese.

8.2.5.1 Conceito legal

No ordenamento jurídico nacional, a greve é um direito reconhecido decorrente da liberdade do trabalho, mas não de cunho irrestrito, podendo haver a punição quanto aos excessos, além do que encontra restrições quanto aos serviços ou atividades essenciais. É um direito social, de índole constitucional, mas não de forma absoluta (art. 9º, CF).

O art. 2º, Lei 7.783/89, enuncia como sendo legítimo o exercício do direito de greve quando ocorre a suspensão coletiva (temporária e pacífica, total ou parcial) da prestação pessoal de serviços a empregador.

A greve é um direito assegurado ao empregado. É exercido coletivamente e contra o empregador, visando à melhoria das condições de trabalho, ou ainda, ao cumprimento de obrigações derivadas dos instrumentos normativos ou dos contratos individuais de trabalho. A paralisação pode ser total ou parcial, mas não de cunho individual, que poderá significar a dispensa por justa causa. A suspensão da prestação de serviços deve ser temporária, eis que a definitiva poderia levar à rescisão contratual dos envolvidos. E, por fim, deve ocorrer de forma pacífica, sendo vedada a utilização da violência quanto às pessoas ou ao patrimônio do empregador, o que ocorrendo, de fato, poderá justificar a greve como sendo abusiva.

Comentando o ordenamento jurídico nacional, Wilson de Souza Campos Batalha[21] afirma que *"o direito de greve caracteriza-se, na legislação brasileira, como um direito sindical que se manifesta, através das formalidades prescritas, mediante a paralisação coletiva e concertada, independente do número de participantes, com o objetivo de postular interesses*

---

[21] BATALHA, Wilson de Souza Campos; BATALHA, Sílvia Marina Labate. Ob. cit., p. 233.

de categoria. É direito sindical porque pressupõe a legitimação do sindicato da categoria profissional, que tem a prerrogativa de participar das negociações coletivas de trabalho. É direito que se manifesta através das formalidades prescritas em lei, dependendo de assembleia do sindicato, convocada e realizada na forma do estatuto livremente estabelecido pelo sindicato. É direito cujo exercício depende da frustração da negociação coletiva ou da inviabilidade de recurso à via arbitral e de prévia comunicação ao sindicato representativo da categoria econômica ou às empresas diretamente interessadas, com o prazo mínimo de 48 horas. É direito que se configura mercê da paralisação coletiva e concertada, porque, sendo fenômeno coletivo, não se caracteriza como atuação individual ou de elementos esparsos, mesmo que se considerem lideranças de trabalhadores. É indispensável o caráter coletivo e previamente combinado do movimento. É direito de greve aquele que tem por objetivo interesse de categoria".

8.2.5.2 Legitimidade para instauração

Ao sindicato cabe a defesa dos direitos e interesses coletivos ou individuais da categoria (art. 8º, III, CF, art. 513, *a*, CLT), logo, a legitimação para a instauração da greve pertence à entidade sindical dos trabalhadores. Tal interpretação também é corroborada pelo que dispõe a CF (art. 8º, VI) quando acentua ser obrigatória a participação dos sindicatos nas negociações coletivas.

Na falta da entidade sindical, a assembleia geral dos trabalhadores interessados deliberará quanto à greve (art. 4º, § 2º, Lei 7.783), constituindo comissão de negociação (coalizão).

A visão abrangente *"do conteúdo da Lei de Greve nos permite inferir que, na inexistência de sindicato, a questionada Comissão pode negociar um pacto coletivo de trabalho e tem legitimidade para ajuizar uma ação coletiva perante o Tribunal do Trabalho competente. Isto nos leva, também, a concluir que o art. 857 da CLT não se aplica à situação aqui focalizada. Como sabido, esse dispositivo consolidado dava à Federação ou à Confederação de trabalhadores, conforme a hipótese, o papel de substituto processual dos trabalhadores inorganizados em sindicato para instaurar a instância de processo de dissídio coletivo. Não deixa de ser útil, à elucidação desse aspecto da greve dos trabalhadores inorganizados em sindicato, relembrar que o art. 9º da Lei de Greve autoriza a referida Comissão de Negociação firmar acordo com a entidade patronal ou diretamente com o empregador para manter em atividade equipes de empregados com o propósito de assegurar os serviços cuja paralisação resulte em prejuízo irreparável, pela deterioração irreversível de bens, máquinas e equipamentos, bem como a manutenção daqueles essenciais à retomada das atividades da empresa quando da cessação do movimento paredista".*[22]

---

[22] SAAD, Eduardo Gabriel. Exercício irregular do direito de greve. *Suplemento Trabalhista LTr*, nº 164/98, p. 767.

8.2.5.3 Procedimentos para deflagração

Frustrada a negociação ou verificada a impossibilidade de recurso via arbitral, é facultada a cessação coletiva do trabalho (art. 3º, Lei 7.783).

A deflagração do procedimento do movimento paredista somente pode ocorrer com a frustração da negociação coletiva, inclusive com a inviabilidade da solução arbitral. A negociação coletiva é uma fase antecedente e necessária para a decretação da greve. Reflete uma condição para o exercício do direito de greve. A greve, sem um processo prévio de negociação, implica o abuso quanto ao seu exercício.

O TST considera imprescindível a tentativa direta e pacífica da solução do conflito (etapa prévia necessária) (OJ 11, SDC), considerando abusiva a greve levada a efeito sem que se tenha tentado, direta e pacificamente, solucionar o conflito.

Para o TST, a greve abusiva não gera efeitos, visto que é incompatível com a declaração de abusividade de movimento grevista o estabelecimento de quaisquer vantagens ou garantias a seus partícipes, que assumiram os riscos inerentes à utilização do instrumento de pressão máximo (OJ 10). Não se pode acatar essa valoração de forma absoluta, na medida em que a decretação do abuso de direito de greve não pode, necessariamente, prejudicar o exame da pauta de reivindicações. Nem sempre a entidade sindical profissional e os trabalhadores observam os requisitos legais, contudo, isso não implica dizer que não deva o Judiciário Trabalhista apreciar e dirimir o aspecto econômico (= pauta de reivindicações) do dissídio coletivo de greve. No máximo, a abusividade do movimento paredista deveria implicar desconto dos dias da paralisação, além da não concessão da estabilidade aos trabalhadores.[23]

Deve a entidade sindical, após as tentativas infrutíferas quanto à negociação coletiva, convocar a assembleia dos trabalhadores interessados para decidir sobre a pauta de reivindicações e a paralisação coletiva da prestação de serviços.

No caso de ausência de sindicato, a legitimação é da federação e, por último, da confederação. Persistindo a ausência da entidade, mesmo em grau superior, a própria assembleia geral deverá eleger a comissão que irá tratar das negociações. Referido grupo não possui personalidade jurídica ou sindical, atuando somente em função desse movimento (art. 5º, Lei 7.783).

A realização da assembleia geral deve ocorrer observando-se as normas do estatuto da entidade sindical. Não havendo entidade sindical representativa, os trabalhadores podem deliberar a respeito e constituir comissão de negociação com o empregador (art. 4º). Não é necessário a observância do quórum do art. 612 quanto a assembleia.[24]

Havendo a deflagração da greve sem a realização desta assembleia geral, é imperioso que a entidade sindical efetue a convalidação do ato, fazendo a referida convocação. Essa irregularidade, portanto, poderá ser sanada a tempo, mas, se a matéria for apreciada pelo

---

[23] TST – SDC – RODC 13600-17.2008.5.17.0000 – Min. Rel. Mauricio Godinho Delgado – *DEJT* 21/8/2009.

[24] TST – SDC – RO 2011500-04.2010.5.02.0000 – Rel. Marcio Eurico Vitral Amaro – j. 12/8/2013.

Tribunal do Trabalho, poderá ocorrer alegação de greve abusiva pela não observação prévia das formalidades legais.

A entidade sindical patronal ou as empresas diretamente interessadas devem ser notificadas, com antecedência mínima de 48 horas, quanto à paralisação (art. 3º, parágrafo único). Quando se tratar de greve em serviços ou atividades essenciais, a comunicação deve ocorrer com uma antecedência mínima de 72 horas (art. 13). Em tais prazos, deve haver a comunicação da decisão da assembleia, bem como o encaminhamento da pauta de reivindicações. Estes prazos representam o aviso prévio de greve, sendo que a sua inocorrência implica a decretação da abusividade quanto ao exercício do direito de greve.

A CF não proíbe a greve em atividades essenciais, determinando, apenas, que a lei irá definir tais hipóteses, o que de fato encontra-se regulado na Lei 7.783, em seu art. 10, que assim declina: tratamento e abastecimento de água; produção e distribuição de energia elétrica, gás e combustíveis; assistência médica e hospitalar; distribuição e comercialização de medicamentos e alimentos; funerários; transporte coletivo; captação e tratamento de esgoto e lixo; telecomunicações; guarda, uso e controle de substâncias radioativas, equipamentos e materiais nucleares; processamento de dados ligados a serviços essenciais; controle de tráfego aéreo e a compensação bancária.

O art. 6º, Lei 7.783, assegura aos trabalhadores, durante o movimento grevista, as seguintes garantias: (a) emprego de todos os meios pacíficos para aliciamento dos trabalhadores; (b) arrecadação de fundos; (c) livre divulgação; (d) suspensão do contrato de trabalho; (e) impossibilidade de rescisão contratual pelo empregador.

Por outro lado, estabelece as seguintes vedações aos empregadores: (a) constranger o empregado ao trabalho; (b) frustrar a divulgação do movimento; (c) rescindir o contrato de trabalho; (d) contratar empregados substitutos.

Durante a greve, o sindicato ou a comissão de negociação, mediante acordo com a entidade patronal ou diretamente com o empregador, manterá em atividade equipes de empregados com o propósito de assegurar os serviços cuja paralisação resulte em prejuízo irreparável, pela deterioração irreversível de bens, máquinas e equipamentos, bem como a manutenção daqueles essenciais à retomada das atividades da empresa quando da cessação do movimento. Não havendo acordo, é assegurado ao empregador, enquanto perdurar a greve, o direito de contratar diretamente os serviços necessários para que não ocorra prejuízo irreparável (art. 9º, Lei 7.783).

Tratando-se de greve em serviços ou atividades essenciais, os sindicatos, os empregadores e os trabalhadores ficam obrigados, de comum acordo, a garantir, durante a greve, a prestação dos serviços indispensáveis ao atendimento das necessidades inadiáveis da comunidade (art. 11). A garantia das necessidades inadiáveis da população usuária é fator determinante da qualificação jurídica do movimento, sendo abusiva a greve que se realiza em setores que a lei define como essenciais à comunidade, se não é assegurado o atendimento básico das necessidades inadiáveis dos usuários (OJ 38, SDC).

A Lei 7.783 considera que são necessidades inadiáveis da comunidade aquelas que, se não atendidas, coloquem em perigo iminente a sobrevivência, a saúde e a segurança da população.

Não garantido o atendimento básico das necessidades inadiáveis da comunidade pelos trabalhadores, o Poder Público assegurará sua prestação (art. 12).

Também constitui abuso do direito de greve a inobservância da Lei 7.783, bem como a manutenção da paralisação após a celebração de acordo, convenção ou decisão da Justiça do Trabalho.

8.2.5.4 Negociação direta e mediação

Após a comunicação da decisão da assembleia à entidade patronal ou às empresas interessadas, pode ocorrer a negociação direta entre as partes para a solução do impasse. A entidade sindical não está obrigada a comunicar a decisão ao Ministério do Trabalho, mas, se achar interessante, pode requerer a sua intermediação, solicitando a convocação de reunião com o empregador, atuando como mediador do conflito.

8.2.5.5 Dissídio coletivo de trabalho

O dissídio coletivo de trabalho é uma ação judicial, onde as partes buscam a solução de um conflito que ultrapasse as relações individuais de trabalho[25] (conflito coletivo).[26]

A doutrina dominante distingue os dissídios coletivos de natureza jurídica (também denominados conflitos de direito ou de cunho declaratório) e os de natureza econômica (ou de interesses ou constitutivo).

Distinção essa que, tendo como referência o objeto do dissídio, acabou sendo acolhida por quase a totalidade dos doutrinários pátrios e pelo TST (art. 241, RITST).

Além de prever os dissídios de natureza jurídica e econômica, o RITST prevê a existência dos dissídios originários, de revisão e de declaração sobre a paralisação do trabalho decorrente de greve dos trabalhadores (art. 241, III a V).

No dissídio coletivo de natureza econômica, os trabalhadores reivindicam novas e melhores condições de trabalho. No de natureza jurídica, procura-se sanar divergência

---

[25] Na opinião de Isis de Almeida (*Manual de direito processual do trabalho*, v. 1, p. 201) e Eduardo Gabriel Saad (*Direito processual do trabalho*. 2. ed., p. 521), o dissídio coletivo não é uma ação coletiva, mas sim a causa dela.

[26] "Essa distinção não é aceita de modo uniforme. O motivo da divergência existente resulta da dificuldade em estabelecer a exata diferença entre ambos e das suas motivações de ordem prática. Pode-se, no entanto, entender por individuais os conflitos entre um trabalhador ou diversos trabalhadores, individualmente considerados, e o empregador. São conflitos sobre o contrato individual de trabalho de cada um. O conflito coletivo, ao contrário, é mais amplo. Não surge de um contrato de trabalho, individualmente considerado, nem é destinado a superar as controvérsias em torno dele. Alcança um grupo de trabalhadores e um ou vários empregadores e se refere a interesses gerais do grupo, ainda que possa surgir de questões sobre os contratos individuais de trabalho. Assim, os conflitos são coletivos quando, em razão dos seus sujeitos, os grupos de trabalhadores, abstratamente considerados de um lado, e o grupo de empregadores, de outro lado, objetivarem matéria de ordem geral. O grupo não é uma simples soma ou reunião de pessoas" (NASCIMENTO, Amauri Mascaro. *Compêndio de direito sindical*. 3. ed., p. 285).

sobre aplicação ou interpretação de uma norma jurídica existente,[27] que pode ser uma lei de aplicação particular de determinada categoria (não se tem admitido dissídio coletivo para interpretação de norma legal de caráter geral – OJ 7, SDC),[28] uma convenção coletiva, um acordo coletivo, um contrato coletivo, uma sentença normativa, um laudo arbitral ou um ato normativo qualquer.

Na sistemática da CLT, o dissídio de natureza econômica pode ser subdividido em: originário (quando inexistir norma coletiva anterior, art. 867, parágrafo único, *a*), revisional (quando pretender a revisão de norma coletiva anterior, arts. 873 a 875) e de extensão (quando visar à extensão ao restante da categoria, arts. 868 a 871).

As ações que envolvam o direito de greve são de competência da Justiça do Trabalho (art. 114, II, CF), no aspecto individual ou coletivo, não se limitando à aplicação da Lei 7.783 (a qual regulamentou o direito de greve previsto no art. 9º, CF), como a legalidade ou abusividade[29] (formal ou material)[30] do movimento (greve típica), mas abrangendo também a atuação dos trabalhadores no que a doutrina denomina greve atípica (movimentos de não colaboração),[31] como greve rotativa (ou articulada ou por turno), greve trombose (ou nevrálgica, ou tampão), greve de solidariedade, greve de zelo, greve de rendimento e outras formas de paralisação ou não colaboração dos trabalhadores, em

---

[27] NASCIMENTO, Amauri Mascaro. Ob. cit., p. 286.

[28] OJ 7, SDC: "Dissídio coletivo. Natureza jurídica. Interpretação de norma de caráter genérico. Inviabilidade. Não se presta o dissídio coletivo de natureza jurídica à interpretação de normas de caráter genérico, a teor do disposto no art. 313, II, do RITST."

[29] OJ 10, SDC: "Greve abusiva não gera efeitos. É incompatível com a declaração de abusividade de movimento grevista o estabelecimento de quaisquer vantagens ou garantias a seus partícipes, que assumiram os riscos inerentes à utilização do instrumento de pressão máximo."

OJ 11, SDC: "Greve. Imprescindibilidade de tentativa direta e pacífica da solução do conflito. Etapa negocial prévia. É abusiva a greve levada a efeito sem que as partes hajam tentado, direta e pacificamente, solucionar o conflito que lhe constitui o objeto."

OJ 12, SDC: "Greve. Qualificação jurídica. Ilegitimidade ativa *ad causam* do sindicato profissional que deflagra o movimento. Não se legitima o sindicato profissional a requerer judicialmente a qualificação legal de movimento paredista que ele próprio fomentou (cancelada pela Resolução 166/2010)."

OJ 38, SDC: "Greve. Serviços Essenciais. Garantia das necessidades inadiáveis da população usuária. Fator determinante da qualificação jurídica do movimento. É abusiva a greve que se realize em setores que a lei define como sendo essenciais à comunidade, se não é assegurado o atendimento básico das necessidades inadiáveis dos usuários dos serviços, na forma prevista na Lei 7.783/1989."

[30] O abuso pode ser formal ou material. É formal quando não se observam as formalidades previstas na lei de greve, como, por exemplo: a não realização de assembleia, a inexistência do aviso prévio – 48 horas (atividades comuns) e 72 horas (atividades ou serviços essenciais). É material, segundo Sergio Pinto Martins, *"se a greve se realizasse em atividades proibidas"* (Direito do trabalho. 23. ed., p. 857).

[31] "Desde logo é possível afirmar que há greves típicas e atípicas: as primeiras, observando os padrões clássicos e rotineiros, e as segundas, distanciando-se desses mesmos padrões. As greves atípicas identificam-se com formas de não colaboração dos trabalhadores com o empregador, o que leva autores a admitirem greve sem paralisação de trabalho" (NASCIMENTO, Amauri Mascaro. Ob. cit., p. 448).

que pese as divergências doutrinárias para se enquadrar essas formas de manifestações como exercício do direito de greve.[32]

A ocupação ou a ameaça de ocupação do local de trabalho pelos empregados como decorrência de movimento grevista se inserem na competência da Justiça Laboral (*v. g.*, ações possessórias). (Súm. Vinculante 23, STF).

Da mesma forma, as ações que envolvam controvérsias sobre o *lockout*,[33] ainda que não previstas expressamente na CF, também são de competência da Justiça do Trabalho, porque decorrem das relações coletivas de trabalho.

Nos termos da legislação infraconstitucional, a Justiça do Trabalho decidirá sobre a procedência, total ou parcial, ou improcedência das reivindicações (art. 8º, Lei 7.783) e a abusividade ou não da greve (Súm. 189, TST).

Em caso de greve em atividade essencial, com possibilidade de lesão do interesse público, o Ministério Público do Trabalho poderá ajuizar dissídio coletivo e competirá à Justiça do Trabalho decidir o conflito (art. 114, § 3º, CF). Não se trata de legitimidade *ad causam* exclusiva do Ministério Público do Trabalho, de modo que o empregador ou sindicato patronal também poderá pedir a instauração do dissídio de greve.

A Lei 7.783 (art. 4º, § 2º, e art. 5º) confere à comissão de trabalhadores legitimidade para participarem do dissídio coletivo em caso de greve e desde que não haja entidade sindical da categoria.

O sindicato dos trabalhadores que deu início ao movimento grevista não poderá ingressar com o dissídio coletivo postulando declaração de sua legalidade (OJ 12, SDC, cancelada pela Resolução 166/2010).

Guilherme Mastrichi Basso[34] e Raimundo Simão de Melo[35] discordam dessa orientação e apontam sua inconstitucionalidade, o primeiro por considerar que o direito

---

[32] "A questão jurídica que se apresenta com as greves atípicas resulta do seu atrito com o conceito de greve, que pressupõe a paralisação do trabalho, o que não ocorre no caso. Seria possível enquadrar essas omissões no conceito de greve? Em princípio, a impressão que fica é negativa, porque greve e cessação do trabalho são dados que se completam. Porém, é preciso ouvir que a não colaboração é menos prejudicial do que a paralisação total da produção. Não colaborando, os trabalhadores estariam sujeitos a punições de desídia, ao passo que, abstendo-se totalmente do trabalho, nenhuma punição sofreriam. Estariam fazendo uma greve. Admita-se também que a conflitividade é maior com a greve-paralisação do que com a greve-não-colaboração. É melhor para a empresa manter uma produção reduzida do que nada produzir" (NASCIMENTO, Amauri Mascaro. Ob. cit., p. 452).

[33] *Lockout* é a paralisação das atividades, por iniciativa do empregador, com o objetivo de frustrar negociação ou dificultar o atendimento de reivindicações dos respectivos empregados (art. 17, Lei 7.783/1989). Trata-se da paralisação patronal quanto às suas atividades econômicas, sendo que é proibida pela lei. Durante a referida paralisação patronal, é assegurado ao trabalhador o direito aos salários (art. 17, parágrafo único).

[34] BASSO, Guilherme Mastrichi. Dissídio coletivo de natureza jurídica. *Revista Jurídica Virtual da Presidência da República* – subchefia para assuntos jurídicos, nº 4, ago./99.

[35] MELO, Raimundo Simão de. *Dissídio coletivo de trabalho*, p. 60.

constitucional de ação encontra-se violado e o segundo por visualizar afronta ao art. 8º, II, CF, que assegura ao sindicato a defesa aos interesses individuais e coletivos da categoria.

No caso de greve conjunta da categoria predominante e da categoria diferenciada na mesma empresa, o caráter abusivo ou não do movimento será apreciado pelo tribunal separadamente, pois o movimento de qualquer das categorias, analisado isoladamente, pode estar respeitando os limites da lei de greve.[36]

A Lei 7.783 não impede a decretação da greve, se já tiver havido a instauração de dissídio coletivo. A decisão quanto à greve deverá ser comunicada ao presidente do tribunal e/ou ao juiz relator. A entidade sindical poderá requerer sejam as partes convocadas para a solução do conflito. Mas, caso assim não o faça, esse requerimento poderá ser efetivado pela entidade patronal ou pelo procurador do trabalho.

Poderá ocorrer acordo, judicial ou extrajudicial, para a cessação da greve. O instrumento do acordo deve dispor quanto ao pagamento dos dias da paralisação, pois a lei não garante o direito ao recebimento da remuneração durante o período da greve, e seu pagamento posterior dependerá do que for estabelecido no acordo, assim como sobre as demais obrigações do contrato de trabalho.

Se o dissídio coletivo tiver sido instaurado pela iniciativa das partes, no caso de acordo extrajudicial, deve haver a solicitação da sua desistência.

Em caso de sua instauração a requerimento do presidente do tribunal[37] ou do procurador do trabalho, a desistência somente ocorrerá com a manifestação da vontade da autoridade responsável pela solicitação nesse sentido. No caso da recusa quanto à desistência, deverá o tribunal declinar a sua prestação jurisdicional, pondo fim ao litígio.

8.2.5.6 Decisão judicial sobre a greve

A decisão do tribunal deverá solucionar a questão da greve e das reivindicações dos trabalhadores. Trata-se de uma sentença única, devendo, de forma preliminar, haver a análise sobre a greve, pronunciando-se sobre a sua ocorrência e a verificação da abusividade ou não.

Constata-se a existência ou não do abuso do direito de greve quando se tem a inobservância das normas contidas na Lei 7.783, bem como a manutenção da paralisação após a celebração de acordo, convenção ou decisão da Justiça (art. 14).

O conceito de greve abusiva se *"aplica sempre que os objetivos, os meios empregados ou os resultados extravasem o mínimo de tolerância da sociedade e aí se construa o alcance da 'responsabilidade das penas da lei' (CF, art. 9º, § 2º), cujos efeitos poderão ser penais, civis ou trabalhistas (L. 7.783/89, art. 15). Orlando Teixeira da Costa, com acerto,*

---

[36] "[...] será apreciado pelo Tribunal separadamente, uma vez que a categoria diferenciada pode ter paralisado os serviços respeitando os ditames da lei de greve e a categoria principal não" (MARTINS FILHO, Ives Gandra. *Processo coletivo do trabalho*. 3. ed., p. 85).

[37] A doutrina, diante da relativa liberdade sindical prevista na CF/88 (art. 8º), não admite a instauração de ofício, pelo presidente do tribunal, prevista na CLT (arts. 856 e 874).

intui o abuso, como faz o Código Civil português, no exercício de direito que exceda os limites da boa-fé, os bons costumes ou os fins daquele próprio direito; ainda, com apoio na Constituição, quando viole ou constranja direitos ou garantias de outrem; quando não se cumprirem requisitos formais (tentativa de negociação e prazos; terminam configurando abusivos o boicote, a ocupação, a sabotagem e a violência) ('Do Abuso de Direito na Greve', Rev. Synthesis 10/124)".[38]

O abuso pode ser formal ou material. É formal quando não se observam as formalidades previstas na lei de greve, como, por exemplo: a não realização de assembleia, a inexistência do aviso prévio – 48 horas (atividades comuns) e 72 horas (atividades ou serviços essenciais). É material, segundo Sergio Pinto Martins,[39] *"se a greve se realizasse em atividades proibidas".*

Não se denota a ocorrência de abuso do direito de greve, em caso de vigência de acordo, convenção ou sentença normativa quando a nova paralisação pretenda o cumprimento de cláusula ou condição, ou seja, motivada pela superveniência de fato novo ou acontecimento imprevisto que modifique de forma substancial a relação de trabalho (art. 14, parágrafo único, Lei 7.783).

Quando da análise da greve, a Justiça do Trabalho, em sua decisão, deverá estabelecer os critérios quanto ao pagamento dos salários e demais direitos durante o período da paralisação, inclusive quanto ao momento de retorno dos grevistas ao trabalho. Se for o caso, ainda, poderá fixar penalidades aos empregados ou aos empregadores no caso de descumprimento da decisão.

Posteriormente, deve adentrar ao mérito das reivindicações, estabelecendo as condições aceitas ou não, em função das ponderações das partes e de acordo com a pauta deliberada em assembleia. O acolhimento das deliberações contidas na pauta pode ser parcial ou total. A decisão, no seu todo, pode concluir pela abusividade da greve e, mesmo assim, acolher o elenco das reivindicações de forma parcial ou total. Por outro lado, a solução pode ser pela não abusividade quanto ao exercício do direito de greve, mas com o indeferimento das pretensões dos trabalhadores.

O TST, contudo, tem entendido que é incompatível a declaração de abusividade de movimento grevista com o estabelecimento de quaisquer vantagens ou garantias a seus partícipes, que assumiram os riscos inerentes à utilização do instrumento de pressão máximo (OJ 10, SDC). Entendemos que esse verbete não pode ser aplicável de forma literal, visto que pode prejudicar os trabalhadores diante da não apreciação da pauta de reivindicações.

8.2.5.7 Manutenção da greve após a decisão judicial

Após a decisão judicial, é comum haver a convocação, pela entidade sindical, de nova assembleia, para que seja deliberado quanto à manutenção ou não do movimento grevista.

---

[38] CARRION, Valentin. *Comentários à Consolidação das Leis do Trabalho.* 28. ed., p. 538.
[39] MARTINS, Sergio Pinto. *Direito do trabalho.* 23. ed., p. 857.

Se a greve for mantida pelos trabalhadores, com deliberação da assembleia sindical, após a decisão do tribunal determinando o retorno ao trabalho, novo dissídio coletivo terá que ser instaurado a requerimento do empregador ou, se for o caso, por parte do procurador do trabalho (art. 114, § 3º), para o exame das causas da manutenção da greve e a declaração ou não da sua abusividade.

Também poderá ocorrer que, retornando os trabalhadores ao serviço, as empresas não cumpram o acordo ou a decisão do tribunal. Neste caso, os trabalhadores poderão retomar a greve, mas observando o mesmo rito legal.

8.2.5.8 Efeitos quanto ao contrato individual de trabalho

Havendo a observância dos critérios estabelecidos na Lei 7.783, a participação no movimento grevista implica para o trabalhador a suspensão de seu contrato de trabalho, devendo as relações obrigacionais no período ser regidas pelo acordo, convenção, laudo arbitral ou decisão da Justiça do Trabalho (art. 7º).

Durante a greve, o empregador não pode efetuar a rescisão contratual de seus empregados, bem como lhe é vedada a contratação de trabalhadores substitutos, exceto nas hipóteses dos arts. 9º e 14, Lei 7.783 (art. 7º, parágrafo único). Estes artigos tratam, respectivamente, da contratação de trabalhadores para os serviços necessários para a manutenção de máquinas e equipamentos durante a greve ou quando se tem a sua continuidade após a celebração da norma coletiva.

Amauri Mascaro Nascimento[40] declina: *"Todos sabem que a lei brasileira (Lei 7.783/89) considera a greve suspensão do contrato de trabalho quando observadas as condições previstas em lei (art. 7º), logo, se não observadas essas mesmas condições, a contrario sensu, a greve não é suspensão. É ruptura do contrato individual de trabalho. Não é por outra razão que a mesma lei veda a rescisão do contrato de trabalho durante a greve, mas ressalva as hipóteses dos artigos 9º e 14. Logo, em se verificando essas hipóteses excepcionadas, é evidente que a lei permite a rescisão do contrato de trabalho, diante da ressalva, até mesmo durante a greve. As hipóteses excepcionadas são o descumprimento pelo sindicato da obrigação de manter em atividades equipes com o propósito de assegurar os serviços cuja paralisação resulta em prejuízo irreparável, deterioração irreversível de bens, máquinas e equipamentos, bem como a falta de manutenção daqueles essenciais à retomada das atividades da empresa quando da cessação do movimento (art. 9º) e o abuso do direito de greve, assim considerado a inobservância das normas contidas na lei de greve, como a manutenção de paralisação após a celebração de acordo, convenção ou decisão da Justiça do Trabalho (art. 14)."*

A simples adesão à greve não se constitui em falta grave (Súm. 316, STF).

A adesão pacífica, *"sem que a conduta individual tenha maior relevância no movimento grevista, na greve declarada abusiva pode, em sistemas jurídicos específicos, não*

---

[40] NASCIMENTO, Amauri Mascaro. Consequências da ilicitude da greve. *Revista LTr*, v. 59, nº 9, p. 731.

configurar justa causa exigindo-se, para tal, um ato individual abusivo, além da greve como um todo e como tal, portanto a existência de uma antijuridicidade especial qualificadora da imputação. A viabilidade da tese cresce sabendo-se que há empregadores que aproveitando greves promovem dispensas em massas por ocasião dos conflitos coletivos em ato que procura justificar como verdadeira legítima defesa autorizante de decisões genéricas que alcançam todos os que participaram da greve, indistintamente. É claro que se a greve é lícita, não há como aceitar essa exorbitância".[41]

Porém, se houver o abuso de direito durante a greve, independentemente da decisão judicial quanto à abusividade ou não do movimento, com emprego de violência física ou verbal de um grevista, seja para outros trabalhadores ou representantes da empresa, bem como de atos de depredação ou destruição de patrimônio, é motivo justo para a rescisão contratual por justa causa.

A Lei 7.783 garante ao trabalhador, durante a greve, o emprego de meios pacíficos para a persuasão ou aliciamento de seus colegas para fins de adesão ao movimento, além da arrecadação de fundos e a livre divulgação da paralisação (art. 6º). As manifestações devem ser tranquilas e pacíficas, respeitando-se os direitos e garantias fundamentais de outrem. Quando houver o extravasamento dos limites quanto ao exercício do direito de greve, justifica-se a rescisão contratual por justa causa.

A livre divulgação do movimento visa *"assegurar a comunicação e informação sobre a greve, para que ela possa ser propagada. Há a possibilidade da divulgação por meio de panfletos, de cartazes de propaganda, desde que não sejam ofensivos à pessoa do empregador, assim como o uso de megafone ou veículo com sonorização na porta da fábrica. [...]*

O piquete consiste numa forma de pressão dos trabalhadores sobre aqueles obreiros que não se interessam pela paralisação, preferindo continuar a trabalhar, e também para a manutenção do movimento. Serão, portanto, os piquetes permitidos, desde que não se ofendam as pessoas ou que se cometam estragos em bens, ou seja, o piquete pacífico será permitido como modo de persuasão e aliciamento da greve. Não serão admitidos piquetes que venham a impedir o trabalhador de ingressar no serviço.

Já a sabotagem, porém, não será permitida".[42]

Uma indagação que surge é no sentido de se saber se a decretação da abusividade do movimento, de forma concreta, implica de forma automática a rescisão do contrato de trabalho dos grevistas.

Amauri Mascaro Nascimento[43] pondera: *"Aceito que a greve abusiva rescinde o contrato individual de trabalho, persistem, como questões centrais sobre esse aspecto, saber se a ruptura, no direito brasileiro, provoca automaticamente, a ruptura do contrato ou se é necessária prévia intimação dos grevistas, portanto um ato subsequente de dispensa, para depois configurar-se a rescisão [...] Há lacuna na lei e que, por esse motivo, deve ser*

---

[41] NASCIMENTO, Amauri Mascaro. Ob. cit., p. 730.
[42] MARTINS, Sergio Pinto. Ob. cit., p. 856.
[43] NASCIMENTO, Amauri Mascaro. Ob. cit., p. 732.

urgentemente corrigida para que fique claro se a declaração judicial da ilicitude da greve produz efeitos imediatos ou se, subsequentemente, o empregador deverá mandar cartas de dispensa ou aguardar algum prazo. A lei de greve não exige um ato de dispensa posterior à declaração judicial da abusividade mas declara que é vedada a rescisão do contrato de trabalho durante a greve, mas é permitida quando o sindicato não tiver o funcionamento dos equipamentos que não podem parar ou manter a greve após a decisão judicial (art. 7º, parágrafo único, da Lei nº 7.783/89, com remissões aos artigos 9º e 14). Talvez, de lege ferenda, fosse melhor estabelecer que, declarada, pelo Tribunal, a abusividade da greve, a decisão deverá fixar o prazo para retorno dos grevistas ao trabalho, sob pena de automática rescisão do contrato de trabalho, independentemente de qualquer ato complementar do empregador. No mesmo prazo, o empregado que não compareceu ao serviço por motivos justificáveis, poderia fazer, perante o empregador, a justificação, caso em que, evidentemente, não haveria a ruptura do seu contrato individual de trabalho em razão da participação na greve abusiva."

8.2.5.9 Pagamento dos salários

A greve implica a suspensão do contrato de trabalho. A Lei 7.783/89 não disciplina se os salários são devidos durante o período de greve. Em tese, ante a suspensão do contrato de trabalho, os salários não são devidos, pois não houve a devida prestação dos serviços.

A greve é um direito do trabalhador. Se for decretada não abusiva, a paralisação é justa, devendo haver o pagamento dos salários aos trabalhadores. Em caso contrário, os salários não devem ser pagos.

Discorre Sergio Pinto Martins:[44] *"Em princípio, se a greve for considerada não abusiva, o mais correto seria o pagamento dos dias parados, mormente quando as reivindicações são atendidas. Contudo, se analisarmos a questão sob outro aspecto veremos que os salários não deveriam ser pagos.*

Na suspensão do contrato de trabalho não há pagamento de salários. A greve é considerada como hipótese de suspensão do contrato de trabalho, desde que observadas as condições previstas na Lei nº 7.783/89 (art. 7º). Logo, atendidas as condições da Lei nº 7.783, há suspensão do contrato de trabalho e, se há suspensão, não há pagamento de salários."

Discordamos desse entendimento. A questão não se desdobra no aspecto técnico somente. Deve ser valorizada pelo aspecto de que o direito de greve é direito de índole constitucional. Se o direito é exercitado de forma não abusiva, atendendo aos ditames da lei, nada mais justo que os salários sejam pagos durante o período.

Para o TST, como a greve implica suspensão do contrato de trabalho, os dias da paralisação não são devidos, exceto quando a matéria é objeto de negociação ou em situações excepcionais.[45]

---

[44] MARTINS, Sergio Pinto. Ob. cit., p. 858.
[45] TST – SDC – RO 1000951-10.2014.5.02.0000 – Relª Minª Kátia Magalhães Arruda – *DEJT* 22/3/2016.

8.2.5.10 Responsabilidade pelos danos causados

Os abusos cometidos durante a greve sujeitam os responsáveis às penas da lei (art. 9º, § 2º, CF).

A responsabilidade pelos atos praticados, ilícitos ou crimes cometidos no curso da greve será apurada, conforme o caso, segundo a legislação (trabalhista, civil ou penal) (art. 15, Lei 7.783).

A responsabilidade trabalhista e a penal são de caráter individual, abrangendo o autor ou autores do ato.

A caracterização da responsabilidade trabalhista, penal ou civil do trabalhador e do dirigente sindical, além da civil da entidade sindical, não necessita da declaração da abusividade da greve.

A configuração da responsabilidade para a indenização à pessoa física ou jurídica prejudicada implica a existência dos seguintes fatores: (a) ato ilícito; (b) culpa; (c) dano; (d) o nexo causal.

8.2.5.10.1 Responsabilidade do trabalhador

Se o trabalhador, durante a paralisação, extravasa os limites quanto ao exercício de seu direito de greve, de acordo com a natureza do ato, pode levar à responsabilidade trabalhista (perda dos dias durante a greve, justa causa etc.), à civil (obrigação de indenizar danos materiais e morais causados a terceiros, ao empregador e a outros colegas de trabalho não grevistas etc.) e, por fim, à penal, quando a sua conduta esteja em sintonia com os tipos previstos no Código Penal (lesão corporal, dano, homicídio etc.).

8.2.5.10.2 Responsabilidade do sindicato

O sindicato é uma associação de pessoas, com fins próprios e previstos no ordenamento legal, sendo administrado por uma diretoria, que o representa em Juízo e em todos os atos da vida civil, logo, como qualquer pessoa jurídica de Direito Privado, deve ser responsabilizado pelos atos ilícitos que cometer.

A entidade sindical pode ser responsável, do ponto de vista civil, em caso de danos materiais, quando incentiva a depredação do patrimônio da empresa, não atende à determinação do tribunal quanto à manutenção de um percentual mínimo de atividades quanto aos serviços essenciais, quando descumpre a ordem de retorno ao trabalho após a decisão normativa etc.

A responsabilidade civil do sindicato deriva do que dispõe o art. 9º, § 2º, CF, combinado com o art. 15, Lei 7.783.

TST – SDC – RO 1001117-42.2014.5.02.0000 – Relª Minª Kátia Magalhães Arruda – *DEJT* 29/4/2016.

Para Amauri Mascaro Nascimento,[46] *"não há como afastar a responsabilidade de um sindicato pela greve abusiva sob o argumento de que a declaração da greve é da assembleia dos trabalhadores e, portanto, estes é que deliberaram, não sendo possível à pessoa jurídica sindical responder por atos determinados pela sua assembleia-geral ou extraordinária. Sob o prisma da responsabilidade das pessoas jurídicas seria o mesmo que dizer que a sociedade anônima não é responsável pelas deliberações aprovadas por sua assembleia".*

Perez del Castilho[47] afirma que *"o sujeito coletivo que proclamou ou conduziu a greve pode ver comprometida sua responsabilidade se violou as cláusulas obrigatórias de paz, considerando só o dever de influir sobre seus filiados para que não adotem medidas de luta. Pode incorrer também em responsabilidade na medida em que, sob seu impulso, tenham sobrevindo sabotagens, piquetes resistentes ou outras situações também reprimíveis. O sindicato pode ficar incurso, especialmente nos sistemas onde exista o monopólio da greve, e esta se vincula estreitamente à negociação coletiva justificando-se nas etapas preliminares, mas não durante a vigência da obrigação de paz implícita, uma vez que subscrito o convênio".*

É comum a deflagração de greves em serviços que afetam de forma direta a sociedade, como a paralisação do transporte público. São milhões de trabalhadores que ficam prejudicados, pois a entidade sindical não respeita a determinação do Tribunal em manter um mínimo de prestação de serviços à comunidade, desafiando não só a decisão judicial, como o próprio espírito da Lei 7.783, que em seu art. 11 enuncia: *"Nos serviços ou atividades essenciais, os sindicatos, os empregadores e os trabalhadores ficam obrigados, de comum acordo, a garantir, durante a greve, a prestação dos serviços indispensáveis ao atendimento das necessidades inadiáveis da comunidade. Parágrafo único. São necessidades inadiáveis da comunidade aquelas que, não atendidas, coloquem em perigo iminente a sobrevivência, a saúde ou a segurança da população."*

Os abusos praticados durante o movimento paredista devem ser indenizados, sendo que a entidade sindical deve ser responsabilizada. Todo e qualquer prejuízo advindo da greve, notadamente quando declarada abusiva, implica para o sindicato a imputação quanto ao ressarcimento dos danos. A avaliação deve ser feita em função de cada caso em concreto, aplicando-se os princípios que regem a responsabilidade civil.[48] Os ditames do Código Civil são aplicáveis ante a lacuna da legislação trabalhista, de acordo com o que dispõe o art. 8º da CLT.[49]

A responsabilidade civil do sindicato *"define-se pelos atos praticados e diante da abusividade, daí comportando saber se a entidade, como tal, responde pelos efeitos da greve declarada, pelo Tribunal, abusiva, e a resposta é afirmativa, uma vez que se atos menores podem gerar o dever de ressarcir, os atos maiores, por um princípio lógico, devem*

---

[46] NASCIMENTO, Amauri Mascaro. Ob. cit., p. 733.
[47] CASTILHO, Perez del apud NASCIMENTO, Amauri Mascaro. Ob. cit., p. 734.
[48] TST – SDC – RO 1000801-29.2014.5.02.0000 – Relª Minª Kátia Magalhães Arruda – *DEJT* 22/3/2016.
[49] TRT – SDC – 2ª R. – DCG 20116002220115020000 – Rel. Juiz Sidnei Alves Teixeira – *DOE/SP* 30/6/2011.

provocar os mesmos efeitos. É claro que a abusividade da greve é mais que a prática de atos abusivos durante a greve, de modo que comprometido o todo, que é a qualificação judicial do movimento como abusivo, é o quanto basta para que, se resultarem prejuízos e danos a alguém, subsista o direito à correspondente reparação. Como a responsabilidade segue a regra da correspondência e causalidade, a cada dano causado corresponde o respectivo direito de reparação, daí por que esta é resultante tanto da declaração judicial da abusividade em relação aos prejuízos sofridos por alguém com a greve, como de atos praticados no curso da greve ou depois dela, com a mesma conectados. A responsabilidade civil não é objetiva, é subjetiva".[50]

A responsabilidade é subjetiva, logo, é necessário o preenchimento dos requisitos, a saber: a ocorrência do ato omissivo ou comissivo, do nexo de causa e efeito entre o ato e o dano, além da culpa (em sentido lato).

Os prejuízos são suportados tanto pelo empregador como por terceiros. As vítimas, geralmente, são os empregadores, pois é comum, durante a greve, ocorrerem danos ao patrimônio, perda de faturamento etc.

Os terceiros podem ser pessoas que tiveram seus bens depredados, que sofreram prejuízos comerciais pela interrupção dos negócios com a empresa etc.

Amauri Mascaro Nascimento[51] preleciona: *"Terceiros usuários também podem cobrar reparações de danos sofridos em decorrência da greve ilegal, até nos juizados de pequenas causas, desde que sejam também afetados, segundo o mesmo princípio da reparação civil, previsto na lei de greve. O empregador que, em virtude de uma greve, sofrer prejuízos que o impeçam de cumprir contratos mantidos com outras empresas e terceiros em geral, é, também, parte legítima para a ação de indenização por perdas e danos, com os fundamentos."*

De acordo com o parágrafo único do art. 15, Lei 7.783, deverá o Ministério Público, de ofício, requisitar a abertura do competente inquérito e oferecer denúncia quando houver indício da prática de delito.

8.3 ABUSO DE DIREITO E O DIREITO DE GREVE

8.3.1 Conceito de abuso de direito

Não constitui ato ilícito o praticado no exercício regular de um direito reconhecido (art. 188, I, CC). Em sentido contrário, quando o ato é praticado de forma não regular, visualiza-se o abuso de direito.

É difícil a exata caracterização do que vem a ser abuso de direito: *"Para uns, seu elemento caracterizador repousa na intenção de prejudicar. Todas as vezes que o titular exercite um direito movido por esse propósito subalterno, configurado estará o abuso do direito. Para outros, o critério identificador reside na ausência de interesse legítimo. Se o titular exerce o direito de modo contrário ao seu destino, sem o impulso de um motivo justi-*

---

[50] NASCIMENTO, Amauri Mascaro. Ob. cit., p. 734.
[51] NASCIMENTO, Amauri Mascaro. Ob. cit., p. 734.

ficável, verificar-se-á o abuso dele. Finalmente, para outros ainda, esse abuso existirá sempre que anormal ou irregular o exercício do direito. Se alguém prejudica a outrem, no exercício do seu direito, fica adstrito a reparar o dano, se anormal ou não regular esse direito. É a mesma teoria da responsabilidade civil fundada na culpa, abraçada pelo nosso Código."[52]

8.3.2 Direito de greve é um direito absoluto?

O direito de greve não é absoluto (art. 9º, CF). A lei infraconstitucional deve prever as hipóteses de atendimento das necessidades inadiáveis da comunidade quanto aos serviços e às atividades essenciais, bem como sobre os abusos cometidos e a responsabilização dos envolvidos.

Para Magano,[53] *"a greve não constitui apenas direito mas atividade constitucionalmente protegida. E não há nisso qualquer originalidade porque vários outros países seguem o mesmo padrão, como é o caso da França, da Itália, da Espanha, de Portugal, do México, da Venezuela, da Colômbia, do Peru, do Panamá. O exame dos textos constitucionais acima referidos revela possuírem quase todos a ressalva de ser a greve um direito relativo, sujeito, portanto, a limitações impostas pelas leis ordinárias e seus regulamentos [...] A relatividade do direito de greve tem sido, aliás, reconhecida, sem discrepância, pela doutrina, cujo esforço maior se desenvolve no sentido de perquirir até que ponto a sua regulamentação não é apta a desnaturá-lo. Como diz Ramirez Martinez, as limitações contidas na regulamentação não podem ser tais que suponham a negação ou anulação prática do direito em causa. Na busca de critérios limitativos, Carlo Lavagna identifica quatro: o da graduação de bens e interesses tutelados pela constituição; o da igualdade; o do equilíbrio entre o status econômico e profissional; e o da solidariedade".*

Arnaldo Süssekind[54] leciona: *"Mas, além dessas limitações ao exercício abusivo da greve, outras decorrem da própria ordem jurídica constitucional, que consagra, dentre outros, os princípios referentes à dignidade humana (art. 1º, III); direito à vida, à liberdade, à segurança e à propriedade (art. 5º, caput); ao direito de não sofrer tratamento desumano ou degradante (art. 5º, III); à liberdade de trabalho (art. 5º, XIII) e à função social da propriedade (art. 170, III). Daí ter o Ministro Marcelo Pimentel asseverado, em erudito voto acolhido pelo egrégio Tribunal Superior do Trabalho, que a Carta Magna garantiu o direito de greve 'como consectário lógico da própria personalidade humana', mas 'a consciência jurídica determina que não haja excessos no exercício de qualquer direito'. E concluiu: 'há um fim social em todo direito, que existe com o objetivo de assegurar a existência do homem em sociedade com outros homens' ('Não existe direito absoluto de greve', Brasília, 1990, p. 26)."*

Alice Monteiro de Barros[55] declina quais são os critérios doutrinários a embasar os limites quanto ao direito de greve, a saber: *"Os argumentos utilizados pela doutrina*

---

[52] MONTEIRO, Washington de Barros. *Curso de direito civil*. 33. ed., v. 2, p. 283.
[53] MAGANO, Octavio Bueno. Ob. cit., p. 170.
[54] SÜSSEKIND, Arnaldo. Critérios judiciais para a declaração da abusividade da greve. *Revista LTr*, v. 55, nº 8, p. 904.
[55] BARROS, Alice Monteiro de. *Curso de direito coletivo do trabalho*, p. 466.

para fundamentar os limites do direito de greve são desdobrados em duas teorias: a primeira, intitulada 'equivalência dos danos' ou 'proporcionalidade de sacrifícios', assenta-se no fato de que o empregador está obrigado a suportar um dano econômico, pelo qual não poderá reclamar nenhum tipo de ressarcimento, porém tal dano não pode ser ilimitado. O direito de greve, consoante essa teoria, deverá situar-se num marco de luta leal, em que os interlocutores sociais não poderão sofrer um prejuízo desproporcional e, em consequência, o custo da greve terá que ser equivalente para ambas as partes. Esse limite é considerado interno. Essa primeira tese tem sido muito criticada pela doutrina, principalmente por considerar que os danos sofridos pelo empregado e pelo empregador não podem ser postos em confronto, pois 'inexiste homogeneidade entre os termos do princípio enunciado, já que o dano do empresário é a consequência de um ato coletivo, enquanto a perda da retribuição depende da crise do sinalagma funcional. Sustentam, ainda, que não se torna possível estabelecer relação causal entre as formas de atuação da greve e as características qualitativas ou quantitativas do dano'.

A opinião doutrinária predominante é no sentido de que a greve é um instrumento de pressão coletiva, e dentro dessa pressão o dano que se causa ao empregador tem um papel relevante. Logo, incrementar a pressão através do aumento do prejuízo que se pode acarretar poderá traduzir uma consequência da própria estratégia grevista, dentro da qual se poderá buscar, não o momento mais inofensivo para realizar a greve, senão o de maior volume de atividade da empresa, sem que esta atitude possa ser censurável, desde o ponto de vista da própria essência do direito de greve.

A segunda das teorias invocadas para justificar o limite do direito de greve reside no respeito a outros direitos protegidos pelo ordenamento jurídico; trata-se de limite externo, o qual tem sido apontado como o respeito à integridade físico-psíquica dos indivíduos, à salvaguarda da empresa, proibindo-se a destruição e inutilização das instalações, o que é, em última análise, uma salvaguarda do direito de propriedade do empregador. Isso porque não nos parece aceitável possa-se destruir a atividade produtiva de uma empresa por motivo de uma disputa laboral, já que há o interesse geral no sentido de que marche a economia, de que os níveis de emprego não caiam e que uma empresa não sofra perdas descabidas."

8.3.3 Hipóteses que justificam a greve como sendo abusiva

Constitui abuso do direito de greve[56] a inobservância das normas contidas na lei, bem como a manutenção da paralisação após a celebração de acordo, convenção ou decisão da Justiça do Trabalho (art. 14, *caput*, Lei 7.783).

---

[56] Alguns autores procuram utilizar a expressão "greve ilícita", para diferenciá-la de greve abusiva. Para Wilson de Souza Campos Batalha e Sílvia Marina Labate Batalha: "Greve ilícita é a que ultrapassa os limites estabelecidos para o exercício do respectivo direito. Será ilícita a greve que não atender aos requisitos de constituir reivindicação de sindicato contra sindicato, ou de sindicato contra empresa (*quoad personam*). Será ilícita a greve que não atender à tramitação, estabelecida em lei, para o seu processo (extrajudicial) – (*quoad formam*). Será ilícita a greve que objetive finalidades inviáveis ou que veicule postulações que o empregador não possa atender, no todo ou em parte (*quoad materiam*). Greve ilícita não se confunde com greve abusiva. O abuso consiste no desvio

Na vigência de acordo, convenção ou sentença normativa, não constitui abuso de direito de greve a paralisação que: (a) tenha por objeto exigir o cumprimento da cláusula ou condição; (b) seja motivada por fato novo ou acontecimento imprevisto, que modifique substancialmente a relação de trabalho (art. 14, parágrafo único).

Torna-se necessária, diante da Lei 7.783, a análise das situações que configuram ou não o abuso do direito de greve, a saber:

a) a greve, como cessação coletiva de trabalho, só pode ser tida como não abusiva após as tentativas necessárias para a negociação coletiva ou na impossibilidade da arbitragem coletiva (art. 3º, *caput*).

Antes do cancelamento pela Resolução 116/03, do Pleno do TST, a IN 4/93, TST, regulava o procedimento dos dissídios coletivos no âmbito da Justiça do Trabalho e exigia que o pedido de instauração apresentasse a exposição das causas motivadoras do conflito coletivo e da greve, se houvesse, e indicação das pretensões coletivas, aprovadas em assembleia da categoria profissional, quando fosse parte entidade sindical de trabalhadores de primeiro grau, ou pelo conselho de representantes, quando fosse suscitante entidade sindical de segundo grau ou de grau superior (item VI, *c*).

b) compete à entidade sindical convocar, na forma de seu estatuto, a assembleia--geral, a qual irá definir as reivindicações da categoria, bem como deliberará sobre a paralisação coletiva da prestação de serviços (art. 4º, *caput*, Lei 7.783).

Por sua vez, o estatuto da entidade sindical deverá prever as formalidades de convocação e o quórum para a deliberação. O quórum deverá envolver tanto a hipótese de deflagração como de término da greve (art. 4º, § 1º).

No caso de não haver a entidade sindical, a assembleia-geral dos trabalhadores interessados deliberará quanto à greve, constituindo-se uma comissão de negociação, representando, como a entidade sindical, os trabalhadores nas negociações ou na Justiça do Trabalho (art. 4º, § 2º, e art. 5º).

c) a greve, para ser iniciada, necessita da concessão de um aviso prévio, que é de 48 horas, para a entidade sindical patronal ou os empregadores interessados (art.

(intencional) do direito, deturpando-se sua finalidade institucional, para que objetive finalidades diversas (antissociais) daquelas que justificaram a instituição do direito" (Ob. cit., p. 246).

"Como se verifica, o *caput* do dispositivo confunde ilegalidade e abuso de direito. A ilegalidade consiste, como assinalamos, na transposição dos limites objetivos estabelecidos para o exercício do direito. O abuso consiste no desvio da finalidade social para a qual o direito foi instituído – é o exercício antifuncional ou antinstitucional. Assim, constituem modalidades de abuso do direito de greve, no exato sentido, a manutenção da paralisação após a celebração de convenção, acordo ou decisão judicial, bem como a paralisação *ex abrupto* sem prévia negociação. O direito de greve tem a função social de colimar a melhoria das condições econômico-sociais da relação de trabalho não podendo ser desviado desse objetivo para continuar a ser exercido quando satisfeitas, nos lindes da legalidade, as reivindicações através de acordo, convenção ou sentença normativa" (Ob. cit., p. 258).

3º, parágrafo único, Lei 7.783). Nas greves, em serviços ou atividades essenciais, ficam as entidades sindicais ou trabalhadores, conforme o caso, obrigados a comunicar a decisão aos empregadores e aos usuários com antecedência mínima de 72 horas (art. 13).

São considerados serviços ou atividades essenciais: (a) tratamento e abastecimento de água, produção e distribuição de energia elétrica, gás e combustíveis; (b) assistência médica e hospitalar; (c) distribuição e comercialização de medicamentos e alimentos; (d) funerários; (e) transporte coletivo; (f) captação e tratamento de esgoto e lixo; (g) telecomunicações; (h) guarda, uso e controle de substâncias radioativas, equipamentos e materiais nucleares; (h) processamento de dados ligados a serviços essenciais; (i) controle de tráfego aéreo; (j) compensação bancária (art. 10).

Durante a greve que envolva os serviços ou atividades essenciais, os sindicatos, os empregadores e os trabalhadores, de comum acordo, são obrigados a garantir a prestação dos serviços indispensáveis ao atendimento das necessidades inadiáveis da comunidade (art. 11, *caput*). Por necessidades inadiáveis compreenda-se o que for essencial para a comunidade, as quais, se não atendidas, coloquem em perigo iminente a sobrevivência, a saúde ou a segurança da população (art. 11, parágrafo único).

O Poder Público assegurará a prestação dos serviços indispensáveis (art. 12).

Nas greves que não envolvam serviços ou atividades essenciais, o sindicato ou a comissão de negociação, mediante acordo com entidade patronal ou diretamente com o empregador, manterá em atividade equipes de empregados com o propósito de assegurar os serviços cuja paralisação resulte em prejuízo irreparável, pela deterioração irreversível de bens, máquinas e equipamentos, bem como a manutenção daqueles essenciais à retomada das atividades da empresa quando da cessação do movimento (art. 9º, *caput*). Em não havendo acordo, o empregador terá o direito, enquanto perdurar a greve, de contratar diretamente os serviços necessários para o atendimento das referidas hipóteses já citadas (art. 9º, parágrafo único).

d) como a greve envolve a suspensão coletiva e temporária da prestação de serviços, a mesma há de ser pacífica. Se não o for, isto é, se o sindicato e seus filiados praticarem atos de violência contra as pessoas e bens do empregador ou de terceiros, torna-se irregular o exercício do direito de greve.

Os grevistas têm o direito de empregar meios pacíficos tendentes a persuadir ou aliciar os trabalhadores quanto à adesão ao movimento paredista, bem como arrecadação de fundos e livre divulgação do evento (art. 6º, I e II), porém: (a) em nenhuma hipótese, os meios adotados por empregados e empregadores poderão violar ou constranger os direitos e garantias fundamentais de outrem; (b) é vedado às empresas adotar meios para constranger o empregado ao comparecimento ao trabalho, bem como capazes de frustrar a divulgação do movimento; (c) as manifestações e atos de persuasão utilizados pelos grevistas não poderão impedir o acesso ao trabalho nem causar ameaça ou dano à propriedade ou pessoas (art. 6º, §§ 1º a 3º).

e) o abuso também é configurado após a manutenção do movimento paredista, havendo a celebração de acordo ou convenção ou decisão da Justiça do Trabalho, excetuando: (a) tenha por objetivo exigir o cumprimento de cláusula ou condição; (b) seja motivada pela superveniência de fato novo ou acontecimento imprevisto que modifique substancialmente a relação de trabalho (art. 14, parágrafo único).

A teoria da imprevisão é *"forte elemento de convicção para justificar a eclosão de movimentos grevistas enquanto perdura a inflação que acarreta sensíveis variações de preço das utilidades. Perde ela, porém, toda a sua força no instante em que os preços se estabilizam. Aí, a greve surge como instrumento do anseio da classe operária de melhorar suas condições de vida mediante majorações salariais reivindicadas de empresários que se encontrem em condições de concretizá-las. Em contrapartida e nessa linha de raciocínio, é válido o argumento de que, num momento de crise, com forte retração do mercado consumidor, os empregados têm de aceitar a redução de suas remunerações, a fim de conservar o emprego. Nosso Código Civil não faz referência expressa à cláusula* rebus sic stantibus *mas, também, não proíbe. De modo singelo, pode-se dizer que a greve é o meio de que se servem os trabalhadores: (a) em tempos de inflação alta, para recompor o poder aquisitivo de seus salários; (b) para melhorar suas condições de vida, quando estáveis os preços dos bens e das utilidades; (c) para defender seus salários contra a tentativa patronal de reduzi-los em época de crise; (d) para modificar qualquer ato injusto do empregador".*[57]

8.4 LOCKOUT

O *lockout*, também conhecido como *cierro patronal, contrahuelga,*[58] *helga patronal*[59] ou ainda *serrata,*[60] ocorre quando *"o empregador fecha unilateralmente o estabelecimento ou, ainda, sem fazê-lo, deixa de aceitar o trabalho oferecido por seus empregados."*[61]

Pode ser entendida como *"uma ação concentrada e coletiva dos patrões, tendente a negar trabalho a seus empregados, com caráter temporário e com fins de defesa – em sentido amplo – de seus interesses."*[62]

Em outras palavras, "é uma decisão unilateral do empregador, tendente a excluir temporariamente os trabalhadores da empresa e visando à *paralisação total ou parcial desta, no âmbito de um conflito coletivo*".[63]

---

[57] SAAD, Eduardo Gabriel. Ob. cit., p. 767.
[58] ETALA, Carlos Alberto. Derecho colectivo del trabajo, p. 389.
[59] RODRÍGUEZ, Américo Plá. Curso de derecho laboral. Conflictos colectivos. v. 2, p. 110.
[60] CARINCI, Franco; TAMAJO, Raffaele de Luca; TOSI, Paolo; TREU, Tiziano. Diritto del lavoro. Il diritto sindicale. v. 1, p. 265,
[61] CASTILHO, Santiago Perez do. O direito de greve, p. 251.
[62] RUPRECHT, Alfredo J. Ob. cit., p. 868.
[63] RAMALHO, Maria do Rosário Palma. Tratado de Direito do Trabalho. Situações laborais colectivas. Lisboa: Almedina, 2ª ed., 2015, p. 525.

Para Valentin Carrion,[64] *lockout* é o *"fechamento de uma ou várias empresas até que os trabalhadores tenham aceito a atitude que o empregador pretenda impor. Privados do trabalho e salários, os operários podem, depois de um certo tempo, ver-se constrangidos a capitular. O mecanismo é idêntico ao da greve, mas aqui é o patrão quem toma a iniciativa da prova de força (Jean Rivero e Jean Savatier, Droit du Travail). O fechamento definitivo, por razões econômicas ou financeiras, ou o provisório, pela força maior ou por necessidade, não são considerados* lockout. *O direito comparado considera o lockout em pé de igualdade com a greve e algumas Constituições ibero-americanas assim o reconhecem (Alfredo Ruprecht, Conflitos coletivos de trabalho). Também, como a greve, o lockout pode ser considerado ilegítimo e abusivo (por inadequado ou sem aviso). O* lockout *defensivo é o mais comum e ocorre como reação a uma greve iminente, para quebrar a combatividade dos grevistas, ou como simples forma de defender o patrimônio e as instalações da empresa na imediatidade de greve (Rivero e Savatier, cit.). Nos países em que assim ocorre, os salários são indevidos se a hipótese concreta de* lockout *for considerada lícita".*

Como meio de pressão contra os trabalhadores, costuma-se falar em duas espécies de *lockout*, o primeiro, o *lockout agressivo* que ocorre quando empregador tem a iniciativa do conflito ou usa essa forma de pressão de forma abusiva, enquanto, no *defensivo*, o empregador fecha o estabelecimento, como forma de evitar uma ocupação por parte dos trabalhadores ("contragreve").

Diferentemente da greve, o *lockout* não é admitido em diversos sistemas jurídicos, como o italiano, o português, o uruguaio e o argentino. No Brasil, a Lei de Greve proíbe expressamente *"a paralisação das atividades, por iniciativa do empregador, com o objetivo de frustrar negociação ou dificultar o atendimento de reivindicações dos respectivos empregados (lockout)."* Além disso, em caso de paralisação por parte do empregador, é assegurado aos trabalhadores o direito à percepção dos salários durante o período de paralisação (art. 17, Lei 7.883/89).

Os contratos de trabalho não se encontram suspensos e sim interrompidos, sendo que o período desta duração, inclusive, poderá justificar a rescisão indireta pelo fato de o empregador não proporcionar serviços ao empregado.

Os arts. 722 e segs. da CLT também vedam a prática do *lockout*, inclusive estabelecendo multas no caso de sua ocorrência.

Além disso, o Código Penal considera crime contra a liberdade ao trabalho, constranger alguém, mediante violência ou grave ameaça: a) a exercer ou não exercer arte, ofício, profissão ou indústria, ou a trabalhar ou não trabalhar durante certo período ou em determinados dias; b) a abrir ou fechar o seu estabelecimento de trabalho, ou a participar de parede ou paralisação de atividade econômica (art. 197).

---

[64] CARRION, Valentin. Ob. cit., p. 534.

QUESTIONÁRIO

1. Aponte os principais pontos da evolução histórica do direito de greve.

2. Qual é o exato alcance da função social do direito de greve?

3. Quais são as correntes doutrinárias quanto à natureza jurídica do direito de greve?

4. Elucide o conceito de greve na ordem jurídica brasileira.

5. Quem tem a legitimidade para dar início à greve?

6. Na sua opinião, a comissão de negociação tem preferência sobre as federações e as confederações quanto à deflagração da greve?

7. Quais são os prazos de aviso prévio para o exercício do direito de greve?

8. Pode haver acordo entre as partes mesmo com a instauração de dissídio coletivo de greve?

9. O reconhecimento judicial ou não da abusividade quanto ao exercício de direito de greve implica, necessariamente, a improcedência das reivindicações?

10. Quais são os efeitos da greve em relação ao contrato individual de trabalho?

11. Os salários são devidos durante a greve?

12. O sindicato pode ser responsabilizado pelos seus atos durante a greve? Justifique.

13. O que é *lockout*?

14. A greve é um direito absoluto? Justifique.

15. Explique as hipóteses legais da configuração da abusividade quanto ao exercício do direito de greve.

Capítulo IX
NEGOCIAÇÃO COLETIVA

9.1 NEGOCIAÇÃO COLETIVA

No Direito Coletivo, a negociação coletiva é considerada a forma mais eficiente de solução dos conflitos coletivos trabalhistas, significando o entendimento direto das partes, resultando na celebração de uma norma coletiva de trabalho.[1]

Enoque Ribeiro do Santos[2] aponta que parte da doutrina entende que a prática da negociação coletiva deveria ser obrigatória às partes, como forma preventiva de soluções dos conflitos laborais.

Negociação coletiva é a *"forma de desenvolvimento do poder normativo dos grupos sociais segundo uma concepção pluralista que não reduz a formação do direito positivo à elaboração do Estado. É a negociação destinada à formação consensual de normas e condições de trabalho que serão aplicadas a um grupo de trabalhadores e empregadores.*

A negociação coletiva está na base da formação do direito do trabalho como uma das suas fontes de produção. As normas jurídicas trabalhistas resultam da atuação do Estado, da qual resultam os Códigos, as leis esparsas e outros atos. Porém, não se esgotam com as normas jurídicas estatais. Há o direito positivo trabalhista não estatal. A negociação coletiva é a sua principal fonte.

Se há uma instituição que é característica do direito do trabalho e que mantém vínculos estreitos com toda a estrutura desse ramo do direito, é a negociação coletiva. Sua presença é inconteste, tanto no espaço, independentemente da estrutura política ou ideológica em que se desenvolve".[3]

---

[1] "Dentre as possíveis e mais importantes contribuições do Direito do Trabalho e das alternativas no âmbito das relações laborais exequíveis para a mitigação da crise do emprego no Brasil e no mundo encontra-se a negociação coletiva de trabalho, por meio de seus dois principais instrumentos: a convenção coletiva e o acordo coletivo" (SANTOS, Enoque Ribeiro dos. *O direito do trabalho e o desemprego*, p. 110).

[2] SANTOS, Enoque Ribeiro dos. *Direitos humanos na negociação coletiva*, p. 89.

[3] NASCIMENTO, Amauri Mascaro. *Iniciação ao direito do trabalho*. 32. ed., p. 270.

Na opinião de José Augusto Rodrigues Pinto,[4] ela deve ser *"entendida como o complexo de entendimentos entre representações de trabalhadores e empresas, ou suas representações, para estabelecer condições gerais de trabalho destinadas a regular as relações individuais entre seus integrantes ou solucionar outras questões que estejam perturbando a execução normal dos contratos".*

Segundo Manuel-Carlos Palomeque López,[5] a negociação coletiva é o processo formalizado de diálogo entre os representantes dos trabalhadores e dos empresários, encaminhado, no exercício de sua autonomia coletiva, à celebração de um convênio coletivo regulador das relações entre ambos.

Nas lições de Carlos Alberto Etala,[6] a negociação coletiva se apresenta como um processo desenvolvido entre as partes – a parte empresarial e a parte obreira – que invocam e defendem interesses distintos, no curso do qual ambas se comunicam e interatuam influenciando-se reciprocamente e como resultado desse desenvolvimento normalmente se logra a elaboração de um produto mutuamente aceito – o convênio coletivo de trabalho – destinado a regular – com eficácia normativa – as condições de trabalho da atividade, profissão, ofício ou categoria de que se trate, e eventualmente acordem matérias que atendam às relações entre as associações pactuantes.

Enoque Ribeiro dos Santos[7] conceitua negociação coletiva *"[...] como processo dialético por meio do qual os trabalhadores e as empresas, ou seus representantes, debatem uma agenda de direitos e obrigações, de forma democrática e transparente, envolvendo as matérias pertinentes à relação de trabalho – capital, na busca de um acordo que possibilite o alcance de uma convivência pacífica, em que impere o equilíbrio, a boa-fé e a solidariedade humana".*

Para a Convenção 154, da OIT, a expressão "negociação coletiva de trabalho" compreende todas as negociações entre um empregador, um grupo de empregadores ou uma organização ou várias organizações de empregadores, de um lado, e uma organização ou várias organizações de trabalhadores de outro, com o fim de fixar condições de trabalho e emprego ou regular as relações entre empregadores e trabalhadores ou regular as relações entre empregadores e suas organizações e uma organização ou várias organizações de trabalhadores (art. 2º).

A Declaração da OIT sobre os Princípios e Direitos Humanos Fundamentais no Trabalho (1998) reconhece que todos os Membros têm o compromisso, derivado do fato de pertencer à OIT, de respeitar, promover e tornar realidade os princípios relativos aos direitos fundamentais que são objeto de suas Convenções, isto é, a liberdade sindical e o reconhecimento efetivo do direito de negociação coletiva; a eliminação de todas as formas de trabalho forçado e obrigatório; abolir efetivamente o trabalho infantil; e a eliminação da discriminação em matéria de emprego e ocupação.

---

[4] PINTO, José Augusto Rodrigues. *Direito sindical e coletivo do trabalho*, p. 168.
[5] LÓPEZ, Manuel-Carlos Palomeque. *Derecho sindical español*. 5. ed., p. 351.
[6] ETALA, Carlos Alberto. *Derecho colectivo del trabajo*, p. 271.
[7] SANTOS, Enoque Ribeiro. Ob. cit., p. 90.

A negociação coletiva como instituto está estritamente vinculada à liberdade sindical, à medida que é inerente ao direito de exercer o gênero da ação sindical, sendo que *"na esfera coletiva, este gênero corresponde às ações destinadas à reivindicação ou defesa dos interesses coletivos que representam as organizações profissionais ou sindicais, tanto em conflito como em acordo".*[8]

O Comitê de Liberdade Sindical da OIT tem sustentado que o direito à negociação coletiva pelas organizações representativas dos trabalhadores e empregadores (não apenas os sindicatos, mas também as federações e confederações), no que tange às condições de trabalho, *"é um elemento essencial da liberdade sindical, e que os sindicatos deveriam ter o direito – mediante a negociação coletiva ou por outros meios lícitos – de melhorar as condições de vida e de trabalho daqueles que representam".*[9]

A convenção coletiva de trabalho representa, segundo Arion Sayão Romita,[10] *"eficaz instrumento de composição dos conflitos de interesses, pela flexibilidade que oferece à regulamentação das condições de trabalho. Exige, porém, certo grau de amadurecimento das empresas e, bem assim, das entidades de classe que representam os trabalhadores".*

Assim, a negociação coletiva *"não pode ser utilizada somente como um instrumento para a supressão de direitos, devendo sempre indicar a contrapartida concedida em troca do direito transacionado, cabendo ao magistrado a análise da adequação da negociação coletiva realizada quando o trabalhador pleiteia em ação individual a nulidade de cláusula convencional"* (En. 33, da 1ª Jornada de Direito Material e Processual do Trabalho).

O êxito da negociação coletiva de trabalho, para Arnaldo Süssekind,[11] depende de vários fatores, entre os quais destaca: *"(a) garantia de liberdade e autonomia sindical; (b) razoável índice de sindicalização do grupo representado; (c) espaço para a complementação e suplementação do sistema legal de proteção ao trabalho".*

A negociação coletiva possui várias funções, que podem, na opinião de Enoque Ribeiro dos Santos,[12] ser enumeradas em: (a) função jurídica, a qual se subdivide em função normativa (criação de normas), função obrigacional (as cláusulas obrigacionais dos instrumentos jurídicos provenientes da negociação coletiva) e compositiva (um acordo de vontades, instrumentalizado pelo convênio coletivo); (b) função política (processo no qual as partes convenentes exercitam o poder por intermédio do diálogo social); (c) função econômica (luta por melhores condições de trabalho); (d) função social (busca de uma harmonização e equilíbrio entre os grupos pela efetiva participação); (e) função participativa (forma de participação); (f) função pedagógica (processo constante de aquisição e trocas de experiência).

---

[8] MANSUETI, Hugo Roberto. *Direito sindical no Mercosul*, p. 77.
[9] SANTOS, Enoque Ribeiro. Ob. cit., p. 82-83.
[10] ROMITA, Arion Sayão. A conciliação nos dissídios coletivos de caráter econômico e suas peculiaridades (no direito brasileiro). *Revista LTr*, v. 41, nº 5, p. 601.
[11] SÜSSEKIND, Arnaldo. *Direito constitucional do trabalho*, p. 401.
[12] SANTOS, Enoque Ribeiro dos. Ob. cit., p. 128-132.

Acrescente-se que, nos dias atuais, a negociação coletiva é um dos meios eficazes para *"diminuir as desigualdades sociais e fortalecer a autoestima e capacidade dos cidadãos, posto que facilita sua participação"*, ainda que indiretamente, pelas entidades sindicais, *"no processo de tomada e implementação de decisões que afetam o seu próprio desenvolvimento"*.[13]

Na análise do aspecto da vontade das partes na conciliação, pode-se encontrar, segundo Wagner Giglio,[14] uma ou mais atitudes dos contendores: renúncia do direito pelo trabalhador, reconhecimento do direito pelo empregador, transação.

Para Manoel Alonso Garcia,[15] a negociação coletiva tem como características: (a) é um procedimento, uma forma empregada para conseguir um objetivo determinado, sem que, por si mesma, seja uma instituição definida e substantiva, servindo a outra; (b) constitui a forma empregada para chegar a uma convenção coletiva, não a outra figura diferente, e sua finalidade é, precisamente, a de alcançar aquela; (c) trata de pôr fim a um conflito ou exercer uma pretensão, mas não quer dizer que se possa dar sem a existência prévia de um ou de outra; assim sendo, enquanto se considere sob este aspecto, o conflito ou a pretensão são pressupostos necessários para que a negociação se inicie, pois noutro caso não passará a convenção coletiva da expressão formal de um instituto de direito material.

Alfredo J. Ruprecht[16] apresenta a seguinte classificação: (a) negociação coletiva de criação, quando não existia antes uma convenção coletiva; (b) negociação coletiva de modificação, a qual visa alterar cláusula preexistente; (c) negociação coletiva de substituição, ocorre quando se substitui a convenção existente por uma nova.

É o instrumento pelo qual os atores sociais trabalhistas normalizam as suas relações de trabalho. É um instrumento de natureza complexa, apresentando, simultaneamente, aspectos políticos, sociais, econômicos etc.

Pela negociação, os interesses antagônicos entre o capital e o trabalho, num ato de intercâmbio, ajustam-se, estabelecendo regras que aderem aos contratos individuais de trabalho, dentro do âmbito de representação dos atores sociais participantes.

Visa à celebração de normas coletivas de trabalho, reputa-se um equivalente coletivo e alternativo para a negociação individual, estabelecendo melhores condições de trabalho.

Diferentemente do que ocorre em outros países, no Direito Coletivo brasileiro, a negociação coletiva do trabalho se materializa em convenção coletiva e acordo coletivo de trabalho.

---

[13] SANTOS, Enoque Ribeiro dos. Ob. cit., p. 151.
[14] GIGLIO, Wagner D. Os conflitos trabalhistas, a arbitragem e a Justiça do Trabalho. *Revista LTr*, v. 47, nº 3, p. 275.
[15] GARCIA, Alonso Manoel. *Curso de derecho del trabajo*. 4. ed., p. 673.
[16] RUPRECHT, Alfredo J. *Relações coletivas de trabalho*, p. 927-928.

9.2 PRINCÍPIOS QUE INFORMAM A NEGOCIAÇÃO COLETIVA

Como a negociação coletiva é uma atividade que visa à obtenção de um resultado, deve observar os princípios disciplinadores quanto ao seu exercício.

9.2.1 Princípio da contradição e da cooperação

A negociação coletiva pressupõe o antagonismo existente entre o capital e o trabalho. Como há um choque de interesses e direitos, a negociação coletiva tem como pressuposto a contradição existente entre os sujeitos participantes desse processo.

Na procura do consenso, porém, os sujeitos devem colaborar na busca de situações negociadas, com o intuito de se pôr fim ao dissenso. Trata-se da cooperação.

9.2.2 Princípio da preservação do bem-estar social

Na busca da solução negociada, fruto da cooperação, os sujeitos participantes da negociação coletiva são obrigados a considerar os valores sociais, as liberdades individuais e a convivência em sociedade. Não podemos nos esquecer que a busca da paz social é um dos objetivos primordiais da negociação coletiva.

9.2.3 Princípio da preservação dos interesses comuns

O capital e o trabalho são fatores produtivos, portanto, são interdependentes. A negociação coletiva deve preservar os interesses comuns dos envolvidos, logo, não poderá ser fonte de aniquilamento de nenhum desses dois fatores. A sobrevivência da empresa é importante, como também a dignidade do trabalho para o ser humano. Os participantes da negociação coletiva devem estar preparados para suportar perdas recíprocas, o que é vital para a preservação dos seus interesses comuns.

9.2.4 Princípio da boa-fé

Na negociação coletiva, a boa-fé revela-se pela *"ausência de preconceitos impeditivos de uma análise adequada das proposições do parceiro de debate. Contido no princípio da boa-fé, estará o que Teixeira Filho comenta como o direito de informação, ou seja, a mútua franquia do conhecimento sobre os fatos que substanciam a reivindicação profissional e a situação da empresa, de modo a permitir um balanço seguro do contraditório existente"*.[17]

A confiança mútua é vital para o sucesso da negociação coletiva. As partes não só devem admitir os atos falhos, como também superar os preconceitos e serem criativas na busca da solução negociada.

Como desdobramento da boa-fé, torna-se importante a transparência de propósitos no processo da negociação coletiva, com destaques para: (a) o dever de examinar as

---

[17] PINTO, José Augusto Rodrigues. Ob. cit., p. 173.

propostas recíprocas, com a formulação de contrapropostas convergentes, substitutivas, modificativas ou supressivas; (b) o estabelecimento de um ajuste prévio a respeito do objetivo da negociação, evitando, assim, o oferecimento de propostas que não sejam convergentes com a finalidade da própria negociação; (c) o exaurimento da pauta de reivindicações; (d) o negociador deve ser autorizado e credenciado; (e) a prestação das informações relacionadas com o objetivo da negociação.

9.3 FUNÇÕES DA NEGOCIAÇÃO COLETIVA

As funções da negociação coletiva dividem-se em: não jurídica e jurídica.

As funções não jurídicas dividem-se em: (a) política; (b) econômica; (c) social; (d) ordenadora.

Pelo prisma político, a negociação coletiva é uma forma de diálogo entre os grupos sociais de uma sociedade democrática. Atua como instrumento de estabilidade nas relações entre os trabalhadores e as empresas, pacificando os conflitos coletivos de trabalho. É uma forma de se atingir a paz social.

A função econômica reflete a negociação coletiva como meio de distribuição de riquezas, pela aquisição de melhorias nas condições sociais e econômicas que norteiam o trabalho humano. Pelo aspecto social, permite-se a participação dos trabalhadores no processo de decisão empresarial, recompondo-se a normalidade nas relações coletivas e individuais do trabalho humano. A paz social atrela-se ao bem-estar social, portanto, é inegável que a negociação coletiva tem como finalidade a concessão de vantagens maiores para os trabalhadores, de acordo com as condições dos empregadores.

Por fim, a função ordenadora presente na negociação coletiva é uma forma de atenuação da dependência jurídica e econômica do trabalhador em relação ao empregador. Os trabalhadores, pelas entidades representativas, atuam na solução de inúmeras questões internas da empresa, portanto, tem-se a redução do arbítrio empresarial.

Já as funções jurídicas dividem-se em: (a) normativa; (b) obrigacional; (c) compositiva.

A normativa refere-se à criação de normas que serão aplicadas às relações individuais de trabalho no âmbito de representação dos signatários do instrumento normativo. A função primordial da negociação coletiva é a regulamentação dos contratos individuais de trabalho.

Pelo aspecto obrigacional, o instrumento normativo estabelece regras que criam obrigações e direitos entre os sujeitos participantes, sem nenhum desdobramento sobre as relações individuais de trabalho. Como exemplos, temos: as cláusulas que regulam a organização do sistema de negociação coletiva (comissões de fábrica ou de negociações); as contribuições para o custeio das atividades das entidades coletivas etc.

A função jurídica compositiva reflete a negociação coletiva como forma autocompositiva quanto aos conflitos coletivos de trabalho, atuando como um verdadeiro canal que evita a atuação jurisdicional.

9.4 A NEGOCIAÇÃO COLETIVA E OS MODELOS JURÍDICOS

Modelo jurídico é a *"estrutura normativa que ordena fatos segundo valores, numa qualificação tipológica de comportamentos futuros, a que se ligam determinadas consequências queridas na forma enunciada, e resultantes de um processo de escolha do poder competente. O modelo jurídico estrutura-se devido à integração de fatos e valores, segundo normas postas em virtude de um ato concomitante de escolha e de prescrição (ato decisório), que pode ser tanto do legislador ou do juiz, como resultar das opções costumeiras, ou de estipulações fundadas na autonomia da vontade (Miguel Reale)".*[18]

Relacionando-se os modelos e as fontes do Direito, de acordo com o avanço do Direito do Trabalho, podemos evidenciar a vontade das partes, a presença do Estado ou a combinação de ambos, como critérios predominantes de irradiação das normas jurídico-trabalhistas. Se houver a valorização da legislação em detrimento da autonomia de vontade das partes, temos o modelo legislado. Porém, se houver a valorização da autonomia privada ou coletiva, pelos contratos individuais de trabalho ou pelas convenções e acordos coletivos de trabalho, tem-se o modelo negociado. Com a adequação – dirigismo contratual e autonomia de vontade, temos o misto. Conclui-se, pois, que há três formas de modelos jurídicos para o Direito do Trabalho: o negociado, o legislado e o misto.

O negociado baseia-se na concepção autotutelar do Direito do Trabalho, tendo como pressuposto a ausência do Estado na regulamentação das relações jurídico-trabalhistas, havendo o predomínio da vontade, seja nos acordos coletivos como nos ajustes individuais.

O legislado leva em consideração o dirigismo estatal nos contratos de trabalho, havendo um arrefecimento da autonomia de vontades, seja no âmbito individual ou no coletivo.

Esse modelo, de acordo com Amauri Mascaro Nascimento,[19] *"parte do pressuposto de que o Estado é capaz de solucionar a questão social, a intervenção do Estado na ordem econômica e social é o meio suficiente para atingir esse fim, e a lei e a atuação do Poder Executivo são as melhores formas de regular as relações de trabalho. O Estado é o tutor dos trabalhadores, a única força capaz de proporcionar o seu bem-estar, e, para esse fim, a liberação das forças dos particulares é insuficiente, porque, invariavelmente, leva à imposição do mais forte sobre o mais fraco".*

Não pretendemos adotar esse ou aquele modelo, porém, não podemos deixar de enfatizar que a busca de um equilíbrio é a razão de ser atual do Direito do Trabalho, notadamente, em face da flexibilização e da globalização.

Talvez, a adoção do modelo misto seja a solução, mas a dificuldade reside em saber os limites normativos que podem ser deixados ao arbítrio dos interlocutores sociais.

O modelo misto, como afirma Amauri Mascaro Nascimento,[20] *"mescla elementos de intervencionismo estatal e espontaneidade, com realce para esta",* acoplando-se:

---

[18] DINIZ, Maria Helena. *Dicionário jurídico*, v. 3, p. 291.
[19] NASCIMENTO, Amauri Mascaro. *Teoria geral do direito do trabalho*, p. 33.
[20] NASCIMENTO, Amauri Mascaro. Ob. cit., p. 35.

"distribuição adequada dos espaços da autonomia coletiva dos particulares, como fundamento de uma ordem sindical baseada no princípio da liberdade e da democracia, e da tutela estatal redirecionada para a garantia dos direitos fundamentais do trabalhador, em especial os direitos humanos e de personalidade, dentre os quais aqueles que se destinam à proteção da vida, da saúde, da integridade física e do lazer do trabalhador, deixando a definição de outros direitos para o âmbito da negociação coletiva em vários níveis; recusa do corporativismo intervencionista do Estado; opção pelas perspectivas neocorporativistas que rejeitam um sistema legislado repressivo e coercitivo; não interferência do Estado no movimento sindical; reconhecimento da riqueza e mutabilidade dos fenômenos sociais em que se expressam as relações de trabalho em uma sociedade pluralista; transferência de parte da tutela que o Estado dispensa aos trabalhadores, para os sindicatos com a valorização da autotutela; regulamentação legal reduzida do contrato individual de trabalho cujo conteúdo deve ser formado mais pela negociação coletiva e menos pela legislação; solução dos conflitos compartida entre o Estado, pela jurisdição, e os particulares, por meio da mediação, da conciliação e da arbitragem; aceitação da flexibilização das leis trabalhistas, para alguns externa no sentido de abranger a adoção de formas diversificadas de contratos de trabalho, internas para outros, significando alterações nos critérios de jornadas de trabalho, remuneração e extinção dos contratos de trabalho; incentivos à reciclagem profissional do trabalhador; ampliação das agências de colocação nos empregos e revisão do seguro-desemprego".

Não podemos deixar de mencionar que o legislador brasileiro, no trato das relações trabalhistas, enfatiza o fator do dirigismo contratual, como se observa no modelo inserido na CLT e em vasta legislação complementar, além da CF/88 (art. 7º).

Como vimos, vários são os modelos jurídicos que podem ser adotados no Direito do Trabalho. Em função de cada modelo, não há dúvidas de que haverá a presença de normas imperativas e supletivas. Poderá haver o predomínio das primeiras para as segundas e vice-versa, mas, mesmo assim, o Direito do Trabalho estará regulando uma relação cujos sujeitos são particulares.

Como há uma gradação de interesses para serem tutelados (o que traz influência no que vem a ser ordem pública), há juristas que adotam a posição de que o conteúdo normativo do Direito do Trabalho deve ser flexibilizado.

O Estado deve exercer o seu legítimo papel de agente social, porém, deve haver uma minimização dos seus poderes, como forma de encaminhamento das soluções dos problemas sociais.

Deve haver uma atenuação do modelo legislado, assegurando-se, no plano do Direito Coletivo do Trabalho, não só a liberdade sindical como também a autonomia privada coletiva, valorizando a negociação coletiva direta entre os parceiros sociais, como forma de superação dos novos conflitos de trabalho advindos da globalização.

O modelo legislado deve ser resumido a um mínimo de direitos, deixando-se para os atores sociais a criação de novas regras de proteção, já que a estrutura legal inserida na CLT e vasta legislação complementar são insuficientes para se evitar a precarização das relações do trabalho.

Sempre houve a discussão doutrinária no sentido de se saber se os instrumentos normativos poderiam estabelecer normas que fossem contrárias ao disposto na lei. Até o advento da flexibilização, entendia-se que o modelo legal deveria ter a supremacia. Nesta ótica, aos interlocutores sociais, quando da celebração de um instrumento normativo, só restaria a fixação de normas jurídicas mais benéficas ao trabalhador.

Em face da conjuntura econômica, várias propostas de alteração foram feitas, sempre visando à valorização do modelo negociado sobre o legislado.

Na jurisprudência do TST encontramos: (a) estabelecida jornada superior a 6 horas e limitada a 8 horas por meio de regular negociação coletiva, os empregados submetidos a turnos ininterruptos de revezamento não têm direito ao pagamento das 7ª e 8ª horas como extras (Súm. 423); (b) é válida, em caráter excepcional, a jornada de 12 horas de trabalho por 36 horas de descanso, prevista em lei ou ajustada exclusivamente mediante acordo coletivo de trabalho ou convenção coletiva de trabalho, assegurada a remuneração em dobro dos feriados trabalhados. O empregado não tem direito ao pagamento de adicional referente ao labor prestado na 11ª e 12ª horas (Súm. 444).

9.4.1 A reforma trabalhista e a negociação coletiva

Com a Lei 13.467/17 (Reforma Trabalhista), a CLT sofreu uma série de alterações no campo do Direito Individual do Trabalho, com alterações e inovações legais prejudiciais aos trabalhadores, além da fixação da prevalência do negociado em relação ao modelo legal, ao fixar no art. 611-A que a convenção coletiva e o acordo coletivo de trabalho têm prevalência sobre a lei quando, entre outros, dispuserem sobre: (a) pacto quanto à jornada de trabalho, observados os limites constitucionais; (b) banco de horas anual; (c) intervalo intrajornada, respeitado o limite mínimo de 30 minutos para jornada superior a seis horas; (d) adesão ao Programa Seguro-Emprego (PSE) (Lei 13.189/15); (e) plano de cargos, salários e funções compatíveis com a condição pessoal do empregado, bem como identificação dos cargos que se enquadram como funções de confiança; (f) regulamento empresarial; (g) representante dos trabalhadores no local de trabalho; (h) teletrabalho, regime de sobreaviso, trabalho intermitente; (i) remuneração por produtividade, incluídas as gorjetas percebidas pelo empregado e remuneração por desempenho individual; (j) modalidade de registro de jornada de trabalho; (l) troca do dia de feriado; (m) enquadramento do grau de insalubridade; (n) prorrogação de jornada em ambientes insalubres, sem licença prévia das autoridades competentes do Ministério do Trabalho; (o) prêmios de incentivo em bens ou serviços, eventualmente concedidos em programas de incentivo; (p) participação nos lucros ou resultados da empresa.

Os direitos suprafixados estão vinculados a três elementos naturais do contrato de trabalho, como negócio jurídico, a saber: função; jornada de trabalho e remuneração, logo, por uma interpretação literal, com base no art. 611, *caput*, CLT, o instrumento normativo pode dispor de forma prejudicial ao que estiver previsto na norma legal, em detrimento dos direitos sociais (art. 7º, *caput*, CF).

Por um prisma teleológico, a finalidade constitucional da negociação coletiva (art. 7º, XXVI) é obtenção de outros direitos, os quais visem à melhoria das condições sociais dos trabalhadores, logo, é inadmissível a valorização da negociação como mecanismo legal de limitação ou supressão de direitos.

Por outro lado, dentro do espírito liberal da Reforma Trabalhista, o legislador fixou outras regras prejudiciais aos trabalhadores (art. 611-A, §§ 1º a 5º). São elas:

a) no exame do instrumento normativo (convenção coletiva ou acordo coletivo de trabalho), a Justiça do Trabalho analisará exclusivamente a conformidade dos elementos essenciais do negócio jurídico, respeitado o disposto no art. 104, CC (agente capaz; objeto lícito, possível, determinado ou determinável; forma prescrita ou não defesa em lei), bem como balizará sua atuação pelo princípio da intervenção mínima na autonomia da vontade coletiva (art. 8º, § 3º, CLT). Diante do caso concreto, por essa disposição legal, o magistrado trabalhista não poderá adentrar ao mérito da cláusula normativa, analisando, tão somente, se a norma atende aos critérios formais de validade do instrumento normativo, como negócio jurídico. Trata-se de uma violação indevida ao controle jurisdicional das normas coletivas, visto que limita a independência funcional do magistrado trabalhista;

b) a inexistência de expressa indicação de contrapartidas recíprocas em convenção coletiva ou acordo coletivo de trabalho não ensejará sua nulidade por não caracterizar um vício do negócio jurídico. Por disposição legal, a ausência de compensação, quando da supressão ou limitação de direitos previstos na norma legal pela cláusula normativa, não poderá ser considerada, diante do caso concreto, como motivo determinante da ilicitude da cláusula. Evidente que a regra é uma ingerência à independência funcional da magistratura trabalhista;

c) se for pactuada cláusula que reduza o salário ou a jornada, o instrumento normativo deverá prever a proteção dos empregados contra dispensa imotivada durante o prazo de sua vigência. Por disposição legal expressa, essa é a única hipótese exigível de compensação, visto que condiciona a redução do salário ou da jornada de trabalho à expressa fixação da garantia de emprego durante o período de vigência da cláusula normativa;

d) na hipótese de procedência de ação anulatória de cláusula normativa, quando houver a cláusula compensatória, esta deverá ser igualmente anulada, sem repetição do indébito. A nulidade compulsória da cláusula compensatória fere os ditames da independência funcional da magistratura trabalhista. Se há ou não a nulidade da compensação, por consequência, diante do contexto do caso concreto, é solução que se vincula, tão somente, ao livre convencimento jurídico do magistrado (art. 93, IX, CF);

e) os sindicatos subscritores do instrumento normativo participarão, como litisconsortes necessários, em ação individual e coletiva, que tenha como objeto a anulação de cláusulas normativas. Impor a não possibilidade de apreciação de cláusula normativa em uma ação individual simples ou plúrima, implica em negar o acesso ao Judiciário, o que é por demais inconstitucional, consoante o disposto no art. 5º, XXV, da CF, o qual estabelece: *"a lei não excluirá da apreciação do Poder Judiciário lesão ou ameaça a direito".*

Além do art. 611-A, a Reforma Trabalhista acresceu o art. 611-B ao texto consolidado, estabelecendo os temas, os quais não podem ser objeto de negociação coletiva exclusivamente: (1) normas de identificação profissional, inclusive as anotações na CTPS; (2) seguro-desemprego, em caso de desemprego involuntário; (3) valor dos depósitos mensais e da indenização rescisória do FGTS; (4) salário mínimo; (5) valor nominal do décimo terceiro salário; (6) remuneração do trabalho noturno superior à do diurno; (7) proteção do salário na forma da lei, constituindo crime sua retenção dolosa; (8) salário-família; (9) repouso semanal remunerado; (10) remuneração do serviço extraordinário superior, no mínimo, em 50% à do normal; (11) número de dias de férias devidas ao empregado e o gozo de férias anuais remuneradas com, pelo menos, um terço a mais do que o salário normal; (12) licença-maternidade com a duração mínima de 120 dias; (13) licença-paternidade; (14) proteção do mercado de trabalho da mulher, mediante incentivos específicos, nos termos da lei; (15) aviso prévio proporcional ao tempo de serviço, sendo no mínimo de 30 dias, nos termos da lei; (16) normas de saúde, higiene e segurança do trabalho previstas em lei ou em normas regulamentadoras do Ministério do Trabalho; (17) adicional de remuneração para as atividades penosas, insalubres ou perigosas; (18) aposentadoria; (19) seguro contra acidentes de trabalho, a cargo do empregador; (20) ação, quanto aos créditos resultantes das relações de trabalho, com prazo prescricional de 5 anos para os trabalhadores urbanos e rurais, até o limite de 2 anos após a extinção do contrato de trabalho; (21) proibição de qualquer discriminação no tocante a salário e critérios de admissão do trabalhador com deficiência; (22) proibição de trabalho noturno, perigoso ou insalubre a menores de 18 anos e de qualquer trabalho a menores de 16 anos, salvo na condição de aprendiz, a partir de 14 anos; (23) medidas de proteção legal de crianças e adolescentes; (24) igualdade de direitos entre o trabalhador com vínculo empregatício permanente e o trabalhador avulso; (25) liberdade de associação profissional ou sindical do trabalhador, inclusive o direito de não sofrer, sem sua expressa e prévia anuência, qualquer cobrança ou desconto salarial estabelecidos em convenção coletiva ou acordo coletivo de trabalho; (26) direito de greve, competindo aos trabalhadores decidir sobre a oportunidade de exercê-lo e sobre os interesses que devam por meio dele defender; (27) definição legal sobre os serviços ou atividades essenciais e disposições legais sobre o atendimento das necessidades inadiáveis da comunidade em caso de greve; (28) tributos e outros créditos de terceiros; (29) as disposições previstas nos arts. 373-A, 390, 392, 392-A, 394, 394-A, 395, 396 e 400, CLT.

O parágrafo único, art. 611-B, dispõe que as regras sobre duração do trabalho e intervalos não são consideradas normas de saúde, higiene e segurança do trabalho para os fins de aplicação da proibição quanto à negociação.

9.5 ETAPAS DA NEGOCIAÇÃO COLETIVA

É facultado aos sindicatos representativos de categorias profissionais celebrar acordos coletivos com uma ou mais empresas da correspondente categoria econômica, que estipulem condições de trabalho, aplicáveis no âmbito da empresa ou das empresas acordantes às respectivas relações de trabalho (art. 611, § 1º, CLT).

É obrigatória a participação dos sindicatos na negociação coletiva de trabalho (art. 8º, VI, CF).

Para Arnaldo Süssekind[21] a participação dos sindicatos de empregados e patronal é necessária no processo de negociação das convenções e acordos coletivos de trabalho, *"no entanto, os sindicatos de empregadores não assinarão, como partes, os acordos coletivos. Estes serão firmados pelas empresas acordantes. O papel da associação sindical, nesse caso, será o de assistente".*

A legislação brasileira não adota o amplo direito de negociação coletiva como preconizado pela Recomendação 163, OIT (1981), o qual é assegurado a todas as organizações, em qualquer nível (de empresa, estabelecimento, ramo de indústria, região ou até em nível nacional).

Na ordem jurídico-trabalhista brasileira, as negociações ficam restringidas ao nível dos sindicatos, os quais detêm a exclusividade da negociação coletiva.

As federações e, na falta destas, as confederações representativas de categorias econômicas ou profissionais poderão celebrar convenções coletivas de trabalho para reger as relações das categorias a elas vinculadas, inorganizadas em sindicatos, no âmbito de suas representações (art. 611, § 2º, CLT).

Esgotado o prazo para demonstrar interesse na negociação, poderão os interessados prosseguir diretamente na negociação coletiva, até final (art. 617, § 1º). Na falta das entidades sindicais, a assembleia-geral dos trabalhadores interessados deliberará sobre a greve e constituição de comissão de negociação (coalizão) (art. 4º, § 2º, Lei 7.783/89).

Não há permissivo legal para a atuação das centrais sindicais diretamente no processo de negociação.

Os sindicatos só poderão celebrar convenções ou acordos coletivos de trabalho por deliberação de assembleia-geral especialmente convocada para esse fim, consoante o disposto nos respectivos Estatutos, dependendo a validade das mesmas do comparecimento e votação, em primeira convocação, de 2/3 dos associados da entidade, se se tratar de convenção, e dos interessados, no caso de acordo, e, em segunda, de 1/3 dos mesmos (art. 612, *caput*). Em segunda convocação, o quórum de comparecimento e votação será de 1/8 dos associados nas entidades sindicais que tenham mais de 5 mil associados (art. 612, parágrafo único).

Atualmente, por aplicação dos princípios da liberdade e autonomia sindicais, não mais prevalece o quórum mínimo legal, devendo ser observado o previsto no estatuto da

---

[21] SÜSSEKIND, Arnaldo. *Direito constitucional do trabalho*, p. 411.

entidade sindical. Nesse sentido, em outubro de 2003, o TST cancelou a OJ 13: *"Mesmo após a promulgação da Constituição Federal de 1988, subordina-se a validade da assembleia de trabalhadores que legitima a atuação da entidade sindical respectiva em favor de seus interesses à observância do quórum estabelecido no art. 612 da CLT".*[22]

Os sindicatos representativos de categorias econômicas ou profissionais e as empresas, inclusive as que não tenham representação sindical, quando provocados, não podem recusar-se à negociação coletiva (art. 616, *caput*).

Verificando-se recusa à negociação coletiva, cabe aos sindicatos ou empresas interessadas dar ciência do fato, conforme o caso, ao Departamento Nacional do Trabalho (atualmente Secretaria de Emprego e Salário) ou aos órgãos regionais do MTE, para convocação compulsória dos sindicatos ou empresas recalcitrantes (art. 616, § 1º).

No caso de persistir a recusa à negociação coletiva, pelo desatendimento às convocações feitas pelo Departamento Nacional do Trabalho (atualmente Secretaria de Emprego e Salário) ou órgãos regionais do MTE, ou se malograr a negociação entabulada, é facultada aos sindicatos ou empresas interessadas a instauração de dissídio coletivo (art. 616, § 2º).

Havendo convenção, acordo ou sentença em vigor, o dissídio coletivo deverá ser instaurado dentro dos 60 dias anteriores ao respectivo termo final, para que o novo instrumento possa ter vigência no dia imediato a esse termo (art. 616, § 3º).

Nenhum processo de dissídio coletivo de natureza econômica será admitido sem antes se esgotarem as medidas relativas à formalização da convenção ou acordo correspondente (art. 616, § 4º).

Havendo o ajuste de vontades na negociação coletiva, o instrumento normativo será redigido pelos advogados das partes (observados os requisitos do art. 613 da CLT): (a) designação dos sindicatos convenentes ou dos sindicatos e empresas acordantes; (b) prazo de vigência; (c) categorias ou classes de trabalhadores abrangidas pelos respectivos dispositivos; (d) condições ajustadas para reger as relações individuais de trabalho durante sua vigência; (e) normas para a conciliação das divergências surgidas entre os convenentes por motivos da aplicação de seus dispositivos; (f) disposições sobre o processo de sua prorrogação e da revisão total ou parcial de seus dispositivos; (g) direitos e deveres dos empregados e empresas; (h) penalidades para os sindicatos convenentes, os empregados e as empresas, em caso de violação de seus dispositivos.

As convenções e os acordos serão celebrados por escrito, sem emendas nem rasuras, em tantas vias quantos forem os sindicatos convenentes ou as empresas acordantes, além de uma destinada para registro (art. 613, parágrafo único).

Haverá a necessidade de aprovação do ajuste pelas assembleias dos sindicatos participantes no processo da negociação coletiva.

---

[22] TST – SDC – RO 1000174-25.2014.5.02.0000 – Rel. Min. Mauricio Godinho Delgado – *DEJT* 23/10/2015.

Os sindicatos convenentes ou as empresas acordantes promoverão conjunta ou separadamente, dentro de 8 dias da assinatura da convenção ou acordo, o depósito de uma via do mesmo, para fins de registro e arquivo, na Secretaria de Emprego e Salário, em se tratando de instrumento de caráter nacional ou interestadual, ou nos órgãos regionais do MTE, nos demais casos (art. 614, *caput*).

Atualmente, o depósito, registro e arquivo de convenções e acordos coletivos é feito via Internet no MTE (Sistema Mediador) e é disciplinado pela IN 16, de 16/10/2013, a qual inclusive prevê a consulta via Internet dos instrumentos normativos depositados.

Cópias autênticas das convenções e dos acordos deverão ser afixadas de modo visível, pelos sindicatos convenentes, nas respectivas sedes e nos estabelecimentos das empresas compreendidas no seu campo de aplicação, dentro de 5 dias da data do depósito (art. 614, § 2º).

Não será permitido estipular duração de convenção ou acordo superior a 2 anos (art. 614, § 3º).

De certa maneira, este dispositivo legal perdeu a sua eficácia com a redação da Súmula 277 do TST: *"As cláusulas normativas dos acordos coletivos ou convenções coletivas integram os contratos individuais de trabalho e somente poderão ser modificadas ou suprimidas mediante negociação coletiva de trabalho"* (redação dada pela Resolução 185, de 14/9/2012).

Em outubro de 2016, na ADPF 323, o Ministro Gilmar Mendes (STF) concedeu a liminar para suspender a eficácia da Súmula 277.

Por fim, a Reforma Trabalhista (Lei 13.467) pôs fim à celeuma, vedando a ultratividade quanto às normas coletivas, ao alterar a redação do § 3º, art. 614: "Não será permitido estipular duração de convenção coletiva ou acordo coletivo de trabalho superior a dois anos, sendo vedada a ultratividade".

O processo de prorrogação, revisão, denúncia ou revogação total ou parcial de convenção ou acordo ficará subordinado, em qualquer caso, à aprovação de assembleia geral dos sindicatos convenentes ou partes acordantes, com observância do disposto no art. 612 (art. 615, *caput*).

O instrumento de prorrogação, revisão, denúncia ou revogação de convenção ou acordo será depositado, para fins de registro e arquivamento, na repartição em que o mesmo originariamente foi depositado (art. 615, § 1º).

Os empregados de uma ou mais empresas que decidirem celebrar acordo coletivo de trabalho com as respectivas empresas darão ciência de sua resolução, por escrito, ao sindicato representativo da categoria profissional, que terá o prazo de 8 dias para assumir a direção dos entendimentos entre os interessados, devendo igual procedimento ser observado pelas empresas interessadas com relação ao sindicato da respectiva categoria econômica (art. 617, *caput*).

Expirado o prazo de 8 dias sem que o sindicato tenha se desincumbido do encargo recebido, os interessados poderão dar conhecimento do fato à federação a que estiver vinculado o sindicato e, em falta dessa, à correspondente confederação, para que, no mesmo prazo, assuma a direção dos entendimentos.

Esgotado o prazo para demonstrar interesse na negociação, poderão os interessados prosseguir diretamente na negociação coletiva, até final (art. 617, § 1º). Na falta das entidades sindicais, a assembleia-geral dos trabalhadores interessados deliberará sobre a greve e constituição de comissão de negociação (coalizão) (art. 4º, § 2º, Lei 7.783).

Para o fim de deliberar sobre o acordo, a entidade sindical convocará assembleia geral dos diretamente interessados, sindicalizados ou não, nos termos do art. 612 (art. 617, § 2º).

QUESTIONÁRIO

1. O que é negociação coletiva?

2. Quais são os princípios básicos que norteiam a negociação coletiva?

3. Quais são as funções da negociação coletiva?

4. Na sua opinião, quais devem ser os limites da negociação coletiva?

5. Uma Central Sindical pode ser a única signatária de uma convenção coletiva representando os trabalhadores? Justifique.

Capítulo X
INSTRUMENTOS NORMATIVOS NEGOCIADOS

10.1 INTRODUÇÃO

Os instrumentos normativos (a convenção, o acordo e o contrato coletivo de trabalho) *"qualificam-se como algumas das mais específicas e distintivas marcas próprias do Direito do Trabalho no universo jurídico dos dois últimos séculos. Na verdade, elas destacam o marco que esse ramo jurídico especializado firmou com relação a conceitos e sistemáticas clássicas do Direito Comum: é que elas privilegiam e somente se compreendem em função da noção de ser coletivo (vejam-se, além desses três institutos vinculados à negociação coletiva, também as figuras do sindicato e da greve, por exemplo), em anteposição à hegemonia inconteste do ser individual no estuário civilista preponderante no universo jurídico".*[1]

10.2 CONVENÇÃO E ACORDO COLETIVO DE TRABALHO

As convenções e os acordos coletivos de trabalho são instrumentos de melhoria das condições de trabalho, representando formas autocompositivas quanto à solução dos conflitos coletivos de trabalho.

Convenção coletiva de trabalho é o acordo de caráter normativo em que 2 ou mais sindicatos representativos de categorias econômicas e profissionais estipulam condições de trabalho aplicáveis, no âmbito das respectivas representações, às relações individuais do trabalho (art. 611, *caput*, CLT).

Na ordem jurídico-trabalhista brasileira, os sindicatos são os sujeitos legitimados para negociar as convenções coletivas de trabalho. Os sindicatos legitimados são os da categoria e base territorial, não sendo possível a uma entidade sindical negociar fora dos limites da sua base territorial. Portanto, a convenção coletiva é um instrumento normativo em nível de categoria, abrangendo todas as empresas representadas pelo sindicato patronal.

A legitimidade dos sindicatos é exclusiva. As federações só podem negociar nas categorias não organizadas em sindicato, o que também ocorre tanto com as confederações sindicais quanto com as federações e sindicatos (art. 611, § 2º).

---

[1] DELGADO, Maurício Godinho. *Introdução ao direito do trabalho*. 2. ed., p. 118.

Esgotado o prazo para demonstrar interesse na negociação, poderão os interessados prosseguir diretamente na negociação coletiva, até final (art. 617, § 1º) (coalizão). Na falta das entidades sindicais, a assembleia-geral dos trabalhadores interessados deliberará sobre a greve e constituição de comissão de negociação (coalizão) (art. 4º, § 2º, Lei 7.783/89).

Não há permissivo legal autorizando a participação direta das centrais sindicais, de modo que as mesmas participam representando os sindicatos.

É facultado aos sindicatos representativos de categorias profissionais celebrar acordos coletivos com uma ou mais empresas da correspondente categoria econômica, que estipulem condições de trabalho, aplicáveis no âmbito da empresa ou das empresas acordantes às respectivas relações de trabalho (art. 611, § 1º). A Constituição exige a participação dos sindicatos no processo de negociação (art. 8º, VI).

O acordo coletivo representa um instrumento normativo, de abrangência menor, sendo firmado entre uma ou mais empresas e o sindicato da categoria profissional.

Abordando as diferenças entre esses 2 instrumentos normativos, Amauri Mascaro Nascimento[2] pondera: *"A diferença entre as mesmas deve ser feita pelos sujeitos, pelo nível de negociação e pelo âmbito de aplicação das cláusulas instituídas. Os entendimentos são feitos diretamente com um empregador ou com dois ou mais empregadores. O acordo coletivo não é ajuste intersindical porque num dos lados, o patronal, não atua o sindicato. Em consequência, o âmbito de aplicação das convenções coletivas é maior que o dos acordos coletivos, uma vez que se refletem sobre todos os membros da categoria, enquanto que os acordos coletivos envolvem apenas a pessoa da empresa que o fez com o sindicato dos trabalhadores. A convenção é destinada à matéria mais geral e o acordo à matéria mais específica.*

Como se vê, uma é instrumento normativo de efeitos sobre a categoria e outra sobre uma ou mais de uma empresa da categoria, mas não sobre toda a categoria. O acordo coletivo destina-se a resolver problemas na empresa. A convenção coletiva na categoria."

10.2.1 Convenção coletiva – natureza jurídica

Quanto à natureza jurídica da convenção coletiva, temos as seguintes teorias:

a) a convenção coletiva nasceu no campo do Direito Privado, ou seja, regulava relações entre particulares, sendo ignorada pelo Estado. Durante o referido período é patente a influência do Direito Civil na visão da natureza jurídica deste instrumento. Délio Maranhão[3] enuncia a existência de várias teorias: *"Teoria do mandato (incapaz de explicar a inderrogabilidade, pelos supostos mandantes, através do contrato individual, das cláusulas estabelecidas pelos sindicatos mandatários); teoria da gestão de negócios (que pressupõe o proveito individual do dono do negócio e a responsabilidade do gestor pelos prejuízos que excederem a este proveito); a teoria da estipulação em favor de terceiro (que implica a aceitação*

---

[2] NASCIMENTO, Amauri Mascaro. *Iniciação ao direito do trabalho*. 32. ed., p. 278.
[3] MARANHÃO, Délio. *Direito do trabalho*. 8. ed., p. 319.

do benefício, renunciável, por natureza); teoria da personalidade moral fictícia (que não explica a obrigatoriedade das condições ajustadas); teoria do contrato inominado (insuficiente por insistir no esquema contratual)";

b) as dificuldades doutrinárias pelos critérios do Direito Comum levaram os juristas a uma série de teorias de transição. Preleciona Délio Maranhão:[4] *"Teoria do pacto social (supunha uma deliberação do indivíduo, ao entrar para o sindicato, de se submeter, por antecipação, à vontade coletiva, o que nem sempre e em todos os casos corresponde à realidade); teoria da solidariedade necessária (é menos uma explicação jurídica do que a verificação de um simples antecedente social); teoria da representação legal (que não servia nem mesmo para o regime italiano corporativo que a inspirou, porque nele a categoria era concebida, como ainda entre nós, como unidade orgânica e não como pluralidade de indivíduos: o sindicato representa, legalmente, como tal, e não, individualmente, aqueles que a integram, ao celebrar a convenção coletiva); teoria do uso ou costume industrial (mas a convenção, muitas vezes, vem, precisamente, derrogar usos até então observados)";*

c) a crise das teorias civilistas e de transição[5] levou à elaboração das teorias jurídico-sociais: (c.1.) a teoria de Léon Duguit, que estabelece os atos jurídicos em nível de classificação em atos-regra, atos-condição e atos subjetivos. Antonio Lamarca,[6] desenvolvendo tais prismas, declina: *"Baseado nessas premissas, o famoso jurista apresenta sua teoria sobre a natureza jurídica da convenção coletiva. Não se trata, em primeiro lugar, de um contrato, mas de uma convenção: os grupos querem a mesma coisa, o que se não dá no contrato e não se estabelece relação jurídica de credor e devedor, já que se pretende a regulamentação de condições individuais de trabalho. Assim, quanto aos sujeitos é plurilateral; quanto à natureza, é ato-união.*

---

[4] MARANHÃO, Délio. Ob. cit., p. 319.

[5] "O jurista hispânico Gallart Folch arregimentou algumas teorias, que denominou transição e que intentavam explicar tais fenômenos. O Código Civil Suíço das Obrigações estipulou no art. 323: 'o contrato de trabalho que celebrem trabalhadores e patrões, ligados por um contrato coletivo, é nulo na medida em que derrogue este. As cláusulas nulas ficam substituídas pelas do contrato coletivo'. Através da lei, desferia-se um golpe mortal contra a derrogabilidade. A convenção deixou de ser apenas a lei das partes, tornando-se um contrato de ordem pública (Virgile Rosel). O belga Charles de Vischer foi o responsável pela teoria da personalidade moral real da associação profissional: a Convenção Coletiva é um direito autônomo, que se impõe ao grupo obreiro e ao empresário e cuja origem é um contrato entre uma associação profissional de trabalhadores e um empresário; é a lei do grupo ou unidade econômica. Para tanto, é de mister que a associação profissional desfrute de personalidade jurídica. Mas esta é real, não fictícia, já que a direção da entidade sindical fica literalmente condicionada aos ditames da assembleia-geral da agremiação (que discutiria até as cláusulas da convenção), sendo facultado aos dissidentes retirarem-se. Dessa forma, se conciliam as exigências da vigência automática da convenção com a liberdade sindical. A teoria do costume profissional tentou demonstrar a legitimidade da extensão a trabalhadores não sindicalizados através do uso profissional: embora de origem contratual, torna-se consuetudinário, aplicando-se a todos os componentes da categoria, salvo norma em contrário" (LAMARCA, Antonio. *Curso normativo de direito do trabalho*. 2. ed., p. 181).

[6] LAMARCA, Antonio. Ob. cit., p. 182.

A convenção coletiva de trabalho cria uma situação jurídica objetiva: aplica-se a todos os membros do grupo por ser uma lei superior aos mesmos (enquanto aos efeitos, é, pois, ato-regra)"; (c.2.) teoria da instituição de Maurice Hauriou. Preleciona Lamarca:[7] *"A vida social não se forma apenas de relações interindividuais (contratos). O Estado é a mais importante das instituições, mas não é a única. Há que apreender, na vida social, o orgânico, permanente e estável. O contrato é um ato jurídico, quer dizer, uma operação atual, efêmera e transitória, enquanto a instituição é um fato jurídico, que pode durar indefinidamente. A base consensual do contrato é a troca de decisões, a concorrência dos consentimentos, enquanto a base da instituição é a adesão ao fato. Para Hauriou a convenção coletiva ainda não chega a ser uma instituição, encontra-se a caminho desta: é intermediária entre o contrato e a instituição. Quando a empresa se transformar definitivamente em instituição, a convenção será um dos elementos da ordem jurídica institucional da empresa ou da profissão"*;

d) a título de teorias recentes, temos: d.1. a teoria de Huecki-Nipperdey contém a influência dos contratualistas, eis que sintetiza a convenção coletiva como sendo um negócio de Direito Privado, envolvendo sujeitos, relações e forma de celebração por um instrumento de Direito Privado. Claro está que a referida teoria merece censuras. Antonio Lamarca[8] aduz: *"O elemento obrigatório pertence ao Direito Civil: é um contrato inominado. A convenção é bilateral, corporativa e normativa: continua, assim, sendo um contrato, mas normativo (se atualizará nos futuros contratos individuais) e essa normatividade decorre do direito objetivo, variando para cada ordenamento jurídico (abrange só os associados; abarca todos os componentes da categoria etc.)"*; d.2. para Kelsen, a convenção coletiva é um ato jurídico normativo; d.3. no campo da doutrina universal prevalece o entendimento de que a convenção coletiva é um negócio bilateral, *"[...] quanto ao modo de formação; e o assemelha à norma jurídica (em sentido amplo) pelo seu conteúdo. Na lição de Kaskel-Dersch, é um acordo misto de gênero especial. De um lado, cria normas trabalhistas objetivas e autônomas, que irão reger os contratos individuais de trabalho e que, por isso mesmo, são inderrogáveis; de outro lado, existe a parte obrigacional (firmada entre os celebrantes) e que se destina a garantir o cumprimento da parte normativa"*.[9] Para José Cláudio Monteiro de Brito Filho,[10] os contratos coletivos são: *"[...] sui generis, e pelas suas características: 1) de serem contratos, firmados por pessoas jurídicas capazes e com a observância de requisitos, o que os inclui na categoria dos negócios jurídicos; 2) de possuírem efeitos normativos, regulamentando, por força de lei, relações individuais de pessoas representadas – à revelia delas, no caso dos não associados – pelos que contratam, não se podem enquadrar dentro de nenhuma das concepções, afastando-se dos ex-*

---

[7] LAMARCA, Antonio. Ob. cit., p. 182.
[8] LAMARCA, Antonio. Ob. cit., p. 183.
[9] LAMARCA, Antonio. Ob. cit., p. 183.
[10] BRITO FILHO, José Cláudio Monteiro de. *Direito sindical*. 2. ed., p. 168.

tremos, só podendo ser explicados dentro do meio-termo que, para nós, representa a teoria que os considera de natureza mista. É correto que, em certos ordenamentos, a natureza contratual pode prevalecer sobre a regulamentar, ou vice-versa, mas, de forma geral, as duas sempre coexistem, pois a regulamentação complexa das relações individuais de trabalho pelas organizações sindicais assim o impõe".

10.2.2 Conteúdo e efeitos

O objetivo deste tópico relaciona-se com os instrumentos normativos decorrentes da negociação coletiva (convenções e acordos coletivos de trabalho) e os seus respectivos conteúdos das suas cláusulas.

Podemos estabelecer duas modalidades distintas de classificação[11] das cláusulas:

a) a primeira, em cláusulas obrigatórias ou facultativas, tomando-se, por referência, o diploma legal que disciplina os instrumentos normativos;

b) a segunda, em cláusulas normativas ou obrigacionais, as quais estão relacionadas com o próprio conteúdo do instrumento normativo.

Vamos dar ênfase ao conteúdo do instrumento normativo. Contudo, não poderíamos deixar de citar quais seriam as cláusulas obrigatórias. São cláusulas obrigatórias, de acordo com as lições de Paulo Eduardo Vieira de Oliveira, as mencionadas no art. 613, incisos I a VIII, da Consolidação das Leis do Trabalho: (a) designação dos sindicatos convenentes ou dos sindicatos e empresas acordantes; (b) prazo de vigência; (c) categorias ou classes de trabalhadores abrangidas pelos respectivos dispositivos; (d) condições ajustadas para reger as relações individuais de trabalho durante sua vigência; (e) normas para a conciliação das divergências surgidas entre os convenentes por motivo da aplicação de seus dispositivos; (f) disposições sobre o processo de sua prorrogação e da revisão total ou parcial de seus dispositivos; (g) direitos e deveres dos empregados e empresas; (h) penalidades para os sindicatos convenentes, empregadores e as empresas, em caso de violação de seus dispositivos.

Pelo prisma doutrinário, na análise do conteúdo dos instrumentos normativos (convenções e acordos coletivos de trabalho), vamos destacar a opinião de vários juristas.

José Augusto Rodrigues Pinto ensina que há três grandes grupos de cláusulas como reflexo do conteúdo dos instrumentos negociados. São: normativas, obrigacionais e de garantia. As normativas são divididas em: econômicas e sociais.

---

[11] "A natureza jurídica da convenção coletiva determina o conteúdo das cláusulas que explicitam direitos e obrigações dos sujeitos convenentes. As doutrinas brasileira e estrangeira distinguem, com pequenas nuances na classificação, as cláusulas em obrigatórias ou facultativas, quando se toma como referência a lei que disciplina a matéria; em normativas ou regulamentares e obrigacionais quando se considera o próprio conteúdo" (OLIVEIRA, Paulo Eduardo Vieira de. *Convenção coletiva de trabalho no direito brasileiro* – setor privado, p. 65).

"Atentos à diversidade de natureza das cláusulas integrantes da Convenção Coletiva, parece-nos acertado o critério de classificação do conteúdo proposto por Alonso Garcia: 1. Cláusulas normativas, que fixam as condições genéricas e abstratas a ser observadas na celebração dos contratos individuais. 2. Cláusulas obrigacionais, que dizem respeito às obrigações recíprocas ajustadas entre as associações convenentes. 3. Cláusulas de garantia, especificamente assecuratórias da eficácia e do cumprimento do pacto, a exemplo de duração, início de vigência etc. As cláusulas normativas, por sua vez, têm sido divididas, somente para efeito de sistematização do instrumento, em econômicas, que dizem respeito às condições de trabalho diretamente relacionadas com sua retribuição (e. g., reajuste salarial, valor de hora noturna, duração da jornada) e sociais, que representam apoio social aos empregados, influindo reflexivamente sobre a retribuição (e. g., assistência médica e odontológica, manutenção de creches etc.)."[12]

Carlos Henrique da Silva Zangrando estabelece que há dois tipos de cláusulas: as normativas e as obrigacionais. Para ele, as normativas envolvem as cláusulas: benefício individual; conclusão; solidárias; conciliação e solução interna de conflitos e instituições comuns.

"As cláusulas normativas são de muito maior importância do que as obrigacionais, pois dizem respeito aos salários, jornada de trabalho, férias, etc., direitos que afetam a própria sobrevivência do trabalhador, traduzindo-se em mantenedores de sua sobrevivência, de uma forma ou de outra. A normatividade da convenção coletiva de trabalho traduz com perfeição a ideia de sua posição sui generis no panorama jurídico tradicional, revelando uma nova forma de criação de direitos subjetivos.

As cláusulas normativas ainda podem ser subdivididas em:

- normas de benefício individual – são as cláusulas disciplinadoras de salários, critérios de admissão, jornada de trabalho, férias, rescisão de contrato, indenizações, estabilidade, prestação de horas extraordinárias, trabalho noturno, trabalho em dias de repouso, prêmios, etc.;
- normas de conclusão – dizem respeito às formalidades a serem observadas na celebração dos contratos individuais de trabalho, tais como a proibição da contratação de menores para determinadas funções, imposição de readmissão de trabalhadores demitidos em virtude de greve, forma escrita para o contrato de trabalho, etc.;
- normas solidárias – beneficia o trabalhador como membro da empresa, aplicando-se a sua generalidade. São aquelas que dizem respeito a normas de medicina e segurança do trabalho;
- normas sobre a conciliação e solução interna de conflitos – dizem respeito a constituição e funcionamento de conselhos de empresa, comitês de empregados, comissão de conciliação prévia empresarial, etc.;
- normas sobre instituições comuns – são as que deferem outros benefícios, aplicáveis à comunidade dos trabalhadores, como caixas de aposentadorias e pensões, fundos de greve, bônus de férias etc."[13]

---

[12] PINTO, José Augusto Rodrigues. *Direito sindical e coletivo do trabalho*, p. 217.
[13] ZANGRANDO, Carlos Henrique da Silva. *Curso de direito do trabalho*, v. 3, p. 1558.

"Chamam-se obrigacionais as cláusulas que criam direitos e deveres recíprocos entre as partes convenentes. O art. 613 da CLT enumera várias cláusulas que serão de presença obrigatória nas convenções, dentre elas se encontram aquelas de natureza obrigacional, como as referentes ao prazo de vigência, aplicação de penalidades, etc. Segundo Gino Giugni, são duas as principais categorias de cláusulas obrigacionais: aquelas que impõem à associação o dever de influência e aquelas que encarregam os dois sujeitos coletivos do dever de paz sindical, ou seja, o dever de não se utilizar da ação direta durante a vigência da convenção. Octavio Bueno Magano quem melhor se manifestará sobre a questão: 'Não aceitamos essa classificação porque caracteriza como obrigacionais certas cláusulas que já vimos serem de natureza normativa. Parece-nos que o critério mais adequado, para a identificação das cláusulas obrigacionais é o de verificar se não se traduzem em vantagens individuais ou genericamente atribuídas aos trabalhadores, abrangidos pela convenção, limitando-se, ao contrário, a fixar direitos e obrigações, para as partes convenentes'. Como foi muito bem colocado pelo mestre paulista, as cláusulas obrigacionais não dizem respeito a vantagens individuais ou coletivas para os trabalhadores ou para os empregadores. Antes, tais cláusulas dizem respeito aos sindicatos convenentes, diretamente, como partes acordantes. Assim, se, em tese, durante a vigência de uma 'cláusula de paz', o sindicato profissional recorre à greve, o sindicato da categoria econômica convenente poderá requerer a denúncia da convenção em juízo, pelo seu inadimplemento pela parte contrária. Como já dissemos, o art. 613 da CLT dispõe as cláusulas obrigatórias das convenções. Disso resulta que não haverá restrições à estipulação de quaisquer outras cláusulas pelas partes, desde que não sejam contrárias à lei, aos Princípios Gerais do Direito do Trabalho, ao Bem Comum ou atentatórias à própria natureza da convenção coletiva." [14]

Mauricio Godinho Delgado afirma que os instrumentos normativos possuem: regras jurídicas e cláusulas contratuais.

Regras jurídicas, na visão do citado autor, também podem ser denominadas de dispositivos normativos e estão relacionadas com os direitos e obrigações que integram os contratos individuais no âmbito de representação das entidades signatárias do instrumento normativo.

Por outro lado, Mauricio Godinho Delgado preleciona que as cláusulas, também denominadas de dispositivos obrigacionais, são as que estabelecem direitos e obrigações para as partes convenentes.

"As regras jurídicas, de maneira geral, são aquelas que geram direitos e obrigações que irão se integrar aos contratos de trabalho das respectivas bases representadas. Consubstanciam a razão de ser da negociação coletiva, enquanto mecanismo criador de fontes normativas autônomas do Direito do Trabalho. Tendem a compor, naturalmente, a maior parte dos instrumentos normativos coletivos trabalhistas. São seus exemplos preceitos que estipulam adicionais maiores do que os heterônomos existentes (noturno, de horas extras, etc.), que conferem reajustes salariais ou fixam pisos normativos, que asseguram novas garantias provisórias de emprego etc.

---

[14] ZANGRANDO, Carlos Henrique da Silva. Ob. cit., p. 1.559.

As cláusulas contratuais, por sua vez, são aquelas que criam direitos e obrigações para as respectivas partes convenentes: sindicato obreiro e empresa, no caso de acordo coletivo de trabalho, e sindicato obreiro e sindicato empresarial, no caso de convenção coletiva de trabalho. Em geral, têm presença reduzida nos instrumentos coletivos."

Em relação ao conteúdo dos instrumentos normativos, Amauri Mascaro Nascimento preleciona que há cláusulas normativas e obrigacionais.

As cláusulas normativas são as mais expressivas no ajuste normativo e estão relacionadas com os direitos e os deveres dos empregados e dos empregadores, aderindo, assim, aos contratos de trabalho.

Por sua vez, as obrigacionais relacionam-se com os direitos e os deveres quanto aos sujeitos signatários do instrumento normativo.

"Assim, de um modo geral, o conteúdo das convenções coletivas é constituído de dois tipos fundamentais de cláusulas: as obrigacionais e as normativas, segundo os seus destinatários; as primeiras, as cláusulas obrigacionais, são dirigidas aos sindicatos e empresas signatárias dos acordos; as cláusulas normativas, e que são as mais expressivas, são dirigidas aos empregados e empresas e aos seus respectivos contratos individuais sobre os quais se projetarão.

Alguns exemplos tomados da doutrina estrangeira serão agora indicados, para que se tenha uma melhor ideia sobre as cláusulas obrigacionais. São assim consideradas as cláusulas: de organização da atividade sindical na empresa, destinadas a fazer com que o sindicato possa cumprir as suas funções normais de representação; de segurança sindical, como as proibições de admissão de trabalhadores não sindicalizados, muitas em lesão à liberdade sindical individual; que fixam o dever de informação da empresa ao sindicato dos trabalhadores; que criam órgãos como Comissões de negociação, de arbitragem, delegados sindicais; seções sindicais na empresa; que preveem multas de cobrança de contribuições sindicais (Monteiro Fernandes); de alargamento da esfera de ação sindical (Valente Simi) e do contrato coletivo; sobre conciliação e a arbitragem; sobre o dever de paz; sobre tréguas; de introdução de novas tecnologias e seus efeitos sobre o pessoal; de retreinamento e requalificação profissional; para liberação de dirigentes sindicais do serviço; para descontos em folha de contribuições e taxas assistenciais e repasse para o sindicato; para descontos de mensalidades sindicais e repasse para o sindicato; de comunicação sindical; de trânsito de dirigentes sindicais no estabelecimento; em geral, de relações com o sindicato e comunicações ao sindicato de admissões e dispensas; de informação ao sindicato de compromisso de distribuição de comunicados do sindicato; de composição de comissão de avaliação de responsabilidade de empregados em acidentes de trabalho; e de instituição de comissões de relações de trabalho.

O conteúdo normativo é o núcleo dos acordos e a sua parte principal, a sua verdadeira razão de ser: a constituição das normas para os contratos individuais de trabalho. Sobre a matéria, os autores não são unânimes. Octavio Bueno Magano, baseando-se na classificação alemã, faz a seguinte classificação das cláusulas dos contratos coletivos: I – normas de benefício individual, que são as disciplinadoras de salários, jornadas, férias etc.; II – normas de conclusão, que dizem respeito às formalidades a serem observadas na celebração dos contratos individuais; III – normas solidárias, que são aquelas que beneficiam o trabalhador não individualmente, mas como membro da empresa, como as cláusulas de higiene e segurança etc.; IV – normas relativas à constituição interna da empresa; e V – normas sobre instituições comuns, como caixas de compensação de salários, instituições de previdência etc." [15]

10.2.3 Incorporação das cláusulas típicas ao contrato de trabalho

Quanto à incorporação das cláusulas típicas ao contrato de trabalho, há 4 correntes doutrinárias:

a) com o término de vigência do instrumento normativo, cessam de forma automática os efeitos das cláusulas que não foram renegociadas e que não constaram do instrumento normativo subsequente;

b) as cláusulas estabelecidas nos instrumentos normativos permanecem, ainda que não renovadas, pois foram inseridas nos contratos individuais e se constituíram em fonte de direito;

c) a aderência ocorre até que novo diploma normativo coletivo faça a revogação expressa ou tácita. Como aponta Maurício Godinho Delgado:[16] *"É óbvio que a revogação consumar-se-ia não apenas de modo expresso, podendo também se passar tacitamente (tal como acontece com qualquer norma jurídica). A revogação tácita ocorreria, por exemplo, em virtude de o novo diploma regular o conjunto da matéria omitindo preceitos da velha convenção ou acordo coletivo, independentemente de haver efetiva incompatibilidade entre dispositivos novos e antigos; ocorreria também se despontasse incompatibilidade entre os velhos preceitos confrontados. Tal posição é tecnicamente mais correta, por se estar tratando de norma jurídica – e norma provisória é, regra geral, uma excepcionalidade. Doutrinariamente é também mais sábia, por ser mais harmônica aos objetivos do Direito Coletivo do Trabalho, que são buscar a paz social, aperfeiçoar as condições laborativas e promover a adequação setorial justrabalhista";*

d) para a 4ª corrente, há cláusulas que se incorporam e outras que não.

Na essência, temos duas correntes divergentes, uma intermediária e uma eclética. A última faz a diferenciação entre cláusulas obrigacionais e normativas. Assim, segundo ela, as cláusulas de cunho obrigacional extinguem-se com o término da vigência da norma jurídica. Já quanto às cláusulas normativas, as opiniões são divergentes. Os que entendem que as cláusulas normativas aderem aos contratos individuais de forma permanente justificam tal posição aduzindo que as novas condições de trabalho não podem vir a prejudicar o empregado, consoante o teor do art. 468 da CLT. Saliente-se, ainda, o teor

---

[15] NASCIMENTO, Amauri Mascaro. *Compêndio de direito sindical*. 2. ed., p. 305.
[16] DELGADO, Mauricio Godinho. *Direito coletivo do trabalho*, p. 135.

da Súm. 51, TST, bem como a própria figura do direito adquirido. Para os que negam a incorporação, a justificativa repousa no argumento de que as condições ajustadas nos instrumentos normativos somente são válidas para o respectivo prazo de vigência (arts. 613, IV, e 614, § 3º, CLT). Nesse sentido, declinava o teor da Súm. 277, TST: *"As condições de trabalho alcançadas por força de sentença normativa vigoram no prazo assinado, não integrando, de forma definitiva, os contratos."*

Por outro lado, ainda dentro dessa polêmica, temos a OJ 41, SDI-I, *in verbis*: *"Preenchidos todos os pressupostos para a aquisição de estabilidade decorrente de acidente ou doença profissional, ainda durante a vigência do instrumento normativo, goza o empregado de estabilidade mesmo após o término da vigência deste."*

A matéria é polêmica.

Entendemos, em respeito à autonomia privada coletiva, que a integração é pelo prazo do instrumento, não interagindo de forma definitiva com os contratos individuais, exceto quando for o caso de vantagem individualmente adquirida[17] (como é o caso da estabilidade pela norma coletiva). Talvez fosse melhor que a matéria fosse legislada, dirimindo-se as dúvidas doutrinárias e jurisprudenciais.

Em novembro de 2009, o TST acresceu o tópico II à Súm. 277, ou seja, as regras previstas nos instrumentos normativos integram os contratos de forma definitiva no período compreendido entre 23/12/1992 e 28/7/1995, em que vigorou a Lei 8.542, revogada pela MP 1.709, convertida na Lei 10.192/01. O § 1º do art. 1º da Lei 8.542 determinava que as cláusulas dos acordos, convenções ou contratos coletivos de trabalho integram os contratos individuais de trabalho e somente poderão ser reduzidas ou suprimidas por posterior acordo, convenção ou contrato coletivo de trabalho.

---

[17] Renato Rua de Almeida, ao abordar a questão da vantagem individualmente adquirida, ensina-nos: "No entanto, há uma exceção ao princípio da não incorporação definitiva das cláusulas normativas nos contratos individuais de trabalho. Trata-se da hipótese que o direito francês convencionou chamar de vantagem individualmente adquirida por força da aplicação de cláusula normativa. Essa exceção foi consagrada no direito francês pela Lei Auroux, de 13 de novembro de 1982 (Código do Trabalho, artigo L. 132-8, alínea 6), que serve, inclusive, de elemento para o juiz brasileiro decidir, aplicando a incorporação definitiva da cláusula normativa no contrato individual de trabalho, diante da falta de disposição legal expressa, com efeito amplo, por ser o direito comparado um método importante de integração do direito, conforme, aliás, previsto pelo artigo 8º da CLT. As vantagens individuais, no dizer de Gérard Couturier, são aquelas diretamente relacionadas ao empregado, distinguindo-se das vantagens coletivas dirigidas à representação eleita ou sindical dos trabalhadores na empresa (Convenção 135 da OIT), que no caso do direito brasileiro seria, por exemplo, alguma vantagem especial dos representantes eleitos pelos empregados para a Comissão Interna de Prevenção de Acidentes (CIPA), prevista pelo artigo 163 da Consolidação das Leis do Trabalho, ou daquelas relacionadas à organização interna de trabalho na empresa (garantias disciplinares, alteração de horário, intervalos etc.). Em complemento, essas vantagens, para se incorporarem aos contratos individuais de trabalho, devem estar individualmente adquiridas, isto é, o empregado tenha delas se beneficiado ou implementado as condições para beneficiar-se. Por último, tais vantagens individuais devem ter caráter continuado e não casual ou ocasional, bem como não depender de evento futuro e incerto" (Das cláusulas normativas das convenções coletivas de trabalho: conceito, eficácia e incorporação nos contratos individuais de trabalho. *Revista LTr*, v. 60, nº 12, p. 1.602).

Em setembro de 2012, por intermédio da Resolução 185, o TST reformulou a sua posição jurisprudencial, ao determinar que as cláusulas normativas (convenções e acordos coletivos) integram os contratos individuais de trabalho e somente poderão ser modificadas ou suprimidas mediante negociação coletiva (nova redação dada à Súmula 277). Como se denota, a posição do TST adotou a aderência dos instrumentos normativos aos contratos de trabalho até que se tenha novo diploma normativo.

Em outubro/ de 2016, na ADPF 323, o Ministro Gilmar Mendes (STF) concedeu a liminar para suspender a eficácia da Súmula 277.

Por fim, a Reforma Trabalhista (Lei 13.467) pôs fim à celeuma, vedando a ultratividade quanto as normas coletivas, ao alterar a redação do § 3º, art. 614: "Não será permitido estipular duração de convenção coletiva ou acordo coletivo de trabalho superior a dois anos, sendo vedada a ultratividade".

10.2.4 Extensão

As convenções e acordos coletivos são aplicáveis apenas às partes (sindicatos e empresas) participantes da negociação, aos seus representados (empresas e empregados) e seus empregados não sindicalizados (arts. 611 e 613, III, CLT).

Tratando-se de dissídio coletivo motivado por questões sobre novas condições de trabalho, o Tribunal poderá estender tais condições aos demais empregados da empresa ou a todos os empregados que forem da mesma profissão, fixando data para a sua execução e prazo de vigência, não superior a 4 anos (art. 868 e segs.).

Não é viável aplicar condições constantes de acordo homologado em dissídio coletivo de forma extensiva a quem não o subscreveu, exceto se observado o procedimento previsto (arts. 868 e segs., CLT; OJ 2, SDC).

Empregado integrante de categoria profissional diferenciada não tem direito de haver de seu empregador vantagens previstas em instrumento coletivo no qual a empresa não foi representada por órgão de classe de sua categoria (Súm. 374, TST).

10.2.5 Forma e duração

A celebração de acordos ou convenções coletivas pelos sindicatos somente poderá ocorrer por deliberação de assembleia-geral, convocada para esse fim, observado o Estatuto da Instituição. Tratando-se de convenção, a validade da primeira assembleia está vinculada ao comparecimento de dois terços dos associados, e, no caso de acordo, dos interessados. Na 2ª convocação, observar-se-á 1/3 dos membros (art. 612, CLT). Nas entidades com mais de 5 mil associados, o quórum de comparecimento e votação será de 1/8 (art. 612, parágrafo único).

Mesmo após a promulgação da CF/88, subordina-se a validade da assembleia de trabalhadores que legitima a atuação da entidade sindical respectiva em favor de seus interesses à observância do quórum estabelecido no art. 612 da CLT (OJ 13, SDC, cancelada em 9/10/2003).

Atualmente, por aplicação dos princípios da autonomia e liberdade sindical, o quórum para instalação e deliberação é o previsto no estatuto da entidade sindical.

Se a base territorial do sindicato representativo da categoria abrange mais de um município, a realização de assembleia deliberativa em apenas um deles inviabiliza a manifestação de vontade da totalidade dos trabalhadores envolvidos na controvérsia, pelo que conduz à insuficiência de quórum deliberativo, exceto quando particularizado o conflito (OJ 14, SDC, cancelada em 13/11/2003).

O edital de convocação para a assembleia-geral dos trabalhadores deve ser publicado em jornal que circule em cada um dos municípios componentes da base territorial (OJ 28, SDC).

Para a validade da convenção ou do acordo, é necessária a sua publicidade. Começam a ter vigência 3 dias após a data do depósito. Nos sindicatos acordantes e nos estabelecimentos das empresas compreendidas no seu campo de aplicação, os instrumentos deverão ser fixados em lugar visível no prazo de 5 dias da data do depósito (art. 614).

A Portaria 282, de 6/8/2007, do MTE, dispõe sobre a implantação do sistema de negociações coletivas de trabalho (MEDIADOR), para fins de elaboração, transmissão, registro e arquivo, via eletrônica, dos instrumentos normativos de trabalho, nos termos dos arts. 614 e 615, CLT. Atualmente, a Portaria 282 está regulamentada pela IN 9, de 5/8/2008, do Secretário das Relações de Trabalho.

Por previsão expressa, as normas coletivas não poderão vigorar por prazo superior a 2 anos (art. 614, § 3º). De acordo com a OJ 322, SDI-I, nos termos do art. 613, § 3º, CLT, é de 2 anos o prazo máximo de vigência dos acordos e das convenções coletivas. Assim sendo, é inválida, naquilo que ultrapassa o prazo total de 2 anos, a cláusula de aditivo que prorroga a vigência do instrumento coletivo originário por prazo indeterminado.

A prorrogação, revisão, denúncia ou revogação total ou parcial da convenção ou acordo depende de aprovação da assembleia-geral do sindicato ou dos concordantes, observando o quórum descrito no art. 612 (art. 615). Nesses casos, também deverá haver depósito do instrumento, passando a vigorar 3 dias depois (art. 615).

A prorrogação implica a manutenção das cláusulas já pactuadas, enquanto a renovação é o estabelecimento de novas cláusulas.

A revisão é a adaptação do instrumento normativo em função de alteração quanto aos fatos que justificam as cláusulas.

Denúncia é o ato pelo qual uma das partes contratantes notifica a outra quanto ao término da convenção ou do acordo existente entre elas. O seu intuito é evitar a prorrogação automática do instrumento normativo ou pôr fim a uma convenção ou acordo coletivo de prazo indeterminado. Porém, como nenhuma dessas hipóteses é admitida em nossa legislação, à denúncia fica circunscrita a função de evitar hiatos entre títulos normativos que se devam suceder.

Revogação sintetiza a manifestação de vontade dos signatários do instrumento normativo no sentido de extinguir a eficácia das cláusulas antes do termo final.

Os sindicatos representativos de categoria econômica ou profissional, bem como as empresas, quando provocadas, não podem se recusar à negociação coletiva (art. 616).

Havendo recusa, a parte interessada dará ciência, conforme o caso, à Diretoria de Relações de Trabalho ou aos órgãos da Superintendência Regional do Trabalho e Emprego, para uma nova convocação, mas desta vez compulsória (art. 616, § 1º).

Persistindo a recusa, é facultada à parte interessada a instauração de dissídio coletivo (art. 616, § 2º). Deverá ser instaurado até 60 dias antes do termo final da vigência do instrumento normativo em curso (art. 616, § 3º, CLT).

Todas as medidas relativas à formalização da convenção ou acordo coletivo devem ser esgotadas antes do ingresso do processo de dissídio coletivo que versar sobre discussões de cláusulas econômicas (art. 616, § 4º).

O dissídio coletivo de natureza jurídica não prescinde da autorização da categoria, reunida em assembleia para legitimar o sindicato próprio, nem da etapa negocial prévia para buscar solução de consenso (OJ 6, SDC, cancelada em 10/8/2000).

A ata da assembleia de trabalhadores que legitima a atuação da entidade sindical respectiva em favor de seus interesses deve registrar, obrigatoriamente, a pauta reivindicatória, produto da vontade expressa da categoria (OJ 8, SDC).

É o caso de ilegitimidade *ad causam* do sindicato, quando se tem a ausência de registro do total de associados da entidade sindical, ante a insuficiência de quórum (art. 612) (OJ 21, SDC, cancelada em 13/11/2003).

É necessária a correspondência entre as atividades exercidas pelos setores (profissional e econômico) envolvidos no conflito, sob pena de ser decretada a ilegitimidade *ad causam* da entidade sindical (OJ 22, SDC).

É impossível a legitimação *ad causam* da entidade sindical, quando for o caso de sindicato representativo de segmento profissional ou patronal (OJ 23, SDC).

Caracteriza-se a negociação prévia insuficiente quando não se tem a realização da mesa-redonda perante a Superintendência Regional do Trabalho e Emprego (OJ 24, SDC, cancelada em 31/3/2004).

O edital de convocação da categoria e a respectiva ata da assembleia-geral dos trabalhadores constituem peças essenciais à instauração do processo de dissídio coletivo (OJ 29, SDC).

É pressuposto indispensável à constituição válida e regular da ação coletiva a apresentação em forma clausulada e fundamentada das reivindicações da categoria conforme orientação do item VI, letra *e*, da IN 4/93 (OJ 32, SDC).

Convém salientar que a IN 4 do TST uniformizava o procedimento nos dissídios coletivos de natureza econômica no âmbito da Justiça do Trabalho, tendo sido cancelada pela Resolução 116/03 do TST.

Se os estatutos da entidade sindical contam com norma específica que estabeleça prazo mínimo entre a data de publicação do edital convocatório e a realização da assembleia correspondente, então a validade desta última depende da observância desse interregno (OJ 35, SDC).

10.2.6 Limite da multa imposta em norma coletiva

Os instrumentos normativos fazem a previsão de multa no caso da inobservância ou descumprimento de suas cláusulas.

Na verdade, *"a multa prevista no instrumento normativo não é um direito trabalhista, mas uma verdadeira cláusula penal. O inadimplemento no decorrer do tempo de determinada cláusula da norma coletiva pode ensejar o pagamento de um valor até três vezes maior em relação ao principal, porque a multa geralmente é diária, excedendo o que seria devido a título de principal ao empregado. Torna, assim, extremamente injusta a compensação pelo inadimplemento, causando um enriquecimento injusto do empregado em detrimento do empregador"*.[18]

O valor da cominação imposta na cláusula penal não pode exceder o da obrigação principal (art. 412, CC).

Multa estipulada em cláusula penal, ainda que diária, não poderá ser superior ao principal corrigido. Aplicação do art. 412, CC (OJ 54, SDI-I).

Para Sergio Pinto Martins,[19] é *"plenamente justificável o art. 412 do CC para limitar o valor da multa prevista na norma coletiva ao valor da obrigação principal, por ser o Direito Civil fonte subsidiária do Direito do Trabalho, mormente pela inexistência de qualquer incompatibilidade com os princípios do último (parágrafo único do art. 8º da CLT)"*.

Por sua vez, Francisco Antonio de Oliveira[20] entende que o art. 412 *"não tem qualquer regência sobre as 'multas' previstas em acordos, convenções ou dissídios coletivos em sede trabalhista. A cominação pecuniária prevista em norma coletiva tem natureza jurídica das astreintes, embora seja utilizada indevidamente a terminologia 'multa', que não permite a intromissão da norma civilista prevista no art. 412. O vocábulo 'multa' vem sendo utilizado pelo legislador sem o rigor terminológico (arts. 461, § 4º, 601, 645, todos do CPC, com nova redação). O gizamento trazido pelo precedente, a par de não distinguir a natureza jurídica que se impõe, traduz-se em incentivo à inadimplência, já que, atingido aquele parâmetro, a parte não mais terá interesse em cumprir a obrigação. Daí a presença marcante das astreintes"*.

10.3 CONTRATO COLETIVO DE TRABALHO

O sistema jurídico brasileiro faz referência ao "contrato coletivo de trabalho" no bojo da CLT (arts. 59, 61, 71, 227, 235, 239, 295, 296 e 462) e em normas esparsas (art. 1º, Lei 8.542/92; art. 32, Lei 12.815/13), contudo, não há regramento legal sobre o conteúdo desse instrumento.

---

[18] MARTINS, Sergio Pinto. *Direito do trabalho*. 23. ed., p. 835.
[19] MARTINS, Sergio Pinto. Ob. cit., p. 835.
[20] OLIVEIRA, Francisco Antonio de. *Comentários aos precedentes normativos e individuais do Tribunal Superior do Trabalho*, p. 192.

Nas palavras de Octavio Bueno Magno,[21] contrato coletivo é o instrumento normativo pelo qual as *"entidades sindicais representativas de uma ou mais categorias, ou de um ou mais ramos de atividade econômica, estipulam normas salariais e condições de trabalho, a serem aplicadas no âmbito das respectivas representações, às relações de trabalho".*

Para Amauri Mascaro Nascimento,[22] *"do modo como foi instituído o contrato coletivo é, como disse, um corpo sem rosto".*

José Augusto Rodrigues Pinto[23] considera contrato coletivo de trabalho um instrumento de negociação e contratação intersetorial e nacional capaz de determinar *"os princípios mais amplos que deverão reger as relações entre categorias, através de suas associações sindicais, ou entre categoria profissional, através de sua associação sindical representativa, e empresa ou empresas".* E tem como destinação *"transferir da órbita estatal para a dos próprios interlocutores das relações de trabalho a regulamentação dos princípios norteadores de seus interesses gerais".*[24]

QUESTIONÁRIO

1. O que é uma convenção coletiva de trabalho?

2. O que é um acordo coletivo de trabalho?

3. Quais são as diferenças entre a convenção coletiva e o acordo coletivo de trabalho?

4. A convenção coletiva é um acordo normativo? Justifique.

5. Toda e qualquer cláusula dos instrumentos normativos adere de forma permanente aos contratos individuais de trabalho? Justifique.

6. O que é um contrato coletivo de trabalho?

---

[21] MAGANO, Octavio Bueno. Contratação coletiva. *Revista LTr* nº 57, v. 2, p. 200.
[22] NASCIMENTO, Amauri Mascaro. Contrato coletivo como alteração do modelo de relações de trabalho. *Revista LTr*, v. 57, nº 2, p. 198.
[23] PINTO, José Augusto Rodrigues. Ob. cit., p. 238.
[24] PINTO, José Augusto Rodrigues. Ob. cit., p. 238.

REFERÊNCIAS BIBLIOGRÁFICAS

ABDALA, Vantuil. Poder normativo da Justiça do Trabalho: manutenção ou extinção. *Revista Synthesis*, nº 39, 2004.

ABRÃO, Nelson. *Direito bancário*. 6. ed. São Paulo: Saraiva, 2000.

ACCIOLY, Hildebrando; SILVA, G. E. do Nascimento e; CASELLA, Paulo Borba. *Direito internacional público*. 20. ed. São Paulo: Saraiva, 2012.

ACQUAVIVA, Marcus Cláudio. *Dicionário jurídico brasileiro*. 12. ed. e 13. ed. São Paulo: Jurídica Brasileira, 2004 e 2006.

ALBUQUERQUE, João Batista de. *O empregador e o empregado rural*. São Paulo: LTr, 1996.

ALDAO ZAMPIOLA, Carlos. La prevención y resolución de los conflictos laborais. *Revista Trabajo y Seguridad Social*, nº 2, 1986.

ALLY, Raimundo Cerqueira. A Convenção nº 158 da OIT e a Constituição do Brasil. *Revista da ANAMATRA – Associação Nacional dos Magistrados do Trabalho*, nº 27.

ALMEIDA, Amador Paes de. *Curso de falência e concordata*. 12. ed. São Paulo: Saraiva, 1995.

_____. *CLT comentada*. 3. ed. e 6. ed. São Paulo: Saraiva, 2005 e 2009.

_____. *Curso prático de processo do trabalho*. 17. ed. São Paulo: Saraiva, 2007.

_____. *O procedimento sumaríssimo na Justiça do Trabalho e Comissões de conciliação prévia*. 2. ed. São Paulo: Saraiva, 2002.

ALMEIDA, Cleber Lúcio de. *Responsabilidade civil do empregado e acidente de trabalho*. Belo Horizonte: Del Rey, 2003.

ALMEIDA, Elizabeth Accioly Pinto de. *Mercosul & União Europeia*: estrutura jurídico-institucional. 2. ed. Curitiba: Juruá, 1999.

ALMEIDA, Ísis de. *Manual de direito individual do trabalho*. São Paulo: LTr, 1998.

_____. *Manual da prescrição trabalhista*. São Paulo: LTr, 1990.

ALMEIDA, Paulo Roberto de. A dimensão social nos processos de integração. In: CHALOULT, Yves; ALMEIDA, Paulo Roberto de (Coord.). *Mercosul, Nafta e Alca*: a dimensão social. São Paulo: LTr, 1999.

ALMEIDA, Renato Rua de. Proteção contra a despedida arbitrária. Aviso-prévio proporcional ao tempo de serviço. *Revista LTr*, v. 56, nº 10.

ALVARENGA, Octavio Mello. *Política e direito agroambiental*. 2. ed. Rio de Janeiro: Forense, 1995.

ALVIM, Agostinho. *Da inexecução das obrigações e suas consequências*. 3. ed. São Paulo: Jurídica e Universitária, 1965.

ALVIM, Arruda. *Manual de direito processual civil*. 6. ed. São Paulo: Revista dos Tribunais, 1997, v. 1 e 2.

AMARO, Luciano. *Direito tributário brasileiro*. 11. ed. São Paulo: Saraiva, 2005.

AMÉRICO FÜHER, Maximilianus Cláudio. *Resumo de direito comercial*. São Paulo: Revista dos Tribunais, 1980.

AMORIM FILHO, Agnelo. Critério científico para distinguir a prescrição da decadência e para identificar as ações imprescritíveis. *Revista dos Tribunais*, v. 300.

ANDREUCCI, Ana Cláudia Pompeu Torezan. *Salário-maternidade à mãe adotiva no direito previdenciário brasileiro*. São Paulo: LTr, 2005.

ARAMENDIA, José Pedro. A reparação do dano moral na doutrina e no código uruguaio. *Revista Forense*, nº 76.

ARANHA, Maria Lúcia de Arruda; MARTINS, Maria Helena Pires. *Filosofando introdução à filosofia*. 2. ed. São Paulo: Moderna, 1998.

ARAÚJO CINTRA, Antonio Carlos de; GRINOVER, Ada Pelegrini; RANGEL DINAMARCO, Cândido. *Teoria geral do processo*. 12. ed. e 14. ed. São Paulo: Malheiros, 1996 e 1998.

ARAÚJO, Francisco Rossal de. A natureza jurídica da relação de trabalho (novas competências da Justiça do Trabalho – Emenda Constitucional nº 45/04). In: COUTINHO, Grijalbo Fernandes; FAVA, Marcos Neves (Coord.). *Nova competência da Justiça do Trabalho*. São Paulo: LTr, 2005.

ARAÚJO, José Carlos de. *Ação coletiva do trabalho*. São Paulo: LTr, 1993.

ARAUJO, Luiz Alberto David. *A proteção constitucional das pessoas portadoras de deficiência*. Brasília: Coordenadoria Nacional Para Integração da Pessoa Portadora de Deficiência – CORDE, 1994.

_____; NUNES JÚNIOR, Vidal Serrano. *Curso de direito constitucional*. 5. ed. e 6. ed. São Paulo: Saraiva, 2001 e 2002.

AROUCA, José Carlos. *Repensando o sindicato*. São Paulo: LTr, 1998.

_____. *O sindicato em um mundo globalizado*. São Paulo: LTr, 2003.

_____. *Curso básico de direito sindical*. São Paulo: LTr, 2006.

AUDI, Patrícia. A escravidão não abolida. In: VELLOSO, Gabriel; FAVA, Marcos Neves (Coord.). *Trabalho escravo contemporâneo*: o desafio de superar a negação. São Paulo: LTr, 2006.

AVILÉS, Antonio Ojeda. El procedimiento de la negociación colectiva. In: URIARTE Oscar Ermida; AVILÉS, Antonio Ojeda. (Coord.) *El derecho sindical en América Latina*. Montevidéu: Fundación de Cultura Universitaria, 1995.

AZEVEDO, Antonio Junqueira de. Por uma nova categoria de dano na responsabilidade civil: o dano social. In: FILOMENO, José Geraldo Brito; WAGNER JÚNIOR, Luiz Guilherme da Costa; GONÇALVES, Renato Afonso (Coord.). *O Código Civil e sua interdisciplinaridade*. Belo Horizonte: Del Rey, 2004.

BABACE, Héctor; CASTELLO, Alejandro; BILLAR, Pedro. *Derecho de la integración y relaciones laborales*. 2. ed. Montevidéu: Fundación de Cultura Universitaria, 2004.

BALARÓ, Carlos Carmelo. O sócio, o ex-sócio, o administrador da empresa e o alcance da execução trabalhista. *Revista do Advogado da Associação dos Advogados de São Paulo*, ano XXVIII, nº 97, maio de 2008.

BALERA, Wagner; ANDREUCCI, Ana Cláudia Pompeu Torezan. *Salário-família no direito previdenciário brasileiro*. São Paulo: LTr, 2007.

BALEEIRO, Aliomar. *Direito tributário brasileiro*. 10. ed. Rio de Janeiro: Forense, 1981.

BARAÚNA, Augusto Cezar Ferreira de. *A terceirização à luz do direito do trabalho*. São Paulo: LED, 1997.

BARBAGELATA, Héctor-Hugo; RÍMOLO, Jorge Rosembaum; ARIGÓN, Mario Garmendia. *El contenido de los convenios colectivos*. Montevidéu: Fundación de Cultura Universitaria, 1998.

BARBOZA, Ramiro. Los actores en la negociación colectiva en Paraguay. In XVII CONGRESO MUNDIAL DE DERECHO DEL TRABAJO Y DE LA SEGURIDADE SOCIAL, versão em CD-ROM, set./2003, Montevidéu, Uruguai.

BARRETO FILHO, Oscar. *Teoria do estabelecimento comercial*. 2. ed. São Paulo: Saraiva, 1988.

BARROS, Alice Monteiro de (Coord.). Procedimento no dissídio coletivo. *Compêndio de direito processual do trabalho*. São Paulo: LTr, 1998.

_____. *Contratos e regulamentações especiais de trabalho*: peculiaridades, aspectos controvertidos e tendências. 3. ed. São Paulo: TLr, 2008.

_____. *Curso de direito do trabalho*. São Paulo: LTr, 5ª edição, 2009.

_____. *Curso de direito do trabalho*. 1. ed. e 3. ed. São Paulo: LTr, 2005 e 2007.

_____. *Proteção à intimidade do empregado*. São Paulo: LTr, 1997.

_____. *Curso de direito coletivo do trabalho*. São Paulo: LTr, 1998.

_____. *As relações de trabalho no espetáculo*. São Paulo: LTr, 2003.

_____. O assédio sexual no direito do trabalho comparado. *Revista LTr*, v. 62, nº 11, 1993.

_____. O atleta profissional do futebol em face da Lei Pelé (nº 9.615, de 24/3/98). *Revista LTr*, v. 64, nº 3, 2000.

_____. O trabalho do professor – peculiaridades e controvérsias. *Revista LTr*, v. 64, nº 12, 2000.

_____. Considerações gerais sobre o trabalho do vendedor-viajante e pracista. *Revista do Tribunal Superior do Trabalho*, v. 67, nº 3, 2003.

BARROS, Alice Monteiro de. O trabalho da mulher na Constituição de 1988. *O constitucionalismo social – estudos em homenagem ao Ministro Marco Aurélio Mendes de Farias Mello*. Coord. Jane Granzoto Torres da Silva. São Paulo: LTr, 2003.

BASSO, Guilherme Mastrichi. Dissídio coletivo de natureza jurídica. *Revista Jurídica Virtual da Presidência da República – Subchefia para Assuntos Jurídicos*, nº 4, ago./1999. Disponível em: <www.presidencia.gov.br/ccivil.03/revista/Rev.04/dissidio.coletivo.denatureza.ju.htm)>.

BASTOS, Celso Ribeiro. *Curso de direito constitucional*. 13. ed. e 22. ed. São Paulo: Saraiva, 1990 e 2002.

_____; MARTINS, Ives Gandra da Silva. *Comentários à Constituição do Brasil*. 1. ed. e 2. ed. São Paulo: Saraiva, 1989 e 1992.

BATALHA, Wilson de Souza Campos. Desconsideração da personalidade jurídica na execução trabalhista responsabilidade dos sócios em execução trabalhista contra sociedade. *Revista LTr*, v. 58, nº 11, 1994.

_____. *Tratado de direito judiciário do trabalho*. 3. ed. São Paulo: LTr, 1995.

_____; RODRIGUES NETTO, Sílvia M. L. Batalha de. *Sindicatos/sindicalismo*. 2. ed. São Paulo: LTr, 1994.

BATISTA, Hugo Fidélis. A terceirização, a sucessão de contratos administrativos e a teoria menor da sucessão de empregadores para fins trabalhistas. *Revista do Direito Trabalhista*, v. 21, nº 3.

BEBBER, Júlio César. A competência da justiça do trabalho e a nova ordem constitucional. In: COUTINHO, Grijalbo Fernandes; FAVA, Marcos Neves (Coord.). *Nova competência da Justiça do Trabalho*. São Paulo: LTr, 2005.

_____. Intervenção e liquidação extrajudicial de instituições financeiras – sucessão trabalhista – o caso da venda dos bancos sob intervenção. *Revista LTr*, v. 62, nº 4.BELMONTE, Alexandre

Agra. Aspectos jurídicos materiais e processuais da terceirização trabalhista. *Revista LTr*, v. 79, nº 3.

BELTRAN, Ari Possidonio. *A autotutela nas relações de trabalho*. São Paulo: LTr, 1996.

_____. *Direito do trabalho e direitos fundamentais*. São Paulo: LTr, 2002.

_____. *Os impactos da integração econômica no direito do trabalho globalização e direitos sociais*. São Paulo: LTr, 1998.

_____. A cláusula de não concorrência no direito do trabalho. *Revista do Advogado*, v. 54, dez./1998.

_____. O novo Código Civil e a responsabilidade civil do empregador. *Revista LTr*, v. 67, nº 1.

BERMÚDEZ, Jorge Guillermo et al. *Derecho colectivo del trabajo*. Buenos Aires: La Ley, 1998.

BERTOLIN, Patrícia Tuma Martins. *Reformulação do processo do trabalho*. São Paulo: LTr, 1996.

_____. *A (livre) circulação de trabalhadores*. 2000. Tese de Doutoramento apresentada à Faculdade de Direito da Universidade de São Paulo, São Paulo.

BEZERRA, Adriana Santiago. Aspectos da transação no âmbito trabalhista frente ao princípio da irrenunciabilidade. *Jornal do 15º Congresso Brasileiro de Direito Coletivo e Individual do Trabalho*, nov./2000.

BITTAR, Carlos Alberto. *Contornos atuais do direito do autor*. São Paulo: Revista dos Tribunais, 1992.

_____. *Reparação civil por danos morais*. 2. ed. São Paulo: Revista dos Tribunais, 1994.

_____. *Responsabilidade civil*: teoria e prática. 5. ed. São Paulo: Forense Universitária, 2005.

BITTAR, Carlos Alberto; BITTAR FILHO, Carlos Alberto. *Tutela dos direitos da personalidade e dos direitos autorais nas atividades empresariais*. São Paulo: Revista dos Tribunais, 1993.

BRANDÃO, Cláudio Mascarenhas. Relação de trabalho: enfim, o paradoxo superado. In: COUTINHO, Grijalbo Fernandes; FAVA, Marcos Neves (Coord.). *Nova competência da justiça do trabalho*. São Paulo: LTr, 2005.

BRITO FILHO, José Claudio Monteiro de. *Direito sindical*: análise do modelo brasileiro de relações coletivas de trabalho à luz do direito comparado e da doutrina do OIT. Proposta de inserção da comissão de empresa. 1. ed. e 2. ed. São Paulo: LTr, 2000 e 2007.

_____. O sindicalismo no serviço público. In: SILVA NETO, Manoel Jorge e (Coord.). *Constituição e trabalho*. São Paulo: LTr, 1998.

BRUNELLE, Dorval; CHALOULT, Yves. Transnacionalização das práticas sindicais: quadro teórico-analítico. In: CHALOULT, Yves; ALMEIDA, Paulo Roberto de (Coord.). *Mercosul, Nafta e Alca*: a dimensão social. São Paulo: LTr, 1999.

BURGARELLI, Aclibes. *Direito comercial*: falência. São Paulo: Rideel, 2007.

BULGARELLI, Waldirio. *Fusões, incorporações e cisões de sociedades*. 5. ed. São Paulo: Atlas, 2000.

CAETANO, Marcello. *Manual de direito administrativo*. 10. ed. Coimbra: Almedina, 1997. t. 1.

CAHALI, Yussef. Dano e indenização. *Revista dos Tribunais*, 1990.

_____. *Responsabilidade civil do Estado*. 2. ed. São Paulo: Malheiros, 1996.

CAIRO JUNIOR, José. *Curso de direito do trabalho*. 2. ed. Salvador: JusPodivm, 2007.

CALAN, Didier de et al. Le Robert ilustre & dixel. Paris: Le Robert, 2013.

CALVET, Otavio Amaral. A nova competência da Justiça do Trabalho: relação de trabalho × relação de consumo. *Revista LTr*, v. 69, nº 1.

_____. *Consórcio de empregadores urbanos*. São Paulo: LTr, 2005.

CALVO, Adriana. O direito fundamental à saúde mental no ambiente de trabalho: o combate ao assédio moral institucional – visão dos tribunais trabalhistas. São Paulo: LTr, 2014.

CÂMARA, Alexandre Freitas. *Lições de direito processual civil*. 3. ed. e 14. ed. Rio de Janeiro: Lumen Juris, 2000 e 2007, v. 1 a 3.

CAMPOS, José Luiz Dias; DIAS, Adelina Bitelli. *Acidentes do trabalho, prevenção e reparação*. 3. ed. São Paulo: LTr, 1996.

CAMPOS FILHO, José Machado de. Cláusula de não restabelecimento. *Enciclopédia Saraiva do Direito*. São Paulo: Saraiva, 1978.

CÂNDIA, Ralph. *Comentários aos contratos trabalhistas especiais*. 2. ed. São Paulo: LTr, 1990.

CANOTILHO, José Joaquim Gomes. *Direito constitucional e teoria da constituição*. 5. ed. Coimbra: Almedina, 2002.

CAPANO, Evandro Fabiani. *Dignidade sexual*: comentários aos novos crimes do Título VI do Código Penal (art. 213 a 234-B) alterados pela Lei 12.015/2009. São Paulo: Revista dos Tribunais, 2009.

CAPEZ, Fernando. *Curso de direito penal*: parte geral. 7. ed. São Paulo: Saraiva, 2004.

CARINCI, Franco; TAMAJO, Raffaele de Luca; TOSI, Paolo; TREU, Tiziano. *Diritto del lavoro. Il diritto sindicale*. 5. ed. Torino: UTET, 2011. v. 1.

_____. *Diritto del lavoro. Il rapporto di lavoro subordinato*. 7. ed. Torino: UTET Giuridica, 2012. v. II.

CARMO, Júlio Bernardo do. O dano moral e sua reparação no âmbito do direito civil e do trabalho. *Revista LTr*, v. 60, nº 3.

CARMO, Júlio Bernardo do. Da Eficácia liberatória da quitação advinda de homologação de rescisão contratual trabalhista – cotejo do Enunciado nº 330/TST com o Princípio da Legalidade. *Revista LTr*, v. 58, nº 3.

CARMO, Paulo Sérgio do. *A ideologia do trabalho*. 8. ed. São Paulo: Moderna, 1996.

CARMONA, Carlos Alberto. *Arbitragem e processo*: um comentário à Lei nº 9.307/96. São Paulo: Malheiros, 1998.

CARREIRA ALVIM, J. E. *Comentários à Lei de Arbitragem (Lei nº 9.307, de 23.9.1996)*. 2. ed. Rio de Janeiro: Lumen Juris, 2004.

CARRION, Valentin. *Comentários à Consolidação das Leis do Trabalho*. 15. ed. São Paulo: Revista dos Tribunais, 1992.

_____. *Comentários à Consolidação das Leis do Trabalho*. 22. ed. 23. ed. 25. ed. e 31. ed. São Paulo: Saraiva, 1996, 1997, 2000 e 2006.

CARVALHO FILHO, José dos Santos. *Manual de direito administrativo*. 6. ed. e 17. ed. Rio de Janeiro: Lumen Juris, 2001 e 2007.

CARVALHOSA, Modesto. *Comentários à Lei de Sociedades Anônimas*. v. 4. São Paulo: Saraiva, 1998.

CASSAR, Vólia Bomfim. *Direito do trabalho*. 2. ed. Niteroi: Impetus, 2008.

CASTELO, Jorge Pinheiro. Da competência da justiça do trabalho para apreciação do dano moral trabalhista. *Revista LTr*, v. 61, nº 8.

CASTILLO, Santiago Pérez del. *Introduccion al derecho de las relaciones colectivas de trabajo*. Montevidéu: Fundacion de Cultura Universitaria, 1995.

_____. *O direito de greve*. São Paulo: LTr, traduzido por Maria Stella Penteado G. de Abreu, 1994.

CASTRO, Antonio Escosteguy. Trabalho, *Tecnologia e globalização*: a necessidade de uma reforma sindical no Brasil. São Paulo: LTr, 2006.

CASTRO, Carlos Borges. *Regime jurídico da CLT no funcionalismo*. São Paulo: Saraiva, 1981.

CASTRO, José Nilo de. *Direito municipal positivo*. 6. ed. Belo Horizonte: Del Rey, 2006.

CASTRO, Maria Silvia Portella de. Negociações coletivas internacionais e Mercosul. In: CHALOULT, Yves; ALMEIDA, Paulo Roberto de (Coord.). *Mercosul, Nafta e Alca*: a dimensão social. São Paulo: LTr, 1999.

CATHARINO, José Martins. *Compêndio universitário de direito do trabalho*. São Paulo: Jurídica e Universitária, 1972. v. 1 e 2.

_____. O protesto judicial. In: FRANCO FILHO, Georgenor de Sousa (Coord.). *Curso de direito coletivo do trabalho*. São Paulo: LTr, 1998.

_____. *Tratado elementar de direito sindical*. São Paulo: LTr, 1977.

_____. *Servidor estatal e sindicalização*. São Paulo: LTr, 1987.

CAVALCANTE, Jouberto de Quadros Pessoa. *Sociedade, tecnologia e a luta pelo emprego*. São Paulo: LTr, 2018.

_____. *Mercosul*: a integração, o direito e os conflitos coletivos de trabalho. Rio de Janeiro: Lumen Juris, 2006.

_____. *A responsabilidade pelo cumprimento da obrigação tributária no ilícito trabalhista*: Imposto de Renda e Proventos de Qualquer Natureza. Rio de Janeiro: Lumen Juris, 2005.

CAVALCANTE, Jouberto de Quadros Pessoa. Aspectos do art. 129, da Lei nº 11.196, da terceirização e do direito do trabalho. In: FERNANDES, Edison Carlos (Coord.). *Alterações tributárias da MP do Bem*: Lei 11.196/05 – MP 255. São Paulo: Quartier Latin, 2006.

_____; JORGE NETO, Francisco Ferreira. A dispensa da empregada doméstica gestante como obstativa de direitos. *Suplemento Trabalhista LTr* nº 79/2000.

_____. As questões de cunho trabalhista tratadas pelo direito eleitoral e a sua ingerência no direito do trabalho. *Suplemento Trabalhista LTr* nº 115/2000; *Revista O Trabalho*, nº 62, abr./2002.

_____. As questões trabalhistas tratadas pelo direito eleitoral. *Revista LTr* nº 66, fev./2002. *Revista Justilex* nº 6, jun./2002; *Revista Synthesis* – Tribunal Regional do Trabalho 2ª Região nº 35/2002.

_____. A contratação irregular na administração pública. *In Suplemento Trabalhista LTr* nº 47/2001. *Revista Synthesis* – Tribunal Regional do Trabalho 2ª Região nº 33/2001; *Revista Panorama da Justiça* nº 31, 2001.

_____. A constitucionalidade das restrições administrativo-funcionais impostas pela legislação eleitoral e pela lei de responsabilidade na gestão fiscal aos entes de direito público. *Revista LTr* nº 65, set./2001; *Boletim de Direito Municipal – BDM – NDJ* nº 4, ano XVIII, abr./2002.

_____. Dissídio coletivo de trabalho no setor público. *BDA – Boletim de Direito Administrativo*, nº 6, jun./2004.

_____. *O empregado público*. 2. ed. São Paulo: LTr, 2009.

CAVALCANTE, Tereza Cristina Lins e. Contribuição sindical patronal. Disponível em: <http://www.mte.gov.br/ Temas/RelacoesTrabalho/ContribuicaoSindical/Publicacoes/Conteudo/44.09.asp>. Acesso em: 28/8/2004.

CAVALIERI FILHO, Sergio. *Programa de responsabilidade civil*. 6. ed. e 7. ed. São Paulo: Malheiros, 2005 e 2007.

CERQUEIRA, Thales Tácito Pontes Luz de Pádua. *Direito eleitoral brasileiro*: o Ministério Público Eleitoral, as eleições em face da Lei 9.054/97. 2. ed. Belo Horizonte: Del Rey, 2002.

_____. *Preleções de direito eleitoral*. Rio de Janeiro: Lumen Juris, 2006, t. 1 e 2.

CESARINO JÚNIOR, Antônio Ferreira. *Direito social*. São Paulo: LTr: Ed. da Universidade de São Paulo, 1980.

CHAVES, César Pires. *Da ação trabalhista*. Rio de Janeiro: Forense, 1956.

CHALOULT, Yves. Relações Mercosul, ALCSA, ALCA e papel do Estado. In: CHALOULT, Yves; ALMEIDA, Paulo Roberto de (Coord.). *Mercosul, Nafata e Alca*: a dimensão social. São Paulo: LTr, 1999.

CHAUI, Marilena. *Convite à filosofia*. 12. ed. São Paulo: Ática, 2000.

CHEDID JUNIOR, Antonio Carlos F. Responsabilidade civil trabalhista: abordagem crítica no acidente laboral. *Revista LTr*, v. 68, n. 11, 2004.

CHIARELLI, Carlos Alberto Gomes; CHIARELLI, Matteo Rota. *Integração*: direito e dever. São Paulo: LTr, 1992.

CLAUS, Bem-Hur Silveira. A desconsideração inversa da personalidade jurídica na execução trabalhista e a pesquisa eletrônica de bens de executados. *Revista Síntese Trabalhista e Previdenciária*, nº 290, ago. 2013.

COELHO, Fábio Ulhoa. *Curso de direito comercial*. São Paulo: Saraiva, 1999, v. 2.

_____. *Desconsideração da personalidade jurídica*. São Paulo: Revista dos Tribunais, 1989.

_____. *Manual de direito comercial*. 11. ed. São Paulo: Saraiva, 1999.

_____. Subordinação empresarial e subordinação estrutural. *A valorização do trabalho autônomo e a livre-iniciativa*. Coord. Yone Frediani. Porto Alegre: Lex Magister, 2015.CORDEIRO, Wolney de Macedo. *A regulamentação das relações de trabalho individuais e coletivas no âmbito do Mercosul*. São Paulo: LTr, 2000.

CORTEZ, Rita de Cássia S.; XAVIER, José Luiz Campos. Sobre a Convenção 158 da OIT, ratificada pelo Brasil, sobre o término da relação do trabalho por iniciativa do empregador. *Revista LTr*, v. 60, nº 4.

COSTA, Carlos Coqueijo. *Direito judiciário do trabalho*. 3. ed. Rio de Janeiro: Forense, 1986.

COSTA, Tito. *Crimes eleitorais e processo penal eleitoral*. São Paulo: Juarez de Oliveira, 2002.

CRETELLA JÚNIOR, José. *Comentários à Constituição de 1988*. 2. ed. e 3. ed. São Paulo: Forense Universitária, 1992 e 1998.

_____. *Administração indireta brasileira*. Rio Janeiro: Forense, 1980.

_____. FRANÇA, Rubens Limongi (Coord.). Direito eleitoral. *Enciclopédia Saraiva do Direito*. São Paulo: Saraiva, 1977. v. 27.

_____. FRANÇA, Rubens Limongi (Coord.). Lei estadual. *Enciclopédia Saraiva do Direito*. São Paulo: Saraiva, 1977, v. 49.

CRUZ, Flávio da (Coord.); VICARRI JUNIOR, Adauto et al. *Lei de Responsabilidade Fiscal Comentada: Lei Complementar nº 101, de 4 de maio de 2000*. 2. ed. São Paulo: Atlas, 2001.

CUNHA, Maria Inês Moura S. A. *Direito do trabalho*. São Paulo: Saraiva, 1995.

DACRUZ, Efrén Borrajo. *Introducción al derecho del trabajo*. 9. ed. Madri: Tecnos, 1996.

DAIDONE, Décio Sebastião. O direito do trabalho e as estabilidades provisórias. *Revista LTr*, v. 63, nº 8.

DALLARI, Adilson Abreu. *Regime constitucional dos servidores públicos*. 2. ed. São Paulo: Revista dos Tribunais, 1990.

DALLARI, Dalmo. *Elementos de teoria geral do Estado*. 11. ed. São Paulo: Saraiva, 1985.

DALAZEN, Orestes. A reforma do judiciário e os novos marcos da competência material da Justiça do Trabalho no Brasil. In: COUTINHO, Grijalbo Fernandes; FAVA, Marcos Neves (Coord.). *Nova competência da Justiça do Trabalho*. São Paulo: LTr, 2005.

_____. *Competência material trabalhista*. São Paulo: LTr, 1994.

_____. Análise de conjuntura socioeconômica e o impacto no direito do trabalho. *Direito do Trabalho Contemporâneo*. São Paulo: LTr, 2003.

DALLEGRAVE NETO, José Affonso. *Contrato individual de trabalho*: uma visão estrutural. São Paulo: LTr, 1998.

_____. Análise de conjuntura socioeconômica e o impacto no direito do trabalho. *Direito do Trabalho Contemporâneo*. São Paulo: LTr, 2003.

DALLEGRAVE NETO, José Affonso. Primeiras linhas sobre a nova competência da justiça do trabalho fixada pela reforma do judiciário (EC n. 45/2004). In: COUTINHO, Grijalbo Fernandes; FAVA, Marcos Neves (Coord.). *Nova competência da justiça do trabalho*. São Paulo: LTr, 2005.

_____. *Responsabilidade civil no direito do trabalho*. São Paulo: LTr, 2005.

DANTAS, Ivo. *O valor da constituição*: do controle de constitucionalidade como garantia da supralegalidade constitucional. Rio de Janeiro: Renovar, 1996.

DELGADO, Mauricio Godinho. *Curso de direito do trabalho*. 2. ed. 5. ed. 6. ed. 9. ed. 11. ed. e 16. ed. São Paulo: LTr, 2003, 2006, 2007, 2010, 2012 e 2017.

_____. *Direito coletivo do trabalho*. São Paulo: LTr, 2001

_____. *Introdução ao direito do trabalho*. 2. ed. São Paulo: LTr, 1999.

_____; DELGADO, Gabriela Neves. A reforma trabalhista no Brasil: Com os comentários à Lei n. 13.467/2017. São Paulo: LTr, 2017.

_____. Princípios do direito do trabalho. *Jornal Trabalhista*. Brasília: Centro de Assessoria Trabalhista – Consulex, nº 535, dez./1994.

_____. *Salário*: teoria e prática. Minas Gerais: Del Rey, 1997.

_____. Solidariedade e subsidiariedade na responsabilização trabalhista. *Revista do Direito Trabalhista*, nov./1995.

_____; DELGADO, Gabriela Neves. A matriz do trabalho na Constituição de 1988 e o atleta profissional de futebol. *Revista LTr*, v. 76, nº 8.

DELGUE, Juan Raso. Lãs relaciones de trabajo en America Latina. In: LIMA E SILVA, Diana de; PASSOS, Edésio (Coords.). *Impactos da globalização: relações de trabalho e sindicalismo na América Latina e Europa*: teses do grupo de Bologna/Seminário Internacional do Direito do Trabalho. São Paulo: LTr, 2001.

DELMANTO, Celso. *Código penal comentado*. 3. ed. Rio de Janeiro: Renovar, 1994.

DELMANTO, Celso et al. *Código penal comentado*. 5. ed. Rio de Janeiro: Renovar, 2000.

DIAS, José de Aguiar. *Da responsabilidade civil*. 10. ed. Rio de Janeiro: Forense, 1995. v. 1 e 2.

DIAS, Sérgio Novais. *Responsabilidade civil do advogado na perda de uma chance*. São Paulo: LTr, 1999.

DINIZ, Maria Helena. *Compêndio de introdução à ciência do direito*. 9. ed. São Paulo: Saraiva, 1997.

_____. *Curso de direito civil brasileiro*. 11. ed. 12. ed. 16. ed. 20. ed. e 22. ed. São Paulo: Saraiva, 1995, 1996, 2002, 2003 e 2005. v. 1 a 7.

_____. *Dicionário jurídico*. 1. ed. e 3. ed. São Paulo: Saraiva, 1998 e 2008. v. 1 a 4.

_____. *As lacunas no direito*. 4. ed. São Paulo: Saraiva, 1997.

_____. *Lei de introdução ao Código Civil brasileiro interpretada*. 2. ed. São Paulo: Saraiva, 1996.

_____. *Norma constitucional e seus efeitos*. 4. ed. São Paulo: Saraiva, 1998.

_____. *Tratado teórico e prático dos contratos*. 3. ed. São Paulo: Saraiva, 1999.

DI PIETRO, Maria Sylvia Zanella. *Direito administrativo*. 2. ed., 13. ed., 17. ed., 18. ed. e 20. ed. São Paulo: Atlas, 1991, 2001, 2004, 2005 e 2007.

DONATO, Messias Pereira. *Curso de direito do trabalho*. São Paulo: LTr, 1979.

DROMI, Roberto; EKMEKDJIAN, Minguel; RIVEIRA, Júlio C. *Derecho comunitário*: sistemas de integraciona – regimen del Mercosur. Buenos Aires: Ciudad Argentina, 1995.

DURANT, Cláudia Maria Beatriz S. Vantagens e desvantagens da ratificação pelo Brasil da Convenção nº 87 da OIT. In: PEREIRA, Armand (Org.). *Reforma sindical e negociação coletiva*. Brasília: OIT, 2001.

ECHEVERRÍA, Bernardo Van der Laat. Conflictos colectivos, huelga y paro patronal. In: URIARTE, Oscar Ermida; AVILÉS, Antonio Ojeda (Coord.). *El derecho sindical en América Latina*. Montevidéo: Fundación de Cultura Universitaria. 1995.

ENCICLOPÉDIA MIRADOR INTERNACIONAL. São Paulo/Rio de Janeiro: Encyclopeia Britannica do Brasil Publicações, v. 18, 1993.

ETALA, Carlos Alberto. *Derecho colectivo del trabajo*. Buenos Aires: Astrea, 2002.

FARIA, Anacleto de Oliveira. *Do princípio da igualdade jurídica*. São Paulo: EDUSP; Revista dos Tribunais, 1973.

FARIA, José Eduardo. *O direito na economia globalizada*. São Paulo: Rio de Janeiro, 1999.

FARIAS, Cristiano Chaves de; ROSENVALD, Nelson. *Direito civil*: teoria geral. 7. ed. Rio de Janeiro: Lumen Juris, 2009.

FEIJÓ, José dos Reis. *Direito previdenciário brasileiro*. 6. ed. Rio de Janeiro: Edições Trabalhistas, 1996.

FELICIANO, Guilherme Guimarães. Direito do trabalho, terceirização e contratos de fornecimento industrial. Notas sobre a responsabilidade jurídica de clientes e fornecedores. *Jus Navigandi*, Teresina, ano 11, nº 1336, fev. 2007. Disponível em: <http://jus2.uol.com.br/doutrina/texto.asp?id=9538>. Acesso em: 27/7/2009.

FERNANDES, Anníbal. *Acidentes do trabalho*. São Paulo: LTr, 1995.

FERNANDEZ, Cláudio F. Penna. O termo inicial da prescrição na ação de cumprimento. *Revista LTr*, v. 60, nº 4, 1996.

FERNANDES, Flávio Sátiro. Admissões Irregulares de servidores públicos e suas consequências jurídicas. Extraído do *site* da Amatra X, 1996.

FERRAZ, Sérgio. *Mandado de segurança*: individual e coletivo. aspectos polêmicos. 3. ed. São Paulo: Malheiros, 1996.

FERRAZ JÚNIOR, Tércio Sampaio. *Introdução ao estudo do direito*. São Paulo: Atlas, 1988.

_____ et al. *Constituição de 1988*: legitimidade, vigência e eficácia. São Paulo: Atlas, 1989.

FERRARI, Irany. *História do trabalho, do direito do trabalho e da justiça do trabalho*. São Paulo: LTr, 1998.

_____; MARTINS, Melchíades Rodrigues. *Consolidação das Leis do Trabalho*: doutrina, jurisprudência predominante e procedimentos administrativos. Introdução. São Paulo: LTr, 2006. v. 1.

_____. *Dano moral*: múltiplos aspectos nas relações de trabalho. 2. ed. São Paulo: LTr, 2006.

FERRAZ, Sérgio. *Mandado de segurança*: individual e coletivo. Aspectos polêmicos. 3. ed. São Paulo: Malheiros, 1996.

FERRAZ JÚNIOR, Tércio Sampaio. *Introdução ao estudo do direito*. São Paulo: Atlas, 1988.

FERRAZ JÚNIOR, Tércio Sampaio et al. *Constituição de 1988*: legitimidade, vigência e eficácia. São Paulo: Atlas, 1989.

FERREIRA, Aurélio Buarque de Holanda. *Novo dicionário da língua portuguesa*. 2. ed. Rio de Janeiro: Nova Fronteira, 1986.

FERREIRA, Edílio. Regime jurídico único dos servidores públicos. *Revista LTr*, v. 54, nº 6, 1990.

FERREIRA, Luiz Pinto. *Código eleitoral comentado*. 5. ed. São Paulo: Saraiva, 1998.

_____. In: FRANÇA, Rubens Limongi (Coord.). Direito eleitoral. *Enciclopédia Saraiva do Direito*. São Paulo: Saraiva, 1977, v. 27.

_____. Federação. *Enciclopédia Saraiva do Direito*, São Paulo: Saraiva, 1977, v. 36.

_____. *Curso de direito agrário*. 5. ed. São Paulo: Saraiva, 2002.

FERREIRA FILHO, Manoel Gonçalves. *Comentários à Constituição Brasileira de 1988*. 2. ed. São Paulo: Saraiva, 1997.

_____. *Curso de direito constitucional*. 18. ed. São Paulo: Saraiva, 1990.

FIGUEIREDO, Guilherme José Purvin de. *O Estado no direito do trabalho*: as pessoas jurídicas de direito público no direito individual, coletivo e processual do trabalho. São Paulo: LTr, 1996.

FIGUEIREDO, Lúcia Valle. *Curso de direito administrativo*. 2. ed. São Paulo: Malheiros.

FIORILLO, Celso Antonio Pacheco. Fundamentos constitucionais da política nacional do meio ambiente: comentários ao art. 1º da Lei nº 6.938/81. *Revista nº 2 do Programa de Pós--Graduação em Direito PUC/SP*, Max Limonad, 1995.

_____; RODRIGUES, Marcelo Abelha. *Manual de direito ambiental e legislação aplicável*. São Paulo: Max Limonad, 1997.

FILOMENO, José Geraldo Brito. *Código brasileiro de defesa do consumidor comentado pelos autores do anteprojeto*. GRINOVER, Ada Pellegrini et al. Rio de Janeiro: Forense Universitária, 2004.

FIUZA, César. A principiologia contratual e a função social dos contratos. In: LAGE Emérson José Alves; LOPES Mônica Sette (Coord.). *Novo Código Civil e seus desdobramentos no direito do trabalho*. São Paulo: LTr, 2003.

FLORINDO, Valdir. *Dano moral e o direito do trabalho*. São Paulo: LTr, 1995.

_____. Dano moral. *Revista do Direito Trabalhista*. Brasília: Consulex, mar./1996.

FONSECA, Ricardo Tadeu Marques da. A tutela dos direitos individuais homogêneos pelo Ministério Público na ação civil pública. *Revista do Ministério Público do Trabalho de São Paulo*, nº 2, 1998.

_____. Consórcio de empregadores. *Jornal Trabalhista*, nº 793, jan./2000.

FRANCO, Afonso Arinos de Melo. *Curso de direito constitucional brasileiro*. Rio de Janeiro: Forense, 1958.

FRANCO FILHO, Georgenor de Souza. *Direito do trabalho no STF*. São Paulo: LTr, 2000, v. 3.

_____. *Globalização & desemprego (mudanças nas relações de emprego)*. São Paulo: LTr, 1998.

_____. *O servidor público e a reforma administrativa*. São Paulo: LTr, 1998.

_____. Harmonização da legislação trabalhista e conflito especial de leis no Mercosul. *Repertório IOB de Jurisprudência*, 2ª quinzena maio/1996, nº 10/96.

_____. Novas atividades perigosas. *Revista do Direito Trabalhista*, ano XIX, nº 3, p. 11, mar. 2013.

FÜHRER, Maximilianus Cláudio Américo e outro. *Resumo de direito administrativo*. São Paulo: Malheiros, 1997.

FURTADO, Sebastião Antunes. Liberdade sindical: o retorno ao debate na EC 45/2004. In: FILHO, Wilson Ramos (Coord.). *Direito coletivo do trabalho depois da EC 45/2004*. Curitiba: Genesis, 2006.

_____ et al. *Solução dos conflitos coletivos de trabalho no setor privado*: estudos dos sistemas do Brasil e da França. Curitiba: Gênesis, 2004.

GAGLIANO, Pablo Stolze. A responsabilidade extracontratual no novo Código Civil e o surpreendente tratamento da atividade de risco. *Jus Navigandi*, Teresina, a. 7, nº 64, abr. 2003. Disponível em: <http://www1.jus.com.br/doutrina/texto.asp?id=4003>.

GALHONONE, Álvaro Luiz Damásio. A cláusula de não indenizar. *Revista dos Tribunais*, nº 565.

GARCIA, Emerson. *Conflito entre normas constitucionais*: esboço de uma teoria geral. Rio de Janeiro: Lumen Juris, 2008.

GARCIA, Gustavo Filipe Barbosa. *Curso de direito do trabalho*. São Paulo: Método, 2007.

_____. *Curso de direito do trabalho*. 3. ed. São Paulo: Método Editora, 2009.

_____. Curso de direito do trabalho. 8. ed. Rio de Janeiro: Forense, 2014.

_____. Jurisprudência comentada. *Repertório de Jurisprudência IOB*, 1ª Quinzena de dez./2002, nº 23/2002, caderno 2.

_____. Lei nº 11.324/2006. Novidades sobre os direitos trabalhistas do empregado doméstico. *Revista do Direito Trabalhista*, ago./2006.

_____. Responsabilidade civil do empregador perante o Código Civil de 1916, o Código do Consumidor e o Novo Código Civil. *Revista LTr*, v. 67, nº 1.

_____. Sobreaviso e Súmula nº 428 do Tribunal Superior do Trabalho. *Revista Síntese Trabalhista e Previdenciária*, nº 286, abr. 2013.

GARCIA, Manoel Alonso. *Curso de derecho del trabajo*. 4. ed. Barcelona, 1973.

GARCIA JÚNIOR, Armando Álvares. *O direito do trabalho no Mercosul*. São Paulo: LTr, 1999.

GASPARINI, Diógenes. *Direito administrativo*. 1. ed. e 10. ed. São Paulo: Saraiva, 1995 e 2005.

GEHLING, Ricardo. Ações sobre acidente do trabalho contra o empregador: competência, coisa julgada e prescrição. *Revista LTr* v. 69, nº 12.

GENRO, Tarso Fernando. *Direito individual do trabalho*: uma abordagem crítica. São Paulo: LTr, 1985.

GERNIGON, Bernard; ODERO, Alberto; GUIDO, Horacio. *Principio de la OIT sobre el Derecho de Huelga*. Genebra: Oficina Internacional del Trabajo, 1998.

GIGLIO, Wagner D. Os conflitos trabalhistas, a arbitragem e a justiça do trabalho. *Revista LTr*, v. 47, nº 3.

_____. *Direito processual do trabalho*. 13. ed. São Paulo: LTr, 2000.

GIGLIO, Wagner D. *Justa causa*. 2. ed. São Paulo: LTr, 1986.

_____; CORRÊA, Claudia Giglio Veltri. *Direito processual do trabalho*. 16. ed. São Paulo: Saraiva, 2007.

GIORDANI, Francisco Alberto da Motta Peixoto. O princípio da proporcionalidade e a penhora de salário. *Revista do TRT da 15ª Região*, nº 27, 2005.

GIUDICE, F. del; MARIANI, F. *Diritto sindicale*. 9. ed. Napoli: Giuridiche Simone, 1998.

_____; _____; IZZO, F. *Diritto del lavoro*. 17. ed. In: GIUDICE, F. del.; MARIANI, F. Napoli: Giuridiche Simone, 1999.

GIUGNI, Gino, com colaboração de Pietro Curzio e Mario Giovanni Girofalo. *Direito sindical*. Tradução e nota Eiko Lúcia Itioka; revisão técnica José Francisco Siqueira Neto. São Paulo: LTr, 1991.

GOMES, Gilberto. *Sucessão de empresa*: a questão da responsabilidade solidária e a posição do empregado. São Paulo: LTr, 1994.

GOMES, Orlando. *Contratos*. 8. ed. Rio de Janeiro: Forense, 1981.

_____. *A convenção coletiva de trabalho*. São Paulo: LTr, ed. fac-similada, 1995.

_____. *O salário no direito brasileiro*. São Paulo: LTr, 1996.

_____; GOTTSCHALK, Elson. *Curso de direito do trabalho*. 4. ed. Rio de Janeiro: Forense, 1971.

GONÇALES, Odonel Urbano. *Manual de direito previdenciário*. 3. ed. São Paulo: Atlas, 1996.

GONÇALVES, Carlos Roberto. *Responsabilidade civil*. 6. ed. São Paulo: Saraiva, 1995.

GONÇALVES, Emílio. *O magistério particular e as leis trabalhistas*. São Paulo: LTr, 1970.

_____. *O poder regulamentar do empregador. O regulamento do pessoal na empresa*. 2. ed. São Paulo: LTr, 1997.

_____; GARCIA GONÇALVES, Emílio Carlos. *Direitos sociais dos empregados domésticos*. 2. ed. São Paulo: LTr, 1991.

GONÇALVES, Jucirema Maria Godinho. O porto. *Revista do TRT da 2ª Região*, nº 1/2009.

GRANDE ENCICLOPÉDIA LAROUSSE CULTURA. São Paulo: Nova Cultural, v. 15, 1998.

GRAU, Eros Roberto. *A ordem econômica na Constituição de 1988*. 5. ed. São Paulo: Malheiros, 2000.

GRECCO FILHO, Vicente. *Tutela constitucional das liberdades*. São Paulo: Saraiva, 1989.

GRILLO, Umberto. Greve e negociação coletiva do servidor público. *Direito constitucional do trabalho*. São Paulo: LTr, 1997, v. 2.

GUIMARÃES, Márcio Souza. Apontamentos sobre os aspectos trabalhistas na nova lei de falências e de recuperação de empresas. *Revista da Associação Carioca dos Advogados Trabalhistas (ACAT)*, nº 1, 2006.

GUIMARÃES, Pollyanna Silva. Regime de sobreaviso na era da informação. *Revista Síntese Trabalhista e Previdenciária*, nº 286, abr. 2013.

GUNTHER, Luiz Eduardo; ZORNIG, Maria Navarro. O novo artigo 467 da CLT. *Revista de Direito do Trabalho*, nº 7, v. 10, 2001.

_____. Descontos previdenciários e fiscais na justiça do trabalho. *Jornal Trabalhista Consulex*. Brasília, nº 893, dez./2001.

GUSMÃO, Mônica. *Curso de direito empresarial*. 5. ed. Rio de Janeiro: Lumen Juris, 2007.

GUSMÃO, Paulo Dourado de. *Introdução ao estudo do direito*. 31. ed. Rio de Janeiro: Forense, 2002.

JUSTEN FILHO, Marçal. *Curso de direito administrativo*. São Paulo: Saraiva, 2005.

HADDAD, José Eduardo. *Precedentes jurisprudenciais do TST comentados*. São Paulo: LTr, 2003.

HARADA, Kiyoshi. Lei de responsabilidade fiscal. *Panorama da Justiça*, nº 28.

_____. MP do Bem. Breves comentários da Lei nº 11.196/2005. *Jus Navigandi*, Teresina, a. 10, n. 885, 5 dez. 2005. Disponível em: <http://jus2.uol.com.br/doutrina/texto.asp?id=7653>.

HIRIGOYEN, Marie-France. *Assédio moral*: a violência perversa do cotidiano. 3. ed. Tradução de Maria Helena Kühner. Rio de Janeiro: Bertrand Brasil, 2002.

HORTA, Raul Machado. *Estudos de direito constitucional*. Belo Horizonte: Del Rey, 1995.

HOBSBAWM, Eric J. *A era das revoluções*: Europa 1789-1848. 17. ed. São Paulo: Paz e Terra, 2003.

HOUAISS, Antônio; VILLAR, Mauro de Salles; FRANCO, Francisco Manoel de Mello. *Dicionário Houaiss da língua portuguesa*. Rio de Janeiro: Objetiva, 2004.

HUSEK, Carlos Roberto. *Curso de direito internacional público*. 6. ed. São Paulo: LTr, 2006.

IBAM Consultoria Jurídica. *As eleições e os concursos públicos*. Nota Explicativa nº 4/98.

JESUS, Damásio de. Deixar de registrar empregado não é crime. Disponível em: <www.damasio.com.br/novo/ html/artigos/art_115.htm>. Acesso em: 13/6/2004.

JIMÉNEZ, Carlos Poblete. El objeto del derecho del trabajo y sua estensión. *Revista Jurídica de la Universidad Bernando O'Higgins*. Santiago, 2005.

JO, Hee Moon. *Introdução ao direito internacional*. São Paulo, LTr, 2000.

JORGE NETO, Francisco Ferreira. *Sucessão trabalhista*: privatizações e reestruturação do mercado financeiro. São Paulo: LTr, 2001.

_____; CAVALCANTE, Jouberto de Quadros Pessoa. A decisão do STF e a multa fundiária. *Suplemento Trabalhista*, nº 161/2000.

_____. *Estudos dirigidos*: direito do trabalho. São Paulo: LTr, 1999.

_____. *Responsabilidade e as relações do trabalho*. São Paulo: LTr, 1998.

_____. *Direito processual do trabalho*. 7. ed. São Paulo: Atlas, 2015.

_____; _____; FRACAPPANI, Adriano. *Cartilha dos direitos do empregador e empregado doméstico*. São Paulo: Atlas, 2013.

KÜMMEL, Marcelo Barroso. *As convenções da OIT e o Mercosul*. São Paulo: LTr, 2001.

LAMARCA, Antonio. *Contrato individual do trabalho*. São Paulo: Revista dos Tribunais, 1969.

_____. *Curso normativo de direito do trabalho*. 2. ed. São Paulo: Revista dos Tribunais, 1993.

LAVALLE, Ana Cristina Ravaglio. O desemprego e a precarização das relações de trabalho. In: VILLATORE, Marco Antônio; HASSON, Roland (Coord.). *Estado & atividade econômica*: o direito laboral em perspectiva. Curitiba: Juruá, 2007.

LAVOR, Francisco Osani de. A greve no contexto democrático. *Revista LTr*, v. 59, nº 6.

LAVORATTI, Liliana; GALLUCCI, Mariângela. Parágrafo da Lei Fiscal é considerado interferência indevida no legislativo e no judiciário. *O Estado de S. Paulo*, Caderno Política, 23/2/2001.

LEÃO, Antônio Carlos Amaral. Considerações em torno do dano moral e a pessoa jurídica. *Revista dos Tribunais*, nº 689.

LEITÃO, Ricardo Azevedo. *15 Ensaios jurídicos*: em direito e processo do trabalho. São Paulo: edição do autor, 1997.

LEITE, Carlos Henrique Bezerra. *Curso de direito processual do trabalho*, 4. ed e 8. ed. São Paulo: LTr, 2006 e 2010.

LIMA, Igor Almeida. A nova lei de estágio e os limites do intervalo intrajornada. *Jus Navigandi*, Teresina, ano 12, nº 1945, out. 2008. Disponível em: <http://jus2.uol.com.br/doutrina/texto.asp?id= 11888>. Acesso em: 16/11/2008.

LIMA, Francisco Meton Marques de. *Os princípios de direito do trabalho na lei e na jurisprudência*. São Paulo: LTr, 1997.

LÓPEZ, Manuel-Carlos Palomeque. *Derecho sindical español*. 5. ed. Madri: Tecnos, 1994.

LORA, Ilse Marcelina Bernardi. A nova competência da justiça do trabalho. *Revista LTr*, v. 69, nº 2.

LORENZETTI, Ari Pedro. *A prescrição no direito do trabalho*. São Paulo: LTr, 1999.

LUZ, Valdemar P. *Curso de direito agrário*. 2. ed. Porto Alegre: Sagra-Dc Luzzato, 1996.

MACÊDO, José Acurcio Cavaleiro de. A Emenda Constitucional nº 45/2004 e a judiciarização da justiça do trabalho. *Revista LTr*, v. 69, nº 1.

MACHADO, Antônio Cláudio da Costa. *Código de processo civil interpretado*: artigo por artigo, parágrafo por parágrafo. 4. ed. Barueri: Manole, 2004.

MACHADO, Sidnei. *O direito à proteção ao meio ambiente de trabalho no Brasil*. São Paulo: LTr, 2001.

MADEIRA, José Maria Pinheiro. *Servidor público na atualidade*. 6. ed. Rio de Janeiro: Lumen Juris, 2007.

MAGALHÃES, Esther C. Piragibe; MAGALHÃES, Marcelo C. Piragibe. *Dicionário jurídico Piragibe*. 9. ed. Rio de Janeiro: Lumen Juris, 2007.

MAGANO, Octavio Bueno. Estatuto da OAB. *Revista LTr*, v. 58, nº 8.

_____. Incompetência da justiça do trabalho em relação a servidores públicos estatutários. *Revista LTr*, v. 53, nº 9.

_____. *Lineamentos de direito do trabalho*. 2. ed. São Paulo: LTr, 1972.

_____. *Manual de direito do trabalho*: direito individual do trabalho. 4. ed. São Paulo: LTr, 1993, v. 2.

_____. *Manual de direito do trabalho*: direito tutelar do trabalho. 2. ed. São Paulo, LTr, 1992, v. 4.

MAGANO, Octavio Bueno. *Manual de direito do trabalho*: parte geral. São Paulo: LTr e USP, 1980, v. 1.

_____. Internacionalização de relações de trabalho. In: BAPTISTA, Luiz Olavo et al. (Coord.). *Direito e comércio internacional*: tendência e perspectivas. São Paulo: LTr, 1994

_____. O direito do trabalho e a ordem pública. *Revista LTr*, v. 59, nº 12.

_____. *Os grupos de empresas no direito do trabalho*. São Paulo: Revista dos Tribunais, 1979.

_____. Organização sindical brasileira: uma visão comparada frente a revisão constitucional. In: RODRIGUES, Aluisio (Coord.). *Direito constitucional do trabalho*. São Paulo: LTr, 1997, v. 2.

_____. Sindicalização e direito de greve dos servidores públicos. *Curso de Direito Constitucional do Trabalho*. São Paulo: LTr, 1991, v. 2.

_____. Contração coletiva. *Revista LTr* v. 57, nº 2.

MAIOR, Jorge Luiz Souto. Arbitragem e direito do trabalho. *Revista LTr*, v. 61, nº 2, 1997.

_____. O novo Código Civil do trabalho: obrigações. *Decisório Trabalhista*, Encarte nº 72, fev./2003.

MALTA, Christovão Piragibe Tostes. *Prática do processo trabalhista*. 30. ed. São Paulo: LTr, 2000.

_____. *A prova no processo do trabalho*. São Paulo: LTr, 1997.

_____. O processo de privatização de empresas no Brasil e os direitos dos trabalhadores. *Revista LTr*, v. 61, nº 6.

MANNRICH, Nelson. *Dispensa coletiva*: da liberdade contratual à responsabilidade social. São Paulo: LTr, 2000.

_____. O processo de privatização de empresas no Brasil e os direitos dos trabalhadores. *Revista LTr*, v. 61, nº 6.

MANSUETI, Hugo Roberto. *Direito sindical no Mercosul*. São Paulo: LTr, 2004.

MANUS, Pedro Paulo Teixeira. *Negociação coletiva e contrato individual de trabalho*. São Paulo: Atlas, 2001.

_____. *Direito do trabalho*. 4. ed. e 11. ed. São Paulo: Atlas, 1995 e 2007.

_____. *Negociação coletiva e contrato individual de trabalho*. São Paulo: Atlas, 2001.

_____. Revisão da sentença normativa. In: FRANCO FILHO, Georgenor de Sousa (Coord.). *Curso de direito coletivo do trabalho*. São Paulo: LTr, 1998.

MARANHÃO, Délio. *Direito do trabalho*. 8. ed. Rio de Janeiro: Fundação Getulio Vargas, 1980.

MARTINEZ, Luciano. *Curso de direito do trabalho*. 2. ed. São Paulo: Saraiva, 2011.

MARTINO, Vittorio Di; WIRTH, Linda. Teletrabajo: un nuevo modo de trabajo y de vida. *Revista Internacional del Trabajo*, v. 109, nº 4.

MARTINS, Adalberto. O trabalho no Estatuto da Criança e do Adolescente. In: FREDIANE, Yone (Coord.). *Tendências do direito material e processual do trabalho*. São Paulo: LTr, 2001, v. 2.

MARTINS FILHO, Ives Gandra da Silva. Ação civil pública e ação civil coletiva. *Revista LTr*, v. 59, nº 11.

_____. *Processo coletivo do trabalho*. 2. ed. São Paulo: LTr, 1996.

MARTINS, Nei Frederico Cano. Sociedade cooperativa – vínculo empregatício entre ela e seus associados. O parágrafo único do Art. 442 da CLT. *Revista LTr*, v. 59, nº 7.

MARTINS, Sergio Pinto. A Convenção nº 158 da OIT e a dispensa do trabalhador. *Orientador Trabalhista IOB*, ano 15, nº 7.

_____. Alienação na recuperação judicial e sucessão trabalhista. *Revista do Direito Trabalhista*, ano 13, agosto de 2007.

_____. *Comentários à CLT*. 9. ed., 10. ed. e 11. ed. São Paulo: Atlas, 2005, 2006 e 2007.

_____. *Comentários às súmulas do TST*. 7. ed. São Paulo: Atlas, 2009.

_____. *Curso de direito do trabalho*. São Paulo: Dialética, 1998.

_____. *Direito da seguridade social*. 4. ed., 16. ed. e 18. ed. São Paulo: Atlas, 1996, 2001, 2002.

_____. *Direito do trabalho*. 22. ed., 23. ed e 25. ed. São Paulo: Atlas, 2006, 2007 e 2009.

_____. *Direito processual do trabalho*. 21. ed. e 27. ed. São Paulo: Atlas, 2004 e 2007.

_____. *Greve no setor público*. São Paulo: Atlas, 2001.

_____. Cláusula de não concorrência inserida no contrato de trabalho. *Repertório IOB de Jurisprudência* – 1ª Quinzena de abr./2001, nº 7/01, Caderno 2.

_____. Irrenunciabilidade e transacionalidade de verbas trabalhistas. *Jornal do 15º Congresso Brasileiro de Direito Coletivo e Individual do Trabalho*, nov./2000.

_____. A nova Lei de Falência e suas implicações nos créditos dos trabalhadores. *Jornal Síntese* nº 97, mar./2005.

_____. Os conflitos de leis trabalhistas no espaço e a circulação de trabalhadores. *Suplemento de Legislação, Jurisprudência e Doutrina do Informativo IOB*, nº 11/2003.

_____. Pagamento de verbas rescisórias incontroversas acrescidas de 50%. *Suplemento de Legislação, Jurisprudência e Doutrina do IOB*, nº 10/2001.

_____. Teletrabalho. *Repertório IOB – Trabalhista e Previdenciário*, nº 18/2001.

_____. Manutenção do contrato de trabalho em razão de violência doméstica. *Repertório de Jurisprudência IOB*, v. 2, nº 13/2007.

_____ Alienação na recuperação judicial e sucessão trabalhista. *Revista do Direito Trabalhista*, ago./2007.

MASI, Domenico de. *Ócio criativo*. São Paulo: Sextante, 2000.

MAZEUD, Antoine. *Droit du travail*. 7. ed. Paris: Édtions Montcrestine, 2010.

MAZZONI, Giuliano. *Manuale di diritto del lavoro*. 6. ed. Milano: Dott. A. Giuffrè Editore, 1990, v. 2.

_____. *Relações coletivas de trabalho*. Tradução Antonio Lamarca. São Paulo: LTr, 1972.

MAZZUOLI, Valerio de Oliveira. *Curso de direito internacional público*. 7. ed. São Paulo: Thomson Reuters Revista dos Tribunais, 2013.

_____. *Direito internacional público*: parte geral. 7. ed. São Paulo: Thomson Reuters; Revista dos Tribunais, 2013.

MEDINA, Damares. O Supremo Tribunal Federal e a responsabilidade da administração pelos débitos trabalhistas de empresas terceirizadas (ADC nº 16/DF). *Jus Navigandi*, Teresina, ano 12, n. 1902, set. 2008. Disponível em: <http://jus2.uol.com.br/doutrina/texto.asp?id=11722>. Acesso em: 26/7/2009.

MEIRELES, Edilton. *O novo Código Civil e o direito do trabalho*. 2. ed. São Paulo: LTr, 2003.

_____. A nova Justiça do Trabalho – competência e procedimento. In: COUTINHO, Grijalbo Fernandes; FAVA, Marcos Neves (Coord.). *Nova competência da Justiça do Trabalho*. São Paulo: LTr, 2005.

MEIRELLES, Hely Lopes. *Direito administrativo brasileiro*. 16. ed. São Paulo: Revista dos Tribunais, 1991.

_____. *Direito administrativo brasileiro*. 20. ed. e 23. ed. São Paulo: Malheiros, 1994, 1998.

_____. *Direito municipal brasileiro*. 9. ed. São Paulo: Malheiros, 1997.

_____. *Mandado de segurança, ação popular, ação civil pública, mandado de injunção, habeas data.* 19. ed. São Paulo: Malheiros, 1998.

MELLO, Celso Antônio Bandeira de. *Curso de direito administrativo.* 12. ed. São Paulo: Malheiros, 2000.

_____. *Regime dos servidores públicos na administração direta e indireta.* 3. ed. São Paulo: Malheiros, 1995.

MELLO, Oswaldo Aranha Bandeira de. *Princípios gerais de direito administrativo.* Rio de Janeiro: Forense, 1979, v. 2.

MELO, Raimundo Simão de. *Ação civil pública na Justiça do Trabalho.* São Paulo: LTr, 2002.

_____. *Dissídio coletivo de trabalho.* São Paulo: LTr, 2002.

_____. *Direito ambiental do trabalho e a saúde do trabalhador.* São Paulo: LTr, 2004.

_____. *Direito ambiental do trabalho e a saúde do trabalhador.* 2. ed. São Paulo: LTr, 2006.

_____. Formas de solução dos conflitos coletivos de trabalho no Brasil. *Revista LTr,* v. 55, nº 11.

MENEZES, Cláudio Armando Couce. Fraude na formação do contrato de trabalho. *Revista do Direito Trabalhista,* set./1997.

_____. Responsabilidade civil no direito material e processual do trabalho. *Revista LTr,* v. 59, nº 11.

_____. Os novos contornos das relações de trabalho e de emprego – direito do trabalho e a nova competência trabalhista estabelecida pela Emenda nº 45/04. *Revista LTr,* v. 69, nº 5.

MENEZES, Paulo Lucena de. *A ação afirmativa* (affirmative action) *no direito norte-americano.* São Paulo: Revista dos Tribunais, 2001.

MONTEIRO, Washington de Barros. *Curso de direito civil.* 33. ed. São Paulo: Saraiva, 1995, v. 1 a 6.

MONTENEGRO, Antonio Lindbergh C. *Ressarcimento de danos pessoais e materiais.* 5. ed. Rio de Janeiro: Lumen Juris, 1998.

MONTORO, André Franco. *Introdução à ciência do direito.* 25. ed. São Paulo: Revista dos Tribunais, 2000.

MONTOYA, Silvia. La integeración de los mercados laborales y el Mercosur. *Revista de Trabajo,* jul./ago./1994.

MORAES, Alexandre de. *Direito constitucional.* 8. ed., 15. ed. e 21. ed. São Paulo: Atlas, 2000, 2004 e 2007.

MORAES FILHO, Evaristo de. *A justa causa na rescisão do contrato de trabalho.* Rio de Janeiro. Forense, 1968.

_____. *Introdução ao direito do trabalho.* 5. ed. São Paulo: LTr, 1978.

_____. *Sucessão nas obrigações e a teoria da empresa.* Rio de Janeiro: Forense, 1960. v. 1 e 2.

MUCERINO, Andréa Ehlke. A prescrição quinquenal do FGTS. *Revista LTr,* v. 59, nº 10.

MUKAI, Toshio. O regime jurídico dos servidores públicos. *Revista LTr,* v. 54, nº 6.

NADER, Paulo. *Introdução ao estudo do direito.* 22. ed. Rio de Janeiro: Forense, 2002.

NASCIMENTO, Amauri Mascaro. Ministério do Trabalho e Previdência Social: arbitragem e mediação. In: TEIXEIRA FILHO, João de Lima (Coord.). *Perspectivas do direito do trabalho.* São Paulo, LTr, 1993.

_____. Origens históricas e natureza jurídica dos sindicatos. In: FRANCO FILHO, Georgenor de Sousa (Coord.). *Curso de direito coletivo de trabalho. Estudos em homenagem ao ministro Orlando Teixeira da Costa.* São Paulo: LTr, 1998.

_____. A competência da justiça do trabalho para a relação de emprego. In: COUTINHO, Grijalbo Fernandes; FAVA, Marcos Neves (Coord.). *Nova competência da justiça do trabalho*. São Paulo: LTr, 2005.

_____. Consequências da ilicitude da greve. *Revista LTr*, v. 59, nº 9.

_____. *Curso de direito do trabalho*. 3. ed., 16. ed., 21. ed. e 24. ed. São Paulo: Saraiva, 1984, 1999, 2006 e 2009.

_____. *Direito sindical*. 2. ed. São Paulo: Editora LTr.

_____. *Compêndio de direito sindical*. 2. ed. e 3. ed. São Paulo: LTr, 2000 e 2003.

_____. Globalização e seus efeitos no contrato de trabalho. In: FREDIANI, Yone (Coord.). *Tendências do direito material e processual do trabalho*. São Paulo: LTr, 2000.

_____. *Iniciação ao direito do trabalho*. 8. ed., 22. ed., 27. ed., 28. ed., 30. ed. e 32. ed. São Paulo: LTr, 1982, 1996, 2001, 2002, 2004 e 2006.

_____. Origens históricas e natureza jurídica dos sindicatos. In: FRANCO FILHO, Georgenor de Sousa (Coord.). *Curso de direito coletivo do trabalho*. São Paulo: LTr, 1998.

_____. *O salário*. São Paulo: LTr, 1996.

_____. *Teoria geral do direito do trabalho*. São Paulo: LTr, 1998.

_____. A questão do dissídio coletivo de comum acordo. *Revista LTr*, v. 70, nº 6.

_____. *Conflitos coletivos de trabalho. Fundamentos do sistema jurisdicional brasileiro*. São Paulo: Saraiva, 1978.

_____. Contrato coletivo como alteração do modelo de relações de trabalho. *Revista LTr*, v. 57, nº 2.

NASCIMENTO, Nilson de Oliveira. *Manual do trabalho do menor*. São Paulo: LTr, 2003.

NASCIMENTO, Sônia Aparecida Costa Mascaro. O assédio moral no ambiente do trabalho. *Revista LTr*, v. 68, nº 8, ago./2004.

NASSER, Rabih Ali. *A liberalização do comércio internacional nas normas do GATTOMC*. São Paulo: LTr, 1999.

NAZAR, Nelson. Poder normativo da justiça do trabalho: manutenção ou extinção? *Revista Synthesis* nº 39, 2004.

NERY JUNIOR, Nelson. *Princípios do processo civil na Constituição Federal*. 5. ed. São Paulo: Revista dos Tribunais, 1999.

_____. *Princípios fundamentais*: teoria geral dos recursos. 4. ed. São Paulo: Revista dos Tribunais, 1997.

_____; NERY, Rosa Maria Andrade. *Código de processo civil comentado*. 3. ed. e 9. ed. São Paulo: Revista dos Tribunais, 1997 e 2006.

NEVES, Sérgio Luiz Barbosa. Regime jurídico único e os servidores municipais. *Revista LTr*, v. 54, nº 1.

NORRIS, Roberto. *Contratos coletivos supranacionais de trabalho e a internacionalização das relações laborais no Mercosul*. São Paulo: LTr, 1998.

OIT. *El ámbito del relación del trabajo*. Genebra. Oficina Internacional do Trabalho, 2003.

OLEA, Manuel Alonso. *Introdução ao direito do trabalho*. 4. ed. São Paulo: LTr, 1984.

_____. *Introdução ao direito do trabalho*. 5. ed. Curitiba: Gênesis, tradução Regina Maria Macedo Nery Ferrari, Aglaé Marcon, Itacir Luchtemberg e Sebastião Antunes Furtado, 1997.

OLIVA, José Roberto Dantas. *O princípio da proteção integral e o trabalho da criança e do adolescente no Brasil*. São Paulo: LTr, 2006.

OLIVEIRA, Fábio Corrêa Souza. *Por uma teoria dos princípios – o princípio constitucional da razoabilidade*. Rio de Janeiro: Lumen Juris, 2003.

OLIVEIRA, Francisco Antonio de. *Comentários aos enunciados do Tribunal Superior do Trabalho*. 3. ed., 4. ed. e 10. ed. São Paulo: Revista dos Tribunais, 1996, 1997 e 2010.

_____. *Comentários às súmulas do TST*. 7. ed. São Paulo: Revista dos Tribunais, 2007.

_____. *Comentários aos precedentes normativos e individuais do Tribunal Superior do Trabalho*. São Paulo: Revista dos Tribunais, 1999.

_____. *Comentários aos precedentes normativos e às orientações jurisprudenciais do TST*. 2. ed. São Paulo: Revista dos Tribunais, 2004.

_____. *Consolidação das Leis do Trabalho comentada*. São Paulo: Revista dos Tribunais, 1996.

_____. *Direito do trabalho em sintonia com a nova Constituição*. São Paulo: Revista dos Tribunais, 1993.

_____. *Medidas cautelares, procedimentos especiais, mandado de segurança, ação rescisória e ação anulatória no processo trabalhista*. 3. ed. São Paulo: Revista dos Tribunais, 1994.

_____. Da ação civil pública: instrumento de cidadania. *Revista LTr*, v. 61, nº 7.

OLIVEIRA, Marcelo Augusto Souto de. Terceirização: avanço ou retrocesso. *Revista Justiça do Trabalho*, nº 253, jan./2005.

OLIVEIRA, Oris de. *Trabalho e profissionalização de adolescente*. São Paulo: LTr, 2009.

OLIVEIRA, Paulo Eduardo Vieira de. *Convenção coletiva de trabalho no direito brasileiro*: setor privado. São Paulo: LTr, 1996.

OLIVEIRA, Sebastião Geraldo de. Proteção jurídica ao trabalho dos portadores de deficiência. In: VIANA, Márcio Túlio et al. (Coord.). *Discriminação*. São Paulo: LTr, 2000.

_____. *Proteção jurídica à saúde do trabalhador*. 4. ed. São Paulo: LTr, 2004.

OLIVEIRA JUNIOR, Dario da Silva. *A contratação de pessoal em caráter temporário na administração municipal*. Rio de Janeiro: Lumen Juris, 2000.

PAIVA, Mário Antônio Lobato de. A privacidade do trabalhador no meio informático. *Revista do Direito Trabalhista*, nº 4, abr./2003.

PAIXÃO, Cristiano; FLEURY, Ronaldo Curado. *Trabalho portuário*: a modernização dos portos e as relações de trabalho no Brasil. 2. ed. São Paulo: Método, 2008.

PAIXÃO, Osmar Mendes. A constitucionalidade da fixação de pisos salariais. *Revista do IX Congresso Brasileiro de Direito do Trabalho*, mar./2001.

PALMA, João Augusto da. *Contratos impossíveis e obrigações temporárias ao empregador e no serviço público*. São Paulo: LTr, 2000.

PALMEIRA SOBRINHO, Zéu. O contrato de estágio e as inovações da Lei nº 11.788/08. *Revista LTr*, v. 72, n. 10.

PAMPLONA FILHO, Rodolfo. Noções conceituais sobre o assédio moral na relação de emprego. Disponível em: <http://jus2.uol.com.br/doutrina/text.asp?id=8838> Acesso em: 28-12-2007.

_____. Responsabilidade civil nas relações do trabalho e o novo Código Civil brasileiro. *Revista LTr*, v. 67, nº 5.

_____; VILLATORE, Marco Antônio César. *Direito do trabalho doméstico*. 2. ed. e 3. ed. São Paulo: LTr, 2001 e 2006.

PANCOTTI, José Antonio. A nova competência da Justiça do Trabalho. *Revista LTr*, v. 69, nº 1.

PASQUALIN, Roberto. Pessoa física que é jurídica. *Gazeta Mercantil*, 29/12/2005.

PASTORE, José. *Oportunidade de trabalho para portadores de deficiência*. São Paulo: LTr, 2000.

PAULA, Modesto de. *Lei de falência anotada*. Rio de Janeiro: Lumen Juris, 2001.

PEDROSO, Eliane. Da negação ao reconhecimento da escravidão contemporânea. In: VELLOSO Gabriel; FAVA, Marcos Neves (Coord.). *Trabalho escravo contemporâneo*: o desafio de superar a negação. São Paulo: LTR, 2006.

PEDROTTI, Irineu Antonio. *Doenças profissionais ou do trabalho*. 2. ed. São Paulo: Livraria e Editora Universitária de Direito, 1998.

PEDUZZI, Maria Cristina Irigoyen. Execução trabalhista e responsabilidade de sócios e diretores. *Revista Magister de Direito do Trabalho*, nº 57, nov./dez. 2013.

PÉLISSIER, Jean; AUZERO, Gilles; DOCKÉS, Emmanuel. *Droit du travail*. 26. ed. Paris: Éditions Dalloz, 2011.

PEREIRA, Affonso Insuela. *O Direito econômico na ordem jurídica*. 2. ed. São Paulo: José Bushatsky, 1980.

PEREIRA, André Gonçalves; QUADROS, Fausto de. *Manual de direito internacional público*. 3. ed. Coimbra: Almedina, 1995.

PEREIRA, Caio Mário da Silva. *Instituições de direito civil*. v. 2. Rio de Janeiro: Forense, revisada e atualizada por Guilherme Calmon Nogueira da Gama, 22ª edição, 2009.

_____. *Responsabilidade civil*. 8. ed. Rio de Janeiro: Forense, 1997.

PESKINE, Elsa; WOLMARK, Cyril. *Droit du travail*. 6. ed. Paris: Éditions Dalloz, 2011. PESSOA, Flávia Moreira Guimarães. A nova lei de estágio e os direitos fundamentais trabalhistas. *Jus Navigandi*, Teresina, ano 12, nº 1918, out. 2008. Disponível em: <http://jus2.uol.com.br/doutrina/texto.asp?id=11787>. Acesso em: 16/11/2008.

PESSOA, Robertônio Santos. *Sindicalismo no setor público*. São Paulo: LTr, 1995.

PINTO, Almir Pazzianotto. O servidor público civil – sindicalização – direito de greve. *Revista LTr*, v. 54, nº 2.

_____. *Liberdade de trabalho e PJ*. Revista Jurídica Consulex, nº 211, out./2005.

_____. *Temas escolhidos de direito do trabalho*. Curitiba: Genesis, 2002.

_____. *Justiça do trabalho e poder normativo*. Revista Synthesis nº 39, 2004.

PINTO, Álvaro Vieira. O conceito de ideologia. Rio de Janeiro: Contraponto, 2005, v. 1.

PINTO, José Augusto Rodrigues. *Direito sindical e coletivo do trabalho*. São Paulo: LTr, 1998.

_____. *Tratado de direito material do trabalho*. São Paulo: LTr, 2007.

_____. Aposentadoria e continuidade executiva do contrato individual de trabalho. *Revista do Direito Trabalhista da Consulex*, maio de 1996.

_____. *Execução trabalhista*. 9. ed. São Paulo: LTr, 2003.

_____; PAMPLONA FILHO, Rodolfo. *Repertório de conceitos trabalhistas*: direitos individuais. São Paulo: LTr, 2000. v. 1.

PINTO, Maria Cecília Alves. O direito de empresa no novo Código Civil e seus reflexos no direito do trabalho. In: LAGE Emérson José Alves; LOPES Mônica Sette (Coord.). *Novo Código Civil e seus desdobramentos no Direito do Trabalho*. São Paulo: LTr, 2003.

PINTO JÚNIOR, Dirceu. O poder normativo da Justiça do Trabalho e a EC 45/2004. In: RAMOS FILHO, Wilson (Coord.). *Direito coletivo do trabalho depois da EC 45/2004*. Curitiba: Genesis, 2006.

PIOVESAN, Flávia. Direitos humanos no trabalho. In: FREITAS JUNIOR, Antônio Rodrigues de (Coord.). *Direito do trabalho e direitos humanos*. São Paulo: BH Editora, 2006.

PIRES, Rosemary de Oliveira. Da jurisdição e da competência da Justiça do Trabalho. In: BARROS, Alice Monteiro de (Coord.). *Compêndio de direito processual do trabalho*. São Paulo: LTr, 1998.

PROSCURSIN, Pedro. Aviso prévio: evolução e disciplina legal. *Revista LTr*, v. 63, nº 11.

PRUNES, José Luiz Ferreira. *Terceirização do trabalho*. Curitiba: Juruá, 1997.

RAMALHO, Maria do Rosário Palma. *Direito do trabalho* – Parte I – dogmática geral. Coimbra: Almedina, 2005.

_____. *Tratado de direito do trabalho*. Situações laborais colectivas. 2. ed. Lisboa: Almedina, 2015.

RÁO, Vicente. *O direito e a vida dos direitos*. 3. ed. São Paulo: Revista dos Tribunais, 1991, v. 1.

REALE, Miguel. *Fontes e modelos do direito*. São Paulo: Saraiva, 1999.

REALE, Miguel. *Lições preliminares de direito*. 18. ed. São Paulo: Saraiva, 1991.

_____. *Nova fase do direito moderno*. 2. ed. São Paulo: Saraiva, 1998.

REQUIÃO, Rubens. *Curso de direito comercial*. 9. ed. São Paulo: Saraiva, 1979, vols. 1 e 2.

RIBEIRO, Luis José de Jesus. *A prova ilícita no processo do trabalho*. São Paulo: LTr, 2004.

ROBORTELLA, Luiz Carlos Amorim. Flexibilização da norma constitucional e garantia de emprego. In: SILVA NETO, Manoel Jorge e (Coord.). *Constituição e trabalho*. São Paulo: LTr, 1998.

_____. Relações de trabalho na integração regional. *Direito do trabalho na integração regional*. São Paulo: Observador Legal, 2002.

_____. Direito de empresa no Código Civil de 2002 e seus impactos no Direito do Trabalho. *Repertório de Jurisprudência IOB*, 1ª Quinzena de out./2003, nº 19, v. 2.

_____; PERES, Antonio Galvão. Subordinação estrutural na terceirização de serviços. Subversão dogmática. *A valorização do trabalho autônomo e a livre-iniciativa*. Coord. Yone Frediani. Porto Alegre: Lex Magister, 2015.

ROCCA, Danubio Moreira. Estudio comparativo sobre los medios de prevención y solución de conflictos de trabajo en los países del Mercosur. *Revista Derecho Laboral* nº 214, abr./jun./2004.

ROCHA, Francisco Lobello de Oliveira. *Regime jurídico dos concursos públicos*. São Paulo. Dialética, 2006.

RODRIGUES, Leôncio Martins. *Destino do sindicalismo*. 2. ed. São Paulo: EDUSP, 2002.

RODRIGUES, Rodnei Doreto; RODRIGUES, Gustavo Doreto. A nova competência da Justiça do Trabalho – Uma abordagem inicial. In: COUTINHO, Grijalbo Fernandes; FAVA, Marcos Neves (Coord.). *Justiça do Trabalho*: competência ampliada. São Paulo: LTr, 2005.

RODRIGUES, Silvio. *Direito civil*. 25. ed. São Paulo: Saraiva, 1995. v. 1 a 4.

_____. *Direito civil*. 34. ed. São Paulo: Saraiva, 2002. v. IV.

RODRÍGUEZ, Américo Plá. *Curso de derecho laboral*. Montevidéu: IDEA, 2001, t. 4, v. 1 e 2.

_____. *Princípios de direito do trabalho*. 1. ed. e 3. ed. Tradução por Wagner Giglio e Edílson Aikmin Cunha. São Paulo: EDUSP e LTr, 1982 e 2000.

_____. Medios de solución de conflictos. In: URIARTE, Oscar Ermida; AVILÉS, Antonio Ojeda (Coord.).*El derecho sindical en América Latina*. Montevidéu: Fundación de Cultura Universitaria, 1995.

ROLLO, Alberto; BRAGA, Enir. *Inelegibilidade à luz da jurisprudência*. São Paulo: Fiuza, 2000.

_____. *Comentários à Lei Electoral nº 9.504/97*: atualizada à luz da recente jurisprudência, estudo comparativo com as leis anteriores. São Paulo: Fiuza, 1998.

_____. Sobre las fronteiras del derecho del trabajo. *Estudos em homenagem a Rafael Caldeira*, Caracas, 1977.

ROMITA, Arion Sayão. *Direito do trabalho*: temas em aberto. São Paulo: LTr, 1998.

_____. *Competência da Justiça do Trabalho*. Curitiba: Genesis, 2005.

_____. *Direitos fundamentais nas relações do trabalho*. 3. ed. São Paulo: LTr, 2009.

_____. Competência da Justiça do Trabalho para ações sobre relações de trabalho – trabalho eventual. *Revista Justiça do Trabalho*, nº 258, jun./2005.

_____. Legitimação ordinária do sindicato. *Revista LTr* nº 56.

ROMITA, Arion Sayão. Direitos fundamentais nas relações de trabalho. 3. ed. São Paulo: LTr, 2009.

_____. O poder normativo da Justiça do Trabalho: a necessária reforma. *Revista do Direito do Trabalho Consulex*, nº 5, maio/2001.

_____. O sindicalismo no serviço público. In: SILVA NETO, Manoel Jorge e (Coord.). *Constituição e trabalho*. São Paulo: LTr, 1998.

_____. *Regime jurídico dos servidores públicos civis*: aspectos trabalhistas e previdenciários. São Paulo: LTr, 1993.

_____. Trabalho do deficiente. *Jornal Trabalhista*, nº 812, maio/2000.

_____. A conciliação nos dissídios coletivos de caráter econômico e suas peculiaridades (no direito brasileiro). *Revista LTr*, v. 41, nº 5, 1977.

_____. Solução dos conflitos coletivos de trabalho. *Revista LTr*, v. 42, 1978.

RUPRECHT, Alfredo J. *Relações coletivas de trabalho*. Tradução de Edilson Alkim Cunha São Paulo: LTr, 1995.

_____. *Conflitos coletivos de trabalho*. São Paulo: LTr e EDUSP, 1979.

_____. *Os princípios do direito do trabalho*. Tradução de Edilson Alkim Cunha. São Paulo: ltr, 1995.

RUSSOMANO, Mozart Victor. *Comentários à Consolidação das Leis do Trabalho*. 11. ed. Rio de Janeiro: Forense, 1985.

_____. *Curso de direito do trabalho*. 6. ed. Curitiba: Juruá, 1997.

_____. *O empregado e o empregador no direito brasileiro*. 6. ed. São Paulo: LTr, 1978.

_____. *Princípios gerais de direito sindical*. 2. ed. Rio de Janeiro: Forense, 2002.

SAAD, Eduardo Gabriel. *Direito processual do trabalho*. 2. ed. São Paulo: LTr, 1998.

_____. *CLT comentada*. 28. ed. e 32. ed. São Paulo: LTr, 1995 e 2000.

_____. Exercício irregular do direito de greve. *Suplemento Trabalhista LTr*, nº 164/1998.

SAKO, Emília Simeão Albino. Prescrição *Ex Officio* – § 5º do art. 219 do CPC – A impropriedade e inadequação da alteração legislativa e sua incompatibilidade com o direito e o processo do trabalho. *Revista LTr*, v. 70, nº 8, 2006.

SALIM, Adib Pereira Netto. A teoria do risco criado e a responsabilidade objetiva do empregador em acidentes de trabalho. *Revista LTR*, v. 69, nº 4, 2005.

SALVADOR, Antônio Raphael Silva; SOUZA, Osni de. *Mandado de segurança*: doutrina e jurisprudência. São Paulo: Atlas, 1998.

SALVADOR, Luiz. Acidente do trabalho. Empregador que não admite a CAT deve indenizar trabalhador pelos prejuízos. *Jornal Trabalhista Consulex*, nº 1033, set./2004.

SAMPAIO, Aluysio Mendonça. *Dicionário de direito do trabalho*. 4. ed. São Paulo: LTr, 1993.

SANT'ANNA, Valéria Maria. *Arbitragem*: comentários à Lei nº 9.307/96. São Paulo: Edipro, 1997.

SAN VICENTE, Osvaldo Mantero de. *Derecho sindical*. Montevidéu: Fundación de Cultura Universitaria, 1998.

_____. *Derecho del trabajo de los países del Mercosur*: un estudio de derecho comparado. Primeira Parte. Montevidéu: Fundación de Cultura Universitaria, 1996.

SAN VICENTE, Osvaldo Mantero de. Las cartas de derechos sociales y la progresividad de los derechos fundamentales de los trabajadores. *Costos laborales en el Mercosur*. Montevidéu: Fundación de Cultura Universitaria, 1993.

_____. Negociación colectiva. *El derecho laboral del Mercosur ampliado*. Montevidéu: Oficina Internacional do Trabalho e Fundación de Cultura Universitaria, 2000.

SANTORO-PASSARELLI, Francesco. *Nozioni di diritto del lavoro*. Napoli: Jovene, 1993.

SANTOS, Élisson Miessa dos; CORREIA, Henrique Correia. *Súmulas e orientações jurisprudenciais do TST*. 2 ed. Salvador: JusPODIVM, 2012.

SANTOS, Enoque Ribeiro dos. *O direito do trabalho e o desemprego*. São Paulo: LTr, 1999.

_____. *Temas modernos de direito do trabalho*. Leme: BH Editora, 2005.

_____. *Responsabilidade objetiva e subjetiva do empregador em face do novo Código Civil*. São Paulo: LTr, 2007.

_____. *Direitos humanos na negociação coletiva*. São Paulo: LTr, 2004.

_____. *O dano moral na dispensa do empregado*. 3. ed. São Paulo: LTr, 2002.

_____. *Fundamentos do direito coletivo do trabalho nos Estados Unidos da América, na União Europeia, no Mercosul e a experiência brasileira*. Rio de Janeiro: Lumen Juris, 2007.

_____. As *affirmative actions* (ações afirmativas) e a nova redação da OJ (Orientação Jurisprudencial) nº 88 da SDI-I do Tribunal Superior do Trabalho. *Justilex*, v. 3, nº 32. *In Suplemento Trabalhista LTr*, nº 40/2004.

_____. As OSCIP (Organizações da Sociedade Civil de Interesse Público) e a administração pública – intermediação fraudulenta de mão de obra sob uma nova roupagem jurídica, *In: Revista IOB Trabalhista e Previdenciária*, nº 216, jun. 2007.

_____. Agências reguladoras: regime jurídico de contratação de pessoal e responsabilidade objetiva. *Revista Magister de Direito Trabalhista e Previdenciário*. Porto Alegre: Magister Editora, out./dez./2004.

_____. Considerações sobre a revisão dos enunciados do Tribunal Superior do Trabalho: uma reforma necessária. *Revista Justiça do Trabalho* nº 244, abr./2004.

_____. A responsabilidade subjetiva e objetiva da empresa em face do novo Código Civil. *Revista do TRT da 15ª Região*, nº 23, set./2003.

_____. Dissídio coletivo e Emenda Constitucional nº 45/2004 – considerações sobre as teses jurídicas da existência do "comum acordo". *Revista Justiça do Trabalho* nº 264, dez./2005.

_____; SILVA, Juliana Araújo Lemos da. Direito de greve do servidor público como norma de eficácia contida. In: MANNRICH, Nelson (Coord.). *Revista de Direito do Trabalho*. São Paulo: Revista dos Tribunais, out./dez./2004.

SANTOS, Moacyr Amaral. *Primeiras linhas de direito processual civil*. 7. ed. São Paulo: Saraiva, 1982, v. 3

SANTOS, Ronaldo Lima dos. *Sindicatos e ações coletivas. Acesso à justiça, jurisdição coletiva e tutela dos interesses difusos, coletivos e individuais homogêneos*. São Paulo: LTr, 2003.

SARAIVA, Renato. *Direito do trabalho*: versão universitária. São Paulo: Método, 2008.

SAVI, Sérgio. *Responsabilidade civil por perda de uma chance*. São Paulo: Atlas, 2004.

SCAVONE JUNIOR, Luiz Antonio. *Manual de arbitragem: mediação e conciliação*. 8. ed. São Paulo: Atlas, 2018.

SCHMIDT, Martha Halfeld F. de Mendonça et al. *O que há de novo no direito do trabalho*. São Paulo: LTr, 1997.

SCHIAVI, Mauro. O alcance da expressão 'relação de trabalho' e a competência da Justiça do Trabalho um ano após a Emenda Constitucional nº 45/2004. *Revista TST*, v. 72, nº 1.

_____. *Manual de direito processual do trabalho*. 1. ed., 4. ed. e 10. ed. São Paulo: LTr, 2008, 2011 e 2016.

SERSON, José. *Curso de rotinas trabalhistas*. 36. ed. São Paulo: Revista dos Tribunais, 1995.

SILVA, Antônio Álvares da. *Os servidores públicos e o direito do trabalho*. São Paulo: LTr, 1993.

_____. A greve no serviço público. *Direito constitucional do trabalho*. São Paulo: LTr, 1997, v. 2.

SILVA, De Plácido e. *Vocabulário jurídico*. 27. ed. Rio de Janeiro: Forense, atualizado por Nagib Slaibi Filho e Gláucia Carvalho, 2006.

SILVA, Floriano Corrêa Vaz da. Dano moral e o direito do trabalho. *Revista LTr*, nº 63, nº 1.

SILVA, Homero Batista Mateus. A discreta vigência da Convenção 132 da OIT sobre férias anuais remuneradas. *Revista Amatra*, nº 3.

_____. *Comentários à Reforma Trabalhista* – Análise da Lei 13.467/2017 – Artigo por artigo. São Paulo: Revista dos Tribunais, 2017.

_____. *Curso de direito do trabalho aplicado*. São Paulo: Elsevier, 2009. v. 1, 2, 3 e 4.

SILVA, José Afonso da. *Aplicabilidade das normas constitucionais*. 3. ed. São Paulo: Malheiros, 1998.

_____. *Direito ambiental constitucional*. 2. ed. São Paulo: Malheiros, 1995.

_____. *Curso de direito constitucional positivo*. 15. ed. e 18. ed. São Paulo: Malheiros, 1998, 2000.

SILVA, José Antônio Figueiredo de Almeida. *Eleições 1998*: comentários à Lei nº 9.504/97. Brasília: Brasília Jurídica, 1998.

SILVA, Luiz de Pinho Pedreira. A reparação do dano moral no Direito do Trabalho. *Revista LTr*, v. 55, nº 5.

_____. *Principiologia do direito do trabalho*. 2. ed. São Paulo: LTr, 1999.

SILVA, Luiz de Pinho Pedreira. O teletrabalho. *Revista LTr*, v. 64, nº 5.

_____. Negociação coletiva. *Curso de Direito Constitucional do Trabalho*. São Paulo: LTr, 1991.

SILVA NETO, Manoel Jorge e. *Curso de direito constitucional*. 3. ed. Rio de Janeiro: Lumen Juris, 2008.

SILVA, Wilson Melo da. *Dano moral e a sua reparação*. 3. ed. Rio de Janeiro: Forense, 1983.

SILVEIRA, Almir Goulart da. *Regime jurídico único: Lei nº 8.112/90*: jurisprudência e anotações. São Paulo: LTr, 2001.

SILVEIRA NETO, Antônio; PAIVA, Mário Antônio Lobato de. A privacidade do trabalhador no meio informático. *Revista do Direito Trabalhista*, nº 4, abr./2003.

SIQUEIRA NETO, José Francisco. *Liberdade sindical e representação dos trabalhadores nos locais de trabalho*. São Paulo: LTr, 1999.

_____. Relações de trabalho na administração pública no Brasil. *Revista Direito Mackenzie*, ano 2, nº 1.

SOUTO, Marcos Juruena. *Desestatização, privatização, concessões e terceirizações*. 3. ed. Rio de Janeiro: Lumen Juris, 2000.

SOUZA, Washinton Peluso Albino de. *Primeiras linhas de direito econômico*. 4. ed. São Paulo: LTr, 1999.

SPEZI, Luis Felipe. Formas de soluções dos conflitos do trabalho (autônomas, heterônomas, conciliação, mediação e arbitragem, solução jurisdicional). Atuação do Ministério Público do Trabalho. *Revista do Advogado* nº 54, dez./1998.

STEPNHAN, Cláudio Coutinho. *Trabalhador adolescente*: em face das alterações da Emenda Constitucional nº 20/98. São Paulo: LTr, 2002.

STOCCO, Rui. *Responsabilidade civil e a sua interpretação jurisprudencial*. 2. ed. e 7. ed. São Paulo: Revista dos Tribunais, 1995 e 2007.

STRENGER, Irineu. *Da autonomia da vontade*: direito interno e internacional. 2. ed. São Paulo: LTr, 2000.

_____. *Curso de direito internacional privado*. 4. ed. São Paulo: LTr, 2000.

SÜSSEKIND, Arnaldo. *Convenções da OIT e outros tratados*. 2. ed. e 3. ed. São Paulo: LTr, 1998, 2007.

_____. Critérios judiciais para a declaração da abusividade da greve. *Revista LTr*, v. 55, nº 8.

_____. *Direito constitucional do trabalho*. Rio de Janeiro: Renovar, 1999.

_____. *Direito internacional do trabalho*. São Paulo: LTr, 1983.

_____. Do ajuizamento dos dissídios coletivos. *Revista da Escola da Magistratura*, nº 1, set./2006.

_____; MARANHÃO, Délio; VIANNA, Segadas; TEIXEIRA, Lima. *Instituições de direito do trabalho*. 18. ed. e 19. ed. São Paulo: LTr, 1999 e 2000, v. 1 e 2.

_____; MARANHÃO, Délio. *Direito do trabalho e previdência social*: pareceres. São Paulo: LTr, 1984. v. 5.

TARTUCE, Flávio. Manual de direito civil: volume único. Rio de Janeiro: Forense; São Paulo: Método, 2011.

TEIXEIRA FILHO, João de Lima. A harmonização da legislação do trabalho do Mercosul. *Revista LTr*, v. 57, nº 1.

_____. O fator trabalho no Mercado Comum do Sul. *Direito e processo do trabalho – estudos em homenagem a Octavio Bueno Magano*. São Paulo: LTr, 1996.

_____. *Repertório de jurisprudência trabalhista*. 7. ed. São Paulo: Renovar, 1999.

TEIXEIRA FILHO, Manoel Antonio. *Curso de processo do trabalho*: perguntas e respostas sobre assuntos polêmicos em opúsculos específicos – nº 24: dissídio coletivo. São Paulo: LTr, 1998.

_____. *Ação rescisória no processo do trabalho*. São Paulo: LTr, 1991.

_____. *Execução no processo do trabalho*. São Paulo: LTr, 1991.

TEIXEIRA, João Régis Fassbender. *Trabalho doméstico*. Curitiba: Juruá, 1992.

TEMER, Michel. *Elementos de direito constitucional*. 7. ed. e 18. ed. São Paulo: Revista dos Tribunais, 2002.

TORMEN, Anita. Da omissão e da falsidade dos registros na CTPS – aspectos criminais. *Justiça do Trabalho*, nº 242, fev./2004.

TRIBUNAL SUPERIOR ELEITORAL. *Código eleitoral anotado e legislação complementar*. 7. ed. Brasília: TSE/Secretaria de Gestão da Informação, 2006. v. 1 e 2.

URIARTE, Oscar Ermida. El Mercosur y los Aspectos Laborales. *Revista de Trabajo*, jul./ago., 1994.

_____; ÁLVAREZ, Óscar Hernández. Crítica a la Subordinacioón. *In Libro Homenenaje a José Román Duque Sánchez*. Caracas: Tribunal Supremo de Justicia, 2003. v. I.

_____. Característica, conteúdo e eficácia de uma eventual carta social do MERCOSUL. In: RODRIGUES, Aluisio (Coord.). *Direito constitucional do trabalho*. São Paulo: LTr, 1997. v. 2.

_____. *A flexibilização da greve*. Traduzido por Edilson Alkmin. São Paulo: LTr, 2000.

_____. *La dimensión social del Mercosur*. Montevidéu: Fundación de Cultura Universitaria, 2004.

_____. El conflito de trabajo. *In Curso introductorio de relaciones laborales*. Coord. Oscar Ermida Uriarte. 2. ed. Montevidéu: Fundación de Cultura Universitaria, 1996.

_____. *A proteção contra os atos antissindicais*. São Paulo: LTr, 1989.

VALE, Maria José S. C. Pereira do. Responsabilidade civil e o meio ambiente do trabalho. *Revista do Ministério Público do Trabalho em São Paulo – 2ª Região*, nº 2, 1998.

VALLEBONA, Antonio. *Istituzioni di diritto del lavoro*. 7. ed. Itália: Casa Editrice, 2011.

VALLER, Wladimir. *A reparação do dano moral no direito brasileiro*. 3. ed. São Paulo: E.V. Editora, 1995.

VALTECIDES, Rubens. *Deficiente físico*: novas dimensões da proteção ao trabalhador. São Paulo: LTr, 1992.

VIANNA, Cláudia Salles Vilela. *Manual prático das relações trabalhistas*. 9. ed. São Paulo: LTr, 2008.

VIDAL NETO, Pedro. *Do poder normativo da Justiça do Trabalho*. 1982. Tese de Doutoramento, USP, São Paulo.

VIGEVANI, Tullo. *Mercosul*: impactos para trabalhadores e sindicatos. São Paulo: LTr, 1998.

_____; VEIGA, João Paulo. Mercosul: Interesses e mobilização social. *Estudos avançados – coleção documentos*, série Assuntos Internacionais 41.2, 1995. v. 3.

VILHENA, Paulo Emílio Ribeiro de. *Relação de emprego*. Estrutura legal e supostos. 2. ed. São Paulo: LTr, 1999.

VILLATORE, Marco Antônio César. Aspectos gerais da solução extrajudicial de conflitos em países do Mercosul. *Revista do Tribunal Regional do Trabalho da Décima Quinta Região*, nº 18, set./2002.

_____; ROCHA, Alexandre Euclides. A atividade econômica do empregador em consonância com os direitos fundamentais dos empregados. In: VILLATORE, Marco Antônio; HASSON, Roland (Coord.). *Estado & atividade econômica*: o direito laboral em perspectiva. Curitiba: Juruá, 2007.

VIVOT, Julio J. Martinez. Formas de composição dos conflitos coletivos. In: TEIXEIRA FILHO, João de Lima (Coord.). *Relações coletivas de trabalho*. São Paulo: LTr, 1989.

WAMBIER, Luiz Rodrigues; ALMEIDA, Flávio Renato Correia de; TALAMINI, Eduardo. *Curso avançado de processo civil*. 8. ed. São Paulo: Revista dos Tribunais, 2007. v. 1 a v. 3.

WINTER, Vera Regina Loureiro. Ação civil pública, uma nova abordagem na Justiça do Trabalho. *Revista Síntese Trabalhista*, nº 65, nov./1994.

ZAINAGHI, Domingos Sávio. *Os atletas profissionais de futebol no direito do trabalho*: Lei nº 9.615/98 Lei Pelé. São Paulo: LTr, 1998.

_____. *Nova legislação desportiva*. São Paulo: LTR, 2001.

ZAINAGHI, Domingos Sávio (Coord.); COSTA MACHADO, Antonio Cláudio da (Org.). *CLT interpretada*: artigo por artigo, parágrafo por parágrafo. Barueri: Manole, 2007.

ZANGRANDO, Carlos Henrique. As diferenças entre relação de consumo e relação de trabalho e a competência da justiça laboral – parte final. *Jornal Trabalhista da Editora Consulex*, nº 1141, out./2005.

_____. *Curso de direito do trabalho*. São Paulo, LTr, 2008. t. 1 a 3.

ZINGARELLI, Nicola. Vocabolario dela língua italiana. 12. ed. Bolonha: Zanichelli, 1999.

ROTAPLAN
GRÁFICA E EDITORA LTDA
Rua Álvaro Seixas, 165
Engenho Novo - Rio de Janeiro
Tels.: (21) 2201-2089 / 8898
E-mail: rotaplanrio@gmail.com